LEXICON
LATINO-JAPONICUM
Editio Emendata

auctore
TOMOHIRO MIZUTANI

改訂版
羅和辞典

水谷智洋 編

TOKIENSI IN AEDIBUS KENKYUSHA

LEXICON LATINO-JAPONICUM Editio Emendata
© Kenkyusha Co., Ltd., 2009

改訂版まえがき

　辞典類の改訂版のまえがきなるものは，まずは改訂に至るまでの諸般の事情の説明から始めるのが通例であろう．しかし本書の場合，その出だしにいささか常道はずれのきらいなしとしないのは，次のような経緯があるからである．
　そもそも私と本辞典とのかかわりは，1997年9月某日の寺澤芳雄先生(当時，東京女子大学教授)からの電話に端を発した．「羅和辞典のことで研究社の話を聞いてやってくれないか」とのご依頼に承諾の旨を伝えると，旬日を経ずして(当時の私の)研究室で編集部の御二方から「話」を聞かせていただく運びとなった．それによれば，研究社には今『羅和辞典　増訂新版』(1966年発行)の見直しのための千数百枚におよぶゲラがある，それは，増訂新版の刊行にも尽力されたという松村治英氏の原稿を活字化したもので，本来ならば，当然御本人がそのゲラをチェックされるべきところが，残念なことに同氏は2年前の阪神・淡路大震災に遭遇されたうえに，御高齢のためにそれが叶わない，ついては松村氏の見直しの仕事を見届けてもらえないか，というのが部長氏の私に対する要請であった．そのとき私は，ゲラがAからZまで全部そろっているのであれば，それはもう完成の一歩手前まで進んでいるのであろうから，仕事といっても，散見されるにちがいない単純な誤記や誤植のたぐいに朱を入れる程度にとどまるであろうと予想し，気軽に，やってみましょうと返事をしたのであった．
　しかしながら，実際の作業の第1弾として送り届けられたAのゲラ10枚程を目にしたとき，すぐに私の予想は甘すぎたかもしれないとの疑念が生じた．そしてこの疑念は，引きつづきAをさらに10枚，20枚と見ていくうちに，強まりこそすれ弱まることはなく，やがて，研究社にあるという千数百枚のゲラは，決して完成寸前のものではありえないと確信するに至った．推察するに，松村氏は，1968年から82年にかけて8分冊で刊行された *Oxford Latin Dictionary* を丹念に読まれ，増訂新版のなお足らざるところを補おうとされたものらしいが，氏は自らの原稿を改訂のためのたたき台として執筆されたのであろう(もし松村氏がご存命であれば，私のこの推察に首肯されるにちがいない)．では，どうするか．これに手を加えてしかるべき姿に仕立てあげるのは，とうてい片手間でできる仕事ではない．おまけに，相当長期にわたるであろうことは，火を見るより明らかである．早いうちに断念を申し出るべきか．それとも……，さんざん迷った末，それはたぶん松村氏の仕事の「見届け」以上の作業にならざるをえないであろうが，氏の労作を土台にしてよりよい改訂版を

作りあげる他はない，それがまた松村氏の御努力を無にしない唯一の方途であろう，そう決心したのは，はや1年以上が過ぎ，Aの半分以上に目を通した頃のことであった．この決心は幸い編集部にも諒とされたので，私はいよいよ本腰を据えて改訂作業に精を出すことになったのであった．

　それからさらに10年あまりが過ぎ，ここに装いを新たにした改訂版が生まれた．今その作業の要点を挙げれば，次のようである．

　(1)　見出し語のうち，200年頃以前の用例が知られないものには ° を付した．語義および用例についても同様である．

　(2)　極力，原典にあたって語義の正確を期した．また，語義欄の充実・整理につとめた．若干の重要な単語については，大幅な加筆・書き換えを行った．

　(3)　用例を増やし，出典の明示につとめた．

　(4)　語源欄の充実につとめた．

　(5)　固有名詞に片仮名表記を付した．

　(6)　和羅語彙集をもうけた．

　(7)　付録の変化表を改良した．

　(8)　地図4葉を付した．

このうち，(1)は，*Oxford Latin Dictionary* がその収録する語彙の下限を2世紀末に置いていることにならおうとする試みである．また，(6)は，英語圏で愛用されている Cassell のラテン語辞書が羅英，英羅の2本立てであることにならって，本辞典にも和羅の部をとの私どもの願いに応えて，信州大学准教授，野津寛氏が独自の視点から編んで下さった意欲作である．

　本辞典の改訂には，閲覧できる限りのラテン語テキストとその翻訳，英独仏のラテン語辞書，各種の事典等，内外の多数の資料を参照したが，なおいくつかの分野の専門家に直接教えを乞うたこともまれではない．また，早い段階での一部のゲラの見直しには，当時東京大学大学院の西洋古典学専攻の院生であった森岡紀子氏と山田哲子氏の御助力をあおいだ．専門家諸氏ならびに森岡・山田両氏，さらには和羅語彙集の作成に御苦労された野津寛氏に厚く御礼を申し上げる．最後に，長期にわたる改訂作業に御理解と御支援を惜しまれなかった研究社の方々，とりわけ実務面で並々ならぬお世話をいただいた編集部の中川京子・根本保行の両氏に，深甚なる謝意を表明しておきたい．

2009年3月

水谷智洋

※ 以下は，本辞典の足跡を示すために旧版のまえがきをそのまま掲載したもので，一部内容が本改訂版とは合致しない場合がある．

増訂新版序

　拙著「羅和辞典」が，故小酒井五一郎氏の特別な御好意によって，世に出てから，すでに十数年を経た．この間，幸いにわが国における西洋文化の根本的研究のために，多少は貢献をしたことと信ずる．小生としては，この間に，多くの友人から色々と注意されたり，求められたことがあったばかりでなく，自分自身でも気付いたことが多く，せめて語彙だけなりと，補遺追加をしたいと考えていた．そこで，このことを研究社へ相談したところ，その返事に，紙型が大分に磨滅したところがあるので，この際，思い切って増訂新版を出したいとのことであった．この朗報に力を得て，私はこの辞典を更に日本の西洋古典語研究者に適するものにしようと思い，若干の試みをしておるが，そのなかでも pp. x-xi に記した特色(7)は全く新しいものである．

　しかしこの増訂はかなり大きな仕事であるし，またあまり長く時日をかけることは許されないと考えたので，二人の友人に御協力を願って，快諾を得た．その一人は九州工業大学教授角南一郎氏，他は大阪学芸大学講師松村治英氏である．角南氏は京都大学文学部英文科・英語学科の出身で，専門の英語学のほかに，西洋古典語の造詣も深く，これまでにも Cicero の De Officiis（義務について）をはじめ，他にもラテン原典からの直接の訳があり，この辞典では A—L を担当されたが，その単語の訳については，甚だ入念に訳語を選ばれておる．松村氏は京都大学文学部言語学科の出身で，西洋古典語には大いにひかれ，Seneca の De Breviate Vitae（人生の短かさについて）の訳のほかに，ギリシア語・ラテン語からの訳も若干あり，この辞典では M—Z を担当されたが，各単語を入念に英独仏の大辞典にあたって，その訳を検討して下さった．また両君とも入念に校正して下さった．

　この両君の西洋古典語にたいする愛情によって，また小生に対する温かい御同情によって，この辞典が大いに改善せられたことは言うまでもなく，更にこの両君及び佐藤扶美子さんによって，当用漢字や仮名遣も，現代的になったことなどは，編集者として謝するに言葉もない．なお，初めの予定では二カ年ほどで仕上げるつもりであったが，少しでもよいものをと考えながら努力して居るうちに，予想をはるかに越えて，四年に近い歳月を費した．そのため思わぬ迷惑をかける結果となり，その点皆様に御容赦を乞う次第である．

　また研究社辞書部の主任植田虎雄氏及び製版工場の御一同には，色々の点に

おいて多くの御迷惑をおかけしたことを，今更に申訳なく思うと共に，そのいつも変らぬ御好意と御協力とに対して，心からなる御礼を申し上げる次第である．

Festina lente

昭和四十一年八月二日　京都北白川にて

田　中　秀　央

初版まへがき

西洋文化を真に知るために，西洋古典の研究が絶対に欠くことの出来ないものであることは，今更言を要せぬところであり，その宝庫に達する第一歩として，羅和辞典の編纂を思ひ立つたのである．即ち今を去る四十三年前に恩師 Raphael von Koeber 先生より給はつた Festina lente の金言を体しつつ，愈々独りペンをとりあげたのは昭和十年三月であつた．その後服部報公会の援助や友人達の協力を受けて，仕事は順調に進捗したが，太平洋戦争の勃発，出版界の不況などのために一頓挫を来たした．且つ最初の計画が稍広汎に過ぎたので，更めて昭和十七年三月から西洋古典の若き学徒斎藤信一君の助力を得て，この羅和辞典の編纂に着手した．我々が主に使用した辞典は，Dr. Hermann Menge, Taschenwörterbuch der lateinischen und deutschen Sprache, Erster Teil, Lateinisch-Deutsch であつた．然るに編纂半ばにして斎藤君が戦争の犠牲となつたので，爾後は専ら一人で努力を続け，茲に漸く完成の喜びを見るに至つた．出版については畏友市河三喜君の労を煩はし，研究社の好意を受けることになつた．茲に皆様に心からなる謝意を表すると共に，今は亡き斎藤学士の御冥福を祈る次第である．回顧すれば，四十年の昔著者の処女出版 Grammatica Latina を世に送つた際，Koeber 先生の序文の中に：'Wer kein Latein versteht, gehört zum Volk, er mag der grösste Virtuos auf der Elektrisirmachine sein.' — Ich würde noch hinzufügen: Sapienti sat! と書いて下さつたことを，このささやかなる辞典の出版と考へ合はせて，今更に思慕の情の一層切なるものあるを禁じ得ないのである．

昭和二十七年六月十五日　京都北白川

田　中　秀　央

ラテン語

ラテン語 (lingua Latīna):——ラテン語は，ギリシア語・ゲルマン語などをはじめ，多くの語派を包含しているいわゆる**印欧語族**に属する一言語であって，古典ギリシア語とともに，西洋古典語と称されているが，この両古典語は，西洋文化の研究には絶対に欠くことのできない大切な言語である．この両古典語とヨーロッパ近代諸語との関係は，一言で言えば，漢文の日本語に対する関係に似ているが，言語学的にはさらに親密である．ラテン語は，太古以来，イタリア半島中西部の**ラティウム地方** (Latium) に住んでいた**ラティーニー族** (Latīnī) の言語であるが，彼らの一族で，その代表者となった**ローマ人** (Rōmānī) の世界制覇(前250頃-後400頃)によって，当時のヨーロッパ世界，小アジア，アフリカ北岸などに広まった．これらの地方に伝播されたラテン語 (Vulgar Latin, 俗ラテン語) と，その各地方の原地語とが合し時とともに融合して，各地で別々に発達し，ついに相互に通じなくなったのが，現代のイタリア語，フランス語，スペイン語，ポルトガル語，ルーマニア語など，いわゆる**ロマンス語**(ローマ人のことばからできたのでこの名称が生じた)各自の初期のもので，それらがそれぞれに発展して現今に及んでいる．すなわち，これらのロマンス諸語はラテン語の娘たちなのである．従って，これらのロマンス諸語の本格的な学習・研究のためには，ラテン語の知識も必須であることは明らかである．

ラテン語は，ギリシア語とは姉妹語であって，決してギリシア語から派生したものではない．しかしギリシア文化がラテン文化より先進的であっただけでなく，その質がすこぶる高く，文学的作品や哲学的作品も優秀で豊富であったため，ラテン文化がその影響を受け，大方の想像以上に，多くのギリシア語がラテン語の中に入っている．

ラテン語が多くのロマンス語を生んで，生活の第一線から引退した，すなわち死語 (lingua mortua) となって，日常生活に使用されなくなったのは，大体7世紀の初期であると考えられている．しかしラテン語は，その後もなお，各地方において，聖職者や学者の言語として使用され続け，実に17世紀頃まで，西欧の学者，政治家，聖職者などの共通語であった．従って，その頃までの有力な書物や文書などは，ずっとラテン語で書かれてきたのである．現今でも，ローマ・カトリック教会では，未だラテン語を公用語としている．

ラテン語とゲルマン諸語，例えば英語やドイツ語とは，語派が異なっているの ン語とロマンス諸語との関係ほどには密接ではない．しかしローマの世界 大な文化などのために，ラテン語の勢力は，さまざまの原因や経路に ゲルマン諸語の上にも及んでいる．殊に英語においては，それが顕 れをその語彙について見ても，45%はラテン語系なのである． は，20% が Anglo-Saxon, 15% が Greek, 45% が Latin, 20% のである．

発　　音

1. 一口にラテン語の発音と言っても，時代や地域によって変化があるので，いま紀元前50年頃の教養あるローマ市民の発音に範を取るなら，それは，だいたい **2.** に示される音価によっている．つまり，わが国で現今行なわれているローマ字の発音にほぼ等しいのである．

2. ラテン語のアルファベット

文字		名称	音価	文字		名称	音価
A	a	ā	[a, a:]	N	n	en	[n]
B	b	bē	[b]	O	o	ō	[ɔ, o:]
C	c	kē	[k]	P	p	pē	[p]
D	d	dē	[d]	Q	q	kū	[k]
E	e	ē	[ɛ, e:]	R	r	er	[r]
F	f	ef	[f]	S	s	es	[s]
G	g	gē	[g]	T	t	tē	[t]
H	h	hā	[h]	(U)	u	(ū)	[u, u:]
I	i	ī	[i, i:]	V	v	ū	[w]
(J)	(j)	(jē)	[j]	X	x	iks	[ks]
K	k	kā	[k]	Y	y	ȳ	[y, y:]
L	l	el	[l]	Z	z	zēta	[z]
M	m	em	[m]				

3. 母音

　　　短母音　　a　e　i　o　u　y
　　　長母音　　ā　ē　ī　ō　ū　ȳ
　　　二重母音　ae　au　ei　eu　oe　(ui)

4. 注意すべき子音の発音

4.1 ch [kh], ph [ph], th [th]

4.2 bs [ps], bt [pt]

4.3 母音の前にある qu, ngu, su では，u は子音 [w] である．
　　　e.g. quō [kwo:], sanguis [sangwis], suādeō [swa:deo:]

4.4 ll, mm, nn, rr, tt などのように，同じ子音が重なっているときは，その子音を2度発音する．

5. 音節

　　ラテン語の単語の音節は，語中の母音の数だけある．

5.1 音節の切り方
5.1.1 1子音は後の母音に付く.
 e.g. a-mō, nā-tū-ra
5.1.2 2子音以上の場合は, 最後の子音のみが後の母音に付く.
 e.g. ar-bor, cor-pus
5.1.3 ただし, 閉鎖音 (p, b, ph; t, d, th; c, g, ch) または f+流音 (l, r) の結合は分離せず, 後の母音に付く.
 e.g. cas-tra, tem-plum
5.1.4 合成語は要素によって切る.
 e.g. ab-sum, per-e-ō
5.2 音節の長短
5.2.1 長母音または二重母音を含む音節は長く, 本来的に長い (long by nature) と言われる.
 e.g. lau-dō (－－), cū-rae (－－) (－は長音節を示す記号)
5.2.2 短母音のみの音節および短母音の後に1子音が来る音節は短い.
 e.g. a-ge (⌣⌣), vē-ri-tās (－⌣－) (⌣は短音節を示す記号)
5.2.3 短母音の後に2個以上の子音あるいは二重子音 x が来るとき, この音節は長く, 位置によって長い (long by position) と言われる. ただし, 閉鎖音または f+流音の結合および qu は1子音と数える.
 e.g. ar-ma(－⌣), ex-e-ō (－⌣－); a-gri-co-la (⌣⌣⌣⌣), lo-quī (⌣－)

6. アクセント
6.1 2音節語は, 常にその最初の音節にアクセントがある.
 e.g. má-ter, vó-cō
6.2 3音節以上の語は, もし語尾から2番目の音節が長いときは, その音節にアクセントを持ち, もし短いときは, その前の音節, すなわち語尾から3番目の音節にアクセントを持つ.
 e.g. vo-cá-bō, ho-nés-tus, vo-cá-ve-rit, té-ne-brae

凡　例

1. 見出し語と語形変化

　本辞典の収録語彙は，紀元前200年頃からの古ラテン語（PlautusやEnniusなど）および古典ラテン語（紀元前1世紀頃-紀元後200年頃；Cicero, Caesar, Vergilius, Ovidius, Livius, Seneca, Tacitusなど）を中心とするが，さらには紀元3世紀以降のキリスト教作家（TertullianusやAugustinusなど）の語彙や中世ラテン語・近代ラテン語（主に学術用語）などをも視野に収めている．なお，解説「ラテン語」も参照のこと．

1.1　紀元200年頃以降の語彙については，その品詞名に◇を付した．また，◇が付されていない見出し語でも，紀元200年頃以降のみに知られる語義・用例があるときには，その語義番号・用例に◇を付した．ただし，出典を示すことによってそれが自明な場合は省略した．

1.2　語形変化を伴う見出しの表示のしかたについては以下のとおり．

1.2.1　名詞は，単数主格形を見出し語とし，そのあとに属格形の語尾を挙げた．単数での用例がない場合は，複数主格形が見出し語となる．

　　例：**amor** -ōris.

　　　　dīvitiae -ārum.

1.2.2　2語以上から成る名詞で，その属格形が見出し語形と同じ場合は，～を使って示した．

　　例：**Datārius Cardinālis** -ī ～.

1.2.3　形容詞は，単数主格男性形を見出し語とし，そのあとに女性形，中性形の語尾を挙げた．単数での用例がない場合は，複数主格形が見出し語となる．

　　例：**bonus** -a -um.

　　　　tristis -is -e.

　　　　trīnī -ae -a.

1.2.4　三性が同形の形容詞・現在分詞については，見出し語のあとに属格形の語尾を挙げた．

　　例：**vetus** -teris.

　　　　sapiens -entis.

1.2.5　動詞は，直説法現在一人称単数形を見出し語とし，そのあとに不定法現在，直説法完了一人称単数，目的分詞（対格）の基本形を挙げた．また，形式受動相動詞は，見出し語の直説法現在一人称単数形のあとに，不定法現在，直説法完了一人称単数の基本形を挙げた．

　　例：**amō** -āre -āvī -ātum.

　　　　hortor -ārī -ātus sum.

1.2.6 現在幹のない動詞は，直説法完了一人称単数形を見出し語とし，続いて不定法完了形などを挙げた．

例: **meminī** -isse.

1.2.7 非人称動詞については，見出し語の直説法現在三人称単数形に続いて，不定法現在形，直説法完了三人称単数形を挙げた．

例: **oportet** -ēre -tuit.

1.3 見出し語の冒頭に付された * は，そのままの語形での用例がないことを示す．

例: *__for__.

*__prex__.

1.4 母音の上に付された ¯ は，その母音の長いことを示す長音記号である．本辞典では，その見出し語が音量詩 quantitative verse（音節の長短に基づいて作られる古典詩）に現われたとしたとき，そうすることによりその母音を含む音節が長いと判定しうる場合に限って，その母音に ¯ を付した．これは *Oxford Latin Dictionary* の方針に倣うものであるが，ただし，これには若干の例外を認めた．

例: **vocātus**.

longē.

1.5 母音の上に長音記号(¯)と短音記号(˘)を重ねた記号(¯˘)が付されているときは，その母音が長く発音される場合と短く発音される場合の両方があることを示す．

例: **Malĕa**.

1.6 母音の上に付された ¨ は，その母音が前の母音とは別音節をなし，二重母音をつくらないことを示す．

例: **Plēïades**.

2. 品　詞

2.1 品詞の表示については「言語名・文法用語一覧」を参照．

2.2 品詞に付された ° については **1.1** を参照．

3. 語　源

3.1 語源は，品詞の直後の [ ] 内に簡潔に記した．ただし，語源が不詳のため，あるいは自明のため，語源欄を割愛した場合がある．

3.2 ↑, ↓ は，それぞれ「直前の見出し語から派生」「直後の見出し語から派生」を意味し，[a / b] は，その見出し語が a, b 二つの要素から形成されたことを意味する．なお，語源欄では長音記号は省略した．

3.3 *cf.* は，語源的に関連ありと考えられる語を示す場合に用いた．

3.4 推定形には * を付した．

凡　例

3.5　借入の場合は，原則として言語名(略記については「言語名・文法用語一覧」を参照)のみで語形は挙げていないが，ギリシア語形はその必要を認めたときこれを記した．

3.6　さらに遡って派生・借入経路を示す必要がある場合などには，＜を用いてこれを示した．

　　　例：**abba**… [*Gk＜Aram.*]．

4.　用法・分野の指示

4.1　用法は《　》で示す．

《略》	略語
《古形》	古ラテン語に特有の語形
《碑》	碑文にのみ用例が見られる語彙・語義
《詩》	詩語
《強意形》	
《幼児》	幼児語
《諺》	

4.2　分野は〖　〗で示す．

〖医〗	医学	〖鉱〗	鉱物	〖生理〗	生理学
〖音〗	音楽	〖昆〗	昆虫	〖占星〗	占星術
〖化〗	化学	〖細菌〗		〖地〗	地質学
〖海〗	海事	〖詩〗	詩学	〖鳥〗	鳥類
〖解〗	解剖学	〖史〗	主にギリシア・ローマ史	〖哲〗	哲学
〖貝〗	貝類			〖天〗	天文学
〖カト〗	カトリック	〖宗〗	宗教	〖伝説〗	主にギリシア・ローマ伝説
〖幾〗	幾何学	〖修〗	修辞学		
〖気〗	気象(学)	〖植〗	植物	〖動〗	動物
〖キ教〗	キリスト教	〖神学〗		〖東方正教会〗	
〖魚〗	魚類	〖神話〗	主にギリシア・ローマ神話	〖病〗	病理
〖教会〗	キリスト教会			〖文〗	文法
〖菌類〗		〖数〗	数学	〖法〗	法律
〖軍〗	軍事	〖聖〗	聖書	〖薬〗	薬学
〖劇〗	演劇	〖生化学〗		〖論〗	論理学
〖建〗	建築	〖生物〗	生物学		
〖古医〗	古医学	〖生物地理〗			

5. 語義

5.1 語義は **1, 2**... で分類した．ただし，見出し語によっては，**I, II**... または **A, B**... による大分類がこれに先行することがある．また，下位分類には (a), (b)... を用いた．

5.2 語義番号に付された ◇ については **1.1** を参照．

5.3 語義中に用いた ( ) は括弧内の部分が省略可能であることを示し，[ ] は括弧内の部分が先行の語(句)と置き換え可能であることを示す．

5.4 固有名詞にはラテン語読みに基づくカタカナ表記を付け，ギリシア語読みや慣用的な読み方がある場合は，それぞれ *, ‖ を付したうえでそれらのカタカナ表記を記した．

例: **Athēnae**... アテーナエ，*-ナイ，‖アテネ (*ギリシア語読みでは，多くの場合，ラテン語読みと一致する部分をハイフンで省略した: 上記の例ではギリシア語読みは「アテーナイ」となる)．

5.5 一つの固有名詞が複数の人物・町などを示す場合は，《 》の中で (1), (2)... を用いてそれらを列挙した．

例: **Cassius**... カッシウス《ローマ人の氏族名; 特に (1) *L.* ~ *Longinus Ravilla*，執政官 (前127); 峻厳な裁判官．(2) *C.* ~ *Longinus*，軍人で政治家 (?-前42); Brutus らと共謀して Caesar を暗殺した》．(*ここで ~ は見出し語と同じ語形であることを示す)．

6. 語法

6.1 語法上の指示・説明は ( ) を用いて示した (略記については「言語名・文法用語一覧」を参照)．

例: **meminī**... (*pf* 形で *pres* の意味に用いられる)．
tōtus -a -um (*gen* -tīus, *dat* -tī)．
(C-) その見出し語が大文字で始まることを示す．
(*impers*) (*pass*) (*refl*) (*pl*), etc.

6.2 見出し語にかかわる統語法は，語義の直後に〈 〉で囲んで示した．略記はそれぞれ以下の意味である (「言語名・文法用語一覧」も参照のこと)．

alci 人の与格	alqd 物・事の対格
alci rei 物・事の与格	alqa 物・事の対格複数
alcis 人の属格	alqo 人の奪格
alcis rei 物・事の属格	re 物・事の奪格
alqs 人の主格	loco 場所の奪格
alqm 人の対格	locum 場所の対格
alqos 人の対格複数	

また，支配する格や要求される構文などを示す場合は + を用いた．

例: 〈+*abl*〉〈+*acc c. inf*〉．

6.3 統語法の指示中に用いられた( )と[ ]については **5.3** を参照.

7. 用 例

7.1 用例は，語義・語法の後にイタリック体を用いて挙げた．なお，見出し語と同形の部分は ～ で示した．

7.2 長音記号は原則的に省略した．ただし，第1変化女性名詞単数奪格や第4変化男性名詞単数属格・複数主・対格など，それなしでは(単数)主格と区別できない場合は長音記号を付した．

7.3 用例中の( )と[ ]については **5.3** を参照.

7.4 多用される語句以外は，用例に出典(基本的に作者のみ)を示した(略記については「用例の著作家・作品一覧」参照).

言語名・文法用語一覧

abl (=ablative)　奪格
abl abs (=ablative absolute)　絶対的奪格
abs (=absolute)　独立用法の
acc (=accusative)　対格
act (=active)　能動(相)の
adj (=adjective)　形容詞
adv (=adverb)　副詞
alci=alicui　＊以下, alqs まで凡例 6.2 を参照
alcis=alicujus
alqa=aliqua
alqd=aliquid
alqm=aliquem
alqo=aliquo
alqos=aliquos
alqs=aliquis
Arab. (=Arabic)　アラビア語
Aram. (=Aramaic)　アラム語
c. (=cum)　…とともに
card (=cardinal)　基数(の)
comp (=comparative)　比較級(の)
conj (=conjunction)　接続詞
dat (=dative)　与格
defect (=defective)　欠如(動詞)

demonstr (=demonstrative)　指示の; 指示詞
dep (=deponent)　形式受動相(動詞)
desid (=desiderative)　願望(動詞)
dim (=diminutive)　指小の; 指小辞
distrib (=distributive)　配分の; 配分詞
Egypt. (=Egyptian)　エジプト語
enclitic　前接辞
f (=feminine)　女性(形); 女性名詞
Fr. (=French)　フランス語
freq (=frequentative)　反復(動詞)
fut (=future)　未来(形)
fut p (=future participle)　未来分詞
G (=German)　ドイツ語
Gall. (=Gallic)　ガリア語
gen (=genitive)　属格
ger (=gerund)　動名詞
gerundiv (=gerundive)　動形容詞
Gk (=Greek)　ギリシア語
Heb. (=Hebrew)　ヘブライ語
impers (=impersonal)　非人称の
impf (=imperfect)　未完了(形)
impr (=imperative)　命令法
inch (=inchoative)　起動(動詞)

ind (=indicative)　直説法
indecl (=indeclinable)　不変化の；不変化詞
indef (=indefinite)　不定の
inf (=infinitive)　不定法
int (=interjection)　間投詞
intens (=intensive)　強意の
interrog (=interrogative)　疑問の；疑問詞
intr (=intransitive)　自動詞
irreg (=irregular)　不規則変化の
juss (=jussive)　命令の
loc (=locative)　所格
m (=masculine)　男性(形)；男性名詞
n/neut (=neuter)　中性(形)；中性名詞
nom (=nominative)　主格
num (=numeral)　数詞
object (=objective)　目的語の(役目をしている)
ord (=ordinal)　序数(の)
Oscan　オスク語　*Italic 語派の一言語
part (=participle)　分詞
particle　小辞
pass (=passive)　受動(相)の
pers (=personal)　人称の
Pers. (=Persian)　ペルシア語
pf (=perfect)　完了(形)

Phoen. (=Phoenician)　フェニキア語
pl (=plural)　複数(形)
plpf (=pluperfect)　過去完了(形)
poss (=possessive)　所有の
pp (=perfect participle)　完了分詞
pr/pres (=present)　現在(形)
predic (=predicative)　叙述的な
pref (=prefix)　接頭辞
prep (=preposition)　前置詞
pron (=pronoun)　代名詞
prp (=present participle)　現在分詞
Punic　カルタゴ語
refl (=reflexive)　再帰の
relat (=relative)　関係を表わす；関係詞
sc. (=scilicet)　すなわち
Sem. (=Semitic)　セム語
sg (=singular)　単数(形)
subj (=subjunctive)　接続法
subject (=subjective)　主語の(役目をしている)
subst (=substantive)　実詞(の)
suf (=suffix)　接尾辞
sup (=supine)　目的分詞
superl (=superlative)　最上級(の)
Syr. (=Syriac)　シリア語
tr (=transitive)　他動詞
voc (=vocative)　呼格

用例の著作家・作品一覧

APUL = Apuleius (2 世紀)　著述家・雄弁家
AUG = Aurelius Augustinus (354–430)　教父・哲学者
AUGUST = C. Julius Caesar Octavianus Augustus (前 63–後 14)　初代ローマ皇帝
AUR = M. Aurelius (121–180)　ローマ皇帝・ストア哲学者
AUS = D. Magnus Ausonius (4 世紀)　詩人
CAEL = M. Caelius Rufus (前 1 世紀)　Cicero の友人
CAEL AUR = Caelius Aurelianus (5 世紀)　医学者
CAES = C. Julius Caesar (前 100–44)　軍人・政治家・歴史家

凡　例

- C<small>ALP</small>＝ Calpurnius Flaccus (2 世紀)　修辞学者
- C<small>APEL</small>＝ Martianus Minneus Felix Capella (5 世紀)　著述家・文法家
- C<small>ASSIAN</small>＝ Johannes Cassianus (435 没)　修道士・神学者
- C<small>ASSIOD</small>＝ Flavius Magnus Aurelius Cassiodorus (490 頃-585 頃)　政治家・著述家・僧侶
- C<small>ATO</small>＝ M. Porcius Cato (前 234-149)　政治家・文人
- C<small>ATUL</small>＝ C. Valerius Catullus (前 84 頃-54 頃)　抒情詩人
- C<small>ELS</small>＝ A. Cornelius Celsus (1 世紀前半)　著述家
- C<small>HAR</small>＝ Flavius Sosipater Charisius (4 世紀)　文法学者
- C<small>IC</small>＝ M. Tullius Cicero (前 106-43)　雄弁家・政治家・著述家
- C<small>LAUD</small>＝ Claudius Claudianus (404 頃没)　詩人
- C<small>OD</small> J<small>UST</small>＝ Codex Justinianus「ユスティーニアーヌス法典」(別名「勅法集」; 534 発布)
- C<small>OL</small>＝ L. Junius Moderatus Columella (1 世紀中頃)　農学者
- C<small>ULEX</small>＝ Culex「蚋(ぶよ)」(*Appendix Vergiliana*「ウェルギリウス補遺」中の小叙事詩; Augustus 帝の頃)
- C<small>URT</small>＝ Q. Curtius Rufus (1 世紀中頃)　歴史家・修辞学者
- C<small>YPR</small>＝ Thascius Caecilius Cyprianus (258 殉教)　教父
- D<small>ICT</small>＝ Dictys Cretensis　4 世紀のラテン語訳が伝わる「トロイア戦記」の著者
- D<small>IG</small>＝ *Digesta*「学説集」(Corpus Juris Civilis「ローマ法大全」の主要部分; 533 発布)
- D<small>IOM</small>＝ Diomedes (4 世紀)　文法学者
- D<small>ONAT</small>＝ Aelius Donatus (4 世紀)　文法学者
- E<small>NN</small>＝ Q. Ennius (前 239-169)　叙事詩人
- F<small>EST</small>＝ Sex. Pompeius Festus (2 世紀末)　文法学者
- F<small>IRM</small>＝ Julius Firmicus Maternus (4 世紀中頃)　天文学者・神学者
- F<small>LOR</small>＝ L. Annnaeus Florus (2 世紀)　歴史家
- F<small>RONT</small>＝ M. Cornelius Fronto (100 頃-166 頃)　修辞家・雄弁家
- F<small>RONTIN</small>＝ Sex. Julius Frontinus (30 頃-104)　著述家
- G<small>AIUS</small>＝ Gaius Noster (2 世紀)　法学者
- G<small>ELL</small>＝ A. Gellius (2 世紀中頃)　文法家・著述家
- G<small>ERM</small>＝ Germanicus Julius Caesar (前 15-後 19)　軍人・政治家・文人
- H<small>IER</small>＝ Eusebius Sophronius Hieronymus (347 頃-420 頃)　教父・*Vulgata* (ラテン語訳聖書)の完成者
- H<small>IRT</small>＝ A. Hirtius (前 43 没)　軍人・政治家・歴史家
- H<small>OR</small>＝ Q. Horatius Flaccus (前 65-8)　抒情詩人
- H<small>YG</small>＝ Hyginus (2 世紀?)　著述家
- I<small>SID</small>＝ Isidorus (560 頃-636)　Sevilla の大司教・学者
- J<small>ULIAN</small>＝ Salvius Julianus (2 世紀)　法学者
- J<small>UST</small>＝ M. Junianus Justus (3 世紀?)　歴史家

Juv＝ D. Junius Juvenalis (1-2 世紀)　諷刺詩人
Lact＝ L. Caelius Firmianus Lactantius (3 世紀後半-4 世紀)　神学者
Lampr＝ Aelius Lampridius (4 世紀)　歴史家
Larg＝ Scribonius Largus (1 世紀前半)　医学者
Liv＝ T. Livius (前 59-後 17)　歴史家
Luc＝ M. Annaeus Lucanus (39-65)　詩人
Lucil＝ C. Lucilius (前 180 頃-102 頃)　諷刺詩人
Lucr＝ T. Lucretius Carus (前 94 頃-55 頃)　哲学詩人
L. XII＝ *Leges duodecim tabularum*「十二表法」(前 450 頃制定)
Macr＝ Ambrosius Theodosius Macrobius (5 世紀)　文法学者・著述家
Man＝ M. Manilius (1 世紀初め)　天文学者・詩人
Marcel＝ Ulpius Marcellus (2 世紀中頃)　法学者
Marc Emp＝ Marcellus Empiricus (5 世紀)　医学者
Mart＝ M. Valerius Martialis (40 頃-104 頃)　エピグラム詩人
Maur＝ Terentianus Maurus (2 世紀後半)　文法学者
Mela＝ Pomponius Mela (1 世紀中頃)　地理学者
Nep＝ Cornelius Nepos (前 99 頃-24 頃)　伝記作家
Ov＝ P. Ovidius Naso (前 43-後 17)　詩人
Pac＝ M. Pacuvius (前 220 頃-130 頃)　悲劇詩人
Pall＝ Rutilius Taurus Aemilianus Palladius (4 世紀)　農学者
Papin＝ Aemilius Papinianus (2 世紀後半)　法学者
Paul＝ Julius Paulus (3 世紀前半)　法学者
Pers＝ A. Persius Flaccus (34-62)　諷刺詩人
Petr＝ Petronius Arbiter (1 世紀中頃)　諷刺作家
Phaedr＝ Phaedrus (前 15 頃-後 50 頃)　寓話作家
Planc＝ L. Munatius Plancus　執政官 (前 42)
Plaut＝ T. Maccius Plautus (前 254 頃-184)　喜劇詩人
Plin＝ C. Plinius Secundus (Plinius Major) (23-79)　博物誌家
Plin Min＝ C. Plinius Caecilius Secundus (Plinius Minor) (62 頃-113 頃)　政治家・著述家
Pompon＝ Sex. Pomponius (2 世紀中頃)　法学者
Priap＝ *Priapea*「プリアープス讃歌集」(Augustus 帝の頃)
Prisc＝ Priscianus Caesariensis (6 世紀)　文法学者
Prop＝ Sex. Propertius (前 50 頃-15 頃)　詩人
Ps-Cypr＝ Pseudo-Cyprianus (偽キュプリアーヌス; 3-5 世紀; ⇨ Cypr)
Quint＝ M. Fabius Quintilianus (35 頃-100 頃)　修辞学者
Rhet Her＝ *Rhetorica ad Herennium*「ヘレンニウスに与える弁論術」(作者不詳; 前 85 頃)
Sab＝ Masurius Sabinus (1 世紀前半)　法学者
Sall＝ C. Sallustius Crispus (前 86 頃-35 頃)　歴史家

凡　例

SCAEV＝ Q. Cervidius Scaevola（2 世紀後半）　法学者
SCAUR＝ Q. Terentius Scaurus（2 世紀前半）　文法学者
SEN＝ L. Annaeus Seneca (Seneca Minor)（前 4 頃-後 65）　哲学者・悲劇作家・政治家
SEN MAJ＝ L. Annaeus Seneca (Seneca Major)（前 55 頃-後 40 頃）　修辞学者・著述家
SID＝ C. Sollius Apollinaris Sidonius（5 世紀）　司教・詩人
SIL＝ Silius Italicus（26 頃-101）　叙事詩人・政治家
STAT＝ P. Papinius Statius（45 頃-96 頃）　叙事詩人
SUET＝ C. Suetonius Tranquillus（69 頃-140 頃）　伝記作家
TAC＝ Cornelius Tacitus（55 頃-120 頃）　歴史家
TER＝ P. Terentius Afer（前 190 頃-159）　喜劇詩人
TERT＝ Q. Septimius Florens Tertullianus（160 頃-220 頃）　教父・神学者
TIB＝ Albius Tibullus（前 48 頃-19）　詩人
ULP＝ Domitius Ulpianus（3 世紀前半）　法学者
VAL FLAC＝ C. Valerius Flaccus（1 世紀後半）　叙事詩人
VAL MAX＝ Valerius Maximus（1 世紀前半）　著述家
VARR＝ M. Terentius Varro（前 116-27）　学者・著述家
VEG＝ Flavius Vegetius Renatus（4 世紀後半）　兵学著述家
VELL＝ Velleius Paterculus（前 19 頃-後 30 頃）　歴史家
VERG＝ P. Vergilius Maro（前 70-19）　詩人
VITR＝ Vitruvius Pollio（Augustus 帝の頃）　建築家
VULG＝ *Vulgata*「ラテン語訳聖書」（5 世紀初め完成）

主要参考文献

Blaise, Albert. 1954. *Dictionnaire latin-français des auteurs chrétiens.* Turnhout: Brepols.
Ernout, Alfred et Antoine Meillet. 1932. *Dictionnaire étymologique de la langue latine. Histoire des mots.* Paris: Klincksieck.
Gaffiot, Félix. 1934. *Dictionnaire latin-français.* Paris: Hachette. Nouvelle édition, 2000.
Georges, K. E. 1913. *Ausführliches Lateinisch-Deutsches Handwörterbuch.* Teil I: Lateinisch-Deutsch. Hannover: Hahnsche Buchhandlung.
Glare, P.G.W. 1968-82. *Oxford Latin Dictionary.* Oxford: Clarendon Press.
Grant, Michael. 1986. *A Guide to the Ancient World.* New York: Barnes & Noble.
Habel, Edwin und Friedrich Gröbel. 1959. *Mittellateinisches Glossar.* Paderborn: Ferdinand Schöningh.
Hornblower, Simon and Antony Spawforth. 1996[3]. *Oxford Classical Dictionary.* Oxford: Oxford University Press. Revised edition, 2003.
Hoven, René. 2006. *Lexique de la prose latine de la Renaissance.* Leiden: Brill.
Kidd, D. A. 1957, 1996[2]. *Collins Gem Latin Dictionary.* London: Collins.
Kodzu, Harushige (高津春繁). 1960. 『ギリシア・ローマ神話辞典』岩波書店.
Kühner, Raphael und Friedrich Holzweissig. 1912. *Ausfürliche Grammatik der Lateinischen Sprache.* Teil I: Elementar-, Formen- und Wortlehre. Hannover: Hahnsche Buchhandlung.
Latham, R. E. 1965. *Revised Medieval Latin Word-List.* London: Oxford University Press.
Lewis, C. T and Charles Short. 1879. *A Latin Dictionary.* Oxford: Clarendon Press.
Menge, Hermann. 1911. *Langenscheidts Grosswörterbuch Latein,* Teil I Lateinisch-Deutsch. Berlin: Langenscheidt.
Niermeyer, J. F. 1976, 2002[2]. *Mediae Latinitatis Lexicon Minus.* Leiden: Brill.
Scarre, Chris. 1995. The Penguin Historical Atlas of Ancient Rome. London: Penguin.
Simpson, D. P. 1959. *Cassell's Latin Dictionary.* New York: Macmillan.
Souter, Alexander. 1949. *A Glossary of Later Latin to 600 A.D.* Oxford: Clarendon Press.
Stelten, L. F. 1995. *Dictionary of Ecclesiastical Latin.* Peabody, MA: Hendrickson.

Thesaurus Linguae Latinae. 1900– . Leipzig: Teubner.
Walde, Alois und J. B. Hofmann. 1938–56. *Lateinisches etymologisches Wörterbuch*. Heidelberg: Carl Winter.

以上の他,『キケロー選集』(岩波書店), 〈西洋古典叢書〉(京都大学学術出版会), The Loeb Classical Library (Harvard University Press) を始め内外で刊行されている翻訳書, および, 医学・生物学・キリスト教などの各種専門辞典も参照した.

A

A, a *indecl n* ラテン語アルファベットの第 1 字.
A., a. 《略》=Aulus; absolvo; antiquo.
ā[1], **āh** *int* (喜び・悲しみ・驚きなどを表わす)ああ.
ab, abs, ā[2] *prep* 〈+*abl*〉(ab は母音と h, abs は特に te の前で) **1** …から, …より: *fuga ab urbe* (Cic) 都からの逃亡. **2** …において, …の側に: *a tergo* 背後に / *a latere* 側面で / *a dextra* (*parte*) 右に / *a fronte* 前に. **3** …以来: *a pueritia* (Ter) 幼少の時以来 / *ab condita urbe* (Liv) 都(ローマ)の建設(前 753)以来. **4** (時間的)…の直後に: *ab hac contione legati missi sunt* (Liv) この演説がすむや, 直ちに使節が派遣された. **5** …に由来して, …の血統で. **6** …によって: *injuria abs te afficior* (Enn) 私はあなたによって不当な仕打ちをうけている. **7** …の理由で: *ab odio* (Liv) 憎悪が原因で. **8** …に関して: *locus copiosus a frumento* (Cic) 穀物の豊富な場所.
ab-, abs-, ā- *pref* [↑] 意味は前置詞 ab を参照 (f の前では au-, s の前では as- となる).
abactiō -ōnis, *f* [abigo] 追い払うこと.
abactus -a -um, *pp* ⇨ abigo.
abacus -ī, *m* [Gk] **1** 食器棚. **2**《建》アバクス《円柱の柱頭上部の平板》. **3** そろばん. **4** ゲーム盤.
abaddir *indecl* °*n* または -īris, °*m* [Heb.] 隕石.
ābaetō -ere, *intr* =abito.
abaliēnātiō -ōnis, *f* [abalieno] (財産の)譲渡.
abaliēnātus -a -um, *adj* (*pp*) [↓] **1** 離反した. **2** 壊死した.
abaliēnō -āre -āvī -ātum, *tr* [ab-/alieno] **1** 譲渡する. **2** 奪う 〈alqm re〉: *abalienati jure civium* (Liv) 市民権を奪われて. **3** 引き離す, 遠ざける, 離反させる 〈alqm [alqd] ab alqo; alqm re〉. **4** 麻痺させる.
abamita -ae, *f* [ab-/amita] 高祖父の姉妹.
abante °*adv*, °*prep* **I** (*adv*) 前方に. **II** (*prep*) 〈+*abl*〉…の前方に.
Abantēus -a -um, *adj* Abas の.
Abantiadēs -ae, *m*《伝説》Abas の子孫《特に息子 Acrisius と曾孫 Perseus》.
abarceō -ēre, *tr* [ab-/arceo] 遠ざける, 隔てる.
Abaris -idis, *m*《伝説》アバリス《(1) Euryalus に殺された Rutuli 人. (2) Phineus の仲間で Perseus に殺された》.
Abās -antis, *m* [Gk]《神話》アバス《Argos 第 12 代目の王; Lynceus と Hypermnestra の息子で Danaus の孫》.
abasia -ae, °*f*《病》失歩, 歩行不能.
abavia -ae, *f* [ab-/avia][1] 高祖母.
abavunculus -ī, *m* [ab-/avunculus] 高祖父の兄弟.
abavus -ī, *m* [ab-/avus] **1** 高祖父. **2** 遠い祖先.
abba *indecl* °*m* [Gk<*Aram.*] **1** アバ, 父なる神. **2** 師父《シリア教会・コプト教会などでの司教の呼称》. **3**《カト》大修道院長.
abbās -ātis, °*m* 大修道院長.
abbātia -ae, °*f*《カト》大修道院.
abbātissa -ae, °*f* [abbas] 女子大修道院長.
abbreviātiō -ōnis, °*f* [↓] **1** 縮小. **2** 減亡.
abbreviō -āre, °*tr* [ad-/brevio] **1** 縮める. **2** 減ぼす.
Abdēra -ae, *f*, **-a** -ōrum, *n pl* [Gk] **1** アブデーラ《Thracia の町; かつてここの住民は愚かだという俗信があった》. **2** 愚行, 気違い沙汰.
Abdērītānus -a -um, *adj* Abdera の.
Abdērītēs, -a -ae, *m* Abdera の人《特に哲人 Democritus》.
abdicātiō -ōnis, *f* [abdico][1] **1** 辞任, 辞職: ~ *dictaturae* (Liv) 独裁官職からの辞任. **2** 廃嫡: ~ *liberorum* (Cod Just) 勘当.
abdicātīvē °*adv* [↓] 否認して.
abdicātīvus -a -um, °*adj* [abdico][1] 否定の, 否認の.
abdicātrix -īcis, °*f* [↓] (女性の)放棄者.
abdicō[1] -āre -āvī -ātum, *tr* [ab-/dico][1] **1** 否定[否認]する. **2** 辞職[辞任]する, 退く 〈alqd; se re〉: *se praeturā abdicare* (Cic) 法務官職から退く. **3** 廃嫡する.
abdicō[2] -ere -dixī -dictum, *tr* [ab-/dico][2] **1** 退ける, 却下する. **2** (ト占が)凶と出る, 是としない: *cum tres partes* (*vineae*) *aves abdixissent* (Cic) 鳥どもが(ブドウ畑の)三つの部分を凶と告げたとき.
abdictus -a -um, *pp* ⇨ abdico[2].
abdidī *pf* ⇨ abdo.
abditē *adv* [abditus] ひそかに, こっそりと.
abdītīvus -a -um, *adj* [abdo] **1** 遠く離れた. **2** 早産の, 流産の.
abditum -ī, *n* [↓] 秘密に: *in abdito* (Plin) こっそりと.
abditus -a -um, *adj* (*pp*) [abdo] 隠れた, ひそかな: *res occultae et penitus abditae* (Cic) 秘密で奥深く隠されたことがら.
abdixī *pf* ⇨ abdico[2].
abdō -ere -didī -ditum, *tr* [ab-/*do (addo, condo, edo*[2]*, indo, obdo, perdo, subdo* などに現われる -do)] **1** 取り去る[払い] 〈alqd a [ex] re in locum〉. **2** 隠す, おおう 〈alqd in locum [in loco]〉: *se in intimam Macedoniam abdere* (Cic) マケドニアの奥地に身をひそめる. **3** (*refl*) 没頭する: *se in litteras abdere* (Cic) 文学に打ち込む.
abdōmen -minis, *n* 腹, 腹部.
abdūcens -entis, °*adj* (*prp*) [↓]《解・生理》外転の.
abdūcō -ere -duxī -ductum, *tr* [ab-/duco] **1** 連

abductiō -ōnis, °*f* [↑] 1 強奪; 誘拐. 2 隠退.
abductor -ōris, °*m* [解] 外転筋.
abductus -a -um, *pp* ⇨ abduco.
abduxī *pf* ⇨ abduco.
abecedāria -ae, °*f* [abecedarius] 初等教育.
abecedāriī -ōrum, °*m pl* [abecedarius] ABC を習う者たち.
abecedārium -ī, °*n* 1 アルファベット. 2 初歩, 入門.
abecedārius -a -um, °*adj* [a, b, c, d] 1 ABC の, アルファベットの. 2 初歩的な, 入門の.
abēgī *pf* ⇨ abigo.
Abēl *indecl* または -ēlis, °*m* [*Gk*<*Heb.*] [聖] アベル 《Adamus と Eva の第2子で兄 Cain に殺された》.
Abella -ae, *f* アベラ 《Campania の町; 現 Avella》.
Abēlus -ī, °*m* =Abel.
abeō -īre -iī [-īvī] -itum, *intr* [ab-/eō²] 1 去る, 出発する 〈abs; ab alqo [re]; ex [de] re in [ad] alqd〉. 2 辞任する 〈+abl〉. 3 消滅する; 死ぬ. 4 (時が)経過する, 過ぎ去る. 5 変化[変形]する, それる 〈a re いる [in] alqd〉: *sed abeo a sensibus* (Cic) だが私の[議論]は感覚の[問題]から逸脱した.
abequitō -āre -āvī -ātum, *intr* [ab-/equito] 馬に乗って去る.
aberrans -antis, °*adj* (*prp*) [aberro] [解] 迷走の, 異常の.
aberrātiō -ōnis, *f* [↓] (煩わしさからの)解放, 気晴らし 〈a re〉.
aberrō -āre -āvī -ātum, *intr* [ab-/erro¹] 1 さまよう. 2 逸脱する, それる 〈a [ex] re; re〉. 3 (気持・注意を)他へ向ける, 気晴らしをする.
abesse *inf* ⇨ absum.
abfore *inf fut* =afuturum esse (⇨ assum¹).
abforem *subj impf* =abessem (⇨ assum¹).
abfutūrus *fut p* =afuturus (⇨ assum¹).
abhinc *adv* [ab-/hinc] 1 以前に, かつて 〈+*acc* [*abl*]〉: ~ *triennium* (Cic) 3年前. 2 今後.
abhorrens -entis, *adj* (*prp*) [↓] 1 異なった 〈a re〉. 2 不適切な, ふさわしくない.
abhorreō -ēre -horruī, *intr* (*tr*) [ab-/horreo] 1 たじろぐ, ひるむ 〈a re; +*abl* [*dat*]; +*acc*〉. 2 いやがる, 嫌う 〈a re; re〉: *a nuptiis abhorrere* (Ter) 結婚したがらない. 3 異質である, 相容れない, 矛盾する 〈a re; + *abl* [*dat*]〉.
abhorrescō -ere, °*intr*, °*tr* ⇨ horresco.
abhorruī *pf* ⇨ abhorreo.
abicere *inf* ⇨ abicio.
abiciō -cere -jēcī -jectum, *tr* [ab-/jacio] 1 投げやる, 投げ捨てる. 2 放棄する; 断念する: *versum abicere* (Cic) 詩作(の朗誦)を急に止める. 3 打ち負かす, 打ち倒す. 4 (*refl*) 口外する. 5 おとしめる; けなす. 6 無力にする, 元気を失わせる.
abiēgineus, -ēgneus, -ēgnius -a -um, *adj*

[碑] =abiegnus.
abiēgnus -a -um, *adj* [↓] モミ製の: *equus* ~ (Prop) [伝説] モミの木で作った馬(=トロイの木馬).
abiēs -etis, *f* [植] モミ(樅)の木. 2 樅材, 樅板. 3 船. 4 槍. 5 (モミの板に書かれた)手紙, 書簡.
abiga -ae, *f* [↓] [植] =chamaepitys.
abigō -ere -ēgī -actum, *tr* [ab-/ago] 1 追いやる, 追い立てる. 2 追い払う, 除去する: *abigere partum* (Tac) 胎児をおろす.
abiī *pf* ⇨ abeo.
abinde °*adv* =inde.
abintus °*adv* [ab-/intus] 内部から.
abiogenesis -is, °*f* [生物] 自然(偶然)発生.
abīre *inf* ⇨ abeo.
abitiō -ōnis, *f* [abeo] 去ること; 死.
ābitō -ere, *intr* [ab-/bito] 出て行く, 立ち去る.
abitus¹ -a -um, *pp* ⇨ abeo.
abitus² -ūs, *m* 1 退去, 出発. 2 出口.
abīvī *pf* =abii (⇨ abeo).
abjēcī *pf* ⇨ abicio.
abjectē *adv* [abjectus] 1 だらしなく. 2 落胆して. 3 卑劣[下劣]に; 卑しく.
abjectiō -ōnis, *f* [abicio] 1 投げ捨てること. 2 失意, 落胆.
abjectus -a -um, *adj* (*pp*) [abicio] 1 (話は)活気のない, 平板な. 2 卑しい; 取るに足りない. 3 卑劣な, 軽蔑すべき. 4 落胆した, 気落ちした.
abjiciō -jicere, *tr* =abicio.
abjūdicō -āre -āvī -ātum, *tr* [ab-/judico] (判決によって)剥奪する 〈alqd ab alqo; alci alqd〉.
abjugō -āre, *tr* [ab-/jugo] 遠ざける, 離す.
abjunctum -ī, °*n* [abjungo] 簡潔な表現.
abjunctus -a -um, *pp* ⇨ abjungo.
abjungō -ere -junxī -junctum, *tr* [ab-/jungo] 1 (軛から)解く. 2 離す, 遠ざける 〈alqm a re〉.
abjunxī *pf* ⇨ abjungo.
abjūrātiō -ōnis, °*f* [↓] 1 誓って[断固として]否認すること. 2 [カト] 異端誓絶.
abjūrō -āre -āvī -ātum, *tr* [ab-/juro] (誓って)否認する.
ablactātiō -ōnis, °*f* [↓] 離乳.
ablactō -āre -āvī -ātum, °*tr* [ab-/lacto¹] 乳離れさせる.
ablaqueātiō -ōnis, *f* [↓] 1 (木の根元を)掘ること. 2 (掘られた)穴.
ablaqueō -āre -āvī -ātum, *tr* [ab-/laqueo¹] (木の根元の)土をほぐす.
ablātiō -ōnis, °*f* [aufero] 取り去る[奪う]こと.
ablātīvus¹ -a -um, *adj* [aufero] [文] 奪格の.
ablātīvus² -ī, *m* [文] 奪格.
ablātus -a -um, *pp* ⇨ aufero.
ablēgātiō -ōnis, *f* [↓] 1 派遣. 2 追放, 流罪.
ablēgō -āre -āvī -ātum, *tr* [ab-/lego¹] 1 遠ざける, 追いやる 〈alqm a re; alqm ad [in] alqd〉. 2 派遣する, 配属する.
ablepsia -ae, °*f* [*Gk*] [病] 盲目, 失明.
ablevō -āre, °*tr* [ab-/levo²] (荷を)軽くする, 軽減する.
abligūr(r)iō -īre -īvī [-iī] -ītum, *tr* [ab-/ligu-

rio] **1** なめ[食い]尽くす. **2** 浪費する, 蕩尽する: ~ *patrimonium* (APUL) (相続した)財産を食いつぶす.
ablocō -āre -āvī -ātum, *tr* [ab-/loco] 賃貸する.
ablūdō -ere -lūsī -lūsum, *intr* [ab-/ludo] 一致しない, 異なる〈a re〉.
abluentia -ōrum, °*n pl* [abluo] 〖薬〗洗浄薬.
abluī *pf* ⇨ abluo.
abluō -ere -luī -lūtum, *tr* [ab-/luo¹] **1** 洗う, 洗浄する. **2** 払拭する, 取り除く. **3**° 〖教会〗(罪を)清める, 赦す; 洗礼を施す.
ablūsī *pf* ⇨ abludo.
ablūsus -a -um, *pp* ⇨ abludo.
ablūtiō -ōnis, °*f* [abluo] **1** 洗い流すこと. **2** 〖教会〗洗礼.
ablūtus -a -um, *pp* ⇨ abluo.
ablūviō -ōnis, *f* [abluo] 水で洗い去ること; 侵食.
ablūvium -ī, *n* [abluo] 洪水, 氾濫.
abmātertera -ae, *f* [ab-/matertera] 高祖母の姉妹.
abnegātiō -ōnis, °*f* [abnego] 否認, 否定.
abnegātīvus -a -um, °*adj* [↓] 否定的の, 否認の.
abnegō -āre -āvī -ātum, *tr* [ab-/nego] **1** 断わる, 拒絶する; 渡さない〈alci alqd〉. **2** 否定[否認]する〈*abs*; +*inf*〉.
abnepōs -ōtis, *m* [ab-/nepos] **1** 玄孫, 曾孫の息子. **2** 遠い子孫, 末裔.
abneptis -is, *f* [ab-/neptis] 曾孫の娘, 玄孫.
Abnoba -ae, *f* アブノバ《Germaniaの山脈; 現Schwarzwald》.
abnoctō -āre, *intr* [ab-/nox] 外泊する.
abnōdō -āre -āvī -ātum, *tr* [ab-/nodus] 木の節を切り取る.
abnormis -is -e, *adj* [ab-/norma] 規範に合わない: ~ *sapiens* (HOR) どの学派にも属さない哲学者.
abnuentia -ae, °*f* [abnuo] 否認.
abnueō -ēre, *tr*, *intr* =abnuo.
abnuī *pf* ⇨ abnuo.
abnumerō -āre -āvī -ātum, *tr* [ab-/numero¹] 数え上げる, 合計する.
abnuō -ere -nuī -nuitum, *tr*, *intr* **1** 首を横に振る; 断わる, 拒絶する, 許さない〈alci alqd〉. **2** 否認[否定]する, 反駁する〈alqd; +*acc c. inf*; +*inf*〉.
abnūtīvus -a, um, °*adj* [↑] 拒絶の, 否認の.
abnūtō -āre -āvī -ātum, *tr freq* [abnuo] (繰り返し)拒否の意を表する.
abolefaciō -cere, °*tr* =aboleo.
aboleō -ēre -olēvī -olitum, *tr* [*cf*. adoleo] **1** 破壊する, 滅ぼす. **2** 廃止する, 破棄する〈alci alqd〉: *magistratum alci abolere* (LIV) ある人の官職を廃止する.
abolēscō -ere -olēvī, *intr inch* [↑] 消える, なくなる.
abolēvī *pf* ⇨ aboleo, abolesco.
abolitiō -ōnis, *f* [aboleo] **1** 破棄, 廃止〈alcis rei〉. **2** 大赦. **3**° 〖法〗訴訟の打切り.
abolitus¹ -a -um, *pp* ⇨ aboleo.
abolitus² -ūs, °*m* =abolitio.
abolla -ae, *f* (羊毛の)外套, マント.
abōminābilis -is -e, *adj* [abominor] 憎むべき,

忌まわしい.
abōminandus -a -um, *adj* (*gerundivum*) [abominor] **1** 不吉な, 縁起の悪い. **2** 憎むべき, 忌まわしい.
abōminātiō -ōnis, °*f* [abominor] **1** 憎悪, 嫌悪. **2** 嫌悪すべきもの.
abōminātus -a -um, *pp* ⇨ abomino, abominor.
abōminō -āre -āvī -ātum, *tr* =abominor.
abōminor -ārī -ātus sum, *tr dep* [ab-/ominor] **1** 凶兆が実現しないように祈る. **2** 忌み嫌う.
abōminōsus -a -um, °*adj* [ab-/ominosus] 凶兆の, 不吉な (=ominosus).
Aborīginēs -um, *m pl* アボリーギネース《Italiaの原住民でローマ人の祖先といわれる》. **2** (都市の)創建者たち, 原住民.
aborīgineus -a -um, *adj* [↑] 原住民の.
aborior -orīrī -ortus sum, *intr dep* [ab-/orior] **1** 没する, 消える. **2** (妊婦が)流産する, (胎児が)早産で生まれる.
aboriscor -ī, *intr dep* [↑] 消滅する, 死ぬ.
aborsus¹ -a -um, °*adj* [aborior] 流産[早産]した.
aborsus² -ūs, °*m* =abortus.
abortiō¹ -ōnis, *f* [aborior] 流産, 早産.
abortiō² -īre -īvī, °*intr* 流産[早産]する.
abortium -ī, °*n* =abortio¹.
abortīvum -ī, *n* [↓] **1** 流産. **2** 堕胎薬.
abortīvus -a -um, *adj* [aborior] **1** 早産の. **2** 流産を起こさせる. **3** 避妊の.
abortō -āre, *intr* [abortus] 早産する.
abortum -ī, *n* (*pp*) [aborior] 流産.
abortus -ūs, *m* [aborior] **1** 早産, 流産. **2** 死産児.
abpatruus -ī, *m* [ab-/patruus¹] 高祖父の兄弟.
abra -ae, °*f* [*Gk*] 侍女, 女奴隷.
abrādō -ere -rāsī -rāsum, *tr* [ab-/rado] **1** 削り[こすり]落とす. **2** そる. **3** 巻き上げる, 奪う〈alqd ab alqo〉.
Abrahām *indecl* または -ae, °*m* [*Heb.*] 〖聖〗アブラハム《Isaacの父でユダヤ人の始祖》.
abrāsī *pf* ⇨ abrado.
abrāsiō -ōnis, °*f* [abrado] **1** そる[刈る]こと. **2** 剥離, 擦過傷.
abrāsus -a -um, *pp* ⇨ abrado.
abrelēgō -āre -āvī, °*tr* [ab-/relego¹] 放逐[追放]する.
abrenuntiātiō -ōnis, °*f* [↓] 放棄, 断念.
abrenuntiō -āre -āvī -ātum, °*intr* [ab-/renuntio] 断念する, 放棄する〈+*dat*〉.
abreptus¹ -a -um, *pp* ⇨ abripio.
abreptus² -ūs, °*m* 誘拐.
abripere *inf* ⇨ abripio.
abripiō -pere -ripuī -reptum, *tr* [ab-/rapio] ひったくる, 奪う, 連れ[取り]去る〈alqd [alqm] ab alqo; a [ex, de] re ad [in] alqd〉; (*refl*) あわてて逃げる.
abripuī *pf* ⇨ abripio.
abrōdō -ere -rōsī -rōsum, *tr* [ab-/rodo] かじり取る.
abrogātiō -ōnis, *f* [↓] 廃止: ~ *legis* (CIC) 法の廃止.

abrogō -āre -āvī -ātum, *tr* [ab-/rogo] **1** 廃止する, 破棄する. **2** 取り去る: *magistratum alci abrogare* (Cic) ある人から官職を奪う / *fidem abrogare* (Cic) 信用しない.
abrōsī *pf* ⇨ abrodo.
abrōsus -a -um, *pp* ⇨ abrodo.
abrotonum -ī, *n*, **-us** -ī, *m* [Gk] 〖植〗カワラヨモギ.
abrumpō -ere -rūpī -ruptum, *tr* [ab-/rumpo] **1** 引きちぎる, もぎ取る ⟨alqd (a) re⟩. **2** 引き裂く. **3** 中断[中止]する: *medium sermonem abrumpere* (Verg) 話を急に打ち切る. **4** 違反する, 破る.
abrūpī *pf* ⇨ abrumpo.
abruptē *adv* [abruptus] **1** 唐突に, 不意に: ~ *cadere in orationem* 唐突に本論に入る. **2**° 性急[軽率]に: ~ *agere* (Just) 軽挙妄動する.
abruptiō -ōnis, *f* [abrumpo] **1** 引き裂く[ちぎる]こと. **2** 中断; 絶縁.
abruptum -ī, *n* [↓] 断崖, 絶壁; 深淵, 奈落.
abruptus -a -um, *adj* (*pp*) [abrumpo] **1** 険しい, 切り立った. **2**(話の)脈絡のない, 唐突な. **3** ぶっきらぼうな, 無愛想な: *abrupta contumacia* (Tac) かたくなな反抗.
abs *prep* =ab.
abscēdō -ere -cessī -cessum, *intr* [ab-/cedo²] **1** 立ち去る; 撤退する ⟨ab alqo; a [ex, de] re⟩. **2** やめる, 断念する ⟨re⟩: *abscedere incepto* (Liv) 企てを断念する. **3** 消える, なくなる: *aegritudo abscedit* (Plaut) 悩みが消える.
abscessī *pf* ⇨ abscedo.
abscessiō -ōnis, *f* [abscedo] **1** 退去; 後退. **2**° 〖教会〗背教, 棄教.
abscessus¹ -a -um, *pp* ⇨ abscedo.
abscessus² -ūs, *m* **1** 退去; 退却; 不在. **2** 〖病〗膿瘍.
abscīdī¹ *pf* ⇨ abscido.
abscīdī² *pf* ⇨ abscindo.
abscīdō -ere -cīdī -cīsum, *tr* [ab-/caedo] **1** 切り落とす, 切断する ⟨alci alqd⟩. **2** 分離する, 隔てる. **3** 取り去る, 奪う ⟨alci alqd⟩: *alci spem abscidere* (Liv) ある人の望みを絶つ.
abscindō -ere -scidī -scissum, *tr* [ab-/scindo] **1** もぎ取る, 引きちぎる ⟨alqd (a [de]) re⟩. **2** 分離する, 隔てる. **3** 中止する, やめる.
abscīsē *adv* [abscisus] 簡潔に.
abscīsiō -ōnis, *f* [abscido] **1** 切断. **2** 中止, 中断; 〖修〗頓絶法.
abscissus -a -um, *pp* ⇨ abscindo.
abscīsus -a -um, *adj* (*pp*) [abscido] **1** 切り取られた. **2** 険しい, 切り立った. **3** 簡潔な, 短い.
abscondī *pf* ⇨ abscondo.
abscondidī *pf* ⇨ abscondo.
absconditē *adv* [absconditus] **1**° 隠れて, ひそかに. **2**(談話・文章が)あいまいに; 深遠に.
absconditum -ī, *n* [↓] 秘密.
absconditus -a -um, *adj* (*pp*) [↓] 隠れた, 秘密な.
abscondō -ere -condī [-condidī] -conditum [-consum], *tr* [ab-/condo] **1** 隠す ⟨alqd [alqm]⟩ (in re). **2** 見えなくする, おおう. **3**(場所などを)あとにする: *aerias Phaeacum abscondimus arces* (Verg) 私たちは高くそびえる Phaeaces 人の城塞をあとにする. **4** 秘密にする.
absconsē *adv* [absconsus] 秘密に, こっそりと.
absconsiō -ōnis, °*f* [abscondo] 隠れること, 隠すこと.
absconsum -ī, °*n* [↓] 秘密: *in abscunso* (Aug) 秘密に, こっそりと.
absconsus -a -um, *pp* ⇨ abscondo.
absegmen -inis, *n* [ab-/seco] (肉の)薄片.
absens¹ -entis, *adj* (*prp*) [absum] **1** 不在の. **2** 放心した. **3** 遠くの, 遠隔の.
absens² -entis, °*m*, °*f* 〖法〗不在者.
absentia -ae, *f* [absens¹] **1** 不在. **2** 欠如, ないこと. **3**° 〖医〗欠神.
absentīvus -a -um, *adj* [absens¹] 長らく不在の.
absentō -āre, °*tr*, °*intr* [absens¹] **1** 遠ざける, 不在にさせる. **2** 不在である.
absiliī *pf* ⇨ absilio.
absiliō -īre -iī [-uī], *intr* (*tr*) [ab-/salio¹] 飛び去る.
absiluī *pf* =absilii (⇨ absilio).
absimilis -is -e, *adj* [ab-/similis] 似ていない, 異なった.
absinthiātum -ī, °*n* [↓] (*sc.* vinum) アブサン酒.
absinthiātus -a -um, *adj* [↓] ニガヨモギを含んだ.
absinthium -ī, *n* [Gk] **1** 〖植〗ニガヨモギ. **2** アブサン酒.
absis -sidis, *f* =apsis.
absistō -ere -stitī, *intr* [ab-/sisto] **1** 退く, 去る ⟨(a) re⟩. **2** やめる, 断念する ⟨re; +*inf*⟩.
absit **3** *sg subj pr* ⇨ absum.
absitus -a -um, °*adj* [ab-/situs¹] 遠い, 離れた.
absocer -erī, °*m* [ab-/socer] 配偶者の高祖父.
absolūbilis -is -e, °*adj* [absolvo] 許されうる.
absolūtē *adv* [absolutus] **1** 完全に, 全く. **2** 正確に, 卒直に, 絶対的に. **3**° 〖文〗独立して.
absolūtiō -ōnis, *f* [absolvo] **1** 無罪放免; 免除. **2** 完成, 完了. **3**° 〖カト〗罪の赦し; 赦免.
absolūtīvē °*adv* [↓] **1** 絶対的に. **2** 〖文〗原級で.
absolūtīvus -a -um, °*adj* [absolvo] 絶対的な.
absolūtōrius -a -um, *adj* [absolvo] 無罪放免の; 免除の.
absolūtus -a -um, *adj* (*pp*) [absolvo] **1** 完全な, 完璧な. **2** 絶対的な, 無条件の: *necessitudo absoluta* (Cic) 絶対的必然性. **3** 〖文〗原級の.
absolvī *pf* ⇨ absolvo.
absolvō -ere -solvī -solūtum, *tr* [ab-/solvo] **1** 離し, 解く, 解放する ⟨alqd [alqm] re; alqm ab alqo⟩. **2** 免除する; 無罪にする ⟨alqm alcis rei; alqm (de) re⟩. **3** 完成する, 仕上げる. **4** 物語る.
absonē *adv* [absonus] 耳ざわりに, 不調和に.
absonō -āre -sonuī, *intr* [↓] 不協和音を出す, 調子はずれである.
absonus -a -um, *adj* [ab-/sonus²] **1**(音の)調子はずれの, 耳ざわりな, 不協和の. **2** 調和[一致]しない

⟨a re; alci rei⟩.
absorbeō -ēre -sorbuī -sorptum, *tr* [ab-/sorbeo] のみ込む, のみ下す, 吸収する: *hunc absolbuit aestus gloriae* (Cɪᴄ) 野心の炎が彼をのみ込んだ / *absorbet orationem meam* (Cɪᴄ) 私の演説を押し流す.
absorbitiō -ōnis, °*f* [↑] のみ込むこと.
absorptiō -ōnis, °*f* [absorbeo] 『生理』吸収: ～ *cutanea* 皮膚吸収.
absp- ⇨ asp-.
absque *prep* ⟨+*abl*⟩ [ab-/-que²] …なしに, …を除いて.
abstantia -ae, *f* [absto] 間隔, 距離.
abstēmius -a -um, *adj* [ab-/temetum] 1 禁酒している; 節制している, 節度のある. 2 倹約な.
abstentiō -ōnis, °*f* [abstineo] 節制; 抑制.
abstentus -a -um, *pp* ⇨ abstineo.
abstergentia -ōrum, °*n pl* [↓] 『薬』清浄薬.
abstergeō -ēre -tersī -tersum, *tr* [ab-/tergeo] 1 ぬぐう, ふき取る. 2 壊す, 粉砕する. 3 追い払う, 取り去る.
absterreō -ēre -terruī -territum, *tr* [ab-/terreo] 1 (おどして) 追い払う ⟨alqm a re⟩. 2 妨げる ⟨alqm (a) re⟩.
abstersī *pf* ⇨ abstergeo.
abstersiō -ōnis, °*f* [abstergeo] ふき取ること.
abstersus -a -um, *pp* ⇨ abstergeo.
abstinens -entis, *adj* (*prp*) [abstineo] 節制している, 節度のある ⟨(in) re; alcis rei⟩: ～ *pecuniae* (Hᴏʀ) 金銭に超然としている.
abstinenter *adv* [↑] 無欲に.
abstinentia -ae, *f* [abstinens] 1 節制 ⟨alcis rei; a re⟩. 2 断食. 3 無私. 4 倹約.
abstineō -ēre -tinuī -tentum, *tr*, *intr* [ab-/teneo] I (*tr*) 近づけない, 遠ざける; 妨げる, 防ぐ ⟨alqm [alqd] (a) re; alci alqd⟩: *se cibo abstinere* (Cᴀᴇꜱ) 食物から遠ざかる, 断食する / *manus a muliere abstinere* (Lᴜᴄɪʟ) 女に手を出さない. II (*intr*) 離れている, 近づかない; 思いとどまる, 断念する ⟨(a) re; +*gen*; +*inf*; ne, quominus, quin⟩: *abstineto irarum* (Hᴏʀ) 怒りを絶て / *aegre abstinent, quin castra oppugnent* (Lɪᴠ) 不本意ながら陣営を襲撃するのを断念する.
abstitī *pf* ⇨ absisto.
abstō -āre, *intr* [ab-/sto] 離れて立つ.
abstractiō -ōnis, °*f* [abstraho] 1 連れ去ること: ～ *conjugis alicujus* (Dɪᴄᴛ) 人妻の誘拐. 2 『哲』抽象.
abstractus -a -um, °*adj* (*pp*) [↓] 抽象的な; 観念的な: *nomen abstractum* 『文』抽象名詞.
abstrahō -ere -traxī -tractum, *tr* [ab-/traho] 1 (力ずくで) 引き離す, ひったくる, 引きずっていく ⟨alqm [alqd] ab alqo; a [de, ex] re; ad [in] alqd⟩: *liberos ab alqo abstrahere* (Cᴀᴇꜱ) 子供たちをある人から引き離す. 2 そらす, 妨げる, 遠ざける ⟨a rebus gerendis senectus abstrahit⟩ (Cɪᴄ) 老年は (人を) すべき仕事から遠ざける. 3 背かせる, 離反させる ⟨alqm ab alqo⟩.
abstraxī *pf* ⇨ abstraho.
abstrūdō -ere -trūsī -trūsum, *tr* [ab-/trudo] 隠す ⟨alqd in alqd [re]⟩.
abstrūsī *pf* ⇨ abstrudo.

abstrūsiō -ōnis, °*f* [abstrudo] 隠すこと.
abstrūsus -a -um, *adj* (*pp*) [abstrudo] 1 隠れた, ひそかな. 2 うちとけない, 内気な. 3 深遠な.
abstulī *pf* ⇨ aufero.
absum abesse āfuī (*fut p* afutūrus), *intr* [ab-/sum] 1 離れている; 不在である ⟨ab alqo [re]⟩. 2 関与しない ⟨a re⟩. 3 助けない, 見捨てる ⟨alci; ab alqo⟩. 4 適応しない, ふさわしくない ⟨a re⟩. 5 相違する, 異なる ⟨a re⟩. 6 自由である; 免除されている ⟨a re⟩. 7 欠けている, 不足している ⟨+*dat*; ab alqo [re]⟩. 8 (*impers*) *haud* [*non*] *multum* [*longe*] *abest, quin …* ほとんど…せんばかりだ / *neque multum abesse ab eo, quin paucis diebus deduci possint* (Cᴀᴇꜱ) ほとんど数日のうちに進水できるはずだ / *tantum abest, ut … ut …* であるどころか反対に… / *tantum abest ab eo, ut malum sit mors, ut verear ne homini sit nihil bonum aliud* (Cɪᴄ) 死は悪であるどころか人間にはそれ以外の善がないのではと私は恐れる.
absūmēdō -dinis, *f* [↓] 使い果すこと.
absūmō -ere -sumpsī -sumptum, *tr* [ab-/sumo] 1 使い果たす, 消費する. 2 浪費する, むだに使う. 3 破壊する, 滅ぼす. 4 (*pass*) 去る, 死ぬ.
absumpsī *pf* ⇨ absumo.
absumptiō -ōnis, °*f* [absumo] 1 消費, 使い果すこと. 2 破壊.
absumptus -a -um, *pp* ⇨ absumo.
absurdē *adv* [absurdus] 1 耳ざわりに, 調子はずれに. 2 不合理に, ばかげて.
absurditās -ātis, °*f* [↓] 1 不協和, 調子はずれ. 2 不合理, ばかげていること.
absurdus -a -um, *adj* [ab-/surdus] 1 耳ざわりな, 調子はずれの. 2 不合理な, ばかげた; 不適当な. 3 無能な.
Absyrtus -ī, *m* [*Gk*] アプシュルトゥス, * -トス ⟪(1)『伝説』Colchis の王 Aeetes の息子; 姉 Medea に殺された. (2) Illyria の川; アドリア海に注ぐ; Absyrtis ともいう⟫.
abundābilis -is -e, °*adj* [abundo] 多血質の.
abundans -antis, *adj* (*prp*) [abundo] 1 (川が) 氾濫した, (水が) あふれた. 2 あり余るほどの, 過剰な. 3 ⟨…に⟩ 富んだ ⟨re; alcis rei⟩: ～ *consilio* (Cɪᴄ) 計略に富んだ.
abundanter *adv* [↑] 豊富に, あり余るほどに.
abundantia -ae, *f* [abundans] 1 洪水, 氾濫. 2 豊富, 大量, 過剰. 3 富, 富裕.
abundātiō -ōnis, *f* [abundo] 洪水, 氾濫.
abundē *adv* 豊富に, あり余るほど; 十分に.
abundō -āre -āvī -ātum, *intr* [ab-/undo] 1 あふれる, 氾濫する. 2 豊富である; 過剰である.
abūsiō -ōnis, *f* [abutor] 1 『修』(語の) 誤用; 比喩の濫用 (=catachresis). 2° (一般に) 悪用, 濫用.
abūsīvē *adv* [↓] 1 (比喩の) 誤用によって, 濫喩によって. 2 真剣でなく, 軽はずみに.
abūsīvus -a -um, °*adj* [abusus¹] 不適当な.
abusque *prep* ⟨+*abl*⟩ [ab-/usque] (=usque ab) 1 (空間的) …から (ずっと続いて). 2 (時間的) …以来 (ずっと).
abūsus¹ -a -um, *pp* ⇨ abutor.
abūsus² -ūs, *m* 1 使い果たすこと, 浪費. 2° 濫用,

悪用；誤用．
abūtor -ūtī -ūsus sum, *intr, tr dep* [ab-/utor] ⟨+*abl*; +*acc*⟩ **1** 使い尽たす，消費する；浪費する．**2** 十分に使う，利用する．**3** 誤用する，悪用する．
Abȳdēnus[1] -a -um, *adj* Abydus の．
Abȳdēnus[2] -ī, *m* **1** (*pl*) Abydus の住民．**2** = Leander.
Abȳdus, -os -ī, *f* [Gk] アビュードゥス，*-ドス ⟨(1) Mysia の町；Hellespontus に面し，Sestos と相対する；Leander の生地．(2) エジプトの町⟩．
abyssus -ī, °*f* [Gk] **1** 底知れぬ深み，深淵．**2** 海．**3** 地獄．**4** 死者の国，よみ．
ac *conj* =atque.
acacia -ae, *f* [Gk]【植】アカシア．
Acadēmīa -ae, *f* [Gk] **1** アカデーミーア，*-メイア ⟨(1) Athenae 付近にあった Plato の学園．(2) Cicero の学塾⟩．**2** アカデーメイア(プラトーン)学派；プラトーン哲学．
Acadēmica -ōrum, *n pl*「アカデーミカ」⟨Academia 哲学を論じた Cicero の著作の一つ⟩．
Acadēmicus[1] -a -um, *adj* Academia の．
Acadēmicus[2] -ī, *m* Academia 哲学派の哲学者．
Acadēmus -ī, *m* [Gk] アカデームス，*-モス ⟨Attica の英雄；その名から Plato の学園である Academia という名が出た⟩．
Acadira -ae, *f* アカディラ (India の町).
acalanthis -idis, *f* [Gk] =acanthis 1.
Acamās -antis, *m* [Gk] アカマース ⟨(1)【伝説】Theseus と Phaedra の息子で Troja 戦争の勇士．(2) Cyprus 島の岬⟩．
acanos -ī, *m* [Gk]【植】オオヒレアザミ．
acanthāceae -ārum, °*f pl*【植】キツネノマゴ科．
acanthillis -idis, *f* [Gk]【植】(野生の)アスパラガス．
acanthinus -a -um, *adj* [Gk] アカンサスの[に似た]．
acanthion -ī, *n* [Gk]【植】アザミの一種．
acanthis -idis, *f* [Gk] **1**【鳥】マヒワ (=acalanthis)．**2**【植】キク科セネシオ属の植物 (=senecio)．
acanthocephalī -ōrum, °*m pl*【動】鉤頭(こうとう)虫類．
acanthopterygiī -ōrum, °*m pl*【魚】棘鰭(きょくき)類．
acanthus[1] -ī, *m* [Gk]【植】ハアザミ属の植物．
acanthus[2] -ī, *f* [Gk]【植】アラビアゴムモドキ．
Acanthus -ī, *f* [Gk] アカントゥス，*-トス (Macedonia の町).
acanthyllis -idis, *f* [Gk]【鳥】ヒワの類．
acapnos -os -on, *adj* [Gk] 煙の出ない．
acariāsis -is, °*f*【病】ダニ症．
acarina -ōrum, °*n pl*【動】ダニ目(の節足動物)．
acarinōsis -is, °*f* =acariasis.
Acarnān -ānis, *m* Acarnania 人．
Acarnānia -ae, *f* [Gk] アカルナーニア(-) ⟨ギリシア本土西部の沿岸地方⟩．
Acarnānicus -a -um, *adj* Acarnania の．
Acarnānus -a -um, *adj* =Acarnanicus.
Acastus -ī, *m* [Gk]【伝説】アカストゥス，*-トス ⟨Argonautae の一人；Pelias の息子で Laodamia の父；Thessalia の Iolcus の王⟩．

acaustos -os -on, *adj* [Gk] 不燃性の．
Acbarus -ī, *m* アクバルス ⟨アラビア人の王に対する称号⟩．
Acca -ae, *f*【伝説】アッカ ⟨羊飼い Faustulus の妻；夫婦で Romulus と Remus を養育した；~ Larentia とも言う⟩．
accanō -ere, *intr* =accino.
accēdō -ere -cessī -cessum, *intr, tr* [ad-/cedo[2]] **1** 近寄る，近づく ⟨ad alqm [alqd]；+*dat*；+*acc*⟩．**2** 参加する；賛同する ⟨ad alqm [alqd]；+*dat*；+*acc*⟩．**3** 取り組む，携わる ⟨ad alqd；alci rei⟩．**4** 似る，似ている ⟨ad alqm [alqd]；+*dat*⟩．**5** さらに加わる，続いて生ずる ⟨ad alqd；alci rei⟩．**6** 増える，成長する ⟨*abs*；+*dat*⟩．**7** 与えられる，課せられる ⟨alci⟩．
acceia -ae, °*f*【鳥】シギ．
accelerātiō -ōnis, *f* [accelero] 加速；促進．
accelerātor -ōris, °*m* [↓] 促進体．
accelerō -āre, *tr, intr* [ad-/celero] **1** 急がせる，速める．**2** 急ぐ．
accendī *pf* ⇒ accendo[1].
accendō[1] -ere -cendī -censum, *tr* [ad-/*cando (cf. candeo)] **1** 火をつける，燃やす．**2** 明るくする，照らす．**3** 刺激する，かきたてる ⟨alqm [alqd] ad [in] alqd⟩．**4** 強くする，高める，増大させる．
accendō[2] -ōnis, °*m* 駆りたてる人．
accēnseō -ēre -censuī -censitum, *tr* [ad-/censeo] 仲間にする，付け加える ⟨alqm alci⟩：*accenseor illi* (Ov) 私は彼女の仲間にしてもらっている．
accensibilis -is -e, °*adj* [accendo[1]] 燃える．
accensiō -ōnis, °*f* [accendo[1]] **1** 火をつけること，燃やすこと．**2** 炎，火．
accensus[1] -a -um, *pp* ⇒ accendo[1].
accensus[2] -ūs, *m* 火をつけること．
accensus[3] -ī, *m* (*pp*) [accenseo] **1** 下級官吏，下役人．**2** (通例 *pl*) 補充兵．
accentor -ōris, °*m* [ad-/cantor] 共に歌う者．
accentus -ūs, *m* [accano] **1** アクセント，強勢．**2**° 強さ，激しさ．
accēpī *pf* ⇒ accipio.
acceptābilis -is -e, °*adj* [accepto] 受け入れられる，容認できる．
acceptātiō -ōnis, °*f* [accepto] **1** 受諾，容認．**2**【キ教】(神による)嘉納．
acceptātor -ōris, *m* [accepto] **1**° 受諾者．**2** 通路，入口．
acceptīlātiō, acceptī lātiō -ōnis, *f* [acceptum/latio]【法】(正式な)債務免除：° ~ *litteris* 記帳による債務の免除 / ° ~ *verbis* 問答契約による債務免除．
acceptiō -ōnis, *f* [accipio] **1** 受け取ること．**2**°【論】命題の容認．**3**° 評価：~ *personarum* (VULG) えこひいき．
acceptitō -āre, *tr freq* [↓] (繰り返し)受け取る．
acceptō -āre -āvī -ātum, *tr freq* [accipio] **1** (繰り返し)受け取る．**2** 受け入れる．
acceptor -ōris, *m* [accipio] **1**° 受取人；承認者．**2** 他人のことばを真に受ける人．**3**° ~ *personae* (VULG) 他人を党派的に見る人．**4**°【化】受容体．
acceptrīx -īcis, *f* [↑] (女性の)受取人．

acceptum -ī, *n* [↓] **1** 受け取ったもの，収入．**2** (帳簿の)貸方: *in ~ referre alci* (Cɪᴄ) ある人の貸方に記入する．**3** 領収書．

acceptus -a -um, *adj* (*pp*) [accipio] 歓迎される，好ましい．

accers- ⇨ arcess-.

accessī *pf* ⇨ accedo.

accessibilis -is -e, °*adj* [accedo] 近づきやすい．

accessibilitās -ātis, °*f* [↑] 近づきやすいこと．

accessiō -ōnis, *f* [accedo] **1** 接近；出入り．**2** (病気の)発作，激発．**3** 増大，増加，追加．**4** 付加物，付属物；°〖法〗従物〈alcis rei; alci rei〉: *~ Punici belli* (Lɪᴠ) ポエニー戦争の添えもの / *~ cedit principali* (Dɪɢ) 従物は主物に従う．**5**°〖法〗従たる債務，付随債務．

accessitō -āre, *intr freq* [accedo] (繰り返し)接近する．

accessōrium -ī, °*n* [↓] 〖法〗従物: *~ sequitur principale* 従物は主物に従う．

accessōrius[1] -a -um, °*adj* [accedo] 付属の: *petitio ~* 〖法〗付帯要求．

accessōrius[2] -ī, °*m* 〖解〗副神経．

accessus[1] -a -um, *pp* ⇨ accedo.

accessus[2] -ūs, *m* **1** 接近；出入り．**2** (病気の)激発，発作．**3** 出入口．**4** 増加，増大．**5** 傾向，性向，好み〈ad alqm〉.

Acciānus -a -um, *adj* Accius の．

accidens -entis, *n* (*prp*) [accido[1]] **1** 非本質的属性[特質]《substantia の対語》．**2** 偶発のできごと；事故，災難．**3**° 偶然に: *per ~* (Fɪʀᴍ) たまたま．**4**° 〖哲・論〗偶有性．

accidentālis -is -e, °*adj* [accido[1]] 偶然の．

accidentia -ae, *f* [accido[1]] 偶然のできごと．

accidī *pf* ⇨ accido[1].

accidī *pf* ⇨ accido[2].

accidō[1] -ere -cidī, *intr* [ad-/cado] **1** 落下する，落ちる，倒れる．**2** ひれ伏す．**3** 達する，届く．**4** 不意に襲う．**5** 起こる，生じる〈ut, quod; +*inf*〉: *accidit ut una nocte omnes Hermae dejicerentur* (Nᴇᴘ) 一夜のうちにすべてのヘルメース柱像が倒されるということが起こった．**6** ふりかかる〈alci〉．**7** …の結果となる〈+*adv*〉．

accidō[2] -ere -cīdī -cīsum, *tr* [ad-/caedo] **1** 切りつける，切り始める；切り傷をつける；切って短くする〈alqd〉．**2** 破壊する；衰弱させる．

accieō -ēre, *intr* =accio.

accinctiō -ōnis, °*f* [accingo] **1** 帯で締めること．**2** 武装．

accinctus[1] -a -um, *pp* ⇨ accingo.

accinctus[2] -ūs, °*m* 武装．

accingō -ere -cinxī -cinctum, *tr* [ad-/cingo] **1** 帯で結ぶ；帯を締める．**2** 武装させる，装備する〈alqm re〉．**3** (*refl*, *pass*) …の準備をする；軍備を整える〈ad [in] alqd; +*inf*〉．

accinō -ere -uī, °*intr* [ad-/cano] 合わせて歌う．

accinxī *pf* ⇨ accingo.

acciō -īre -cīvī [-ciī] -cītum, *tr* [ad-/cio] 呼び寄せる，来させる〈alqm [alqd] ex [a] re ad [in] alqd〉: *mortem sibi accire* (Fʟᴏʀ) 自殺する．

accipere *inf* ⇨ accipio.

accipiō -pere -cēpī -ceptum, *tr* [ad-/capio[1]] **1** 受け取る，受領する〈alqd ab alqo〉．**2** 引き受ける: *accipere alcis causam* (Cɪᴄ) ある人の訴訟を引き受ける．**3** 是認[承認]する〈alqd〉．**4** 入ることを許す，受け入れる〈alqm in alqd; alqm re〉．**5** もてなす；処遇する: *accipere alqm male verbis* (Cɪᴄ) ある人を罵倒する．**6** 知覚する，気づく；聞く．**7** 把握する，理解する．**8** 解釈する，判断する: *accipere alqd in bonam partem* (Cɪᴄ) あることを善意に解する．**9** 蒙る，受ける〈alqd ab alqo〉．

accipiter -tris, *m* (*f*) **1** 〖鳥〗タカ．**2** *~ pecuniae* (Pʟᴀᴜᴛ) 強欲な人間．

accipitrō -āre, *tr* [↑] (ずたずたに)引き裂く．

accisus -a -um, *pp* ⇨ accido[2].

accitō -āre, °*tr* 招来する，ひき起こす．

accītus[1] -a -um, *adj* (*pp*) [accio] 外来[舶来]の．

accītus[2] -ūs, *m* 呼び寄せること，召喚．

Accius -ī, *m* アッキウス《ローマ人の氏族名；特に悲劇詩人 *Lucius ~* (前170?-?86)》．

acclāmātiō -ōnis, *f* [↓] (非難・不賛成の，あるいは賛同の)呼びかけ，叫び．

acclāmō -āre -āvī -ātum, *intr* (*tr*) [ad-/clamo] (非難あるいは賛同を表わして)呼びかける，叫ぶ〈alci〉．

acclārō -āre -āvī -ātum, *tr* [ad-/claro] 明らかにする，明示する．

acclinis -is -e, *adj* [↓] **1** 寄りかかった〈alci〉．**2** 傾斜した．**3** …の傾向のある〈alci rei〉．

acclīnō -āre -āvī -ātum, *tr* [ad-/*clino (*cf*. Gk κλίνω)] **1** もたせかける〈alqd alci rei〉．**2** 傾ける〈alqd in [ad] alqd〉．**3** (*refl*) …に傾く[味方する]，…を支持する〈ad alqd〉．

acclīvis -is -e, *adj* [ad-/clivus] 上り坂の，上り傾斜の．

acclīvitās -ātis, *f* [↑] 上り傾斜，上り坂．

acclīvus -a -um, *adj* =acclivis.

accognōscō -ere -gnōvī -gnitum, *tr* [ad-/cognosco] (正式に)認める，認知する．

accola[1] -ae, *adj m*, *f* [accolo] 近隣の，隣接した．

accola[2] -ae, *m*, *f* 隣人，近隣の人〈+*gen*〉．

accolō -ere -coluī -cultum, *tr* [ad-/colo[2]] 近くに住む，そばにいる[ある]．

accoluī *pf* ⇨ accolo.

accommodātē *adv* [accommodatus] 適切に，ふさわしく．

accommodātiō -ōnis, *f* [accommodo] **1** 適合，調整〈alcis rei ad alqd〉．**2** 従順，寛大．

accommodātus -a -um, *adj* (*pp*) [↓] 適合した，ふさわしい，適当な〈+*dat*; ad alqd〉．

accommodō -āre -āvī -ātum, *tr* [ad-/commodo] **1** 合わせる，身に着ける〈alci alqd (ad alqd)〉: *coronam sibi ad caput accommodare* (Cɪᴄ) 花冠を自分の頭につける．**2** 適合[適応]させる〈alci alqd; alqd ad alqd〉．**3** 適用する，利用する〈alqd ad [in] alqd; alci rei alqd〉: *se ad rem publicam accommodare* (Cɪᴄ) 国政に専念する．

accommodus -a -um, *adj* [ad-/commodus] 適した，ふさわしい．

accorporō -āre -āvī -ātum, °*tr* [ad-/corpus] 合体させる，統合する．

accrēdidī pf ⇨ accredo.
accrēditus -a -um, pp ⇨ accredo.
accrēdō -ere -ditum, tr, intr [ad-/credo] 信じる, 信用する ⟨alqd; alci⟩.
accrēscō -ere -crēvī -crētum, intr [ad-/cresco] 1 増加する, 大きくなる. 2 さらに加わる, 付加される ⟨alci rei⟩.
accrētiō -ōnis, f [↑] 増加, 増大.
accrētus -a -um, pp ⇨ accresco.
accrēvī pf ⇨ accresco.
accubitiō -ōnis, f [accumbo] 食事用臥台に身を横たえること.
accubitus[1] -a -um, pp ⇨ accumbo.
accubitus[2] -ūs, m =accubitio.
accubō -āre, intr [ad-/cubo] 1 傍らに横たわる ⟨+dat⟩. 2 食事用臥台に身を横たえる.
accubuī pf ⇨ accumbo.
accubuō adv (喜劇の造語) 傍らに横たわって.
accucurrī pf ⇨ accurro.
accūdō -ere, tr 貨幣を追加する.
accultus -a -um, pp ⇨ accolo.
accumbō -ere -cubuī -cubitum, intr [ad-/*cumbo (cf. cubo)] 1 横になる, 寝る ⟨in loco⟩. 2 食事用臥台に身を横たえる.
accumulātē adv [accumulo] 豊富に, あり余るほどに.
accumulātiō -ōnis, f [accumulo] 積み上げること.
accumulātor -ōris, m [↓] 蓄積者.
accumulō -āre -āvī -ātum, tr [ad-/cumulo] 1 積み上げる ⟨alqd⟩. 2 増加させる, 高める. 3 過度に [惜しみなく]与える ⟨alqm re⟩. 4 (木の根に)土寄せする.
accūrātē adv [accuratus] 入念に, 厳密に.
accūrātiō -ōnis, f [accuro] 入念, 綿密 ⟨in re⟩.
accūrātus -a -um, adj (pp) [↓] 綿密な, 入念な, 厳密な; 詳細な.
accūrō -āre -āvī -ātum, tr [ad-/curo] (注意深く)処理する, 世話する.
accurrī pf ⇨ accurro.
accurrō -ere -(cu)currī -cursum, intr (tr) [ad-/curro] 1 急いで来る, 走って来る ⟨abs; ad alqm; ad [in] alqd; alqm⟩. 2 急に現れる, 浮かぶ.
accursus[1] -a -um, pp ⇨ accurro.
accursus[2] -ūs, m 急いで来ること, 押し寄せること.
accūsābilis -is -e, adj [accuso] 非難すべき, 罪になる.
accūsātiō -ōnis, f [accuso] 1 非難, 告発, 告訴 ⟨+subject [object] gen⟩: comparare atque constituere accusationem (Cɪᴄ) 準備を重ねて告状の骨子を固める. 2 起訴状.
accūsātīvus -a -um, adj [accuso] 『文』 対格の: casus ～ (Vᴀʀʀ).
accūsātor -ōris, m [accuso] 1 非難する人. 2 告訴人, 原告. 3 告発者.
accūsātōriē adv [↓] 告発者のように; 弾劾するように.
accūsātōrius -a -um, adj [accusator] 1 弾劾的な. 2 告発者の.

accūsātrīx -īcis, f [accusator] (女性の)告発者, 密告者.
accūsātus -ī, °m (pp) [accuso] 被告発者, 被告人.
accūsitō -āre, tr freq [↓] 非難し続ける.
accūsō -āre -āvī -ātum, tr [ad-/causa] 1 告訴する, 告発する ⟨alqm alcis rei; alqm de re⟩: alqm ambitus accusare (Cɪᴄ) ある人を収賄のかどで訴える / alqm capitis accusare (Nᴇᴘ) ある人を死罪に値するとして訴える. 2 罪を帰する, とがめる, 非難する ⟨alqm de [in] re; alqd alcis; alqm quod⟩. 3 casus accusandi (Vᴀʀʀ) 『文』対格.
Acē -ēs, f [Gk] アケー⟨Galilaea の港町; のちに Ptolemais と呼ばれた⟩.
acēdia -ae, °f [Gk] 不機嫌.
acēdior -ārī, °intr dep [↑] 不機嫌である.
aceō -ēre -uī, intr [acer²] 1 (ぶどう酒が)酸っぱい. 2° 不快である.
acer[1] -eris, n 1 〖植〗カエデ(楓). 2 カエデ材.
ācer[2] ācris ācre, adj 1 鋭利な, とがった. 2 (感覚が)鋭敏な; 洞察力のある. 3 (風などが)強い; (寒さなどが)厳しい; (痛み・悲しみなどが)激しい. 4 (味・においなどが)きつい, 刺激性の; (音が)かん高い. 5 情熱的な, 精力的な. 6 激しやすい; 残酷な, 狂暴な. 7 (状況が)深刻な, 厳しい; ひどい: egestas acris (Lᴜᴄʀ) はなはだしい貧困.
acerāceae -ārum, °f pl 〖植〗カエデ科.
acerbē adv [acerbus] 1 厳しく, 苛酷に. 2 苦しんで.
acerbitās -ātis, f [acerbus] 1 (味の)苦いこと, 酸っぱさ. 2 厳しさ, 苛酷さ, 残酷さ. 3 苦悩, 困窮; 不幸, 災難.
acerbitūdō -idis, f =acerbitas.
acerbō -āre -āvī -ātum, tr [↓] 1 不快なものにする. 2 ひどくする: crimen acerbare (Vᴇʀɢ) 非難を強める.
acerbus -a -um, adj [acer²] 1 酸っぱい; (果物が)熟していない. 2 時期尚早な. 3 厳しすぎる. 4 激しい, 残酷な, 無情な. 5 憂鬱な, 不機嫌な. 6 つらい, 苦しい.
acerneus -a -um, °adj =acernus.
acernus -a -um, adj [acer¹] カエデの; カエデ材で作った.
acerra -ae, f 香を入れる箱.
Acerrae -ārum, f pl アケッラエ⟨Campania 中央部の町; 現 Acerra⟩.
Acerrānī -ōrum, m pl Acerrae の住民.
acersecomēs -ae, m [Gk] 長髪の若者; 稚児.
acervālis[1] -is -e, adj [acervus] 堆積の.
acervālis[2] -is °m 〖論〗連鎖式.
acervātim adv [acervus] 1 うずたかく, たくさん. 2 簡潔に, 要約して: multa ～ frequentans (Cɪᴄ) 多くのことをひとまとめにして.
acervō -āre -āvī -ātum, tr [acervus] 積み重ねる, うずたかくする.
acervulus -ī, °m 〖植〗分生子盤.
acervus -ī, m 1 堆積, 積み重なったもの. 2 多数, 群衆: ～ officiorum negotiorumque (Pʟɪɴ) 無数の役所仕事や商業活動. 3 〖論〗連鎖式.

acescō -ere acuī, *intr inch* [aceo] 酸っぱくなる.
Acesinēs -ae [-is], *m* アケシネース《Indus 川の支流の一つ》.
Acesta -ae, *f* [*Gk*] アケスタ《Sicilia 島の町; 古名 Egesta, のちに Segesta と呼ばれた》.
Acestensēs -ium, *m pl* Acesta の住民.
Acestēs -ae, *m* 〖伝説〗アケステース《Sicilia 島の王; 河神 Crimisus の息子; Aeneas を歓待した》.
acētābulum -ī, *n* [acetum] 1 (小杯の形をした)酢入れ. 2 小鉢. 3 〖植〗(花の)萼(ᵍᵏ). 4 〖解〗寛骨臼. 5 〖動〗吸盤.
acētānilidum -ī, *n* 〖薬〗アセトアニリド.
acētāria -ōrum, *n pl* [acetum] (酢と油で調理した)サラダ.
acētonum -ī, °*n* 〖化〗アセトン.
acētum -ī, *n* [aceo] 1 酢. 2 皮肉, 辛辣な機知.
acetylsalicylicum -ī, °*n* 〖薬〗アセチルサリチル酸.
Achaeī -ōrum, *m pl* 1 (Peloponnesus 半島の) Achaia の住民. 2 (Thessalia の) Achaia Phthiotis の住民. 3 黒海とコーカサス地方の住民. 4 ローマの属州 Achaia の住民. 5 ギリシア人.
Achaeias -adis, *adj f* [*Gk*] ギリシアの.
Achaemenēs -is, *m* [*Gk*] アカエメーネース, *アカイ-, ⁿアケメネス《ペルシア初代の王; Cyrus の祖父で Achaemenidae の祖》.
Achaemenidae -ārum, *m pl* Achaemenes 王朝(の人).
achaemenis -idis, *f* [*Gk*] 魔力をもつといわれた植物.
Achaemenius -a -um, *adj* Achaemenes の (= Persia あるいは Parthia の).
Achaeus[1] -ī, *m* [*Gk*] 〖伝説〗アカエウス, *アカイオス《Athenae の王 Xuthus の子; Achaia 人の名祖》.
Achaeus[2] -a -um, *adj* [*Gk*] 1 Achaia の. 2 ギリシアの.
Achāia -ae, *f* [*Gk*] アカーイア《(1) Thessalia 南部の地域 (=Achaia Phthiotis). (2) Peloponnesus 半島の北西部地域. (3) (ローマの属州としての)ギリシア全域》.
Achāicus -a -um, *adj* 1 (ローマの属州としての) Achaia の. 2 〖詩〗ギリシアの.
Achāis[1] -idos, *adj f* [*Gk*] 〖詩〗Achaia の; ギリシアの.
Achāis[2] -idis, *f* [Achaia] 〖詩〗1 Achaia の女. 2 ギリシア.
Achāius -a -um, *adj* 〖詩〗Achaia の; ギリシアの.
Acharnae -ārum, *f pl* [*Gk*] アカルナエ, *-ナイ《Attica の一市区》.
Acharnānus -a -um, *adj* Acharnae の.
Achātēs -ae, *m* 〖伝説〗アカーテース《Aeneas の忠実な部下》.
Achelōias -adis, *f* 〖伝説〗河神 Achelous の娘.
Achelōis -idis, *f* =Acheloias.
Achelōius -a -um, *adj* 1 河神 Achelous の. 2 Aetolia の.
Achelōus -ī, *m* [*Gk*] アケローウス, *-オス《(1) ギリシア最大の川; Pindus 山脈に発し, Acarnania と Aetolia の境をなす; 現 Aspropotamo. (2) 〖神話〗同名の河神》.
Acherōn -ontis, *m* [*Gk*] 1 アケローン《(1) 〖神話〗冥界の川. (2) Epirus の川. (3) Bruttii の川》. 2 冥界.
Acherontēus -a -um, °*adj* Acheron の.
Acherontia -ae, *f* アケロンティア《Lucania 北部の町》.
Acheros -ī, *m* =Acheron 1 (3).
Acheruns -untis, *m* 冥界.
Acherunticus -a -um, *adj* [↑] 冥界の.
Acherūsius -a -um, *adj* [Acheruns] 1 冥界の; 冥界につながる. 2 Acheron 川 (2) (3) の.
Achillās -ae, *m* アキラース《Pompeius を殺害したエジプト人》.
Achillēs -is, *m* [*Gk*] 〖伝説〗アキッレース, *アキッレウス《Phthia の王 Peleus と海の女神 Thetis の子; Troja 戦争におけるギリシア軍最大の英雄》.
Achillēus -a -um, *adj* Achilles の.
Achillīdēs -ae, *m* Achilles の子孫.
Achīvī -ōrum, *m pl* ギリシア人.
Achīvus -a -um, *adj* Achaia の; ギリシア人の.
achloropsia -ae, *f* 〖病〗緑色盲.
Achradīna -ae, *f* [*Gk*] アクラディーナ, *-ネー《Syracusae の一地区》.
achrōma -atis, °*n* [*Gk*] 〖病〗無色(症), 白皮病.
achrōmatopsia -ae, °*f* 〖病〗色盲.
acia -ae, *f* 縫い糸.
acicula -ae, °*f dim* [acus¹] (小さな)ヘアピン.
Acīdalia -ae, *f* [*Gk*] Venus の呼称の一つ《Boeotia の Orchomenus にある泉の名にちなむという》.
Acīdalius -a -um, *adj* Venus の: nodus ~ (MART) 恋の帯.
acidulus -a -um, *adj dim* [acidus] やや酸っぱい.
acidum -ī, °*n* [↓] 〖化〗酸: ~ aceticum 酢酸 / ~ boricum ホウ酸 / ~ citricum クエン酸 / ~ hydrochloricum 塩酸 / ~ lacticum 乳酸 / ~ oleicum オレイン酸.
acidus -a -um, *adj* [aceo] 1 酸っぱい. 2 耳ざわりな. 3 (言葉の)辛辣な, 痛烈な. 4 不快な, いやな.
aciēs -ēī [-ē], *f* 1 とがった先端, 刃. 2 鋭い目つき. 3 視力; 視線; 視野: *aciem partes dimittere in omnes* (Ov) 四方を見回す. 4 瞳孔. 5 光線, 光. 6 明敏, 洞察力. 7 戦列, 戦線; 軍隊. 8 戦闘, 会戦. 9 口論, 討論.
Ciliānus -a -um, *adj* Acilius の.
Acīlius[1] -ī, *m* アキーリウス《ローマ人の氏族名; 特に C. ~ Glabrio, 前2世紀の歴史家》.
Acīlius[2] -a -um, *adj* Acilius の: *Lex Acilia* (CIC) (不法利得に関する) Acilius 法.
Acilla -ae, *f* =Acylla.
acīnacēs -is, *m* [*Gk*] (ペルシア人の)短剣, 三日月刀.
acinārius -a -um, *adj* [acinus] ブドウの.
acinātīcius -a -um, °*adj* 干しブドウから作られた.
acinos -ī, *f* [*Gk*] 〖植〗野生のトウバナ.
acinōsus -a -um, *adj* [↓] ブドウのような.
acinus -ī, *m*, **-um** -ī, *n* 〖植〗粒状果《イチゴ・ブドウなど》. 2 〖植〗小核《ブドウなどの核》. 3° 〖解〗腺房, 細葉.

acipenser -eris, **-sis** -is, m 《魚》チョウザメ.
Ācis -idis, m [Gk] アーキス《(1) Sicilia 島の川. (2) 《神話》Faunus の息子; 海のニンフ Galatea に愛され, 死後 Acis 川に変えられた》.
āclys -ydis, f 一種の投げ槍.
Acmonēnsis -is -e, adj Acmonia の. **Acmonēsēs** -ium, m pl Acmonia の住民.
Acmonia -ae, f [Gk] アクモニア(-) 《Phrygia の町》.
Acmonidēs -ae, m [Gk] 《神話》アクモニーデース《Volcanus の手下の一人》.
acoenonoētus -ī, m [Gk] 非常識な人.
acoetis -is, f [Gk] 妻.
acolythātus -ūs, °m [↓] 侍祭の職.
acolythus -ī, °m [Gk] 《カト》侍祭.
aconītum -ī, n [Gk] 1 《植》トリカブト. 2 (一般に)猛毒.
acor -ōris, m [aceo] 酸味; 酸っぱいもの.
acquiēscō -ere -quiēvī -quiētum, intr [ad-/quiesco] 1 休息する, 休む; 眠る, 永眠する. 2 静まる, おさまる. 3 落ちつく, 安心[満足]する 〈in re; +abl [dat]〉. 4 了解する, 同意する, 信ずる 〈+dat〉.
acquiētus -a -um, pp ⇨ acquiesco.
acquiēvī pf ⇨ acquiesco.
acquīrō -ere -sīvī -sītum, tr [ad-/quaero] さらに加える; 獲得する, 手に入れる 〈alqd ad alqd; alci alqd〉: *omnem sibi reliquae vitae dignitatem acquirere* (Cic) 自らの余生にあらゆる地位を獲得する.
acquīsītiō -ōnis, f [↑] 1 獲得, 取得. 2 増加, 増大.
acquīsītus -a -um, pp ⇨ acquiro.
acquīsīvī pf ⇨ acquiro.
Acraeus -a -um, adj [Gk] 高みにおいてあがめられている《Juppiter と Juno の添え名》.
Acragās -antis, m [Gk] アクラガース《Sicilia 島南岸の町 (=Agrigentum); 現 Agrigento》.
acrātophorum, -on -ī, n [Gk] 生酒を入れておくかめ.
acrēdula -ae, f 鳥の一種《おそらくツグミかフクロウ》.
Acriae -ārum, f pl [Gk] アクリアエ, *-アイ《Laconia の町》.
ācriculus -a -um, adj dim [acer²] やや怒りっぽい.
ācrimōnia -ae, f [acer²] 1 (味・においなどの)苦さ, 酸っぱさ, 刺激. 2 激しさ, 厳しさ, 苛酷. 3 活力, 精力. 4 辛辣.
Acrisiōnē -ēs, f [Gk] 《神話》Acrisius の娘 (=Danae).
Acrisiōnēus -a -um, adj Danae の.
Acrisiōniadēs -ae, m [Gk] 《神話》Acrisius の子孫《孫の Perseus》.
Acrisius -ī, m [Gk] 《神話》アクリシウス, *-オス《Argos の王; Danae の父; 孫 Perseus に誤って殺された》.
ācritās -ātis, f [acer²] 力, 鋭さ.
ācriter adv [acer²] 1 鋭く, 刺すように. 2 激しく, 強烈に. 3 明白に, 明瞭に; 正確に. 4 明敏に; 入念に. 5 辛辣に.
ācritūdō -inis, f [acer²] 1 酸っぱさ. 2 活力, 精力. 3 厳しさ, 残酷さ.
acroāma -atis, n [Gk] 1 耳の慰み; 詩の朗読, 演奏(会). 2 職業的に人を楽しませる者《詩の朗唱者, 俳優, 歌手など》.
acroāsis -is, f [Gk] 詩の朗唱, 演説.
Acroceraunia -ōrum, n pl [Gk] アクロケラウニア《Epirus 北西部の山脈》.
Acrocorinthus -ī, f [Gk] アクロコリントゥス, *-トス《Corinthus の城塞》.
acromegalia -ae, °f 《病》先端巨大症.
acrōmioclāviculāris -is -e, °adj 《解》肩峰鎖骨の.
acrōmion -ī, °n [Gk] 《解》肩峰.
acropodium -ī, n [Gk] (彫像の)台, 台座.
Acrota -ae, m 《伝説》アクロタ《Alba Longa の王》.
acrōtēria -ōrum, n pl [Gk] 1 突出部, 先端. 2 防波堤. 3 《建》アクロテリオン《ペディメントの両端や頂上にある彫像用台座》.
acta¹ -ae, f [Gk] 海岸; 海辺の保養地.
acta² -ōrum, n pl (pp) [ago] 1 行為, 行動, 活動, 偉業. 2 職務行為(官僚・皇帝の命令・通達など). 3 記録, 調書. 4 日報, 官報.
Actaeōn -onis, m [Gk] 《神話》アクタエオーン, *-タイ《Cadmus の孫で猟師; 水浴中の Diana を見たため彼女に呪われて鹿に変身させられ, 自分の猟犬どもに噛み殺された》.
Actaeus -a -um, adj [Acte] Attica の, Athenae の. **Actaeī** -ōrum, m pl Attica 人, Athenae 人.
actē -ēs, f [Gk] 《植》ニワトコ.
Actē -ēs, f [Gk] アクテー《Attica の古名》.
Actiacus -a -um, adj Actium の.
Actias -adis, adj f 1 Attica の. 2 Actium の.
actiniaria -ōrum, °n pl 《動》イソギンチャク目(の腔腸動物).
actinidiāceae -ārum, °f pl 《植》マタタビ科.
actinomycētēs -ium, °f pl 《細菌》放線菌類.
actinopoda -ōrum, °n pl 《動》軸足虫類(の原生動物).
actiō -ōnis, f [ago] 1 実行, 遂行, 執行. 2 活動, 行為, 行動. 3 講演, 朗読, 演技. 4 職務行為《議会での演説・協議・決議など》: ~ *consularis* (Liv) 執政官の職務. 5 起訴, 訴訟; 訴訟手続き; 起訴演説, 起訴状; 訴権: ~ *civilis* (Cic) 市民法上の訴訟 / *mihi actionem perduellionis intenderat* (Cic) 私を反逆罪で起訴していた / *alci actionem dare* (Cic) ある人に訴権を賦与する / *actiones Verrinae* (Cic) ウェッレス弾劾演説. 6 開廷[出廷]日.
actitō -āre -āvī -ātum, tr freq [ago] いつも[しばしば]行なう: *multas causas actitare* (Cic) しきりに訴訟を起こす / *mimos actitare* (Tac) しばしば道化芝居に出演する.
Actium -ī, n アクティウム《(1) Acarnania 北方の岬と町; その近くの海で Octavianus が Antonius と Cleopatra の海軍を破った (前 31). (2) Corcyra 島の港》.
actiuncula -ae, f dim [actio] (法廷における)小弁論.
Actius -a -um, adj =Actiacus.
activātor -ōris, °m 《化》活性体, 活性剤.
actīvus -a -um, adj [ago] 1 活動している; 活動的な. 2° 《文》能動の: *verbum activum* 他動詞 / *vox*

activa 能動態.

actor -ōris, *m* [ago] **1** 追い[駆り]たてる人: *pecoris* ~ (Ov) 家畜番. **2** 行為[執行]者 ⟨alcis rei⟩. **3** 演説者. **4** 財産管理人, 執事. **5** 原告; 弁護人. **6** 俳優, 役者.

Actoridēs -ae, *m* Thessalia の英雄 Actor の子孫《Opus 生まれの息子 Menoetius, または孫 Patroclus》.

actrix -īcis, °*f* [actor] **1** (女性の)原告. **2** (女性の)執事, 財産管理人. **3** 女優.

actuālis -is -e, °*adj* [actus¹] 活動的な, 実際的な.

actuāria -ae, *f*, **-ium** -ī, *n* [actuarius¹] 快走帆船.

actuāriola -ae, *f dim* [↑] (マストのない)小舟.

actuārius¹ -a -um, *adj* [actus¹] (船が)快速の.

actuārius² -ī, *m* **1** 速記者. **2** 記録係, 帳簿係.

actum -ī, *n* (*pp*) [ago] (通例 *pl*) ⇒ acta².

actuōsē *adv* [↓] 精力的に, 活発に.

actuōsus -a -um, *adj* [↓] 活発な, 精力的な.

actus¹ -a -um, *pp* ⇒ ago.

actus² -ūs, *m* **1** (家畜の)駆りたて; 家畜の通行権; 家畜の通り道. **2** 土地の測量単位 (=約 36.5 m). **3** 運動, 動き. **4** 演技. **5** (演劇の)幕, 段. **6** 活動, 行動: °*Actūs Apostolorum* 圖 使徒行伝. **7** 職務, 公務: ~ *rerum* (Suet) 裁判の開廷(日).

actūtum *adv* [actus²] 直ちに.

acuī *pf* ⇒ acesco, acuo.

acula -ae, *f* =aquola.

aculeātus -a -um, *adj* [↓] **1** とげ[針]のある. **2** 痛烈な, 辛辣な.

aculeus -ī, *m* [acus¹] **1** とがった先端; 針, とげ. **2** 辛辣さ, 皮肉. **3** 苛酷さ, 厳しさ. **4** 明敏さ, 鋭さ. **5** 心痛, 苦悩. **6** 感銘. **7** 刺激.

acūmen -minis, *n* [↓] **1** とがった先端; とげ, 針. **2** (山の)頂上. **3** 明敏, 洞察力. **4** 巧妙さ.

acuō -ere -uī -ūtum, *tr* [cf. acies, acus¹] **1** 鋭くする, とがらせる, とぐ. **2** 上達させる, 練習する. **3** 刺激する, 駆りたてる ⟨alqm ad alqd⟩: *alqm ad crudelitatem acuere* (Cic) ある人を無慈悲な行為へ駆りたてる. **4** あおる, かきたてる: *iram acuere* (Vulg) 怒りをかきたてる. **5** アクセントをおく.

acus¹ -ūs, *f* [cf. acies, acuo] 針; ヘアピン: *acu pingere* (Verg) 刺繡をする / *acu rem tangere* (Plaut) 核心をつく.

acus² -ceris, *n* もみがら.

acus³ -ī, *m* 魚 ダツ, ヨウジウオ.

acūsticus -ī, °*m* 解 聴神経.

acūtē *adv* [acutus¹] **1** かん高く. **2** はっきりと. **3** 明敏に, 聡明に.

acūtulus -a -um, *adj dim* [acutus¹] やや明敏な.

acūtum *adv* (*neut*) [↓] 鋭く.

acūtus¹ -a -um, *adj* (*pp*) [acuo] **1** 鋭い, 先のとがった. **2** 身を切るような, 激しい. **3** かん高い. **4** 明敏な, 洞察力のある, 機知に富んだ. **5** 抜け目のない, 狡猾な. **6** 文 *accentus* (Gell) ~ 鋭アクセント.

acūtus² -ūs, °*m* とがらす[鋭くする]こと.

Acylla -ae, *f* アキュラ《Africa 沿岸の町》.

ad¹ *prep* ⟨+*acc*⟩ **1** (空間的) …の方へ, …に向かって. **2** …に, …において, …の近くに. **3** (時間的) …まで. **4** …(ごろ)に: ~ *horam destinatam* (Cic) 指定された時間に. **5** およそ…, 約…: ~ *hominum milia decem* (Caes) およそ1万の人々. **6** …のために, …の目的で. **7** …に関して. **8** …に従って, …に応じて: ~ *verbum* (Cic) 文字どおり. **9** …の結果, …のゆえに. **10** …と比較して. **11** …に至るまで: ~ *extremum* (Liv) 徹底的に. **12** …に加えて, …以外に: ~ *hoc* (Liv) さらに / ~ *omnia* (Liv) そのうえに.

ad² *conj* =at.

ad- *pref* 意味は前置詞 ad¹ を参照 (c, f, g, l, n, p, s, t の前では同化してそれぞれ ac-, af-, ag-… などとなる; q の前では ac- に, sc, sp, st, gn の前では d が落ちて a- になる).

a.d. (略) =ante diem (期日より前に).

adactiō -ōnis, *f* [adigo] 駆りたてること, 強制: *juris jurandi* ~ (Liv) 宣誓させること.

adactus¹ -a -um, *pp* ⇒ adigo.

adactus² -ūs, *m* 一緒にすること: ~ *dentis* (Lucr) 嚙むこと.

adaequātus -a -um, *pp* ⇒ adaequo.

adaequē *adv* [ad-/aeque] 同じく, 同様に.

adaequō -āre -āvī -ātum, *tr*, *intr* [ad-/aequo] **I** (*tr*) **1** 等しくする, 同じにする ⟨alqd alci rei⟩. **2** 比べる, 比較する ⟨alqd cum re; alqd alci rei⟩. **3** 達する, 匹敵する ⟨alqd [alqm]⟩. **II** (*intr*) 等しい ⟨abs; +dat⟩.

adaggerō -āre -āvī -ātum, *tr* [ad-/aggero¹] 積み上げる.

adagiō -ōnis, *f* =adagium.

adagium -ī, *n* [ad-/aio] ことわざ, 格言.

adalligō -āre -āvī -ātum, *tr* [ad-/alligo] 結びつける, つなぐ.

Adam *indecl* または Adae, °*m* [Heb.] =Adamus.

adamantēus -a -um, *adj* [adamas] 鋼鉄の(ような).

adamantinus -a -um, *adj* =adamanteus.

adamās -antis, *n* [Gk] **1** 鋼鉄. **2** ダイヤモンド, 金剛石. **3** 堅固無比のもの.

adamātor -ōris, °*m* [adamo] 熱愛する男.

adambulō -āre, *intr* [ad-/ambulo] …の方へ歩く, …の方を歩く ⟨ad alqd; +dat⟩.

adamō -āre -āvī -ātum, *tr* [ad-/amo] 好きになる, 気に入る, 夢中になる.

Adamus -ī, °*m* [Heb.] アダム《神が最初に造った男で, 人間の祖先》.

adamussim *adv* ⇒ amussis.

adaperiō -īre -peruī -pertum, *tr* [ad-/aperio] **1** おおいをとる, あらわにする; 明らかにする. **2** 開ける, 開け放つ.

adapertilis -is -e, *adj* [↑] 開くようになっている.

adapertus -a -um, *pp* ⇒ adaperio.

adaperuī *pf* ⇒ adaperio.

adaptātus -a -um, *pp* ⇒ adapto.

adaptō -āre -āvī -ātum, *tr* [ad-/apto] 適合[適応]させる, 調整する.

adaquō -āre -āvī -ātum, *tr* [ad-/aqua] 水を与える.

adauctus -ūs, *m* [↓] 増大, 成長.

adaugeō -ēre -auxī -auctum, *tr* [ad-/augeo] **1** ふやす、大きくする。 **2** ささげる。

adaugēscō -ere, *intr* [ad-/augesco] ふえる、大きくなる。

adaxint *subj pf* 《古形》=adegerint (⇨ adigo).

adbibī *pf* ⇨ adbibo.

adbibitus -a -um, *pp* ⇨ adbibo.

adbibō -ere -bibī -bibitum, *tr* [ad-/bibo] **1** 飲む。 **2** じっと聞き入る、心に刻みつける。

adbītō -ere, *intr* [ad-/bito] 近づく、接近する。

adc- ⇨ acc-.

addecet -ēre, *tr impers* [ad-/deceo] …にふさわしい、適している ⟨alqm; +*acc c. inf*; +*inf*⟩.

addēnseō -ēre, *tr* [ad-/denseo] いっそう密にする [密集させる]。

addēnsō -āre, *tr* =addenseo.

addīcō -ere -dixī -dictum, *tr* [ad-/dico²] **1** 〈占いが〉吉と出る ⟨*abs*; alci⟩. **2** 〈判決によって〉認める、与える ⟨alci alqd [alqm]⟩. **3** 落札させる ⟨alci alqd⟩. **4** 〈地位・職に〉任命する;割り当てる、指定する。 **5** 競売に付する、売りに出す。 **6** ささげる;引き渡す、放棄する ⟨alqd [alqm]+*dat*⟩: *se addicere* 身をささげる;ふける。 **7** …の作であるとする、…に帰する ⟨alci alqd⟩.

addictiō -ōnis, *f* [↑] 判定、裁定。

addictor -ōris, °*m* [addico] 判定[裁定]者。

addictus¹ -a -um, *adj* (*pp*) [addico] **1** 身をゆだねた、ふけっている ⟨alci rei⟩. **2** 義務づけられた ⟨+*inf*⟩.

addictus² -ūs, *m* 奴隷として債権者に引き渡される債務者。

addidī *pf* ⇨ addo.

addidicī *pf* ⇨ addisco.

addiscō -ere -didicī, *tr* [ad-/disco] **1** さらに学ぶ ⟨alqd; +*inf*⟩. **2** 習得する。

additāmentum -ī, *n* [addo] 追加されたもの。

additiō -ōnis, *f* [addo] 追加すること。

additus -a -um, *pp* ⇨ addo.

addixī *pf* ⇨ addico.

addō -ere -didī -ditum, *tr* [ad-/*do* (*cf*. abdo)] **1** 添える、置く。 **2** 吹き込む、教える、与える ⟨alci alqd⟩. **3** 付け加える、追加する、ふやす ⟨alqd alci rei; alqd ad [in] alqd⟩: *addere gradum* (Plaut) 歩を速める / *adde* (*huc*) (Liv)〈これに〉加えて、さらに。 **4** 加算する、足す。

addoceō -ēre -docuī -doctum, *tr* [ad-/doceo] さらに教える。

addoctus -a -um, *pp* ⇨ addoceo.

addormīscō -ere, *intr inch* [ad-/dormio] 寝入る。

Addua -ae, *m* アッドゥア《Padus 川の支流》.

addubitō -āre -āvī -ātum, *tr* [ad-/dubito] 疑う、疑念をいだく ⟨*abs*; de [in] re; +*inf*; +*acc*⟩.

addūcō -ere -duxī -ductum, *tr* [ad-/duco] **1** 引き寄せる。 **2** 導く、連れて[持って]いく ⟨alqm [alqd] ad [in] alqd; alqm alci⟩. **3** 〈ある状態に〉導く[置く]、陥らせる ⟨alqm in [ad] alqd⟩. **4** …する気を起こさせる、(促して)…させる ⟨alqm ad [in] alqd; ut, ne⟩. **5** 信じ込ませる ⟨+*acc c. inf*; ut⟩.

adductius *adv comp* [adductus] 一段と厳しく。

adductor -ōris, °*m* [adduco] **1** 連れてくる者。 **2** 〖解〗内転筋。 **3** 〖動〗閉介筋。

adductus -a -um, *adj* (*pp*) [adduco] **1** しかめっつらの、眉をひそめた。 **2** 狭い。 **3** 〈文体が〉簡潔な、きびきびした。 **4** 厳しい。

adduxī *pf* ⇨ adduco.

adedī *pf* ⇨ adedo.

adedō -ere -ēdī -ēsum, *tr* [ad-/edo¹] **1** かじる。 **2** 使い果たす。

adēgī *pf* ⇨ adigo.

Adelphī, -oe -ōrum, *m pl* [*Gk*]「兄弟」《Terentius の喜劇の題名》.

adelphis -idis, *f* [*Gk*] 〖植〗ナツメヤシの一種。

adēmī *pf* ⇨ adimo.

ademptiō -ōnis, *f* [adimo] 取り上げること、剥奪、没収: ~ *bonorum* (Tac) 財産の没収。

ademptus -a -um, *pp* ⇨ adimo.

adenōma -atis, °*n* 〖病〗腺腫、アデノーマ。

adeō¹ -īre -iī -itum, *intr*, *tr* [ad-/eo²] **1** 近づく、接近する ⟨ad alqm [alqm]; in alqm; ad alqd⟩: *adire in jus* (Cic) 訴える。 **2** 攻撃[襲撃]する ⟨*abs*; ad alqm; alqd⟩. **3** 相談する、頼る ⟨alqm⟩. **4** 訪れる、行く ⟨alqd⟩. **5** 引き受ける、企てる、⟨alqd⟩: *ad causas privatas et publicas adire* (Cic) 民事訴訟と刑事訴訟を引き受ける / *hereditatem adire* (Cic) 遺産を相続する。 **6** *adire manum alci* (Plaut) 人をだます。 **7** (苦労・危険などを)受ける、こうむる。

adeō² *adv* [ad-/eo¹] そこまで、その地点まで。 **2** (時間的)その時点まで、それほど長く: *usque* ~ *dum* [*donec*, *quoad*] ……までずっと。 **3** その程度まで、それほどに。 **4** それどころか、そのうえ: *atque* ~ しかもそのうえ、いやむしろ。 **5** 全く、非常に: ~ *non* [*nihil*]… *ut*… あまり…(し)ないので…. **6** ちょうど、まさしく。 **7** 特に、とりわけ。

adeps adipis, *m*, *f* **1** 脂肪。 **2** 肥満。 **3** 〈文体の〉誇張、飾り付き ⟨·²⟩. **4** 辺材、白太 ⟨·²⟩. **5** 〖地〗マール、泥灰岩。 **6**° ~ *lanae* 〖化〗羊毛脂 / ~ *suillus* 〖化〗豚脂。

adeptiō -ōnis, *f* [adipiscor] 獲得、取得。

adeptus -a -um, *pp* ⇨ adipiscor.

adequitō -āre -āvī -ātum, *intr* [ad-/equito] **1** 馬に乗って行く ⟨alci rei; ad alqm; in alqd⟩. **2** 馬に乗って通り過ぎる ⟨*circa* [*juxta*]+*acc*⟩.

ades **2** *sg ind pr* ⇨ assum¹.

adesse *inf* ⇨ assum¹.

adēsus -a -um, *pp* ⇨ adedo.

adf- ⇨ aff-.

adg- ⇨ agg-.

adgn- ⇨ agn-.

adhaereō -ēre -haesī -haesum, *intr* [ad-/haereo] **1** 付着している、くっついている ⟨alci rei; in re⟩. **2** (空間的)隣接する、接している;(時間的)続く。 **3** 執着する、くっついて離れない ⟨+*dat*⟩: *lateri adhaerere* (Liv) しつこくつきまとう。

adhaerēscō -ere -haesī -haesum, *intr inch* [↑] **1** くっつく、付着する ⟨ad alqm; in re [alqd]; alci rei⟩. **2** 執着する、くっついて離れない ⟨+*dat*⟩. **3** 立ち往生する、行き詰まる。 **4** 適合する ⟨ad alqd⟩.

adhaesē *adv* [adhaesus¹] 口ごもり[どもり]ながら。

adhaesī *pf* ⇨ adhaereo, adhaeresco.

adhaesiō -ōnis, *f* [adhaereo] 付着、結合。

adhaesus[1] *pp* ⇨ adhaereo, adhaeresco.
adhaesus[2] -ūs, *m* [adhaereo] 付着.
adhālō -āre -āvī -ātum, *tr* [ad-/halo] 息を吹きかける.
Adherbal -alis, *m* アドヘルバル《Micipsa の息子で Numidia の王子; Jugurtha に殺された》.
adhibeō -ēre -hibuī -hibitum, *tr* [ad-/habeo] **1** あてがう, 当てる〈alqd ad alqd; alqd+*dat*〉. **2** 利用する; 適用[応用]する〈alqd+*dat*; alqd ad [in] alqd; alqd in re; alqd in [erga, adversus] alqm〉. **3** 招く, 呼ぶ, 引き入れる〈alqd ad [in] alqd; alqd alci rei〉: *adhibere alqm ad consilium* (CAES) ある人に相談する. **4** 扱う, 待遇[処遇]する〈alqm+*adv*〉; (*refl*) ふるまう.
adhinniō -īre -īvī [-iī] -ītum, *intr*, *tr* [ad-/hinnio] **1** (馬が...に向かって)いななく〈+*dat* [*acc*]; ad [in]+*acc*〉. **2** 渇望する〈ad alqd〉.
adhōc *adv* =adhuc.
adhorreō -ēre -uī, *intr* [ad-/horreo] (さらに)身震いする.
adhortāmen -inis, *n* [adhortor] 激励.
adhortātiō -ōnis, *f* [adhortor] 激励, 勧告.
adhortātor -ōris, *m* [↓] 激励者, 勧告者.
adhortor -ārī -ātus sum, *tr dep* [ad-/hortor] 激励する, 駆りたてる, 勧告する〈alqm ad [in] alqd; ut, ne〉.
adhūc *adv* [ad-/huc] **1** ここまで. **2** 今まで; その時まで: ~ *non* まだ...ない. **3** 今なお, 依然として. **4** そのうえ, さらに. **5** ...の限りは〈ut [qui]+*subj*〉. **6** いっそう, もっと.
Adiabēnē -ēs, **-na** -ae, *f* [*Gk*] アディアベーネー《Assyria 北部の一地域》.
Adiabēnicus -a -um, °*adj* =Adiabenus《Adiabene の征服者としての Severus 帝の添え名》.
Adiabēnus -a -um, *adj* Adiabene の.
adiantum -ī, *n* [*Gk*] [植] ホウライシダ科クジャクシダ属の多年性シダ植物.
adicere *inf* ⇨ adicio.
adiciō -icere -jēcī -jectum, *tr* [ad-/jacio] **1** (...に向かって)投げる, 投げやる; 置く, 当てる〈alqd ad alqd; alqd+*dat*〉. **2** (...に)付け加える〈alqd ad alqd; alqd alci rei〉. **4** ふやす, 大きくする; 高める〈alqd alci rei〉. **5** (競売で)より高い値を付ける.
adigō -ere -ēgī -actum, *tr* [ad-/ago] **1** 追い[押し]やる, 駆りたてる〈alqd [alqm] ad [in] alqd; [alqm] alci rei〉. **2** 強いる, ...させる〈alqm ad alqd; ut; +*inf*: *alqm* (*ad*) *jus jurandum adigere* (SALL) ある人に誓わせる.
adiī *pf* ⇨ adeo[1].
Adīmantus -ī, *m* [*Gk*] アディーマントゥス, *アディマントス《Peloponnesus 戦争末期の Athenae の将軍》.
adimō -ere -ēmī -emptum, *tr* [ad-/emo] **1** 取り去る, 取り除く; 奪う〈alci alqd; alqd ab alqo〉: *adimere alci pecuniam* (CIC) ある人から財産を奪う. **2** 禁ずる, 妨げる〈alci alqd〉.
adimpleō -ēre -ēvī -ētum, *tr* [ad-/impleo] **1** いっぱいにする, 満たす. **2** 果たす, 遂行する: *adim-*

plere fidem (MARCEL) 約束を果たす.
adimplētiō -ōnis, °*f* [↑] 完成, 成就, 遂行.
adimplētus -a -um, *pp* ⇨ adimpleo.
adimplēvī *pf* ⇨ adimpleo.
adindō -ere, *tr* [ad-/indo] 挿入する.
adinvēnī *pf* ⇨ adinvenio.
adinveniō -īre -vēnī -ventum, °*tr* [ad-/invenio] 発明する, 考案する.
adinventiō -ōnis, °*f* 発明, 考案.
adinventum -ī, °*n* (*pp*) [adinvenio] 発明品.
adinventus -a -um, *pp* ⇨ adinvenio.
adinvicem °*adv* =invicem.
adipālis -is -e, °*adj* [adeps] 油っこい, 油性の.
adipātus -a -um, *adj* [adeps] **1** 脂肪の多い. **2** (文体が)大げさな.
adipiscor -ipiscī adeptus sum, *tr dep* [ad-/apiscor] **1** 追いつく〈alqm〉. **2** 手に入れる, 獲得する〈alqd〉.
adipositās -ātis, °*f* [病] 脂肪過多症, 肥満症.
adīre *inf* ⇨ adeo[1].
aditiālis -is -e, *adj* [aditus[1]] 就任の.
aditiō -ōnis, *f* [adeo[1]] **1** 接近. **2** ~ (*hereditatis*) 遺産相続.
aditus[1] -a -um, *pp* ⇨ adeo[1].
aditus[2] -ūs, *m* **1** 接近, 出入り〈ad alqd; alcis rei〉. **2** 出入りする権利. **3** 入る〈alcis rei; ad [in] alqd〉. **4** 始まり, 発端. **5** 機会, 便宜〈ad alqd; alcis rei〉: ~ *laudis* (CIC) 名声をかちえる機会. **6** °[解] 口, 入口: ~ *laryngis* 喉頭口.
adjaceō -ēre -jacuī, *intr* (*tr*) [ad-/jaceo] そばにい[ある], 隣接している〈ad alqd; +*dat* [*acc*]〉.
adjēcī *pf* ⇨ adicio.
adjectīcius -a -um, °*adj* [adicio] 付加された.
adjectiō -ōnis, *f* [adicio] **1** 付加, 追加. **2** 受け入れ. **3** (競売に)より高値をつけること, せり上げ. **4** [修] 畳語法. **5** [建] 円柱の中央部のふくらみ(=エンタシス). **6** 強壮剤.
adjectīvum -ī, °*n* [adicio] (*sc. nomen*) [文] 形容詞.
adjectus -a -um, *pp* ⇨ adicio.
adjiciō -cere, *tr* ⇨ adicio.
adjūdicātiō -ōnis, *f* [↓] [法] 判決.
adjūdicō -āre, *tr* [ad-/judico] **1** (判決によって)与える, 認める〈alci alqd〉. **2** ...に帰する〈alci alqd〉.
adjuerō *fut pf* ⇨ adjuvero (⇨ adjuvo).
adjugō -āre -āvī -ātum, *tr* [ad-/jugo] 結びつける.
adjūmentum -ī, *n* [adjuvo] 援助策; 助力, 援助〈alcis rei; ad alqd; alci rei; in re〉.
adjūnctiō -ōnis, *f* [adjungo] **1** 結合, 接続〈alcis rei ad alqd〉. **2** 付加. **3** [修] 限定. **4** [修] (節において)動詞を最初または最後に置くこと.
adjūnctīvus -a -um, °*adj* [adjungo] 結合[付加]の: *modus* ~ (DIOM) [文] 接続法.
adjūnctor -ōris, *m* [adjungo] 結合する人.
adjūnctum -ī, *n* [↓] **1** 特徴, 特質〈+*gen* [*dat*]〉. **2** (*pl*) 付随的事情.
adjūnctus -a -um, *adj*, *pp* [↓] **1** 隣接[連続]する〈alcis rei〉. **2** 関連した, 関係のある. **3** 特徴的な, 固有の.

adjungō -ere -junxī -junctum, *tr* [ad-/jungo] **1** つなぐ、結ぶ〈alqd alci rei〉. **2** 付加する、結合する〈alqm [alqd]; alqd in alqd〉: *accessionem aedibus adjungere* (Cic) 家を増築する. **3** 一つにする、統合する〈alqm ad [in] alqd〉. **4** 付き添わせる、参加させる: *alqm (sibi) socium adjungere* (Cic) ある人を仲間にする. **5** 付言する. **6** 与える、付与する〈alci alqd〉. **7** 関連づける: *rebus praesentibus futuras adjungere atque annectere* (Cic) 未来のことを現在のことと関連づける. **8** 〈…に〉向ける〈alqd ad alqd〉.
adjunxī *pf* ⇨ adjungo.
adjūrāmentum -ī, °*n* [adjuro²] 嘆願、懇願.
adjūrātiō -ōnis, *f* [adjuro²] 宣誓、誓い
adjūrō¹ *fut pf* =adjuvero (⇨ adjuvo).
adjūrō² -āre -āvī -ātum, *tr* [ad-/juro] **1** (さらに)誓う〈alqd〉. **2** 誓って約束する〈alci alqd; +acc c. inf〉. **3** …にかけて誓う: ~ *Stygii caput implacabile fontis* (Verg) Styx の無情な水源にかけて私は誓う. **4**° 嘆願[懇願]する. **5**° (悪霊を)追い払う.
adjūtābilis -is -e, *adj* [↓] 助けになる、役に立つ.
adjūtō -āre -āvī -ātum, *tr, intr freq* [adjuvo] 助ける、役立つ〈alqm; alci〉.
adjūtor -ōris, *m* [adjuvo] **1** 助力者、補佐人〈in re; ad alqd〉. **2** 加担者、共犯者. **3** 副官. **4** (芝居の)脇役、端役. **5** 助教師.
adjūtōrium -ī, *n* [adjuvo] **1** 助力、援助. **2** (水の)補給.
adjūtrix -īcis, *f* [adjutor] **1** (女性の)助力者. **2** 助け. **3** *legiones adjutrices* (Tac) 予備軍団.
adjūtus¹ -a -um, *pp* ⇨ adjuvo.
adjūtus² -ūs, °*m* 助力、援助.
adjūvāmen -inis, °*n* [adjuvo] 助力、援助.
adjūvāmentum -ī, °*n* =adjuvamen.
adjūvī *pf* ⇨ adjuvo.
adjuvō -āre -jūvī -jūtum, *tr* [ad-/juvo] **1** 助ける、援助する〈alqm [alqd]; alqm (in) re; alqm ad alqd〉. **2** 励ます、鼓舞する. **3** 強める、高める、助長する〈alqd〉. **4** 役立つ、貢献する〈abs; ad alqd; impers〉.
adl- ⇨ all-.
admarīnus -a -um, °*adj* [ad-/marinus] 海辺の.
admātūrō -āre, *tr* [ad-/maturo] 促進する.
admēnsus -a -um, *pp* ⇨ admetior.
admētior -īrī -mensus sum, *tr dep* [ad-/metior] (一定量を)計り分ける〈alci alqd〉.
Admētus -ī, *m* [Gk] アドメートゥス、*-トス《(1)〔伝説〕Thessalia の Pherae の王で Alcestis の夫；Argonautae の一人. (2) Molossi 人の王で Themistocles を保護した》.
admigrō -āre, *intr* [ad-/migro] 付け加わる.
adminiculātor -ōris, *m* [adminiculo] 手助けする人.
adminiculātus -a -um, *adj* (*pp*) [↓] 十分に貯えられた.
adminiculō -āre -āvī -ātum, *tr* [adminiculum] **1** つっかいをする、支柱をつける. **2** 援助する.
adminiculor -ārī -ātus sum, °*tr dep* =adminiculo.
adminiculum -ī, *n* [ad-/mineo] **1** (ブドウのつるの)支柱. **2** 助力、援助；助力者. **3** 補助手段；道具.
administer -trī, *m* [ad-/minister] **1** 助力者；従者〈+*gen*; ad alqd〉. **2** 道具、手段.
administra -ae, *f* [↑] (女性の)助力者；侍女.
administrātiō -ōnis, *f* [administro] **1** 援助、助力. **2** 処理、遂行；管理、指揮. **3** (*pl*) 職務、業務.
administrātīvus -a -um, *adj* [administro] 実際的な.
administrātor -ōris, *m* [administro] 指導者、管理者.
administrātōrius -a -um, °*adj* [↓] 仕える.
administrō -āre -āvī -ātum, *intr, tr* [ad-/ministro] **1** 助力する〈alci ad alqd〉. **2** 指揮する、管理する. **3** 遂行する、処理する.
admīrābilis -is -e, *adj* [admiror] **1** 感嘆[賞賛]に価する. **2** 奇妙な、風変わりな. **3** 逆説的な、矛盾した.
admīrābilitās -ātis, *f* [↑] **1** 感嘆すべきこと. **2** 賞賛、感嘆.
admīrābiliter *adv* [admirabilis] **1** 感嘆に値するほどに、みごとに. **2** 奇妙に、矛盾して.
admīrandus -a -um, *adj* =admirabilis.
admīrātiō -ōnis, *f* [admiror] **1** 感嘆、賞賛. **2** 驚き、びっくり.
admīrātor -ōris, *m* [↓] 感嘆者.
admīror -ārī -ātus sum, *tr* (*intr*) *dep* [ad-/miror] **1** 感嘆する、賞賛する〈abs; alqm [alqd] alqd in alqo; alqm in re; +*acc c. inf*; quod; +間接疑問〉. **2** 驚く、不思議に思う〈abs; alqm [alqd]; de alqo [re]; +*acc c. inf*; quod; +間接疑問〉.
admisceō -ēre -miscuī -mixtum, *tr* [ad-/misceo] **1** 混ぜ加える〈alci rei alqd〉. **2** 添える、付加する〈alci rei alqd〉. **3** 巻き込む〈alqm ad alqd〉. **4** 混ぜ合わせる〈alqd (cum) re〉.
admiscuī *pf* ⇨ admisceo.
admīsī *pf* ⇨ admitto.
admissārius¹ -a -um, *adj* [admitto] 種付け用の.
admissārius² -ī, *m* **1** 種馬. **2** 好色漢.
admissiō -ōnis, *f* [admitto] **1** (家畜を)交尾させること、種付け. **2** 引見、謁見. **3** 〘法〙遺産相続.
admissum -ī, *n* (*pp*) [admitto] 犯罪、違反.
admissus -a -um, *pp* ⇨ admitto.
admittō -ere -mīsī -missum, *tr* [ad-/mitto] **1** 行かせる、放す、ゆるめる. **2** 入れる、入ることを許す〈alqm ad alqm; alqd in [ad] alqd〉. **3** 引見する、面会を許す. **4** 関与[参加]させる、(仲間に)入れる〈alqm ad [in] alqd〉: *alqm ad consilium admittere* (Cic) ある人を協議に参加させる. **5** 聞き入れる: *pacis mentionem admittere auribus* (Liv) 和平の申し入れに耳を貸す. **6** (罪・悪事を)犯す. **7** 許す、容認する、…させておく.
admixtiō -ōnis, *f* [admisceo] 混合.
admixtus -a -um, *pp* ⇨ admisceo.
admoderor -ārī, *intr dep* [ad-/moderor] 自制する.
admodum *adv* [ad¹/modus] **1** 非常に、きわめて；

puer ~ (Liv) ほんの子供 / *raro* ~ (Curt) きわめてまれ に． **2** 完全に，全く: *non* ~ 必ずしも…ではない / ~ *nihil* [*nullus*] 全く何も[誰も]…ない / *turres* ~ *CXX* (Caes) 120 ものやぐら / *decem annos* ~ (Liv) ま る 10 年間． **3** (返事として) そのとおり，もちろん．

admōlior -īrī -itus sum, *tr, intr dep* [ad-/mo-lior] **1** (そこへ)置く，持っていく． **2** …しようと努める．

admoneō -ēre -monuī -monitum, *tr* [ad-/mo-neo] **1** 思い出させる，気づかせる ⟨alqm alcis rei; alqm de re; +*inf; +acc c. inf*⟩． **2** 忠告[助言]する； 勧める，促す ⟨alqm ut [ne]; ad+*gerundiv; +inf*⟩． **3** 警告する ⟨alqm de re; +*acc c. inf*⟩．

admonitiō -ōnis, *f* [↑] **1** 思い出させること ⟨alcis rei⟩． **2** 助言，忠告； 警告．

admonitor -ōris, *m* [admoneo] **1** 思い出させる もの． **2** 忠告[警告]者．

admonitum -ī, *n* (*pp*) [admoneo] 忠告； 警告．

admonitus -ūs, *m* [admoneo] (*abl* でのみ用いる) 思い出させること，忠告，警告: *amici tali admonitu* (Cic) 友人のこのような忠告により．

admordeō -ēre -mordī -morsum, *tr* [ad-/mor-deo] **1** かみつく，かじる． **2** (人から)巻き上げる ⟨alqm⟩．

admordī *pf* ⇨ admordeo.

admorsus -a -um, *pp* ⇨ admordeo.

admōtiō -ōnis, *f* [admoveo] 当てること，置くこと: ~ *digitorum* (Cic) 〈弦楽器演奏における〉指使い．

admōtus -a -um, *pp* ⇨ admoveo.

admoveō -ēre -mōvī -mōtum, *tr* [ad-/moveo] **1** 持ってくる，近づける ⟨alqd ad alqd; alci rei alqd⟩: *manus operi admovere* (Ov) 作品に手をあてがう / *ar-matos muris admovere* (Liv) 武装兵を城壁に突撃さ せる． **2** 引き入れる． **3** (時期を)早める． **4** 利用す る，当てる，向ける ⟨alqd+*dat*; alqd ad alqd⟩: *alci stimulos admovere* (Cic) ある人を刺激する / *mentem ad voces alcis admovere* (Cic) ある人の声に心を向け る． **5** (感情・考えなどを)吹き込む，抱かせる．

admūgiī *pf* ⇨ admugio.

admūgiō -īre -mūgiī, *intr* [ad-/mugio] (牛が) …に向かってモーと鳴く ⟨+*dat*⟩．

admurmurātiō -ōnis, *f* [↓] つぶやくこと．

admurmurō -āre -āvī -ātum, *intr* [ad-/mur-muro] (賛成あるいは反対を表わして)つぶやく．

admurmuror -ārī, *intr dep* =admurmuro.

admutilō -āre -āvī -ātum, *tr* [ad-/mutilo] **1** (毛を)短く刈る，そる． **2** (人から)だまし取る，巻き上げ る ⟨alqm⟩．

adn- ⇨ ann-．

adnascor -cī, *intr dep* =agnascor.

adnātus -ī, *m* =agnatus.

adnōscō -cere, *tr* =agnosco.

adoleō -ēre -oluī adultum, *tr* **1** いけにえをささげ る，いけにえを焼く，礼拝する ⟨alqd; alqm alqo re⟩． **2** 焼 く，燃やす ⟨alqm⟩．

adolescens, -ntia, etc. ⇨ adul-．

adolēscō[1] -ere, *intr inch* [adoleo] 燃え上がる．

adolēscō[2] -ere -olēvī adultum, *intr* [ad-/°oles-co (*cf.* alo)] **1** 成長する，育つ． **2** 増大する，強まる． **3** (時間が)過ぎる．

adolēvī *pf* ⇨ adolesco[2].

Adōn -ōnis, *m* =Adonis.

Adōneus[1] -ī, *m* =Adonis.

Adōnēus[2] -a -um, °*adj* Adonis の．

Adōnis -is [-idos], *m* [*Gk*]《神話》アドーニス《Cy-prus の王 Cinyras の息子； Venus に愛され，死後アネ モネに変容した》．

adoperiō -īre -operuī -opertum, *tr* [ad-/operio] **1** おおう，隠す． **2** 閉じる．

adoperta -ōrum, *n pl* (*pp*) [↑] 宗教的秘儀．

adopertē °*adv* [↓] ひそかに，隠れて．

adopertus -a -um, *pp* ⇨ adoperio.

adoperuī *pf* ⇨ adoperio.

adoptātiō -ōnis, *f* [adopto] 養子縁組．

adoptiō -ōnis, *f* [adopto] 《法》 養子縁組． **2** 接ぎ木．

adoptīvus -a -um, *adj* [↓] **1** 養子縁組の: *filius* ~ (Suet) 養子． **2** 接ぎ木された．

adoptō -āre -āvī -ātum, *tr* [ad-/opto] **1** 選び出 す； 採用する: *sibi alqm patronum adoptare* (Cic) あ る人を自分の保護者に選ぶ / *Etruscas opes adoptare* (Ov) エトルリア人の援助を得ようと努力する． **2** 接ぎ 木する． **3** 養子にする: *C. Stajenus qui se ipse ad-optaverat et de Stajeno Aelium fecerat* (Cic) 自分 で養子縁組をして，Stajenus 家の男から Aelia 氏族の 一員になってしまった C. Stajenus．

ador -ōris, *n* スペルト小麦．

adōrābilis -is -e, *adj* [adoro] 崇拝に値する．

adōrātiō -ōnis, *f* [adoro] 崇拝，崇敬．

adōrātor -ōris, °*m* [adoro] 崇拝者．

adōrea, -ia -ae, *f* [*cf.* ador] 武勇のほまれ； 栄誉．

adōreum, -ium -ī, *n* =ador.

adōreus -a -um, *adj* [ador] スペルト小麦の．

adōriō -īre, *tr* =adorior.

adorior -īrī -ortus sum, *tr dep* [ad-/orior] **1** 襲 う，攻撃する ⟨alqm; alqd⟩． **2** 近づいてことばをかける． **3** 企てる，着手する ⟨alqd; +*inf*⟩．

adornō -āre -āvī -ātum, *tr* [ad-/orno] **1** 準備す る，備える，装備する ⟨alqd re⟩． **2** 飾る，装飾する ⟨alqm [alqd] re⟩．

adōrō -āre -āvī -ātum, *tr* [ad-/oro] **1** 話しかける． **2** 崇拝する． **3** 懇願する，祈願する: *pacem deum adorare* (Liv) 神々の加護を祈願する．

adortus -a -um, *pp* ⇨ adorior.

adoxāceae -ārum, °*f pl* 《植》レンプクソウ科．

adp- ⇨ app-．

adq- ⇨ acq-．

adr- ⇨ arr- (ただし若干の語は例外)．

adrādius -ī, °*m* 《動》従属対称面．

adrādō -ere -rāsī -rāsum, *tr* [ad-/rado] **1** 刈る， そる． **2** 削り取る．

Adramyttēnus -a -um, *adj* Adramytteum の．

Adramyttēos -ī, *f* =Adramytteum.

Adramyttēum, -ium, -ion -ī, *n* [*Gk*] アドラ ミュッテーウム，*-テイオン《Mysia 沿岸の町； 現 Edre-mit》．

Adrana -ae, *f* アドラナ《Germania の川； 現 Eder》．

adrāsī *pf* ⇨ adrado.

Adrastēa, -īa -ae, *f* [*Gk*] 《神話》アドラステーア，

Adrastus — advento

*-テイア《応報天罰の女神 Nemesis の別名》.
Adrastus -ī, *m* [*Gk*]《神話》アドラストゥス, *-トス《Argos の王で Tydeus と Polynices の義父; Thebae 攻め七将の一人》.
adrāsus -a -um, *pp* ⇨ adrado.
Adria, Adriānus, etc. ⇨ Hadri-.
Adrūmētum -ī, *n* =Hadrumetum.
ads- ⇨ ass-.
adsc- ⇨ asc-.
adsp- ⇨ asp-.
adst- ⇨ ast-.
adstringens -entis, °*n*《薬》収斂剤.
adsum -esse, *intr* =assum¹.
adt- ⇨ att-.
Aduaca -ae, °*f* =Aduatuca.
Aduātuca -ae, *f* アドゥアートゥカ《Gallia Belgica の Eburones 族の領地にあった要塞; 現 Tongres》.
Aduātucī -ōrum, *m pl* アドゥアートゥキー《Gallia Belgica にいた Cimbri 族の一部族》.
adūlātiō -ōnis, *f* [adulor] **1**《犬が》尾を振ること. **2**《敬意・服従を表わす》お辞儀. **3** へつらい, おべっか.
adūlātor -ōris, *m* [adulor] おべっか使い.
adūlātōrius -a -um, *adj* [↑] おべっかの, へつらいの.
adulescens¹ -entis, *adj* (*prp*) [adolesco²] 若い.
adulescens² -entis, *m*, *f* 青年(男女), 若者.
adulescentia -ae, *f* [adulescens¹] 青年時代, 青春(期).
adulescentula -ae, *f dim* [↓] 少女, おとめ.
adulescentulus¹ -a -um, *adj dim* [adulescens¹] 非常に若い, 年少の.
adulescentulus² -ī, *m dim* 若者, 青年.
adulescenturiō -īre, *intr* [adulescens¹] 若者のようにふるまう.
adūlō -āre -āvī -ātum, *tr* [↓] **1**《犬が》じゃれつく, 尾を振る. **2** おもねる, へつらう ⟨*abs*; alqm⟩.
adūlor -ārī -ātus sum, *tr* (*intr*) *dep* **1**《犬が》じゃれつく, 尾を振る ⟨*abs*; alqm; alci⟩. **2** へつらう, おもねる ⟨*abs*; alqm; alci⟩. **3** 敬意を表する, 敬礼する ⟨alqm⟩.
adulter¹ -era -erum, *adj* [↓] **1** 姦通の, 不貞の. **2** 偽造の, にせの.
adulter² -erī, *m* [adultero] 姦夫.
adultera -ae, *f* [adulter¹] 姦婦.
adulterātiō -onis, *f* [adultero] 偽造, 変造.
adulterātor -ōris, *m* [adultero] **1°** 姦通者. **2**《貨幣の》変造[偽造]者.
adulterātus -a -um, *pp* ⇨ adultero.
adulterīnus -a -um, *adj* [adulter¹] **1** 模造の, にせの. **2** 姦通の, 不貞の.
adulterium -ī, *n* [adulter¹] **1** 姦通. **2** 変造, 偽造.
adulterō -āre -āvī -ātum, *tr* (*intr*) [ad-/alter¹] **1** 姦通する; 辱める ⟨cum alqo; alqm⟩. **2** 変造[偽造]する; 改悪する ⟨alqd⟩.
adultus -a -um, *adj* (*pp*) [adolesco²] **1** 成人した, 成長した. **2**《時間が》進んだ, 過ぎた. **3** 成熟した, 確立した: *populus* ~ (Cɪᴄ) 成長した国民 / *auctoritas nondum adulta* (Tᴀᴄ) まだ未熟な威厳.

adumbrātim *adv* [adumbratus] 漠然と, あらましだけ.
adumbrātiō -ōnis, *f* [adumbro] **1** 輪郭; あらまし, 概略. **2** 見せかけ.
adumbrātus -a -um, *adj* (*pp*) [↓] **1** 輪郭だけの; 概略の. **2** ぼんやりとした, 不十分な. **3** 見せかけの.
adumbrō -āre -āvī -ātum, *tr* [ad-/umbro] **1** 見えなくする, さえぎる. **2** 輪郭を示す, 略図を作る. **3** 概要を述べる. **4** 模造[模倣]する.
adūnātiō -ōnis, °*f* [aduno] 結合, 統合.
aduncitās -ātis, *f* [↓] 曲がっていること, 湾曲.
aduncus -a -um, *adj* [ad-/uncus²] 曲がった, 鉤形の.
adūnō -āre -āvī -ātum, °*tr* [*cf.* unus¹] 結合[統合]する.
adurgeō -ēre -ursī, *tr* [ad-/urgeo] **1** 押しつける, 押し当てる. **2** 激しく追跡する.
adūrō -ere -ussī -ustum, *tr* [ad-/uro] **1** 火をつける, 焼く; 焦がす. **2** 凍えさせる. **3** 傷つける, 損害を与える. **4** 燃え上がらせる.
adursī *pf* ⇨ adurgeo.
adusque *prep*, *adv* [ad-/usque] **I** (*prep*) ⟨+*acc*⟩ …までずっと (=usque ad). **II** (*adv*) 全く, すっかり (=usque).
adussī *pf* ⇨ aduro.
adustiō -ōnis, *f* [aduro] **1** 焼くこと, やけど. **2** 日焼け.
adustum -ī, *n* [↓] やけど: ~ *nivibus* (Pʟɪɴ) 凍傷.
adustus -a -um, *adj* (*pp*) [aduro] 日に焼けた, 浅黒い.
advectīcius -a -um, *adj* [adveho] 輸入された.
advectiō -onis, *f* [adveho] 輸送.
advectō -āre, *tr freq* [adveho] (頻繁に)輸送する.
advectus¹ -a -um, *pp* ⇨ adveho.
advectus² -ūs, *m* =advectio.
advehō -ere -vexī -vectum, *tr* [ad-/veho] **1** 輸送する, 持ってくる. **2** (*pass*) 乗って来る, 至る ⟨ad [in] alqd; +*acc* [*dat*]⟩.
advēlō -āre, *tr* [ad-/velo] **1** 包む, おおう. **2**《詩》花冠で飾る.
advena¹ -ae, *m*, *f* [advenio] **1** よそ者; 外国人. **2** 新来者; 初心者, しろうと ⟨in re⟩.
advena² -ae, *adj* **1** 外国の. **2** 移住する.
adveneror -ārī -ātus, *tr* [ad-/veneror] 崇拝する, 崇敬する.
advēnī *pf* ⇨ advenio.
advenientia -ae, *f* [↓] 到着.
adveniō -īre -vēnī -ventum, *intr* [ad-/venio] **1** …へ来る, 到着する, 達する ⟨a [ex] loco ad alqm; in [ad] alqd⟩. **2** (時が)近づく, 到来する. **3** (できごとが)起こる, 生ずる. **4** 与えられる ⟨ad alqm⟩.
adventīcius -a -um, *adj* [↑] **1** 外来の, 外国の. **2** 外部の, 外側の. **3** 普通でない, 異常な: *adventicia pecunia* (Cɪᴄ) (相続・贈与などによって)労せずして得たお金. **4°**《病》非遺伝性の, 偶発的な. **5°**《生物》不定の.
adventō -āre -āvī -ātum, *intr freq* [advenio] 近

づく,到着する,やって来る.
adventor -ōris, *m* [advenio] 来訪者.
adventus[1] -a -um, *pp* ⇨ advenio.
adventus[2] -ūs, *m* 1 到来,到着;接近 ⟨ad alqm; in [ad] alqd⟩: *ante lucis adventum* (SALL) 夜明け前に. 2 突発,勃発. 3° ⦅教会⦆ 待降節.
adverbium -ī, *n* [ad-/verbum] ⦅文⦆ 副詞.
adverrō -ere, *tr* [ad-/verro] (髪を)たらす.
adversa -ae, *f* [adversus[2]] (女性の)敵対者.
adversāria[1] -ae, *f* [adversarius[2]] (女性の)敵対者.
adversāria[2] -ōrum, *n pl* [↓] 1 反対者の主張. 2 覚書,日誌.
adversārius[1] -a -um, *adj* [adversus[1]] 1 反対[対立]する,敵対する ⟨+dat⟩. 2 有害な ⟨+dat⟩.
adversārius[2] -ī, *m* 反対者,敵対者;⦅法⦆ 反対当事者 ⟨+gen⟩.
adversātiō -ōnis, *f* [adversor] 反対,対立.
adversātor -ōris, *m* [adversor] 反対者,敵対者.
adversātrix -īcis, *f* [↑] (女性の)反対者,敵対者.
adversātus -a -um, *pp* ⇨ adverso, adversor.
adversiō -ōnis, *f* [adverto] (ある方向へ)向けること.
adversitās -ātis, *f* [adversus[1]] 1 反対,対立,敵対. 2 不運,災難.
adversitor -ōris, *m* 主人を迎えに行く奴隷.
adversō -āre -āvī -ātum, *tr* [adverto] (注意・心を)絶えず向ける.
adversor -ārī -ātus sum, *intr* (*tr*) *dep* [adversus[1]] 反対する,対立する,敵対する ⟨abs; +dat⟩; in [de] re; quominus, ne⟩.
adversum[1] -ī, *n* [adversus[1]] 1 反対方向: *ex adverso* (LIV) 反対側に,向かい合って / *in adversum* (VERG) 逆らって,反対の方に. 2 (通例 *pl*) 不運,災難. 5 ⦅論⦆ 反対名辞,対当命題.
adversum[2,3] =adversus[3,4].
adversus[1] -a -um, *adj* (*pp*) [adverto] 1 (ある方向)を向いた,面した,向かい合った ⟨abs; alci⟩: *flumine adverso* (LUCR) 川をさかのぼって. 2 前方の ⟨abs; alci⟩: *dentes adversi* (CIC) 前歯 / *vulnus adversum* (CIC) 胸の傷. 3 敵対する,反対する ⟨abs; alci⟩: *adverso senatu* (LIV) 元老院の意見に反して. 4 いやな,不快な ⟨abs; alci⟩. 5 不利な,不都合な ⟨alci⟩.
adversus[2] -ī, *m* 反対者,敵対者.
adversus[3], **-um**[2] *adv* 1 向かって: *adversum ire* (PLAUT) 会いに[迎えに]行く. 2 反対して,逆らって: *~ arma ferre* (NEP) 敵として武器をとる.
adversus[4], **-um**[3] *prep* ⟨+acc⟩ 1 …の方向へ,…に向かって. 2 …に向かい合って,…の反対側に. 3 …に逆らって,…に反対して. 4 …に対して: *reverentia ~ homines* (CIC) 人間に対する畏敬の念. 5 …に関して. 6 …と比べて.
advertī *pf* ⇨ adverto.
advertō -ere -vertī -versum, *tr* (*intr*) [ad-/verto] 1 向ける ⟨alqd in [ad] alqd; alqd alci rei⟩: *animum advertere* (CIC) 注意を向ける. (船を)…へ操縦する,上陸させる. 3 (*pass*) 向かって進む. 4 気づく,認める,知覚する ⟨alqd; +*acc c. inf*⟩. 5 罰する ⟨in alqm⟩. 6 (注意を)ひきつける.
advesperascit -ere -rāvit, *intr impers* [ad-/vesperasco] 夕方になる,日が暮れる.
advesperāvit *pf* ⇨ advesperascit.
advexī *pf* ⇨ adveho.
advigilō -āre, *intr* [ad-/vigilo] 見張る;用心する ⟨ad alqd; alci; pro re⟩.
advīvō -ere -vīxī -victum, *intr* [ad-/vivo] 1 ⦅稀⦆ ともに生きる ⟨cum alqo⟩. 2 生存する,生き続ける.
advīxī *pf* ⇨ advivo.
advocātia -ae, °*f* [advoco] ⦅カト⦆ 教会保護官の職.
advocātiō -ōnis, *f* [advoco] 1 弁護団,法律問団. 2 弁護. 3 弁護人との相談のための裁判の延期: *advocationes postulare* (CIC) 裁判の延期を要請する.
advocātus[1] -a -um, *pp* ⇨ advoco.
advocātus[2] -ī, *m* 1 法律顧問,弁護人. 2 代弁者. 3 助手,友人.
advocō -āre -āvī -ātum, *tr* [ad-/voco] 1 呼び寄せる,招く ⟨alqm in [ad] alqd; alqm+dat⟩. 2 法律顧問として招聘[任用]する. 3 召集する. 4 助けを求める. 5 利用する.
advolātus -ūs, *m* [advolo] 飛んで来ること.
advolitō -āre, *intr freq* [↓] (たびたび)飛んで来る.
advolō -āre -āvī -ātum, *intr* (*tr*) [ad-/volo[1]] 1 飛んで来る ⟨abs; ad [in] alqd; +dat; alqd⟩. 2 急いでやって来る.
advolvō -ere -volvī -volūtum, *tr* [ad-/volvo] 1 (こちらへ)転がす ⟨alqd ad [in] alqd; alqd alci rei⟩. 2 (*refl*, *pass*) ひれ伏す,ひざまずく: *genibus alcis advolvi* [*se advolvere*] (VELL LIV) ある人の足下にひれ伏す.
advors- ⇨ advers-.
advortō -ere, *tr* =adverto.
adytum -ī, *n* [Gk] 1 至聖所;聖域. 2 最奥部: *ex adyto tamquam cordis* (LUCR) 心の奥底から.
Aea -ae, *f* [Gk] ⦅神話⦆ アエア,*アイア ⟨Argonautae 伝説中の Colchis の半島;その周囲を Phasis 川が流れていた⟩.
Aeacidēius -a -um, *adj* Aeacides の.
Aeacidēs -ae, *m* [Gk] Aeacus の子孫 ⦅特に (1) ⦅伝説⦆ 息子たち Peleus, Telamon, Phocus. (2) ⦅伝説⦆ 孫 Achilles. (3) ⦅伝説⦆ 曾孫て Achilles の息子の Pyrrhus. (4) その末裔で Epirus の王 Pyrrhus. (5) Aemilius Paullus に征服された Macedonia の王 Perseus⦆.
Aeacidīnus -a -um, *adj* =Aeacideius.
Aeacius -a -um, *adj* Aeacus (の子孫)の: *~ flos* (COL) Ajax の血から生じた花 (=hyacinthus).
Aeacus, -os -ī, *m* [Gk] ⦅神話⦆ アエアクス, *アイアコ ⟨Juppiter の子で Achilles や Ajax の祖父; Aegina の王;その善政のゆえに,死後,下界の裁判官となった⟩.
Aeaea -ae, **Aeaeē** -ēs, *f* [Gk] ⦅伝説⦆ アエアエア, *アイアイエー ⟨(1) ティレニア海の島;そこに魔女 Circe が居を構えていた. (2) Calypso の住んでいた島⟩.
Aeaeus -a -um, *adj* 1 Aea の. 2 Aeaea の.

Aeās -antis, *m* [*Gk*] アエアース, *アイ-《Epirus の川》.
aecidium -ī, °*n* 《植》さび胞子堆.
Aeculānum -ī, *n* アエクラーヌム《Samnium の Hirpini 族の町》.
aedēs -is, *f* 1 神殿. 2 部屋. 3 (*pl*) 家, 住居. 4 (*pl*) 家族. 5 (*pl*) (ハチの巣の) 巣室.
aedicula -ae, *f dim* [↑] 1 小部屋. 2 (*pl*) 小さな家. 3 小神殿. 4 壁龕(がん)《像を安置するための壁のくぼみ》.
aedificātiō -ōnis, *f* [aedifico] 1 建築. 2 建物, 建造物.
aedificātiuncula -ae, *f dim* [↑] 小さな建物.
aedificātor -ōris, *m* [aedifico] 建築者, 建築家: ~ *mundi* (Cɪᴄ) 世界の創造者.
aedificiolum -ī, *n dim* [↓] 小さな建物.
aedificium -ī, *n* [↓] 建物, 建造物.
aedificō -āre -āvī -ātum, *tr, intr* [aedes/facio] 1 建築する, 建造する 〈*abs*; alqd〉. 2 造る, 創設する, 設置する: *rem publicam aedificare* (Cɪᴄ) 国家を建設する.
aedilicius[1] -a -um, *adj* [aedilis] 造営官の.
aedilicius[2] -ī, *m* 前または元造営官.
aedīlis -is, *m* [aedes] (古代ローマの) 造営官《公共施設の管理や厚生・治安などをつかさどった》: ~ *curulis* (Cɪᴄ) 貴族造営官 / ~ *plebis* (Vᴀʀʀ) 平民造営官.
aedīlitās -ātis, *f* [↑] 造営官の職.
aedis -is, *f* =aedes.
aeditumus, -timus -ī, *m* [aedes] 神殿の番人.
aedituus -ī, *m* =aeditumus.
Aeduī -ōrum, *m pl* アエドゥイ《Gallia Celtica の有力な部族; Arar と Liger 川の間にいた》.
Aeduus -a -um, *adj* Aedui 族の.
Aeētaeus -a -um, *adj* Aeetes の.
Aeētēs, -a -ae, *m* [*Gk*] 《伝説》アエエーテース, *アイ-《Colchis の王で Medea の父; 金の羊毛の保管者》.
Aeētias -adis, *f* Aeetes の娘 (=Medea).
Aeētīnē -ēs, *f* =Aeetias.
Aeētis -idis, *f* =Aeetias.
Aeētius -a -um, *adj* Aeetes の.
Aefula -ae, *f*, **-um** -ī, *n* アエフラ《Latium の町》.
Aefulānus -ī, *m*, **-a** -um, *adj* Aefula の. **Aefulānī** -ōrum, *m pl* Aefula の住民.
Aegae, Aegaeae, Aegeae, Aegiae -ārum, *f pl* [*Gk*] アエガエ, *アイガイ《(1) Macedonia の町. (2) Cilicia の町. (3) Mysia の町. (4) Euboea 島の町》.
Aegaeōn -ōnis, *m* [*Gk*] 《神話》アエガエオーン, *アイガイ-《Briareus とも呼ばれる百腕の巨人》.
Aegaeum -ī, *n* エーゲ海.
Aegaeus -a -um, *adj* 1 *mare Aegaeum* (Cɪᴄ) エーゲ海. 2 エーゲ海の.
Aegātae -ārum, **-tae** -ārum, *f pl* アエガーテース《Sicilia 島西方の三島からなる群島; ローマが Carthago に勝った (前241) 古戦場》.
Aegeādēs -ae, °*m* Aegae (1) の住民.
Aegeātēs -ae, *m* Aegae (1) の住民.
aeger[1] -gra -grum, *adj* 1 病気の, 不健康な. 2 弱い. 3 崩壊した, 腐敗した: *civitas aegra* (Lɪᴠ) 疲弊した国家. 4 苦悩している, 悲しんでいる, 不機嫌な. 5 (状況などが) 苦しい, 厄介な, 不幸な.
aeger[2] -grī, *m* 病人.
Aegeus[1] -eī, *m* [*Gk*] 《神話》アエゲウス, *アイ-《Athenae の王で Theseus の父》.
Aegēus[2] -a -um, *adj* =Aegaeus.
Aegialeus -ī, *m* [*Gk*] アエギアレウス, *アイ-《(1) Absyrtus の別名. (2) Thebae 攻め七将の一人 Adrastus の息子で, Epigoni の一人》.
Aegīdēs -ae, *m* Aegeus の子孫《特に, 息子 Theseus》.
Aegiensis -is -e, *adj* Aegion の.
aegilōpium -ī, *n dim* [↓] 《病》=aegilops 4.
aegilops -ōpis, *f* [*Gk*] 1 《植》オークの一種. 2 《植》(大麦の間に生える) 雑草の一種. 3 《植》球根植物の一種. 4 《病》目の腫瘍.
Aegimurus -ī, *f* [*Gk*] アエギムルス, *アイギモロス《Carthago 沖の島》.
Aegīna -ae, *f* [*Gk*] アエギーナ, *アイ-《(1) 《神話》Asopus 河神の娘; Juppiter にかどわかされて Aeacus を生む. (2) Attica 付近の島; その名は (1) にちなむ》.
Aegīnēnsēs -ium, *m pl* Aegina の住民.
Aegīnētae -ārum, *m pl* [*Gk*] =Aeginenses.
Aegīnēticus -a -um, *adj* Aegina の.
Aegīniensis -is -e, *adj* Aeginium の.
Aegīnium -ī, *n* アエギーニウム, *アイギーニオン《Thessalia の町》.
Aegion, -ium -ī, *n* [*Gk*] アエギオン, *アイ-《Achaia の港町》.
Aegipān -ānis [-ānos], *m* [*Gk*] 《神話》アエギパーン, *アイ-《ヤギの姿をした Pan》.
aegis -idis, *f* [*Gk*] 1 《神話》アエギス, *アイ-《(1) Medusa の首がついた Minerva の防身具. (2) Juppiter の防身具; 胸鎧》. 2 保護, 庇護.
Aegīsos -ī, *f* [*Gk*] アエギースソス, *アイギッソス《Moesia の町》.
Aegisthus -ī, *m* [*Gk*] 《伝説》アエギストゥス, *アイギストス《Agamemnon の従弟で Thyestes の息子; Agamemnon の Troja 遠征中, その妻 Clytaemnestra と通じ, Troja から帰還した Agamemnon を殺害したが, その息子 Orestes に殺された》.
Aegius -a -um, *adj* Aegion の.
aegocephalus -ī, *m* [*Gk*] 未詳の鳥《「ヤギの頭」の意》.
aegoceras -atis, *n* [*Gk*] 《植》マメ科コロハ《「ヤギの角」の意》.
Aegocerōs -ōtis, **-ceros** -ī, *m* [*Gk*] 《詩》山羊座.
aegolethron -ī, *n* [*Gk*] ヤギに有害な未詳の植物.
Aegōn -ōnis, *m* [*Gk*] 1 《詩》エーゲ海 (=mare Aegaeum). 2 アエゴーン, *アイ-《詩によく出る羊飼いの名》.
Aegos flūmen ~ -minis, *n* アエゴス川, *アイゴス川《Chersonesus Thracia の川; そのほとりで Sparta の将軍 Lysander が Athenae 軍を破った (前405)》.
aegrē (*comp* aegrius, *superl* aegerrimē) *adv* [aeger] 1 骨折って, 苦労して. 2 不本意に, いやいやながら: ~ *facere alci* (Pʟᴀᴜᴛ) ある人の感情を害する / ~

ferre (PLAUT) 不快に思う. **3** かろうじて, やっと.
aegreō -ēre, *intr* [aeger¹] 病気である.
aegrescō -ere, *intr inch* [↑] **1** 病気になる. **2** 悪くなる. **3** 怒る, 悲しむ, 苦しむ.
aegrimōnia -ae, *f* [aeger¹] 苦悩, 悲嘆, 不機嫌.
aegritūdō -dinis, *f* [aeger¹] **1** 病気. **2** 苦悩, 悲嘆.
aegrōtātiō -ōnis, *f* [↓] **1** 病気. **2** 不健全[病的]な精神状態.
aegrōtō -āre -āvī -ātum, *intr* [↓] (身体的・精神的に)病気である, 病んでいる ⟨ex⟩ re⟩.
aegrōtus¹ -a -um, *adj* [aeger¹] (身体的・精神的に)病んでいる, 病気の.
aegrōtus² -ī, *m* 病人.
Aegypta -ae, *m* アエギュプタ⟪Cicero の解放奴隷⟫.
Aegyptiacus -a -um, *adj* =Aegyptius¹.
aegyptilla -ae, *f* [Aegyptus] ⟨鉱⟩縞瑪瑙(しまめのう)の一種⟪『小さなエジプト石』の意⟫.
Aegyptīnī -ōrum, *m pl* エティオピア人.
Aegyptius¹ -a -um, *adj* エジプトの.
Aegyptius² -ī, *m* エジプト人.
Aegyptus -ī, *m*, *f* [*Gk*] **1** (*m*)⟪伝説⟫アエギュプトゥス, *アイギュプトス⟪Belus の息子で Danaus の兄弟; 伝説上のエジプト王; その 50 人の息子は Danaus の 50 人の娘と結婚した⟫. **2** (*f*) エジプト⟪しばしばアジアの一部と考えられた⟫.
Aeliānus -a -um, *adj* Aelius の.
aelinos -ī, *m* [*Gk*] 哀歌, 挽歌.
Aelius -ī, *m* アエリウス⟪ローマ人の氏族名⟫.
Aellō -ūs, *f* [*Gk*] ⟪神話⟫アエッロー⟪(1) Harpyiae の一人. (2) Actaeon の猟犬の一頭⟫.
aelūrus -ī, *m* [*Gk*] ⟪動⟫ネコ.
Aemathia -ae, *f* =Emathia.
Aemilia -ae, *f* =Aemilia Via (⇒ Aemilius²).
Aemiliānus -a -um, *adj* Aemilius の.
Aemilius¹ -ī, *m* アエミリウス⟪ローマ人の氏族名⟫ 特に (1) *L.* ~ *Paullus*, 前 182 年と 168 年の執政官; Pydna の戦いで Perseus を破った(前 168). (2) *L.* ~ *Paullus*, 前 219 年と 216 年の執政官; Cannae で戦没(前 216)⟫.
Aemilius² -a -um, *adj* Aemilius の: *via Aemilia* (PLIN) アエミリア街道⟪M. Aemilius Lepidus (前 187 年の執政官)により建設された Ariminum から Placentia に至る街道⟫.
Aemonia -ae, *f* =Haemonia.
aemula -ae, *f* [aemulus] (女性の)競争相手.
aemulātiō -ōnis, *f* [aemulus] **1** 競争(心), 張り合うこと ⟨alcis rei⟩. **2** 嫉妬, そねみ, 敵意 ⟨alcis rei⟩.
aemulātor -ōris, *m* [aemulor] **1** 競争者. **2** 模倣者.
aemulātus -ūs, *m* [↓] 競争, 張り合うこと.
aemulor -ārī -ātus sum, *tr*, *intr dep* [↓] **1** 競争する, 張り合う; まねる ⟨abs; alqm [alqd]⟩. **2** 嫉妬する ⟨abs; alci; cum alqo; inter se; +*inf*⟩.
aemulus¹ -a -um, *adj* **1** 競っている, 張り合っている ⟨abs; +dat⟩. **2** 嫉妬している, ねたんでいる ⟨abs; +gen⟩.
aemulus² -ī, *m* 競争相手 ⟨alcis⟩.
Aemus -ī, *m* =Haemus.

Aenāria -ae, *f* アエナーリア⟪Campania 沖の島; ギリシア名 Pithecusae; 現 Ischia⟫.
Aenēa¹ -ae, *f* [*Gk*] アエネーア, *アイネイア⟪Chalcidice 西岸の町⟫.
Aenēa² -ae, *m* =Aeneas.
Aeneadēs -ae, *m* **1** Aeneas の息子(=Ascanius). **2** Aeneas の仲間たち. **3** Troja 人. **4** ローマ人.
Aenēās -ae, *m* ⟪伝説⟫アエネーアース, *アイネイアース⟪Venus と Anchises の息子で Troja の勇士; Troja 滅亡後 Italia に渡り Lavinium 市を建設して; ローマ市の建設者とされる Romulus の祖先; Vergilius の叙事詩 *Aeneis* の主人公として有名⟫.
Aenēātēs -um, *m pl* Aenea の住民.
Aenēāticus -a -um, *adj* Aenea の.
aēneātor -ōris, *m* [aeneus] ラッパ吹き.
Aenēis -idis [-idos], *f*「アエネーイス」⟪Vergilius 作の叙事詩; その主人公 Aeneas が Troja 陥落後, 諸国を漂泊したのちローマ建国の礎を築く物語⟫.
Aenēius -a -um, *adj* Aeneas の.
aēneolus -a -um, *adj dim* [aeneus] 青銅製の.
Aeneonum -ōrum, *m pl* Aeneas の仲間たち.
aēneum, ahēn- -ī, *n* [↓] 青銅製の容器.
aēneus, ahēn- -a -um, *adj* [aes] **1** 青銅の. **2** 銅色の. **3** 堅固な.
Aeniānes -um, *m pl* [*Gk*] アエニアーネス, *アイ-⟪Thessalia 南部の住民⟫.
Aenīdēs -ae, *m* =Aeneades.
aenigma -atis, *n* [*Gk*] なぞ, 神秘.
Aeniī -ōrum, *m pl* Aenus¹ の住民.
aēnipēs -edis, *adj* [aeneus/pes] ⟪詩⟫銅製の足をもった.
Aēnobarbus -ī, *m* =Ahenobarbus.
aēnum -ī, *n* =aeneum.
aēnus -a -um, *adj* =aeneus.
Aenus¹, -os -ī, *f* [*Gk*] アエヌス, *アイノス⟪Thracia の町⟫.
Aenus² -ī, *m* アエヌス⟪Raetia の川; 現 Inn⟫.
Aeolēs, -īs -um, *m pl* [*Gk*] アエオレース, *アイオレイス, "アイオリス人⟪ギリシア三大種族の一つ; ギリシア本土や小アジア西海岸北部に住んでいた⟫.
Aeolia -ae, *f* アエオリア, *アイオリアー⟪(1) Sicilia 島北岸の群島; 現 Lipari. (2) ⟪神話⟫風神 Aeolus の島. (3) Aeoles の住む小アジアの地方(=Aeolis)⟫.
Aeolicus -a -um, *adj* [*Gk*] Aeolis (1) の: *Aeolica littera* (QUINT) =digamma.
Aeolidēs -ae, *m* [*Gk*] ⟪神話⟫Aeolus (1) の子孫⟪特に息子 Sisyphus⟫.
Aeoliī -ōrum, *m pl* =Aeoles.
Aeolis -idis, *f* [*Gk*] アエオリス, *アイ-⟪(1) Aeoles の住む小アジアの地方. (2) ⟪神話⟫風神 Aeolus の娘⟫.
Aeolius -a -um, *adj* **1** 風神 Aeolus の; Aeolus の子孫の(特に Phrixus の). **2** Aeolia (1) の. **3** Aeolis (1) の.
Aeolus, -os -ī, *m* [*Gk*] ⟪神話⟫アエオルス, *アイオロ⟪(1) Juppiter の息子で風の神. (2) Thessalia の王で Aeoles の祖⟫.
aequābilis -is -e, *adj* [aequo] **1** 同等の. **2** 一

様な, 均等な; 一貫した, 不変の. **3** 公平な, 公正な. **4** 愛想のよい ⟨in alqm⟩.
aequābilitās -ātis, *f* [↑] **1** 均等, 一様. **2** 公平, 公正. **3** 平静, 冷静.
aequābiliter *adv* [aequabilis] **1** 一様に, 均等に. **2** 公平に, 公正に.
aequaevus -a -um, *adj* [aequus/aevum] 同年齢[年代]の; 同時代の.
aequālis[1] -is -e, *adj* [aequus] **1** 平坦な, 平らな. **2** 一様な, 均等な. **3** 同等の⟨+*dat*⟩. **4** 同年齢[年代]の⟨+*dat* [*gen*]⟩. **5** 同時代の⟨+*dat* [*gen*]⟩.
aequālis[2] -is, *m*, *f* **1** 同時代の人; 同年輩の人⟨+*gen*⟩. **2** 同等の者⟨+*gen*⟩.
aequālitās -ātis, *f* [aequalis]] **1** 平坦. **2** 一様, 均等. **3** 同年齢; 同年輩の人.
aequāliter *adv* [aequalis]] **1** 一様に, 均等に. **2** 平坦に.
aequanimitās -ātis, *f* [aequus/animus] **1** 好意, 親切. **2** 平静, 冷静.
aequātiō -ōnis, *f* [aequo] **1** 等しくすること, 均一化. **2** 等しい分配.
aequātor -ōris, *m* [aequo] **1** 均等にする者: ~ *monetae* ⟨碑⟩(貨幣の)検査官. **2**° ⟨天⟩ 赤道.
aequē *adv* [aequus] **1** 同等に, 同様に ⟨*abs*; ac, atque, et; quam, ut⟩. **2** 公平に, 公正に.
Aequī -ōrum, *m pl* アエクゥイー《Latium にいた好戦的な部族; 前4世紀末にローマ人に征服された》.
Aequīcolānī -ōrum, *m pl* =Aequi.
Aequīculus -a -um, *adj* Aequi 族の. **Aequīculī** -ōrum, *m pl* =Aequi.
Aequicus -a -um, *adj* =Aequiculus.
aequidiāle -is, *n* [aequus/dies] =aequinoctium.
aequidistans -antis, *adj* [aequus/disto] 等距離の.
aequilātātiō -ōnis, *f* [aequus/latus¹] 一定の幅の空間.
aequilavium -ī, *n* [aequus/lavo] 全体の半分 (洗ったあと, 半分の目方が残った羊毛のこと).
aequilībris -is -e, *adj* [aequus/libra] 平衡の, 水平の.
aequilībritās -ātis, *f* [↑] 平衡, 釣合い.
Aequimaelium -ī, *n* アエクゥイマエリウム《ローマ市の Capitolium 付近にあった広場》.
aequimanus -a -um, °*adj* [aequus/manus¹] 両手利きの.
aequinoctiālis -is -e, *adj* [↓] 昼夜平分時の, 春[秋]分の.
aequinoctium -ī, *n* [aequus/nox] 昼夜平分時, 春[秋]分.
aequipār -aris, *adj* [aequus/par] 等しい, 同等の.
aequiparō -āre, *tr*, *intr* =aequipero.
aequiperābilis -is -e, *adj* [aequipero] 比較できる; 匹敵する.
aequiperātiō -ōnis, *f* [↓] 比較に値する力[地位], 匹敵すること.
aequiperō -āre -āvī -ātum, *tr*, *intr* [aequus/paro¹] **1** 同等に扱う; 比較する ⟨alqd alci rei⟩. **2** 等しい; 匹敵する ⟨+*acc* [*dat*]⟩.

aequipondium -ī, *n* [aequus/pondus] 釣合いのとれた重量, 均衡.
aequitās -ātis, *f* [aequus] **1** 同等, 均等. **2** 冷静, 平静. **3** 公平, 公正.
aequiter *adv* =aeque.
aequivalenter °*adv* [↓] 対等[等価]に.
aequivaleō -ēre, °*intr* [aequus/valeo] 対等[等価]である.
aequivocātiō -ōnis, °*f* [↓] 両義.
aequivocus -a -um, °*adj* [aequus/vox] あいまいな, 両義にとれる.
aequō -āre -āvī -ātum, *tr* [aequus] **1** 平らにする; まっすぐにする. **2** 等しくする ⟨alqd alci rei; alqd cum re⟩: *per somnum vinumque dies noctibus aequare* (Liv) 眠りと酒によって昼を夜と同じにする. **3** 均等にする, 平等に分ける. **4** 同等に扱う; 比較する ⟨alqd cum re⟩. **5** 等しい; 匹敵する.
aequor -oris, *n* [aequus] **1** 平面. **2** 平地, 平原. 海原, 海.
aequoreus -a -um, *adj* [↑] **1** 海の: *genus aequoreum* (Verg) 海の種族(=魚). **2** ~ *juvenis* (Man) ⟨天⟩ 水瓶座.
aequum -ī, *n* [↓] **1** 平地, 平原. **2** 平等, 同等: *ex aequo* (Ov) 平等に, 等しく / *in aequo* (Tac) 同程度に, 同等に. **3** 正当, 公正.
aequus -a -um, *adj* **1** 平らな, 平坦な; 同じ高さの: *aequa solo culmina ponere* (Verg) 屋根を地面と同じ高さにする(=館を完全に破壊する) / *sive inferiore loco sive ex aequo sive ex superiore loqui* (Cic) あるいは低い所から, あるいは同じ高さの所から, あるいは高い所から (=法廷で, 元老院で, 民衆の前で)演説する. **2** 一直線に並んだ, 整列した. **3** 等しい, 一様な, 均等な. **4** 好都合な, 有利な ⟨ad alqd; alci rei⟩. **5** 互角の, 勝敗の決しない. **6** 平静な, 冷静な. **7** 好意的な. **8** 公正な, 正当な, 公平な: *aequum est* ⟨+*inf*; +*acc c. inf*⟩ 公正[当然]である / *aequi bonique facere alqd* (Cic) あることを公正と見なす, 満足する, 甘んずる.
āēr āeris (*acc* āera), *m* [Gk] **1** (四大の一つとしての)大気, (大地に近いところの)空気. **2** 《詩》大空. **3** 《詩》雲, 霧.
aera[1] -ae, *f* [Gk] ⟨植⟩ ドクムギ.
aera[2] -ae, *f* [↓] ⟨数⟩ **1** 既知の数値. **2** 年代, 時代.
aerāmentum -ī, *n* [aes] **1** 青銅[銅]製品, 青銅[銅]器.
aerāria -ae, *f* [aerarius¹] **1** 銅坑. **2** 銅精錬所.
aerārium -ī, *n* [↓] 宝物殿, 宝庫; 国庫.
aerārius[1] -a -um, *adj* [aes] **1** 青銅[銅]の. **2** お金の, 貨幣の: *tribunus aerarius* (Cic) 会計官, 主計官.
aerārius[2] -ī, *m* **1** 銅細工師. **2** (人頭税を支払うのみの)ローマの最下層市民.
aerātus -a -um, *adj* [aes] **1** 青銅[銅]で飾られた. **2** 青銅[銅]製の. **3** 金持ちの.
āerenchyma -atis, °*n* ⟨植⟩ 通気組織.
aereus[1] -a -um, *adj* [aes] **1** 青銅[銅]製の. **2** 青銅[銅]で飾られた.
aereus[2] -ī, *m* 銅貨.
āereus[3] -a -um, *adj* =aerius.
aerifer -fera -ferum, *adj* [aes/fero] 《詩》(Bac-

aerificē *adv* [aes/facio] 銅細工師の技術で.
āerinus[1] -a -um, *adj* [Gk] 空気の.
aerinus[2] -a -um, *adj* [aera[1]] ドクムギの.
aeripēs -pedis, *adj* [aes/pes] 《詩》青銅製の足をもった.
aerisonus -a -um, *adj* [aes/sonus] 《詩》青銅の音が鳴り響く.
āerius -a -um, *adj* [aer] 1 空気の, 空中の. 2 高くそびえる.
Āeropē -ēs, **Āeropa** -ae, *f* [Gk] 《伝説》アーエロペー《Atreus の妃で, Agamemnon と Menelaus の母》.
aerōsus -a -um, *adj* [aes] 銅を多く含んだ.
āerotaxis -is, °*f*《生物》走気性.
aerūca -ae, *f* [*cf.* aerugo] 緑青(ろくしょう).
aerūginō -āre -āvī, °*intr* [aerugo] さびる.
aerūginōsus -a -um, *adj* [↓] さびた.
aerūgō -ginis, *f* [aes] 1 銅のさび, 緑青. 2 貨幣, お金. 3 嫉妬. 4 貪欲.
aerumna -ae, *f* [aegrimonia] 骨折り, 労苦; 苦難.
aerumnābilis -is -e, *adj* [↑] 苦労の多い, 骨の折れる.
aerumnōsus -a -um, *adj* [aerumna] 辛苦に満ちた, 苦労の多い.
aes aeris, *n* [古] 1 青銅, ブロンズ, 銅. 2 青銅[銅]製品; 銅像; 銅板. 3 銅貨. 4 貨幣, お金; 財産: ~ alienum (PLAUT) 借金, 負債 / ~ suum (TER) 自己資金, 資産. 5 賃金, 給与. 6 兵役. 7 授業料.
Aesacus, -os -ī, *m* [Gk] 《伝説》アエサクス, *アイサコス《Priamus の息子》.
Aesar -aris, *m* アエサル《イタリア南部 Bruttii の川》.
Aesareus -a -um, *adj* Aesar の.
Aeschinēs -is, *m* [Gk] アエスキネース, *アイー《Athenae の弁論家で Demosthenes の政敵(前389–314)》.
Aeschylēus -a -um, *adj* Aeschylus の.
Aeschylus -ī, *m* [Gk] アエスキュルス, *アイスキュロス《ギリシアの三大悲劇詩人の一人(前525?–456)》.
Aesculāpīum -ī, *n* Aesculapius の神殿.
Aesculāpius -ī, *m* [神話] アエスクラービウス, *アスクレーピオス《Apollo の子で医術の神》.
aesculētum -ī, *n* [aesculus] オークの森.
aesculeus -a -um, *adj* [↓] オークの.
aesculus -ī, *f* 《神》オークの一種.
Aesernia -ae, *f* アエセルニア《Samnium の町; 現 Isernia》.
Aesernīnus -ōrum, *m pl* Aesernia の住民.
Aesis -is, *m* アエシス《Umbria の川》.
Aesōn -onis, *m* [Gk] 《伝説》アエソーン, *アイーソーン《Thessalia の王子; Pelias の兄弟で Iason の父》.
Aesonidēs -ae, *m* [Gk] 《伝説》Aeson の子孫 (= 息子 Iason).
Aesonius -a -um, *adj* Aeson の.
Aesōpēus, -ius -a -um, *adj* Aesopus の.
Aesōpus -ī, *m* [Gk] アエソープス, *アイソーポス《(1) "イソップ; Phrygia 生まれの寓話作者(前6世紀)》. (2)

悲劇役者で Cicero の友人》.
aestās -ātis, *f* [*cf.* aestus] 1 夏. 2 夏の暑さ, 夏の空気. 3 一年.
aestifer -fera -ferum, *adj* [aestus/fero] 《詩》1 熱を生ずる, 暑さをもたらす. 2 暑い.
aestimābilis -is -e, *adj* [aestimo] 価値のある.
aestimātiō -ōnis, *f* [aestimo] 1 見積もり, 査定〈alcis rei〉. 2 評価, 判断: ~ honoris (LIV) 名誉(を付与すべきか否か)の判断. 3 尊重, 尊敬.
aestimātor -ōris, *m* [aestimo] 評価者; 査定者.
aestimātōrius -a -um, *adj* [↑] 財産評価[査定]の.
aestimātus -ūs, *m* =aestimatio.
aestimō -āre -āvī -ātum, *tr* ~ 1 見積もる, 査定する〈alqd +評価の gen [abl]; ~ abl + adv〉: alqd unius assis aestimare (CATUL) あるものを 1 as (=一文の値打ちもない)と見積る. 2 評価する, 判断する. 3 高く評価する, 尊重する.
aestīva -ōrum, *n pl* [aestivus] 1 夏季駐営. 2 進軍, 出兵, 戦役. 3 夏季放牧地. 4 高原放牧地にいる群れ.
aestīvō -āre -āvī -ātum, *intr* [↓] 夏を過ごす, 避暑する.
aestīvus -a -um, *adj* [aestas] 夏の.
aestuārium -ī, *n* [aestus] 1 沼沢, 潟. 2 入江, 湾. 3 (鉱山の)通気縦坑.
aestumō -āre, *tr* =aestimo.
aestuō -āre -āvī -ātum, *intr* [aestus] 1 燃える, 熱い, 暑い; 白熱する. 2 沸き立つ, 泡立つ, 逆巻く. 3 荒れる, 高まる,(感情が)激する. 4 動揺する, ためらう, 決心がつかない.
aestuōsē *adv* [↓] 熱く, 激しく.
aestuōsus -a -um, *adj* [↓] 1 暑い. 2 逆巻く.
aestus -ūs, *m* 1 熱, 暑さ. 2 大波, うねり; 潮流. 3 興奮, 憤激. 4 動揺, 当惑, 不安.
aetās -ātis, *f* [aevum] 1 生涯: aetatem agere (CIC) 生涯を過ごす. 2 世代. 3 年齢(期): iniens [bona] ~ (CIC) 青年期 / ~ extrema [ingravescens] (CIC) 老年期 / ad petendum (magistratum) legitima ~ (LIV) (官職)就任の適法年齢. 4 青年期; 丁年, 成人; 老年期. 5 ある年齢層の人たち: puerilis ~ (CIC) 少年たち; ある時代の人たち: aurea ~ (OV) 黄金時代 / nostra ~ (LIV) 我々の時代の人々.
aetātula -ae, *f dim* [↑] 幼年期, 青年期.
aeternābilis -is -e, *adj* [aeterno[1]] 永遠の, 不滅の.
aeternālis -is -e, *adj* [aeternus] 《碑》永遠の.
aeternitās -ātis, *f* [aeternus] 1 永遠. 2 不滅, 不朽.
aeternō[1] -āre, *tr* [aeternus] 永遠にする, 不滅[不朽]にする.
aeternō[2] *adv* (*abl*) [aeternus] 永遠に; 絶えず.
aeternum *adv* (*neut*) =aeterno[2].
aeternus -a -um, *adj* [aevum] 1 永遠の: in aeternum 永遠に. 2 不滅の, 不朽の. 3 絶え間ない.
Aethalia -ae, *f* [Gk] アエタリア, *アイタリアー《(1) Ilva (現 Elba) 島のギリシア名. (2) Chios 島の古名. (3) Ephesus 近くの島》.

aethĕr -eris (*acc* -era), *m* [*Gk*] **1** エーテル《古代人が考えた上天にみなぎる精気》. **2** 天, 天界. **3** 大気, 空気. **4** 神々; 天上のもの. **5** 現世, この世. **6**° 《化》エーテル: ~ aceticus 酢酸エーテル / ~ petrolei 石油エーテル.
aetherius -a -um, *adj* [*Gk*] **1** エーテルの. **2** 天の, 天上の, 神々の. **3** 天にそびえる. **4** 現世の.
Aethiopia -ae, *f* [*Gk*] アエティオピア, *アイティオピアー, "エティオピア《(漠然と)中央アフリカの内陸部; より正確には Meroe を首都とする王国 (現 Sudan の一部) を指した》.
Aethiopicus -a -um, *adj* Aethiopia の.
Aethiops[1] -opis, *m* [*Gk*] **1** エティオピア人. **2** 黒い人. **3** でくのぼう, 愚者.
Aethiops[2] -opis, *adj* Aethiopia の.
Aethiopus -a -um, *adj* =Aethiops[2].
aethōn -ōnis, *adj* [*Gk*] 黄褐色の.
Aethōn -ōnis, *m* [*Gk*] アエトーン, *アイ-《(1)《神話》太陽神の馬車を引く馬の一頭. (2)《伝説》Pallas の軍馬》.
aethra -ae, *f* [*Gk*] **1** 上天の澄んだ空気. **2** 天, 天空.
Aethra -ae, *f* アエトラ, *アイトラー《(1) 《伝説》Aegeus の妻で Theseus の母. (2) 《神話》Oceanus の娘で Hyas の母》.
aethyl -lis, **aethylium** -ī, °*n* 《化》エチル.
aetiologia -ae, *f* [*Gk*] **1** 原因の究明; 原因論. **2**° 《医》病因学[論].
Aetiōn -ōnis, *m* [*Gk*] アエティオーン《ギリシアの画家・彫刻家(前4世紀)》.
āetītēs -ae, *f* [*Gk*] ワシの安産石《ワシが無事に産卵するために巣に持ち帰ったと信じられ, 安産のお守りとされた》.
āetītis -idis, *f* [*Gk*] 宝石の一種.
Aetna -ae, *f* [*Gk*] アエトナ, *アイトネー, "エトナ《(1) Sicilia 島の火山; 現 Monte Gibello; 特に Cyclopes が Juppiter の雷電を鍛造した場所. (2) Aetna 山麓の町》.
Aetnaeus -a -um, *adj* Aetna 山の. **Aetnaeī** -ōrum, *m pl* Aetna 山の住民.
Aetnensis -is -e, *adj* Aetna の町の. **Aetnensēs** -ium, *m pl* Aetna の町の住民.
Aetōlia -ae, *f* [*Gk*] アエトーリア, *アイトーリアー《ギリシア本土の西部, Locris と Acarnania の間の地域》.
Aetōlicus -a -um, *adj* Aetolia の.
Aetōlis -idis, *f* Aetolia の女.
Aetōlius -a -um, *adj* Aetolia の.
Aetōlus[1] -a -um, *adj* Aetolia の: *urbs Aetolae plagae* (Verg) (Diomedes が建設したという町) Arpi / *Aetolae plagae* (Hor) (Meleager が Calydon の猪狩りに用いた) 狩猟の網.
Aetōlus[2] -ī, *m* **1** Aetolia 人. **2** =Diomedes. **3**° =Tydeus (Diomedes の父).
aevitās -ātis, *f* =aetas.
aevum -ī, 《古風》**aevus**[2] -ī, *n* **1** 永遠: *in aevum* (Hor) 永遠に. **2** 生涯. **3** 世代. **4** 年齢(期). **5** 老年期. **6** 時代. **7** 時.
aevus[2] -ī, *m* 《古風》=aevum.
afannae -ārum, *f pl* [*cf.* apinae, *Gk* εἰς Ἀφά-

ν*aς*] いい加減な弁解, あいまいな逃げ口上.
Āfer[1] -fra -frum, *adj* Africa の: *aequora Afra* (Ov) Sicilia 島と Africa の間の海.
Āfer[2] -frī (*pl* Āfrī -ōrum), *m* **1** Africa 人. **2** Carthago 人: *dirus ~* (Hor) 恐るべき Carthago 人 (=Hannibal). **3** (*pl*) Carthago 軍への Africa 人の援軍. **4** (*pl*) ローマの属州としての Africa の住民.
affaber -bra -brum, *adj* [ad-/faber[2]] **1** 巧みに作られた. **2**° 巧妙な.
affābilis -is -e, *adj* [affor] 愛想のよい, 親切な, 好意的な 〈alci〉.
affābilitās -ātis, *f* [↑] 愛想のよさ.
affābiliter *adv* [affabilis] 親切に, 愛想よく.
affabrē *adv* [affaber] 精巧に.
affāmen -minis, *n* [affor] 呼びかけ, 挨拶.
affārī *inf* ⇨ affor.
affatim *adv* [ad-/*fatim (cf.* fatigo)] 十分に, 豊富に.
affātus[1] -a -um, *pp* ⇨ affor.
affātus[2] -ūs, *m* 話しかけること, 挨拶.
affēcī *pf* ⇨ afficio.
affectābilis -is -e, °*adj* [affecto] 努力して得るに値する.
affectātiō -ōnis, *f* [affecto] **1** 渇望, 熱望, 熱心な追求 〈alcis rei〉. **2** (表現の)気取り, わざとらしさ.
affectātor -ōris, *m* [affecto] 渇望する人, 熱心に追求する人.
affectiō -ōnis, *f* [afficio] **1** 作用, 影響: *praesentis mali sapientis ~ nulla est* (Cic) 賢者は眼前の災いなんら影響されない. **2** 状況, 状態. **3** 心の状態, 気分. **4** 愛情, 好意; (*pl*) 愛着, 心服.
affectō -āre -āvī -ātum, *tr freq* [afficio] **1** つかむ, 握る. **2** (iter, viam と用いて) 旅に出発する. **3** 得ようと努める, 熱望する. **4** 装う, ふりをする.
affectuōsē °*adv* [↓] 愛情をこめて.
affectuōsus -a -um, °*adj* [affectus[2]] 愛情に満ちた.
affectus[1] -a -um, *adj* (*pp*) [afficio] **1** …を備えた, 与えられた 〈+abl〉: *omnibus virtutibus ~* (Cic) あらゆる美徳を備えた. **2** …の状態にある: *oculus conturbatus non est probe ~ ad suum munus fungendum* (Cic) 具合が悪くなった目は本来の機能を果たすのに適した状態ではない. **3** …の心情をもった, …の気分の: *quomodo sim ~* (Cic) 私がどのような気持でいるか. **4** 弱った, 消耗した, 病んだ. **5** 終わりに近い.
affectus[2] -ūs, *m* **1** 気分, 心の状態. **2** (身体の)状態. **3** 熱望, 熱狂, 興奮. **4** 好意, 愛情. **5** 意志(力).
afferens -entis, °*adj* [*prp*] [affero] 《生理》(血管・神経などが)輸入の, 求心性の.
afferentia -ōrum, °*n pl* [↑] 《生理》求心性血管, 輸入管.
afferō afferre attulī allātum, *tr* [ad-/fero] **1** 運んでくる, 持ってくる 〈alqd alci; alqd ad alqm; alqd ad [in] alqd〉: *vim* [*manus*] *alci afferre* (Cic) ある人に暴力を加える / *manus sibi afferre* (Planc) 自殺する. **2** 知らせる, 告げる 〈alqd [ad alqm]; de re; +*acc c. inf*〉. **3** 申し立てる, 提出する. **4** ひき起こす, 生じさせる, もたらす 〈alci alqd〉. **5** 役立てる, 利用する

⟨alci alqd; alqd ad alqd⟩. **6** 付け加える ⟨alqd alci rei; alqd ad [in] alqd⟩.
afferre *inf* ⇨ affero.
afficere *inf* ⇨ afficio.
afficiō -cere -fēcī -fectum, *tr* [ad-/facio] **1** 働きかける, 与える, もたらす ⟨alqm [alqd] re⟩: *alqm poenā afficere* (Cɪᴄ) ある人を処罰する / *alqm timore afficere* (Cɪᴄ) ある人を恐れさせる / *alqm laude afficere* (Cɪᴄ) ある人をほめる / *alqm maximā laetitiā afficere* (Cɪᴄ) ある人を大いに喜ばせる / *vulneribus affici* (Cᴏʟ) 傷つけられる / *morbo affici* (Cɪᴄ) 病気になる. **2** ある状態に置く, 慣らす, 扱う: *exercendum corpus et ita afficiendum, ut …* (Cɪᴄ) 肉体を鍛え, …するように訓練すべきだ. **3** ある気分にさせる, 刺激する, 感動させる: *litterae tuae sic me affecerunt, ut …* (Cɪᴄ) あなたの手紙が私を…のような気持にさせた. **4** 弱らせる, 苦しめる, 消耗させる.
affictus -a -um, *pp* ⇨ affingo.
affīgō -ere -fīxī -fīxum, *tr* [ad-/figo] **1** 留める, くっつける, 結びつける ⟨alqd ad alqd; alqd alci rei; alqd in re⟩: *litteram ad caput affigere* (Cɪᴄ) 額に烙印を押す / *alci affixum esse tamquam magistro* (Cɪᴄ) ある人にまるで教師のようにすがりついている. **2** 印象づける, (心に)銘記させる.
affingō -ere -finxī -fictum, *tr* [ad-/fingo] **1** 添える, 付け加える ⟨alci alqd⟩. **2** 案出する, 創作する; 捏造する.
affīnis[1] -is -e, *adj* [ad-/finis] **1** 隣接した, 隣の ⟨alci⟩. **2** 関与した, 巻き込まれた, 関知した ⟨alci rei; alcis rei⟩. **3** 姻戚関係の ⟨alci⟩.
affīnis[2] -is, *m* (*f*) 姻戚 (義父母・義兄弟・婿など).
affīnitās -ātis, *f* [affinis[1]] **1** 姻戚関係. **2** 姻戚. **3** 親族関係. **4** 密接な関係.
affinxī *pf* ⇨ affingo.
affirmātē *adv* [affirmo] 誓って, 断言して.
affirmātiō -ōnis, *f* [affirmo] 保証, 断言, 誓言.
affirmātīvus -a -um, °*adj* [affirmo] 〖論・文〗肯定的な.
affirmātor -ōris, *m* [↓] 断言する人.
affirmō -āre -āvī -ātum, *tr* [ad-/firmo] **1** 証明する, 保証する. **2** 断言する, 誓言する ⟨alqd; de re [alqo]; +*acc c. inf*; +間接疑問⟩. **3** 固める, 固くする.
affixa -ōrum, °*n pl* (*pp*) [affigo] 付属物.
affīxī *pf* ⇨ affigo.
affīxiō -ōnis, °*f* [affigo] **1** 固着, 付加. **2** 愛着, 傾倒.
affīxus -a -um, *adj* (*pp*) [affigo] **1** 固着した. **2** 愛着を覚える.
afflātus[1] -a -um, *pp* ⇨ afflo.
afflātus[2] -ūs, *m* **1** 息を吹きかけること, 風が吹きつけること; 息, 風, 臭気. **2** 霊感. **3** 〖文〗帯気.
affleō -ēre, *intr* [ad-/fleo] …に泣く; …とともに泣く ⟨alci⟩.
afflīctātiō -ōnis, *f* [afflicto] 苦痛.
afflīctātor -ōris, °*m* [afflicto] 苦痛を与える者.
afflīctiō -ōnis, *f* [affligo] **1** 苦しめること. **2** 苦しみ, 苦痛.
afflīctō -āre -āvī -ātum, *tr intens* [affligo] **1** 打ちまくる. **2** 損傷する, 打ちこわす. **3** 圧迫する, 悩ます,

す, 苦しめる.
afflīctor -ōris, *m* [affligo] 打ち倒す者.
afflīctus[1] -a -um, *adj* (*pp*) [↓] **1** 打ちこわされた. **2** 困った, 悲惨な. **3** 元気のない, 落胆した. **4** 卑しむべき, 見さげはてた.
afflīgō -ere -flīxī -flictum, *tr* [ad-/fligo] **1** たたき[打ち]つける ⟨alqd alci rei; alqd ad alqd⟩. **2** 打ち倒す. **3** 破滅させる, 不幸にする: *virtus nostra nos afflixit* (Cɪᴄ) 私たちの美徳が私たちを破滅させた. **4** 落胆させる. **5** 損傷する, 打ちこわす: *tempestas naves afflixit* (Cᴀᴇs) あらしが艦隊を痛めつけた. **6** 悩ます, 弱らせる: *vectigalia bellis affliguntur* (Cɪᴄ) 戦争のために歳入が激減している.
afflīxī *pf* ⇨ affligo.
afflō -āre -āvī -ātum, *tr, intr* [ad-/flo] **I** (*tr*) **1** 息を吹きかける, (風が)吹きつける ⟨alqm [alqd]⟩. **2** 焼く, 焦がす. **3** 運んでくる, 与える, 吹き込む ⟨alci alqd⟩: *laetos oculis adflarat honores* (Vᴇʀɢ) (彼の)目に快い美しさを注いでおいた. **II** (*intr*) **1** (風が)吹く, 吹きつける ⟨+*dat*⟩. **2** 好都合である; 好意的である ⟨alci⟩.
affluēns -entis, *adj* (*prp*) [affluo] **1** 十分な, あり余るほどの: *ex affluenti* (Tᴀᴄ) あり余るほど. **2** 豊かな, 富んだ ⟨+*abl* [*gen*]⟩: *homo bonitate ~ afflixit* (Cɪᴄ) 優しさのあふれた人.
affluenter *adv* [↑] 豊富に.
affluentia -ae, *f* [affluens] **1** 流入. **2** 豊かさ, 豊富. **3** ぜいたく, 奢侈.
affluō -ere -fluxī -fluxum, *intr* [ad-/fluo] **1** 流れてくる, 流れ込む, 吹きよせる ⟨ad alqd; alci rei⟩. **2** 群がる, 殺到する. **3** 行き渡る ⟨ad alqd; alci rei⟩: *voluptas ad sensus affluit* (Cɪᴄ) 快楽が諸感覚に行き渡る. **4** あり余るほどある ⟨abs⟩. **5** 豊富にある, 富む ⟨re⟩.
affluxī *pf* ⇨ affluo.
affluxus -a -um, *pp* ⇨ affluo.
affor -ārī -ātus sum, *tr dep* [ad-/for] **1** 話しかける ⟨alqm⟩. **2** 祈願[嘆願]する. **3** (*pass*) 運命づけられる.
affore *inf fut* =affuturum esse (⇨ assum[1]).
afforem *subj impf* =adessem (⇨ assum[1]).
afformīdō -āre, *intr* [ad-/formido[1]] 恐れる, 心配する.
affrangō -ere, *tr* [ad-/frango] **1** (ぶつけて)砕く. **2** ぶつける, 投げつける.
affremō -ere, *intr* [ad-/fremo] **1** (…に向かって)ほえる, つぶやく, 音をたてる ⟨+*dat*⟩.
affrīcātiō -ōnis, °*f* [↓] こすること, 摩擦.
affrīcō -āre -uī -ctum, *tr* [ad-/frico] **1** こする. **2** こすりつける, 塗りつける.
affrīctus -ūs, *m* [↑] こすること, 摩擦.
affūdī *pf* ⇨ affundo.
affuī *pf* ⇨ assum[1].
affulgeō -ēre -fulsī, *intr* [ad-/fulgeo] **1** (…に向かって)輝く, 光る ⟨alci; abs⟩. **2** 輝きつつ現われる, 星のように出現する. **3** ほほえみかける; 好都合である, 運がいい: *mihi talis fortuna affulsit* (Lɪᴠ) このような幸運が私に訪れた.
affulsī *pf* ⇨ affulgeo.

affundo -ere -fūdī -fūsum, *tr* [ad-/fundo²] **1** 注ぎ込む, 注入する ⟨alqd alci rei⟩. **2** (*pass*) 流れて通る; (波が)岸を)洗う. **3** (*pass, refl*) (人の前に)ひれ伏す ⟨alci⟩: *Cleopatra affusa genibus Caesaris* (Flor) Cleopatra は Caesar の足下に身を投げ出した.

affūsus -a -um, *pp* ⇨ affundo.

affutūrus -a -um, *fut p* ⇨ assum¹.

āfluō -ere -fluxī -fluxum, *intr* [ab-/fluo] **1** 流れ去る, 流出する. **2** (...に)富む; 氾濫している ⟨abs; re⟩.

āfluxī *pf* ⇨ afluo.

āfore *inf fut* =afuturum esse (⇨ absum).

āforem *subj impf* =abessem (⇨ absum).

Āfrāniānus -a -um, *adj* Afranius (2) の.

Āfrāniānī -ōrum, *m pl* Afranius (2) の兵.

Āfrānius -ī, *m* アーフラーニウス《ローマ人の氏族名; 特に (1) *Lucius* ~, 喜劇詩人(前2世紀). (2) *Lucius* ~, Pompeius の部将》.

Āfrī -ōrum, *m pl* ⇨ Afer².

Āfrica -ae, *f* **1** アフリカ大陸. **2** ローマの属州としてのAfrica.

Āfricānae -ārum, *f pl* (*sc.* ferae) アフリカの野獣 (特にヒョウ).

Āfricānus -a -um, *adj* **1** Africa の. **2** Carthago を征服した2人の Scipio の添え名.

Āfricus¹ -a -um, *adj* Africa の.

Āfricus² -ī, *m* (*sc.* ventus) 南西風.

āfuī *pf* ⇨ absum.

āfutūrus -a -um, *fut p* ⇨ absum.

Agamēdēs -is, *m* [Gk]《伝説》アガメーデース《Orchomenus の王 Erginus の子で建築家; 兄弟 Trophonius とともに Delphi に Apollo 神殿を建てた》.

Agamemnō(n) -onis, *m* [Gk]《伝説》アガメムノーン《Atreus の子で Menelaus の兄; Mycenae の王で Troja 戦争におけるギリシア軍の総帥; 帰国後, 妻 Clytaemnestra とその情夫 Aegisthus に殺された》.

Agamemnonidēs -ae, *m* [Gk]《伝説》Agamemnon の息子 (=Orestes).

Agamemnonius -a -um, *adj* Agamemnon の.

agamogenesis -is, °*f*《生物》無性生殖, 無配偶子生殖.

Aganippē -ēs, *f* [Gk] アガニッペー《Boeotia の Helicon 山麓にある泉; Musae に捧げられた》.

Aganippēus -a -um, *adj* Aganippe の.

Aganippis -idos, *adj f* Aganippe の.

agapē -ēs, °*f* [Gk] **1**《キリスト教の》愛. **2**《初期キリスト教徒の》愛餐《富裕な信者が貧しい信者のために催した》.

agar -aris, °*n* **1** 寒天. **2** 寒天培養基.

agaricāceae -ārum, °*f pl*《植》ハラタケ科(のキノコ).

agaricium -ī, °*n*《薬》アガリシン.

agāsō -ōnis, *m* [ago] **1** 馬丁. **2**《軽蔑的に》下男, 従僕.

Agassae -ārum, *f pl* [Gk] アガッサエ, *-サイ《Macedonia の町》.

Agathoclēs -is, *m* [Gk] アガトクレース (1) Syracusae の僭主で Sicilia 島の王; Carthago 人と戦った (前 361–289). (2) ギリシアの歴史家 (前3世紀).

Agathyrna -ae, *f* [Gk] アガテュルナ《Sicilia 島北岸の町》.

Agathyrsī -ōrum, *m pl* [Gk] アガテュルシー, *-ソイ《現在の Transylvania 地方にいた Scythia 人》.

Agāvē -ēs, *f* [Gk]《神話》アガーウェー, *アガウエー《Thebae の王 Cadmus の娘で Pentheus の母》.

age *int* (2 *sg impr*) [ago] さあ, いざ, よし.

Agedincum -ī, *n* アゲディンクム《Gallia Lugdunensis にいた Senones 族の首都; 現 Champagne の Sens》.

agedum *int*《強意形》=age.

Agelastus -ī, *m* [Gk]《「笑わない男」の意》M. Crassus のあだ名.

agellulus -ī, *m dim* [↓] 非常に小さな地所.

agellus -ī, *m dim* (ager) 小さな地所.

agēma -atis, *n* [Gk] (Macedonia 軍の) 親衛隊.

agenda -ōrum, °*n pl* (*gerundivus*) [ago]《キ教》聖務, 典礼.

Agēnōr -oris, *m* [Gk]《神話》アゲーノール《Cadmus と Europa の父で Tyrus の王; Dido の先祖》: *Agenoris urbs* (Verg) =Carthago.

Agēnoreus -a -um, *adj* Agenor の.

Agēnoridēs -ae, *m* Agenor の子孫《(1) 特に息子 Cadmus または後裔 Perseus. (2) (*pl*) Thebae 人, Carthago 人》.

agens¹ -entis, *adj* (*prp*) [ago] **1** 活気のある. **2** 表現力豊かな, 効果的な: *acer orator, incensus et agens* (Cic) 活発で情熱的で表現力豊かな弁論家.

agens² -entis, *m*《法》弁護人; 原告.

ager -grī, *m* **1** 領土; 地域, 地帯. **2** 地所, (個人の)所有地; 耕地: ~ *privatus* (Cic) 私有地, ~ *publicus* (Cic) 公有地. **3**《主に *pl*》田舎. **4** *in agrum* (Hor) 奥行き.

Agēsilāus -ī, *m* [Gk] アゲーシラーウス, *-オス《前4世紀の勇猛な Sparta 王》.

Agēsimbrotus -ī, *m* [Gk] アゲーシンブロトゥス, *-トス《Rhodos 艦隊の指揮官 (前2世紀)》.

Agēsipolis -idos, *m* [Gk] アゲーシポリス《前2世紀末の Sparta 王》.

aggemō -ere, *intr* [ad-/gemo] 一緒に[同情して] 嘆く ⟨abs; alci rei⟩.

aggeniculor -ārī, °*intr dep* [ad-/genu] (人の前で)ひざを屈する.

agger -eris, *m* [ad-/gero] **1** 土砂. **2** 堡塁, 塁壁. **3** 尾根, 山脈. **4** ~ *viae* (Verg)《脇より高くした》道路. **5** 堆積, 塚, (火葬用の)薪の山.

aggerō¹ -āre -āvī -ātum, *tr* [↑] **1** (堤防・道路・建物を)築き上げる, 積み上げる. **2** 増大させる: *aggerat iras dictis* (Verg) ことばによって(彼の)怒りを増大させる.

aggerō² -ere -gessī -gestum, *tr* [ad-/gero] **1** 運んでくる, もたらす ⟨alqd alci; alqd ad alqm⟩. **2** 申し立てる, 主張する.

aggessī *pf* ⇨ aggero².

aggestus¹ -a -um, *pp* ⇨ aggero².

aggestus² -ūs, *m* **1** 運んで[持って]くること. **2** 台地, 高丘.

agglomerō -āre -āvī -ātum, *tr* [ad-/glomero] かたまりにする, (力を)合わせる: *se lateri agglomerant nostro* (Verg) 彼らは我々の側に加わる.

agglūtinō -āre -āvī -ātum, *tr* [ad-/glutino] 膠(にかわ)づけする; 強く結びつける: *mihi ad malum malae res plurimae se agglutinant* (PLAUT) 私にはたくさんの不幸が次から次へと起きる.

aggravēscō -ere, *intr* [ad-/gravesco] **1** (いっそう)重くなる. **2** 深刻になる, 悪くなる.

aggravō -āre -āvī -ātum, *tr* [ad-/gravo] **1** 重くする, 圧迫する. **2** (事態を)悪化させる; 増大させる: *dolorem aggravare* (CURT) 苦しみを増大させる. **3** 悩ます, 苦しめる.

aggredī *inf* ⇨ aggredior.

aggredior -dī -gressus sum, *intr, tr dep* [ad-/gradior] **I** (*intr*) **1** …に向かって行く; 近づく〈*abs*; ad alqm〉. **2** 着手する, 企てる〈ad alqd; +*inf*〉. **II** (*tr*) **1** 接近する〈alqm〉: *quem ego Romae aggredior* (CIC) 私は彼にローマで接近してみよう. **2** 話しかける〈alqm〉. **3** 襲いかかる〈alqm [alqd]〉. **4** 着手する, 始める〈alqd〉.

aggregātiō -ōnis, °*f* [↓] **1** 一緒にすること, 結合. **2** 付加, 結集.

aggregō -āre -āvī -ātum, *tr* [ad-/grego] 加える, 付け加える〈alqm alci, alqd ad [in] alqd〉: *filium ad patris interitum aggregare* (CIC) 父親の破滅に息子を巻き込む / *te in nostrum numerum aggregare* (CIC) あなたを私たちの仲間に数える.

aggressiō -ōnis, *f* [aggredior] **1** 攻撃. **2** (話の)前置き, 序.

aggressor -ōris, °*m* [aggredior] 攻撃者.

aggressus -a -um, *pp* ⇨ aggredior.

aggubernō -āre -āvī -ātum, *tr, intr* [ad-/guberno] (ある方向に)向ける.

agilis -is -e, *adj* [ago] **1** 動かしやすい; 動きやすい: ~ *classis* (LIV) 機動性のある艦隊. **2** すばやい, 敏捷な, 機敏な. **3** 活発な, 精力的な.

agilitās -ātis, *f* [↑] 可動性; 敏捷, 機敏.

Āgis -idis, *m* [Gk] アーギス《Spartaの数名の王の名》.

agitābilis -is -e, *adj* [agito] 動きやすい, 可動性の.

agitātiō -ōnis, *f* [agito] **1** 激しく動かすこと, 振動させること; 揺れる[震える]こと: ~ *anceps telorum armorumque* (LIV) 槍と盾の敵を仕留めるまでには至らぬ動き. **2** 実行, 遂行; 活動: *rerum magnarum* ~ (CIC) 大事業の遂行 / *mentis* ~ (CIC) 思考.

agitātor -ōris, *m* [agito] **1** 動物を駆る者: ~ *aselli* (VERG) 農夫. **2** 戦車の御者.

agitātus[1] -a -um, *adj* (*pp*) [agito] 機敏な; 活発な, 活動的な.

agitātus[2] -ūs, *m* 動き, 運動, 活動.

agite *int* (2 *pl impr*) [ago; *cf*. age] さあ, いざ, よし.

agitō -āre -āvī -ātum, *tr* (*intr*) *freq* [ago] **1** 絶えず[激しく]動かす; (あちこちへ)追いたてる; 振り回す. **2** かき回す; 刺激する. **3** 困らせる, 悩ます, 苦しめる. **4** あざける, 愚弄[愚弄]する. **5** 実行する, 処理する: *pacem agitare* (SALL) 平和を維持する / *custodiam agitare* (PLAUT) 見張りをする. **6** (祝祭・競技を)挙行する, 催す. **7** (時を)過ごす. **8** ふるまう, 態度をとる〈*abs*〉. **9** 滞在する, 存続[生存]する〈*abs*〉: *laeti neque procul Germani agitant* (TAC) ゲルマン人たちは近くを喜んでうついている. **10** (繰り返し・熱心に)論

議する, 協議する〈alqd; de re; +*acc c. inf*; ut〉. **11** 熟考する; 計画[意図]する〈alqd; de re〉. **12** (*pass*) (広く)行なわれている, 行き渡っている: *pax agitatur* (SALL) 至るところ平和である.

Aglaia -ae, **Aglaiē** -ēs, *f* [Gk] 神話 アグライア(-)《Gratiaeの一人; 「輝く女」の意》.

Aglaophōn -ontis, *m* [Gk] アグラオポーン《Thasos島生まれのギリシアの画家（前5世紀）》.

Aglauros -ī, *f* [Gk] 伝説 アグラウロス《AtticaのCecropsの娘の一人》.

aglossa -ōrum, °*n pl* 動 無舌類(のカエル).

aglossia -ae, °*f* 病 無舌症.

agma -atos, *n* [Gk] 文 鼻音化された γ (ガンマ)(音価 [ŋ]).

agmen -minis, *n* [ago] **1** 動き, 流れ; 振動: ~ *fluminis* (ENN) 川の流れ / ~ *remorum* (VERG) 櫂の一漕ぎ. **2** 行進, 進軍. **3** 群れ, 一団. **4** 行軍中の軍隊[戦列]: ~ *primum* (LIV) 前衛 / ~ *medium* (LIV) 中衛 / ~ *extremum* [*novissimum*] (LIV) 後衛. **5** 戦役, 戦争; 従軍.

agminātim *adv* [↑] 群れをなして, 一団となって.

agna-ae, *f* [agnus] 子ヒツジ(雌).

Agnālia -ium, *n pl* =Agonalia.

agnāscī *inf* ⇨ agnascor.

agnāscor -ascī -gnātus sum, *intr dep* [ad-/(g)nascor] **1** あとから生まれる〈*abs*〉: *constat agnascendo rumpi testamentum* (CIC) 遺言はあとから子が生まれることにより無効となることに定まっている. **2** あとから発育[生長]する: *viscum in quercu agnasci* (PLIN) ヤドリギはオークに寄生する.

agnāta -ae, °*f* [agnatus] 父方の女性の親族.

agnātiō -ōnis, *f* [agnascor] **1** 父方の男性の親族(関係). **2** 父親の遺言後[死後]に生まれること: ~ *postumi* (JULIAN) 新自権相続人の出生.

agnātus -ī, *m* [agnascor] **1** 父の遺言後に生まれた息子. **2** 父方の男性の親族: ~ *proximus* (L. XII) 最近親者.

agnella -ae, °*f dim* [agnus] 小さい子ヒツジ(雌).

agnellus -ī, *m dim* [agnus] 小さい子ヒツジ(雄).

agnicula -ae, °*f* =agnella.

agnīna -ae, *f* [↓] (*sc. caro*) 子ヒツジの肉.

agnīnus -a -um, *adj* [agnus] 子ヒツジの.

agnitiō -ōnis, *f* [agnosco] **1** 認識, 理解; 知識. **2** 承認, 受諾.

agnitus[1] -a -um, *pp* ⇨ agnosco.

agnitus[2] -ūs, *m* 劇 認知, 発見.

agnōmen -minis, *n* [ad-/(g)nomen] (ローマ人の)第四名《功績などを示すために cognomen のあとに付けて添えた名; *Publius Cornelius Scipio Africanus* の *Africanus* など》.

agnōscō -ere agnōvī agnitum, *tr* [ad-/(g)nosco] **1** 識別する, 見分ける〈alqm [alqd]; alqd ex re; +*acc c. inf*〉. **2** 気づく, 知覚する. **3** 再認識する, 思い出す. **4** 認める, 同意する〈alqm [alqd]; +*acc c. inf*〉.

agnōvī *pf* ⇨ agnosco.

agnus -ī, *m* [Gk] **1** 子羊: *lupo agnum eripere postulant* (PLAUT) 彼らは狼から子羊を救おうとしている(=無駄な試み). **2°** 過越しの子羊《ユダヤ教徒が過越

しの祭の夜に食す). 3° ~ *Dei* (Vulg) 神の子羊 (=キリスト). 4° (*pl*) キリスト教徒(の群れ).

agō -ere ēgī actum, *tr, intr* **I** (*tr*) **1** 進める, 導く, 駆けたてる, 追いやる: *alqm ad exsilium agere* (Liv) ある人を亡命へ追いやる / *causam [rem] agere* (Cic) 訴訟を起こす. **2** (*pass, refl*) 動く; 行く, 来る; 出発する, 行進する: *is enim se primus agebat* (Verg) というのも彼が最初にやってきたので. **3** 駆逐する, 連れ[運び]去る: *ferre atque agere* (Liv) 略奪する, かっさらう. **4** 悩ます, 苦しめる, 襲う. **5** 魅了する, 感動させる ⟨alqm ad [in] alqd⟩. **6** (*refl*) ふるまう, 行動[活動]する: *se agere ferociter* (Tac) 狂暴にふるまう / *se agere pro victore* (Sall) 勝利者として行動する. **7** 操縦する, 運転する. **8** 連れて来る, もたらす. **9** 放つ, 発す: *animam agere* (Cic) 死ぬ. **10** (植物が)根をおろす; 芽を出す. **11** (時を)過ごす, 費やす; (*pass*) 時が経過する. **12** 行なう, 果たす, 遂行する; (*pass*) 起こる, 行なわれる: *nihil agere* (Cic) 何もしない / *quid agis?* (Plaut) ごきげんいかがですか / *bene mecum agitur* (Cic) 私は元気です / *res acta est* (Plaut) 事は済んだ / *rem actam agere* (Liv) 済んだことを論じる. **13** (式・祭を)挙行する, 催す: *triumphum de alqo agere* (Cic) ある人への勝利を祝って凱旋式を行なう. **14** (戯曲を)上演する, (役を)演じる. **15** 表現する, 述べる: *gratias [grates] agere* (Cic) 感謝する ⟨alci pro re⟩. **16** 協議する, 談合(交渉)する ⟨alqd cum alqo; de re⟩. **II** (*intr*) **1** 行動する, ふるまう. **2** 訴訟を起こす ⟨cum alqo; de re⟩. **3** 談判する, 折衝する ⟨cum alqo; de re⟩: *is ita cum Caesare egit* (Caes) 彼は Casear にこう談じこんだ / *qua de re agitur* (Cic) 争点. **4** 居住する, 生活する, 滞在する.

agōgae -ārum, *f pl* [*Gk*] 金の洗鉱用水路.

agolum -ī, *n* [ago] 羊飼いが羊群を導く棒.

agōn -ōnis, *m* [*Gk*] **1** (公的な見世物での)競技. **2** 真剣勝負. **3°** (精神的)闘争. **4°** 殉教.

Agōnālia -ium [-ōrum], *n pl* Janus の祭典.

Agōnālis -is -e, *adj* Agonalia の: *dies Agonales* (Varr) =Agonalia.

Agōnensis -is -e, *adj* **1** *porta* ~ ローマ市の門 (= porta Collina または Quirinalis). **2** *Salii Agonenses* (Varr) mons Agonus (=Quirinalis) で職責を果たした Salii 神官団.

agōnia[1] -ae, *f* [ago] いけにえの動物.

agōnia[2] -ae, °*f* [*Gk*] 苦悩, 苦悶.

agōnicus -a -um, °*adj* [agon] 競技[試合]の.

agōnium -ī, *n* [ago] **1** ~ *Martiale* (Sab) = Liberalia. **2** (*pl*) いけにえの動物. **3** (*pl*; A-) =Agonalia または Liberalia.

agōnothesia -ae, °*f* [↓] agonotheta の職.

agōnotheta -ae, °*m* [*Gk*] 競技[競演]会の管理官.

agōnotheticus -a -um, °*adj* [*Gk*] 競技[競演]会の管理官の.

Agōnus -ī, *m* =mons Quirinalis.

agorānomus -ī, *m* [*Gk*] (Athenae における)市場視察官.

agoraphobia -ae, °*f* [医] 広場恐怖症.

agrāria -ae, *f* [agrarius] (*sc. lex*) 農地法.

agrāriī -ōrum, *m pl* [↓] 農民派 (『土地再分割に賛成した人々』).

agrārius -a -um, *adj* [ager] 土地の, 地所の, 耕地の: *lex agraria* (Cic) 農地法 / *agrariam rem temptare* (Cic) 農地法の成立を図る / *triumvir* ~ (Liv) 国有地分配担当の三人委員の一人.

agrestis[1] -is -e, *adj* [ager] **1** 田畑の; 田園[田舎]の. **2** 野生の, 飼いならされていない. **3** 洗練されていない, 粗野な; 野蛮な.

agrestis[2] -is, *m* 農夫; 田夫野人, 田舎者.

agria -ae, °*f* [医] 膿疱, 水疱疹.

Agriānes -um, *m pl* [*Gk*] アグリアーネス (Strymon 川上流地方にいた一部族).

agricola -ae, *m* [ager/colo?] 農夫: *deus* ~ (Tib) =Silvanus.

Agricola -ae, *m* アグリコラ (ローマ人の名家; 特に Cn. Julius ~, Tacitus の岳父で, Britannia を統治した (40-93)).

agricolor -ārī, °*intr dep* [agricola] 農業を営む, 耕作する.

agricultiō, -cultor, -cultūra ⇨ cultio, cultor, cultura.

Agrigentīnus -a -um, *adj* Agrigentum の.

Agrigentīnī -ōrum, *m pl* Agrigentum の住民.

Agrigentum -ī, *n* アグリゲントゥム (Sicilia 島南岸の町; ギリシア名 Acragas; 現 Agrigento).

agripeta -ae, *m* [ager/peto] 移民, 植民者.

Agrippa -ae, *m* アグリッパ (ローマ人の名家; 特に (1) *Menenius* ~, 貴族と対立した平民を手足と腹のたとえ話でなだめた (前494). (2) *Marcus Vipsanius* ~, Augustus 帝の娘 Julia の婿. (3) ユダヤの王 *Herodes* ~ *I, II*).

Agrippīna -ae, *f* アグリッピーナ ((1) Atticus の孫で Tiberius 帝の妃. (2) Vipsanius Agrippa と Julia の娘で Augustus 帝の孫; Germanicus の妻で Caligula 帝の母. (3) Germanicus の娘で Cn. Domitius Ahenobarbus の妻; 皇帝 Nero の母).

Agrippīnensis -is -e, *adj* [↑] **1** *Colonia* ~ (Tac) 現 Köln (Agrippina (3) にちなんで名づけられた). **2** Colonia Agrippinensis の. **Agrippīnēnsēs** -ium, *m pl* Colonia Agrippinensis の住民.

agrius, -os -a -um, *adj* [*Gk*] **1** (植物が)野生の. **2** (皮膚病が)悪性の.

Agyieus -eī [-eos], *m* [*Gk*] [神話] アギュイエウス (『道の守護神としての Apollo の呼称』).

Agylla -ae, *f* [*Gk*] アギュラ (Etruria の町; のちに Caere と称された; 現 Cerveteri).

Agyllīnus -a -um, *adj* Agylla の: *urbs Agyllina* (Verg) =Agylla. **Agyllīnī** -ōrum, *m pl* Agylla の住民.

Agyrinensis -is -e, *adj* Agyrium の. **Agyrinensēs** -ium, *m pl* Agyrium の住民.

Agyrium -ī, *n* [*Gk*] アギュリウム, *-オン (Sicilia 島内陸の町; 歴史家 Diodorus の生地).

āh *int* =a!.

Ahāla -ae, *m* アハーラ (Servilia 氏族に属する家名; 特に *C. Servilius* ~, Cincinnatus の騎兵隊長で, Spurius Maelius の暗殺者 (前439)).

ahēn- ⇨ aen-.

Ahēnobarbus -ī, *m* アヘーノバルブス (Domitia 氏

ai *int* (悲嘆を表わす)ああ(悲しいかな)!
āiens -entis, *adj* (*prp*) [↓] 肯定的な.
āiō *tr defect* **1** 肯定する. **2** 断言する, 保証する: *ain* (=*aisne*)? (Cɪᴄ) それは本当か, 本当にそうか, ほほう / *quid ais*? (Pʟᴀᴜᴛ) 君はどう思うか / *ut aiunt* (Cɪᴄ) 言うならば.
Āius -ī, *m* 《神話》アイユス《前 390 年にガリア人の襲来をローマ人に告げたと伝えられる神; ~ Loquens または Locutius とも言う》.
aizoāceae -ārum, °*f pl* 《植》ツルナ科.
Ājax -ācis, *m* [*Gk*] 《伝説》アイヤクス, *アイアース《(1) ~ Telamonius, Salamis の王 Telamon の息子で Troja 戦争におけるギリシア方の英雄; Achilles の鎧を Ulixes と争い, 負けると憤慨して自殺した; 大 Ajax と称される. (2) ~ Oileus, Oileus の子で Locri 人の王; 小 Ajax と称される》.
akinēsia -ae, °*f* 《病》無動症.
āla -ae, *f* **1** (鳥·昆虫の)羽, 翼. **2** 上膊部, 上腕. **3** わきのした. **4** 《植》葉腋(ǎ); (木や枝の)叉(ṣ). **5** (軍隊の)翼(ẉ). **6** 騎兵隊. **7** 《建》アーラ《ローマ住宅の atrium の左右両側の小室》.
Alabanda -ae, *f*, **-a** -ōrum, *n pl* [*Gk*] アラバンダ《Caria の町; 富とぜいたくで知られた》.
Alabandēnī -ōrum, *m pl* Alabanda の住民.
Alabandensis -is -e, *adj* Alabanda の. **Alabandensēs** -ium, *m pl* Alabanda の住民.
Alabandēus -a -um, *adj* =Alabandensis.
Alabandīs -idis, *m pl* =Alabandenses.
Alabandius -a -um, *adj* =Alabandensis.
Alabandus -ī [*Gk*] アラバンドゥス, *-ドス《Alabanda の伝説上の創建者》.
alabaster -trī, *m*, **alabastrum** -ī, *n* [*Gk*] (洋ナシ形の)香油入れ.
alacer -cris -cre, *adj* **1** 活発な, はつらつとした. **2** 迅速な. **3** 熱心な.
alacritās -ātis, *f* [↑] **1** 熱心, 熱意. **2** 活発, 活気.
alacriter *adv* [alacer] **1** 活発に. **2** 熱心に.
Alamannī -ōrum, °*m pl* =Alemanni.
alangiāceae -ārum, °*f pl* 《植》ウリノキ科.
Alānī -ōrum, *m pl* [*Gk*] アラーニー, *-ノイ《好戦的な Scythia の一部族》.
alapa -ae, *f* 平手打ち, 横つらをなぐること.
alapizō -āre, °*tr* [↑] =alapor.
alapor -ārī, °*tr dep* [alapa] 横つらを平手で打つ.
ālārēs -ium, *m pl* =alarii.
Alarīcus -ī, °*m* アラリークス, "アラリック《Visigothae 族の王; 特に 410 年にローマを占領した ~ Ⅰ》.
ālāriī -ōrum, *m pl* [alarius] 翼軍, 援軍(特に騎兵).
ālāris -is -e, *adj* =alarius.
ālārius -a -um, *adj* [ala] **1** 《軍》翼の. **2** 援軍(特に騎兵)の. **3**° 《動》翼状の; 《解》腋窩の. **4**° 《植》葉腋の, 腋生の.
ālātus -a -um, *adj* [ala] 翼のある.
alauda -ae, *f* **1** 《鳥》ヒバリ. **2** (A-) Caesar がガリアで徴募した軍団; (*pl*) この軍団の兵士たち.
alba -ae, °*f* [albus] **1** (*sc.* tunica) 聖職者の白い長衣. **2** (*sc.* gemma) 真珠.
Alba -ae, *f* アルバ《(1) ~ Longa, ローマ市の母市で Latium にあり, Aeneas の息子 Ascanius が創建したという. (2) ~ Fucentia, Marsi 族の古い町》.
Albānia -ae, *f* アルバーニア《カスピ海西岸地方》.
Albānum -ī, *n* **1** (*sc.* praedium) Alba Longa の別荘地. **2** (*sc.* vinum) Alba Longa 産のぶどう酒.
Albānus -a -um, *adj* **1** Alba Longa の. **2** Albania の. **Albānī** -ōrum, *m pl* **1** Alba (Longa) の住民. **2** Albania の住民.
albātus -a -um, *adj* [albus] 白い衣服を着た.
albēdō -dinis, °*f* 白色.
albens -entis, *adj* (*prp*) [albeo] **1** 白色の, 白い. **2** (空が)白みかかた.
Albensis -is -e, *adj* Alba Fucentia の. **Albensēs** -ium, *m pl* Alba Fucentia の住民.
albeō -ēre, *intr* [albus] **1** 白色である. **2** 青白い. **3** (空が)白んでいる: *albente caelo* (Cᴀᴇs) 夜明けに.
albescō -ere, *intr inch* [↑] **1** 白くなる. **2** 明るくなる. **3** (空が)白む.
Albiānus -a -um, *adj* Albius の.
albicapillus -a -um, *adj* [albus/capillus] 白髪の.
albicascō -ere, *intr inch* [albico] 白く(明るく)なる.
albicērātus -a -um, *adj* [albus/ceratus] 薄黄色の.
albicēris -is -e, *adj* [albus/cera] =albiceratus.
albicērus -a -um, *adj* =albiceratus.
Albicī -ōrum, *m pl* アルビキー《Massilia 北方の山地に住んでいた部族》.
albicō -āre -āvī, *tr*, *intr* [albus] **1** 白くする. **2** 白い.
albicor -ārī, *intr dep* [albus] 白くなる.
albidus -a -um, *adj* [albeo] 白みがかった, やや白い.
Albinovānus -ī, *m* アルビノウァーヌス《(1) Celsus ~, Horatius の友人. (2) ~ Pedo, 叙事詩人で Ovidius の友人》.
Albīnus -ī, *m* アルビーヌス《Postumia 氏族に族する家名》.
Albiōn -ōnis, *f* アルビオーン《Britannia の古名》.
Albis -is, *m* アルビス《Germania の川; 現 Elbe》.
Albius -ī, *m* アルビウス《ローマ人の氏族名; 特に ~ Tibullus → Tibullus》.
albogalērus -ī, *m* [albus/galerus] flamen Dialis (Juppiter の神官)の白帽.
Albūcius -ī, *m* アルブーキウス《ローマ人の氏族名》.
albūcus -ī, *m* 《植》アスフォデルの一種.
albuēlis -is, *f* [albus] 《植》ブドウの一種.
albugināceae -ārum, °*m pl* [albugo] 《菌類》シロサビキン科.
albūgō -ginis, *f* [albus] **1** 目の星; 角膜白斑. **2** 頭のふけ.
Albula -ae, *f* (*m*) (*sc.* aqua) アルブラ《Tiberis 川の古名》.
albulus -a -um, *adj dim* [albus] 白みがかった.
album -ī, *n* [albus] **1** 白(色). **2** 白いもの: ~

albumen *oculi* (Cels) 白目 / ~ *ovi* (Cels) 卵白. **3** 表, 名簿. **4** 白色掲示板; (特に) 法務官の告示板.
albūmen -minis, °*n* [albus] 卵白.
Albūmīnum -ī, °*n* 《化》アルブミン.
Albunea -ae, *f* アルブネア《Tiburの女予言者の住む森または泉》.
alburnum -ī, *n* [albus] (樹木の)辺材, 白太(しらた).
alburnus -ī, °*m* [albus] 《魚》コイ科の淡水魚.
Alburnus -ī, *m* アルブルヌス (Lucaniaの山).
albus -a -um, *adj* **1** 白い. **2** 澄んだ; 明るい, 輝いている. **3** 灰白色の; 青白い. **4** 有望な, 幸先[縁起]のよい: *alba stella* (Hor) 幸運の星 (=Castor).
Alcaeus -ī, *m* [Gk] アルカエウス, *-カイオス《Lesbos島の町Mytilene出身の抒情詩人 (前6世紀初頭)》.
Alcaicus -a -um, °*adj* Alcaeusの: ~ *versus* (Diom) Alcaeus格の詩行.
Alcamenēs -is, *m* [Gk] アルカメネース《ギリシアの彫刻家でPhidiasの弟子 (前5世紀)》.
Alcathoē -ēs, *f* 《詩》=Megara.
Alcathous -ī, *m* [Gk] 《伝説》アルカトウス, *-オス《Pelopsの息子でMegaraの建設者》: *urbs Alcathoi* (Ov) =Megara.
alcē -ēs, *f* [Gk] 《動》ヘラジカ.
Alcē -ēs, *f* [Gk] アルケー《Hispania Tarraconensisの町》.
alcea -ae, *f* [Gk] 《植》ゼニアオイ属の一種.
alcēdō -dinis, *f* =alcyon.
alcēdōnia -ōrum, *n pl* [↑] (*sc. tempora*) カワセミの孵化期《冬のその14日間は海が穏やかであるという》.
Alcēstis -is, **Alcēstē** -ēs, *f* [Gk] 《伝説》アルケースティス《Peliasの娘でPheraeの王Admetusの妻; 夫の身代わりとなって死んだ彼女はHerculesが黄泉の国から連れ帰った》.
Alceus -eī [-eos], *m* [Gk] アルケウス《Amphitryoの父でHerculesの祖父》.
Alcibiadēs -is, *m* [Gk] アルキビアデース《Peloponnesus戦争の頃のAthenaeの政治家・将軍 (前450?-404)》.
Alcidamās -antis, *m* [Gk] アルキダマース《Elaea出身の弁論家・ソフィスト; Gorgiasの弟子》.
Alcidēmos -ī, *f* [Gk] (「民衆の守護者」の意) Minerva (Athena)にMacedonia人が付けた名.
Alcīdēs -ae, *m* [Gk] 《伝説》Alceusの子孫《特に孫Hercules》.
Alcimedē -ēs, *f* 《伝説》アルキメデー《Aesonの妻でIasonの母》.
Alcinous -ī, *m* [Gk] アルキノウス, *-オス《Phaeaciaの王; 放浪中のUlixesが彼の国を訪れ, その船によって故国へ送り返された》.
Alcithoē -ēs, *f* [Gk] アルキトエー《Orchomenusの王Minyasの娘の一人で, Bacchusの神事を嘲笑したためコウモリに変身させられた》.
Alcmaeō(n) -onis, *m* [Gk] アルクマエオー(ン), *-マイオーン《Amphiarausの息子で, 父の意を受けて母を殺した》.
Alcmaeonius -a -um, *adj* Alcmaeonの.
Alcmān -ānos [-ānis], *m* [Gk] アルクマーン《ギリシアの抒情詩人 (前7世紀)》.

Alcmēna -ae, **-mēnē** -ēs, *f* [Gk] 《伝説》アルクメーナ, *-ネー《Amphitryoの妻; Jupiterと交わってHerculesを生んだ》.
Alcō(n) -ōnis, *m* [Gk] 《伝説》アルコー(ン) 《Creta島の弓の名手で, Herculesの友人》.
alcohol -is, °*m* [Arab.] 《化》アルコール, 酒精.
Alcumēna -ae, *f* =Alcmena.
alcyōn -onis, *f* [Gk] 《鳥》カワセミ.
alcyonācea -ōrum, °*n pl* 《動》ウミトサカ目(の腔腸動物).
alcyonāria -ōrum, °*n pl* 《動》ハッポウサンゴ亜綱(の腔腸動物).
Alcyonē -ēs, *f* [Gk] 《神話》アルキュオネー《(1) 風神Aeolusの娘でCeyxの妻, カワセミに変身させられた. (2) Atlasの娘でPleiadesの一人》.
ālea -ae, *f* [Gk] **1** さいころ, さいころ遊び: *jacta ~ est!* (Suet) 賽は投げられた《軍を率いてRubicon川を渡った際のCaesarのことば》. **2** 賭博, ばくち. **3** 冒険.
āleārius -a -um, *adj* [↑] **1** さいころ遊びの. **2** 賭博[ばくち]の.
āleātor -ōris, *m* [alea] **1** さいころ遊びをする人. **2** 賭博者, ばくち打ち.
āleātōrius -a -um, *adj* [alea] さいころ遊びの; 賭博の.
alebris -is -e, *adj* [alo] 栄養になる, 滋養分の多い.
ālēc -cis, *n* =allec.
Ālēctō -ūs, *f* [Gk] 《神話》アーレークトー《復讐の女神Furiaeの一人 (他の二人はMegaeraとTisiphone)》.
Alēius -a -um, *adj* [Gk] *Aleia arva* (Ov) =*Aleii campi* (Hyg) 《伝説》(Bellerophonがさまよって死んだCiliciaの)アレーイオンの野.
Alemannī -ōrum, °*m pl* アレマンニー, "アレマン人《Rhenus川とDanubius川の上流地方にいた西ゲルマンの諸部族》.
Alemannia -ae, °*f* Alemanni族の領土.
Alemannicus -a -um, °*adj* Alemanni族の.
Alemannus -a -um, °*adj* =Alemannicus.
Alemōn -onis, *m* [Gk] 《伝説》アレーモーン《Crotonを建設したMyscelusの父》.
Alemōnidēs -ae, *m* [Gk] 《伝説》Alemonの息子 (=Myscelus).
āleō -ōnis, *m* =aleator.
āles[1] -itis, *adj* **1** 羽のある, 翼のついた: *deus ~* (Ov) =Mercurius / *puer ~* (Hor) =Cupido. **2** すばやい.
āles[2] -itis, *m, f* **1** 鳥; (特に) 大鳥, 猛禽: *Jovis* [*regia*] ~ (Ov) ワシ / ~ *superba* (Mart) 不死鳥 / ~ *Phoebeius* (Ov) ワタリガラス. **2** 白鳥 (=詩人). **3** 前兆, 兆し.
Alēsa -ae, *f* =Halaesa.
alescō -ere, *intr inch* [alo] 成長する.
Alesia -ae, *f* アレシア《Gallia LugdunensisにあったMandubii族の町; Caesarが攻略した; 現Alise》.
Alēsus -ī, *m* =Halesus.
Alētrīnās -ātis, *adj* Aletriumの. **Alētrīnātēs** -ium, *m pl* Aletriumの住民.
Alētrīnensis is -e, *adj* =Aletrinas.

Alētrium -ī, *n* アレートリウム《Latium にあった Hernici 族の町；現 Alatri》.
Alexander -drī, *m* [*Gk*] アレクサンデル, *-ドロス《数人のギリシア人の名；特に (1) ～ *III*, Macedonia 王 Philippus II と Olympias の息子で大王と称される (前 356-323; 在位前 336-323). (2) Olympias の兄弟で Epirus の王. (3) Thessalia の Pherae の僭主. (4) 《伝説》 Troja の王 Priamus の子 Paris の別名》.
Alexandrīa, **-ēa** -ae, *f* [*Gk*] アレクサンドリーア, *-レイア《エジプトの Nilus 川デルタの都市；Alexander 大王が建設した》.
Alexandrīnus -a -um, *adj* Alexandria の.
Alexis -idis, *m* [*Gk*] アレクシス《(1) Atticus の奴隷. (2) Attica の中・古喜劇詩人》.
Alfēnus -ī, *m* アルフェーヌス《*Publius ～ Vanus*, Cremona 出身のローマの法律家 (前 1 世紀)》.
Alfius -ī, *m* アルフィウス《ローマ人の氏族名》.
alga -ae, *f* 海草；藻類.
algens -ntis, *adj* (*prp*) [↓] 寒い, 冷たい, ひやりとする.
algeō -ēre alsī, *intr* **1** 寒さを感じる, 凍える. **2** 冷淡にされる, 無視される：*probitas laudatur et alget* (Juv) 誠実は賞賛されても凍える.
algēscō -ere alsī, °*intr inch* [↑] **1** かぜをひく；寒くなる. **2** (熱意・興奮などが)冷める.
Algidum -ī, *n* アルギドゥム《Algidus 山上の町》.
algidus -a -um, *adj* [algeo] 冷たい, 寒冷な.
Algidus[1] -ī, *m* アルギドゥス《Latium の Tusculum 南西の山》.
Algidus[2] -a -um, *adj* Algidus 山の.
algificus -a -um, *adj* [algeo/facio] 寒がらせる.
algor -ōris, *m* [algeo] **1** 寒け, 凍えること. **2** 寒さ, 寒気.
aliā *adv* [alius] (*sc. viā*) 他の経路で；別のやり方で.
Ālia -ae, *f* =Allia.
Aliacmōn -onis, *m* =Haliacmon.
aliās *adv* [alius] **1** 他の時に：*alius ～* (Cic) ある時はこの人…別の時はあの人, ～ (Cic) ある時は…別の時は, 時には…別の時には. **2** 後に, 今後. **3** 他の場所で. **4** 他の方法で.
āliātum -ī, *n* [↓] ニンニクをきかせた料理.
āliātus -a -um, °*adj* [alium] ニンニクで調理した.
alibī *adv* [alius/ibi] **1** 他の場所で：～ … ～ (Liv) ここに…そこに / *alius ～* (Sall) (二人のうち)一人はここに他はそこに. **2** 他の方法で, 他の点で.
alica -ae, *f* [*Gk*] **1** 《植》ひき割り麦. **2** ひき割り麦の粥(*ゆ*).
alicubī *adv* [aliquis/ubi] **1** どこかで, ある場所で. **2** 他の場所で.
alicunde *adv* [aliquis/unde] **1** どこかある所から. **2** 誰かある人から.
alid 《古語》=aliud (⇨ alius).
aliēnātiō -ōnis, *f* [alieno] **1** (財産の)譲渡. **2** 疎遠, 嫌悪, 離反 ⟨ab alqo ad [in] alqm⟩：*tua a me ～* (Cic) あなたの私からの離反. **3** *～ mentis* (Plin) 精神異常, 狂気.
aliēnātus -a -um, *pp* ⇨ alieno.
aliēnigena[1] -ae, *m* [alienus¹/gigno] 外国人.

aliēnigena[2] -ae, *adj* 外国(生まれ)の.
aliēnō -āre -āvī -ātum, *tr* [alienus¹] **1** (財産を)譲渡する；(子を)養子に出す. **2** 他にゆだねる；(*pass*) 他人のものとなる. **3** *mentem alienare* (Liv) 発狂させる. **4** 離反させる, 嫌悪させる, 遠ざける ⟨alqm [alqd] ab alqo⟩.
aliēnum -ī, *n* [↓] **1** 他人の財産[土地]. **2** (*pl*) 他人の[自分と無関係の]問題.
aliēnus[1] -a -um, *adj* [alius] **1** 他の, 他人の, 他に属する：*aes alienum* (Cic) 他人の金(*借金*) (=借金, 負債) / *nomina aliena* (Sall) 他人名義の借金. **2** 外国の. **3** 知らない；関係のない, かけ離れた ⟨ab alqo; +dat⟩. **4** 嫌っている, 敵意をいだいている ⟨ab alqo; a re; +dat [gen]⟩. **5** 不都合な, 不利な. **6** 不適切な, ふさわしくない ⟨ab alqo; a re; +abl [dat, gen]⟩.
aliēnus[2] -ī, *m* **1** 他国人, 外国人. **2** 無関係の人, 部外者, 第三者.
Ālifa -ae, *f* =Allifae.
ālifer -era -erum, *adj* [ala/fero] 《詩》翼のある.
āliger -gera -gerum, *adj* [ala/gero] **1** 翼のある. **2** 迅速な, すばやい.
alimentārius[1] -a -um, *adj* [alimentum] **1** 食物の, 栄養の. **2** 救済[慈善]事業の, 生活扶助の.
alimentārius[2] -ī, *m* 生計を私的または公的な施しに支えられている人.
alimentum -ī, *n* [alo] **1** 栄養, 食料, 食物. **2** 扶養費, 生活費.
Alimentus -ī, *m* アリメントゥス《Cincia 氏族に属する家名》.
alimōnia -ae, *f* [alo] **1** 食物, 栄養. **2** 養育.
alimōnium -ī, *n* =alimonia.
aliō *adv* (*abl*) [alius] **1** 他の場所[方向]へ：*alius ～* (Cic) (二人のうちの)一人はこの方向へ他は別の方向へ. **2** 他の人へ. **3** 他の対象へ. **4** 他の目的に：*nusquam ～ natus quam ad serviendum* (Liv) 奴隷となるためだけに生まれた.
aliōquī(n) *adv* [alius/qui³] **1** 他の点において. **2** それとは別に, さらに, その上. **3** いずれにせよ, ともかく. **4** そうでなければ：*et puto nondum: ～ narrasses mihi* (Plin Min) 私はまだだと思う. そうでなければあなたは私にそう語ったはずだから.
aliōrsum, aliōvorsum *adv* [alio/vorsum] (⇨ versus²)] **1** 他の方へ, よそへ. **2** 他の方法で.
ālipēs[1] -edis, *adj* [ala/pes] 《詩》**1** 足に翼のある《Mercurius の呼称の一つ》. **2** 足の速い.
ālipēs[2] -edis, *m* 《詩》**1** 足に翼のついた神 (=Mercurius). **2** 駿馬.
Aliphēra -ae, *f* [*Gk*] アリペーラ《Arcadia の町》.
ālipilus -ī, *m* [ala/pilus¹] 入浴者のわき毛を抜く奴隷.
aliptēs, **-a** -ae, *m* [*Gk*] 拳闘士や競技者の体に油を塗る人, トレーナー.
aliquā *adv* [aliquis] (*sc. viā*) **1** どこかで. **2** 何らかの方法で.
aliquāliter °*adv* [aliquis] いくらか, ある程度に.
aliquam *adv* [aliquis] かなり, 相当に.
aliquamdiū, aliquam diū, aliquandiū *adv* かなり長い時間.
aliquammultus, aliquam multus -a

-um, *adj* かなり多数の.
aliquandō *adv* [alius/quando] **1** ある時, かつて. **2** 将来いつか. **3** 時々. **4** ついに, とうとう.
aliquantillum -ī, *n* [aliquantulus] ごく少量, 微量.
aliquantisper *adv* [aliquantus/per] 暫時, しばらくの間.
aliquantō *adv* (*abl*) =aliquantulum².
aliquantulum¹ -ī, *n* [aliquantulus] (かなりの)少量 ⟨+*gen*⟩: *aquae tepidae* ~ (Suet) 少量の生ぬるい水.
aliquantulum² *adv* 少し, 多少.
aliquantulus -a -um, *adj dim* [aliquantus] かなり小さい, かなり少数の.
aliquantum¹ -ī, *n* [aliquantus] かなりの量[距離] ⟨+*gen*⟩: ~ *nummorum* (Cic) かなりの額の金.
aliquantum² *adv* いくらか; かなり.
aliquantus -a -um, *adj* [alius/quantus] 多少の; かなり多い.
aliquātenus *adv* [aliqua/tenus²] ある程度まで, 幾分か.
aliquī¹ -qua -quod, *adj* [alius/quī¹] **1** ある; 任意の. **2** (*pl*) 若干の, 多少の. **3** およそ ⟨+数詞⟩: *aliquos viginti dies* (Plaut) およそ 20 日間.
aliquī² *adv* [aliquis] 何らかの方法で; ある程度.
aliquid *adv* [↓] いくらか, 多少, ある程度.
aliquis -qua -quid, *pron indef* [alius/quis¹] **1** 誰か, ある人; 何か, あるもの: ~ *ex vobis* (Cic) あなたたちのうち誰か. **2** 重要な人[もの]: *dicere aliquid* (Cic) 重要なことを言う.
aliquispiam -quapiam, °*pron indef* 誰か.
aliquō *adv* [aliquis] どこかへ, ある場所[方向]へ.
aliquot *indecl adj* [alius/quot] 若干の, いくつかの.
aliquotiēs, -ens *adv* [↑] 何度か, しばしば.
aliquōvorsum *adv* [aliquo/vorsum] どこかへ.
Ālis -idis, *f* =Elis.
alis alid, *adj*《古形》=alius.
alismatāceae -ārum, °*f pl*《植》オモダカ科.
Alīsō(n) -ōnis, *m* アリーソー(ン) 《Drusus が前 11 年に築いた Germania の要塞; 現 Weser 近辺》.
aliter *adv* [alius] **1** 他の方法で, 異なって ⟨ac, atque, quam⟩: ~ *rem cecidisse atque opinatus sis* (Cic) あなたの予想とは異なる事態が生じた / *non* ~ *ac* [*quam*] *si...* (Cic Hor) あたかも...と全く同じように / ~ *cum aliis loqui* (Cic) 相手次第で話を変える. **2** さもなければ, 他の場合には[条件では].
alitus -a -um, *pp* ⇨ alo.
ālium -ī, *n*《植》ニンニク.
aliunde *adv* [alius/unde] **1** 他の場所[方向]から: *alii* ~ *coibant* (Liv) またある人々は別の方角から集まってきた. **2** 他の人[もの]から. **3** =alicunde.
alius -a -ud (*gen* alterīus, *dat* aliī), *adj* **1** 他の, 別の: ~ *est*...*alius*...他は / *alii* ... *aliī* (Cic) 或る者たちは...他の者たちは... **2** 他の, 別の ⟨*ab*; ~ *ex alio* (Cic) 順々に, 代るがわる / ~ *atque* ~ (Cic) あるいはこの人いるいは別の人, 代わるがわる / ~ *ac* [*atque, et*] ...とは別の / *nihil aliud quam* (Nep) ...にほかならない. **3** 他の, 別の: *alqm aliud facere* (Plaut) ある人を(以前と)違った人にする / *in alia omnia ire* (Cic) 反対意見をもつ. **3** (二

つ[三つ])のうちの)もうひとつの, 第 2 の (=alter): ~ *Ariovistus* (Tac) 第 2 のアリオウィストゥス. **4** それ以外の.
alkaloīdum -ī, °*n*《化》アルカロイド.
allābī *inf* ⇨ allabor.
allābor -bī -lapsus sum, *intr* (*tr*) *dep* [ad-/labor¹] 滑って来る, 寄せる, 押し寄せる ⟨+*dat* [*acc*]⟩: *mare crescenti allabitur aestu* (Verg) 海は高くうねって押し寄せる / *fama allabitur auris* (Verg) うわさが耳に入ってくる.
allabōrō -āre -āvī -ātum, *intr, tr* [ad-/laboro] **1** (得ようと)努力する ⟨ut⟩. **2** 骨折って付け加える ⟨alci rei alqd⟩.
allacrimō -āre -āvī -ātum, *intr* [ad-/lacrimo] (ある事に)泣く.
allambō -ere, *tr* [ad-/lambo] なめる.
allantōis -is, °*f*《解》尿膜, 尿嚢.
allapsus¹ -a -um, *pp* ⇨ allabor.
allapsus² -ūs, *m* [allabor] 滑ってくること, 飛んでくること.
allātrō -āre -āvī -ātum, *tr* [ad-/latro¹] **1** (...に向かって)ほえる, ののしる. **2** (海が)とどろく.
allātūrus -a -um, *fut p* ⇨ affero.
allātus -a -um, *pp* ⇨ affero.
allaudābilis -is -e, *adj* [↓] ほめるべき, 賞賛に値する.
allaudō -āre, *tr* [ad-/laudo] ほめる, 賞賛する.
allēc -ēcis, *n* 小魚から作ったソース.
allectātiō -ōnis, *f* [allecto] そそのかし, 誘惑.
allectātor -ōris, *m* [allecto] 誘惑者.
allectiō -ōnis, °*f* [allego²] 選挙, 選出; 任命.
allectō -āre -āvī -ātum, *tr freq* [allicio] おびき寄せる, 誘惑する, そそのかす.
Allēctō -ūs, *f* =Alecto.
allector¹ -ōris, *m* [allicio] 誘惑者.
allector² -ōris, *m* [allego²]《碑》**1** 他を同僚として選び加える者. **2** (帝政期のローマ属州における)収税吏の長.
allectus -a -um, *pp* ⇨ allego², allicio.
allēgātiō -ōnis, *f* [allego¹] **1** 派遣すること. **2** 申し立て, 主張. **3**°(ローマ皇帝の)勅書.
allēgātum -ī, °*n* (*pp*) [allego¹] 証明手段, 立証する事柄.
allēgātus -ūs, *m* [↓] 煽動, 教唆.
allēgō¹ -āre -āvī -ātum, *tr* [ad-/lego¹] **1** (代表・代理として)派遣する, 送り出す ⟨alqm alci; alqm ad alqm⟩. **2** 教唆する, そそのかす. **3** 申し立てる, 主張する.
allēgō² -ere -lēgī -lectum, *tr* [ad-/lego²] 選挙する; 任命する.
allēgoria -ae, *f* [Gk]《修》寓喩, 風喩.
allēlūja °*int* [Heb.] ハレルヤ, 主[神]をほめたたえよ.
allevāmentum -ī, *n* [allevo¹] 緩和[軽減]手段.
allevātiō -ōnis, *f* [allevo¹] **1** 上げること. **2** 緩和, 軽減.
allēvī *pf* ⇨ allino.
allevio -āre -āvī -ātum, °*tr* [ad-/levis²] 軽くする, 除去する.
allevō¹ -āre -āvī -ātum, *tr* [ad-/levo²] **1** まっすぐ

に立てる, 上げる, 高める.　2 軽減[緩和]する; 慰める.　3 支持する, 援助する.
allēvō[2] -āre -āvī -ātum, tr [ad-/levo[1]] 平らにする, なめらかにする.
allexī pf ⇨ allicio.
Allia -ae, f アッリア《ローマ市北方の Tiberis 川の支流; そのほとりでガリア人がローマ軍を破った(前 390?)》.
allicefacere inf ⇨ allicefacio.
allicefaciō -ere, tr [allicio/facio] 誘惑する, そそのかす.
allicere inf ⇨ allicio.
alliciō -ere -lexī -lectum, tr [ad-/lacio] 誘う, おびき寄せる; ひきつける: *allicere somnos* (Ov) 眠りを誘う / *allicere ad misericordiam* (Cic) 同情を誘う.
allīdō -ere -līsī -līsum, tr [ad-/laedo] 投げつける, ぶつける, 打ちつける ⟨alqd ad alqd⟩.　2 (*pass*) 痛手[損害]を受ける.
Alliensis -is -e, *adj* Allia の.
Allīfae -ārum, f pl アッリーファエ《Samnium の町; 現 Alife》.
Allīfāna -ōrum, n pl (sc. pocula) Allifae 産の大きな酒杯.
Allīfānus -a -um, *adj* Allifae の.
alligātiō -ōnis, f [alligo] 縛る[結びつける]こと.
alligātor -ōris, m [alligo] 縛る[結びつける]者.
alligātus -a -um, pp ⇨ alligo.
alligō -āre -āvī -ātum, tr [ad-/ligo[2]] 1 結びつける, 縛りつける, つなぐ ⟨alqm [alqd] ad alqd⟩.　2 留める, しっかり保持する; 鎖につなぐ.　3 束縛する, 拘束する, 制約する.　4 (罪の)巻き添えにする, 連坐させる.　5 *se scelere alligare* (Cic) 犯罪を犯す.
allinō -ere -lēvī -litum, tr [ad-/lino] 1 塗りつける.　2 書き加える ⟨alqd alci rei⟩.　3 よごす, けがす ⟨alqd re⟩.
allīsī pf ⇨ allido.
allīsiō -ōnis, °f [allido] ぶつけること, 打ち当てること.
allīsus -a -um, pp ⇨ allido.
allitus -a -um, pp ⇨ allino.
allium -ī, n =alium.
Allobrogicus -a -um, *adj* Allobroges 族の.
Allobrox -ogis, m (pl Allobroges) アッロブローゲース《Gallia Narbonensis にいたケルト系一部族; Q. Fabius Maximus に征服された(前 121)》.　2 Allobroges 族の一員.
allocūtiō -ōnis, f [alloquor] 1 挨拶; 話しぶり.　2 励まし, 慰め; (将兵への)演説.
allocūtus -a -um, pp ⇨ alloquor.
allodium -ī, n 《法》完全私有地, 自由保有地《ノルマン征服以前にあった英国の勅許保有地; 封建的負担を完全に免れたもの》.
alloiogenesis -is, °f 《生物》アロイオゲネシス, 混合生殖.
alloquī inf ⇨ alloquor.
alloquium -ī, n [↓] 1 (文書・口頭による)挨拶, 話しかけ.　2 励まし, 慰め, 勧告.
alloquor -quī -locūtus sum, tr dep [ad-/loquor] 1 話しかける, 挨拶する ⟨alqm⟩.　2 (神々に)懇願する, 祈願する.　3 励ます, 慰める, 勧告する.

allosynapsis -is, °f 《生物》異親対合.
allosyndesis -is, °f =allosynapsis.
allūceō -ēre -luxī, intr (tr) [ad-/luceo] 輝く; 輝かせる.
allūcinor -ārī, intr (tr) dep =alucinor.
alluctor -ārī -ātus sum, intr dep [ad-/luctor] 格闘する, 取っ組み合う ⟨alci⟩.
allūdiō -āre, intr [ad-/*ludio (cf. ludius)] 戯れる, ふざける, いちゃつく ⟨alci⟩.
allūdō -ere -lūsī -lūsum, intr (tr) [ad-/ludo] 1 戯れる, からかう, ふざける.　2 (水が)はねかかる, (波が)打ち寄せる ⟨alci rei⟩.
alluī pf ⇨ alluo.
alluō -ere -luī, tr [ad-/luo[1]] (水が)ぬらす, 洗う, 打ち寄せる.
allūsī pf ⇨ alludo.
allūsus -a -um, pp ⇨ alludo.
alluviēs -ēī, f [alluo] 1 洪水によって生じた水たまり.　2 沖積地.
alluviō -ōnis, f [alluo] 1 洪水, 氾濫.　2 沖積地.
almificus -a -um, °*adj* [almus/facio] 幸福を与える, 祝福する.
almifluus -a -um, °*adj* [almus/fluo] 祝福を注ぐ.
almitās -ātis, °f =almities.
almitiēs -ēī, f [almus] 仁慈, 親切なふるまい.
Almō -ōnis, m アルモー《ローマの南側の市壁のすぐ下を流れて Tiberis 川に注ぐ小川; 現 Aquataccia》.
almus -a -um, *adj* [alo] [alo] 1 栄養を与える; 元気づける.　2 実り豊かな.　3 好意的な, 慈悲深い, 親切な.
alnus -ī, f 1 《楠》ハンノキ.　2 ハンノキ製品; (特に)船.
alō -ere aluī altum [alitum], tr 1 養育する, 育成する.　2 (家畜を)飼育する.　3 (生命・暮らしを)支える.　4 強める, 増大させる; 促進する: *honos alit artes* (Cic) 名誉が学芸を発展させる.
aloē -ēs, f [Gk] 1 《楠》アロエ, ロカイ(蘆薈).　2 苦さ.
Alōeus -eī [-eos], m [Gk] 《神話》アローエウス《巨人; Neptunus の子》.
Alōidae -ārum, m pl [Gk] 《神話》Aloeus の子ら《Otos と Ephialtes の二人の巨人》.
Alopē -ēs, f [Gk] アロペー《(1)《伝説》Eleusin の王で山賊の Cercyo の娘; Neptunus によって泉に変えられた. (2) Locris の町》.
alōpecia -ae, f [Gk] 《病》脱毛症.
Alpēs -ium, f pl [Gk] アルペース, "アルプス山脈.
alpha *indecl* n [Gk] 1 ギリシア語アルファベットの第 1 字 (*A*, α).　2 第 1 位[第 1 級]のもの.
alphabētum -ī, °n [Gk] アルファベット.
Alphēias -adis, f [Gk] 《神話》河神 Alpheus が愛したニンフ (=Arethusa).
Alphēus[1], -os -ī, m [Gk] アルペーウス, *-ペイオス《(1) Peloponnesus 半島最大の川; Arcadia と Elis を貫流する. (2)《神話》(1) の河神》.
Alphēus[2] -a -um, *adj* Alpheus 川の.
Alpicus -a -um, *adj* Alpes 山脈の.　**Alpicī** -ōrum, m pl Alpes 山脈の住民.

Alpīnus[1] -a -um, *adj* Alpes 山脈の. **Alpīnus**[2] -ī, *m* Alpes 山脈の住民.
Alpis -is, *f* (通例 *pl*) ⇨ Alpes.
alsī *pf* ⇨ algeo, algesco.
Alsiense -is, *n* [↓] Alsium にあった Pompeius の別荘.
Alsiensis -is -e, *adj* Alsium の.
Alsium -ī, *n* アルシウム《Etruria の町》.
alsius -a -um, *adj* [algeo] 寒さに弱い.
alsus -a -um, *adj* [algeo] 寒い, 寒冷な.
altar, altāre -āris, *n* =altaria.
altāria -ium, *n pl* 1 いけにえを焼くために祭壇上に置く用具. 2 祭壇.
altē *adv* [altus[1]] 1 高く, 高い所へ[から]. 2 深く.
alter -era -erum (*gen* alterīus, *dat* alterī), *adj* [*cf.* altus[1]] 1 二つのうち一方の: ~ ... ~ 一方は...他方は. 2 (数詞として) 2番目の: altero vicesimo die (CIC) 22日目に. 3 第2の, もうひとつの: ~ ego (CIC) 第2の我, 親友 / ~ idem (CIC) 第2の自己. 4 異なった; 逆の.
alterās *adv* [↑] 他の時に, 別の場合に.
altercātiō -ōnis, *f* [altercor] 口論, 論争; (法廷における)反対尋問.
altercātor -ōris, *m* [altercor] 論争者.
altercō -āre -āvī, *intr* (*tr*) =altercor.
altercor -ārī -ātus sum, *intr* (*tr*) *dep* [alter] 1 口論する, 論争する ⟨cum alqo; inter se⟩; 《詩》争う, 戦う ⟨alci; altercante libidinibus pavore (HOR) 欲望と戦う恐怖. 2 (法廷で)反対尋問をする ⟨alci⟩.
alternātim *adv* [alternatus] 交替に, 代わるがわる.
alternātiō -ōnis, *f* [alterno] 1 交替. 2°《法》二者択一, 択一関係.
alternātus -a -um, *adj* (*pp*) [alterno] 1 交互の[に現れる]. 2°《法》二者択一の.
alternīs *adv* (*pl abl*) [alternus] 交替に, 代わるがわる; 一つおきに.
alternō -āre -āvī -ātum, *tr, intr* [↓] 交互にする; 交替する.
alternus -a -um, *adj* [alter] 1 交互の; 一つおきの. 2《詩》(六歩格と五歩格の詩行が交互になった)エレギーアの.
alterō -āre, °*tr* [alter] 変える, 悪くする.
alteruter, alter uter -utra -utrum (*gen* alterutrīus, *dat* alterutrī), *adj* (二つのうちの)いずれか一つの.
alteruterque -utraque -utrumque, *adj* [alter/uterque] 両方とも.
Althaea -ae, *f* [Gk] 《伝説》アルタエア, *-タイアー 《Thestius の娘; Calydon の王 Oeneus の妻で Meleager と Deianira の母》.
alticinctus -a -um, *adj* [altus[1]/cinctus[2]] 《詩》高く帯を締めた; こまめに働く.
altilia -ium, *n pl* =altilis[2].
altilis[1] -is -e, *adj* [alo] 1 (家畜が)肥育した, 肥えた. 2 豊富な. 3 《詩》(人が)よく太った, 肥満した.
altilis[2] -is, *f* 肥育した家禽.
Altīnās -ātis, *adj* Altinum の. **Altīnātēs** -ium, *m pl* Altinum の住民.

Altīnum -ī, *n* アルティーヌム《Italia 北部のアドリア海に面する町; 現 Altino》.
altisonus -a -um, *adj* [altus[1]/sonus] 《詩》1 高所から[天高く]響く. 2 (詩人が)崇高な.
altitonans -antis, *adj* [altus[1]/tono] (雷が)高空からとどろく.
altitūdō -dinis, *f* [altus[1]] 1 高さ; 高所. 2 崇高. 3 深さ. 4 秘密; 深遠.
altiusculus -a -um, *adj dim* [altus[1]] やや高い.
altivolans[1] -antis, *adj* [altus[1]/volo[1]] 高く飛んでいる.
altivolans[2] -antis, *f* 高く飛ぶもの (=鳥).
altivolus -a -um, *adj* =altivolans[1].
altor -ōris, *m* [alo] 養父; 扶養者.
altrimsecus, altrin- *adv* [alter/-secus] 1 一方の側に. 2°両側に.
altrix -icis, *f* [altor] 1 養母; 乳母. 2 *terra* ~ (CIC) 母国, 故国.
altrōvorsum *adv* [alter/vorsum] 一方で.
altum -ī, *n* [↓] 1 深み; 深海. 2 高み; 高空. 3 遠方: *ex alto repetere* (CIC) 本題を遠くはずれる, もってまわった言い方をする.
altus -a -um, *adj* (*pp*) [alo] 1 高い, 高くそびえている. 2 崇高な, 壮大な. 3 高貴な生まれの, 高い身分の. 4 深い, 深く入り込んでいる. 5 内奥の, 奥底の. 6 隠された, 秘密の. 7 根本的な, 徹底した. 8 深遠な, 不可解な. 9 大昔の, 極めて古い; 高齢の. 10 (音・声が)大きい, よく響く. 11 深い, 強い: *somnus* ~ (HOR) 深い眠り.
ālūcinor -ārī -ātus sum, *intr* (*tr*) *dep* ぼんやりする; くだらないことをしゃべる.
aluī *pf* ⇨ alo.
alūmen -minis, *n*《化》明礬(ﾐｮｳﾊﾞﾝ).
alūminium -ī, °*n*《化》アルミニウム.
alumna -ae, *f* [↓] 1 養女. 2《法》(女性の)未成年者, 被後見人. 3 乳母; 養母.
alumnus[1] -ī, *m* [alo] 1 養子. 2 息子, 子供. 3 門弟, 弟子.
alumnus[2] -a -um, *adj* 1 養われた, 飼育された. 2 その土地本来の, 土着の.
Aluntīnus -a -um, *adj* Aluntium の.
Aluntium -ī, *n* [Gk] アルンティウム, *アルーンティオン《Sicilia 島北岸の町》.
alūta -ae, *f* [*cf.* alumen] 1 なめし皮. 2 靴. 3 付けぼくろ. 4 小袋, 財布.
alveāre -is, *n* [alveus] ミツバチの巣箱.
alveārium -ī, *n* =alveare.
alveolar -āris, °*adj*《解》肺胞の, 胞状の; 歯槽の.
alveolus -ī, *m dim* [↓] 1 盆, 水盤, 桶. 2 (さいころを用いる)遊戯盤. 3° ~ *dentalis*《解》歯槽 / ~ *pulmonus*《解》肺胞.
alveus -ī, *m* [↓] 1 空洞. 2 桶, 水盤. 3 小舟; 船倉. 4 浴槽. 5 河床. 6 ハチの巣. 7 遊戯盤.
alvus -ī, *f* 1 腹部, 胃. 2 子宮. 3 船倉. 4 ハチの巣.
Alyattēs -is, *m* [Gk] アリュアッテース《Lydia の王; Croesus の父》.
alȳpon -ī, *n* [Gk]《植》インドヤラッパ《薬用のつる植

alysson -ī, *n* [*Gk*] 【植】アカネの一種.
Alyzia -ae, *f* [*Gk*] アリュジア(-)《Acarnania の町》.
amābilis -is -e, *adj* [amo] 愛すべき, 愛らしい, 人好きのする.
amābilitās -ātis, *f* [↑] 愛すべきこと, 愛らしさ.
amābiliter *adv* [amabilis] 親切に, 優しく.
Amalthēa -ae, *f* [*Gk*] 【神話】アマルテーア, *-テイア 《(1) Juppiter に乳を与えた Creta 島のニンフまたはヤギ. (2) Epirus にあった Amalthea の聖所. (3) Cumae の Sibylla の名》.
Amalthēum, -īum -ī, *n* =Amalthea (2).
āmandātiō -ōnis, *f* [↓] 退去命令, 追放.
āmandō -āre, *tr* [ab-/mando¹] 退去させる, 遠ざける.
Amānicus -a -um, *adj* Amanus の: *Pylae Amanicae* (Curt) Amanus の山道.
Amāniēnsēs -ium, *m pl* Amanus 山脈の住民.
amans¹ -antis, *adj* (*prp*) [amo] **1** (人が)愛している, 愛情深い〈+*gen*〉: *homines amantes tui* (Cic) あなたを愛する人々. **2** (ことばなどが)愛情のこもった.
amans² -antis, *m, f* 愛する者; 恋人.
amanter *adv* [amans¹] 愛情をもって, 好意的に.
Amantia -ae, *f* [*Gk*] アマンティア(-)《Illyria の二つの町》.
Amantīnī -ōrum, *m pl* Amantia の住民.
āmanuēnsis -is, *m* [ab-/manus¹] 書記, 秘書.
Amānus -ī, *m* [*Gk*] アマーヌス, *-ノス《Cilicia と Syria の境をなす山脈》.
amāracus -ī, *m, f*, **-um** -ī, *n* [*Gk*] 【植】マヨラナ《シソ科の植物》.
amaranthāceae -ārum, °*f pl* 【植】ヒユ科.
amarantus -ī, *m* [*Gk*] 【伝説】不凋(ちょう)花. **2**【植】アマランサス, ハゲイトウ《ヒユ科の植物》.
amārē *adv* [amarus] **1** 苦く. **2** 辛辣に, 痛烈に.
amārēscō -ere, °*intr* [amarus] 苦くなる.
amāricō -āre -āvī -ātum, °*tr* [amarus] 苦くする; 怒らせる.
amāriter °*adv* [amarus] 辛辣に.
amāritiēs -ēī, *f* [amarus] 苦さ.
amāritūdō -dinis, *f* [amarus] **1** 苦さ. **2** 痛恨, 悲哀. **3** *vocis* ~ (Quint) 耳ざわりな声.
amāror -ōris, *m* [amarus] 苦さ.
amārulentus -a -um, *adj* [amarus] 非常に辛辣な.
amārum -ī, *n* [↓] **1** 苦さ. **2** 不快, 煩わしさ.
amārus -a -um, *adj* **1** 苦い, (ぶどう酒などが)辛口の; ぴりっとする. **2** (においが)刺激性の. **3** (音が)耳ざわりな. **4** 痛烈な, 辛辣な. **5** 嫌悪すべき, 不快な, 煩わしい. **6** 怒りっぽい, 気むずかしい.
amaryllidāceae -ārum, °*f pl* 【植】ヒガンバナ科.
Amaryllis -idis, *f* [*Gk*] **1** アマリュッリス《田園詩に登場する羊飼いの少女や田舎娘の名》. **2°** (a-)【植】ホンアマリリス属.
Amarynthis -idis, *f* Amarynthus の女《Diana の添え名》.
Amarynthus -ī, *f* [*Gk*] アマリュントゥス, *-トス《Euboea 島の村; Diana の神殿があった》.
Amasēnus -ī, *m* アマセーヌス《Latium の川》.

Amāsis -is [-idis], *m* [*Gk*] アマーシス, "アアフメス《エジプトの王(前 500 年頃)》.
amāsiunculus -ī, *m dim* [↓] 恋する男.
amāsius -ī, *m* [amo] 恋する男.
Amastriacus -a -um, *adj* Amastris の.
Amastriānī -ōrum, *m pl* Amastris の住民.
Amastris -is, *f* [*Gk*] アマストリス《Paphlagonia の町》.
amāta -ae, *f* [amo] 恋人《女性》.
Amāta -ae, *f* 【伝説】アマータ《Latinus の妻で Lavinia の母》.
Amathūs -untis, *f* [*Gk*] アマトゥース《Cyprus 島南岸の町; Venus に捧げられた》.
Amathūsia -ae, *f* [*Gk*] Amathus の女神 (=Venus).
Amathūsiacus -a -um, *adj* =Amathusius.
Amathūsius -a -um, *adj* Amathus の.
amātor -ōris, *m* [amo] **1** 友人, 愛する者; 崇拝者. **2** 愛人; 好色漢.
amātorculus -ī, *m dim* [↑] いとしい恋人.
amātōriē *adv* [amatorius] 愛情をこめて; 色っぽく.
amātōrium -ī, *n* [↓] 媚薬, ほれ薬.
amātōrius -a -um, *adj* [amator] 恋愛の; 好色な; 色っぽい.
amātrix -icis, *f* [amator] **1** 女友だち. **2** 愛人.
Amazōn -onis, *f* [*Gk*] 【伝説】アマゾーン《小アジアの Thermodon 河畔に住んでいたといわれる伝説上の女戦士から成る部族; 彼女らは弓を引くのに便利なように右の乳房を切っていたという》.
Amazonicus -a -um, *adj* Amazon の.
Amazonis -idis, *f* =Amazon.
Amazonius -a -um, *adj* =Amazonicus.
amb-, ambi- (弱まって am-, an- となることもある) *pref*「両側」「周り」などの意.
ambactus -ī, *m* 臣下, 家来.
ambāgēs -um, *f pl* [amb-/ago] **1** 回り道, 迷路; 曲折. **2** まわりくどさ, 冗長. **3** 口実, 言いのがれ. **4** 不分明, あいまいさ.
Ambarrī -ōrum, *m pl* アンバッリー《Arar 川の両岸にいたケルト系一部族》.
Ambarvālia -ium, °*n pl* [↓] アンバルウァーリア《Ceres の祭典》.
Ambarvālis -is -e, °*adj* [amb-/arvum] Ambarvalia の.
ambēdī *pf* ⇒ ambedo.
ambedō -ere -ēdī -ēsum, *tr* [amb-/edo¹] **1** あちこちかじる, 食い尽くす. **2** (火が)焼き尽くす; (水が)浸食する.
ambestrix -īcis, *f* [↑] 大食い女.
ambēsus -a -um, *pp* ⇒ ambedo.
Ambiānī -ōrum, *m pl* アンビアーニー《Gallia Belgica にいた一部族; 首都は Samarobriva (現 Amiens)》.
Ambibariī -ōrum, *m pl* アンビバリイー《Gallia Celtica 北西部(現 Normandie) にいた一部族》.
ambigō -ere, *intr, tr* [amb-/ago] **1** 歩きまわる. **2** 疑う, ためらう〈de re〉. **3** 論争する〈de re; cum alqo〉. **II** (*tr*) 異議を唱える, (*impers pass*)

ambigue — **amethystinus** 34

疑わしい: *de potestate ejus ambigitur* (Sen) その力について疑いがもたれる。
ambiguē *adv* [ambiguus] **1** あいまいに。 **2** 未決着[未決定]で。
ambiguitās -ātis, *f* [ambiguus] 両義性、あいまいさ。
ambiguum -ī, *n* [↓] **1** 二通りに解釈できるもの、どっちつかずのもの; あいまいな表現。 **2** *in ambiguo* (Lucr) 不確かな状態で。
ambiguus -a -um, *adj* [ambigo] **1** 動揺している、どっちつかずの、疑っている。 **2** 信頼しがたい、不確実な、あてにならない。 **3** 両義にとれる、あいまいな。 **4** 議論の余地のある; 係争中の。
ambiī *pf* =ambivi (⇒ ambio).
Ambiliātī -ōrum, *m pl* アンビリアーティー《Gallia Belgica の北部にいた一部族》。
ambiō -ire -īvī [-iī] -itum, *tr, intr* [amb-/eo²] **1** 歩きまわる、巡回する〈alqd〉。 **2** 取り巻く、囲む〈alqd re〉。 **3** (選挙のために)支持を求める道具は: *singulos ex senatu ambire* (Sall) 元老院の一人一人に支持を求めて回る。 **4** 言い寄る、懇願する、得ようと努める〈alqm〉。
Ambiorix -igis, *m* アンビオリクス《Gallia Belgica にいた Eburones 族の首領》。
ambitiō -ōnis, *f* [ambio] **1** 選挙運動、遊説。 **2** 功名心、野心。 **3** 人気取り、誇示、見え。
ambitiōsē *adv* [↓] 大望をもって、見えを張って。
ambitiōsus -a -um, *adj* [ambitio] **1** 巻きつく。 **2** 官職に就こうとする、野心的な。 **3** 人気取りの、見えっぱりの。
ambītus¹ -a -um, *pp* ⇒ ambio.
ambitus² -ūs, *m* [ambio] **1** 周転、循環; 運行、軌道。 **2** 周囲、周辺、縁(ふち)。 **3** まわりくどい表現。 **4** ~ *verborum* (Cic) 《修》完成[完全]文。 **5** 不正手段による官職獲得、贈賄。 **6** 人気取り。
Ambivarētī -ōrum, *m pl* アンビウァレーティー《Gallia Celtica にいたケルト系一部族》。
Ambivarītī -ōrum, *m pl* アンビウァリーティー《Gallia Belgica の Mosa (現 Maas) 河畔にいたケルト系一部族》。
ambīvī *pf* ⇒ ambio.
ambivium -ī, *n* [ambi-/via] 十字路、交差点。
Ambivius -ī, *m* アンビウィクス《Terentius と同時代の有名な俳優(前2世紀前半)》。
amblygōnius -a -um, *adj* [Gk] 鈍角の。
ambō¹ -ae -ō, *adj, pron* 両方の(の)。
ambō² -ōnis, °*m* [Gk] 説教壇。
ambos -ī, °*m* 《解》砧(きぬた)骨。
Ambracia -ae, *f* [Gk] アンブラキア(-)《Epirus の町; 現 Arta》。
Ambraciēnsis -is -e, *adj* Ambracia の。
Ambraciēnsēs -ium, *m pl* Ambracia の住民。
Ambraciōtēs -ae, *m* Ambracia の住民。
Ambracius -a -um, *adj* =Ambraciensis.
Ambronēs -um, *m pl* アンブロネース《ケルト系の一部族; Aquae Sextiae (現 Aix-en-Provence) で Marius に撃破された(前 102)》。
ambrosia -ae, *f* [Gk] 《神話》アンブロシア(-)《(1)神々の食物。(2)神々の軟膏》。

ambrosius -a -um, *adj* [↑] 神のような、神々しい; 不死の。
Ambrȳsus -ī, *f* [Gk] アンブリュースス、*-ソス《Phocis の町》。
ambūbāia¹ -ae, *f* [Syr.] シリア人の笛吹き遊女。
ambūbāia², **-bēia** -ae, *f* [↑] 《植》キクヂシャ。
ambulācrālis -is -e, °*adj* 歩術の。
ambulācrum -ī, *n* [ambulo] 並木道、遊歩道。 **2** 《動》(棘皮(きょくひ)動物の)歩帯。
ambulātiō -ōnis, *f* [ambulo] **1** 散歩。 **2** 散歩道、遊歩道。
ambulātiuncula -ae, *f dim* [↑] **1** ちょっとした散歩。 **2** 小さな散歩道。
ambulātor -ōris, *m* [ambulo] **1** ぶらぶら歩く者、散歩する人。 **2** 行商人。
ambulātōrium -ī, °*n* [↓] 外来患者診療所。
ambulātōrius -a -um, *adj* [↓] **1** 移動性の、可動の: *turris* ~ (Vitr) 移動攻城塔。 **2** 《法》譲渡可能な; 変更できる: *ambulatoria voluntas* (Ulp) 変更可能な遺言。 **3** 散歩に適した。
ambulō -āre -āvī -ātum, *intr* (*tr*) [amb-/*ul (cf. exul)*] **1** あちこち歩く、散歩する。 **2** 旅をする、行軍する。 **3** 進行する、流れる。 **4** 航海する、渡る〈alqd〉。
ambūrō -ere -ussī -ustum, *tr* [amb-/uro] **1** (周囲・表面を)焼く、焦がす。 **2** 損害を与える、傷つける。 **3** (寒さが)凍傷にかからせる、かじかませる。
ambussī *pf* ⇒ amburo.
ambustus -a -um, *pp* ⇒ amburo.
amellus -ī, *m* 《植》イタリアンアスター。
Āmēn °*int* [Gk<Heb.] **1** アーメン《「かくあれかし」の意》。 **2** (同意・賛成を表わす)まことに、そうだ、よろしい。
Amenānus¹ -ī, *m* [Gk] アメナーヌス、*-ノス《Sicilia 島東岸の川》。
Amenānus² -a -um, *adj* Amenanus 川の。
āmens -entis, *adj* [ab-/mens] **1** 正気でない、狂った。 **2** 愚かな。
āmentia -ae, *f* [↑] **1** 狂気、精神錯乱。 **2** 無分別、迷妄。
āmentō -āre -āvī -ātum, *tr* [↓] **1** 投擲用の紐を付ける。 **2** (紐を使って槍を)投げる。
āmentum -ī, *n* [↑] **1** 投擲用の紐。 **2** 靴紐。 **3°** 《植》尾状花序。
Ameria -ae, *f* アメリア《Umbria の町; 現 Amelia》。
amerimnon -ī, *n* [Gk] 《植》ヤネバンダイソウ。
Amerīnus -a -um, *adj* Ameria の。 **Amerīnī** -ōrum, *m pl* Ameria の住民。
Ameriola -ae, *f dim* [Ameria] アメリオラ《Sabini 族の町; ローマ人によって早くに破壊された》。
ames -mitis, *m* 鳥網を張るための棒。
Amēstratīnus -a -um, *adj* Amestratus の。
Amēstratīnī -ōrum, *m pl* Amestratus の住民。
Amēstratus -ī, *f* [Gk] アメーストラトゥス、*-トス《Sicilia 島北岸の町》。
amethystinātus -a -um, *adj* [↓] アメシスト色の服装をした。
amethystinus -a -um, *adj* [↓] **1** 紫水晶[アメシスト]色の。 **2** アメシストで飾られた。

amethystus -ī, *f* [Gk] 1 《鉱》アメシスト, 紫水晶《悪酔いを防ぐと信じられ, これで作った盃が珍重された》. 2 《植》ブドウの一種.
amfractus -ūs, *m* =anfractus².
amīca -ae, *f* [amicus²] 1 女友だち. 2 恋人, 愛人. 3 娼婦.
amicābilis -is -e, °*adj* [amicus¹] 親切な, 好意[友好]的な.
amicālis -is -e, *adj* [amicus¹] (Juppiter の呼称の一つとして) 友誼を守護する.
amicē *adv* [amicus¹] 親切に, 好意的に.
amicīmen -inis, *n* [↓] 衣服, 着物.
amiciō -īre -icuī [-ixī] -ictum, *tr* [amb-/jacio] 1 着せる, まとわせる. 2 おおう, 隠す, 包む <alqd re>.
amiciter *adv* =amice.
amicitia -ae, *f* [amicus¹] 1 友情, 親しさ. 2 友好[親善]関係; 同盟. 3 友人たち. 4 親和性.
amicitiēs -ēī, *f* =amicitia.
amictus -ūs, *m* [amicio] 1 衣服をまとうこと. 2 上着, 外套. 3 おおい, ベール.
amicuī *pf* ⇨ amicio.
amicula -ae, *f dim* [amica] 親しい女友だち; 愛人, 恋人.
amiculum -ī, *n* [amicio] 上着, 外套.
amīculus -ī, *m dim* [amicus²] 親友.
amīcus¹ -a -um, *adj* [amo] 1 好意的な, 親切な. 2 (政治的に)支持している; (国家間が)友好的な, 親善関係にある. 3 歓迎すべき, 好都合の: *nihil est mihi amicius solitudine* (Cɪᴄ) 私には孤独よりも歓迎すべきものは何もない.
amīcus² -ī, *m* 1 友人. 2 恋人. 3 支持者, 後援者, 保護者. 4 同盟者[国]. 5 廷臣, 腹心.
āmigrō -āre -āvī -ātum, *intr* [ab-/migro] 移住する, 退去する.
Amilcar -aris, *m* =Hamilcar.
Amīnaea -ae, *f* アミーナエア《ブドウ栽培で有名な Picenum の一地方》.
Amīnaeus -a -um, *adj* Aminaea の.
aminopȳrinum -ī, °*n* 《薬》アミノピリン.
Amisēnī -ōrum, *m pl* Amisus の住民.
āmīsī *pf* ⇨ amitto.
Amīsia -ae, *m* アミーシア《Germania の川; 現 Ems》.
āmissiō -ōnis, *f* [amitto] 失うこと, 損失, 喪失.
āmissus¹ -a -um, *pp* ⇨ amitto.
āmissus² -ūs, *m* 損失, 喪失.
Amīsus -ī, *f*, **-um** -ī, *n* [Gk] アミーソス, *-ソス《Pontus の町》.
amita -ae, *f* 父方の伯[叔]母: ~ *magna* (Tᴀᴄ) 祖父の姉妹 (=大伯[叔]母).
Amiternīnus -a -um, *adj* Amiternum の.
Amiternīnī -ōrum, *m pl* Amiternum の住民.
Amiternum -ī, *n* アミテルヌム《Sabini 族の町》, 史家 Sallustius の出生地》.
Amiternus -a -um, *adj* =Amiterninus.
amitīna -ae, *f* [↓] 父の姉妹または母の兄弟の娘, 従姉妹.
amitīnus -ī, *m* [amita] 父の姉妹または母の兄弟の息子, 従兄弟.

amitōsis -is, °*f* 《生物》(核の)無糸分裂.
āmittō -ere -mīsī -missum, *tr* [ab-/mitto] 1 派遣する, 行かせる. 2 放棄する, 手放す, のがす: *fidem amittere* (Nᴇᴘ) 約束を破る / *occasionem amittere* (Cɪᴄ) 機会を逃す. 3 失う, 喪失する; 死別する.
amixī *pf* =amicui (⇨ amicio).
ammentum -ī, *n* =amentum.
ammochrȳsum -ī, *m* [Gk] 宝石の一種.
Ammōn -ōnis, *m* =Hammon.
ammōnia -ae, °*f* 《化》アンモニア.
Ammōniacus -a -um, *adj* =Hammoniacus.
ammōnium -ī, °*n* 《化》アンモニウム.
amnensis, -ēsis -is -e, *adj* [amnis] 河畔にある.
amnēsia -ae, °*f* [Gk] 《病》健忘(症), 記憶喪失.
amnēstia -ae, *f* [Gk] 赦免; 大赦.
amnicola -ae, *adj m, f* [amnis/colo²] 川岸に生えている.
amniculus -ī, *m dim* [amnis] 小川.
amnion -ī, °*n* 《解》羊膜.
amniōta -ōrum, °*n pl* [↑] 《動》有羊膜類(の脊椎動物).
amnis -is, *m, f* 1 流れ, 川. 2 急流. 3 潮流. 4 水; 流水.
amō -āre -āvī -ātum, *tr, intr* 1 愛する, 好む, 気に入る. (*refl*) うぬぼれる, 自己満足する, 利己的である. 2 好んで…する, (…する)習慣である <+*inf*>. 3 (要求・誓いのことばとして) *ita me di ament* (Pʟᴀᴜᴛ) このように神々は私を愛し給え, 神の御加護を! / *amabo te* (Cɪᴄ) どうぞ, どうだ. 4 (あることについて人に)恩義を感じる, 感謝すべき立場にある <alqm de [in] re>. 5 恋している.
āmodo, ā modo °*adv* 今後, これからは.
amoeba -ae, °*f* [Gk] 《動》アメーバ.
amoebina -ōrum, °*n pl* 《動》アメーバ目(の原生動物).
amoenē *adv* [amoenus] 愉快に, 魅力的に.
amoenitās -ātis, *f* [↓] 1 (場所・建物などの)快適さ, 心地よさ: ~ *hortorum* (Cɪᴄ) 庭園の心地よさ. 2 魅力, 楽しみ: ~ *vitae* (Tᴀᴄ) 人生の楽しみ.
amoenus -a -um, *adj* [amo] 1 魅力的な, 美しい: ~ *locus* (Cɪᴄ) 気持のよい場所. 2 愉快な, 楽しい: *natalis* ~ (Pʟᴀᴜᴛ) 楽しい誕生日.
āmōlior -īrī -ītus sum, *tr dep* [ab-/molior] 1 (骨折って)取り去る: *obstantia silvarum amoliri* (Tᴀᴄ) 森の障害物を取り去る. 2 取り除く, 退ける: *dedecus amoliri* (Tᴀᴄ) 不名誉を取り除く / ~ *et amoveo nomen meum* (Lɪᴠ) 私は私の名前を退け排除する.
amōmum, -on -ī, *n* [Gk] 1 高価なバルサムのとれる低木. 2 バルサム《芳香樹脂》.
amor -ōris, *m* [amo] 1 愛, 愛情, 好意 <alcis; in [erga] alqm>: *noster in te* ~ (Cɪᴄ) あなたに対する私たちの愛. 2 愛の対象, 愛人, 恋人. *ancillae* ~ (Hoʀ) 侍女への愛. 3 情事, 色事. 4 恋愛の神 (= Cupido). 5 恋歌; 恋物語. 6 強い欲求, 渇望.
amōrābundus -a -um, *adj* [amo] 恋している, 多情な.
Amorgus, -os -ī, *f* [Gk] アモルグス, *-ゴス《エーゲ海の Sporades 諸島の一つ; 現 Morgo》.

āmōtiō -ōnis, *f* [amoveo] 1 取り除くこと: *doloris ~* (Cic) 悲しみを取り去ること。 2°《病》剝離.
āmōtus -a -um, *pp* ⇨ amoveo.
āmoveō -ēre -mōvī -mōtum, *tr* [ab-/moveo] 1 遠ざける; 取り除く, 排除する, 剝奪する〈alqd ab [ex] re〉. 2 (*refl*) 遠ざかる, 退去する, 引き下がる. 3 横領する, 盗む. 4 追放[放逐]する. 5 遠ざけておく, 局外に置く.
āmōvī *pf* ⇨ amoveo.
amphēmerinos -a -on, *adj* [Gk] 毎日起こる.
Amphiaraüs -ī, *m* 《古神》アンピアラーウス, *-オス《ギリシアの Argos の勇士・予言者; Thebae 攻め七将の一人; Alcmaeon と Amphilochus の父》.
Amphiareïadēs -ae, *m* Amphiaraus の息子 (=Alcmaeon).
Amphiareus -a -um, *adj* Amphiaraus の.
amphiarthrōsis -is, °*f* 《解》半関節.
amphiaster -eris, °*m* 《生物》《細胞核分裂における》両星, 双星状体.
amphibia -ōrum, °*n pl* 《動》両生綱.
amphibolia -ae, *f* [Gk] 両義, 曖昧.
amphibologia -ae, °*f* =amphibolia.
amphibrachys -yos, *m* [Gk] 《詩》短長短格 (⌣ ⌣).
amphicomos -ī, *m* [Gk] 宝石の一種.
Amphictyones -um, *m pl* [Gk] ギリシアのアンピクティオーネン同盟諸都市の代議員たち《最初は Thermopylae で, 後には Delphi で会議を行なった》.
amphidiscophora -ōrum, °*n pl* 《動》両盤亜綱.
Amphilochī -ōrum, *m pl* Amphilochia の住民.
Amphilochia -ae, *f* [Gk] アンピロキア(一)《Acarnania の一地域》.
Amphilochius, -lochicus -a -um, *adj* Amphilochia の.
Amphilochus -ī, *m* [Gk] 《伝説》アンピロクス, *-コス《Amphiaraus の子で予言者; Amphilochia の主要な町 Argos Amphilochium を建設した》.
amphimacros -ī, *m* [Gk] 《詩》長短長格 (—⌣—).
amphimixis -is, °*f* 《生物》両性混合.
amphineura -ōrum, °*n pl* 《動》双神経亜門《の軟体動物》.
amphinucleolus -ī, °*m* 《生》複合仁.
Amphīōn -onis, *m* [Gk] 《伝説》アンピーオーン《Juppiter と Antiopa の息子で Zethus と双生児; Niobe の夫; Zethus とともに Thebae の城壁を築くとき竪琴を弾くると, 石が自然に動いて城壁がおのずから出来た》: *arces Amphionis* (Ov) =Thebae.
Amphīonius -a -um, *adj* Amphion の.
amphipoda -ōrum, °*n pl* 《動》端脚類.
Amphipolis -is, *f* [Gk] アンピポリス, "アンフィポリス《Macedonia の Strymon 河口近くの町》.
Amphipolītānus -a -um, *adj* Amphipolis の.
Amphipolītēs -ae, *m* Amphipolis の住民.
amphiprostȳlos -ī, *m* [Gk] 前後両面に列柱廊がある神殿.
amphisbaena -ae, *f* [Gk] 1 胴の両端に頭を持つという蛇の一種. 2°《動》ミミズカゲ属.

Amphissa -ae, *f* [Gk] アンピッサ, "アンフィッサ《Locri Ozolae (⇨ Locris) の町》.
amphitheātrālis -is -e, *adj* [amphitheatrum] 円形劇場の.
amphitheātricus -a -um, *adj* =amphitheatralis.
amphitheātrum -ī, *n* [Gk] 円形劇場[競技場].
Amphitrītē -ēs, *f* [Gk] 1 《神話》アンピトリーテー《Neptunus の妻で海の女神》. 2 海.
Amphitryō(n), -truō -ōnis, *m* [Gk] 《伝説》アンピトリュオー(ン)《Thebae の王で Alcmena の夫》.
Amphitryōniadēs -ae, *m* Amphitryo の息子 (=Hercules).
amphora -ae, *f* [Gk] 1 アンフォラ《ギリシア・ローマの両取っ手付きの壺》. 2 ぶどう酒. 3 液量単位 (= 約 $27^{1}/_{4}\ l$); 船舶の積量単位 (= 約 $^{1}/_{40}\ t$).
Amphrȳsius -a -um, *adj* 1 Amphrysus の. 2 Apollo の: *Amphrysia vates* (Verg) =Sibylla.
Amphrȳsus, -os -ī, *m* [Gk] アンプリュースス, *-ソス《Phthiotis の小川; そのほとりで Apollo が Admetus の畜群を飼育した》.
Ampius -ī, *m* アンピウス《ローマ人の氏族名》.
amplē *adv* [amplus] 十分に, 壮麗に, 華やかに.
amplectī *inf* ⇨ amplector.
amplector -plectī -plexus sum, *tr dep* [amb-/plecto[1]] 1 抱きしめる, 巻きつける. 2 取り囲む; 包囲する. 3 含む; 包含する. 4 好きになる; いつくしむ, 重んずる. 5 喜んで受け入れる, 歓迎する. 6 熟考する. 7 理解する, 把握する: *quod idem interdum virtutis nomine amplectimur* (Cic) われわれがときにはまた徳の名のもとに把握しているもの. 8 (問題などを) 取り扱う, 論ずる. 9 総括する, 要約する.
amplexō -āre, *tr* =amplexor.
amplexor -ārī -ātus sum, *tr dep* [amplector] 1 抱きしめる, 抱擁する. 2 いつくしむ, 重んずる.
amplexus[1] -a -um, *pp* amplector.
amplexus[2] -ūs, *m* 巻きつけること, 抱擁: *serpentis ~* (Cic) 蛇が巻きつくこと.
ampliātiō -ōnis, *f* [amplio] 1 増大, 拡大. 2 《法》審理の延期.
ampliātor -ōris, *m* [amplio] 数をふやす[増大させる]者.
amplificātiō -ōnis, *f* [amplifico] 1 増大, 拡大. 2《修》拡充(法), 敷衍(ふえん).
amplificātor -ōris, *m* [amplifico] 拡大する[増大させる]者.
amplificē *adv* [↓] みごとに, 壮麗に.
amplificō -āre -āvī -ātum, *tr* [amplus/facio] 1 拡大する, 増大させる. 2《修》敷衍する. 3 賛美[称揚]する.
ampliō -āre -āvī -ātum, *tr* [amplius] 1 増大させる, 拡大する. 2 賛美[称揚]する. 3 審理[判決]を延期する〈alqd [alqm]〉.
ampliter *adv* =ample.
amplitūdō -dinis, *f* [amplus] 1 幅, 大きさ; 十分あること: *~ numeri* (Gell) 《文》複数. 2 高位; 威厳; 偉大: *ad summam amplitudinem pervenire*

(Cic) 最高の地位に到達する。 **3** 《修》(表現の)荘重.

amplius[1] *n (comp)* [amplus] **1** より大きなもの、より多数[大量](<+*gen*)：~ *negotii* (Cic) より多くの困難。 **2** 《法》延期された審理[判決]：~ *pronuntiare* (Cic) 審理の延期を通告する.

amplius[2] *adv comp* **1** より多く；より長く；より著しく：~ *quam septem horas* (Suet) 7 時間以上 / *triennium* ~ (Cic) 3 年以上 / ~ *horis sex* (Caes) 6 時間以上 / *non luctabor tecum* ~ (Cic) もうこれ以上あなたとは闘わない。 **2** そのほかに、さらに、そのうえに：*hoc* ~ (Plin Min) このほかに.

amplus -a -um, *adj* **1** 広々とした、広大な、広い、大きな。 **2** 多い、豊富な、たっぷりの。 **3** 激しい、強い。 **4** すばらしい、壮麗な。 **5** 地位[身分]の高い.

Ampsanctus -ī, *m* (*sc.* lacus) アンプサンクトゥス《Samnium の湖；有毒な蒸気を発することで名高く、冥府への入口の一つと考えられた》.

ampulla -ae, *f dim* [amphora] **1** アンプラ《オリーブ油・香油・ぶどう酒などを入れる瓶》。 **2** (*pl*) 誇張、大言壮語。 **3** 《解》膨大部.

ampullāceus -a -um, *adj* [↑] 瓶形の.

ampullārius -ī, *m* [ampulla] 瓶の製造職人.

ampullor -ārī -ātus sum, *intr dep* [ampulla] 大げさに言う、大言壮語する.

amputātiō -ōnis, *f* [↓] **1** 剪定、刈りこみ。 **2** 切り取られた小枝。 **3** 《医》切断(術).

amputō -āre -āvī -ātum, *tr* [amb-/puto] **1** 切り離す。 **2** (木や枝を)刈り込む、剪定する。 **3** (手足などを)切断する。 **4** きりつめる、短縮する：*amptata loqui* (Cic) まとまりのない話し方をする.

Ampycidēs -ae, *m* Ampycus の息子 (=Mopsus).

Ampycus -ī, *m* [Gk]《伝説》アンピュクス、*-コス《(1) Iapetus の息子で Ceres の神官。(2) 予言者 Mopsus の父》.

Ampyx -ycis, *m* [Gk]《伝説》アンピュクス《(1) Lapithae 族の一人。(2) Phineus の仲間の一人；Perseus によって石に変えられた》.

Amsanctus -ī, *m* =Ampsanctus.

amulētum -ī, *n* 護符、お守り、魔除け.

Amūlius -ī, *m* [Gk]《伝説》アムーリウス《Proca の息子で Alba Longa の王；兄 Numitor を王座から追い、Numitor の二人の孫 Romulus と Remus を Tiberis 川に流させた》.

amurca, -ga -ae, *f* [Gk] オリーブ油をしぼったあとに残る液体のかす.

amurcārius -a -um, *adj* [↑] amurca を入れておくための.

amūsia -ae, *f* [Gk] 粗野、下品.

amūsos -os -on, *adj* [Gk] 音楽を知らない.

amussis -is, *f* (大工・石工の)物差し：*ad amussim* (Varr) 正確に.

Amyclae -ārum, *f pl* [Gk] アミュクラエ、*-ライ《(1) Laconia の町；Tyndareus の居住地；Castor と Pollux の生地。(2) Latium の町》.

Amyclaeus -a -um, *adj* **1** Amyclae (1) の。 **2** 《詩》Sparta の、Laconia の.

Amyclānus -a -um, *adj* Amyclae (2) の.

Amyclidēs -ae, *m* 《伝説》Amyclae の創建者

Amyclas の子孫 (=Hyacinthus).

Amycus -ī, *m* [Gk]《伝説》アミュクス、*-コス《(1) Neptunus の息子で巨人；Bithynia にいた Bebryces 人の王；Pollux に殺された。(2) =Ophionides》.

amygdala -ae, *f* [Gk] **1** 《植》アーモンドの実；アーモンドの木。 **2** °《解》扁桃(腺).

amygdalinus -a -um, *adj* [↑] **1** アーモンドの、アーモンドから作られた。 **2** アーモンドの木に接ぎ木された.

amygdalītēs -ae, *m* [Gk]《植》トウダイグサ属の一種.

amygdalītis -idis, °*f* 《病》扁桃炎.

amygdalum -ī, *n* =amygdala.

amylum -ī, *n* [Gk] 澱粉(ﾃﾞﾝ)、粥(ｶﾕ).

Amȳmōnē -ēs, *f* [Gk] アミューモーネー《(1)《伝説》Danaus の 50 人の娘の一人で Palamedes の祖母。(2) Argos の泉》.

Amȳmōnius -a -um, *adj* Amymone の.

Amyntās -ae, *m* [Gk] アミュンタース《数人の Macedonia の王の名；特に ~ *III*, Philippus II の父で Alexander 大王の祖父》.

Amyntiadēs -ae, *m* Amyntas の息子 (=Philippus II).

Amyntōr -oris, *m* [Gk]《伝説》アミュントール《Thessalia にいた Dolopes 人の王；Phoenix の父》.

Amyntoridēs -ae, *m* Amyntor の息子 (=Phoenix).

amystis -idis, *f* [Gk] 酒を一気に飲みほすこと.

Amythāōn -onis, *m* [Gk]《神話》アミュターオーン《風神 Aeolus の息子で Melampus の父》.

Amythāonius -a -um, *adj* Amythaon の.

an *particle* [Gk] **1** (疑問文において選択肢を示して)…かあるいは[それとも]：*utrum hoc tantum crimen praetermittes* ~ *obicies?* (Cic) あなたはこんなに重大な罪を見のがしてしまうのか、それとも公けにするのか / *hocine agis* ~ *non* (Ter) あなたはこのことをするのかしないのか。 **2** (否定の答を予期して)あるいは、もしや：~ *id joco dixisti?* (Plaut) おまえは冗談でそう言ったとでもいうのか。 **3** (前述の疑問に対して推測される答を示して)ひょっとして：*quis homo?* ~ *gnatus meus?* (Plaut) そいつは誰だ？ ひょっとしてわしのせがれか？ **4** (間接疑問文において、=num, -ne) …(でない)かどうか：*exspectabat,* ~ *ibi Pompeius esset* (Liv) そこに Pompeius がいないかと彼は待っていた。 **5** (haud scio, nescio, dubito, dubium [incertum] est などの疑い・不確かさを表わす語句とともに用いて) おそらく…だろう：*testis non mediocris, sed haud scio* ~ *gravissimus* (Cic) 証人は平凡な者ではなく、おそらくきわめて重要な者であろう。 **6** (=sive, vel potius) あるいは、いやむしろ：*Simonides* ~ *alius quis* (Cic) Simonides か他の誰か / *paucis ante quam mortuus diebus* ~ *mensibus* (Cic) 彼が死ぬ数日か数か月前に.

anabaptismus -ī, °*m* [Gk]《キ教》アナバプティズム、再洗礼主義.

anabasis -is, *f* [Gk]《植》トクサ.

anabathrum -ī, *n* [Gk] (競技場の)高くした座席.

anacanthīnī -ōrum, °*m pl* 《魚》無棘(ﾑｷｮｸ)類.

anacardiāceae -ārum, °*f pl* 《植》ウルシ科.

Anaces -um, *m pl* [*Gk*] 【神話】(「主君たち」の意) Dioscuri (Castor と Pollux) の添え名の一つ．

Anacharsis -is, *m* [*Gk*] アナカルシス (Solon の時代に Athenae を訪れたという Scythia の哲人).

anachōrēsis -is, °*f* [*Gk*] 隠棲, 隠遁生活．

anachōrēta, -ēs -ae, °*m* [*Gk*] 隠者, 世捨て人．

anachōrēticus -a -um, °*adj* [↑] 隠者の．

Anacreōn -ontis, *m* [*Gk*] アナクレオーン (Ionia の Teos 出身の抒情詩人 (前 570?-?485); 恋と酒を歌った).

Anacreontīus, -ēus -a -um, *adj* 【詩】(韻律が) Anacreon 詩風の.

Anactes -um, *m pl* =Anaces.

Anactorium -ī, *n* [*Gk*] アナクトリウム, *-*オン (Acarnania の港町).

Anactorius -a -um, *adj* Anactorium の．

anadēma -atis, *n* [*Gk*] 髪飾り, ヘアバンド．

Anadyomenē -ēs, *adj f* [*Gk*] (「(海から)現われる」の意) Venus の呼称の一つ．

anaemia -ae, °*f* [*Gk*] 【病】貧血．

anaesthēsia -ae, °*f* [*Gk*] 1 【病】知覚麻痺; ～ *sexualis* 性慾消失, 不感症． 2 【医】麻酔法．

anaesthētica -ōrum, °*n pl* [*Gk*] 【薬】麻酔薬．

Anagnia -ae, *f* アナグニア (Latium にあった Hernici 族の首都; 現 Anagni).

Anagnīnum -ī, *n* Anagnia にあった Cicero の別荘．

Anagnīnus -a -um, *adj* Anagnia の．**Anagnīnī** -ōrum, *m pl* Anagnia の住民．

anagnōstēs -ae, *m* [*Gk*] 朗読を訓練された奴隷 (=lector).

analecta -ae, *m* [*Gk*] 食後のパンくずを集めて捨てる奴隷．

analectris, -lēptris -idis, *f* [*Gk*] 肩当て．

analgētica -ōrum, °*n pl* 【薬】鎮痛剤．

analogia -ae, *f* [*Gk*] 1 比率． 2 類似． 3 類推．

analogicus -a -um, *adj* [*Gk*] 類推の．

analogium -ī, °*n* [*Gk*] 【キ教】1 説教壇． 2 聖書台．

analysis -is, °*f* [*Gk*] 分析, 分解．

analyticus -a -um, °*adj* [*Gk*] 分析的な, 分解の．

anamniōta -ōrum, °*n pl* 【動】無羊膜類 (の脊椎動物).

anancaeum -ī, *n* [*Gk*] (一気に飲みほさねばならない) 大杯．

anapaesticus -a -um, *adj* =anapaestus[1].

anapaestum -ī, *n* [↓] 【詩】短短長格 (⏑⏑—) の詩．

anapaestus[1] -a -um, *adj* [*Gk*] 【詩】短短長格の．

anapaestus[2] -ī, *m* [詩] 短短長格．

Anaphē -ēs, *f* [*Gk*] アナペー (エーゲ海南部の, Thera 島の東の島; 現 Anaphi).

anaphora -ae, *f* [*Gk*] 1 星が昇ること． 2 °【修】首句[同一語]の反復 (=repetitio)． 3 °【修】先行語への不適切な照応．

anaphylaxia -ae, °*f* 【病】過敏症．

Anāpus -ī, -is -is, *m* [*Gk*] アナープス, *-*ポス (Sicilia 島の川; 現 Anapo).

Anartēs -um, *m pl* [*Gk*] アナルテース, *アナルトイ (Dacia の一部族).

anas[1] -atis, *f* [*Gk*] 【鳥】カモ, アヒル．

anās[2] -ātis, *f* [anus[1]] 女性の老衰[老碌 (ﾛｸ?)].

Anās -ae, *m* [*Gk*] アナース (Hispania の川; 現 Guadiana).

anastasis -is, °*f* [*Gk*] (キリストの)復活 (=resurrectio).

anastomōsis -is, °*f* 【医・生物】吻合．

anastomōticus -a -um, °*adj* [↑] 吻合の．

anastrophē -es, °*f* [*Gk*] 【修】倒置(法)．

anatāria -ae, *f* [↓] 【鳥】ワシ (鷲) の一種．

anatārius -a -um, *adj* [anas[1]] カモ[アヒル]の．

anathema -atis, °*n* [*Gk*] 1 【カト】破門． 2 呪い． 3 呪われた者, 破門された人．

anathematizō -āre -āvī -ātum, °*tr* [*Gk*] 1 破門する． 2 呪う．

anathȳmiāsis -is, *f* [*Gk*] (体内のガスが)頭にのぼること．

anaticula -ae, *f dim* [anas[1]] 1 【鳥】子ガモ． 2 (親愛を表わす語として)子ガモちゃん．

anatocismus -ī, *m* [*Gk*] 複利．

anatomia -ae, °*f* [*Gk*] 解剖; 解剖学．

anatomica -ae, °*f* [↓] =anatomia.

anatomicus[1] -a -um, °*adj* [anatomia] 解剖の．

anatomicus[2] -ī, *m* 解剖(学)者．

anatonōsis -is, °*f* 【生物】増張．

anatonus -a -um, *adj* [*Gk*] 上方に伸びた．

Anaxagorās -ae, *m* [*Gk*] アナクサゴラース (Clazomenae 出身の哲学者 (前 500?-428); Pericles や Euripides の師).

Anaxagorēa -ōrum, *n pl* Anaxagoras の学説．

Anaxarchus -ī, *m* [*Gk*] アナクサルクス, *-*コス (Abdera 出身の哲学者 (前 4 世紀後半); Democritus の弟子).

Anaximander, -drus -drī, *m* [*Gk*] アナクシマンドル, *-*ドロス (Miletus 出身の Ionia 学派の哲学者 (前 610?-?536)).

Anaximenēs -is, *m* [*Gk*] アナクシメネース (Miletus の哲学者 (前 585?-525); Anaximander の弟子).

Ancalitēs -um, *m pl* アンカリテース (Britannia の一部族).

anceps -cipitis, *adj* [amb-/caput] 1 双頭の; (山が)二つの頂上のある; (斧が)両刃の． 2 両側の, 前後の: ～ *proelium* (CAES) 同時に前後の敵を相手にする戦い． 3 両様の性質をもつ． 4 二通りに解釈できる, 曖昧な． 5 未決定の, 不確かな: ～ *fortuna belli* (CIC) 戦争の定まらぬ帰趨． 6 危険な．

Anchialos -ī, *f* [*Gk*] アンキアロス (Thracia の黒海沿岸の町).

Anchīsēs -ae, *m* [*Gk*] 【伝説】アンキーセース (Capys の子; Venus の愛を受けて Aeneas の父となった).

Anchīsēus -a -um, *adj* Anchises の．

Anchīsiadēs -ae, *m* Anchises の息子 (=Aeneas).

anchora -ae, *f* =ancora.

anchūsa -ae, *f* [*Gk*] 【植】ウシノシタグサ．

ancīle -is, *n* 1 【伝説】聖なる盾 (ローマ第 2 代の王 Numa の時代に天から降下したといい, それにローマの安

全がかかっていると信じられた》. **2** (一般に)盾.
ancilla -ae, *f dim* [ancula] 女中, 女奴隷.
ancillāriolus -ī, *m dim* [↑] 女奴隷を追いかけ回す男.
ancillāris -is -e, *adj* [ancilla] 女中[女奴隷]の.
ancillor -ārī -ātus sum, *intr dep* [ancilla] **1** 女中として仕える. **2** (一般に)仕える.
ancillula -ae, *f dim* [ancilla] 奴隷の少女, 小間使.
ancīsus -a -um, *adj* [amb-/caedo] 輪切りにされた.
Ancōna -ae, **Ancōn** -ōnis, *f* [*Gk*] アンコーナ《アドリア海沿岸の Picenum の町; 現 Ancona; その名は「ひじ」の意》.
Ancōnitānus -ī, *m* Ancona の住民.
ancora -ae, *f* [*Gk*] **1** 錨: *ad ancoram* [*in ancoris*] (Caes) 停泊して / *ancoram jacere* [*ponere*] (Caes [Liv]) 投錨[停泊]する / *ancoram tollere* [*solvere*] (Caes [Cic]) 抜錨[出帆]する. **2** 支え, 避難所.
ancorāle -is, *n* [↓] 錨索(びょうさく).
ancorālis -is -e, *adj* [ancora] 錨の.
ancorārius -a -um, *adj* [ancora] 錨の.
anctus -a -um, *pp* < ango.
ancula -ae, *f* [↓] 侍女.
anculus -ī, *m* [*cf. Gk* ἀμφίπολος] しもべ, 従者.
ancus -a -um, *adj* [*cf.* uncus] 曲がった[伸ばせない]腕を持つ.
Ancus -ī, *m* アンクス (⇨ Marcius¹).
Ancӯra -ae, *f* [*Gk*] アンキューラ《Galatia の町; 現 Ankara》.
andabata -ae, *m* 目隠しの兜をかぶった剣闘士.
Andania -ae, *f* [*Gk*] アンダニア(ー)《Messenia 北部の町》.
Andecāvī -ōrum, *m pl* アンデカーウィー《Gallia Celtica の現 Anjou 地方にいた一部族》.
Andēs¹ -ium, *m pl* =Andecavi.
Andēs² -ium, *f pl* アンデース《Mantua 付近の村; 詩人 Vergilius の生地》.
Andocidēs -is [-ī], *m* [*Gk*] アンドキデース《Athenae の弁論家・政治家(前 440?-?390)》.
Andraemōn -onis, *m* [*Gk*] 《伝説》アンドラエモーン, *-ライ《(1) Dryope の夫. (2) Gorge の夫で Calydon の王》.
Andria -ae, *f* 「Andros 島の女」《Terentius の喜劇の題名》.
Andrius -a -um, *adj* Andros 島の. **Andriī** -ōrum, *m pl* Andros 島の住民.
Androclus -ī, *m* 《伝説》アンドロクルス, *-クレース《ローマの奴隷; 競技場で闘わせられた相手が以前にとげを抜いてやったライオンだったため襲われなかった》.
androconium -ī, *m* 《昆》発香鱗《鱗翅類の雄の羽根にある》.
androecium -ī, *n* 《植》オシベ(雄蕊)群.
androgenesis -is, *f* 《植》雄性発生.
Androgeōnēus -a -um, *adj* Androgeos の.
Androgeōs -ō, **-geōn** -ōnis, **-geus** -ī, *m* [*Gk*] 《伝説》アンドロゲオース《Creta 島の王 Minos と Pasiphae の子; Minos は彼の死の代償として Athenae 人に毎年 7 人の少女と 7 人の少年を Minotau-

ancilla — ango

rus の餌食に捧げさせた》.
androgynus -ī, *m* [*Gk*] 男女両性の具有者, ふたなり.
Andromacha -ae, **-machē** -ēs, *f* [*Gk*] 《伝説》アンドロマカ, *-マケー《Mysia の Thebae の王 Eetion の娘; Hector の貞節な妻で Astyanax の母》.
Andromeda -ae, **-medē** -ēs, *f* [*Gk*] 《伝説》アンドロメダ, *-メデー《Aethiopia の王 Cepheus と Cassiope の娘; 母の不敬の罰として海の怪物の餌食にされかかったが, Perseus に救われてその妻となった》.
andrōn -ōnis, *m* [*Gk*] **1** 《ギリシアの家屋の》男子部屋. **2** 廊下.
Andronīcus -ī, *m* アンドロニークス《ローマ人の家名; 特に *L. Livius ～*, ローマ最初の劇・叙事詩人(前 3 世紀中葉)》.
Andros, -us -ī, *f* [*Gk*] アンドロス《Cyclades 諸島最北の島; 現 Andro》.
ānellus -ī, *m dim* [anulus] 小さな輪; (特に)指輪.
anēmia -ae, *°f* =anaemia.
anemōnē -ēs, *f* [*Gk*] 《植》アネモネ.
Anemūriensis -is -e, *adj* Anemurium の.
Anemūrium -ī, *n* [*Gk*] アネムーリウム, *-オン《Cilicia の最南端の岬》.
aneō -ēre, *intr* [anus¹] 老女のように震える; 老衰している.
anēsthesia -ae, *°f* =anaesthesia.
anēsum, anīsum -ī, *n* [*Gk*] 《植》アニス(セリ科).
anēt(h)um -ī, *n* [*Gk*] 《植》イノンド(セリ科).
aneurismus -ī, *m* [*Gk*] 《病》動脈瘤.
aneurysma -atis, *°n* =aneurismus.
anfractuōsus -a -um, *°adj* [↓] まわりくどい, 迂遠な.
anfractus¹ -a -um, *adj* [amb-/frango] 曲がりくねった, 屈曲した.
anfractus² -ūs, *m* **1** 屈曲, 湾曲. **2** 《天体の》公転; 循環. **3** 《川・谷・道などの》くねくねと曲がっていること; 回り道. **4** まわりくどい言い方; 《法律の》複雑さ.
angaria -ae, *°f* [*Gk*] 飛脚の使役を強制すること.
angariō -āre, *°tr* [*Gk*] 強制奉公させる.
angarius -ī, *m* 伝令, 急使.
Angeia -ae, *f* アンゲイア《Thessalia の町》.
angelicus -a -um, *°adj* [angelus] **1** 使者の. **2** *angelicum metrum* (Diom) 《詩》長短短格. **3** 天使の.
angellus -ī, *m* [angulus] 小さな鉤.
angelus -ī, *°m* [*Gk*] **1** 使者. **2** 天使.
angina -ae, *f* [ango] 《病》扁桃炎, 口峡炎.
angiologia -ae, *°f* 《医》脈管学.
angiospermae -ārum, *°f pl* 《植》被子植物.
angiostomum -ī, *°n* 《植》アンギオストーマ.
angiportum -ī, *n*, **-portus** -ūs, *m* [ango/porta] 狭い道, 小道.
Angitia -ae, *f* 《伝説》アンギティア《Medea と Circe の姉妹; Marsi 人が女神としてあがめた》.
angītis -idis, *°f* 《病》脈管炎.
Angliī -ōrum, *m pl* アングリー, "アングル族《現 Jutland 半島にいた Suebi 族の一派》.
angō -ere anxī anctum, *tr* [*Gk*] **1** きつく締めつける. **2** のどを締めつける, 窒息させる. **3** 苦痛を与え

る，悩ます〈abs; alqm; alcis animum〉．　4　(pass)　圧迫を感ずる；苦悩する〈re; de re; +acc c. inf; quod〉．
angor -ōris, m [↑] **1** のどが詰まること，窒息．　**2** 不安，苦悩．
Angrivariī -ōrum, m pl アングリウァリイー《Visurgis (現 Weser) 河畔にいたゲルマン系一部族》．
anguicomus -a -um, adj [anguis/coma]《詩》(Gorgo と Furiae の添え名として) 蛇の髪をした．
anguiculus -ī, m dim [anguis] 小さなヘビ．
anguifer -fera -ferum, adj [anguis/fero]《詩》**1** 蛇を持っている．　**2** 蛇の出没する．
Anguifer -ferī, m《天》蛇遣(つかい)座 (=Anguitenens)．
anguigena -ae, m [anguis/gigno]《詩》(Thebae 人の添え名として) 蛇から生まれた者．
anguilla -ae, f dim [anguis]《魚》ウナギ．
anguimanus -a -um, adj [anguis/manus¹]《詩》(象の添え名として) 蛇の手をした．
anguineus -a -um, adj [anguis] 蛇の，蛇のような．
anguīnus -a -um, adj [anguis] 蛇の，蛇のような．
anguipēs -pedis, adj [↓/pes]《詩》蛇の足をした．
anguis -is, m, f **1**《動》ヘビ(蛇)．　**2** (A-)《天》(a) 竜(りゅう)座．(b) 蛇座．(c) 海蛇座．
Anguitenens -entis, m [↑/teneo]《天》蛇遣星座．
angulāris -is -e, adj [angulus] **1** 角(かど)にある，隅にある．　**2** かどのある，角張った．
angulārius -a -um, adj [angulus] 隅にある．
angulātim adv [↓] 隅から隅まで，くまなく．
angulātus -a -um, adj [↓] かどのある．
angulus -ī, m [cf. ancus] **1** 角(かど)，隅．　**2**《数》角(かく)，角度: rectus ～ (Sen) 直角．　**3** 湾，入江．　**4** 辺鄙な場所；隠れ場．
angustē adv [angustus] **1** 狭く，窮屈に．　**2** わずかに，乏しく．　**3** 狭い範囲で，狭義に．　**4** 簡潔に．
angustiae -ārum, f pl [angustus] **1** 狭いこと；狭い場所；海峡，地峡；隘路．　**2** (時間の) 短いこと．　**3** ことばの短いこと，簡潔さ．　**4** 貧困，欠乏〈alcis rei〉．　**5** 窮境；困難．　**6** 狭量，偏狭．
angusticlāvius -a -um, adj [angustus/clavus] (騎士身分の tribunus militum の標章として) 狭い紫色の縁取りのある tunica を着た．
angustiō -āre -āvī -ātum, °tr [angustus] 苦しめる，悩ます．
angustitās -ātis, f [angustus] 狭さ．
angustō -āre -āvī -ātum, tr [angustus] **1** 狭くする，窮屈にする．　**2** 減少させる，制限する: angustanda sunt patrimonia (Sen) 財産を減らさなければならない．
angustum -ī, n [↓] **1** 狭さ，狭い空間．　**2** 窮境，苦境．
angustus -a -um, adj [ango] **1** 狭い，窮屈な．　**2** (時間が) 限られた，短い．　**3** (ことばが) 簡潔な．　**4** 乏しい，貧弱な．　**5** 困難な，深刻な．　**6** こせこせした，狭量な．
anhēlātiō -ōnis, f [anhelo] あえぎ，息切れ．
anhēlitus -ūs, m [↓] **1** あえぎ，息切れ．　**2** 息，呼吸．　**3** 蒸気；発散．
anhēlō -āre -āvī -ātum, intr, tr [halo] **1** 息切れする，あえぐ．　**2**《火が》ごうごう鳴る；《海が》波立つ．　**3** (息・言葉などを) 吐き出す: anhelati ignes (Ov) 吐き出された火(=火のような息)．　**4** 熱望[渇望]する．
anhēlus -a -um, adj [↑] **1** あえいでいる，息切れした．　**2** 息切れさせる: cursus ～ (Ov) 息をはずませる道．
aniātrologētus -a -um, adj [Gk] 医学に知らない．
anīcētum -ī, n《植》ウイキョウ．
anīcetus -a -um, adj [Gk]《碑》征服されない，不敗の．
Anīcētus -ī, m [Gk] アニーケートゥス，*-トス《Nero 帝の解放奴隷》．
Aniciānus -a -um, adj Anicius の．
anicilla -ae, f dim [anicula] (小さな) 老婆．
Anicius -ī, m アニキウス《ローマ人の氏族名》．
anicula -ae, f dim [anus¹] 老婆．
Aniensis -is -e, adj Anio の．
Aniēnus -a -um, adj Anio の．
Anigrus, -os -ī, m [Gk] アニグルス，*-ロス《Elis の小川》．
anilīnum -ī, °n《化》アニリン《染料・合成樹脂原料》．
anīlis -is -e, adj [anus¹] 老婆の，老婆のような．
anīlitās -ātis, f [↑]《女性の》高齢，老年．
anīliter adv [anilis] 老婆のように．
anima -ae, f [cf. animus] **1** 微風，そよ風；風．　**2** (四大の一つとしての) 気．　**3** 息，呼吸: animam ducere (Cic) 息をする．　**4** 活力，生命力: animam edere (Cic) / animam agere (Cic) 死に瀕している．　**5** (=animus) 精神，心．　**7** 命のあるもの，生き物．　**8** (親愛を表わす語として，通例 voc で): mea carissimae animae (Cic) 私の最愛の者たちよ．
animadversiō -ōnis, f [animadverto] **1** 注意，注目．　**2** 認識，観察．　**3** 非難，譴責: animadversionem effugere (Cic) 非難を免れる．　**4** 処罰，懲罰〈alcis; in alqm〉: ～ censorum (Cic) 監察官による処罰 / ～ vitiorum (Cic) 悪を罰すること．
animadversor -ōris, m [animadverto] 観察者．
animadversus -a -um, pp ⇨ animadverto．
animadvertī pf ⇨ animadverto．
animadvertō, animum advertō -ere -vertī -versum, tr, intr **1** 注意を向ける，注目する〈abs; alqm [alqd]; +間接疑問〉; ut, ne〉．　**2** 気づく，観察する〈+acc c. inf〉．　**3** とがめる，非難する〈alqd; in alqm〉．　**4** 罰する〈alqd〉; 処刑する〈in alqm〉．
animadvortō -ere, tr, intr =animadverto．
animal -ālis, n [anima] **1** (人間をも含めて) 生き物，生物．　**2** (人間以外の) 動物；ひとでなし，人非人．
animālis¹ -is -e, adj [anima] **1** (四大の一つとしての) 気の．　**2** 生きている，命のある．　**3** 生命を支える，活力を与える．
animālis² -is, f (m) 生き物，動物．
animans¹ -antis, adj (prp) [animo] 生きている．
animans² -antis, m, f, n **1** (f) 動物；(m) 人間．　**2** (n) (人間以外の) 生き物．　**3** (n) (植物をも含めて) 生命体．

animātiō -ōnis, *f* [animo] **1**° 生命を与えること。 **2** 生き物。

animātus[1] -a -um, *adj* (*pp*) [animo] **1** 生きている、命のある。 **2** (...の)傾向がある、(...の)考えをもった: *male ~ erga principem exercitus* (Suet) 皇帝に不満を抱いている軍隊。 **3** 勇気のある、大胆な。

animātus[2] -ūs, *m* 呼吸、息: *animatu carere* (Plin) 呼吸をしていない。

animō -āre -āvī -ātum, *tr* [anima, animus] **1** 生命を与える；(無生物を生物に)変える；生き返らせる: *guttas animavit in angues* (Ov) (大地に)しずくをヘビに変えた。 **2** ある気質[考え]を与える[吹き込む] 〈*alqm*〉: *pueros orientes animari atque formari* (Cic) 子どもたちは誕生時に(天体の運行が規定する)一定の気質を与えられる。 **3** 勇気づける、鼓舞する。

animōsē *adv* [animosus] **1** 勇敢に。 **2** 熱心に。

animōsitās -ātis, °*f* [↓] **1** 勇気。 **2** 激しさ；怒り、激情。

animōsus -a -um, *adj* [anima, animus] **1** (風・波・火などが)猛り狂う、激烈な。 **2** 勇敢な。 **3** 気性の激しい、短気な。 **4** 誇る〈+*abl*〉: *~ spoliis* (Ov) 戦利品を誇っている。

animula -ae, *f dim* [anima] 小さい魂[生命]。

animulus -ī, *m dim* [↓] (親愛を表す語として *voc* のみ): *mi animule* (Plaut) いとしいわが心よ。

animus -ī, *m* (*loc* animi) [anima] **1** (corpus 肉体に対する)精神: *credo deos immortales sparsisse animos in corpora humana* (Cic) 不死の神々が人間の肉体に精神をばらまいたのだと私は信ずる。 **2** 心: *ex animo* (Ter) 心から。 **3** 性質、気質。 **4** (しばしば *pl*) 勇気、大胆。 **5** 高慢、尊大。 **6** 意志: *habeo in animo* 〈+*inf*〉 (Cic) 私は...しようと決心している。 **7** 思考力、知性: *cogito cum meo animo* (Plaut) 私は自分の頭の中で考えている。 **8** 判断: *meo animo* (Plaut) 私の考えでは。 **9** 記憶。 **10** 意識: *linqui animo* (Suet) 気を失う。

Aniō -ōnis, **Aniēn** -ēnis, *m* アニオー《Tiberis 川の支流の一つ; 現 Aniene》。

Anius -ī, *m* 〘伝説〙アニウス《Delos 島の王で Apollo の神官；Aeneas を厚遇した》。

Anna -ae, *f* アンナ《(1) 〘神話〙 ~ Perenna [Peranna] とも呼ばれる；年のめぐりなる女神で3月15日に祭礼が行なわれた；Ovidius は (2) と同一視している。 (2) 〘伝説〙Carthago の女王 Dido の妹》。

Annaeus -ī, *m* アンナエウス《ローマ人の氏族名； Seneca, Lucanus》。

annālēs -ium, *m pl* [↓] **1** 年代記 (*sg* annalis は年代記中の1巻)。 **2** 歴史；記録、物語。

annālis -is -e, *adj* [annus] **1** 1年の。 **2** 年に関する: *lex ~* (Cic) 公職就任資格年齢に関する法律。

annāta -ae, °*f* [annus] 〘カト〙聖職禄取得納金《聖職禄を得た者が初年度に教皇庁に納めるべき収入税》。

annatō -āre, *intr* [ad-/nato] **1** 泳いで来る〈ad alqd; alci rei〉。 **2** 並んで泳ぐ〈+*dat*〉。

annāvigō -āre, *intr* [ad-/navigo] 航行して来る、来航する。

anne *particle* =an 4.

annectō -ere -nexuī -nexum, *tr* [ad-/necto] **1** 結びつける、つなぐ〈alqd ad alqd; alci rei〉: *stomachus ad linguam annectitur* (pass) (Cic) 食道が舌とつながっている。 **2** 関係させる、関連づける〈alqd alci rei〉: ⇨ adjungo 7.

annelida -ōrum, °*n pl* [anus[2]] 〘動〙環形動物門。

annexuī *pf* ⇨ annecto.

annexus[1] -a -um, *pp* ⇨ annecto.

annexus[2] -ūs, *m* 結合、結びつき: *Cremona annexu conubiisque gentium adolevit floruitque* (Tac) Cremona は諸部族の連合と通婚によって成長し繁栄した。

Anniānus[1] -a -um, *adj* Annius の。

Anniānus[2] -ī, *m* アンニアーヌス《2世紀のローマの詩人》。

Annibal -is, *m* =Hannibal.

Anniceris -is, °*m* [*Gk*] アンニケリス《Cyrene 学派の哲学者(前4世紀)》。

Annicerīus -a -um, *adj* Anniceris の。 **Annicerii** -ōrum, *m pl* Anniceris の説く哲学の信奉者たち。

anniculus -a -um, *adj* [annus] 1年の；1歳の。

annihilātiō -ōnis, °*f* [↓] **1** 絶滅。 **2** 軽視。

annihilō -āre, °*tr* [ad-/nihilum[1]] **1** 絶滅させる。 **2** 軽視する。

annīsus[1] -a -um, *pp* ⇨ annitor.

annīsus[2] -ūs, °*m* 努力。

annītī *inf* ⇨ annitor.

annītor -tī -nīsus [-nixus] sum, *intr* (*tr*) *dep* [ad-/nitor[2]] **1** (...に)よりかかる、(...によって)身を支える〈ad alqd; alci rei〉。 **2** 努力する、骨折る〈de re; pro alqo; ut, ne; +*inf*〉。

Annius -ī, *m* アンニウス《ローマ人の氏族名；特に *T. ~ Milo* ⇨ Milo》。

anniversāria -ōrum, *n pl* [↓] (年に1度の)記念日。

anniversārius -a -um, *adj* [annus/verto] 毎年の、例年の。

annixus -a -um, *pp* =annisus[1] (⇨ annitor).

annō -āre, *intr* (*tr*) [ad-/no] **1** (...の方へ)泳ぐ、泳いで近づく〈abs; ad alqd; alci rei; alqd〉。 **2** 来航する。 **3** 並んで[いっしょに]泳ぐ〈+*dat*〉。

Annō -ōnis, *m* =Hanno.

annōdō -āre -āvī -ātum, *tr* [ad-/nodo] (木の)結節を切り取る。

annōn, an nōn *particle* それとも...(で)ないか (*cf.* an).

annōna -ae, *f* [annus] **1** (穀物などの)年間収穫[産出]高。 **2** 農産物、穀物；食料。 **3** 穀物[糧食]の価格、相場。 **4** 物価高、物価騰貴。

annōnārius -a -um, *adj* [↑] 糧食の；穀物支給の。

annōsus -a -um, *adj* [annus] 年老いた；古い。

annotātiō -ōnis, *f* [annoto] **1** 覚え書き、所見: *a te librum meum cum annotationibus tuis exspecto* (Plin Min) 私の著書があなたのところからあなたの所見を付されて戻るのを待つ。 **2** 注、注釈。

annotātor -ōris, *m* [annoto] 所見を述べる人。

annotinus -a -um, *adj* [annus] **1** 1年を経た；前年[昨年]の。

annotō -āre -āvī -ātum, *tr* [ad-/noto] **1** 書き留め

る〈alqd; alqd de re; +*acc c. inf*〉. **2** 注釈を付ける,注を入れる. **3** 気づく,知覚する〈alqd; +*acc c. inf*〉.
annua -ōrum, *n pl* [annuus] 年俸; 年金.
annuālis -is -e, °*adj* [annus] 1年(間)の; 1歳の; 毎年の.
annuātim °*adv* [annus] 毎年.
annuī *pf* ⇨ annuo.
annulāta -ōrum, °*n pl* 〖動〗環形動物門.
annullō -āre, °*tr* [ad-/nullus] 絶滅させる, 無効にする.
annumerō -āre -āvī -ātum, *tr* [ad-/numero¹] **1** 計算[勘定]して渡す, 支払う. **2** 数に入れる, 算入[加算]する〈alqd+*dat*; alqd in re〉: *his duobus annumerabatur nemo tertius* (Cɪᴄ) これら二人に誰も第3位の者として加えられなかった / *in grege annumeror* (Cɪᴄ) 私は群衆の一人に数えられる.
annuntiātiō -ōnis, °*f* [annuntio] 告知; 〖キ教〗(聖母マリアへの)受胎告知.
annuntiātor -ōris, °*m* [↑] 告知者.
annuntiō -āre -āvī -ātum, *tr* [ad-/nuntio] 告知する, 報告する〈alqd; +*acc c. inf*; +間接疑問〉.
annuō -ere -nuī -nūtum, *intr*, *tr* [ad-/*nuo (cf.* nuto)] **1** うなずいて合図をする〈alci〉. **2** 同意してうなずく,賛意を表する〈+*dat*; +*inf*; +*acc c. inf*〉. **3** 承諾する; 約束する〈alqd; alci alqd; +*inf*〉. **4** 合図して指し示す: *quos iste annuerat* (Cɪᴄ) 彼があらかじめ合図して選んでおいた男たちる.
annus -ī, *m* 1年: *anno* (a) (Pʟᴀᴜᴛ) 昨年; (b) (Lɪᴠ) まる1年; (c) (Cɪᴄ) 毎年 / *annum* (Lɪᴠ) 1年中 / *ad annum* (Cɪᴄ) 来年 / *in annum* (a) (Lɪᴠ) 1年間; (b) (Vᴀʀʀ) 来年 / *per annos* (Tᴀᴄ) 毎年. **2** 〖詩〗季節. **3** (1年の)収穫,実り. **4** 〖詩〗人生の一時期. **5** (公職就任資格の)年齢; (公職の任期の)1年. **6** 〖天〗 *magnus* — (Cɪᴄ)「大年」(いくつかの天体が同時に最初の位置に戻るまでの全期間).
annūtō -āre, *intr freq* [ad-/nuto] うなずく,うなずいて合図をする.
annūtus -a -um, *pp* ⇨ annuo.
annuus -a -um, *adj* [annus] **1** 1年(間)の. **2** 毎年の,例年の (=anniversarius).
ānococcygeus -a -um, °*adj* 〖解〗肛門尾骨の.
anōdynum -ī, *n* [↓] 鎮痛剤.
anōdynus -a -um, *adj* [Gk] 鎮痛の.
anoestrus -ī, °*m* 〖動〗発情休止[無発情]期.
anōmalia -ae, *f* [Gk] 〖文〗不規則,変則.
anomūra -ōrum, °*n pl* 〖動〗異尾類.
anōnymus -a -um, °*adj* [Gk] 無名の,匿名の.
anorectus -a -um, °*adj* [Gk] 食欲のない.
anorexia -ae, °*f* [Gk] 〖医〗食欲不振.
anquīrō -ere -quīsīvī -quīsītum, *tr* [amb-/quaero] **1** 捜し求める,捜しまわる〈alqd [alqm]〉. **2** 調査する,研究する〈alqd; de re; +間接疑問〉. **3** 〖司法上の〗取調べをする〈de re〉. **4** 起訴する〈+求刑内容を表わす *abl* [*gen*]〉: *capite anquisitus* (Lɪᴠ) 死罪に値するとして訴えられた.
anquīsītiō -ōnis, *f* [↑] 〖法〗起訴.
anquīsītus -a -um, *pp* ⇨ anquiro.
anquīsīvī *pf* ⇨ anquiro.
ansa -ae, *f* 取っ手,柄; 取りかかりになるもの. **2** 手がかり,きっかけ,機会〈alcis rei; ad alqd〉. **3** 〖解〗ワナ,係蹄: ~ *cervicalis* 頸神経ワナ / ~ *peduncularis* 脚ワナ.
ansārium -iī, *n* [↑] 〖碑〗(ローマへの)輸入食品に対する税.
ansātus -a -um, *adj* [ansa] 取っ手[柄]の付いた.
anser -eris, *m*, *f* 〖鳥〗ガチョウ(鵞鳥).
Anser -eris, *m* アンセル (Vergilius と同時代の詩人).
anseriformēs -ium, °*m pl* 〖鳥〗カモ目.
anserīnus -a -um, °*adj* [anser] ガチョウの.
Antaeus -ī, *m* [Gk] 〖神話〗アンタエウス, *-タイオス (海神 Neptunus と大地の女神 Terra の間に生まれた Libya の巨人; Hercules に殺された).
Antandrius -a -um, *adj* Antandros の.
Antandros, -us -ī, *f* [Gk] アンタンドロス (Ida 山麓の Troas の港町).
ante *adv*, *prep* **I** (*adv*) **1** (空間的)前に; 前方へ. **2** (時間的)前に,以前に. **II** (*prep*) 〈+*acc*〉 **1** (空間的)…の前方へ; …の前で. **2** (時間的)…より前に: ~ *tempus* (Lɪᴠ) 早すぎて,定刻より前に / ~ *lucem* (Cɪᴄ) 夜明け前に. **3** (順位など)…より先んじて; …にまさって: ~ *alqm esse* (Lɪᴠ) 人にまさる / *omnes* [*alios*] (Vᴇʀɢ) 何人よりも先に / ~ *omnia* (Vᴇʀɢ) すべての物に先んじて,まず第一に.
ante- *pref* [↑] 意味は ante を参照.
anteā *adv* [ante/ea (is *n f sg abl*)] それより前に,以前に: ~ *quam* =antequam.
anteacta -ōrum, *n pl* [↓] 過去の行為.
anteactus -a -um, *adj* [ante-/ago] 過去の.
anteambulō -ōnis, *m* [ante-/ambulo] 主人の外出時に先導する奴隷,先触れ,露払い.
antebrachium -iī, °*n* 〖解〗前腕.
Antecanem *indecl m* 〖天〗小犬座のα星 (=Procyon).
antecapere *inf* ⇨ antecapio.
antecapiō -pere -cēpī -ceptum, *tr* [ante-/capio¹] **1** 先取する. **2** 出し抜く,機先を制する. **3** …の前に行動する: *noctem antecapere* (Sᴀʟʟ) 夜を待たずに行動に出る. **4** 〖哲〗生得的観念を持つ.
antecēdens¹ -entis, *adj* (*prp*) [antecedo] 先行する; 以前の; 上述の.
antecēdens² -entis, *n* (通例 *pl*) 〖論〗前件.
antecēdō -ere -cessī -cessum, *intr*, *tr* [ante-/cedo²] **1** (空間的に)前に行く,先導する〈*abs*; +*acc* [*dat*]〉: *equites qui agmen antecesserunt* (Cᴀᴇs) 行軍縦隊の先頭にいた騎兵隊. **2** (時間的に)先行する〈+*dat*〉. **3** …にまさる,すぐれている〈*abs*; +*dat* [*acc*]; (in) re〉: *nemo eum in amicitia antecessit* (Nᴇᴘ) 友情においては彼にまさる者は誰もいなかった.
antecellō -ere, *intr*, *tr* [ante-/*cello (cf. celsus)] すぐれている,まさる〈+*dat* [*acc*]; (in) re; ad alqd〉.
antecēpī *pf* ⇨ antecapio.
anteceptus -a -um, *pp* ⇨ antecapio.
antecessī *pf* ⇨ antecedo.
antecessiō -ōnis, *f* [antecedo] **1** 先行. **2** 先行するもの, (*pl*) 〖論〗前件.
antecessor -ōris, *m* [antecedo] **1** 〖軍〗前衛,斥

候. **2** 前任者.
antecessus -a -um, *pp* ⇨ antecedo.
antecursor -ōris, *m* [ante-/curro] (*pl*)〚軍〛前衛, 先兵.
anteeō -īre -iī [-īvī] -itum, *tr*, *intr* [ante-/eo²] **1** (空間的に)前を[に]行く〈*abs*; +*dat* [*acc*]〉. **2** (時間的に)先行する〈*abs*; +*acc*〉. **3** まさる, すぐれている〈*abs*; +*acc* [*dat*]; re〉. **4** 先手を打つ〈*alqd*〉: *damnationem anteiit* (Tac) 罪の宣告に先手を打った.
anteferō -ferre -tulī -lātum, *tr* [ante-/fero] **1** …の前に運ぶ, …に先んじて置く〈*alqd*〉. **2** 優先させる〈*alqd*; *alqd alci rei*; *alqm alci*〉. **3** 先取りする: *consilio anteferre* (Cic) 前もってよく考える.
anteferre *inf* ⇨ antefero.
antefixa -ōrum, *n pl* [↓]〚建〛アンテフィクサ《瓦の端(に)飾り》.
antefixus -a -um, *adj* [ante-/figo] 前部に付けられた.
antegenitālis -is -e, *adj* [ante-/genitalis] 生まれる以前の.
antegeriō *adv* [ante-/gero] 大いに, 非常に.
antegredī *inf* ⇨ antegredior.
antegredior -gredī -gressus sum, *tr dep* [ante-/gradior] (時間的・空間的に)先行する.
antegressus -a -um, *pp* ⇨ antegredior.
antehabeō -ēre -uī, *tr* [ante-/habeo] (…のほうを)選ぶ, (…をむしろ)好む〈+*dat*〉: *incredibilia veris antehabere* (Tac) 真実よりも信じ難いことの方を選ぶ.
antehāc *adv* [ante-/hac(<hic)] これまで, 以前, かつて.
anteiī *pf* ⇨ anteeo.
anteīre *inf* ⇨ anteeo.
Antēius -ī, *m* アンテイユス《ローマ人の氏族名》.
anteīvī *pf* =anteii (⇨ anteeo).
antelātus -a -um, *pp* ⇨ antefero.
antelogium -ī, *n* 序言, 前口上.
antelūcānum -ī, °*n* [↓] 夜明け前.
antelūcānus -a -um, *adj* [ante-/lux] 夜明け前の.
antelūciō *adv* [ante-/lux] 夜明け前に.
antemerīdiānus -a -um, *adj* [ante-/meridianus] 昼前の, 午前の.
antemittō -ere, *tr* [ante-/mitto] 先に送る, 先発させる.
antemna -ae, *f* =antenna.
Antemnae -ārum, *f pl*, **Antemna** -ae, *f* アンテムナエ《Latium にあった Sabini 族の町; Anio 川と Tiberis 川の合流点に位置した》.
Antemnās -ātis, *adj* Antemnae の. **Antemnātēs** -ium, *m pl* Antemnae の住民.
antemūrāle -is, °*n* [ante-/murus] 城壁, 外塁.
antenna -ae, *f* **1**〚海〛帆桁. **2**°〚動〛触角.
Antēnōr -oris, *m* [*Gk*]〚神話〛アンテーノール《Troja の老将; Troja の陥落後 Italia へ落ちのびて, Patavium (現 Padua) を創建したという》.
Antēnoreus -a -um, *adj* Antenor の; Patavium の.
Antēnoridēs -ae, *m* Antenor の子孫; Patavium の住民.

anteoccupātiō -ōnis, *f* [ante-/occupatio]〚修〛予弁法《予期される反論に先手を打つこと》.
antepaenultimus -a -um, °*adj* [ante-/paenultimus]〚文〛末尾から3番目の音節の.
antepagmentum -ī, *n* [ante-/pango] 家屋の外装(工事).
antepēs -edis, *m* [ante-/pes]〚詩〛前足.
antepīlānī -ōrum, *m pl* [ante-/pilanus] (ローマ軍で)第三戦列兵 (pilani または triarii) の前に配備された兵 (=hastati と principes).
antepolleō -ēre, *intr* [ante-/polleo] すぐれている, まさる〈+*dat* [*acc*]〉.
antepōnō -ere -posuī -positum, *tr* [ante-/pono] **1** (時間的・空間的に)前に置く. **2** 優先させる〈*alqd alci rei*; *alqm alci*〉.
antepositus -a -um, *pp* ⇨ antepono.
anteposuī *pf* ⇨ antepono.
antepotens -entis, *adj* [ante-/potens] (喜びや楽しさにおいて)まさっている.
antequam, ante quam *conj* …より前に.
anterior -ior -ius, °*adj comp* [ante] 前にある; 以前の.
antēris -idos, *f* [*Gk*]〚建〛支柱, 控え壁[柱].
Anterōs -ōtis, *m* [*Gk*] **1**〚神話〛アンテーロース《「Eros の対抗者」の意; Venus と Mars の子で, 報いられない愛の復讐神》. **2** 紫水晶の一種.
antēs -ium, *m pl* [*cf.* ante] (ブドウの木などの)列.
anteschōlānus -ī, *m* [ante-/schola] 助教師.
anteschōlārius -ī, *m* =antescholanus.
antesignānus -ī, *m* [ante-/signum] **1** (通例 *pl*) 軍旗の前で戦うローマの精兵. **2** 指導者.
antestō -āre, *intr*, *tr* =antisto.
antestor -ārī -ātus sum, *tr dep* [ante-/testor] 証人として召喚する〈*alqm*〉.
antetulī *pf* ⇨ antefero.
anteurbānus -a -um, *adj* [ante-/urbs] 都市近辺の, 郊外の.
antevēnī *pf* ⇨ antevenio.
anteveniō -īre -vēnī -ventum, *intr*, *tr* [ante-/venio] **1** 前に来る, 先行する〈+*acc*〉. **2** 先手を打つ, 機先を制する〈+*acc* [*dat*]〉. **3** まさる, すぐれている〈+*acc* [*dat*]〉.
anteventus -a -um, *pp* ⇨ antevenio.
anteversus -a -um, *pp* ⇨ anteverto.
antevertī *pf* ⇨ anteverto.
antevertō -ere -vertī -versum, *intr*, *tr* [ante-/verto] **1** 前に来る, 先行する〈*abs*; +*dat*〉. **2** 先んずる; 先手を打つ〈*alqd*; +*dat*〉. **3** 優先させる, (むしろ…を)好む〈*alqd alci rei*〉.
antevolō -āre, *tr* [ante-/volo¹] 前方を飛ぶ.
Antevorta -ae, *f*〚神話〛アンテウォルタ《出産をつかさどるローマの女神 (*cf.* Postverta)》.
Anthēdōn -onis, *f* [*Gk*] アンテードーン《Boeotia の港町》.
Anthēdonius -a -um, *adj* Anthedon の.
anthelix -icis, °*f*〚解〛対(耳)輪.
anthemis -idis, *f* [*Gk*]〚植〛ローマカミルレ《キク科》.
Anthemūsia -ae, -**sias** -adis, *f* [*Gk*] アンテムーシア《Mesopotamia 北西部の町》.

antheridium -ī, °n 【植】(隠花植物の)造精器.
anthiās -ae, m [Gk] 【魚】海魚の一種.
anthologica -ōn, n pl [Gk] **1** 花に関する著述. **2**° 詞華集.
anthozōa -ōrum, °n pl 【動】花虫綱《サンゴ・イソギンチャクなど》.
anthracītis -idis, f [Gk] 【鉱】ざくろ石の一種.
anthrax -acis, f [Gk] **1** 【鉱】辰砂(しんしゃ). **2** 【病】炭疽.
anthrōpographos -ī, m [Gk] 肖像画家.
anthrōpophagus -ī, m [Gk] 人肉を食う者、食人種.
anthus -ī, m [Gk] 【鳥】セキレイ、(あるいは) サギ.
anthypophora -ae, f [Gk] 【修】予弁法の一種.
antiae -arum, f pl [ante] 額に垂れ下がった髪の房.
Antiānus -a -um, adj =Antias.
antias -adis, f [Gk] (扁桃炎のために薄膜におおわれた)扁桃.
Antiās -ātis, adj Antium の. **Antiātēs** -ātium, m pl Antium の住民.
antibacchīus -a -um, °adj [Gk] antibacchus の.
antibacchus -ī, m [Gk] 【詩】短長長格 (⏑－－).
antiborēus -a -um, adj [Gk] 北を向いた.
anticatēgoria -ae, f [Gk] 【法】付随抗弁[答弁].
Anticatō -ōnis, m [Gk] 「反カトー論」《Cicero の Cato Uticensis 賛美論に対して書かれた Caesar の著作》.
antichrēsis -is, °f [Gk] 【法】収益質契約.
antichthones -um, m pl [Gk] 対蹠(たいしょ)地住民《地球上の反対側に住む人(＝南半球の住民)》.
anticipālis -is -e, adj [anticipo] 先行の.
anticipātiō -ōnis, f [↓] 先入主[観]《alcis rei》.
anticipō -āre -āvī -ātum, tr [ante-/capio¹] **1** 先取する；先んずる. **2** 先入観をもつ.
Anticlēa -ae, f [Gk] 【伝説】アンティクレーア、*-レイア《Laertes の妻で Ulixes の母》.
antīcus -a -um, adj [ante] (空間的に)前方の、前部の.
Anticyra -ae, f [Gk] アンティキュラ《精神病の薬として用いられたヘレボルス根 (helleborus) の産地として名高いギリシアのいくつかの町；(1) Phocis の町. (2) Thessalia の町. (3) Locris の町》.
antideā adv 【古形】=antea.
antidotum -ī, n [Gk] **1** 解毒剤、毒消し. **2** 対抗手段: ~ adversus Caesarem (SUET) Caesar への対抗手段.
Antiensis -is -e, adj Antium の.
Antigenēs -is, m [Gk] アンティゲネス《Alexander 大王の将軍》.
Antigona, **-gonē** -ēs, f [Gk] 【伝説】アンティゴナ、*-ゴネー《(1) Thebae の王 Oedipus とその母 Iocasta の娘. (2) Troja の王 Laomedon の娘で Priamus の姉妹》.
Antigonēa -ae, f アンティゴネーア、*-ネイア《(1) Epirus の町. (2) Macedonia の町》.
Antigonensis -is -e, adj Antigonea の.
Antigonus -ī, m [Gk] アンティゴヌス、*-ノス《Alexander 大王の後継者のうちの数人の名；(1) ~ I, Demetrius Poliorcetes の父(前 310 没). (2) ~ Gonatas, Demetrius Poliorcetes の子で Macedonia の王 (前 239 没). (3) ~ Doson, Gonatas の異父兄弟(前 221 没)》.
Antilibanus -ī, m [Gk] アンティリバヌス、*-ノス《Phoenicia の山脈；Libanus 山脈と並行する》.
Antilochus -ī, m [Gk] 【伝説】アンティロクス、*-コス《Nestor の息子で Achilles の親友；Troja で戦死した》.
antilogium -ī, °n [Gk] 抗言、抗弁.
Antimachus -ī, m [Gk] アンティマクス、*-コス《Colophon 出身の詩人(前 400 年頃)；Plato に賞賛された》.
antimensium -ī, °n (東方教会で)アンチミンス、代案《祭壇上に置く布》.
antimōnium -ī, °n 【化】アンチモン.
antinomia -ae, f [Gk] **1** 二法間の矛盾. **2**°【哲】二律背反.
Antiochensis -is -e, adj Antiochia の. **Antiochensēs** -ium, m pl Antiochia の住民.
Antiochēnus -a -um, °adj =Antiochensis.
Antiochīa, -ēa -ae, f [Gk] アンティオキーア、*-ケイア《(1) Orontes 河畔の都市；Syria の首都；現 Antakya. (2) Caria の町》.
Antiochīnus -a -um, adj Antiochus (1) (2) の.
Antiochīus -a -um, adj Antiochus (2) の.
Antiochus -ī, m [Gk] アンティオクス、*-コス《(1) Syria の数名の王の名；特に ~ III Magnus, ローマ軍に敗れた(前 187 没). (2) Academia 学派哲学者(前 1 世紀)；Cicero や Brutus もその講義を聴いた》.
Antiopa -ae, **-opē** -ēs, f [Gk] 【神話】アンティオパ、*-オペー《Nycteus の娘；Juppiter との間に双子の Amphion と Zethus をもうけた》.
Antipater -trī, m [Gk] アンティパテル、*-トロス《(1) Alexander 大王の将軍てその後継者の一人(前 398?-319)；Cassander の父. (2) Tarsus 出身のストア哲学者(前 2 世紀). (3) Sidon 出身のエピグラム詩人(前 130 年頃). (4) L. Caelius ~, ローマの詩人・法律家(前 2 世紀)》.
antipatharia -ōrum, °n pl 【動】ツノサンゴ目(の腔腸動物).
antipathīa -ae, f [Gk] 嫌悪、反感.
Antipatria -ae, f [Gk] アンティパトリア(-)《Macedonia の町》.
Antiphatēs -ae, m [Gk] 【伝説】アンティパテース《(1) Laestrygones 族の王. (2) Sarpedon の息子；Turnus に殺された》.
Antiphō(n) -ontis, m [Gk] アンティポーン《(1) Attica 10 大弁論家の最初の人(前 480?-411)；Thucydides の師といわれる. (2) Socrates と同時代の Athenae のソフィスト(前 5 世紀)》.
antiphōna -ae, °f [Gk] **1** 交互歌唱. **2** 【カト】交唱.
antiphōnārium -ī, °n [↑] 【カト】交唱聖歌集.
antiphrasis -is, °f [Gk] 【修】反用《語句を真意の反対に使うこと》.
antipodes -um, m pl [Gk] 地球の反対側に住む人、対蹠(たいしょ)地の住民.
Antipolis -is, f [Gk] アンティポリス《Gallia Narbonensis の町；現 Antibes》.

antīpyrinum -ī, °*n* 〖薬〗アンチピリン.
antīquāria -ae, *f* [↓] (女性の)好古家, 古代研究家.
antīquārius¹ -a -um, *adj* [antiquus] 古代の; 古物の.
antīquārius² -ī, *m* 好古家, 古代研究家.
antīquē *adv* [antiquus] 昔のように, 古風に.
antīquī -ōrum, *m pl* [antiquus] **1** 古代の人々; 古代の著述家たち. **2** ~ *nostri* (Varr) (われわれの)先祖たち.
antīquitās -ātis, *f* [antiquus] **1** 古代. **2** 古いこと: ~ *generis* (Cic) 家系の古さ. **3** 古代の歴史; (*pl*) 古代の事物. **4** 古代の人々. **5** 古き良き時代, 昔の美風: *haec plena sunt antiquitatis* (Cic) これには良き時代の遺風が満ちている.
antīquitus *adv* [antiquus] **1** 古代から, 昔から. **2** 古代に, 昔に.
antīquō -āre -āvī -ātum, *tr* [antiquus] 否決の投票をする.
antīquum -ī, *n* [↓] **1** 古い事物. **2** 古い習慣: *ex antiquo* (Plaut) 昔の流儀で.
antīquus -a -um, *adj* [ante] **1** 古い, 以前の; 昔の, 古代の. **2** 古風な, 古くて尊い. **3** 高潔な, 質実な. **4** (通例 *comp* か *superl*) (より・最も)重要な; 望ましい; 尊ぶべき: *nihil sibi antiquius amicitiā nostrā fuisse* (Cic) 彼自身にはわれわれの友情より大切なものは何もなかった.
Antissa -ae, *f* [*Gk*] アンティッサ《Lesbos 島西岸の町》.
Antissaeī -ōrum, *m pl* Antissa の住民.
antistes -stitis, *m* (*f*) [antisto] **1** 神殿管理人, 神官. **2** 師, 大家. **3** 保護[庇護]者. **4**°(旧約聖書の)祭司. **5**°〖カト〗司教.
antisteti *pf* ⇨ antisto.
Antisthenēs -is [-ae], *m* [*Gk*] アンティステネース《Socrates の弟子(前 445?–?365); Diogenes の師で犬儒学派(Cynici)の創設者》.
antistita -ae, *f* [antistes] (女性の)神殿管理人, 神官.
antistitium -ī, °*n* antistes の職[地位].
Antistius -ī, *m* アンティスティウス《ローマ人の氏族名》.
antistō -āre -stetī, *intr, tr* [ante-/sto] まさる, すぐれている ⟨*abs*; +*dat* [*acc*]⟩.
antitheton -ī, *n* [*Gk*] 〖修〗対照法.
antitragohelicīnus -a -um, °*adj* 〖解〗対珠耳輪の.
antitragus -ī, °*m* 〖解〗対(耳)珠.
Antium -ī, *n* アンティウム《Latium の町; Nero 帝の生地; Fortuna の神殿で有名; 現 Anzio》.
antlia -ae, *f* [*Gk*] (水汲み用)ポンプ; (懲罰のために踏ませた水車の)踏み車.
Antōnia -ae, *f* アントーニア《(1) ~ *major*, 三頭政治家 M. Antonius と Octavia の長女. (2) ~ *minor*, (1) の妹. (3) Claudius 帝の娘》.
Antōniānus -a -um, *adj* Antonius (1) (3) の.
Antōniaster -trī, *m* Antonius (1) の雄弁術の模倣者.
Antōnīniānus -a -um, *adj* Antoninus の.

Antōnīnus -ī, *m* アントーニーヌス《ローマの数名の皇帝の名; 特に (1) ~ *Pius* (在位 138–161). (2) *M. Aurelius* ~ (在位 161–180). (3) *M. Aurelius* ~ *Heliogabalus* (在位 218–22)》.
Antōnius¹ -ī, *m* アントーニウス《ローマ人の氏族名; 特に (1) *M.* ~, Cicero 以前の有名な弁論家(前 143–87). (2) *C.* ~ *Hybrida*, 前 63 年 Cicero とともに執政官となった一人. (3) *M.* ~, 第 2 回三頭政治家の一人(前 83?–30); Actium の海戦(前 31)で Octavianus に敗北後 Alexandria で自殺した》.
Antōnius² -a -um, *adj* Antonius (3) の.
antonomasia -ae, *f* [*Gk*] 〖修〗換称.
Antrōn -ōnis, *f* [*Gk*] アントローン《Thessalia 南部の町》.
antrum -ī, *n* **1** 洞穴. **2** 空洞《木のうろなど》. **3**°〖解〗洞(ξ): ~ *cardiacum* 噴門洞 / ~ *mastoideum* 乳突洞.
Anūbis *n* [-idis], *m* [*Gk*<*Egypt*.] 〖神話〗アヌービス《犬の頭をしたエジプトの神》.
ānulārius¹ -a -um, *adj* [anulus] 指輪[リング]の.
ānulārius² -ī, *m* 指輪づくりの職人.
ānulātus -a -um, *adj* [↓] 指輪をはめた, リングで飾られた.
ānulus -ī, *m* [anus¹] **1** 輪, リング; 指輪; 印章つき指輪. **2**°〖解〗輪.
anūra -ōrum, °*n pl* 〖動〗無尾類.
anus¹ -ūs, *f* **1** 老女: ~ *Cumaea* (Ov) Cumae の女予言者 (=Sibylla). **2** (*adj f* として) 老いた; 古い.
ānus² -ī, *m* **1** 輪; 指輪. **2** 肛門; 臀部.
anxī *pf* ⇨ ango.
anxiātus -a -um, *pp* ⇨ anxior.
anxiē *adv* [anxius] 心配して, 気にして.
anxietās -ātis, *f* [anxius] **1** 不安, 心配, 苦悩. **2** 細心の注意, 入念.
anxifer -fera -ferum, *adj* [anxius/fero] 心配させる, 不安にさせる, 悩ます.
anxior -ārī -ātus sum, °*intr dep* [anxius] 心配する, 気にする.
anxitūdō -dinis, *f* [↓] 不安, 心配, 苦悩.
anxius -a -um, *adj* [ango] **1** 心配な, 不安な ⟨re; de re; erga alqm; pro re; circa alqd; ne⟩: ~ *ne bellum oriatur* (Sall) 戦争が起こりはしないかと心配している. **2** 悩ます, 不安を与える, 心配させる. **3** 入念な, 細心な.
Anxur -uris, *n* アンクスル《Latium の沿海の町; のち Tarracina と呼ばれた》.
Anxurnās -ātis, *adj* Anxur の.
Anxurus -a -um, *adj* Anxur の《Anxur で祭られた Juppiter の添え名》.
Anytus -ī, *m* [*Gk*] アニュトゥス, *-トス《Socrates の告発者の一人》.
Āones -um, *m pl* [*Gk*] Boeotia の住民.
Āonia -ae, *f* [*Gk*] アーオニア(-)《Helicon 山を含む Boeotia の一地域; Boeotia の別名としても用いられる》.
Āonidēs¹ -ae, *m* Boeotia 人.
Āonides² -um, *f pl* Boeotia の女たち (=Musae).
Āonis -idis, *adj* Boeotia の: *sorores Aonides* (Stat) =Musae.

Aonius — apocha

Āonius -a -um, adj Aonia の, Boeotia の: vertex ~ (Verg) =Helicon 山 / vir ~ (Ov) =Hercules.
Aornos -ī, m [Gk] アオルノス《Campania の Avernus 湖;「鳥がいない」の意》.
aorta -ae, °f [Gk]《解》大動脈.
Aōus -ī, m [Gk] アオーウス, *-オス (Illyria の川; イオニア海に注ぐ).
apage int (impr) [Gk] 取り去れ ‹+acc›, 立ち去れ ‹abs; +acc (特に te)›: ~ te a me (Plaut) 失せやがれ.
Apamēa, -īa -ae, f [Gk] アパメーア, *-メイア《(1) Syria の町. (2) Phrygia の町. (3) Bithynia の町》.
Apamensis -is -e, adj Apamea (2) の.
Apamēnus -a -um, adj Apamea (2) (3) の.
Apamēus -a -um, adj Apamea (3) の.
aparinē -ēs, f [Gk] [植] ヤエムグラ.
apēliōtēs -ae, m [Gk] 東風.
Apella -ae, m アペッラ《解放奴隷 (特にユダヤ人) に多い名》.
Apellēs -is, m [Gk] アペッレース《ギリシアの画家 (前 4 世紀後半)》.
Āpennīn- ⇨ Appennin-.
aper -prī, m (雄) イノシシ.
Aper -prī, m アペル《ローマ人の家名》.
Aperantia -ae, f [Gk] アペランティア (-)《Aperantii 族の住む地域》.
Aperantiī -ōrum, m pl [Gk] アペランティイー, *-トイ《Aetolia 北部の一部族》.
aperiō -īre aperuī apertum, tr ‹<*ap-verio› 1 (閉ざされたものを)開く, 開ける; 開封する. 2 道をつける, 通行[出入り]可能にする; 利用できるようにする, 公開する ‹alci alqd›: omnes terras fortibus viris natura aperuit (Tac) 自然は勇気ある男たちにすべての土地を開放した. 3 おおいをとる, あらわにする ‹alqd›. 4 明らかにする, 見せる; 打ち明ける ‹alqd; alci alqd; + acc c. inf›: aperire sententiam suam (Cic) 自分の考えを打ち明ける.
apertē adv [apertus] 1 明白に, 公然と. 2 率直に, あからさまに.
apertiō -ōnis, f [aperio] 開けること, 開くこと.
apertō -āre, tr freq [aperio] 露出する, あらわにする.
apertum -ī, n [apertus] 1 空き地, 野外, 露天. 2 in aperto esse (Tac) 明白である.
apertūra -ae, f [aperio] 1 開ける[開く]こと. 2 開き口, 開口部.
apertus -a -um, adj (pp) [aperio] 1 開かれた. 2 出入り可能な, 開放された; 利用できる, 公開されている. 3 むき出しの, おおわれていない: magna est corporis pars aperta (Caes) 体の大部分は裸同然だ. 4 妨げられない. 5 あからさまな, 率直な; 無遠慮な. 6 明白な, はっきりした: apertum est ‹+acc c. inf› (Cic) (それは)明白である.
aperuī pf ⇨ aperio.
apēs -is, f = apis.
apex -picis, m [cf. apio] 1 先端, とがった先; 山頂. 2 ローマの神官のかぶる円錐状の帽子. 3 冠, かぶと. 4 絶頂, 極致: apex senectutis est auctoritas (Cic) 老年の最高の栄誉は権威である. 5《文》長音符号. 6《解》尖.

aphaniptera -ōrum, °n pl《昆》隠翅目.
Apharēius -a -um, adj Aphareus の.
Aphareus -ī, m [Gk]《伝説》アパレウス《(1) Messenia の王で Lynceus と Idas の父. (2) Centaurus 族の一人》.
aphasia -ae, °f [Gk]《病》失語(症).
Aphidnae -ārum, f pl, **Aphidna** -ae, f [Gk] アピドナエ, *-ナイ《Attica 北部の町》.
aphōnia -ae, °f [Gk]《病》失声(症).
aphractus -ī, f, **-um** -ī, n [Gk] 甲板のない船.
Aphrodīsia -ōrum, m pl [Gk] Aphrodite の祝祭.
aphrodīsiaca -ae, f [Gk] 宝石の一種.
Aphrodīsias -adis, f [Gk] アプロディーシアス《(1) Caria の町; 現 Geira. (2) Cilicia の沿岸の町》.
Aphrodīsiensis -is -e, adj Aphrodisias (1) の.
Aphrodīsiensēs -um, m pl Aphrodisias (1) の住民.
Aphroditē -ēs, f [Gk]《神話》アプロディーテー《ギリシアの愛と美の女神; ローマ神話の Venus に当たる》.
apiacius -a -um, adj [apium] パセリの.
apiacus -a -um, adj [apium] パセリに似た.
apiānus -a -um, adj [apis]《ミツバチの》: apiana uva (Plin) マスカットブドウ《ミツバチが好む》.
apiārium -ī, n [apis] 養蜂所.
apiātus -a -um, adj [apium] 1 パセリの葉のような模様のある. 2° パセリといっしょに煮た.
apicātus -a -um, adj [apex] (先のとがった)神官の帽子をかぶった.
apīcula -ae, f dim [apis] 小さなハチ.
Āpidanus -ī, m アーピダヌス, *-ノス《Thessalia の川; Peneus 川の支流》.
Apīna -ae, f アピナ《Apulia の伝説的な町; apinae の語源説明のために創作された地名》.
apinae -arum, f pl [cf. afannae] 些事, くだらないこと.
apiō -ere aptum, tr [cf. apiscor] 結びつける, しばる.
Apiolae -ārum, f pl アピオラエ《Latium の町》.
Apiōn -ōnis, m [Gk] アピオーン《(1) Cyrene の王 Ptolemaeus の添え名. (2) Tiberius 帝時代の修辞家; Alexandria で活動》.
apiōsus -a -um, °adj [apium] めまいに襲われた.
apis -is, f《動》ハチ(蜂), ミツバチ.
Āpis -is [-idis], m アーピス《エジプト人が神としてあがめた聖牛》.
apiscī inf ⇨ apiscor.
apiscor apiscī aptus sum, tr dep [apio] 1 つかむ, 捕らえる. 2 理解する, 把握する. 3 獲得する, 手に入れる; 勝訴する ‹alqd; alcis rei›.
apium -ī, n [植] パセリ; セロリ.
aplustre -is, **aplustrum** -ī, n 飾り付きの湾曲した船尾.
apocalypsis -is, °f [Gk] 1 黙示, 天啓. 2《聖》黙示録.
apocha -ae, f [Gk] 受取証, 領収書.

apoclētī -ōrum, *m pl* [*Gk*] Aetolia 同盟の常任委員.
Apocolocyntōsis -is, *f* [*Gk*] (「カボチャに変身すること」の意) Seneca の諷刺文の題名.
apocopē -ēs, °*f* [*Gk*] 《文》語尾音消失.
apocopus -a -um, °*adj* [*Gk*] 去勢された.
apocryphus -a -um, °*adj* [*Gk*] 1 にせの, 真正でない; 出所の疑わしい. 2 《聖》外典の.
apoculō -āre, *tr* (*Gk* ἀπό/culus) (*refl*) 立ち去る, 退去する.
apocynāceae -ārum, °*f pl* 《植》キョウチクトウ科.
apoda -orum, °*n pl* 《動》1 無脚目(の寄生動物). 2 無足目(の棘皮動物). 3 ウナギ目(の魚類).
apodytērium -ī, *n* [*Gk*] (浴場の)脱衣室.
apogēus -a -um, *adj* [*Gk*] (風が)陸から吹く, 陸風の.
apographon -ī, *n* [*Gk*] 転写, 写し.
apolactizō -āre, *tr* [*Gk*] 1 けとばす. 2 はねつける, 拒絶する.
Apollināre -is, *n* Apollo にささげられた場所.
Apollināris -is -e, *adj* Apollo の: *herba* ~ (PLIN) 《植》ヒヨス.
Apollinārius -a -um, *adj* 《碑》Apollo の神官の.
Apollineus -a -um, *adj* Apollo の: *ars Apollinea* (Ov) 医術 / *proles Apollinea* (Ov) =Aesculapius / *vates* ~ (Ov) =Orpheus / *urbs Apollinea* (Ov) =Delos.
Apollō -inis, *m* [*Gk*] 1 《神話》アポッロー, *アポッローン《Juppiter と Latona の息子で Diana と双子の神; 詩歌・音楽・予言・医術などをつかさどる; 太陽神 Sol と同一視された》. 2 Apollo の彫像. 3 Apollo 神殿.
Apollodōrus -ī, *m* [*Gk*] アポッロドールス, *-ロス《ギリシア人に多い名; 特に (1) 前2世紀の Athenae の学者. (2) Pergamum 出身の修辞学者で Augustus 帝の師》.
Apollōnia -ae, *f* [*Gk*] アポッローニア(-)《いくつかの町の名; Illyria, Epirus, Sicilia, Macedonia, Creta, Caria などにあった》.
Apollōniātae -ārum, *m pl* Apollonia の住民.
Apollōniātēs[1] -is, *adj* Apollonia の.
Apollōniātēs[2] -ium, *m pl* Apollonia の住民.
Apollōniāticus -a -um, *adj* Apollonia (Epirus の)の.
Apollōnidensēs -ium, *m pl* Apollonis の住民.
Apollōniensis -is -e, *adj* Apollonia (Sicilia の)の. **Apollōniensēs** -ium, *m pl* Apollonia の住民.
Apollōnis -idis, *f* [*Gk*] アポッローニス《Lydia の町》.
Apollōnius -ī, *m* [*Gk*] アポッローニウス, *-オス《数人の学者の名; 特に (1) Rhodos 島で活躍した修辞学者 (前2世紀). (2) ~ *Rhodius*, Alexandria の図書館長で叙事詩 *Argonautica* の作者 (前3世紀)》.
apologēticum, -on, °*n* 《キ》弁明, 弁護.
apologia -ae, *f* [*Gk*] 弁明, 正当化.
apologō -āre -āvī, *tr* [*Gk*] 拒絶(却下)する.
apologus -ī, *m* [*Gk*] 物語; 寓話.
apomorphinum -ī, *n* 《薬》アポモルヒネ《吐剤・去痰薬》.

aponeurōsis -is, °*f* 《解》腱膜.
apophorēta -ōrum, *n pl* [*Gk*] (会食者への)おみやげ.
apophysis -is, °*f* [*Gk*] 1 《解》骨突起, 骨端. 2 《植》(菌類の)隆起, くび.
apoplēcticus -a -um, °*adj* [*Gk*] 卒中の.
apoplēxia -ae, **-plēxis** -is, °*f* [*Gk*] 脳出血[溢血]; 卒中.
apoproēgmena -ōrum, *n pl* [*Gk*] 《ストア哲学で》拒否されるべきもの.
apopsis -is, °*f* [*Gk*] 展望台.
aporia -ae, °*f* [*Gk*] 1 当惑, 疑惑. 2 《哲》アポリア《同一の問いに対して相反する二つの答えがあること》.
aporior -ārī -ātus sum, °*intr dep* [↑] 困る, 窮する, ためらう.
aposiōpēsis -is, *f* [*Gk*] 《修》頓絶法 (=reticentia).
aposphrāgisma -atis, *n* [*Gk*] (指輪に彫った)印章.
apostasia -ae, °*f* [*Gk*] 背教, 棄教.
apostata -ae, °*m* [*Gk*] 背教[棄教]者.
apostēma -atis, *n* [*Gk*] 膿瘍.
apostolātus -ūs, °*m* [apostolus] 1 使徒の職. 2 《キ》皇職; 司教職.
apostolicum, °*n* [↓] 《カト》(*sc.* symbolum) 使徒信経.
apostolicus -a -um, °*adj* [↓] 1 使徒の. 2 司教の.
apostolus -ī, °*m* [*Gk*] 1 上告書. 2 (キリストに選ばれた12人の)使徒.
apostropha -ae, **-phē** -ēs, *f* [*Gk*] 《修》頓呼法.
apothēca -ae, *f* [*Gk*] 貯蔵室(特にぶどう酒の).
apothēcium -ī, °*n* [↑] 《植》(菌類・地衣類の)子嚢盤, 裸子器.
apotheōsis -is, °*f* [*Gk*] 神格化, 神聖視.
Apoxyomenos -ī, *m* [*Gk*] アポクシューオメノス《「垢すり器を使う競技者」の意; ギリシアの彫刻家 Lysippus (前4世紀)の作品名》.
apozema -atis, *n* [*Gk*] 煎じ薬.
App. 《略》=Appius.
apparātē *adv* [apparatus[1]] ぜいたくに, 豪華に.
apparātiō -ōnis, *f* [apparo] 準備, 用意, 準備をする者.
apparātor -ōris, *m* [apparo] 準備する者.
apparātōrium -ī, °*n* 《碑》準備室.
apparātrix -īcis, °*f* [apparator] 準備する者《女性》.
apparātus[1] -a -um, *adj* (*pp*) [apparo] 1 用意[準備]のできた: ~ *sum, ut videtis* (PLAUT) ごらんのとおり準備はできている. 2 設備の整った, 豪華な, ぜいたくな: *domus apparatior* (CIC) より設備の整った家 / *apparatissimae epulae* (SEN) ぜいたくきわまりない饗宴. 3 (語りなどが)気取った, 凝った.
apparātus[2] -ūs, *m* 1 調製; 供給. 2 準備, 用意. 3 設備, 装置, 器具; 武器. 4 華美, ぜいたく; 見せびらかし.
appārēns -ntis, *adj* (*prp*) [appareo] 目に見える; 明白な.
appārentia -ae, °*f* [↑] 1 現われること, 出現. 2

外見, 外観, 様子.
appāreō -ēre -pāruī -pāritum, *intr* [ad-/pareo] **1** 見える; 現われる, 出現する ‹alci›. **2** 仕える, 奉仕する; 役に立つ ‹+dat›. **3** 明白である ‹+acc c. inf; +間接疑問›: (impers) *apparet servum hunc esse domini pauperis* (Ter) こいつが貧乏な主人の奴隷ってことは明らかだ.
appariō -ere, *tr* [ad-/pario²] (追加的に)獲得する.
appārītiō -ōnis, *f* [appareo] **1** (上役・主人など に)仕えること, 雇われること. **2** (*pl*) 従者, 雇い人.
appārītor -ōris, *m* [appareo] 高官の従者 (lictor など); 下僕.
appārītūra -ae, *f* [appareo] 高官に仕えること.
apparō -āre -āvī -ātum, *tr* [ad-/paro²] 準備[用意]する ‹alci alqd; alqd ad [in] alqd; +inf›.
appellātiō -ōnis, *f* [appello¹] **1** 話しかけ, 呼びかけ. **2** 《法》上告, 控訴 ‹alcis›: ~ *tribunorum* (Cic) 護民官への上訴. **3** 発音. **4** 《文》(普通)名詞. **5** 命名; 名称, 称号.
appellātīvus -a -um, °*adj* [appello¹] 《文》(普通)名詞の.
appellātor -ōris, *m* [appello¹] 《法》上訴人.
appellātōrius -a -um, °*adj* [appello¹] 控訴[上告]の: *libellus* ~ (Ulp) 控訴状 / *tempora appellatoria* (Ulp) 控訴が認められる期間.
appellitō -āre *freq* [↓] …と呼び習わす: *montem Caelium appelliatum a Caele Vibenna* (Tac) Caeles Vibenna にちなんで Caelius 山と呼ばれている.
appellō¹ -āre -āvī -ātum, *tr* [ad-/pello¹] 呼びかける, 話しかける; 挨拶する ‹alqm›. **2** 懇願[嘆願]する, 乞う; 申し込む, 提案する ‹alqm de re; ut›: *appellare alqm de proditione* (Liv) ある人を反逆罪のことで告発する. **3** 控訴[上告]する: *a praetore tribunos appellare* (Cic) プラエトルから護民官へと上告する. **4** 催促する ‹alqm de re›: *alqm de pecunia appellare* (Cic) ある人に金銭を要求する. **5** 告発する, 訴える. **6** 発音する. **7** 言及する, 名を挙げる. **8** 指し示す, 示す: *alqm nutu appellare* (Cic) 合図によってある人を指し示す. **9** 名称[呼号]を与える, 命名する ‹alqm [alqd]; +2個の *acc*›: *alqm victorem appellare* (Verg) ある人を勝利者と呼ぶ. **10** (*pass*) …と呼ばれている, …という名である.
appellō² -ere -pulī -pulsum, *tr* (*intr*) [ad-/pello²] **1** 運ぶ, 連れて[持って]くる, 駆りたてる ‹alqd ad alqd›. **2** (船を)接岸させる ‹alqd ad [in] locum; alci rei›; (*pass, abs*) 上陸[接岸]する. **3** (心をある物へ)向ける ‹animum [mentem] ad alqd›.
appendeō -ēre -ī, *intr, tr* [ad-/pendeo] **1** ぶら下がっている. **2** つるす, 燻製にする. **3** はかりにかける.
appendī *pf* ⇒ appendeo, appendo.
appendicītis -idis, °*f* [appendix] 《病》虫垂炎.
appendicium -ī, °*n* [appendix] 付加物, 付属物.
appendicula -ae, *f dim* [↓] ちょっとした添えもの.
appendix -icis, *f* [↓] **1** 追加物; 付録, 付属物: *exigua* ~ *Etrusci belli* (Liv) エトルリア戦の取るに足りない続編. **2** 《植》メギ属の低木. **3** 《解》垂(特に虫

垂): ~ *ventriculi laryngis* 喉頭室垂.
appendō -ere -pendī -pensum, *tr* [ad-/pendo] **1** つるす, 掛ける. **2** 計量する, 計り分ける ‹alci alqd›. **3** 考量する, 吟味する.
Appennīnicola, Āpennīn- -ae, *m f* [Appenninus/colo²] Appenninus 山脈の住民.
Appennīnigena, Āpennīn- -ae, *m, f* [↓/gigno] Appenninus 山脈に生まれた人.
Appennīnus, Āpennīn- -ī, *m* アッペンニーヌス, "アペニン山脈《イタリア半島を縦断する》.
appensus -a -um, *pp* ⇒ appendo.
appetēns -entis, *adj (prp)* [appeto] **1** ほしがる, 熱望[渇望]している ‹alci rei›: ~ *gloriae atque avidus laudis* (Cic) 栄誉をほしがり賞賛に貪欲な. **2** 貪欲な, 強欲な ‹abs›: *homo non cupidus neque* ~ (Cic) 貪欲でも強欲でもない人.
appetenter *adv* [↑] 貪欲に.
appetentia -ae, *f* [appetens] 欲望, 欲求; 渇望.
appetītiō -ōnis, *f* [appeto] **1** (ある物をつかもうと)手を伸ばすこと ‹alcis rei›. **2** 熱望, 切望, 強い欲望 ‹alcis rei›. **3** 食欲.
appetītor -ōris, *m* [appeto] (得ようと)努力する者, 熱望する者.
appetītus¹ -a -um, *pp* ⇒ appeto.
appetītus² -ūs, *m* 熱望, 渇望; 強い欲望[欲求].
appetīvī *pf* ⇒ appeto.
appetō -ere -petīvī -petītum, *tr* [ad-/peto] **1** (ある物を得ようとして)手を伸ばす ‹alqd›. **2** (得ようと)努力する, 熱望する, 激しく欲求する ‹alqd; +inf›. **3** 訪れる, (ある場所へ)行く ‹alqd›. **4** 襲撃する ‹alqm; alqd re›. **5** (時間的に)近づいてくる ‹abs›: *dies appetebat* (Caes) その日が近づいていた.
Appia -ae, *f* アッピア《ローマ人の女性名》.
Appiānus -a -um, *adj* Appius の.
Appias -adis, *f* アッピアス《(1) Aqua Appia の噴水のニンフ. (2) Minerva の添え名 (Cicero の命名)》.
appictus -a -um, *pp* ⇒ appingo.
Appietās -ātis, *f* (不特定の) Appius が高貴の生まれであること《冗談めかした Cicero の造語》.
appingō -ere -pinxī -pictum, *tr* [ad-/pingo] **1** 描き加える ‹alqd alci rei›. **2** 書き足す ‹alqd›.
appinxī *pf* ⇒ appingo.
Appius¹ -ī, *m* アッピウス《ローマの個人名 (略形 App.); 特に Claudia 氏族に多かった》.
Appius² -a -um, *adj* Appius の: *via Appia* (Cic) アッピア街道《ローマから南下し Brundisium (現 Brindisi) へ通ずる公道; Appius Claudius が Capua まで建設した (前 312 着工)》 / *aqua Appia* (Frontin) アッピア水道《Appius Claudius が引いた水道》 / *Appii Forum* (Cic) アッピー・フォルム《Latium の小さな町; via Appia 沿いにあった》.
applaudō -ere -plausī -plausum, *tr, intr* [ad-/plaudo] **1** ぶつける ‹alqd alci rei›. **2** 打つ ‹alqd re›. **3** 拍手喝采する ‹abs; alci›.
applausī *pf* ⇒ applaudo.
applausus -ūs, *m* [applaudo] 《詩》(鳥の)はばたき.
applicābilis -is -e, °*adj* [applico] **1** 結合できる. **2** 適用可能な, あてはまる.
applicātiō -ōnis, *f* [applico] **1** 結びつけること, つ

なぐこと: ~ *animi* (Cɪᴄ) 心が傾くこと. **2** 庇護民 (cliens) が自らを庇護者 (patronus) の保護下に置くこと.

applicātus -a -um, *adj* (*pp*) [↓] **1** 隣接している, 密着している ⟨+*dat*; *abs*⟩: *Leucas colli applicata* (Lɪᴠ) 丘に隣接する Leucas の町. **2** 愛着[好意]をもっている ⟨ad+*acc*⟩.

applicō -āre -plicāvī [-plicuī] -plicātum [-plicitum] *tr* [ad-/plico] **1** くっつける, 接着する, 連結する; もたせかける; 近づける ⟨alqd ad alqd; alqd alci rei⟩: *sudarium ad os applicare* (Sᴜᴇᴛ) ハンカチを口にあてる / *corpora corporibus applicare* (Lɪᴠ) 身体と身体をぶつけ合う (肉弾戦の描写). **2** (船を)接岸させる; 上陸させる ⟨ad locum⟩; (*pass*, *abs*) 上陸する. **3** 付け加える, 結びつける ⟨alqd ad alqd; alqd alci rei⟩: *voluptatem ad honestatem applicare* (Cɪᴄ) 快楽を美徳に結びつける / *crimen alci applicare* (Pʟɪɴ Mɪɴ) ある人に罪を負わせる. **4** 向ける: *aures modis applicare* (Hᴏʀ) 調べに耳を傾ける. **5** (*refl*) 加わる, 仲間になる ⟨ad alqm [alqd]; alci⟩.

applōdō -ere, *tr*, *intr* =applaudo.

applōrō -āre -āvī, *intr* [ad-/ploro] 嘆き悲しむ: *querebar applorans tibi* (Hᴏʀ) 私はあなたのことを悲しみながら嘆いたものだ.

applumbō -āre -āvī -ātum, *tr* [ad-/plumbo] はんだづけする.

appōnō -ere -posuī -positum, *tr* [ad-/pono] **1** (そばへ)置く, 添える ⟨alqd ad alqd; alqd alci rei⟩. **2** 給仕する ⟨alci alqd⟩. **3** 任命[指名]する, (役職に)つける ⟨alqm+*dat*; +2 個の *acc*⟩: *custodem Tullio me apponite* (Cɪᴄ) 私を Tullius の見張りに任命して下さい. **4** 付加[追加]する, 付け加える ⟨alci alqd⟩.

apporrectus -a -um, *adj* (*pp*) [ad-/porrectus²] (蛇が)傍らで長く伸びた.

apportō -āre -āvī -ātum, *tr* [ad-/porto] **1** 持ってくる, 携えてくる, 運んでくる ⟨alqd alci; alqd ex loco ad alqm [ad [in] locum]⟩. **2** ひき起こす.

apposcō -ere, *tr* [ad-/posco] 加えて要求する.

appositē *adv* [↓] ふさわしく, 適切に.

appositus -a -um, *adj* (*pp*) [appono] **1** 近くにある, 隣接した ⟨alci rei⟩. **2** 適切な, ふさわしい ⟨ad alqm⟩.

apposuī *pf* ⇨ appono.

appōtus -a -um, *adj* [ad-/potus¹] 酔った.

apprecor -ārī, *tr dep* [ad-/precor] 懇願[嘆願]する ⟨alqm⟩.

apprehendī *pf* ⇨ apprehendo.

apprehendō -ere -prehendī -prehensum, *tr* [ad-/prehendo] **1** つかむ, 握る, 逮捕する; 占領する; (病気が)襲う. **2** 理解する, 把握する. **3** 申し立てる, 主張する.

apprehēnsiō -ōnis, °*f* [↑] **1** つかむ[捕える]こと. **2** 了解, 理解.

apprehēnsus -a -um, *pp* ⇨ apprehendo.

apprendō -ere, *tr* =apprehendo.

appressī *pf* ⇨ apprimo.

appressus -a -um, *pp* ⇨ apprimo.

appretiō -āre -āvī -ātum, °*tr* [ad-/pretium] **1** 評価する, 見積もる. **2** 買う.

apprīmē *adv* [apprimus] きわめて, とりわけ.

apprīmō -ere -pressī -pressum, *tr* [ad-/premo] **1** 押しつける, 押し当てる ⟨alqd alci rei⟩. **2** (歯を)食いしばる.

apprīmus -a -um, *adj* [ad-/primus] 最もすぐれた.

approbātiō -ōnis, *f* [approbo] **1** 是認, 賛同, 認可. **2** 証明, 証拠.

approbātor -ōris, *m* [↓] 是認[賛同]する人.

approbō -āre -āvī -ātum, *tr* [ad-/probo] **1** 是認する, 賛同[同意]する, 認可する; (神々が)よしとする, 祝福する ⟨alqd; +*acc c. inf*⟩: *quod actum est dii approbent* (Cɪᴄ) なされたことを神々がよしとされますように. **2** 満足的くものにする ⟨alci alqd⟩. **3** 証明[立証]する ⟨alci alqd⟩.

apprōmissor -ōris, *m* [↓] 保証人.

apprōmittō -ere -mīsī -missum, *tr* [ad-/promitto] 加えて約束する.

approperō -āre -āvī -ātum, *tr*, *intr* [ad-/propero] **1** 急がせる, 促進する ⟨alqd⟩. **2** 急ぐ ⟨*abs*; ad alqd⟩: *ad cogitatum facinus approperare* (Cɪᴄ) あらかじめ計画した悪事へと急ぐ. **3** 急いでする ⟨+*inf*⟩.

appropinquātiō -ōnis, *f* [↓] 近づくこと.

appropinquō -āre -āvī -ātum, *intr* [ad-/propinquo] **1** (空間的に)近づく, 接近する ⟨*abs*; +*dat*; ad alqd⟩. **2** (時間的に)近づく, 間近に. **3** 近い, 今にも…しそうである ⟨+*dat*; *ut*⟩: *qui jam appropinquat, ut videat* (Cɪᴄ) 今にも見ようとしている.

appropiō -āre -āvī -ātum, °*intr* [ad-/propior] 接近する, 近づく ⟨+*dat*; ad+*acc*⟩.

approximō -āre, °*intr* [ad-/proximus¹] 近づく, 接近する ⟨*abs*; ad alqm⟩.

appugnō -āre -āvī -ātum, *tr* [ad-/pugno] 攻撃する, 襲撃する.

Appulēiānus -a -um, *adj* =Apuleianus.

Appulēius¹,² =Apuleius¹,².

appulī *pf* ⇨ appello².

Appūlia -ae, *f* =Apulia.

appulsus¹ -a -um, *pp* ⇨ appello².

appulsus² -ūs, *m* **1** 接近. **2** 接岸, 上陸 ⟨loci⟩. **3** 作用, 影響.

Appulus¹,² =Apulus¹,².

aprīcātiō -ōnis, *f* [apricor] 日光浴.

aprīcitās -ātis, *f* [apricus] 日当たりのよいこと.

aprīcor -ārī -ātus sum, *intr dep* [apricus] 日光浴する.

aprīcum -ī, *n* [↓] **1** 日当たりのよい場所[地域]. **2** 日光.

aprīcus -a -um, *adj* [aperio] **1** 日当たりのよい. **2** 日光浴をする, 日光を好む: *aprici flores* (Hᴏʀ) 日を浴びて開く花々. **3** 晴れた; 暖かい: *aprici flatus* (Cᴏʟ) 南風.

Aprīlis¹ -is, *adj* [aperio] 4 月の.

Aprīlis² -is, *m* (*sc.* mensis) 4 月.

aprīneus -a -um, *adj* =aprinus.

aprīnus -a -um, *adj* [aper] イノシシの.

aprōnia -ae, *f* 〔植〕ブリオニア.

Aprōniānus -a -um, *adj* Apronius の.

Aprōnius -ī, *m* アプローニウス《ローマ人の氏族名》.

aprugnus, aprūnus -a -um, *adj* =aprinus.
apsis -sidis, *f* [*Gk*] **1** 弧, 半円. **2** 容器の一種.
Apsus -ī, *m* [*Gk*] アプスス, *-ソス《Illyria 南部の川》.
aptātor -ōris, °*m* [apto] 調整者；設立者：*pacis* ~ 平和の生みの親.
aptātus -a -um, *adj* (*pp*) [apto] 適合した, ふさわしい, 適切な.
aptē *adv* [aptus¹] ぴったりと；適切な, ふさわしく.
apterygiformēs -ium, °*m*, °*f pl* [鳥] キーウィ目.
apterygogenea -ōrum, °*n pl* [動] 無翅亜綱.
aptō -āre -āvī -ātum, *tr* [↓] **1** 適合させる, 調節[調整]する ⟨alqd+*dat*⟩: *arma corpori aptare* (LIV) 武具を身体に合わせる. **2** 準備[用意]する ⟨alqd alci rei; alqd ad alqd⟩: *arma pugnae aptare* (LIV) 戦いのために武装する. **3** 備え付ける, 装備する ⟨alqd re⟩: *se armis aptare* (LIV) 武装する. **4** ふさわしくする, 合わせる: *hoc versum est ad id aptatum quod ante dixerat* (CIC) このことばは前に言ったことと合っている.
aptus¹ -a -um, *adj* (*pp*) [apio] **1** 適合した, ぴったり合った ⟨ad alqd⟩. **2** 結びつけられた, つながれた ⟨ex re⟩. **3** …しだいである, …に依存している ⟨ex re; re re⟩: *rudentibus apta fortuna* (CIC) 索具しだいの運命. **4** 関連した: *omnia inter se connexa et apta* (CIC) 互いに関係し関連しているものすべて. **5** 整備された, 秩序立った. **6** 備え付けられた, 装備された ⟨re⟩. **7** 適した, ふさわしい, 適切な ⟨ad [in] alqd; +*dat*⟩.
aptus² -a -um, *pp* ⇨ apio, apiscor.
apud *prep* ⟨+*acc*⟩ **1** …のそば[近く, 付近]に. **2** …の家で：~ *me* (CIC) 私の家で. **3** …の間で：~ *Persas* (CIC) ペルシア人の間で / ~ *socios* (LIV) 同盟者の間で. **4** …の面前で, …がいる所で：~ *judicem* (CIC) 裁判人の面前で. **5** …の管理[支配]下に. **6** …の時代に. **7** …の見るところでは, …の意見では. **8** …の著作[作品]において：~ *Xenophontem* (CIC) Xenophon の著作において.
Āpulēiānus -a -um, *adj* Apuleius の.
Āpulēius¹ -ī, *m* アープレイユス, ''アプレイウス《ローマ人の氏族名；特に (1) *L.* ~ *Saturninus*, 前103年と前100年の護民官. (2) Numidia の町 Madaura 出身の著述家・雄弁家 (125? 生まれ)；*Metamorphoses*「転身譚」別名「黄金のろば」の作者》.
Āpulēius² -a -um, *adj* Apuleius (1) の.
Āpulia -ae, *f* アープーリア《イタリア南東部の地域；現 Puglia》.
Āpulus¹ -a -um, *adj* Apulia の. **Āpulus²** -ī, *m* Apulia の住民.
aput *prep* 《古形》=apud.
aqua -ae, *f* **1** 水：*aquā et igni interdicere alci* (CIC) ある人に水と火を禁ずる (=社会から葬る) / ~ *profluens* (CIC) 流水 / *aspergere alci aquam* (PLAUT) ある人を生き返らせる / *aquam praebere* (HOR) もてなす / *aquam terramque petere ab alqo* (LIV) ある人に降伏を迫る / ~ *haeret* (CIC) うまくいかない. **2** 海；湖；川；雨. **3** (*pl*) 泉；温泉. **4** 水道(設備). **5** 水時計の水. **6** 涙. **7** 《化》常水, 水：~ *ammoniae* アンモニア水 / ~ *communis* 常水 / ~ *destillata* 蒸留水 / ~ *regia* 王水.
aquaeductus -ūs, *m* [↑/ductus²] **1** 水道(設備). **2**(ある場所へ)水を引く権利. **3**°《解》水管, 水道.
aquaelīcium -ī, *n* [aqua/lacio] 雨乞い.
aquagium -ī, *n* [aqua/ago] 水路, 運河.
aquāliculus -ī, *m dim* [↓] 胃, 腹；太鼓腹.
aquālis¹ -is -e, *adj* [aqua] 水の；雨の.
aquālis² -is, *m*, *f* 水がめ, 水差し.
aquāriolus -ī, *m* [aquarius] 娼婦に水を運ぶ下僕.
aquārium -ī, *n* [↓] 《家畜の》水飲み場.
aquārius¹ -a -um, *adj* [aqua] 水の, 水に関する：*provincia aquaria* (CIC) 公共の水道設備の管理.
aquārius² -ī, *m* **1** 水汲み奴隷. **2** 給水監督官. **3** (A-) 《天・占星》水瓶座.
aquāticus -a -um, *adj* [aqua] **1** 水生の, 水中[水上]の. **2** 水の；水を多く含んだ, 湿った.
aquātilia -ium, *n pl* [↓] 水生動物[植物].
aquātilis -is -e, *adj* =aquaticus.
aquātiō -ōnis, *f* [aquor] **1** 水汲み, 水をくんでくること. **2** 水汲み場.
aquātor -ōris, *m* [aquor] 水を汲んで来る人.
aquātus -a -um, *adj* [aqua] 水で薄めた；水を含んだ.
aquifolia -ae, *f*, **-folium** -ī, *n* [acus¹/folium] 《植》セイヨウヒイラギ.
aquifoliāceae -ārum, °*f pl* 《植》モチノキ科.
aquila -ae, *f* [aquilus] **1** 《鳥》ワシ(鷲). **2** 軍団旗(の鷲の標章)；軍団. **3** 《建》切妻の三角形の壁面. **4** (A-) 《天》鷲座. **5** 《魚》トビエイ.
Aquilēia -ae, *f* アクィレイヤ《Venetia の都市》.
Aquilēiensis -is -e, *adj* Aquileia の. **Aquilēiensēs** -ium, *m pl* Aquileia の住民.
aquilentus -a -um, *adj* [aqua] 水分の多い, 湿った.
aquilex -legis, *m* [aqua/lego²] 水脈を探る人, 水脈占者.
Aquiliānus -a -um, *adj* Aquilius の.
aquilifer -ferī, *m* [aquila/fero] ローマの軍団旗手.
aquilīnus -a -um, *adj* [aquila] ワシの, ワシのような.
Aquilius -ī, *m* アクゥイーリウス《ローマ人の氏族名》.
aquilō¹ -ōnis, *m* **1** 北風. **2** 嵐. **3** 北.
Aquilō² -ōnis, *m* 《神話》アクゥイロー《北風の神 (ギリシア神話の Boreas に当たる)；Orithyia の夫で Calais と Zetes の父》.
aquilōnālis -is -e, *adj* [aquilo] 北の.
Aquilōnia -ae, *f* アクゥイローニア《Samnium にいた Hirpini 族の町；現 Lacedogna》.
aquilōnius -a -um, *adj* [aquilo] 北の.
Aquilōnius -a -um, *adj* Aquilo の: *Aquilonia proles* (PROP) Aquilo の息子たち (=Calais と Zetes).
aquilus -a -um, *adj* [aqua] 暗色の, 黒っぽい.
Aquīnās -ātis, *adj* Aquinum の. **Aquīnātēs** -ium, *m pl* Aquinum の住民.
Aquīnius -ī, *m* アクゥイーニウス《ローマのへぼ詩人；Cicero の友人》.
Aquīnum -ī, *n* アクゥイーヌム《Latium の Volsci 族の町；詩人 Juvenalis の生地；現 Aquino の町》.

Aquītānia -ae, *f* アクゥイーターニア《Gallia 南西部の地方》.
Aquītānicus -a -um, *adj* =Aquitanus.
Aquītānus -a -um, *adj* Aquitania の. **Aquītānī** -ōrum, *m pl* Aquitania の住民.
aquola, aquula -ae, *f dim* [aqua] 少量の水; 細流, 小川.
aquor -ārī -ātus sum, *intr dep* [aqua] 水を運んでくる, 給水する.
aquōsus -a -um, *adj* [aqua] 水の豊富な; 水を多く含んだ, 湿った; 雨の: *aquosior ager* (PLIN) やや湿っぽい土地 / *hiems aquosa* (VERG) 雨がちの冬.
āra -ae, *f* 1 祭壇: 〜 *sepulcri* (VERG) 墓の祭壇 (=火葬用のたきぎの山) / *arae et foci* (PLAUT) 祭壇と暖炉 (=家庭). 2 (A-)《天》祭壇座《南天の星座》. 3 避難所.
arabarchēs -ae, *m* [Gk] エジプトの収税吏《Pompeius へのあてこすり》.
Arabī -ōrum, *m pl* Arabia 人.
Arabia -ae, *f* [Gk] アラビア(-)《アジア南西部の一地方》: 〜 *Felix* (PLIN) 現 Yemen / 〜 *Nomadum* (PLIN) 現シリア砂漠 / 〜 *Petraea* (PLIN) Arabia 北西部地域.
Arabicus -a -um, *adj* Arabia の.
arābilis -is -e, *adj* [aro] 耕作できる.
Arabis -is, *f* [Gk] アラビス《Gedrosia の川》.
Arabītae -ārum, *m pl* [Gk] アラビータエ, *-タイ《Gedrosia にいた民族》.
Arabius -a -um, *adj* =Arabicus.
Arabs[1] -abis, *adj* =Arabicus. **Arabs**[2] -abis, *m* Arabia 人.
Arabus[1] -a -um, *adj* =Arabicus.
Arabus[2] -ī, *m* =Arabis.
arāceae -ārum, °*f pl*《植》サトイモ科.
Arachnaeus -a -um, *adj* Arachne の.
Arachnē -ēs, *f* [Gk]《神話》アラクネー《Lydia の少女; 機織の技を Minerva と競い, 負けて蜘蛛に変身させられた (cf. aranea)》.
arachnoīdea[1] -ae, °*f*《解》クモ膜.
arachnoīdea[2] -ōrum, °*n pl*《動》クモ形綱(の節足動物)》.
Arachōsia -ae, *f* [Gk] アラコーシア(-)《ペルシア東部の一地方》.
Arachōsiī -ōrum, *m pl* Arachosia の住民.
Aracynthus -ī, *m* アラキュントス, *-トス《(1) Boeotia と Attica の国境の山. (2) Aetolia の山》.
Aradus -ī, *f* [Gk] アラドゥス, *-ドス《Phoenicia 沖の島および同名の町》.
araliāceae -ārum, °*f pl*《植》ウコギ科.
arānea -ae, *f* [araneus[1]] 1《動》クモ. 2 クモの巣.
arāneida -ōrum, °*n pl*《動》真正クモ目《の節足動物》.
arāneola -ae, *f dim* [aranea]《動》(小さな)クモ.
arāneolus -ī, *m dim* [araneus[2]]《動》(小さな)クモ.
arāneōsus -a -um, *adj* [aranea] 1 クモの巣だらけの. 2 クモの巣に似た.
arāneum -ī, *n* [↓] クモの巣.
arāneus[1] -a -um, *adj* [<Gk ἀραχναῖος] クモの.
arāneus[2] -ī, *m* 1《動》クモ. 2《魚》ハチミシマ.

Arar -aris, *m* アラル《Gallia の川; Rhodanus 川の支流; 現 Saône》.
Araricus -a -um, °*adj* Arar 川の.
araroba -ae, °*f* 1《植》(ブラジル産の)マメ科の木. 2《薬》ゴア末.
arāter -trī, *m* =aratrum.
Arātēus, -tīus -a -um, *adj* Aratus の.
arātiō -ōnis, *f* [aro] 1 耕作, 農耕. 2 耕地;(*pl*)(十分の一税を払う条件で貸与される)公有地.
arātiuncula -ae, *f dim* [↑] 小さな耕地.
arātor -ōris, *m* [aro] 1 耕作者, 農夫. 2 (十分の一税を払う)小作人.
arātōrius -a -um, °*adj* [aro] 耕作の.
arātrō -āre, *intr* =artro.
arātrum -ī, *n* [aro] すき.
Aratthus -ī, *m* [Gk] アラットゥス, *-トス《Epirus の川》.
arātum -ī, *n* (*pp*) [aro] 耕地.
Arātus -ī, *m* [Gk] アラートゥス, *-トス《(1) Cilicia の Soli 生まれのギリシアの詩人 (前 3 世紀前半). (2) Sicyon 出身のギリシアの政治家・将軍; Achaia 同盟の創設者 (前 3 世紀)》.
Araxēs -is, *m* [Gk] アラクセース《(1) Armenia の川; 現 Aras. (2) Persia の川; 現 Bendemir》.
Arbacēs -is, *m* [Gk] アルバケース《Media 初代の王》.
Arbēla -ōrum, *n pl* [Gk] アルベーラ《Assyria の町; この付近で Alexander 大王がペルシア王 Dareus 3 世に大勝した (前 331)》.
arbiter -trī, *m* [ad-/bito] 1 目撃者, 見物人. 2 仲裁人. 3 審判者. 4 支配者.
arbiterium -ī, *n* =arbitrium.
arbitra -ae, *f* [arbiter] (女性の)目撃者, 仲裁人, 審判者.
arbitrārius -a -um, *adj* [arbiter] 1 仲裁裁定の(による). 2 任意の, 自由裁量の.
arbitrātor -ōris, °*m* [arbitror] 審判者, 支配者.
arbitrātus[1] -a -um, *pp* ⇨ arbitro, arbitror.
arbitrātus[2] -ūs, *m* [arbitror] 判断, 意向, 裁量: *cujus arbitratu sit educatus* (CIC) 誰の監督下に彼が育てられたのか.
arbitrium -ī, *n* [arbiter] 1 仲裁, 裁定, 調停〈*alcis rei*〉. 2 判断, 裁量; 意見. 3 支配権, 主権: *suo arbitrio* (CIC) 自分の一存で. 4 目撃, 居合わせること. 5 *arbitria funeris* (CIC) 葬式の費用《仲裁人によって決められた》.
arbitrix -īcis, *f* [arbiter]《稀》(女性の)仲裁人.
arbitrō -āre -āvī -ātum, *tr, intr* =arbitror.
arbitror -ātus sum, *tr, intr dep* [arbiter] 1 観察する; 目撃する. 2 仲裁裁定する. 3 思う, 判断する, 信ずる〈+ 2 個の *acc*; + *acc c. inf*〉.
arbor -oris, *f* 1 樹木. 2 木製品《帆柱, かい, 船など》: *Pelias* 〜 (Ov) アルゴー船. 3°《解》樹: 〜 *vitae* 小脳活葉.
arborārius -a -um, *adj* [↑] 樹木の: *picus* 〜 (PLIN)《鳥》キツツキ.
arborātor -ōris, *m* [arbor] 植木屋.
arborēscō -ere, *intr* [arbor] (生長して)樹木になる.

arborētum -ī, n [arbor] (樹木の)栽培場.
arboreus -a -um, adj [arbor] 樹木の.
arbōs -oris [-osis], f 〖古形〗=arbor.
arbuscula -ae, f dim [arbor] 低木; 若木.
Arbuscula -ae, f アルブスクラ《Ciceroと同時代の女優》.
arbustīvus -a -um, adj [↓] =arbustus.
arbustum -ī, n [↓] **1** 農園; (樹木に巻きつかせて栽培する)ブドウ園. **2** (pl) 叢林, やぶ.
arbustus -a -um, adj [arbor] **1** 植樹された. **2** (ブドウのつるが)木にはわされた.
arbuteus -a -um, adj [arbutus] 野イチゴの木の.
arbutum -ī, n [↓] **1** 野イチゴの実. **2** =arbutus.
arbutus -ī, f 野イチゴの木.
arca -ae, f [arceo] **1** 箱. **2** 金庫; 金(銭). **3** 棺. **4** 独房. **5**° 〖聖〗ノアの箱舟. **6**° 〖聖〗契約の箱.
Arcades -um, m pl ⇒ Arcas² 2.
Arcadia -ae, f [Gk] アルカディア(-)《Peloponnesus半島中央部の丘陵地帯》.
Arcadicus -a -um, adj Arcadiaの.
Arcadius -a -um, adj =Arcadicus.
arcānō adv (abl) [↓] ひそかに, こっそりと.
arcānum -ī, n [arcanus] 秘密; 神秘.
Arcānum -ī, n Arpinumの南方にあったQ. Cicero (M. Ciceroの弟)の別荘.
arcānus -a -um, adj [arca] **1** 秘密の, ひそかな; 神秘的な. **2** 無口な; 秘密を守る, 口の堅い.
arcārius -ī, m [arca] 会計官, 収入役.
Arcas¹ -adis [-ados], adj [Gk] =Arcadicus.
Arcas² -adis [-ados], m [Gk] **1** 〖神話〗アルカス《Juppiterと Callistoの息子; Arcadia人の名祖(祖)》. **2** Arcadia人.
arcella -ae, f dim [arca] 小箱.
arceō -ēre -cuī, tr [cf. arca] **1** 囲む, 閉じ込める. **2** 遠ざける, 寄せつけない; 禁ずる, 妨げる 〈alqd [alqm] (a) re; alci alqd; +inf〉. **3** 保護する, 守る 〈alqm (a) re〉.
Arcesilās -ae, m [Gk] アルケシラース《(1) Pitane生まれのギリシアの哲学者(前3世紀); Polemonの弟子で中期Academia学派の創始者. (2) ギリシアの画家. (3) ギリシアの彫刻家》.
Arcesilāus -ī, m [Gk] アルケシラーウス, *-オス《(1) =Arcesilas (1). (2) ローマで活躍したギリシアの彫刻家(前1世紀)》.
accessītiō -ōnis, °f [arcesso] 召喚, (神に)召されること(=死去).
accessītor -ōris, m [arcesso] **1** 呼び寄せる人. **2**° 告発者.
accessītus¹ -a -um, adj (pp) [arcesso] 無理な, こじつけの, 不自然な: dictum accessītum (Cic)こじつけの言い回し.
***accessītus²** -ūs, m (用例は sg abl accessītū のみ) 呼び寄せること, 招くこと.
accessīvī pf ⇒ accesso.
accessō, accersō -ere -īvī [-iī] -ītum, tr [ad-/cesso] **1** 呼び寄せる, 招く 〈alqm [alqd] a [ex] re in [ad] alqm〉. **2** 〖法〗召喚する; 告訴する 〈alqm alcis rei〉: alqm capitis accessere (Cic) ある人を死罪に値するとして訴える. **3** 手に入れる, 獲得する, 勝つ. **4** (考えや論題を他から)取ってくる, 引き出す.

archaeologia -ae, °f 古代史; 考古学.
archangelus -ī, °m [Gk] 〖キ教〗大天使.
Archē -ēs, f [Gk] 〖神話〗アルケー《(Ciceroの著作で) 四人の Musae の一人》.
archegoniātae -ārum, °f pl 〖植〗造卵器植物.
archegonium -ī, °n 〖植〗(コケ類・シダ類などの)造卵器.
Archelāus -ī, m [Gk] アルケラーウス, *-オス《(1) Miletus生まれの哲学者で, Anaxagorasの弟子で, Socratesの師といわれる(前5世紀). (2) Macedoniaの王(前413–399). (3) Cappadociaの王. (4) Mithridates王の将軍》.
Archemorus -ī, m [Gk] 〖伝説〗アルケモルス, *-ロス (⇨ Opheltes).
archetypon, -um -ī, n [↓] 原型.
archetypus -a -um, adj [Gk] 原型の.
archezōstis -is, f [Gk] 〖植〗ブリオニア.
Archiacus -a -um, adj Archiasの.
archiannelida -ōrum, °n pl 〖動〗原始環虫類.
Archiās -ae, m [Gk] アルキアース《A. Licinius ~, Antiochia生まれのギリシアの詩人(前1世紀前半); そのローマ市民権の正当性を Cicero が弁護した》.
archiāter, -tros -trī, °m [Gk] 皇帝の主治医.
archibūolus -ī, m [Gk] 〖碑〗Bacchusの神官長.
archichlamydeae -ārum, °f pl 〖植〗離弁花類.
archiconfrāternitās -ātis, °f [Gk ἀρχι-/confraternitas] 〖カト〗大兄弟会.
archidiācōn -onis, °m =archidiaconus.
archidiācōnālis -is -e, °adj [archidiaconus] 助祭長の.
archidiāconus -ī, °m [Gk] 〖カト〗助祭長.
archidux -ucis, °f [Gk ἀρχι-/dux] 大公.
archiepiscopālis -is -e, °adj [↓] 大司教の; 大主教の.
archiepiscopus -ī, °m [Gk] 〖カト〗大司教;〖東方正教会〗大主教.
archiereus -ī, °m [Gk] 高位の祭司.
archigallus -ī, °m [Gk] Cybeleの神官長.
Archigenēs -ae, °m [Gk] アルキゲネース《Trajanus帝時代の名医》.
archigubernus -ī, m [Gk] 操舵手長.
Archilochius -a -um, adj Archilochusの.
Archilochus -ī, m [Gk] アルキロクス, *-コス《Paros島出身のギリシアの抒情詩人(前7世紀); iambus詩の創始者》.
archimagīrus -ī, °m [Gk] 料理長.
archimandrīta -ae, °m [Gk] 〖東方正教会〗大修道院長.
Archimēdēs -is, m [Gk] アルキメーデース《ギリシアの数学者(前287?–212); ローマの将軍 Marcellusが Syracusaeを攻略した時に殺された》.
archimīmus -ī, m [Gk] mimus 劇の座長.
archipīrāta -ae, °m [Gk] 海賊の首領.
archipoēta -ae, °m [Gk] 最高の詩人.
archipresbyter -ī, °m [Gk] 〖カト〗首席司祭.
archipterygium -ī, °n 〖動〗原始鰭(は).

archisodālitium -ī, °*n* [*Gk* ἀρχι-/sodalicium] 《カト》大信心会.
archisynagōgus -ī, °*m* [*Gk*] ユダヤ教会堂長.
architectōn -onis, *m* [*Gk*] 建築家.
architectonicē -ēs, *f* [*Gk*] 建築術.
architectonicus -a -um, *adj* [*Gk*] 建築術の.
architector -ārī -ātus sum, *tr dep* [architectus] 1 設計[建設]する. 2 案出[考案]する, 立案する.
architectūra -ae, *f* [↓] 建築術.
architectus -ī, *m* [architecton] 1 建築家. 2 創始者; 案出[考案]者.
archīum, archīvum -ī, °*n* [*Gk*] 記録[公文書]保管所.
archīvista -ae, °*m* [↑] 記録[公文書]保管人, 古文書係.
archōn -ontis, *m* [*Gk*] アルコーン, 執政官《Athenae の 9 人から成る最高の役職》.
Archȳtās -ae, *m* [*Gk*] アルキュータース《Tarentum 出身の Pythagoras 学派哲学者（前 4 世紀）; Plato の友人》.
arcitenens -entis, *adj* [arcus/teneo] 〖詩〗(Apollo と Diana の添え名として) 弓を持っている.
Arcitenens -entis, *m* [↑] 〖詩〗 1 =Apollo. 2 〖天・占星〗射手座 (=sagittarius).
arctē *adv* =arte.
arcticus -a -um, *adj* [*Gk*] 北極の.
arction -ī, *n* [*Gk*] 〖植〗コボウ属の植物.
arctō -āre, *tr* =arto.
arctogaea -ae, °*f* 〖生物地理〗北界《動物分布三大区分の一つ》.
Arctophylax -acis, *m* [*Gk*] 〖天〗牛飼い座 (=Bootes).
Arctos, -us -ī, *f* [*Gk*] 1 大熊[小熊]座; 大熊・小熊の 2 星座. 2 北極. 3 北. 4 夜.
Arctōus -a -um, *adj* [*Gk*] 北極の; 北の.
Arctūrus -ī, *m* [*Gk*] 〖天〗牛飼座の α 星.
arctus -a -um, *adj* =artus¹.
arcuārius -ī, *m* [arcus] 弓製造者.
arcuātim *adv* [arcuatus] アーチをなして, 弓形に.
arcuātiō -ōnis, *f* [arcuo] アーチ構造.
arcuātūra -ae, *f* =arcuatio.
arcuātus -a -um, *adj* (*pp*) [arcuo] アーチ形の, 弓状に曲がった, 弓形の.
arcuballista -ae, °*m* [arcus/ballista] 弓のついた弩砲.
arcuī *pf* ⇨ arceo.
arcula -ae, *f dim* [arca] 1 小箱, 手箱; 宝石箱. 2 オルガンの風箱.
arculārius -ī, *m* [↑] 小箱製作者.
arculāta -ōrum, *n pl* 粉で作った供儀用菓子.
arcuō -āre -āvī -ātum, *tr* [↓] 弓形に曲げる.
arcus -ūs, *m* 1 弓. 2 虹. 3 〖建〗アーチ, 迫持（せりもち）, 丸天井; 凱旋門. 4 〖数〗弧.
ardaliō -ōnis, *m* [<*Gk* ἀρδάλος] でしゃばり, 空騒ぎする人.
ardea -ae, *f* 〖鳥〗アオサギ.
Ardea -ae, *f* アルデア《Latium にあった Rutuli 族の町》.

Ardeās -ātis, *adj* Ardea の. **Ardeātēs** -ātium, *m pl* Ardea の住民.
Ardeātīnus -a -um, *adj* Ardea の.
ardens -entis, *adj* (*prp*) [ardeo] 1 燃えている, 熱い. 2 輝いている, 光っている. 3 （酒などの）強い. 4 激しい, 熱烈な: avaritia ~ (Cic) 激しい貪欲.
ardenter *adv* [↑] 熱く; 激しく.
ardeō -ēre arsī arsum, *intr* (*tr*) 1 燃える, 焼ける. 2 輝く, 光る 3 （感情が）激する, 燃える. 4 苦しむ, 悩む: ardere podagrae doloribus (Cic) 痛風の痛みに苦しむ. 5 （国が）混乱する, 不穏である: cum arderet Syria bello (Cic) Syria が戦争で混乱していたとき.
ardeola -ae, *f dim* [ardea] 〖鳥〗(小さな）アオサギ.
ardescō -ere arsī, *intr inch* [ardeo] 1 燃える, 火がつく, 焼ける. 2 光る, 輝く. 3 （感情が）激する, 燃え上がる.
ardor -ōris, *m* [ardeo] 1 火, 炎, 熱. 2 輝き, 光, きらめき. 3 激しい熱; （身体が）ほてる[熱くなる]こと. 4 激情, 熱熱; 激怒. 5 恋情; 愛人, 恋人.
Arduenna -ae, *f* アルドゥエンナ《Gallia Belgica の森林地帯; 現 Ardennes》.
arduitās -ātis, *f* [arduus] 険しさ, 急勾配.
ardus -a -um, *adj* =aridus.
arduum -ī, *n* [↓] 1 急斜面. 2 困難: *in arduo* (Sen) 危険な, 困難な.
arduus -a -um, *adj* 1 険しい, 急勾配の. 2 高い, 高くそびえる, そそり立つ. 3 困難な, 厄介な; 不愉快な: res arduae (Cic) 災難, 不幸.
ārea -ae, *f* [*cf.* areo] 1 広々とした場所, 空地. 2 建築用敷地. 3 脱穀場. 4 遊び場, 運動場; 活動場所. 5 (円形競技場の)トラック; 競技場. 6 中庭; 前庭. 7 庭園地. 8 (太陽・月の)かさ. 9 はげ(頭). 10 〖幾〗平面; 面積. 11 °〖解〗野(°), 区: ~ acustica 聴野 / ~ nervi facialis 顔面神経野.
āreālis -is -e, °*adj* [↑] 脱穀場の.
ārefacere *inf* ⇨ arefacio.
ārefaciō -cere -fēcī -factum, *tr* [areo/facio] 乾かす, ひからびさせる, 干上がらせる.
ārefēcī *pf* ⇨ arefacio.
Arelās -ātis, °*f* =Arelate.
Arelāte *indecl n* アレラーテ《Gallia Narbonensis の町; 現 Arles》.
Aremorica, Armori- -ae, *f* アレモリカ, "アルモリカ《Gallia Lugdunensis の北西部地方; 現 Bretagne》.
Aremoricus, Armori- -a -um, *adj* Aremorica の.
arēna -ae, *f* 1 砂; (*pl*) 砂粒 2 砂地 3 (*pl*) 砂漠. 4 砂浜. 5 円形劇場内の闘技場. 6 剣闘技. 7 活舞台, 競争場裡, 闘争の場.
arēnāria -ae, *f* [↓] 砂採取場, 砂坑.
arēnārius -a -um, °*adj* [arena] 1 砂の. 2 闘技場の.
arēnōsus -a -um, *adj* [arena] 1 砂の多い, 砂でおおわれた; 砂を含んだ. 2 砂(のような); 砂だらけの.
ārens -entis, *adj* (*prp*) [↓] 1 乾いた, ひからびた, 干上がった. 2 のどが渇いた.
āreō -ēre āruī, *intr* [*cf.* ardeo] 1 乾いている, ひからびている. 2 のどが渇いている.

āreola -ae, *f dim* [area] **1** 小さな空地. **2**° 〖解〗輪.
āreolāris -is -e, °*adj* [↑]〖解〗輪絞状の.
Arēopagītēs, Arīo- -ae, *m* Areopagus の裁判官.
Arēopagus, Arīo- -ī, *m* [*Gk*] アレーオパゴス, *アレイオス・パゴス《(1)* Athenae の Acropolis 西方の丘. (2) (1) にあった最高法廷》.
ārescō -ere āruī, *intr inch* [areo] 乾く, ひからびる, 干上がる.
Arestoridēs -ae, *m* [*Gk*]〖神話〗Arestor の息子 (=Argus).
aretālogus -ī, *m* [*Gk*] 教訓をたれる人, 道学者.
Aretē[1] -ēs, *f* [*Gk*] アレテー《Syracusae の僭主 Dionysius I の娘; 叔父 Dion の妻となった》.
Ārētē[2] -ēs, *f* [*Gk*]〖伝説〗アーレーテー《Phaeacia の王 Alcinous の妻》.
Arethō -ontis, *m* [*Gk*] アレトー《Epirus の川》.
Arethūsa -ae, *f* [*Gk*] アレトゥーサ《(1)〖神話〗河神 Alpheus に愛されて泉に変えられたニンフ. (2) Syracusae の泉》.
Arethūsaeus -a -um, °*adj* Arethusa の.
Arethūsis -idis, *adj f* Arethusa の.
Arethūsius -a -um, *adj* Arethusa の; Syracusae の.
Arēus -a -um, *adj* ギリシア神話の軍神 Ares の: ~ *pagus* (Cɪᴄ) =Areopagus.
Arganthōnius -ī, *m* [*Gk*] アルガントーニウス, *オス《Tartessus の王 (前 7 世紀頃); 長寿で有名》.
Arganthus -ī, *m* [*Gk*] アルガントゥス《Bithynia の山》.
Argēī -ōrum, *m pl* **1** ローマ市内の犠牲式を行なう場所. **2** 宗教儀式として毎年 5 月 15 日に Tiberis 川に投げ込まれる 23 体の人形.
Argeius -a -um, *adj* =Argeus.
argema -atis, *n* [*Gk*]〖病〗角膜の潰瘍性白斑.
argemon -ī, *n* [*Gk*]〖植〗キンミズヒキ属の植物.
argemōnē -ēs, *f* [*Gk*] =argemonia.
argemōnia -ae, *f* [*Gk*]〖植〗ケシ属の植物.
argennon -ī, *m* [*Gk*] 非常に白い銀.
Argentānum -ī, *n* アルゲンターヌム《Bruttii の町; 現 Argentino》.
argentāria -ae, *f* [argentarius¹] **1** (*sc.* taberna) 両替屋の店. **2** (*sc.* ars) 両替業.
argentārium -ī, °*n* [↓] 銀貯蔵戸庫].
argentārius[1] -a -um, *adj* [argentum] **1** 銀の. **2** 金銭の.
argentārius[2] -ī, *m* **1** 両替屋. **2** 銀細工師.
argentātus -a -um, *adj* [argentum] **1** 銀で飾れた. **2** 金銭に関する.
argenteolus -a -um, *adj dim* [↓] 銀の.
argenteus[1] -a -um, *adj* [argentum] **1** 銀の. **2** 銀で飾られた. **3** 銀色の. **4** 白銀時代の.
argenteus[2] -ī, *m* **1** 銀貨.
Argenteus -ī, *m* アルゲンテウス《Gallia Narbonensis の川; 現 Argens》.
Argentorātus -ī, °*f* アルゲントラートゥス《Gallia の町; 現 Strasbourg》.
argentum -ī, *n* **1** 銀. **2** ~ *vivum* (Pʟɪɴ) 水銀. **3** 銀器. **4** 銀貨; (一般に) 貨幣, 通貨.

Argentumexterebronidēs -ae, *m*《「金銭をかすめ取る者」の意》Plautus の喜劇中のペテン師の名.
argestēs -ae, *m* [*Gk*] 西北西[北西]風.
Argēus -a -um, *adj* =Argivus.
Argī -ōrum, *m pl* =Argos.
Argīa -ae, *f* [*Gk*]〖神話〗アルギーア, *-ゲイアー《(1) Adrastus の娘で Polynices の妻. (2) Inachus の妻で Io の母》.
Argīlētānus -a -um, *adj* Argiletum の.
Argīlētum -ī, *n* アルギーレートゥム《ローマ市の一地区; 本屋や靴屋が多かった》.
Argilius -a -um, *adj* Argilos の.
argilla -ae, *f* [*Gk*] 陶土.
argillāceus -a -um, *adj* [↑] 粘土質の.
argillōsus -a -um, *adj* [argilla] 粘土を多く含んだ.
Argilos -ī, *f* [*Gk*] アルギロス《Macedonia の町》.
Arginūs(s)ae -ārum, *f pl* [*Gk*] アルギヌーサエ, *-サイ《エーゲ海の Lesbos 島近くの三つの小島; この近くで Athenae 艦隊が Sparta 艦隊に大勝した (前 406)》.
argitis -idis, *f* [*Gk*]〖植〗白ブドウの木.
Argīus -a -um, *adj* =Argivus.
Argīvus -a -um, *adj* **1** Argos の. **2** ギリシアの.
Argīvī -ōrum, *m pl* **1** Argos 人. **2** ギリシア人.
Argō -ūs, *f* [*Gk*] **1** 〖伝説〗アルゴー《Argonautae の乗った船》. **2** 〖天〗アルゴ座.
Argolicus -a -um, *adj* **1** Argolis の. **2** ギリシアの.
Argolis[1] -idis, *adj f* Argos の.
Argolis[2] -idis, *f* **1** Argos の女. **2** アルゴリス《Peloponnesus 半島の東部地方》.
Argonautae -ārum, *m pl* [*Gk*]〖伝説〗アルゴナウタエ, *-タイ《金の羊毛を捜すために Argo 船に乗って Colchis へ遠征したギリシアの勇士たち》.
Argonautica -ōrum, *n pl* 「アルゴナウティカ」《Argonautae の遠征を歌った C. Valerius Flaccus (1 世紀) の叙事詩》.
Argos *n* [*Gk*] (用例は *nom, acc* のみ) アルゴス《Argolis 地方の首都》.
Argous -a -um, *adj* Argo の: *Argoa pinus* (Vᴀʟ Fʟᴀᴄ) アルゴー船.
arguī *pf* ⇒ arguo.
argūmentābilis -is, -e, °*adj* [argumentor] 証明できる.
argūmentālis -is -e, *adj* [argumentum] 証拠を含んでいる.
argūmentāliter *adv* [↑] 証拠として.
argūmentātiō -ōnis, *f* [↓] 論証, 立証.
argūmentor -ārī -ātus sum, *intr, tr dep* [argumentum] **1** 証明[立証]する. **2** 証拠として挙げる.
argūmentōsus -a -um, *adj* [↓] **1** 内容豊富な. **2** 証拠十分な.
argūmentum -ī, *n* [↓] **1** 証拠, 論拠: *argumenta hujus criminis* (Cɪᴄ) この告発を裏付ける証拠 / ~ *ad hujus innocentiam* (Cɪᴄ) 彼の無実を立証するあかし. **2** 推論, 結論. **3** 動機, 理由. **4** 象徴. **5** (演説・書籍などの) 題材, 主題; (劇の) 筋書き; 物語. **6** (あるできごとを表現した) 美術作品, 工芸品.

arguō -ere -guī -gūtum, *tr* **1** 明らかにする, 示す, 証明する ⟨alqd; +*acc c. inf*⟩: *degeneres animos timor arguit* (VERG) 恐れは卑しい生まれの心を証明する. **2** 反証する, 論破[反駁]する ⟨alqd; +*acc c. inf*⟩. **3** 罪を帰する, 告発する ⟨alqm alcis rei; alqd; +2 個の *acc*; +*acc c. inf*⟩: *alqm summi sceleris arguere* (CIC) ある人を最も重い罪で告発する. **4** 非難する, とがめる.

Argus[1] -ī, *m* [*Gk*] アルグス, *-ゴス ⟪(1)⟨神話⟩ Juppiter が愛した少女 Io が Juno によって雌牛に変えられたのち, その監視者となった百眼の巨人; Jupiter の命によって Mercurius に殺された. (2)⟨伝説⟩ Argo 船の建造者⟫.

Argus[2] -a -um, *adj* Argos の.

argūtātiō -ōnis, *f* [argutor] きしむこと.

argūtātor -ōris, *m* [argutor] 屁理屈屋.

argūtātrīx -īcis, *adj f* [↑] 屁理屈をこねる; おしゃべりな.

argūtē *adv* [argutus] 抜け目なく, 巧妙に.

argūtiae -ārum, *f pl*, **argūtia** -ae, *f* [argutus] **1** 生きいきしていること, 表情の豊かさ. **2** 機知, 明敏. **3** 狡猾さ, 抜け目のなさ.

argūtiola -ae, *f dim* [↑] 屁理屈.

argūtō -āre -āvī, *tr* [↓] くどくどしゃべる, 子どものような口を利く.

argūtor -ārī -ātus sum, *intr dep* [argutus] ぺちゃくちゃしゃべる, むだ話をする.

argūtulus -a -um, *adj dim* [↓] **1** やや明敏な. **2** 少々おしゃべりな.

argūtus -a -um, *adj* [arguo] **1** 生きいきした, 表情豊かな. **2** (音が)かん高い; 騒々しい. **3** おしゃべりな. **4** (声・音が)澄んだ, 響きのよい. **5** 詳細な, 冗長な: *litterae argutissimae* (CIC) 非常にことば数の多い手紙. **6** 意味深い, あからさまな: *omen argutum* (PROP) はっきりした前兆. **7** 機知に富んだ, 明敏な. **8** 狡猾な, 抜け目のない.

argyraspides -um, *m pl* [*Gk*] 銀の盾を持つ兵士たち (Macedonia の精鋭部隊).

Argyripa -ae, *f* [*Gk*] アルギュリパ ⟪Apulia の町 Arpi の旧名; 現 Arpa⟫.

argyrītis -idis, *f* [*Gk*] 銀のリサージ[密陀僧]の一種.

argyrocorinthus -a -um, *adj* [*Gk*] ⟨碑⟩ Corinthus 産青銅の.

argyrodamas -antis, *m* [*Gk*] 銀色の宝石の一種.

Arīa -ae, *f* [*Gk*] アリーア ⟪ペルシア帝国の東部の一地域⟫.

Ariadna -ae, **-adnē** -ēs, *f* [*Gk*] ⟨伝説⟩ アリアドナ, *-ネー ⟪Creta 島の王 Minos の娘; Minotaurus 退治に来た Theseus に恋し, 彼に糸のまりを与えて迷宮からの脱出を助けた⟫.

Ariadnaeus -a -um, *adj* Ariadna の.

Ariānē -ēs, **-āna** -ae *f* [*Gk*] アリアーネー ⟪ペルシア帝国の東部地域; 現 Afghanistan⟫.

Ariānus -a -um, *adj* Ariane の. **Ariānī** -ōrum, *m pl* Ariane の住民.

Ariarathēs -is, *m* [*Gk*] アリアラテース ⟪Cappadocia の数人の王の名⟫.

Arīcia -ae, *f* アリーキア ⟪Via Appia 沿いの Latium の町; 現 Ariccia⟫.

Arīcīnus -a -um, *adj* Aricia の. **Arīcīnī** -ōrum, *m pl* Aricia の住民.

ārida -ae, °*f* [aridus] 乾いた土地.

Aridaeus -ī, *m* =Arrhidaeus.

āridē *adv* [aridus] 無味乾燥に, そっけなく.

āriditās -ātis, *f* [aridus] **1** 乾燥, 不毛. **2°** しなびた[ひからびた]もの.

āridulus -a -um, *adj dim* [aridus] やや乾いた.

āridum -ī, *n* [↓] 乾いた[不毛の]土地.

āridus -a -um, *adj* [areo] **1** 乾いた, ひからびた. **2** (のどが)渇いた. **3** 貧乏な. **4** しわくちゃの. **5** (音が)耳ざわりな, 不快な. **6** 強欲な, 貪欲な. **7** 無味乾燥な, 味気ない.

ariēs -etis, *m* **1** 雄ヒツジ. **2** (A-) ⟨天・占星⟩ 牡羊座. **3** ⟨軍⟩ 破城槌. **4** 防波堤.

arietārius -a -um, *adj* [↑] 破城槌の.

arietātiō -onis, *f* [arieto] 衝突.

arietīnus -a -um, *adj* [aries] **1** 雄ヒツジの. **2** 雄ヒツジの頭に似た: *cicer arietinum* ⟨植⟩ ヒヨコマメの一種.

arietō -āre -āvī -ātum, *tr, intr* [aries] **1** (雄ヒツジのように)激しく突く, 打ちのめす. **2** 突進する, ぶつかる ⟨in alqd⟩.

Ariī -ōrum, *m pl* Aria の住民.

arillus -ī, °*m* ⟨植⟩ 仮種皮.

Arimaspī -ōrum, *m pl* [*Gk*] ⟨伝説⟩ アリマスピー, *-ポイ ⟪Scythia の一部族; 単眼と信じられた⟫.

Ariminensis -is -e, *adj* Ariminum の. **Ariminensēs** -ium, *m pl* Ariminum の住民.

Ariminum -ī, *n* アリーミヌム ⟪Umbria の町; 現 Rimini⟫.

Ariobarzānēs -is, *m* アリオバルザーネース ⟪前 1 世紀の Cappadocia の数人の王の名⟫.

ariol- ⇨ hariol-.

āriola -ae, *f* =areola.

Ariōn -onis, *m* [*Gk*] アリーオーン ⟪(1) Lesbos 島生まれの堅琴奏者 (前 7 世紀末); 海でおぼれかかったときイルカに救われたと伝えられる. (2) ⟨神話⟩ Adrastus が Neptunus から与えられた口を利く馬⟫.

Ariōnius -a -um, *adj* ⟨詩⟩ Arion (1) の.

Ariopag- ⇨ =Areopag-.

Ariovistus -ī, *m* アリオウィストゥス ⟪Germania の Suebi 族の王; Gallia へ侵入し Caesar に撃退された⟫.

aris -idis, *f* [*Gk*] ⟨植⟩ サトイモ科アラム属の植物.

Arisba -ae, **-bē** -ēs, *f* [*Gk*] アリスバ, *-ベー ⟪(1) Troas の町. (2) Lesbos 島の町⟫.

arista -ae *f* **1** (ムギなどの)のぎ. **2** (ムギなどの)穂; (通例 *pl*) 穀物. **3** 収穫期. **4** (*pl*) 茎.

Aristaeus -ī, *m* [*Gk*] ⟨神話⟩ アリスタエウス, *-タイオス ⟪Apollo と Cyrene の息子; 人間に養蜂とオリーブ栽培を教えたといわれる⟫.

Aristander -drī, *m* [*Gk*] アリスタンデル, *-ドロス ⟪Alexander 大王の占い師⟫.

Aristarchus -ī, *m* [*Gk*] アリスタルクス, *-コス ⟪(1) Alexandria の図書館長で文法家 (前 2 世紀). (2) Samos 島生まれの天文学者で地動説の先駆者 (前 3 世紀)⟫.

aristātus -a -um, *adj* [arista] のぎのついた.
aristereōn -ōnis, *f* [*Gk*] 《植》クマツヅラの一種.
Aristīdēs -is, *m* [*Gk*] アリスティーデース, *-テイデース 《Athenae の政治家・将軍 (前 530?–?468);「正義の人」と呼ばれた; Themistocles の政敵).
Aristippēus -a -um, *adj* Aristippus の.
Aristippus -ī, *m* [*Gk*] アリスティッブス, *-ボス 《Cyrene 生まれの哲学者 (前 435?–?355); Socrates の友人; Cyrene 学派の創始者といわれる).
Aristius -ī, *m* アリスティウス 《ローマ人の氏族名》.
aristocratia -ae, °*f* [*Gk*] 貴族政治.
Aristodēmus -ī, *m* [*Gk*] アリストデームス, *-モス 《Cumae の僭主 (前 6–5 世紀)》.
Aristogītō(n) -onis, *m* アリストギートーン, *-ゲイトーン 《Athenae 人; Harmodius とともに僭主 Hipparchus を殺した (前 514)》.
aristolochia -ae, *f* [*Gk*] 《植》ウマノスズクサ 《安産の薬とされた》.
aristolochiăceae -ārum, °*f pl* [*Gk*] 《植》ウマノスズクサ科.
Aristomachē -ēs, *f* [*Gk*] アリストマケー 《Dionysius I の夫人の一人; Dion の姉》.
Aristō(n) -ōnis, *m* アリストーン 《(1) Chios 島生まれのストア哲学者で Zeno の弟子 (前 3 世紀). (2) Cea 島生まれの逍遥学派哲学者 (前 3 世紀); Lyco の弟子》.
Aristōnēus -a -um, *adj* Ariston (1) の.
Aristonīcus -ī, *m* [*Gk*] アリストニークス, *-コス 《Pergamum の王 Eumenes II の庶子 (前 2 世紀)》.
Aristophanēs -is, *m* [*Gk*] アリストパネース, "アリストファネス 《(1) Attica 古喜劇最大の作者 (前 448?–?380). (2) Byzantium 生まれの文献学者; 前 2 世紀初め頃 Alexandria の大図書館の館長となった》.
Aristophanēus -a -um, *adj* Aristophanes (1) の.
aristophorum -ī, *n* [*Gk*] 朝食を運ぶための皿.
Aristotelēs -is, *m* アリストテレース 《Macedonia の Stagira 生まれの哲学者 (前 384–322); Plato の弟子で Alexander 大王の師; 逍遥学派の創始者》.
Aristotelēus, -ius -a -um, *adj* Aristoteles の.
Aristoxenus -ī, *m* [*Gk*] アリストクセヌス, *-ノス 《Tarentum 生まれの哲学者・楽理家 (前 4 世紀); Aristoteles の弟子》.
Aristus -ī, *m* [*Gk*] アリストゥス, *-トス 《Athenae の Academia 学派の哲学者 (前 1 世紀); Cicero の友人》.
arithmētica[1] -ae, **-mēticē** -ēs, *f* [*Gk*] 算術, 算数.
arithmētica[2] -ōrum, *n pl* 算術.
arithmēticus[1] -a -um, *adj* [*Gk*] 算術[算数]の.
arithmēticus[2] -ī, °*m* 算術家.
Arithmī -ōrum, °*m pl* [*Gk*] 《聖》民数記.
arithmomania -ae, °*f* [*Gk*] 《病》計算癖.
Ariūsius -a -um, *adj* 《Chios 島のぶどう酒で有名な一地区》Ariusia の.
arma -ōrum, *n pl* [*cf.* armus, armo] **1** 道具, 器具, 工具. **2** 武器: ~ atque tela (LIV) 防御用と攻撃用の武器. **3** 戦争, 戦闘. **4** 兵力; 軍隊. **5** 保護[防衛]手段, 救助策 〈alcis rei〉.

armamaxa -ae, *f* [*Gk*] 《ペルシアの》おおい付きの馬車.
armāmenta -ōrum, *n pl*, **-mentum** -ī, *n* [arma] (船の) 索具.
armāmentārium -ī, *n* [↑] 兵器庫.
armāmentārius -a -um, *adj* [armamenta] 《碑》装備の, 軍備の.
armāriolum -ī, *n dim* [↓] 小さな戸棚.
armārium -ī, *n* [arma] 戸棚.
armārius -ī, °*m* [arma] 図書館員, 司書; 文書係.
armātī -ōrum, *m pl* [armatus[1]] 兵隊, 武装兵.
armātūra -ae, *f* [armo] **1** 武装, 装備. **2** 武装. **3** 軍事演習. **4** (船の) 索具. **5** 武器.
armātus[1] -a -um, *adj* (*pp*) [armo] 武装した; 装備した 〈re〉.
***armātus**[2] -ūs (用例は *sg abl* armātū のみ), *m* **1** 武装; 装備. **2** (重装備の) 軍勢.
Armenia -ae, *f* [*Gk*] アルメニア (–)《黒海とカスピ海の間の地方, ローマの属州としては Major ~ (東部) と Minor ~ (西部) に分けられる》.
Armeniaca -ae, *f* 《植》アンズの木.
Armeniacum -ī, *n* [↓] 《植》アンズの実.
Armeniacus -a -um, *adj* Armenia の: *prunum Armeniacum* (PLIN) 《植》アンズの実.
Armenium -ī, *n* 《化》群青 (ぐんじょう), ウルトラマリン 《Armenia の石より得られる》.
Armenius[1] -a -um, *adj* Armenia の. **Armenius**[2] -ī, *m* Armenia 人.
Armenius[3] -ī, *m* 《古応》=Arminius.
armenta -ae, *f* 《古形》=armentum.
armentālis -is -e, *adj* [armentum] 畜群の.
armentārius[1] -a -um, *adj* [armentum] 畜群の.
armentārius[2] -ī, *m* 牧夫, 家畜番.
armentum -ī, *n* [aro] 家畜; 畜群.
armifer -fera -ferum, *adj* [arma/fero] 《詩》武器を持った, 武装した; 戦争の; 好戦的な.
armiger[1] -gera -gerum, *adj* [arma/gero] 武器を持った, 武装した.
armiger[2] -gerī, *m* **1** よろい持ち, 従者: *Jovis ~* (VERG) Juppiter のよろい持ち (=鷲). **2** 助力者, 腹心.
armigera -ae, *f* [armiger[1]] (女性の) よろい持ち, 従者.
armilla -ae, *f dim* [armus] **1** 腕輪. **2** 鉄の輪.
armillātus -a -um, *adj* [↑] 腕輪をした.
Armilustrium -ī, *n* [arma/lustro[2]] アルミルストリウム祭 《ローマ市の Aventinus 丘で毎年 10 月 19 日に行なわれる武器の清めの祭り》.
Arminius -ī, *m* アルミニウス 《Germania の Cherusci 族の軍事指導者; Varus 率いるローマ軍を破った (後 9)》.
armipotens -entis, *adj* [arma/potens] 《詩》勇壮な, 武力にすぐれた, 好戦的な: *pater ~* (OV) =Mars / *diva ~* (VERG) =Minerva.
armisonus -a -um, *adj* [arma/sono] 《詩》武器が相打つ[鳴り響く].
armō -āre -āvī -ātum, *tr* [arma] **1** 装備する; (船

armoracia, -ea -ae, *f*, **-ium** -ī, *n* [*Gk*] 《柳の》サビダイコン.
Armori- ⇨ Aremori-.
armus -ī, *m* [*cf.* armo, *Gk* ἁρμός] 1 肩, 肩甲関節. 2 (動物の)肩部; わき腹.
Arna -ae, *f* アルナ《Umbria の町》.
arnacis -idis, *f* [*Gk*] (羊皮製の)若い娘の衣服.
Arnātēs -um, *m pl* Arna の住民.
Arniensis -is -e, *adj* Arnus 川の.
Arnus -ī, *m* アルヌス《Etruria の川; 現 Arno》.
arō -āre -āvī -ātum, *tr* [*cf. Gk* ἀρόω] 1 鋤く, 耕す ⟨*abs*; alqd⟩. 2 (船が)波を切って進む. 3 農業を営む ⟨*abs*⟩. 4 耕作によって産出[収穫]する. 5 しわを寄せる.
arōma -atis, *n* [*Gk*] 香料, 芳香性のもの.
arōmatārius -ī, *m* [↑] 《碑》香料商人.
arōmaticum -ī, *n* [↓] 《碑》芳香性軟膏.
arōmaticus -a -um, *adj* [*Gk*] 香料の, 芳香(性)の.
arōmatizō -āre -āvī -ātum, °*intr* [*Gk*] よい香りがする.
Arpī -ōrum, *m pl* アルピー《Apulia の町; 現 Arpa》.
Arpīnās[1] -ātis, *adj* Arpinum の. **Arpīnātēs** -ium, *m pl* Arpinum の住民.
Arpīnās[2] -ātis, *m* Arpinum 人 (=Marius あるいは Cicero).
Arpīnās[3] -ātis, *n* Arpinum にあった Cicero の別荘.
Arpīnum -ī, *n* アルピーヌム《Latium の町; Marius と Cicero の生地; 現 Arpino》.
Arpīnus -a -um, *adj* 1 Arpi の. 2 Arpinum の. **Arpīnī** -ōrum, *m pl* Arpi の住民.
arquātus -a -um, *adj* =arcuatus.
arquitenens -entis, *adj* =arcitenens.
arquītēs -um, *m pl* [arcus] 弓の射手, 弓兵.
arquus -ūs, *m* =arcus.
arra -ae, *f* =arrabo.
arrabō -ōnis, *m* [*Gk*<*Heb.*] 手付け金, 保証金: ~ *amoris* (Plaut) 愛のしるし.
arrector -ōris, °*m* [arrigo] 《解》立筋.
arrectus -a -um, *adj* (*pp*) [arrigo] 1 直立した. 2 険しい, 急勾配の.
arrenicum -ī, *n* =arsenicum.
arrēpō -ere -repsī, *intr* [ad-/repo] 忍び寄る, こっそり近づく; 忍び込む ⟨ad alqd; alci rei⟩.
arrepsī *pf* ⇨ arrepo.
arreptīcius -a -um, °*adj* [arripio] 1 取りつかれた, 霊感を受けた. 2 狂乱した.
arreptus -a -um, *pp* ⇨ arripio.
Arrētīnus -a -um, *adj* Arretium の. **Arrētīnī** -ōrum, *m pl* Arretium の住民.
Arrētium -ī, *n* アッレーティウム《Etruria の陶器で有名な町; 現 Arezzo》.
arrexī *pf* ⇨ arrigo.
arrha -ae, *f* =arra.
arrhabō -ōnis, *m* =arrabo.

arrhēnicum -ī, *n* =arsenicum.
arrhenogonos -os -on, *adj* [*Gk*] 《ギリシア人が satyrion と呼ぶ植物について》男の子を生む力を与える.
Arrhidaeus -ī, *m* [*Gk*] アッリダエウス, *-ダイオス《Alexander 大王の異母弟》.
Arria -ae, *f* アッリア《(1) 気丈さで知られた女性; Claudius 帝への謀反の廉(⸚)で自害を言い渡されながらためらう夫 (Caecina Paetus) に先んじて自刃した. (2) (1)の娘; Nero 帝に自害を命じられた夫 (Thrasea Paetus) とともに母の例にならって死のうとした》.
arrīdeō -ēre -rīsī -rīsum, *intr* (*tr*) [ad-/rideo] 1 いっしょに笑う ⟨*abs*; alci⟩. 2 笑いかける, ほほえみかける ⟨*abs*; alci⟩. 3 好都合である ⟨*abs*; alci⟩. 4 (…の)気に入る, 賛成を得る ⟨alci⟩.
arrigō -ere -rexī -rectum, *tr* [ad-/rego] 1 上に向ける, 起こす, 立てる ⟨alqd⟩: *aures arrigere* (Verg) 耳をそば立てる. 2 刺激[鼓舞]する, 興奮させる ⟨alqm [alqd] ad alqd⟩: *animos ad bellandum arrigere* (Liv) 戦いへと心を鼓舞する.
arripere *inf* ⇨ arripio.
arripiō -pere -ripuī -reptum, *tr* [ad-/rapio] 1 奪い取る, ひったくる, かき集める ⟨alqm [alqd]⟩. 2 逮捕[拘禁]する; 出廷させる, 起訴する ⟨alqm⟩. 3 すばやくとらえる, すばやく利用する: *arripere facultatem laedendi* (Cic) 報復の機会をつかむ. 4 襲いかかる; 非難する ⟨alqm [alqd]⟩. 5 横領[着服]する. 6 習得する, 理解する.
arripuī *pf* ⇨ arripio.
arrīsī *pf* ⇨ arrideo.
arrīsiō -ōnis, *f* [arrideo] ほほえんで賛意を表わすこと.
arrīsor -ōris, *m* [arrideo] 愛想笑いをする者, おべっか使い.
arrīsus -a -um, *pp* ⇨ arrideo.
Arrius -ī, *m* アッリウス《ローマ人の氏族名》.
arrōdō -ere -rōsī -rōsum, *tr* [ad-/rodo] 1 かじる. 2 むしばむ.
arrogans -antis, *adj* (*prp*) [arrogo] 横柄な, 傲慢な.
arroganter *adv* [↑] 横柄に, 傲慢に.
arrogantia -ae, *f* [arrogans] 傲慢, 横柄.
arrogātiō -ōnis, *f* [arrogo] 自主権者 (homo sui juris) に対してなされる養子縁組.
arrogātor -ōris, *m* [↓] 自主権者の養親.
arrogō -āre -āvī -ātum, *tr* [ad-/rogo] 1 もう一度尋ねる. 2 (官僚を他の官僚と共に選ぶ, 選び加える. 3 不当に要求[主張]する, 偽って名のる: *sibi sapientiam arrogare* (Cic) 知者ぶる. 4 帰す, 付与する ⟨alci alqd⟩: *pretium chartis arrogare* (Hor) 著作に価値を与える.
arrōsī *pf* ⇨ arrodo.
arrōsor -ōris, *m* [arrodo] かじる[むしばむ]者.
arrōsus -a -um, *pp* ⇨ arrodo.
Arruns -untis, *m* アッルンス《Etruria 人が年少の息子につけた名; 年長の息子は Lars または Lar と名づけられた》.
Arruntius -ī, *m* アッルンティウス《ローマ人の氏族名》.
ars artis, *f* 1 術, 技術: ~ *disserendi* (Cic) 論証の

術．**2** 性質，習慣，行状: *artes antiquae tuae* (Plaut) あなたの以前の行状．**3** (*pl*) 手段，方法．**4** こつ，技巧．**5** (*pl*) 策略，術策．**6** 仕事，職業: *artes sordidae* (Cic) (奴隷などが行なう)卑しい仕事．**7** 学問，学術[学芸]，知識: *bonae* [*optimae*] *artes* (Cic) = *liberales artes* (Plin) 教養として習得すべき学問，一般教養《中世の liberales artes は大学で教えられた「自由7科」の意》．**8** 学問体系，理論．**9** 学術(教科)書．**10** 芸術；芸術作品．

Arsacēs -is, *m* [*Gk*] アルサケース《Parthia 初代の王(前3世紀後半)》．

Arsacidae -ārum, *m pl* Arsaces の後継者たち．

Arsacius -a -um, *adj* Parthia の．

Arsamosata -ae, *f* [*Gk*] アルサモサタ《Armenia の要塞》．

arsēn-enos, *m* [*Gk*] [植]「雄(♂)」の意》mandragoras の別名．

arsenicum, -on -ī, *n* [鉱] 石黄；[化] 砒素．

arsenobenzolum -ī, *n* [化] アルセノベンゼン．

arsenogonon -ī, *n* [*Gk*] [植] ヤマアイ属の植物．

arsī *pf* ⇒ ardeo, ardesco.

Arsia -ae, *f* アルシア《Histria の川；現 Arsa》．

Arsinoē -ēs, **-noa** -ae, *f* [*Gk*] アルシノエー《(1) エジプトの Ptolemaeus 家に多い女性名；特に ~ *II Philadelphus*, Ptolemaeus I の娘で Lysimachus の, のちの実の弟 Ptolemaeus II の妻 (前316?-270). (2) 都市名; (a) Cyrenaica の町．(b) 下(しも)エジプトの町》．

arsis -is, *f* [*Gk*] [詩] (詩脚の)揚音[強音]部．

arsus -a -um, *pp* ⇒ ardeo.

Artabanus -ī, *m* [*Gk*] アルタバヌス，*-ノス《数名の Parthia 王の名》．

Artabazus -ī, *m* [*Gk*] アルタバズス，*-ゾス《数名の Persia の将軍の名》．

Artaphernēs -is, *m* [*Gk*] アルタペルネース《数名の Persia の貴族の名》．

artātus -a -um, *pp* ⇒ arto.

Artavasdēs -is, *m* アルタウァスデース《大 Armenia の王(前1世紀)》．

Artaxata -ōrum, *n pl*, **-a** -ae, *f* [*Gk*] アルタクサタ《Armenia の首都；Araxes 河畔にあった》．

Artaxerxēs -is, *m* [*Gk*] アルタクセルクセース《Persia の数名の王の名；特に(1) ~ *I*, Xerxes I の息子(在位前465-424). (2) ~ *II*, Dareus II の息子；小 Cyrus の兄 (在位前404-359)》．

artē *adv* [artus¹] **1** きつく，固く，しっかりと．**2** 密集して，窮屈に．**3** ぐっすりと: ~ *et graviter dormire* (Cic) ぐっすりと眠る．**4** 短く．**5** 強く: *alqm* ~ *diligere* (Plin Min) ある人を強く愛する．

Artemis -idis, *f* [神話] アルテミス《ギリシア神話の狩猟の女神；ローマ神話の Diana に当たる》．

Artemisia -ae, *f* [*Gk*] アルテミシア(-)《Caria の王 Mausolus の后 (前4世紀)；夫の死後，壮麗な霊廟 Mausoleum を建てた》．

Artemisium -ī, *n* [*Gk*] アルテミシウム，*-オン《Euboea 島北端の岬》．

artemōn -ōnis, *m* [*Gk*] 船の帆．

artēria -ae, *f* [*Gk*] [解] 血管．**2** 気管: ~ *aspera* (Cic) 気管．

artēriītis -idis, °*f* [病] 動脈炎．

artēriola -ae, *f dim* [arteria] [解] 小[細]動脈: *arteriolae rectae* 直細動脈．

arthralgia -ae, °*f* [病] 関節痛．

arthrīticus -a -um, *adj* [*Gk*] [病] 関節炎の，痛風の．

arthrītis -idis, °*f* [*Gk*] [病] 関節炎，痛風．

arthrītismus -ī, °*m* [病] 痛風素質，関節炎質．

arthrōdia -ae, °*f* [解] 平面関節．

arthropoda -ōrum, °*n pl* [動] 節足動物門．

articulāmentum -ī, *n* [articulo] 関節．

articulāris -is -e, *adj* [articulus] 関節(性)の: ~ *morbus* (Suet) 痛風．

articulāta -ōrum, °*n pl* [動] 有関節亜綱(の貝類)．

articulātē *adv* [articulo] はっきりと，明瞭に．

articulātim *adv* [articulo] **1** 関節をなして，節ごとに．**2** 一つずつ．**3** はっきりと，明瞭に．**4** 詳細に．

articulātiō -ōnis, *f* [↓] **1** 関節でつなぐこと．**2** ブドウの節にできる病気．**3**° [解] 関節．

articulō -āre -āvī -ātum, *tr* [↓] **1** 部分に分ける．**2** 明瞭に発音する．

articulus -ī, *m dim* [artus²] **1** [解] 関節；指．**2** [植] 節；(話の)部分，(文の)章節，成分．**4** 瞬間，時点；転換期，重大局面: *in ipso articulo temporis* (Cic) ぎりぎりの[きわどい]時に / *in articulo* (Cod Just) 急な時に．**5**° 代名詞．**6** [文] 冠詞．

artifex¹ -ficis, *adj* [ars/facio] **1** 巧みな，熟練した ⟨alcis rei; in re⟩: *homines talis negotii artifices* (Sall) このような仕事に熟練した人たち．**2** みごとな，巧妙に作られた，精巧な: ~ *dimicatio* (Plin) 策に富んだ決闘．

artifex² -ficis, *m, f* **1** 芸術家；大家, 名人 ⟨alcis rei; in re⟩: *artifices scaenici* (Cic) 俳優たち．**2** 職人，熟練工．**3** 製作者；創造者．**4** 張本人．**5** 詐欺師，陰謀家．

artificiālis -is -e, *adj* [artificium] 技術の, 技術による；人為的な: *probatio* ~ (Quint) 技術を駆使した論証．

artificiōsē *adv* [↓] 巧みに，巧妙に: *digerere alqd* ~ (Cic) あるものを巧妙に配置する．

artificiōsus -a -um, *adj* [↓] **1** 熟練した，巧みな: *rhetores artificiossimi* (Cic) 巧みな雄弁家たち．**2** みごとな，芸術的な: *artificiosum opus* (Cic) みごとな作品．**3** 人為的な．

artificium -ī, *n* [artifex¹] **1** 巧妙な技術, 芸術的手腕: ~ *gubernatoris* (Caes) 舵取りの手練．**2** 芸術(作)品．**3** こつ, 技巧．**4** 術策．**5** 理論, 体系: *componere* ~ *de jure civili* (Cic) 市民法に基づいて理論を組み立てる．**6** 仕事, 職業．

artiō -īre -īvī -ītum, *tr* [artus¹] (ぎっしり)詰め込む, 押し込む．

artiodactyla -ōrum, °*n pl* [動] 偶蹄目《有蹄類の中で偶数のひずめを有する獣類》．

artitūdō -dinis, °*f* [artus¹] 狭さ．

artītus -a -um, *adj* [ars] 技にすぐれた．

artius¹ *adv comp* ⇒ arte.

artius² -a -um, *adj* [*Gk*] (精神と肉体が)健全な．

artō -āre -āvī -ātum, *tr* [artus¹] **1** 狭くする；詰め込む；殺到する．**2** ぴんと張る，締める: *frenorum* *habenas artare* (Luc) 手綱を引き締める. **3** 制限する, 切り詰める, 短縮する: *in praemiis, in honoribus omnia artata* (Liv) 報酬と名誉においてすべてが制限されていた.

artocreas -atis, *n* [*Gk*] パンと肉の料理, ミートパイ.
artolaganus -ī, *m* [*Gk*] 油っこいケーキの一種.
artopta -ae, *f* [*Gk*] パン焼き皿.
artrō -āre, *intr* (畑を)鋤で(ﾅ)き返す.
artum -ī, *n* [↓] **1** 狭い場所. **2** 窮乏, 困窮. **3** 窮境.
artus[1] -a -um, *adj* [*cf.* ars, arma] **1** 狭い; 詰め込まれた. **2** ぴんと張った, 締めつけられた. **3** 強い, しっかりした: ~ *somnus* (Cic) 熟睡 / *arta familiaritas* (Plin Min) 強い友情. **4** 制限された, 乏しい. **5** 圧迫された. **6** 困窮した, みじめな: *res artae* (Tac) 困難な状況.
artus[2] -ūs, *m* [*cf.* armus, artus[1]; *Gk* ἄρθρον] (通例 *pl* artūs, -uum) **1** 関節. **2** 四肢; 身体.
ārula -ae, *f dim* [ara] 小祭壇.
arum, -on -ī, *n* [*Gk*] 【植】アルム属の植物.
āruncus -ī, *m* [*Gk*] **1** ヤギのひげ. **2** 【植】ヤマブキショウマ属.
arund- ⇨ harund-.
Arūpīnus -a -um, *adj* Arupium の.
Arūpium -ī, *n* アルーピウム《Illyria の町》.
arusp- ⇨ harusp-.
arvālis -is -e, *adj* [arvum] 耕地の: *fratres arvales* (Varr) アルワーレース神官団《豊作を祈願して毎年供物を捧げた 12 人の神官》.
Arvernī -ōrum, *m pl* アルウェルニー《Gallia 南部 (現 Auvergne) にいたケルト系一部族》.
Arvernus -a -um, *adj* Arverni 族の.
arvīna -ae, *f* 脂肪, ラード.
arvum -ī, *n* [↓] **1** 耕地. **2** 穀物, 収穫物. **3** 野(原), 平野; 地域: *arva Neptunia* (Verg) Neptunus の平原 (=海). **4** 牧草地. **5** 岸, 浜辺.
arvus -a -um, *adj* [aro] 耕された; 耕作に適した.
arx arcis, *f* [*cf.* arceo] **1** 要塞, 城塞. **2** 山, 高台, 丘. **3** 天, 天空. **4** 防壁; 避難所. **5** 頂点, 絶頂.
aryepiglotticus -a -um, °*adj* 【解】披裂喉頭蓋の.
arytaenoīdeus -a -um, °*adj* 【解】披裂の.
ās assis, *m* **1** (12 の部分から成る)単位, 全体: *in assem* (Col) 全部で / *ex asse heres* (Quint) 【法】包括相続人. **2** 重量単位 (=約 327 g). **3** 通貨単位《最初は 12 unciae, 後に漸次減少して ½ uncia まで下落》. アス青銅貨: *ad assem perdere* (Hor) 最後の一文まで失う / *non assis facere* (Catul) 一文の価値もないとする. **4** 面積単位 (=1 jugerum).
asafoetida -ae, °*f* 【薬】アギ(阿魏)《オオウイキョウから採れる樹脂》.
asarōtos -os -on, *adj* [*Gk*] (床について)モザイクを敷きつめた.
asarum -ī, *n* [*Gk*] 【植】オウシュウサイシン.
asbestos -ī, *m* [*Gk*] **1** 石綿の一種. **2** アスベスト, 石綿. **3** °(不燃材として用いられる)貴蛇紋石.
ascalabōtēs -ae, *m* [*Gk*] 【動】トカゲの一種.

ascalaphidae -ārum, °*m pl* 【昆】ツノトンボ科.
Ascalaphus -ī, *m* [*Gk*] 【神話】アスカラプス, *-ポス《Acheron 河神の息子; Proserpina によってフクロウに変身させられた》.
ascalia -ae, *f* [*Gk*] 【植】チョウセンアザミの食べられる部分.
Ascalōn -ōnis, *f* [*Gk*] アスカローン《Palaestina 南部沿岸の交易都市》.
Ascanius -ī, *m* [*Gk*] 【伝説】アスカニウス《Aeneas と Creusa の息子; Alba Longa の創建者; Iulus とも呼ばれる》.
ascariāsis -is, °*f* 【病】回虫症.
ascaris -idis, °*f* [*Gk*] 【動】回虫.
ascaulēs -is, *m* [*Gk*] バグパイプ奏者.
ascea, *ae* =ascia.
ascendens -entis, *adj* (*prp*) [ascendo] **1** 登るための. **2**°【病】上行性の.
ascendentēs -ium, °*m*, °*f pl* [↑] 【法】尊属, 先祖《descendentes の対語》.
ascendī *pf* ⇨ ascendo.
ascendō -ere, -scendī -scensum, *intr*, *tr* [ad-/scando] **1** 登る, 上る; 乗る 〈in [ad] alqd; alqd〉. **2** 上がる, 上昇する 〈*abs*; in [ad] alqd〉: *in tantum honorem ascendere* (Cic) このような高い名誉に昇りつく. **3** 達する, 届く.
ascensiō -ōnis, *f* [↑] **1** 上がる[登る]こと, 上昇. **2** のぼり階段. **3** 進歩, 向上. **4**°【キ教】昇天: ~ *Salvatoris* (Hier) 救い主の昇天.
ascensor -ōris, °*m* [ascendo] 登る人; 乗る人, 騎士.
ascensus[1] -a -um, *pp* ⇨ ascendo.
ascensus[2] -ūs, *m* **1** 上がる[登る]こと, 上昇 〈+*gen*; in [ad] alqd〉. **2** 到達: *primus* ~ *ad honoris amplioris gradum* (Cic) より高位の官職へ登る階段. **3** 登り道, 上り口, 階段.
ascētēria -ōrum, °*n pl* [*Gk*] 修道院.
ascēticus -a -um, °*adj* [*Gk*] 禁欲の, 苦行の.
ascētismus -ī, °*m* [*Gk*] **1** 禁欲, 苦行. **2** 【カト】修徳(主義).
ascia -ae, *f* [*Gk*] **1** (大工用)斧. **2** (左官用)こて.
Asciburgium -ī, *n* アスキブルギウム《Gallia Belgica にあった Rhenus 川沿いの町》.
ascidiācea -ōrum, °*n pl* 【動】ホヤ綱(の原索動物).
asciō[1] -āre, *tr* [ascia] こてで切る.
asciō[2] -īre -īvī, *tr* [ad-/scio] 取り上げる, 受け入れる 〈alqm〉: *socios ascire* (Verg) 味方として受け入れる.
ascīscō -ere -scīvī -scītum, *tr* [ad-/sciso] **1** (仲間・味方に)引き入れる, 採る 〈alqm in [ad] alqd; inter alqos; +*dat*; +2 個の *acc*〉. **2** 採用する; 是認する: *quas (leges) Latini voluerunt, asciverunt* (Cic) Latini 人たちは自らの望む法を採用した. **3** 自分のものにする, 横領する: *sibi oppidum asciscere* (Cic) 町をわがものと視する.
ascītus -a -um, *adj* (*pp*) [↑] 取り入れられた, 外来の.
ascīvī *pf* ⇨ ascio[2], ascisco.
asclēpiadāceae -ārum, °*f pl* 【植】ガガイモ科.
Asclēpiadēs -ae [-is], *m* [*Gk*] アスクレーピアデー

ascogonium — aspergillum

ス《(1) Bithynia 出身の医師で L. Licinius Crassus の友人（前1世紀）。(2) Samos 島生まれのギリシアのエピグラム詩人（前3世紀）》.
ascogonium -ī, °*n* 造嚢器.
ascomycētēs -ium, °*f pl* 〖植〗子嚢(ら)菌類.
Ascra -ae, *f* [*Gk*] アスクラ(-)《Boeotia の Helicon 山麓の町; 詩人 Hesiodus の生地》.
Ascraeus[1] -a -um, *adj* **1** Ascra の: ~ *senex* [*poeta*] (VERG [PROP]) =Hesiodus. **2** Hesiodus の. **3** Helicon 山の.
Ascraeus[2] -ī, *m* =Hesiodus.
ascrībō -ere -scrīpsī -scrīptum, *tr* [ad-/scribo¹] **1** 書き加える、書き添える＜alqd alci rei; alqd in alqd [re]; alqd ad alqd＞. **2** 名簿に記載する、登録する＜alqm in alqd; +*dat*＞. **3** 任命[指名]する. **4** 指定する. **5** 算入する、含める＜alqm in [ad] alqd; +*dat*: *alqm ordinibus deorum ascribere* (HOR) ある人を神々の列に数える. **6** (…に)帰する、(…の)せいにする＜alci alqd＞.
ascrīpsī *pf* ⇨ ascribo.
ascrīptīcius -a -um, *adj* [ascribo] (名簿に)新しく記載された.
ascrīptiō -ōnis, *f* [ascribo] 追記、付記.
ascrīptīvus -a -um, *adj* [ascribo] 定員外として登録された.
ascrīptor -ōris, *m* [ascribo] (同意の)署名者、賛成者＜alcis rei＞.
ascrīptus -a -um, *pp* ⇨ ascribo.
Asculānus -a -um, *adj* Asculum の. **Asculānī** -ōrum, *m pl* Asculum の住民.
Asculum -ī, *n* アスクルム《Picenum の主要な町; 現 Ascoli Piceno》.
ascus -ī, °*m* [*Gk*] 〖植〗子嚢(ら).
Asdrubal -alis, *m* =Hasdrubal.
asēitās -ātis, °*f* 〖哲〗自存性.
asella -ae, *f dim* [asina] (小さな)ロバ(雌).
asellus -ī, *m dim* [asinus] **1** (小さな)ロバ(雄). **2** (*pl*)〖天〗かに座の中の2個の星. **3** ローマ人が好んで食べた魚(おそらくタラの一種).
asia -ae, °*f* 〖植〗ライムギ.
Asia -ae, *f* [*Gk*] アシア、''アジア《(1) 本来は Lydia の町、のちにその周辺地域. (2) 小アジア; 特に (a) Pergamum 王国. (b) Troja 王国. (3) Pergamum 王国を遺贈されたローマの属州としてのアシア; 当初は Mysia, Lydia, Caria, Phrygia から成った. (4) アジア大陸》.
Asiāgenēs -is, **-genus** -ī, *m* [*Gk*] アシアーゲネース《L. Cornelius Scipio（前190年の執政官）の添え名》.
Asiānē *adv* [↓] Asia 風の華麗な文体で.
Asiānus[1] -a -um, *adj* **1** Asia の. **2** Asia 風の華麗な文体を用いる.
Asiānus[2] -ī, *m* **1** (*pl*) Asia の住民. **2** Asia 風の華麗な文体を用いる弁論家.
Asiarcha -ae, °*f* [*Gk*] アシア担当官《ローマの属州 Asia で宗教儀式・競技・演劇を監督した高位の神官》.
Asiāticus -a -um, *adj* [*Gk*] **1** Asia の. **2** Asia 風の華麗な文体を用いる.
asīlus -ī, *m* 〖動〗ウシアブ(牛虻).

asina -ae, *f* [asinus] 〖動〗ロバ(雌).
asinālis -is -e, *adj* [asinus] ロバのような.
asinārius[1] -a -um, *adj* [asinus] ロバの: *mola asinaria* (CATO) (ロバが回した)ひき臼.
asinārius[2] -ī, *m* ロバを駆る者、ロバ追い.
asinastra -ae, *adj f* イチジクの一種の.
Asiniānus -a -um, *adj* Asinius の.
asinīnus -a -um, *adj* [asinus] ロバの; ロバのような.
Asinius -ī, *m* アシニウス《ローマ人の氏族名》.
asinus -ī, *m* **1** 〖動〗ロバ. **2** 馬鹿、のろま.
asinusca -ae, *f* 劣等品種のブドウ.
Āsis -idis, *adj f* [*Gk*] Asia の.
Āsius -a -um, *adj* [*Gk*] **1** Asia の. **2** Lydia の.
Āsōpiadēs -ae, *m* Asopus 河神の子孫《特に孫の Aeacus》.
Āsōpis[1] -idis [-idos], *f* Asopus の娘《特に Aegina》.
Āsōpis[2] -idis [-idos], *adj f* Asopus 川の.
Āsōpius -a -um, *adj* Asopus 河神の後裔の.
Āsōpus, -os -ī, *m* [*Gk*] アーソープス、*-ポス《Boeotia の川》.
asōtia -ae, *f* [*Gk*] 放蕩.
asōtus -ī, *m* [*Gk*] 放蕩者.
Asparagium -ī, *n* アスパラギウム《Illyria の町》.
asparagus -ī, *m* [*Gk*] **1** 〖植〗アスパラガス. **2** 新芽、萌芽.
aspargō -ere, *tr* =aspergo¹.
Aspasia -ae, *f* [*Gk*] アスパシア(-)《Miletus 出身の才色兼備の遊女（前5世紀）; Pericles の愛妾》.
aspectābilis -is -e, *adj* [aspecto] **1** 目に見える. **2** 見るに値する.
aspectiō -ōnis, *f* [aspicio] 見ること、観察.
aspectō -āre -āvī -ātum, *tr intens* [aspicio] **1** じっと見つめる、注視する＜+*acc*＞. **2** (場所が)…に向かう、…に面する＜alqd: *mare, quod Hiberniam insulam aspectat* (TAC) Hibernia 島に面した海. **3** 注意する、顧慮する: *jussa principis aspectare* (TAC) 元首の命令を拝聴する.
aspectus[1] -a -um, *pp* ⇨ aspicio.
aspectus[2] -ūs, *m* **1** 見ること: *primo* [*uno*] *aspectu* (CIC) 一見して. **2** 注視. **3** 視野、視界. **4** 視力、視覚: *sub aspectum cadere* (CIC) 見える. **5** 出現. **6** 外観、様子.
aspellō -ere -pulī -pulsum, *tr* [ab-/pello] 駆逐する、追い払う; 追放する＜alqm a [de] re＞.
Aspendius -a -um, *adj* Aspendus の.
Aspendus, -os -ī, *m* [*Gk*] アスペンドゥス、*-ドス《Pamphylia の町》.
asper -era -erum, *adj* **1** 粗い、ざらざらした; でこぼこの (海が)荒れた; 荒天の. **3** 洗練されていない、とどとしい: *aspera oratio* (CIC) 洗練されていない文体. **4** (表現が)辛辣な. **5** 野蛮な、残酷な、粗野な. **6** (味が)酸っぱい、ぴりッとする. **7** (音が)耳ざわりな. **8** 困難な、苦しい: *res asperae* (SALL) 窮境. **9** (意見・判断・法律などが)厳しい、苛酷な.
asperē *adv* [↑] **1** ざらざらに、でこぼこに. **2** (音が)耳ざわりに. **3** 粗野に、野蛮に. **4** 辛辣に、厳しく.
aspergillum -ī, °*n* [aspergo¹] 〖カト〗灌水器, (聖水の)撒水器.

aspergillus -ī, °*m* 【菌】コウジカビ属.
aspergō¹ -ere -spersī -spersum, *tr* [ad-/spargō¹] **1** まく 〈alqd in re〉: *pigmenta in tabula aspergere* (Cɪᴄ) 画布に絵の具を流す. **2** 振りかける, 注ぐ 〈alci rei alqd〉. **3** 混ぜ合わせる, 付け加える, 添える 〈alci alqd〉: *alci molestiam aspergere* (Cɪᴄ) ある人に迷惑をかける. **4** はねかける 〈alqd re〉: *aram sanguine aspergere* (Cɪᴄ) 祭壇を血でよごす.
aspergō² -ginis, *f* [↑] **1** 散布, 振りかけること. **2** 水煙, しぶき.
asperitās -ātis, *f* [asper] **1** 粗いこと, でこぼこ. **2** (気候の)厳しさ. **3** 辛辣. **4** 粗野, 野蛮. **5** 困難, 難局. **6** (音が)耳ざわりなこと. **7** (味が)酸っぱいこと.
asperiter *adv* =aspere.
aspernābilis -is -e, *adj* [aspernor] 軽蔑に値する, 軽蔑すべき.
aspernandus -a -um, *adj* [aspernor] 軽蔑すべき, 退けるべき, いまわしい.
aspernātiō -ōnis, *f* [aspernor] 拒否; 軽蔑.
aspernātor -ōris, °*m* [↓] 軽蔑する人.
aspernor -ārī -ātus sum *tr dep* [ab-/spernō] **1** 遠ざける, 追い払う 〈alqd ab alqo [re]〉. **2** 拒否する, はねつける 〈alqm [alqd]; +*inf*〉.
asperō -āre -āvī -ātum, *tr* [asper] **1** 粗くする, ざらざらにする, でこぼこにする. **2** 鋭くする, とがらせる. **3** 激しくする; 刺激する; 怒らせる 〈alqm [alqd]〉.
asperococcāceae -ārum, °*f pl* 【植】コモンブクロ科.
aspersī *pf* ⇨ aspergō¹.
aspersiō -ōnis, *f* [aspergō¹] まくこと, 振りかけること.
aspersōrium -ī, °*n* =aspergillum.
aspersus -a -um, *pp* ⇨ aspergō¹.
aspexī *pf* ⇨ aspicio.
Asphaltītēs -ae, *adj m* [*Gk*] ~ *lacus* (Pʟɪɴ) 死海(『瀝青質の湖』の意).
aspiciō -cere -spexī -spectum, *tr* [ad-/speciō] **1** 見る, じっと見つめる, 注視する 〈alqm [alqd]〉: *lucem aspicere vix possum* (Cɪᴄ) 日の光を見ることが耐えがたいほどだ(=かろうじて生きている). **2** 見つける, 気づく. **3** 考察する, 吟味[検討]する; 考慮する. **4** (場所が)…に面する[向かう], …を臨む.
aspidobranchia -ōrum, °*n pl* 【貝】ジュンサイ(楯鰓)亜綱.
aspīrātiō -ōnis, *f* [aspiro] **1** 呼吸. **2** 発散, 蒸発. **3** 【文】気息音発声; 帯気音.
aspirinum -ī, °*n* 【薬】アスピリン.
aspīrō -āre -āvī -ātum, *intr, tr* [ad-/spiro] I (*intr*) **1** 呼吸する, 息を吹きかける 〈abs; in [ad] alqd〉. **2** 好意的である, 支持する 〈+*dat*〉: *aspirat primo Fortuna labori* (Vᴇʀɢ) 運命の女神は最初の努力に好意を示す. **3** 得ようと努力する; 達する 〈ad alqm; ad [in] alqd〉: *ex bellica laude ad Africanum aspirare nemo potest* (Cɪᴄ) 武勲においてはAfricanus に並ぶものは誰もいない. **4** 【文】帯気音を出す. II (*tr*) **1** 吐きつける, 吹きつける 〈alci alqd〉. **2** 吹きこむ 〈alci alqd〉: *divinum amorem dictis aspirare* (Vᴇʀɢ) ことばに神にふさわしい愛を吹き込む.

aspis -idis, *f* [*Gk*] 【動】クサリヘビ, エジプトコブラ.
asplēnos -ī, *f*, **-on** -ī, *n* [*Gk*] 【植】シダの一種.
asportātiō -ōnis, *f* [↓] 運び去ること, 除去.
asportō -āre, *tr* [ab-/porto] 運び去る, 除去する, 連れ去る 〈alqm [alqd] ab alqo; alqm [alqd] ex loco in locum〉.
asprētum -ī, *n* [asper] 石ころだらけ[でこぼこ]の場所.
aspriter *adv* =asperiter.
aspritūdō -inis, *f* [asper] **1** ざらざらしていること. **2** (地面の)でこぼこ.
aspulī *pf* ⇨ aspello.
aspulsus -a -um, *pp* ⇨ aspello.
aspuō -ere -uī -ūtum, *tr* [ad-/spuo] つばを吐きかける.
assa¹ -ae, *f* [assus] (*sc.* nutrix) (授乳しない)乳母.
assa² -ōrum, *n pl* 発汗室, 蒸しぶろ.
Assaracus -ī, *m* [*Gk*] 【伝説】アッサラクス, *-コス 《Troja の王; Tros の子; Aeneas の父 Anchises の祖父》.
assārius -ī, *m* 1 as 銅貨.
assātūra -ae, *f* [asso] 焼き肉.
assātus -a -um, *pp* ⇨ asso.
assecla -ae, *m* =assecula.
assectātiō -ōnis, *f* [assector] **1** (公職志願者の)選挙運動に付き添うこと, 随行. **2** 研究, 観測.
assectātor -ōris, *m* [↓] **1** 付き人, 従者. **2** 信奉者; 門弟.
assector -ārī -ātus sum *tr dep* [ad-/sector²] **1** 常に随行する 〈alqm〉. **2** 信奉する.
assecuē *adv* [assequor] ぴったり後について.
assecula -ae, *m* [assequor] 追随者, 取巻き, 子分.
assecūtiō -ōnis, °*f* [assequor] 獲得.
assecūtor -ōris, °*m* [assequor] 従者.
assecūtus -a -um, *pp* ⇨ assequor.
assēdī *pf* ⇨ assideo, assido.
assensī *pf* ⇨ assentio.
assēnsiō -ōnis, *f* [assentior] **1** 賛成, 賛同, 同意. **2** 【哲】感覚現象の承認.
assēnsor -ōris, *m* [assentior] 賛同者, 同意者.
assēnsus¹ -a -um, *pp* ⇨ assentio, assentior.
assēnsus² -ūs, *m* [assentior] **1** 賛成, 賛同. **2** 【哲】感覚現象の承認. **3** 一致, 適合. **4** 【詩】反響, こだま.
assentātiō -ōnis, *f* [assentor] **1** 同意, 賛同. **2** へつらい, おべっか, 追従.
assentātiuncula -ae, *f dim* [↑] (つまらない)おべっか, へつらい.
assentātor -ōris, *m* [assentor] おべっか使い, 追従者.
assentātōriē *adv* [↑] おべっかを使って, へつらって.
assentiō -īre -sēnsī -sēnsum, *intr* =assentior.
assentior -īrī -sēnsus sum, *intr dep* [ad-/sentio] 賛同[同意]する 〈abs; +*dat*; alci de [in] re〉.
assentor -ārī -ātus sum, *intr dep intens* [↑] **1** いつも同意[賛成]する 〈alci〉. **2** へつらう, 追従する 〈alci〉.

assequī *inf* ⇨ assequor.
assequor -sequī -secūtus sum, *tr dep* [ad-/sequor] **1** 追いかける、あとを追う。 **2** 追いつく、達する ⟨+acc⟩. **3** 匹敵する、同等である ⟨alqm [alqd]⟩: *merita alcis non assequī* (Cɪᴄ) ある人の功績にはかなわない。 **4** 達成[到達]する; 獲得する ⟨alqd; ut, ne⟩. **5** 会得する、理解する。
asser -eris, *m* さお、棒。
asserō[1] -ere -seruī -sertum, *tr* [ad-/sero[1]] **1** 付加する、帰属させる ⟨alci alqd⟩: *sibi alqd asserere* (Sᴇɴ) あるものをわがものにする / *alqm in libertatem [ingenuitatem] asserere* (Lɪᴠ) ある人を解放する / *alqm in servitutem asserere* (Lɪᴠ) ある人を自分の奴隷として要求する。 **2** 守る ⟨alqd [alqm] a re⟩. **3** 主張する。
asserō[2] -ere -sēvī -situm, *tr* [ad-/sero[2]] そばに植える ⟨alqd alci rei; alqd ad alqd⟩.
assertiō -ōnis, *f* [assero[1]] 自由民か奴隷かの正式の宣言。
assertor -ōris, *m* [assero[1]] **1** (奴隷か自由民かを)正式に宣言する者。 **2** 解放者、保護者: ~ *libertātis* (Pʟɪɴ) 自由の擁護者。
assertus -a -um, *pp* ⇨ assero[1].
asseruī *pf* ⇨ assero[1].
asservātiō -ōnis, °*f* [asservo] 監視、拘留。
asserviō -īre -īvī [-iī], *intr* [ad-/servio] 助力[援助]する ⟨+dat⟩: *toto corpore contentioni vocis asservīre* (Cɪᴄ) 全身で声を張り上げる手助けをする。
asservō -āre -āvī -ātum, *tr* [ad-/servo] **1** 保存[保管]する、保護する ⟨alqd⟩. **2** 監視する、見張る ⟨alqm [alqd]⟩.
assēs assium, *pl* ⇨ as.
assessiō -ōnis, *f* [assideo] そばにすわること、同席。
assessor -ōris, *m* [assideo] 補佐役。
assessus[1] -a -um, *pp* ⇨ assideo, assido.
assessus[2] -ūs, *m* =assessio.
assestrīx -īcis, *f* [assessor] 補佐役(女性)。
assevēranter *adv* [assevero] 真剣に、断固として。
assevērātē *adv* =asseveranter.
assevērātiō -ōnis, *f* [↓] **1** 誓言、断言。 **2** 真剣さ、まじめさ。
assevērō -āre -āvī -ātum, *tr* [ad-/severus] **1** まじめに行動する ⟨in re; alqd⟩. **2** 誓言する、断言する ⟨alqd de re; +acc c. inf⟩. **3** 証明[立証]する。 **4** *frontem asseverāre* (Aᴘᴜʟ) 真剣な表情になる。
assēvī *pf* ⇨ assero[2].
assideō -ēre -sēdī -sessum, *intr, tr* [ad-/sedeo] **1** そばにすわる ⟨+dat [acc]; alci⟩. **2** 世話する、看護する ⟨alci⟩. **3** (法廷で)補佐役をつとめる、陪席員である ⟨abs; +dat⟩. **4** 野営する ⟨+dat⟩. **5** 包囲する ⟨+dat [acc]⟩. **6** 見張る、監視する ⟨+dat⟩. **7** 似ていない ⟨+dat⟩: *parcus assidet insāno* (Hᴏʀ) けちは気違いの一歩手前だ。
assīdō -ere -sēdī -sessum, *intr* [ad-/sido] 腰をおろす、すわる ⟨abs; alqm⟩: *dextrā Adherbalem assedit* (Sᴀʟʟ) Adherbalの右側に腰をおろした。
assiduē *adv* [assiduus[1]] 常に、絶えず。
assiduitās -ātis, *f* [↓] **1** 絶えず居合わせる[随行する]こと。 **2** 繰返し、頻発、持続: ~ *bellōrum* (Cɪᴄ) 戦争の頻発。 **3** ねばり強さ、根気。
assiduus[1] -a -um, *adj* [assideo] **1** 定住している。 **2** 絶えず居合わせる。 **3** 勤勉な、根気強い。 **4** 絶え間ない、不断の。
assiduus[2] -ī, *m* (上流階級の)納税義務のある市民。
assignātiō -ōnis, *f* [↓] 割当て、分配: ~ *agrōrum* (Cɪᴄ) 土地の配分。
assignō -āre -āvī -ātum, *tr* [ad-/signo] **1** 割り当てる、指定する ⟨alci alqd⟩. **2** (…に)帰する、(…の)せいにする ⟨alci alqd⟩. **3** 引き渡す、ゆだねる: *alqm famae assignāre* (Pʟɪɴ Mɪɴ) ある人を名声(への道)に導く。 **4** 封印する、保証する。
assiliō -īre -siluī -sultum, *intr* (*tr*) [ad-/salio[1]] 跳びかかる ⟨abs; +dat [acc]⟩. **2** 襲いかかる、突進する ⟨+dat [acc]⟩. **3** (話題が)飛躍する ⟨ad alqd⟩.
assiluī *pf* ⇨ assilio.
assimilātiō -ōnis, *f* =assimulatio.
assimilis -is -e, *adj* [ad-/similis] 同様の、よく似ている ⟨+dat [gen]⟩.
assimiliter *adv* [↑] よく似て。
assimilō -āre, *tr* =assimulo.
assimulātiō -ōnis, *f* [assimulo] **1** 類似。 **2** 比較、対比。 **3** 見せかけ、ごまかし。
assimulātus -a -um, *adj* (*pp*) [↓] 類似した; 見せかけの、偽の。
assimulō -āre -āvī -ātum, *tr* [ad-/simulo] **1** 似せる、まねて作る ⟨alqd; alqd alci rei⟩. **2** 模倣する、見せかける、偽る ⟨alqd; +inf; +acc c. inf; quasi⟩: *assimulābō quasi nunc exeam* (Tᴇʀ) 今外に出たばかりというふりをする。 **3** 比較する、対比する; たとえる ⟨alqd; alqd alci rei⟩.
assis -is, *m* =axis[2].
assistēns -entis, *m* (*prp*) [assisto] 傍らに立つ者、助手。
assistentia -ae, °*f* [↓] 助力、援助、補佐。
assistō -ere -stitī, *intr* [ad-/sisto] **1** そばに立つ[いる] ⟨abs; alci alqd; +dat⟩. **2** 助力[援助]する ⟨alci⟩.
assistrīx -īcis, °*f* =assestrix.
assitus -a -um, *pp* ⇨ assero[2].
assō -āre -āvī -ātum, *tr* [assus] あぶる、焼く。
associātiō -ōnis, °*f* [↓] 連合; 団体。
associō -āre -āvī -ātum, *tr* [ad-/socio] (詩)結びつける、連携する: *tibi Melampum associat passūs* (Sᴛᴀᴛ) Melampusはあなたと歩調を合わせる。
associus -a -um, °*adj* [ad-/socius[1]] 仲間の。
*****assoleō** -ēre, *intr* [ad-/soleo] (用例は 3 *sg, pl* のみ) 習慣としている、(…するのが)常である: *ponite hīc quae assolent* (Pʟᴀᴜᴛ) ここへいつものやつ(=料理と酒)を置いてくれ / (impers) *ut assolet* (Cɪᴄ) いつものように。
assonō -āre, *intr* (*tr*) [ad-/sono] **1** 共鳴する、呼応する ⟨alci rei⟩: *plangentibus assonat Echo* (Oᴠ) Echoは嘆き悲しむ者たちに答える。 **2** 合わせて歌う ⟨alqd⟩.
asstitī *pf* ⇨ assisto.
assūdēscō -ere, *intr inch* [ad-/sudo] 汗ばみはじめる。
assuēfacere *inf* ⇨ assuefacio.
assuēfaciō -ere -suēfēcī -suēfactum, *tr* [assue-

assuefactus — astrepo

tus/facio] 慣らす, 習慣づける ⟨alqm ad alqd; alqm re; alqm alci rei; +*inf*⟩.

assuēfactus -a -um, *pp* ⇨ assuefacio.

assuēfēcī *pf* ⇨ assuefacio.

assuēscō -ere -suēvī -suētum, *tr*, *intr* [ad-/suesco] **I** (*tr*) 慣らす, 習慣づける ⟨alqm re; alqm in alqd⟩. **II** (*intr*) **1** (あることに)慣れる, 親しむ ⟨re; ad [in] alqd; alci rei; +*inf*⟩. **2** (…が)好きになる ⟨alci; alqo⟩.

assuētūdō -dinis, *f* [↑] **1** 習慣, 癖 ⟨alcis rei⟩. **2** 親密, 親交 ⟨alcis⟩.

assuētus -a -um, *adj* (*pp*) [assuesco] **1** (…に)慣れた, …する習慣の ⟨re; alci rei; ad [in] alqd; +*inf*⟩. **2** 通例の, 慣例の, いつもの ⟨*abs*; +*dat*⟩.

assuēvī *pf* ⇨ assuesco.

assula -ae, *f dim* [assis] (石や木の)砕片, 破片.

assulātim *adv* [↑] こなごな(ばらばら)に.

assultim *adv* [assilio] 跳びはねながら, 跳躍して.

assultō -āre -āvī -ātum, *intr* (*tr*) *freq* [ad-/salto] **1** 跳びかかる ⟨*abs*; +*dat*⟩. **2** 襲いかかる, 攻撃する ⟨alqd; alci rei⟩.

assultus[1] -a -um, *pp* ⇨ assilio.

*****assultus**[2] -ūs, *m* (用例は *pl abl* assultibus のみ) 突撃, 攻撃.

assum[1] adesse affuī, *intr* [ad-/sum] **1** そこに(そば)にいる, 居合わせる, 出席(同席)している ⟨*abs*; ad alqd; alci rei; in re; cum alqo; apud alqm⟩. **2** 現われる, 生ずる. **3** (法廷に)出頭する: *adesse in judicio* (Cɪᴄ) (原告として)法廷に出頭する. **4** 間近い, 迫っている. **5** 手もとにある, 自由になる. **6** 協力する ⟨alci rei; in re; ad alqd⟩. **7** (敵意をもって)待ちかまえている, 用意がある: *adesse adversus hostes* (Sᴀʟʟ) 敵と対峙する. **8** 援助(助力)する ⟨*abs*; +*dat*; in re; ad alqd⟩. **9** *adesse animo* [*animis*] (Cɪᴄ) (a) 気を付ける, 注意する. (b) 落ち着いている, 覚悟している.

assum[2] -ī, *n* [assus] 焼き肉.

assūmō -ere -sumpsī -sumptum, *tr* [ad-/sumo] **1** 引き受ける, 取り上げる, 採用する ⟨alqm [alqd]⟩. **2** 付け加える, 添える ⟨alqd ad alqd⟩. **3** 引き寄せる, 利用する: *alqm in familiam nomenque assumere* (Tᴀᴄ) ある人を養子とし名を与える. **4** 要求する ⟨alqd alci rei⟩. **5** (不当に)わがものにする, 僭称する ⟨alqd sibi alqd⟩: *in eo sibi praecipuam prudentiam assumere* (Lɪᴠ) その件では自分が一番賢いしと主張する. **6** 〖論〗(三段論法において)小前提として立てる.

assumpsī *pf* ⇨ assumo.

assumptiō -ōnis, *f* [assumo] **1** 承認, 是認; 採択. **2** 〖論〗(三段論法の)小前提: °~ *non probata* 論点先取の虚偽. **3** °〖ｶﾄ〗(聖母マリアの)被昇天.

assumptīvus -a -um, *adj* [↓] 外的事情によって弁護される.

assumptus -a -um, *pp* ⇨ assumo.

assuō -ere -uī -ūtum, *tr* [ad-/suo] 縫い付ける.

assurgō -ere -surrexī -surrectum, *intr* [ad-/surgo] **1** 起き上がる, 立ち上がる: *assurgere alci* (敬意を表して)ある人の前で立ち上がる. **2** 上昇する; そびえ立つ; 上へ向かって伸びる. **3** 躍動する, 高揚する.

assurrectus -a -um, *pp* ⇨ assurgo.

assurrexī *pf* ⇨ assurgo.

assus -a -um, *adj* [*cf*. areo] **1** あぶった, 焼いた. **2** 乾いた, 何もついていない: *assa nutrix* (Fʀᴏɴᴛ) (授乳しない)乳母 / *sol* ~ (Cɪᴄ) (油を塗らないでする)日光浴 / *assa voce* (Vᴀʀʀ) (歌が)無伴奏で.

Assyria -ae, *f* [*Gk*] アッシュリア(-), ″アッシリア《Media, Mesopotamia, Babylonia に囲まれる地域にあった王国》.

Assyrius -a -um, *adj* **1** Assyria の. **2** アジア[東洋]の. **Assyriī** -ōrum, *m pl* Assyria 人.

ast *conj* =at.

Asta -ae, *f* アスタ《Hispania Baetica の町》.

Astapa -ae, *f* アスタパ《Hispania Baetica の町; 現 Estepa》.

Astartē -ēs, *f* [*Gk*] 〖神話〗アスタルテー, ″アシュタルテ《Phoenicia の豊穣と多産の女神; Venus と同一視された》.

Astensis -is -e, *adj* Asta の.

astēr -eris, *m* [*Gk*] **1** 星. **2** 〖植〗シオン. **3**° 〖生物〗星状体.

Asteria -ae, **-riē** -ēs, *f* [*Gk*] アステリア, *-エー《(1) 〖神話〗Titanes 族の Coeus の娘; Juppiter によりウズラに変身させられて海に投じられ, Ortygia (「ウズラ島」の意」のちの Delos 島)になった. (2) Delos 島の古名. (3) Rhodos 島の古名》.

asteriscus -ī, °*m* [*Gk*] **1** (本文校訂に用いられた)星印. **2** 〖植〗アサ, タイマ(大麻).

asternō -ere astrātum astrātum, *tr* [ad-/sterno] **1** 上へまきちらす. **2** (*pass*) 長々と横たわる.

asteroīdea -ōrum, °*n pl* [aster] 〖動〗ヒトデ綱.

asthenia -ae, °*f* [*Gk*] 〖病〗無力(症).

asthma -atis, °*n* [*Gk*] 〖病〗喘息..

asthmaticus -a -um, *adj* [*Gk*] 喘息(性)の, 呼吸困難の.

asticus -a -um, *adj* [*Gk*] 都市の, 都会の.

astigmatismus -ī, °*m* 〖医〗乱視.

astipulātiō -ōnis, *f* [astipulor] 完全な一致; 確認, 追認.

astipulātor -ōris, *m* [↓] **1** 〖法〗契約時の証人. **2** 支持者, 信奉者 ⟨alcis⟩.

astipulor -ārī, *intr* (*tr*) *dep* [ad-/stipulor] **1** 〖法〗契約に参加する. **2** 賛同する, 支持する ⟨alci⟩.

astitī *pf* ⇨ assisto, asto.

astituī *pf* ⇨ astituo.

astituō -ere -uī -ūtum, *tr* [ad-/statuo] そばに置く.

astitūtus -a -um, *pp* ⇨ astituo.

astō -āre -stitī, *intr* [ad-/sto] **1** そばに立っている. **2** 待っている. **3** 直立している. **4** 助力(援助)する, 補佐する.

Astraea -ae, *f* [*Gk*] **1** 〖神話〗アストラエア, *-イアー《Juppiter と Themis の娘正義の女神; 鉄の時代に邪悪にみちた地上を去り, 乙女座になった》. **2** 〖天〗乙女座 (=Virgo).

Astraeus -ī, *m* [*Gk*] 〖神話〗アストラエウス, *-ライオス《Titanes 族の一人; Aurora の夫で風どもの父》.

astrepitus -a -um, *pp* ⇨ astrepo.

astrepō -ere -strepuī -strepitum, *intr*, *tr* [ad-/strepo] **1** (…に向かって)叫ぶ(騒ぐ). **2** (…に向かって)喝采する ⟨alci⟩. **3** 声をあげて賛同する ⟨alqd⟩.

astrepuī *pf* ⇨ astrepo.
astrictē *adv* [astrictus] **1** きつく、しっかりと。 **2** 厳密に、制限されて。 **3** 簡潔に。
astrictiō -ōnis, *f* [astringo] **1** 収斂(しゅうれん)性。 **2°** 厳しい取扱い。
astrictus -a -um, *adj* (*pp*) [astringo] **1** 固く縛られた、引き締められた; 制約された〈ad alqd〉。 **2** 乏しい; けちな。 **3** (話が)簡潔な。
astricus -a -um, *adj* [Gk] 星の、星形の。
astrīd(e)ō -ere, *intr* [ad-/strideo] シューという声を出す〈alci〉。
astrifer -era -erum, *adj* [astrum/fero] 《詩》星をちりばめた、星の多い。
astriger -era -erum, *adj* [astrum/gero] 《詩》星をちりばめた。
astringō -ere -strīnxī -strictum, *tr* [ad-/stringo] **1** 強く引き締める、固く縛る〈結ぶ〉〈alqd; alqd [alqm] ad alqd〉。 **2** 堅くする、凍らせる。 **3** 圧縮する; 要約する。 **4** 義務を負わせる、束縛〔拘束〕する〈alqm [alqd] re〉。 **5** *scelere astringī* [*se astringere*] (Cic) ある罪を犯す。
astrīnxī *pf* ⇨ astringo.
astrologia -ae, *f* [Gk] **1** 天文学。 **2** 占星術。
astrologus -ī, *m* [Gk] **1** 天文学者。 **2** 占星術師。
astronomia -ae, *f* [Gk] 天文学。
astronomus -ī, °*m* [Gk] 天文学者。
astrophobia -ae, °*f* 《医》天体恐怖症。
astructus -a -um, *pp* ⇨ astruo.
astrum -ī, *n* [Gk] **1** 星; 星座。 **2** 《占星》星位、星運〈人の誕生時の星の位置〉。 **3** (*pl*) 高み、天; 永遠不滅; 栄光: *turris ēducta sub astra* (Verg) 天の下に高くそびえる塔 / *sīc ītur ad astra* (Verg) このようにして天の高きに至る。
astruō -ere -strūxī -structum, *tr* [ad-/struo] **1** 増築する〈alqd; alqd re; alqd alci rei〉。 **2** 付け加える〈alqd alci rei; alqd ad alqd〉。 **3** 罪を負わせる、とがめる〈alqm alci rei〉。
astrūxī *pf* ⇨ astruo.
astū *indecl n* [Gk] 都市《特に Athenae を指す》。
astula -ae, *f* =assula.
astupeō -ēre -uī, *intr* [ad-/stupeo] 驚く、驚いて見る〈+*dat*〉。
Astur -uris, *m* **1** Asturia 人。 **2** (*adj*) Asturia の。
Astura -ae, *m, f* アストゥラ《(1) (*m*) Asturia の川; 現 Esla。 (2) (*m*) Latium の川。 (3) (*f*) (2) の河口の島と町; その近くに Cicero の別荘があった》。
Asturcō -ōnis, *m* Asturia 産の馬。
Asturia -ae, *f* アストゥリア《Hispania Tarraconensis の北西部の一地方》。
Asturicus -a -um, *adj* Asturia の。
astus -ūs, *m* **1** 策略、術策。 **2** 軍略。
astūtē *adv* [astutus] 狡猾に、抜け目なく。
astūtia -ae, *f* [↓] **1** 狡猾さ、抜け目のなさ。 **2** 策略、術策。
astūtus -a -um, *adj* [astus] **1** 狡猾な、老獪(ろうかい)な、抜け目のない。
Astyagēs -is, *m* [Gk] アステュアゲース《(1) Media の王; Cyrus 大王の祖父。 (2) 【伝説】Perseus の敵; Medusa の顔を見て石と化した》。
Astyanax -actis, *m* [Gk] 【伝説】アステュアナクス《Hector と Andromacha の息子; Troja 陥落の際、幼くしてギリシア人に殺された》。
Astypalaea -ae, *f* [Gk] アステュパライア、*-ライア《エーゲ海南部の島》。
Astypalaeensis -is -e, *adj* Astypalaea の。
 Astypalaeensēs -ium, *m pl* Astypalaea の住民。
Astypalaeicus -a -um, *adj* =Astypaleius。
Astypalēius -a -um, *adj* Astypalaea の。
asȳlum -ī, *n* [Gk] 避難所、隠れ場。
asymbolus -a -um, *adj* [Gk] (割り前の)支払いを免ぜられた、免税の。
asynapsis -is, °*f* 【生物】不対合。
at *conj* **1** (対照的に)しかし、それに対して: ~ *contrā* しかし逆に / ~ *vērō* しかし実際 / ~ *etiam* しかしそれどころか / ~ *tamen* だがそれでもなお。 **2** (単独または他の語を伴って、予想される反論を導く): ~ *senex nē quod speret quidem habet* (Cic) だが、老人は望むべきことが何もないのだ、との反論もあろう。 **3** (予想される反論への答えを導く): *Factumne sit?* ~ *cōnstat* (Cic) (審理すべきはその犯罪が)犯されたか否かだろう。(犯されたことは)明白なのだ。 **4** (制限的に; 特に否定辞のあとで) *sī nōn eōdem diē,* ~ *postrīdiē* (Cato) 同日ではなくとも、少なくとも翌日に。 **5** (罵倒・威嚇・驚きまたは憤慨の叫び)まあ、ああ、あれ、いやはや、何とまあ。 **6** (三段論法の小前提で)ところで、ところが (=atqui)。
atābulus -ī, *m* 南東風、シロッコ《北アフリカから地中海沿岸に向かって吹く熱風》。
Atacīnus -a -um, *adj* [Gk] Atax 川の。 **Atacīnī** -ōrum, *m pl* Atax 河畔の住民。
Atalanta -ae, *-tē* -ēs, *f* [Gk] 【伝説】アタランタ、*-テー《Boeotia の王 Schoeneus の娘; 足が速く狩猟に長じた少女; 多くの求婚者のうち Hippomenēs (または Milaniōn) の妻となった》。
atat *int* =attat.
atavismus -ī, °*m* [↓] 【生物】隔世遺伝、先祖返り。
atavus -ī, *m* [avus] **1** 高祖父〔母〕の父。 **2** 先祖。
Atax -acis, *m* アタクス《Gallia Narbonensis の川; 現 Aude》。
Atēius -ī, *m* アテイユス《ローマ人の氏族名》。
Atella -ae, *f* アーテッラ《Campania にあった Osci 族の町》。
Ātellāna -ae, *f* Atella 起源の大衆的笑劇。
Ātellānia -ae, *f* Atella 笑劇。
Ātellānicus -a -um, *adj* Atella 笑劇の。
Ātellāniola -ae, *f dim* [Atellania] Atella 小笑劇。
Ātellānius -a -um, *adj* =Atellanicus.
Ātellānus[1] -a -um, *adj* Atella の。 **Ātellānī** -ōrum, *m pl* Atella の住民。
Ātellānus[2] -ī, *m* Atella 笑劇の俳優。
āter ātra ātrum, *adj* **1** 黒い、暗色の: *mare ātrum* (Hor) 嵐の海。 **2** 《詩》黒い服装をした。 **3** 悲しい、陰鬱な、不吉な: *diēs ātra* (Verg) 不吉な日。 **4** 意地の悪い、悪意のある。
Ateste -is, *n* アテステ《イタリア北部の Veneti 族の

Athamānes -um, *m pl* [*Gk*] アタマーネス《Athamania に住む一部族》.
Athamānia -ae, *f* [*Gk*] アタマーニア(-)《Epirus の一地方》.
Athamantēus -a -um, *adj* [*Gk*] 《詩》 Athamas の: *aurum Athamanteum* (MART) 金の羊毛.
Athamantis -idos [-idis], *f* [*Gk*] 《詩》 Athamas の娘 (=Helle).
Athamānus -a -um, *adj* 《詩》 Athamania の.
Athamās -antis, *m* [*Gk*] 《伝説》 アタマース《Thessalia の王; Aeolus の子; Hellen の孫で Helle と Phrixus の父》.
atheismus -ī, °*m* 無神論.
Athēna -ae, *f* [*Gk*] 《神話》 アテーナ, *-ネ-《ギリシア神話の知恵・芸術・戦術の女神; ローマ神話の Minerva に当たる》.
Athēnae -ārum, *f pl* [*Gk*] アテーナエ, *-ナイ, "アテネ《Attica の首都; ギリシア文化の中心地》.
Athēnaeum -ī, *n* [*Gk*] アテーナエウム, *-ナイオン《(1) Athenae にあった Minerva (Athena) の神殿; 学者や詩人がそこで作品を朗読した. (2) Hadrianus 帝がローマに創設したギリシアの修辞学・文学の研究施設. (3) Athamania の城砦》.
Athēnaeus[1] -a -um, *adj* [*Gk*] Athenae の.
Athēnaeus[2] -ī, *m* 1 Athenae 人. 2 アテーナエウス, *-ナイオス《修辞学者 Hermagoras の競争相手《前 2 世紀》》.
Athēniensis -is -e, *adj* Athenae の. **Athēnienses** -ium, *m pl* Athenae 人.
Athēniō -ōnis, *m* アテーニオー《Sicilia 島の奴隷反乱 (前 103) の指導者》.
Athēnodōrus -ī, *m* [*Gk*] アテーノドールス, *-ロス《Tarsus 生まれのストア哲学者 (前 1 世紀); Augustus 帝の師友》.
Athesis -is, *m* アテシス《イタリア北部の川; 現 Adige》.
atheus, -os -ī, *m* [*Gk*] 無神論者.
āthlēta -ae, *m* [*Gk*] 1 競技者, 格闘技者. 2 名人, 大家.
āthlēticē *adv* [↓] 運動競技者のように.
āthlēticus -a -um, *adj* [athleta] 運動競技者の.
āthlum -ī, *n* [*Gk*] 仕事, 労苦.
Athōs, Atho -ōnis, *m* [*Gk*] アト(-)ス《Strymon 湾に臨む Macedonia の高山; 現 Agion Oros》.
Atīliānus -a -um, *adj* Atilius の.
Atīlius -ī, *m* アティーリウス《ローマ人の氏族名》; 特に *M.* ~ *Regulus* ⇨ Regulus》.
Ātīna -ae, *f* アーティーナ《Latium にあった Volsci 族の町; 現 Atina》.
Ātīnās -ātis, *adj* Atina の. **Ātīnātēs** -ium, *m pl* Atina の住民.
Atīnius -ī, *m* アティーニウス《ローマ人の氏族名》.
Atintānia -ae, *f* [*Gk*] アティンターニア(-)《Epirus 北西部の一地方》.
Atius -ī, *m* アティウス《ローマ人の氏族名》.
Atlans -antis, *m* =Atlas.
atlantepistropheus -a -um, °*adj* 《解》 環椎軸椎の.

Atlantēus -a -um, *adj* 1 Atlas 山脈の: ~ *finis* (HOR) =Libya. 2 巨人 Atlas の血統の.
Atlantiacus -a -um, *adj* 1 Atlas 山脈の. 2 巨人 Atlas の.
Atlantiadēs -ae, *m* [*Gk*] Atlas の子孫《特に孫の Mercurius》.
Atlantias -adis, *f* Atlas の娘.
Atlanticus -a -um, *adj* Atlas 山脈の: *Mare Atlanticum* (CIC) 大西洋.
Atlantis[1] -idis [-idos], *adj f* 1 Atlas 山脈の. 2 巨人 Atlas の.
Atlantis[2] -idis, *f* アトランティス《(1) Atlas の娘 (= Maia, Electra, Calypso, Pleiades, Hyades) または女系の子孫. (2) 大西洋上にあったという伝説的な島》.
atlantoccipitālis -is -e, °*adj* 《解》 環椎後頭の.
atlās -antis, °*f* [↓] 《解》 第一頸椎, 環椎.
Atlās -antis, *m* [*Gk*] アトラース《(1) 《神話》 天空を双肩にになう苦役を課せられた巨人神 (Titan); のち Atlas 山となった. (2) アフリカ北西部の山脈》.
atomus[1] -a -um, *adj* [*Gk*] 切り分けられない, 分割できない.
atomus[2], **-os** -ī, *f* [*Gk*] 《哲》 原子, 分子.
atque, ac *conj* [ad-/-que?] 1 ...と, そして. 2 そのうえ, さらに; 特に: ~ *etiam* (CIC) そしてまた / ~ *adeo* (CIC) そしてさらに. 3 (類似・相違を表わす語とともに) ...のように, ...と同様に; *virtus eadem in homine ac deo est* (CIC) 徳は神にあると同じく人間にもある / *non aliter scribo ac sentio* (CIC) 私は考えているのとは別のことを書きはしない. 4 (比較級とともに) ...よりも: *artius ~ hederā procera astringitur ilex* (HOR) 丈の高いトキワガシがキヅタよりもしっかりよりみついている. 5 *simul* ~ (CIC) ...するやいなや. 6 (文と文をつないで) そして, そしてまた. 7 (より重要な意見・考えを付加して) それどころか: *id estne numerandum in bonis? ac maximis quidem* (CIC) それを善と評価せねばならないのか? それどころか最大の善 (のひとつ) だ. 8 (utinam とともに願望を表わして): ~ *utinam ex vobis unus fuissem* (VERG) 私があなたがたの仲間であったらよかったのに. 9 (通例 tamen とともに対照的な文を導いて) それにもかかわらず: *dissimiles inter se ac tamen laudandas* (CIC) お互いに似かよっていないが, それでも賞賛されるべき人々. 10 (話の終わりに): *ac de primo quidem officii fonte diximus* (CIC) 義務の第一の根源についてはこれで論じ終えた. 11 (物語の中で) そしてから. 12 (その他の慣用表現): *alius ~ alius* (LIV) 時にはこれが, 時にはあれが / *unus ~ alter* (SALL) 一人また一人と, 次々に / *etiam ~ etiam* (LUCR) 何度も何度も, くりかえし / (の後で) *non minis et vi ac metu* (CIC) 脅しや, 暴力, ましてや恐怖によってでなく / (-que の後で) *seque ac majores et posteros* (TAC) 自らも, また祖先も子孫も / (繰り返して) ~ *deos ~ astra* (VERG) 神々も星々も / (~ si+*subj* で) あたかも…のように (=quasi) / *si me canis memorderit* (=momorderit) (ENN) まるで犬が私をかんだかのように.
atquī *conj* [at/qui?] 1 (先行部分の否定・反駁を導いて) しかし, それにもかかわらず: *magnum narras, vix credibile.* ~ *res sic se habet* (HOR) 君はたいそうな話をするがほとんど信じられない. それでも事実はその通りだ.

2（先行部分とは異なるが、必ずしも矛盾・対立するものではない意見・主張を導いて）しかし、それでも: *nolint.* ~ *licet esse beatis* (Hor) 彼らは望まぬだろう. それでも幸せになることはできるのだ. **3**（三段論法において小前提を導いて）ところで. 例: 大前提: *omnes homines mortales sunt.* 人間はすべて可死的である; 小前提: *atqui Gaius homo est* [*Gaius autem homo est*]. ところで Gaius は人間である; 結論: *ergo Gaius mortalis est.* 故に Gaius は可死的である.

atquin *conj* = atqui.

Atracidēs -ae, *m* Atrax の男《特に Caeneus》.

Atracis -idis, *f* Atrax の女《特に Hippodame》.

ātrāmentum -ī, *n* [ater] **1** 黒い液体《インク・絵の具など》. **2**°《化》硫酸銅.

ātrātus -a -um, *adj* [ater] **1** 黒くなった, 黒ずんだ. **2** 黒い服を着た, 喪中の.

Atrātus -ī, *m* アトラートゥス《ローマ市付近の小川》.

Atrax -acis, *f* [*Gk*] アトラクス《Thessalia 中部の町》.

Atrebatēs -um, *m pl* アトレバテース《Gallia Belgica にいた一部族》.

Atreus -eī, *m* [*Gk*]《伝説》アトレウス《Argos と Mycenae の王; Pelops と Hippodame の息子で Agamemnon と Menelaus の父》.

Atrīdēs, -a -ae, *m* [*Gk*]《伝説》Atreus の子孫《特に息子 Agamemnon; (*pl*) Agamemnon と Menelaus》.

ātriēnsis -is, *m* [atrium] **1** 玄関番, 家令, 執事. **2** (1) の下で働く奴隷, 下働き.

ātriolum -ī, *n dim* [atrium]（小さな）次の間, 控室.

ātritās -ātis, *f* [ater] 黒さ.

ātrium -ī, *n* **1** アートリウム《ローマ人の住宅の主要広間》; 広間, ホール. **2** 応接間. **3** 館, 宮殿. **4** (*pl*) 住宅, 家. **5**°《解》房: ~ *cordis* 心房.

atrōcitās -ātis, *f* [atrox] **1** 恐ろしさ, 忌まわしさ: *ipsius facti* ~ *aut indignitas* (Cic) その行為自体の凶悪さまたは卑劣なこと. **2** 野蛮, 粗暴, 苛酷: *invidiosa* ~ *verborum* (Cic) 憎悪を招くようなことばづかいの野蛮さ.

atrōciter *adv* [atrox] 激しく, 恐ろしく.

atrophia -ae, °*f* [*Gk*]《病》萎縮（症）, 無栄養症.

atrophus -a -um, *adj* [*Gk*] 栄養不良の, 消耗した.

atropīnum -ī, °*n*《薬》アトロピン.

Atropos -ī, *f* [*Gk*] アトロポス《運命の三女神《Parcae》の一人; その名は「変えられない者」の意で, 運命の糸を切る役をつとめているという《*cf.* Lachesis, Clotho》》.

atrox -ōcis, *adj* **1** 恐るべき, ものすごい. **2** 残酷な, 野蛮な, 粗暴な.

Atta -ae, *m* アッタ《ローマ人の家名; 特に詩人 T. *Quinctius* ~ 《前 77 年没》》.

attactus[1] -a -um, *pp* ⇨ attingo.

attactus[2] -ūs, *m* 触れること, 接触.

attagēn -ēnis, *m*, **attagēna** -ae, *f* [*Gk*]《鳥》シャコの類.

Attalēnsēs -ium, *m pl* Attalia の住民.

Attalīa, -ēa -ae, *f* [*Gk*] アッタリーア, *-レイア*《(1) Mysia の町. (2)° Pamphylia の町; 現 Artalya》.

Attalicus -a, -um, *adj* [*Gk*] **1** Attalus の. **2** 豪華な, 壮麗な. **3** 金を織り込んだ.

Attalis -idis, *f* アッタリス《Attalus 王を記念して付けた Athenae の一部族の名》.

Attalus -ī, *m* [*Gk*] アッタルス, *-ロス*《Pergamum の数名の王; 特に ~ *III*, 遺言により王国をローマ人に譲った《前 133 年没》》.

attamen, at tamen *conj* しかしながら, それにもかかわらず.

attāminō -āre, °*tr* [ad-/tamino] **1** 触れる. **2** けがす, はずかしめる.

attat *int*（驚き・恐怖・苦痛などを表わす）おやおや, おっと, おお.

attatae *int* [*Gk*] = attat.

attegia -ae, *f* [*Gall.*] 小屋, 天幕.

attemperātē *adv* [↓] 都合よく.

attemperō -āre -āvī -ātum, *tr* [ad-/tempero] 適合させる.

attemptō -āre -āvī -ātum, *tr* [ad-/tempto] **1** 試す, 試みる 〈alqm [alqd]〉. **2** 誘惑する, 堕落させようとする. **3** 攻撃する, 襲う.

attendī *pf* ⇨ attendo.

attendō -ere -tendī -tentum, *tr, intr* [ad-/tendo[1]] **1** 差し伸べる, 差し出す. **2** 向ける: *attendere animum ad cavendum* (Nep) 身の安全に心を向ける. **3** 気をつける, 留意する 〈abs; alqm [alqd]; de re; alci rei; +*acc c. inf*〉.

attentātiō -ōnis, °*f* [attento] 試み, 企て.

attentē *adv* [attentus[1]] 注意深く.

attentiō -ōnis, *f* [attendo] 注意を払うこと, 専念.

attentō -āre, *tr* = attempto.

attentus[1] -a -um, *adj* (*pp*) [attendo] **1** 心を集中している, 注意深い 〈alci rei; ad alqd〉. **2** 勤勉な. **3** けちな.

attentus[2] -a -um, *pp* ⇨ attineo.

attenuātē *adv* [attenuatus] 簡素に.

attenuātiō -ōnis, *f* [attenuo] **1** 減らす［少なくする］こと. **2** 簡素, 飾り気のないこと.

attenuātus -a -um, *adj* (*pp*) [↓] **1** 弱められた. **2** 簡素な, 飾り気のない. **3** 窮乏した.

attenuō -āre -āvī -ātum, *tr* [ad-/tenuo] 細くする; 弱める; 減らす: *legio proeliis attenuata* (Caes) 戦闘で兵力を損耗した軍団 / *curas attenuare* (Ov) 悲しみを紛らす / *insignem attenuare* (Hor) 目立つ者をおとしめる.

atterō -ere -trīvī -trītum, *tr* [ad-/tero] **1** こする, 摩擦する 〈alqd〉. **2** すりへらす, 使い古す. **3** 衰弱［消耗］させる, 破壊する: *Italiae opes bello atterere* (Sall) イタリアの力を戦争で疲弊させる.

attestātiō -ōnis, °*f* [↓] 証明, 立証.

attestor -ārī -ātus sum, *tr dep* [ad-/testor] 証明する, 立証する.

attexō -ere -texuī -textum, *tr* [ad-/texo] **1** 織り合わせる. **2** 付け加える 〈alqd alci rei; alqd ad alqd〉.

attextus -a -um, *pp* ⇨ attexo.

attexuī *pf* ⇨ attexo.

Atthis[1] -idis, *adj f* [*Gk*] Attica の, Athenae の.

Atthis[2] -idis, *f* 1 Athenaeの女性《特に Philomela または Procne》. 2 =Attica.

Attiānus -a -um, *adj* Attius の.

Attica -ae, **Atticē**[1] -ēs, *f* [*Gk*] アッティカ《Athenae を首都とするギリシア中部の一地方》.

Atticē[2] *adv* Attica [Athenae] 風に.

atticissō -āre, *intr* [*Gk*] Attica 風をまねる; (ギリシア語の) Attica 方言で話す.

Atticus[1] -a -um, *adj* [*Gk*] 1 Attica の; Athenae の. 2 Attica 風の; Athenae 風の.

Atticus[2] -ī, *m* アッティクス《ローマ人の家名; 特に T. Pomponius ~, Cicero の親友》.

attigī *pf* ⇨ attingo.

attiguus -a -um, *adj* [attingo] 1 隣接する. 2 近隣の, 付近の.

attilus -ī, *m* 《魚》チョウザメ.

attineō -ēre -tinuī -tentum, *tr, intr* [ad-/teneo] 1 留めておく, 引き止める: *simul Romanum et Numidam spe pacis attinuisse* (SALL) 和平の望みによってローマ人とヌミディア人双方の注意をひきつけた. 2 保有する, 持ち続ける. 3 及ぶ, 至る ⟨ad alqd⟩. 4 関係する: *quod ad me attinet* (CIC) 私に関する限り (*impers*) (否定辞+⟨*acc c.*⟩ *inf* で) 問題にならない, 重要でない: *nihil attinet me ad te scribere* (CIC) 私があなたに(手紙で)お知らせするまでもありません.

attingō -ere -tigī -tactum, *tr* [ad-/tango] 1 触れる, さわる ⟨alqd⟩. 2 わがものとする, 横領する. 3 攻撃する, 襲う. 4 達する, 到達する. 5 隣接する ⟨alqd⟩. 6 心を動かす: *voluptas aut dolor alqm attingit* (CIC) 喜びまたは悲しみがある人の心を動かす. 7 携わる, 従事する ⟨alqd⟩: *attingere rem publicam* (CIC) 政治にかかわる. 8 言及する ⟨alqd⟩. 9 関連している, 関係がある ⟨alqm [alqd]⟩.

attinuī *pf* ⇨ attineo.

Attis -idis, *m* [*Gk*] 《神話》アッティス《Cybele に愛された Phrygia の美少年; 発狂させられ自ら去勢して死んだ》.

Attius -ī, *m* アッティウス《ローマ人の氏族名》.

attollō -ere, *tr* [ad-/tollo] 1 上げる, 持ち上げる. 2 建てる, 建築する. 3 (精神を)高揚させる; 元気づける. 4 強める, 高める, 際立たせる: *rem publicam bello armisque attollere* (TAC) 戦争と武力によって国家を強大にする / *res per similitudinem attollimus* (QUINT) 私たちは比喩によって主題を際立たせる.

attondeō -ēre -tondī -tonsum, *tr* [ad-/tondeo] 1 刈る, 刈り取る. 2 かじる. 3 巻き上げる, だまし取る. 4 小さくする, 減らす.

attondī *pf* ⇨ attondeo.

attonitus -a -um, *adj* (*pp*) [↓] 1 仰天した; ぼうぜんとした. 2 無感覚にされた; 硬直した. 3 狂乱の, 熱狂した.

attonō -āre -tonuī -tonitum, *tr* [ad-/tono] 1 仰天させる, ぼう然とさせる. 2 狂乱させる, 熱狂させる.

attonsus -a -um, *pp* ⇨ attondeo.

attonuī *pf* ⇨ attono.

attorqueō -ēre, *tr* [ad-/torqueo] (上へ)投げる.

attractīvus -a -um, °*adj* [attraho] ひきつける, 魅する.

attractō -āre, *tr* =attrecto.

attractus[1] -a -um, *adj* (*pp*) [attraho] 顔をしかめた, まゆをひそめた.

attractus[2] -ūs, °*m* 引き寄せること.

attrahō -ere -traxī -tractum, *tr* [ad-/traho] 1 引き寄せる ⟨alqd ad alqd⟩. 2 来させる: *tribunos attrahi ad se jussit* (LIV) 彼は軍団付き高級将校を自分のところへ連行せよと命じた. 3 ひきつける, おびき寄せる.

attraxī *pf* ⇨ attraho.

attrectātiō -ōnis, *f* [attrecto] さわること, 接触.

attrectātus -ūs, *m* [↓] さわること, 手を触れること.

attrectō -āre -āvī -ātum, *tr* [ad-/tracto] 1 触れる, さわる ⟨alqm [alqd]⟩. 2 不当に手を触れる; わがものとする. 3 従事する, 携わる ⟨alqd⟩.

attrepidō -āre, *intr* [ad-/trepido] よたよた歩く.

attribuī *pf* ⇨ attribuo.

attribuō -ere -tribuī -tribūtum, *tr* [ad-/tribuo] 1 分配する, 割り当てる, 指定する ⟨alci alqd⟩. 2 付加する, 添える. 3 ゆだねる, 譲渡する. 4 与える, 付与する: *timor, quem mihi natura pudorque meus attribuit* (CIC) 私の生来の慎み深さが私に与えた恐れ. 5 併合する, 従属させる. 6 …のせいにする, …に帰す ⟨alqd⟩.

attribūtiō -ōnis, *f* [↑] 1 割当て. 2 《文》限定語.

attribūtum -ī, *n* [↓] 1 公金付与. 2 《文》限定語.

attribūtus -a -um, *pp* ⇨ attribuo.

attrītiō -ōnis, °*f* [attero] 1 摩擦. 2 《カト》不完全な悔悛.

attrītus[1] -a -um, *adj* (*pp*) [attero] 1 すりへった; すべすべした. 2 恥知らずな, あつかましい.

attrītus[2] -ūs, *m* 1 こすること, 摩擦. 2 (皮膚の)すりむけ.

attrīvī *pf* ⇨ attero.

attulī *pf* ⇨ affero.

Atys, Attys -yos, *m* [*Gk*] 《伝説》アテュス《(1) Lydia 王家の始祖. (2) ローマの Atia 氏族の始祖.》.

au *int* =hau[1].

a.u.c. 《略》=ab urbe condita (都の建設以来=ローマ紀元).

A.U.C. 《略》=anno urbis conditae (=a.u.c.).

auca -ae, °*f* [avis] 《鳥》ガン(雁).

aucella, aucilla -ae, °*f dim* [↑] 小鳥.

auceps -cupis, *m* [avis/capio[1]] 1 捕鳥人; 鳥屋, 鳥商人. 2 スパイ, 間諜. 3 *syllabarum* ~ (CIC) 揚げ足取り屋.

auctārium -ī, *n* [augeo] 余分.

auctiō -ōnis, *f* [augeo] 1 競売. 2 競売品.

auctiōnālia -ium, °*n pl* [↑] 競売品目録.

auctiōnārius -a -um, *adj* [auctio] 競売の.

auctiōnor -ārī -ātus sum, *intr dep* [auctio] 競売を催す, 競売に出す.

auctitō -āre, *tr freq* [↓] 大いにふやす.

auctō -āre, *tr freq* [augeo] 1 大いにふやす. 2 (人に物を)恵む, 授ける ⟨alqm re⟩.

auctor -ōris, *m* (*f*) [augeo] 1 証人, 保証人 ⟨alcis rei⟩. 2 報告者: ~ *rerum Romanarum* (CIC) ローマ史家. 3 作者, 著者. 4 開祖, 創始者; 提唱

auctoramentum — auguraculum

者: *praeclarus* ~ *nobilitatis tuae* (Cic) あなたの高貴な家系の有名な始祖. **5** 実行者. **6** 手本, 模範. **7** 権威, 大家. **8** 支持者, 後援者. **9** 代弁者, 擁護者. **10** 勧告者, 助言者.
auctōrāmentum -ī, *n* [auctoro] **1** 契約. **2** 報酬, 賃金.
auctōrātus -ī, *m* (*pp*) [auctoro] 雇われ剣闘士.
auctōritās -ātis, *f* [auctor] **1** 保証. **2** 信憑性, 有効性: *auctoritatem esse in eo testimonio* (Cic) その証拠には重みがある. **3** 意向(の表明), 決定: ~ *senatus* (Cic) 元老院の決議. **4** 勧告, 助言. **5** 威厳, 品位. **6** 全権: *legatos cum auctoritate mittere* (Cic) 全権を委任して使節を派遣する. **7** 権威, 影響力. **8** 権威者, 大家. **9** 所有権. **10** 手本, 模範.
auctōrō -āre -āvī -ātum, *tr* [auctor] **1** (*refl*, *pass*) 雇われる. **2** 獲得する, 手に入れる ⟨alqd sibi⟩.
auctōror -ārī -ātus sum, *tr dep* [↑] **1** 賃貸しする, 売る. **2** 与える.
auctumn- ⇨ autumn-.
auctus[1] -a -um, *adj* (*pp*) [augeo] 大きくなった, 増加した: *majestas auctior* (Liv) より増大した威厳.
auctus[2] -ūs, *m* 増大; 成長; 発展: *corporis* ~ (Lucr) 体の成長 / ~ *imperii* (Tac) 帝国の拡大.
aucupātiō -ōnis, *f* [aucupor] 野鳥狩り, 捕鳥.
aucupātōrius -a -um, *adj* [aucupor] 鳥猟に適した.
aucupium -ī, *n* [auceps] **1** 捕鳥. **2** 捕獲された鳥. **3** 得ようとすること: *facere* ~ *auribus* (Plaut) 立ち聞きをする / *aucupia verborum* (Cic) 屁理屈, こじつけ.
aucupō -āre -āvī -ātum, *tr* =aucupor.
aucupor -ārī -ātus sum, *tr dep* [auceps] **1** (鳥を)つかまえる; 得ようと努める. **2** 見張る, 待ち伏せする; 立ち[盗み]聞きする.
audācia -ae, *f* [audax] **1** 大胆, 勇敢, 勇気. **2** 無謀, むこうみず. **3** むこうみずな行為.
audāc(i)ter *adv* [↓] **1** 大胆に, 勇敢に. **2** むこうみずに, 無謀に.
audax -ācis, *adj* [audeo] **1** 勇敢な, 大胆な. **2** むこうみずの, 無謀な.
Audena -ae, *m* アウデナ (Liguria の川).
audens -entis, *adj* (*prp*) [audeo] 勇敢な, 大胆な.
audenter *adv* [↑] 大胆に.
audentia -ae, *f* [audens] 大胆, 勇敢.
audeō -ēre ausus sum, *tr*, *intr* [avidus] **1** ...する気がある, ...したい ⟨+*inf*⟩. **2** 思い切って[あえて]する ⟨*abs*; alqd; +*inf*⟩: *audere in proelia* (Verg) 気負って戦闘に飛び込む.
audiens[1] -entis, *adj* (*prp*) [audio] 耳を傾ける, ...に従順な ⟨alci⟩: *ego sum Jovi dicto* ~ (Plaut) 私は Juppiter のことばに従う.
audiens[2] -entis, *m* [audio] 聞く人, 傾聴者.
audientia -ae, *f* [audiens[1]] **1** 傾聴, 注意: *audientiam facere alci* (Cic) ある人の言を傾聴する. **2** 聴衆.
audiō -īre -īvī [-iī] -ītum, *tr* (*intr*) **1** 聞こえる ⟨*abs*⟩. **2** 聴く, 傾聴する ⟨*abs*; alqm [alqd]⟩. **3** 聞き知る ⟨alqd [alqm]; +*acc c. inf*⟩. **4** 教えを受ける

⟨alqm⟩. **5** 審問[尋問]する ⟨+*acc*; de re⟩. **6** 聞き入れる, 叶える ⟨alqm [alqd]⟩: *preces audire* (Cic) 願いを聞き入れる. **7** 承認する, 同意する ⟨+*acc*⟩: *audio* (Ter) よろしい, 満足だ, 承知した / *non* ~ (Cic) いけない, 不承知だ. **8** 従う, 服従する ⟨+*acc*⟩. **9** (...と)言われる, 見なされる, (...という)評判である: *bene [male] ab alqo audire* (Cic) ある人に受けが良い[悪い].
audītiō -ōnis, *f* [↑] **1** 聞くこと, 聴取 ⟨alcis rei⟩. **2** うわさ, 風聞: ~ *mala* (Vulg) 悪い知らせ, 凶報.
audītiuncula -ae, *f dim* [↑] ちょっとしたうわさ.
audītīvus -a -um, °*adj* [解] 聴覚の: *tuba auditiva* 耳管.
audītō -āre -āvī -ātum, *tr freq* [audio] しばしば聞く.
audītor -ōris, *m* [audio] **1** 聞く人, 聴取者, 傾聴者. **2** 生徒, 聴講者.
audītōrium -ī, *n* [audio] **1** 講堂, 学校. **2** 法廷. **3** 聴衆.
audītus[1] -a -um, *pp* ⇨ audio.
audītus[2] -ūs, *m* **1** 聴覚. **2** 聞くこと. **3** うわさ.
auferō auferre abstulī [aps-] ablātum, *tr* [ab-/fero] **1** 持ち去る, 運び去る ⟨alqd a [ex, de] re⟩. **2** (*refl*, *pass*) 立ち去る, 遠ざかる, 消え失せる. **3** 奪い去る, ひったくる, 引き離す; 横領する ⟨alqd de [a] re; alqd alci; alqd ab alqo⟩. **4** そそのかす, 誘惑する ⟨alqm⟩. **5** 主題から離れる. **6** 取り去る, 除去する ⟨alqd; alci alqo⟩. **7** 獲得する, 手に入れる ⟨alqd ab alqo; ut⟩. **8** 知る, 理解する ⟨alqd ex re⟩: *quis est qui hoc non ex priore actione abstulerit* (Cic) 誰が前回の審判でこのことを理解しなかった者があろうか.
auferre *inf* ⇨ aufero.
Aufidēna -ae, *f* アウフィデーナ (Samnium 北部の町; 現 Alfidena).
Aufidiānus -a -um, *adj* Aufidius の.
Aufidius -ī, *m* アウフィディウス (ローマ人の氏族名).
Aufidus -ī, *m* アウフィドゥス (Apulia の川; 現 Ofanto).
aufugere *inf* ⇨ aufugio.
aufūgī *pf* ⇨ aufugio.
aufugiō -ere -fūgī, *intr*, *tr* [ab-/fugio] **1** 逃れる. **2** 遠ざける, 避ける ⟨alqd⟩.
Augeās -ae, *m* [*Gk*] [伝説] アウゲーアース, *-ゲイ- (Elis の王; その牛舎を Hercules が掃除した).
augeō -ēre auxī auctum, *tr* **1** ふやす, 大きくする, 高める, 強める; 促進する ⟨alqd⟩. **2** 大げさに言う, 誇張する. **3** 賞賛する, 賛美する. **4** 豊かにする, 与える ⟨alqm re⟩: *alter te scientiā augere potest, altera exempliis* (Cic) 前者(の師)は学識の, 後者(の都)は実例を豊かにすることができる.
augescō -ere auxī, *intr inch* [↑] 成長する; ふえる, 大きくなる; 栄える.
Augēus -a -um, *adj* Augeas の.
augificō -āre, *tr* [augeo/facio] ふやす.
augmen -minis, *n* [augeo] 増加.
augmentō -āre, °*tr* [↓] ふやす.
augmentum -ī, *n* [augeo] 増加.
augur -uris, *m* (*f*) [avis] **1** 鳥占い師, ト占官. **2** 予言者.
augurāculum -ī, *n* [auguro] 鳥占いの行なわれ

る場所(=ローマ市の城砦).
augurāle -is, n [↓] 1 将軍の幕舎. 2 卜占官の杖(=lituus).
augurālis -is -e, adj [augur] 鳥占い師の, 卜占(官)の.
augurātiō -ōnis, f [auguro] 鳥占い, 卜占; 予言.
augurātō adv (abl) [↓] しかるべき卜占をして.
augurātus[1] -a -um, pp ⇨ auguro, auguror.
augurātus[2] -ūs, m 卜占官の職[地位].
augurium -ī, n [augur] 1 鳥占い, 卜占; 予言. 2 予感. 3 徴候, 前兆.
augurius -a -um, adj =auguralis.
augurō -āre -āvī -ātum, tr, intr [augur] 1 鳥占いによって予言する; 鳥占いをする. 2 秋い清める. 3 予感する; 推測する⟨alqd; +acc c. inf⟩.
auguror -ārī -ātus sum, tr dep =auguro.
Augusta -ae, f アウグスタ《(1) ローマ皇帝の妻・母・娘・姉妹などの尊称. (2) 都市名; (a) ~ *Taurinorum* (現 Turin). (b) ~ *Praetoria* (現 Aosta). (c) ~ *Vindelicorum* (現 Augsburg). (d) ~ *Treverorum* (現 Trier)》.
Augustālis -is -e, adj Augustus の.
Augustānus -a -um, adj Augustus の; Augustus が創建した.
augustē adv [augustus] うやうやしく.
Augustēum -ī, n Augustus を祀る神殿.
Augustēus -a -um, adj Augustus の.
Augustiānī -ōrum, m pl [Augustus¹] Nero 帝の舞台演技に喝采する見返りに騎士身分を与えられた人々.
Augustīnus[1] -a -um, adj Augustus の.
Augustīnus[2] -ī, °m アウグスティーヌス《初期キリスト教会最大の指導者(354-430); 北アフリカ Hippo の司教》.
Augustodūnum -ī, n アウグストドゥーヌム《Gallia Lugdunensis にあった Aedui 族の町; 現 Autun》.
augustus -a -um, adj [augeo] 1 神々しい, 神聖な. 2 荘厳な, 威厳のある.
Augustus[1] -ī, m アウグストゥス《Octavianus が皇帝となった後の称号; 以後すべてのローマ皇帝の称号》.
Augustus[2] -a -um, adj 1 Augustus の; (Augustus 以後の)ローマ皇帝の. 2 (sc. mensis) 8 月の.
aula[1] -ae, f [Gk] 1 庭, 中庭. 2 玄関, 前庭. 3 宮殿, 宮廷. 4 王位, 王権. 5 廷臣.
aula[2] -ae, f =olla.
aulaeum -ī, n [Gk] (通例 pl) 1 じゅうたん, 敷布. 2 天蓋. 3 (神々や英雄の姿を描いた劇場の)たれ幕: *aulaea premuntur* (Hor) たれ幕が下りる(=芝居が始まる) / ~ *tollitur* (Cic) たれ幕が上がる(=芝居が終わる).
Aulercī -ōrum, m pl アウレルキー《Gallia Celtica の一部族》.
aulēticos -a -on, adj [Gk] 葦笛に適した.
aulicus[1] -a -um, adj [aula¹] 宮廷の.
aulicus[2] -ī, m 廷臣.
Aulis -is [-idis], f [Gk] アウリス《Boeotia の港; Troja 遠征のギリシアの軍船がここに結集し, 出帆した》.
auloedus -ī, m [Gk] 葦笛の伴奏で歌う人.

Aulōn -ōnis, m アウローン《Calabria の名高いぶどう酒産地》.
aulula -ae, f =ollula.
Aululāria -ae, f [↑]「金の小壺」《Plautus の喜劇の題名》.
Aulus -ī, m アウルス《ローマ人の個人名(略形 A.)》.
aura -ae, f [Gk] 1 風; 微風. 2 (しばしば pl) 空気, 大気. 3 (pl) 空, 天. 4 (pl) 明るみ: *omnia sub auras ferre* (Verg) すべてを明るみに出す. 5 蒸気; 臭気. 6 光, 輝き. 7 反響, こだま. 8 好意: ~ *popularis* (Hor) 人望. 9 かすかなもの, 気配: ~ *rumoris* (Cic) かすかなうわさ.
aurāria -ae, f [↓] (sc. fodina) 金鉱, 金山.
aurārius -a -um, adj [aurum] 金の.
aurātūra -ae, f [aurum] 金箔, 金めっき.
aurātus -a -um, adj (pp) [auro] 金めっきされた, 金で飾られた; 金の.
aureae -ārum, f pl =oreae.
Aurēliānus -ī, °m アウレーリアーヌス《L. Domitius ~, ローマ皇帝(在位 270-275)》.
Aurēlius[1] -ī, m アウレーリウス《ローマ人の氏族名; 特に (1) *M.* ~, ローマ皇帝でストア哲学者(121-180; 在位 161-180). (2) *M.* ~ *Antoninus* ⇨ Caracalla》.
Aurēlius[2] -a -um, adj Aurelius の: *via Aurelia* アウレーリア街道《ローマから Etruria の海岸に沿って Pisae に至る街道》.
aureolus[1] -a -um, adj dim =aureus¹.
aureolus[2] -ī, m dim 金貨.
aureus[1] -a -um, adj [aurum] 1 金の. 2 金めっきした. 3 金色の. 4 みごとな, 美しい: *aurea aetas* (Ov)=*aureum saeculum* (Hor) 黄金時代.
aureus[2] -ī, m ローマの金貨(銀貨 25 denarii に相当).
aurichalcum -ī, n =orichalcum.
auricilla -ae, f =oricilla.
auricomus -a -um, adj [aurum/coma] 1 金髪の. 2 《詩》黄金の葉の.
auricula -ae, f dim [auris] 1 耳 (=auris). 2 聴覚. 3°《解》耳介. 4°《解》心耳: ~ *dextra* 右心耳 / ~ *sinistra* 左心耳. 5°《生物》耳状部.
auriculariāceae -ārum, °f pl《植》キクラゲ科.
auriculāris -is -e, °adj [auricula¹] 耳の.
auriculārius -a -um, °adj [auricula] 耳の.
auriculotemporālis° -is -e, adj [auricula/tempus]《解》耳介側頭の.
aurifer -fera -ferum, adj [aurum/fero] 金を産する: *aurifera arbor* (Cic) 黄金のリンゴがなる木.
aurifex -ficis, m [aurum/facio] 金細工師.
aurificīna -ae, °f [↑] 金細工人の仕事場.
aurifodīna -ae, f [aurum/fodina] 金鉱, 金山.
auriga -ae, m [aureae/ago] 1 御者. 2 (A-)《天》駅者座. 3 舵手.
aurigārius -ī, m [↑] 競走用戦車の御者.
aurigātiō -ōnis, f [aurigo] 戦車を駆ること.
aurigena -ae, adj m [aurum/gigno]《詩》黄金から生まれた《Perseus の添え名》.
auriger -gera -gerum, adj [aurum/gero]《詩》黄金を持っている.

aurīgō -āre -āvī -ātum, *intr* [auriga] 1 競走用戦車を御する、戦車競走をする。 2 指図する。
auris -is, *f* 1 耳: *aures praebere* [*dare*] (Liv [Cic]) 耳を貸す / *servire alcis auribus* (Caes) ある人の耳を喜ばせるように話す / *dormire in utramvis aurem* (Ter) 安心してぐっすり眠る。 2 (通常 *pl*) 聴覚。 3 識別力。 4 すきのへら。
auriscalpium -ī, *n* [↑/scalpo] 耳かき。
aurītulus -ī, *m dim* [↓] 耳の長い動物 (=ロバ)。
aurītus -a -um, *adj* [auris] 1 耳の長い。 2 聞き耳を立てる、注意深い。
aurō -āre -āvī -ātum, *tr* [aurum] 金をかぶせる、金めっきする。
aurōra -ae, *f* 1 あけぼの、夜明け。 2 (A-)《神話》アウローラ《あけぼのの女神; ギリシア神話の Eos に当たる》。 3 東、東方。
aurōrō -āre, *intr* [↑] 曙光のように輝く。
aurōsus -a -um, *adj* [aurum] 金を含有する。
aurūgō -inis, *f* [aurum] 《病》黄疸(おうだん)。
aurula -ae, °*f dim* [aura] そよ風、微風。
aurum -ī, *n* [*cf.* aurora] 1 金。 2 金製品。 3 金貨; 金(か); 財力。 4 金色。 5 《伝説》金の羊毛。 6 《神話》黄金時代。
Aurunca -ae, *f* アウルンカ《Campania の町; Suessa ~ とも呼ばれた; 諷刺詩人 Lucilius の生地》。
Aurunculēius -ī, *m* アウルンクレイユス《ローマ人の氏族名》。
Auruncus[1] -a -um, *adj* Aurunca の。 **Auruncī** -ōrum, *m pl* Aurunca の住民。
Auruncus[2] -ī, *m* =Averruncus.
Ausa -ae, *f* アウサ《Hispania Tarraconensis の町》。
Auscī -ōrum, *m pl* アウスキー《Gallia 南西部の一部族》。
ausculor -ārī, *tr dep* =osculor.
auscultātiō -ōnis, *f* [auculto] 1 聞くこと; 盗み聞き。 2 服従。 3° 《医》聴診。
auscultātor -ōris, *m* [auculto] 1 聞く人。 2 服従する人。
auscultātus -ūs, *m* [↓] 耳を傾けること、聞くこと。
auscultō -āre -āvī -ātum, *tr*, *intr freq* 1 耳を傾ける ⟨*abs*; alci; alqm [alqd]⟩。 2 服従する ⟨alci⟩。 3 盗み聞きする ⟨+*acc*; +間接疑問⟩。
Ausētānus -a -um, *adj* Ausa の。 **Ausētānī** -ōrum, *m pl* Ausa の住民。
ausim *subj pf* =ausus sim (⇒ audeo).
Ausona -ae, *f* アウソナ《Latium の Minturnae 付近にあった Ausones 人の町》。
Ausones -um, *m pl* [Gk] アウソネス《(1) Campania の原住民。(2)《詩》イタリアの住民》。
Ausonia -ae, *f* アウソニア《(1)《詩》イタリア。(2) イタリアの住民》。
Ausonidae -ārum [-um], *m pl* 《詩》イタリアの住民。
Ausonis -idis, *adj f* 《詩》イタリアの。
Ausonius -a -um, *adj* 1《詩》Ausonia の、ローマ人の。 2 *mare Ausonium* (Plin) =mare Tyrrhenum。 **Ausoniī** -ōrum, *m pl* =Ausonidae。
auspex -icis, *m, f* [avis/specio] 1 鳥占い師、卜占官。 2 指導者、援助者。 3 (結婚式の)立会人、証人。
auspicātō *adv* (*abl*) [↓] 1 鳥占いによって。 2 さい先よく。
auspicātus -a -um, *adj* (*pp*) [auspicor] 1 鳥占いによって吉とされた、神聖な。 2 吉兆の、さい先のよい。
auspicium -ī, *n* [auspex] 1 鳥占い、卜占。 2 鳥占い権。 3 指揮、統御。 4 権力、命令。 5 始まり、発端。 6 兆し、前兆。
auspicō -āre -āvī -ātum, *intr, tr* =auspicor.
auspicor -ārī -ātus sum, *tr, intr dep* [auspex] 1 鳥占いをする。 2 (吉兆をもって)始める、着手する ⟨alqd; +*inf*⟩。
auster -trī, *m* 1 南風《特にアフリカから地中海に向かって吹く熱風》。 2 南、南方。
austērē *adv* [austerus] 厳しく、苛酷に。
austēritās -ātis, *f* [↓] 1 酸っぱさ; 苦味。 2 苛酷、厳しさ。 3 暗いこと。
austērus -a -um, *adj* 1 酸っぱい; 苦い。 2 苛酷な、厳しい。 3 憂鬱な、煩わしい: ~ *labor* (Hor) 骨の折れる仕事。 4 暗い。
austrālis -is -e, *adj* [auster] 南風の。 2 南の。
austrifer -era -erum, *adj* [auster/fero] 《詩》南風をもたらす。
austrīna -ōrum, *n pl* [↓] (ある国の)南部地域。
austrīnus -a -um, *adj* [auster] 1 南風の。 2 南の。
austroāfricus -ī, °*m* [auster/Africus²] 南南西風。
austrum -ī, *n* =haustrum; ostrum.
ausum -ī, *n* [↓] 1 冒険、大胆な企て。 2 不法行為、犯罪。
ausus[1] -a -um, *pp* ⇒ audeo.
ausus[2] -ūs, *m* 大胆な企て、冒険。
aut *conj* 1 または、あるいは。 2 それどころか、そのうえまた (=aut etiam)、いやむしろ (=aut potius)。 3 あるいは少なくとも (=aut certe [saltem]): *qua re vi ~ clam agendum est* (Cic) だから力づくで強行するか、あるいは少なくとも内密裏に事を運ばねばならない。 4 そうでなければ: *nec nasci potest nec mori, ~ concidat omne caelum necesse est* (Cic) 生まれることも死ぬこともあり得ない。さもなければ全天が崩壊するは必定。 5 ~ ... ~ / *neque* ... ~ ... でも ... でもない。
Autariātae -ārum, *m pl* アウタリアーテエ《Illyria の一部族》。
autem *conj* [aut; *cf.* quidem, item] 1 しかし、これに反して、他方では。 2 さらに、そのうえ。 3 (三段論法で小前提を導いて)ところで、さて (=atqui)。
authenticē °*adv* [authenticus] 真正に、公正に。
authenticitās -ātis, °*f* [authenticus] 真正、公正; 信頼性。
authenticum -ī, °*n* [authenticus] 原本。
Authenticum -ī, °*n* 勅法撰要《Justinianus 帝の新勅法 Novellae の集録書の一種》。
authenticus -a -um, °*adj* [Gk] (*pp*) 1 原本の、元の: *testamentum authenticum* 遺言の原本。 2 真正の。
authepsa -ae, *f* [Gk] 炭火湯沸かし器。
autobasidiomycētēs -ium, °*f pl* 《植》同節担子菌類(のキノコ)。

autochthōn -ōnis, *m* [*Gk*] 原住民.
autocratōr -oris, °*m* [*Gk*] 専制[独裁]君主, 暴君.
autographum -ī, °*n* [↓] **1** 自筆. **2** 原本.
autographus -a -um, *adj* [*Gk*] 自筆の.
Autolycus -ī, *m* [*Gk*] 《伝説》アウトリュクス, *-コス《Mercurius の子で Ulixes の母方の祖父; 盗みの名人》.
autolysis -is, °*f* 《生化学》自己分解[消化].
automatāria -ōrum, °*n pl* [↓] 自動装置.
automatārius -a -um, °*adj* [automatus] 自動装置の.
Automatia -ās, *f* [*Gk*] アウトマティア(-)《運命の女神》.
automatopoeētus -a -um, *adj* [*Gk*] 自動の.
automatum, -on -ī, *n* [*Gk*] 自動装置.
automatus -a -um, *adj* [*Gk*] 自動の, 自発的な.
Automedōn -ontis, *m* [*Gk*] **1** 《伝説》アウトメドーン《Achilles の戦車の御者》. **2** (一般に) 御者.
Autonoē -ēs, *f* [*Gk*] 《伝説》アウトノエー《Thebae の創建者 Cadmus の娘で Actaeon の母》.
Autonoēius -a -um, *adj* Autonoe の: ~ *heros* (Ov) =Actaeon.
autopsia -ae, °*f* [*Gk*] 検死, 死体解剖, 剖検.
autosynapsis -is, °*f* 《生物》同親接合, 同質接合.
autosyndesis -is, °*f* =autosynapsis.
Autrōniānus -a -um, *adj* Autronius の.
Autrōnius -ī, *m* アウトローニウス《ローマ人の氏族名》.
autumnālis -is -e, *adj* [autumnus²] 秋の.
autumnitās -ātis, *f* [autumnus²] **1** 秋. **2** 秋の収穫.
autumnō -āre, *intr* [autumnus²] 秋になる, 秋らしくなる.
autumnus¹ -a -um, *adj* [↓] 秋の: *imber* ~ (CATO) 秋雨.
autumnus² -ī, *m*, **-um** -ī, *n* **1** 秋. **2** 年. **3** 秋の収穫.
autumō -āre -āvī -ātum, *tr* **1** (…と)考える, 思う ⟨*alqd*; +*acc c. inf*; + 2 個の *acc*⟩. **2** 言う, 主張する, 呼ぶ.
auxī *pf* ⇨ augeo, augesco.
auxiliārēs -ium, *m pl* [auxiliaris] 援軍.
auxiliāriī -ōrum, *m pl* =auxiliares.
auxiliāris -is -e, *adj* [auxilium] **1** 助けとなる, 援助する. **2** 援軍の.
auxiliārius -a -um, *adj* =auxiliaris.
auxiliātiō -ōnis, °*f* [auxilior] 救援, 援助.
auxiliātor -ōris, *m* [auxilior] 援助者.
auxiliātus -ūs, *m* [auxilior] 救援, 援助.
auxiliō -āre, *intr* =auxilior.
auxilior -ārī -ātus sum, *intr dep* [↓] **1** 援助する, 助ける ⟨alci⟩. **2** (治療が)効能がある ⟨alci rei; contra⟩.
auxilium -ī, *n* [augeo] **1** 助力, 援助: *alci auxilio esse* (CAES) ある人に助けとなる / *alci auxilium ferre* (CIC) ある人に助けをもたらす. **2** 救助[救済]策 ⟨alcis rei⟩. **3** (*pl*) 援軍. **4** (しばしば *pl*) 兵力, 戦力.

Auximātes -ium, *m pl* Auximum の住民.
Auximum -ī, *n* アウクシムム《Picenum 北部の町; 現 Osimo》.
auxītis *subj pf* =auxeritis (⇨ augeo).
avārē *adv* [avarus¹] 貪欲に.
Avāricensis -is -e, *adj* Avaricum の.
Avāricum -ī, *n* アウァーリクム《Gallia の Bituriges 族の首都; 現 Bourges》.
avāriter *adv* =avare.
avāritia -ae, *f* [↓] 貪欲; 吝嗇 (リンショク).
avārus¹ -a -um, *adj* [aveo¹] **1** 貪欲な; 吝嗇な. **2** 渇望している ⟨alcis rei⟩.
avārus² -ī, *m* 欲張り; けちん坊.
avē *int* (*2 sg impr*) [aveo²] [↓] **1** ようこそ, やあ. **2** さようなら. **3**° *Ave Maria* 《カト》(聖母マリアに捧げる)アベマリアの祈り, 天使祝詞.
āvectus -a -um, *pp* ⇨ aveho.
āvehō -ere -vexī -vectum, *tr* [ab-/veho] **1** 運び去る, 運搬する. **2** (*pass*) 遠ざかる, 去る, 出発する.
āvellī *pf* ⇨ avello.
āvellō -ere -vellī [-vulsī] -vulsum, *tr* [ab-/vello] **1** 引き離す, 引き裂く, 無理に分ける [遠ざける] ⟨alqd a [de, ex] re⟩. **2** (人から物を)ひったくる ⟨alci alqd⟩.
avēna -ae, *f* **1** 《植》カラスムギ, エンバク. **2** 《植》茎, 軸. **3** 《詩》牧笛, 葦笛.
avēnāceus -a -um, *adj* [↑] カラスムギの.
Aventicum -ī, *n* アウェンティクム《Helvetii 族の首都; 現 Avenche》.
Aventinus¹ -a -um, *adj* Aventinus の.
Aventīnus² -ī, *m*, **Aventīnum** -ī, *n* アウェンティーヌス《ローマ市の七丘の一つ》.
aveō¹ -ēre, *tr* [*cf.* audeo, avarus] 熱望[渇望]する, したくてたまらない ⟨alqd; +*inf*⟩.
*aveō² -ēre, *intr* (用例は 2 sg & pl impr avē, avēte と inf avēre のみ) 幸福である, 健康である: *Marcus avere jubet* (MART) Marcus がごきげんよろしくと申しております.
Averna -ōrum, *n pl* **1** Avernus 湖畔の地方. **2** 下界.
Avernālis -is -e, *adj* **1** Avernus 湖の. **2** 下界の.
Avernus¹ -a -um, *adj lacus* ~ (CIC) =*fons* ~ (VERG) Avernus 湖. **2** 下界の: *Juno Averna* (Ov) = Proserpina.
Avernus² -ī, *m* **1** アウェルヌス湖《イタリアの Puteoli 付近の深い湖; 現 Lago d'Averno; 冥界への入口といわれた》. **2** 冥府, 下界.
āverrō *pf* ⇨ averro.
āverrō -ere -verrī, *tr* [ab-/verro] **1** 一掃する. **2** 取り去る.
āverruncō -āre, *tr* [↑] (神々の怒り・災厄などを)避ける, かわす, 防ぐ.
Āverruncus -ī, *m* [↑] 《神話》アーウェッルンクス《災いを転じるローマの神》.
āversa -ōrum, *n pl* [aversus] **1** 背面, 後部, 裏面. **2** 後背地, 奥地.
āversābilis -is -e, *adj* [aversor¹] 憎らしい, 忌むべき.

āversātiō -ōnis, *f* [aversor¹] 憎悪, 嫌悪.
āversiō -ōnis, *f* [averto] **1** 嫌悪, 反感. **2** 聴衆の注意を論点からそらせるもの. **3** *aversione* (ULP) = *per aversionem* (ULP)《法》《売買に際して正確な金額を計算せず》概算で.
āversō -āre -āvī -ātum, °*intr*, °*tr freq* [averto] 離れる; 避ける.
āversor¹ -ārī -ātus sum, *intr, tr dep freq* [averto] **1** 離れる; 避ける ⟨*abs*; alqd⟩. **2** 拒絶する, 退ける ⟨alqm; +*inf*⟩.
āversor² -ōris, *m* [averto] 横領者.
āversus -a -um, *adj* (*pp*) [averto] **1** 後ろ向きの, 背を向けた. **2** 嫌悪している, 敵対的な ⟨ab alqo; a re; +*dat*⟩.
āvertī *pf* ⇨ averto.
āvertō -ere -vertī -versum, *tr* [ab-/verto] **1** そらす, 転ずる ⟨alqm [alqd] a [ex] re ad [in] alqd⟩. **2** 追い払う. **3** 奪う, 横領する. **4** 離反させる, 引き離す ⟨alqm [alqd] a re⟩: *civitates ab alcis amicitia avertere* (CAES) 町々をある人との友好関係から離脱させる. **5**《悪・災いなどを》遠ざける, 防ぐ ⟨alqd ab alqo⟩: *pestem ab Aegyptiis avertere* (CIC) 疫病をエジプト人から遠ざける.
avēte *int* (*2 pl impr*) [aveo²] さようなら; やあ, ようこそ.
avētō *int* (*2 & 3 sg impr fut*) [aveo²] さようなら; やあ, ようこそ.
āvexī *pf* ⇨ aveho.
avia¹ -ae, *f* [avus] 祖母.
āvia² -ōrum, *n pl* [avius] 道のない場所; 荒野.
aviārium -ī, *n* [↓] **1** 鳥小屋; 鳥飼育場. **2**《詩》森の中の野鳥が集まるところ.
aviārius¹ -a -um, *adj* [avis] 鳥の, 鳥類の.
aviārius² -ī, *m* 鳥を飼う人.
aviāticus -a -um, °*adj* [avia¹] 祖母の.
avicula -ae, *f dim* [avis] 小さな鳥, 小鳥.
aviculārium -ī, °*n*《動》鳥頭体.
aviculārius -ī, *m* [avicula] =aviarius².
avidē *adv* [avidus] 貪欲に; 熱心に.
avideō -ēre, °*tr* [avidus] 切望[渴望]する.
aviditās -ātis, *f* [↓] **1** 熱望, 渴望 ⟨alcis rei⟩. **2** 貪欲, 強欲.
avidus -a -um, *adj* [aveo¹] **1** 熱望[渴望]している ⟨alcis rei; in [ad] alqd; +*inf*⟩. **2** 貪欲な. **3** 大食の. **4** 好戦的な.
avis -is, *f* **1** 鳥. **2** 前兆, 兆し.
avitium -ī, *n* [↑] 鳥類.
avītus -a -um, *adj* [avus] **1** 祖父の; 祖母の. **2** 大昔の. **3** 先祖伝来の.
āvius -a -um, *adj* [ab-/via] **1** へんぴな, 人跡未踏の. **2** 正道をはずれた, 堕落した: ~ *a vera ratione* (LUCR) 正しい理論から逸脱した.
āvocāmentum -ī, *n* [avoco] 気晴らし, 慰安.

āvocātiō -ōnis, *f* [↓] **1** 注意をそらせること. **2** 気を晴らすこと.
āvocō -āre -āvī -ātum, *tr* [ab-/voco] **1** 呼んで去らせる[行かせる]; 呼び戻す, 召喚する ⟨alqm a re ad [in] alqd⟩. **2** 取り去る, 遠ざける, わきへやる; 奪う. **3** 注意を転ずる; 気を晴らす.
āvolātiō -ōnis, °*f* [↓] 飛び去ること.
āvolō -āre -āvī -ātum, *intr* [ab-/volo¹] 飛び去る; 急いで去る.
āvortō -ere, *tr* =averto.
āvulsī *pf* =avelli (⇨ avello).
āvulsiō -ōnis, *f* [avello] 引きちぎる[抜く]こと.
āvulsus -a -um, *pp* ⇨ avello.
avunculus -ī, *m dim* [↓](母方の)伯[叔]父; (母方の)伯[叔]母の夫: ~ *magnus* (CIC)(母方の)祖母の兄弟, 大伯[叔]父 / ~ *major* (SEN) 曽祖母の兄弟 / ~ *maximus* (PAUL) 高祖母の兄弟.
avus -ī, *m* **1** 祖父: ~ *maternus* (CATUL) 母方の祖父. **2** 曽祖父 (=proavus). **3** 祖先. **4** 老爺.
Axenus -ī, *m* [Gk] アクセヌス (Pontus Euxinus (黒海)の古名;「客を冷遇する」の意).
Axia -ae, *f* アクシア (Etruria の城砦; 現 Castell d'Asso).
axicia -ae, *f* はさみ.
axiculus¹ -ī, *m dim* [axis¹] 小さな軸.
axiculus² -ī, *m dim* [axis²] 小さな厚板.
axifera -ōrum, °*n pl*《動》有軸類.
axilla -ae, *f* [ala] わきのした;《解》腋窩.
axillāris -is -e, °*adj*《解》腋(窩)の.
axim *subj pf*《古形》=egerim (⇨ ago).
axiō -ōnis, *f*《動》(頭に羽毛のふさのある小さな)フクロウ.
axiōma -matis, *n* [Gk]《論》公理.
axis¹ -is, *m* **1** 車軸; 戦車, 荷車. **2** 地軸. **3** 極, 北極. **4** 大空. **5** 地帯: ~ *boreus* (Ov) 北. **6**《解》軸椎.
axis², assis -is, *m* 厚板.
axitiōsus -a -um, *adj* [ago] 徒党を組んだ.
Axius -ī, *m* [Gk] アクシウス, *-オス (Macedonia の大河; 現 Vardar).
axōn -onis, *m* [Gk] **1** 日時計の軸. **2** 投石機の心棒.
Axona -ae, *m* アクソナ (Gallia Belgica の川; 現 Aisne).
axungia -ae, *f* [axis¹/ungo] **1** 車軸油. **2** 獣脂.
Azōrus -ī, *f* [Gk] アゾールス, *-ロス (Thessalia の Olympus 山麓の町).
Azōtus -ī, *f* [Gk] アゾートゥス, *-トス (Palaestina の町; 聖書にいう Ashdod に当たる).
azyma -ōrum, °*n pl* [↓] 無酵母のパン.
azȳmus -a -um, *adj* [Gk] 無酵母の, パン種を入れない.

B

B, b *indecl n* ラテン語アルファベットの第2字.
Bāal *indecl* °*m* [*Heb.*] バアル《Syria で崇拝された神》.
babae *int* [*Gk*] (驚き・喜びを表わす)おやまあ, すてきだ.
babaecalus -ī, *m* 道楽者, 遊蕩児.
Babel -ēlis, °*f* [*Heb.*] バベル《Assyria の首都》.
Babylō -ōnis, *m* 1 Babylon 人. 2 (一般に)大富豪.
Babylōn -ōnis, *f* [*Gk*] バビュローン, "バビロン《Babylonia の首都》.
Babylōnia -ae, *f* [↑] バビュローニア, "バビロニア《(1) Mesopotamia 南部の古代帝国. (2) =Babylon》.
Babylōniacus -a -um, *adj* =Babylonius.
Babylōnica -ōrum, *n pl* [↓] Babylonia のつづれ織.
Babylōnicus -a -um, *adj* =Babylonius.
Babylōniensis -is -e, *adj* =Babylonius.
Babylōnius -a -um, *adj* Babylon [Babylonia] の. **Babylōnii** -ōrum, *m pl* Babylon [Babylonia] 人.
bāca -ae, *f* 1 【植】漿果, ベリー. 2 オリーブの実. 3 木の実. 4 ベリーに似た形状のもの《真珠など》.
bācālia -ae, *f* [↑] 【植】ゲッケイジュの一種.
bācātus -a -um, *adj* [baca] 真珠をちりばめた.
Bacaudae -ārum, °*m pl* =Bagaudae.
bacca -ae, *f* =baca.
baccar -aris, *n* [*Gk*] 【植】シクラメンの一種.
baccaris -is, *f* =baccar.
Baccha -ae, **-chē** -ēs, *f* Bacchus の女信徒.
bacchābundus -a -um, *adj* [bacchor] (Bacchantes のように)飲み騒ぐ.
Bacchānal -ālis, *n* Bacchus 祭が行なわれた場所.
Bacchānālia -ium, *n pl* [↑] Bacchus 祭 (=Dionysia).
Bacchānālis -is -e, *adj* Bacchus の.
Bacchantēs -ium [-um], *f pl* [bacchor] Bacchus の女信徒たち.
bacchātim *adv* [bacchor] Bacchantes のように.
bacchātiō -ōnis, *f* [bacchor] 1 Bacchus 祭. 2 暴飲乱舞の酒宴.
bacchātus -a -um, *pp* ⇨ bacchor.
Bacchēis -idos, *adj f* Bacchiadae の祖 Bacchis にゆかりの; (詩) Corinthus の.
Bacchēis -idis, *adj* Bacchus の.
Bacchēus -a -um, *adj* =Baccheius.
bacchiacus -a -um, *adj* [*Gk*] 【詩】長短長格の (=choriambicus).
Bacchiadae -ārum, *m pl* [*Gk*] バッキアダエ, *-ダイ《Corinthus の古い王族; Syracusae 市を建設した(前734)》.

Bacchicus[1] -a -um, *adj* [*Gk*] Bacchus の.
Bacchicus[2] -ī, *m* =Bacchius.
Bacchis -idis, *f* [*Gk*] 1 =Baccha. 2 バッキス《(1) ギリシアの女性名. (2) (*pl*) Bacchides「バッキス姉妹」; Plautus の喜劇》.
Bacchius -ī, *m* 【詩】Bacchus 格《長長短または短長長格》.
bacchor -ārī -ātus sum, *intr* (*tr*) *dep* [↓] 1 Bacchus 祭をする. 2 飲み騒ぐ; 荒れ狂う. 3 (狂乱して)さまよう.
Bacchus -ī, *m* [*Gk*] 1 【神話】バックス, *バッコス, "バッカス《Juppiter と Semele の息子; 酒神》. 2 Bacchus への叫び声. 3 ブドウの木. 4 ぶどう酒.
baccīna -ae, *f* 【植】ナス属の植物の一種.
Bacēnis -is, *f* (*sc. silva*) バケーニス《Germania 中部および東部の大森林》.
baceolus -ī, *m* ばか者 (=stultus[2]).
bācifer -fera -ferum, *adj* [baca/fero] 1 漿果を結ぶ. 2 オリーブを実らせる.
bacillum -ī, *n dim* [baculum] 1 (小さな)棒, 杖. 2 lictor の官杖.
bacillus -ī, °*m dim* 1 =bacillum. 2 【細菌】バチルス; 桿菌.
bactēriologia -ae, °*f* 細菌学.
bactērium -ī, °*n* 細菌, バクテリア.
Bactra -ōrum, *n pl* [*Gk*] バクトラ《Bactria の首都; 現 Balkh》.
Bactrī -ōrum, *m pl* Bactra [Bactria] の住民.
Bactria -ae, *f* バクトリア《Oxos 川と Paropamisus 山脈の間にギリシア人が建設した王国(前246-138)》.
Bactriāna -ae, *f* (*sc. terra*) =Bactria.
Bactriānus -a -um, *adj* [*Gk*] Bactra [Bactria] の. **Bactriānī** -ōrum, *m pl* Bactra [Bactria] の住民.
Bactrīnus -a -um, *adj* =Bactrianus.
Bactrius -a -um, *adj* =Bactrianus.
Bactrus, -os -ī, *m* [*Gk*] バクトルス, *-ロス《Bactra 付近の川》.
baculum -ī, *n*, **-us** -ī, *m* 1 杖, 棒. 2 権威の象徴としての杖, 笏権杖. 3 °【カト】司教杖.
baditis -tidis, °*f* 【植】スイレン(=nymphaea).
badius -a -um, *adj* (馬が)鹿毛(🈟)(色)の, 栗毛の.
badizō -āre, *intr* [*Gk*] 歩く, 行進する.
Baduhennae lūcus *m* バドゥヘンナの森《Germania 北部の森林》.
Baebius -ī, *m* バエビウス《ローマ人の氏族名》.
Baecula -ae, *f* バエクラ《Hispania Baetica の町; 現 Bailén》.
Baetica -ae, *f* バエティカ《Hispania 南部地方; 現 Andalusia の一部》.
Baeticātus -a -um, *adj* Baetica 産の毛織物を着

Baeticola -ae, *m* [Baetis/colo²] Baetis 河辺の住民.
Baeticus -a -um, *adj* Baetis 川の.
Baetigena -ae, *adj* [Baetis/gigno] Baetis 河辺に生まれた.
Baetis -is, *m* バエティス《Hispania 南部の川; 現 Guadalquivir》.
baetō -ere, *intr* =bito.
Baetūria -ae, *f* バエトゥーリア《Hispania Baetica の北西部地方》.
Bagaudae -ārum, °*m pl* バガウダエ《Gallia の農民の一団; Diocletianus 帝時代に謀反を起こし, 将軍 Maximianus に平定された》.
Bagōās -ae, *m*, **-gōus** -ī, *m* [Gk<*Pers.*] バゴーアース《ペルシアの宮廷に仕える宦官の総称》.
Bagrada -ae, *m* バグラダ《Africa の Utica 近くの川; 現 Medjerda》.
Bāiae -ārum, *f pl* 1 バイヤエ《Campania の海岸の小さな町; 温泉で有名》. 2 (一般に) 温泉地.
Bāiānum -ī, *n* Baiae 周辺の地域.
Bāiānus -a -um, *adj* Baiae の.
bājulō -āre, *tr* [↓] (荷を)運ぶ, かつぐ.
bājulus, bājolus -ī, *m* 荷物運搬人.
balaena -ae, *f* [*Gk*] 《動》クジラ.
balanātus -a -um, *adj* [balanus] バルサムを塗られた.
balaninus -a -um, *adj* [*Gk*] バルサムの実から作った.
balanītis -idis, *f* [*Gk*] どんぐり状の物.
balanophorāceae -ārum, °*f pl* 《植》ツチトリモチ科.
bālantēs -um, *f pl* (*prp*) [balo] ヒツジ.
balanus -ī, *f* [*Gk*] 1 どんぐり. 2 どんぐり状の木の実《ナツメヤシ・クリなど》. 3 坐薬. 4 貝の一種.
balatrō -ōnis, *m* 道化師, おどけ者.
bālātus -ūs, *m* [balo] (ヤギ・ヒツジなどの)鳴き声.
balbē *adv* [↓] 1 口ごもりながら. 2 あいまいに.
balbus -a -um, *adj* どもる, 口ごもる.
Balbus -ī, *m* バルブス《ローマ人の家名; 特に *L. Cornelius ~*, Caesar の同盟者; 市民権の不正取得の嫌疑で訴追され, Cicero の弁護を受けた》.
balbūtiō -īre, *intr* (*tr*) [balbus] 1 どもる, 口ごもる; どもりながら言う. 2 あいまいに話す ‹de re›.
Balcia, -tia -ae, *f* バルキア《Scythia から 3 日の航海で着くという大きな島; Scadinavia の古名》.
baldachīnus -ī, °*m* 《カト》(祭壇上の, または聖体行列用の)天蓋.
Baliāris¹, **Baleārēs (insulae)** -ium, *f pl* バリアーレース諸島《地中海西部の諸島》.
Baliāricus -a -um, *adj* =Baliaris. **Baliāricī** -orum, *m pl* =Baliares².
Baliāris -is -e, *adj* Baliares 諸島の. **Baliārēs**² -ium, *m pl* Baliares 諸島の住民.
baline- ⇒ balne-.
bālista -ae, *f* =ballista.
ballaena -ae, *f* =balaena.
ballātiō -ōnis, °*f* [ballo] 舞踏, ダンス.
ballātor -ōris, *m* [ballo] 《碑》舞踏家, 踊り手.

ballēmatia -ae, °*f* [ballo] 踊ること.
Balliō -ōnis, *m* 1 バッリオー《Plautus の喜劇 *Pseudolus* に登場する女衒(ぜん)》. 2 くだらぬやつ.
ballista -ae, *f* 1 弩砲, 投石器. 2 飛び道具.
ballistārium -ī, *n* =ballista.
ballistia -ae, °*f* [↓] 舞踏曲[歌].
ballō -āre, °*intr* 踊る, ダンスをする.
ballōtē -ēs, *f* [*Gk*] 《植》シソ科の草.
balneae -ārum, *f pl*, **balnea** -ōrum, *n pl* =balneum 1.
balneāria¹ -ōrum, *n pl* [balnearius] =balneum 1.
balneāria² -ium, *n pl* [↓] 入浴用具.
balneāris -is -e, *adj* =balnearius.
balneārius -a -um, *adj* [balneum] 浴場[入浴]の.
balneātor -ōris, *m* [balneum] 浴場管理人.
balneātrix -īcis [↑] 浴場管理人《女性》.
balneō -āre, °*intr* [balneum] 入浴する.
balneolae -ārum, °*f pl dim* =balneolum.
balneolum -ī, *n dim* [↓] 小浴場.
balneum -ī, *n* [*Gk*] 1 浴場. 2 温浴. 3 入浴.
bālō -āre -āvī -ātum, *intr* (羊が)鳴く.
balsamināceae -ārum, °*f pl* 《植》ツリフネソウ科.
balsamum -ī, *n* [*Gk<Heb.*] 1 《植》バルサム樹. 2 バルサム.
balteus -ī, *m*, **-um** -ī, *n* 1 帯, ベルト; 剣帯; (馬首の)飾り帯. 2 《天》黄道帯. 3 《建》バルテウス《(1) イオニア式柱頭の渦巻をつなぐ帯模様. (2) 円形劇場の上段列と下段列を分ける歩道》.
balux -ūcis, *f* 砂金.
Bambaliō -ōnis, *m* [*cf.* balbus] 「どもる人」の意》 Antonius の妻 Fulvia の父 M. Fulvius のあだ名.
Bandusia -ae, *f* バンドゥシア《Horatius の生地 Venusia 付近の泉》.
bangiāceae -ārum, °*f pl* 《植》ウシケノリ科.
bangialēs -ium, °*f pl* 《植》ウシケノリ目.
banna -ōrum, °*n pl* 結婚予告.
Bantia -ae, *f* バンティア《Apulia の町; 現 Banzi》.
Bantīnus -a -um, *adj* Bantia の.
baphīum -ī, °*n* [*Gk*] 染め物工場.
baptisma -atis, °*n* [*Gk*] 1 浸すこと, 洗うこと. 2 《キ教》洗礼.
baptismālis -is -e, °*adj* [↑] 《キ教》洗礼の.
baptismus -ī, °*m* [*Gk*] 《キ教》洗礼.
baptista -ae, °*m* [*Gk*] 《キ教》洗礼を授ける人 (=洗礼者ヨハネ (Joannes)).
baptistērium -ī, *n* [*Gk*] 1 浴槽. 2 °《キ教》洗礼盤.
baptizātiō -ōnis, °*f* [baptizo] 《キ教》洗礼を授けること.
baptizātor -ōris, °*m* [↓] 《キ教》洗礼を授ける人.
baptizō -āre -āvī -ātum, °*tr* [*Gk*] 《キ教》洗礼を授ける.
barathrum -ī, *n* [*Gk*] 深淵, 割れ目; 奈落, 地獄.
barba -ae, *f* ひげ, あごひげ.

barbara -ae, *f* [barbarus²] (女性の)異国人; 野蛮人.
barbarē *adv* [barbarus¹] **1** 外国語で. **2** 粗野に. **3** 野蛮に.
barbaria -ae, *f* [barbarus¹] **1** 外国, 異国; 未開地. **2** 粗野. **3** 野蛮.
barbaricē °*adv* [↓] 異国風に.
barbaricus -a -um, *adj* =barbarus¹.
barbariēs -ēī, *f* =barbaria.
barbarismus -ī, *m* [*Gk*] 言語使用上の間違い, 破格語法[構文].
barbarizō -āre, °*intr* [barbarus] 異国人のように話す, 破格語法を使う.
barbarolexis -eos [-is], °*f* [↓/lexis] 外国語を(特にギリシア語をラテン語風に)誤用すること.
barbarus¹ -a -um, *adj* [*Gk*] **1** (ギリシアあるいはギリシア・ローマ以外の)外国[異国]の. **2** 野蛮な. **3** 粗野な.
barbarus² -ī, *m* 異国人; 野蛮人.
barbātōria -ae, *f* [barba] ひげを初めて剃る儀式.
barbātulus -a -um, *adj dim* [↓] (少し)ひげの生えた.
barbātus¹ -a -um, *adj* [barba] ひげの生えた.
barbātus² -ī, *m* **1** 古い時代のローマ人《ひげを生やしていたため》. **2** 哲学者. **3** ヤギ.
barbiger -gera -gerum, *adj* [barba/gero] ひげを生やした.
barbitālum -ī, °*n* 【薬】バルビタール.
barbitium -ī, *n* [barba] ひげ; ひげが生えること.
barbiton -ī, °*n* =barbitos 1.
barbitos -ī, *m* (*f*) [*Gk*] **1** (低音の)竪琴, リラ. **2** barbitos に合わせて歌う歌.
barbula -ae, *f dim* [barba] うぶひげ.
barbus -ī, *m* [barba] 【魚】バーベル《上あごに触鬚(しょくしゅ)が4本あるコイ科の魚》.
barca -ae, °*f* 小舟, はしけ.
Barca, -cās -ae, *m* バルカ《Carthago の有力な一家; Hamilcar, Hannibal がこれに属する》.
Barcaeī -ōrum, *m pl* Barce の住民.
Barcaeus -a -um, *adj* Barca 家の.
barcala -ae, *m* 愚者, とんま.
Barcē -ēs, *f* [*Gk*] バルケー《Cyrenaica の町》.
Barcīnus -a -um, *adj* Barca 家の. **Barcīnī** -ōrum, *m pl* Barca 家の人々.
Bardaeī -ōrum, °*m pl* =Vardaei.
Bardaicus -a -um, *adj* Bardaei 族の: *calceus* ~ (Juv) 軍靴; 軍人.
bardītus -ī, *m* Germania 人の戦の歌.
bardus -a -um, *adj* 愚鈍な, ばかな.
Bargūsiī -ōrum, *m pl* バルグーシイー, *-シオイ* 《Hispania Tarraconensis にいた一部族》.
Bargyliae -ārum, *f pl*, **Bargylia** -ōrum, *n pl* [*Gk*] バルギュリアエ, *-リア*《Caria の町》.
Bargyliētae -ārum, *m pl* Bargylia の住民.
Bargyliēticus -a -um, *adj* Bargylia の.
barinulae -ārum, °*m pl* 水脈を探る人, 水脈占者 (=aquilex).
bāris -idis [-idos], *f* [*Gk*] (Nilus 川の)小舟, 平底船.

bārītus -ūs, *m* =barritus.
Bārium -ī, *n* [*Gk*] バーリウム, *-オン*《アドリア海に面する Apulia の港町; 現 Bari》.
barium -ī, °*n* 【化】バリウム.
bārō -ōnis, *m* ばか者, のろま.
barriō -īre, *intr* [barrus] (象がらっぱのように)鳴く.
barrītus -ūs, *m* [↑] **1** (象のらっぱのような)鳴き声. **2** 鬨(とき)の声.
barrus -ī, *m* 【動】ゾウ.
barycephalus -a -um, *adj* [*Gk*] (建物の)上部が重すぎる.
baryta -ae, °*f* 【化】バリタ, 重土.
basālis -is -e, °*adj* [basis] 【解】基底の.
basanītēs -is, *m* [*Gk*] 【鉱】(試金石として用いられる)玄武岩の一種.
bascauda -ae, *f* 食器を入れるかご.
bāsiātiō -ōnis, *f* [basio] 接吻, キス.
bāsiātor -ōris, *m* [basio] キスする人.
basidiomycētēs -ium, °*f pl* 【植】担子菌亜門.
Basilēa -ae, °*f* バシレーア《Rhenus 河畔にあった Rauraci 族の町; 現 Basel》.
basilēum -ī, *n* =basilium.
basileus -ī, *m* [*Gk*] 王; 東ローマ皇帝.
Basilīa¹ -ōn, °*n pl* [*Gk*] 【聖】(旧約聖書の)列王記.
Basilīa² -ae, *f* **1** =Balcia. **2**° =Basilea.
basilica -ae, °*f* [*Gk*] バシリカ《広場 (forum) の近くにあって裁判・商取引などに用いられた公共の建物》. **2**° 【カト】バシリカ聖堂《特権を与えられた聖堂》.
basilicē¹ -ēs, *f* =basilicon.
basilicē² *adv* [basilicus] 王侯らしく, りっぱに.
basilicon -ī, *n* [*Gk*] 軟膏の一種.
basilicula -ae, °*f dim* [basilica] 小聖堂.
basilicum -ī, *n* [↓] **1** 王侯のような衣装. **2** サイコロの最高の目.
basilicus -a -um, *adj* [*Gk*] 王侯の, 王侯らしい.
basiliscus -ī, *m* [*Gk*] バシリスク《Africa の砂漠に住み, 人をにらみ殺すという伝説上の爬虫類》.
basilīum, -ēum -ī, *n* [*Gk*] 【碑】**1** 王冠. **2** 眼鏡の一種.
bāsiō -āre -āvī -ātum, *tr* [basium] キスする.
bāsiolum -ī, *n dim* [basium] 軽いキス.
basis -is, *f* [*Gk*] **1** 【建】台座, 礎石. **2** 【数】(三角形の)底辺.
bāsium -ī, *n* 接吻, キス.
basivertebrālis -is -e, °*adj* [basis/vertebra] 【解】椎体の.
Bassānia -ae, *f* バッサーニア《Illyria 北東部の町; 現 Elbassan》.
Bassānītae -ārum, *m pl* Bassania の住民.
Bassareus -ī, *m* [*Gk*] Bacchus の呼称の一つ.
Bassaricus -a -um, *adj* [↑] Bacchus の.
Bassaris -idos, *f* [*Gk*] Bacchus の女信徒.
Bassus -ī, *m* バッスス《ローマ人の家名》.
Bastarnae, -sternae -ārum, *m pl* バスタルナエ《Danubius 川下流域にいた Germania の一部族》.
basterna -ae, °*f* かご, 輿(こし).

bastum -ī, °*n* 杖, 棒.
bat *conj* =at《喜劇で at をもじって造った語》.
Batāvī -ōrum, *m pl* バターウィー《Rhenus 川下流域にいた Germania の一部族》.
Batāvia -ae, *f* バターウィア《Batavi 族の国; 現在のオランダの一部》.
Batāvus -a -um, *adj* Batavia の, Batavi 族の.
bathrum -ī, *n* [碑] 基部, 土台.
Bathyllus -ī, *m* [Gk] バテュッルス, *-ロス《(1) Samos 島生まれの美少年; Anacreon に愛された. (2) Alexandria 生まれの喜劇役者で, Maecenas お気に入りの解放奴隷》.
batillum -ī, *n* =vatillum.
batioca, batiola -ae, *f* 酒杯.
batis -is [-idis], *f* [Gk] [植] 海岸の岩に生えるセリ科の草.
Batō -ōnis, *m* バトー《Dalmatia における反乱 (後 6 年) の指導者》.
Batōniānus -a -um, *adj*《碑》Bato の.
batrachion -ī, *n* [Gk] キンポウゲ属の植物 (=ranunculus 2).
Batrachomyomachia -ae, *f* [Gk] 《「カエルとネズミの合戦」の意》Homerus 作と伝えられる小叙事詩.
batrachus -ī, *m* [Gk] [魚] (おそらく) アンコウ.
Battiadēs -ae, *m* [Gk] Battus の子孫《(1) Cyrene の住民. (2) 詩人 Callimachus》.
battuī *pf* ⇨ battuo.
battuō -ere -uī, *tr, intr* **1** 打つ, たたく. **2**《剣闘士が》撃ち合いをする <cum alqo>.
Battus -ī, *m* [Gk] 〔伝説〕バットゥス, *-トス《Cyrene の伝説上の創建者》.
Batulum -ī, *n* バトゥルム《Campania の町; 現 Baja》.
bātuō -ere, *tr, intr* =battuo.
batus, -os -ī, *f* [Gk] [植] キイチゴ.
baubor -ārī, *intr dep*《犬が》ほえる.
Baucis -idis, *f* [Gk] 〔神話〕バウキス《Phrygia の貧しい農夫 Philemon の妻; Juppiter と Mercurius が人間の姿をして Phrygia へ来た時に夫とともに 2 神を厚遇したため, 2 本の聖木に変えられた》.
Bauli -ōrum, *m pl* バウリー《Campania の Baiae 付近の町》.
Bavius -ī, *m* バウィウス《Vergilius と同時代の詩人》.
baxea -ae, *f* サンダルに似た履物.
bdellium -ī, *n*, **bdella** -ae, *f* [Gk] **1** [植] ヤシの一種. **2** bdellium から採る芳香樹脂.
beābilis -is -e, °*adj* [beo] 祝福された.
beātē *adv* [beatus] 幸福に.
beātificātiō -ōnis, °*f* [beatifico] **1** 幸福. **2** [カト] 列福(式).
beātificātor -ōris, °*m* [↓] 幸福にしてくれる人.
beātificō -āre -āvī -ātum, °*tr* [beatus/facio] 幸福にする, 祝福する.
beātificus -a -um, *adj* [beatus/facio] 幸福にする.
beātitās -ātis, *f* [beatus] 幸福, 至福.
beātitūdō -dinis, *f* =beatitas.

beātum -ī, *n* [↓] =beatitas.
beātus -a -um, *adj* (*pp*) [beo] 幸福な, 祝福された, 恵まれた.
beber -brī, °*m* [動] ビーバー (=fiber).
bebrīnus -a -um, °*adj* [↑] ビーバーの.
Bebryces -um, *m pl* [Gk] ベブリュケス《(1) 小アジア北西部にいた一部族. (2) Gallia Narbonensis にいた一部族》.
Bebrycia -ae, *f* [Gk] ベブリュキア(-)《Bebryces (1) の国; のちに Bithynia》.
Bebrycius -a -um, *adj* **1** Bebrycia の. **2** Bebryces (2) の.
Bebryx -ycis, *m* [Gk] **1** Bebrycia 人《特にその王 Amycus》. **2** 〔伝説〕ベブリュクス《Bebryces (2) の王; その娘 Pyrene が montes Pyrenaei (ピレネー山脈) に名を与えた》.
beccus -ī, *m* くちばし.
bēchicus -a -um, °*adj* [Gk] せき止めの (=tussicularis).
bēchion -ī, *n* [Gk] [植] フキタンポポ.
Bēdriacensis -is -e, *adj* Bedriacum の.
Bēdriacum -ī, *n* ベードリアクム《イタリア北部の Mantua と Cremona の間にあった村》.
bee メー《羊の鳴き声を表わす擬声語》.
Beelzebūb, -būle *indecl* °*m* [Gk<Heb.] [聖] ベエルゼブーブ, ''ベルゼブル《悪魔の長》.
Begerrī -ōrum, *m pl* =Bigerriones.
begoniāceae -ārum, °*f pl* [植] シュウカイドウ科.
behemōth *indecl* °*m* [Heb.] カバ.
Belgae -ārum, *m pl* ベルガエ《Gallia 北部にいた好戦的な部族》.
Belgica -ae, *f* =Belgium.
Belgicus -a -um, *adj* Belgae 族の.
Belgium -ī, *n* ベルギウム《Belgae 族の国》.
Belial *indecl* °*m* [Heb.] [聖] ベリアル《「よこしまな者」の意; のちにサタンを指す》.
Bēlīdēs -ae, *m* Belus の子孫《(息子 Danaus と Aegyptus; または孫 Lynceus》.
belion -ī, *n* [Gk] =ガクサ属の植物.
Bēlis -idos, *f* Belus の女系子孫《特に (*pl* Belides で) 孫娘たち Danaides》.
bellāria -ōrum, *n pl* [bellus] (食後の)デザート.
bellārium -ī, *n* [bellum] 戦争に役立つもの.
bellātor[1] -ōris, *m* [bello] 軍人, 戦士.
bellātor[2] -ōris, *adj* 戦争の; 勇敢な, 好戦的な.
bellātōrius -a -um, *adj* [bellator] 戦争の; 好戦的な, 勇敢な.
bellātrix[1] -īcis, *f* [bellator[1]] 女戦士.
bellātrix[2] -īcis, *adj f* 戦争の; 好戦的な.
bellax -ācis, *adj* [bello] 好戦的な.
bellē *adv* [bellus] よく, りっぱに, 好ましく: (*se*) ~ *habere* 健康である.
Bellerophōn -ontis, *m* [Gk] 〔伝説〕ベッレロポーン《Glaucus の息子で Corinthus の勇士; 天馬 Pegasus に乗って怪獣 Chimaera を退治した》.
Bellerophontēs -ae, *m* =Bellerophon.
Bellerophontēus -a -um, *adj* Bellerophon の.
belliātulus -a -um, *adj dim* [↓] きれいな, かわいい.

belliātus -a -um, *adj* [bellus] かわいい, きれいな.
bellicōsus -a -um, *adj* [bellicus] 1 戦争の多い. 2 好戦的な, 勇敢な.
bellicrepus -a -um, *adj* [bellum/crepo] 武具の音のする: *bellicrepa salutatio* (PAUL) 剣の舞.
bellicum -ī, *n* [↓] 戦闘開始の合図: ~ *canere* (CIC) 突撃らっぱを吹く.
bellicus -a -um, *adj* [bellum] 1 戦争の, 軍の: *res bellica* (CIC) 軍事. 2 勇敢な, 好戦的な.
bellifer -fera -ferum, °*adj* [bellum/fero] =belliger.
bellificō -āre, °*tr* [bellum/facio] 戦争をしかける, 攻撃する.
belliger -gera -gerum, *adj* [bellum/gero] 1 好戦的な, 勇敢な. 2 戦争の.
belligerātiō -ōnis, °*f* [belligero] 敵対[戦闘]行為, 交戦.
belligerātor -ōris, °*m* [↓] 戦士, 戦闘員.
belligerō -āre -āvī -ātum, *intr* [bellum/gero] 戦争をする, 戦う ⟨*abs*; cum alqo; adversus alqm⟩.
belligeror -ārī -ātus sum, *intr dep* =belligero.
belliō -ōnis, *f* 〔植〕フラゲシュンギク.
bellipotens -entis, *adj* [bellum/potens] 戦で勇ましい.
Bellipotens -entis, *m* 軍神 (=Mars); *diva* ~ (STAT) =Minerva.
bellis -idis, *f* 〔植〕(おそらく)ヒナギク.
bellisonus -a -um, °*adj* [bellum/sonus] 戦のひびきのする.
bellitūdō -dinis, *f* [bellus] 美しさ, 優雅.
bellō -āre -āvī -ātum, *intr* [bellum] 戦争をする, 争う, 闘う ⟨cum alqo; adversus alqm; pro alqo; inter se⟩.
Bellocassī -ōrum, *m pl* =Veliocasses.
Bellōna -ae, *f* [bellum] 《神話》ベッローナ《戦の女神; 軍神 Mars の妹とも妻ともいう》.
bellor -ārī, *intr dep* =bello.
bellōsus -a -um, °*adj* [bellum] 好戦的な.
Bellovacī -ōrum, *m pl* ベッロウァキー《Gallia Belgica にいた一部族》.
bellua -ae, *f* =belua.
bellulē *adv* [↓] きれいに, 上品に.
bellulus -a -um, *adj dim* [bellus] きれいな, 上品な, かわいい.
bellum -ī, *n* 1 戦争 ⟨alcis; cum alqo⟩: (*in*) *bello* =*belli* (CIC) 戦時に / *belli domique* =*belli* *et* *pacis* の対として平時に / ~ *denuntiare* [*indicere*] (CIC) 宣戦布告する (CIC) / ~ *componere* (CIC) 停戦する. 2 戦闘, 会戦. 3 争い, 闘争. 4 (*pl*) 軍隊.
bellus -a -um, *adj* 1 かわいい, きれいな, 上品な. 2 すばらしい, みごとな.
beloacos, belotocos -ī, °*f* 〔植〕ハナハッカの類 (=dictamnus).
belonē -ēs, *f* [*Gk*] 〔魚〕ダツ, ヨウジウオ (=acus³).
bēlua -ae, *f* 1 獣. 2 怪物, 怪獣. 3 (軽蔑的に) 人でなし, 畜生.
bēluālis -is -e, °*adj* [↑] 獣の.
bēluātus -a -um, *adj* [belua] 獣の姿を刺繍した.
bēluīnus -a -um, *adj* [belua] 獣の(ような).

bēluōsus -a -um, *adj* [belua] 獣[怪物]の多い.
Bēlus -ī, *m* [*Gk*] 《伝説》ベールス, *-ロス《(1) Babylon の建設者. (2) Tyrus の王; Dido の父. (3) エジプトの王; Danaus と Aegyptus の父》.
bēlūtus -a -um, *adj* [belua] 獣のような.
Bēnācus -ī, *m* ベーナークス《イタリア北部の湖; 現 Lago di Garda》.
Bendidīus -a -um, *adj* Bendis の.
Bendis -idis, *f* [*Gk*] 《神話》ベンディース《Thracia の月の女神》.
bene *adv* (*comp* melius, *superl* optimē) 1 よく, 申し分なく: ~ *est* [*habet*] (CIC) うまくいっている, いい調子だ / *alci re* ~ *esse* (PLAUT) ある人にあるものがふんだんにある / ~ *te* [*tibi*] (PLAUT) (乾杯のことば) あなたの健康を祝して. 2 適当に, 適切に. 3 正しく: ~ *facta* (ENN) 善行. 4 好意的に: *alci* ~ *dicere* (CIC) ある人のことをほめる / ~ *facis* (PLAUT) あなたの(ご親切に)感謝します, ありがとう. 5 快く. 6 有利に, 都合よく. 7 大いに, 非常に, 全く.
benedicē *adv* [benedicus] 親切なことばで.
benedīcibilis -is -e, °*adj* [↓] 祝福する.
benedīcō -ere -dixī -dictum, *intr* (*tr*) [bene/dico²] 1 よく言う, ほめる ⟨+*dat* [*acc*]⟩. 2° 聖別する, 清める ⟨+*dat* [*acc*]⟩.
benedictiō -ōnis, °*f* [↑] 1 賛美. 2 聖別された物. 3 祝福. 4 〔カト〕聖別(式), (聖体)降福式.
benedictum -ī, °*n* [benedico] 祝福.
benedictus -a -um, *pp* ⇒ benedico.
benedicus -a -um, °*adj* [benedico] 愛情に満ちた.
benedixī *pf* ⇒ benedico.
benefacere *inf* ⇒ benefacio.
benefaciō -cere -fēcī -factum, *tr*, *intr* 1 正しく行なう ⟨alqd⟩. 2 親切にする ⟨alci⟩.
benefactiō -ōnis, °*f* [↑] 善行をなすこと.
benefactor -ōris, °*m* [benefacio] 恩恵を施す人, 善行者.
benefactrix -tricis, °*f* [↑] (女性の)善行者.
benefactum -ī, *n* [↓] (通例 *pl*) 親切, 善行.
benefactus -a -um, *pp* ⇒ benefacio.
benefēcī *pf* ⇒ benefacio.
beneficē *adv* [beneficus] 情け深く, 親切に.
beneficentia -ae, *f* [beneficus] 慈善, 恩恵, 善行.
beneficiālis -is -e, °*adj* [beneficium] 情け深い.
beneficiārius¹ -a -um, *adj* [beneficium] 恩恵の.
beneficiārius² -ī, *m* 雑役を免除された兵士.
beneficiātus -ūs, *m* 〔碑〕beneficiarius² であること.
beneficientia -ae, *f* =beneficentia.
beneficiolum -ī, °*n dim* [↓] 親切, 好意, 恩恵.
beneficium -ī, *n* [beneficus] 1 善行, 親切, 恩恵, 好意: *beneficio alcis* (CIC) ある人のおかげで / *alqm beneficio adficere* (CIC) ある人に恩恵を施す. 2 愛顧, 支援, 昇進: ~ *populi* (CIC) 市民の支持. 3 特権: *vacatio beneficio liberorum* (SUET) 子持ちの恩典による役目の免除. 4° 聖職禄. 5°〔法〕利益: ~ *in-*

benefico — bibilis 78

ventarii（相続財産）目録作成の利益 / ~ *separationis*（相続財産）分離の利益.
beneficō -āre, °*tr*, °*intr* =benefacio.
beneficus -a -um, *adj* [bene/facio] 恩恵を施す, 親切な, 慈悲深い.
beneplaceō -ēre -placuī -placitum, °*intr* [bene/placeo] …の気に入る, 非常に喜ばれる.
beneplacitum -ī, °*n* (*pp*) [↑] 気に入ること, 好み.
benesuādus -a -um, *adj* [bene/suadeo] よい助言をする.
Beneventānus -a -um, *adj* Beneventum の. **Beneventānī** -ōrum, *m pl* Beneventum の住民.
Beneventum -ī, *n* ベネウェントゥム (Samnium の町; 現 Benevento).
benevolē *adv* [benevolus¹] 親切に, 好意をもって.
benevolens¹ -entis, *adj* =benevolus¹.
benevolens² -entis, *m*, *f* 好意を寄せる人, 友人.
benevolenter °*adv* [benevolens¹] 親切に.
benevolentia -ae, *f* [benevolens¹] 好意, 親切, 慈悲, 寛大 ⟨erga [in] alqm⟩.
benevolus¹ -a -um, *adj* [bene/volo²] 善意の, 好意的な, 親切な ⟨alci⟩.
benevolus² -ī, *m* =benevolens².
benignē *adv* [benignus] **1** 好意をもって, 親切に; 情け深く: ~ *dicis* (Plaut) ご親切に, ありがとう. **2** 気前よく, 惜しみなく: ~ *facere alci* (Ter) ある人に恩恵を与える.
benignitās -ātis, *f* [benignus] **1** 好意, 親切. **2** 寛大, 気前のよさ ⟨in alqm⟩.
benigniter *adv* [benignus] 親切に, 好意的に.
benignor -ārī, °*intr dep* [↓] 喜ぶ ⟨in re⟩.
benignus -a -um, *adj* [bene/gigno] **1** 好意ある, 親切な. **2** 寛大な, 気前のよい. **3** 豊富な, たっぷりの: *ager* ~ (Ov) 実り豊かな土地.
benivol- ⇨ benevol-.
benna -ae, *f* 荷車の一種.
benzidīnum -ī, °*n* 〖化〗ベンジジン.
benzīnum -ī, °*n* 〖化〗ベンジン.
benzolum -ī, °*n* 〖化〗ベンゾール.
beō -āre -āvī -ātum, *tr* 幸福にする, 喜ばせる, 祝福する, 豊かにする ⟨alqm re⟩: *munere te parvo beare* (Hor) 小さな贈り物であなたを喜ばせる.
berberidāceae -ārum, °*f pl* 〖植〗メギ科.
berbex -ēcis, *m* =vervex.
Berecyntae -ārum, -es -um, *m pl* [Gk] ベレキュンタェ, *-タイ (Phrygia にいた一部族).
Berecynt(h)ius -a -um, *adj* **1** Berecyntus の: *Berecyntia mater* (Verg) =Cybele / ~ *heros* (Ov) =Cybele の息子 Midas.
Berecyntus -ī, *m* [Gk] ベレキュントゥス, *-トス (Cybele に捧げられた Phrygia の山).
Berenicē -ēs, *f* [Gk] ベレニーケー (1) 女性名; 特に (a) Judaea 王 Agrippa I の娘. (b) エジプト王 Ptolemaeus III Euergetes の妻; 夫のためにささげた髪の毛が星座 crinis Berenices になったという. (2) 都市名; (a) Cyrenaica 西端の町; 現 Benghazi. (b) エジプト南東部の紅海沿岸の町.
Berenīcēus -a -um, *adj* Berenice の.

Berenīcis -idos, *f* ベレニーキス (Berenice (2a) 周辺の地域).
Bergomum -ī, *n* ベルゴムム (Gallia Transpadana の町; 現 Bergamo).
Beroē -ēs, *f* [Gk] 〖伝説〗ベロエー (Semele の乳母).
Beroea -ae, *f* [Gk] ベロエア, *ベロイア (Macedonia の町; 現 Véroia).
Beroeaeus -a -um, *adj* Beroea の.
Beroeēnsēs -ium, *m pl* Beroea の住民.
beroīdea -ōrum, °*n pl* [Gk] 〖動〗ウリクラゲ目.
Berōnes -um, *m pl* [Gk] ベローネス (Hispania Tarraconensis にいたケルト系一部族).
berula -ae, °*f* 〖植〗アブラナ科の植物.
bēryllus, -os, bērullus, -os -ī, *m* [Gk] 〖鉱〗緑柱石.
Bērȳtus -ī, *f* [Gk] ベーリュートゥス, *-トス (Phoenicia の港町; 現 Beirut; ローマの植民地としては Felix Julia と呼ばれた).
bēs bessis, *m* 3 分の 2: ~ *alter* (Vitr) $1^2/_3$ / *faenus bessibus* (Cic) 月利 $^2/_3$% (=年利 8%).
bessālis, bēsālis -is -e, *adj* [↑] 3 分の 2 の.
Bessī -ōrum, *m pl* [Gk] ベッシー, *ベッソイ (Thracia の一部族).
Bessicus -a -um, *adj* Bessi 族の.
bestia -ae, *f* **1** 獣. **2** (円形競技場で用いられる) 猛獣. **3** (軽蔑的に) 人でなし, 畜生. **4** (B-) 〖天〗狼座.
bestiālis -is -e, *adj* [↑] 獣の(ような).
bestiālitās -ātis, °*f* [↑] 獣性.
bestiāliter °*adv* [bestialis] 獣のように.
bestiārius¹ -a -um, *adj* [bestia] 獣の: *ludus* ~ (Sen) (円形競技場における) 猛獣との格闘.
bestiārius² -ī, *m* (見せ物として) 猛獣と格闘する者.
bestiola -ae, *f dim* [bestia] 小さな生物, 虫.
bēta¹ -ae, *f* 〖植〗ビート.
bēta² *indecl n* [Gk] **1** ギリシア語アルファベットの第 2 字 (*B, β*). **2** 2 番目の物.
bētāceus -ī, *m* [beta¹] ビートの根.
Bethle(h)em *indecl* [Gk<Heb.] ベトレヘム, *ベツレヘム (Palaestina 中部の町; Iesus の生地).
bētīzō -āre, *intr* [beta¹] 気力がない.
bētō -ere, *intr* =bito.
Bētriac- ⇨ Bedriac-.
betula, -lla -ae, *f* 〖植〗カバノキ.
betulāceae -ārum, °*f pl* 〖植〗カバノキ科.
bi- *pref* 「二」「重」などの意.
biarchia -ae, °*f* [Gk] biarchus の職.
biarchus -ī, °*m* [Gk] 糧食管理官.
Biās -antis, *m* [Gk] ビアース (Priene 出身の哲学者 (前 6 世紀); ギリシア七賢人の一人).
Bibāculus -ī, *m* ビバークルス (ローマ人の家名).
bibaria -ae, *f* [bibo] 酒場.
bibax -ācis, *adj* [bibo] 酒飲みの.
biberārius -ī, *m* [bibo] 酒売り.
Biberius -ī, *m* [bibo] (「大酒飲み」の意) Tiberius 帝のあだ名.
Bibesia -ae, *f* [bibo] 酒飲みの国 (Plautus の造語).
bibī *pf* ⇨ bibo.
bibilis -is -e, *adj* [bibo] 飲用に適する.

biblia -ōrum, °*n pl*, **-ia** -ae, °*f* [*Gk*] 本, 書籍: ～ *sacra* 聖書.
biblicus -a -um, °*adj* [↑] 聖書の.
bibliographia -ae, °*f* [*Gk*] 書誌学.
bibliographus -ī, °*m* [*Gk*] 書誌学者.
bibliopōla -ae, *m* [*Gk*] 本屋, 書店.
bibliothēca -ae, *f* [*Gk*] **1** 書架, 本棚. **2** 図書室, 図書館. **3** 蔵書.
bibliothēcālis -is -e, °*adj* [↑] 蔵書の.
bibliothēcārius -ī, *m* [bibliotheca] 司書, 図書館員.
bibliothēcula -ae, °*f dim* [bibliotheca] 小文庫.
bibō -ere bibī bibitum, *tr* (*intr*) **1** 飲む: *bibere Tiberim* (Verg) Tiberis 川のほとりで暮らす / *bibere aequoreas aquas* (Ov) 難船しておぼれる. **2** 吸い込む, 吸収する: *bibere aure alqd* (Hor) あることに熱心に耳を傾ける.
Bibracte -is, *n* ビブラクテ《Gallia 中部にあった Aedui 族の首都; 現 Mont-Beuvray》.
Bibrax -actis, *f* ビブラクス《Gallia の Remi 族の町》.
Bibrocī -ōrum, *m pl* ビブロキー《Britannia にいた一部族》.
bibulus -a -um, *adj* [bibo] **1** しきりに飲みたがる 〈alcis rei〉. **2** しきりに聞きたがる. **3** 吸収する: *charta bibula* (Plin Min) 吸取り紙. **4** 飲用に適する.
Bibulus -ī, *m* ビブルス《ローマ人の家名; 特に *M. Calpurnius* ～, Caesar の同僚執政官 (前 59)》.
bicapitis -is -e, °*adj* =biceps.
bicapitus -a -um, °*adj* =biceps.
biceps -cipitis, *adj* [bi-/caput] **1** 二つの頭をもった, 両面の: ～ *argumentum* (Apul) 〖論〗両刀論法, ジレンマ / *Parnasus* ～ (Ov) 二つの峰をもつ Parnasus 山 / *gladius* ～ (Vulg) 諸刃の剣. **2** 二つに分かれた.
biclīnium -ī, *n* 二人用の食事用臥台.
bicolor -ōris, *adj* [bi-/color] 2 色の.
Bicorniger -gera -gerum, *adj* [bi-/corniger] 2 本の角(()をもった《Bacchus の添え名の一つ》.
bicornis -is -e, °*adj* [bi-/cornu] 2 本の角(()をもった: *furea* ～ (Verg) 二叉の支柱 / *bicorne jugum* (Stat) =Parnasus.
bicorpor -oris, *adj* [bi-/corpus] 二つの体をもった.
bicubitālis -is -e, °*adj* [bi-/cubitum] 2 腕尺 (= 約 1 *m*) の.
bicuspidālis -is -e, °*adj* [bi-/cuspis] 〖解〗二尖の, 両尖の.
bidens[1] -entis, *adj* [bi-/dens] **1** 二つの歯をもった. **2** 二叉の: *forfex* ～ (Verg) 2 枚刃のはさみ.
bidens[2] -entis, *m, f* [↑] **1** (*m*) 二叉の鍬(). **2** (*f*) (歯が上下とも完全に生えそろった)犠牲獣(特に羊).
bidental -ālis, *n* [↑] 落雷のあった場所《その場を聖域として囲み, 羊を犠牲にささげた》; (そこでささげられる)いけにえ.
bidentālis -is -e, °*adj* [↑] 〖碑〗落雷のあった場所 (そこにささげる)いけにえの.
Bidīnus -a -um, *adj* Bidis の.
Bidis -is, *f* ビディス《Sicilia 島の町》.

bīduānus -a -um, °*adj* [↓] 2 日間の.
bīduum -ī, *n* [bi-/dies] 2 日(間): *biduo* (Cic) 2 日以内に; 2 日間かかって.
biennālis -is -e, °*adj* [biennium] 2 年間の.
biennis -is -e, *adj* [↓] 2 年間の.
biennium -ī, *n* [bi-/annus] 2 年間.
bifāriam *adv* 二様に, 二重に.
bifāriē °*adv* =bifariam.
bifārius -a -um, °*adj* 二様の, 二重の.
bifer -fera -ferum, *adj* [bi-/fero] (年に)2 度実がなる.
biferus -a -um, *adj* [bi-/ferus] 二種の動物から成る, 異成分から成る.
bifidātus -a -um, °*adj* =bifidus.
bifidus -a -um, *adj* [bi-/findo] 二つに分かれた, 二叉の.
bifīlum -ī, °*n* [bi-/filum] 二重の糸.
biforis -is -e, *adj* [bi-/foris¹] **1** (戸・窓が)両開きの, 折り戸の. **2** 穴が二つある.
biformātus -a -um, °*adj* =biformis.
biformis -is -e, *adj* [bi-/forma] 二つの姿[形]をもった.
biforus -a -um, *adj* =biforis.
bifrons -ontis, *adj* [bi-/frons²] 二つの顔をもった《Janus の添え名》.
bifurcātiō -ōnis, °*f* [bifurcus] 〖解〗分岐.
bifurcātus -a -um, °*adj* [↓] 〖解〗分岐の.
bifurcus -a -um, *adj* [bi-/furca] 二叉の.
bīgae -ārum, *f pl*, **bīga** -ae, *f* [bi-/jugum] 一対の馬, 二頭立て馬車.
bigamia -ae, °*f* [↓] 重婚(罪), 二重結婚.
bigamus[1] -a -um, °*adj* 重婚した.
bigamus[2] -ī, °*m* 重婚者.
bigātus[1] -a -um, °*adj* [bigae] (硬貨が)2 頭立て馬車の刻印のある.
bigātus[2] -ī, *m* (*sc.* nummus) (2 頭立て馬車の刻印のある)ローマの銀貨.
bigeminus -a -um, °*adj* [bi-/geminus] 二重の.
bigener -nera -nerum, *adj* [bi-/genus¹] 異なる種族間に生まれた, 混血の, 雑種の.
Bigerra -ae, *f* ビゲッラ《Hispania Tarraconensis 南部の町; 現 Bogara》.
Bigerriōnēs -um, *m pl* ビゲッリオーネス《Aquitania にいた一部族》.
bignae -ārum, *f pl* [bi/gigno] (女性の)双生児.
bignoniāceae -ārum, °*f pl* 〖植〗ノウゼンカズラ科.
bijugī -ōrum, *m pl* [bijugus] (*sc.* equi) =bigae.
bijugis -is -e, *adj* =bijugus.
bijugus -a -um, *adj* [bi-/jugis²] 二頭立ての.
bilanx[1] -lancis, °*adj* [bi-/lanx] (天秤が)二枚皿の.
bilanx[2] -lancis, °*f* (二枚皿の)天秤.
bilaterālis -is -e, °*adj* [bi-/lateralis] **1** 〖生物〗両側性の, 左右相称の. **2** 〖解・剖〗両側(性)の. **3** 〖法〗双務的な.
Bilbilis -is, *f* ビルビリス《Hispania Tarraconensis の町; 詩人 Martialis の生地》.
bilībra -ae, *f* [bi-/libra] 2 ポンド.
bilībris -is -e, °*adj* [↑] **1** 重さが 2 ポンドの. **2** 2 ポンドはいる.

bilinguis -is -e, *adj* [bi-/lingua] **1** 2枚の舌を もった. **2** 2 言語を用いる. **3** うそつきの, 二枚舌の. **4**° 二重の意味をもった; 寓意的な.
biliōsus -a -um, *adj* [↓] 胆汁の多い.
bilis -is, *f* **1** 胆汁: ~ *suffusa* (PLIN)《病》黄疸(ホネー). **2** 怒り, 不機嫌. **3** *atra* [*nigra*] ~ (CIC [SEN]) 憂鬱.
bilix -līcis, *adj* [bi-/licium] 二本糸の, 二重織りの.
bilongus -a -um, °*adj* [bi-/longus] 2倍の長さの: *pes* ~ 《詩》2 個の長音節から成る詩脚.
bilustris -is -e, *adj* [bi-/lustrum²] 2 lustra (=10 年間) の.
bilychnis -is -e, *adj* [bi-/lychnis] 二つの灯心を もった.
bimammius -a -um, *adj* [bi-/mamma] (ブドウ が) 二つの房をもっている.
bimaris -is -e, *adj* [bi-/mare] 二つの海の間に位 置する.
bimarītus -ī, *m* [bi-/maritus¹] 二人の妻をもつ夫, 重婚者.
bimāter -tris, *adj* [bi-/mater] 二人の母をもつ 《Bacchus の添え名の一つ》.
bīmātus¹ -ūs, *m* [bimus] (動植物の) 2 歳, 2 年.
bīmātus² -a -um, *adj* 2 歳の.
bimembrēs -ium, *m pl* [↓] =Centaurus 族.
bimembris -is -e, *adj* [bi-/membrum] 2 種類 の手足をもった (=半人半獣の).
bime(n)stris -is -e, *adj* [bi-/mensis] 2 か月の.
bimenstruus -a -um, °*adj* [bi-/mensis] 2 か月 の.
bīmulus -a -um, *adj dim* [↓] やっと 2 歳の.
bīmus -a -um, *adj* [bi-/hiems] **1** 2 歳の. **2** 2 年間の.
bīnārius -ī, *m* °*adj* [bini] 二つの, 二重の.
Bingium -ī, *n* ビンギウム《Rhenus 河畔にあった Gallia の町》.
bīnī -ae -a, *num distrib* [bis] **1** 二つずつの. **2** 二 つの. **3** 一対の: *boves* ~ (PLAUT) 一対の牛.
binoctium -ī, *n* [bi-/nox] 二夜.
binōminis -is -e, *adj* [bi-/nomen] 二つの名前を もった.
binūbus -ī, °*m* [bi-/nubo] 重婚者.
biocōlyta -ae, °*m* [Gk] 不法行為を取り締まる人.
biogenesis -is, °*f*《生物》生物発生.
biographia -ae, °*f* [Gk] 伝記; 伝記文学.
biologia -ae, °*f* 生物学.
Biōn -ōnis, *m* [Gk] ビオーン《(1) Smyrna 出身のギ リシアの田園詩人 (前 100 頃). (2) Scythia 出身の Cyrene 学派の哲学者 (前 3 世紀前半); 辛辣な皮肉 屋》.
Biōnēus -a -um, *adj* Bion (2) 風の (=辛辣な, 機 知に富んだ).
bios -ī, *m* [Gk] ギリシア産ワインの一種《「生命の」 意》.
biōticus -a -um, °*adj* [Gk] 日常的な, ありふれた.
bipālium -ī, *n* [bi-/pala] 鍬(ミミ).
bipalmis -is -e, *adj* [bi-/palmus] 2 掌尺 (パルム) の.
bipartiō -īre -īvī -ītum, *tr* [bi-/partio²] 二つに分 ける.
bipartītē *adv* =bipartito.

bipartītiō -ōnis, °*f* [bipartio] 二つに分けること, 二分割.
bipartītō *adv* [↓] 二つに分かれて.
bipartītus -a -um, *adj* (*pp*) [bipartio] 二つに分か れた.
bipatens -entis, *adj* [bi-/pateo] 両開きの; 扉が二 つある.
bipedālis -is -e, *adj* [bi-/pes] 2 足尺[フィート]の.
bipedāneus -a -um, *adj* [bi-/pes] 2 足尺[フィー ト]の.
bipennātus -a -um, *adj* [bi-/penna]《解》双翼 状の.
bipennifer -fera -ferum, *adj* [↓/fero] 両刃の 斧を持っている.
bipennis¹ -is -e, *adj* [bi-/penna] **1** 二つの翼を もった. **2** (斧が) 両刃の.
bipennis² -is, *f* 両刃の斧.
bipert- ⇒ bipart-.
bipēs¹ -pedis, *adj* [bi-/pes] 二本足の.
bipēs² -pedis, *m* 二本足の動物 (=蔑称的に, 人間).
birēmis¹ -is -e, *adj* [bi-/remus] 二段オールの, 二 段櫂の.
birēmis² -is, *f* 二段櫂船.
birrettum -ī, °*n* **1**《カト》ビレッタ《聖職者用の角 帽》. **2** ベレー帽.
birrus -ī, °*m* フード付きの短いマント.
bis *adv* **1** 2 度, 2 回: ~ *terve* (CIC) 2, 3 度 / ~ *terque* (MART) たびたび / ~ *ad eundum* (sc. *lapidem offendi*) (CIC) 2 度同じ (石) に (つまずく)《「みっともない」 という意の格言》. **2** 二重に, 2 倍に: ~ *tanto* [*tantum*] (PLAUT [VERG]) 2 倍大きく / ~ *octonis annis* (OV) 16 才の.
Bīsaltae -ārum, *m pl* [Gk] ビーサルタエ, *-タイ 《Thracia の Strymon 河畔にいた一部族》.
Bīsalti(c)a -ae, *f* [Gk] ビーサルティカ, *-ティアー 《Bisaltae 族の国》.
Bīsaltis -idis, *f* [Gk]《伝説》Thracia の王 Bisaltes の娘 (=Theophane)《Neptunus に愛されて雌羊に変 えられた》.
Bisanthē -ēs, *f* [Gk] ビサンテー《Propontis 海に面 する Thracia の町》.
bisellium -ī, *n* [bi-/sella] 二人分の座席《実際に は貴賓席として一人だけ着席》.
bisextīlis -is -e, °*adj* [↓] 閏日のある: *annus* ~ (ISID) 閏年(ウネシ).
bisextum -ī, *n*, **bisextus** -ī, °*m* [bi-/sextus] 閏日《2 月 24 日の後に置かれた》.
bismūtum -ī, °*n*《化》ビスマス, 蒼鉛(ミネス).
bisōn -ontis, *m*《動》ヤギュウ (野牛), バイソン.
bissēnī, bis sēnī -ae -a, *num distrib* [sex]《詩》 12 ずつの (=duodeni).
Bistones -um, *m pl* [Gk] ビストネス《Thracia にい た一部族》.
Bistonia -ae, *f* [Gk] ビストニア (-)《Bistones 族の 国 (=Thracia)》.
Bistonis¹ -idis, *adj f* Bistones 族の, Thracia の: ~ *ales* (SEN) =Procne.
Bistonis² -idis, *f* Thracia の女 (=Baccha).
Bistonius -a -um, *adj* Bistones 族の, Thracia の.

bisulcis -is -e, *adj* [bi-/sulcus] 二つに分かれた、二又の: ～ *lingua* (PLAUT) 裂けた舌; 二枚舌を使う者.
bisulcus -a -um, *adj* =bisulcis.
bisyllabus -a -um, *adj* [bi-/syllaba] 2 音節の.
Bīthȳnia -ae, *f* [Gk] ビーテューニア(-)《小アジア北西部の黒海沿岸地方; のちローマの属州》.
Bīthȳnicus -a -um, *adj* Bithynia の.
Bīthȳnis -idis, *f* Bithynia の女.
Bīthȳnius -ī, *m* Bithynia 人.
Bīthȳnus -a -um, *adj* =Bithynicus.
bitō -ere, *intr* 行く.
Bitō(n) -ōnis, *m* [Gk] 《伝説》ビトー(ン)《Argos の女神官 Cydippe の息子で Cleobis の兄弟; 親孝行で有名》.
bitūmen -minis, *n* 瀝青.
bitūmineus -a -um, *adj* [↑] 瀝青の.
bitūminō -āre, °*tr* [bitumen] 瀝青を塗る.
bitūminōsus -a -um, *adj* [bitumen] 瀝青質の.
Biturīges -um, *m pl* ビトゥリーゲス《(1) Gallia 中央部にいた一部族; ～ Cubi とも呼ばれる. (2) Aquitania にいた一部族; ～ Vivisci とも呼ばれる; 首都は Burdigala (現 Bordeaux)》.
biventer -tra -trum, °*adj* [bi-/venter] 《解》二腹の.
bivertex -ticis, *adj* [bi-/vertex] 二つの峰[頂上]をもった.
bivium -ī, *n* [↓] 1 交差点, 岐路. 2 二つの方法[手段].
bivius -a -um, *adj* [bi-/via] 二つの道のある; 岐路の.
blachnon -ī, *n* [Gk] 《植》オシダ.
blaesus -a -um, *adj* [Gk] 舌たらずに発音する, 口ごもっている.
Blandae -ārum, *f pl* ブランダエ《(1) Lucania の沿岸の町. (2) Hispania Tarraconensis の町》.
blandē *adv* [blandus] ことば巧みに, 誘惑するように.
blandicella -ōrum, *n pl dim* [blandus] 甘言, お世辞.
blandiculē *adv dim* [blande] 魅力的に.
blandidicus -a -um, *adj* [blandus/dico²] 甘言を用いる, 口のうまい.
blandiloquens -entis, *adj* [blandus/loquor] 口のうまい.
blandiloquentia -ae, *f* [↑] 甘言, お世辞.
blandiloquentulus -a -um, *adj dim* =blandidicus.
blandiloquus -a -um, *adj* =blandidicus.
blandīmentum -ī, *n* [↓] (通例 *pl*) 1 甘言, お世辞. 2 魅了するもの, 楽しみを与えるもの. 3 調味料, 薬味. 4 治療.
blandior -īrī -ītus sum, *intr dep* [blandus] 1 機嫌を取る, 甘言を用いる, こびへつらう 〈alci〉: *blandiri sibi* (PLIN MIN) 思い違いをする. 2 楽しませる, 魅了する 〈+*dat*〉.
blanditer *adv* =blande.
blanditia -ae, -**tiēs** -ēī, *f* [blandus] 1 (特に *pl*) 甘言, お世辞. 2 魅惑, 魅力, 快適. 3 美味.
blandītus -a -um, *adj* (*pp*) [blandior] 好ましい,

魅力的な.
blandulus -a -um, *adj dim* [↓] 好ましい, 魅力的な.
blandus -a -um, *adj* 1 機嫌を取る, こびへつらう. 2 好ましい, 魅力的な.
blasphēmābilis -is -e, °*adj* [blasphemo] 非難に値する.
blasphēmātiō -ōnis, °*f* [blasphemo] 誹謗, 中傷.
blasphēmia -ae, °*f*, -**mium** -ī, °*n* [Gk] 誹謗, 中傷; 冒瀆.
blasphēmō -āre -āvī -ātum, °*tr* [Gk] ののしる, 非難する; 冒瀆する.
blasphēmus -a -um, °*adj* [Gk] そしる, ののしる; 冒瀆的な.
blastēma -ae, °*f* [Gk] 《生物》芽体.
blastula -ae, °*f* 《生物》胞胚.
blaterātus -ūs, °*m* [↓] 饒舌, おしゃべり.
blaterō -āre -āvī -ātum, *intr, tr* [*cf.* blatio] 1 ぺちゃくちゃしゃべる. 2 (羊・ラクダ・カエルなどが)鳴く.
blatiō -īre, *tr, intr* [*cf.* blatero] ぺちゃくちゃしゃべる.
blatta¹ -ae, *f* 《昆》ゴキブリ・イガなどの昆虫.
blatta² -ae, °*f* 緋色.
blattāria -ae, °*f* 《昆》ゴキブリ目.
blattārius -a -um, *adj* [blatta¹] 《蛾》の: *balnea blattaria* (SEN) 薄暗い浴室《蛾が陽光をきらうためにこう言われた》.
blatterō -āre, *intr, tr* =blatero.
blatteus -a -um, °*adj* [blatta²] 緋色の.
blattinus -a -um, °*adj* =blatteus.
Blaudēnus -a -um, *adj* 大 Phrygia の町 Blaudus の.
blēchōn -onis, *m* [Gk] 《植》野生のメグサハッカ.
Blemyes -um, **Blem(m)yī** -ōrum, -**yae** -ārum, *m pl* [Gk] ブレミュエス《Aethiopia にいた一部族》.
blendius -ī, *m* 《魚》イソギンポ.
blennorrhoea -ae, °*f* 《病》膿漏.
blennus -ī, *m* [Gk] のろま, ばか者.
bliteus -a -um, °*adj* [↓] つまらない, 取るに足りない.
blitum -ī, *n* [Gk] 《植》ホウレンソウの一種.
Blossius -ī, *m* ブロッシウス《ローマ人の氏族名》.
boa -ae, *f* 1 《動》大きなヘビ. 2 《病》はしか, 麻疹.
boārius -a -um, *adj* [bos] 牛の: *forum boarium* (CIC) ローマ市の牛市場.
boātus -ūs, *m* [boo] (牛の)鳴き声; 大きな叫び声.
bobīlis -is -e, *adj* =bovilis.
bōbus *pl dat, abl* ⇒ bos.
Bocc(h)ar -aris, *m* 1 ボッカル《(1) 第 2 次 Poeni 戦争当時の Mauritania の王. (2) 同じ頃の Numidia 王 Syphax の将軍》. 2 《詩》アフリカ人.
Bocchus -ī, *m* ボックス《Mauritania の王; のちに婿の Jugurtha を裏切った》.
bōcula -ae, *f* =bucula.
Bodotria -ae, *f* ボドトリア《Britannia 東岸(現 Scotland)の入江; 現 Firth of Forth》.
Boebē -ēs, *f* [Gk] ボエベー, *ボイベー《Thessalia の湖》.

Boebēis -idos, *f* [Gk] (*sc.* lacus) =Boebe.
Boebēius -a -um, *adj* Thessalia の.
Boeōtarchēs -ae, *m* [Gk] Boeotia の最高行政長官.
Boeōtia -ae, *f* [Gk] ボエーティア, *ボイオーティアー《中部ギリシアの一地域; 首都は Thebae》.
Boeōticus -a -um, *adj* =Boeotius.
Boeōtius -a -um, *adj* Boeotia の. **Boeōt(i)ī** -ōrum, *m pl* Boeotia の住民.
Boeōtus[1] -a -um, *adj* =Boeotius.
Boeōtus[2] -ī, *m* [Gk] 1 Boeotia 人. 2 《伝説》ボエオートゥス, *ボイオートス 《Neptunus の息子; Boeotia 人の祖》.
Boēthius -ī, °*m* ボエーティウス《*Anicius Manlius Severius* ～, ローマの哲学者・政治家 (480?-?524)》.
Boēthus -ī, °*m* [Gk] ボエートゥス, *-トス《(1) Chalcedon 出身の彫刻家 (前 2 世紀). (2) Sidon 出身のストア学派哲学者 (前 2 世紀)》.
Bogud -udis, *m* ボグド《Bocchus の息子で Mauritania の王; Agrippa にとらえられて殺された》.
bōia -ae, *f* 《罪人用の》首輪.
Boia -ae, *f* Boii 族の国.
Boiī -ōrum, *m pl* ボイイー《Gallia から北イタリアに移住したケルト系一部族》.
Boiohaemum, Bohaemum -ī, *n* 《Germania における》Boii 族の国《現 Bohemia》.
Boius -a -um, *adj* Boii 族の.
Bōla -ae, *f*, **Bōlae** -ārum, *f pl* ボーラ《Latium の町》.
Bōlānus -a -um, *adj* Bola の. **Bōlānī** -ōrum, *m pl* Bola の住民.
bolbīnē -ēs, *f* =bulbine.
bolbiton -ī, *n* [Gk] 牛糞.
bōlētar -āris, *n* [↓] キノコをのせる皿.
bōlētus -ī, *m* 《植》キノコ.
bolis -idis, *f* [Gk] 流星.
bolōnae -ārum, °*m pl* 1 魚卸商. 2 ひと網の漁獲.
bolus[1] -ī, *m* [Gk] 1 《さいころを》投げること. 2 ひと網の漁獲. 3 もうけ, 利益: *bolo tangere alqm* (PLAUT) ある人をだまして金を巻き上げる.
bōlus[2], **-os** -ī, *m* [Gk] 宝石の一種.
bombax *int* [Gk] 《驚嘆を表わす》おやまあ.
bombicō -āre, °*intr* 鳴り響く.
bombilō -āre, *intr* ブンブンいう.
bombiō -īre, *intr* [Gk] ブンブンいう.
bombizātiō -ōnis, *f* 《ハチの》ブンブンいう音.
bombus -ī, *m* [Gk] 低い音; 《ハチの》ブンブンいう音.
bombȳcias -ae, *m* [Gk] 笛を作るのに適したアシ《葦》.
bombȳcinus -a -um, *adj* [bombyx] 絹の.
bombylis -is [-idis], *f* 《昆》カイコのさなぎ.
bombyx -ȳcis, *m, f* [Gk] 1 《昆》カイコ《蚕》. 2 絹; 絹織物.
Bomilcar -aris, *m* ボミルカル《(1) 第 2 次 Poeni 戦争中の Carthago の海軍指揮官. (2) Jugurtha の腹心》.
bōmiscus -ī, °*m* [Gk] 小祭壇 (=arula).
Bona Dea -ae -ae, *f* 《神話》ボナ・デア《「良い女神」の意で, ローマの貞潔と多産の女神; 女性に崇拝された》.
bonātus -a -um, *adj* [bonus[1]] 気立てのよい.
bonememorius -a -um, *adj* [bonus[1]/memoria] 《碑》よい思い出の.
boniloquium -ī, °*n* [bonus[1]/loquor] 美辞麗句, お世辞.
bonitās -ātis, *f* [bonus[1]] 1 高潔, 徳, 誠実. 2 優良, 優秀. 3 親切, 善意, 仁愛.
Bonna -ae, *f* ボンナ《Rhenus 河畔の町; 現 Bonn》.
Bonnensis -is -e, *adj* Bonna の.
Bonōnia -ae, *f* ボノーニア《Gallia Cisalpina の町; 現 Bologna》.
Bonōniensis -is -e, *adj* Bononia の.
bonum -ī, *n* [↓] 1 善, 徳: ～ *et aequum* (PLAUT) 公正. 2 優秀, 長所. 3 (*pl*) 財産, 資産: *in bonis esse* (CIC) 所有している / *paterna bona* (CATUL) 父方の世襲財産 / *bona alcis publicare* (CAES) ある人の財産を没収する. 4 益, 得: *alci bono esse* (CIC) ある人にとって有利である / *~ publicum* (SALL) 公共の福祉.
bonus[1] -a -um, *adj* (*comp* melior, *superl* optimus) 1 良い, すぐれた: *bona tempestas* (CIC) 上天気 / *boni nummi* (PLAUT) 真正の《偽造ではない》貨幣 / *bona fides* (CIC) 善意 / *boni mores* (PLAUT) 良俗. 2 有効な; 適した〈re; alci rei; ad alqd〉. 3 有能な. 4 望ましい, 満足のいく. 5 強い, 健全な. 6 かなりの, たくさんの: *bona pars sermonis* (CIC) 談論のかなりの部分. 7 有利な, 好都合の. 8 善良な, 高潔な, りっぱな. 9 親切な, 慈悲深い〈alci; in alqm〉. 10 忠実な. 11 妥当な.
bonus[2] -ī, *m* 1 善良な人. 2 勇士. 3 紳士. 4 (*pl*) 上流階級, 保守派.
bonuscula -ōrum, °*n pl dim* [bonum] わずかな財産.
boō -āre [-ere], *intr* (*tr*) [Gk] 1 ほえる, うなる; 叫ぶ. 2 《場所が》反響する.
Boōtēs -ae, *m* [Gk] 《天》牛飼い座.
Bora -ae, *f* ボラ《Macedonia の山》.
boragināceae -ārum, °*f pl* 《植》ムラサキ科.
borax -acis, °*m* 《化》ホウ砂.
boreālis -is -e, °*adj* [↓] 北の.
boreās -ae, *m* [Gk] 1 北風 (=aquilo). 2 北. 3 (B-) 《神話》ボレアース《ギリシア神話の北風の神; ローマ神話の Aquilo に当たる》.
boreōtis -idis, °*adj f* [Gk] 北の.
boreus -a -um, *adj* [boreas] 北の.
borīa -ae, *f* [Gk] 《鉱》碧玉の一種.
borīth *indecl* °*n* [Heb.] 《植》シャボンソウ.
Borysthenēs -is, *m* [Gk] ボリュステネース《黒海に注ぐ Sarmatia の大河; 現 Dnepr》.
Borysthenidae -ārum, *m pl* Borysthenes 河畔の住民.
Borysthenius -a -um, *adj* Borysthenes 川の: *~ amnis* (Ov) =Borysthenes.
bōs bovis (*pl gen* boum [bovum], *dat, abl* būbus [bōbus]), *m, f* 1 《動》牛. 2 牛皮製のむち. 3 魚の一種《おそらくヒラメ》.
boscis -idis, *f* [Gk] 《鳥》カモの一種.
Bosp(h)orānus -a -um, *adj* Bosphorus (2) の.
Bosp(h)oricus -a -um, *adj* =Bosphoranus.

Bosp(h)orius -a -um, *adj* [Gk] Bosphorus (1) (2) の.
Bosp(h)orus, -os -ī, *m* [Gk] ボスポルス, *-ロス, ⁱⁱ-ラス《(1) ~ *Thracius*, Pontus Euxinus と Propontis の間の海峡. (2) ~ *Cimmerius*, Maeotis palus (現 Azov 海)と Pontus Euxinus の間の海峡》.
Bostra -ae, °*f* ボストラ《Arabia Petraea の町》; Trajanus 帝以降, ローマの属州 Arabia の首都; 現 Busra》.
Bostrēnus -ī, *m* Bostra の住民.
bostrychus -a -um, °*adj* [Gk] 巻毛の.
botanica -ae, °*f* [Gk] 植物学.
botanicum -ī, °*n* [Gk] 植物標本室.
botanicus -a -um, °*adj* [Gk] 植物の[に関する].
botanismus -ī, *m* [Gk] 除草.
botanista -ae, °*m* 植物学者.
botellus -ī, *m dim* [botulus] 小さなソーセージ.
botruōsus -a -um, °*adj* [↓] 房状の.
botrus -ī, °*m* [Gk] **1** ブドウの房. **2** 房状の星団.
botryītis -idis [-idos], *f* [Gk] **1** 《鉱》カラミンの一種. **2** 宝石の一種.
botryō(n)¹ -ōnis, *m* [Gk] ブドウの房.
botryon², -ī, *n* [Gk] 薬の一種.
botrys -yos, *f* [Gk] 《植》ヨモギ.
Bottiaea -ae, *f* [Gk] ボッティアエア, *-アイアー《Macedonia の一地方》.
botulārius -ī, *m* [↓] ソーセージ屋.
botulus -ī, *m* ソーセージ.
Boudicca -ae, *f* ボウディッカ《Britannia の Iceni 族の女王; ローマに対する反乱を指揮した (61 年)》.
boum *pl gen* ⇨ bos.
bova -ae, *f* =boa.
bovārius -a -um, °*adj* =boarius.
bovātim *adv* [bos] 牛のように.
Boviānum -ī, *n* ボウィアーヌム《Samnium の二つの町》.
bovīle -is, *n* =bubile.
bovīlis -is -e, *adj* =bovillus.
Bovillae -ārum, *f pl* ボウィッラエ《Via Appia 沿いの Latium の町; その近くで Clodius Milo に殺された; ⇨ Milo》.
Bovillānus -a -um, *adj* Bovillae の.
Bovillensēs -ium, *m pl* 《碑》Bovillae の住民.
bovillus -a -um, *adj* [bos] 牛の (=bubulus).
bovīnus -a -um, °*adj* [bos] 牛の.
bovis *sg gen* ⇨ bos.
bovō -āre, *intr* =boo.
brabēum, -īum -ī, °*n* [Gk] (競技の)勝者への賞品.
brabeuta -ae, *m* [Gk] (競技の)審判員.
brācae -ārum, *f pl*, **brāca** -ae, *f* (ゆったりした)ズボン.
Brācarī -ōrum, *m pl* ブラーカリー《Hispania Tarraconensis にいた一部族》.
Brācarus -a -um, *adj* 《碑》Bracari 族の.
brācātus -a -um, *adj* [bracae] **1** ズボンをはいた. **2** 異国の, 野蛮な. **3** *Gallia Bracata* (PLIN) のちの Gallia Narbonensis. **Brācātī** -ōrum, *m pl* Gallia Bracata の住民.

brāchiāle, bracch- -is, *n* [↓] 腕輪, ブレスレット.
brāchiālis¹**, bracch-**¹ -is -e, *adj* [brachium] **1** 腕の. **2**° 《解》上腕の.
brāchiālis², **bracch-**² -is, °*f* =brachiale.
brāchiātus, bracch- -a -um, *adj* [brachium] **1** 枝を張った. **2**《碑》(兵士が)腕甲をつけた.
brāchiolum, bracch- -ī, *n dim* [brachium] (小さい[細い])腕.
brāchiopoda -ōrum, °*n pl* 《動》腕足動物門.
brāchium, bracch- -ī, *n* [Gk] **1** 腕; (特に)前腕. **2**°《解》上腕. **3** (動物の)前足; (カニなどの)はさみ. **4** 入江. **5** (山の)支脈. **6** 木の枝. **7** 《詩》帆桁; (投石機の)腕木. **8** (港の)突堤. **9** (コンパスの)脚. **10** 《軍》外堡(ガイホ). **11** 外塁.
brachyūra -ōrum, °*n pl* 《動》短尾類.
bracte- ⇨ bratte-.
brādō -ōnis, °*f* ハム.
branchiae -ārum, *f pl*, **-chia** -ae, *f* [Gk] (魚の)えら.
branchiata -ōrum, °*n pl* 《動》有鰓(ユウサイ)類.
Branchidae -ārum, *m pl* Branchus の子孫《代々神官職を受け継いだ》.
Branchidēs -ae, *m* Apollo の添え名の一つ.
branchiūra -ōrum, °*n pl* 《魚》鰓尾類.
branchos -ī, °*m* [Gk] 嗄れ声.
Branchus -ī, *m* [Gk] 《伝説》ブランクス, *-コス《Apollo から予言能力を授けられ, Miletus 南郊 Didyma の Apollo 神託所の神官となった》.
brandeum -ī, °*n* 聖遺物にかぶせるおおい.
Brannovīces -um, *m pl* ブランノウィーケス《Gallia Celtica にいた Aulerci 族の一支族》.
Brannoviī -ōrum, *m pl* ブランノウィイー《Aedui 族に従属したケルト系の一部族》.
brasmatiae -ārum, °*m pl* [Gk] 地震.
brassica -ae, *f* 《植》キャベツ.
brastae -ārum, *m pl* =brasmatiae.
brathy -yos, *n* [Gk] 《植》ビャクシン.
brattea -ae, *f* 金属の薄片; (特に)金箔.
bratteātus -a -um, *adj* [↑] **1** 金めっきした. **2** 金のように光る. **3** 虚飾の, まやかしの.
bratteola -ae, *f dim* [brattea] 金箔.
Bratuspantium -ī, *n* ブラトゥスパンティウム《Gallia Belgica にあった Bellovaci 族の町》.
Brennus -ī, *m* ブレンヌス《(1) Allia 川でローマ軍を破った (前 390?) Gallia 人の指導者. (2) ギリシアに侵攻した (前 279) Gallia 人の指導者》.
brephotrophēum -ī, °*n* [Gk] 孤児院.
Breunī -ōrum, *m pl* ブレウニー《Raetia にいた一部族》.
breve -is, *n* [brevis¹] **1** 短時間: *ad ~* (SUET) わずかの間. **2** 短い話: *in brevi* (QUINT) 手短に言えば. **3**°概要.
brevī *adv* (*abl*) [brevis¹] **1** 短時間に: *~ post* (LIV) 直後に / *~ ante* (SEN MAJ) 直前に. **2** 簡潔に, 手短に.
brevia -ium, *n pl* [brevis¹] 浅瀬.
breviārium -ī, *n* [↓] **1** 概要, 要約: *~ imperii* (SUET) 帝国の現状要覧. **2**°《カト》聖務日課書.

breviārius -a -um, *adj* [brevis¹] 要約した.
breviātim °*adv* [brevis¹] 要約して, 簡略に.
breviātiō -ōnis, °*f* [brevis¹] 短縮; 要約.
breviculus¹ -a -um, *adj dim* [brevis¹] (やや)短い, (やや)小さな.
breviculus² -ī, °*m* 小冊子, 摘要.
breviloquens -entis, *adj* [brevis¹/loquor] 手短かに話す.
breviloquentia -ae, *f* [↑] 表現の簡潔さ.
breviō -āre -āvī -ātum, *tr* [↓] **1** 短くする, 短縮する. **2** (音節を)短く発音する.
brevis¹ -is -e, *adj* **1** 短い, 小さい, 狭い. **2** 浅い; 低い. **3** 少ない, わずかな. **4** (時間が)短い; 短時間の, 束(ﾂｶ)の間の: *ira furor ~ est* (Hor) 怒りは一時の狂気だ. **5** 簡潔な. **6** (音節が)短い.
brevis² -is, *f* (*sc.* syllaba) 【文】短音節.
brevis³ -is, °*m* (*sc.* liber, libellus) 概要; 目録.
brevitās -ātis, *f* [brevis¹] **1** 短さ, 狭さ. **2** (時間の)短さ. **3** (表現の)簡潔さ. **4** (音節が)短いこと.
breviter *adv* [brevis¹] 短く; 簡潔に.
Briareus -ī, *m* [*Gk*] 【神話】ブリアレウス (=Aegaeon).
bridus -ī, °*m* 炊事道具の一種《おそらく肉をあぶる焼き串回転具》.
Brigantes -um, *m pl* ブリガンテス《Britannia 北部にいたケルト系一部族; Agricola 達に征服された (71–79)》.
Brigantia¹ -ae, *f* 【碑】ブリガンティア《Brigantes 族の女神》.
Brigantia² -ae, °*f* ブリガンティア《Raetia の町; 現 Bregenz》.
Brigantīnus -a -um, °*adj* Brigantia²の: ~ *lacus* (Plin) 現 Bodensee.
Brigantium -ī, °*n* ブリガンティウム《(1) Gallia Narbonensis の町; 現 Briançon. (2) Gallaecia の町; 現 Coruña》.
Brīmō -ūs, *f* [*Gk*]《「怒れる女」の意》Proserpina (あるいは Hecate) の呼称の一つ.
Briniātes -um, *m pl* ブリニアーテス《Liguria 東部の一部族》.
brīsa -ae, *f* ブドウのしぼりかす.
Brīsaeus -ī, *m* Bacchus の呼称の一つ.
Brīsēis -idis, *f* [*Gk*] 【伝説】ブリーセーイス《「Brises の娘」の意; Achilles の奴隷で妾であったが Agamemnon に奪われ, これが二大勇士の不和のもとになった》.
Britannia, Brittannia -ae, *f* ブリタンニア, "ブリタニア"《広義には Albion, Hibernia を含むが, 狭義には Albion のみ》.
Britanniciānus -a -um, *adj* 【碑】Britannia の.
Britannicus¹ -a -um, *adj* Britannia の.
Britannicus² -ī, *m* ブリタンニクス《Claudius 帝の息子の添え名; 父の Britannia 侵攻の成功にちなんで名づけられた; のちに義母 Agrippina とその連れ子で皇帝となった Nero に毒殺された》.
Britannis -idis, °*adj f* Britannia の.
Britannus¹ -ī -um, *adj* =Britannicus¹.
Britannus² -ī, *m* (集合的に) Britannia 人.
Britomartis -idis, *f* [*Gk*] 【神話】ブリトマルティス《Juppiter の娘で Creta 島のニンフ; のちに Diana と同一視された》.
Brittiī -ōrum, *m pl* =Bruttii.
Britto -ōnis, *m* Britannia の住民.
Brixellum, Brixillum -ī, *n* ブリクセッルム《Gallia Cisalpina の町; 現 Brescello》.
Brixia -ae, *f* ブリクシア《Gallia Cisalpina の町; 現 Brescia》.
Brixiānus -a -um, *adj* Brixia の.
brocchitās -ātis, *f* [↓] (動物の)歯が突き出ていること.
brocc(h)us -a -um, *adj* 出っ歯の.
brochon -ī, *n* =bdellium 2.
Brogitarus -ī, *m* ブロギタルス《Deiotarus 王の婿》.
bromeliāceae -ārum, °*f pl* 【植】パイナップル科.
Bromius -ī, *m* [*Gk*]《「騒々しい者」の意》Bacchus の呼称の一つ.
bromos -ī, *m* [*Gk*] 【植】カラスムギ.
brōmōsitās -ātis, °*f* 臭気, 悪臭.
brōmōsus -a -um, °*adj* 臭気を放つ.
brōmum -ī, °*n* [↓] 【化】臭素.
brōmus -ī, °*m* [*Gk*] 悪臭.
bronchia -ōrum, °*n pl* [*Gk*] 【解】気管支.
bronchiālis -is -e, °*adj* 【解】気管支の.
bronchiolī -ōrum, °*m pl dim* [bronchus] 【解】細気管支.
bronchitis -idis, °*f* [↓] 【病】気管支炎.
bronchus -ī, °*m* [*Gk*] 【解】気管支.
Brontē -ēs, *f* [*Gk*] 雷神.
brontea -ae, *f* [*cf.* Bronte] 雷石.
Brontēs -ae, *m* [*Gk*] 【伝説】ブロンテース《Cyclopes の一人》.
Brontōn -ontis, *m* [*Gk*] 【碑】《「雷をとどろかせる者」の意》Juppiter の呼称の一つ.
brūchus -ī, °*m* [*Gk*] 【昆】バッタの一種.
Bructerī -ōrum, *m pl* ブルクテリー《Germania 北西部にいたゲルマン系一部族》.
Bructerus -a -um, *adj* Bructeri 族の.
Bruges, Brugius ⇒ Phryges, Phrygius.
brūma -ae, *f* [brevis¹] **1** 冬至. **2** 冬, 冬季; 冬の寒さ. **3** 年.
brūmālis -is -e, *adj* [↑] **1** 冬至の. **2** 冬の.
brūmōsus -a -um, °*adj* [bruma] 冬の.
Brundisīnus -a -um, *adj* Brundisium の.
Brundisīnī -ōrum, °*m pl* Brundisium の住民.
Brundisium, Brundusium -ī, *n* ブルンディシウム《アドリア海に臨む Calabria の港町; 重要な海軍基地; 現 Brindisi》.
bruscum -ī, *n* カエデの木にできたこぶ.
brūtālia -ium, °*n pl* [↓] 理性のない動物, 獣.
brūtālis -is -e, °*adj* [brutus] 獣の, 獣的な; 理性のない.
brūtes -is, *f* 【碑】新婦, 花嫁.
brūtescō -ere, °*intr* [brutus] (理性を欠いた)獣のようになる; 無感覚になる.
Brūtiānus -a -um, *adj* Brutus の. **Brūtiānī** -ōrum, *m pl* Brutus (2) 一派の者ども.
Brūtīnus -a -um, *adj* Brutus (1) 的な[にふさわしい].

Bruttax -ācis, *m* Bruttii 人.
Bruttiī -ōrum, *m pl* ブルッティイー《(1) イタリア半島の南端地方. (2) その住民》.
Bruttius -a -um, *adj* Bruttii の.
brūtus -a -um, *adj* 1 重い. 2 無分別な, 愚鈍な. 3 理性を欠いた: *bruta animalia* (Plin) 野獣.
Brūtus -ī, *m* ブルートゥス《Junia 氏族に属するローマ人の家名; 特に (1) *L. Junius* 〜, 王政を廃してローマ共和政治を創始したといわれる (前 500 年頃). (2) *M. Junius* 〜, Caesar 暗殺の首謀者 (前 85?-42). (3) *D. Junius* 〜, 政治家・軍人; Caesar の武将でその暗殺者の一人 (前 84-43)》.
brya -ae, *f* [Gk] 【植】ギョリュウ属の低木 (=myrica).
bryon -ī, *n* [Gk] 【植】1 ミズゴケの一種 (=sphagnos). 2 ハクヨウの尾状花序. 3 海藻の一種.
bryōnia -ae, **bryōnias** -adis, *f* [Gk] 【植】ブリオニア.
bryophyta -ōrum, °*n pl* 【植】蘚苔（せんたい）類.
bryopsidāceae -ārum, °*f pl* 【植】(クダモ目)ハネモ科.
būbalion -ī, *n* [Gk] 【植】野生のキュウリ.
būbalus -ī, *m* [Gk] 【動】1 レイヨウ(羚羊)の一種. 2 スイギュウ(水牛).
Būbasis -idis, *adj f* Bubassus の.
Būbassius -a -um, *adj* Bubassus の.
Būbassus -ī, *f* [Gk] ブーバッスス, *ビューパッソス《Caria の町》.
Būbastis -is, *f* [Gk] ブーバスティス《(1) エジプトの町. (2) その地で崇拝された猫頭の女神; ローマの Diana に当たる》.
Būbastius -a -um, *adj* Bubastis の.
būbīle -is, *n* [bos] 牛舎.
Būblos -ī, *f* =Byblos.
būbō -ōnis, *m* (*f*) フクロウ《その鳴き声は不吉視された》.
Būbōn -ōnis, *f* [Gk] ブーボーン《Lycia の町》.
Būbōna -ae, °*f* [bos] 【神話】ブーボーナ《ローマ人の牛の守護女神》.
būbōnion, -um -ī, *n* [Gk] 【植】=aster 2.
būbula -ae, *f* [bubulus] 牛肉.
bubulcitō -āre -āvī, *intr* [bubulcus] 1 牛を飼う[駆る]. 2 牛飼いのように叫ぶ.
bubulcitor -ārī, *intr dep* =bubulcito.
bubulcus -ī, *m* [bos, bubulus] 牛飼い; (牛を使って耕作する)農夫.
būbulus -a -um, *adj* [bos] 牛の: *lingua bubula* (Cato) 【植】ウシノシタグサ.
būbus *pl dat, abl* ⇨ bos.
Būca -ae, *f* ブーカ《Samnium の町》.
būcaeda -ae, *m* [bos/caedo] 牛殺し; 牛革のむちで打たれる者.
Būcar -aris, *m* =Bocc(h)ar.
bucca -ae, *f* 1 頬〖(ほお)〗: *buccas inflare* (Hor) (怒りで)頬をふくらます. 2 口: *quod in buccam venerit scribito* (Cic) 何でも思いついたことを(手紙に)書いて下さい. 3 がなり立てる人. 4 (食物の)一口分. 5 頬《膝関節の》窩（か）.
buccella -ae, *f dim* [↑] 1 (食物の)ほんの一口分. 2°(貧者に支給される)小さなパン.

buccin- ⇨ bucin-.
buccinātor -ōris, °*m* 【解】頬筋（きょうきん）.
buccō -ōnis, *m* [bucca] おしゃべりなばか者.
buccopharyngeus -a -um, °*adj* 【解】頬咽頭の.
buccōsus -a -um, °*adj* [bucca] 大きな口の.
buccula -ae, *f dim* [bucca] 1 (小さな)頬（ほお）. 2 (かぶとの)面頬.
bucculentus -a -um, *adj* [↑] 頬（ほお）のふくらんだ.
Būcephala -ae, **-ē** -ēs, *f*, **-on** -ī, *n*, **-a** -ōrum, *n pl* [Gk] ブーケパラ《Alexander 大王がインドに建設した町; 王の愛馬 Bucephalas にちなんで名づけられた》.
Būcephalās -ae, *m* [Gk] ブーケパラース《「牛頭」の意; Alexander 大王の愛馬》.
Būcephalus -ī, *m* [Gk] ブーケパルス, *-ロス《Saronicus 湾沿岸の港》.
būceras -atis, *n* [Gk] 【植】コロハ.
būcerus, -ius -a -um, *adj* [Gk] 牛の角をした.
būcina -ae, *f* 1 牧人の角笛. 2 (湾曲した)らっぱ (*cf.* tuba). 3 (軍隊の)信号らっぱ. 4 【詩】(Triton の)ほら貝.
būcinātor -ōris, *m* [↓] 1 らっぱ手. 2 吹聴する人.
būcinō -āre -āvī -ātum, *intr* [bucina] らっぱを吹く.
būcinum -ī, *n* [bucina] 1 らっぱの音. 2 【貝】エゾバイ科の貝.
būcinus -ī, *m* [bucina] らっぱ手.
Būcolica -ōrum, *n pl* [↓] (Theocritus や Vergilius の)牧歌, 田園詩.
būcolicus -a -um, *adj* [Gk] 田園詩の, 牧歌の.
būcolista -ae, °*m* [Gk] 田園詩人.
būcrānium -ī, *n* [Gk] 1 【碑】牛の頭. 2 【植】キンギョソウ.
būcula -ae, *f dim* [bos] (未経産の)若い雌牛.
būculus -ī, *m dim* [bos] 若い雄牛.
buda -ae, °*f* 【植】スゲ (=ulva).
Budalia -ae, °*f* ブダリア《Pannonia Inferior (南部)の町》.
Būdinī -orum, *m pl* ブーディーニー《Sarmatia の一部族》.
būfō -ōnis, *m* 【動】ヒキガエル.
bugillō -ōnis, °*m* 【植】ヨウシュウニヒトエ.
būglossos -ī, *f*, **būglossa** -ae, °*f* [Gk] 【植】ウシノシタグサ.
bulbāceus -a -um, *adj* [bulbus] 球根のある.
bulbīnē -ēs, *f* [Gk] 球根植物の一種.
bulbocavernōsus -a -um, °*adj* 【解】球海綿体の.
bulboīdeus -a -um, °*adj* 【解】球状の.
bulbōsus -a -um, *adj* [bulbus] 球根のある.
bulbourēthrālis -is -e, °*adj* 【解・動】尿道球の.
bulbus -ī, *m* [Gk] 1 球根; 【植】鱗茎. 2 タマネギ. 3°【解】〜 *oculi* 眼球.
būlē -ēs, *f* [Gk] (ギリシアのポリスの)評議会.
būleuta -ae, *m* [Gk] 評議員.
būleutērium, -on -ī, *n* [Gk] 評議会場.
bulga -ae, *f* 1 皮袋, 背嚢. 2 子宮.
būlīmia -ae, °*f* 【病】過食症.
būlīmiacus -a -um, °*adj* [↑] 過食症の.

būlīmiōsus -a -um, °*adj* [↓] 食欲過度の.
būlīmus -ī, *m* [*Gk*] 食欲過度.
bulla -ae, *f* 1 泡, 水泡. 2 (帯の)飾り金; (扉の)飾り鋲. 3 (子供が身につけた魔よけ入りの)首飾り. 4° 【カト】ローマ教皇印; (教皇の)大勅書. 5° 【病】水疱.
bullārium -ī, °*n* [↑] 【カト】大勅書集.
bullātus -a -um, *adj* [bulla] 1 飾り金のついた. 2 魔よけ入りの首飾りを身につけた; 子供の.
bullēscō -ere, *intr inch* [bulla] 泡立つ.
Bulli(d)ēnsēs -ium, *m pl* Bullis の住民.
Bullīnī -ōrum, *m pl* =Bullidenses.
bulliō -īre -īvī [-iī] -ītum, *intr*, °*tr* [bulla] I (*intr*) 1 泡立つ, 沸騰する. 2 激昂する. II (*tr*) 沸騰させる.
Bullis -idis, *f* [*Gk*] ブッリス, *ブーリッス《Illyria の町》.
bullītus -ūs, *m* [bullio] (水の)泡.
bullō -āre, *intr* [bulla] 泡立つ, 沸騰する.
bullula -ae, *f dim* [bulla] 1 (小さな)水泡. 2° (小さな)首飾り.
būmammus -a -um, *adj* [bos/mamma] (ブドウが)大きな房の.
būmastus[1] -us -um, *adj* [*Gk*] 大きな房のブドウがなる.
būmastus[2] -ī, *f* 同上の品種.
būmelia -ae, *f* [*Gk*] 【植】セイヨウトネリコ.
būnias -adis, *f*, **būnion** -ī, *n* [*Gk*] 【植】アブラナ属の植物.
būpaes -dis, *m*, **būpaeda** -ae, °*m* [*Gk*] 巨大な少年.
Būpalus -ī, *m* [*Gk*] ブーパルス, *-ロス《Chios 島出身の彫刻家 (前 6 世紀)》.
būphthalmos -ī, *m* [*Gk*] 【植】1 キク科の植物. 2 クモノスバンダイソウ属の植物.
būprestis -tidis (*acc* -tim), *f* [*Gk*] 1 【動】毒をもった甲虫《特に牛を刺してはれものを生じさせる》. 2 野菜の一種.
būra -ae, *f* すきの柄.
Būra -ae, *f* [*Gk*] ブーラ《Achaia の町》.
Burdigala -ae, *f* ブルディガラ《Aquitania の Garumna (現 Garonne) 河畔の町; Bituriges Vivisci 族の首都; 現 Bordeaux》.
burdō -ōnis, °*m* 【動】ラバ《雌馬と雄ロバの雑種》.
burdōnārius -ī, °*m* [↑] ラバ引き.
burdunculus -ī, °*m dim* [burdo] 【植】ルリチサ.
burgāriī -ōrum, °*m pl* 城塞に住む者たち; 町の住人.
burgus -ī, °*m* 1 城塞. 2 町.
Būri -ōrum, *m pl* ブーリー《Marcomanni 族と Quadi 族の近隣にいたゲルマン系一部族》.
būris -is, *f* =bura.
Būris -is, *f* =Bura.
burmanniāceae -ārum, °*f pl* 【植】ヒナノシャクジョウ科.
burra -ae, °*f* [burrus] 1 羊毛の粗末な生地. 2 (*pl*) たわごと.
burrānicus -a -um, *adj* [burrus] *burranica potio* (Fest) ミルクとブドウ液を混ぜた飲料.
burric(h)us -ī, °*m* [↓] 小形の馬.

burrus -a -um, *adj* 緋色の, 赤い.
Burrus[1] -ī, *m* 《古形》=Pyrrhus.
Burrus[2] -ī, *m* ブッルス《ローマ人の家名; 特に *Sex. Afranius ~*, Nero 帝の教師》.
bursa -ae, °*f* [*Gk*] 1 皮革, 皮. 2 物入れ, 小袋; 【カト】ブルサ, 聖布嚢. 3 【解】包, 嚢: ~ *mucosa* 粘液嚢.
Bursa -ae, *f* =Byrsa.
būselīnum -ī, *n* [*Gk*] 【植】パセリの一種.
būsequa -ae, *m* [bos/sequor] 牛飼い.
Būsīris -ridis, *m* [*Gk*] 《伝説》ブーシーリス《エジプトの王; 異邦人をとらえて神へのいけにえにしていたが Hercules に殺された》.
bustar -aris, °*m* [bustum] 火葬場.
busticētum -ī, *m* [bustum] 火葬場; 墓.
bustiō -ōnis, °*f* [bustum] 焼くこと.
bustirapus -ī, *m* [↓/rapio] 墓荒らし.
bustum -ī, *n* [uro] 1 火葬用の薪(§)の山. 2 墓, 塚: *tu ~ rei publicae* (Cic) 国家の墓であるあなた. 3 《死体を焼いたあとの》灰. 4 死体. 5 (都市の)廃墟.
būteō -ōnis, *m* 【鳥】タカの一種.
Būthrōtius -a -um, *adj* Buthrotum の. **Būthrōtiī** -ōrum, *m pl* Buthrotum の住民.
Būthrōtum, -on -ī, *n*, **-os** -ī, *f* [*Gk*] ブートロートゥム, *-トン《Epirus の港町》.
būthysia -ae, *f* [*Gk*] 牛をいけにえにささげること.
būthytēs -is, *m* [*Gk*] 牛をいけにえにささげる人.
būtiō -ōnis, °*m* 【鳥】サンカノゴイ.
butomāceae -ārum, °*f pl* 【植】ハナイ科.
buttutī *int* Hernici 族が宗教儀式であげた叫び声.
butubatta *int* つまらない!, くだらない!
Butuntī -ōrum, *m pl* ブトゥンティー《Apulia の町》.
būtȳrum, būtūrum -ī, *n* [*Gk*] バター.
buxa -ae, °*f* [buxus] ツゲ製の容器.
buxāceae -ārum, °*f pl* 【植】ツゲ科.
buxans -antis, *adj* [buxus] ツゲの色をした.
Buxentum -ī, *n* ブクセントゥム《Lucania の町; 現 Policastro》.
buxētum -ī, *n* [buxus] ツゲの植林地.
buxeus -a -um, *adj* [buxus] 1 ツゲの. 2 ツゲの色をした, 黄ばんだ.
buxiārius -a -um, *adj* [buxus] 【碑】ツゲの木の.
buxifer -fera -ferum, *adj* [buxus/fero] ツゲの木を産出する.
buxineae -ārum, °*f pl* 【植】ツゲ亜目.
buxōsus -a -um, *adj* [↓] ツゲに似た.
buxus -ī, *f*, **buxum** -ī, *n* [*Gk*] 1 【植】ツゲ. 2 ツゲ材. 3 ツゲ製品《笛, こま, 櫛など》.
Byblis -idis, *f* [*Gk*] 《伝説》ビュブリス《Miletus の娘; 兄 Caunus に恋して拒まれ, 泉に変身させられた》.
Byblos -ī, *f* [*Gk*] ビュブロス《Phoenicia の港町》.
Byllis -idis, *f* =Bullis.
byrr(h)us -ī, °*m* =birrus.
byrsa -ae, °*f* =bursa.
Byrsa -ae, *f* ビュルサ《Carthago の城塞》.
byssinum -ī, °*n* [↓] (上質の)亜麻織物.
byssinus -a -um, *adj* [↓] 上質の亜麻で織った.
byssus -ī, *f* [*Gk*] 上質の亜麻.
Byzantiacus -a -um, *adj* =Byzantius.

Byzantīnus -a -um, °*adj* =Byzantius.
Byzantium, -on -ī, *n* [*Gk*] ビュザンティウム, *-オン, "ビザンティウム《Thracia の Bosphorus 海峡左岸のギリシア植民市; 330 年 Constantinus 大帝がこの地をローマ帝国の首都とさだめて Constantinopolis と呼んだ; のち東ローマ帝国の首都 (395-1453); 現 Istanbul》.

Byzantius -a -um, *adj* Byzantium の. **Byzantiī** -ōrum, *m pl* Byzantium の住民.

C

C, c *indecl n* ラテン語アルファベットの第3字.
C. 《略》Gaius; condemno; centum.
caballa -ae, *f* [caballus] 雌馬.
caballārius -ī, *m* [caballus] 騎手, 乗馬者; 馬丁.
caballātiō -ōnis, °*f* [caballus] 馬の飼料.
caballicō -āre, °*intr* [caballus] 馬に乗って行く.
caballīnus -a -um, *adj* [caballus] 馬の: *fons* ~ (Pers) =Hippocrene.
cabālliō -ōnis, °*m dim* [caballus] 小さい馬.
caballion -ī, *n* 《植》オオルリソウ属の植物 (=cynoglossus).
caballus -ī, *m* 荷馬, 駄馬.
Cabillōnum -ī, *n* カビッローヌム《Gallia Lugdunensis の町; 現 Chalons-sur-Saône》.
Cabīra -ōrum, °*n pl* [Gk] カビーラ, *カベイラ《Pontus の町; Mithridates の居住地》.
Cabīrī -ōrum, *m pl* [Gk]《神話》カビーリー, *カベイロイ《特に Lemnos 島と Samothracia 島において崇拝された神々》.
cabus -ī, °*m* [Gk<*Heb.*] 《ユダヤの》穀量の単位.
cacāturiō -īre, *intr desid* [caco] 便意を催す.
caccabus, cācabus -ī, *m* [Gk] 調理鍋.
cachecta, -ēs -ae, *m* [Gk]《慢性的な》病人.
cachexia -ae, °*f* 《病》悪液質.
cachinnābilis -is -e, *adj* [cachinno]《笑いが》大声の.
cachinnātiō -ōnis, *f* =cachinnus.
cachinnō -āre, *intr* (*tr*) 大声で笑う.
cachinnus -ī, *m* [↑] 大笑い, あざ笑い.
cachla -ae, *f* [Gk]《植》キク科の植物 (=buphthalmos 1).
cachrys -yos, *f* [Gk] 1《樹木の》冬芽. 2 マンネンロウの蒴果(*ᵓᵏ*). 3 セリ科クリスマム属の草本の仁(*ᵈᵏ*).
cacō -āre -āvī -ātum, *intr*, *tr* I (*intr*) 排便する. II (*tr*) 排泄する; 糞でよごす.
cacodaemōn -onis, °*m* [Gk] 悪霊.
cacoēthes -is, *n* [Gk] 1 初期の悪性腫瘍. 2 悪癖, 抑えがたい欲求: *scribendi* ~ (Juv) 抑えがたい執筆欲.
cacologia -ae, °*f* [Gk] 1 罵言, 侮辱. 2 語法《発音》の間違い.
Cacomnēmōn -onis, *m* 《「物覚えの悪い人」の意》Laberius の mimus の題名.
cacophaton -ī, *n* [Gk] 不快な音調.
cacophēmia -ae, °*f* [Gk] 悪声.
cacophōnia -ae, °*f* [Gk] 不快な音調; 不協和音.
cacostomachus -a -um, °*adj* [Gk] 胃弱の, 消化不良の.

cacosyntheton -ī, *n* [Gk]《修》破格構文.
cacosystaton -a -um, °*adj* [Gk]《議論などが》全体として筋が通らない.
cacozēlia -ae, *f* [Gk] 下手な模倣.
cacozēlōs *adv* [Gk] 気取って, 下品に.
cacozēlus -ī, *m* [Gk] 下手な模倣者.
cactāceae -ārum, °*f pl* 《植》サボテン科.
cactus, -os -ī, *f* [Gk]《植》カルドン《キク科》.
cacula -ae, *m* 兵士の下僕《奴隷》.
caculātum -ī, *n* [↑] =servitium.
cacūmen -minis, *n* 1 先端, 頂点; こずえ; 山頂. 2 最高点, 絶頂: *alescendi summum ~ tangere* (Lucr) 成長の頂点に達する. 3 °《文》アクセント記号.
cacūminō -āre -āvī -ātum, *tr* [↑] とがらせる.
Cācus -ī, *m* 《神話》カークス《Volcanus の息子で Aventinus 丘の岩窟に住む怪物; Hercules の牛を盗んだために彼に殺された》.
cadāver -eris, *n* [cado] 1 死体. 2 《軽蔑的に》生ける屍, ろくでなし. 3 廃墟, 残骸.
cadāverīna -ae, °*f* [↓] (*sc. caro*)《動物の》死肉.
cadāverīnus -a -um, °*adj* [cadaver]《動物の》死肉の.
cadāverōsus -a -um, °*adj* [cadaver] 死体のような.
cadīvus -a -um, *adj* [cado] 1《果実が》ひとりでに落ちる. 2 °《病》癲癇(*ᵗᵉⁿ*)性の.
Cadmēa, -mīa -ae, *f* [Gk] 《化》酸化亜鉛, 亜鉛華.
Cadmēa -ae, *f* (*sc*. arx) [Cadmeus] Thebae の城塞.
Cadmēis¹ -idis [-idos], *adj f* Cadmus の; Thebae の.
Cadmēis² -idis, *f* Cadmus の娘《Autonoe, Ino, Agave, Semele の一人》.
Cadmēius -a -um, *adj* Cadmus の.
Cadmēus -a -um, *adj* Cadmus の; Thebae の.
cadmium -ī, °*n* 《化》カドミウム.
Cadmus -ī, *m* [Gk] 《伝説》カドムス, *-モス《Tyrus の王 Agenor の息子で Europa の兄; Thebae の創建者》.
cadō -ere cecidī cāsum, *intr* 1 落ちる, 落下する;《雨などが》降る. 2 《太陽・月などが》沈む. 3 《液体が》注ぐ, 流れ下る: *flumina in pontum cadunt* (Sen) 川は大海に注ぐ. 4 《さいころが》投げられる. 5 倒れる, 死ぬ;《都市などが》陥落する, 滅ぶ. 6 減少する, 弱くなる: *cadere animis* (Cic) 気落ちする. 7 失敗する: *causā cadere=in judicio cadere* (Cic) 訴訟に負ける. 8 …に陥る, …の状態になる 〈in [sub] alqd〉: *cadere sub oculos* (Cic) 目に入る, 見える / *cadere sub imperium Romanorum* (Cic) ローマ人の支配下に入る. 9 …に属する, 分類される: *cadere in idem genus oratio-*

nis (Cic) 同じスタイルの演説に属する. **10** 適する, 合う, ふさわしい ⟨in alqm [alqd]⟩: *non cadit…in hunc hominem ista suspicio* (Cic) そのような容疑はこの人にはあてはまらない. **11** (時・季節などが)…に当たる; (支払いが)満期になる. **12** (音節・語・文が)…で終わる: *cadere in syllabam longam* (Cic) 長音節で終わる. **13** …に起こる, 降りかかる ⟨+*dat*; in+*acc*⟩. **14** …の結果となる, …に帰する: *hoc cecidit mihi peropportune* (Cic) 私にとって非常に好都合な結果となった / *spes ad irritum cadit* (Liv) 希望が無に帰する.

cadūcārius -a -um, °*adj* [caducus] **1** 〖法〗無主物の. **2** 〖病〗癲癇(てんかん)性の.

cādūceātor -ōris, *m* [↓] (休戦旗をもって派遣される)軍使.

cādūceus -ī, *m*, **-um** -ī, *n* [*Gk*] (*sc*. scipio [baculus]) **1** 伝令使[軍使]の杖. **2** Mercurius の杖.

cādūcifer -ferī, *m* [↑/fero] (「杖を持っている者」の意) Mercurius の呼称の一つ.

cādūciter *adv* [caducus] まっさかさまに.

cadūcum -ī, *n* [↓] 〖法〗不帰属財産.

cadūcus -a -um, *adj* [cado] **1** 落ちた; 倒れた: *bello* ~ (Verg) 戦死した. **2** 落ちやすい; 落ちそうな. **3** 死ぬべき運命の. **4** はかない, もろい, 移ろいやすい. **5** 〖法〗所有主のない: *caduca bona* (Gaius) 無主物.

Cadurcī -ōrum, *m pl* カドゥルキー《Aquitania にいたケルト系一部族》.

cadurcum -ī, *n* [↓] **1** (Cadurci 族の亜麻布製品の)ベッドカバー. **2** (亜麻布のベッドカバーをかけた)寝床; 新婚の床.

Cadurcus -a -um, *adj* Cadurci 族の.

cadus -ī, *m* [*Gk*] **1** かめ; ぶどう酒の壺. **2** 骨壺. **3** 液量単位.

Cadūsia -ae, *f* カドゥーシア《Cadusii 族の国》.

Cadūsiī -ōrum, *m pl* [*Gk*] カドゥーシイー, °-シオイ《カスピ海の沿岸にいた好戦的な民族》.

caecātiō -ōnis, °*f* [caeco] 盲目にすること.

caeciās -ae (*acc* -an), *m* [*Gk*] 東北東の風.

caecigenus -a -um, *adj* [caecus/gigno] 生まれつき盲目の.

caecilia -ae, *f* **1** 〖動〗トカゲの一種. **2** 〖植〗レタスの一種.

Caeciliānus -a -um, *adj* Caecilius の.

Caecilius -ī, *m* カエキリウス《ローマ人の氏族名; 特に ~ *Statius*, 前2世紀の喜劇詩人》.

Caecīna -ae, *m* カエキーナ《Licinia 氏族に属する家名; Etruria 起源》.

caecitās -ātis, *f* [caecus] **1** 盲目. **2** 無分別.

caecītis -tidis, °*f* [caecum] 〖病〗盲腸炎.

caecitūdō -dinis, *f* [caecus] 盲目: ~ *nocturna* (Fest) 夜盲(症).

caecō -āre -āvī -ātum, *tr* [caecus] **1** 盲目にする. **2** 無分別にする. **3** 不明瞭(あいまい)にする.

Caecubum -ī, *n* (*sc*. vinum) Caecubum 産のぶどう酒.

Caecubus -a -um, *adj* (Latium 南部の沼沢地で上質のぶどう酒を産する) Caecubum の: ~ *ager* (Plin) Caecubum の野.

caecultō -āre, *intr* =caecutio.

Caeculus -ī, *m* 〖神話〗カエクルス《Volcanus の息子で Praeneste の建設者》.

caecum -ī, *n* [↓] **1** 不明瞭, あいまい. **2**° 〖解〗盲腸: *intestinum* ~ 盲腸.

caecus -a -um, *adj* **1** 盲目の, 目の見えない. **2** 無分別な, やみくもの ⟨in re; ad alqd⟩. **3** 不確かな, あやふやな: *caeca exspectatio* (Cic) 不確かな見込み. **4** 目に見えない, 知られていない; 隠された: ~ *tumultus* (Verg) 陰謀. **5** 暗い, 闇の; 陰鬱な.

caecūtiō -īre -īvī -itum, *intr* [↑] 盲目である, 目が見えない.

caedēs -is, *f* [↓] **1** 切り落とすこと. **2** 殺害, 殺すこと. **3** 殺された人. **4** (傷から流れ出た)血.

caedō -ere cecīdī caesum, *tr* **1** 切る, 切り落とす, 切り倒す. **2** 打つ, たたく, なぐる. **3** 殺す; 襲いかかる, 攻撃する. **4** 粉砕する, 打ち砕く, 打ち負かす. **5** (石を)切り出す.

caeduus -a -um, *adj* [↑] 伐採に適した, 刈り込むことができる.

caelāmen -minis, *n* [caelo] 浮彫り.

caelātor -ōris, *m* [caelo] 浮彫り細工師.

caelātum -ī, *n* [caelatus] 浮彫り作.

caelātūra -ae, *f* [caelo] **1** (金属・象牙に)浮彫りする技術. **2** 浮彫り細工.

caelātus -a -um, *pp* ⇒ caelo.

caelebs[1] -libis, *adj* **1** 未婚の, 独身の. **2** (木が)ブドウのつるがからんでいない.

caelebs[2] -libis, *m* 独身者, 未婚者; 未亡人, 男やもめ.

caeles[1] -litis, *adj* [caelum²] 天の, 天界の.

caeles[2] -litis, *m* (通例 *pl*) 天界の住人, 神.

caelestia -ium, *n pl* [caelestis¹] **1** 天[神聖な]もの. **2** 天体. **3** 天文学. **4**° 天国.

caelestīnus -a -um, *adj* [caelum²] 〖碑〗天の.

caelestis[1] -is -e, *adj* [caelum²] **1** 天の, 空の: *aqua* ~ (Hor) 雨. **2** 神の, 神聖な. **3** 神々しい, 神のような; みごとな, 比類のない, みごとな.

caelestis[2] -is, *m*, *f* (通例 *pl*) 神.

caelia -ae, *f* Hispania で作られたビールの一種.

Caeliānus -a -um, *adj* Caelius の.

caelibālis -is -e, °*adj* [caelebs] 独身者の.

caelibātus[1] -ūs, *m* [caelebs] 独身(生活).

caelibātus[2] -ūs, °*m* [caelum²] 天上[神々]の生活.

caelicola -ae, *m*, *f* [caelum²/colo²] **1** 天界の住人, 神. **2**° 天使. **3**° 神々の崇拝者; 信者, 信徒.

Caeliculus -ī, *m dim* Caelius 丘東部の高所.

caelicus -a -um, *adj* [caelum²] みごとな.

caelifer -fera -ferum, *adj* [caelum²/fero] **1** (「天を担っている」の意) Atlas の添え名. **2**° 天まで届く.

caelifluus -a -um, °*adj* [caelum²/fluo] 天から流れる.

caeligenus -a -um, °*adj* [caelum²/gigno] 天に生まれた.

Caelimontānus -a -um, *adj* Caelimontium の.

Caelimontium -ī, °*n* Caelius 丘を含むローマ市の一地区.

caelipotens -entis, *adj* [caelum²/potens] 天において力ある.
caelitus *adv* [caelum²] 天から.
Caelius -ī, *m* カエリウス《(1) ローマ人の氏族名；特に (a) L. ~ *Antipater*, Gracchus 兄弟時代の歴史家・法律家. (b) M. ~ *Rufus*, 弁論家；自らの裁判では友人の Cicero に弁護された (前 56). (2) ローマ市の七丘の一つ；mons ~ とも言う》.
caelō -āre -āvī -ātum, *tr* [↓] 1 (金属・象牙に)彫り付ける，模様を打ち出す. 2 (文学作品を)彫琢(ちょうたく)する，仕上げの一筆を加える.
caelum¹ -ī, *n* [caedo] 彫刻刀, たがね.
caelum² -ī, *n* 1 空, 天：*de caelo ictus* (Cic) 雷に打たれた / *de caelo servare* (Cic) 天からの徴候を観察する(＝占う) / *ferre alqm in* (Cic) ある人を天へ持ち上げる(＝ほめちぎる) / *in caelo esse* (Cic) 天にいる(＝非常に幸福である). 2 地域, 風土, 気候：~, *non animum, mutant, qui trans mare currunt* (Hor) 海を渡っていく者たちは心をではなく風土を変える. 3 空気, 大気：~ *hoc, in quo nubes, imbres ventique coguntur* (Cic) 雲と雨と風が集められるこの大気. 4 空模様, 天候. 5 [建] ヴォールト, 丸天井.
Caelus -ī, *m* [神話] カエルス《天を擬人化した神；ギリシア神話の Uranus に当たる；Saturnus, Volcanus, Mercurius, Venus の父》.
caementārius -ī, °*m* [↓] 石工.
caementum -ī, *n*, *-a* -ae, *f* [caedo] (切り出したばかりの)荒石.
caena -ae, *f* =cena.
caenāculum -ī, *n* =cenaculum.
Caeneus -ī [-os], *m* [Gk] [神話] カエネウス, *カイ-《Lapithae 族の王 Elatus の娘 Caenis として生まれたが, のち Neptunus によって少年に変えられ, 最後には鳥になった》.
Caenīna -ae, *f* カエニーナ《Latium の非常に古い町；Romulus がその王を殺し征服したとされる》.
Caenīnēnsis -is -e, *adj* =Caeninus. **Caenīnēnsēs** -ium, *m pl* Caenina の住民.
Caenīnus -a -um, *adj* Caenina の.
Caenis -idis, *f* [Gk] カエニス, *カイ-(⇨ Caeneus).
caenō -āre, *intr*, *tr* =ceno.
caenōsus -a -um, *adj* [↓] 泥だらけの, きたない.
caenum -ī, *n* 1 泥, ぬかるみ. 2 堕落, 腐敗, 汚辱. 3 卑劣漢.
caepa -ae, *f*, **caepe** -is, *n* [植] タマネギ.
caepārius -ī, *m* [↑] タマネギ栽培者.
caepīna -ae, *f* [caepa] タマネギ畑.
Caepiō -ōnis, *m* カエピオー《Servilia 氏族に属する家名；特に Q. Servilius ~, 前 106 年の執政官》.
Caere -itis [-ētis], *n* カエレ《Etruria の町；前名 Agylla；現 Cervetri》.
caerefolium -ī, *n* [Gk] [植] チャービル.
Caeres -itis [-ētis], *adj* Caere の. **Caeritēs**, **Caerētēs** -um, *m pl* Caere の住民.
caerimōnia -ae, *f* 1 神聖なこと, 神聖さ. 2 尊敬. 3 (通例 *pl*) 典礼, 儀式.
caerimōniāle -is, °*n* [↓] [カト] 儀典書.
caerimōniālis -is -e, °*adj* [caerimonia] 儀式の, 典礼の.

caerimōniāliter °*adv* [↑] うやうやしく, おごそかに.
caerimōnior -ārī, °*tr dep* [caerimonia] 礼拝する, 崇拝する.
caerimōnium -ī, °*n* =caerimonia.
Caeroesī -ōrum, *m pl* カエロエシー《Gallia Belgica にいた一部族》.
caerula -ōrum, *n pl* [caeruleus] 1 青色. 2 海.
caeruleum -ī, *n* [↓] 青色.
caeruleus, caerulus -a -um, *adj* [*caelulus (<caelum²)] 1 (空・海などが)青い, 青色の. 2 暗い, 黒い. 3 緑色の.
caesapon -ī, *n* [植] レタスの一種.
Caesar -aris, *m* カエサル《Julia 氏族に属する家名；特に C. *Julius* ~, ローマの将軍・政治家；Brutus, Cassius らに暗殺された (前 44)；以後 Hadrianus 帝の時代まで Augustus の称号とともにローマ皇帝の称号となった》.
Caesaraugusta -ae, *f* カエサラウグスタ《Hispania にあった Hiberus 河畔の町；Augustus 帝時代に植民された；現 Zaragoza》.
Caesarēa -ae, *f* [Caesar] カエサレーア《複数の町の名；特に (1) Palaestina の町. (2) Cappadocia の町；現 Kayseri. (3) Mauritania の町；現 Cherchel》.
Caesareus -a -um, *adj* 1 Julius Caesar の. 2 ローマ皇帝の. 3° *operatio Caesarea* [医] 帝王切開.
Caesariānus¹ -a -um, *adj* 1 Julius Caesar の. 2 ローマ皇帝の.
Caesariānus² -ī, *m* 1 Julius Caesar の支持者. 2 ローマ皇帝の支持者[僕(しもべ)].
caesariātus -a -um, *adj* [caesaries] 1 毛の多い, 長髪の. 2 葉で飾られた.
Caesariensis -is -e, *adj* Caesarea の.
caesariēs -ēī, *f* (ふさふさした)頭髪.
Caesarīnus -a -um, *adj* Julius Caesar の.
Caesēna -ae, *f* カエセーナ《Gallia Cispadana の町；現 Cesena》.
Caesennius -ī, *m* カエセンニウス《ローマ人の氏族名》.
caesicius -a -um, *adj* [caesius] 青灰色の.
caesim *adv* [caedo] 1 切り下ろして, たたき切って. 2 短文で.
caesiō -ōnis, *f* [caedo] 1 (木を)切ること. 2° 打ちのめすこと, 殺害.
caesius -a -um, *adj* [*cf.* caelum²] (特に目が)青灰色の.
Caesius -ī, *m* カエシウス《ローマ人の氏族名；特に ~ *Bassus*, 抒情詩人 (1 世紀中葉)》.
Caesō -ōnis, *m* カエソー《Fabia 氏族に属する家名》.
Caesōnius -ī, *m* カエソーニウス《ローマ人の氏族名》.
caespes -pitis, *m* [caedo] 1 芝生, 芝土. 2 芝土の祭壇. 3 芝土の小屋. 4 芝地, 草地. 5 (墓の)芝土.
caespitō -āre, *intr* よろめく, つまずく.
caestus -ūs, *m* [caedo] (拳闘用の)籠手(こて).
caesūra -ae, *f* [caedo] 1 切ること. 2 切り取られたもの. 3° [韻] 行中休止.
caesus¹ -a -um, *pp* ⇨ caedo.

caesus[2] -ūs, °*m* 切ること.
caeterus -a -um, *adj* =ceterus.
caetra -ae, *f* 軽い小型の革盾.
caetrātī -orum, *m pl* [↓] caetra をもった兵隊, 軽装兵隊.
caetrātus -a -um, *adj* caetra をもった, 軽装備の.
cāia -ae, °*f* [caio] 棍棒.
Caīcus -ī, *m* [*Gk*] カイークス, *-コス《Mysia の川》.
Cāiēta -ae, **-ē** -ēs, *f* カイイェータ《(1)《伝説》Aeneas の乳母. (2) Latium の港町; この名は(1)にちなむ; 現 Gaeta》.
cāiō -āre, *tr* 打つ, たたく.
Cāius -ī, *m* =Gaius.
cāla -ae, *f* [*Gk*] 薪, たきぎ.
Calaber -bra -brum, *adj* Calabria の. **Calabrī** -ōrum, *m pl* Calabria の住民.
Calabria -ae, *f* カラブリア《イタリアの南東端地方》.
Calactē -ēs, *f* [*Gk*] カラクテー《Sicilia 島北岸の港町; 現 Caronia》.
Calactīnus -a -um, *adj* Calacte の.
Calagurris -is, *f* カラグッリス《Hispania Tarraconensis の二つの町; 現 Calahorra と Loarre》.
Calagurritānī -ōrum, *m pl* Calagurris の住民.
Calais -idis, *m* [*Gk*]《伝説》カライス《Aquilo と Orithyia の息子で Zetes の兄》.
calamārius -a -um, *adj* [calamus] 葦ペンの.
calāmentum -ī, *n* [cala] 枯れ木.
calaminthē -ēs, *f* [*Gk*]《植》ハッカの一種.
calaminus -a -um, *adj* [*Gk*] アシ(葦)の: *insulae Calaminae* (PLIN) Lydia の浮き島.
Calamis -idis, *m* [*Gk*] カラミス《Athenae の彫刻家(前5世紀)》.
calamister -trī, *m*, **-trum** -ī, *n* 1 (髪の)カールごて. 2 (表現の)虚飾, 文飾.
calamistrātus -a -um, *adj* [↑] (髪をこてで)カールさせた.
calamitās -ātis, *f* [*cf*. clades, incolumis] 1 不作, 凶作. 2 損失, 損害. 3 不運, 災難. 4 敗北.
calamītēs -ae, *m* [*Gk*]《動》アオガエル.
calamitōsē *adv* [↓] 不幸にも.
calamitōsus -a -um, *adj* [calamitas] 1 危害を加える, 損害をもたらす. 2 被害[損害]を受けた, 不幸な.
calamus -ī, *m* [*Gk*]《植》アシ(葦). 2 葦ペン. 3 葦笛. 4 釣りざお; 鳥もちざお. 5 矢. 6 茎.
Calanus -ī, *m* [*Gk*] カラヌス, *-ノス《Alexander 大王時代のインドの哲学者》.
calathiscus -ī, *m dim* [↓] (小さな)かご.
calathus -ī, *m* [*Gk*] 1 ざる, かご. 2 椀, 杯. 3《植》萼(がく).
Calātia -ae, *f*, **ae** -ārum, *f pl* カラーティア《Campania 北部の町》.
Calātīnus -a -um, *adj* Calatia の. **Calātīnī** -ōrum, *m pl* Calatia の住民.
calātiō -ōnis, *f* [calo¹] 呼ぶこと, 召集.
calātor -ōris, *m* [calo¹] 1 神官の従者. 2 召使, 従僕.
Calaurēa, -ria -ae, *f* [*Gk*] カラウレーア, *-レイア《Argolis 東方の島; 現 Poros》.
calautica -ae, *f* 婦人用の頭飾り.
calcābilis -is -e, °*adj* [calco] 踏むことができる.
calcāneocuboīdeus -a -um, °*adj*《解》踵骨立方骨の.
calcāneonāviculāris -is -e, °*adj*《解》踵骨舟状骨の.
calcāneum -ī, °*n*, **-us** -ī, °*m* [calx²] 1 かかと. 2《解》踵骨(しょうこつ).
calcar -āris, *n* [calx²] 1 拍車. 2 刺激, 鼓舞. 3 (鶏などの)けづめ. 4°《解》距(きょ). ~ *avis* 鳥距.
calcārea -ōrum, °*n pl*《動》石灰海綿綱.
calcāria -ae, °*f* [↓] 1 (*sc*. fornax) 石灰釜: *de calcaria in carbonariam pervenire* (TERT) 石灰釜から炭焼き釜に至る (=ますます悪くなる). 2 (*sc*. fodina) 石灰採取場. 3《化》~ *sulfurata* 硫化石灰 / ~ *usta* 生石灰.
calcārius¹ -a -um, *adj* [calx¹] 石灰の.
calcārius² -ī, *m* 石灰製造工.
calcātor -ōris, °*m* [calco] (ブドウを)踏みつぶす者.
calcātōrium -ī, °*n* [calco] (ブドウの)しぼり器.
calcātrīx -īcis, °*f* [calcator] 踏みつける[侮辱する]者《女性》.
calcātūra -ae, *f* [calco] 踏むこと.
calcātus -ūs, °*m* =calcatura.
calceāmentum -ī, **calceāmen** -minis, *n* [calceo] 靴.
calceāria -ae, *f* [calceus] 靴屋.
calceārium -ī, *n* [calceus] 靴の代金.
calceātor -ōris, °*m* [calceo]《鉀》靴屋.
calceātus -ūs, *m* [↓] 靴, 履物.
calceō -āre -āvī -ātum, *tr* [calceus] ...に靴を履かせる.
calceolārius -ī, *m* [↓] 靴屋.
calceolus -ī, *m dim* [↓] (小さな)靴.
calceus -ī, *m* [calx²] 靴.
Calchās -antis, *m* [*Gk*]《伝説》カルカース《Troja 遠征時のギリシア軍の予言者》.
Calchēd- ⇒ Chalced-.
calciā- ⇒ calcea-.
calcifraga -ae, *f* [calx¹/frango]《植》膀胱結石を砕く効能があるといわれる植物.
calciō -āre, *tr* =calceo.
calcitrātus -ūs, *m* [↓] かかとで蹴ること.
calcitrō¹ -āre, *intr* [calx²] 1 かかとで蹴る. 2 抵抗する.
calcitrō² -ōnis, *m* 1 かかとで蹴る癖のある動物. 2 扉を蹴る人.
calcitrōsus -a -um, *adj* [↑] かかとで蹴る癖のある.
calcium -ī, °*n*《化》カルシウム: ~ *carbonicum* 炭酸カルシウム / ~ *lacticum* 乳酸カルシウム.
calcō -āre -āvī -ātum, *tr* (*intr*) [calx²] 1 踏む; 踏みつける, 踏みつぶす: *uvas calcare* (Ov) (踏んで)ブドウをしぼる. 2 足を踏み入れる. 3 踏みにじる, 抑圧する: *libertatem calcare* (LIV) 自由を抑圧する.
calculātiō¹ -ōnis, °*f* [calculus] 計算.
calculātiō² -ōnis, °*f* [calculus]《病》結石.
calculātor -ōris, *m* [calculus] 計算が得意な人;

算術の教師.
calculātrix -īcis, °*f* [↑] 計算が得意な人; 算術の教師《女性》.
calculēnsis -is -e, *adj* [calculus] 小石の多い所にいる.
calculō[1] -āre, °*tr* [calculus] 1 数える, 計算する. 2 みなす, 評価する.
calculō[2] -ōnis, °*m* =calculator.
calculōsus -a -um, *adj* [↓] 1 小石の多い. 2 《病》結石症にかかっている.
calculus -ī, *m dim* [calx[1]] 1 小石. 2 ゲームのこま. 3 計算用の小石; (*pl*) 計算: *ad calculos vocare* (Cɪᴄ) 厳密に貸借を清算する. 4 投票用の小石; 投票. 5 《病》結石(症).
calda -ae, *f* =calida.
caldāmentum -ī, °*n* [calidus] 《医》温湿布.
caldāria -ae, °*f* [caldarius] 1 高温浴. 2 鍋.
caldārium -ī, *n* [↓] 高温浴(室).
caldārius -a -um, *adj* [calidus] 熱い, 熱せられた; 溶解された.
caldor -ōris, *m* [calidus] 温かさ, 熱.
caldus -a -um, *adj* =calidus.
Calēdones -um, *m pl* Caledonia の住民.
Calēdonia -ae, *f* カレードーニア 《Britannia 北部, 現 Scotland の高原地方》.
Calēdonicus -a -um, °*adj* =Caledonius.
Calēdonius -a -um, *adj* Caledonia の.
calefacere *inf* ⇨ calefacio.
calefaciō -ere -fēcī -factum, *tr* [caleo/facio] 1 温める, 熱する. 2 悩ます, 苦しめる. 3 刺激する, 興奮させる.
calefactiō -ōnis, *f* [↑] 温めること, 加熱.
calefactō -āre -āvī -ātum, *tr intens* [calefacio] 1 温める, 熱する. 2 打つ, なぐる.
calefactus[1] -a -um, *pp* ⇨ calefacio.
calefactus[2] -ūs, *m* 温めること, 加熱.
calefēcī *pf* ⇨ calefacio.
calefierī *inf* ⇨ calefio.
calefiō -fierī -factus sum, *intr* (calefacio の *pass* として用いられる).
Calend- ⇨ Kalend-.
Calēnus -a -um, *adj* Cales の. **Calēnī** -ōrum, *m pl* Cales の住民. **Calēnum** -ī, *n* (*sc*. vinum) Cales 産のぶどう酒.
caleō -ēre -luī (*fut p* calitūrus), *intr* [*cf*. calor, calidus] 1 熱い, 温かい, 燃えている. 2 興奮している, 激している. 3 盛んに行なわれている, 推進されている: *calebant nundinae* (Cɪᴄ) 取引が盛んに行なわれていた.
Calēs -ium, *f pl* カレース《Campania の町; ぶどう酒で有名; 現 Calvi》.
calēscō -ere, *intr inch* [caleo] 1 温まる, 熱くなる. 2 興奮する, 燃え上がる.
Calētēs -um, **Calētī** -ōrum, *m pl* カレーテース《Gallia Belgica の Sequana 川河口あたりにいた一部族》.
calfac- ⇨ calefac-.
caliandrum -ī, *n* =caliendrum.
calicellus -ī, °*m dim* [calix] 小杯.

calicō -āre -āvī -ātum, *tr* [calx[1]] 石灰を塗って白くする.
caliculus -ī, *m dim* [calix] 1 小杯. 2 インク壺. 3 《動》吸盤. 4 °《解》小杯(骨): ~ *ophthalmicus* 眼杯.
calida -ae, *f* [calidus] (*sc*. aqua) 湯.
calidār- ⇨ caldar-.
calidē *adv* [calidus] 1 熱心に. 2 速く, 直ちに.
Calidiānus -a -um, *adj* Calidius の.
Calidius -ī, *m* カリディウス《ローマ人の氏族名; 特に M. ~, 弁論家·法務官 (前 57)》.
calidum -ī, *n* [↓] 1 熱, 暑さ. 2 湯割りぶどう酒.
calidus -a -um, *adj* [caleo] 1 温かい, 熱い. 2 情熱的な, 激しい; 激しやすい: *equus ~ animis* (Vᴇʀɢ) 気の荒い馬. 3 すばやい, 即座の: *calidum mendacium* (Pʟᴀᴜᴛ) とっさのうそ.
caliendrum -ī, *n* 婦人用のかつら.
caliga -ae, *f* [*cf*. calceus] 1 長靴, 軍靴. 2 兵役, 軍務.
caligāris -is -e, *adj* [↑] 軍靴の.
caligārius[1] -a -um, *adj* [caliga] 軍靴の.
caligārius[2] -ī, °*m* 軍靴製造人.
cālīgātiō -ōnis, *f* [caligo[2]] (目の)かすみ.
caligātus[1] -a -um, *adj* [caliga] 軍靴[長靴]を履いている.
caligātus[2] -ī, *m* (*sc*. miles) 兵卒.
cālīgineus -a -um, *adj* [caligo[1]] 暗い.
cālīginō -āre, °*intr* [caligo[1]] (目が)かすむ.
cālīginōsus -a -um, *adj* [↓] 1 もや[霧]のたちこめた, どんよりした. 2 暗い, あいまいな: *caliginosa nox* (Hᴏʀ) 暗い夜(=不確かな未来).
cālīgō[1] -ginis, *f* 1 暗黒, 暗闇. 2 目のかすみ; めまい. 3 もや, 霧. 4 無知, 暗愚. 5 陰鬱; 悲惨: *vide caliginem temporum illorum* (Cɪᴄ) 当時の陰鬱を想起せよ.
cālīgō[2] -āre, *intr* (*tr*) [↑] 1 闇に包まれる, 暗くなる; (目が)かすむ: *caligare in sole* (Qᴜɪɴᴛ) 陽光の中で手探りする.
caligula -ae, *f dim* [caliga] (小さな)軍靴.
Caligula -ae, *m* [↑] カリグラ《ローマの第3代皇帝 C. Julius Caesar に兵士たちがつけたあだ名; 少年時代に小さな軍靴を愛用していたことからこう呼ばれた》.
caliptra -ae, *f* [Gk] (婦人用)ベール.
calitūrus -a -um, *fut p* ⇨ caleo.
calix -icis, *m* 1 杯. 2 ぶどう酒. 3 鍋. 4 送水管. 5 °《植》萼(ᵍᵃᵏᵘ). 6 °《宗教》聖杯, カリス.
Callaec-, Callaic- ⇨ Gallaec-.
callainus -a -um, *adj* [Gk] 青緑色の.
callēns -entis, *adj* (*prp*) [calleo] 熟練した ‹+ *gen*›.
callenter *adv* [↑] 巧みに.
calleō -ēre calluī, *intr, tr* [callum] **I** (*intr*) 1 皮が厚い. 2 無感覚である, 冷淡である. 3 熟練している ‹re; in re›. **II** (*tr*) 心得がある, 通じている ‹alqd; +*inf*›: *jura callere* (Cɪᴄ) 法律に精通している.
Callicratidās -ae, *m* [Gk] カッリクラティダース《Peloponnesus 戦争時の Sparta の将軍で Lysander の後継者; Arginusae 島付近の海戦で Athenae

海軍に敗れ, 殺された (前 406)》.
Callicula -ae, f カッリクラ《Campania 北部の低山; 現 Cajanello》.
callidē adv [callidus] 1 巧みに, 賢く. 2 十分に, よく. 3 抜け目なく.
calliditās -ātis, f [callidus] 1 巧妙, 熟練. 2 狡猾, 抜け目なさ; (pl) 手練手管.
Callidromus, -os -ī, m [Gk] カッリドロムス, *-モス《Locris の山; Thermopylae 付近にあって Oeta 山の一部をなす》.
callidus -a -um, adj [calleo] 1 巧みな, 熟練した, 精通した ‹re; in re; ad alqd; alcis rei; +inf›. 2 狡猾な, 抜け目のない; 機転のきく ‹ad alqd; alci rei›.
Callifae -ārum, f pl カッリファエ《Samnium の町》.
Callimachus -ī, m [Gk] カッリマクス, *-コス《Cyrene 生まれのギリシアの文献学者・詩人 (前 305?-? 240)》.
Calliopē -ēs, **-a** -ae, f [Gk] 1《神話》カッリオペー《Musae の一人; 叙事詩をつかさどる》. 2 詩.
Calliopēa -ae, f =Calliope.
Calliphō(n) -ōntis, m [Gk] カッリポー(ン)《ギリシアの哲学者 (?前 3 世紀); 快楽と結合した徳を最高善と考えた》.
Callipolis -is, f [Gk] カッリポリス《(1) Chersonesus Thracia の町. (2) Chersonesus Taurica の町. (3) Calabria のギリシア人植民市》.
Callir(r)hoē -ēs, f [Gk] カッリッロエー《(1)《伝説》数人の女性の名; 特に Achelous 河神の娘で Alcmaeon の後妻. (2) Athenae の市壁の南にあった有名な泉》.
callis -is, m, f 1 小道, 山道. 2 (pl) 山腹の牧草地.
Callisthenēs -is, m [Gk] カッリステネース《Olynthus 生まれの哲学者; Aristoteles の甥で弟子; Alexander 大王を非難して処刑された》.
Callistō -ūs, f [Gk] 1《神話》カッリストー《Arcadia の王 Lycaon の娘; Juppiter と通じて Arcas を生んでのち Juno によって熊に変えられ, 最後には大熊座になった》. 2°《天》カリスト《木星の第 4 衛星》.
callitrichāceae -ārum, °f pl [Gk]《植》アワゴケ科.
callōsitās -ātis, f [↓] 1《病》胼胝(^{べん}_ち), たこ. 2° 堅いこと, 硬化.
callōsus -a -um, adj [↓] 1 (皮膚が)肥厚した, たこになった. 2 堅い.
callum -ī, n 1 (硬い)肉; 果肉. 2《動·植》硬皮. 3《病》胼胝, たこ. 4 鈍感, 無感覚.
calō[1] -āre -āvī -ātum, tr 呼ぶ, 召集する.
calō[2] -ōnis, m 1 兵士の従卒. 2 下働き, 雑用係.
calō[3] -āre, tr =chalo.
calō[4] -ōnis, m [cf. cala] 木靴.
calomelās -ae, °f《薬》甘汞(^{かん}_{こう}).
cālopodia -ae, °f pl [Gk] 靴型.
calor -ōris, m [caleo] 1 (太陽・火などの)熱; (夏の)暑さ. 2 体温; 高熱. 3 熱情. 4 恋の炎.
Calor -ōris, m カロル《Samnium の川; 現 Calore》.
calōrātus -a -um, adj [calor] 1° 熱い, 暑い. 2 激しい.
calōrificus -a -um, adj [calor/facio] 熱を生じる, 熱くする.
calostomatāceae -ārum, °f pl《植》クチベニタケ科.
calpar -aris, n 1 ぶどう酒の樽. 2 新酒.
Calpē -ēs, f [Gk] カルペー《Hercules の柱の一つ; Hispania Baetica にあった》.
Calpurniānus -a -um, adj Calpurnius の.
Calpurnius -ī, m カルプルニウス《ローマ人の氏族名; 特に L. ~ Bestia, 執政官 (前 111 年)》.
calt(h)a -ae, f《植》黄色の花《おそらくキンセンカ》.
calt(h)ula -ae, f [↑] 黄色の長い婦人用外衣.
caluī pf ⇨ caleo.
calumnia -ae, f 1 策略, 術策. 2 濫訴, 誣告(^ぶ_{こく}), 中傷. 3 口実, 逃げ口上.
calumniātor -ōris, m [calumnior] 濫訴者, 誣告者, いんちき弁護士.
calumniātrix -īcis, f [↑] (女性の)濫訴[誣告]者.
calumniō -āre -āvī, tr =calumnior.
calumnior -ārī -ātus sum, intr, tr dep [calumnia] 濫訴する, 誣告する, 無実の罪で訴える: calumniari se (Quint) 自己批判する / jacet res in controversiis isto calumniante biennium (Cic) 問題は彼の中傷で 2 年間論争中だ.
calumniōsē adv [↓] 誹謗して, 不当な申し立てによって.
calumniōsus -a -um, adj [calumnia] 誹謗する, 濫訴の, 虚偽の.
calva -ae, f [calvus] 頭皮.
Calvāria -ae, f 1 頭蓋(骨). 2 Calvariae locus (Vulg) カルバリの丘《キリスト磔刑(^{たつ}_{けい})の地》. 3°《解》頭蓋冠.
calvātus -a -um, adj [calvus] 1° はげた. 2 まばらな.
Calvēna -ae, m (「はげ頭」の意) Caesar の友人 C. Matius のあだ名.
calveō -ēre, intr [calvus] はげている.
calvēscō -ere, intr [↑] 1 はげる. 2 (草木が)まばらに生える.
calvī inf ⇨ calvor.
Calvīnus -ī, m カルウィーヌス《(1) ローマ人の家名. (2)° 宗教改革者カルヴァンのラテン語名》.
Calvisius -ī, m カルウィシウス《ローマ人の家名》.
calvitiēs -ēī, f [calvus] はげていること.
calvitium -ī, n [calvus] 1 はげていること. 2 (土地の)不毛.
calvō -āre -āvī -ātum, tr [calvus] 裸にする, むき出しにする.
calvor -ī, tr dep 1 陰謀を企てる, 策をめぐらす. 2 だます, 欺く.
calvus -a -um, adj はげの, 髪を剃った.
calx[1] calcis, m (f) 1 石灰(石). 2 (競走路の)決勝点, ゴール; 結末: in calce (Quint) 末尾に. 3 ゲーム用小石.
calx[2] calcis, f (m) 1 かかと: caedere calcibus (Plaut) 蹴る / adversus stimulum calces (sc. jactare) (Ter) むだな反抗をする. 2 土台, 脚部.
Calycadnus -ī, m [Gk] カリュカドヌス, *-ノス《Cilicia 西部の川と岬》.

calycanthāceae -ārum, °*f pl* 【植】ロウバイ科.
calyculus -ī, *m dim* [calyx] 1 【植】萼(ｶﾞｸ). 2 【動】(ウニの)殻.
Calydōn -ōnis [-ōnos], *f* [*Gk*] カリュドーン《Aetolia の町；その地における猪狩りの伝説で有名》.
Calydōnēus -a -um, *adj* =Calydonius.
Calydōnis[1] -idis, *adj f* Calydon の.
Calydōnis[2] -idis, *f* Calydon の女 (=Deianira).
Calydōnius -a -um, *adj* Calydon の: *sus* ~ (MART) 【伝説】Calydon の猪《Calydon の王が Diana に犠牲をささげるのを忘れたため女神が遣わした巨大な猪で, Meleager に殺された》.
Calymnē -ēs, *f* [*Gk*] カリュムネー, *-ナ《Rhodos 島北西の島》.
Calypsō -ūs [-onis], *f* [*Gk*] 【神話】カリュプソー《Atlas の娘で Ogygia 島にいた海のニンフ；難破して漂着した Ulixes を 7 年間その島に引きとどめた》.
calyptoblastēa -ōrum, °*n pl* 【植】被子類.
calyx -ycis, *m* [*Gk*] 1 【植】萼(ｶﾞｸ). 2 (果物の)外皮, (卵・貝などの)殻. 3 °【解】杯.
Camalodūnum -ī, *n* =Camulodunum.
camara -ae, *f* =camera.
Camarīna -ae, *f* [*Gk*] カマリーナ《Sicilia 島南岸の町》.
cambiō -āre, *tr* 交換する.
cambium -ī, *n* 【植】形成層.
Cambūnii montēs -ōrum -ium, *m pl* カンブーニイー山脈《Thessalia と Macedonia の境をなす山脈》.
Cambȳsēs -is, *m* [*Gk*] カンビューセース《大 Cyrus の息子で Achaemenidae 朝ペルシアの王 (在位前 529-521)》.
camēla -ae, °*f* [camelus] 雌ラクダ.
camēlae -ārum, *f pl* [*Gk*] ~ *virgines* (FEST) 結婚をつかさどるニンフたち.
camēlārius -ī, °*m* [camelus] ラクダ引き.
camēlidae -ārum, °*f pl* 【動】ラクダ科.
camēlīnus -a -um, *adj* [camelus] ラクダの.
camella -ae, *f dim* [camera] 酒杯.
camellia -ae, °*f* 【植】ツバキ属: ~ *sinensis* 【植】茶.
camellus -ī, *m* =camelus.
camēlopardalis -is (*acc* -im), *f* [*Gk*] 1 【動】キリン. 2 °【天】きりん座.
camēlopardalus, -pardus -ī, °*m* =camelopardalis.
camēlopodion -ī, °*n* [*Gk*] 【植】ニガハッカ.
camēlus -ī, *m* (*f*) [*Gk*<*Sem.*]【動】ラクダ.
Camēna -ae, *f* 1 【神話】(通例 *pl* Camenae) カメーナェ《ローマの水のニンフ；ギリシアの Musae と同一視される》. 2 詩歌, 詩作.
camera -ae, *f* [*Gk*] 1 丸天井[屋根], 穹窿(ｷｭｳﾘｭｳ). 2 (丸屋根の)小舟. 3 °国庫. 4 °【カト】教皇庁会計院. 5 °部屋. 6 °【解】房: ~ *oculi* 眼房.
camerārius -a -um, *adj* [↑] (ヒョウタンが屋根などを)這(ﾊ)って伸びる.
Cameria -ae, *f* カメリア《Latium にあった Sabini 族の町》.
Camerīna -ae, *f* =Camarina.
Camerīnum -ī, *n* カメリーヌム《Umbria の町；現 Camerino》.
Camerīnus[1] -a -um, *adj* Cameria の.
Camerīnus[2] -ī, *m* カメリーヌス《Sulpicia 氏族に属する家名》.
Camerium -ī, *n* =Cameria.
camerō -āre -ātum, *tr* [camera] 1 丸天井を付ける, 丸天井のようにおおう. 2 °巧みに作る.
Camers -rtis, *adj* Camerinum の. **Camertēs** -ium, *m pl* Camerinum の住民.
Camertīnus -a -um, *adj* Camerinum の.
camilla -ae, *f* [camillus] 宗教儀式の補佐をした良家の娘.
Camilla -ae, *f* 【伝説】カミッラ《Volsci 族の王 Metabus の娘；Turnus に味方して Aeneas と戦った》.
camillus -ī, *m* 宗教儀式の補佐をした良家の男子.
Camillus -ī, *m* カミッルス《Furia 氏族に属する家名；特に *M. Furius* ~, Veii を占領して (前 396) Gallia 人の支配からローマを解放した》.
camināta -ae, °*f* 暖炉のある居間.
caminō -āre -āvī -ātum, *tr* [↓] かまどの形に造る.
camīnus -ī, *m* [*Gk*] 1 炉, かまど；暖炉. 2 溶鉱炉；鍛冶場: *semper ardente camino* (Juv) 絶え間ない作業によって. 3 火: *oleum addere camino* (Hor) 火に油を注ぐ(=さらに悪化させる). 4 °(試練の場の象徴としての)炉, かまど.
Camīrus -ī, *f* [*Gk*] カミールス, *カメイロス《(1)【神話】一説では Hercules の息子；(2) の創建者. (2) Rhodos 島西岸の町》.
camisia -ae, *f* 亜麻製の肌着[ねまき].
cammaron -ī, *n* [*Gk*] 【植】トリカブト.
cammarus -ī, *m* [*Gk*] 【動】ウミザリガニ.
campagus -ī, °*m* 将校用軍靴の一種.
campāna -ae, °*f* 1 天秤. 2 鐘.
campānella -ae, °*f dim* [↑] 小さな鐘.
campāneus, -ius -a -um, °*adj* [campus] 平原の.
campānia -ōrum, °*n pl* [↑] 平原.
Campānia -ae, *f* カンパーニア《イタリア中部の地域；首都は Capua》.
Campānicus -a -um, *adj* =Campanus.
campanulāceae -ārum, °*f pl* 【植】キキョウ科.
campanulātae -ārum, °*f pl* 【植】キキョウ目.
Campānus -a -um, *adj* Campania の. **Campānī** -ōrum, *m pl* Campania の住民.
campē -ēs, *f* [*Gk*] イモムシ, 毛虫.
Campensis -is -e, *adj* [campus] (「野原の」の意) 女神 Isis の呼称《その神殿は Campus Martius にあったことから》.
campester, -stris -stris -stre, *adj* [campus] 1 平らな；平原の. 2 Campus Martius (で開かれる競技会・民会)の.
campestre -tris, *n* [↑] (*sc.* velamentum) (闘技者用の)腰巻き.
campestria -ium, *n pl* [campester] 平原.
camphora -ae, °*f* 【化・薬】カンフル, 樟脳.
campicursiō -ōnis, °*f* [campus/cursio] Campus Martius における軍事教練.
campidoctor -ōris, °*m* [campus/doctor] 軍事教練の教官.

campigenī -ōrum, °*m pl* [campus/gigno] よく訓練された兵隊.
campsanēma -atis, *n* 〖植〗マンネンロウ (=ros marinus).
campsō -āre -āvī, *tr* (船が岬を)回る, 回航する.
camptēr -ēros, *m* [*Gk*] 競走路の折返し点.
campulus -ī, °*m dim* [↓] わずかな土地.
campus -ī, *m* 1 平原. 2 〖詩〗海原. 3 マルスの原 (=Campus Martius)《Tiberis 川東岸にあり, 民会・軍事教練・競技会などがここで行なわれた》. 4 民会. 5 活動の場, 領域: *cum sit ~, in quo exsultare possit oratio* (Cɪᴄ) 思うがままに雄弁をふるえるような場があれば.
Camulodūnum -ī, *n* カムロドゥーヌム《Britannia にあった Trinobantes 族の町; 現 Colchester》.
camur -a -um, *adj* 曲がった.
cāmus -ī, *m* [*Gk*] 1 首飾り. 2° (馬・ロバの)口輪.
canaba -ae, °*f* 1 小屋; 倉庫. 2 酒保. 3 (*pl*) (ローマ軍の陣営近くの)商人・退役兵士の居住区域.
canabārius -ī, *m* =canabensis.
canabensis -is, *m* 〖碑〗canaba (3) の居住者.
canabula -ae, °*f dim* [canaba] 1 小屋. 2 排水管.
Canacē -ēs, *f* [*Gk*] 〖神話〗カナケ《Aeolus の娘; 兄弟の Macareus との間に子供を生んだために Aeolus から自殺を強いられた》.
canālicius -a -um, *adj* =canaliensis.
canālicola -ae, *m* [canalis¹/colo²] ローマ市の forum の排水溝あたりでぶらぶらしていた貧民.
canāliculātus -a -um, *adj* [↓] 溝のある, 溝のついた.
canāliculus -ī, *m dim*, **-a** -ae, *f dim* [canalis¹] 1 (小さな)水路, 水管. 2 〖建〗円柱の溝彫り. 3 (投石機の)溝. 4 (外科用)副木. 5° 〖解・植〗小管.
canāliensis -is -e, *adj* [↓] 立坑から掘り出された.
canālis¹ -is, *m* 1 運河, 水路, 水管, 溝; 樋(た). 2 〖建〗円柱の溝彫り. 3 (投石機の)溝. 4 (外科用)副木. 5° 〖解〗管: ~ *semicircularis* 半規管.
canālis² -is -e, *adj* [canis] 犬の.
Canāria -ae, *f* [↓] (*sc*. insula) カナーリア島《大西洋の Insulae Fortunatae (現カナリア諸島) の一つ; 大型犬で有名》.
canārius -a -um, *adj* [canis] 犬の.
Canastraeum -ī, *n* [*Gk*] カナストラエウム, *-ライオン《Pallene 半島の南東端の岬》.
canātim *adv* [canis] 犬のように.
canavāria -ae, °*f* (修道院の)地下貯蔵係の女性.
cancellārius -ī, °*m* [cancellus] 1 門番. 2 書記官. 3 〖カト〗教皇庁尚書院長.
cancellātim *adv* [cancello] 格子状に.
cancellātiō -ōnis, *f* [cancello] 土地を格子状に区画すること.
cancellātus -a -um, *pp* ⇨ cancello.
cancellō -āre -āvī -ātum, *tr* [↓] 1 格子状にする, 格子模様にする. 2 土地を格子状に区画する. 3° (×印をつけて文書を)無効にする, 取り消す.
cancellus -ī, *m dim* [cancer²] (通例 *pl*) 1 格子, 柵. 2 境界, 限界.

cancer¹ -crī, *m* 1 〖動〗カニ. 2 〖天〗蟹(忾)座; 〖占星〗巨蟹(忾)宮. 3 〖詩〗南. 4 酷暑. 5 〖病〗癌; 潰瘍; 壊疽(など).
cancer² -crī, *m* 格子, 柵.
cancerascō -āre -āvī, °*intr* [cancer¹] 癌のようになる, 癌になる.
cancerāticus -a -um, °*adj* =canceratus.
cancerātus -a -um, *adj* [cancer¹] 癌のような.
cancerōma -atis, °*n*, **-chrēma** -atis, °*n* [cancer¹] 〖病〗潰瘍.
cancerōsus -a -um, °*adj* [cancer¹] 癌の(ような).
Candāvia -ae, *f* [*Gk*] カンダーウィア(-)《Illyria の山岳地帯》.
candefacere *inf* ⇨ candefacio.
candefaciō -ere -fēcī -factum, *tr* [candeo/facio] 1 (まぶしいほど)白くする. 2 白熱[赤熱]させる.
candefactus -a -um, *pp* ⇨ candefacio.
candefēcī *pf* ⇨ candefacio.
candefīō -fieri -factus sum, *intr* [candeo/fio] (candefacio の *pass* として) 白熱[赤熱]する.
candēla -ae, *f* [candeo] 1 (獣脂)ろうそく. 2 蠟を引いたひも.
candēlābrum -ī, *n*, **-lāber** -brī, *m* [↑] 燭台.
candens -entis, *adj* (*prp*) [↓] 1 まぶしい, 白い. 2 白熱[赤熱]している.
candeō -ēre -duī, *intr* [↓] 1 輝くような白さである, 光る, きらめく. 2 白熱[赤熱]している.
candescō -ere canduī, *intr* [↑] 1 明るくなる, 輝き出す. 2 熱くなる, 白熱[赤熱]する.
candicō -āre, *intr* [candeo] 白っぽい, 白い.
candida -ae, °*f* [candidus] 1 公職志願者の着る白衣. 2 公職志願者の提供する見世物(剣闘技). 3 期待, 希望. 4 権威, 威信.
candidārius -ī, *m* 〖碑〗白いパンをつくる.
candidāta -ae, *f* [candidatus] (女性の)公職志願者.
candidātiō -ōnis, °*f* [candido] 白くすること.
candidātōrius -a -um, *adj* [↓] 公職志願者の.
candidātus¹ -a -um, *adj* [candidus] 白衣を着た.
candidātus² -ī, *m* 1 (白い toga を着た)公職志願者. 2 (何かを)得ようと努力する者.
candidē *adv* [candidus] 1 (まぶしいほど)白く. 2 率直に.
candidō -āre -āvī -ātum, *tr* [candidus] 輝かせる, 白くする.
candidulē °*adv* [↓] 率直に.
candidulus -a -um, *adj dim* [candidus] (まぶしいほど)白い.
candidum -ī, *n* [↓] 1 白色. 2 (卵の)白身.
candidus -a -um, *adj* [candeo] 1 (まぶしいほど)白い, 真白な. 2 (公職志願者が)白衣を着た. 3 (声の)澄んだ, 明るい, わかりやすい. 5 純真な, 誠実な. 6 幸福な, 幸運な.
candificō -āre, °*tr* [candeo/facio] (まぶしいほど)白くする.
candor -ōris, *m* [candeo] 1 白さ, 輝き. 2 美しさ. 3 誠実. 4 (表現の)明快.

canduī *pf* ⇨ candeo.
cānēns -entis, *adj (prp)* [↓] 白い, 灰白色の.
cāneō -ēre -nuī, *intr* [canus] 白い, 灰白色である.
Canēphoros -ī, *-phora* -ae, *f* [*Gk*] カネーポロス《「かご負い女」の意; 聖具を入れたかごを頭にいただくAthenae の乙女の像》.
canēs -is, *m*, *f* =canis.
cānēscō -ere, *intr inch* [caneo] **1** 白くなる, 灰白色になる. **2** 年寄りになる.
cānī -ōrum, *m pl* [canus] (*sc.* capilli) 白髪.
canīcula -ae, *f dim* [canis] (原義「小犬」) **1** (軽蔑的に) がみがみ女. **2** アザラシの類. **3** 〖天〗天狼星 (=Sirius). **4** (さいころの) 最悪の目.
caniculāris -is -e, °*adj* [↑] 天狼星の: *caniculares dies* (PALL) 盛夏《天狼星が太陽と共に出没する頃》.
Cānidia -ae, *f* カーニディア《Horatius の愛人だったがのちに不仲となり, 詩中で妖術使いと誹謗された遊女》.
Cānidius -ī, *m* カーニディウス《ローマ人の氏族名》.
caniformis -is -e, °*adj* [canis/forma] 犬の形をした.
canīna -ae, *f* [caninus] (*sc.* caro) 犬の肉.
Caninefātēs -um, *m pl* =Canninefates.
Canīniānus -a -um, *adj* Caninius の.
Canīnius -ī, *m* カニーニウス《ローマ人の氏族名》.
canīnus -a -um, *adj* [canis] **1** 犬の(ような): *canini dentes* (VARR) 犬歯. **2** かみつくような, ほえるような: *canina verba* (OV) うなるようなことば.
canipa -ae, °*f* =canistrum.
canis -is, *m*, *f* **1** 〖動〗イヌ(犬): *cane pejus et angui vitare alqd* (HOR) あるものを犬やヘビよりも悪いものとして避ける. **2** (軽蔑的に) 卑劣漢. **3** (軽蔑的に) (取り巻き, 食客. **4** ~ *marinus* (PLIN) 〖動〗アザラシ. **5** 〖天〗天狼星 (=Sirius); 大犬座のα星: ~ *major* (VITR) 大犬座. / ~ *minor* (VITR) 小犬座. **6** (さいころの) 最悪の目.
canistellum -ī, °*n dim* [↓] (小さな) かご.
canistrum -ī, *n* [*Gk*] (パン・果物・花などを入れる) かご.
cānitiēs -ēī, *-a* -ae, *f* [canus] **1** 白, 灰白色. **2** 白髪. **3** 老齢; 老人.
cānitūdō -dinis, *f* [canus] 白, 灰白色.
canna -ae, *f* [*Gk*] **1** 〖植〗アシ(葦). **2** 葦笛, 牧笛. **3** 小舟, ゴンドラ. **4** ~ *gutturis* 〖解〗気管, のど笛.
cannaba -ae, °*f* =canaba.
cannabētum -ī, *n* [cannabis] 〖稗〗麻畑.
cannabinus -a -um, *adj* [*Gk*] 麻の.
cannabis -is, *f* [*Gk*] 〖植〗アサ(麻).
cannāceae -ārum, °*f pl* 〖植〗カンナ科.
Cannae -ārum, *f pl* カンナエ《Apulia の町; Aufidus 川の東岸にあり, Hannibal がローマ軍を大破した古戦場 (前 216); 現 Canne》.
Cannēnsis -is -e, *adj* Cannae の.
Canninefātēs -um, *m pl* カンニネファーテース《Batavia にいた一部族》.
canō -ere cecinī cantum [cantātum], *intr*, *tr* **1** 歌う: *carmen sibi intus canere* (CIC) 自分のために歌う(=自分の利益のために考える). **2** (鳥・動物が) 鳴く, 吹く / *bellicum canere* (CIC) (らっぱで) 攻撃開始を告げる. **4** 鳴り響く: *frondiferas novis avibus canere undique silvas* (LUCR) 葉の茂った森中いたるところ若い小鳥のさえずりで満ちている. **5** 歌う, たたえて歌う: *canere ad tibiam clarorum virorum laudes atque virtutes* (CIC) 笛に合わせて卓越した人々の賞賛と美徳を歌う. **6** 予言する (alqd; +*acc c. inf*).
canōn -onis, *m* [*Gk*] **1** 規範, 規準. **2** (水圧オルガンの) 響板. **3**° 一覧表: ~ *sanctorum* 〖カト〗聖人名列表. **4**° 年貢. **5**° 〖カト〗(教会の) 法規, 宗規. **6**° 〖カト〗(聖書の) 正典. **7**° ミサ典文.
canonica -ōrum, *n pl* [canonicus¹] 理論.
canonicālis -is -e, °*adj* [canon] **1** 正典の. **2** 教会法の. **3** 司教座聖堂参事会員の.
canonicārius -ī, °*m* [canonicus¹] 収税吏.
canonicātus -ūs, °*m* [canon] 〖カト〗司教座聖堂参事会員職位.
canonicē °*adv* [↓] 正規に, 宗規に則って.
canonicus¹ -a -um, *adj* [*Gk*] **1** 法則に則った: *canonica ratio* (VITR) 和音の理論. **2**° 年貢の. **3**° 正典の. **4**° 教会法の, 宗規にかなった: *jus canonicum* 教会法.
canonicus² -ī, *m* **1** 理論家. **2**° 聖職者. **3**° 〖カト〗司教座聖堂参事会員.
canonista -ae, °*m* [canon] 教会法学者.
canonizātiō -ōnis, °*f* [↓] 〖カト〗列聖; 列聖式.
canonizō -āre -āvī, °*tr* [canon] **1** 正典に加える. **2** 聖人の列に加える, 列聖する. **3** 公認[認可]する.
Canōpēus -a -um, *adj* =Canopicus.
Canōpicus -a -um, *adj* Canopus の.
Canōpītae -ārum, *m pl* Canopus の住民.
Canōpus, -os -ī, *m* [*Gk*] **1** カノーブス, *-ポス《下エジプトの町; Nilus 川河口にあった》. **2** 下エジプト. **3** 〖天〗カノーブス《Argo 座のα星》.
canor -ōris, *m* [cano] 歌, 調べ, 旋律.
canōrē *adv* [canorus] 美しい旋律で.
canōrum -ī, *n* [↓] 美しい旋律.
canōrus -a -um, *adj* [canor] **1** 旋律の美しい, 響きのよい: ~ *orator* (CIC) よい声の雄弁家 / *vox nec languens nec canora* (CIC) 弱々しくも歌うようでもない声. **2** (鳥・動物が) 鳴く, 声の美しい.
canōsus -a -um, °*adj* [canus] 白髪の.
Cantaber¹ -bra -brum, °*adj* Cantabria の.
Cantaber² -brī, *m* (集合的に) =Cantabri.
cantābilis -is -e, °*adj* [canto] 頌詩を受けるに値する, たたえられるべき.
cantabrārius -ī, °*m* [cantabrum] 旗手.
Cantabrī -ōrum, *m pl* カンタブリー《Cantabria にいた一部族》.
Cantabria -ae, *f* カンタブリア《Hispania Tarraconensis 北部の沿岸地方》.
Cantabricus -a -um, *adj* Cantabri 族 [Cantabria] の.
cantabrum -ī, °*n* **1** ぬか. **2** 旗.
cantābundus -a -um, °*adj* [canto] 歌っている.
cantāmen -minis, *n* [canto] 呪文, まじない.
cantātiō -ōnis, *f* [canto] **1** 歌. **2**° 呪文, まじない.
cantātor -ōris, *m* [canto] 詩人, 歌手, 音楽家.

cantātrix[1] -īcis, *adj f* [↑] **1**° 歌を伴う. **2** 呪文を唱える, 魔法を使う.
cantātrix[2] -īcis, *f* 歌手《女性》.
cantātus[1] -a -um, *pp* ⇨ cano, canto.
cantātus[2] -ūs, °*m* 歌.
cantharis -idis, *f* [*Gk*] **1** 《昆》ゲンセイ. **2**°《薬》カンタリス《ゲンセイの粉末からつくる反対刺激剤》.
cantharus -ī, *m* [*Gk*] **1** (二つの取っ手の付いた)大杯. **2**°《教会》聖水盤. **3** 海魚の一種.
cant(h)ērīnus -a -um, *adj* [cantherius] 馬の.
cant(h)ēriolus -ī, *m dim* [↓] ブドウの棚.
cant(h)ērius -ī, *m* **1** 馬; (特に)老いぼれ馬, やくざ馬. **2** ロバ, ラバ. **3** 《建》たるき. **4** ブドウの棚.
canthus -ī, *m* **1** (車輪の)輪金; 車輪. **2**°《解》眼角.
canticulum -ī, *n dim* [↓] 小声曲.
canticum -ī, *n* [cantus] **1** カンティクム《ローマ喜劇の伴奏の独唱部分》. **2** (一般に)歌. **3** (演説の)歌うような調子. **4** 呪文, まじない. **5**° 諷刺文, 落首. **6**°《カト》聖歌.
canticus -a -um, °*adj* [cantus] 歌の, 音楽の.
cantilēna -ae, *f* [cantus] **1** 歌. **2** 古臭い話, 決まり文句.
cantilēnōsus -a -um, °*adj* [↑] 歌の.
cantilō -āre -āvī -ātum, *intr* (*tr*) [canto] 小声で歌う.
cantiō -ōnis, *f* [cano] **1** 歌. **2** 呪文, まじない.
cantitō -āre -āvī -ātum, *intr, tr freq* [canto] (繰り返し)歌う.
Cantium -ī, *n* カンティウム《Britannia 南東部の地方; 現 Kent》.
cantiuncula -ae, *f dim* [cantio] 魅力的な歌.
cantō -āre -āvī -ātum, *tr, intr freq* [cano] **1** 歌う; (鳥が)鳴く. **2** 演奏する 〈+*abl*〉. **3** (楽器を使って)歌う. **4** 呪文を唱える, 魔法をかける. **5** 歌にする, たたえて歌う: *puer cantari dignus* (VERG) ほめたたえられるべき少年. **6** (役を)演じる. **7** 繰り返し言う: *harum mores cantare* (TER) これらの女どもの性格をよく言って聞かせる. **8** 予言する, 知らせる.
cantor -ōris, *m* [cano] **1** 歌手, 詩人, 音楽家. **2** (芝居の終わりで「皆さま, 拍手喝采を」と叫ぶ)役者. **3** 賛辞を述べる人. **4**°《カト》《聖歌隊の》先唱者.
cantrix -īcis, *f* [↑] 歌手《女性》.
cantus[1] -a -um, *pp* ⇨ cano.
cantus[2] -ūs, *m* **1** 歌; 詩. **2** (鳥・動物の)鳴き声. **3** 演奏, 曲. **4** 呪文. **5** 予言.
Canulēius -ī, *m* カヌレイユス《ローマ人の氏族名》.
cānus -a -um, *adj* **1** 白い, 灰白色の. **2** 白髪の, 老齢の.
Canusīna -ae, *f* [Canusinus] (*sc*. vestis) Canusium 産の羊毛で作った衣服.
Canusīnātus -a -um, *adj* [↑] Canusium 産の羊毛の衣服を着た.
Canusīnus -a -um, *adj* Canusium の. **Canusīnī** -ōrum, *m pl* Canusium の住民.
Canusium -ī, *n* カヌシウム《Apulia の町; 現 Canosa》.
capābilis -is -e, °*adj* [capax] **1** (…を)受け入れることができる〈alcis rei〉. **2** 受け入れられる.

capācitās -ātis, *f* [capax] **1** 収容力; 広さ, 容量. **2**°《法》相続能力. **3**° 能力, 理解力.
Capaneus -ī, *m* [*Gk*] 《神話》カパネウス《Thebae 攻めの七将の一人; Juppiter の雷に撃たれて死んだ》.
capax -ācis, *adj* [capio] **1** 広い; よくはいる, 収容力のある〈+*gen*〉: *circus ~ populi* (OV) 民衆を収容する競技場. **2** つかむことができる; 能力のある: *~ imperii* (TAC) 統治能力がある. **3** (…に)敏感な; (…に)ふさわしい〈ad alqd; alcis rei〉. **4**°《法》相続能力のある.
capēdō -dinis, *f* [capis] 供犠に用いる鉢.
capēduncula -ae, *f dim* [↑] 供犠に用いる小鉢.
capella -ae, *f dim* [caper] **1** 雌ヤギ. **2** 《天》カペラ《馭者座 (Auriga) の α 星》.
Capella -ae, *m* カペッラ《ローマ人の名; *Martianus ~, de Nuptiis Philologiae et Mercurii* を著した Africa の Madaura 出身の著述家《5 世紀前半》.
capellānus -ī, °*m* [capella] 《カト》礼拝堂付き司祭.
capelliānus -a -um, *adj* [capella] ヤギの.
capellus -ī, *m dim* [caper] 子ヤギ《雄》.
Capēna -ae, *f* カペーナ《Etruria 南部の町; 現 San Martino》.
Capēnās -ātis, *m pl* Capena の住民. **Capēnātēs** -ium, *m pl* Capena の住民.
Capēnus -a -um, *adj* Capena の: *Porta Capena* (CIC) カペーナ門《ローマ市の南西門で Via Appia の起点》.
caper -prī, *m* **1** 雄ヤギ. **2** 腋臭《わき》.
capere *inf* ⇨ capio[1].
caper(r)ō -āre -āvī -ātum, *tr, intr* [caper] **I** (*tr*) しわを寄せる. **II** (*intr*) しわが寄る.
capessītus -a -um, *pp* ⇨ capesso.
capessīvī *pf* ⇨ capesso.
capessō -ere -īvī [-iī] -ītum, *tr desid* [capio[1]] **1** つかまえる, つかむ. **2** 従事する, 引き受ける, 着手する〈alqd〉: *viam capessere* (LIV) 道を取って進む / *rem publicam capessere* (CIC) 政治にたずさわる. **3** (ある場所へ)急いで行く, 向かって進む.
Caphāreus[1], **Caphēr-**[1] -ī, *m* [*Gk*] カパーレウス《Euboea 島南東端の岩の多い岬; ギリシア艦隊が Troja から帰航の途中で難破した場所》.
Caphāreus[2], **Caphēr-**[2] -a -um, *adj* Caphareus の.
Caphāris, Caphēr- -idis, *adj f* =Caphareus[2].
cap(h)istērium -ī, *n* [*Gk*] 穀粒のふるい分け器.
capillāceus -a -um, *adj* [capillus] **1** 毛髪のような. **2** 毛髪で作られた.
capillāgō -ginis, °*f* [capillus] 頭髪.
capillāmentum -ī, *n* [capillus] **1** 頭髪. **2** かつら. **3** 《植》根毛. **4** (鉱石の)細刺.
capillāre -is, *n* [↓] (*sc*. unguentum) 髪油, ポマード.
capillāris -is -e, *adj* [capillus] 頭髪の: °*herba ~* 《植》シダの一種.
capillāritās -ātis, °*f* [↑] 《理》毛管現象.
capillātiō -ōnis, °*f* [capillus] **1** 毛髪. **2** 《病》

毛尿症.
capillātūra -ae, *f* [capillus] 1° 毛髪; かつら. 2 (鉱石の)細脈.
capillātus -a -um, *adj* [capillus] 1 髪の豊かな, 髪の長い. 2 (葉・根が)繊維の多い.
capillitium -iī, *n* [↓] 1 毛髪. 2°『植』細毛体.
capillus -ī, *m* [caput] 1 毛, 毛髪. 2 (動物の)毛. 3 『植』毛髪状繊維; 根毛.
capiō[1] -ere cēpī captum, *tr* 1 取る, つかむ, 握る: *arma capere* (CAES) 武器を取る. 2 身につける[まとう]. 3 食べる, 飲む. 4 (場所を)占める. 5 達する, 着く〈alqd〉. 6 奪う. 7 とらえる, 捕虜にする. 8 手に入れる, 受け取る: *pecuniam capere* (CIC) 賄賂を受け取る / *fructum capere* (CIC) 利益を得る / *gloriam capere* (CIC) 名声を得る. 9 引き受ける, (地位・職に)就く, 着手する: *fugam capere* (CAES) 逃走する / *consilium capere* (CIC) 計画を立てる. 10 魅了する; そそのかす: *basia me capiunt* (MART) キスが私をとりこにする. 11 襲う, 傷つける: *oculis et auribus captus* (CIC) 盲目で耳の聞こえない / *mente captus* (CIC) 気の狂った. 12 選ぶ. 13 感じる, 受ける, こうむる. 14 入れる, 収容する, 含む. 15 役に立つ, 適合する. 16 把握する, 理解する.
capiō[2] -ōnis, *f* [↑] 取得: *usu ~* (CIC)『法』使用[時効]取得.
capis -idis, *f* =capedo.
capissō -ere, *tr* =capesso.
capistrātus -a -um, *pp* ⇒ capistro.
capistrō -āre -āvī -ātum, *tr* [↓] 1 端綱(ばづな)をつける. 2 (ブドウのつるを支柱に)ゆわえつける.
capistrum -ī, *n* [capio[1]] 1 端綱. 2 (結婚の)きずな. 3 (ブドウのつるを支柱にゆわえる)ひも.
capital -ālis, *n* [capitalis] 1 死罪. 2 (巫女の)かぶりもの.
capitāle -is, *n* =capital.
capitālis -is -e, *adj* [caput] 1 命の; 命にかかわる: *~ poena* (LIV) 死罪. 2 危険な, 悪質な: *~ hostis* (CIC) 不倶戴天の敵 / *~ oratio* (CIC) きわめて有害な演説. 3 主要な, きわめて重要な.
capitāliter *adv* [↑] 命にかかわるほどに.
capitāneus -a -um, °*adj* [caput] 1 最初の. 2 大きくて目立つ: *capitaneae litterae* 大文字.
capitātiō -ōnis, °*f* [caput] 人頭税.
capitātus -a -um, *adj* [caput] 頭のある.
capitellum -ī, °*n dim* [caput] 1 先端. 2 『建』柱頭.
capitilavium -iī, °*n* [caput/lavo] 頭を洗うこと.
Capitīnus -a -um, *adj* Capitium の.
capitium -iī, *n* [caput] 1 (頭の)かぶりもの. 2 婦人の胴着. 3° *tunica* の開口部.
Capitium -iī, *n* カピティウム〈Sicilia 島の町〉.
capitō -ōnis, *m* [caput] 頭の大きい人.
Capitō -ōnis, *m* カピトー《ローマ人の家名》.
Capitōlīnī -ōrum, *m pl* [↓] カピトーリウム競技会の世話係の組合.
Capitōlīnus -a -um, *adj* Capitolium の: *ludi Capitolini* (LIV) (Juppiter にささげられた) カピトーリウム競技会.
Capitōlium -iī, *n* カピトーリウム《(1) ローマ市の七丘の一つ. (2)(1) にあった Juppiter の神殿》.
capitulāre -is, °*n* [capitulum] 1 かぶりもの, 帽子. 2 重要文書《詔勅, 布告など》.
capitulāriī -ōrum, °*m pl* [capitularium] 1 収税吏. 2 徴兵官.
capitulāris -is -e, *adj* [capitulum] 〈碑〉人頭税の.
capitulārium -iī, *n* [↓] 〈碑〉人頭税.
capitulārius -a -um, °*adj* [capitulum] 徴兵[徴税]に関する.
capitulātim *adv* [↓] 要約して.
capitulum -ī, *n dim* [caput] 1 (小さな)頭. 2 (喜劇で)人. 3 『建』柱頭. 4°(論文・書物の)章. 5°(女性の)かぶりもの. 6° 新兵の徴募. 7°(法律の)条項. 8°『植』頭状花序. 9°『解』(骨)小頭.
capītum -ī, °*n* [Gk] (家畜の)飼料.
capnos -ī, *f* [Gk] 〖植〗ケシ科の植物.
cāpō -ōnis, *m* 雄鶏.
cappa[1] *indecl* °*n* カッパ《ギリシア語アルファベットの第10字 (K, κ)》.
cappa[2] -ae, °*f* かぶりもの, 帽子.
Cappadocia -ae, *f* [Gk] カッパドキア(一)《小アジア東部地方; 王国であったのち, ローマの属州》.
Cappadocius -a -um, *adj* Cappadocia の.
Cappadox -ocis, *m* [Gk] Cappadocia 人.
cappara -ae, *f* 〖植〗スベリヒユ (=portulaca).
capparidāceae -ārum, °*f pl* 〖植〗フウチョウソウ科.
capparis -is (*acc* -im, *abl* -i), *f* [Gk] 1 〖植〗フウチョウボク. 2 フウチョウボクの実.
capra -ae, *f* [caper] 1 雌ヤギ. 2 〖天〗=capella 2. 3 腋臭(わきが). 4 *Caprae palus* (LIV)「雌山羊の沼」《Campus Martius の, Romulus が姿を消した場所》.
Caprātīna -ae, *f* =Caprotina.
caprea -ae, *f* [capra] 〖動〗ノロジカ《小型の鹿の一種》.
Capreae -ārum, *f pl* カプレアエ《Campania 海岸沖の島; 現 Capri》.
capreāginus -a -um, *adj* [caprea] ノロジカのような, まだらの.
capreola -ae, °*f dim* [caprea] 〖動〗ガゼル.
capreolus -ī, *m dim* [caprea] 1 若いノロジカ. 2 支柱. 3 除草用の鍬.
Capricornus -ī, *m* [caper/cornu] 〖天〗山羊座; 〖占星〗磨羯(まかつ)宮.
caprificātiō -ōnis, *f* [↓] イチジクの虫媒受粉.
caprificō -āre, *tr* [↓] イチジクを虫媒で受粉させる.
caprificus -ī [-ūs], *f* [caper/ficus] 〖植〗野生イチジク.
caprifoliāceae -ārum, °*f pl* 〖植〗スイカズラ科.
caprigenus -a -um, *adj* [caper/gigno] ヤギから生まれた, ヤギの.
caprīle -is, *n* [↓] ヤギ小屋.
caprīlis -is -e, *adj* [caper] ヤギの.
caprimulgus -ī, *m* [caper/mulgeo] 1 ヤギの乳をしぼる人(=田舎者). 2 〖鳥〗ヨタカ.
caprīna -ae, °*f* [↓] (*sc. caro*) ヤギの肉.
caprīnus -a -um, *adj* [caper] ヤギの: *de lana*

caprina rixari (Hor) ヤギの毛(=くだらない物)のことで口論する.
capripēs -pedis, *adj* [caper/pes] ヤギの足をした.
caprōn(e)ae -ārum, *f pl* 前髪.
Caprōtina -ae, *f* Nonae Caprotinae (7 月 7 日)に催された祝祭時の女神 Juno の添え名.
capsa -ae, *f* [*cf.* capio¹] 箱《特に本箱》.
Capsa -ae, *f* [*Gk*] カプサ《Africa の Byzacium 地方の町; 現 Gafsa》.
capsacēs -ae, °*f* [*Gk*] 油壺.
capsārius -ī, *m* [capsa] 1 通学の際のかばん持ちの奴隷. 2° 浴場の衣類番奴隷.
capsella -ae, *f dim* [capsa] 小さな箱.
Capsensēs -ium, *m pl* Capsa の住民.
capsicum -ī, °*n* 〖植〗トウガラシ属.
Capsitānī -ōrum, *m pl* =Capsenses.
capsō *fut* 〘古形〙=capiam (⇨ capio¹).
capsula -ae, *f dim* [capsa] 1 (小さな)箱. 2°〖解〗被膜, 囊, 包: ~ *fibrosa* 繊維性皮膜. 3°〖植〗蒴(ﾞ). 4°〘生物〙莢膜(ﾞ).
capsulāris -is -e, °*adj* [↑]〖解〗被膜の, 囊の, 包の.
capsus -ī, *m* [capsa] 1 車体. 2 (家畜の)おり, 囲い.
Capta -ae, *f* (Caelius 丘で崇拝された)女神 Minerva の添え名.
captābilis -is -e, °*adj* [capto] =capax.
captātēla -ae, °*f* [capto] 着用.
captātiō -ōnis, *f* [capto] 1 追求, 狙うこと: *verborum* ~ (Cic) 字句に拘泥すること, 屁理屈 / ~ *testamenti* (Plin) 遺産狙い. 2 (剣術の)フェイント.
captātor -ōris, *m* [capto] 1 追求する者, 狙う者: *aurae popularis* ~ (Liv) 民衆のご機嫌取り. 2 遺産目当てのおべっか使い.
captātōrius -a -um, °*adj* [↑] 遺産狙いの.
captātrix -īcis, *f* [captator] 追求する者, 狙う者《女性》.
captentula -ae, °*f* [↓] 詭弁, 屁理屈, 謬論.
captiō -ōnis, *f* [capio¹] 1 取ること. 2 詐欺, 欺瞞. 3 謬論, 詭弁. 4 損失, 損害.
captiōsa -ōrum, *n pl* [captiosus] 詭弁, 屁理屈.
captiōsē *adv* [↓] 相手を引っかけるように, 揚げ足を取るように.
captiōsus -a -um, *adj* [captio] 1 虚偽の, 欺瞞の. 2 詭弁の; 揚げ足取りの. 3 害[不利益]になる.
captitō -āre -āvī, *tr intens* [capto] 追求する, つかもうとする.
captiuncula -ae, *f dim* [captio] 屁理屈, 詭弁, 謬論.
captīva -ae, *f* [captivus] (女の)捕虜, 女囚.
captīvātiō -ōnis, °*f* [captivo] 隷従させること, 捕虜にすること.
captīvātor -ōris, °*m* [captivo] 捕虜にする人; 惑わす者.
captīvātrix -īcis, °*f* [↑] 捕虜にする人; 惑わす者《女性》.
captīvitās -ātis, *f* [captivus] 1 とらわれの身[捕虜]であること; 束縛, 拘留. 2 捕らえること; (都市の)占領. 3 盲目.
captīvō -āre -āvī -ātum, °*tr* [↓] 捕虜にする.
captīvus¹ -a -um, *adj* [captus¹] 捕虜にされた; とらえられた; 攻略された.
captīvus² -ī, *m* 捕虜.
captō -āre -āvī -ātum, *tr freq* [capio¹] 1 つかもうとする. 2 熱心に求める, 得ようと努める, 狙う: *captare testamenta* (Hor) 遺産目当てにおべっかを使う / *aure alqd captare* (Liv) (何かに)聞き耳を立てる. 3 誘惑する.
captor -ōris, °*m* [capio¹] 捕獲[狩猟]者.
captūra -ae, *f* [capio¹] 1 とらえること, 捕獲. 2 獲物. 3 利益, 賃金, 報酬.
captus¹ -a -um, *pp* ⇨ capio¹.
captus² -ūs, *m* 1 つかむこと, とらえること. 2 理解(力); 考え方.
Capua -ae, *f* カプア《Campania の主要都市》.
capūdō -dinis, *f* =capedo.
Capuensis -is -e, °*adj* Capua の.
capula -ae, *f dim* [*cf.* capis] 取っ手付きの小さな椀.
capulāris -is -e, *adj* [capulus] 棺の, 棺に入る用意ができた.
capulātor -ōris, *m* [↓] 搾油機から油を汲み出す人.
capulō¹ -āre, *tr* [capula] 搾油機から油を汲み出す.
capulō² -āre, *tr* [capulus] (動物を)つかまえる.
capulum -ī, °*n* =capulus.
capulus -ī, *m* [capio¹] 1 柄; (刀剣の)つか. 2 棺, 墓.
caput -pitis, *n* 1 頭: *supra* ~ *esse* (Cic) おびやかす / *nec* ~ *nec pes sermoni apparet* (Plaut) その話には頭も足も見えない(=何が何だか分からない). 2 一人, 一頭; 頭数: *exactio capitum* (Cic) 人頭税. 3 先端; 源, 根元. 4 生命: *capitis periculum adire* (Ter) 生命の危険を冒す / *poena capitis* (Caes) 死刑. 5 市民権, 公民権: *deminutio capitis* (Caes) 市民権の喪失. 6 指導[主導]者; 首都. 7 重要なもの; 要点. 8 章, 節, 条項. 9°〖植〗頭状花序. 10°〘解〙(骨)頭.
Capys -yos [-yis], *m* [*Gk*] 〘伝説〙カピュス《(1) Assaracus の息子で Anchises の父. (2) Aeneas の仲間; Capua の創建者ともいわれる. (3) Alba Longa の王》.
Cār Cāris, *m* Caria の住民.
cārabus -ī, *m* [*Gk*] 1〘動〙カニの一種. 2° 生皮張りの小舟.
caracalla -ae, °*f* ケルト人の外套.
Caracalla -ae, °*m* カラカッラ《ローマ皇帝 (188-217; 在位 211-217); caracalla の着用を流行させたことにちなんだ名; 本名 M. Aurelius Antoninus》.
caragius -ī, °*m* 魔法使い.
Caralis -is, *f*, **Caralēs** -ium, *f pl* [*Gk*] カラリス《Sardinia の首都; 現 Cagliari》.
Caralītānus -a -um, *adj* Caralis の. **Caralītānī** -ōrum, *m pl* Caralis の住民.
Caratacus -ī, *m* カラタクス《Britannia の Silures 族の指導者; ローマ軍に抵抗したが敗れて捕虜となった (後 51)》.
carbās -ae, *m* [*Gk*] 東北東の風.

carbaseus -a -um, *adj* [carbasus¹] 亜麻製の.
carbasinus -a -um, *adj* =carbaseus.
carbasus¹ -ī, *f* (-ī), **-a** -ōrum, *n pl* [Gk] 亜麻布; 亜麻布製品《衣服・帆・幕など》.
carbasus² -a -um, *adj* =carbaseus.
carbō -ōnis, *m* 木炭, 炭: *carbone notare* (HOR) 炭でしるしをつける(=悪く思う) / *carbonem pro thesauro invenire* (PHAEDR) 宝物の代わりに炭を見つける(=期待が裏切られる).
carbōnāria -ae, °*f* [↓] (*sc.* fornax) 炭焼きかまど.
carbōnārius¹ -a -um, °*adj* [carbo] 炭の.
carbōnārius² -ī, *m* 炭焼き人.
carbōnescō -ere, °*intr* [carbo] 炭になる.
carbōneum -ī, °*n* 《化》炭素.
carbunculō -āre, *intr* [↓] **1** 《ブドウの木などが》炭疽病にかかる. **2** 《人が》癰(よう)にかかる.
carbunculus -ī, *m dim* [carbo] **1** 小さな炭; 《比喩的に》心痛. **2** 砂岩の一種. **3** 《病》癰(よう). **4** 《ブドウの木などの》炭疽病. **5** 《ルビー・ざくろ石などの》赤い宝石.
carcer -eris, *m* **1** 牢獄. **2** 囚人. **3** 《競走路の》出発点: *ad carceres a calce revocari* (CIC) ゴールから出発点へ戻る(=人生を新たにやり直す). **4** 開始, スタート.
carcerālis -is -e, °*adj* [↑] 牢獄の.
carcerārius¹ -a -um, *adj* [carcer] 牢獄の.
carcerārius² -ī, °*m* 牢番.
carcereus -a -um, °*adj* =carcerarius¹.
carcerō -āre, °*tr* [carcer] 投獄[幽閉]する.
Carchēdōn -onis, °*f* =Carthago.
Carchēdonius -a -um, *adj* [Gk] Carthago の: *carbunculus* ~ (PLIN) (Carthago で多く産出された) 宝石の一種.
carchēsium -ī, *n* [Gk] **1** 取っ手付きの杯. **2** 船の檣頭(しょうとう). **3** 起重機.
carcinōdes -is, *n* [Gk] 《病》癌様腫.
carcinōma -atis, *n* [Gk] 《病》癌(腫).
Carcinos, -us -ī, *m* 《天》蟹座.
carcinōsus -a -um, °*adj* [Gk] 癌性の.
carcinōthron -ī, *n* [Gk] 《植》ニワヤナギ.
Cardaces -um, *m pl* [Gk] Persia の兵団.
cardamina -ae, *f* [Gk] 《植》タネツケバナ属の植物 (=nasturcium).
cardamōmum -ī, *n* [Gk] 《植》ショウズク, カルダモン《その実は香辛料・薬用となる》.
cardamum -ī, *n* [Gk] =cardamina.
Card(e)a -ae, °*f* [cardo] 《神話》カルデア《扉の蝶番(=家庭生活)をつかさどるローマの女神》.
cardēlis -is, *f* =carduelis.
cardia -ae, °*f* [Gk] 《解》噴門.
Cardia -ae, *f* [Gk] カルディア(-) 《Chersonesus Thracia の町》.
cardiacē -ēs, °*f* [Gk] 《病》心臓病.
cardiacus¹ -a -um, *adj* [Gk] **1** 胃の; 心臓の. **2** 心臓の; 心臓病の.
cardiacus² -ī, *m* 胃病[心臓病]患者.
cardialgia -ae, °*f* 《病》**1** 心臓病. **2** 胸やけ.
Cardiānus -a -um, *adj* Cardia の.

cardimona -ae, °*f* [Gk] 胃痛.
cardinālātus -ūs, °*m* 《カト》枢機卿の職[地位, 権威].
cardinālis¹ -is, *adj* [cardo] **1** 蝶番の. **2**° 基本的な, 主要な.
cardinālis² -is, °*m* 《カト》枢機卿.
cardināliter °*adv* [cardinalis¹] 主に.
cardinātus -a -um, *adj* [cardo] ほぞ継ぎされた.
cardineus -a -um, *adj* [cardo] 蝶番の.
cardītis -tidis, °*f* 《病》心臓炎.
cardō -dinis, *m* **1** 旋回軸; 《扉の》蝶番(ちょうつがい). **2** ほぞ(柄); ほぞ穴. **3** 軸, 極; 《天動説の》天球の軸, 地軸. **4** 転換点, 主要な点: *tanto cardine rerum* (VERG) このような運命の転換点で.
carduēlis -is, *f* [↓] 《鳥》ゴシキヒワ.
carduus -ī, *m* 《植》アザミ; アーティチョーク《食用》.
cārē *adv* [carus] 高価に; 高い値段で.
cārectum -ī, *n* [carex] スゲの生えた土地.
carēnum -ī, °*n* =caroenum.
careō -ēre -ruī -ritum, *intr* ⟨+abl⟩ **1** …がない, 欠けている: *carere morte* (HOR) 不死である. **2** 遠ざける, 控える, なしですます: *carere vino* (PLAUT) 酒を断つ / *carere patriā* (TAC) ローマを去る. **3** 《危険・苦悩など》を免れる, 逃れる.
careōta -ae, *f* =caryota.
Cāres -um, *m pl* ⇒ Car.
cāreum -ī, *n* 《植》ヒメウイキョウ.
cārex -ricis, *f* 《植》スゲ.
carfiathum -ī, *n* 香の一種.
Cāria -ae, *f* [Gk] カーリア(-) 《エーゲ海に面する小アジア南西部の地域; 首都 Halicarnassus》.
cārica -ae, *f* [↓] (*sc.* ficus) 《植》イチジクの一種.
Cāricus -a -um, *adj* Caria の.
cariēs -ēī, *f* **1** 腐敗, 腐蝕. **2** 《病》カリエス, 骨瘍(よう). **3**° 《病》齲蝕(うしょく), 虫歯. **4** (軽蔑的に) 老いぼれ.
carīna -ae, *f* **1** 船底; 《船の》竜骨. **2** 船. **3**° 《解》竜骨.
Carīnae -ārum, *f pl* カリーナエ《ローマ市の Esquilinus 丘と Caelius 丘の間の地区》.
carinārius -ī, *m* 栗色に染める人.
cārīnō¹ -āre, *intr* 悪口を言う, のしる.
carīnō² -āre -āvī -ātum, *tr* [carina] (貝が殻を)船のように利用する; 竜骨の形にする.
carinus -a -um, *adj* [Gk] (女性の衣服の流行色として) クルミ色の.
cariōsus -a -um, °*adj* [caries] **1** 腐った; もろい. **2** カリエスになった. **3** 老いぼれた.
cariōta -ae, *f* =caryota.
cariotta -ae, °*f* [Gk] ニンジン(=carota).
cāris -idis, *f* [Gk] 《動》カニの一種.
carissa -ae, °*f* ずる賢い女.
caristia -ae, *n pl* =charistia.
cāritās -ātis, *f* [carus] **1** 高値, 高価. **2** 尊敬, 好意, 愛情. **3**° 《キ教》人間愛, 隣人愛.
Carmānia -ae, *f* [Gk<Heb.] カルマーニア(-) 《Persia の一地方》.
Carmēl *indecl* °*m* カルメール《(1) =Carmelus. (2) Judaea の町》.

Carmēlus -ī, °m [Heb.] カルメールス, "カルメル山《Palaestina の山》.

carmen[1] -minis, n [cf. cano] **1** 歌; 曲; (鳥の)鳴き声. **2** 詩. **3** 銘, 碑文. **4** 格言, 箴言(じん). **5** 決まり文句, 式文. **6** 予言, 神託. **7** 呪文, まじない. **8** 諷刺詩, ざれ歌.

carmen[2] -minis, °n [caro[1]] (繊維の毛並みをそろえる)すきぐし.

Carmentālia -ium, n pl [↓] カルメンターリア《Carmentis 女神の祭典》.

Carmentālis -is -e, adj Carmentis の: *Porta* ～ (LIV) カルメンターリス門《ローマ市の城門の一つ》.

Carmentis -is, -a -ae, f 《神話》カルメンティス《ローマの予言の女神; Euander の母で, 息子とともに Arcadia から Latium に来た》.

carminātiō -ōnis, f [carmino[2]] くしけずること.

carminātor -ōris, m [carmino[2]] 《碑》羊毛をすく人.

carminō[1] -āre, °tr [carmen[1]] 詩を作る.

carminō[2] -āre -āvī -ātum, tr [carmen[2]] (羊毛を)すく.

Carmō -ōnis, **Carmōna** -ae, f カルモー《Hispania Baetica の町; 現 Carmona》.

Carmōnensēs -ium, m pl Carmo の住民.

Carna -ae, f [caro[2]] 《神話》カルナ《ローマの蝶番(ちょう)また家庭生活を守る女神; おそらく Cardea と同一の女神》.

carnālis -is -e, °adj [caro[2]] 肉の, 肉体の; 肉欲の.

carnālitās -ātis, °f [↑] 肉欲.

carnāliter °adv [carnalis] 肉体的に; 肉欲的に.

carnāria -ae, f [caro[2]] 肉屋.

carnārium -ī, n [caro[2]] **1** 肉吊り鉤をつけた横棒. **2** 肉貯蔵室, 肉部屋.

carnārius -ī, m [caro[2]] **1**° 肉屋. **2** (ふざけて)肉付きのよい娘を好む男.

carnātiō -ōnis, °f [caro[2]] 肥満.

carnātus -a -um, °adj [caro[2]] 肥満した.

Carneadēs -is, m [Gk] カルネアデース《Cyrene 生まれのギリシアの哲学者《前 213?-?129》; ストア学派の Diogenes の弟子で新 Academia の創立者》.

Carneadēus -a -um, adj Carneades の.

carneus -a -um, °adj [caro[2]] **1** 肉の. **2** 肉体の.

Carnī -ōrum, m pl カルニー《イタリア北部にいたケルト系一部族》.

carnicula -ae, °f dim [caro[2]] 肉の小片.

carnifica -fera -ferum, °adj [caro[2]/fero] =carniger.

carnifex -ficis, m [caro[2]/facio] **1** 死刑執行人. **2** 殺人者, 苦しめる者. **3** ならず者, 悪党.

carnificātor -ōris, °m [carnifico] 死刑執行人.

carnificātrix -īcis, °f [↑] (女性の)死刑執行人.

carnificīna -ae, f [carnifex] **1** 死刑執行人の職務, 処刑, 拷問. **2** 苦痛, 苦悩.

carnificius -a -um, adj [carnifex] 死刑執行人の.

carnificō -āre -ātum, tr [carnifex] 処刑する, 首をはねる.

carnificor -ārī -ātus sum, tr dep =carnifico.

carniger -gera -gerum, °adj [caro[2]/gero] 肉体をもった, 受肉した.

carnis -is, f 《古形》=caro[2].

carnisūmus -a -um, °adj [caro[2]/sumo] 肉食の.

carnivora -ōrum, °n pl [carnivorus] 《動》食肉類.

carnivorax -ācis, °adj =carnivorus.

carnivorus -a -um, adj [caro[2]/voro] (動物が)肉食の.

carnōsitās -ātis, °f [↓] 肉付きのよいこと.

carnōsus -a -um, °adj [caro[2]] **1** (動物が)肉付きのよい. **2** (植物が)多肉質の.

carnuf- ⇔ carnif-.

carnulentus -a -um, °adj [caro[2]] 肉のような.

Carnuntum -ī, n カルヌントゥム《上部 Pannonia にあった Danubius 河畔のケルト族の町》.

Carnūtēs -um, m pl カルヌーテース《Gallia 中部の Liger 河畔にいた一部族》.

cārō[1] -ere, tr (羊毛を)すく.

carō[2] carnis, f **1** 肉; 果肉. **2** 肉体.

cārō[3] adv (abl) [carus] 高い値段で (=care).

caroenum -ī, °n [Gk] (3 分の 1 に煮詰めた)甘いどう酒.

caros -ī, m [Gk] **1** 《植》オトギリソウ (hypericon) の一種. **2**° 《病》昏睡.

carōta -ae, °f 《植》ニンジン.

carōtis -idis, °f 《解》頸動脈.

carpa -ae, °f 《魚》コイ (鯉).

carpasum -ī, °n =carpathum.

Carpathius -a -um, adj Carpathus 島の.

carpathum -ī, n [Gk] 《植》毒汁を出す植物の一種.

Carpathus, -os -ī, f [Gk] カルパトゥス, *-トス《Creta 島と Rhodos 島の間の島; 現 Scarpanto》.

carpatinus -a -um, adj [Gk] 生皮の, 粗皮の.

carpentāria -ae, °f [↓] (sc. fabrica) 車の製造所.

carpentārius[1] -a -um, adj [carpentum] 車の: *carpentariae fabricae* (PLIN) 車大工の仕事場.

carpentārius[2] -ī, °m **1** 車大工. **2** 二輪馬車の御者.

carpentum -ī, n 二輪馬車《主に女性用》.

Carpēsiī -ōrum, m pl =Carpetani.

Carpētānī -ōrum, m pl カルペーターニー《Hispania Tarraconensis の一部族》.

Carpētānia -ae, f Carpetani 族の土地.

carphos -ī, n [Gk] 《植》コロハ.

carpīneus -a -um, adj [↓] シデの.

carpīnus -ī, f 《植》シデ.

carpisculum -ī, °n [crepida] 靴の一種.

carpō -ere -psī -ptum, tr **1** (果実·花などを)摘み, もぎ取る. **2** (羊毛などを)すく. **2** 引き裂く, ちぎる. **3** (動物が牧草などを)食(は)む. **4** 進む: *carpe viam* (VERG) 道を急げ. **5** 享受する, 利用する: *carpe diem* (HOR) 今日を楽しめ. **6** 取り出す, 選ぶ. **7** ばらばらに裂く, 分ける. **8** 弱らせる. **9** 中傷する, そしる. **10** 悩ます, 苦しめる.

carpogonium -ī, °*n* 【植】造果器.
carpometacarpeus -a -um, °*adj* [↓] 1 【解】手根中手骨の. 2 【鳥】掌骨の.
carpometacarpus -ī, °*m* 【鳥】掌骨.
carpophyllon -ī, *n* [*Gk*] 【植】ナギイカダ属の低木.
carpsī *pf* ⇨ carpo.
carptim *adv* [carptus] 1 ばらばらに. 2 時々. 3 所々に.
carptor -ōris, *m* [carpo] 1 肉を切り分ける者, 給仕人. 2 あら探しをする人.
carptūra -ae, *f* [carpo] (蜂が)蜜を集めること.
carptus -a -um, *pp* ⇨ carpo.
carpus -ī, °*m* [*Gk*] 1 【解】手根, 手首. 2 【動】腕骨; 腕節.
carpusculum -ī, *n* 【碑】【建】基礎, 土台.
carracūtium -ī, °*n* [carrus] 二輪荷車の一種.
Carr(h)ae -ārum, *f pl* カッラエ《Mesopotamia 北部の町(聖書では Haran); 前 53 年, Crassus が Parthia 軍に敗れた場所》.
carroballista -ae, °*f* 運搬車に乗せた弩砲(ぼう).
carrūcārius[1] -a -um, °*adj* carrucha の.
carrūcārius[2] -ī, °*m* 御者.
carrūc(h)a -ae, *f* 四輪馬車.
carrulus -ī, °*m dim* [↓] 小さな荷車.
carrus -ī, *m*, **-um** -ī, *n* 二輪の荷車.
Carseolānus -a -um, *adj* Carseoli の.
Carseolī -ōrum, *m pl* カルセオリ《Latium にあった Aequi 族の町; 現 Carsoli》.
Carsulae -ārum, *f pl* カルスラエ《Umbria 南西部の町》.
cartallus -ī, °*m* [*Gk*] かご.
Cartēia -ae, *f* カルテイヤ《(1) Hispania Baetica の港町. (2) Hispania Tarraconensis の町》.
Cartēiānus -a -um, *adj* =Carteiensis.
Cartēiensis -is -e, *adj* Carteia (1) の.
Cartenna -ae, *f* カルテンナ《Mauritania にあったローマ植民市》.
Carthaea -ae, *f* [*Gk*] カルタエア, *-タイアー《Cea 島南岸の町》.
Carthaeus -a -um, *adj* Carthaea の.
Carthāginiēnsis -is -e, *adj* 1 Carthago の. 2 Carthago Nova の. **Carthāginiēnsēs** -ium, *m pl* Carthago の住民.
Carthāgō -ginis, *f* カルターゴー《(1) アフリカ北岸にあった Phoenicia 人の植民市; ローマに滅ぼされた (前 146). (2) =Carthago Nova》.
Carthāgō Nova *f* カルターゴー・ノウァ《Carthago 人が Hispania Tarraconensis に建設した植民市; 現 Cartagena》.
Carthēius -a -um, *adj* =Carthaeus.
cartilāgineus -a -um, *adj* [cartilago] 【動】軟骨(性)の.
cartilāginōsus -a -um, *adj* =cartilagineus.
cartilāgō -ginis, *f* 【解・動】軟骨.
caruncula -ae, *f dim* [caro²] 1 肉の小片. 2° 【植】種阜(しゅふ). 3° 【動】肉阜. 4° 【医】丘, 小丘: ~ lacrimalis 涙丘.
cārus -a -um, *adj* 1 高価の. 2 最愛の, かわいい, いとしい. 3 貴重な, 大切な.

Cārus -ī, *m* カールス《ローマ人の家名》.
Carventāna arx -ae -cis, *f* Carventum (Latium の町)の城砦.
Caryae -ārum, *f pl* [*Gk*] カリュアエ, *-アイ《Laconia の村; Diana Caryatis の神殿があった》.
Caryanda -ae, *f* [*Gk*] カリュアンダ《Caria の沿岸の町》.
Caryātes -um [-ium], *m pl* [*Gk*] Caryae の住民.
Caryātides -um, *f pl* [↓] 1 Diana に仕える Caryae の乙女たち. 2 【建】(ギリシア建築の)女人像柱.
Caryātis -idis, °*f* [Caryae] Diana の呼称の一つ.
caryītes -ae, *f* [*Gk*] 【植】トウダイグサの一種 (=tithymalus).
caryon -ī, *n* [*Gk*] 【植】クルミ.
caryophyllāceae -ārum, °*f pl* 【植】ナデシコ科.
caryophyllon -ī, *n* [*Gk*] 丁子(ちょうじ), クローブ.
caryopsis -is, °*f* [*Gk*] 【植】穎果(えいか).
caryōta -ae, *f* [*Gk*] 【植】ナツメヤシの一種.
caryōtis -tidis, *f* =caryota.
caryotum -ī, °*n* [caryota] 【植】ナツメヤシの蜜.
Carystius, -ēus -a -um, *adj* Carystos の.
Carystiī -ōrum, *m pl* Carystos の住民.
Carystos, -us -ī, *f* [*Gk*] カリュストス《Euboea 島の町, 大理石の産出で有名な》.
casa -ae, *f* 小屋, 茅屋(ぼうおく).
cāsābundus -a -um, *adj* =cassabundus.
casālis -is -e, °*adj* [casa] 農場(農地)の.
casānicus -a -um, *adj* [casa] 【碑】小屋の.
casāria -ae, *f* [↓] 小屋の番人《女性》.
casārius -ī, °*m* [casa] 小屋に住む人, 小作人.
Casca -ae, *m* カスカ《Servilia 氏族に属する家名; 特に Caesar 暗殺に加わった C. と P. Servilius ~ 兄弟》.
cascē *adv* [↓] 古風に.
cascus -a -um, *adj* 古風な, 昔の.
cāseārius -a -um, °*adj* [caseus] チーズの.
cāseātus -a -um, *adj* [caseus] チーズの混ざった.
cāseīnum -ī, °*n* [caseus] 【化】カゼイン.
casella -ae, *f dim* [casa] 小屋.
cāseolus -ī, *m dim* [↓] 小さなチーズ.
cāseus -ī, *m*, **-um** -ī, *n* チーズ: *meus molliculus ~* (PLAUT.) (愛情の表現として)私の柔らかチーズちゃん.
casia -ae, *f* 【植】1 ニッケイ(肉桂)類の一種. 2 ヨウシュジンチョウゲ.
Casilīnātēs -ium, *m pl* Casilinum の住民.
Casilīnēnsēs -ium, *m pl* =Casilinates.
Casilīnum -ī, *n* カシリーヌム《Campania の町; Vulturnus 河畔にあった》.
Casīnās -ātis, *adj* Casinum の. **Casīnātēs** -ium, *m pl* Casinum の住民.
Casīnum -ī, *n* カシーヌム《Latium 南東部にあった Volsci 族の町; 現 Cassino》.
cāsitō -āre, °*intr* =cassito.
casnar -aris, *m* 老人.
Casperia -ae, *f* カスペリア《Samnium にあった Sabini 族の小さな町》.
Caspiacus -a -um, *adj* =Caspius.

Caspiadae -ārum, *m pl* =Caspii.
Caspiānī -ōrum, *m pl* =Caspii.
Caspius -a -um, *adj* [*Gk*] **1** *mare Caspium* (HOR) カスピ海. **2** カスピ海地方の: *Caspiae portae* (SUET) カスピ海の門《カスピ海南岸の山脈を横切る峠道》. **Caspiī** -ōrum, *m pl* カスピ海沿岸の住民.
cassābundus -a -um, *adj* [casso²] くらつく, よろめく.
Cassander, -drus -drī, *m* [*Gk*] カッサンデル, *ーカッサンドロス*《Antipater の息子; Alexander 大王の没後 Macedonia の王》.
Cassandra -ae, *f* [*Gk*] 〖伝説〗カッサンドラ(-)《Troja の王 Priamus と Hecuba の娘; Apollo に予言能力を与えられたが誰にも信じられなかった; Troja の滅亡後 Agamemnon の妾となってギリシアへ行き, Clytaemnestra に殺された》.
Cassandrēa, -īa -ae, *f* [*Gk*] カッサンドレーア, *ーレイア*《Pallene 半島にあった Macedonia の町》.
Cassandrensēs -ium, *m pl* Cassandrea の住民.
Cassandreus -eī, *m* Cassandrea の僭主 Apollodorus の添え名.
cassēscō -ere, °*intr inch* [cassus] 消える, 見えなくなる.
cassia -ae, °*f* =casia.
Cassiānus -a -um, *adj* Cassius の. **Cassiānī** -ōrum, *m pl* 法律家 C. Cassius Longinus の信奉者たち.
cassiculus -ī, *m dim* [cassis²] 小さな網.
cassida -ae, *f* =cassis¹.
cassidīle -is, °*n* [cassis¹] 小さな袋.
Cassiopē¹ -ēs, **-pēa, -pīa** -ae, *f* [*Gk*] 〖神話〗カッシオペー《Aethiopia の王 Cepheus の妃で Andromeda の母; 星座に変身した》.
Cassiopē² -ēs, *f* [*Gk*] カッシオペー《Corcyra 島の港町; 現 Cassopo》.
Cassiopicus -a -um, *adj* Cassiope² の.
cassis¹ -idis, *f* **1** (金属製)かぶと. **2** 戦争.
cassis² -is, *m* **1** (狩猟用の)網. **2** クモの巣. **3** わな, 計略.
cassīta -ae, *f* [cassis¹] 〖鳥〗カンムリヒバリ.
Cassiterides -um, °*f pl* [*Gk*] 「錫の島」《おそらく現 Scilly 諸島と Cornwall》.
cassiterinus -a -um, °*adj* [↓] スズの.
cassiterum -ī, *n* [*Gk*] 〖鉱〗スズ(錫).
cassitō -āre -āvī, °*intr freq* [cado] したたり落ちる.
Cassius¹ -ī, *m* カッシウス《ローマ人の氏族名; 特に (1) *L. ~ Longinus Ravilla*, 執政官 (前 127); 峻厳な裁判官. (2) *C. ~ Longinus*, 軍人で政治家 (?-前 42); Brutus と共謀して Caesar を暗殺した》.
Cassius² -a -um, *adj* Cassius の.
Cassivellaunus -ī, *m* カッシウェラウヌス《Britannia人の首領; Caesar に敗れた》.
cassō¹ -āre -āvī -ātum, °*tr* [cassus] **1** 無にする, 打ちこわす. **2** 〖法〗破棄する, 無効にする.
cassō² -āre -āvī -ātum, *intr* よろめく, 倒れる.
cassum *adv* [↓] いたずらに, むだに (=incassum, in cassum).
cassus -a -um, *adj* **1** 空(ﾞ)の. **2** (...が)欠けている, (...)がない(+*abl* [*gen*]): *~ lumine* (VERG) 光を奪われた(=死んだ). **3** 無益な, むだな. **4** (副詞句として) *in cassum* (LUCR) むだに, むなしく (=incassum).
Castalia -ae, *f* [*Gk*] カスタリア(-)《Parnasus 山の泉; Apollo と Musae に捧げられた》.
Castalides -um, *f pl* [↓] =Musae (⇒ Musa).
Castalis -idis, *adj f* Castalia の: *sorores Castalides* (MART) =Musae.
Castalius -a -um, *adj* Castalia の.
castanea -ae, *f* [*Gk*] 〖植〗 **1** クリ(栗)の木. **2** クリの実.
castanētum -ī, *n* [↑] 栗林.
castē *adv* [castus] **1** 廉直に, 高潔に. **2** 貞潔に, 純潔に. **3** 信心深く, 敬虔に. **4** (ことばが)正確に.
castellānus -a -um, *adj* [castellum] 城砦の. **castellānī** -ōrum, *m pl* 城砦に立てこもっている人々.
castellārius -ī, *m* [castellum] 貯水槽管理者.
castellātim *adv* [↓] 城砦のように.
castellum -ī, *n* [castrum] **1** 城砦, 要塞, とりで. **2** 隠れ場, 避難所. **3** (配水のための)貯水槽.
castēria -ae, *f* (船倉にある)こぎ手の休憩室.
castificātiō -ōnis, °*f* [↓] 清め, 浄化.
castificō -āre, °*tr* [↓] 清める, 浄化する.
castificus -a -um, *adj* [castus/facio] **1** 清い. **2°** 清める.
castīgābilis -is -e, *adj* [castigo] 処罰に値する.
castīgātē *adv* [castigatus] **1°** 簡潔に. **2** 抑制して, 控えめに.
castīgātiō -ōnis, *f* [castigo] **1** 懲罰. **2** 叱責, 非難. **3** (木の)剪定, 刈り込み.
castīgātor -ōris, *m* [castigo] 叱責[懲罰]する者.
castīgātōrius -a -um, *adj* [↑] 叱責[懲罰]する.
castīgātus -a -um, *adj* (*pp*) [↓] **1** すっきりした, 引き締まった. **2** 制限された, 厳しい, 窮屈な: *castigatissima disciplina* (GELL) 非常に厳格な規律.
castīgō -āre -āvī -ātum, *tr* [castus/ago] **1** 叱責する, 懲罰する. **2** 矯正する. **3** 抑制する, 制限する.
castimōnia -ae, *f* [castus] **1** 清廉, 高潔, 道徳性. **2** 禁欲で身を清めること.
castimōniālis -is -e, °*adj* [↑] 禁欲の, 節制の.
castitās -ātis, *f* [castus] **1** 清廉, 高潔. **2** 貞潔, 純潔.
castor -oris, *m* [*Gk*] 〖動〗ビーバー, 海狸(ﾞﾘ).
Castor -oris, *m* [*Gk*] カストル, *ートール*《Tyndareus の息子で Pollux と双生児; 二人がのちに双子座の二星になったという》.
castoreum -ī, *n* [castor] 海狸香, カストリウム《ビーバーの股からの分泌物で香水・薬品の原料》.
Castoreus -a -um, *adj* Castor の.
castorīnus -a -um, °*adj* [castor] ビーバーの.
castra -ōrum, *n pl* [castrum] 陣営, 野営: *hiberna ~* (CAES) 冬の陣営, 冬営地 / *~ ponere* (LIV) 陣営を構える / *~ movere* (CAES) 陣営を引き払う; 進軍する. **2** 一日の行軍. **3** 軍務. **4** *cerea ~* (VERG) 蜜蠟の砦(=ﾊﾁの巣). **5** 党派; 学派.
castrāmētor -ārī -ātus sum, °*intr dep* [↑/metor] 陣営を築く.

castrātiō -ōnis, *f* [castro] 1 (動物の)去勢. 2 (木の)剪定, 刈り込み.
castrātor -ōris, °*m* [castro] 去勢する人.
castrātōrius -a -um, °*adj* [castro] 去勢の.
castrātūra -ae, *f* [castro] 1° (動物の)去勢. 2 (木の)剪定.
castrātus[1] -a -um, *adj* (*pp*) [castro] 1 去勢された. 2 (リンゴが)種子なしにされた. 3 (穀物が)ふるい分けられた.
castrātus[2] -ī, *m* 去勢された男, 宦官(ᴋᴀɴ).
castrēnsis[1] -is -e, *adj* [castra] 陣営の; 野営の.
castrēnsis[2] -is, *m* 1 陣営内の兵士. 2° 宮廷の将官.
castriciānus -a -um, °*adj* [castra] 野営の, 陣営の.
castrō -āre -āvī -ātum, *tr* 1 生殖機能を奪う, 去勢する. 2 力を奪う, 弱める. 3 短くする, 切り詰める.
castrum -ī, *n* 城砦, 要塞, とりで (=castellum): *Castrum Inuī* (Vᴇʀɢ) カストルム・イヌイー(『Inuus のとりで』の意; 古く Ardea の近くにあった Latium の町)/ *Castrum Truentīnum* (Cɪᴄ) カストルム・トルエンティーヌム (『Truentum のとりで』の意; Truentus 川の河口にあった Picenum の町).
Castulō -ōnis, *m* (*f*) カストゥローネ(Hispania Tarraconensis の町).
Castulōnēnsis -is -e, *adj* Castulo の. **Castulōnēnsēs** -ium, *m pl* Castulo の住民.
castus -a -um, *adj* 1 純潔な, 貞潔な. 2 敬虔な, 信心深い. 3 神聖な. 4 高潔な, 清廉な.
cāsuālis -is -e, *adj* [casus³] 1° 偶然の, 偶発の. 2 〚文〛格に関する.
cāsuāliter °*adv* [↑] 偶然に, 偶発的に.
casula -ae, *f dim* [casa] 1 小屋. 2 墓. 3° フード付きマント. 4°〚ᴋᴀᴛ〛カズラ, 上祭服.
cāsūra -ae, °*f* [cado] 落下, 下降.
cāsus[1] -a -um, *pp* ⇨ cado.
cāsus[2] -ūs, *m* 1 落下. 2 堕落, 没落, 衰退. 3 終わり. 4 〚文〛格: ~ *nominatīvus* (Qᴜɪɴᴛ) 主格 / ~ *ablatīvus* (Qᴜɪɴᴛ) = ~ *sextus* (Vᴀʀʀ) 奪格 / *casī obliquī* (Qᴜɪɴᴛ) 斜格. 5 偶然(のできごと): *casū* (Cɪᴄ) 偶然に. 6 機会 (*alcī reī*). 7 不運, 災難. 8 危険, 危機. 9 状況, 状態, 情勢.
cata °*prep* ⟨+*acc*⟩ [Gk] 1 ...ごとに: ~ *māne māne* (Vᴜʟɢ) 毎朝毎朝. 2 ...に従って(=secundum): *ēvangelium ~ Matthaeum* (Cʏᴘʀ) マタイによる福音書.
Catabathmos -ī, *m* [Gk] カタバトモス (Libya の町).
catabolēnsis -is, °*m* [↓] 荷車の御者.
catabolum -ī, °*n* [Gk] 荷車用家畜の小屋.
catachrēsis -is, *f* [Gk] 〚修〛(語の)誤用 (=abusio).
cataclysmos -ī, *m* [Gk] 1 大洪水. 2°〚医〛圧注, 灌注.
catacumba -ae, °*f* 地下墓地, カタコンベ.
catadromus -ī, *m* [Gk] (綱渡りの)綱.
Catadūpa -ōrum, *n pl* [Gk] カタドゥーパ(Nīlus 川 の Syēnē 付近の瀑布).

catafract- ⇨ cataphract-.
catagelasimus -ī, *m* [Gk] 笑いもの.
catagrapha -ōrum, *n pl* [↓] (後ろ向き・仰向き・うつむきの)顔の描写 (=obliquae imagines).
catagraphus -a -um, *adj* [Gk] 彩色された.
Catagūsa -ae, *f* [Gk] (Praxitelēs 作の) Cerēs 像.
catalēcticus -a -um, *adj* [Gk] 〚詩〛行末脚の音節が不足した.
catalēpsis -is, °*f* [Gk] 〚病〛カタレプシー, 強硬症.
catalēpticus -a -um, °*adj* [↑] 〚病〛強硬症の.
catalēxis -is, *f* [Gk] 〚詩〛行末脚の音節不足.
catalogus -ī, °*m* [Gk] 1 列挙. 2 目録, 一覧表.
catalysis -is (*acc* -in), °*f* [Gk] 1 戦争終結, 和平. 2〚化〛触媒作用.
Catamītus -ī, *m* 1 Ganymēdēs のラテン名. 2 男色の相手の少年, 稚児(ᴄʜɪɢᴏ).
catanancē -ēs, *f* [Gk] 〚植〛(媚薬として用いられる)ソラマメ属の植物.
Catanē -ēs, *f* =Catina.
Cataonēs -um, *m pl* Cataonia の住民.
Cataonia -ae, *f* [Gk] カタオニア(-) (Cappadocia 南部の一地域).
cataphagās -ae, *m* [Gk] 大食漢.
cataphasis -is, °*f* [Gk] 是認, 肯定 (=affirmatio).
cataphractārius -a -um, °*adj* =cataphractus.
cataphractēs -ae, *m* [Gk] 鎖かたびら.
cataphractus -a -um, *adj* [Gk] 鎖かたびらを着けた. **cataphractī** -ōrum, *m pl* 鎖かたびらを着けた兵士たち.
cataplasma -atis, *n* [Gk] 〚医〛パップ, 湿布.
cataplasmō -āre, °*tr* [↑] パップを当てる, 湿布する.
cataplēctātiō -ōnis, °*f* [Gk] 打倒, 暴行.
cataplexis -is, °*f* [Gk] 賛美の的.
cataplūs -ī, *m* [Gk] 1 入港; 接岸する船舶.
catapotium -ī, *n* [Gk] 丸薬.
catapulta -ae, *f* [Gk] 投石器.
catapultārius -a -um, *adj* [↑] 投石器の.
cataracta -ae, *f* [Gk] 1 滝; (特に Nīlus 川の)瀑布. 2 水門. 3 (城門の)落とし格子.
catar(r)(h)actēs -ae, *m* =cataracta.
catarrhīna -ōrum, °*n pl* 〚動〛狭鼻猿類.
catarrhōsus -a -um, °*adj* [↓] 〚病〛カタルにかかった.
catarrhus -ī, °*m* [Gk] 〚病〛カタル.
catasceua -ae, °*f* [Gk] 建設的な議論.
catascopium -ī, *n* [Gk] =catascopus.
catascopus -ī, *m* [Gk] 偵察艇.
catasta -ae, *f* 1 (奴隷売買用の)台, 壇. 2°(罪人・殉教者を火刑に処するための)鉄床. 3° 演壇.
catastalticum -ī, °*n* [↓] 〚医〛収斂薬.
catastalticus -a -um, °*adj* [Gk] 収斂性の.
catastrōma -atis, °*n* [Gk] 船をつないで作った橋.
catastropha -ae, *f* [Gk] 1 (事態の)急変, 急展開. 2° 破局, 結末.

catatonia -ae, °*f* [*Gk*] 【病】緊張病, カタトニー.
catatonus -a -um, *adj* [*Gk*] 低めに張った.
catax -ācis, *adj* 足の不自由な.
catē *adv* [catus¹] 賢く, 巧妙に.
catēchēsis -is, °*f* [*Gk*] 【キ教】教理口授.
catēchismus -ī, °*m* [*Gk*] 【キ教】1 教理問答書. 2 教理口授.
catēchista -ae, °*m* [*Gk*] 【キ教】教理問答によって教義を授ける人.
catēchizātiō -ōnis, °*f* [↓] 【キ教】教理問答をすること.
catēchizō -āre -āvī -ātum, °*tr* [*Gk*] 教理問答をする.
catechu *indecl* °*n* 1 【薬】カテキュー, 阿仙(きぬ)薬. 2 【植】アセンヤクノキ(阿仙薬樹).
catēchūmena -ae, °*f* [*Gk*] 【キ教】(女性の)公教要理受講者.
catēchūmenus -ī, °*m* [*Gk*] 【キ教】公教要理受講者.
catēgoria -ae, °*f* [*Gk*] 1 非難, 弾劾. 2 【論】範疇.
catēgoricus -a -um, °*adj* [↑] 1 範疇に属する. 2 【論】定言的な.
catēia -ae, *f* ブーメラン状の飛び道具.
catella¹ -ae, *f dim* [catena] 小さな鎖.
catella² -ae, *f dim* [catulus] 子犬(雌).
catellus¹ -ī, *m dim* [catena] =catella¹.
catellus² -ī, *m dim* [catulus] 子犬(雄).
catēna -ae, *f* 1 鎖; 足かせ. 2 強制, 拘束, 束縛. 3 連鎖, 連続. 4°【修】漸層法. 5°【教会】聖書注釈集.
catēnārius -a -um, *adj* [↑] 鎖の.
catēnātiō -ōnis, *f* [cateno] 接合, 連結.
catēnātus -a -um, *adj* [catena] 鎖につながれた. 2 連結された, 絡み合わされた: *catenati labores* (MART) 絶え間ない労苦.
catēnō -āre -ātum, *tr* [catena] 鎖でつなぐ.
catēnula -ae, °*f dim* [catena] 小さな鎖.
caterva -ae, *f* 1 群, 集団. 2 部隊. 3 (役者の)一座.
catervārius -a -um, *adj* [↑] 隊を組んでいる.
catervātim *adv* [caterva] 群れをなして, 集団で; 多数で.
catervula -ae, °*f dim* [caterva] 1 小群. 2 小部隊.
catharticum -ī, °*n* [*Gk*] 【薬】下剤, 便通薬.
cathedra -ae, *f* [*Gk*] 1 安楽椅子. 2 かご, 輿 (こ). 3 (教師の)椅子. 4°教職. 5°【カト】司教座.
cathedrāle -is, °*n* [cathedralis] 【カト】大聖堂, 司教座聖堂.
cathedrālicius -a -um, *adj* [cathedra] 安楽椅子の: *ministri cathedralicii* (MART) 安楽椅子にだらりと寄りかかるような柔弱な子分ども.
cathedrālis -is -e, °*adj* [cathedra] 【カト】司教座の.
cathedrārius -a -um, *adj* [cathedra] 1 安楽椅子の. 2 教壇の, 講壇の: ~ *philosophus* (SEN) 講壇哲学者.
cathedrāticum -ī, °*n* [cathedra] 【カト】司教座への納付金.
cathetēr -ēris (*acc* -ēra), °*m* [*Gk*] 【医】カテーテル.
cathetērismus -ī, °*m* [↑] 【医】カテーテル法.
cathetometrum -ī, °*n* カセトメーター, 水準差測定器.
cathetus -ī, *f* [*Gk*] 垂線.
catholica -ae, °*f* [catholicus¹] カトリック教会.
catholicē °*adv* [catholicus¹] 1 普遍的に. 2 正統的に, (ローマ)カトリック的に.
catholicum -ī, *n* [↓] 1 一般的原理. 2°万有, 宇宙.
catholicus¹ -a -um, °*adj* [*Gk*] 1 普遍的な, 全般的な. 2 正統的な, カトリックの: *catholica fides* カトリック信仰.
catholicus² -ī, °*m* [*Gk*] カトリック教徒.
Catiānus -a -um, *adj* Catius の.
Catilīna -ae, *m* カティリーナ《ローマ人の家名; 特に *L. Sergius* ~, ローマの貴族(前 108?-62); 政府転覆を企てたが, Cicero に陰謀をあばかれ敗死した》.
Catilīnārius -a -um, *adj* Catilina の.
Catilīniānus -a -um, *adj* =Catilinarius.
catillānus -a -um, °*adj* [catillo] 食通の; 美味な.
catillātiō -ōnis, *f* [↓] 皿をなめること; (ローマ人に友好的な属州の)搾取.
catillō -are -āvī -ātum, *tr* [catillus] 皿をなめる.
catillum -ī, *n dim* [catinus] 小皿, 小鉢.
catillus -ī, *m dim* [catinus] 1 小皿, 小鉢. 2°石臼の上部.
Cātil(l)us -ī, *m* カーティルス《Tibur の伝説上の創建者の一人》.
Catina -ae, *f* [*Gk*] カティナ, *カタネー《Sicilia 島東岸の港町; 現 Catania》.
Catinensis -is -e, *adj* Catina の. **Catinensēs** -ium, *m pl* Catina の住民.
catīnulus -ī, *m dim* [↓] 小皿, 小鉢.
catīnus -ī, *m*, **-um** -ī, *n* 1 (大きな)皿, 鉢. 2 るつぼ.
Catius -ī, *m* カティウス《Epicurus 学派の哲学者; Cicero と同時代(前 54 没)》.
Cativolcus -ī, *m* カティウォルクス《Eburones 族の王》.
catlaster -trī, *m* [catulus] 若者.
catlitiō -ōnis, *f* [catulio] さかりがついていること.
Catō -ōnis, *m* カトー《ローマ人の家名; 特に (1) *M. Porcius* ~, 通称 Cato Major (前 234-149); 政治家・文人, 厳格な保守主義者として有名. (2) *M. Porcius* ~, (1) の曾孫で, 通称 Cato Minor [Uticensis] (前 95-46); Pompeius 側について Caesar と戦ったが敗れ, Utica で自殺した. (3) *Valerius* ~, Sulla と同時代の Gallia 出身の文法家・詩人》.
catōblepās -ae, *m* [*Gk*] (「見下ろすもの」の意)レイヨウの一種.
catocha -ae, °*f* [*Gk*] 【病】強硬症.
catochītis -idis, *f* [*Gk*] (Corsica 島産の)宝石の一種.
catōmidiō -āre, *tr* [*Gk*] (人を)鞭打つために別の人の背中にもたせかける.
Catōniānus -a -um, *adj* Cato (1) の.

Catōnīnī -ōrum, *m pl* Cato (2) の支持者・友人たち.
catoptrītis -tidis, *f* [*Gk*] (Cappadocia 産の)宝石の一種.
catorchītēs -ae, *m* [*Gk*] イチジク酒.
Catt- ⇨ Chatt-.
catta -ae, *f* [cattus] **1** *Pannonica* ~ (MART) 食用になる鳥(未詳). **2**°〖動〗雌ネコ.
cattinus -a -um, *adj* [↓] 猫のような.
cattus -ī, °*m* 〖動〗雄ネコ.
catula -ae, *f dim* [catulus] 子犬《雌》.
catuligenus -a -um, °*adj* [catulus/gigno] 胎生の.
catulīna -ae, *f* [↓] (*sc.* caro) 犬の肉.
catulīnus -a -um, *adj* [catulus] 犬の.
catuliō -īre, *intr* [catulus] (雌犬が)さかりがついている.
Catulliānus -a -um, *adj* Catullus の.
Catullus -ī, *m* カトゥッルス《*C. Valerius* ~, ローマの抒情詩人(前84?-?54)》.
catūlōticus -a -um, °*adj* [*Gk*] 癒着させる.
catulus -ī, *m dim* [catus²] 〖動〗**1** 動物の子. **2** 子犬. **3** 首かせに付けた鎖.
Catulus -ī, *m* カトゥルス《Lutatia 氏族に属するローマ人の家名; 特に (1) *C. Lutatius* ~, 執政官(前242); Carthago 軍を破って第 1 次 Poeni 戦争を終結させた. (2) *Q. Lutatius* ~, Marius とともに執政官(前102). (3) *Q. Lutatius* ~, (2) の息子で執政官(前78)》.
Caturīgēs -um, *m pl* カトゥリーゲース《Gallia Narbonensis にいた一部族》.
catus¹ -a -um, *adj* **1** 賢い, 明敏な. **2** 狡猾な, 抜け目のない. **3** (音が)鋭い, かん高い.
catus² -ī, °*m* =cattus.
caucalis -idis, *f* [*Gk*] 〖植〗散形花をつける植物.
Caucasius -a -um, *adj* Caucasus の.
Caucasus, -os -ī, *m* [*Gk*] カウカスス, *-ソス, ⁿカフカス山脈《黒海とカスピ海の間の山脈》.
Caucī -ōrum, *m pl* =Chauci.
caucula -ae, *f dim* [↓] 小さな皿.
caucus -ī, °*m* [*Gk*] 酒杯.
cauda -ae, *f* (動物の)尾: *caudam jactare popello* (PERS) 民衆に尾を振る(=こびへつらう) / *caudam trahere* (HOR) (いたずらで知らぬ間に付けられた)尾を引きずる(=笑いものにされる).
caudālis -is -e, °*adj* [↑] 〖動〗尾の, 尾側の.
caudeus -a -um, *adj* [cauda] イグサの, トウシンソウ(灯心草)の (=junceus).
caudex -dicis, *m* **1** (木の)幹, 株. **2** ばか, のろま. **3** (木・その他の材料から作った)本; 筆記帳. **4** 帳簿, 会計簿.
caudicālis -is -e, *adj* [↑] 木の, 幹の.
caudicāriī -ōrum, °*m pl* [↓] はしけの船頭.
caudicārius -a -um, *adj* [caudex] 幹の: *navis caudicaria* (SALL) はしけ.
caudiceus -a -um, °*adj* [caudex] 幹の.
Caudīnus -a -um, *adj* Caudium の.
Caudium -ī, *n* カウディウム《Samnium の町; その付近の隘路 (Furculae Caudinae) でローマ軍が Samnites 軍に攻囲されて敗北した(前321)》.

caulae -ārum, *f pl* [cavus] **1** 穴, 裂け目, 隙間. **2** (羊の)おり, 柵.
caulerpāceae -ārum, °*f pl* 〖植〗イワヅタ科.
cauliculus -ī, *m dim* [↓] **1** (小さい)茎. **2** 〖建〗柱頭の茎状装飾.
caulis -is, *m* **1** 茎, 幹. **2** キャベツ, カリフラワー.
caullae -ārum, *f pl* =caulae.
caullātor -ōris, *m* =cavillator.
Caulōn -ōnis, *m*, **Caulōnia** -ae, *f* [*Gk*] カウローン, *カウローニアー《Bruttii の町》.
cauma -atis, °*n*, **-a** -ae, °*f* [*Gk*] 熱.
Cauneae -ārum, *f pl* [↓] (*sc.* ficūs) Caunus 産の干しイチジク.
Cauneus, -ius -a -um, *adj* Caunus の. **Cauneī, -iī** -ōrum, *m pl* Caunus の住民.
Caunītēs -is, *adj* [*Gk*] Caunus の.
Caunus, -os -ī, *f* [*Gk*] カウヌス, *-ノス《Caria の沿岸の町; Miletus の子 Caunus が創建したという》.
caupō -ōnis, *m* 小売り商人; 宿屋[居酒屋]の主人.
caupōna -ae, *f* [↑] **1** 宿屋[居酒屋]の女主人. **2** 宿屋; 居酒屋.
caupōnium -ī, *n* [↓] **1** 宿屋; 居酒屋. **2**°(宿屋・居酒屋の)家具.
caupōnius -a -um, *adj* [caupona] 宿屋[居酒屋](の主人)の.
caupōnor -ārī, *tr dep* [caupo] 売買する, 商う.
caupōnula -ae, *f dim* [caupona] 小さな宿屋[居酒屋].
caurus -ī, *m* 北西風.
causa -ae, *f* **1** 理由, 原因 <+*gen*; *quod, cur, ut*; +*inf*>: ~ *belli* 戦争の原因 / *cum causa* (CIC) 正当な理由によって. **2** 責任, 責め. **3** 口実: *per causam* <+*gen*> (CAES) ...を口実に. **4** 目的; 利益: *patriae causā* (CIC) 祖国のために / *meā causā* (PLAUT) 私のために. **5** 訴訟: *causam agere* (CIC) 訴訟を起こす / *causam dicere* (CAES) 弁護する / *causam perdere* (CIC) 敗訴する. **6** 状況, 状態. **7** 関係. **8** 〖医〗症例, 症状. **9** 主題, テーマ.
causālis -is -e, °*adj* [↑] 原因[理由]の.
causālitās -ātis, °*f* [↑] 作因; 因果関係: *principium causalitatis* 因果律.
causāliter °*adv* [causalis] 原因となって.
causāriī -ōrum, *m pl* [↓] 病気のため除隊した兵士たち, 廃兵たち.
causārius -a -um, *adj* [causa] 病気の, 病弱の.
***causātē** *adv* [causa] (用例は *comp* causātius のみ) 正当な理由によって.
causātiō -ōnis, *f* [causor] **1** 弁解, 口実. **2**°病気. **3**°告訴.
causātīvus -a -um, °*adj* [causa] **1** 原因となる. **2** 訴訟の. **3** 〖文〗 *casus* ~ (PRISC) 対格 (=casus accusativus).
causea, -ia -ae, *f* [*Gk*] マケドニアの日よけ帽子.
causidicālis -is -e, *adj* [causidicus] 弁護士の.
causidicātiō -ōnis, *f* [causidicus] 弁論, 弁護.
causidicīna -ae, *f* [causidicus] 弁護士の職.
causidicor -ārī, °*intr dep* [↓] 弁護する.
causidicus -ī, *m* [causa/dico²] (しばしば軽蔑的

に) 弁護士.
causificor -ārī, *intr dep* [causa/facio] 言い訳をする, 口実とする.
causor -ārī -ātus sum, *intr, tr dep* [causa] 1 事件を弁護する; 訴訟を起こす ⟨alqd⟩. 2 理由を申し立てる, 口実とする.
caussa -ae, *f* =causa.
causticum -ī, *n* [↓] 〖医〗腐食薬.
causticus -a -um, *adj* [Gk] 焼灼性の.
causula -ae, *f dim* [causa] 1 (些細な)理由. 2 (小さな)訴訟.
cautē *adv* [cautus] 1 用心深く, 慎重に. 2 危険を冒さず, 安全に.
cautēla -ae, *f* [cautus] 1 用心, 警戒. 2 担保, 保証.
cautēr -ēris, °*m* [Gk] 1 焼きごて: *cauterem adhibere ambitioni* (Tert) 野心に烙印を押す. 2 やけど.
cauteriō -āre -āvī -ātum, °*tr* [↓] 焼き印[烙印]を押す.
cautērium -ī, *n* [Gk] 1 焼きごて. 2 焼灼薬. 3 蠟画用のこんろ.
cauterizō -āre, °*tr* [↑] 焼き印を押す, 焼灼する.
cautēs -is, *f* ごつごつした岩.
cautim *adv* [cautus] 用心深く, 慎重に.
cautiō -ōnis, *f* [caveo] 1 注意, 用心, 警戒: *mihi ~ est ne ...* (Plaut) 私は...しないように注意せねばならない. 2 〖法〗保証(書): *~ chirographi* (Cic) 手書きの証文. 3 規定; 条件, 但し書き.
cautiōnālis -is -e, °*adj* [↑] 保証の.
cautor -ōris, *m* [caveo] 1 用心[警戒]する人. 2 保証人.
cautus -a -um, *adj* (*pp*) [caveo] 1 警戒された. 2 用心深い, 慎重な.
cavaedium -ī, *n* [cavus/aedes] 奥広間.
cavāmen -minis, °*n* [cavo] 穴, くぼみ.
cavāticus -a -um, *adj* [cavus] 穴に住む.
cavātiō -ōnis, *f* [cavo] 穴, くぼみ.
cavātor -ōris, *m* [cavo] 穴を掘る者.
cavātūra -ae, °*f* =cavatio.
cavātus -a -um, *adj* (*pp*) [cavo] くり抜かれた, 空洞の.
cavea -ae, *f* [cavus] 1 穴, 空洞. 2 (動物の)おり, 鳥かご; ミツバチの巣箱. 3 (劇場の)観客席.
caveātus -a -um, *adj* [↑] 1 おりに閉じ込められた. 2 観客席のように配列された.
cavefacere *inf* ⇨ cavefacio.
cavefaciō -ere, °*tr*, °*intr* [↓/facio] 警戒する.
caveō -ēre cāvī cautum, *tr, intr* 1 警戒[用心]する ⟨alqm [alqd]⟩; ab alqo; a re; ut, ne; +*subj*⟩: *cave canem* (Petr) 猛犬にご注意 / *cave ignoscas* (Cic) 見のがしてはならない. 2 世話する, 提供する ⟨alci⟩. 3 保証する. 4 保証を得る ⟨ab alqo⟩. 5 命ずる, 規定する: *cautum est in Scipionis legibus ne ...* (Cic) Scipio の法では...せぬように定められていた.
caverna -ae, *f* [cavus] 1 くぼみ, 穴: *~ navis* (Cic) 船倉 / *~ caeli* (Lucr) 蒼穹, 天の穹窿(きゅう). 2 〖動〗排泄孔. 3 °〖解〗空洞.
cavernō -āre -ātum, °*tr* [↑] 掘る, 空洞にする.

cavernōsus -a -um, *adj* [caverna] 1 穴だらけの. 2 °〖動〗海綿状の.
cavernula -ae, *f dim* [caverna] 小さな穴.
cāvī *pf* ⇨ caveo.
cavilla -ae, *f dim* [cavus] からかい, 冗談.
cavillābundus -a -um, °*adj* [cavillor] 揚げ足取りの.
cavillātiō -ōnis, *f* [cavillor] 1 からかい, あてこすり. 2 屁理屈, 詭弁.
cavillātor -ōris, *m* [cavillor] 1 冗談を言う[からかう]者, おどけ者. 2 屁理屈屋, 詭弁家.
cavillātōrius -a -um, °*adj* [cavilla] 詭弁の, 屁理屈の.
cavillātrix -īcis, *f* [cavillator] (女性の)屁理屈屋, 詭弁家.
cavillātus -ūs, *m* =cavillatio.
cavillor -ārī -ātus sum, *intr, tr dep* [cavilla] 1 あざける, からかう, ふざける. 2 詭弁を弄する, 屁理屈をこねる.
cavillum -ī, *n*, **-us** -ī, *m* =cavilla.
cavitās -ātis, °*f* [cavus] 1 穴, くぼみ. 2 〖解〗腔, 窩: *~ glenoidalis* 肩関節窩.
cavō -āre -āvī -ātum, *tr* [cavus] 空洞にする, 穴をあける, 掘る: *luna cavans cornua* (Plin) 欠けてゆく月 / *parmam galeamque gladio cavare* (Ov) 楯とかぶとを剣で切り抜く.
cavōsitās -ātis, °*f* [cavus] 穴, くぼみ.
cavus[1] -ī, *m*, **-um** -ī, *n* 穴, くぼみ.
cavus[2] -a -um, *adj* 空洞の, くぼんだ.
Caȳcī -ōrum, *m pl* =Chauci.
Caȳcus -ī, *m* =Caicus.
Caystrius -a -um, *adj* Caystros の: *ales ~* (Ov) 白鳥 (=cycnus).
Caystros, -us -ī, *m* [Gk] カユストロス《Lydia の川; 白鳥で名高い》.
-ce *enclitic demonstr* (代名詞や副詞に付く; 古典期には -c に縮められた): hic ここに, illic そこに, hinc ここから, tunc その時 / (疑問前接辞 -ne の前で -ci) hi*ci*ne.
Cēa -ae, *f* [Gk] ケーア, *ケオース《Cyclades 諸島の一》; Sunium 岬の西; 現 Kéa; 詩人 Simonides の生地》.
Cebenna -ae, *f* ケベンナ《Gallia 南部の山脈; 現 Cévennes》.
Cebennicus -a -um, *adj* Cebennici montes (Mela) =Cebenna.
Cebrēn -ēnis, °*m* [Gk] ケブレーン《Troas の川, またその河神》.
Cebrēnis -idos, *f* [Gk] 〖神話〗Cebren 河神の娘 (=Oenone か Hesperie).
cecidī *pf* ⇨ cado.
cecīdī *pf* ⇨ caedo.
cecinī *pf* ⇨ cano.
Cecropēius -a -um, *adj* [Cecrops] Athenae の, Attica の.
Cecropia -ae, *f* [Gk] ケクロピア(-) 《(1) Cecrops が建設した Athenae の城砦(=アクロポリス). (2) = Athenae》.
Cecropidēs -ae, *m* Cecrops の子孫《(1) 〖伝説〗=

Theseus. (2) (*pl* Cecropidae) Athenae 人》.
Cecropis[1] -idis, *adj f* Cecrops の (=Athenae の).
Cecropis[2] -idis, *f*《伝説》Cecrops の子孫《女性》(=Aglauros か Philomela か Procne).
Cecropius -a -um, *adj* Cecrops の.
Cecrops -opis, *m* [Gk]《伝説》ケクロプス《Attica 初代の王で Athenae の城砦の創建者; その姿は半人半蛇であったという》.
cēdenter °*adv* [cedo[2]] 譲歩して.
cedo[1] *impr* **1** ここへ〔持ってこい〕, 渡せ. **2** 聞かせろ, 言え. **3** 見よ.
cēdō[2] -ere cessī cessum, *intr* (*tr*) **1** 行く, 進む. **2** 移る, 変わる, ...になる〈in alqd〉. **3** 与えられる, 帰する〈+*dat*; in alqm [alqd]〉: *ut is quaestus huic cederet* (Cɪᴄ) この利益が彼に与えられるように. **4** 終わる, ...の結果になる〈+*adv*〉: *male alci cedere* (Oᴠ) ある人に悪い結果となる. **5** ...とみなされる, 相当する〈pro re〉: *epulae pro stipendio cedunt* (Tᴀᴄ) 馳走が給料とみなされる. **6** 去る, 退く, 離れる〈a [ex, de] re; re〉: *foro cedere* (Sᴇɴ) 破産する. **7** 断念[放棄]する〈alci re〉: *alci hortorum possessionem cedere* (Cɪᴄ) ある人のために庭園の所有権を放棄する. **8** 消え去る; (時が) 過ぎ去る. **9** 譲歩する, 屈服する〈+*dat*〉: *cedant arma togae* (Cɪᴄ) 武器〔=武官〕は平服〔=文官〕にゆずるべし. **10** 従う, 順応する〈+*dat*〉. **11** 下位に立つ, 劣る〈alci (in) re〉. **12** 引き渡す, 譲る〈alci alqd〉. **13** 認める〈ut〉.
cedrelatē -ēs, *f* [Gk]《植》(大型の)スギ(杉).
cedria -ae, *f* [Gk] スギの樹脂.
cedrinus -a -um, *adj* [Gk] スギの.
cedris -idis [-idos], *f* [Gk]《植》スギの球果.
cedrium -ī, *n* [Gk] シーダー油.
Cedrōs- ⇨ Gedros-.
cedrōstis -is, *f* [Gk]《植》(ウリ科)ブリオニア.
cedrus -ī, *f* [Gk] **1**《植》ヒマラヤスギ. **2** シーダー材. **3** シーダー油.
Celaenae -ārum, *f pl* [Gk] ケラエナエ, *ケライナイ《Phrygia の町; ここで Apollo と Marsyas の音楽の技くらべが行なわれたという》.
Celaenō -ūs, *f* [Gk]《神話》ケラエノー, *ケライノー《(1) Atlas の娘で Pleiades の一人. (2) Harpyiae の一人》.
celastrāceae -ārum, °*f pl*《植》ニシキギ科.
cēlātē °*adv* [celatus] =celatim.
cēlātim *adv* [celo] ひそかに, こっそりと.
cēlātor -ōris, *m* [celo] 隠す者, 隠匿者.
cēlātus -a -um, *pp* ⇨ celo.
celeber -bris -bre, *adj* **1** 込んでいる, いっぱいになった〈+*abl*〉: *forum celebre* (Cɪᴄ) 人出の多い広場 / *celeberrima fontibus Ida* (Oᴠ) 泉の多い Ida 山 / *convivio celebri* (Tᴀᴄ) にぎやかな宴会の席で. **2** 有名な, 悪名高い〈+*abl*〉. **3** しばしば繰り返される, 頻繁な.
celeberrimē *adv superl* [celebriter] きわめて頻繁に.
celebrābilis -is -e, °*adj* [celebro] 賞賛に値する, りっぱな.
celebrātiō -ōnis, *f* [celebro] **1** (人の)群がり, 集合. **2** 大勢で祝うこと, 祝賀, 祝祭. **3** 栄誉を与えること, 賞賛. **4**° ミサの執行.

celebrātor -ōris, *m* [celebro] 賞賛者.
celebrātus -a -um, *adj* (*pp*) [celebro] **1** 人の多い. **2** 晴々らしい, にぎやかな. **3** 有名な. **4** いつもの, ありふれた.
celebrēscō -ere, *intr inch* [celeber] 有名になる.
celebret °*indecl* (3 *sg subj pr*) [celebro]《カト》ミサ挙行許可証.
celebris -is -e, *adj* =celeber.
celebritās -ātis, *f* [celeber] **1** 集合, 多数. **2** 祝賀, 祝祭, 儀式. **3** 名声.
celebriter °*adv* [celeber] しばしば.
celebrō -āre -āvī -ātum, *tr* [celeber] **1** 頻繁に[大勢で]訪れる. **2** 祝賀する, (儀式を)挙行する. **3** 公表する, 広める. **4** 賞賛する. **5** 繰り返す, 頻繁に行う.
Celemna -ae, *f* ケレムナ《Campania の町》.
Celend(e)ris -is, *f* [Gk] ケレンデリス《Cilicia の港町》.
celer celeris celere, *adj* **1** すばやい, 迅速な: *remedium celere* (Nᴇᴘ) 速効薬. **2** 敏活な. **3** 性急な, 軽率な.
Celer -eris, *m* ケレル《Caecilia 氏族に属するローマ人の家名》.
celeranter *adv* [celero] 急いで.
celerātim *adv* [celero] すばやく, 急いで.
Celerēs -um, *m pl* ケレーレス《ローマの騎士階級の初期の呼称; 特に王の親衛隊》.
celeripēs -pedis, *adj* [celer/pes] 足の速い.
celeritās -ātis, *f* [celer] **1** すばやさ, 迅速. **2** 敏活. **3** 性急, 軽率.
celeriter *adv* [celer] すばやく, 急いで.
celeritūdō -dinis, *f* [celer] 迅速.
celeriusculē *adv* [celeriter] やや迅速に.
celerō -āre -āvī -ātum, *tr, intr* [celer] I (*tr*) 速める, 急がせる. II (*intr*) 急ぐ.
celēs -ētis, *m* [Gk] **1** 競走馬. **2** 快速船
Celeus -ī, *m* [Gk]《伝説》ケレウス, *ケーオス《Eleusin の王; Triptolemus の父》.
celeu(s)ma -atis, *n* [Gk] こぎ手への速度の指示.
cēlia -ae, *f* =caelia.
cella -ae, *f* [*cf.* celo] **1** 貯蔵室. **2** (特に奴隷用の)小部屋, 小屋. **3** (ハチの巣の)巣室. **4**《神殿の》神像安置所.
cellārium -ī, °*n* [↓] **1** 食料貯蔵室. **2** 食料品.
cellārius[1] -a -um, *adj* [cella] 食料貯蔵室の.
cellārius[2] -ī, *m* 食料管理人.
cellula -ae, *f dim* [cella] **1** 小部屋. **2**°《解》蜂巣; 小房; 小細胞.
Celmis -is, *m* [Gk]《神話》ケルミス《幼い Juppiter の子守役; Juppiter を軽蔑したため金剛石に変身させられた》.
cēlō -āre -āvī -ātum, *tr* 隠す〈alqd [alqm]; +2 個の *acc*〉: *se celare tenebris* (Vᴇʀɢ) 闇の中に姿を隠す / *non te celavi sermonem T. Ampii* (Cɪᴄ) 私は T. Ampius の話をあなたに隠さなかった.
celox -ōcis, *f* (*m*) [Gk] 快走帆船.
celsē *adv* [celsus] **1** 高く. **2** 気高く.

celsitās -ātis, °*f* [celsus] 高さ.
celsitūdō -dinis, *f* [↓] **1** 高さ: 〜 *corporis* (VELL) 背の高いこと. **2**° (尊称として) 殿下, 閣下.
celsus -a -um, *adj* **1** 高い. **2** (地位・身分の) 高い. **3** 気高い, 高潔な. **4** 高慢な.
Celsus -ī, *m* ケルスス《ローマ人の家名》.
Celtae -ārum, *m pl* [*Gk*] ケルタエ, *-トイ, ″ケルト族《ヨーロッパ北西部にいた民族; 特に Gallia 南部の住民を指す》.
Celtibēr[1] -ēra -ērum, *adj* Celtiberi 族の.
Celtibēr[2] -ērī, *m* Celtiberi 族の一人.
Celtibērī -ōrum, *m pl* [*Gk*] ケルティベーリー《Hispania 中部にいた一部族》.
Celtibēria -ae, *f* [*Gk*] ケルティベーリア(-)《Celtiberi 族の国》.
Celtibēricus -a -um, *adj* Celtiberi 族の.
Celtica -ae, *f* [Celticus] (*sc.* terra) Celtae 族の国.
Celticē *adv* ケルト語で.
Celticī -ōrum, *m pl* [Celticus] ケルティキー《Lusitania の Anas 川周辺にいたケルト系一部族》.
Celticum -ī, *n* [↓] (集合的に) Celtae 族.
Celticus -a -um, *adj* [Celtae] **1** Hispania の: *promunturium Celticum* (MELA) Hispania 北西部の岬 (現 Cabo Finnisterre). **2** Gallia 南部の. **3** Italia 北部の.
celtis -is, °*f* [石工用の] のみ.
cēment- ⇨ caement-.
cēna -ae, *f* **1** 正餐: *inter cenam* (CIC) 食事中. **2** 一皿(の料理). **3** 食堂. **4** 会食者. **5**° キリストとその使徒たちの最後の晩餐.
Cēnabensis -is -e, °*adj* Cenabum の.
Cēnabum -ī, °*n* ケーナブム《Liger 河畔にあった Gallia 中北部の町; 後に Civitas Aurelianorum と改称され; 現 Orléans》.
cēnāculāria -ae, °*f* [↓] 屋根裏部屋を貸すこと.
cēnāculārius -ī, °*m* [↓] 屋根裏部屋の賃借人.
cēnāculum -ī, *n* [ceno] **1** (通常, 上階にあった) 食堂. **2** 上階の部屋, 屋根裏部屋.
Cēnaeum -ī, *n* [*Gk*] ケーナエウム, *ケーナイオン《Euboea 島北西部の岬》.
Cēnaeus -a -um, *adj* Cenaeum の.
cēnālis -is -e, *adj* [cena] 正餐の.
cēnāticus -a -um, *adj* [cena] 正餐の.
cēnātiō -ōnis, *f* [ceno] 食堂.
cēnātiuncula -ae, *f dim* [↑] 小食堂.
cēnātōria -ōrum, *n pl* [cenatorius] 正餐用の衣服.
cēnātōrium -ī, *n* [↓] 《碑》食堂.
cēnātōrius -a -um, *adj* [cena] 正餐の.
cēnātus -a -um, *adj* (*pp*) [ceno] 食事を済ませた, 食後の.
Cenchraeus, -rēus -a -um, *adj* Cenchreae の.
Cenchreae -ārum, *f pl* [*Gk*] ケンクレアエ, *-アイ《Saronicus 湾に面した Corinthus の港》.
cenchris[1] -idis, *m* [*Gk*] 《動》ヘビの一種.
cenchris[2] -idis, *f* [*Gk*] 《鳥》タカの一種.
cenchrītis -is, *m* [*Gk*] 宝石の一種.

cenchros -ī, *m* [*Gk*] 宝石の一種.
Cenimagnī -ōrum, *m pl* ケニマグニー《Britannia の一部族》.
cēnitō -āre, *intr freq* [↓] (ある場所[仕方]で) 食事するのを常とする: *cenitare apud alqm* (CIC) いつもある人のところで食事をする.
cēnō -āre -āvī -ātum, *intr, tr* [cena] **I** (*intr*) 正餐を取る, 食事をする. **II** (*tr*) …を食事で食べる.
cenodoxia -ae, °*f* [*Gk*] 虚栄心.
cenodoxus -a -um, °*adj* [*Gk*] 虚栄心の強い.
Cenomānī -ōrum, *m pl* ケノマーニー《Gallia Cisalpina にいたケルト系一部族》.
cenotaphium -ī, *n* [*Gk*] (死体の入っていない) 空(から)の墓, (遺骸の場所とは別に死者を記念して建てた)記念碑.
cēnseō -ēre -suī -sum, *tr* **1** (監察官が)戸口調査をする: *capite censi* (SALL) 頭数だけで数えられた者たち (=最下層の市民階級). **2** (財産を)申告する. **3** 評価する, 見積もる. **4** (…という)意見をもつ[述べる], (…と)思う[言う] 〈alqd ; (ut, ne)+*subj* ; +*acc c. inf*〉: *magnopere censeo desistas* (CIC) あなたが思いとどまるように強くすすめる. **5** 投票する. **6** (元老院が決議する〈alqd ; de re ; ut, ne ; +*acc c. inf*〉. **7** 認める 〈alci alqd〉.
cēnsiō -ōnis, *f* [↑] **1** (戸口調査における)査定, 評価. **2** (監察官による)処断. **3** 判断, 評価.
cēnsītiō -ōnis, °*f* [censeo] (査定に基づく)課税.
cēnsor -ōris, *m* [censeo] **1** 監察官《ローマにおいて戸口調査・風紀取締りなどをつかさどった; 5 年ごとに 2 名選出された》. **2** 厳格な批評家.
cēnsōrius -a -um, *adj* [↑] **1** 監察官の: *homo* 〜 (CIC) 前元監察官. **2** 厳しい.
cēnsuālis -is -e, °*adj* [census[2]] 戸口調査の.
cēnsuī *pf* ⇨ censeo.
cēnsum -ī, *n* (*pp*) [censeo] 財産.
cēnsūra -ae, *f* [censor] **1** 監察官の職. **2** 評価, 判断.
census[1] -a -um, *pp* ⇨ censeo.
census[2] -ūs, *m* **1** (ローマで課税と徴兵のために 5 年ごとに行なわれた)戸口調査. **2** 市民名簿. **3** 登録された財産; (一般に)財産.
centaurēum -ī, **-ium, -ion** -ī, *n* [*Gk*] 《植》シマセンブリ属の植物.
Centaurēus -a -um, *adj* Centaurus の.
Centaurus -ī, *m* (*f*) [*Gk*] **1** 《伝説》ケンタウルス, *-ロス《上半身は人間で下半身は馬体の怪物》; Thessalia にいたという》. **2** 《天》ケンタウルス座. **3** (*f*) ケンタウルス号《船名》.
centēnārius -a -um, *adj* [centenus] 100 の, 100 から成る.
centēnī -ae -a (*gen* centenum), *num distrib* [↓] **1** 100 ずつ(の). **2** 100 (の) (=centum).
centēsimus -a -um, *adj* [centum] 100 回(倍)の.
centēsima -ae, *f* [centesimus] (*sc.* pars) **1** 100 分の 1. **2** 月利 1%. **3** 百分の一税.
centēsimō -āre -āvī, °*tr* [↓] (処罰のために) 100 人の中から一人を選ぶ.
centēsimō -a -um, *num ord* [centum] **1** 100 番目の; 100 分の 1 の. **2** 100 倍の (=centuplex).

centiceps -cipitis, *adj* [centum/caput] 100 の頭を持つ: *belua* ～ (Hor) =Cerberus.
centiēs, -ens *adv* [centum] 1 100 回, 100 倍. 2 何回も.
centifidus -a -um, °*adj* [centum/findo] 100 [多数]に分かれた.
centifolius -a -um, *adj* [centum/folium] 100 枚の葉のある.
centimanus -a -um, *adj* [centum/manus¹] 100 本の手を持つ.
centimeter -trī, °*m* [centum/metrum] 100 の(=多くの)韻律を用いる者.
centipeda -ae, *f* [centum/pes] 《動》ムカデ類.
centipelliō -ōnis, *m* [centum/pellis] 《動》重弁胃, 反芻動物の第三胃.
centō -ōnis, *m* 1 つぎはぎ細工. 2° 寄せ集め詩集.
centōnārius¹ -a -um, °*adj* [↑] つぎはぎ細工の.
centōnārius² -ī, *m* つぎはぎ細工師; 古着商.
centrālis -is -e, *adj* [centrum] 1 中心の, 中央の. 2°《解》中枢の.
Centrōnēs -um, *m pl* =Ceutrones.
centrospermae -ārum, °*f pl* 《植》中心子類.
centrum -ī, *n* [Gk] 1 コンパスの軸. 2 中心. 3 核. 4°《解》椎体(ﾂｲﾀｲ).
centum *indecl num card* 1 100 (の). 2 多数 (の).
centumgeminus -a -um, *adj* [↑/geminus¹] 100 倍の: *Briareus* ～ (Verg) 100 本の腕を持つ Briareus.
centumvirālis -is -e, *adj* [↓] centumviri の.
centumvirī -ōrum, *m pl* [centum/vir] (ローマの)百人法院の裁判官たち《毎年 105 名, 帝政期には 180 名が選出され, 民事訴訟を扱った》.
centunculus -ī, *m*, *f dim* [cento] 1 つぎはぎ細工. 2 (*f*) タデ属の植物.
centuplex -plicis, *adj* [centum/plico] 100 倍の.
centupliciter °*adv* [↑] 100 倍に.
centuplicō -āre -āvī -ātum, °*tr* [centuplex] 100 倍にする.
centuplum -ī, °*n* [↓] 100 倍.
centuplus -a -um, °*adj* [centum/plus] 100 倍の.
centuria -ae, *f* [centum] 1 百人隊《legio の 60 分の 1 をなす歩兵隊》. 2 百人組《comitia centuriata における 193 の投票単位》. 3 200 jugera から成る地積の単位.
centuriālis -is -e, *adj* 1 centuria (2) の. 2 (石が) centuria (3) の境界をなす.
centuriātim *adv* 1 centuria (1) (2) 単位で. 2 大勢で.
centuriātus -ūs, *m* [centurio¹,²] 1 百人隊長の職[地位]. 2 百人隊に分けること.
centuriō¹ -āre -āvī -ātum, *tr* 1 百人隊に分ける. 2 百人組に分ける: *comitia centuriata* (Cic) ケントゥリア民会《百人組による集会》/ *lex centuriata* (Cic) ケントゥリア民会で可決された法. 3 (土地を) centuria に分割する.
centuriō² -ōnis, *m* [centuria] 百人隊長.
centuriōnātus -ūs, *m* [↑] 1 百人隊長の職[地位]. 2 百人隊長の資格審査.
Centuripae -ārum, *f pl* [Gk] ケントゥリパエ, *-ト リパ《Sicilia 島の Aetna 山南麓の町; 現 Centorbi》.
Centuripīnus -a -um, *adj* Centuripae の.
Centuripīnī -ōrum, *m pl* Centuripae の住民.
cēnula -ae, *f dim* [cena] 軽食.
Ceōs (*acc, abl* Ceō), *f* Cea のギリシア語形.
cēpa, cēpe ⇨ caepa, caepe.
cephalalgia -ae, °*f* [Gk] 《病》頭痛.
cephalalgicus -a -um, °*adj* [Gk] 頭痛になっている.
cephalicum -ī, °*n* [↓] 頭痛用の膏薬.
cephalicus -a -um, *adj* [Gk] 頭の, 頭部の.
cephalītis -tidis, °*f* 《病》脳炎.
Cephallēnes -um, *m pl* Cephallenia 島の住民.
Cephallēnia -ae, *f* [Gk] ケパッレーニア(ー)《イオニア海最大の島; 現 Kefalonia》.
cephalō -ōnis, °*m* [Gk] 《植》ヤシの一種.
cephalochorda -ōrum, °*n pl* 《動》頭索類.
Cephaloedis -idis, *f*, **-dium** -ī, *n* [Gk] ケパロエディス, *-ロイディス《Sicilia 島北岸の港町》.
Cephaloedītānus -a -um, *adj* Cephaloedis の. **Cephaloedītānī** -ōrum, *m pl* Cephaloedis の住民.
cephalometria -ae, °*f* 頭部計測(法).
cephalopoda -ōrum, °*n pl* 《動》頭足類.
Cephalus -ī, *m* [Gk] 《伝説》ケパルス, *-ロス《Procris の夫; 誤って妻を殺した》.
Cēphēis -idos, *f*《神話》Cepheus の娘 (=Andromeda).
Cēphēius -a -um, *adj* Cepheus の.
cēphēnes -um, *m pl* [Gk] 《動》(蜜蜂の)雄蜂 (=fuci).
Cēphēnes -um, *m pl* [Gk] ケーペーネス《Aethiopia の伝説的民族》.
Cēphēnus -a -um, *adj* Cephenes 族の.
Cēpheus¹ -ī, *m* [Gk] 《伝説》ケーペウス《Aethiopia の王; Cassiope の夫で Andromeda の父》.
Cēpheus² -a -um, *adj* Cepheus の; Aethiopia の.
Cēphīsias -adis, *adj f* Cephisus 川 (2) の.
Cēphīsis -sidis, *adj f* Cephisus 川 (1) の.
Cēphīsius -ī, *m* 河神 Cephisus の息子 (=Narcissus).
Cēphīsus, Cēphissus, -os -ī, *m* [Gk] ケーピーソス, *-ソス《(1) Phocis と Boeotia にまたがる川; またその河神で Narcissus の父. (2) Attica の川》.
cēpī *pf* ⇨ capio¹.
cēpīna -ae, *f* =caepina.
cēpotaphium -ī, *n* [Gk] 《碑》(庭園の)墓.
Cēpūrica -ōn, *n pl* [Gk] 「園芸論」《作品名》.
cēra -ae, *f* 1 蜜蠟(ﾐﾂﾛｳ), 蠟. 2 蠟製品《書字板など》.
cērachātēs -ae, *m* [Gk] 《鉱》黄色の瑪瑙(ﾒﾉｳ).
Cerambus -ī, *m* [Gk] 《伝説》ケランブス, *-ボス《Othrys 山の羊飼い; Deucalion の洪水の時, 山中にのがれ甲虫に変えられた》.
ceramiāceae -ārum, °*f pl* 《植》イギス科.
ceramiālēs -ium, °*f pl* 《植》イギス目.
Ceramīcus -ī, *m* [Gk] ケラミークス, *-メイコス

《Athenae 北西部の、もとは陶工たちの居住区だった地区; のちに市壁の内と外に分けられ、後者は共同墓地として使われた》.
ceramītis -idis, f [Gk] (煉瓦色をした)宝石の一種.
cerārium -ī, n [cera] 封印料.
ceras -atis, °n [Gk] 〘植〙(「角(2)」の意) 野生のパースニップ《セリ科》.
cerasinus -a -um, adj [Gk] 桜色の.
cerasium -ī, n [Gk] 〘植〙サクランボ; サクラの木.
Cerastae -ārum, m pl [Gk] 〘伝説〙(「角のある者たち」の意) ケラスタエ《Cyprus 島に住んでいた伝説上の原住民; Venus によって雄牛に変えられた》.
cerastēs -ae, m [Gk] 〘動〙(「角のある」の意) ツノクサリヘビ.
cerasus -ī, f, **-um** -ī, n [Gk] 〘植〙 1 サクラの木. 2 サクランボ.
cerataulēs -ae, °m [Gk] 角笛〘ラッパ〙吹き.
ceratiās -ae, f [Gk] 角(2)型の彗星.
ceratina -ae, f [Gk] 角(2)についての詭弁 (quod non perdidisti, habes; cornua non perdidisti: habes igitur cornua. (GELL) あなたはなくさなかったものは持っている。あなたは角をなくさなかった。ゆえにあなたは角を持つ.)
cerātītis -tidis, f [Gk] 〘植〙ツノゲシ.
ceratophyllāceae -ārum, °f pl [Gk] 〘植〙マツモ科.
cerātum -ī, n [cera] 〘薬〙蠟膏(33).
cerātūra -ae, f [cero] 蠟を塗ること.
cerātus -a -um, pp ⇨ cero.
Ceraunia -ōrum, n pl [Gk] ケラウニア《Epirus 北西部の海沿いの山脈 (=Acroceraunia); その北端の Acroceraunium 岬》.
ceraunium -ī, °n [Gk] 〘鉱〙縞瑪瑙の一種.
ceraunius -a -um, adj [Gk] (「雷電の」の意) *gemma ceraunia* (PLIN) =ceraunium / *vites ceraunia*e (COL) 赤色のブドウ.
Ceraun(ĭ)us -a -um, adj [Gk] 1 Ceraunia 山脈の. 2 Caucasus 山脈の.
ceraunus -ī, °m =ceraunium.
Cerbereus -a -um, adj Cerberus の.
Cerberus, -os -ī, m [Gk] 〘神話〙ケルベルス, *-ロス《冥府の入口を守る三つの頭を持つ番犬》.
Cercetius -ī, m ケルケティウス《Thessalia の Pindus 山脈の南方支脈》.
cercidiphyllāceae -ārum, °f pl 〘植〙カツラ科.
Cercīna -ae, f ケルキーナ《Africa 東岸の島》.
Cercinitānī -ōrum, m pl Cercina 島の住民.
cercītis -tidis, f [Gk] 〘植〙オリーブの一種.
cercolōpis -idis, f [Gk] 尾の先端が毛むくじゃらのサル.
Cercōpes -um, m pl [Gk] 〘伝説〙ケルコーペス《Pithecusae 島の二人の野盗; Juppiter によって猿に変身させられた》.
cercopithēcus, -os -ī, m [Gk] 〘動〙オナガザル.
cercops -ōpis, m [Gk] 〘動〙オナガザル.
cercǔrus, -cyrus -ī, m [Gk] 1 (Cyprus 人が用いた)快速帆船. 2 海魚の一種.
cercus -ī, °m [Gk] 〘昆〙尾葉, 尾角.

Cercyō -ōnis, m [Gk] 〘伝説〙ケルキュオー, *-オーン《Eleusin にいた追いはぎ; Theseus に殺された》.
Cercyonēus -a -um, adj Cercyo の.
cercyrus -ī, m =cercurus.
cerdō -ōnis, m [Gk] 職人, 技工.
cerea, ceria -ae, f (Hispania の)穀物で作った飲み物《おそらくビール》.
Cereālia -ium, n pl [↓] Ceres の祭典《4 月 19 日に行なわれた》.
Cereālis -is -e, adj 1 Ceres の. 2 農耕の. 3 穀物の、コムギの: *aedilis* ~ (POMPON) 穀物供給管理官. 4 パンの, 食物の.
cerebellospīnālis -is -e, °adj 〘医〙小脳脊髄の.
cerebellum -ī, n dim [cerebrum] 1 脳; 知力. 2° 〘解〙小脳.
cerebrītis -tidis, °f 〘病〙脳炎.
cerebrospīnālis -is -e, °adj 〘解〙脳脊髄の.
cerebrōsus -a -um, *intr* [cerebrum] 1 激しやすい, 短気な. 2 狂気の.
cerebrum -ī, n 1 脳. 2 知力, 理解力. 3 かんしゃく, 激怒. 4 〘植〙髄. 5° 〘解〙大脳.
cerēmōn- ⇨ caerimo-.
cereolus -a -um, *adj dim* [cereus] 蠟色の.
Cerēs -eris, f 1 〘神話〙ケレス《穀物・豊穣の女神; ギリシア神話の Demeter に当たる; Juppiter との間に Proserpina を産んだ》. 2 パン; 穀物.
cēreus[1] -a -um, *adj* [cera] 1 蠟製の. 2 蠟色の. 3 蠟のような.
cēreus[2] -ī, m ろうそく.
Ceriāli- ⇨ Cereali-.
cērificō -āre, *intr* [cera/facio] (アクキ貝が)産卵のためにねばねばした物質を分泌する.
cērimōn- ⇨ caerimo-.
cēri̅ntha -ae, **-ē** -ēs, f [Gk] 〘植〙キバナルリソウ属の植物《ムラサキ科; 蜜源として栽培される》.
cēri̅nthus -ī, m [Gk] ミツバチのパン《蜂が花粉で作る幼虫用の食料》.
cēri̅nus -a -um, *adj* [Gk] 蠟色の, 黄色の.
cēriolāre -is, **-ium** -ī, n [cereolus] 〘碑〙燭台.
cēriolārius -ī, m [↑] 〘碑〙ろうそく製造者〘販売人〙.
cērium -ī, n [Gk] 〘病〙(ハチの巣形の)悪性腫瘍.
Germalus -ī, m =Germalus.
cernō -ere crēvī crētum, *tr* [cf. cribrum] 1 ふるいにかける, ふるい分ける. 2 識別する, 見分ける ⟨alqd; +acc c. inf⟩. 3 了解する. 4 決定する; 決議する: *cernere ferro* (VERG) 剣によって(=戦って)決着をつける. 5 *hereditatem cernere* (CIC) 〘法〙遺産を相続する.
cernulō -āre, *tr* [cernuo] まっさかさまに落とす.
cernulus -a -um, *adj* [↓] まっさかさまの, とんぼ返りする.
cernuō -āre -āvī -ātum, *intr* [cernuus[1]] まっさかさまに落ちる, とんぼ返りする.
cernuor -ārī -ātus sum, °*intr dep* =cernuo.
cernuus[1] -a -um, *adj* [cf. cerebrum] まっさかさまに落ちる, とんぼ返りする.
cernuus[2] -ī, m 靴の一種.
cērō -āre -āvī -ātum, *tr* [cera] 蠟を塗る.
cēroferārius -ī, °m [cera/fero] (ミサで)ろうそくを持つ侍者.

cērōma -atis, n [Gk] 1 (格闘技者が身体に塗った)蠟膏. 2 格闘技場.
cērōmaticus -a -um, adj [↑] 蠟膏を塗った.
cērōmatītēs -ae, °m [Gk] 格闘技の監督.
cērōsus -a -um, adj [cera] 蠟をたっぷり含む.
cerreus -a -um, adj [cerrus] トルコカシの.
cerrīnus -a -um, adj =cerreus.
cerrītus -a -um, adj 狂乱した.
cerrus -ī, f [植] トルコカシ.
certābundus -a -um, adj [certo²] 論争する.
certāmen -minis, n [certo²] 1 競走, 競技. 2 戦闘: *navalia certamina* (Liv) 海戦. 3 競争, 闘争 ⟨de re; alcis rei⟩: *est mihi tecum pro aris et focis certamen* (Cic) 祭壇と炉のために私はあなたと闘わねばならない. 4 論争, 論戦.
certātim adv [certo²] 競って.
certātiō -ōnis, f [certo²] 1 競技. 2 競争, 闘争. 3 審議, 討論.
certātīvē °adv [certo²] 論争的に.
certātor -ōris, m [certo²] 論争者.
certātus -ūs, m [certo²] 闘争.
certē adv [certus] 1 疑いなく, 確かに; もちろん. 2 いずれにしても, とにかく.
certificō -āre, °tr [certus/facio] 確かめる, 確認する.
certim °adv [certus] 確かに.
certiōrō -āre -āvī -ātum, tr [certior<certus] 知らせる.
certitūdō -dinis, °f [certus] 確実さ.
certō¹ adv (abl) [certus] 確かに, 疑いなく, もちろん: ~ *scio* (Plaut) 私は確信している.
certō² -āre -āvī -ātum, intr (tr) [cerno] 1 戦う: *de imperio cum populo Romano certare* (Cic) 支配権をめぐってローマ国民と戦う. 2 闘争する, 争う; 訴訟で争う: *certare verbis* (Liv) 論争する.
certus -a -um, adj [cerno] 1 決心した, 断乎たる ⟨+inf; +gen⟩: *tecum mihi una ire certum est* (Plaut) 私はあなたといっしょに行こうと決心した / *certa mori* (Verg) (女性が)死ぬ覚悟で / ~ *eundi* (Ov) 出かける決心をして. 2 決まった, 確定された: *certa dies* (Cic) 期日, 信頼できる; 確実な: *amicus* ~ (Enn) 真の友. 2 (物事が)確実な, 疑う余地のない: *certa praemia* (Sall) 取りはぐれない戦利品. 5 *certiorem facere alqm* ⟨+gen; +de; +acc c. inf⟩ ある人に…について確かな知識[情報]を与える(=ある人に…を知らせる[報告する]): *certior tui consilio factus* (Cic) あなたのご意向を知って. 6 (漠然と)ある: *certi homines* (Cic) ある人々.
cērula -ae, f dim [cera] 蠟の小片: ~ *miniata* (Cic) (文章の修正個所につける)蠟の赤点.
cērumen -minis, °n [cera] [生理] 耳垢(じ).
cērussa -ae, f (顔料としての)鉛白, おしろい.
cērussātus -a -um, adj [↑] 鉛白[おしろい]を塗った.
cerva -ae, f [cervus] [動] 雌鹿; (性別なく)シカ.
cervāriolus -a -um, °adj =cervarius.
cervārius -a -um, adj [cervus] シカの.
cervesia -ae, f ビールの一種.
cervīcal -ālis, n [cervix] 枕 (=pulvinus).

cervīcātus -a -um, °adj [cervix] 頑固な, 強情な.
cervīcōsitās -ātis, °f [↓] 頑固, 強情.
cervīcōsus -a -um, °adj =cervicatus.
cervīcula -ae, f dim [cervix] (小さな)首.
cervīna -ae, °f [↓] (sc. caro) 鹿肉.
cervīnus -a -um, adj [cervus] シカの.
cervisca -ae, °f ナシの一種.
cervix -icis, f 1 首; うなじ: *bellum ingens in cervicibus erat* (Liv) 巨大な戦争が首にかかっていた(=間近に迫っていた). 2 (壺などの)首. 3 [解] 膀胱頸; 子宮頸. 4 地峡.
cervula -ae, °f dim [cerva] 雌の子鹿.
cervulus -ī, m dim [↓] 防柵.
cervus -ī, m [cf. cornu] 1 [動] 雄鹿. 2 (pl) [軍] 防柵.
cērȳcēum, -ium -ī, °n [Gk] 伝令の杖 (=caduceus).
cēryx -ȳcis, m [Gk] 使者, 伝令.
cēspes -pitis, m =caespes.
cessātiō -ōnis, n [cesso] 1 遅れ, 遅滞. 2 無為, 無活動, 怠惰.
cessātor -ōris, m [cesso] ぐずぐずする者, なまけ者.
cessī pf ⇒ cedo².
cessicius -a -um, adj [cedo²] 譲渡の.
cessim adv [cedo²] 後退して, 後ろへ.
cessiō -ōnis, f [cedo²] 1 譲渡, 譲与. 2 °~ *diei* (Ulp) 支払い期日.
cessō -āre -āvī -ātum, intr intens [cedo²] 1 ためらう, ぐずぐずする ⟨+inf⟩. 2 やめる, 中止する ⟨+inf; (in [a]) re⟩: *cessare in suo studio atque opere* (Cic) 自らの勉学と仕事を怠る. 3 何もしない, 活動しない. 4 (ものが)止まっている, 使われていない: *alternis tonsas cessare novales* (Verg) 刈り入れのすんだ畑が1年おきに休閑地になる. 5 裁判に欠席する.
cessus -a -um, pp ⇒ cedo².
cesticillus -ī, °m dim [cestus²] (荷物を運ぶために頭の上にのせる)小型のクッション.
Cestius -ī, m ケスティウス《ローマ人の氏族名》.
cestōda -ōrum, °n pl [cestus²] [動] 条虫綱.
cestoīdea -ōrum, °n pl [cestus²] [動] オビクラゲ(帯水母)目.
cestros -ī, f [Gk] [植] ヤコウボク.
cestrosphendonē -ēs, f [Gk] 投石機.
cestus¹ -ūs, m =caestus.
cestus², -os -ī, m [Gk] 1 (女性の, 特に花嫁の着ける)帯. 2 [神話] Venusの帯《愛情を起こさせる飾りがあったという》.
cētācea -ōrum, °n pl [動] クジラ目.
cētāria -ae, f, **-ium** -ī, n [cetarius] 養魚池.
Cētārīnī -ōrum, m pl Sicilia島の町Cetariaの住民.
cētārius -ī, m [cetus] 漁夫; 魚商人.
cētē n pl ⇒ cetus.
cētera adv (n pl acc) [ceterus] その他については, 他のものとは言えば.
cēterōquī(n) adv [ceterus/qui³] その他は, 他の点では.
cēterum¹ -ī, n [ceterus] 残り, その他のもの: *de*

cetero (Cic) その他の点では / *in* ~ (Sen) あとは, 今後は / *et cetera* (Cic) …その他, …など.
cēterum[2] *adv* (*n acc*) **1** その他の点では. **2** さらに, そのうえ. **3** しかし, それにもかかわらず. **4** さもなければ.
cēterus -a -um, *adj* その他の, それ以外の, 残りの.
Cethēgus -ī, *m* ケテーグス《Cornelia 氏族に属する の家名; 特に (1) *M. Cornelius* ~, 前3世紀の雄弁家. (2) *C. Cornelius* ~, Catilina の陰謀の加担者》.
cētīnus -a -um, °*adj* [cetus] クジラ[大魚]の.
Cētō -ūs, *f* [*Gk*] 《神話》ケートー《(1) Phorcus の妻で三人姉妹の怪物 Gorgones の母. (2) 海のニンフ Nereis たちの一人》.
cetra, cetrātus ⇨ caetra, caetratus.
cette 2 *pl impr* ⇨ cedo[1].
cētus, -os -ī, *m* (*n pl* cētē) [*Gk*] 《動》大型の海の動物《クジラ・イルカなど》. **2** 《天》鯨座.
ceu *adv, conj* **I** (*adv*) (ちょうど)…のように, …と同じく. **II** (*conj*) 〈+*subj*〉あたかも…のように (=quasi).
Cēus -a -um, *adj* **1** Cea 島の. **2** Cea 島出身の詩人 Simonides の: *Ceae Camenae* (Hor) Simonides の詩.
Ceutronēs -um, *m pl* ケウトローネース《(1) Alpes 山脈にいた Gallia 人の一部族. (2) Gallia Belgica の一部族》.
cēva -ae, *f* 小さい雌牛の一種.
Cevenna -ae, *f* =Cebenna.
cēveō -ēre, *intr* **1** 腰を振る. **2** こびへつらう.
Cēyx -ȳcis, *m* [*Gk*] 《伝説》ケーユクス《暁の明星 Lucifer の息子で Alcyone の夫; Trachin の王; 死後, 妻とともにカワセミに変えられた》.
Chabriās -ae, *m* [*Gk*] カブリアース《Athenae の名将 (前420?-?357)》.
chaerephyllum, -polum -ī, *n* =caerefolium.
Chaerōnēa, -īa -ae, *f* [*Gk*] カエローネーア, *カイローネイア《Boeotia の町; Macedonia の王 Philippus II がギリシア軍を破った (前338) 古戦場》.
chaetangiāceae -ārum, °*f pl* 《植》ガラガラ科.
chaetognatha -ōrum, °*n pl* 《動》毛顎(ﾓｳｶﾞｸ)動物門.
chaetopoda -ōrum, °*n pl* 《動》毛足綱《ゴカイ・ミミズなど》.
chalasticus -a -um, °*adj* [*Gk*] 緩和する.
chalātōrius -a -um, °*adj* [chalo] ゆるめる.
chalcanthum, -on -ī, *n* [*Gk*] 靴墨.
chalcaspis -pidis, *m* [*Gk*] 青銅の盾を持つ兵士.
chalcea -ōrum, *n pl* [*Gk*] 真鍮.
Chalcēdōn -onis, *f* [*Gk*] カルケードーン《Bithynia の町; Bosphorus 海峡をはさんで Byzantium の対岸に位置した》.
Chalcēdonius -a -um, *adj* Chalcedon の.
chalcēos -ī, *f* [*Gk*] 《植》アザミの一種.
Chalcidensis -is -e, *adj* Chalcis の. **Chalcidensēs** -ium, *m pl* Chalcis の住民.
chalcidicē -ēs, *f* [*Gk*] カルキディケー《Macedonia 南部の半島; sinus Thermaeus と sinus Strymonicus (ストリューモーン湾) の間に位置する; 現 Kharkidiki》.
Chalcidicum -ī, *n* [↓] basilica の張出し玄関.
Chalcidicus -a -um, *adj* Chalcis の: *versus* ~ (Verg) (Chalcis 生まれの詩人) Euphorion の詩 / *arx Chalcidica* (Verg) =Cumae.
Chalcioecos -ī, *f* [*Gk*] (「青銅の神殿」の意) Sparta の Minerva 神殿.
chalcis -idis, *f* [*Gk*] **1** 《魚》イワシ. **2** 《動》トカゲの一種.
Chalcis -idis, *f* [*Gk*] カルキス《Euboea 島の町; Aulis の対岸にあった》.
chalcītis -tidis, *f* [*Gk*] **1** 銅鉱. **2** 宝石の一種.
chalcus -ī, *m* [*Gk*] ギリシアの銅貨 (=$^1/_{10}$ obolus).
Chaldaea -ae, *f* [*Gk*] カルダエア, *-ダイアー, Ⅱカルデア《Babylonia 南部の地域》.
Chaldaeī -ōrum, *m pl* **1** Chaldaea の住民《天文学・占星術にすぐれていた》. **2** (Chaldaea の)占星術師たち.
Chaldaeus -a -um, *adj* Chaldaea の.
Chaldaicus -a -um, *adj* =Chaldaeus.
chalō -āre -āvī -ātum, *tr* [*Gk*] 下ろす, ぶら下げる.
chalybēius -a -um, *adj* [chalybs] 鋼鉄の.
Chalybes -um [-ōn], *m pl* [*Gk*] カリュベス《Pontus にいた一部族; 鉄の製錬で有名》.
chalybs -ybis, *m* [*Gk*] 鋼鉄.
chama *indecl m* 《動》ヤマネコ.
chamaeactē -ēs, *f* [*Gk*] 《植》ニワトコ.
chamaecissos -ī, *f* [*Gk*] 《植》**1** カキドウシ. **2** シクラメンの一種.
chamaecyparissos -ī, *f* [*Gk*] 《植》ワタスギギク.
chamaedaphnē -ēs, *f* [*Gk*] 《植》ナギイカダ属の植物.
chamaedracōn -ontis, °*m* [*Gk*] 《動》(Africa の)ヘビの一種.
chamaedrys -yos [-yis], *f* [*Gk*] 《植》ニガクサ属の植物.
chamaeleōn -ōnis [-ontis] *m* (*f*) [*Gk*] **1** (*m*) 《動》カメレオン. **2** (*m, f*) 《植》アザミの類.
chamaeleucē -ēs, *f* [*Gk*] 《植》フキタンポポ.
chamaelygos -ī, *f* [*Gk*] 《植》クマツヅラ属の植物 (=verbenaca).
chamaemēlon -ī, *n* [*Gk*] 《植》カミルレ, カミツレ (=anthemis).
chamaepeucē -ēs, *f* [*Gk*] 《植》カラマツ.
chamaepitys -yis [-yos] (*acc* -yn, *abl* -y), *f* [*Gk*] 《植》**1** キランソウ属の植物 (=abiga). **2** オトギリソウ.
chamaeplatanus -ī, *f* [*Gk*] 《植》矮小のプラタナス (スズカケノキ).
chamaerepēs -um, *f pl* [*Gk*] 《植》矮小のヤシ.
chamaerops -ōpis, *f* [*Gk*] =chamaedrys.
chamaesȳcē -ēs, *f* [*Gk*] 《植》トウダイグサ.
chamaezēlon -ī, *n* [*Gk*] 《植》キジムシロ属の植物 (=quinquefolium).
Chamāvī -ōrum, *m pl* カマーウィー《Rhenus 川北岸にいたゲルマン系一部族》.
chamēdyosmos -ī, *f* [*Gk*] 《植》マンネンロウ.

chameunia -ae, °*f* [*Gk*] 地面に横たわること.
chamulcus -ī, °*m* [*Gk*] 運搬車の一種.
Chanaān, -nān *indecl* °*f* [*Heb.*] カナーンの地《Palaestina の西部地方で，神が Abraham に約束した土地》.
Chananaeus -a -um, °*adj* Chanaan の. **Chananaeī** -ōrum, °*m pl* Chanaan の住民.
channē -ēs, *f* [*Gk*]《魚》海魚の一種.
Chāones -um, *m pl* [*Gk*] カーオネス《Epirus 北西部にいた一部族》.
Chāonia -ae, *f* [*Gk*] カーオニア（-）《Chaones 族のいた地域》.
Chāonis -idis, *adj f* **1** Chaonia の. **2**《詩》Dodona の: ~ *quercus* (SEN)《Juppiter の神託を伝える》Dodona のオーク.
Chāonius -a -um, *adj* **1** Chaonia の. **2**《詩》Dodona の: *pater* ~ (VERG) =Juppiter. **3**《詩》オークの.
chaos -ī (*abl* chao), *n* [*Gk*] **1**《天地創造以前の》混沌, カオス: *a chao* (VERG) 開闢（かいびゃく）以来. **2** 無限の暗黒. **3** 冥府. **4** (*m*; C-)《神格化されて》カオス《冥府の神; Erebus と Nox の父》.
chara -ae, *f* [*植*] Epirus で食用にされた球根（未詳）.
characātus -a -um, *adj* 支柱をつけられた.
charāceae -ārum, °*f pl* [*植*] シャジクモ科.
characiās -ae (*acc* -an), *m* [*Gk*] [*植*] **1** 支柱として用いるアシ. **2** トウダイグサ.
charactēr -eris, *m* [*Gk*] **1** 焼き印, 烙印. **2**° 銘刻. **3**《文体の》特徴.
charactērismus, -os -ī, *m* [*Gk*] 特徴を際立たせること.
charadrius -ī, °*m* [*Gk*]《鳥》チドリ.
Charax -acis, *f* [*Gk*] カラクス《(1) Thessalia にあった Tempe 峡谷の要塞. (2) Persia 湾沿岸の町》.
charaxō -āre -ātum, °*tr* [*Gk*] ひっかく, 刻みつける.
Charēs -ētis, *m* [*Gk*] カレース《(1) Demosthenes 時代の Athenae の将軍（前400?-?325）. (2) Lindus 出身のギリシアの彫刻家（前4世紀）. (3) Mytilene 出身の著述家; Alexander 大王の式部官》.
Charis -itis, *f* [*Gk*]《神話》カリス《Charites の一人》.
charisma -atis, °*n* [*Gk*] 贈り物, 聖霊の賜物.
charistia -ōrum, *n pl* [*Gk*] 一族和合の宴（parentalia の直後の2月22日に行なわれた）.
Charites -um, *f pl* [*Gk*]《神話》カリスたち《ギリシアの美の三女神; ローマ神話の Gratiae に当たる》.
Charmadās -ae, *m* [*Gk*] カルマダース《Athenae の Academia 学派哲学者で Carneades の弟子（前2世紀）》.
charmidō -āre -āvī -ātum, *tr* (Plautus の喜劇 *Trinummus*「三文銭」に登場する老人) Charmides 化する《喜劇の造語》.
Charōn -ōnis [-ontis], *m* [*Gk*]《神話》カローン《冥府の川 Styx の渡し守. (2) (*gen* -ōnis) Pelopidas 時代の Thebae の貴族》.
Charōndās -ae, *m* [*Gk*] カローンダース《Catina 出身の立法家（前6世紀末）》.

charophyta -ōrum, °*n pl* [*植*] 車軸藻類.
charta -ae, *f* [*Gk*] **1** パピルス（紙）. **2** [*植*] パピルス. **3** 書翰. **4** 紙. **5**° ~ *exploratoria*《化》リトマス試験紙.
chartāceus -a -um, °*adj* [↑] 紙の, 紙製の.
chartārium -ī, °*n* [↓] 文書保管所.
chartārius[1] -a -um, *adj* [charta] 紙の: *chartariae officinae* (PLIN) 製紙工場 / *calamus* ~ (APUL) 葦ペン.
chartārius[2] -ī, °*m* 紙商人.
charteus -a -um, *adj* [charta] 紙の.
chartiāticum -ī, °*n* [charta] 紙購入費.
chartophylacium -ī, °*n* [*Gk*] 文書保管所.
chartophylax -acis, *m* [*Gk*]《卿》文書保管所管理人.
chartopōla -ae, °*m* [*Gk*] 紙商人.
chartoprātēs -ae, °*m* [*Gk*] =chartopola.
chartula -ae, *f dim* [charta] 紙の小片; 書き付け.
chartulārium -ī, °*n* [↑] **1** 公文書. **2** 古文書蒐集.
chartulārius -ī, °*m* [chartula] 公文書保管係.
Charybdis -is, *f* [*Gk*] **1** カリュブディス《(1) Sicilia 島 (Messina 海峡) に発生する巨大な渦巻. (2)《神話》(1) が擬人化された女の怪物》. **2** 貪欲［残酷］なもの.
chasma -atis, *n* [*Gk*] **1**《地面の》深い割れ目. **2** 流星の一種.
chasmatiās -ae, °*m* [*Gk*] 地割れを伴う地震.
Chasuāriī -ōrum, *m pl* カスアーリイー《Germania 北西部にいた一部族》.
Chatta -ae, *f* Chatti 族の女.
Chattī -ōrum, *m pl* カッティー《Germania 西部にいた一部族》.
Chaucī -ōrum, *m pl* カウキー《Germania の北海沿岸にいた一部族》.
chēlē -ēs, *f* [*Gk*] **1** 投石機の引金. **2** (*pl*)《占星》さそり座のはさみ. **3** (*pl* Chēlae -ārum)《天・占星》天秤座.
chelīdōn -onis, *f* [*Gk*] **1**°《鳥》ツバメ（燕）. **2** 女性の陰部.
Chelīdōn -onis, *f* [*Gk*] ケリードーン《Verres の庇護民でその情婦となった》.
chelīdonius -a, *f* [chelidonius] **1** [*植*] クサノオウ. **2** [*植*] イチジクの一種. **3** 宝石の一種.
chelīdoniacus -a -um, °*adj* [chelidon] 燕尾形の.
Chelīdoniae -ārum, *f pl* [*Gk*] ケリードニアエ, *-アイ*《「ツバメ群島」の意; Lycia 沖の三つ（または五つ）の岩だらけの小島群; 海の難所》.
chelīdonias -ae, *m* [*Gk*] (2月22日 (=ツバメの到来) 以降に吹く) 西風.
chelīdonium -ī, *n* [*植*] **1** キンポウゲ属の植物. **2** chelidonia (1) から作られた目薬.
chelīdonius -a -um, °*adj* [↑] ツバメの.
chelōnia -ae, **chelōnītis** -idis, *f* [*Gk*]《「亀」の意》宝石の一種.
chelōnium -ī, *n* [*Gk*]《「カメの甲」の意》**1**《起重機などの》締めつけ金具. **2**《植》シクラメン.
chelydrus -ī, *m* [*動*] 有毒の水ヘビ.
chelyon -yī, *n* [*Gk*] カメの甲.

chelys (acc -lyn, voc -ly; 他格の用例なし), f [Gk] 1 《動》カメ(亀). 2 (カメの甲で作った)竪琴. 3 (C-) 《天》琴座.
chēmē -ēs, f [Gk] 1 二枚貝の一種. 2° 液量単位.
chēmosynthesis -is, °f 《生物》化学合成.
chēmotaxis -is, °f 《生物》走化性.
chēnerōs -ōtis, f [Gk] 《鳥》小型のガチョウの一種.
chēnopodiāceae -ārum, °f pl 《植》アカザ科.
cheragra -ae, f =chiragra.
chernītēs -ae, m [Gk] 《鉱》大理石の一種.
Chersonēsus, Cherronēsus -ī, f [Gk] (「半島」の意)ケルソネースス, *-ソス《(1) Hellespontus (現 Dardanelles 海峡)の西側の半島 (=～ Thracia); 現 Gelibolu (Gallipoli) 半島. (2) ～ Taurica (PLIN) 現 Krym (Crimea) 半島》.
chersydros, -us -ī, m [Gk] 《動》水陸両生のヘビの一種.
Cheruscī -ōrum, m pl ケルスキー《Germania 中西部にいた一部族》.
Chīa -ae, f [Chius] (sc. ficus) Chios 島産のイチジク.
chiasma -atis, °n [Gk] 1 《解》(視神経の)交差. 2 《生物》染色体交差.
chiasmus -ī, °m [Gk] 《修》X 字形に表示すること; 交差配列法.
Chiī -ōrum, m pl [Chius] Chios 島の住民.
chīliarchēs -ae, m [Gk] (ギリシア軍の)千人隊長.
chīliarchus -ī, m [Gk] (ペルシアの)宰相.
chīliastae -ārum, °m pl [Gk] 《神学》千年王国説の信奉者.
Chīlō -ōnis, m [Gk] (「大きな唇」の意)キーロー《ローマ人の家名》.
Chīlō(n) -ōnis, m [Gk] キーロー, *キーローン, ケイローン《前 6 世紀の Sparta の ephorus; ギリシア七賢人の一人》.
chīlopoda -ōrum, °n pl 《動》唇脚類.
chimaera -ae, °f 《魚》ギンザメ属.
Chimaera -ae, f [Gk] キマエラ, *キマイラ《(1) 伝説》頭はライオン, 胴体はヤギ, 尾はヘビの火を吐く怪獣; Bellerophon に退治された. (2) Lycia の火山. (3) 《伝説》Aeneas の船隊の一隻の名》.
Chimaerēus -a -um, adj Chimaera の.
Chimaerifer -era -erum, adj [Chimaera/fero] Chimaera を生んだ《Lycia の添え名》.
chīmerinus -a -um, adj [Gk] 《暦》冬の.
Chionē -ēs, f [Gk] 《神話》キオネー《(1) Daedalion の娘; Mercurius によって Autolycus の, Apollo によって Philammon の母となる. (2) 北風の神 Aquilo と Orithyia の娘; Neptunus によって Eumolpus の母となる》.
Chīonidēs -ae, m [Gk] 《神話》Chione の息子 (= Eumolpus).
Chios -ī, f [Gk] キオス《エーゲ海東部の島》.
chīragra -ae, f [Gk] 《病》手の痛み《関節炎または痛風》.
chīragricus -a -um, adj [Gk] chiragra にかかっている.

chīramaxium -ī, n [Gk] (病人用の)手押し車, 車椅子.
chīridōtus -a -um, adj [Gk] (長い)袖のついた (= manuleatus, manicatus).
Chirocmēta -ōrum, n pl [Gk] 「手製の道具」《Democritus の著作の題名》.
chirodytī -ōrum, °m pl 袖.
chīrographārius -a -um, °adj [↓] 自筆の証文を持っている.
chīrographum -ī, n, -us -ī, m [Gk] 1 自筆, 自署 (=manus¹). 2 自筆文書. 3 (署名入りの)証文.
Chīrō(n) -ōnis, m [Gk] 《神話》キーローン, *ケイ-《Centaurus 族の一人; 賢明で音楽・医術・予言に秀でていた; Aesculapius, Hercules, Achilles らの師; 死後, 星座に変えられた.
chīronomia -ae, f [Gk] 身振り手まねで話す術.
chīronomōn -untis, m [Gk] 身振り手まねをする人.
chironomos -os -on, adj [Gk] 無言劇の.
chīroptera -ōrum, °n pl 《動》翼手類.
chīrūrgia -ae, f [Gk] 外科医術.
chīrūrgicus -a -um, adj [Gk] 外科の.
Chīrūrgūmena -ōrum, °n pl [Gk] 「外科手術」《書名》.
chīrūrgus -ī, m [Gk] 外科医.
Chīum -ī, n [↓] (sc. vinum) Chios 島産のぶどう酒.
Chīus -a -um, adj Chios 島の.
chlamydātus -a -um, adj chlamys を着た.
chlamys -ydis, f [Gk] 右肩で留める短い外套《主に兵士が着用した》.
chloasma -atis, °n [Gk] 《医》肝斑, しみ.
Chloē -ēs, f [Gk] クロエー《ギリシア女性の名》.
chlōra -ae, f [Gk] エメラルドの一種.
chlōranthāceae -ārum, °f pl 《植》センリョウ科.
chlōreus -ī, m [Gk] 《鳥》緑色の鳥《おそらくアオゲラの一種》.
chlōriōn -ōnis, m [Gk] 《鳥》黄色の鳥《おそらくコウライウグイス》.
Chlōris -idis, f [Gk] クローリス《(1) 《神話》ギリシアの花の女神; ローマの Flora に当たる. (2) 《伝説》Amphion と Niobe の娘; Neleus の妻で Nestor の母. (3) ギリシア女性の名》.
chlōrītis -idis, f [Gk] 緑色の宝石.
chlōroformium -ī, °n 《薬》クロロホルム.
chlōrophyceae -ārum, °f pl 《植》緑藻綱.
chlōrōsis -is, °f 1 《病》萎黄(いおう)病. 2 《植》白化(現象).
chlōrum -ī, °n [Gk] 《化》塩素.
choana -ae, °f [Gk] 《解》後鼻孔.
Choaspēs -is, m [Gk] コアスペース《Susa の川; その澄んだ水を Persia の王が飲んだ》.
choenix -icis, °f [Gk] Attica の乾量単位 (=2 sextarii).
choeras -adis, °f [Gk] 《病》腺病 (=struma).
Choerilus -ī, m コエリルス, *コイリロス《Alexander 大王の遠征の供をした Iasus 出身のへぼ詩人》.
cholēdochus -ī, °m [Gk] 《解》総胆管.

cholēlithiāsis -is, °f 〚病〛胆石症.
cholera -ae, f [Gk] 1 〚病〛急性吐瀉(と。)症. 2°〚病〛コレラ: ～ Asiatica [epidemica] 真性コレラ.
cholericus -a -um, adj [Gk] 急性吐瀉症にかかった.
chōliambus -ī, °m [Gk] 〚詩〛跛行(は。)短長格詩《短長六歩格の最後の詩脚が長長格であるもの》.
chondris -is, f [Gk] 〚植〛ニガハッカの一種.
chondroglōssus -a -um, °adj 〚解〛小角舌の.
chondrōma -atis, °n 〚病〛軟骨腫.
chondropharyngeus -a -um, °adj 〚解〛小角咽喉の.
chōra -ae, f [Gk] 〚碑〛地域, 地区.
chorāgium -ī, n [Gk] 1〚芝居の〛衣裳・小道具・舞台装置など. 2 (一般に) 華麗な装備・道具立て.
chorāgus -ī, m 1 芝居の上演世話人《一切の費用を負担した》. 2〚芝居の衣裳や小道具の〛調達請負人.
choraulē -ēs, f [Gk] 〚碑〛(コロスの)葦笛伴奏者《女性》.
choraulēs, -a -ae, m [Gk] (コロスの)葦笛伴奏者.
chorda -ae, f [Gk] 1 (弦楽器に用いる)腸線. 2 ひも, 綱. 3 °〚解〛索, 腱: ～ dorsalis 脊索.
chordāceae -ārum, °f pl [↑]〚植〛ツルモ科.
chordācista -ae, m [chorda] 弦楽器奏者.
chordāliāceae -ārum, °f pl [chorda]〚植〛ナガマツモ科.
chordaspus -ī, °m [Gk]〚病〛腸捻転.
chordāta -ōrum, °n pl [chorda]〚動〛脊索動物門.
chordula -ae, °f dim [chorda] (小さな)ひも.
chordus -a -um, adj 遅く生まれた; (植物が)晩生の.
chorēa -ae, f [Gk] 1 輪舞. 2 (天体の)回転運動. 3 °〚病〛舞踏病.
chorēus -ī, °m [Gk]〚詩〛長短格 (=trochaeus).
choriambicus -a -um, adj [Gk]〚詩〛長短短長格の.
choriambus -ī, m [Gk]〚詩〛長短短長格 (—⏑⏑—).
choricus -a -um, °adj [Gk] コロスの.
chorioīdēs -ae, °m [Gk]〚解〛(眼の)脈絡膜.
chorioīdeus -a -um, °adj [↑]〚解〛脈絡膜の.
chōrobatēs -ae, °m [Gk] 水準器.
chorocitharistēs -ae, m [Gk] (コロスの)竪琴伴奏者.
chōrographia -ae, °f [Gk] 地誌.
chors -rtis, f =cohors.
chorus -ī, m [Gk] 1 輪舞. 2 (天体の)回転運動. 3 コロス, 合唱歌舞団. 4 集団.
Chremēs -ētis [-is], m [Gk] クレメース《Terentius の喜劇 Andria, Phormio などに登場するけちな老人》.
chreston -ī, n [Gk]〚植〛キクヂシャ (=cichoreum).
chrisma -atis, °n [Gk]〚教会〛1 油を塗ること, 塗り. 2〚教会〛聖油; 聖油式.
chrismāle -is, °n [↓]〚教会〛1 幼児の洗礼服. 2 聖体布.

chrismālis -is -e, °adj [chrisma]〚教会〛塗油の.
chrismārium -ī, °n [chrisma]〚教会〛聖遺物容器.
chrismō -āre, °tr [chrisma]〚教会〛油を塗る.
Christiānē °adv [Christianus] キリスト教的に.
Christiānismus -ī, °m [Gk] キリスト教.
Christiānitās -ātis, °f [Christianus] 1 キリスト教. 2 全キリスト教徒. 3 キリスト教の聖職者.
Christiānizō -āre, °intr [Gk] キリスト教を信仰する.
Christiānus[1] -a -um, °adj [Christus] キリスト教の.
Christiānus[2] -ī, m キリスト教徒.
Christicola -ae, °m [Christus/colo[2]] キリスト崇拝者, キリスト教徒.
Christipara -ae, °f [Christus/pario[2]] キリストの母 (=聖母マリア).
christus -a -um, °adj [Gk] 油を塗られた, キリスト.
Christus -ī, m [Gk] キリスト.
chrōma -atis, n [Gk] 1° 皮膚の色. 2〚音〛半音階.
chrōmaticē -ēs, f [↓] 半音階中の音.
chrōmaticos -ē -on, adj [chroma]〚音〛半音階の.
chromis -is, m [Gk]〚魚〛海魚の一種.
chrōmonēma -ae, °f [生物] 染色体.
chronica -ōrum, n pl [↓] 年代記, 編年史.
chronicus -a -um, adj [Gk] 1 時間の: libri chronici (GELL) =chronica. 2° 長期にわたる, 慢性の: ～ morbus (ISID) 慢性病.
chronius -a -um, °adj [Gk] 慢性の.
chronographia -ae, °f [Gk] 年代記, 編年史.
chronographus -ī, °m [Gk] 年代記編者.
chrȳsallis -idis, f [Gk]〚動〛サナギ(蛹).
chrȳsanthemum, -on -ī, n [Gk] (「黄金の花」の意)〚植〛キク科の植物.
chrȳsanthus -ī, m [Gk] =chrysanthemum.
chrȳsarobinum -ī, °n [薬] クリサロビン, 精製ゴア末.
Chrȳsās -ae, m [Gk] クリューサース《Sicilia 島東岸に注ぐ川》.
Chrȳsē -ēs, -a -ae, f [Gk] クリューセー《Troas の港町; Apollo の神殿があった》.
chrȳsea -ōrum, n pl [chryseus] 金製の容器.
Chrȳsēis -idis, f [Gk]〚伝説〛Chryses の娘 (Astynome).
chrȳsēlectros -ī, f [Gk] 琥珀色の宝石.
chrȳsēlectrum -ī, n [Gk] 黄金色の琥珀.
chrȳsendeta -ōrum, n pl [↓] 金を象眼した容器.
chrȳsendetus -a -um, adj [Gk] 金を象眼した, 金をはめこんだ.
Chrȳsēs -ae, m [Gk]〚伝説〛クリューセース《Chryse にあった Apollo 神殿の神官》.
chrȳseus -a -um, °adj [Gk] 金の, 金色の.
Chrȳsippēus -a -um, adj Chrysippus の.
Chrȳsippus -ī, °m [Gk] クリューシッポス, *-ボス《ギリシアのストア学派哲学者(前3世紀); Zeno と Cleanthes の弟子》.

Chrȳsis -idis, *f* [*Gk*] クリューシス(*Terentius* の喜劇 *Andria* に登場する Andros 島出身の女性の名).
chrȳsītis -idis, *f* [*Gk*] 1 =chrysocome. 2 宝石の一種.
chrȳsocomē -ēs, *f* [*Gk*] (「黄金の髪」の意) 未詳の植物.
Chrȳsogonus -ī, *m* クリューソゴヌス(*L. Cornelius* ~, Sulla の解放奴隷).
chrȳsolachanum -ī, *n* [*Gk*] 〖植〗ヤマホウレンソウ.
chrȳsolithos -ī, *m* (*f*) [*Gk*] 〖鉱〗黄玉(ホホェッェ), トパーズ.
chrȳsomallus -a -um, *adj* [*Gk*] 金の羊毛を持った.
chrȳsomēlinus -a -um, *adj* chrysomelum の.
chrȳsomēlum -ī, *n* [*Gk*] 〖植〗マルメロの一種.
chrȳsophrȳs -yos (*acc* -yn), *f* [*Gk*] 〖魚〗クロダイの類.
chrȳsoprasos -ī, *f*, **-um** -ī, *n* [*Gk*] 〖鉱〗緑玉髄.
chrȳsos -ī, *m* [*Gk*] 金, 黄金.
chȳlus -ī, °*m* [*Gk*] 1 植物のしぼり汁. 2 〖生理〗乳糜(ピ゜ょ).
chȳmiātus -a -um, °*adj* [*Gk*] 液体の.
chȳmus -ī, °*m* [*Gk*] 〖生理〗キームス, 糜汁, 糜粥(ピ゜ょく).
Cīa -ae, *f* =Cea.
cibālis -is -e, °*adj* [cibus] 食物の: ~ *fistula* (LACT) 〖解〗食道.
cibāria -ōrum, *n pl* [↓] 1 食料. 2 (軍隊で兵に割り当てられる)糧食. 3 (属州総督に対する)食料購入資金.
cibārius -a -um, *adj* [cibus] 1 食物[食料]の. 2 (食物が)ありふれた, 粗末な: ~ *panis* (CIC) 黒パン.
cibātiō -ōnis, °*f* [cibo] 食料, 食物.
cibātus -ūs, *m* [↓] 食物, 食料; 栄養.
cibō -āre -āvī -ātum, *tr* [cibus] 食物[えさ]を与える.
cibōrium -ī, *n* [*Gk*] 1 酒杯. 2°(祭壇や聖像などの上に設けた)天蓋. 3°〖ヵト〗聖体器, チボリウム.
cibus -ī, *m* 1 食物, 食料; 栄養. 2 (おびき寄せるための)えさ, おとり. 3 (比喩的に)糧, 燃料: ~ *furoris* (OV) 激情をかきたてるもの.
Cibyra -ae, *f* [*Gk*] キビュラ((1) Phrygia 南部の町. (2) Pamphylia の町).
Cibyrāta, -ēs -ae, *adj* (*m*, *f*) Cibyra (1) の. **Cibyrātae** -ārum, *m pl* Cibyra (1) の住民.
Cibyrāticus -a -um, *adj* Cibyra (1) の.
cicāda -ae, *f* 〖昆〗セミ(蟬).
cicātrīcō -āre -ātum, *tr* [cicatrix] 傷あとを残す.
cicātrīcōsus -a -um, *adj* [cicatrix] 傷あと[瘢痕]のある.
cicātrīcula -ae, *f dim* [↓] 小さな傷あと[瘢痕].
cicātrīx -īcis, *f* 1 傷あと, 瘢痕(ばんこん): *cicatrices adversae* (CIC) 体の前面の傷(=名誉の傷). 2 (刃物や動物が樹木につけた)傷あと.
ciccum -ī, *n* 1 ザクロの実を包む薄膜. 2 くだらぬもの.
cicer -eris, *n* 〖植〗ヒヨコマメ.

cicera -ae, *f* 〖植〗ガラスマメ.
Cicerō -ōnis, *m* キケロー(Tullia 氏族に属する家名; 特に *M. Tullius* ~, 雄弁家・政治家・著述家 (前106-43)).
Cicerōniānus -a -um, *adj* Cicero の.
cichorēum -eī, **-ium** -ī, *n* [*Gk*] 〖植〗キクニガナ, チコリー.
cicima(li)ndrum -ī, *n* Plautus の喜劇中の架空の調味料.
cicindēla -ae, *f* [candeo; *cf.* candela] 1 〖昆〗ホタル. 2 ろうそく.
Cicirrus -ī, *m* (「闘鶏, シャモ」の意) Horatius の詩中のおしゃべりでけんか好きな男のあだ名.
Cicones -um, *m pl* [*Gk*] キコネス(Thracia の Hebrus 河畔にいた一部族).
cicōnia -ae, *f* 〖鳥〗コウノトリ.
cicōnīnus -a -um, °*adj* [↑] コウノトリの.
cicuma -ae, *f* [*Gk*] 〖鳥〗フクロウ.
cicur -uris, *adj* 1 飼いならされた. 2 穏やかな.
cicurō -āre, *tr* [↑] 飼いならす; 落ちつかせる.
cicūta -ae, *f* 1 〖植〗ドクニンジン. 2 ドクニンジンから採った毒. 3 (ドクニンジンの茎で作った)笛.
cidaris -idis, *f* [*Gk*<*Pers.*, *Heb.*] 1 Persia 王の冠. 2°ユダヤ教大祭司の頭飾り.
cieō -ēre cīvī citum, *tr* 1 動かす, 運動させる. 2 かき混ぜ, 揺り動かす: *mare venti et aurae cient* (LIV) 風やそよ風が海面を波立たせる. 3 駆りたてる, 促す: *alqm ad arma ciere* (LIV) ある人を戦いに駆りたてる. 4 助けを求めて呼び寄せる〈alqm〉. 5 名指す〈alqd [alqm]〉: *patrem ciere* (LIV) 父の名を挙げる(=自由民の生まれであることを証明する). 6 起こさせる, 生じさせる: *gemitus ciere* (VERG) うめき声をあげる.
ciliāris -is -e, °*adj* [解] 繊毛の, 毛様体の.
ciliāta -ōrum, °*n pl* 〖動〗繊毛虫亜門.
cilibantum -ī, *n* 飲酒用丸テーブル.
Cilicia -ae, *f* [*Gk*] キリキア(-) (小アジア南東部の地方).
Ciliciēnsis -is -e, *adj* Cilicia の.
cilicīnus -a -um, °*adj* [↓] ヤギの毛で作られた.
cilicium -ī, *n* [*Gk*] (Cilicia のヤギの毛で作られた)敷物.
Cilicius -a -um, *adj* Cilicia の.
Cilissa -ae, *adj f* [Cilix] Cilicia の.
cilium -ī, *n* 1 まぶた. 2°〖解〗睫毛(しょうもう), まつげ. 3°〖生物〗(下等動物体の)繊毛. 4°〖植〗(葉などの)細毛.
Cilīx -icis, *adj* Cilicia の. **Cilices** -um, *m pl* Cilicia の住民.
Cilla -ae, *f* [*Gk*] キッラ(Troas の町; 有名な Apollo の神殿があった).
cilliba -ae, *f* [*Gk*] 円い食卓.
cillō -ere, *tr* 動かす.
Cilnius -ī, *m* キルニウス(Etruria 人の氏族名; 特に *C.* ~ *Maecenas* ⇒ Maecenas).
Cimber[1] -bra -brum, *adj* Cimbri 族の.
Cimber[2] -brī, *m* キンベル(Caesar 殺害者の一人).
Cimbrī -ōrum, *m pl* キンブリ(Germania 北部にいた一部族; Gallia と Italia へ侵入し, ローマの将軍 Marius に撃退された (前 2 世紀末)).

Cimbricus -a -um, *adj* Cimbri 族の.
cīmēliarcha -ae, °*m* [Gk] 宝物管理人.
cīmēliarchium -ī, °*n* [Gk] 宝物庫.
cīmex -micis, *m* [Gk] 1 《昆》トコジラミ, ナンキンムシ. 2 (蔑称として) よくかみつくうるさいやつ.
Ciminius -a -um, *adj* Ciminus 湖の.
Ciminus -ī, *m* キミヌス (Etruria の湖).
Cimmericus -a -um, *adj* Cimmerii (1) の.
Cimmeriī -ōrum, *m pl* [Gk] キンメリイー, *-オイ《(1) Thracia にいた一部族. (2)《伝説》Baiae と Cumae の間の洞穴の中で永遠の闇に包まれて住むという民族》.
Cimmerium -ī, *n* [↓] キンメリウム《Campania の Avernus 湖付近の町》.
Cimmerius -a -um, *adj* 1 Cimmerii (1) の. 2 Cimmerii (2) の; 暗い: *Cimmeriī lacūs* (Tib) 冥府.
Cimōlius -a -um, *adj* Cimolus の.
Cimōlus -ī, *f* [Gk] キモールス, *-ロス《Cyclades 諸島中の小島; 白亜質の土壌で有名; 現 Kimolo》.
Cimōn -ōnis, *m* [Gk] キモーン《Miltiades の息子 (前 507?−449); Athenae の将軍・政治家》.
cimussātiō -ōnis, °*f* [↓] 綱でくくること.
cimussō -āre, °*tr* 綱でくくる.
cinaedicus -a -um, *adj* [cinaedus] みだらな, 猥褻な.
cinaedologos -ī, *m* [Gk] 猥本作者.
cinaedulus -ī, *m dim* [↓] 男色の相手の少年, 稚児.
cinaedus[1] -ī, *m* [Gk] 1 男色の相手の少年, 稚児; 男色者, 好色漢. 2 海魚の一種.
cinaedus[2] -a -um, *adj* 猥褻な, みだらな.
cinara -ae, *f* [Gk] 《植》チョウセンアザミの一種.
Cinara -ae, *f* [Gk] キナラ《(1) エーゲ海の島; チョウセンアザミの原産地; 現 Zinara. (2) Horatius の愛人の一人》.
cincinnātus -a -um, *adj* [cincinnus] (頭髪が) 巻き毛の: *stella cincinnāta* (Cic) 彗星.
Cincinnātus -ī, *m* キンキンナートゥス《Quinctia 氏族に属する家名; 特に L. Quinctius 〜, ローマの危機に田園生活から起用されて独裁官となった (前 458)》.
cincinnus -ī, *m* [Gk] 1 (頭髪の) 巻き毛. 2 《修》美辞麗句, 過度の文飾.
Cinciolus -ī, *m dim* Cincius の愛称.
Cincius -ī, *m* キンキウス《ローマ人の氏族名; 特に (1) L. 〜 Alimentus, 史家; Sicilia 島のプラエトル (前 210). (2) M. 〜 Alimentus, 護民官 (前 205)》.
cincticulus -ī, *m dim* [cinctus²] (小さな) 帯.
cinctiō -ōnis, °*f* [cingo] 帯を締めること.
cinctōrium -ī, *n* [cingo] 1 剣帯 (=balteus). 2° 帯, ベルト.
cinctūra -ae, *f* [cingo] 帯.
cinctus[1] -a -um, *pp* ⇨ cingo.
cinctus[2] -ūs, *m* 1 帯を締めること. 2 帯, ベルト.
cinctūtus -a -um, *adj* [↑] 帯を締めた.
Cīneās -ae, *m* [Gk] キーネアース《Epirus の王 Pyrrhus の友人; 王にローマ人と和解するよう説いた》.
cinefactus -a -um, *adj* [cinis/facio] 灰にされた.
cinerāceus -a -um, *adj* [cinis] 灰のような: 〜 *color* (Plin) 灰色.

cinerārium -ī, *n* [↓]《碑》(骨壷を安置しておくための) 墓室内の凹んだ所.
cinerārius[1] -ī -um, °*adj* [cinis] 灰の.
cinerārius[2] -ī, *m* 髪をカールさせるこてを熱い灰で熱する奴隷, 理髪師.
cinerēscō -ere, °*intr inch* [cinis] 灰になる.
cinereus -a -um, *adj* [cinis] 1 灰のような: 〜 *color* (Col) 灰色. 2°《生物》灰白の.
cinericius -a -um, *adj* [cinis] 灰のような.
cinerōsus -a -um, *adj* [cinis] 灰でいっぱいの: *cinerosi mortui* (Apul) 灰になった死人たち.
cinerulentus -a -um, °*adj* [cinis] 灰でおおわれた.
Cinga -ae, *m* キンガ《Hispania Tarraconensis の川; 現 Cinca》.
Cingetorix -igis, *m* キンゲトリクス《(1) Gallia の Treveri 族の首領. (2) Britannia の Cantium 地方の王》.
cingillum -ī, *n dim* [cingulum] (小さな) 帯《女性, 特に新婚娘が身につける》.
cingō -ere cinxī cinctum, *tr* 1 帯を巻く. 2 (*pass*) 帯を締める; 装備する; 身に帯びる: *cingitur gladio* (Liv) 彼は剣を帯びる. 3 冠をかぶらせる: *cingere comam lauro* (Hor) 栄冠を授ける. 4 取り巻く, 囲む; 包囲する 〈alqd re〉. 5 随行 [同行] する: *cingere alci latus* (Ov) ある人に付き添う.
cingulum -ī, *n*, **cingula** -ae, *f* [↑] 帯, ベルト; 剣帯; (馬の) 腹帯.
Cingulum -ī, *n* キングルム《Picenum の町; 現 Cingulo》.
cingulus -ī, *m* (地球の) 帯(ੲ).
cinifes, -phes -um, °*f pl* [Gk]《昆》刺して血を吸う小さな虫《カ・ブヨなど》.
ciniflō -ōnis, *m* [↓/flo] 理髪師 (=cinerarius²).
cinis -neris, *m* (*f*) 灰: 〜 *atque ossa alcis* (Cic) ある人の遺骨 / *patriae cineres* (Verg) 祖国の灰燼.
Cinna -ae, *m* キンナ《ローマ人の家名; 特に (1) L. Cornelius 〜, 前 86 年の同僚執政官 Marius とともに Sulla 一派を大量虐殺した. (2) L. Cornelius 〜, (1) の息子; Caesar 暗殺者の一人. (3) C. Helvius 〜, 詩人で Catullus の友人》.
cinnabaris -is (*acc* -im), *f* [Gk] 麒麟血(ਤੇ੨)《リュウケツジュの果実から採る樹脂》.
cinnamōma -ae, °*f* =cinnamomum.
cinnamōmum, cinnamum, -on -ī, *n* [Gk]《植》シナモン.
Cinnānus -a -um, *adj* Cinna (1) の.
cinnus -ī, °*m* スペルト小麦とぶどう酒の混合飲料.
cinxī *pf* ⇨ cingo.
Cīnyphius -a -um, *adj* Cinyps の. 2 Libya の, Africa の.
Cīnyps -yphis, *m* [Gk] キーニュプス《Libya の川; 現 Cinifo》.
Cinyrās -ae, *m* [Gk]《伝説》キニューラース《Cyprus 島の王; Myrrha や Adonis の父》.
Cinyrēius -a -um, *adj* Cinyras の.
ciō cīre, *tr* =cieo.
Cios -ī, *f* [Gk] キオス《(1) Bithynia の川. (2) (1) の河口にある町; 現 Gemlik》.

ciosmis -is (acc -in), °f [Gk] 【植】サルビアの類.
cippus -ī, m 1 境界標石[柱]. 2 墓石. 3 柵, 矢来(㌔).
Cīpus, -ī, m 【伝説】キープス《ローマの伝説的な人物; その頭に突然角が生えたという》.
circā adv, prep [circum] I (adv) まわりに; 近くに. II (prep) ⟨+acc⟩ 1 (空間的) …のまわりに; …の近くに. 2 (時間的) …ごろに. 3 約…, およそ…: ea fuere oppida ~ septuaginta (Liv) それらの町は約70あった. 4 …に関して: publica ~ bonas artes socordia (Tac) 有益な学芸に関する社会の無関心.
circaeum, -on -ī, n [Gk] 【植】マンドレーク (= mandragoras).
Circaeus -a -um, adj Circe の.
circāmoerium -ī, n 壁の周囲の空間 (=pomoerium).
Circē -ēs, -a -ae, f [Gk] 【神話】キルケー《太陽神の娘でColchisの王Aeetesの姉妹; Aeaea島に住み, 人間を動物に変える魔力をもっていた》.
Circēiensis -is -e, adj Circeii の. **Circēiensēs** -ium, m pl Circeii の住民.
Circēii -ōrum, m pl キルケーイイー《Latiumの岬, またはそこにある町; 美味なカキで有名; Circe の定住地ともいわれる; 現 Circeo》.
circellus -ī, °m dim [circulus] (小さな)輪.
circen -cinis, °n [運動], 回転: ~ solis 太陽の一周 (=一年).
Circēnsēs -ium, m pl [↓] (sc. ludi) ローマ市の Circus Maximus における競技.
Circensis -is -e, adj [circus] 円形競技場の.
circes -citis, m [circum] 円.
circinātiō -ōnis, f [↓] 円周.
circinō -āre -āvī -ātum, tr [↓] 円形を作る, 円を描く.
circinus -ī, m [circus] コンパス.
circiter adv, prep [circum] I (adv) まわりに; (数・時間が)およそ. II (prep) ⟨+acc⟩ 1 …のまわりに; …の近くに. 2 (数・時間的)およそ….
circitō -āre, tr freq [circumeo] 歩きまわる, 足しげく出入りする.
circitor -ōris, m [circumeo] 1 番人, 見張り. 2°(pl) 【軍】(歩哨を監視する)巡察隊. 3° 行商人.
circius -ī, m 北西風.
circlus -ī, m =circulus.
circō -āre, °tr [cirius] 歩きまわる.
circueō -īre -iī [-īvī] -itum, tr =circumeo.
circuitiō -ōnis, f [circumeo] 1 回ること, 巡回. 2 まわりくどさ.
circuitus[1] -a -um, pp ⇨ circueo.
circuitus[2] -ūs, m 1 回ること. 2 回り道. 3 周囲. 4 まわりくどさ. 5 【修】掉尾(㌧)文.
circulāris -is -e, °adj [circulus] 円形の.
circulātim adv [circulor] 円[群れ]になって.
circulātor -ōris, m [circulor] 1 行商人, 旅芸人. 2 (旅回りの)いんちき薬売り, 香具師(㌔).
circulātōrius -a -um, adj [↑] 大道商人の.
circulō -āre, tr [circulus] 1 円形を作る. 2° 周り囲む.
circulor -ārī -ātus sum, intr dep [↓] 1 (話のために人々が)円[群れ]をつくる. 2 (香具師などが)自分のまわりに人を集める.
circulus -ī, m dim [circus] 1 円, 円形. 2 (天体の)軌道. 3 (地球の)帯(㌔). 4 円形のもの, 輪. 5 仲間, 集団.
circum adv, prep (acc) [circus] I (adv) まわりに, 両側に. II (prep) …のまわりに; …の近くに: ~ alqm esse (Cic) ある人に仕える.
circum- pref [↑] 意味は circum を参照.
circumactiō -ōnis, f [circumago] 1 回ること, 回転.
circumactus[1] -a -um, pp ⇨ circumago.
circumactus[2] -ūs, m 回ること, 回転.
circumadjaceō -ēre, °intr 周囲に置かれている, 周囲にある.
circumaggerō -āre -āvī -ātum, tr 周囲に積み上げる.
circumagō -ere -ēgī -actum, tr 1 回らせる, 円を描かせる. 2 (pass) 歩きまわる, さすらう: huc illuc clamoribus hostium circumagi (Tac) 敵の叫び声で右往左往する. 3 (refl, pass) (時が)経過する, 過ぎ去る. 4 向きを変えさせる. 5 気持[考え]を変えさせる: rumoribus vulgi circumagi (Liv) 大衆の噂に気持が左右される.
circumambulō -āre, °tr 歩いて回る.
circumamiciō -īre -ictum, °tr 包み込む.
circumamictus -a -um, pp ⇨ circumamicio.
circumānālis -is -e, °adj [circum-/anus²] 【解】肛門周囲の.
circumarō -āre -āvī, tr 耕して回る.
circumaspicere inf ⇨ circumaspicio.
circumaspiciō -cere, tr 1 見回す. 2 熟考する.
circumassistō -ere, °intr 取り囲む.
circumauferō -ferre, °tr 完全に取り除く; 禁ずる.
circumcaesūra -ae, f 輪郭, 外形.
circumcalcō -āre, tr 歩いて一面を踏む.
circumcelliō -ōnis, °m [circum-/cella] (一定の居所をもたずに)修道院を巡り歩く修道士.
circumcīdī pf ⇨ circumcido.
circumcīdō -ere -cīdī -cīsum, tr [circum-/caedo] 1 切り取る, 刈り込む. 2 切り詰める, 減らす.
circumcingō -ere -cinxī -cinctum, tr 取り囲む, 取り巻く.
circumcircā adv まわりに, ぐるりと.
circumcircō -āre, °intr 歩きまわる.
circumcīsē adv [circumcisus] 簡単に, 手短かに.
circumcīsiō -ōnis, °f [circumcido] 1 切り取ること. 2 【医】包皮切除. 3 【聖】割礼. 4 割礼を施された者 (=ユダヤ民族). 5 【解】包皮. 6 【聖】心の清め. 7 キリスト割礼祭《1月1日》.
circumcīsūra -ae, f [circumcido] 周囲に切り込みを入れること.
circumcīsus -a -um, adj (pp) [circumcido] 1 切り立った, 険しい. 2 縮約された, 簡潔な.
circumclūdō -ere -clūsī -clūsum, tr [circum-/claudo²] 取り巻く, 囲む; 包囲する: Catilina, meis

circumclusi — circumlatio 120

praesidiis, meā diligentiā circumclusus (Cic) Catilina よ、おまえは私が慎重に配置した護衛隊によって包囲されている.
circumclūsī *pf* ⇨ circumcludo.
circumclūsus -a -um, *pp* ⇨ circumcludo.
circumcola -ae, °*m* [↓] 近所の人.
circumcolō -ere, *tr* 周囲(近く)に住む.
circumcordiālis -is -e, °*adj* [circum-/cor] 心臓の周囲の.
circumcumulō -āre, *tr* 周囲に積み上げる.
circumcurrō -ere, *tr* まわりを走る.
circumcursō -āre, *tr, intr freq* (...の上[周囲]を)走りまわる; 回転する.
circumdatiō -ōnis, °*f* [circumdo] 囲むこと.
circumdatus -a -um, *pp* ⇨ circumdo.
circumdedī *pf* ⇨ circumdo.
circumdō -are -dedī -datum, *tr* 1 周囲に置く ⟨alqd alci rei⟩: *milites sibi circumdare* (Tac) 自分のまわりに兵隊を置く. 2 与える. 3 囲む, 取り巻く, 包囲する ⟨alqd re⟩: *exiguis quibusdam finibus oratoris munus circumdedisti* (Cic) あなたは弁論家の務めをある狭い限界の中に閉じ込めてしまった.
circumdolō -āre, *tr* (斧で)周囲を切る.
circumdūcō -ere -duxī -ductum, *tr, intr* 1 連れて回る, 周囲を回らせる ⟨alqm [alqd]; +2 個の *acc*⟩: *aratrum circumducere* (Cic) すきを引いて境界を定める / *alqm omnia sua praesidia circumducere* (Caes) ある人を案内して陣営のすべてを見せる. 2 だます. 3 くどく述べる. 4 (音を)伸ばしてゆっくり話す. 5 [法] 取り消す, 無効にする.
circumductiō -ōnis, *f* [↑] 1 周囲, 円周. 2 迂回路. 3 だますこと. 4 ⟨修⟩ 完全文.
circumductus -a -um, *pp* ⇨ circumduco.
circumduxī *pf* ⇨ circumduco.
circumēgī *pf* ⇨ circumago.
circumeō -īre -iī [-īvī] -itum, *tr (intr)* 1 歩いて回る, 巡回する: *omnes fores aedificii circumire* (Nep) 家中の扉を見て回る. 2 囲む, 取り巻く; 包囲する. 3 だます. 4 まわりくどい言い方をする.
circumequitō -āre, *tr* 馬に乗って回る.
circumerrō -āre, *tr, intr* さまよい歩く, ぶらつきまわる.
circumferentia -ae, *f* [↓] 円周; 周囲.
circumferō -ferre -tuli -lātum, *tr* 1 持って[運んで]回る: *circumferre acies* (Verg) 見渡す. 2 広める, 行き渡らせる ⟨alqd; +*acc c. inf*⟩. 3 (聖物を持って回って)罪を清める.
circumflectō -ere -flexī -flexum, *tr* 1 折り返す: *circumflectere longos cursus* (Verg) 長い道を折り返す. 2 《文》曲アクセントを付ける.
circumflexī *pf* ⇨ circumflecto.
circumflexus[1] -a -um, *pp* ⇨ circumflecto.
circumflexus[2] -ūs, *m* 湾曲, アーチ形.
circumflō -āre, *intr, tr* I *(intr)* (風が)あたり一面に吹く. II *(tr)* 四方から吹きつける.
circumfluō -ere -fluxī -fluxum, *tr, intr* I *(tr)* 1 周囲を流れる ⟨alqd⟩. 2 囲む, 取り巻く ⟨alqm⟩. II *(intr)* 1 あふれる. 2 豊富にある ⟨re⟩.
circumfluus -a -um, *adj* [↑] 1 周囲を流れる.

2 (水に)取り囲まれた; (一般に)囲まれた.
circumfluxī *pf* ⇨ circumfluo.
circumfluxus -a -um, *pp* ⇨ circumfluo.
circumfōdī *pf* ⇨ circumfodio.
circumfodiō -ere -fōdī -fossum, *tr* 周囲を掘る.
circumforāneus -a -um, *adj* [circum-/forum] 1 市場(のまわり)の. 2 市場を渡り歩く. 3 持ち運びできる, 移動できる.
circumfossus -a -um, *pp* ⇨ circumfodio.
circumfricō -āre, *tr* まわりをこする.
circumfūdī *pf* ⇨ circumfundo.
circumfulgeō -ēre -fulsī -fulsum, *tr* まわりで輝く.
circumfulsī *pf* ⇨ circumfulgeo.
circumfulsus -a -um, *pp* ⇨ circumfulgeo.
circumfundō -ere -fūdī -fūsum, *tr* 1 まわりに注ぐ ⟨alqd alci rei⟩; (通例 *pass*) 取り巻いて流れる: *Tigris urbi circumfunditur* (Plin) Tigris 川は町のまわりを流れる. 2 (*pass, refl*) 囲む, 取り巻く ⟨alci rei⟩: *circumfundebantur obviis sciscitantes* (Liv) 彼らは出会った者たちを取り巻いて質問をあびせかけた.
circumfūsus -a -um, *pp* ⇨ circumfundo.
circumgemō -ere, *tr* まわりでほえる.
circumgestō -āre, *tr* 持って[運んで]回る.
circumgredī *inf* ⇨ circumgredior.
circumgredior -dī -gressus sum, *tr dep* [circum-/gradior] 周囲を回る, 一周する: *exercitum circumgredi* (Sall) 軍隊を包囲する.
circumgressus -a -um, *pp* ⇨ circumgredior.
circumicere *inf* ⇨ circumicio.
circumiciō -cere -jēcī -jectum, *tr* [circum-/jacio] 周囲に投げる[置く] ⟨alqd alci rei⟩: *multitudinem hominum totis moenibus circumicere* (Caes) すべての城壁のまわりに大勢の人を配備する. 2 囲む, 取り巻く ⟨alqd re⟩.
circumii *pf* ⇨ circumeo.
circuminicere *inf* ⇨ circuminicio.
circuminiciō -ere, *tr* 周囲に投げる[置く].
circumīre *inf* ⇨ circumeo.
circumitiō -ōnis, *f* =circuitio.
circumitor -ōris, *m* =circitor.
circumitus[1] -a -um, *pp* ⇨ circumeo.
circumitus[2] -ūs, *m* =circuitus[2].
circumjacentia -ōrum, *n pl (prp)* [↓] 文脈.
circumjaceō -ēre, *intr* まわりに(横よこたわって)いる, 隣接する ⟨*abs*; +*dat*⟩.
circumjēcī *pf* ⇨ circumicio.
circumjectus[1] -a -um, *adj (pp)* [circumicio] 1 取り巻いている, 隣接した ⟨alci rei⟩: *aedificia circumjecta muris* (Liv) 城壁に隣接した建物. 2 取り囲まれた ⟨re⟩.
circumjectus[2] -ūs, *m* 1 取り巻くこと, 包囲. 2 身にまとう物, 衣服.
circumjiciō -ere, *tr* =circumicio.
circumlambō -ere, *tr* まわりをなめる.
circumlātiō -ōnis, *f* [circum-/ferō] 1° 持って[運んで]回ること. 2 回転, 円運動.

circumlātrō -āre, *tr* まわりでほえる.
circumlātus -a -um, *pp* ⇨ circumfero.
circumligō -āre, *tr* **1** 縛りつける ⟨alqd alci rei⟩: *natam mediae circumligat hastae* (Verg) 彼は娘を槍のまん中に縛りつける. **2** まわりに巻く, 巻きつける ⟨alqd re⟩: *ferrum stuppā circumligare* (Liv) 槍の穂先を麻くずで巻く.
circumliniō -īre, *tr* =circumlino.
circumlinō -ere -lēvī -litum, *tr* **1** まわりに塗る ⟨alqd alci rei⟩. **2** 塗りたくる ⟨alqd re⟩: *labellum luto circumlinere* (Col) 小鉢のまわりに粘土を塗る. **3** おおう, 着せる.
circumlitiō -ōnis, *f* [↑] **1** まわりに塗ること. **2** (大理石像の)彩色.
circumlitus -a -um, *pp* ⇨ circumlino.
circumlocūtiō -ōnis, *f* [circumloquor] 婉曲表現 (=periphrasis).
circumlocūtus -a -um, *pp* ⇨ circumloquor.
circumloquī *inf* ⇨ circumloquor.
circumloquor -quī -locūtus sum, *intr dep* 遠まわしに言う.
circumlūceō -ēre, *tr* あたり一面を照らしている.
circumluō -ere, *tr* (水が)周囲を洗う[流れる].
circumlustrō -āre -āvī, *tr* **1** あたり一面を照らす. **2** くまなく歩く, 遍歴する.
circumluviō -ōnis, *f* [circumluo] 沖積(地).
circumluvium -ī, *n* =circumluvio.
circummīsī *pf* ⇨ circummitto.
circummissus -a -um, *pp* ⇨ circummitto.
circummittō -ere -mīsī -missum, *tr* あちこちへ送る.
circummoeniō -īre, *tr* ⟨古形⟩ =circummunio.
circummūgiō -īre, *tr* まわりでうなる[ほえる].
circummulceō -ēre, *tr* (やさしく)なめまわす.
circummūniō -īre -īvī -ītum, *tr* 堡塁をめぐらす, まわりを取り巻く ⟨alqd re⟩.
circummūnītiō -ōnis, *f* [↑] 堡塁をめぐらすこと, 包囲.
circumnāvigō -āre, *tr* 回航する.
circumpadānus -a -um, *adj* Padus 川の近くの.
circumpendeō -ēre, *intr* まわりにぶらさがる.
circumplaudō -ere, *tr* まわりを囲んで拍手する.
circumplecto -ere, *tr* =circumplector.
circumplector -ī -plexus sum, *tr dep* 抱きしめる; 取り巻く, 囲む ⟨alqd re⟩.
circumplexus -ūs, *m* [↑] 抱きしめること, 巻きつくこと.
circumplicō -āre -āvī -ātum, *tr* まわりに巻きつく.
circumpōnō -ere -posuī -positum, *tr* まわりに置く.
circumpositus -a -um, *pp* ⇨ circumpono.
circumposuī *pf* ⇨ circumpono.
circumpōtātiō -ōnis, *f* [circum-/poto] (杯を)回し飲みすること.
circumquāque °*adv* いたるところに.
circumrādō -ere -rāsī -rāsum, *tr* まわりを削る [かき落とす].

circumrāsī *pf* ⇨ circumrado.
circumrāsus -a -um, *pp* ⇨ circumrado.
circumrētiō -īre -īvī -ītum, *tr* [circum-/rete] 網で囲む, わなにかける.
circumrētitus -a -um, *pp* ⇨ circumretio.
circumrōdō -ere -rōsī, *tr* まわりをかじる: *dudum circumrodo, quod devorandum est* (Cic) 私は飲みくだすべきものをずっとかじっている (=言うべきことをためらってきた) / *dente Theonino circumroditur* (Hor) 彼は Theon に中傷されている.
circumrōsī *pf* ⇨ circumrodo.
circumsaepiō -īre -saepsī -saeptum, *tr* 垣根[柵]をめぐらす, 取り囲む ⟨alqm [alqd] re⟩.
circumsaepsī *pf* ⇨ circumsaepio.
circumsaeptus -a -um, *pp* ⇨ circumsaepio.
circumscalpō -ere -psī -ptum, *tr* まわりをこする.
circumscindō -ere, *tr* (衣服を)引きちぎる.
circumscrībō -ere -scrīpsī -scrīptum, *tr* **1** 円で囲む. **2** 境界線を描く. **3** 制限する: *tribunum plebis circumscribere* (Cic) 護民官の権限を制限する. **4** 概略を述べる, 定義する. **5** だます, だまし取る: *vectigalia circumscribere* (Quint) 公金を横領する. **6** 除外する, 無効にする.
circumscrīpsī *pf* ⇨ circumscribo.
circumscriptē *adv* [circumscriptus] **1** 簡潔に. **2** ⟨修⟩ 掉尾文.
circumscrīptiō -ōnis, *f* [circumscribo] **1** 円で囲むこと; 円周. **2** 輪郭; 境界(線). **3** 詐欺, 欺瞞. **4** ⟨修⟩ 掉尾(ᵇⁱ)文.
circumscrīptor -ōris, *m* [circumscribo] 詐欺師.
circumscrīptus -a -um, *adj* (*pp*) [circumscribo] **1** 簡潔な. **2** (文章が)手際よく仕上げられた; ⟨修⟩ 掉尾文の.
circumsecō -āre -sectum, *tr* **1** まわりを切り取る. **2** 割礼を行なう.
circumsectus -a -um, *pp* ⇨ circumseco.
circumsedeō -ēre -sēdī -sessum, *tr* **1** まわりにすわる. **2** 取り囲む, 攻囲する.
circumsēdī *pf* ⇨ circumsedeo, circumsido.
circumsēpiō -īre, *tr* =circumsaepio.
circumserō -ere, *tr* まわりに植える.
circumsessiō -ōnis, *f* [circumsedeo] 取り囲むこと, 攻囲.
circumsessus -a -um, *pp* ⇨ circumsedeo.
circumsideō -ēre, *tr* =circumsedeo.
circumsīdō -ere -sēdī, *tr* 取り囲む, 攻囲する.
circumsignō -āre -āvī, *tr* まわりにしるしをつける.
circumsiliō -īre, *intr* [circum-/salio] 周囲を跳ぶ.
circumsistō -ere -stetī, *tr* 周囲に立つ, 取り巻く; 包囲する.
circumsitus -a -um, °*adj* [circum-/sino] まわりにある, 近隣の.
circumsonō -āre -sonuī, *tr, intr* **I** (*intr*) 一面に反響する, 鳴り響く. **II** (*tr*) 反響させる, 鳴り響かせる.
circumsonuī *pf* ⇨ circumsono.

circumsonus -a -um, *adj* [circumsono] あたり一面に鳴り響いている、反響する。

circumspectātrix -īcis, *f* [circumspecto] 女スパイ。

circumspectē *adv* [circumspectus¹] 用心深く、慎重に。

circumspectiō -ōnis, *f* [circumspicio] 1° 見まわすこと。 2 用心、慎重さ。

circumspectō -āre -āvī -ātum, *intr*, *tr freq* 1 見まわす。 2 捜し求める。 3 よく調べる、吟味する。 4 待ち構える。

circumspectus¹ -a -um, *adj* (*pp*) [circumspicio] 1 慎重に考慮された。 2 用心深い、慎重な。

circumspectus² -ūs, *m* 1 見まわすこと; 眺望、展望: *detinere alqm ab circumspectu rerum aliarum* (Liv) ある人に他の問題を検討させない。 2 熟視、観察。 3 注意、用心。

circumspexī *pf* ⇨ circumspicio.

circumspicere *inf* ⇨ circumspicio.

circumspiciō -ere -spexī -spectum, *tr*, *intr* [circum-/specio] 1 見まわす。 2 捜し求める。 3 よく考察する。 4 注意する ⟨alqd; ut, ne⟩。

circumstantia -ae, *f* (*prp*) [circumsto] 1 周囲に立つこと、取り巻くこと。 2 事情、状況。

circumstatiō -ōnis, *f* [circumsto] 輪になった人々の集団。

circumstetī *pf* ⇨ circumsisto, circumsto.

circumstīpō -āre -ātum, *tr* 取り囲む、取り巻きながら随行する。

circumstō -āre -stetī, *intr*, *tr* 周囲に立つ、取り巻く; 攻囲する: *cum tanti undique terrores circumstarent* (Liv) こんなに大きな脅威があらゆる方向から取り囲んでいるので。

circumstrepitus -a -um, *pp* ⇨ circumstrepo.

circumstrepō -ere -strepuī -strepitum, *tr* 1 あたりに鳴り響かせる。 2 まわりで大声で叫ぶ。

circumstrepuī *pf* ⇨ circumstrepo.

circumstructus -a -um, *pp* ⇨ circumstruo.

circumstruō -ere -struxī -structum, *tr* 周囲に建てる。

circumstruxī *pf* ⇨ circumstruo.

circumsūtus -a -um, *adj* [circum-/suo] まわりを縫い合わせた。

circumtectus -a -um, *pp* ⇨ circumtego.

circumtegō -ere -texī -tectum, °*tr* まわりをおおう。

circumtendī *pf* ⇨ circumtendo.

circumtendō -ere -tendī -tentum, *tr* まわりに張る[おおう]。

circumtentus -a -um, *pp* ⇨ circumtendo.

circumtergeō -ēre, *tr* あたりをふく。

circumterō -ere, *tr* まわりをこする; (こすらんばかりに)取り巻く。

circumtexī *pf* ⇨ circumtego.

circumtextus -a -um, *adj* (*pp*) [circumtego] まわりを縁取った。

circumtonō -āre -tonuī, *tr* まわりに雷鳴をとどろかせる; 《詩》まわりで大きな音をたてる。

circumtonsus -a -um, *adj* [circum-/tondeo] 1 すっかり毛を刈られた。 2 手のこんだ、わざとらしい。

circumtonuī *pf* ⇨ circumtono.

circumtulī *pf* ⇨ circumfero.

circumvādō -ere -vāsī, *tr* (敵が)四方から襲う、攻囲する; (恐怖が)降りかかる。

circumvagus -a -um, *adj* 周囲を流れている。

circumvallō -āre -āvī -ātum, *tr* 1 堡塁[城壁]をめぐらす。 2 攻囲する。 3 囲む、取り巻く。

circumvāsī *pf* ⇨ circumvado.

circumvectiō -ōnis, *f* [circumveho] 1 運んで回ること、運搬。 2 (天体の)運行。

circumvectō -āre, *tr* =circumvector.

circumvector -ārī -ātus sum, *tr dep freq* [circumvehor] 1 (馬・船などで)旅をして回る。 2 詳述する。

circumvectus -a -um, *pp* ⇨ circumvehor.

circumvehī *inf* ⇨ circumvehor.

circumvehor -ī -vectus sum, *tr*, *intr dep* [circum-/veho] (馬・船などで)旅をして回る。

circumvēlō -āre, *tr* まわりをおおう。

circumvēnī *pf* ⇨ circumvenio.

circumveniō -īre -vēnī -ventum, *tr* 1 まわりに来る、取り巻く; 攻囲する。 2 襲う、悩ます。 3 計略にかける、だます。 4 不当な告発[有罪宣告]をする。

circumventiō -ōnis, °*f* [↑] 計略にかけること、詐欺。

circumventus -a -um, *pp* ⇨ circumvenio.

circumversus -a -um, *pp* ⇨ circumverto.

circumvertī *pf* ⇨ circumverto.

circumvertō -ere -vertī -versum, *tr* 1 (*pass*, *refl*) 回転する; まわりを回る ⟨alqd⟩。 2 回転させる: *circumvertere mancipium* (Quint) 奴隷を解放する《主人を(くるりと)回すことが自由身分を与える儀式の一部をなしていたことから》。

circumvestiō -īre, *tr* 1 おおう、包む。 2 《詩》包み隠す。

circumvinciō -īre -vinctum, *tr* まわりを縛る。

circumvinctus -a -um, *pp* ⇨ circumvincio.

circumvīsō -ere, *tr* 見まわす。

circumvolitō -āre -āvī, *intr*, *tr freq* 1 まわりに飛ぶ; 飛びまわる。 2 足しげく訪れる。

circumvolō -āre -āvī -ātum, *intr*, *tr* 1 まわりに飛ぶ; 飛びまわる。 2 まわりを駆ける; 駆けまわる。

circumvolūtor -ārī -ātus sum, *intr dep* [circum-/voluto] まわりを回る。

circumvolūtus -a -um, *pp* ⇨ circumvolvo.

circumvolvī *pf* ⇨ circumvolvo.

circumvolvō -ere -volvī -volūtum, *tr* 転がす; (通例 *pass*) 転がる、回転する: *sol magnum circumvolvitur annum* (Verg) 太陽は一年の偉大な環をめぐる。

circumvortō -ere, *tr* =circumverto.

circus -ī, *m* [*Gk*] 円弧; (天体の)軌道: *candens ~* (Cic) 銀河。 2 円形競技場: *Circus Maximus* (Liv) 大競技場《Palatinus 丘と Aventinus 丘の間にあった》。 3 競技会; その観客。

cīris -is, *f* 《伝説》Nisus の娘 Scylla が変身させられた鳥。

cirrātus -a -um, *adj* [cirrus] 巻き毛の.
Cirr(h)a -ae, *f* [*Gk*] キッラ《Delphi の港町; Apollo にささげられた》.
cirrhōsis -is, °*f* 【病】(肝)硬変(症).
cirripedia -ōrum, °*n pl* 【動】蔓脚(ミペャペ)類.
cirrus -ī, *m* 1 巻き毛. 2 (衣服の)ふさ飾り. 3 (鳥の)冠毛. 4 (*pl*) 【動】(イカ類の)触腕; カキのえら. 5 °【動】棘毛; 毛状突起.
cirsion -ī, *n* [*Gk*] 【植】アザミの一種.
Cirta -ae, *f* [*Gk*] キルタ《Numidia の町; 現 Constantine》.
Cirtensēs -ium, *m pl* Cirta の住民.
cis *prep* 〈+*acc*〉 1 (空間的) …のこちら側に. 2 (時間的) …以内に.
Cisalpīnus -a -um, *adj* [↑/Alpinus] アルプス山脈のこちら[南]側の.
cisium -ī, *n* 軽二輪馬車.
cismarīnus -a -um, °*adj* [cis/marinus] 海のこちら側の.
cismontānus -a -um, *adj* [cis/montanus] 山のこちら側の.
Cispadānus -a -um, °*adj* [cis/Padus] Padus 川のこちら[南]側の.
Cispius -ī, *m* キスピウス《Esquilinus 丘の高みの一つ》.
Cisrhēnānus -a -um, *adj* [cis/Rhenanus] Rhenus 川のこちら[西]側の.
Cissēis -idis, *f* [*Gk*] Cisseus の娘 (=Hecuba).
Cisseus -ī, *m* [*Gk*] 【伝説】キッセウス《Thracia の王で Hecuba の父》.
Cissis -is, *f* キッシス《Hispania Tarraconensis の町》.
cissos -ī, *f* [*Gk*] 【植】キヅタ.
Cissūs -ūntis, *f* =Cyssus.
cista -ae, *f* [*Gk*] 箱.
cistella -ae, *f dim* [↑] (小さな)箱.
Cistellāria -ae, *f* [↑] (*sc.* fabula) 「小箱の物語」《Plautus の喜劇の題名》.
cistellātrix -īcis, *f* [cistella] 主人の金入れを預かる女奴隷.
cistellula -ae, *f dim* [cistella] (小さな)箱.
cisterna -ae, *f* [cista] 1 地下貯水槽. 2 °【解】槽.
cisternīnus -a -um, *adj* [↑] 地下貯水槽の.
cisthos -ī, *m* [*Gk*] 【植】ハンニチバナ.
cistifer -erī, *m* [cista/fero] 【碑】=cistophorus.
cistophorus, **-os** -ī, *m* [*Gk*] 【碑】 1 祭具箱捧持者. 2 Dionysus の祭具箱捧持者の姿を彫った Asia の貨幣.
cistula -ae, *f dim* [cista] (小さな)箱.
citātim *adv* [citatus] 速く, 急いで.
citātiō -ōnis, °*f* [cito²] 1 召喚, 呼び出し. 2 (軍の)指揮(権).
citātōrium -ī, °*n* [cito²] 召喚.
citātus -a -um, *adj* (*pp*) [cito²] 1 速い, 迅速な. 2 急な, 急激な.
citer -tra -trum, *adj* [cis] (主に *comp* で) こちら側の.
citerior -ior -ius, *adj comp* [↑] より近い:

Gallia ~ (CAES) 内ガリア. 2 (時間的)より以前の; より新しい. 3 (程度が)より低い.
Cithaerōn -ōnis, *m* [*Gk*] キタエローン, *-キタイ-《Boeotia と Attica の間にある高山; Bacchus の祭儀がさかんに行なわれた》.
cithara -ae, *f* [*Gk*] 1 キタラ, 堅琴. 2 キタラの演奏.
citharista -ae, *m* [*Gk*] キタラ奏者.
citharistria -ae, *f* [*Gk*] (女性の)キタラ奏者.
citharizō -āre, *intr* [*Gk*] キタラを弾く.
citharoedicus -a -um, *adj* [*Gk*] citharoedus の.
citharoedus -ī, *m* [*Gk*] キタラを弾きながら歌う人.
Citiensis[1] -is -e, *adj* =Citieus.
Citiensis[2] -is, *m* Citium の人 (=Zeno).
Citiēus -a -um, *adj* Citium の. **Citiēī** -ōrum, *m pl* Citium の住民.
citimus -a -um, *adj sup* [citer] 最も近い (*cf.* citerior).
Citium -ī, *n* [*Gk*] キティウム, *-オン《Cyprus 島の港町; ストア学派の祖 Zeno の生地》.
citō[1] *adv* [citus] (*comp* citius, *superl* citissimē) 速く, すぐに: *dicto citius* (LIV) 言うが早いか / *non* ~ (CIC) 容易でなく / *serius aut citius* (OV) 遅かれ早かれ / *citius quam* (CIC) …よりむしろ.
citō[2] -āre -āvī -ātum, *tr freq* [cieo] 1 激しく運動させる. 2 刺激する. 3 召集する; 召喚する; 告発する: *patres in curiam citare* (LIV) 長老たちを元老院へ召集する / *quamvis citetur Salamis clarissimae testis victoriae* (CIC) たとえ Salamis が最も名高い勝利の証人として引合いに出されようとも / *alqm capitis citare* (CIC) ある人を死罪に値するとして訴える. 4 神々の助けを求める. 5 名を挙げる.
citrā *adv*, *prep* [cis] I (*adv*) こちら側に, 近い方に. II (*prep*) 〈+*acc*〉 1 …のこちら側に: ~ *mare* (HOR) 海のこちら側 (=Italia) で. 2 (時間的) …より前に. 3 …以下に: ~ *satietatem* (CIC) 十分な量に満たない. 4 …を除いて: *doctrina* ~ *usum* (QUINT) 実践を伴わない理論.
citrea -ae, *f* [citreus] 【植】カンキツ類の木.
citreum -ī, *n* [↓] 【植】カンキツ類の実.
citreus -a -um, *adj* [citrus] 1 カンキツ類の. 2 シトロンの.
citrō *adv* [citer] こちら側に: *ultro* (*et*) *citro*=*ultro citroque* (CIC) あちらこちらに; 両側に; 相互に.
citrum -ī, *n* [↓] シトロン材.
citrus -ī, *f* 【植】シトロンの木.
citus -a -um, *adj* (*pp*) [cieo] 速い, 急な.
Cīus -a -um, *adj* =Ceus.
cīvī *pf* ⇨ cieo.
cīvicus -a -um, *adj* [civis] 市民の: *civica corona* (CIC) 市民の栄冠《戦闘で味方の兵の命を救った者に与えられたオークの葉の冠》.
cīvīlis -is -e, *adj* [civis] 1 市民の: *jus civile* (CIC) 市民法; 市民権 / *bellum civile* (CIC) 内戦. 2 市民にふさわしい, 丁寧な. 3 公共の, 国家に関する. 4 文官の, 文民の: *civilium rerum peritus* (TAC) 政治に精通した.

Cīvīlis -is, *m* キーウィーリス《ローマに謀反した (69-70) Batavi 族の首領》.
cīvīlitās -ātis, *f* [civilis] 1 礼儀, 丁寧さ. 2 政治学.
cīvīliter *adv* [civilis] 1 市民として, 市民の立場で. 2 市民にふさわしく (=丁寧に, 礼儀正しく). 3 市民法に従って.
cīvis -is, *m*, *f* 1 市民: ~ *Romanus* (Cɪc) ローマ市民. 2 同国人. 3 (ローマ以外で)臣民: ~ *totius mundi* (Cɪc) 世界人, コスモポリタン.
cīvitās -ātis, *f* [↑] 1 市民権, 市民の身分. 2 国家, 共同体. 3 都市: ~ *foederata* (Cɪc) 同盟市 / ~ *libera* (Cɪc) 自由市.
cīvitātula -ae, *f dim* [↑] 1 小都市の市民権. 2 小都市.
clādēs, -is -is, *f* 1 損傷, 損害: ~ *dextrae manus* (Lɪᴠ) 右手をなくしたこと. 2 災害, 災難; 敗北: ~ *civitatis* (Cɪc) 国家の騒乱. 3 災難の元凶.
cladocera -ōrum, °*n pl* 〖動〗枝角類.
cladodium -ī, °*n* 〖植〗扁茎.
cladogenesis -is, °*f* 〖生物〗分岐進化, クラドゲネシス.
cladoniāceae -ārum, °*f pl* 〖植〗ハナゴケ科.
cladophorāceae -ārum, °*f pl* 〖植〗シオグサ科.
cladophyllum -ī, °*n* 〖植〗葉状茎.
clam *adv*, *prep*, *conj* I (*adv*) 秘密に, こっそりと. II (*prep*) <+*acc* [*abl*]>...に知られずに, ...に秘密に: ~ *me est* (Cɪc) 私は知らない.
clāmātiō -ōnis, °*f* [clamo] 大声で叫ぶこと.
clāmātor -ōris, *m* [clamo] 大声で叫ぶ人, やかましく弁じたてる人.
clāmitātiō -ōnis, *f* [↓] 大声をあげること, どなること.
clāmitō -āre -āvī -ātum, *intr, tr freq* [↓] 1 大声をあげる, 叫ぶ <alqd; +*acc c. inf*; +*subj*; ut, ne>: *saepe clamitans liberum se esse* (Cᴀᴇs) 自分は自由だと何度も叫んで. 2 宣言[明言]する.
clāmō -āre -āvī -ātum, *intr, tr* [*cf.* calo¹] 1 叫ぶ, (大声で)呼ぶ <alqd; +*acc c. inf*; ut, ne; +2個の *acc*>. 2 宣言[明言]する.
clāmor -ōris, *m* [↑] 1 叫び. 2 歓声, 歓呼. 3 喧騒, どよめき. 4 ときの声. 5 とどろき, 反響.
clāmōrōsus -a -um, °*adj* =clamosus.
clāmōsē *adv* [↓] 叫んで, 騒がしく.
clāmōsus -a -um, *adj* [clamor] 1 叫ぶ, わめく. 2 騒がしい, やかましい: *circus* ~ (Jᴜᴠ) 騒がしい競技場.
clanculārius -a -um, *adj* [clanculum] 秘密の, 匿名の.
clanculō *adv* [↓] 秘密に.
clanculum *adv*, *prep* (*dim*) [clam] I (*adv*) こっそりと, 秘密に. II (*prep*) <+*acc*>...に知られずに.
clandestīnō *adv* (*abl*) [↓] 秘密に.
clandestīnus -a -um, *adj* [clam] 秘密の, 隠された.
clangō -ere, *intr* 鳴り響く; (ワシが)鋭い声で鳴く.
clangor -ōris, *m* [↑] 1 鳴り. 2 (鳥の)鳴き声. 3 (犬の)ほえ声. 3 (ラッパの)音.
Clanis -is, *m* クラニス《Tiberis 川に注ぐ Etruria の

川; 現 Chiana》.
Clanius -ī, *m* クラニウス《Campania の川》.
clārē *adv* [clarus] 1 明瞭に, はっきりと: ~ *oculis video* (Pʟᴀᴜᴛ) わしは(まだ)目もはっきり見えるぞ. 2 輝かしく, みごとに.
clāreō -ēre, *intr* [clarus] 1 光っている, 輝いている. 2 はっきりわかる, 明白である. 3 著名である, 傑出している.
clārescō -ere -ruī, *intr inch* [↑] 1 明るくなる. 2 明瞭になる. 3 有名になる; 悪名高くなる: *ex gente Domitia duae familiae claruerunt* (Sᴜᴇᴛ) Domitia 氏族から二つの家系が名声をかちえた.
clārificō -āre, °*tr* [clarus/facio] 輝かせる, 傑出させる, はっきりさせる.
clārigātiō -ōnis, *f* [↓] 1 (fetialis による)賠償請求(権). 2 賠償.
clārigō -āre -āvī -ātum, *intr* [clarus] (fetialis が宗教的儀式にのっとり宣戦布告して)賠償を請求する.
clārisonus -a -um, *adj* [clarus/sonus] 明瞭に響く.
clāritās -ātis, *f* [clarus] 1 明るさ, 明瞭, はっきりしていること. 2 名声, 光彩.
clāritūdō -dinis, *f* [clarus] 1 明るさ, はっきりしていること. 2 名声, 光彩.
clāritus *adv* [clarus] はっきりと, 明瞭に.
Clarius -a -um, *adj* [Apollo と詩人 Antimachus の添え名として] Claros の: ~ *deus* (Oᴠ) =Apollo / ~ *poeta* (Oᴠ) =Antimachus.
clārō -āre -āvī -ātum, *tr* [clarus] 1 明るくする. 2 明瞭にする. 3 著名にする, 名声を得させる.
Claros -ī, *f* [*Gk*] クラロス《Ionia の町; Colophon に近く, Apollo の神殿と神託で有名》.
clāruī *pf* ⇒ claresco.
clārus -a -um, *adj* [*cf.* calo¹] 1 はっきりした, 明瞭な. 2 明るい, 輝く. 3 傑出した, 高名な: *vir clarissimus* (Pʟɪɴ Mɪɴ) 貴顕《帝政期の元老院議員の尊称》. 4 悪名高い.
classiāriī -ōrum, *m pl* [↓] 1 水夫, 船員. 2 海兵, 水兵.
classiārius -a -um, *adj* [classis] 艦隊の.
classicula -ae, *f dim* [classis] 小艦隊.
classicum -ī, *n* [↓] 1 らっぱによる戦闘開始の合図. 2 戦闘らっぱ.
classicus¹ -a -um, *adj* [classis] 1 (ローマ市民の)等級の; 最上位の等級の. 2 軍隊の; (特に)艦隊の: *classica bella* (Pʀᴏᴘ) 海戦.
classicus² -ī, *m* (comitia centuriata を召集する)らっぱ手.
classis -is, *f* [*cf.* calo¹] 1 等級《Servius Tullius が区分したローマ市民の五つの階級の一つ》. 2 (一般に)等級, 序列. 3 軍隊. 4 艦隊. 5 集団.
Clastidium -ī, *n* クラスティディウム《Gallia Cisalpina の要塞》.
Claterna -ae, *f* クラテルナ《Gallia Cisalpina の要塞》.
clāthrāceae -ārum, °*f pl* 〖植〗アカカゴタケ科.
clāt(h)rātus -a -um, *adj* (*pp*) [clatro] 格子の付いた.
clāt(h)rī -ōrum, *m pl*, **-a** -ōrum, *n pl* 格子.

clātrō -āre, tr [↑] 格子を付ける.
claudeō -ēre, intr [claudus] 1 よろめきながら歩く. 2 (基準に)達しない, 不完全[不十分]である: *beata vita, etiamsi aliqua parte clauderet* (Cic) 幸福な生活は, たとえ(富, 名誉など)一部欠けるところがあるにせよ.
Claudiālis -is -e, adj Claudius 帝の.
Claudiānus[1] -a -um, adj Claudius の.
Claudiānus[2] -ī, °m クラウディアーヌス《*Claudius* ~, Alexandria 出身のローマの宮廷詩人 (400 年頃)》.
claudicātiō -ōnis, f [↓] よろめきながら歩くこと, 跛行.
claudicō -āre -āvī -ātum, intr [claudus] 1 よろめきながら歩く. 2 一方に傾く. 3 不完全[不十分]である, 欠陥がある.
clauditās -ātis, f [claudus] 跛行(はこう).
Claudius -ī, m クラウディウス《ローマ人の氏族名; 特に (1) *Appius ~ Crassus*, 前 5 世紀の十人委員の一人; 悪行を弾劾された. (2) *Appius ~ Caecus*, 前 4 世紀の監察官で街道や水道を建設. (3) *Ti. ~ Nero Germanicus*, ローマ皇帝(在位 41-45); 妻 Agrippina に毒殺された》.
claudō[1] -ere clausum, intr =claudeo.
claudō[2] -ere clausī clausum, tr [cf. clavis] 1 閉じる, 閉鎖する: *claudere aures ad doctissimas voces* (Cic) 高名な学者たちの声に耳を閉ざす. 2 終える, 完結する: *agmen claudere* しんがりをつとめる. 3 閉じ込める〈alqm in alqd [re]; alqm re〉. 4 取り囲む; 攻囲する〈alqd re〉. 5 封鎖する, さえぎる, 遮断する〈alqd alci〉.
claudus -a -um, adj 1 足の不自由な. 2 不完全な, 欠陥のある: *clauda carmina alterno versu* (Ov) エレゲイア体の詩《hexameter と pentameter を交互に繰り返すことから》.
clausī pf ⇨ claudo[2].
claustra -ōrum, n pl [claudo[2]] 1 錠, かんぬき. 2 障害, 障壁. 3 せき, 堤防. 4 囲い, おり, 牢獄. 5 関門, 要衝. 6 防壁, とりで.
claustrālis -is -e, °adj [↑] 要塞の.
claustrum -ī, n [claudo[2]] 1 =claustra. 2°【解】前腔.
clausula -ae, f [claudo[2]] 1 結末, 終局. 2 (掉尾文の)結び. 3 約款, 条項.
clausum -ī, n [claudo[2]] 囲い地.
clausūra -ae, f [claudo[2]] 1 ネックレスの留め金. 2° 錠, かんぬき. 3° 城砦.
clausus -a -um, pp ⇨ claudo[1,2].
Clausus -ī, m クラウスス《Sabini 族の人名; 特に *Attus* ~, Claudia 氏族の祖》.
clāva -ae, f 1 木の棒, 棍棒. 2【昆】(触角の)球桿部. 3°【解】薄束結節.
clāvariāceae -ārum, °f pl【植】シロソウメンタケ科.
clāvārium -ī, n [clavus] (兵士に与えられる)靴鋲料.
clāvātor -ōris, m [clava] 棍棒で闘う者.
clāvicārius -ī, °m [clavis] 錠前屋.
clāvicula -ae, f dim [clavis] 1 (小さな)鍵. 2 (ブドウのつるの)巻きひげ. 3°【解】鎖骨.

clāviculārius -ī, °m [↑] 牢番, 看守.
clāviculus -ī, °m dim [clavus] 釘状のはれ物.
clāviger[1] -gera -gerum, adj [clava/gero] (Hercules の添え名) 棍棒を持っている.
clāviger[2] -erī, m [↓/gero] (Janus の添え名) 鍵を持つ者.
clāvis -is, f 鍵: *claves adimere uxori* (Cic) 妻から鍵を取り上げる(=離縁する).
clāvō -āre -ātum, tr [↓] 1 鋲[釘]を打つ. 2° (tunica に)紫の縞をつける.
clāvus -ī, m 1 釘, 鋲. 2 (船の)舵, 舵柄(だへい): *clavum imperii tenere* (Cic) 支配権を握る. 3 (tunica の)紫の縞《元老院議員が幅の広い縞, 騎士が狭い縞をつけた》: *latum clavum ab Caesare impetrare* (Plin Min) 皇帝から元老院議員の身分を与えてもらう. 4 =tunica. 5【病】うおのめ, いぼ.
Clazomenae -ārum, f pl [Gk] クラゾメナエ, *-ナイ《Ionia の町》.
Clazomenius -a -um, adj Clazomenae の.
Clazomeniī -ōrum, m pl Clazomenae の住民.
Cleanthēs -is, m [Gk] クレアンテース《ストア哲学者(前 331?-?230); Zeno の弟子で Chrysippus の師》.
clēmatis -idis, f [Gk]【植】つる植物の一種.
clēmens -entis, adj 1 温厚な, 柔和な, 慈悲深い. 2 静かな, 穏やかな.
clēmenter adv [↑] 1 温厚に, 優しく, 親切に. 2 ゆるやかに, 徐々に. 3 静かに, 穏やかに.
clēmentia -ae, f [clemens] 1 温厚, 慈悲深さ, 優しさ. 2 静かさ, 穏やかさ.
Cleobis -is, m [Gk]【伝説】クレオビス《Argos の女神官 Cydippe の息子で Biton の兄弟 (⇨ Biton)》.
Cleobūlus -ī, m [Gk] クレオブールス, *-ロス《Lindus の人(前 6 世紀); ギリシア七賢人の一人》.
Cleombrotus -ī, m [Gk] クレオンブロトゥス, *-トス《(1) Sparta の将軍. (2) Ambracia 生まれの Academia 学派哲学者》.
Cleōn -ōnis, m [Gk] クレオーン《Peloponnesus 戦争のころの Athenae の将軍・煽動政治家で Pericles の政敵 (前 422 没)》.
Cleōnae -ārum, f pl [Gk] クレオーナエ, *-ナイ《Nemea 近くの Argolis の町》.
Cleōnaeus -a -um, adj Cleonae の.
Cleopatra -ae, f [Gk] クレオパトラ(-)《(1) エジプトの Ptolemaeus 王朝最後の女王(前 69?-30); 初めは Caesar の, のちには Antonius の愛人で; Actium の海戦で Octavianus に敗れ自殺した. (2) Macedonia 王 Philippus の娘で Epirus 王 Alexander の妻》.
clepō -ere clepsī cleptum, tr 1 盗む. 2 盗み聞きする. 3 (refl) 隠れる.
clepsī pf ⇨ clepo.
clepsydra -ae, f [Gk] 1 (演説の時間を計るのに用いられた)水時計. 2 (演説者の)持ち時間.
clepta -ēs, m [Gk] 盗人.
cleptomania -ae, °f【病】盗癖.
cleptus -a -um, pp ⇨ clepo.
clēricālis -is -e, °adj [clericus] 聖職者の.
clēricātus -ūs, °m [clericus] 聖職者の地位[身分].

clēricellus -ī, °*m dim* [clericus] 司教座聖堂付属学校学生.
clēriculus -ī, °*m dim* =clericellus.
clēricus -ī, *m* [Gk] 聖職者.
clērus -ī, °*m* [Gk] 聖職者(階級).
clēthrāceae -ārum, °*f pl* 〘植〙リョウブ科.
clibanārius -ī, °*m* [↓] よろいを着けた兵士.
clibanus -ī, *m* [Gk] 1 パンを焼く土製または鉄製の釜. 2° 炉, かまど.
cliens -entis, *m* [clueo] 1 (ローマの patronus の) 庇護民, 隷属平民. 2 隷属者, 臣下, 家来.
clienta -ae, *f* [↑] (女性の)庇護民.
clientēla -ae, *f* [cliens] 1 (ローマの) patronus と cliens の関係, 庇護関係; 従属関係. 2 (*pl*) 庇護民, 隷属平民; 従属者. 3 保護.
clientulus -ī, °*m dim* [cliens] (軽蔑的に) ちっぽけなくだらぬ庇護民.
clima -atis, °*n* [Gk] 1 気候, 風土. 2 地帯, 地方.
climactēr -ēris, *m* [Gk] 1 (7 年ごとの)厄年. 2°〘医〙更年期.
climactēricus -a -um, *adj* [Gk] 厄年の.
climactērium -ī, °*n* [climacter]〘医〙更年期.
climax -acis, °*f* [Gk] 〘修〙漸層法(=gradatio).
clīnāmen -minis, *n* [*cf.* clivus] 傾斜; 逸脱.
clīnātus -a -um, *adj* [*cf.* clivus] 傾いた.
Clīniadēs -ae, *m* [Gk] Clinias の息子 (=Alcibiades).
Clīniās -ae, *m* [Gk] クリーニアース, *クレイ-《Alcibiades の父》.
clīnicē -ēs, *f* [Gk] 臨床医学.
clīnicus -ī, *m* [Gk] 1 臨床医. 2° 病人. 3 棺桶かつぎ. 4° 病床受洗者.
clīnoīdeus -a -um, °*adj* 〘解〙床状の.
clīnopalē -es, *f* [Gk] ベッドでの格闘 (=性交).
Cliō -ūs, *f* [Gk] 〘神話〙クリーオー, *クレイオー《歴史をつかさどる Musa》.
clipeātī -ōrum, *m pl* [↓] 盾で武装した兵.
clipeātus -a -um, *adj* [clipeus] 盾で武装した.
clipeō -āre -ātum, *tr* [clipeus] 盾で武装させる.
clipeolum -ī, *n dim* [↓] 小盾.
clipeus -ī, *m*, **-um** -ī, *n* 1 青銅製の円盾. 2 太陽面. 3 蒼穹. 4 胸像などを彫った盾形メダル. 5 流星の一種.
Clīsthenēs -is, *m* [Gk] クリーステネース, *クレイ-《前 6 世紀の Athenae の政治家・雄弁家》.
Clītarchus -ī, *m* [Gk] クリータルクス, *クレイタルクス《Alexander 大王の遠征に随行したギリシアの歴史家》.
clītellae -ārum, *f pl* 荷鞍.
clītellārius -a -um, *adj* [↑] 荷鞍の.
Clīterninus -a -um, *adj* Cliternum の. **Clīternīnī** -orum, *m pl* Cliternum の住民.
Clīternum -ī, *n* クリーテルヌム《Aequi 族の町》.
Clītomachus -ī, *m* [Gk] クリートマクス, *クレイトマコス《Carthago 生まれの Academia 学派哲学者 (前 2 世紀); Carneades の弟子》.
Clītōr -oris, *m* [Gk] クリートール, *クレイ-《Arcadia の町》.

clītoris -idis, °*f* [Gk] 〘解〙陰核, クリトリス.
Clītorium -ī, *n* =Clitor.
Clītorius -a -um, *adj* Clitor の.
Clītumnus -ī, *m* クリートゥムヌス《Umbria の川; 現 Clitunno》.
Clītus -ī, *m* [Gk] クリートゥス, *クレイトス《Alexander 大王の将軍; 酒に酔った大王に殺された》.
clīvia -ae, *f* [*cf.* clivis] (*sc.* avis) 凶兆の鳥.
clīvis -is -e, *adj* [*cf.* clivus] 1 坂の, 険しい. 2 (鳥占いが何かを)することを禁ずる.
clīvos -ī, *m* 〘古形〙=clivus.
clīvōsus -a -um, *adj* [↓] 小山の多い, 険しい, 切り立った.
clīvus -ī, *m* 1 斜面, 坂; 上り道. 2°〘解〙斜台.
cloāca -ae, *f* [cluo²] 1 下水道, 排水溝: *arcem facere e cloacā* (Cic) 下水道から城をつくる(=空騒ぎする) / ~ *maxima* (Liv) Capitolinus 丘と Palatinus 丘をつないで Tiberis 川に注ぐローマの大下水道. 2 食いしんぼうの胃. 3°〘解・動〙(総)排出腔.
Cloācina, Clu- -ae, *f* [cluo²] 〘神話〙(「清める者」の意) Venus の添え名.
clōdicō -āre, *intr* =claudico.
Clōdius -ī, *m* =Claudius.
Cloelia -ae, *f* [↓] クロエリア《Etruria 王 Porsenna の人質であったが Tiberis 川を泳ぎ渡りローマへ逃げ帰った少女》.
Cloelius -ī, *m* クロエリウス《ローマ人の氏族名》.
clonos -ī, °*m* 〘植〙キンポウゲ科の草本.
clōstr- ⇨ claustr-.
Clōthō -ūs, *f* [Gk] 〘神話〙クロートー《(「紡ぐ女」の意; 運命の三女神 Parcae の一人; 人間の誕生をつかさどり, 生命の糸を紡ぐ (*cf.* Lachesis, Atropos)》.
Cluācīna -ae, *f* =Cloacina.
clūdō -ere, *tr* =claudo².
clūdus -a -um, *adj* =claudus.
cluens -entis, *m* =cliens.
Cluentiānus -a -um, *adj* Cluentius の.
Cluentius -ī, *m* クルエンティウス《ローマ人の氏族名》.
clueō -ēre, *intr* …と呼ばれる, …と知られる
Cluīlius -ī, *m* クルイリウス《Alba Longa の王》.
clūnāculum -ī, °*n* 犠牲獣用ナイフ.
clūnis -is, *m*, *f* 臀部, 尻.
cluō¹ -ere, *intr* =clueo.
cluō² -ere, *tr* 清める (=purgo).
clupe- ⇨ clipe-.
Clupea -ae, *f*, **-ae** -ārum, *f pl* クルペア《Africa 北岸の町と岬》.
clūra -ae, *f* 〘動〙サル(猿).
clūrīnus -a -um, *adj* [↑] サルの.
Clūsīnus -a -um, *adj* Clusium の. **Clūsīnī** -ōrum, *m pl* Clusium の住民.
Clūsium -ī, *n* クルーシウム《Etruria の主要な町; 現 Chiusi》.
Clūsius -ī, *m* [cludo] 〘神話〙(平時における) Janus の添え名《Janus の神殿が平時には閉じられたことから; 戦時は Patulcius》.
clūsor -ōris, °*m* [cludo] 取り巻く[包囲する]者.
clūsūra -ae, *f* =clausura.

Cluviē -ae, *f* クルウィア《Samnium にあった Hirpini 族の町》.

Cluviānus -a -um, *adj* Cluvia の.

Cluvius -ī, *m* クルウィウス《ローマ人の氏族名》.

Clymenē -ēs, *f* [*Gk*] 〖神話〗クリュメネー《Oceanus と Tethys の娘で Aethiopia 王 Merops の妻; 太陽神 Sol との間に Phaethon を生む》.

Clymenēides -um, *f pl* [*Gk*] 〖神話〗Clymene の娘たち (=Phaethon の姉妹).

Clymenēius -a -um, *adj* Clymene の.

Clymenus -ī, *m* [*Gk*] 〖神話〗クリュメヌス, *-ノス《Pluto の添え名》.

clypeus ī, *m*, **-um** -ī, *n* =clipeus.

clystēr -ēris, *m* [*Gk*] 1 浣腸 (=lotio). 2 浣腸器.

Clytaem(n)ēstra -ae, *f* [*Gk*] 〖伝説〗クリュタエムネーストラ, *クリュタイムネーストラー《Tyndareus と Leda の娘; Agamemnon 王の妻で Orestes, Electra などの母; 夫の留守中に Aegisthus と通じ, 夫が Troja 戦争から凱旋するとすぐ彼を殺したが, のち息子 Orestes に殺された》.

Clytiē -ēs, *f* [*Gk*] 〖神話〗クリュティエー《Oceanus と Tethys の娘; ヘリオトロープに変身させられた》.

Cn. 〖略〗=Gnaeus.

cnēmis -is, *f* [*Gk*] 1 (「よろいのすね当て」の意) 詩行の末尾. 2 〖解〗脛骨.

cnidāria -ōrum, *n pl* 〖動〗刺胞動物門.

cnīdē -es, *f* [*Gk*] 〖動〗(人を刺す)クラゲ (=urtica).

Cnidius -a -um, *adj* Cnidus の. **Cnidiī** -ōrum, *m pl* Cnidus の住民.

Cnidus, **-os** -ī, *f* [*Gk*] クニドゥス, *-ドス《Caria の町; Venus 神殿に有名な Praxiteles 作の女神像が安置されていた》.

Cnōs- ⇨ Gnos-.

Cōa -ōrum, *n pl* (Cous²) Cos 島産の薄い絹織物.

coaccēdō -ere, *intr* [con-/accedo] さらに加わる.

coacervātiō -ōnis, *f* [↓] 積み重ねること.

coacervō -āre -āvī -ātum, *tr* [con-/acervo] 積み重ねる.

coacēscō -ere -acuī, *intr inch* [con-/acesco] 1 酸っぱくなる. 2 悪くなる.

coactē *adv* [coactus¹] 1 短い間に, 迅速に. 2 正確に, 厳密に. 3° 不自然に, 無理に.

coactilia -ium, *n pl* =coactum.

coactiō -ōnis, *f* [cogo] 1 徴集, 回収. 2 要約.

coactīvus -a -um, °*adj* [cogo] 強制的な.

coactō -āre -āvī -ātum, *tr freq* [cogo] 強制[強要]する.

coactor -ōris, *m* [cogo] 1 徴集人, 回収者. 2 *coactores agminis* (TAC) (部隊の)後尾, 殿(しんがり). 3 強制する者.

coactum -ī, *n* [coactus¹] 羊毛の厚織りの布, フェルト.

coactūra -ae, *f* [cogo] (オリーブ油の)搾り取られた量.

coactus¹ -a -um, *adj* (*pp*) [cogo] 1 凝縮された; (牛乳を)固まらせた. 2 無理な, 不自然な. 3 強制された.

coactus² -ūs, *m* 強制, 強要: *coactu meo* (CIC) 私に強要されて, 私のために余儀なく.

coacuī *pf* ⇨ coacesco.

coaddō -ere, *tr* [con-/addo] さらに加える.

coadjūtor -ōris, *m* [con-/adjutor] 1 助手, 補佐 (=adjutor). 2 〖カト〗補佐司教.

coadjūtōria -ae, °*f* [↑] 1 補佐の職. 2 〖カト〗補佐司教職.

coadjuvō -āre, °*tr* [con-/adjuvo] 助ける, 手伝う.

coadūnātiō -ōnis, °*f* [↓] 一つにまとめること.

coadūnō -āre -āvī -ātum, °*tr* [con-/aduno] 一つにまとめる.

coaedificō -āre -ātum, *tr* [con-/aedifico] 建築[建設]する.

coaequālis¹ -is -e, *adj* [con-/aequalis] 同年輩[年代]の.

coaequālis² -is, *m* 同年輩[年代]の者.

coaequō -āre -āvī -ātum, *tr* [con-/aequo] 1 平らにする, ならす. 2 同等[対等]にする.

coaetāneus -a -um, *adj* [con-/aetas] 同時代の, 同年代の.

coaeternus -a -um, °*adj* [con-/aeternus] 〖神学〗永遠に共存する.

coaevus -a -um, °*adj* [con-/aevum] 同年代の, 同時代の.

coaggerō -āre -ātum, *tr* [con-/aggero¹] 積み重ねる, 集積する.

coagitātus -a -um, *pp* ⇨ coagito.

coagitō -āre -ātum, °*tr* [con-/agito] 振って混ぜ合わせる.

coagmentātiō -ōnis, *f* [↓] 結合, 組合わせ.

coagmentō -āre -āvī -ātum, *tr* [↓] 1 結合する, 組み合わせる. 2 (講和条約を)結ぶ.

coagmentum -ī, *n* [cogo] 結合.

coāgulātiō -ōnis, *f* [coagulo] 凝固.

coāgulātus -a -um, *pp* ⇨ coagulo.

coāgulō -āre -āvī -ātum, *tr* [↓] 凝固させる.

coāgulum -ī, *n* [cogo] 1 凝乳酵素, レンネット. 2 凝乳. 3 結びつけるもの, きずな. 4° 〖生理〗凝塊.

coalēscō -ere -aluī -alitum, *intr* [con-/alesco] 1 ともに成長する; 合体する. 2 根をおろす. 3 強固になる.

coalitus -a -um, *pp* ⇨ coalesco.

coaluī *pf* ⇨ coalesco.

coangustō -āre -ātum, *tr* [con-/angusto] 1 狭める; 閉じ込める. 2 制限する.

coaptātiō -ōnis, °*f* [↓] 結合, 適合.

coaptō -āre -āvī -ātum, *tr* [con-/apto] 結合する, 適合させる.

coarct- ⇨ coart-.

coarguī *pf* ⇨ coarguo.

coarguō -ere -arguī -argūtum, *tr* [con-/arguo] 1 明らかにする, 立証する ⟨alqd; +*acc c. inf*⟩. 2 有罪を証明する ⟨alqm in re; alqm alcis rei⟩. 3 誤りを証明する, 反駁する.

coargūtus -a -um, *pp* ⇨ coarguo.

coartātiō -ōnis, *f* [↓] 押し込めること, 密集させること.

coartō -āre -āvī -ātum, *tr* [con-/arto] 1 押し込め

coassatio — coerceo

る，閉じ込める: *angustae fauces coartant iter* (Liv) 狭い道が通行を難渋させる． **2** 要約する． **3** (時間を)短縮する． **4** 強制する．
coassātiō -ōnis, *f* [↓] 木組みの床．
coassō -āre, *tr* =coaxo¹.
coaxātiō -ōnis, *f* =coassatio.
coaxō¹ -āre -āvī -ātum, *tr* [con-/axis²] (床に敷く厚板を)組み合わせる．
coaxō² -āre, *intr* (カエルが)ゲロゲロ鳴く．
cocainum -ī, °*n* 《化》コカイン．
Coccēius -ī, *m* コッケイユス《ローマ人の氏族名；特に M. ~ Nerva, 皇帝 (在位 96-98)》．
coccidium -ī, °*n* 《動》球虫，コクシジウム．
coccinātus -a -um, *adj* [coccinus] 深紅色の服を着た．
coccineus -a -um, *adj* =coccinus.
coccinum -ī, °*n* [↓] 深紅色．
coccinus -a -um, *adj* [Gk] 深紅色の．
coccolithophoridae -ārum, °*f pl* 《動》円石藻類．
coccum -ī, *n* [Gk] **1** 《昆》カイガラムシの一種． **2** 深紅色． **3** 深紅色の衣服[布]．
coccȳgia -ae, *f* 《植》ウルシの一種．
coccymēlum -ī, *n* [Gk] 《植》セイヨウスモモ，プラム．
coccyx -ȳgis, *m* [Gk] 《鳥》カッコウ．
coc(h)lea -ae, *f* [Gk] **1** 《動》カタツムリ；カタツムリの殻． **2** 渦巻・螺旋状のもの． **3** °《解》(内耳の)蝸牛 (かぎゅう)．
coc(h)lear, -āre -āris, *n* [↑] **1** さじ，スプーン． **2** さじ一杯分の量．
coc(h)leārium¹ -ī, *n* =cochlear.
coc(h)leārium² -ī, *n* [cochlea] 食用のカタツムリ[エスカルゴ]養殖場．
cochleītis -tidis, °*f* 《病》蝸牛炎．
cōciō -ōnis, *m* 仲買人．
cocles -litis, *adj* 片目の，隻眼の．
Cocles -litis, *m* 《伝説》コクレス《Etruria の王 Porsenna との戦いで Tiberis 川にかかっている橋で敵勢を食い止めた Horatius の添え名》．
Cocosātēs -um, *m pl* ココサーテース《Aquitania にいた一部族》．
coctilis -is -e, *adj* [coquo] **1** (煉瓦が)焼かれた． **2** 焼いた煉瓦で作られた．
coctiō -ōnis, *f* [coquo] **1** 焼くこと，調理． **2** (食物の)消化．
coctīvus -a -um, *adj* [coquo] 調理に適した．
coctum -ī, *n* (*pp*) [coquo] 調理された物．
coctūra -ae, *f* [coquo] **1** 調理． **2** 調理されるもの．
coctus -a -um, *pp* ⇨ coquo.
cocula -ae, *f dim* [cocus] 女料理人．
coculum -ī, *n* [coquo] (青銅の)料理鍋．
cocus -ī, *m* =coquus.
Cōcȳtius -a -um, *adj* Cocytus の．
Cōcȳtus, -os -ī, *m* [Gk] 《神話》コーキュートゥス，*-ロス《「悲嘆の川」の意；冥界の川の一つ》．
cōda -ae, *f* =cauda.
cōdex -dicis, *m* =caudex.

cōdiāceae -ārum, °*f pl* 《植》ミル科．
cōdicār- ⇨ caudicar-.
cōdicillī -ōrum, *m pl dim* [codex] **1** (小さな)丸太． **2** (小さな)書字板． **3** (短い)手紙，文書． **4** 請願陳情書． **5** (皇帝の)勅令，詔勅． **6** 《法》遺言補足書．
Codrus -ī, *m* [Gk] 《伝説》コドルス，*-ロス《Athenae の最後の王；わが身を犠牲にして国難を救った》．
coēgī *pf* ⇨ cogo.
Coela -ae, **Coelē** -ēs, *adj f* [Gk] (「くぼんだ」の意) ~ *Euboea* (Val Max) Euboea 島の深く入り込んだ海岸地方 / ~ *Syria* (Liv) Libanus 山脈と Antilibanus 山脈の間の地域．
coelenterāta -ōrum, °*n pl* 《動》腔腸動物門．
coelenteron -ī, °*n* 《動》腔腸．
coeliacus -a -um, *adj* [Gk] **1** 腹部の． **2** °《解》腹腔の．
coemētērium -ī, °*n* [Gk] (「寝室」の意) 墓地．
coēmī *pf* ⇨ coemo.
coemō -ere -ēmī -emptum, *tr* [con-/emo] 買い集める，買い占める．
coemptiō -ōnis, *f* [↑] 《法》仮装売買婚《女性を男性の家長権 (manus) のもとに移すか，その後見人を変更するために行なわれた女性の擬制売買》． **2°** 買い占め．
coemptiōnālis -is -e, *adj* [↑] 叩き売りするのにふさわしい．
coemptiōnātor -ōris, *m* [coemptio] 《法》(coemptio において) 女性を擬制的に買う男性．
coemptus -a -um, *pp* ⇨ coemo.
coenobīta -ae, °*m* [↓] (共住)修道士．
coenobium -ī, °*n* [Gk] **1** 修道院． **2** 《生物》連結生活体，連生体．
coenomyia -ae, °*f* [Gk] 《昆》イエバエ．
coenōsus -a -um, *adj* =caenosus.
coenum -ī, *n* =caenum.
coeō -īre -iī [-īvī] -itum, *intr, tr* [con-/eo²] **I** (*intr*) **1** いっしょに行く，集まる ⟨in locum [loco]; ad alqm⟩． **2** (敵に)遭遇する，交戦する． **3** 連合する，結合する ⟨cum alqo/ alci; de re; ad [in] alqd⟩． **4** 結婚する，同棲する． **5** 固まる． **II** (*tr*) *societatem coire* (Cic) 同盟を結ぶ．
coepī *pf* ⇨ coepio.
coepiō -ere -epī -eptum, *intr, tr* (通例 *pf*; *pres* の用例は主に喜劇で，古典期には incipio がこれに代わる) [con-/*cf.* apiscor] **I** (*intr*) 始まる． **II** (*tr*) 始める ⟨alqd; +*inf*⟩．
coepiscopus -ī, °*m* [con-/episcopus] 同僚の司教．
coeptō -āre -āvī -ātum, *tr, intr freq* [coepio] **I** (*tr*) 始める，企てる ⟨+*inf*; alqd⟩． **II** (*intr*) 始まる．
coeptum -ī, *n* [↓] (通例 *pl*) 企て，計画．
coeptus¹ -a -um, *pp* ⇨ coepio.
coeptus² -ūs, *m* 着手，企図．
coepulōnus -ī, *m* [con-/epulo] 会食仲間．
Coerānus -ī, *m* [Gk] コエラヌス，*コイラノス《ギリシアのストア哲学者 (1 世紀)》．
coerātor -ōris, *m* 《古形》=curator.
coerceō -ēre -cuī -citum, *tr* [con-/arceo] **1** 包

囲する, 取り囲む. **2** 閉じ込める, 監禁する. **3** 剪定する. **4** 制限する, 抑制する. **5** 懲罰する.
coercitiō -ōnis, *f* [↑] **1** 制限, 抑制. **2** 懲罰; 懲罰権.
coercitor -ōris, °*m* [coerceo] 抑制者, 強制者.
coercitus -a -um, *pp* ⇨ coerceo.
coerō -āre, *tr* =curo.
coerul- ⇨ caerul-.
coetus -ūs, *m* [coeo] **1** 集まること, 集合. **2** 集団. **3** 結合, 連合. **4** 交際. **5** =coitus².
Coeus -ī, *m* [*Gk*] 《神話》コエウス, *コイオス《Titanes の一人で Latona と Asteria の父》.
coexercitātus -a -um, *adj* [con-/exercito] いっしょに訓練された.
coffeinum -ī, °*n* 《化》カフェイン.
cōgitābilis -is -e, *adj* [cogito] 考えられる, 想像できる.
cōgitābundus -a -um, *adj* [cogito] 思いにふけっている, 沈思する.
cōgitāmen -inis, °*n* [cogito] 思考, 思想.
cōgitāmentum -ī, °*n* =cogitamen.
cōgitātē *adv* [cogitatus¹] 熟考して, 入念に.
cōgitātim *adv* =cogitate.
cōgitātiō -ōnis, *f* [cogito] **1** 思考; 熟考 ⟨alcis rei⟩. **2** 考え, 意見. **3** 思考[推理]力. **4** 意図, 計画 ⟨alcis rei⟩.
cōgitātum -ī, *n* [↓] **1** 考え抜かれたこと. **2** 意図, 計画.
cōgitātus¹ -a -um, *adj* (*pp*) [cogito] 考え抜かれた, 慎重な.
cōgitātus² -ūs, *m* 思考.
cōgitō -āre -āvī -ātum, *tr*, *intr* [con-/agito] **1** 考える, 思考する; 熟考する ⟨alqd; +*acc c. inf*; de alqo [re]⟩. **2** …の考え[心情]をもつ ⟨+*adv*⟩: *amice de Romanis cogitare* (NEP) ローマ人たちについて好意的に考える. **3** 意図する, 計画する ⟨alqd; de re; +*inf*; ut, ne⟩.
cognāta -ae, *f* [cognatus] (女性の)親族.
cognātiō -ōnis, *f* [↓] **1** 親族[血縁]関係 ⟨alcis; cum alqo⟩. **2** 親族. **3** 類似性, 密接な関係.
cognātus¹ -a -um, *adj* [con-/natus] **1** 血縁関係のある ⟨alci⟩. **2** 関係のある, 類似した, 同類の ⟨+*dat*⟩.
cognātus² -ī, *m* (男性の)親族.
cognitiō -ōnis, *f* [cognosco] **1** 知るようになること ⟨+*gen*⟩. **2** 知識, 概念. **3** 取調べ, 審理 ⟨alcis rei; de re⟩. **4** 認知.
cognitor -ōris, *m* [cognosco] **1** (人または物を)よく知っている人. **2** 身元保証人. **3** (法的な)代理人. **4** (一般に)支援者.
cognitūra -ae, *f* [↑] 代理人の職務.
cognitus -a -um, *adj* (*pp*) [cognosco] 知られた, 確認された.
cognōbilis -is -e, *adj* [cognosco] 理解できる.
cognōmen -minis, *n* [con-/nomen] **1** 家名. **2** 添え名. **3** 名前 (=nomen).
cognōmentum -ī, *n* =cognomen.
cognōminātus -a -um, *adj* (*pp*) [cognomino] **1** 添え名のついた. **2** 《文》同義[類義]の: *cognomina-*

ta verba (CIC) 同義語.
cognōminis -is -e, *adj* [cognomen] **1** 同名の ⟨+*gen* [*dat*]⟩. **2** 同義[類義]の.
cognōminō -āre -āvī -ātum, *tr* [cognomen] **1** 添え名をつける. **2** 名づける.
cognōscibilis -is -e, °*adj* [↓] 認識できる.
cognōscō -ere -gnōvī -gnitum, *tr* [con-/nosco] **1** 知るようになる ⟨alqm [alqd]; +2個の *acc*; +*acc c. inf*; +間接疑問⟩. **2** 思い出す, 確認する: *pecus exceptum est, quod intra dies XXX domini cognovissent* (LIV) 持ち主が 30 日以内に自分のものと確認した家畜は除外された. **3** 調べる; 審理する.
cognōvī *pf* ⇨ cognosco.
cōgō ere coēgī coactum, *tr* [con-/ago] **1** 駆りたてる, 集める. **2** 押し[締め]つけて小さくする, 狭くする: *saltus in arctas coactus fauces* (LIV) 狭まって隘路となっている道. **3** 濃縮する; 厚くする. **4** 制限する. **5** 強いる, 強制する ⟨alqm ad [in] alqd; +*inf*; ut⟩. **6** 推論[推断]する.
cohabitātiō -ōnis, °*f* [cohabito] 同居.
cohabitātor -ōris, °*m* [cohabito] 同居人.
cohabitātrix -īcis, °*f* [↑] (女性の)同居者.
cohabitō -āre -āvī -ātum, °*intr* [con-/habito] 同居する.
cohaerēns -ntis, *adj* (*prp*) [cohaereo] **1** 隣接[密着]している. **2** まとまりがある, 首尾一貫した.
cohaerenter *adv* [↑] **1** 絶え間なく, とぎれずに. **2** 首尾一貫して.
cohaerentia -ae, *f* [cohaerens] 結合, 密着.
cohaereō -ēre -haesī -haesum, *intr* [con-/haereo] **1** 結合している, まとまっている: *mundus ita apte cohaeret, ut dissolvi nullo modo queat* (CIC) 世界は固く結合しているので決してばらばらになっていない. **2** 密着する, くっつく ⟨cum re; alci rei⟩. **3** 首尾一貫している. **4** (…と)関連している, (…)に依存する ⟨+*abl*⟩.
cohaerēs -rēdis, *m*, *f* =coheres.
cohaerēscō -ere -haesī, *intr inch* [cohaereo] 結合する; 密着[粘着]する.
cohaesī *pf* ⇨ cohaereo, cohaeresco.
cohaesus -a -um, *pp* ⇨ cohaereo.
cohērēs -rēdis, *m*, *f* [con-/heres] 《法》共同相続人.
cohibeō -ēre -hibuī -hibitum, *tr* [con-/habeo] **1** 保持する. **2** 閉じこめる. **3** 抑制する, 妨げる.
cohibilis -is -e, *adj* [↑] 要約した, 簡潔な.
cohibiliter *adv* [↑] 要約して, 簡潔に.
cohibitus -a -um, *pp* ⇨ cohibeo.
cohonestō -āre -āvī -ātum, *tr* [con-/honesto] **1** 名誉を与える, 敬意を表する. **2** 軽減[緩和]する.
cohorrēscō -ere -horruī, *intr* [con-/horresco] 震える, 身震いする.
cohorruī *pf* ⇨ cohorresco.
cohors -hortis, *f* [*cf.* hortus] **1** 農家の中庭. **2** (ローマの)歩兵隊, 大隊 ⟨legio の ¹/₁₀ で 300–600 名から成る⟩. **3** 補助部隊, 外人部隊: *praetoria* ~ (CAES) 属州総督の護衛隊. **5** 従者たち. **6** 集団.
cohortālinus -a -um, °*adj* [↓] ローマ皇帝の近衛兵の.

cohortālis -is -e, *adj* [cohors] 1 家禽小屋の. 2°（ローマ皇帝の）近衛兵の.
cohortātiō -ōnis, *f* [cohortor] 鼓舞, 激励.
cohorticula -ae, *f dim* [cohors]（主に軽蔑的に）少人数の歩兵隊.
cohortō -āre, *tr* =cohortor.
cohortor -ārī -ātus sum, *tr dep* [con-/hortor] 励ます, 激励する ⟨alqm ad alqd; ut, ne⟩.
cohum[1] -ī, *n* [*cf.* cavus] 1（棒をあてがうための）窪み（'輈'の）中央部のくぼみ. 2（軛に棒をつなぐ）ひも.
cohum[2] -ī, *n* [*cf.* cavus] 天空, 青天井.
cohūmidō -āre, *tr* [con-/humidus] すっかりぬらす.
coiī *pf* ⇒ coeo.
coincidentia -ae, °*f* [coincido] 合致, 一致.
coincidī *pf* ⇒ coincido.
coincidō -ere -cidī, °*intr* [con-/incido[1]] 1 同時に起こる. 2 合致[一致]する.
coinquinō -āre -āvī -ātum, *tr* [con-/inquino] 1 よごす, 汚染する. 2 けがす, 堕落させる.
coitiō -ōnis, *f* [coeo] 1 集まること, 集合. 2 連合, 提携；共謀. 3°性交.
coitus[1] -a -um, *pp* ⇒ coeo.
coitus[2] -ūs, *m* 交接, 性交；交尾（*cf.* coetus）.
coīvī *pf* ⇒ coeo.
colaphizō -āre -āvī -ātum, °*tr* [*Gk*] こぶしで打つ.
colaphus -ī, *m* [*Gk*] こぶしで打つこと.
Colchicus -a -um, *adj* Colchis の.
Colchis[1] -idos, *f* [*Gk*] コルキス（黒海東岸の一地方）.
Colchis[2] -idis [-idos], *adj f* Colchis の.
Colchis[3] -idis, *f* Colchis の女（特に Medea）.
Colchus[1] -a -um, *adj* Colchis の.
Colchus[2] -ī, *m* Colchis 人（特に Aeetes）.
cōleātus -a -um, *adj* [↓] 睾丸の付いた.
cōleī -ōrum, *m* [colo°] 睾丸, 精巣.
colens -entis, *m* [colo°] 崇拝者 ⟨+*gen*⟩.
coleoptera -ōrum, °*n pl* 【昆】鞘翅（しょうし）目, 甲虫目.
cōles -is, *m* =caulis.
cōlescō -ere, *intr* =coalesco.
coliās -ae, *m* [*Gk*]【魚】マグロの一種.
cōlica -ae, °*f* [colicus]【医】疝痛（せんつう）.
cōlicē -ēs, *f* [*Gk*] 疝痛治療薬.
cōliculus -ī, *m* =cauliculus.
cōlicus -a -um, °*adj* [*Gk*] 疝痛の.
cōlis -is, *m* =caulis.
collabascō -ere, *intr* [con-/labasco] ぐらつく, 倒れそうになる.
collabefactō -āre, *tr* [con-/labefacto] ぐらつかせる.
collabefactus -a -um, *pp* ⇒ collabefio.
collabefierī *inf* ⇒ collabefio.
collabefiō -fierī -factus sum, *intr* [con-/labefio] ぐらつく, 倒れる, 崩壊する.
collābor -ī -lapsus sum, *intr dep* [con-/labor[1]] 倒れる, 崩壊する, 沈む.
collabōrō -āre, °*intr* [con-/laboro] いっしょに働く, 協力する.

collacerātus -a -um, *adj* [con-/lacero] ずたずたに引き裂かれた.
collacrimātiō -ōnis, *f* [↓] いっしょに泣くこと.
collacrimō, -lacrumō -āre -āvī, *intr* (*tr*) [con-/lacrimo] いっしょに泣く, 嘆き悲しむ.
collactānea -ae, *f* [↓] 乳姉妹.
collactāneus -ī, *m* [con-/lacteo] 乳兄弟.
collactea -ae, *f* =collactanea.
collacteus -ī, *m* =collactaneus.
collaetor -ārī, °*intr dep* [con-/laetor] いっしょに喜ぶ.
collapsus[1] -a -um, *pp* ⇒ collabor.
collapsus[2] -ūs, °*m* 1 崩壊, 倒壊. 2 衰弱. 3【病】虚脱.
collāre -is, *n* [collum] 首輪.
collārium -ī, °*n* =collare.
collaterālis -is -e, °*adj* [con-/lateralis] 1 隣接した. 2 付属[付帯]的な. 3【解】副行の, 側副の.
collaterō -āre, °*tr* [con-/latus[2]] 両側に置く.
Collātia -ae, *f* コッラーティア (Latium にあった Sabini 族の町).
collātīcius -a -um, *adj* [confero] 1 いっしょにした, 混ぜ合わせた. 2 寄贈された, 寄付金でつくられた.
Collātīnus -a -um, *adj* Collatia の（特に Lucretia の夫 L. Tarquinius の添え名として）. **Collātīnī** -ōrum, *m pl* Collatia の住民.
collātiō -ōnis, *f* [confero] 1 1か所に集めること, 並べて置くこと；~ signorum (CIC) 会戦. 2 拠出, 出資, 寄付. 3 対比, 比喩. 4【倫】= *rationis* (CIC) 類推. 5【文】~ *secunda* (FEST) 比較級 / = *tertia* (FEST) 最上級. 6°【カト】聖職接任. 7°【カト】（断食日に許される）軽食.
collātīvus -a -um, *adj* [confero] 集められた.
collātor -ōris, *m* [confero] 1 もたらす人. 2 寄贈[献金]する人.
collātus -a -um, *pp* ⇒ confero.
collaudātiō -ōnis, *f* [collaudo] 賞賛.
collaudātor -ōris, °*m* [↓] 賞賛者.
collaudō -āre -āvī -ātum, *tr* [con-/laudo] 大いに賞賛する.
collaxō -āre -āvī -ātum, *tr* [con-/laxo] ゆるめる, 広げる.
collecta -ae, *f* (*pp*) [colligo[2]] 1 分担金. 2°集会, 会合.
Collectānea -ōrum, *n pl* [↓]「選集」(3 世紀の地誌記述者 Solinus の著作名).
collectāneus -a -um, *adj* [colligo[2]] 集められた.
collectīcius -a -um, *adj* [colligo[2]] かき集められた.
collectiō -ōnis, *f* [colligo[2]] 1 集めること, 累積. 2【病】はれもの, 膿瘍. 3 列挙, 要約. 4【倫】推論, 論証, 三段論法.
collectīvus -a -um, *adj* [colligo[2]] 1 集められた. 2° *nomen collectivum* (PRISC)【文】集合名詞. 3 推論の.
collector[1] -ōris, °*m* [con-/lego[2]] 相弟子.
collector[2] -ōris, °*m* [colligo[2]] 集める者.
collectus[1] -a -um, *adj* (*pp*) [colligo[2]] 縮められた,

狭い.
collectus[2] -ūs, *m* 集めること.
collēga -ae, *m* [con-/lego[1]] **1** 同僚. **2** 仲間.
collēgātārius -ī, *m* [con-/legatarius]《法》共同受遺者.
collēgī *pf* ⇨ colligo[2].
collēgiālis -is -e, °*adj* [collegium] 団体[組合]の.
collēgiārius[1] -a -um, °*adj* =collegialis.
collēgiārius[2] -ī, °*m*《碑》同僚, 仲間.
collēgiātus -ī, °*m* =collegiarius[2].
collēgium -ī, *n* [collega] **1** 同僚であること. **2** (政務官などの)団: ~ *praetorum* (Cic) 法務官団 / ~ *tribunorum plebis* (Cic) 護民官団 / ~ *pontificum* (Caes) 神祇官団. **3** 団体, 組合.
collēmatāceae -ārum, °*f pl*《植》イワノリ科.
collembola -ōrum, °*n pl*《昆》粘管類.
collēvī *pf* ⇨ collino.
collībertus -ī, *m* [con-/libertus] (同じ patronus から解放された)奴隷仲間.
collibuit -uisse -itum (*pres* collibet は用いられず, *pf* の collibuit または collitum est が *pres* の意味で用いられる), *intr impers* [con-/libet] 気に入る, 好ましい ⟨alci⟩: *simul ac mihi collibitum sit de te cogitare* (Cic) 私があなたのことを考えてみる気になったらすぐに.
colliciae -ārum, *f pl* [con-/liqueo] **1** 樋(とい), 溝. **2** 小さな水路.
colliciāris -is -e, *adj* [↑] 樋(とい).
colliciō -cere, °*tr* [con-/lacio] 誘う, いざなう.
colliculus -ī, *m dim* [collis] **1** 小山, 丘. **2** °《解》丘: ~ *facialis* 顔面神経丘 / ~ *inferior* 下丘.
collīdō -ere -līsī -līsum, *tr* [con-/laedo] **1** 打ちつける, ぶつける. **2** 不和にさせる, 敵対させる: *Graecia barbariae collisa* (Hor) 夷狄(いてき)と衝突したギリシア. **3** 打ち砕く, 破砕する.
colligātiō -ōnis, *f* [colligo[1]] つなぐこと, 結合.
colligātus -a -um, *pp* ⇨ colligo[1].
colligō[1] -āre -āvī -ātum, *tr* [con-/ligo[2]] **1** 結びつける, つなぐ. **2** まとめる, 結合する: *colligare homines inter se sermonis vinculo* (Cic) 人間たちを会話というきずなで互いに結びつける. **3** 妨げる, 引き留める.
colligō[2] -ere -lēgī -lectum, *tr* [con-/lego[2]] **1** 集める: *vasa colligere* (Liv)（撤収のために）荷物をまとめる / *se collegit in arma* (Verg) 彼は盾の後ろに身を隠した. **2** 得る, 獲得する: *magnam gratiam magnamque dignitatem ex hoc labore colligere* (Cic) この仕事によって大きな人望と名声を得る. **3** *se* [*animum*] *colligere* (Cic Tac) 気を取り直す. **4** 数える: *ad quos* ⟨*consules*⟩ *a regno Numae colliguntur anni DXXXV* (Plin) Numa 王の治世から(両執政官の)この年までを数えると 535 年になる. **5** 熟考する, 考察する; 推論する.
collīmitō -āre -āvī -ātum, °*intr* [con-/limito] 接する ⟨+*dat*⟩.
collīneō, -niō -āre -āvī -ātum, *tr* [con-/lineo] まっすぐに[狙う].
collinō -ere -lēvī -litum, *tr* [con-/lino] **1** ぬたくる. **2** よごす, けがす ⟨alqd re⟩.

collīnus -a -um, *adj* [collis] 丘の.
Collīnus -a -um, *adj* **1** ローマ市の Quirinalis 丘の. **2** *porta Collina* (Cic) コッリーナ門《Quirinalis 丘付近の門》.
colliquefaciō -ere -factum, *tr* [con-/liquefacio] 溶かす, 液体にする.
colliquēscō -ere -liquī, *intr* [con-/liquesco] 溶ける, 液体になる.
colliquī *pf* ⇨ colliquesco.
collis -is, *m* 丘.
collīsī *pf* ⇨ collido.
collīsiō -ōnis, °*f* [collido] 衝突.
collīsus -a -um, *pp* ⇨ collido.
collitus -a -um, *pp* ⇨ collino.
collocātiō -ōnis, *f* [↓] **1** 配置, 配列. **2** (娘を)結婚させること.
collocō -āre -āvī -ātum, *tr* [con-/loco] **1** 置く, 据える ⟨alqm [alqd] in re [alqd]⟩: *collocare exercitum in hibernis* (Caes) 軍隊を冬期陣営に宿営させる. **2** (ある立場・状態に)置く: *collocare alqm in matrimonium* (Cic) ある女性を結婚させる. **3** 配列する. **4** 使う, 費やす ⟨alqd in re⟩: *collocare adulescentiam suam in amore atque voluptatibus* (Cic) 自分の青年時代を恋愛と快楽に費やす / *collocare dotem in fundo* (Cic) 嫁資を土地に投資する / *se in re collocare* (Cic) 従事する.
collocuplētō -āre -āvī -ātum, *tr* [con-/locupleto] 富ませる, 豊かにする.
collocūtiō -ōnis, *f* [colloquor] 会談, 会話.
collocūtus -a -um, *pp* ⇨ colloquor.
collodium -ī, °*n*《化》コロジオン.
colloïdium -ī, °*n*《化》膠状質.
colloquī *inf* ⇨ colloquor.
colloquium -ī, *n* [↓] 会話, 会談.
colloquor -quī -locūtus sum, *intr*, *tr dep* [con-/loquor] 話し合う, 会話をする, 会談をする ⟨cum alqd; inter se; alqm⟩.
collubuit -uisse, *intr* =collibuit.
collubus -ī, *m* =collybus.
collūceō -ēre, *intr* [con-/luceo] 四方八方に光る, 輝いている.
collūcō -āre -āvī -ātum, *tr* [con-/lucus] **1** 刈り込む. **2** 間伐する.
colluctātiō -ōnis, *f* [colluctor] 格闘, 組打ち.
colluctātor -ōris, °*m* [↓] 敵対者.
colluctor -ārī -ātus sum, *intr*, *tr dep* [con-/luctor] 格闘する, 組打ちをする.
collūdium -ī, °*n* [↓] **1** いっしょに戯れること. **2** 共謀, 結託.
collūdō -ere -lūsī -lūsum, *intr* [con-/ludo] **1** いっしょに戯れる ⟨alci⟩. **2** 結託[共謀]する ⟨cum alqo⟩.
colluī *pf* ⇨ colluo.
collum -ī, *n* **1** 首. **2** °《解》頸.
collūminō -āre, *tr* [con-/lumino] 四方八方を照らす.
colluō -ere -luī -lūtum, *tr* [con-/luo[1]] 洗い落とす, すすぐ: *ora colluere* (Ov) 口を湿らせる, 渇きをいやす.

collūsī pf ⇨ colludo.
collūsiō -ōnis, f [colludo] 共謀, 結託.
collūsor -ōris, m [colludo] 1 遊び仲間. 2° 共謀[結託]者.
collūsōriē °adv [↑] 共謀[結託]して.
collustrium -ī, n [↓] 《碑》原野の清めの儀式.
collustrō -āre -āvī -ātum, tr [con-/lustro¹] 1 あたりを照らす. 2 調べる, 精査する.
collūsus -a -um, pp ⇨ colludo.
collūtiō -ōnis, f [colluo] 洗浄, すすぐこと.
collūtōrium -ī, °n [colluo] 《薬》うがい薬.
collutulentō -āre, tr [con-/lutulentus] 泥でよごす.
collūtus -a -um, pp ⇨ colluo.
colluviō -ōnis, **colluviēs** -ēī, f [colluo] 1 ごたまぜ, かす; 混乱, ごたごた. 2 不純な混合, 汚濁.
colluvium -iī, n [colluo] 1 =colluvio. 2° 《地》崩積層.
collybista -ae, °m [Gk] 両替商.
collybus -ī, m [Gk] 1 両替. 2 両替手数料.
collȳra -ae, f [Gk] 麺の一種.
collȳrium -ī, n [Gk] 1 点眼薬. 2 坐薬.
cōlō¹ -āre -āvī -ātum, tr [colum¹] 濾過する, 浄化する.
colō² -ere coluī cultum, tr (intr) [cf. inquilinus] 1 耕す, 耕作する. 2 住む, 居住する. 3 守る, 世話する, 育てる: colere amicitiam (PLAUT) 友情をはぐくむ / colere vitam (aevum) (CIC) (LUCR) 暮らす, 生活する. 4 尊重する, 敬愛する, 崇拝する.
colobium -ī, °n [Gk] (短い袖のついた)肌着.
colocāsia -ōrum, n pl, -a -ae, f [Gk] 《植》ハス(の実).
colon¹ -ī, n [Gk] 1 《解》大腸. 2 《病》疝痛.
colon² -ī, n [Gk] 《詩》コーロン《韻律の単位》; 《修》完全文の一部.
colōna -ae, f [colonus] 田舎の女, 農婦.
Colōnae -ārum, f pl [Gk] コローナエ, *-ナイ《Troasの町》.
colōnātus -ūs, °m [colonus] 農夫であること.
Colōnēus -a -um, adj Colonus の: Oedipus ~ (CIC)「コローノスのオイディプース」《Sophocles の悲劇の題名》.
colōnia -ae, f [colonus] 1 地所, 農場. 2 植民市: ~ Latina (CIC) ラテン植民市 / Colonia Agrippinensis (⇨ Agrippinensis). 3 植民者.
colōnicus -a -um, adj [↓] 1 農耕[農業]の. 2 植民市の.
colōnus -ī, m [colo²] 1 農夫, 小作人. 2 植民者. 3 住民.
Colōnus -ī, m [Gk] コローヌス, *-ノス《Attica の一市区》.
Colophōn -ōnis, f [Gk] コロポーン《Ionia の町》.
Colophōniacus -a -um, adj =Colophonius.
colophōnium -ī, °n [Colophon] 《化》コロホニー.
Colophōnius -a -um, adj Colophon の. **Colophōnii** -ōrum, m pl Colophon の住人.
color -ōris, m 1 色, 色彩, 血色. 2 美, 美しさ. 4 外観, 外見. 5 特色, 色調: ~ urbanitatis (CIC) 都会的な. 6 装飾, 潤色. 7 口実.

colōrātus -a -um, adj (pp) [↓] 色のついた; 日に焼けた.
colōrō -āre -āvī -ātum, tr [color] 1 色をつける, 染める. 2 色合いを与える. 3 日焼けさせる.
colōs -ōris, m =color.
Colossēum -ī, °n [↓] コロッセーウム《ローマ市の大円形劇場; もとは Amphitheatrum Flavium と呼ばれたが, のちに近くに立っていた Nero の巨像にちなんで Colosseum と呼ばれるようになった; 75 年着工, 80 年落成》.
colossēus, -aeus -a -um, adj [colossus] 巨大な.
colossiaeus -a -um, adj [Gk]=colosseus.
colossus -ī, m [Gk] 巨像; (特に Rhodos 港の入口の)太陽神 Sol の巨像.
colostra -ae, f, **-um** -ī, n (産後の雌牛の)初乳.
colostrātiō -ōnis, f [↑] 初乳を飲んだためにかかる動物の子の病気.
colostrātus -a -um, adj [colostra] clostratio にかかっている.
colpītis -idis, °f 《病》腟炎.
coluber -brī, m 《動》ヘビ(蛇).
colubra -ae, f [↑] 雌ヘビ.
colubrifer -fera -ferum, adj [coluber/fero] (Medusa の添え名) 蛇を持っている.
colubrīnus -a -um, adj [coluber] ヘビのような; 狡猾な.
coluī pf ⇨ colo².
cōlum¹ -ī, n 濾し器, ふるい.
colum² -ī, n =colon¹.
columba -ae, f [columbus] 1 《鳥》ハト(鳩). 2 (親愛を表わして) いとしい人.
columbar -aris, n [↑] 首かせの一種.
columbārium -ī, n [columba] 1 ハト小屋. 2 《建》梁の端を受ける壁穴. 3 《碑》墓所の骨壺を納める壁龕(がん). 4° (船の)オール受け.
columbātim °adv [columba] ハトのように.
columbīnus -a -um, adj [columba] ハト(のような).
columbor -ārī, intr dep [columba] ハトのようにくちばしでつつき合う.
columbulus -ī, m dim [↓] 《鳥》(小さな)ハト.
columbus -ī, m 《鳥》1 雄バト. 2 (一般に) ハト.
columella -ae, f dim [columna] 1 (小さな)柱, 支柱. 2° 《解·生物》軸柱.
Columella -ae, f コルメッラ《Junia 氏族に属する家名; 特に L. Junius Moderatus ~, 「農業論」を著わした (1 世紀)》.
columen -minis, n 1 (山や建物の)先端, 頂上, てっぺん. 2 柱, 支柱. 3 極頂, 絶頂, 最高点. 4 (比喩的に) 重要人物.
columna -ae, f [cf. columen] 1 柱: ~ rostrata (QUINT) (Duillius の Carthago 軍に対する勝利を記念して建てられた)船嘴(しゅい)装飾の付いた柱 / ~ Maenia (Forum Romanum の) C. Maenius (前 308 年の執政官) の記念柱《泥棒や返済不能債務者らが縛りつけられた》/ columnae Protei (CIC) エジプトの境界柱 / columnae Herculis (LIV) ヘルクレスの柱《現 Gibraltar 海峡をはさんでそびえる二つの岩山 Calpe

(ヨーロッパ側)と Abyla (アフリカ側)). **2** 支柱. **3** 水口, 樋口.

columnārium -ī, *n* [↑] 柱廊税.

columnārius -ī, *m* [columna] (columna Maenia のまわりにたむろする)ごろつき, 下層民.

colurnus -a -um, *adj* ハシバミの木で作った.

colus -ī [-ūs], *f* 糸巻棹[竿].

colustra -ae, *f* =colostra.

colūthia -ōrum, *n pl* [*Gk*] 〖動〗カタツムリの一種.

colymbas -adis, *f* [*Gk*] 塩漬けオリーブ.

coma¹ -ae, *f* [*Gk*] **1** 頭髪;(動物の)毛. **2** (木の)葉. **3** 光線.

cōma² -atis, °*n* [*Gk*] 〖医〗昏睡.

comans -antis, *adj* [coma¹] 長髪の; 毛深い: *colla comantia pectere* (VERG)(たてがみの)垂れた(馬の)首をしずる / *stella* ~ (Ov)ほうき星 / *sera* ~ *narcissus* (VERG)花のおそいスイセン.

cōmarchus -ī, *m* [*Gk*] 村長.

comaron -ī, *n* [*Gk*] 〖植〗ツツジ科アルブツス属の木の実《ヤマモモに似る》. **2**° イチゴの実 (=fragum).

comātus -a -um, *adj* [coma¹] 長髪の.

combibī *pf* ⇨ combibo¹.

combibō¹ -ere -bibī, *tr, intr* [con-/bibo] **I** (*tr*) **1** 飲み干す. **2** 吸い込む, 吸収する: *combibere lacrimas* (Ov) 涙を抑える. **II** (*intr*) いっしょに飲む.

combibō² -ōnis, *m* [↑] 飲み仲間.

combretāceae -ārum, °*f pl* 〖植〗シクンシ科.

combūrō -ere -ussī -ustum, *tr* [con-/uro] **1** 焼き尽くす. **2** 火葬する; 火あぶりにする: *comburere alqm judicio* (Cic) ある人を火刑に処する. **3** 消費する: *comburere diem* (PLAUT) 一日を費やす. **4** (*pass*) 恋にやつれる.

combussī *pf* ⇨ comburo.

combustiō -ōnis, *f* [comburo] 焼き尽くすこと.

combustus -a -um, *pp* ⇨ comburo.

comē -ēs, *f* [*Gk*] 〖植〗バラモンジン.

Cōmē -ēs, *f* [*Gk*] コーメー《(1) *Hiera* ~, Caria の町; Apollo の神託所となる. (2) *Xylina* ~, Pisidia の町. (3) *Acoridos* ~, Phrygia の町》.

comēdī *pf* ⇨ comedo¹.

comedō¹ -ere [-esse] -ēdī -ēsum [-estum], *tr* [con/edo¹] **1** 食い尽くす. **2** 消費する: *comedere alqm oculis* (MART) ある人を目でむさぼる(=わがものにしたいと熱望する) / *se comedere* (PLAUT) 嘆き暮らす. **3** 浪費する.

comedō² -ōnis, *m* [↑] 美食家; 大食漢.

Cōmensis -is -e, *adj* Comum の. **Cōmensēs** -ium, *m pl* Comum の住民.

comes -mitis, *m f* [con-/eo²] **1** 連れ, 仲間 ⟨+gen⟩. **2** 後見人. **3** 従臣. **4** 随行員, 供奉. **5**° 〖天〗伴星. **6**° 〖解〗随伴, 副行.

cōmessāt- ⇨ comissat-.

comestibilis -is -e, °*adj* [comedo¹] 食べられる.

comestiō -ōnis, °*f* [comedo¹] 食べること.

comēsus, comestus -a -um, *pp* ⇨ comedo.

comētēs, -a -ae, *m* [*Gk*] 〖天〗彗星, ほうき星.

cōmicē *adv* [↓] 喜劇的に.

cōmicus¹ -a -um, *adj* [*Gk*] 喜劇の, 喜劇に登場する.

cōmicus² -ī, *m* **1** 喜劇役者. **2** 喜劇作家[詩人].

cōminus *adv* =comminus.

cōmis -is -e, *adj* **1** 愛想のよい ⟨in [erga] alqm; in re⟩. **2** 趣味のよい, 洗練された.

cōmissābundus -a -um, *adj* [comissor] 飲み騒いでいる.

cōmissātiō -ōnis, *f* [comissor] お祭り騒ぎ, どんちゃん騒ぎ.

cōmissātor -ōris, *m* [↓] **1** 飲み騒ぐ人. **2** 加担者.

cōmissor -ārī -ātus sum, *intr dep* 飲み騒ぐ, 浮かれ歩く.

cōmitās -ātis, *f* [comis] **1** 愛想のよいこと, 親切. **2** 上品, 優雅.

comitātus¹ -a -um, *adj* (*pp*) [comito] 随伴された, 付き添われた ⟨+*abl*⟩.

comitātus² -ūs, *m* [comito] **1** 同伴, 随行. **2** 随行者, 供奉. **3** 一団. **4** 廷臣.

cōmiter *adv* [comis] 親切に, 愛想よく.

comitia -ōrum, *n pl* [comitium] (ローマの)民会《立法・裁判・公職者の選挙を行なった》: ~ *centuriata* (Cic) ケントゥリア民会 (兵員会) / ~ *curiata* (Liv) クリア民会 (貴族会) / ~ *tributa* (Cic) トリブス民会 (平民会).

comitiālis -is -e, *adj* [comitium] 民会の: *morbus* ~ (Plin) 癲癇(てんかん) 《不吉として民会が中止されたことから》.

comitiātus -ūs, *m* [comitia] 民会: ~ *maximus* (Cic) =comitia centuriata.

comitium -ī, *n* [con-/eo²] 民会の行なわれる場所.

comitō -āre -āvī -ātum, *tr* [comes] 随伴する, 付き従う.

comitor -ārī -ātus sum, *tr dep* [comes] **1** 伴う, 随行する. **2** 護送[護衛]する. **3** 葬送する. **4** 付随する ⟨alci rei⟩.

comma -atis, *n* [*Gk*] **1** 〖修〗完全文の一部. **2**° 〖詩〗詩行の一部. **3**° 〖文〗コンマ, 句点. **4**° 〖詩〗行中休止.

commaculō -āre -āvī -ātum, *tr* [con-/maculo] よごす; 汚点をつける.

commadeō -ēre -duī, *intr* [con-/madeo] きわめて柔らかくなる.

Commāgēnē -ēs, *f* [*Gk*] コンマーゲーネー《Syria の北部地方》.

Commāgēnus -a -um, *adj* Commagene の. **Commāgēnī** -ōrum, *m pl* Commagene の住民.

commandūcō -āre -āvī -ātum, *tr* [con-/manduco¹] かみくだく.

commaneō -ēre, °*intr* [con-/maneo] 滞在する, 逗留する.

commanipulāris -is, *m* [con-/manipularis²] 同じ中隊の同僚.

commanipulō -ōnis, °*m* =commanipularis.

commarītus -ī, *m* [con-/maritus] (同じ女を妻に持つ)夫仲間《喜劇の造語》.

commartyr -yris, °*m* [con-/martyr] 殉教者同志.

commāter -tris, °*f* [con-/mater] 教母, 代母.

commeātus -ūs, *m* [commeo] **1** 往来, 通行. **2**〈兵士への〉賜暇. **3** 輸送. **4**〈軍隊の〉糧秣, 糧食.

commeditor -ārī, *tr dep* [con-/meditor] **1** 考察する. **2** 模倣する.

commējō -ere -minxī -minctum, *tr* [con-/mejo]〈小便で〉よごす, ぬらす.

commelināceae -ārum, °*f pl*【植】ツユクサ科.

commeminī -isse, *tr* (*pf* be *pres* の意味に用いる) 思い出す, 覚えている〈+acc; +inf〉.

commemorābilis -is -e, *adj* [commemoro] 記憶すべき, 言及に価する.

commemorāmentum -ī, *n* [commemoro] 思い出させること, 言及.

commemorātiō -ōnis, *f* [↓] 思い出させること, 言及: ~ *antiquitatis* (Cic) 往事に言及すること / *posteritatis* (Cic) 子孫に語り継がれること.

commemorō -āre -āvī -ātum, *tr* [con-/memoro] **1** 思い出す〈+acc c. inf; +間接疑問〉. **2** 思い出させる〈alqd〉. **3** 述べる, 言及する〈alqd; de re; +acc c. inf; +間接疑問〉.

commendābilis -is -e, *adj* [commendo] 賞賛[推賞]に価する.

commendātīcius -a -um, *adj* [commendatus] 推薦する, 紹介する.

commendātiō -ōnis, *f* [commendo] **1** 推薦, 推賞. **2** 推賞すべき点, 長所, 美点, 価値.

commendātor -ōris, *m* [commendo] 推薦者.

commendātrīx -īcis, *f* [↑]〈女性の〉推薦者.

commendātus -a -um, *adj* (*pp*) [↓] **1** 推薦された. **2** 評価された, すぐれた.

commendō -āre -āvī -ātum, *tr* [con-/mando¹] **1** 委託する, ゆだねる, 任せる〈alci alqd〉: *commendare alqd litteris* (Cic) 手紙に書き記す. **2** 推薦する, 推賞する〈alci alqd〉: *se alci commendare* (Cic) ある人に取り入る[気に入られる].

commensālis -is, °*m* [con-/mensa] 食事仲間, 会食者.

commensus -a -um, *pp* ⇨ commetior.

commentāriolum -ī, *n dim* [↓] **1** 備忘録. **2** 小論文.

commentārius -ī, *m*, **-um** -ī, *n* [commentor¹] **1** 手記, メモ, 覚書. **2** 記録: *commentarii, quos idem scripsit rerum suarum* (Cic) 彼 (Caesar) 自身が自分の功績について書いた記録 (=「ガリア戦記」). **3**【訴】訴訟事件摘要書. **4** 注釈, 注解.

commentātiō -ōnis, *f* [commentor¹] **1** 熟考; 入念な準備. **2** 論文.

commentātor -ōris, *m* [commentor¹] **1** 考案[案出]者. **2°** 解釈者.

commentātus -a -um, *pp* ⇨ commento, commentor¹.

commentīcius -a -um, *adj* [commentus] **1** 考案された, 案出された. **2** 架空の, 想像上の. **3** でっちあげの, 虚偽の.

commentior -īrī -ītus sum, *tr dep* [con-/mentior] でっちあげる, 偽造する.

commentō -āre -āvī -ātum, *intr, tr* = commentor.

commentor¹ -ārī -ātus sum, *intr, tr dep freq* [comminiscor] **1** よく考える, 思案する〈abs; de re; alqd〉. **2** 練習する, 準備する〈abs; alqd〉. **3** 考案[案出]する, 創作する〈alqd〉.

commentor² -ōris, *m* 案出者, 創始者.

commentum -ī, *n* [↓] **1** 案出されたもの, 作り事: *mixta cum veris commenta* (Ov) 真実を交えた作り話. **2** 計画, 意図.

commentus -a -um, *pp* ⇨ comminiscor.

commeō -āre -āvī -ātum, *intr* [con-/meo] **1** 行ったり来たりする, 頻繁に訪れる: *crebro illius litterae ab aliis ad nos commeant* (Cic) 彼の手紙がしばしば他の人々のもとから私に届けられる. **2** 旅をする, 運ばれる. **3** 流れる.

commercium -ī, *n* [con-/merx] **1** 売買, 商売, 取引. **2** 営業権. **3** 商品. **4** 市場. **5** 交際, 交流, 交渉: *commercia belli* (Verg) 捕虜の身代金の交渉. **6** 性交渉, 密通.

commercor -ārī -ātus sum, *tr dep* [con-/mercor] 取引する, 買う, 買い占める.

commereō -ēre -meruī -meritum, *tr* [con-/mereo] **1**〈十分に〉値する, 受けるに足る. **2**〈罪・過失などを〉犯す.

commereor -ērī -meritus sum, *tr dep* = commereo.

commers -rcis, *f* [con-/merx] 親しい交際.

commētior -īrī -mensus sum, *tr dep* [con-/metior] **1** 測る, 測定する. **2** 測り比べる, 比較考量する〈alqd cum re〉.

commētō¹ -āre, *intr* (*tr*) *freq* [commeo] 頻繁に往来する, しばしば訪れる.

commētō² -āre, *tr* [con-/meto¹] 十分に測る.

commictus -a -um, *pp* ⇨ commingo.

commigrō -āre -āvī -ātum, *intr* [con-/migro] 移動する, 移住する.

commīles -litis, *m* [con-/miles] 兵隊仲間, 戦友.

commīlitium -ī, *n* [↑] **1** 戦友であること. **2** 仲間であること.

commīlitō -ōnis, *m* [con-/miles] **1** 戦友. **2** 仲間.

comminātiō -ōnis, *f* [comminor] おどし, 威嚇, 脅迫.

comminctus -a -um, *pp* ⇨ commejo.

commingō -ere -minxī -mictum, *tr* [con-/mingo] よごす, けがす.

comminīscī *inf* ⇨ comminiscor.

comminīscor -scī -mentus sum, *tr dep* [*cf*. reminiscor] **1** 考案[案出]する. **2** 捏造する, でっちあげる.

commīnister -trī, °*m* [con-/minister²] 従僕仲間.

comminō -āre, *tr* [con-/mino]〈家畜を〉駆り集める.

comminor -ārī -ātus sum, *tr dep* [con-/minor¹] おどす, 威嚇する, おびやかす.

comminuī *pf* ⇨ comminuo.

comminuō -ere -minuī -minūtum, *tr* [con-/minuo] **1** 小さくする, 粉々にする. **2** 減らす, 少なく

する. **3** 弱める, 無力にする.
comminus *adv* [con-/manus[1]] **1** 相接して, 白兵戦で. **2** 近くに, 手近に.
comminūtus -a -um, *pp* ⇨ comminuo.
comminxī *pf* ⇨ commejo, commingo.
commisceō -ēre -miscuī -mixtum [-mistum], *tr* [con-/misceo] **1** 混ぜ合わせる ⟨alqd (cum) re⟩. **2** 結合する.
commiserātiō -ōnis, *f* [commiseror] **1** 同情 ⟨alcis⟩. **2** 〘修〙(演説の)あわれみを誘うよう意図された部分.
commisereor -ērī -itus sum, *tr dep* [con-/misereor] 同情する, あわれむ ⟨alqd⟩.
commiserēscō -ere, *intr* [con-/miseresco] あわれむ, 同情する ⟨alcis⟩: (impers) *te hujus commiserescit mulieris* (PLAUT) あなたはこの女を気の毒に思う.
commiseror -ārī -ātus sum, *tr*, *intr dep* [con-/miseror] **1** あわれむ, 同情する; 嘆く. **2** 同情を誘う.
commīsī *pf* ⇨ committo.
commissāt- ⇨ comissat-.
commissiō -ōnis, *f* [committo] **1** 競技の開始. **2** 競技開始の演説; 懸賞演説大会で行なう演説. **3**° (罪を)犯すこと.
commissor -ōris, °*m* [committo] (罪を)犯す人.
commissum -ī, *n* (*pp*) [committo] **1** 企図, 企て. **2** 犯罪, 違反. **3** 託されたもの; 秘密.
commissūra -ae, *f* [committo] **1** 継ぎ目, 接合部. **2**° 〘解・動〙横連合, 交連.
commissus -a -um, *pp* ⇨ committo.
commistus -a -um, *adj* =commixtus (⇨ commisceo).
commītigō -āre -āvī -ātum, *tr* [con-/mitigo] 柔らかくする.
committō -ere -mīsī -missum, *tr* [con-/mitto] **1** つなぐ, 結合する ⟨alqd alci rei⟩. **2** 競争[対抗]させる, 戦わせる. **3** 対比させる. **4** 始める, 開始する: *proelium [pugnam] committere* (CAES [LIV]) 会戦する. **5** ひき起こす ⟨ut, ne, cur, quare⟩: *non committam, ut tibi ipsi insanire videar* (CIC) 私はあなた自身にさえ頭がおかしいと思われるような事態はひき起こさない. **6** (犯罪を)犯す. **7** 罰を受ける, 処罰される, 没収されて財産を失う. **8** ゆだねる, 委託する ⟨alqm [alqd] alci⟩: *facinus committere* (CAES) 罪業を打ち明ける.
commixtiō -ōnis, °*f* [commisceo] 混合.
commixtus -a -um, *pp* ⇨ commisceo.
commodātor -ōris, °*m* [commodo[2]] 貸主.
commodātum -ī, *n* (*pp*) [commodo[2]] **1** 貸したもの, 貸付け. **2** 貸借契約.
commodē *adv* [commodus] **1** 適当[適切]に. **2** 好意的に, 親切に. **3** 快適に, 心地よく.
commoditās -ātis, *f* [commodus] **1** 適切, 適格. **2** 利点, 好都合, 便宜. **3** 親切, 好意.
commodō[1] *adv* [commodus] 時宜を得て.
commodō[2] -āre -āvī -ātum, *intr*, *tr* **I** (*intr*) 好意を示す, 便宜を与える. **II** (*tr*) **1** 適合させる ⟨alqd alci rei⟩. **2** 貸す, 貸与する ⟨alci alqd⟩.
commodulē *adv dim* [commodus] 都合よく, うまい具合に.
commodum[1] *adv* (*neut*) [commodus] **1** 折よく, 時宜を得て. **2** ちょうどその時.
commodum[2] -ī, *n* [commodus] **1** 便宜; 時機, 好機: *nostro commodo* (CIC) われわれの都合のよい時に. **2** 益, 得. **3** 報酬. **4** 貸したもの.
commodus -a -um, *adj* [con-/modus] **1** 基準にかなった, 十分な: *viginti argenti commodae minae* (PLAUT) ぴったり20ミナの銀. **2** 適切な, ふさわしい ⟨+*dat*; ad alqd⟩. **3** 好意的な, 親切な.
Commodus -ī, *m* コンモドゥス《ローマ人の家名; 特に *Lucius Aelius Aurelius* ~, ローマ皇帝(在位180-192); Marcus Aurelius の子》.
commoeniō -īre, *tr* =communi[1].
commōlior -īrī -ītus sum, *tr dep* [con-/molior] **1** 動かす, 活躍させる. **2** 案出する.
commolitus[1] -a -um, *pp* ⇨ commolo.
commōlitus[2] -a -um, *pp* ⇨ commolior.
commolō -ere -moluī -molitum, *tr* [con-/molo] つき砕く.
commoluī *pf* ⇨ commolo.
commonefacere *inf* ⇨ commonefacio.
commonefaciō -ere -fēcī -factum, *tr* [commoneo/facio] 思い出させる; 注意を促す, 警告する ⟨alqm alcis rei; alqm de re⟩.
commonefactus -a -um, *pp* ⇨ commonefacio, commonefio.
commonefēcī *pf* ⇨ commonefacio.
commonefierī *inf* ⇨ commonefio.
commonefiō -fierī -factus sum (commonefacio の *pass* として用いられる).
commoneō -ēre -monuī -monitum, *tr* [con-/moneo] 思い出させる; 注意を促す, 警告する ⟨alqm alcis rei; alqm de re; +*acc c. inf*; +間接疑問; ut, ne⟩.
commonitiō -ōnis, *f* [↑] 思い出させること; 勧告, 警告.
commonitor -ōris, °*m* [commoneo] 思い出させる者.
commonstrō -āre -āvī -ātum, *tr* [con-/monstro] 指し示す, 明らかにする.
commorātiō -ōnis, *f* [commoror] **1** 滞在. **2** 遅れ. **3** 〘修〙詳述, 縷述(るじゅつ).
commorātus -a -um, *pp* ⇨ commoror.
commordeō -ēre -mordī -morsum, *tr* [con-/mordeo] かみつく.
commordī *pf* ⇨ commordeo.
commorī *inf* ⇨ commorior.
commorior -mori -mortuus sum, *intr dep* [con-/morior] いっしょに死ぬ ⟨cum alqo; alci⟩.
commoror -ārī -ātus sum, *tr*, *intr dep* [con-/moror] **I** (*tr*) 引き留める, 遅らせる. **II** (*intr*) **1** とどまる, 滞在する. **2** 〘修〙詳述する.
commorsus -a -um, *pp* ⇨ commordeo.
commortuus -a -um, *pp* ⇨ commorior.
commōtiō -ōnis, *f* [commoveo] **1**° 動き. **2**° 活動させること, 刺激: ~ *animi* (CIC) 興奮. **3**° 〘病〙振盪(しんとう): ~ *cerebri* 脳振盪.
commōtiuncula -ae, *f dim* [↑] 気分のすぐれ

commotus — **comparatus**

commōtus[1] -a -um, *adj* (*pp*) [commoveo] **1** 興奮した. **2** いらいらした；怒りっぽい. **3** 不安定な.
commōtus[2] -ūs, *m* 動き, 運動.
commoveō -ēre -mōvī -mōtum, *tr* [con-/moveo] **1** 激しく動かす, 振り動かす. **2** 移動させる, 持ち去る: *castra commovere* (Cic) 陣地を引き払う / *nummum commovere* (Cic) お金を移動させる(=商売をする). **3** かき乱す, 刺激する: *aut libidine aliqua aut metu commoveri* (Cic) 何らかの欲望あるいは恐怖に心をかき乱される. **4** ひき起こす: *bellum aut tumultum commovere* (Cic) 戦争や反乱をひき起こす.
commōvī *pf* ⇨ commoveo.
commundō -āre -āvī -ātum, *tr* [con-/mundo] すっかり洗う.
commūne -is, *n* [communis] **1** 共有財産. **2** 共同体, 国家. **3** *in* ~ (a) (Cic) 公共の利益のために. (b) (Tac) 概して, 一般に.
commūnicābilis -is -e, °*adj* [communico] 伝えることができる.
commūnicātiō -ōnis, *f* [communico] **1** 伝えること, 伝達. **2** 〔修〕演説者が聴衆に意見を求めること.
commūnicātus -a -um, *pp* ⇨ communico.
commūnicō -āre -āvī -ātum, *tr* [communis] **1** 分け合う, 共有する ⟨alqd cum alqo⟩: **2** 参加する ⟨alqd cum alqo⟩: *te communicare mecum hanc provinciam* (Plaut) あなたが私とこの職務について考えてくれること. **3** 伝える, 伝達する, 告げる ⟨alqd cum alqo⟩: *communicavi tecum consilia omnia* (Plaut) おまえにすべての計画を話した. **4** 結合する ⟨alqd cum re⟩.
commūnicor -ārī, *tr dep* =communico.
commūniō[1] -īre -īvī [-iī] -ītum, *tr* [con-/munio] **1** とりで[堡塁]で固める, 要害堅固にする. **2** 強固にする, 強化する.
commūniō[2] -ōnis, *f* [↓] **1** 共有, 参加, 分担. **2**°〔*キ教*〕聖餐.
commūnis -is -e, *adj* [*cf.* munus] **1** 共有の, 共通の；一般の；公共の ⟨+*gen*; +*dat*; cum+*abl*⟩: *sensus* ~ (Hor) 礼儀作法をわきまえていること / *vitium commune omnium est* (Ter) (この)欠点はすべての人に共通である. **2** どちらにも属する: *verbum commune* (Gell) 〘文〙受動形で能動・受動両義の意味を持つ動詞 / *genus commune* (Donat) 〘文〙男性・女性共通, 通性 / *syllaba communis* (Donat) 〘文〙長短いずれにもなりうる音節. **3** 愛想のよい, 親切な ⟨alci; erga alqm⟩.
commūnitās -ātis, *f* [↑] **1** 共有, 共通 ⟨+*gen*; cum *alqo*⟩. **2** 公共心, 仲間意識. **3** 愛想のよいこと, 親切.
commūniter *adv* [communis] 共同で；共通に；一般に.
commūnītiō -ōnis, *f* [communio[1]] **1** 道を切り開くこと. **2** 城砦.
commūnītus[1] -a -um, *pp* ⇨ communio[1].
commūnītus[2] *adv* [communis] 共同で.
commurmurō -āre *intr* =commurmuror.
commurmuror -ārī -ātus sum, *intr dep* [con-/murmuro] **1** つぶやく. **2** とどろく.

commūtābilis -is -e, *adj* [commuto] 変わりやすい.
commūtātē *adv* [commuto] 方法を変えて.
commūtātiō -ōnis, *f* [↓] **1** 変化, 変動. **2** 交換, 取替え.
commūtō -āre -āvī -ātum, *tr* [con-/muto[1]] **1** 変える, 変更する. **2** 交換する, 取り替える ⟨alqd (cum) re⟩.
cōmō -ere compsī comptum, *tr* [con-/emo] **1** 組み合わせる, 組み立てる. **2** (髪を)くしけずる, 手入れする: *capillos comere* (Cic) 髪を編む. **3** 飾る, 美しく装う.
cōmoedia -ae, *f* [*Gk*] 喜劇.
cōmoedicē *adv* [↓] 喜劇の中で行なわれるように.
cōmoedicus -a -um, *adj* [*Gk*] 喜劇の.
cōmoedus[1] -a -um, *adj* [*Gk*] 喜劇の.
cōmoedus[2] -ī, *m* 喜劇役者.
comōsus -a -um, *adj* [coma[1]] **1** 毛の多い；長髪の. **2** 葉の多い.
compaciscī *inf* ⇨ compaciscor.
compaciscor -scī -pactus sum, *intr dep* [con-/paciscor] 契約を結ぶ.
compactilis -is -e, *adj* [compingo] **1** ぴったり合わされた, 結合された. **2** ずんぐりした.
compactiō -ōnis, *f* [compingo] **1** つなぎ合わせること, 結合. **2** 構造, 枠組.
compactum -ī, *n* (*pp*) [compaciscor] 契約, 申し合わせ, 協定: (*ex*) *compacto* (Cic [Suet]) 申し合わせどおりに, 協定に従って.
compactus[1] -a -um, *pp* ⇨ compaciscor, compingo.
compactus[2] -a -um, *adj* (*pp*) [compingo] **1** つなぎ合わされた, 組み立てられた. **2** ずんぐりした, がっしりした.
compāgēs -is, *f* [compingo] **1** つなぎ合わせること, 結合. **2** 接合部, 継ぎ目. **3** 組立て, 組織, 構造.
compāgina -ae, °*f* [compago] つなぎ合わせること, 結合.
compāginō -āre -āvī -ātum, °*tr* [↑] 結合する, つなぎ合わせる.
compāgō -ginis, *f* =compages.
compār[1] -aris, *adj* [con-/par] 等しい, 同様の ⟨+*dat*⟩.
compār[2] -aris, *m*, *f* **1** 仲間, 同僚. **2** 連れ合い, 配偶者. **3** (*n*) 〔修〕ほぼ同数の音節の節から成る文.
comparābilis -is -e, *adj* [comparo[1]] 比較できる.
comparātē *adv* [comparatus[1]] 比較して.
comparātiō[1] -ōnis, *f* [comparo[1]] **1** 比較, 対比 ⟨alcis rei cum re⟩. **2** 協定, 契約. **3** 〘文〙比較級.
comparātiō[2] -ōnis, *f* [comparo[2]] 準備；調達: ~ *criminis* (Cic) 告発の材料をそろえること.
comparātīvē *adv* [↓] 比較して.
comparātīvus -a -um, *adj* [comparo[1]] **1** 比較の. **2**° *gradus* ~ (Donat) 〘文〙比較級.
comparātor[1] -ōris, *m* [comparo[1]] 比較する人.
comparātor[2] -ōris, °*m* [comparo[2]] 購買者.
comparātus[1] -a -um, *pp* ⇨ comparo[1,2].

comparātus[2] -ūs, *m* [comparo[1]] 割合.
comparcō -ere -parsī -parsum, *tr* [con-/parco] 1 取っておく, たくわえる. 2 慎しむ, 控える ‹+*inf*›.
compāreō -ēre -pāruī, *intr* [con-/pareo] 1 現われる, 見える. 2 存在する.
comparilis -is -e, °*adj* [compar[1]] 等しい, 同様の.
comparō[1] -āre -āvī -ātum, *tr* [compar[1]] 1 結合する, つなぐ. 2 対抗させる ‹alqm cum alqo›. 3 比較[対照]する ‹alqd [alqm] cum re [alqo]; alqd alci rei›. 4 同列に置く, 同等とみなす ‹alqm [alqd]+ *dat*›. 5 協定する, 合意する ‹alqd inter se›.
comparō[2] -āre -āvī -ātum, *tr* [con-/paro[2]] 1 準備する. 2 計画する, 企てる. 3 調達する. 4 募集[召集]する. 5 獲得する ‹alci alqd›: *tribunicium auxilium sibi comparare* (Liv) 護民官の助けを得る. 6 整える, 定める ‹alqd; ut›: (pass impers) *ita comparatum more majorum erat, ne...* (Liv) 父祖代々のしきたりにより…せぬようにと定められていた.
comparsī *pf* ⇨ comparco.
compascō -ere -pastum, *tr* [con-/pasco] (家畜を)共同で飼育[放牧]する.
compascuus -a -um, *adj* [↑] 共同放牧の: *ager* ~ (Cic) 共同放牧場.
compassibilis -is -e, °*adj* [compatior] 同情している.
compassiō -ōnis, °*f* [compatior] 同情.
compassus -a -um, *pp* ⇨ compatior.
compastus -a -um, *pp* ⇨ compasco.
compater -tris, °*m* [con-/pater] 【カト】(受洗時の)代父.
compaternitās -ātis, °*f* [↑] 代父であること.
compatī *inf* ⇨ compatior.
compatior -patī -passus sum, °*intr dep* [con-/patior] 1 共に苦しむ. 2 同情する.
compatriōta -ae, *m* 【碑】同胞, 同国人.
compatrōnus -ī, °*m* [con-/patronus] (奴隷を解放するときの)共同保護者.
compeciscor -scī, *intr* = compaciscor.
compectum -ī, *n* = compactum.
compediō -īre -īvī -ītum, *tr* [compes] 1 足かせをかける. 2° 束縛[拘束]する.
compēgī *pf* ⇨ compingo.
compellātiō -ōnis, *f* [↓] 1 話しかけること. 2 叱責, 非難.
compellō[1] -āre -āvī -ātum, *tr* [con-/cf. appello[1]] 1 呼びかける, 話しかける ‹alqm›. 2 非難[叱責]する ‹alqm; +2個の *acc*›. 3 【法】告訴する.
compellō[2] -ere -pulī -pulsum, *tr* [con-/pello] 1 駆り集める ‹alqm [alqd] in [ad] alqd›: *omne Auruncum bellum Pometiam compulsum est* (Liv) Aurunci 族との戦いはすべて Pometia 市に集中した. 2 強いる, 駆りたてる ‹alqm in [ad] alqd; ut, +*acc c. inf*›.
compendiāria -ae, *f* [compendiarius] (*sc.* via) 近道; 手っ取り早い方法.
compendiārium -ī, *n* (*sc.* iter) = compendiaria.
compendiārius -a -um, *adj* [compendium]

compendiō -āre -āvī -ātum, °*tr* [compendium] 短縮する, 短くする.
compendiōsus -a -um, *adj* [↓] 1 有利な. 2 短縮された, 短い.
compendium -ī, *n* [↓] 1 節約. 2 短縮, 省略. 3 近道. 4 利益, 利得.
compendō -ere, *tr* [con-/pendo] 天秤にかける, 測り比べる.
compensātiō -ōnis, *f* [↓] (収支を)釣り合わせること; 補償, 相殺.
compensō -āre -āvī -ātum, *tr* [con-/penso] 1 (収支を)釣り合わせる; 補償する; 相殺する ‹alqd (cum) re›. 2 節約する, 節約する.
comperco -ere -persī, *tr* = comparco.
comperendinātiō -ōnis, *f* = comperendinatus.
comperendinātus -ūs, *m* [↓] 2 日間の審理延期.
comperendinō -āre -āvī -ātum, *tr* [↓] (被告人を)改めて 2 日後に召喚する.
comperendinus -a -um, *adj* [con-/perendinus] 審理が延期された(第 3 日目の).
comperī *pf* ⇨ comperio.
comperiō -īre -perī -pertum, *tr* [con-/pario[2]] (調査して)確認する, 発見する; (経験的に)学ぶ, 知る ‹alqd; de re; +*acc c. inf*›.
comperior -īrī -pertus sum, *tr dep* = comperio.
compersī *pf* ⇨ comperco.
comperte *adv* [↓] 確かな情報に基づいて.
compertus -a -um, *adj* (*pp*) [comperio] 1 確かめられた, 疑問の余地のない: *levem auditionem pro re comperta habere* (Caes) いい加減なうわさを確かなことと考える. 2 有罪と宣告された.
compēs -pedis, *f* [con-/pes] 1 足かせ. 2 きずな, 束縛.
compescō -ere -pescuī, *tr* [*cf.* comperco] 制限する, 抑制する, 束縛する: *ramos compescere* (Verg) 剪定する.
compescuī *pf* ⇨ compesco.
competēns -entis, *adj* (*prp*) [competo] 適切な, ふさわしい; 適任の, 適格の.
competenter *adv* [↑] 適切に, ふさわしく.
competentia -ae, *f* [competens] 1 比率, 釣合い. 2 (天体の位置が過去のある時点と)同じ位置に来ること.
competiī *pf* = competivi (⇨ competo).
competītiō -ōnis, °*f* [competo] 1 合致. 2 競争, 張り合うこと. 3 要求, 請求.
competītor -ōris, *m* [competo] 1 競争相手. 2° 【法】原告.
competītrīx -īcis, *f* [↑] 競争相手《女性》.
competītus -a -um, *pp* ⇨ competo.
competīvī *pf* ⇨ competo.
competō -ere -petīvī [-iī] -petītum, *intr* [con-/peto] 1 (同時に)同じ所にあう; 張り合う. II (*intr*) 1 出会う. 2 一致[合致]する, 同時に起こる ‹cum re; +*dat*›. 3 適合する; 十分能

力がある ⟨ad alqd⟩: *vix ad arma capienda aptandaque pugnae competit animus* (Liv) 武器をとり戦闘に備える気力がほとんど失せている.

compīlātiō -ōnis, *f* [compilo¹] 強奪, 強盗.

compīlātor -ōris, °*m* [↓] 剽窃(ʰʸ⁾)者《Vergilius のあだ名; Homerus, Ennius らを模倣したことから》.

compīlō¹ -āre -āvī -ātum, *tr* [con-/pilo²] 盗む, 略奪する: *aedes compilare* (Plaut) 空き巣狙いをする.

compīlō² -āre -āvī, *tr* [con-/pilum] たたきのめす; たたき切る.

compingō -ere -pēgī -pactum, *tr* [con-/pango] 1 組み立てる. 2 閉じ込める ⟨alqm in alqd⟩.

Compitālēs -ium, *m* [Compitalis] [硬] Lares Compitales の司祭たち.

Compitālia -ium [-iōrum], *n pl* [Compitalis] Lares Compitales の祝祭《毎年四つ辻で行なわれた》.

Compitālicius -a -um, *adj* [↓] Compitalia 祭の.

Compitālis -is -e, *adj* [↓] 十字路の, 辻の: *Lares Compitales* (Suet) 辻の守護神.

compitum -ī, *n* [*cf.* competo] 十字路, 辻.

complaceō -ēre -placuī -placitum, *intr* [con-/placeo] 1 ⟨数人の⟩気に入る ⟨alci⟩. 2 きわめて好ましい.

complacitus -a -um, *pp* ⇨ complaceo.

complācō -āre, *tr* [con-/placo] 取り入る, 歓心を買う.

complānātiō -ōnis, °*f* [↓] 平らにすること.

complānō -āre -āvī -ātum, *tr* [con-/planus¹] 1 地面と同じ高さにする, 平らにする: *domum complanare* (Cic) 家を取りこわす. 2 ⟨困難を⟩取り除く.

complaudō -ere -plausī, °*intr* [con-/plaudo] いっしょに拍手[喝采]する.

complausī *pf* ⇨ complaudo.

complectī *inf* ⇨ complector.

complectō -ere, *tr* =complector.

complector -tī -plexus sum, *tr dep* [con-/plecto¹] 1 抱きしめる. 2 巻きつく; 取り巻く ⟨alqd re⟩. 3 含む, 包含する. 4 ⟨友情・好意などを⟩受け入れる, 歓迎する. 5 つかむ, とらえる: *me somnus complexus est* (Cic) 眠りが私をとらえた. 6 把握する, 理解する.

complēmentum -ī, *n* [↓] 満たすもの, 補充物.

compleō -ēre -plēvī -plētum, *tr* [con-/pleo] 1 満たす, いっぱいにする ⟨alqd +*abl* [*gen*]⟩: *complere naves colonis pastoribusque* (Caes) 船に小作人や羊飼いを詰め込む. 2 果たす, なし遂げる. 3 終える, 完了する: *centum et septem annos complevit* (Cic) 彼は満 107 歳を過ぎた.

complētōrium -ī, °*n* [↑] 《カト》[聖務日課の]終課.

complētus -a -um, *adj* (*pp*) [compleo] 1 満された, いっぱいの. 2 完全な.

complēvī *pf* ⇨ compleo.

complex -plicis, °*adj* [complico] 密接に結びついた, 関与する, 共謀した.

complexiō -ōnis, *f* [complector] 1 結合, 連結. 2 [論]《三段論法の》結論. 3 [論] ジレンマ, 両刀論法. 4 要約. 5 《修》掉尾文. 6 《文》母音[音節]の融合.

complexus¹ -a -um, *pp* ⇨ complector.

complexus² -ūs, *m* 1 抱きしめること, 抱擁. 2 つかむこと: ~ *armorum* (Tac) 格闘, 白兵戦. 3 把握, 理解. 4 好意, 愛情. 5 語の連結[結合].

complicātiō -ōnis, °*f* [complico] 1 包み込むこと. 2 増加. 3 混乱.

complicitās -ātis, °*f* [↓] 共謀.

complicō -āre -plicāvī [-plicuī] -plicātum [-plicitum] [con-/plico], *tr* 包み込む, 巻き入れる, くるむ.

complōdō -ere -plōsī -plōsum, *tr* [con-/plaudo] 手を打ち合わせる, 拍手する.

complōrātiō -ōnis, *f* [comploro] 1 大声で嘆き悲しむこと. 2 慟哭(ǰ̄) ⟨alcis⟩.

complōrātus -ūs, *m* =comploratio.

complōrō -āre -āvī -ātum, *tr* (*intr*) [con-/ploro] 大声で嘆き悲しむ.

complōsī *pf* ⇨ complodo.

complōsus -a -um, *pp* ⇨ complodo.

compluit -ere, *intr impers* [con-/pluo] 《雨が》集まって流れる.

complūra -ium, *n pl* [↓] 多くのもの.

complūrēs¹ -ēs -a (*gen* -ium), *adj* [con-/plures] 多くの.

complūrēs² -ium, *m, f pl* 多くの人々.

complūriēns, -iēs *adv* [complures¹] しばしば, 何度も.

complusculī -ae -a, *adj dim* [complures¹] かなり多くの.

complūvium -ī, *n* [compluit] 天窓《atrium の屋根の四角形の開口部; 雨水がそこから impluvium に集まるようになっていた》.

compōnō -ere -posuī -positum, *tr* [con-/pono] 1 いっしょに置く, 集める ⟨alqd in loco; alci rei alqd⟩. 2 対立させる ⟨alqm cum alqo⟩. 3 比較[対照]する ⟨alqd cum re; alci rei alqd⟩. 4 構成する, 建設[建造]する. 5 《文書・手紙などを》作成[起草]する. 6 手はずを整える, 取り決める; たくらむ. 7 でっちあげる; 装う, ふりをする. 8 配置する. 9 《問題などを》処理する, 解決する, 調停する. 10 合意に達する. 11 鎮める, 落ちつかせる.

comportātiō -ōnis, *f* [↓] いっしょに運ぶこと, 運搬, 輸送.

comportō -āre -āvī -ātum, *tr* [con-/porto] いっしょに運ぶ, 集める.

compos -potis, *adj* [con-/potis] 1 関与している, 共有している ⟨alcis rei; re⟩. 2 意のままにしうる, 支配している ⟨alcis rei; re⟩: ~ *mentis* [*animi*] (Cic [Ter]) 正気の, 冷静な / ~ *voti* (Hor) 願いがかなえられて.

compositae -ārum, °*f pl* [植] キク科.

composite *adv* [compositus] 1 整然と, 規則正しく. 2 慎重に.

compositiō -ōnis, *f* [compono] 1 いっしょに置くこと, 組合わせ, 結合. 2 配置, 配列. 3 《文書の》作成, 起草. 4 和解, 調停.

compositor -ōris, *m* [compono] 1 配列[整理]

する人.　2 (文書の)作成者.
compositum -ī, *n* [compositus] 申し合わせ, 協定: *ex* [*de*] *composito* (SALL APUL) 申し合わせどおりに, 協定に従って.
compositūra -ae, *f* [compono] 1 組立て, 結合.　2 組織, 構造.　3 (語の)配置, 組合わせ.
compositus -a -um, *adj* (*pp*) [compono] 1 いっしょに置かれた, 組み立てられた: *verba composita* (QUINT) 複合語, 合成語.　2 秩序づけられた, よく配列された: *composita respublica* (TAC) 整然たる国家.　3 適当な, ふさわしい, 適合した ⟨ad [in] alqd; alci rei⟩.　4 静かな, 落ちついた, 穏やかな.
compostus -a -um, *adj* =compositus.
composuī *pf* ⇨ compono.
compōtātiō -ōnis, *f* [con-/potatio] いっしょに飲むこと, 酒宴 (=symposium).
compotiō -īre -īvī -ītum, *tr* [compos] 1 所有させる ⟨alqm re [alcis rei]⟩.　2 (*pass*) 所有する ⟨re⟩.
compōtor -ōris, *m* [con-/potor] 飲み仲間.
compōtrīx -īcis, *f* [↑] (女性の)飲み仲間.
compraecīdō -ere, *tr* [con-/praecido] 同時に切り離す.
compransor -ōris, *m* [con-/pransor] 食事仲間.
comprecātiō -ōnis, *f* [↓] 公けの祈願.
comprecor -ārī -ātus sum, *tr dep* [con-/precor] 祈願する, 嘆願する.
comprehendī *pf* ⇨ comprehendo.
comprehendibilis -is -e, *adj* =comprehensibilis.
comprehendō -ere -hendī -hensum, *tr* [con-/prehendo] 1 一つにする, まとめる.　2 含む, 包含する.　3 言い表わす, 表現する.　4 つかむ; 占領する: *comprehendere ignem* (CAES) 火がつく / *aliis comprehensis collibus* (CAES) 他の丘をいくつか占領して.　5 とらえる, 逮捕する.　6 知覚する, 理解する.
comprehēnsibilis -is -e, *adj* [↑] 1 とらえる [つかむ] ことができる.　2 知覚できる, 理解できる.
comprehēnsiō -ōnis, *f* [comprehendo] 1 握る[つかむ]こと; 逮捕.　2 知覚, 理解.　3 掉尾文.
comprehēnsus -a -um, *pp* ⇨ comprehendo.
comprendō -ere, *tr* =comprehendo.
comprēnsus -a -um, *pp* =comprehensus.
compressē *adv* [compressus¹] 1 簡潔に, 手短かに.　2 執拗に, しつこく.
compressī *pf* ⇨ comprimo.
compressiō -ōnis, *f* [comprimo] 1 圧縮.　2 要約, 簡潔.　3 抱擁; 交接.　4° 抑圧, 鎮圧.
compressor -ōris, *m* [comprimo] (女性を)強姦する男.
compressus¹ -a -um, *adj* (*pp*) [comprimo] 1 締めつけられた, 窮屈な.　2 便秘している.
compressus² -ūs, *m* 1 圧縮, 圧迫.　2 抱擁; 交接.
comprimō -ere -pressī -pressum, *tr* [con-/premo] 1 圧縮する, 押しつぶす: *comprimere ordines* (LIV) 戦列の間を詰める / *compressis manibus sedere* (LIV) 両手を組んですわっている (=ひまである).　2 (男・雄が)交接[交尾]する.　3 抑制[抑圧]する; 止める, 妨げる: *comprimere seditionem* (LIV) 暴動を鎮圧する.
comprobātiō -ōnis, *f* [comprobo] 承認, 是認.
comprobātor -ōris, *m* [comprobo] 是認者.
comprobātus -a -um, *pp* ⇨ comprobo.
comprobō -āre -āvī -ātum, *tr* [con-/probo] 1 是認する, 承認する.　2 確認する, 確証する.
comprōmīsī *pf* ⇨ compromitto.
comprōmissārius -a -um, °*adj* [↓] 仲裁[裁定]の.
comprōmissum -ī, *n* [↓] 示談, 妥協.
comprōmissus -a -um, *pp* ⇨ compromitto.
comprōmittō -ere -mīsī -missum, *tr* [con-/promitto] 妥協する, 示談にする.
comprōvinciālis -is -e, °*adj* [con-/provincialis] 1 同じ属州生まれの.　2 ⟨カト⟩ 同じ大司教区の.
Compsa -ae, *f* コンプサ (Samnium の町; 現 Conza).
Compsānus -a -um, *adj* Compsa の.
compsī *pf* ⇨ como.
compsissumē *adv superl* [Gk] きわめて要領よく.
comptē -*adv* [↓] 飾りたてて, 優雅に.
comptus¹ -a -um, *adj* (*pp*) [como] 1 飾られた.　2 (文体が)優雅な, 洗練された.
comptus² -ūs, *m* 1 髪飾り.　2 結合.
compugnanter *adv* [compugno] 反抗して.
compugnantia -ae, °*f* [↓] 抗争, 対立.
compugnō -āre -āvī -ātum, *intr*, *tr* [con-/pugno] 戦う, 争う.
compulī *pf* ⇨ compello².
compulsātiō -ōnis, °*f* [compulso] 闘争, 抗争.
compulsiō -ōnis, °*f* [compello²] 1 強制.　2 催促, 督足.
compulsō -āre -āvī -ātum, *tr*, °*intr freq* [compello²] I (*tr*) 激しく打つ.　II (*intr*) 戦う, 争う.
compulsor -ōris, °*m* [compello²] 1 家畜を駆る者.　2 収税吏.
compulsus¹ -a -um, *pp* ⇨ compello².
compulsus² -ūs, *m* 衝突.
compūnctiō -ōnis, °*f* [compungo] 1 突き刺すこと.　2 良心の呵責, 悔恨.
compūnctus -a -um, *pp* ⇨ compungo.
compungō -ere -punxī -punctum, *tr* [con-/pungo] 1 刺す, 突く.　2 入れ墨をする.
compunxī *pf* ⇨ compungo.
compurgō -āre -āvī -ātum, *tr* [con-/purgo] すっかりきれいにする.
computābilis -is -e, *adj* [computo] 計算できる.
computātiō -ōnis, *f* [computo] 1 計算, 勘定.　2 計算がこまかいこと, けち.
computātor -ōris, *m* [computo] 計算者.
computista -ae, °*m* [computo] 暦法の専門家.
computō -āre -āvī -ātum, *tr* [con-/puto] 1 計算する.　2 数に入れる, 算入する.
computrēscō -ere -putruī, *intr* [con-/putresco] 腐敗する.
computruī *pf* ⇨ computresco.
computus -ī, °*m* [computo] 計算.

comula -ae, *f dim* [coma¹] きれいな髪.

Cōmum -ī, *n* コームム《Gallia Transpadana の町; 現 Como; Plinius Minor の生地》.

con- *pref* [*cf.* cum¹]「ともに」「全く」の意 (b, m, p の前では com-, l の前では col-, r の前では cor-, n の前では cō-, その他の子音の前では con-, 母音と h の前では cō- となる).

cōnāmen -minis, *n* [conor] **1** 努力, 奮闘. **2** 支え.

cōnāmentum -ī, *n* [↑] 草木を根こぎにする道具.

cōnātiō -ōnis, *f* [conor] 努力, 企て, 試み.

cōnātum -ī, *n* [conor] 試み, 企て.

cōnātus¹ -a -um, *pp* ⇨ conor.

cōnātus² -ūs, *m* **1** 努力, 奮闘. **2** 傾けること, 刺激. **3** 試み, 企て.

concacō -āre -āvī -ātum, *tr* [con-/caco] (排泄物で)汚す.

concaedēs -dium, *f pl* [con-/caedes] 〖軍〗 鹿砦 (ろくさい), 逆茂木 (さかもぎ), バリケード.

concalefacere *inf* ⇨ concalefacio.

concalefaciō -ere -fēcī -factum, *tr* [con-/calefacio] (すっかり)暖める.

concalefactōrius -a -um, *adj* [↑] 暖める.

concalefactus -a -um, *pp* ⇨ concalefacio, concalefio.

concalefēcī *pf* ⇨ concalefacio.

concalefierī *inf* ⇨ concalefio.

concalefīō -fierī -factus sum, *intr* [con-/calefio] (concalefacio の *pass* にも用いられる).

concaleō -ēre -caluī, *intr* [con-/caleo] 十分に暖かい.

concalēscō -ere -caluī, *intr inch* [↑] **1** 十分に暖かくなる. **2** 恋に燃える.

concallēscō -ere -calluī, *intr* [con-/calleo] **1** 巧妙になる, 利口になる. **2** 無感覚になる.

concalluī *pf* ⇨ concallesco.

concaluī *pf* ⇨ concaleo, concalesco.

concamerātiō -ōnis, *f* [↓] 丸天井造り; 丸天井.

concamerō -āre -āvī -ātum, *tr* [con-/camero] 丸天井をつける.

Concanī -ōrum, *m pl* コンカニー《Hispania Tarraconensis の一部族》.

concaptīvus -ī, °*m* [con-/captivus] 捕虜仲間.

concastīgō -āre -āvī -ātum, *tr* [con-/castigo] こらしめる, 懲罰する.

concatēnō -āre -ātum, °*tr* [con-/cateno] (鎖で)つなぎ合わせる, 連結する.

concavō -āre -āvī -ātum, *tr* [con-/cavo] 中空にする, くりぬく, 湾曲させる.

concavus -a -um, *adj* [con-/cavus] 中空の, うつろな; くぼんだ, へこんだ.

concēdō -ere -cessī -cessum, *intr, tr* [con-/cedo²] **I** (*intr*) **1** 去る, 退く ⟨ab [ex] re⟩: *concedere vitā* (Tac) 死ぬ. **2** 従う, 甘受する ⟨in alqd⟩: *concedere in sententiam alcis* (Liv) ある人の意見に従う. **3** 屈服する; 譲歩する ⟨+dat⟩: *naturae concedere* (Sall) 自然死する. **4** 応ずる ⟨+dat⟩: *concedere postulationi alcis* (Cic) ある人の要求を聞き入れる. **5** 大目に見る ⟨+dat⟩. **II** (*tr*) **1** 引き渡す, 譲る ⟨alci alqd⟩. **2** 許す, 許可する ⟨alci alqd; ut, ne; +*inf*⟩. **3** 認める, 承認する ⟨alqd; +*acc c. inf*⟩. **4** 容赦する, 見のがす.

concelebrō -āre -āvī -ātum, *tr* [con-/celebro] **1** 頻繁に訪れる. **2** 祝典を挙行する. **3** 追求する. **4** 活気づける ⟨alqd re⟩. **5** あまねく知らせる, 公表する. **6** もてはやす, 賞賛する.

concēlō -āre -āvī -ātum, *tr* [con-/celo] (完全に)隠す.

concēnātiō -ōnis, *f* [con-/ceno] いっしょに食事すること, 会食.

concentiō -ōnis, *f* [concino] いっしょに歌うこと, 調和.

concenturiō -āre -āvī -ātum, *tr* [con-/centurio¹] (百人隊単位で)集める, まとめる.

concentus¹ -a -um, *pp* ⇨ concino.

concentus² -ūs, *m* **1** いっしょに歌うこと, 調和. **2** 一致, 合意.

concēpī *pf* ⇨ concipio.

conceptāculum -ī, *n* [concipio] 入れ物, 容器.

conceptiō -ōnis, *f* [concipio] **1** 総括. **2** 貯水槽. **3** 妊娠, 受胎: °*C- Immāculāta* 〖カト〗《聖母マリアの無原罪懐胎》. **4** (法律定則文書の)作成. **5** 観念, 概念. **6** 表現. **7**° 〖文〗 音節. **8**° 〖修〗 兼用法《一語を原義と転義とに兼用する; =syllepsis》.

conceptō -āre -āvī -ātum, °*tr freq* [concipio] **1** 妊娠[受胎]する. **2** 思いつく, 着想する.

conceptum -ī, *n* [↓] **1** 胎児. **2** 思いつき, 着想.

conceptus¹ -a -um, *pp* ⇨ concipio.

conceptus² -ūs, *m* **1** 妊娠, 受胎. **2** 胎児. **3** 貯水; 貯水槽. **4** つかむこと. **5** 芽生え, 発芽. **6**° 着想, 意図.

concerpō -ere -cerpsī -cerptum, *tr* [con-/carpo] **1** 引き抜く, むしり取る, 引きちぎる. **2** 罵倒する, 酷評する.

concerpsī *pf* ⇨ concerpo.

concerptus -a -um, *pp* ⇨ concerpo.

concertātiō -ōnis, *f* [concerto] 争い, 抗争; 口論, 論争.

concertātor -ōris, *m* [concerto] 競争相手.

concertātōrius -a -um, *adj* [↓] 論争の.

concertō -āre -āvī -ātum, *intr* (*tr*) [con-/certo²] **1** 激しく争う. **2** 論争[口論]する ⟨de re; alqd⟩.

concessātiō -ōnis, *f* [concesso] 中止, 休止; 遅延.

concessī *pf* ⇨ concedo.

concessiō -ōnis, *f* [concedo] **1** 譲与: ~ *agrōrum* (Cic) 土地の下げ渡し. **2** 承認, 容認.

concessō -āre -āvī -ātum, *intr* [con-/cesso] やめる, 中止する, 休む.

concessus¹ -a -um *pp* ⇨ concedo.

*****concessus²** -ūs, *m* (用例は *sg abl concessū* のみ) 許可, 同意.

concha -ae, *f* [*Gk*] **1** 〖動〗 貝. **2** 真珠貝; 真珠. **3** 〖貝〗 アクキガイ《紫の染料を採る》. **4** 貝状の容器.

5 ほら貝. **6**° 〖解〗甲介: ~ auriculae 耳甲介.
conchātus -a -um, *adj* [↑] 貝の形をした.
concheus -a -um, *adj* [concha] 貝の: *conchea baca* (CULEX) 真珠.
conchifer -fera -ferum, °*adj* [concha/fero] 〖動〗貝殻を有する.
conchis -is, *f* 莢(ᢋᢧ)付きの豆.
conchīta -ae, *f* [Gk] 貝を取る人.
conchologia -ae, °*f* 貝類学.
conchologus -ī, °*m* 貝類学者.
conchula -ae, *f dim* 小さな貝類.
conchȳliātus -a -um, *adj* [↓] **1** 貝染めの. **2** 紫衣を着用した.
conchȳlium -ī, *n* [Gk] **1** 〖動〗貝類. **2** カキ(牡蠣). **3** アクキガイ《紫の染料を採る》; 紫の染料. **4** 紫衣.
concīdī[1] *pf* ⇨ concido[1].
concīdī[2] *pf* ⇨ concido[2].
concidō[1] -ere -cidī, *intr* [con-/cado] **1** 倒れる, くずれ落ちる. **2** (戦争で)倒れる, 死ぬ. **3** 弱くなる, やむ: *concidunt venti* (HOR) 風がおさまる / *hostes concidunt animis* (CAES) 敵は勇気を失う / *Romae solutione impeditā fidem concidisse* (CIC) ローマでは支払い停止のため信用が失墜した. **4** (訴訟に)負ける.
concīdō[2] -ere -cīdī -cīsum, *tr* [con-/caedo] **1** 切り倒す; 切り刻む; 殺す. **2** たたきのめす, だいなしにする: *omnem auctoritatem universi ordinis concidere* (CIC) (元老院)階級全体の権威をことごとく踏みにじる. **3** (話を)細分する.
concieō -ēre -cīvī -citum, *tr* [con/cieo] **1** 集める. **2** 激しく動かす. **3** 刺激する, 駆りたてる. **4** ひき起こす: *conciere seditionem* (TAC) 暴動を煽動する.
conciliābulum -ī, *n* [concilium] 人の集まる場所《市場・法廷など》.
conciliātiō -ōnis, *f* [concilio] **1** 結びつき, きずな. **2** 人気取り, 懐柔. **3** 愛着, 欲求 〈ad alqd〉. **4** 獲得.
conciliātor -ōris, *m* [concilio] 仲裁者, 仲介者: ~ *nuptiarum* (NEP) 仲人.
conciliātrīcula -ae, *f dim* [↓] 人を懐柔するもの.
conciliātrīx -īcis, *f* [conciliator] **1** 仲介者《女性》. **2**(結婚の)仲人《女性》; 売春周旋屋《女性》.
conciliātūra -ae, *f* [concilio] 取り持ち, (売春の)斡旋.
conciliātus[1] -a -um, *adj* (*pp*) [concilio] 好意をもっている, 味方に引き入れられた 〈alci; ad alqd〉.
*****conciliātus**[2] -ūs, *f* (用例は *sg abl* のみ) 結合.
conciliō -āre -āvī -ātum, *tr* [↓] **1** いっしょにする, 結合する. **2** 好意を得る, 味方に引き入れる 〈alqm alci; alqos inter se〉. **3** 推薦する. **4** 獲得する 〈alci alqd〉. **5** もたらす, ひき起こす: *conciliare pacem inter cives* (CIC) 市民の間に平和をもたらす.
concilium -ī, *n* [con-/calo[1]] **1** 結合. **2** 集合; 会合, 集会, 議会, 民会. **3**°〖カト〗教会会議.
concinēns -entis, °*adj* (*prp*) [concino] 調和のとれた.
concinentia -ae, °*f* [↑] **1** 和音, 和声. **2** 相称, 均整.

concinnātīcius -a -um, *adj* [concinno] みごとな.
concinnātiō -ōnis, *f* [concinno] **1** 準備. **2**° (文書の)作成.
concinnātor -ōris, *m* [concinno] **1** 整える人. **2**° 考案[案出]者.
concinnē *adv* [concinnus] **1** 優雅に, 上品に.
concinnitās -ātis, *f* [concinnus] **1** 優雅[巧み]な組み合わせ, 魅力. **2** 文体の美しさ.
concinnitūdō -dinis, *f* = concinnitas 2.
concinnō -āre -āvī -ātum, *tr* [↓] **1** 用意[準備]する, 整える. **2** 生じさせる, ひき起こす, もたらす: *me insanum verbis concinnat suis* (PLAUT) (奴は)うまい話でおれを狂わせた.
concinnus -a -um, *adj* **1** 適切に配置された, 整えられた. **2** 優雅な, 洗練された. **3** ふさわしい, 好ましい 〈alci〉: ~ *amicis* (HOR) 友人たちに好かれる.
concinō -ere -cinuī -centum, *tr*, *intr* [con-/cano] **I** (*intr*) **1** いっしょに歌う[演奏する]. **2** 一致[調和]する 〈cum alqo; inter se〉. **II** (*tr*) **1** いっしょに歌う[演奏する]. **2** (詩歌で)ほめたたえる, 詠ずる.
concinuī *pf* ⇨ concino.
conciō -īre, *tr* = concieo.
conciōn- ⇨ contion-.
concipilō -āre -āvī -ātum, *tr* [con-/capulo[2]] 奪う, 強奪する.
concipiō -pere -cēpī -ceptum, *tr* [con-/capio[1]] **1** 取り入れる, 受ける, 吸い込む. **2** (火が)つく. **3** ことばに表わす, 表現する: *senatus jus jurandum concepit* (TAC) 元老院は宣誓文を起草した. **4** 妊娠する, はらむ. **5** 知覚する. **6** 考える, (心に)いだく; 思いつく 〈alqd; +acc c. inf〉: *spem regni concepit* (LIV) (彼は)ローマの王者たらんとの野望をいだいた.
concīsē *adv* [concisus] 詳細に.
concīsiō -ōnis, *f* [concido[2]] **1** (文を)細分すること. **2**° 荒廃. **3**° 割礼.
concīsūra -ae, *f* [concido[2]] **1** 切り込み, 切れ目. **2** (水の)分配(=給水).
concīsus -a -um, *adj* (*pp*) [concido[2]] 細切れの, 短い, 簡潔な.
concitāmentum -ī, *n* [concito] 刺激(するもの).
concitātē *adv* [concitatus] **1** すばやく. **2** 激しく.
concitātiō -ōnis, *f* [concito] **1** 激しい動き. **2** 暴動, 反乱. **3** 激情, 興奮. **4** 刺激.
concitātor -ōris, *m* [concito] 煽動者, 駆りたてる人 〈+gen〉.
concitātus -a -um, *adj* (*pp*) [↓] **1** 急激な, 急速な. **2** 興奮した, 激した. **3** 激しい.
concitō -āre -āvī -ātum, *tr freq* [concieo] **1** 激しく動かす: *se concitare in hostem* (LIV) 敵に突撃する. **2** 呼び集める. **3** 刺激する, かき乱す. **4** 駆りたてる, 促す 〈alqm ad [in] alqd〉. **5** ひき起こす; 起こさせる, かきたてる: *concitare seditionem ac discordiam* (CIC) 暴動と騒乱をひき起こす / *concitare invidiam in alqm* (CIC) ある人への憎悪をかきたてる.
concitor -ōris, *m* = concitator.

concitus -a -um, *pp* ⇨ concieo.
concīvī *pf* ⇨ concieo.
concīvis -is, °*m* [con-/civis] 同胞.
conclāmātiō -ōnis, *f* [conclamo] 大声をあげること, 叫び.
conclāmātus -a -um, *pp* ⇨ conclamo.
conclāmitō -āre, *intr freq* [↓] 叫ぶ, 大声をあげる.
conclāmō -āre, -āvī -ātum, *tr* (*intr*) [con-/clamo] **1** 叫ぶ, 大声をあげる. **2** 嘆き悲しむ: *conclamatum est* (TER)もうだめだ. **3** 呼び集める. **4** 号令する: *conclamare ad arma* (LIV) 戦闘準備を命ずる / *conclamare vasa* (CAES) 輜重(しちょう)を集める(=陣地を撤収する)命令を出す.
conclāve -is, *n* [con-/clavis] **1** (鍵のかかる)部屋; おり, 鳥かご. **2** 《カト》教皇選挙秘密会議.
conclāvista -ae, °*m* [↑] 《カト》教皇選挙会議に列席する枢機卿.
conclāvium -ī, *n* =conclave.
conclūdō -ere -clūsī -clūsum, *tr* [con-/claudo²] **1** 閉じ込める ‹alqd in locum [loco]›. **2** 押し込める, 含める. **3** 制限する, 限定する. **4** 終わらせる. **5** (文章を)掉尾文に仕上げる. **6** (演繹的に)推論する, 結論する ‹alqd; +*acc c. inf*›.
conclūsē *adv* [conclusus¹] (文章が)掉尾文に仕上げられて.
conclūsī *pf* ⇨ concludo.
conclūsiō -ōnis, *f* [concludo] 《軍》攻囲, 封鎖. **2** 終結, 終わり. **3** 推論; 結論. **4** 《修》掉尾(ちょうび)文.
conclūsiuncula -ae, *f dim* [↑] つまらない推論, こじつけ, 詭弁.
conclūsum -ī, *n* [↓] **1** (三段論法の)結論. **2** 狭い空間.
conclūsus¹ -a -um, *pp* ⇨ concludo.
conclūsus² -ūs, °*m* 閉じ込めること.
concoctiō -ōnis, *f* [concoquo] 消化.
concoctus -a -um, *pp* ⇨ concoquo.
concolor -ōris, *adj* [con-/color] **1** 同じ色の ‹+*dat*›. **2** 合っている.
concolorans -antis, °*adj* [↑] 同じ色の.
concomitātus -a -um, *adj* (*pp*) [↓] 付き添われた.
concomitor -ārī -ātus sum, °*tr dep* [con-/comitor] 付き添う, 同行する.
concoquō -ere -coxī -coctum, *tr* [con-/coquo] **1** いっしょに[完全に]煮る. **2** 消化する. **3** 耐える, 我慢する. **4** 熟慮する, よく考える: *clandestina concocta sunt consilia* (LIV) 秘密の計画が案出された.
concordantia -ae, °*f* [concordo] **1** 一致, 調和. **2** 用語索引, コンコルダンス: *Bibliorum sacrorum ~* 聖書コンコルダンス.
concordātum -ī, °*n* [concordo] 協定, 協約.
concordia -ae, *f* [concors] **1** 共感. **2** 和平, 友好. **3** 一致, 調和. **4** (C-) 《神話》コンコルディア《ローマの和合一致の女神》.
concorditer *adv* [concors] 一致[調和]して.
concordō -āre -āvī -ātum, *intr, tr* [concors] **I** (*intr*) 一致[調和]する ‹abs; cum re [alqo]; +*dat*›. **II** (*tr*) 一致[調和]させる.
concorporō -āre -āvī -ātum, *tr* [con-/corporo] 一体にする, 合体させる.
concors -cordis, *adj* [con-/cor] **1** 同じ心の, 共感する. **2** 一致する, 調和した.
concoxī *pf* ⇨ concoquo.
concrēbrescō -escere -bruī, *intr* [con-/crebresco] 頻繁になる, ふえる.
concrēbruī *pf* ⇨ concrebresco.
concrēdidī *pf* ⇨ concredo.
concrēditus -a -um, *pp* ⇨ concredo.
concrēdō -ere -crēdidī -crēditum, *tr* [con-/credo¹] ゆだねる, 任せる ‹alci alqd›.
concremō -āre -āvī -ātum, *tr* [con-/cremo] 焼き尽くす, 焼き払う.
concrepitus -a -um, *pp* ⇨ concrepo.
concrepō -āre -puī -pitum, *intr, tr* [con-/crepo] **I** (*intr*) 大きな音がする, 鳴り響く: *simul primo concursu concrepuere arma* (LIV) 最初の衝突で武器がぶつかって大きな音をたてるやいなや. **II** (*tr*) 響かせる, 打ち鳴らす: *concrepare digitos* (PETR) 指をパチンと鳴らす.
concrepuī *pf* ⇨ concrepo.
concrescentia -ae, *f* [↓] 凝固, 凝結.
concrescō -ere -crēvī -crētum, *intr* [con-/cresco] **1** 大きくなる, ふえる, 生ずる. **2** 固まる, 凝固[凝結]する.
concrētiō -ōnis, *f* [↑] **1** 凝結, 凝固, 固まること. **2** 物質.
concrētum -ī, *n* [↓] 堅い物体 (特に霜).
concrētus¹ -a -um, *adj* (*pp*) [concresco] **1** 凝結[凝固]した, 固まった. **2** 濃縮された. **3** つらい, 耐えがたい.
concrētus² -ūs, *m* 凝固, 凝結.
concrēvī *pf* ⇨ concresco.
concrīminor -ārī -ātus sum, *intr dep* [con-/criminor] 訴える, 告訴する.
concrispō -āre -āvī -ātum, *tr* [con-/crispo] **1** 波打たせる. **2**°(槍・剣を)振りまわす.
concruciō -āre -āvī -ātum, *tr* [con-/crucio] ひどく苦しめる.
concubātiō -ōnis, °*f* [con-/cubatio] (寝台に)横になること.
concubīna -ae, *f* [concubinus] めかけ.
concubīnālis -is -e, °*adj* [↑] みだらな, 好色な.
concubīnātus -ūs, *m* [↓] **1** 内縁関係. **2** 姦通.
concubīnus -ī, *m* [con-/cubo] **1** 男色の相手の少年, 稚児. **2** 情夫.
concubitālis -is -e, °*adj* [concubitus²] 性交の.
concubitiō -ōnis, *f* [concumbo] 性交.
concubitor -ōris, *m* [concumbo] 床を共にする人.
concubitus¹ -a -um, *pp* ⇨ concumbo.
concubitus² -ūs, *m* **1** (睡眠または食事のために)いっしょに横になること. **2** 性交, 交接.
concubium -ī, *n* 就寝時.
concubius -a -um, *adj* [con-/cubo] 就寝の: *concubiā nocte* (CIC) 就寝時に, 真夜中に.

concubuī *pf* ⇨ concumbo.
concucurrī *pf* =concurri (⇨ concurro).
conculcātiō -ōnis, *f* [↓] 踏みつけること.
conculcō -āre -āvī -ātum, *tr* [con-/calco] 1 踏みつける, 踏みつぶす. 2 圧迫する, 虐げる. 3 軽蔑する, 見くだす.
concumbō -ere -cubuī -cubitum, *intr* [con-/*cumbo (cf. cubo)] 1 いっしょに横になる. 2 同衾する, 性交する ⟨cum alqo; alci⟩.
concupere *inf* ⇨ concupio.
concupiens -entis, *adj* (*prp*) [↓] 熱望[渇望]している ⟨alcis rei⟩.
concupiō -pere -cupīvī -cupītum, *tr* [con-/cupio] 熱望[渇望]する.
concupiscentia -ae, °*f* [↓] 強い欲望.
concupiscō -ere -pīvī [-piī] -pītum, *tr inch* [concupio] 熱望[渇望]する ⟨alqd; +*inf*⟩.
concupītus -a -um, *pp* ⇨ concupio, concupisco.
concupīvī *pf* ⇨ concupio, concupisco.
concūrātor -ōris, °*m* [con-/curator] 〖法〗共同後見人.
concūrō -āre, *tr* [con-/curo] (十分に)配慮する.
concurrī *pf* ⇨ concurro.
concurrō -ere -(cu)currī -cursum, *intr* [con-/curro] 1 急いで集まる; 群がり集まる ⟨ex re in [ad] alqd⟩. 2 衝突する, ぶつかる; 戦う ⟨cum alqo; alci; inter se; adversus [in] alqm⟩: *concurrit dextra laevae* (Hor) 右手が左手にぶつかった(=拍手喝采). 3 同時に起こる.
concursātiō -ōnis, *f* [concurso] 1 いっしょに走ること; 群がること. 2 走りまわること, 遍歴. 3 小ぜり合い.
concursātor -ōris, *m* [concurso] 散兵.
concursiō -ōnis, *f* [concurro] 1 いっしょに走ること; 衝突. 2 〖天〗合(ﾞ). 3 〖修〗文[句]末に同一語を反復すること.
concursō -āre, *intr, tr* [*cf.* concurro] I (*intr*) 1 いっしょに走る, 殺到する, ぶつかる. 2 走りまわる, 遍歴する. 3 小ぜり合いをする. II (*tr*) 歴訪する.
concursus[1] -a -um, *pp* ⇨ concurro.
concursus[2] -ūs, *m* 1 集合, 群がること ⟨+*gen*⟩. 2 騒動. 3 衝突, 遭遇, 攻撃. 4 結合.
concussī *pf* ⇨ concutio.
concussiō -ōnis, *f* [concutio] 1 振り動かすこと. 2 地震. 3° ゆすり, 恐喝. 4° 〖医〗震盪(症).
concussor -ōris, °*m* [concutio] 恐喝者.
concussūra -ae, °*f* [concutio] ゆすり, 恐喝.
concussus[1] -a -um, *pp* ⇨ concutio.
concussus[2] -ūs, *m* 振り動かすこと.
concustōdiō -īre -īvī -ītum, *tr* [con-/custodio] (入念に)見張る.
concustōdītus -a -um, *pp* ⇨ concustodio.
concutere *inf* ⇨ concutio.
concutiō -tere -cussī -cussum, *tr* [con-/quatio] 1 ぶつける. 2 揺り動かす. 3 注意深く調べる. 4 悩ます, 動揺させる. 5 刺激する, かき乱す. 6 弱める, ぐらつかせる: *concutere rem publicam* (Cic) 国家をゆさぶる.

condalium -ī, *n* [*Gk*] 指輪.
condecens -entis, °*adj* [↓] 適切な, ふさわしい.
condecet, *tr impers* [con-/deceo] 適切である, ふさわしい ⟨alqm; +*acc c. inf*⟩.
condecorō -āre -āvī -ātum, *tr* [con-/decoro] 1 装飾する, 飾りたてる. 2 栄誉を与える, 光彩を添える.
condēliquescō -ere, *intr* [con-/deliquesco] 完全に溶ける.
condemnātiō -ōnis, *f* [condemno] 1 有罪の判決. 2° 罰(金), 損害賠償.
condemnātor -ōris, *m* [condemno] 1° 判決を言い渡す人, 有罪宣告者. 2 告発者.
condemnātus -a -um, *pp* ⇨ condemno.
condemnō -āre -āvī -ātum, *tr* [con-/damno] 1 有罪判決を下す ⟨alqm alcis rei; alqm (de) re⟩: *condemnare alqm capitis* (Cic) ある人に死刑判決を下す. 2 告発[告訴]する. 3 非難する.
condensō -āre -āvī -ātum, *tr* [con-/denso] ぎっしり詰める, 密集させる; 凝縮させる.
condensus -a -um, *adj* [con-/densus] ぎっしり詰まった, 密集した ⟨re⟩.
condepsō -ere -depsuī, *tr* [con-/depso] こねる, 練り合わせる.
condepsuī *pf* ⇨ condepso.
condescendō -ere, °*intr* [con-/descendo] へりくだる ⟨alci; ad alqd⟩.
condescensiō -ōnis, °*f* [↑] へりくだること.
condiciō -ōnis, *f* [condico] 1 契約, 協定. 2 提案, 申し出. 3 結婚; 結婚相手. 4 情事, 密通; 愛人. 5 取り決め, 条件: *hac condicione, ut*... (Cic) ...の条件で. 6 状況, 事情.
condiciōnālis -is -e, *adj* [↑] 条件付きの.
condiciōnāliter *adv* [↑] 条件付きで.
condicō -ere -dixī -dictum, *tr* [con-/dico[2]] 1 申し合わせる, 取り決める ⟨alci alqd⟩. 2 通告[通知]する. 3 〖法〗返還[損害賠償]請求をする. 4° 同意[賛成]する.
condictiō -ōnis, *f* [↑] 1° 祭典の布告. 2 〖法〗返還[損害賠償]請求.
condictum -ī, °*n* [↓] 取決め, 協定.
condictus -a -um, *pp* ⇨ condico.
condidī *pf* ⇨ condo.
condidicī *pf* ⇨ condisco.
condignē *adv* [↓] ふさわしく ⟨+*abl*⟩.
condignus -a -um, *adj* [con-/dignus] きわめてふさわしい ⟨+*abl* [*dat, gen*]⟩.
condīmentārius -a -um, *adj* [↓] 薬味[香辛料]の.
condīmentum -ī, *n* [↓] 香辛料, 薬味 ⟨alcis rei⟩.
condiō -īre -īvī [-iī] -ītum, *tr* [*cf.* condo] 1 調味する. 2 趣きを添える. 3 和らげる. 4 漬け物にする. 5 (死体に)防腐処置を施す.
condiscipulātus -ūs, *m* [↓] 学友[相弟子], 同門であること.
condiscipulus -ī, *m* [con-/discipulus] 学友, 相弟子.
condiscō -ere -didicī, *tr* [con-/disco] 1 いっしょに学ぶ ⟨alci alqd⟩. 2 十分に学ぶ ⟨alqd; +*inf*⟩.

condĭtāneus -a -um, *adj* [condio] 漬け物に適した; 漬け物にした.
condĭtĭō -ōnis, *f* [condio] **1** (食物に)風味[香味]を添えること. **2** (食物の)貯蔵法.
condĭtīvum -ī, *n* [↓] 墓.
condĭtīvus -a -um, *adj* [condio] 保存に適した; 保存された.
condĭtor[1] -ōris, *m* [condo] **1** 創設[創建]者, 創始者. **2** 考案者, 著者, 作者. **3** 管理人, 支配人.
condĭtor[2] -ōris, *m* [condio] 調味する者.
condĭtōrium -ī, *n* [condo] **1** 棺. **2** 墓.
condĭtum[1] -ī, °*n* (*pp*) [condo] (通例 *pl*) 貯蔵(庫).
condĭtum[2] -ī, *n* (*pp*) [condio] (*sc*. vinum) 香りをつけたぶどう酒.
condĭtūra[1] -ae, *f* [condo] 作成, 製造.
condĭtūra[2] -ae, *f* [condio] **1** 調味. **2** (果物・酒などの)保存法. **3** 調味料, 香辛料.
condĭtus[1] -a -um, *adj* (*pp*) [condio] **1** 調味された. **2** 趣きが添えられた.
condĭtus[2] -a -um, *pp* ⇒ condo.
condixī *pf* ⇒ condico.
condō -ere -didī -ditum, *tr* [*cf*. abdo] **1** 組み立てる, 形づくる. **2** 創建[創設]する: *ab urbe conditā* (LIV) = *post Romam conditam* (CIC) ローマ市建設から(後). **3** 作る, 書く: *condere leges* (LIV) 法を制定する. **4** たくわえる, 保存する. **5** 隠す; 埋葬する. **6** (時を)過ごす.
condŏcĕfăcĭō *inf* ⇒ condocefacio.
condŏcĕfăcĭō -cere -fēcī -factum, *tr* [condoceo/facio] 教える, 訓練する.
condŏcĕfactus -a -um, *pp* ⇒ condocefacio.
condŏcĕfēcī *pf* ⇒ condocefacio.
condŏcĕō -ēre -docuī -doctum, *tr* [con-/doceo] 教える, 訓練する.
condoctus -a -um, *pp* ⇒ condoceo.
condŏlĕō -ēre, °*intr* [con-/doleo] **1** ひどく苦しむ. **2** いっしょに苦しむ, 同情する 〈+*dat*〉.
condŏlescō -ere -doluī, *intr inch* [↑] ひどく苦しむ, 悲しむ.
condoluī *pf* ⇒ condolesco.
condŏmĭnĭum -ī, °*n* [con-/dominium] 〖法〗共同主権, 共同管理, 共有.
condōnātĭō -ōnis, *f* [↓] 寄贈, 贈呈.
condōnō -āre -āvī -ātum, *tr* [con-/dono] **1** 寄贈する, 贈呈する 〈alci alqd〉. **2** (負債を)免除する. **3** 引き渡す. **4** ささげる 〈alci alqd〉. **5** 見のがす, 大目に見る 〈alqd [alqm] alci〉.
condormĭō -īre, *intr* [con-/dormio] 熟睡している.
condormiscō -ere, *intr inch* [↑] 熟睡する.
Condrūsī -ōrum, *m pl* コンドルージー《Gallia Belgica にいたゲルマン系一部族》.
condūcenter *adv* [conduco] ふさわしく, 適切に.
condūcĭbĭlis -is -e, *adj* [↓] 都合のよい, 得策の, 有利な.
condūcō -ere -duxī -ductum, *tr*, *intr* [con-/duco] I (*tr*) **1** 集める. **2** 結合する. **3** 賃借する. **4** 請け負う: *conducere vectigalia* (CIC) 税金の取立

てを請け負う. **5** 雇う. II (*intr*) (3 *pers* のみ) 役に立つ 〈+*dat*; ad [in] alqd〉.
conductēla -ae, °*f* [conductio] 賃貸借(契約).
conductī -ōrum, *m pl* [conduco] 雇われ人, 傭兵.
conductīcĭus -a -um, *adj* [conduco] 雇われた, 賃借の.
conductĭō -ōnis, *f* [conduco] **1** いっしょにすること. **2** 賃貸(契約). **3**°〖医〗痙攣(ケイレン).
conductor -ōris, *m* [conduco] **1** 賃借人. **2** 請負人. **3** 雇い主.
conductum -ī, *n* [↓] **1** 賃貸(契約). **2** 借家.
conductus -a -um, *pp* ⇒ conduco.
condŭplĭcātĭō -ōnis, *f* [↓] **1** (語句の)反復, 繰返し. **2** (おどけて) 抱擁.
condŭplĭcō -āre -āvī, *tr* [con-/duplico] 二重[二倍]にする: *corpora conduplicare* (PLAUT) 抱擁する.
condūrō -āre -āvī -ātum, *tr* [con-/duro] 固くする.
condus -ī, *m* [condo] 食料貯蔵係.
conduxī *pf* ⇒ conduco.
condўlŏīdeus -a -um, °*adj* [Gk] 〖解〗顆状の.
condўlōma -atis, *n* [Gk] 〖病〗コンジローム《肛門や陰部にできる腫瘍》.
condўlus -ī, °*m* [Gk] 〖解・動〗顆(カ), 関節丘《骨端の丸い隆起》.
cōnectō -ere -nexuī -nexum, *tr* [con-/necto] **1** 結ぶ, つなぐ. **2** 結合する, 関係づける. **3** 巻き込む, 巻き添えする.
cōnexĭō -ōnis, *f* [↑] **1** 結合. **2** 〖論〗結論.
cōnexuī *pf* ⇒ conecto.
cōnexum -ī, *n* [↓] 〖論〗必然的な帰結, 論理的関係.
cōnexus[1] -a -um, *adj* (*pp*) [conecto] **1** 連結[結合]された, 結ばれた. **2** (時間的に)連続した. **3** 関連した.
cōnexus[2] -ūs, *m* 結合, 連結.
confābrĭcor -ārī -ātus sum, *tr dep* [con-/fabricor] 作り上げる.
confābŭlātĭō -ōnis, °*f* [↓] 会話, 話し合い.
confābŭlor -ārī -ātus sum, *intr*, *tr dep* [con-/fabulor] 話し合う, 会話する 〈de re; alqd〉.
confămŭlus -is, °*m* [con-/famulus] 召使仲間.
confarrĕātĭō -ōnis, *f* [↓] パン共用式婚姻《神官と証人の前でパンをささげるローマの結婚の形式の一つ》.
confarrĕō -āre -ātum, *tr* [con-/farreus] confarreatio によって結婚する.
confātālis -is -e, *adj* [con-/fatalis] 運命を共にする.
confēcī *pf* ⇒ conficio.
confectĭō -ōnis, *f* [conficio] **1** 準備. **2** 作成, 完成: ~ *hujus libri* (CIC) この本の執筆. **3** 減らすこと, 消耗: ~ *escarum* (CIC) 食物の咀嚼(ソシャク) / ~ *valetudinis* (CIC) 健康の衰え.
confector -ōris, *m* [conficio] **1** 作成者, 完成者. **2** 破壊者; 殺害者.
confectūra -ae, *f* [conficio] 製造, 調製.

confectus -a -um, *pp* ⇨ conficio.
conferbuī *pf* ⇨ confervesco.
conferciō -īre -fersī -fertum, *tr* [con-/farcio] ぎっしり詰める、詰め込む。
conferentia -ae, °*f* [↓] 会議、協議会、集会。
conferō conferre contulī collātum, *tr* [con-/fero] **1** 運び集める、寄せ集める: *capita conferre* (Cɪᴄ) 鳩首協議する。 **2** 寄付する、醵出する。 **3** 衝突させる: *signa conferre* (Cɪᴄ) 交戦する / *pedem conferre* (Lɪᴠ) 白兵戦にたる。 **4** (ことば・意見を) 交わす、討議する。 **5** 比較する ⟨alqd cum re; alqd alci rei⟩。 **6** 圧縮する: *in pauca (verba) conferre* (Pʟᴀᴜᴛ) 手短かに言う。 **7** 運ぶ: *se conferre* (Cᴀᴇs) 行く、赴く。 **8** ささげる、向ける: *se conferre* (Cɪᴄ) 身をささげる、専心する / *omnem curam ad philosophiam conferre* (Cɪᴄ) 哲学に専念する。 **9** 延期する: *omnia in mensem Martium sunt conlata* (Cɪᴄ) すべては 3 月に持ち越された。 **10** 与える、授ける: *beneficia quae in me contulistis* (Cɪᴄ) 諸君が私に寄せてくれた好意。 **11** (...) に帰する、(...の) せいにする ⟨alqd in alqm⟩。 **12** 変える: *alqm in saxum conferre* (Oᴠ) ある人を岩に変える。
conferre *inf* ⇨ confero.
confer(r)ūminō -āre -āvī -ātum, *tr* [con-/ferrumen] 接合する。
confersī *pf* ⇨ confercio.
confertim *adv* [↓] 密集して、一団となって。
confertus -a -um, *adj* (*pp*) [confercio] **1** 密集した。 **2** 詰め込まれた、(...で) いっぱいの ⟨+abl⟩。
conferva -ae, °*f* 樹 糸状藻類。
confervēfacere *inf* ⇨ confervefacio.
confervēfaciō -ere, *tr* [↓/facio] 非常に熱くする、溶解する。
conferveō -ēre, *intr* [con-/ferveo] **1°** 煮え立つ。 **2** (折れた骨が) 接合 [癒着] する。
confervēscō -ere -ferbuī [-vuī], *intr inch* [↑] **1** 煮え立ち始める、熱くなる。 **2** (感情が) 沸き立つ。 **3** (折れた骨が) 接合 [癒着] する。
confessiō -ōnis, *f* [confiteor] **1** 承認; 告白、自白 ⟨+gen; de re⟩。 **2°** 㺢 信仰告白、信条。
confessionāle -is, °*n* [↓] 㺢 告解聴聞席。
confessionālis -is -e, *adj* [confessio] 㺢 の: *sedes* ~ 告解聴聞席。
confessor -ōris, °*m* [confiteor] **1** 㺢 信仰告白者。 **2** 㺢 聴罪司祭。
confessum -ī, *n* [↓] **1** 承認された事柄: *in confesso esse* (Sᴇɴ)=*in confessum venire* (Pʟɪɴ Mɪɴ) 広く認められている、よく知られている / *ex [in] confesso* (Sᴇɴ [Pʟɪɴ Mɪɴ]) 明白に、疑いなく。 **2°** 㳒 自白の内容。
confessus[1] -a -um, *adj* (*pp*) [confiteor] **1** 自白した。 **2** 承認された、疑う余地のない、明白な。
confessus[2] -ī, *m* 認諾した者、犯罪自白者: ~ *pro judicato est* (Pᴀᴜʟ) 自白をした者は有罪判決を受けた者とみなされる。
confestim *adv* [*cf*. festino] 速やかに、遅滞なく、直ちに。
confexim *subj pf* ⟨古語⟩ =confecerim (⇨ conficio)。
conficere *inf* ⇨ conficio.
conficiens -entis, *adj* (*prp*) [↓] 生じさせる、実現させる ⟨alcis rei⟩。

cōnficiō -cere -fēcī -fectum, *tr* [con-/facio] **1** 遂行する: *confecto legationis officio* (Cᴀᴇs) 使者の務めを果たすと。 **2** 作る、作製する。 **3** 書き留める、記録する; (文書を) 作成する。 **4** もたらす、ひき起こす。 **5** なし遂げる、成就する。 **6** 構成する: *omnis oratio conficitur ex verbis* (Cɪᴄ) 弁論はすべてことばから成っている。 **7** 集める: *conficere armata milia centum* (Cᴀᴇs) 10 万の武装兵を召集する。 **8** 片づける、完了する: *in nostra provincia confectae sunt pactiones* (Cɪᴄ) 私の属州では契約はすっかり片づいた。 **9** 渡る、行く: *non toto triduo DCC milia passuum conficiuntur* (Cɪᴄ) 3 日もたたないうちに (彼は) 700 マイルの道程を行く。 **10** (時を) 過ごす: *biennio jam confecto* (Cɪᴄ) すでに 2 年が過ぎた。 **11** かみ砕く; 消化する。 **12** 浪費する。 **13** 消耗させる、衰弱させる。 **14** 打ち倒す、殺す。 **15** 征服する、平定する。
cōnfictiō -ōnis, *f* [confingo] でっちあげ、捏造 ⟨鍴⟩。
cōnfictus -a -um, *pp* ⇨ confingo.
cōnfīdens -entis, *adj* (*prp*) [confido] **1** 自信をもった、大胆な。 **2** あつかましい、恥知らずの。
cōnfīdenter *adv* [↑] **1** 自信をもって。 **2** 大胆に、不敵に。
cōnfīdentia -ae, *f* [confidens] **1** 自信。 **2** 大胆さ、むこうみず。
cōnfīdentiloquus -a -um, *adj* [confidens/loquor] ずうずうしくしゃべる。
cōnfīdī *pf* ⇨ confindo.
cōnfīdō -ere -fīsus sum, *intr* (*tr*) [con-/fido] 信頼する、信ずる ⟨+dat; +abl; de re⟩。 **2** 確信する ⟨+acc c. inf⟩。
cōnfierī *inf* ⇨ confio.
cōnfīgō -ere -fīxī -fīxum, *tr* [con-/figo] **1** つなぎ合わせる、結びつける。 **2** 刺し通す、貫く ⟨alqd re⟩。 **3** 無力にする。
cōnfigūrō -āre -āvī -ātum, *tr* [con-/figuro] 型に合わせて作る、形づくる。
cōnfindō -ere -fīdī -fissum, *tr* [con-/findo] 割る、裂く。
cōnfingō -ere -fīnxī -fīctum, *tr* [con-/fingo] **1** 形づくる、作る。 **2** でっちあげる、捏造する ⟨alqd; +acc c. inf⟩。
cōnfīnis -is -e, *adj* [con-/finis] **1** 境を接する、隣接に ⟨+dat⟩。 **2** 密接に関連した、同類の ⟨+dat⟩。
cōnfīnium -ī, *n* [↑] **1** 境界; 限界: *confinia noctis* (Oᴠ) 夕暮れどき / *breve* ~ *artis et falsi* (Tᴀᴄ) (占星) 術と詐欺の差がわずかであること。 **2** 近接、隣接。
cōnfīnxī *pf* ⇨ confingo.
cōnfīō -fierī, *intr* [con-/fio] (conficio の *pass* として用いられる)。
cōnfirmātē *adv* [confirmatus] 確信して、自信をもって。
cōnfirmātiō -ōnis, *f* [confirmo] **1** 確立。 **2** 鼓舞、激励。 **3** 確認、確証。 **4°** 㺢 堅信礼。
cōnfirmātor -ōris, *m* [confirmo] 保証人 ⟨alcis rei⟩。
cōnfirmātus -a -um, *adj* (*pp*) [↓] **1** 自信をもっ

た，確信した． **2** 確立された，強固な． **3** 確実な．
confirmō -āre -āvī -ātum, *tr* [con-/firmo] **1** 強くする，強固にする：*se confirmare* (Cic) 元気になる． **2** 確立する，確かにする：*his rebus pace confirmātā* (Caes) このようにして平和が確立されて． **3** 励ます，元気づける． **4** 確証する〈alqd；+*acc c. inf*〉． **5** 正式に認める，裁可する． **6** 確言[断言]する〈alqd；+*acc c. inf*〉．
confiscātiō -ōnis, *f* [↓] 没収．
confiscō -āre -ātum, *tr* [con-/fiscus] **1** 没収[押収]する． **2** 金庫に保管する．
confisiō -ōnis, *f* [confido] 確信，自信．
confissus -a -um, *pp* ⇨ confindo.
confisus -a -um, *pp* ⇨ confido.
confiteor -ērī -fessus sum, *tr* (*intr*) *dep* [con-/fateor] **1** 認める，自白する〈alqd；+*acc c. inf*〉． **2** 明らかにする，示す． **3**〖キ教〗信仰告白をする．
confixī *pf* ⇨ configo.
confixus -a -um, *pp* ⇨ configo.
conflaccēscō -ere, *intr* [con-/flaccesco] 弱まる，静まる．
conflagrātiō -ōnis, *f* [↓] 大火災，噴火．
conflagrō -āre -āvī -ātum, *intr* [con-/flagro] **1** 燃え上がる，炎上する． **2** 破壊される，壊滅する． **3**〖憎悪を〗受ける，招く． **4**〖激情で〗燃え上がる．
conflātilis -is -e, °*adj* [conflo] 鋳造された．
conflātiō -ōnis, °*f* [conflo] **1** たきつけること，あおること． **2** 鋳造． **3** 膨張．
conflātūra -ae, °*f* [conflo] 溶解．
conflexus -a -um, *adj* [con-/flecto] 曲がった．
conflictātiō -ōnis, *f* [conflicto] **1** 衝突． **2** 論争． **3**°苦しめること．
conflictiō -ōnis, *f* [confligo] **1** 衝突． **2** 争い． **3**〖修〗矛盾，前後撞着．
conflictō -āre -āvī -ātum, *tr, intr freq* [confligo] **1** しきりに打つ，打ちつける． **2** (通例 *pass*) 悩む，苦しむ〈re〉：*conflictari magnā inopiā necessariarum rerum* (Caes) 必需品の深刻な欠乏に苦しめられる． **3** (通例 *dep*) 争う，戦う，衝突する〈cum re〉：*conflictari cum adversa fortuna* (Nep) 不運と戦う．
conflictus¹ -a -um, *pp* ⇨ confligo.
*****conflictus**² -ūs, *m* (用例は *sg abl* conflictū のみ) **1** 衝突；衝撃． **2**°闘争．
confligō -ere -flīxī -flīctum, *tr, intr* [con-/fligo] **I** (*tr*) **1** 衝突させる，ぶつける． **2** 対比[比較]する． **II** (*intr*) **1** 衝突する． **2** 戦う〈cum alqo；contra [adversus] alqm；inter se〉． **3** 論争する．
conflīxī *pf* ⇨ configo.
conflō -āre -āvī -ātum, *tr* [con-/flo] **1**〖火を〗吹いておこす，あおる． **2**〖感情を〗かきたてる． **3** ひき起こす． **4**〖金属を〗溶かす，溶解する；〖貨幣を〗鋳造する． **5** 企てる，たくらむ． **6** かき集める．
conflōreō -ēre, *intr* [con-/floreo] いっしょに咲く．
confluens -entis, *m* (*prp*) [confluo] 合流点．
Confluentēs -ium, *f pl* [↑] コンフルエンテース《Mosella 川 Rhenus 川の合流点の町；現 Koblenz》．
confluō -ere -flūxī, *intr* [con-/fluo] **1** 合流する． **2** 群がる，集まる．

confluvium -ī, *n* [↑] 合流点．
confluxī *pf* ⇨ confluo.
confluxus -ūs, °*m* =confluvium.
confodere *inf* ⇨ confodio.
confōdī *pf* ⇨ confodio.
confodiō -ere -fōdī -fossum, *tr* [con-/fodio] **1** 掘り起こす，掘り返す． **2** 刺し通す，突き刺す． **3** 刺し倒す，致命傷を与える：*tot judiciis confossi praedamnatique* (Liv) かくも多数の評決により指弾されあらかじめ裁かれていた人々．
confoederātiō -ōnis, °*f* [↓] 契約，協定．
confoederō -āre -ātum, °*tr* [con-/foedero] 契約[協定]によって結合する．
confore *inf fut* =confuturus esse (⇨ consum).
conformātiō -ōnis, *f* [conformo] **1** 形態，構造：~ *verbōrum* (Cic)〖文〗語句の配列，構文／~ *vocis* (Cic) 声の抑揚． **2** (*animi*) ~ (Cic) 認識，観念． **3**〖修〗比喩的表現，文彩；擬人法．
conformis -is -e, °*adj* [con-/forma] 同形の，類似した．
conformista -ae, °*m* [conformo] (イギリスの)国教徒．
conformitās -ātis, °*f* [↓] 相似，適合，一致．
conformō -āre -āvī -ātum, *tr* [con-/formo] **1** 形づくる，形成する． **2** 教育する，仕込む． **3** 一致[適合]させる．
confornicātiō -onis, *f* [↓] 丸天井をつけること．
confornicō -āre -āvī -ātum, *tr* [con-/fornix] 丸天井をつける．
confortō -āre -āvī -ātum, °*tr* [con-/fortis] 強くする．
confossus -a -um, *pp* ⇨ confodio.
confoveō -ēre, *tr* [con-/foveo] 世話をする，大事にする．
confractiō -ōnis, °*f* [confringo] 破壊，破砕．
confractus -a -um, *adj* (*pp*) [confringo] むらのある，一様でない．
confragōsus -a -um, *adj* [con-/fragosus] **1** でこぼこの． **2** 骨の折れる，困難な．
confrāter -tris, °*m* [con-/frater] 同僚，仲間．
confrāternitās -ātis, °*f* [↑] **1** 同僚であること． **2** 協会，組合． **3**〖カト〗信心会．
confrēgī *pf* ⇨ confringo.
confremō -ere -fremuī, *intr* [con-/fremo] ぶつぶつ言う；鳴り響く．
confremuī *pf* ⇨ confremo.
confrequentō -āre -āvī -ātum, *tr* [con-/frequento] **1** 頻繁に[大勢で]訪れる． **2** 数をふやす．
confricō -āre -āvī -ātum, *tr* [con-/frico] こする〈alqd re〉．
confringō -ere -frēgī -fractum, *tr* [con-/frango] **1** 粉砕する，こわす． **2** だいなしにする，無にする：*rem confringere* (Plaut) 財産を蕩尽する．
confrixō -āre, °*tr* [con-/frigo] あぶる，(油で)揚げる．
confūdī *pf* ⇨ confundo.
confugere *inf* ⇨ confugio.
confūgī *pf* ⇨ confugio.
confugiō -ere -fūgī, *intr* [con-/fugio] **1** 逃げ込

confugium — **congrego**

む, 避難する〈in [ad] alqd〉. **2** 頼みとする, 救いを求める.
confugium -ī, *n* [↑] 隠れ場, 避難所.
confulgeō -ēre -fulsī, *intr* [con-/fulgeo] 輝く, きらめく.
confulsī *pf* ⇨ confulgeo.
confundō -ere -fūdī -fūsum, *tr* [con-/fundo²] **1** 混ぜ合わせる〈alqd cum re; alci rei alqd〉. **2** 結合する. **3** 混乱させる. **4** ぼんやりさせる, わからなくする. **5** 狼狽[困惑]させる. **6** 注ぎ入れる〈alqd in alqd〉.
confūsāneus -a -um, *adj* [confusus] 混成の, 雑多な.
confūsē *adv* [confusus] **1** 入り乱れて, 乱雑に. **2** ぼんやりと, 漠然と.
confūsīcius -a -um, *adj* [confusus] 混ぜ合わせた, ごたまぜの.
confūsiō -ōnis, *f* [confundo] **1** 混合, 結合; 混合物. **2** 混乱, 無秩序. **3** 狼狽, 当惑.
confūsus -a -um, *adj* (*pp*) [confundo] **1** 混ぜ合わされた. **2** 混乱した. **3** 細かく区別しない, 全般的な. **4** 不明瞭な, 識別できない, 乱れた.
confūtātiō -ōnis, *f* [↓] 論駁, 論破.
confūtō -āre -āvī -ātum, *tr* [con-/*cf*. refuto] **1** 煮えこぼれを防ぐ. **2** 押えつける, 抑制する. **3** 黙らせる, 沈める. **4** 論駁[論破]する.
confutuō -ere, *tr* [con-/futuo] 同衾する.
confutūrus -a -um, *fut p* ⇨ consum.
congaudeō -ēre, *intr* [con-/gaudeo] いっしょに喜ぶ.
congelāscō -ere, *intr* [con-/gelasco] 氷結する.
congelātiō -ōnis, *f* [↓] 氷結.
congelō -āre -āvī -ātum, *tr*, *intr* [con-/gelo] **I** (*tr*) **1** 凍結させる. **2** 堅くする, 固める. **II** (*intr*) **1** 氷結する. **2** 堅くなる. **3** 不活発になる, 熱意がさめる.
congemīnātiō -ōnis, *f* [↓] 抱擁.
congemīnō -āre -āvī -ātum, *tr* [con-/gemino] 2倍にする, 重ねる: *ictūs crebros ensibus congeminant* (Verg) (二人は)剣で打撃に打撃を重ねる.
congemō -ere -gemuī, *intr*, *tr* [con-/gemo] **I** (*intr*) うめく. **II** (*tr*) 嘆き悲しむ.
congemuī *pf* ⇨ congemo.
congener -neris, *adj* [con-/genus¹] 同族[同類]の.
congenerō -āre -āvī -ātum, *tr* [↑] **1** 同時に生む. **2** (血縁関係で)結ぶ.
congenitus -a -um, *adj* [con-/gigno] 生まれたときからある, 生得の; 同年代の.
congentīlēs -ium, *m pl* [con-/gentilis] 同じ gens に属する人々, 同族, 親類.
conger -grī, *m* [*Gk*] 〖動〗アナゴ.
congeriēs -ēī, *f* [↓] **1** 堆積, 積み重なったもの; (火葬用の)薪の山. **2** 〖修〗同義語を重ねること.
congerō -ere -gessī -gestum, *tr* [con-/gero] **1** (寄せ)集める: *alci viaticum congerere* (Cic) ある人のために旅費を拠出する. **2** 積み重ねる, 積み上げる. **3** 建てる. **4** いっしょにする, 詰め込む. **5** たっぷり与える, 浴びせる: *ingentia beneficia in alqm congerere*

(Liv) ある人に莫大な利益を与える. **6** (…に)帰する, (…の)せいにする〈alqd in [ad] alqm; alci alqd〉: *causas alcis rei in alqm congerere* (Liv) あることの原因をある人に帰する.
congerrō -ōnis, *m* [con-/gerro] 遊び仲間.
congessī *pf* ⇨ congero.
congestīcius -a -um, *adj* [congestus¹] 積み上げられた.
congestiō -ōnis, *f* [congero] **1** 積み重ねること. **2** 堆積, 積み重なったもの. **3** °〖病〗充血, 鬱血.
congestus¹ -a -um, *pp* ⇨ congero.
congestus² -ūs, *m* **1** 積み重ねること; 寄せ集めること. **2** 堆積, 積み重なったもの, 塊.
congiālis -is -e, *adj* **1** congius の.
congiārium -ī, *n* [↓] **1** (**1** congius の油や酒などの)進物; (金銭の)祝儀. **2** (一般に)贈り物, 寄贈. **3** °**1** congius 入る容器.
congiārius -a -um, *adj* **1** congius の.
congius -ī, *m* ローマの液量単位 (=6 sextarii=¹⁄₈ amphora =約 3.4 *l*).
conglaciō -āre -ātum, *intr*, *tr* [con-/glacio] **I** (*intr*) 凍る, 固まる. **II** (*tr*) 凍結させる.
conglīscō -ere, *intr* [con-/glisco] 燃え立つ, 輝く.
conglobātiō -ōnis, *f* [↓] ひと塊り[一群]になること.
conglobō -āre -āvī -ātum, *tr* [con-/globo] **1** 球形にする. **2** ひと塊りにする. **3** 群がらせる: *se in unum conglobare* (Liv) 一団となる.
conglomerātiō -ōnis, °*f* [conglomero] 寄せ集めること.
conglomerātus -a -um, *pp* ⇨ conglomero.
conglomerō -āre -āvī -ātum, *tr* [con-/glomero] **1** 丸く固める, 団塊状に集める. **2** 積み重ねる: *omnia mala in alqm conglomerare* (Enn) あらゆる禍いをある人の上に積み重ねる.
conglōrificō -āre, °*tr* [con-/glorifico] いっしょに賛美する.
conglūtinātiō -ōnis, *f* [↓] 接合, 結合.
conglūtinō -āre -āvī -ātum, *tr* [con-/glutino] **1** 接着[接合]する. **2** 結び合わせる.
congraecō -āre, *tr* [con-/graecor] (ギリシア人のように)浪費する.
congrātulātiō -ōnis, *f* [↓] 祝賀.
congrātulor -ārī -ātus sum, *intr dep* [con-/gratulor] 祝賀する〈alci alqd〉.
congredī *inf* ⇨ congredior.
congredior -gredī -gressus sum, *intr* (*tr*) *dep* [con-/gradior] **1** 出会う〈cum alqo〉. **2** 衝突する, 交戦する〈cum alqo; alci〉. **3** 論争する.
congregābilis -is -e, *adj* [congrego] 群居する.
congregālis -is -e, °*adj* [con-/gregalis] つなぎ合わせる.
congregātim °*adv* [congrego] 群れをなして.
congregātiō -ōnis, *f* [↓] **1** 集まること, 集合, 結合. **2** 配列. **3** °〖カト〗修道会.
congregō -āre -āvī -ātum, *tr* [con-/grex] **1** (家畜・蜂などを)群れにまとめる. **2** (人を)集める; (*refl*, *pass*) 集まる; 交際する: *pares cum paribus facillime*

congregantur (Cic) 類は類と好んで寄り合う(=類は友を呼ぶ).

congressiō -ōnis, *f* [congredior] **1** 出会い, 会見. **2** 衝突, 交戦. **3** 交接, 性交.

congressus[1] -a -um, *pp* ⇨ congredior.

congressus[2] -ūs, *m* **1** 会合, 出会い. **2** 結合. **3** 交際. **4** 性交. **5** 同意, 理解. **6** 衝突, 交戦.

congrex -egis, *adj* [con-/grex] **1** 同じ群れの. **2°** 群がった. **3°** 親密な.

congruē °*adv* [congruus] 適切に, ふさわしく.

congruens -entis, *adj* (*prp*) [congruo] **1** ふさわしい, 調和する ⟨cum re; +dat⟩: *vita ~ cum disciplina* (Cic) 教説に合わせた生活. **2** 一致している, 同意見の: ~ *clamor* (Liv) 満場一致の賛成の叫び声.

congruenter *adv* [↑] 合致して, ふさわしく.

congruentia -ae, *f* [congruens] 一致, 調和, 均整のとれていること.

congruī *pf* ⇨ congruo.

congruō -ere -gruī, *intr* [con-/*cf.* ingruo] **1** 出会う. **2** 一致する, 符合する ⟨cum re; +dat⟩. **3** 同意する. **4** ふさわしい, 合致する ⟨+dat; ad alqd⟩.

congruus -a -um, *adj* [↑] 一致する, 適当な.

cōniciō -cere, *tr* =conjicio.

conidium -ī, °*n* 【植】分生子.

cōnifer -fera -ferum, *adj* [conus/fero] 球果を結ぶ, 針葉樹の.

cōniferae -ārum, °*f pl* [↑] 【植】球果植物類.

cōniger -gera -gerum, *adj* [conus/gero] =conifer.

conistērium -ī, *n* [Gk] (格闘競技場にあった)競技者が体に砂を振りかける部屋.

cōnīsus -a -um, *pp* =conixus (⇨ conitor).

cōnītī *inf* ⇨ conitor.

cōnītor -nītī -nixus [-nīsus] sum, *intr dep* [con-/nitor?] **1** (肉体的に)精一杯努力する: *equitatus summum in jugum conititur* (Caes) 騎兵隊が山頂によじ登ろうと奮闘する / *parvi conituntur, sese ut erigant* (Cic) 赤ん坊は立ち上がろうと努力する / *capella gemellos silice in nuda conixa* (Verg) 牝山羊は2匹の仔を裸の岩に産み落として. **2** (精神的に)努力する: *illigare conisa est* (Tac) (彼女は陰謀に)巻き込もうと骨折った.

cōniventia -ae, °*f* [↓] 黙認.

cōnīveō -ēre -nīvī [-nīxī], *intr* [*cf.* nico, nicto] **1** 目を閉じる, まばたきする. **2** 黙認する, 見て見ぬふりをする ⟨in re⟩. **3** 活動しない, 不活発である.

cōnīvī *pf* ⇨ coniveo.

cōnīxī *pf* =conivi (⇨ coniveo).

cōnixus -a -um, *pp* ⇨ conitor.

conjēcī *pf* ⇨ conjicio.

conjectānea -ōrum, *n pl* [conjicio] 雑録.

conjectātiō -ōnis, *f* [conjecto] 推量, 推測.

conjectiō -ōnis, *f* [conjicio] **1** 投げること. **2** 比較. **3** 解釈. **4** 概要. **5** 推測.

conjectō -āre -āvī -ātum, *tr freq* [conjicio] **1** 集める; (牢へ)投じる. **2** 推論する, 推測する ⟨alqd re; alqd ex re; de re; +acc c. inf⟩.

conjector -ōris, *m* [conjicio] **1** 解釈者. **2** 夢占い師, 予言者.

conjectrix -īcis, *f* [↑] (女性の)夢占い師, 予言者.

conjectūra -ae, *f* [conjicio] **1** 推論, 推測. **2** (夢・前兆などの)解釈, 占い, 予言.

conjectūrālis -is -e, *adj* [↑] 推測による.

conjectus[1] -a -um, *pp* ⇨ conjicio.

conjectus[2] -ūs, *m* **1** 投げ集めること; 集結. **2** 投擲: *venire ad teli conjectum* (Liv) 飛び道具の射程(距離)内に入る. **3** (目・心を)向けること.

conjicere *inf* ⇨ conjicio.

conjiciō -cere -jēcī -jectum, *tr* [con-/jacio] **1** 投げ集める ⟨alqd in alqd⟩. **2** 投げ込む. **3** 投げつける ⟨alqd in alqd⟩. **4** 行かせる, 派遣する; (*refl*) 急いで行く ⟨in alqd⟩. **5** 向ける: *omnes oculos in Antonium conjecerunt* (Cic) すべての者が Antonius に視線を向けた. **6** 巻き込む. **7** …の中へ入れる, 振り当てる. **8** (ある状態に)陥らせる: *hostes in fugam conjicere* (Caes) 敵を敗走させる. **9** 推測する, 推論する ⟨alqd ex re; de re; +acc c. inf; +間接疑問⟩. **10** 夢占いをする, 予言する.

conjubeō -ēre, °*tr* [con-/jubeo] いっしょに命令する.

conjuga -ae, *f* [conjunx] 妻.

conjugālis -is -e, *adj* [conjunx] 結婚の; 夫婦の.

conjugāta -ae, °*f* 【解】結合線.

conjugātiō -ōnis, *f* [conjugo] **1** 結合; 混合. **2** 【修】語源的関連. **3°** 【文】(動詞の)活用. **4°** 【論】三段論法.

conjugātor -ōris, *m* [conjugo] 結びつける者.

conjugātus -a -um, *pp* ⇨ conjugo.

conjugiālis -is -e, *adj* =conjugalis.

conjugicīdium -ī, °*n* [conjunx/caedo] 配偶者殺害.

conjugium -ī, *n* [conjunx] **1** 結合. **2** 結婚, 婚姻. **3** 配偶者.

conjugō -āre -āvī -ātum, *tr* [con-/jugo] (婚姻で)結びつける; (友情を)結ぶ.

conjūnctē *adv* [conjunctus] **1** 共同して, いっしょに. **2** 仮定的に. **3** 友好的に, 親密に.

conjūnctim *adv* [conjunctus] 共同して.

conjūnctiō -ōnis, *f* [conjungo] **1** 結合, 連結. **2** 友好, 親交. **3** 結婚, 婚姻. **4** 【文】接続詞. **5** 【文】(語の)合成, 複合.

conjūnctīva -ae, °*f* 【解】結膜.

conjūnctīvītis -tidis, °*f* 【病】結膜炎.

conjūnctīvus -a -um, °*adj* [conjungo] **1** 連結[結合]する: *particula conjunctiva* (Tert) 【文】接続詞. **2** ~ *modus* (Capel) 【文】接続法.

conjūnctum -ī, *n* [↓] **1** 【哲】特性. **2** 【修】複合命題.

conjūnctus -a -um, *adj* (*pp*) [↓] **1** 隣接した ⟨+dat⟩. **2** (時間的に)近い, 連続している. **3** 親密な, 密接な ⟨+abl; +dat⟩. **4** 関係のある, 一致している ⟨cum alqo [re]; +dat⟩.

conjungō -ere -junxī -junctum, *tr* [con-/jungo] **1** 結合する, 連結する ⟨alqd cum re; alqd alcui rei⟩: *calamos plures cerā conjungere* (Verg) 何本もの葦を蠟でつなぐ. **2** (婚姻・友情・盟約などで人を)結ぶ, つなぐ: *conjungere bellum* (Cic) 共同で戦争をする

/ *sibi multos ex Romanis familiari amicitia conjunxerat* (Sall.) 彼は多くのローマ人を親密な友情で自らにつなぎとめていた. **3** 継続する, 間断なく続ける: *Nerva abstinentiam cibi conjunxit* (Tac) Nerva は絶食を続けた.
conjunx -jugis, *m, f* [↑] **1** 配偶者. **2**《詩》婚約者, 花嫁.
conjunxī *pf* ⇨ conjungo.
conjūrātī -ōrum, *m pl* [conjuratus] 共謀[陰謀]者.
conjūrātiō -ōnis, *f* [conjuro] **1** 共同の誓約, 盟約. **2** 共謀, 陰謀. **3** 共謀者.
conjūrātus -a -um, *adj (pp)* [↓] **1** 誓いによって結ばれた, 盟約した. **2** 共謀した.
conjūrō -āre -āvī -ātum, *intr* [con-/juro] **1** 共同で誓約する, 盟約する. **2** 共謀する⟨inter se; cum alqo; de re; in alqd; +*acc c. inf*; ut; +*inf*⟩.
conjux -jugis, *m, f* =conjunx.
conl- ⇨ coll-.
conm- ⇨ comm-.
connectō -ere, *tr* =conecto.
connetīvum -ī, °*n*《神》薬隔(やっかく).
connex- ⇨ conex-.
connītor -nītī, *intr dep* =conitor.
connīveō -ēre, *intr* =coniveo.
connixus -a -um, *pp* =conixus.
connūbi- ⇨ conubi-.
connumerō -āre -āvī -ātum, *tr* [con-/numero¹] 数に入れる, 数える.
cōnoīdeus -a -um, °*adj* [*Gk*]《数》円錐形の.
Conōn -ōnis, *m* [*Gk*] コノーン《(1) Peloponnesus 戦争時の Athenae 海軍の司令官 (前 390 年頃没). (2) Samos 島生まれの数学者・天文学者 (前 3 世紀)》.
cōnōpēum, -pium -ī, *n* [*Gk*] 蚊帳.
cōnor -ārī -ātus sum, *tr, intr dep* 努力する, 試みる, 企てる⟨alqd; +*inf*⟩.
conp- ⇨ comp-.
conquadrō -āre -āvī -ātum, *tr, intr* [con-/quadro] **I** (*tr*) 正方形にする. **II**° (*intr*) 一致する, 調和する.
conquassātiō -ōnis, *f* [↓] 動揺.
conquassō -āre -ātum, *tr* [con-/quasso] **1** 激しく揺り動かす. **2** 混乱させる, かき乱す.
conquerī *inf* ⇨ conqueror.
conqueror -querī -questus sum, *intr, tr dep* [con-/queror] 大声で嘆く, 不平を訴える⟨abs; de re; alqd; +*acc c. inf*⟩.
conquestiō -ōnis, *f* [↑]《大声の》嘆き, 不平.
conquestus¹ -a -um, *pp* ⇨ conqueror.
***conquestus**² -ūs, *m*《用例は *sg abl* conquestū のみ》=conquestio.
conquexī *pf* ⇨ conquinisco.
conquiēscō -ere -quiēvī -quiētum, *intr* [con-/quiesco] **1** 休息する⟨abs; a [ex] re⟩: *conquiescere meridie* (Caes) 昼寝をする. **2** やめる, 休止する. **3** 安息を見いだす⟨in re⟩. **4** 終わる, やむ.
conquiētus -a -um, *pp* ⇨ conquiesco.
conquiēvī *pf* ⇨ conquiesco.

conquīniscō -ere -quexī, *intr inch* しゃがむ, かがむ.
conquīrō -ere -quīsīvī -quīsītum, *tr* [con-/quaero] **1**《捜し》集める, 調達する: *naves conquirere* (Caes) 船を徴発する. **2** 捜し求める, 追求する.
conquīsītiō -ōnis, *f* [↑] **1** 捜し求めること. **2** 徴兵, 徴発.
conquīsītor -ōris, *m* [conquiro] **1** 調査者. **2**《軍》徴兵官.
conquīsītus -a -um, *adj (pp)* [conquiro] えり抜きの, 精選された.
conquīsīvī *pf* ⇨ conquiro.
conr- ⇨ corr-.
consacerdōs -ōtis, °*m*, °*f* [con-/sacerdos] 司祭仲間.
consaepiō -īre -saepsī -saeptum, *tr* [con-/saepio] 垣をめぐらす, 囲いをする.
consaepsī *pf* ⇨ consaepio.
consaeptum -ī, *n* [↓] 囲い, 垣, 柵.
consaeptus -a -um, *pp* ⇨ consaepio.
consalūtātiō -ōnis, *f* [↓] 挨拶を交わすこと.
consalūtō -āre -āvī -ātum, *tr* [con-/saluto] **1** 挨拶する, 挨拶を交わす⟨alqm⟩. **2** (...を...と呼んで) 迎える⟨+2 個の *acc*⟩: *alqm dictatorem consalutare* (Liv) ある人を独裁官として迎える.
consānēscō -ere -sānuī, *intr* [con-/sanesco] いえる,《健康》回復する.
consanguinea -ae, *f* [↓] 姉妹.
consanguineus¹ -a -um, *adj* [con-/sanguineus] **1** 血縁の. **2** 兄弟姉妹の.
consanguineus² -ī, *m* **1** 血縁者. **2** 兄弟.
consanguinitās -ātis, *f* [con-/sanguis] **1** 血縁関係. **2**《密接な》関係. **3**° 類似《類縁》性.
consānō -āre -āvī -ātum, *tr* [con-/sano] いやす.
consānuī *pf* ⇨ consanesco.
consarciō -āre -āvī -ātum, *tr* [con-/sarcina] 縫い合わせる.
consar(r)iō -īre, *tr* [con-/sario] 鍬で十分に耕す.
consauciō -āre -āvī -ātum, *tr* [con-/saucio] 重傷を負わせる.
conscelerātus -a -um, *adj (pp)* [↓] 邪悪な, 極悪な.
conscelerō -āre -āvī -ātum, *tr* [con-/scelero] 罪でけがす.
conscendī *pf* ⇨ conscendo.
conscendō -ere -scendī -scensum, *tr, intr* [con-/scando] 登る;《船・馬に》乗る《(in) alqd⟩: *navem conscendere* (Caes) 乗船する / (*in*) *equum conscendere* (Verg Lucr) 乗馬する.
conscensiō -ōnis, *f* [↑] 乗ること⟨in alqd⟩.
conscensus -a -um, *pp* ⇨ conscendo.
conscīī *pf* =conscivi (⇨ conscio).
conscientia -ae, *f* [conscio] **1** 知識の共有, 関知, 関与⟨+*gen*⟩. **2** 意識, 自覚⟨+*gen*; de re; +間接疑問; +*acc c. inf*⟩. **3** 良心, 道義心: ~ *mille testes* (Quint) 良心は千の証人.
consciī *pf* =conscivi (⇨ conscio).
conscindō -ere -scidī -scissum, *tr* [con-/scindo] **1** ずたずたに引き裂く. **2** 殺す, 切りさいなむ.

conscio -īre -īvī -ītum, *tr* [con-/scio] (罪を)自覚している〈alqd sibi〉.

consciscō -ere -scīvī [-scīī] -scītum, *tr* [con-/scisco] **1** 同意する, 決議する〈alqd; ut〉. **2** (自らに)課する, 負わせる〈alqd (sibi)〉: *veneno mortem sibi consciscere* (Cic) 自殺する.

conscissiō -ōnis, °*f* [conscindo] ずたずたに引き裂くこと.

conscissus -a -um, *pp* ⇨ conscindo.

conscītus -a -um, *pp* ⇨ conscio, consciscō.

conscius[1] -a -um, *adj* [conscio] **1** 知識を共有する; 内々に関知[関与]する〈+gen; +dat; de [in] re〉. **2** 意識している, 自覚している〈sibi alcis rei; +acc c. inf〉. **3** 罪を意識している.

conscius[2] -ī, *m* 共謀者, 関与者, 共犯者.

conscīvī *pf* ⇨ conscio, consciscō.

conscreor -ārī -ātus sum, *intr dep* [con-/screo] せき払いする.

conscrībillō -āre -āvī -ātum, *tr dim* [↓] **1** なぐり書きをする. **2** なぐって傷つける.

conscrībō -ere -scrīpsī -scrīptum, *tr* [con-/scribo] **1** (兵士・植民者・元老院議員を)登録する: *patres conscripti* (Cic) 元老院議員一同. **2** 書き留める, 記録する. **3** (兵隊を)徴募する. **4** (文書を)作成する, 書き上げる. **5** 一面に書く. **6** (医師が)処方する.

conscrīpsī *pf* ⇨ conscribo.

conscrīptiō -ōnis, *f* [conscribo] **1** 記録, 記述, 論文. **2**° (軍隊の)召集.

conscrīptor -ōris, *m* [conscribo] 起草者, 著者.

conscrīptus -ī, *m* (*pp*) [conscribo] 元老院議員.

consecō -āre -secuī -sectum, *tr* [con-/seco] **1** 切り刻む, 細かく切る. **2** 切断する, 切り落とす.

consecrātiō -ōnis, *f* [consecro] **1** 奉献, 聖別. **2** (ローマ皇帝の)神格化. **3** ののしり, 呪い. **4** 呪文, まじない. **5**° (カトリ) 聖変化. **6** 叙階式.

consecrātor -ōris, °*m* [↓] 聖別者, 奉献者.

consecrō -āre -āvī -ātum, *tr* [con-/sacro] **1** 聖別する, 奉献する〈alqd alci〉. **2** ののしる, 呪う. **3** 神格化する. **4** 不死化[不滅]にする.

consectāria -ōrum, *n pl* [↓] 論理的帰結.

consectārius -a -um, *adj* [consector] 論理的に帰結する, 論理上必然の.

consectātiō -ōnis, *f* [consector] 熱心な追求〈alcis rei〉.

consectātor -ōris, °*m* [consector] 熱心な追求者.

consectātrix -īcis, *f* [↑] 熱心な追求者[女性].

consectiō -ōnis, *f* [conseco] 細かく切ること.

consector -ārī -ātus sum, *tr dep freq* [consequor] **1** (…の方向へ)進む, 向かう. **2** 熱心に追求する, 目指す, 得ようと努力する. **3** 追跡[追撃]する: *consectari umbras falsae gloriae* (Cic) 偽りの名誉のまぼろしを追求する. **3** 追跡[追撃]する: *alqm et conviciis et sibilis consectari* (Cic) ある人を非難とあざけりとで追いつめる.

consectus -a -um, *pp* ⇨ conseco.

consecuī *pf* ⇨ conseco.

consecūtiō -ōnis, *f* [consequor] **1** (論理的)結, 結論. **2** (修)(語の)正しい連結[配列]. **3**° 獲得, 達成.

consecūtus -a -um, *pp* ⇨ consequor.

consēdī *pf* ⇨ consido.

consēdō[1] -āre -āvī -ātum, *tr* [con-/sedo] 鎮める.

consēdō[2] -ōnis, *m* [con-/sedeo] そばにすわる者.

consenēscō -ere -senuī, *intr* [con-/senesco] **1** いっしょに老いる[古くなる]. **2** 衰える, 弱くなる, 力を失う: *veteres leges sua vetustate consenuisse* (Cic) 古い法律がそれ自身の古さによって効力を失った.

consēnsī *pf* ⇨ consentio.

consēnsiō -ōnis, *f* = consensus[2].

consēnsus[1] -a -um, *pp* ⇨ consentio.

consēnsus[2] -ūs, *m* **1** (意見の)一致, 合意: *tantus ~ senatus* (Cic) 元老院のそれぞれの一致 / *consensu* (Liv) 満場一致で. **2** 調和, 合致: *mirus omnium ~ doctrinarum concentusque* (Cic) すべての教義の驚くべき一致と調和. **3** 陰謀, 共謀.

consentāneus -a -um, *adj* [consentio] ふさわしい, 適合する〈cum re; +dat〉.

Consentia -ae, *f* コンセンティア《Bruttii の町; 現 Cosenza》.

consentiens -entis, *adj* (*prp*) [↓] 意見の一致している, 同意見の; 共感している; 調和している.

consentiō -īre -sēnsī -sēnsum, *intr, tr* [con-/sentio] **1** いっしょに感じる. **2** (意見の)一致, 合意する〈cum alqo [re]; +dat; alqd; de [in] re; ad alqd; +acc c. inf〉: *sibi consentire* (Cic) 首尾一貫している / *consentire bellum* (Liv) 戦争を決議する. **2** 協同する; 共謀する. **3** (物事が)調和する, 合致する〈cum re; +dat〉.

consenuī *pf* ⇨ consenesco.

consēp- ⇨ consaep-.

consepeliō -īre -pelīvī -pultum, °*tr* [con-/sepelio] いっしょに埋葬する〈alqm cum alqo〉.

consepultus -a -um, *pp* ⇨ consepelio.

consequens[1] -entis, *adj* (*prp*) [consequor] **1** 続いて起こる. **2** (時間的に)続いて起こる. **3** 論理上必然の, 当然の. **3** 首尾一貫した, 矛盾のない.

consequens[2] -entis, *n* 帰結, 結論.

consequenter *adv* [↑] **1** 結果として. **2** 適切に; 一致して〈+dat〉.

consequentia -ae, *f* [consequens] **1** 連続. **2** (論理的)結論, 帰結: *per consequentiam* (Rhet Her) 結果として.

consequī *inf* ⇨ consequor.

consequor -quī -secūtus sum, *tr, intr dep* [con-/sequor] **1** ついて行く〈alqm; alqd〉. **2** 追跡する. **3** (時間的に)続いて起こる. **4** 結果として生ずる. **5** (論理的に)帰結する〈alqd〉. **6** 従う: *eum morem consequi* (Cic) その方法に従う. **7** 到達する, 届く, 追いつく. **8** 達成する, 獲得する: *meus labor est fructum amplissimum ex vestro judicio consecutus* (Cic) 私の努力はあなたがたの評決によってこの上なくすばらしい報酬を得た. **9** 匹敵する. **10** 把握する, 理解する.

conserō[1] -ere -seruī -sertum, *tr* [con-/sero[1]] **1** 結びつける, つなぐ, 結合する〈alqd re; alqd alci rei〉: *lorica conserta hamis* (Verg) 鉤で編んだよろい. **2**

manum [manūs] conserere (Cic [Liv]) 白兵戦になる, 交戦する, 衝突する ⟨cum alqo; inter se⟩ / *conserere pugnam* (Liv) 戦闘を開始する, 交戦する. 3 *manum in [ex] jure conserere* (Gell [Cic]) (両当事者が係争物件に手を置いて)所有権要求の訴訟を開始する.

consero² -ere -sēvī -situm, *tr* [con-/sero²] (種を)まく, 植え付ける: (*sol*) *lumine conserit arva* (Lucr) (太陽が)畑に光をまく.

consertē *adv* [consertus] 連結[関連]して.

consertim °*adv* =conserte.

consertus -a -um, *pp* ⇨ consero¹.

conseruī *pf* ⇨ consero¹.

conserva -ae, *f* [conservus] 仲間の女奴隷.

conservāns -ntis, *adj* (*prp*) [conservo] 保護[保持]する.

conservātiō -ōnis, *f* [conservo] 保護, 保持.

conservātor -ōris, *m* [conservo] 保護[保持]する者.

conservātrīx -īcis, *f* [↑] 保護[保持]者(女性).

conservitium -ī, *n* [con-/servitium] 奴隷仲間であること.

conservō -āre -āvī -ātum, *tr* [con-/servo] 保護する, 保持する, 維持する: *conservare jusjurandum* (Cic) 誓約を守る.

conservus -ī, *m* [con-/servus] 仲間の奴隷.

consessor -ōris, *m* [considoいっしょ[そば]にすわる者, 同席者; 〖法〗同僚陪審員.

consessus¹ -a -um, *pp* ⇨ consido.

consessus² -ūs, *m* 1 集まり, 会合; 法廷. 2 聴衆, 観衆.

consēvī *pf* ⇨ consero².

consīderantia -ae, *f* [considero] 熟慮.

consīderātē *adv* [consideratus] 思慮深く, 慎重に.

consīderātiō -ōnis, *f* [considero] 熟慮, 熟考.

consīderātus -a -um, *adj* (*pp*) [↓] 1 熟慮された. 2 思慮深い, 慎重な.

consīderō -āre -āvī -ātum, *tr* [con-/cf. desidero] 1 熟視する, 詳しく調べる. 2 熟考する, 考察する ⟨alqd; de re⟩.

consīdō -ere -sēdī -sessum, *intr* [con-/sido] 1 着席する, すわる: *considere ad jus dicendum* (Liv) 裁判を行なうために席につく. 2 定住[定着]する, 落ちつく. 3 (軍隊が)陣を張る, 陣取る; 野営する. 4 沈む: *totam videmus consedisse urbem luctu* (Verg) 私たちは町中が悲しみに沈んでいたのを見ている. 5 やむ, 静まる, おさまる.

consignātiō -ōnis, *f* [↓] 1° 証印をおすこと. 2 (証印付きの)証書, 証文.

consignō -āre -āvī -ātum, *tr* [con-/signo] 1 封印する, 捺印する. 2 保証する. 3 記録する.

consilēscō -ere -siluī, *intr* [con-/silesco] 静かになる, 沈黙する.

consiliārius¹ -a -um, *adj* [consilium] 助言する.

consiliārius² -ī, *m* 1 助言者. 2 〖法〗裁判所補佐人.

consiliātor -ōris, *m* [consilior] 助言者.

consiliātrīx -īcis, *f* [↑] (女性の)助言者.

consilior -ārī -ātus sum, *intr dep* [↓] 1 協議する, 相談する. 2 助言[忠告]する ⟨alci⟩.

consilium -ī, *n* [consulo] 1 忠告, 助言. 2 相談, 協議. 3 会議, 協議会: *senatus, id est, orbis terrae* ~ (Cic) 元老院, すなわち全世界の議会. 4 判断力, 分別. 5 決議, 決定; 計画, 意図: *capere* ~ (Cic) 決心する. ~ *est* ⟨+*inf*⟩ (Cic) …するつもりだ / *consilio* (Cic) 故意に. 6 思慮, 判断.

consiluī *pf* ⇨ consilesco.

consimilis -is -e, *adj* [con-/similis] 類似した, 同様な ⟨+*dat* [*gen*]⟩.

consimiliter *adv* [↑] 同様に.

consipere *inf* ⇨ consipio.

consipiō -ere, *intr* [con-/sapio] (精神的に)正常である, 正気である.

consistō -ere -stitī -stitum, *intr* [con-/sisto] 1 位置を占める, 身を置く, 立つ: *ad mensam consistere* (Cic) 食卓につく / *qui in superiore acie constiterant* (Caes) 高い所で持ち場についていた兵士たち. 2 (ある状態が)起こる, 生ずる: *in quo* (*viro*) *ne suspicio quidem potuit consistere* (Cic) その男には一片の疑惑も生じ得なかった. 3 一致する ⟨cum alqo⟩. 4 (…に)存する, (…から)成る ⟨in [ex] re; re⟩: *major pars victūs eorum in lacte, caseo, carne consistit* (Caes) 彼らの食料の大部分はミルクとチーズと肉から成る. 5 立ち止まる, 停止する. 6 とどまる. 7 止まる, やむ, 終わる: *frigore constitit Ister* (Ov) 寒さで Ister 川は止まった(=凍った) / *labor constitit* (Cic) 苦労が終わった. 8 しっかりと立つ. 9 維持する, 持ちこたえる, 貫く: *in causa consistere* (Cic) 勝訴する / *in dicendo consistere* (Cic) 主張を貫く, 一歩も退かない.

consistōriālis -is -e, °*adj* [consistorium] 〖カト〗枢機卿会議の.

consistōriānus -a -um, °*adj* [↓] 皇帝の顧問団の.

consistōrium -ī, °*n* [consisto] 1 会合場所. 2 召使部屋. 3 皇帝顧問団の会議室. 4 〖カト〗枢機卿会議.

consitiō -ōnis, *f* [consero²] 種まき, 植え付け.

consitor -ōris, *m* [consero²] 種をまく人, 植え付ける人: ~ *uvae* (Ov) =Bacchus.

consitūra -ae, *f* =consitio.

consitus -a -um, *pp* ⇨ consero².

consobrīna -ae, *f* [↓] 従姉妹.

consobrīnus -ī, *m* [con-/sobrinus] (特に母方の)従兄弟.

consocer -erī, *m* [con-/socer] 舅(しゅうと).

consociābilis -is -e, °*adj* [con-/sociabilis] 適切な, 調和的.

consociātiō -ōnis, *f* [consocio] 結集, 合一.

consociātus -a -um, *adj* (*pp*) [↓] 固く結びついた.

consociō -āre -āvī -ātum, *tr* [con-/socio] 結合する, 共にする: *consociare consilia cum alqo* (Cic) ある人と計画を練る.

consocius -ī, °*m* [con-/socius] 関与者, 仲間.

consōlābilis -is -e, *adj* [consolor] 1 慰められうる. 2 慰めとなる.

consōlātiō -ōnis, *f* [consolor] **1** 慰め, 激励. **2** 慰められること. **3** 慰めとなるもの.
consōlātor -ōris, *m* [consolor] 慰める人.
consōlātōrius -a -um, *adj* [consolor] 慰めの.
consōlātrīx -īcis, °*f* [consolator] 慰める人《女性》.
consolidātiō -ōnis, °*f* [↓] 《法》所有権と用益権の併合.
consolidō -āre -āvī -ātum, *tr* [con-/solido] **1** 強固にする. **2**《法》所有権と用益権を併合する.
consōlor -ārī -ātus sum, *tr dep* [con-/solor] **1** 慰める, 励ます 〈alqm de [in] re; +*acc c. inf*〉. **2** 軽くする, 緩和する 〈alqd〉.
consomniō -āre -āvī -ātum, *tr* [con-/somnio] 夢に見る.
consona -ae, °*f* [consonus] 《文》子音.
consonāns[1] -antis, *adj* (*prp*) [consono] 一致する, 調和する.
consonāns[2] -antis, *f* (*sc. littera*) 《文》子音.
consonantia -ae, *f* [consonans[1]] 調和, 一致.
consonō -āre -sonuī, *intr* (*tr*) [con-/sono] **1** いっしょに響く. **2** 反響する, 鳴り響く 〈re〉. **3** 一致する, 調和する 〈alci rei; cum re〉.
consonuī *pf* ⇨ consono.
consonus -a -um, *adj* [consono] **1** いっしょに響く. **2** 調和する, 一致する.
consōpiō -īre -īvī -ītum, *tr* [con-/sopio[1]] 意識を失わせる, 眠りこませる.
consors[1] -sortis, *adj* [con-/sors] **1** 遺産を分かち合う. **2** 《詩》兄弟姉妹の. **3** 《詩》共同の, 共有の: *consortia tecta urbis habent apes* (Verg) 蜜蜂は町の家々を共有している.
consors[2] -sortis, *m, f* **1** 遺産相続に共にあずかる者. **2** 同僚, 仲間. **3** 兄弟, 姉妹; 妻.
consortiō -ōnis, *f* [↑] **1** 結びつき, きずな. **2** 共有.
consortium -ī, *n* [consors[1]] **1** 財産の共有. **2** 仲間であること, 共にすること; 交際: *si in consortio rei publicae esse licet* (Liv) もし国家の運営にあずかることが許されるなら.
conspar- ⇨ consper-.
conspectus[1] -a -um, *adj* (*pp*) [conspicio] **1** はっきり見える. **2** 注目をひく, 顕著な, 目立った.
conspectus[2] -ūs, *m* **1** 見ること; 視界; 視力 〈+*gen*: *in civium conspectu esse* (Cic) 市民の前に姿を見せる / *in conspectum venire* (Caes) 見えてくる, 現われる / *e conspectu alcis fugere* (Ter) ある人の目の前から姿を消す. **2** 外観, 外見. **3** 吟味, 考察.
conspergō -ere -spersī -spersum, *tr* [con-/spargo[1]] 振りかける, ぬらす 〈alqd re〉: *me lacrimis conspersit* (Cic) 私を彼の涙でぬらした.
conspersī *pf* ⇨ conspergo.
conspersiō -ōnis, °*f* [conspergo] **1** まきちらす[振りかける]こと. **2** 練り粉.
conspersus -a -um, *pp* ⇨ conspergo.
conspexī *pf* ⇨ conspicio.
conspicābilis -e, °*adj* [conspicio] **1** はっきり見える. **2** 注目をひく, 顕著な; 傑出した.
conspicere *inf* ⇨ conspicio.

conspiciendus -a -um, *adj* [conspicio] 注目をひく, 目立った.
conspicillum, -cilium -ī, *n* [↓] 望楼, 監視台.
conspiciō -ere -spexī -spectum, *tr* (*intr*) [con-/specio] **1** 見る, 見つける. **2** 見つめる, 注視する. **3** (目で)認める, 気づく. (*pass*) 注目をひく: *infestis omnium oculis conspici* (Cic) すべての人の敵意のこもった目で見られる. **4** わかる, 認識する.
conspicor -ārī -ātus sum, *tr dep* [*cf.* conspicio] **1** 見る, 見つける. **2** 認める, 気づく.
conspicuus -a -um, *adj* [conspicio] **1** はっきり見える. **2** 目立った, 顕著な, 注目をひく 〈re〉.
conspīrātiō -ōnis, *f* [conspiro] **1** 一致, 調和, 合意. **2** 共謀, 陰謀. **3** 共謀者.
conspīrātus[1] -a -um, *adj* (*pp*) [conspiro] **1** 合意した, 一致した. **2** 共謀した.
conspīrātus[2] -ūs, *m* 一致, 調和.
conspīrō -āre -āvī -ātum, *intr* [con-/spiro] **1** いっしょに鳴る. **2** 一致する, 調和する 〈cum alqo〉. **3** 共謀する.
conspissō -āre, *tr* [con-/spisso[1]] 濃くする.
consponsor -ōris, *m* [con-/sponsor]《法》共同保証人.
conspuī *pf* ⇨ conspuo.
conspuō -ere -spuī -spūtum, *tr* [con-/spuo] **1** つばを吐きかける. **2** 振りかける, まきちらす 〈alqd re〉.
conspurcō -āre -āvī -ātum, *tr* [con-/spurco] けがす, よごす.
consputō -āre -ātum, *tr freq* [conspuo] (軽蔑して)つばを吐きかける 〈alqm〉.
consputus -a -um, *pp* ⇨ conspuo.
constabiliō -īre -īvī -ītum, *tr* [con-/stabilio] 強固にする.
constāns -antis, *adj* (*prp*) [consto] **1** しっかりした, 安定した, 不変の: *pax* ~ (Liv) ゆるぎない平和. **2** (人柄が)堅実な, 志操堅固な: ~ *adversus metus* (Tac) おどしにも動じない. **3** 矛盾のない, 首尾一貫した.
constanter *adv* [↑] **1** 安定して, 着実に: *regere provincias aequabilius atque constantius* (Tac) 属州をもっと公平, 着実に治める. **2** しきりに, やむことなく. **3** 断固として, 決然と. **4** 一致して.
constantia -ae, *f* [constans] **1** 不変, 安定. **2** 一致, 一貫性. **3** 志操堅固, 堅実. **4** 決然たること, 不動.
Constantīna -ae, °*f* コンスタンティーナ《(1) Constantinus 大帝の娘. (2) Mesopotamia の町. (3) Numidia の町; 前名 Cirta; 現 Constantine).
Constantīnopolis -is, °*f* [*Gk*] コンスタンティーノポリス《東ローマ帝国の首都; 前名 Byzantium; 現 Istanbul》.
Constantīnus -ī, °*m* コンスタンティーヌス《ローマ皇帝; ~ *Magnus*, 大帝 (在位 306-337); キリスト教を公認し, Byzantium に新首都 Constantinopolis を建設》.
Constantius -ī, °*m* コンスタンティウス《ローマ皇帝; (1) ~ *I Chlorus*, Constantinus 大帝の父 (在位 305-306). (2) ~ *II*, Constantinus 大帝の息子

(在位 337-361)》.
constātūrus -a -um, *fut p* ⇨ consto.
constellātiō -ōnis, °*f* [con-/stella] 星座.
consternātiō -ōnis, *f* [consterno¹] 1 狼狽, 動揺. 2 混乱, 騒ぎ.
consternātus -a -um, *pp* ⇨ consterno¹.
consternō¹ -āre -āvī -ātum, *tr* 1 混乱させる, 狼狽させる. 2 おどかして駆りたてる.
consternō² -ere -strāvī -strātum, *tr* [con-/sterno] 1 振りかける, まきちらす ⟨alqd re⟩: *tabernacula caespitibus consternere* (CAES) 天幕の(地面)に芝生を敷きつめる. 2 倒す, ひっくり返す.
constipātiō -ōnis, °*f* [↓] 1 詰め込むこと. 2 群集. 3 便秘.
constipō -āre -āvī -ātum, *tr* [con-/stipo] ぎっしり詰め込む.
constitī *pf* ⇨ consisto, consto.
constituī *pf* ⇨ constituo.
constituō -ere -stituī -stitūtum, *tr* [con-/statuo] 1 立てる, 置く 2 配置する. 3 定住させる. 4 任命する. 5 確立する: *constituere salutem Siciliae* (CIC) Sicilia の安全を確かなものにする. 6 築く, 創設する, 設立する. 7 (規則・法律などを)制定する. 8 定める, 規定する ⟨alqd; alci alqd; de re; + *acc c. inf*⟩: *pretium frumento constituere* (CIC) 穀物の価格を定める. 9 示す, 提示する. 10 決心する, 決める ⟨alqd; +*inf*; +*acc c. inf*; ut⟩. 11 取り決める, 合意する: *ea dies quam constituerat cum legatis* (CAES) 使節との間で取り決めていたその日.
constitus -a -um, *pp* ⇨ consisto.
constitūtiō -ōnis, *f* [constituo] 1 定めること; 定義. 2 状態, 性質. 3 組織, 体制. 4 法令, 規定. 5 ⦅修⦆論点.
constitūtīvus -a -um, °*adj* [constituo] 1 構成する. 2 規定する.
constitūtor -ōris, *m* [constituo] 設立者, 制定者.
constitūtum -ī, *n* [↓] 1 規定, 法令. 2 取決め, 約定: *sero venire ad constitutum* (VARR) 約束の時間に遅れて来る.
constitūtus -a -um, *adj* (*pp*) [constituo] 整えられた, 定められた, ...の性質である: *bene constitutum corpus* (CIC) 立派な体格.
constō -āre -stitī (*fut p* -stātūrus), *intr* [con-/sto] 1 いっしょに立っている. 2 存続する, 不変で一定である: *mente vix constare* (CIC) 気持ちがほとんど定まらない. 3 合致する, 一致する ⟨alci rei; cum re⟩: *sibi constare* ⟨in re⟩ (CIC) 首尾一貫している / *ratio constat* (CIC) 計算が合う. 4 ぴんと立つ. 5 明白である, 確定している, 周知である: (impers) *mihi non satis constat adhuc utrum sit melius* (CIC) どちらが良いかはまだはっきり決めかねている. 6 (...から)成る ⟨ex re⟩: *Thales ex aqua dixit constare omnia* (CIC) Thales は万物は水から成ると唱えた. 7 基づく, 依存する ⟨in re; (ex) re⟩: *victoriam in earum cohortium virtute constare* (CAES) 勝利はそれらの歩兵大隊の勇気にかかっている. 8 (金・費用が)かかる, 値段が...である ⟨+価格の *abl* [*gen*]; +*adv*⟩.
constrātum -ī, *n* [↓] 1 おおい. 2 (船の)デッキ, 甲板.
constrātus -a -um, *pp* ⇨ consterno².
constrāvī *pf* ⇨ consterno².
constrictor -ōris, °*m* [constringo] ⦅解⦆括約筋.
constrictus -a -um, *pp* ⇨ constringo.
constringō -ere -strinxī -strictum, *tr* [con-/stringo] 1 (いっしょに)縛る. 2 制限する. 3 束縛[拘束]する. 4 (文章などを)縮約する.
constrinxī *pf* ⇨ constringo.
constructiō -ōnis, *f* [construo] 1 建設, 構築. 2 ⦅語の適切な配列⦆. 3 °⦅文⦆構文.
constructus -a -um, *pp* ⇨ construo.
construō -ere -struxī -structum, *tr* [con-/struo] 1 積み重ねる, 積み上げる. 2 組み立てる, 建設する, 構築する. 3 配列する. 4 °⦅文⦆(文を)組み立てる.
construxī *pf* ⇨ construo.
constuprātor -ōris, *m* [↓] 陵辱者.
constuprō -āre -āvī -ātum, *tr* [con-/stupro] 1 陵辱する. 2 堕落させる, けがす.
consuādeō -ēre -suāsī -suāsum, *tr*, *intr* [con-/suadeo] (強く)勧める, 助言する.
Consuālia -ium, *n pl* Consus の祝祭《8月 21 日と 12 月 15 日に行なわれた》.
consuāsī *pf* ⇨ consuadeo.
consuāsor -ōris, *m* [consuadeo] 強く勧める人.
consuāsus -a -um, *pp* ⇨ consuadeo.
cons(u)āviō -āre -āvī -ātum, *tr* [con-/suavior] キスを浴びせる.
cons(u)āvior -ārī -ātus sum, *tr dep* =consuavio.
consubsīdō -ere, °*intr* [con-/subsido] あとに残る.
consubstantiālis -is -e, °*adj* [con-/substantialis] 同質の.
consūcidus -a -um, *adj* [con-/sucidus] 汁の多い, みずみずしい.
consūdō -āre -āvī -ātum, *intr* [con-/sudo] たっぷり汗をかく.
consuēfacere *inf* ⇨ consuefacio.
consuēfaciō -cere -fēcī -factum, *tr* [consueo/facio] 慣れさせる ⟨alqm+*inf*; alqm ut [ne]⟩.
consuēfēcī *pf* ⇨ consuefacio.
consuēfactus -a -um, *pp* ⇨ consuefacio.
consueō -ēre, °*intr* [con-/sueo] 慣れる.
consuēscō -ere -suēvī -suētum, *tr*, *intr* [con-/suesco] I (*intr*) 1 慣れる ⟨+*inf*⟩; (*pf*) 慣れている; 習慣としている ⟨+*inf*⟩. 2 性的関係にある, 同棲する ⟨cum alqo⟩. II (*tr*) 慣れさせる ⟨alqm alci rei; alqm+*inf*⟩.
consuētiō -ōnis, *f* [↑] 情交.
consuētūdinārius -a -um, °*adj* [↓] いつもの.
consuētūdō -dinis, *f* [consuesco] 1 慣習, 慣習: *in consuetudinem venire* (CIC) 慣習になる / ⟨ex⟩ *consuetudine* (CAES) 習慣どおりに. 2 (言語の)慣用法, 語法. 3 交際, 社交: *epistularum* ~ (CIC) 文通. 4 情交. 5 ⦅法⦆慣習法.
consuētus -a -um, *pp* (*pp*) [consuesco] 1 慣れた ⟨alci rei; +*inf*⟩. 2 習慣的な, いつもの.
consuēvī *pf* ⇨ consuesco.

consuī *pf* ⇨ consuo.
consul -sulis, *m* [consilium] 執政官《共和制期ローマの最高官職；毎年2名を選出》: (*abl abs* で) *M. Messala, M. Pisone consulibus* (CAES) M. Messala と M. Piso が執政官であった年(前61)に.
consulāris[1] -is -e, *adj* [↑] 1 執政官の: *aetas* ~ (CIC) 執政官就任の最低年齢 (=43歳). 2 前[元]執政官の.
consulāris[2] -is, *m* 1 前[元]執政官. 2 (帝政期の)属州総督.
consulāriter *adv* [↑] 執政官にふさわしく.
consulātus -ūs, *m* [consul] 執政官の職.
consulō -ere -suluī -sultum, *intr*, *tr* [*cf.* consul] 1 よく考える, 熟考する 〈*abs*; *de re*; *alqd*〉: *consulere in longitudinem* (TER) 将来のことを考慮に入れる. 2 世話する, 配慮する 〈+*dat*; *ut, ne*〉: *tuae rei bene consulere cupio* (PLAUT) 君の利益になるようにはかりたい. 3 対処する, 処置を講ずる 〈*de re*; *de alqo*; *in alqm*〉: *reges irā impulsi male consuluerunt* (SALL) 王たちは怒りに駆られて誤った判断をした. 4 相談する, 助言を求める 〈*alqm* [*alqd*]; *alqm de re*; +2個の *acc*; +間接疑問〉.
consultātiō -ōnis, *f* [consulto[2]] 1 よく考えること, 熟考 〈*de re*〉. 2 相談, 尋ねること. 3 論題.
consultātor -ōris, *m* [consulto[2]] 尋ねる人, 相談者.
consultē *adv* [consultus[1]] 熟考のうえ, 慎重に.
consultō[1] *adv* [consultus[1]] 故意に, わざと.
consultō[2] -āre -āvī -ātum, *intr*, *tr freq* [consulo] 1 よく考える, 熟考する 〈+間接疑問; *alqd*〉. 2 世話する, 配慮する 〈+*dat*〉. 3 相談する, 助言を求める 〈*alqm*〉.
consultor -ōris, *m* [consulo] 1 熟考する人. 2 助言者, 顧問. 3 助言を求める人, 相談者.
consultrix -īcis, *f* [↑] 配慮する人《女性》.
consultum -ī, *n* [↓] 1 決議, 決定, 計画: *senātūs* ~ (CIC) 元老院決議. 2 神託, 託宣.
consultus[1] -a -um, *adj* (*pp*) [consulo] 1 慎重に考えられた, 熟考された. 2 熟練した, 精通した 〈+*gen*〉: *juris* ~ (CIC) 法律に精通している.
consultus[2] -ī, *m* 法律家.
consuluī *pf* ⇨ consulo.
*__consum__ -fuī (*fut p* -futūrus, *inf fut* -fore), *intr* [con-/sum] (用例は *fut* のみ) 1 起こる, 生ずる. 2° 同時に存在する, 共存する.
consummābilis -is -e, *adj* [consummo] 完成されうる.
consummātē °*adv* [consummatus] 完全に.
consummātiō -ōnis, *f* [consummo] 1 集積, 総計. 2 完成, 仕上げ.
consummātus -a -um, *adj* (*pp*) [↓] 完全な, 完璧な.
consummō -āre -āvī -ātum, *tr* [con-/summa] 1 合計する, 総計する. 2 完成する, 完了する. 3 完全にする, 完璧にする.
consūmō -ere -sumpsī -sumptum, *tr* [con-/sumo] 1 使う, 費やす: *consumere pecuniam in agrorum emptionibus* (CIC) 土地の購入にお金を費やす. 2 使い果たす, 蕩尽する. 3 食い尽くす.
4 (時を)過ごす. 5 衰弱させる; 滅ぼす; 殺す: *consumere omnia flammā* (CAES) すべてを炎で焼き尽くす.
consumpsī *pf* ⇨ consumo.
consumptiō -ōnis, *f* [consumo] 費やすこと, 消耗.
consumptor -ōris, *m* [consumo] 消費[浪費]する人.
consumptrix -īcis, °*f* [↑] 消費する人《女性》.
consumptus -a -um, *pp* ⇨ consumo.
consuō -ere -suī -sūtum, *tr* [con-/suo] 縫い合わせる: *os consuere* (SEN) 黙らせる / *consuere dolos* (PLAUT) 陰謀をたくらむ.
consurgō -ere -surrexī -surrectum, *intr* [con-/surgo] 1 (いっしょに)立ち上がる. 2 上昇する; 生長する; そびえる. 3 奮起する, 決起する 〈*ad* [*in*] *alqd*〉: *consurgere ad bellum* (LIV) 戦いに決起する. 4 起こる.
consurrectiō -ōnis, *f* [↑] (賛意の表明としての)起立.
consurrectus -a -um, *pp* ⇨ consurgo.
consurrexī *pf* ⇨ consurgo.
Consus -ī, *m* 《神話》コンスス《イタリアの古い神; 農耕・収穫をつかさどる》.
consusurrō -āre -āvī -ātum, *intr* [con-/susurro[1]] (いっしょに)ささやく 〈*cum alqo*〉.
consūtus -a -um, *pp* ⇨ consuo.
contābefacere *inf* ⇨ contabefacio.
contābefaciō -ere -fēcī factum, *tr* [con-/tabefacio] 憔悴させる.
contābescō -ere -tābuī, *intr* [con-/tabesco] (次第に)憔悴する, やつれる.
contābuī *pf* ⇨ contabesco.
contabulātiō -ōnis, *f* [↓] (屋根・床などの)板張り.
contabulō -āre -āvī -ātum, *tr* [con-/tabula] 1 板張りにする. 2 橋をかける.
contactus[1] -a -um, *pp* ⇨ contingo.
contactus[2] -ūs, *m* 1 触れること, 接触. 2 汚染, 感染; 悪影響.
contāgēs -is, *f* [contingo] 接触; 感染.
contāgiō -ōnis, *f* [contingo] 1 接触. 2 汚染, 感染. 3 悪影響.
contāgium -ī, *n* =contagio.
contāminātus -a -um, *pp* ⇨ contamino.
contāminō -āre -āvī -ātum, *tr* [con-/tango] 1 (接触・混合によって)よごす, 汚染する. 2 そこなう, だいなしにする. 3 神聖をけがす, 冒瀆する. 4 堕落させる.
contechnor -ārī -ātus sum, *tr dep* [con-/techna] 悪だくみをする.
contectālis -is, °*f* [con-/tectum] 一つ屋根の下に住む者, 妻.
contectus -a -um, *pp* ⇨ contego.
contegō -ere -texī -tectum, *tr* [con-/tego] 1 おおう 〈*alqm* [*alqd*] *re*〉. 2 保護する. 3 隠す. 4 埋める, 埋葬する.
contemerō -āre -āvī, *tr* [con-/temero] けがす.
contemnō -ere -tempsī -temptum, *tr* [con-/temno] 侮る, 軽蔑する; 無視する 〈*alqm* [*alqd*]〉: *se*

non contemnere (Cɪᴄ) 自らを過小評価しない(＝高く評価する).
contemperō -āre -āvī -ātum, *tr* [con-/tempero] **1** (適度に)混ぜ合わせる. **2°** 適応[適合]させる. **3°** 和らげる.
contemplābundus -a -um, °*adj* [contemplor] 熟考する.
contemplātiō -ōnis, *f* [contemplor] **1** 観察, 熟視. **2** 熟考, 考察.
contemplātīvus -a -um, *adj* [contemplor] 思索的な, 思弁的な.
contemplātor -ōris, *m* [contemplor] 観察者; 考察者.
contemplātus[1] -a -um, *pp* ⇨ contemplo, contemplor.
***contemplātus**[2] -ūs, *m* (用例は *sg abl* contemplātū のみ) 観察; 考察.
contemplō -āre -āvī -ātum, *tr* ＝contemplor.
contemplor -ārī -ātus sum, *tr dep* [con-/templum] **1** 観察する, 熟視する. **2** 熟考する, 考察する.
contempsī *pf* ⇨ contemno.
contemptibilis -is -e, °*adj* [contemno] 卑しむべき, 見さげはてた.
contemptim *adv* [contemno] **1** 軽蔑して, 侮って. **2** 恐れずに, 大胆に.
contemptiō -ōnis, *f* [contemno] 軽蔑; 軽視, 無視.
contemptor -ōris, *m* [contemno] 軽蔑する者.
contemptrīx -īcis, *f* [↑] 軽蔑する者(女性).
contemptus[1] -a -um, *adj* (*pp*) [contemno] 卑しむべき, 見さげはてた.
contemptus[2] -ūs, *m* **1** 軽蔑. **2** 恥辱, 不面目.
contendī *pf* ⇨ contendo.
contendō -ere -tendī -tentum, *tr*, *intr* [con-/tendo[1]] **I** (*tr*) **1** 引っ張る, 緊張させる. **2** (飛び道具を)発射する, 投げる. **3** 比較[比肩]する〈alqd cum re〉. **4** 熱心に追求する, 得ようと努める. **5** (強く)主張[断言]する〈alqd; +*acc c. inf*〉. **II** (*intr*) **1** 争う, 競う, 戦う〈cum alqo〉. **2** 努力する, がんばる〈ut, ne; +*inf*〉: *eniti et contendere debet ut vinciat* (Cɪᴄ) 勝つために全力を尽くして努力せねばならない. **3** 急いで行く〈in [ad] alqd〉; 急ぐ〈+*inf*〉: *Bibracte ire contendit* (Cᴀᴇѕ) 彼は急いで Bibracte へ向かった.
contenebrāscō -ere -āvī, *intr inch* [↓] 真っ暗になる.
contenebrō -āre -āvī -ātum, °*tr* [con-/tenebrae] 真っ暗にする.
contentē[1] *adv* [contentus[1]] 懸命に, 熱心に.
contentē[2] *adv* [contentus[2]] しっかりと, がっちりと.
contentiō -ōnis, *f* [contendo] **1** 比較, 対比〈+*gen*〉. **2** (修)対比法. **3** 競争, 闘争; 論争〈de re; cum alqo〉. **4** 緊張, 努力. **5** 追求, 熱望〈alcis rei〉.
contentiōsē *adv* [↓] 強硬に, 断固として.
contentiōsus -a -um, *adj* [contentio] **1** 議論[けんか]好きな. **2** 頑固な, しつこい.
contentus[1] -a -um, *adj* (*pp*) [contendo] **1** 引っ張られた, 緊張した. **2** 熱心な.

contentus[2] -a -um, *adj* (*pp*) [contineo] 満足した〈re; quod; ut, ne; +*inf*〉.
conterminus -a -um, *adj* [con-/terminus] 隣接した; 近隣の.
conterō -ere -trīvī -trītum, *tr* [con-/tero] **1** すりつぶす, 粉砕する. **2** すりへらす, 消耗させる: *se conterere in musicis, geometria, astris* (Cɪᴄ) 音楽, 幾何学, 天文学に憂き身をやつす. **3** (時を)過ごす; 消費する, 使い果たす〈in re〉.
conterreō -ēre -terruī -territum, *tr* [con-/terreo] おびえさせる, ぎょっとさせる.
conterritus -a -um, *pp* ⇨ conterreo.
contestātiō -ōnis, *f* [contestor] **1** 証言. **2** 確証. **3** 嘆願, 懇願.
contestātus -a -um, *adj* (*pp*) [↓] 証明された.
contestor -ārī -ātus sum, *tr dep* [con-/testor] **1** 証人として呼ぶ. **2** *litem contestari* (Cɪᴄ) (証人を呼んで)訴訟を提起する.
contexī *pf* ⇨ contego.
contexō -ere -texuī -textum, *tr* [con-/texo] **1** 編み[織り]合わせる. **2** 組み立てる, 構成する. **3** 結合する, つなぐ〈alqd cum re〉.
contextē *adv* [↓] 結合して.
contextus[1] -a -um, *adj* (*pp*) [contexo] **1** 組み合わされた, 編み[織り]合わされた. **2** 連続した, とぎれない.
contextus[2] -ūs, *m* **1** 組み合わせること, 結合. **2** 一貫[連続]性: *mirabilis ~ rerum* (Cɪᴄ) 物事の驚くべき一貫性. **3** 成り行き, 展開, 経過: *ceterorum casus conatusque in contextu operis dicemus* (Tᴀᴄ) 他の者たちの運命と企てについては本書の筆が進むにつれて述べよう. **4** 連続. **5** 複合体.
contexuī *pf* ⇨ contexo.
conticēscō, -ciscō -ere -ticuī, *intr* [con-/taceo] **1** 黙る, 静かになる. **2** 静まる, やむ.
conticinium, -cinnum -ī, *n* [↑] 宵の口, 夕方.
conticuī *pf* ⇨ conticesco.
contigī *pf* ⇨ contingo.
contignātiō -ōnis, *f* [↓] 角材を組んだ骨組, 床.
contignō -āre, *tr*, *intr* [con-/tignum] (床張り・屋根ふきのために)梁を渡す.
contiguus -a -um, *adj* [contingo] **1** 隣接する; 近隣の〈+*dat*〉. **2** 到達可能な, 届く範囲の〈+*dat*〉.
continēns[1] -entis, *adj* (*prp*) [contineo] **1** 隣接した〈+*dat*; cum re〉. **2** (時間的に)次に続く, とぎれない: *ex [in] continenti (sc. tempore)* (Uʟᴘ) 直ちに. **3** 節度のある, 節制する〈in re〉.
continēns[2] -entis, *f* 大陸.
continēns[3] -entis, *n* (*prp*) 要点, 中心点.
continenter *adv* [continens[1]] **1** (空間的・時間的に)引き続いて, 間断なく. **2** 繰り返して. **3** 節度を保って, 節制して.
continentia[1] -ium, *n pl* [continens[1]] (*sc.* loca) 近隣, 郊外.
continentia[2] -ae, *f* **1** 抑制; 節制. **2** 内容. **3°** 近隣, 隣接.
contineō -ēre -tinuī -tentum, *tr* [con-/teneo] **1** いっしょにしておく; 結合する, つなぐ; (*pass*) 密接につな

contingentia — contrafactio

がっている. **2** 保存する, 保持する. **3** 含む; 取り囲む: *intellegit maximam pietatem conservatione patriae contineri* (Cɪᴄ) 彼は最大の孝心が祖国を守ることにあると理解している. **4** 引き留める; 抑制する, 妨げる ⟨ne, quominus, quin⟩: *exercitum castris continere* (Cᴀᴇs) 軍隊を陣営の中に閉じ込める / *nequeo continere quin loquar* (Pʟᴀᴜᴛ) 言わずにはいられない.

contingentia -ae, °*f* [↓] 偶然(性).

contingō -ere -tigī -tactum, *tr, intr* [con-/tango] **I** (*tr*) **1** 触れる, さわる. **2** 塗る; 振りかける ⟨alqd re⟩. **3** よごす, 汚染する ⟨alqd re⟩: *contacta civitas rabie duorum juvenum* (Lɪᴠ) 二人の若者の狂気でけがされた国家. **4** 隣接する, 接する. **5** 達する, 届く. **6** かかわる, 関係する: *contingere alqm sanguine ac genere* (Lɪᴠ) ある人と血や家系によって縁つづきである. **II** (*intr*) 降りかかる, 起こる ⟨alci⟩: (impers) *non cuivis homini contingit adire Corinthum* (Hᴏʀ) Corinthus を訪れる(=大尽遊びをする)機会は誰にでも与えられるものではない.

continuātiō -ōnis, *f* [continuo²] **1** 連続. **2** 〖修〗掉尾(ホォシャ)文.

continuī *pf* ⇨ contineo.

continuitās -ātis, *f* [continuus] 連続.

continuō¹ *adv* (*abl*) [continuus] **1** 直ちに; 直後に: *ubi primum terram tetigimus,* ∼ (Pʟᴀᴜᴛ) 私たちが上陸するとすぐに. **2** (通例, 否定辞とともに) 必然的に, 当然の結果として: *non* ∼, *si me in gregem sicariorum contuli, sum sicarius* (Cɪᴄ) 私が暗殺者の一団の中にいたからといって必ずしも私が暗殺者であるとは限らない.

continuō² -āre -āvī -ātum, *tr, intr* **1** つなぎ合わせる, 結合する ⟨alqd alci rei⟩. **2** 続ける, 継続する: *magistratum continuare* (Sᴀʟʟ) 官職の任期を延長する / (pass) *hiemi continuatur hiems* (Oᴠ) 冬が冬に連なっている.

continuus -a -um, *adj* [contineo] **1** (空間的に)連続した, つながった ⟨+dat⟩. **2** (時間的に)連続した, 次の, とぎれない: *continuā die* (Oᴠ) 翌日 / *biennio continuo post adeptum imperium* (Sᴜᴇᴛ) 統治権継承後の2年間.

contiō -ōnis, *f* [conventio] **1** 会合, 集会. **2** (集会での)演説. **3** 演壇: *in contionem ascendere* (Lɪᴠ) 登壇する. **4** 聴衆. **5** 世論.

contiōnābundus -a -um, *adj* [contionor] 演説をする; 熱弁をふるう.

contiōnālis -is -e, *adj* [contio] 集会の[に関する]: *clamor senatūs prope* ∼ (Cɪᴄ) ほとんど市民集会のような元老院の喧騒.

contiōnārius -a -um, *adj* =contionalis.

contiōnātor -ōris, *m* [↓] (集会における)演説者; 民衆煽動家.

contiōnor -ārī -ātus sum, *intr dep* [contio] **1** 集会に出席する. **2** 演説をする; 熱弁をふるう. **3** 公言[宣言]する.

contiuncula -ae, *f dim* [contio] 取るに足らない集会.

contollō -ere, *tr* [con-/tollo] 集める: *gradum contollere* (Pʟᴀᴜᴛ) 会いに行く.

contonat -āre, *intr impers* [con-/tono] ものすごい雷鳴がする.

contorqueō -ēre -torsī -tortum, *tr* [con-/torqueo] **1** くるくる回す, 旋回[回転]させる. **2** (飛び道具を)投げつける. **3** 曲げる, ゆがめる. **4** (海面を)かきまわす. **5** (気持・意見を)揺り動かす.

contorsī *pf* ⇨ contorqueo.

contortē *adv* [contortus] もつれ[からみ]合って, 込み入って.

contortiō -ōnis, *f* [contorqueo] **1** ねじること, 振ること. **2** 込み入っていること, 複雑.

contortiplicātus -a -um, *adj* [contortus/plico] 込み入った, 複雑な.

contortor -ōris, *m* [contorqueo] ゆがめる者, 曲解者.

contortulus -a -um, *adj dim* [↓] やや込み入った[複雑な].

contortus -a -um, *adj* (*pp*) [contorqueo] **1** 込み入った, 複雑な. **2** 活発な, 力強い. **3** °〖補〗回旋の, ねじれた.

contrā *adv, prep* **I** (*adv*) **1** 相対して, 向かいに. **2** それに対して, 他方において: *quae me amat, quam* ∼ *amo* (Pʟᴀᴜᴛ) あれ(=妻)はわしを愛しているし, わしもあれを愛している. **3** これに対して, 逆に: ∼ *ac* [*atque, quam*] (Cɪᴄ) …とは反対[逆]に. **4** 敵対して, 逆らって. **II** (*prep*) ⟨+*acc*⟩ **1** …に面して, …の向こう側に. **2** …に対して: ∼ *quem talia fatur Euryalus* (Vᴇʀɢ) 彼に対して Euryalus はこのように言う. **3** …に反対して, …とは逆に: *scribere* ∼ *Epicureos* (Cɪᴄ) Epicurus 学派の哲学者たちへの反駁論を執筆する. **4** …に敵対して: *pugnare* ∼ *patriam* (Cɪᴄ) 祖国に背いて戦う.

contractābiliter *adv* [contrecto] 触れ[感じ]られるように.

contractē *adv* [contractus¹] 節約して, つましく.

contractiō -ōnis, *f* [contraho] **1** 収縮. **2** (話・ことばの)圧縮, 縮めること; (音節を)短くすること. **3** 意気消沈, 憂鬱. **4** 〖病〗収縮, 攣縮.

contractiuncula -ae, *f dim* [↑] やや気のふさぐこと, 軽い憂鬱.

contractō -āre, *tr* =contrecto.

contractus¹ -a -um, *adj* (*pp*) [contraho] **1** 限られた, 狭い, 短い. **2** (状況が)きびしい. **3** つましい, けちな. **4** 〖修〗圧縮された, 簡潔な. **5** 隠棲している, 引きこもっている.

contractus² -ūs, *m* **1** 縮めること. **2** 着手, 実行. **3** 〖法〗契約.

contrādīcō -ere -dīxī -dictum, *intr* [contra/dico²] 反駁[反論]する, 異議を唱える ⟨*abs*; +*dat*; *quin*⟩.

contrādictiō -ōnis, *f* [↑] **1** 反駁, 否認, 異議. **2**° 矛盾.

contrādictor -ōris, °*m* [contradico] 反論者.

contrādictōrius -a -um, °*adj* [contradico] 反論する, 異議を唱える.

contrādictus -a -um, *pp* ⇨ contradico.

contrādīxī *pf* ⇨ contradico.

contraeō -īre -iī -itum, °*intr* [contra/eo] 対抗する, 反対する.

contrāfactiō -ōnis, °*f* [contra/facio] 対照, 対

contrahō -ere -traxī -tractum, *tr* [con-/traho] 1 縮める, せばめる: *frontem* [*vultum*] *contrahere* (Cic [Ov]) 額にしわを寄せる / *vela contrahere* (Hor) 帆をたたむ. 2 制限する, 短縮する. 3 意気消沈させる, 憂鬱にさせる. 4 (関係を)結ぶ: *amicitiam contrahere* (Liv) 友好関係を結ぶ. 5 (1 か所に)集める, まとめる. 6 ひき起こす ⟨alci alqd⟩. 7 取引[契約]する ⟨cum alqo⟩.

contraīre *inf* ⇨ contraeo.

contrāluctor -ārī, °*intr dep* [contra/luctor] 反抗[抵抗]する.

contrāpōnō -ere -posuī -positum, *tr* [contra/pono] 反対側に置く, 対置する.

contrāpositum -ī, *n* [↓] 《修》対照法.

contrāpositus -a -um, *pp* ⇨ contrapono.

contrāposuī *pf* ⇨ contrapono.

contrāriē *adv* [contrarius¹] 1 反対の方向に. 2 反対に, 逆に; 矛盾して.

contrārietās -ātis, °*f* [contrarius¹] 反対, 不一致.

contrārium -ī, *n* [↓] 1 反対側. 2 《修》対照法. 3 *ex contrario* (Cic) これに反して.

contrārius¹ -a -um, *adj* [contra] 1 反対側の, 向かい合わせの ⟨alci rei⟩. 2 反対の, 相反する ⟨+*dat* [*gen*]⟩. 3 敵意のある, 敵対的な ⟨+*dat*⟩. 4 不利益な, 有害な: *otium maxime contrarium esse* (Caes) 無為は最大の敵である / *contraria exta* (Suet) (占いで)凶兆を呈した内臓.

contrārius² -ī, *m* 競争相手, 敵対者 ⟨alcis⟩.

contraxī *pf* ⇨ contraho.

Contrebia -ae, *f* コントレビア《Hispania Tarraconensis の町; 現 Botorrita》.

Contrebiensēs -ium, *m pl* Contrebia の住民.

contrectābiliter *adv* =contractabiliter.

contrectātiō -ōnis, *f* [↓] 1 触れること, 接触. 2 愛撫. 3 《法》横領, 窃盗.

contrectō -āre -āvī -ātum, *tr* [con-/tracto] 1 触れる, いじる. 2 抱擁[愛撫]する; 陵辱する. 3 (問題を)扱う, 熟考する. 4 《法》窃取する, 横領する.

contremīscō, -mescō -ere -tremuī, *intr*, *tr inch* [↓] I (*intr*) 1 (激しく)震える. 2 動揺する, ぐらつく. II (*tr*) おののく, 恐れる.

contremō -ere, *intr* [con-/tremo] (激しく)震える.

contremuī *pf* ⇨ contremisco.

contribuī *pf* ⇨ contribuo.

contribūlis -is, *m* [con-/tribulis] 1 同じ tribus に属する者, 同部族の者. 2° 同じ宗教の者.

contribulō -āre -āvī -ātum, *tr* [con-/tribulo] 1 粉砕する, 打ち砕く ⟨alqd⟩. 2 (大いに)悩ます, 苦しめる ⟨alqm⟩.

contribuō -ere -tribuī -tribūtum, *tr* [con-/tribuo] 1 組み込む, 併合する *alqd alci rei; alqd cum re*⟩: *Calagurritani, qui erant cum Oscensibus contributi* (Caes) Oscenses 族に併合されていた Calagurritani 族. 2 合一する, 結合する. 3 割り当て, 配分する, 分類する: *contribuere novos cives in octo tribūs* (Vell) 新しい市民を 8 つの tribus に分けて登録する.

4 共有する; 寄与する.

contribūtiō -ōnis, *f* [↑] 1 配分. 2 分担金.

contribūtum -ī, °*n* [↓] 寄付(金), 分担金.

contribūtus -a -um, *pp* ⇨ contribuo.

contristō -āre -āvī -ātum, *tr* [con-/tristis] 1 憂鬱にさせる, 悲しませる ⟨alqm⟩. 2 暗くする, 曇らせる ⟨alqm⟩. 3 (植物を)しおれさせる.

contrītiō -ōnis, *f* [contero] 1 砕くこと. 2° 破壊. 3 悲嘆. 4° 悔恨.

contrītus -a -um, *adj* (*pp*) [contero] 使い古された, 陳腐な, ありふれた.

contrīvī *pf* ⇨ contero.

contrōversia -ae, *f* [controversus] 1° 逆行. 2 論争, 議論: *rem vocare in controversiam* (Cic) ある事柄を議論に持ち込む / *sine controversia* (Cic) 議論の余地なく.

contrōversiōsus -a -um, *adj* [↑] 議論の余地のある.

contrōversor -ārī -ātus sum, *intr dep* [↓] 議論する.

contrōversus -a -um, *adj* [contra/versus¹] 1 向かい合っている, 反対側の. 2 議論の余地のある, 問題のある.

contrucīdō -āre -āvī -ātum, *tr* [con-/trucido] 切り刻む, めった切りにする; 殺害する.

contrūdō -ere -trūsī -trūsum, *tr* [con-/trudo] 押しやる, 駆りたてる; 詰め込む.

contruncō -āre -āvī -ātum, *tr* [con-/trunco] 切り刻む.

contrūsī *pf* ⇨ contrudo.

contrūsus -a -um, *pp* ⇨ contrudo.

contubernālis -is, *m* (*f*) [↓] 1 (天幕を共有する)戦友. 2 幕僚付き青年武官. 3 仲間, 同僚. 4 奴隷の配偶者.

contubernium -ī, *n* [con-/taberna] 1 天幕を共にすること, 戦友であること. 2 幕僚に随行すること. 3 (奴隷夫婦の)住居. 4 (奴隷間の・奴隷と自由人との)同棲, 内縁関係. 5 (親しい)交際, 親交. 6 (宿営地における)共同の天幕.

contudī *pf* ⇨ contundo.

contueor -ērī -tuitus sum, *tr dep* [con-/tueor] 1 注視する, 観察する. 2 よく考える, 熟考する. 3 見つける, 気づく. 4 世話する.

*****contuitus** -ūs, *m* [↑] (用例は *sg abl* contuitū のみ) 注視, 観察.

contulī *pf* ⇨ confero.

contumācia -ae, *f* [contumax] 1 頑固, 強情. 2 《法》命令不服従.

contumāciter *adv* [↓] 頑固に, 強情に.

contumax -ācis, *adj* [con-/tumeo] 1 強情な, 頑固な. 2° 《法》命令不服従の.

contumēlia -ae, *f* [*cf*. contumax] 1 虐待, 暴行. 2 暴言, 侮辱.

contumēliō -āre -āvī -ātum, *tr* [↑] 《碑》侮辱する.

contumēliōsē *adv* [↓] 侮辱するように.

contumēliōsus -a -um, *adj* [contumelia] 無礼な, 侮辱的な.

contumulō -āre, *tr* [con-/tumulo] 1 盛り上げ

contundō -ere -tudī -tūsum [-tunsum], *tr* [con-/tundo] 1 打ち砕く, 粉砕する. 2 傷を負わせる, 痛みを与える. 3 弱める, くじく, 滅ぼす: *audaciam alcis contundere et frangere* (Cɪᴄ) ある人の厚かましさをくじき粉々にする.

contunsus -a -um, *pp* ⇒ contundo.

conturbātiō -ōnis, *f* [conturbo] 1 (心身の)異常, 不調. 2 心の動揺, 狼狽.

conturbātor -ōris, *m* [conturbo] 1 秩序を乱す者. 2 破産者.

conturbātus -a -um, *pp* ⇒ conturbo.

conturbō -āre -āvī -ātum, *tr, intr* [con-/turbo¹] 1 混乱させる, 乱す ⟨alqd⟩. 2 狼狽させる, 不安にする ⟨alqm⟩. 3 破産する ⟨abs⟩.

contus -ī, *m* [Gk] 1 棒, さお. 2 長い槍.

contūsiō -ōnis, *f* [contundo] 1 打ち砕くこと, 粉砕. 2 〖医〗挫傷, 打撲傷.

contūsus -a -um, *pp* ⇒ contundo.

contūtor -ōris, *m* [con-/tutor] 〖法〗共同後見人.

contūtus -ūs, *m* =contuitus.

cōnūbiālis -is -e, *adj* [↓] 結婚[婚姻]の.

cōnūbium -ī, *n* [con-/nubo] 1 異なる集団間の結婚. 2 (一般に)結婚. 3 性交.

cōnus -ī, *m* [Gk] 1 円錐形. 2 かぶとの尖頭 (= apex). 3 〖植〗球果.

convador -ārī -ātus sum, *tr dep* [con-/vador] 出廷保証金を支払わせる.

convalēscentēs -ium, *m pl* [convalesco] 回復期の患者.

convalēscentia -ae, °*f* [↓] 健康の回復.

convalēscō -ere -valuī, *intr* [con-/valesco] 1 強くなる, 力を増す. 2 健康が回復する. 3 〖法〗有効になる.

convalidātiō -ōnis, °*f* [↓] 有効化.

convalidō -āre -āvī -ātum, °*tr* [con-/valido] 有効にする.

convallis -is, *f* [con-/valles] 峡谷.

convaluī *pf* ⇒ convalesco.

convāsō -āre -āvī -ātum, *tr* [con-/vas²] 荷造りする.

convectō -āre -āvī -ātum, *tr freq* [conveho] 寄せ集める, 大量に運んでくる.

convector -ōris, *m* [conveho] 1 (穀物の収穫をつかさどる神の呼称として)集める者. 2 旅仲間.

convectus -a -um, *pp* ⇒ conveho.

convehō -ere -vexī -vectum, *tr* [con-/veho] 運び[寄せ]集める.

convellī *pf* ⇒ convello.

convellō -ere -vellī -vulsum, *tr* [con-/vello] 1 引きちぎる, 引き抜く ⟨alqd (ex [de, a]) re⟩: *signa convellere* (Cɪᴄ) 軍旗を(地面から)引き抜く(=陣地を引き払う). 2 ゆりうごかす, 打ちこわす, 破壊する.

convēlō -āre -āvī -ātum, *tr* [con-/velo] おおい隠す.

convenae -ārum, *m* [convenio] 群集; (特に)移民, 難民.

convēnī *pf* ⇒ convenio.

conveniēns -entis, *adj* (*prp*) [convenio] 1 一致[調和]した: *bene convenientes propingui* (Cɪᴄ) 仲のよい親戚. 2 適合する, ふさわしい ⟨+dat; ad alqd; cum re⟩. 3 合意[協定]している.

convenienter *adv* [↑] 一致して, 適合して.

convenientia -ae, *f* [conveniens] 1 一致, 調和. 2 合意, 取決め.

conveniō -īre -vēnī -ventum, *intr, tr* [con-/venio] I (*intr*) 1 集まる, 集合する. 2 同意する ⟨inter alqos; alci cum alqo⟩: (*impers*) *mihi cum Deiotaro convenit, ut ille in meis castris esset* (Cɪᴄ) 私と Deiotarus の間で, 彼が私の陣営に加わることが同意された. 3 適合する, ふさわしい ⟨in [ad] alqd; cum re; +dat⟩: (*impers*) *Haud convenit, una ire cum amica imperatorem in via* (Tᴇʀ) 指揮官が遊女と通りを歩くのは不都合だ. II (*tr*) 1 会う, 訪れる. 2 告訴[告発]する.

conventicium -ī, *n* [↓] (*sc.* aes) (Athenae の)民会出席の日当.

conventīcius -a -um, *adj* [convenio] たまたま出会った.

conventiculum -ī, *n dim* [conventus²] 1 集会. 2 集会場.

conventiō -ōnis, *f* [convenio] 1 集合; 集会. 2 *in manum* ~ (Gᴀɪᴜs) 〖法〗(女が結婚によって男の)支配下に入ること. 3 合意, 協定. 4° 〖法〗告訴.

conventiōnālis -is -e, *adj* [↑] 合意に基づく.

conventuālis -is -e, °*adj* [conventus] 1 共同生活の. 2 〖ｶﾄ〗修道院の: *missa* ~ 修道院内の毎日のミサ.

conventum -ī, *n* [↓] 合意, 協定.

conventus¹ -a -um, *pp* ⇒ convenio.

conventus² -ūs, *m* 1 集会, 集合. 2 (属州総督の開く)法廷. 3 (属州における)ローマ市民協議会. 4 合意, 協定. 5 結合. 6 〖天〗合(ご).

converberō -āre -āvī -ātum, *tr* [con-/verbero] 1 激しく打つ, ひどくなぐる. 2 こらしめる, 弾劾する.

converrī *pf* ⇒ converro.

converrō -ere -verrī -versum, *tr* [con-/verro] 掃き集める; 掃き清める: *converrere hereditates omnium* (Cɪᴄ) すべての人の遺産をかき集める / *converrere alqm totum cum pulvisculo* (Pʟᴀᴜᴛ) ある人をちりといっしょにまるまる掃き出す.

conversa -ae, °*f* [conversus³] 〖ｶﾄ〗助修女.

conversātiō -ōnis, *f* [conversor] 1 回転; 動きまわること. 2 交際, 親交. 3 普段の使用[経験]. 4 ふるまい, 行状.

conversiō -ōnis, *f* [converto] 1 回転, 循環. 2 反転; (器官の)内転. 3 変化, 変動. 4° 改宗, 回心. 5 〖修〗結句反復. 6 〖修〗掉尾文.

conversō -āre -āvī -ātum, *tr freq* [converto] 1 回転させる, 向きを変えさせる. 2 思いめぐらす.

conversor -ārī -ātus sum, *intr dep* [↑] 1 居住する, 滞在する. 2 交際する. 3 行動する, ふるまう.

conversus¹ -a -um, *pp* ⇒ converro, converto.

conversus² -ūs, °*m* [converto] 円運動.

conversus³ -ī, °*m* 〖ｶﾄ〗助修士.

convertī *pf* ⇒ converto.

convertibilis -is -e, °*adj* [↓] 変更できる.

convertō -ere -vertī -versum, *tr, intr* [con-/

verto] **I** (*tr*) **1** 回転させる, 回す. **2** 向きを変えさせる, 逆にする: *signa convertere* (Caes)〔隊〕を旋回させる / *terga [se] convertere* (Caes) 逃走する, 退却する. **3** (ある方向へ)向かわせる, 向けさせる: (refl) *hinc nos in Asiam convertemus* (Cic) われわれはここから Asia へ向かうだろう. **4** 移動させる. **5** 変える ⟨alqd in alqd⟩. **6** 翻訳する. **7** (注意・精力・財源などを)向ける, 当てる ⟨alqd in [ad] alqd⟩: *convertere rationem in fraudem malitiamque* (Cic) 理性を欺瞞と奸策に用いる / *convertere se ad philosphos* (Cic) 自ら(の注意)を哲学者の方に向ける(＝哲学者になろうと努力する). **8°** 改宗させる. **II** (*intr*) **1** 向きを変える. **2** (ある方向へ)向かう ⟨in [ad] alqd⟩. **3** 変わる ⟨in [ad] alqd⟩. **4°** 改宗する.

convescī *inf* ⇨ convescor.
convescor -vescī, °*intr dep* [con-/vescor] 食事を共にする.
convestiō -īre -īvī -ītum, *tr* [con-/vestio] **1** 衣服を着せる. **2** おおう, 包む ⟨alqd re⟩.
convexī *pf* ⇨ conveho.
convexiō -ōnis, *f* [convexus] 凸状, 凸面体.
convexitās -ātis, *f* [convexus] 凸状, 中高; 凸面.
convexum -ī, *n* [↓] 丸天井, アーチ, ドーム.
convexus -a -um, *adj* [conveho] **1** 凸状の, アーチ形の. **2** くぼんだ. **3** 傾斜した.
conviātor -ōris, °*m* [con/viator] 旅仲間.
convīcānus -ī, °*m* [con-/vicanus] 同村民.
convīcī *pf* ⇨ convinco.
convīciātor -ōris, *m* [↓] 悪口を言う者, ののしる者.
convīcior -ārī -ātus sum, *intr dep* [↓] 悪口を言う, ののしる ⟨abs; alci⟩.
convīcium -ī, *n* [con-/vox] **1** 大声で叫ぶこと, 喧騒. **2** 罵倒, 誹謗. **3** 非難, 叱責.
convictiō -ōnis, *f* [convivo] **1** つきあい, 交際. **2** 仲間.
convictor -ōris, *m* [convivo] (会食)仲間.
convictus¹ -a -um, *pp* ⇨ convinco.
convictus² -a -um, *pp* ⇨ convivo.
convictus³ -ūs, *m* **1** 共同生活; 親交. **2** 会食, 宴会.
convincō -ere -vīcī -victum, *tr* [con-/vinco] **1** 打ち勝つ, 負かす. **2** 論駁する. **3** 有罪と宣告する ⟨alqm alcis rei; +*inf*⟩. **4** 立証する ⟨alqd; +*acc c. inf*⟩.
convīsō -ere, *tr* [con-/viso] **1** 入念に調べる, 考察する. **2** 訪問する, 訪れる.
convītium -ī, *n* =convicium.
convīva -ae, *m* (*f*) [convivo] 会食仲間.
convīvālis -is -e, *adj* [↑] 宴会の.
convīvātor -ōris, *m* [convivor] 宴会の主人役.
convīvium -ī, *n* [↓] **1** 宴会. **2** 会食者, 客.
convīvō -ere -vīxī -victum, *intr* [con-/vivo] **1** 同時代に生きる. **2** いっしょに暮らす. **3** 会食する.
convīvor -ārī -ātus sum, *intr dep* [conviva] 会食する, 宴会する.
convīxī *pf* ⇨ convivo.
convocātiō -ōnis, *f* [convoco] 呼び集めること, 召集.
convocātus -a -um, *pp* ⇨ convoco.
convocō -āre -āvī -ātum, *tr* [con-/voco] **1** 呼び集める, 召集する. **2** 寄せ集める.
convolnerō -āre, *tr* =convulnero.
convolō -āre -āvī -ātum, *intr* [con-/volo¹] 急いで集まる.
convolsus -a -um, *pp* =convulsus.
convolūtor -ārī, *intr dep* [con-/voluto] ころげまわる, 回転する.
convolūtus -a -um, *pp* ⇨ convolvo.
convolvī *pf* ⇨ convolvo.
convolvō -ere -volvī -volūtum, *tr* [con-/volvo] **1** ころがす, 回転させる. **2** からみ合わせる. **3** 巻き込む.
convolvulāceae -ārum, °*f pl*〖植〗ヒルガオ科.
convolvulus -ī, *m* [convolvo] **1**〖昆〗(ブドウにつく)イモムシ. **2**〖植〗ヒルガオ属の植物.
convomō -ere, *tr* [con-/vomo] (…の上に)吐く ⟨alqm [alqd]⟩.
convorrō -ere, *tr* =converro.
convortō -ere *tr, intr* =converto.
convulnerō -āre -āvī -ātum, *tr* [con-/vulnero] **1** 重傷を負わせる. **2** 穴をあける.
convulsiō -ōnis, *f* [convello] 痙攣.
convulsus -a -um, *pp* ⇨ convello.
cooperātiō -ōnis, °*f* [con-/operatio] 協力, 協同.
cooperātor -ōris, °*m* [con-/operator] 協力者.
cooperculum -ī, *n* [cooperio] おおい, ふた.
cooperīmentum -ī, *n* [↓] おおい.
cooperiō -īre -operuī -opertum, *tr* [con-/operio] すっかりおおいかぶせる ⟨alqm [alqd] re⟩: *lapidibus cooperire* (Cic) 石をぶつけて殺す / *omni scelere coopertus* (Cic) あらゆる悪事にまみれた(男).
cooperor -ārī, °*intr dep* [con-/operor] 協力する, 協調する ⟨abs; alci⟩.
coopertus -a -um, *pp* ⇨ cooperio.
cooperuī *pf* ⇨ cooperio.
coopifex -ficis, °*m* [con-/opifex] 共同創作[制作]者.
cooptātiō -ōnis, *f* [↓] (委員会などによる新メンバーの)選任, 選出: ~ *in patres* (Liv) 元老院議員の選任.
cooptō -āre -āvī -ātum, *tr* [con-/opto] **1** (委員会などが)新メンバーを選任[選出]する. **2** (一般に)選挙する.
coordinātiō -ōnis, °*f* [con-/ordinatio] 配列; 調整.
coorior -īrī -ortus sum, *intr dep* [con-/orior] **1** 起こる, 発生する. **2** 立ち上がる, 決起する.
coortus -a -um, *pp* ⇨ coorior.
Coos -ī, *f* =Cos.
cōpa -ae, *f* [*cf.* caupo] 居酒屋のおかみ.
Cōpae -ārum, *f pl* [*Gk*] コーパエ, *-パイ《Boeotia の町》.
Cōpāis -idis, *f* [*Gk*] コーパーイス《Copae の南にあった大湖; ウナギで有名》.
cōpēpoda -ōrum, °*n pl*〖動〗橈脚(とうきゃく)類.

cophinus -ī, *m* [*Gk*] 大きなかご.
cōpia -ae, *f* [cops] **1** 豊富, 大量 ⟨+*gen*: *argenti* ~ (PLAUT) 大金 / *somni* ~ (LIV) 充分な睡眠時間. **2** (*pl*) 部隊, 軍勢. **3** 供給; *nec exercitum sine copiis retineri posse* (TAC) 兵糧不足では軍隊は維持できない. **4** (通例 *pl*) 貯え, 財産, 生計の資; *dona pro copiā portantes* (LIV) それぞれ応分の贈り物をたずさえて. **5** 雄弁の才; 筆力. **6** 手段, 機会, 可能性 ⟨+*gen*⟩: *soceri* ~ (Ov) 義父と面会する機会.
copiāta -ae, °*m* [*Gk*] 墓掘り人.
cōpiolae -ārum, *f pl dim* [copia] 小部隊.
cōpiōsē *adv* [↓] 豊富に, 大量に.
cōpiōsus -a -um, *adj* [copia] **1** 富裕な, 豊かな ⟨a⟩ re⟩. **2** 豊富な, 大量の.
cōpis[1] *adj sg gen* ⇨ cops.
copis[2] -idis, *f* [*Gk*] (Persiaの軽く湾曲した)短剣.
cōpō -ōnis, *m* =caupo.
cōpōna -ae, *f* =caupona.
Cōpōniānus -a -um, *adj* Coponiusの.
Cōpōnius -ī, *m* コーポーニウス《ローマの平民の家名; 特に高い教養を身につけたT. ~ とC. ~ の兄弟(前1世紀)が有名》.
coppa *n indecl* コッパ《ギリシア語アルファベットの古い文字 ♀ (=q); 古典期には数字(90)としてのみ用いられた》.
coprea -ae, *m* [*Gk*] 道化.
*****cops** cōpis, *adj* [con-/ops] (*sg nom* の用例なし) **1** 豊かな, 富裕な. **2** (誇りで)ふくれあがった.
copta -ae, *f* [*Gk*] 堅く焼いた菓子の一種.
cōpula -ae, *f* [con-/apio] **1** 結ぶもの, ひも, 綱. **2** 結束, きずな. **3** 〔文〕接続語, 連結語.
cōpulātiō -ōnis, *f* [copulo] 連結, 結合.
cōpulātīvē *adv* [↓] 結合して.
cōpulātīvus -a -um, °*adj* [copulo] 連結する.
cōpulātus -a -um, *pp* ⇨ copulo.
cōpulō -āre -āvī -ātum, *tr* [copula] **1** 結合[連結]する, 連合させる ⟨alqd alci rei; alqd cum re⟩. **2** 結ぶ, つなぐ ⟨alqd cum re⟩.
coqua -ae, *f* [coquus] 料理女.
coquībilis -is -e, *adj* [coquo] 料理しやすい.
coquīna -ae, *f* [coquinus] **1**° 台所. **2** 料理法.
coquīnārius -a -um, *adj* [↑] 台所の; 料理の.
coquīnō -āre -āvī -ātum, *tr* [coquina] 料理する.
coquīnus -a -um, *adj* [coquus] 料理の.
coquītō -āre -āvī -ātum, *tr freq* [↓] (たびたび)料理する.
coquō -ere coxī coctum, *tr* **1** 料理する; 焼く. **2** 熟させる. **3** 消化する. **4** 案出する, 考案する. **5** かき乱す, 悩ます.
coquus, -quos -ī, *m* [↑] 料理人.
cor cordis, *n* **1** 心臓. **2** 心; *alci cordi esse* (CIC) ある人の気にかなう, ある人にとって大切である. **3** 精神, 理性, 知力. **4** 人; いとしい人.
cora -ae, °*f* [*Gk*] 瞳孔, ひとみ.
Cora -ae, *f* コラ《Latium 中部にあった Volsci 族の町; 現 Cori》.
coracēsia -ae, *f* [*Gk*] 水を凍らせるという魔法の植物.

coraciae -ārum, °*f pl* 〖鳥〗ブッポウソウ亜目.
coracinus -a -um, *adj* [*Gk*] カラスのように黒い.
coracoacrōmiālis -is -e, °*adj* 〖解〗烏口肩峰の.
coracoclāviculāris -is -e, °*adj* 〖解〗烏口鎖骨の.
coracohumerālis -is -e, °*adj* 〖解〗烏口上腕の.
coracoīdeus -a -um, °*adj* 〖解〗烏口状の.
Corallī -ōrum, *m pl* [*Gk*] コラッリー, *-ロイ《Danubius 川の近くにいた Moesia の一部族》.
corallināceae -ārum, °*f pl* 〖植〗サンゴモ科.
corallium -ī, *n* [*Gk*] 〖動〗(赤)サンゴ.
cōram *adv, prep* [con-/os[1]; *cf*. clam] **I** (*adv*) **1** 向かい合って, 面と向かって. **2** 目の前で, 居合わせているところで. **3** 公然と. **II** (*prep*) ⟨+*abl*⟩ …の面前で.
Corānus -a -um, *adj* Cora の.
corax -acis, *m* [*Gk*] **1**° 〖鳥〗カラス(鳥). **2** 〖軍〗破城槌.
Corax -acis, *m* [*Gk*] コラクス《Syracusae 出身の修辞学者(前5世紀); Tisias の師》.
Corbiō -ōnis, *f* コルビオー《(1) Latium の Algidus 山東斜面にあった Aequi 族の町; 前 457 年に滅ぼされた. (2) Hispania Tarraconensis の町》.
corbis -is, *f* (穀物・果物などを入れる)枝編みかご.
corbīta -ae, *f* [↑] (船足のおそい)貨物船.
corbona -ae, °*f* [*Heb.*] 宝物庫.
corbula -ae, *f dim* [corbis] (小さな)かご.
corcodīlus -ī, *m* =crocodilus.
corculum -ī, *n dim* [cor] **1** 小さな[かわいい]心. **2** (愛情を表わす呼びかけとして)いとしい人. **3** (C-) (「明敏な人」の意) P. Cornelius Scipio Nasica(前155年の執政官)のあだ名.
Corcȳra -ae, *f* [*Gk*] コルキューラ, *-ケル-《Epirus 沖にあるイオニア海の島; 現 Corfu; 伝説の Phaeaces 人が居住した Scheria 島にあたるという》.
Corcȳraeus -a -um, *adj* **1** Corcyra 島の. **2** Phaeaces 人の. **Corcȳraeī** -ōrum, *m pl* Corcyra 島の住民.
corda -ae, *f* =chorda.
cordātē *adv* [↓] 賢明に.
cordātus -a -um, *adj* [cor] 賢明な, 分別ある.
cordax -ācis, *m* [*Gk*] **1** 卑猥なダンス. **2** trochaeus(長短格)の別称.
cordolium -ī, *n* [cor/doleo] 悲嘆, 心痛.
Corduba -ae, *f* コルドゥバ《Hispania Baetica の町; 現 Cordova》.
Cordubensis -is -e, *adj* Corduba の. **Cordubensēs** -ium, *m pl* Corduba の住民.
Corduēna -ae, °*f* [*Gk*] コルドゥエーナ, *ゴルテュエーネ《Armenia の一地域》.
Corduēnī -ōrum, *m pl* Corduena の住民.
coreopsis -is -e, °*f* 〖植〗ハルシャギク属.
Corfīniensis -is -e, *adj* Corfinium の. **Corfīniensēs** -ium, *m pl* Corfinium の住民.
Corfīnium -ī, *n* コルフィーニウム《イタリア半島中央部の Paeligni 族の主要な町; Sulmo の北西にあった》.
Coria -ae, *f* [*Gk*] 〖神話〗コリア(-)《Arcadia における Minerva の添え名》.

coriandrum -ī, *n* [Gk] 〘植〙コエンドロ, コリアンダー.

coriārius[1] -a -um, *adj* [corium] 皮革の.

coriārius[2] -ī, *m* 革なめし職人.

Corinna -ae, *f* [Gk] コリンナ〘(1) ギリシアの Tanagra 生まれの女流抒情詩人(前 6-5 世紀). (2) Ovidius の詩に登場する愛人の仮の名〙.

Corinthia -ōrum, *n pl* [Corinthius] (*sc.* vasa) Corinthus 青銅で作った器.

Corinthiacus -a -um, *adj* Corinthus の.

Corinthiārius -ī, *m* 1 Corinthia の愛好者〘Augustus 帝のあだ名〙. 2 Corinthia 職人[商人].

Corinthiensis -is -e, *adj* =Corinthiacus.

Corinthius -a -um, *adj* Corinthus の: *Corinthium aes* (Cɪᴄ) Corinthus 青銅〘金, 銀, 銅の合金〙. Corinthiī -ium, *m pl* Corinthus 人.

Corinthus -ī, *f* [Gk] コリントゥス, *-トス〘Corinthus 地峡に臨むギリシアの都市; 商業・芸術で有名; ローマの執政官 Mummius に破壊された (前 146)〙.

Coriolānus -ī, *m* コリオラーヌス〘Corioli を占領したローマの将軍 C. (または Cn.) Marcius (前 5 世紀) の添え名; 追放された恨みから Volsci 族を率いてローマに攻め寄せたが, 母と妻に嘆願されて兵を引いた〙.

Coriolī -ōrum, *m pl* コリオリー〘Latium の町; C. Marcius に滅ぼされた〙.

Coriosolitēs -um, *m pl* コリオソリーテース〘Gallia Lugdunensis の Aremorica の現 Corseul あたりにいた一部族〙.

corium -ī, *n* [*cf.* scortum] 1 皮; 皮膚. 2 革, 革ひも. 3 樹皮; (臭物・穀物の)外皮. 4 〘解〙真皮. 5 °〘昆〙(半翅鞘の)革質部.

cormus -ī, °*m* [Gk] 〘植〙(グラジオラスなどの)球茎.

cornāceae -ārum, °*f pl* 〘植〙ミズキ科.

cornea -ae, °*f* 〘解〙角膜.

Cornēlia -ae, *f* [Cornelius] コルネーリア〘ローマの女性名; 特に (1) Scipio Major の娘で Gracchus 兄弟の母. (2) Caesar の最初の妻. (3) Pompeius の 4 番目の妻〙.

Corneliānus -a -um, *adj* Cornelius の: *oratio Corneliana* (Cɪᴄ) Cicero による C. Cornelius の弁論(断片のみ伝わる) / *Corneliana castra* (Cᴀᴇs) 第 2 次 Poeni 戦争の際, Scipio Major が Africa の Bagrada 川近くに築いた要塞.

Cornēlius[1] -ī, *m* コルネーリウス〘ローマ人の氏族名; Scipio, Sulla, Gracchus 兄弟などがこれに属していた〙.

Cornēlius[2] -a -um, *adj* Cornelius の.

corneolus -a -um, *adj dim* [corneus[1]] 角(ʦ)の(ような).

cornēscō -ere, *intr* [cornu] 角(ʦ)の(ような)になる.

corneus[1] -a -um, *adj* [cornu] 1 角(ʦ)の(ような), 角のように硬い. 2 °〘解〙角質の.

corneus[2] -a -um, *adj* [cornus] 〘植〙ミズキ属の樹木の.

cornicen -cinis, *m* [cornu/cano] 角笛を吹く者, ラッパ手.

cornīcor -ārī -ātus sum, *intr dep* [cornix] (カラスのように)しわがれ声でものを言う.

cornīcula -ae, *f dim* [cornix] (小さな)カラス.

Corniculānus -a -um, *adj* Corniculum の.

corniculārius -ī, *m* [corniculum] 1 (将校の)副官. 2 °(文官の)補佐, 書記.

corniculātus -a -um, °*adj* 〘解〙小角状突起の.

corniculum -ī, *n dim* [cornu] 1 小さな角(ʦ). 2 かぶとの角形飾り〘武功章〙. 3 °〘解〙小角. 4 °〘昆〙角状管.

Corniculum -ī, *n* コルニクルム〘Latium の古い町〙.

Cornificius -ī, *m* コルニフィキウス〘ローマ人の氏族名; 特に Q. ~, Cicero の友人で修辞学者〙.

corniger -gera -gerum, *adj* [cornu/gero] 角(ʦ)のある.

cornipēs -pedis, *adj* [cornu/pes] ひづめのある.

cornix -īcis, *f* [*cf.* corvus] 〘鳥〙カラス(烏) (=corax).

cornū -ūs, *n* 1 角(ʦ)〘(時に)力・勇気の象徴として〙. 2 角製のもの〘角笛・ランプなど〙: ~ *Copiae* (Hᴏʀ) 〘神話〙豊饒(ʤɔ́)の角〘幼い Juppiter に乳を与えたヤギ Amalthea の角; その持ち主のほしいものを何でも出すという〙. 3 角状のもの〘くちばし・ひづめ・川の支流・三日月の先端・岬・帆桁・(部隊の)翼など〙. 4 °〘解〙角状突起.

cornum[1] -ī, *n* =cornu.

cornum[2] -ī, *n* [↓] 〘植〙セイヨウサンシュユの実. 2 セイヨウサンシュユの木で作った槍.

cornus -ī, *f* 1 ミズキ属の樹木〘セイヨウサンシュユ, ヤマボウシ, ハナミズキなど〙. 2 cornus (1) の木で作った槍.

cornūtus -a -um, *adj* [cornu] 角のある; 角状の.

Coroebus -ī, *m* [Gk] 〘伝説〙コロエブス, *コロイボス〘Phrygia の王 Mygdon の息子; Troja 戦争でギリシア兵に殺された〙.

corolla -ae, *f dim* [corona] 小さな花冠.

corollārium -ī, *n* [↑] 1 小さい花冠. 2 祝儀, チップ.

corōna -ae, *f* 1 花冠, 葉冠, 栄冠: *sub corona vendere* [*emere*] (Cᴀᴇs [Vᴀʀʀ]) (捕虜を)奴隷として売る[買う] / *regni* ~ (Vᴇʀɢ) 王冠. 2 〘建〙コロナ, コーニス. 3 〘天〙(太陽の)光冠, かさ. 4 〘天〙北冠(ʃɔ́ɔɔ́)座(= C- Borealis; Ariadna の毛髪と考えられた). 5 聴衆, 観衆. 6 包囲軍[部隊]. 7 °〘解〙冠(ᴋᴀɴ).

Corōnaeus -a -um, *adj* Corone の.

corōnārius -a -um, *adj* [corona] 1 花冠の: *aurum coronarium* (Cɪᴄ) (属州から戦勝将軍に贈られた)金(ᴋᴀɴ) 〘もとは黄金の冠〙. 2 °冠状の.

corōnātiō -ōnis, °*f* [corono] 花冠で飾ること.

Corōnē -ēs, *f* [Gk] コローネー〘Messenia の町〙.

Corōnēa -ae, *f* [Gk] コローネーア, *-ネイア〘Boeotia の町〙.

Corōnensis -is -e, *adj* =Coroneus[1].

Corōnēus[1] -a -um, *adj* Coronea の.

Corōnēus[2] -eī [-eos], *m* 〘伝説〙コローネウス〘Phocis の王; カラスに変身させられた Corone の父〙.

Corōnīdēs -ae, *m* [Gk] 〘神話〙Coronis の息子 (= Aesculapius).

corōnis -idis, *f* [Gk] (本の巻末・章末の)飾り模様.

Corōnis -idis, *f* [Gk] 〘神話〙コローニス〘Phlegyas の娘で Aesculapius の母〙.

corōnō -āre -āvī -ātum, *tr* [corona] **1** 花冠で飾る: *Athenae victores oleā coronant* (PLIN) Athenae (の町)は(競技の)勝利者をオリーブ(の冠)で飾る. **2** 囲む, 取り巻く.

corporāle -is, °*n* [↓] 《カト》聖体布.

corporālis -is -e, *adj* [corpus] 身体上の, 肉体の; 有形の.

corporālitās -ātis, °*f* [↑] 肉体をそなえていること, 有形.

corporāliter *adv* [corporalis] 有形的に; 肉体上.

corporātiō -ōnis, *f* [corporo] **1** 体格. **2**° 有化, 受肉.

corporātus -a -um, *adj* (*pp*) [corporo] 有体化した. **2**° 受肉した: ~ *Christus* (LACT) 受肉したキリスト.

corporeus -a -um, *adj* [corpus] **1** 有形の. **2** 肉体の, 身体の. **3** 肉の, 肉質の.

corporō -āre -āvī -ātum, *tr* [corpus] **1** 死体にする, 殺す. **2** 肉体を与える[作る].

corpulentia -ae, *f* [↓] 肥満.

corpulentus -a -um, *adj* [↓] **1** 太った, 肥満した. **2** 大きな, 長身の.

corpus -poris, *n* **1** 身体, 肉体. **2** 肉. **3** 死体. **4** 胴体. **5** 人. **6** 骨組み. **7** 物体, 物質. **8** 組織体, 統一体: *totum ~ reipublicae* (CIC) 国家の全体. **9** 全集, 集成: ~ *omnis Romani juris* (LIV) 全ローマ法典(=十二表法) / *Corpus Juris* (COD JUST) ローマ法大全. **10**° 《解》体: ~ *pineale* 松果体 / ~ *striatum* 線条体 / ~ *ciliare* 毛様体.

corpusculum -ī, *n dim* [↑] **1** 小さな体《しばしば愛情を表わすことばとして》. **2** 微粒子, 原子. **3**° 《解》小体.

corrādō -ere -rāsī -rāsum, *tr* [con-/rado] かき集める; (苦労して)集める.

corrāsī *pf* ⇨ corrado.

corrāsus -a -um, *pp* ⇨ corrado.

correctiō -ōnis, *f* [corrigo] **1** 改正, 修正. **2** 訓戒, 叱責.

corrector -ōris, *m* [corrigo] **1** 改正者, 修正者. **2** 矯正者, 説教者. **3**° (帝政期の自由市の)財政監督官.

correctūra -ae, °*f* corrector (3) の職.

correctus -a -um, *pp* ⇨ corrigo.

corregnō -āre, °*intr* [con-/regno] 共同統治する.

corrēpō -ere -repsī, *intr* [con-/repo] こっそり進む, 忍び込む.

correpsī *pf* ⇨ correpo.

correptē *adv* [correptus] 短母音[音節]で.

correptiō -ōnis, *f* [corripio] **1** つかむ[握る]こと. **2** 非難, 叱責. **3** 短縮.

correptus -a -um, *adj* (*pp*) [corripio] 《文》(音節が)短い.

corresurgō -ere, °*intr* [con-/resurgo] いっしょによみがえる.

correus -ī, °*m* [con-/reus] 《法》共同被告人.

correxī *pf* ⇨ corrigo.

corrīdeō -ēre -rīsī, *intr* [con-/rideo] いっしょに笑う.

corrigia -ae, *f* 靴ひも.

corrigō -ere -rexī -rectum, *tr* [con-/rego] **1** まっすぐにする. **2** 改正[修正]する. **3** 叱責する, 訓戒する ‹alqm›. **4** 治療する.

corripiō -ere -ripuī -reptum, *tr* [con-/rapio] **1** ひったくる, ひっつかむ. **2** 強奪する, (不法に)わがものとする. **3** (急流・つむじ風などが)押し流す, 運び去る. **4** (病気・感情などが)不意に襲う: *correpta cupidine* (OV) (彼女は)欲望にかられて. **5** (*refl*) 急に立ち上がる, 赴く: *intro me corripui* (TER) ぼくは中へ飛び込んだ. **6** 急いで行く: *viam corripere* (VERG) 道を急ぐ. **7** 叱責する, 非難する. **8** 告発する, 弾劾(%)する. **9** 短縮する.

corripuī *pf* ⇨ corripio.

corrīsī *pf* ⇨ corrideo.

corrīvātiō -ōnis, *f* [↓] 水流を一本に集めること.

corrīvō -āre -āvī -ātum, *tr* [con-/rivus] 水流を一本に集める.

corrōborātiō -ōnis, °*f* [↓] 強くすること.

corrōborō -āre -āvī -ātum, *tr* [con-/roboro] 強くする, 力を与える: *conjurationem nascentem non credendo corroborare* (CIC) 生まれつつある陰謀を信じないことによって強固にする.

corrōdō -ere -rōsī -rōsum, *tr* [con-/rodo] かじり取る, かみ切る.

corrogātiō -ōnis, °*f* [corrogo] 集めること, 集会.

corrogātus -a -um, *pp* ⇨ corrogo.

corrogō -āre -āvī -ātum, *tr* [con-/rogo] **1** (懇願して)集める. **2** 招待する, 呼び出す.

corrōsī *pf* ⇨ corrodo.

corrōsiō -ōnis, *f* [corrodo] **1** かみ切ること, かじり取ること. **2** 侵食, 腐食.

corrōsīvus -a -um, °*adj* [corrodo] 腐食性の, 侵食的な.

corrōsus -a -um, *pp* ⇨ corrodo.

corrotundō -āre -āvī -ātum, *tr* [con-/rotundo] **1** 丸くする. **2** 完成する. **3** (まとまった金を)ためる.

corrūda -ae, *f* 《植》野生のアスパラガス.

corrūgō -āre -āvī -ātum, *tr* [con-/rugo] しわを寄らせる.

corruī *pf* ⇨ corruo.

corrumpō -ere -rūpī -ruptum, *tr* [con-/rumpo] **1** 損傷する, 滅ぼす, 破壊する. **2** そこなう, だいなしにする. **3** 改悪する, 変造する. **4** 堕落[腐敗]させる. **5** 買収する, 贈賄する.

corruō -ere -ruī, *intr, tr* [con-/ruo] **I** (*intr*) **1** 倒れる, 崩れる. **2** 破滅する, 失敗する. **II** (*tr*) **1** かき集める, 積み上げる. **2** 破滅させる.

corrūpī *pf* ⇨ corrumpo.

corruptē *adv* [corruptus] **1** 不正確に, 不適当に. **2** 堕落して.

corruptēla -ae, *f* [corrumpo] **1** 堕落させるもの; 売春宿. **2** 堕落させること; 買収, 贈賄; 誘惑.

corruptibilis -is -e, °*adj* [corrumpo] 腐敗[堕落]しやすい; 賄賂のきく, 買収されやすい.

corruptibilitās -ātis, °*f* [↑] 腐敗[堕落]しやすいこと.

corruptiō -ōnis, *f* [corrumpo] **1** 堕落, 腐敗.

2 堕落させること; 誘惑, 買収.
corruptīvus -a -um, °*adj* [corrumpo] 腐敗[堕落]しやすい.
corruptor -ōris, *m* [corrumpo] 腐敗[堕落]させるもの; 誘惑者; 贈賄[買収]者.
corruptrīx -īcis, *f* [↑] 堕落させるもの, 誘惑者《女性》.
corruptus -a -um, *adj* (*pp*) [corrumpo] 1 腐った, よごれた. 2 堕落[腐敗]した. 3 不適切な, 誤った.
cors -rtis, *f* =cohors.
Corsica -ae, *f* コルシカ《地中海上の島; Seneca の流刑地》.
Corsicānus -a -um, °*adj* =Corsicus.
Corsicus -a -um, *adj* Corsica 島の.
Corsus -a -um, *adj* =Corsicus. **Corsī** -ōrum, *m pl* Corsica 島の住民.
cortex -ticis, *m* (*f*) 1 (樹木・植物の)外皮; (特に)コルク《コルクガシの外皮》. 2 °《植》 皮層; ~ *cinnamomi*《薬》桂皮 / ~ *granati*《薬》石榴皮. 3 °《解》皮質; ~ *cerebri* 大脳皮質.
corticeus -a -um, *adj* [↑] 樹皮の; コルクの.
cortīna -ae, *f* 1 大釜, 大鍋. 2 (Delphi の巫女がすわって Apollo の神託を告げた)三脚台. 3 天空, 蒼穹(そうきゅう). 4° 幕.
Cortōna -ae, *f* コルトーナ《Etruria の町》.
Cortōnēnsis -is -e, *adj* Cortona の. **Cortōnēnsēs** -ium, *m pl* Cortona の住民.
corulus -ī, *f* =corylus.
Coruncānius -ī, *m* コルンカーニウス《ローマ人の氏族名; 特に *Ti*. ~, 前280年の執政官; ローマ最古の法律家の一人》.
cōrus -ī, *m* =caurus.
coruscātiō -ōnis, °*f* [↓] きらめき, 閃光.
coruscō -āre, *intr, tr* [coruscus] I (*tr*) 振り動かす. II (*intr*) 1 振動する, 揺れる. 2 光を放つ, きらめく.
coruscum -ī, *n* [↓] 電光, 稲妻.
coruscus -a -um, *adj* [*cf*. *Gk* σκαίρω] 1 振動する, 揺れている. 2 きらめく.
corvīnus -a -um, *adj* [corvus] カラスの.
Corvīnus -ī, *m* コルウィーヌス《Valeria 氏族に属する家名》.
corvus -ī, *m* [*cf*. corax, cornix] 1《鳥》カラス(烏). 2《軍》ひっかけ鈎. 3 外科用メス. 4 (C-)《天》からす座.
Corybantes -ium, *m pl* [*Gk*] コリュバンテス《Cybele の神官たち; けたたましい音楽と激しい踊りを女神にささげた》.
Corybantius -a -um, *adj* Corybantes の.
Corybās -antis, *m* [*Gk*] コリュバース《(1) Cybele の息子. (2) (集合名詞として) =Corybantes》.
Cōrycides -um, *f pl* [*Gk*] (*sc*. nymphae) Parnasus 山の nympha たち.
Cōrycius -a -um, *adj* [*Gk*] 1 Corycus の. 2 (Parnasus 山の) Corycium 洞窟の.
cōrycus -ī, *m* [*Gk*] (ボクシングの練習用)砂袋.
Cōrycus -ī, *f* [*Gk*] コーリュクス, *-コス《Cilicia の岬と町; サフランの栽培で有名》.

corylētum -ī, *n* [↓] ハシバミの茂み.
corylus -ī, *f* [*Gk*]《植》ハシバミ.
corymbiās -ae, *f* [*Gk*]《植》ウイキョウの一種.
corymbifer -fera -ferum, *adj* [↓/fero] キヅタの房を持っている《Bacchus の形容辞》.
corymbus -ī, *m* [*Gk*] 1 キヅタの実の房: (一般に)花や実の房. 2 °《植》散房花序.
coryphaeus -ī, *m* [*Gk*] 指導者.
Corythus -ī, *f* [*Gk*] コリュトゥス, *-トス《Etruria の町》.
cōrytus, -os -ī, *m* [*Gk*] 箙(えびら), 矢筒.
coryza -ae, °*f* [*Gk*]《病》鼻感冒.
cōs cōtis, *f* 火打ち石; 砥石.
Cōs Coī, *f* [*Gk*] コース《エーゲ海の小島; ブドウ栽培と機織りで知られた; Hippocrates, Apelles, Philetas の生地》.
Cosa -ae, *f* [*Gk*] コサ《(1) Etruria の町. (2) Lucania の町》.
Cosae -ārum, *f pl* =Cosa (1).
Cosānus -a -um, *adj* Cosa (1) の. **Cosānī** -ōrum, *m pl* Cosa (1) の住民.
cosmētēs -ae, *m* [*Gk*] 女主人の身づくろいをする奴隷.
cosmica -ōrum, *n pl* 流行(の化粧)品.
cosmicos -ī, *m* [*Gk*] 世界人, コスモポリタン.
cosmoe -ōrum, *m pl* [*Gk*] (Creta 島の10人から成る)監督官団.
cosmogonia -ae, °*f* [*Gk*] 宇宙の発生[創造].
cosmographia -ae, °*f* [*Gk*] 宇宙形状誌.
cosmologia -ae, °*f* [cosmos/logos] 宇宙論.
cosmopoeia -ae, °*f* [*Gk*] 宇宙[天地]創造.
cosmopolīta, -ēs -ae, °*m* [*Gk*] 世界主義者.
cosmos -ī, *m* [*Gk*] 宇宙, 世界.
Cossūra -ae, *f* =Cossyra.
cossus -ī, *m*《昆》キクイムシの一種.
Cossus -ī, *m* コッスス《Cornelia 氏族に属する家名; 特に *A. Cornelius* ~, Veientes 族との戦で武勲を立てた軍団司令官(前425頃)》.
Cossutius -ī, *m* コッスティウス《ローマ人の氏族名》.
Cossȳra -ae, *f* [*Gk*] コッシューラ《Sicilia 島と Africa の間の小島》.
costa -ae, *f* 1《解》肋骨, あばら骨. 2 脇, 側面. 3°《昆》前縁脈. 4°《植》主脈.
costoclāviculāris -is -e, °*adj*《解》肋鎖の.
costotransversārius -a -um, °*adj*《解》肋横突の.
costovertebrālis -is -e, °*adj*《解》肋椎の.
costoxyphoīdeus -a -um, °*adj*《解》肋剣の.
costula -ae, °*f dim* [costa] 小さな肋骨; 真珠の小さな飾り.
costum -ī, *n*, **costos** -ī, *f* [*Gk*] 唐木香《カシミール地方原産のキク科トウヒレン属の草本の根を粉末にしたもの》.
Cosȳra -ae, *f* =Cossyra.
cothurnātus -a -um, *adj* [↓] 1 cothurnus (1) を履いた. 2 悲劇の; 高尚な.
cothurnus -ī, *m* [*Gk*] 1 (悲劇役者が履いた)厚底のブーツ. 2 狩猟用ブーツ. 3 悲劇; 悲劇調. 4° 威厳, 威光.

Cotta -ae, *m* コッタ《Aurelia 氏族に属する家名》.
cottana -ōrum, *n pl* 〘植〙(シリア産の)小さなイチジク.
cot(t)īdiānō *adv* (*abl*) [↓] =cottidie.
cot(t)īdiānus -a -um, *adj* [↓] 毎日の, 日々の.
cot(t)īdiē *adv* [quot/dies] 毎日, 日々.
coturnīx -īcis, *f* 〘鳥〙ウズラ.
Cotus -ī, *m* =Cotys.
cotylēdōn -onis, *f* [*Gk*] 〘植〙ベンケイソウ科コチレドン属の植物.
Cotys -yis, *m* [*Gk*] コテュス《Thracia の数名の王の名》.
Cotyttia -ōrum, *n pl* Cotytto の祭典.
Cotyttō -ūs, *f* [*Gk*] 《神話》コテュットー《Thracia の女神; 狂乱の儀式を伴うその崇拝はのちにギリシアからイタリアに広がった》.
Cōum -ī, *n* [Cous²] (*sc.* vinum) Cos 島産のぶどう酒.
Cous¹ -ī, *f* =Cos.
Cōus² -a -um, *adj* Cos 島の.
coūsus -a -um, *pp* ⇨ coutor.
coūtī *inf* ⇨ coutor.
coūtor -ūtī -ūsus sum, °*intr dep* [con-/utor] 交際する ⟨alqo⟩.
covinnārius -ī, *m* [↓] 戦車に乗って戦う兵.
covinnus -ī, *m* [*Gall.*] (Britannia 人や Belgae 人の)戦車, (旅行用の)馬車.
coxa -ae, *f* **1** 尻, 腰, 臀部. **2** 〘解〙寛骨. **3** °〘動〙(節足動物の)底節; 〘昆〙基節.
coxendix -icis, *f* [↑] **1** 尻, 腰. **2** 〘解〙寛骨.
coxī *pf* ⇨ coquo.
Crabra -ae, *f* (*sc.* aqua) クラブラ《Tusculum から Tiberis 川へ通ずる水道》.
crābrō -ōnis, *m* 〘昆〙スズメバチ.
Cragus, -os -ī, *m* クラグス, *-ゴス《Lycia の山脈; Chimaera の生息地とされる》.
crambē -ēs, *f* [*Gk*] 〘植〙キャベツの一種.
crāniālis -is -e, °*adj* 〘医〙頭蓋[頭部]の.
Craniī -ōrum, *m pl* [*Gk*] Cephallenia 島の町の住民.
crāniologia -ae, °*f* 頭蓋学.
crāniotomia -ae, °*f* 〘医〙開頭術.
crānium -ī, °*n* [*Gk*] 頭蓋, 頭蓋骨.
Crānōn, Crannōn -ōnis, *f* [*Gk*] クラーノーン《Thessalia の町》.
Crānōnius, Crannōnius -a -um, *adj* Cranon の.
Crantōr -oris, *m* [*Gk*] クラントール《Cilicia の Soli 出身の初期 Academia 学派哲学者(前 335?-?275)》.
crāpula -ae, *f* [*Gk*] 酩酊, 二日酔い.
crāpulātus -a -um, *pp* ⇨ crapulor.
crāpulor -ārī -ātus sum, °*intr dep* [crapula] 酩酊している.
crāpulōsus -a -um, °*adj* [crapula] 酒に溺れた.
crās *adv* **1** 明日. **2** 将来, 今後.
crassāmentum -ī, *n* [crasso] **1** 沈殿物, おり, 滓(かす). **2** 厚み.
crassē *adv* [crassus] **1** 厚く. **2** ぼんやりと. **3** 粗雑に, 大ざっぱに.
crassēsco -ere, *intr inch* [crassus] **1** 太る. **2** 濃くなる.
crassiloquus -a -um, °*adj* [crassus/loquor] 言葉の野卑な.
Crassipēs -edis, *m* クラッシペース《Furia 氏族に属する家名; 特に *P. Furius* ~, Cicero の娘 Tullia の 2 番目の夫》.
crassitās -ātis, *f* [crassus] 厚さ, 濃さ.
crassitiēs -ēī, *f* =crassitas.
crassitūdō -dinis, *f* [crassus] **1** 厚さ, 濃さ. **2** 沈殿物, おり.
crassō -āre -āvī -ātum, *tr* [crassus] 厚くする, 濃くする.
crassulāceae -ārum, °*f pl* 〘植〙ベンケイソウ科.
crassus -a -um, *adj* **1** 厚い. **2** 濃い, 濃厚な. **3** 太った, ずんぐりした. **4** 粗い; 粗野な. **5** (音が)耳ざわりな. **6** 鈍い, 愚鈍な.
Crassus -ī, *m* クラッスス《Licinia 氏族に属する家名; 特に (1) *L. Licinius* ~, Cicero が理想とした大雄弁家(前 140-91); 執政官(前 95). (2) *M. Licinius* ~, Dives とあだ名された大富豪(前 115?-53); Caesar, Pompeius とともに第 1 回三頭政治を行なった(前 60)》.
crastinō *adv* (*abl*) [crastinus] 明日に.
crastinum -ī, *n* [↓] 明日: *in* ~ *differre* (Cic) 明日に延期する.
crastinus -a -um, *adj* [cras] **1** 明日の: *dies* ~ (Plaut) 明日 / *dies crastina* (Liv) 明日. **2** 将来の.
crataegōn -onis, *m* [*Gk*] 〘植〙セイヨウヒイラギ.
Crataeis -idis, *f* [*Gk*] 《神話》クラタエイス, *-ターイース《Scylla の母》.
crātēr -ēris, *m*, **crātēra** -ae, *f* [*Gk*] **1** (ぶどう酒と水を混ぜるのに用いた)かめ. **2** 油壺. **3** 噴火口, 火山裂. **4** 〘天〙南半球で見られる星座(コップ座).
Craterus, -os -ī, *m* クラテルス, *-ロス《(1) Alexander 大王に仕えた将軍. (2) Cicero と同時代のローマの医者》.
Cratēs -is, *m* [*Gk*] クラテース《ギリシア人の名; 特に (1) Thebae 出身の犬儒学派哲学者(前 4 世紀). (2) ~ *Mallotes*, 文法学者(前 2 世紀). (3) Athenae の Academia 学派哲学者(前 3 世紀)》.
Crāthis -is, *m* [*Gk*] クラーティス《Bruttii の川; その水は髪を赤くするといわれた; 現 Crati》.
crātīcula -ae, *f dim* [cratis] 焼き網.
Cratīnus -ī, *m* [*Gk*] クラティーヌス, *-ノス《Attica 古喜劇詩人(前 5 世紀)》.
Cratippus -ī, *m* [*Gk*] クラティッブス, *-ポス《Athenae の逍遥学派哲学者(前 1 世紀); Cicero の息子の師》.
crātis -is, *f* **1** 編み細工; 編み垣. **2** (*pl*) (築城・溝埋め用の)粗朶(そだ). **3** (丈夫な木の枝で作った)まぐわ. **4** 十字形に交差した構造のもの: *pectoris* ~ (Verg) 肋骨 / *favorum* ~ (Verg) ハチの巣.
creātiō -ōnis, *f* [creo] **1**° 創造すること; 子をもうけること. **2** 選出, 任命.
creātor -ōris, *m* [creo] **1** 創造者. **2** 生みの親, 父親. **3** 創設者. **4**° 任命者.
creātrīx -īcis, *f* [creo] **1** 母親. **2** 創造者《女性》.
creātūra -ae, °*f* [creo] **1** 被造物. **2** 創造.
creātus -a -um, *pp* ⇨ creo.

crēber -bra -brum, adj [cf. cresco] **1** 密集した、多数の: *creberrima aedificia* (CAES) 密集した家屋. **2** (...で)いっぱいの、満ちた ⟨re⟩. **3** たびたびの、頻繁な.

crēbra adv (neut pl acc) [↑] =crebro.

crēbrē adv [creber] 密に、ぎっしりと.

crēbrescō -ere -bruī, intr inch [creber] **1** 頻繁になる、ふえる. **2** 広まる.

crēbritās -ātis, f [creber] **1** 頻繁に起こること. **2** ぎっしり詰まっていること.

crēbrō adv [creber] たびたび、頻繁に.

crēbruī pf ⇨ crebresco.

crēdibilis -is -e, adj [credo¹] 信用[信頼]できる.

crēdibilitās -ātis, °f [↑] 信じうること、信頼性.

crēdibiliter adv [credibilis] 信用できるように.

crēdidī pf ⇨ credo¹.

crēditor -ōris, m [credo¹] 債権者、貸し手.

crēditum -ī, n [↓] 貸付金.

crēditus -a -um, pp ⇨ credo¹.

crēdō¹ -ere -didī -ditum, tr (intr) **1** 任せる、ゆだねる；(秘密を)打ち明ける ⟨alci alqd⟩. **2** (金銭を)貸す、貸し付ける. **3** 信頼する、信用する ⟨+dat⟩: *praesenti fortunae non credere* (LIV) 目下の幸運を信じない / (挿入句として) *mihi crede* [*credite*] (CIC) 私の言うことを信じなさい(=全くそうなんです). **4** (事実・真実として)受け入れる ⟨+acc⟩: *libenter homines id quod volunt credunt* (CAES) 人々は喜んで願望を現実と思い込む. **5** 信ずる、考える、...の意見である ⟨+acc, inf⟩: *Arcades ipsum credunt se vidisse Jovem* (VERG) Arcadia 人は自分たちが Juppiter 自身を見たと信じている. **6** (挿入句として)思うに、むろん: *mercator, ~, est* (PLAUT) 彼は、たぶん、商人だ.

crēdō² indecl °n [↑] 信条; ⟨キ教⟩ 使徒信条.

crēdulitās -ātis, f [↓] 信じやすいこと、軽信.

crēdulus -a -um, adj [credo¹] 軽々しく信じやすい.

cremastēr -ēris, m [Gk] **1** ⟨解⟩ 精巣挙筋. **2°** ⟨昆⟩ 尾鉤(ﾋﾞｶｷ).

cremātiō -ōnis, f [cremo] **1** 焦がす[燃やす]こと. **2°** 火葬用のまきの山；墓.

crēmentum -ī, n [cresco] **1** 成長、増大. **2°** 精子.

Cremera -ae, f クレメラ《Etruria の川；その近くで出征した Fabia 氏族の全員が Veii 族と戦って没した(前 477)》.

Cremerēnsis -is -e, adj Cremera の.

cremium -ī, n [↓] たきぎ; 粗朶(ｿﾀﾞ).

cremō -āre -āvī -ātum, tr **1** 焼く、焼却する. **2** 火あぶりの刑に処する. **3** いけにえとしてささげる. **4** 火葬にする.

Cremōna -ae, f クレモーナ《Gallia Cisalpina の町》.

Cremōnēnsis -is -e, adj Cremona の. **Cremōnēnsēs** -ium, m pl Cremona の住民.

cremor -ōris, m (肉・野菜・果物などの)汁、スープ.

Cremūtius -ī, m クヌムーティウス《ローマ人の氏族名；特に A. ~ Cordus, 歴史家 (1 世紀)》.

crēna -ae, °f ⟨解⟩ 裂、溝： *~ ani* 臀裂.

creō -āre -āvī -ātum, tr **1** 産む；(父親が)子をもうける: *dubio genitore creatus* (OV) 誰とも知れぬ父親から生まれた(男). **2** (神が)創造する；(自然が)つくり出す、産出する. **3** ひき起こす、もたらす. **4** 選出する、任命する ⟨alqm⟩; +2 個の acc: *Ancum Marcium regem populus creavit* (LIV) 人々は Ancus Marcius を王に選んだ.

Creō(n) -ontis [-ōnis], m [Gk] ⟨伝説⟩ クレオー(ン)《(1) Corinthus の王；娘 Creusa を Iason に嫁がせ、Medea に殺された. (2) Iocasta の兄弟；Oedipus の跡を継いで Thebae の王となった》.

creosōtum -ī, °n ⟨化⟩ クレオソート.

crepax -ācis, adj [crepo] ギーギー音のする.

creper -era -erum, adj [cf. crepusculum] はっきりしない、不確かな.

creperum -ī, n [↑] 薄明.

crepida -ae, f [Gk] 革ひもで結んだ履き物、短靴、サンダル.

crepidātus -a -um, adj [↑] サンダルを履いた.

crepīdō -dinis, f [Gk] **1** 土台、台座. **2** (車道より高くした)歩道. **3** 土塁. **4** 突出部.

crepidula -ae, f dim [crepida] (小さな)サンダル.

crepitācillum -ī, n dim [↓] (小さな)がらがら《玩具》.

crepitāculum -ī, n [↓] がらがら《玩具》.

crepitō -āre, intr freq [crepo] ガラガラ[ギーギー、カタカタ、パチパチ]音がする.

crepitus -a -um, pp ⇨ crepo.

crepitus² -ūs, m ガラガラ[ギーギー、カタカタ、パチパチ]いう音.

crepō -āre -puī -pitum, intr, tr **I** (intr) ガラガラ[ギーギー、カタカタ、パチパチ]音がする: *crepuit sonabile sistrum* (OV) よく鳴りひびく(楽器の一種)が鳴った. **II** (tr) **1** ガラガラ鳴らす、鳴り響かせる. **2** ペチャクチャしゃべる.

crepuī pf ⇨ crepo.

crepundia -ōrum, n pl [crepo] **1** がらがら《玩具》: *in crepundiis* (PLIN) 赤児の頃に. **2** お守り、護符.

crepusculum -ī, n dim [creper] 薄明、たそがれ.

Crēs -ētis, m [Gk] Creta 人.

crēscō -ere crēvī crētum, intr inch [creo] **1** 大きくなる、成長する: *luna crescens* (CIC) 満ちていく月. **2** 生ずる、出現する. **3** 勢力が増す、強大になる.

Crēsius -a -um, adj [Gk] Creta 島の.

Crēssa¹ -ae, adj f [Gk] **1** Creta 島の: *~ bos* (PROP) = Pasiphae. **2** (Creta 島産の)白亜[チョーク]の: *~ nota* (HOR) チョークでつけた(吉日の白い)しるし.

Crēssa² -ae, f Creta 島の女《特に Ariadna, Aerope, Phaedra など》.

crēta -ae, f 白亜、白い粘土《漂白剤やおしろいに用いられた》.

Crēta -ae, **Crētē** -ēs, f [Gk] クレータ、*-テー《エーゲ海南方の大きな島；現 Kriti》.

crētāceus -a -um, adj [creta] 白亜に似た.

Crētaeus -a -um, adj [Gk] Creta 島の.

Crētānī -ōrum, m pl Creta 島の住民.

crētārius -ī, m [creta] 白亜を商う.

crētātus -a -um, adj [creta] 白亜で白くされた.

Crētēnsis -is -e, adj Creta 島の. **Crētēnsēs**

-ium, *m pl* Creta 島の住民.
crēterra -ae, *f* = crater.
crēteus -a -um, *adj* [creta] 白亜[粘土]製の.
Crētheus -eī [-eos], *m* [*Gk*] 〖伝説〗クレーテウス《Aeson の父》.
Crēticus -a -um, *adj* Creta 島の: *pes* ~ (MAUR) 〖詩〗長短長格 (—∪—).
crētiō -ōnis, *f* [cerno] 1 〖法〗(相続人による)遺産相続の意思表示. 2 〖法〗遺産相続同意書; 相続意思決定の考慮期間(通常 100 日). 3 遺産.
Crētis -tidis, *adj f* =Cressa¹.
crētōsus -a -um, *adj* [creta] 白亜[粘土]に富む.
crētula -ae, *f dim* [creta] (封印用の)粘土.
crētus¹ -a -um, *pp* ⇨ cerno, cresco.
crētus² -a -um, *adj* (*pp*) [cresco] (…から)生まれた, 生じた, (…に)由来する <+*abl*; a re>: *mortali corpore* ~ (LUCR) 死すべき体から生まれた.
Creūsa -ae, *f* [*Gk*] 〖伝説〗クレウーサ《(1) Corinthus の王 Creon の娘; Iason に嫁し, Medea に殺された. (2) Troja の王 Priamus の娘で Aeneas の妻》.
crēvī *pf* ⇨ cerno, cresco.
crībrō -āre -āvī, *tr* [cribrum] ふるいにかける.
crībrōsus -a -um, °*adj* 〖解〗篩(ふる)状の.
crībrum -ī, *n* [*cf.* cerno] ふるい: *imbrem in cribrum gerere* (PLAUT) 雨をふるいにかける(=むだな骨折りをする).
cricoarytaenoīdeus -a -um, °*adj* 〖解〗輪状披裂.
cricoīdeus -a -um, °*adj* 〖解〗輪状の.
cricopharyngeus -a -um, °*adj* 〖解〗輪状咽頭の.
cricothyreoīdeus -a -um, °*adj* 〖解〗輪状甲状の.
crīmen -minis, *n* [*cf.* cerno] 1 告発, 告訴: *esse in crimine* (CIC) 告訴されている / *dare alci crimini pecuniam accepisse* (CIC) 金を受け取ったかどである人を告発する. 2 告発の対象; 非難: *veteribus Romanis summum luxuria* ~ (QUINT) 昔のローマ人には贅沢はごうごうたる非難の的(であった). 3 悪事, 犯罪: *mea excusari crimina posse puto* (OV) 私の罪は弁明されうると思う.
crīminālis -is -e, *adj* [↑] 〖法〗刑事上の: *causa* ~ (COD JUST) 刑事訴訟.
crīmināliter °*adv* [↑] 刑事訴訟手続きによって.
crīminātiō -ōnis, *f* [criminor] 告訴, 告発.
crīminātor -ōris, *m* [criminor] 告発者, 中傷する者.
crīminō -āre, *tr* =criminor.
crīminor -ārī -ātus sum, *tr dep* [crimen] 1 告発[告訴]する; 中傷する <alqm>: *filios variis modis criminari* (TAC) 息子たちをさまざまな仕方で責めたてる. 2 告発の材料とする, 不平[苦情]を言う <alqd; +*acc c. inf*>: *patrum superbiam ad plebem criminatus* (LIV) (護民官は)平民に向かって貴族たちの傲慢不遜を訴えて.
crīminōsē *adv* [↓] 1 中傷的に, 非難して. 2° 罪深く.

crīminōsus -a -um, *adj* [crimen] 1 中傷的な, 非難する. 2 恥ずべく, 不名誉な. 3 罪になる, 罪を犯した.
Crīmīsus -ī, *m* [*Gk*] クリーミースス, *-ソス《Sicilia 島北西部の川》.
crīnāle -is, *n* [↓] (女性の)髪飾り.
crīnālis -is -e, *adj* [crinis] 髪の.
crīniger -gera -gerum, *adj* [↓/gero] 長髪の.
crīnis -is, *m* 1 髪. 2 髪に似たもの《彗星の尾など》.
Crīnīsus -ī, *m* =Crimisus.
crīnītus -a -um, *adj* [crinis] 髪の多い; 長髪の: *stella crinita* (PLIN) 彗星.
crinoīdea -ōrum, °*n pl* 〖動〗ウミユリ綱.
crinon -ī, *n* [*Gk*] 〖植〗ユリの一種.
crisimos -os -on, °*adj* [*Gk*] 決定的な, 重大な.
crisis -is, *f* [*Gk*] 1 危機, 重大局面. 2° 〖医〗分利, 発症.
crīsō -āre -āvī, *intr* 腰[尻]を動かす.
Crispīnus -ī, *m* クリスピーヌス《ローマ人の家名》.
crispisulcans -antis, *adj* [crispus/sulco] 波打つ, ジグザグの.
crispō -āre -āvī -ātum, *tr, intr* [crispus] I (*tr*) 1 (髪を)縮らせる; 波打たせる. 2 (武器を)振りまわす. II (*intr*) 1 唇(など)をすぼめる, 顔をしかめる. 2 (木目が)波状である. 3 震える.
crispulus -a -um, *adj dim* [↓] 1 縮れ毛の, カールした. 2 (文体が)気取った, 凝った.
crispus -a -um, *adj* [*cf.* crinis] 1 (髪が)縮れた, カールした. 2 しわのある. 3 (木目などが)波状の. 3 震えている. 4 (文体が)気取った.
Crispus -ī, *m* クリスプス《ローマ人の家名; 特に C. *Sallustius* ~, 歴史家(前 86?-?35)》.
crista -ae, *f* [*cf.* crinis] 1 とさか. 2 (かぶとの)前立て. 3 〖植〗ケイトウ. 4° 〖解〗稜.
cristātus -a -um, *adj* [↑] 1 とさかのある. 2 (かぶとに)前立てのついた.
cristula -ae, *f dim* [crista] (小さな)とさか.
critērium -ī, °*n* [*Gk*] 判断.
crīthē -ēs, *f* [*Gk*] 〖病〗麦粒腫, ものもらい.
Crithōtē -ēs, *f* [*Gk*] クリトーテー《Chersonesus Thracia の町》.
Critiās -ae, *m* [*Gk*] クリティアース《Athenae の三十人僭主の一人(在位前 404-403)》.
critica -ōrum, *n pl* [↓] 文芸批評.
criticus¹ -a -um, °*adj* [*Gk*] 重大な, 決定的な.
criticus² -ī, *m* (文芸)批評家.
Critō -ōnis, *m* [*Gk*] クリトー(ン)《Socrates の金持ちの友人》.
Critobūlus -ī, *m* [*Gk*] クリトブールス, *-ロス《Crito の息子; Socrates の弟子》.
Critolāus -ī, *m* クリトラーウス, *-オス《(1) 逍遥学派哲学者(前 2 世紀). (2) Achaia 同盟の将軍(前 46 没)》.
crocātus -a -um, *adj* [crocum] サフラン色の.
crocciō -īre -īvī -ītum, *intr* (カラスが)カーカー鳴く.
crocea -ōrum, °*n pl* [↓] (*sc.* vestimenta) サフラン色の衣服.
croceus -a -um, *adj* [crocum] 1 サフランの. 2

サフラン色の, 鮮黄色の.
crocinum -ī, *n* [↓] サフラン油(=香水).
crocinus -a -um, *adj* [crocum] 1 サフランの. 2 サフラン色の, 鮮黄色の.
crocodīlia -ōrum, °*n pl* [crocodilus] 【動】ワニ目.
crocodīlina -ae *f* [*Gk*] ワニに関する弁証法的難問.
crocodīlus -ī, *m* [*Gk*] 【動】ワニ.
crocōta -ae, *f* [*Gk*] (*sc. vestis*) サフラン色の衣裳 (女性や Cybele の神官が着用した).
crocum -ī, *n*, **-us** -ī, *m* [*Gk*] 1 【植】サフラン. 2 サフラン色, 鮮黄色.
Crocus, -os -ī, *m* [伝説] クロクス, *-コス (サフランの花に変身させられた青年).
Croesus -ī, *m* クロエスス, *クロイソス (Lydia の最後の王 (?-前 546); 巨富で有名).
Crommyūacris -idis, *f* [*Gk*] クロンミュウーアクリス (Cyprus 島北岸の岬).
Cromyōn -ōnis, *f* [*Gk*] クロミュオーン (Megaris の村).
Cronos -ī, *m* [*Gk*] 【神話】クロノス (巨人族の一人で天空神 Uranus と大地女神 Gaea の息子; ローマ神話の Saturnus と同一視された).
crossopterygiī -ōrum, °*m pl* 【魚】総鰭(ひれ)亜綱.
crotalia -ōrum, *n pl* [*Gk*] (真珠の)耳飾り.
crotalissō -āre, °*intr* [*Gk*] カスタネットを鳴らす.
crotalistria -ae, *f* [*Gk*] 1 カスタネットに合わせて踊る踊り子. 2 【鳥】コウノトリ.
crotalum -ī, *n* [*Gk*] カスタネット.
Crotō(n) -ōnis, **Crotōna** -ae, *f* [*Gk*] クロトーン (Bruttii 東岸の町; Achaia 人が創建した; 現 Crotone).
Crotōniātēs -ae, *m* Croton 人.
Crotōniensis[1] -is -e, *adj* Croton の.
Crotōniensis[2] -is, *m* Croton 人.
Crotos -ī, *m* [*Gk*] 射手座 (= Sagittarius).
cruciābilis -is -e, *adj* [crucio] 1 激しい苦痛を与える, 責めさいなむ. 2° 苦しみを感じやすい.
cruciābilitās -ātis, *f* [↑] 拷問, 苦痛.
cruciābiliter *adv* [cruciabilis] 拷問にかけて, 苦痛を与えて.
cruciāmentum -ī, *n* [crucio] 拷問, 苦痛.
cruciārius -ī, *m* [crux] 1 十字架にかけられた人. 2 磔刑(はりつけ)に処すべき者, 極悪人.
cruciātus[1] -a -um, °*adj* (*pp*) [crucio] 【動・植】十字形の.
cruciātus[2] -ūs, *m* 1 苦痛を与えること, 拷問. 2 拷問具. 3 激しい苦痛, 苦悩.
cruciferae -ārum, °*f pl* 【植】アブラナ科.
crucifīgō -ere -fīxī -fīxum, *tr* [crux/figo] 十字架につける, はりつけにする.
crucifīxī *pf* ⇒ crucifigo.
crucifīxiō -ōnis, °*f* [crucifigo] 磔刑, はりつけ.
crucifīxus -a -um, *pp* ⇒ crucifigo.
cruciō -āre -āvī -ātum, *tr* [crux] 1 十字架につける, はりつけにする. 2 拷問にかける; 苦しめる.
Crucisalus -ī, *m* [crux/salio[1]] (「十字架踊り」の

意) Chrysalus という奴隷の名をもじった語.
crūdēlis -is -e, *adj* [crudus] 1 残酷な, 無情な, 無慈悲な. 2 痛ましい, 悲惨な; 耐えがたい.
crūdēlitās -ātis, *f* [↑] 残酷, 無慈悲.
crūdēliter *adv* [crudelis] 残酷に, 無情に.
crūdēscō -ere crūduī, *intr inch* [crudus] 1 激烈[苛酷]になる, 悪化する. 2° (食物が)消化される.
crūditās -ātis, *f* [crudus] 不消化, 消化不良.
crūduī *pf* ⇒ crudesco.
crūdus -a -um, *adj* [*cf.* cruor] 1 出血している. 2 生(き)の, 料理していない. 3 (果物が)未熟の. 4 まだ新しい[若い]. 5 消化されていない; 消化不良の. 6 未加工の; 粗野な, 洗練されていない. 7 残酷な, 無慈悲な. 8 耐えがたい
cruentō -āre -āvī -ātum, *tr* [↓] 1 血まみれにする, 血で染める. 2 よごす, しみをつける.
cruentus -a -um, *adj* [*cf.* cruor] 1 血まみれの, 血に染まった. 2 血なまぐさい. 3 血に飢えた, 残忍な. 4 血のように赤い.
crumēna, crumīna -ae, *f* 1 財布. 2 資金.
crumilla -ae, *f dim* [↑] 小さな財布.
crumīnō -āre, °*tr* [crumena] (財布のように)いっぱいにする.
cruor -ōris, *m* [*cf.* crudus] 1 (傷口から流れ出る)血. 2 流血, 殺戮. 3 (一般に)血 (=sanguis).
cruppellārius -ī, *m* よろいで身を固めた(Gallia 人の)剣闘士.
crūrālis -is -e, *adj* [crus] 脚の: *fasciae crurales* (PETR) 巻き脚絆.
crūricrepida -ae, *m* [↓/crepo] ガチャガチャ鳴る足かせをつけた者 (喜劇中での奴隷の呼称).
crūs crūris, *n* 1 脚; すね(の骨). 2 橋脚.
crūsculum -ī, *n dim* [↑] 小さな脚.
crusma -atis, *n* (弦楽器または打楽器で演奏される)音楽, 曲.
crusta -ae, *f* 1 堅い外皮, 殻. 2 浮彫り細工.
crustācea -ōrum, °*n pl* 【動】甲殻網.
crustārius -ī, *m* [crusta] 浮彫り細工師.
crustāta -ōrum, *n pl* [↓] (*sc.* animalia) 甲殻類の動物.
crustō -āre -āvī -ātum, *tr* [crusta] 1 堅い外皮でおおう. 2 浮彫り細工を施す.
crustulārius -ī, *m* [↓] 菓子製造[販売]人.
crustulum -ī, *n dim* [↓] (小さな)焼き菓子.
crustum -ī, *n* [crusta] (焼き)菓子.
Crustumeria -ae, *f*, **-merium** -ī, *n*, **-merī** -ōrum, *m pl*, **-mium** -ī, *n* クルストゥメリア (ローマ市の北東にあった Sabini 族の町).
Crustumīnus, -mīnus, -mius -a -um, *adj* Crustumeria の. **Crustumīnī** -ōrum, *m pl* Crustumeria の住民.
crux crucis, *f* 1 十字架. 2 拷問; 苦痛, 災難. 3 極悪人.
cryoscopia -ae, °*f* 【医・化】凝固点降下法, 氷点測定.
crypta -ae, *f* [*Gk*] 1 屋根つき[地下]の通路; 下水道: ~ *Neapolitana* (SEN) Neapolis と Puteoli を結んだトンネル. 2 穴蔵; 洞窟. 3° 地下礼拝堂.
cryptodīra -ōrum, °*n pl* 【動】潜頸類.

cryptogamia -ae, °*f* 【植】隠花植物.
cryptogramma -atis, °*n* 暗号(文).
cryptographia -ae, °*f* 暗号(書記法).
cryptomeria -ae, °*f* 【植】スギ属.
cryptonemialēs -ium, °*f pl* 【植】カクレイト目.
cryptoporticus -ūs, *f* [*Gk* κρυπτός/porticus] 有蓋歩廊.
cryptozōnia -ōrum, °*n pl* 【動】隠帯目.
crystallinum -ī, *n* [↓] (*sc. vas*) 水晶製の容器.
crystallinus -a -um, *adj* [*Gk*] 1 水晶の, 水晶製の. 2 水晶のような.
crystallum -ī, *n*, **-us** -ī, *f* [*Gk*] 1 氷. 2 水晶; 水晶製品.
ctenāria -ōrum, °*n pl* 【動】櫛板類.
ctenidium -ī, °*n* 【動】(軟体動物の)櫛鰓(ぇら).
ctenophora -ōrum, °*n pl* 【動】有櫛動物門.
Ctēsiās -ae, *m* [*Gk*] クテーシアース《Cnidus 出身の有名な医者 (前 5 世紀);『ペルシア史』を著わした》.
Ctēsiphōn -ontis, *f*, *m* [*Gk*] クテーシポーン《(1)(*f*) Assyria の町; Parthia とササン朝ペルシアの首都. (2)(*m*) Demosthenes に弁護された Athenae 人》.
Cuba -ae, *f* [cubo] 【神話】クバ《寝床の子どもを守ると考えられたローマの女神》.
cubātiō -ōnis, *f* [cubo] 横たわること.
cubēba -ae, °*f* 【植】クベバ(薬用・香辛料).
cubiculāris -is -e, *adj* [cubiculum] 寝室の.
cubiculārius[1] -a -um, *adj* =cubicularis.
cubiculārius[2] -ī, *m* (寝室の世話をする)従者[奴隷].
cubiculātus -a -um, *adj* [↓] 寝室のついた.
cubiculum -ī, *n* [cubo] 1 寝室. 2 部屋. 3 (円形競技場における)皇帝用特別席. 4 (神殿の)内陣. 5 【建】梁を据えるためのくぼみ.
cubicus -a -um, *adj* [*Gk*] 立方体の.
cubīle -is, *n* [cubo] 1 寝床. 2 (動物の)巣, ねぐら. 3【建】(木材・石などの)接合部; 土台.
cubital -ālis, *n* [cubitum] 肘当てクッション.
cubitālis -is -e, *adj* [cubitum] 肘の; 腕尺の.
cubitō -āre -āvī, *intr freq* [cubo] (しばしば)横たわる, 寝る.
cubitum -ī, *n*, **-us**[1] -ī, *m* [cubo] 1 肘. 2 腕尺《肘から中指の先端まで, 約 50 センチ》. 3 °【動】肘脈.
cubitūra -ae, *f* [cubo] 横たわること.
cubitus[2] -a -um, *pp* ⇨ cubo.
cubitus[3] -ūs, *m* 1 横たわること. 2 寝床.
cubō -āre cubuī cubitum, *intr* 1 横たわる, 寝る: *cubitum ire* (Cic) 床につく. 2 食卓につく. 3 病気で寝ている. 4 (場所が)傾斜する.
cubomedūsae -ārum, °*f pl* 【動】アンドンクラゲ目.
cubuī *pf* ⇨ cubo.
cubus -ī, *m* [*Gk*] 1 立方体. 2 立方(数), 三乗.
cuculiformēs -ium, °*m pl* 【動】ホトトギス目.
cuculla -ae, °*f* =cucullus.
cucullus -ī, *m* (マントに付いている)ずきん.
cuculō -āre, *intr* [↓] カッコウが鳴く.
cuculus -ī, *m* 【動】カッコウ. 2 ばか者.
cucuma -ae, *f* 1 鍋. 2 (個人用の)浴槽.
cucumella -ae, *f dim* [↑] 小鍋.

cucumerārium -ī, °*n* [↓] キュウリ畑.
cucumis -meris, *m* 【植】1 キュウリ. 2 テッポウウリ.
cucurbita -ae, *f* 1 【植】ヒョウタン. 2 【医】吸角, 吸い玉. 3 ばか者.
cucurbitāceae -ārum, °*f pl* 【植】ウリ科.
cucurbitātiō -ōnis, °*f* [cucurbita] 【医】吸角法.
cucurbitula -ae, *f dim* [cucurbita] 1 【医】(小さな)吸い玉. 2 【植】(小さな)ヒョウタン.
cucurrī *pf* ⇨ curro.
cūdī *pf* ⇨ cudo.
cūdō -ere cūdī cūsum, *tr* 1 打つ; 脱穀する. 2 (貨幣を)鋳造する; (ハンマーで)たたいて作り出す.
Cugernī -ōrum, *m pl* クゲルニー《Rhenus 川下流域にいたゲルマン系一部族》.
cuī *sg dat* ⇨ qui[1], quis[1].
cuicuimodī *pron*, *adj indef* (*gen* cūjuscūjusmodī の縮約形) [quisquis/modus] どんなものでも, どんな…であっても: *omnia, ~ sunt, scribas* (Cic) あなたはどんなことでもすべてを書いてください.
cūjās, (古形) **quōjās** -ātis, **cūjātis**, (古形) **quōjātis** -is, *adj interrog* [cujus[1]] どこの国[·都市]の): *quojate estis? aut quo ex oppido?* (Plaut) みなさんはどこの国からおいでですか? どの町のご出身ですか?
cūjus[1], (古形) **quōjus** *sg gen* ⇨ qui[1], quis[1].
cūjus[2], (古形) **quōjus** -a -um, *adj interrog*, *relat* I (*interrog*) 誰[何]の: *quojam vocem ego audio?* (Plaut) これは誰の声だろう. II (*relat*) その人[物]の: *is, cuja res est* (Cic) その物件の所有者.
cūjusdammodī, cūjusdam modī *adj indef* (*gen*) ある種類の.
cūjusmodī, cūjus modī *adj interrog* (*gen*) [quis[1]/modus] どんな種類の: *cupio cognoscere iter tuum ~ sit* (Cic) 私はあなたの旅がどのようなものであるかを知りたい.
cūjusquemodī, cūjusque modī *adj indef* (*gen*) [quisque/modus] あらゆる種類の: *consilia ~ Gallorum* (Caes) Gallia 人たちのあらゆる方策.
Cularō -ōnis, *f* クラロー《Gallia Narbonensis の町; 4 世紀に Gratianopolis; 現 Grenoble》.
culcita, culcitra -ae, *f* (寝台の)敷きぶとん.
culcitella -ae, *f dim* [↓] 小さな敷きぶとん.
culcitula -ae, *f dim* [culcita] =culcitella.
cūleus -ī, *m* =culleus.
culex -licis, *m* 【昆】カ(蚊), ブヨ.
culigna -ae, *f* [*Gk*] 小さな酒杯.
culillus -ī, *m* =culullus.
culīna -ae, *f* 1 台所. 2 食物, 食糧.
culīnārius[1] -a -um, *adj* [↑] 台所の.
culīnārius[2] -ī, *m* 台所番, 料理人.
culleus -ī, *m* 1 革袋. 2 液量単位 (=20 amphorae).
culmen -minis, *n* [*cf.* columen] 1 頂上, てっぺん; 天頂. 2 絶頂, 極致. 3 茎 (=culmus).
culmus -ī, *m* 1 茎. 2 わら.
culpa -ae, *f* 1 過失, 罪; 責任: *ne posterius in me culpam conferas* (Plaut) あなたがあとで責任をわたしつけないように / *alqm extra culpam belli esse judicare* (Liv) ある人に戦争の責任はないと判定する. 2

culpābilis -is -e, *adj* [culpo] 責められるべき、罪になる.

culpābilitās -ātis, °*f* [↑] 責められるべきこと、有罪.

culpātiō -ōnis, *f* [culpo] 非難、とがめ.

culpātus -a -um, *adj* (*pp*) [culpo] **1** 責められるべき、とがむべき. **2**°(ぶどう酒が)いたんだ.

culpitō -āre, *tr freq* [↓] 激しく[厳しく]とがめる.

culpō -āre -āvī -ātum, *tr* [culpa] 責める、とがめる.

culta -ōrum, *n pl* (*pp*) [colo²] 耕地.

cultē *adv* [cultus¹] 上品に、洗練されて、優雅に.

cultellō -āre -āvī -ātum, *tr* [↓] **1** 小刀の形にする. **2** (犂で)べらで)土地を平らにする.

cultellus -ī, *m dim* [↓] **1** 小さなナイフ. **2** 木釘.

culter -trī, *m* **1** 犂(すき)べら. **2** 小刀、ナイフ: *alqm sub cultro linquere* (Hor) ある人を非常に危険な目にあわせる.

cultiō -ōnis, *f* [colo²] **1** 耕作: *agri ~* (Cic) 農耕. **2**° 礼拝、崇拝.

cultor -ōris, *m* [colo²] **1** 耕作者、農夫: *agri ~* (Liv) 農夫. **2** 住民、居住者. **3** 支持者. **4** 礼拝[崇拝]者.

cultrārius -ī, *m* [culter] いけにえを殺す役目の人.

cultrīx -īcis, *f* [cultor] **1** 世話する人(女性); 農婦. **2** (女性の)住民、居住者. **3** 礼拝[崇拝]者(女性).

cultūra -ae, *f* [colo²] **1** 耕すこと: *agri ~* (Varr) 農耕. **2** 養成、修養. **3** 交際を求めること. **4**° 礼拝、崇拝.

cultus¹ -a -um, *adj* (*pp*) [colo²] **1** 耕された. **2** こぎれいな、きちんとした. **3** 洗練された、上品[優雅]な.

cultus² -ūs, *m* **1** 耕作. **2** 住むこと、居住. **3** 手入れ、世話. **4** (動物の)飼育. **5** 育成; 教育. **6** 飾ること; 装飾. **7** 洗練: *a fera agrestique vita ad humanum cultum* (Cic) 獣のような野蛮な生活から人間らしい洗練された生活へ. **8** 生活様式. **9** 礼拝、崇拝. **10** 献身、尊敬.

cululla -ae, °*f* =culullus.

culullus -ī, *m* 酒杯.

cūlus -ī, *m* 尻、肛門.

cum¹ *prep* (+*abl*) **1** …といっしょに. **2** …を備えて、…を身に着けて. **3** …と同時に: *~ prima luce* (Cic) 夜明けと共に. **4** (手段・方法)…で、…をもって、…によって. **5** …の状態で、…しながら: *multis ~ lacrimis* (Caes) 多くの涙を流しながら / *eo quod, ut* [*ne*] (Cic) …という条件で. **6** (結合・敵対・比較など)…と: *bellum gerere ~ alqo* (Caes) ある人と戦う / *alqo agere* (Cic) ある人と交渉する、対処する.

cum² *conj* **I** (+*ind*) **1** (真に時を示す)…の時に: *scribam ad te — certum habebo* (Cic) 確かなことがわかりしだいあなたに知らせましょう / *~ primum* (Cic) …するや否や / *~ maxime* (Liv) ちょうど…の時に. **2** (反復)…するたびごとに、…の時にはいつも: *~ rosam viderat, ver incipere arbitrabatur* (Cic) 彼はバラを見るのがいつも、春が始まると思っていた. **3** …以来: *nondum centum et decem anni sunt, ~ lata lex est* (Cic) 法律が施行されてからまだ 110 年にもならない. **4** (追加的; 主文の後に重点のある副文がくる)…とその時: *jam ver appetebat, ~ Hannibal ex hibernis movit* (Liv) もう春が近づいたその時、Hannibal は冬営地から移動した. **5** (説明的) *~ tacent, clamant* (Cic) 彼らが黙っているときそれは叫んでいるのだ. **II** (+*subj*) **1** (理由)…の故に、であるから: *~ vita sine amicis plena sit insidiarum, ratio ipsa monet amicitias comparare* (Cic) 人生は友人なしではわなに満ちているから、理性自体が友情を用意しておくように忠告する / *praesertim ~* (Cic) 特に…であるから. **2** (譲歩) たとえ…であっても、…にもかかわらず: *non poterant tamen, ~ cuperent, Apronium imitari* (Cic) 彼らはそう望んだにもかかわらず Apronius をまねることはできなかった. **3** (対立的) …の一方、…ではあるが: *nostrorum equitum erat V milium numerus, ~ ipsi non amplius DCCC equites haberent* (Caes) 我々の騎兵は 5000、一方、彼ら自身は 800 の騎兵も持っていなかった. **4** (歴史的; +*impf*, *plpf*) …した時に、…の時: *~ in Italiam proficisceretur Caesar, Ser. Galbam in Nantuates misit* (Caes) Caesar はイタリアに出発した時、Ser. Galba を Nantuates 族へ派遣した. **III** *~ … tum* (Cic) …のみならず…もまた.

Cūmae -ārum, *f pl* [*Gk*] クーマエ、*キューメー 《Campania の沿岸の町; イタリアにおける最古のギリシア植民市》.

Cūmaeus -a -um, *adj* Cumae の.

Cūmānum -ī, *n* [↓] **1** Cumae 地方. **2** Cumae にあった Cicero の別荘.

Cūmānus -a -um, *adj* Cumae の. **Cūmānī** -ōrum, *m pl* Cumae の住民.

cūmātile -is, *n* [↓] 水色の衣服.

cūmātilis -is -e, *adj* [<*Gk* κῦμα] **1** 波の. **2** 水色の.

cumba -ae, *f* =cymba.

cumbula -ae, *f* =cymbula.

cumera -ae, *f* 穀物入れ(かご・箱).

cumīnum -ī, *n* [*Gk*] [植] クミン.

cumprīmē *adv* =cumprimis.

cumprīmīs, cum prīmīs *adv* 特に、とりわけ.

cumque¹, **cunque** *adv* [cum²/-que] **1** *relat pron, adv* に添えて「誰であろうと」「どんな…であろうと」「どこであろうと」などの不定の意味を与える: ⇨ quicumque, qualiscumque, ubicumque, etc. **2** どんなときでも.

cumque² =et cum.

cumulātē *adv* [cumulatus] 豊富に、たっぷり.

cumulātiō -ōnis, °*f* [cumulo] 増加、増大.

cumulātīvus -a -um, °*adj* [cumulo] 増加する、蓄積する.

cumulātus -a -um, *adj* (*pp*) [↓] **1** 増加した、増大した. **2** 完全な、十分な.

cumulō -āre -āvī -ātum, *tr* [↓] **1** 積み重ねる、積み上げる. **2** 増大させる. **3** いっぱいにする: *altaria cumulata donis* (Verg) 供物でいっぱいになった祭壇. **4** 完全にする、完成する: *ad cumulandum gaudium* (Cic) (私の)喜びを完全にするために.

cumulus -ī, *m* [*cf.* tumulus, *Gk* κῦμα] **1** 積み重なったもの. **2** 追加、増加. **3** 極致、完全; 頂点.

cuna — curatio

4°《解》丘.
cūna -ae, *f* =cunae.
cūnābula -ōrum, *n pl* [↓] 1 揺りかご. 2 (鳥の)巣. 3 揺籃の地, 生地. 4 揺籃期, 幼時.
cūnae -ārum, *f pl* 1 揺りかご. 2 (鳥の)巣. 3 揺籃期, 幼時.
cuncta -ōrum, *n pl* [cunctus] 全部, 全体.
cunctābundus -a -um, *adj* [cunctor] のろい, ぐずぐずした.
cunctans -antis, *adj* (*prp*) [cunctor] 1 =cunctabundus. 2 ねばり強い, 頑強な.
cunctanter *adv* [↑] ためらって, ぐずぐずして.
cunctātiō -ōnis, *f* [cunctor] 躊躇, 逡巡, 遅延.
cunctātor -ōris, *m* [cunctor] ぐずぐずする人, 躊躇する人.
cunctipotens -entis, °*adj m* [cunctus/potens] 全能の.
cunctor -ārī -ātus sum, *intr* (*tr*) *dep* 躊躇する, ぐずぐずする, 遅らせる ⟨+*inf*⟩: *non est cunctandum profiteri* (Cic) 公言することをためらうべきではない. 2 (物事が)のろのろと[ゆっくり]進む.
cunctus -a -um, *adj* 全部の, 全体の.
cuneātim *adv* [↓] くさび形に.
cuneātus -a -um, *adj* [cuneus] くさび形の.
cuneiformis -is -e, °*adj* [cuneus/forma] くさび形の.
cuneō -āre -āvī -ātum, *tr* [cuneus] 1 くさびで固定する[留める]; 無理に割り込ませる. 2 (*refl*, *pass*) くさび形になる.
cuneocuboīdeus -a -um, °*adj*《解》楔状骨立方骨の.
cuneolus -ī, *m dim* [cuneus] 小さなくさび; ピン.
cuneonāviculāris -is -e, °*adj*《解》楔状骨舟状骨の.
cuneus -ī, *m* 1 くさび; くさび形(の物). 2 (軍隊の)くさび形隊形. 3 (劇場の)くさび形の座席列. 4 観衆, 見物人. 5°《解》楔部.
cunīculōsus -a -um, *adj* [↓] ウサギの多い.
cunīculus -ī, *m* 1《動》ウサギ(兎). 2 地下道, トンネル; (ウサギなどが掘った)穴. 3《軍》(攻城用の)坑道. 4 水路.
cunīla -ae, *f* [Gk]《植》ハナハッカの一種.
cunnus -ī, *m* 1 女性器. 2 娼婦.
cunque *adv* =cumque¹.
cūpa¹ -ae, *f* 大桶, 樽.
cūpa² -ae, *f* [Gk] 搾油機の取っ手.
cūped- ⇨ cupped-.
Cupencus -ī, *m*《伝説》クペンクス《Aeneas に殺された Rutuli 族の神官》.
cūpēs -pedis, *adj* =cuppes.
cupidē *adv* [cupidus] 1 熱心に, 激しく. 2 不公平に, 偏見をもって.
Cupīdineus -a -um, *adj* 1 Cupido の. 2 愛らしい, 魅力的な.
cupiditās -ātis, *f* [cupidus] 1 熱望, 切望 ⟨+*gen*; ad alqd⟩. 2 野心, 功名心. 3 貪欲; 情欲. 4 党派心.
cupīdō -dinis, *f* (*m*) [cupio] 1 熱望, 切望: ~ *honoris* (Sall) 名誉欲. 2 肉欲, 情欲. 3 食欲.

Cupīdō -dinis, *m*《神話》クピードー《恋愛の神; Venus の息子; ギリシア神話の Eros に当たる》.
cupidus -a -um, *adj* [cupio] 1 熱望している ⟨+*gen*⟩. 2 野心(功名心)のある: ~ *rerum novarum* (Caes) 政変を企てている. 3 貪欲な; 情欲を抑えられない. 4 愛着[好意]を持っている. 5 偏愛する, 不公平な.
cupiens -entis, *adj* (*prp*) [cupio] 熱望している ⟨+*gen*⟩.
cupienter *adv* [↑] 熱望して.
cupiō -pere cupīvī [-iī] cupītum, *tr* 1 切望する, 熱望する ⟨alqd; +*inf*; +*acc c. inf*; ut, ne⟩. 2 愛着[好意]を示す ⟨+*dat*⟩.
cupītor -ōris, *m* [↑] 熱望する人.
cupītus -a -um, *pp* ⇨ cupio.
cupīvī *pf* ⇨ cupio.
cuppēdia¹ -ae, *f* [cuppes] 1 食道楽. 2 (*pl*) ごちそう, 珍味.
cuppēdia² -ōrum, *n pl* ごちそう, 珍味.
cuppēdinārius -ī, *m* [cuppes] 珍味販売[製作]者.
cuppēdō -dinis, *f* [*cf*. cuppes, cupido] 1 *forum cuppedinis* (Varr) ローマ市のごちそう[珍味]を売っていた市場. 2 =cupido.
cuppēs -pēdis, *adj* [cupio] 美食家の.
cupressāceae -ārum, °*f pl*《植》ヒノキ科.
cupressētum -ī, *n* [cupressus] イトスギ林.
cupresseus -a -um, *adj* [cupressus] イトスギの, イトスギ製の.
cupressifer -fera -ferum, *adj* [cupressus/fero] イトスギの生えている.
cupressinus -a -um, *adj* [↓] イトスギの.
cupressus -ī [-ūs], *f* 1《植》イトスギ《Pluto の聖木》. 2 イトスギ材; その棺・小箱.
cupreus -a -um, °*adj* [↓] 銅の.
cuprum -ī, °*n* 銅 (=cyprum): ~ *sulfuricum*《化》硫酸銅.
cūpula¹ -ae, °*f dim* [cupa¹] (小さな)樽[桶].
cūpula² -ae, *f dim* [cupa²] 小さな取っ手.
cūr,《古形》**quor** *adv* 1 (*interrog*) なぜ, どうして. 2 (*relat*) …するという(理由): *non fuit causa ~ tantum laborem caperes ad me venires* (Cic) あなたがこんな苦労をして私のところに来る理由などなかった.
cūra -ae, *f* [caveo] 1 注意, 配慮, 関心 ⟨alcis rei; de re⟩: *rerum alienarum ~* (Cic) 他人の問題への配慮 / *haec res mihi curae est* (Plaut) このことがわしには気がかりだ. 2 管理, 処理: ~ *aerarii* (Suet) 国庫管理. 3 介護, 治療. 4 世話, 手入れ. 5 保護. 6 職務, 任務. 7 保護者, 監督者. 8 監督・世話の対象. 9 不安, 心配. 10 愛人.
cūrābilis -is -e, *adj* [curo] 1 治療を要する. 2° 治療できる.
cūragendārius -ī, °*m* [cura/ago]《法》管理[監督]者.
cūralium -ī, *n* =corallium.
cūrātē *adv* [curatus] 注意深く, 入念に; 熱心に.
cūrātēla -ae, *f* =curatio.
cūrātiō -ōnis, *f* [curo] 1 管理, 監督: ~ *ludorum* (Cic) 祝祭の管理. 2 世話, 配慮. 3 介護, 治

療. **4** 職務, 任務.

cūrātor -ōris, *m* [curo] **1** 管理者, 監督者. **2** 〖法〗保護者, 後見人: ~ ventris (GAIUS) 胎児の後見人.

cūrātōrius -a -um, *adj* [↑] 後見人の.

cūrātūra -ae, *f* [curo] 世話, 保護; 管理, 監督.

cūrātus -a -um, *adj* (*pp*) [curo] **1** 世話[管理]の行き届いた. **2** 気づかう, 心配する.

curculiō -ōnis, *m* 〖昆〗コクゾウムシ.

curculiunculus -ī, *m dim* [↑] 〖昆〗小さなコクゾウムシ(=取るに足らぬこと).

curcuma -ae, °*f* 口籠(˙), 口輪.

Curensis -is -e, *adj* Cures の.

Curēs -ium, *f pl* クレース(Sabini 族の古い町).

Cūrētes -um, *m pl* [*Gk*] クーレーテス(Creta 島の古い住民; 盾を打ち鳴らして Zeus を崇拝した).

Cūrētis -tidis, *adj f* **1** Curetes の. **2** 〖詩〗Creta 島の.

cūria -ae, *f* **1** クリア(ローマ人を30に分けた区分の一つ; Romulus が制定したという). **2** クリア集会所. **3** 元老院議事堂; 元老院. **4** (他の都市の議会の)会堂. **5** ~ Romana 〖カト〗ローマ教皇庁.

cūriālis[1] -is -e, *adj* [↑] **1** 同じクリアに属する. **2**° 宮廷の (=aulicus).

cūriālis[2] -is, *m* 同じクリアに属する者.

cūriālitās -ātis, °*f* [↑] (自治都市の)参事会議員の職務.

Curiānus -a -um, *adj* Curius の.

Cūriātiī -ōrum, *m pl* クーリアーティイー(Alba Longa の氏族; 伝説では, その中の三兄弟がローマの Horatii 三兄弟と戦って殺された).

cūriātim *adv* [↓] クリアごとに.

cūriātus -a -um, *adj* [curia] クリアの: *comitia curiata* (CIC) クリア民会 / *lex curiata* (CIC) クリア民会で成立した法律.

Curicta -ae, *f* クリクタ(Illyria 北部の沿岸の島; 現 Krk).

Curictae -ārum, *m pl* Curicta の住民.

Curicticus -a -um, *adj* Curicta の.

cūriō[1] -ōnis, *m* [curia] **1** クリアの神官. **2** 触れ役, 伝令.

cūriō[2] -ōnis, *adj m* [cura] (心労で)やつれた.

Cūriō -ōnis, *m* クーリオー(Scribonia 氏族に属する家名).

Cūriōniānus -a -um, *adj* Curio の.

cūriōsē *adv* [curiosus] **1** 注意深く, 入念に. **2** 好奇心をもって, もの珍しそうに.

cūriōsitās -ātis, *f* [curiosus] 好奇心, せんさく好き.

Curiosolitēs -um, *m pl* =Coriosolites.

cūriōsus -a -um, *adj* [cura] **1** 注意深い, 入念な, 熱心な ⟨in re; ad alqd⟩. **2** 好奇心の強い, せんさく好きな. **3** 心労でやつれた.

curis -ris, *f* (長い)槍.

Curius -ī, *m* クリウス(ローマ人の氏族名; 特に *M. ~ Dentatus*, Sabini 族, Senones 族, Pyrrhus の征服者(前270年没); 清廉潔白の模範とされた).

cūrō -āre -āvī -ātum. *tr* (*intr*) [cura] **1** 配慮する, 取り計らう ⟨alqd [alqm]; ut, ne; +*inf*; +*acc c. gerundiv*; +*dat*; de re⟩: *pontem faciendum curare* (CAES) 橋をかけさせる. **2** 気にかける, 心配する ⟨alqd [alqm]; de re [alqo]; +*acc c. inf*; 間接疑問⟩; +*inf*. **3** 世話する. **4** 引き受ける, 行なう. **5** 管理する, 支配する. **6** 治療する: *vulnus curare* (LIV) 傷をいやす. **7** 調達する ⟨alci alqd⟩. **8** (金銭を)支払う. **9** 欲する, 望む ⟨alqd; +*inf*⟩.

currax -ācis, *adj* [curro] 敏捷な, 元気のよい.

curriculum -ī, *n* [curro] **1** 走ること; 競走: *curriculo* (PLAUT) 駆け足で, 急いで. **2** (天体の)運行; 軌道. **3** 〖詩〗競走車. **4** 競走路. **5** 人生行路: ~ *vitae* (CIC) 経歴.

currīlis -is -e, °*adj* [currus] 戦車の.

currō -ere cucurrī cursum, *intr* [↓] **1** 走る, 急ぐ. **2** (船が)速く進む, 帆走する. **3** (物事が)速く進む, 動く: *currit ferox aetas* (HOR) 時は情け容赦なく流れる. **4** 広がる, 伸びる.

currūlis -is -e, *adj* [↓] 戦車の: *equus ~* (APUL) 戦車競走用の馬.

currus -ūs, *m* [curro] **1** 馬車, 乗り物. **2** 戦車. **3** 競走用馬車. **4** 凱旋車; 凱旋式. **5** (車をひく)一連の馬. **6** 〖詩〗(車輪付きの)鋤(ᵼ). **7** 〖詩〗船.

cursim *adv* [curro] 走って, すばやく, 急いで.

cursiō -ōnis, *f* [curro] 走ること.

cursitō -āre -āvī, *intr freq* [↓] 走りまわる.

cursō -āre -āvī, *intr freq* [curro] 走りまわる.

cursor -ōris, *m* [curro] **1** 走る人; 競走者. **2** 急使, 伝令. **3** 先触れ(主人の一行に先立って走る奴隷).

cursūra -ae, *f* [curro] 走ること.

cursus[1] -a -um, *pp* ⇨ curro.

cursus[2] -ūs, *m* **1** 走ること; 競走. **2** 速さ. **3** 旅路, 航路: *mihi ~ in Graeciam per tuam provinciam est* (CIC) 私がギリシアへ行く道はあなたの属州を経由する. **4** 進行, 流れ; (天体の)運行. **5** 進路. **6** 経過, 推移. **7** 経歴: ~ *honorum* (CIC) 公職歴(高位の官職へ進む順序). **8** 継続, 連続.

Curtius[1] -ī, *m* クルティウス(ローマ人の氏族名; 特に (1) *M. ~*, *lacus Curtius* にまつわる三人の伝説の英雄の一人(前4世紀); 祖国を救うために完全武装して馬ごと水中に飛び込んだという). (2) *Q. ~ Rufus*, Alexander 大王伝を書いた歴史家(1世紀).

Curtius[2] -a -um, *adj* Curtius の: *lacus ~* (LIV) ローマ市の Forum の一部(前1世紀初めまで沼沢地であった).

curtō -āre -āvī -ātum, *tr* [↓] 短くする; 減らす.

curtus -a -um, *adj* **1** 割れた, 壊れた. **2** 割礼を施された; (動物が)去勢された. **3** 欠けたところのある, 不完全な.

curūlis[1] -is -e, *adj* [currus] **1** (儀式用)戦車の. **2** *sella ~* (CIC) (象牙をはめ込んだ)高官椅子(執政官, 法務官, 貴族造営官が用いる). **3** 高位の: ~ *aedilis* (CIC) 貴族造営官.

curūlis[2] -is, *f* =sella curulis.

curūlis[3] -is, *m* =curulis aedilis.

curvābilis -is -e, °*adj* [curvo] たわみやすい, しなやかな.

curvāmen -minis, *n* [curvo] 湾曲; 弧.

curvātiō -ōnis, *f* [curvo] 湾曲.

curvātūra -ae, *f* [curvo] **1** 湾曲. **2** 湾曲した部分.
curvātus -a -um, *pp* ⇨ curvo.
curvēscō -ere, °*intr* [curvus] 曲がる, 湾曲する.
curvō -āre -āvī -ātum, *tr* [↓] **1** 曲げる, 弓形にする, たわませる. **2** 屈服させる.
curvus -a -um, *adj* **1** 曲がった; 曲がりくねった: *arbor curva* (Ov)(果実の重みで)たわんだ木 / *flumina curva* (VERG)曲がりくねった川. **2** かがんだ, 腰を曲げた. **3** 不正な.
cuspidātus -a -um, *pp* ⇨ cuspido.
cuspidō -āre -āvī -ātum, *tr* [↓] とがらせる.
cuspis -pidis, *f* **1** とがった先端. **2** 槍. **3** (Neptunus の)三叉のほこ. **4** 焼き串. **5** (蜂・サソリの)針.
custōdēla -ae, *f* [custos] 保護, 管理.
custōdia -ae, *f* [custos] **1** 保護, 管理. **2** 監視. **3** 見張り, 番兵. **4** 哨所. **5** 監禁. **6** 監獄. **7** 被拘禁者, 囚人.
custōdiō -īre -īvī [-iī] -ītum, *tr* [custos] **1** 見張る, 監視する ⟨alqd ab alqo⟩. **2** 保護する, 管理する: *se custodire* (SEN) 用心する, 慎重にふるまう. **3** 監禁する, 拘禁する.
custōdītē *adv* [custoditus] 注意深く, 慎重に.
custōdītiō -ōnis, *f* [custodio] **1** 保護. **2**° 遵守.
custōdītus -a -um, *pp* ⇨ custodio.
custōs -ōdis, *m* (*f*) **1** 見張人, 監視人. **2** 保護者. **3** 番兵, 歩哨. **4** 密偵, スパイ. **5** 看守.
cūsus -a -um, *pp* ⇨ cudo.
Cusus -ī, *m* クスス《Germania の Danubius 川の支流の一つ》.
cutāneus -a -um, °*adj* [cutis] 【解】皮膚の.
cuticula -ae, *f dim* [cutis] **1** 皮膚. **2**°【解・動】クチクラ, 角皮.
Cutiliae -ārum, *f pl* クティリアエ《Sabini 族の町》.
cutis -is, *f* **1** 皮膚, 外皮. **2**°【↑】【病】真皮.
cutītis -tidis, °*f* [↑] 【病】皮膚炎.
cyamos -ī, *m* [*Gk*] 【植】ハス(の実) (=colocasia).
Cyanē -ēs, *f* [*Gk*] キュアネー《(1) Syracusae 付近の泉. (2)【神話】Proserpina が Dis にさらわれたとき悲しんで(1)の泉に変身したニンフ》.
Cȳaneae -ārum, *f pl* [*Gk*] キューアネアエ, *-アイ (=Symplegades).
Cȳanē -ēs, *f* [*Gk*] 【神話】キューアネエー《Maeander 河神の娘で Caunus と Byblis の母》.
cȳaneus -a -um, *adj* [*Gk*] 紺青の.
cyatheāceae -ārum, °*f pl* 【植】ヘゴ科.
cyathissō -āre -āvī -ātum, *intr* [*Gk*] (ひしゃくで)酒を汲む.
cyathium -ī, °*n* 【植】杯状花序.
cyathus -ī, *m* [*Gk*] **1** (酒を汲む)ひしゃく. **2** 液量単位 ⟨sextarius の ¹/₁₂⟩. **3** 乾量単位 (=10 drachmae).
cybaea -ae, *f* [*Gk*] (*sc.* navis) 運搬船, 商船.
Cybēbē -ēs, *f* =Cybele.
Cybela -ae, *f* =Cybele.
Cybelē -ēs, *f* [*Gk*] キュベレー《(1)【神話】Phrygia の大地の女神; 穀物の実りの象徴で, Ops または Mater Magna とも呼ばれた. (2) Phrygia の山 (=Cybelus)》.
Cybelēius -a -um, *adj* Cybele (1) の.
Cybelus -ī, *m* =Cybele (2).
Cybiosactēs -ae, *m* [*Gk*] Ptolemaeus XIII の養子のあだ名《「塩漬け魚商人」の意; 後に Vespasianus 帝もそのあだ名で呼ばれた》.
Cybistra -ōrum, *n pl* [*Gk*] キュビストラ《Cappadocia の町》.
cybium -ī, *n* [*Gk*] **1** 【魚】マグロ(鮪). **2** マグロの塩漬け.
cycadāceae -ārum, °*f pl* 【植】ソテツ科.
cycladātus -a -um, *adj* cyclas を着た.
Cyclades -um, *f pl* [cyclas] キュクラデス《エーゲ海南部, Delos 島を中心とする諸島》.
cyclamen -minis, °*n* =cyclaminos.
cyclamīnos -ī, *f*, **-um** -ī, *n* [*Gk*] 【植】シクラメン.
cyclas -adis, *f* [*Gk*] (縁飾りのついた女性用の)外衣.
cyclicus -a -um, *adj* [*Gk*] **1** (世界の始まりから Telemachus の時代までを順を追って叙事詩に歌ったギリシアの)叙事詩圏の: *scriptor ~* (HOR) 叙事詩圏の詩人. **2**° 百科事典的な, 該博な. **3**°【病】周期性の.
cyclōpia -ae, °*f* 【病】単眼症.
Cyclōpius -a -um, *adj* Cyclopes 族の.
Cyclōps -ōpis [-ōpos], *m* [*Gk*] キュクロープス《Sicilia 島に住み, Volcanus の鍛冶屋と考えられた一つ目の巨人族 Cyclopes の一人; 特に Ulixes に目をつぶさせた Polyphemus》.
cyclōsis -is, °*f* [*Gk*] 【生物】(細胞内での)原形質環流.
cyclostomata -ōrum, °*n pl* 【魚】円口類.
cyclus -ī, °*m* [*Gk*] **1** 円, 輪. **2**【天】周期. **3**【病】再発.
Cycnēius -a -um, *adj* Cycnus (1) の.
cycnēus -a -um, *adj* 白鳥の: *tamquam cycnea vox et oratio* (CIC) いわば白鳥の歌ともいうべき演説.
cycnus -ī, *m* [*Gk*] **1** 白鳥《死に際に美しい声で鳴くという; Apollo の聖鳥》. **2** 詩人: ~ *Dircaeus* (HOR)=Pindarus.
Cycnus -ī, *m* [*Gk*] 【伝説】キュクヌス, *-ノス《(1) Sthenelus の息子で Liguria の王; 友 Phaethon の死を嘆き白鳥に変身した. (2) Neptunus の息子; Troja 戦争で Achilles に討たれ白鳥に変身した》.
Cȳdippē -ēs, *f* [*Gk*] 【伝説】キューディッペー《Cea 島の美青年 Acontius に求愛された Athenae の乙女》.
cȳdippidea -ōrum, °*n pl* 【動】フウセンクラゲ目.
Cydnos, -us -ī, *m* [*Gk*] キュドノス《Cilicia の川》.
Cydōn -ōnis, *m* [*Gk*] Cydonia 人.
Cydōnēus, -aeus -a -um, *adj* [*Gk*] **1** Cydonia の. **2** Creta 島の.
Cydōnia, -ea -ae, *f* [*Gk*] キュドーニア(-)《Creta 島北西岸の港町; 現 Chania》.
Cydōniātae -ārum, *m pl* Cydonia の住民.
Cydōnius -a -um, *adj* [*Gk*] **1** Cydonia の: *malum Cydonium* (PETR) マルメロ(果物). **2**【詩】Creta 島の.

cygn- ⇨ cycn-.
cylindrātus -a -um, *adj* [↓] 円柱形の, 円筒形の.
cylindrus -ī, *m* [*Gk*] 円筒, 円柱; 円筒[円柱]形の物.
Cyllarus, -os -ī, *m* [*Gk*] 【神話】キュッラルス, *-ロス《(1) Dioscuri の馬. (2) Centaurus 族の青年》.
Cyllēnē -ēs [-ae], *f* [*Gk*] キュッレーネー《Arcadia の山; Mercurius の生誕地とされる》.
Cyllēnēus -a -um, *adj* =Cyllenius¹.
Cyllēnis -idis, *adj f* **1** Cyllene の. **2** Mercurius の.
Cyllēnius¹ -a -um, *adj* **1** Cyllene の. **2** Mercurius の: *ignis* ~ (Verg) 水星.
Cyllēnius² -ī, *m* Cyllene の人 (=Mercurius).
Cylōnēus, -ius -a -um, *adj* [*Gk*]《独裁権を狙った前 6 世紀後半の Athenae の貴族》Cylon の.
Cȳmaeus -a -um, *adj* **1** Cyme (1) の. **2** Cumae の: *vates Cymaea* (Val Flac) =Sibylla.
  Cȳmaeī -ōrum, *m pl* Cyme (1) の住民.
cymba -ae, *f* [*Gk*] 小舟;（特に）Charon の渡し舟.
cymbalāris -is, °*f* =cotyledon.
cymbalicus -a -um, °*adj* [*Gk*] シンバルの.
cymbalissō -āre -āvī -ātum, *intr* [*Gk*] シンバルを鳴らす.
cymbalista, -ēs -ae, *m* [*Gk*] シンバル奏者.
cymbalistria -ae, *f* [*Gk*]（女性の）シンバル奏者.
cymbalum -ī, *n* [*Gk*]（通例 *pl*）シンバル.
cymbium -ī, *n* [*Gk*] 小さな酒杯.
cymbula -ae, *f dim* [cymba] 小舟.
Cȳmē -ēs, *f* [*Gk*]《(1) Aeolis の町. (2) =Cumae》.
Cymīnē -ēs, *f* [*Gk*]《Thessalia の町》.
cyminum -ī, *n* =cuminum.
cyna -ae, *f* 【植】(アラビア産)ワタ(綿)の木.
cynacantha -ae, *f* 【植】バラの一種.
cynanthropia -ae, °*f* 【病】犬身妄想《自分が犬であると思いこむ妄想の一種》.
Cynapsēs -is, *m* キュナプセース《黒海に注ぐ Asia の川》.
Cynēgetica -ōrum, *n pl* [*Gk*]「狩りの歌」《Grattius や 3 世紀の詩人 Nemesianus の詩集の題名》.
cynicē *adv* [↓] 犬儒学派の徒のように.
cynicus -a -um, *adj* [*Gk*] **1** 犬の, 犬のような: *spasticus* ~ (Plin)【医】痙笑患者. **2** 犬儒学派の.
Cynicus -ī, *m* 犬儒学派の哲学者.
cynismus -ī, °*m* [*Gk*] **1** 犬儒哲学. **2** 皮肉, 冷笑.
cynocephalus -ī, *m* [*Gk*] **1**【動】ヒヒ. **2**° 犬の頭をした Anubis（エジプトの神）.
cynocrambāceae -ārum, °*f pl* 【植】ヤマトグサ科.
cynoglossus, -os -ī, *m* 【植】オオルリソウ属の植物.
Cȳnos, -us -ī, *f* [*Gk*] キューノス《Locris の港町》.
Cynosarges -is, *n* [*Gk*] キュノサルゲス《Athenae 市外の Hercules に捧げられた体育場》.
Cynoscephalae -ārum, *f pl* [*Gk*] キュノスケパラエ, *-ライ《「犬の頭」の意; Thessalia の Scotussa 付近の二つの丘; ここでローマ軍が Macedonia 軍を破った (前 197)》.
Cynosūra -ae, *f* [*Gk*] 【天】(「犬の尾」の意) 小熊座.
Cynosūrae -ārum, *f pl* [*Gk*] キュノスーラエ, *-スーラ《Attica の Marathon 東の岬》.
Cynosūris -idis [-idos], *adj f* Cynosura の.
Cynthia -ae, *f* [Cynthus] **1**【神話】Cynthus の女 (=Diana). **2** キュンティア《Propertius の詩中の恋人の名》.
Cynthius¹ -a -um, *adj* Cynthus の.
Cynthius² -ī, *m* Cynthus の神 (=Apollo).
Cynthus -ī, *m* [*Gk*] キュントゥス, *-トス《Delos 島の山; Apollo と Diana の生誕地》.
cyparissus -ī, *f* =cupressus.
Cyparissus -ī, *m* [*Gk*]【伝説】キュパリッスス, *-ソス《Apollo に愛された美少年; イトスギに変えられた》.
cypērāceae -ārum, °*f pl* 【植】カヤツリグサ科.
cȳphōsis -is, °*f* [*Gk*] 【病】脊柱後彎.
cypress- ⇨ cupress-.
Cypria -ae, *f* [Cyprius²] Cyprus 島の女神 (=Venus).
Cypriacus -a -um, *adj* =Cypricus.
Cypricus -a -um, *adj* Cyprus 島の.
cypridologia -ae, °*f* 【医】性病学.
cyprinum -ī, *n* [↓] ヘンナから採った香油.
cyprinus¹ -a -um, *adj* [*Gk*] ヘンナの, シコウカの.
cyprinus² -ī, °*adj* [cyprum¹] 銅の.
cyprinus³ -ī, *m* [*Gk*] 【魚】コイ(鯉)の一種.
cyprium -ī, *n* [Cyprius²] 宝石の一種.
cyprius -a -um, *adj* [cyprus] ヘンナ油の.
Cyprius¹, **Cip-** -a -um, *adj* ~ *vicus* (Liv) キュプリウス通り《ローマ市内の Carinae の西側にあった》.
Cyprius² -a -um, *adj* [*Gk*] **1** Cyprus 島の: *aes Cyprium* (Plin) Cyprus 島産の銅. **2** Cyprus 島産の銅でつくられた.
cyprum¹ -ī, *n* [Cyprius²] Cyprus 島産の銅.
cyprum² -ī, *n* [↓] ヘンナ油.
cyprus, -os -ī, *f* 【植】ヘンナ, シコウカ(指甲花).
Cyprus¹, **-os** -ī, *f* [*Gk*] キュプルス, *-ロス, ‖キプロス《地中海東部の島》.
Cyprus² -a -um, *adj* =Cyprius².
cypsela -ae, °*f* [*Gk*] 【植】下粒痩果(°︁).
Cypsela -ōrum, *n pl* [*Gk*] キュプセラ《Thracia の町》.
Cypselidēs -ae, *m* [*Gk*] 【伝説】Cypselus の子孫 (=Periander).
cypselus -ī, *m* [*Gk*] 【鳥】アマツバメ.
Cypselus -ī, *m* [*Gk*] 【伝説】キュプセルス, *-ロス《Corinthus の僭主（前 7 世紀後半)》.
Cȳrēa -ōrum, *n pl* Cyrus (3) の作った建造物.
Cȳrēnaeī -ārum, *m pl* =Cyrene².
Cȳrēnaeus -a -um, *adj* Cyrene² の. **Cȳrēnaeī** -ōrum, *m pl* **1** Cyrene² の住民. **2** =Cyrenaici.
Cȳrēnaica -ae, *f* キューレーナイカ《Africa の現 Libya 北東部》.
Cȳrēnaicus -a -um, *adj* **1** Cyrene² の. **2**

(Aristippus が創始した) Cyrene 学派の. **Cȳrēnaicī** -ōrum, *m pl* Cyrene 学派の哲学者たち.
Cȳrēnē[1] -ēs, *f* [*Gk*] 【神話】キューレーネー《Thessalia のニンフ; Apollo との間に Aristaeus を生んだ》.
Cȳrēnē[2] -ēs, *f*, **Cȳrēnae** -ārum, *f pl* [*Gk*] キューレーネー《(1) Africa の現 Libya の北東部の町; 詩人 Callimachus, 哲学者 Aristippus の生地. (2) =Cyrenaica》.
Cȳrēnēnsis -is -e, *adj* Cyrene[2] の. **Cȳrēnēnsēs** -ium, *m pl* Cyrene[2] の住民.
Cyrnēus -a -um, *adj* Cyrnos の.
Cyrnos, -us -ī, *f* [*Gk*] キュルノス《Corsica 島のギリシア語名》.
Cȳropolis -is, *f* [*Gk*] キューロポリス《Sogdiana regio の町》.
Cyrr(h)ēstica -ae, **-cē** -ēs, *f* [*Gk*] キュッレースティカ, *-ケー《Cyrrhus を中心とする Syria の一地方》.
Cyrr(h)us -ī, *m* [*Gk*] キュッルス, *-ロス《Syria 北部の町》.
Cyrtaeī, Cyrtiī -ōrum, *m pl* [*Gk*] キュルタエイー, *キュルティオイ《Media の一部族》.
Cȳrus -ī, *m* [*Gk*] キュールス, *-ロス《(1) ~ *Major*, Persia 帝国の創建者 (前 600?-529; 在位前 559-529). (2) ~ *Minor*, Dareus II の息子で Artaxerxes II の弟 (前 424-401); 兄王に反旗を翻したが Cunaxa で戦死. (3) Cicero と同時代の建築家》.
Cyssūs -ūntis, *f* [*Gk*] キュッスース《Ionia の港町》.
cystalgia -ae, °*f* 【病】膀胱痛.
cystectasia -ae, °*f* 【病】膀胱拡張.
cysticus -a -um, °*adj* 【解】嚢胞性の: *arteria cystica* 胆嚢動脈.
cystītis -tidis, °*f* 【病】膀胱炎.
cystoflagellāta -ōrum, °*n pl* 【動】胞状鞭毛虫類.
cystotomia -ae, °*f* 【医】膀胱切開(術); 胆嚢切開(術).
Cytae -ārum, *f pl* [*Gk*] キュタエ, *-タイ《Colchis の町; Medea の生地という》.
Cytaeīnē -ēs, *f* Cytae の女 (=Medea).
Cytaeis -idis, *f* =Cytaeine.
Cytaeus -a -um, *adj* 1 Cytae の. 2 【詩】 Colchis の.
Cythēra -ōrum, *n pl* [*Gk*] キューテーラ(-)《Malea 岬の南にあるエーゲ海の島; Venus の崇拝で有名; 現 Kíthira》.
Cytherēa, -ēia -ae, *f* [*Gk*] Cythera 島の女神 (=Venus).
Cytherēias -adis, *adj f* Cythera 島の (=Venus の).
Cytherēis -idis, *f* [*Gk*] =Cytherea.
Cytherēius -a -um, *adj* [*Gk*] 1 Cythera 島の. 2 Venus の: ~ *heros* (Ov) =Aeneas.
Cytherēus -a -um, *adj* =Cythereius.
Cythēriacus -a -um, *adj* =Cythereius.
Cythēris -idis, *f* キュテーリス《女優で M. Antonius の愛人》.
Cythērius -ī, *m* 「Cytheris の情夫」の意》M. Antonius のあだ名.
Cythnus -ī, *f* [*Gk*] キュトヌス, *-ノス《Cyclades 諸島の一つ; 現 Kíthnos》.
cytisus -ī, *f (m)* [*Gk*] 【植】ウマゴヤシ.
cytokīnēsis -is, °*f* 【生物】細胞質分裂.
cytologia -ae, °*f* 細胞学.
cytolysis -is, °*f* 【生理】細胞崩壊.
cytopharynx -ncis, °*f* 【動】細胞咽頭.
cytoplasma -atis, °*n* 【生物】細胞質.
cytopygium -ī, °*n* 【動】細胞肛門.
Cytōriacus -a -um, *adj* Cytorus 山の.
Cytōrus, -os -ī, *m* [*Gk*] キュトールス, *-ロス《Paphlagonia の山; ツゲで有名》.
Cyzicēnus -a -um, *adj* Cyzicus の. **Cyzicēnī** -ōrum, *m pl* Cyzicus の住民.
Cyzicus, -os -ī, *f*, **Cyzicum** -ī, *n* キュジクス, *-コス《Propontis 南岸の町》.

D

D, d *indecl n* **1** ラテン語アルファベットの第4字. **2** (ローマ数字)=500.
D. 《略》=Decimus; Divus; dies.
dā *sg impr* ⇨ do.
Daae -ārum, *m pl* =Dahae.
Dācī -ōrum, *m pl* [*Gk*] ダーキー, *ダーコイ《Danubius 下流域にいた好戦的な部族》.
Dācia -ae, *f* [*Gk*] ダーキア(-)《Daci 族の国; のちローマの属州(106-270年)》.
Dācicus -a -um, *adj* Dacia の, Dacia 人の.
dacrima -ae, *f* 《古形》=lacrima.
dactilus -ī, *m* =dactylus.
dactylicus -a -um, *adj* [*Gk*]《詩》長短短格 (-⏑⏑).
dactyliothēca -ae, *f* [*Gk*] **1** 指輪置き. **2** 宝石の収集.
dactylus -ī, *m* [*Gk*] **1**《詩》長短短格 (-⏑⏑). **2** *Dactyli Idaei* (PLIN)《神話》(「Ida 山の指」の意) Creta 島の Ida 山に住む冶金の術にすぐれた山の精.
Dācus -a -um, *adj* Dacia の, Dacia 人の.
Daedala -ōrum, *n pl* [*Gk*] ダエダラ, *ダイ-《(1) Caria との国境に近い Lycia の城砦. (2) India 北西部の Choaspes 川の流域》.
Daedalĕus -a -um, *adj* Daedalus の.
Daedalicus -a -um, °*adj* [Daedalus] 巧みな.
Daedaliōn -ōnis, *m* [*Gk*]《伝説》ダエダリオーン, *ダイ-《暁の明星 Lucifer の息子で Trachin の王; 娘の死を悲しみ Apollo によって鷹に変身させられた》. **2**《鳥》タカ.
daedalus -a -um, *adj* [*Gk*] **1** 巧みな. **2** 巧妙に作られた.
Daedalus -ī, *m* [*Gk*]《伝説》ダエダルス, *ダイダロス《彫刻と建築の名匠として Creta 島の迷宮 Labyrinthus を作った; Icarus の父》.
daemōn -onis, *m* [*Gk*] **1** 霊, 守護神; ダイモン《神と人の間に位する二次的な神》. **2**°《カト》堕天使; 悪魔, 悪霊.
daemoniacus -a -um, °*adj* [*Gk*] 悪魔[悪霊]の.
daemonicola -ae, °*m* [daemon/colo²] 悪魔の崇拝者, 異教徒.
daemonicus -a -um, °*adj* [*Gk*] 悪魔の.
daemonium -ī, *n* [*Gk*] **1** 霊; ダイモニオン《Socrates が主張した, 人間に働きかける神的な力》. **2**° 悪魔, 悪霊.
daemonizor -ārī -ātus sum, °*intr dep* [daemon] 悪魔[悪霊]に取りつかれる.
Dahae -ārum, *m pl* [*Gk*] ダハエ, *ダアイ《カスピ海東方にいた Scythae 人の一部族》.
daīmōn -onis, °*m* [*Gk*] 巧妙な[狡猾な]者.
dalivus -ī, *m* 怠け者, ばか者.

Dalmatae -ārum, *m pl* [*Gk*] Dalmatia の住民.
Dalmatia -ae, *f* [*Gk*] ダルマティア(-)《アドリア海の東側の地域》.
dalmatica -ae, °*f* (*sc*. vestis)《カト》ダルマティカ《司祭が着用する Dalmatia の羊毛で作った長い下着》.
dalmaticātus -a -um, °*adj* dalmatica を着た.
Dalmaticus -a -um, *adj* Dalmatia (の住民)の.
dāma -ae, *f* =damma.
Dāma -ae, *m* ダーマ《奴隷のありふれた名》.
damaliō -ōnis, °*m* [*Gk*] 子牛.
Dāmarātus -ī, *m* =Demaratus.
damascēna -ōrum, *n pl* [↓] (*sc*. pruna)《植》スモモの一種.
Damascēnus -a -um, *adj* Damascus の.
Damascus -ī, *f* [*Gk*] ダマスクス, *-コス《Coele Syria の首都》.
Damasippus -ī, *m* ダマシップス《(1) Marius の味方の一人. (2) Licinia 氏族に属する家名》.
dāmiurgus -ī, *m* =demiurgus.
damma -ae, *f* **1**《動》ダマジカ. **2** 鹿肉.
dammula -ae, *f dim* [↑] (小さな)ダマジカ.
damnābilis -is -e, °*adj* [damno] 忌まわしい, 非難すべき.
damnābilitās -ātis, °*f* [↑] 忌まわしさ.
damnābiliter °*adv* [damnabilis] けしからぬことに.
damnandus -a -um, *adj* (*gerundiv*) [damno] 非難されるべき.
damnātiō -ōnis, *f* [damno] 非難, 糾弾, 罪の宣告 ⟨+*gen*⟩.
damnātor -ōris, °*m* [damno] 糾弾者, 罪の宣告者.
damnātōrius -a -um, *adj* [↑] 糾弾の, 罪の宣告の.
damnātus -a -um, *pp* ⇨ damno.
damnificō -āre, °*tr* [↓] 損害を与える; 罰する.
damnificus -a -um, *adj* [damnum/facio] 有害な, 損害を与える.
damnigerulus -a -um, *adj* [damnum/gerulus] 有害な, 損害を与える.
damnō -āre -āvī -ātum, *tr* [damnum] **1** 損害を与える ⟨alqm⟩. **2** 有罪の判決をする, 刑を宣告する ⟨alqm alcis rei⟩: *ambitūs damnati* (CAES) 贈収賄罪の判決を受けた者たち. **3** (遺言によって)義務づける. **4** 非難する: *damnare alqm summae stultitiae* (CIC) ある人をこの上なく愚かしいと非難する. **5** ゆだねる, ささげる ⟨alci alqd⟩.
damnōsē *adv* [↓] 破滅的に.
damnōsus -a -um, *adj* [↓] **1** 破壊的な, 損害を与える, 有害な ⟨alci⟩. **2** 放蕩の, 浪費的な ⟨in re⟩.
damnum -ī, *n* **1** 損失, 損害. **2** 罰金.

Dāmoclēs -is, *m* [Gk] ダーモクレース《Syracusae の僭主 Dionysius II の廷臣》.

Dāmōn -ōnis, *m* [Gk] ダーモーン《(1) Pythagoras 学派の人; Phintias との友情で有名. (2) Athenae の音楽家で Socrates の師》.

dāmula -ae, *f* =dammula.

Danaē -ēs, *f* [Gk] 《伝説》ダナエー《Argos 王 Acrisius の娘; 青銅の塔に閉じ込められていたが, 黄金の雨に姿を変えて忍び込んだ Juppiter に愛されて Perseus を生んだ》.

Danaēius -a -um, *adj* Danae の.

Danaī -ōrum, *m pl* [Danaus²] アルゴス人; ギリシア人.

Danaidae -ārum, *m pl* [Gk] Danaus の子孫; アルゴス人, ギリシア人.

Danaides -um, *f pl* [Gk] Danaus の 50 人の娘たち.

Danaus¹ -ī, *m* [Gk] 《伝説》ダナウス, *-オス《エジプトの王 Belus の息子で Aegyptus と双子の兄弟; エジプトからギリシアへ来て, Argos の王となった》.

Danaus² -a -um, *adj* Danaus の, アルゴスの, ギリシアの.

Dandarī -ōrum, **Dandaridae** -ārum, *m pl* [Gk] ダンダリー, *-ダリオイ《Sarmatia にいた Scythae 人の一部族》.

Dandarica -ae, *f* Dandari 族の居住地.

danista -ae, *m* [Gk] 金貸し (=faenerator).

danisticus -a -um, *adj* [Gk] 金貸しの.

Dānubius, -vius -ī, *m* ダーヌビウス《黒海の西岸に注ぐ大河; 下流は Hister とも呼ばれる; 現 Donau》.

dapāticē *adv* [↓] 壮大に, 豪華に (=magnifice).

dapāticus -a -um, *adj* [daps] 壮大な, 豪華な (=magnificus).

Daphnē -ēs, *f* [Gk] 1 ダプネー《(1) 《神話》 Peneus 河神の娘; Apollo の求愛からのがれて月桂樹に化した. (2) Syria の Antiochia 付近の町》. 2 《楠》月桂樹.

Daphnis -idis, *m* [Gk] 《伝説》ダプニス《Mercurius の息子で Sicilia 島の羊飼い; 牧歌の創始者といわれる》.

daphnōn -ōnis, *m* [Gk] 月桂樹の森.

dapifer -erī, *m* [daps/fero] 食卓係, 給仕人.

dapinō -āre -āvī -ātum, *tr* [↓] 《料理を》食卓に出す.

daps dapis, *f* 1 《神事の》饗宴. 2 宴会. 3 食物, 料理.

dapsile *adv* (*neut*) [↓] =dapsiliter.

dapsilis -is -e, *adj* [daps] 豊富な, たっぷりの.

dapsiliter *adv* [↑] 豊富に, たっぷりと.

Dardanī -ōrum, *m pl* [Gk] ダルダニー, *-ノイ《Illyria の好戦的な一部族》.

Dardania -ae, *f* [Gk] ダルダニア(-)《(1) Dardani 族の国. (2) Dardanus が Hellespontus に建設した町. (3) 《詩》=Troja》.

Dardanidae -ārum [-um], *m pl* [↓] Troja 人たち.

Dardanidēs -ae, *m* Dardanus の子孫《Troja 人, 特に (のちに) ローマを建国した Aeneas; (転じて) ローマ人》.

Dardanis -idis, *f* [Dardanus¹] Dardania (= Troja) の女《特に Aeneas の妻 Creusa》.

Dardanius -a -um, *adj* Dardanus の; Troja の; ローマの.

Dardanus¹ -ī, *m* [Gk] 《伝説》ダルダヌス, *-ノス《Juppiter と Electra の息子; Troja を建設; Troja 王家の祖》.

Dardanus² -a -um, *adj* Dardanus の; Troja の; ローマの.

Darēs -ētis, *m* [Gk] 《伝説》ダレース《Aeneas の仲間で優秀な拳闘家》.

Dārēus, Dārīus -ī, *m* [Gk] ダーレーウス, *ダーレイオス《Persia 王家の数名の王の名; 特に (1) ~ *I Hystaspis*, Xerxes I の父 (在位前 522–486). (2) ~ *II Ochus* [*Nothus*], Artaxerxes II と Cyrus Minor の父 (在位前 424–404). (3) ~ *III Codomannus*, Alexander 大王に敗れた (在位前 336–330)》.

Datamēs -is, *m* ダタメース《Persia の地方総督[太守]》.

Datāria -ae, °*f* [↓] 《カト》ローマ教皇庁掌璽(しょうじ)院《聖職禄付き聖職志願者の適格審査に当たる》.

datārius -a -um, *adj* [do] 与えられる.

Datāria Cardinālis -ī ~, °*m* 《カト》教皇庁掌璽院長としての枢機卿.

datātim *adv* [dato] 交互に.

datiō -ōnis, *f* [do] 1 与えること, 譲渡. 2 譲渡権.

Dātis -is, *m* [Gk] ダーティス《Media 人で Persia の将軍; Marathon の戦いで大敗した》.

datīvus¹ -a -um, *adj* [do] 1 《文》与格の. 2 《法》(後見人として) 付与された.

datīvus² -ī, *m* (*sc*. casus) 《文》与格.

datō -āre -āvī -ātum, *tr freq* [do] しばしば与える.

dator -ōris, *m* [do] 与える人.

datum -ī, *n* [↓] 贈物.

datus -a -um, *pp* ⇒ do.

Daucius -a -um, *adj* Daucus の: *Daucia proles* (VERG) Rutuli 族の Daucus の息子たち《両親でさえも見分けることができなかった双生児 Larides と Thymber》.

daucum, -on -ī, *n*, **daucus, -os** -ī, *m* [Gk] 《楠》ニンジンの一種.

Daulias -adis, *adj f* Daulis の.

Daulis -idis, *f* [Gk] ダウリス《Phocis の町; Tereus, Procne, Philomela に関する伝説の舞台となった場所》.

Daulius -a -um, *adj* Daulis の.

Daunia -ae, *f* =Apulia.

Daunias -adis, *f* =Daunia.

Daunius -a -um, *adj* Daunus の.

Daunus -ī, *m* [Gk] 《伝説》ダウヌス, *-ノス《Apulia の王で Turnus の父》.

Dāvus, -os -ī, *m* ダーウゥス《喜劇によく出る奴隷の名》.

dē *prep* 〈+abl〉 1 ...から 《下へ・離れて》: ~ *muro se deicere* (CAES) 城壁から跳びおりる / *anulum detrahere* ~ *digito* (TER) 指輪を指から引き抜く. 2 《起源・出所》...から出た~: *homo* ~ *plebe* (CIC) 庶民出の人物; ~ *patre audivi* (CIC) 私は父から聞いた. 3 《材料》...で作られた: *signum* ~ *marmore factum* (OV) 大理

石製の像. **4** (財源)…から出費した: ~ *publico* (Cɪᴄ) 国庫から / ~ *praeda* (Pʟᴀᴜᴛ) 戦利品から / ~ *meo* (Cɪᴄ) 私(の)財から(の). **5** (時間的に)…の直後に: *somnus* ~ *prandio* (Pʟᴀᴜᴛ) 食後すぐの睡眠. **6** (時間的に)…の間に: ~ *nocte* (Cɪᴄ) 夜間に. **7** (部分)…の中から: *hominem certum misi* ~ *comitibus meis* (Cɪᴄ) 信頼のおける者を私の配下の中から送り出した. **8** (理由・原因)…のために: *gravi* ~ *causā* (Cɪᴄ) 重大な理由のために. **9** (規準)…に従って, …によって: ~ *more vetusto* (Vᴇʀɢ) 古い習慣に従って / ~ *meā sententiā* (Pʟᴀᴜᴛ) 私の意見に従って. **10** (関連・限定)…に関して, …について ~ *numero dierum fidem servare* (Cᴀᴇs) 日数に関して約束を守る. **11** (副詞的成句として): ~ *integro* (Cɪᴄ) 新たに / ~ *improviso* (Tᴇʀ) 思いがけなく.

dĕ- *pref* [↑] 意味は前置詞 de を参照(母音と h の前では dĕ-).

dea -ae, *f* [deus] 女神.

deactiō -ōnis, *f* [de-/ago] 完成, 成就 (=peractio).

dealbātiō -ōnis, °*f* [dealbo] 白くすること, 白く塗ること.

dealbātor -ōris, °*n* [dealbo] 白くする[塗る]者.

dealbātus -a -um, °*adj* (*pp*) [↓] 白くされた, 白く塗られた.

dealbō -āre -āvī -ātum, *tr* [de-/albus] 真白にする, 白く塗る.

deambulācrum -ī, °*n* [deambulo] 散歩道.

deambulātiō -ōnis, *f* [deambulo] 散歩.

deambulātōrium -ī, °*n* [↓] 歩廊.

deambulō -āre -āvī -ātum, *intr* [de-/ambulo] 散歩する.

deamō -āre -āvī -ā-um, *tr* [de-/amo] 熱愛する.

deargentātus -a -um, *pp* ⇨ deargento.

deargentō -āre -āvī -ātum, *tr* [de-/argentum] **1** 銀[金銭]を奪う. **2**° 銀をかぶせる, 銀めっきする.

deargūmentor -ārī -ātus sum, °*intr dep* [de-/argumentor] 結論を出す.

dearmō -āre -āvī -ātum, *tr* [de-/armo] 武器を取り上げる, 武装を解く.

deartuō -āre -āvī -ātum, *tr* [de-/artus²] ばらばらにする, 破壊する.

deasciō -āre -āvī -ātum, *tr* [de-/ascio¹] **1** (けずって)なめらかにする. **2** だます.

deaurātiō -ōnis, °*f* [deauro] 金めっき.

deaurātus -a -um, *pp* ⇨ deauro.

deaurō -āre -āvī -ātum, °*tr* [de-/auro] 金をかぶせる, 金めっきする.

dēbacchātiō -ōnis, °*f* [↓] 狂乱.

dēbacchor -ārī -ātus sum, *intr dep* [de-/bacchor] 暴れ回る, 狂乱する.

dēbellātor -ōris, *m* [debello] 征服者, 制圧者.

dēbellātrix -īcis, °*f* [↑] 征服者《女性》.

dēbellō -āre -āvī -ātum, *tr, intr* [de-/bello] **1** 打ち負かす, 征服する, 圧倒する〈alqm〉. **2** 戦争を終える〈cum alqo〉: *debellato* 戦争が済んでから.

dēbeō -ēre dēbuī dēbitum, *tr* (*intr*) [de-/habeo] **1** (ある人に)負債がある, 借金している〈alci alqd〉: *ei quibus* ~ (Tᴇʀ) 私の債権者たち / *debentes* (Lɪᴠ) 債務者たち. **2** (ある人に)義務がある〈alci alqd〉: *honores debitos* (Sᴀʟʟ) 当然与えられるべき名誉. **3** (ある人に)恩義がある〈alci alqd〉: *beneficium alci debere* (Cɪᴄ) ある人の尽力のおかげである. **4** 道徳的義務がある, …ねばならない 〈+*inf*〉(否定用法: …してはならない): *num ferre contra patriam arma debuerunt?* (Cɪᴄ) はたして彼らは祖国に対して武器をとるべきだったのだろうか. **5** (主に *pass*) (運命によって)定められている〈+*dat*〉: *sors ista senectae debita erat nostrae* (Vᴇʀɢ) この運命は私の老境に(来るものと)定められていたのだ. **6** 与えずにおく〈alci alqd〉.

dēbibō -ere, °*tr* [de-/bibo] (水を)飲む.

dēbilis -is -e, *adj* [de-/habilis] **1** 虚弱な, 衰弱した. **2** 無力な, 弱い.

dēbilitās -ātis, *f* [↑] **1** 虚弱. **2** 無力.

dēbilitātiō -ōnis, *f* [debilito] 無力, 無力化.

dēbiliter *adv* [debilis] 弱く, 無力に.

dēbilitō -āre -āvī -ātum, *tr* [debilis] **1** 無力にする. **2** 弱める, 元気をそぐ.

dēbitē °*adv* [debitus] 当然のこととして, しかるべく.

dēbitiō -ōnis, *f* [debeo] 借り.

dēbitor -ōris, *m* [debeo] **1** 負債者, 債務者. **2** 借りのある人〈alcis rei〉.

dēbitrix -īcis, *f* [↑] (女性の)負債者.

dēbitum -ī, *n* [↓] 義務, 負債.

dēbitus -a -um, *pp* ⇨ debeo.

dēblaterō -āre -āvī -ātum, *tr, intr* [de-/blatero] ペチャクチャしゃべる.

dēbriō -āre -āvī -ātum, °*tr* [de-/ebrius] すっかり酔わせる.

dēbūcinō -āre, °*tr* [de-/bucino] (らっぱで)知らせる; 言い触らす.

dēcachinnō -āre, °*tr* [de-/cachinno] 嘲笑する, あざける.

decachordus -a -um, °*adj* [*Gk*] 十弦の.

dēcacūminātiō -ōnis, *f* [↓] (木の)先端を切り落とすこと.

dēcacūminō -āre -āvī -ātum, *tr* [de-/cacumen] (木の)先端を切り落とす.

decada -ae, °*f* =decas.

decagonus -ī, °*m* [*Gk*] 《数》十角形, 十辺形.

Decalogus -ī, °*m* [*Gk*] 《キ教》モーセの十戒.

dēcalvātiō -ōnis, °*f* [↓] 剃髪.

dēcalvō -āre -āvī -ātum, °*tr* [de-/calvo] 剃髪する.

decanātus -ūs, °*m* [decanus] 《カト》首席司祭の職[地位].

dēcanō -ere, °*tr* [de-/cano] (歌で)賛美する.

dēcantātiō -ōnis, °*f* [decanto] 話し好き, おしゃべり.

dēcantātus -a -um, *pp* ⇨ decanto.

dēcantō -āre -āvī -ātum, *tr, intr* [de-/canto] **1** (一本調子に)歌う, (くどく)繰り返す. **2** 歌うことをやめる.

decānus -ī, °*m* [decem] **1** 10 人の長. **2** 《カト》首席司祭.

decapenta *indecl* °*num card* [*Gk*] 15(の) (=quindecim).

dēcapillō -āre -āvī -ātum, °*tr* [de-/capillus] 髪

をそる.
dēcapitō -āre -āvī -ātum, °*tr* [de-/caput] 首をはねる.
Decapolis -is, *f* [*Gk*] デカポリス《Palaestina 北東部の一地方》.
Decapolitānus -a -um, *adj* Decapolis の.
dēcarnō -āre -āvī -ātum, °*tr* [de-/caro²] 肉をそぐ.
decas decadis, °*f* [*Gk*] **1** 10 (から成る一組). **2**《カト》ロザリオの一連.
decastylos -os -on, *adj* [*Gk*]《建》十柱式の.
decasyllabus -a -um, °*adj* [*Gk*] 10 音節の.
dēcēdō -ere -cessī -cessum, *intr* [de-/cedo²] **1** 立ち去る, 退出する; 退却[撤退]する《(ex [de]) re》. **2** 退職[退官]する: (de) provinciā decedere (Cic) 属州から(任期を終えて)去る. **3** 死去する: de vita decedere (Cic) 死ぬ. **4** それる, はずれる: de via decedere (Cic) 道からはずれる. **5** 譲る: decedere alci de via (Plaut) ある人に道を譲る. **6** やめる, 断念する《(de) re》: de suis bonis decedere (Cic) 自分の財産を放棄する. **7** やむ, 静まる, 衰える: invidia decesserat (Sall) (彼への)憎しみは消えていた.
Decelēa -ia -ae, *f* [*Gk*] デケレーア, *-レイア《Boeotia との国境付近にあった Attica の一市区》.
decem *indecl num card* 10 (の).
December -bris -bre, *adj* [↑] 12 月の.
December -bris, *m* [↑] (sc. mensis) 12 月.
decemjugis -is, *m* [decem/jugum] (sc. currus) 10 頭立ての馬車.
decemmestris -is -e, °*adj* [decem/mensis] 10 か月の.
Decempeda -ae, *f* [decem/pes] 10 歩尺のさお尺[測量棒].
decempedātor -ōris, *m* [↑] 土地測量士.
decemplex -plicis, *adj* [decem/plico] 10 倍の, 十重(え)の.
Decemprimī -ōrum, *m pl* [decem/primus] (ローマの自治市や植民市の)10 人の参事会主席.
decemrēmis -is -e, *adj* [decem/remus] 十段櫂の.
decemscalmus -a -um, *adj* [decem/scalmus] オール受けが 10 ある.
decemvir -virī, *m* [decem/vir] 十人委員(特に十二表法編纂にあずかった decemviri legibus scribendis (前 451 年任命))の一人.
decemvirālis -is -e, *adj* [↑] 十人委員の.
decemvirātus -ūs, *m* [decemvir] 十人委員の職.
decendium -ī, °*n* [decem/dies] 10 日間.
decennālis -is -e, *adj* [decem/annus] 10 年間の, 10 年ごとの.
decennis -is -e, *adj* [decem/annus] 10 年間の.
decennium -ī, *n* [↑] 10 年間.
decennovennālis -is -e, °*adj* [decem/novem/annus] 19 年間の.
decens -entis, *adj* (prp) [deceo] **1** 適当な, ふさわしい. **2** 均整のとれた, 品のある.
decenter *adv* [↑] ふさわしく, みごとに.
decentia -ae, *f* [decens] ふさわしさ, みごとさ.

deceō -ēre decuī, *tr* **1** 飾る《alqm》: haec me vestis decet (Plaut) この衣服は私によく似合う. **2** (主に impers) ふさわしい《alqm; +inf; +acc. inf》: spem habeo nihil fore aliter ac deceat (Cic) 不都合なことは何も起こらないだろうと期待している / oratorem minime irasci decet (Cic) 弁論家は決して怒ってはいけない.
dēcēpī *pf* ⇨ decipio.
dēceptiō -ōnis, °*f* [decipio] 欺くこと; 欺瞞性.
dēceptiōsus -a -um, °*adj* [decipio] 人を欺く, まやかしの.
dēceptor -ōris, *m* [decipio] 欺く者, 裏切り者, 詐欺師.
dēceptōrius -a -um, °*adj* [↑] 欺く, まやかしの.
dēceptus -a -um, *pp* ⇨ decipio.
decēris -is, *f* [*Gk*] 十段櫂船.
dēcernō -ere -crēvī -crētum, *tr, intr* [de-/cerno] **1** 判決する, 決定する, 規定する《de re; alqd; ut, ne; +acc c. inf》: consules de consilii sententia decreverunt secundum Buthrotios (Cic) 執政官たちは審議の結果, Buthrotum の住民たちに味方する判断を採決した. **2** 承認する, 許す《alci alqd》: quaesitori gratulationem, indici praemium decrevit (Cic) 調査する者には感謝を, 情報提供者にはほうび(を与えること)を許した. **3** (…であると)宣言する《+2 個の acc》: Dolabella hesterno die hoste decreto (Cic) Dolabella は昨日敵と宣告されたのだから. **4** 判断する, 確認する《+acc c. inf; ut, ne》. **5** 決心[決意]する《+inf; +acc c. inf; ut, ne》: Caesar Rhenum transire decrevit (Caes) Caesar は Rhenus 川を渡ることを決意した. **6** 決戦をする, 決着をつける: pugnam decernere (Liv) 決戦をする. **7** (特に裁判で)討論する, 議論する《de re; pro alqo》.
dēcerpō -ere -cerpsī -cerptum, *tr* [de-/carpo] **1** 摘み取る. **2** 収穫する. **3** 集める, 獲得する: ex re fructūs decerpere (Hor) そのことから喜びを得る. **4** 取り去る, そこなう: ne quid jocus de gravitate decerperet (Cic) 何かの冗談が荘重さをそこなわぬように.
dēcerpsī *pf* ⇨ decerpo.
dēcerptus -a -um, *pp* ⇨ decerpo.
dēcertātiō -ōnis, *f* [↓] 決戦.
dēcertō -āre -āvī -ātum, *intr* (*tr*) [de-/certo²] **1** (*intr*) 決戦をする, 決着をつける《cum alqo; (de) re》: ne cives cum civibus armis decertarent (Caes) 市民たちが市民たちと武力で決着をつけることのないように. **II** (*tr*) (…を得ようとして)戦う[争う]《alqd》.
dēcervīcātus -a -um, °*adj* [de-/cervix] 首を切られた.
dēcesse *inf pf* =decessisse (⇨ decedo).
dēcessī *pf* ⇨ decedo.
dēcessiō -ōnis, *f* [decedo] **1** 属州を治める高官が任地を離れてローマに帰国すること. **2** 減少, 減退.
dēcessor -ōris, *m* [decedo] **1** (任期を終えて属州を去る)高官. **2**° 前任者.
dēcessus¹ -a -um, *pp* ⇨ decedo.
dēcessus² -ūs, *m* [↑] **1** 退去. **2** 属州を治める高官が任期満了により任地を去ること. **3** 減退: ~ aestūs (Caes) 引き潮. **4** 死去.
Decetia -ae, *f* デケティア《Gallia Lugdunensis に

あった Aedui 族の町; 現 Decize)).
Deciānus -a -um, *adj* Decius の.
decibilis -is -e, °*adj* [deceo] ふさわしい, 適当な.
dēcidī[1] *pf* ⇨ decido[1].
dēcidī[2] *pf* ⇨ decido[2].
dēcidō[1] -ere -cidī, *intr* [de-/cado] **1** 落下する; (太陽が)沈む ⟨a [ex, de]⟩ re; in alqd⟩. **2** 死ぬ. **3** 倒れる; 消え去る: *ficta omnia celeriter tamquam flosculi decidunt* (Cɪᴄ) すべての虚構はまるで花のようにすばやく消え去る. **4** (…の状態に)陥る ⟨in alqd⟩; (…から)それる ⟨a re⟩: *de spe decidere* (Tᴇʀ) 期待[希望]を裏切られる / *in hanc fraudem decidisti* (Cɪᴄ) あなたはこの悪事を働くに至った. **5** 凋落する, 失墜する.
dēcidō[2] -ere -cīdī -cīsum, *tr, intr* [de-/caedo] **1** 切り取る, 切り離す. **2** 決定する, 決着させる ⟨alqd⟩. **3** 協定する, 折り合う ⟨cum alqo; de re⟩.
dēcidua -ae, °*f* [↓] 〖解·動〗 脱落膜.
dēciduus -a -um, *adj* [decido[1]] **1** 脱落する, 落下する. **2** 〖動〗脱落性の.
deciēs, -ens *adv* [decem] **1** 10 回, 10 倍: *HS.* (=10 万セステルティウス) ∼ *et octingenta milia* (Cɪᴄ) 180 万セステルティウス. **2** 何回も, 何倍も.
decima -ae, *f* [decimus] (*sc.* pars) **1** (神々への)ささげ物. **2** (属州の土地所有者が納める)十分の一税. **3** (公人から民衆に与えられる)祝儀.
decimāna -ae, *f* [↓] 十分の一税取立て請負人の妻.
decimānus[1] -a -um, *adj* [decimus] **1** 十分の一(税)の: *ager* ∼ (Cɪᴄ) 十分の一税を課せられる土地 / *frumentum decimanum* (Cɪᴄ) 十分の一税としての穀物. **2** 第 10 軍団の. **3** 第 10 大隊の: *porta decimana* (第 10 大隊が配置された)陣営後門.
decimānus[2] -ī, *m* **1** 十分の一税取立て請負人. **2** 第 10 軍団の兵士.
decimātiō -ōnis, °*f* [decimo] **1** 10 人ごとに一人をくじで選んで処刑すること. **2** 10 分の 1 を納めること. **3** 10 分の 1.
decimātus -a -um, °*adj* (*pp*) [↓] 選りすぐられた, 優秀な.
decimō -āre -āvī -ātum, *tr* [decimus] **1** 10 人ごとに一人をくじで選んで処刑する. **2**° 十分の一税を課する.
decimum[1] -ī, *n* [decimus] 10 倍.
decimum[2] *adv* 10 回目に.
decimus -a -um, *num ord* [decem] 第 10 の, 10 番目の.
Decimus -ī, *m* デキムス 《ローマ人の個人名(略形 D.)》.
dēcipere *inf* ⇨ decipio.
dēcipiō -pere -cēpī -ceptum, *tr* [de-/capio[1]] **1** 欺く, だます ⟨alqm re⟩. **2** (人の注意を)免れる, 気づかれない.
dēcipula -ae, *f* [↑] わな.
dēcīsiō -ōnis, *f* [decido[2]] **1** 決定, 決着. **2** 協定.
dēcīsor -ōris, °*m* [decido[2]] 切り取る人.
dēcīsus -a -um, *pp* ⇨ decido[2].
Decius[1] -ī, *m* デキウス 《(1) ローマ人の氏族名; 特に戦争において祖国のために身を犠牲にした P. Decius Mus 父子. (2) ローマ皇帝(在位 249–251); キリスト教を迫害》.
Decius[2] -a -um, *adj* =Decianus.
dēclāmātiō -ōnis, *f* [declamo] **1** 劇的な演説, 雄弁術. **2** 演説の練習. **3** (演説の)主題.
dēclāmātiuncula -ae, *f dim* [↑] 短い演説練習.
dēclāmātor -ōris, *m* [declamo] 演説の練習者.
dēclāmātōriē °*adv* [↓] 劇的な演説の口調で.
dēclāmātōrius -a -um, *adj* [declamator] 演説練習の; 弁論術の.
dēclāmitō -āre -āvī -ātum, *intr, tr freq* [↓] **1** 繰り返し[習慣的に]演説の練習をする. **2** 弁じたてる.
dēclāmō -āre -āvī -ātum, *intr, tr* [de-/clamo] **1** 演説の練習をする. **2** 弁じたてる.
dēclārātiō -ōnis, *f* [declaro] 宣言, 発表.
dēclārātōrius -a -um, °*adj* [declaro] 宣言する, 公表する: *sententia* ∼ 〖法〗宣言的判決.
dēclārātus -a -um, *pp* ⇨ declaro.
dēclārō -āre -āvī -ātum, *tr* [de-/claro] **1** 明らかにする, 知らせる ⟨alqd⟩. **2** (ことば・文書以外で)明かす, 示す ⟨alqd; alci alqd; +*acc al. inf*⟩. **3** 宣言[布告]する: *alqm consulem declare* ある人を執政官であると布告する.
dēclīnābilis -is -e, °*adj* [declino] 〖文〗語尾変化をする, 格変化をもつ.
dēclīnātiō -ōnis, *f* [declino] **1** 折り曲げること, 屈折. **2** 避けること, 回避. **3** 脱線. **4** 〖文〗語尾変化, 屈折.
dēclīnātus[1] -a -um, *pp* ⇨ declino.
dēclīnātus[2] -ūs, *m* 〖文〗語尾変化, 屈折.
dēclīnis -is -e, *adj* [↓] **1** 下りつつある; (太陽が)沈みつつある; (潮が)引きつつある. **2** それる, 道をはずれる.
dēclīnō -āre -āvī -ātum, *tr, intr* [de-/*clino (cf.* acclino)] **I** (*tr*) **1** 折り曲げる, 方向を変える ⟨alqd a [de] re in alqd⟩. **2** 避ける ⟨alqd⟩. **II** (*intr*) **1** 遠ざかる ⟨de [a] re⟩. **2** 脱線する, それる. **3** 傾く, 心を向ける ⟨ad [in] alqm; in alqd⟩.
dēclīve -is, *n* [↓] 斜面, 傾斜地, 山腹.
dēclīvis -is -e, *adj* [de-/clivus] 傾斜した.
dēclīvitās -ātis, *f* [↑] 下り傾斜[勾配].
dēclīvum -ī, °*n* =declive.
dēclīvus -a -um, °*adj* =declivis.
dēcocta -ae, *f* [decoquo] (*sc.* aqua) 沸騰させてから冷やした飲み物.
dēcoctiō -ōnis, *f* [decoquo] **1** 煎じること, 煮詰めること. **2** 煎じ薬.
dēcoctor -ōris, *m* [decoquo] 浪費家, 破産者.
dēcoctum -ī, *n* [↑] 煎じ薬.
dēcoctus -a -um, *adj* (*pp*) [decoquo] **1** (果物が)熟しすぎた. **2** (文体が)華美な, 入念に練られた. **3** 成熟した.
dēcollātiō -ōnis, °*f* [decollo] 斬首.
dēcollātus -a -um, *pp* ⇨ decollo.
dēcolligō -āre -āvī -ātum, °*tr* [de-/colligo[1]] ばらばらにする.
dēcollō -āre -āvī -ātum, *tr* [de-/collum] 首をはねる.

dēcōlō -āre -āvī -ātum, *intr* [de-/colum¹] 失敗に終わる，水泡に帰す: *si ea (spes) decolabit* (PLAUT) もしその望みが失われるようなら．

dēcolor -ōris, *adj* [de-/color] 1 変色した，色あせた，よごれた． 2 堕落した: *deterior ac ~ aetas* (VERG) 一段と劣った堕落した時代．

dēcolōrātiō -ōnis, *f* [decoloro] 変色，色があせること．

dēcolōrātus -a -um, *pp* ⇨ decoloro.

dēcolōrō -āre -āvī -ātum, *tr* [decolor] 1 変色させる，よごす． 2 恥辱を与え，名誉を傷つける．

dēcolōrus -a -um, °*adj* =decolor.

dēconciliō -āre -āvī -ātum, *tr* [de-/concilio] 取り去る．

dēcondō -ere, *tr* [de-/condo] 隠し，しまい込む．

dēcontor -ārī -ātus sum, *intr dep* =decunctor.

dēcoquō -ere -coxī -coctum, *tr, intr* [de-/coquo] **I** (*tr*) 1 煮詰める． 2 煮立たせる，沸騰させる． 3 浪費する． **II** (*intr*) 破産する．

decor¹ -ōris, *m* [deceo] 1 見ばえのよいこと，優雅． 2 魅力，愛らしさ． 3 飾り，装飾．

decor² -oris, *adj* 美しい，優雅な．

decorāmen -minis, *n* [decoro] 装飾．

decorātus -a -um, *pp* ⇨ decoro.

decorē *adv* [decorus] 適当に，ふさわしく；優雅に．

dēcoriō -āre -āvī -ātum, °*tr* [de-/corium] 皮をはぐ[むく]．

decoriter *adv* [decor²] 優雅に，優美に．

decorō -āre -āvī -ātum, *tr* [decus] 1 飾る，美しくする． 2 賞賛する，栄誉を与える．

decorōsus -a -um, °*adj* [decus] 優美[優雅]な．

decōrus -a -um, *adj* [decor¹] 1 適当な，ふさわしい． 2 美しい，優雅な． 3 飾られた．

decoxī *pf* ⇨ decoquo.

dēcrēmentum -ī, *n* [decresco] 減少．

dēcremō -āre -āvī -ātum, °*tr* [de-/cremo] 焼きつくす．

dēcrepitus -a -um, *adj* [de-/crepo] 老衰した，老いぼれた．

dēcrēscentia -ae, *f* [↓] 減少．

dēcrēscō -ere -crēvī -crētum, *intr* [de-/cresco] 減少する，下落する．

dēcrētāle -is, °*n* [↓] 【カト】教皇教令，回勅．

dēcrētālis -is -e, *adj* [decerno] 法令の．

dēcrētista -ae, °*m* [decerno] 教会法学者；(中世の大学の)法学生．

dēcrētōrius -a -um, *adj* [decerno] 決定の，決定的な．

dēcrētum -ī, *n* [decerno] 1 決断，決心． 2 法令，命令． 3 【哲】原理．

dēcrētus -a -um, *pp* ⇨ decerno, decresco.

dēcrēvī *pf* ⇨ decerno, decresco.

dēcubuī *pf* ⇨ decumbo.

dēcubitus¹ *pf* ⇨ decumbo.

dēcubitus² -ūs, °*m* 【病】褥瘡(じょくそう)，床ずれ．

dēcubō -āre, *intr* [de-/cubo] 1 床を離れる． 2° 床につく，病気になる．

dēcubuī *pf* ⇨ decumbo.

dē(cu)currī *pf* ⇨ decurro.

dēculcō -āre, *tr* [de-/calco] 踏みつける．

dēculpātus -a -um, *adj (pp)* [de-/culpo] 非難すべき．

dēcultō -āre -āvī -ātum, *tr* [de-/culto] 完全に隠す[おおう]．

decuma -ae, *f* =decima.

decumānus¹,² =decimanus¹,².

decumātēs -ium, *adj pl* [decuma] ~ *agri* (TAC) 十分の一税を課せられる耕地．

dēcumbō -ere -cubuī -cubitum, *intr* [de-/*cumbo (cf. cubo)] 1 横になる，床につく． 2 食卓につく． 3 病気になる． 4 倒れる，死ぬ．

decumus -a -um, *num ord* =decimus.

dēcunctor -ārī, *intr dep* [de-/cunctor] ためらう，手間取る．

decuplō -āre -āvī -ātum, °*tr* [↓] 10 倍にする．

decuplus -a -um, °*adj* [decem/plus] 10 倍の．

decuria -ae, *f* [decem] 1 10 の集まり． 2 十人組[隊]． 3 一団，一組；仲間．

decuriātiō -ōnis, *f* [decurio¹] 十人組に分けること．

decuriātus¹ -a -um, *pp* ⇨ decurio¹.

decuriātus² -ūs, *m* =decuriatio.

decuriō¹ -āre -āvī -ātum, *tr* [decuria] 1 十人組に分ける． 2 組分けする．

decuriō² -ōnis, *m* 1 (ローマ軍の10騎から成る騎兵分隊の)隊長． 2 (自治都市や植民市の)参事会員． 3 一団の奴隷を束ねる頭(かしら)(の奴隷)．

decuriōnālis -is -e, *adj* [↑] 参事会員の．

decuriōnātus -ūs, *m* [decurio²] 1 十人隊長の職． 2 参事会員の職．

dēcurrō -ere -(cu)currī -cursum, *intr, tr* [de-/curro] **I** (*intr*) 1 走り下る；流れ下る <a [ex, de] re in [ad] alqd>． 2 走る，急ぐ <ad alqd [alqm]>． 3 (軍隊が)演習を行なう． 4 (ある手段に)訴える，頼る． **II** (*tr*) 走り終える，走る: *decurrere aetatem* (CIC) 人生という走路を走り終える(=人生を終える)． 2 論ずる．

dēcursiō -ōnis, *f* [↑] 1 走り下ること． 2 急襲． 3 軍事演習．

dēcursus¹ -a -um, *pp* ⇨ decurro.

dēcursus² -ūs, *m* 1 走り下ること；流れ下ること． 2 急襲． 3 軍事演習． 4 走路，行程: ~ *temporis mei* (CIC) 私の(属州総督の)任期． 5 完了．

dēcurtātiō -ōnis, °*f* [decurto] 切断．

dēcurtātus -a -um, *pp* ⇨ decurto.

dēcurtō -āre -ātum, *tr* [de-/curto] 切断する，切り詰める．

decus -coris, *n* [deceo] 1 飾り，装飾． 2 美，優雅，上品． 3 栄誉，光栄． 4 (*pl*) 偉業． 5 徳．

decussātiō -ōnis, *f* [decusso] 1 X 字形にすること． 2° 【解】交叉，キアスマ．

dēcussī *pf* ⇨ decutio¹.

dēcussiō -ōnis, °*f* [decutio¹] 払いのけること．

decussis -is, *m* [decem/as] 1 10 asses 貨幣，10． 3 X 字形の交差．

decussō -āre -āvī -ātum, *tr* [↑] 交差させる，X

字形にする.
dēcussus -a -um, *pp* ⇒ decutio¹.
dēcutere *inf* ⇒ decutio¹.
dēcutiō¹ -tere -cussī -cussum, *tr* [de-/quatio] 振り落とす, 払いのける ⟨alqd alci rei⟩; 打ち倒す.
dēcutiō² -īre, °*tr* [de-/cutis] 皮をはぐ.
dēdamnō -āre -āvī -ātum, °*tr* [de-/damno] 罪を赦す, 赦免する.
dēdeceō -ēre -decuī, *tr* [de-/deceo] **1** 名誉を汚す, ないがしろにする ⟨+*acc*⟩. **2** (主に *impers*) 不適当である, ふさわしくない ⟨alqm; +*inf*⟩: *oratorem vero irasci minime decet, simulare non dedecet* (Cic) 弁論家は決して怒るべきではないが, そのふりをすることは不適当ではない.
dēdecor -oris, *adj* [de-/decus] 不名誉な, 恥ずべき.
dēdecorāmentum -ī, *n* [↓] 不名誉, 恥辱.
dēdecorō -āre -āvī -ātum, *tr* [de-/decoro] 名誉を失わせる, 恥辱を与える.
dēdecorōsē *adv* [↓] 不面目に.
dēdecorōsus -a -um, *adj* [de-/decorosus] 不名誉な, 恥ずべき.
dēdecōrus -a -um, *adj* [de-/decorus] 不名誉な, 恥ずべき ⟨alci⟩.
dēdecus -coris, *n* [de-/decus] **1** 不名誉, 恥辱. **2** 恥ずべき行為, 不行跡, 悪徳. **3** みにくさ.
dedī¹ *pf* ⇒ do.
dēdī² *pass inf* ⇒ dedo.
dēdicātiō -ōnis, *f* [dedico] 奉献, ささげること.
dēdicātīvē °*adv* [↓] 肯定的に.
dēdicātīvus -a -um, *adj* [dedico] 肯定的な.
dēdicātor -ōris, °*m* [dedico] 創始者.
dēdicātus -a -um, *pp* ⇒ dedico.
dēdicō -āre -āvī -ātum, *tr* [de-/dico¹] **1** 表明する. **2** (財産を)申告する. **3** 奉納[奉献]する ⟨alqd; alci alqd⟩. **4** (ある目的に)ささげる, 向ける ⟨alci rei alqd⟩.
dēdidī *pf* ⇒ dedo.
dēdidicī *pf* ⇒ dedisco.
dēdignātiō -ōnis, *f* [dedignor] 軽蔑.
dēdignātus -a -um, *pp* ⇒ dedignor.
dēdignor -ārī -ātus sum, *tr dep* [de-/dignor] 軽蔑する; (軽蔑して)拒絶する, いさぎよしとしない ⟨+*acc*; +*inf*⟩.
dēdiscō -ere -didicī, *tr* [de-/disco] 忘れる ⟨alqd; +*inf*⟩.
dēditīcius¹ -a -um, *adj* [deditio] 降伏した, 従属[隷属]している.
dēditīcius² -ī, *m* 降伏者; 隷属者.
dēditiō -ōnis, *f* [dedo] 降伏, 明渡し.
dēditus -a -um, *adj* (*pp*) [↓] 献身的な; 熱中[傾倒]している, 没頭している, ふけっている ⟨+*dat*⟩.
dēdō -ere -didī -ditum, *tr* [de-/do] **1** 引き渡す, ゆだねる ⟨alci alqd⟩: *dedita operā* (Plaut) 故意に. **2** 明け渡す ⟨alci alqd⟩: *se alci dedere* (Caes) ある人に降伏する. **3** ささげる ⟨alci rei alqd⟩: *se litteris dedere* (Cic) 文学に専念する.
dēdoceō -ēre -cuī -ctum, *tr* [de-/doceo] **1** 忘れさせる, 習慣をやめさせる ⟨alqm +*inf*⟩. **2** 教えて改め

させる ⟨alqm⟩.
dēdoleō -ēre, *intr* [de-/doleo] 痛み[苦痛]がやむ.
dēdomātus -a -um, *adj* [de-/domo¹] (馬が)よく調教された.
dēdūc *sg impr* ⇒ deduco.
dēdūcō -ere -duxī -ductum, *tr* [de-/duco] **1** 引き下ろす ⟨alqm [alqd] [a ex, de] re in [ad] alqd⟩. **2** (部隊を)率いて下る. **3** (船を)出帆させる, 進水させる. **4** 連れ去る, 遠ざける. **5** (部隊を)移動させる. **6** 移民させる, 植民地を建設する. **7** (出所・由来・名を)引き出す ⟨alqd ab alqo [re]⟩: *deducere nomen ab Anco* (Ov) 名は Ancus に由来する. **8** 追い出す ⟨alqm de [a] re⟩: *alqm de fundo deducere* (Cic) [法]ある人を(係争中の)地所から立ちのかせる. **9** (数・値を)減らす, 差し引く ⟨alqd de re⟩. **10** (糸を)紡ぐ. **11** (書類・詩文を)作り上げる, 作成する. **12** 護衛[護送]する, 随行する ⟨alqm in alqd [ad alqm]⟩. **13** (囚人などを)投獄[拘禁]する. **14** (妻を)めとる. **15** (教育のため青年を政治家などに)委託する. **16** 誘う, 味方に引き入れる ⟨alqm ad [in] alqd⟩. **17** (ある状態・立場へ)導く, 移す: *deducere alqm in periculum* (Caes) ある人を危険に陥れる. **18** 演繹[推理]する.
dēductiō -ōnis, *f* [↑] **1** 運び去ること, 搬出 ⟨alcis in alqd⟩. **2** 護送, 護衛. **3** 立ちのかせること. **4** 植民, 移民. **5** 差引き. **6** 演繹, 推理.
dēductor -ōris, *m* [deduco] 1° 教師, 指導者. **2** 付添人.
dēductus -a -um, *adj* (*pp*) [deduco] **1** 内側に曲がった. **2** (声が)かぼそい, 弱い.
dēduxī *pf* ⇒ deduco.
deēbriātus -a -um, °*adj* [de-/ebrius] 酔っぱらった.
deerrō -āre -āvī -ātum, *intr* [de-/erro¹] **1** 道に迷う, はずれる, それる ⟨(a) re⟩. **2** あやまちを犯す.
deësse *inf* ⇒ desum.
dēfaecābilis -is -e, °*adj* [defaeco] 洗うことできる.
dēfaecātiō -ōnis, °*f* [defaeco] 洗うこと, 洗浄.
dēfaecātus -a -um, *pp* ⇒ defaeco.
dēfaecō -āre -āvī -ātum, *tr* [de-/faex] **1** おり[かす]を取り除く. **2** きれいにする.
dēfaenerō -āre -āvī -ātum, *tr* [de-/foenus] 暴利をむさぼる, 破滅させる.
dēfāmātus -a -um, *adj* [de-/fama] 悪名高い.
dēfāmis -is -e, *adj* [de-/fama] 恥ずべき, 不名誉な (=infamis).
dēfarīnātus -a -um, °*adj* [de-/farina] 粉末にした.
dēfatīgābilis -is -e, °*adj* [defatigo] 疲れさせうる.
dēfatīgātiō -ōnis, *f* [defatigo] 疲労, 消耗; 倦怠.
dēfatīgātus -a -um, *pp* ⇒ defatigo.
dēfatīgō -āre -āvī -ātum, *tr* [de-/fatigo] **1** 疲れさせる, 疲労させる ⟨alqm re⟩. **2** 弱らせる.
dēfatīscī *inf* ⇒ defatiscor.
dēfatīscor -scī, *intr* =defetiscor.
dēfēcābilis -is -e, °*adj* =defaecabilis.
dēfēcī *pf* ⇒ deficio.

dēfectibilis -is -e, °*adj* [deficio] 虚弱な.
dēfectiō -ōnis, *f* [deficio] **1** 不足, 欠乏. **2** 背反, 謀反. **3** 衰弱, 疲労: ~ animi 人事不省. **4** (太陽・月の)食.
dēfectīvus -a -um, °*adj* [deficio] 欠陥のある, 不完全な: verba defectiva 《文》欠如動詞.
dēfector -ōris, *m* [deficio] 反逆者, 謀反人.
dēfectus[1] -a -um, *adj* (*pp*) [deficio] 衰弱した, 無力な.
dēfectus[2] -ūs, *m* =defectio.
dēfendī *pf* ⇨ defendo.
dēfendō -ere -fendī -fensum, *tr* [de-/*fendo (*cf.* offendo)] **1** 防ぐ, 遠ざける, 避ける 〈alci alqd; alqd ab alqo〉: defendere nimios solis ardores (Cɪᴄ) 過度の太陽の熱を避ける. **2** 阻止する, 抵抗する 〈*abs*〉. **3** 保護する 〈alqm [alqd] ab alqo; alqm [alqd] contra [adversus] alqm〉: defendere se regnumque suum ab Romanorum avaritia (Sᴀʟʟ) 自分と自分の王国をローマ人の貪欲から守る. **4** 擁護する, 弁護する. **5** (立場・役割を)維持する, 遂行する: defendere vicem rhetoris atque poetae (Hᴏʀ) 雄弁家と詩人の役割を持ち続ける. **6** (主張を)貫く 〈alqd; +acc c. inf; +間接疑問〉.
dēfēnerātus -a -um, *adj* (*pp*) [↓] 借金で首の回らぬ.
dēfēnerō -āre, *tr* =defaenero.
dēfensābilis -is -e, °*adj* [defenso] 擁護[弁護]できる.
dēfensāculum -ī, °*n* [defenso] 防ぐ方法[手段].
dēfensiō -ōnis, *f* [defendo] **1** 防衛, 防御: ~ urbium (Cᴀᴇs) 町の防衛. **2** 弁明, 弁護. **3**° 訴追; 処罰.
dēfensiōnālis -is -e, °*adj* [↑] 弁護の.
dēfensitō -āre -āvī, *tr freq* [↓] しばしば弁護を行なう: causas defensitare (Cɪᴄ) 弁護士活動をする.
dēfensō -āre -āvī -ātum, *tr intens* [defendo] (精力的に)防衛する.
dēfensor -ōris, *m* [defendo] **1** 避ける者. **2** 防御者. **3** 擁護者, 弁護者.
dēfensōrius -a -um, °*adj* [↑] 防御の, 擁護の.
dēfenstrix -īcis, *f* [↑] 防御[擁護]者《女性》.
dēfensus -a -sum, *pp* ⇨ defendo.
dēferbuī *pf* ⇨ defervesco.
dēferens -entis, °*adj* (*prp*) [defero]《解》輸出の, (輸)精管の.
dēferentiālis -is -e, °*adj* [↓]《解》精管の.
dēferō -ferre -tulī -lātum, *tr* (*intr*) [de-/fero] **1** 運ぶ, 連れてゆく 〈alqd [alqm] in [ad] alqd; alqd ad alqm〉. **2** 下へ運ぶ, 落とす: in praeceps deferri (Lɪᴠ) まっさかさまに落とす. **3** (船を)進ませる. **4** 提供する, 譲り渡す, ゆだねる 〈alci alqd; alqd ad alqm〉. **5** 知らせる, 報告する 〈alqd ad alqm; de re; +acc c. inf〉. **6** 起訴する, 告発する: deferre nomen amici mei de ambitu (Cɪᴄ) 私の友人を贈賄の罪で告発する. **7** 申告する: in censum deferre (Gᴇʟʟ)(財産を)監察官(censor)に申告する.
dēferre *inf* ⇨ defero.
dēfervefacere *inf* ⇨ defervefacio.

dēfervefaciō -facere -fēcī -factum, *tr* [de-/fervefacio] 煮立たせる.
dēfervefactus -a -um, *pp* ⇨ defervefacio.
dēfervefēcī *pf* ⇨ defervefacio.
dēferveō -ēre, *intr* [de-/ferveo] **1** 沸騰する, 煮え立つ, 泡立つ. **2** 沸騰がおさまる, 静まる.
dēfervescō -ere -fervī [-ferbuī], *intr* [de-/fervesco] **1** 激しく沸騰する, 煮え立つ, 泡立つ. **2** 沸騰がおさまる, 静まる.
dēfervī *pf* =deferbui (⇨ defervesco).
dēfessus -a -um, *adj* (*pp*) [defetiscor] 疲労した, 衰弱した 〈re〉.
dēfetīgātiō -ōnis, *f* =defatigatio.
dēfetīgō -āre, *tr* =defatigo.
dēfetiscentia -ae, °*f* [defetiscor] 疲労, 衰弱.
dēfetiscī *inf* ⇨ defetiscor.
dēfetiscor -scī -fessus sum, *intr dep* [de-/fatiscor] 疲れはてる.
dēficax -ācis, °*adj* [deficio] 足りない, 役に立たない.
dēficere *inf* ⇨ deficio.
dēficienter °*adv* [deficio] 不十分に.
dēficientia -ae, °*f* [↓] 不足.
dēficiō -cere -fēcī -fectum, *intr, tr* [de-/facio] **I** (*intr*) **1** 背く, 離反する, 寝返る 〈ab alqo; ad alqm〉: deficere a patribus ad plebem (Lɪᴠ) 元老議員派から民衆派へと寝返る. **2** 不足する, なくなる, 消える: animo deficere (Cᴀᴇs) 気落ちする. **3** (太陽・月が)欠ける, 沈む, 食になる. **4** 終わる, 死ぬ. **II** (*tr*) 見捨てる 〈alqm〉; (*pass*) 持っていない 〈+abl〉: mulier abundat audaciā, consilio et ratione deficitur (Cɪᴄ) その女性は大胆さには富んでいるが, 判断力や理性に欠けている.
dēfierī *inf* ⇨ defio.
dēfīgō -ere -fīxī -fīxum, *tr* [de-/figo] **1** 打ち込む, 打ちつける 〈alqd in re〉. **2** (目・精神を)じっと向ける, 集中する: omnes vigilias, curas, cogitationes in rei publicae salute defigere (Cɪᴄ) あらゆる警戒と注意と心遣いを国家の安全に向ける. **3** 定着させる, 植え付ける: defigere in oculis omnium furta atque flagitia (Cɪᴄ) すべての人の目にも(おまえの)罪と罰を刻みつける. **4** (恐怖・驚きなどで)動けなくさせる. **5** 魅了する, 呪縛する.
dēfigūrātus -a -um, °*adj* (*pp*) [↓]《文》派生した: nomen defiguratum 派生名詞.
dēfigūrō -āre -āvī -ātum, °*tr* [de-/figuro] **1** 描き出す. **2** 形をそこなう.
dēfindō -ere, *tr* [de-/findo] 割る.
dēfingō -ere -finxī, *tr* [de-/fingo] **1** 形づくる, 形成する. **2** 形をそこなう.
dēfinienter °*adv* [↓] 明確に.
dēfīniō -īre -īvī -ītum, *tr* [de-/finio] **1** 境界を画する, 区切る 〈alqd〉. **2** 指定する: definire tempus adeundi (Cᴀᴇs) 出撃の時を決定する. **3** 制限する. **4** 定義する.
dēfīnītē *adv* [definitus] 明確に, はっきりと.
dēfīnītiō -ōnis, *f* [definio] **1** 限定, 規定. **2** 定義づけ.
dēfīnītīvē *adv* [↓] 確定的に, 明確に.

dēfīnītīvus -a -um, *adj* [definio] 確定的な, 明確な.
dēfīnītor -ōris, °*m* [definio] 規定する者, 定義する者.
dēfīnītus -a -um, *adj* (*pp*) [definio] **1** 限定された. **2** 明確な.
dēfīnxī *pf* ⇨ defingo.
dēfīō -fierī, *intr* [de-/fio; *cf.* deficio] 不足する ⟨alci⟩.
dēfīxī *pf* ⇨ defigo.
dēfīxus *pp* ⇨ defigo.
dēflagrātiō -ōnis, *f* [deflagro] 災上, 焼失; 火災.
dēflagrātus -a -um, *pp* ⇨ deflagro.
dēflagrō -āre -āvī -ātum, *intr*, *tr* [de-/flagro] **I** (*intr*) **1** 災上する, 焼失する. **2** 火が消える. **II** (*tr*) 焼き払う, 焼き尽くす; 破壊する.
dēflātus -a -um, *pp* ⇨ deflo.
dēflectō -ere -flexī -flexum, *tr*, *intr* [de-/flecto] **I** (*tr*) **1** 下[横]へ曲げる. **2** 向きを変えさせる, そらす ⟨alqd [alqm] a [de] re in [ad] alqd⟩. **3** 変化[変形]させる. **II** (*intr*) それる, はずれる, 脱線する ⟨a [de] re; ad alqd⟩.
dēfleō -ēre -flēvī -flētum, *tr*, *intr* [de-/fleo] **1** (…を)悲しんで泣く, 嘆く ⟨alqd [alqm]⟩. **2** 存分に泣く.
dēflētus -a -um, *pp* ⇨ defleo.
dēflēvī *pf* ⇨ defleo.
dēflexī *pf* ⇨ deflecto.
dēflexiō -ōnis, °*f* [deflecto] それること.
dēflexus[1] -a -um, *pp* ⇨ deflecto.
dēflexus[2] -ūs, *m* それること, 逸脱.
dēflō -āre -āvī -ātum, *tr* [de-/flo] **1** 吹き払う, 吹き飛ばす. **2**° ペラペラ話す.
dēflōrātiō -ōnis, °*f* [defloro] 花を摘み取ること.
dēflōrātus -a -um, *pp* ⇨ defloro.
dēflōreō -ēre, *intr* [de-/floreo] 花が開く.
dēflōrescō -ere -ruī, *intr* [↑] **1** 花が散る. **2** 凋落する, 衰退する.
dēflōrō -āre -āvī -ātum, °*tr* [de-/flos] 花を摘み取る.
dēflōruī *pf* ⇨ defloresco.
dēfluō -ere -fluxī -fluxum, *intr* [de-/fluo] **1** (水などが)下へ流れる, 流れ落ちる ⟨a [de, ex] re in [ad] alqd⟩. **2** (髪・衣服などが)垂れ下がる. **3** (川などを)流れる. **4** 落下する, 下降する. **5** (…から)流れ出す, 離れる ⟨a re⟩; (…へ)移る ⟨ad alqd⟩: *a necessariis artificiis ad elegantiora defluximus* (Cic) 必要な技術からより洗練されたものへと我々は移っていった. **6** 生じる, 由来する ⟨a re⟩. **7** 流れ去る. **8** 消える, やむ.
dēfluus -a -um, *adj* [↑] 流れ下る; 下降する.
dēfluvium -ī, *n* [defluo] 流出; 落下.
dēfluxī *pf* ⇨ defluo.
dēfluxiō -ōnis, °*f* [defluo] 流出, 放出.
dēfluxus -a -um, *pp* ⇨ defluo.
dēfodere *inf* ⇨ defodio.
dēfōdī *pf* ⇨ defodio.
dēfodiō -dere -fōdī -fossum, *tr* [de-/fodio] **1** 掘る; 掘り出す. **2** (地中に)埋める ⟨alqd in re [alqd]⟩. **3** 隠す.
dēfoedō -āre -āvī, °*tr* [de-/foedo] よごす, けがす.
dēfoliō -āre -āvī -ātum, °*tr* [de-/folium] 葉を取る.
dēforās °*adv* [de/foras] 外に.
dēfore *inf fut* ⇨ desum.
dēforis °*adv* [de/foris[2]] 外から.
dēformātiō -ōnis, *f* [deformo] **1** 形づくること, 外形, 意匠. **2** 形をそこなうこと.
dēformis -is -e, *adj* [de-/forma] **1** 形を損じた, ぶかっこうな, 醜い. **2** 不面目な, 恥ずべき.
dēformitās -ātis, *f* [↑] **1** 形がそこなわれていること, ぶかっこう, 醜さ. **2** 不面目, 恥辱.
dēformiter *adv* [deformis] **1** 醜く. **2** 不面目に.
dēformō -āre -āvī -ātum, *tr* [de-/formo] **1** 形づくる. **2** 叙述する, 描写する. **3** 形をそこなう, 醜くする. **4** 名誉を傷つける, 恥辱を与える.
dēfossus -a -um, *pp* ⇨ defodio.
dēfractus -a -um, *pp* ⇨ defringo.
dēfraudātiō -ōnis, °*f* [defraudo] **1** 詐欺, 詐取. **2** 不足, 欠乏.
dēfraudātor -ōris, *m* [↓] 欺く人, 詐欺師.
dēfraudō -āre -āvī -ātum, °*tr* [de-/fraudo] 欺く, だます; だまし取る ⟨alqm re⟩.
dēfrēgī *pf* ⇨ defringo.
dēfrēnātus -a -um, *adj* [de-/freno] **1** 手綱のない. **2** 抑制のきかない, 奔放な.
dēfricātē *adv* [defricatus] 辛辣に.
dēfricātiō -ōnis, °*f* [defrico] 摩擦, こすること.
dēfricātus -a -um, *pp* ⇨ defrico.
dēfricō -āre -cuī -ctum [-cātum], *tr* [de-/frico] **1** こすり落とす, 磨く. **2** こきおろす, 痛罵する.
dēfrictus -a -um, *pp* =defricatus (⇨ defrico).
dēfricuī *pf* ⇨ defrico.
dēfrīgescō -ere -frixī, *intr* [de-/frigesco] 冷たくなる.
dēfringō -ere -frēgī -fractum, *tr* [de-/frango] **1** 摘み[折り]取る. **2** 粉砕[破壊]する.
dēfrīxī *pf* ⇨ defrigesco.
dēfrūdō -āre, *tr* =defraudo.
dēfrūmentum -ī, °*n* [de-/frumentum] 損害, 不利益.
defruor -fruī, *intr dep* [de-/fruor] 味わいつくす ⟨re⟩.
dēfrustō -āre -āvī -ātum, °*tr* [de-/frustum] ばらばらにする, 分割する.
dēfrustror -ārī, *tr dep* [de-/frustror] (完全に)だます.
dēfrutum -ī, *n* [de-/ferveo] (煮詰めた)ブドウ液.
dēfūdī *pf* ⇨ defundo.
dēfuga -ae, °*m* [defugio] 逃亡者.
dēfugere *inf* ⇨ defugio.
dēfūgī *pf* ⇨ defugio.
dēfugiō -gere -fūgī, *tr*, *intr* [de-/fugio] **I** (*tr*) 逃げる, 避ける, 遠ざける ⟨alqd⟩. **II** (*intr*) 逃げる ⟨abs⟩.
dēfuī *pf* ⇨ desum.
dēfunctōriē *adv* [↓] うわべだけ, おざなりに.

dēfunctōrius -a -um, *adj* [defungor] うわべだけの、おざなりの.

dēfunctus[1] -a -um, *adj* (*pp*) [defungor] 死んだ; 死者の.

dēfunctus[2] -ī, *m* 死者.

dēfunctus[3] -ūs, °*m* 死.

dēfundō -ere -fūdī -fūsum, *tr* [de-/fundo[2]] 注ぎ出す、つぐ.

dēfungī *inf* ⇒ defungor.

dēfungor -ī -functus sum, *intr dep* [de-/fungor] 1 終える; 果たす、なし遂げる <re>: *defunctus honoribus* (Cɪᴄ) 役職を勤め終えて. 2 死ぬ.

dēfurō -ere, °*intr* 1 (怒りが)静まる. 2 怒る.

dēfūsiō -ōnis, *f* [defundo] (液体を)つぐこと.

dēfūsus -a -um, *pp* ⇒ defundo.

dēfutūrus -a -um, *fut p* ⇒ desum.

dēfutūtus -a -um, *adj* [de-/futuo] (房事で)疲れはてた.

dēgener -neris, *adj* [de-/genus[1]] 1 退歩した、堕落した <a re; alcis rei>: *patriae non ~ artis* (Ov) 父親の技を失っていない. 2 卑しい、価値のない: *ceterorum preces degeneres fuere ex metu* (Tᴀᴄ) 他の者たちの嘆願は恐怖のあまり卑屈であった.

dēgenerātiō -ōnis, °*f* [↓] 1 堕落、退歩. 2 〖生物〗退化. 3 〖病〗(細胞・組織の)変性.

dēgenerō -āre -āvī -ātum, *intr, tr* [degener] 1 退歩する、堕落する <ab alqo [re]; in alqd>. 2 堕落させる、おとしめる.

dēgerō -ere -gessī -gestum, *tr* [de-/gero] 持って行く、運び去る.

dēgessī *pf* ⇒ degero.

dēgestus -a -um, *pp* ⇒ degero.

dēgī *pf* ⇒ dego.

dēglabrō -āre -āvī -ātum, °*tr* [de-/glabro] なめらかにする.

dēglūbō -ere -gluptum, *tr* [de-/glubo] 皮をむく <alqd>.

dēgluptus -a -um, *pp* ⇒ deglubo.

dēglūtinō -āre -āvī -ātum, *tr* [de-/glutino] はがす.

dēglūtiō, -gluttiō -īre, *tr* [de-/glutio] のみ下す、のみ込む.

dēgō -ere dēgī, *tr, intr* [de-/ago] 1 (時を)過ごす. 2 生活する、暮らす.

dēgradātiō -ōnis, °*f* [↓] 降格、罷免.

dēgradō -āre -āvī -ātum, °*tr* [de-/gradus] 降格する、免職する.

dēgrandinat -āre, *intr impers* [de-/grandinat] 雹が降りつづける.

dēgravō -āre -ātum, *tr* [de-/gravo] 1 押しつける、押しつぶす、圧迫する. 2 悩ます.

dēgredī *inf* ⇒ degredior.

dēgredior -dī -gressus sum, *intr dep* [de-/gradior] 1 下って行く、下方へ進む <(de [ex, a]) re; in [ad] alqd>. 2 立ち去る、退く.

dēgressiō -ōnis, *f* [↑] =digressio.

dēgressus -a -um, *pp* ⇒ degredior.

dēgrūmō -āre, *tr* [de-/gruma] 平らにする、整える.

dēgrunniō -īre, *intr* [de-/grunnio] 激しくうなる.

dēgulātor -ōris, *m* [↓] 大食漢.

dēgulō -āre -āvī -ātum, *tr* [de-/gula] のみ込む、がつがつ食う.

dēgustātiō -ōnis, *f* [↓] 味わうこと.

dēgustō -āre -āvī -ātum, *tr* [de-/gusto] 1 味わう. 2 味見する. 3 試みる、試す.

dehabeō -ēre -habuī -habitum, °*tr* [de-/habeo] 持っていない、欠けている.

dehauriō -īre -hausī -haustum, *tr* [de-/haurio] 1 すくい取る. 2 のみ込む.

dehausī *pf* ⇒ dehaurio.

dehaustus -a -um, *pp* ⇒ dehaurio.

dehibeō -ēre, *tr* (*intr*) =debeo.

dehinc *adv* [de/hinc] 1 ここから. 2 今から、今後; その後. 3 そこで直ちに、これに続いて.

dehīscō -ere, *intr* [de-/hisco] 割れる、裂ける、大きく開く.

dehonestāmentum -ī, *n* [dehonesto] 汚点; 不名誉.

dehonestās -ātis, *f* [dehonesto] 不名誉、恥辱.

dehonestātiō -ōnis, °*f* [↓] 侮辱、名誉を傷つけること.

dehonestō -āre, *tr* [de-/honesto] 侮辱する、名誉を傷つける.

dehonōrō -āre -āvī -ātum, °*tr* [de-/honoro] 名誉を傷つける.

dehortātiō -ōnis, °*f* [↓] 思いとどまらせること、諌止.

dehortor -ārī -hortātus sum, *tr dep* [de-/hortor] 思いとどまらせる、諌止(ᕁᐧ)する <alqm a re; ne; + *inf*>.

Dēianīra -ae, *f* 〖Gk〗〖伝説〗デイアニーラ、*デーイアネイラ《Calydon の王 Oeneus の娘で Hercules の妻》.

dēicere *inf* ⇒ deicio.

deicīda -ae, °*m* [deus/caedo] 神(キリスト)を殺した者.

dēiciō -cere -jēcī -jectum, *tr* [de-/jacio] 1 下方へ投げる、投げ落とす <alqm [alqd] (a [de, ex]) re in alqd>. 2 打ち倒す; 殺す. 3 撃ち落とす: *avem caelo dejecit ab alto* (Vᴇʀɢ) 高い空から鳥を射落とした. 4 (視線・顔を)伏せる、下へ向ける. 5 向きを変えさせる、転じさせる: *eum de sententia dejecistis* (Cɪᴄ) あなたがたは彼に意見を撤回させた. 6 追い出す、たたき出す <alqm (de [ex]) re in [ad] alqd>. 7 遠ざける、追い払う <alqm de re>: *de honore deici* (Cɪᴄ) 名誉を奪われる.

deicola -ae, °*m* [deus/colo[2]] 神の崇拝者.

Dēidamīa -ae, *f* 〖Gk〗〖伝説〗デーイダミーア、*-メイア《Scyros 島の王 Lycomedes の娘; Achilles に愛されて Pyrrhus (=Neoptolemus) の母となる》.

deifer -fera -ferum, °*adj* [deus/fero] 神を宿している.

deiferus -fera -ferum, °*adj* =deifer.

deificātiō -ōnis, °*f* [↓] 神聖視、神格化.

deificō -āre -āvī -ātum, °*tr* [deus/facio] 神格化する、神として祭る[あがめる].

deificus -a -um, °*adj* [↑] 1 神として祭る[あがめ

dein — deletio

る]、神格化する. **2** 神々しい、神聖な.
dein *adv* =deinde.
deinceps[1] -cipitis [-cipis], *adj* [↑/capio[1]] 次の、続く.
deinceps[2] *adv* 次に、続いて: *clamore significant, hunc alii ~ excipiunt et proximis tradunt* (CAES) 彼らは大声で(情報を)知らせる. すると別の者たちが次々にこれを受けて隣村へ伝達する.
deinde *adv* [de-/inde] **1** 次いで、それから. **2** その後、以後.
deinsuper °*adv* 上から.
deintegrō -āre -āvī -ātum, *tr* [de-/integro] 傷つける、そこなう.
deintus °*adv* 中から.
Dēionidēs -ae, *m* [*Gk*] Apollo と Deione の息子 (=Miletus).
Dēiotarus -ī, *m* デイオタルス《Galatia の四分領大守 (前1世紀)》.
deipara -ae, °*f* [deus/pario[2]] 《教会》神の母 (=聖母マリア).
Deipassiānī -ōrum, °*m pl* [deus/patior] 《教会》天父受難説(天父が地上に生まれ受難したと説く初代教会の異端説)の信者たち.
Dēiphobē -ēs, *f* [*Gk*] 《神話》デーイポベー《Cumae の巫女; Aeneas を冥界へ導いた》.
Dēiphobus -ī, *m* [伝説] デーイポブス、*-ボス《Troja の王 Priamus と Hecuba の息子; Paris の死後 Helena の夫となったが、Troja 陥落の際 Menelaus に殺された》.
deitās -ātis, °*f* [deus] 神性 (=divinitas).
dējēcī *pf* ⇨ deicio.
***dējectē** °*adv* [dejectus[1]] (用例は *comp* dējectius のみ) 謙遜して.
dējectibilis -is -e, °*adj* [deicio] 軽蔑に値する、排斥されるべき.
dējectiō -ōnis, *f* [deicio] **1** ° 引き倒すこと. **2** (所有地から)立ち退かせること. **3** 《医》 脱便; 下痢. **4** ° 降格.
dējectus[1] -a -um, *adj* (*pp*) [deicio] **1** たれ下がった; 低い. **2** 打ちひしがれた、落胆した.
dējectus[2] -ūs, *m* **1** 投げ倒す[落とす]こと. **2** 斜面、勾配.
dējerātiō -ōnis, *f* [↓] 誓い、誓約.
dējerō -āre -āvī -ātum, *intr*, *tr* [*cf.* juro] 誓約する.
dējiciō -cere, *tr* =deicio.
dējugis -is -e, °*adj* [de-/jugum] 斜面の、傾斜した.
dējugō -āre -āvī -ātum, *tr* [de-/jugo] 引き離す、分離する.
dējunctus -a -um, *pp* ⇨ dejungo.
dējungō -ere -junctum, *tr* [de-/jungo] ほどく、引き離す.
dējūrātiō -ōnis, *f* [dejuro] =dejeratio.
dējūrium -ī, *n* [↓] 誓い、誓約.
dējūrō -āre, *intr*, *tr* ⇨ dejero.
dējuvō -āre, *intr* [de-/juvo] 助けない、援助を拒む.
dēlābī *inf* ⇨ delabor.
dēlābor -bī -lapsus sum, *intr dep* [de-/labor[1]] **1** 下方へすべって行く、すべり落ちる、落下する 〈de [ex, a]) re〉. **2** 由来する、発生する 〈a re〉. **3** (ある状態に)陥る 〈in [ad] alqd〉: *delabi in amorem libertae* (TAC) 女解放奴隷との恋に陥る.
dēlabōrō -āre -āvī -ātum, *intr* [de-/laboro] 熱心に働く.
dēlacerō -āre -āvī -ātum, *tr* [de-/lacero] ずたずたに引き裂く.
dēlacrimātiō -ōnis, *f* [↓] **1** 涙が出ること. **2** 涙が止まる[泣きやむ]こと.
dēlacrimō -āre, *intr* [de-/lacrimo] 涙を流す.
dēlambō -ere, *tr* [de-/lambo] なめる.
dēlāmentor -ārī, *tr dep* [de-/lamentor] 嘆く、悼む.
dēlaniō -āre -āvī -ātum, *tr* [de-/lanio[1]] 引き裂く.
dēlapsus -a -um, *pp* ⇨ delabor.
dēlassō -āre -āvī -ātum, *tr* [de-/lasso] すっかり疲れさせる、疲れはてさせる.
dēlātiō -ōnis, *f* [defero] 告発.
dēlātor -ōris, *m* [defero] 告発者、通報者.
dēlātūra -ae, °*f* [defero] 告発、通報.
dēlātus -a -um, *pp* ⇨ defero.
dēlēbilis -is -e, *adj* [deleo] 消すことのできる.
dēlectābilis -is -e, *adj* [delecto] 楽しい、快い、おいしい.
dēlectābiliter *adv* [↑] 楽しく.
dēlectāmentum -ī, *n* [delecto] 娯楽.
dēlectātiō -ōnis, *f* [delecto] 楽しみ、娯楽.
dēlectī -ōrum, *m pl* [delectus[1]] えり抜きの者たち、精鋭.
dēlectiō -ōnis, *f* [deligo[1]] 選択.
dēlectō -āre -āvī -ātum, *tr intens* [delicio] **1** 喜ばせる、楽しませる; 魅する 〈alqm re〉. **2** (*pass*) 楽しむ、喜ぶ 〈re; +*inf*〉.
dēlectus[1] -a -um, *pp* ⇨ deligo[1].
dēlectus[2] -ūs, *m* **1** 選択. **2** 徴募.
dēlēgātiō -ōnis, *f* [delego] **1** 《法》債権の譲渡. **2** 他人に代理させること. **3** ° 税額の決定、徴税.
dēlēgātor -ōris, °*m* [delego] 委譲する人.
dēlēgātus -ī, °*m* (*pp*) [delego] 《法》債権の譲渡.
dēlēgī *pf* ⇨ deligo[1].
dēlēgō -āre -āvī -ātum, *tr* [de-/lego[1]] **1** 代理人として派遣する 〈alqm in alqd; alqm ad alqm〉. **2** 委任する 〈alci alqd; alqd ad alqm〉. **3** 転付する、譲渡する. **4** (…に)帰する 〈alci alqd; alqd ad alqm〉.
dēlēnificus -a -um, *adj* [delenio/facio] なだめる、うっとりさせる、機嫌を取る.
dēlēnīmentum -ī, *n* [↓] 慰撫、おだて、甘言、誘惑.
dēlēniō -īre -īvī -ītum, *tr* [de-/lenio] **1** なだめる. **2** 誘惑する、魅する.
dēlēnītor -ōris, *m* [↑] なだめる者.
dēleō -ēre -ēvī -ētum, *tr* [de-/*cf.* lino] **1** 消し去る、ぬぐい去る. **2** 全滅させる、抹殺する、破壊する. **3** 終らせる: *omnes leges unā rogatione delere* (CIC) すべての法律をたった一つの提案によって廃止する.
dēlētiō -ōnis, *f* [↑] 破壊、全滅.

dēlētrix -īcis, *f* [deleo] 破壊者《女性》.
dēlētus[1] -a -um, *pp* ⇨ deleo.
dēlētus[2] -ūs, °*m* =deletio.
dēlēvī *pf* ⇨ deleo.
Dēlia -ae, *f* [Delius[1]] Delos 島の女神 (=Diana).
Dēliacus -a -um, *adj* Delos 島の.
dēlībāmentum -ī, *n* [delibo] 献酒.
dēlībātiō -ōnis, °*f* [delibo] 取り去ること.
dēlīberābundus -a -um, *adj* [delibero] 慎重に考慮する.
dēlīberātē °*adv* [deliberatus] 熟慮して.
dēlīberātiō -ōnis, *f* [delibero] 熟考, 熟慮; 審議: *res habet deliberationem* (Cic) その問題には熟慮を要する.
dēlīberātīvus -a -um, *adj* [delibero] 熟慮[審議]の.
dēlīberātor -ōris, *m* [delibero] 熟考者.
dēlīberātus -a -um, *adj* (*pp*) [↓] (十分に)熟考された, 確固とした.
dēlīberō -āre -āvī -ātum, *intr*, *tr* [de-/libra] 1 熟考する; 審議する ‹de re; alqd›. 2 相談する. 3 (*pf* で) 決心[決定]する ‹alqd; +*inf*›.
dēlībō -āre -āvī -ātum, *tr* [de-/libo] 1 (少し)取り去る, 汲み出す ‹alqd ex re›. 2 (少し)味わう, 試してみる. 3 減ずる, そこなう ‹alqd de re›: *delibare alqd de honestate* (Cic) 名誉を幾分かそこなう.
dēlībrō -āre -ātum, *tr* [de-/liber] 皮をむく.
dēlibuī *pf* ⇨ delibuo.
dēlibuō -ere -libuī -libūtum, °*tr* [↓] 塗る.
dēlibūtus -a -um, *adj* [de-/cf. Gk λείβω] 1 塗られた. 2 侵された, 潰かった.
dēlicāta -ae, *f* [delicatus] 妾, 情婦.
dēlicātē *adv* [↓] 快く, 気持よく.
dēlicātus[1] -a -um, *adj* [*cf.* deliciae] 1 快い, 魅力的な, 優美な. 2 甘やかされた, 柔弱な. 3 享楽的な, 遊惰な. 4 好みのやかましい.
dēlicātus[2] -ī, *m* お気に入りの奴隷, 稚児.
dēlicere *inf* ⇨ delicio.
dēliciae -ārum, *f pl* [de-/lacio] 1 楽しみ, 享楽. 2 お気に入り. 3 飾り, 装飾; ぜいたく(品).
dēliciō -cere, *tr* [de-/lacio] 誘惑する.
dēliciolae -ārum, *f pl dim* [deliciae] お気に入り.
dēliciōsus -a -um, °*adj* [deliciae] 快い, 魅力ある.
dēlicium -ī, *n* [de-/lacio] お気に入り.
dēlictum -ī, *n* (*pp*) [delinquo] 違反, 過失.
dēlicuī *pf* ⇨ deliquesco.
dēlicus -a -um, *adj* (豚から)乳離れした.
dēlicuus -a -um, *adj* [*cf.* delinquo] 不足している, 欠けている.
dēligō[1] -ere -lēgī -lectum, *tr* [de-/lego[2]] 1 選ぶ, 選抜する. 2 摘み取る, もぎ取る.
dēligō[2] -āre -āvī -ātum, *tr* [de-/ligo[2]] 結びつける, つなぐ, 縛る ‹alqd ad alqd; alqd in re›.
dēlīmitātiō -ōnis, °*f* [↓] 区画, 境界画定.
dēlīmitō -āre -āvī -ātum, *tr* [de-/limito] 区画する, 境界を画定する.
dēlīmō -āre -āvī -ātum, *tr* [de-/limo[1]] やすりをかける.

dēlīneātiō -ōnis, °*f* [↓] 輪郭を描くこと, 素描.
dēlīneō -āre -āvī, *tr* [de-/lineo] 輪郭を描く, 描き出す ‹alqd›.
dēlingō -ere -linxī, *tr* [de-/lingo] なめる.
dēlīniō -īre, *tr* =delenio.
dēlinō -ere -litum, *tr* [de-/lino] 塗りつける, ぬたくる.
dēlinquentia -ae, °*f* =delictum.
dēlinquō -ere -līquī -lictum, *intr* (*tr*) [de-/linquo] 1 欠けている. 2 誤る, 違反する ‹in re›. 3 (罪を)犯す.
dēlinxī *pf* ⇨ delingo.
dēliquēscō -ere -licuī, *intr* [de-/liquesco] 1 溶ける. 2 なくなる, 消える.
dēlīquī *pf* ⇨ delinquo.
dēliquiō -ōnis, *f* [delinquo] 不足, 欠乏.
dēliquium -ī, *n* [delinquo] 不足, 欠乏: ~ *solis* (Plin) 日食.
dēliquō -āre -āvī -ātum, *tr* [de-/liquo] 1 (液体を)濾(こ)す. 2 明らかにする, 説明する.
dēlīrāmentum -ī, *n* [deliro] たわごと, ばかげたこと.
dēlīrātiō -ōnis, *f* [deliro] 1 畝からはずれること. 2 譫妄(せんもう)(状態), 狂乱.
dēlīrium -ī, *n* [delirus] 1 〖病〗譫妄(せんもう)(状態), 狂乱.
dēlīrō -are, *intr* [de-/lira] 1 畝からはずれる. 2 狂乱している.
dēlīrus -a -um, *adj* [↑] 狂乱した.
dēlitēscō -ere -lituī, *intr* [de-/latesco[2]] 隠れる, 姿を隠す, 身を潜める ‹in re›.
dēlītīgō -āre, *intr* [de-/litigo] がみがみ言う, ののしる.
dēlitīscō -ere, *intr* =delitesco.
dēlituī *pf* ⇨ delitesco.
dēlitus -a -um, *pp* ⇨ delino.
Dēlium -ī, *n* [*Gk*] デーリウム, *-オン《Boeotia の港町; Apollo の神殿がある; Boeotia 軍が Athenae 軍を破った地として有名》.
Dēlius[1] -a -um, *adj* 1 Delos 島の. 2 Delos 島の神 Apollo の.
Dēlius[2] -ī, *m* Delos 島の神 (=Apollo).
Dellius -ī, *m* デッリウス《*Q.* ~, Horatius の友人》.
Delmat- ⇨ Dalmat-.
dēlocātiō -ōnis, °*f* [de-/loco] 〖医〗転位, 脱臼.
dēlongē, dē longē °*adv* 遠く‹から›.
Dēlos -ī, *f* [*Gk*] デーロス《エーゲ海 Cyclades 諸島中の小島; Apollo と Diana の誕生地とされる》.
Delphī -ōrum, *m pl* [*Gk*] 1 デルピー, *-ポイ, "デルフィ《Phocis の町; Apollo の託宣所として有名》. 2 Delphi の住民.
Delphicus[1] -a -um, *adj* Delphi の.
Delphicus[2] -ī, *m* Delphi の神 (=Apollo).
delphīnus -ī, **-phīn** -inis, *m* [*Gk*] 1 〖動〗イルカ. 2 (D-) 〖天〗いるか座.
delta *indecl n* [*Gk*] 1 ギリシア語アルファベットの第4字 (*Δ, δ*). 2 (D-) デルタ《Nilus 河口の三角州》.
Deltōton -ī, *n* [*Gk*] 〖天〗三角座.

dēlūbrum -ī, *n* [de-/luo¹] 神殿, 聖域.
dēluctō -āre -āvī, *intr* [de-/lucto] 戦う.
dēluctor -ārī -ātus sum, *intr dep* =delucto.
dēlūdificō -āre -āvī -ātum, *tr* [de-/ludifico] あざける, からかう.
dēlūdō -ere -lūsī -lūsum, *tr, intr* [de-/ludo] 1 あざける, だます ‹alqm›. 2 演技を終える ‹abs›.
dēlumbis -is -e, *adj* [de-/lumbus] 1 腰の弱い. 2 弱い, 力のない.
dēlumbō -āre -ātum, *tr* [de-/lumbus] 1 腰を立たなくする. 2 弱める, 力を失わせる. 3 曲げる.
dēluō -ere, *tr* [de-/luo¹] 洗う.
Dēlus -ī, *f* =Delos.
dēlūsī *pf* ⇒ deludo.
dēlūsiō -ōnis, °*f* [deludo] だますこと, 詐欺.
dēlūsor -ōris, °*m* [deludo] だます者, ぺてん師.
dēlustrō -āre -āvī -ātum, °*tr* [de-/lustro²] (呪いを解くために)おはらいをする.
dēlūsus -a -um, *pp* ⇒ deludo.
dēlutō -āre -āvī -ātum, *tr* [de-/luto] 粘土を塗る.
-dem *suf*「ちょうど」「まさに」などの意.
Dēmādēs -is, *m* [*Gk*] デーマーデース (Athenae の弁論家; Demosthenes の敵).
dēmadēscō -ere -maduī, *intr* [de-/madesco] ずぶぬれになる.
dēmaduī *pf* ⇒ demadesco.
dēmandō -āre -āvī -ātum, *tr* [de-/mando¹] ゆだねる, 任せる ‹alci alqm [alqd]›.
dēmānō -āre -āvī, *intr* [de-/mano] 下へ流れる; 広まる.
Dēmarātus -ī, *m* [*Gk*] デーマラートゥス, *-トス ((1) Sparta の王 (在位前 510-491); ペルシアへ亡命し, Xerxes 王に同行してギリシアへ侵入した (前 480). (2) Corinthus 人; Tarquinius Priscus の父).
dēmarchus -ī, *m* [*Gk*] (古代ギリシアの)市区 (demos) の長.
dēmembrātiō -ōnis, °*f* [↓] (手足を切り離すこと), 分割.
dēmembrō -āre -āvī -ātum, °*tr* [de-/membrum] (手足を)切り離す, 分割する.
dēmens -mentis, *adj* [de-/mens] 正気でない, 狂った, 無分別な.
dēmensiō -ōnis, °*f* [demetior] 規定, 命令.
dēmensum -ī, *n* [↓] (奴隷への食糧の)配給[割当て]分.
dēmensus -a -um, *pp* ⇒ demetior.
dēmenter *adv* [demens] 正気を失って, 無分別に.
dēmentia -ae, *f* [demens] 1 無分別; 狂気; 愚行. 2°[医] 痴呆: ~ *paralytica* 麻痺性痴呆 / ~ *praecox* 早発性痴呆.
dēmentiō -īre, *intr* [demens] 正気を失う, 狂う.
dēmentō -āre -āvī, °*tr*, °*intr* [demens] 正気を失わせる[失う], 狂わせる[狂う].
dēmereō -ēre -meruī -meritum, *tr* [de-/mereo] 1 かち取る, 獲得する ‹alqd›. 2 好意を得る ‹alqm›.
dēmereor -ērī -meritus sum, *tr dep* =demereor.
dēmergō -ere -mersī -mersum, *tr* [de-/mergo] 1 沈める, 浸す, 埋める ‹alqd in alqd [re]; alqd re›. 2 埋没させる, 圧倒する: *aere alieno demersus* (Liv) 借金で苦しんでいる.
dēmeritum -ī, °*n* [de-/meritum] 過失.
dēmersī *pf* ⇒ demergo.
dēmersus¹ -a -um, *pp* ⇒ demergo.
dēmersus² -ūs, *m* 沈めること.
dēmessuī *pf* ⇒ demeto.
dēmētior -īrī, *tr dep* =dimetior.
dēmetō -ere -messuī -messum, *tr* [de-/meto²] 1 刈り取る, 収穫する. 2 切る, 切断する.
dēmētor -ārī, *tr dep* =dimetor.
Dēmētrias -adis, *f* [*Gk*] デーメートリアス (Thessalia の町; Macedonia の王 Demetrius Poliorcetes が建設; 前名 Pagasae).
Dēmētrius -ī, *m* [*Gk*] デーメートリウス, *-オス ((ギリシア人の名; 特に (1) ~ *Poliorcetes*, Macedonia の王 (在位前 294-287); Antigonus I の息子. (2) ~ *Phalereus*, Athenae の弁論家・政治家 (前 4 世紀); Theophrastus の弟子).
dēmigrātiō -ōnis, *f* [↓] 移住, 植民.
dēmigrō -āre -āvī -ātum, *intr* [de-/migro] 移住する, 去る, 離れる ‹ex [de, a] loco in locum›.
dēminuī *pf* ⇒ deminuo.
dēminuō -ere -minuī -minūtum, *tr* [de-/minuo] 1 減らす, 小さくする ‹alqd›. 2 取り去る ‹alqd de [ex] re›: *se capite deminuere* (Cic) 市民権を失う.
dēminūtiō -ōnis, *f* [↑] 1 減少, 縮小: *deminutionem sui accipies* (Tac) めんつを失うことになると考えて. 2°[法] 譲渡権.
dēminūtīvē °*adv* [deminutivus] [文] 指小語として.
dēminūtīvum -ī, °*n* [↓] [文] 指小語.
dēminūtīvus -a -um, °*adj* [deminuo] [文] 指小の.
dēminūtus -a -um, *pp* ⇒ deminuo.
dēmīror -ārī -mīrātus sum, *tr dep* [de-/miror] 大いに驚く, 驚嘆する ‹alqd; +*acc c. inf*›: ~ *quid sit* (Plaut) どういうことか全くわからない.
dēmīsī *pf* ⇒ demitto.
dēmissē *adv* [demissus] 1 低く. 2 謙遜して, へりくだって.
dēmissīcius -a -um, *adj* [demitto] (衣服が)たれさがっている.
dēmissiō -ōnis, *f* [demitto] 下げること: *animi* ~ (Cic) 落胆.
dēmissus -a -um, *adj* (*pp*) [demitto] 1 低い, 低いところにある. 2 たれさがった. 3 謙遜な, つつましい. 4 意気消沈した, 落胆した. 5 卑しい.
dēmītigō -āre, *tr* [de-/mitigo] なだめる, 落ちつかせる ‹alqm›.
dēmittō -ere -mīsī -missum, *tr* [de-/mitto] 1 下方へ送る, 下げる, 降ろす, 落とす ‹alqd (de [ex, a] re; alqd in [ad] alqd; alqd alci rei›. 2 打ち倒す. 3 突き刺す, 打ち込む. 4 沈める, 埋める: *hoc in pectus tuum demitte* (Sall) このことをおまえの胸に深く留めておけ. 5 (衣服・髪を)たれさがらせる. 6 *animum* [*mentem*] *demittere* (Cic Verg) 意気消沈する. 7 (*pass*) ...の血筋[出身]である.

dēmiurgus -ī, *m* [*Gk*] **1** (ギリシア諸都市の)行政長官. **2**° 〖哲〗(Plato 哲学の)世界の形成者;(グノーシス派の)創造神.

dēmō -ere dempsī demptum, *tr* [de-/emo] 取り去る, 取り除く ⟨alqd de [ex, a] re; alci alqd⟩.

Dēmocharēs -is, *m* [*Gk*] デーモカレース《Athenae の弁論家・史家(前 360?-275); Demosthenes の甥》.

dēmocratia -ae, °*f* [*Gk*] 民主制, 民主政治.

Dēmocritēa -ōrum, *n pl* [↓] Democritus の学説.

Dēmocritēus, -īus -a -um, *adj* Democritus の.

Dēmocriticus -a -um, *adj* =Democriteus.

Dēmocritiī -ōrum, *m pl* Democritus の弟子[信奉者].

Dēmocritus -ī, *m* [*Gk*] デーモクリトゥス, *-トス《Abdera 生まれの哲学者(前 460?-?370)》.

dēmogrammateus -eī, °*m* [*Gk*] 記録係, 書記.

dēmōlior -īrī -mōlītus sum, *tr dep* [de-/molior] **1** 取り除く. **2** 取りこわす, 破壊する.

dēmōlītiō -ōnis, *f* [↑] 取りこわし, 破壊.

dēmonstrātiō -ōnis, *f* [demonstro] **1** 指摘, 指示, 明示. **2** 説明, 記述. **3** 〖修〗誇張的な雄弁; 活写法. **4**° 推論.

dēmonstrātīvus -a -um, *adj* [demonstro] **1**° 指摘[指示]する. **2** 〖修〗誇張的な.

dēmonstrātor -ōris, *m* [demonstro] 指摘[指示]する人.

dēmonstrātus -a -um, *pp* ⇒ demonstro.

dēmonstrō -āre -āvī -ātum, *tr* [de-/monstro] **1** 指示する, 指摘する, 明示する ⟨alqd⟩. **2** 説明する, 記述する ⟨alci alqd; +acc c. inf⟩.

Dēmophoōn -ontis, *m* [*Gk*] 〖伝説〗デーモポオーン《Theseus と Phaedra (または Ariadna) の息子で Acamas の兄弟》.

dēmordeō -ēre -mordī -morsum, *tr* [de-/mordeo] かみ取る.

dēmordī *pf* ⇒ demordeo.

dēmorī *inf* ⇒ demorior.

dēmorior -morī -mortuus sum, *intr* (*tr*) *dep* [de-/morior] **1** 死ぬ, 死に絶える; 消えうせる. **2** 恋いこがれる ⟨alqm⟩.

dēmoror -ārī -ātus sum, *tr, intr dep* [de-/moror] **I** (*tr*) **1** 遅らせる, 延ばす: *inutilis annos demorari* (VERG) 無意味に長生きする. **2** 引き留める, 妨げる. **II** (*intr*) 遅れる, ぐずぐずする.

dēmorsicō -āre -ātum, *tr* [de-/morsico] かみ切る.

dēmorsus -a -um, *pp* ⇒ demordeo.

dēmortuus -a -um, *pp* ⇒ demorior.

dēmos -ī, *m* [*Gk*] (古代ギリシアの)市区.

Dēmosthenēs -is, *m* [*Gk*] デーモステネース《(1) Peloponnesus 戦争における Athenae の将軍(前 413 没). (2) Athenae の雄弁家(前 384?-322)》.

dēmōtus -a -um, *pp* ⇒ demoveo.

dēmoveō -ēre -mōvī -mōtum, *tr* [de-/moveo] **1** 移動させる, 取り除く ⟨alqm [alqd] (de [ex, a]) re⟩. **2** 退かせる, 追い出す. **3** わきへ向ける, そらす.

dēmōvī *pf* ⇒ demoveo.

dempsī *pf* ⇒ demo.

demptus -a -um, *pp* ⇒ demo.

demtus -a -um, *pp* =demptus.

dēmūgītus -a -um, *adj* [de-/mugio] うなり声に満ちた.

dēmulceō -ēre -mulctum, *tr* [de-/mulceo] なでる, さする ⟨alci alqd⟩: ~ *caput tibi* (TER) おまえの頭をなでてやる.

dēmulctus -a -um, *pp* ⇒ demulceo.

dēmum *adv* (*superl*) [de] **1** やっと, ついに: *nunc* ~ (PLAUT) 今になってやっと. **2** ただ…のみ: *sic – lucos Stygis aspicies* (VERG) このようにしてのみ, そなたは Styx の森を目にしよう.

dēmurmurō -āre -āvī -ātum, *tr* [de-/murmuro] ブツブツ言う, つぶやく ⟨alqd⟩.

dēmūtātiō -ōnis, *f* [demuto] 変化.

dēmutilō -āre -āvī -ātum, *tr* [de-/mutilo] 切り取る, 切り落とす.

dēmūtō -āre -āvī -ātum, *tr, intr* [de-/muto¹] **I** (*tr*) 変える, 変更する. **II** (*intr*) 異なる; はずれる, それる ⟨a [de] re⟩.

dēnārius¹ -a -um, *adj* [deni] 10 を含む, 10 に関する.

dēnārius² -ī, *m* [↑] デーナーリウス《古代ローマの銀貨; 初め 10 asses, のちに 16 asses に相当》.

dēnarrō -āre -āvī -ātum, *tr* [de-/narro] 詳しく述べる[語る].

dēnāsō -āre -āvī -ātum, *tr* [de-/nasus] 鼻を切り取る.

dēnatō -āre -āvī -ātum, *intr* [de-/nato] 泳ぎ下る.

dēnegātiō -ōnis, °*f* [↓] 否定; 拒絶.

dēnegō -āre -āvī -ātum, *tr* [de-/nego] **1** 否定する ⟨alqd; +acc c. inf⟩. **2** 拒絶する, 断る ⟨alqd; alci alqd⟩.

dēnī -ae -a, *num distrib* [decem] 10 ずつ.

dēnicālis -is -e, *adj* [de nece (<nex)] 死のけがれを清める: *dies denicales* (CIC) 死者の家を清める儀式の日々.

dēnigrō -āre -āvī -ātum, *tr* [de-/nigro] まっ黒にする.

dēnique *adv* [de/-ne/-que²] **1** ついに, 最後に, 結局. **2** 要するに, つまり. **3** さらに.

dēnōminātiō -ōnis, *f* [denomino] **1**° 命名. **2** 〖修〗換喩 (=metonymia).

dēnōminātīvē °*adv* [↓] 〖文〗派生的に.

dēnōminātīvus -a -um, °*adj* [denomino] 〖文〗派生の.

dēnōminātor -ōris, °*m* [↓] 命名者.

dēnōminō -āre -āvī -ātum, *tr* [de-/nomino] 名づける, 命名する.

dēnormō -āre -ātum, *tr* [de-/norma] 形をそこなう, ゆがめる, 曲げる.

dēnotō -āre -āvī -ātum, *tr* [de-/noto] **1** 明示する, 指し示す: *cives necandos denotavit* (CIC) 市民たちを殺されるべき者として指し示した. **2** 注目する, 観察する. **3** 非難する, 中傷する.

dens dentis, *m* **1** 歯; 牙: *albis dentibus deridere*

alqm (Plaut)（白い歯を見せながら）人を存分にあざける. **2** 破壊的なもの. **3** 嫉妬, 敵意. **4**（一般に）歯に似たもの: ~ (ancorae) (Verg) 錨爪.

densātiō -ōnis, f [denso] 濃縮, 濃くすること.

densē adv [densus] **1** 密に. **2** 頻繁に, しばしば.

Densēlētae -ārum, m pl =Dentheleti.

denseō -ēre -ētum, tr [densus] **1** 濃縮する, 圧縮する. **2** 密集させる, 積み重ねる: densere ictus (Tac) 激しく（槍を）打ち込む.

densētus -a -um, pp ⇨ denseo.

densitās -ātis, f [densus] **1** 密度, 濃度. **2** 大量, 豊富.

densō -āre -āvī -ātum, tr [↓] =denseo.

densus -a -um, adj **1** 濃密な. **2** ぎっしり詰まった, 密な ⟨re⟩: ficus densa pomis (Ov) 実がぎっしりなったいちじく. **3** 頻繁な: densis ictibus (Verg) 続けざまに打たれて. **4**（文体が）簡潔な, 簡明な.

dentālia -ium, n pl [dens] 犂(すき)の横木.

dentātus -a -um, adj [dens] 歯のある.

Denthaliās -ā-is, adj m Peloponnesus 半島の町 Denthalii の.

Denthēlēti -ōrum, m pl [Gk] デンテーレーティー, *ダンテーレータイ《Thracia 北部にいた一部族》.

denticulātus -a -um, adj [↓] 小さな歯が付いた.

denticulus -ī, m dim [dens]（小さな）歯.

dentifrangibulus -ī, m [dens/frango] 歯を打ち砕く者.

dentifricium -ī, n [dens/frico] 歯みがき粉.

dentilegus -ī, m [dens/lego²]（抜けた自分の）歯を集める者.

dentiō -īre -īvī -ītum, intr [dens] 歯が生える［伸びる］.

dentiscalpium -ī, n [dens/scalpo] 楊枝(ようじ).

dentītiō -ōnis, f [dentio] 歯が生えること.

dēnūbō -ere -nupsī -nuptum, intr [de-/nubo]（女が）結婚する, 嫁ぐ ⟨in domum alcis; alci⟩.

dēnūdātus -a -um, pp ⇨ denudo.

dēnūdō -āre -āvī -ātum, tr [de-/nudo] **1** 裸にする. **2** 明らかにする, あばく. **3** さらす. **4** 略奪する.

dēnumerātiō -ōnis, f [↓] 計算, 勘定.

dēnumerō -āre -āvī -ātum, tr [de-/numero¹] すべて支払う.

dēnuntiātiō -ōnis, f [↓] **1** 通告, 発表, 告示. **2** 命令. **3** 弾劾, 告発.

dēnuntiō -āre -āvī -ātum, tr [de-/nuntio] **1** 通告［発表, 告示］する ⟨alci alqd; +acc c. inf⟩: bellum denuntiare (Cic) 宣戦布告をする. **2** 脅迫する. **3** 命令する, 指示する ⟨ut, ne; +acc c. inf: alci testimonium denuntiare (Cic) ある人を証人として召喚する.

dēnuō adv [de novo (<novus)] 新たに, もう一度.

dēnupsī pf ⇨ denubo.

dēnuptus -a -um, pp ⇨ denubo.

dēnus -a -um, adj [deni] 10 番目ごとの.

Dēōis -idis, f [Gk] 穀物の女神 Deo (=Ceres) の娘 (=Proserpina).

Dēōius -a -um, adj Deo の.

deonerō -āre -āvī -ātum, tr [de-/onero]（荷を）降ろす, 取り去る, 除く.

deoptō -āre, tr [de-/opto] 選ぶ, 選択する.

deorbātus -a -um, °adj [de-/orbus] 盲目にされた.

deōriō -īre, tr =dehaurio.

deorsum, -us adv [de-/versum] 下方へ.

deosculor -ārī -ātus sum, tr dep [de-/osculor] 熱く接吻する.

dēpaciscī inf ⇨ depaciscor.

dēpacīscor -scī -pactus sum, intr, tr dep [de-/paciscor] **1** 合意に達する, 折り合う, 協定する ⟨cum alqo; ut⟩. **2**（交渉によって条件を）決める ⟨sibi alqd⟩.

dēpactus -a -um, pp ⇨ depaciscor, depango.

dēpālātiō -ōnis, f [depalo]《碑》(杭による)境界設定.

dēpālātor -ōris, °m [↓] 創設者.

dēpālō -āre -āvī -ātum, tr [de-/palo¹] **1**《碑》(境界を定めるために)杭を打つ. **2**° 創設する.

dēpangō -ere -pactum, tr [de-/pango] 打ち込む.

dēparcus -a -um, adj [de-/parcus] けちな.

dēpascī inf ⇨ depascor.

dēpascō -ere -pāvī -pastum, tr [de-/pasco] **1** 食いつくす. **2** 家畜に食べさせる.

dēpascor -scī -pastus sum, tr dep =depasco.

dēpastus -a -um, pp ⇨ depasco, depascor.

dēpāvī pf ⇨ depasco.

dēpeciscī inf ⇨ depeciscor.

dēpecīscor -scī -pectus sum =depeciscor.

dēpectō -ere -pexum, tr [de-/pecto] **1** 十分にすく. **2** すいて取る.

dēpectus -a -um, pp ⇨ depeciscor.

dēpeculātor -ōris, m [depeculor] 略奪者, 横領者.

dēpeculātus¹ -a -um, pp ⇨ depeculor.

dēpeculātus² -ūs, m 略奪, 強奪.

dēpeculor -ārī -ātus sum, tr dep [de-/peculor] 略奪する, 強奪する ⟨alqd; alqm ex⟩.

dēpellō -ere -pulī -pulsum, tr [de-/pello] **1** 追い払う, 駆逐する ⟨alqm (a [ex, de]) re⟩: depellere nubila caelo (Tib) 空から雲を追い払う. **2** そらす, 防ぐ, 遠ざける ⟨alqd a re; alci alqd⟩: depellere pestem augurio (Verg) 占いによって災いを避ける. **3** やめさせる ⟨alqm (a [de]) re⟩: depellere alqm de spe conatuque (Cic) ある人に希望と企てを断念させる.

dēpendentia -ae, °f [↓] 従属.

dēpendeō -ēre, intr [de-/pendeo] **1** たれさがる, ぶらさがる ⟨(ex [a]) re; +dat⟩. **2** 従属する, 依存する ⟨a re⟩. **3** 由来する ⟨(a) re⟩.

dēpendī pf ⇨ dependo.

dēpendō -ere -pendī -pensum, tr [de-/pendo] **1** 支払う: poenam dependere (Cic) 罪を償う, 罰を受ける. **2**（時間・労力などを）費やす.

dēpensus -a -um, pp ⇨ dependo.

dēperdidī pf ⇨ deperdo.

dēperditus -a -um, pp ⇨ deperdo.

dēperdō -ere -perdidī -perditum, tr [de-/perdo] **1** 滅ぼす, だいなしにする. **2** 失う.

dēpereō -rīre -periī, intr, tr [de-/pereo] **1** 滅び

dēperiī *pf* ⇨ depereo.
dēperīre *inf* ⇨ depereo.
dēpexus -a -um, *pp* ⇨ depecto.
dēpictus -a -um, *pp* ⇨ depingo.
dēpilō -āre -ātum, *tr* [de-/pilus¹] 毛[羽]を引き抜く.
dēpingō -ere -pinxī -pictum, *tr* [de-/pingo] 1 絵に描く; 彩色する. 2 (ことばで)描写[叙述]する.
dēpinxī *pf* ⇨ depingo.
dēplanctus -a -um, *pp* ⇨ deplango.
dēplangō -ere -planxī -planctum, *tr* [de-/plango] (胸を打って)嘆き悲しむ.
dēplantātus -a -um, *pp* ⇨ deplanto.
dēplantō -āre -āvī -ātum, *tr* [de-/planto] 1 (枝を)折り取る, 切り取る. 2 植え込む.
dēplanxī *pf* ⇨ deplango.
dēplector -ctī -xus, *tr dep* [*cf.* amplector] 引き倒す.
dēpleō -ēre -plēvī -plētum, *tr* [de-/pleo] 注ぎ出す, 空にする.
dēplētus -a -um, *pp* ⇨ depleo.
dēplēvī *pf* ⇨ depleo.
dēplexus -a -um, *pp* ⇨ deplector.
dēplōrātiō -ōnis, *f* [deploro] 嘆くこと.
dēplōrātus -a -um, *adj* (*pp*) [↓], 1 あわれな, 悲しむべき. 2 (病気などが)見込みのない; 不治の.
dēplōrō -āre -āvī -ātum, *tr* (*intr*) [de-/ploro] 1 嘆く, 嘆き悲しむ 〈+*acc*; de re〉. 2 (ないものと)あきらめる, 断念する.
dēpluī *pf* ⇨ depluo.
dēplūmis -is -e, *adj* [de-/pluma] 羽のない.
dēpluō -ere -pluī, *intr* [de-/pluo] (雨のように)降り注ぐ.
dēpoliō -īre -polītum, *tr* [de-/polio¹] (十分に)磨く, 磨き上げる.
dēpōnō -ere -posuī -positum, *tr* [de-/pono] 1 下に置く, 下ろす 〈alqd in re [alqd]〉: *arma deponere* (Cɪᴄ) 武器を捨てる, 降伏する. 2 はずす, 脱ぐ: *crinem deponere* (Tᴀᴄ) 髪を切る. 3 預ける, 任せる, ゆだねる 〈alqd in re; alci alqd〉: *populi Romani jus in vestra fide ac religione depono* (Cɪᴄ) 私はローマ人民の権利をあなたがたの誠実と良心にゆだねる. 4 捨てる, やめる: *deponere dictaturam* (Qᴜɪɴᴛ) 独裁官の職を退く / *deponere bellum* (Lɪᴠ) 戦争を終わらせる / *animam* [*spiritum*] *deponere* (Nᴇᴘ [Vᴀʟ Mᴀx]) 死ぬ.
dēpoposcī *pf* ⇨ deposco.
dēpopulātiō -ōnis, *f* [depopulor] 荒らすこと, 略奪.
dēpopulātor -ōris, *m* [depopulor] 荒らす人, 略奪者.
dēpopulō -āre -āvī -ātum, *tr* =depopulor.
dēpopulor -ārī -ātus sum, *tr dep* [de-/populor] 荒らす, 略奪する.
dēportātiō -ōnis, *f* [↓] 1 持ち帰ること, 運搬. 2 追放, 流罪.
dēportō -āre -āvī -ātum, *tr* [de-/porto] 1 運ぶ, 持っていく 〈alqd ex [de] re in [ad] alqd〉. 2 持ち帰る. 3 追放する, 島流しにする.

dēposcō -ere -poposcī, *tr* [de-/posco] 1 要求する 〈alqd; sibi alqd; alqd ad alqd〉: *unum ad id bellum imperatorem deposci atque expeti* (Cɪᴄ) 一人の指揮官がその戦争のために要求され必要とされる. 2 (ある人に対する処罰を)要求する 〈alqm〉: *deposcere alqm ad mortem* (Cᴀᴇs) ある人を死刑にするよう要求する.
dēpositārius -ī, *m* [depositum] 1 受託者, 保管人. 2 寄託者, 供託者.
dēpositiō -ōnis, *f* [depono] 1 預けること. 2° 取りこわし. 3° 放棄. 4 中止, 休止.
dēpositor -ōris, *m* [depono] 1 放棄する者. 2 寄託者.
dēpositum -ī, *n* [↓] 委託物.
dēpositus -a -um, *adj* (*pp*) [depono] 助かる見込みのない; 瀕死の.
dēposuī *pf* ⇨ depono.
dēpraedātiō -ōnis, °*f* [depraedor] 略奪.
dēpraedō -āre, °*tr* =depraedor.
dēpraedor -ārī -ātus sum, *tr dep* [de-/praedor] 略奪しつくす.
dēprāvātē *adv* [depravatus] ゆがんで, 不正に.
dēprāvātiō -ōnis, *f* [depravo] 1 ゆがめること, 形を損ずること. 2 堕落, 腐敗.
dēprāvātus -a -um, *adj* (*pp*) [↓] 1 ゆがんだ, 形を損じた. 2 堕落した; 邪悪な.
dēprāvō -āre -āvī -ātum, *tr* [de-/pravus] 1 ゆがめる, 形を損じる. 2 曲解する, 誤り伝える. 3 誤らせる; 堕落[腐敗]させる.
dēprecābilis -is -e, *adj* [deprecor] 嘆願に心を動かされる, 情け深い: ~ *esto* (Vᴜʟɢ) 願いをかなえ給え.
dēprecābundus -a -um, °*adj* [deprecor] 懇願する.
dēprecātiō -ōnis, *f* [deprecor] 1 赦しを求めること, 哀願. 2 (災いが)ないように祈ること.
dēprecātor -ōris, *m* [↓] 赦しを求める者, 哀願者.
dēprecor -ārī -ātus sum, *intr dep* [de-/precor] 1 …のないように祈る[嘆願する]: *deprecari mortem* (Cᴀᴇs) 助命を嘆願する. 2 赦しを求める. 3 懇願する 〈alqd ab alqo〉. 4 とりなす 〈pro alqo〉.
dēprehendī *pf* ⇨ deprehendo.
dēprehendō -ere -endī -ensum, *tr* [de-/prehendo] 1 捕える, つかまえる. 2 でくわす, 見つける: *deprehendi in manifesto scelere* (Cɪᴄ) 明らかな罪を犯しているところを見つけられた. 3 認める, 気づく, 把握する.
dēprehēnsiō -ōnis, *f* [↑] 把握, 発見.
dēprehēnsus -a -um, *pp* ⇨ deprehendo.
dēprendō -ere, *tr* =deprehendo.
dēpressē *adv* [depressus] 深く.
dēpressī *pf* ⇨ deprimo.
dēpressiō -ōnis, *f* [deprimo] 1 下降, 沈下. 2°〖解〗陥凹. 3°〖病〗鬱病.
dēpressor -ōris, °*m* 〖解〗下制筋.
dēpressus -a -um, *adj* (*pp*) [↓] 低い.
dēprimō -ere -pressī -pressum, *tr* [de-/premo] 1 (圧迫して)下げる, 押し下げる. 2 沈める, 沈没させる. 3 掘り下げる, 埋め込む. 4 衰えさせる, 低下させ

dēproelior -ārī -ātus sum, *intr dep* [de-/proelior] 激闘する.
dēprōmō -ere -prompsī -promptum, *tr* [de-/promo] **1** 取り出す, 持ち出す ⟨alqd ex [de, a] re⟩. **2** (ことばなどを)口に出す, 言う.
dēprōmpsī *pf* ⇨ depromo.
dēprōmptus -a -um, *pp* ⇨ depromo.
dēproperō -āre -āvī -ātum, *tr* (*intr*) [de-/propero] **I** (*tr*) 急がせる ⟨alci alqd⟩. **II** (*intr*) 急ぐ.
dēpropitiō -āre, °*tr* [de-/propitio] なだめる.
depsō -ere -suī -stum, *tr* [*Gk*] 十分にこねる.
depstus -a -um, *pp* ⇨ depso.
depsuī *pf* ⇨ depso.
dēpudēscō -descere -duī, *intr inch* [↓] 恥を完全に失う.
dēpudet -ēre -puduit, *tr impers* [de-/pudeo] 深く恥じ入らせる ⟨+*acc c. inf*⟩.
dēpuduit *pf* ⇨ depudet.
dēpūgis -is -e, *adj* [de-/puga] 小さな尻をした.
dēpūgnō -āre -āvī -ātum, *intr* (*tr*) [de-/pugno] 激しく戦う, 決戦する ⟨cum alqo⟩.
dēpulī *pf* ⇨ depello.
dēpulsiō -ōnis, *f* [depello] **1** 撃退, 駆逐: ~ *mali* (Cic) 悪を避けること. **2** 反論, 反駁.
dēpulsō -āre, *tr intens* [depello] 押しのける, 押しやる.
dēpulsor -ōris, *m* [depello] 撃退者, 追い払う者.
dēpulsōrius -a -um, *adj* [↑] 害悪を撃退する.
dēpulsus -a -um, *pp* ⇨ depello.
dēpūrgō -āre -āvī -ātum, *tr* [de-/purgo] 洗う, 清める.
dēputātiō -ōnis, °*f* [deputo] **1** 割当て. **2** 委託.
dēputātus -ī, °*m* (*pp*) [↓] (ローマ皇帝の法廷へ派遣される)代表者, 高官.
dēputō -āre -āvī -ātum, *tr* [de-/puto] **1** 切り取る, 刈り込む. **2** 判断する, みなす. **3**° 割り当てる. **4**° ゆだねる.
dēque *adv* 下へ (*cf*. susque deque).
dēquerī *inf* ⇨ dequeror.
dēqueror -ī -questus sum, *tr dep* [de-/queror] 嘆く, (強く)訴える.
dēquestus -a -um, *pp* ⇨ dequeror.
dērādō -ere -rāsī -rāsum, *tr* [de-/rado] こすり落とす, かき落とす, そり落とす.
dērāsī *pf* ⇨ derado.
dērāsus -a -um, *pp* ⇨ derado.
Derbē -ēs, °*f* [*Gk*] デルベー《Lycaonia の町》.
Derbētēs -ae, *m* Derbe の住民.
Derbicēs -um, *m pl* [*Gk*] デルビケス《カスピ海東岸にいた一部族》.
Dercetis -is, **-tō** -ūs, *f* [*Gk*] 〖神話〗デルケティス《Syria の愛と豊饒の女神; Semiramis の母》.
dērect- ⇨ direct-.
dēregō -ere, *tr* =dirigo.
dērelicta -ae, °*f* (*pp*) [derelictus] 寡婦.
dērelictiō -ōnis, *f* [derelinquo] 放棄, 無視.
dērelictus -a -um, *pp* ⇨ derelinquo.
dērelinquō -ere -relīquī -relictum, *tr* [de-/relinquo] **1** 完全に見捨てる, 放棄する. **2** 軽視する, 無視する. **3** あとに残す.
dēreliquī *pf* ⇨ derelinquo.
dērepente *adv* [de-/repente] 突然に, だしぬけに.
dērēpō -ere -repsī, *intr* [de-/repo] はい下りる, こっそり下りる ⟨ad alqd⟩.
dērēpsī *pf* ⇨ derepo.
dēreptus -a -um, *pp* ⇨ deripio.
dērīdeō -ēre -rīsī -rīsum, *tr* [de-/rideo] 笑い物にする, あざける ⟨alqm [alqd]; *abs*⟩.
dērīdiculum -ī, *n* [↓] 嘲笑, からかい; 物笑いの種.
dērīdiculus -a -um, *adj* [derideo] 笑うべき, 滑稽な.
dērigeō -ēre, °*intr* [de-/rigeo] 硬さがとれる.
*__dērigēscō__ -ere -riguī, *intr inch* [↑] (用例は *pf* のみ) 全く硬くなる.
dērigō -ere, *tr* =dirigo.
dēriguī *pf* ⇨ derigesco.
dēripere *inf* ⇨ deripio.
dēripiō -pere -ripuī -reptum, *tr* [de-/rapio] **1** 引きはがす, もぎ取る ⟨alqm [alqd] (de [ex]) re⟩. **2** ひったくる ⟨alci alqd⟩. **3** 引き(ずり)下ろす; 引き裂く.
dēripuī *pf* ⇨ deripio.
dērīsī *pf* ⇨ derideo.
dērīsiō -ōnis, °*f* [derideo] あざけり, 嘲笑.
dērīsor -ōris, *m* [derideo] 嘲笑者, あざける人.
dērīsōriē °*adv* [↓] 嘲笑的に, あざけって.
dērīsōrius -a -um, *adj* [derisor] 笑うべき, 滑稽な.
dērīsus[1] -a -um, *pp* ⇨ derideo.
dērīsus[2] -ūs, *m* 嘲笑, あざけり.
dērīvātiō -ōnis, *f* [↓] **1** (水を)わきへ引くこと, 分水. **2** 〖文〗(語の)派生.
dērīvō -āre -āvī -ātum, *tr* [de-/rivus] **1** (水を)わきへ引く ⟨alqd ex re⟩. **2** (注意などを)わきへそらす, 転ずる ⟨alqd in alqd⟩: *derivare culpam in alqm* (Cic) 罪をある人に転嫁する. **3** 〖文〗(語を)派生させる.
derma -atis, °*n* [*Gk*] 〖解〗真皮, 皮膚.
dermatītis -tidis, °*f* [↑] 〖病〗皮膚炎.
dermatologia -ae, °*f* 〖医〗皮膚科学.
dermatolum -ī, °*n* 〖化〗デルマトール(次没食子酸ビスマス).
dermis -is, °*f* 〖解〗真皮.
dērōdō -ere -rōsum, *tr* [de-/rodo] かみ取る.
dērogātiō -ōnis, *f* [derogo] 〖法〗(法律の)部分的廃止, 一部修正.
dērogātor -ōris, °*m* [derogo] 誹謗[中傷]者.
dērogātōrius -a -um, *adj* [↓] 〖法〗(法律の)部分的廃止の, 一部除外の: *edictum derogatorium* (Julian) 適用除外規定.
dērogō -āre -āvī -ātum, *tr* [de-/rogo] **1** (法律を)部分的に廃止する, 一部修正する. **2** 取り去る, 減ずる ⟨alqd de [ex] re; alci alqd⟩.
dērōsus -a -um, *pp* ⇨ derodo.
Dertōna -ae, *f* デルトーナ《Liguria の町; 現 Tortona》.

dĕruī *pf* ⇨ deruo.

dēruncinō -āre -āvī -ātum, *tr* [de-/runcino] 欺く, だまし取る.

dēruō -ere -ruī -rutum, *tr, intr* [de-/ruo] **1** 倒す. **2** 倒れる.

dēruptus -a -um, *adj* [de-/rumpo] 切り立った, 険しい.

dēs dessis, *m* [duo]《古形》= bes.

dēs.（略）= designatus.

dēsacrō -āre -āvī -ātum, *tr* [de-/sacro] **1** 奉献する, ささげる. **2** (ある目的・用途に)当てる.

dēsaeviō -īre -iī, *intr* [de-/saevio] 荒れ狂う; 激怒する, あばれまわる.

dēsaltō -āre -āvī -ātum, *tr* [de-/salto] 踊る.

dēscendēns -entis, *adj* (*prp*) [descendo] **1** 下降する. **2**°《解》下行(性)の.

dēscendentēs -ium, °*m pl* [descendo] 子孫, 後裔 (ascendentes の対語).

dēscendī *pf* ⇨ descendo.

dēscendō -ere -scendī -scensum, *intr* [de-/scando] **1** 下る, 降りる ⟨ex [de, a]） re; in [ad] alqm⟩. **2** 沈む, 沈降する. **3** 身を落とす, 屈する ⟨ad alqm⟩: *senes ad ludum adulescentium descendant* (Cic) 老人たちは若者の遊びをするほど卑屈になっている. **4** 深くしみ込む ⟨in alqd⟩. **5** 伝わる, 由来する: *ego nesciam, unde descenderim* (Sen) 私がどんな血筋から由来しているか考えないではいられない.

dēscēnsiō -ōnis, *f* [↑] **1** 下降, 下ること. **2** 浴槽.

dēscēnsus[1] -a -um, *pp* ⇨ descendo.

dēscēnsus[2] -ūs, *m* **1** 下降; 下り坂. **2**°《病》降下.

dēscīscō -ere -scīvī [-sciī] -scītum, *intr* [de-/scisco] **1** 関係を絶つ, 離脱する, 背く ⟨ab alqo ad alqm⟩. **2** 遠ざかる, 離れる ⟨a re⟩: *desciscere a pristina causa* (Cic) かつての立場から離れる.

dēscītus -a -um, *pp* ⇨ descisco.

dēscīvī *pf* ⇨ descisco.

dēscrībō -ere -scripsī -scriptum, *tr* [de-/scribo] **1** 書き写す; 記録する ⟨alqd in re⟩. **2** 描き出す, 描写する. **3** (ことばで)表現[叙述]する, 記述する. **4** 割り当てる, 課する, 規定する ⟨alci alqd⟩: *describere officia* (Cic) (我々の)義務を規定する. **5** 区分する ⟨alqd in alqd⟩ (= discribo).

dēscripsī *pf* ⇨ describo.

dēscriptē *adv* [descriptus] 明確に.

dēscriptiō -ōnis, *f* [describo] **1** 略図, 素描: ~ *aedificandi* (Cic) 建築の設計. **2** 写し; 記録: *criminis* ~ (Apul) 悪業の記録[告発]. **3** (ことばによる)叙述, 記述. **4** 区分, 配列 (=discriptio).

dēscriptus -a -um, *adj* (*pp*) [describo] 適切に配列された, 秩序立てられた, 分類された.

dēsecō -āre -secuī -sectum, *tr* [de-/seco] 切り取る.

dēsectus -a -um, *pp* ⇨ deseco.

dēsecuī *pf* ⇨ deseco.

dēsēdī *pf* ⇨ desideo, desido.

dēserō[1] -ere -seruī -sertum, *tr* [de-/sero[1]] **1** 見捨てる, 見放す. **2** 脱走する. **3** 無視するする: *deserere nec fratris preces nec Sextii promissa nec spem mulieris* (Cic) 兄弟の嘆願も Sextius の約束も妻の願いも無視はしない.

dēserō[2] -ere -situm, *tr* [de-/sero[2]] (種を)まく, 植える.

dēserta -ōrum, *n pl* [desertus] 荒野, 砂漠.

dēsertiō -ōnis, *f* [desero[1]] 放棄; 脱走.

dēsertor -ōris, *m* [desero[1]] **1** 放棄する者. **2** 脱走兵.

dēsertus -a -um, *adj* (*pp*) [desero[1]] **1** 見捨てられた. **2** 荒れた, 住む人のいない, 寂しい.

dēseruī *pf* ⇨ desero[1].

dēserviō -īre, *intr* [de-/servio] 熱心に仕える ⟨+ *dat*⟩.

dēses -sidis, *adj* [desideo] 怠惰な, 無為の, ぶらぶらしている.

dēsiccō -āre -ātum, *tr* [de-/sicco] よく乾かす.

dēsideō -ēre -sēdī, *intr* [de-/sedeo] すわったままである, 無為に過ごす.

dēsīderābilis -is -e, *adj* [desidero] **1** 願わしい, 望ましい. **2** (故人が)惜しまれる.

dēsīderanter *adv* [desidero] 熱望して.

dēsīderātiō -ōnis, *f* [desidero] 願望, 欲求.

dēsīderātus -a -um, *adj* (*pp*) [desidero] **1** 望ましい, 歓迎すべき. **2**《碑》(故人が)惜しまれる.

dēsīderium -ī, *n* [↓] **1** 願望, 希求, 憧憬 ⟨alcis rei⟩: *te ~ Athenarum cepisset* (Ter) お前は Athenae への恋しさにとらわれた. **2** 嘆願, 懇願. **3** 欲求, 需要: *cibi potionisque ~ naturale* (Liv) 飲食物に対する自然な欲求.

dēsīderō -āre -āvī -ātum, *tr* [de-/sidus; *cf.* considero] **1** あこがれる, 熱望する ⟨alqm [alqd]; alqd ab alqo; +acc c. inf⟩. **2** 不足を感じる, 欠乏を嘆く ⟨alqd in re [alqo]⟩: *ex me audies, quid in oratione tua desiderem* (Cic) 君の弁論に欠けている点を私が話してあげよう. **3** 失う: *in eo proelio non amplius CC milites desideravit* (Caes) この戦闘で失った兵士は 200 人を超えていなかった.

dēsidia -ae, *f* [desideo] 無為, 怠惰.

dēsidiābulum -ī, *n* [↑] ぶらぶらして時を過ごす場所.

dēsidiōsē *adv* [↓] なまけて, 何もせずに.

dēsidiōsus -a -um, *adj* [desidia] **1** 無為の, 怠惰な. **2** 怠惰にさせる.

dēsīdō -ere -sēdī, *intr* [de-/sido] **1** 沈む, 沈下する. **2** 衰える, 悪化[堕落]する: *desidentes mores* (Liv) 衰えていく倫理.

dēsignātiō -ōnis, *f* [designo] **1** 表示, 明示: ~ *personarum et temporum* (Cic) 人や時を明示すること. **2** 配備, 計画. **3** 任命, 選任.

dēsignātor -ōris, *m* [designo] **1** 整理する人, 指示する人. **2** (葬儀などの)儀式を執り行なう人.

dēsignātus -a -um, *adj* (*pp*) [↓] 任命[選任]された.

dēsignō -āre -āvī -ātum, *tr* [de-/signo] **1** 区画する, 設計する. **2** 表示する, 指示する: *Caesar hac oratione Dumnorigem designari sentiebat* (Caes) Caesar はこの話で指し示されているのが Dumnorix であることに気づいていた. **3** 描く. **4** 選任する. **5** 秩

序立てる，整備する． **6** 計画する，たくらむ．
dēsiī *pf* ⇨ des.no.
dēsiliō -īre -siluī -sultum, *intr* [de-/salio¹] 跳び下りる．
dēsiluī *pf* ⇨ desilio.
dēsinō -ere -siī [-sīvī] -situm, *intr, tr* [de-/sino] **1** 中止する，やめる ⟨in⟩ re; alcis rei; +*inf*⟩: *desine quaeso communibus locis* (Cic) 頼むからありふれた話はやめてくれ． **2** ⟨‥に⟩終わる，結果が⟨…と⟩なる ⟨in alqd⟩． **3** 放棄する，捨てる ⟨alqd [alqm]⟩．
dēsipere *inf* ⇨ desipio.
dēsipiēns -ntis, *adj* (*prp*) [desipio] 愚かな．
dēsipientia -ae, *f* [↑] 愚かさ，無分別．
dēsipiō -pere, *intr* [de-/sapio] 分別がない，愚かである．
dēsistō -ere -stitī -stitum, *intr* (*tr*) [de-/sisto] **1** 離れている ⟨ab alqo⟩． **2** やめる，思いとどまる ⟨⟨de [a]⟩ re; alci rei; +*inf*⟩．
dēsitus¹ -a -um, *adj* (*pp*) [desero²] ⟨種が⟩まかれた．
dēsitus² -a -um, *pp* ⇨ desero², desino.
dēsitus³ -ūs, *m* 中止，休止．
dēsōlātiō -ōnis, °*f* [desolo] **1** 荒らすこと，荒廃． **2** 荒野，廃墟．
dēsōlātōrius -a -um, °*adj* [desolo] **1** 荒廃させる． **2** 荒れはてた．
dēsōlātus -a -um, *pp* [↓] 見捨てられた，荒れはてた．
dēsōlō -āre -āvī -ātum, *tr* [de-/solus] 見捨てる，荒廃させる．
dēsolvō -ere -vī -ūtum, *tr* [de-/solvo] ⟨金銭を⟩支払う．
dēsomnis -is -e, *adj* [de-/somnus] 眠れない，不眠の．
despectābilis -is -e, °*adj* [despecto] 軽蔑すべき．
despectātiō -ōnis, *f* [despecto] 見おろすこと，見晴らし．
despectiō -ōnis, *f* [despicio] 軽蔑．
despectō -āre, *tr intens* [despicio] **1** 見おろす，見渡す． **2** 見くだす，軽蔑する．
despectus¹ -a -um, *adj* (*pp*) [despicio] **1** 軽蔑された． **2** 軽蔑すべき．
despectus² -ūs, *m* **1** 見おろすこと，見晴らし． **2** 軽蔑．
despērābilis -is -e, °*adj* [despero] 絶望的な，⟨病気が⟩不治の．
despēranter *adv* [despero] 希望なく，絶望して．
despērātiō -ōnis, *f* [despero] 絶望 ⟨alcis rei⟩: ~ *recuperandi* (Cic) 回復の望みがないこと．
despērātus -a -um, *adj* (*pp*) [despero] **1** 絶望的な，見込みのない: *aegrota ac prope desperata respublica* (Cic) 病んでほとんど絶望的な国家． **2** 絶望した．
despernō -ere -sprēvī -sprētum, *tr* [de-/sperno] 徹底的に軽蔑する．
despērō -āre -āvī -ātum, *tr, intr* [de-/spero] 見込みなしとあきらめる，絶望する ⟨de alqo [re]; alqd; + *dat*; +*inf*; +*acc c. inf*⟩．
despexī *pf* ⇨ despicio.

despicābilis -is -e, °*adj* [despicor] 軽蔑すべき．
despicātiō -ōnis, *f* [despicor] 軽蔑．
despicātus¹ -a -um, *adj* (*pp*) [despicor] 軽蔑された；軽蔑すべき．
despicātus² -ūs, *m* 軽蔑．
despicere *inf* ⇨ despicio.
despiciendus -a -um, *adj* (*gerundiv*) [despicio] 軽蔑すべき．
despicientia -ae, *f* [↓] 軽蔑 ⟨alcis rei⟩．
despiciō -ere -spexī -spectum, *tr, intr* [de-/specio] **1** 見おろす，見渡す ⟨alqd; de [a] re in alqd⟩． **2** 見くだす，軽蔑する． **3** 目をそらす．
despicor -ārī -ātus sum, *tr dep* [*cf.* despicio] 見くだす，軽蔑する．
despoliātor -ōris, *m* [despolio] 略奪者．
despoliātus -a -um, *pp* ⇨ despolio.
despoliō -āre -āvī -ātum, *tr* [de-/spolio] 略奪する ⟨alqd [alqm] re⟩．
despondeō -ēre -spondī -sponsum, *tr* [de-/spondeo] **1** 正式に約束する，誓約する ⟨alci alqd⟩． **2** 婚約させる: *despondere filiam alci* (Plaut) 娘をある人と婚約させる． **3** *animum despondere* (Plaut) 気力をなくす，絶望する．
despondī *pf* ⇨ despondeo.
desponsātiō -ōnis, *f* [despondeo] 婚約．
desponsātus -a -um, *adj* (*pp*) [↓] 婚約した．
desponsō -āre, *tr intens* [despondeo] 婚約させる．
desponsus -a -um, *pp* ⇨ despondeo.
despopondī *pf* =despondi ⟨⇨ despondeo⟩．
deprētus -a -um, *pp* ⇨ desperno.
desprēvī *pf* ⇨ desperno.
despūmō -āre -āvī -ātum, *tr, intr* [de-/spumo] **I** (*tr*) ⟨泡・浮きかすを⟩すくい取る ⟨alqd⟩． **II** (*intr*) 泡立ちがやむ．
despuō -ere, *intr, tr* [de-/spuo] **1** ⟨災いを避けるために⟩つばを吐き出す． **2** 拒絶する ⟨alqd⟩．
desquāmō -āre -āvī -ātum, *tr* [de-/squama] うろこを取る．
destillātiō -ōnis, *f* [↓] **1** したたらせること． **2** 鼻かぜ．
destillō -āre -āvī -ātum, *intr* (*tr*) [de-/stillo] **1** したたる． **2** 振りかける．
destimulō -āre, °*tr* [de-/stimulo] 強く刺激する．
destinātiō -ōnis, *f* [destino] 指定，決定: ~ *consulum* (Plin Min) 執政官の選任．
destinātum -ī, *n* [destino] **1** 目標． **2** 企図，計画: (*ex*) *destinato* (Suet) 計画的に．
destinātus -a -um, *adj* (*pp*) [↓] **1** 確定した． **2** 決定[決心]した: *destinatum est mihi maritum tuum non inultum pati* (Plin Min) 私はあなたの⟨亡き⟩夫が仇(あだ)を報じられぬままにしておけないと決心した．
destinō -āre -āvī -ātum, *tr* [*cf.* sto] **1** 固定する ⟨alqd re; alqd ad alqd⟩． **2** 決定する，決心する ⟨alqd; alci alqd; alqd alci rei; alqd ad alqd; + *inf*⟩: *tempus locumque ad certamen destinare* (Liv) 戦いの時と場所を決定する． **3** 目標として定める，めがける． **4** 買うことに決める: *minis triginta sibi puellam destinat* (Plaut) 彼は 30 ミナで娘を買う

destiti — detestandus

ことを決める． **5** 嫁として定める，婚約させる ⟨alci alqm⟩． **6** 任命する ⟨+2個の *acc*⟩．

destitī *pf* ⇨ desisto.

destituī *pf* ⇨ destituo.

destituō -ere -stituī -stitūtum, *tr* [de-/statuo] **1** 別にして置く，離して立たせる： *destituere alqm ante tribunal* (LIV) ある人を法廷の前に一人きりで立たせる． **2** 置き去りにする，見捨てる： *destituere defensores in ipso discrimine periculi* (LIV) 擁護者をまさに危険のただ中に置き去りにする． **3** (期待・基準などに)添わない，裏切る．

destitus -a -um, *pp* ⇨ desisto.

destitūtiō -ōnis, *f* [destituo] **1** 見捨てること． **2** 欺くこと，裏切り．

destitūtus -a -um, *adj* (*pp*) [destituo] **1** 見捨てられた，裏切られた ⟨ab alqo; re⟩． **2** (…)ない，欠けた ⟨ab alqo; re⟩．

destrictus -a -um, *adj* (*pp*) [↓] きびしい，厳格な．

destringō -ere -strinxī -strictum, *tr* [de-/stringo] **1** 引きはがす，はぎ取る． **2** (剣を)抜く． **3** 軽く触れる，かする． **4** こする． **5** こきおろす，酷評する．

destrinxī *pf* ⇨ destringo.

destructiō -ōnis, *f* [destruo] **1** 取りこわすこと，破壊． **2** 論破，反駁．

destructor -ōris, °*m* [destruo] 破壊者．

destructus -a -um, *pp* ⇨ destruo.

destruō -ere -struxī -structum, *tr* [de-/struo] **1** 取りこわす，破壊する． **2** 滅ぼす，だいなしにする： *jus destruere ac demoliri* (LIV) 法をないがしろにし，くつがえす．

destruxī *pf* ⇨ destruo.

dēsub *prep* ⟨+*abl*⟩ [de/sub] …の下に．

dēsubitō, dē subitō *adv* 突然に，だしぬけに．

dēsubtus °*adv* [de-/subtus] 下に．

dēsūdāscō -ere, *intr inch* [↓] 汗びっしょりになる．

dēsūdō -āre -āvī -ātum, *intr, tr* [de-/sudo] **I** (*intr*) **1** 汗びっしょりになる． **2** (汗水をたらして)努力する ⟨in re⟩． **II** (*tr*) にじみ出させる．

dēsuēfactus -a -um, *pp* ⇨ desuefio.

dēsuēfierī *inf* ⇨ desuefio.

dēsuēfiō -fierī -factus sum, *intr* [*desueo (*cf.* desuesco)/fio] 習慣を絶つ，やめる ⟨a re⟩．

dēsuēscō -ere -suēvī -suētum, *tr, intr* [de-/suesco] **1** 習慣をやめさせる ⟨alqm⟩． **2** 習慣をやめる，忘れる．

dēsuētūdō -dinis, *f* [↑] 習慣を絶つこと，廃止．

dēsuētus -a -um, *adj* (*pp*) [desuesco] **1** 不慣れな，習慣をやめた ⟨+*dat*; +*inf*⟩： *desueta triumphis agmina* (VERG) 勝利を忘れた軍隊． **2** 廃止された，すたれた ⟨+*inf*⟩．

dēsuēvī *pf* ⇨ desuesco.

dēsultor -ōris, *m* [desilio] 曲馬師．

dēsultōrius -a -um, *adj* [↑] 曲馬師の．

dēsultūra -ae, *f* [desilio] 跳び下りること．

dēsultus -a -um, *pp* ⇨ desilio.

dēsum -esse -fuī, *intr* [de-/sum] **1** 不在である，欠けている ⟨alqd alci⟩： *deerant litora ponto* (OV) (大洪水で)海には岸がなかった． **2** 助力しない，なおざりにする ⟨alci; +*abl*; ad alqd; quin, quominus⟩： *non deero officio* (CIC) 私は義務をおろそかにはしない / *deesse mihi nolui, quin te admonerem* (CIC) 私はあなたに忠告しないわけにはいかなかった．

dēsūmō -ere -sumpsī -sumptum, *tr* [de-/sumo] 選択する ⟨sibi alqd [alqm]⟩．

dēsumpsī *pf* ⇨ desumo.

dēsumptus -a -um, *pp* ⇨ desumo.

dēsuper *adv* [de-/super] 上方から．

dēsurgō -ere -surrexī -surrectum, *intr* [de-/surgo] (…から)立ち上がる ⟨re⟩．

dēsursum °*adv* =desuper.

dētectus -a -um, *pp* ⇨ detego.

dētegō -ere -texī -tectum, *tr* [de-/tego] **1** おおいを取る． **2** あらわにする，むき出しにする ⟨alqd⟩． **3** (秘密などを)漏らす，あばく．

dētendī *pf* ⇨ detendo.

dētendō -ere -tendī -tensum, *tr* [de-/tendo¹] ゆるめる，解く： *detendere tabernacula* (CAES) (野営の)テントをたたむ．

dētensus -a -um, *pp* ⇨ detendo.

dētentiō -ōnis, °*f* [detineo] 引き留めること．

dētentō -āre -ātum, °*tr intens* [detineo] 引き留める．

dētentor -ōris, °*m* [detineo] 〔法〕占有者．

dētentus -a -um, *pp* ⇨ detineo.

dētergeō -ēre -tersī -tersum, *tr* [de-/tergeo] **1** ふき取る，ぬぐい去る． **2** 切り取る；(ばらばらに)こわす． **3** 追い払う，払いのける： *detergere fastidia* (COL) えり好みをなくす． **4** 掃除する，きれいにする．

dēterior -ior -ius, *adj comp* [*cf.* interior, exterior] より低い，劣った，より卑しい，下等な．

dēteriōrō -āre -ātum, °*tr* [↑] より悪くする．

dēterius *adv comp* (*neut*) [deterior] もっと悪く．

dētermīnātiō -ōnis, *f* [determino] **1** 境界． **2** 〔修〕終わり．

dētermīnātus -a -um, *pp* ⇨ determino.

dētermīnō -āre -āvī -ātum, *tr* [de-/termino] **1** 境界を定める． **2** 決定する．

dēterō -ere -trīvī -trītum, *tr* [de-/tero] **1** こする，みがく． **2** すりへらす． **3** 減ずる，弱める．

dēterreō -ēre -terruī -territum, *tr* [de-/terreo] **1** (おどかして)やめさせる，妨げる ⟨alqm [alqd] a [de] re; ne, quominus, quin; +*inf*⟩： *improbā oratione multitudinem deterrere, ne frumentum conferant* (CAES) 乱暴なことばで民衆をおどかして穀物を集めさせない． **2** 防ぐ，遠ざける ⟨alqd ab alqo⟩： *deterrere vim a censoribus* (LIV) 暴力から監察官を守る．

dēterrimus -a -um, *adj superl* [deterior] 最下等の，最も卑しい，最低の．

dēterritus -a -um, *pp* ⇨ deterreo.

dētersī *pf* ⇨ detergeo.

dētersīvum -ī, °*n* 〔薬〕洗浄剤．

dētersus -a -um, *pp* ⇨ detergeo.

dētestābilis -is -e, *adj* [detestor] 忌まわしい，嫌悪すべき，ひどくいやな．

dētestandus -a -um, *adj* (*gerundiv*) [detestor] 忌まわしい，嫌悪すべき．

dētestātiō -ōnis, *f* [detestor] **1** 呪うこと; 忌避.
dētestātus -a -um, *adj* (*pp*) [↓] 呪われた, 忌まわしい.
dētestor -ārī -ātus sum, *tr dep* [de-/testor] **1** (災いを)祈願する, 折り求める ⟨alqd in alqd⟩. **2** 呪う ⟨alqm [alqd]⟩. **3** 忌み嫌う, 嫌悪する. **4** 避ける, 防ぐ, 取り除く ⟨alqd a re⟩: *omnes memoriam consulatus tui a re publica detestantur* (Cic) 万人は国家からお前が執政官であった時の記憶をぬぐい去る.
dētexī *pf* ⇨ detego.
dētexō -ere -texuī -textum, *tr* [de-/texo] **1** 端まで編む, 織り上げる. **2** 完成する, 仕上げる.
dētextus -a -um, *pp* ⇨ detexo.
dētexuī *pf* ⇨ detexo.
dētineō -ēre -tinuī -tentum, *tr* [de-/teneo] **1** 妨げる ⟨alqm a re⟩. **2** 引き留める: *naves tempestatibus detinebantur* (Caes) 船団は嵐によって引き留められていた. **3** 続けさせる; 従事させる: *in alienis negotiis detineri* (Cic) 他人のことに時間をとられる / *se detinere* (Tac) 生命を維持している. **4** 渡さない, 与えずにおく.
dētondeō -ēre -tondī -tonsum, *tr* [de-/tondeo] 切り落とす, 刈り込む ⟨alqd [alqm]⟩.
dētondī *pf* ⇨ detondeo.
dētonō -āre -tonuī, *intr* [de-/tono] **1** とどろく, 鳴り響く. **2** 鳴りやむ, 静まる.
dētonsus -a -um, *pp* ⇨ detondeo.
dētonuī *pf* ⇨ detono.
dētorqueō -ēre -torsī -tortum, *tr* [de-/torqueo] **1** 転ずる, 遠ざける ⟨alqd a re; alqd in alqd⟩. **2** ゆがめる, ねじる: *calumniando omnia detorquendoque suspecta et invisa efficere* (Liv) すべてを中傷しゆがめて疑いと憎しみをひき起こす.
dētorsī *pf* ⇨ detorqueo.
dētortus -a -um, *pp* ⇨ detorqueo.
dētract- ⇨ detrect-.
dētractiō -ōnis, *f* [detraho] **1** 除去, 取り上げること. **2** 通じをつけること. **3** 省略.
dētractor -ōris, *m* [detraho] 誹謗者, みくびる者.
dētractus -a -um, *pp* ⇨ detraho.
dētrahō -ere -traxī -tractum, *tr* [de-/traho] **1** 引き下ろす ⟨alqd (de [ex]) re⟩. **2** 取りこわす. **3** 低くする, 下げる. **4** 引き離す ⟨alqd ex [de, a] re; alci alqd⟩. **5** 取り去る, 奪う ⟨alci alqd; alqd de [ex] re⟩: *scutum militi detrahere* (Caes) 兵士から盾を取り上げる. **6** 傷つける; 誹謗[中傷]する ⟨de alqo [re]⟩: *detrahere de rebus gestis alcis* (Nep) ある人の業績をそしる. **7** 運び去る, 連れ去る. **8** 引きずって行く. **9** 強いる ⟨alqm ad alqd⟩: *detrahere alqm ad accusationem* (Cic) ある人に告発を強いる.
dētraxī *pf* ⇨ detraho.
dētrectātiō -ōnis, *f* [detrecto] 拒絶.
dētrectātor -ōris, *m* [↓] 誹謗者, 中傷者.
dētrectō -āre -āvī -ātum, *tr* [de-/tracto] **1** 拒絶する ⟨alqd⟩. **2** みくびる; 誹謗する ⟨alqd [alqm]⟩.
dētrīmentōsus -a -um, *adj* [↓] 非常に不利[有害]な.
dētrīmentum -ī, *n* [detero] **1** 損害, 不利益. **2** 敗北.

dētrītus -a -um, *adj* (*pp*) [detero] すりへった: *detriti panni* ぼろ, 古著.
dētriumphō -āre -āvī -ātum, °*tr* [de-/triumpho] 征服する, 打ち負かす.
dētrīvī *pf* ⇨ detero.
dētrūdō -ere -trūsī -trūsum, *tr* [de-/trudo] **1** 押しやる, 押し下げる ⟨alqm [alqd] (de [a] re; alqd ad [in] alqd⟩: *detrudere naves scopulo* (Verg) 岩から船を押しやる. **2** 追い出す, 駆逐する ⟨alqm de [ex] re⟩. **3** 取り去る, 取り除く ⟨alqm de re⟩: *detrudere alqm de sua sententia* (Cic) ある人の意見を強いて変えさせる. **4** 追いやる ⟨alqm ad [in] alqd⟩: *Pomponium ad necessitatem belli civilis detrusum* (Tac) Pomponius はやむなく内乱に巻き込まれた. **5** 移動させる. **6** 延期する.
dētruncātiō -ōnis, *f* [↓] 切断, 刈り込み.
dētruncō -āre -āvī -ātum, *tr* [de-/trunco] **1** 切断する. **2** 刈り込む. **3** 首を斬る.
dētrūsī *pf* ⇨ detrudo.
dētrūsiō -ōnis, °*f* [detrudo] 突き落とすこと.
dētrūsus -a -um, *pp* ⇨ detrudo.
dētulī *pf* ⇨ defero.
dēturbō -āre -āvī -ātum, *tr* [de-/turbo] **1** 投げ落とす, 突き落とす ⟨alqm [alqd] (de [ex, a]) re⟩. **2** 追い出す, 駆逐する: *deturbare alqm ex magna spe* (Cic) ある人を大いなる希望から追い払う.
dēturpō -āre, *tr* [de-/turpo] 見苦しくする.
Deucaliōn -ōnis, *m* [Gk] 【神話】デウカリオーン 《Prometheus の息子で Pyrrha の夫; 彼ら夫婦だけが Juppiter の起こした大洪水に生き残って人類の祖先となった》.
Deucaliōnēus -a -um, *adj* Deucalion の.
deunx -uncis, *m* [de-/uncia] 12分の11.
deūrō -ere -ussī -ustum, *tr* [de-/uro] **1** 焼き払う, 焼き尽くす. **2** (寒さで)硬直させる, こごえさせる.
deus -ī (*sg voc* deus; *pl nom* deī, diī, dī, *gen* deōrum, deum, *dat* & *abl* deīs, diīs, dīs), *m* **1** 神: *di meliora velint* (Ov) 神々の望みがもっと良いことでありますように(=私の心配が現実と[そんなことに]なりませんように) / *di te ament* (Plaut) 神々のご加護がありますように(=やあ, ごきげんいかが) / *si dis placet* (Ter) もし神々のご意向にそうものなら. **2** 地上の主権者; 神としてあがめられる者. **3** °【キ教】神, 造物主, 天主.
deussī *pf* ⇨ deuro.
deustus -a -um, *pp* ⇨ deuro.
deuteronomium -ī, °*n* [Gk] **1** 法の写し. **2** 【聖】(旧約聖書の)申命記《モーセ五書の第5書》.
deūtī *inf* ⇨ deutor.
deutocerebrum -ī, °*n* 【解】中脳.
deūtor -ūtī, *intr dep* [de-/utor] 虐待する, 酷使する ⟨alqo⟩.
dēvastō -āre -āvī -ātum, *tr* [de-/vasto] 荒らす, 破壊しつくす ⟨alqd [alqm]⟩.
dēvectus -a -um, *pp* ⇨ deveho.
dēvehō -ere -vexī -vectum, *tr* [de-/veho] **1** 運び下る, 運び去る ⟨alqd [alqm] a [ex] re in [ad] alqd⟩. **2** (*pass*) (船で)旅する, 航行する.
dēvellī *pf* ⇨ devello.
dēvellō -ere -vellī [-vulsī] -vulsum, *tr* [de-/vel-

dēvelō -āre, tr [de-/velo] おおいを取る, あらわにする.
dēveneror -ārī -ātus sum, intr dep [de-/veneror] 1 熱心に崇拝する. 2 (祈りによって)追い払う.
dēvēnī pf ⇨ devenio.
dēveniō -īre -vēnī -ventum, intr [de-/venio] 1 やって来る; 到着する ⟨ad alqm; ad [in] alqd⟩. 2 (ある状態に)陥る, 行きあたる: *devenire ad juris studium* (Cɪᴄ) 法律の勉強に行き着く.
dēventus -a -um, pp ⇨ devenio.
dēverberō -āre -āvī -ātum, tr [de-/verbero] ひどくむち打つ.
dēverbium -ī, n =diverbium.
dēversor[1] -ārī -ātus sum, intr freq dep [deverto] 宿泊する; 寄宿する ⟨apud alqm; in loco⟩.
dēversor[2] -ōris, m 宿泊客; 下宿人.
dēversōriolum -ī, n dim [↓] 小宿舎.
dēversōrium -ī, n [↓] 1 宿所, 宿屋. 2 居酒屋. 3 隠れが.
dēversōrius -a -um, adj [deversor[1]] 泊まることができる, 宿泊に適した.
dēversus -a -um, pp ⇨ deverto.
dēvertī pf ⇨ deverto.
dēverticulum -ī, n dim [↓] 1 横道. 2 = deversorium.
dēvertō -ere -vertī -versum, tr, intr [de-/verto] I (tr) 転ずる, そらす, 遠ざける. II (intr または pass) (pf には常に act deverti を用いる) 1 遠ざかる, それる ⟨a; re⟩. 2 宿泊する, 泊まる ⟨ad alqm; in [ad] alqd⟩. 3 脱線する ⟨...を⟩頼みとする, ⟨...へ⟩のがれる ⟨ad alqd⟩.
dēvexī pf ⇨ deveho.
dēvexitās -ātis, f [devexus] 傾斜, 下り坂.
dēvexō -āre, tr =divexo.
dēvexum -ī, n [↓] 斜面, 傾斜.
dēvexus -a -um, adj [deveho] 1 下降する; 傾斜した. 2 (...の)傾向がある ⟨ad alqd⟩: *aetas jam a diuturnis laboribus devexa ad otium* (Cɪᴄ) (私の)人生はすでに長い労働から休息へと向かっている.
dēvīcī pf ⇨ devinco.
Dēviciācus -ī, m =Diviciacus.
dēvictus -a -um, pp ⇨ devinco.
dēvinciō -īre -vinxī -vinctum, tr [de-/vincio] 1 固く縛る ⟨alqd [alqm] re⟩. 2 密接に結合する ⟨alqd cum alqo⟩. 3 義務を負わせる, 拘束する ⟨alqm re⟩: *devincire alqm beneficio* (Pʟᴀᴜᴛ) 恩を売ってある人を縛る. 4 従わせる ⟨alqm re⟩: *devincire Nuceriam suis praesidiis* (Cɪᴄ) 駐屯部隊によりNuceriaを支配下におく.
dēvincō -ere -vīcī -victum, tr [de-/vinco] 1 (敵陣・町などを)征服する, 完勝する ⟨alqd⟩. 2 (人・物えを)打ち負かす: *eum uno mendacio devici* (Pʟᴀᴜᴛ) おれはあいつを嘘一つでやっつけた.
dēvinctus -a -um, adj (pp) [devincio] 傾倒している, 没頭している ⟨+dat⟩.
dēvinxī pf ⇨ devincio.
dēviō -āre -āvī, °intr [devius] 正道からそれる, 逸脱する.

dēvirginātiō -ōnis, f [↓] 処女性を失う[奪う]こと.
dēvirginō -āre -āvī -ātum, tr [de-/virgo] 処女性を奪う.
dēvītātiō -ōnis, f [↓] 避けること, 回避.
dēvītō -āre -āvī -ātum, tr [de-/vito] 避ける ⟨alqd⟩.
dēvius -a -um, adj [de-/via] 1 道から離れた; 遠い, へんぴな: *devium oppidum* (Cɪᴄ) 遠く離れた町. 2 正道をはずれた, 迷った: *homo in omnibus consiliis praeceps* ~ (Cɪᴄ) この男はあらゆる判断に関して一度に道を誤った. 3 孤独な, 隠退した: *devia et silvestris gens* (Lɪᴠ) 森に隠棲する人々.
dēvocō -āre -āvī -ātum, tr [de-/voco] 1 呼び下ろす. 2 呼んで行かせる[забらせる] ⟨alqa [ex, de] re ad [in] alqd⟩: *devocare alqm de provincia* (Cɪᴄ) 属州からある人を呼び戻す. 3 招待する. 4 誘う, 引き入れる: *devocare suas fortunas in dubium* (Cᴀᴇs) 自分の運命を危険にさらす.
dēvolō -āre -āvī -ātum, intr [de-/volo[1]] 1 飛び下りる, 急いで下りる. 2 飛び去る; 急いで去る.
dēvolūtiō -ōnis, °f [devolvo] 1 転落. 2 [法] 移転.
dēvolūtus -a -um, pp ⇨ devolvo.
dēvolvī pf ⇨ devolvo.
dēvolvō -ere -volvī -volūtum, tr [de-/volvo] 1 ころがし落とす, 下へころがす ⟨alqd (de) re⟩. 2 (pass) ころがり落ちる, 転落する: *ad spem estis inanem pacis devoluti* (Cɪᴄ) あなたがたは平和へのむなしい希望に陥った.
dēvorātor -ōris, m [↓] むさぼり食う者, 浪費者.
dēvorō -āre -āvī -ātum, tr [de-/voro] 1 のみ込む, むさぼり食う ⟨alqm [alqd]⟩. 2 蕩尽する, 浪費する. 3 (感情を)抑える: *devorare lacrimas* (Oᴠ) 涙を抑える. 4 吸収する. 5 (不快なことを)甘受する, 耐える. 6 うのみにする.
dēvorsor[1,2] =deversor[1,2].
dēvortium -ī, n [↓] 1 横道. 2 回り道.
dēvortō -ere, tr, intr =deverto.
dēvōtē °adv [devotus] 献身的に.
dēvōtiō -ōnis, f [devoveo] 1 奉献; 人身御供. 2 呪い. 3 (pl) 魔法. 4 祈願. 5°献身, 敬虔.
dēvōtō -āre -āvī -ātum, tr intens [devoveo] 魔法をかける.
dēvōtus -a -um, adj (pp) [↓] 1 呪われた. 2 愛着[傾倒]している ⟨alci⟩.
dēvoveō -ēre -vōvī -vōtum, tr [de-/voveo] 1 奉献する; (犠牲として)身をささげる ⟨alqm [alqd]; alci alqd; alqd pro re [alqo]⟩. 2 呪う; 魔法をかける. 3 ささげる ⟨se+dat⟩.
dēvōvī pf ⇨ devoveo.
dēvulsī pf =develli (⇨ devello).
dēvulsus -a -um, pp ⇨ devello.
Dexippus -ī, m [Gk] デクシッポス, *-ポス《Ciceroの奴隷》.
dextāns -antis, m [de-/sextans] 6分の5.
dextella -ae, f dim [dextera] (小さな)右手.
dexter -t(e)ra -t(e)rum, adj 1 右の, 右手の, 右側の. 2 幸運な. 3 好都合な, 有利な. 4 器用な, 巧

みな. **5°**〖解〗右の.

dext(e)ra[1] -ae, *f* [↑] (*sc.* manus) **1** 右手, 右, 右側. **2** (忠誠・友好の印としての, または力・勇気の象徴としての)右手: *dextram dare* (Liv) 右手をさしだす / *dominorum dextras fallere* (Verg) 主君に対する忠誠心を裏切る.

dext(e)rā[2] *adv* (*abl*), *prep* **I** (*adv*) 右側に. **II** (*prep*) <+*gen* [*acc*]> …の右側に.

dext(e)rē *adv* [dexter] 巧みに, 手際よく.

dexterior -ior -ius, *adj comp* ⇒ dexter.

dexteritās -ātis, *f* [dexter] 機敏さ, (援助・義務を果たすための)用意(ができていること).

dextimus -a -um, *adj* =dextumus.

dextrāle -is, °*n* [dexter] 腕輪.

dextrāliolum -ī, °*n dim* [↑] (小さな)腕輪.

dextrālis -is, °*f* [dextera] 手斧.

dextrārius -ī, °*m* 軍馬.

dextrīnum -ī, °*n* 〖化〗デキストリン, 糊精.

dextrorsum, -us *adv* [dexter/versus[2]] 右の方へ, 右側へ.

dextumus -a -um, *adj superl* [dexter] 最も右の.

dī *pl nom* ⇒ deus.

Dīa -ae, *f* [*Gk*] ディーア《Naxos 島の古名》.

diabathrārius -ī, *m* [↓] はきものの製造人.

diabathrum -ī, *n* [*Gk*] はきものの一種.

diabētēs -ae, *m* [*Gk*] **1** サイフォン, 吸管. **2°**〖病〗糖尿病: ~ *insipidus* 尿崩症 / ~ *mellitus* 真性糖尿病.

Diablintēs -um, *m pl* ディアブリンテース《Aulerci 族の一支族》.

diabolē -ēs, °*f* [*Gk*] 中傷, 誹謗.

diabolicus -a -um, °*adj* [*Gk*] 悪魔の(ような).

diabolus -ī, °*m* [*Gk*] 悪魔.

diacētylmorphīnum -ī, °*n* 〖化〗ジアセチルモルヒネ(=ヘロイン).

diachyton -ī, *n* [*Gk*] ぶどう酒の一種.

diācōn -ōnis, °*m* [*Gk*] =diaconus.

diāconālis -is -e, °*adj* =diaconicus.

diāconātus -ūs, °*m* [diaconus] 助祭の職.

diāconia -ae, °*f* =diaconatus.

diāconicum -ī, *n* [↓] 〖教会〗**1** 助祭の住居. **2** 聖堂納室.

diāconicus -a -um, °*adj* [diaconus] 助祭の.

diāconissa -ae, °*f* [diaconus] **1** 〖教会〗(初代教会の)女執事. **2** 〖カト〗助祭の妻.

diāconium -ī, °*n* =diaconatus.

diāconus -ī, °*m* [*Gk*] **1** 〖教会〗執事. **2** 〖カト〗助祭.

diadēma -atis, *n* [*Gk*] 頭に巻く帯状髪飾り《権力の象徴として》; 王冠.

diadēmātus -a -um, *adj* [↑] diadema を着けた.

diadūmenus -a -um, *adj* =diademātus.

diaeresis -is, *f* [*Gk*] **1** 〖文〗(音節の)分切. **2°** 〖詩〗一致分節《詩脚の区分と語の区分とが一致する場合》.

diaeta -ae, *f* [*Gk*] **1** 規定食, 食餌療法. **2** 部屋. **3** 離れ.

diaetārius -ī, *m* [↑] 部屋番奴隷.

diaetētica -ae, °*f* [↓] 食餌療法学.

diaetēticus -a -um, °*adj* [*Gk*] 食餌療法の.

diagnōsis -is, °*f* [*Gk*] **1** 〖医〗診断. **2** 〖生物〗記相.

diagōnālis -is -e, *adj* [↓] 対角の.

diagōnios -os -on, *adj* [*Gk*] =diagonalis.

diagōnios -ī, *m* [*Gk*] 対角線, 斜方向.

Diagorās -ae, *m* [*Gk*] ディアゴラース《(1) Rhodos 島生まれの Olympia 競技場の勝者. (2) Melos 島生まれの哲学者・詩人(前 5 世紀後半)》.

diagramma -atis, *n* [*Gk*] 図形, 図表.

diakinēsis -is, °*f* [*Gk*] 〖生物〗移動期.

dialectica -ae, *f*, **-a** -ōrum, *n pl* [dialecticus[1]] 弁証法; 論理学.

dialecticē[1] -ēs, *f* =dialectica.

dialecticē[2] *adv* [↓] 弁証法的に.

dialecticus[1] -a -um, *adj* 弁証法的な, 詭弁の.

dialecticus[2] -ī, *m* 弁証家, 詭弁家.

dialectos, -us -ī, *f* [*Gk*] 方言.

Diālis[1] -is -e, *adj* Juppiter の.

Diālis[2] -is, *m* (*sc.* flamen) Juppiter の神官.

dialogus -ī, *m* [*Gk*] 対話, 問答.

dialysis -is, *f* [*Gk*] **1** 〖文〗(二重母音の)分離. **2°** 〖化・医〗透析. **3°** 〖生〗分離, 分解.

diametros, -ter -tri, *f* [*Gk*] 直径.

Diāna -ae, *f* 〖神話〗ディアーナ《ローマ神話の月と狩猟の女神; Juppiter と Latona の娘で Apollo の双生の妹; ギリシア神話の Artemis に当たる》.

Diānium -ī, *n* [↓] **1** Diana の神殿. **2** ディアーニウム《Hispania 東岸中央部の岬; 現 Denia》.

Diānius -a -um, *adj* Diana の.

dianoea -ae, °*f* [*Gk*] 〖哲〗数学的思考.

dianomē -ēs, *f* [*Gk*] (金銭の)分配.

diapantōn *adv* [*Gk*] 卓越[傑出]して.

diapasma -atis, *n* [*Gk*] (身体に振りかける)芳香性粉末.

diapasōn *indecl n* [*Gk*] 〖音〗(オクターブの)全音域.

diaphanus -a -um, °*adj* [*Gk*] 透明の.

diaphorēticum -ī, *n* [*Gk*] 発汗剤.

diaphragma -atis, °*n* [*Gk*] 〖解〗**1** 隔膜, 隔壁: ~ *pelvis* 骨盤隔膜 / ~ *sellae* 鞍隔膜 / ~ *urogenitalis* 尿生殖隔膜. **2** 横隔膜.

diaphysis -is, °*f* [*Gk*] 〖解〗骨幹.

diārium -ī, *n* [dies] **1** 日記, 日誌. **2** (*pl*) 一日分の食糧, 日当.

diarrhoea -ae, °*f* [*Gk*] 〖病〗下痢.

diarthrōsis -is, °*f* [*Gk*] 〖解〗可動結合.

diastasis -is, °*f* [*Gk*] 縫合離開.

diastasum -ī, °*n* 〖薬〗ジアスターゼ.

diastēma -atis, °*n* [*Gk*] **1** 〖生物〗隔膜質. **2** 間隔.

diathesis -is, °*f* [*Gk*] 〖病〗**1** 素質, 体質. **2** 疾病.

diātim °*adv* [dies] 日々, 毎日.

dibaphus[1] -a -um, *adj* [*Gk*] 二度染めた.

dibaphus[2] -ī, *f* [*Gk*] (行政官の)礼服.

dīc[1] *sg impr* ⇒ dico[2].

dica -ae, *f* [*Gk*] **1** 訴訟. **2** 陪審員.

dicācitās -ātis, *f* [dicax] 皮肉, いやみ, あてこすり.
dicāculus -a -um, *adj* [dicax] **1** おしゃべりな. **2** 機知に富んだ.
Dicaearchus -ī, *m* [Gk] ディカエアルクス, *ディカイアルコス《Sicilia 島の Messana 生まれの哲学者; Aristoteles の弟子 (前 300 頃)》.
dicātiō -ōnis, *f* [dico²] 他国での市民権獲得.
dicax¹ -ācis, *adj* [dico²] 辛辣な, 機知に富んだ.
dicax² -ācis, *m* 機知に富む人.
dīce 2 *sg impr* 《古形》=dic.
Dīcē -ēs, *f* [Gk] 《神話》ディケー《正義の女神; Juppiter の娘の一人》.
dīcebō *fut* 《古形》=dicam (⇒ dico²).
dichasium -ī, °*n* 《植》二枝集散花序, 岐散花序.
dichorēus -ī, *m* [Gk] 《詩》二重の長短格 (—⌣—⌣).
diciō -ōnis, *f* [*cf.* dico²] 主権, 支配, 権力: *esse in dicione alcis* (CAES) ある人の支配下にある.
dicis *gen* (用例は次の成句のみ) ~ *causā* (CIC) | ~ *gratiā* (GAIUS) 見かけ上, 形式的に.
dicō¹ -āre -āvī -ātum, *tr* [*cf.* dico²] **1** (神に)ささげる, 奉献する, 聖別する 〈alci alqd〉. **2** 神格化する. **3** ささげる, 取り分ける: *se civitati* [*in civitatem*] *dicare* (CIC) 他国の市民となる / *hunc tibi totum dicamus diem* (CIC) 今日まる一日をあなたのために取ってある.
dīcō² -ere dīxī dictum, *tr* **1** 示す, 指示する 〈alci alqd〉: *jus dicere* (CIC) 判決を下す 〈de alqo〉. **2** 指定する, 定める 〈alqd〉: *alci diem dicere* (CIC) ある人に期限[出廷日]を指定する / *locum colloquio dicere* (LIV) 会談の場所を定める. **3** 任命[指名]する: *alqm dictatorem dicere* (LIV) ある人を独裁官に任命する. **4** 言う, 発言する, 話す; 語る, 述べる 〈abs; alqm [alqd]; de re; +*acc c. inf*; ut, ne〉: *causam dicere* (CIC) (法廷で)弁護する. **5** 演説する: *ars dicendi* (CIC) 弁論術. **6** 名づける, 呼ぶ 〈+2 個の *acc*〉: *caelum dicunt Graeci Olympum* (VARR) ギリシア人は天を Olympus と呼ぶ. **7** 歌[詩]を作る 〈alqd〉. **8** (詩歌で)賛美する, 賞賛する. **9** 叙述する, 描写する.
dicrotum -ī, *n*, **-a** -ae, *f* [Gk] 二段櫂船.
Dictaeus -a -um, *adj* Dicte 山の; Creta 島の: ~ *rex* =Juppiter (VERG), Minos (OV).
dictāmen -minis, °*n* [dicto] **1** 命令. **2** 陳述. **3** 文体.
dictamnum -ī, *n* =dictamnus.
dictamnus, **-os** -ī, *f* [Gk] 《植》ハナハッカの類.
dictāta -ōrum, *n pl* (*pp*) [dicto] 口述, 口授. **2** 指示.
dictātor -ōris, *m* [dicto] **1**° 口授者. **2** 独裁官 《非常時に任命された任期 6 か月の臨時執政官》.
dictātōrius -a -um, *adj* dictator の.
dictātūra -ae, *f* dictator の職[地位].
dictātus -a -um, *pp* ⇒ dicto.
Dictē -ēs, **-ta** -ae, *f* [Gk] ディクテー《Creta 島東部の山; この山の洞窟ニンフたちが Juppiter をかくまって養育したという》.
dictērium -ī, *n* [dictum] 気のきいたことば, 警句.
dictiō -ōnis, *f* [dico²] **1** 陳述, 発言: ~ *causae* (CIC) 法廷弁論. **2** 神託, 託宣. **3** 談話, 会話.

4 演説. **5** 言い方, 表現(法).
dictitō -āre -āvī -ātum, *tr intens* [↓] たびたび[繰り返して]言う, 強調する 〈alqd; +*acc c. inf*〉: *dictitare causas* (CIC) (法廷で頻繁に)弁論する.
dictō -āre -āvī -ātum, *tr freq* [dico²] **1** たびたび言う 〈alqd〉. **2** 口授する 〈alci alqd〉. **3** 作成する, 著作する.
dictum -ī, *n* [↓] **1** 言われたこと, 言説, 陳述, 表現: *dicto citius* (HOR) 言うより早く, たちまち. **2** 警句, 格言; 気のきいたことば. **3** 神託, 託宣. **4** 命令. **5** 約束.
dictus -a -um, *pp* ⇒ dico².
Dictynna -ae, *f* [Gk] 《神話》ディクテュンナ《(1) ニンフ Britomartis の別名. (2) Diana の呼称》.
Dictynnēum -ī, *n* Sparta 付近にあった Diana 神殿.
didicī *pf* ⇒ disco.
dididī *pf* ⇒ dido.
dīditus -a -um, *pp* ⇒ dido.
Dīdius -ī, *m* ディーディウス《ローマ人の氏族名》.
dīdō -ere -didī -ditum, *tr* [dis-/do] **1** 分配する. **2** 行き渡らせる.
Dīdō -ūs [-ōnis], *f* [Gk] 《伝説》ディードー《Carthago を創建した女王; Aeneas をもてなし恋したが, 見捨てられて自殺した》.
dīdūcō -ere -duxī -ductum, *tr* [dis-/duco] **1** 引き離す. **2** 広げる, 開ける: *diducere rictum risu* (HOR) 笑いで口を開ける. **3** (軍隊を)分散させる; 展開する: *instruunt aciem diductam in cornua* (LIV) 戦列を整えて両翼へと展開させる. **4** ばらばらにする: *diducta civitas ut civili bello* (TAC) まるで内乱のように国家は二つに割れている.
dīductiō -ōnis, *f* [↑] **1** 拡張, 展開. **2** 分割.
dīductus -a -um, *pp* ⇒ diduco.
dīduxī *pf* ⇒ diduco.
Didyma -mōn, *n pl* [Gk] ディデュマ《Miletus の南方にあった Apollo の神託所》.
Didym(a)eum, **-on** -ī, *n* Didyma の Apollo 神殿.
Didym(a)eus -a -um, *adj* Didyma の《Apollo の添え名として》.
diēcula -ae, *f dim* [dies] 短期間, わずか一日.
diencephalon -ī, °*n* 《解》間脳.
diērectus -a -um, *adj* (ののしりの表現): *abi* ~ *tuam in provinciam* (PLAUT) ちくしょう, とっとと田舎(⇓)に帰りやがれ!
diēs -ēī, *m* (*f*) **1** 日, 一日: *in dies* (CIC) 毎日 / *diem ex die* (CAES) 毎日. **2** 昼間, 日中: *dies noctesque* (CIC) 昼も夜も / *ad multum diem* [*diei*] (LIV) おそくまで / *de die* (PLAUT) 昼間から. **3** 日常[一日]の仕事. **4** 一日の行程. **5** (特定の)日: *is* ~ *honestissimus nobis fuerat in senatu* (CIC) その日は私にとって元老院における最も名誉ある日であった. **6** 期日: *ante diem mori* (OV) 定めの日より早く死ぬ / *diem dicere alcui* (CIC) 出廷日を指定する, 告訴する. **7** 死亡日. **8** 誕生日. **9** 時間.
diescit -ere, °*intr impers* 明るくなる, 夜が明ける.
Diespiter -tris, *m* Juppiter の別名.
diēta -ae, *f* =diaeta.

diffāmātiō -ōnis, °*f* [diffamo] 公表, 暴露.
diffāmātus -a -um, *adj* (*pp*) [↓] 有名な, 悪名高い.
diffāmō -āre -āvī -ātum, *tr* [dis-/fama] うわさを広める; 中傷する.
differēns -entis, *adj* (*prp*) [differo] 異なった; (より)すぐれた.
differentia -ae, *f* [↑] 相違, 区別.
differō differre distulī dīlātum, *tr*, *intr* [dis-/fero] **I** (*tr*) **1** 分散させる, 広げる ⟨alqd⟩. **2** 引き裂く. **3** まごつかせる, 当惑させる. **4** うわさを立てる, 言い広める ⟨alqm [alqd]⟩. **5** 延期する, 遅らせる. **6** 待たせておく. **II** (*intr*) 異なる, 相違する ⟨ab alqo; a [cum] re; inter se⟩: *hi omnes linguā inter se differunt* (Caes) 彼らはみなことばにおいて互いに異なっている.
differre *inf* ⇨ differo.
differtus -a -um, *adj* [dis-/farcio] ぎっしり詰まった, いっぱいの ⟨+*abl*⟩.
difficile *adv* (*neut*) [↓] =difficulter.
difficilis -is -e, *adj* [dis-/facilis] **1** 困難な, 面倒な, 厄介な ⟨alci; +*sup* II; ad alqd⟩. **2** 危険な, 重大な. **3** 不便な, 不利な. **4** 不機嫌な, 気むずかしい, 扱いにくい ⟨in alqm⟩.
difficiliter *adv* =difficulter.
diffictus -a -um, *pp* ⇨ diffingo.
difficultās -ātis, *f* [difficilis] **1** むずかしさ, 困難. **2** 窮乏, 困窮, 難儀: ~ *nummaria* (Cic) 財政難 / ~ *annonae* (Suet) 食糧難 / ~ *domestica* (Cic) 家計の窮乏. **3** 気むずかしさ, 頑固.
difficulter *adv* [difficilis] 苦労して, やっとのことで, かろうじて.
diffīdēns -entis, *adj* (*prp*) [diffido] 自信のない, 不安な, 疑念をいだいている.
diffīdenter *adv* [↑] 自信なく.
diffīdentia -ae, *f* [diffidens] 自信のないこと, 疑念, 不信 ⟨+*gen*⟩.
diffīdī *pf* ⇨ diffindo.
diffīdō -ere diffisus sum, *intr* [dis-/fido] 信用しない, 疑念を抱く, 望みを失う ⟨+*dat*; +*acc c. inf*⟩.
diffin- *cf* defin-.
diffindō -ere -fidī -fissum, *tr* [dis-/findo] 裂く, 割る: *diem diffindere* (Liv) 裁判[審理]を延期する.
diffingō -ere -finxī -fictum, *tr* [dis-/fingo] 変形する, 作り変える, 改造する.
diffinxī *pf* ⇨ diffingo.
diffissus -a -um, *pp* ⇨ diffindo.
diffīsus -a -um, *pp* ⇨ diffido.
diffiteor -ērī, *tr dep* [dis-/fateor] 否定する, 否認する ⟨alqd; +*acc c. inf*⟩.
difflāgitō -āre, *tr* [dis-/flagito] しつこく請求[催促]する.
difflō -āre -āvī -ātum, *tr* [dis-/flo] 吹き散らす.
diffluō -ere -fluxī, *intr* [dis-/fluo] **1** 流れ去る, (四方へ)流れて広がる. **2** 溶ける; 消えてなくなる.
diffluxī *pf* ⇨ diffluo.
diffrāctus -a -um, *pp* ⇨ diffringo.
diffrēgī *pf* ⇨ diffringo.
diffringō -ere -frēgī -frāctum, *tr* [dis-/frango] 粉砕する, 打ち砕く.
diffūdī *pf* ⇨ diffundo.
diffugere *inf* ⇨ diffugio.
diffūgī *pf* ⇨ diffugio.
diffugiō -gere -fūgī, *intr* [dis-/fugio] **1** ちりぢりに逃げる: *metu perterriti repente diffugimus* (Cic) 突如恐怖にかられて我々はばらばらに逃げた. **2** 散乱する, 消散する.
diffugium -ī, *n* [↑] ちりぢりに逃げること, 四散.
diffunditō -āre, *tr freq* [↓] まきちらす, ばらまく.
diffundō -ere -fūdī -fūsum, *tr* [dis-/fundo²] **1** 注ぎ出す: *glacies liquefacta se diffundit* (Cic) 氷が溶けて流れ出す. **2** まきちらす, ばらまく. **3** 広げる, 拡張する: *error longe lateque diffusus* (Cic) 深くそして広く行き渡った誤り. **4** 緊張を解く, くつろがせる.
diffūsē *adv* [diffusus] 豊富に; 広範囲に.
diffūsiō -ōnis, *f* [diffundo] 広がること: ~ *animi* (Sen) 心の広さ, 親切.
diffūsus -a -um, *adj* (*pp*) [diffundo] **1** 広がった. **2** 広範な; 散漫な.
diffutūtus -a -um, *adj* [dis-/futuo] 房事過度で憔悴(しょうすい)した.
digamia -ae, °*f* [*Gk*] **1** 再婚. **2** 重婚.
digamma -atis, **-on** -ī, *n* [*Gk*] **1** 初期のギリシア字母の一つ (Ϝ) 《音価は [w]》. **2** 会計簿.
digastricus -a -um, °*adj* [解] (筋肉が)二腹の.
digenea -ae, °*f* [*Gk*] [動] 二生亜綱.
Digentia -ae, *f* ディゲンティア (Latium の小川; Horatius の別荘のそばを流れていた; 現 Licenza).
dīgerō -ere -gessī -gestum, *tr* [dis-/gero] **1** 分ける, 分割する: *Nilus septem in cornua digestus* (Ov) 七つの河口に分かれた Nilus 川. **2** 配分する, 割り当てる ⟨alqd in alqd⟩: *poenam digessit in omnes* (Ov) 全員に罰を割り当てた. **3** 分類する, 配列する, 整える: *digerere jus civile in genera* (Cic) 市民法を下位区分に分類する.
dīgessī *pf* ⇨ digero.
dīgesta -ōrum, *n pl* (*pp*) [digero] **1** (体系的に配列された)法令概要. **2°** (D-) 「学説集」《Corpus Juris Civilis「ローマ法大全」の主要部分》. **3°** 《キ教》聖書; 福音書.
dīgestiō -ōnis, *f* [digero] **1** (食物の)分解, 消化. **2** 列挙; 配列.
dīgestīva -ōrum, °*n pl* [↓] [薬] 消化剤.
dīgestīvus -a -um, °*adj* [digero] 消化の.
dīgestōrius -a -um, °*adj* [digero] 消化の, 消化を助ける.
dīgestus -a -um, *pp* ⇨ digero.
digitābulum -ī, *n* [digitus] 指サック.
digitālis -is -e, *adj* [digitus] 指の, 指のような.
digitātiō -ōnis, °*f* [生物] 指状組織[突起]: *digitationes hippocampi* [解] 海馬指.
digitātus -a -um, *adj* [digitus] 指のある.
digitulus -ī, *m dim* [↓] 小さな指.
digitus -ī, *m* **1** 指: ~ *pollex* (Caes) 親指 / ~ *index* (Hor) 人差し指 / ~ *medius* (Mart) 中指 / ~ *quartus* (Plin) 薬指 / ~ *minimus* (Plin) 小指 / *prior* [*primus*] ~ (Sen [Catul]) 指先 / *liceri digito* (Cic) =*tollere digitum* (Cic) せり値をつける / *attinge-*

re caelum digito (Cic) 有頂天になる． **2** 足指．
3 指幅尺 (=¹/₁₆ pes)．

dīgladior -ārī -ātus sum, *intr dep* [dis-/gladius] 激しく戦う[争う]⟨cum alqo; inter se; de re⟩．

dignāns *prp* ⇨ digno．

dignanter °*adv* [↑] 丁寧に，愛想よく．

dignātiō -ōnis, *f* [digno] **1** 尊重． **2** 名誉；地位．

dignātus -a -um, *pp* ⇨ digno．

dignē *adv* [dignus] 相応に，ふさわしく．

dignitās -ātis, *f* [dignus] **1** 価値(あること)，ふさわしさ: *parem dignitatem ad consulatus petitionem in Murena atque in Sulpicio fuisse* (Cic) 執政官職を志願するためには同等のふさわしさが Murena にも Sulpicius にもあった． **2** 威厳，品位，気高さ． **3** 男らしさ，勇壮． **4** 優美，壮麗． **5** 名誉，名声． **6** 地位，身分． **7** 栄職． **8** 高位高官の人．

dignō -āre -āvī -ātum, *tr* [dignus] **1** (…)にふさわしいと判断する，価値を認める ⟨alqm re⟩: *qui tali honore dignati sunt* (Cic) そのような栄誉が与えられた人々． **2** (…することを)欲する，(…しようと)決心する；(ありがたくも)…してくださる，…し給う⟨+inf⟩: *cum neque me aspicere aequales dignarent meae* (Pac) 私と同じ年ごろの娘たちは私を見たいとも思わないのだから．

dignor -ārī -ātus sum, *tr dep* =digno．

dignōscō -ere -gnōvī -gnōtum, *tr* [dis-/gnosco (=nosco)] 識別する，見分ける，⟨alqd re⟩: *civem dinoscere hoste* (Hor) 味方と敵を見分ける．

dignōtus -a -um, *pp* ⇨ dignosco．

dignōvī *pf* ⇨ dignosco．

dignus -a -um, *adj* ⟨*cf.* deceo⟩ (…)に値する，適当な，ふさわしい ⟨*abs*; +*abl* [*gen*]; ad alqd; +*sup*; qui +*subj*; ut; +*inf*⟩: ~ *dictu* (Liv) 語るに値する / *qui aliquando imperet* ~ (Cic) いずれ支配者となるにふさわしい者 / *dignum est* 当然である ⟨+*inf*; +*acc c. inf*⟩．

dīgredī *inf* ⇨ digredior．

dīgredior -dī -gressus sum, *intr dep* [dis-/gradior] **1** 遠ざかる，去る，離れる ⟨ab alqo; a [ex] re⟩． **2** それる，はずれる ⟨a [de] re⟩．

dīgressiō -ōnis, *f* [↑] **1** 分離，離れること． **2** 逸脱，脱線．

dīgressus¹ -a -um, *pp* ⇨ digredior．

dīgressus² -ūs, *m* =digressio．

dīgrunniō -īre, *intr* =degrunnio．

di(h)esis -eōs, *f* [*Gk*] 【音】四分音．

diī *pl nom* ⇨ deus．

dījūdicātiō -ōnis, *f* [↓] 決定，判定．

dījūdicō -āre -āvī -ātum, *tr* (*intr*) [dis-/judico] **1** 決定する，判定する: *dijudicare controversiam* (Cic) 論争を判定する． **2** 識別する，見分ける ⟨alqd a re; inter alqa⟩．

dījunct- ⇨ disjunct-．

dījungō -ere, *tr* =disjungo．

dīlābī *inf* ⇨ dilabor．

dīlābor -ī -lapsus sum, *intr dep* [dis-/labor¹] **1** くずれる，崩壊する． **2** 溶ける． **3** (四方へ)流れ去る． **4** 散乱する． **5** (ちりぢりに)逃げる ⟨a [ex, de re] ire in [ad] alqd⟩． **6** 衰える，消滅する: *rem familiarem dilabi sinere* (Cic) 財力が衰えるにまかせる． **7** (時が)経過する．

dīlacerātiō -ōnis, °*f* [↓] ずたずたに裂くこと．

dīlacerō -āre -āvī -ātum, *tr* [dis-/lacero] **1** ずたずたに裂く． **2** 破壊する．

dīlāminō -āre, *tr* [dis-/lamina] 二つに裂く．

dīlaniō -āre -āvī -ātum, *tr* [dis-/lanio¹] ずたずたに裂く．

dīlapidō -āre -āvī -ātum, *tr* [dis-/lapido] 浪費する．

dīlapsus -a -um, *pp* ⇨ dilabor．

dīlargior -īrī -ītus sum, *tr dep* [dis-/largior] 気前よく与える．

dīlātātiō -ōnis, *f* [dilato] 膨張，拡張．

dīlātātor -ōris, °*m* [dilato] 【解】散大[拡張]筋．

dīlātātus -a -um, *adj* (*pp*) [dilato] 広がった，拡張された．

dīlātiō -ōnis, *f* [differo] 延期，猶予．

dīlātō -āre -āvī -ātum, *tr freq* [dis-/latus¹] **1** 広げる，拡張する． **2** 詳述する，敷衍する．

dīlātor -ōris, *m* [differo] 躊躇する者．

dīlātōrius -a -um, *adj* [↑] 引き延ばす，ぐずぐずする．

dīlātus -a -um, *pp* ⇨ differo．

dīlaudō -āre -āvī -ātum, *tr* [dis-/laudo] 大いにほめる．

dīlēctiō -ōnis, °*f* [diligo] 愛．

dīlēctor -ōris, *m* [diligo] 恋人．

dīlēctus¹ -a -um, *adj* (*pp*) [diligo] 愛する，いとしい．

dīlēctus² -ūs, *m* =delectus²．

dilemma -atis, *n* [*Gk*] **1** 板ばさみ，窮地． **2** 【論】両刀論法．

dīlēxī *pf* ⇨ diligo．

dīlīdō [dis-/laedo] -ere, *tr* 打ち砕く．

dīligēns -entis, *adj* (*prp*) [diligo] **1** 注意深い，入念な，細心の ⟨alcis rei; in re; ad alqd⟩． **2** 質素な，倹約な．

dīligenter *adv* [↑] 入念に，細心に．

dīligentia -ae, *f* [diligens] **1** 注意深いこと，入念，細心． **2** 倹約．

dīligō -ere -lexi -lectum, *tr* [dis-/lego²] 重んずる，尊重する，愛する ⟨alqm [alqd]⟩．

dīlōrīcō -āre -āvī -ātum, *tr* [dis-/lorica] (衣服を)引き裂く[裂いて肌をあらわにする]．

dīlūceō -ēre, *intr* [dis-/luceo] 明らかである．

dīlūcēscō -ere -luxi, *intr inch* [↑] 明るくなる，夜が明ける: *cum jam dilucesceret* (Cic) すでに夜が明けつつある頃．

dīlūcidē *adv* [↓] 明らかに．

dīlūcidus -a -um, *adj* [diluceo] 明白な，明らかな．

dīlūculat -āre, *intr impers* [↓] 夜が明ける．

dīlūculum -ī, *n* [diluceo] 黎明，夜明け: *diluculo* (Cic) 夜明けに．

dīlūdium -ī, *n* [dis-/ludus] (競技・演劇などの)休憩時間．

dīluī *pf* ⇨ diluo．

dīluō -ere -luī -lūtum, *tr* [dis-/luo¹; *cf.* alluo] **1** (液体で)柔らかくする，溶かす． **2** 洗い去る． **3** (液体

を)薄める. **4** 弱める, 減ずる: *diluitur ejus auctoritas* (SEN) その人の権威は弱まる. **5** 否認する, 反駁する.

dīlūtus -a -um, *pp* ⇨ diluo.
dīluviēs -ēī, *f* [diluo] 氾濫, 洪水.
dīluviō[1] -āre, *tr* [diluvium] 水浸しにする.
dīluviō[2] -ōnis, °*f* =diluvies.
dīluvium -ī, *n* =diluvies.
dīluxī *pf* ⇨ dilucesco.
dīmachae -ārum, *m pl* [Gk] 騎馬歩兵《騎馬でも徒歩でも戦う兵士》.
dīmachaerus -ī, *m* [Gk] 2本の刀を使う剣闘士.
dīmadēscō -ere -uī, *intr* [dis-/madesco] 溶けてなくなる.
dīmānō -āre -āvī -ātum, *intr* [dis-/mano] 広がる〈ad alqd〉.
dīmēnsiō -ōnis, *f* [dimetior] 測量, 測定.
dīmēnsus -a -um, *adj* (*pp*) [dimetior] (正確に)測量された.
dīmētātus -a -um, *pp* ⇨ dimetor.
dīmētior -īrī -mensus sum, *tr dep* [dis-/metior] 測量する, 測定する〈alqd〉.
dīmētor -ārī -ātus sum, *tr dep* [dis-/metor] 境界を定める, 測定する: *locum castris dimetari* (LIV) 陣営する場所に定める.
dīmicātiō -ōnis, *f* [↓] **1** 戦闘. **2** 競争, 抗争.
dīmicō -āre -āvī [-uī] -ātum, *intr* [dis-/mico] **1** 戦う, 戦闘する〈cum alqo; pro re; de re〉. **2** 抗争する, 競争する〈de re; pro re〉: *dimicare de honore et gloria* (CIC) 名誉や栄誉のために戦う. **3** 努力する, 骨折る〈ut〉.
dīmicuī *pf* =dimicavi (⇨ dimico).
dīmidia -ae, *f* [dimidius] (*sc*. pars) 半分.
dīmidiātus -a -um, *adj* (*pp*) [dimidio] 二等分された, 半分の.
dīmidiētās -ātis, °*f* =dimidium.
dīmidiō -āre -ātum, *tr* [dimidius] **1** 二等分する. **2** 半分に達する.
dīmidium -ī, *n* [↓] 半分 (=dimidia pars)〈+ *gen*〉.
dīmidius -a -um, *adj* [dis-/medius] 半分の.
dīminuō -ere -uī -ūtum, *tr* [dis-/minuo] 粉砕する, 粉々にする.
dīminūtiō -ōnis, *f* [↑] =deminutio.
dīminūtīvum -ī, *n* [diminuo] =deminutivum.
dīmīsī *pf* ⇨ dimitto.
dīmissiō -ōnis, *f* [dimitto] **1** (さまざまな方向へ)送り出すこと, 派遣. **2** 解雇, 免職. **3**° 【医】解熱; (病状の緩解〈ｶﾝｶｲ〉).
dīmissōrius -a -um, °*adj* [dimitto] **1** 付託[付 付]の: *dimissoriae litterae* (a) 【法】上級審への移送通告(状); (b)【ｶﾄ】(司祭に対する他教区への)転出許可状. **2** (病気が快方に向かう.
dīmissus -a -um, *pp* ⇨ dimitto.
dīmittō -ere -mīsī -missum, *tr* [dis-/mitto] **1** (さまざまな方向へ)送り出す, 派遣する〈abs; alqm [alqd] ad [in, circum, per] alqm〉. **2** (集ま

り)を)解散させる. **3** 去らせる: *dimittere uxorem* (SUET) 妻を離縁する / *dimittere hostem e manibus* (CAES) 敵を逃がす. **4** 解雇[免職]する. **5** 放免する, 免ずる. **6** 放棄する, 断念する〈alqd; alci alqd〉: *dimittere signa ex metu* (CAES) 恐怖のあまり軍旗を捨てる / *dimittere oppugnationem* (CAES) 攻撃を放棄する. **7** (機会・便宜を)逸する.
dimminuō -ere, *tr* =diminuo.
dīmorphismus -ī, °*m*【生物】二形[二型]性.
dīmōtus -a -um, *pp* ⇨ dimoveo.
dīmoveō -ēre -mōvī -mōtum, *tr* [dis-/moveo] **1** 分ける, 離す: *terram aratro dimovere* (VERG) すきで土地を耕す. **2** 退ける, 追い出す〈alqd (a [de]) re〉.
dīmōvī *pf* ⇨ dimoveo.
Dīnarchus -ī, *m* [Gk] ディーナルクス, *ダイナルコス《Athenae の雄弁家 (前 290 頃没)》.
Dindymēnē -ēs, *f* Dindymus の女 (=Cybele).
Dindymus, -os -ī, *m*, **-a** -ōrum, *n pl*, **-on** -ī, *n* [Gk] ディンデュムス, *-モス《Phrygia の山; Cybele の聖地》.
Dīnomachus -ī, *m* ディーノマクス, *デイノマコス《ギリシアの哲学者》.
Dīnō(n) -ōnis, *m* [Gk] ディーノー(ン), *デイ- (前 4 世紀のギリシアの歴史家;「ペルシア史」を著わした》.
dīnōscō -ere -nōvī -nōtum, *tr* =dignosco.
dīnotō -āre -āvī -ātum, *tr* [dis-/noto] 区別する.
dīnumerātiō -ōnis, *f* [↓] **1** 計算, 数え上げること. **2** 列挙.
dīnumerō -āre -āvī -ātum, *tr* [dis-/numero¹] 数え上げる, 計算する.
diōbolāris -is -e, *adj* 2 oboli の価の.
Diocharēs -is, *m* ディオカレース《Caesar の解放奴隷》.
Diocharīnus -a -um, *adj* Diochares の.
Dioclētiānus -ī, °*m* ディオクレーティアーヌス《*C. Aurelius Valerius ~*, ローマ皇帝 (在位 284-305); キリスト教徒を迫害した》.
Diodōrus -ī, *m* [Gk] ディオドールス, *-ロス《(1) Critolaus の弟子で逍遙学派哲学者. (2) Caria の Iasus 出身の弁論家 (前 284 年頃没). (3) Sicilia 島の Agyrium 出身のギリシアの歴史家 (前 1 世紀); ~ Siculus と呼ばれる》.
Diodotus -ī, *m* [Gk] ディオドトゥス, *-トス《ストア哲学者で Cicero の師 (前 1 世紀)》.
dioecēsānus -a -um, °*adj* [↓] 司教区の, 教区の.
dioecēsis -is, *f* [Gk] **1** 行政区. **2**° 管区《Diocletianus 帝によって設置された行政区で, それまでの属州をいくつかずつまとめて 12 の管区とした》. **3**°【ｶﾄ】司教区, 教区.
dioecētēs -ae, *m* [Gk] (王家の)主計官, 勘定方.
Diogenēs -is, *m* [Gk] ディオゲネース《(1) Sinope 生まれの犬儒学派哲学者 (前 412?-?323). (2) Apollonia 生まれの哲学者 (前 440 頃). (3) Seleucia 生まれのストア哲学者 (前 240?-?152)》.
Diomēdēs -is, *m* [Gk]【伝説】ディオメーデース《(1) Tydeus の息子; Troja 遠征のギリシア軍中で Achilles につぐ勇士. (2) Thracia の Bistones 族の残酷な王; 人食い馬を飼っていた》.

Diomēdēus, -īus -a -um, *adj* Diomedes (1) の.

Diō(n) -ōnis, *m* [*Gk*] ディオー(ン)《Syracusae の Dionysius I の義兄弟; Plato の弟子で友人》.

Diōnaeus -a -um, *adj* Dione の.

Diōnē -ēs, **-na** -ae, *f* [*Gk*]《神話》ディオーネー《(1) Venus の母. (2) =Venus》.

Dionȳsia -ōrum, *n pl* Dionysus 祭.

Dionȳsius[1] -ī, *m* [*Gk*] ディオニューシウス, *-オス《ギリシア人の名; 特に (1) ~ *Major*, Syracusae の僭主 (在位前 405-367). (2) ~ *Minor*, (1) の息子で Syracusae の僭主》.

Dionȳsius[2] -a -um, *adj* Dionysus の.

Dionȳsopolis -is, *f* [*Gk*] ディオニューソポリス《(1) Thracia の町. (2) 大 Phrygia の町》.

Dionȳsopolītae -ārum, *m pl* [*Gk*] Dionysopolis (2) の住民.

Dionȳsus, -os -ī, *m* [*Gk*]《神話》ディオニューソス, *-ソス《酒神; Bacchus とも呼ばれる》.

Diophanēs -is, *m* [*Gk*] ディオパネース《(1) Mytilene 出身の弁辞家; Ti. Gracchus の師. (2) Nicaea 出身の農耕に関する著述家》.

dioptra -ae, *f* [*Gk*]《測量用の》水準器.

diōryx -ygis, *f* [*Gk*] 運河, 水路.

Dioscoroe -ōn [-ōrum, *m pl* [*Gk*]《神話》ディオスコロエ, *-ロイ《Tyndareus (または は Juppiter) と Leda の間に生まれた双生児 Castor と Pollux》.

Dioscūrī -ōrum, °*m pl* =Dioscoroe.

diōta -ae, *f* [*Gk*] 両取っ手付きの壺.

Dīphilus -ī, *m* [*Gk*] ディーピルス, *-ロス《(1) Sinope 生まれのギリシア新喜劇作家《前 350?-?263》. (2) Q. Cicero の雇った建築家. (3) L. Licinius Crassus の秘書》.

diphtheria -ae, °*f*《病》ジフテリア.

diploe -es, *f* [*Gk*]《解》板間層.

diplois -idis, *f* [*Gk*] 外套の一種.

diplōma -atis, *n* [*Gk*] **1** 証書, 免状, 特許状. **2** 通行許可証, 旅券. **3**° 公文書.

diplōmārius -a -um, *adj*《碑》通行許可証を所持している.

diplōmāticus -a -um, °*adj* [diploma] **1** 公文書の. **2** 外交(上)の: *corpus diplomaticum*=*coetus* ~ 外交団.

diplopia -ae, °*f*《眼》複視.

dipondius -ī, *m* =dupondius.

dipsomania -ae, °*f*《病》飲酒癖, アルコール中毒《症》.

dipterologia -ae, °*f*《昆》双翅類学.

dipteros -os -on, *adj* [*Gk*] **1**《建》二重周翼式の. **2**°《昆》双翅目の. **3**°《植》双翼の.

diptycha -ōrum, °*n* [*Gk*] **1** 二枚折り書字板. **2**《教会》《祭壇背後などの》二枚折り画像.

Dipylon -ī, *n* [*Gk*] ディピュロン《Athenae の城門の一つ》.

dīrae -ārum, *f pl*, **dīra** -ōrum, *n pl* [dirus] **1** 不吉な徴候, 凶兆. **2** 呪い. **3** (D-)《神話》ディーラエ《復讐の女神たち (=Furiae)》.

Dircaeus -a -um, *adj* Dirce の泉の, Boeotia の: ~ *Cycnus* (HOR) Boeotia の白鳥 (=Pindarus).

Dircē -ēs, *f* [*Gk*] ディルケー《(1) Boeotia の泉. (2)《伝説》Thebae の王 Lycus の 2 番目の妻; 彼の前妻 Antiopa を虐待したため, その息子たちによって雄牛に縛りつけられて殺され, 泉に投げ込まれた》.

dīrectē *adv* [directus] まっすぐに.

dīrectim *adv* [directus] まっすぐに.

dīrectiō -ōnis, *f* [dirigo] **1** まっすぐ[平坦]にすること. **2** 直線. **3**《注意を》向けること. **4**° 公正.

dīrectīvus -a -um, °*adj* [dirigo] **1** 方向を示す, 指導的な. **2** まっすぐな.

dīrectō *adv* (*abl*) [directus] **1** まっすぐに. **2** 直接に.

dīrector -ōris, °*m* [dirigo] 指導者, 支配人.

dīrectōrium -ī, °*n* [↓] 指定された輸送経路.

dīrectōrius -a -um, °*adj* [dirigo]《方向を》指示する.

dīrectus -a -um, *adj* (*pp*) [dirigo] **1** まっすぐな. **2** 水平な. **3** 垂直の. **4** 率直な.

dīrēmī *pf* ⇒ dirimo.

dīremptiō -ōnis, *f* [dirimo] 関係を絶つこと.

dīremptus[1] -a -um, *pp* ⇒ dirimo.

dīremptus[2] -ūs, *m* 離れること, 分離.

dīreptiō -ōnis, *f* [diripio] **1** 略奪, 強奪. **2** 争奪.

dīreptor -ōris, *m* [diripio] 略奪者.

dīreptus -a -um, *pp* ⇒ diripio.

dīrexī *pf* ⇒ dirigo.

dīribeō -ēre -ibitum, *tr* [dis-/habeo] 分配する, 割り当てる: *diribere tabellas* (CIC) 投票板を仕分け《て集計する》.

dīribitiō -ōnis, *f* [↑] 投票板の集計《=投票の結果を出すこと》.

dīribitor -ōris, *m* [diribeo] **1** 投票板を集計する者. **2**《食物などを》分配する者.

dīribitōrium -ī, *n* [diribeo] (Martius Campus にあった) 投票板の集計場.

dīribitus -a -um, *pp* ⇒ diribeo.

dīrigēscō -ere, *intr* =derigesco.

dīrigō -ere -rexī -rectum, *tr* [dis-/rego] **1** まっすぐにする, 整列させる 〈aliqd〉: *dirigere aciem* (CAES) 戦列を整える. **2**《目標へ》向ける, 導く 〈aliqd in aliqd〉: *currum dirigere in hostem* (OV) 戦車を敵に向ける. **3**《弾丸・矢などを》発射する. **4** 合わせる, 調整する 〈aliqd ad aliqd; aliqd re〉: *dirigere vitam ad certam rationis normam* (CIC) 哲学の定まった規範に合わせて生活する.

dīrimō -ere -ēmī -emptum, *tr* [dis-/emo] **1** 切り離す, 分離する 〈aliqd; aliqd a re〉: *oppida nostra unius diei itinere dirimuntur* (PLIN MIN) 私たちの町は互いに一日の旅程しか離れていない. **2**《関係・行動などを》終わらせる, 解消する: *dirimere colloquium* (CAES) 対談をだいなしにする.

dīripere *inf* ⇒ diripio.

dīripiō -pere -ripuī -reptum, *tr* [dis-/rapio] **1** 引き裂く. **2** 略奪する 〈aliqd alqm〉. **3** ひったくる, 奪い去る, はぎ取る 〈aliqd (a [ex]) re; alci aliqd〉.

dīripuī *pf* ⇒ diripio.

dīritās -ātis, *f* [dirus] **1** 恐ろしいこと, 災難. **2** 残酷.

dīruī *pf* ⇨ diruo.
dīrumpō -ere -rūpī -ruptum, *tr* [dis-/rumpo] **1** ばらばらにする, 破壊する. **2** (関係を絶つ): *amicitiam dirumpere* (Cic) 親交を絶つ. **3** (*pass*) 破裂する: *dirumpor dolore* (Cic) 苦悩で胸がはりさけそうだ.
dīruō -ere -ruī -rutum, *tr* [dis-/ruo] 破壊する, 打ちこわす: *homo dirutus* (Cic) 破産した男.
dīrūpī *pf* ⇨ dirumpo.
dīruptiō -ōnis, *f* [dirumpo] ばらばらにすること.
dīruptus -a -um, *pp* ⇨ dirumpo.
dīrus -a -um, *adj* **1** 恐ろしい, ぞっとさせる. **2** 不吉な.
dirutus -a -um, *pp* ⇨ diruo.
dīs[1] dīs dīte (*gen* dītis), *adj* =dives.
dīs[2] *pl dat*, *abl* ⇨ deus.
Dīs Ditis, *m* 【神話】ディース《ローマ神話の冥界の神; ギリシア神話の Pluto に当たる》.
dis- *pref*「分離」の意 (通例, c, p, t, s, q の前では dis-; b, d, g, l, m, n, r, v の前では dī-; f の前では dif-; 母音と h の前では dir-).
discalceātus, -ciātus -a -um, *adj* [dis-/calceo] はだしの.
discapēdinō -āre -āvī -ātum, *tr* [dis-/*capedo (*cf.* intercapedo)] (両手を)広げる.
discēdō -ere -cessī -cessum, *intr* [dis-/cedo[2]] **1** 分かれる, 分離する: *discedere in partes* (Tac) 敵味方に分かれる. **2** 立ち去る, 遠ざかる 〈a [ex, de] re〉. **3** 【軍】撤退する; 離れる: *ab armis discedere* (Caes) 武器を捨てる. **4** (戦闘・競争・裁判などで)...の結果になる, ...となる: *victores discessise* (Caes) 勝利者となった. **5** それる, 逸脱する: *discedens ab consuetudine mea* (Cic) 私の習慣に反して / *cum a fraterno amore discessi* (Cic) 兄弟愛を別にすると. **6** (支持を撤回して相手側に)つく, 寝返る: *senatus in Catonis sententiam discessit* (Sall) 元老院は Cato 説の支持にまわった. **7** なくなる, 消える: *numquam ex animo meo discedit illius viri memoria* (Cic) あの人の記憶は決して私の心から消えない / *a vita discedere* (Cic) 死ぬ.
discēns -entis, *m* (*prp*) [disco] 弟子, 生徒.
disceptātiō -ōnis, *f* [discepto] **1** 討論, 論争. **2** 判決, 裁定. **3** 争点.
disceptātor -ōris, *m* [discepto] 審判者, 裁定者.
disceptātrīx -īcis, *f* [↑] 審判者, 裁定者《女性》.
disceptō -āre -āvī -ātum, *intr*, *tr* [dis-/capto] **1** 討論する, 議論する 〈de re〉. **2** 裁定する, 調停する 〈inter alqos; alqd〉. **3** *disceptare in re* (Cic) あるものにかかっている.
discernō -ere -crēvī -crētum, *tr* [dis-/cerno] **1** 分ける, 隔てる, 分離する 〈alqd; alqd a re〉. **2** 区別する, 識別する 〈alqd; alqd a re〉. **3** 調停[裁定]する.
discerpō -ere -cerpsī -cerptum, *tr* [dis-/carpo] **1** 引き裂く, 切り裂く. **2** 酷評する, 誹謗する.
discerpsī *pf* ⇨ discerpo.
discerptus -a -um, *pp* ⇨ discerpo.
discessī *pf* ⇨ discedo.
discessiō -ōnis, *f* [discedo] **1** 撤退, 退出. **2** 分離, 離別; 分裂. **3** (元老院における)採決.
discessus[1] -a -um, *pp* ⇨ discedo.
discessus[2] -ūs, *m* **1** 分離: ~ *caeli* (Cic) 稲妻. **2** 出発, 退出. **3** 追放.
dischrōmasia -ae, °*f* 【医】色盲症.
discīdī[1] *pf* ⇨ discido.
discīdī[2] *pf* ⇨ discindo.
discidium -ī, *n* [discindo] **1** 引き離すこと, 分離. **2** 離婚. **3** 不和, 離間.
discīdō -ere -cīdī -cīsum, *tr* [dis-/caedo] ずたずたに切る.
discinctus -a -um, *adj* (*pp*) [discingo] **1** 帯を解いた[ゆるめた]; 武装していない. **2** だらしない, 放埓な.
discindō -ere -scidī -scissum, *tr* [dis-/scindo] **1** 引き裂く. **2** 絶つ, 中断する.
discingō -ere -cinxī -cinctum, *tr* [dis-/cingo] 帯を解く; 武装を解除する.
discinxī *pf* ⇨ discingo.
disciplīna -ae, *f* [discipulus] **1** 教えること, 教授. **2** 学識, 知識. **3** 学説; 学派. **4** 訓育, 訓練: ~ *puerilis* (Cic) 少年たちの訓育. **5** 規律, 秩序: ~ *populi Romani* (Caes) ローマ国民の規律. **6** 生き方, 主義, 習慣.
disciplīnāris -is -e, °*adj* [↑] 学問の.
disciplīnātus -a -um, *adj* [disciplina] 教育[訓練]された.
disciplīnōsus -a -um, *adj* [disciplina] よく訓練された.
discipula -ae, *f* [discipulus] 女生徒[弟子].
discipulātus -ūs, *m* [↑] 生徒[弟子]の身分.
discipulus -ī, *m* [disco] 生徒, 弟子; 徒弟.
discissus -a -um, *pp* ⇨ discindo.
discīsus -a -um, *pp* ⇨ discido.
disclūdō -ere -clūsī -clūsum, *tr* [dis-/claudo[2]] 隔離する, 分離する 〈alqd a re〉.
disclūsī *pf* ⇨ discludo.
disclūsus -a -um, *pp* ⇨ discludo.
discō -ere didicī, *tr* [↓] **1** 学ぶ, 習う 〈alqd ab [de, ex] alqo; alqd apud alqm; +*inf*; +*acc c. inf*; +間接疑問〉: *litteras Graecas senex didici* (Cic) 私は年をとってからギリシア文学を学んだ. **2** 聞き知る, 知らされる: *discit Litavicum sollicitandos Haeduos profectum* (Caes) 彼は Litavix が Haedui 族を煽動するために出発したことを聞き知る. **3** (身をもって)知る, 認識する: *pericula discunt* (Stat) 彼らは危険を思い知る.
discoctus -a -um, *pp* ⇨ discoquo.
discolor -ōris, *adj* [dis-/color] **1** 異なった色の, 色とりどりの. **2** 異なった, さまざまの.
discondūcō -ere, *intr* [dis-/conduco] 役に立たない, 有害である 〈+*dat*〉.
disconveniō -īre, *intr* [dis-/convenio] 一致[調和]しない: (*impers*) *eo disconvenit inter meque et te* (Hor) それほどに私とおまえとの間には不一致がある.
discooperiō -īre -peruī -pertum, °*tr* [dis-/cooperio] おおいを取る; あらわにする.
discoopertus -a -um, *pp* ⇨ discooperio.
discooperuī *pf* ⇨ discooperio.
discoquō -ere -coxī -coctum, *tr* [dis-/coquo] 十分に煮る.

discordābilis -is -e, *adj* [discordo] 一致しない.
discordans -antis, °*adj* (*prp*) [discordo] 一致しない.
discordia -ae, *f* [discors] 1 不一致, 不和. 2 (D-) 『神話』ディスコルディア《ローマ神話の不和の女神; ギリシア神話の Eris に当たる》.
discordiōsus -a -um, *adj* [discors] 不和の.
discordō -āre -āvī -ātum, *intr* [↓] 1 仲たがいする, 不和である〈cum alqo; inter se〉. 2 異なる, 一致しない〈alci〉.
discors -cordis, *adj* [dis-/cor] 1 不一致の, 不和の〈cum alqo〉. 2 異なった.
discoxī *pf* ⇨ discoquo.
discrepantia -ae, *f* [discrepo] 不一致, 矛盾.
discrepātiō -ōnis, *f* [discrepo] 不一致, 意見の対立.
discrepitō -āre -āvī -ātum, *intr freq* [↓] (全く) 異なる, 一致しない.
discrepō -āre -crepāvī [-crepuī], *intr* [dis-/crepo] 1 (音が)調子はずれである. 2 一致[調和]しない, 異なる, 矛盾する〈cum [a] re; ab alqo; inter se; + *dat*: (impers) *discrepat* (Liv) 意見の不一致がある, 争っている, 矛盾している〈inter alqos; de re; +*acc c. inf*; quin; +間接疑問〉.
discrepuī *pf* ⇨ discrepo.
discrētim *adv* [discerno] 別々に.
discrētiō -ōnis, *f* [discerno] 1 分離, 区分. 2 区別. 3° 識別(力).
discrētor -ōris, °*m* [discerno] 識別者, 判定者.
discrētus -a -um, *pp* ⇨ discerno.
discrēvī *pf* ⇨ discerno.
discrībō -ere -scripsī -scriptum, *tr* [dis-/scribo] 1 分ける, 分類する〈alqd in alqd〉. 2 分配する, 割り当てる〈alqd alci; alqd in alqos〉: *describere duodena jugera in singulos homines* (Cic) 各人に 12 jugera ずつ割り当てる.
discrīmen -minis, *n* [discerno] 1 境界線, 仕切り. 2 間隔, 隔たり, 距離. 3 相違, 差異: *sine discrimine liberi serviique* (Suet) 自由人, 奴隷の区別なく. 4 転換点, 重大局面. 5 危機, 難局: *esse in summo dicrimine* (Caes) 最大の危機にある.
discrīminō -āre -āvī -ātum, *tr* [↑] 1 分ける, 分割する. 2 分類する, 区別する.
discripsī *pf* ⇨ discribo.
discriptiō -ōnis, *f* [discribo] 分配, 割当て.
discriptus -a -um, *pp* ⇨ discribo.
discruciō -āre -āvī -ātum, *tr* [dis-/crucio] 拷問にかける; (ひどく)悩ます, 苦しめる.
discubitus -a -um, *pp* ⇨ discumbo.
discubuī *pf* ⇨ discumbo.
dis(cu)currī *pf* ⇨ discurro.
discumbō -ere -cubuī -cubitum, *intr* [dis-/*cumbo (cf.* cubo)] 1 食事用の臥台に横たわる, 食卓につく. 2 寝台に横たわる, 寝る.
discupere *inf* ⇨ discupio.
discupiō -pere, *intr* [dis-/cupio] 激しく欲する, 熱望する.
discurrō -ere -(cu)currī -cursum, *intr* [dis-/curro] 1 ばらばらに走り去る; 走りまわる. 2 四方へ伸びる, 散らばる.
discursātiō -ōnis, *f* [↓] 走りまわること.
discursō -āre -āvī -ātum, *intr*, *tr freq* [discurro] 1 (忙しく)走りまわる. 2° 横切る.
discursus[1] -a -um, *pp* ⇨ discurro.
discursus[2] -ūs, *m* 1 (ばらばらに)走り去ること. 2 走りまわること.
discus -ī, *m* [*Gk*] 1 円盤. 2° 『解』円板: ~ *articularis* 関節円板.
discussī *pf* ⇨ discutio.
discussiō -ōnis, *f* [discutio] 1 動揺, 震動. 2° 議論, 討議.
discussus -a -um, *pp* ⇨ discutio.
discutere *inf* ⇨ discutio.
discutiō -tere -cussī -cussum, *tr* [dis-/quatio] 1 粉々にする, 粉砕する. 2 追い散らす, 追い払う. 3 消滅させる, なくす: *discutere terrorem animi tenebrasque* (Lucr) 心の(中の)恐怖と闇を消滅させる.
disertē *adv* [↓] 1 明瞭に, 明確に. 2 (表現が)巧みに, 雄弁に.
disertus -a -um, *adj* [dissero]¹ 雄弁な; (表現が)巧みな. 2 明瞭な, 明確な.
disicere *inf* ⇨ disicio.
disiciō -cere -jēcī -jectum, *tr* [dis-/jacio] 1 投げ散らす: *disicere capillos* (Ov) 髪を振り乱す. 2 粉々にする, 破壊する. 3 追い散らす, 追い払う. 4 無にする, 挫折させる: *haec consilia ducis clamor militum (aspernantium tam segne imperium) disjecit* (Liv) (そのような弱気な命令を軽蔑する)兵士たちの叫びが指揮官の計画を挫折させた. 5 浪費する.
disjēcī *pf* ⇨ disicio.
disjectus -a -um, *adj* (*pp*) [disicio] 散らばった, 広がった.
disjiciō -cere, *tr* =disicio.
disjunctē *adv* [disjunctus] 1 別々に. 2 いずれか一つの選択を迫るようにして.
disjunctiō -ōnis, *f* [disjungo] 1 分離: *animorum* ~ (Cic) 意見の不一致. 2 『論』選言命題. 3 『修』同意語畳用.
disjunctīvē °*adv* [↓] 別々に.
disjunctīvus -a -um, *adj* [disjungo] 1 『文』離接的な. 2 『論』選言的な.
disjunctus -a -um, *adj* (*pp*) [↓] 1 分離した, 離れた. 2 異なった. 3 (文体・ことばなどが)とぎれとぎれの. 4 『論』選言的な.
disjungō -ere -junxī -junctum, *tr* [dis-/jungo] 1 くびきをはずす. 2 分ける, 隔てる, 離す〈alqm [alqd] a re〉: *disjungere Pompeium a Caesaris amicitia* (Cic) Pompeius を Caesar との友情から引き離す. 3 (関係を)絶つ, 裂く. 4 区別する〈alqd a re〉.
disjunxī *pf* ⇨ disjungo.
disligō -āre -āvī -ātum, °*tr* [dis-/ligo²] ほどく, 解く.
dismembrātiō -ōnis, °*f* =demembratio.
dismembrō -āre, °*tr* =demembro.
dismoveō -ēre, *tr* =dimoveo.
dispālātus -a -um, *pp* ⇨ dispalor.
dispālescō -ere, *intr inch* [↓] 広まる.
dispālor -ārī -ātus sum, *intr dep* [dis-/palor] 歩

きまわる, さまよう.
dispandō -ere -pansum, *tr* [dis-/pando²] **1** 広げる. **2** 敷衍する, 詳述する.
dispansus -a -um, *pp* ⇨ dispando.
dispār -aris, *adj* [dis-/par¹] 等しくない, 異なった ⟨+*dat* [*gen*]⟩.
disparātiō -ōnis, *f* [disparo] 分離.
disparātus -a -um, *adj* (*pp*) [disparo] **1** 異なる. **2** 「知」と「無知」のように)否定的に反対の.
dispāreō -ēre -uī, °*intr* [dis-/pareo] 消える.
dispargō -ere, *tr* =dispergo.
disparilis -is -e, *adj* [dis-/parilis] 同じでない, 異なった.
disparilitās -ātis, *f* [↑] 不同, 相違.
disparitās -ātis, °*f* [dispar] 不同, 相違.
disparō -āre -āvī -ātum, *tr* [dis-/paro¹] 分ける, 離す.
dispart- ⇨ dispert-.
dispateō -ēre -uī, °*intr* [dis-/pateo] あらゆる方向に開いている.
dispectus¹ -a -um, *pp* ⇨ dispicio.
dispectus² -ūs, *m* 考慮, 考察, 吟味.
dispellō -ere -pulī -pulsum, *tr* [dis-/pello] **1** 追い払う, 追い散らす ⟨alqd a re⟩. **2** 分ける.
dispendium -ī, *n* [↓] **1** 費用, 出費. **2** 損失, 損害.
dispendō¹ -ere -pensum, *tr* [dis-/pendo] 計り分ける, 分配する.
dispendō² -ere, *tr* =dispando.
dispennō -ere, *tr* =dispendo².
dispensārium -ī, °*n* [dispenso] 薬局, 調剤室.
dispensātiō -ōnis, *f* [dispenso] **1** 分配, 割当て. **2** 管理, 監督. **3** dispensator の職.
dispensātīvē °*adv* [↓] 家計を管理するように, 節約して.
dispensātīvus -a -um, °*adj* [dispenso] 家計管理に関する, 家政の.
dispensātor -ōris, *m* [dispenso] **1** 管理人, 執事. **2** 会計係.
dispensātōrium -ī, °*n* [↓] 薬局方.
dispensātōrius -a -um, °*adj* [↓] 家政管理(者)の.
dispensō -āre -āvī -ātum, *tr freq* [dispendo¹] **1** 分配する, 割り当てる. **2** 整理する. **3** 管理する.
dispercutiō -ere, *tr* [dis-/percutio] 打ち砕く, 粉砕する.
disperdidī *pf* ⇨ disperdo.
disperditus -a -um, *pp* ⇨ disperdo.
disperdō -ere -perdidī -perditum, *tr* [dis-/perdo] **1** (完全に)だいなしにする, そこなう. **2** 破産[破滅]させる.
dispereō -īre -periī, *intr* [dis-/pereo] 滅びる.
dispergō -ere -spersī -spersum, *tr* [dis-/spargo¹] **1** まきちらす, ばらまく. **2** 広める. **3** 振りかける ⟨alqd re⟩.
disperiī *pf* ⇨ dispereo.
disperīre *inf* ⇨ dispereo.
dispersē *adv* [dispersus¹] ばらばらに, 分散して.
dispersī *pf* ⇨ dispergo.

dispersim *adv* =disperse.
dispersiō -ōnis, *f* =dispertitio.
dispersus¹ -a -um, *pp* ⇨ dispergo.
dispersus² -ūs, *m* 分散.
dispertiō -īre -īvī [-iī] -ītum, *tr* [dis-/partio²] **1** 分配する, 割り当てる ⟨alci alqd⟩: *dispertire pecuniam judicibus* (Cic) 審判人たちに金を分配する. **2** 区分する; 分割する ⟨alqd; alqd in alqd⟩: *Romani homines, qui tempora voluptatis laborisque dispertiunt* (Cic) 娯楽の時間と仕事の時間を区別しているローマ人たち.
dispertior -īrī -ītus sum, *tr dep* =dispertio.
dispertītiō -ōnis, *f* [dispertio] 分割.
dispexī *pf* ⇨ dispicio.
dispicere *inf* ⇨ dispicio.
dispiciō -cere -spexī -spectum, *intr, tr* [dis-/specio] **I** (*intr*) はっきり見る. **II** (*tr*) **1** 見る, 認識する, 識別する: *si imbellici animi verum dispicere non possint* (Cic) もし精神が弱くて真実を見抜くことができないとしたら. **2** 考察する, 吟味する.
displicentia -ae, *f* [↓] 不満足.
displiceō -ēre -plicuī -plicitum, *intr* [dis-/placeo] 気に入らない, 不快感を与える ⟨alci; +*inf*; +*acc c. inf*⟩: *sibi displicere* (Cic) 不機嫌である, 不満である; 気分がすぐれない.
displicō -āre -āvī -ātum, *tr* [dis-/plico] 散らす, 散乱させる.
displōdō -ere -plōsī -plōsum, *tr* [dis-/plaudo] **1** 広げる. **2** 破裂させる, 引き裂く.
displōsī *pf* ⇨ displodo.
displōsus -a -um, *pp* ⇨ displodo.
dispoliō -āre, *tr* =despolio.
dispōnō -ere -posuī -positum, *tr* [dis-/pono] **1** 分けて置く. **2** 配置する, 整理する: *disponere praesidia* (Cic) 衛兵を配置する. **3** 割り当てる, 分配する: *disponere ministeria* (Tac) 役職を割り当てる. **4** 管理する, 処理する. **5** 規定する, 定める.
dispositē *adv* [dispositus¹] 秩序正しく, 整然と.
dispositiō -ōnis, *f* [dispono] **1** 配置, 整頓.
dispositīvus -a -um, °*adj* [dispono] 整えられた, 秩序立った.
dispositor -ōris, *m* [dispono] 秩序を整える者.
dispositus¹ -a -um, *adj* (*pp*) [dispono] 秩序立てられた, 適切に配置された.
dispositus² -ūs, *m* 処理, 管理.
disposuī *pf* ⇨ dispono.
dispudet -ēre -puduit, *tr impers* [dis-/pudeo] 恥じ入らせる, 面目を失わせる ⟨alqm; +*gen*; +*inf*; +*acc c. inf*⟩.
dispulī *pf* ⇨ dispello.
dispulsus -a -um, *pp* ⇨ dispello.
dispūnctiō -ōnis, *f* [dispungo] **1** 決済, 精算. **2** 検査, 監査.
dispūnctus -a -um, *pp* ⇨ dispungo.
dispungō -ere -pūnxī -pūnctum, *tr* [dis-/pungo] **1** 検査する. **2** 区分する.
dispūnxī *pf* ⇨ dispungo.
disputābilis -is -e, *adj* [disputo] 議論の余地のある.

disputātiō -ōnis, *f* [disputo] 討論, 議論.
disputātiuncula -ae, *f dim* [↑] (小さな)議論.
disputātor -ōris, *m* [↓] 論争者, 議論家.
disputō -āre -āvī -ātum, *tr, intr* [dis-/puto] **1** よく調べる, 明らかにする. **2** 討論する, 議論する ⟨de re; alqd; +*acc c. inf*⟩.
disquīrō -ere, *tr* [dis-/quaero] 調査する, 探求する.
disquīsītiō -ōnis, *f* [↑] 調査, 探求.
disrārō -āre -āvī -ātum, *tr* [dis-/rarus] **1** 間引く, まばらにする. **2** 薄める.
disrumpō -ere, *tr* =dirumpo.
dissaepiō -īre -saepsī -saeptum, *tr* [dis-/saepio] 隔てる, 分離する.
dissaepsī *pf* ⇨ dissaepio.
dissaeptiō -ōnis, *f* [dissaepio] 仕切ること, 分離.
dissaeptum -ī, *n* [↓] 仕切り, 隔壁.
dissaeptus -a -um, *pp* ⇨ dissaepio.
dissāvior -ārī, *tr dep* =dissuavior.
dissecō -āre -secuī -sectum, *tr* [dis-/seco] 切り刻む, 切り裂く.
dissectō -āre, °*tr freq* [↑] 切り刻む, 切り裂く.
dissectus -a -um, *pp* ⇨ disseco.
dissecuī *pf* ⇨ disseco.
dissēdī *pf* ⇨ dissideo.
dissēminō -āre -āvī -ātum, *tr* [dis-/semino] 広める, まきちらす.
dissēnsī *pf* ⇨ dissentio.
dissēnsiō -ōnis, *f* [dissentio] **1** 意見の相違, 不和. **2** 矛盾, 不一致: ~ *utilium cum honestis* (Cɪc) 有益さと誠実さの不一致.
dissēnsus[1] -a -um, *pp* ⇨ dissentio.
dissēnsus[2] -ūs, *m* =dissensio.
dissentāneus -a -um, *adj* [↓] 一致しない.
dissentiō -īre -sēnsī -sēnsum, *intr* [dis-/sentio] **1** (意見が)異なる, 一致しない ⟨inter se; ab [cum] alqo⟩. **2** 矛盾する, 食い違う ⟨a [cum] re⟩: *a sententia scriptura dissentit* (Cɪc) (書かれた)文言が(全体の)趣旨と合致しない.
dissēpiō -īre, *tr* =dissaepio.
dissēptiō -ōnis, *f* [↑] =dissaeptio.
disserēnāscit -ere -āvit, *intr impers inch* [dissereno] (空が)明るくなる, 晴れる.
disserēnāvit *pf* ⇨ disserenascit.
disserēnō -āre -āvī, *intr, tr* [dis-/sereno] **1** (空が)明るくなる, 晴れる. **2**° 明るくする.
disserō[1] -ere -seruī -sertum, *tr, intr* [dis-/sero[1]] **1** 整える. **2** 論ずる, 説く, 述べる ⟨de re; alqd; +*acc c. inf*⟩: *disserere bona pacis ac belli discrimina* (Tᴀᴄ) 平和の恩恵と戦争の危機を説く.
disserō[2] -ere -sēvī [-seruī] -situm, *tr* [dis-/sero[2]] **1** 間隔をあけて植える. **2** ばらまく.
disserpō -ere, *tr* [dis-/serpo] 広がる.
dissertātiō -ōnis, *f* [disserto] 議論, 論述, 論究.
dissertiō -ōnis, *f* [↓] =dissertatio.
dissertō -āre -āvī -ātum, *tr, intr freq* [dissero[1]] (徹底的に)論ずる ⟨alqd; de re⟩.
dissertus -a -um, *pp* ⇨ dissero[1].
disseruī *pf* ⇨ dissero[1,2].

dissessus -a -um, *pp* ⇨ dissideo.
dissēvī *pf* ⇨ dissero[2].
dissiciō -cere, *tr* =disicio.
dissidentia -ae, *f* [↓] 相違, 不一致.
dissideō -ēre -sēdī -sessum, *intr* [dis-/sedeo] **1** 離れている ⟨alci rei⟩. **2** 曲がっている. **3** (意見が)一致しない, 不和である ⟨ab [cum] alqo; alci⟩. **4** 矛盾する, 対立する ⟨a [cum] re⟩.
dissign- ⇨ design-.
dissiliō -īre -siluī, *intr* [dis-/salio] **1** 跳び離れる. **2** 破裂する.
dissiluī *pf* ⇨ dissilio.
dissimilis -is -e, *adj* [dis-/similis] 同じでない, 異なった ⟨+*gen* [*dat*]; ac, atque, et⟩.
dissimiliter *adv* [↑] 異なって.
dissimilitūdō -dinis, *f* [dissimilis] 不同, 相違.
dissimulābiliter *adv* [dissimulo] こっそりと, ひそかに.
dissimulanter *adv* [dissimulo] 偽って, しらばくれて.
dissimulantia -ae, *f* =dissimulatio 2.
dissimulātiō -ōnis, *f* [dissimulo] **1** 偽り隠すこと, 知らぬふり, しらばくれ. **2** 皮肉, 反語.
dissimulātor -ōris, *m* [↓] 偽り隠す者; 知らぬふりをする者.
dissimulō -āre -āvī -ātum, *tr* [dis-/simulo] **1** 隠す; 偽る ⟨alqd; +*acc c. inf*; de re⟩: *dissimulare se* (Ov) 変装する. **2** 知らぬふりをする, なかったように装う.
dissipābilis -is -e, *adj* [dissipo] 消散しうる.
dissipātiō -ōnis, *f* [dissipo] **1** 分散, 散らすこと. **2** 分配.
dissipātor -ōris, °*m* [dissipo] 散らす者, 破壊者.
dissipātrīx -īcis, °*f* [↑] 破壊者 ⟨女性⟩.
dissipātus -a -um, *adj* (*pp*) [↓] 分散した, ばらばらの.
dissipō -āre -āvī -ātum, *tr* [dis-/supo] **1** 分散させる, 散らす: *dissipare hostes* (Cɪc) 敵を追い散らす. **2** 破壊する, 滅ぼす. **3** 広める: *dissipare famam* (Cɪc) うわさを広める. **4** 使い果たす, 浪費する.
dissitus -a -um, *adj* (*pp*) [dissero[2]] 離れた, 遠方の.
dissociābilis -is -e, *adj* [dissocio] 両立しがたい, 矛盾する: *res dissociabiles miscere* (Tᴀᴄ) 両立しがたいものを結びつける.
dissociātiō -ōnis, *f* [↓] **1** 分離. **2** 矛盾, 相反.
dissociō -āre -āvī -ātum, *tr* [dis-/socio] **1** 分かつ, 切り離す ⟨alqd a re⟩. **2** 疎遠にさせる: *morum dissimilitudo dissociat amicitias* (Cɪc) 性格の相違が友情をこわしてしまう.
dissolūbilis -is -e, *adj* [dissolvo] 分離[分解]できる.
dissolūtē *adv* [dissolutus] **1** ばらばらに. **2** いいかげんに, ぞんざいに.
dissolūtiō -ōnis, *f* [dissolvo] **1** 崩壊. **2** 廃止, 取消し. **3** 反駁, 否定. **4** 弱いこと, 薄弱: *remissio animi ac* ~ (Cɪc) 気持ちが投げやりで柔弱であるこ

dissolūtor -ōris, °*m* [dissolvo] 破壊者.
dissolūtus -a -um, *adj* (*pp*) [dissolvo] 1 解けた, ゆるんだ. 2 ばらばらの, まとまりのない. 3 いいかげんな, ぞんざいな. 4 ふしだらな, 放蕩な.
dissolvī *pf* ⇨ dissolvo.
dissolvō -ere -solvī -solūtum, *tr* [dis-/solvo] 1 解体する, 分解する. 2 溶かす. 3 解決する, 解明する. 4 廃止する, 解消する: *dissolvere amicitiam* (Cic) 友情を終わらせる. 5 否定する, 反駁する ⟨alqd [alqm]⟩. 6 解放する, 自由にする ⟨alqm⟩. 7 支払う ⟨alci alqd⟩. 8 力を奪う, 弱らせる.
dissonantia -ae, °*f* [↓] 不調和, 不一致.
dissonus -a -um, *adj* [dis-/sonus] 1 (音が)不調和の. 2 異なった, 一致しない ⟨a re⟩.
dissors -rtis, *adj* [dis-/sors] (運命を)共有しない ⟨ab alqo⟩.
dissuādeō -ēre -suāsī -suāsum, *tr*, *intr* [dis-/suadeo] (説得して)思いとどまらせる, 諫止する ⟨alqm; de re; alci alqd; ut, ne; +*inf*⟩.
dissuāsī *pf* ⇨ dissuadeo.
dissuāsiō -ōnis, *f* [dissuadeo] 思いとどまらせること, 諫止.
dissuāsor -ōris, *m* [dissuadeo] 思いとどまらせる者, 諫止者.
dissuāsus -a -um, *pp* ⇨ dissuadeo.
dissuāvior -ārī -ātus sum, *tr dep* [dis-/suavior] 熱烈に接吻[抱擁]する.
dissuī *pf* ⇨ dissuo.
dissultō -āre -āvī -ātum, *intr freq* [dissilio] 飛び散る.
dissuō -ere -suī -sūtum, *tr* [dis-/suo] 1 ほどく, 開く. 2 徐々に解消する.
dissupō -āre, *tr* =dissipo.
dissūtus -a -um, *pp* ⇨ dissuo.
distābēscō -ere -tābuī, *intr* [dis-/tabesco] 1 溶ける. 2° やつれる, 衰弱する.
distābuī *pf* ⇨ distabesco.
distaedet -ēre, *tr impers* [dis-/taedet] 退屈させる, うんざりさせる ⟨alqm alcis; +*inf*⟩: *haud quod tui me distaedeat* (Plaut) おまえが嫌になったからではない.
distālis -is -e, °*adj* [解] 遠位の, 末端の.
distantia -ae, *f* [disto] 1 隔たり, 距離. 2 差異, 相違.
distendī *pf* ⇨ distendo.
distendō -ere -tendī -tentum [-tensum], *tr* [dis-/tendo¹] 1 広げる, 伸ばす. 2 満たす, いっぱいにする. 3 ばらばらにする, 乱す: *distendit ea res Samnitium animos* (Liv) そのことが Samnites 人たちの心を悩ませる.
distentiō -ōnis, *f* [↑] 1 [医] 痙縮(けいしゅく), 痙攣(けいれん). 2 [病] はれ, むくみ. 3° 拡大, 張張. 4° 仕事.
distentus¹ -a -um, *adj* (*pp*) [distendo] 満たされた, いっぱいの.
distentus² -ūs, *m* 膨張.
distentus³ -a -um, *adj* (*pp*) [distineo] 多忙な, 忙殺されている.
disterminō -āre -āvī -ātum, *tr* [dis-/termino] 区切る, 分ける.

distichon, -um -ī, *n* [Gk] [詩] 二行連句.
distill- ⇨ destill-.
distimulō -āre -āvī -ātum, *tr* [dis-/stimulo] 浪費する.
distinctē *adv* [distinctus¹] 明確に, 判然と, 区別して.
distinctiō -ōnis, *f* [distinguo] 1 区別, 区分. 2 相違, 差異. 3 [修] 中断, 休止.
distinctus¹ -a -um, *adj* (*pp*) [distinguo] 1 分離された, 区別された. 2 異なった, さまざまの. 3 飾られた. 4 明確な, はっきりした.
distinctus² -ūs, *m* 1 区分, 区別. 2 相違.
distineō -ēre -tinuī -tentum, *tr* [dis-/teneo] 1 離して置く, 遠ざける. 2 分裂させる. 3 分散させる, 集中させない: *distinere manus hostium* (Caes) 敵の兵力を分散させる / *ita distinebar ut huic vix tantulae epistulae tempus habuerim* (Cic) このように(仕事に)忙殺されていたのでこんなに短い手紙を書く時間さえもほとんどなかった. 4 妨げる, 遅らせる.
distinguō -ere -stinxī -stinctum, *tr* [*cf.* exstinguo, instigo] 1 分ける; 分割する. 2 多様に彩る, 装飾する. 3 区別する ⟨alqd; alqd a re⟩. 4 中断する.
distinxī *pf* ⇨ distinguo.
distō -āre, *intr* [dis-/sto] 1 離れている ⟨inter se; a re [alqo]⟩. 2 相違する, 異なる ⟨inter se; a re; +*dat*⟩: (*impers*) *distat* (Sen) 相違がある.
distomum -ī, °*n* [動] ジストマ, 二口虫.
distorqueō -ēre -torsī -tortum, *tr* [dis-/torqueo] 1 ねじ曲げる, ゆがめる. 2 拷問にかける, 責める.
distorsī *pf* ⇨ distorqueo.
distortiō -ōnis, *f* [distorqueo] ねじること, ゆがめること.
distortus -a -um, *adj* (*pp*) [distorqueo] ねじ曲げられた, ゆがめられた.
distractiō -ōnis, *f* [distraho] 1 分離. 2 分裂, 不和.
distractus -a -um, *pp* ⇨ distraho.
distrahō -ere -traxī -tractum, *tr* [dis-/traho] 1 裂く, 割る. 2 ばらばらにする, 分散させる: *oratoris industriam in plura studia distrahere* (Cic) 弁論家の精力をもっと多くの課題に分散させてしまう. 3 小売りする. 4 引き離す ⟨alqm [alqd] ab alqo [re]⟩: *distrahere alqm a complexu suorum* (Cic) ある人を家族との抱擁から引き離す. 5 引き裂く, 破壊する, 終わらせる: *distrahere omnem societatem civitatis* (Cic) 市民社会全体を崩壊させる / *distrahere controversias* (Cic) 論争を終わらせる. 6 妨害する, 挫折させる. 7 動揺させる, 悩ませる.
distraxī *pf* ⇨ distraho.
distribuī *pf* ⇨ distribuo.
distribuō -ere -buī -būtum, *tr* [dis-/tribuo] 1 分配する, 割り当てる ⟨alqd; alci alqd; alqd in alqos⟩: *distribuere milites in legiones* (Caes) 兵士たちを各軍団に割り振る. 2 区分する, 分割する; 分類する.
distribūtē *adv* [distributus] 秩序正しく, 整然と.

distributio — divido

distribūtiō -ōnis, *f* [distribuo] **1** 分配, 割当て. **2** 区分; 分類: ~ *invidiae et criminum* (Cɪᴄ) 悪意と罪の区別.

distribūtīvus -a -um, °*adj* [↓] 〘文〙配分の.

distribūtus -a -um, *adj* (*pp*) [distribuo] 秩序立った, 整然とした.

districtē *adv* [districtus¹] 厳しく.

districtim *adv* =districte.

districtiō -ōnis, °*f* [distringo] **1** 厳しさ. **2** 困難, 障害.

districtus¹ -a -um, *adj* (*pp*) [distringo] **1** 厳しい. **2** 多忙な, 忙殺されている: ~ *ancipiti contentione* (Cɪᴄ) 二方面からの攻撃に悩まされて.

districtus² -ūs, °*m* 地域.

distringō -ere -strinxī -strictum, *tr* [dis-/stringo] **1** 引き離す, (別々の方向へ)引っ張る. **2** ばらばらにする, 分散させる: *Hannibalem in Africam mittere ad distringendos Romanos* (Lɪᴠ) ローマ軍を分散させるために Africa に Hannibal を派遣する. **3** 忙殺する ⟨alqm re⟩: *distringor officio* (Pʟɪɴ Mɪɴ) 私は公務に忙殺されている.

distrinxī *pf* ⇨ distringo.

distruncō -āre -āvī -ātum, *tr* [dis-/trunco] 二つに切る.

distulī *pf* ⇨ differo.

disturbātiō -ōnis, *f* [↓] 破壊.

disturbō -āre -āvī -ātum, *tr* [dis-/turbo] **1** 混乱させる, かき乱す. **2** 破壊する, 粉砕する. **3** だめにする, 無にする.

disyllabus -a -um [-on], *adj* [*Gk*] 二音節の.

ditātus -a -um, *pp* ⇨ dito.

dite *n sg* ⇨ dis¹.

ditēscō -ere, *intr* [dis¹] 豊かになる.

dithyrambicus -a -um, *adj* [*Gk*] Bacchus 賛歌の.

dithyrambus -ī, *m* [*Gk*] **1** Bacchus 賛歌. **2** 熱狂的な詩文.

ditiae -ārum, *f pl* =divitiae.

ditior -or -us, *adj comp* ⇨ dives.

ditissimus -a -um, *adj superl* ⇨ dives.

ditō -āre -āvī -ātum, *tr* [dis¹] 豊かにする.

diū *adv* [dies] **1** 日中, 昼間. **2** 長く, 長い間. **3** ずっと以前.

dium -ī, *n* =divum.

diūrēsis -is, °*f* 〘医〙利尿.

diūrēticum -ī, °*n* 〘薬〙利尿薬.

diūrētinum -ī, °*n* 〘薬〙ジウレチン.

diurnō -āre, *intr* [diurnus] 長く生きる.

diurnum -ī, *n* [↓] **1** 一日の割当て. **2** 日誌.

diurnus -a -um, *adj* [dies] **1** 日中の, 昼間の. **2** 一日の.

diūs *adv* =diu.

diūtinē *adv* [↓] 久しく, 長らく.

diūtinus -a -um, *adj* [diu] 永続する.

diūtissimē *adv superl* [diu] 最も長く.

diūtius *adv comp* [diu] より長く.

diūtulē *adv* [diu] しばらくの間.

diūturnitās -ātis, *f* [↓] 永続(性): ~ *belli* (Cᴀᴇs) 戦争の長期化.

diūturnus -a -um, *adj* [diu] **1** 永続する, 長期間の. **2** 長寿の.

dīva -ae, *f* [divus] 女神.

divagātiō -ōnis, °*f* [↓] さまようこと, 彷徨.

dīvagor -ārī -ātus sum, °*intr dep* [dis-/vagor¹] さまよう, さすらう.

dīvāricātiō -ōnis, °*f* [divarico] またぐ[またがる]こと; 分岐.

dīvāricātor -ōris, °*m* 〘動〙開筋.

dīvāricō -āre -āvī -ātum, *tr* (*intr*) [dis-/varico] **1** 間隔を置いて立てる[並べる]. **2** 間があいている, 広がっている.

dīvellī *pf* ⇨ divello.

dīvellō -ere -vellī [-vulsī] -vulsum [-volsum], *tr* [dis-/vello] **1** 引き裂く, 引きちぎる. **2** そこなう, 乱す: *divellere somnos* (Hᴏʀ) 眠りを妨げる / *distineor et divellor dolore* (Cɪᴄ) 私は悲しみにかき乱されている. **3** (無理に)引き離す ⟨alqm [alqd] a re⟩.

dīvendidī *pf* ⇨ divendo.

dīvenditus -a -um, *pp* ⇨ divendo.

dīvendō -ere -vendidī -venditum, *tr* [dis-/vendo] 小売りする.

dīverberō -āre -āvī -ātum, *tr* [dis-/verbero¹] (たたき)割る, 切り裂く.

dīverbium -ī, *n* [dis-/verbum] (芝居の)対話の部分.

dīversē *adv* [diversus] **1** さまざまな方向へ; あちこちへ. **2** さまざまに.

dīversitās -ātis, *f* [diversus] **1** 離れていること. **2** 相違. **3** 不一致, 矛盾.

dīversor, dīversōrium ⇨ deversor¹, deversorium.

dīversus -a -um, *adj* (*pp*) [diverto] **1** 異なった方向を向いた. **2** 遠隔の, 隔たっている. **3** 敵対する, 不和な. **4** 反対の, 矛盾する: *diversa inter se mala, luxuria atque avaritia* (Sᴀʟʟ) 互いに矛盾する悪, 蕩尽と貪欲. **5** ばらばらの, 分散した: *diversi dissipatique in omnes partes fugiunt* (Cᴀᴇs) (彼らは)ばらばらに分散してあらゆる方向へ逃げる. **6** 決心のつかない, 動揺した.

dīvertī *pf* ⇨ diverto.

dīverticulum -ī, *n* =deverticulum.

dīvertium -ī, *n* =divortium.

dīvertō -ere -vertī -versum, *intr* [dis-/verto] **1** 離れる. **2** 異なる.

dīves -vitis, *adj* **1** 富裕な, 金持ちの ⟨+*abl* [*gen*]⟩. **2** 豊富な, 豊かな ⟨+*abl* [*gen*]⟩: ~ *ager* (Vᴇʀɢ) 肥沃な土地 / ~ *lingua* (Hᴏʀ) 雄弁. **3** 高価な.

dīvexō -āre -āvī -ātum, *tr* [dis-/vexo] **1** 引きずりまわす. **2** 荒らす, 略奪する ⟨alqd⟩. **3** 悩ます, 苦しめる ⟨alqm⟩.

Dīviciācus -ī, *m* ディーウィキアークス《Aedui 族の首領; Caesar に味方して, 兄弟 Dumnorix と争った》.

Dīvicō -ōnis, *m* ディーウィコー《Helvetii 族の領袖(?)で, Caesar への使節団の首席》.

dīvidia -ae, *f* [↓] **1** 不和. **2** 心配, 悩み.

dīvidō -ere -vīsī -vīsum, *tr* **1** 切り離す, 分離する ⟨alqm [alqd] a re⟩: *flumen Rhenus agrum Helvetium a Germanis dividit* (Cᴀᴇs) Rhenus 川が Helvetii 族の領土を Germania から隔てている. **2** 識別する, 見分ける. **3** 分割する, 部分に分ける: *Gallia est omnis divisa in partes tres* (CAES) ガリア全体は三つの部分に分かれている. **4** 分配する, 割り当てる ⟨alci alqd⟩. **5** 伴奏する.

dīviduus -a -um, *adj* [↑] **1** 分けることができる. **2** 分けられた, 分離された. **3** 分配された, 割り当てられた.

dīvīnātiō -ōnis, *f* [divino] **1** 予言(の才). **2** 予想, 予感. **3** 《法》告発人決定.

dīvīnē *adv* [divinus¹] **1** 神の力で, 霊感によって. **2** (神のように)すばらしく.

dīvīnitās -ātis, *f* [divinus¹] **1** 神性. **2** 予言(の能力). **3** 卓越性, 非凡性.

dīvīnitus *adv* [divinus¹] **1** 神の力で, 霊感によって. **2** (神のように)すばらしく.

dīvīnō -āre -āvī -ātum, *tr* [↓] 予言する, 予知する ⟨alqd; de re; +*acc c. inf*⟩; +間接疑問⟩.

dīvīnus¹ -a -um, *adj* [divus] **1** 神の, 神に属する: *res divina* (PLAUT) 礼拝, 犠牲式 / (*pl*) *res divinae* (a) 神事 (CAES); (b) 自然学 (CIC); (c) 自然法 (CIC). **2** 予言の, 霊感を受けた. **3** (神のように)すばらしい, すぐれた.

dīvīnus² -ī, *m* 予言者.

dīvīsī *pf* ⇒ divido.

dīvīsibilis -is -e, *adj* [divido] 分けることができる.

dīvīsiō -ōnis, *f* [divido] **1** 分割, 区分. **2** 分離. **3** 割当て, 分配.

dīvīsor -ōris, *m* [divido] 分割者, 分配者.

dīvīsūra -ae, *f* [divido] 切れ目, 分かれ目; 枝分かれ.

dīvīsus¹ -a -um, *pp* ⇒ divido.

*****dīvīsus²** -ūs, *m* (用例は *sg dat* のみ) 分割, 分配.

Dīvitiācus -ī, *m* =Diviciacus.

dīvitiae -ārum, *f pl* [dives] **1** 富. **2** 豊富.

Dīvodūrum -ī, *n* ディーウォドゥールム (Gallia Belgica の Mediomatrici 族の町; 現 Metz).

dīvolgō -āre, *tr* ⇒ divulgo.

dīvors- ⇒ divers-.

dīvorsum *adv* [diversus] さまざまなやり方で.

dīvortium -ī, *n* [diverto] **1** 分離. **2** 境界線, 分岐点. **3** 離婚.

dīvulgātiō -ōnis, °*f* [divulgo] 公表.

dīvulgātus -a -um, *pp* ⇒ divulgo.

dīvulgō -āre -āvī -ātum, *tr* [dis-/vulgo²] 公表する, 広める.

dīvulsī *pf* ⇒ divello.

dīvulsus -a -um, *pp* ⇒ divello.

dīvum -ī, *n* [↓] 露天で: *sub divo* (CATO) 戸外で.

dīvus¹ -a -um, *adj* [*cf.* deus] **1** 神の(ような). **2** 神とあがめられた.

dīvus² -ī, *m* 神.

dīxī *pf* ⇒ dico².

dō dare dedi datum, *tr* **1** 与える, 提供する, 授ける ⟨alci alqd; alqd ad [in] alqd; alqd alci rei⟩. **2** (義務として)支払う: *dare poenas* (SALL) 償いをする, 罰を受ける. **3** (力を)注ぐ, ささげる, ゆだねる: *dare operam valetudini* (CIC) 健康に留意する / *se studiis dare* (CIC) 研究に専念する. **4** 認める ⟨alci alqd; ut; +*inf*⟩. **5** 指定する: *is datus erat locus colloquio* (LIV) そこは会談の場として指定されていた. **6** (…に)帰する, (…の)せいにする ⟨+2 個の *dat*⟩: *alci alqd laudi* [*vitio, crimini*] *dare* (CIC TER, LIV) あることをある人の功績[不徳, 罪]と見なす. **7** (ある状況に)置く, させる ⟨alqm in [ad] alqd⟩: *dare alqm in custodiam* (CIC) ある人を拘禁する / *hostem in conspectum dare* (LIV) 敵を視野にとらえる / *se dare fugae* (CIC) 逃亡する / *hostes victos dare* (LIV) 敵を降伏させる. **8** 述べる, 語る, 告げる: *has Latonia voces ore dabat* (VERG) Latona の娘(=Diana) はつぎのことばを発した / *verba dare* (CIC) 美辞麗句を連ねる(=だます) / *oraculum erat datum victrices Athenas fore* (CIC) Athenae が勝つだろうとの神託が下されていた.

doceō -ēre -cuī -ctum, *tr* **1** 教える, 教授する ⟨alqm [alqd]; alqm alqd; alqm de re; +*acc c. inf*⟩. **2** 知らせる, 告げる ⟨alqm de re⟩. **3** 示す, 説明する, 証明する. **4** *fabulam docere* (CIC) 芝居を上演する.

dochmius -ī, *m* [*Gk*] 《詩》 短長長短長格 (⌣ーー⌣ー).

docibilis -is -e, °*adj* [doceo] よくおぼえる, 教えやすい.

docilis -is -e, *adj* [doceo] 教えやすい.

docilitās -ātis, *f* [↑] 教えやすいこと.

doctē *adv* [doctus¹] **1** 学者らしく, 博学に. **2** 熟練して. **3** 賢く, 抜け目なく.

doctor -ōris, *m* [doceo] 教える人, 教師.

doctrīna -ae, *f* [doceo] **1** 教えること, 教授. **2** 学識, 学問.

doctus¹ -a -um, *adj* (*pp*) [doceo] **1** 博学な, 精通した. **2** 熟練した, 巧みな ⟨in re; ad alqd; +*inf*⟩: ~ *ad male faciendum* (PLAUT) 悪だくみにたけた.

doctus² -ī, *m* **1** 識者, 学者. **2** 練達者.

docuī *pf* ⇒ doceo.

documentum -ī, *n* [doceo] **1** 前例, 先例. **2** 教え, 教訓.

Dōdōna -ae, *f* [*Gk*] ドードーナ, *-*ネー 《Epirus の町; Juppiter の神託所で有名》.

Dōdōnaeus -a -um, *adj* Dodona の.

Dōdōnis -idis, *adj f* Dodona の.

dōdrāns -antis, *m* [de/quadrans] 4 分の 3.

dōdrantālis -is -e, *adj* [↑] (長さ) ¾ pes の.

dōdrantārius -a -um, *adj* [dodrans] 4 分の 3 の.

dogma -atis, *n* [*Gk*] 教義, 定説, 信条.

dogmaticus -a -um, °*adj* [*Gk*] 教義の, 信条の.

dogmatistēs -ae, °*m* [*Gk*] 教義[信条]を主張する人.

dolābella -ae, *f dim* [dolabra] 小斧, 手斧.

Dolābella -ae, *m* ドラーベッラ 《Cornelia 氏族に属する家名; 特に *P. Cornelius ~*, Cicero の娘の夫》.

dolābra -ae, *f* [dolo¹] つるはし, 斧.

dolāmen -inis, *n* [dolo¹] 切り倒すこと.

dolātor -ōris, °*m* [dolo¹] dolabra を使う者.

dolēns -entis, *adj* (*prp*) [doleo] 悲しんでいる; 悲しい.

dolenter *adv* [↑] 悲しんで.

doleō -ēre dolui dolitum, *intr, tr* [*cf.* dolo¹] **1** 痛む ⟨alci⟩: *tuo viro oculi dolent* (TER) あなたのご主

人は目が痛い / (impers) *mihi dolet quom ego vapulo* (Plaut) むちで打たれれば痛い. **2** 嘆き悲しむ, 苦しむ, 残念に思う ⟨alqd; (de [ex]) re; quod; +acc c. inf⟩. **3** 苦痛を与える, 悲しませる ⟨alci⟩: *dolet dictum adulescenti* (Ter) そのことばは若者を悩ませる.

dōliāris -is -e, *adj* [dolium] 樽の.

dōliolum -ī, *n dim* [↓] (小さな)樽.

dōlium -ī, *n* [*cf.* dolo¹] (ぶどう酒を貯蔵する)かめ.

dolō¹ -āre -āvī -ātum, *tr* **1** たたき切る, 切って形づくる. **2** したたか打つ.

dolō² -ōnis, *m* [*Gk*] **1** 仕込み杖. **2** 刺針. **3** 〘海〙中檣(ちゅうしょう)帆.

Dolō(n) -ōnis, *m* [*Gk*] 〘伝説〙ドローン《Troja の密偵; Ulixes に殺された》.

Dolopēis -idis, *adj f* Dolopes の.

Dolopes -um, *m pl* [*Gk*] 〘伝説〙ドロペス《Thessalia にいた一部族; Phoenix に従って Troja へ遠征した》.

Dolopia -ae, *f* Dolopes 人の国.

dolor -ōris, *m* [doleo] **1** 苦痛, 痛み. **2** 悲嘆, 苦悩. **3** 悲嘆の原因[対象]. **4** 憤り, 恨み, 憎しみ.

dolōrōsus -a -um, °*adj* [↑] 痛ましい, 悲しみに満ちた.

dolōsē *adv* [dolosus] ずるく, 狡猾に, だまして.

dolōsitās -ātis, °*f* [↓] 欺くこと, 欺瞞.

dolōsus -a -um, *adj* [↓] 狡猾な, 悪だくみの, 欺瞞の. **2** あてにならない.

dolus -ī *m* **1** だますこと, 欺き, ぺてん, 詐欺. **2** 策略, たくらみ.

dōma -atis, °*n* [*Gk*] **1** 家, 住居. **2** 屋根.

domābilis -is -e, *adj* [domo¹] 制御できる, (飼い)ならすことができる.

domesticātim *adv* [domesticus] 家で, 私宅で.

domesticī -ōrum, *m pl* [↓] **1** 家族; 奴隷. **2** 取り巻き, 郎党.

domesticus -a -um, *adj* [domus] **1** 家の, 家庭の, 家族の. **2** 個人の, 私的な. **3** 自国の, 国内の: *bellum domesticum* (Caes) 内戦.

domī *adv* (*loc*) [domus] 家で, 自国で: ~ *militiaeque* (Cic) =*belli domique* (Liv) 平時と戦時において.

domicella -ae, °*f dim* [domina] 身分の高い少女, 侍女.

domicellus -ī, °*m dim* [dominus] 身分の高い若者, 従者.

domicilium -ī, *n* [domus] 居住地, 住居.

domina -ae, *f* [dominus] **1** 女主人, 主婦. **2** 女支配者. **3** 妻; 恋人, 愛人.

dominans -antis, *adj* (*prp*) [dominor] **1** 支配的な, 優勢な. **2** (語が)本来の意味の.

dominātiō -ōnis, *f* [dominor] **1** 家父長権, 父権. **2** 支配, 統治 ⟨+*gen*; in alqm⟩. **3** 独裁権, 専制(政治). **4** 支配者, 統治者.

dominātor -ōris, *m* [dominor] 支配者, 統治者.

dominātrix -īcis, *f* [↑] 支配者, 統治者《女性》.

dominātus -ūs, *m* [dominor] **1** 独裁権, 専制(政治). **2** 支配. **3** 所有権.

dominella -ae, *f dim* =domicella.

dominica -ae, °*f* [↓] (*sc.* dies) 日曜日, 主日.

dominicus -a -um, *adj* [dominus] **1** 主人の, 所有者の. **2** ローマ皇帝の. **3**° 主(キリスト)の: *Dominica dies* (Tert) 主日, 日曜日 / *Dominica cena* (Vulg) 主の晩餐.

dominium -ī, *n* [dominus] **1** 支配, 統治. **2** 宴会. **3** 所有権.

dominor -ārī -ātus sum, *intr dep* [↓] **1** 支配する, 統治する ⟨in re; inter alqos; in alqm⟩. **2** 優位を占める, 勢力をふるう: *dominatur libido* (Cic) 欲望が優先される.

dominus -ī, *m* [domus] **1** 家長, 主人. **2** 所有者. **3** 支配者, 専制君主. **4** 管理者, 監督者. **5** (宴会の)主人役. **6**° 主(キリスト).

domiporta -ae, *f* [domus/porto] 〘動〙(「家を担っている女」の意) カタツムリ.

Domitia -ae, *f* ドミティア《ローマ人の女性名; 特に (1) ~ *Lepida*, Messalina の母で Nero の伯母. (2) ~ *Lucilla*, Marcus Aurelius の母》.

Domitiānus¹ -ī, *m* ドミティアーヌス《*T. Flavius* ~, ローマ皇帝 (在位 81-96)》.

Domitiānus² -a -um, *adj* **1** Domitius の. **2** Domitianus 帝の.

Domitius¹ -ī, *m* ドミティウス《ローマ人の氏族名; 特に *L.* ~ *Ahenobarbus*, 前 54 年の執政官》.

Domitius² -a -um, *adj* Domitius の.

domitō -āre -āvī, *tr freq* [domo¹] 飼いならす, 調教する.

domitor -ōris, *m* [domo¹] **1** 調教者. **2** 征服者, 制圧者.

domitrix -īcis, *f* [↑] 調教者《女性》.

domitūra -ae, *f* [domo¹] 飼いならすこと, 調教.

domitus¹ -a -um, *pp* ⇒ domo¹.

domitus² -ūs, *m* = domitura.

domitus³ -a -um, *adj* [domus] 家にこもっている.

domna -ae, *f* = domina.

domnus -ī, *m* = dominus.

domō¹ -āre -muī -mitum, *tr* [*cf.* domus] **1** 飼いならす, 調教する. **2** 征服する, 制圧する. **3** 支配する. **4** 克服する, 抑制する: *domare vim fluminis* (Liv) 川の流れの強さを克服する.

domō² *adv* (*abl*) [domus] 家から.

domuī *pf* ⇒ domo¹.

domuitiō -ōnis, *f* 帰宅 (=domum itio).

domuncula -ae, *f dim* [↓] (小さな)家.

domus -ūs (*sg dat* domuī [domō], *abl* domō [domū]; *pl gen* domōrum [domuum], *acc* domōs [domūs]), *f* **1** 家, 住居. **2** 故郷, 自国. **3** 家族, 家庭. **4** 学派. **5** (副詞的に) *domum* (Cic) 家へ, 故国へ / *domo* (Cic) 家から.

dōnābilis -e, *adj* [dono] 受けるにふさわしい.

dōnārium -ī, *n* [donum] **1** (神殿の)宝物蔵. **2** 神殿, 祭壇. **3** 奉納物.

dōnātiō -ōnis, *f* [dono] 贈与, 寄贈.

dōnātīvum -ī, *n* [dono] (皇帝から兵士への)施し, 賜金.

dōnātor -ōris, *m* [dono] 贈与者, 寄贈者.

dōnātus -a -um, *pp* ⇒ dono.

dōnec *conj* **1** …の限りは, …の間は. **2** …まで.

dōnicum *conj* = donec.

dōnique *conj* =donec.
dōnō -āre -āvī -ātum, *tr* [↓] **1** 与える, 贈る ⟨alqd; alci alqd; alqm re⟩: *donare alqm civitate* (Cic) ある人に市民権を与える. **2** 授ける, 許す, 認める ⟨alci alqd; +*inf*⟩: *divinare magnus mihi donat Apollo* (Hor) 偉大な Apollo 神が私に予言することを許している. **3** 免除する, 大目に見る: *noxae damnatus donatur populo Romano* (Liv) 彼は有罪判決が下されたがローマ人民のために赦免される. **4** ささげる, 犠牲にする.
dōnum -ī, *n* [*cf.* do] **1** 贈り物. **2** 賞品, 褒美. **3** 供物, 奉納物.
Donūsa -ae, *f* [*Gk*] ドヌーサ, *-シア《エーゲ海の小島》.
dorcas -adis, *f* [*Gk*] 〖動〗カモシカ.
Dōricus -a -um, *adj* Doris 人の.
Dōriēnsēs -ium, *m pl* =Doris¹.
Dōris¹ -um, *m pl* [*Gk*] ドーリース, *ドーリエイス, "ドーリス(ドーリア)人《古代ギリシアの三大種族の一つ》.
Dōris² -idis, *adj f* Doris (人)の, ギリシア(人)の.
Dōris³ -idis [-idos], *f* [*Gk*] ドーリス《(1) ギリシア中部の一地方; Doris 人の故国. (2) Caria の沿岸地方; Doris 人の移住地. (3)〖神話〗Oceanus の娘で Nereus の妻; Nereis たちの母. (4) Syracusae の僭主 Dionysius Major の妻》.
Dōrius -a -um, *adj* Doris 風の.
dormiō -īre -iī [-īvī] -ītum, *intr* **1** 眠る. **2** 活動しない.
dormītātiō -ōnis, °*f* [dormito] 眠り.
dormītātor -ōris, *m* [dormito] 眠る人.
dormītiō -ōnis, *f* [dormio] 眠り.
dormītō -āre -āvī -ātum, *intr freq* [dormio] **1** 眠くなる, 眠り込む. **2** 活動しない, なまける.
dormītor -ōris, *m* [dormio] 眠る人.
dormītōrium -ī, *n* [↓] 寝室.
dormītōrius -a -um, *adj* [dormio] 睡眠用の.
dorsālis -is -e, *adj* [↓] 背中の, 背部の.
dorsum -ī, *n*, **-us** -ī, *m* **1** 背中, 背部. **2** 山の背.
Dorylaeī -ōrum, *m pl* Dorylaeum の住民.
Dorylaeum -ī, *n* [*Gk*] ドリュラエウム, *-ライオン《Phrygia の町》.
Dorylēnsēs -ium, *m pl* Dorylaeum の住民.
doryphoros -ī, *m* [*Gk*] 槍を持つ人《Polyclitus 作の彫像》.
dōs dōtis, *f* [do] **1** 持参金, 嫁資. **2**〈天賦の〉資性, 才能.
dosis -is, °*f* [*Gk*]〖薬〗用量: ~ *letalis* 致死量.
Dossennus -ī, *m* ドッセンヌス《(1) 「せむし男」の意; Atella 笑劇の登場人物. (2) ローマ人の家名》.
dōtālis -is -e, *adj* [dos] 持参金の.
dōtātiō -ōnis, °*f* [doto] (花嫁の)持参金, (教会などの)寄付.
dōtātus -a -um, *adj* (*pp*) [↓] **1** 持参金の豊かな. **2** 恵まれた ⟨re⟩.
dōtō -āre -āvī -ātum, *tr* [dos] (娘に)持参金を与える ⟨alqm re⟩.
doxologia -ae, °*f* [*Gk*]〖キ教〗頌栄.
drachma, -chuma -ae, *f* [*Gk*] ドラクマ《(1) ギリシアの銀貨; ローマの denarius とほぼ等価. (2) ギリシアの重量単位; =¹/₈ uncia》.
drachumissō -āre, *intr* [↑] **1** drachma を稼ぐ.
dracō -ōnis, *m* [*Gk*] **1** 竜, ヘビ(蛇). **2**〖天〗竜座. **3** (蛇型の)湯沸かし器.
Dracō -ōnis, *m* [*Gk*] ドラコー(ン)《Athenae の立法家(前7世紀後半); その制定した法の厳格さで有名》.
dracōnigena -ae, *adj m, f* [draco/gigno] 竜から生まれた: ~ *urbs* (Ov) =Thebae.
dragma -ae, *f* =drachma.
drāma -atis, °*n* [*Gk*] 演劇, 芝居.
drāmaticus -a -um, °*adj* [↑] **1** 演劇の. **2** 劇的な.
Drancae, -gae -ārum, *m pl* [*Gk*] ドランカエ, *-ガイ《ペルシアにいた一部族》.
drāpeta -ae, *m* [*Gk*] 逃亡奴隷.
drap(p)us -ī, °*m* 布.
drasticum -ī, °*n*〖薬〗峻下剤.
Drepana -ōrum, *n pl*, **-um** -ī, *n* [*Gk*] ドレパナ《Sicilia 島西岸の町; 現 Trapani》.
Drepanitānus -a -um, *adj* Drepana の. **Drepanitānī** -ōrum, *m pl* Drepana の住民.
dromas -adis, *m* [*Gk*]〖動〗ヒトコブラクダ.
dromos -ī, *m* [*Gk*] 競走場.
Dromos -ī, *m* [*Gk*] ドロモス《Sparta 付近の平原; ここで若者たちが身体を鍛えた》.
Druentia -ae, *f* ドルエンティア《Rhodanus 川の支流; 現 Durance》.
Druidae -ārum, **-ēs** -um, *m pl* ドルイド《古代ケルト民族の僧》.
druppa -ae, *f* (*sc.* oliva)〖植〗熟したオリーブ.
Drūsiānus -a -um, *adj* Drusus の.
Drūsilla -ae, *f* ドルーシッラ《ローマ人の女性名》.
Drūsus -ī, *m* ドルースス《Livia 氏族に属する家名; 特に (1) *M. Livius* ~, 前 91 年の護民官; 同盟市住民へのローマ市民権付与をめぐって元老院と対立し, 暗殺された. (2) *Nero Claudius* ~, Tiberius 帝の弟で Claudius 帝の父 (前 38–9)》.
Dryantīdēs -ae, *m* [*Gk*] Dryas² (1) の息子 (= Lycurgus).
Dryas¹ -adis, *f* [*Gk*]〖神話〗(通例 *pl* Dryades) 森の精.
Dryās² -antis, *m* [*Gk*]〖伝説〗ドリュアース《(1) Thracia の王 Lycurgus の父. (2) 軍神 Mars の息子で Thracia の王 Tereus の兄弟》.
Drymūsa -ae, *f* [*Gk*] ドリュムーサ, *-ムーッサ《Ionia の Clazomenae 沖の小島》.
Dryopē -ēs, *f* [*Gk*]〖伝説〗ドリュオペー《Oechalia の王 Eurytus の娘》.
Dryopes -um, *m pl* [*Gk*] ドリュオペス《Epirus にいた半ば伝説的な一部族》.
duālis -is -e, *adj* [duo]〖文〗両数の.
duālismus -ī, °*m* [↑]〖哲・宗〗二元論.
dubiē *adv* [dubius] **1** 躊躇して, おずおずと. **2** 疑わしく, 不確実に: *haud* ~ (Liv) 疑いなく.
dubietās -ātis, °*f* =dubitatio.
Dūbis -is, *m* ドゥービス《Gallia Celtica の川; Vescontio (現 Besançon) を西流して Arar (現 Saône)

dubitābilis -is -e, *adj* [dubito] 疑わしい.
dubitanter *adv* [dubito] =dubie.
dubitātim *adv* [dubito] =dubie 1.
dubitātiō -ōnis, *f* [↓] **1** 疑い, 不確実: *sine ulla dubitatione* (Cic) 疑いなく. **2** 迷い, ためらい.
dubitō -āre -āvī -ātum, *intr, tr freq* [dubio] **1** 疑う ⟨*de re*; *alqd*; +間接疑問; *quin*; +*acc c. inf*⟩. **2** 熟考する, 吟味する. **3** 迷う, ためらう ⟨+*inf*; *quin*⟩.
dubium -ī, *n* [↓] **1** 疑い: *sine* [*procul*] *dubio* (Cic [Liv]) 疑いなく / *in dubio esse* (Ter) 疑わしい / *in dubium vocare* (Cic) 異議を唱える. **2** 迷い, ためらい. **3** 危険, 危機的状況.
dubius -a -um, *adj* [dubo] **1** 疑っている; 迷って [ためらって] いる ⟨+*gen*; +間接疑問; *quin*; +*acc c. inf*⟩. **2** 疑わしい, はっきりしない, おぼつかない: *victoria dubia* (Caes) (敵味方どちらのものとも) はっきりしない勝敗. **3** 危険な, 危機的な: *res dubiae* (Plaut) 逆境.
Dubius -ī, *m* ドゥビウス《ローマ人の氏族名》.
dubō -āre, *intr, tr* =dubito.
dūc 2 *sg impr pr* ⇨ duco.
ducālis -is -e, °*adj* [dux] 指揮官の.
ducātus -ūs, *m* [dux] 指揮官の地位; 指揮(権).
ducenārius -a -um, *adj* [↓] 200 の.
ducēnī -ae -a, *num distrib* [ducenti] 200 ずつ (の); 200 (の).
ducentēnī -ae -a, *num distrib* [ducenti] 200 ずつ (の) (=duceni).
ducentēsima -ae, *f* [↓] (*sc. pars*) 200 分の 1 税.
ducentēsimus -a -um, *num ord* [↓] 200 番目 (の).
ducentī -ae -a, *num card* [duo/centum] **1** 200 (の). **2** 非常に多くの.
ducentiēs, -ens *adv* [↑] **1** 200 回, 200 倍. **2** 何度も.
ducissa -ae, °*f* [dux] 公爵夫人.
dūcō -ere duxī ductum, *tr* **1** 引く, 引っ張る: *ducere plaustra* (Ov) 荷車を引く / *ducere os* (Cic) 顔をゆがめる. **2** 引き出す: *ducere ferrum vaginā* (Ov) 剣をさやから抜く / *ducere sortes* (Cic) くじを引く / *sorte judex ductus* (Suet) くじで選ばれた裁判官. **3** 引き込む, 吸い込む: *ducere pocula* (Hor) 杯を飲みほす. **4** 引き寄せる. **5** 獲得する, 受け取る: *ducere purpureum colorem* (Ov) 紫色を帯びる. **6** 喜ばせる, 魅了する, 惑わせる: *hominis mens videndi et audiendi delectatione ducitur* (Cic) 人間の心は見聞きすることの喜びに惹かれる. **7** 形づくる, 作る: *ducere parietem* (Cic) 壁を作る / *ducere epos* (Hor) 叙事詩を作る / *ducere lanas* (Ov) 羊毛を紡ぐ. **8** 延ばす: *ducere in hiemem bellum* (Cic) 戦争を冬まで長引かせる. **9** 待たせておく. **10** (時を) 過ごす, 費やす. **11** 導く, 連れて行く ⟨*alqm* [*alqd*] *a* [*ex, de*] *re in* [*ad*] *alqd*⟩: *ducere debitorem in jus* (Liv) 借金の返せない者を法廷に引き出す / *ducere illos in carcerem* (Cic) 彼らを投獄する / *qua te ducit via* (Verg) 道があなたの連れて行くところへ. **12** (男が結婚する, 妻にする:

Dumnorix filiam Orgetorigis in matrimonium duxerat (Caes) Dumnorix は Orgetrix の娘を妻にしていた / *Corneliam Cinnae filiam duxit uxorem* (Suet) (Caesar は) Cinna の娘 Cornelia を娶(めと)った. **13** (部隊を) 指揮する, 率いる. **14** 動かす, 駆りたてる: *me ad credendum tua ducit oratio* (Cic) あなたの話は私を納得させた. **15** ひき起こす, もたらす: *ducere somnos* (Hor) 眠りをもたらす. **16** (源から) 導き出す, 起源をたどる ⟨*alqd e* [*a*] *re*⟩: *ducere exordium totius vitae a re* (Cic) あるものから人生全体の出発点を導き出す. **17** 数える, 計算する: *ducere rationem officii* (Cic) 義務を重んじる [考慮に入れる]. **18** みなす, (…と) 考える: *ducere eos in hostium numero* (Caes) 彼らを敵とみなす / *omne ego pro nihilo esse* ~ (Plaut) すべてつまらないことと私は考える / (+価値[値段]の *gen* [*abl*]) *omnia pericula parvi esse ducenda* (Cic) すべての危険は大したことではないと考えられねばならない / (+*predic dat*) *ducere alqm despicatui* (Cic) ある人を見くだす.
ductilis -is -e, *adj* [↑] 引くことができる; 動かすことができる.
ductim *adv* [duco] **1** 一気に: *invergere in me liquores* ~ (Plaut) 酒を一気に飲む. **2** 引っ張って.
ductiō -ōnis, *f* [duco] **1** (水を) 引くこと. **2** (綱を) 引っ張ること. **3** ~ *alvi* (Cels) 通じをつけること. **4**°連れ去ること.
ductitō -āre -āvī -ātum, *tr freq* [↓] 引いて [連れて] 行く.
ductō -āre -āvī -ātum, *tr freq* [duco] **1** 導く, 連れて行く. **2** 魅了する. **3** だます. **4** (綱を) 引っ張る.
ductor -ōris, *m* [duco] 導く人, 指導者; 指揮官.
ductrix -īcis, *f* [↑] 指導者《女性》.
ductulus -ī, *m* [ductus²] 《解》小管.
ductus¹ -a -um, *pp* ⇨ duco.
ductus² -ūs, *m* **1** 引くこと: *aquarum* ~ (Cic) 水道設備, 水利 (=aquaeductus). **2** 線引き; 外形: *oris* ~ (Cic) 顔つき / *muri* ~ (Cic) 城壁の輪郭. **3** 指揮, 統率. **4**°《解》管: ~ *choledochus* 総胆管 / ~ *cochlearis* 蝸牛管 / ~ *ejaculatorius* 射精管.
dūdum *adv* **1** しばらく前に, 最近に. **2** ずっと以前: *jam* ~ (Ov) 長い間 / *jam* ~ (Ov) すでに以前から / *quam* ~ (Cic) どれほど長く, いつから. **3** 以前に.
duellator, duellicus ⇨ bellator¹,², bellicus.
Duellōna ⇨ Bellona.
duellum -ī, *n* 《古形》 =bellum.
Duillius, Duell-, Duil-, Duēl- -ī, *m* ドゥイッリウス《ローマ人の氏族名; 特に C. ~, 執政官; Carthago 艦隊を Sicilia 島の Mylae 沖の海戦で破った (前 260))》.
duim *subj pr* 《古形》 =dem (⇨ do).
duis *adv* 《古形》 =bis.
dulce *adv* (*neut*) [dulcis] 甘く; 快く.
dulcēdō -dinis, *f* [dulcis] **1** 甘いこと. **2** 快いこと, 魅力.
dulceō -ēre, °*intr* [↑] 甘い.
dulcescō -ere dulcuī, *intr inch* [↑] 甘くなる, おいしくなる.
dulciāmen -minis, °*n* [dulcis] 甘いもの.

dulciculus -a -um, *adj dim* [dulcis] やや甘い.
dulcifer -fera -ferum, *adj* [↓/fero] 甘さを含んだ.
dulcis -is -e, *adj* **1** 甘い, うまい. **2** 澄んだ, 新鮮な. **3** 香りのよい, かぐわしい. **4** 快い, 好ましい, 魅力的な. **5** いとしい, 親愛な: *dulcissime Attice* (Cic) 最愛なる Atticus よ.
dulcisonus -a -um, *adj* [↑/sonus] 耳に快い.
dulciter *adv* [dulcis] 快く, 甘美に.
dulcitūdō -dinis, *f* [dulcis] **1** 甘さ. **2** 快いこと, 魅力.
dulcor -ōris, °*m* [dulcis] 甘さ.
dulcōrō -āre, °*tr* [↑] 甘くする.
dulcuī *pf* ⇨ dulcesco.
Dulgibīnī, -gubnii -ōrum, *m pl* ドゥルギビニー 《Visurgis 河畔にいたゲルマン系一部族》.
dūlia -ae, °*f* [*Gk*] 〔聖人・天使に対する〕崇敬.
dūlicē *adv* [*Gk*] 奴隷のように.
Dūlichium -ī, *n*, **-ia** -ae, *f* [*Gk*] ドゥーリキウム, *-キオン 《Ionia 海の島; かつては Ulixes の王国の一部とされた》.
Dūlichius -a -um, *adj* Dulichium の; Ulixes の.
dum¹ *conj* **1** …する間に. **2** …まで. **3** もし…ならば, …する限りは.
dum² *adv* **1** (*impr* とともに) さあ: *age* ～ (Plaut) さあ, やれ / *itera* ～ (Cic) もう一度. **2** (否定辞に付いて) まだ: *nondum* (Cic) まだ…ない / *necdum* (Liv) そしてまだ…ない / *vixdum* (Cic) まだほとんど…ない / *nihildum* (Cic) まだ何も…ない.
dūmētum -ī, *n* [dumus] イバラのやぶ.
dummodo, dum modo *conj* もし…でありさえすれば, …する限りは.
Dumnorix -igis, *m* ドゥムノリクス 《Aedui 族の首領; Diviciacus の弟; ローマ人に敵対した》.
dūmōsus -a -um, *adj* [dumus] イバラの生い茂った.
dumtaxat *adv* [dum²/taxo] **1** せいぜい, 単に, ただ: *feminis* ～ *purpurae usu interdicemus?* (Liv) (私たち男は)女だけに紫衣の着用を禁じようか. **2** ともかくも, 少なくとも, せめて.
dūmus -ī, *m* イバラのやぶ.
duo -ae -o, *num card* 二つ(の); 両方(の).
duocimānus -ī, *m* 《古形》 =decimanus².
duodecennis -is -e, °*adj* [duodecim/annus] 12歳の.
duodecennium -ī, °*n* [↑] 12年間.
duodeciēs, -ens *adv* [↓] 12回, 12倍.
duodecim *indecl num card* 12(の).
duodecimānus -ī, *m* 《古形》 =decimanus².
duodecimus -a -um, *num ord* 12番目の.
duodēnārius -a -um, *adj* [↓] 12から成る.
duodēnī -ae -a, *num distrib* 12ずつ(の).
duodēnītis -tidis, °*f* 〔病〕十二指腸炎.
duodēnojējūnālis -is -e, °*adj* 〔解〕十二指腸空腸の.
duodēnōnāgintā *indecl num card* 88(の).
duodēnorēnālis -is -e, °*adj* 〔解〕腎十二指腸の.
duodēnum -ī, °*n* 〔解〕十二指腸.
duodēoctōgintā *indecl num card* 78(の).

duodēquadrāgēnī -ae -a, *num distrib* 38ずつ(の).
duodēquadrāgēsimus, -ensimus -a -um, *num ord* 38番目の.
duodēquadrāgintā *indecl num card* 38(の).
duodēquinquāgēsimus, -ensimus -a -um, *num ord* 48番目の.
duodēquinquāgintā *indecl num card* 48(の).
duodēsexāgintā *indecl num card* 58(の).
duodētrīcēsimus, -ensimus -a -um, *num ord* 28番目(の).
duodētrīciēs, -ens *adv* 28回, 28倍.
duodētrīgintā *indecl num card* 28(の).
duodēvīcēnī -ae -a, *num distrib* 18ずつ(の).
duodēvīgintī *indecl num card* 18(の).
duodrantālis -is -e, *adj* =dodrantalis.
duoetvīcēsimānī, -ensi- -ōrum, *m pl* 第22軍団の兵士たち.
duoetvīcēsimus, -ensimus -a -um, *num ord* 22番目の.
duovīgintī *indecl num card* 《古形》 =viginti.
duovir -ī, *m* =duumvir.
dupla -ae, *f* [duplus] (*sc. pecunia*) 2倍の額.
duplārius -ī, *m* =duplicarius.
duplex -plicis, *adj* [duo/plico] **1** 2倍の, 二重の. **2** 両方の. **3** 二枚舌の, 人をだます.
duplicārius -ī, **-cāris** -is, *m* [↑] 2倍の給与を受ける兵士.
duplicātiō -ōnis, *f* [duplico] 2倍にすること.
duplicātus -a -um, *pp* ⇨ duplico.
dupliciter *adv* [duplex] 二様に.
duplicō -āre -āvī -ātum, *tr* [duplex] **1** 2倍にする, 増やす: *duplicare verba* (Cic) 繰り返して言う. **2** 二つ折りにする, 折り曲げる: *duplicare virum dolore* (Verg) その男(の体)を苦痛で折り曲げさせる. **3** 二重にする: *faciliore ad duplicanda verba Graeco sermone* (Liv) ことばを二重にする(=合成語を作る)のに適したギリシア語で.
dupliō -ōnis, *f* [duplus] 2倍.
duplō -āre, *tr* [duplus] 2倍にする.
duplōma -atis, *n* =diploma.
duplum -ī, *n* [↑] 2倍の量.
duplus -a -um, *adj* 2倍の, 二重の.
dupondiārius -a -um, *adj* [↓] 2 asses の.
dupondius -ī, *m*, **-ium** -ī, *n* [duo/pondo²] 2 asses (の額).
dūra māter -ae -tris, °*f* 〔解〕硬膜: ～ ～ *encephali* 脳硬膜 / ～ ～ *spinalis* 脊髄硬膜.
dūrābilis -is -e, *adj* [duro] 永続する.
dūracinus -a -um, *adj* [durus/acinus] 堅い実[漿果]の.
dūrāmen -minis, *n* [duro] 堅くなったもの.
dūrāmentum -ī, *n* =duramen.
dūrateus -a -um, *adj* [*Gk*] 木の.
dūrātiō -ōnis, °*f* [duro] 継続.
dūrātus -a -um, *pp* ⇨ duro.
dūrē *adv* [durus] **1** 堅く. **2** 厳しく, 苛酷に. **3** 粗野に, 無器用に.

dūreō -ēre, °*intr* [durus] 堅い.
dūrescō -ere dūruī, *intr inch* [↑] 堅くなる.
dūritās -ātis, *f* [durus] (弁論・語り口の)厳しさ.
dūriter *adv* =dure.
dūritia -ae, **-ēs** -ēī, *f* [durus] **1** 堅いこと. **2** 〖医〗硬化. **3** 困難, 辛苦: *a parvulis labori ac duritiae studere* (CAES) 子供のころから労苦と困難に身を慣らす. **4** 苛酷, 無情: ~ *operum* (TAC) 労働の苛酷さ.
dūriusculus -a -um, *adj dim* [durus] やや堅い, やや荒い.
dūrō -āre -āvī -ātum, *tr intr* [durus] **I** (*tr*) **1** 堅くする: *durare uvam fumo* (HOR) (干しブドウをつくるために)ブドウを煙で乾燥させる. **2** 鍛える ⟨alqm re⟩. **3** 無感覚にする: *ad omne facinus duratus* (TAC) あらゆる罪に無感覚になって. **4** 耐える, 持ちこたえる. **II** (*intr*) **1** 堅くなる. **2** 無感覚である. **3** 耐える, 持ちこたえる: *durare nequeo in aedibus* (PLAUT) 家でじっとなどしていられない. **4** 継続する, 存続する.
Dūrocortorum -ī, *n* ドゥーロコルトルム《Gallia Belgica の Remi 族の首都; 現 Reims》.
Durrachium -ī, *n* =Dyrrhachium.
dūruī *pf* ⇨ duresco.
dūrus -a -um, *adj* **1** 堅い. **2** 粗い. **3** 無骨な, 不器用な, 粗野な: *poeta durissimus* (CIC) ひどく野暮ったい詩人 / *pictor* ~ *in coloribus* (PLIN) 色使いが洗練されていない画家. **4** 強健な, 丈夫な. **5** 厳格な, 過酷な, 無情な: *Varius qui est habitus judex durior* (CIC) むしろ厳格な裁判官とみなされていた Varius. **6** ぎこちない, 厚ぼったい. **7** 困難な, 厄介な: *duris subvectionibus* (CAES) 輸送が困難なため. **8** (気候が)厳しい, 荒れた. **9** 不利な, 不都合な: *durior condicio* (CIC) いっそう好ましからぬ条件.
duumvir -virī, *m* [duo/vir] 二頭政治者の一人.
duumvirātus -ūs, *m* [↑] 二人連帯職, 二頭政治.
dux ducis, *m* (*f*) [duco] **1** 指導者. **2** 案内者. **3** 指揮官, 将軍. **4** 君主, 支配者.
duxī *pf* ⇨ duco.
Dȳmae -ārum, *f pl* =Dyme.
Dȳmaeus -a -um, *adj* Dyme の.
Dymantis -tidis, *f* Dymas の娘 (=Hecuba).
Dymās -antis, *m* [*Gk*] 〖伝説〗デュマース《Phrygia の王; Hecuba の父》.
Dȳmē -ēs, *f* [*Gk*] デューメー《Achaia 西部の港町》.
dynamīa -ae, °*f* [*Gk*] (薬の)効能, 薬効.
dynamicē -ēs, °*f* [*Gk*] 力学.
dynamis -is, *f* [*Gk*] **1** 多量. **2**°〖数〗平方数.
dynamismus -ī, °*m* [↑] 〖哲〗力動説.
dynamometron -ī, °*n* [*Gk*] 動力計.
dynastēs -ae, *m* [*Gk*] 君主, 支配者.
dynastīa -ae, °*f* [*Gk*] **1** 王朝, 王家. **2** 支配.
dynasticus -a -um, °*adj* [*Gk*] 王朝の, 王家の.
Dyrr(h)achīnus -a -um, *adj* Dyrrhachium の.
Dyrr(h)achīnī -ōrum, *m pl* Dyrrhachium の住民.
Dyrr(h)achium -ī, *n* [*Gk*] デュッラキウム, *-キオン《Illyria の港町; 前名 Epidamnus; 現 Durrës》.
dysaesthēsia -ae, °*f* [*Gk*] 〖病〗知覚不全.
dyscolus -a -um, °*adj* [*Gk*] 気むずかしい.
dysenteria -ae, *f* [*Gk*] 〖病〗赤痢.
dysentericus -a -um, *adj* [*Gk*] 〖病〗赤痢の.
dysmenorrhoea -ae, °*f* [*Gk*] 〖病〗月経困難.
dyspepsia -ae, *f* [*Gk*] 〖病〗消化不良.
dysphagia -ae, °*f* 〖病〗嚥下困難.
dysphasia -ae, °*f* 〖病〗神経性不全失語症.
dysphēmia -ae, °*f* [*Gk*] 〖修〗偽悪語法.
dysphoricus -a -um, °*adj* [*Gk*] 不運な.
dysphrenia -ae, °*f* [*Gk*] 〖病〗機能性精神病.
dyspnoea -ae, *f* [*Gk*] 〖病〗呼吸困難.
dyspnoicus -a -um, *adj* [*Gk*] 〖病〗呼吸困難の.
dysprophoron -ī, °*n* [*Gk*] 誤った発音.
dysteleologia -ae, °*f* [*Gk*] 〖哲〗目的存在否定論.
dysūria -ae, °*f* [*Gk*] 〖病〗排尿困難.

E

E, e *indecl n* ラテン語アルファベットの第5字.
ē *prep* =ex.
eā *adv (f abl)* [is] (*sc.* parte) そこに, その場所に.
eādem *adv (f abl)* [idem] **1** ちょうどそこに, 同じ場所に. **2** 同様に. **3** 同時に. **4** eadem ... eadem (PLAUT) ある時は…またある時は….
eampse =eam ipsam.
eāpropter *adv* それゆえに (=propterea).
eāpse =eā ipsā.
eātenus, eā tenus *adv* [is/tenus²] その限りでは, その範囲では ⟨quoad; qua; ut⟩.
ebenus -ī, *f*, **-um** -ī, *n* [*Gk*] 黒檀(材).
ēbibī *pf* ⇨ ebibo.
ēbibitus -a -um, *pp* ⇨ ebibo.
ēbibō -ere -bibī -bibitum, *tr* [ex-/bibo] **1** 飲みほす: *ebibit amnes (fretum)* (Ov) (海が)川の流れを飲みつくす. **2** (金を)酒に浪費する.
ēbītō -ere, *intr* [ex-/bito] 出る, 去る.
ēblandior -īrī -blandītus sum, *tr dep* [ex-/blandior] 甘言によって獲得する ⟨alqd⟩: *unum consulatūs diem eblandiri* (TAC) たった一日の執政官職を甘言を用いて手に入れる.
ēblandītus -a -um, *pp* ⇨ eblandior.
Ebora -ae, *f* エボラ《(1) Lusitania の町. (2) Hispania Baetica の町》.
Eborācum -ī, *n* エボラークム《Britannia にあったローマ軍の軍事拠点; 現 York》.
eborārius¹ -a -um, *adj* [ebur]《碑》象牙を扱う.
eborārius² -ī, *m*《碑》象牙細工師; 象牙商人.
eborātus -a -um, *adj* =eburatus.
eboreus -a -um, *adj* [ebur] 象牙製の.
ēbriācus -a -um, *adj* [ebrius] 酔った.
ēbrietās -ātis, *f* [ebrius] **1** 酩酊. **2** 不節制; 暴飲.
ēbriolus -a -um, *adj dim* [ebrius] 少し酔った.
ēbriōsitās -ātis, *f* [↓] 酒浸り.
ēbriōsus¹ -a -um, *adj* [ebrius] 酒浸りの.
ēbriōsus² -ī, *m* 大酒のみ, のんだくれ.
ēbrius -a -um, *adj* **1** 酔った. **2** 飽和した, 飽きあきした.
ēbulliō -īre -iī [-īvī], *intr, tr* [ex-/bullio] **I** (*intr*) 噴出する. **II** (*tr*) **1** 噴出させる: *animam ebullire* (SEN) 死ぬ. **2** 自慢する ⟨alqd⟩.
ebulum -ī, *n*, **-us** -ī, *m*《植》ニワトコの類.
ebur eboris, *n* **1** 象牙. **2** 象牙細工《彫像, 笛, さや, 椅子など》.
Ebura -ae, *f* =Ebora.
Eburācum -ī, *n* =Eboracum.
eburārius -ī, *m* =eborarius.
eburātus -a -um, *adj* [ebur] 象牙で飾られた.
eburneolus -a -um, *adj dim* [↓] 象牙製の.

eburneus -a -um, *adj* [ebur] 象牙(製)の.
eburnus -a -um, *adj* =eburneus.
Eburōnes -um, *m pl* エブローネス《Gallia Belgica にいたゲルマン系の一部族》.
Eburovīces -um, *m pl* エブロウィーケス《Aulerci 族の一支族》.
Ebusus -ī, *f* エブスス《Hispania 東岸の島; 現 Iviza》.
ec- (疑問の強意接頭辞). 例: ecqui, ecquis.
ēcastor *int* Castor に誓って.
Ecbatana -ōrum, *n pl* エクバタナ《Media の首都; 現 Hamadan》.
ecbibō -ere, *tr* =ebibo.
ecbolae -ārum, *f* [*Gk*] 鉱滓, かなくそ.
ecbolas -adis, *f* [*Gk*] ブドウの一種.
ecca =ecce ea.
eccam =ecce eam.
ecce *int* [-ce] ほら, 見よ! ⟨+*nom* [*acc*]⟩.
eccerē *int* 見ろ, そら!
eccillam =ecce illam.
eccillum =ecce illum.
eccistam =ecce istam.
ecclēsia -ae, *f* [*Gk*] **1** 集会, 会合. **2**° キリスト教徒の集合, 教会: ~ *latina* ラテン教会(ローマカトリック教会).
ecclēsiasticus -a -um, °*adj* [↑] 教会の: *vir* ~ 聖職者.
eccos =ecce eos.
eccum =ecce eum.
ecdicus -ī, *m* [*Gk*] (ギリシア都市の)検事, 公訴人 (*cf.* cognitor).
ecdūrus -a -um, *adj* =edurus.
ecdysis -is, °*f* [*Gk*]《動》脱皮.
ecesis -is, °*f* [*Gk*]《生物》土着.
Ecetra -ae, *f* エケトラ《Volsci 族の町》.
Ecetrānī -ōrum, *m pl* Ecetra の住民.
ecf- ⇨ eff-.
Echecratēs -is, *m* [*Gk*] エケクラテース《Plato と同時代の Phlius 出身の Pythagoras 派哲学者》.
echenēis -idis, *f* [*Gk*]《魚》コバンザメ.
echidna -ae, *f* [*Gk*] **1**《神話》(Furiae の象徴としての)毒ヘビ. **2**°《動》ハリモグラ.
Echidna -ae, *f* [*Gk*]《神話》エキドナ《上半身が女で下半身が蛇の怪物; Chimaera, Hydra, Cerberus などの母; 百眼の巨人 Argus に殺された》.
Echidnēus -a -um, *adj* [*Gk*] Echidna の: *canis* ~ (Ov) =Cerberus.
Echinades -um, *f pl* [*Gk*] エキーナデス《Achelous 河口にあるイオニア海の小群島》.
echinus -ī, *m* [*Gk*] **1**《動》ウニ. **2**《建》エキヌス《Doris 式建築において柱頭のアバクスの下にある円形の

Echion — edoceo

Echīōn -onis, *m* [*Gk*] 〖伝説〗エキーオーン《(1) Cadmus がまいた竜の牙から生まれた戦士の一人; Agave の夫で Pentheus の父. (2) Mercurius の息子で Argonautae の一人》.

Echīonidēs -ae, *m* Echion (1) の息子 (=Pentheus).

Echīonius -a -um, *adj* **1** Echion の. **2** Thebae の.

ēchō -ūs, *f* [*Gk*] 反響, こだま.

Ēchō -ūs, *f* [*Gk*] 〖神話〗エーコー《森のニンフ; Narcissus に恋したが顧みられず, 絶望のあまりやせ細って声だけ残った》.

eclampsia -ae, °*f* 〖病〗子癇(ふん).

eclipsis -is, *f* [*Gk*] (日・月)触.

ecloga -ae, *f* [*Gk*] **1** 選集, 抜粋. **2** 短詩; 牧歌, 田園詩.

eclogāriī -ōrum, *m pl* [↑] 選集, 抜粋.

ecnūbō -ere, *intr* =enubo.

ēcontrā °*adv* [ex-/contra] 反対に.

ecquālis -is -e, *adj interrog* [ec-/qualis] いったいどんな(種類の).

ecquandō *adv interrog* [ec-/quando] **1** (直接疑問) いったいいつ: ~ *te rationem factorum tuorum redditurum putasti?* (Cɪᴄ) おまえは自分のしたことに釈明を求められることになろうとかといったいいつ考えたことがあるか. **2** (間接疑問) いつか[かつて]…かどうか: *quaero ~ nisi per xxxv tribus creati sint* (Cɪᴄ) 私はたずねるが, 35 の部族の(投票)によらずしてかつて選出されたものがいるか.

ecquī -ae [-a] -od, *adj, pron interrog* [ec-/quī¹] **I** (*adj*) いったいどんな: ~ *pudor est?* (Cɪᴄ) (おまえには)いったいどんな恥の意識があるのか. **II** (*pron*) いったい誰か.

ecquid *adv interrog* [ecquis] いったい…か(どうか): ~ *audis?* (Pʟᴀᴜᴛ) いったいあなたは聞いておいてなのですか.

ecquīnam -quaenam -quodnam, *adj, pron interrog* ecqui の強意形.

ecquis -quis -quid, *pron, adj interrog* [ec-/quis¹] **I** (*pron*) いったい誰[何]か: ~ *hoc aperit ostium?* (Pʟᴀᴜᴛ) 誰かこの扉を開けてくれないか. **II** (*adj*) =ecqui I.

ecquisnam -quisnam -quidnam, *pron, adj interrog* ecquis の強意形.

ecquō *adv interrog* [ecquis] いったいどこへ.

ecstasis -is (*acc* -in, *abl* -ī), °*f* [*Gk*] 有頂天, 恍惚.

ecsuperō -āre, *intr, tr* =exsupero.

eculeus -ī, *m dim* [equus] **1** 子馬. **2** 拷問具の一種.

ecus -ī, *m* =equus.

eczema -ātis, °*n* [*Gk*] 〖病〗湿疹.

edācitās -ātis, *f* [↓] 大食.

edax -ācis, *adj* [edo¹] **1** 大食の. **2** 破壊的な; 悩ます: *curae edaces* (Hᴏʀ) 身をさいなむ心配.

ēdentō -āre -āvī -ātum, *tr* [ex-/dens] (殴って)歯を折る.

ēdentulus -a -um, *adj* [ex-/dens] 歯のない.

edepol *int* Pollux に誓って, 確かに.

edera -ae, *f* =hedera.

Edessa -ae, *f* [*Gk*] エデッサ《(1) Macedonia の首都; 後名 Aegae. (2) Mesopotamia 北西部の都市》.

Edessaeus -a -um, *adj* Edessa (1) の.

ēdī *pf* ⇒ edo¹.

ēdīcō -ere -dīxī -dictum, *tr* [ex-/dico²] **1** 陳述する, 言明する, 知らせる ⟨alci alqd; +*acc c. inf*⟩: *dico, edico vobis, nostrum esse illum erilem filium* (Tᴇʀ) 言っておこう, おまえたちにはっきり言うが, あの方は私の主人の息子さんだ. **2** 布告する, 命令する, 規定する ⟨alqd; alci alqd; ut, ne⟩: *edicere diem comitiis* (Lɪᴠ) 選挙の期日を布告する.

ēdictālis -is -e, *adj* [edictum] 布告による, 命令の.

ēdictiō -ōnis, *f* [edico] 布告, 命令.

ēdictō -āre -āvī -ātum, *tr freq* [edico] 発表する.

ēdictum -ī, *n* [↓] 布告, 宣言, 命令, 規定.

ēdictus -a -um, *pp* ⇒ edico.

ēdidī *pf* ⇒ edo².

ēdidicī *pf* ⇒ edisco.

edim *subj pr* (古形) =edam (⇒ edo¹).

ēdiscō -ere -didicī, *tr* [ex-/disco] **1** 暗記する ⟨alqd⟩. **2** 習う, 習得する.

ēdisserō -ere -seruī -sertum, *tr* [ex-/dissero²] 詳細に語る, 詳論する ⟨alqd⟩.

ēdissertātiō -onis, *f* [edisserto] 詳細な説明[叙述].

ēdissertiō -ōnis, °*f* =edissertatio.

ēdissertō -āre -āvī -ātum, *tr* =edissero.

ēdissertus -a -um, *pp* ⇒ edissero.

ēdisseruī *pf* ⇒ edissero.

ēditīcius -a -um, *adj* [edo²] 提案された: *editicii judices* (Cɪᴄ) 告発人[原告]が選んだ裁判官たち.

ēditiō -ōnis, *f* [edo²] **1** °分娩, 出産. **2** 出版, 発行. **3** 陳述, 声明. **4** (裁判官の)指名.

ēditor -ōris, *m* [edo²] 生み出す者; 主催者; 発行者.

ēditum -ī, *n* [↓] **1** 高所. **2** 命令.

ēditus -a -um, *adj* (*pp*) edo²] **1** 高い, 高くそびえる. **2** 秀でた, すぐれた.

ēdixī *pf* ⇒ edico.

edō¹ esse ēdī ēsum (*pr es est edimus estis edunt*; *subj pr edam*; *subj impf essem*), *tr* **1** 食べる ⟨alqd⟩. **2** 食い尽くす; 滅ぼす, 消耗させる.

ēdō² -ere -didī -ditum, *tr* [ex-/*do (cf. abdo)] **1** 発する, 出す: *animam* [*extremum vitae spiritum*] *edere* (Cɪᴄ) 死ぬ. **2** 生む; 産出する: *Maecenas atavis edite regibus* (Hᴏʀ) 王たる祖先から生まれた Maecenas よ. **3** 出版する, 発行する. **4** 広める, 公表する: *edere consilia hostium* (Lɪᴠ) 敵の計画を知らせる. **5** 宣言する, 布告する: *edere tribus* (Cɪᴄ) (裁判官選出のための)氏族を推薦する. **6** ひき起こす, 催す: *edere annuam operam* (Lɪᴠ) 年ごとのつとめを果たす / *edere ludos* (Tᴀᴄ) 競技会を催す.

ēdocenter *adv* [↓] 教訓的に, ためになるように.

ēdoceō -ēre -docuī -doctum, *tr* [ex-/doceo] 徹底的に教える[知らせる] ⟨alqm alqd; +*inf*; +*acc c. inf*; +間接疑問; ut, ne⟩.

ēdoctus -a -um, *pp* ⇨ edoceo.
ēdolō -āre -āvī -ātum, *tr* [ex-/dolo¹] **1** 切って作る. **2** 作り上げる, 仕上げる 〈alqd〉.
ēdomitus -a -um, *pp* ⇨ edomo.
ēdomō -āre -uī -itum, *tr* [ex-/domo¹] 圧倒する, 征服する 〈alqm [alqd]〉.
ēdomuī *pf* ⇨ edomo.
Ēdōnī -ōrum, **-nēs** -um, *m pl* [*Gk*] エードーニー, *-*ノイ《Thracia の一部族; Bacchus 崇拝で有名》.
Ēdōnis¹ -idis, *adj f* **1** Edoni 人の. **2** Thracia の.
Ēdōnis² -idis, *f* Bacchus の女信徒.
Ēdōnus -a -um, *adj* **1** Edoni 人の. **2** Thracia の.
ēdormiō -īre -īvī [-iī] -ītum, *tr* (*intr*) [ex-/dormio] **1** 眠って取り除く 〈alqd〉. **2** 寝て過ごす. **3** 十分に眠る.
ēdormīscō -ere, *tr inch* =edormio.
ēducātiō -ōnis, *f* [educo¹] 教育, 養育.
ēducātor -ōris, *m* [educo¹] 教育者, 養育者.
ēducātrīx -īcis, *f* [↑] 教育者, 養育者《女性》.
ēducātus -a -um, *pp* ⇨ educo¹.
ēdūcō¹ -āre -āvī -ātum, *tr* 育てる, 教育する; 教育する 〈+acc〉.
ēdūcō² -ere -duxī -ductum, *tr* [ex-/duco] **1** 引き出す, *sortem educere* (Cic) くじを引く, 抽選する / *educere lacum* (Cic) 湖の水を流し出す. **2** 連れ出す, 導き出す 〈alqm alqd a [ex, de] re in alqd〉: *educere alqm in provinciam* (Cic) ある人を属州へ連れて行く. **3** (部隊を)進発[進軍]させる. **4** (船を)出帆させる. **5** 出廷させる, 召喚する. **6** 引き上げる: *educere alqm in astra* (Hor) ある人をほめたたえる. **7** (建物を)建てる, 築く. **8** 育てる, 養育する. **9** (時を)過ごす.
ēductiō -ōnis, *f* [↑] **1** 連れ出すこと, 移動させること. **2°** ふくらみ, 形づくること.
ēductor -ōris, *m* [educo²] **1** 養育者. **2°** 連れ出す者.
ēductus -a -um, *pp* ⇨ educo².
Edūlia -ae, *f* 《神話》エドゥーリア《子供の食物をつかさどる女神》.
edūlis -is -e, *adj* [edo¹] 食べられる, 食用に適する.
edūlium -ī, *n* [ˆ] 食料品.
ēdūrō -āre, *intr, tr* [ex-/durus] **I** (*intr*) 続く, 持続する. **II** (*tr*) 十分に強くする, 鍛練する.
ēdūrus -a -um, *adj* [↑] **1** 非常に堅い. **2** きびしい, 苛酷な.
Edūsa -ae, *f* =Edulia.
ēduxī *pf* ⇨ educo².
Ēetiōn -ōnis, *m* [*Gk*]《伝説》エーエティオーン《Mysia の Thebae の王で Andromacha の父》.
Ēetiōnēus -a -um, *adj* Eetion の.
effarciō -īre -fertum, *tr* [ex-/farcio] いっぱいにつめ込む.
effascinātiō -ōnis, *f* [ex-/fascino] 魔法をかけること, 魅了すること.
effātum -ī, *n* [↓] **1** 予言, 託宣. **2** 《論》主張, 命題.
effātus¹ -a -um, *pp* ⇨ effor.

effātus² -ūs, *m* 発言, 話すこと.
effēcī *pf* ⇨ efficio.
effectiō -ōnis, *f* [efficio] **1** 遂行, 成就. **2** 動因.
effectīvus -a -um, *adj* [efficio] 生産的な, 実際的な.
effector -ōris, *m* [efficio] 創造者, 創始者.
effectrīx -īcis, *f* [↑] 創造者, 創始者《女性》.
effectum -ī, *n* [↓] 結果.
effectus¹ -a -um, *adj* (*pp*) [efficio] 成就された, 完成された.
effectus² -ūs, *m* **1** 遂行, 成就: *in effectu esse* (Cic) 完成[終了]に近い / *effectu* (Ulp) =*cum effectu* (Papin) 事実上, 実際. **2** 結果, 効果: *effectum habere* (Ulp) 有効である.
effēminātē *adv* [effeminatus] めめしく, 柔弱に.
effēminātiō -ōnis, *f* [effemino] **1** 意気沮喪. **2°** めめしさ, 柔弱.
effēminātus -a -um, *adj* (*pp*) [↓] めめしい, 柔弱な.
effēminō -āre -āvī -ātum, *tr* [ex-/femina] めめしくする, 柔弱にする.
efferātus -a -um, *adj* (*pp*) [effero¹] 野蛮な, 獰猛(ごう)な.
efferbuī *pf* ⇨ effervesco.
effercio -īre, *tr* =effarcio.
efferens -entis, °*adj* (*prp*) [effero²]《生理》輸出の, 遠心(性)の.
efferitās -ātis, *f* [↓] 粗暴, 野蛮.
efferō¹ -āre -āvī -ātum, *tr* [ex-/ferus] **1** 野蛮にする, 粗暴にする 〈alqm [alqd]〉. **2** (土地を)荒れはてさせる. **3** (感情を)荒立たせる, 怒らせる.
efferō² -ferre extulī ēlātum, *tr* [ex-/fero] **1** 持ち出す, 運び出す, 連れ出す 〈alqd (ex [de, a]) re; alqd ad [in] alqd〉: *efferre pedem portā* (Cic) 家の外へ足を踏み出す / *efferre vexilla* [*signa, arma*] (Liv) 進軍する. **2** 埋葬する. **3** 産出する. **4** 発言する, 表現する, 言う. **5** 広める, 公表する: *ne has meas ineptias efferatis* (Cic) あなたがたが私のこうした愚行を公表しないように. **6** 誇張する. **7** 我を忘れさせる, 心を奪う: *efferri laetitiā* (Cic) 喜びに我を忘れる. **8** 最後まで耐える. **9** 持ち上げる. **10** 昇進させる. **11** (*pass, refl*) 高慢になる, 自慢する 〈(in) re〉. **12** 賞賛する, ほめたたえる.
efferre *inf* ⇨ effero².
effertus -a -um, *adj* (*pp*) [effarcio] ぎっしり詰まった, いっぱいの.
efferus -a -um, *adj* [effero¹] 野蛮な; 粗暴な, 荒々しい.
efferveō -ēre, *intr* [ex-/ferveo] **1** 沸騰する, 沸き立つ. **2** 群がる.
effervēscō -ere -ferbuī [-fervī], *intr inch* [↑] **1** 沸き立つ, 沸騰する: *sidera coeperunt effervescere* (Ov) 星が燦然(さん)と輝き始めた. **2** 激怒する, 非常に興奮する.
effervī *pf* =efferbui (⇨ effervesco).
effervō -ere, *intr* =effeveo.
effētus -a -um, *adj* [ex-/fetus¹] **1** 出産で疲れた. **2** 疲れた, 衰弱した, 力のない.

efficācia -ae, *f* [efficax] 効力, 効能.
efficācitās -ātis, *f* =efficacia.
efficāciter *adv* [↓] 効果的に, 有効に.
efficax -ācis, *adj* [efficio] 有効な, 効果のある, 力強い: ~ *scientia* (Hor) 人を信服させるわざ.
efficere *inf* ⇨ efficio.
efficiens -entis, *adj (prp)* [efficio] 作用する, 効果のある.
efficienter *adv* [↑] 効果的に.
efficientia -ae, *f* [efficiens] 効果, 効力.
efficiō -cere -fēcī -fectum, *tr* [ex-/facio] **1** 産出[生産]する. **2** (総計が)…になる: *quae mensura octies efficit mille passus* (Col) その長さの8倍は1000 passus となる. **3** 作る: *efficere columnam* (Cic) 柱を建てる. **4** …を…にする〈+2個の acc〉: *efficere alqm consulem* (Cic) ある人を執政官にする / *montem arcem efficere* (Caes) 山をとりでにする. **5** もたらす, ひき起こし, なし遂げる〈alqd; ut, ne〉: *efficere magnas rerum commutationes* (Caes) 重大な局面の変化をもたらす / *lepide efficiam meum ego officium* (Plaut) 私は自分のすべきことをきちんとやっておきましょう. **6** 〖論〗証明する; 演繹する; 推論する〈alqd ex re; +acc c. inf; ut〉.
effictus -a -um, *pp* ⇨ effingo.
effigiēs -ēī, *f* [effingo] **1** 像, 肖像. **2** 象徴, 典型: ~ *et humanitatis et probitatis* (Cic) 教養と高潔のしるし. **3** そっくり, 生き写し. **4** まぼろし, 幻影; 亡霊.
effigiō -āre -āvī -ātum, °*tr* [↑] 形づくる.
effingō -ere -finxī -fictum, *tr* [ex-/fingo] **1** なでる, さする. **2** ぬぐう, ふく. **3** 形づくる: *deum imagines in species hominum effingere* (Tac) 神の像を人間の姿に似せて形づくる. **4** 表現する, 描写する. **5** 模倣する, まねる.
effinxī *pf* ⇨ effingo.
efflāgitātiō -ōnis, *f* [efflagito] 切願, しつこい要求.
efflāgitātus -ūs, *m* =efflagitatio.
efflāgitō -āre -āvī -ātum, *tr* [ex-/flagito] しつこく要求する, 切願する〈alqd ab alqo; alqm; ut, ne〉.
efflātus -a -um, *pp* ⇨ efflo.
effleō -ēre -ēvī *tr* [ex-/fleo] (目を)泣きはらす.
efflictim *adv* [effligo] 激しく: *perire* ~ (Plaut) 死ぬほど恋いこがれる.
efflictō -āre, *tr freq* [effligo] 打ち殺す.
efflictus -a -um, *pp* ⇨ effligo.
effligō -ere -flixī -flictum, *tr* [ex-/fligo] 打ち殺す, 殺す.
efflixī *pf* ⇨ effligo.
efflō -āre -āvī -ātum, *tr (intr)* [ex-/flo] 吐き出す: *animam efflare* (Nep) 死ぬ, 息を引き取る.
efflōrescō -ere -flōruī, *intr* [ex-/floresco] **1** 花が咲く, 開花する. **2** 栄える, 発展する〈ex re; ad alqd〉: *ex rerum cognitione effloresсat oratio* (Cic) 雄弁が物事を知ることから発展する.
efflōruī *pf* ⇨ effloresco.
effluō -ere -fluxī, *intr* [ex-/fluo] **1** あふれる, 流れ出る〈abs; ex re; in alqd〉. **2** すべり落ちる. **3** 消え去る. **4** (時が)過ぎ去る. **5** 忘れられる. **6** 知られる, 公になる.

effluvium -ī, *n* [↑] 流出.
effluxī *pf* ⇨ effluo.
effōcō -āre, *tr* [ex-/fauces; *cf*. suffoco] 首を締める, 押えつける.
effōdī *pf* ⇨ effodio.
effodiō -dere -fōdī -fossum, *tr* [ex-/fodio] **1** 掘り出す. **2** くりぬく, えぐり出す. **3** 掘り返す: *spoliatis effossisque domibus* (Caes) 家々を略奪し掘り返して.
effor -ārī -fātus sum, *tr (intr) dep* [ex-/for] **1** 言う, 述べる〈alqd〉. **2** (予言によって)定める, 奉献する〈alqd alci rei〉: *effari templum* (Cic) 神殿を奉献する. **3** 〖論〗命題を立てる.
effossus -a -um, *pp* ⇨ effodio.
effractārius -ī, *m* [↓] 侵入者, 押込み強盗.
effractor -ōris, *m* =effractarius.
effractus -a -um, *pp* ⇨ effringo.
effrēgī *pf* ⇨ effringo.
effrēnātē *adv* [effrenatus] 放埓に, 制御されずに.
effrēnātiō -ōnis, *f* [effreno] 性急さ, 無拘束.
effrēnātus -a -um, *adj (pp)* [↓] **1** 手綱のない. **2** 制御されていない, 放埓な: *cupiditas effrenata* (Cic) 放逸な欲望.
effrēnō -āre -āvī -ātum, *tr* [ex-/freno] (馬の)手綱を取りはずす[ゆるめる].
effrēnus -a -um, *adj* =effrenatus.
effricātus -a -um, *pp* ⇨ effrico.
effricō -āre -frixī -fricātum, *tr* [ex-/frico] こすり落とす, こすり取る; こすってきれいにする.
effringō -ere -frēgī -fractum, *tr (intr)* [ex-/frango] **1** こじあける〈alqd〉. **2** 打ち砕く, 粉砕する. **3** 突然現われる, 突発する.
effrixī *pf* ⇨ effrico.
effrons -ontis, °*adj* [ex-/frons²] 恥知らずな, あつかましい.
effūdī *pf* ⇨ effundo.
effugātiō -ōnis, °*f* [effugio] 追い出すこと.
effugere *inf* ⇨ effugio.
effūgī *pf* ⇨ effugio.
effugiō -ere -fūgī, *intr, tr* [ex-/fugio] **I** *(intr)* 逃げる, 逃走[脱走]する〈ex re〉. **II** *(tr)* のがれる, 避ける〈+acc〉: *mortem effugere* (Caes) 死を逃れる.
effugium -ī, *n* [↑] **1** 逃走. **2** 逃げ道, 逃走手段.
effugō -āre -āvī -ātum, °*tr* [ex-/fugo] 追い払う, 逃走させる.
effulgeō -ēre -fulsī, *intr* [ex-/fulgeo] **1** 輝き出る, 光り輝く. **2** 顕著である, 際立つ.
effulsī *pf* ⇨ effulgeo.
effultus -a -um, *adj* [ex-/fulcio] (ある物の上に)横たわっている, 支えられている〈re〉.
effundō -ere -fūdī -fūsum, *tr* [ex-/fundo²] **1** 注ぎ出す, こぼす: *Ganges se in Oceanum effundit* (Plin) Ganges 川は Oceanus に注ぐ / *effundere lacrimas* (Cic) 涙を流す. **2** 空(ᵑ)にする, あける. **3** (心中を)明かす, 打ち明ける. **4** 浪費する, 使い果たす. **5** 投げ倒し, 投げ捨てる. **6** 四方へ投げる: *effundere tela* (Verg) 矢玉を降り注ぐ. **7** (音・ことばなどを)発する. **8** (大量に)産出する. **9** (大量に)送り出す, 解き

放つ: *omnis sese multitudo ad cognoscendum effudit* (Caes) 群衆はみな(戦いの結果を)知りたくて殺到した. **10** ゆるめる. **11** 放つ, 発散する: *extremum spiritum effundere* (Cic) 息を引き取る, 死ぬ. **12** (感情を)ぶちまける: *effundere iram in alqm* (Liv) ある人に怒りをぶつける. **13** (*pass*, *refl*) …にふける ⟨in [ad] alqd; alci rei⟩: *effundere se in omnes libidines* (Tac) あらゆる欲情にふける.

effūsē *adv* [effusus] **1** 広範囲に: ~ *ire* (Sall) 散らばって進む. **2** 豊富に. **3** 節度なく, 放縦に.

effūsiō -ōnis, *f* [effundo] **1** 流出. **2** 殺到: *effusiones hominum ex oppidis* (Cic) 町から人々が殺到したこと. **3** 浪費. **4** 放縦, 無節制: ~ *animi in laetitia* (Cic) 喜びのあまり心が放縦になること.

effūsus -a -um, *adj* (*pp*) [effundo] **1** 広大な, 広範囲な. **2** ばらばらの, 秩序のない: *fuga effusa* (Liv) われ先に逃げ出すこと. **3** ゆるんだ, ほどけた. **4** 散漫な. **5** 放縦な, 節制のない, 過度の: *effusa licentia* (Liv) 手に負えぬほどのやりたい放題. **6** 物惜しみしない, 浪費する: ~ *in largitione* (Cic) 惜しみなくものを与える.

effūtiō -īre -futītum, *tr* [ex-/futis] しゃべる, べらべらしゃべる ⟨alqd⟩.

effutuī *pf* ⇨ effutuo.

effutuō -ere -futuī -futūtum, *tr* [ex-/futuo] **1** 道楽で消耗させる.

effutūtus -a -um, *pp* ⇨ effutuo.

ēgelidus -a -um, *adj* [ex-/gelu] **1** 微温の, なまぬるい. **2** 冷たい.

egēns -entis, *adj* (*prp*) [egeo] 乏しい, 欠乏した ⟨+*gen*⟩.

egēnus -a -um, *adj* [↓] **1** 乏しい, 欠乏した ⟨+*gen* [*abl*]⟩. **2** 貧乏な, 困窮している ⟨*abs*⟩.

egeō -ēre eguī, *intr* **1** 困窮している ⟨*abs*; +*gen* [*abl*]⟩. **2** …を欠いている, …がない ⟨+*gen* [*abl*]⟩: *egere auctoritate* (Cic) 地位がない. **3** 熱望する, 欲する ⟨+*gen* [*abl*]⟩.

Ēgeria -ae, *f* 《神話》エーゲリア《Numa Pompilius 王の相談役といわれるニンフ》.

ēgerō -ere -gessī -gestum, *tr* [ex-/gero] **1** 持ち出す, 運び去る ⟨alqd ex re⟩. **2** 吐き出す. **3** 追い払う, 追い出す: *expletur lacrimis egeriturque dolor* (Ov) 悲しみは涙によって和らげられて追い払われる. **4** 使い果たす.

ēgessī *pf* ⇨ egero.

egestās -ātis, *f* [egeo] **1** 欠乏, 不足 ⟨alcis rei⟩. **2** 困窮.

ēgestiō -ōnis, *f* [egero] **1** 取り除くこと, 除去. **2** 浪費.

egestōsus -a -um, ^c*adj* [egestas] 非常に貧しい.

ēgestus -a -um, *pp* ⇨ egero.

ēgī *pf* ⇨ ago.

ēgignō -ere, *tr* [ex-/gigno] 産む.

Egnātia -ae, *f* エグナーティア《(1) Apulia の沿岸の町. (2) 女性名》.

Egnātius -ī, *m* エグナーティウス《Samnium 出身のローマ人の氏族名; (1) *M.* ~ *Rufus*, Augustus の暗殺を企てた. (2) *L.* ~ *Rufus*, Cicero の友人》.

egō (*gen* mei, *dat* mihi, *acc*, *abl* mē, *pl nom*, *acc*, nōs, *gen* nostrum, nostrī, *dat*, *abl* nōbīs) *pron pers* (一人称) 私.

egomet *pron pers* [↑/-met] 《強意形》私自身.

ēgredī *inf* ⇨ egredior.

ēgredior -dī -gressus sum, *intr, tr dep* [ex-/gradior] **I** (*intr*) **1** 出て行く; 出てくる ⟨ex [a] re; extra alqd; in [ad] alqd⟩. **2** (部隊が)進発する, 出撃する. **3** 出帆する. **4** (船を)下りる, 上陸する. **5** 本題からそれる, 脱線する ⟨a re⟩. **6** 上る, 上昇する. **II** (*tr*) 去る; 越える: *egredi modum* (Tac) 限界を超える.

ēgregiē *adv* [egregius] **1** すばらしく, みごとに. **2** めざましく, 著しく.

ēgregium -ī, *n* [↓] 名誉; 功績; 偉業.

ēgregius -a -um, *adj* [ex-/grex] **1** すぐれた, 卓越した: ~ *in bellica laude* (Cic) 際立って武勇の誉れ高い. **2** 名誉ある.

ēgressiō -ōnis, *f* [egredior] **1** 出て行くこと. **2** 《修》脱線.

ēgressus[1] -a -um, *pp* ⇨ egredior.

ēgressus[2] -ūs, *m* **1** 出て行くこと, 出発. **2** 上陸. **3** 出口; 《特》河口. **4** 《修》脱線.

eguī *pf* ⇨ egeo.

ēgurgitō -āre, *tr* [ex-/gurges] 注ぎ出す.

ehem *int* (驚き・歓喜を表わす) おお!

ēheu *int* (悲嘆・苦悩を表わす) ああ!

eho *int* **1** (相手の注意を促す) おい, お−い! **2** (驚き・怒りを表わして) 何だって?

ei *int* = hei.

eia *int* **1** (驚き・歓喜を表わす) まあ! **2** さあさあ, いざ.

ēicere *inf* ⇨ eicio.

ēiciō -icere -jēcī -jectum, *tr* [ex-/jacio] **1** 投げ出す; 追い出す, 追い払う ⟨alqm [alqd] ex [a, de] re; alqm in [ad] alqd⟩: *eicere vocem* (Cic) 声を発する / *eicere linguam* (Cic) 舌を突き出す / *eicere alqm domo* (Plaut) ある人を家から追い出す / *se eicere* (Caes) 突進する, 出撃する / *eicere curam ex animo* (Plaut) 心から心配事を追い払う. **2** 吐き出す. **3** (船を)岸に打ちあげさせる; (*pass*) 坐礁する. **4** 退ける, はねつける: *Cynicorum ratio tota est eicienda* (Cic) 犬儒学派の説はいっさい退けられねばならない.

ējaculātiō -ōnis, ^o*f* [ejaculor] 《生理》射精.

ējaculātōrius -a -um, ^o*adj* 《生理》射精の.

ējaculor -ārī -ātus sum, *tr dep* [ex-/jaculor] 放出《噴出》する.

ējēcī *pf* ⇨ eicio.

ējectāmentum -ī, *n* [ejecto] (岸に)打ち上げられたもの, ごみ.

ējectiō -ōnis, *f* [eicio] **1** 追放. **2** 吐くこと.

ējectō -āre -āvī -ātum, *tr freq* [eicio] 噴出する, 吐き出す.

ējectum -ī, *n* [↓] 突出部.

ējectus[1] -a -um, *pp* ⇨ eicio.

ējectus[2] -ūs, *m* 放出.

ējerō -āre, *tr* = ejuro.

ējicere *inf* ⇨ ejicio.

ējiciō -ere, *tr* = eicio.

ējulātiō -ōnis, *f* [ejulo] 悲嘆, 号泣.

ējulātus -ūs, *m* = ejulatio.

ējulitō -āre, *intr freq* =ejulo.
ējulō -āre -āvī -ātum, *intr, tr* [*cf.* ei, eia] 嘆き悲しむ、声をあげて泣く.
ējuncēscō -ere, *intr* [ex-/juncus] (イグサのように)伸びる.
ējuncidus -a -um, *adj* [ex-/juncus] (イグサのように)やせた.
ējūrātiō -ōnis, *f* [ejuro] **1** 辞職. **2** 断念, 放棄.
ējūrātus -a -um, *pp* ⇨ ejuro.
ējūrō -āre -āvī -ātum, *tr* [ex-/juro] **1** 誓って拒否する. **2** 辞職する. **3** 放棄する; 関係を絶つ.
ējus *gen* ⇨ is.
ējusdemmodī *adj* (*gen*) [idem/modus] 同じ種類の, 同様な.
ējusmodī *adj* (*gen*) [is/modus] その種類の, そのような: *genus belli est ~* (Cic) 戦いの種類はこのようなものである.
ēlābī *inf* ⇨ elabor.
ēlābor -bī -lapsus sum, *intr* (*tr*) *dep* [ex-/labor¹] **1** すべり出る, すべり落ちる ⟨ex re in alqd⟩. **2** (関節が)はずれる, 脱臼する. **3** 脱する, のがれる, 免れる: *ex tot criminibus elapsus* (Cic) かくも多くの告発からのがれて. **4** 消える, なくなる. **5** (ある状態に)陥る ⟨in alqd⟩.
ēlabōrātus -a -um, *adj* (*pp*) [↓] 苦心して作り上げた, 完成した.
ēlabōrō -āre -āvī -ātum, *intr, tr* [ex-/laboro] **I** (*intr*) 骨折る, 努力する ⟨in re; ut, ne⟩. **II** (*tr*) 苦心して作り上げる, 完成する.
Elaea -ae, *f* [*Gk*] エラエア, *-*イアー ⟪Aeolis の沿岸の町⟫.
elaeosacchara -orum, *n pl* ⟦薬⟧ 油糖剤.
Elaeus¹ -a -um, *adj* =Eleus.
Elaeūs² -ūntis, *f* [*Gk*] エラエウース, *-*エライ- ⟪(1) Thracia の町. (2) Doris の町⟫.
ēlāmentābilis -is -e, *adj* [ex-/lamentabilis] 非常に悲しげな.
ēlanguēscō -ere -languī, *intr* [ex-/languesco] **1** だれる, 弱る, 衰える. **2** 停滞する.
ēlanguī *pf* ⇨ elanguesco.
ēlanguidus -a -um, °*adj* 疲労した, 弱った.
ēlapsus -a -um, *pp* ⇨ elabor.
ēlargior -īrī, *tr dep* [ex-/largior] 気前よく与える ⟨alci alqd⟩.
elasticus -a -um, °*adj* ⟦医⟧ 弾性の.
elatē¹ -ēs, *f* [*Gk*] **1** ヤシの木. **2** モミの木.
ēlātē² *adv* [elatus] **1** (文体が)高尚に, 荘重に. **2** 傲慢に.
Elatēa -ae, *f* [*Gk*] エラテーア, *-*テイア ⟪(1) Phocis の町. (2) Thessalia の町⟫.
Elatēius -a -um, *adj* Elatus の.
ēlātiō -ōnis, *f* [effero²] **1** 高めること, 高揚: *~ animi* (Cic) 精神の高揚. **2** 優越. **3**° 傲慢.
ēlātrō -āre, *tr* [ex-/latro¹] どなる, わめく.
ēlātus -a -um, *adj* (*pp*) [effero²] **1** 隆起した, 高い. **2** 誇らしげな; 思い上がった. **3** 荘重な, 高尚な.
Elatus -ī, *m* [*Gk*] エラトゥス, *-*トス ⟪(1) Zacynthus 島の山. (2) Lapithae 族の王; Caeneus の父⟫.
Elaver -eris, *n* エラウェル ⟪Gallia の川; Liger 川の支流; 現 Allier⟫.
ēlavō -āre ēlāvī ēlautum [ēlōtum], *tr* (*intr*) [ex-/lavo] 洗い流す, 洗い清める: *elavi in mari* (Plaut) 私(の船)は難破した / *elavi bonis* (Plaut) 私は一文無しになった.
Elea -ae, *f* [*Gk*] エレア(-) ⟪Lucania の町; Velia ともいう; Elea 学派哲学者の Parmenides や Zeno の生地⟫.
Eleātēs -ae, *m* Elea 人.
Eleāticus -a -um, *adj* Elea の; Elea 学派の.
elecebra -ae, *f* [elicio] 金品を巻き上げる手段[甘言].
ēlecta -ōrum, *n pl* (*pp*) [eligo] 選ばれたもの.
ēlectē *adv* [electus] えりすぐって.
ēlectilis -is -e, *adj* [eligo] えりすぐりの.
ēlectiō -ōnis, *f* [eligo] 選択: *electione fati dotā* (Sen) 運命の選択が可能ならば.
ēlectīvus -a -um, °*adj* [eligo] ⟦カト⟧ 選挙の: *electiva ecclesia* ⟦カト⟧ 選挙教会.
ēlectō¹ -āre, *tr freq* (elicio) (情報を)引き出す.
ēlectō² -āre, *tr freq* [eligo] 選ぶ.
ēlector -ōris, *m* [eligo] **1** 選挙人. **2** (神聖ローマ帝国の)選帝侯.
Ēlectōr -oris, *m* [*Gk*] 輝くもの ⟪ギリシアの詩人たちによる太陽の呼び名⟫.
Ēlectra -ae, *f* [*Gk*] エーレクトラ(-) ⟪(1) ⟦伝説⟧ Agamemnon と Clytaemnestra の娘; 弟 Orestes と力して母とその情人を殺して父のかたきを討った. (2) ⟦神話⟧ Atlas の娘で Pleiades の一人; Juppiter と交わって Dardanus を生む⟫.
ēlectrinus -a -um, °*adj* [*Gk*] 琥珀で作った.
Ēlectrius -a -um, *adj* Electra (2) の: *Electria tellus* (Val Flac) =Samothrace.
ēlectrīx -īcis, °*f* [elector] 選ぶ者 ⟪女性⟫.
electrotaxis -is, °*f* ⟦生物⟧ 走電性.
ēlectrum -ī, *n* [*Gk*] **1** 琥珀. **2** 琥珀金 ⟪金と銀の合金⟫.
ēlectuārium -ī, °*n* 舐剤(ざい).
ēlectus¹ -a -um, *adj* (*pp*) [eligo] えりすぐりの.
ēlectus² -ī, *m* **1** 選ばれた者, 精鋭. **2**° (神の)選民; キリスト教徒. **3**° ⟦カト⟧ (選ばれたが未就任の)司教.
ēlectus³ -ūs, *m* 選択.
eleēmosyna -ae, °*f* [*Gk*] 施し.
eleēmosynārius -ī, °*m* [↑] 施しをする人.
ēlegāns¹ -antis, *adj* **1** 好みのうるさい. **2** 洗練された, 優雅な, 上品な: *scriptor ~* (Cic) 洗練された文体の作家. **3** 厳正な, きちょうめんな.
ēlegāns² -antis, *m* しゃれ男; 洗練された人.
ēleganter *adv* [elegans¹] 優雅に, 上品に, 洗練されて.
ēlegantia -ae, *f* [elegans¹] **1** 好みのうるさいこと. **2** 優雅, 洗練, 上品. **3** 厳正, きちょうめん.
elegēum, -īum, -ī, *n* [*Gk*] エレゲイア体の詩.
elegī¹ -ōrum, *m pl* [*Gk*] エレゲイア体の詩.
ēlēgī² *pf* ⇨ eligo.
elegīa, -eia -ae, *f* [*Gk*] **1** エレゲイア体の詩. **2** ⟦植⟧ アシ(葦)の一種.
elegiacus -a -um, °*adj* [*Gk*] エレゲイアの.
ēlēgō¹ -āre -āvī -ātum, *tr* [ex-/lego¹] ⟦法⟧ (相続人

ēlegō² -ere, *tr* =eligo.

Elēi -ōrum, *m pl* =Elii.

Elelēides -um, *f pl* [↓] Bacchus の女信徒たち.

Eleleus -ī, *m* [*Gk*] Bacchus のあだ名の一つ《Bacchus の信徒たちの叫び声から》.

elementārius -a -um, *adj* [↓] 初歩の, 基礎の: ~ *senex* (Sen) 初歩を学んでいる老人.

elementum -ī, *n* 1 元素《古代哲学ですべての物質を構成すると考えられていた地水火風の四大の一つ》. 2 構成要素. 3 字母, アルファベット. 4 (*pl*) 基礎, 初歩. 5 始まり, 発端.

elēmosina -ae, °*f* =eleemosyna.

elenchus -ī, *m* [*Gk*] 1 真珠の耳飾り. 2 論駁.

elephans, -**ās** -ntis, *m* =elephantus.

elephantiasis -is, *f* [*Gk*] 〖病〗象皮病.

Elephantīnē -ēs, *f* [*Gk*] エレパンティーネー《上(ゕ)エジプトの Nilus 川中の島と同名の町》.

elephantus -ī, *m* [*Gk*] 1 〖動〗ゾウ(象). 2 象牙. 3 =elephantiasis.

Ēlēus -a -um, *adj* Elis の.

Eleusīn -īnis, -**sīna** -ae, *f* [*Gk*] エレウシーン, *-シース《Attica の町; Demeter (Ceres) と Persephone (Proserpina) の秘儀で有名》.

Eleusīnia -ōrum, °*n pl* [↓] エレウシーニア《Eleusin における Demeter の祭祀》.

Eleusīnius -a -um, *adj* Eleusin の.

Eleusīnus -a -um, *adj* =Eleusinius: *Eleusina mater* (Verg) =Ceres.

Eleuthéria -ōrum, *n pl* [*Gk*] エレウテリア《自由を祝う祭典; 特に Plataeae でギリシア軍がペルシア軍に勝利したことを記念する祭典》.

Eleutherocilices -um, *m pl* エレウテロキリケス《Cilicia の山岳地帯にいた部族; 「自由独立の Cilicia 人」の意》.

ēlevātiō -ōnis, *f* [↓] 1° 上げること, 高めること. 2 (荷を)軽くすること. 3 軽んずること.

ēlevō -āre -āvī -ātum, *tr* [ex-/levo²] 1 上げる, 高める. 2 軽くする. 3 軽んずる.

Ēlias -adis, *adj f* Elis の, Olympia の.

ēlicere *inf* ⇨ elicio.

ēliciō -cere -licuī -licitum, *tr* [ex-/lacio] 1 おびき出す, 誘い出す〈alqm [alqd] ex re in [ad] alqd〉: *elicere hostem ex paludibus silvisque* (Caes) 敵を沼沢や森からおびき出す / *elicere alqm ad disputandum* (Cic) ある人を議論に引き込む. 2 引き出す. 探し出す, 引き出す: *elicere sententiam alcis* (Cic) ある人の意見を聞き出す / *elicere causas praesensionum* (Cic) 予兆の原因を探り出す. 4 generating, ひき起こす: *elicere misericordiam* (Liv) 同情を誘う.

ēlicitus -a -um, *pp* ⇨ elicio.

Ēlicius -ī, *m* [elicio] Juppiter の添え名の一つ.

ēlicuī *pf* ⇨ elicio.

ēlīdō -ere -līsī -līsum, *tr* [ex-/laedo] 1 たたき出す, 押し出す, 追い出す〈alqm [alqd] e re〉. 2 打ち砕く, 粉砕する. 3 〖文〗省略する. 4° 〖法〗無効にする

ēligō -ere -lēgī -lectum, *tr* [ex-/lego²] 1 引き抜く. 2 選ぶ, 選択する.

Ēliī -ōrum, *m pl* El:s の住民.

ēlīminō -āre -āvī -ātum, *tr* [ex-/limen] (家の)外へ出す, 追い出す: *eliminare dicta foras* (Hor) 家の外で話を言い触らす.

ēlimō -āre -āvī -ātum, *tr* [ex-/limo¹] 1 やすりをかける, 磨く. 2 仕上げる.

ēlinguis -is -e, *adj* [ex-/lingua] 1 舌のない. 2 口のきけない, 無言の. 2 訥弁の.

ēlinguō -āre -āvī -ātum, *tr* [↑] 舌を抜く.

ēliquēscō -ere, *intr* [ex-/liquesco] 液状になる.

ēliquō -āre -āvī -ātum, *tr* [ex-/liquo] 漉(ˉ)す, 漉しきれいにする.

Ēlis -idis, *f* [*Gk*] エーリス《Peloponnesus 半島北西部の一地域; Olympia もここにある》.

Elīsa -ae, *f* =Elissa.

ēlīsī *pf* ⇨ elido.

ēlīsiō -ōnis, *f* [elido] 1 (涙を)絞り出すこと. 2° 〖文〗(文字・音の)省略.

Elissa -ae, *f* [*Gk*] 〖伝説〗エリッサ《Carthago の女王 Dido の別称》.

ēlīsus -a -um, *pp* ⇨ elido.

Ēlīus -a -um, *adj* =Eleus.

ēlix -icis, *m* 排水溝, 掘割.

ēlixus -a -um, *adj* 1 煮た, ゆでた. 2 びしょぬれの.

ellam *int* [en illam] ほら(そこに彼女がいるよ).

elleborum -ī, *n*, -**us** -ī, *m* =helleborum, -us.

ellīpsis -is, *f* [*Gk*] 〖文〗(語句の)省略 (=detractio).

ellīpticus -a -um, °*adj* [*Gk*] 楕円形の.

ellum *int* [en illum] ほら(そこに彼がいるよ).

ellychnium -ī, *n* [*Gk*] ランプの芯, 灯芯.

ēlocō -āre -āvī -ātum, *tr* [ex-/loco] 賃貸する.

ēlocūtiō -ōnis, *f* [eloquor] 表現法.

ēlocūtus -a -um, *pp* ⇨ eloquor.

ēlogium -ī, *n* [*Gk*] 1 短詩. 2 銘文; 墓碑銘. 3 〖法〗追加条項. 4 〖法〗判決文. 5° *elogia funebria* 〖カ〗弔辞《死者のためのミサにおける故人をしのぶ説教》.

ēlongō -āre -āvī -ātum, °*tr*, °*intr* [ex-/longus] I (*tr*) 1 遠ざける. 2 長くする. II (*intr*) 遠ざかる.

elops -opis, *m* =helops.

ēloquēns -entis, *adj* (*prp*) [eloquor] 1 ものが言える. 2 雄弁な, 能弁な.

ēloquenter *adv* [↑] 雄弁に.

ēloquentia -ae, *f* [eloquens] 雄弁, 能弁.

ēloquī *inf* ⇨ eloquor.

ēloquium -ī, *n* [↓] 1 発話, 陳述. 2 雄弁, 能弁.

ēloquor -loquī -locūtus sum, *tr* (*intr*) *dep* [ex-/loquor] 言う, 話す; 表現する, 陳述する.

Elōr- ⇨ Helor-.

Elpēnōr -oris, *m* [*Gk*] 〖伝説〗エルペーノール《Ulixes の部下の一人; Circe によって豚に変えられたが人間に戻された》.

Elpinīcē -ēs, *f* [*Gk*] エルピニーケー《Miltiades の娘で Cimon の姉妹》.

ēlūceō -ēre -luxī, *intr* [ex-/luceo] 1 輝き出る, 光り輝く. 2 際立つ, 顕著である.

ēlūcēscō -ere, °*intr inch* [↑] 輝き始める, 明るくなる; (*impers*) 夜が明ける.

ēlūcidō -āre, °*tr* [ex-/lucidus] 輝かす.
ēlūcificō -āre, *tr* [ex-/lux/facio] 光を奪う, 見えなくさせる.
ēluctābilis -is -e, *adj* [↓] 通り抜けられる.
ēluctor -ārī -ātus sum, *tr, intr dep* [ex-/luctor] 1 苦労して進む(出る). 2 やっと克服する.
ēlūcubrō -āre -āvī -ātum, *tr* [ex-/lucubro] 夜なべをして作成する.
ēlūcubror -ārī -ātus sum, *tr dep* =elucubro.
ēlūdō -ere -lūsī -lūsum, *tr (intr)* [ex-/ludo] 1 かわす, 回避する, のがれる ⟨alqm [alqd]⟩. 2 あざける, ばかにする, 愚弄する. 3 くじく, 挫折させる. 4 だます, 欺く.
ēlūgeō -ēre -luxī, *tr, intr* [ex-/lugeo] 悼む, 喪に服する.
ēluī *pf* ⇨ eluo.
ēlumbis -is -e, *adj* [ex-/lumbus] 1 股関節のはずれた. 2 〈文体が〉力のない.
ēluō -ere -luī -lūtum, *tr (intr)* [ex-/luo¹] 1 洗ってきれいにする ⟨alqd⟩. 2 洗い流す, ぬぐい去る, 取り去る. 3 〈財産を〉使い果たす.
Elusātēs -ium, *m pl* エルサーテス ⟪Aquitania の Elusa (現 Eauze) にいた一部族⟫.
ēlūsī *pf* ⇨ eludo.
ēlūsus -a -um, *pp* ⇨ eludo.
ēlūtus -a -um, *adj (pp)* [eluo] 1 水っぽい, 味のない. 2 弱い, 力のない.
ēluviēs -ēī, *f* [eluo] 1 (水の)流出. 2 洗い流すこと. 3 氾濫, 洪水. 4 峡谷, 山峡. 5 破滅, 滅亡.
ēluviō -ōnis, *f* [eluo] 洪水, 氾濫.
ēluxī *pf* ⇨ eluceo, elugeo.
Elymaeus -a -um, *adj* Elymais の. **Elymaeī** -ōrum, *m pl* Elymais の住民.
Elymais -idis, *f* [*Gk*] エリュマイス ⟪ペルシア湾頭の一地域⟫.
Ēlysium -ī, *n* [*Gk*] 《神話》エーリュシウム, *-オン ⟪英雄や善人たちが死後に住むという極楽⟫.
Ēlysius -a -um, *adj* Elysium の: *campi Elysii* (Ov) Elysium の園, 極楽 / *puella Elysia* (Mart) =Proserpina.
em¹ *pron (sg acc)* ⟪古形⟫=eum (⇨ is).
em² *int* =hem.
ēmacerō -āre -āvī -ātum, *tr* [ex-/macero] 衰弱させる, 消耗させる.
ēmacescō -ere -cuī, *intr* [ex-/macesco] やせ衰える, 衰弱する.
ēmaciātus -a -um, *pp* ⇨ emacio.
ēmaciō -āre -ātum, *tr* [ex-/macies] 1 やせ衰えさせる, 衰弱させる. 2 〈土地を〉不毛にする, やせさせる.
ēmacitās -ātis, *f* [emax] 購売欲.
ēmacrescō -ere, *intr* =emacesco.
ēmacuī *pf* ⇨ emacesco.
ēmaculō -āre -āvī -ātum, *tr* [ex-/macula] よごれを落とす, きれいにする.
ēmancipātiō -ōnis, *f* [↓] 1 《法》家父長権の解放. 2 《法》(所有権などの)譲渡.
ēmancipō, -cupō -āre -āvī -ātum, *tr* [ex-/mancipo] 1 〈息子を〉家父長権から解放する. 2 〈財産を〉譲渡する ⟨alci alqd⟩. 3 ゆだねる, 引き渡す.

ēmancō -āre -āvī -ātum, *tr* [ex-/mancus] 手足を切断する, 不具にする.
ēmaneō -ēre -mansī -mansum, *intr* [ex-/maneo] 離れている, 留守にする.
ēmānō -āre -āvī -ātum, *intr* [ex-/mano] 1 流れ出る ⟨ex re⟩. 2 生ずる, 発する ⟨de [ex] re⟩. 3 広がる, 行き渡る, 知られるようになる.
ēmarcescō -ere -marcuī, *intr* [ex-/marcesco] しおれる, 弱る, 衰える.
ēmarcuī *pf* ⇨ emarcesco.
ēmasculātiō -ōnis, °*f* [↓] 去勢(術).
ēmasculō -āre, *tr* [ex-/masculus] 去勢する.
Ēmathia -ae, *f* [*Gk*] エーマティア(ー) (1) Macedonia の一地域; Pella の西方にあった. (2) =Macedonia. (3) =Thessalia.
Ēmathis¹ -idis, *adj f* Emathia の.
Ēmathis² -idis, *f* Emathia の女 ⟪特に Macedonia の Pella の王 Pieros の娘たちの一人⟫.
Ēmathius -a -um, *adj* Emathia の (=Macedonia の; Thessalia の): *dux* ~ (Ov) =Alexander 大王.
ēmātūrescō -ere -mātūruī, *intr* [ex-/maturesco] 1 完全に熟する. 2 〈怒りが〉和らぐ.
ēmātūruī *pf* ⇨ ematuresco.
emax -ācis, *adj* [emo] 買いたがる.
embasicoetās -ae, *m* [*Gk*] 稚児; 寝酒.
emblēma -atis, *n* [*Gk*] 象眼細工; モザイク.
emboliārius -iī, *m* [embolium] ⟪碑⟫幕あい役者.
emboliformis -is -e, °*adj* ⟪病⟫塞栓状の.
embolimaeus -a -um, °*adj* [*Gk*] (閏(ジュン)として)挿入された (=intercalaris).
embolismus¹ -a -um, °*adj* [*Gk*] (閏(ジュン)として)挿入された: *annus* ~ (Isid) 閏(ジュン)年.
embolismus² -ī, °*m* 閏(ジュン)日[月]の挿入.
embolium -iī, *n* [*Gk*] 1 幕あい劇. 2 挿話.
embolum -ī, *n* [*Gk*] (軍船の)衝角.
embolus -ī, *m* [*Gk*] ピストン.
embryō -ōnis, °*n* [*Gk*] ⟪医⟫胎児. 2 ⟪植⟫胚(ハイ).
embryologia -ae, °*f* ⟪生物⟫発生学; ⟪医⟫胎生学.
embryophyta -ōrum, °*n pl* ⟪植⟫有胚植物.
ēmeditor -ārī -ātus sum, *tr dep* [ex-/meditor] 周到にたくらむ.
ēmedullō -āre -āvī -ātum, *tr* [ex-/medulla] 1 髄を取り去る. 2 °弱める.
ēmendābilis -is -e, *adj* [emendo] 修正できる.
ēmendātē *adv* [emendatus] 正確に, 申し分なく, 完璧に.
ēmendātiō -ōnis, *f* [emendo] 改善, 修正.
ēmendātor -ōris, *m* [emendo] 改善者, 修正者.
ēmendātrix -īcis, *f* [↑] 改善者, 修正者 ⟪女性⟫.
ēmendātus -a -um, *adj (pp)* [emendo] 正しい, 申し分のない, 完璧な.
ēmendīcō -āre -ātum, *tr* [ex-/mendico] 乞食をして得る.
ēmendō -āre -āvī -ātum, *tr* [ex-/menda] 1 誤りを正す, 改善する: *emendare testamentum* (Quint) 遺

言書の文言を直す. **2** (病気を)癒やす. **3** 償う, 埋め合わせをする. **4**° 罰する, 懲らしめる.

ēmēnsiō -ōnis, °*f* [emetior] (天体の)軌道運行.

ēmēnsus -a -um, *pp* ⇒ emetior.

ēmentior -īrī -mentītus sum, *tr dep* [ex-/mentior] でっちあげる, 捏造する; ふりをする, 装う〈alqd; + *acc c. inf*〉.

ēmentītus -a -um, *pp* ⇒ ementior.

ēmentus -a -um, *pp* ⇒ eminiscor.

ēmercor -ārī -ātus sum, *tr dep* [ex-/mercor] 買収する.

ēmereō -ēre -meruī -meritum, *tr* [ex-/mereo] **1** (功労によって)獲得する. **2** (任期を)完了する, つとめあげる. **3** (人の)尊敬[好意]を得る〈alqm〉.

ēmereor -ērī -meritus sum, *tr dep* =emereo.

ēmergō -ere -mersī -mersum, *intr* (*tr*) [ex-/mergo] **I** (*intr*) **1** 浮かび上がる; 現われる〈ex [de, a] re〉. **2** のがれる, 脱する. **3** 明らかになる. **II** (*tr*) 浮かび上がらせる; 出現させる.

ēmeritus -a -um, *adj* (*pp*) [emereo] つとめを終えた.

ēmersī *pf* ⇒ emergo.

ēmersus[1] -a -um, *pp* ⇒ emergo.

ēmersus[2] -ūs, *m* **1** 出現. **2** (湖から川への)流出地点.

emesis -is, °*f* [*Gk*] 【病】嘔吐.

emeticum -ī, °*n* 【薬】(催)吐薬.

ēmētior -īrī -mensus sum, *tr dep* [ex-/metior] **1** 計り分ける〈alci alqd〉. **2** 計る, 測定する. **3** (一定距離を)行く, 通り過ぎる: *emetiri unā nocte aliquantum iter* (LIV) 一晩でかなりの行程を進む. **4** (一定期間を)過ごす, 生き延びる: *quinque principes prosperā fortunā emensus est* (TAC) 彼は5人の元首の治世を幸運に恵まれて過ごした.

ēmetō -ere, *tr* [ex-/meto[2]] 刈り取る.

ēmī *pf* ⇒ emo.

ēmicō -āre -micuī -micātum, *intr* [ex-/mico] **1** 跳び出す. **2** 輝き出る; 際立つ.

ēmicuī *pf* ⇒ emico.

ēmigrātiō -ōnis, °*f* [↓] 移住.

ēmigrō -āre -āvī -ātum, *intr*, *tr* [ex-/migro] **I** (*intr*) 移住する. **II** (*tr*) 移住させる, 追い出す.

ēminātiō -ōnis, *f* [eminor] おどすこと.

ēminēns -entis, *adj* (*prp*) [emineo] **1** 突出した, 盛り上がった, そびえている. **2** 顕著な, 際立った. **3** 卓越した, すぐれた.

ēminentia -ae, *f* [↑] **1** 突出(部). **2** 卓越, 傑出.

ēmineō -ēre -minuī, *intr* [*cf.* mentum, mons] **1** 突出する. **2** 目立つ, 際立つ. **3** 卓越している, すぐれている. **4** 明らかである, はっきり見える.

ēminīscī *inf* ⇒ eminiscor.

ēminīscor -scī -mentus sum, *tr dep* 考案する, 案出する.

ēminor -ārī, *intr dep* [ex-/minor[1]] おどす.

ēminulus -a -um, *adj* [emineo] (少し)突出した.

ēminus *adv* [ex-/manus[1]] 遠くから, 遠くて.

ēmīror -ārī -ātus sum, *tr dep* [ex-/miror] 驚嘆する.

ēmīsī *pf* ⇒ emitto.

ēmissārium -ī, *n* [emitto] 流出口: ~ *Fucini lacus* (SUET) Fucinus 湖の排水溝.

ēmissārius -ī, *m* [emitto] 密使, 密偵.

ēmissīcius -a -um, *adj* [emitto] 密偵のような.

ēmissiō -ōnis, *f* [emitto] **1** 発射, 放射. **2** 解放.

ēmissus -a -um, *pp* ⇒ emitto.

ēmittō -ere -mīsī -missum, *tr* [ex-/mitto] **1** 送り出す, 派遣する. **2** 放つ, 発する; 流出させる, 放出する: *emittere hastam in fines eorum* (LIV) 彼らの領地に槍を投げ込む / *emittere vocem* (LIV) 声を出す. **3** 発行する, 出版する. **4** 解放する, 自由にする. **5** 放す, 行かせる.

emmenagōgum -ī, °*n* 【薬】通経薬.

emō -ere ēmī emptum, *tr* **1** 買う, 購入する〈alqd de [ab] alqo〉: *emere bene* (CIC) 安く買う. **2** 買収する. **3** 取り入る, 歓心を買う: *emere alqm beneficiis* (PLAUT) 親切なことをしてある人の歓心を買う. **4** 獲得する: *emere voluptatem dolore* (HOR) 苦痛を代償として快楽を得る.

ēmoderor -ārī, *tr dep* [ex-/moderor] 和らげる, 抑制する.

ēmodulor -ārī, *tr dep* [ex-/modulor] 韻律にのせる.

ēmolīmentum -ī, *n* =emolumentum.

ēmōlior -īrī -ītus sum, *tr dep* [ex-/molior] **1** なし遂げる. **2** 取り除く. **3** 持ち上げる.

ēmollīī *pf* ⇒ emollio.

ēmolliō -īre -mollī -mollītum, *tr* [ex-/mollis] **1** 柔らかにする. **2** 緩和する: *emollire mores* (OV) 性格を穏やかにする. **3** 無力にする, 弱くする.

ēmollītus -a -um, *pp* ⇒ emollio.

ēmolō -ere, *tr* [ex-/molo] (臼で)ひいて作る.

ēmolumentum -ī, *n* [↑] 利益: ~ *honoris* (PLAUT) 名誉となるもの / *alci emolumento esse* (LIV) ある人の利益になる.

ēmoneō -ēre, *tr* [ex-/moneo] 勧告する〈alqm ut〉.

ēmorī *inf* ⇒ emorior.

ēmorior -morī -mortuus sum, *intr dep* [ex-/morior] **1** 死ぬ, 死滅する. **2** 消滅する, 過ぎ去る.

ēmortuus -a -um, *pp* ⇒ emorior.

ēmōtus -a -um, *pp* ⇒ emoveo.

ēmoveō -ēre -mōvī -mōtum, *tr* [ex-/moveo] 外へ出す, 運び出す, 追い出す, 取り除く〈alqd (ex [de]) re〉.

ēmōvī *pf* ⇒ emoveo.

Empedoclēs -is, *m* [*Gk*] エンペドクレース《Agrigentum 出身の哲学者・詩人・政治家(前5世紀)》.

empetros -ī, *f* [*Gk*] 【植】=calcifraga.

emphasis -is, *f* [*Gk*] 【修】強調.

emphragma -atis, °*n* [*Gk*] 【病】閉塞.

emphysēma -atis, °*n* [*Gk*] 【病】気腫: ~ *pulmonum* 肺気腫.

emphyteusis -is [-eos], °*f* [*Gk*] 永代借地.

emphyteuta -ae, °*m* [*Gk*] 永代借地人.

emphyteuticus -a -um, °*adj* [*Gk*] 永代借地に関する.

empīricē -ēs, *f* [Gk] (医療の)経験主義.
empīricus[1] -a -um, °*adj* [Gk] 経験主義の.
empīricus[2] -ī, *m* 経験主義の医師.
empīrismus -ī, °*m* [Gk] (医療の)経験主義; 『哲』経験論.
emplastrō -āre -āvī -ātum, *tr* [↓] 芽接ぎする.
emplastrum -ī, *n* [Gk] **1** 『医』硬膏(剤). **2** 芽接ぎに用いられる樹皮.
Emporiae -ārum, *f pl* [Gk] エンポリアエ, *-アイ 《Hispania Tarraconensis の港町》.
emporītica -ae, *f* [Gk] 包装紙.
emporium -ī, *n* [Gk] 市場, 商業中心地.
emporus, -os -ī, *m* [Gk] 商人.
emptīcius -a -um, *adj* [emo] 買われた.
emptiō -ōnis, *f* [emo] 購買, 購入.
emptitō -āre -āvī -ātum, *tr freq* [emo] しばしば買う.
emptor -ōris, *m* [emo] 買い手, 購買者.
emptum -ī *n* [↓] **1** 購入. **2** 購入契約.
emptus -a -um, *pp* ⇨ emo.
empyēma -atis, °*n* [Gk] 『病』蓄膿; 膿胸.
empyesis -is, °*f* [Gk] 『病』膿疹.
empyrius -a -um, °*adj* [Gk] **1** 火の. **2** 最高天の.
ēmulgeō -ēre -mulsī -mulsum, *tr* [ex-/mulgeo] 汲み尽くす.
ēmulsī *pf* ⇨ emulgeo.
ēmulsiōnēs -um, °*f pl* [薬] 乳剤.
ēmulsus -a -um, *pp* ⇨ emulgeo.
ēmunctiō -ōnis, *f* [emungo] 鼻をかむこと.
ēmunctus -a -um, *adj* (*pp*) [emungo] 洞察力のある, 明敏な.
ēmundō -āre -āvī -ātum, *tr* [ex-/mundo] きれいにする.
ēmungō -ere -munxī -munctum, *tr* **1** 鼻をかむ. **2** だます, だまし取る 〈alqm re〉: *emungere argento alqm* (Ter.) ある人から金銭を巻き上げる.
ēmūniō -īre -mūnīvī [-iī] -mūnītum, *tr* [ex-/munio] **1** 防備を固める, 要塞化する. **2** 築く. **3** 通れるようにする.
ēmunxī *pf* ⇨ emungo.
ēmussitātus -a -um, *adj* 正確に測られた, 完璧な.
ēn *int* **1** 見よ, ほら 〈+*nom* [*acc*]〉. **2** さあ, いざ. **3** (疑問文で) ひょっとして…か: ~ *umquam aspiciam te?* (Plaut.) あゝ二度とあなたの顔を見ることはないのでしょうか.
ēnarrābilis -is -e, *adj* [enarro] 語りうる, 説明できる.
ēnarrātē *adv* [enarratus] 明示的に, 明確に.
ēnarrātiō -ōnis, *f* [enarro] **1** 説明, 解釈. **2** (詩の)韻律分析.
ēnarrātus -a -um, *pp* ⇨ enarro.
ēnarrō -āre -āvī -ātum, *tr* [ex-/narro] 詳しく述べる, 説明する 〈alci alqd〉.
enarthrōsis -is, °*f* [Gk] 『解』球窩関節.
ēnāscī *inf* ⇨ enascor.
ēnāscor -scī -nātus sum, *intr dep* [ex-/nascor] 生え出る, 生ずる.

ēnatō -āre -āvī -ātum, *intr* [ex-/nato] **1** 泳ぎ去る, 泳いで逃げる. **2** 免れる, 脱出する.
ēnātus -a -um, *pp* ⇨ enascor.
ēnāvigō -āre -āvī -ātum, *intr, tr* [ex-/navigo] **I** (*intr*) 出帆する. **II** (*tr*) 船で渡る, 航海する.
encaenia -ōrum, °*n pl* [Gk] 奉献祭.
encaeniō -āre, °*tr* 聖別する, 奉献する.
encaustica -ae, *f* [Gk] 蠟画.
encaustus -a -um, *adj* 焼付けの.
Enceladus -ī, *m* [Gk] 『神話』エンケラドゥス, *-ドス 《Juppiter に雷で殺され Aetna 山に埋められた巨人》.
encephalītis -tidis, °*f* 『病』脳炎: ~ *lethargica* 嗜眠性脳炎.
encephalon -ī, °*n* [Gk] 『解』脳.
encliticum -ī, °*n* [↓] 『文』前接語 《先行する語と結合して一語のように発音される非強勢の語》.
encliticus -a -um, °*adj* [Gk] 『文』前接の.
encōmium -ī, *n* [Gk] 賛辞.
encyclicus -a -um, °*adj* [↓] 円形の, 回る: *epistola encyclica* 〈ローマ教皇の〉回勅.
encyclios -os -on, *adj* [Gk] 全般的な: *disciplina encyclios* (Vitr.) 一般教養.
endēmia -ae, °*f* 『病』地方病, 風土病.
endo *prep* 〈古形〉 =in.
endocardium -ī, °*n* 『解』心内膜.
endodermis -is, °*f* 〈植〉内皮.
endolympha -ae, °*f* 『解』内リンパ.
endomixis -is, °*f* 〈動〉単独混合.
endoplōrō -āre, *tr* =imploro.
endosporium -ī, °*n* [Gk] **1** 〈細菌〉内生胞子. **2** 〈植〉内膜, 内壁.
endothēlium -ī, °*n* [Gk] 『解・動』内皮.
endromis -idis, *f* [Gk] (競技者たちが練習後に着用した)羊毛マント.
Endymiōn -ōnis, *m* [Gk] 『神話』エンデュミオーン 《月の女神 Luna に愛され, 永遠の眠りを授けられて女神と夜をともにしたという羊飼いの美少年》.
ēnecō -āre -necuī [-āvī] -nectum [-ātum], *tr* [ex-/neco] **1** 殺す. **2** 枯渇させる, 疲弊させる.
ēnectus -a -um, *pp* ⇨ eneco.
ēnecuī *pf* ⇨ eneco.
enema -atis, °*n* [Gk] 『医』浣腸.
energēma -atis, °*n* [Gk] (悪霊・呪いの)作用, 効力.
energīa -ae, °*f* [Gk] 力, 活力.
energūmenus -ī, °*m* [Gk] 悪魔に取りつかれた男.
ēnervātus -a -um, *adj* (*pp*) [enervo] =enervis.
ēnervis -is -e, *adj* [ex-/nervus] 力のない, 弱々しい.
ēnervō -āre -āvī -ātum, *tr* [↑] 力をそぐ, 弱める.
ēnervus -a -um, *adj* =enervis.
Enetī -ōrum, *m pl* =Veneti.
Engonasi(n) *indecl m* [Gk] (「ひざまずく者」の意) 『天』ヘルクレス座.
Enguīnus -a -um, *adj* Engyon の. **Enguīnī** -ōrum, *m pl* Engyon の住民.
Engyon -ī, *n* [Gk] エンギュオン 《Sicilia 島の町》.
ēnicō -āre, *tr* =eneco.

enim *conj* **1** なぜならば、というのも. **2** すなわち. **3** 例えば. **4** （先行する発言を保証・裏付けして）確かに、もちろん: *te uxor aiebat tua me vocare.* — *ego* ~ *vocari jussi* (PLAUT) 奥様のお話では、あっしをお呼びとか. — いかにも、呼べと言いつけたぞ.

enimvērō, enim vērō *adv* 確かに、もちろん.

Enīpeus -eī, *m* [*Gk*] エニーペウス《(1) Thessalia の Peneus 川の支流. (2) Macedonia の川》.

ēnīsus -a -um, *pp* =enixus (⇒ enitor).

ēniteō -ēre -nituī, *intr* [ex-/niteo] **1** 輝く、光を発する. **2** 際立つ、卓越している.

ēnitēscō -ere -nituī, *intr inch* [↑] **1** 輝き出す、明るくなる. **2** 際立ち始める、顕著になる.

ēnītī *inf* ⇒ enitor.

ēnītor -ī -nixus [-nīsus] sum, *intr*, *tr dep* [ex-/nitor²] **1** 脱する、切り抜ける〈per alqd〉. **2** よじのぼる〈in alqd; alqd〉. **3** 努力する、骨折る〈in re; ad alqd; ut, ne; +*inf*〉. **4** 生む、出産する〈+*acc*; *abs*〉. **5** 乗り越える〈alqd〉.

ēnituī *pf* ⇒ eniteo, enitesco.

ēnixē *adv* [↓] 一所懸命に、熱心に.

ēnixus¹ -a -um, *adj* (*pp*) [enitor] 真剣な、熱心な.

ēnixus² -ūs, *m* 出産、分娩.

Enna -ae, *f* =Henna.

Ennaeus -a -um, *adj* =Hennaeus.

Ennensis -is -e, *adj* =Hennensis.

Ennius -ī, *m* エンニウス《Calabria の Rudiae 出身のローマの叙事詩人（前 239-169）》.

Ennosigaeus -ī, *m* [*Gk*]「大地を揺るがす者」の意》Neptunus の添え名.

ēnō -āre -āvī -ātum, *intr*, *tr* [ex-/no] **I** (*intr*) **1** 泳いで出る、泳いで逃げる. **2** 逃げ去る. **II** (*tr*)（船で）渡る.

ēnōdātē *adv* [enodatus] 明確に、わかりやすく.

ēnōdātiō -ōnis, *f* [enodo] 説明、解明.

ēnōdātus -a -um, *adj* (*pp*) [enodo] 明確な、わかりやすい.

ēnōdis -is -e, *adj* [↓] **1** こぶのない. **2** 明確な、わかりやすい. **3**° しなやかな、柔軟な.

ēnōdō -āre -āvī -ātum, *tr* [ex-/nodus] **1** こぶを取り除く. **2** ほどく、ゆるめる. **3** 説明する、解明する.

ēnormis -is -e, *adj* [ex-/norma] **1** 変則の、異常な. **2** 巨大な.

ēnormitās -ātis, *f* [↑] **1** 変則. **2** 巨大さ.

ēnōtēscō -ere -nōtuī, *intr* [ex-/notesco] 知られる、公けになる.

ēnōtō -āre -āvī -ātum, *tr* [ex-/noto] 書き留める、記録する.

ēnōtuī *pf* ⇒ enotesco.

ens entis, *n* (*prp*) [sum]【哲】実在；実体.

ensiculus -ī, *m dim* [ensis] 小さな剣.

ensifer -fera -ferum, *adj* [ensis/fero] 剣を持っている.

ensiger -gera -gerum, *adj* [↓/gero] =ensifer.

ensis -is, *m* 剣.

Entella -ae, *f* [*Gk*] エンテッラ《Sicilia 島の町》.

Entellinus -a -um, *adj* Entella の. **Entellinī** -ōrum, *m pl* Entella の住民.

enterocēlē -ēs, °*f*【病】腸瘤.

enteron -ī, °*n* [*Gk*]【解・動】消化管.

entheātus -a -um, *adj* [entheus] 霊感を受けた.

enthēca -ae, °*f* [*Gk*] **1**（金銭の）蓄え. **2** 倉庫. **3**【法】従物、財産に付属する権利.

entheus -a -um, *adj* [*Gk*] **1** 霊感を受けた. **2** 霊感を与える.

enthȳmēma -atis, *n* [*Gk*] **1** 内省、思索. **2**【論】省略三段論法.

ēnūbō -ere -nupsī -nuptum, *intr* [ex-/nubo]（女が身分の違う男に）嫁する、結婚する.

ēnucleātē *adv* [↓] 明確に、率直に.

ēnucleātus -a -um, *adj* (*pp*) [↓] 明確な、卒直な、純粋な: *genus dicendi enucleatum* (CIC) 明確な語り口 / *suffragia enucleata* (CIC)（買収によらない）純正な投票.

ēnucleō -āre -āvī -ātum, *tr* [ex-/nucleus] **1** 種を取り除く. **2** 説明する、詳述する.

ēnūdō -āre -āvī -ātum, °*tr* [ex-/nudo] 裸にする、奪う.

ēnumerātiō -ōnis, *f* [↓] **1** 数え上げること、列挙. **2**【論】消去法. **3**【修】要約.

ēnumerō -āre -āvī -ātum, *tr* [ex-/numero¹] **1** 算出する、計算する；支払う. **2** 数え上げる、列挙する. **3** 要約する.

ēnunquam, ēnumquam *adv* [en/umquam] いつか、かつて.

ēnuntiātiō -ōnis, *f* [enuntio] 言明、提案.

ēnuntiātum -ī, *n* (*pp*) [↓]【論】主張、命題.

ēnuntiō, -ciō -āre -āvī -ātum, *tr* [ex-/nuntio] **1** 言明する、表現する. **2** 公表する、（秘密の）明かす. **3** 主張する. **4**【文】発音する.

ēnupsī *pf* ⇒ enubo.

ēnuptiō -ōnis, *f* [enubo] 嫁ぐこと: ~ *gentis* (LIV) 他の氏族に嫁ぐこと.

ēnuptus -a -um, *pp* ⇒ enubo.

ēnūtriō -īre -īvī [-iī] -ītum, *tr* [ex-/nutrio] 育てる、養育する.

Enȳō -ūs, *f* [*Gk*] **1**【神話】エニューオー《ギリシア神話の戦いの女神；ローマ神話の Bellona に当たる》. **2** 戦争.

eō¹ *adv* (*abl*) [is] **1** そこへ〈+*gen*〉: *se* ~ *conferre* (SUET) そこへ行く / ~ *loci* (CIC) その場所[立場・状況]に. **2** そこ[その程度]まで〈+*gen*; *ut*〉: *res* ~ *est deducta ut nulla spes sit* (CIC) 状況は何の希望もないところまで進んでいる / ~ *scientiae progredi* (QUINT) 充分な知識を身につける. **3** (*usque* ~ *dum* [*donec*] として) その時まで: *usque* ~ *timui donec ad reiciendos judices venimus* (CIC) 私はいかがわしい判事どもを追い払ってしまうまでは心配だった. **4** それゆえに、そのために: *frater es;* ~ *vereor* (CIC) 君はぼくの兄弟だ、だからぼくはためらうのだ. **5** ますます、いっそう〈+*comp*〉: *quanto altius elatus erat,* ~ *foedius corruit* (LIV) 高く昇りつめていた分だけ、いっそうみじめに彼は没落した.

eō² īre iī [īvī] itum, *intr* **1** 行く、来る〈*abs*; ab alqo; a [ex, de] re ad alqm; ad [in] alqd など；+ *sup*; +*inf*〉: *cubitum* ~ (CIC) 寝に行く. **2** 歩いて行く；進む、旅行する、航行する、飛んで行く: *ad hostem ire* (LIV) 敵に向かって突進する / *in sententiam ire* (LIV)（元老院の投票で）ある意見[動議]

に賛成票を投じる. **3** 突き進む, 取りかかる ⟨in alqd; +sup⟩. **4** (ある状態に)陥る, (…に)なる ⟨in alqd⟩: *in rixam ire* (Quint) けんか騒ぎになる. **5** (事態・状況が)経過する, 進行する: *incipit res melius ire* (Cic) 事態の成り行きはますますよくなり始めている. **6** 過ぎ去る: *eunt anni more fluentis aquae* (Ov) 歳月は流れる水のように過ぎて行く.

eōdem *adv* (*abl*) [idem] **1** 同じ場所へ: ~ *convenire* (Liv) 一箇所に集まる. **2** 同じ方向[目的]へ: ~ *pertinet quod causam ejus probo* (Cic) 私が彼の主張に賛成するのも同じ目的のためだ. **3** (loci とともに) 同じ場所で: *res ~ est loci quo reliquisti* (Cic) 事態は君がここを去ったときのままだ.

eopse *sg abl* 〈古形〉 =ipso (⇒ ipse).

Ēōs *f* (*nom* のみ) [*Gk*] **1** 《神話》エーオース《ギリシア神話のあけぼのの女神; ローマ神話の Aurora に当たる》. **2** 東方.

Ēōus¹ -a -um, *adj* [↑] **1** あけぼのの. **2** 東方の.

Ēōus² -ī, *m* **1** 明けの明星. **2** 東方の住民.

epagōgē -ēs, *f* [*Gk*] 《論》帰納(法) (=inductio).

Epamīnōndās -ae, *m* [*Gk*] エパミーノーンダース, *エパメイ- 《Thebae の将軍・政治家; Leuctra (前 371) と Mantinea (前 362) において Sparta 軍を破ったが, 後者の戦いで没した》.

epanadiplōsis -is, °*f* [*Gk*] 《修》同一語の反復.

epanaphora -ae, °*f* [*Gk*] 《修》首句反復《同一語を複数の節または句の冒頭で反復すること》.

epanodus -ī, °*f* [*Gk*] 《修》倒置復說《前の語句を順序を逆にして繰り返すこと》.

epanorthōsis -is, °*f* [*Gk*] 《修》換語《ある語(句)をすくで後でより適当な語(句)に言い直すこと》.

Epaphus -ī, *m* [*Gk*] 《伝説》エパプス, *-ポス《Juppiter と Io の息子; Memphis 市の創建者》.

ēpāscō -ere -pāvī -pāstum, *tr* [ex-/pasco] 食べ尽くす.

epencephalon -ī, °*n* [*Gk*] 《動・解》上脳.

ependyma -atis, °*n* [*Gk*] 《解》脳室の上衣.

Epēus -ī, *m* [*Gk*] 《伝説》エペーウス, *エペイオス《Troja の木馬の建造者》.

ephēbēum -ī, *n* [*Gk*] (palaestra の中の)青年用体育場.

ephēbia -ae, °*f* [*Gk*] **1** 思春期. **2** =ephebeum.

ephēbus -ī, *m* [*Gk*] (ギリシアの)青年; (Athenae の法律で)18-20 歳の青年市民.

ephedra -ae, *f* [*Gk*] **1**《植》トクサ. **2**°《植》マオウ(麻黄).

ephedrīnum -ī, °*n* [*薬*] エフェドリン《麻黄からつくられるぜんそくの特効薬》.

ephēmeris -idis, *f* [*Gk*] **1** 日誌, 日記. **2** 曆.

Ephesius -a -um, *adj* Ephesus の. **Ephesiī** -ōrum, *m pl* Ephesus の住民.

Ephesus, -os -ī, *m* [*Gk*] エペスス, *-ソス, "エペソ《小アジア西部の Ionia の都市; 古代世界七不思議の一つの Diana の神殿があった》.

Ephialtēs -ae, *m* [*Gk*] 《伝説》エピアルテース《Aloeus の息子で Otos の兄弟; 天上界を襲おうとして Apollo に殺された》.

ephippiārius -ī, *m* [ephippium] 《碑》鞍職人[商人].

ephippiātus -a -um, *adj* [↓] 鞍を付けた.

ephippium -ī, *n* [*Gk*] **1** 鞍, 鞍敷. **2**°《動》卵殻膜.

ephod *indecl* °*n* [*Heb.*] エフデ《古代のユダヤ教大祭司が着た法衣》.

ephorus -ī, *m* [*Gk*] (Sparta の) 五人監督官の一人.

Ephorus -ī, *m* [*Gk*] エポルス, *-ロス《Aeolis の Cyme 出身の歴史家 (前 405 頃-330); Isocrates の弟子》.

Ephyra -ae, **-rē** -ēs, *f* [*Gk*] エピュラ《(1) Corinthus の古名. (2)《神話》海のニンフ》.

Ephyraeus, -rēus, -rēius -a -um, *adj* Ephyra (=Corinthus) の.

epibata -ae, *f* [*Gk*] 水兵.

epicardium -ī, °*n* [*解*] 心外膜.

epicēdion -ī, *n* [*Gk*] 葬送歌.

Epicharmīus -a -um, *adj* Epicharmus の.

Epicharmus -ī, *m* [*Gk*] エピカルムス, *-モス《Sicilia 島の Pythagoras 学派哲学者・喜劇作家 (前 530?-440)》.

epichīrēma -atis, *n* [*Gk*] 《論》三段論法の一種.

epichysis -is, *f* [*Gk*] (ぶどう酒をつぐ)細首の瓶.

epicī -ōrum, *m pl* [epicus] 叙事詩人.

Epiclērus -ī, *f* [*Gk*] (「跡取りの一人娘」の意) Menander の喜劇の題名.

epicoenus -a -um, *adj* [*Gk*] 《文》通性の: *nomina epicoena* (Quint) 両性通用名詞.

epicondylus -ī, °*m* [*Gk*] 《解》上顆(ﾂ).

epicōpus -a -um, *adj* [*Gk*] オールの付いた.

epicrānium -ī, °*n* 《解》頭外被.

Epicratēs -is, *m* [*Gk*] (「勝利者」の意) Pompeius のあだ名.

epicrocum -ī, *n* [*Gk*] (女性用の)薄い外衣.

Epictētus -ī, *m* [*Gk*] エピクテートゥス, *-トス《Phrygia の Hierapolis 出身のストア派哲学者 (1 世紀末頃活躍)》.

Epicūrēus¹ -a -um, *adj* Epicurus の.

Epicūrēus² -ī, *m* Epicurus 学派哲学者.

Epicūrus -ī, *m* [*Gk*] エピクールス, *-ロス《Samos 島生まれのギリシアの哲学者; エピクロス学派の祖 (前 341-270)》.

epicus -a -um, *adj* [*Gk*] 叙事詩の.

epicyclus -ī, °*m* [*Gk*] 《天》周転円.

Epidamnus, -os -ī, *m* [*Gk*] エピダムヌス, *-ノス《Dyrrhachium の古名》.

Epidaphna, -ēs -ae, *f* [*Gk*] エピダプナ, *-ネース《Syria の首都 Antiochia 近くの町》.

Epidaurius¹ -a -um, *adj* Epidaurus の.

Epidaurius² -ī, *m* **1** =Aesculapius. **2** (*pl*) Epidaurus の住民.

Epidaurus -ī, *f* [*Gk*] エピダウルス, *-ロス《Argolis の町; Aesculapius の神殿があった》.

epidēmia -ae, °*f* [*Gk*] 《病》流行病.

epidermis -idis, °*f* [*Gk*] 《解・動・植》表皮.

epidicticus -a -um, *adj* [*Gk*] 《修》華美な, 誇張的な.

epididymis -idis, °*f* [*Gk*] 《解》副睾丸, 精巣上体.

epidīpnis -idis [-idos], *f* [*Gk*] (食事の最後に出る)デザート.
epidromus -ī, *m* [*Gk*] 網の開閉に使われる狩り網上端のひも.
epigastrium -ī, °*n* [*Gk*] 〖解〗上腹部.
epigenesis -is, °*f* 1 〖地〗後生. 2 〖生物〗後成(説).
epiglottis -is, °*f* [*Gk*] 〖解〗喉頭蓋.
Epigonī -ōrum, *m pl* [*Gk*] 〖伝説〗エピゴニー, *-ノイ 《Adrastus を総帥として Thebae を攻めた七将の息子たち；同名の Aeschylus の悲劇を Accius がラテン語に訳した》.
epigramma -atis, *n* [*Gk*] 1 碑文；墓碑銘. 2 短詩, エピグラム.
epigrammation -ī, *n* [*Gk*] 短いエピグラム.
epilepsia -ae, *f* [*Gk*] 〖病〗癲癇.
epilepticus -ī, *m* [*Gk*] 癲癇患者.
epilogus -ī, *m* [*Gk*] (演説の結び, 締めくくり (= peroratio).
epimēnia -ōrum, *n pl* [*Gk*] 1 か月分の食糧(の割当て)(=menstrua).
Epimenidēs -is, *m* [*Gk*] エピメニデース 《Creta 島生まれの詩人で予言者；57年間眠り続けたといわれる (前7(?)世紀)》.
Epimētheus -ī, *m* [*Gk*] 〖神話〗エピメーテウス 《Iapetus の息子で Prometheus の兄弟；Pandora の夫》.
Epimēthis -idis, *f* [*Gk*] 〖神話〗Epimetheus の娘 (=Pyrrha).
epinīcium, -ion -ī, *n* [*Gk*] 祝勝歌.
Epiphanēa, -ia -ae, *f* [*Gk*] エピパネーア, *-ネイア 《Cilicia の町》.
epiphanīa -ae, *f* [*Gk*] 〖キ教〗(神の)顕現.
epipharynx -ncis, °*m* 〖解・動〗上咽頭.
epiphora -ae, *f* [*Gk*] 〖病〗(目などの)炎症.
epiphysis -is, °*f* [*Gk*] 〖解〗骨端.
epiploon -ī, °*n* [*Gk*] 〖解〗大網.
epipodium -ī, °*n* [*Gk*] 〖動〗(腹足類の)上足.
epiraedium -ī, *n* [*raeda*] (馬車の)引き綱；馬車.
Ēpīrensis -is -e, *adj* =Epiroticus.
Ēpīrōtēs -ae, *m* [*Gk*] Epirus の住民.
Ēpīrōticus -a -um, *adj* [*Gk*] Epirus の.
Ēpīrus, -os -ī, *f* [*Gk*] エーピールス, *エーペイロス 《ギリシア北西部の一地域》.
episcaenus, -scēnus, -os -ī, *f* [*Gk*] 〖建〗舞台上部の建造物.
episcepsis -is, *f* [*Gk*] 〖碑〗視察, 監督.
episclērālis -is -e, °*adj* 〖解〗上強膜の.
episcopālis -is -e, *adj* [episcopus] 司教の.
episcopātus -ūs, °*m* [episcopus] 1 司教職. 2 司教団.
episcopium -ī, °*n* [*Gk*] 司教区.
episcopus -ī, °*m* [*Gk*] 1 監督者, 管理人. 2 〖カト〗司教.
epistasis -is, °*f* [*Gk*] 〖生物〗(遺伝子の)上位(性).
epistatēs, -a -ae, *m* [*Gk*] 監督者.
epistaxis -is, °*f* [*Gk*] 〖病〗鼻出血.
episternum -ī, °*n* [*Gk*] 〖解〗胸骨柄.
epistola -ae, *f* =epistula.

epistolium -ī, *n dim* [*Gk*] 短信.
epistrophē -ēs, °*f* [*Gk*] 〖修〗結句反復.
epistropheus -ī, °*m* [*Gk*] 〖解〗軸椎, 第二頸椎.
epistula -ae, *f* [*Gk*] 手紙, 書簡.
epistulāris, epistol- -is -e, *adj* [↑] 手紙の.
epistȳlium, -on -ī, *n* [*Gk*] 〖建〗台輪.
epitaphium -ī, *n* [*Gk*] 墓碑銘.
epitaphius -ī, *m* [*Gk*] 弔辞.
epitasis -is, °*f* [*Gk*] 〖劇〗(喜劇の導入部に続く)展開部.
epithalamium -ī, *n* [*Gk*] 祝婚歌.
epithalamus -ī, °*m* 〖解〗視床上部.
epithēca -ae, *f* [*Gk*] 上乗せ, 付け足し.
epithēlium -ī, °*n* 〖解・動〗上皮.
epithema -atis, *n* [*Gk*] 〖医〗パップ, 湿布.
epitheton -ī, *n* [*Gk*] 〖文〗形容詞, 形容語.
epitoma -ae, **-mē** -ēs, *f* [*Gk*] 摘要, 要約.
epitonium, -on -ī, *n* [*Gk*] (送水管の)栓.
epitrapezios -os -on, *adj* [*Gk*] テーブルの上に置かれた.
Epitrepontes -um, *m pl* [*Gk*] (「仲裁人の決定にゆだねる人々」の意) Menander の喜劇の題名.
epitritos -os -on, *adj* [*Gk*] 1 4：3の. 2 (*m sg*) 〖詩〗三長一短格.
epitympanicus -a -um, °*adj* 〖解〗鼓室上の.
epitȳrum -ī, *n* [*Gk*] 油と酢に漬けたオリーブ(チーズと食した).
epiūrus -ī, °*m* [*Gk*] 杭, 木釘.
epizeuxis -is, °*f* [*Gk*] 〖修〗畳語法.
epochē -ēs, *f* [*Gk*] 〖哲〗判断中止.
epodes -um, *m pl* 〖動〗海魚の一種.
epōdos, -us -ī, *m* [*Gk*] 1 (elegia 以外の)二行詩の短い方の詩行. 2 Horatius の Epodi の大半のように, iambus trimeter と iambus dimeter が交互に繰り返される抒情[諷刺]詩；長短の詩行が交互する詩 (elegia を除く).
Epona -ae, *f* 〖神話〗エポナ(馬とラバの守護女神).
epōophoron -ī, °*n* 〖解〗卵巣上体.
epops -opis, *m* [*Gk*] 〖鳥〗ヤツガシラ.
Eporedia -ae, *f* エポレディア(Gallia Cisalpina の町；現 Ivrea).
eporediae -ārum, *m pl* [*Gall.*] 馬を巧みに飼いならす人々.
epos (*sg nom, acc* のみ), *n* [*Gk*] 叙事詩.
ēpōtō -āre -pōtāvī -pōtum, *tr* [ex-/poto] 1 飲み尽くす, 飲みほす. 2 吸い尽くす, すっかり吸収する.
epulae -ārum, *f pl* 1 料理. 2 ごちそう；宴会. 3 〖キ教〗聖餐(式).
epulāris -is -e, *adj* [↑] 宴会の.
epulātiō -ōnis, *f* [epulor] 宴会.
epulō -ōnis, *m* [epulum] 1 宴会の列席者；飲み騒ぐ者. 2 (*sg*) *triumvir* [*septemvir*] ~, (*pl*) *tresviri* [*septemviri*] *epulones*: (供犠の)祭司(団) 《Juppiter などに奉納する公的な祝宴をつかさどる祭司(団)；最初は3人, のち7人》.
epulor -ārī -ātus sum, *intr, tr dep* [epulae] ごちそうを食べる, 宴を張る, 宴に列する.
epulum -ī *n* 宴会, 祝宴.
Ēpytidēs -ae, *m* 〖伝説〗- Epytus (1) の息子 (=Ae-

neas の息子 Julus の守役 Periphas).
Ēpytus -ī, *m* 《伝説》エーピュトゥス《(1) Anchises の近習のTroja 人. (2) Alba Longa の王》.
equa -ae, *f* [equus] 雌馬.
eques equitis, *m* [equus] **1** 騎手. **2** 騎兵. **3** 騎士身分のローマ市民.
equester -tris -tre, *adj* [↑] **1** 騎手の. **2** 騎兵の. **3** 騎士の: ordo ~ (Cic) 騎士身分[階級].
equidem *adv* [quidem] **1** (1 *sg* の動詞とともに用いて) 私としては, 私に関する限り. **2** 本当に, まったく. **3** (譲歩的に) なるほど, 確かに: dixi ~ sed ... (Plaut) 確かに私は言いましたよ, ですが....
equīle -is, *n* [equus] 馬小屋.
equiliolus -ī, *m dim* [eculeus]《碑》小馬.
equīmentum -ī, *n* [equio] (種馬の)種付け料.
equīnus -a -um, *adj* [equus] 馬の.
equiō -īre, *intr* [equus] (雌馬が)さかりがついている.
Equirria, Ecurria -ōrum, *n pl* エクゥイッリア《軍神 Mars に奉納される競馬; 2月27日と5月14日に催された》.
equīsō -ōnis, *m* [equus] 馬番, 馬丁.
equitābilis -is -e, *adj* [equito] 乗馬に適した.
equitātiō -ōnis, *f* [equito] 乗馬.
equitātus[1] -ūs, *m* [equito] **1** 乗馬. **2** 騎兵隊. **3** 騎士身分[階級]. **4** (馬が)疾駆すること.
equitātus[2] -a -um, *adj* [eques]《碑》(cohors が) 騎兵隊に伴われた.
equitātus[3] -ūs, *m* [equio] さかりがついていること.
equitiārius -ī, °*m* [↓] 馬丁.
equitium -ī, *n* [equus] (集合的に) 飼育場の馬.
equitō -āre -āvī -ātum, *intr, tr* [eques] **1** 馬に乗って行く; 疾駆する. **2**° 馬で渡る[越える・通過する].
equola, equula -ae, *f dim* [equa] 雌の子馬.
equuleus -ī, *m* =eculeus.
equulus -ī, *m dim* [↓] 子馬.
equus -ī, *m* **1** 馬: equo (Caes) 馬に乗って / ~ Trojanus (Verg) トロイの木馬. **2** 騎兵: equis viris(-que) (Cic) 騎兵と歩兵で (=総力をあげて). **3** (*pl*) equi (Verg) 戦車. **4** ~ ligneus (Plaut) 船. **5** ~ fluviatilis (Plin) 河馬. **6**《天》ペガスス座.
Equus Tūticus -ī -ī, *m* エクゥウス トゥーティクス (Samnium 南部にあった Hirpini 族の町).
era -ae, *f* [erus] 女主人, (一家の)主婦.
ērādīcitus *adv* =exradicitus.
ērādīcō -āre -āvī -ātum, *tr* [ex-/radix] 根こぎにする; 根絶する.
ērādō -ere -rāsī -rāsum, *tr* [ex-/rado] **1** 掻(か)っ取る, こすり落とす. **2** 根絶する, 絶滅させる: eradere elementa cupidinis pravi (Hor) ゆがんだ欲望の素を根絶する.
Erana -ae, *f* [Gk] エラナ (Cilicia の町).
eranus -ī, *m* [Gk]《ギリシア諸都市における》一種の共済組合.
ērāsī *pf* ⇨ erado.
Erasīnus -ī, *m* [Gk] エラシーヌス, *-ノス*《Argolis の川; 現 Kephalari》.
erastēs -ae, *m* [Gk] 恋人.
ērāsus -a -um, *pp* ⇨ erado.
Eratō (用例は *nom* のみ) *f* [Gk]《神話》エラトー《Musae の一人; 抒情詩と恋愛詩をつかさどる》.

Eratosthenēs -is, *m* [Gk] エラトステネース《Cyrene 生まれの地理学者・詩人・哲学者 (前 276?-194); Alexandria の図書館長》.
erc- ⇨ herc-.
Erebēus -a -um, *adj* [↓] 冥界の.
Erebus -ī, *m* [Gk]《神話》**1** エレブス, *-ボス*《冥界の神》. **2** 冥界.
Erechtheus[1] -ī, *m* [Gk]《伝説》エレクテウス《Athenae の王》.
Erechtheus[2] -a -um, *adj* Erechtheus の; Athenae の.
Erechthīdae -ārum, *m pl* Erechtheus の子孫 (=Athenae 人).
Erechthis -idis, *f* Erechtheus の娘 (=Orithyia または Procris).
ērēctiō -ōnis, *f* [erigo] **1** まっすぐ立てること. **2**° 高慢. **3**°《生理》勃起.
ērēctus -a -um, *adj* (*pp*) [erigo] **1** 直立した. **2** 気高い, 高潔な. **3** 高慢な. **4** 気を張りつめた, 油断のない: plebs expectatione erecta (Liv) 期待ではちきれんばかりの平民. **5** 意気軒昂(けんこう)たる, 断固とした: alacri animo et erecto (Cic) 勇猛かつ断固たる決意で.
ērēmigō -āre -āvī -ātum, *tr* [ex-/remigo] こいで渡る, 船で渡る.
erēmīta -ae, °*m* [Gk] 隠者, 世捨て人.
erēmus[1] -a -um, °*adj* [Gk] 荒れはてた.
erēmus[2] -ī, °*m* 荒野.
ērēpō -ere -repsī -reptum, *intr, tr* [ex-/repo] **1** はい出る. **2** よじのぼる, はいのぼる.
ērepsī *pf* ⇨ erepo.
ēreptiō -ōnis, *f* [eripio] 強奪.
ēreptor -ōris, *m* [eripio] 強奪者, 強盗.
ēreptus -a -um, *pp* ⇨ eripio, erepo.
ērēs -ēdis, *m* =heres.
Eretria -ae, *f* [Gk] エレトリア(-)《Euboea 島の主要な町; 哲学者 Menedemus の生地》.
Eretriacī -ōrum, *m pl* =Eretrici.
Eretricus -a -um, *adj* Eretria の. **Eretricī** -ōrum, *m pl* Menedemus 学派の哲学者たち.
Eretriēnsis -is -e, *adj* =Eretricus. **Eretriēnsēs** -ium, *m pl* Eretria の住民.
Eretrius -a -um, *adj* =Eretricus.
Ērētum -ī, *n* [Gk] エーレートゥム《Latium にあった Sabini 族の町》.
ērexī *pf* ⇨ erigo.
ergā *prep* (+*acc*) [*cf.* ergo] **1** (空間的) ...の向かい側に, ...に面して. **2** (ある人)に対して: oratio ~ me honorifica (Cic) 私を賞讃する演説 / odium ~ regem (Nep) 王への憎しみ. **3** ...に関して, ...について: fama ~ dominantium exitūs (Tac) 支配者たちの最期に関する噂.
ergastulum -ī, *n* [Gk] **1** (鎖につながれた奴隷たちが働かされる)収監所. **2** (*pl*) (収監所の)奴隷たち.
ergō *prep, conj* **I** (*prep*) (*gen* の後に置かれる) ...のゆえ[ために]に: virtutis ~ (Cic) 勇敢な行為のために. **II** (*conj*) 従って, 故に, だから: quod mutatur, dissolvitur, interit ~ (Lucr) 変化を受けるものは分解する, 従って亡びる. **2** (疑問文で) その場合には, それでは:

quid ~ faciam? (Cic) それでは私はどうしたらいいのだ. **3** (命令文で) それなら: *desinite ~ de compositione loqui* (Caes) それなら和қの話はやめてくれ. **4** (本題に立ち返って) すなわち, もう一度言うと: *tres ~, ut dixi, viae* (Cic) つまり 3 本, さっきも言ったように, 道があるのだ.

Erichthonius[1] -ī, *m* [*Gk*] 《伝説》エリクトニウス, *-オス 《(1) Volcanus の息子; Athenae の王. (2) Dardanus の息子で Tros の父; Troja の王》.

Erichthonius[2] -a -um, *adj* **1** Athenae の. **2** Troja の.

ēricius -ī, *m* **1** 《動》 ハリネズミ. **2** 《軍》 逆茂木(さかもぎ).

Ēridanus -ī, *m* [*Gk*] **1** エーリダヌス, *-ノス 《Padus (現 Po) 川のギリシア名》. **2** 《天》エリダヌス座.

erifuga -ae, *m* [erus/fugio] 逃亡奴隷.

ērigerōn -ontis [-ontos], *m* [*Gk*] 《植》ノボロギク.

ērigō -ere -rexī -rectum, *tr* [ex-/rego] **1** 高める, 持ち上げる. **2** 立てる, 起こす: *malum erigere* (Cic) 帆柱を立てる / *aures erigere* (Cic) 聞き耳を立てる. **3** (軍勢を高所に) 登らせる. **4** 建設[建造]する, 築く. **5** (人や動物を) 立ち上がらせる, まっすぐに立たせる. **6** 元気づける, 鼓舞する, (*refl, pass*) 元気づく.

Ērigonē -ēs, *f* [*Gk*] 《伝説》エリゴネー 《Athenae 人 Icarius の娘; 父が殺されたのを悲しんで縊死したが, のちに乙女座 (Virgo) となった》.

Ērigonēius -a -um, *adj* Erigone の: *canis ~* (Ov) =Sirius.

Erigōnus -ī, *m* [*Gk*] エリゴーヌス, *-ゴーン 《Macedonia の川》.

erīlis -is -e, *adj* [erus] 主人の.

Ērillus -ī, *m* =Herillus.

ērīnāceus -ī, *m* =herinaceus.

Erindēs (*acc* -ēn), *m* エリンデース 《Media と Hyrcania の間の川》.

Ērinna -ae, **-nē** -ēs, *f* [*Gk*] エーリンナ 《Lesbos 島の女流詩人 (前 4 世紀)》.

Erīnys -yos, *f* (*pl* Erīnyes) [*Gk*] 《神話》エリーニュス 《ギリシア神話の復讐の女神たち (Erinyes) の一人; ローマ神話の Furia (⇒ *pl* Furiae) に当たる》.

ēripere *inf* ⇒ eripio.

Eriphȳla -ae, **-lē** -ēs, *f* [*Gk*] 《伝説》エリピューラ, *-レー 《Amphiaraus の妻; 息子 Alcmaeon に殺された》.

ēripiō -pere -ripuī -reptum, *tr* [ex-/rapio] **1** 引きはがす, 引きちぎる〈alqm [alqd] (ex [a, de]) re; alqd + *dat*〉. **2** 奪い取る, ひったくる〈alci alqd; alqd ab alqo〉. **3** 取り除く: *alci dolorem* [*errorem*] *eripere* (Cic) ある人から苦痛[過失]を取り除く. **4** 命を奪う, 殺す. **5** 救う, 解放する〈alqm (ex [a]) re; alqm + *dat*〉: *eripe te morae* (Hor) あなたを引き留めるからご自分を解放してください(=早くここへ来てください).

ēripuī *pf* ⇒ eripio.

Eris -idos, *f* [*Gk*] 《神話》エリス 《ギリシア神話の不和の女神; ローマ神話の Discordia に当たる》.

erītūdō -dinis, *f* [erus] **1**° (家長の) 支配 (権). **2** 隷従.

ērōdō -ere -rōsī -rōsum, *tr* [ex-/rodo] **1** かじる, かみ切る. **2** むしばむ; 侵食する.

ērogātiō -ōnis, *f* [erogo] **1** 支出, 出費. **2** *aquarum ~* (Frontin) (貯水池からの) 給水. **3**° (法律の) 廃止.

ērogitō -āre, *tr freq* [↓] 熱心に[しきりに]たずねる.

ērogō -āre -āvī -ātum, *tr* [ex-/rogo] **1** (公金を) 支出する, 支払う: *erogare pecunias ex aerario* (Cic) 国庫から支出する. **2** (私的な用途に) 金を遣う: *grandem pecuniam in alqm erogare* (Tac) (遺言で) 大金をある人に遺贈する. **3** 給水する. **4** (嘆願して人を) 動かす. **5**° 滅ぼす, 殺す.

Erōs -ōtis, *m* [*Gk*] エロース 《(1) 《神話》ギリシア神話の恋愛の神で, ローマ神話の Amor, Cupido に当たる. (2) Cicero 時代の俳優. (3) ローマ人の多くの (解放) 奴隷の名》.

ērōsī *pf* ⇒ erodo.

ērōsiō -ōnis, *f* [erodo] むしばむこと.

ērōsus -a -um, *pp* ⇒ erodo.

erōticus -a -um, *adj* [*Gk*] 恋愛の.

errābundus -a -um, *adj* [erro] さまよう, 放浪する.

errāneus -a -um, °*adj* [erro[1]] 誤った, 間違った.

errāticus -a -um, *adj* [erro[1]] **1** さまよう, 放浪する: *stella erratica* (Varr) 惑星. **2** (植物が) 野生の.

errātiō -ōnis, *f* [erro[1]] **1** 放浪, さまようこと. **2** 誤り, 間違い.

errātor -ōris, *m* [erro[1]] 放浪者.

errātum -ī, *n* (*pp*) [erro[1]] **1** (思考・行動の) 誤り, 失敗. **2** (道徳的な) 過ち.

errātus -ūs, *m* [↓] 放浪, さまようこと.

errō[1] -āre -āvī -ātum, *intr* (*tr*) **1** 放浪する, さまよう: *stellae errantes* (Cic) =*sidera errantia* (Plin) 惑星. **2** (心が) くらつく, 揺らぐ, ためらう. **3** 誤る, 間違う 〈in re〉: *errare viā* (Verg) 道に迷う.

errō[2] -ōnis, *m* [↑] なまけ者; (主人の目を盗んで) ずる休みしている奴隷.

errōneus -a -um, *adj* [↑] **1** さまよう. **2**° 誤った.

error -ōris, *m* [erro[1]] **1** さまようこと, 放浪. **2** (川などの) 曲折. **3** 動揺, 不安 〈alcis rei〉. **4** 誤り, 間違い.

ērubēscō -ere -rubuī, *intr, tr* [ex-/rubesco] **1** 赤くなる; 赤面する, 恥じる 〈(in) re; + *inf*〉. **2** 敬意を払う, 尊重する.

ērubuī *pf* ⇒ erubesco.

ērūca -ae, *f* **1** 《植》フユガラシ 《アブラナ科; ぴりっと舌を刺す成分を含む; 催淫薬として用いられた》. **2** イモムシ, ケムシ (=uruca).

ēructātiō -ōnis, *f* [↓] 噴出.

ēructō -āre -āvī -ātum, *tr freq* [erugo[2]] **1** 吐き出す, 噴出する. **2** 放つ.

ērūderō -āre -āvī -ātum, *tr* [ex-/rudus[2]] **1** 瓦礫 [がらくた] を取り除く. **2** 砕石を敷いて舗装する.

ērudiō -īre -īvī [-iī] -ītum, *tr* [ex-/rudis[2]] **1** 教える 〈alqm (in [de]) re; alqm (ad) alqd] alqd; + (*acc c.*) *inf*〉: *principium filios liberalibus artibus erudire* (Tac) 首長の息子たちに教養を身につけさせる. **2** 知らせる, 情報を与える: *tuae litterae me erudiunt de omni re publica* (Cic) 君の手紙はぼくに国政全般のことを教えてくれる. **3** 訓練する (技術) を改善する.

ērudītē *adv* [eruditus] 博学に, 学殖豊かに.

ērudītiō -ōnis, *f* [erudio] **1** 教授, 教育. **2** 学識, 学問.

ērudītulus -a -um, *adj dim* [↓] いささか学問のある, 半可通の.

ērudītus -a -um, *adj* (*pp*) [erudio] **1** 教育[教養]のある, 学識のある. **2** 洗練された.

ērūgō¹ -āre -āvī -ātum, *tr* [ex-/rugo] しわを伸ばす.

ērūgō² -ere -ructum, *tr* [*cf*. Gk ἐρεύγομαι] 吐き出す: *vinum eructum* (GELL) いたんだぶどう酒.

ēruī *pf* ⇨ eruo.

ērumpō -ere -rūpī -ruptum, *tr*, *intr* [ex-/rumpo] **I** (*tr*) **1** 突き破る <alqd>. **2** 飛び出させる. **3** (感情を)ぶちまける, 吐露する <alqd in alqm>: *iram in hostes erumpere* (LIV) 敵に怒りをぶちまける. **II** (*intr*) **1** 飛び出す; 噴出する <ex re; ad [in] alqd>. **2** 〖軍〗出撃する: *ex castris erumpere* (CAES) 陣営から出撃する. **3** 不意に現われる; 突発する. **4** 突然…に突き進む: *in omne genus crudelitatis erumpere* (SUET) 突然あらゆる種類の迫害を始める.

ēruncō -āre -āvī -ātum, *tr* [ex-/runco] (雑草を)根こぎにする.

ēruō -ere -ruī -rutum, *tr* [ex-/ruo] **1** (苦労して)取り除く; 引き抜く. **2** 掘り出す[返す], かき乱す. **3** 捜し出す, 明るみに出す: *tormentis veritas eruenda* (APUL) 拷問にかけて真相を突きとめねばならない. **4** (徹底的に)破壊する.

ērūpī *pf* ⇨ erumpo.

ēruptiō -ōnis, *f* [erumpo] **1** 爆発, 噴出. **2** 出撃, 突撃. **3** 発芽. **4** 発疹.

ēruptus -a -um, *pp* ⇨ erumpo.

erus -ī, *m* **1** 家長, 主人. **2** (神々について)支配者. **3** 所有者.

ērutus -a -um, *pp* ⇨ eruo.

ervum -ī, *n* 〖植〗カラスノエンドウなどのソラマメ属の植物.

Erycīna -ae, *f* Eryx の女神 (=Venus).

Erycīnus -a -um, *adj* Eryx の.

Erycus -ī, *m* =Eryx.

Erymanthēus -a -um, *adj* Erymanthus の.

Erymanthias -ados, *adj f* =Erymanthius.

Erymanthis -idos, *adj f* =Erymanthius: ~ *ursa* (OV) =Callisto《死後, 大熊座になった》.

Erymanthius -a -um, *adj* Erymanthus の.

Erymanthus -ī, *m* [*Gk*] エリュマントゥス, *-トス 《(1) Arcadia の山; Hercules に退治された狂暴なイノシシがいた. (2) (1) から出て Alpheus 川に注ぐ川》.

Erysichthōn -ōnis, *m* [*Gk*] 〖伝説〗エリュシクトーン《Thessalia の王; Ceres の聖林の巨木を切り倒したため, とめどない飢餓感に責めさいなまれた》.

erysipelas -atis, *n* [*Gk*] 〖病〗丹毒.

Erythēa, -thīa -ae, *f* [*Gk*] 〖神話〗エリュテーア, *-テイア《三頭三身の怪物 Geryon が住んでいた西の果ての島; Hispania の Gades (現 Cadiz) 湾にあったとされる》.

Erythēis -idis, *adj f* Erythea の.

erythēma -atis, °*n* [*Gk*] 〖病〗紅斑.

erythīnus -ī, *m* [*Gk*] 〖魚〗ヒメジの類.

Erythrae -ārum, *f pl* [*Gk*] エリュトラエ, *-ライ《(1) Boeotia の町. (2) Ionia の港町; Ionia 12 市の一つ. (3) Locris の Corinthus 湾に臨む港町》.

Erythraea -ae, *f* [↓] (*sc*. terra) Erythrae (2) の地域.

Erythraeus -a -um, *adj* **1** Erythrae (2) の. *mare Erythrum* の: *lapilli Erythraei* (MART) ペルシア湾でとれた真珠 / *dens* ~ (MART) インド象の牙.

Erythrās -ae, **Erythrus**¹ -ī, *m* エリュトラース《Arabia または Persia の伝説的な王》.

Erythrus² -a -um, *adj* Erythras の: *mare Erythrum* (PLIN) 紅海とアラビア海を合わせた広大な海域 (=mare Rubrum) とそこに隣接する陸地.

Eryx -ycis, *m* [*Gk*] エリュクス《(1) Sicilia 島西端の山と町; Venus 神殿で有名. (2) 〖伝説〗(1) の創建者とされる Sicilia 王; Butes と Venus の息子で Aeneas の異父兄弟; Hercules との拳闘で殺された》.

es 2 *sg ind* & *impr pr* ⇨ sum, edo¹.

esca -ae, *f* [edo¹] **1** 食物, 食料. **2** (おびき寄せる)餌.

escāria -ōrum, *n pl* [↓] 食器.

escārius -a -um, *adj* [esca] 食物の, 食用の.

escendī *pf* ⇨ escendo.

escendō -ere -scendī -scensum, *intr*, *tr* [ex-/scando] **I** (*intr*) 上がる, 登る <in alqd>: *escendere in currum* (PLAUT) 馬車に乗る / *in rostra escendere* (CIC) 登壇する. **II** (*tr*) 登る, 乗る <alqd>.

escensiō -ōnis, *f* [↑] (敵地に)上陸すること.

escensus¹ -a -um, *pp* ⇨ escendo.

escensus² -ūs, *m* よじ登ること.

escit 3 *sg ind fut* 〖古形〗=erit (⇨ sum).

esculenta -ōrum, *n pl* [↓] 食物; 料理.

esculentus -a -um, *adj* [esca] 食べられる, 食用に適した.

esculētum -ī, *n* =aesculetum.

esculus -ī, *f* =aesculus.

escunt 3 *pl ind fut* 〖古形〗=erunt (⇨ sum).

eserīnum -ī, °*n* 〖薬〗エセリン.

ēsitō -āre -āvī -ātum, *tr freq* [edo¹] (…を)常食にする, がつがつ食う.

esox -ocis, *m* [*Gk*] 〖魚〗カワカマスの類.

Esquiliae -ārum, *f pl* エスクウィリアエ《ローマ市の七丘の一つ》.

Esquiliārius -a -um, *adj* =Esquilinus.

Esquilīnus -a -um, *adj* Esquiliae の.

Esquilius -a -um, *adj* =Esquilinus.

esse *inf pr* ⇨ sum, edo¹.

essedārius -ī, *m* [↓] **1** 戦車に乗り組んで戦う兵士. **2** 戦車剣闘士.

essedum -ī, *n*, **-da** -ae, *f* **1** 戦車. **2** 旅行用馬車.

essem 1 *sg subj impf* ⇨ sum, edo¹.

essentia -ae, *f* [esse] 〖哲〗本質.

essentiālis -is -e, °*adj* [↑] 本質の.

essentiāliter °*adv* [↑] 本質的に.

est 3 *sg ind pr* ⇨ sum, edo¹.

este 2 *pl impr pr* ⇨ sum, edo¹.

estō, 3, 2 *sg impr fut* ⇨ sum, edo¹.

estōte 2 *pl impr fut* ⇨ sum, edo¹.

Esubii -ōrum, *m pl* エスビイー《Gallia の一部族》.

ēsuriālis -is -e, *adj* [esurio] 飢えの，空腹の: *feriae esuriales* (PLAUT)「腹ペコ祭り」《喜劇の造語》.

ēsuriēs -ēī, °*f* [↓] 飢え, 空腹.

ēsuriō[1] -īre -ītum, *intr, tr desid* [edo[1]] **1** 飢えている，空腹である． **2** 渇望[熱望]する 〈alqd〉.

ēsuriō[2] -ōnis, *m* [↑] 飢えた人《喜劇の造語》.

ēsurītiō -ōnis, *f* [esurio[1]] 飢え，空腹．

ēsus[1] -a -um, *pp* ⇒ edo[1].

ēsus[2] -ūs, *m* 食べること: *quae esui et potui sunt* (GELL) 食用と飲用に供されるもの．

et *conj, adv* **I** (*conj*) **1** …と[そして]…: *pauper ~ dives* (PETR) 貧乏人と金持ち． **2** (補足的に) そして[さらに]…も: *perii, ~ tu periisti* (PLAUT) 私もうだめだわ，あなたも． **3** そしてまったく，しかも: *id, ~ facile effici posse* (NEP) それは，しかも容易に，実行できる． **4** (物語で) そしてそれから: *dixit, ~ avertens ...* (VERG) (女神はこう) 言った，それから背を向けて…． **5** (逆説的に) しかし同時に，とはいえ: *libet ~ metuo* (PLAUT) そりゃいいと思うよ，でも心配だな． **6** (命令のあとに来て) そうすれば: *impinge lapidem, ~ dignum accipies praemium* (PHAEDR) 石つぶてを当ててごらん，そうすりゃ立派なほうびがもらえるよ． **7** あるいは: *innumerabilibus caesis ~ captis hostium milibus* (VELL) 何千何万の敵が殺され，あるいは捕虜とされて． **8** (三段論法で小前提を導いて) ところで，しかるに (cf. atqui). **9** (aeque, aliter, idem, pariter などと用いて) …と (同様に[異なって]): *germanus pariter corpore ~ animo* (TER) 身も心も兄弟 / *solet aliud sentire ~ loqui* (CAEL) 彼はいつも思っていることと話すことが別だ． **10** *et ... et, et ...-que* [*atque*], *-que et* ... …も…も: *~ mari ~ terrā* (NEP) 海でも陸でも． **11** *et ... neque* [*nec*] … …ばかりか，…でもない: *~ ipse speravit nec ego dubitavi* (CIC) 彼自身が望んだばかりか，私も疑わなかった． **12** *neque* [*nec*] ... *et* ... …でないばかりか，同時に…: *nec miror ~ gaudeo* (CIC) 私は驚いていないばかりか，喜んでいる． **13** *simul et* …するやいなや: *omne animal simul ~ ortum est, id agit, se ut conservet* (CIC) すべての生き物は生まれるやいなや，自己保存に努める． **II** (*adv*) **1** …もまた，同様に: *sunt ~ parenti dona* (VERG) 父にも贈り物がある． **2** *non solum* [*modo, tantum*] *... sed et ...* …ばかりでなく…もまた: *non meae tantum necessitudines, sed ~ tuae* (TAC) 私の親類ばかりでなく，あなたの(親類)も． **3** たとえ…でも: *timeo Danaos ~ dona ferentes* (VERG) たとえ贈り物をたずさえていても私はギリシア人が恐ろしい． **4** *et ... quidem?* (皮肉めかして) 本当に?: *jam huc adveniet miles. ~ ~ miles quidem?* (PLAUT) 今にも兵士がここに来る．——えっ，兵士が本当に?

etaeriō -ōnis, °*f* 《植》 イチゴ状果.

etenim *conj* [et/enim] (前言を強めて，あるいは説明を加えて) そして実際，というのは: *mitto cetera intolerabilia; ~ fletu impedior* (CIC) 他の耐えがたいことは言わずにおく．というのは (言えば) 涙に阻まれるからだ．

Eteoclēs -is [-eos], *m* [Gk] 《伝説》エテオクレース《Oedipus と Iocasta の息子; 弟 Polynices と Thebae の王位を争い，一騎討ちして共に倒れた》.

etēsiae -ārum, *m pl* [Gk] (地中海東部で毎夏約40日間吹く) 北西の季節風.

ēthica -ae, -**cē** -ēs, *f* [Gk] 倫理学.

ēthicōs *adv* [Gk] (ある人の)性格にふさわしく．

ēthicus -a -um, *adj* [Gk] **1** 倫理[道徳]的な． **2** 性格を表わす．

ethmoīdālis -is -e, °*adj* 《解》篩骨(しこつ)の．

ethnicus[1] -a -um, °*adj* [Gk] 異教徒の．

ethnicus[2] -ī, °*m* 異教徒．

ēthologia -ae, *f* [Gk] 性格描写．

ēthologus -ī, *m* [Gk] 物まね師, 道化役者．

etiam *adv* [et/jam] **1** (時間的に) まだ，依然として: *cum iste ~ cubaret* (CIC) 彼がまだ寝ているときに / (否定辞と) *nondum ~ scio* (TER) まだ分からない． **2** もう一度，再び: *~ atque ~ vale* (CIC) くれぐれもお元気で． **3** さらに，そのうえ: *unum ~ vos oro* (TER) あと一つお願いがあります / (comp と) *dic ~ clarius* (CIC) もうちょっと大きい声で言ってくれたまえ． **4** *non solum* [*modo*] *... sed* [*verum*] *etiam* …ばかりでなく…もまた: *non solum vires sed ~ tela nostris deficiunt* (CAES) わが方の兵には戦意ばかりか武器も足りない． **5** …さえ，さえも: *illum ~ lauri fleverunt* (VERG) 彼を悼んで月桂樹でさえ涙を流した． **6** (迅速な行動を求める疑問文で) どうぞ，お願いだから: *~ vigilas? pater aderit jam hic meus* (PLAUT) おい，目を覚ましてくれよ，親父が今にもここへ来るんだ． **7** (問いに対する肯定の答えとして) そのとおり，もちろん: *numquid vis? — ~ ; ut actutum advenias* (PLAUT) 何か望みはあるかね? — ええ，早く帰ってきてくださいな / *aut '~', aut 'non' respondere* (CIC) イエスかノーかで答える．

etiamdum, etiam dum *adv* (否定文または実質的否定文で) まだ…(ない), すでに…(ない): *neque ~ scit pater* (TER) 父はまだ知らない．

etiamnum, etiam num, -nunc *adv* **1** 今でもなお，今まで: *~ mulier intus est?* (PLAUT) 女はまだ家の中かい? **2** その時でもなお，その時まで． **3** さらに，そのうえ．

etiamsī, etiam sī *conj* たとえ…であっても．

etiamtum, etiam tum, -tunc *adv* その時でさえ，その時まで．

Etrūria -ae, *f* エトルーリア《イタリア半島の Appenninus 山脈の西側で Latium の北の地方，現 Toscana》.

Etruscus -a -um, *adj* Etruria (人)の． **Etruscī** -ōrum, *m pl* Etruria 人．

etsī, et sī *conj* **1** たとえ…であっても: (+*ind*) *mane, ~ properas* (PLAUT) 待ってくれ，急いでいるにせよ / (+*subj*) *ubi ~ adjectum aliquid numero sit, magna certe caedes fuit* (LIV) そこにはいささか数の誇張があるかもしれないが，莫大な数の戦死者がでたことは確かだ / (動詞が省略されて) *~ magno aestu fatigati tamen imperio paruerunt* (CAES) ひどい暑さで弱っていたが(兵士たちは) 命令に従った． **2** (前文を修正・限定して) とはいえ，もっとも: *ego non omnibus servio. ~ quae est haec servitus?* (CIC) 私は万人に隷従しているわけではない．とはいえ，この隷従とは何か．

etymologia -ae, *f* [Gk] 語源(学).

etymologicē -ēs, *f* [Gk] =etymologia.

etymologicus -a -um, *adj* [Gk] 語源(学)の．

etymologus -ī, *m* [Gk] 語源学者．

etymon, -mum -ī, *n* [Gk] 語の由来, 語源．

eu *int* [Gk] **1** うまいぞ，でかした． **2** (edepol, her-

Euadne — Eurypylis

cle, ecastor と用いて)おやおや、やれやれ.

Euadnē -ēs, f [Gk] 〘伝説〙エウアドネー〘Capaneus の妻;夫の火葬のとき、自らもその火に飛び込んで死んだ〙.

Euān int, m =Euhan.

Euander, -drus -drī, m [Gk] 〘伝説〙エウアンデル、*-アンドロス〘Mercurius の子で Arcadia の英雄;イタリアへ移り、ローマの Palatinus 丘に Pallanteum を創建した〙.

Euandrius -a -um, adj Euander の.

euans -antis, adj =euhans.

euax int (歓喜の叫び) 万歳、よくやった.

Euboea -ae, f [Gk] エウボエア、*-ボイア〘エーゲ海西部にあるギリシアの島; Creta 島について 2 番目に大きい; 現 Évvoia〙.

Euboicus -a -um, adj Euboea 島の.

Eubūleus -ī, m [Gk] (「よい助言者」の意) Dioscoroe の一人のあだ名.

eucharistia -ae, °f [Gk] 1 感謝の祈り. 2 〘カト〙聖体;聖別されたパンとぶどう酒.

Eucharisticon -ī, n [Gk] 〘「感謝の祈り」〙(Statius が Domitianus 帝に献呈した頌詩(ﾞ)の題).

Euclīdēs -is, m [Gk] エウクリーデース、*-クレイ〘(1) Megara 出身の哲学者で; Socrates の弟子で Megara 学派の創始者(前 400 頃).(2) Alexandria の数学者(前 300 頃);ユークリッド幾何学を確立した〙.

Eudaemōn -ōnis, adj [Gk] 〘「幸福な」の意〙 Arabia 南部の添え名〘Arabia Felix とも呼ばれた〙.

Euēninus -a -um, adj Euenus 川のほとりに住む.

Euēnus, -os -ī, m [Gk] 〘伝説〙エウエーヌス、*-ノス〘Aetolia の王;娘 Marpessa を亡くした悲しさに Lycormas 川に身を投じた;この川はのち Euenus と呼ばれた〙.

euge, eugae int うまい! でかした!

eugepae int =euge.

Euhān int, m [Gk] エウハーン〘Bacchus の信徒たちの叫び声; Bacchus の呼称の一つ〙.

euhans -antis, adj (Bacchus の信徒たちが) euhan と叫んでいる.

Euhēmerus -ī, m [Gk] エウヘーメルス、*-ロス〘ギリシアの哲学者(前 300 頃);神話の史実的解釈を提唱した〙.

Euhias -adis, f [Gk] Bacchus の女信徒.

Euhius -ī, m [Gk] Bacchus の呼称の一つ.

euhoe int =euoe.

Eui- ⇨ Euhi-.

Eumaeus -ī, m [Gk] 〘伝説〙エウマエウス、*-マイオス〘Ulixes の忠実な豚飼い〙.

Eumēlus -ī, m [Gk] 〘伝説〙エウメールス、*-ロス〘(1) Admetus と Alcestis の息子; Troja 戦争に従軍した.(2) Patrae の王.(3) Troja 人; Aeneas の伝令〙.

Eumenēs -is, m [Gk] エウメネース〘Alexander 大王の将軍;王の死後 Cappadocia の総督〙.

Eumenides -um, f pl [Gk] 〘「親切な者たち」の意〙復讐の女神 Furiae の婉曲的呼称.

Eumolpidae -ārum, m pl Eumolpus の子孫〘代々 Eleusin の秘教の神官職をつとめた〙.

Eumolpus -ī, m [Gk] エウモルプス、*-ポス〘Eleusin の秘教の創始者〙.

euntis prp sg gen ⇨ eo².

eunūchus -ī, m [Gk] 宦官.

euoe int [Gk] Bacchus の信徒たちの叫び声.

euphōnia -ae, °f [↓] 快い音調.

euphōnus -a -um, adj [Gk] 響きのよい.

euphorbēa -ae, f [Gk] 〘植〙トウダイグサの類.

Euphorbus -ī, m [Gk] 〘伝説〙エウポルブス、*-ボス〘Troja 人; Apollo の神官 Panthus の息子; Pythagoras は自らを彼の生まれ変わりと称した〙.

Euphoriōn -ōnis, m [Gk] エウポリオーン〘Chalcis 出身の詩人(前 3 世紀); Antiochia の図書館長〙.

Euphrātēs -is, m [Gk] エウプラーテース、ʺユーフラテス〘Tigris 川と合流してペルシア湾に注ぐ大河〙.

Eupolis -idis, m [Gk] エウポリス〘Attica 古喜劇詩人(前 5 世紀後半)〙.

eurīnus -ī, m [eurus] 東風.

Eurīpidēs -is, m [Gk] エウリーピデース〘Attica 三大悲劇詩人の一人(前 480?-?406)〙.

Eurīpidēus -a -um, adj Euripides の.

eurīpus -ī, m [Gk] 1 海峡、(特に) Boeotia と Euboea 島の間の海峡. 2 濠(ﾞ)、水道、運河.

euroaquilō -ōnis, °m [eurus/aquilo] 北東風.

euroauster -trī, °m [eurus/auster] =euronotus.

euronotus -ī, m [eurus/Notus] 南東風.

Eurōpa -ae, -ē -ēs, f [Gk] 1 〘神話〙エウローパ、*-ペー〘Tyrus の王 Agenor の娘で Cadmus の妹; Juppiter は牝牛に身を変じ、彼女をその背に乗せて Creta 島へ連れて行った〙. 2 ヨーロッパ大陸.

Eurōpaeus -a -um, adj 1 Europa の. 2 ヨーロッパ大陸の.

Eurōtās -ae, m [Gk] エウロータース〘Laconia の川;そのほとりに Sparta があった〙.

eurōus -a -um, adj [↓] 東の.

eurus -ī, m [eurus] 1 南東風. 2 東風. 3 東. 4 (一般に)風.

Euryalē -ēs, f [Gk] 〘神話〙エウリュアレー〘(1) Minos の娘で Orion の母. (2) Gorgones の一人〙.

Euryalus -ī, m [Gk] 〘伝説〙エウリュアルス、*-ロス〘Aeneas の部下の美少年; Nisus の親友〙.

Eurybiadēs -is, m [Gk] エウリュビアデース〘Sparta 人;ペルシア戦争中、Artemisium と Salamis の両海戦でギリシア艦隊を指揮した(前 480)〙.

Euryclēa, -īa -ae, f [Gk] 〘伝説〙エウリュクレーア、*-レイア〘Ulixes の乳母〙.

Eurydamās -antis, m [Gk] (「広く治める者」の意) Hector の添え名.

Eurydicē -ēs, f [Gk] 〘伝説〙エウリュディケー〘Orpheus の妻〙.

Eurymedōn -ontis, m [Gk] エウリュメドーン〘(1) Pamphylia の川. (2) Peloponnesus 戦争時の Athenae の将軍〙.

Eurymidēs -ae, m Eurymus の息子(=Telemus).

Eurymus -ī, m [Gk] 〘伝説〙エウリュムス、*-モス〘Telemus の父で予言者〙.

Eurynomē -ēs, f [Gk] 〘神話〙エウリュノメー〘Oceanus と Tethys の娘〙.

Eurypylis -idis, adj f [↓] Cos 島の.

Eurypylus -ī, *m* [*Gk*]《伝説》エウリュピュルス, *-ロ ス《(1) Thessalia の Euaemon の息子；軍勢を率いて Troja 戦争に加わった．(2) Cos 島の王；Hercules に 殺された)．

Eurysthenēs -is, *m* [*Gk*]《伝説》エウリュステネース 《Aristodemus の息子；双生の兄弟 Procles とともに Sparta の王)．

Eurystheus -ī, *m* [*Gk*]《伝説》エウリュステウス (Sthenelus の息子；Mycenae の王；Hercules に 12 の難業を課した)．

Eurytiōn -ōnis, *m* [*Gk*] エウリュティオーン《(1)《神話》Centaurus 族の一人；Lapithae 族の王 Pirithous の婚礼の宴で, 酔って花嫁 Hippodame を犯そ うとして両族が戦う原因をつくった．(2)《伝説》Troja 人；Pandarus の兄弟；Aeneas の同志)．

Eurytis -idis, *f* 〔伝説〕Eurytus の娘 (=Iole)．

Eurytus -ī, *m* [*Gk*]《伝説》エウリュトゥス, *-トス (Euboea 島の Oechalia の王；Iole の父)．

euschēmē *adv* [*Gk*] 似つかわしく, みごとに．

eusporangiātae -ārum, °*f pl* 〔植〕真嚢シダ類．

eusporangium -ī, °*n* 〔植〕真嚢胞子嚢．

Euterpē -ēs, *f* [*Gk*]《神話》エウテルペー《Musae の 一人；音楽をつかさどる)．

euthygrammos -os -on, *adj* [*Gk*] 直線の；直 角の．

eutocia -ae, °*f* [*Gk*]《医》正常分娩, 安産．

Eutrapelus -ī, *m* [*Gk*] (「機知に富む者」の意) ローマの騎士 P. Volumnius の添え名．

Eutychidēs -ae, *m* [*Gk*] エウテュキデース《Atticus の解放奴隷)．

Euxīnus[1] -a -um, *adj* [*Gk*] (「手厚くもてなす」の 意) Pontus ~ (Cic) 黒海．

Euxīnus[2] -ī, *m* (*sc.* Pontus) 黒海．

Ēva -ae, °*f* [*Heb.*]《聖》エーワァ,「エバ,「イブ《Adamus の妻；神が創造した最初の女)．

ēvacuātiō -ōnis, °*f* [↓] **1** 排泄(はいせつ)．**2** 放棄． **3** 低下, 衰退．

ēvacuō -āre -āvī -ātum, *tr* [ex-/vacuo] **1** (容器 を)空(から)にする；(胃腸に)下剤をかける．**2**° 捨てる, やめ る．**3**° 無効にする, 取り消す．

Ēvadnē -ēs, *f* =Euadne．

ēvādō -ere -vāsī -vāsum, *intr, tr* [ex-/vado] **I** (*intr*) 出る, 出て行く <ex re; in alqd>. **2** (よじ)のぼ る <in [ad] alqd>. **3** 脱する, のがれる <ab alqo; (ex) re; alci rei>. **4** (…に)及ぶ, 達する； (…に)終わる：*vereor Sextus quo evadat* (Cic) Sextus (=Pompeius) がどういう行動に出るか心配だ．**5** (述語を伴っ て)(結局…と)なる：*quos judicabat non posse oratores evadere* (Cic) 彼が弁論家になれる見込みはないと判 断した者たちを．**II** (*tr*) **1** 通過する．**2** よじのぼる． **3** 脱する, のがれる <alqd>.

ēvagātiō -ōnis, *f* [evagor] 逸脱, さまようこと．

ēvāgīnō -āre -āvī -ātum, *tr* [ex-/vagina] (剣を) さやから抜く．

ēvagor -ārī -ātus sum, *intr, tr dep* [ex-/vagor[1]] **I** (*intr*) **1** さまよう, 放浪する．**2**《軍》(部隊が)展開 する．**3** (本題から)それる, 脱線する．**II** (*tr*) 踏み越 える：*evagari ordinem rectum* (Hor) 正道を踏み外す．

ēvalescō -ere -valuī, *intr* [ex-/valesco] **1** 強く なる, 増大する, 成長する：*multa secutura adusque bellum evalescent* (Tac) 引き続き起こる多くのできごと は戦争にまで発展するだろう．**2** 優勢になる．**3** (*pf* で) …できる, …する能力がある (+*inf*): *non medicari cuspidis ictum evaluit* (Verg) 彼は槍傷を直せなかっ た．

ēvalidus -a -um, *adj* [ex-/validus] 非常に強い．

ēvallō -āre -āvī, *tr* [ex-/vallum[1]] 追い出す．

ēvaluī *pf* ⇨ evalesco．

Ēvān *int* =Euhan．

Ēvander, -drus -drī, *m* =Euander．

ēvānēscō -ere -vānuī, *intr* [ex-/vanesco] **1** 消 え去る．**2** 力を失う, 無効になる．

ēvangelicus -a -um, °*adj* [*Gk*] 福音(書)の．

ēvangelista -ae, °*m* [*Gk*] 福音書記者；福音伝 道者．

ēvangelium -ī, °*n* [*Gk*] 福音；福音書．

ēvangelizō -āre -āvī -ātum, °*intr, tr* [*Gk*] 福 音を説く, 伝道する．

ēvānidus -a -um, *adj* [evanesco] 消えていく, 弱 くなる．

ēvans -antis, *adj* =euhans．

ēvānuī *pf* ⇨ evanesco．

ēvapōrātiō -ōnis, *f* [↓] 蒸発, 消散．

ēvapōrō -āre -āvī -ātum, *tr* [ex-/vaporo] 蒸発さ せる, 消散させる．

ēvāsī *pf* ⇨ evado．

ēvāsiō -ōnis, °*f* [evado] 出て行くこと, 脱出．

ēvastō -āre -āvī -ātum, *tr* [ex-/vasto] 破壊しつく す, 荒廃させる．

ēvāsus -a -um, *pp* ⇨ evado．

ēvectiō -ōnis, *f* [eveho] **1** 上昇, 飛行．**2** 宿駅 の利用許可証．

ēvectus[1] -a -um, *pp* ⇨ eveho．

ēvectus[2] -ūs, *m* 運び出すこと, 運搬．

ēvehō -ere -vexī -vectum, *tr* [ex-/veho] **1** 運び 出す[去る]；輸出する．**2** (*pass*) (乗り物で)移動する, 乗って行く：*evehi equites jubet* (Liv) 彼は騎兵隊に出 動を命ずる．**3** (*pass*) 通過する, 越える <+*acc*>: *fama evecta insulas* (Tac) 島々を越え(て広がっ)た評判．**4** 持ち上げる, 高める．

ēvelli *pf* ⇨ evello．

ēvellō -ere -velli [-vulsī] -vulsum [-volsum], *tr* [ex-/vello] **1** 引き抜く, 引きちぎる <alqd ex re; alci alqd>. **2** 消し去る, 根絶する：*nec radicitus evelli mala posse putandum est* (Lucr) 悪の根絶は不可能 と考えねばならぬ．

ēvēnī *pf* ⇨ evenio．

ēveniō -īre -vēnī -ventum, *intr* [ex-/venio] **1** 出る, 現われる．**2** 起こる, 生じる <ut>: *multa eo anno prodigia evenerunt* (Tac) その年には多くの異象 が起きた / *hoc evenit ut mors obrepat* (Plaut) 死が忍 び寄るということである．**3** (bene, feliciter, prospere などと用いて) …の結果になる：*ea res legioni feliciter eveniet* (Caes) そのことが軍団に幸いするだろう．**4** (く じで)割り当てられる, 当たる：*ipsi provincia Numidia evenerat* (Sall) 属州 Numidia (の総督職)は彼自身 に当たっていた．

ēventilō -āre -āvī -ātum, *tr* [ex-/ventilo] **1** 風を

送る, あおぐ. **2** (穀物をもみがらから)あおぎ分ける.

ēventum -ī, *n* (*pp*) [evenio] **1** 結果, 結末. **2** できごと, 事件. **3** 経験.

ēventūra -ōrum, *n pl* (*fut p*) [evenio] 将来のできごと.

ēventus[1] -a -um, *pp* ⇨ evenio.

ēventus[2] -ūs, *m* **1** 結果; (夢・祈りの)実現. **2** 成功. **3** できごと, 事件. **4** 経験. **5** 運命.

Ēvēnus -ī, *m* =Euenus.

ēverberō -āre -āvī -ātum, *tr* [ex-/verbero] **1** 激しく打つ. **2** 駆りたてる.

ēvergō -ere [ex-/vergo] ほとばしらせる.

ēverrī *pf* ⇨ everro.

ēverrīculum -ī, *n* [↓] 引き網, 漁網.

ēverrō -ere -verrī -versum, *tr* [ex-/verro] **1** 掃除する, 掃き清める. **2** 引き網でさらう.

ēversiō -ōnis, *f* [everto] **1** ひっくり返すこと. **2** 破壊. **3** 追い出すこと, 排除.

ēversor -ōris, *m* [everto] 破壊者, 転覆させる者.

ēversus -a -um, *pp* ⇨ everro, everto.

ēvertī *pf* ⇨ everto.

ēvertō -ere -vertī -versum, *tr* [ex-/verto] **1** 倒す, ひっくり返す. **2** かきまわす. **3** 破滅させる, 破壊する: *evertere Carthaginem* (Cic) Carthago を滅す. **4** 追い出す ⟨alqm re⟩.

ēvestīgō -āre -āvī -ātum, *tr* [ex-/vestigo] 突きとめる, 見つけ出す.

ēvexī *pf* ⇨ eveho.

ēvīcī *pf* ⇨ evinco.

ēvictiō -ōnis, *f* [evinco] 〘法〙(法的手続きにより)財産を取り戻すこと, 追奪.

ēvictus -a -um, *pp* ⇨ evinco.

ēvidēns -entis, *adj* [ex-/video] **1** 目に見える, 目につく. **2** 明白な, 明らかな. **3** 信頼できる.

ēvidenter *adv* [↑] 明白に, 明らかに.

ēvidentia -ae, *f* [evidens] **1** 目立つこと. **2** 明白(なこと); 証拠. **3** 〘修〙(語り口・表現の)生き生きして真に迫っていること.

ēvigilātus -a -um, *pp* ⇨ evigilo.

ēvigilō -āre -āvī -ātum, *intr*, *tr* [ex-/vigilo] **I** (*intr*) **1** 目をさます, めざめる. **2** めざめている, 寝ずの番をする. **II** (*tr*) **1** 眠らずに過ごす: *nox evigilanda* (Tib) 眠られぬ夜. **2** 入念に作る: *consilia evigilata cogitationibus* (Cic) 考え抜かれた助言.

ēvigōrātus -a -um, °*adj* [ex-/vigor] 活力を奪われた.

ēvilēscō -ere -vīluī, *intr* [ex-/vilesco] 安価になる, 価値を減ずる.

ēvīluī *pf* ⇨ evilesco.

ēvinciō -īre -vīnxī -vīnctum, *tr* [ex-/vincio] 縛る, 巻きつける; 飾る ⟨alqd re⟩: *viridi evinctus olivā* (Verg) 緑のオリーブの冠をいただいた.

ēvincō -ere -vīcī -victum, *tr* [ex-/vinco] **1** 完全に打ち負かす[征服する]. **2** (障害などに)勝つ: *evicit omnia adsuetus praedae miles* (Liv) 略奪に慣れた兵士はすべて(の障害)を克服した. **3** (人・感情を)動かす: *tu lacrimis evicta meis* (Verg) あなたは私の涙に負けて. **4** 説き伏せる: *partim consilio partim precibus evicit ut permitterent se Romanis* (Liv) 忠告したり嘆願したりして彼らが自分たちの身柄をローマ人に委ねるように説得した. **5** 〘法〙(法的手続きにより)財産を取り戻す.

ēvīnctus -a -um, *pp* ⇨ evincio.

ēvīnxī *pf* ⇨ evincio.

ēvirō -āre -āvī -ātum, *tr* [ex-/vir] **1** 去勢する. **2** °弱くする.

ēviscerō -āre -āvī -ātum, *tr* [ex-/viscus] **1** 腹を裂く, 内臓を取り出す; ずたずたに引き裂く. **2°** 浪費する, そこなう. **3°** 苦しめる.

ēvītābilis -is -e, *adj* [evito[1]] 避けられる.

ēvītātiō -ōnis, *f* [↓] 避けること, 回避.

ēvītō[1] -āre -āvī -ātum, *tr* [ex-/vito] 避ける, 遠ざける.

ēvītō[2] -āre -āvī -ātum, *tr* [ex-/vita] 命を奪う.

Ēvius -ī, *m* =Euhius.

ēvocātī -ōrum, *m pl* [evoco] (再召集された)古参兵.

ēvocātiō -ōnis, *f* [evoco] **1** (冥府から亡霊を)呼び出すこと. **2** 召喚, 召集.

ēvocātor -ōris, *m* [↓] (軍勢に加わるよう)呼びかける人, 煽動者.

ēvocō -āre -āvī -ātum, *tr* [ex-/voco] **1** 呼び出す. **2** (死者の霊を)呼び寄せる, 招く. **3** (神々に敵の町を離れて味方の新しい神殿に移るよう)呼びかける, 祈る. **4** おびき出す. **5** (法廷に)召喚する, (軍隊に)召集する. **6** 駆りたてる, ひき起こす: *placidos in saevitiam evocat ira* (Sen) 怒りは穏和な人々を(も)残虐(な行為)へと駆りたてる. **7** 成長させる. **8** 引き出す, 抜き取る.

ēvoe *int* =euoe.

ēvolitō -āre, *intr freq* [ex-/volito] しばしば飛び出す.

ēvolō -āre -āvī -ātum, *intr* [ex-/volo[1]] **1** 飛び去る. **2** (不意に)飛び[舞い]上がる. **3** 飛び出る, 急いで去る. **4** 逃げる: *e poena evolare* (Cic) 罰を逃れる.

ēvolsiō -ōnis, *f* =evulsio.

ēvolsus -a -um, *pp* =evulsus (⇨ evello).

ēvolūtiō -ōnis, *f* [evolvo] 読む[読み進む]こと.

ēvolūtus -a -um, *pp* ⇨ evolvo.

ēvolvī *pf* ⇨ evolvo.

ēvolvō -ere -volvī -volūtum, *tr* [ex-/volvo] **1** ころがして出す. **2** 流入させる. **3** もぎ取る, むしり取る. **4** 追い出す. **5** 解放する, 自由にする. **6** (巻いたものを)広げる, 開く; (巻物を広げて)読む: *evolvi volumen epistularum tuarum* (Cic) 私はあなたの手紙の巻物をひもといた. **7** 思いめぐらす. **8** 明らかにする, 解明する. **9** 述べる, 物語る. **10°** (時を)経過させる.

ēvomitus -a -um, *pp* ⇨ evomo.

ēvomō -ere -vomuī -vomitum, *tr* [ex-/vomo] **1** 吐き出す. **2** (ことば・感情を)ぶちまける, 吐露する.

ēvomuī *pf* ⇨ evomo.

ēvorsus -a -um, *pp* =eversus.

ēvortō -ere, *tr* =everto.

ēvulgō -āre -āvī -ātum, *tr* [ex-/vulgo] 公表する.

ēvulsiō -ōnis, *f* [evello] **1** 引き抜くこと. **2°** 根絶.

ēvulsus -a -um, *pp* ⇨ evello.

ex, ē *prep* ⟨+*abl*⟩ (母音の前では常に ex; 子音の前で

しばしば e も用いられる) **1** (空間的) …から, …より: *fugere ex patria* (Nep) 祖国から追放される / *pugnare ex equo* (Caes) 馬上で戦う / *pendere ex arbore* (Cic) 木からぶらさがる / *ex alqo audire* (Cic) ある人の口から聞く. **2** (時間的) …以来: *ex Kalendis Januariis* (Cic) 1月1日から / *ex eo tempore* (Cic) その時から / *ex quo* (Liv) それ以来. **3** (時間的) …の直後に: *alius ex alio* (Cic) (人が)次々に / *diem ex die* (Caes) 日ごとに, 毎日. **4** (由来・系統) …から, …に由来する: *ex improbo patre nasci* (Cic) つまらない父親から生まれる. **5** (範囲) …の中の: *unus ex decemvitis* (Cic) 十人委員の一人 / *audacissimus ex omnibus* (Cic) 万人の中で最も勇敢な. **6** (材料・原料) …から: *statua ex aere facta* (Cic) 銅像. **7** (原因・理由) …のために, …のせいで, …の結果として: *ex doctrina nobilis* (Cic) 学識によって有名な / *ex vulnere mori* (Liv) 負傷のために死ぬ. **8** (推移) …から: *ex oratore arator factus est* (Cic) 彼は弁論家から農夫になった. **9** (基準) …に従って, …によって: *ex senatus consulto* (Cic) 元老院決議によって / *ex consuetudine* (Cic) 習慣に従って. **10** (効果) …のために: *ex usu alcis* (Caes) ある人の有利になるように / *e re publica* (Cic) 公益のために. **11** (副詞的成句として) *ex contrario* (Cic) 反対に / *ex improviso* (Plaut) 思いがけなく, 不意に / *ex parte* (Cic) 部分的に, 一部分は / *magna ex parte* 大部分, 大半は / *ex itinere* (Caes) 道中で, 行進中に.

ex- *pref* [↑] 意味は前置詞 ex を参照 (母音と c, q, p, s, t の前では通例 ex-; g, b, d, r, l, n, m, j, v の前では通例 ē-; f の前では通例 ef- となる).

exacerbātiō -ōnis, °*f* [↓] **1** 憤激, いらだち. **2** 怒らせること. **3** (病気の)悪化.

exacerbō -āre -āvī -ātum, *tr* [ex-/acerbo] **1** 怒らせる, いらいらさせる. **2** 悪化させる.

exactē *adv* [exactus] 正確に.

exactiō -ōnis, *f* [exigo] **1** 駆逐, 追放〈alcis〉. **2** 取立て. **3** 租税. **4** 管理, 監督.

exactor -ōris, *m* [exigo] **1** 駆逐[追放]する者. **2** 収税吏, (借金の)取立て人; 執行者. **3** 管理[監督]者.

exactrix -īcis, °*f* [↑] 催促者〈女性〉.

exactus[1] -a -um, *adj* (*pp*) [exigo] **1** 正確な. **2** 周到な, 細心の.

exactus[2] -ūs, *m* 売却(処分).

exacuī *pf* ⇨ exacuo.

exacuō -ere -acuī -acūtum, *tr* [ex-/acuo] **1** 鋭くする, とがらせる. **2** 駆りたてる, 刺激する〈alqm ad [in] alqd〉.

exacūtiō -ōnis, *f* [↑] (先端を)とがらせること.

exacūtus -a -um, *adj* (*pp*) [exacuo] 鋭い, とがった.

exadversum, -us *adv*, *prep* **I** (*adv*) 相対して, 向かいに. **II** (*prep*)〈+*acc*〉 **1** …の向かい側に, …の反対側に. **2** …に敵対して.

exaedificātiō -ōnis, *f* [↓] 築き上げること, 構築.

exaedificō -āre -āvī -ātum, *tr* [ex-/aedifico] **1** 築き上げる, 建築する. **2** (家から)追い出す.

exaequātiō -ōnis, *f* [↓] **1**° 平らにすること. **2** 水平面. **3** 等しくすること.

exaequō -āre -āvī -ātum, *tr* [ex-/aequo] **1** 平ら[水平]にする, なめらかにする. **2** 等しく[平等に]する: *exaequare se cum inferioribus* (Cic) 身分の低い者どもと対等につきあう. **3** 埋合わせをする. 〈+*abl*〉: *argentum argento exaequare* (Plaut) 銀を銀で償う. **4** …に匹敵する〈+*acc*〉: *paene Gangem magnitudine exaequat Indus* (Mela) Indus 川は大きさにおいて Ganges 川にほぼ匹敵する.

exaeresimus -a -um, *adj* [Gk] 省略できる, 取り除いてもよい: *dies* ~ (Cic) 閏日.

exaestuō -āre -āvī -ātum, *intr* [ex-/aestuo] **1** (水などが)沸き立つ, 泡立つ; (火などが)暴威をふるう. **2** (感情が)激する, ひどく騒ぐ: *mens exaestuat irā* (Verg) 怒りで心が煮えくり返る.

exaeviō -īre, *intr* =exsaevio.

exaggerātiō -ōnis, *f* [↓] **1** 高めること, 高揚. **2** 〘修〙誇張, 強調.

exaggerō -āre -āvī -ātum, *tr* [ex-/aggero[1]] **1** 積み上げる, 積み上げて作る. **2** ふやす, 大きくする. **3** 高める, 誇張する.

exagitātiō -ōnis, °*f* [exagito] 攪乱, 乱すこと.

exagitātor -ōris, *m* [↓] 攻撃[批判]する人.

exagitō -āre -āvī -ātum, *tr* [ex-/agito] **1** 追い立てる, 駆りたてる. **2** 悩ます, 苦しめる. **3** 非難する. **4** 刺激する, 煽動する.

exagōga -ae, **-gē** -ēs, *f* [Gk] 運び出すこと, 輸出 (=evectus).

exalbescō -ere -albuī, *intr* [ex-/albesco] **1** 白くなる. **2** 血の気を失う, 青ざめる.

exalbuī *pf* ⇨ exalbesco.

exalō -āre, *tr*, *intr* =exhalo.

exaltātiō -ōnis, °*f* [↓] **1** 高めること. **2** 尊大, 傲慢.

exaltō -āre -āvī -ātum, *tr* [ex-/altus[1]] **1** 高める. **2**° ほめたたえる, 賛美する. **3** 深くする.

exaltus -a -um, *adj* [ex-/altus[1]] 非常に高い.

exalūminātus -a -um, *adj* [ex-/alumen] 明礬(みょうばん)色の.

exāmen -minis, *n* [ex-/ago] **1** (蜂の)群れ. **2** 群集. **3** (天秤の)指針; 平衡, 釣合い. **4** 吟味, 審査. **5**° 〘キ教〙最期の審判.

exāminātē °*adv* [examinatus] 慎重に, 用心して.

exāminātiō -ōnis, *f* [examino] **1** 計量. **2** 平衡. **3**° 〘法〙審査. **4**° 〘キ教〙最後の審判.

exāminātor -ōris, °*m* [examino] **1** 計量する人. **2** 審査する人.

exāminātrix -īcis, °*f* [↑] 審査する人〈女性〉.

exāminātus -a -um, *adj* (*pp*) [↓] 慎重な.

exāminō -āre -āvī -ātum, *tr*, *intr* [examen] **I** (*intr*) (蜂が)群がる. **II** (*tr*) **1** 計量する. **2** 釣り合わせる. **3** 吟味する, 審査する. **4**° 〘キ教〙(最後の審判で神が)裁く.

examussim *adv* [ex-/amussis] 寸法どおりに, 正確に.

exanclō -āre -āvī -ātum, *tr* [ex-/Gk ἀντλέω] **1** 汲み尽くす, 空にする. **2** 耐える, 持ちこたえる.

exanguis -is -e, *adj* =exsanguis.

exanimātiō -ōnis, *f* [exanimo] **1** 気絶, 発作.

2 驚愕, 恐怖.
exanimātus -a -um, *adj (pp)* [exanimo] =exanimis.
exanimis -is -e, *adj* [ex-/anima] **1** 生命のない, 死んだ. **2** 気を失った, 意識のない. **3** 驚愕した, おびえた.
exanimō -āre -āvī -ātum, *tr* [ex-/anima] **1** 空気を抜く, すぼませる. **2** 生命を奪う, 殺す. **3** 消耗させる: *milites cursu ac lassitudine exanimati* (CAES) 走ったことと疲労で息も絶えだえの兵士たち. **4** 驚愕させる, おびえさせる: *oratio haec me exanimat metu* (TER) その話を聞くと私は恐ろしくて死にそうだ.
exanimus -a -um, *adj* =exanimis.
exaniō -āre, *tr* =exsanio.
exanthēma -atis, *n* [Gk] 【病】発疹.
exantlō -āre, *tr* 【古形】=exanclo.
exaperiō -īre, °*tr* [ex-/aperio] 解く, ほどく.
exarchātus -ūs, °*m* exarchus の職[権限・管区].
exarchus -ī, *m* [Gk] **1** 修道院長. **2** (ギリシア正教の)総主教代理. **3** (東ローマ帝国からアフリカとイタリアに派遣された)総督, 太守.
exarcio -īre, *tr* =exsarcio.
exardescō -ere -arsī -arsum, *intr* [ex-/ardesco] **1** 発火する, 燃え上がる. **2** 興奮する, 激怒する ⟨re; ad [in] alqd⟩. **3** 突発する.
exārefactus -a -um, *pp* ⇨ exarefio.
exārefierī *inf* ⇨ exarefio.
exārefīō -fierī -factus sum, *intr* [ex-/arefacio] 完全に乾く.
exārescō -ere -āruī, *intr* [ex-/aresco] **1** 完全に乾く, 干上がる. **2** 尽きる, 消える.
exarmātiō -ōnis, °*f* [↓] 弱くすること.
exarmō -āre -āvī -ātum, *tr* [ex-/armo] **1** 武器を取り上げる, 武装解除する. **2** 力を奪う, 弱くする.
exarō -āre -āvī -ātum, *tr* [ex-/aro] **1** 鋤(*)いて取り除く, 掘り出す. **2** 鋤く, 耕す. **3** 耕して得る, 収穫する. **4** (書字板に)書く, 記す.
exarsī *pf* ⇨ exardesco.
exarsus -a -um, *pp* ⇨ exardesco.
exarticulātiō -ōnis, °*f* 【医】**1** 関節離断(術). **2** 脱臼.
exārui *pf* ⇨ exaresco.
exasciō, -asceō -āre -āvī -ātum, *tr* [ex-/ascio¹] 斧で削り出す; 手荒なやり方をする.
exasperātiō -ōnis, *f* [↓] **1**° ざらざらして[荒れて]いること. **2** いらだち, 激怒.
exasperō -āre -āvī -ātum, *tr* [ex-/aspero] **1** 起伏の多いもの[でこぼこ]にする. **2** 【医】炎症を起こさせる; (声を)かすれさせる. **3** 鋭くする, 研(*)ぐ. **4** 悪化させる. **5** いらいらさせる, 激怒させる.
exatiō -āre, *tr* =exsatio.
exaturō -āre, *tr* =exsaturo.
exauctōrō -āre -āvī -ātum, *tr* [ex-/auctoro] (軍務を)解く; 免職する.
exaudiō -īre -īvī [-iī] -ītum, *tr* [ex-/audio] **1** 聞き取る. **2** 聞き届ける.
exaugeō -ēre, *tr* [ex-/augeo] 大いにふやす.
exaugurātiō -ōnis, *f* [↓] 神聖けがすこと.
exaugurō -āre -āvī -ātum, *tr* [ex-/auguro] 神聖をけがす.

exauspicō -āre -āvī, *intr* [ex-/auspico] (占いで)吉と出る: *exauspicavi ex vinclis* (PLAUT) おれは吉兆のおかげで鎖をほどかれた.
exballistō -āre, *tr* [ex-/ballista] (投石器で)攻め落とす.
excaecātor -ōris, °*m* [↓] 盲目にする人.
excaecō -āre -āvī -ātum, *tr* [ex-/caeco] **1** (完全に)盲目にする. **2** (水路を)ふさぐ, せき止める. **3** 鈍らせる, 曇らせる.
excalceātī -ōrum, *m pl* [↓] (cothurnus を履かない) mimus (笑劇)役者.
excalceātus -a -um, *adj (pp)* [↓] 靴を履かない, はだしの.
excalceō -āre -āvī -ātum, *tr* [ex-/calceo] 靴を脱がせる.
excalceor -ārī, *tr dep* =excalceo.
excaldō -āre -āvī -ātum, °*tr* [ex-/caldus] 温湯で洗う.
excal(e)facere *inf* ⇨ excalefacio.
excal(e)faciō -ere -fēcī -factum, *tr* [ex-/calefacio] よく温める, 熱する.
excal(e)factus -a -um, *pp* ⇨ excalefacio.
excal(e)fēcī *pf* ⇨ excalefacio.
excandefaciō -ere -fēcī -factum, *tr* [ex-/candefacio] **1** 燃え上がらせる. **2** 急激に上昇させる.
excandescentia -ae, *f* [↓] 短気; 激昂.
excandescō -ere -canduī, *intr* [ex-/candesco] **1** 発火する, 燃え上がる. **2** 激昂する.
excanduī *pf* ⇨ excandesco.
excantō -āre -āvī -ātum, *tr* [ex-/canto] 魔法で呼び出す.
excardinātiō -ōnis, °*f* [↓] 【カト】(聖職者の)教区転出.
excardinō -āre -āvī -ātum, °*tr* [ex-/cardo] (聖職者を)教区から転出させる.
excarnificō -āre -āvī -ātum, *tr* [ex-/carnifico] **1** 拷問にかけて責める[殺す]. **2** (精神的に)苦しめる.
excastrō -āre -āvī -ātum, *tr* [ex-/castro] **1** 去勢する. **2** 殻を取る.
excavātiō -ōnis, °*f* [↓] **1** 穴をうがつこと. **2** 【解】窩, 陥凹.
excavō -āre -āvī -ātum, *tr* [ex-/cavo] 穴をうがつ, くりぬく.
excēdō -ere -cessī -cessum, *intr, tr* [ex-/cedo²] **I** (*intr*) **1** 出て行く, 去る, 離れる ⟨ex⟩ re; in alqd⟩: *e pueris excedere* (CIC) 少年時代を脱する / *(e) memoriā excedere* (LIV) 忘れる. **2** 死ぬ. **3** 越える, 度が過ぎる: *tantum illa clades novitate et magnitudine excessit* (TAC) その災禍は珍しさと規模において古今未曽有であった. **4** 突き出る, はみ出る: *excedentia in nubes juga* (PLIN) 雲にそびえる山脈(公*). **II** (*tr*) **1** (…を)後にする, 立ち去る. **2** 越える, (…を)しのぐ, (…に)まさる: *nec praeturae gradum excessit* (TAC) 彼は法務官職以上には昇進しなかった.
excellens -entis, *adj (prp)* [excello] **1** 高い. **2** すぐれた, 卓越した ⟨inter alqos; (in) re⟩.
excellenter *adv* [↑] すぐれて, 卓越して.
excellentia -ae, *f* [excellens] 卓越, 傑出; (*pl*)

名士たち: *per excellentiam* (Sen) 特に, とりわけ.
excelleō -ēre, *intr* =excello.
excellō -ere -cellui -celsum, *intr* [ex-/*cello (*cf.* celsus)] 突出する, そびえる; 卓越する, すぐれる ⟨in re; +*dat*⟩: *praeter [super] ceteros excellere* (Cic [Liv]) 他の人々よりもすぐれている / *inter omnes excellere* (Cic) すべての人々の中で秀でている.
excelluī *pf* ⇨ excello.
excelsē *adv* [excelsus] 1 高く. 2 荘重に, 高尚に. 3 著しく.
excelsitās -ātis, *f* [excelsus] 1 高いこと, 高さ. 2 高邁(ま), 崇高.
excelsum -ī, *n* [↑] 1 高所. 2 高位.
excelsus -a -um, *adj* (*pp*) [excello] 1 高い. 2 高邁な, 崇高な. 3 卓越した, すぐれた.
excēnsiō -ōnis, *f* =exscensio.
excēpī *pf* ⇨ excipio.
exceptīcius -a -um, *adj* [excipio] 残った, 残された.
exceptiō -ōnis, *f* [excipio] 1 例外, 制限: *sine exceptione* (Cic) 例外なく. 2 (法律・契約などにおける)留保条項, 但し書き. 3 〖法〗抗弁, 異議申し立て.
exceptiuncula -ae, *f dim* [↑] (小さな)留保条項, 但し書き.
exceptō -āre -āvī -ātum, *tr freq* [excipio] 1 取り上げる, とらえる. 2 受け(入れ)る: *exceptare vulnera* (Tac) 負傷する.
exceptōrium -ī, *n* [excipio] 貯水槽; 桶(鈬), 容器.
exceptus -a -um, *pp* ⇨ excipio.
excerebrō -āre, ⟨*tr* [ex-/cerebrum] 1 脳をたたき出す. 2 意識を失わせる.
excernō -ere -crēvī -crētum, *tr* [ex-/cerno] 1 より分ける, 分離する. 2 排泄する.
excerpō -ere -cerpsī -cerptum, *tr* [ex-/carpo] 1 取り出す. 2 選び出す; 抜粋する ⟨alqd ex [de] re⟩. 3 取り除く.
excerpsī *pf* ⇨ excerpo.
excerptiō -ōnis, *f* [excerpo] 抜粋.
excerptum -ī, *n* [↓] 抜粋.
excerptus -a -um, *pp* ⇨ excerpo.
excessī *pf* ⇨ excedo.
excessīvus -a -um, °*adj* [excedo] 過度の, 過大な.
excessus[1] -a -um, *pp* ⇨ excedo.
excessus[2] -ūs, *m* 1 出発, 出立. 2 死去: ~ *vitae* (Cic) = ~ *e vita* (Cic) 死去. 3 脱線; 逸脱. 4 喪失: ~ *mentis* (Aug) 恍惚(ミラ), 忘我. 5 突起, 突出(物・部).
excetra -ae, *f* 1 水ヘビ. 2 性悪女.
excidī[1] *pf* ⇨ excido[1].
excidī[2] *pf* ⇨ excido[2].
excidiālis -is -e, °*adj* [↓] 滅亡[破滅]の.
excidiō -ōnis, *f* [exscindo] 破壊; 滅亡.
excidium -ī, *n* [exscindo] 破壊; 滅亡.
excidō[1] -ere -cidī, *intr* [ex-/cado] 1 (すべり)落ちる. 2 (くじが...に)当たる. 3 失せる, なくなる. 4 抜け出る, 逃れる. 5 (...に)終わる, (...の)結果となる ⟨in alqd⟩. 6 (...を)奪われる ⟨+*abl*⟩: *vitā excidere*

(Sen) 死ぬ. 7 正気をなくす, 我を忘れる. 8 忘れられる: *ea jam mihi exciderunt* (Cic) 私はもうそれらのことは忘れた.
excīdō[2] -ere -cīdī -cīsum, *tr* [ex-/caedo] 1 切り出す, 切り離す ⟨alqd ex re; alci alqd⟩. 2 切り倒す. 3 取り除く, 根絶する. 4 破壊する, 荒廃させる.
excieō -ēre -cīvī [-ciī] -cītum [-citum], *tr* [ex-/cieo] 1 誘い立てる, 動かす ⟨alqd [alqm] (ex [a]) e re in [ad] alqd⟩. 2 呼び寄せる: *exciere auxilia e Germania* (Tac) Germania から援軍を呼ぶ. 3 (亡霊などを)呼び出す. 4 (ある状態から)呼び起こす: *alqm* (*ex*) *somno exciere* (Liv) ある人の目をさまさせる. 5 (ある行動へ)駆りたてる ⟨alqm ad alqd⟩. 6 (ある状態を)起こさせる, 喚起する ⟨alci alqd⟩: *exciere alci lacrimas* (Plaut) ある人を泣かせる.
excīdō -ere, *tr* =exscindo.
exciō -īre, *tr* =excieo.
excipere *inf* ⇨ excipio.
excipiō -ere -cēpī -ceptum, *tr* [ex-/capio] 1 引き上げる[抜く]. 2 除外する: *exceptis vobis duobus* (Cic) あなたがた二人は除いて. 3 〖法〗異議を申し立てる. 4 受け取る. 5 (傷・打撃を)受ける, こうむる. 6 (攻撃などを)持ちこたえる. 7 捕える; 保護する. 8 歓迎する. 9 (仕事などを)引き受ける, 企てる. 10 (事件などが人を)襲う, (...に)降りかかる. 11 理解する. 12 (発言などを)書き留める, 速記する. 13 (ある事に)続く, (...の)後に続く: *hunc Labienus excepit* (Caes) 彼(の話のあと)を Labienus が引き継いだ.
excipulum -ī, *n* [↑] 容器, 入れ物.
excīsiō -ōnis, *f* [excido[2]] 1 (うがたれた)穴. 2 破壊.
excīsus -a -um, *pp* ⇨ excido[2].
excitāns -antis, °*n* (*prp*) [excito] 〖薬〗興奮剤, 刺激物.
excitātor -ōris, °*m* [excito] 覚醒させる者.
excitātōrius -a -um, °*adj* [↑] 活気づける.
excitātus -a -um, *adj* (*pp*) [↓] 激しい, 強烈な.
excitō -āre -āvī -ātum, *tr freq* [excieo] 1 追い立てる. 2 目をさまさせる. 3 呼び寄せる; (法廷に)召喚する. 4 (亡霊などを)呼び出す. 5 ひき起こす: *si sanguis inflammationem excitat* (Cels) もし血液が炎症をひき起こすなら. 6 発火させる, 燃え立たせる. 7 (植物を)生長させる. 8 刺激する, 駆りたてる: *magnis praemiis suos excitare* (Caes) 莫大な報酬で部下を奮起させる. 9 高める, 起こす. 10 建てる, 建築する.
excītus -a -um, *pp* ⇨ excieo.
excīvī *pf* ⇨ excieo.
exclāmātiō -ōnis, *f* [↓] 1 大声をあげること, 叫び. 2 〖修〗感嘆法. 3 格言.
exclāmō -āre -āvī -ātum, *intr, tr* [ex-/clamo] I (*intr*) 大声を出す, 叫ぶ. II (*tr*) 1 声高に言う, 弁じる ⟨alqd; +*acc c. inf*; ut⟩. 2 大声で呼ぶ ⟨alqm⟩.
exclaustrātiō -ōnis, °*f* 〖カト〗修道院外居住許可.
exclūdō -ere -clūsī -clūsum, *tr* [ex-/claudo] 1 締め出す, さえぎる: *excludere alqm a domo sua* (Cic)

exclusi — excussorius

ある人を家に入れない． **2** 遠ざける，妨げる: *ab hereditate fraterna excludi* (Cɪᴄ) 兄弟の遺産相続から排除される． **3** 分離する，分かつ． **4** えぐり出す． **5** (ひなを)卵からかえす． **6** 省略する．

exclūsī *pf* ⇨ excludo.
exclūsiō -ōnis, *f* [excludo] 締め出すこと; 排除.
exclūsīvē °*adv* [↓] 排他的に, もっぱら.
exclūsīvus -a -um, °*adj* [excludo] 排他的な, 独占的な.
exclūsus -a -um, *adj (pp)* [excludo] 締め出された.
excoctus -a -um, *pp* ⇨ excoquo.
excōgitātiō -ōnis, *f* [↓] 考案, 案出.
excōgitō -āre -āvī -ātum, *tr* [ex-/cogito] 考案する, 案出する, 工夫する ⟨alqd; ut⟩.
excolō -ere -coluī -cultum, *tr* [ex-/colo²] **1** 入念に耕す． **2** (動植物を)充分に面倒を見る, 世話する． **3** 鍛える, 磨く: *excolere animos doctrinā* (Cɪᴄ) 学問によって精神を鍛える． **4** 飾りたてる． **5** 讃える, 崇める．
excoluī *pf* ⇨ excolo.
excommūnicātiō -ōnis, °*f* [excommunico] 〖教会〗破門, 放逐.
excommūnicātor -ōris, °*m* [↓] 破門する人, 破門宣告者.
excommūnicō -āre -āvī -ātum, °*tr* [ex-/communico] 〖教会〗破門する, 放逐する.
exconcinnō -āre -āvī -ātum, *tr* [ex-/concinno] 飾りたてる.
exconsul -lis, °*m* [ex-/consul] 前[元]執政官.
exconsulāris -is, °*m* =exconsul.
excoquō -ere -coxī -coctum, *tr* [ex-/coquo] **1** 充分に煮る[焼く・熱する], 煮つめる, こがす． **2** 溶かす, 精錬[製]する: *harenae admixto nitro in vitrum excoquuntur* (Tᴀᴄ) (その地の)砂に硝石を混ぜて焼くとガラスができる．
excoriō -āre -āvī -ātum, °*tr* [ex-/corium] 皮をはぐ.
excors -cordis, *adj* [ex-/cor] 無分別な, 愚かな.
excoxī *pf* ⇨ excoquo.
excreā- ⇨ exscrea-.
excrēmentum¹ -ī, *n* [excerno] **1** かす, くず, 残り物． **2** 排泄物, 分泌物: *oris ∼* (Tᴀᴄ) 唾(つば).
excrēmentum² -ī, *n* [excresco] **1** 成長して生じたもの． **2**° 増加, 増大.
excreō -āre, *tr* =exscreo.
excrēscō -ere -crēvī -crētum, *intr inch* [↑] **1** 生ずる． **2** 成長する, 大きくなる． **3** 増大する.
excrētōrius -a -um, °*adj* 〖生理〗排出の, 排泄の.
excrētus¹ -a -um, *pp* ⇨ excerno, excresco.
excrētus² -a -um, *adj (pp)* [excresco] 成長した, 大きくなった.
excrēvī *pf* ⇨ excerno, excresco.
excrībō -ere, *tr* =exscribo.
excruciābilis -is -e, *adj* [excrucio] **1** 拷問に価する． **2**° ひどく苦しめる.
excruciātiō -ōnis, °*f* [excrucio] 拷問.
excruciātus -ūs, °*m* [↓] =excruciatio.
excruciō -āre -āvī -ātum, *tr* [ex-/crucio] **1** 拷問にかける． **2** 悩ます, 苦しめる.
excubātiō -ōnis, *f* [excubo] 見張りをすること.
excubiae -ārum, *f pl* [excubo] **1** 家の外で寝ること． **2** 見張り[番]をすること． **3** 見張り, 番人[兵], 不寝番.
excubitor -ōris, *m* [excubo] 番人; 番兵, 歩哨.
excubitus¹ -a -um, *pp* ⇨ excubo.
excubitus² -ūs, °*m* 見張り.
excubō -āre -cubuī -cubitum, *intr* [ex-/cubo] **1** 外で寝る． **2** 見張りをする, 不寝番をする． **3** 警戒している ⟨pro alqo⟩.
excubuī *pf* ⇨ excubo.
ex(cu)currī *pf* ⇨ excurro.
excūdī *pf* ⇨ excudo.
excūdō -ere -cūdī -cūsum, *tr* [ex-/cudo] **1** (槌で)打ち延ばす, 鍛造する． **2** (火・火花を)打ち出す． **3** (卵から)ひなをかえす． **4** 作り出す; (文書を)作成する.
exculcātus -a -um, *adj (pp)* [↓] 使い古された.
exculcō -āre -āvī -ātum, *tr* [ex-/calco] **1** たたき出す． **2** 踏み固める.
exculpō -ere, *tr* =exsculpo.
excultus -a -um, *pp* ⇨ excolo.
excūrō -āre -āvī -ātum, *tr* [ex-/curo] 手厚く世話する.
excurrō -ere -(cu)currī -cursum, *intr, tr* [ex-/curro] **I** (*intr*) **1** 走り出る, 飛び出す ⟨ex re; ad alqm; in alqd⟩． **2** 〖軍〗出撃する． **3** (水などが)流れ出る． **4** (若枝が)伸び(出)る． **5** 遠出する, 遠征する． **6** (弁論から)脱線する． **7** 延びる, 広がる; 突出する． **8** 越える． **II** (*tr*) 走り抜ける.
excursātiō -ōnis, °*f* [↑] 侵入.
excursiō -ōnis, *f* [excurro] **1** (弁論家が聴衆の方に)進み出ること． **2** 出撃, 攻撃． **3** 遠出． **4** (話の)脱線.
excursor -ōris, *m* [excurro] 斥候, 間諜.
excursus¹ -a -um, *pp* ⇨ excurro.
excursus² -ūs, *m* **1** 出撃, 急襲． **2** 遠出, 旅． **3** (話の)脱線． **4** 突出.
excūsābilis -is -e, *adj* [excuso] 許される.
excūsātē *adv* [excuso] 許されるような仕方で[具合に].
excūsātiō -ōnis, *f* [↓] **1** 弁明, 言いわけ, 口実 ⟨+*gen*⟩: *∼ Pompeii* (Cᴀᴇs) Pompeius の(行なった)弁明 / *∼ peccati* (Cɪᴄ) 罪科の言いわけ / *∼ oculorum* (Cɪᴄ) 目が悪いという弁解． **2** 免除; 容赦.
excūsō -āre -āvī -ātum, *tr* [ex-/causa] **1** 弁護する ⟨alqm; alci alqm; alqm apud alqm; alqm de [in] re; quod⟩． **2** 弁解する, 弁明する ⟨alqd⟩: *excusare tarditatem litterarum* (Cɪᴄ) 手紙の遅れを弁解する． **3** 理由にして申し立てる, 口実とする ⟨alqd; + *acc c. inf*⟩: *excusare morbum* (Cɪᴄ) 病気を口実にする． **4** 免除する, 容赦する ⟨alqm (a) re; alqm alci rei⟩.
excussē *adv* [excussus] 猛烈に.
excussī *pf* ⇨ excutio.
excussiō -ōnis, °*f* [excutio] ゆすって落とすこと.
excussōrius -a -um, *adj* [excutio] ふるい分けに役立つ.

excussus *pp* ⇨ excutio.
excūsus -a -um, *pp* ⇨ excudo.
excutiō -tere -cussī -cussum, *tr* [ex-/quatio] **1** 振り[はらい]落とす． **2** 追い払う，たたき出す：*excute corde metum* (Ov) 恐れを捨てよ． **3** まき散らす． **4** (汗・涙などを)生じさせる． **5** (槍などを)投げつける，放つ：*excussa ballistis saxa* (Tac) 投石機から発射された岩石弾． **6** (隠し物がないか調べるために着物を振る); (一般に)くわしく調べる，吟味する．
exdorsuō -āre, *tr* [ex-/dorsum] (魚などの)背骨を取り除く．
exec- ⇨ exsec-.
exēdī *pf* ⇨ exedo.
exedō -esse -ēdī -ēsum, *tr* [ex-/edo¹] **1** 食い尽くす，むさぼり食う． **2** (火が)焼き尽くす; (水が)浸食する; (病気などが)むしばむ：*exesa robigine pila* (Verg) 錆びてボロボロになった槍． **3** 衰弱させる，やつれさせる．
exedra -ae, *f* [Gk] (座席の付いた)談話室．
exedrium -ī, *n dim* [Gk] 小さな談話室．
exēgī *pf* ⇨ exigo.
exēmī *pf* ⇨ eximo.
exemplar -āris, *n* [exemplum] **1** 写し． **2** 似姿，肖像． **3** 模範，手本; 原型．
exemplāris¹ -is -e, °*adj* [exemplum] 模範的な．
exemplāris² -is, *m* 写し．
exemplō -āre -āvī, °*tr* [↓] 例として引用する，例示する．
exemplum -ī, *n* [eximo] **1** 写し． **2** 例，先例：*exempli causā* [*gratiā*] (Cic) 例えば． **3** 模範，手本; 原型：~ *ad imitandum* (Cic) 見習うべき手本． **4** 見せしめ，警告; 処罰． **5** 内容，主旨． **6** 仕方，流儀：*uno exemplo ne omnes vitam viverent* (Plaut) 万人が同じような生き方をしないように．
exemptiō -ōnis, *f* [eximo] **1** 除去． **2°**〖法〗出廷妨害．
exemptus -a -um, *pp* ⇨ eximo.
exenium -ī, °*n* 贈り物 (=xenium).
exenterō -āre -āvī -ātum, *tr* [Gk] **1** はらわたを抜く． **2** 空(ﾞ)にする． **3** 苦しめる，悩ます．
exeō -īre -iī [-īvī] -itum, *intr, tr* [ex-/eo²] **I** (*intr*) **1** 出る，出て行く〈*abs*; *ab alqo*; *ex* [*de*, *a*] *re*; *in alqd*〉． **2**〖軍〗出陣する，進軍する． **3** 出港する，出帆する． **4** 上陸する． **5** (任地へ)赴く． **6** (…から)離れる，出かける; 越える：*exire e jure patrio* (Tac) 父権から解放される． **7** (話が)脱線する． **8** (時が)流れる，過ぎる． **9** 死ぬ：*exire e vita* (Cic) 人生を終える． **10** (うわさなどが)広まる，知られるようになる． **11** 成長する; 伸びる，発展する． **II** (*tr*) **1** 越える：*donec Avernas exierit valles* (Verg) Avernus湖の谷を渡り終えるまでは． **2** 避ける，逃れる．
exequ- ⇨ exsequ-.
exerceō -ēre -ercuī -ercitum, *tr* [ex-/arceo] **1** 訓練する． **2** 忙しく働かせる; 駆りたてる． **3** 悩ます，苦しめる． **4** 用いる，利用する． **5** (土地を)耕す; (鉄などを)鍛える． **6** (感情を)表示する：*inimicitias exercere* (Cic) 敵意を示す． **7** (権力などを)行使する：*Victoriam crudeliter exercere* (Sall) 勝利者の特権を容赦なく行使する． **8** (利子をつけて)金を貸す． **9** 実行する; (事業などを)経営する． **10** (租税を)徴収する．
exerciō -cīre, *tr* =exsarcio.
exercitātē *adv* [exercitatus] 熟練した人のように，巧みに．
exercitātiō -ōnis, *f* [exercito] **1** 訓練，鍛錬． **2** 熟練，熟達． **3** 日常的に行なうこと，実行． **4** 動揺，動き． **5°** 研究．
exercitātor -ōris, *m* [exercito] 訓練者．
exercitātrix -īcis, *f* [↑] 訓練者《女性》．
exercitātus -a -um, *adj* (*pp*) [exercito] **1** 訓練された，熟練した〈*in*〉 *re*; *ad alqd*〉． **2** 苦しめられた，悩まされた〈*re*〉．
exercitē *adv* [exercitus¹] 不安で，悩んで．
exercitiō -ōnis, *f* [exerceo] **1** (身体の)鍛錬． **2** 執行，運用． **3°** 経営．
exercitium -ī, *n* [exerceo] **1** 訓練，鍛錬． **2** 熟練．
exercitō -āre -āvī -ātum, *tr freq* [exerceo] **1** 訓練する，鍛える． **2** 悩ます，騒がす．
exercitor -ōris, *m* [exerceo] **1** =exercitator. **2** 経営者，管理者．
exercitus¹ -a -um, *adj* (*pp*) [exerceo] **1** 訓練された，熟練した． **2** 苦しめられた，悩まされた． **3** 苛酷な，きびしい．
exercitus² -ūs, *m* **1** 訓練． **2** 訓練された軍隊． **3** 歩兵隊． **4** 群れ．
exerrō -ere, *tr* =exsero.
exerrō -āre, *intr* [ex-/erro¹] 迷い出る．
exert- ⇨ exsert-.
exēsor -ōris, *m* [exedo] 侵食するもの．
exēsus -a -um, *pp* ⇨ exedo.
exf- ⇨ eff-.
exfāfillātus -a -um, *adj* 突き出された．
exfornicor -ārī -ātus sum, °*intr dep* [ex-/fornicor] 姦淫する．
exhaerē- ⇨ exhere-.
exhaeresimus -a -um, *adj* =exaeresimus.
exhālātiō -ōnis, *f* [↓] 蒸発，発散; 蒸気．
exhālō -āre -āvī -ātum, *tr, intr* [ex-/halo] **I** (*tr*) 吐き出す，発散する： *vitam* [*animam*] *exhalare* (Verg [Ov])息を引き取る，死ぬ． **II** (*intr*) **1** 蒸気を発する． **2** 息を吐き出す，死ぬ．
exhauriō -īre -hausī -haustum, *tr* [ex-/haurio] **1** 汲み出す〈*alqd ex re*〉． **2** 取り出す，取り除く〈*alqd*; *alqd ex re*〉：*exhaurire terram manibus* (Caes) 手で土を掘り出す． **3** 取り上げる，奪う〈*alci alqd*〉：*exhaurire sibi vitam* (Cic) 自ら命を絶つ． **4** 空(ﾞ)にする，飲み干す． **5** (使い切る[果たす]，枯渇させる． **6** (体力を)衰弱[消耗]させる． **7** 終える，なし遂げる． **8** (苦難・禍を)耐え忍ぶ．
exhausī *pf* ⇨ exhaurio.
exhaustus -a -um, *pp* ⇨ exhaurio.
exhedr- ⇨ exedr-.
exhērēdātiō -ōnis, *f* [exheredo] 相続人廃除，廃嫡．
exhērēditō -āre -āvī -ātum, *tr intens* [↓] = exheredo.
exhērēdō -āre -āvī -ātum, *tr* [↓] (…から)相続

権を奪う, 廃嫡する〈alqm〉.
exhērēs -rēdis, *adj* [ex-/heres] 相続権を奪われた, 廃嫡された〈alcis rei〉.
exhibeō -ēre -hibuī -hibitum, *tr* [ex-/habeo] 1 持って[連れて]来る, 差し出す. 2 見せる, 示す; 見世物にする. 3 証明する, 実証する. 4 提供する. 5 ひき起こす: *exhibere alci molestiam* (Cɪᴄ) ある人を困らせる. 6° 扶養する.
exhibitiō -ōnis, *f* [↑] 1 (法廷への)提出. 2° 扶養.
exhibitōrius -a -um, *adj* [exhibeo] (法廷への)提出に関する.
exhibitus -a -um, *pp* ⇨ exhibeo.
exhilarātiō -ōnis, °*f* [↓] 喜ばせること.
exhilarō -āre -āvī -ātum, *tr* [ex-/hilaro] 1 喜ばせる, 陽気にする. 2 明るくする, 活気づける.
exhinc *adv* [ex-/hinc] これに続いて, それから.
exhonōrātiō -ōnis, °*f* [↓] 名誉[面目]を失わせること.
exhonōrō -āre, °*tr* [ex-/honoro] 名誉[面目]を失わせる.
exhorreō -ēre, *tr* [ex-/horreo] ひどく恐れる.
exhorrēscō -ere -horruī, *intr, tr inch* [↑] ぞっとする, ひどく恐れる〈in alqo; alqd〉.
exhorruī *pf* ⇨ exhorresco.
exhortāmentum -ī, °*n* [exhortor] 奨励.
exhortātiō -ōnis, *f* [exhortor] 1 奨励, 勧告. 2° 刺激, 誘因.
exhortātīvus -a -um, *adj* [exhortor] 奨励する, 勧告的な.
exhortātor -ōris, °*m* [exhortor] 奨励者, 勧告者.
exhortātus -a -um, *pp* ⇨ exhortor.
exhortor -ārī -ātus sum, *tr dep* [ex-/hortor] 1 奨励する, 勧告する〈alqm〉. 2 促進する, 助長する〈alqd〉.
exhumōrō -āre -āvī -ātum, °*tr* [ex-/humor] (有害な)体液を取り除く.
exibeō -ēre, *tr* =exhibeo.
exībilō -āre, *tr* =exsibilo.
exiccō -āre, *tr* =exsicco.
exicō -āre, *tr* =exseco.
exigentia -ae, °*f* [↓] 必要, 要求.
exigō -ere -ēgī -actum, *tr* [ex-/ago] 1 追い出す[払う]. 2 (物品を)売りに出す. 3 (剣・槍を)突き刺す; (飛び道具を)投げつける. 4 伸[延]ばす. 5 なし遂げる, 終える: *exegi monumentum* (Hᴏʀ) 私は記念碑を建て終えた. 6 (時を)過ごす; (*pass*) 過ぎ去る: *prope exacta jam aestas erat* (Cᴀᴇs) 夏はほとんど終わっていた. 7 耐え忍ぶ. 8 きびしく取り立てる, 要求する. 9 (仕事などを)監督する. 10 訊ねる; 調査[吟味]する. 11 熟考する: *tempus secum modumque exigere* (Vᴇʀɢ) 時期と方法を思案する. 12 (*pp*) 決心した: *nec adhuc exacta voluntas est satis* (Oᴠ) まだ(私の)気持はよく固まっていません. 13 適合させる〈ad alqd; +dat〉. 14 測る.
exiguē *adv* [exiguus] 1 少なく, 不十分に: *frumentum ~ dierum xxx habere* (Cᴀᴇs) わずか 30 日分の穀物しかない. 2 手短かに, 簡単に.

exiguitās -ātis, *f* [exiguus] 1 小さいこと. 2 少量.
exiguō *adv* (*abl*) [↓] 少し.
exiguum -ī, *n* [↓] 僅少, 少量: ~ *mellis* (Pʟɪɴ) 少量の蜜 / ~ *spatii* (Lɪᴠ) わずかな空間.
exiguus -a -um, *adj* [exigo] 1 小さい. 2 少しの, 少量の. 3 (時間的に)短い. 4 (音が)かすかな, 弱い. 5 乏しい, わずかの. 6 取るに足りない, つまらない.
exiī *pf* ⇨ exeo.
exiliō -īre, *intr* =exsilio.
exīlis -is -e, *adj* [ex-/ilia] 1 やせた. 2 乏しい, 貧しい; (…を)欠いた〈+*gen*〉. 3 取るに足りない. 4 (文体が)無味乾燥な.
exīlitās -ātis, °*f* [↑] 1 やせている[細い]こと; 小さいこと. 2 (音声が)かぼそいこと. 3 (文体の)無味乾燥.
exīliter *adv* [exilis] 1 不十分に, 乏しく. 2 (音声が)かぼそく, 弱々しく.
exilium -ī, *n* =exsilium.
exim *adv* =exinde.
eximiē *adv* [eximius] 1 並はずれて, ことのほか. 2 みごとに.
eximietās -ātis, °*f* [↓] 卓越, 優秀.
eximius -a -um, *adj* [↓] 1 勘定外の, 除かれた. 2 えり抜きの. 3 並はずれた, みごとな: *formā eximiā mulier* (Pʟᴀᴜᴛ) とびきりの美女.
eximō -ere -ēmī -emptum, *tr* [ex-/emo; *cf.* adimo] 1 取り出す; (植物を)引き抜く. 2 (身につけた物を)脱ぐ, はずす. 3 取り除く: *eximere alci lassitudinem* (Pʟᴀᴜᴛ) ある人の疲れを取り除く. 4 省く, 除外する: *alqm de proscriptorum numero eximere* (Nᴇᴘ) ある人を追放者名簿から削除する. 5 (時を)浪費する. 6 解放する, 自由にする: *de vectigalibus eximebatur* (Cɪᴄ) (その土地は)貢税を免除されていた.
exin *adv* =exinde.
exinānio -īre -īvī [-iī] -ītum, *tr* [ex-/inanis] 1 空(ᵏ ̄ʏ)にする. 2 弱くする. 3 奪う, 略奪する.
exinānītiō -ōnis, *f* [↑] 1 空にすること. 2 弱くすること.
exinde *adv* [ex-/inde] 1 (空間的に) そこから. 2 (時間的に) その後, それ以来. 3 次に, 続いて. 4 それゆえに, 従って.
exīre *inf* ⇨ exeo.
exisse *inf pf* ⇨ exeo.
existimābilis -is -e, °*adj* [existimo] ありそうな.
existimātiō -ōnis, *f* [existimo] 1 評価, 判断. 2 評判, 名声. 3 信用.
existimātor -ōris, *m* [↓] 評価する人, 批評家.
existimō -āre -āvī -ātum, *tr* [ex-/aestimo] 1 見積もる, 評価する〈alqd; +*gen*〉: *magni opera existimare* (Cɪᴄ) 働きを大いに評価する. 2 判断する, 思う, みなす〈+2 個の *acc*; +*acc c. inf*〉. 3 決定する, 判定する〈de [ex] re; +間接疑問〉.
existō -ere, *intr* =exsisto.
existum- ⇨ existim-.
exitiābilis -is -e, *adj* [exitium] 致命的な, 破壊的な: *exitiabile bellum suis civibus* (Cɪᴄ) 同胞市民に破滅をもたらす戦争.
exitiābiliter °*adv* [↑] 致命的に.
exitiālis -is -e, *adj* =exitiabilis.

exitiāliter °*adv* =exitiabiliter.
exitiō -ōnis, *f* [exeo] 1 出て行くこと. 2 避けること, 回避.
exitiōsus -a -um, *adj* [↓] 致命的な, 破壊的な.
exitium -ī, *n* [exeo] 1 破壊, 破滅. 2 死.
exitus[1] -a -um, *pp* ⇒ exeo.
exitus[2] -ūs, *m* 1 出て行くこと. 2 出口. 3 終わり, 結末. 4 死. 5 結果.
exlex -lēgis, *adj* [ex-/lex] 法律に縛られない.
exnunc °*adv* [ex-/nunc] 今から.
exobsecrō -āre, *intr* [ex-/obsecro] 懇願する.
exoccupō -āre -āvī -ātum, °*tr* [ex-/occupo] 解放する, 解職する.
exoculō -āre -āvī -ātum, *tr* [ex-/oculus] 目玉をくり抜く.
exodermis -idis, °*f* [植] 外皮.
exodium -ī, *n* [Gk] 1 終局, 結末. 2 (芝居の後の)軽い出し物, 茶番狂言.
Exodus -ī, *n* [Gk] [聖] 出エジプト記.
exogastrūla -ae, °*f* [動] 外原腸胚.
exolēscō -ere -olēvī -olētum, *intr* [*cf*. abolesco] 1 成長する, 成人する. 2 衰える, 悪化する. 3 消え去る, すたれる.
exolētus[1] -a -um, *pp* ⇒ exolesco.
exolētus[2] -ī, *m* 男娼.
exolēvī *pf* ⇒ exolesco.
exolō -āre, *intr*, *tr* =exsulo.
exolūtiō -ōnis, *f* =exsolutio.
exolvō -ere, *tr* =exsolvo.
exomologēsis -is, °*f* [Gk] 懺悔, 告解.
exonerātiō -ōnis, °*f* [↓] (負債などの)軽減.
exonerō -āre -āvī -ātum, *tr* [ex-/onero] 1 荷を降ろす, 空(から)に[軽く]する. 2 取り除く. 3 免ずる, 解放する ⟨alqm [alqd] re⟩: *exonerare civitatem metu* (Liv) 国家を恐怖から解放する.
exōnychon -ī, *n* [Gk] [植] ムラサキ属の植物.
exopinissō -āre, *intr* [ex-/opinor] 思う, 考える.
exoptābilis -is -e, *adj* [exopto] 望ましい, 願わしい.
exoptātiō -ōnis, °*f* [exopto] 熱望.
exoptātus -a -um, *adj* (*pp*) [↓] 切望された.
exoptō -āre -āvī -ātum, *tr* [ex-/opto] 切望する, 熱望する ⟨alqd; alci alqd; +*inf*; ut⟩.
exōrābilis -is -e, *adj* [exoro] 嘆願に心を動かされる, なだめられる.
exōrābula -ōrum, *n pl* [exoro] 嘆願, 懇願.
exōrātiō -ōnis, *f* [exoro] 嘆願, 懇願.
exōrātor -ōris, *m* [exoro] (目的を達成する)嘆願者.
exorbeō -ēre, *tr* =exsorbeo.
exorbitō -āre -āvī -ātum, °*intr*, °*tr* [ex-/orbita] I (*intr*) それる, はずれる. II (*tr*) そらす.
exorcismus -ī, °*m* [教] 悪魔払い.
exorcizō -āre -āvī -ātum, *tr* [Gk] 悪魔を払う.
exordior -īrī -orsus sum, *tr dep* [ex-/ordior] 1 (機(はた)に)縦糸を仕掛ける, 織り始める. 2 (一般に)始める, 取りかかる ⟨alqd; a re; +*inf*⟩.
exordium -ī, *n* [↑] 1 (機に仕掛けられた)縦糸. 2 (一般に)始まり, 開始. 3 (弁論・著作の)序言, 前置き.
exorior -īrī -ortus sum, *intr dep* [ex-/orior] 1 出現する, 登場する. 2 (太陽・月・星が)昇る, 現われる. 3 起こる, 生ずる, 始まる ⟨ab alqo; ex re⟩.
exormiston -ī, °*n* [Gk] [動] ウツボ科の魚.
exornātiō -ōnis, *f* [exorno] 飾ること; 装飾.
exornātor -ōris, *m* [exorno] (文章を)飾りたてる人.
exornātulus -a -um, *adj dim* [↓] きれいに装った.
exornātus -a -um, *adj* (*pp*) [↓] 飾られた.
exornō -āre -āvī -ātum, *tr* [ex-/orno] 1 装備する, 用意する, 整える ⟨alqd re⟩: *vicinitatem armis exornare* (Sall) 近隣の男どもを武装させる. 2 飾る, 装飾する. 3 賞賛する, 栄誉を与える.
exōrō -āre -āvī -ātum, *tr* [ex-/oro] 1 嘆願して心を動かせる, 説き伏せる ⟨alqm a re; ut, ne, quin⟩. 2 嘆願して獲得する ⟨alqd ab [ex] alqo; ut⟩.
exors -rtis, *adj* =exsors.
exorsa -ōrum, *n pl* [↓] 1 開始; 企て. 2 序文, 前置き.
exorsus[1] -a -um, *pp* ⇒ exordior.
exorsus[2] -ūs, *m* 始まり, 開始.
exortīvus -a -um, *adj* [exorior] 1 (天体が)上昇する. 2 日の出の; 東の.
exortus[1] -a -um, *pp* ⇒ exorior.
exortus[2] -ūs, *m* 1 (天体の)上昇; 日の出. 2 (川・風・雲の)源. 3 (一般に)出現, 登場.
exos -ossis, *adj* [ex-/os[2]] 骨のない.
exosculātiō -ōnis, *f* [↓] (ハトが)くちばしを触れ合うこと.
exosculor -ārī -ātus sum, *tr dep* [ex-/osculor] 1 (熱烈に)接吻する. 2 大いに賞賛する.
exosporium -ī, °*n* [植] 外膜.
exossis -ossis -osse, *adj* =exos.
exossō -āre -āvī -ātum, *tr* [ex-/os[2]] 1 骨を取り除く. 2 (人を)骨抜きに[無力]にする.
exostra -ae, *f* [Gk] 1 舞台裏を観客の方に向ける装置, 回転舞台. 2° 敵の城壁に掛ける攻城用の吊り橋.
exōsus -a -um, *adj* [ex-/odi] 1 ひどく嫌っている ⟨+*acc*⟩: *Daphne taedas exosa jugales* (Ov) 婚礼のいまわを嫌悪する Daphne. 2° 憎むべき, 嫌われる.
exōtericus -a -um, *adj* [Gk] 門外漢にもわかるような, 通俗的な.
exōticus -a -um, *adj* [Gk] 外来[舶来]の, 外国の: *Graecia exotica* (Plaut) =Magna Graecia.
expallēscō -ere -palluī, *intr*, *tr* [ex-/pallesco] I (*intr*) 青ざめる. II (*tr*) ひどく恐れる ⟨alqd⟩.
expallidus -a -um, *adj* [ex-/pallidus] 非常に青白い.
expalluī *pf* ⇒ expallesco.
expalmō -āre -āvī -ātum, °*tr* [ex-/palma] 平手で打つ.
expalpō -āre -āvī -ātum, *tr* [ex-/palpo[1]] 甘言を用いて手に入れる ⟨alqd⟩.
expalpor -ārī, *tr dep* =expalpo.
expandī *pf* ⇒ expando.
expandō -ere -pandī -passum [-pansum], *tr*

[ex-/pando²] 伸ばす, 広げる.　2 説明する, 詳述する.

expansiō -ōnis, °*f* [↑] 伸ばす[広げる]こと.

expansus -a -um, *pp* ⇨ expando.

expapillātus -a -um, *adj* [ex-/papilla] 胸をあらわにした.

expars -partis, *adj* = expers.

expartus -a -um, °*adj* [ex-/pario²] (動物が)出産可能の年齢を過ぎた.

expassus -a -um, *pp* ⇨ expando.

expatior -ārī, *intr dep* =exspatior.

expatrō -āre -āvī -ātum, *tr* [ex-/patro] 使い果たす.

expavefacere *inf* ⇨ expavefacio.

expavefaciō -cere -fēcī -factum, *tr* [ex-/pavefacio] おびえあがらせる.

expavefactus -a -um, *pp* ⇨ expavefacio.

expavefēcī *pf* ⇨ expavefacio.

expaveō -ēre, *tr* [ex-/paveo] ひどく恐れる.

expavescō -ere -pāvī, *intr*, *tr inch* [↑] ひどく恐れるようになる ⟨ad alqd; alqd⟩.

expāvī *pf* ⇨ expavesco.

expavidus -a -um, *adj* [ex-/pavidus] ひどく恐れている.

expectātiō -ōnis, *f* =exspectatio.

expectō -āre, *tr*, *intr* =exspecto.

expectorans -antis, °*n* [↓] 【薬】去痰薬.

expectorō -āre -āvī -ātum, *tr* [ex-/pectus] 心の中から追い払う.

expecūliātus -a -um, *adj* [ex-/peculiatus] 財産を奪われた.

expedientia -ae, °*f* [expedio] 便宜, 好都合.

expedīmentum -ī, °*n* [↓] 1 (難題の)解決.　2 遂行, 実行.

expediō -īre -īvī [-iī] -ītum, *tr*, *intr* [ex-/pes] I (*tr*) 1 解く, ほどく ⟨alqd [alqm] (ex) re⟩.　2 自由にする, 解放する ⟨alqm [a (ex)] re⟩: *expedivi ex servitute filium* (PLAUT) わしは奴隷になっていた息子を救い出した / *jaculum expedire* (HOR) 槍を投ずる.　3 用意[準備]する, 供給する: *ad expediendas pecunias* (SUET) 身代金を調達するために.　4 終える, なし遂げる.　5 説明する, 詳述する.　II (*intr*) 1 役に立つ, 好都合である ⟨alci; (+*acc c.*) *inf*; ut⟩: *nihil nec expedire nec utile esse, quod est injustum* (CIC) 不正なことは何でも好都合でも有益でもない / (*impers*) *omnibus bonis expedit salvam esse rem publicam* (CIC) 国家が安全であることはすべての善良な人々にとって益となる.　2 (事態が)展開する, 進行する.

expedītē *adv* [expeditus¹] 1 難なく, たやすく.　2 すばやく, 迅速に.　3 明確に; 流暢に.

expedītiō -ōnis, *f* [expedio] 1 軍事行動, 遠征.　2 明確な説明[論述].　3 【建】計画, 配置.

expedītiōnālis -is -e, °*adj* [↑] 遠征の.

expedītum -ī, °*n* [↓] *in expedito esse* (LIV) 妨げられない / *in expedito habere* (SEN) 用意[準備]している.

expedītus¹ -a -um, *adj* (*pp*) [expedio] 1 軽装の.　2 楽々と動かせる, 敏捷な; 機敏な: *homo expediti consilii* (TAC) 即座に忠告してくれる男.　3 困難を伴わない, 利用[使用]しやすい: *iter multo expeditius* (CAES) はるかに通りやすい道.　4 容易に入手[確保]できる.

expedītus² -ī, *m* 軽装(歩)兵.

expellō -ere -pulī -pulsum, *tr* [ex-/pello] 1 追い出す, 追い払う ⟨alqm [alqd] (ex) re⟩.　2 押し出す, 突き出す: *expellere naves ab litore in altum* (LIV) 船を岸から沖へ出す.　3 (感情・眠り・病気などを)排除する, 一掃する: *spem metus expulerat* (OV) 恐怖が望みを消し去っていた.　4 (ある状態から)放逐する, 退ける: *alqm vitā expellere* (CIC) ある人を死に追いやる.

expendī *pf* ⇨ expendo.

expendō -ere -pendī -pensum, *tr* [ex-/pendo] 1 (はかりで重さを)量る; (金銭を)支払う.　2 評価する, 判断する: *meritis expendite causam* (OV) 手柄を考量して裁定してください.　3 罰を受ける: *poenas capite expendere* (TAC) 処刑される.

expensa -ae, °*f* (*pp*) [↑] (*sc*. pecunia) 費用, 出費.

expensē °*adv* [expensus] 大いに, 非常に.

expensiō -ōnis, °*f* [expendo] 費用, 出費.

expensō -āre -āvī -ātum, *tr freq* [expendo] 1 支払う.　2° 埋め[釣り]合わせる.

expensum -ī, *n* [↓] 費用, 出費: *ratio accepti atque expensi* (PLAUT) 収支勘定 / *ferre alci* ~ (CIC) (ある金額を)ある人への貸しとして記帳する.

expensus -a -um, *pp* ⇨ expendo.

expergēfacere *inf* ⇨ expergefacio.

expergēfaciō -cere -fēcī -factum, *tr* [expergo/facio] 1 目をさまさせる.　2 喚起し, ひき起こす.

expergēfactus -a -um, *pp* ⇨ expergefacio.

expergēfēcī *pf* ⇨ expergefacio.

expergī *pf* ⇨ expergo.

expergiscī *inf* ⇨ expergiscor.

expergiscor -scī -perrectus sum, *intr dep* [expergo] 1 めざめる.　2 奮い立つ.

expergitē *adv* [↓] 注意深く.

expergitus -a -um, *pp* ⇨ expergo.

expergō -ere -gī -gitum, *tr* [*cf.* Gk ἐγείρω] 1 目をさまさせる.　2 喚起する.

experiēns -entis, *adj* (*prp*) [experior] 1 活動的な, 勤勉な.　2 我慢強い ⟨alcis rei⟩: *genus ~ laborum* (OV) 労苦に耐える種族.

experientia -ae, *f* [↑] 1 試み, 試験.　2 経験.　3 (経験に基づく)技術, 知識.

experīmentum -ī, *n* [↓] 1 試験.　2 経験.　3 証拠.

experior -īrī -pertus sum, *tr dep* [*cf.* peritus², periculum] 1 試す, 検査[試験]する ⟨alqd [alqm]; +*inf*; +間接疑問⟩.　2 努力する: *omnia de pace expertus* (CAES) 平和のためにあらゆる策を講じたが.　3 経験[体験]する; (通例 *pf*) 経験から学んで知っている: *experiendo magis quam discendo* (CIC) 学習よりむしろ体験によって / *spem saepe vanam experiti sunt* (LIV) 彼らは希望がしばしば空しいことを知っている.　4 法に訴える, 告訴する.

experrectus -a -um, *adj* (*pp*) [expergiscor] 目をさましている, 用心している.

expers -pertis, *adj* [ex-/pars] 1 かかわりを持たな

い、関与していない〈+gen〉: ~ conjurationis erat (TAC) 彼は陰謀とかかわりがなかった. **2** (…を)欠いた, 免れた〈+gen [abl]〉.

expertiō -ōnis, *f* [experior] 試み, 試験.

expertus -a -um, *adj* (*pp*) [experior] **1** 試された, 立証された. **2** …の経験のある〈+gen〉: *experti belli juvenes* (VERG) 戦闘の経験のある若者たち.

expēs *adj* =exspes.

expetendus -a -um, *adj* [expeto] 望ましい, 願わしい.

expetēns -entis, *adj* (*prp*) [expeto] 熱望[切望]している.

expetessō -ere, *tr intens* [expeto] 熱望する.

expetibilis -is -e, *adj* [expeto] 望ましい, 願わしい.

expetītus -a -um, *pp* ⇨ expeto.

expetīvī *pf* ⇨ expeto.

expetō -ere -petīvī -petītum, *tr*, *intr* [ex-/peto] **I** (*tr*) **1** 得ようと努力する, 追求する〈alqd〉. **2** 要求する; 熱望[切望]する〈alqd [alqm] ab alqo; +(*acc c.*) *inf*〉. **II** (*intr*) 起こる, 降りかかる〈in alqm; alci〉.

expiātiō -ōnis, *f* [expio] **1** 償い, 罪滅ぼし. **2** °〚キ教〛贖罪(しょく).

expiātor -ōris, °*m* [expio] 清める者.

expiātrīx -īcis, *f* [↑] 清める者《女性》.

expictus -a -um, *pp* ⇨ expingo.

expīlātiō -ōnis, *f* [expilo] 略奪, 強奪〈+gen〉: ~ *sociorum* (CIC) 同盟者(から)の略奪.

expīlātor -ōris, *m* [↓] 略奪者, 強奪者.

expīlō -āre -āvī -ātum, *tr* [ex-/pilo²] 略奪する, 強奪する.

expingō -ere -pinxī -pictum, *tr* [ex-/pingo] **1** 彩色する. **2** 描写する.

expinsō -ere, *tr* [ex-/pinso²] ひいて粉にする, すりつぶす.

expinxī *pf* ⇨ expingo.

expiō -āre -āvī -ātum, *tr* [ex-/pio] **1** 償う, 罪滅ぼしをする. **2** 復讐する. **3** 清める. **4** (神々の怒りを)和らげる, 静める. **5** °〚キ教〛(罪を)あがなう.

expir- ⇨ exspir-.

expiscor -ārī -ātus sum, *tr dep* [ex-/piscor] 探り出す〈alqd ab [ex] alqo〉.

explānābilis -is -e, *adj* [explano] はっきりした, 明瞭な.

explānātē *adv* [explanatus] 明瞭に.

explānātiō -ōnis, *f* [explano] **1** 説明, 解釈. **2** 〚修〛活写. **3** 明瞭な発音.

explānātor -ōris, *m* [explano] 説明[解釈]者.

explānātus -a -um, *adj* (*pp*) [↓] はっきりした, 明瞭な.

explānō -are -āvī -ātum, *tr* [ex-/planus¹] **1** 平らにする. **2** 明らかにする, 説明する. **3** 明瞭に発音する.

explantō -āre -āvī -ātum, *tr* [ex-/planto] 根こそぎにする, 引き抜く.

explaudō -ere, *tr* ⇨ explodo.

explēmentum -ī, *n* [expleo] **1** 詰めるもの. **2** 埋め草.

explendēscō -ere, *intr* =exsplendesco.

expleō -ēre -plēvī -plētum, *tr* [ex-/pleo] **1** いっぱいにする〈alqd re〉: *explere fossam aggere* (CAES) 壕を土で埋める. **2** (必要な数量を)満たす: *numerum nautarum explere* (CIC) 船員の数を満たす. **3** 補う, 埋合わせをする: *explere damna* (LIV) 損失を埋め合わせる. **4** 完全にする. **5** (欲望を)満足させる, 和らげる: *sitim explere* (CIC) 渇きをいやす. **6** 果たす, なし遂げる: *explere amicitiae munus* (CIC) 友としての義務を果たす. **7** (ある期間を)終える: *supremum diem explere* (TAC) 死ぬ.

explētiō -ōnis, *f* [↑] 完成すること, 成就.

explētīvus -a -um, °*adj* [expleo] 補足的な.

explētus -a -um, *adj* (*pp*) [expleo] 完成した, 完全な.

explēvī *pf* ⇨ expleo.

explicābilis -is -e, *adj* [explico] 解きほぐす[説明する]ことができる.

explicātē *adv* [explicatus¹] 明瞭に, 明確に.

explicātiō -ōnis, *f* [explico] **1** ほどく[解く]こと. **2** (建造物の)配置. **3** 解決; 説明. **4** 記述, 叙述.

explicātor -ōris, *m* [explico] 説明[解説]者.

explicātrīx -īcis, *f* [↑] 説明者《女性》.

explicātus¹ -a -um, *adj* (*pp*) [explico] 明瞭な, 明確な.

explicātus² -ūs, *m* **1** (馬が脚を)伸ばすこと. **2** 説明.

explicitus -a -um, *adj* (*pp*) [↓] 簡単な, 容易な.

explicō -āre -plicāvī [-plicuī] -plicātum [-plicitum], *tr* [ex-/plico] **1** 解く, ほどく. **2** 広げる, 伸ばす. **3** (部隊を)展開させる. **4** 処理する, 解決する: *peto a te, ut ejus negotia explices et expedias* (CIC) 君が彼の問題を処理し解決してくれるよう頼む. **5** 救い出す, 免れさせる. **6** 説明する, 叙述する〈de re; + *acc c. inf*; +間接疑問〉: *explicare breviter quae mihi sit ratio et causa cum Caesare* (CIC) 私とCaesarとがどのような関係にあるかを簡単に説明する.

explicuī *pf* ⇨ explico.

explōdō -ere -plōsī -plōsum, *tr* [ex-/plaudo] **1** (俳優をやじって舞台から)引っ込ませる. **2** 追い出す, 放逐する. **3** 退ける, はねつける.

explōrātē *adv* [exploratus] 確実に, 確信を持って.

explōrātiō -ōnis, *f* [exploro] 調査, 探求; 偵察.

explōrātor -ōris, *m* [exploro] **1** 調査者. **2** 斥候, 密偵.

explōrātōrius -a -um, *adj* [↑] 斥候の.

explōrātus -a -um, *adj* (*pp*) [↓] **1** 確かな, 確実な. **2** 安全な; (…を)免れた〈+abl〉.

explōrō -āre -āvī -ātum, *tr* **1** 〚軍〛偵察する: *explorare hostium consilio* (HIRT) (斥候によって)敵の作戦を知ったうえで. **2** 調査する, 探索する. **3** 試す, 試験する.

explōsī *pf* ⇨ explodo.

explōsiō -ōnis, *f* [explodo] (俳優をやじって舞台から)引っ込ませること.

explōsus -a -um, *pp* ⇨ explodo.

expoliātiō -ōnis, °*f* =exspoliatio.

expoliō¹ -īre -polīvī [-poliī] -polītum, *tr* [ex-/

polio[1] **1** なめらかにする, 磨く. **2** 磨きをかける, 仕上げを施す. **3** 練り上げる, 洗練する: *Graecā doctrinā expolitus* (GELL) ギリシアの学問で磨かれた. **4** 飾りたてる, 美化する ⟨alqm⟩.

expoliō[2] -āre, *tr* =exspolio.

expolītiō -ōnis, *f* [expolio[1]] **1** なめらかにすること, 仕上げること. **2** 練り上げること, 洗練.

expolītus -a -um, *adj* (*pp*) [expolio[1]] 磨かれた; (りっぱに)仕上げられた.

expōnō -ere -posuī -positum [-postum], *tr* [ex-/pono] **1** 外へ置く, 持ち出す. **2** (船から)上陸させる, 陸揚げする. **3** 広げる, 並べる. **4** 公開[陳列]する; 売りに出す. **5** (子供を)遺棄する. **6** (危険などに)さらす ⟨alqd+dat; alqd ad alqd⟩: *inermes provincias barbaris nationibus exponere* (TAC) 属州を無防備なまま野蛮な部族の前にさらす. **7** 与える: *erant huic studio maxima exposita praemia* (CIC) この努力には最大の報酬が与えられていた. **8** 語る, 叙述する, 説明する ⟨alqd; de re; +*acc c. inf*⟩.

expoposcī *pf* ⇨ exposco.

expōrgō -ere, *tr* =exporrigo.

exporrēctus -a -um, *pp* ⇨ exporrigo.

exporrēxī *pf* ⇨ exporrigo.

exporrigō -ere -porrēxī -porrēctum, *tr* [ex-/porrigo[2]] 広げる, 伸ばす.

exportātiō -ōnis, *f* [↓] 輸出.

exportō -āre -āvī -ātum, *tr* [ex-/porto] **1** 運び出す ⟨alqd ex re⟩. **2** 輸出する.

exposcō -ere -poposcī, *tr* [ex-/posco] **1** 要求する, 懇願する ⟨alqd ab alqo; alqm alqd; +*inf*; ut⟩. **2** 引渡しを求める ⟨alqm⟩.

exposita -ōrum, *n pl* [expositus] 外観.

expositē *adv* [expositus] 明らかに.

expositīcius -a -um, *adj* 捨て子にされた.

expositiō -ōnis, *f* [expono] **1** 子供を捨てること. **2** 叙述, 説明.

expositor -ōris, *m* [expono] **1** 子供を捨てる者. **2**° 解釈[説明]する人.

expositus -a -um, *adj* (*pp*) [expono] **1** わかりやすい; ありふれた, 平凡な. **2** 隠しごとをしない, 率直な.

expostulātiō -ōnis, *f* [expostulo] **1** (しつこい)要求. **2** 抗議, 苦情.

expostulātus -ūs, °*m* [↓] 苦情.

expostulō -āre -āvī -ātum, *tr*, *intr* [ex-/postulo] **1** (しつこく)要求する ⟨alqd ab alqo; ut, ne⟩. **2** 抗議する, 苦情を言う ⟨cum alqo; de re; +*acc c. inf*⟩.

expostus -a -um, *pp* ⇨ expono.

exposuī *pf* ⇨ expono.

expressē *adv* [expressus] **1**° 力を込めて. **2** 明白に, はっきりと.

expressī *pf* ⇨ exprimo.

expressim °*adv* [expressus] 明白に, はっきりと.

expressiō -ōnis, *f* [exprimo] **1** 押し[しぼり]出すこと. **2** 【建】 平縁(ひらぶち), 押し縁. **3**° 生き生きとした描写[表現].

expressor -ōris, °*m* [exprimo] 説明[明示]する人.

expressus -a -um, *adj* (*pp*) [exprimo] **1** はっきりした, 明確な. **2** (ひな型・モデルを)忠実になぞって作られた[再現された].

exprētus -a -um, *adj* 包まれた, くるまれた.

exprimō -ere -pressī -pressum, *tr* [ex-/premo] **1** 押し出す, しぼり出す. **2** 押し上げる, 高く[大きく]する. **3** 強要する, もぎ取る ⟨alqd ab alqo; alci alqd⟩: *sponsionem expresserunt nobis Samnites* (LIV) Samnites 族はわれわれに協定を強要した. **4** 生み出す, もたらす: *utilitas expressit nomina rerum* (LUCR) 有用性が物の名をつけた. **5** 模造[模写]する, (絵画・彫刻で)表現する. **6** (ことばで)表現する, 叙述する. **7** 翻訳する. **8** はっきり[正確に]発音する.

exprobrābilis -is -e, °*adj* [exprobro] 非難すべき.

exprobrātiō -ōnis, *f* [exprobro] 非難, 叱責.

exprobrātor -ōris, *m* [exprobro] 非難する人.

exprobrātrīx -īcis, *f* [↑] 非難する人 (女性).

exprobrō -āre -āvī -ātum, *tr* [ex-/probrum] 非難する, とがめる ⟨alci alqd; alci de re; +*acc c. inf*⟩: *parcite vitia exprobrare puellis* (OV) 少女たちに欠点を悪く言うのは控えなさい.

exprōmīsī *pf* ⇨ expromitto.

exprōmissor -ōris, *m* [expromitto] (他人の借金の)支払いを約束する人, 保証人.

exprōmissus -a -um, *pp* ⇨ expromitto.

exprōmittō -ere -mīsī -missum, *tr* [ex-/promitto] **1** 支払いを約束する. **2** 【法】(他人の借金の)支払いを保証する.

exprōmō -ere -prōmpsī -prōmptum, *tr* [ex-/promo] **1** 持ち[取り]出す. **2** 口に出す: *maestas expromere voces* (VERG) 悲しい声を出す. **3** 表わす, 示す: *exprome benignum ex te ingenium* (PLAUT) あなたの生来のお慈悲をお示し下さい. **4** 打ち明ける, 語る ⟨alqd; +*acc c. inf*; +間接疑問⟩: *apud amicum expromere omnia occulta* (TER) 友人に秘密をすっかり打ち明ける.

exprōmpsī *pf* ⇨ expromo.

exprōmptus -a -um, *pp* ⇨ expromo.

expudōrātus -a -um, *adj* [ex-/pudor] 恥知らずの.

expugnābilis -is -e, *adj* [expugno] 攻略しうる, 奪取しうる.

expugnācior -ior -ius, *adj comp* ⇨ expugnax.

expugnātiō -ōnis, *f* [expugno] **1** 攻略, 奪取. **2** 破滅.

expugnātor -ōris, *m* [expugno] 攻略者, 征服者.

expugnāx -ācis, *adj* [↓] 効力のある, 有効な.

expugnō -āre -āvī -ātum, *tr* [ex-/pugno] **1** (急襲して)攻略する, 占領する. **2** 打ち負かす, 破る: *fames obsessos expugnavit* (LIV) 飢えが籠城兵を降服させた. **3** 強要する, 説き伏せる ⟨alqd; ut⟩: *expugnatus precibus uxoris* (SUET) 妻の懇願に屈して. **4** なし遂げる: *coepta expugnare* (OV) 始めた仕事を最後までやり遂げる.

expulī *pf* ⇨ expello.

expulsiō -ōnis, *f* [expello] 放逐, 追放.

expulsō -āre -āvī -ātum, *tr freq* [expello] **1**° 追い出す. **2** (球技でボールを)打ち返す.

expulsor -ōris, *m* [expello] 追い出す者.
expulsus -a -um, *pp* ⇨ expello.
expultrix -īcis, *f* [expello] 追い出す者《女性》.
expūmō -āre, *intr* =exspumo.
expūnctiō -ōnis, °*f* [expungo] 遂行, 成就.
expūnctor -ōris, °*m* [expungo] 抹消する者, 破壊者.
expūnctrix -īcis, °*f* [↑] 抹消する者《女性》.
expūnctus -a -um, *pp* ⇨ expungo.
expungō -ere -pūnxī -pūnctum, *tr* [ex-/pungo] **1** 消す, 抹消する. **2**° 果たす, なし遂げる.
expūnxī *pf* ⇨ expungo.
expuō -ere, *intr, tr* =exspuo.
expurgātiō -ōnis, *f* [↓] 申し開き, 弁明.
expurgō -āre -āvī -ātum, *tr* [ex-/purgo] **1** 清める, 浄化する. **2** 申し開きをする, 弁明する.
expūrigātiō -ōnis, *f* =expurgatio.
expūrigō -āre, *tr* =expurgo.
expūtēscō -ere, *intr* [ex-/putesco] すっかり腐る.
expūtō -āre -āvī -ātum, *tr* [ex-/puto] **1** (余計な物を)切り取る, 剪定(せんてい)する. **2** 吟味する, 考察する. **3** 理解する.
exquaerō -ere, *tr* =exquiro.
Exquil- ⇨ Esquil-.
exquīrō -ere -quīsīvī -quīsītum, *tr* [ex-/quaero] **1** 尋ねる, 追求する, 吟味する 〈alqd; alqd ab [ex] alqo; +間接疑問〉: *optimum rei publicae statum exquirere* (CIC) 国家の最善のあり方を追求する. **2** 捜す, 求める: *exemplum exquirere* (LIV) 先例を捜す. **3** 見つけ出す 〈alqd; +acc c. inf〉.
exquīsītē *adv* [exquisitus] 入念に, 正確に.
exquīsītim *adv* [exquisitus] 入念に, 正確に.
exquīsītiō -ōnis, °*f* [exquiro] **1** 調査, 研究. **2** 案出, 発明.
exquīsītor -ōris, °*m* [exquiro] 探求者, 研究者.
exquīsītus -a -um, *adj* (*pp*) [exquiro] **1** 細心の, 入念な. **2** えり抜きの, 類まれな.
exquīsīvī *pf* ⇨ exquiro.
exrādīcitus *adv* [↓] 根こそぎ, すっかり.
exrādīcō -āre, *tr* =eradico.
exsacrificō -āre -āvī -ātum, *tr* [ex-/sacrifico] いけにえをささげる.
exsaeviō -īre, *intr* [ex-/saevio] (嵐が)静まる, おさまる.
exsanguēscō -ere, °*intr inch* [↓] 力[元気]がなくなる.
exsanguis -is -e, *adj* [ex-/sanguis] **1** 血を失った; 生命のない. **2** 青ざめた. **3** 力[元気]のない.
exsaniō -āre -āvī -ātum, *tr* [ex-/sanies] **1** 膿(う)を出させる; (傷口を)きれいにする. **2** 果汁をしぼる. **3** 取り除く.
exsarciō -īre -sartum, *tr* [ex-/sarcio] **1** 繕う. **2** 埋合わせ[償い]をする.
exsartus -a -um, *pp* ⇨ exsarcio.
exsatiō -āre -āvī -ātum, *tr* [ex-/satio¹] **1** (食欲を)満たす. **2** (欲望・激情などを)満足させる.
exsaturābilis -is -e, *adj* [↓] 満足しうる.
exsaturātiō -ōnis, °*f* [↓] 十分満足させること.
exsaturō -āre -āvī -ātum, *tr* [ex-/saturo] 十分満足させる.

exscalpō -ere -scalpsī -scalptum, *tr* [ex-/scalpo] **1** 彫刻する, 彫って仕上げる. **2**° 整える.
exscalpsī *pf* ⇨ exscalpo.
exscalptus -a -um, *pp* ⇨ exscalpo.
exscendō -ere, *intr, tr* =escendo.
exscēnsiō -ōnis, *f* =escensio.
exscidī *pf* ⇨ exscindo.
exscidium -ī, *n* =excidium.
exscindō -ere -scidī -scissum, *tr* [ex-/scindo] 破壊する; 滅ぼす.
exscissus -a -um, *pp* ⇨ exscindo.
exscreābilis -is -e, *adj* [exscreo] 咳払いして痰を吐き出させられる.
exscreātiō -ōnis, *f* [exscreo] (痰・血などを)吐き出すこと.
exscreātus -ūs, °*m* =exscreatio.
exscreō -āre -āvī -ātum, *tr* [ex-/screo] (痰・血などを)咳払いして吐き出す.
exscrībō -ere -scrīpsī -scrīptum, *tr* [ex-/scribo] **1** 書き写す; 書き留める. **2** 模写する. **3** (…に)似ている 〈alqm〉.
exscrīpsī *pf* ⇨ exscribo.
exscrīptus -a -um, *pp* ⇨ exscribo.
exsculpō -ere -sculpsī -sculptum, *tr* [ex-/sculpo] **1** (穴を)くり抜く; 掘る. **2** 削り落とす[取る]. **3** 彫って作る, 彫刻する. **4** (巧みに)引き[聞き]出す 〈alqd ex alqo〉.
exsculpsī *pf* ⇨ exsculpo.
exsculptus -a -um, *pp* ⇨ exsculpo.
exsecātiō -ōnis, °*f* =exsectio.
exsecō -āre -secuī -sectum, *tr* [ex-/seco] **1** 切り取る, 切り離す: *exsectā linguā* (CIC) 舌を切り取られて. **2** 去勢する.
exsecrābilis -is -e, *adj* [exsecror] **1** 呪うべき, 忌まわしい. **2** 呪いの.
exsecrābilitās -ātis, *f* [↑] 忌まわしいこと.
exsecrābiliter *adv* [exsecrabilis] ひどく, ものすごく.
exsecrāmentum -ī, °*n* [exsecror] 呪い, 呪詛(じゅそ).
exsecrandus -a -um, °*adj* (*gerundiv*) [exsecror] 呪うべき, 忌まわしい.
exsecrātiō -ōnis, *f* [exsecror] **1** 呪うこと, 呪詛. **2** (破られたときの呪いを伴う)誓い. **3**° 忌まわしいもの.
exsecrātus -a -um, *adj* (*pp*) [exsecror] 呪われた, 忌まわしい.
exsecrō -āre, *tr* =exsecror.
exsecror -ārī -ātus sum, *tr dep* [ex-/sacro] **1** 呪う 〈alqm [alqd]〉. **2** (呪いを伴って)誓う. **3** 忌み嫌う, 憎悪する.
exsectiō -ōnis, *f* [exseco] 切り取ること, 切断.
exsector -ōris, *m* [exseco] 切り取る人.
exsectus -a -um, *pp* ⇨ exseco.
exsecuī *pf* ⇨ exseco.
exsecūtiō -ōnis, *f* [exsequor] **1** 実行, 遂行. **2** 統治, 管理. **3** 告発, 弾劾. **4** (論題の)展開, 論議.
exsecūtor -ōris, *m* [exsequor] **1** 実行[遂行]者.

2 復讐する人.

exsecūtōrius -a -um, °*adj* [exsequor] 実行[遂行]の.

exsecūtus -a -um, *pp* ⇨ exsequor.

exsensus -a -um, *adj* [ex-/sensus] 無感覚の.

exsequens -entis, *adj* (*prp*) [exsequor] 熱心に探求している <alcis rei>.

exsequī *inf* ⇨ exsequor.

exsequiae -ārum, *f pl* [exsequor] **1** 葬儀, 葬列: *exsequias ire* (TER) 葬儀に参列する. **2**° 遺骨.

exsequiālia -ium, *n pl* [↓] 葬儀.

exsequiālis -is -e, *adj* [exsequiae] 葬儀の.

exsequior -ārī -ātus sum, *tr dep* [exsequiae] 葬儀を執り行なう, 葬列を作って墓地まで送る.

exsequor -quī -secūtus sum, *tr dep* [ex-/sequor] **1** 葬列を作って墓地まで送る, 葬送する. **2** ついて行く, 従う; 到達する. **3** 追求する: *exsequi jus suum armis* (CAES) 武器をとって自らの権利を追求する. **4** (苦しみなどを)こうむる, 耐え忍ぶ: *egestatem exsequi* (PLAUT) 貧乏暮らしをする. **5** 罰する, 復讐する. **6** 実行[遂行]する. **7** 列挙する, 順々に説明する[論ずる].

exserciō -īre, *tr* =exsarcio.

exserō -ere -seruī -sertum, *tr* [ex-/sero¹] **1** 突き出す, 伸ばす: *caput exserere ponto* (Ov) 海から頭を出しておくれ. **2** むきだしにする, 露出する. **3** (剣を)さやから抜く. **4** (権力を)行使する: *exseruisse jus tribuniciae potestatis* (SUET) 護民官職権を行使した.

exsertē *adv* [exsertus] **1** 大声で. **2**° きっぱりと, 決然として.

exsertō -āre -āvī -ātum, *tr freq* [exsero] **1** 突き出す, 伸ばす. **2** むきだしにする.

exsertus -a -um, *adj* (*pp*) [exsero] **1** 突き出た. **2** (目を)大きく開いた, 油断のない.

exseruī *pf* ⇨ exsero.

exsībilō -āre -āvī -ātum, *tr* [ex-/sibilo] **1** (役者を)シッシとやじって舞台から引っ込ませる. **2** シッシという[不快な]音を立てる.

exsiccātiō -ōnis, °*f* [exsicco] 乾燥させること.

exsiccātus -a -um, *adj* (*pp*) [exsicco] (文体が)無味乾燥の.

exsiccēscō -ere, *intr* [ex-/siccesco] (すっかり)乾く.

exsiccō -āre -āvī -ātum, *tr* [ex-/sicco] **1** 乾かす. **2** (杯などを)空(ﾞ)にする, 飲みほす.

exsicō -āre, *tr* =exseco.

exsignō -āre -āvī -ātum, *tr* [ex-/signo] (印章によって)本物と保証する.

exsiliō -īre -siluī [-silīvī] -sultum, *intr* [ex-/salio¹] **1** 跳び出る, 跳び上がる. **2** (稲妻・炎などが)起こる, 生ずる. **3** (樹木・葉などが)勢いよく生え出る.

exsilior -ārī, °*intr dep* [↓] 追放されている.

exsilium -ī, *n* [exsul] **1** 追放, 流刑. **2** 流刑地. **3** (*pl*) 追放[流罪に]された人々.

exsiluī *pf* ⇨ exsilio.

exsinuō -āre -āvī -ātum, °*tr* [ex-/sinuo] 広げる, 開く.

exsistentia -ae, °*f* [exsisto] 存在, 実在.

exsistentiālis -is -e, °*adj* [exsisto] 存在に関する.

exsistentiāliter °*adv* [↑] 本質的に.

exsistō -ere -stitī, *intr* [ex-/sisto] **1** 出てくる, 現われる <a [ex, de] re>: *existere e latebris* (LIV) 隠れ場から姿を現わす. **2** 起こる, 生ずる: *magna inter eos exsistit controversia* (CAES) 彼らの間で大論争が持ち上がる. **3** (結果として…)なる; (…であることが)明らかになる <ut; +*acc c. inf*>: *ex quo exsistet, ut de nihilo quippiam fiat* (CIC) そのことから無から何かが生じるということになろう.

exsolētus -a -um, *adj* =exoletus¹.

exsolūtiō -ōnis, *f* [exsolvo] **1** 解放, 放免. **2** 支払い.

exsolūtus -a -um, *pp* ⇨ exsolvo.

exsolvī *pf* ⇨ exsolvo.

exsolvō -ere -solvī -solūtum, *tr* [ex-/solvo] **1** ほどく, 解く. **2** 自由にする, 解放する: *exsolutus vinculis* (SUET) 鎖から解かれて / *animum nodis religionum exsolvere* (LUCR) 精神を宗教の束縛から解き放つ. **3** 解き明かす. **4** 終わらせる, 取り除く. **5** 履行する: *exsolvere fidem* (LIV) 約束を果たす. **6** 支払う; 償う: *poenas morte exsolvisse* (TAC) 罪を死で償った. **7** 報いる: *exsolvere gratiam recte factis alcis* (LIV) ある人の善行に報いる.

exsomnis -is -e, *adj* [ex-/somnus] 眠らずにいる; 油断がない.

exsonō -āre -sonuī, *intr* [ex-/sono] 大きな音がする, 響きわたる.

exsonuī *pf* ⇨ exsono.

exsorbeō -ēre -sorbuī [-sorpsī], *tr* [ex-/sorbeo] 飲み込む, 飲み尽くす: *qui amphoram exsiccat et faecem quoque exsorbet* (SEN) (ぶどう酒の)壺を空にし澱(ﾞ)まで飲みほす人 / *gustaras civilem sanguinem vel potius exsorbueras* (CIC) あなたは市民の血を味わった, 否むしろ, 飲みほしていたのだ.

exsordēscō -ere, *intr* [ex-/sordesco] (品位・名誉が)けがれる.

exsors -sortis, *adj* [ex-/sors] **1** (くじ引き以外の方法で)割り当てられた, えり抜きの. **2** 分け前にあずからない, …を奪われた <alcis rei>: *dulcis vitae ~* (VERG) 甘美な生を奪われた.

exspargō -ere, *tr* =exspergo.

exspatiātus -a -um, *pp* ⇨ exspatior.

exspatior -ārī -ātus sum, *intr dep* [ex-/spatior] **1** (道から)それる, 逸脱する. **2** 広がる, 伸びる. **3** 長々と語る[説く].

exspectābilis -is -e, °*adj* [exspecto] 期待された, 注目すべき.

exspectātiō -ōnis, *f* [exspecto] 待つ[待ち受ける]こと, 予期, 期待: *est adventus Caesaris in exspectatione* (CIC) Caesarの到着が待たれている.

exspectātor -ōris, °*m* [exspecto] 待つ人.

exspectātrix -icis, °*f* [↑] 待つ人《女性》.

exspectātus -a -um, *adj* (*pp*) [↓] 待ち遠しい, 待望の.

exspectō -āre -āvī -ātum, *tr, intr* [ex-/specto] **1** 待つ <alqm [alqd]; dum, quoad, donec, si, ut, quin; +間接疑問>: *transitum tempestatis exspectare* (CIC) 嵐が過ぎるのを待つ / *majora me pericula*

exspectant (Sen) より大きな危険が私を待ち構えている / *rusticus exspectat, dum defluat amnis* (Hor) 田舎者は川が流れ尽きるまで待つ．　**2** 期待する，待ち望む；懸念する，危惧(念)する ⟨alqm [alqd]⟩; alqd ab [ex] alqo [re]; +acc c. inf⟩: *nolite me argumenta exspectare* (Cic) 私に議論を期待してはいけない / *majorem Galliae motum exspectans* (Caes) Gallia のもっと大規模な暴動を懸念して．

exspergō -ere, *tr* [ex-/spargo¹] まき散らす．

exspēs (*sg nom* のみ) *adj* [ex-/spes] 望みを失った，絶望している ⟨+gen⟩: *ubi ～ vitae fuit* (Tac) 彼は生きる望みを失った時．

exspīrātiō -ōnis, *f* [↓] **1** 発散．**2**° (生理) 呼気．

exspīrō -āre -āvī -ātum, *tr, intr* [ex-/spiro] **I** (*tr*) 吐き出す，発散させる: *animam exspirare* (Verg) 息が絶える，死ぬ．**II** (*intr*) **1** 吹き出る，ほとばしる．**2** 死ぬ; 消滅する．

exsplendēscō -ere -splenduī, *intr* [ex-/splendesco] **1** 輝き出る．**2** 目立つ[際立つ]ようになる．

exsplenduī *pf* ⇨ exsplendesco.

exspoliātiō -ōnis, *f* [exspolio] 略奪すること．

exspoliātor -ōris, °*m* [↓] 略奪者．

exspoliō -āre -āvī -ātum, *tr* [ex-/spolio] 略奪 [強奪]する，奪う ⟨alqm [alqd]; alqm re⟩: *exspoliare exercitu et provinciā Pompeium* (Cic) Pompeius から軍隊と属州を奪う．

exspuī *pf* ⇨ exspuo.

exspuitiō -ōnis, *f* [exspuo] 吐き出すこと．

exspūmō -āre, *intr* [ex-/spumo] 泡立つ．

exspuō -ere -spuī -spūtum, *intr, tr* [ex-/spuo] **I** (*intr*) 唾を吐く．**II** (*tr*) **1** 吐き出す; 発する，出す．**2** 追い払う，取り除く．

exspūtus -a -um, *pp* ⇨ exspuo.

exstāns -antis, *aaj* (*prp*) [exsto] **1** 突き出た，盛り上がった．**2**° 存在する．

exstantia -ae, *f* [↑] 突出(部)．

exstasis -is (*acc* -in, *abl* -ī), °*f* [Gk] 驚愕，戦慄．

exsternō -āre -āvī -ātum, *tr* [ex-/sterno] おびえさせる，狼狽させる．

exstillēscō -ere, °*intr inch* [↓] したたり落ち始める．

exstillō -āre -āvī -ātum, *intr* [ex-/stillo] したたり落ちる．

exstimulātor -ōris, *m* [↓] 煽動者．

exstimulō -āre -āvī -ātum, *tr* [ex-/stimulo] 駆りたてる; 刺激する，煽動する．

exstīnctiō -ōnis, *f* [exstinguo] 消滅，絶滅．

exstīnctīvus -a -um, °*adj* [exstinguo] 消滅的な，消滅させる．

exstīnctor -ōris, *m* [exstinguo] **1** (火事を)消す人．**2** 破壊させる人，破壊者．

exstīnctus¹ -a -um, *pp* ⇨ exstinguo.

exstīnctus² -ūs, *m* 消すこと．

exstinguibilis -is -e, °*adj* [↓] 破滅させることができる．

exstinguō -ere -stīnxī -stīnctum, *tr* [ex-/stinguo] **1** 消す，消し去る．(*pass*) 消える: *ne ille ignis aeternus lacrimis exstinctus esse dicatur* (Cic) あの永遠の火が涙で消えたと言われないように．**2** 殺す; (*pass*) 死ぬ．**3** 止めさせる; 静める: *exstincto senatu* (Cic) 元老院が閉鎖されて．**4** 滅ぼす，破壊する．

exstīnxī *pf* ⇨ exstinguo.

exstirpātiō -ōnis, *f* [exstirpo] 根こそぎにすること．

exstirpātor -ōris, °*m* [exstirpo] **1** 根こそぎにする人．**2** 破壊者．

exstirpātrix -īcis, °*f* [↑] 破壊者《女性》．

exstirpō -āre -āvī -ātum, *tr* [ex-/stirps] **1** 根こそぎにする．**2** 根絶する，絶滅させる．

exstitī *pf* ⇨ exsisto, exsto.

exstō -āre exstitī, *intr* [ex-/sto] **1** 突き出る ⟨ex [de, a] re⟩．**2** 目立つ，目につく; (*impers*) 明らかである，確かである ⟨+acc c. inf; +間接疑問⟩: *exstat, utrum simus earum artium rudes an didicerimus* (Cic) 私たちがそれらの学芸の未熟者であるか，それとも修得済みであるかは明らかだ．**3** (まだ)存在する: *exstant epistolae Philippi ad Alexandrum* (Cic) Alexander あての Philippus の手紙が残っている．

exstrūctiō -ōnis, *f* [exstruo] 建築，建設; 建築物．

exstrūctor -ōris, °*m* [exstruo] 建築者．

exstrūctum -ī, *n* [↓] 高い建築物; 一段高い席．

exstrūctus -a -um, *adj* (*pp*) [↓] そびえ立つ．

exstruō -ere -strūxī -structum, *tr* [ex-/struo] **1** 積み上げる．**2** 建てる，建設する．

exstrūxī *pf* ⇨ exstruo.

exsūcō -āre -āvī -ātum, *tr* [ex-/sucus] (体液・果汁を)しぼり出す[取る]．

exsūctus -a -um, *adj* (*pp*) [exsugo] 水気[汁気]のない，ひからびた．

exsūcus -a -um, *adj* [ex-/sucus] **1**° 水気[体液]のない．**2** (文体が)無味乾燥な，つまらない．

exsūdātiō -ōnis, °*f* [↓] 発汗[作用]．

exsūdō -āre -āvī -ātum, *intr, tr* [ex-/sudo] **I** (*intr*) すっかり蒸発する．**II** (*tr*) **1** にじみ出させる，したたらせる．**2** 汗して[骨折って]なし遂げる．

exsufflātiō -ōnis, °*f* [↓] (洗礼時の)魔よけのおまじない．

exsufflō -āre -āvī -ātum, °*tr* [ex-/sufflo] **1** 吹き払う．**2** 吹き込む．**3** (魔よけのまじないとして)息を吹きかける．

exsūgō -ere -sūxī -suctum, *tr* [ex-/sugo] 吸い出す; 水気[湿気]を取り除く．

exsul -sulis, *m, f* [ex-/solum¹] **1** 追放[流罪に]された人，亡命者 ⟨+abl [gen]⟩ ～ *patriā* (Sall) 祖国を追われた人 / ～ *patriae* (Hor) 祖国を逃れた人．**2** (…を)奪われた[なくした]人 ⟨+gen⟩: ～ *mentis domūsque* (Ov) 正気と家をなくした男．

exsulāris -is -e, °*adj* [↑] 追放(された人)の．

exsulātiō -ōnis, *f* [exsulo] 追放，流罪．

exsulātus -ūs, *m* =exsulatio.

exsulō -āre -āvī -ātum, *intr, tr* [exsul] **I** (*intr*) 追放される，亡命している: *in Volscos exsulatum abiit* (Liv) 彼は Volsci 族のもとへ亡命した．**II** (*tr*) 追放する．

exsultābundus -a -um, °*adj* [exsulto] こおどりして喜ぶ，有頂天の．

exsultāns -antis, *adj* (*prp*) [exsulto] **1** (リズムが)跳ぶような; なめらかでない．**2** (文体が)冗漫な．

exsultanter adv [↑] 奔放に.
exsultantia -ae, f [exsultans] 1 跳びかかること；攻撃. 2° 欣喜雀躍.
exsultātiō -ōnis, f [exsulto] 1 跳びはねること. 2 歓喜, 大喜び.
exsultim adv [exsilio] 跳びはねて, 陽気に.
exsultō -āre -āvī -ātum, intr freq [exsilio] 1 跳びはねる, はねまわる. 2 (液体が)ほとばしる, 沸き立つ. 3 こおどりして喜ぶ, 狂喜する. 4 奔放にふるまう, 騒ぎまわる: *verborum audaciā exsultare* (Cɪᴄ) ことばを大胆に使いすぎる.
exsultus -a -um, pp ⇨ exsilio.
exsuperābilis -is -e, adj [exsupero] 1 克服できる. 2 打ち勝つことのできない, 抗しがたい.
exsuperans -antis, adj (prp) [exsupero] 卓越した, 抜群の.
exsuperantia -ae, f [↑] 卓越, 優位.
exsuperātiō -ōnis, f [↓] 《修》誇張(法).
exsuperō -āre -āvī -ātum, intr, tr [ex-/supero] **I** (intr) 1 上(㌔)る: *exsuperant flammae* (Vᴇʀɢ) 炎が高く上がっている. 2 すぐれる, まさる 《abs; re》: *quantum ipse feroci virtute exsuperas* (Vᴇʀɢ) そなたが猛々しい武勇でまさっている分だけ. **II** (tr) 1 登る, 乗り越える: *exsuperat jugum* (Vᴇʀɢ) 彼は山脈(㌍)を越える. 2 …にまさる, しのぐ: *omnes Tarquinios superbiā exsuperat* (Lɪᴠ) 彼は傲慢さにおいてはすべてのTarquinii 人をしのいでいる. 3 打ち勝つ, 克服する.
exsurdō -āre -āvī -ātum, tr [ex-/surdus] 1 耳を聞こえなくする. 2 (味覚を)鈍くする.
exsurgō -ere -surrexī, intr [ex-/surgo] 1 立ち[起き]上がる, (身体を)起こす: *exsurgat foras* (Pʟᴀᴜᴛ) (席を)立って(劇場の)外へ出てください. 2 (天体が)昇る. 3 (物事が)高まる, 広がる; 生じる: *auctoritate vestrā res publica exsurget* (Cɪᴄ) あなたがたの権威によって国家は力を取り戻すだろう. 4 行動を起こす; 背く.
exsurrectiō -ōnis, °f [↑] 起き上がること; 復活.
exsurrexī pf ⇨ exsurgo.
exsuscitātiō -ōnis, f [↓] 感情を刺激すること.
exsuscitō -āre -āvī -ātum, tr [ex-/suscito] 1 目をさまさせる. 2 (火を)おこす, たきつける. 3 刺激する, 鼓舞する.
exsuxī pf ⇨ exsugo.
exta -ōrum, n pl [*exsecta<exseco] (動物の)内臓 《特に心臓, 肺, 肝を指す; 占いに用いられた》.
extābescō -ere -tābuī, intr [ex-/tabesco] 1 やせ衰える, 衰弱して死ぬ. 2 消える, 消滅する.
extābuī pf ⇨ extabesco.
extālis -is, °m [exta] 《解》直腸 (=rectum).
extans -antis, adj =exstans.
extantia -ae, f =exstantia.
extāris -is -e, adj [exta] 内臓(料理用)の.
extasis -is, °f =exstasis.
extemplō adv [ex/*tempulo (<tempus¹)] 直ちに.
extemporālis -is -e, adj [ex/tempus¹] 準備なしの, 即席の.
extemporālitās -ātis, f [↑] 即席で演説・詩作する才能.

extemporāliter °adv [extemporalis] 即席に.
extempulō adv 《古形》=extemplo.
extendī pf ⇨ extendo.
extendō -ere -tendī -tentum [-tensum], tr [ex-/tendo¹] 1 伸ばす, 広げる, 張る: *ire per extentum funem* (Hᴏʀ) 綱渡りをする. 2 《軍》散開[展開]させる. 3 平ら[なめらか]にする, まっすぐにする. 4 拡大する, ふやす: *coepit agros extendere victor* (Hᴏʀ) 勝利者(=ローマ)は領土を拡大し始めた. 5 延長する, 長引かせる；(時を)過ごす. 6 精いっぱいに働かせる；(refl) 努力する: *cum se magnis itineribus extenderet* (Cᴀᴇs) 強行軍で(敵に追いつこうと)努力したが.
extensē °adv [extensus¹] 多岐にわたって.
extensiō -ōnis, f [extendo] 1° 伸ばす[広げる]こと. 2 長さ. 3° 腫れ物. 4° 緊張.
extensīvus -a -um, °adj [extensus¹] 延引[延滞]を認める.
extensor -ōris, °m [extendo] 1 (拷問台に乗せて人の手足を)引き伸ばす人, 拷問する人. 2《解》伸筋.
extensus¹ -a -um, pp ⇨ extendo.
extensus² -ūs, m 広がり.
extentē °adv [extentus¹] 広く.
extentiō -ōnis, f [extendo] 伸ばすこと, (線の)延長.
extentō -āre, tr freq [extendo] 1 伸ばす, 引っ張る. 2 (力を)働かせる, ふるう.
extentus¹ -a -um, adj (pp) [extendo] 広い, 広々とした；平たい.
extentus² -ūs, m 広がり.
extenuātiō -ōnis, f [extenuo] 1 希薄[まばら]にすること. 2《修》卑小化, 緩叙法.
extenuātōrius -a -um, °adj [extenuo] 弱める.
extenuātus -a -um, adj (pp) [↓] 弱体化した.
extenuō -āre -āvī -ātum, tr [ex-/tenuo] 1 薄く[まばらに, 細かく]する, 縮める: *dentibus extenuatur et molitur cibus* (Cɪᴄ) 食物は歯で細かくされ, 砕かれる. 2 減少させる, 弱くする, (病状を)軽くする: *spes nostra extenuatur et evanescit* (Cɪᴄ) 私たちの望みは薄れ, 消え去る. 3 おとしめる, 軽んずる: *hoc crimen extenuari velle* (Cɪᴄ) この告発を軽く見せかけようと望む.
exter¹ -era -erum, adj [ex; cf. dexter] 1 外部の. 2 外国の.
exter² -erī, m 1 見知らぬ人, 他人. 2 外国人.
exterebrō -āre -ātum, tr [ex-/terebro] 1 くり抜く, えぐり取る. 2 力ずくで手に入れる.
extergeō -ēre -tersī -tersum, tr [ex-/tergeo] 1 ふき取る, ふいてきれいにする. 2 略奪する.
extergō -ere, tr =extergeo.
exterior -ior -ius, adj comp [exter¹] より外(側)の.
exterminātiō -ōnis, °f [extermino] 破壊.
exterminātor -ōris, °m [extermino] 1 放逐する人. 2 絶滅させる人.
exterminium -ī, °n [↓] 破壊.
exterminō -āre -āvī -ātum, tr [ex-/termino] 1 追い出す, 追放する 《alqm (ex [de]) re》. 2 遠ざける, 取り除く. 3° 絶滅する, 破壊する.
exterminus -a -um, °adj [ex-/terminus] 追い出された.

externa -ōrum, *n pl* [externus¹] **1** 他人の事柄 [話]. **2** 外国の事物; 異邦人への敵意[敵対行為].

externō -āre, *tr* =exsterno.

externus¹ -a -um, *adj* [exter¹] **1** 外の, 外部の. **2** 他(者)の. **3** 外国(人)の: *amor* ~ (Ov) 異邦人への愛.

externus² -ī *m* 外国人.

exterō -ere -trīvī -trītum, *tr* [ex-/tero] **1** こすって出現させる; 脱穀する. **2** こすり取る, すり減らす. **3** 押しつぶす. **4**（音を）脱落させる.

exterreō -ēre -terruī -territum, *tr* [ex-/terreo] 肝をつぶさせる, おびえあがらせる.

extersī *pf* ⇒ extergeo.

extersus¹ -a -um, *pp* ⇒ extergeo.

extersus² -ūs, *m* ふき取ること.

exterus -era -erum, *adj* ⇒ exter¹.

exterō -ere -xuī -xtum, *tr* [ex-/texo]（織ったものを）ほどく; だまし取る.

extexus -a -um, *pp* ⇒ exexo.

extexuī *pf* ⇒ extexo.

extillō -āre, *intr* =exstillo.

extimescō -ere -timuī, *intr, tr* [ex-/timeo] ひどく恐れる, おびえる ⟨alqd; (de) re; +inf; ne⟩.

extimō¹ -āre, °*tr* [extimus] 最も遠い所に置く.

extimō² -āre, °*tr* [existimo].

extimuī *pf* ⇒ extimesco.

extimul- ⇒ exstimul-.

extimus -a -um, *adj superl* [exter¹] 最も外側の, 最も遠い.

extinct- ⇒ exstinct-.

extinguō -ere, *tr* =exstinguo.

extirpō -āre, *tr* =exstirpo.

extispex -spicis, *m* [exta/specio] いけにえの内臓を調べて占いをする者, 予言者.

extispicium -ī, *n* [↑] いけにえの内臓の観察による占い.

extispicus -ī, *m* 《碑》=extispex.

extō -āre, *intr* =exsto.

extollentia -ae, °*f* [↓] 傲慢, 尊大.

extollō -ere extulī, *tr* [ex-/tollo] **1** 上げる, 高くする. **2** 激賞する, ほめそやす. **3** 高揚させる, 元気づける, 激励する. **4** 飾りたてる. **5** 誇張する. **6** 延期する.

extorpescō -ere -torpuī, °*intr* [ex-/torpesco] 麻痺し始める.

extorpuī *pp* ⇒ extorpesco.

extorqueō -ēre -torsī -tortum, *tr* [ex-/torqueo] **1** ねじり取る, もぎ取る ⟨alqd ex [de] re; alci alqd⟩: *dextrae mucronem extorquet* (Verg) 彼は（敵の）右手から剣をもぎ取る. **2** 関節をはずす, 脱臼させる ⟨alqd [alqm]⟩. **3** 拷問にかける. **4** 強奪する, 強要する ⟨alqd; alci alqd; alqd ab alqo; +inf; ut⟩: *victoriam hosti extorqueamus, confessionem erroris civibus* (Liv) 敵 (Hannibal) から（彼が得た）勝利をもぎ取り,（われわれの同胞）市民たちに（自らの）誤りを認めさせよう.

extorreō -ēre -torruī -tostum, *tr* [ex-/torreo]（病人に）渇きを覚えさせる.

extorris -is -e, *adj* [ex-/terra] 故郷[国]を追われ

た, 追放された ⟨+*abl*⟩.

extorsī *pf* ⇒ extorqueo.

extorsiō -ōnis, °*f* [extorqueo] 強奪, 強要.

extortor -ōris, *m* [extorqueo] 強奪者.

extortus -a -um, *pp* ⇒ extorqueo.

extrā *adv, prep* **I** (*adv*) **1** 外で, 外へ; 外から. **2** さらに, そのほかに. **3** ~ *quam* (*si*) (Cic) …の場合を除いて,（もし）…でなければ. **II** (*prep*) ⟨+*acc*⟩ **1** …の外に, …の向こうに. **2** …の範囲外に, …を超えて: ~ *modum* (Cic) 過度に / ~ *jocum* (Cic) 冗談はさておき. **3** …を除いて: ~ *unum te* (Plaut) あなた一人を除いては.

extrāclūsus -a -um, *adj* [↑/claudo²] 締め出された, 外に置かれた.

extractōrius -a -um, *adj* [extraho] 抜き取る.

extractum -ī, °*n* [↓]【薬】エキス, 抽出物: ~ *aloes* アロエエキス / ~ *belladonnae* ベラドンナエキス.

extractus -a -um, *pp* ⇒ extraho.

extrādioecēsānus -a -um, °*adj*【カト】他司教区からの.

extrahō -ere -traxī -tractum, *tr* [ex-/traho] **1** 引き出す; 抜き取る ⟨alqd (ex) re⟩. **2** 引き上げる, 高める. **3** 引きずり出す, 連れ出す: *hostes invitos in aciem extraxit* (Liv) 彼は渋る敵勢を戦いに引っ張り出した. **4** 明るみに出す, 暴露する. **5** 救い出す. **6** 長引かせる;（時間を）浪費する: *extrahere certamen usque ad noctem* (Liv) 戦闘を夜まで長引かせる. **7**（人を）どっちつかずの状態にしておく.

extrājūdiciālis -is -e, °*adj* [extra/judicium] 法廷外の, 裁判外の.

extrāmundānus -a -um, °*adj* [extra/mundanus¹] この世の外の.

extrāmūrānus -a -um, °*adj* [extra/murus] 市壁外の.

extrānātūrālis -is -e, °*adj* [extra/naturalis] 超自然の.

extrāneō -āre -āvī, *tr* [↓] 自分の子として認めない, 他人として扱う.

extrāneus¹ -a -um, *adj* [extra] **1** 外の, 外部(から)の. **2** 家族の一員ではない. **3** 外国(から)の. **4°** 異教(徒)の.

extrāneus² -ī, *m* 他人, 見知らぬ人; 異邦人.

extraordināriē °*adv* [↓] 異常に(なほど頻繁に).

extraordinārius -a -um, *adj* [extra/ordinarius¹] **1** 異常な, 異例の. **2** 補充の, 予備の: *cohortes extraordinariae* (Liv) 予備大隊.

extrārius -a -um, *adj* =extraneus¹.

Extrāvagantēs -ium, °*f pl*【カト】旧教会令付属書.

extraxī *pf* ⇒ extraho.

extrēmī -ōrum, *m pl* [extremus]【軍】後衛, 殿(しんがり).

extrēmitās -ātis, *f* [extremus] **1** 端, 縁: ~ *mundi globosi* (Cic) 地球の外周. **2** (*pl*) 四肢, 手足. **3**【文】語尾, 接尾辞. **4°**【解】端, 肢: ~ *sternalis* 胸骨端 / ~ *superior* 上肢 / ~ *inferior* 下肢.

extrēmum -ī, *n* [↓] **1** 端, 縁. **2** (*pl*) 四肢, 手足. **3** 終り, 終わり. **4** (*pl*) 絶望的状況; 最後の手段. **5**（副詞句として）*extremum* (Verg) ついに / *extremo* (Nep) 結局 / *ad* ~ (Cic) 最後に, とうとう /

extremus — Ezechiel 250

ad ~ (Liv) 徹底的に, すっかり / *in extremo* (Cic) 最終的に.

extrēmus -a -um, *adj superl* [exter¹] **1** 最も外側の, 最も遠い; 末端の. **2** 最後の: ~ *annus* (Liv) 年の終わり, 年末 / *extremā hieme* (Cic) 冬の終わりに. **3** 極度の; 最大の, 最高の. **4** 最低の, 最悪の.

extrīcō -āre -āvī -ātum, *tr* [ex-/tricae] **1** ほどく, 解き放す. **2** (問題を)解く. **3** (土地を)開墾する. **4** (苦労して)手に入れる. **5°** 追い払う.

extrilidus -a -um, *adj* おびえて蒼白になった.

extrinsecus¹ *adv* [exter/-secus] **1** 外(側)から. **2** 外で, 外部で.

extrinsecus² -a -um, °*adj* 外側の.

extrītus -a -um, *pp* ⇨ extero.

extrīvī *pf* ⇨ extero.

extrō -āre, *tr* [*cf.* intro²] 出て行く, 去る.

extrorsum, -sus °*adv* [extra/*cf.* introsum] 外へ.

extruct- ⇨ exstruct-.

extrūdō -ere -trūsī -trūsum, *tr* [ex-/trudo] **1** 押し出す, 追い出す ⟨alqm (ex [a]) re in alqd⟩. **2** 片付ける, 取り除く: *extrudere merces* (Hor) 商品を売り払う.

extruō -ere, *tr* =exstruo.

extrūsī *pf* ⇨ extrudo.

extrūsus -a -um, *pp* ⇨ extrudo.

extūberātiō -ōnis, *f* [↓] はれもの.

extūberō -āre -āvī -ātum, *intr, tr* [ex-/tuber¹] **I** (*intr*) ふくらむ. **II** (*tr*) 盛り上がらせる.

extudī *pf* ⇨ extundo.

extulī *pf* ⇨ effero², extollo.

extumeō -ēre -uī, *intr* [ex-/tumeo] ふくらむ.

extumidus -a -um, *adj* [ex-/tumidus] 盛り上がった, 高くなった.

extumus -a -um, *adj* =extimus.

extunc °*adv* [ex/tunc] その時以来.

extundō -ere -tudī -tūsum, *tr* [ex-/tundo] **1** 打つ, たたく; 打って取る. **2** (苦労して)作り出す: *varias artes paulatim extundere* (Verg) さまざまな技術を少しずつ案出する. **3** 追い出す, 追い払う. **4** 強要する: *ex duro et inmemori pectore gratiam extundit* (Sen) 彼はかたくなで恩知らずな心からも感謝をもぎ取る.

exturbō -āre -āvī -ātum, *tr* [ex-/turbo¹] **1** 追い出す, 追い払う; (妻を)離縁する: *exturbat Octaviam, sterilem dictitans* (Tac) (Nero は) 石女(うまずめ)と称して Octavia を追い出す. **2** (力ずくで)取り除く. **3** かき乱す, 混乱させる.

extussiō -ire -tussītum, *tr* [ex-/tussio] 咳をして吐き出す.

extūsus -a -um, *pp* ⇨ extundo.

exūberantia -ae, *f* [exubero] 過多, 豊富.

exūberātiō -ōnis, °*f* [↓] 過多, 豊富.

exūberō -āre -āvī -ātum, *intr, tr* [ex-/ubero] **I** (*intr*) **1** ほとばしる, わき出る, あふれる. **2** 豊かである, 大量にある. **II** (*tr*) 豊富にする.

exūdō -āre, *intr, tr* =exsudo.

exūgō -ere, *tr* =exsugo.

exuī *pf* ⇨ exuo.

exul -lis, *m, f* =exsul.

exulāt- ⇨ exsulat-.

exulcerātiō -ōnis, *f* [exulcero] **1** 潰瘍. **2** (人を)いらいら[立腹]させるもの.

exulcerātōrius -a -um, *adj* [↓] 潰瘍の.

exulcerō -āre -āvī -ātum, *tr* [ex-/ulcero] **1** 炎症を起こさせる, 化膿させる, 潰瘍を生じさせる. **2** 悪化させる: *ea, quae sanare nequeunt, exulcerant* (Cic) 癒やすことのできないそれら(の傷)をさらに悪化させる. **3** (感情を)傷つける, 害する.

exulō -āre, *intr, tr* =exsulo.

exult- ⇨ exsult-.

exululō -āre -āvī -ātum, *intr, tr* [ex-/ululo] **I** (*intr*) ほえる, 叫ぶ. **II** (*tr*) 叫び声をあげて(神に)呼びかける.

exundantia -ae, °*f* [exundo] **1** 氾濫. **2** 過多, 過剰.

exundātiō -ōnis, *f* [↓] あふれること, 氾濫.

exundō -āre -āvī -ātum, *intr, tr* [ex-/undo] **I** (*intr*) **1** あふれる, 氾濫する. **2** ほとばしる, わき出る ⟨ex re⟩. **3** 豊かである; あり余るほどある. **II** (*tr*) (煙などを)大量に吐き出す.

exunguor -guī -unctum, *tr dep* [ex-/unguo] (香油を)塗る; (金銭を)浪費する.

exuō -ere -uī -ūtum, *tr* [*cf.* induo] **1** (衣服などを)脱ぐ, (武具などを)取りはずす. **2** 裸にする, あらわにする. **3** 解き放つ, 自由にする. **4** 奪う ⟨alqm re⟩: *exuere alqm agro paterno* (Liv) ある人から父祖伝来の土地を奪う. **5** 捨てる, 放棄する: *exuit omnes moras Caesar* (Petr) Caesar は一切の逡巡をかなぐり捨てた.

exuper- ⇨ exsuper-.

exurdō -āre, *tr* =exsurdo.

exurgeō -ēre -ursī, *tr* [ex-/urgeo] しぼり出す.

exurgō -ere, *intr* =exsurgo.

exūrō -ere -ussī -ustum, *tr* [ex-/uro] **1** 焼き尽くす, 焼き払う. **2** 干上がらせる; やけどをさせる. **3** 熱する, 焦がす: *exurit flamma medullas* (Petr) (怒りの)炎が髄を焦がす.

exursī *pf* ⇨ exurgeo.

exussī *pf* ⇨ exuro.

exustiō -ōnis, *f* [exuro] 焼き尽くすこと.

exustus -a -um, *pp* ⇨ exuro.

exūtus -a -um, *pp* ⇨ exuo.

exuviae -ārum, *f pl* [exuo] **1** 毛皮; 脱ぎ殻. **2** (脱いだ)衣服. **3** (敵から奪った)武具, 戦利品: *exuvias indutus Achilli* (Verg) (Hector は) Achilles から奪った武具を身にまとって. **4** 形見, 記念品. **5** (神々の特性を示す)象徴的な品, 持物(じぶつ).

exuvium -ī, *n* [exuo] =exuviae 3.

evapōrō -āre, *tr* =evaporo.

exvibrissō -āre -āvī, *intr* [ex-/vibro] ふるえ声で歌う.

Ezechiās -ae, °*m* [*Heb.*] 【聖】エゼキアース, ヒゼキヤ ⟨Judaea の王⟩.

Ezechiěl -ēlis, °*m* [*Heb.*] 【聖】エゼキエール ⟨Judaea の預言者⟩.

F

F, f *indecl n* ラテン語アルファベットの第6字.
F., f. 《略》=filius; filia; factus; fecit (⇨ facio).
faba -ae, *f* 豆.
fabāceus -a -um, °*adj* [↑] 豆の.
fabāginus -a -um, *adj* =fabalis.
fabālia -ium, *n* [↓] 豆の茎.
fabālis -is -e, *adj* [faba] 豆の.
fabāria -ae, *f* [fabarius] 《碑》豆商人《女性》.
Fabaris -is, *m* ファバリス《Tiberis 川の支流; Sabini 族の土地を流れる; 現 Farfa》.
fabārius[1] -a -um, *adj* [faba] 豆の.
fabārius[2] -ī, *m* 《碑》豆商人.
fabātārium -ī, °*n* [↓] 豆のスープを入れる器.
fabātus -a -um, *adj* [faba] 豆から作った; 豆の入った.
fābella -ae, *f dim* [fabula] 1 (小さな)物語. 2 寓話. 3 (小さな)芝居.
faber[1] -brī, *m* 1 職人: ~ *tignarius* (Cɪᴄ) 大工 / ~ *ferrarius* (Plaut) 鍛冶屋. 2 工兵.
faber[2] -bra -brum, *adj* 巧みな, 熟練した; 巧妙に作られた.
Faberiānus -a -um, *adj* Faberius の.
Faberius -ī, *m* ファベリウス《ローマ人の氏族名》.
Fabiānus -a -um, *adj* Fabius の.
Fabius[1] -ī, *m* ファビウス《ローマ人の氏族名; 特に (1) *Q. ~ Pictor*, 第2次 Poeni 戦争時代の歴史家. (2) *Q. ~ Maximus Cunctator*, 第2次 Poeni 戦争時の独裁官《前203年没》》.
Fabius[2] -a -um, *adj* =Fabianus.
Fabrāteria -ae, *f* ファブラーテリア《Latium にあった Volsci 族の町》.
Fabrāternī -ōrum, *m pl* Fabrateria の住民.
fabrē *adv* [faber] 巧みに.
fabrefacere *inf* ⇨ fabrefacio.
fabrefaciō -cere -fēcī -factum, *tr* [faber/facio] 巧みに作る.
fabrefactus -a -um, *pp* ⇨ fabrefacio.
fabrefēcī *pf* ⇨ fabrefacio.
fabrica -ae, *f* [faber] 1 技術, わざ; 建築術. 2 作業場, 仕事場. 3 作ること, 作り方. 4 策略.
fabricātiō -ōnis, *f* [fabricor] 1 製作, 製造. 2 (弁論の)構成.
fabricātor -ōris, *m* [fabricor] 製作者.
fabricātōrius -a -um, °*adj* [↑] 創造的な: *potentia fabricatoria* (Aᴜɢ) 産出する力.
fabricātrix -īcis, °*f* [fabricator] 製作者《女性》.
fabricensis -is, °*m* [fabrica] 武具製造者.
Fabriciānus -a -um, *adj* Fabricius の.
Fabricius[1] -ī, *m* ファブリキウス《ローマ人の氏族名; 特に *C. ~ Luscinus*, 前282年と278年の執政官; Epirus の王 Pyrrhus との戦いで有名; 清廉潔白の模範とされる》.
Fabricius[2] -a -um, *adj* =Fabricianus.
fabricius -a -um, °*adj* [fabrica] 煙で乾かした.
fabricō -āre -āvī -ātum, *tr* =fabricor.
fabricor -ārī -ātus sum, *tr dep* [fabrica] 1 製作する, 形づくる. 2 建造する. 3 工夫[考案]する.
fabricula -ae, °*f dim* [fabrica] 小さな仕事場.
fabrificātiō -ōnis, °*f* [faber/facio] 製作, 製造.
fabrīlia -ium, *n pl* [↓] 大工道具.
fabrīlis -is -e, *adj* [faber] 職人の; 熟練した.
fabriō -īre -īvī, °*tr* [faber] 製作する.
fābula -ae, *f* [*cf*. fari, fama] 1 談話, 会話: *lupus in fabula* (Tᴇʀ) うわさをすれば影. 2 話, 報告: *quae haec est ~?* (Tᴇʀ) こりゃ何の話だ. 3 物語. 4 うわさ, 風説. 5 作り話: *fabulae!* (Tᴇʀ) ばかな! 6 寓話. 7 伝説, 神話. 8 劇, 芝居.
fābulāris -is -e, *adj* [↑] 伝説[神話]的な, 架空の.
fābulātiō -ōnis, °*f* [fabulor] 談話, 会話.
fābulātor -ōris, *m* [fabulor] 1 語り手. 2 物語作者; 寓話作者.
fābulō -āre -āvī, *intr* =fabulor.
fābulor -ārī -ātus sum, *intr, tr dep* [fabula] 1 おしゃべりする, 雑談する ⟨alqd; cum alqo; inter se; de re⟩. 2 (話を)でっちあげる ⟨alqd⟩.
fābulōsē *adv* [fabulosus] 伝説的に, 架空の話として: *insulae ~ narratae* (Pʟɪɴ) 伝説で語られる島々.
fābulōsitās -ātis, *f* [↓] 1 信じられない[ありそうにない]こと. 2 伝説(の創作).
fābulōsus -a -um, *adj* [fabula] 1 伝説で有名な, 伝説的な. 2 信じられないような. 3 架空の, 作り話の.
fabulus -ī, *m dim* [faba] 小さな豆.
fac 2 *sg impr pr* ⇨ facio.
facere *inf* ⇨ facio.
facessī *pf* =facessivi.
facessītus -a -um, *pp* ⇨ facesso.
facessīvī *pf* ⇨ facesso.
facessō -ere -sīvī [-sī] -sītum, *tr, intr intens* [facio] I (*tr*) 1 果たす, 実行する. 2 ひき起こす ⟨alci alqd⟩: *negotium alci facessere* (Cɪᴄ) ある人に面倒をかける / *alci periculum facessere* (Tᴀᴄ) ある人を危険に陥れる. 3 *rem facessere* (Pʟᴀᴜᴛ) (訴訟を)起こす. II (*intr*) 遠ざかる, 立ち去る ⟨ex re⟩.
facētē *adv* [facetus] 1 巧みに, みごとに. 2 機知に富んで.
facētiae -ārum, *f pl* [↓] 1 巧妙. 2 機知.
facētus -a -um, *adj* [*cf*. fax] 1 巧みな, みごとな. 2 機知に富む.
faciēs -ēī, *f* [facio] 1 外観, 外形. 2 様相; 特徴. 3 顔, 容貌; 美貌: *virgo facie egregiā* (Tᴇʀ) とび

きりの美女. **4** うわべ,見せかけ. **5** °【解】面: ~ *articularis* 関節面.

facile *adv* (*neut*) [↓] **1** 容易に,たやすく. **2** 当然,疑いなく: *non* [*haud*] ~ (Cic) かろうじて,ほとんど…なく. **3** 喜んで,快く. **4** 快適に. **5** 軽率に,不注意に.

facilis -is -e, *adj* [facio] **1** (実行・入手が)容易な,簡単な 〈+*dat*; ad alqd; +*sup*; +*inf*〉: *res factu* ~ (Ter) 造作なくできること. **2** 軽快な. **3** 巧みな. **4** 従順な; 好意的な,親切な. **5** 喜んで…する,…する用意のある〈ad alqd; alci rei〉.

facilitās -ātis, *f* [↑] **1** 容易さ. **2** 流暢. **3** 傾向〈alcis rei〉. **4** 愛想のよいこと,親切.

faciliter *adv* =facile.

facinerōsus -a -um, *adj* =facinorosus.

facinorōsē °*adv* [↓] 邪悪に,罪を犯して.

facinorōsus -a -um, *adj* [↓] 邪悪な,犯罪の.

facinus -noris, *n* [↓] **1** (人目をひく)行為: ~ *pulcherrimum* (Cic) 最もすばらしい行為. **2** 悪行,犯罪. **3** 犯罪の道具. **4** 犯罪者.

faciō -cere fēcī factum (*pass* fīō fierī factus sum), *tr, intr* **I** (*tr*) **1** する,行なう. **2** 作る,形づくる〈alqm [alqd]; alci alqd〉. **3** 建設する,設置する: *pontem facere* (Caes) 橋をかける / *castra facere* (Caes) 陣を張る. **4** 作成する,書き上げる. **5** (貨幣を)刻印する,鋳造する. **6** もうける,手に入れる. **7** (原料を)細工する,加工する. **8** 集める,調達する. **9** 実行する,果たす〈alqd; alci alqd〉. **10** (儀式・祭典を)挙行する. **11** (罪を)犯す. **12** (ことば・音を)発する. **13** 戦闘する. **14** (業務を)営む. **15** (苦痛・害を)受ける,こうむる. **16** ひき起こす〈alqd; alci alqd〉. **17** (同盟を)結ぶ. **18** 与える,提供する〈alci alqd〉: *negotium alci facere* (Quint) ある人に面倒をかける / *alci potestatem facere* (Cic) ある人に機会[許可]を与える. **19** 処理する,扱う〈+*abl* [*dat*]〉: *quid hoc homine facias?* (Cic) あなたはこの人をどうするのか. **20** 指定する,任命する〈+2個の*acc*〉. **21** (話・文章などの中で)描写する,見せかける〈+*acc c. part*; +*acc c. inf*〉: *Xenophon facit … Socratem disputantem* (Cic) Xenophon は Socrates に…と主張させている. **22** (ある人の)所有物とする〈+*acc* alqm +*gen*〉: *facere alqd dicionis alcis* (Liv) あるものをある人の支配下に置く. **23** (…と)みなす,(…と)評価する〈+評価の *gen*〉: *alqd magni facere* (Cic) あるものを重んずる / *alqd nihili facere* (Cic) あるものを取るに足らぬと考える. **24** …になるようにする,…させる〈ut, ne; +*subj*〉: *facito, ut sciam* (Cic) 私に知らせてください. **25** 想定する〈+*acc c. inf*〉. **II** (*intr*) **1** 行動する,行なう. **2** ふるまう. **3** *cum* [*ab*] *alqo facere* (Cic) ある人の側に立つ,ある人に味方する. **4** (犠牲として)供える,ささげる. **5** 役立つ,適している〈alci rei; ad alqd〉; ためになる〈alci〉.

facitergium -ī, °*n* [facies/tergeo] 顔をふく布[タオル].

facteon *indecl* [facio] 作るべきである,しなければならぬ (=faciendum (facio の *gerundiv*))《Cicero によるギリシア語をまねた造語》.

factīcius -a -um, *adj* [facio] **1** 人口の,人為的な. **2**° *facticium nomen* (Prisc) 【文】擬声[音]語.

factiō -ōnis, *f* [facio] **1** 行動,作成: ~ *testamenti* (Cic) 【法】遺言状作成(の権限). **2** 党派; 一団.

factiōsē °*adv* [↓] 力強く,強力に.

factiōsus[1] -a -um, *adj* [factio] **1** 忙しい. **2** 勢力のある. **3** 党派心の強い.

factiōsus[2] -ī, °*m* 党派争いに巻き込まれた人.

factitātiō -ōnis, °*f* [factito] 作ること,創造.

factitātor -ōris, °*m* [↑] 作る人,製作者.

factitō -āre -āvī -ātum, *tr freq* [facio] **1** 常に行なう. **2** 職業とする. **3** (公然と)指名する: *alqm heredem factitare* (Cic) ある人を相続人であると宣言する.

factor -ōris, *m* [facio] **1** 製作者,創造者. **2**° 実行者: ~ *sceleris* (Ulp) 犯罪者. **3** (球戯の)競技者. **4** 搾油人.

factum -ī, *n* [factus¹] **1** 行為,行動. **2** 偉業,悪行. **3** 事実. **4** できごと. **5** 結果.

factūra -ae, *f* [facio] **1** 製造,製作. **2**° 製品,作品.

factus[1] -a -um, *adj* (*pp*) [facio] **1** なされた,行なわれた; 作られた. **2** 起こった,事実の. **3** 達成[成就]された. **4** 加工[細工]された. **5** (文体の)磨かれた,完成された.

factus[2] -ūs, *m* **1** 建築(様式). **2** (オリーブの)圧搾; 1回の圧搾量.

facul *adv* 《古形》 =facile.

facula -ae, *f dim* [fax] (小さな)たいまつ.

facultās -ātis, *f* [facilis] **1** 可能性,便,機会〈alcis rei; ad alqd; ut〉: *si* ~ *tui praesentis esset* (Cic) もしあなたに一目お会いできれば. **2** 能力,技能. **3** たくわえ,備え〈alcis rei〉. **4** 手段. **5** (*pl*) 資力,財力.

facultātula -ae, °*f dim* [↑] わずかな資力.

faculter *adv* =facile.

fācundē *adv* [facundus] 雄弁に,能弁に.

fācundia -ae, *f* [facundus] 雄弁,能弁.

fācunditās -ātis, *f* [↓] 雄弁,能弁.

fācundus -a -um, *adj* [fari] 雄弁な,能弁な,流暢な.

Fadius -ī, *m* ファディウス《ローマ人の氏族名》.

faecārius -a -um, *adj* [faex] (ぶどう酒の)かすの.

faecātus -a -um, *adj* [faex] (ぶどう酒の)かすで作った.

faeceus -a -um, *adj* [faex] 不純な,けがれた.

faecula -ae, *f dim* [faex] (ぶどう酒の干した)かす,酒石.

faeculentus -a -um, *adj* [faex] **1** 沈澱物[おり]の多い; 濁った. **2** 不潔な.

faelis -is, *f* =felis.

faenārius -a -um, *adj* [faenum] 干し草の.

faenebris -is -e, *adj* [faenus] 利子の.

faenerātiō -ōnis, *f* [faeneror] 高利貸し(行為).

faenerātō *adv* (*abl*) [faeneratus] 利子をつけて.

faenerātor -ōris, *m* [faeneror] 高利貸し.

faenerātōrius -a -um, *adj* [↑] 高利貸しの.

faenerātus -a -um, *pp* ⇒ faenero, faeneror.

faenerō -āre -āvī -ātum, *intr, tr* =faeneror.

faeneror -ārī -ātus sum, *intr, tr dep* [faenus] **I** (*intr*) 利子をつけて金を貸す,高利貸しをする. **II** (*tr*) 投資[融資]する.

faeneus -a -um, *adj* [faenum] 干し草の.
faeniculārius -a -um, *adj* [↓] ウイキョウの.
faeniculum -ī, *n* [faenum] [植] ウイキョウ.
faenīlia -ium, *n pl* [↓] 干し草納屋.
faenum -ī, *n* 干し草.
faenus -noris, *n* [*cf.* felix¹] **1** 利子. **2** (利子付きの)負債, 借金. **3** 利益. **4** 資金. **5** 高利貸し.
faenusculum -ī, *n dim* [↑] わずかな利子.
Faesulae -ārum, *f pl* ファエスラエ《Etruria の町; 現 Fiesole》.
Faesulānus -a -um, *adj* Faesulae の.
faex -cis, *f* **1** 《ぶどう酒などの》沈澱物, おり, かす, 酒石. **2** (人間の)かす, くず. **3**° ~ *medicinalis* 〚薬〛乾燥酵母.
fāgineus -a -um, *adj* [fagus] ブナノキの; ブナ材の.
fāginus -a -um, *adj* [fagus] ブナ材の.
fāgum -ī, *n* [↓] ブナの実.
fāgus -ī, *f* [*Gk*] **1** 〚植〛ブナノキ. **2** ブナ材.
faida -ae, *f* [*G*] 反目, 不和.
fala -ae, *f* 高い足場《木製の攻城用やぐらなど》.
falārica -ae, *f* [↑] 《投石機から発射される火のついた》飛び道具.
falcārius -ī, *m* [falx] 鎌製造者.
falcātus -a -um, *adj* [falx] **1** 鎌のついた. **2** 鎌形の.
falcicula -ae, °*f dim* [falx] (小さな)鎌.
Falcidiānus -a -um, *adj* Falcidius の.
Falcidius -ī, *m* ファルキディウス《ローマ人の氏族名》.
falcifer -fera -ferum, *adj* [falx/fero] 鎌を持っている.
falciformis -is -e, °*adj* [falx/forma] 〚解〛鎌状の.
falcō -ōnis, *m* [falx] 〚鳥〛タカ(鷹).
falcōnārius -ī, °*m* [↑] 鷹匠, 鷹使い.
falcula -ae, *f dim* [falx] **1** (小さな)鎌. **2** (鳥獣の)かぎづめ.
Faleriī -ōrum, *m pl* ファレリイー《Etruria の町; Falisci 族の首都; 現 Civita Castellana》.
Falernum -ī, *n* **1** (*sc.* vinum) Falernus 地方産のぶどう酒. **2** (*sc.* praedium) Falernus 地方にあった Pompeius の地所.
Falernus -a -um, *adj* Campania 北部の Falernus 地方の: ~ *ager* (PLIN) Falernus の野《ぶどう酒で有名》.
falisca -ae, *f* [Faliscus] かいば桶.
Faliscī -ōrum, *m pl* ファリスキー《Etruria にいた一部族》.
Faliscus -a -um, *adj* Falerii の.
falla -ae, *f* =fallacia.
fallācia -ae, *f* [fallax] ごまかし, ぺてん.
fallāciloquus -a -um, *adj* [fallax/loquor] うそをつく.
fallāciōsus -a -um, *adj* [fallacia] 偽りの.
fallācitās -ātis, *f* [fallax] あてにならないこと.
fallāciter *adv* [↓] 偽って.
fallax -ācis, *adj* [↓] **1** 人を欺く, 裏切る. **2** にせの.
fallō -ere fefellī falsum, *tr* **1** 迷わせる, 誤らせる: *glacies fallit pedes* (LIV) 氷が足をすべらせる / (impers) *nisi me fallit* (CIC) 私の思い違いでなければ. **2** 欺く, だます 〈alqm〉. **3** (期待を)裏切る, 失望させる: *fidem fallere* (CIC) 信義を裏切る. **4** (…に)気づかれぬようにする, (…から)隠れる 〈alqm [alqd]; +*part*〉: *ne alio itinere hostis falleret ad urbem incedens* (LIV) 敵が別の道を通ってこっそり町に侵入してこないように / (impers) 〈+*acc c. inf*; +間接疑問〉 *neque me fallit quantum negotii sustineam* (SALL) 私がどれほど大きな仕事を担っているか知らないわけではない (=よくわきまえている). **5** (暇・苦しみなどを)紛らす: *curam somno fallere* (HOR) 眠りによって心配を紛らす.
falsārius -ī, *m* [falsus] 文書の偽造者.
falsātiō -ōnis, °*f* [↓] 偽造.
falsātus -a -um, *pp* [↓] ⇒ falso².
falsē *adv* =falso¹.
falsidicentia -ae, °*f* [↓] うそ, 虚言.
falsidicus -a -um, *adj* [falsus/dico²] うそをつく; うその.
falsificātus -a -um, °*adj* [↓] にせの, 偽造された.
falsifica -a -um [falsus/facio] 人を欺く.
falsijūrius -a -um, *adj* [falsus/juro] 偽誓する.
falsiloquium -ī, °*n* [↓] うそ, 虚言.
falsiloquus -a -um, *adj* [falsus/loquor] うそをつく.
falsimōnia -ae, *f* [falsus] 詐欺, ぺてん.
falsiparens -entis, *adj* [falsus/parens²] 見せかけ[表面上]の父を持った: ~ *Amphitryoniades* (CATUL) =Hercules.
falsitās -ātis, °*f* [falsus] 虚偽, 偽り.
falsō¹ *adv* (*abl*) [falsus] **1** 誤って. **2** 偽って.
falsō² -āre -āvī -ātum, °*tr* [falsus] 偽る.
falsum¹ -ī, *n* [falsus] **1** 虚偽, 偽り, 詐欺. **2** 間違い, 誤り. **3** 〚法〛(文書の)偽造.
falsum² *adv* 偽って.
falsus -a -um, *adj* (*pp*) [fallo] **1** 誤った, 間違った: *opinio falsa* (CIC) 間違った見解. **2** にせの, 偽造された. **3** 人を欺く. **4** 偽りの, 虚偽の: *falsi rumores* (CAES) 根も葉もないうわさ.
falx falcis, *f* **1** 鎌. **2** 破城鉤.
fāma -ae, *f* [*cf.* fari] **1** 報告. **2** うわさ. **3** 言い伝え, 伝承. **4** 世論. **5** 評判 〈+*gen*〉: ~ *sapientiae* (CIC) 賢者であるという評判. **6** 好評, 名声; 悪名.
fāmātus -a -um, °*adj* [↑] 悪名高い, 評判の悪い.
famēlicō -āre -āvī -ātum, °*tr* [↓] 飢えさせる.
famēlicus -a -um, *adj* [↓] 空腹な, 飢えた.
famēs -is, *f* **1** 飢え, 空腹. **2** 飢饉. **3** (文体の)貧弱. **4** 欲望 〈alcis rei〉.
fāmigerābilis -is -e, *adj* [fama/gero] 有名な, 名高い.
fāmigerātiō -ōnis, *f* [famigeratus] うわさ, 評判.
fāmigerātor -ōris, *m* [↓] うわさを広める者.
fāmigerātus -a -um, *adj* [fama/gero] 有名な.
familia -ae (古形 -ās), *f* [famulus] **1** 家族: *pater familias* (CIC) 家父長. **2** 奴隷, 召使. **3** 財産. **4** 一家《氏族 (gens) の下位区分》. **5** 一派.
familiāris¹ -is -e, *adj* [↑] **1** 家族の: *res* ~ (CIC)

私有財産. **2** 個人的な. **3** よく知られた, 見慣れた. **4** 親しい, 親密な. **5** (内臓占いで)犠牲をささげた人に関する. **6** 熟知した, 精通した ‹alci rei›.

familiāris[2] -is, *m, f* **1** 家人; 奴隷. **2** 親しい人, 友人.

familiāritās -ātis, *f* [↑] **1** 親交, 親密. **2** 親しい人, 友人.

familiāriter *adv* [familiaris] **1** 親しく, 親密に. **2** 熟知して.

famis -is, *f* =fames.

fāmōsē °*adv* [↓] 名高く, 輝かしく.

fāmōsus -a -um, *adj* [fama] **1** 有名な, 名高い. **2** 悪名高い. **3** 中傷的な.

famul -ī, *m* =famulus[1].

famula -ae, *f* [famulus[1]] 下女, 女奴隷.

famulanter *adv* [famulor] 奴隷のように.

famulāris -is -e, *adj* [famulus] 奴隷の.

famulātōriē °*adv* [↓] 奴隷的に, 卑屈に.

famulātōrius -a -um, °*adj* [famulus] 奴隷的な, 卑屈な.

famulātrīx -īcis, °*f* [famulor] 下女, 女奴隷.

famulātus -ūs, *m* [famulor] 隷属, 隷従.

famulitium -ī, *n* [famulus] **1**° (主人に)仕えること. **2** 大勢の召使.

famulō -āre, *tr* [famulus] 召使として使う.

famulor -ārī -ātus sum, *intr dep* [↓] 召使として働く, 仕える.

famulus[1] -ī, *m* 召使, 奴隷.

famulus[2] -a -um, *adj* 奴隷の; 仕える.

fānāticē *adv* [↓] 狂乱して.

fānāticus -a -um, *adj* [fanum] **1** 神殿の. **2** 熱狂した, 狂乱した.

fandus -a -um, *adj* (*gerundiv*) [for] **1** 口にすることができる. **2** 正しい, 正当な.

Fānester -tris -tre, *adj* Fanum の.

Fanniānus -a -um, *adj* Fannius の.

Fannius -ī, *m* ファンニウス《ローマ人の氏族名》.

fānō -āre, *tr* [fanum] 献納[奉献]する.

fānor -ārī -ātus sum, *intr dep* [fanum] 暴れ回る, 狂乱する.

fans fantis, *adj* (*prp*) [for] 物を言う, 口をきく.

fānum -ī, *n* 聖域, 神殿.

Fānum -ī, *n* ファーヌム《Umbria の海辺の町; Fortuna の神殿があったことから ~ Fortunae とも呼ばれた; 現 Fano》.

far farris, *n* **1** スペルト小麦. **2** (*pl*) 穀物. **3** ひき割り小麦. **4** 小麦粉.

farcīmen -minis, *n* [farcio] ソーセージ.

farcīminum -ī, °*n* [↓] 馬や牛の病気(おそらく便秘).

farciō -īre farsī fartum, *tr* 詰め込む.

farēdō -dinis, °*f* 膿瘍の一種.

farfarum -ī, *n* [植] フキタンポポ.

Farfarus -ī, *m* =Fabaris.

fārī *inf* ⇒ for.

farīna -ae, *f* [far] 粉, ひき割り粉.

farīnāceus -a -um, °*adj* [↑] 穀粉から作られた.

farīnārius -a -um, *adj* [farina] 穀粉の.

farīnula -ae, *f dim* [farina] 少量のひき割り粉.

farīnulentus -a -um, *adj* [farina] 粉を混ぜた, 粉の多い.

fariō -ōnis, °*m* [魚] マス(鱒).

fārior -ārī, *intr dep* [for] 話す, 言う.

farneus -a -um, °*adj* [↓] トネリコの木の.

farnus -ī, *f* [植] トネリコ.

farrāceus -a -um, *adj* [far] スペルト小麦の.

farrāgō -ginis, *f* [far] **1** (家畜の飼料にする)混合飼料. **2** 寄せ集め, ごたまぜ; くだらぬ事.

farrārius -a -um, *adj* [far] 穀物の.

farrātus -a -um, *adj* [far] スペルト小麦の粥(かゆ)でいっぱいの.

farreārius -a -um, *adj* =farrarius.

farreātiō -ōnis, °*f* =confarreatio.

farreum -ī, *n* [↓] (*sc.* libum) スペルト小麦菓子.

farreus -a -um, *adj* [far] スペルト小麦の.

farriculum -ī, °*n dim* [farreum] (小さな)スペルト小麦菓子.

*****fars** fartis, *f* [farcio] (用例は *acc* fartim, *abl* farte のみ) 詰め物; 挽肉.

farsī *pf* ⇒ farcio.

fartim *adv* [fars] 詰め込んで, ぎっしりと.

fartor -ōris, *m* [farcio] 鳥の肥育者; 鳥肉屋.

fartūra -ae, *f* [farcio] **1** (鳥の)肥育. **2** (壁に割り石などを)詰め込むこと.

fartus -a -um, *pp* ⇒ farcio.

fās *indecl n* **1** 神のおきて[命令]. **2** 正しいこと: ~ *est* 正当である ‹alci; +*inf*; +*acc c. inf*›: *cives, si eos hoc nomine appellari ~ est* (Cic) 市民たち, もし彼らがこの名で呼ばれるのが正当であればだが. **3** 運命, 宿命.

fascea, fasceola ⇒ fasci-.

fascia -ae, *f* **1** 帯状のもの; ひも, 帯, バンド: ~ *nigra* (Juv) 一筋の雲 / *non es nostrae fasciae* (Petr) きみはわれわれの仲間ではない. **2**° [解] 筋膜.

fasciculus -ī, *m dim* [fascis] (小さな)束.

fascina -ae, *f* [fascis] (小枝の)束.

fascinātiō -ōnis, *f* [↓] 魔法をかけること.

fascinō -āre -āvī -ātum, *tr* [fascinum] 魔法をかける.

fascinōsus -a -um, *adj* 好色な.

fascinum -ī, *n*, **-us** -ī, *m* **1** 呪文, 魔法. **2** 陰茎.

fasciō -āre -āvī -ātum, *tr* [fascia] 包帯を巻く.

fasciola -ae, *f dim* [fascia] **1** (小さな)ひも, 帯, バンド. **2**° [解] 小束.

fascis -is, *m* **1** 束. **2** 荷物. **3** (通例 *pl*) 束桿(そっかん)《執政官など高官の権威標章; 束ねた棒の中央に斧を入れて縛ったもので, 高官に随行する警吏 lictores が奉持した》; 執政官の職.

fasēlus -ī, *m* =phaselus.

fassus -a -um, *pp* ⇒ fateor.

fāstī -ōrum, *m pl* [fastus[2]] **1** 開廷日. **2** (開廷日・祭事などを記載した)暦. **3** (年代順の)執政官一覧表.

fastīdiō -īre -īvī [-iī] -ītum, *intr, tr* [fastidium] **1** 嫌う, いやがる ‹*abs*; alqd›. **2** 尊大にふるまう ‹*abs*›. **3** 退ける, 軽蔑する ‹+*gen*; +*acc*; +*inf*; +*acc c. inf*›: *ne fastidieris nos in sacerdotum numerum accipe-*

fastidiose — favisae

re (Liv) われわれを神官の仲間に入れるのをすげなく拒否してはならない.

fastīdiōsē *adv* [↓] **1** 嫌悪を表わして, 軽蔑的に. **2** 気むずかしく.

fastīdiōsus -a -um, *adj* [fastidium] **1** 嫌悪を覚えさせる, 不快な. **2** 好みのやかましい, …に満足しない ⟨+*gen*⟩: ～ *litterarum Latinarum* (Cic) ラテン文学を軽んじる. **3** 尊大な.

fastīditus -a -um, *pp* ⇒ fastidio.

fastīdium -ī, *n* [fastus¹/taedium] **1** 嫌悪, 反感; (食べ物の)好き嫌い, 食欲不振⟨+*gen*⟩. **2** 好みのやかましいこと, 気むずかしさ. **3** 尊大; 軽蔑.

fastīgātē *adv* [fastigatus] 傾いて, 斜めに.

fastīgātiō -ōnis, *f* [fastigo] とがらせること.

fastīgātus -a -um, *adj* (*pp*) [fastigo] **1** とがった. **2** 傾いた, 斜めの.

fastīgium -ī, *n* [↓] **1** 先端; 先細り. **2** 傾斜, 斜面. **3** 高さ; 深さ. **4** 最高部, 頂点. **5**《建》切妻, 破風. **6** 高位. **7** 要点, 眼目. **8**《解》脳室頂.

fastīgō -āre -āvī -ātum, *tr* **1** (先を)とがらせる. **2** 傾斜させる.

fastōsus -a -um, *adj* [↓] 尊大な, 軽蔑的な.

fastus¹ -ūs, *m* 尊大; 軽蔑.

fastus² -a -um, *adj* [*cf.* fas] 開廷日の: *dies fasti* (Cic) 開廷日 (=fasti).

fātālis -is -e, *adj* [fatum] **1** 運命の; 運命づけられた, 宿命的な: *fatales deae* (Ov) =Parcae / *annus ～ ad interitum hujus urbis* (Cic) この町の破滅が運命づけられた年. **2** 不運な, 破滅的な.

fātālismus -ī, °*m* [↑] 宿命論.

fātāliter *adv* [fatalis] 宿命的に, 不可避的に.

fateor -ērī fassus sum, *tr dep* [*cf.* fari] **1** (真実であると)認める; 告白する. **2** 示す, 現わす: *fateri iram vultu* (Ov) 顔に怒りを現わす.

fāticanus, -cinus -a -um, *adj* [fatum/cano] 予言する.

fātidicus¹ -a -um, *adj* [fatum/dico²] 予言する.

fātidicus² -ī, *m* 予言者.

fātifer -fera -ferum, *adj* [fatum/fero] 破滅[死]をもたらす.

fatigābilis -is -e, °*adj* [fatigo] 疲労させる.

fatigātiō -ōnis, *f* [↓] 疲労, 消耗.

fatigō -āre -āvī -ātum, *tr* **1** 疲れさせる; うんざりさせる ⟨alqm⟩. **2** (しつこく)悩ます, 苦しめる: *fatigare alqm precibus* (Liv) ある人にしつこくせがむ. **3** (精神力・体力を)使い尽くす, 枯渇させる. **4** 屈服させる, 打ち負かす.

fātiloquium -ī, *n* [↓] 予言.

fātiloquus¹ -a -um, *adj* [fatum/loquor] 予言する.

fātiloquus² -ī, *m* 予言者.

fatīscō -ere, *intr* **1** [*cf.* fatigo] 裂ける, 割れる. **2** 衰える, 弱る: *fatiscit seditio* (Tac) 暴動がおさまる.

fatīscor -scī, *intr dep* =fatisco.

Fātua -ae, *f*《神話》ファートゥア《Faunus の別名; *cf.* Fatuus》.

fatuē *adv* [fatuus] 愚かに.

fatuitās -ātis, *f* [fatuus] 愚かさ.

fātum -ī, *n* [for] **1** 神託, 予言. **2** 神意, 天命. **3** 天寿を全うすること, 自然死: *fato obire* (Tac) 天寿を全うして死ぬ. **4** 運命, 宿命. **5** 破滅, 不運. **6** (*pl* Fata) 運命の女神たち (=Parcae). **7** 破滅をもたらすもの.

fatuor¹ -ārī, *intr dep* [fatuus] 愚かなことを言う.

fatuor² -ārī, °*intr dep* [Fatuus] (予言の)霊感を受けている.

fātur 3 *sg ind pr* ⇒ for.

fātus¹ -a -um, *pp* ⇒ for.

fātus² -ūs, *m* **1**° ことば. **2** 神託, 予言. **3** 運命.

fatuus -a -um, *adj* **1** 愚かな. **2** (食物が)味のない, まずい.

Fātuus -ī, *m*《神話》ファートゥウス《「話す者」の意; Faunus の別名》.

faucēs -ium, *f pl* **1** のど, 咽喉. **2** 狭い出入口. **3** 隘路, 狭い道. **4** 噴火口. **5** 海峡; 地峡. **6** 割れ目, 深淵.

fauna -ae, °*f*《生物》(一地域または一時代の)動物相.

Fauna -ae, *f*《神話》ファウナ《Faunus の姉妹または妻とされる予言の女神; Bona Dea と同一視される》.

Faunigena -ae, *m* [↓/gigno] Faunus の息子または子孫.

Faunus -ī, *m*《神話》**1** ファウヌス《Latium の王で Latinus の父; 死後, 牧人と家畜の守護神となる; のち Pan と同一視された》. **2** (*pl* Fauni) ファウニー《上半身は人間, 下半身は山羊で, 角とひづめをもった山野の精; ギリシア神話の Satyrus たちと同一視された》.

Fausta -ae, *f* ファウスタ《Sulla の娘で Milo の妻》.

faustē *adv* [faustus] さい先よく, 都合よく.

Faustitās -ātis, *f* [faustus]《神話》ファウスティタース《「幸運」の意; 豊饒(ほうじょう)の女神》.

Faustulus -ī, *m*《伝説》ファウストゥルス《Romulus と Remus を拾って養育した羊飼い》.

faustus -a -um, *adj* [faveo] 幸運な; さい先のよい.

Faustus -ī, *m* ファウストゥス《ローマ人の個人名; 特に ～ *Cornelius Sulla*, 独裁官 Sulla の息子》.

fautor -ōris, *m* [faveo] **1** 保護者, 支持者, 後援者. **2** (劇場に雇われて)拍手喝采する者.

fautrīx -īcis, *f* [↑] 保護者, 支持者《女性》.

fautus -a -um, *pp* ⇒ faveo.

*****faux** faucis, *f* (通例 *pl* faucēs で; *sg* の用例は *ab! fauce* のみ) ⇒ fauces.

favea -ae, *f* [faveo] 気に入りの女奴隷.

faventia -ae, *f* [faveo] 縁起のよいふるまい (=宗教儀式で沈黙を守ること).

Faventia -ae, *f* ファウェンティア《Gallia Cisalpina の町》.

Faventīnus -a -um, *adj* Faventia の.

faveō -ēre fāvī fautum, *intr* **1** 好意を示す, 後援[支持]する⟨+*dat*⟩. **2** 好都合である. **3** 拍手喝采する. **4** *linguis* [*ore*] *favere* (Cic [Verg]) 縁起の悪いことばを口にしない (=沈黙する).

fāvī *pf* ⇒ faveo.

favilla -ae, *f* [*cf.* fax, foveo] **1** (まだ熱い)灰, 燃えさし, 余燼(よじん). **2** 火花.

favillāceus -a -um, °*adj* [↑] 灰の(ような).

favīsae -ārum, *f pl* (神殿近くにあった)地下貯蔵室.

favitor -ōris, *m*《古形》=fautor.
Favōnius -ī, *m* [*cf.* foveo] (春に吹く)西風 (=Zephyrus).
favor -ōris, *m* [faveo] **1** 好意, 支持; 偏愛. **2** 賛同, 喝采.
favōrābilis -is -e, *adj* [↑] 好意をもたれている, うけがよい.
favōrābiliter *adv* [↑] 好評を博して.
favus -ī, *m* ミツバチの巣, ハチの巣.
fax facis, *f* **1** たいまつ. **2** 婚礼のたいまつ; 婚礼. **3** 葬式のたいまつ. **4** 光, 炎: *aeterna* ~ (SEN) 太陽. **5** 火つけたいまつ, 燃え木. **6** 主謀者〈alci rei〉. **7** 流星.
faxim *subj pf*《古形》=fecerim (⇨ facio).
faxitur 3 *sg pass ind fut pf*《古形》=factum erit (⇨ facio).
faxō *fut pf*《古形》=fecero (⇨ facio).
febribilis -is -e, °*adj* [febris] 熱を出しやすい.
febrīcitō -āre -āvī, *intr* [febris] 熱がある.
febrīcōsus -a -um, °*adj* [febris] 熱のある.
febrīcula -ae, *f dim* [febris] 微熱.
febrīculōsus -a -um, *adj* [febris] 熱のある, 熱病の.
febrifugia -ae, °*f* [febris/fugo] **1**《植》シマセンブリ属の植物 (=centaureum). **2**《薬》解熱剤.
febriō -īre, *intr* [↓] 熱がある.
febris -is, *f* [*cf.* ferveo] 熱, 発熱.
Februa -ōrum, *n pl* [februm] 清めと贖罪の儀式《2月15日に行なわれた; *cf.* Februarius》.
Februālis -is -e, *adj* [↑] =februatus.
Februārius[1] -a -um, *adj* [Februa] 2月の.
Februārius[2] -ī, *m* (*sc.* mensis) 2月《前450年まで一年の最後の月; 以後, 第2月》.
februātiō -ōnis, *f* [februo] 清めの儀式.
februātus -a -um, *adj* (*pp*) [februa] 清めの.
februm -ī, *n* 清め《Sabini 族の用語》.
februō -āre -ātum, *tr* [Februa] 清める, (罪を)贖う.
fēcī *pf* ⇨ facio.
fēcul- ⇨ faecul-.
fēcundē *adv* [fecundus] 豊かに.
fēcunditās -ātis, *f* [fecundus] 豊饒, 多産, 豊かさ.
fēcunditō -āre, *tr freq*《碑》=fecundo.
fēcundō -āre -āvī -ātum, *tr* [↓] 肥沃にする, 多産にする.
fēcundus -a -um, *adj* **1** 実り豊かな, 多産の, 肥沃な. **2** 富裕な, あり余るほどの. **3** (…に)富む〈re; alcis rei〉: *fecunda melle Calymne* (Ov) 蜜に富むCalymne 島. **4** 実り豊かにする, 肥沃にする: ~ *imber* (VERG) 豊饒の雨.
fefellī *pf* ⇨ fallo.
fel fellis, *n* **1** 胆汁; 胆嚢: *atrum* ~ (VERG) 黒い胆汁《怒りの原因とされた》. **2** 毒. **3** とげとげしさ, 悪意.
fēlēs -is, *f* **1**《動》ネコ. **2** かどわかす者.
felicātus -a -um, *adj* =filicatus.
fēlīcitās -ātis, *f* [felix[1]] **1** 肥沃, 多産. **2** 幸運, 幸福.
fēlīciter *adv* [felix[1]] **1** 豊かに. **2** さい先よく, 都合よく: *obtestatus deos, ut ea res legioni* ~ *eveniret* (CAES) そのことが軍団に幸いするように神々に祈って. **3** 幸運に, 幸福に: ~ *vivere* (CIC) 幸福に生きる. **4** 成功して.
fēlis -is, *f* =feles.
fēlix[1] -īcis, *adj* **1** 実り豊かな, 多産の, 肥沃な. **2** 幸福な, 幸運な, 恵まれた〈+*gen*; in re; +*inf*〉. **3** さい先のよい, 都合のよい. **4** 成功した〈in re〉: *tamquam et ipse* ~ *bello* (TAC) あたかもみずからも戦いに勝利したかのように.
fēlix[2] -icis, *f* =filix.
Fēlix -icis, *m* フェーリクス《よく用いられるローマ人の添え名; 特に *L. Cornelius Sulla* ~ ⇨ Sulla》.
fellātiō -ōnis, °*f* [fello] フェラチオ, 吸茎.
fellātor -ōris, *m* [fello] フェラチオをする者.
fellātrix -īcis, *f* [↑]《碑》フェラチオをする女.
felleus -a -um, *adj* [fel] 胆汁の(ような).
fellicō, -tō -āre, °*tr freq* [fello] 吸う.
fellicula -ae, °*f dim* [fel] 胆汁.
fellō, fēlō -āre -āvī -ātum, *tr*, *intr* **1** (乳を)吸う. **2** 吸茎する.
Felsina -ae, *f* フェルシナ《Bononia の古名》.
fēmella -ae, *f dim* [femina] 若い女.
fēmellārius -ī, °*m* [↑] 若い女の尻を追い回す者, 女たらし.
femen -minis, *n* =femur.
fēmina -ae, *f* **1** 女, 女性. **2** (動物の)雌.
fēminal -ālis, *n* [↑] 女性外陰部.
feminālia -ium, *n pl* [femen] ももひき.
fēmineus -a -um, *adj* [femina] **1** 女の, 女性の; 女らしい. **2** めめしい, 柔弱な.
fēminīnē *adv* [↓]《文》女性形で.
fēminīnus -a -um, *adj* [femina] **1** 女の; 女らしい. **2**《文》女性の.
fēminō -āre, °*intr* [femina] (女性が)自慰を行なう.
femorālia -ium, °*n pl* [femur] =feminalia.
femorālis -is -e, °*adj* [femur] 腿の.
femoropopliteus -a -um, °*adj*《解》大腿膝窩の.
femur -moris, *n* 腿.
fēnārius -a -um, *adj* =faenarius.
fēnebris -is -e, *adj* =faenebris.
fēner- ⇨ faener-.
fenestella -ae, *f dim* [↓] 小窓, 壁の小さな開き口.
fenestra -ae, *f* **1** 窓. **2** 銃眼, 狭間. **3** (壁の)開き口. **4** 機会, 門戸: *huic quantam fenestram ad nequitiam patefeceris!* (TER) あなたは彼の放蕩のためにいかに大きな抜け穴を開けてやることになろう.
fenestrātus -a -um, *adj* (*pp*) [↓] 窓のついた.
fenestrō -āre -āvī -ātum, *adj* [fenestra] 窓をつける.
fenestrula -ae, *f dim* [fenestra] 小窓.
fēneus -a -um, *adj* =faeneus.
fēnicul- ⇨ faenicul-.
fēnīlia -ium, *n pl* =faenilia.
fēnu- ⇨ faenu-.

fer 2 *sg impr* ⇨ fero.
fera -ae, *f* [ferus] (*sc.* bestia) 野獣.
ferācitās -ātis [ferax] 多産.
ferāciter *adv* [ferax] 実り豊かに.
Fērālia -ium, *n pl* [↓] 死者の祭 《2月21日に行なわれた》.
fērālis -is -e, *adj* 1 死者の, 死体の. 2 死をもたらす, 致命的な, 破滅的な. 3 陰鬱な.
ferax -ācis, *adj* [fero] 実り豊かな, 多産の, 肥沃な ⟨+*gen* [*abl*]⟩.
ferbuī *pf* ⇨ ferveo.
ferctum -ī, *n* =fertum.
ferculum -ī, *n* [fero] 1 運び台, 盆, 皿. 2 (一皿の)料理.
ferē *adv* 1 ほとんど, ほぼ: *non* ∼ (Cic) ほとんど…ない. 2 全く, すっかり. 3 いつもは, 通常, たいてい.
ferens -entis, *adj* (*prp*) [fero] 1 (風が)望みの方角に吹く, さい先のよい. 2 耐えることができる.
ferentārius -ī, *m* (飛び道具をもって戦う)軽装兵.
Ferentīna -ae, *f* フェレンティーナ 《Ferentinum (1) の女神》.
Ferentīnās -ātis, *adj* Ferentinum (1) の.
Ferentīnātēs -ium, *m pl* Ferentinum (1) の住民.
Ferentīnum -ī, *n* フェレンティーヌム 《(1) Latium 中部の町; 現 Ferentino. (2) Etruria 南部の町; 現 Ferento》.
Ferentīnus -a -um, *adj* Ferentinum (1) の: *aqua Ferentina* (Liv) Latium の Alba Longa 付近の小川.
Ferentium -ī, *n* =Ferentinum (2).
Feretrius -ī, *m* [*cf.* ferio] (敵を打ち負かす神としての) Juppiter の添え名.
feretrum -ī, *n* [Gk] 運び台, 棺台.
fēriae -ārum, *f pl* [*cf. festus*] 1 祝日, 祭日. 2 休日, 休暇.
fēriāticus -a -um, °*adj* [↑] 祝日の.
fēriātus -a -um, *adj* (*pp*) [ferior] 休日の, ひまな.
ferīna -ae, *f* [↓] 野獣の肉.
ferīnus -a -um, *adj* [ferus] 野獣の: *caro ferina* (Sall) 野獣の肉.
feriō -īre, *tr* 1 打つ, たたく: *ferire pectora* (Ov) (悲しみの表現として手で)胸を打つ / *certatim feriunt mare* (Verg) 彼らは競って(オールで)海面をたたく (=船をこぐ). 2 打ち殺す; (獣を)いけにえにささげる: *alqm securi ferire* (Cic) ある人を打ち首にする. 3 突き当たる, ぶつかる; 届く. 4 (事件などが)ふりかかる, 苦しめる. 5 (貨幣を)鋳造する. 6 *medium ferire* (Cic) (両極端を避けて)中道を選ぶ. 7 *foedus ferire* (Cic) 協定[契約]を結ぶ. 8 (人を)かつぐ, だます.
fērior -ārī -ātus sum, *intr dep* [feriae] 仕事を休む, 休日にする.
feritās -ātis, *f* [ferus] 野蛮, 狂暴, 獰猛.
fermē *adv* =fere.
fermentātus -a -um, *pp* ⇨ fermento.
fermentēscō -ere, *intr inch* [↓] 発酵したかのようにふくれる.
fermentō -āre -āvī -ātum, *tr* [↓] 発酵させる.
fermentum -ī, *n* [*cf.* fervo, ferveo] 1 発酵. 2 酵母. 3 憤怒, かんしゃく. 4 麦芽酒.

ferō ferre tulī lātum, *tr, intr* 1 運ぶ, 持っていく ⟨alqm [alqd]⟩. 2 *ventrem ferre* (Liv) 妊娠している / *prae se ferre* (Cic) 示す, 公表する. 2 耐える, 甘受 ⟨alqd [alqm]⟩; +*acc c. inf*⟩: *non ferendum est* (Cic) 耐えがたい / *alqd aegre* [*moleste, graviter*] *ferre* (Cic) あることに怒る. 3 持ってくる ⟨alci alqd; alqd ad alqm; alqd in locum⟩. 4 提出する, 提案する: *suffragium* [*sententiam*] *ferre* (Cic) 投票する / *ferre de re ut* … (Cic) あることについて…するように提案する. 5 記帳する: *acceptum* [*expensum*] *ferre* (Cic) 収入[支出]を記帳する. 6 もたらす, ひき起こす: *alci luctum lacrimasque ferre* (Liv) ある人に悲しみと涙をもたらす. 7 報告する, 知らせる; 語る; 言い触らす, 広める: *ferunt* ⟨+*acc c. inf*⟩ 人々は…と言う, …といううわさである / *fertur* ⟨+*nom c. inf*⟩ …とうわさされている. 8 (…と)称する, (…と)みなす: *Mercurium omnium inventorem artium ferunt* (Caes) Mercurius を人々はすべての技術の発明者と信じている. 9 賞賛する, ほめそやす ⟨alqd [alqm]⟩. 10 運び去る, 奪い去る: *ferre et agere* (Liv) 略奪する. 11 かち取る, 獲得する ⟨alqd ab [ex] alqo; alqd ex re⟩. 12 (前へ)動かす: *signa ferre* (Caes) 進軍する / *Rhenus citatus fertur* (Caes) Rhenus 川は激しい勢いで流れる. 13 駆られている: *quo cujusque animus fert, eo discedunt* (Sall) 各々気の向く方へ立ち去る. 14 通ずる, 至る ⟨abs⟩: *via ad Veserim ferebat* (Liv) 道は Veseris 川に通じていた. 15 要求する; 認める, 許す ⟨alqd; ita, sic, ut⟩: *ut mea fert opinio* (Cic) 私の見解によれば. 16 産出する, 生ずる: *terra fruges fert* (Cic) 土地が穀物を産出する.

ferōcia -ae, *f* [ferox] 1 強情, 狂暴. 2 (ぶどう酒の味の)きつさ. 3 勇気, 闘志. 4 傲慢.
ferōciō -īre -īvī [-iī], *intr* [ferox] 荒々しくふるまう, あばれる.
ferōcitās -ātis, *f* [ferox] 1 狂暴. 2 傲慢, 横柄.
ferōciter *adv* [ferox] 1 狂暴に. 2 傲慢に. 3 大胆に.
ferōculus -a -um, *adj dim* [ferox] (やや)狂暴な.
Fērōnia -ae, *f* 《神話》フェーローニア 《Italia の古い女神; 解放奴隷の守護神》.
ferox -ōcis, *adj* [ferus] 1 狂暴な, 荒々しい. 2 大胆な, 勇敢な. 3 威勢のよい, 血気盛んな. 4 傲慢な, 横柄な.
ferrāmentum -ī, *n* [ferrum] 鉄器類.
ferrāria -ae, *f* [↓] 鉄鉱山.
ferrārius -a -um, *adj* [ferrum] 鉄の: *faber* ∼ (Plaut) 鍛冶屋.
ferrātī -ōrum, *m pl* [ferratus] 装甲兵.
ferrātilis -is -e, *adj* [↓] 足に鎖をかけられた.
ferrātus -a -um, *adj* [ferrum] 鉄でおおわれた, 鉄のついた: *hasta ferrata* (Liv) 鉄の穂先の槍.
ferre *inf* ⇨ fero.
ferreus -a -um, *adj* [ferrum] 1 鉄の, 鉄製の. 2 堅固な, 不動の: *Cato ferrei corporis animique* (Liv) 不屈の肉体と魂の(持ち主である) Cato. 3 無感覚の, 冷酷な, 残酷な: *os ferreum* (Cic) 鉄面皮.
ferricrepinus -a -um, *adj* [ferrum/crepo] 足かせががチャガチャ鳴る.

ferricyanidum -ī, °*n* 〖化〗フェリシアン化物.
ferrifodina -ae, *f* [ferrum/fodina] 鉄鉱山.
ferriterium -ī, *n* [ferrum/tero] 足かせですりむけている人々のいる場所《ergastulum「奴隷収鑑所」を指す喜劇の造語》.
ferriterus -a -um, *adj* [ferrum/tero] 足かせですりむけている.
ferritrībax -ācis, *adj* =ferriterus.
ferrūgineus -a -um, *adj* [↓] 鉄さび色の, くすんだ色の.
ferrūgō -ginis, *f* [↓] 1 鉄さび. 2 鉄さび色, くすんだ色.
ferrum -ī, *n* 1 鉄. 2 鉄器具(すき・斧・はさみ・鉄筆など). 3 剣: *urbes ferro atque igni vastantur* (Liv) 町々は剣と火(=戦火)によって荒らされる. 4 武力. 5 剣闘士の試合. 6 °〖化〗~ *pulveratum* 鉄粉 / ~ *reductum* 還元鉄.
ferrūmen -minis, *n* [↑] 1 接着剤, 接合剤. 2 鉄さび.
ferrūminō -āre -āvī -ātum, *tr* [↑] 接合[接着]する, はんだづける.
fertilis -is -e, *adj* [fero] 1 多産の, 肥沃な《+*gen* [*abl*]》. 2 創造力に富む. 3 豊作をもたらす, 肥沃にする: *dea* ~ (Ov) =Ceres.
fertilitās -ātis, *f* [↑] 肥沃, 多産.
fertiliter *adv* [fertilis] 実り豊かに.
Fertor -ōris, *m* フェルトル《(1) Apulia 北部の川; 後名 Frento; 現 Fortore. (2) Liguria の川; 現 Bisagno》.
fertum -ī, *n* 供物用菓子.
ferula -ae, *f* 1 〖植〗オオウイキョウ. 2 むち. 3 杖.
ferulāceus -a -um, *adj* [↑] 1 オオウイキョウで作った. 2 オオウイキョウに似た.
ferulāgō -ginis, °*f* [ferula] 〖植〗オオウイキョウ属の劣等品種.
ferus[1] -a -um, *adj* 1 野生の, 飼いならされていない. 2 (土地が)耕作されていない, 未開の. 3 野蛮な, 粗野な. 4 荒々しい, 激しい: *fera tempestas* (Ov) 激しいあらし. 5 無慈悲な, 残酷な.
ferus[2] -ī, *m* 〖詩〗野獣.
fervefacere *inf* ⇨ fervefacio.
fervefaciō -cere -fēcī -factum, *tr* [ferveo/facio] 熱くする.
fervefactus -a -um, *pp* ⇨ fervefacio.
fervefēcī *pf* ⇨ fervefacio.
fervens -entis, *adj* (*prp*) [ferveo] 1 熱い, 煮え[沸き]立っている; 赤熱した. 2 (水が)泡立っている. 3 熱烈な, 激した.
ferventer *adv* [↑] 熱心に, 激しく.
ferveō -ēre ferbuī, *intr* 1 熱い, 沸騰している. 2 (海や川が)泡立っている, 荒れ狂う. 3 激しく動いている, 騒然としている. 4 (激情に)燃え立っている, 興奮している.
fervescō -ere, *intr inch* [↑] 熱くなる, 煮え[沸き]立つ.
fervidus -a -um, *adj* [ferveo] 1 熱い, 煮え[沸き]立っている, 燃え上がっている. 2 (水が)泡立っている. 3 (酒が)強い. 4 (激情に)燃え立っている, 興奮した. 5 激しやすい, 情熱的な.
fervō -ere -vī, *intr* =ferveo.
fervor -ōris, *m* [ferveo] 1 熱. 2 (水が)泡立っていること. 3 熱情, 激情.
fervunculus -ī, °*m dim* =furunculus 2.
Fescennia -ae, *f* フェスケンニア《Etruria の町》.
Fescennīnus -a -um, *adj* Fescennia の: ~ *versus* (Liv) (結婚式で歌われた卑猥な) Fescennia 詩.
fessus -a -um, *adj* [*cf.* fatigo] 1 疲れはてた. 2 弱った, 衰弱した.
festīnābundus -a -um, *adj* [festino] 急いでいる.
festīnanter *adv* [festino] 急いで, 迅速に.
festīnātiō -ōnis, *f* [festino] 急ぐこと, 迅速, 性急.
festīnātō *adv* (*abl*) [↓] 急いで, 迅速に.
festīnātus -a -um, *adj* ⇨ festino.
festīnō -āre -āvī -ātum, *intr, tr* I (*intr*) 急ぐ. II (*tr*) 1 急がせる, せきたてる. 2 急いでする.
festīnus -a -um, *adj* [↑] 急いでいる.
festīvē *adv* [festivus] 1 お祭り気分で; 愉快に, 陽気に. 2 みごとに, うまく.
festīvitās -ātis, *f* [↓] 1 お祭り気分; 陽気, 愉快. 2 愛らしさ, 魅力. 3 機知, しゃれ.
festīvus -a -um, *adj* [festum] 1 祝祭の. 2 みごとな, すてきな. 3 陽気な, 感じのよい. 4 気のきいた, 機知に富んだ.
festūca[1] -ae, *f* 1 茎, 軸. 2 (奴隷解放の儀式に用いられた)杖《この杖で奴隷に触れる》.
festūca[2] -ae, *f* =fistuca.
festūcātiō -ōnis, *f*=fisticatio.
festūcō -āre, *tr*=fistuco.
festum -ī, *n* [↓] 祝祭, 祝日.
festus -a -um, *adj* [*cf.* feriae] 1 祝祭の; 祝祭にふさわしい. 2 お祭り気分の; 陽気な, 楽しい.
fēta -ae, *f* [fetus] 母獣.
fētālia -ium, °*n pl* [fetus] 誕生日.
fētālis -is -e, °*adj* [fetus] 〖生物〗胎児の.
fēteō -ēre, *intr* =foeteo.
fētiālis[1] -is -e, *adj* [fetus] 外交担当神官の.
fētiālis[2] -is, *m* (ローマ人の代表として宣戦・講和などにあたった)外交担当神官団の一人.
fētidus -a -um, *adj* =foetidus.
fētō -āre, *intr, tr* [fetus] I (*intr*) (鳥が)卵をかえす. II °(*tr*) 妊娠させる.
fētor -ōris, *m* =foetor.
fētōsus -a -um, °*adj* [fetus] 多産の.
fētūra -ae, *f* [↓] [fetus] 1 子を産むこと, 繁殖. 2 子.
fētus[1] -a -um, *adj* [*cf.* fecundus, felix[1]] 1 出産したばかりの. 2 妊娠している. 3 実り豊かな, 多産の; 豊富な 〈re〉.
fētus[2] -ūs, *m* 1 分娩, 出産. 2 実を結ぶこと. 3 子. 4 実, 若枝; 産物.
feudālis -is -e, °*adj* [↓] 封土の.
feudum -ī, °*n* 封土.
fex fēcis, *f* =faex.
fi[1] *int* =phy(嫌悪・不快感を表わす).
fi[2] 2 *sg impr pr* ⇨ fio.
fiber -brī, *m* 〖動〗ビーバー, 海狸.
fibra -ae, *f* [*cf.* fimbriae] 1 繊維. 2 (*pl*) 内臓.
Fibrēnus -ī, *m* フィブレーヌス《Latium の Arpi-

num 付近にある川; 現 Fibreno).
fibrīnus -a -um, *adj* [fiber] ビーバーの.
fibrocartilāgō -ginis, °*f* 〘解〙繊維軟骨.
fibrōsus -a -um, °*adj* [fibra] 繊維質の, 繊維状の.
fibula -ae, *f* [*cf.* figo] **1** 〘建〙締め金. **2** 留め針. **3**°〘解〙腓骨.
fibulāris -is -e, °*adj* [↑] 〘解〙腓骨の.
fibulō -āre -āvī -ātum, *tr* [fibula] **1** 結び合わせる. **2**° 留め金を付ける.
Fīcāna -ae, *f* フィーカーナ《Ostia 近くの Latium の小さな町》.
ficārius -a -um, *adj* [ficus] イチジクの.
ficēdula -ae, *f* [ficus] 〘鳥〙ムシクイ.
ficētum -ī, *n* [ficus] イチジク園.
ficolea -ae, *f* [ficula] イチジクの木で作った杖.
Ficolensis -is -e, *adj* =Ficulensis.
ficōsus -a -um, *adj* [ficus] 痔疾にかかっている.
fictē *adv* [fictus] 偽って.
fictīcius -a -um, *adj* [fictus] 人工の, 作りものの.
fictile -is, *n* [fictilis] **1** 土器, 陶器. **2** 陶製の像.
fictiliārius -ī, *m* [↓] 〘碑〙陶工.
fictilis -is -e, *adj* [fictus] 陶製の, 土製の.
fictiō -ōnis, *f* [fingo] **1** 形づくること, 形成. **2** 見せかけ: *personae ~* (QUINT)〘修〙擬人法.
fictor -ōris, *m* [fingo] **1** 彫刻家. **2** 供物用菓子製造者. **3** 製作者, 考案者.
fictrix -īcis, *f* [↑] 製作者《女性》.
fictum -ī, *n* (*pp*) [fingo] 偽り, 作り事〔話〕.
fictūra -ae, *f* [fingo] **1** 形づくること, 形成. **2** 構成, 組成.
fictus -a -um, *adj* (*pp*) [fingo] **1** 真実でない, 偽りの. **2** 見せかけの. **3** 不誠実な.
fīcula -ae, *f dim* [ficus] 〘植〙(小さな)イチジク.
Fīculea -ae, *f* フィークレア《ローマ市北東の Sabini 族の町》.
Ficuleātēs -ium, *m pl* =Ficulenses.
Fīculensis -is -e, *adj* Ficulea の. **Fīculensēs** -ium, *m pl* Ficulea の住民.
ficulnea -ae, °*f* [↓] 〘植〙イチジクの木.
ficulneus -a -um, *adj* =ficulnus.
ficulnus -a -um, *adj* [↓] イチジク(の木)の.
ficus -ī [-ūs], *f* **1** 〘植〙イチジクの木. **2** 〘植〙イチジク. **3** 〘病〙痔(核).
fidāmen -minis, °*n* [fido] 信頼.
fidē *adv* [fidus] 忠実に.
fideicommīsī *pf* ⇨ fideicommitto.
fideicommissārius -a -um, *adj* [↓] 〘法〙信託遺贈の.
fideicommissum -ī, *n* [fideicommitto] 〘法〙信託遺贈.
fideicommissus -a -um, *pp* ⇨ fideicommitto.
fideicommittō -ere -mīsī -missum, *tr* [fides¹/committo] 〘法〙信託遺贈する.
fidējubeō -ēre -jussī -jussum, *intr* [fides¹/jubeo] 〘法〙保証人になる, 保証する.
fidējussī *pf* ⇨ fidejubeo.
fidējussiō -ōnis, *f* [fidejubeo] 〘法〙保証人になること.

fidējussor -ōris, *m* [fidejubeo] 〘法〙保証人, 担保人.
fidējussus -a -um, *pp* ⇨ fidejubeo.
fidēlia -ae, *f* (大きな)壺, 手桶: *de eadem fidelia duo parietes dealbare* (CIC) 同じ桶で二つの壁を白く塗る(=一石二鳥).
fidēlis¹ -is -e, *adj* [fides¹] **1** 誠実な, 信頼できる. **2** 確固たる, 確実な: *lorica ~* (VERG) がんじょうな甲冑.
fidēlis² -is, *m* **1** 親友. **2**° 信者, 信徒.
fidēlitās -ātis, *f* [fidelis] 信頼できること, 誠実.
fidēliter *adv* [fidelis] **1** 誠実に, 忠実に. **2** 確実に, しっかりと.
Fīdēnae -ārum, *f pl*, **Fīdēna** -ae, *f* フィーデーナエ《ローマ市の北, Tiberis 河畔の町》.
Fīdēnās -ātis, *adj* Fidenae の. **Fīdēnātēs** -ium, *m pl* Fidenae の住民.
fīdens -entis, *adj* (*prp*) [fido] 大胆な, 自信に満ちた.
fīdenter *adv* [↑] 自信をもって, 大胆に.
fīdentia -ae, *f* [fidens] 自信, 確信.
Fīdentia -ae, *f* フィーデンティア《Gallia Cisalpina の町》.
fidēprōmittō -ere, *intr* [↓/promitto] 〘法〙保証人になる.
fidēs¹ -eī, *f* [fido] **1** 信頼, 信用. **2** 信義: *tuam fidem obsecro* (PLAUT) あなたの信義にかけてお願いだ. **3** 誠実, 正直: (*ex*) *bonā fide* (CIC) 誠意をもって. **4** 忠誠, 忠実. **5** 約束, 誓約: *meā fide* (PLAUT) 誓って, (私の)名誉にかけて. **6** 約束の実行(実現): *dicta ~ sequitur* (Ov) ことばを実行если行いかける(=そのことばどおりになる). **7** 保証. **8** 証拠, 確証.
fidēs² -ium, *f pl*, **fidēs** -is, *f* **1** 竪琴. **2** 竪琴の弦. **3** 抒情詩. **4** (*sg*) 〘天〙琴座 (=Lyra).
fidī *pf* ⇨ findo.
fidicen -cinis, *m* [fides²/cano] **1** 竪琴奏者. **2** 抒情詩人.
fidicina -ae, *f* [↑] 《女性の》竪琴奏者.
fidicinius -a -um, *adj* [fidicen] 竪琴演奏の.
fidicula -ae, *f dim* [fides²] **1** (小さな)竪琴. **2** (*pl*) 拷問具の一種.
fidis -is, *f* =fides².
Fidius -ī, *m* [fides¹] 「信義をつかさどる神」の意》 Juppiter の添え名の一つ: *Dius ~* (PLAUT) 信義の神 / *medius ~!* (CIC) (=*ita me Dius ~ juvet*) 神よ, 私を助けたまえ.
fīdō -ere fīsus sum, *intr* [*cf.* fidus] **1** 信頼する〈+ *dat* [*abl*]〉: *puer sibi fidens* (CIC) 自信のある少年. **2** 自信をもって...する〈+*inf*〉.
fidūcia -ae, *f* [↑] **1** 信頼〈*alcis rei*〉. **2** 自信, 大胆. **3** 確実性. **4** 〘法〙信託, 抵当.
fidūciālis -is -e, °*adj* [↑] 確信している; 信頼している.
fidūciāliter °*adv* [↑] 自信をもって.
fidūciārius¹ -a -um, *adj* [fiducia] **1** 〘法〙受託者の; 信託の. **2** 委託された.
fidūciārius² -ī, *m* 〘碑〙受託者, 被信託者.
fidūciō -āre -āvī -ātum, *tr* [fiducia] 〘碑〙抵当に入れる.

fīdus -a -um, *adj* [*cf.* fido, fides¹] **1** 忠実な, 誠実な. **2** 信頼できる, 確かな.
fierī *inf* ⇨ fio.
figlīna -ae, *f* [figlinus] **1** (*sc.* ars) 製陶術. **2** 製陶所.
figlīnum -ī, *n* [↓] 陶器.
figlīnus -a -um, *adj* [figulus] 陶工の: *opus figlīnum* (Plin) 陶器.
figmentum -ī, *n* [fingo] **1** 造ること. **2** 像. **3** 作り事, 虚構.
fīgō -ere fixī fixum [fictum], *tr* **1** 固定する, 結びつける ⟨alqm [alqd]; alqd in re; alqd in [ad] alqd; alqd re⟩: *figere alqm cruci [in crucem]* (Quint [Cic]) ある人をはりつけにする. **2** 掛ける, つるす. **3** 揚示する. **4** 立てる, 据える: *figere moenia* (Ov) 城壁を築く. **5** 刻みつける: *figere alqd in animo* (Cic) あることを心に銘記する. **6** 差し込む, 突っ込む ⟨alqd in re [alqd]⟩. **7** (押して)つける: *figere oscula peregrinae terrae* (Ov) 異国の大地に口づけする. **8** じっと向ける ⟨alqd in re [alqd]; alqd re⟩: *figere oculos in terram* (Liv) 地面をじっと見つめる. **9** 突き刺す, 刺し貫く ⟨alqm [alqd] re⟩.
figulāris -is -e, *adj* [figulus] 陶工の: *creta* ~ (Plin) 陶土.
figulīn- ⇨ figlin-.
figulus -ī, *m* [fingo] 陶工.
Figulus -ī, *m* フィグルス《ローマ人の家名; 特に *P. Nigidius* ~, Cicero と同時代の学者》.
figūra -ae, *f* [fingo] **1** 姿, 形. **2** 外観, 外形; 様相. **3** 体位, 姿勢; 態度. **4** 《哲》原子. **5** 像; 幻影. **6** 種類, 様式, 型. **7** 《文》語形. **8** 成句, 熟語. **9** 《修》文彩, あてこすり.
figūrālitās -ātis, °*f* [↑] 比喩的の表現.
figūrāliter °*adv* [figura] 比喩的に.
figūrātiō -ōnis, *f* [↓] **1** 形態, 形状. **2** 《文》語形成. **3** 想像, 表象; 心象. **4** 《修》比喩的表現, 文彩.
figūrō -āre -āvī -ātum, *tr* [figura] **1** 形づくる, 形成する. **2** 想像する. **3** (文章を)修辞的表現で飾る.
fīlātim *adv* [filum] 糸を 1 本ずつ.
fīlia -ae, *f* [filius] 娘.
fīliālis¹ -is -e, °*adj* [filius] 子としての.
fīliālis² -is, °*f* (*sc.* ecclesia) 支聖堂.
fīliaster -trī, *m* [filius] 《碑》義理の息子.
fīliastra -ae, *f* [filia] 《碑》義理の娘.
filicātus -a -um, *adj* [filix] シダの葉の文様を彫った.
filicula -ae, *f dim* [filix] 《植》エゾデンダ属のシダ類.
fīliola -ae, *f dim* [filia] (小さな)娘.
fīliolus -ī, *m dim* [↓] (小さな)息子.
fīlius -ī, *m* **1** 息子: ~ *familiae [familias]* (Cic) 父権の下にある息子 / *Fortunae* ~ (Hor) 幸運児, 果報者 / *terrae* ~ (Cic) どこの馬の骨やらわからぬ男, 無名の者. **2** (*pl*) 子供たち.
filix -icis, *f* 《植》シダ.
filō -āre, °*tr* [filum] 紡ぐ.
filtrum -ī, °*n* [G] **1** フェルト. **2** フィルター, 濾過布.
fīlum -ī, *n* **1** 糸: *filo pendere* (Ov) 危機一髪(風前の灯]である. **2** 糸状のもの, ひも. **3** (*pl*) (楽器の)弦. **4** (Parcae が紡ぐ)運命の糸, 寿命. **5** (話の)筋道, 構成. **6** 形状; 体格.
Fimbria -ae, *m* フィンブリア《Flavia 氏族に属する家名》.
fimbriae -ārum, *f pl* **1** ふさ飾り; へり, 縁: *cincinnorum* ~ (Cic) 巻き毛の先. **2** 《解》ふさ. **3** 《動·植》ふさ状へり.
fimbriātus -a -um, *adj* [↑] ふさ飾りの付いた; ぎざぎざのある.
fimētum -ī, *n* [↓] 糞の山.
fimus -ī, *m*, **fimum** -ī, *n* **1** (動物の)糞, 排泄物. **2** 泥, ぬかるみ.
fīnālis -is -e, *adj* [finis] **1** 境界の. **2** 終局[究極]の, 最後の: *causa* ~ 《哲》(アリストテレス哲学の)目的因.
fīnāliter °*adv* [↑] ついに, 最後に.
findō -ere fidī fissum, *tr* 割る, 裂く.
fingibilis -is -e, °*adj* [↓] 想像上の, 架空の.
fingō -ere finxī fictum, *tr* **1** 形づくる, 形成する. **2** 創造する, 表現する ⟨alqd ex [de] re⟩: *ars fingendi* (Cic) 彫刻術. **3** 整える, 調整する: *fingere crinem* (Verg) 髪形を整える. **4** 作り変える, 改造する. **5** 仕込む, 教える. **6** 心に描く, 想像する ⟨alqd; +acc c. inf⟩. **7** でっちあげる, 捏造する; 見せかける.
fīniēns -entis, *m* (*prp*) [↓] (*sc.* orbis) 地平線.
fīniō -īre -īvī [-iī] -ītum, *tr, intr* [↓] **I** (*tr*) **1** 界を定める, 限定する: *populi Romani imperium Rhenus finit* (Caes) ローマ国民の支配は Rhenus 川が限界だ. **2** 制限[抑制]する: *an potest cupiditas fīnīrī?* (Cic) 欲望に限度はあるのだろうか. **3** 記述[描写]する, 定義する. **4** 終える: *vitam [animam] fīnīre* (Ov) 生涯を終える, 死ぬ. **5** (*pass*) 終わる; 死ぬ. **II** (*intr*) 終える; 死ぬ.
fīnis -is, *m* (*f*) **1** 境界(線). **2** (*pl*) 領域, 領土. **3** 限度, 限界: *fine* ⟨+*gen*⟩ ...まで / *fine genūs* (Ov) 膝まで. **4** 目的, 目標. **5** 極度, 頂点: ~ *bonorum* (Cic) 最高善. **6** 終わり, 結末: *finem facere* ⟨+*gen* [*dat*]⟩ あることの結末をつける, 片付ける / *loquendi finem facere* (Caes) 会談を打ち切る. **7** 臨終, 死.
fīnītē *adv* [finitus] **1** ある程度. **2** とりわけ.
fīnītimī -ōrum, *m pl* [↓] 近隣の人々.
fīnītimus -a -um, *adj* [finis] **1** 隣接した, 近隣の ⟨alci⟩. **2** 同族の, 同類の.
fīnītiō -ōnis, *f* [finio] **1** 境界(線). **2** 制限. **3** 定義. **4** 規則. **5** 終わり; 死.
fīnītīvus -a -um, *adj* [finio] 《修》**1** 定義の[による]. **2** *modus* ~ (Diom) 直説法. **3** °《文》末尾の.
fīnītor -ōris, *m* [finio] **1** 境界を定める者, 測量士. **2** 終わらせる者. **3** *circulus* ~ (Sen) 地平[水平]線.
fīnītumus -a -um, *adj* =finitimus.
fīnītus -a -um, *adj* (*pp*) [finio] **1** 限定された, 特定の. **2** 《修》よくまとまった, 調和のとれた.
finxī *pf* ⇨ fingo.
fīō fierī factus sum, *intr* (facio の *pass* として用いられる) **1** なる ⟨ut [ne, quin] +*subj*⟩; 起こる; なされる: *quid fīet?* ⟨+*dat* [*abl*]⟩? ...はどうなるのだろうか / *quid Tulliolā meā fīet?* (Cic) 私の Tulliola (Cicero の娘 Tullia の愛称)はどうなるのだろう / *ut fieri solet*=*ut*

fit plerumque (Cɪᴄ) たいていそうなるように / *fit ut* (Cɪᴄ) …となる / *fieri potest ut* (Cɪᴄ) …ということはありうる. **2** 生まれる, 作られる; 任命される. **3** (…と)認められる, 評価される <+評価の *gen*>. **4** (*impers*) 祭儀が行なわれる; 供物がそなえられる <+*abl*>.

firmāmen -minis, *n* [firmo] 支え.

firmāmentum -ī, *n* [firmo] **1** 支え, 支柱; 土台. **2** 《修》要点.

Firmānus -a -um, *adj* Firmum の. **Firmānī** -ōrum, *m pl* Firmum の住民.

firmātor -ōris, *m* [firmo] 確立者.

firmē *adv* [firmus] 確固として, しっかりと.

firmitās -ātis, *f* [firmus] **1** 強いこと, 強固. **2** 安定, 不動. **3** (志操の)堅固, 不屈.

firmiter *adv* [firmus] しっかりと, 強固に.

firmitūdō -dinis, *f* =firmitas.

firmō -āre -āvī -ātum, *tr* [firmus] **1** 強くする, 強固にする. **2** 確実にする <alqd re>: *perpetuam firmare pacem amicitiamque* (Lɪᴠ) 永続的平和と友好関係を確立する. **3** 力づける, 励ます. **4** 保証する. **5** 立証する.

Firmum -ī, *n* フィルムム《Picenum の町; 現 Fermo》.

firmus -a -um, *adj* **1** 強固な, 強い, しっかりした <ad alqd; in re; contra [adversus] alqd>. **2** 健康な. **3** 確乎不動の, 断固とした. **4** 信頼できる, 確実な.

fiscālis -is -e, *adj* [fiscus] 国庫の, 財政の.

fiscella -ae, *f dim* [↓] (小さな)かご.

fiscina -ae, *f* [↓] (小さな)かご.

fiscus -ī, *m* **1** 財布. **2** 国庫. **3** (帝政時代の)元首金庫.

fissilis -is -e, *adj* [findo] **1** 割れ[裂け]やすい. **2** 割れた, 裂けた.

fissiō -ōnis, *f* [findo] 割る[裂く]こと.

fissum -ī, *n* (*pp*) [findo] 割れ目, 裂け目.

fissūra -ae, *f* [findo] **1** 亀裂, 割れ目, 裂け目. **2**°《解》裂(溝).

fissus -a -um, *pp* ⇨ findo.

fistūca -ae, *f* 杭打ち機.

fistūcātiō -ōnis, *f* [↓] 打ち込むこと.

fistūcō -āre -ātum, *tr* [fistuca] 打ち込む.

fistula -ae, *f* **1** 管; 送水管. **2** 葦笛, 牧笛; 調子笛. **3** (中空の)茎; 葦ペン. **4** 管状器官: ~ *urinae* (Cᴇʟs) 尿道. **5**《病》瘻管(孔). **6** ひき臼の一種.

fistulātim *adv* [fistulatus] 噴出して.

fistulātor -ōris, *m* [fistula] 笛を吹く人.

fistulātus -a -um, *adj* [fistula] 管のついた; 管状の.

fistulor -ārī, °*intr dep* 笛を吹く.

fistulōsus -a -um, *adj* [fistula] **1** 穴の多い, 多孔(性)の. **2** 管状の. **3**《病》瘻性の.

fīsus -a -um, *pp* ⇨ fido.

fītilla -ae, *f* (犠牲式の)供物用菓子.

fīxī *pf* ⇨ figo.

fīxus -a -um, *adj* (*pp*) [figo] 不動の, 不変の.

flābellifera -ae, *f* [flabellum/fero] (女主人を)扇であおぐ女奴隷.

flābellulum -ī, *n dim* [↓] (小さな)扇.

flābellum -ī, *n dim* [flabrum] (小さな)扇.

flābilis -is -e, *adj* [flo] **1** 気体の, 空気のような. **2**° 霊的な.

*****flābrum** -ī, *n* (用例は *pl* flābra のみ) [flo] 一陣の風, 突風.

flacceō -ēre, *intr* [flaccus] だれている, 衰えている.

flaccēscō -ere flaccuī, *intr inch* [↑] しおれる; 衰える.

flaccidus -a -um, *adj* [flaccus] **1** たれた, たるんだ. **2** 衰えた, 弱い. **3**°《病·解》弛緩(性)の: *pars flaccida* 弛緩部.

flaccuī *pf* ⇨ flaccesco.

flaccus -a -um, *adj* **1** たれた, たるんだ. **2** たれ耳の.

Flaccus -ī, *m* フラックス《ローマ人の家名; 特に Q. *Horatius* ~, 詩人 65–8》.

flagellātae -ārum, °*f pl*《植》鞭毛藻綱.

flagellātiō -ōnis, °*f* [↓] むち打つこと.

flagellō -āre -āvī -ātum, *tr* [↓] むち打つ; (むち打つように)強打する.

flagellum -ī, *n dim* [flagrum] **1** むち. **2** (投げ槍用の)革ひも. **3** 若枝. **4**《動》触手.

flāgitātiō -ōnis, *f* [flagito] しつこい要求.

flāgitātor -ōris, *m* [flagito] しつこい要求者.

flāgitiōsē *adv* [↓] 不面目に, 破廉恥に.

flāgitiōsus -a -um, *adj* [↓] 恥ずべき, 不面目な.

flāgitium -ī, *n* [↓] **1** 恥ずべき行為, 不品行. **2** 恥辱, 不面目. **3** 悪党.

flāgitō -āre -āvī -ātum, *tr* [*cf*. flagrum] **1** しつこく要求する <alqd ab alqo; alqm alqm; ut, ne>. **2** 知ることを求める. **3** 召喚する <alqm>.

flagrans -antis, *adj* (*prp*) [flagro] **1** 燃えている; 光り輝く. **2** 激しい, 情熱的な, 熱烈な. **3** 隆盛の. **4** 極悪の, 目に余る.

flagranter *adv* [↑] 激しく, 熱烈に.

flagrantia -ae, *f* [flagrans] 火, 炎, 輝き.

flagrō -āre -āvī -ātum, *intr* **1** 燃える. **2** 光り輝く. **3** 興奮する, (激情に)燃える <re>: *flagrare amore* (Cɪᴄ) 恋いこがれる. **4** 騒然とする, 沸き返る. **5** (…を)受ける, こうむる <re>: *flagrare infamiā* (Cɪᴄ) 恥辱にまみれる.

flagrum -ī, *n* むち.

flāmen[1] -minis, *n* [flo] **1** (風が)吹くこと. **2** 風. **3** (笛を)吹くこと: *flamina tibiae* (Hᴏʀ) 笛の調べ.

flāmen[2] -minis, *m* [*cf*. flagro] 神官, 祭司《特に flamen Dialis》.

flāmina -ae, *f*《碑》=flaminica.

flāminālis -is, *m* [flamen[2]]《碑》神官職経験者.

flāminātus -ūs, *m* [flamen[2]]《碑》神官職.

flāminia -ae, *f* [flamen[2]] **1** 神官の住居. **2** 神官の妻に仕える巫女.

Flāminiānus -a -um, *adj* Flaminius の.

flāminica -ae, *f* [flamen[2]] **1** 神官の妻. **2** 巫女.

Flāminīnus -ī, *m* フラーミニーヌス《Quintia 氏族に属する家名; 特に *T. Quintius* ~, Macedonia の王 Philippus V を Cynoscephalae で撃破した (前 197)》.

flāminium -ī, *n* =flamonium.

Flāminius[1] -ī, *m* フラーミニウス《ローマ人の氏族

名; 特に C. ~ Nepos, 前 223 年と 217 年の執政官; Trasumenus 湖畔で Hannibal に大敗した (前 217)).

Flāminius² -a -um, *adj* Flaminius の: *Via Flaminia* フラミニア街道《ローマ市から Ariminum に至る道路; 前 220 年の監察官 (censor) C. Flaminius が建設した》.

flamma -ae, *f* [*cf.* flagro] **1** 炎, 火. **2** たいまつ. **3** (星・月などの)輝き; 稲光. **4** 情火, 激情. **5** 破滅(させるもの).

flammāris -is -e, *adj* [↑] 炎色の.

flammārius -ī, *m* =flammearius.

flammātus -a -um, *adj* (*pp*) [flammo] **1** 火のような, 燃えている. **2** 紅潮した. **3** (のどが)からからに渇いた.

flammeārius -ī, *m* [flammeum] 布を炎色に染める人.

flammeolum -ī, *n dim* [flammeum] (小さな)花嫁のベール.

flammeolus -a -um, *adj dim* [flammeus] 炎色の.

flammeum -ī, *n* [↓] (炎色をした)花嫁のベール.

flammeus -a -um, *adj* [flamma] **1** 火の, 燃えている. **2** 炎色の, 赤みがかった. **3** 光り輝く.

flammidus -a -um, *adj* =flammeus.

flammifer -fera -ferum, *adj* [flamma/fero] 《詩》炎を運ぶ, 燃えている.

flammiger -gera -gerum, *adj* [flamma/gero] 《詩》=flammifer.

flammigō -āre, *intr* [flamma/ago] 炎を発する.

flammivomus -a -um, °*adj* [flamma/vomo] 炎を吐いている.

flammō -āre -āvī -ātum, *intr*, *tr* [flamma] **I** (*intr*) 燃える, 光り輝く. **II** (*tr*) 燃やす, 火をつける.

flammula -ae, *f dim* [flamma] (小さな)炎.

flāmōnium -ī, *n* [flamen²] 神官職.

flascō -ōnis, °*m* (ぶどう酒の)瓶.

flātus -ūs, *m* [flo] **1** (風が)吹くこと; 風. **2** 呼吸, 息をすること. **3** うぬぼれ, 傲慢.

flāvens -entis, *adj* (*prp*) [↓] 黄色の, 黄金色の.

flāveō -ēre, *intr* [flavus] 黄色である.

flāvescō -ere, *intr inch* [↑] 黄色[黄金色]になる.

Flāviānus -a -um, *adj* Flavius の.

flāvicomans -antis, °*adj* =flavicomus.

flāvicomus -a -um, *adj* [flavus/coma¹] 金髪の.

flāvidus -a -um, *adj* [flavus] 黄色がかった.

Flāvīna -ae, *f* フラーウィーナ《Etruria の町》.

Flāvīnius -a -um, *adj* Flavina の.

Flāvius -ī, *m* フラーウィウス《ローマ人の氏族名; Vespasianus, Titus, Domitianus などの皇帝がこの氏族に属する》.

flāvus -a -um, *adj* **1** 黄色の, 黄金色の. **2** 金髪の.

flēbilis -is -e, *adj* [fleo] **1** 悲しむべき. **2** 悲しんでいる; 悲しげな, 悲しい: *gemitus ~* (Cic) 悲しげなうめき声.

flēbiliter *adv* [↑] 悲しげに.

flectō -ere flexī flexum, *tr*, *intr* **I** (*tr*) **1** 曲げる. **2** 変える ⟨alqm [alqd]⟩. **3** 気持を変えさせる, 心を

動かす[和らげる]. **4** 迂回する, 回航する. **5** 向きを変える, 転ずる ⟨alqm [alqd] ad [in] alqd⟩: *de foro in Capitolium currūs flectere* (Cic) 戦車の(進行方向)を広場から Capitolium へと転ずる. **6** (声・音の)調子を変える, 抑揚を付ける. **II** (*intr*) 向かう, 行く, 進む ⟨in [ad] alqd⟩.

flēmina -um, *n pl* 足首の周囲の腫れ[むくみ].

fleō -ēre flēvī flētum, *intr*, *tr* **I** (*intr*) **1** 泣く, 嘆く, 悲しむ ⟨de re⟩. **2** したたる. **II** (*tr*) 悲しむ, 嘆く ⟨alqm [alqd]; +*acc c. inf*⟩.

flētus¹ -a -um, *adj*, *pp* ⇒ fleo.

flētus² -ūs, *m* **1** 泣くこと, 悲嘆. **2** 涙.

flēvī *pf* ⇒ fleo.

Flēvō -ōnis, *m* (*sc.* lacus) フレーウォー《Rhenus 川河口の湖; 現 Zuiderzee》.

Flēvum -ī, *n* フレーウゥム《Frisii 族の要塞》.

flexanimus -a -um, *adj* [flecto/animus] **1** 心を動かす, 説得力のある. **2** 狂乱した.

flexī *pf* ⇒ flecto.

flexibilis -is -e, *adj* [flexus¹] **1** 曲げやすい, しなやかな. **2** 適合できる, 融通のきく. **3** 不安定な, 変わりやすい.

flexibilitās -ātis, °*f* [↑] 曲げやすいこと, 柔軟性.

flexilis -is -e, *adj* [flexus¹] 曲げやすい, しなやかな.

flexiloquus -a -um, *adj* [flexus¹/loquor] 両義にとれる, あいまいな.

flexiō -ōnis, *f* [flecto] **1** 曲げること. **2** 回り道. **3** (声の)抑揚.

flexipēs -pedis, *adj* [flecto/pes] (枝が)巻きつく.

flexō -āre -āvī -ātum, *tr freq* [flecto] 曲げる.

flexor -ōris, °*m* 《解》屈筋.

flexuōsē *adv* [↓] 曲がりくねって.

flexuōsus -a -um, *adj* [flexus¹] 曲がりくねった.

flexūra -ae, *f* [flecto] **1** 曲げること, 湾曲, 屈折. **2** 《解》曲, 湾曲: ~ *duodenojejunalis* 十二指腸空腸曲.

flexus¹ -a -um, *adj* (*pp*) [flecto] **1** 曲がった, ねじれた, 曲がりくねった. **2** (声が)抑揚の付いた. **3** 《文》曲アクセントの付いた.

flexus² -ūs, *m* **1** 曲げること, 曲がること. **2** 方向を変えること: *in quo ~ est ad iter Arpinas* (Cic) Arpinum への道が分岐しているところで. **3** 湾曲部. **4** 転換点, 変わり目. **5** (声の)抑揚.

flictus -ūs, *m* [↓] 衝突.

flīgō -ere, *tr* 打ちつける, 打ち倒す.

flō -āre -āvī -ātum, *intr*, *tr* **I** (*intr*) **1** (風が)吹く. **2** 息を吹く[吐く]. **3** (笛が)鳴る. **II** (*tr*) **1** (息などを)吐き出す. **2** (笛を)吹く. **3** 鋳造する.

floccōsus -a -um, °*adj* [floccus] 羊毛の多い.

flocculus -ī, °*m dim* [↓] **1** (小さな)羊毛の塊り. **2** 《解》(小脳の)片葉.

floccus -ī, *m* **1** 羊毛の塊り. **2** つまらないもの: *flocci non facere* (Plaut) 何とも思わない, 少しもかまわない.

flōra -ae, °*f* [flos] 《生物》(一地域または一時代の)植物相.

Flōra -ae, *f* 《神話》フローラ《イタリアの花と春と豊穣の女神》.

Flōrālēs -ium, *m pl* (*sc.* ludi) =Floralia.

Flōrālia -ium, *n pl* フローラ祭《4月28日に行なわれた Flora 女神の祭典》.

Flōrālis -is -e, *adj* Flora 女神の.

flōrens -entis, *adj (prp)* [floreo] **1** 花が咲いている, 花盛りの. **2** 繁栄している, 栄えている, 盛りの ⟨re⟩. **3** 輝かしい, 際立った.

Flōrentia -ae, *f* フローレンティア《Etruria の町; 現 Firenze》.

Flōrentīnus -a -um, *adj* Florentia の. **Flōrentīnī** -orum, *m pl* Florentia の住民.

flōrēnus -ī, °*m* グルデン金貨《最初 Florentia で発行された》.

flōreō -ēre flōruī, *intr* [flos] **1** 花が咲く, 花盛りである. **2** 華やかである ⟨re⟩. **3** 泡立つ. **4** 栄える, 盛りである. **5** 際立っている, 卓越している ⟨re⟩: *florere honoribus et rerum gestarum gloriā* (Cic) 名誉と栄えある功績で際立つ.

flōrescō -ere, *intr inch* [↑] **1** 花が咲き始める, 開花する. **2** 栄え始める, 盛りになる.

flōreus -a -um, *adj* [flos] **1** 花の, 花で作った. **2** 花の多い, 花いっぱいの.

flōridē *adv* [floridus] 華やかに.

flōridulus -a -um, *adj dim* [↓] 花のような.

flōridus -a -um, *adj* [flos] **1** 花が咲いている, 花盛りの, 花の多い. **2** 花の, 花で作った. **3** 華やかな, 美しい. **4** 美文調の, 美辞麗句の多い. **5** 盛りの.

flōrifer -fera -ferum, *adj* [flos/fero] 花を咲かせる.

flōriger -gera -gerum, *adj* [flos/gero] =florifer.

flōrilegus -a -um, *adj* [flos/lego²] 花を摘む[集める].

flōriparus -a -um, °*adj* [flos/pario²] 花を咲かせる.

flōrītiō -ōnis, °*f* [floreo] 花を咲かせること, 開花.

flōrōsus -a -um, *adj* [flos] 花でいっぱいの.

flōrulentus -a -um, °*adj* [flos] **1** 花でいっぱいの. **2** 若い盛りの.

flōrus -a -um, *adj* [flos] 輝いている; 金髪の.

Flōrus -ī, *m* フロールス《2世紀のローマの歴史家》.

flōs -ōris, *m* **1** 花. **2** 開花. **3** (ぶどう酒の)浮きかす, おり. **4** 蜜. **5** 盛り, 全盛: *in flore virium se credens esse* (Liv) 自らが体力の絶頂期にあると信じて. **6** 青春. **7** 精華, 最良の部分. **8** 装飾. **9** うぶ毛. **10** (ぶどう酒の)芳香. **11** °(*pl*) 〚化〛華: *flores zinci* 亜鉛華.

flōscellus -ī, °*m dim* [↑] (小さな)花.

flōscula -ae, °*f dim* =flosculus.

flōsculus -ī, *m dim* [flos] **1** (小さな)花. **2** 精華, 最良の部分. **3** 装飾.

flucticola -ae, °*adj* [fluctus/colo²] 波の中に住む.

flucticolor -ōris, °*adj* [fluctus/color] 海の色の.

flucticulus -ī, *m dim* [fluctus] 小波, さざなみ.

fluctifragus -a -um, *adj* [fluctus/frango] 波を砕く.

fluctigenus -a -um, °*adj* [fluctus/gigno] 波の中で生まれた.

fluctiger -era -erum, *adj* [fluctus/gero] 波に運ばれる.

fluctiō -ōnis, *f* [fluo] 流れること, 流出.

fluctuābundus -a -um, °*adj* [fluctuo] 揺れ動く.

fluctuātim *adv* [fluctuo] 打ち寄せる波のように.

fluctuātiō -ōnis, *f* [↓] **1** 揺れる動き. **2** 優柔不断, 気迷い.

fluctuō -āre -āvī -ātum, *intr* [fluctus] **1** 波打つ, うねる. **2** (心が)動揺する, かき乱される. **3** ためらう, 気迷う.

fluctuor -ārī fluctuātus sum, *intr dep* =fluctuo.

fluctuōsus -a -um, *adj* [↓] 大波の立つ, しけの.

fluctus -ūs, *m* [fluo] 波, 大波; 流れ: *excitare fluctūs in simpulo* (Cic) ひしゃくの中で大波を起こす (=空騒ぎする).

fluens -entis, *adj (prp)* [fluo] **1** 流れる. **2** 流暢な. **3** だらしのない, 放縦な. **4** (演説が)締まりのない, 散漫な.

fluenter *adv* [↑] 流れるように.

fluentisonus -a -um, *adj* [fluentum/sono] 波の音が響きわたる.

fluentō -āre, °*tr* [↓] 潤す, ぬらす.

fluentum -ī, *n* [fluo] (通例 *pl*) 流れ, 川.

fluidō -āre, °*tr* [↓] 液体にする, 溶かす.

fluidus -a -um, *adj* [fluo] **1** 流れる. **2** たるんだ, 柔らかい; 力のない. **3** 変わりやすい, はかない.

fluitō -āre -āvī -ātum, *intr freq* [fluo] **1** 流れる. **2** 浮かぶ, 漂う. **3** (髪・衣服などが)波打つ, 揺れる: *vela fluitantia* (Ov) 風にはためく帆. **4** 動揺する.

flūmen -minis, *n* [fluo] **1** 流水; 流れ. **2** 川. **3** (血液・空気などの)流れ. **4** (弁舌の)流暢, 能弁: ~ *orationis aureum* (Cic) よどみない雄弁の黄金の流れ.

Flūmentānus -a -um, *adj* [↑] *porta Flumentana* (Cic) フルーメンターナ門《ローマ市の門の一つ; Tiberis 川に近く, Campus Martius の入口にあった》.

flūminālis -is -e, °*adj* =flumineus.

flūmineus -a -um, *adj* [flumen] 川の.

fluō -ere fluxī fluxum, *intr* **1** (液体が)流れる. **2** 流れ出る, あふれ出る ⟨re⟩: *sudore fluentia bracchia* (Ov) 汗がしたたっている腕. **3** (液体でないものが)流れる, 流出する: *turba fluit castris* (Verg) 軍勢が陣営から流れ出る. **4** 広がる: *Pythagorae doctrina longe lateque fluit* (Cic) Pythagoras の教説は広範囲に広まっている. **5** 起こる, 生まれる ⟨a [ex] re⟩. **6** 進む, 向かう ⟨ad alqd⟩: *res fluit ad interregnum* (Cic) 事態は政務停止に向かっている. **7** (ことばが)すらすら出る, 流暢である. **8** (時間が)経過する, 過ぎ去る. **9** 消え去る, 衰える. **10** たれさがる. **11** 落ちる.

fluor -ōris, *m* [↑] **1** 流れ. **2** 〚病〛(血液・体液の)異常流出; 下痢. **3** °〚化〛フッ素. **4** °〚鉱〛ほたる石.

flūtō -āre, *intr* =fluito.

fluviālis -is -e, *adj* [fluvius] 川の.

fluviāticus -a -um, *adj* =fluvialis.

fluviātilis -is -e, *adj* [fluvius] 川の.

fluviātus -a -um, *adj* [fluvius] (川の水に)浸された.

fluvidus -a -um, *adj* =fluidus.

fluviolus -ī, °*m dim* [↓] 小川.

fluvius -ī, *m* 川, 流れ; 川の水.

fluxē °*adv* [fluxus¹] なげやりに.

fluxi — forensis

fluxī *pf* ⇒ fluo.
fluxilis -is -e, °*adj* 流動性の.
fluxus[1] -a -um, *adj* (*pp*) [fluo] **1** 流れる, 流動性の. **2** (髪・衣服などが)たれている, 波打つ. **3** 力のない, たるんだ. **4** 不安定な, 動揺する: *gloria fluxa* (Sall) 束の間の栄光.
fluxus[2] -ūs, *m* 流れ; 流出.
focācius -a -um, °*adj* [focus] 炉の.
fōcāle -is, *n* [fauces] (病人や虚弱な人が用いた)スカーフ, 襟巻.
focāria -ae, °*f* [focus] 料理女.
focārius -ī, °*m* [focus] 料理人.
fōcilō -āre -āvī -ātum, *tr* [↓] **1** 意識[健康]を回復させる, 元気づける. **2** 大事にする, 気を配る.
fōculum -ī, *n* [foveo] 炉, 火鉢.
foculus -ī, *m dim* [↓] 炉, 火鉢.
focus -ī, *m* **1** 炉. **2** 祭壇. **3** 火葬用の薪の山. **4** 家庭(の団欒(だんらん)).
fodere *inf* ⇒ fodio.
fōdī *pf* ⇒ fodio.
fodicō -āre -āvī -ātum, *tr* [fodio] 突く, つつく, ちくりと刺す: *fodicantes res* (Cic) 心痛事.
fodīna -ae, *f* [↓] (通例, 複合語の一部として表記される) 鉱坑, 採掘場: *aurifodina* (Plin) 金鉱.
fodiō -dere fōdī fossum, *tr* **1** 掘る. **2** 刺す, 突く ‹alqm [alqd]›. **3** 刺激する.
foecund- ⇒ fecund-.
foedē *adv* [foedus¹] **1** 無惨に, 残酷に. **2** 恥ずべき仕方で, 不面目に.
foederātiō -ōnis, °*f* [foedero] 連合, 同盟.
foederātus -a -um, *adj* (*pp*) [foedus²] 連合した, 同盟した.
foederō -āre -āvī -ātum, *tr* [↑] (…に)調印する, 批准する.
foedifragus -a -um, *adj* [foedus²/frango] 盟約に背く, 同盟を破棄する.
foedītās -ātis, °*f* [foedus¹] **1** 醜さ. **2** 不快, 忌まわしさ. **3** 恥辱, 不名誉.
foedō -āre -āvī -ātum, *tr* [↓] **1** 醜くする, きたなくする. **2** ひどく傷つける, そこなう: *agri foedati* (Liv) 荒廃した農地. **3** けがす, 恥辱を与える.
foedus[1] -a -um, *adj* **1** 嫌悪すべき, 忌まわしい; 醜い ‹+*sup*›. **2** 恥ずべき, 不名誉な.
foedus[2] -deris, *n* **1** 同盟, 盟約. **2** 契約. **3** 法, おきて. **4** きずな.
foen- ⇒ faen-.
foeteō -ēre, *intr* 悪臭を放つ.
foetidus -a -um, *adj* [↑] **1** 悪臭のある. **2**° 嫌悪すべき.
foetor -ōris, *m* [foeteo] 悪臭.
foliāceus -a -um, *adj* [folium] 葉のような.
foliātilis -is -e, °*adj* [foliatus] 葉の.
foliātum -ī, *n* [foliatus] (*sc*. unguentum) 甘松の葉で作った香油.
foliātūra -ae, *f* [↓] (1本の草木の)生い繁った葉, 葉叢(むら).
foliātus -a -um, *adj* [folium] 葉のある, 葉の多い.
foliōsus -a -um, *adj* [↓] 葉の多い.
folium -ī, *n* **1** (草木の)葉. **2** 甘松の葉. **3** 花びら. **4**° (解) 虫部葉.
folleō -ēre, °*intr* (follis) (ふいごのように)ふくらむ.
follicō -āre -ātum, *intr* [follis] **1** (ふいごのように)ふくらんだりしぼんだりする; 苦しそうに喘(あえ)ぐ. **2**° ゆるんで[だぶだぶして]いる.
folliculōsus -a -um, °*adj* [↓] さやの多い.
folliculus -ī, *m dim* [↓] **1** (小さな)革袋. **2** (遊戯用の)ボール. **3** 殻, さや. **4**° 嚢(のう).
follis -is, *m* **1** 革袋. **2** (*pl*) ふいご. **3** 財布. **4** (遊戯用の)ボール.
follītus -a -um, *adj* [↑] 袋に入れられた.
fōmentātiō -ōnis, °*f* [↓] (医)(温)湿布.
fōmentō -āre, °*tr* [↓] (温)湿布する.
fōmentum -ī, *n* [foveo] **1** (通例 *pl*) (温)湿布. **2** 緩和するもの.
fōmes -mitis, *m* [foveo] 火口(ほくち), たきつけ.
fons fontis, *m* [*cf*. fundo²] **1** 泉, わき水; 井戸. **2** 水源, 源泉. **3** 起源, 根源. **4** (F-) (神話)フォンス《ローマの泉の神; Janus の息子》.
fontāna -ae, °*f* [fontanus] 泉.
Fontāna -ae, *f* (碑)フォンターナ《泉の女神》.
fontāneus -a -um, °*adj* =fontanus.
fontānus -a -um, *adj* [fons] 泉の.
Fontēiānus -a -um, *adj* Fonteius の.
Fontēius -ī, *m* フォンテイユス《ローマ人の氏族名》.
fonticola -ae, °*adj m*, *f* [fons/colo²] 泉のほとりに住む.
fonticulus -ī, *m dim* [fons] **1** (小さな)泉. **2**° (解)泉門.
fontigena -ae, °*adj m*, *f* [fons/gigno] 泉のほとりで生まれた《Musae の添え名》.
Fontinālia -um, *n pl* [↓] フォンティナーリア《Fons 神の祭典; 10月13日に行なわれた》.
Fontinālis -is -e, *adj porta Fontinalis* (Liv) フォンティナーリス門《ローマ市の門の一つ; Campus Martius の入口にあった》.

***for** fārī fātus sum, *intr*, *tr dep* (用例は *pr* fātur, fantur; *fut* fābor, fābitur; *impr* fāre; *prp* fans *etc.*; *ger* fandi *etc.*) [*cf*. fama, fabula] **1** 話す, 言う ‹*abs*; alqd; alci; ad alqm; +間接疑問›: *fando* (Plaut) うわさによって[よれば]. **2** 予言する.
forābilis -is -e, °*adj* [foro] 刺し通せる, 貫通できる.
forāmen -minis, *n* [foro] 穴, 口.
forāminōsus -a -um, °*adj* [↑] 穴の多い.
forāneus -a -um, °*adj* [↓] **1** 外部の. **2** (聖職者が)管区に住まない.
forās *adv* **1** 戸外に, 外に. **2** 世間に, 公けに.
forasticus -a -um, °*adj* [↑] **1** 戸外の, 外部の. **2** 公けの.
forātus -ūs, °*m* [foro] 穴をあけること, 刺し通すこと.
forceps -cipis, *m* (*f*) [formus/capio¹] **1** はさむ道具, やっとこ, ピンセット, …ばさみ. **2** (カニなどの)はさみ.
forda -ae, *f* [↓] (*sc*. bos) 妊娠中の雌牛.
fordus -a -um, *adj* [fero] (雌牛が)妊娠している.
fore *inf fut*=futurus esse (⇒ sum).
forem *subj impf* =essem (⇒ sum).
forēnsis -is -e, *adj* [forum] **1** 公共広場 (forum) の, 市場の. **2** 法廷の, 弁論の. **3** 公けの, 公共の.

Forentum -ī, *n* フォレントゥム《Apulia の町；現 Forenza》.

forestārius -ī, °*m* [↓] 林務官.

forestis -is, °*f* [foras, foris²] 山林；御料林.

forfex -ficis, *f* [*cf.* forceps] **1** はさむ道具. **2** はさみ.

foria -ae, *f* 下痢.

forica -ae, *f* [↑] 公衆便所.

foricula -ae, *f dim* [foris¹] (窓の)よろい戸, 雨戸.

foriculārium -ī, *n* [↑]《碑》(*sc.* vectigal) 関税, 通過税.

forinsecus *adv* [foris²/-secus; *cf.* extrinsecus] **1** 外側に. **2** 外へ. **3**° 公に.

foriolus -a, -um, *adj* [foria] 下痢をしている.

foris¹ -is, *f* **1** とびら. 戸. **2** 門, 入口.

foris² *adv* **1** 外で, 外に. **2** 外国で. **3** 外から.

forīsfacere *inf* ⇨ forisfacio.

forīsfaciō -ere, °*intr*, °*tr* [foris²/facio] **I** (*intr*) 不正[悪事]を働く. **II** (*tr*) **1** (罰として没収されて財産などを)失う. **2** (*refl*) 極刑に処される.

forma -ae, *f* **1** 姿, 形, 外観. **2** 美しさ. **3** 像, 肖像. **4** 型, 配置. **5** 性質, 状態: *civitates in aliquam tolerabilem formam redigendae* (Liv) ある程度まともな状態に引き戻されるべき国々. **6** 種類. **7** 図形；略図. **8** 概略. **9** 趣旨. **10** 規定, 規範. **11** [文] 語尾変化. **12**°[キ教] 予示, 予表.

formābilis -is -e, °*adj* [formo] 形成されうる.

formaldehydum -ī, °*n* [薬] ホルムアルデヒド.

formalīnum -ī. °*n* [薬] ホルマリン.

formālis -is -e, *adj* [forma] **1** 鋳型を作るのに用いられる. **2** 手本[規準]となる: ~ *epistula* (Suet) 回章, 通達 / *formale pretium* (Ulp) 相場.

formāliter °*adv* [↑] 形相のもとに.

formāmentum -ī, *n* [formo] 形態.

formātiō -ōnis, *f* [formo] **1** 形成: ~ *morum* (Sen) 道徳の教育. **2**[建] 設計, デザイン.

formātor -ōris, *m* [formo] 形成者.

formātūra -ae, *f* [formo] 形成. **2** 形態.

formātus -a -um, *pp* ⇨ formo.

formella -ae, °*f dim* [formula] (パン焼き・チーズ作り用の)小さな型.

Formiae -ārum, *f* フォルミアエ《Latium の海沿いの町；現 Mola di Gaeta》.

Formiānus -a -um, *adj* Formiae の. **Formiānī** -ōrum, *m pl* Formiae の住民. **Formiānum** -ī, *n* Formiae の別荘.

formīca -ae, *f*〔昆〕アリ(蟻).

formīcābilis, -cālis -is -e, °*adj* [↑] アリがはうような感じの: ~ *pulsus* (Cael Aur)〔病〕蟻走脈《弱くて不整》.

formīcātiō -ōnis, *f* [formico][医](アリがはうように)むずむずすること, 蟻走感.

formīcīnus -a, -um, *adj* [formica] アリの(ような): *gradus* ~ (Plaut) (アリのように)はうこと.

formīcō -āre, *intr* [formica] **1** アリがはうように感ずる, 蟻走感を覚える. **2** (脈が)弱くて不整である.

formīcōsus -a, -um, *adj* [formica] アリの群がっている.

formīdābilis -is -e, *adj* [formido¹] 恐るべき, 恐ろしい.

formīdābiliter °*adv* [↑] 恐ろしく.

formīdāmen -minis, *n* [formido¹] おばけ, 幽霊.

formīdātus -a, -um, *pp* ⇨ formido¹.

formīdō¹ -āre -āvī -ātum, *tr* (*intr*) [↓] 恐れる, こわがる. +*inf*; ne; +*abs*; +*dat*.

formīdō² -dinis, *f* **1** 恐れ, 恐怖〈alcis〉. **2** 恐ろしいもの, おばけ；かかし.

formīdolōsē *adv* [formidolosus] **1** 恐ろしく. **2** 恐れて.

formīdolōsitās -ātis, °*f* [↓] 残酷, 苛酷.

formīdolōsus -a, -um, *adj* [formido²] **1** 恐ろしい, 恐るべき. **2** 恐れる〈alcis〉: ~ *hostium* (Tac) 敵を恐れて.

formidus -a, -um, *adj* [formus] 暖かい.

formō -āre -āvī -ātum, *tr* [forma] **1** 形づくる, 形成する〈alqd〉. **2** 整える, 調整する: *formatis omnibus domi et ad belli et ad pacis usus* (Liv) 国内のすべてを戦争のみならず平和の要求にも適合するように整備して. **3** 教育する, 仕込む〈alqm [alqd]〉. **4** 描く, 描写する.

formōsē *adv* [formosus] 美しく.

formōsitās -ātis, *f* [↓] 美しさ.

formōsus -a, -um, *adj* [forma] 形のよい, 美しい；美貌の.

formula -ae, *f dim* [forma] **1** 美, 美しさ. **2** 定式, 方式: *testamentorum formulae* (Cic) 遺言の方式. **3** 法則, 原則. **4** 契約, 条約, 協定. **5** 裁判手続, 訴訟.

formus -a, -um, *adj* 熱い.

Fornācālia -ium, *n pl* [↓] Fornax 女神の祭.

fornācālis -is -e, *adj* [fornax] かまどの.

fornācula *f dim* [↓] (小さな)かまど, 炉.

fornax -ācis, *f* **1** かまど, 炉: ~ *Aetnae* (Lucr) Aetna 山の噴火口. **2** (F-)〔神話〕フォルナクス《ローマのかまどの女神》.

fornicāria -ae, °*f* [↓][聖] 姦淫の罪を犯す者《女性》.

fornicārius -ī, °*m* [fornix][聖] 姦淫の罪を犯す者.

fornicātiō¹ -ōnis, *f* [fornicatus] **1** 丸天井を付けること. **2** 丸天井.

fornicātiō² -ōnis, °*f* [fornicor] 密通.

fornicātor -ōris, °*m* [fornicor] 密通者.

fornicātrix -īcis, °*f* [↑] =fornicaria.

fornicātus -a, -um, *adj* [fornix] 丸天井の.

fornicō -āre, °*intr* =fornicor.

fornicor -ārī -ātus sum, °*intr dep* [↓][聖] 姦淫の罪を犯す.

fornix -icis, *m* [*cf.* fornax, furnus] **1** 丸天井. **2** 拱廊(きょうろう), アーケード. **3** 記念門. **4** 出撃門. **5** 売春宿. **6**°[解] 脳弓；円蓋: ~ *pharyngis* 咽頭円蓋.

fornus -ī, *m* =furnus.

forō -āre -āvī -ātum, *tr* 穴をあける, うがつ.

forpex -picis, *f* [forceps] 火ばさみ, 火ばし.

fors fortis, *f* [fero] (用例は *sg nom* & *abl* のみ) **1** 偶然, 運. **2** (*adv* として) (a) (nom) *fors* (Verg) たま

forsan *adv* [↑/an] ことによると, ひょっとして.

forsit *adv* [fors/sit (sum の 3 *sg subj pr*)] =forsitan.

forsitan *adv* [↑/an] =forsan.

fortasse *adv* [<forte an sit] 1 ことによると, ひょっとして. 2 約, およそ.

fortassis *adv* [<forte an si vis] =fortasse.

forte *adv* (*abl*) ⇨ fors.

forticulus -a -um, *adj dim* [fortis] やや勇敢な.

fortificātiō -ōnis, °*f* [↓] 丈夫にすること, 強くすること.

fortificō -āre, °*tr* [↓/facio] 丈夫にする, 強くする.

fortis -is -e, *adj* 1 (肉体的に)強い, たくましい. 2 (精神的に)勇敢な, 不屈の; 大胆な: *fortes fortuna adjuvat* (Cic) 運命の女神は勇者を助ける. 3 (物が)強力な, 頑丈な. 4 (風・流れなどが)激しい. 5 (弁論などが)迫力のある, 説得力のある.

fortiter *adv* [↑] 1 強く. 2 勇敢に, 大胆に.

fortitūdō -dinis, *f* [fortis] 1 強いこと. 2 勇敢.

fortuītō *adv* (*abl*) [↓] 偶然に, たまたま.

fortuītus -a -um, *adj* [fors] 偶然の, 思いがけない.

fortūna -ae, *f* [*cf*. fors] 1 運, 運命. 2 幸運. 3 不幸, 不運. 4 (F-) 《神話》フォルトゥーナ (ローマの運命の女神; ギリシア神話の Tyche に当たる). 5 境遇: *est infima ~ servorum* (Cic) 奴隷たちのおかれている境遇は最悪だ. 6 偶然. 7 機会, 好機. 8 結果, 成り行き. 9 (主に *pl*) 財産.

fortūnātē *adv* [fortunatus] 幸福に, 幸運に.

fortūnātim *adv* =fortunate.

fortūnātus -a -um, *adj* (*pp*) [↓] 1 幸福な, 幸運な. 2 財産のある, 裕福な.

fortūnō -āre -āvī -ātum, *tr* [fortuna] 1 幸福にする, 祝福する. 2 繁栄させる.

forulī -ōrum, *m pl dim* [forus] 本箱.

Forulī -ōrum, *m pl* フォルリー《Sabini 族の村》.

forum -ī, *n* 1 公共広場: *~ Romanum* (Plin) フォルム・ローマーヌム《ローマ市の Palatinus 丘と Capitolinus 丘の間にあった大きな広場; 商取引の場; また裁判・政治などの公事の集会に使われた》. 2 市場: *bovarium* (Varr) 牛市場《Tiberis 川と Circus Maximus の間にあった》/ *~ olitorium* (Varr) 青果市場《Tiberis 川と Capitolinus 丘の間にあった》/ *~ piscarium* (Plaut) 魚市場《forum Romanum の北東部にあったらしい》. 3 商売, 取引. 4 国事, 政治: *~ attingere* (Cic) 政治にたずさわる. 5 法廷, 裁判; *~ agere* (Cic) 巡回裁判を開く. 6 巡回裁判開廷都市. 7 (F-) フォルム《多くの町の名》: *~ Appii* (Cic) フォルム・アッピイー《Latium の Via Appia 沿いの町; 現 Foro Appio》/ *~ Aurelium* (Cic) フォルム・アウレーリウム《Etruria の Via Aurelia 沿いの町; 現 Montalto》/ *~ Cornelium* (Cic) フォルム・コルネーリウム《Gallia Cispadana の町; 現 Imola》/ *~ Gallorum* (Cic) フォルム・ガッロールム《Gallia Cispadana の町; 現 Castel Franco》/ *~ Julii* (Plin) フォルム・ユーリイー《Gallia Narbonensis の町; 現 Fréjus》/ *~ Voconii* (Cic) フォルム・ウォコーニイー《Gallia Narbonensis の町》.

forus -ī, *m* 1 (船の)甲板, 舷門. 2 通路. 3 (ハチの巣の)蜜房. 4 (*pl*)(Circus Maximus の観覧席の)列.

Fosī -ōrum, *m pl* フォシー《Germania の一部族》.

fossa -ae, *f* [fodio] 1 排水溝, 溝, どぶ. 2 (城塞の)壕, 掘割. 3 水路, 運河. 4 °《解》窩(か).

fossātum -ī, °*n* (*pp*) [fosso] 掘割, 溝.

fossātus -ī, °*m* (*pp*) [fosso] 境界.

fossibilis -is -e, °*adj* [fossus] 掘られた.

fossīcius -a -um, *adj* [fossus] 掘り出された.

fossilis -is -e, *adj* =fossicius.

fossiō -ōnis, *f* [fodio] 1 掘ること. 2 穴.

fossō -āre -āvī -ātum, *tr freq* [fodio] 掘る.

fossor -ōris, *m* [fodio] 1 掘る人. 2 (軽蔑的に)田舎者.

fossōrium -ī, °*n* [fodio] 鍬(くわ).

fossula -ae, *f dim* [fossa] 1 小さな掘割. 2 °《解》小窩.

fossūra -ae, *f* [fodio] 1 掘ること. 2 穴, くぼみ.

fossus -a -um, *pp* ⇨ fodio.

fōtus¹ -a -um, *pp* ⇨ foveo.

fōtus² -ūs, *m* 1 温めること. 2 《医》温罨法(おんあんぽう).

fovea -ae, *f* 1 穴. 2 落とし穴.

fovēla -ae, °*f* [↓] 慰め.

foveō -ēre fōvī fōtum, *tr* 1 暖かくする, 温める; (患部に)温湿布する. 2 かわいがる, 愛撫する, 抱きしめる. 3 成長を見守る, 愛育する. 4 心に抱く, (考えなどを)堅持する: *animo mea vota fovebam* (Ov) 私は願いを胸に秘めていた. 5 味方する, 支援する. 6 励ます, 促進する. 7 支持を求める, 機嫌を取る.

fōvī *pf* ⇨ foveo.

fracēs -um, *f pl* オリーブのしぼりかす; オリーブ油のおり.

fracescō -ere fracuī, *intr* [↑] 1 柔らかくなる. 2 腐る, 腐敗する.

fracidus -a -um, *adj* [fraces] (オリーブの実が)柔かい, 熟した.

fractiō -ōnis, °*f* [frango] 砕くこと, 割ること.

fractūra -ae, *f* [frango] 1 砕けること; 砕けた[折れた]部位. 2 骨折.

fractus -a -um, *adj* (*pp*) [frango] 1 (地面が)でこぼこの. 2 (音が)とぎれとぎれの, 耳ざわりな. 3 弱々しい, 力のない: *fractiorem esse animo* (Cic) 一段と落胆している. 4 めめしい.

fracuī *pf* ⇨ fracesco.

frāga -ōrum, *n pl* 野イチゴ.

fragilis -is -e, *adj* [frango] 1 こわれやすい, もろい. 2 はかない, 移ろいやすい. 3 弱い, 弱々しい. 4 パチパチ鳴っている.

fragilitās -ātis, *f* [↑] もろさ, はかなさ.

fragmen -minis, *n* =fragmentum.

fragmentum -ī, *n* [frango] (通例 *pl*) 断片, 破片, かけら.

fragor -ōris, *m* [frango] 1 こわす[こわれる]こと. 2 こわれるような物音; どよめき, とどろき.

fragōsus -a -um, *adj* [↑] 1 こわれやすい, もろい. 2 でこぼこの. 3 とどろく.

frāgrans -antis, *adj* (*prp*) [fragro] 芳しい, 香りの

よい; 匂いの強い.
frāgrantia -ae, *f* [↑] 芳香.
frāgrō -āre -āvī -ātum, *intr* 芳香を放つ; 強く匂う.
frāgum -ī, °*n* 〚植〛野イチゴの木.
framea -ae, *f* (Germania 人が用いた)投げ槍.
frangō -ere frēgī fractum, *tr* **1** 粉砕する, こわす: *compluribus navibus fractis* (CAES) 多くの船が難破して / *laqueo gulam frangere* (SALL) 首の骨を折る(=締め殺す). **2** ひく, つき砕く, すりつぶす. **3** (約束・誓い・法を)破る, 違反する. **4** 落胆させる, 意気沮喪させる. **5** 弱める, 和らげる: *morantem dies mero frangere* (HOR) ぐずぐず過ごす日をぶどう酒で紛らす. **6** 抑える, 抑制する. **7** 感動させる, 心を動かす.
frāter -tris, *m* **1** 兄弟; (*pl*) 兄弟姉妹. **2** 従兄弟. **3** 義兄弟. **4** 同志, 同国民. **5** 同類のもの. **6**°〚カト〛修道士.
frāterculus -ī, *m dim* [↑] (小さな)兄弟.
frāternē *adv* [fraternus] 兄弟のように.
frāternitās -ātis, *f* [↓] **1** 兄弟であること. **2**°〚カト〛信心会.
frāternus -a -um, *adj* [frater] **1** 兄弟の. **2** 親族の. **3** 兄弟のような, 親しい.
frātria[1] -ae, *f* [frater] 兄弟の妻.
frātria[2] -ae, *f* [Gk] (ギリシアのポリスにおける)部族の下位区分(ローマの curia に当たる).
frātricīda -ae, *m* [frater/caedo] 兄弟殺し《犯人》.
frātricīdium -ī, °*n* [↑] 兄弟の殺害.
frātrissa -ae, °*f* =fratria[1].
frātruēlis -is, °*m* [frater] 父の兄弟の息子, (父方の)従兄弟.
fraudābilis -is -e, °*adj* [fraudo] 詐欺の, 欺瞞の.
fraudātiō -ōnis, *f* [fraudo] 詐欺, 欺瞞.
fraudātor -ōris, *m* [↑] 詐欺師.
fraudō -āre -āvī -ātum, *tr* [fraus] **1** だまし取る ⟨alqm re⟩. **2** 盗む, 横領[着服]する⟨alqd⟩.
fraudulenter *adv* [fraudulentus] 詐欺によって, 不正手段で.
fraudulentia -ae, *f* [↓] 詐欺, かたり.
fraudulentus -a -um, *adj* [fraus] 人をだます, 詐欺的な.
fraudulōsus -a -um, °*adj* =fraudulentus.
fraus fraudis, *f* (*pl gen* fraudum [fraudium]) **1** 欺瞞, 詐欺: *legi fraudem facere* (PLAUT) 法を破る. **2** 迷い, 誤り: *in fraudem incidere* (CIC) 過ちに陥る. **3** 損害, 不利益: *sine fraude* (HOR) 害を受けずに, 無事に. **4** 不正行為, 犯罪.
fraxineus -a -um, *adj* [fraxinus²] トネリコの.
fraxinus[1] -a -um, *adj* =fraxineus.
fraxinus[2] -ī, *f* **1** 〚植〛トネリコ. **2** トネリコ製の槍.
Fregellae -ārum, *f pl* フレゲッラエ《Latium にあった Volsci 族の町; 現 Ceprano》.
Fregellānus -a -um, °*adj* Fregellae の. **Fregellānī** -ōrum, *m pl* Fregellae の住民.
Fregēnae -ārum, *f pl* フレゲーナエ《Etruria 南部の海に近い町》.
frēgī *pf* ⇨ frango.
fremebundus -a -um, *adj* [fremo] 《詩》ほえる, うなる, とどろく.

fremidus -a -um, *adj* =fremebundus.
fremitus[1] -a -um, *pp* ⇨ fremo.
fremitus[2] -ūs, *m* **1** どよめき, うなり, とどろき. **2** ぶつぶつ不平を言うこと. **3** 拍手喝采(の音). **4**°〚医〛振盪音.
fremō -ere fremuī fremitum, *intr, tr* **1** とどろく, どよめく, 不平を言う. **3** 歓声をあげ(て賛意を表明)する. **4** わめく, やかましく要求する.
fremor -ōris, *m* [↑] うなり, ざわめき.
fremuī *pf* ⇨ fremo.
frēnātiō -ōnis, °*f* [freno] 抑制.
frēnātor -ōris, *m* [freno] **1** 御者. **2** 制御する人.
frendeō -ēre, *intr, tr* =frendo.
frendō -ere frēsum [fressum], *intr, tr* **I** (*intr*) 歯ぎしりする. **II** (*tr*) ひく, すりつぶす.
frendor -ōris, °*m* [↑] 歯ぎしり.
frēnō -āre -āvī -ātum, *tr* [frenum] **1** 馬勒を付ける, 手綱を引く. **2** 制御する, 抑制する.
Frentānī -ōrum, *m pl* フレンターニー《アドリア海沿岸地方にいた Samnites 族の一派》.
Frentānus -a -um, *adj* Frentani 族の.
Frentō -ōnis, °*m* フレントー《Apulia 北部の川; Fertor (1) の別名》.
frēnulum -ī, °*n dim* [↓] **1** 〚解〛(陰核・包皮・舌などの)小帯. **2** 〚尼〛抱帯〛.
frēnum -ī, *n* (*pl* は通例 frēnī -ōrum, *m*; frēna (*n pl*) は《詩》) **1** 馬勒(ばろく), 手綱. **2** 制御, 抑制.
frequens -entis, *adj* **1** たびたびの, 頻繁な: ~ *Platonis auditor* (CIC) Plato の勤勉な聴講生. **2** いっぱいの, ぎっしり詰まった ⟨+*abl*: *major frequentiorque legatio* (LIV) より大きな, より多人数の使節団 / ~ *custodiis locus* (LIV) 警備の厳重な場所. **3** (人が)しばしば訪れる.
frequentātiō -ōnis, *f* [frequento] 密集, 頻繁.
frequentātīvus -a -um, *adj* [frequento] 〚文〛反復(相)の.
frequentātor -ōris, *m* [frequento] 常連, しばしば訪れる人.
frequentātus -a -um, *adj* (*pp*) [frequento] **1** 頻用される, ありふれた. **2** (...に)満ちた, 豊富な⟨+*abl*⟩.
frequenter *adv* [frequens] **1** しばしば, 頻繁に. **2** 多数で, 大挙して.
frequentia -ae, *f* [frequens] **1** 密集, 集合; 群衆. **2** 多数, 大量. **3** 頻繁.
frequentō -āre -āvī -ātum, *tr* [frequens] **1** 数多く集める. **2** いっぱいにする, 満たす: *frequentare urbes* (CIC) 集まって町に住む. **3** 大勢で行なう: *frequentare sacra* (OV) 祭を祝う. **4** しばしば行なう, 頻用する: *frequentare memoriam alcis* (SEN) ある人の思い出に執着する. **5** しばしば訪れる.
fressus -a -um, *pp* =fresus.
frēsus -a -um, *pp* ⇨ frendo.
Fretensis -is -e, *adj* [↓] *mare Fretense* (CIC) 現 Messina 海峡《イタリア本土と現 Messina 島の間》.
fretum -ī, *n* **1** 海峡; (特に) 現 Messina 海峡 (= ~ *Siciliae* [*Siciliense, Siculum*] (CAES [CIC, LIV]): ~ *Oceani* [*Gaditanum*] (CIC [PLIN]) 現 Gibraltar

海峡. **2** 海. **3** (嵐のような)過渡期.
frētus[1] -ūs, *m* =fretum.
frētus[2] -a -um, *adj* 確信[信頼]している ‹+*abl* [*dat*]; +*acc c. inf*›: *loci praesidio freti* (Caes) 地の利をあてにした彼らは.
frētus[3] -ūs, °*m* 信頼.
friābilis -is -e, *adj* [frio] 砕けやすい, もろい.
fricātiō -ōnis, *f* [frico] マッサージ.
fricātūra -ae, *f* [frico] (表面を)こすって磨くこと.
fricātus -ūs, *m* [frico] こすること, 磨くこと.
fricium -ī, *n* [↓] 歯みがき粉.
fricō -āre fricuī fric(ā)tum, *tr* こする; マッサージする.
frictiō -ōnis, *f* =fricatio.
frictus[1] -a -um, *pp* ⇨ frico, frigo.
frictus[2] -ūs, °*m* [frico] こすること.
fricuī *pf* ⇨ frico.
frigēdō -dinis, *f* [frigeo] 寒さ.
frīgefactō -āre, *tr* [↓/facio] 冷やす.
frīgeō -ēre, *intr* [frigus] **1** 寒い, 冷たい. **2** 活気がない, 気が抜けている. **3** 無視される, 冷たくあしらわれる, 振るわない: *cum omnia consilia frigerent* (Cic) すべての計画が足踏み状態になると.
frigerō -āre, *tr* [frigus] 冷たくする, 冷やす.
frīgēscō -ere frixī, *intr inch* [frigeo] **1** 寒く[冷たく]なる, 冷える. **2** 活気がなくなる, 気が抜ける.
frīgida -ae, *f* [frigidus] (*sc.* aqua) 冷水.
frīgidārium -ī, *n* [↓] **1** 浴湿室. **2** (食料の)冷却貯蔵庫.
frīgidārius -a -um, *adj* [frigidus] 冷却の: *cella frigidaria* (Plin Min) 冷浴室.
frīgidē *adv* [frigidus] **1** 冷淡に, 熱意なく. **2** (ことばが)単調に, 平板に.
frīgiditās -ātis, °*f* [frigidus] 寒さ.
frīgidō -āre, °*tr* [frigidus] 冷やす, 冷たく[寒く]する.
frīgidulus -a -um, *adj dim* [frigidus] **1** やや冷たい. **2** やや弱い.
frīgidum -ī, *n* [↓] 寒さ.
frīgidus -a -um, *adj* [frigeo] **1** 冷たい, 寒い. **2** 冷ます, 冷える. **3** 力のない, 活気のない, 気の抜けた. **4** (議論・話が)単調な, 退屈な.
frīgō -ere frixī frictum [frixum], *tr* いる, あぶる.
frīgor -ōris, °*m* [frigeo] 寒さ.
frīgorificus -a -um, *adj* [↓/facio] 冷たくする.
frīgus -goris, *n* **1** 寒さ, 冷たさ: *ante focum, si ~ erit* (Verg) 冬になれば炉の前で / *~ non habitabile* (Ov) 人の住めない寒冷地. **2** 身震い, 戦慄. **3** 無気力, 不活発, 怠惰. **4** 冷遇, 冷淡.
friguttiō -īre, *intr*, *tr* **1** さえずる. **2** どもる, 口ごもる.
fringilla -ae, *f* 〖鳥〗ズアオアトリ.
Friniātēs -um, *m pl* フリニアーテース《Appenninus 山脈の北側にいた Liguria 人》.
friō -āre -āvī -ātum, *tr* 細かく砕く, 粉にする.
Frīsiī -ōrum, *m pl* フリージイー《Germania 北部 (現オランダ Friesland 州)にいた一部族》.
Frīsius -a -um, *adj* Frisii 族の.
frit *indecl n* 小さな穀粒.

fritillus -ī, *m* さい筒《さいを入れて振り出す円筒》.
frīvolē °*adv* [↓] 軽々しく, 無造作に.
frīvolus -a -um, *adj* [frio] 価値のない, くだらない, 取るに足らぬ.
frixī *pf* ⇨ frigesco, frigo.
frixōrium -ī, °*n* [frigo] 料理鍋, フライパン.
frixūra -ae, °*f* = frixorium.
frondārius -a -um, *adj* [frons¹] 葉の.
frondātor -ōris, *m* [frons¹] 植木の葉を間引く職人, 剪定師.
frondeō -ēre, *intr* [frons¹] 葉が茂っている, 葉をつけている.
frondēscō -ere fronduī, *intr inch* [↑] 葉が茂る, 葉をつける.
frondeus -a -um, *adj* [frons¹] **1** 葉の茂った. **2** 葉から作られた.
frondicomus -a -um, °*adj* [frons¹/coma¹] 葉におおわれた.
frondifer -fera -ferum, *adj* [frons¹/fero] 葉の茂った.
frondōsus -a -um, *adj* [frons¹] 葉の多い.
fronduī *pf* ⇨ frondesco.
frons[1] frondis, *f* **1** 葉. **2** 葉で作った冠.
frons[2] frontis, *f* **1** 額: *frontem contrahere* (Cic) まゆをひそめる. **2** 表情; 慎しみ; 厚顔: *fronte occultare sententiam* (Cic) 本心を顔に出さない. **3** 前面, 前部. **4** 〖軍〗(部隊・艦隊の)前衛, 先陣. **5** 書巻の上下の端. **6** (建物の)正面(幅).
frontālia -ium, *n pl* [↑] (馬の)額飾り.
frontālis -is -e, *adj* [frons²] 〖解〗前頭の.
Frontīnus -ī, *m* フロンティーヌス《ローマ人の家名》.
frontispicium -ī, °*n* [frons²/specio] 〖建〗(建物の)正面.
frontō -ōnis, *m* [frons²] 額の広い人.
Frontō -ōnis, *m* フロントー《ローマ人の家名; 特に M. Cornelius ~, M. Aurelius や L. Verus の師となった修辞家 (100?–166)》.
frontomaxillāris -is -e, °*adj* 〖解〗前頭上顎骨の.
frontōsē °*adv* [↓] ずうずうしく, あつかましく.
frontōsus -a -um, °*adj* [frons²] **1** (Janus について)多くの額をもった. **2** ずうずうしい, あつかましい.
frūctifer -fera -ferum, *adj* [fructus²/fero] 実をならせる.
frūctificātiō -ōnis, °*f* [↓] 実を結ぶこと.
frūctificō -āre, *intr* [fructus²/facio] 実を結ぶ.
frūctuārius[1] -a -um, *adj* [fructus²] **1** 実の, 実をならせる. **2** 〖法〗用益権の.
frūctuārius[2] -ī, °*m* 〖法〗用益権者.
frūctuōsē °*adv* [↓] 有利[有益]に.
frūctuōsus -a -um, *adj* [fructus²] **1** 実をならせる, 多産の. **2** 有利な, 有益な.
frūctus[1] -a -um, *pp* ⇨ fruor.
frūctus[2] -ūs, *m* **1** 享受. **2** 収穫物; 果実, 実. **3** 利益, 収入. **4** 結果, 成果, 報い: *~ studiorum* (Quint) 研究の成果. **5** 楽しみ, 満足. **6** 〖薬〗*~ cardamomi* ショウズク / *~ piperis nigri* コショウ.
frūgālis -is -e, *adj* [frux] 倹約な, 質素な; 実直な.
frūgālitās -ātis, *f* [↑] 倹約; 実直.

frūgāliter *adv* [frugalis] 倹約して, 質素に.
frūgescō -ere, °*intr* [frux] 実がなる.
frūgī *indecl adj* (本来 frux の *sg dat*) **1** りっぱな, 有徳の. **2** 慎しみ深い; 質素な.
frūgifer -fera -ferum, *adj* [frux/fero] **1** 実をならせる, 多産の. **2** 有利な, 有益な.
frūgiferens -entis, *adj* (*prp*) [frux/fero] 実をならせる, 多産の.
frūgilegus -a -um, *adj* [frux/lego²] 《詩》(蟻が)穀物[果実]を集める.
frūgiparens -entis, °*adj* (*prp*) [frux/pario²] 実をならせる.
frūgiparus -a -um, *adj* [frux/pario²] 《詩》多産の.
fruī *inf* ⇨ fruor.
fruitiō -ōnis, °*f* [fruor] 享受.
fruitūrus -a -um, *fut p* ⇨ fruor.
frūmentāceus -a -um, °*adj* =frumentarius¹.
frūmentālis -is -e, °*adj* =frumentarius¹.
frūmentārius¹ -a -um, *adj* [frumentum] 穀物の: *navis frumentaria* (Caes) 穀物輸送船 / *lex frumentaria* (Cic) 穀物の分配に関する法律.
frūmentārius² -ī, *m* **1** 穀物商人. **2** 《軍》食糧徴発兵 (=frumentator).
frūmentātiō -ōnis, *f* [frumentor] **1** 食糧徴発. **2** 穀物の分配.
frūmentātor -ōris, *m* [↓] **1** 穀物商人. **2** 《軍》食糧徴発兵.
frūmentor -ārī -ātus sum, *intr dep* [↓] 穀物を調達する, 食糧を徴発する.
frūmentum -ī, *n* [frux] 穀物.
frūniscī *inf* ⇨ f-uniscor.
frūniscor -scī -ītus sum, *tr, intr dep* [fruor] 楽しむ.
frūnītus -a -um, *pp* ⇨ fruniscor.
fruor -ī fructus sum (*fut p* fruitūrus), *intr* (*tr*) *dep* <+*abl* [*acc*]> **1** 利用する, 享受する. **2** 《法》(あるものの)用益権を有する. **3** 楽しむ.
Frusinās -ātis, *adj* Frusino の. **Frusinātēs** -ium, *m pl* Frusino の住民.
Frusinō -ōnis, *m* フルシノー《Latium にあった Hernici 族の町; 現 Frosinone》.
frustātim *adv* =frustillatim.
frustillātim *adv* [frustum] 細かく刻んで, ばらばらに.
frustillum -ī, °*n dim* [frustum] 小片.
frūstrā *adv* [*cf.* fraus] **1** 間違って, 誤って. **2** 無益に, むなしく, いたずらに. **3** 理由なく, 根拠なしに.
frūstrāmen -minis, *n* [frustror] 欺瞞, 錯誤.
frūstrātiō -ōnis, *f* [frustror] **1** 欺くこと, ごまかし. **2** 失敗, 挫折. **3** 延引, 遅滞.
frūstrātor -ōris, *m* [frustror] 遅らせる者, 妨げる者.
frūstrō -āre -āvī -ātum, *tr* =frustror.
frūstror -ārī -ātus sum, *tr dep* [frustra] **1** 欺く, だます. **2** 失敗させる, だいなしにする: *militarem impetum frustari* (Liv) 激しい戦闘意欲に水をさす.
frustulentus -a -um, *adj* [frustum] (一口大の)食べ物でいっぱいの.

frustulum -ī, *n dim* [↓] 小片, かけら.
frustum -ī, *n* [fruor] **1** (食べ物の)一かじり, 一口. **2** 断片, 一片.
frutectōsus, -tētōsus -a -um, *adj* [↓] 低木の多い.
frutectum, -tētum -ī, *n* [fruticetum] 低木の茂み; 低木.
frutex -ticis, *m* **1** 低木. **2** 茎, 幹. **3** (非難のことばとして)のろま, ばか者.
fruticētum -ī, *n* [↑] 低木の茂み.
fruticō -āre -āvī -ātum, *intr* [frutex] 若枝を出す, 茂る.
fruticor -ārī, *intr dep* =frutico.
fruticōsus -a -um, *adj* [frutex] **1** 低木の生い茂る. **2** 茂みのような.
frux -ūgis, *f* [*cf.* fruor] **1** 果実; 穀物. **2** 成果. **3** 美徳, 高潔.
fu *int* (嫌悪感を表わす)チェッ, フフン.
fuam, fuas, fuat, etc. *subj pr* 《古形》=sim, sis, sit, etc. (⇨ sum).
fūcātus -a -um, *adj* (*pp*) [fuco] **1** 染められた, 人工の: *naturalis, non* ~ *nitor* (Cic) 天然の, 人工のものではない輝き. **2** 本物でない, にせの.
Fūcinus -ī, *m* フーキヌス《イタリア中部の湖; 現 Lago Fucino》.
fūcō -āre -āvī -ātum, *tr* [fucus¹] **1** 着色する, 染める. **2** 化粧する. **3** 装飾する, 粉飾する.
fūcōsus -a -um, *adj* [↓] 偽りの, にせの.
fūcus¹ -ī, *m* **1** (赤[紫]色の染料が作られる)地衣類の植物《リトマスゴケなど》. **2** 赤色[紫色]の染料; 化粧品. **3** 赤色, 紫色. **4** 蜂蠟(蠟), プロポリス. **5** 見せかけ, ごまかし; 飾りたてること.
fūcus² -ī, *m* 雄バチ.
fūdī *pf* ⇨ fundo².
fueram *plpf* ⇨ sum.
fuerō *fut pf* ⇨ sum.
Fūfidius -ī, *m* フーフィディウス《ローマ人の氏族名》.
Fūfius -ī, *m* フーフィウス《ローマ人の氏族名》.
fuga -ae, *f* **1** 逃走; 敗走. **2** 追放. **3** 回避, 忌避 <alcis rei>. **4** 飛び去ること, 速さ: ~ *temporum* (Hor) 去り行く時代の流れ.
fugāciter *adv* [fugax] 逃避的に.
fugātor -ōris, °*m* [fugo] 逃走させる者.
fugātrix -ōris °*f* [↑] 逃走させる《女性》.
fugax -ācis, *adj* [fuga] **1** 逃げようとする. **2** 速い. **3** はかない, うつろいやすい. **4** 避けている <+*gen*>.
fugere *inf* ⇨ fugio.
fūgī *pf* ⇨ fugio.
fugiens¹ -entis, *adj* (*prp*) [fugio] **1** 逃げる, 消え去る: *vinum* ~ (Cic) 気の抜けたぶどう酒. **2** 避けている <+*gen*>.
fugiens² -entis, °*m* 《法》被告人.
fugiō -gere fūgī (*fut p* fugitūrus), *intr, tr* **1** (*intr*) 逃げる, 逃走する, 走り去る <a [ex] re; ad [in] alqd>. **2** 追放される, 亡命する. **3** 消える, 過ぎ去る. **II** (*tr*) **1** (...から)逃げる, のがれる <alqm [alqd]>. **2** 避ける, 遠ざける: *fuge quaerere* (Hor) 問うことをやめよ. **3** (人の注意などを)免れる, 気づかれない: *neque haec Dionysium fugiebant* (Nep) これらの

ことに Dionysius も気づいていた / *fūgit* (pf) *te ratio* (Plaut) 分別がおまえを見捨てた(=おまえは間違えた).

fugitīvus[1] -a -um, *adj* [↑] 逃げた.

fugitīvus[2] -ī, *m* 逃亡者《特に逃亡奴隷》.

fugitō -āre -āvī -ātum, *intr, tr freq* [fugio] **1** 逃げる. **2** 避ける, 遠ざける ⟨alqd [alqm]; +*inf*⟩.

fugitor -ōris, *m* [fugio] 逃亡者.

fugō -āre -āvī -ātum, *tr* [fuga] 逃走させる, 追い払う ⟨alqm [alqd]⟩.

fuī *pf* ⇨ sum.

fuisse *inf pf* ⇨ sum.

fulcīmen -minis, *n* [fulcio] 支え, 支柱.

fulcīmentum -ī, *n* =fulcimen.

Fulcīnius -ī, *m* フルキーニウス《ローマ人の氏族名》.

fulciō -īre fulsī fultum, *tr* **1** 支える, 支柱を付ける. **2** 強くする, 強固にする. **3** 支援する, 元気づける.

fulcrum -ī, *n* [↑] **1** (寝台・食事用臥台の)支柱, 脚. **2** 寝台, 食事用臥台.

fulgeō -ēre fulsī, *intr* **1** きらめく, 輝く. **2** 目立つ, 際立つ.

fulgescō -ere, °*intr inch* [↑] 光を放つ, 輝く.

fulgetrum -ī, *n*, **-tra** -ae, *f* [fulgeo] 稲光, 稲妻.

fulgidus -a -um, *adj* [fulgeo] きらめく, 輝く.

fulgō -ere, *intr* =fulgeo.

fulgor -ōris, *m* [fulgeo] **1** きらめき, 輝き. **2** 稲光, 稲妻. **3** 光る物体; 流星. **4** 卓越, 栄誉, 名声.

fulgur -uris, *n* [fulgeo] **1** 稲光. **2** きらめき, 輝き.

fulgurālis -is -e, *adj* [↑] 稲光の.

fulgurātiō -ōnis, *f* [fulguro] 電光, 稲光.

fulgurātor -ōris, *m* [fulguro] **1** 稲妻による占者. **2** (Juppiter の添え名として)稲妻を投ずる者.

fulgurātūra -ae, °*f* [fulguro] 稲妻による占い.

fulguriō -īre -īvī -ītum, *intr, tr* [fulgur] **I** (*intr*) (Juppiter が)稲妻を投ずる. **II** (*tr*) (用例は *pp* fulguritus のみ)雷に打たれた.

fulgurō -āre -āvī -ātum, *intr* [fulgur] **1** (*impers*) 稲妻が光る. **2** 光を放つ, 輝く.

fulica -ae, *f*《鳥》オオバン.

fūligin ātus -a -um, °*adj* [↓] 黒粉で塗られた.

fūlīgō -ginis, *f* [*cf.* fumus] **1** すす. **2** まゆ墨.

fulix -icis, *f* =fulica.

fullō -ōnis, *m* 洗い張り屋.

fullōnia -ae, *f* [fullonius] (*sc.* ars) 洗い張り業.

fullōnica -ae, *f* [↓] **1** (*sc.* officina) 洗い張り屋の店[作業場]. **2** (*sc.* ars) 洗い張り業.

fullōnicus -a -um, *adj* =fullonius.

fullōnius -a -um, *adj* [fullo] 洗い張り屋の.

fulmen -minis, *n* [<*fulgmen<fulgeo] **1** (落雷する)稲妻, 落雷. **2** 突然の災難, 壊滅的打撃; 抗しがたい力.

fulmenta -ae, *f* [fulcio] 支柱, つっかい.

fulmentum -ī, *n* [fulcio] **1** 支柱, つっかい. **2** 家具の脚.

fulminātiō -ōnis, *f* [fulmino] 落雷.

fulmineus -a -um, *adj* [fulmen] **1** 稲妻の, 落雷の. **2** 光り輝く. **3** 破壊的な; 電光石火の.

fulminō -āre -āvī -ātum, *intr, tr* [fulmen] **I** (*intr*) (*impers*) 稲妻が光る. **II** (*tr*) 稲妻で打つ.

fulsī *pf* ⇨ fulcio, fulgeo.

fultor -ōris, °*m* [fulcio] 支持者.

fultūra -ae, *f* [fulcio] **1** 支え, 支柱. **2** 強めること.

fultus -a -um, *pp* ⇨ fulcio.

Fulvius -ī, *m* フルウィウス《ローマ人の氏族名》.

fulvus -a -um, *adj* [*cf.* flavus] 黄褐色の.

fūmāriolum -ī, °*n dim* [↓] 噴火口.

fūmārium -ī, *n* [fumus] (ぶどう酒を熟成させる)燻煙室.

fūmātiō -ōnis, °*f* [fumo] 煙でいぶすこと.

fūmescō -ere, °*intr* [fumus] 煙を吐く.

fūmeus -a -um, *adj* [↓] 煙の多い, 煙っている.

fūmidus -a -um, *adj* =fumeus.

fūmifer -fera -ferum, *adj* [fumus/fero] 《詩》煙を出している.

fūmificō -āre, *intr* [fumus/facio] (香をたいて)煙を出す.

fūmificus -a -um, *adj* [fumus/facio] 煙を出している.

fūmigābundus -a -um, °*adj* [↓] 煙を出している.

fūmigō -āre -āvī -ātum, *intr, tr* [fumus/ago] **I** (*intr*) 煙を出す, 煙る. **II** (*tr*) 煙らせる, 煙でいぶす.

fūmō -āre -āvī -ātum, *intr* [fumus] 煙る, 煙を出す.

fūmōsus -a -um, *adj* [↓] **1** 煙っている, 煙の多い. **2** 煙でいぶした, 燻製の.

fūmus -ī, *m* 煙; 蒸気: *fumos vendere* (Mart) 空約束をする, ほらを吹く.

fūnāle -is, *n* [↓] **1** 蠟たいまつ, ろうそく. **2** 吊り燭台.

fūnālis -is -e, *adj* [funis] 綱の, 綱につけられた: *cereus ~* (Cic) 蠟たいまつ (=funale) / *equus ~* (Suet) 引き馬.

fūnambulus -ī, *m* [funis/ambulo] 綱渡り芸人.

functiō -ōnis, *f* [fungor] **1** 実行, 遂行. **2**° (関税・租税の)納付. **3**° 消滅, 死.

functus -a -um, *pp* ⇨ fungor.

funda -ae, *f* [fundo[2]] **1** 投石器. **2** (投石器から発射される)石. **3** 投網(ﾄｱﾐ).

fundāmen -minis, *n* [fundo[1]] 基礎, 土台.

fundāmentālis -is -e, °*adj* [↑] 基礎の, 根本的な.

fundāmentāliter °*adv* [↑] 根本から, 完全に.

fundāmentum -ī, *n* [fundo[1]] **1** (建物などの)基礎, 土台. **2** 根拠, 根底.

Fundānius -ī, *m* フンダーニウス《ローマ人の氏族名》.

Fundānus -a -um, *adj* Fundi の. **Fundānī** -ōrum, *m pl* Fundi の住民.

fundātiō -ōnis, *f* [fundo[1]] (建物の)基礎.

fundātor -ōris, *m* [fundo[1]] 創建[創設]者.

fundātus -a -um, *adj* (*pp*) [fundo[1]] しっかりした, 確固たる.

Fundī -ōrum, *m pl* フンディー《Latium の町; 現 Fondi》.

fundibalus -ī, °*m* [funda] 投石器.

fundibulārius -ī, °*m* [funda] 投石兵 (=funditor).

fundibulum -ī, °*n* [fundo²] 投石器.

fundiformis -is -e, °*adj* [解] 三角巾形の.

funditō -āre -āvī -ātum, *tr freq* [fundo²] 投石する; 投げつける.

funditor -ōris, *m* [funda] 投石兵.

funditus *adv* [fundus] 1 土台から, 根こそぎ. 2 完全に, 徹底的に. 3 底に, 下に.

fundō¹ -āre -āvī -ā-um, *tr* [fundus] 1 土台[基礎]を据える. 2 確立する, 強固にする: *fundare nostrum imperium* (Cɪᴄ) われわれの支配権を確立する. 3 創建[創設]する.

fundō² -ere fūdī fūsum, *tr* 1 注ぐ, こぼす. 2 ぬらす〈+*abl*〉. 3 溶かす, 鋳造する. 4 投げつける, まき散らす; 投げ倒す. 5 (*refl*, *pass*) 飛び出る: *agmina se fundunt portis* (Vᴇʀɢ) 軍勢が城門からどっと駆け出る. 6 (豊富に)産み出す, もたらす. 7 (敵を)撃破する, 敗走させる. 8 広げる, 伸ばす: *tum se latius fundet orator* (Cɪᴄ) そうなれば雄弁家は自らの力量をいっそう発揮するだろう. 9 (ことばなどを)発する, 口に出す.

fundula -ae, *f* 袋小路, 行き止まり.

fundus -ī, *m* 1 底: *largitio non habet fundum* (Cɪᴄ) 施しに限度はない. 2 基礎. 3 (計画・行動などの)決定の根拠を与える者, 認可する者: *fundum fieri legis* (Cɪᴄ) 法律の是認者となる(=法律を裁可する). 4 地所, 農地. 5° [解] (胃・膀胱・子宮などの)基底部, 底.

fūnebria -ium, *n. pl* [↓] 葬儀.

fūnebris -is -e, *adj* [funus] 1 葬式の, 葬送の. 2 死をもたらす, 破壊的な.

fūnerālis -is -e, ²*adj* [funus] 葬儀の.

fūnerārius -a -um, *adj* [funus] 葬儀の.

fūnerātīcium -ī, *n* [↓] 《碑》葬儀費用.

fūnerātīcius -a -um, *adj* [funus] 葬儀に関する.

fūnerātiō -ōnis, °*f* [funero] 葬儀, 埋葬.

fūnereus -a -um, *adj* =funebris.

fūnerō -āre -āvī -ātum, *tr* [funus] 1 埋葬する, 葬式をする. 2 殺す.

fūnestō -āre -āvī -ātum, *tr* [↓] 1 (殺人・流血で) けがす. 2 冒瀆する, 名誉にけがす. 3 悲しみに沈ませる.

fūnestus -a -um, *adj* [funus] 1 死をもたらす, 破滅させる. 2 (死によって)けがれた; 不吉な. 3 悲しむべき, 痛ましい. 4 悲しみに沈んだ.

fūnētum -ī, *n* [funis] (若枝を組み合わせた)縄格子.

fungī *inf* ⇒ fungor.

fungibilis -is -e, °*adj* [fungor] 《法》代替可能な.

fungīnus -a -um, *adj* [fungus] キノコの.

fungor -gī functus sum, *tr, intr dep* 1 実行する, 遂行する, 果たす, 達成する〈+*abl* [*acc*]〉: *vitā fungi* (Gᴇʟʟ) 死ぬ / *fungitur officio boni senatoris* (Cɪᴄ) 彼は良き元老院議員の務めを果たしている. 2 こうむる, 経験する〈*abs*〉.

fungōsus -a -um, *adj* [↓] 穴の多い, 海綿状の.

fungus -ī, *m* 1 キノコ. 2 灯心にできるカビ状のもの. 3 (非難のことばとして)ばか, まぬけ.

fūniculus -ī, *m dim* [↓] 1 細いひも. 2° 《解》索, 帯, 束: ~ *anterior* 前索 / ~ *gracilis* 薄索 / ~ *spermaticus* 精索 / ~ *umbilicalis* 臍索. 3° 《植》珠柄 (しゅへい).

fūnis -is, *m* 縄, 綱: *funem sequi potius quam ducere* (Hᴏʀ) 綱を引っぱる(=命令する)よりむしろ従う.

fūnus -neris, *n* 1 葬儀, 埋葬. 2 死体. 3 死. 4 没落, 破滅.

fūr fūris, *m* (*f*) 1 盗人, 泥棒. 2 (奴隷に対するの)のしりのことばとして)ぬすっと, 悪党.

fūrācitās -ātis, *f* [furax] 盗癖.

*****fūrāciter** *adv* [furax] (用例は *superl* furācissimē のみ) 盗人のように.

fūrātrīna -ae, *f* [furor²] 盗み, 窃盗.

fūrātus -a -um, *pp* ⇒ furor³.

fūrax -ācis, *adj* [fur] 盗癖のある.

furca -ae, *f* 1 熊手, 股鍬 (またぐわ). 2 (Y 字形の)支柱, 叉木 (またぎ). 3 叉木状の刑具, さらし台.

furcifer -ferī, *m* [↑/fero] (絞首刑に処すべき)悪党, 極悪人《通例, 奴隷に対するののしりのことばとして》.

furcilla -ae, *f dim* [furca] (小さな)熊手, 股鍬.

furcillātus -a -um, *adj* (*pp*) [↓] 《又》状の.

furcillō -āre, *tr* [furcilla] 叉木状の刑具で罰する; 非難する.

furcula -ae, *f dim* [furca] 1 (Y 字形の)支柱, 又木. 2 *Furculae Caudinae* (Lɪᴠ) ローマ軍が Samnium 人に攻囲された (前 321) ことで有名な Caudium 付近の狭い谷道. 3° 《昆》又状器.

furenter *adv* [furo] 狂ったように.

furfur -uris, *m* 1 ぬか, ふすま. 2 ふけ.

furfurāceus -a -um, °*adj* [↑] ぬかのような.

furfureus -a -um, *adj* [furfur] ぬかの.

furfurōsus -a -um, *adj* [furfur] ぬかのような, 茶色がかった.

furia -ae, *f* [furo] 1 憤激, 激怒; 狂乱; 激情. 2 (*pl* Furiae) 《神話》フリアエ《ローマの復讐の女神たち; ギリシア神話の Erinyes に当たる》.

furiālis -is -e, *adj* [↑] 1 復讐の女神たちの. 2 荒れ狂う, 狂乱の. 3 狂乱させる.

furiāliter *adv* [↑] 狂ったように.

Fūriānus -a -um, *adj* [Furius] Furius の.

furiātilis -is -e, °*adj* [furia] 怒り狂う.

furibundus -a -um, *adj* [furo] 1 怒り狂う, 荒れ狂う. 2 霊感を受けた.

Furīna -ae, *f* 《神話》フリーナ《古い時代にイタリアで崇拝されていた女神》.

fūrinus -a -um, *adj* [fur] 盗人の.

furiō¹ -āre -āvī -ātum, *tr* [furia] 狂乱させる, 激怒させる.

furiō² -īre, °*intr* [furia] 激怒している.

furiōsē *adv* [↓] 狂ったように.

furiōsus -a -um, *adj* [furia] 1 狂乱した. 2 狂暴な, 気違いじみた.

Fūrius -ī, *m* フーリウス《ローマ人の氏族名》.

furnāceus -a -um, *adj* [furnus] かまどで焼いた.

furnāria -ae, *f* [furnus] パン屋.

Furnius -ī, *m* フルニウス《ローマ人の氏族名》.

furnus -ī, *m* [cf. fornax] かまど.

furō -ere, *intr* 1 狂乱する. 2 激怒する. 3 熱狂する. 4 荒れ狂う.

furor[1] -ōris, *m* [↑] 1 狂乱; 熱狂. 2 霊感を受けること. 3 激情; 激怒. 4 狂暴なふるまい. 5 (嵐などの)猛威.

fūror[2] -ārī -ātus sum, *tr dep* [fur] 1 盗む, くすねる ⟨alqd alci ; alqd ab alqo; alqd ex re⟩. 2 不正に得る: *furatus est civitatem* (Cic) 彼は市民権を詐取した. 3 ひそかに引っ込める: *fessos oculos furare labori* (Verg) 疲れた目を労苦から遠ざけよ.

furtificus -a -um, *adj* [furtum/facio] 盗みをする, 盗癖のある.

furtim *adv* [furtum] 秘密に, ひそかに, こっそりと.

furtīvē *adv* [↓] ひそかに, こっそりと.

furtīvus -a -um, *adj* [furtum] 1 盗まれた. 2 秘密の, ひそかな.

furtō *adv* (*abl*) [↓] ひそかに, こっそりと.

furtum -ī, *n* [fur] 1 盗み, 窃盗; 誘拐(ﾕｳｶｲ). 2 盗品. 3 公明正大ではない手段[方法], 欺瞞(ｷﾞﾏﾝ). 4 隠すこと, 隠蔽(ｲﾝﾍﾟｲ): *furto noctis* (Tac) 闇にまぎれて. 5 ひそかな恋, 密通.

fūrunculus -ī, *m dim* [fur] 1 こそ泥. 2 〖病〗癤(ｾﾂ), フルンケル.

furvus -a -um, *adj* [*cf*. fuscus] うす暗い, 黒ずんだ: *dies* ∼ (Sen Maj) 不吉な日 (=dies ater).

fuscina -ae, *f* 三叉の槍[ほこ].

fuscinula -ae, °*f dim* [↑] 小さな三叉フォーク, 肉刺し.

fuscō -āre -āvī -ātum, *tr* [↓] 黒くする, 暗くする.

fuscus -a -um, *adj* [*cf*. furvus] 1 うす暗い, 黒ずんだ. 2 はっきりしない, かすれた.

fūsē *adv* [fusus²] 1 広範に, 広く. 2 詳細に, 十分に. 3 大ざっぱに.

fūsiformis -is -e, °*adj* [fusus¹/forma] 〖解〗紡錘状の.

fūsilis -is -e, *adj* [fundo²] 溶けた; 柔らかい.

fūsiō -ōnis, *f* [fundo²] 注ぐこと, 流出.

fūsor -ōris, *m* [fundo²] 1 注ぐ人. 2° 鋳物師.

fūsōrium -ī, °*n* [fundo²] 排水溝.

fustīgō -āre, °*tr* [↓] 棍棒で打ち殺す.

fustis -is, *m* (*sg abl* fuste [fusti]) 棒, 棍棒.

fustuārium -ī, *n* [↑] 棍棒で打ち殺すこと《軍隊での処罰》.

fūsūra -ae, *f* [fundo²] 鋳造.

fūsus[1] -ī, *m* つむ, 紡錘.

fūsus[2] -a -um, *adj* (*pp*) [fundo²] 1 広がった, 伸びた. 2 だぶだぶの, たるんだ: *fusum corpus* (Liv) 肥満した身体 / *toga fusa* (Suet) ゆったりしたトガ. 3 (文体が)冗長な, 散漫な.

fūsus[3] -ūs, *m* 注ぐこと.

fūtātim *adv* [fundo²] 豊富に, たっぷり.

fūtile, futtile *adv* (*neut*) [↓] むなしく, むだに.

fūtilis, futtilis -is -e, *adj* [fundo²] 1 こわれやすい, もろい. 2 役に立たない, 無益な.

fūtilitās, futtilitās -ātis, *f* [↑] むだ, 無益.

fūtis -is, *f* [fundo²] 水差し.

futuī *pf* ⇨ futuo.

futuō -ere -uī -ūtum, *tr* (女と)同衾する ⟨*abs*; alqm⟩.

futūrum -ī, *n* [↓] 未来, 将来.

futūrus -a -um, *adj* (*fut p*) [sum] 1 未来の, 将来の. 2 今にも起こりそうな, 差し迫った.

futūtiō -ōnis, *f* [futuo] 交接.

futūtus -a -um, *pp* ⇨ futuo.

G

G, g *indecl n* ラテン語アルファベットの第7字.
Gabalī -ōrum, *m pl* ガバリー《Aquitania にいた一部族》.
gabalium -ī, *n* 《植》 Arabia の香木.
gabalus -ī, *m* **1** 絞首台. **2** 極悪人.
gabata -ae, *f* 皿.
Gabiī -ōrum, *m pl* ガビイー《Latium の町》.
Gabīnius -ī, *m* ガビーニウス《ローマ人の氏族名》.
Gabīnus -a -um, *adj* Gabii の. **Gabīnī** -ōrum, *m pl* Gabii の住民.
Gādēs -ium, *f pl* ガーデース《Hispania Baetica の町; 現 Cadiz》.
Gādītānus -a -um, *adj* Gades の. **Gādītānī** -ōrum, *m pl* Gades の住民.
gaesum -ī, *n* (Gallia 人の)投げ槍.
Gaetūlī -ōrum, *m pl* ガエトゥーリー《Africa 北西部にいた一部族》.
Gaetūlia -ae, *f* ガエトゥーリア《Gaetuli 族の国》.
Gaetūlicus -a -um, *adj* Gaetuli 族の.
Gaetūlus -a -um, *adj* =Gaetulicus.
Gāiānus -a -um, *adj* Gaius (Caligula) 帝の.
Gāius -ī, *m* ガイユス《ローマ人の個人名; 古くは Caius と綴った(略形で C.)》.
galacticus -a -um, °*adj* [*Gk*] 乳の(ような).
galactītēs -ae, *m* [*Gk*] 乳色の宝石.
Galaesus -ī, *m* ガラエスス《Tarentum 付近の川; 現 Galeso》.
Galanthis -idis, *f* [*Gk*] 《伝説》ガランティス《Alcmena の侍女; Lucina によってイタチに変身させられた》.
Galatae -ārum, *m pl* [*Gk*] ガラタエ, 〃-タイ《ケルト系の一部族; 前3世紀に Gallia から Phrygia へ移住した》.
Galatēa -ae, *f* [*Gk*] 《神話》ガラテーア, 〃-テイア《海のニンフ; Acis の恋人; 一眼の巨人 Polyphemus が片思いした》.
Galatia -ae, *f* [*Gk*] ガラティア(-)《Galatae 族の国; のちにローマの属州となった(前25年)》.
Galaticus -a -um, *adj* Galatia の.
galba[1] -ae, *f* 太鼓腹.
galba[2] -ae, *f* 《動》トネリコに穴をあける幼虫.
Galba -ae, *m* ガルバ《Sulpicia 氏族に属する家名; 特に *Servius Sulpicius* ~, ローマの第6代皇帝(在位68-69)》.
galbaneus -a -um, *adj* [↓] ガルバヌムの.
galbanum -ī, *n* [*Gk<Heb.*] ガルバヌム《楓子(ふう)香》《ゴム状樹脂; オオウイキョウ属の一種から採れる》.
galbeum -ī, *n*, **-us** -ī, *m* 腕バンド《装飾用または医療用》.
Galbiānus -a -um, *adj* Galba の. **Galbiānī** -ōrum, *m pl* Galba の支持者たち.
galbina -ōrum, *n pl* [galbinus] (*sc.* vestimenta) 萌黄色の服《柔弱視された》.
galbineus -a -um, °*adj* =galbinus.
galbinus -a -um, *adj* 萌黄(もえぎ)色の.
galea -ae, *f* [*Gk*] **1** かぶと. **2** °《解》帽状腱膜. **3** °《動》(節足動物の)外葉.
galeātus -a -um, *adj* (*pp*) [↓] かぶとをかぶった.
galeō -āre -āvī -ātum, *tr* (galea) かぶとをかぶせる.
Galeōtae -ārum, *m pl* [*Gk*] ガレオータエ, 〃-タイ《Sicilia 島の占い師たち》.
galeōtēs -ae, *m* [*Gk*] 《動》トカゲの一種.
galēriculum -ī, *n dim* [galerum] **1** (小さな)帽子. **2** かつら.
galērītus -a -um, *adj* [↓] (毛皮の)帽子をかぶった.
galērum -ī, *n*, **-us** -ī, *m* [galea] **1** (毛皮の)帽子. **2** かつら.
Galēsus -ī, *m* =Galaesus.
Galilaea -ae, *f* [*Gk<Heb.*] ガリラエア, 〃-ライアー, 〃ガリラヤ《Palaestina の北部地方》.
Galilaeī -ōrum, *m pl* Galilaea の住民.
galla -ae, *f* 《植》没食子(もっしょくし), 五倍子(ふし).
Galla -ae, *f* Gallia 族の女.
Gallaecī -ōrum, *m pl* ガッラエキー《Hispania Tarraconensis にいた一部族》.
Gallaecia -ae, *f* ガッラエキア《Gallaeci 族の国》.
Gallaecus -a -um, *adj* Gallaeci 族の.
Gallī -ōrum, *m pl* ガッリー, 〃ガリア人《主に Gallia Transalpina と Gallia Cisalpina に住んでいたケルト系一部族》.
Gallia -ae, *f* ガッリア《Galli 族の地; のちにローマの属州》: ~ *Belgica* (PLIN) ガッリア・ベルギカ《Belgae 族の地》/ ~ *Celtica* (PLIN) ガッリア・ケルティカ《ほぼ現在のフランスに相当》/ ~ *Cisalpina* (CAES) ガッリア・キサルピーナ《Alpes 山脈以南の Gallia》/ ~ *Lugdunensis* (PLIN) ガッリア・ルグドゥーネンシス《Lugdunum 付近の Gallia》/ ~ *Narbonensis* (MELA) ガッリア・ナルボーネンシス《現フランスの南東部》/ ~ *Transalpina* (CAES) ガッリア・トランサルピーナ《Alpes 山脈以北の Gallia》.
gallica -ae, *f* [Gallicus[1]] (*sc.* solea) (Gallia 人の)靴, サンダル.
Gallicānus -a -um, *adj* Gallia の. **Gallicānī** -ōrum, *m pl* Gallia の住民.
gallicātus -a -um, *adj* 《碑》 gallica をはいている.
Gallicē *adv* [Gallicus[1]] Gallia 人のことばで.
gallicinium -ī, *n* [gallus/cano] 鶏の鳴く時刻, 夜明け.
gallicula -ae, °*f dim* [gallica] (Gallia 人の小さな)靴.
gallicus -ī, *m* [↓] 北微東の風.
Gallicus[1] -a -um, *adj* Gallia 人の, Gallia の.
Gallicus[2] -a -um, *adj* [Gallus[5]] Cybele の神官た

gallina -ae, *f* [gallus] めんどり.
gallināceus -a -um, *adj* [↑] 家禽の.
gallinārium -ī, *n* [gallina] 鶏小屋.
gallinārius[1] -a -um, *adj* [gallina] **1** 家禽の. **2** (G-) *Gallinaria insula* (VARR) ガッリーナーリア島 (Liguria 沖の小島) / *Gallinaria silva* (CIC) ガッリーナーリアの森 (Campania の Cumae 付近の森).
gallinārius[2] -ī, *m* 家禽の世話をする人.
gallinula -ae, *f dim* [gallina] ひな鳥, ひよこ.
Galliō -ōnis, *m* ガッリオー《ローマ人の家名》.
Gallius[1] -a -um, *adj* = Gallicus[1].
Gallius[2] -ī, *m* ガッリウス《ローマ人の氏族名》.
Gallograecī -ōrum, *m pl* ガッログラエキー《Phrygia へ移住した Galli 族の一部族(=Galatae)》.
Gallograecia -ae, *f* ガッログラエキア《Gallograeci 族の国(=Galatia)》.
Gallōnius -ī, *m* ガッローニウス《ローマ人の氏族名》.
gallulascō -ere, *intr* [gallus] (男子が)声変わりする.
Gallulus -a -um, °*adj dim* Gallia の, Gallia 人の.
gallus -ī, *m* おんどり, 雄鶏.
Gallus[1] -a -um, *adj* =Gallicus[1].
Gallus[2] -ī, *m* Gallia 人.
Gallus[3] -ī, *m* ガッルス《ローマ人の家名; 特に C. Cornelius ~, Vergilius の友人で詩人》.
Gallus[4] -ī, *m* (通例 *pl*) Cybele の神官.
Gallus[5] -ī, *m* ガッルス《Bithynia の川》.
gamba -ae, °*f* (馬などの後脚の)飛節.
Gamēliōn -ōnis, *m* [Gk] ガメーリオーン《Attica の第7月; 現行暦の1月後半から2月前半に当たる》.
gametangium -ī, °*n* 〖生物〗配偶子囊.
gametogenesis -is, °*f* 〖生物〗配偶子形成.
gamma -ae, *f* ガンマ《ギリシア語アルファベットの第3字 (Γ, γ)》.
gammātus -a -um, °*adj* gamma 形 (Γ) の.
gānea -ae, *f*, **-um** -ī, *n* (いかがわしい)飲食店, 居酒屋.
gāneō -ōnis, *m* [↑] 飲み屋に入りびたる者, 放蕩者.
gangaba -ae, *m* 荷物運搬人.
Gangaridae -ārum, *m pl* [Gk] ガンガリダエ, *-ダイ《India の Ganges 河畔にいた一部族》.
Gangēs -is, *m* [Gk] ガンゲース, "ガンジス川《India の大河》.
Gangēticus -a -um, *adj* Ganges 川の.
Gangētis -idis, *adj f* Ganges 川の.
ganglion -ī, *n* [Gk] **1** 〖病〗腫れ物の一種. **2** °〖解〗神経節.
gangraena -ae, *f* [Gk] 〖病〗壊疽(ぇ).
ganniō -īre, *intr* **1** (犬が)キャンキャン鳴く, ほえる. **2** (人が)がみがみ言う, どなる.
gannītus -ūs, *m* [↑] **1** (犬が)キャンキャン鳴く[ほえる]こと. **2** (人が)がみがみ言うこと, どなること.
Ganymēdēs -is, *m* [Gk] 〖神話〗ガニュメーデース《Troja の王 Tros (または Laomedon) の息子; Juppiter が Ida 山から天上界へ奪い去って酌をさせた美少年》.
Garamantes -um, *m pl* [Gk] ガラマンテス《Africa の内陸部にいた一部族》.
Garamanticus -a -um, *adj* **1** Garamantes 族の. **2** Africa の.
Garamantis -idis, *adj f* =Garamanticus.
garcifer -ferī, °*m* =garcio.
garciō -ōnis, °*m* 従者, 従僕.
Gargānus[1] -ī, *m* ガルガーヌス《Apulia の山; 現 Monte Gargano》.
Gargānus[2] -a -um, *adj* Garganus 山の.
Gargaphiē -ēs, *f* [Gk] ガルガピエー《Boeotia の谷; そこの泉で Diana の沐浴をのぞき見した Actaeon が自らの猟犬どもに八つ裂きにされた》.
Gargara -ōrum, *n pl* [Gk] ガルガラ《Troas の Ida 山の峰の一つ》.
gargaridiō -āre, *intr* =gargarizo.
gargarisma -ātis, °*n* [Gk] 〖薬〗うがい薬.
gargarismatium -ī, °*n* [Gk] =gargarisma.
gargarizō -āre -āvī -ātum, *intr, tr* [Gk] うがいする.
Gargēttius -ī, *m* (Attica の一市区) Gargettus の人 (=哲学者 Epicurus).
Gargilius -ī, °*m* ガルギリウス《ローマ人の氏族名; 特に Q. ~ *Martialis*, 3世紀のローマの著述家》.
garriō -īre -īvī [-iī] -ītum, *intr, tr* ペチャクチャしゃべる, おしゃべりする.
garrītus -ūs, °*m* [↑] おしゃべり.
garrulitās -ātis, *f* [↓] (くどい)おしゃべり, 饒舌, 多弁.
garrulus -a -um, *adj* [garrio] **1** おしゃべりの, 饒舌な. **2** 騒々しい; ざわめく.
garum, -on -ī, *n* 魚のソース.
Garumna -ae, *m* ガルムナ《Gallia 南部の大河; 現 Garonne》.
Garumnī -ōrum, *m pl* ガルムニー《Aquitania の Garumna 河畔にいた一部族》.
gastĕr -teris [-trī], *f* [Gk] **1** 腹. **2** °〖解〗胃. **3** °〖昆〗膨腹部.
gastricus -a -um, °*adj* [↑] 〖解〗胃の.
gastrimargia -ae, °*f* [gaster] 大食, 貪食.
gastrītis -īdis, °*f* 〖病〗胃炎.
gastrocōlicus -a -um, °*adj* 〖解〗胃結腸の.
gastrodynia -ae, °*f* 胃痛.
gastroepiploicus -a -um, °*adj* 〖解〗胃大網の.
gastronomia -ae, °*f* [Gk] 美食学; 料理法.
gastrotomia -ae, °*f* 〖医〗胃切開(術).
gastrūla -ae, °*f* 〖生物〗原腸胚.
Gatēs -um, *m pl* ガテース《Aquitania にいた一部族》.
gaudenter °*adv* [↓] 喜んで.
gaudeō -ēre gāvīsus sum, *intr, tr* 喜ぶ, 楽しむ 〈re; quod; +*acc c. inf*; +*inf*〉: *delicto dolere, correctione gaudere* (CIC) 間違いを悲しみ, 正されることを喜ぶ / *quae perfecta esse ~* (CIC) 私はそれらが成就されたことを喜ぶ.
gaudiōsus -a -um, °*adj* [↓] 喜ばしい.
gaudium -ī, *n* [gaudeo] 喜び, 楽しみ.
Gaugamēla -ōrum, *n pl* [Gk] ガウガメーラ《Assyria の村; ここで Alexander 大王がペルシアの Dareus 3世を破った (前331)》.

gaulus¹ -ī, *m* [*Gk*] 1 手桶, バケツ. 2 商船.
gaulus² -ī, °*m* 〘鳥〙=merops.
Gaurus -ī, *m* ガウルス《Campania の山; ぶどう酒で有名》.
gausape -is, *n*, **-um** -ī, *n*, **-ēs** -is, *m*, **-a** -ae, *f* 1 粗紡毛織物, ラシャ. 2 (もじゃもじゃの)ひげ.
gavia -ae, *f* 〘鳥〙カモメ.
gāvīsus -a -um, *pp* ⇒ gaudeo.
Gāvius -ī, *m* ガーウィウス《ローマ人の氏族名》.
gaza -ae, *f* [*Gk<Pers.*] 1 〘ペルシア王室の〙宝物. 2 富, 財産.
Gaza -ae, *f* [*Gk*] ガザ《Palaestina 南西部の港町》.
gazophylacium -ī, °*n* [*Gk*] 宝物蔵.
Gebenna -ae, *f* =Cebenna.
Gedrōsī -ōrum, *m pl* Gedrosia の住民.
Gedrōsia -ae, *f* [*Gk*] ゲドロージア(-)《Carmania と India の間のアラビア海沿岸地方; 現 Makran》.
gehenna -ae, °*f* [*Gk<Heb.*] 〘聖〙地獄, 焦熱地獄.
gehennālis -is -e, °*adj* [↑] 地獄の.
Geidumnī -ōrum, *m pl* ガイドゥムニー《Gallia の Nervii 族支配下の部族》.
Gela -ae, *f*, *m* [*Gk*] ゲラ(-)《(1)(*f*) Sicilia 島南岸の町. (2)(*m*) Sicilia 島南岸の川》.
Gelās -ae, *m* =Gela (2).
gelascō -ere, *intr inch* [gelo] 凍る.
gelasīnus -ī, *m* [*Gk*] えくぼ.
gelātina -ae, °*f* ゼラチン.
gelātinōsus -a -um, °*adj* ゼラチン状の, 膠状の.
gelātiō -ōnis, *f* [gelo] 凍結, 氷結.
Gelduba -ae, *f* ゲルドゥバ《Gallia Belgica にあった Ubii 族の城砦》.
gelefactus -a -um, °*adj* [gelu/fio] 凍った.
Gelensēs -ium, *m pl* Gela (1) の住民.
gelida -ae, *f* [gelidus] (*sc.* aqua) 氷のように冷たい水.
gelidē *adv* [↓] 冷淡に, 熱意なく.
gelidus -a -um, *adj* [gelu] 1 氷の; 氷のような, 冷たい. 2 (死んで・恐怖に)冷たくなった, 硬直した.
Gellius -ī, *m* ゲッリウス《ローマ人の氏族名; 特に Aulus ~, 2 世紀の文法家; Noctes Atticae「アッティカ夜話」の著者》.
gelō -āre -āvī -ātum, *tr, intr* [gelu] **I** (*tr*) 1 凍らせる, 氷結させる. 2 ぞっとさせる, 硬直させる. **II** (*intr*) 凍る.
Gelō(n) -ōnis, *m* [*Gk*] ゲロー(-ン)《Syracusae の王 (前 3 世紀); Hiero II の息子》.
Gelōnī -ōrum, *m pl* [*Gk*] ゲローニー, *-ノイ《Borysthenes 河畔にいた Scythae 人の一部族》.
Gelōnus -a -um, *adj* Geloni 族の.
Gelōus -a -um, *adj* Gela (1) の.
gelū -ūs, *n*, **gelum** -ī, *n*, **gelus** -ūs, *m* 1 寒気, 寒冷. 2 (老齢・死・恐怖などで)冷えること.
gemebundus -a -um, *adj* [gemo] うめいている, ため息をついている.
gemellipara -ae, *f* [↓/pario²] 双生児の母 (= Latona).
gemellus¹ -a -um, *adj* =geminus¹.
gemellus² -ī, *m* 1 ふたご. 2° 〘解〙双子筋.
gemibilis -is -e, °*adj* [gemo] 嘆かわしい.

gemīnātiō -ōnis, *f* [gemino] 重複, 反復.
geminē *adv* [geminus¹] 二重に.
Geminius -ī, *m* ゲミニウス《ローマ人の氏族名》.
geminō -āre -āvī -ātum, *tr, intr* [↓] **I** (*tr*) 1 倍にする. 2 組み合わせる, 結合する. 3 繰り返す, 反復する. **II** (*intr*) 2 倍である.
geminus¹ -a -um, *adj* 1 ふたごの, 双生の. 2 二重の, 一対の. 3 似ている, 同様の.
geminus² -ī, *m* 1 ふたごの一人. 2 (*pl* Gemini) 〘天〙双子座, 〘占星〙双子宮 (Castor と Pollux).
Geminus -ī, *m* ゲミヌス《Servilia 氏族に属する家名》.
gemitus¹ -a -um, *pp* ⇒ gemo.
gemitus² -ūs, *m* 1 嘆息, うめき. 2 うなり, とどろき. 3 苦悩, 悲嘆.
gemma -ae, *f* 1 芽, つぼみ. 2 宝石. 3 宝石をちりばめた杯. 4 印章付き指輪, 印. 5 〘クジャクの尾の〙羽紋. 6° 〘植〙無性芽.
gemmans -antis, *adj* (*prp*) [gemmo] 1 宝石をちりばめた. 2 装飾を施された; 宝石のような.
gemmārius -ī, *m* [gemma] 宝石商.
gemmascō -ere, *intr inch* [gemmo] 芽ぐむ.
gemmātus -a -um, *adj* (*pp*) [gemmo] 宝石をちりばめた.
gemmeus -a -um, *adj* [gemma] 1 宝石をちりばめた. 2 宝石のような; 輝いている.
gemmifer -fera -ferum, *adj* [gemma/fero] 宝石を含んでいる, 宝石を産する.
gemmō -āre -āvī -ātum, *intr* [gemma] 1 発芽する, 芽ぐむ. 2 宝石をちりばめられている; 輝いている.
gemmula -ae, *f dim* [gemma] 1 小さな芽. 2 小さな宝石.
gemō -ere gemuī gemitum, *intr, tr* **I** (*intr*) 1 うめく, 嘆息する. 2 (ライオンが)ほえる, (ハトが)クークー鳴く. 3 うなるような音を出す, ギーギー鳴る. **II** (*tr*) 嘆く, 悲嘆する 〈alqd〉.
Gemōniae (scālae) -ārum, *f pl* Aventinus 丘から Tiberis 川に通ずる階段「「嘆きの階段」の意; 処刑された犯罪者の死体はここを引きずり下ろされ, 川へ投じられた」.
gemuī *pf* ⇒ gemo.
gemursa -ae, *f* 足指に生ずるタコ.
gena -ae, *f* 1 ほお. 2 まぶた. 3 (*pl*) 眼; 眼窩.
Gēnab ⇒ Cenab-.
Genaunī -ōrum, *m pl* ゲナウニー《Raetia にいたゲルマン系一部族》.
Genāva -ae, *f* ゲナーウァ《Allobroges 族の町; 現 Genève》.
geneālogia -ae, °*f* [*Gk*] 系図, 系譜; 系図学.
geneālogus -ī, *m* [*Gk*] 系図学者.
gener -erī, *m* [geno, gigno] 1 婿. 2 将来の婿. 3 孫娘の夫. 4 義兄弟.
generābilis -is -e, *adj* [genero] 発生させることができる, 創造力のある.
generālis -is -e, *adj* [genus] 1 種の, 種に共通の. 2 一般的な, 普遍的な.
generālitās -ātis, °*f* [↑] 一般性, 普遍性.
generāliter *adv* [generalis] 一般に.
generascō -ere, *intr inch* [genero] 生まれる, 生

ずる, 発生する.
generātim *adv* [genus] **1** 種類[階級]によって. **2** 一般に.
generātiō -ōnis, *f* [genero] **1** 子を産むこと, 生殖. **2**° 《世》代.
generātor -ōris, *m* [genero] 生みの親, 父親.
generātōrium -ī, °*n* [↓] 生産手段.
generātōrius -a -um, °*adj* [generator] 生産に関する.
generātrīx -īcis, *f* [↓] 産み出す人《女性》.
generō -āre -āvī -ātum, *tr* [genus] 生む, 生ずる.
generōsē *adv* [generosus] 気高く.
generōsitās -ātis, *f* [↓] 高貴な生まれ, 血統のよいこと.
generōsus -a -um, *adj* [genus¹] **1** 高貴な生まれの, 血統のよい. **2** 寛大な; 高潔な.
genesālia -ium, °*n pl* [↓] 誕生の祝典.
genesis -is, *f* [*Gk*] **1** 発生, 誕生. **2**° 『聖』創世記. **3** 『占星』誕生時の星位.
genesta -ae, *f* =genista.
genethliacus¹ -a -um, °*adj* [*Gk*] 『占星』誕生時の.
genethliacus² -ī, *m* 占星師.
genethlialogia -ae, *f* [*Gk*] 占星術.
genetīvus -a -um, *adj* [gigno] **1** 誕生の; 生来の. **2** 『文』属格の: *casus* ~ (Suet) 属格.
genetrīx -īcis, *f* [genitor] 生む人, 母親: *Aeneadum* (Aeneades の *pl gen*) ~ (Lucr)=Venus / *magna deum* ~ (Verg)=Cybele.
Genēva -ae, *f* =Genava.
geniālia -ium, °*n pl* [↓] 婚姻の床; 結婚.
geniālis -is -e, *adj* [genius] **1** 結婚の. **2** 楽しい, 愉快な; 祝祭の, 祝宴の.
geniāliter *adv* [↑] 楽しく, 愉快に.
geniātus -a -um, °*adj* [genius] 愉快な, 楽しい.
geniculātim *adv* [↓] 節(ふし)[こぶ]ごとに.
geniculātus -a -um, *adj* [geniculum] 節(ふし)[こぶ]のある.
Geniculātus -ī, *m* [geniculum] 『天』《「ひざまずく人」の意》ヘルクレス座 (=Engonasin).
geniculō -āre -āvī -ātum, °*intr* [genu] ひざを曲げる, ひざまずく.
geniculum -ī, *n dim* [genu] **1** 《小さな》ひざ. **2** 《木の》節(ふし), こぶ.
genimen -minis, °*n* [gigno] **1** 産物, 果実. **2** 子孫.
genioglossus -a -um, °*adj* 『解』頤(おとがい)舌筋の.
genista -ae, *f* 《柳》エニシダ.
genitābilis -is -e, *adj* [gigno] 生産力のある, 多産の.
genitāle -is, *n* [↓] (*sc. membrum*) 生殖器.
genitālis -is -e, *adj* [gigno] **1** 生殖の, 誕生の. **2** 多産の.
Genitālis -is, *f* [↑] 『神話』出産の女神としての Diana の添え名.
genitofemorālis -is -e, °*adj* 『解』陰部大腿の.
genitor -ōris, *m* [gigno] **1** 生みの親, 父親. **2** 創造者. **3** 創建[創始]者.
genitrīx -īcis, *f* =genetrix.

genitūra -ae, *f* [gigno] **1** 生殖, 出産. **2** 精液. **3** 『占星』誕生時の星位.
genitūrus -a -um, *fut p* ⇨ gigno.
genitus¹ -a -um, *pp* ⇨ gigno.
genitus² -ūs, *m* 生殖, 出産.
genius -ī, *m* [gigno] **1** 守護神[霊]. **2** 才, 天分. **3** 趣味, 嗜好.
genō -ere, *tr* 《古形》=gigno.
gens gentis, *f* [↑] **1** 氏族《同一の祖先・氏族名を有する数家族の集団》. **2** 全世界: *ubi gentium?* (Plaut) いったいどこで / *minime gentium* (Ter) とんでもない. **3** 種類. **4** 血統; 子孫. **5** 民族, 国民. **6** 地域, 国土. **7** (*pl*) 外国; 外国人.
genticus -a -um, *adj* [↑] 国民[民族]の.
gentīlicius -a -um, *adj* [↓] **1** (ある)氏族に属する. **2** 民族の. **3**° 異教の.
gentīlis¹ -is -e, *adj* [gens] **1** 同氏族の. **2** 同一国民[民族]の. **3** 外国人の.
gentīlis² -is, *m* [gens] **1** 同氏族の人; 同国人. **2**° 外国人; 異教徒.
gentīlitās -ātis, *f* [↑] **1** 同氏族であること. **2**° 異教.
gentīlitus °*adv* (gentīlis¹) 国の風習によって.
genū -ūs, *n* ひざ.
Genua -ae, *f* ゲヌア 《Liguria の港町; 現 Genova》.
genuālia -ium, *n pl* [genu] ひざ当て.
Genūcius -ī, *m* ゲヌーキウス《ローマ人の氏族名》.
genuflectō -ere -flexī -flexum, °*tr* [genu/flecto] ひざまずく.
genuflexī *pf* ⇨ genuflecto.
genuflexus -a -um, *pp* ⇨ genuflecto.
genuī *pf* ⇨ gigno.
genuīnitās -ātis, °*f* [↓] 純正, 真正.
genuīnus¹ -a -um, *adj* [gigno] **1** 生来の, 生得の. **2** 本物の, 真正の.
genuīnus² -ī, *m* [gena] (*sc. dens*) 奥歯, 臼歯.
genus -neris, *n* **1** 出自, 血統, 家系. **2** 高貴な生まれ. **3** 民族, 国民. **4** 子孫. **5** 民族, 国民. **6** 性. **7** 『文』性; 態; 法. **8** 『論』類. **9** 集団, 階級, 身分. **10** 方法, 様式: ~ *vitae* (Cic) 生活様式, 暮らし方 / ~ *dicendi* (Cic) 話し方, 文体, 語法.
Genusus -ī, *m* ゲヌッス《Illyria の川》.
geōdaesia -ae, °*f* [*Gk*] 土地の測量, 測地学.
geōgraphia -ae, *f* [*Gk*] 地理学.
geōgraphicus -a -um, °*adj* [*Gk*] 地理学の.
geōgraphus -ī, °*m* [*Gk*] 地理学者.
geōmetrēs, -a -ae, *m* [*Gk*] 幾何学者.
geōmetria -ae, *f* [*Gk*] 幾何学.
geōmetrica -ōrum, *n pl* [geometricus] 幾何学.
geōmetricē *adv* [↓] 幾何学的に.
geōmetricus -a -um, *adj* [*Gk*] 幾何学の.
Georgica -ōrum, *n pl* [↓] 「農耕詩」《Vergilius の詩の題名》.
georgicus -a -um, *adj* [*Gk*] 農耕の.
geōtaxis -is, °*f* [*Gk*] 『生物』走地性.
Geraesticus -ī, *m* ゲラエスティクス, *ゲライスティコス《Ionia の Teos 近くの港》.
Geraestus -ī, *f* [*Gk*] ゲラエストゥス, *ゲライストス

gerānion -ī, *n* [*Gk*]《植》1 トリュフの一種. 2 フウロソウ科の植物.

gerdius -ī, *m* [*Gk*] 織工.

Gergovia -ae, *f* ゲルゴウィア《Gallia 中部にあった Arverni 族の町》.

Germalus -ī, *m* ゲルマルス《Palatinus 丘北西部の窪地》.

germāna -ae, *f* [germanus] 実の姉妹.

germānē *adv* [germanus¹] 真実に, 誠実に.

Germānī -ōrum, *m pl* ゲルマーニー, "ゲルマン人.

Germānia -ae, *f* ゲルマーニア《Germani 族の地 (ほぼ現在のドイツ)》.

Germāniciānus -a -um, *adj* [↓] Germania に駐屯している.

Germānicus¹ -a -um, *adj* Germania (人)の.

Germānicus² -ī, *m* ゲルマーニクス《Germania で戦勝した数人のローマの将軍の添え名; 特に ~ *Julius Caesar*, Tiberius 帝の甥で後に養子となる(前15–後19); Claudius 帝の兄で Caligula 帝の父》.

germānitās -ātis, *f* [germanus] 1 兄弟[姉妹]関係. 2 (植民市どうしが)母市を同じくすること. 3 類似.

germānitus °*adv* [↓] 兄弟のように, 誠実に.

germānus¹ -a -um, *adj* [germen] 1 父母を同じくする, 同じ両親の. 2 兄弟の, 姉妹の. 3 真実の, 正真正銘の.

germānus² -ī, *m* (同父母の)兄弟.

Germānus¹ -a -um, *adj* Germania (人)の.

Germānus² -ī, *m* Germania 人.

germen -minis, *n* [gero] 1 芽, つぼみ. 2 芽ばえ, 起源.

germinātiō -ōnis, *f* [germino] 発芽; 芽, つぼみ.

germinātīvus -a -um, °*adj* [germen] 発芽させる.

germinātus -ūs, *m* [↓] 発芽.

germinō -āre -āvī -ātum, *intr* [germen] 発芽する, 芽を出す.

gerō -ere gessī gestum, *tr* 1 運ぶ, 運んで行く 〈alqd in locum〉. 2 持ち運ぶ, 携える; 身に着けている. 3 もつ, 示す: *personam gerere* (Cic) 役割を演ずる / *se gerere* (Cic) ふるまう. 4 (心に)いだく. 5 生み出す, 作り出す. 6 行なう, 処理する, 管理する: *alqd bene* [*male*] *gerere* (Cic) あることをうまく[下手に]やる, 成功[失敗]する / *res gestae* (Cic) なされたこと, 業績, 手柄 / *alci morem gerere* (Cic) ある人の意向に合わせてふるまう. 7 (時を)過ごす.

Gerōnium -ī, *n* ゲローニウム《Apulia の城砦》.

gerontēa -ae, °*f* [*Gk*]《植》ノボロギク (=erigeron, senecio).

geronticōs *adv* [*Gk*] 老人のように.

gerontocomīum -ī, °*n* [*Gk*] 老人救貧院.

gerrae -ārum, *f pl* [*Gk*] 1 枝編み細工. 2 (*int* として) くだらない! ばかばかしい!

gerrō -ōnis, *m* [↑] (非難・軽蔑のことばとして) ぐうたら, 役立たず.

gerula -ae, *f* [gero] 運搬人《女性》.

gerulifigulus -ī, *m* [↓/figulus] 一味, 共犯《喜劇の造語》.

gerulus -ī, *m* [gero] 運搬人.

gerundium -ī, °*n* [gero]《文》動詞的中性名詞, 動名詞.

gerundīvum -ī, °*n* [gero]《文》動詞的形容詞, 動形容詞.

gerūsia -ae, *f* [*Gk*] 1 (Sparta の)長老会. 2 (Sardes の)養老院.

Gēryōn -onis, *m* [*Gk*]《神話》ゲーリュオーン《Erythea 島に住む三頭三身の怪物; Hercules に殺された》.

Gēryonāceus -a -um, *adj* Geryon の.

Gēryonēs -ae, *m* =Geryon.

Gēryonēus -a -um, *adj* Geryon の.

geseoreta -ae, *f* 小舟の一種.

Gesoriacus -ī, *m*, **-um** -ī, *n* ゲソリアクス《Gallia Belgica にあった Morini 族の港町; 後名 Bononia; 現 Boulogne-sur-Mer》.

gessī *pf* ⇨ gero.

gestābilis -is -e, *adj* [gesto] 持ち運びできる, 運搬できる.

gestāmen -minis, *n* [gesto] 1 運搬されるもの《荷物, 武具, 装身具など》. 2 運搬道具, 乗物《担架, 輿(こし)など》.

gestātiō -ōnis, *f* [gesto] 1° 運ぶこと, 運搬. 2 (乗物で)運ばれること, (乗物に)乗ること. 3 遊歩道, 馬車道.

gestātor -ōris, *m* [gesto] 1 運ぶ者. 2 (馬に乗って)郊外へ出かける人.

gestātōrius -a -um, *adj* [↑] 運ぶための.

gestātus -ūs, *m* [gesto] 運ぶこと, 運搬.

gesticulātiō -ōnis, *f* [↓] 1 笑劇 (mimus) の所作. 2 身振り, 動作.

gesticulor -ārī -ātus sum, *intr, tr dep* [↓] 身振りで表わす.

gesticulus -ī, °*m dim* [gestus²] 笑劇 (mimus) の所作; 身振り.

gestiō¹ -ōnis, *f* [gero] 1 行動, ふるまい. 2 実行.

gestiō² -īre -īvī [-iī] -ītum, *intr* [gestus²] 1 大喜びする, はめをはずす. 2 (…したくて)むずむずする. 3 切望[熱望]する 〈+inf〉.

gestitō -āre -āvī -ātum, *tr freq* [↓] 常に[頻繁に]携えている.

gestō -āre -āvī -ātum, *tr* (*intr*) *freq* [gero] 1 持ち運ぶ, 携える. 2 (心に)いだく. 3 (*pass, intr*) 乗物で行く.

gestor -ōris, *m* [gero] 1 言いふらす人, 告げ口屋. 2 管理者, 遂行者.

gestum -ī, *n* (*pp*) [gero] なされたこと; (*pl*) 功績, 偉業.

gestuōsus -a -um, *adj* [gestus²] 身振りの多い.

gestus¹ -a -um, *pp* ⇨ gero.

gestus² -ūs, *m* 1 姿勢, 態度, ふるまい. 2 身振り. 3° 処理, 遂行.

gēsum -ī, *n* =gaesum.

Geta -ae, *m* ゲタ《ローマ人の家名》.

Getae -ārum, *m pl* [*Gk*] ゲタイ, *ゲタイ《Danubius 下流域にいた Thracia の一部族》.

gēthyum -ī, *n* [*Gk*]《植》アサツキ (=pallacana).

Geticē *adv* [↓] Getae 族のように.

Geticus -a -um, *adj* Getae 族の; Thracia の.
gētium, -on -ī, *n* [Gk] =gethyum.
Gētūlī -ōrum, *m pl* =Gaetuli.
gibba -ae, *f* [gibbus] (背の)こぶ.
gibber[1] -era -erum, *adj* せむしの.
gibber[2] -eris, *m* (背の)こぶ.
gibberōsus -a -um, *adj* [↑] せむしの.
gibbus[1] -a -um, *adj* こぶのある.
gibbus[2] -ī, *m* こぶ.
Gigantes -um, *m pl* [Gk] 《神話》ギガンテス《Olympus の神々を襲おうと企てた巨人族; Juppiter その他の神々に退治された》.
Gigantēus -a -um, *adj* 巨人族の.
gigantomachia -ae, *f* [Gk] 《神話》巨人族との戦い《Gigantes と Olympus の神々との戦い》.
Gigās -antis, *m* [Gk] 巨人族の一人.
gignentia -ium, *n pl* (*prp*) [↓] 草木, 植物.
gignō -ere genuī genitum, *tr* [geno] **1** 産む, 生ずる; (*pass*) 生まれる. **2** ひき起こす.
gilvus -a -um, *adj* 薄黄色の.
gingīva -ae, *f* 歯ぐき, 歯肉.
ginglymus -ī, °*m* [Gk] 〖解〗蝶番(ちょうつがい)関節.
glabellus -a -um, *adj dim* [↓] 毛のない, つるつるの.
glaber[1] -bra -brum, *adj* 毛のない, つるつるの.
glaber[2] -brī, *m* ひげのない少年奴隷; 稚児.
glabrescō -ere, *intr inch* [glaber¹] 毛がなくなる, つるつるになる.
Glabriō -ōnis, *m* グラブリオー《Acilia 氏族に属する家名》.
glabrō -āre, *tr* [glaber] 毛を抜く[取る].
glaciālis -is -e, *adj* [↓] 氷の; 氷のような.
glaciēs -ēī, *f* **1** 氷. **2** 硬さ.
glaciō -āre -āvī -ātum, *tr*, *intr* [↑] **I** (*tr*) 凍らせる. **II** (*intr*) 固まる.
gladiātor -ōris, *m* [gladius] **1** 剣闘士. **2** (*pl*) 剣闘士の試合.
gladiātōrium -ī, *n* [↓] 剣闘士の給料.
gladiātōrius -a -um, *adj* [gladiator] 剣闘士の.
gladiātūra -ae, *f* [gladiator] 剣闘士の職.
gladiola -ae, °*f* 〖植〗=gladiolus 2.
gladiolus -ī, *m dim* [↓] **1** 小さな剣. **2** 〖植〗グラジオラス.
gladius -ī, *m* **1** 剣, 刀. **2** 殺戮. **3** 剣闘士の試合.
glaeba -ae, *f* **1** 土塊, 土くれ. **2** 土壌; 耕地. **3** 塊り.
glaebārius -a -um, *adj* [↑] 土くれの.
glaebōsus -a -um, *adj* [glaeba] 土くれの多い.
glaebula -ae, *f dim* [glaeba] **1** 小さな土くれ. **2** 小さな耕地. **3** 小さな塊り.
glaebulentus -a -um, *adj* [glaeba] 土くれの.
glaesārius -a -um, *adj* [↓] 琥珀の.
glaesum -ī, *n* 琥珀(こはく).
glandifer -fera -ferum, *adj* [glans/fero] どんぐりのなる.
glandium -ī, *n* [glans] (豚肉の)美味な部分.
glandula -ae, *f dim* [↓] 〖解〗腺: °~ *thyreoidea* 甲状腺.

glans glandis, *f* **1** どんぐり《カシワ・クヌギ・ブナなどの実》. **2** 投石器で投げる鉛の玉. **3** 〖解〗亀頭.
glārea -ae, *f* 砂利.
glāreōsus -a -um, *adj* [↑] 砂利の多い.
glastum -ī, *n* 〖植〗ホソバタイセイ.
glauceum -ī, *n* =glaucion.
Glaucia -ae, *m* グラウキア《Servilia 氏族に属する家名》.
glaucion -ī, *n* 〖植〗ケシ科ツノゲシ属の植物.
glaucōma -ae, *f* [Gk] 〖病〗白内障.
glaucus -a -um, *adj* [Gk] 青灰色の.
Glaucus -ī, *m* [Gk] 〖伝説〗グラウクス, *-コス《(1) Sisyphus の息子で Bellerophon の父; 自分の馬に食われて死んだ. (2) Troja 戦争における Lycia 勢の将; ギリシアの勇将 Diomedes と戦場でよろいを交換した. (3) 海神となった Boeotia の Anthedon の漁師》.
glēb- ⇒ glaeb-.
glēchōn -ōnis, °*m* [Gk] 〖植〗メグサハッカ.
glēsum -ī, *n* =glaesum.
gleucinus -a -um, *adj* [Gk] ぶどう液から作った.
glīs glīris, *m* 〖動〗ヤマネ(山鼠).
gliscō -ere, *intr* 増大する, 膨張する, 広がる: *gliscente in dies seditione* (LIV) 暴動が日に日に広がって.
globātim °*adv* [globus] 群れをなして.
globō -āre -āvī -ātum, *tr* [globus] **1** 丸くする. **2** 群らせる.
globōsus -a -um, *adj* [globus] 球形の, 丸い.
globulus -ī, *m dim* [↓] 小球; 塊り.
globus -ī, *m* **1** 球, 球体. **2** 塊り. **3** 群集, 群れ.
glomerāmen -minis, *n* [glomero] 丸めること; 球, 球体.
glomerātiō -ōnis, *f* [↓] (馬の)側対歩.
glomerō -āre -āvī -ātum, *tr* [glomus] **1** 丸くする. **2** 集める, 塊りにする.
glomerōsus -a -um, *adj* [glomus] 球形の.
glomerulus -ī, °*m dim* [glomus] **1** 〖解〗糸球体. **2** 〖植〗団散花序.
glomiformis -is -e, °*adj* [↓/forma] 〖解〗糸球状の.
glomus -meris, *n* **1** 糸玉, 糸まり. **2** °〖解〗糸球, グロムス: ~ *chorioideum* 脈絡糸球 / ~ *coccygeum* 尾骨糸球.
glōria -ae, *f* **1** 名声, 評判. **2** 栄誉, 誉れ. **3** 功業. **4** 名誉欲, 虚栄心. **5** 誇り, 自尊心.
glōriābundus -a -um, *adj* [glorior] 得意になっている.
glōrianter °*adv* [glorior] 得意になって.
glōriātiō -ōnis, *f* [glorior] 自慢.
glōriātor -ōris, *m* [glorior] 自慢家, ほら吹き.
glōrificātiō -ōnis, °*f* [↓] 賛美, (神の)栄光をたたえること.
glōrificō -āre -āvī -ātum, °*tr* [↓] 賛美する, (神の)栄光をたたえる.
glōrificus -a -um, °*adj* [gloria/facio] 栄光に満ちた.
glōriola -ae, *f dim* [gloria] ささいな栄誉[名声].
glōrior -ārī -ātus sum, *intr* (*tr*) *dep* [gloria] 誇る, 自慢する 〈re; de [in] re〉.
glōriōsē *adv* [↓] **1** うぬぼれて. **2** 輝かしく.

glōriōsus -a -um, *adj* [gloria] **1** うぬぼれた. **2** 栄誉ある，輝かしい.

glōs glōris *f* 夫の姉妹.

glossa -ae, *f* [Gk] **1**°(説明を要する)難語彙. **2** (*pl*) 難語集. **3**°[昆] 中舌. **4**°[解] 舌.

glossārium -ī, *n* [Gk] 説明を要する語彙.

glossēma -atis, *n* [Gk] (説明を要する)難語彙.

glossēmaticus -a -um, °*adj* [Gk] 廃語の，外来語の.

glossopalātīnus -a -um, °*adj* [解] 口蓋舌の.

glottis -idis, *f* [Gk] **1**°[鳥] ウズラ. **2**°[解] 声門.

glūbō -ere, *tr, intr* **I** (*tr*) 樹皮をはぐ. **II** (*intr*) 樹皮がはがれる.

glucōsum -ī, °*n* [化] ブドウ糖.

glūma -ae, *f* [glubo] [植] 穀類の果(み)をおおう鱗片状の葉, 頴苞, はかま.

glūs -ūtis, °*f* =gluten.

glūtaeofemorālis -is -e, °*adj* [解] 臀大腿部の.

glūtaeus -ī, °*m* [解] 臀筋.

glūten -tinis, *n* にかわ.

glūtināmentum -ī, *n* [glutino] (パピルス紙の)にかわづけされた部分.

glūtinātiō -ōnis, *f* [glutino] **1** にかわづけ. **2** 傷口をふさぐこと.

glūtinātor -ōris, *m* [↓] (書巻をつくるために)パピルス紙をにかわづけする者.

glūtinō -āre -āvī -ātum, *tr* [gluten] **1** にかわづけする. **2** (傷口を)ふさぐ, 接合する.

glūtinōsus -a -um, *adj* [gluten] 粘着性の, 粘る.

glūtinum -ī, °*n* =gluten.

glūtiō, gluttiō -īre -īvī [-iī] -ītum, *tr* のみ込む.

glūtus[1], **gluttus** -ī, *m* [*cf.* glutio] のみ込むこと.

glūtus[2], **gluttus** -a -um, *adj* [*cf.* gluten] 粘着する.

Glycera -ae, *f* [Gk] グリュケラ(−)《ギリシア人の女性名; (1) Athenae の有名な娼婦で Menander の愛人. (2) Horatius の愛人. (3) Tibullus の愛人》.

glycerinum -ī, °*n* [化] グリセリン.

Glycōn -ōnis, *m* [Gk] グリュコーン《Horatius と同時代の有名な格闘家》.

glycysīdē -ēs, *f* [Gk] [植] ボタン, シャクヤク.

glycysis -idis, °*f* [Gk] =glycyside.

Gnaeus -ī, *m* グナエウス《ローマ人の個人名《略形は Cn.》.

gnārītās -ātis, *f* [gnarus] 知識.

gnāruris -is -e, *adj* =gnarus.

gnārus -a -um, *adj* [*cf.* (g)nosco] **1** よく知っている, 精通している〈+*gen*〉. **2** 知られた, 周知の〈+*dat*〉.

gnāt- ⇨ nat-.

Gnathō -ōnis, *m* [Gk] グナトー(−ン)《Terentius の喜劇 *Eunuchus*「宦官」に登場する食客》.

Gnātia -ae, *f* =Egnatia.

gnāv- ⇨ nav-.

Gnid- ⇨ Cnid-.

gnōbilis -is -e, *adj* 《古形》=nobilis.

gnōmē -ēs, *f* [Gk] 格言, 金言.

gnōmōn -monis, *m* [Gk] (日時計の)針.

gnōscō -ere, *tr* 《古形》=nosco.

Gnōsia, Cnōs- -ae, *f* Creta 島の女 (=Ariadna).

Gnōsiacus, Cnōs- -a -um, *adj* =Gnosius.

Gnōsias, Cnōs- -adis, **Gnōsis, Cnōs-** -idis, *adj f* **1** Gnosus の; Creta 島の. **2** (名詞として) Creta 島の女 (=Ariadna).

Gnōsius, Cnōs- -a -um, *adj* Gnosus の; Creta 島の.

gnosticē -ēs, °*f* [Gk] 洞察力.

Gnosticī -ōrum, °*m pl* [Gk] グノーシス派《初期キリスト教会で異端とされた》.

Gnōsus, -os, Cnōsus, -os, Gnossus, -os, Cnossus, -os -ī, *f* [Gk] グノーッス, *-ソス《Creta 島北岸の古都; ミノス文明の中心地》.

gōbius -ī, **gōbiō** -ōnis, [Gk] *m* [魚] タイリクスナモグリ.

Gomphēnsis -is -e, *adj* Gomphi の. **Gomphēnsēs** -ium, *m pl* Gomphi の住民.

Gomphī -ōrum, *m pl* [Gk] ゴンピー, *-ポイ《Thessalia 西部の町》.

gomphōsis -is, °*f* [Gk] [解] 丁植.

gomphus -ī, *m* [Gk] 釘.

gonium -ī, °*n* [生物] 生殖原細胞.

Gonnī -ōrum, *m pl,* **-us** -ī, *m* [Gk] ゴンニー, *-ノイ《Thessalia 北東部の町》.

gonorrhoea -ae, °*f* [Gk] [病] 淋疾, 淋病.

gonothēca -ae, °*f* [動] 生殖体包.

Gordaeī -ōrum, *m pl* =Corduenī.

Gordium -ī, *n* [Gk] ゴルディウム, *-オン《Phrygia の町》.

Gordius -ī, *m* [Gk] ゴルディウス, *-オス《Gordium の王; その戦車のくびきの解けない結び目で有名; Alexander 大王がこれを断ち切った》.

Gord(y)aeī -ōrum, *m pl* =Corduenī.

Gorgē -ēs, *f* [Gk] 《伝説》ゴルゲー《Oeneus の娘で Meleager と Deianira の姉妹》.

Gorgiās -ae, *m* [Gk] ゴルギアース《Socrates と同時代の哲学者・ソフィスト (前 485?-?380); Sicilia 島の Leontini 出身》.

Gorgobina -ae, *f* ゴルゴビナ《Aquitania にあった Boii 族の町》.

Gorgō(n) -onis, *f* [Gk] 《神話》ゴルゴー(−ン)《Phorcus の三人の娘 (Sthenno, Euryale, Medusa) の一人; 特に Medusa を指す》.

Gorgona -ae, °*f* =Gorgo.

Gorgoneus -a -um, *adj* Gorgon の: *equus* ~ (Ov) =Pegasus / *lacus* ~ (Prop) =Hippocrene の泉.

Gorneae -ārum, *f pl* ゴルネアエ《Armenia の城塞》.

Gortȳna -ae, *f* [Gk] ゴルテューナ, *-テューン《Creta 島中央部の町》.

Gortȳniacus -a -um, *adj* =Gortynius.

Gortȳnis -idis, *adj f* =Gortynius.

Gortȳnius -a -um, *adj* Gortyna の; Creta 島の. **Gortȳnii** -ōrum, *m pl* Gortyna の住民.

gōrȳtus, -os -ī, *m* =corytus.

gossypinus -ī, *f* [植] ワタ(綿).

gossypium, -on -ī, *n* =gossypinus: ° ~ *absorbens* [医] 脱脂綿 / ° ~ *purificatum* [医] 精製綿.

Gothī -ōrum, °*m pl* ゴティー, "ゴート族《Germania 北部にいた部族》.

Gothicus -a -um, °*adj* Gothi 族の.
Got(h)īnī -ōrum, *m pl* ゴティーニー《現 Kraków 付近にいたケルト系一部族》.
Got(h)ōnēs -um, *m pl* ゴトーネース《Germania にいた一部族》.
grabātus -ī, *m* [*Gk*] 簡易ベッド.
Gracchānus -a -um, *adj* Gracchus の.
Gracchus -ī, *m* グラックス《Sempronia 氏族に属する家名; 特に *Ti. Sempronius* ~ の二人の息子 *Ti.* (前 163-133) と *C.* (前 153-121) (=Gracchi 「グラックス兄弟」)》.
gracilis -is -e, *adj* **1** 細い, やせた, ほっそりした. **2** 乏しい, 貧弱な: *vindemiae graciles* (PLIN MIN) 乏しいブドウの収穫. **3** (文体が)簡素な, 飾りのない. **4** °《解》薄筋の.
gracilitās -ātis, *f* [↑] **1** やせていること, ほっそりしていること. **2** (文体の)簡素, 飾りのないこと.
graciliter *adv* [gracilis] **1** 細く, ほっそりとして. **2** 簡素に.
grāculus -ī, *m* 《鳥》コクマルガラス.
gradālis -is -e, °*adj* [gradus] 漸進的[段階的]な.
gradārius -a -um, *adj* [gradus] 一歩一歩の, 着実な.
gradātim *adv* [gradus] 一歩一歩と, 段々に.
gradātiō -ōnis, *f* [gradus] **1** (通例 *pl*)(劇場の)階段席. **2** 《修》漸層法 (=climax).
gradātus -a -um, *adj* [gradus] 段の付いた.
gradī *inf* ⇨ gradior.
gradior -dī gressus sum, *intr dep* 歩く, 進む.
Grādīvus -ī, *m* 「戦いにおいて進み出る者」の意》Mars の添え名.
graduāle -is, °*n* [↓] 《カト》昇階唱.
gradus -ūs, *m* [*cf.* gradior] **1** 歩み, 足どり, 歩調: *suspenso gradu* (TER) 忍び足で / *citato* [*pleno*] *gradu* (LIV) 駆け足で. **2** 近づくこと, 前進. **3** 持ち場, 部署: *hostes gradu demoti* (LIV) 敵はその持ち場から追い払われた. **4** 段, 階段. **5** 階級, 地位, 身分. **6** 程度, 段階: *omnes gradūs aetatis* (CIC) 人生のすべての段階.
Graeae -ārum, *f pl* [*Gk*] 《神話》グラエアエ, *グライアイ《「白髪の女たち」の意; Phorcus の三人の娘たち; Gorgones の姉妹でその保護者; 生まれた時から白髪で, 一眼一歯を共有していた》.
Graecānicus -a -um, *adj* ギリシア起原の; ギリシア風の, ギリシア的な.
Graecātim °*adv* ギリシア風に.
graecātus -a -um, *adj* (*pp*) [graecor] ギリシア人をまねた, ギリシア風にした.
Graecē *adv* [Graecus] ギリシア語で.
Graecī -ōrum, *m pl* [*Gk*] グラエキー, *グライコイ, "ギリシア人.
Graecia -ae, *f* グラエキア, "ギリシア: *Magna* ~ (CIC) マグナ・グラエキア《ギリシア人が多数の植民市を建設したイタリア南部地方》.
graecismus -ī, °*m* ギリシア語法, ギリシア語風の表現.
graecissātiō -ōnis, °*f* [↓] ギリシア風にすること, ギリシア化.
graecissō -āre, *intr* ギリシア人をまねる, ギリシア風にする.
Graecitās -ātis, °*f* [Graecus] ギリシア的なもの, ギリシア語.
graecor -ārī -ātus sum, *intr dep* [Graecus] ギリシア人をまねる, ギリシア風にする.
Graecostasis -is, *f* [Graecus/*Gk* στάσις] (「ギリシア人の場所」の意)ギリシア(のち他国の)使節が滞在したローマ市内の建物.
Graeculus[1] -a -um, *adj dim* [Graecus] (軽蔑的に)(くだらない)ギリシア(人)の.
Graeculus[2] -ī, *m dim* (軽蔑的に)(くだらない)ギリシア人.
Graecum -ī, *n* [↓] ギリシア語.
Graecus[1] -a -um, *adj* ギリシアの: *lingua Graeca* (CIC) ギリシア語 / *litterae Graecae* (CIC) ギリシアの文芸 / *Graecā fide mercari* (PLAUT) 現金で取引する《ローマ人はギリシア人の信義を疑問視したので》.
Graecus[2] -ī, *m* ギリシア人.
Graiī, Grāī -ōrum, *m pl* =Graeci.
Grāiocelī -ōrum, *m pl* グライオケリー《Gallia Narbonensis にいた一部族》.
Grāiugena -ae, *m* [↓/gigno] ギリシア生まれの人, ギリシア人.
Grāius[1] -a -um, *adj* **1** ギリシアの. **2** *Alpes Graiae* (PLIN) 現在のフランスとイタリアを結ぶ Petit-Saint-Bernard 峠(標高 2,188m)とその周辺の山.
Grāius[2] -ī, *m* (一人の)ギリシア人 (通例 *pl*; ⇨ Graii).
grallae -ārum, *f pl* 竹馬.
grallātor -ōris, *m* [↑] 竹馬に乗る人.
grāmen -minis, *n* **1** 草. **2** (一般に)草木, 植物.
grāmiae, grāmae -ārum, *f pl* 目やに.
grāmineus -a -um, *adj* [gramen] **1** 草の. **2** アシ(葦)の.
grāminōsus -a -um, *adj* [gramen] 草の多い.
gramma -atos, °*n* [*Gk*] **1** 文字. **2** 重量単位 (=scripulum).
grammateus -eōs, *m* [*Gk*] 書記.
grammatica -ae, *f* [*Gk*] 文法; 文献学.
grammaticālis -is -e, °*adj* [↑] 文法の.
grammaticāliter °*adv* [↑] 文法上, 文法的に.
grammaticē[1] -ēs, *f* =grammatica.
grammaticē[2] *adv* [↓] 文法的に.
grammaticus[1] -a -um, *adj* [*Gk*] 文法の.
grammaticus[2] -ī, *m* 文法家; 文献学者.
grammatista -ae, *m* [*Gk*] 文字を教える人, 初学者の教師.
grammicus -a -um, *adj* [*Gk*] 線の, 幾何学的な.
grānārium -ī, *n* [granum] 穀物倉.
grānātim *adv* [granum] 一粒ずつ.
grānātum -ī, *n* [↓] 《植》ザクロ(の実).
grānātus -a -um, *adj* [granum] 多くの種[粒]をもつ.
grandaevus -a -um, *adj* [grandis/aevum] 高齢の, 老齢の.
grandescō -ere, *intr inch* [grandis] 大きくなる, 増大する, 成長する.

grandiculus -a -um, *adj dim* [grandis] やや大きな.

grandifer -fere -ferum, *adj* [grandis/fero] 豊かな実りをもたらす, 豊作の.

grandiloquus -a -um, *adj* [grandis/loquor] 1 荘重な文体を用いる. 2 大言壮語する, 自慢する.

grandinat -āre, *intr impers* [grando] 雹が降る.

grandiō -īre, *tr, intr* [↓] I (*tr*) 大きくする. II (*intr*) 大きくなる.

grandis -is -e, *adj* 1 大きな. 2 (十分に)成長した, 成熟した. 3 大量の, 多数の. 4 はなはだしい, 激しい. 5 偉大な; 重大な. 6 (文体が)高尚な, 荘重な.

grandiscāpius -a -um, *adj* [↑/scapus] 太い幹の.

granditās -ātis, *f* [grandis] 1 高齢. 2 (文体の)荘重, 気高さ.

granditer *adv* [grandis] 1 大いに, 非常に. 2 荘重に, 気高く.

grandiusculus -a -um, °*adj dim* [grandis] かなり成長した.

grandō -dinis, *f* 雹.

grānea -ae, *f* [granum] 穀物粉でつくったかゆ.

Grānicus -ī, *m* [Gk] グラーニークス, *-コス《Mysiaの小川; そのほとりで Alexander 大王がペルシア軍を破った (前 334)》.

grānifer -fera -ferum, *adj* [granum/fero] 穀粒を運ぶ.

Grānius -ī, *m* グラーニウス《ローマ人の氏族名》.

Grannus -ī, *m* 《呼》(Germania, Dacia, Scotia における) Apollo の添え名.

grānōsus -a -um, *adj* [granum] 種(た)の多い.

grānulōsus -a -um, °*adj* [↓] [解] 顆粒の.

grānulum -ī, °*n dim* [↓] 1 小さな穀粒. 2 [カト] ロザリオの珠.

grānum -ī, *n* 1 穀粒. 2 種(た), 種子.

graphiārius -a -um, *adj* [graphium] 尖筆の.

graphicē[1] -ēs, *f* [Gk] 画法.

graphicē[2] *adv* [↓] 1 画家のように; (文体が)生き生きと, 迫真的に. 2 みごとに, 巧みに.

graphicus -a -um, *adj* [Gk] 1 絵画的な. 2 みごとな, とびきりの.

graphis -idis, *f* [Gk] 絵筆.

graphium -ī, *n* [Gk] 尖筆.

grassātiō -ōnis, *f* [grassor] こそこそうろつきまわること.

grassātor -ōris, *m* [grassor] 1 放浪者. 2 追いはぎ.

grassātūra -ae, *f* [↓] 追いはぎ行為.

grassor -ārī -ātus sum, *intr dep freq* [gradior] 1 (獲物を求めて)うろつきまわる. 2 進む: *ad gloriam virtutis viā grassari* (SALL) 栄誉を求めて徳の道を進む. 3 行動する, 処する: *superbe grassatos* (SUET) 傲慢なふるまいをしていた者どもを. 4 襲いかかる, あばれまわる.

grātanter °*adv* [grator] 喜んで.

grātē *adv* [gratus] 喜んで, 感謝して.

grātēs -ium, *f pl* (用例は *nom, acc,* および *abl* grātibus のみ) [gratus] (特に神々への)感謝.

grātia -ae, *f* [gratus] 1 美しさ, 愛らしさ, 魅力. 2 好意, 尊敬, 愛情: *ab Caesare gratiam inire* (CAES) Caesar の好意をかちえる / *cum Lucceio in gratiam redii* (CIC) 私は Lucceius と和解した / *grat(i)is* (PLAUT) 好意から, 無償[ただ]で. 3 親切, 尽力, 世話: *meā gratiā* (PLAUT) 私のために / *hominum gratiā* (CIC) 人々のために / *exempli gratiā* (QUINT) 例をあげれば, たとえば. 4 人気, 信望. 5 偏愛, えこひいき. 6 感謝: *dis gratias pro meritis agere* (PLAUT) 神々にご加護のお礼を言う / *fortunae gratiam habere* (CAES) 幸運(の女神)に感謝する / *benignitate deum gratiam referre* (TAC) 神々のご好意に感謝をささげて報いる. 7 (*pl* Gratiae) 《神話》 グラーティエ《美と優雅の三女神; ギリシア神話の Charites に当たる; Aglaia「輝き」, Euphrosyne「喜び」, Thalia「開花」の三姉妹》. 8 《神学》(神の)恵み, 恩寵.

Grātidius -ī, *m* グラーティディウス《ローマ人の氏族名》.

grātificātiō -ōnis, *f* [gratificor] 人を喜ばせること, 恩恵を施すこと, 親切.

grātificō -āre, *intr, tr* =gratificor.

grātificor -ārī -ātus sum, *intr, tr dep* [gratus/facio] I (*intr*) 人を喜ばせる, 恩恵を施す〈alci〉. II (*tr*) 与える〈alci alqd〉.

grātificus -a -um, °*adj* [gratus/facio] 親切な.

grātiōsē *adv* [↓] (不公平に)親切に, えこひいきして.

grātiōsus -a -um, *adj* [gratia] 1 気に入られている, 好意を得ている〈alci; apud alqm; in re〉. 2 魅力的な, 感じのよい. 3 好意的な, 親切な〈in re; ad alqd〉.

grātīs, grātiīs *pl abl* ⇒ gratia.

grātitūdō -dinis, °*f* [gratus] 感謝, 謝意.

Grātius -ī, *m* グラーティウス《*Cynegetica*「狩りの歌」を著わしたローマの詩人; Ovidius と同時代》.

grātor -ārī -ātus, *intr dep* =gratulor.

grātuītō *adv* (*abl*) [↓] 1 無料で, 無償で. 2 十分な理由で.

grātuītus -a -um, *adj* [gratus] 1 無料の, 無償の. 2 買収されない. 3 無利子の. 4 十分な理由のない.

grātulābundus -a -um, *adj* [gratulor] 祝賀[祝福]する.

grātulanter °*adv* [gratulor] 喜んで.

grātulātiō -ōnis, *f* [gratulor] 1 祝賀, 祝福. 2 感謝祭.

grātulātor -ōris, *m* [↓] 祝賀[祝福]する人.

grātulor -ārī -ātus sum, *intr, tr dep* [↓] 1 祝賀[祝福]する〈alci; de [in] re; alci alqd; +*acc c. inf*; quod〉. 2 (神々に)感謝する〈alci〉.

grātus -a -um, *adj* 1 魅力的な, 感じのよい, 好ましい. 2 感謝に値する, ありがたい〈alci〉. 3 感謝している: *bene de me meritis gratum me praebeo* (CIC) 私は私のために尽くしてくれた人々に感謝を表明する.

Graupius -a -um, *adj mons* ~ (TAC) グラウピウス山《Caledonia の山地; 現 Grampian Hills》.

gravāmen -minis, °*n* [gravo] 面倒, 厄介.

gravanter °*adv* =gravate.

grāvastellus -ī, *m* 白髪頭の老人.

gravātē *adv* [gravo] いやいや, しぶしぶ.

gravātim *adv* =gravate.
gravēdinōsus -a -um, *adj* [↓] かぜをひきやすい.
gravēdō -dinis, *f* [gravis] 1 鼻かぜ. 2 重苦しい感じ, 圧迫感. 3° 妊娠.
graveolens -entis, *adj* [gravis/olens] 1 強い匂いのする; 悪臭を放つ.
gravēscō -ere, *intr inch* [gravis] 1 重くなる. 2 悪化する.
graviditās -ātis, *f* [gravidus] 妊娠.
gravidō[1] -dinis, *f* =gravedo.
gravidō[2] -āre -āvī -ātum, *tr* [↓] 妊娠させる.
gravidus -a -um, *adj* [↓] 1 妊娠している. 2 いっぱいの, 満ちた 〈re〉.
gravis -is -e, *adj* 1 重い. 2 困難な, 面倒な, 厄介な. 3 きびしい, ひどい, 激しい: *grave odium* (Cic) 激しい憎悪 / ~ *autumnus* (Caes) きびしい秋. 4 (においが)強烈な, 悪臭を放つ. 5 (音が)低い. 6 重要な, 有力な: *testis* ~ (Cic) 重要な証人. 7 威厳のある, まじめな. 8 ゆゆしい, 深刻な. 9 (文体が)荘重な, 高尚な. 10 重装備の. 11 消化しにくい. 12 重くなった, 圧迫された: *morbo* ~ (Verg) 病気でやつれた / *aetate* ~ (Liv) 年老いて身動きもままならぬ. 13 妊娠している.
Graviscae -ārum, *f pl* グラウィスカエ《Etruria の町》.
gravitās -ātis, *f* [gravis] 1 重さ. 2 (身体・感覚の)だるさ, 鈍さ; 妊娠. 3 重要さ. 4 威厳, まじめさ. 5 (文体の)荘重. 6 きびしさ, 苛酷. 7 ゆゆしいこと, 深刻さ.
graviter *adv* [gravis] 1 重く. 2 低い音で. 3 荘重に, 威厳をもって. 4 いやいや, しぶしぶ. 5 きびしく, ひどく, 激しく. 6 ゆゆしく, 深刻に.
gravitūdō -dinis, *f* [gravis] 鼻かぜ; 重苦しい感じ.
gravō -āre -āvī -ātum, *tr* [gravis] 1 重くする, 圧迫する, 荷を負わせる. 2 (特に *dep* で)煩わしく感じる 〈alqd; +*inf*; +*acc c. inf*〉: *neque gravor quid sentiam dicere* 煩わしいと思わずに私がどう感じるか言うことにしよう. 3 増大させる, 悪化させる.
gregālēs -ium, *m pl* [↓] 仲間, 同僚, 同志.
gregālis -is -e, *adj* [grex] 1 群れに属する, 群れをなす. 2 仲間の. 3 普通の, ありふれた.
gregārius[1] -a -um, *adj* [grex] 1 群れに属する, 群れをなす. 2 普通の, ありふれた: *miles* ~ (Cic) 兵卒.
gregārius[2] -ī, *m* 1 家畜番, 牧夫. 2 兵卒. 3 《碑》下級剣闘士.
gregātim *adv* [grex] 群れをなして, 大勢で.
gregō -āre -āvī -ātum, *tr* [grex] 集める, 群れの中へ入れる.
gremium -ī, *n* 1 ひざ, ふところ. 2 中央部, 内部.
gressus[1] -a -um, *pp* ⇨ gradior.
gressus[2] -ūs, *m* 1 歩み. 2 航路.
grex gregis, *m* 1 群れ. 2 大勢, 群集. 3 部隊. 4 学派.
grillus -ī, *m* =gryllus.
griphus -ī, *m* [*Gk*] 難問, なぞ.
grīseus -a -um, °*adj* 灰色の.
grōma -ae, *f* [*Gk*] 照準器, 測量器.

grōmaticus -a -um, °*adj* [↑] 測量の.
grossitūdō -dinis, °*f* [grossus²] 厚さ (=crassitudo).
grossus[1] -ī, *m* 《植》未熟なイチジク.
grossus[2] -a -um, °*adj* 厚い.
Grudiī -ōrum, *m pl* グルディイー《Gallia Belgica にいた一部族》.
gruis -is, *f* =grus.
grūma -ae, *f* =groma.
grūmus -ī, *m* 丘, 塚.
grund- ⇨ grunn-.
grunniō -īre -īvī [-iī] -ītum, *intr* (特にブタが)ブーブー鳴く.
grunnītus -ūs, *m* [↑] (ブタが)ブーブー鳴くこと.
gruō -ere, *intr* [*cf.* grus] ツルが鳴く.
grūs -uis, *f* 《鳥》ツル.
gryllus -ī, *m* [*Gk*] 《昆》バッタ, コオロギ.
Grȳnēus -a -um, *adj* Grynia の.
Grȳnīa -ae, *f*, **Grȳnium** -ī, *n* [*Gk*] グリューニーア, *-ネイア《Aeolis の港町; Apollo の神殿と神託所があった》.
gryps -ȳpis, **grȳpus**[1] -ī, *m* [*Gk*] 《神話》グリュプス《ライオンの胴体にワシの頭と翼を持つ怪獣》: *jungentur jam grypes equis* (Verg) やがてグリュプスが馬とつがうであろう(=不可能のことが可能になるであろう).
grȳpus[2] -ī, °*m* [*Gk*] かぎ鼻の人.
guajacolum -ī, °*n* 《薬》グアヤコール.
gubernābilis -is -e, *adj* [guberno] 操縦されうる, 支配されうる.
gubernāclum -ī, *n*《詩》=gubernaculum.
gubernāculum -ī, *n* [guberno] 1 舵. 2 操縦; 指揮, 支配. 3°《解》導帯.
gubernātiō -ōnis *f* [guberno] 1 舵を取ること, 操縦. 2 指揮, 支配.
gubernātor -ōris, *m* [guberno] 1 舵手. 2 指揮者, 支配者.
gubernātrix -īcis, *f* [↑] 指揮者, 支配者《女性》.
guberniō -ōnis, °*m* =gubernius.
gubernius -ī, *m* =gubernator 1.
gubernō -āre -āvī -ātum, *tr* [*Gk*] 1 舵を取る, 操縦する. 2 指揮する, 支配する.
gubernum -ī, *n* [*cf.* guberno] 舵.
guerra -ae, °*f* [*G*] 戦い, 戦争.
Gugernī -ōrum, *m pl* =Cugerni.
gula -ae, *f* 1 食道, のど. 2 大食, 食道楽.
gulō -ōnis, *m* [↑] 大食漢, 美食家.
gulōsē *adv* [↓] 大食漢のように.
gulōsus -a -um, *adj* [gula] 大食の, 美食の.
Gulussa, **Gulūsa** -ae, *m* グルッサ《Numidia の王 Masinissa の息子》.
gumia -ae, *m* 大食漢, 美食家.
guminasium -ī, *n* =gymnasium.
gummi *indecl n* [*Gk*] ゴム.
gummōsus -a -um, *adj* [↑] ゴム性の.
gunna -ae, °*f* 毛皮.
gurdus -ī, *m* 愚か者, まぬけ.
gurges -gitis, *m* 1 渦, 渦巻. 2 (大量の)水; 海, 川. 3 深淵, 底なし沼. 4 浪費家.

gurgitō -āre, °*tr* [↑] いっぱいにする, あふれさせる 〈re〉.
gurguliō[1] -ōnis, *m* 食道, のど, 気管.
gurguliō[2] -ōnis, *m* =curculio.
gurgustiolum -ī, *n dim* [↓] (小さな)あばら屋.
gurgustium -ī, *n* [gurges] 小屋, あばら屋.
gūrus -ī, *m* =gyrus.
gustātōrium -ī, *n* [gusto] 前菜用の皿; 前菜.
gustātus -ūs, *m* [↓] 1 味わうこと. 2 味覚. 3 風味.
gustō -āre -āvī -ātum, *tr* [↓] 1 味わう, 試食する; 少し食べる. 2 楽しむ, 享受する. 3 少し知る[経験する].
gustus -ūs, *m* 1 試食, 味わうこと. 2 風味. 3 前菜.
gutta -ae, *f* 1 滴, したたり. 2 斑点. 3 少量, 微量.
guttapercha -ae, °*f* 〖化〗グッタペルカ.
guttātim *adv* [guːta] 一滴ずつ.
guttātus -a -um, *adj* [gutta] 斑点のある, まだらの.
guttula -ae, *f dim* [gutta] (小さな)滴.
guttur -uris, *n* [↓] のど, 気管. 2 大食.
gutturōsus -a -um, *adj* [↑] 〖病〗甲状腺肥大の.
guttus, gūtus -ī, *m* [gutta] 細首の瓶.
Gyaros, -us -ī, *f*, **Gyara** -ae, *f*, **-a** -ōrum, *n pl* [*Gk*] ギュアロス《エーゲ海の不毛の島; Cyclades 諸島の一つ; ローマ帝政時代の流刑地》.
Gyās, -ēs -ae, *m* [*Gk*] ギュアース, *ギュエース《(1)〖神話〗百腕の巨人. (2)〖伝説〗Aeneas の仲間》.
Gȳgēs -is [-ae], *m* [*Gk*] ギューゲース《Lydia の王(前 7 世紀); 自らの姿を見えなくさせる指輪を用いて王位を奪ったという》.
Gylippus -ī, *m* [*Gk*] ギュリッブス, *-ボス《Peloponnesus 戦争で活躍した Sparta の将軍》.
gymnas -adis, *f* [*Gk*] 格闘(競技).
gymnasiarchus -ī, *m*, **-a** -ae, *m* [*Gk*] 体育場[体育活動]の監督者.
gymnasium -ī, *n* [*Gk*] 1 (ギリシアの)体育場. 2 (ギリシアの)学園.
gymnasticus -a -um, *adj* =gymnicus[1].
gymnicus[1] -a -um, *adj* [*Gk*] 体操の, 体育の.
gymnicus[2] -ī, *m* 〖碑〗軽業師, 体育家.
gymnosophista -ae, *m* [*Gk*] (インドの)裸行者.
gymnospermae -ārum, °*f pl* 〖植〗裸子植物類.
gynaecēum, -īum -ī, *n* [*Gk*] 1 (ギリシアの家の)婦人部屋. 2° 〖植〗雌蕊(しずい)群.
gynaecologia -ae, °*f* 〖医〗婦人科学.
gynaecōnītis -idis, *f* [*Gk*] =gynaeceum.
Gyndēs -ae, *m* [*Gk*] ギュンデース《Tigris 川の支流》.
gynostēmium -ī, °*n* 〖植〗蕊柱(ずいちゅう).
gypsārius -ī, °*m* [gypsum] 石膏細工人.
gypsātus -a -um, *adj* (*pp*) [gypso] 石膏を塗られて白い.
gypseus -a -um, °*adj* [gypsum] 1 石膏の. 2 =gypsatus.
gypsō -āre -āvī -ātum, *tr* [gypsum] 石膏を塗る.
gypsoplastēs -ae, °*m* [*Gk*] 石膏細工人.
gypsum -ī, *n* [*Gk*] 1 石膏: °~ *ustum* 〖化〗焼石膏. 2 石膏像.
gyrīnus -ī, *m* [*Gk*] 〖動〗オタマジャクシ.
gȳrō -āre -āvī -ātum, *tr*, °*intr* [gyrus] **I** (*tr*) 旋回させる, 回転させる. **II** (*intr*) 旋回する.
gȳrovagus -a -um, °*adj* [gyrus/vagus[1]] さまよっている, さすらいの.
Gyrtōn -ōnis, *f* [*Gk*] ギュルトーン《Thessalia の Peneus 河畔の町》.
gȳrus -ī, *m* [*Gk*] 1 円, 輪: *gyros per aera ducere* (Ov) (トビ(鳶)が)空中を旋回する. 2 馬を調教するための円形の走路, 競馬場. 3 軌道, コース.
Gythēum, -īum -ī, *n* [*Gk*] ギュテーウム, *-テイオン《Laconia 南部の港町》.

H

H, h *indecl n* ラテン語アルファベットの第8字.
ha *int* 1 (喜びの叫び) しめた, ありがたい. 2 (笑い・あざけりの叫び) ははは.
habēna -ae, *f* [habeo] 1 (投石器の)革ひも. 2 (革の)むち. 3 手綱. 4 (*pl*) 操縦; 指揮, 管理, 支配, 制御.
habentia -ae, *f* [habeo] 財産, 所有物.
habēnula -ōrum, *n pl dim* [habena] 1 皮膚の細片. 2 《解》手綱.
habeō -ēre habuī habitum, *tr (intr)* 1 持つ, 所有する. 2 身に着けている, 携えている. 3 (性質・権利・機能などを)有する. 4 …がいる: *filiam ex te tu habes* (PLAUT) あなたには娘さんがいます. 5 保有する, 支配する: *Pompeium exercitum habere* (CIC) Pompeius が軍隊を持っていること. 6 味方にしている. 7 占める, 住む. 8 知っている, 知識がある. 9 自由にできる: *quod edit non habet* (PLAUT) 食べる物が自由にならない. 10 含む, 入れる: *dubitationem non habet* (CIC) 疑いの余地がない. 11 (ある場所・状態に)保つ: *habere in animo* 意図する (⇒ animus 6). 12 経験する, 遭う. 13 結果として伴う, ひき起こす: *beneficium habet querelam* (CIC) 好意が不満をひき起こす. 14 …することができる ⟨+*inf*⟩: *quis habet suadere* (HOR) 誰が忠告できようか. 15 …しなければならない ⟨+*gerundiv*⟩: ~ *dicendum* (SEN) 私は言わねばならぬ. 16 する, 行なう: *habere consilium* (CAES) 相談をする / *habere sermonem* (PLAUT) 話をする. 17 (*refl*) …の状態である ⟨+*adv*⟩: *graviter se habere* (CIC) 病気である. 18 扱う ⟨+*adv*⟩. 19 作用する ⟨+*adv*⟩: *ea res me male habet* (PLAUT) それは困る. 20 (…と)みなす, 考える ⟨+2 個の *acc*; in [pro] re; + *gen* [*abl*]; +*dat*; +*adv*⟩: *alqd pro certo habere* (CIC) あることを確実であると認める / *magni alqd habere* (CAES) あるものを重んずる / *alqd honori habere* (SALL) あることを名誉とみなす. 21 (ある状態で)持っている: *habet inimicissimam Galliam* (CIC) (彼にとって) Gallia は最大の敵である / *de numero eorum omnia se habere explorata Remi dicebant* (CAES) 彼らの兵力に関して自分たちはすべてを探索ずみであると Remi 族は言っていた.
habilis -is -e, *adj* [↑] 1 扱いやすい, 手ごろな ⟨ad alqd; alci rei⟩. 2 適した, ふさわしい ⟨ad alqd; in re; alci⟩.
habilitās -ātis, *f* [↑] 適合性.
habiliter *adv* [habilis] 適切に, うまく.
habilitō -āre, °*tr* 能力[適性]を与える.
habitābilis -is -e, *adj* [habito] 住むに適した.
habitāculum -ī, *n* [habito] すみか, 居住地.
habitātiō -ōnis, *f* [habito] 1 すみか, 居住地. 2 居住. 3 賃借料.
habitātiuncula -ae, °*f dim* [↑] (小さな)住居.

habitātor -ōris, *m* [habito] 居住者; 借家人.
habitītiō -ōnis, *f* [habeo] 持つこと.
habitō -āre -āvī -ātum, *tr, intr freq* [habeo] 1 住む, 居住する. 2 とどまる: *habitare in oculis* (CIC) 絶えず人目にさらされている. 3 執着する, 没頭する.
habituālis -is -e, °*adj* [habeo] 継続的な; 習慣的な.
habitūdō -dinis, *f* [habeo] 状態, 様子.
habituriō -īre, *tr desid* [habeo] 持つことを熱望する.
habitus¹ -a -um, *pp* ⇒ habeo.
habitus² -ūs, *m* 1 状態, 様子. 2 態度, ふるまい. 3 服装, 身なり. 4 気持, 意向. 5 特徴, 性質.
habrodiaetus -ī, *m* [*Gk*] (「柔弱な男」の意)画家 Parrhasius のあだ名.
habrotonum -ī, *n* =abrotonum.
habsis -sidis, *f* =absis.
hāc *adv* (*f sg abl*) [hic¹] ここに[で], こちらに[で].
hācpropter *adv* [hic¹/propter] これゆえに.
hāctenus *adv* [hic¹/tenus²] 1 ここまで. 2 今まで. 3 この程度まで, この限りでは.
Hadria -ae, *f, m* ハドリア 《(1) (*f*) Picenum の町; Hadrianus 帝の生地; 現 Atri. (2) (*m*) アドリア海》.
Hadriacus -a -um, *adj* =Hadriaticus.
Hadriānus¹ -a -um, *adj* Hadria の.
Hadriānus² -ī, *m* ハドリアーヌス 《*P. Aelius* ~, ローマ皇帝 (在位 117-38)》.
Hadriāticum -ī, *n* [↓] (*sc. mare*) アドリア海.
Hadriāticus -a -um, *adj* Hadria の: *mare Hadriaticum* (CAES) アドリア海.
Hadrūmētīnī -ōrum, *m pl* Hadrumetum の住民.
Hadrūmētum -ī, *n* [*Gk*] ハドルーメートゥム 《Africa の沿岸の町; 現 Tunisia の Sousse》.
hae *pron* (*f pl*) ⇒ hic¹.
haec *pron* (*f sg, n pl*) ⇒ hic¹.
haece haec の強意形.
Haedī -ōrum, *m pl* [haedus] 《天》小山羊座.
haedilia -ae, *f dim* [haedus] 《動》(小さな)子ヤギ.
haedilla -ae, *f* [↓] 《碑》=haedilia.
haedillus -ī, *m dim* [haedus] 《化》(小さな)子ヤギ.
haedīna -ae, °*f* [↓] (*sc. caro*) 子ヤギの肉.
haedīnus -a -um, *adj* [haedus] 子ヤギの.
Haeduī -ōrum, *m pl* =Aedui.
haedulus -ī, *m* (小さな)子ヤギ.
haedus -ī, *m* 《動》子ヤギ.
haemachātēs -ae, *m* [*Gk*] 赤色の瑪瑙(ぁぅ).
haematinus -a -um, *adj* [*Gk*] 血のように赤い.
haematoxylinum -ī, °*n* 《化》ヘマトキシリン.
haematūria -ae, °*f* 《病》血尿(症).
haemēsis -is, °*f* [*Gk*] 眼の充血.

haemolysis -is, °*f* 【医】溶血.

Haemōn -ōnis, *m* [*Gk*] 【伝説】ハエモーン, *ハイーモーン《Thebae の王 Creon の息子で Antigona の婚約者》.

Haemonia -ae, *f* [*Gk*] ハエモニア, *ハイモニアー《Thessalia の詩的名称》.

Haemonis -idis, *f* [↑] Thessalia の女.

Haemonius -a -um, *adj* Haemonia (=Thessalia) の.

haemoptoea -ae, °*f* =haemoptysis.

haemoptysis -is, °*f* 【医】喀血.

haemorrhagia -ae, *f* [*Gk*] 出血.

haemorrhoia -ae, °*f* [*Gk*] 出血.

haemorrhoicus -a -um, °*adj* [*Gk*] 【病】痔疾をもつ.

haemorrhoida -ae, *f* 【医】痔(核).

haemorrhoidālis -is -e, °*adj* [↑] 【医】痔(核) の.

haemorrhois -idis [-idos], *f* [*Gk*] **1** 【医】痔(核). **2** 【動】毒ヘビの一種.

haemorrhoissa -ae, °*f* [*Gk*] 痔疾の女.

haemostaticum -ī, °*n* 【薬】止血剤.

Haemus, -os -ī, *m* [*Gk*] ハエムス, *ハイモス《Thracia 北部の山脈; 現 Balkan 山脈》.

haerēditās -ātis, *f* =hereditas.

haereō -ēre haesī haesum, *intr* **1** 付着している, くっついている <in re; ad alqd; +*dat*>: *haerere in equo* (Cɪᴄ) 馬上にしっかり腰をすえている / *tergis* [*in tergo*] *haerere* (Tᴀᴄ, Lɪᴠ) 《敵の》背後についてしつこく追いかける. **2** とどまる: *in mentibus semper haerebit* (Cɪᴄ) それは心の中に記憶として永遠に残るだろう. **3** 固執する. **4** 中断する, やむ. **5** 止まってしまう, 動かなくなる; 途方に暮れる: *aspectu territus haesit* (Vᴇʀɢ) 彼はその光景におびえて立ちすくんだ.

haerēs -ēdis, *m* 〈*f*〉 =heres.

haerescō -ere, *intr inch* [haereo] 付着する, くっつく.

haeresiarcha -ae, °*m* [*Gk*] 異端[異教]の創始者[指導者].

haeresis -is [-eos], *f* [*Gk*] **1** (哲学の)学派. **2°** 異端, 異教.

haereticus[1] -a -um, °*adj* [↑] 異端の, 異教の.

haereticus[2] -ī, °*m* 異端者, 異教徒.

haesī *pf* ⇨ haereo.

haesitābundus -a -um, *adj* [haesito] 口ごもって[ためらって]いる.

haesitanter °*adv* [haesito] ためらって.

haesitantia -ae, *f* [haesito] **1** 口ごもること, どもること. **2°** 躊躇, ためらい.

haesitātiō -ōnis, *f* [haesito] **1** 口ごもること, どもること. **2** 躊躇, ためらい.

haesitātor -ōris, *m* [↓] 優柔不断な人, 躊躇する人.

haesitō -āre -āvī -ātum, *intr freq* [haereo] **1** 定着している, しっかりくっついている, (なかなか)離れない. **2** 口ごもる. **3** 決心がつかずにいる, ためらって[躊躇して]いる.

haesus -a -um, *pp* ⇨ haereo.

hāgētēr -ēris, *m* [*Gk*] 案内人, 導き手.

Hagiographa -ōrum, °*n pl* [*Gk*] 【聖】聖文学《旧約聖書の第三部》.

hahae, hahahe *int* =ha.

Halaesa -ae, *f* [*Gk*] ハラエサ, *ハライサ《Sicilia 島北岸の町》.

Halaesīnus -a -um, *adj* Halaesa の. **Halaesīnī** -ōrum, *m pl* Halaesa の住民.

Halaesus -ī, *m* =Halesus.

hālātiō -ōnis, °*f* [halo] 呼気.

hālātus -ūs, °*m* [halo] 香気, 芳香.

halcyōn -onis, *f* =alcyon.

Halcyonē -ēs, *f* =Alcyone.

hālēc -ēcis, *n* =allec.

Halēs -ētis, *m* ハレース《Lucania の小さな川; 現 Alento》.

Halēsus -ī, *m* [*Gk*] ハレースス, *ハライソス《(1) 伝説 Agamemnon の息子; Falerii の創建者. (2)【神話】Lapithae 族の一人. (3) Sicilia 島北岸の小さな川; そのほとりに Halaesa があった》.

Haliacmōn -onis, *m* [*Gk*] ハリアクモーン《Macedonia と Thessalia の境をなす川; 現 Vistritza》.

haliaeetos, -us -ī, *m* [*Gk*] 【鳥】ミサゴ.

Haliartiī -ōrum, *m pl* Haliartus の住民.

Haliartus -ī, *f* [*Gk*] ハリアルトゥス, *-トス《Boeotia の町》.

Halicarnassēnsēs -ium, *m pl* Halicarnassus の住民.

Halicarnasseus, -nāseus, -nāius -a -um, *adj* Halicarnassus の.

Halicarnassī -orum, *m pl* =Halicarnassenses.

Halicarnassus, -os, -nāsus -ī, *f* [*Gk*] ハリカルナッスス, *-ソス《Caria の町; Herodotus の生地》.

Halicyēnsis -is -e, *adj* Sicilia 島の町 Halicyae の. **Halicyēnsēs** -ium, *m pl* Halicyae の住民.

halieuticus -a -um, *adj* [*Gk*] 漁業の.

hālitus -ūs, *m* [halo] **1** 息. **2** 蒸気.

hallēc -ēcis, *n* =allec.

hallūcinor, hālū- -ārī, *intr* (*tr*) *dep* =alucinor.

hallux -ucis, °*m* 【解】母趾.

halmyrrhax -agis, *m* [*Gk*] 硝石.

hālō -āre -āvī -ātum, *intr, tr* 吐き出す, 発散する.

halophanta -ae, *m* [*Gk*] 悪党, ならず者.

halōs -ō, *f* [*Gk*] (太陽や月の)かさ.

halōsis -is, *f* [*Gk*] (急襲による)占領, 奪取.

haltēr -ēris, *m* **1** (体育用の)おもり, 亜鈴(ぁれい). **2°** 【昆】平均棍.

Halunt- ⇨ Alunt-.

Halus -ī, *f* ハルス《Assyria の小さな町》.

Halys -yos, *m* [*Gk*] ハリュス《Paphlagonia と Cappadocia の間を流れる小アジアの川》.

hama -ae, *f* [*Gk*] (消火用)手桶.

Hamadryas -adis, *f* [*Gk*] 【神話】ハマドリュアス《木の精》.

Hamae -ārum, *f pl* ハマエ《Campania の Cumae 付近の小さな町》.

hamarthrītis -is, °*f* [*Gk*] 【病】(全関節)痛風.

hāmātilis -is -e, *adj* [↓] 鉤の付いた, 鉤を使った.

hāmātus -a -um, *adj* [hamus] **1** 鉤の付いた. **2**

hamaxa — haurio

鉤形の, 鉤状の. **3** おびきよせる.
hamaxa -ae, *f* [Gk] 荷馬車.
hamaxagōga -ae, *m* [Gk] 荷馬車に積んで運び去る者.
hamaxō -āre, *tr* [hamaxa] (馬や牛を)荷車につなぐ.
Hamaxobii -ōrum, *m pl* [Gk] ハマクソビイー, *-ビオイ《Scythia の一部族》.
Hamilcar -aris, *m* ハミルカル《~ Barca, 第 1 次 Poeni 戦争における Carthago の名将; Hannibal の父》.
hāmiōta -ae, *m* [hamus] 魚釣りをする人.
Hammōn, Ammōn -ōnis, *m* [Gk] 《神話》ハンモーン, "アモン《羊の頭を持つエジプトの神; ローマでは Juppiter と同一視された》.
Hammōniacus -a -um, *adj* Hammonium の: ~ sal (Ov) 岩塩.
Hammōnii -ōrum, *m pl* Hammonium の住民.
hammonitrum -ī, *n* [Gk] 砂と硝石の混合物.
Hammōnium -ī, *n* ハンモーニウム《Hammon をまつった Libya 砂漠中のオアシス》.
hamula -ae, *f dim* [hama] (小さな)手桶.
hāmulus -ī, *m dim* [↓] (小さな)鉤.
hāmus -ī, *m* **1** 鉤. **2** 釣針. **3** (タカの)かぎづめ. **4** とげ.
Hannibal -alis, *m* ハンニバル《Carthago 人に多い名; 特に Hamilcar の息子で第 2 次 Poeni 戦争における Carthago の名将 (前 247-?183)》.
Hannō -ōnis, *m* ハンノー《Carthago 人の名; 特に前 500 年頃 Africa 西海岸を航海した Carthago の将軍》.
hapalopsis -idis, *f* [Gk] 香辛料の一種.
haphē -ēs, *f* [Gk] **1** (格闘士が身体に油を塗った上に振りかけた)砂. **2** 土ぼこり.
hapsus -ī, *m* [Gk] ウールの包帯.
hara -ae, *f* 家畜小屋; 豚小屋.
harēn- ⇒ aren-.
Hariī -ōrum, *m pl* ハリイー《Germania の一部族》.
hariola -ae, *f* [hariolus] 女占い師[予言者].
hariolātiō -ōnis, *f* [↓] 占い, 予言.
hariolor -ārī -ātus sum, *intr dep* [↓] **1** 予言する, 占いをする. **2** くだらぬ話をする, たわごとを言う.
hariolus -ī, *m* [*cf*. haruspex] 占い師, 予言者.
harispex -picis, *m* =haruspex.
Harmodius -ī, *m* [Gk] ハルモディウス, *-オス《Pisistratus の僭主政を受け継いでいた Hipparchus を友人 Aristogiton と力を合わせて殺害した (前 514) Athenae 人》.
harmogē -ēs, *f* [Gk] **1** 色の適切な混合. **2** 音の調和, 協和.
harmonia -ae, *f* [Gk] **1** (音の)協和. **2** 調和, 一致.
Harmonia -ae, *f* [Gk] 《伝説》ハルモニア(-)《Mars と Venus の娘で Cadmus の妻》.
harmonicē -ēs, -a -ae, *f* [Gk] 《音》和声学.
harmonicus -a -um, *adj* 調和の, 調和した.
harpa -ae, °*f* [Gk] 堅琴.
harpaga -ae, *f* [Gk] =harpago².
harpagō¹ -āre -āvī -ātum, *tr* [Gk] 強奪する.
harpagō² -ōnis, *m* [Gk] **1** ひっかけ鉤. **2** 強欲漢.
Harpagus -ī, *m* [Gk] ハルパグス, *-ゴス《Media の貴族で Astyages の家来; のちペルシアの Cyrus 大王の将軍となった》.
Harpalycē -ēs, *f* [Gk] 《伝説》ハルパリュケー《Thracia の王 Harpalycus の娘; 戦士として育てられた》.
harpax -agis, *adj* [Gk] 強欲な.
harpē -ēs, *f* [Gk] **1** 鎌形の刀. **2** 《鳥》タカの一種.
Harpȳia -ae, *f* [Gk] **1** 《神話》ハルピュイア《顔と体が女で鳥の翼と爪を有する強欲な怪物》. **2°** 強欲漢.
Harūdēs -um, *m pl* ハルーデース《Germania の一部族》.
harundifer -fera -ferum, *adj* [harundo/fero] アシを持っている.
harundinētum -ī, *n* [harundo] アシの茂み.
harundineus -a -um, *adj* [harundo] アシの; アシの茂った.
harundinōsus -a -um, *adj* [↓] アシの茂った, アシの多い.
harundō -dinis, *f* **1** 《植》アシ(葦). **2** 葦製品《牧笛, 笛, 釣りざお, 鳥もちざおなど》. **3** 矢柄; 矢.
haruspex -spicis, *m* **1** 腸卜(ちょうぼく)官. **2** 占い師, 予言者.
haruspica -ae, *f* [↑] 女予言者[占い師].
haruspicālis -is -e, °*adj* [haruspex] 腸卜官の.
haruspicīna -ae, *f* [↓] 腸卜術.
haruspicīnus -a -um, *adj* [haruspex] 腸卜の.
haruspicium -ī, *n* [haruspex] 腸卜.
Hasdrubal -alis, *m* ハスドルバル《Carthago 人の名; 特に (1) Hamilcar Barca の婿; 義父の死後 Hispania における Carthago 軍の将軍 (前 221 没). (2) Hannibal の弟; Metaurus 河畔の戦いでローマ軍に敗れて殺された (前 207)》.
hasta -ae, *f* **1** 槍, 投げ槍. **2** (競売において地面に立てられた)槍: *sub hastā vendere* (Liv) 公けに競売する. **3** 《百人法廷の象徴としての》槍.
hastārius -a -um, *adj* [↑] **1** 槍の. **2** 《碑》競売の. **3** 《碑》百人法廷の.
hastātus¹ -a -um, *adj* [hasta] 槍で武装した.
hastātus² -ī, *m* 第一戦列の軍団兵.
hastīle -is, *n* [hasta] **1** 槍の柄. **2** 槍. **3** 杖, 棒.
hastīlūdium -ī, °*n* [hasta/ludus] 馬上槍試合.
hastula -ae, *f dim* [hasta] **1** (小さな)槍. **2** 若芽, 若枝.
Hateriānus -a -um, *adj* Haterius の.
Haterius -ī, *m* ハテリウス《ローマ人の氏族名; 特に Q. ~ Agrippa, 帝政初期の雄弁家 (26 年没)》.
hau¹ *int* (苦痛・悲嘆を表わす)ああ.
hau² *adv* =haud.
haud *adv* 全く...でない: ~ *scio an* (Cic) おそらく, たぶん (*cf*. an).
hauddum *adv* [↑/dum²] まだ...ない.
haudquāquam *adv* [haud/quisquam] 決して...でない.
hauriō -īre hausī haustum, *tr* **1** (水などを)汲む, 汲み出す ‹alqd ex [de, a] re›. **2** (血を)流す. **3** 飲

みほす, 空にする. **4** のみ込む; 引き込む: *vocem auribus haurire* (VERG) 耳で声を聞きとる. **5** 経験する, 味わう: *quidquid tot proeliis laboris ac periculi hausissent* (TAC) 数々の戦いによって彼らが味わってきた苦労と艱難のすべて. **6** 取り出す, 引き出す. **7** 使い果たす, 消耗する.

hausī *pf* ⇨ haurio.
hausī -ōrum, m pl [Gk] ヘブライ人. *haustiō* -ōnis, °f [haurio] 汲むこと.
haustōrium -ī, °n [haurio] 【植】(寄生植物の)吸器.
haustrum -ī, n [haurio] 揚水機.
haustus[1] -a -um, *pp* ⇨ haurio.
haustus[2] -ūs, m **1** (水を)汲むこと. **2** 汲水権. **3** ひとすくい, 手一杯. **4** 吸い込むこと. **5** 飲むこと; ひと口, ひと飲み.
hausūrus -a -um, *fut p* ⇨ haurio.
haut *adv* =haud.
***haveō** -ēre, *intr* =aveo[2].
Heautontīmōrūmenos -ī, m [Gk] 「自虐者」《Terentius の喜劇の題名》.
hebdomada -ae, f [hebdomas] **1** 7(の数). **2** 7日間, 一週間.
hebdomadārius -ī, °m [↓] 【カト】週番の聖歌隊監事.
hebdomas -adis, f [Gk] **1** 7(の数); 7日間. **2** 7日目.
Hēbē -ēs, f [Gk] 【神話】ヘーベー《ギリシア神話の青春の女神; ローマ神話の Juventas に当たる; Zeus と Hera の娘; Olympus の神々に酒の給仕をした》.
hebenus -ī, f =ebenus.
hebeō -ēre, *intr* [↓] **1** (先が)鈍い; (光が)ぼんやりしている, ほの暗い. **2** (感情が)静まる, 弱まる. **3** (動きが)鈍い, 不活発である.
hebes -etis, *adj* **1** (先が)とがっていない, 鈍い. **2** (目が)よく見えない, 弱い; (感覚が)鈍い. **3** (色が)鈍い, さえない. **4** (動きが)鈍い, 不活発な. **5** 鈍感な, 愚鈍な. **6** (話・文体が)つまらない, 退屈な.
hebēscō -ere, *intr inch* [hebeo] **1** 鈍くなる. **2** 弱くなる, 衰える, 不活発になる.
hebetātiō -ōnis, f [hebeto] 鈍いこと, ぼんやりすること.
hebetēscō -ere, *intr inch* [↓] =hebesco.
hebetō -āre -āvī -ātum, *tr* [hebes] **1** 鈍くする. **2** 弱くする, 衰えさせる.
hebetūdō -dinis, °f [hebes] **1** 鈍いこと. **2** 怠惰.
Hebraeī -ōrum, °m pl [Gk] ヘブライ人.
Hebraeus -a -um, *adj* ヘブライの, ユダヤの.
Hebraicē °*adv* [↓] ヘブライ語で.
Hebraicus -a -um, °*adj* =Hebraeus.
Hebrus -ī, m [Gk] ヘブルス, *-ロス《Thracia の川; 現 Maritsa》.
Hecabē -ēs, f [Gk] 【伝説】ヘカベー《Hecuba のギリシア名》.
Hecatē -ēs, **-a** -ae, f [Gk] 【神話】ヘカテー《魔術の女神; 主に十字路で崇められた; しばしば Diana, Luna, Proserpina と同一視される》.
Hecatēis -idos, *adj f* Hecate の.
Hecatēius -a -um, *adj* Hecate の.

Hecatō -ōnis, m [Gk] ヘカトー(-ン)《Rhodos 島生まれのストア哲学者; Panaetius の弟子》.
hecatombē -ēs, f [Gk] 雄牛 100 頭の犠牲.
hecatompolis -is, °*adj f* [Gk] 100 の町のある.
hecatompylos -on, *adj* [Gk] 100 の門のある.
hecatontas -adis, °f [Gk] 100 (の数).
Hector -oris, m [Gk] 【伝説】ヘクトル, *-トール《Troja の王 Priamus の長子で Andromacha の夫; Troja 軍最大の勇将; Achilles に殺された》.
Hectoreus -a -um, *adj* Hector の.
Hecuba -ae, f [Gk] 【伝説】ヘクバ《Priamus の妃; ギリシア名 Hecabe》.
hedera -ae, f 【植】キヅタ.
hederāceus -a -um, *adj* [↑] キヅタの.
hederātus -a -um, °*adj* [hedera] キヅタで飾られた.
hederiger -gera -gerum, *adj* [hedera/gero] キヅタを持っている.
hederōsus -a -um, *adj* [hedera] キヅタでおおわれた.
hēdychrum -ī, n [Gk] 香膏の一種.
hēdyosmos -ī, m [Gk] ハッカの一種.
hēdysma -atis, n [Gk] 香膏.
Hēgēsiās -ae, m [Gk] ヘーゲーシアース《(1) Cyrene 学派の哲学者(前 3 世紀頃). (2) Magnesia 出身の修辞学者・歴史家(前 3 世紀頃)》.
hei *int* (悲嘆・苦痛を表わす)ああ.
heia *int* =eia.
heic *adv* 《古形》=hic[2].
helciārius -ī, m 船を上流へ引く人.
Helena -ae, **-ē** -ēs, f [Gk] 【伝説】ヘレナ, *ヘレーネー《Juppiter と Leda の娘で絶世の美女; Castor, Pollux, Clytaemnestra の姉妹; Sparta の王 Menelaus の妻; Troja の王子 Paris に連れ去られたことが Troja 戦争の原因となった》.
helenium -ī, n [Gk] 【植】オオグルマ.
Helēnor -ōris, m [Gk] 【伝説】ヘレーノル《Lydia の王子; Aeneas とイタリアへ渡り Rutuli 人に殺された》.
Helenus -ī, m [Gk] 【伝説】ヘレヌス, *-ノス《Priamus と Hecuba の息子で有名な予言者》.
helepolis -is, f [Gk] 攻城兵器.
Hēliacus -a -um, °*adj* [碑] Helios の.
Hēliades -um, *f pl* [Gk] 【神話】Helios の娘たち《兄弟 Phaethon の死を嘆いてポプラになった》.
hēlianthes -is, n [Gk] 【植】(「太陽の花」の意)未詳の植物.
helicē -ēs, **-a** -ae, f [Gk] らせん, 渦巻.
Helicē -ēs, f [Gk] **1** ヘリケー《Achaia の港町; 水没した》. **2** 《天》=Ursa Major.
helicinus -a -um, °*adj* [helix] 【解】らせんの.
Helicōn -ōnis, m [Gk] ヘリコーン《Boeotia の山; Apollo と Musae の聖山》.
Helicōniades -um, *f pl* [Gk] 《詩》Helicon 山の女たち (=Musae).
Helicōnides -um, *f pl* 《詩》=Heliconiades.
Helicōnis -idis, *f adj* 《詩》=Heliconius.
Helicōnius -a -um, *adj* Helicon 山の.
hēliocamīnus -ī, m [Gk] 日光浴室.
Hēliodōrus -ī, m [Gk] ヘーリオドールス, *-ロス

Heliopolis — Hephaestion

《Horatius と同時代のギリシアの修辞学者》.
Hēliopolis -is, *f* [*Gk*] ヘーリオポリス《(1) 下エジプトの町. (2) Coela Syria の町; 現 Baalbek》.
Hēlios, -us -ī, *m* [*Gk*]【神話】ヘーリオス《ギリシア神話の太陽神; ローマ神話の Sol に当たる》.
hēlioscopios -ī, *m* [*Gk*]【植】トウダイグサ.
hēlioscopium, -on -ī, *n* [*Gk*]【植】ヘリオトロープの一種.
hēliōsis -is, °*f* [*Gk*]【病】日射病.
hēliotaxis -is, °*f* [*Gk*]【植】走日性.
hēliotropium, -on -ī, *n* [*Gk*]【植】キダチルリソウ属の植物.
helix -icis, *f* [*Gk*] **1** らせん形のもの《キヅタ, ヤナギ, 貝, 柱頭の渦巻など》. **2** °【解】耳輪.
Helladicus -a -um, *adj* [*Gk*] ギリシアの.
Hellānicē -ēs, *f* [*Gk*] ヘッラーニーケー《Clitus の姉妹; Alexander 大王の乳母》.
Hellānicus -ī, *m* [*Gk*] ヘッラーニークス, *-コス《Lesbos 島出身のギリシアの歴史家 (前 480?-395)》.
Hellas -adis, *f* [*Gk*] ヘッラス《ギリシア人が自国を呼ぶ名; ラテン語名 Graecia》.
Hellē -ēs, *f* [*Gk*]【伝説】ヘッレー《Athamas と Nephele の娘; 兄 Phrixus とともに継母 Ino の虐待をのがれるため黄金の羊に乗り空中を飛んで逃げる途中, 海に落ちて死んだ; その海の名 Hellespontus はこれに由来する》.
helleborōsus -a -um, *adj* [↓] helleborus を必要とする(=気の狂った).
helleborus -ī, *m*, **helleborum** -ī, *n* [*Gk*]【植】クリスマスローズ属の植物《狂気を直す薬と考えられた》.
Hellēn -ēnis, *m* [*Gk*]【伝説】ヘッレーン《Deucalion の息子で Thessalia の王; ギリシア人は彼にちなんで Hellenes と呼ばれた》.
Hellespontiacus -a -um, *adj* Hellespontus の.
Hellespontius[1] -a -um, *adj* Hellespontus の.
Hellespontius[2] -ī, *m* Hellespontus の住民.
Hellespontus -ī, *m* [*Gk*] ヘッレスポントゥス, *-トス《Propontis とエーゲ海の間の海峡; 現 Dardanelles; Helle にちなむ名》.
helluātiō -ōnis, *f* [helluor] 暴飲暴食; 放蕩, 逸楽.
helluō -ōnis, *m* 暴飲暴食する者; 放蕩者.
helluor -ārī -ātus sum, *intr dep* [↑] 暴飲暴食する, むさぼり食う <abs; re>.
helops -opis, *m* [*Gk*]【魚】味のよい魚《おそらくチョウザメあるいはメカジキ》.
Helōrīnī -orum, *m pl* Helorus の住民.
Helōrius -ī, *m* Helorus の.
Helōrus -ī, *m*, **Helōrum** -ī, *n* [*Gk*] ヘーロールス, *-ロス《(1) Sicilia 島東岸の川. (2) その河口の町》.
Helōtae -ārum, *m, pl* =Hilotae.
helvella -ae, *f dim* [helvus] 香味野菜.
helven(n)ācus, -ācius -a -um, *adj* [helvus]《ブドウについて》ヘルウェナークス種の.
Helvētia -ae, *f* ヘルウェーティア《(1) Helvetii 族の国. (2) スイス連邦のラテン語名》.
Helvēticus -a -um, *adj* =Helvetius.

Helvētiī -ōrum, *m pl* ヘルウェーティイー《現在のスイスの西部と北部にいたケルト系一部族》.
Helvētius -a -um, *adj* Helvetii 族の.
Helvicus -a -um, *adj* Helvii 族の.
Helvidius -ī, *m* ヘルウィディウス《ローマ人の氏族名》.
Helviī -ōrum, *m pl* ヘルウィイー《Gallia Narbonensis にいた一部族》.
Helvīna -ae, *f* ヘルウィーナ《Ceres の添え名》.
Helvius -ī, *m* ヘルウィウス《ローマ人の氏族名》.
helvus -a -um, *adj* 淡黄色の, 焦げ茶色の.
hem *int* (驚き・懸念・悲痛・不幸を表わす) えっ, 何だって, おやっ.
hēmeralōpia -ae, °*f*【病】昼盲(症).
hēmerēsios -os -on, *adj* [*Gk*] 一日の.
hēmeris -idis, *f* [*Gk*]【植】オークの一種.
hēmerobion -ī, *n* [*Gk*] 一日だけの寿命の昆虫 (=カゲロウ).
hēmerocalles -is, *n* [*Gk*]【植】ユリの一種.
hēmerodromus -ī, *m* [*Gk*] 急使, 飛脚 (=cursor).
hēmicrānia -ae, °*f*【病】片頭痛.
hēmicyclium -ī, *m* [*Gk*] **1** 半円. **2** 半円形の長椅子.
hēmicyclus -ī, °*m* [*Gk*] 半円.
hēmicylindrus -ī, *m* [*Gk*] 半円筒.
hēmina -ae, *f* 液量・乾量単位 (=$^1/_2$ sextarius).
hēmiolios -os -on, *adj* [*Gk*] 1 倍半の (=sesquialter).
hēmionion -ī, *n* [*Gk*]【植】シダの一種 (=asplenos).
hēmisphaerium -ī, *n* [*Gk*] 半球(体).
hēmizygos -os -on, °*adj*【生物】(性染色体が)半 [ヘミ]接合の.
hendecasyllabus -ī, *m* [*Gk*] 11 音節の詩行.
Henetī -ōrum, *m pl* =Veneti.
Hēniochī -ōrum, *m pl* [*Gk*] ヘーニオキー, *-コイ《黒海の東海岸にいた一部族》.
Hēniochus[1] -ī, *m* [*Gk*]【天】=Auriga.
Hēniochus[2] -a -um, *adj* Heniochi 族の.
Henna -ae, *f* [*Gk*] ヘンナ《Sicilia 島中央部の町; そこから Pluto が Proserpina を下界へ連れ去ったといわれる》.
Hennaeus, Hennēus -a -um, *adj* =Hennensis.
Hennensis -is -e, *adj* Henna の. **Hennensēs** -ium, *m pl* Henna の住民.
hēpar -atis, *n* [*Gk*] **1** ° 肝臓 (=jecur). **2** 未詳の魚.
hēpatia -arum, *n pl* [*Gk*] (食品としての)肝臓, レバー.
hēpatiārius -a -um, *adj* [hepar] 肝臓の.
hēpaticus[1] -a -um, *adj* [hepar] 肝臓の.
hēpaticus[2] -ī, *m* 肝臓病患者.
hēpatogastricus -a -um, °*adj*【解】肝胃の.
Hēphaestia -ae, *f* [*Gk*] ヘーパエスティア, *-パイスティアー《Lemnos 島北岸の町》.
Hēphaestiō(n) -ōnis, *m* [*Gk*] ヘーパエスティオーン, *-パイスティオーン《Alexander 大王の腹心の将軍》.

heptēris, -ēs -is, *f* [*Gk*] 七段櫂船.
hera -ae, *f* =era.
Hēra -ae, °*f* [*Gk*] 《神話》ヘーラ(-)《ローマ神話の Juno に当たるギリシア神話の女神》.
Hēraclēa, Hēraclia -ae, *f* [*Gk*] ヘーラクレーア, *-レイア《「Hercules の町」の意のいくつかの都市名; (1) Lucania の町; Tarentum の植民市. (2) Sicilia 島南岸の町. (3) Bithynia の黒海沿岸の町. (4) Thessalia の Phthiotis の町; Sparta の植民市. (5) Macedonia の Paeonia 地方の町》.
Hēracleensis -is -e, *adj* Heraclea の. **Hēracleensēs** -ium, *m pl* Heraclea の住民.
Hēracleōtēs -ae, *adj m* Heraclea の. **Hēracleōtae** -ārum, *m pl* Heraclea の住民.
Hēracleōticus -a -um, *adj* Heraclea の.
Hēraclēum -ī, *n* [*Gk*] ヘーラクレーウム, *-クレイオン《Macedonia 南部の町》.
Hēraclīdae -ārum, *m pl* [*Gk*] Hercules の子孫.
Hēraclīdēs -ae, *m* [*Gk*] ヘーラクリーデース, *-クレイデース《~ *Ponticus*, 前4世紀のギリシアの哲学者; Plato の弟子; 黒海沿岸の生まれ》.
Hēraclītus -ī, *m* [*Gk*] ヘーラクリートゥス, *-クレイトス《前500年頃の Ephesus 生まれのギリシアの哲学者》.
Hēraea[1] -ae, *f* [*Gk*] ヘーラエア, *ヘーライアー《Arcadia の町》.
Hēraea[2] -ōrum, *n pl* [*Gk*] Hera の祭典.
herba -ae, *f* 1 茎, 葉. 2 植物, 草. 3 草原. 4 雑草. 5 °《薬》 ~ *cannabis indicae* インド大麻 / ~ *swertiae* センブリ(当薬).
herbāceus -a -um, *adj* [↑] 草の, 草色の.
herbāria -ae, *f* [herbarius] 植物学.
herbārium -ī, °*n* [↓] 植物標本集.
herbārius -ī, *m* 植物[草本]学者.
herbāticus -a -um, °*adj* [herba] 草食性の.
herbēscō -ere, *intr inch* [herba] (生長して)茎や葉が生える.
Herbēsus -ī, *m* [*Gk*] ヘルベースス, *-ソス《Sicilia 島中央部の町》.
herbeus -a -um, *adj* [herba] 草色の.
herbidus -a -um, *adj* [herba] 1 草の多い, 草におおわれた. 2 草のような, 草色の.
herbifer -fera -ferum, *adj* [herba/fero] 1 薬草を生ずる. 2 草の多い, 草におおわれた.
herbigradus -a -um, *adj* [herba/gradior] (カタツムリについて)草の上を行く.
Herbita -ae, *f* [*Gk*] ヘルビタ《Sicilia 島内陸部の町》.
Herbitensis -is -e, *adj* Herbita の. **Herbitensēs** -ium, *m pl* Herbita の住民.
herbōsus -a -um, *adj* [herba] 1 草の多い, 草におおわれた. 2° 草色の.
herbula -ae, *f dim* [herba] (小さな)草本.
herciscō -ere (用例は *gerundiv* のみ), *tr* [↓] (遺産を)分割する.
herctum -ī, *n* [*cf.* heres] 《法》相続財産, 遺産: ~ *ciere* (Cic) 遺産を分割する.
Herculānensis -is -e, *adj* Herculaneum の.

Herculāneum -ī, *n* ヘルクラーネウム《Neapolis と Pompeii の間にあった, Campania の沿岸の町; Vesuvius 火山の爆発によって埋没した (79年)》.
Herculāneus -a -um, *adj* 1 Hercules の: ~ *nodus* (Sen) (解決に Hercules 的大力を要する)難問. 2 =Herculanensis.
herc(u)le, hercules *int* (*voc*) Hercules にかけて, 誓って.
Herculēs -is, *m* [*Gk*] 《伝説》ヘルクレース, *ヘーラクレース《Juppiter と Alcmena の子; 12の功業をなし遂げたギリシア神話伝説中最大の英雄》.
Herculeus -a -um, *adj* Hercules の.
Hercynius -a -um, *adj* [*Gk*] *Hercynia silva* (Caes) ヘルキュニアの森《Germania 中央部の森林地帯》.
Herdōnia -ae, *f* ヘルドーニア《Apulia の町》.
Herdōnius -ī, *m* ヘルドーニウス《*Turnus* ~, Tarquinius Superbus を非難する演説をして殺された》.
here *adv* =heri.
hērēdificō -āre, °*tr* [heredium/facio] 相続する.
hērēdiolum -ī, *n dim* [heredium] (小さな)遺産.
hērēdipeta -ae, *m* [heredium/peto] 遺産目当てのおべっか使い.
hērēditārius -a -um, *adj* [↓] 1 遺産の. 2 相続された; 継承された. 3° 《生物》遺伝の.
hērēditās -ātis, *f* [heres] 1 相続, 継承. 2 相続財産, 遺産. 3° 《生物》遺伝.
hērēditō -āre -āvī -ātum, °*tr* [heres] 相続する.
hērēdium -ī, *n* [heres] 相続財産.
Herenniānus -a -um, *adj* Herennius の.
Herennius -ī, *m* ヘレンニウス《ローマ人の氏族名》.
hērēs -ēdis, *m* (*f*) 1 相続人. 2 継承者. 3 所有者.
herī *adv* 昨日.
hēricius -ī, *m* =ericius.
herifuga -ae, *m* =erifuga.
herīlis -is -e, *adj* =erilis.
Hērillus -ī, *m* [*Gk*] ヘーリッルス, *-ロス《Carthago 出身のストア哲学者 (前260頃); Zeno の弟子》.
hērināceus -ī, °*m* 《動》ハリネズミ (=ericius).
heritūdō -dinis, *f* =eritudo.
Herma -ae, *m* =Hermes.
Hermaeum -ī, *n* [*Gk*] ヘルマエウム《「Hermes の館」の意; 即位前の Claudius がこもっていた》.
Hermagorās -ae, *m* [*Gk*] ヘルマゴラース《(1) Aeolis 地方の Temnos 出身のギリシアの修辞学者 (前150頃). (2) Tiberius 帝と同時代のギリシアの修辞学者》.
Hermaphrodītus -ī, *m* [*Gk*] 1 《神話》ヘルマプロディートゥス, *-トス《Hermes と Aphrodite の子で美青年; Salmacis の泉のニンフと一体となり, 男女両性を具えるようになった》. 2 両性具有者, ふたなり.
Hermarchus -ī, *m* [*Gk*] ヘルマルクス, *-コス《Epicurus の弟子; Mytilene 出身》.
Hermathēna -ae, *f* Athena の胸像を刻んだ Herma.
hermēneuma -atis, *n* [*Gk*] 解釈, 説明.
hermēneutica -ae, °*f* [*Gk*] 解釈学; 聖書解釈

学.
Hermēraclēs -is, *m* Hermes と Hercules の二重胸像.
Hermēs -ae, *m* [Gk] (本来, Mercurius と同一視されたギリシア神話の神) **1** ヘルメース柱像《上部に Hermes(のちには他の神々)の胸像・頭像を刻んだ石の角柱; Herma とも呼ばれる; Athenae では道標として用いられた》. **2** ~ *Trismegistus* [*Trimaximus*] ヘルメース・トリスメギストゥス《「三重に偉大な Hermes」の意; エジプト神話の Thoth のギリシア語名》.
Hermiona -ēs, *f* [Gk] ヘルミオナ, *-ネー《(1)《伝説》Menelaus と Helena の娘で Orestes の妻. (2) Argolis の港町》.
Hermionēs -um, *m pl* ヘルミオネース《Germania 中央部にいた一部族》.
Hermionēus -a -um, *adj* =Hermionicus.
Hermionicus -a -um, *adj* Hermiona (2) の.
Hermodōrus -ī, *m* [Gk] ヘルモドールス, *-ロス《(1) Ephesus 出身の賢者(前5世紀); 十二表法の作成に貢献したと伝えられる. (2) Salamis 島出身の建築家(前2世紀中葉); ローマで活躍した》.
Hermogenēs -is, *m* [Gk] ヘルモゲネース《ギリシア人の名; (1) *Clodius* ~, Cicero の知人. (2) *Tigellius* ~ ⇒ Tigellius》.
hermula -ae, *f dim* [Hermes] (小さな)Hermes 柱像.
Hermundūrī -ōrum, *m pl* ヘルムンドゥーリー《Germania の一部族》.
Hermus -ī, *m* [Gk] ヘルムス, *-モス《Lydia の川; 砂金が採れた》.
hernia -ae, *f* 《病》ヘルニア.
Hernicī -ōrum, *m pl* ヘルニキー《Latium にいた一部族》.
Hernicus -a -um, *adj* Hernici 族の.
Hērō -ūs, *f* [Gk] 《伝説》ヘーロー《Sestos にいた Aphrodite の巫女; Abydus の Leander に愛された》.
Hērōdēs -is, *m* [Gk] ヘーローデース, "ヘロデ《Judaea の数名の王》.
Hērōdiānus -a -um, °*adj* Herodes 王の.
  Hērōdiānī -ōrum, °*m pl* Herodes 王家の支持者.
herōdius -ī, °*m*, **herōdiō** -ōnis, °*m* [Gk] 《鳥》アオサギ.
Hērodotus -ī, *m* [Gk] ヘーロドトゥス, *-トス《Halicarnassus 出身のギリシアの歴史家(前484?-?425); 「歴史の父」と称される》.
hērōicē °*adv* [↓] 英雄叙事詩風に.
hērōicus -a -um, *adj* [Gk] 英雄の: *heroica tempora* (Cic) 英雄時代 / *heroica carmina* (Tac) 英雄叙事詩.
hērōīnē -ēs, **-a** -ae, *f* =herois.
hērōīon -ī, *n* [Gk] 《植》(ユリ科)アスフォデル.
hērōis -idis, *f* [↓] 名婦人, 美女, 女主人公.
hērōs -ōis, *m* [Gk] **1** (神話・伝説の)英雄. **2** 英雄的資質の人物; 偉人.
hērōum -ī, *n* [↓] 英雄廟.
hērōus[1] -a -um, *adj* [Gk] =heroicus.
hērōus[2] -ī, *m* 《詩》英雄詩格; [詩] 英雄叙事詩.
herpēs -ētis, *m* [Gk] 《病》疱疹, ヘルペス.
Hersē -ēs, *f* [Gk] 《伝説》ヘルセー《Attica の王 Cecrops の娘》.
Hersilia -ae, *f* 《伝説》ヘルシリア《Sabini 族の女で Romulus の妻となった》.
herus -ī, *m* =erus.
Hēsiodēus, -ius -a -um, *adj* Hesiodus の.
Hēsiodus -ī, *m* [Gk] ヘーシオドゥス, *-ドス《Boeotia の Ascra 出身のギリシアの叙事詩人(前8世紀頃)》.
Hēsionē -ēs, **-a** -ae, *f* [Gk] 《伝説》ヘーシオネー《Troja の王 Laomedon の娘; Hercules によって海の怪獣から救われ, Telamon の妻となった》.
Hesperia -ae, *f* [Hesperus]「西方の国」《原義は「宵の明星の国」; ギリシアでは Italia, ローマでは Hispania を指す》.
Hesperides -um, *f pl* [Gk] 《神話》Hesperus の娘たち《金のリンゴの園を守った姉妹》.
hesperidium -ī, °*n* 《植》ミカン状果.
Hesperiē -ēs, *f* [Gk] 《神話》ヘスペリエー《Troas の河神 Cebren の娘》.
Hesperis -idis, *adj f* [Gk] 西方の.
Hesperius -a -um, *adj* [Gk] 西方の: *terra Hesperia* (Verg) =Italia.
Hesperus -ī, *m* 宵の明星 (=vesper).
hesternō *adv* [*abl*] [↓] =heri.
hesternus -a -um, *adj* [*cf.* heri] 昨日の: *hesternō diē* (Catul) / *hesternā nocte* (Tib) 昨夜.
hetaeria -ae, *f* [Gk] (宗教的)結社, 団体.
hetaericē -ēs, *f* [Gk] (Macedonia の)近衛騎兵隊.
heterodoxus -a -um, °*adj* [Gk] 異教の; 異端の.
heteroecium -ī, °*n* 《生物》異種寄生.
heteromorphōsis -is, °*f* 《生物》異質形成.
heteropycnōsis -is, °*f* 《生物》異常凝縮.
heterōsis -is, °*f* 《生物》雑種強勢.
heu *int* (悲しみ・嘆きを表わす) ああ, 悲しいかな.
heureta, -ēs -ae, *m* [Gk] 発明者.
heus *int* (注意を促す叫び) おーい, ほら, そら.
hexagōnium -ī, °*n* =hexagonum.
hexagōnum, -on -ī, *n* [Gk] 六角形, 六辺形.
hexameter[1] -tra -trum, *adj* [Gk] 《詩》六歩格の.
hexameter[2] -trī, *m* [Gk] 《詩》六歩格詩.
hexametrus -ī, *m* =hexameter[2].
hexaphorum -ī, *n* [Gk] 6人でかつぐ担いかご.
Hexapylon -ī, *n* [Gk] Syracusae にあった入口が六つある門.
hexastichus -a -um, *adj* [Gk] 6列の.
hexēris -is, *f* [Gk] 六段櫂船.
hiascō -ere, *intr inch* [hio] 割れる.
hiātus -ūs, *m* [hio] **1** 開くこと. **2** 開き口, 割れ目. **3** (大きく開いた)口. **4** 大げさな言葉. **5** 渇望. **6** 《文》母音接続《語末の母音に次の語頭の母音が接すること》. **7** °《解》裂孔.
Hibēr -ēris, *m* [Gk] **1** (通例 *pl* Hibēres -um) Hiberia (=Hispania) 人. **2** (*pl*) ヒベーレス《Caucasus 山脈の南方にいた一部族 (⇒ Hiberia (2))》.
Hibērī -ōrum, *m pl* Hiberia (=Hispania) 人.
Hibēria -ae, *f* [Gk] ヒベーリア, *イベーリア《(1) = Hispania. (2) Hiberes 族の地; 現 Gruziya》.

Hibēricus -a -um, *adj* [*Gk*] Hiberia (1) の.
hīberna -ōrum, *n pl* [hibernus] **1** 《軍》冬営, 冬期陣営. **2** 冬の(居心地のよい)部屋.
hībernāculum -ī, *n* [hibernus] **1** (*pl*)《軍》冬営, 冬期陣営. **2** 冬の(居心地のよい)部屋[住居].
hībernālis -is -e, *adj* [hibernus] 冬の.
Hibernia -ae, *f* ヒベルニア(現 Ireland).
hībernō -āre -āvī -ātum, *intr* [↓] **1** 《軍》冬営する. **2** 越冬する, 冬を過ごす.
hībernus -a -um, *adj* [hiems] **1** 冬の. **2** 冬のような, 寒い, あらしの.
Hibērus[1] -a -um, *adj* Hiberia の.
Hibērus[2] -ī, *m* [*Gk*] ヒベールス, *イベール(Hispania の川; 現 Ebro)).
hibiscum -ī, *n* [*Gk*] 《植》ウスベニタチアオイ.
hibiscus -ī, *f* =hibiscum.
hibrida -ae, *m, f* =hybrida.
hic[1] haec hoc, *adj, pron demonstr* **I** (*adj*) **1** この, ここの, ここにある. **2** 今の, 現在の; 最近の: *his annis viginti* (Cic) ここ 20 年. **3** 問題の, 例の; 今述べたばかりの: *ego tuas opiniones de his rebus exspecto* (Cic) 私はこれらのできごとについてあなたの意見を聞きたい. **4** 次の(ような), 以下の. **5** この種の, このような. **II** (*pron*) **1** これ, この人; (*n pl*) 現在の状態, 現時点; (*m pl*) この場所[時代]の人々. **2** 今述べたばかりのこと: *hoc est* すなわち | *hic...ille* これは…あれは, 後者は…前者は. **3** これから述べようとすること: *hoc ipso minuis dolorem meum, quod tam valde laboras* (Cic) あなたがこんなに骨を折ってくれていること, まさにそのことであなたは私の苦悩を和らげる.
hīc[2] *adv* [↑] **1** (空間的) ここに, この場所に. **2** (時間的) この時に, すぐそこに. **3** この機会[場合]に, この状況で.
hice haece hoce, *pron* hic, haec, hoc の強意形.
Hicetāōn -ōnis, *m* [*Gk*] 《伝説》ヒケターオーン (Troja の王 Laomedon の子)).
Hicetāonius -a -um, *adj* Hicetaon の.
Hicetās -ae, *m* [*Gk*] ヒケタース((1) Syracusae 出身の Pythagoras 学派哲学者(前 5 世紀); 地球自転説を初めて唱えた. (2) Leontini の僭主)).
hicine[1] ⇒ hic[1], -ne.
hīcine[2], **hīcin**, **hīcne** ⇒ hic[2], -ne.
hiemālis -is -e, *adj* [hiems] **1** 冬の. **2** 冬のような, 嵐の.
hiemātiō -ōnis, *f* [hiemo] 冬を過ごすこと, 越冬.
hiemātus -a -um, *pp* ⇒ hiemo.
hiemō -āre -āvī -ātum, *intr* [hiems] **1** 冬を過ごす, 越冬する. **2** 寒い, 嵐である.
Hiempsal -alis, *m* ヒエンプサル(数人の Numidia 王の名; 特に (1) Masinissa の孫で Jugurtha のいとこ; Jugurtha に暗殺された (前 117). (2) Juba の父 (前 1 世紀)).
hiems, hiemps hiemis, *f* **1** 冬; 寒さ, 冷たさ. **2** 嵐, 荒天.
Hiera Cōmē -ās -ēs, *f* [*Gk*] ヒエラ(-)・コーメー (《聖なる村》の意; Caria の町; Apollo の神殿と神託所があった)).
hierācium, -on -ī, *n* [*Gk*] 《植》野生のレタス. **2** 目薬の一種.

Hierāpolis -is, *f* [*Gk*] ヒエラーポリス(Phrygia の町)).
hierarchia -ae, *f* [*Gk*] **1** 聖職位階制. **2** 教会制度[政治].
hierāticus -a -um, *adj* [*Gk*] (パピルス紙について)宗教的な用途に供する.
Hierocaesarēa, -īa -ae, *f* [*Gk*] ヒエロカエサレーア, *-レイア (Lydia 北部の町).
Hierocaesarienses -ium, *m pl* Hierocaesarea の住民.
Hieroclēs -is, *m* [*Gk*] ヒエロクレース《Alabanda 出身のギリシアの修辞学者; Cicero と同時代の人》.
hieroglyphicus -a -um, °*adj* [*Gk*] 象形文字の.
hierographicus -a -um, °*adj* [*Gk*] =hieroglyphicus.
Hierō(n) -ōnis, *m* [*Gk*] ヒエロー(-ン)((1) Syracusae の僭主(在位前 478-466). (2) Syracusae の王 (在位前 ?270-216); Poeni 戦争でローマと敵対するが, のちに講和)).
hieronīca -ae, *m* [*Gk*] (宗教的祭典に付随する)競技の勝者.
Hierōnicus -a -um, *adj* Hiero の.
Hierōnymus -ī, *m* [*Gk*] ヒエローニュムス, *-モス《(1) Rhodos 島出身の Aristoteles 学派の哲学者(前 3 世紀). (2) Syracusae の王 (前 214 没). Hiero (2) の孫でその後継者. (3)° 古代キリスト教の代表的な教父 (347?-?420); *Vulgata* (ラテン語訳聖書)を完成させた; 英語名 St. Jerome》.
hierophylax -acis, *m* [*Gk*] 神殿の番人 (=aedituus).
Hierosolyma -ōrum, *n pl*, **-ae** -ae, *f* [*Gk*] ヒエロソリュマ (Palaestina の町; 現 Jerusalem).
Hierosolymārius -a -um, *adj* Hierosolyma の《この地を占領した Pompeius に Cicero が付けたあだ名》.
Hierosolymītae -ārum, °*m pl* Hierosolyma の住民.
Hierosolymītānus -a -um, °*adj* Hierosolyma の.
hierothēca -ae, °*f* [*Gk*] 聖遺物入れ.
hietō -āre, *intr, tr freq* [hio] **I** (*intr*) 口を大きく開く, あくびをする. **II** (*tr*) 大きく開く.
hilarē *adv* [hilarus] 快活に, 陽気に.
hilarēscō -ere, *intr inch* [hilarus] 快活になる.
hilariculus -a -um, *adj dim* [hilarus] やや陽気な.
hilaris -is -e, *adj* =hilarus.
hilaritās -ātis, *f* [hilarus] 快活, 陽気.
hilariter °*adv* =hilare.
hilarō -āre -āvī -ātum, *tr* [hilarus] 陽気にする, 快活にする.
hilarulus -a -um, *adj dim* [↓] やや陽気な, やや快活な.
hilarus -a -um, *adj* 快活な, 陽気な.
hilla -ae, *f dim* [hira] **1** 小腸; 内臓. **2** 腸詰め, ソーセージ.
Hīlōtae -ārum, *m pl* [*Gk*] ヒーロータエ, *ヘイロータ

イ《Laconia の町 Helos の原住民; のち征服されて Sparta 人の農奴となった》.

hīlum -ī, *n* [*cf.* filum] **1** (通例, 否定辞とともに)わずかなもの: *nec* [*neque*] ~ (LUCR) 少しも…ない. **2°** 〔植〕臍(さ).

Himella -ae, *f* ヒメッラ《Sabini 族の地にある小さな川》.

Hīmera[1] -ae, *m*, *f* [*Gk*] ヒーメラ(ー)《(1) (*m*) Sicilia 島の川; 北流する川 (現 Fiume Grande) と南流する川 (現 Fiume Salso) に分かれる. (2) (*f*) Sicilia 島北岸, Himera 河口の町》.

Hīmera[2] -ōrum, *n pl* =Himera (2).

hinc *adv* [hic[1]] **1** ここから. **2** こちら側から[に]. **3** 今から, 今後. **4** このため, この故に.

hinniō -īre, *intr* (馬が)いななく.

hinnītus -ūs, *m* [↑] いななき.

hinnuleus -ī, *m* [hinnus] 〔動〕子ジカ.

hinnulus -ī, *m dim* [↓] 〔動〕ラバの子.

hinnus -ī, *m* 〔動〕ラバ.

hiō -āre -āvī -ātum, *intr* (*tr*) **1** 割れている, 大きく開いている. **2** 大口を開けている. **3** あえぎ求める, 渇望する. **4** びっくり仰天する. **5** (文体が)まとまりのない, 支離滅裂である. **6** 〔文〕hiatus を生ずる.

hippagōgus -ī, *f* [*Gk*] 馬の輸送船.

Hippalus -ī, *m* [*Gk*] 西風 (=Favonius).

Hipparchus -ī, *m* [*Gk*] ヒッパルクス《(1) Athenae の僭主 Pisistratus の子で Hippias の弟 (前 600?-514); Harmodius と Aristogiton に殺された. (2) Nicaea 出身のギリシアの天文学者 (前 190?-? 120)》.

Hippasus, -os -ī, *m* [*Gk*] 〔伝説〕ヒッパッス, *-ソス《(1) Calydon の猪狩り参加者の一人. (2) Centaurus 族の一人》.

Hippiās -ae, *m* [*Gk*] ヒッピアース《(1) Pisistratus の長男で Hipparchus の兄; Athenae の僭主 (在位前 527-510). (2) Elis 出身のソフィスト (前 5 世紀)》.

hippicē -ēs, °*f* [*Gk*] 馬術, 乗馬.

Hippō -ōnis, *m* [*Gk*] ヒッポー《いくつかの町の名; (1) ~ *Regius*, Africa の町; のちに Augustinus がここで司教をつとめた; 現 Algeria の Annaba. (2) ~ *Diarrhytus*, Africa の町; Carthago の北西に位置する; 現 Tunisia の Bizerte. (3) Hispania Tarraconensis の町》.

hippocampus, -os -ī, *m* [*Gk*] **1** 〔神話〕海馬《馬の胴に魚の尾がついた怪物; 海神たちがこれに乗る》. **2°** 〔動〕タツノオトシゴ. **3°** 〔解〕(脳の)海馬.

hippocentaurus -ī, *m* [*Gk*] =Centaurus.

hippocomus -ī, °*m* [*Gk*] 馬丁, 馬番.

Hippocoōn -ontis, *m* [*Gk*] 〔伝説〕ヒッポコオーン《(1) Oebalus の子で Amyclae の王. (2) Troja 人で Aeneas の仲間; 弓の名手》.

Hippocratēs -is, *m* [*Gk*] ヒッポクラテース《Cos 島出身の名医 (前 460?-?377)》.

Hippocrēnē -ēs, *f* [*Gk*] 〔神話〕ヒッポクレーネー《Helicon 山の Musae の霊泉; Pegasus のひづめの一撃で生じたという》.

Hippodamās -antis, *m* [*Gk*] 〔伝説〕ヒッポダマース《Perimele の父》.

Hippodamē -ēs *f* [*Gk*] =Hippodamia.

Hippodamīa, -ēa -ēa -ae, *f* [*Gk*] 〔伝説〕ヒッポダミーア, *-メイア《(1) Pisa の王 Oenomaus の娘で Pelops の妻. (2) Adrastus の娘で Pirithous の妻; その婚儀で Centaurus 族と Lapithae 族の戦闘が起こった》.

Hippodamus -ī, *m* [*Gk*] 馬の調教者《Castor の添え名》.

hippodromus, -os -ī, *m* [*Gk*] (競馬・戦車競走の)競技場.

Hippolytē -ēs, **-a** -ae, *f* [*Gk*] 〔伝説〕ヒッポリュテー《(1) Amazon 族の女王; Mars の娘; Theseus にとらえられて Hippolytus を生んだ. (2) Acastus の妻; Peleus に恋をしかけた》.

Hippolytus -ī, *m* [*Gk*] 〔伝説〕ヒッポリュトゥス, *-トス《Theseus と Hippolyte の息子; 継母 Phaedra に想いを寄せられれたため, 父 Theseus にのろわれて Neptunus に殺された》.

hippomanes -is, *n* [*Gk*] (両者とも媚薬として用いられた) **1** 交尾期の雌馬の分泌する粘液. **2** 生まれたばかりの子馬の前額部の黒い小さな膜皮.

hippomarathum, -on -ī, *n* [*Gk*] 〔植〕セリ科の植物.

Hippomedōn -ontis, *m* [*Gk*] 〔伝説〕ヒッポメドーン《Thebae 攻めの七将の一人》.

Hippomenēs -is, *m* [*Gk*] 〔伝説〕ヒッポメネース《Megareus の息子; 徒競走に勝って Atalanta を妻にした》.

Hippōnactēus[1] -a -um, *adj* Hipponax の.

Hippōnactēus[2] -ī, *m* 《詩》Hipponax の創案した一種の iambus の詩行.

Hippōnax -actis, *m* [*Gk*] ヒッポーナクス《Ephesus 出身のギリシアの詩人 (前 6 世紀後半); 毒舌に満ちた諷刺詩で有名》.

hippopērae -ārum, *f pl* [*Gk*] 鞍袋.

hippopotamus -ī, *m* [*Gk*] 〔動〕カバ.

Hippotadēs -ae, *m* [*Gk*] 〔神話〕Hippotes の子孫 (=風神 Aeolus).

hippotoxota -ae, *m* [*Gk*] 騎馬弓兵.

hippūris -idis, *f* [*Gk*] 〔植〕トクサ.

hippūrus, -os -ī, *m* [*Gk*] 〔動〕海魚の一種(未詳).

hippus -ī, °*m* [*Gk*] 〔医〕瞳孔動揺.

hīr *indecl* °*n* [*Gk*] 手のひら.

hīra -ae, *f* 腸.

hircīnus -a -um, *adj* [hircus] (雄)ヤギの(ような).

hircōsus -a -um, *adj* [hircus] ヤギのにおいのする.

hirculus -ī, *m dim* [↓] **1** 子ヤギ. **2** 未詳の植物.

hircus -ī, *m* **1** 〔動〕雄ヤギ. **2** ヤギのにおい. **3** (非難のことばとして) ヤギ野郎. **4°** 〔解〕腋毛.

hirnea[1], **-ia**[1] -ae, *f* =hernia.

hirnea[2], **-ia**[2] -ae, *f* 水差し.

hirnula -ae, *f dim* [↑] (小さな)水差し.

hirpex -picis, *m* =irpex.

Hirpīnī -ōrum, *m pl* ヒルピーニー《Samnium 南部にいた一部族》.

Hirpīnus -a -um, *adj* Hirpini 族の.

hirpus -ī, *m* 〔動〕オオカミ(狼)《Sabini 族の用語》.

hirquus -ī, *m* =hircus.

hirsūtus -a -um, *adj* [*cf.* hirtus] **1** 毛むくじゃら

の, 毛深い; もじゃもじゃした. **2** (植物が)剛毛でおおわれた; (木が)葉の茂った. **3** (土地が)木の茂った. **4** 粗野な, がさつな.

Hirtiānus -a -um, *adj* =Hirtinus.
Hirtīnus -a -um, *adj* Hirtius の.
Hirtius -ī, *m* ヒルティウス《ローマ人の氏族名; 特に Aulus ~, ローマの武将・政治家 (前 90?-43); Caesar の De Bello Gallico「ガリア戦記」に第8巻を書き加えた》.
hirtus -a -um, *adj* =hirsutus.
hirūdō -dinis, *f* 【動】ヒル(蛭).
hirundinīnus -a -um, *adj* [↓] ツバメの.
hirundō -dinis, *f* 【鳥】ツバメ(燕).
hisce *adj, pron (m pl nom)*《古形》=hi (⇨ hic¹).
hiscō -ere, *intr (tr) inch* [hio] **1** 開く, 裂ける. **2** 口を開く, 言う.
Hispaliēnsēs -ium, *m pl* Hispalis の住民.
Hispalis -is, *f* ヒスパリス《Hispania Baetica の町; 現 Sevilla》.
Hispānia -ae, *f* ヒスパーニア《現イベリア半島; ~ citerior (のち Tarraconensis) と ~ ulterior (のち Lusitania と Baetica) に分かたれた》.
Hispānicus -a -um, *adj* =Hispanus.
Hispāniēnsis -is -e, *adj* =Hispanus.
Hispānus -a -um, *adj* Hispania の. **Hispānī** -ōrum, *m pl* Hispania 人.
hispidus -a -um, *adj* [*cf.* hirsutus] **1** 毛むくじゃらの, 毛深い. **2** (植物が)剛毛でおおわれた, とげのある. **3** (土地が)ごつごつした, 荒れた. **4** 粗野な, 教養のない.
hister -trī, *m* =histrio.
Hister -trī, *m* [Gk] ヒステル, *イストロス《Danubius 川の下流部分》.
histogenesis -is, °*f*【生物】組織発生.
histologia -ae, °*f*【生物・解】組織学.
histolysis -is, °*f*【生物】組織分解.
histōn -ōnis, *m* [Gk] 機織り場.
historia -ae, *f* [Gk] **1** 探究, 研究. **2** 記述. **3** 歴史; 史書. **4** 物語, 話.
historiālis -is -e, °*adj* [↑] 歴史の.
historicē[1] *adv* [historicus] 歴史の探究のように.
historicē[2] -ēs, °*f* [Gk] 釈義, 解釈.
historicōs *adv* [Gk] =historice¹.
historicus[1] -a -um, *adj* [Gk] **1** 探究[研究]の. **2** 歴史の.
historicus[2] -ī, *m* 歴史家; 探究者.
historiographus -ī, °*m* 歴史記述者.
Histrī -ōrum, *m pl* Histria の住民.
Histria -ae, *f* [Gk] ヒストリア(-)《アドリア海東岸の半島》.
Histriānī -ōrum, °*m pl* =Histri.
histricus -a -um, *adj* [histrio] 俳優の.
Histricus -a -um, *adj* [Gk] Histria (人)の.
histriō -ōnis, *m* 役者, 俳優.
histriōnālis -is -e, *adj* [↑] 役者の, 俳優の; 演技の.
histriōnia -ae, *f* [histrio] 演技(術).
histriōnicus -a -um, *adj* [histrio] 役者の, 俳優の; 演技の.

hiulcē *adv* [hiulcus] (発音が)とぎれとぎれに, なめらかでなく.
hiulcō -āre -āvī -ātum, *tr* [↓] ひびを入れる, 亀裂を生じさせる.
hiulcus -a -um, *adj* [hio] **1** ひびの入った, 割れた. **2** (口を)大きく開けた; 貪欲な. **3** (話が)とぎれとぎれの; (2語が)母音接続(hiatus)を生じさせる.
hoc¹ *n sg nom* ⇨ hic¹.
hōc² *adv* =huc.
hoce hic¹ の強意形.
hodiē *adv* [hic/dies] **1** 今日. **2** 今, 現在. **3** 今でも; hodieque (SEN) 今日に至るまで. **4** すぐに, 直ちに.
hodiernus -a -um, *adj* [↑] 今日の.
hodoedocos -ī, *m* [Gk] 追いはぎ.
hoed- ⇨ haed-.
holcus -ī, *m* [Gk] 【植】イネ科の植物(未詳).
holerāceus -a -um, *adj* =oleraceus.
(h)olitor -ōris, *m* [holus] 野菜栽培者.
(h)olitōrius -a -um, *adj* [↑] 野菜の; 菜園の.
holocaustum -ī, °*n* [Gk] 【聖】全燔(ぜん)祭《ユダヤ教で獣を丸焼きにして神前に捧げる儀式》.
holocyron -ī, °*n* [Gk] 【植】=chamaepitys.
holosēricus -a -um, °*adj* [Gk] 純[正]絹の.
(h)olus -eris, *n* 野菜.
(h)olusculum -ī, *n dim* [↑] 野菜.
Homēriacus -a -um, *adj* =Homericus.
Homēricus -a -um, *adj* [Gk] Homerus の.
Homērista -ae, *m* [Gk] Homerus の叙事詩の吟唱者.
Homērius, -ēus -a -um, *adj* =Homericus.
Homēromastix -īgis, *m* [Gk] **1**「Homerus を打つ鞭」の意) Homerus を酷評した Zoilus のあだ名. **2** 酷評家.
homēronidēs, -a -ae, *m* Homerus の模倣者.
Homērus -ī, *m* [Gk] ホメールス, *-ロス《ギリシアの叙事詩人(前8世紀頃); Ilias と Odysseia の作者といわれる》.
homicīda -ae, *m, f* [homo/caedo] 殺人者.
homicīdium -ī, *n* [↑] 殺人.
homīlia -ae, °*f* [Gk] 説教.
homō -minis, *m, f* **1** 人, 人間: *inter homines esse* (CIC) 生きている / *si quidem ~ esset* (CIC) もし彼に人間らしい気持があるならば / (代名詞の代わりに) *vidistis hominem et verba ejus audistis* (CIC) あなたがたは彼を見て彼のことばを聞いた / *hic ~* (PLAUT) =ego. **2** 男. **3** 奴隷. **4** 歩兵.
homoeomeria -ae, *f* [Gk] 構成要素の同質性.
homoeoptōton -ī, *n* [Gk] 類似の屈折語尾.
homoeoteleuton -ī, *n* [Gk] =homoeoptoton.
Homolē -ēs, *f* [Gk] ホモレー《Thessalia の山》.
homōnymia -ae, °*f* [Gk] 同音異義.
homōnymus -a -um, *adj* [Gk] 同音異義の.
homullus -ī, *m dim* [homo] 小人物, くだらぬやつ.
homunciō -ōnis, *m dim* =homullus.
homunculus -ī, *m dim* =homullus.
honestāmentum -ī, *n* [honesto] 装飾, 美化.

honestās -ātis, *f* [honestus] **1** 名誉, 栄誉, 名声. **2** 名士. **3** 高潔, 清廉, 誠実. **4** 美しさ, 美点.

honestē *adv* [honestus] **1** りっぱに, 名誉となるように. **2** 誠実に, 高潔に. **3** きちんと, ふさわしく.

honestō -āre -āvī -ātum, *tr* [honestus] **1** 栄誉を与える. **2** 美しくする, 飾る.

honestum -ī, *n* [↓] **1** 誠実, 高潔. **2** 美, 美しさ.

honestus -a -um, *adj* [honor, honos] **1** 名誉となる, 尊敬に値する. **2** 名門の, 生まれのよい. **3** 高潔な, りっぱな. **4** 美しい, 優美な.

honor -ōris, *m* **1** 名誉, 栄誉, 名声. **2** (H-) 神格化された(武勲などに対する)栄誉, 徳. **3** 敬意, 尊敬: *honorem alci habere* (CIC) ある人に敬意を表する / *honoris mei causā* (CIC) 私への敬意のために / *honorem praefari* (CIC) 前もって失礼をわびる. **4** 高位の官職, 顕職: *ad honores ascendere* (CIC) 高官職に昇任する / *cursus honorum* (TAC) 昇官順序, 出世街道. **5** 褒賞, 謝礼. **6** いけにえ, 犠牲. **7** 気高さ, 上品さ; 飾り, 美しくするもの.

honōrābilis -is -e, *adj* [honoro] 名誉となる, 尊敬される.

honōrārium -ī, *n* [↓] **1** 国庫への寄付. **2**º 謝礼, 報酬.

honōrārius -a -um, *adj* [honor] **1** 名誉のために与えられる[提供される], 無償の. **2** 非公式の, 略式の. **3** (高官の)職権に基づく.

honōrātē *adv* [↓] 敬意を表して.

honōrātus -a -um, *adj* (*pp*) [honoro] **1** 尊敬される, りっぱな. **2** 高官の, 顕職にある. **3** 敬意を与える, 敬意を表する.

honōrificē *adv* [honorificus] =honorate.

honōrificentia -ae, º*f* [↓] 敬意を与えること.

honōrificō -āre -āvī -ātum, º*tr* [↓] 名誉を与える, 敬意を表する.

honōrificus -a -um, *adj* [honor/facio] 名誉を与える, 敬意を表する: *honorifica verba* (CIC) 賞賛のことば.

honōripeta -ae, *m* [honor/peto] 名誉を追い求める者, 立身出世主義者.

honōrō -āre -āvī -ātum, *tr* [honor] 名誉を与える, 敬意を表する.

honōrus -a -um, *adj* [honor] **1** 名誉を与える. **2** 名誉に値する, 賞賛すべき.

honōs -ōris, *m* =honor.

honu- ⇒ onu-.

hoplitēs -ae, *m* [Gk] (ギリシアの)重装兵.

hoplomachus -ī, *m* [Gk] 重装剣闘士.

hōra -ae, *f* [Gk] **1** (昼または夜の¹/₁₂)一時間: *in hora* (CIC) 一時間のうちに[で] / *in horas* (CIC) 一時間ごとに, 刻一刻 / *ad horam* (SEN) 定刻に. **2** (*pl*) 時計が告げる時刻; 一時間. **3** 季節.

Hōra -ae, *f* 〖神話〗ホラ《古いイタリアの女神; Romulus の妻で, 死後, 神格化された Hersilia と同一視された》.

Hōrae -ārum, *f pl* [Gk] 〖神話〗ホーラエ, *ホーライ《Juppiter と Themis の娘たち; 季節と秩序の女神》.

hōraeus -a -um, *adj* [hora] **1** 時節からの. **2** 新鮮なうちに塩漬けにした.

hōrārium -ī, º*n* [hora] (水)時計.

Horātia -ae, *f* ホラーティア《Horatii 三兄弟の妹》.

Horātiānus -a -um, *adj* 詩人 Horatius の.

Horātius¹ -ī, *m* ホラーティウス《ローマ人の氏族名; 特に (1) 〖伝説〗 *Horatii*, Alba Longa の Curiatii 三兄弟と戦った伝説上の三兄弟. (2) 〖伝説〗 ~ *Cocles*, Etruria の王 Porsenna との戦いで単身 Tiberis 川の橋を守った勇士. (3) *Q.* ~ *Flaccus*, 抒情詩人《前65-8》》.

Horātius² -a -um, *adj* Horatius の.

hordeāceus -a -um, *adj* [hordeum] 大麦の: *panis* ~ (CATO) 大麦パン.

hordeārius -a -um, *adj* =hordeaceus.

hordeia -ae, *f* 魚の一種(未詳).

hordeum -ī, *n* 〖植〗 大麦.

hōria -ae, *f* 漁船.

hōriola -ae, *f dim* [↑] (小さな)漁船.

horior -ī, *tr dep* 激励する, 駆りたてる.

horizōn -ontis, *m* [Gk] 水平線, 地平線.

horizontālis -is -e, º*adj* [↑] 水平線の; 水平な.

horminum -ī, *n* [Gk] 〖植〗 **1** ムラサキサルビア. **2** 野生のアスパラガス.

hormiscion -ī, *n* [Gk] 宝石の一種.

hornō *adv* (*abl*) [hornus] 今年.

hornōtinus -a -um, *adj* [↓] 今年の.

hornus -a -um, *adj* =hornotinus.

hōrologium -ī, *n* (日・水)時計: ~ *ex aqua* (VITR) 水時計 / ~ *solarium* (PLIN) 日時計.

hōroscopicus -a -um, *adj* [↓] **1** 時を示す. **2**º 〖占星〗 天宮図の.

hōroscopus¹ -a -um, *adj* 時を示す.

hōroscopus², -os -ī, *m* [Gk] 〖占星〗 天宮図.

horrendē º*adv* =horrendum.

horrendum *adv* (*neut*) [↓] 恐ろしく.

horrendus -a -um, *adj* [horreo] **1** 恐ろしい, ぞっとさせる. **2** 畏敬の念を覚えさせる.

horrēns -entis, *adj* (*prp*) [↓] **1** (毛が)逆立った; 毛むくじゃらの. **2** ぞっとさせる, 恐ろしい.

horreō -ēre horruī, *intr*, *tr* [*cf.* hirtus] **I** (*intr*) **1** 逆立っている. **2** 恐ろしい[ぞっとするような]様相を呈している. **3** 震える, 身震いする. **II** (*tr*) 恐れる 〈*alqm* [*alqd*]; +*inf*; ne〉.

horreolum -ī, *n dim* [horreum] (小さな)納屋.

horrēscō -ere horruī, *intr*, *tr inch* [horreo] **I** (*intr*) **1** 逆立つ. **2** (嵐が)激しくなる, 荒れる. **3** 震える, 身震いする. **II** (*tr*) 恐れる.

horreum -ī, *n* 倉庫, 納屋, 穀物倉.

horribilis -is -e, *adj* [horreo] **1** ぞっとさせる, 恐ろしい. **2** 驚くべき. **3** 粗野な, 無骨な.

horridē *adv* [horridus] **1** 粗野に, 乱暴に. **2** きびしく.

horridulus -a -um, *adj dim* [↓] **1** やや突き出した. **2** きちんとしていない, むさくるしい. **3** (寒さに)震えている. **4** (文章が)洗練されていない.

horridus -a -um, *adj* [horreo] **1** ごつごつした; もじゃもじゃした; 逆立った; とげとげした. **2** (海が)波立った. **3** 耳ざわりな. **4** (土地が)荒れた. **5** (外見・服装などが)きちんとしない, だらしない. **6** 粗野

horrifer — humanus

な, 洗練されていない: ~ modus dicendi (Liv) 無骨な話し方. **7** きびしい, 苛酷な. **8** ぞっとさせる, 恐ろしい. **9** 震えている.

horrifer -fera -ferum, adj [horror/fero] 恐ろしい, 身震いさせる.

horrificābilis -is -e, adj [horrifico] 恐ろしい.

horrificē adv [horrificus] 恐ろしするように.

horrificō -āre -āvī -ātum, tr [↓] **1** 波立たせる. **2** 恐れさせる. **3** (外見を)恐ろしくする.

horrificus -a -um, adj [horror/facio] **1** 恐ろしい. **2** 毛むくじゃらの.

horripilātiō -ōnis, f [↓] (毛が)逆立つこと.

horripilō -āre, intr [horreo/pilus] 毛むくじゃらになる.

horrisonus -a -um, adj [horreo/sono] 恐ろしい音の.

horror -ōris, m [horreo] **1** (毛が)逆立つこと; (海が)波立つこと. **2** 硬直. **3** 震えること, 身震い. **4** 粗野, 洗練されていないこと. **5** 恐怖; 畏怖. **6** 恐ろしいもの.

horruī pf ⇒ horreo, horresco.

horsum adv [hoc²/versum] こちらへ.

Hortalus ホルタルス《ローマ人の家名; ⇒ Hortensius》.

hortāmen -minis, n [hortor] 刺激, 激励.

hortāmentum -ī, n =hortamen.

Hortānum -ī, n ホルターヌム《Etruria の町》.

hortāria -ae, °f《植》ピメント, アマトウガラシ《野菜または薬味用》.

hortātiō -ōnis, f [hortor] 奨励, 激励.

hortātīvus -a -um, adj [hortor] 激励の.

hortātor -ōris, m [hortor] 刺激するもの, 激励者.

hortātōrius -a -um, °adj [↑] 激励する.

hortātus -ūs, m [hortor] 刺激, 激励.

hortensia -ōrum, n pl [hortensius] 菜園の植物.

hortensis -is -e, adj =hortensius.

hortensius -a -um, adj [hortus] 庭園の, 菜園の.

Hortensius -ī, m ホルテンシウス《ローマ人の氏族名; 特に Q. ~ Hortalus, Cicero と同時代の雄弁家・法律家(前 114–50)》.

Hortīnus -a -um, adj Hortanum の.

hortor -ārī -ātus sum, tr dep freq [horior] 激励する, 促す, 駆りたてる <alqm ad [in] alqd; ut, ne; + inf>.

hortulānus¹ -a -um, adj [hortulus] 庭園の.

hortulānus² -ī, m 庭師.

hortulus -ī, m äim [↓] (小さな)庭園; (pl) 公園.

hortus -ī, m 庭, 庭園; (pl) 公園.

Hōrus -ī, °m [Gk=Egypt.]《神話》ホールス, *-ロス《エジプトの太陽神; Osiris と Isis の息子》.

hosanna °int [Heb.]《聖》ホサナ《「救い給え」の意; 神・キリストを賛美することば》.

hospes¹ -pitis, m (f) [cf. hostis] **1** 客. **2** (客をもてなす)主人役. **3** 見知らぬ人, 外国人.

hospes² -pitis, adj **1** 主客の(関係)にかかわる. **2** 外国の.

hospita -ae, f [hospitus] **1** 女の客. **2** 女主人役. **3** 見知らぬ人, 外国の女.

hospitālia -ium, n pl [↓] 客室.

hospitālis -is -e, adj [hospes¹] **1** 客の; 主人の. **2** もてなしのよい.

hospitālitās -ātis, f [↑] 親切にもてなすこと, 厚遇.

hospitāliter adv [hospitalis] 手厚く, 親切に.

hospitātor -ōris, m [hospitor] 宿泊人, 客.

hospitiolum -ī, °n dim [↓] (小さな)客室[宿].

hospitium -ī, n [hospes¹] **1** 厚遇, 丁重. **2** 歓待, 歓迎. **3** 客室, 宿. **4** 住居, 家.

hospitor -ārī -ātus sum, intr dep [hospes] (客として)泊まる.

*****hospitus** -a -um (m の用例なし), adj [hospes] **1** もてなしのよい. **2** 客としてもてなされる. **3** 外国の.

hostia -ae, f [cf. hostio²] **1** いけにえ, 犠牲獣. **2**°《カト》ホスチア, ミサのパン.

hostiātus -a -um, adj [↑] 犠牲獣を引き連れた.

hosticum -ī, n [↓] 敵の領土.

hosticus -a -um, adj [hostis] **1** 敵の. **2** 外国の[にある].

hostificus -a -um, adj [hostis/facio] 敵意ある, 敵対する.

Hostilia -ae, f ホスティリア《Italia 北部, Padus 畔の町; 現 Ostiglia》.

hostīlis -is -e, adj [hostis] **1** 敵の. **2** 敵意ある, 敵対する.

hostīliter adv [↑] 敵意をもって, 敵対して.

Hostīlius¹ -ī, m ホスティーリウス《ローマ人の氏族名; 特に Tullus ~, ローマの第 3 代の王》.

Hostīlius² -a -um, adj Hostilius の.

hostīmentum -ī, n [↓] 補償, 埋合わせ.

hostiō¹ -īre, tr 補償する, 埋合わせをする.

hostiō² -īre, tr 打つ.

hostis -is, m (f) 見知らぬ人, 外国人. **2** 敵, 敵対者, 敵手.

HS (略) =sestertius.

hūc adv [hic¹] **1** ここへ, こちらへ. **2** これに. **3** この点まで; この程度まで <+gen>: ~ adrogantiae venerat ut... (Tac) ...するほどまでに傲慢になって.

hūcine adv interrog [↑/-ne] ここまで[これほど]...か?

hūcusque adv [huc/usque] ここまで, この程度まで.

hui int (驚きを表わす) えっ, おやおや.

hūjusmodī, hūjuscemodī gen [hic¹/modus] このような(種類の).

hulcus -ceris, n =ulcus.

hūmāna -ōrum, n pl [humanus] 人間に関する事柄.

hūmānē adv [humanus] **1** 人間らしく, 分別(慎しみ)をもって. **2** 親切に, やさしく.

hūmānitās -ātis, f [humanus] **1** 人間性, 人間らしさ. **2** 人情, 親切. **3** 教養, 洗練.

hūmāniter adv =humane.

hūmānitus adv =humane.

hūmānō -āre -āvī -ātum, °tr [↓] 人間にする, 人間の姿を取らせる.

hūmānus¹ -a -um, adj [cf. homo] **1** 人間の; 人間的な, 人間らしい: res humanae (Sen) 人界のでき

ごと, 人生. **2** 洗練された, 品位のある, 教養のある. **3** 親切な, 人情ある.

hūmānus² -ī, *m* 人間.

humātiō -ōnis, *f* [humo¹] 埋葬.

humātor -ōris, *m* [humo¹] 埋葬する人.

hūme- ⇨ ume-.

humerus -ī, *m* **1** =umerus. **2** 〚解〛上腕骨.

humī *adv* (*loc*) [humus] 地上に, 地面に.

humicubātiō -ōnis, °*f* [humus/cubo] (苦行として)地に伏すこと.

hūmid- ⇨ umid-.

hūmifer -fera -ferum, *adj* =umifer.

humiliātiō -ōnis, °*f* [↓] 屈辱を与えること, 卑しめること.

humiliō -āre -āvī -ātum, °*tr* [↓] 卑しめる, 屈辱を与える.

humilis -is -e, *adj* [humus] **1** 低い. **2** 浅い. **3** (生まれ・地位・身分が)卑しい. **4** 取るに足らぬ, つまらない; 粗末な, 貧弱な. **5** 卑屈な, 屈従的な: *humili animo inbecilloque ferre miserum est* (Cic) 卑屈で無気力な気持で耐えるのはみじめなことだ. **6** 卑劣な, さもしい.

humilitās -ātis, *f* [↑] **1** 低いこと. **2** (生まれ・地位・身分の)卑しさ, 下賤. **3** 取るに足らぬ[つまらない]こと. **4** 屈辱; 卑屈.

humiliter *adv* [humilis] **1** 低く. **2** 卑屈に, 屈従的に.

humō -āre -āvī -ātum, *tr* [humus] **1** 埋める, 埋葬する. **2** (…の)葬式をする.

hūmor -ōris, *m* =umor. **2** 〚医〛液, 体液.

humus -ī, *f* **1** 大地, 地面; 土壌. **2** 地方, 国.

hunc *m sg acc* ⇨ hic¹.

Hyacinthia -ōrum, *n pl* [*Gk*] ヒュアキンティア祭《Sparta で行なわれた Hyacinthus の祭典》.

hyacinthinus -a -um, *adj* [*Gk*] アイリスの(ような).

hyacinthus, -os -ī, *m* [*Gk*] **1** 〚植〛アイリス. **2** 〚鉱〛サファイア.

Hyacinthus, -os -ī, *m* [*Gk*] 〚伝説〛ヒュアキントゥス, *-トス《Sparta の王 Oebalus の息子; Apollo に愛されたが, 神の投げた円盤に当たって死んだ; その血から花(アイリスといわれる)が生じた》.

Hyades -um, *f pl* [*Gk*] **1** 〚神話〛ヒュアデス《Atlas の 7 人の娘たち; 死後星になった》. **2** 〚天〛ヒアデス星団《牡牛座 (Taurus) の 7 星》.

hyaena -ae, *f* [*Gk*] ハイエナ.

hyalus -ī, *m* [*Gk*] ガラス.

Hyampolis -is, *f* [*Gk*] ヒュアンポリス《Phocis の町》.

Hyantes -um, *m pl* [*Gk*] ヒュアンテス《Boeotia 人の古名》.

Hyantēus, -ius -a -um, *adj* Hyantes (=Boeotia 人)の.

Hyarōtis -idis, *m* [*Gk*] ヒュアローティス《India の川》.

Hyās -antis, *m* [*Gk*] 〚神話〛ヒュアース《Atlas の息子で Hyades の兄弟》: *sidus Hyantis* (Ov) 〚天〛 =Hyades 2.

Hybla -ae, **-ē -ēs**, *f* [*Gk*] ヒュブラ, *-ブレー《(1) Sicilia 島の山; 蜂蜜で有名. (2) Sicilia 島のいくつかの町》.

Hyblaeus -a -um, *adj* Hybla の.

Hyblēnsēs -ium, *m pl* Hybla の住民.

hybrida -ae, *m, f* 混血児; (動物の)雑種.

Hydaspēs -is, *m* [*Gk*] ヒュダスペース《Indus 川の支流; 現 Jhelum》.

hydra -ae, *f* [*Gk*] **1** 〚動〛ヘビ. **2** (H-) 〚伝説〛ヒュドラ(ー)《(1) Lerna 湖にいた多頭のヘビ; Hercules に退治された. (2) 冥府の入口を守る 50 の頭をもつヘビ》. **3** (H-) 〚天〛海蛇座 (=Anguis).

hydragōgia -ae, *f* [*Gk*] 水路, 水道.

hydrangea -ae, °*f* 〚植〛アジサイ属.

hydrargyrum -ī, °*n* 〚化〛水銀: ~ *chloratum* 塩化水銀, 甘汞(かんこう)/ ~ *oxydatum* 酸化水銀 / ~ *sulfuratum* 硫化水銀.

hydrargyrus -ī, *m* [*Gk*] 辰砂(しんしゃ)を加工して得られる水銀《自然水銀などとは別種と考えられた》.

hydraula, -ēs -ae, *m* [*Gk*] 水力オルガンの奏者.

hydraulicus -a -um, *adj* [*Gk*] 水力オルガンの.

hydraulus -ī, *m* [*Gk*] 水力オルガン.

hydria -ae, *f* [*Gk*] 水差し, 水がめ.

hydrocephalus -ī, °*m* 〚病〛水頭(症).

Hydrochous, -os -ī, *m* [*Gk*] 〚天〛水瓶座 (=Aquarius).

hydrogenium -ī, °*n* 〚化〛水素.

hydrolysis -is, °*f* 〚化〛加水分解.

hydromantīa -ae, *f* [*Gk*] 水占い.

hydromeli -itis, *n* [*Gk*] 蜂蜜酒.

hydrophobia -ae, °*f* [*Gk*] 〚病〛恐水病.

hydrophobus -ī, *m* [*Gk*] 恐水病患者.

hydrōpicus -a -um, *adj* [*Gk*] 水腫の.

hydrōpisis -is, °*f* [*Gk*] =hydrops.

hydrops -ōpis, *m* [*Gk*] 〚病〛水腫.

hydrotaxis -is, °*f* 〚生物〛走水性.

hydrothēca -ae, °*f* 〚動〛ヒドロ包.

Hydruntum -ī, *n* =Hydrus.

hydrus, -os -ī, *m* [*Gk*] 〚動〛水ヘビ.

Hydrūs -untis, *f* [*Gk*] ヒュドルース《Calabria 東海岸の町; 現 Otranto》.

Hygīa, -eia -ae, *f* [*Gk*] 〚神話〛ヒュギーア, *ヒュギエイア《Aesculapius の娘で健康の女神》.

hygienicus -a -um, °*adj* [↑] 衛生の, 保健の.

hygremplastrum -ī, *n* [*Gk*] 湿膏薬.

hygrotaxis -is, °*f* 〚生物〛走湿性.

Hȳlaeus¹ -ī, *m* [*Gk*] 〚伝説〛ヒューラエウス, *-ライオス《(1) Centaurus 族の一人; Atalanta を犯そうとして殺された. (2) Actaeon の猟犬の一匹》.

Hȳlaeus² -a -um, *adj* Hylaeus (1) の.

Hylās -ae, *m* [*Gk*] 〚伝説〛ヒュラース《Hercules の侍童として Argonautae の遠征に参加した美少年; Mysia で水の精 (ニンフ) たちにさらわれた》.

hȳlē -ēs, *f* [*Gk*] (雄弁の)素材, 材料《原義は「木材」》.

Hȳlē -ēs, *f* [*Gk*] ヒューレー (Boeotia の町).

Hȳleus -ī, *m* [*Gk*] 〚伝説〛ヒューレウス《Calydon の猪狩りに参加した一人》.

Hyllus -ī, *m* [*Gk*] 〚伝説〛ヒュッルス, *-ロス《Hercules と Deianira の長子で Iole の夫》.

Hymēn -enis, *m* [*Gk*] **1** 〖神話〗ヒュメーン《結婚の神》. **2** 祝婚歌. **3** 結婚. **4**° (h-) 〖解〗処女膜.

Hymenaeus, -os -ī, *m* **1** 〖神話〗ヒュメナエウス, *-ナイオス《結婚の神 (=Hymen)》. **2** 祝婚歌. **3** (通例 *pl*) 婚礼, 結婚. **4** 〖動物の〗交尾.

hymenālis -is -e, °*adj* [Hymen] 〖解〗処女膜の.
hymenēius -a -um, *adj* [Hymen] 結婚の.
hymenium -ī, °*n* [Hymen] 〖植〗子実層.
Hymettius -a -um, *adj* Hymettus の.
Hymettus, -os -ī, *m* [*Gk*] ヒュメットゥス, *-トス《Athenae 近郊の山; 蜂蜜と大理石で有名》.
hymnidicus -a -um, °*adj* [hymnus/dico²] 賛美歌[聖歌]を歌う.
Hymnis -idis, *f*「ヒュムニス」《遊女の名を題名にした Caecilius Statius の喜劇》.
hymnizō -āre, °*intr* [*Gk*] 聖歌によって賛美する.
hymnōdia -ae, °*f* [*Gk*] 賛美歌, 聖歌.
hymnologus -ī, *m* [*Gk*] 聖歌歌手.
hymnus -ī, *m* [*Gk*] **1** 賛歌. **2**° 賛美歌, 聖歌.
hyoīdeus -a -um, °*adj* 〖解〗舌骨の.
hyoscyaminus -a -um, *adj* [*Gk*] ヒヨスの.
hyoscyamus, -os -ī, *m* [*Gk*] 〖植〗ヒヨス.
hyoseris -idis, *f* [*Gk*] 〖植〗キクニガナの一種.
Hypaepa -ōrum, *n pl* [*Gk*] ヒュパエパ, *-パイパ《Lydia の町》.
Hypaepēnī -ōrum, *m pl* Hypaepa の住民.
hypaethros -os -on, *adj* [*Gk*] 屋根のない.
hypallagē -ēs, *f* [*Gk*] 〖修〗**1** =metonymia. **2°** 代換[換置]法《通常の文法的語句配列を逆にすること》.
Hypanis -is, *m* [*Gk*] ヒュパニス《黒海に注ぐ Scythia の川; 現 Ukraina の Yuzhnyy Bug》.
hypanthium -ī, °*n* 〖植〗花托筒.
Hypasis -is, *m* [*Gk*] ヒュパシス《Indus 川の支流》.
Hypata -ae, *f* [*Gk*] ヒュパタ, *-パテー《Thessalia 南部の町》.
Hypataeus -a -um, *adj* Hypata の. **Hypataeī** -ōrum, *m pl* Hypata の住民.
hyperbaton -ī. *n* [*Gk*] 〖修〗転置法 (=transgressio).
hyperbolē -ēs. *f* [*Gk*] 〖修〗誇張法 (=superlatio).
Hyperboreī -ōrum, *m pl* [*Gk*] 〖伝説〗ヒュペルボレイ, *-ボレオイ《極北に住んでいたという伝説的な民族》.
Hyperboreus -a -um, *adj* Hyperborei 人の; 極北の.
hyperdūlia -ae, °*f* [*Gk*] 〖カト〗《聖母マリアへの》特別崇敬.
hyperemesis -is, °*f* 〖病〗悪阻(ｿ)《過度の嘔吐》.
hyperīcon, -um -ī, *n* [*Gk*] 〖植〗オトギリソウ属の植物.
Hyperīdēs -is, *m* [*Gk*] ヒュペリーデース, *-レイ-《Demosthenes と同時代の Athenae の雄弁家《前 389–322》》.
Hyperīōn -cnis, *m* 〖神話〗ヒュペリーオーン《(1) Titanes の一人で太陽神 Sol の父. (2) =Sol》.
Hyperīonis -idis, *f* Hyperion の娘 (=Aurora).
hypermetropia -ae, °*f* 〖病〗遠視.
Hyperm(n)ēstra -ae, **-ē** -ēs, *f* 〖伝説〗ヒュペルムネーストラ(-) 《Danaus の 50 人の娘の一人; 姉妹たちの中で彼女だけが父の命に逆らって夫を殺さなかった》.

hyperopia -ae, °*f* =hypermetropia.
hyperplasia -ae, °*f* **1** 〖病〗過形成, 増殖. **2** 〖生物〗過形成, 増生.
Hyphasis -is, *m* =Hypasis.
hypnōticum -ī, °*n* [↓] 〖薬〗催眠薬.
hypnōticus -a -um, °*adj* [*Gk*] 睡眠の, 催眠の.
hypobasis -is, *f* [*Gk*] 〖碑〗台座.
hypocausis -is, *f* [*Gk*] 〖建〗床下暖房炉.
hypocaustum, -on -ī, *n* [*Gk*] 床下暖房設備.
hypochondria -ōrum, °*n pl* [*Gk*] 腹部.
hypochysis -is, *f* [*Gk*] 〖病〗白内障 (=suffusio).
hypocorisma -atis, °*n* [*Gk*] 〖文〗指小辞.
hypocoristicōs *adv* [*Gk*] 〖文〗指小辞として.
hypocrisis -is, °*f* [*Gk*] **1** 物まね. **2** 偽善.
hypocrita, -ēs -ae, *m* [*Gk*] **1** 役者; 主役のセリフに合わせて所作をする脇役者. **2°** 偽善者.
hypodermis -is, °*f* 〖動·植〗下皮.
hypodidascalus -ī, *m* [*Gk*] 助教師.
hypogastricus -a -um, °*adj* [*Gk*] 下腹部の.
hypogēum, -aeum -ī, *n* [↓] 地下貯蔵室.
hypogēus -a -um, °*adj* [*Gk*] 地下の.
hypoglossus -a -um, °*adj* 〖解〗舌下の.
hypolysos -ī, *f* [*Gk*] 〖植〗ヨモギ.
hypomnēma -atis, *n* [*Gk*] 覚書, メモ.
hypopharynx -ncis, °*m* 〖昆〗下咽頭.
hypophysis -is, °*f* [*Gk*] 〖解〗下垂体.
hypostasis -is, °*f* [*Gk*] **1** 〖哲〗実体, 本質. **2** 〖神学〗(三位一体論の)位格.
hypothalamus -ī, °*m* 〖解〗視床下部.
hypothēca -ae, *f* [*Gk*] 〖法〗抵当.
hypothenar -aris, °*m* [*Gk*] 小指球.
hypothesis -is, °*f* [*Gk*] **1** (話の)主題. **2°** 仮説, 仮定.
hypotheticus -a -um, °*adj* [*Gk*] 仮定の.
hypozeugma -matis, °*n* [*Gk*] 〖修〗複数の主語を文末に置かれた一つの述語動詞で受けること.
hypozeuxis, °*f* [*Gk*] 〖修〗主語ごとに別個の述語を配すること, 主語述語並行《hypozeugma の対義語》.
Hypsipylē -ēs, *f* [*Gk*] 〖伝説〗ヒュプシピュレー《Lemnos 島の王 Thoas の娘; 島の女たちが男を皆殺しにした時, 彼女だけが父親を隠して救った》.
Hypsipylēus -a -um, *adj* Hypsipyle の.
Hyrcānī -ōrum, *m pl* [*Gk*] ヒュルカーニー, *-ノイ《カスピ海南東岸にいた一部族》.
Hyrcānia -ae, *f* [↓] ヒュルカーニア(-)《Hyrcani 族の国》.
Hyrcānius -a -um, *adj* =Hyrcanus.
Hyrcānus -a -um, *adj* Hyrcani 族の: *mare Hyrcanum* (Prop)=mare Caspium.
Hyriē -ēs, *f* [*Gk*] ヒュリエー《Aetolia の湖のほとりの町》.
Hyrieus[1] -ī, *m* [*Gk*] 〖伝説〗ヒュリエウス《Boeotia の農夫で Orion の父》.
Hyrieus[2] -a -um, *adj* Hyrieus の: *proles Hyriea* (Ov) =Orion.

Hyrtacidēs -ae, *m* [*Gk*] Hyrtacus の息子 (= Nisus).

Hyrtacus -ī, *m* [*Gk*] 【伝説】ヒュルタクス, *-コス 《Troja 人; Aeneas の部下の Nisus, Hippocoon の父》.

hys(s)ōpum -ī, *n*, **hys(s)ōpus** -ī, *f* [*Gk*] 【植】ヒソップ, ヤナギハッカ.

Hystaspēs -is [-ī], *m* [*Gk*] ヒュスタスペース《ペルシア王 Dareus I の父》.

hystera -ae, °*f* [*Gk*] 【解】子宮.

hysteria -ae, °*f* [↑] 【病】ヒステリー《古代ギリシアでは子宮が体内を動きまわることに起因すると考えられた》.

hystericus -a -um, *adj* [*Gk*] 子宮の具合が悪くて苦しんでいる.

hystrix -icis, *f* [*Gk*] 【動】ヤマアラシ.

I

I, i *indecl n* **1** ラテン語アルファベットの第9字; 本来, この字母は母音[i]と半母音[j]の両方を表わしたが, 本辞書では, 半母音[j]には中世につくられた字母 J, j を用いるので, I, i は母音[i] のみを表わす. **2** (ローマ数字) =1.

ī **2** *sg impr pr* ⇨ eo².

Iacchus -ī, *m* [*Gk*] 【神話】イアックス, *-コス《Eleusin の秘儀で崇拝された神; Bacchus と同一視された》. **2** ぶどう酒.

Ialysius -a -um, *adj* Ialysus (3) の, Rhodos 島の.

Ialysus -ī, *m*, *f* [*Gk*] イアーリュッス, *-ソス《(1) (m) 【伝説】太陽神 Sol の息子で (3) の創建者. (2) (m) Protogenes 作の (1) の肖像画. (3) (f) Rhodos 島の町》.

iambēus -a -um, *adj* [*Gk*] 【詩】短長格の.

iambicus -a -um, °*adj* =iambeus.

iambus -ī, *m* [*Gk*] 【詩】短長格(∪−)(の詩).

ianthina -ōrum, *n pl* [↓] 紫色の衣服.

ianthinus -a -um, *adj* [*Gk*] 紫色の.

Īapetīonidēs -ae, *m* Iapetus の息子(=Atlas).

Īapetus -ī, *m* [*Gk*] 【神話】イーアペトゥス, *-トス《Titanes の一人; Atlas, Prometheus, Epimetheus, Menoetius の父》.

Iāpydes -um, *m pl* [*Gk*] イアーピュデス《Illyria の一部族》.

Iāpydia -ae, *f* イアーピュディア《Iapydes 族の国》.

Iāpygia -ae, *f* [*Gk*] イアーピュギア(−)《Italia 半島南東部のギリシア語名》.

Iāpygius -a -um, *adj* Iapygia の.

Iāpys -ydis, *adj* Iapydia の.

Iāpyx¹ -ygis [-ygos], *m* [*Gk*] イアーピュクス《(1)【伝説】Daedalus の息子; Italia 南部を支配した; Iapygia の名祖. (2) Apulia の川》. **2** (Italia 半島南東部からギリシアの方向へ吹く)西北西の風.

Iāpyx² -ygis [-ygos], *adj* = Iapygius.

Iarbās, -ba -ae, *m* 【伝説】イアルバース《Gaetuli の王; Dido に求婚したが退けられた》.

Iarbīta -ae, *m* Iarbas の子孫(=Mauritania 人).

Iardanis -idis, *f* 【伝説】Lydia の王 Iardanus の娘(=Omphale).

Īasīdēs -ae, *m* Iasius (2) の子孫(特に Adrastus).

Īasiōn -ōnis, *m* = Iasius (1).

Īasis -idis [-idos], *f* Iasius (2) の娘(=Atalanta).

Īasius -ī, *m* [*Gk*] イーアシウス, *-オス《(1) Dardanus の兄弟; Ceres に愛されて Plutus の父となった. (2) Argos の王; Atalanta の父》.

Iāsō(n) -onis, *m* [*Gk*] イアーソーン《(1)【伝説】Thessalia の王 Aeson の息子; Argonautae の首領; Medea の, のちに Creusa の夫. (2) Thessalia の Pherae の僭主(前4世紀)》.

Iāsonius -a -um, *adj* Iason (1) の.

iaspis -idis *f* [*Gk*] 【鉱】碧玉.

Iāssensēs -ium, *m pl* Iasus の住民.

Iāsus, Iassus -ī, *f* [*Gk*] イアースス, *-ソス《Caria 西部の町》.

iātraliptēs, -a -ae, *m* [*Gk*] マッサージ師.

iātraliptīcē -ēs, *f* [*Gk*] マッサージ療法.

iātronīcēs -ae, *m* [*Gk*] 医師たちの征服者(=医者の中の医者).

Iāzyges -um, *m pl* [*Gk*] イアージュゲス《Danubius 下流域にいた Sarmatae 族の一支族》.

Iāzyx -ygis, *adj* Iazyges 族の.

ībam **1** *sg impf* ⇨ eo².

Ibēr, Ibērī, etc. ⇨ Hiber, Hiberi, etc.

ibex ibicis, *m* 【動】野生のヤギ.

ibī *adv* [*cf*. is] **1** そこに[で]. **2** その時, それから. **3** その状況で, その点で.

ibīdem *adv* [↑/-dem] **1** 同じその場所で. **2** ちょうどその時に. **3** 同じ点で.

ibis -is [-idis], *f* [*Gk*] 【鳥】トキ科の鳥.

ibiscum -ī, *n* = hibiscum.

ībō **1** *sg fut* ⇨ eo².

ibrida -ae, *m*, *f* = hibrida.

Ībycus -ī, *m* [*Gk*] イービュクス, *-コス《Regium (2) 生まれのギリシアの抒情詩人(前6世紀)》.

Īcadius -ī, *m* [*Gk*] イーカディウス, *-オス《有名な海賊の名》.

Īcaria -ae, *f* [*Gk*] イーカリア(−)《エーゲ海の島》.

Īcariōtis¹ -idis, *f* [*Gk*] Icarius (1) の娘(=Penelope).

Īcariōtis² -idis, *adj f* Icarius (1) の娘(Penelope) の.

Īcaris -idis, *f* = Icariotis¹.

Īcarius¹ -ī, *m* [*Gk*] 【伝説】イーカリウス, *-オス《(1) Sparta の王 Oebalus の息子で Penelope の父. (2) Athenae人; Dionysus を歓待した礼にブドウの木を授けられ, 隣人にぶどう酒を分け与えたが, 毒を飲ませたと誤解され打ち殺された; 死後 Bootes (牛飼い座)になった》.

Īcarius² -a -um, *adj* Icarus (1) (2) の.

Īcarus -ī, *m* [*Gk*] 【伝説】イーカルス, *-ロス《(1) Daedalus の息子; 父の造った蠟付けの翼で父とともに Creta 島から脱出したが, 太陽に接近しすぎたため蠟が溶け, 海に落ちて死んだ. (2) = Icarius (2)》.

īcas -adis, *f* [*Gk*] (毎月の) 20日.

iccircō *adv* = idcirco.

Īcelos -ī, *m* [*Gk*] 【神話】イケロス《夢の神; 眠りの神 Somnus の子》.

Icēnī -ōrum, *m pl* イケーニー《Britannia 南東部にいた一部族》.

ichneumōn -onis, *m* [*Gk*] 【動】エジプトマングース.

īcī *pf* ⇨ ico.

īcō, īciō icere īcī ictum, *tr* 打つ, 打ち当てる: *icere foedus* (Liv) 条約[協定]を結ぶ.

īcōn -onis, °*f* [Gk] **1** 像, 画像; 似姿. **2** 聖画像, イコン.

īconicus -a -um, *adj* [Gk] 生き写しの, 等身大の.

īconismus -ī, *m* [icon] 像[似姿]で表わすこと; 特徴の表示.

Iconium -ī, *n* イコニウム, *-オン《Lycaonia の町; 現 Konya》.

īconoclastēs -ae, °*m* [Gk] 聖像[偶像]破壊者.

īconographia -ae, °*f* [Gk] 図像法; 図像学.

ictericus -a -um, *adj* [Gk] 黄疸にかかった.

icterus -ī, *m* [Gk] **1** (見ると黄疸が治るといわれた)黄色の鳥. **2°** 〖病〗黄疸.

ictis -is, *f* [Gk] 〖動〗イタチの一種.

ictus¹ -a -um, *pp* ⇨ ico.

ictus² -ūs, *m* **1** 打つこと. **2** 攻撃. **3** 〖音〗拍子; 〖詩〗強音. **4** (精神的)打撃.

id *n sg nom, acc* ⇨ is.

Id. (略) =Idus.

Īda -ae, **-ē** -ēs, *f* [Gk] イーダ(-)《(1) Creta 島の最高峰; Juppiter の生育地といわれる. (2) Phrygia の Troja 近くの山脈》.

Īdaeus -a -um, *adj* Ida 山の: ~ *puer* (Ov) = Ganymedes / ~ *judex* (Ov) =Paris / *Idaea mater* [*parens*] (Cic [Ov]) =Cybele.

Īdalia -ae, *f* = Idalium.

Īdaliē -ēs, *f* [Gk] Idalium の女神《Venus の添え名》.

Īdalium -ī, *n* [Gk] イーダリウム, *-オン《Cyprus 島の山と町; Venus の神殿があった》.

Īdalius -a -um, *adj* Idalium の.

Īdās -ae, *m* [Gk] 〖伝説〗イーダース《Argonautae の一人; Aphareus の息子で Lynceus の兄弟; Euenus の娘 Marpessa を Apollo と争った》.

idcircō *adv* [is/circum] それゆえに, その理由で.

Īdē -ēs, *f* =Ida.

idea -ae, *f* [Gk] 〖哲〗イデア, 理念, 原型.

ideālis -is -e, °*adj* [↑] **1** 〖哲〗観念の. **2** 理想の, 典型的な.

ideālismus -ī, °*m* [↑] 〖哲〗観念論.

īdem eadem idem, *pron, adj demonstr* [is/-dem] **I** (*adj*) 同じ, 同一の, 同様の. **II** (*pron*) 同じ人[もの], 同様のもの: ~ *ac* [*atque, et, ut, quasi*] …と同じもの / *amicus est tamquam alter* ~ (Cic) 友とはいわば第二の自己だ / *viros fortes, magnanimos, eosdem bonos et simplices esse volumus* (Cic) 私たちは強くて度量のある人たちが同時に善良で誠実であることを望む / *me memorderunt epistulae tuae de Attica nostra; eaedem tamen sanaverunt* (Cic) 私たちの Attica についてのあなたの手紙は私の心を突き刺したけれども, また そ の傷をいやしてくれた.

identidem *adv* [↑/et/↑] たびたび, 何度も.

identitās -ātis, °*f* [idem] 同一性, 一致.

ideō *adv* [id (*n acc*) / eo (is の *abl*)] =idcirco.

Īdib. (略) =Idibus (*abl*; ⇨ Idus).

idiographus -ī, *m* [Gk] 自筆の.

idiōma -atis, *n* [Gk] 〖文〗(ある個人または集団が用いる)特殊な用語[語句].

idiōta, -ēs -ae, *m* [Gk] 無学な人, 未熟者.

idiōticē °*adv* [↓] **1** ありきたりな話し方で. **2** 不適切に.

idiōticus -a -um, °*adj* [Gk] 無知な, 無学の, 未熟な.

idiōtismus, -os -ī, *m* [Gk] 日常の(通俗な)話し方.

Īdistaviso [G] イディスタウィソ《Visurgis (現 Weser) 川上流域の平原》.

Idmōn -onis, *m* [Gk] 〖伝説〗イドモーン《(1) Colophon 人; Arachne の父. (2) Argos の予言者; Apollo と Cyrene の子; Argonautae の一人》.

Idmonius -a -um, *adj* Idmon (1) の.

īdōlēum, -īum -ī, °*n* [Gk] 偶像をまつる神殿.

īdōlicus -a -um, °*adj* [Gk] 偶像[崇拝]の.

īdōlolatra, -ēs -ae, °*m* [Gk] 偶像崇拝者, 異教徒.

īdōlolatrīa -ae, °*f* [Gk] 偶像崇拝.

īdōlolatris -idis, °*f* [Gk] 偶像崇拝者《女性》.

īdōlothytus -a -um, °*adj* [Gk] 偶像への供え物の.

īdōlum, -on -ī, *n* [Gk] **1** 亡霊, 幽霊. **2°** 偶像.

Īdomeneus -ī, *m* [Gk] 〖伝説〗イードメネウス《Creta 島の王; Troja 戦争におけるギリシア軍の勇将の一人》.

idōneē *adv* [idoneus] 適切に, 十分に.

idōneitās -ātis, °*f* [↓] 有用性, ふさわしさ.

idōneus -a -um, *adj* **1** 適した, ふさわしい 〈*abs*; +*dat*; ad [in] alqd; +*inf*; qui+*subj*〉. **2** 〖法〗支払い能力のある.

idos *indecl n* [Gk] 姿, 外観 (=species).

Idūmaea -ae, **-mē** -ēs, *f* [Gk] イドゥーマエア, *-マイアー《Palaestina の南部地方》.

Idūmaeus -a -um, *adj* Idumaea の.

Īdūs -uum, *f pl* (3・5・7・10月の) 15 日; (その他の月の) 13 日: ~ *Martiae* (Cic) 3 月 15 日.

idyllium -ī, *n* [Gk] 田園詩, 牧歌.

iēns euntis, *prp* ⇨ eo².

Iēsūs -ū, °*m* [Gk<Heb.] イエースース, ⁿイエス(キリスト).

Igilium -ī, *n* イギリウム《Etruria の沿岸の小島; 現 Giglio》.

igitur *conj* **1** それゆえに, 従って. **2** (疑問文で)それでは…か: *haec* ~ *est tua disciplina?* (Cic) それではこれがあなたのいう道徳律というのですか. **3** (余談のあとで)本題に立ち返って. **4** (列挙のあとで)要するに.

ignārus -a -um, *adj* [in-²/gnarus] **1** 知らない, 無知な, 未熟な, 未経験の 〈*abs*; alcis rei; +*acc c. inf*〉: *me ignaro* (Cic) 私の知らぬ間に. **2** 未知の, 知られていない 〈alci〉.

ignāvē *adv* [ignavus] 怠惰に, 無気力に.

ignāvēscō -ere, °*intr inch* [ignavus] 怠惰になる, 不活発になる.

ignāvia -ae, *f* [ignavus] **1** 怠惰, 無気力. **2** 臆病. **3** 弱いこと.

ignāviter *adv* =ignave.

ignāvus -a -um, *adj* [in-²/(g)navus] **1** 怠惰な, 無気力な. **2** 臆病な. **3** 不活発な. **4** 不活発にさ

せる. **5** 役に立たない, むだな.
ignefacere *inf* ⇨ ignefacio.
ignefaciō -ere, *tr* [ignis/facio] 白熱させる.
ignescō -ere, *intr inch* [ignis] **1** 火がつく, 燃え出す. **2** 〈感情が〉燃え上がる.
igneus -a -um, *adj* [ignis] **1** 火の. **2** 燃えている, 白熱[赤熱]している. **3** 〈感情が〉燃え上がっている, 熱烈な.
igniārium -ī, *n* [↓] 火おこし棒.
igniārius -a -um, °*adj* [ignis] 火の: ~ *lapis* (Marc Emp) 火打ち石.
ignicans -antis, °*adj* [ignis] 燃えている, 炎色の.
ignicomus -a -um, °*adj* [ignis/coma¹] (火のように)赤い毛髪の.
igniculus -ī, *m dim* [ignis] **1** (小さな)火, 火花. **2** ひらめき.
ignifer -fera -ferum, *adj* [ignis/fero] 火を持っている, 燃えている.
ignigena -ae, *m* [ignis/gigno] 火から生まれた者《Bacchus の添え名》.
ignīnus -a -um, *adj* [ignis] 火を好む.
igniō -īre -īvī -ītum, °*tr* [ignis] 火をつける, 白熱[赤熱]させる.
ignipēs -pedis, *adj* [ignis/pes] 炎の足をした.
ignipotens¹ -entis, *adj* [ignis/potens] 火を支配している《Volcanus の添え名》.
ignipotens² -entis, *m* 火の支配者(=Volcanus).
ignis -is, *m* **1** 火. **2** 火事, 火災. **3** たいまつ, 燃え木; かがり火, のろし; 宗教儀式の火. **4** 電光; 〈星の〉輝き. **5** 白熱, 赤熱. **6** 激情, 激怒. **7** 恋人, 愛人. **8** (破壊の)火.
ignispicium -ī, *n* [↑/specio] 火占い.
ignitābulum -ī, *n* [↓] 火つけ道具, つけ木.
ignītus -a -um, *adj* (*pp*) [ignio] 燃えている, 白熱している.
ignivomus -a -um, °*adj* [ignis/vomo] 火を吐いている.
ignōbilis -is -e, *adj* [in-²/(g)nobilis¹] **1** 知られていない, 未知の. **2** 無名の, 取るに足らぬ. **3** 〈生まれの〉卑しい, 下賤な.
ignōbilitās -ātis, *f* [↑] **1** 世に知られないこと, 無名. **2** 卑しく生まれ, 卑賎.
ignōbiliter °*adv* [ignobilis] 卑しく, 卑劣に.
ignōminia -ae, *f* [in-²/(g)nomen] 恥辱, 不名誉.
ignōminiō -āre -āvī -ātum, *tr* [↑] 面目を失わせる, 名誉をけがす.
ignōminiōsē *adv* [↓] 不面目に.
ignōminiōsus -a -um, *adj* [ignominia] **1** 面目を失った. **2** 不名誉な, 恥ずべき.
ignōrābilis -is -e, *adj* [ignoro] 知られていない.
ignōrābiliter *adv* [↑] 知られずに.
ignōranter °*adv* [ignoro] 知らずに.
ignōrantia -ae, *f* [ignoro] 無知.
ignōrātiō -ōnis, *f* =ignorantia.
ignōrātus -a -um, *adj* (*pp*) [↓] 無知で行なわれた.
ignōrō -āre -āvī -ātum, *tr*, *intr* [ignarus] **1** 知らない, 無知である〈alqd; +*acc c. inf*; de re〉. **2** 無視する.

ignoscens *adj* (*prp*) [ignosco] 寛大[寛容]な.
ignoscenter °*adv* [↑] 寛大[寛容]に.
ignoscentia -ae, *f* [ignoscens] 容赦.
ignoscibilis -is -e, *adj* [↓] 容赦できる.
ignoscō -ere -gnōvī -gnōtum, *intr*, *tr* [in-²/(g)nosco] 許す, 大目に見る, 見のがす 〈*abs*; +*dat*; alci alqd [quod, si]〉.
ignōtus¹ -a -um, *pp* ⇨ ignosco.
ignōtus² -a -um, *adj* (*pp*) [in-²/(g)notus] **1** 知られていない, 未知の. **2** 下賎な, 無名な. **3** 知らない, 無知の.
ignōvī *pf* ⇨ ignosco.
Īguvīnātēs -ium, *m pl* =Iguvini.
Īguvīnī -ōrum, *m pl* Iguvium の住民.
Īguvium -ī, *n* イーグウィウム《Umbria 中部の町; 現 Gubbio》.
ii *pf* ⇨ eo².
īle -is, *n* ⇨ ilia.
īleocōlicus -a -um, °*adj* 〖解〗回結腸の.
īleos, -us -ī, *m* [*Gk*] 〖病〗腸閉塞(症).
Īlerda -ae, *f* イレルダ《Hispania Tarraconensis の町; 現 Lerida》.
Ilergaōnēs -um, *m pl* =Illurgavonenses.
Ilergavonensēs -ium, *m pl* =Illurgavonenses.
Ilergētēs -um, *m pl* イレルゲーテース《Hispania Tarraconensis にいた一部族》.
īleum -ī, °*n* 〖解〗回腸.
īlex ilicis, *f* 〖植〗トキワガシ.
ilia ilium, *n* **1** (一番下の肋骨から鼠蹊部までの)腹部, わき腹. **2** 鼠蹊(ǐ)部. **3** (動物の)はらわた.
Īlia -ae, *f* イーリア《Numitor の娘で Romulus と Remus の母; =Rhea Silvia》.
iliacosubfasciālis -is -e, °*adj* 〖解〗腸骨筋膜下の.
Īliacus -a -um, *adj* Ilium の.
Īliadēs¹ -ae, *m* 〖伝説〗Ilia の息子(=Romulus または Remus).
Īliadēs² -ae, *m* 〖伝説〗Ilium (=Troja) 人《特に Ganymedes》.
Īlias -adis, *f* [*Gk*] **1** Ilium (=Troja) の女 (=Helena). **2** イーリアス《Homerus 作と伝えられる英雄叙事詩》.
ilicet *adv* [ire/licet] **1** 行ってもよい, 去れ. **2** 万事休す, もうだめだ. **3** 直ちに, 即座に.
īlicētum -ī, *n* [ilex] トキワガシの森.
īliceus -a -um, *adj* [ilex] トキワガシの.
īlicō *adv* [in/locus] **1** その場で, 現場で. **2** 直ちに, 即刻.
Īliensēs -ium, *m pl* **1** イーリエンセース《Sardinia 島にいた一部族》. **2** Ilium (=Troja) の住民.
īlignus -a -um, *adj* [ilex] トキワガシの.
iliofemorālis -is -e, °*adj* 〖解〗腸骨大腿骨の.
Īliona -ae, *f* [*Gk*] 〖伝説〗イーリオナ《Troja の王 Priamus と Hecuba の長女; Thracia の王 Polymestor の妻》.
Īlioneus -ī, *m* [*Gk*] 〖伝説〗イーリオネウス《(1) Niobe と Amphion の末子. (2) Troja 人 Phorbas の息子; Aeneas の部下》.

Īlios -ī, *f* =Ilium.

Ilipa -ae, *f* イリパ《Hispania Baetica の Baetis 河畔の町》.

Īlīthyia -ae, *f* [*Gk*]《神話》イーリーテュイア, *エイレイ*-《ギリシアの出産をつかさどる女神；ローマ神話の Lucina に当たる》.

Iliturgī -ōrum, *m* イリトゥルギー《Hispania Baetica の町》.

Iliturgitānī -ōrum, *m pl* Iliturgi の住民.

īlium -ī, °*n*《解》腸骨.

Īlium, -on -ī, *n* [*Gk*] イーリウム, *-*オン《Troja の詩的名称》.

Īlius -a -um, *adj* Ilium (=Troja) の.

illā *adv* (*f sg abl*) [ille] (*sc.* viā) そこを通って, そこへ.

illabefactus -a -um, *adj* [in-²/labefacio] 揺るがない, 不動の.

illābī *inf* ⇒ illabor.

illābor -bī -lapsus sum, *intr dep* [in-¹/labor¹] すべり込む, 流れ込む, 落ち込む ⟨abs; in [ad] alqd; alci rei⟩.

illabōrātus -a -um, *adj* [in-²/laboro] 1 加工されていない, 耕作されていない. 2 造作のない.

illabōrō -āre -āvī -ātum, *intr* [in-¹/laboro] 精を出す, 骨折る ⟨re⟩.

illāc *adv* [illic¹] そこに, そこを通って.

illacerābilis -is -e, *adj* [in-²/lacero] 引き裂かれない.

illacessītus -a -um, *adj* [in-²/lacesso] 攻撃を受けない, 侵害されない.

illacrimābilis -is -e, *adj* [in-²/lacrimabilis] 1 冷酷な, 無情な. 2 悲しむ者のいない, 嘆かれることのない.

illacrimō -āre -āvī -ātum, *intr* [in-¹/lacrimo] 泣く, 涙を流す, 嘆く ⟨abs; alci rei⟩.

illacrimor -ātus sum, *intr dep* =illacrimo.

illacrimōsus -a -um, °*adj* [in-²/lacrimosus] 悲しむ者のいない, 嘆かれることのない.

illāctenus *adv* =illatenus.

illaesibilis, -dibilis -is -e, °*adj* [in-²/laedo] 傷つけられない.

illaesus -a -um, *adj* [in-²/laedo] 傷つけられていない, 害されていない.

illaetābilis -is -e, *adj* [in-²/laetabilis] 憂鬱な, 喜びのない.

illapsus¹ -a -um, *pp* ⇒ illabor.

illapsus² -ūs, *m* すべり[流れ]込むこと.

illaqueō -āre -āvī -ātum, *tr* [in-¹/laqueo¹] わなにかける, 陥れる.

illargiō -īre, *tr* [in-¹/largio] 気前よく与える, 施す.

illātābilis -is -e, *adj* [in-²/latus¹] 幅のない, 狭い.

illatebrō -āre, *tr* [in-¹/latebra] 隠す.

illātenus, illā tenus *adv* [ille/tenus²] そこまで, その程度まで.

illātiō -ōnis, °*f* [infero] 1 運び込むこと: ~ *mortui* (ULP) 埋葬. 2 賦課金. 3 推論, 推断.

illātīvum -ī, °*n* [↓] 推論, 推断.

illātīvus -a -um, *adj* [infero] 推論の, 推断の.

illātrō -āre, *intr* [in-¹/latro¹] ほえる ⟨+*dat*⟩.

illātus -a -um, *pp* ⇒ infero.

illaudābilis -is -e, *adj* [in-²/laudabilis] 賞賛に値しない.

illaudandus -a -um, °*adj* [in-²/laudabilis] =illaudabilis.

illaudātus -a -um, *adj* [in-²/laudatus] 1 賞賛されない, 不評の. 2 賞賛に値しない, 非難すべき.

illautus -a -um, *adj* =illotus.

ille illa illud, *pron, adj demonstr* **I** (*adj*) 1 あの, その. 2 そこの, あそこの. 3 当時の, 以前の. 4 以上の, 前述の. 5 既知の, 周知の, かの有名な；(軽蔑的に)いわゆる, 悪名高い. 6 次の, 以下の. **II** (*pron*) 1 あれ, それ, あの人, 彼, 彼女：*hic ... ~* こ(れ)[後者]は…あれ[前者]は…, 一方は…他方は… / *ex illo (tempore)* (VERG) あれ以来 / *commendo vobis illum et illum* (SUET) 私はあなたがたにこれこれの人を推薦する / *~ quidem ... sed* (CIC) 確かに…だがしかし. 2 以下のこと. 3 例の[周知の]人[もの, こと].

illecebra -ae, *f* [illicio] 1 おびき寄せること, 誘惑. 2 おとり, えさ.

illecebrō -āre, °*tr* [↑] 誘惑する.

illecebrōsus -a -um, *adj* [illecebra] 誘惑的な.

illectātiō -ōnis, *f* [↓] 誘惑.

illectō -āre -āvī -ātum, *tr freq* [illicio] 誘惑する.

illectus¹ -a -um, *pp* ⇒ illicio.

illectus² -ūs, *m* 誘惑.

illectus³ -a -um, *adj* [in-²/lego²] 1 集められていない. 2 読まれていない.

illēgitimē *adv* [illegitimus] 非合法的に, 不法に.

illēgitimitās -ātis, °*f* [↓] 非合法, 不法.

illēgitimus -a -um, *adj* [in-²/legitimus] 非合法の, 不法の.

illepidē *adv* [↓] 粗野に, 野暮に.

illepidus -a -um, *adj* [in-²/lepidus] 粗野な, 野暮な.

illēvī *pf* ⇒ illino.

illēvigātus -a -um, *adj* [in-²/levigo¹] 粗い, 耳ざわりな.

illex¹ -lēgis, *adj* [in-²/lex] 無法な.

illex² illicis, *adj* [illicio] 誘惑的な.

illexī *pf* ⇒ illicio.

illī *adv* =illic².

illibābilis -is -e, *adj* [in-²/libo] 減らすことができない.

illibātus -a -um, *adj* [in-²/libo] 衰えていない, そこなわれていない.

illiberālis -is -e, *adj* [in-²/liberalis] 1 自由人にふさわしくない, 下賤な. 2 強欲な, けちな.

illiberālitās -ātis, *f* [↑] 卑しさ, けち.

illiberāliter *adv* [illiberalis] 卑しく.

Illiberis, -erri *indecl n* イッリベリ《Hispania Baetica の町》.

illiberis -is -e, °*adj* [in-²/liberi] 子供のない.

illic¹ illaec illoc [illuc], *pron, adj* [ille/-ce] **I** (*adj*) 1 あの, その. 2 次の, 以下の. 3 例の. 4 のような. **II** (*pron*) 1 あれ, それ, あの人, その人. 2 以下のこと.

illic² *adv* [↑] 1 そこに, あそこに. 2 その点で, その状況で.

illicenter °*adv* [in-²/licenter] 不法に.

illicere *inf* ⇨ illicio.
illicibilis -is -e, °*adj* [↓] 誘惑的な.
illiciō -cere -lexī -lectum, *tr* [in-¹/lacio] おびき寄せる, 誘惑する ⟨alqm ad alqd⟩.
illicitātiō -ōnis, °*f* [↑] 誘惑.
illicitātor -ōris, *m* [illicio] (競売で値をせり上げる)さくら.
illicitē °*adv* [↓] 不法に.
illicitus -a -um, *adj* [in-²/licitus] 許されない, 不法な, 非合法の.
illicō *adv* =ilico.
illīdō -ere -līsī -līsum, *tr* [in-¹/laedo] 1 打ち当てる, ぶつける. 2 打ち砕く.
illigāmentum -ī, °*n* [↓] 髪飾り用リボン.
illigō -āre -āvī -ātum, *tr* [in-¹/ligo²] 1 結びつける, つなぐ. 2 からませる; 拘束する, 妨げる.
illim *adv* =illinc.
illimis -is -e, *adj* [in-²/limus¹] 泥のない, 澄んだ.
illīmō -āre -āvī -ātum, *tr* [in-¹/limus¹] 泥だらけにする, 泥でよごす.
illinc *adv* [illim/-ce] 1 そこから, その場所から. 2 そちら側から, そちら側に: *ex hac parte* ... ~ (Cic) 一方では...他方では / *nunc hinc nunc* ~ (Lucr) ここからもまたそこからも.
illinō -ere -lēvī -lit,um, *tr* [in-¹/lino¹] 1 塗りたくる ⟨alqd alci rei⟩. 2 塗る, おおう ⟨alqd re⟩.
illiquefactus -a -um, *adj* [in-¹/liquefacio] 溶解した, 溶けた.
illiquī *inf* ⇨ illiquor.
illiquor -quī, °*intr dep* [in-¹/liquor²] 流れ込む.
illīsī *pf* ⇨ illido.
illīsiō -ōnis, °*f* =:llisus².
illīsus¹ -a -um, *pp* ⇨ illido.
illīsus² -ūs, *m* ぶつけること.
illitterātus -a -um, *adj* [in-²/litteratus¹] 無教育の, 無学の.
illitus -a -um, *pp* ⇨ illino.
illix illicis, *adj* =illex².
illō *adv* ⟨*m sg abl*⟩ [ille] 1 その場所へ, そこへ, そちらへ: *hoc et* ~ (Sen) あちらこちらへ. 2 それに対して, その点へ.
illōc *adv* =illuc.
illocābilis -is -e, *adj* [in-²/loco] (娘が)縁付けられない, 結婚させられない.
illocālis -is -e, °*adj* [in-²/loco] 落ちつく場所のない.
illorsum *adv* [illo/versus²] そちらへ.
illōtus -a -um, *cdj* [in-²/lotus²] 洗っていない, よごれた, 不潔な.
illūc *adv* [illic¹] 1 そこへ, そちらへ: *et huc et* ~ (Plaut) あっちもこっちも / ~ *et* ~ (Ov) あちこち. 2 それに対して, その点へ.
illūceō -ēre, *intr* [in-¹/luceo] 輝く, 明るくなる.
illūcescō -ere -luxī, *tr, intr inch* [↑] I (*tr*) 照らす. II (*intr*) 明るくなる, 輝きだす: (impers) *illuxit* (Liv) 夜が明けた.
illūdiō -āre, *intr* [*cf.* illudo] あざける, からかう ⟨+*dat*⟩.
illūdō -ere -lūsī -lūsum, *intr, tr* [in-¹/ludo] ⟨+*dat*; +*acc*⟩ 1 ばかにする, あざける. 2 だます, かつぐ. 3 浪費する. 4 もてあそぶ.
illūminātē *adv* [illumino] 明るく, 輝いて.
illūminātiō -ōnis, *f* [↓] 1° 照らすこと. 2 光輝, はなばなしさ.
illūminō -āre -āvī -ātum, *tr* [in-¹/lumino] 1 明るくする, 照らす. 2 飾る, 華やかにする. 3 きわだたせる.
illūminus -a -um, *adj* [in-²/lumen] 光のない, 暗い.
illūnis -is -e, *adj* [in-²/luna] 月のない.
Illurgavōnēnsēs -ium, *m pl* イッルルガウォネンセース《Hispania Tarraconensis にいた一部族》.
Illurgavōnensis -is -e, *adj* Illurgavonenses 族の.
illūsī *pf* ⇨ illudo.
illūsiō -ōnis, *f* [illudo] 1 揶揄; 皮肉, 反語. 2° 惑わすこと, 欺瞞.
illustrāmentum -ī, *n* [illustro] 飾ること, 装飾.
illustrātiō -ōnis, *f* [illustro] 生きいきとした描写.
illustrātor -ōris, °*m* [illustro] 照らす者.
illustris -is -e, *adj* [↓] 1 明るい, 輝く. 2 明確な, 明らかな. 3 卓越[傑出]した, 名高い: *res illustrior* (Caes) より目をひくできごと / *feminae illustres* (Suet) 名門の女性たち.
illustrō -āre -āvī -ātum, *tr* [in-¹/lustro¹] 1 明るくする, 照らす. 2 明らかにする, 明るみに出す. 3 栄誉を与える, 輝かしくする: *illustrabit tuam amplitudinem hominum injuria* (Cic) 人々の不正があなたの偉大さを際立たせるでしょう.
illūsus -a -um, *pp* ⇨ illudo.
illūtibarbus -a -um, *adj* [illutus/barba] きたないひげの.
illūtilis -is -e, *adj* [in-²/luo¹] 洗い流すことができない.
illūtus -a -um, *adj* =illotus.
illuviēs -ēī, *f* [in-²/luo¹] 1 よごれ, 泥. 2 洪水, 氾濫.
illuviō -ōnis, °*f* 氾濫.
illuxī *pf* ⇨ illucesco.
Illyria -ae, *f* イッリュリア《Illyrii 族の国》.
Illyricī -ōrum, *m pl* =Illyrii.
Illyricum -ī, *n* =Illyria.
Illyricus -a -um, *adj* =Illyrius.
Illyriī -ōrum, *m pl* [*Gk*] イッリュリイー, *-οι《アドリア海東岸にいた一部族》.
Illyris¹ -idis, *adj f* Illyria の.
Illyris² -idis, *f* =Illyria.
Illyrius -a -um, *adj* Illyria の, Illyrii 族の.
Īlōtae -ārum, *m pl* =Hilotae.
Īlus -ī, *m* [*Gk*]《伝説》イールス, *-ロス《(1) Tros の息子で Assaracus と Ganymedes の兄弟; Laomedon の父; Ilium の創建者. (2) =Julus》.
Ilva -ae, *f* イルウァ《Italia 半島と Corsica 島の間の小島; 現 Elba》.
Imacharēnsis -is -e, *adj* Sicilia 島東海岸の町 Imachara の. **Imacharēnsēs** -ium, *m pl* Imachara の住民.

imāginābilis -is -e, °*adj* [imago] 想像できる.
imāginālis -is -e, °*adj* [imago] 象徴的な.
imāgināliter °*adv* [↑] 象徴的に.
imāginārius -a -um, *adj* [imago] 見せかけの, 実在しない.
imāginātiō -ōnis, *f* [imaginor] 想像, 空想.
imāgineus -a -um, °*adj* [imago] 像の.
imāginō -āre -ātum, *tr* [imago] かたどる, 表わす.
imāginor -ārī -ātus sum, *tr dep* [imago] 心に描く, 想像する.
imāginōsus -a -um, *adj* [↓] (鏡について)像で満ちた.
imāgō -ginis, *f* [*cf.* imitor] **1** 像, 肖像; (特に atrium に置かれた)先祖の像. **2** 亡霊, 幽霊. **3** 反響, こだま. **4** 心像. **5** 描写, 叙述. **6** 《修》比喩. **7** にせもの, 見せかけ; 似姿. **8** 典型, 象徴. **9** 形, 姿. **10**° 《動》成虫, 成体.
imāguncula -ae, *f dim* [↑] (小さな)像.
imbalnitiēs -ēī, *f* [in-²/balneum] 入浴していないこと, 不潔, きたないこと.
imbēcillē *adv* [imbecillus] 弱く, 弱々しく.
imbēcillis -is -e, *adj* =imbecillus.
imbēcillitās -ātis, *f* [imbecillus] **1** 弱いこと, 虚弱. **2** 無力.
imbēcilliter °*adv* [imbecillus] =imbecille.
imbēcillor -ārī, °*intr dep* [imbecillis] 病弱である, 弱い.
imbēcillus -a -um, *adj* **1** 弱い, 虚弱な, 弱々しい. **2** 無力な.
imbellia -ae, *f* [↓] 戦争に適さないこと.
imbellis -is -e, *adj* [in-²/bellum] **1** 戦争に適さない. **2** 戦争好きでない, 平和を好む. **3** 戦争のない, 平和な.
imber -bris, *m* **1** 雨; にわか雨; 豪雨. **2** 雨雲. **3** 水, 流れ. **4** 雨あられと降り注ぐもの.
imberbis -is -e, *adj* [in-²/barba] ひげのない.
imberbus -a -um, *adj* =imberbis.
imbibī *pf* ⇨ imbibo.
imbibō -ere -bibī -bitum, *tr* [in-¹/bibo] **1** 飲み込む, 吸い込む. **2** (心に)いだく. **3** 決心する, 企てる <alqd>.
imbītō -ere, *tr* [in-¹/bito] (中へ)入る.
imbractum -ī, °*n* ソース.
imbrex imbricis, *f* (*m*) [imber] **1** 中空の瓦[タイル], 樋瓦. **2** てのひらをカップ状にして拍手すること.
imbriālis -is -e, °*adj* [imber] 雨の.
imbricitor -ōris, *m* [imber/cieo] 雨を降らせる者.
imbricō -āre -ātum, *tr* [imbrex] **1**° 樋瓦でおおう. **2** 樋瓦の形にする.
imbricus -a -um, *adj* [imber] 雨の, 雨を降らせる.
imbrifer -fera -ferum, *adj* [imber/fero] 雨をもたらす.
imbrificō -āre, °*tr* [imber/facio] 雨でぬらす.
Imbrius -a -um, *adj* Imbrus の.
Imbrus, -os -ī, *f* [*Gk*] インブルス, *-*ロス 《エーゲ海北東部の小島》.
imbuī *pf* ⇨ imbuo.

imbuō -ere -buī -būtum, *tr* **1** 湿らせる, ぬらす, 浸す <alqd re>. **2** よごす. **3** 慣らす, 教えこむ: *an tu dialecticis ne imbutus quidem es?* (CIC) あなたは論理学の初歩すら学んでいないのか. **4** 先鞭をつける, 手本を示す.
imbūtāmentum -ī, °*n* [↑] 教えること, 教授.
imbūtus -a -um, *pp* ⇨ imbuo.
imitābilis -is -e, *adj* [imitor] 模倣できる.
imitāmen -minis, *n* [imitor] **1** 模倣. **2** 似たもの, 複写.
imitāmentum -ī, *n* =imitamen.
imitātiō -ōnis, *f* [imitor] **1** 模倣. **2** にせもの.
imitātīvus -a -um, °*adj* [imitor] 模倣によって表わす.
imitātor -ōris, *m* [imitor] 模倣者.
imitātrīx -īcis, *f* [↑] 模倣者《女性》.
imitātus¹ -a -um, *pp* ⇨ imitor.
imitātus² -ūs, °*m* 模倣.
imitō -āre, *tr* =imitor.
imitor -ārī -ātus sum, *tr dep* **1** 模倣する, まねる, 似る <abs; alqm [alqd]>. **2** 模造する, 複製する.
imitus *adv* [imus] 底から, 底で.
immaculābilis -is -e, °*adj* [in-²/maculo] けがすことのできない.
immaculātus -a -um, *adj* [in-²/maculo] けがされていない, けがれのない.
immaculō -āre, °*tr* [in-¹/maculo] よごす, けがす.
immadēscō -ere -maduī, *intr* [in-¹/madesco] ぬれる.
immaduī *pf* ⇨ immadesco.
immāne *adv* [immanis] **1** 法外に, 途方もなく. **2** 恐ろしく, 粗暴に.
immaneō -ēre, °*intr* [in-¹/maneo] 内在する.
immanifestus -a -um, °*adj* [in-²/manifestus] 明白でない.
immānis -is -e, *adj* [in-²/manes] **1** 巨大な, 莫大な. **2** 恐ろしい. **3** 野蛮な, 粗暴な.
immānitās -ātis, *f* [↑] **1** 巨大, 莫大. **2** 恐ろしいこと, 野蛮, 粗暴.
immāniter *adv* =immane.
immansuētus -a -um, *adj* [in-²/mansuetus] 飼いならされていない, 野生の, 野蛮な.
immarcēscibilis -is -e, °*adj* [in-²/marcesco] 色のさめない.
immateriālis -is -e, °*adj* [in-²/materialis] 無形の, 非物質的な.
immātūrē *adv* [immaturus] 時宜を得ないで, 時期尚早に.
immātūritās -ātis, *f* [↓] **1** 未熟, 未成熟. **2** 時期尚早, 性急.
immātūrus -a -um, *adj* [in-²/maturus] **1** 未熟な, 未成熟の. **2** 時期尚早の, 時ならぬ: *mors immatura* (CIC) 早死に / ~ *infans* (SUET) 早産児.
immediātus -a -um, °*adj* [in-²/medius] 直接的な, 直観の.
immedicābilis -is -e, *adj* [in-²/medicabilis] 不治の.
immedicābiliter °*adv* [↑] 直る見込みもないほど.

immeditātē *adv* [↓] 前もって考えずに.
immeditātus -a -um, *adj* [in-²/meditatus] 前もって考えない, わざとらしくない, 巧まない.
immējō -ere, *intr* [in-¹/mejo] 中へ放尿する ⟨+ *dat*⟩.
immemor -oris, *adj* [in-²/memor] 1 心に留めない, 忘れている; 忘れやすい ⟨+*gen*; +*inf*⟩: *nec erat Romanorum rerum* ~ (Cic) 彼はローマの歴史を知らないわけではなかった. 2 恩知らずの. 3 不注意な.
immemorābilis -is -e, *adj* [in-²/memorabilis] 1 言い表わすことができない. 2 言う価値のない. 3 思い出すことができない.
immemorātiō -ōnis, °*f* [immemor] 心に留めないこと, 忘却.
immemorātus -a -um, *adj* [in-²/memoratus¹] (まだ)述べられていない, 言及されていない.
immemoria -ae, *f* [in-²/memoria] 忘却.
immensitās -ātis, *f* [immensus] 計り知れないこと, 広大, 莫大.
immensiter °*adv* =immensum².
immensum¹ -ī, *n* [immensus] 無限の広がり, 無限, 莫大: *in* [*ad*] ~ (Sall Liv) 無限に, 莫大に.
immensum² *adv* (*neut*) [immensus] 無限に, 莫大に, 法外に.
immensūrābilis -is -e, °*adj* [in-²/mensuro] 計ることのできない, 無限の.
immensus -a -um, *adj* [in-²/metior] 計ることのできない, 計り知れない, 無限の, 莫大な, 広大な.
immeō -āre, *intr* [in-¹/meo] 入り込む.
immerens -entis, *adj* [in-²/merens] 1 (…に)値しない. 2 罪のない, 潔白な.
immerenter *adv* [↑] 不当に.
immergō -ere -mersī -mersum, *tr* [in-¹/mergo] 1 浸す, 沈める, 突っ込む ⟨alqm [alqd] in alqd; alqm [alqd] re⟩. 2 (*refl*) (ある行動・状態に)陥る, 飛び込む: *immergere se in consuetudinem alcis* (Cic) (うまく取り入って)ある人と知り合いになる.
immeritō *adv* (*abl*) [↓] 不当に.
immeritus -a -um, *adj* [in-²/meritus] 1 (…に)値しない; 罪のない, 潔白な. 2 不当な.
immersābilis -is -e, *adj* [in-²/merso] 沈められない.
immersiō -ōr.is, °*f* [immergo] 浸すこと, 沈めること.
immersus -a -um, *pp* ⇨ immergo.
immētātus -a -um, *adj* [in-²/meto¹] 測定されていない.
immigrō -āre -āvī -ātum, *intr* [in-¹/migro] 移動する, 転入する ⟨in alqd⟩.
imminentia -ae, *f* [↓] 切迫, 差し迫っていること.
immineō -ēre, *intr* [in-¹/cf. emineo] 1 差し掛かる, 張り出す ⟨+*dat*⟩. 2 おびやかす, 悩ます ⟨alci⟩. 3 狙っている, 心を傾けている; 用心している ⟨in [ad] alqd; +*dat*⟩. 4 (災難・危険が)降りかかっている, 差し迫っている ⟨alci⟩.
imminuī *pf* ⇨ imminuo.
imminuō -ere -minuī -minūtum, *tr* [in-¹/minuo] 減らす, 少なくする ⟨alqd de re⟩. 2 弱める. 3 だめにする, こわす. 4 恥辱を与える.
imminūtiō -ōnis, *f* [↑] 1 減らすこと, 小さくすること, 弱めること. 2 《修》緩叙法 (*e.g.* non minime=maxime).
imminūtus¹ -a -um, *adj* (*pp*) [imminuo] 小さくされた, 減らされた, 弱められた.
imminūtus² -a -um, *adj* [in-²/minutus] 《法》そこなわれていない.
immisceō -ēre -miscuī -mixtum, *tr* [in-¹/misceo] 1 混ぜ合わせる. 2 組み合わせる, 結合する: *se immiscere colloquiis montanorum* (Liv) 山地の住人たちの協議に加わる.
immiserābilis -is -e, *adj* [in-²/miserabilis] 1 あわれまれない. 2° 無慈悲な, 冷酷な.
immiserābiliter °*adv* [↑] 無慈悲に.
immisericordia -ae, °*f* [immisericors] 無情, 冷酷.
immisericorditer *adv* [↓] 無情に, 冷酷に.
immisericors -rdis, *adj* [in-²/misericors] 無情な, 冷酷な.
immīsī *pf* ⇨ immitto.
immissiō -ōnis, *f* [immitto] 1 入らせること. 2 成長させること.
immītis -is -e, *adj* [in-²/mitis] 1 未熟な, 酸っぱい. 2 残酷な, 無情な.
immittō -ere -mīsī -missum, *tr* [in-¹/mitto] 1 入ることを許す, 入れる, 差し込む ⟨alqm [alqd] in [ad] alqd ; alqd alci rei⟩. 2 行かせる, 放つ. 3 成長させる: *barba immissa* (Verg) 長く伸ばしたひげ. 4 突進させる, 発射する: *immittere se in hostium manum* (Cic) 敵の部隊に攻撃をしかける. 5 けしかける, 煽動する ⟨alqm in alqm⟩.
immixtiō -ōnis, °*f* [immisceo] 混合.
immixtus -a -um, *pp* ⇨ immisceo.
immō *adv* それどころか, とんでもない: *familiarem? ~ alienissimum* (Cic) 親しい友人か? とんでもない, 全く知らない人だ.
immōbilis -is -e, *adj* [in-²/mobilis] 1 動かせない, 不動の. 2 動じない, 冷静な. 3 不変の.
immōbilitās -ātis, °*f* [↑] 1 不動, 不変. 2 冷淡.
immōbiliter °*adv* [immobilis] 動かされずに.
immoderantia -ae, °*f* [in-²/moderor] 不節制.
immoderātē *adv* [immoderatus] 1 無秩序に. 2 節度なく, 不節制に.
immoderātiō -ōnis, *f* [in-²/moderatio] 節度のないこと, 過度.
immoderātus -a -um, *adj* [in-²/moderatus] 1 節度のない, 過度の, 法外な. 2 計り知れない, 無限の. 3 慎しみのない, 放縦な.
immodestē *adv* [immodestus] 1 節度なく, 過度に. 2 不当に.
immodestia -ae, *f* [↓] 節度のないこと, 放縦.
immodestus -a -um, *adj* [in-²/modestus] 節度のない, 過度の.
immodicē *adv* [↓] 節度なく, 過度に.
immodicus -a -um, *adj* [in-²/modicus] 1 節度のない. 2 過度の, 極端な.
immodulātus -a -um, *adj* [in-²/modulatus¹]

韻律に合わない.
immoenis -is -e, *adj* 《古形》=immunis.
immolātiō -ōnis, *f* [immolo] 犠牲を捧げること, 供犠(ぎ).
immolātor -ōris, *m* [immolo] 犠牲を捧げる人, 供犠を行なう人.
immōlitus -a -um, *adj* [in-¹/molior] (ある場所に)建てられた.
immolō -āre -āvī -ātum, *tr* [in-¹/mola] 1 (犠牲を)ささげる, 供える 〈abs; alci alqd; alqd re〉. 2 殺す, 犠牲にする 〈alqm〉.
immordeō -ēre -morsum, *tr* [in-¹/mordeo] 1 かみつく. 2 刺激する.
immorī *inf* ⇒ immorior.
immorior -morī -mortuus sum, *intr dep* [in-¹/morior] (…の上[そば]で)死ぬ 〈+dat〉.
immoror -ārī -ātus sum, *tr dep* [in-¹/moror] 1 とどまる, ぐずぐずする 〈alci rei; in re〉. 2 詳しく論じる, かかずらう.
immorsus -a -um, *pp* ⇒ immordeo.
immortālis -is -e, *adj* [in-²/mortalis¹] 1 不死の. 2 不滅の, 不朽の, 永久の. 3 至福の.
immortālitās -ātis, *f* [↑] 1 不死; 不滅, 不朽. 2 至福.
immortāliter *adv* [immortalis] 限りなく.
immortālitus *adv* [immortalis] 天から, 神々の恵みによって.
immortuus -a -um, *pp* ⇒ immorior.
immōtus -a -um, *adj* [in-²/moveo] 1 動かない, 静止した: *serenus et ~ dies* (Tac) 晴れた風のない日. 2 不動の, 揺るぎない: *immota pax* (Tac) 揺るぎない平和.
immūgiō -īre -īvī [-iī], *intr* [in-¹/mugio] ほえる, うなる; とどろく 〈abs; +dat〉.
immulgeō -ēre, *tr* [in-¹/mulgeo] 乳をしぼり入れる.
immunditia -ae, **-ēs** -ēī, *f* [↓] 不潔.
immundus -a -um, *adj* [in-²/mundus¹] よごれた, 不潔な.
immūniō -īre -īvī, *tr* [in-¹/munio] 防備を固める.
immūnis -is -e, *adj* [in-²/munus] 1 (納税・兵役などを)免除された 〈+gen [abl]〉. 2 義務を果たさない, 貢献しない: *~ fucus* (Verg) なまけ者の雄蜂. 3 (…から自由な, (…を)免れている, (…に)関与しない 〈+gen [abl]; a re〉: *urbs ~ tanti belli* (Verg) こんなに大きな戦争を免れた町.
immūnitās -ātis, *f* [↑] 1 (納税・義務などの)免除. 2 免れていること, 自由 〈alcis rei〉. 3° 特権. 4° 免疫性.
immūnītus -a -um, *adj* [in-²/munitus] 1 無防備の. 2 整備されていない.
immūnologia -ae, °*f* 免疫学.
immurmurātiō -ōnis, °*f* [↓] ブツブツ言うこと.
immurmurō -āre -āvī -ātum, *intr* [in-¹/murmuro] (…に対して)ブツブツ言う, つぶやく 〈abs; alci rei〉.
immūsicus -a -um, °*adj* [in-²/musicus¹] 音楽を解しない; 教養のない.
immusulus -ī, *m* 【鳥】ハゲタカの類.
immūtābilis¹ -is -e, *adj* [immuto] 変化した.
immūtābilis² -is -e, *adj* [in-²/mutabilis] 変えられない, 不変の.
immūtābilitās -ātis, *f* [↑] 不変(性).
immūtābiliter *adv* [immutabilis²] 不変に.
immūtātiō -ōnis, *f* [immuto] 1 変化, 交換. 2 【修】換喩.
immūtātus¹ -a -um, *pp* ⇒ immuto.
immūtātus² -a -um, *adj* [in-²/muto] 不変の.
immūtēscō -ere -mūtuī, *intr* [in-¹/mutus] 無言になる, 黙りこむ.
immutilātus -a -um, °*adj* [in-²/mutilo] そこなわれていない, 完全な.
immūtō -āre -āvī -ātum, *tr* [in-¹/muto¹] 1 変える, 変化させる. 2 【修】(換喩によって別の語に)換える.
immūtuī *pf* ⇒ immutesco.
imō *adv* =immo.
Imp. (略) =imperator; imperium.
impācātus -a -um, *adj* [in-²/pacatus] 1 征服[平定]されていない. 2 平和でない, 不穏な.
impācificus -a -um, °*adj* [in-²/pacificus] 平和を好まない.
impactiō -ōnis, *f* [impingo] 衝突, 衝撃.
impactus -a -um, *pp* ⇒ impingo.
impaenitendus -a -um, *adj* [in-²/paenitendus] 後悔に値しない.
impaenitens -ntis, °*adj* [in-²/paeniteo] 悔い改めない, 改悛の情がない.
impaenitentia -ae, °*f* [↑] 悔い改めないこと, 改悛の情がないこと.
impāgēs -is, *f* [*cf.* compages] (扉などの)横木, 当て木.
impallēscō -ere -palluī, *intr* [in-¹/pallesco] (顔面)蒼白になる.
impalluī *pf* ⇒ impallesco.
impalpābilis -is -e, °*adj* [in-²/palpabilis] 手に感じられない, 触知できない.
impalpebrātiō -ōnis, °*f* 【病】眼瞼麻痺.
impār -paris, *adj* [in-²/par] 1 等しくない, 不同の, 異なった. 2 奇数の. 3 一様でない. 4 匹敵しない, 劣った 〈alci〉.
imparātiō -ōnis, °*f* [↓] 不消化.
imparātus -a -um, *adj* [in-²/paratus¹] 準備のできていない 〈(a) re〉.
imparilis -is -e, °*adj* [impar] 等しくない, 異なった.
imparilitās -ātis, *f* [impar] 不均等, 一様でないこと.
imparitās -ātis, °*f* =imparilitas.
impariter *adv* [impar] 不均等に.
impartibilis -is -e, °*adj* =impartilis.
imparticipābilis -is -e, °*adj* [in-²/participo] 関与できない, 分け前にあずからない.
imparticipātus -a -um, °*adj* [in-²/participo] 分割[分配]されていない.
impartilis -is -e, °*adj* [in-²/partior] 分割できない, 不可分の.
impartiō -īre, *tr* =impertio.

impartior -īrī, *tr dep* =impertior.

impāscor -scī, *intr dep* [in-¹/pasco] 牧草を食(⁽¹²⁾)む.

impassibilis -is -e, *adj* [in-²/passibilis] 無感覚な, 苦痛を感じない.

impassibiliter *adv* [↑] 苦痛[苦しみ]を感じないで.

impāstus -a -um, *adj* [in-²/pasco] 食物を与えられていない, 飢えた.

impatibilis -is -e, *adj* =impetibilis.

impatiēns -entis, *adj* [in-²/patiens] 1 我慢できない, じっとしていられない ⟨+*gen*⟩: ～ *irae* (Ov) 憤りを抑えられない. 2 無感覚な.

impatienter *adv* [↑] 我慢できぬほど.

impatientia -ae, *f* [impatiens] 1 我慢できないこと. 2 無感動.

impavidē *adv* [↓] 大胆不敵に, 恐れを知らずに.

impavidus -a -um, *adj* [in-²/pavidus] 恐れを知らない, 大胆不敵な.

impeccābilis -is -e, *adj* [in-²/pecco] 欠点[過失]のない.

impeccantia -ae, *f* [in-²/pecco] 罪のないこと.

impedātiō -ōnis, *f* [impedo] 添え木をあてて支えること.

impedīmentum -ī, *n* [↓] 1 妨害. 2 (*pl*) 手荷物. 3 荷物.

impediō -īre -īvī [-iī] -ītum, *tr* [in-¹/pes] 1 からませる, 巻きつける ⟨alqd re⟩. 2 (詩)取り囲む. 3 動きを制約する, 妨げる, 妨害する ⟨alqm [alqd] (a [in]) re; ne, quominus, quin⟩; +*inf*⟩.

impedītiō -ōnis, *f* [↑] 妨害.

impedītus -a -um, *adj* (*pp*) [impedio] 1 動きを制約された, 妨げられた: *omnium impeditis animis* (Caes) 皆の注意が他に向いている間に. 2 通れない. 3 重い荷物を負わされた. 4 厄介な, 煩わしい.

impedō -āre, *tr* [in-¹/pedo¹] 添え木をあてて支える.

impēgī *pf* ⇨ impingo.

impellō -ere -pulī -pulsum, *tr* [in-¹/pello] 1 打つ, 打ち当てる ⟨alqd⟩. 2 動かす, 駆る, 追いやる. 3 打ち倒す, ひっくり返す, 破壊する. 4 促す, 駆りたてる ⟨alqm ad [in] alqd; ut; +*inf*⟩.

impendeō -ēre, *intr* [in-¹/pendeo] 1 上に差し掛かっている, たれさがっている ⟨abs; alci rei⟩. 2 おびやかしている, 差し迫っている ⟨alci; in alqm⟩.

impendī *pf* ⇨ impendo.

impendiō *adv* (*abl*) [impendium] 大いに, はなはだ.

impendiōsus -a -um, *adj* [↓] 浪費する.

impendium -ī, *n* [↓] 1 支出, 出費: *impendio publico* (Liv) 公費で. 2 利子.

impendō -ere -pendī -pensum *tr* [in-¹/pendo] 1 支出する ⟨alqd in alqd; alqd alci rei⟩: *impendere operam, curam in alqd* (Cic) 労力と関心をあるものに向ける.

impenetrābilis -is -e, *adj* [in-²/penetrabilis] 1 突き通せない. 2 受けつけない, 無感覚な ⟨alci rei⟩: *pudicitia* ～ (Tac) 難攻不落の貞節.

impēnsa -ae, *f* [impensus] 1 支出, 出費. 2 費やすこと, 用いること.

impēnsē *adv* [impensus] 1 多くの費用をかけて. 2 熱心に, しつこく. 3 大いに, はなはだ.

impēnsor -ōris, *° m* [impendo] (努力・愛情を)そそぐ人.

impēnsus -a -um, *adj* (*pp*) [impendo] 1 高価な, 金のかかる. 2 熱烈な, 激しい.

imperābiliter *adv* [impero] 横柄に, 権柄ずくに.

imperātiō -ōnis, *° f* [impero] 命令.

imperātīvē *° adv* [↓] 命令的に; 横柄に, 権柄ずくに.

imperātīvus -a -um, *° adj* [impero] 命令の: *modus* ～ (Capel) [文] 命令法.

imperātor -ōris, *m* [impero] 1 指揮者, 支配者. 2 最高司令官. 3 (帝政ローマの)皇帝.

imperātōriē *° adv* [↓] 1 司令官のように. 2 皇帝のように.

imperātōrius -a -um, *adj* [imperator] 1 最高司令官の. 2 皇帝の.

imperātrīx -īcis, *f* [imperator] 支配者, 司令官 (女性).

imperātum -ī, *n* (*pp*) [impero] 命令, 指令.

imperceptus -a -um, *adj* [in-²/percipio] 知られていない, 気づかれていない.

impercō -ere, *intr* [in-¹/parco] いたわる, 大事にする ⟨+*dat*⟩.

impercussus -a -um, *adj* [in-²/percutio] 打たれない; 物音のしない.

imperditus -a -um, *adj* [in-¹/perditus¹] 滅ぼされない, 殺されない.

imperfectē *adv* [↓] 不完全に.

imperfectus -a -um, *adj* [in-²/perfectus¹] 未完成の, 不完全な.

imperfossus -a -um, *adj* [in-²/perfodio] 刺し通されていない.

imperiālis -is -e, *° adj* [imperium] 皇帝の.

imperiāliter *° adv* [↑] 皇帝のように, 皇帝として.

imperiōsē *adv* [↓] 権柄ずくに, 横柄に.

imperiōsus -a -um, *adj* [imperium] 1 支配している, 命令する, 権力のある. 2 権柄ずくの, 専制的な, 横暴な.

imperītē *adv* [imperitus] 無知に, 未熟に.

imperītia -ae, *f* [imperitus] 未熟, 未経験, 無知.

imperitō -āre -āvī -ātum, *intr, tr freq* [impero] 命令する, 指揮する, 支配する ⟨+*dat*; +*acc*⟩.

imperītus -a -um, *adj* [in-²/peritus²] 未経験の, 未熟な, 無知の ⟨alcis rei⟩.

imperium -ī, *n* [impero] 1 命令, 指令. 2 権力, 支配権, 命令権: ～ *totius Galliae* (Caes) ガリア全土の支配権. 3 支配, 統治. 4 官職, 職権, 軍隊指揮権: *imperia magistratūsque* (Nep) 戦時および平時の官職. 5 命令権者, 指揮官, 官吏: *nacti vacuas ab imperiis Sardiniam et Siciliam* (Caes) 彼らは総督のいなくなった (属州) Sardinia と Sicilia を手に入れた. 6 領土, 帝国.

imperjūrātus -a -um, *adj* [in-²/perjuro] 偽誓

impermeābilis -is -e, °*adj* [in-²/permeabilis] 通過できない, 横断できない.

impermisceō -ēre -mixtus, °*tr* [in-¹/permisceo] 混入する.

impermissus -a -um, *adj* [in-²/permitto] 許されない, 禁止された.

impermixtus¹ -a -um, *pp* ⇒ impermisceo.

impermixtus² -a -um, *adj* [in-²/permisceo] まざりもののない, 純粋な.

impermūtābilis -is -e, °*adj* [in-²/permutabilis] 不変の.

imperō -āre -āvī -ātum, *tr*, *intr* [in-¹/paro²] 1 要求する ⟨alci alqd⟩: *imperare obsides reliquis civitatibus* (CAES) 他の部族に人質を要求する. 2 命令する⟨alci alqd; ut; +acc c. inf⟩: *has omnes acturias imperat fieri* (CAES) 彼はこれらすべて(の船)を帆走できるように造ることを命じる. 3 支配する, 統治する ⟨+dat⟩.

imperpetuus -a -um, *adj* [in-²/perpetuus] 永続しない, 一時的な.

imperscrūtābilis -is -e, °*adj* [in-²/perscrutabilis] 計り知れない, 不可解な.

impersōnālis -is -e, °*adj* [in-²/personalis] 〖文〗非人称の.

impersōnāliter °*adv* [↑] 1 個人名を示さずに. 2 〖文〗非人称的に.

impersōnātīvus -ī, °*m* [in-²/persona] 〖文〗不定法.

imperspicābilis -is -e, °*adj* [in-²/perspicax] 不可解な, 計り知れない.

imperspicuus -a -um, *adj* [in-²/perspicuus] 見通せない, 推測しがたい.

imperterritus -a -um, *adj* [in-²/perterreo] 恐れを知らぬ, 大胆不敵な.

impertiō -īre -īvī [-iī] -ītum, *tr* [in-¹/partio²] 分配する, 分け与える⟨alci alqd⟩. 2 参加させる, あずからせる⟨alqm re⟩: *impertire alqm nullo honore* (SUET) ある人に何の官職をも与えない.

impertior -īrī, *tr dep* =impertio.

impertīta -ōrum, *n pl* (*pp*) [impertio] 寛大な処置.

impertītiō -ōnis, °*f* [impertio] 分け与えること.

imperturbābilis -is -e, °*adj* [in-²/perturbo] 動じない, 冷静な.

imperturbātiō -ōnis, °*f* [in-²/perturbatio] 冷静, 沈着.

imperturbātus -a -um, *adj* [in-²/perturbatus] 乱されていない, 冷静な.

impervius -a -um, *adj* [in-²/pervius] 通れない.

***impes** -petis (*abl* -pete), *m* (用例は *sg gen*, *abl* のみ) =impetus.

impete *sg abl* ⇒ impes.

impetibilis -is -e, °*adj* [in-²/patibilis] 耐えられない, 我慢できない.

impetīginōsus -a -um, °*adj* [↓] 〖病〗膿痂疹にかかっている.

impetīgō -ginis, *f* [impeto] 〖病〗膿痂疹(のうかしん).

impetītus -a -um, *pp* ⇒ impeto.

impetīvī *pf* ⇒ impeto.

impetō -ere -petīvī -petītum, *tr* [in-¹/peto] 攻撃する, 襲う.

impetrābilis -is -e, *adj* [impetro] 1 達成[到達]できる, 獲得できる: *quo impetrabilior pax esset* (LIV) 平和がより達成しやすいように. 2 上首尾の, 好結果の: *orator* ~ (PLAUT) 説得力のある話し手 / *dies* ~ (PLAUT) 物事がうまくいく日.

impetrābiliter °*adv* [↑] 達成できるように.

impetrātiō -ōnis, *f* [impetro] 嘆願によって獲得すること.

impetrātīvus -a -um, °*adj* [impetro] (嘆願によって)得られた.

impetrātor -ōris, °*m* [impetro] 獲得する人.

impetriō -īre -īvī [-iī] -ītum, *tr desid* [impetro] (吉兆によって)獲得しようとする.

impetrītum -ī, *n* (*pp*) [↑] (祈りに応じて得られた)吉兆.

impetrō -āre -āvī -ātum, *tr* [in-¹/patro] (嘆願によって)獲得する; 達成する⟨alci alqd; alqd ab alqo; ut⟩.

impetuōsē °*adv* [↓] 激しく, 猛烈に.

impetuōsus -a -um, °*adj* [↓] 激しい, 猛烈な.

impetus -ūs, *m* [impeto] 1 突進, 攻撃, 襲撃. 2 激しい動き, 勢い, 激しさ: *contra vim atque impetum fluminis* (CAES) 川の激しい流れに逆らって. 3 衝動, 刺激, 激情: *divinus* ~ (CIC) 霊感. 4 発作. 5 精力, 活気.

impexus -a -um, *adj* [in-²/pecto] 1 (髪が)くしけずられていない, ぼさぼさの. 2 粗野な, 洗練されていない.

impiāmentum -ī, °*n* [impio] 不浄にすること, けがすこと.

impiē *adv* [impius] 不信心に, 人の道に背いて, 非道に.

impietās -ātis, *f* [impius] 不信心, 人の道に背くこと; (祖国への)叛逆.

impigens -entis, °*adj* [in-²/piget] 疲れを知らぬ, たゆみない.

impiger -gra -grum, *adj* [in-²/piger] 怠けない, たゆみない, 勤勉な, 精力的な ⟨in re⟩: ~ *in scribendo* (CIC) 筆まめな.

impignerō -āre, °*tr* [in-¹/pignero] 抵当[質]に入れる.

impigrē *adv* [impiger] 精力的に, 根気強く, すみやかに.

impigritās -ātis, *f* [impiger] 根気強いこと, 勤勉.

impigritia -ae, *f* =impigritas.

impīlia -ium, *n pl* [*Gk*] フェルト靴.

impingō -ere -pēgī -pactum, *tr* [in-¹/pango] 1 打ち込む, 打ち当てる ⟨alqd alci rei; alqd in alqd⟩. 2 強いる, 押しつける; 追いやる.

impinguātiō -ōnis, °*f* [↓] 太らせること.

impinguō -āre -ātum, *tr*, °*intr* [in-¹/pinguis] I (*tr*) 太らせる. II (*intr*) 太る.

impiō -āre -āvī -ātum, *tr* [↓] 不信心にする, 罪深くする, けがす.

impius -a -um, *adj* [in-²/pius] 1 神を敬わない, 不

敬虔な. **2**（家族・祖国への）義務を果たさない, 非道の.

implācābilis -is -e, *adj* [in-²/placabilis] なだめがたい, 無情な.

implācābilitās -ātis, °*f* [↑] なだめにくいこと, 無情.

implācābiliter *adv* [implacabilis] なだめがたく.

implācātus -a -um, *adj* [in-²/placo] なだめられていない, 満足していない.

implacidus -a -um, *adj* [in-²/placidus] 荒い, 粗暴な.

implagō -āre, °*tr* [in-¹/plaga²] 網で捕える.

implanātor -ōris, °*m* [↓] 欺く人.

implanō -āre -āvī -ātum, °*tr* [in-¹/planus²] 欺く.

implānus -a -um, °*adj* [in-²/planus¹] 平坦でない, 起伏に富んだ.

implēbilis -is -e, °*adj* [impleo] 満たす.

implectō -ere -plexī -plexum, *tr* [in-¹/plecto¹] 編み込む, からみ合わせる.

implēmentum -ī, °*n* [↓] 充満.

impleō -ēre -plēvī -plētum, *tr* [in-¹/pleo] **1** 満たす, いっぱいにする ⟨alqd re; alqd alcis rei⟩: *implere urbem tumultu* (LIV) 町中暴動に包まれる. **2** 満足させる. **3** 妊娠させる. **4** 完了する: *implere finem vitae* (TAC) 生涯を終える. **5** 果たす, なし遂げる, 実現する.

implētiō -ōnis, °*f* [↑] 実現, 成就.

implētus -a -um, *pp* ⇒ impleo.

implēvī *pf* ⇒ impleo.

implexī *pf* ⇒ implecto.

implexiō -ōnis, °*f* [implecto] からみ合い, もつれること.

implexus¹ -a -um, *pp* ⇒ implecto.

implexus² -ūs, *m* からみ合わせること.

implicātiō -ōnis, *f* [implico] **1** からみ合わせること, 織り込むこと. **2** 困難, 障害.

implicātūra -ae, °*f* [implico] もつれること, 紛糾.

implicātus -a -um, *adj* (*pp*) [implico] もつれた, 紛糾した, 複雑な.

impliciscor -scī, *intr dep inch* [implico] もつれる,（頭が）おかしくなる.

implicitē *adv* [↓] もつれて, 込み入って.

implicitus -a -um, *adj* =implicatus.

implicō -āre -āvī [-uī] -ātum [-itum], *tr* [in-¹/plico] **1** からませる, 包み込む: *implicare bracchia collo* (OV) 首に腕を巻きつける. **2** 巻き込む, 巻き添えにする, 陥れる ⟨alqm re⟩: *implicari morbo* (CAES) 病気にかかる. **3** 結合する: *implicare se societate* (CIC) 社会と関わりをもつ. **4** 混乱[紛糾]させる.

implicuī *pf* =implicavi (⇒ implico).

implōrābilis -is -e, *adj* [imploro] 嘆願することができる.

implōrātiō -ōnis, *f* [↓] 嘆願, 哀願.

implōrō -āre -āvī -ātum, *tr* [in-¹/ploro] **1** 嘆願する, 助けを求める ⟨alqm [alqd]; ut, ne⟩: *implorare deos* (CIC) 神々に嘆願する. **2** 請い求める, 嘆願して得る ⟨alqd ab alqo⟩: *implorare auxilium a populo Romano* (CAES) ローマ人に援助を求める.

impluī *pf* ⇒ impluo.

implumbō -āre -āvī -ātum, *tr* [in-¹/plumbo] はんだづけする.

implūmis -is -e, *adj* [in-²/pluma] 羽毛のない, 羽が生えそろわない.

impluō -ere -pluī -plūtum, *intr* [in-¹/pluo]（通例 *impers*）雨が降りかかる, 降り注ぐ ⟨alci rei; in+*acc*⟩.

implūtus -a -um, *pp* ⇒ impluo.

impluviātus -a -um, *adj* impluvium に似た形の.

impluvium -ī, *n* [impluo] **1** (atrium の) 天窓. **2** (atrium の天窓の下にある方形の) 雨水だめ.

impoenitens -ntis, °*adj* =impaenitens.

impoenītus -a -um, *adj* =impunitus.

impolītē *adv* [impolitus] 飾らずに.

impolītia -ae, *f* [↓] 世話[手入れ]不足, 薄汚いこと.

impolītus -a -um, *adj* [in-²/politus] **1** 加工されていない, 自然のままの. **2** 洗練されていない, 野暮な.

impollūtus -a -um, *adj* [in-²/pollutus] けがされていない.

impōnō -ere -posuī -positum, *tr* (*intr*) [in-¹/pono] **I** (*tr*) **1** (ある物の中[上]に) 置く, 据える ⟨alqm [alqd] in alqd [re]; alqd alci rei⟩: *imponere legiones equitesque in naves* (CAES) 軍団兵と騎兵を船に乗せる. **2** (支配者として) 立てる, 任命する ⟨alqm alci rei⟩: *imponere Cappadociae consularem rectorem* (SUET) Cappadocia に執政官級の総督を立てる. **3** 課する, 負わせる: *imponere stipendium victis* (CAES) 敗者に税を課す. **4** 加える, 与える: *honesta nomina turpissimis rebus imponere* (CIC) 最もみにくい行為にりっぱな名を与える. **II** (*intr*) だます, 欺く ⟨alci⟩.

imporcitor -ōris, *m* [↓] 畝を立てる者.

imporcō -āre -ātum, *tr* [in-¹/porca²] 畝を立てる.

importābilis -is -e, °*adj* [in-²/portabilis] **1** 運べない. **2** 耐えられない.

importātīcius -a -um, °*adj* [↓] 外国から持ち込まれた, 輸入された.

importō -āre -āvī -ātum, *tr* [in-¹/porto] **1** 持ち込む, 輸入する. **2** もたらす, ひき起こす ⟨alci alqd⟩.

importūnē *adv* [importunus] 不適切に, 都合悪く.

importūnitās -ātis, *f* [↓] **1** 不適切, 不都合. **2** 無作法, 横柄.

importūnus -a -um, *adj* [*cf*. opportunus] **1** 不適切な, 不都合な: *importunum tempus* (CIC) まずい時機. **2** 厄介な, 面倒な. **3** 無作法な, 横柄な.

importuōsus -a -um, *adj* [in-²/portus] 港のない.

impos -potis, *adj* [in-²/potis] 無力な,（…を）自由にすることができない ⟨abs; alcis rei⟩: ~ *mentis* (SUET) 気が狂っている.

impositiō -ōnis, *f* [impono] **1** 上に置くこと, あてがうこと. **2** 命名; 名称.

impositor -ōris, *m* [impono] 命名者.

impositus -a -um, *pp* ⇨ impono.
impossibilis -is -e, *adj* [in-²/possibilis] 不可能な.
impossibilitās -ātis, *f* [↑] 不可能.
impostor -ōris, °*m* [impono] 詐欺師, ぺてん師.
impostūra -ae, °*f* [impono] 詐欺, ぺてん.
impostus -a -um, *pp* (詩) =impositus.
imposuī *pf* ⇨ impono.
impōtābilis -is -e, °*adj* [in-²/potabilis] 飲用に適さない.
impotens -entis, *adj* [in-²/potens] 1 無力な ⟨*abs*⟩. 2 (…を)自由にすることができない ⟨alcis rei⟩: *gens ~ rerum suarum* (Liv) 自分たちの問題を処理することのできない部族. 3 自制心のない, 放縦な.
impotenter *adv* [↑] 1 無力に. 2 自制心なく, 放縦に.
impotentia -ae, *f* [impotens] 1 無力, 貧乏. 2 自制心のないこと, 放縦.
impraemeditātē °*adv* [↓] 思いがけなく, 不意に.
impraemeditātus -a -um, °*adj* [in-²/praemeditor] あらかじめ熟慮していない.
impraeparātus -a -um, °*adj* [in-²/praeparo] 準備のできていない.
impraepeditē °*adv* [↓] 妨げられずに.
impraepeditus -a -um, °*adj* [in-²/praepedio] 妨げられない.
impraepūtiātus -a -um, °*adj* [in-¹/praeputio] 割礼を受けていない.
impraescientia -ae, °*f* [in-²/praescientia] 予知しないこと.
impraesentiārum *adv* [<in praesentia rerum] 当面, 目下, 現状では.
impraestābilis -is -e, °*adj* [in-²/praestabilis] 役に立たない, 無用な.
impraevāricābilis -is -e, °*adj* [in-²/praevarico] 侵犯することのできない.
impransus -a -um, *adj* [in-²/prandeo] 朝食をとっていない.
imprecāmen -minis, °*n* [imprecor] 呪い.
imprecātiō -ōnis, *f* [↓] 呪い.
imprecor -ārī -ātus sum, *tr dep* [in-¹/precor] (天罰・災いを)下したまえと祈る, 呪う.
impressē °*adv* [imprimo] 強く, 感銘深く.
impressī *pf* ⇨ imprimo.
impressiō -ōnis, *f* [imprimo] 1 押しつけること, 圧迫. 2 侵略, 襲撃. 3 (修) 強調. 4 印象.
impressus¹ -a -um, *pp* ⇨ imprimo.
impressus² -ūs, °*m* 押しつけること, 圧迫.
impretiābilis -is -e, °*adj* [in-²/pretium] 計り知れないほど貴重な.
imprīmīs, in prīmīs *adv* [in/primus] 特に, とりわけ.
imprimō -ere -pressī -pressum, *tr* [in-¹/premo] 1 押しつける, 押し込む, 圧迫する. 2 刻みつける ⟨alqd in re [alqd]; alqd alci rei⟩: *in animis notionem deorum imprimere* (Cic) (人間の)心に神々の観念を刻みつける. 3 印する ⟨alqd re⟩: *cratera impressum signis* (Verg) 絵模様を彫り込んだ混酒器.

imprincipāliter °*adv* [in-¹/principaliter] 特に, とりわけ.
improbābilis -is -e, *adj* [in-²/probabilis] 1 是認できない, 責められるべき. 2 本当らしくない.
improbābiliter °*adv* [↑] 是認しがたく.
improbātiō -ōnis, *f* [improbo] 否認, 非難.
improbātor -ōris, *m* [improbo] 否認[非難]する人.
improbē *adv* [improbus] 1 不正に, 悪く. 2 あつかましく. 3 過度に, 法外に. 4 不適当に.
improbitās -ātis, *f* [improbus] 1 邪悪, 不正. 2 あつかましさ.
improbitō -āre -āvī, *tr freq* [↓] 強く否認[非難]する.
improbō -āre -āvī -ātum, *tr* [improbus] 不可とする, 否認する, 非難する.
improbulus -a -um, *adj dim* [↓] ややあつかましい.
improbus -a -um, *adj* [in-²/probus] 1 劣悪な, 下等な. 2 邪悪な, 堕落した, 無節操な, 不正な, 恥知らずの. 3 過度の, 法外な.
imprōcērus -a -um, *adj* [in-²/procerus¹] 小柄な, 発育の悪い.
imprōcreābilis -is -e, °*adj* [in-²/procreo] 生じえない.
imprōdictus -a -um, °*adj* [in-²/prodico] 延期されない.
improfessus -a -um, *adj* [in-²/profiteor] 1 (名前を)申告していない. 2 宣言されていない.
impromptus -a -um, *adj* [in-²/promptus¹] 機敏でない, ぐずぐずしている.
improperanter °*adv* [in-²/properanter] ゆっくりと, 急がずに.
improperātus -a -um, °*adj* [in-²/propero] 急いでいない.
improperium -ī, °*n* [impropero²] 非難, 侮辱, 愚弄.
improperō¹ -āre, *intr* [in-¹/propero] 急いで入る.
improperō² -āre -āvī -ātum, *intr, tr* [<improbo] 非難する, 侮辱する, あざける ⟨alci; alqm⟩.
improperus -a -um, °*adj* [in-²/properus] 急いでいない, ゆっくりした.
impropriē *adv* [improprius] 不適切に, 不当に.
improprietās -ātis, *f* [↓] (語の)不適切(な使用).
improprius -a -um, *adj* [in-²/proprius] 不適切な.
imprōpugnātus -a -um, *adj* [in-²/propugno] 防衛されていない, 無防備の.
imprōspectē °*adv* [↓] 先を考えずに, 軽率に.
imprōspectus -a -um, *adj* [in-²/prospicio] (遠くから)見えない.
imprōsper -era -erum, *adj* [in-²/prosper] 不幸な, 不運な.
imprōsperē °*adv* [↑] 不幸に, 不運に.
imprōtēctus -a -um, *adj* [in-²/protego] 保護されていない, むき出しの.
imprōvidē *adv* [improvidus] 先を考えずに, 軽

率に.

imprōvidentia -ae, °*f* [↓] 先見の明のないこと, 無思慮.

imprōvidus -a -um, *adj* [in-²/providus] 先見の明のない, 無思慮な.

imprōvīsē °*adv* =improviso.

imprōvīsō *adv* [abl] [improvisus] 思いがけなく, 不意に.

imprōvīsum -ī, *n* [↓] 不意のできごと, 緊急事態: *de* [*ex*] *imprōvīsō* (Caes [Cic]) 不意に, 思いがけず (=improviso).

imprōvīsus -a -um, *adj* [in-²/provideo] 意外な, 不測の.

imprūdēns -entis, *adj* [in-²/prudens] 1 知らない, 気づかない ⟨alcis rei⟩. 2 予知[予測]していない. 3 無思慮な, 軽率な, あさはかな.

imprūdenter *adv* [↑] 1 気づかずに, 知らずに知らず. 2 無思慮に, 軽率に.

imprūdentia -ae, *f* [imprudens] 1 無知, 知らないこと ⟨alcis rei⟩. 2 意図しないこと: *per imprūdentiam* (Cic) たまたま. 3 無思慮, 軽率.

impūbēs -eris, *adj* [in-²/pubes¹] 1 思春期前の, 未成熟の, ひげの生えていない. 2 独身の.

impūbis -is -e, *adj* =impubes.

impudēns -entis, *adj* [in-²/pudens] 恥知らずの, あつかましい.

impudenter *adv* [↑] 1 あつかましく. 2 みだらに.

impudentia -ae, *f* [impudens] 恥知らず, あつかましさ.

impudīcē *adv* [impudicus] 不貞に, みだらに.

impudīcitia -ae, *f* [↓] 不貞, 淫乱, みだら.

impudīcus -a -um, *adj* [in-²/pudicus] 1 不貞な, みだらな, 淫乱な. 2 恥知らずの.

impugnātiō -ōnis, *f* [impugno] 襲撃, 攻撃.

impugnātor -ōris, °*m* [↓] 襲撃者.

impugnō -āre -āvī -ātum, *tr* [in-¹/pugno] 1 襲撃する, 攻撃する. 2 対抗する, 非難する, 反駁する.

impulī *pf* ⇨ impello.

impulsiō -ōnis, *f* =impulsus².

impulsor -ōris, *m* [impello] 刺激する者, 促す者, 煽動者.

impulsus¹ -a -um, *pp* ⇨ impello.

impulsus² -ūs, *m* 1 押すこと, 打撃, 衝撃. 2 刺激.

impulvereus -a -um, *adj* [in-²/pulvereus] 骨の折れない, たやすい: *victoria impulverea* (Gell) 楽勝.

impūnctus -a -um, *adj* [in-²/pungo] きずのない.

impūne *adv* [in-²/poena] 1 罰を受けずに. 2 安全に, 無事に: ~ *in otio esse* (Cic) つつがなく閑暇を過ごす.

impūnis -is -e, *adj* [↑] 罰を受けない.

impūnitās -ātis, *f* [↑] 罰を受けないこと.

impūnītē *adv* [↓] 罰を受けずに.

impūnītus -a -um, *adj* [in-²/punio] 1 罰を受けない. 2 拘束[抑制]されない.

impūrātus -a -um, *adj* [impurus] けがれた, 破廉恥な.

impūrē *adv* [impurus] けがわらしく, 忌まわしく.

impurgābilis -is -e, °*adj* [in-²/purgo] 申し開きの立たない.

impūritās -ātis, *f* [impurus] 不純, 不貞.

impūritia -ae, *f* =impuritas.

impūrus -a -um, *adj* [in-²/purus] 1 不潔な, よごれた. 2 けがれた, みだらな, 破廉恥な.

imputābilis -is -e, °*adj* [imputo] 帰することができる.

imputābilitās -ātis, °*f* [↑] 帰することができること.

imputātiō -ōnis, °*f* [imputo] (罪などを)帰すること.

imputātor -ōris, *m* [imputo] 自分の施しを自慢する人.

imputātus¹ -a -um, *adj* [in-²/puto] 刈り込まれていない.

imputātus² -a -um, *pp* ⇨ imputo.

imputō -āre -āvī -ātum, *tr* [in-¹/puto] 1 記帳する, 計算に入れる. 2 (罪・功績を)帰する ⟨alci alqd⟩: *adversa uni imputare* (Tac) 不運を一個人のせいにする / *quidam crimen ultro fassi sunt, nonnulli etiam imputaverunt* (Suet) ある者は自ら罪を告白し, 中には手柄顔をする者さえいた.

imputrēscō -ere -putruī, *intr* [in-¹/putresco] 腐敗する.

imputribilis -is -e, °*adj* [in-²/putresco] 腐敗しない, 朽ちない.

imputruī *pf* ⇨ imputresco.

imulus -a -um, *adj dim* [imus] 一番下の.

imum -ī, *n* [↓] 1 最低[下]部, 底, 最深部; 冥界. 2 最後.

imus -a -um, *adj superl* 1 最低の, 最下部の, 底の; 冥界の. 2 最低音の. 3 (社会的に)最下層の. 4 最後[最終]の.

in *prep* I ⟨+*abl*⟩ 1 (空間的)…の中に, …において, …に: ~ *eo flumine pons erat* (Caes) その川に橋がかっていた / ~ *equo* (Cic) 馬上に / ~ *armis* (Caes) 武装して / ~ *oculis* (Cic) 眼前に / ~ *Herodoto* (Quint) Herodotusの著作において / ~ *barbaris* (Caes) 野蛮人の間で / *quantum* ~ *illis est* (Liv) 彼らに関する限り. 2 (時間的)…の間に, …のうちに, …に: ~ *sex mensibus* (Cic) 6か月のうちに / ~ *tempore* (Ter) ちょうどよい時に / ~ *adulescentia* (Plaut) 若い時に / ~ *consulatu suo* (Cic) あなたの執政官在任中に. 3 (ある状況・状態など)…で, …において, …のもとで: ~ *honore* (Cic) 栄誉を受けて / ~ *periculo* (Plaut) 危険にさらされて / ~ *itinere* (Caes) 道中で / ~ *sollicitudine ac timore* (Caes) 心配と恐れで. 4 (分類において)…の中に: *ille me habebat* ~ *suis* (Cic) 彼は私を自分の友人の一人とみなしてくれていた. 5 (限定して)…に関して, …の点において: *vituperare alqm* ~ *amicitia* (Cic) 友情に関して人を非難する. 6 …でありながら: ~ *summis tuis occupationibus* (Cic) きみはきわめて重要な任務に追われながらも. II ⟨+*acc*⟩ 1 (空間的)…へ, …に向かって, …の方へ, …の中へ: ~ *Epirum venire* (Cic) Epirusへやって来る / *spectare* ~ *septentriones* (Caes) 北の方に面している. 2 (ある状況・状態など)…へ: *filiam suam* ~ *matrimoni-*

***um dat** (CAES) 自分の娘を嫁がせる / ~ *timorem dare alqm* (PLAUT) ある人をこわがらせる. **3** (時間的)…の間;…まで;…に: ~ *dormire* ~ *lucem* (HOR) 明け方まで眠る / ~ *multos annos* (CIC) 何年もの間 / ~ *futurum* (CIC) 将来は / ~ *dies* (LIV) 日ごとに. **4** (態度・行動・感情など)…に対して, …に向かって: *amor* ~ *patriam* (CIC) 祖国に対する愛 / ~ *nostros impetum fecerunt* (CAES) 彼らはわれわれに向かって攻撃した / ~ *rem esse* (LIV) 役立つ, 有益である. **5** (区分・分割において)…に: *Gallia divisa est* ~ *partes tres* (CAES) Gallia は三つの部分に分かれている. **6** (目的または動機を表わして)…のために: *pecunia* ~ *rem militarem data* (CIC) 軍事目的で与えられた金 / ~ *speciem* (LIV) 見えを張るために / ~ *honorem alcis* (PLIN MIN) ある人に敬意を表わすために. **7** (方法を表わして)…に従って: *hostilem* ~ *modum* (CIC) 敵対して / ~ *vicem* (LIV) 交互に / ~ *universum* (LIV) 一般に, 通例 / *pax convenit* ~ *eas condiciones* (LIV) この条件で平和が結ばれた.

in-[1] *pref* [↑] 意味は前置詞 in を参照《b, p, m の前では im-; r の前では ir-; l の前では il-; gn の前では n が落ちて i- となる》.

in-[2] *pref* 否定の意を表わす《b, p, m の前では im-; r の前では ir-; l の前では il-; gn の前では n が落ちて i- となる》.

īna -ae, *f* パピルス紙の繊維.

inabruptus -a -um, *adj* [in-[2]/abrumpo] 破られない.

inabsolūtus -a -um, *adj* [in-[2]/absolutus] 不完全な, 未完成の.

inabstinens -entis, °*adj* [in-[2]/abstinens] 不節制な.

inabstinentia -ae, °*f* [↑] 不節制.

inaccensus -a -um, *adj* [in-[2]/accendo] (火が)つけられていない.

inaccessibilis -is -e, °*adj* [in-[2]/accesibilis] 近づきにくい.

inaccessus -a -um, *adj* [in-[2]/accedo] 近づきにくい.

inaccrescō -ere, °*intr* [in-[1]/accresco] 増大する.

inacescō -ere, -acuī, *intr* [in-[1]/acesco] 酸っぱく[まずく]なる.

Īnachidēs -ae, *m* [Gk] Inachus の子孫 (=Epaphus, Perseus).

Īnachis[1] -idis, *adj f* [Gk] Inachus の.

Īnachis[2] -idis [-idos], *f* Inachus の娘 (=Io).

Īnachius -a -um, *adj* [Gk] **1** Inachus の. **2** 《詩》Argos の, ギリシアの.

Īnachus[1], **-os** -ī, *m* [Gk]《神話》イーナクス, *-コス《Argolis の川; その河神で Io の父; Argos の初代の王ともいわれる》.

Īnachus[2] -a -um, *adj* =Inachius.

inactus -a -um, *pp* ⇨ inigo.

inacuī *pf* ⇨ inacesco.

inadibilis -is -e, °*adj* [in-[2]/adeo[1]] 近づきにくい.

inadūlābilis -is -e, *adj* [in-[2]/adulor] へつらいによって動かされない.

inadustus -a -um, *adj* [in-[2]/aduro] 焼け焦げていない.

inadvertentia -ae, °*f* [in-[2]/adverto] 不注意, 怠慢.

inaedificō -āre -āvī -ātum, *tr* [in-[1]/aedifico] **1** 建てる, 築く ⟨in re [alqd]⟩. **2** 建物でさえぎる[囲む] ⟨alqd⟩.

inaequābilis -is -e, *adj* [in-[2]/aequabilis] **1** 平らでない. **2** 等しくない, 一様でない.

inaequābilitās -ātis, *f* [↑] 不同, ふぞろい.

inaequābiliter *adv* [inaequabilis] 一様でなく, ふぞろいに.

inaequālis -is -e, *adj* [in-[2]/aequalis] **1** 平らでない. **2** 等しくない, 一様でない. **3** 変わりやすい.

inaequālitās -ātis, *f* [↑] 不同, ふぞろい.

inaequāliter *adv* [inaequalis] 不規則に, 一様でなく.

inaequō -āre -āvī -ātum, *tr* [in-[1]/aequo] 等しくする, 平らにする.

inaequus -a -um, *adj* =iniquus[1].

inaestimābilis -is -e, *adj* [in-[2]/aestimabilis] **1** 評価できない. **2** 価値のない. **3** 非常に貴重な.

inaestimātus -a -um, *adj* [in-[2]/aestimo] 査定されない.

inaestuō -āre -āvī -ātum, *intr* [in-[1]/aestuo] (…に対して)沸き立つ ⟨+dat⟩.

inaffectātus -a -um, *adj* [in-[2]/affecto] 気取らない, 自然な.

inaggerātus -a -um, °*adj* [in-[2]/aggero[1]] 堆積した.

inagitābilis -is -e, *adj* [in-[2]/agitabilis] 動かされない.

inagitātus -a -um, *adj* [in-[2]/agito] かきまわされない, 動かされない.

inalbeō -ēre, *intr* [in-[1]/albeo] 白い.

inalbescō -ere, *intr inch* [↑] 白くなる.

inalbō -āre, *tr* [in-[1]/albus] 白くする.

inalgescō -ere, *intr* [in-[1]/algesco] 冷たくなる.

inaliēnātus -a -um, *adj* [in-[2]/alieno] まぜ物のない, 純粋な.

Inalpīnus -a -um, *adj* [in-[1]/Alpinus[1]] Alpes 山脈に住んでいる. **Inalpīnī** -ōrum, *m pl* Alpes 山脈の住民.

inalterō -āre -āvī, °*tr* [in-[1]/altero] (あるものを他のものの中に)含める.

inamābilis -is -e, *adj* [in-[2]/amabilis] 愛することができない, 気に食わない, 憎らしい.

inamārescō -ere -amāruī -amāritum, *intr* [in-[1]/amaresco] 苦く[まずく]なる.

inamāricō -āre -āvī, °*tr* [in-[1]/amarico] にがにがしい気持にさせる.

inamāritus -a -um, *pp* ⇨ inamaresco.

inamāruī *pf* ⇨ inamaresco.

inambitiōsus -a -um, *adj* [in-[2]/ambitiosus] 野心[功名心]のない, 出しゃばらない.

inambulātiō -ōnis, *f* [↓] **1** 歩きまわること. **2** 散歩[遊歩]道.

inambulō -āre -āvī -ātum, *tr* [in-[1]/ambulo] 歩きまわる, 行ったり来たりする.

ināmissibilis -is -e, °*adj* [in-[2]/amitto] 失われない.

inamoenus -a -um, *adj* [in-²/amoenus] いやな、不快な、陰鬱な。

inamplexibilis -is -e, °*adj* [in-²/amplector] 取り囲めない。

ināne -is, *n* [inanis] **1** 虚空、空所、空隙。 **2** 空虚、虚飾。

inānēscō -ere, °*intr inch* [inanis] 空(⁽⁾)になる。

ināniae -ārum, *f pl* [inanis] 空(⁽⁾)、からっぽ。

inānilogista -ae, *m* くだらない話をする人。

ināniloquium -ī, °*n* [↓] くだらない話、たわごと。

ināniloquus -a -um, *adj* [inanis/loquor] くだらない話をする。

inanimālis -is -e, *adj* [in-²/animalis] 生命のない。

inānīmentum -ī, *n* [inanio] (胃の中が)からっぱなこと。

inanimis¹ -is -e, *adj* =inanimus.

inanimis² -is -e, *adj* [in-¹/anima] 《碑》生命に満ちた。

inanimus -a -um, *adj* [in-²/anima] 呼吸しない、生命のない。

ināniō -īre -īvī [-iī] -ītum, *tr* [↓] 空(⁽⁾)にする。

inānis -is -e, *adj* **1** 空(⁽⁾)の、何も入っていない: *equus ~* (Cɪᴄ) 乗り手のいない馬 / *inane corpus* (Cɪᴄ) 生命を失った肉体。 **2** 手ぶらの: *inanes revertuntur* (Cɪᴄ) 彼らは手ぶらで戻って来る。 **3** 貧しい、貧乏な。 **4** 実体のない。 **5** ばかな、愚かな; 取るに足りない。 **6** 空虚な、中身のない、むなしい: *inania legionum nomina pavescere* (Tᴀᴄ) 名ばかりの軍団兵を恐れる / *inanes contentiones* (Cɪᴄ) むなしい努力。 **7** (…)がない ⟨+*gen* [*abl*]⟩。

inānitās -ātis, *f* [↑] **1** 空(⁽⁾)、何も入っていないこと。 **2** 空虚; 無益。

ināniter *adv* [inanis] 空虚に、むなしく、いたずらに。

inānītiō -ōnis, °*f* [inanis] 空(⁽⁾)にすること。

inapertus -a -um, *adj* [in-²/apertus] 開いていない、閉ざされた、さらされていない。

inapparātiō -ōnis, *f* [in-²/apparatio] 準備のできていないこと。

inapprehensibilis -is -e, °*adj* [in-²/apprehendo] 理解できない。

inaquōsa -ōrum, °*n pl* [↓] 荒れ地、砂漠。

inaquōsus -a -um, °*adj* [in-²/aquosus] 水のない、乾いた。

inarātus -a -um, *adj* [in-²/aro] 耕されていない。

inardēscō -ere -arsī -arsum, *intr* [in-¹/ardesco] **1** 火がつく、燃える。 **2** 白熱する、光り輝く。 **3** (感情が)激する、燃え立つ。

inārēscō -ere -āruī -āritum, *intr* [in-¹/aresco] 乾く、ひからびる。

inargentō -āre -āvī -ātum, *tr* [in-¹/argentum] 銀めっきする。

Ĭnarimē -ēs, *f* イーナリメー《Campania 沖の火山島 Aenaria または Pithecusae の詩的名称》。

ināritus -a -um, *pp* ⇨ inaresco.

inarō -āre -āvī -ātum, *tr* [in-¹/aro] 鋤き込む、鋤き入れる。

inarsī *pf* ⇨ inardesco.

inarsus -a -um, *pp* ⇨ inardesco.

inarticulātus -a -um, °*adj* [in-²/articulo] (発音が)はっきりしない、不明瞭な。

inartificiālis -is -e, °*adj* [in-²/artificialis] 技巧的でない、巧まない。

ināruī *pf* ⇨ inaresco.

inaspectus -a -um, *adj* [in-²/aspectus] 目に見えない。

inaspicuus -a -um, °*adj* =inaspectus.

inassignātus -a -um, *adj* [in-²/assigno] 割り当てられていない。

inassuētus -a -um, *adj* [in-²/assuetus] **1** 慣れていない。 **2** 見慣れない、普通でない。

inattenuātus -a -um, *adj* [in-²/attenuatus] 弱められていない、衰えていない。

inattrītus -a -um, °*adj* [in-²/attritus¹] すりへっていない。

inaudāx -ācis, *adj* [in-²/audax] 勇気のない、臆病な。

inaudībilis -is -e, °*adj* [in-²/audio] 聞こえない。

inaudientia -ae, °*f* 不従順。

inaudiō -īre -īvī [-iī] -ītum, *tr* [in-¹/audio] 聞き知る、うわさに聞く。

inaudītus¹ -a -um, *pp* ⇨ inaudio.

inaudītus² -a -um, *adj* [in-²/audio] **1** 聞いてもらえない、弁明を許されない、審問されない。 **2** 聞いたことのない、前代未聞の。

inaugurātiō -ōnis, °*f* [inauguro] 開始。

inaugurātō *adv* [↓] 鳥占いをしてから。

inaugurō -āre -āvī -ātum, *intr, tr* [in-¹/auguro] **I** (*intr*) 鳥占いをする。 **II** (*tr*) 鳥占いによって清める、就任させる。

inaurātus¹ -a -um, *adj* (*pp*) [inauro] 金めっきした、金箔をかぶせた; 金の刺繍を施された。

inaurātus² -a -um, *adj* [in-²/auratus] 金で飾られていない。

inaurēs -ium, *f pl* [in-¹/auris] 耳飾り。

inauriō -īre, °*tr* [in-¹/auris] 聞いてやる; 聞き届ける。

inaurītus -a -um, *adj* [in-²/auritus] 耳のない、聴覚のない。

inaurō -āre -āvī -ātum, *tr* [in-¹/aurum] **1** 金をかぶせる、金めっきする。 **2** 金持にする。

inauspicātō *adv* (*abl*) [↓] 鳥占いをせずに。

inauspicātus -a -um, *adj* [in-²/auspicatus] **1** 鳥占いをしていない。 **2** 不吉な、縁起の悪い。

inausus -a -um, *adj* [in-²/audeo] 敢行されていない、企てられない。

inauxiliātus -a -um, °*adj* [in-²/auxilior] 支援されていない。

inavārus -a -um, °*adj* [in-²/avarus] 貪欲でない。

ināversibilis -is -e, °*adj* [in-²/aversus] 避けられない、方向を変えられない。

inb- ⇨ imb-.

inbeneficiō -āre, °*tr* 領地に封ずる ⟨alqm⟩.

incaeduus -a -um, *adj* [in-²/caeduus] 伐採されていない。

incalcātus -a -um, *adj* [in-²/calco] 踏まれていない。

incalēscō -ere -caluī -calitum, *intr* [in-¹/cales-

incalfacere inf ⇨ incalfacio.
incalfaciō -cere -fēcī -factum, tr [in-¹/calfacio] 熱くする, 熱する.
incallidē adv [↓] 無器用に.
incallidus -a -um, adj [in-¹/callidus] 無器用な, 愚かな.
incaluī pf ⇨ incalesco.
incandescō -ere -duī, intr [in-¹/candesco] 白熱[赤熱]する, 熱くなる.
incandidō -āre, °tr [in-¹/candido] 1 白くする. 2 清める.
incanduī pf ⇨ incandesco.
incānēscō -ere -cānuī, intr [in-¹/canesco] 白くなる, 白髪になる.
incanō -ere, intr, tr =incino.
incantāmentum -ī, n [incanto] 呪文.
incantātiō -ōnis, °f [incanto] 魔法.
incantātor -ōris, °m [incanto] 魔法使い.
incantātrix -īcis, °f [↑] 魔女.
incantō -āre -āvī -ātum, tr, intr [in-¹/canto] 魔法をかける, 呪文を唱える.
incānuī pf ⇨ incanesco.
incānus -a -um, adj [in-¹/canus] すっかり白髪の.
incapābilis -is -e, °adj [in-²/capabilis] とらえがたい, 理解できない.
incapax -ācis, °adj [in-²/capax] 1 受け入れることができない ⟨alcis rei⟩. 2 できない, 能力のない ⟨+inf⟩.
incapistrō -āre -āvī -ātum, tr [in-¹/capistro] (牛馬に)口輪をかける; からませる ⟨alqm re⟩.
incardinātiō -ōnis, °f [↓] 【カト】 (聖職者の)教区入籍.
incardinō -āre -āvī -ātum, °tr 【カト】 1 (教皇庁が)枢機卿に任命する. 2 (聖職者を)教区に入籍させる.
incarnātiō -ōnis, °f [incarno] 【神学】 受肉.
incarnātus -a -um, °adj (pp) [↓] 【神学】 肉体を与えられた, 受肉した.
incarnō -āre -āvī -ātum, °tr [in-¹/caro²] 【神学】 肉体を与える, 受肉させる ⟨alqm⟩.
incassum adv [in-¹/cassum] むなしく, むだに.
incassus -a -um, °adj [↑] むだな, むなしい.
incastīgātus -a -um, adj [in-²/castigo] 懲罰[叱責]されていない.
incastrātūra -ae, °f [in-¹/castro] 【建】 ほぞ.
incāsus -a -um, pp ⇨ incido¹.
incatholicī -ōrum, °m pl [in-²/catholicus¹] カトリック教徒でない人々, 異教徒.
incautē adv [incautus] 不注意に; 気楽に.
incautēla -ae, °f [↓] 不注意, 軽率.
incautus -a -um, adj [in-²/cautus] 1 不注意な, 用心しない ⟨a re; alcis rei⟩. 2 予期しない, 思いがけない. 3 無防備の: iter hostibus incautum (TAC) 敵の警備が手薄な道.
incavillor -ārī, tr dep [in-¹/cavillor] 愚弄する, あざける.
incēdō -ere -cessī -cessum, intr (tr) [in-¹/cedo¹] 1 歩く. 2 進軍する ⟨in [ad] alqd⟩. 3 踏み入る,

入る ⟨in⟩ alqd⟩. 4 (突然)起こる, 降りかかる, 襲う ⟨alci; alqm⟩: exercitui incessit ex incommodo dolor (CAES) 敗北のくやしさが兵士たちを襲った.
inceleber -bris -bre, adj [in-²/celeber] 有名でない, 名の知られていない.
incelebrātus -a -um, adj [in-²/celebro] 言及されていない, 記録されていない.
incēnātus -a -um, adj [in-²/cenatus] 食事をしていない, 空腹の.
incendefacere inf ⇨ incendefacio.
incendefaciō -cere -fēcī, °tr [incendo/facio] 火をつける, 燃やす.
incendefēcī pf ⇨ incendefacio.
incendī pf ⇨ incendo.
incendiālis -is -e, °adj [incendium] 火事のとき着用する.
incendiārius¹ -a -um, adj [incendium] 火の; 火災を起こす.
incendiārius² -ī, m 放火犯.
incendiōsus -a -um, adj [↓] 燃えている, 熱い.
incendium -ī, n [↓] 1 大火災. 2 火, 炎. 3 激情, 情火. 4 勃発, 激発.
incendō -ere -cendī -censum, tr [in-¹/cf. candeo] 1 火をつける, 燃やす. 2 明るくする, 照らす. 3 刺激する, 鼓舞する, 駆りたてる ⟨alqm [alqd]⟩. 4 (激情などを)燃え上がらせる, かきたてる, ひき起こす. 5 強くする, 激しくする.
incēnis -is -e, adj [in-²/cena] =incenatus.
incēnō -āre, intr [in-¹/ceno] (ある場所で)食事する.
incensiō -ōnis, f [incendo] 火をつけること; 炎上.
incensor -ōris, m [incendo] 1 火をつける者. 2° 煽動者.
incensum -ī, °n [↓] 1 点灯. 2 香(こう). 3 犠牲.
incensus¹ -a -um, adj (pp) [incendo] 1 光り輝く, 赤くなった. 2 情熱的な, 熱烈な.
incensus² -a -um, adj [in-²/censeo] (戸口調査において)登録されていない.
incentiō -ōnis, f [incino] 1 音楽の演奏. 2 呪文.
incentīvum -ī, °n [↓] 誘因, 刺激.
incentīvus -a -um, adj [incino] 1 (一対の笛の一方が)メロディーを奏でる. 2° ひき起こす, 原因となる.
incentor -ōris, °m [incino] 1 先唱[前唱]者. 2 煽動者.
incēpī pf ⇨ incipio.
inceps adv [in-¹/capio¹; cf. deinceps] 続いて, その後.
inceptiō -ōnis, f [incipio] 1 開始, 着手. 2 計画, 企て.
inceptō -āre, tr, intr freq [incipio] I (tr) 始める, 着手する, 企てる. II (intr) 優劣を争う ⟨cum alqo⟩.
inceptor -ōris, m [incipio] 始める人.
inceptum -ī, n [↓] 1 企て, 試み. 2 主題, 題目. 3 着手, 開始.
inceptus¹ -a -um, pp ⇨ incipio.
inceptus² -ūs, m 1 着手, 開始. 2 企て, 試み.

incerniculum -ī, *n dim* [↓] ふるい.

incernō -ere -crēvī -crētum, *tr* [in-/cerno] (ふるいにかけて)振りかける ⟨alqd⟩.

incērō -āre -ātum, *tr* [in-/cera] 蠟でおおう, 一面に蠟を塗る.

incertē *adv* [incertus] 不確実に, 疑わしく.

incertitūdō -dinis, °*f* [incertus] 不確かさ, 不確実.

incertō[1] *adv* (*abl*) [incertus] =incerte.

incertō[2] -āre -āvī -ātum, *tr* [incertus] 1 不確実にする, 疑わしくする. 2 あいまいにする, 不明瞭にする.

incertum[1] -ī, *n* [incertus] 不確実, 不確定: ~ *fortunae* (PLIN MIN) 有為転変 / *ad ~ revocare* (CIC) 不確実なものにする / *in incerto est* (SALL) 不確かである.

incertum[2] *adv* (*neut*) 不確かに.

incertus -a -um, *adj* [in-[2]/certus] 1 不確実な, 疑わしい, はっきりしない ⟨+間接疑問⟩: *carmina incertis auctoribus vulgata* (TAC) 作者不明の戯れ歌. 2 確信のない, 疑いをいだいている, 知らない ⟨+間接疑問; +*gen*⟩: *cum essem ~ ubi esses* (CIC) 私にはあなたの居場所がわからないので. 3 決断できない, 躊躇している ⟨+間接疑問; +*gen*⟩. 4 不確定な, 決まらない: *incerta securis* (VERG) ねらいの定まらない斧.

incessābilis -is -e, °*adj* [in-[2]/cesso] 絶え間のない, ひっきりなしの.

incessābiliter °*adv* [↑] 不断に, 絶えず.

incessans -antis, °*adj* [in-[2]/cesso] 絶え間のない.

incessanter °*adv* [↑] 不断に, 絶えず.

incessī *pf* ⇨ incesso, incesso.

incessō -ere -cessīvī [-cessī], *tr freq* [incedo] 1 襲撃する, 攻撃する ⟨alqm [alqd]⟩. 2 非難する, 罵倒する.

incessus[1] -a -um, *pp* ⇨ incedo.

incessus[2] -ūs, *m* 1 歩くこと. 2 進撃, 進軍. 3 到着, 接近; 近づく道. 4 列, 行列.

incesta -ae, *f* [incestus[1]] 情婦.

incestē *adv* [incestus[1]] 1 不浄で, 神聖をけがして. 2 不貞で; 近親相姦を犯して.

incestificus -a -um, *adj* [incestus/facio] 近親相姦を犯した.

incestō -āre -āvī -ātum, *tr* [incestus[1]] 1 不浄にする, 神聖をけがす. 2 はずかしめる.

incestum -ī, *n* [↓] 1 神聖をけがすこと, 冒瀆. 2 不貞; 近親相姦.

incestus[1] -a -um, *adj* [in-[2]/castus] 1 不浄な, 神聖をけがす. 2 罪深い, 邪悪な. 3 不貞な. 4 近親相姦の(罪を犯した).

incestus[2] -ūs, *m* 不貞; 近親相姦.

incharaxō -āre, °*tr* [Gk] 切り込みを入れる, 切り裂く.

inchoā- ⇨ incohā-.

inchoō -āre, *tr* =incoho.

incibō -āre, °*tr* [in-[1]/cibo] (親鳥がひなに)餌を与える.

incidens -entis, °*adj* (*prp*) [incido[1]] 付随的な; 偶発的な.

incidenter °*adv* [↑] 付随的に; 偶発的に.

incidentia -ium, °*n pl* [incidens] (付帯的)状況, 付随事件.

incidī[1] *pf* ⇨ incido[1].

incidī[2] *pf* ⇨ incido[2].

incidō[1] -ere -cidī -cāsum, *intr* [in-[1]/cado] 1 (…の中へ)落ちる; 流れ込む ⟨in alqd; alci rei⟩. 2 襲撃する, 突撃する ⟨in+*acc*; +*dat*⟩. 3 出くわす, たまたま見つける ⟨in+*acc*; +*dat*⟩. 4 (…に)陥る, (…に)なる ⟨in alqd; alci rei⟩: *incidere in aes alienum* (CIC) 他人の金に陥る(=借金を抱える) / *incidere in Diodorum* (CIC) Diodorus の意見と同じことになる(=同意する). 5 (時が…に)当たる ⟨in+*acc*⟩. 6 (災難などが)襲う, 降りかかる; 生ずる, 起こる ⟨alci⟩.

incidō[2] -ere -cidī -cīsum, *tr* [in-[1]/caedo] 1 切り込みを入れる, 切り開く ⟨alqd in alqd [re]⟩. 2 (文字を)彫る, 刻む. 3 切断する, 切り離す. 4 中断する, 終わらせる: *spe omni reditus incisā* (LIV) 帰国の望みがすべて断たれて.

incīle -is, *n* [↓] 排水溝, 掘割.

incīlis -is -e, *adj* [incido[2]] 切り込まれた: *fossa ~* (CATO) =incile.

incīlō -āre -āvī -ātum, *tr* 非難する, 罵倒する.

incinctus -a -um, *pp* ⇨ incingo.

incinerō -āre, °*tr* [in-[1]/cinis] 灰にする.

incingō -ere -cinxī -cinctum, *tr* [in-[1]/cingo] 1 身にまとう, 着用する. 2 取り巻く, 取り囲む.

incinō -ere, *intr*, *tr* [in-[1]/cano] 歌う, 演奏する.

incinxī *pf* ⇨ incingo.

incipere *inf* ⇨ incipio.

incipiō -pere -cēpī -ceptum, *tr*, *intr* [in-[1]/capio[1]] I (*tr*) 始める, 開始する, 着手する ⟨alqd; +*inf*⟩. II (*intr*) 始まる, 起こる ⟨*abs*; (cum [a]) re⟩.

incipissō -ere, *tr intens* [↑] 開始する, 着手する.

incircumcīsiō -ōnis, °*f* [↓] 割礼を受けていないこと.

incircumcīsus -a -um, °*adj* [in-[2]/circumcido] 割礼を受けていない.

incircumscriptiō -ōnis, °*f* [in-[2]/circumscribo] 無制限.

incircumscriptus -a -um, °*adj* [in-[2]/circumscribo] 制限されていない, 無限の.

incircumspectus -a -um, °*adj* [in-[2]/circumspectus] 軽率な, むこうみずの.

incīsē *adv* [incisus[1]] 短い句で.

incīsim *adv* =incise.

incīsiō -ōnis, *f* [incido[2]] 1 切り込みを入れること. 2 〘修〙(文中の)節, 句. 3°(*pl*) 疝痛(特), 腹痛.

incīsum -ī, *n* [incisus[1]] 〘修〙(文中の)節, 句.

incīsūra -ae, *f* [incido[2]] 1 切り込み, 刻み目. 2°〘解〙切痕.

incīsus[1] -a -um, *pp* ⇨ incido[2].

incīsus[2] -ūs, *m* 切り込みを入れること.

incita -ōrum, *n pl*, **incitae** -ārum, *f pl* [in-[2]/cieo] (*sc.* calces<calx[1]>) (ゲーム盤上の)駒を動かせなくなった状態, 詰み: *alqm ad incitas redigere* (PLAUT) ある人に王手をかける(=身動き取れなくさせる).

incitāmentum -ī, *n* [incito] 刺激, 鼓舞, 激励.

incitātē *adv* [incitatus] 急激に, 猛烈に.

incitātiō -ōnis, *f* [incito] 1 鼓舞, 煽動. 2 興

奮, 激情. **3** 激しい動き; 刺激.
incitātor -ōris, *m* [incito] 刺激[煽動]する者.
incitātus -a -um, *adj (pp)* [incito] **1** 急速な, 急激な. **2** 興奮した, 激した; 激しやすい. **3** 激しい, 猛烈な.
incitēga -ae, *f* ぶどう酒瓶を置く台.
incitō -āre -āvī -ātum, *tr* [in-¹/cito²] **1** 駆る, 急がせる. **2** *(pass, refl)* 突進する, 急ぐ. **3** 激しくする, 強める. **4** 煽動する, けしかける. **5** (感情を)刺激する, 鼓舞する, 喚起する. **6** 駆りたてる ⟨alqm ad alqd⟩.
incitus¹ -a -um, *adj* [in-¹/cieo] **1** 激しく動かされた; 突進する. **2** (感情を)かきたてられた, 興奮した.
incitus² -ūs, *m* 急速な動き.
incitus³ -a -um, °*adj* [in-²/cieo] 動かせない.
incīvīlia -ium, °*n pl* [↓] 無作法.
incīvīlis -is -e, *adj* [in-²/civilis] **1** 市民にふさわしくない, 暴君のような. **2** 不法な, 不正な.
incīvīliter *adv* [↑] **1** 暴君のように. **2** 不正に, 不法に.
inclāmātiō -ōnis, °*f* [↓] 呼びかけること, 叫び.
inclāmō -āre -āvī -ātum, *tr, intr* [in-¹/clamo] **1** 大声で呼ぶ, 叫ぶ ⟨alqm [alqd]; alci; in alqm⟩. **2** どなる, 罵倒する, 叱責する ⟨alqm; alci⟩.
inclārescō -ere -clāruī, *intr* [in-¹/claresco] **1**° 明るくなる. **2** 世に知られる, 有名になる.
inclāruī *pf* ⇨ inclaresco.
inclārus -a -um, °*adj* [in-²/clarus] はっきりしない, あいまいな.
inclēmens -mentis, *adj* [in-²/clemens] 無情な, 苛酷な, きびしい.
inclēmenter *adv* [↑] **1** 無作法に, 無礼に. **2** 無情に, 苛酷に.
inclēmentia -ae, *f* [inclemens] 無情, 苛酷.
inclīnābilis¹ -is -e, *adj* [inclino] 傾きやすい.
inclīnābilis² -is -e, °*adj* [in-²/clino] 動かされない, 動けない.
inclīnātiō -ōnis, *f* [inclino] **1** 傾ける[傾く]こと, 曲げること. **2** 傾斜, 傾き. **3** 傾向, 性向; 愛好. **4** 変化, 推移. **5** ⟨文⟩ 語形変化. **6** 音程の下降.
inclīnātīvus -a -um, °*adj* [inclino] ⟨文⟩ 前接的(=encliticus).
inclīnātus¹ -a -um, *adj (pp)* [inclino] **1** 傾いた, 曲がった. **2** (ある方向に)向いている ⟨ad alqd⟩. **3** (音程が)低い, 低音の. **4** 衰えている, 下り坂の. **5** (…の)傾向のある, (…に)傾いている ⟨ad alqd [alqm]⟩.
inclīnātus² -ūs, *m* ⟨文⟩ 語形変化 (=inclinatio).
inclīnis -is -e, *adj* [↓] 傾いた.
inclīnō -āre -āvī -ātum, *tr, intr* [in-¹/*clino (cf. acclino)] **I** *(tr)* **1** 傾ける, 曲げる. **2** 低くする, 下げる; *(refl, pass)* 沈む. **3** *(pass)* 退却する, 浮き足立つ. **4** …したい気にさせる, 愛着させる; *(pass, refl)* (心が)傾く: *inclinata in Vespasianum animo* (TAC) 気持が Vespasianus に傾いていたので. **5** 影響を与える; 決着をつける, 決定する. **6** 悪化させる, 衰えさせる; (心を)打ちひしぐ, 意気消沈させる. **7** (語形を)変化させる. **II** *(intr)* **1** 傾く, 沈む. **2** (心が)傾く, 愛着する, …したいと思う ⟨ad [in] alqd; +*adv*⟩. **3** 浮き足立つ, 退却する. **4** (事態がある方向に)向かう.

inclitus -a -um, *adj* =inclutus.
inclūdō -ere -clūsī -clūsum, *tr* [in-¹/claudo²] **1** 囲む, 閉じ込める ⟨alqd in alqd [re]⟩. **2** はめ込む, 差し込む. **3** ふさぐ, さえぎる. **4** 制限する. **5** 終える, 完結する.
inclūsī *pf* ⇨ includo.
inclūsiō -ōnis, *f* [includo] 監禁, 拘禁.
inclūsīvē °*adv* [includo] 包括的に.
inclūsus -a -um, *pp* ⇨ includo.
inclutus -a -um, *adj* [in-¹/clueo] よく知られた, 有名な.
incoactus -a -um, *adj* [in-²/coactus] 強制されない, 自発的な.
incoctus¹ -a -um, *pp* ⇨ incoquo.
incoctus² -a -um, °*adj* [in-²/coquo] 調理していない, 生(き)の.
incoercitus -a -um, °*adj* [in-²/coerceo] 制御[抑制]されていない.
incōgitābilis -is -e, *adj* [in-²/cogitabilis] **1** 無思慮な. **2**° 考えられない, 不可解な.
incōgitans -antis, *adj* [in-²/cogito] 無思慮な.
incōgitantia -ae, *f* [↑] 無思慮.
incōgitātus -a -um, *adj* [in-²/cogitatus¹] **1** 考えられていない; 思いがけない. **2** 無思慮な.
incōgitō -āre -āvī -ātum, *tr* [in-¹/cogito] 企てる, もくろむ ⟨alci alqd⟩.
incognitus -a -um, *adj* [in-²/cognitus] **1** 知られていない: *flagitium incognitum* (TAC) 前代未聞の破廉恥行為. **2** 識別されない. **3** 調査[審理]されていない.
incognōscibilis -is -e, °*adj* [in-²/cognoscibilis] 理解できない, 不可解な.
incognōscō -ere -ōvī -itum, *tr* [in-¹/cognosco] 知るに至る, 知る.
incohaerens -entis, °*adj* [in-²/cohaerens] 脈絡のない, 支離滅裂な.
incohāmenta, inchoā- -ōrum, °*n pl* [incoho] 基本原則, 原理.
incohātiō, inchoā- -ōnis, °*f* [incoho] 始め, 発端.
incohātīvus, inchoā- -a -um, °*adj* [incoho] ⟨文⟩ 起動(相)の: *verba inchoativa* (DIOM) 起動動詞.
incohātor, inchoā- -ōris, °*m* [incoho] 開始者.
incohātus, inchoā- -a -um, *adj (pp)* [incoho] 始めたばかりの, 未完成の.
incohibilis -is -e, *adj* [in-²/cohibeo] いっしょにしておくことができない.
incohō, inchoō -āre -āvī -ātum, *tr* [in-¹/cohum¹] **1** 始める, 取りかかる, 着手する. **2** 下書きをする.
incoinquinātus -a -um, °*adj* [in-²/coinquino] けがれのない.
incola -ae, *m f* [incolo] **1** 居住者, 住人. **2** 在留外国人.
incolātus -ūs, *m* [↓] **1** 在住, 居留. **2** 在留外国人であること.
incolō -ere -coluī -cultum, *tr, intr* [in-¹/colo²] 住む, 居住する.

incoluī *pf* ⇨ incolo.
incolumis -is -e, *adj* [in-²/*cf.* calamitas] そこなわれていない, 無傷の, 無事な.
incolumitās -ātis, *f* [↑] 無傷, 無事.
incomitātus -a -um, *adj* [in-²/comitatus¹] 同伴者のない, 単独の.
incomitiō -āre -āvī -ātum, *tr* [in-¹/comitium] (人前で)非難する, 罵倒する ⟨alqm⟩.
incommendātus -a -um, *adj* [in-²/commendo] 見捨てられた, 保護されていない.
incomminūtus -a -um, °*adj* [in-²/comminuo] そこなわれていない.
incommiscibilis -is -e, °*adj* [in-²/commisceo] 混ぜることのできない.
incommōbilitās -ātis, *f* [in-²/commoveo] 感情に動かされないこと, 冷静.
incommodē *adv* [incommodus] 不便に, 不都合に, 折あしく.
incommodesticus -a -um, *adj* =incommodus.
incommoditās -ātis, *f* [incommodus] 1 不都合, 不便. 2 損害, 不幸.
incommodō -āre -āvī -ātum, *intr (tr)* [incommodus] 面倒をかける, 不都合を生ずる ⟨alci⟩.
incommodum -ī, *n* [↓] 1 不都合, 不便. 2 損害, 損失; 災難. 3 敗北.
incommodus -a -um, *adj* [in-²/commodus] 1 不便な, 不都合な, 厄介な: *valetudo incommoda* (Cic) 不健康. 2 不快な, いやな.
incommūtābilis -is -e, *adj* [in-²/commutabilis] 変わらない, 不変の.
incomparābilis -is -e, *adj* [in-²/comparabilis] 比較できない, 比類のない.
incompatibilis -is -e, *adj* [in-²/compatior] 相容れない, 両立しがたい.
incompatibilitās -ātis, °*f* [↑] 不一致, 矛盾.
incompertus -a -um, *adj* [in-²/compertus] 知られていない, 不確かな.
incompetens -entis, °*adj* [in-²/competens] 不十分な, 不適当な, ふさわしくない.
incompetentia -ae, °*f* [↑] 不十分, 不適当.
incomplētus -a -um, °*adj* [in-²/completus] 未完成の, 不完全な.
incompositē *adv* [↓] 無秩序に.
incompositus -a -um, *adj* [in-²/compositus] 1 無秩序な, 不規則な. 2 不器用な, ぎこちない. 3 気取らない, 自然な.
incomprehensibilis -is -e, *adj* [in-²/comprehensibilis] 1 捕えることのできない. 2 測ることのできない, 果てしない, 無限の. 3 理解できない, 不可解な.
incomprehensus -a -um, °*adj* [in-²/comprehendo] 理解しない.
incomptus -a -um, *adj* [in-²/como] 1 手入れされていない, だらしのない. 2 飾りのない. 3 洗練されていない, 無骨な.
inconcessus -a -um, *adj* [in-²/concedo] 許されていない, 禁じられた.
inconciliō -āre -āvī -ātum, *tr* [in-¹/concilio] だまして手に入れる; だます.

inconcinnē *adv* [inconcinnus] 不器用に, ぎこちなく.
inconcinnitās -ātis, *f* [inconcinnus] 優雅でないこと, ぶざま.
inconcinniter *adv* =inconcinne.
inconcinnus -a -um, *adj* [in-²/concinnus] 不器用な, 洗練されていない, 野暮な.
inconcussus -a -um, *adj* [in-²/concutio] 1 ゆるがない, 乱されない. 2 動揺しない, 断固とした, 不屈な.
inconditē *adv* [↓] 1 無秩序に, 乱雑に. 2 拙劣に, 不器用に, ぎこちなく.
inconditus -a -um, *adj* [in-²/condo] 1 無秩序な, 混乱した. 2 洗練されていない, 無骨な. 3 埋葬されていない; たくわえられていない.
inconfūsus -a -um, *adj* [in-²/confundo] 1 混乱していない. 2 ひるまない, 臆しない.
incongruens -entis, *adj* [in-²/congruens] 一致しない, 相反する.
incongruentia -ae, °*f* [↑] 不一致, 不適合.
inconīvens -entis, *adj* [in-²/coniveo] 目をつぶらない, 眠らない.
inconīvus -a -um, *adj* =inconivens.
inconsequens -entis, *adj* [in-²/consequens] 矛盾した, つじつまの合わない.
inconsequentia -ae, *f* [↑] 矛盾, 不一致.
inconsīderans -antis, °*adj* [in-²/considero] 無思慮な.
inconsīderantia -ae, *f* [↑] 無思慮.
inconsīderātē *adv* [inconsideratus] 無思慮に, 無分別に.
inconsīderātiō -ōnis, °*f* 無思慮.
inconsīderātus -a -um, *adj* [in-²/consideratus] 無思慮な, 軽率な.
inconsōlābilis -is -e, *adj* [in-²/consolabilis] 慰められない; いやせない.
inconspectus -a -um, *adj* [in-²/conspicio] 軽率な, 無分別な.
inconspicuus -a -um, *adj* [in-²/conspicuus] 目立たない.
inconstans -antis, *adj* [in-²/constans] 1 不安定な, 変わりやすい. 2 気まぐれな, 気の変わりやすい. 3 矛盾した.
inconstanter *adv* [↑] 1 不規則に. 2 不安定に, 気まぐれに.
inconstantia -ae, *f* [inconstans] 1 不安定, 変わりやすさ. 2 気の変わりやすさ, 気まぐれ. 3 矛盾.
inconsultē *adv* [inconsultus¹] 無思慮に, 軽率に.
inconsultō *adv (abl)* [↓] =inconsulte.
inconsultus¹ -a -um, *adj* [in-²/consulo] 1 意見を求められない, 相談されない. 2 無思慮な, 軽率な.
inconsultus² -ūs, *m* 相談しないこと: *inconsultu meo* (Plaut) 私に相談せずに.
inconsumptus -a -um, *adj* [in-²/consumo] 1 消費されていない. 2 不朽の, 不滅の.
inconsūtilis -is -e, °*adj* [in-²/consuo] 縫い合わされていない, 縫い目のない.

incontāminātus -a -um, *adj* [in-²/contamino] よごされていない, 汚点のない.

incontentus -a -um, *adj* [in-²/contendo] (竪琴に弦が)正しく張られていない(=調子の合っていない).

incontinens -entis, *adj* [in-²/continens] 不節制な, 自制のできない.

incontinenter *adv* [↑] 不節制に, だらしなく.

incontinentia -ae, *f* [incontinens] 1 〔病〕失禁. 2 不節制, 自制のできないこと.

incontrectābilis -is -e, °*adj* [in-²/contrecto] 触れることのできない.

inconveniens -entis, *adj* [in-²/conveniens] 1 合致しない, 調和しない. 2 ふさわしくない, 不適当な.

inconvenientia -ae, °*f* [↑] 不調合, 不適合.

inconvulsus -a -um, °*adj* [in-²/convello] ゆるがない, 変更のない.

incoquō -ere -coxī -coctum, *tr* [in-¹/coquo] 1 (…の中で)煮る ⟨alqd re⟩. 2 浸す; 染める. 3 焼く, 焦がす.

incorporālis -is -e, *adj* [in-²/corporalis] 実体のない, 無形の.

incorporātus¹ -a -um, *pp* ⇒ incorporo.

incorporātus² -a -um, °*adj* [in-²/corporatus] 肉体を与えられていない, 分離された.

incorporeus -a -um, *adj* =incorporalis.

incorporō -āre -āvī -ātum, °*tr* [in-¹/corporo] 1 合体させる, 組み込む. 2 肉体を与える.

incorrectus -a -um, *adj* [in-²/corrigo] 修正されていない.

incorrigibilis -is -e, *adj* [in-²/corrigo] 矯正できない, 度しがたい.

incorrigibilitās -ātis, °*f* [↑] 矯正できないこと.

incorruptē *adv* [incorruptus] 公正に, 清廉に.

incorruptēla -ae, °*f* =incorruptio.

incorruptibilis -is -e, °*adj* [in-²/corruptibilis] 不滅の.

incorruptiō -ōnis, °*f* [in-²/corruptio] 不滅, 腐敗しないこと.

incorruptīvus -a -um, °*adj* [in-²/corrumpo] 不滅の.

incorruptōrius -a -um, °*adj* =incorruptivus.

incorruptus -a -um, *adj* [in-²/corrumpo] 1 そこなわれていない, 無傷の. 2 けがされていない. 3 買収のきかない, 公正な, 清廉な.

incoxī *pf* ⇒ incoquo.

incrassō -āre -āvī -ātum, °*tr* [in-¹/crassus] 太らせる, 肥やす.

incrēbescō -ere, *intr* =increbresco.

incrēbrescō -ere -crēbruī, *intr inch* [↓] 1 ふえる, 増す. 2 強くなる, 激しくなる, 勢いを増す.

incrēbrō -āre -āvī -ātum, *tr* [in-¹/creber] 頻繁にする.

incrēbruī *pf* ⇒ increbresco.

incrēdibilis -is -e, *adj* [in-²/credo¹] 1 信じられない, 信じがたい. 2 途方もない. 3 信じない, 疑い深い.

incrēdibiliter *adv* [↑] 1 信じられないように. 2 途方もなく, 異常に.

incrēditus -a -um, *adj* [in-²/credo¹] 信じられていない.

incrēdulitās -ātis, *f* [↓] 信じないこと, 不信.

incrēdulus -a -um, *adj* [in-²/credulus] 1 信じていない, 疑っている. 2 自信のない. 3 信じられない.

incrēmentum -ī, *n* [incresco] 1 大きくなること, 増加, 成長, 発達; 増加量, 増分. 2 若芽, 分枝. 3 子孫. 4 出世, 昇進.

increpātiō -ōnis, °*f* [increpo] 非難, 叱責.

increpitō -āre -āvī -ātum, *tr, intr freq* [increpo] I (*tr*) (大声で)叱責する, 非難する ⟨alqm [alqd]⟩. II (*intr*) 大声で呼びかける.

increpitus -a -um, *pp* ⇒ increpo.

increpō -āre -crepuī -crepitum, *intr, tr* [in-¹/crepo] I (*intr*) 1 音をたてる, 鳴る. 2 言い触らされる. II (*tr*) 1 鳴らす. 2 叱責する, 非難する ⟨alqm⟩. 3 抗議する ⟨alqd; +acc c. inf; quod⟩.

increpuī *pf* ⇒ increpo.

increscō -ere -crēvī, *intr* [in-¹/cresco] 1 増加する, 成長する, 大きくなる ⟨abs; alci rei⟩. 2 強くなる, 激しくなる.

incrētus -a -um, *pp* ⇒ incerno.

incrēvī *pf* ⇒ incerno, incresco.

incruentātus¹ -a -um, *adj* [in-²/cruento] 血を流さない.

incruentātus² -a -um, °*adj* [in-²/cruento] 血まみれの.

incruentus -a -um, *adj* [in-²/cruentus] 血を流さない.

incrustō -āre -āvī -ātum, *tr* [in-¹/crusto] おおう; 塗りつける.

incubātiō -ōnis, *f* [incubo] 1 (鳥の)抱卵, 孵化(ふ). 2° 〔法〕不法占有. 3° 〔医〕潜伏(期).

incubitō -āre, *intr freq* [incubo] I (*tr*) (…の上に)横たわる ⟨alqm [alqd]⟩. II (*intr*) (鳥が)卵を抱く.

incubitus -a -um, *pp* ⇒ incubo, incumbo.

incubō -āre -cubuī -cubitum, *intr* (*tr*) [in-¹/cubo] 1 (…の上[中]に)横たわる ⟨alci rei⟩. 2 (鳥が)卵を抱く. 3 (闇・蒸気などが)静かにおおう, たれこめる. 4 (…に)住む. 5 おおいかぶさる, 張り出す. 6 油断なく見張る.

incubuī *pf* ⇒ incubo, incumbo.

in(cu)currī *pf* ⇒ incurro.

incūdī *pf* ⇒ incudo.

incūdō -ere -cūdī -cūsum, *tr* [in-¹/cudo] 鎚で作る.

incūdomalleus -a -um, °*adj* 〔解〕きぬたつち骨の.

incūdostapedius -a -um, °*adj* 〔解〕きぬたあぶみ骨の.

inculcātiō -ōnis, °*f* [↓] 教え込むこと.

inculcō -āre -āvī -ātum, *tr* [in-¹/calco] 1 踏み付ける. 2 挿入する, 差し込む. 3 押しつける ⟨alci alqd⟩. 4 教え込む.

inculpābilis -is -e, °*adj* [in-²/culpabilis] 非難するところのない.

inculpātus -a -um, *adj* [in-²/culpatus] 非難するところのない, 申し分のない.

inculpō -āre, °*tr* [in-¹/culpo] 罪を帰する.

incultē *adv* [incultus²] 粗野に, 乱暴に.

incultus[1] -a -um, *pp* ⇨ incolo.
incultus[2] -a -um, *adj* [in-[2]/cultus[1]] **1** 耕されていない, 未耕作の. **2** (服装・髪がぼさぼさの, 手入れしていない. **3** 粗野な, 洗練されていない.
incultus[3] -ūs, *m* [↑] **1** 手入れしていないこと. **2** 無頓着, 無視. **3** 無教養, 粗野.
incumbō -ere -cubuī -cubitum, *intr* [in-[1]/*cumbo (cf. cubo)] **1** (…の上に)横たわる, 寄り掛かる, 身を投げ出す ⟨in alqd; alci rei⟩. **2** 突進する, 襲いかかる. **3** 没頭する, 専心する, 集中する ⟨in [ad] alqd; alci rei; +*inf*; ut⟩. **4** (心が)傾く, (…の方を)好む ⟨in [ad] alqd⟩. **5** 圧迫する, のしかかる ⟨in alqd; +*dat*⟩.
incūnābula -ōrum, *n pl* [in-[1]/cunabula] **1** うぶ着, むつき, おしめ. **2** 揺りかご. **3** 出生地. **4** 幼年期, 初期, 揺籃期.
incunctans -antis, °*adj* [in-[2]/cunctor] 躊躇しない, ぐずぐずしない.
incunctanter *adv* [↑] 躊躇なく.
incūrātus -a -um, *adj* [in-[2]/curo] 治療されていない.
incūria -ae, *f* [in-[2]/cura] 無視, 不注意, 無頓着, 無関心.
incūriōsē *adv* [↓] 怠慢に, 無頓着に, 不注意に.
incūriōsus -a -um, *adj* [in-[2]/curiosus] **1** 無頓着な, 無関心な ⟨+*gen*⟩. **2** 無視された, なおざりにされた. **3** 警戒を怠った, 油断した.
incurrō -ere -(cu)currī -cursum, *intr* (*tr*) [in-[1]/curro] **1** ぶつかる ⟨in alqd; alci rei⟩. **2** 襲う, 襲撃する, 侵入する. **3** 達する, 至る. **4** 遭遇する, 出くわす. **5** (ある状態に)陥る, なる ⟨in alqd⟩. **6** 起こる, 生ずる. **7** (ある時期・日などに)当たる ⟨in alqd⟩.
incursiō -ōnis, *f* [↑] **1** 衝突. **2** 襲撃, 侵入.
incursitō -āre, *intr freq* [↓] **1** (頻繁に)襲撃する. **2** ぶつかり続ける.
incursō -āre -āvī -ātum, *intr, tr freq* [incurro] **1** 襲撃する, 侵入する ⟨alqd [alqm]; in alqd⟩. **2** ぶつかる, 衝突する ⟨alci rei⟩.
incursus[1] -a -um, *pp* ⇨ incurro.
incursus[2] -ūs, *m* **1** 襲撃, 攻撃, 侵入. **2** 衝突, 衝撃.
incurvātiō -ōnis, *f* [incurvo] 曲げること.
incurvescō -ere, *intr inch* [incurvus] 曲がる.
incurvicervīcus -a -um, *adj* [incurvus/cervix] 首の曲がった.
incurvō -āre -āvī -ātum, *tr* [↓] **1** 曲げる, たわませる. **2** かがめる. **3** 打ちひしぐ.
incurvus -a -um, *adj* [in-[1]/curvus] **1** 曲がった, 湾曲した. **2** 腰の曲がった.
incūs -cūdis, *f* [incudo] **1** 鉄床(かなとこ). **2** 〖解〗きぬた骨.
incūsātiō -ōnis, *f* [↓] 非難.
incūsō -āre -āvī -ātum, *tr* [in-[1]/causa] **1** 非難する, 責める. **2** 告発する.
incussī *pf* ⇨ incutio.
incussus[1] -a -um, *pp* ⇨ incutio.
incussus[2] -ūs, *m* 衝撃, 衝突.
incustōdītus -a -um, *adj* [in-[2]/custodio] **1** 見張り[監視]のいない, 無防備の. **2** 注意を払われない. **3** 不注意な, 軽率な.
incūsus -a -um, *pp* ⇨ incudo.
incutere *inf* ⇨ incutio.
incutiō -tere -cussī -cussum, *tr* [in-[1]/quatio] **1** 打ちつける, ぶつける ⟨alqd in alqd; alqd alci rei⟩. **2** (飛び道具を)投げる, 発射する. **3** 浸透させる, 吹き込む: *incutere alci terrorem* (Cic) ある人を恐れおののかせる.
indāgātiō -ōnis, *f* [indago[1]] 探求, 探索.
indāgātor -ōris, *m* [indago[1]] 探求者, 探索者.
indāgātrix -īcis, *f* [↑] 探求者, 探索者⟨女性⟩.
indāgō[1] -āre -āgāvī -āgātum, *tr* [indu-/ago] **1** (獲物を)追跡する. **2** 探求[探索]する; 確かめる, 突き止める.
indāgō[2] -ginis, *f* [↑] **1** (獲物に対する)包囲網. **2** 探求, 探索.
inde *adv* [is-/de (副詞語尾)] **1** (空間的)その場所から, そこから. **2** (時間的)その時から, それから, 続いて: ~ *a incunabulis* (Liv) 幼少時から. **3** (始点・出所)それから, そこから: ~ *omnia scelera gignuntur* (Cic) そこからすべての悪行が生まれる. **4** それゆえに, そのために.
indēbitē °*adv* [↓] 不当に.
indēbitus -a -um, *adj* [in-[2]/debeo] 不当な, ふさわしくない.
indecens -entis, *adj* [in-[2]/decens] 不適当な, ふさわしくない; 見苦しい, 不体裁な.
indecenter *adv* [↑] 不適当に; 不体裁に.
indecentia -ae, *f* [indecens] 不適当; 見苦しいこと, 不体裁.
indeceō -ēre, *tr* [indecens] (ある人に)ふさわしくない ⟨alqm⟩.
indēclīnābilis -is -e, *adj* [in-[2]/declino] **1** 曲げられない, 変えられない. **2** °〖文〗不変化の, 語形変化をしない.
indēclīnātus -a -um, *adj* [in-[2]/declino] 変わらない, 確固たる.
indecor -oris, *adj* =indecoris.
indecōrē *adv* [indecorus] 見苦しく; 不相応に.
indecoris -is -e, *adj* [in-[2]/decus] 恥ずべき, 見苦しい.
indecorō -āre -āvī -ātum, *tr* [indecor] 恥辱を与える, 名誉を傷つける.
indecōrus -a -um, *adj* [in-[2]/decorus] **1** 見苦しい, 不体裁な. **2** 不適当な, ふさわしくない. **3** 不名誉な, 恥ずべき.
indēfatīgābilis -is -e, *adj* [in-[2]/defatigo] 疲れを知らない.
indēfatīgātus -a -um, *adj* [in-[2]/defatigo] 疲れを知らない.
indēfensus -a -um, *adj* [in-[2]/defendo] **1** 無防備の. **2** 〖法〗弁護されていない.
indēfessus -a -um, *adj* [in-[2]/defetiscor] 疲れていない; 疲れを知らない.
indēficiens -entis, °*adj* [in-[2]/deficio] 尽きない, 絶えない.
indēfīnītus -a -um, *adj* [in-[2]/definitus] **1** 無限の, 果てしない. **2** 〖文〗不定法の.
indēflētus -a -um, *adj* [in-[2]/defleo] 悲しむ者のな

indējectus -a -um, *adj* [in-²/deicio] 倒されていない.

indēlēbilis -is -e, *adj* [in-²/deleo] 不滅の.

indēlibātus -a -um, *adj* [in-²/delibo] そこなわれていない, 手つかずの.

indemnātus -a -um, *adj* [in-²/damno] 有罪宣告を受けていない.

indemnis -is -e, *adj* [in-²/damnum] 損害[損失]を受けていない.

indemnitās -ātis, *f* [↑] 損害のないこと; 補償.

indēnuntiātus -a -um, *adj* [in-²/denuntio] 通告[告示]されていない.

indēpendens -entis, °*adj* [in-²/dependeo] 依存しない, 独立した.

indēplōrātus -a -um, *adj* [in-²/deploro] 悲しむ者のない, 悲しまれていない.

indēprāvātus -a -um, *adj* [in-²/depravo] 堕落[腐敗]していない.

indēprehensibilis -is -e, *adj* [in-²/deprehendo] 不可解な, 見つけられない.

indēprensus -a -um, *adj* [in-²/deprendo] 1 不可解な, 見つけられない. 2 追いつかれない.

indeptus -a -um, *pp* ⇨ indipiscor.

indēsertus -a -um, *adj* [in-²/desero²] 見捨てられていない.

indēsinens -entis, °*adj* [in-²/desino] 絶え間のない.

indēsinenter *adv* [↑] 不断に, 絶え間なく.

indespectus -a -um, *adj* [in-²/despicio] (深すぎて)底の見えない.

indestrictus -a -um, *adj* [in-²/destringo] 無傷の.

indētermiātus -a -um, °*adj* [in-²/determino] 未決定の, 不確定の.

indētonsus -a -um, *adj* [in-²/detondeo] 髪[ひげ]を刈られていない, 長髪の.

indēvītātus -a -um, *adj* [in-²/devito] 避けられない, 免れがたい.

index -dicis, *m* (*f*) [indico¹] 1 情報提供者; (特に)密告者. 2 表示するもの, しるし. 3 人差し指. 4 表題; 銘. 5 要約, 摘要. 6 試金石. 7 一覧表, 目録.

Indī -ōrum, *m pl* [Gk] India の住民.

India -ae, *f* [Gk] インディア(-), 「インド.

indicātiō -ōnis, *f* [indico¹] 査定, 評価.

indicātīvē °*adv* [↓] 〔文〕直説法によって.

indicātīvus -a -um, °*adj* [indico¹] 〔文〕直説法の: *modus* ~ (Donat) 直説法.

indicātūra -ae, *f* [indico¹] 査定, 評価; 価格.

*****indīcens** -entis, *adj* (*prp*) [in-²/dico²] (用例は *sg abl* のみ) 語らない: *me indicente* (Ter) 私が一言も口にしないで.

indicium -ī, *n* [index] 1 公表, 報告. 2 暴露, 密告. 3 共犯証人となる許可. 4 告発褒賞. 5 しるし; 証拠.

indicō¹ -āre -āvī -ātum, *tr* [in-¹/dico¹] 1 知らせる, 公表する. 2 暴露する, 密告する. 3 (…の)しるしである, 示す. 4 査定[評価]する.

indīcō² -ere -dīxī -dictum, *tr* [in-¹/dico²] 1 宣言する, 布告する: *exercitum indicere* (Liv) 軍隊の召集を通告する / *bellum indicere* (Cic) 宣戦を布告する. 2 (罰・任務・貢納などを)課する ⟨alci alqd⟩.

indictiō -ōnis, *f* [↑] 1 宣言, 布告. 2 課税.

indictus¹ -a -um, *adj* [in-²/dico²] 言われていない: *indictā causā* (Cic) 審問されずに, 弁明の機会なく.

indictus² -a -um, *pp* ⇨ indico².

Indicus -a -um, *adj* [Gk] India の.

indidem *adv* [inde/-dem] 1 ちょうど同じ場所から. 2 同じ源[原因, 事情]から.

indidī *pf* ⇨ indo.

indiēs, in diēs *adv* 日々, 毎日.

indifferens -entis, *adj* [in-²/differo] 1 (倫理的に)良くも悪くもない. 2 重要でない, どうでもよい. 3 無関心な, 無頓着な.

indifferenter *adv* [↑] 1 差別なく, どうでもよく. 2 無関心に, 無頓着に.

indifferentia -ae, *f* [indifferens] 1 区別のつかないこと. 2 (語の)同義性.

indigena¹ -ae, *adj m, f* [indu-/gigno] 土着の, (その)土地固有の.

indigena² -ae, *m* (その)土地の人, 原住民.

indigens -entis, *adj* (*prp*) [indigeo] 困窮している.

indigentia -ae, *f* [↑] 1 欠乏, 困窮. 2 飽くなき欲望, 貪欲.

indigeō -ēre -iguī, *intr* [indu-/egeo] 1 欠乏している; 必要とする ⟨+*abl* [*gen*]⟩. 2 (むやみに)欲しがる, 熱望する ⟨+*abl* [*gen*]⟩.

indīgeriēs -ēī, °*f* 不消化.

indigēs -is, *adj* [indigeo] 欠乏している ⟨+*gen*⟩.

Indiges -getis, *m* 1 (ローマの)祖神 (=Aeneas). 2 (*pl*) 死後, 守護神としてあがめられた英雄たち.

indigestē *adv* [indigestus] 雑然と, 無秩序に.

indīgestiō -ōnis, °*f* [↓] 不消化.

indigestus -a -um, *adj* [in-²/digero] 1 無秩序な, 混乱した. 2° 不消化の.

indigitō -āre -āvī -ātum, *tr* [Indiges] (一定の文によって神を)呼び出す.

indignābundus -a -um, *adj* [indignor] 憤慨[激怒]している.

indignandus -a -um, *adj* (*gerundiv*) [indignor] 義憤に値する.

indignans -antis, *adj* (*prp*) [indignor] 憤慨[激怒]している ⟨+*gen*⟩.

indignātiō -ōnis, *f* [indignor] 1 憤慨, 義憤. 2 憤慨させるもの. 3 〔修〕(演説の中で)聴衆を憤慨させることを企図した部分.

indignātiuncula -ae, *f dim* [↑] ちょっとした憤懣.

indignātus -a -um, *pp* ⇨ indignor.

indignē *adv* [indignus] 1 不相応に; 不面目に. 2 憤って: ~ *ferre* [*pati*] (Nep [Cic]) 憤る, 気を悪くする.

indignitās -ātis, *f* [indignus] 1 ふさわしくないこと; 卑しさ, 不面目. 2 侮辱, 無礼. 3 憤慨.

indignor -ārī -ātus sum, *tr* (*intr*) *dep* [↓] 憤慨する, 腹を立てる, 気分を害する ⟨alqd; +*inf*; +*acc c.*

inf; quod⟩.

indignus -a -um, *adj* [in-²/dignus] **1** 不相応な, ふさわしくない⟨+*abl* [*abl*]; qui; ut; +*inf*⟩. **2** 罪のない, 潔白な. **3** 不面目な, 恥ずべき.

indigus -a -um, *adj* [indigeo] 欠けている; 必要としている ⟨+*gen* [*abl*]⟩.

indiligens -entis, *adj* [in-²/diligens] **1** 無頓着な, 不注意な. **2** 顧られない, 無視された.

indiligenter *adv* [↑] 不注意に, 無頓着に.

indiligentia -ae, *f* [indiligens] 無頓着, 不注意.

indipiscī *inf* ⇨ indipiscor.

indipiscō -ere, *tr* =indipiscor.

indipiscor -scī indeptus sum, *tr dep* [indu-/apiscor] **1** 到達する, 獲得する: *alqd animo indipisci* (GELL) あることを覚えて[忘れずに]いる. **2** 始める, 着手する.

indīreptus -a -um, *adj* [in-²/diripio] 略奪されていない.

indisciplīnātus -a -um, °*adj* [in-²/disciplinatus] 訓練を受けていない, 規律のない.

indiscrētē *adv* [↓] ごたごたと, 区別なしに.

indiscrētus -a -um, *adj* [in-²/discerno] **1** 分けられていない. **2** 区別のつかない. **3** 区別のない, どちらでもよい.

indiscussus -a -um, °*adj* [in-²/discutio] 討議されていない, 十分考察されていない.

indisertē *adv* [↓] 口べたに, 訥弁(ﾄﾂ)に.

indisertus -a -um, *adj* [in-²/disertus] 口べたな, 訥弁の.

indispositē *adv* [↓] 無秩序に, 乱雑に.

indispositus -a -um, *adj* [in-²/dispono] 無秩序な, 乱雑な.

indisputābilis -is -e, °*adj* [in-²/disputabilis] 議論の余地のない, 明白な.

indissolūbilis -is -e, *adj* [in-²/dissolubilis] **1** ほどくことができない. **2** 滅ぼすことができない, 不滅の.

indistinctē *adv* [↓] 区別なく, 無差別に.

indistinctus -a -um, *adj* [in-²/distinctus] **1** 正しく配列[区分]されていない, 乱れた. **2** 無差別な, 区別がはっきりしない. **3** 目立たない, 地味な.

inditus -a -um, *adj* (*pp*) [indo] **1** 入れられた, 中に置かれた. **2** 配置された.

indīviduum -ī, *n* [↓] 〚哲〛 原子 (=atomus).

indīviduus -a -um, *adj* [in-²/dividuus] **1** 分割できない. **2** 分離できない.

indīvīsus -a -um, *adj* [in-²/divido] **1** 分割されていない. **2** 共有[共通]の. **3** (中性名詞として) *pro indiviso* (CATO [PLIN]) 共有して[平等に].

indīxī *pf* ⇨ indico².

indō -ere -didī -ditum, *tr* [in-¹/*do (cf. abdo)] **1** 入れる, 中に置く ⟨alqm in alqd; alqd alci rei⟩: *inditur lecticae* (TAC) 彼は輿に乗る. **2** (名として)与える. **3** 導入する, 採用する. **4** (感情を)ひき起こす, 生じさせる ⟨alci alqd⟩.

indocilis -is -e, *adj* [in-²/docilis] **1** 教えにくい, 言うことを聞かない. **2** 伝授できない. **3** 訓練されていない, 未熟な; 無知の.

indoctē *adv* [↓] 無知に; 未熟に.

indoctus -a -um, *adj* [in-²/doctus] **1** 無学の, 無知な. **2** 未熟な ⟨+*gen*; +*inf*⟩.

indolens -entis, °*adj* [in-²/doleo] 苦痛を感じない.

indolentia -ae, *f* [↑] **1** 苦痛のないこと, 無苦痛. **2** 無感覚.

indolēs -is, *f* [indu-/alo] 天性, 素質.

indolescō -ere -doluī, *intr* (*tr*) [in-¹/doleo] 悲しむ, 嘆く, 苦しむ ⟨re; alqd; +*acc c. inf*; quod⟩.

indoluī *pf* ⇨ indolesco.

indomābilis -is -e, *adj* [in-²/domabilis] 飼いならし[御し]にくい.

indomitus -a -um, *adj* [in-²/domo¹] **1** 飼いならされていない. **2** 粗暴な, 制御されていない, 抑制のない. **3** 征服されない, 不屈の.

indōnātus -a -um, °*adj* [in-²/dono] 贈物を受けていない, 何ももらっていない.

indormiō -īre -īvī -ītum, *intr* [in-¹/dormio] **1** (…の中[上]で)眠る ⟨alci rei⟩. **2** 眠って忘れる, 眠っておざりにする ⟨alci rei; in re⟩: *indormire huic tempori* (CIC) この好機に眠りこけている.

indōtātus -a -um, *adj* [in-²/dotatus] **1** 結婚持参金のない. **2** 副葬品のない.

indōtiae -ārum, *f pl* =indutiae.

indu *prep* 《古形》=in.

indu- *pref* 《古形》 from in-¹.

indubitābilis -is -e, *adj* [in-²/dubitabilis] 疑う余地のない, 確実な.

indubitanter *adv* =indubitate.

indubitātē *adv* [↓] 疑う余地もなく, 当然.

indubitātus¹ -a -um, *adj* [in-²/dubito] 疑う余地のない, 確実な.

indubitātus² -a -um, *pp* ⇨ indubito.

indubitō -āre -āvī -ātum, *intr* [in-¹/dubito] 疑いをもつ ⟨alci rei⟩.

indubius -a -um, *adj* [in-²/dubius] 疑いのない, 確実な.

indūciae -ārum, *f pl* =indutiae.

indūcō -ere -duxī -ductum, *tr* [in-¹/duco] **1** 導き入れる ⟨alqm [alqd] alci rei; alqm [alqd] in alqd⟩. **2** (軍隊を)引率[先導]する. **3** (演技者を)登場させる, 出場させる. **4** 持ち込む, 導入する, 紹介する: *morem novorum judiciorum in rem publicam inducere* (CIC) 新奇な審問方式を国家に押しつける. **5** 勘定書に記入する. **6** そそのかす, 誘う, 説いて…させる ⟨alqm ad [in] alqd; ut; +*inf*⟩: *inducere alqm ad misericordiam, ad pudendum, ad pigendum* (CIC) ある人を同情させ, 恥じ入らせ, 後悔させる. **7** (人をある地位・立場に)置く, 据える. **8** おおう ⟨alqd re⟩. **9** (衣服・武具などを)着用する[させる]. **10** (文字を)消す; 取り消す, 無効にする. **11** *in animum inducere* (CIC) 決心する ⟨+*inf*; ut, ne⟩.

inductiō -ōnis, *f* [↑] **1** 導き入れること, 導入; (特に演技者を)登場させること. **2** *animi* ~ (CIC) 好み; 決意. **3** 〚論〛帰納法 (=epagoge).

inductor -ōris, *m* [induco] (喜劇で)(むちを)そそのかす人 (=むち打つ人).

inductus¹ -a -um, *adj* (*pp*) [induco] **1** 外来の. **2** 異質な, 不調和な.

inductus² -ūs, *m* 誘導.
indūcula -ae, *f* [induo] (女性の)肌着.
indugredior -dī, *intr*, *tr dep* =ingredior.
induī *pf* ⇨ induo.
indulgens -entis, *adj* (*prp*) [indulgeo] **1** 好意的な, 親切な, 寛大な ⟨in alqm; alci⟩. **2** ふけっている ⟨alci rei⟩.
indulgenter *adv* [↑] 寛大に, 親切に, 好意的に.
indulgentia -ae, *f* [indulgens] **1** 寛大, 慈悲(深さ), 好意, 親切. **2°** 容赦, 赦免. **3°**【カト】免罪, 贖宥(しょくゆう); 免罪符.
indulgentiārius -ī, °*m* [↓] 免罪符商人《聖職者をさす》.
indulgeō -ēre -dulsī -dultum, *intr*, *tr* **I** (*intr*) **1** 好意的[親切]である; 情け深い, 寛大である ⟨+*dat*⟩. **2** ふける, 専心[没頭]する ⟨alci rei⟩. **II** (*tr*) 認める, 与える, 許す ⟨alci alqd⟩.
indulsī *pf* ⇨ indulgeo.
indultārius -ī, °*m* 【カト】特典[特許]享受者.
indultor -ōris, °*m* [indulgeo] **1** 支援[保護]者. **2** 恩恵を与える者.
indultum -ī, °*n* [↓] **1** 恩恵, 特権. **2**【カト】特典, 特許.
indultus¹ -a -um, *pp* ⇨ indulgeo.
indultus² -ūs, °*m* 許し, 許可.
indūmentum -ī, *n* [↓] **1** 衣服. **2°** おおい.
induō -ere -uī -ūtum, *tr* **1** 身に着けさせる, 着用させる ⟨alci alqd⟩: *arma alci induere* ある人に武器を着けさせる(=戦場へ赴かせる). **2** (形・姿を)とる, おびる, 装う: *induere personam judicis* (Cic) 裁判官の役割をおびる. **3** (*refl*) 落ち込む, 沈む ⟨alci rei; in alqd⟩: *induere se hastis* (Liv) 槍の穂先に倒れ伏す. **4** 巻き込む, 陥れる ⟨alqm in alqd⟩. **5** おおう, 包む, 囲む ⟨alqd [alqm] re⟩. **6** (感情・特性を)植え付ける, 吹き込む.
indupe- ⇨ impe-.
indūrescō -ere -dūruī, *intr inch* [↓] **1** 堅くなる, 固まる. **2** 強くなる. **3** 定着する, 確立する. **4** 頑強[頑固]になる.
indūrō -āre -āvī -ātum, *tr* [in-¹/duro] **1** 堅くする, 固める. **2** 丈夫[強壮]にする. **3** 頑強[頑固]にする.
indūruī *pf* ⇨ induresco.
Indus¹ -a -um, *adj* [*Gk*] India の.
Indus² -ī, *m* **1** India の住民. **2** 象使い.
Indus³ -ī, *m* インドゥス, *インドス, "インダス 《India の西境にある大河》.
indusiārius -ī, *m* [indusium] 女性用肌着の製造[販売]者.
indusiātus -a -um, *adj* [↓] 肌着を着けた.
indusium -ī, *n* [induo] **1** (女性の)肌着. **2°**【植】包膜. **3°**【解】包膜; 羊膜.
industria -ae, *f* [industrius] **1** 勤勉, 精励. **2** 故意: *de* [*ex*] *industria* (Plaut [Liv]) 故意[意図的]に.
industriē *adv* [industrius] 勤勉に, 熱心に.
industriōsē *adv* [↓] =industrie.
industriōsus -a -um, °*adj* =industrius.
industrius -a -um, *adj* [indu-/struo] 勤勉な, 精励な.
indūtiae -ārum, *f pl* **1** 休戦, 停戦. **2** 休止. **3** 猶予.
Indutiomarus -ī, *m* インドゥティオマルス《Treveri 族の首長》.
indūtus¹ -a -um, *pp* ⇨ induo.
indūtus² -ūs, *m* **1** 着用. **2°** 衣裳.
induviae -ārum, *f pl*, **induviēs** -ēī, *f* [induo] 衣服.
induxī *pf* ⇨ induco.
inēbriō -āre -āvī -ātum, *tr* [in-¹/ebrius] **1** 酔わせる. **2** 浸す.
inedia -ae, *f* [in-²/edo¹] **1** 飢餓. **2** 断食, 絶食.
inēditus -a -um, *adj* [in-²/edo²] 公表されていない, 未発表の.
ineffābilis -is -e, *adj* [in-²/effor] **1** (語が)発音できない. **2** ことばにならない, 言いようのない.
inefficax -ācis, *adj* [in-²/efficax] 効力のない, 役に立たない; (法律が)無効の.
inēgī *pf* ⇨ inigo.
inēlabōrātus -a -um, *adj* [in-²/elaboratus] **1** 入念に仕上げられていない. **2** 労せずして得た.
inēlegans -antis, *adj* [in-²/elegans] 優雅でない, 品のない, 洗練されていない.
inēleganter *adv* [↑] 優雅でない様子で, 洗練されないで, ぎこちなく.
inēlegantia -ae, *f* [inelegans] 法律の精密さに対する注意不足.
inēluctābilis -is -e, *adj* [in-²/eluctabilis] 避け[のがれ]られない.
inēmendābilis -is -e, *adj* [in-²/emendabilis] 矯正できない, 度しがたい.
inēmorī *inf* ⇨ inemorior.
inēmorior -morī, *intr dep* [in-¹/emorior] (…のまん中で)死ぬ ⟨alci rei⟩.
inemptus -a -um, *adj* [in-²/emo] 買ったものでない, ただで手に入れた.
inēnarrābilis -is -e, *adj* [in-²/enarrabilis] 言い表わせない, 名状しがたい.
inēnōdābilis -is -e, *adj* [in-²/enodo] **1** ほどけない, もつれた. **2** 説明[解明]できない.
ineō -īre -iī -itum, *intr*, *tr* [in-¹/eo²] **I** (*intr*) 入る ⟨in alqd⟩. **2** 始まる: *ab inieunte aetate* (Cic) 若いころから. **II** (*tr*) **1** 入る, 踏み込む ⟨alqd⟩. **2** 交尾する; 性交する. **3** 開始する, 着手する. **4** 就任する, (任務に)就く. **5** (関係・協約を)結ぶ. **6** 決定する, 結論を出す. **7** *rationem inire* (Caes) 方策を講ずる; 計算する / *gratiam ab alqo inire* (Plaut) ある人から愛顧を得る.
ineptē *adv* [ineptus] へたに, 不適切に.
ineptia -ae, *f* [ineptus] **1** 愚かさ, 無分別. **2** (*pl*) 愚行, ばかげた言動[考え].
ineptiō -īre, *intr* [ineptus] ばかなまねをする.
ineptitūdō -dinis, *f* =ineptia.
ineptus -a -um, *adj* [in-²/aptus¹] **1** 役に立たない, 不用の. **2** 不適切な. **3** 愚かな, 無分別な.
inequitābilis -is -e, *adj* [in-²/equito] 馬で行くのに適さない.
inequitō -āre, *intr*, *tr* [in-¹/equito] 馬に乗って行

〈alci rei; alqd〉.

inermis -is -e, *adj* [in-²/arma] **1** 武装していない; 無防備の. **2** 武器を使わない, 平和な, 無害の.

inermō -āre -āvī -ātum, *tr* [↓] 武器を奪う.

inermus -a -um, *adj* =inermis.

inerrans -antis, *adj* [in-²/erro¹] 不動の, 固定した: *stella* ~ (Cɪᴄ) 恒星.

inerrō -āre -āvī -ātum, *intr*, *tr* [in-¹/erro¹] さまよう, うろつく 〈alci rei; alqd〉: *memoria imaginis oculis inerrabat* (Pʟɪɴ Mɪɴ) (幽霊の)姿の記憶が目の前にちらついた.

iners -ertis, *adj* [in-²/ars] **1** 不器用な, 拙劣な, へたな. **2** 役に立たない, 効果のない. **3** 不活発な, 静止した; 怠惰な. **4** 臆病な.

inertia -ae, *f* [↑] **1** 不器用. **2** 怠惰; 不活発.

inērudītē *adv* [ineruditus] 無知に; へたに.

inērudītiō -ōnis, °*f* [in-²/eruditio] 無学.

inērudītus -a -um, *adj* [in-²/eruditus] 無学の, 無知の.

inescō -āre -āvī -ātum, *tr* [in-¹/esca] おびき寄せる, 誘惑する.

inesse *inf* ⇨ insum.

ineundus -a -um, *gerundiv* ⇨ ineo.

ineuschēmē *adv* [in-²/euscheme] まずい具合に.

inēvectus -a -um, [in-¹/eveho] 上方へ運ばれた.

inēvītābilis -is -e, *adj* [in-²/evitabilis] 避けられない.

inexcitābilis -is -e, *adj* [in-²/excito] めざめさせることができない.

inexcītus -a -um, *adj* [in-²/excieo] **1** 静かな, 平穏な. **2** 自発的な.

inexcōgitātus -a -um, *adj* [in-²/excogito] 考え出されていない.

inexcūsābilis -is -e, *adj* [in-²/excusabilis] 許しがたい, 言いわけの立たない.

inexercitātus -a -um, *adj* [in-²/exercitatus] **1** 訓練されていない, 未熟な. **2** 活動していない, 不活発な.

inexēsus -a -um, °*adj* [in-²/exedo] 終わりのない, いつ果てるとも知れない.

inexhaustus -a -um, *adj* [in-²/exhaurio] **1** 枯渇していない, 使い尽くされていない. **2** 無尽蔵の, 無限の.

inexōrābilis -is -e, *adj* [in-²/exorabilis] 懇願を受けつけない; 容赦のない, 無情[冷酷]な.

inexpectātus -a -um, *adj* =inexspectatus.

inexpedītus -a -um, °*adj* [in-²/expeditus¹] 紛糾した, 混乱した, 厄介な.

inexperrectus -a -um, *adj* [in-²/expergiscor] めざめていない.

inexpertus -a -um, *adj* [in-²/experior] **1** 未熟な, 未経験の 〈re; ad alqd〉. **2** 試みられていない, ためされていない: *fides inexperta* (Lɪᴠ) 誰も確かめたことのない(敵王の)誠実さ. **3** 見知らぬ, 未知の.

inexpiābilis -is -e, *adj* [in-²/expio] **1** 償われない. **2** なだめられない, 和解できない.

inexplēbilis -is -e, *adj* [in-²/expleo] 満たされない, 飽くことを知らない, 貪欲な.

inexplētus -a -um, *adj* [in-²/expleo] **1** 満たされていない. **2** 満たされない, 飽くことを知らない, 貪欲な.

inexplicābilis -is -e, *adj* [in-²/explicabilis] **1** ほどけない; 脱出できない, 入り組んだ; 通り抜けられない. **2** 実行不可能な. **3** 終わりのない, 果てしない. **4** 説明のできない.

inexplōrātē *adv* =inexplorato.

inexplōrātō *adv* (*abl*) [↓] 偵察せずに, 前もって調査せずに.

inexplōrātus -a -um, *adj* [in-²/exploro] 偵察されていない, 未調査の.

inexpugnābilis -is -e, *adj* [in-²/expugnabilis] 攻めることができない, 征服されない, 難攻不落の; 確固とした, 強固な.

inexspectātus -a -um, *adj* [in-²/exspectatus] 予期されていない, 思いがけない.

inexstinctus -a -um, *adj* [in-²/exstinguo] 消えることのない: *nomen inexstinctum* (Oᴠ) 不滅の名声.

inexstinguibilis -is -e, *adj* [in-²/exstinguo] 消すことができない.

inexsuperābilis -is -e, *adj* [in-²/exsuperabilis] 越すことができない; 負かしがたい, 征服されない, 不屈の.

inextrīcābilis -is -e, *adj* [in-²/extrico] 抜け出せない; 解決できない.

infabrē *adv* [in-²/fabre] へたに, 拙劣に.

infabricātus -a -um, *adj* [in-²/fabricor] 加工されていない.

infacētē, inficētē *adv* [infacetus] 気のきかない具合に, 不作法に.

infacētiae, inficētiae -ārum, *f pl* [↓] 粗雑なことばづかい[表現].

infacētus, inficētus -a -um, *adj* [in-²/facetus] 粗野な, 気のきかない.

infācundus -a -um, *adj* [in-²/facundus] 雄弁でない, 訥弁(とつべん)の.

infallibilis -is -e, °*adj* [in-²/fallo] 誤りのない, 不可謬の.

infallibilitās -ātis, °*f* [↑] 誤りのないこと, 無謬性.

infāmia -ae, *f* [↓] **1** 悪評, 悪名. **2** 不面目, 恥辱, 不名誉.

infāmis -is -e, *adj* [in-²/fama] **1** 評判の悪い, 悪名高い. **2** 不面目な, 恥ずべき, 忌まわしい. **3** 面目[名誉]を失った.

infāmō -āre -āvī -ātum, *tr* [↑] **1** 面目を失わせる, 評判を落とさせる. **2** 中傷する, 誹謗する.

infandum *int* (*neut*) [↓] ああおそろしや, 災いなるかな.

infandus -a -um, *adj* [in-²/for] (ことばにならないほど)恐ろしい, 忌まわしい.

infans¹ -antis, *adj* [in-²/for] **1** 口のきけない; 舌たらずの, うまく話せない. **2** 子供の; 子供じみた.

infans² -antis, *m*, *f* 幼児.

infantia -ae, *f* [infans¹] **1** 口がきけないこと; うまく話せないこと. **2** 幼児期; 子供っぽさ.

infantīlis -is -e, *adj* [infans¹] 幼児の(ような).

infantula -ae, *f dim* [infans²] 幼児(女).
infantulus -ī, *m dim* [infans²] 幼児(男).
infarciō -īre -farsī -farsum, *tr* =infercio.
infarsī *pf* ⇨ infarcio.
infarsus -a -um, °*pp* ⇨ infarcio.
infatīgābilis -is -e, *adj* [in-²/fatigo] 疲れを知らない.
infatuātus -a -um, *pp* ⇨ infatuo.
infatuō -āre -āvī -ātum, *tr* [in-¹/fatuus] ばかにする, 愚弄する.
infaustus -a -um, *adj* [in-²/faustus] **1** 不運な, 不幸な. **2** 不吉な, 凶兆の.
infēcī *pf* ⇨ inficio.
infector -ōris, *m* [inficio] 染める人.
infectus¹ -a -um, *pp* ⇨ inficio.
infectus² -ūs, *m* 染色, 染めること.
infectus³ -a -um, *adj* [in-²/factus¹] **1** 加工していない. **2** 未完成の, 成就[達成]されていない: *infectā re* (CAES) 事が成就されずに. **3** 不可能な.
infēcunditās -ātis, *f* [↓] 不毛, 不作; 不妊.
infēcundus -a -um, *adj* [in-²/fecundus] 不作の, 不毛の; 不妊の.
infēlīcitās -ātis, *f* [infelix] 不運, 不幸.
infēlīciter *adv* [infelix] 不運に, 不幸に.
infēlīcō -āre, *tr* [↓] 不幸にする, 不幸をもたらす.
infēlīx -īcis, *adj* [in-²/felix¹] **1** 不作の, 不毛の. **2** 不幸な, 不運な. **3** 不幸をもたらす.
infēnsē *adv* [infensus] 敵意をもって, 攻撃的に.
infēnsō -āre -āvī -ātum, *tr* [↓] 攻撃する, 荒らす, 悩ます.
infēnsus -a -um, *adj* [in-²/*fendo (*cf.* defendo)] **1** 敵意ある, 攻撃的な <+*dat*; in alqm>. **2** 有害な, 危険な. **3** 怒り狂う.
inferbuī *pf* ⇨ infervesco.
inferciō -īre -fersī -ferctum [-fersum], *tr* [in-¹/farcio] **1** 詰め込む, 押し込む <alqd in alqd>. **2** いっぱいにする <alqd re>.
inferī -ōrum, *m pl* [inferus] **1** よみの国の住人, 死者たち. **2** 死者の国, 冥界.
inferiae -ārum, *f pl* [↑] **1** 死者への供物. **2** 死者へ供物をささげる儀式.
inferior -ius, *adj comp* [inferus] **1** より低い, より下の. **2** 下層の; 劣った, 劣等の: ~ *numero navium* (CAES) 船の数において劣勢で. **3** より後の, よりおそい: *aetate* ~ (CIC) 年が若い.
inferius¹ *adv comp* (*neut*) [↑] **1** さらに下方に. **2** のちに, あとで.
inferius² -a -um, *adj* [infero] 供物(ℓつ)用の, 犠牲としてささげられる.
inferna -ōrum, *n pl* [infernus¹] **1** 腹部. **2** よみの国, 冥府. **3**° 地獄.
infernālis -is -e, °*adj* [infernus¹] 冥府の, 地獄の.
infernās -ātis, *adj* [infernus¹] mare infernum (⇨ infernus¹ 2) に面する地方の.
inferne *adv* [infernus¹] 下に.
infernī -ōrum, *m pl* [↓] よみの国の住人, 死者たち.
infernus¹ -a -um, *adj* [inferus] **1** 下方の. **2** *mare infernum* (LUC) ティレニア海 (=mare Tyrrhenum). **3** よみの国の.

infernus² -ī, °*m* 地獄.
īnferō -ferre intulī illātum, *tr* [in-¹/fero] **1** 運び込む, 運び入れる <alqm [alqd] in alqd; alqm [alqd] alci rei>: *signa inferre* (CAES) 軍旗を進める, 進撃する / *bellum alci inferre* (CIC) ある人を攻撃する, ある人に対して兵を挙げる. **2** (…の中[上]に)置く: *ignem alci rei inferre* (CIC) あるものに火をつける. **3** 急いで行かせる, 駆りやる. **4** 埋葬する. **5** 導入する, 採り入れる. **6** 支払う, ささげる. **7** (計算書に)記入する. **8** 述べる, 発言する. **9** (害悪を)与える, ひき起こす; (ある事態へ)導く, 陥らせる. **10** (*pass*, *refl*) (…へ)急ぐ, 突進する. **11** (ある感情を)起こさせる, 吹き込む. **12** 推論する, 結論を下す.
inferre *inf* ⇨ infero.
īnfersī *pf* ⇨ infercio.
īnfersus -a -um, °*pp* ⇨ infercio.
īnferus -a -um, *adj* **1** 下方の, 下部の; 〖天〗より南の. **2** *mare inferum* (LIV) ティレニア海 (=mare Tyrrhenum). **3** よみの国の.
infervefacere *inf* ⇨ infervefacio.
infervefaciō -cere -fēcī -factum, *tr* [in-¹/fervefacio] 沸かす, 沸騰させる.
infervefactus -a -um, *pp* ⇨ infervefacio.
infervefēcī *pf* ⇨ infervefacio.
inferveō -ēre, *intr* [in-¹/ferveo] 沸騰している, 沸き立つ.
infervēscō -ere -ferbuī, *intr inch* [↑] 熱くなる, 沸き立つ, 沸騰する.
infestātiō -ōnis, *f* [infesto] 悩ますこと.
infestē *adv* [infestus] 敵意をもって, 狂暴に.
infestō -āre -āvī -ātum, *tr* [↓] **1** (攻撃・病気などで)悩ます, 困らせる. **2** 危険にする. **3** そこなう, 害する.
infestus -a -um, *adj* **1** 敵意ある, 敵対的な, 攻撃的な. **2** 有害な, 危険な. **3** 危険にさらされている, おびやかされている.
inficere *inf* ⇨ inficio.
inficēt- ⇨ infacet-.
inficiō -cere -fēcī -fectum, *tr* [in-¹/facio] **1** 染る, 着色する <alqd re>. **2** よごす, しみをつける; 汚染する. **3** しみ込ませる, 吹き込む <alqm re>: *infici debet* (*puer*) *iis artibus* (CIC) (その少年は)それらの学問を教えこまれなくてはならない. **4** けがす, 堕落させる.
inficior -ārī, *tr dep* =infitior.
infidēlis -is -e, *adj* [in-²/fidelis¹] 不誠実な, 不実な.
infidēlitās -ātis, *f* [↑] 不誠実, 不実.
infidēliter *adv* [infidelis] 不誠実に, 不実に.
infīdī *pf* ⇨ infindo.
infīdus -a -um, *adj* [in-²/fidus] **1** 不誠実な, 不実な. **2** 不確実な, 頼り[あて]にならない.
infīgō -ere -fīxī -fīxum, *tr* [in-¹/figo] **1** はめ込む, 埋め込む, 突っ込む <alqd in alqd; alqd alci rei; alqd (in) re>. **2** 固定させる. **3** (心に)刻みつける, 銘記する <alqd in re; alqd alci rei>. **4** (注意・視線などを)じっと向ける, 集中させる.
infimātis -is -e, *adj* [infimus] (社会的に)最下層

の.

infimum -ī, *n* [↓] 最低部, 底.

infimus -a -um, *adj superl* [inferus] **1** (空間的に)最下の, 最後の. **2** (地位・状況などの)最低の; 最も卑しい.

infindō -ere -fidī -fissum, *tr* [in-/findo] 刻み(切り)込む ⟨alqd alci rei⟩.

infīnitās -ātis, *f* [in-²/finis] **1** 無限, 果てしないこと. **2** [哲] 無限者.

infīnītē *adv* [infinitus] **1** 非限定的に, 一般的に. **2** 無限に, 果てしなく.

infīnītiō -ōnis, *f* [infinitus] 無限.

infīnītīvus[1] -a -um, °*adj* [infinitus] 〖文〗不定法の: *modus* ~ (DIOM) 不定法.

infīnītīvus[2] -ī, °*m* 〖文〗不定法.

infīnītō *adv* (*abl*) [infinitus] 限りなく, 計り知れないほど.

infīnītum -ī, *n* [↓] 無限, 広大無辺.

infīnītus -a -um, *adj* [in-²/finitus] **1** 限定されない, 一般の. **2** 〖文〗不定の; 不定法の. **3** 無限の, 果てしない, 終わりのない.

infirmāria -ae, °*f* [↓] 病院, 診察所.

infirmārius -ī, °*m* [infirmo] 看護人.

infirmātiō -ōnis, *f* [infirmo] **1** 無効にすること. **2** 反駁.

infirmē *adv* [infirmus] **1** 弱く, 無力に. **2** 臆病に. **3** 頼りにならずに.

infirmitās -ātis, *f* [infirmus] **1** 体力のないこと, 虚弱. **2** 勇気のないこと, 無気力. **3** 軍備不足. **4** あてにならないこと, 気まぐれ.

infirmō -āre -āvī -ātum, *tr* [↓] **1** (体力を)弱くする; (軍事力を)奪う. **2** 否定する, 反駁する. **3** 無効にする, 効力を失せる.

infirmus -a -um, *adj* [in-²/firmus] **1** 弱い, 無力な. **2** 臆病な, 不決断の. **3** 変わりやすい, あてにならない. **4** 効力のない, 無能な.

infissus -a -um, *pf* ⇨ infindo.

infit *intr defect* (3 *sg ind pr*) [in-¹/fio] **1** …し始める ⟨+*inf*⟩. **2** 話し始める ⟨+*acc c. inf*⟩.

infitiālis -is -e, *adj* [↓] 否定の, 否認の.

infitiās *f pl acc* [in-²/fateor] (*pl nom* infitiae *etc*. の用例なし) ~ *ire* ⟨*abs*; +*acc*; +*acc c. inf*⟩ 否定する, 否認する: *amicitiam non eo* ~ (CURT) 私は(彼との)親交を否認しない.

infitiātiō -ōnis, *f* [infitior] 否定, 否認.

infitiātor -ōris, *m* [↓] 借金[負債]を否認する人.

infitior -ārī -ātus sum, *tr dep* [*infitiae* (⇨ infitias)] 否定する, 否認する ⟨alqd; +*acc c. inf*⟩.

infixī *pf* ⇨ infigo.

infixus -a -um, *pp* ⇨ infigo.

inflammātiō -ōnis, *f* [↓] **1** 火をつけること, 点火. **2** (人の心を)燃え立たせること. **3** 〖医〗炎症.

inflammō -āre -āvī -ātum, *tr* [in-¹/flammo] **1** 点火する, 火をつける. **2** 炎症を起こさせる. **3** (人の心を)燃え立たせる, 興奮させる.

inflātē *adv* [inflatus¹] 大げさに, 大言壮語して.

inflātiō -ōnis, *f* [inflo] **1** 〖病〗鼓腸, 膨満. **2** 膨張, ふくらむこと.

inflātus[1] -a -um, *adj* (*pp*) [inflo] **1** 膨張した, ふくれた. **2** 思い上がった, おごった. **3** (文体が)誇張した, 大げさな.

inflātus[2] -ūs, *m* **1** (楽器を)吹くこと. **2** 霊感を吹き込むこと. **3** ふくれること.

inflectō -ere -flexī -flexum, *tr* [in-¹/flecto] **1** 曲げる. **2** (声の)調子を変える. **3** 向きを変えさせる. **4** 動揺させる, 影響を及ぼす.

inflētus -a -um, *adj* [in-²/fleo] 悲しむ者のない.

inflexī *pf* ⇨ inflecto.

inflexibilis -is -e, *adj* [in-²/flexibilis] **1** (堅くて)曲がらない. **2** 頑固な, 不屈の.

inflexiō -ōnis, *f* [inflecto] **1** 曲げること. **2** 変更, 修正. **3** 〖文〗語形変化.

inflexus[1] -a -um, *pp* ⇨ inflecto.

inflexus[2] -ūs, *m* (道・川などが)曲がりくねっていること.

inflexus[3] -a -um, °*adj* [in-²/flecto] 〖文〗格変化していない, 活用しない.

inflictiō -ōnis, °*f* [infligo] 課すること.

inflictus -a -um, *pp* ⇨ infligo.

inflīgō -ere -flixī -flictum, *tr* [in-¹/fligo] **1** 打ち当てる, 投げつける, ぶつける ⟨alci alqd⟩. **2** (傷を)負わせる; (罰を)与える; 苦しめる ⟨alci alqd⟩.

inflixī *pf* ⇨ infligo.

inflō -āre -āvī -ātum, *tr* [in-¹/flo] **1** ふくらませる, 膨張させる. **2** (楽器を)吹く, 鳴らす. **3** 得意がらせる, のぼせあがらせる. **4** 吹き込む, 鼓吹する.

influō -ere -fluxī -fluxum, *intr* [in-¹/fluo] **1** 流入する, 流れ込む. **2** 殺到する, なだれ込む. **3** 染み込む, 忍び込む: *influere in animos* (CIC) 心の中に忍び込む.

influxī *pf* ⇨ influo.

influxus -ūs, °*m* [influo] **1** 流入. **2** 影響.

infōdī *pf* ⇨ infodio.

infodiō -dere -fōdī -fossum, *tr* [in-¹/fodio] **1** 掘る. **2** 埋める, 埋め込む.

informātiō -ōnis, *f* [informo] **1** 素描, 下絵. **2** 観念, 考え. **3**° 教育, 訓育.

informis -is -e, *adj* [in-²/forma] **1** 形のない, 無定形の. **2** 見苦しい, ぶかっこうな.

informō -āre -āvī -ātum, *tr* [in-¹/formo] **1** 形づくる. **2** 描写する, 叙述する. **3** 心に描く. **4** 教える, 教化する.

inforō -āre, *tr* [in-¹/foro] 穴をあける.

infortūnātus -a -um, *adj* [in-²/fortunatus] 不幸な, 不運な.

infortūnium -ī, *n* [in-²/fortuna] **1** 不幸, 不運. **2** 懲罰.

infossus -a -um, *pp* ⇨ infodio.

infrā *adv*, *prep* [<inferus の *f sg abl*] **I** (*adv*) **1** 下に, 下方に, 下部に. **2** 下位に, 劣って. **3** のちに, あとで. **II** (*prep*) ⟨+*acc*⟩ **1** …の下に, …の下方に, …の下部に. **2** …の後に. **3** …より下位に, …より劣って; …より少なく[小さく].

infractiō -ōnis, *f* [infringo] **1**° 打ち砕くこと. **2** (気力を)くじくこと.

infractus -a -um, *adj* (*pp*) [infringo] **1** 弱められた. **2** ばらばらの, とぎれとぎれの.

infragilis -is -e, *adj* [in-²/fragilis] **1** こわすことが

infrēgī *pf* ⇨ infringo.
infremō -ere -fremuī, *intr* [in-¹/fremo] うなる, ほえる.
infremuī *pf* ⇨ infremo.
infrēnātus¹ -a -um, *adj* [in-²/freno] 馬勒(ばく)を付けていない.
infrēnātus² -a -um, *pp* ⇨ infreno.
infrendō -ere, *intr* [in-¹/frendo] 歯ぎしりする.
infrēnis -is -e, *adj* [in-²/frenum] 1 手綱のない. 2 抑制されない, 放逸な.
infrēnō -āre -āvī -ātum, *tr* [in-¹/frenum] 1 馬勒を付ける. 2 制御[抑制]する.
infrēnus -a -um, *adj* =infrenis.
infrequēns -entis, *adj* [in-²/frequens] 1 (数が)多くない. 2 (場所が)いっぱいになっていない, 込み合っていない: *apud infrequentem senatum* (Tac) 定員に満たない元老院において / (*loca*) *infrequentissima urbis* (Liv) 町の中で最も人口の少ない場所. 3 頻繁に行なわない, 勤勉でない. 4 めったに起こらない, まれな.
infrequentia -ae, *f* [↑] 1 (数が)少ないこと, 少数. 2 住む人のいないこと: ～ *locorum* (Tac) (これらの)場所の人口減少.
infricō -āre -cuī -cātum, *tr* [in-¹/frico] 1 (薬物を)すり込む. 2 こする, 摩擦する.
infricuī *pf* ⇨ infrico.
infringō -ere -frēgī -fractum, *tr* [in-¹/frango] 1 折る, 砕く; ばらばらにする. 2 弱める, 減ずる, そこなう: *infracto animo esse* (Cic) 意気沮喪している. 3 無効にする, くじく: *conatūs adversariorum infringere* (Caes) 敵対者の計画をくじく.
infrōns -frondis, *adj* [in-²/frons¹] 葉のない, 木のない.
infructuōsus -a -um, *adj* [in-²/fructuosus] 1 不毛の, 不作の, 実を結ばない. 2 無益な, 収益のない.
infrūnītus -a -um, *adj* [in-²/fruniscor] 愚かな, まぬけな.
infūcātus -a -um, *adj* (*pp*) [in-¹/fuco] 化粧した, 虚飾の.
infūdī *pf* ⇨ infundo.
infuī *pf* ⇨ insum.
infula -ae, *f* 1 頭飾り《特に神官・巫女・いけにえ用の動物などが着けた》. 2° 〖カト〗 司祭冠.
infulātus -a -um, *adj* [↑] 頭飾りを着けた.
infulciō -īre -fulsī -fultum, *tr* [in-¹/fulcio] 詰め込む, 押し込む 〈alqd alci rei〉.
infulsī *pf* ⇨ infulcio.
infultus -a -um, *pp* ⇨ infulcio.
infumus -a -um, *adj* =infimus.
infundibulum -ī, *n* [↓] 漏斗, じょうご.
infundō -ere -fūdī -fūsum, *tr* [in-¹/fundo²] 1 注ぐ, 注ぎ込む 〈alqd in alqd; alqd alci rei〉. 2 降り注がせる, 流れ込ませる. 4 (手足を)伸ばす, くつろがせる. 5 (考え・感情などを)染み込ませる: *infundere vitia in civitatem* (Cic) 国家に悪徳を植え付ける.
infuscō -āre -āvī -ātum, *tr* [in-¹/fusco] 1 黒くする. 2 よごす; けがす, 堕落させる; そこなう.
infūsiō -ōnis, *f* [infundo] 注ぎ込むこと, 注入.
infūsus¹ -a -um, *pp* ⇨ infundo.
infūsus² -ūs, *m* =infusio.
Ingaevonēs -um, *m pl* インガエウォネース《北海沿岸地方にいた Germania 人の一部族》.
Ingaunī -ōrum, *m pl* インガウニー《Liguria の一部族》.
ingemēscō -ere, *intr* =ingemisco.
ingeminō -āre -āvī -ātum, *tr, intr* [in-¹/gemino] I (*tr*) 二重にする, 倍加する, 繰り返す. II (*intr*) 増す, 強まる.
ingemīscō -ere -gemuī, *intr* (*tr*) *inch* [↓] 1 うめき始める, 嘆き始める. 2 きしる.
ingemō -ere -gemuī, *intr* (*tr*) [in-¹/gemo] 1 うめく, 嘆息する, 嘆く. 2 きしる.
ingemuī *pf* ⇨ ingemisco, ingemo.
ingenerō -āre -āvī -ātum, *tr* [in-¹/genero] 植え付ける, 吹き込む, 生じさせる.
ingeniārius -ī, °*m* [ingenium] 築城技師.
ingeniātor -ōris, °*m* =ingeniarius.
ingeniātus -a -um, *adj* [ingenium] 生まれつき …の性質をそなえた.
ingeniolum -ī, °*n dim* [ingenium] わずかな才能.
ingeniōsē *adv* [↓] 巧妙に.
ingeniōsus -a -um, *adj* [ingenium] 1 才能のある, 有能な. 2 (作品・行動などが)才能を示す. 3 (本来)…に適している[向いている]〈alci rei; ad alqd〉.
ingenitus -a -um, *adj* (*pp*) [ingigno] 生来の, 生まれつきの.
ingenium -ī, *n* [in-¹/gigno] 1 気質, 性向. 2 天性, 素質. 3 才能, 知力. 4 天才. 5 (事物の)性質, 特性. 6 詩才, 文才. 7 巧みさ, 工夫の才.
ingēns -gentis, *adj* 1 巨大な, 莫大な. 2 きわめて強烈な[激しい]. 3 強力な, 有力な; すぐれた, 顕著な. 4 高邁な, 誇り高い; 傲慢な.
ingenuē *adv* [ingenuus] 自由民にふさわしく; りっぱに, 誠実に, 高潔に.
ingenuī *pf* ⇨ ingigno.
ingenuitās -ātis, *f* [↓] 1 自由民であること. 2 高潔, 誠実.
ingenuus -a -um, *adj* [in-¹/gigno] 1 その土地固有の, 土着の. 2 生来の, 生まれつきの. 3 自由民の身分に生まれた, 自由民の. 4 自由民にふさわしい; 高潔な, 誠実な. 5 繊細な, 柔弱な.
ingerō -ere -gessī -gestum, *tr* [in-¹/gero] 1 積み上げる. 2 注ぎ込む, 流し込む 〈alqd in alqd; alqd alci rei〉. 3 浴びせる: *in alqm probra ingerere* (Liv) ある人に非難を浴びせる. 4 強いる, 押しつける 〈alci alqd〉. 5 やかましく言う.
ingessī *pf* ⇨ ingero.
ingestiō -ōnis, °*f* [ingero] 1 注入. 2 発声.
ingestus¹ -a -um, *pp* ⇨ ingero.
ingestus² -ūs, °*m* 賦与すること.
ingignō -ere -genuī -genitum, *tr* [in-¹/gigno] 植え付ける.
inglōrius -a -um, *adj* [in-²/gloria] 名もない, 無名の, 目立たない.
ingluviēs -ēī, *f* [*cf.* gula] 1 食道, のど. 2 (鳥の)餌袋(えさぶくろ). 3 大食.

ingrandēscō -ere -duī, *intr* [in-¹/grandesco] 大きくなる, 生長する.

ingrātē *adv* [ingratus] **1** 感謝せずに. **2** 喜ばずに, しぶしぶ. **3** 不愉快に.

ingrātia -ae, *f* [ingratus] 感謝しないこと, 忘恩.

ingrātificus -a -um, *adj* [ingratus/facio] 忘恩の, 感謝しない.

ingrāt(i)īs *adv* (*pl abl*) [ingratia] しぶしぶ, 意に反して, 不本意ながら.

ingrātitūdō -dinis, °*f* [↓] **1** 感謝しないこと, 忘恩. **2** 不愉快, 不満.

ingrātus -a -um, *adj* [in-²/gratus] **1** 不愉快な, いやな. **2** 忘恩の, 感謝しない. **3** 感謝されない, 報われない. **4** 歓迎されない, 人気のない.

ingravēscō -ere, *intr inch* [↓] 重くなる. **2** 深刻になる, 悪化する.

ingravō -āre -āvī -ātum, *tr* [in-¹/gravo] **1** 圧する, 押し下げる. **2** 悪化させる, 深刻にする.

ingredī *inf* ⇨ ingredior.

ingredior -dī -gressus sum, *intr, tr dep* [in-¹/gradior] **1** 入る, 踏み込む ⟨alqd; intra [in] alqd⟩. **2** 参加する, かかわる. **3** 始める, 着手する ⟨alqd; in alqd; +*inf*⟩. **4** 歩く. **5** 進撃する.

ingressiō -ōnis, *f* [↑] **1** 入ること. **2** 開始, 着手. **3** 歩くこと, 前進.

ingressus¹ -a -um, *pp* ⇨ ingredior.

ingressus² -ūs, *m* **1** 入ること. **2** 入口, 進入路. **3** 開始, 着手. **4** 歩くこと, 前進; (*pl*) 足取り. **5** 襲撃, 侵入.

ingruī *pf* ⇨ ingruo.

ingruō -ere -gruī, *intr* [in-¹/*cf.* congruo] 襲う, 急襲する, おびやかす ⟨in alqd; alci rei⟩.

inguen -guinis, *n* **1** 〖病〗 横痃(㊟), よこね《鼠蹊部のはれ》. **2** 〖解〗 鼠蹊(㊟)部.

inguinārius -a -um, °*adj* [↑] 鼠蹊部の.

ingurgitō -āre -āvī -ātum, *tr* [in-¹/gurges] **1** のみ込む, 巻き込む, 吸い込む. **2** (*refl*) 没頭する; (酒に)ひたる, おぼれる.

ingustātus -a -um, *adj* [in-²/gusto] 味わわれたことのない.

inhabilis -is -e, *adj* [in-²/habilis] **1** 扱いにくい. **2** 適当でない, 向かない ⟨ad alqd; alci rei⟩.

inhabilitās -ātis, °*f* [↑] 不適当, 無資格.

inhabitābilis -is -e, *adj* [in-²/habitabilis] 住めない, 居住に適しない.

inhabitātor -ōris, °*m* [↓] 居住者, 住人.

inhabitō -āre -āvī -ātum, *tr* (*intr*) [in-¹/habito] 住む, 居住する ⟨alqd; alci rei⟩.

inhaereō -ēre -haesī -haesum, *intr* [in-¹/haereo] **1** 付着している, くっついている ⟨ad alqd; in re; alci rei⟩. **2** 執着している.

inhaerēscō -ere -haesī -haesum, *intr inch* [↑] 付着している, くっつく.

inhaesī *pf* ⇨ inhaereo, inhaeresco.

inhaesus -a -um, *pp* ⇨ inhaereo, inhaeresco.

inhālō -āre -āvī -ātum, *tr* [in-¹/halo] (.息を)吹きかける.

inhibeō -ēre -hibuī -hibitum, *tr* [in-¹/habeo] **1** 引き止める, 妨げる, 禁止する. **2** 〖海〗 *retro navem inhibere* (Liv) 《オールを逆にこいで》舟を後退させる. **3** 用いる, 行使する ⟨alqd alci; alqd in alqm⟩.

inhibitiō -ōnis, *f* [↑] 制止, 妨害: ~ *remigum* (Cic) オールを逆にこぐこと.

inhibitor -ōris, °*m* [inhibeo] **1** 防止者. **2** 〖医〗 抑制因子.

inhiō -āre -āvī -ātum, *intr, tr* [in-¹/hio] **1** 大口を開ける ⟨alci rei⟩. **2** むやみに欲しがる, 渇望する ⟨alci rei; alqd⟩.

inhonestāmentum -ī, *n* [inhonesto] 不名誉〖恥辱〗となるもの.

inhonestās -ātis, °*f* [inhonestus] 不名誉, 恥辱.

inhonestē *adv* [inhonestus] 不名誉に, 不面目に.

inhonestō -āre -āvī -ātum, *tr* [↓] 名誉を傷つける, 恥辱を与える.

inhonestus -a -um, *adj* [in-²/honestus] **1** 不名誉な, 不面目な, 恥ずべき. **2** 醜い.

inhonōrātus -a -um, *adj* (*pp*) [in-²/honoro] **1** 尊敬されていない. **2** (公職によって)名を揚げていない.

inhonōrō -āre -āvī -ātum, °*tr* [↓] 名誉を傷つける.

inhonōrus -a -um, *adj* [in-²/honorus] 尊敬されていない, 名誉を失った.

inhorreō -ēre -horruī, *intr* [in-¹/horreo] 逆立つ. 震える.

inhorrēscō -ere -horruī, *intr* (*tr*) *inch* [↑] **1** 逆立つ, 硬直する. **2** (海が)立ち騒ぐ; (あらしが)荒れ狂う. **3** 震えおののく.

inhorruī *pf* ⇨ inhorreo, inhorresco.

inhospitālis -is -e, *adj* [in-²/hospitalis] もてなしの悪い.

inhospitālitās -ātis, *f* [↑] もてなしの悪いこと.

inhospitus -a -um, *adj* [in-²/hospitus] (客に)不親切な.

inhūmānē *adv* [inhumanus] **1** 粗野に, 無作法に. **2** 不人情に, 冷酷に.

inhūmānitās -ātis, *f* [inhumanus] **1** 不人情, 冷酷. **2** 無作法, 粗野. **3** けち.

inhūmāniter *adv* [↓] **1** 無作法に, 粗野に. **2** 不人情に, 冷酷に.

inhūmānus -a -um, *adj* [in-²/humanus] **1** 不人情な, 冷酷な. **2** 野蛮な, 未開の. **3** 粗野な, 無作法な.

inhūmātus -a -um, *adj* [in-²/humo] 埋葬されていない.

inibī *adv* [in-¹/ibi] **1** そこで, その場所で. **2** それに関して, その点で. **3** すぐそばに, 近づいて.

inīcere *inf* ⇨ inicio.

inīciō -cere -jēcī -jectum, *tr* [in-¹/jacio] **1** 投げ入れる, 投げ込む ⟨alqd in alqd; alqd alci rei⟩. **2** (*refl*) 飛び込む, 身を投げる. **3** (考え・感情を)起こさせる, 吹き込む ⟨alci alqd⟩. **4** (ある事態を)ひき起こす. **5** (ことば・意見を)差しはさむ: *inicere mentionem* (Hor) 言及する. **6** (上に)置く. **7** 着せる, かぶせる, はめる. **8** 〖法〗 *inicere manum alci* (Liv) ある人[もの]をわがものとして取り押える[つかむ].

inīcus¹,² =iniquus¹,².

iniens ineuntis, *prp* ⇨ ineo.
inigō -ere -ēgī -actum, *tr* [in-¹/ago] 1 駆りたてる. 2 押しやる.
inii *pf* ⇨ ineo.
inimīca -ae, *f* [inimicus] 敵《女性》.
inimīcē *adv* [inimicus] 敵意をもって, 敵対して.
inimīciter *adv* =inimice.
inimīcitia -ae, *f* [inimicus¹] 1 (通例 *pl*) 敵対関係. 2 敵意.
inimīcō -āre -āvī -ātum, *tr* [↓] 敵対させる, 不和にする.
inimīcus¹ -a -um, *adj* [in-²/amicus] 1 敵対する, 敵意ある ⟨alci⟩. 2 敵の. 3 有害な. 4 対立する, 相反する.
inimīcus² -ī, *m* 敵.
inimitābilis -is -e, *adj* [in-²/imitabilis] 1 まねることができない. 2 無比の, 独特の.
inintellegens -entis, *adj* [in-²/intellegens¹] 知力のない.
iniquē *adv* [iniquus] 1 不釣合に. 2 不公平に, 不当に. 3 不機嫌に.
iniquitās -ātis, *f* [↓] 1 平坦でないこと, でこぼこ. 2 不平等, 不釣合い. 3 不公平, 不当. 4 不利, 不都合.
iniquus¹ -a -um, *adj* [in-²/aequus] 1 でこぼこの, 平坦でない. 2 等しくない, 不釣合いの. 3 不利な, 不都合な. 4 過度な. 5 不公平な, 不当な. 6 敵意ある, 好意的でない ⟨alci⟩. 7 不満な, 不機嫌な.
iniquus² -ī, *m* 敵, 他人の不幸を願う人.
inire *inf* ⇨ ineo.
initiāmenta -ōrum, *n pl* [initio] 伝授の儀式.
initiātiō -ōnis, *f* [initio] 秘儀伝授.
initiātus -a -um, *pp* ⇨ initio.
initiō -āre -āvī -ātum, *tr* [↓] 1° 始まる. 2 奥義を伝える, 伝授する; 手ほどきする ⟨alqm re⟩.
initium -ī, *n* [ineo] 1 開始, 始まり: *initio* (Cɪᴄ) 始めに. 2 (*pl*) 初期. 3 原因, 根源. 4 (*pl*) 元素. 5 (*pl*) 秘儀.
initus¹ -a -um, *pp* ⇨ ineo.
initus² -ūs, *m* 1 入ること, 進入. 2 始まり, 開始.
inivī *pf* =inii (⇨ ineo).
injēcī *pf* ⇨ inicio.
injectiō -ōnis, *f* [inicio] 1《法》*manūs* ~ (Qᴜɪɴᴛ) (所有権の表明として物の上に)手を置くこと. 2 灌腸. 3° 注射.
injectō -āre -āvī -ātum, *tr* [inicio] (手を)上に置く.
injectus¹ -a -um, *pp* ⇨ inicio.
injectus² -ūs, *m* 1 (...の上に)投げる[置く]こと ⟨alcis rei⟩. 2《醫》(精神の)投入.
injicere *inf* ⇨ injicio.
injiciō -cere, *tr* =inicio.
injūcundē *adv* [injucundus] 不愉快に.
injūcunditās -ātis, *f* [↓] 不愉快, 気に食わないこと.
injūcundus -a -um, *adj* [in-²/jucundus] 不愉快な, 気に食わない.
injūdicātus -a -um, *adj* [in-²/judico] 1 審理されていない. 2 まだ定まらない, 未解決の.

injunctus -a -um, *pp* ⇨ injungo.
injungō -ere -junxī -junctum, *tr* [in-¹/jungo] 1 つなぐ, 取り付ける ⟨alci rei alqd;alqd in alqd⟩. 2 課する, 負わせる; 授ける, 与える ⟨alci alqd⟩.
injunxī *pf* ⇨ injungo.
injūrātus -a -um, *adj* [in-²/juratus] 宣誓していない.
injūria -ae, *f* [injurius] 1 不正, 不当な行為[扱い]. 2 侮辱, 名誉毀損. 3 不法に取得した物品. 4 復讐. 5 損害, 損傷.
injūriē *adv* [injurius] 不正[不当]に, 不法に.
injūrior -ārī -ātus sum, °*tr dep* [injuria] 損害を与える, 害する.
injūriōsē *adv* [↓] 不当[不法]に.
injūriōsus -a -um, *adj* [injuria] 1 不当な, 不法な ⟨in alqm⟩. 2 侮辱する. 3 損害を与える, 有害な.
injūrius -a -um, *adj* [in-²/jus²] 不当な, 不法な.
injussus¹ -a -um, *adj* [in-²/jubeo] 命じられていない, 求められていない, 自発的な.
*injussus² -ūs, *m* (用例は *sg abl* injussū のみ) 命令[許可]のないこと: *injussu meo* (Tᴇʀ) 私に無断で / *injussu imperatoris* (Cɪᴄ) 指揮官の命令なしに.
injustē *adv* [injustus] 不公平に, 不当に.
injustitia -ae, *f* [↓] 不公平, 不当.
injustus -a -um, *adj* [in-²/justus] 1 不公平な, 不当な. 2 ふさわしくない. 3 苛酷な, きびしい.
inl- ⇨ ill-.
inm- ⇨ imm-.
innābilis -is -e, *adj* [in-²/no] (中で)泳ぐことのできない.
innāscī *inf* ⇨ innascor.
innāscor -ī -nātus sum, *intr dep* [in-¹/nascor] (...の中[上]に)発生する, 生ずる, 生まれる ⟨alci rei; in re⟩.
innatans -antis, *adj* (*prp*) [↓] 表面の.
innatō -āre -āvī -ātum, *intr* (*tr*) [in-¹/nato] 1 (...の中へ)泳いで入る ⟨in alqd⟩. 2 (...の上[中]を)泳ぐ ⟨alci rei; re; alqd⟩. 3 浮かぶ, 漂う ⟨alci rei; re⟩. 4 あふれる ⟨alci rei; re⟩.
innātus -a -um, *adj* (*pp*) [innascor] 生まれつきの, 生来の.
innāvigābilis -is -e, *adj* [in-²/navigabilis] 航行できない.
innectō -ere -nexuī -nexum, *tr* [in-¹/necto] 1 結びつける, つなぐ, 結合する. 2 巻き込む, かかわらせる ⟨alqm alci rei⟩. 3 (陰謀などを)たくらむ, 企てる.
innexuī *pf* ⇨ innecto.
innexus -a -um, *pp* ⇨ innecto.
innīsus -a -um, *pp* ⇨ innitor.
innītī *inf* ⇨ innitor.
innītor -ī -nixus [-nīsus] sum, *intr dep* [in-¹/nitor¹] 1 寄りかかる ⟨re⟩. 2 頼る, 依存する ⟨+*abl*⟩.
innixus -a -um, *pp* ⇨ innitor.
innō -āre -āvī -ātum, *intr* (*tr*) [in-¹/no] 1 (...の中[上]を)泳ぐ ⟨alci rei; re; alqd⟩. 2 航行する. 3 あふれる.
innocens -entis, *adj* [in-²/nocens¹] 1 潔白な, 罪のない ⟨alcis rei⟩. 2 無害の. 3 高潔な, 廉直な.

innocenter *adv* [↑] 1 罪なく. 2 無害に.
innocentia -ae, *f* [innocens] 1 罪のないこと, 潔白. 2 無害. 3 高潔, 廉直.
innocuē *adv* [↓] 1 無害に. 2 罪なく.
innocuus -a -um, *adj* [in-²/nocuus] =innoxius.
innōdātus -a -um, *pp* ⇨ innodo.
innōdō -āre -āvī -ātum, °*tr* [in-¹/nodo] 1 結び目を作る, 縛る. 2 巻き込む, もつれさせる.
innōminātus -a -um, °*adj* [in-²/nomino] 名の付いていない, 無名の.
innōtēscō -ere -nōtuī, *intr* [in-¹/notesco] 1 知られるようになる. 2 有名になる.
innōtuī *pf* ⇨ innotesco.
innovātiō -ōnis, °*f* [↓] 更新, 刷新.
innovō -āre -āvī -ātum, *tr* [in-¹/novo] 新たにする, 更新[刷新]する.
innoxiē *adv* [↓] 無害に.
innoxius -a -um, *adj* [in-²/noxius¹] 1 無害の. 2 罪のない, 潔白な. 3 無傷の, 無事な.
innuba -ae, *adj f* [in-²/nubo] 未婚の, 乙女の.
innūbilō -āre, °*tr* [in-¹/nubilo] 曇らせる, 暗くする.
innūbilus -a -um, *adj* [in-²/nubilus] 雲のない, 晴れた.
innūbis -is -e, *adj* [in-²/nubes] =innubilus.
innūbō -ere -nupsī -nuptum, *intr* [in-¹/nubo] (…に)嫁ぐ ⟨+*dat*⟩.
innuī *pf* ⇨ innuo.
innumerābilis -is -e, *adj* [in-²/numerabilis] 数えきれない, 無数の.
innumerābilitās -ātis, *f* [↑] 無数.
innumerābiliter *adv* [innumerabilis] 数えきれぬほど, 無数に.
innumerālis -is -e, *adj* [in-²/numerus] 数えきれない, 無数の.
innumerus -a -um, *adj* [in-²/numerus] 数えきれない, 無数の.
innuō -ere -nuī -nūtum, *intr* [in-¹/*nuo (cf.* nutus)] (うなずいて)合図する.
innupsī *pf* ⇨ innubo.
innupta -ae, *f* [innuptus²] 未婚の女, 処女.
innuptus¹ -a -um, *pp* ⇨ innubo.
innuptus² -a -um, *adj* [in-²/nubo] 1 未婚の. 2 *nuptiae innuptae* (Cicero に引用された悲劇の断片) 結婚でない結婚(=不幸な結婚).
innūtriō -īre -īvī [-iī] -ītum, *tr* [in-¹/nutrio] (…の中で)育てる, 養育する ⟨alqm alci rei⟩.
innūtus -a -um, *pp* ⇨ innuo.
Īnō -ūs, *f* [*Gk*] 《神話》イーノー《Cadmus と Harmonia の娘; Thessalia の王 Athamas の後妻; 夫からのがれて息子 Melicerta とともに海に投身し, 海の女神 Leucothea となった》.
inoblītus -a -um, *adj* [in-²/obliviscor] 忘れない.
inoboediens -entis, °*adj* ⟨*prp*⟩ [inoboedio] 不従順な.
inoboedienter °*adv* [↑] 不従順に, 反抗的に.
inoboedientia -ae, °*f* [inoboediens] 不従順, 反抗.

inoboediō -īre, °*intr* [in-²/obaudio] 服従しない, 反抗する.
inobrutus -a -um, *adj* [in-²/obruo] のみ込まれない.
inobsequens -entis, *adj* [in-²/obsequens] 不従順な, 反抗的な, 強情な.
inobservābilis -is -e, *adj* [in-²/observabilis] 観察することができない, たどるのが困難な.
inobservantia -ae, *f* [in-²/observantia] 1 不注意, 怠慢. 2 不規則な日常生活.
inobservātus -a -um, *adj* [in-²/observo] 1 観察されていない, 気づかれていない. 2 規則にしばられない, 無頓着な.
inoccō -āre -āvī -ātum, *tr* [in-¹/occo] (土を)まぐわで掻(⁽ᵏ⁾)く, (種子を)掻き入れる.
inoculātiō -ōnis, *f* [inoculo] 接ぎ木, 芽接ぎ.
inoculātor -ōris, *m* [↓] 接ぎ木する人.
inoculō -āre -āvī -ātum, *tr* [in-¹/oculus] 1 接ぎ木する, 芽接ぎをする. 2° 植え付ける, 吹き込む. 3 (…で)飾る, (…を)ちりばめる ⟨alqd re⟩.
inoffensus -a -um, *adj* [in-²/offendo] 1 妨げられていない. 2 ぶつからない, つまずかない. 3 そこなわれていない.
inofficiōsus -a -um, *adj* [in-²/officiosus] 1 義務を果たさない. 2 思いやりのない ⟨in alqm⟩.
inolens -ntis, *adj* [in-²/olens] 無臭の.
inolēscō -ere -olēvī -olitum, *intr, tr* [in-¹/*olesco (cf.* adolesco²)] Ⅰ (*intr*) (…の中[上]に)成長する ⟨alci rei⟩. Ⅱ (*tr*) 植え付ける.
inolēvī *pf* ⇨ inolesco.
inolitus -a -um, *pp* ⇨ inolesco.
inōminālis -is -e, *adj* [in-²/omen] 凶兆の, 不吉な.
inōminātus -a -um, *adj* [in-²/omen] 凶兆の, 不吉な.
inopācō -āre -āvī -ātum, *tr* [in-¹/opaco] 影をつくる, 影でおおう ⟨alqd⟩.
inopertus -a -um, °*adj* [in-²/opertus] おおわれていない, あらわな, むきだしの.
inopia -ae, *f* [inops] 1 貧困, 窮乏. 2 欠乏, 不足. 3 無力, 無防備. 4 (語彙・文体の)貧弱.
inopīnābilis -is -e, *adj* [in-²/opinor] 予想[予期]できない, 驚くべき, 異常な.
inopīnābiliter °*adv* [↑] 思いがけなく.
inopīnans -antis, *adj* [in-²/opinor] 予期していない, 気づいていない.
inopīnanter *adv* [↑] 思いがけず.
inopīnātē °*adv* =inopinanter.
inopīnātō *adv* ⟨*abl*⟩ =inopinate.
inopīnātum -ī, *n* [↓] 思いがけぬこと.
inopīnātus -a -um, *adj* [in-²/opinor] 1 予期されていない, 思いがけない. 2 警戒を怠った, 油断した.
inopīnus -a -um, *adj* =inopinatus.
inopiōsus -a -um, *adj* [inopia] (…に)欠乏[不足]している ⟨alcis rei⟩.
inopportūnus -a -um, *adj* [in-²/opportunus] 時宜を得ない, 不適当な.
inops -opis, *adj* [in-²/ops] 1 貧乏な, 貧窮の. 2 無力な, 無能な; 無防備の. 3 (…に)不足[欠乏]して

inoptābilis -is -e, *adj* [in-²/optabilis] 望ましくない, 不快な.

inoptātus -a -um, *adj* [in-²/opto] 望まれていない, 歓迎されない.

inōrātus -a -um, *adj* [in-²/oro] (訴訟において)弁護されない, 申し開きの場を与えられない.

inordinātus -a -um, *adj* [in-²/ordino] 無秩序の, 混乱した.

inornātē *adv* [↓] (文体が)飾りなく, 簡素に.

inornātus -a -um, *adj* [in-²/orno] 1 飾りのない, 簡素な. 2 手入れしていない. 3 栄誉を与えられていない.

Ĭnōus -a -um, *adj* Ino の.

inp- ⇨ imp-.

inquam *intr defect* [in-¹/*squam (*cf.* inseco²)] (*pres* inquam -is -it -imus -itis -iunt, *impf* inquiēbat, *fut* inquies -et, *pf* inquiī, *impr* inque -ito) (挿入句的に用いられて) 言う, 述べる.

inquiēs -ētis, *adj* [*cf.* inquietus] 1 (人が)落ちつきのない, せっかちな. 2 (情勢が)不穏な.

inquiētātiō -ōnis, °*f* [↓] 不安, 動揺.

inquiētō -āre -āvī -ātum, *tr* [inquietus] 1 かき乱す, 騒がす. 2 不安にする, 動揺させる. 3 妨げる.

inquiētūdō -inis, *f* [↓] 1 かき乱すこと, 揺らすこと. 2° 発熱.

inquiētus -a -um, *adj* [in-²/quietus] 1 静止することのない, 不断の: (*dies*) *ventis* ~ (Plin Min) 風の吹きやまぬ日. 2 (人が)落ちつきのない. 3 不穏な, 騒然とした. 4 悩まされている, 不安な.

inquilīnus -ī, *m* [in-¹/*quil- (*cf.* colo²)] 1 借家人, 止宿者: ~ *civis urbis Romae* (Sall) 地方出身で今ローマ市に住んでいる人 (=Cicero). 2 住民.

inquināmentum -ī, *n* [inquino] 汚物.

inquinātē *adv* [↓] 品位を欠いて, 下品に.

inquinātus -a -um, *adj* [↓] 1 (ことばづかいが)下品な. 2 罪でけがれた, 不純な.

inquinō -āre -āvī -ātum, *tr* [in-¹/*cf.* caenum] 1 きたなくする, よごす. 2 けがす, 堕落させる. 3 名誉を傷つける, 侮辱する.

inquīrō -ere -quīsīvī -quīsītum, *tr* [in-¹/quaero] 1 捜し求める ⟨alqd⟩. 2 調査する, 探究する ⟨in alqd; alqd⟩. 3 証拠を捜す ⟨in alqm⟩.

inquīsītiō -ōnis, *f* [↑] 1 捜索, 捜し求めること. 2 調査, 探究; 審問. 3°【カト】宗教裁判.

inquīsītor -ōris, *m* [inquiro] 1 捜し求める人, 捜索者. 2 調査する人; 審問者. 3°【カト】宗教裁判官, 異端審問官.

inquīsītus¹ -a -um, *pp* ⇨ inquiro.

inquīsītus² -a -um, *adj* [in-²/quaero] 調査されていない.

inquīsīvī *pf* ⇨ inquiro.

inr- ⇨ irr-.

insaepiō -īre -saeptum, *tr* [in-¹/saepio] (壁で)囲う.

insalūber -bris -bre, *adj* =insalubris.

insalūbris -is -e, *adj* [in-²/salubris] 健康によくない, 不健康な.

insalūtātus -a -um, *adj* [in-²/saluto] 挨拶されていない.

insānābilis -is -e, *adj* [in-²/sanabilis] 1 不治の, 治癒できない. 2 回復できない, 取返しのつかない.

insānē *adv* [insanus] 1 狂って, 錯乱して. 2 途方もなく, 法外に.

insānia -ae, *f* [insanus] 1 狂気, 錯乱. 2 熱狂. 3 愚行, 気違いざた. 4 詩的霊感. 5 (自然の)猛威.

insāniō -īre -īvī [-iī] -ītum, *intr* [insanus] 1 正気を失っている, 狂っている. 2 狂人のようにふるまう. 3 (海・風が)荒れ狂う.

insānitās -ātis, *f* [↓] (精神の)不健全.

insānus -a -um, *adj* [in-²/sanus] 1 正気を失った, 狂った, 錯乱した. 2 気違いじみた, 狂人のような. 3 法外な, 途方もない. 4 (自然が)猛威を振るう, 荒れ狂う: *Insani montes* (Liv) 「荒れ狂う山脈」《Sardinia島西部の山脈》.

insapiens -entis, *adj* =insipiens.

insatiābilis -is -e, *adj* [in-²/satiabilis] 1 飽くことを知らない, 貪欲な. 2 飽きさせない, 満足させない.

insatiābiliter *adv* [↑] 飽くことなく.

insatiātus -a -um, *adj* [in-²/satio¹] 満たされていない, 満足していない.

insatietās -ātis, *f* [in-²/satietas] 飽くことを知らないこと, 貪欲.

insaturābilis -is -e, *adj* [in-²/saturo] 飽くことを知らない.

insaturābiliter *adv* [↑] 飽くことなく.

inscendī *pf* ⇨ inscendo.

inscendō -ere -scendī -scensum, *tr, intr* [in-¹/scando] 1 のぼる ⟨in alqd; alqd⟩. 2 (馬・戦車などに)乗る.

inscēnsiō -ōnis, *f* [↑] (船に)乗り込むこと.

inscēnsus -a -um, *pp* ⇨ inscendo.

inscīē *adv* [inscius] 無知に, 愚かに.

insciēns -entis, *adj* [in-²/sciens] 1 知らない, 気づかない: *nihil me insciente esse factum* (Cic) 私の知らぬ間になされたことは何もない. 2 無知な, 愚かな.

inscienter *adv* [↑] 無知に, 愚かに.

inscientia -ae, *f* [insciens] 1 無知, 無経験. 2 怠慢.

inscītē *adv* [inscitus] へたに, 不器用に.

inscītia -ae, *f* [↓] 1 無知, 無経験, 不器用, 愚かさ. 2 知らないこと, 気づかないこと.

inscītus -a -um, *adj* [in-²/scitus²] 無知の, 未熟な, 愚かな.

inscius -a -um, *adj* [in-²/scio] 1 知らない, 気づかない ⟨+*gen*; +間接疑問⟩. 2 無知の, 未熟な.

inscrībō -ere -scrīpsī -scriptum, *tr* [in-¹/scribo] 1 記入する, 書き入れる, 記す ⟨alqd in re; alqd alci rei⟩. 2 題する, 名づける. 3 (手紙に)宛名を書く ⟨alci alqd⟩. 4 帰する, (...の)せいにする ⟨alci alqd⟩. 5 (い)に銘記させる.

inscrīpsī *pf* ⇨ inscribo.

inscrīptiō -ōnis, *f* [inscribo] 1 書き入れること, 記入. 2 銘, 碑文; (書物の)題字.

inscrīptus¹ -a -um, *pp* ⇨ inscribo.

inscrīptus² -a -um, *adj* [in-²/scribo] 1 書かれていない, 記入されていない. 2 (税関で)手続きしていない.

insculpō -ere -sculpsī -sculptum, *tr* [in-/scalpo] **1** 彫り刻む, 彫刻する〈alqd in re; alqd alci rei〉. **2** (心に)刻み込む, 銘記させる〈alqd in mentibus [animo]〉.

insculpsī *pf* ⇨ insculpo.

insculptus -a -um, *pp* ⇨ insculpo.

insecābilis -is -e, *adj* [in-²/seco] 分割できない: *corpora insecabilia* (Quint) 原子.

insecō¹ -āre -secuī -sectum, *tr* [in-¹/seco] **1** 切り込みを入れる. **2** 切る, 寸断する.

insecō² -ere -sexī, *intr, tr* [*cf.* inquam] 話す, 語る.

insecta -ōrum, *n pl* [insectus¹] (*sc.* animalia) 昆虫.

insectanter *adv* [insector] 攻撃的に.

insectātiō -ōnis, *f* [insector] **1** 追跡, 追撃. **2** 非難, 罵倒.

insectātor -ōnis, *m* [insector] **1** 追跡者, 追撃者. **2** 非難する人.

insectiō -ōnis, *f* [inseco²] 語ること.

insector -ārī -ātus sum, *intr dep freq* [insequor] **1** 追跡する, 追撃する. **2** 悩ます, 苦しめる. **3** 非難する, 罵倒する.

insectus¹ -a -um, *adj* (*pp*) [inseco¹] ぎざぎざのある.

insectus² -a -um, *adj* [in-²/seco] 切られていない.

insecuī *pf* ⇨ inseco¹.

insecūtor -ōris, *m* [insequor] 追跡者.

insecūtus -a -um, *pp* ⇨ insequor.

insēdābiliter *adv* [in-²/sedeo] 静められずに.

insēdī *pf* ⇨ insideo, insido.

insegestus -a -um, *adj* [in-²/seges] (種が)まかれていない, 植え付けられていない.

insēminō -āre -āvī -ātum, *tr* [in-¹/semino] 種をまく, 植え付ける.

insenēscō -ere -senuī, *intr* [in-¹/senesco] (…の中で)年をとる, 古くなる; (月が)かける〈alci rei〉.

insēnsātus¹ -a -um, °*adj* [in-²/sensatus] 無分別な, 愚かな.

insēnsātus² -ī, °*m* 愚か者.

insēnsibilis -is -e, *adj* [in-²/sensibilis] **1** 理解できない, 不可解な. **2** 感じない, 無感覚な.

insēnsilis -is -e, *adj* [in-²/sensilis] 感覚のない.

insenuī *pf* ⇨ insenesco.

insēparābilis -is -e, *adj* [in-²/separabilis] 分離できない.

insepultus -a -um, *adj* [in-²/sepelio] 埋葬されていない.

insequens -ntis, *adj* (*prp*) [insequor] 次の, 続いて起こる.

insequenter *adv* [in-²/sequens] (語の位置が)普通の順序に従わずに.

insequī *inf* ⇨ insequor.

insequor -quī -secūtus sum, *tr dep* [in-¹/sequor] **1** 追いかける, 追跡する; 追撃する〈alqm [alqd]〉. **2** 攻撃する, 襲う. **3** 非難する, 罵倒する. **4** 後に続く. **5** 続行する.

inserō¹ -ere -seruī -sertum, *tr* [in-¹/sero¹] **1** 中へ入れる, 挿入する〈alqd in alqd; alci rei alqd〉. **2** 含める, 加える〈alci (rei) alqm [alqd]〉: *inserere se dubitantibus* (Tac) 逡巡している人々の仲間に加わる.

inserō² -ere -sēvī -situm, *tr* [in-¹/sero²] **1** 植え付ける, 種をまく. **2** 接ぎ木する. **3** 植え付ける, 定着させる〈alqd in re; alci alqd〉.

insertiō -ōnis, °*f* [insero²] 接ぎ木.

insertīvus -a -um, *adj* [insero¹] 挿入された, 付け加えられた.

insertō -āre -āvī -ātum, *tr freq* [insero¹] 挿入する, 差し込む.

insertus -a -um, *pp* ⇨ insero¹.

inseruī *pf* ⇨ insero¹.

inserviō -īre -īvī -ītum, *intr, tr* [in-¹/servio] **1** 仕える, 奉仕する〈+*acc*; +*dat*〉. **2** 専念する, 注意を払う.

insessus -a -um, *pp* ⇨ insideo, insido.

insēvī *pf* ⇨ insero².

insībilō -āre -āvī -ātum, *intr, tr* [in-¹/sibilo] **I** (*intr*) ヒューと鳴る〈+*dat*〉. **II** (*tr*) (シッシッという音をたてながら)吹き込む.

insicia -ae, *f* [inseco¹] ひき肉の詰めもの.

insideō -ēre -sēdī -sessum, *intr, tr* [in-¹/sedeo] **I** (*intr*) **1** (…に)すわっている〈in re; alci rei〉. **2** (…の上[中]に)置かれている: *insidens capulo manus* (Tac) 手が(剣の)柄の上に置かれて(=柄をしっかと握って). **3** 侵伏している. **4** とどまっている, ある: *insidet quaedam in optimo quoque virtus* (Cic) ある美徳がすべての高潔な人の中にある. **II** (*tr*) 占めている; 住んでいる〈alqd〉.

insidiae -ārum, *f pl* [↑] **1** 待伏せ, 伏兵. **2** わな, 落とし穴, 計略, 陰謀.

insidiātor -ōris, *m* [↓] **1** 待伏せする者, 伏兵. **2** 陰謀をめぐらす者, 計略家.

insidior -ārī -ātus sum, *intr dep* [insidiae] **1** 待伏せしている〈+*dat*〉. **2** だまし討ちにする, 陰謀をめぐらす, わなを仕掛ける. **3** 待ち構える: *insidiari tempori* (Liv) 好機をうかがう.

insidiōsē *adv* [↓] 欺瞞的に, 狡猾に.

insidiōsus -a -um, *adj* [insidiae] **1** 伏兵のいそうな; 危険が潜んでいる. **2** 人をだます, 欺瞞的な. **3** 知らぬ間に進行する.

insīdō -ere -sēdī -sessum, *tr, intr* [in-¹/sido] **I** (*intr*) **1** (…に)腰を下ろす, すわる〈in re; alci rei〉. **2** 食い込む, 入り込む〈in re [alqd]; alci rei〉. **3** 定着[定住]する〈alci rei〉. **II** (*tr*) **1** 占領[占拠]する〈alqd〉. **2** 定着[定住]する〈alqd〉.

insigne -is, *n* [insignis] **1** 標識, 目印. **2** 勲章, 記章. **3** 象徴, 表象.

insigniō -īre -īvī [-iī] -ītum, *tr* [↓] **1** しるしをつける, 明示する. **2** (栄誉の印で)飾る. **3** 目立たせる, 顕著にする.

insignis -is -e, *adj* [in-¹/signum] **1** はっきり見える, 明白な, 目立つ. **2** 卓越した, すぐれた. **3** 栄光ある, 輝かしい.

insignītē *adv* [insignitus] 目立って, 顕著に.

insigniter *adv* =insignite.

insignītus -a -um, *adj* (*pp*) [insignio] **1** しるしづけられた. **2** 明白な, 顕著な, 目立つ.

insignium -ī, °*n* =insigne.

insiliō -īre -siluī -sultum, *intr, tr* [in-¹/salio¹] (…に)跳び込む, 跳び乗る; 跳びかかる ⟨in alqd; alci rei; alqd⟩.

insiluī *pf* ⇨ insilio.

insimul *adv* [in-¹/simul] 同時に, いっしょに.

insimulātiō -ōnis, *f* [↓] 告発, 告訴.

insimulō -āre -āvī -ātum, *tr* [in-¹/simulo] 告訴[告発]する; 非難する ⟨alqm [alqd] re [alcis rei]; + *acc c. inf*⟩.

insincērus -a -um, *adj* [in-²/sincerus] 1 けがれた, 堕落[腐敗]した. 2 本物でない, 偽りの.

insinuātiō -ōnis, *f* [↓] 1° 狭い曲がりくねった通路を通って入ること. 2 聴衆の好意を得ること.

insinuō -āre -āvī -ātum, *tr, intr* [in-¹/sinuo] **I** (*tr*) 1 徐々に入り込ませる: *se insinuare inter equitum turmas* (Caes) 騎兵の隊列の中に入り込む. 2 吹き込む, 染み込ませる. 3 (*refl, pass*) うまく取り入る, 好意を得る. **II** (*intr*) 1 徐々に入り込む. 2 うまく取り入る, 好意を得る ⟨alci⟩.

insipidus -a -um, °*adj* [in-²/sapidus] 味のない, まずい; 無味乾燥な, おもしろみのない.

insipiens -entis, *adj* [in-²/sapiens¹] 知恵のない, 愚かな.

insipienter *adv* [↑] 愚かに.

insipientia -ae, *f* [insipiens] 愚かさ.

insistō -ere -stitī -stitum, *intr, tr* [in-¹/sisto] **I** (*intr*) 1 (…に)立つ, 踏む ⟨in re; alci rei⟩. 2 追跡する, 追撃する ⟨alci⟩. 3 追求する, 専念する ⟨alci rei; in alqd⟩. 4 静止している; 立ち止まる. 5 固執する ⟨in [ad] alqd; alci rei; in re; +*inf*⟩. 6 ためらう, 躊躇する, 疑念を持つ ⟨in re⟩. 7 依存する, 基づく ⟨+ *abl* [*dat*]; in+*abl*⟩. **II** (*tr*) 1 (…に)立つ, 踏む ⟨alqd⟩: *insistere viam* [*iter*] (Ter [Plaut]) 旅に出る, 出立する. 2 取り組む, 取りかかる ⟨alqd; +*inf*⟩.

insitīcius -a -um, *adj* [insitus¹] 1 挿入された. 2 交配された. 3 持ち込まれた, 外来の.

insitiō -ōnis, *f* [insero²] 1 接ぎ木(法). 2 接ぎ木の時期.

insitīvus -a -um, *adj* [insero²] 1 接ぎ木された. 2 持ち込まれた, 固有のものでない. 3 庶出の.

insitor -ōris, *m* [insero²] 接ぎ木する人.

insitus¹ -a -um, *pp* ⇨ insero².

insitus² -ūs, *m* 接ぎ木.

insociābilis -is -e, *adj* [in-²/sociabilis] 折り合いの悪い; 相容れない.

insōlābiliter *adv* [in-²/solor] 慰めることができないほどに.

insolens -entis, *adj* [in-²/soleo] 1 …に慣れていない ⟨alcis rei; in re⟩. 2 過度の. 3 傲慢な, 横柄な, 不遜な. 4 慣れ親しんでいない, 珍しい.

insolenter *adv* [↑] 1 慣例に反して, 普段どおりではなく. 2 過度に. 3 傲慢に, 不遜に.

insolentia -ae, *f* [insolens] 1 不慣れ, よく知らないこと. 2 珍しさ. 3 節度のなさ. 4 傲慢, 不遜.

insolescō -ere, *intr* [in-²/soleo] 1° 普段と異なりはじめる. 2 傲慢[不遜]になる.

insolidus -a -um, *adj* [in-²/solidus¹] 固くない, 柔らかな; 弱い.

insolitus -a -um, *adj* [in-²/solitus] 1 慣れていない ⟨ad alqd; alcis rei; +*inf*⟩. 2 普通でない, 珍しい.

insōlō -āre -āvī -ātum, *tr* [in-¹/sol] 日にあてる.

insolūbilis -is -e, *adj* [in-²/solubilis] 1° 解けない. 2 (負債が)返済できない. 3 議論の余地のない, 明白な.

insomnia -ae, *f* [↓] 眠れないこと, 不眠.

insomnis -is -e, *adj* [in-²/somnus] 不眠の, 眠れない; 眠らない.

insomnium -ī, *n* [↑] 1 (通例 *pl*) 眠れないこと, 不眠; 眠らないこと. 2 夢幻, 幻.

insonō -āre -sonuī, *intr, tr* [in-¹/sono] **I** (*intr*) 大きな音を出す, 鳴り響く ⟨*abs*; alci rei; re⟩. **II** (*tr*) 鳴り響かせる.

insons -sontis, *adj* [in-²/sons¹] 1 潔白な, 罪のない ⟨alcis rei; +*inf*⟩. 2 無害の.

insonuī *pf* ⇨ insono.

insōpītus -a -um, *adj* [in-²/sopio¹] 眠らない, めざめている.

insopor -ōris, *adj* [in-²/sopor] =insopitus.

insordescō -ere -sorduī, °*intr* [in-¹/sordesco] 1 きたなくなる. 2 暗くなる.

insorduī *pf* ⇨ insordesco.

inspectātiō -ōnis, *f* [inspecto] 考察, 吟味.

inspectiō -ōnis, *f* [inspicio] 1 見ること, のぞくこと. 2 観察, 検査, 点検. 3 研究, 調査, 考察, 吟味.

inspectīvus -a -um, °*adj* [inspicio] 思弁的な.

inspectō -āre -āvī -ātum, *tr, intr freq* [inspicio] ながめる, 観察する, 検査する: *me inspectante* (Cic) 私の見ている前で.

inspector -ōris, *m* [inspicio] 1 見物人. 2 検査者.

inspectus¹ -a -um, *pp* ⇨ inspicio.

inspectus² -ūs, *m* 観察; 考察.

inspērans -antis, *adj* [in-²/spero] 希望[期待]していない.

inspērātē °*adv* =insperato.

inspērātō *adv* (*abl*) [↓] 思いがけなく.

inspērātus -a -um, *adj* [in-²/spero] 予期しない, 思いがけない.

inspergō -ere -spersī -spersum, *tr* [in-¹/spargo] 振りむく, 振りかける ⟨alqd alci rei⟩.

inspersī *pf* ⇨ inspergo.

inspersus -a -um, *pp* ⇨ inspergo.

inspexī *pf* ⇨ inspicio.

inspicere *inf* ⇨ inspicio.

inspiciō -cere -spexī -spectum, *tr* (*intr*) [in-¹/specio] 1 のぞく, 見る; 観察する ⟨alqd⟩. 2 検査する, 点検する. 3 吟味する, 考察する, 調査する. 4 理解する, 把握する. 5 考慮する.

inspīcō -āre -āvī -ātum, *tr* [in-¹/spica] (小麦の穂の形に)とがらす.

inspīrātiō -ōnis, °*f* [↓] 1 息を吸い込むこと. 2 生命の息. 3 魂. 4 霊感.

inspīrō -āre -āvī -ātum, *tr, intr* [in-¹/spiro] **I** (*intr*) 1 息を深く吸う. 2 息を吹きかける ⟨alci rei⟩. **II** (*tr*) 1 (息を)吹き込む, 吹き入れる ⟨alqd⟩. 2 (思想・感情を)吹き込む, 鼓吹する ⟨alci alqd⟩.

inspoliātus -a -um, *adj* [in-²/spolio] 略奪されて

inspuī *pf* ⇨ inspuo.
inspuō -ere -spuī -spūtum, *intr*, *tr* [in-¹/spuo] **I** (*intr*) つばを吐きかける. **II** (*tr*) 吐き入れる.
inspurcō -āre -āvī -ātum, *tr* [in-¹/spurco] けがす.
inspūtō -āre -āvī -ātum, *tr freq* [inspuo] つばを吐きかける.
instabilis -is -e, *adj* [in-²/stabilis] **1** 不安定な, ぐらつく. **2**（上に）立つのに適しない, 足場のない. **3** 一定していない, 変わりやすい.
instabilitās -ātis, *f* [↑] 不安定.
instāns -antis, *adj* (*prp*) [insto] **1** 現在の, 目下の. **2** 差し迫った, 緊急の. **3** しつこく迫る, 強制する.
instanter *adv* [↑] 熱心に, しつこく, 切に.
instantia -ae, *f* [instans] **1** 眼前にあること, 差し迫っていること, 緊急. **2** 熱心, 執拗. **3** 専念, 没頭.
īnstar *indecl n* **1** 姿. **2** 同数[同量]のもの；同等のもの（+*gen*）: ~ muri hae saepes munimenta eis praebent (CAES) 城壁のようなこの生垣が彼らにとって防塁の役目を果たしていた.
īnstaurātiō -ōnis, *f* [instauro] **1** 再開, 繰返し. **2°** 復旧, 修復.
īnstaurātīvus -a -um, *adj* [↓] 再開された, やりなおした.
īnstaurō -āre -āvī -ātum, *tr* **1** 更新する, 再開する. **2** やりなおす, 繰り返す: instaurare sacrificium (CIC) 犠牲式をやりなおす. **3** 回復させる, 復旧する.
īnsternō -ere -strāvī -strātum, *tr* [in-¹/sterno] **1** （…の上に）置く, 広げる ⟨alqd alci rei⟩. **2** おおう ⟨alqd re⟩.
īnstīgātiō -ōnis, *f* [instigo] 刺激, 煽動.
īnstīgātor -ōris, *m* [instigo] 煽動者.
īnstīgātrīx -īcis, *f* [↑] 煽動者《女性》.
īnstīgō -āre -āvī -ātum, *tr* [in-¹/*stigo; *cf*. instinguo] **1** 刺激する, 促す, 駆りたてる. **2** 怒らせる, 挑発する. **3** （感情を）かきたてる.
īnstillō -āre -āvī -ātum, *tr* [in-¹/stillo] **1** 滴下する, たらす. **2** （徐々に）教え込む, 染み込ませる.
īnstimulātor -ōris, *m* [↓] 刺激する人, 煽動者.
īnstimulō -āre -āvī -ātum, *tr* [in-¹/stimulo] 刺激する, 駆りたてる.
īnstīnctor -ōris, *m* [instinguo] 煽動者.
īnstīnctus¹ -a -um, *pp* ⇨ instinguo.
īnstīnctus² -ūs, *m* **1** 刺激, 駆りたてること. **2** 熱狂, 霊感.
īnstinguō -ere -stīnxī -stīnctum, °*tr* [in-¹/stinguo] 刺激する, 駆りたてる.
īnstīnxī *pf* ⇨ instinguo.
īnstipulor -ārī, *tr dep* [in-¹/stipulor] 契約[約定]する.
īnstita -ae, *f* [insto] **1** （貴婦人の外衣の）裾飾り. **2** リボン, 帯ひも.
īnstitī *pf* ⇨ insisto, insto.
īnstitiō -ōnis, *f* [insisto] 静止.
īnstitor -ōris, *m* [insisto] 小売商人, 行商人.
īnstitōrium -ī, *n* [↑] 小売業.

īnstituī *pf* ⇨ instituo.
īnstituō -ere -stituī -stitūtum, *tr* [in-¹/statuo] **1** （ある場所へ）置く, 据える. **2** 設置する, 制定する. **3** 建築[建設]する, 建てる, 築き上げる. **4** （軍隊を）編成する, 整列させる. **5** 指名する, 任命する. **6** 企てる, 着手する, 取りかかる ⟨alqd; +*inf*⟩. **7** 採用する, 実施する. **8** 定める, 秩序立てる. **9** 教え込む, 教育する ⟨alqm re; alqm ad alqd; +*inf*⟩.
īnstitus -a -um, *pp* ⇨ insisto.
īnstitūtiō -ōnis, *f* [instituo] **1** 配置, 組成. **2** 慣習. **3** 教育, 訓練. **4** （相続人の）指定.
īnstitūtor -ōris, *m* [instituo] **1** 創設者. **2°** 教師.
īnstitūtum -ī, *n* (*pp*) [instituo] **1** 慣習；おきて. **2** 取決め: militem ex instituto dare (LIV) 協定に従って兵を派遣する. **3** (*pl*) 教え；原論. **4** 目的, 意図.
īnstitūtus -a -um, *pp* ⇨ instituo.
īnstō -āre -stitī, *intr*, *tr* [in-¹/sto] **1** （…の中[上]に）立っている ⟨(in) re; alqd⟩. **2** 迫る, 追尋する ⟨+*dat*; +*acc*⟩. **3** おびやかす, 攻撃する. **4** （仕事などに）熱心に取り組む ⟨+*dat*⟩. **5** しつこく要求する, 固執する ⟨+*inf*; ut, ne⟩: instare poscere recuperatores (CIC) 仲裁者（の選出）を要求し続ける. **6** （期日が）差し迫っている: diem instare, quo die frumentum militibus metiri oporteret (CAES) 兵士たちに食糧を配らなければならない日が迫っている.
īnstrāgulum -ī, *n* [in-¹/stragulus] ベッドの上掛け.
īnstrātum -ī, *n* [instratus²]（馬の）鞍おおい.
īnstrātus¹ -a -um, *adj* [in-²/sterno] おおわれていない.
īnstrātus² -a -um, *pp* ⇨ insterno.
īnstrāvī *pf* ⇨ insterno.
īnstrēnuē °*adv* [↓] 無気力に.
īnstrēnuus -a -um, *adj* [in-²/strenuus] 気力[活気]のない.
īnstrepitus -a -um, *pp* ⇨ instrepo.
īnstrepō -ere -uī -itum, *tr*, *intr* [in-¹/strepo] **I** (*intr*) 大きな音をたてる. **II** (*tr*) 大声で言う ⟨alqd⟩.
īnstrepuī *pf* ⇨ instrepo.
īnstrictus -a -um, *pp* ⇨ instringo.
īnstringō -ere -strīnxī -strictum, *tr* [in-¹/stringo] **1** 縛る, 結びつける. **2** 刺激する, 駆りたてる.
īnstrīnxī *pf* ⇨ instringo.
īnstrūctē *adv* [instructus¹] 入念に準備して.
īnstrūctiō -ōnis, *f* [instruo] **1** （軍隊を整列させること. **2** 建設, 建築. **3** 準備, 装備. **4°** 訓練, 教育.
īnstrūctor -ōris, *m* [instruo] **1** 用意[準備]する人. **2°** 建設者.
īnstrūctus¹ -a -um, *adj* (*pp*) [instruo] **1** 整列した, 配列した. **2** 備え付けた, 装備した ⟨re⟩. **3** 訓練された, 教育された ⟨(a) re⟩.
īnstrūctus² -ūs, *m* 装備, 設備.
īnstrūmentum -ī, *n* [↓] **1** 道具, 備品. **2** 衣裳, 装具. **3** 証拠(文書). **4** 手段.
īnstruō -ere -strūxī -strūctum, *tr* [in-¹/struo] **1** （…の中に）建てる, 組み立てる. **2** （軍隊を）整列させる.

3 準備する. 4 備え付ける, 装備する; 支給する, 与える ⟨alqd re⟩. 5 教える ⟨alqm re⟩.

instruxī pf ⇨ instruo.

insuāvis -is -e, adj 1 (味が)まずい, 甘くない. 2 不愉快な, 楽しくない.

Insuber[1] -bris -bre, adj Insubres 族の.

Insuber[2] -bris, m Insubres 族の一人.

insubidē adv [↓] 愚かに.

insubidus -a -um, adj [in-[1]/subidus] 愚かな.

Insubrēs -ium, m pl インスブレス《Gallia Cisalpina の Mediolanum 付近にいた一部族》.

insūdō -āre -āvī -ātum, intr [in-[1]/sudo] (…に)汗をかく; (…のために)汗をかく ⟨alci rei⟩.

insuēfaciō -ere -fēcī -factum, tr [in-[1]/suesco/facio] 慣らす.

insuēscō -ere -suēvī -suētum, intr [in-[1]/suesco] I (intr) 慣れる ⟨+inf; ut; ad alqd; alci rei; re⟩. II (tr) 慣らす ⟨alqm+inf; ut⟩.

insuētus[1] -a -um, pp ⇨ insuesco.

insuētus[2] -a -um, adj [in-[2]/suesco] 1 慣れていない ⟨alcis rei; alci rei; ad alqd; +inf⟩. 2 見慣れない, 普通でない.

insuēvī pf ⇨ insuesco.

insufficiens -entis,° adj [in-[2]/sufficiens] 不十分な.

insufficientia -ae,° f [↑] 1 不十分, 不足. 2 [医] (器官の)機能不全.

insufflō -āre -āvī -ātum, tr [in-[1]/sufflo] 吹き込む.

insuī pf ⇨ insuo.

insula -ae, f 1 島. 2 インスラ, (貧民の)共同住宅. 3°[カト] 修道院. 4°[解] (脳・膵臓の)島.

insulānus[1] -a -um,° adj [↑] 島の.

insulānus[2] -ī, m 島民.

insulāris -is -e,° adj [insula] 島の.

insulārius -ī, m [insula] 1 共同住宅の借家人. 2 共同住宅を管理する奴隷.

insulātus -a -um, adj [insula] (水に取り囲まれて)島になった.

insulsē adv [insulsus] 無味乾燥に; ばかげて.

insulsitās -ātis, f [↓] 無味乾燥; ばかばかしさ.

insulsus -a -um, adj [in-[2]/salsus] 1 まずい, 味のない. 2 無味乾燥な, おもしろみのない, ばかげた.

insultātiō -ōnis, f [↓] 愚弄, 侮辱.

insultō -āre -āvī -ātum, intr (tr) [in-[1]/salto] 1 跳び乗る; 跳び込む ⟨alci rei; alqd⟩. 2 (…の上を)はねまわる ⟨alqd; alci rei⟩. 3 愚弄する, 侮辱する ⟨+dat [abl]; in alqd; +acc⟩.

insultūra -ae, f [insilio] 跳び乗ること.

insultus -ūs,° m [insilio] 1 愚弄, 侮辱. 2 [医] 発作.

insum -esse -fuī, intr [in-[1]/sum] 1 中にある, 内在する, 宿る ⟨in re; alci rei⟩. 2 含まれる, 属する; 関連している ⟨in alqo [re]; +dat⟩.

insūmō -ere -sumpsī -sumptum, tr [in-[1]/sumo] 1 (金・時間・労力などを)使う, 費やす ⟨alqd in re [alqd]; alqd alci rei⟩: *insumere operam frustra* (Liv) むだに努力する. 2 (態度を)とる, (気分に)なる.

insumpsī pf ⇨ insumo.

insumptus -a -um, pp ⇨ insumo.

insuō -ere -suī -sūtum, tr [in-[1]/suo] 縫い込む, 縫い付ける ⟨alqd alci rei; alqd in [ad] alqd⟩.

insuper adv, prep [in-[1]/super] I (adv) 1 上に. 2 加えて, ほかに. II (prep) 1 ⟨+acc⟩ …の上に. 2 ⟨+abl⟩ …に加えて, …のほかに.

insuperābilis -is -e, adj [in-[2]/superabilis] 1 打ち勝ちがたい, 征服できない. 2 越せない, 通れない.

insurgō -ere -surrexī -surrectum, intr (tr) [in-[1]/surgo] 1 起き上がる, 立ち上がる. 2 (上へ)伸びる. 3 増す, 増大する, 強まる. 4 (…に対して)反乱を起こす, 蜂起する. 5 向上する, 昇進する.

insurrectus -a -um, pp ⇨ insurgo.

insurrexī pf ⇨ insurgo.

insusurrō -āre -āvī -ātum, intr, tr [in-[1]/susurro] ささやく, 耳打ちする ⟨alci; in [ad] aurem; alci alqd⟩.

insūtus -a -um, pp ⇨ insuo.

intābescō -ere -tābuī, intr [in-[1]/tabesco] 1 溶ける. 2 やつれる, 衰弱する.

intābuī pf ⇨ intabesco.

intactilis -is -e, adj [in-[2]/tactilis] 触れることができない.

intactus -a -um, adj [in-[2]/tango] 1 触れられていない. 2 そこなわれていない, 無傷の. 3 ためされていない, 使用されていない: *rastro intacta tellus* (Ov) 鋤(ﾂﾁ)を入れられたことのない大地. 4 影響されていない ⟨+abl⟩: ~ *superstitione* (Tac) 迷信とは無縁の.

intāminātus -a -um, adj [in-[2]/tamino] けがれない.

intectus[1] -a -um, adj [in-[2]/tego] 1 おおいのない; むきだしの. 2 率直な, 腹蔵のない.

intectus[2] -a -um, pp ⇨ intego.

integellus -a -um, adj dim [↓] そこなわれていない, 無傷の, 無事な.

integer -gra -grum, adj [in-[2]/tango] 1 手をつけていない, ためされていない, 未使用の. 2 そこなわれていない, 無傷の. 3 全部の, 全体の: *annus* ~ (Cic) まる1年. 4 疲れていない, 元気のよい. 5 未決定の. 6 偏見のない, 公平な. 7 年齢によって弱められていない, 若々しい: ~ *aevi sanguis* (Verg) 血気盛り (=integri aevi sanguis). 8 健康な, 健全な. 9 けがれのない, 高潔な.

integimentum -ī, n =integumentum.

integō -ere -texī -tectum, tr [in-[1]/tego] 1 かぶせる, おおう. 2 屋根を付ける. 3 保護する.

integrascō -ere, intr inch [integro] 新たに始まる.

integrātiō -ōnis, f [integro] 1 新たな始まり. 2° 復旧.

integrē adv [integer] 1 申し分なく, 公正に. 2 (文体が)純正に, 正しく.

integritās -ātis, f [integer] 1 健全, 健康. 2 高潔, 廉直, 誠実. 3 (文体の)純正.

integrō -āre -āvī -ātum, tr [integer] 1 回復させる, 復旧する. 2 新たに始める, 再開する. 3 完全にする.

integrum -ī, n [integer] 原状, 元の状態: *ab* [*de*] *integro* (Cic) 新たに / *in* [*ad*] ~ (Cic) [Ter]) 原状へ.

integumentum -ī, *n* [intego] おおい《保護するもの、おおい隠すものなど》.

intellectus[1] -a -um, *pp* ⇨ intellego.

intellectus[2] -ūs, *m* 1 知覚、認知. 2 理解. 3 理解力、知力. 4 意味、意義.

intellegens[1] -entis, *adj* (*prp*) [intellego] 1 理解力[知力]のある. 2 洞察力[眼識]のある ⟨alcis rei; in re⟩.

intellegens[2] -entis, *m, f* 識者、目利き.

intellegenter *adv* [intellegens[1]] 賢く.

intellegentia -ae, *f* [intellegens[1]] 1 理解、知識; 理解力、知力. 2 洞察力、眼識. 3 概念、観念.

intellegibilis -is -e, *adj* [↓] 理解できる、理知的な.

intellegō -ere -lēxī -lectum, *tr, intr* [inter-/lego[2]] I (*tr*) 1 知覚する、認知する. 2 (知的に)把握する、理解する ⟨alqd; +*acc c. inf*; +間接疑問⟩. 3 推理[推論]する. 4 評価する、真価を認める. 5 (ことばの)意味を理解する. 6 (…とみなす、考える⟨+2個の *acc*⟩. II (*intr*) 理解力を持っている.

intellexī *pf* ⇨ intellego.

intellig- ⇨ intelleg-.

Intemeliī -ōrum, *m pl* インテメリイー《Liguria にいた一部族》.

intemerātus -a -um, *adj* [in-[2]/temero] 1 けがれのない、清い; 貞節な. 2 そこなわれていない.

intemperans -antis, *adj* [in-[2]/temperans] 1 節度のない、自制心のない. 2 淫乱な、みだらな. 3 過度の、極端な.

intemperanter *adv* [↑] 節度なく、自制心なく; 過度に、極端に.

intemperantia -ae, *f* [intemperans] 1 自制心[節度]のないこと. 2 淫乱、みだら. 3 過度、極端.

intemperātē *adv* [↓] 節度なく.

intemperātus -a -um, *adj* [in-[2]/temperatus[1]] 節度のない、過度の.

intemperiae -ārum, *f pl* =intemperies.

intemperiēs -ēī, *f* [in-[2]/temperies] 1 悪天候、荒天. 2 常軌を逸した行動、乱行; 放縦.

intempestīvē *adv* [↓] 時機を失して; 時ならず.

intempestīvus -a -um, *adj* [in-[2]/tempestivus] 1 時宜を得ない、時機を失した. 2 時ならぬ、時候はずれの.

intempestus -a -um, *adj* [in-[2]/tempus[1]] 1 時ならぬ. 2 *nox intempesta* (Cɪᴄ) 真夜中. 3 悪天候の、荒天の. 4 健康に悪い、不健康な.

intemptātus -a -um, *adj* [in-[2]/tempto] 1 試みられた[企てられた]ことのない. 2 攻撃されていない.

intendī *pf* ⇨ intendo.

intendō -ere -tendī -tentum, *tr, intr* [in-[1]/tendo[1]] I (*tr*) 1 (ぴんと)張る、引っ張る. 2 広げる. 3 緊張させる、精いっぱい働かせる. 4 強める; 誇張する. 5 (ある方向へ)伸ばす、差し出す; 向ける ⟨alqd alci rei; alqd ad [in] alqd⟩: *digitum ad fontes intendere* (Cɪᴄ) 泉の方を指さす / *ubi Hannibal est, eo bellum intendere* (Lɪᴠ) Hannibal のいるところへ戦場を移す. 6 (注意・精神を)向ける、注ぐ ⟨alqd in [ad] alqd⟩. 7 ねらう、意図する ⟨alqd; +*inf*; ut⟩. 8 主張する. 9 訴訟を起こす、起訴する. II (*intr*) 1 (ある方向へ)向かう、進む. 2 (…に向かって)努力する、専心する.

intentātiō -ōnis, *f* [intento] 1 (…に向かって)伸ばすこと. 2° 非難.

intentātor -ōris, °*m* [in-[2]/tentator (⇨ temptator)] 誘惑しない者: *deus ~ malorum* (Vᴜʟɢ) 悪へ誘惑しない神.

intentātus[1] -a -um, *pp* ⇨ intento.

intentātus[2] -a -um, *adj* =intemptatus.

intentē *adv* [intentus[1]] 真剣に、熱心に.

intentiō -ōnis, *f* [intendo] 1 伸張、緊張. 2 凝視、注視. 3 注意、集中. 4 目的、意図. 5 〖法〗告訴の陳述. 6 〖論〗(三段論法の)大前提.

intentō -āre -āvī -ātum, *tr freq* [intendo] 差し出す、伸ばす; (威嚇的に)向ける ⟨alqd in alqm; alci alqd⟩: *manus intentare* (Tᴀᴄ) こぶしを振りかざす / *intentare viris mortem* (Vᴇʀɢ) 勇士たちに(切迫した)死を予示する.

intentus[1] -a -um, *adj* (*pp*) [intendo] 1 引っ張られた. 2 熱心な、没頭している ⟨alcis rei; in [ad] alqm⟩: *omnium animi intenti esse ad pacem videbantur* (Cᴀᴇs) 皆の心は平和を熱望しているように思われた. 3 周到な. 4 きびしい.

intentus[2] -ūs, *m* 伸ばすこと、広げること.

intepeō -ēre, *intr* [in-[1]/tepeo] なまぬるい.

intepescō -ere -tepuī, *intr inch* [↑] 1 温かくなる. 2 冷める、なまぬるくなる.

intepuī *pf* ⇨ intepesco.

inter[1] *prep* (+*acc*) 1 (空間的)…の間に、…のまん中に. 2 (時間的)…の間に、…のうちに: *~ cenam* (Cɪᴄ) 食事中に / *~ haec* (Lɪᴠ) その間に. 3 (一般に)…の間で、…の中で: *differt ~ meam opinionem ac tuam* (Cɪᴄ) 私とあなたの間には意見の相違がある / *~ pauca* (Pʟɪɴ) 特に、とりわけ / *~ nos* (Cɪᴄ) 私たちの間で、内密に.

inter[2] *adv* 間に、中にはさまれて.

inter- *pref* 意味は前置詞 inter を参照.

interaestuō -āre -āvī -ātum, *intr* [↑/aestuo] (ときどき)炎症を起こす.

interāmenta -ōrum, *n pl* (軍船内部の)備品.

Interamna -ae, *f* インテラムナ《(1) Umbria の町; 現 Terni. (2) Latium の町; 現 Teramo》.

Interamnās -ātis, *adj* Interamna の. **Interamnātēs** -ium, *m pl* Interamna の住民.

interānea -ōrum, *n pl* [↓] 腸、内臓.

interāneus -a -um, *adj* [inter] 腸の、内臓の.

interārescō -ere, *intr* 干上がる.

interātim *adv* =interim.

interbibō -ere, *tr* 飲みほす.

interbītō -ere, *intr* むだになる.

interblandior -īrī, °*intr dep* やさしいことばを差しはさむ ⟨+*dat*⟩.

intercalāris -is -e, *adj* [intercalo] (暦に)閏(うるう)として加えられた.

intercalārius -a -um, *adj* =intercalaris.

intercalātiō -ōnis, *f* [↓] 閏日[閏月]を置くこと.

intercalō -āre -āvī -ātum, *tr* [inter-/calo[1]] 1 閏日[閏月]を置く. 2 延期する、猶予する.

intercapēdō -dinis, *f* [inter-/capio[1]] 中断、休

intercēdō -ere -cessī -cessum, *intr* **1** 間にある, 介在する: *silvae paludesque intercedebant* (CAES) 森と沼が(敵と味方の間を)さえぎっていた. **2** 間に起こる. **3** 妨げる, じゃまする; 拒否権を発動する <+*dat*; quominus>. **4** 介入する, 仲裁[調停]する; 保証人になる <pro alqo>.
intercēpī *pf* ⇨ intercipio.
interceptiō -ōnis, *f* [intercipio] 横取り.
interceptor -ōris, *m* [intercipio] 横領者.
interceptus -a -um, *pp* ⇨ intercipio.
intercessī *pf* ⇨ intercedo.
intercessiō -ōnis, *f* [intercedo] **1** 拒否権(発動). **2** 保証人に立つこと. **3** 介入, 仲裁, 調停.
intercessor -ōris, *m* [intercedo] **1** 拒否権を発動する者; 妨害者. **2** 仲裁[仲介]者; 保証人.
intercessus -ūs, *m* [intercedo] 仲裁, 調停.
intercīdī[1] *pf* ⇨ intercido[1].
intercīdī[2] *pf* ⇨ intercido[2].
intercīdō[1] -ere -cīdī -cīsum, *tr* [inter-/caedo] **1** 切り離す, 切断する: *intercidere pontem* (LIV) 橋を落とす. **2** 寸断する, さえぎる.
intercīdō[2] -ere -cidī, *intr* [inter-/cado] **1** 間に落ちる. **2** 消える, なくなる. **3** 犠牲になる, 死ぬ. **4** 忘れ去られる.
intercinō -ere, *tr* [inter-/cano] 間に歌う.
intercipere *inf* ⇨ intercipio.
intercipiō -pere -cēpī -ceptum, *tr* [inter-/capio[1]] **1** 途中でとらえる, 横取りする. **2** 切り離す, 取り去る. **3** 占領する, 略奪する. **4** (不当に)奪う, 横領[着服]する. **5** 中断する; 妨害する. **6** 命を奪う.
intercīsē *adv* [intercisus] とぎれとぎれに.
intercīsiō -ōnis, *f* [intercido[1]] 切断.
intercīsus -a -um, *pp* ⇨ intercido[1].
interclūdō -ere -clūsī -clūsum, *tr* [inter-/claudo[2]] **1** さえぎる, ふさぐ <alci alqd>. **2** (息・声を)止めさせる, 窒息させる. **3** 切り離す <alqm (a) re>. **4** 中断する, 妨害する, じゃまする.
interclūsī *pf* ⇨ intercludo.
interclūsiō -ōnis, *f* [intercludo] **1** (息が)詰まること. **2** 《修》挿入句.
interclūsus -a -um, *pp* ⇨ intercludo.
intercolumnium -ī, *n* [inter-/columna] 2本の柱の間の空間.
intercurrī *pf* ⇨ intercurro.
intercurrō -ere -currī -cursum, *intr* **1** 間を走る[急く]. **2** 介入する, 仲裁[調停]する. **3** 間に起こる[ある].
intercursō -āre -āvī -ātum, *intr, tr freq* [↑] 間を走る. **2** 間にある.
intercursus -ūs, *m* [intercurro] (通例 *sg abl* で) 介入, 仲裁.
intercus -cutis, *adj* [inter-/cutis] 皮下の: *aqua ~* (PLAUT) 水腫(症).
interdīcō -ere -dīxī -dictum, *tr, intr* [inter-/dico[2]] **1** 禁ずる, 差し止める <alci re; ne; +*inf*; alci alqd>: *alci aquā et igni interdicere* (CAES) ある人に水火を禁ずる(=法外者とする・追放する). **2** 命令する <alci ut>. 《法》(法務官が)差止め命令を下す.

interdictiō -ōnis, *f* [↑] 禁止, 差止め: *tecti et aquae et ignis ~* (CIC) 追放.
interdictum -ī, *n* [↓] **1** 禁止(命令). **2** 《法》(法務官による)仮命令, 差止め命令.
interdictus -a -um, *adj* (*pp*) [interdico] 禁じられた.
interdiū *adv* 日中に, 昼間に.
interdīxī *pf* ⇨ interdico.
interdō -are -dedī -datum, *tr* **1** 間に置く, 分配する. **2** *ciccum* [*floccum*] *non interduim* (古形 *interduo* の 1 *sg subj pr*) (PLAUT) 私は少しも意に介さないであろう, どうでもよい.
interductus -ūs, *m* [inter-/duco] 句読点を施すこと.
interdum *adv* [inter-/dum[2]] **1** 時々, 折々. **2** その間に; 当分.
intereā *adv* [inter-/is *of sg abl*] **1** その間に, そうこうするうちに. **2** しかしながら, それにもかかわらず.
interēmī *pf* ⇨ interimo.
interemō -ere, *tr* =interimo.
interemptiō -ōnis, °*f* [interimo] 殺害.
interemptor -ōris, *m* [interimo] 殺害者.
interemptus -a -um, *pp* ⇨ interimo.
intereō -īre -iī -itum, *intr* [inter-/eo[2]] **1** 死ぬ, 殺される. **2** 破壊される, 消滅する, 滅びる. **3** 無に帰する. **4** (記憶から)消える, 忘れ去られる.
interequitō -āre -āvī -ātum, *intr, tr* 間を馬で行く.
intererrō -āre, °*intr* 間をさまよう.
interesse *inf pr* ⇨ intersum.
interest 3 *sg ind pr* ⇨ intersum.
interfārī *inf* ⇨ interfor.
interfātiō -ōnis, *f* [interfor] (他人の話に割り込んで)ことばを差しはさむこと; 挿入句的発言.
interfātus -a -um, *pp* ⇨ interfor.
interfēcī *pf* ⇨ interficio.
interfectiō -ōnis, *f* [interficio] 殺害.
interfector -ōris, *m* [interficio] 殺害者.
interfectrīx -īcis, *f* [↑] 殺害者《女性》.
interfectus -a -um, *pp* ⇨ interficio.
interficere *inf* ⇨ interficio.
interficiō -cere -fēcī -fectum, *tr* [inter-/facio] **1** 殺す. **2** 破壊する, 滅ぼす. **3** 終わらせる.
interfierī *inf* ⇨ interfio.
interfīō -fierī -factus sum (interficio の *pass* として用いられる).
interfluō -ere -fluxī, *intr, tr* 間を流れる.
interfluus -a -um, *adj* [↑] 間を流れている.
interfluxī *pf* ⇨ interfluo.
interfor -ārī -fātus sum, *intr, tr dep* (ことばを)差しはさむ, (他人の発言を)さえぎる.
interfractus -a -um, *pp* ⇨ interfringo.
interfrēgī *pf* ⇨ interfringo.
interfringō -ere -frēgī -fractum, *tr* [inter-/frango] 破砕する, 粉々にする.
interfūdī *pf* ⇨ interfundo.
interfugere *inf* ⇨ interfugio.
interfugiō -gere, *intr* 間へ逃げ込む.
interfuī *pf* ⇨ intersum.

interfulgeō -ēre, *intr* 間で輝く.
interfundō -ere -fūdī -fūsum, °*tr* [inter-/fundo²] 間に注ぐ.
interfūsus -a -um, *adj* (*pp*) [↑] **1** 間に流れている, 間に入る. **2** ちりばめられた.
interfutūrus -a -um, *fut p* ⇨ intersum.
intergarriō -īre -īvī -ītum, *tr* (ことばを)前後の脈絡なしに挿入する.
intergerīvus -ī, *m* [inter-/gero] 仕切り, 隔壁.
interibī *adv* その間に, そうこうするうちに.
intericere *inf* ⇨ intericio.
intericiō -cere -jēcī -jectum, *tr* [inter-/jacio] 間へ置く[投げる], 挿入する: *interjectis aliquot diebus* (Caes) 2, 3 日おいて.
interiī *pf* ⇨ intereo.
interim *adv* [inter-/im (eum の古形)] **1** その間に, そうこうするうちに. **2** 当分, さしあたり. **3** ではあるがやはり. **4** 時折, 時々.
interimō -ere -ēmī -emptum, *tr* [inter-/emo] **1** 取り除く, 終りさせる. **2** 殺す. **3** ひどく苦しめる.
interior -ius, *adj comp* [inter] **1** 内側の, 内部の. **2** 内陸の, 奥地の. **3** より親密な. **4** 内々の, 個人的な.
interīre *inf* ⇨ intereo.
interitiō -ōnis, *f* [intereo] (突然の)死; 破滅, 崩壊.
interitus¹ -a -um, *pp* ⇨ intereo.
interitus² -ūs, *m* **1** (突然の)死. **2** 滅亡, 破滅, 崩壊.
interius *adv* [interior] **1** 内部に, 内側に. **2** より親密に.
interjaceō -ēre -jacuī, *intr*, *tr* 間に横わっている, 介在している ⟨inter+*acc*; +*dat*; alqd⟩.
interjaciō -cere, *tr* =intericio.
interjēcī *pf* ⇨ intericio.
interjectiō -ōnis, *f* [intericio] **1** 間に置くこと, 挿入. **2** 〚修〛挿入句. **3** 〚文〛間投詞.
interjectus¹ -a -um, *pp* ⇨ intericio.
interjectus² -ūs, *m* 1 間に置くこと, 挿入, 介在. **2** 間隔: *noctis interjectu* (Tac) 一晩おいて.
interjiciō -cere, *tr* =intericio.
interjunctus -a -um, *pp* ⇨ interjungo.
interjungō -ere -junxī -junctum, *tr*, *intr* **I** (*tr*) **1** 結びつける, 連結[結合]する; くびきにつなぐ. **2** くびきをはずす. **II** (*intr*) 休息する.
interjunxī *pf* ⇨ interjungo.
interkīnēsis -is, °*f* 〚生物〛(核分裂の)中間期.
interlābī *inf* ⇨ interlabor.
interlābor -lābī -lapsus sum, *intr dep* [inter-/labor¹] 間をすべる[流れる].
interlapsus -a -um, *pp* ⇨ interlabor.
interlectus -a -um, *pp* ⇨ interlego.
interlēgī *pf* ⇨ interlego.
interlegō -ere -lēgī -lectum, *tr* [inter-/lego²] あちらこちらで摘む.
interlēvī *pf* ⇨ interlino.
interlinō -ere -lēvī -litum, *tr* **1** 間に塗る. **2** (文字を)こすって消す, 抹消する.
interlitus -a -um, *pp* ⇨ interlino.

interlocūtiō -ōnis, *f* [interloquor] **1** 対話, 会話, 問答. **2** °〚法〛中間判決.
interlocūtōrius -a -um, °*adj* [interloquor] **1** 対話[問答]体の. **2** 中間(判決)の, 仮の: *sententia interlocutoria* 〚法〛中間判決.
interloquī *inf* ⇨ interloquor.
interloquor -quī -locūtus sum, *intr dep* **1** (ことばを)差しはさむ, (他人の発言を)さえぎる. **2** 〚法〛中間判決を下す.
interlūceō -ēre -luxī, *intr* **1** 間で輝く. **2** (光が)透けて見える. **3** 明白である.
interlūcō -āre -āvī -ātum, *tr* [inter-/lucus] (日当たりをよくするために)枝打ちをする, 木をすかす.
interlūnium -ī, *n* [inter-/luna] (新月の頃の)月の見えない期間.
interluō -ere, *tr* [inter-/luo¹] **1** (儀式の最中に手を)洗う. **2** 間を流れる.
interluviēs -ēī, °*f* [↑] 海峡.
interluxī *pf* ⇨ interluceo.
intermaneō -ēre -mansī, *intr* 間にとどまる ⟨alci rei⟩.
intermedius -a -um, °*adj* 中間の.
intermenstruum -ī, *n* [↓] (*sc.* tempus) 新月のとき.
intermenstruus -a -um, *adj* 新月のときの.
intermeō -āre -āvī -ātum, *intr* 間を流れる.
intermicō -āre, *tr*, *intr* **I** (*intr*) ちらちら光る. **II** (*tr*) 間で光る ⟨+*acc*⟩.
intermināibilis -is -e, °*adj* [in-²/terminabilis] 無限の, 果てしない.
interminātiō -ōnis, °*f* [interminor] 脅迫, 威嚇.
interminātus¹ -a -um, *adj* [in-²/termino] 無限の, 果てしない.
interminātus² -a -um, *pp* ⇨ interminor.
interminor -ārī -ātus sum, *intr dep* [inter-/minor¹] おどして禁止する.
interminus -a -um, *adj* [in-²/terminus] 無限の, 果てしない.
intermisceō -ēre -miscuī -mixtum, *tr* 混ぜ合わせる ⟨alqd alci rei⟩.
intermiscuī *pf* ⇨ intermisceo.
intermīsī *pf* ⇨ intermitto.
intermissiō -ōnis, *f* [intermitto] **1** 中断, 休止. **2** 間隔.
intermissus -a -um, *pp* ⇨ intermitto.
intermittō -ere -mīsī -missum, *tr*, *intr* **I** (*tr*) **1** 間をあける. **2** 中断する ⟨alqd; +*inf*⟩. **3** (時を)過ごす. **II** (*intr*) 一時的にやむ, 中断する.
intermixtus -a -um, *pp* ⇨ intermisceo.
intermorī *inf* ⇨ intermorior.
intermorior -morī -mortuus sum, *intr dep* **1** 死に絶える, 滅びる. **2** (道が)行きどまりになる. **3** 気を失う. **4** 消える.
intermortuus -a -um, *pp* ⇨ intermorior.
intermundia -ōrum, *n pl* [inter-/mundus²] 〚哲〛世界間空間(Epicurus が, 神々が住むと考えた空間).
intermūrālis -is -e, *adj* 壁の間の.

internascī inf ⇨ internascor.
internascor -scī -nātus sum, intr dep 間に生まれる.
internātus -a -um, pp ⇨ internascor.
internecīnus -a -um, adj =internecivus.
internecīō -ōnis, f [inter-/neco] 全滅, 根絶, 皆殺し.
internecīvus -a -um, adj [↑] 1 殺し合う, 多数の死傷者を出す. 2 致命的な.
internecō -āre -āvī -ātum, tr 皆殺しにする, 全滅させる.
internectō -ere, tr 結びつける, つなぐ.
interniciō -ōnis, f =internecio.
interniteō -ēre, intr 間で[時々, ところどころで]光る.
internōdium -ī, n [inter-/nodus] [植・解・動] 節間.
internōscō -ere -nōvī -nōtum, tr 1 区別[識別]する, 見分ける. 2 選び出す.
internōtus -a -um, pp ⇨ internosco.
internōvī pf ⇨ internosco.
internuntia -ae, f [internuntius] 仲介者, 使者《女性》.
internuntiō -āre -āvī -ātum, intr [↓] (双方から)使者を出す.
internuntius -ī, m 仲介者, 使者.
internus -a -um, adj [intus] 1 内部の. 2 陸地で囲まれた: mare internum (Plin) 地中海. 3 国内の.
interō -ere -trīvī -trītum, tr [in-¹/tero] 1 すり込む. 2 粉にする, 砕く.
interoscitō -āre, intr 時々あくびをする.
interpellātiō -ōnis, f [interpello] 1 (話・議論などを)さえぎること, 中断, 妨害. 2° 提訴, 起訴.
interpellātor -ōris, m [↓] (相手の話を)さえぎる[妨害する]人.
interpellō -āre -āvī -ātum, tr 1 ことばをさえぎる. 2 割り込む. 3 妨害する, じゃまする. 4 呼びかけて近寄る. 5 [法] 提訴する.
interpolātiō -ōnis [interpolo] 1 挿入; 加工, 仕上げ. 2° 欺瞞.
interpolis -is -e, adj [↓] 更新[一新]された, 新しい[若い]ように見せかけた.
interpolō -āre -āvī -ātum, tr [inter-/polio¹] 1 更新[一新]する; 磨き上げる, 仕上げる. 2 挿入[改竄]する.
interpōnō -ere -posuī -positum, tr 1 間に置く, 挿入する; (pass) 間にある, 介在する. 2 時を経過させる: spatio interposito (Cic) しばらくしてから. 3 引き入れる, 関与させる. 4 (refl) 干渉する, じゃまをする ⟨in alqd; +dat⟩. 5 持ち込む, 差しはさむ. 6 提供する, 提出する: fidem interponere (Cic) 保証する.
interpositiō -ōnis, f [↑] 1 間に置くこと, 挿入. 2 挿入物; [修] 挿入句.
interpositus¹ -a -um, pp ⇨ interpono.
interpositus² -ūs, m 間に置くこと, 介入.
interposuī pf ⇨ interpono.
interpres -pretis, m, f 1 仲介者, 使者. 2 解釈者, 説明者. 3 翻訳者, 通訳.

interpressī pf ⇨ interprimo.
interpressus -a -um, pp ⇨ interprimo.
interpretātiō -ōnis, f [interpretor] 1 説明, 解釈. 2 意味. 3 翻訳.
interpretātus -a -um, pp ⇨ interpretor.
interpretium -ī, °n [interpres] 仲介手数料.
interpretor -ārī -ātus sum, tr dep [interpres] 1 説明する, 解釈する ⟨abs; alqd; +acc c. inf⟩. 2 理解する. 3 翻訳する. 4 判断する, みなす.
interprimō -ere -pressī -pressum, tr [inter-/premo] 1 首を締める. 2° 隠そうとする.
interpūnctiō -ōnis, f [interpungo] (句読点を施して)区切ること, 句読法.
interpūnctum -ī, n [↓] (語・文の間の)切れ目, 区切り.
interpūnctus -a -um, adj (pp) [↓] 区切られた.
interpungō -ere -punxī -punctum, tr 1 句読点を施す. 2 (話の途中で)一息つく. 3 あちこちに差しはさむ.
interpunxī pf ⇨ interpungo.
interputō -āre, tr あちこち刈り込む, 剪定する.
interquiēscō -ere -quiēvī -quiētum, intr 1 途中で休む, 中休みする. 2 やむ, 止まる.
interquiētus -a -um, pp ⇨ interquiesco.
interquiēvī pf ⇨ interquiesco.
interradius -ī, °n [動] 間対称面.
interregnum -ī, n (王・執政官の)空位期間.
interrex -rēgis, m (王や執政官の)空位期間にその代理をすべく任命された高官.
interritus -a -um, adj [in-²/terreo] 恐れを知らない, 大胆不敵な.
interrogātiō -ōnis, f [interrogo] 1 質問. 2 [法] 尋問, 審問. 3 [修] 修辞疑問. 4 [論] 三段論法; 問答法.
interrogātiuncula -ae, f dim [↑] くだらない議論[三段論法].
interrogātor -ōris, °m [interrogo] 質問者, 審問者.
interrogātōrius -a -um, adj [↑] 質問の, 審問の.
interrogātum -ī, n (pp) [↓] 質問.
interrogō -āre -āvī -ātum, tr, intr I (tr) 1 質問する, 尋ねる ⟨alqm; alqm alqd [de re]⟩. 2 [法] 尋問[審問]する. 3 起訴[告発]する. 4 意見を求める, 相談する. II (intr) 論証する.
interrumpō -ere -rūpī -ruptum, tr 1 切断する, ばらばらにする. 2 中断する, やめる; さえぎる.
interrūpī pf ⇨ interrumpo.
interruptē adv [interruptus] とぎれとぎれに.
interruptiō -ōnis, f [interrumpo] 1 中断. 2 [修] 頓絶法.
interruptus -a -um, pp ⇨ interrumpo.
intersaepiō -īre -saepsī -saeptum, tr 1 囲う; ふさぐ, さえぎる. 2 切り離す, 隔てる ⟨alqd a re; alci alqd⟩.
intersaepsī pf ⇨ intersaepio.
intersaeptus -a -um, pp ⇨ intersaepio.
interscidī pf ⇨ interscindo.
interscindō -ere -scidī -scissum, tr 1 切断する,

interscissus -a -um, *pp* ⇨ interscindo.
interscrībō -ere -scripsī -scriptum, *tr* 書き加える.
interscripsī *pf* ⇨ interscribo.
interscriptus -a -um, *pp* ⇨ interscribo.
intersecō -āre -secuī -sectum, *tr* 切断する, 切り離す.
intersectus -a -um, *pp* ⇨ interseco.
intersecuī *pf* ⇨ interseco.
intersēpiō -īre, *tr* =intersaepio.
interserō[1] -ere -seruī -sertum, *tr* [inter-/sero[1]] 間に入れる, 差しはさむ, 挿入する.
interserō[2] -ere -sēvī -situm, *tr* [inter-/sero[2]] 間に種をまく[植え付ける].
intersertus -a -um, *pp* ⇨ intersero[1].
interseruī *pf* ⇨ intersero[1].
intersēvī *pf* ⇨ intersero[2].
intersistō -ere -stitī, *intr* 間で止まる, 休止する.
intersitus -a -um, *adj (pp)* [intersero[2]] 間に置かれた, 介在している.
interspīrātiō -ōnis, *f* 息つぎ.
intersternō -ere -strāvī -strātum, *tr* 間にまきちらす, 間へ置く.
interstinctus -a -um, *pp* ⇨ interstinguo.
interstinguō -ere -stinxī -stinctum, *tr* [inter-/*cf.* distinguo] 1 区切る; まだらにする, あちこちに貼る. 2 消す.
interstinxī *pf* ⇨ interstinguo.
interstitī *pf* ⇨ intersisto.
interstitiō -ōnis, *f* [intersisto] 1 間隙, 空所. 2 休止, (一時的)停止.
interstitium -ī, *n* [intersisto] 1 間にある空所. 2° (時の)間隔.
interstrātus -a -um, *pp* ⇨ intersterno.
interstrepō -ere, °*intr* 間で音をたてる.
interstrictus -a -um, *pp* ⇨ interstringo.
interstringō -ere -strinxī -strictum, *tr* 強く締める.
interstrinxī *pf* ⇨ interstringo.
intersum -esse -fuī, *intr* 1 間にある, 介在している ⟨inter alqd⟩. 2 隔たっている, 離れている ⟨+*abl*⟩. 3 (時間的に)間に起こる, はさまる. 4 異なっている. 5 関与している, 参加している; 出席している, 居合わせる ⟨alci rei; in re⟩. 6 (impers) *interest* 関係がある, 重要である; 好都合である ⟨alcis; +*inf*; +*acc c. inf*; +間接疑問⟩.
intertexō -ere -texuī -textum, *tr* 1 間に織り込む. 2° 組み合わせる.
intertextus -a -um, *pp* ⇨ intertexo.
intertractus -a -um, *pp* ⇨ intertraho.
intertrahō -ere -traxī -tractum, *tr* 取り去る.
intertraxī *pp* ⇨ intertraho.
intertrīmentum -ī, *n* [inter-/tero] 1 磨滅, 磨耗. 2 損害, 損失.
interturbō -āre, *tr* [inter-/turbo[1]] 混乱させる, 動揺させる.
interutrāsque *adv* [inter-/uterque] 双方の間に, 中間に.
intervallātus -a -um, *adj (pp)* [↓] 間隔をおいた, (熱が)間欠性の.
intervallō -āre, °*tr* [↓] 間隔をおく, 断続する.
intervallum -ī, *n* 1 (時間的·空間的)間隔. 2 間隙. 3 中断, 休止. 4 相違, 差異.
intervellō -ere -vulsī -vulsum, *tr* あちこち引き抜く; 剪定する, 間引く.
intervēnī *pf* ⇨ intervenio.
interveniō -īre -vēnī -ventum, *intr (tr)* 1 最中にやって来る, 偶然に現われる ⟨+*dat*⟩. 2 (間に)起こる. 3 間にある, 介在する. 4 妨害する ⟨+*dat*⟩. 5 介入する, 干渉する.
interventiō -ōnis, °*f* [↑] 《法》保証人として介入すること, 保証.
interventor -ōris, *m* [intervenio] 1 割り込む人, 訪問者. 2° 《法》保証人. 3° 仲裁者.
interventrix -īcis, °*f* [↑] 仲裁者 《女性》.
interventus -ūs, *m* [intervenio] 1 現場に現われること. 2 介入, 干渉. 3 (事件·状況の)発生.
interversus -a -um, *pp* ⇨ interverto.
intervertī *pf* ⇨ interverto.
intervertō -ere -vertī -versum, *tr* 1 横領[着服]する, 盗む, くすねる. 2 だまし取る. 3 悪用[濫用]する. 4 取り消す, 無効にする. 5 方向[進路]を変える.
intervīsī *pf* ⇨ interviso.
intervīsō -ere -vīsī -vīsum, *tr* 1 見に行く. 2 (時々)訪れる.
intervīsus -a -um, *pp* ⇨ interviso.
intervolitō -āre -āvī -ātum, *intr freq* [↓] 間を飛び回る.
intervolō -āre -āvī -ātum, *intr, tr* [inter-/volo[1]] I (*intr*) 間を飛ぶ. II (*tr*) 飛んで通る.
intervomitus -a -um, *pp* ⇨ intervomo.
intervomō -ere -vomuī -vomitum, *tr* 間に吐き出す.
intervomuī *pf* ⇨ intervomo.
intervortō -ere, *tr* =interverto.
intervulsī *pf* ⇨ intervello.
intervulsus -a -um, *pp* ⇨ intervello.
intestābilis -is -e, *adj* [in-[2]/testor] 1 証人となる[遺言する]能力のない. 2 忌まわしい, 恥ずべき.
intestātō *adv (abl)* [↓] 1 証人なしに. 2 遺言せずに.
intestātus[1] -a -um, *adj* [in-[2]/testor] 1 証人を呼んでいない. 2 遺言していない.
intestātus[2] -a -um, *adj* [in-[2]/testis[2]] 去勢された.
intestīnālis -is -e, °*adj* 《解》腸の.
intestīnum -ī, *n* [↓] 《解》消化管; 腸: ~ *caecum* (Cels) 盲腸 / ~ *rectum* [*imum*] (Cels [Nep]) 直腸 / ~ *medium* (Cic) 腸間膜 / *ex intestinis laborare* (Cic) 腹痛に襲われる.
intestīnus -a -um, *adj* [intus] 1 内部の; 国内の. 2 私的[個人的]な. 3 内臓の. 4 *mare intestinum* (Flor) 地中海.
intexī *pf* ⇨ intego.
intexō -ere -texuī -textum, *tr* [in-[1]/texo] 1 織り込む; 刺繡する. 2 編み[組み]合わせる. 3 巻きつく,

おおう. **4** 組み込む, 混ぜる.
intextus[1] -a -um, *pp* ⇨ intexo.
intextus[2] -ūs, *m* 織り込むこと; 織物.
intexuī *pf* ⇨ intexo.
intibum -ī, *n*, **intibus** -ī, *m*, *f*〖植〗キクヂシャ.
intima[1] -ōrum, *n pl* [intimus[1]] 最深奥部.
intima[2] -ae, °*f*〖解〗脈管内膜.
intimātiō -ōnis, °*f* [intimo] 通告, 発表.
intimē *adv* [intimus[1]] **1** 深く. **2** 親密に.
intimō -āre -āvī -ātum, *tr* [↓] **1** 深く印象づける. **2**°通告[公表]する, 知らせる.
intimus[1] -a -um, *adj superl* [*cf.* interior] **1** 最も奥の. **2** 最も秘密の. **3** 最も深遠な. **4** 最も親密な.
intimus[2] -ī, *m* 親友.
intinctus[1] -a -um, *pp* ⇨ intingo.
intinctus[2] -ūs, *m* ソース.
intingō, intinguō -ere -tinxī -tinctum, *tr* **1** 浸す, つける 〈alqd in alqd [re]〉. **2**°〖教会〗洗礼を施す.
intinxī *pf* ⇨ intingo.
intolerābilis -is -e, *adj* [in-[2]/tolerabilis] **1** 耐えられない. **2** 抗しがたい.
intolerābiliter *adv* [↑] 耐えがたく.
intolerandus -a -um, *adj* [in-[2]/tolero] 耐えられない.
intolerans -antis, *adj* [in-[2]/tolerans] **1** 耐えきれない, 我慢できない 〈+*gen*〉: *multitudo laboris* ∼ (TAC) 苦労を我慢できない群衆. **2** 耐えがたい: *servitus* ∼ (TAC) 耐えがたきな隷属.
intoleranter *adv* [↑] 耐えがたく, 我慢できずに.
intolerantia -ae, *f* [intolerans] **1** 我慢できないこと. **2** 耐えがたいこと, 尊大.
intonātiō -ōnis, °*f* [intono]〖カト〗詠唱.
intonātus -a -um, *pp* ⇨ intono.
intonō -āre -tonuī -tonātum, *intr*, *tr* [in-[1]/tono] **I** (*intr*) **1** (*impers*) 雷が鳴る: *subito intonuit laevum* (VERG) 突然左の方で雷鳴がとどろいた. **2** 大きな音をたてる, とどろく. **3** 大声で叫ぶ, どなる. **II** (*tr*) 鳴り響かせる, とどろかせる.
intonsus -a -um, *adj* [in-[2]/tondeo] **1** (髪・ひげが)刈られて[切られて]いない; 長髪の, ひげの長い. **2** 葉の茂った; 木の生い茂った. **3** 粗野な, 粗暴な.
intonuī *pf* ⇨ intono.
intorqueō -ēre -torsī -tortum, *tr* [in-[1]/torqueo] **1** 曲げる, そり返らせる. **2** 回す. **3** 巻きつける, からませる. **4** 投げつける. **5** ゆがめる, ねじ曲げる.
intorsī *pf* ⇨ intorqueo.
intorticium -ī, °*n* たいまつ.
intortus -a -um, *adj* (*pp*) [intorqueo] **1** ねじれた, よじれた. **2** からみついた.
intoxicō -āre -āvī, °*tr* [in-[1]/toxico] 毒を入れる.
intrā *adv*, *prep* **I** (*adv*) 内側に, 内部に. **II** (*prep*) 〈+*acc*〉 **1** …の内部[内側]に. **2** (時間的に)…の間に, …以内に. **3** …の範囲内で, …以内[以下]で.
intrābilis -is -e, *adj* [intro[2]] 入ることができる.
intractābilis -is -e, *adj* [in-[2]/tractabilis] 扱いにくい, 御しがたい.
intractātus -a -um, *adj* [in-[2]/tracto] 試されていない, 手なずけられていない.
intractus -a -um, *pp* ⇨ intraho.
intrahō -ere -traxī -tractum *tr* [in-[1]/traho] 引きずる.
intraxī *pf* ⇨ intraho.
intremiscō -ere -tremuī, *intr inch* [↓] 震えだす.
intremō -ere -tremuī, *intr* (*tr*) [in-[1]/tremo] **1** 震える. **2** 恐れおののく 〈alci rei; alqd〉.
intremuī *pf* ⇨ intremisco, intremo.
intrepidans -antis, *adj* [in-[2]/trepido]〖碑〗=intrepidus.
intrepidē *adv* [↓] **1** 何物をも恐れずに, 大胆不敵に. **2** 不安なく.
intrepidus -a -um, *adj* [in-[2]/trepidus] **1** 恐れを知らない, 大胆不敵な. **2** 不安のない, 心が乱されていない.
intribuō -ere, *tr* [in-[1]/tribuo] 貢納[納税]する.
intrīcō -āre -āvī -ātum, *tr* [in-[1]/tricae] **1** (困難に)陥れる, 巻き込む, 困らせる. **2** (事態を)紛糾させる, もつれさせる.
intrinsecus *adv* [intra/secus[2]] **1** 内部で, 内部に. **2** 内部へ.
intrīta -ae, *f* [↓] (石灰・粘土・小麦などを)すりつぶしてこねたもの.
intrītus[1] -a -um, *pp* ⇨ intero.
intrītus[2] -a -um, *adj* [in-[2]/tero] **1** 押しつぶされていない. **2** 消耗していない.
intrīvī *pf* ⇨ intero.
intrō[1] *adv* [inter] **1** 中へ, 内部へ. **2** 内部に.
intrō[2] -āre -āvī -ātum, *intr*, *tr* [intra] **1** 入る 〈intra [in, ad] alqd〉. **2** 出廷する. **3** 染み込む, 入り込む.
intrōdūcō -ere -duxī -ductum, *tr* [intro[1]/duco] **1** 持ち込む, 導き入れる 〈alqd in alqd〉. **2** 挿入する. **3** 提案する 〈alqd; +*acc c. inf*〉. **4** 導入[採用]する, 確立する.
intrōductiō -ōnis, *f* [↑] **1** 紹介. **2**° 始まり, 開始.
intrōductor -ōris, °*m* [introduco] 案内者.
intrōductōrius -a -um, °*adj* [↑] 導入となる, 序言の.
intrōductus -a -um, *pp* ⇨ introduco.
intrōduxī *pf* ⇨ introduco.
intrōeō -īre -īvī [-iī] -itum, *intr* [intro[1]/eo[2]] **1** 入る. **2** 出廷する. **3** 侵入する, 占領する. **4** (ある状態・立場に)なる, 陥る.
intrōferō -ferre -tulī -lātum, *tr* [intro[1]/fero] 運び込む, もたらす 〈alqd in alqd〉.
intrōferre *inf* ⇨ introfero.
intrōgredī *inf* ⇨ introgredior.
intrōgredior -dī -gressus sum, *intr* (*tr*) *dep* [intro[1]/gradior] 入る 〈in alqd; alqd〉.
intrōgressus -a -um, *pp* ⇨ introgredior.
introiī *pf* ⇨ introeo.
intrōīre *inf* ⇨ introeo.
introitus[1] -a -um, *pp* ⇨ introeo.
introitus[2] -ūs, *m* **1** 入ること. **2** 侵入. **3** 就任.

4 入口; 河口. **5** 入る機会[権利]. **6** 始まり, 開始, 発端.

intrōlātus -a -um, *pp* ⇒ introfero.

intrōmīsī *pf* ⇒ intromitto.

intrōmissus -a -um, *pp* ⇒ intromitto.

intrōmittō -ere -mīsī -missum, *tr* [intro¹/mitto] **1** 入れる, 入ることを許す ⟨alqm [alqd] ad alqm [in alqd]⟩. **2** 採用する, 採り入れる ⟨alqd in [ad] alqd⟩.

introrsum, introrsus *adv* [intro¹/vorsum (= versum)] **1** 内部へ. **2** 内部で, 内部に.

intrōrumpō -ere -rūpī -ruptum, *intr* [intro¹/rumpo] 力ずくで入る, 押し入る.

intrōrūpī *pf* ⇒ introrumpo.

intrōruptus -a -um, *pp* ⇒ introrumpo.

introspectō -āre, *tr freq* [introspicio] 中をのぞき込む, のぞき込む.

introspectus -a -um, *pp* ⇒ introspicio.

introspexī *pf* ⇒ introspicio.

introspicere *inf* ⇒ introspicio.

introspiciō -cere -spexī -spectum, *tr, intr* [intro¹/specio] **1** のぞき込む, 中を見る. **2** 見つめる, 注視する. **3** 調べる, 吟味[考察]する ⟨alqd; in alqd⟩.

intrōtulī *pf* ⇒ introfero.

intrōvocō -āre -āvī -ātum, *tr* [intro¹/voco] 呼び入れる.

intrūdō -ere -trūsī, °*tr* [in-¹/trudo] 押し込む, 無理に入れる.

intrūsī *pf* ⇒ intrudo.

intrūsiō -ōnis, °*f* [intrudo] **1** 侵入. **2** 投獄.

intubum -ī, *n* =intibum.

intueor -ērī -tuitus sum, *tr (intr) dep* [in-¹/tueor] **1** ながめる, 注視する, 見つめる ⟨+*acc*; in alqd [alqm]⟩. **2** 点検する, 調べる. **3** 目撃する. **4** 驚きながめる, 驚嘆する ⟨alqm [alqd]⟩. **5** 考察する, 熟考する. **6** 顧慮する, 考慮に入れる.

intuī *inf* ⇒ intuor.

intuitiō -ōnis, °*f* [intueor] **1** 鏡に写った姿. **2** 直観.

intuitus¹ -a -um, *pp* ⇒ intueor.

intuitus² -ūs, *m* **1** 注視. **2** 考察, 考慮.

intulī *pf* ⇒ infero.

intulisse *inf pf* ⇒ infero.

intumēscō -ere -tumuī, *intr* [in-¹/tumesco] **1** ふくれる, 盛り上がる. **2** 増す, 大きくなる. **3** 思い上がる, 高慢になる. **4** (感情が)高まる.

intumuī *pf* ⇒ intumesco.

intumulātus -a -um, *adj* [in-²/tumulo] 埋葬されていない.

intumus -a -um, *adj* =intimus¹.

intuor -tuī, *tr (intr) dep* =intueor.

inturbātus -a -um, *adj* [in-²/turbo¹] 乱され[悩まされ]ていない, 平静な.

inturbidus -a -um, *adj* [in-²/turbidus] 乱されていない, 平穏な; 温和な.

intus *adv, prep* [in [neo] **I** (*adv*) **1** 内部で, 内部に. **2** 心中で, ひそかに. **3** 内部へ. **4** 中から, 内部から. **II** (*prep*) ⟨+*gen*⟩ …の中で.

intūtus -a -um, *adj* [in-²/tutus] **1** 無防備の. **2** 安全でない, 危険な.

inūber -ūberis, *adj* [in-²/uber²] やせた, 成育不良の.

inula -ae, *f* 〚植〛オオグルマ.

inuleus -ī, *m* =hinnuleus.

inultus -a -um, *adj* [in-²/ulciscor] **1** 罰を免れた, 罰を受けていない. **2** 復讐されていない.

inumbrō -āre -āvī -ātum, *tr* [in-¹/umbro] 陰にする, おおう.

inuncō -āre -āvī -ātum, *tr* [in-¹/uncus] かぎで留める[つかまえる].

inunctiō -ōnis, *f* [inunguo] (軟膏を)塗ること.

inunctus -a -um, *pp* ⇒ inunguo.

inundātiō -ōnis, *f* [↓] 洪水, 氾濫.

inundō -āre -āvī -ātum, *tr, intr* [in-¹/undo] **1** 氾濫する, あふれる ⟨alqd; *abs*⟩: *Tiberis agros inundavit* (Lɪᴠ) Tiberis 川が氾濫して田野をおおった. **2** 群がる, 充満する.

inung(u)ō -ere -unxī -unctum, *tr* [in-¹/ungo] (薬を)塗る.

inunxī *pf* ⇒ inunguo.

inurbānē *adv* [↓] 洗練されずに, 無骨に.

inurbānus -a -um, *adj* [in-²/urbanus¹] 洗練されていない, 無骨な.

inūrō -ere -ussī -ustum, *tr* [in-¹/uro] **1** 焼く, 焦がす. **2** (髪を)こてでカールさせる. **3** 焼き印を押す. **4** 強く印象づける. **5** (苦痛・恥辱・危害などを)負わせる, 課する.

inūsitātē *adv* [↓] 異常に, 奇妙に.

inūsitātus -a -um, *adj* [in-²/usitatus] 異常な, 奇妙な.

inussī *pf* ⇒ inuro.

inustus¹ -a -um, *pp* ⇒ inuro.

inustus² -a -um, *adj* [in-²/uro] 焼かれていない.

inūtilis -is -e, *adj* [in-²/utilis] **1** 役に立たない, 無用の. **2** 不利な, 不便な. **3** 有害な.

inūtilitās -ātis, *f* [↑] **1** 無用. **2** 不利益.

inūtiliter *adv* [inutilis] **1** 無益に, 無用に. **2** 不利に, 有害に.

Inuus -ī, *m* [ineo] 〚神話〛イヌウス《家畜の多産の神; Faunus と同一視される》.

invadābilis -is -e, °*adj* [in-²/vado²] (川が)歩いて渡れない.

invādō -ere -vāsī -vāsum, *intr, tr* [in-¹/vado¹] **1** 侵入する ⟨in alqm; alqm⟩. **2** 襲いかかる, 飛びかかる. **3** 攻撃する, 襲う. **4** (不当に)奪う, 強奪する. **5** (大胆に)取りかかる, 始める.

invaleō -ēre, °*intr* 力がある, 激しい.

invalēscō -ere -valuī, *intr inch* [↑] **1** 強くなる, 力を増す. **2** 激しくなる. **3** 優勢になる, 頻繁に行われるようになる.

invalētūdō -dinis, °*f* [in-²/valetudo] 不健康な, 病気.

invalidus -a -um, *adj* [in-²/validus] 弱い, 力のない, 無力な.

invaluī *pf* ⇒ invalesco.

invāsī *pf* ⇒ invado.

invāsiō -ōnis, °*f* [invado] 侵入, 襲撃.

invāsor -ōris, °*m* [invado] 侵入者, 強奪者.
invāsus -a -um, *pp* ⇨ invado.
invectīcius -a -um, *adj* [inveho] 持ち込まれた, 土地のものではない, 輸入された.
invectiō -ōnis, *f* [inveho] **1** 輸入. **2** 航行. **3**° 非難, 罵倒.
invector -ōris, *m* [inveho] 輸入する人.
invectrīx -īcis, *f* [↑] もたらす人《女性》.
invectus[1] -a -um, *pp* ⇨ inveho.
invectus[2] -ūs, *m* 持ち[運び]込むこと; 輸送手段.
invehō -ere -vexī -vectum, *tr* [in-[1]/veho] **1** 持ち込む, 運び込む; 輸入する ⟨alqd in alqd; alqd alci rei⟩. **2** (*pass*) 乗り入れる ⟨in alqd; alci rei⟩. **3** (*pass, refl*) 攻撃する, 突進する ⟨in alqm⟩. **4** (*pass*) 罵倒する, 非難する. **5** (*pass*) 乗って行く ⟨re⟩.
invendibilis -is -e, *adj* [in-[2]/vendibilis] 売ることができない.
invēnī *pf* ⇨ invenio.
inveniō -ire -vēnī -ventum, *tr* [in-[1]/venio] **1** (偶然に)出会う, でくわす, 見つける. **2** (*refl, pass*) 明らかになる, 現われる. **3** 獲得する, 手に入れる. **4** 発見する, わかる, 知る. **5** 案出[考案]する.
inventārium -ī, °*n* [↑] 目録, 一覧表.
inventiō -ōnis, *f* [invenio] **1** 発見. **2** 考案, 発明. **3** 考案物. **4** 《修》弁論の主題の案出[創案].
inventiuncula -ae, *f dim* [↑] (弁論における)取るに足りない工夫《趣向》.
inventor -ōris, *m* [invenio] **1** 発見者. **2** 発明[案出]者. **3** 創始者, 張本人.
inventrīx -īcis, *f* [↑] 発見者; 発明[案出]者《女性》.
inventum -ī, *n* [↓] **1** 発見, 発明, 発見[発明]されたもの. **2** (*pl*) 教説. **3** 《修》弁論の話題[題目].
inventus[1] -a -um, *pp* ⇨ invenio.
inventus[2] -ūs, *m* 発見.
invenustē *adv* [↓] 優美でなく, 魅力なく.
invenustus -a -um, *adj* [in-[2]/venustus] **1** 優美でない, 魅力のない. **2** 失恋した.
inverēcundē *adv* [↓] 恥知らずに, 慎しみなく, ずうずうしく.
inverēcundus -a -um, *adj* [in-[2]/verecundus] 恥知らずの, 慎しみのない, ずうずうしい.
invergō -ere, *tr* [in-[1]/vergo] 注ぎかける ⟨alqd alci rei; alqd in alqd⟩.
inversiō -ōnis, *f* [inverto] **1** 逆転: ~ *verborum* (CIC) 語(義)の逆転法(=反語法). **2** (語の)転置. **3** 寓喩.
inversus -a -um, *pp* ⇨ inverto.
invertī *pf* ⇨ inverto.
invertō -ere -vertī -versum, *tr* [in-[1]/verto] **1** 裏返す, 逆にする. **2** (土地を)すき返す. **3** かきまわす. **4** 置き換える, 変える, ゆがめる: *invertere virtutes* (HOR) 美徳を正反対のものにする / *invertere verba* (CIC) 語を反語的に用いる.
invesperāscit -ere, *intr impers* [in-[1]/vesperasco] 日が暮れる.
investīgābilis[1] -is -e, °*adj* [investigo] 探究できる, 捜し出せる.
investīgābilis[2] -is -e, °*adj* [in-[2]/vestigo] 探究できない, 捜し出せない.
investīgātiō -ōnis, *f* [investigo] 探究, 調査.
investīgātor -ōris, *m* [investigo] 探究者, 調査者.
investīgātrīx -īcis, °*f* [↑] 探究者, 調査者《女性》.
investīgō -āre -āvī -ātum, *tr* [in-[1]/vestigo] **1** (追跡して)捜し出す. **2** 探究する, 調査する.
investiō -īre -īvī -ītum, *tr* [in-[1]/vestio] まとわせる, おおう; 飾る.
investītūra -ae, °*f* [↑] 叙任.
inveterāscō -ere -veterāvī, *intr inch* [invetero] **1** 古くなる, 年を経る. **2** 根付く, 定着する: (impers pf) *inveteravit* (CIC) 習慣になっている.
inveterātiō -ōnis, *f* [invetero] 慢性病.
inveterātus -a -um, *adj* (*pp*) [invetero] **1** 年を経た. **2** 根付いた, 根深い. **3** 経験を積んだ.
inveterāvī *pf* ⇨ inveterasco, invetero.
inveterō -āre -āvī -ātum, *tr* [in-[1]/vetus] 古くさせる; 根付かせる.
invexī *pf* ⇨ inveho.
invia -ōrum, *n pl* [invius] 道もないような場所.
invicem, in vicem *adv* **1** …の代わりに ⟨+gen⟩. **2** 交代して. **3** 相互に, 代わるがわる.
invictē °*adv* [↓] 打ち負かしがたく.
invictus -a -um, *adj* [in-[2]/vinco] **1** 征服されていない, 打ち負かされていない. **2** 征服しがたい, 無敵の.
invidendus -a -um, *adj* [invideo] 嫉妬に値する, 羨望すべき.
invidēns -entis, *adj* (*prp*) [invideo] 羨望[嫉妬]している.
invidentia -ae, *f* [↑] 羨望, 嫉妬.
invideō -ēre -vīdī -vīsum, *tr*, *intr* [in-[1]/video] **1** 横目で見る; 嫉妬する, うらやむ, ねたむ ⟨+*dat*; alqd; in re⟩. **2** 与えしぶる, 惜しむ, 拒む ⟨+*dat*; alqd; ut, ne; +*inf*; +*acc c. inf*⟩.
invīdī *pf* ⇨ invideo.
invidia -ae, *f* [invidus[1]] **1** 悪意, 恨み; 羨望, 嫉妬. **2** 羨望[嫉妬]の対象. **3** 憎悪, 悪評.
invidiōsē *adv* [↓] **1** 憎悪を生じさせるように. **2** 嫉妬をかきたてるように. **3** 嫉妬をもって, ねたんで.
invidiōsus -a -um, *adj* [invidia] **1** 嫉妬している, ねたんでいる. **2** うらやましい, ねたましい. **3** 憎悪すべき, 忌まわしい.
invidus[1] -a -um, *adj* [invideo] **1** 悪意のある. **2** 嫉妬している, ねたんでいる.
invidus[2] -ī, *m* 嫉妬する人.
invigilō -āre -āvī -ātum, *intr* [in-[1]/vigilo] **1** (あることのために)めざめている, 眠らずにいる ⟨alci rei⟩. **2** 警戒する, 用心する.
invincibilis -is -e, °*adj* [in-[2]/vincibilis] 征服しがたい.
inviolābilis -is -e, *adj* [in-[2]/violabilis] **1** 傷つけられない, 不滅の. **2** 犯しがたい, 不可侵の.
inviolātē *adv* [↓] 犯されずに.
inviolātus -a -um, *adj* [in-[2]/violo] **1** そこなわれていない. **2** けがされていない. **3** (約束・友情などが)破られていない. **4** 犯しがたい, 神聖不可侵の. **5** 乱されていない, 平穏な.

inviscerō -āre -āvī -ātum, °*tr* [in-¹/viscera] 1 内臓の中へ入れる. 2 〈心に〉深く根付かせる.

invīsī *pf* ⇨ inviso.

invīsibilis -is -e, *adj* [in-²/visibilis] 目に見えない.

invīsitātus -a -um, *adj* [in-²/visito] 1 目に見えない. 2 訪問されていない. 3 見慣れない, 新奇な.

invīsō -ere -vīsī -vīsum, *tr* [in-¹/viso] 1 会いに[見に]行く, 訪れる. 2 (神が)監視する, 見守る. 3 (遠くのものを)かすかに認める. 4 (鏡を)のぞく.

invīsus¹ -a -um, *adj* [in-²/video] 見られていない.

invīsus² -a -um, *adj*; (*pp*) [invideo] 1 嫌われた. 2 敵意ある.

invītābilis -is -e, *adj* [invito] 人をひきつける, 魅力的な.

invītāmentum -ī, *n* [invito] 1 招待. 2 誘惑, 人をひきつけるもの.

invītātiō -ōnis, *f* [invito] 招待, 勧誘.

invītātor -ōris, *m* [invito] 1° 招待する人. 2 (ローマ皇帝の)招待担当官.

invītātōrium -ī, °*n* [↓] 《カト》(朝課・早禱における)招文, 招詞.

invītātōrius -a -um, °*adj* [invitator] 招待の.

invītātus -ūs, *m* [invito] 招待.

invītē *adv* [invitus] 心ならずも, 不本意に.

invītō -āre -āvī -ātum, *tr* 1 招待する [alqm in [ad] alqd]. 2 接待する, もてなす. 3 (*refl*) 楽しむ 〈re〉. 4 要請する, 勧誘する: *invitare alqm in legationem* (Cic) ある人に副官になれと勧誘する. 5 刺激する, 誘惑する〈ad alqd; *inf*; +*inf*〉. 6 ひき起こす.

invītus -a -um, *adj* [in-²/*vitus (cf. vis; volo² の 2 sg pr)] いやいやながらの, 不承不承の, 不本意な.

invius -a -um, *adj* [in-²/via] 1 道のない, 通行できない. 2 到達できない, 近づきがたい. 3 突き通せない.

invocātiō -ōnis, *f* [invoco] 祈願.

invocātīvus -a -um, °*adj* [invoco] 祈願の.

invocātor -oris, °*m* [invoco] 呼びかける人, 祈願者.

invocātus¹ -a -um, *pp* ⇨ invoco.

invocātus² -a -um, *adj* [in-²/voco] 呼ばれていない, 招かれていない.

invocō -āre -āvī -ātum, *tr* [in-¹/voco] 1 呼び出す, 助けを求める. 2 呼びかける, 名を呼ぶ. 3 (法律・約束などに)訴える, たよる. 4 懇願[嘆願]する.

involātus -ūs, *m* [involo] 飛ぶこと.

involgō -āre, *tr* =invulgo.

involitō -āre -āvī -ātum, *intr freq* [↓] (…の上を)ひらひら飛ぶ〈alci rei〉.

involō -āre -āvī -ātum, *intr*, [in-¹/volo¹] 1 飛んで入る. 2 突進する, 飛び[襲い]かかる〈in alqd; alqd〉.

involūcrum -ī, *n* [involvo] 1 包み, おおい. 2 理髪用前掛け.

involūmentum -ī, °*n* [involvo] 包み, おおい.

involūtus -a -um, *adj* (*pp*) [involvo] 隠された, あいまいな, 不明瞭な.

involvī *pf* ⇨ involvo.

involvō -ere -volvī -volūtum, *tr* [in-¹/volvo] 1 (…へ)転がす. 2 包む, 巻く, おおう〈alqd re〉.

involvulus -ī, *m* [↑]《「葉にくるまるもの」の意》毛虫, イモムシ.

invortō -ere, *tr* =inverto.

invulgō -āre -āvī -ātum, *tr* [in-¹/vulgo²] 公表する, 知らせる.

invulnerābilis -is -e, *adj* [in-²/vulnerabilis] 傷つけられない.

invulnerātus -a -um, *adj* [in-²/vulnero] 傷つけられていない, 無傷の.

iō *int* 1 (苦痛の叫び)ああ, おお. 2 (喜びの叫び)万歳! 3 (呼びかい)おーい!

Īō (*dat* Īōnī, *acc* Īō [Īōn], *abl* Īō), *f* [*Gk*]《神話》イーオー《Argolis の河神 Inachus の娘; Juppiter に愛され, Juno のねたみを恐れた Juppiter が彼女を白い雌牛に変えた》.

Iocasta -ae, **-ē** -ēs, *f* [*Gk*]《伝説》イオカスタ, *-テー《Thebae の王 Laius の妃で Oedipus の母; わが子と知らずに Oedipus の妃となった》.

Iolāus -ī, *m* [*Gk*]《伝説》イオラーウス, *-オス《Iphiclus の息子; Hercules の功業や遠征に常につき従った》.

Iōlciacus -a -um, *adj* [*Gk*] Iolcus の.

Iōlcus, -os -ī, *f* [*Gk*] イーオルクス, *-コス《Thessalia の港町; ここから Argonautae が船出した》.

Iolē -ēs, *f* [*Gk*]《伝説》イオレー《Oechalia の王 Eurytus の娘; Hercules にとらえられ, 彼の息子 Hyllus の妻となった》.

Īōn -ōnis, *m* [*Gk*]《伝説》イオーン《Athenae 人で Xuthus の息子; Asia へ植民して Ionia 人の名祖となった》.

Iōnes -um, *m pl* [*Gk*] Ionia 人.

Iōnia -ae, *f* [*Gk*] イオーニア(-)《小アジアの西海岸, Caria と Aeolis の間の地域》.

Iōniacus -a -um, *adj* =Ionicus.

Iōnicos -ē -on, *adj* =Ionicus.

Iōnicus -a -um, *adj* [*Gk*] Ionia の, Ionia 人の.

Iōnium -ī, *n* [↓] イオニア海(=mare Ionium).

Iōnius -a -um, *adj* [*Gk*] Ionia の, Ionia 人の.

Ios, Ius Iī, *f* [*Gk*] イオス《エーゲ海の Sporades 諸島の一つ; Homerus の埋葬地と伝えられる》.

iōta *indecl n* [*Gk*<*Heb.*] イオータ《ギリシア語アルファベットの第 9 字》(I, *ι*).

Īphias -adis, *f* Iphis の娘 (=Euadne).

Īphiclus -ī, *m* [*Gk*]《伝説》イーピクルス, *-ロス《Argonautae の一人; 足が速いので有名》.

Īphicratēnsis -is -e, *adj* Iphicrates の.

Īphicratēs -is, *m* [*Gk*] イーピクラテース《Athenae の将軍 (前 415?-?353)》.

Īphigenīa -ae, *f* [*Gk*]《伝説》イーピゲニーア, *-ネイア《Agamemnon と Clytaemnestra の娘; Aulis で Diana の犠牲にされようとしたとき女神に助けられてその巫女となった》.

Īphis¹ -is, *m* [*Gk*]《伝説》イーピス《Cyprus 島の青年; Anaxarete への恋がかなわなかったため自殺した》.

Īphis² -idis, *f* [*Gk*]《伝説》イーピス《Creta 島の Ligdus の娘; 男に変えられた》.

Īphitidēs -ae, *m* 《伝説》Iphitus の息子 (=Coeranus).

Īphitus -ī, *m* [*Gk*]《伝説》イーピトゥス, *-トス《Oe-

chalia の王 Eurytus の息子; Argonautae の一人).
ipse -a -um (*sg gen* ipsĭus, *dat* ipsī (いずれも三性共通)), *pron intens* [is/-pse (*cf.* -pte)] **1** 自ら, 自身: ~ *dixit* (Cic)自らがおっしゃった. **2** ちょうど, まさに: *in hunc ipsum locum* (Cic) まさにこの場所へ / *triennio ipso minor quam Antonius* (Cic) Antonius よりもちょうど3年若い. **3** 自発的に, 自ら進んで. **4** ~ *quoque=et* ~ 同様に: ~ *natus et* ~ *deā* (Verg) 彼自身もまた女神から生まれた. **5** (喜劇中の *superl*) *ipsissimus* (Plaut) 正真正銘の本人だ.
īra -ae, *f* **1** 怒り, 憤り. **2** 敵意, 憎しみ. **3** 憤りの原因. **4** (自然の力の)猛威.
īrācundē *adv* [iracundus] 憤って, 怒って.
īrācundia -ae, *f* [iracundus] **1** 短気, 激しやすいこと. **2** 怒り, 憤り.
īrācunditer *adv* =iracunde.
īrācundus -a -um, *adj* [ira] **1** 短気な, 激しやすい. **2** 憤った, 怒った.
īrāscentia -ae, *f* [irascor] =iracundia.
īrāscī *inf* ⇨ irascor.
īrāscor -scī īrātus sum, *intr dep* [iratus] 怒っ(て)る, 憤(っ)ている ⟨+*dat*⟩.
īrātē *adv* [iratus] 怒って, 憤って.
īrātus[1] -a -um, *pp* ⇨ irascor.
īrātus[2] -a -um, *adj* [ira] 怒った, 憤った ⟨+*dat*; *de re*⟩.
ircus, etc. ⇨ hircus, etc.
īre *inf* ⇨ eo[2].
īrī *pass inf pr* ⇨ eo[2].
iris -idis [-is], *f* [*Gk*] **1** 虹. **2** (I-)【神話】イーリス《虹の女神で神々の使者》. **3** 【植】アヤメ属の植物; イリスの根《香料用・薬用》. **4** 【鉱】アイリス《虹色の水晶》. **5** 【解】(眼球の)虹彩.
īrōnīa -ae, *f* [*Gk*] 反語, あてこすり, 皮肉.
īrōnicē *adv* [ironicus] からかって, 皮肉に.
īrōnicōs °*adv* [*Gk*] =ironice.
īrōnicus -a -um, °*adj* [*Gk*] 反語的な, 皮肉な.
irpex -picis, *m* 鉄歯の熊手.
Irpīnī, etc. ⇨ Hirpini, etc.
irradiātiō -ōnis, °*f* [irradio] 照らすこと, 照射.
irradiātus -a -um, *pp* ⇨ irradio.
irradiō -āre -āvī -ātum, *tr*, *intr* [in-[1]/radio] **I** (*tr*) (…に)光を投ずる, 照らす ⟨alqd⟩. **II**° (*intr*) 夜が明ける.
irrāsus -a -um, *adj* [in-[2]/rado] **1** (ひげ・髪が)そられていない. **2** 磨いていない, ざらざらの.
irratiōnābilis -is -e, *adj* =irrationalis.
irratiōnālis -is -e, *adj* [in-[2]/rationalis] 理性のない; 不合理な.
irratiōnāliter °*adv* [↑] 不合理に.
irraucēscō -ere -rausī, *intr* [in-[1]/raucus] 声がかれる, しゃがれ声になる.
irrausī *pf* ⇨ irraucesco.
irrecuperābilis -is -e, °*adj* [in-[2]/recupero] 取り返せない, 回復できない.
irrefrāgābilis -is -e, °*adj* [in-[2]/refragor] 論駁できない, 論争の余地のない.
irrēgulāris -is -e, °*adj* [in-[2]/reguralis[1]] **1** 不規則な, 異例の, 変則の. **2** 【カト】不適格の.

irrēgulāritās -ātis, °*f* [↑]【カト】(叙階の)不適格.
irreligātus -a -um, *adj* [in-[2]/religo] **1** (髪が)束ねられていない. **2** (船が)つながれとめられていない.
irreligiōsē *adv* [↓] 不信心に, 冒瀆的に.
irreligiōsus -a -um, *adj* [in-[2]/religiosus[1]] 不信心な, 冒瀆的な.
irremeābilis -is -e, *adj* [in-[2]/remeabilis] 引き返せない, 戻れない.
irremediābilis -is -e, *adj* [in-[2]/remediabilis] 治療できない, 不治の, 致命的な.
irremissē °*adv* [↓] 容赦なく.
irremissus -a -um, °*adj* (*pp*) [in-[2]/remitto] 容赦しない, ゆるめることのない.
irreparābilis -is -e, *adj* [in-[2]/reparabilis] 取り返せない, 回復できない.
irrepertus -a -um, *adj* [in-[2]/reperio] 見つけられていない, 未発見の.
irrēpō -ere -repsī -reptum, *intr* (*tr*) [in-[1]/repo] **1** はって行く, のろのろ行く ⟨ad [in] alqd; alci rei⟩. **2** (徐々に)入り込む, 忍び込む ⟨in alqd; alci rei⟩.
irreprehēnsibilis -is -e, °*adj* [in-[2]/reprehensibilis] 非難の余地のない, 申し分のない.
irreprehēnsibiliter °*adv* [↑] 非難の余地なく, 申し分なく.
irreprehēnsus -a -um, *adj* [in-[2]/reprehendo] 非難されていない, 罪のない.
irrepsī *pf* ⇨ irrepo.
irreptus -a -um, *pp* ⇨ irrepo.
irrequiētus -a -um, *adj* [in-[2]/requietus] 休まない, 疲れを知らない; 絶え間ない.
irresectus -a -um, *adj* [in-[2]/reseco] (爪が)切られていない.
irresolūtus -a -um, *adj* [in-[2]/resolvo] ゆるめられて[ほどけて]いない.
irrētiō -īre -īvī [-iī] -ītum, *tr* [in-[1]/rete] **1** 網で捕える, わなにかける. **2** (誘惑・困難などに)陥れる, 巻き込む ⟨alqm re⟩: *irretire se erratis* (Cic) 自らを過ちに巻き込む.
irrētītus -a -um, *pp* ⇨ irretio.
irretortus -a -um, *adj* [in-[2]/retorqueo] (目が)後ろへ振り向けられていない.
irreverēns -entis, *adj* [in-[2]/reverens] 不敬な, 無礼な.
irreverenter *adv* [↑] 不敬に, 無礼に.
irreverentia -ae, *f* [irreverens] 不敬, 無礼.
irrevocābilis -is -e, *adj* [in-[2]/revocabilis] **1** 呼び戻せない; 取り返せない, 取り消せない. **2** 引き留められない.
irrevocātus -a -um, *adj* [in-[2]/revoco] **1** アンコールを所望されていない. **2** 引き留められない.
irrīdeō -ēre -rīsī -rīsum, *intr*, *tr* [in-[1]/rideo] あざける, ばかにする ⟨in re; +*dat*; alqm [alqd]⟩.
irrīdiculē *adv* [↓/ridicule] 機知に富まないで.
irrīdiculum -ī, *n* [↓] 笑い草, 物笑いの種.
irrīdiculus -a -um, *adj* [irrideo] 笑うべき, 滑稽な, おかしな.
irrigātiō -ōnis, *f* [irrigo] 灌水, 灌漑.
irrigātor -ōris, °*m* [↓] 灌漑する人.

irrigō -āre -āvī -ātum, *tr* [in-¹/rigo] **1** (水を)引く ⟨alqd in alqd⟩. **2** 灌水[灌漑]する, 浸す, 潤す. **3** 活気づける, 養う: *irrigare vino aetatem* (PLAUT) ぶどう酒で若さを元気づける.

irriguus -a -um, *adj* [↑] **1** 灌漑された; 潤された. **2** 灌漑する, 潤す. **3** 酒浸りの.

irrīsī *pf* ⇨ irrideo.

irrīsiō -ōnis, *f* =irrisus².

irrīsor -ōris, *m* [irrideo] 嘲笑者, あざける者.

irrīsus¹ -a -um, *pp* ⇨ irrideo.

irrīsus² -ūs, *m* 嘲笑, あざけり.

irrītābilis -is -e, *adj* [irrito¹] 怒りっぽい, 短気な.

irrītāmen -minis, *n* [irrito¹] 刺激, 挑発, 誘惑.

irrītāmentum -ī, *n* =irritamen.

irrītātiō¹ -ōnis, *f* [:rrito¹] **1** 刺激. **2** 怒らせること.

irrītātiō² -ōnis, *f* [irrito²] 取消し, 失効.

irrītātor -ōris, *m* [irrito¹] 刺激する人.

irrītātrīx -icis, *f* [↑] 刺激する人⟨女性⟩.

irrītō¹ -āre -āvī -ātum, *tr* **1** 怒らせる, いら立たせる. **2** 駆りたてる⟨alqm [alqd] ad [in] alqd⟩. **3** かきたてる, Ъзる; ひき起こす. **4** 悪化させる.

irrītō² -āre -āvī -ātum, °*tr* [irritus] 無効にする.

irritum -ī, *n* [↓] 無, 無価値.

irritus -a -um, *adj* [in-²/ratus] **1** 無効の, 取り消された. **2** 無益な, むだな, むなしい. **3** 望みが果たせなかった, 挫折した ⟨+*gen*⟩.

irrogātiō -ōnis, *f* [↓] **1** (処罰の)要求. **2** (罰を)課すること.

irrogō -āre -āvī -ātum, *tr* [in-¹/rogo] **1** (処罰・科料を)提案[要求]する. **2** (処罰・危害などを)課する, 負わせる ⟨alci alqd⟩.

irrōrō -āre -āvī -ātum, *tr, intr* [in-¹/roro] **I** (*tr*) **1** 湿らす, ぬらす ⟨alqd⟩. **2** 注ぐ, 振りかける ⟨alci rei alqd⟩. **II** (*intr*) **1** したたる ⟨alci rei⟩.

irrubēscō -ere -rubuī, *intr* [in-¹/rubesco] 赤くなる, 赤く輝く.

irrubuī *pf* ⇨ irrubesco.

irructō -āre, *intr* [in-¹/ructo] (…に向かって)げっぷをする ⟨alci in os⟩.

irrugiī *pf* ⇨ irrugio.

irrugiō -īre -rugiī, °*intr* [in-¹/rugio] 大声で叫ぶ.

irrūgō -āre -āvī -ātum, *tr* [in-¹/rugo] しわを寄せる.

irrumātiō -ōris, *f* [irrumo] 吸茎 (=fellatio).

irrumātor -ōris, *m* [↓] 吸茎をさせる者.

irrumō -āre -āvī -ātum, *tr* 吸茎をさせる.

irrumpō -ere -rūpī -ruptum, *intr, tr* [in-¹/rumpo] **1** 押し入る, 突入する, 侵入する ⟨in alqd; alci rei; alqd⟩. **2** (心に)入り込む, (人・心を)襲う.

irruō -ere -ruī, *intr* (*tr*) [in-¹/ruo] **1** 飛び込む, 突入する ⟨in alqd⟩. **2** 襲いかかる, 攻撃する.

irrūpī *pf* ⇨ irrumpo.

irruptiō -ōnis, *f* [irrumpo] **1** 乱入, 突入. **2** 襲撃, 侵入.

irruptus¹ -a -um, *pp* ⇨ irrumpo.

irruptus² -a -um, *adj* [in-²/rumpo] 切り離されていない, こわれていない.

Īrus, -os -ī, *m* [*Gk*] 〖伝説〗イールス, *-ロス ⟨Ithaca 島の Ulixes の家にいた乞食⟩.

is ea id, *pron, adj demonstr* **1** 彼, 彼女, それ. **2** ~, *qui* …の人: *ii, qui multa ventorum nomina noverunt* (VITR) 風の多くの名前を知っている人々. **3** この, その. **4** この[その]ような. **5** (単独で)そのために: *id gaudeo* (CIC) そのために私は喜んでいる. **6** ⟨+*gen*⟩ *id temporis* [*diei*] (CIC [GELL]) (一日の)その時刻(に) / *id aetatis* (CIC) その年頃の / *in eo esse, ut* (主語に)…しようとしている / *cum jam in eo esset, ut oppido potiretur* (NEP) 彼がまさに町を占領しかかったとき / *id est* (CIC) すなわち / *et ~ ~que* そして…しかも, しかもそのうえ / *vincula, et ea sempiterna* (CIC) 拘束, しかも永遠のそれ / *cum hoc decertandum est, idque confestim* (CIC) この男と戦わねばならぬ, しかもそれは即刻にだ.

Isaāc *indecl* °*m* [*Heb.*] 〖聖〗イサアーク, ᴵᴵイサク ⟨Abraham と Sara の息子で Jacob の父⟩.

Isaacus -ī, °*m* =Isaac.

Īsaeus -ī, *m* [*Gk*] イーサエウス, *-サイオス ⟨Athenae の弁論家 (前 420?-?345); Demosthenes の師⟩.

isagōga -ae, *f* [*Gk*] 手引き, 序説.

Isara -ae, *m* イサラ ⟨Gallia の川; Rhodanus 川に注ぐ; 現 Isère⟩.

Isaurī -ōrum, *m pl* Isauria の住民.

Isauria -ae, *f* [*Gk*] イサウリア(-) ⟨小アジアの Pisidia と Lycaonia の間の地域⟩.

Isauricus -a -um, *adj* Isauria の.

Isaurus¹ -a -um, *adj* =Isauricus.

Isaurus² -ī, *m* イサウルス ⟨Picenum の川⟩.

ischaemia -ae, °*f* 〖病〗虚血, 乏血.

ischia -ōrum, *n pl* [*Gk*] 〖解〗臀部 (=coxae).

ischiadicus -a -um, *adj* [*Gk*] 〖解〗坐骨神経痛の.

ischias -adis, *f* [*Gk*] 〖病〗坐骨神経痛 (=sciatica).

ischnos -ē -on, *adj* [*Gk*] ほっそりした.

Ischomachē -ēs, *f* =Hippodamia (2).

īselasticum -ī, *n* [↓] ギリシアの四大競技会の勝利者に与えられるローマ皇帝の褒賞.

īselasticus -a -um, *adj* [*Gk*] *certamen iselasticum* (PLIN MIN) iselasticum が与えられる競技会 ⟨その勝利者は故郷への凱旋行進を許された⟩.

Īsiacus -a -um, *adj* Isis の.

isidium -ī, °*n* 〖植〗裂芽.

Isiondēnsēs -ium, *m pl* Pisidia 南西部の町 Isionda の住民.

Īsis -is [-idis], *f* [*Gk*<*Egypt.*] 〖神話〗イーシス ⟨エジプトの女神; Osiris の妻⟩.

Ismara -ōrum, *n pl* =Ismarus.

Ismarius -a -um, *adj* Ismarus の; Thracia の.

Ismarus -ī, *m* [*Gk*] イスマルス, *-ロス ⟨Thracia 南部の山と町⟩.

Ismēnē -ēs, *f* [*Gk*] 〖伝説〗イスメーネー ⟨Oedipus と Iocasta の娘⟩.

Ismēniās -ae, *m* [*Gk*] イスメーニアース (1) Thebae の著名な笛吹き. (2) Boeotia の将軍.

Ismēnis -idis, *f* Ismenus (=Thebae) の女.

Ismēnius -a -um, *adj* Ismenus 川の; Thebae の.

Ismēnus, -os -ī, *m* [*Gk*] イスメーヌス, *-ノス ⟨Boeotia の Thebae 付近を流れる川⟩.

Īsocratēs -is, *m* [*Gk*] イーソクラテース《Athenae の雄弁家・修辞家 (前 436-338)》.

Īsocratēus, -tīus -a -um, *adj* Isocrates の.

Isrāēl -ēlis または *indecl* °*m* [*Gk*<*Heb.*] 【聖】イスラーエール《(1) Jacob の異名. (2) Jacob の子孫の呼称; ユダヤ人》.

Isrāēlitae -ōrum, °*m pl* [↑] 【聖】Jacob の子孫, ユダヤ人.

Issa -ae, *f* [*Gk*] イッサ《アドリア海の島》.

Issaeus -a -um, *adj* Issa 島の. **Issaeī** -ōrum, *m pl* Issa 島の住民.

Issaicus -a -um, *adj* =Issaeus.

Issensis -is -e, *adj* =Issaeus. **Issensēs** -ium, *m pl* =Issaei.

Issus, -os -ī, *f* [*Gk*] イッスス, *-ソス《Cilicia の町; Amanus 山麓にあり, この地で Persia 王 Dareus III が Alexander 大王に大敗した (前 333)》.

istāc *adv* (*abl*) [istic²] **1** その道を通って. **2** その方法で.

istactenus *adv* [↑/tenus²] そこまで.

Istaevonēs -um, *m pl* イスタエウォネース《Rhenus 河畔にいたゲルマン系一部族》.

iste -a -ud, *pron, adj demonstr* **1** あの, その, かの (あなたの知っている); あなたが言うところの. その. **2** そのような. **3** あれ, それ. **4** (軽蔑的に) そんな. **5** (法廷で告発者が被告を指して) かかる (嘆かわしい [卑劣な] 人物).

Ister -trī, *m* =Hister.

Isthmia -ōrum, *n pl* [*Gk*] イストミア祭《Corinthus で隔年に行なわれた大競技祭》.

Isthmiacus -a -um, *adj* [*Gk*] **1** Corinthus 地峡の; Corinthus の. **2** Isthmia 大競技祭の.

Isthmius -a -um, *adj* [*Gk*] =Isthmiacus.

isthmus, -os -ī, *m* [*Gk*] **1** 地峡, (特に) Corinthus 地峡. **2**°【解・動】峡.

istī *adv* (*sg loc*) [iste] =istic².

istic¹ -aec -oc [-uc], *pron, adj demonstr* [iste/-ce] **I** (*adj*) (あなたがいる) その. **II** (*pron*) (あなたが言うところの) それ: *istōc* (*n sg abl*) (PLAUT) (あなたが言う) その理由によって.

istīc² *adv* (古い *loc*) [↑] **1** そこに, あそこに. **2** その中に, その点で: ~ *sum* (TER) 私は (あなたのことばに) 一心に耳を傾けている.

istim *adv* [iste] (あなたのいる) そこから.

istinc *adv* [↑/-ce] **1** (あなたのいる) そこから. **2** そのことから, そ (のことの) うちの.

istīusmodī *adj* (*gen*) [iste/modus] そのような.

istō *adv* (*sg abl*) [iste] **1** (あなたのいる) そこへ. **2** それへ.

istōc *adv* [istic¹] (あなたのいる) そこへ.

istorsum *adv* [isto/versum] (あなたのいる) そちらの方へ.

Istrī, Istria, Istriānī ⇒ Histri, Histria, Histriani.

istuc¹ *neut* ⇒ istic¹.

istūc² *adv* [istic¹] **1** (あなたがいる) そこへ, そちらへ. **2** (あなたが言う) その点へ.

ita *adv* **1** この [その] ように: ~ *sum* (PLAUT) (私は) そのとおりです / *quam cum* ~ *sint* (CIC) こういう訳だから. **2** (肯定の答え) しかり: ~ *plane* [*prorsus*] (CIC) 全くそのとおり / *non est* ~ (CIC) さにあらず. **3** (驚き・不信・皮肉を込めた疑問) 本当にそうなのか?: ~ *ne vero?* (PLAUT) 本当にそうかね? **4** それゆえ: ~, *quicquid honestum, id utile* (CIC) 従って正当なことは何であれ有益だ. **5** (程度) それほど, そんなに: *quid* ~ *Nilus aestivis mensibus abundet* (SEN) Nilus 川は夏期になぜそれほど氾濫するのか. **6** (ut, quomodo, quemadmodum などとともに) ...と同様に, ...のように: ~ *vero, ut precamini, eveniat* (CIC) 諸君の願いどおりの事態になってほしいものだ. **7** (quasi, tamquam とともに) あたかも...のように: ~ *assimulatote quasi ego sim peregrinus* (PLAUT) あたかも私が外国人であるかのように見せかけておくれ. **8** (ut とともに) 誓って: ~ *vivam, ut maximos sumptūs facio* (CIC) 生命にかけて, 私は途方もない金額を支出している / (ut なしに) ~ *me di ament, honestus est* (TER) 神々にかけて (=本当に), すてきな人だわ. **9** (傾向・結果を表わす ut 節とともに) ...ので (その結果), ...それほど: ~ *sunt* ~ *multi ut eos carcer capere non possit* (CIC) 悪人どもは牢獄が彼らを収容できないほど数多い. **10** (条件を表わす ut 節とともに) ...の条件で, ...の限りで: *pax* ~ *convenerat, ut Etruscis Latinisque fluvius Albula finis esset* (LIV) Albula (=Tiberis) 川が Etruria 人と Latini 族の境界となるという条件で和議が成立していた. **11** (目的を表わす ut 節とともに) ...するように: ~, *ut ea res prosit rei publicae* (CIC) そのことが国家のためになるように.

Italia -ae, *f* (語頭の i は hexameter 中で長音) イタリア.

Italica -ae, *f* イタリカ《(1) 同盟市戦争 (前 90-88) の際, Corfinium に付けられた名. (2) Hispania Baetica の町; Trajanus 帝, Hadrianus 帝の生地》.

Italicensēs -ium, *m pl* Italica (2) の住民.

Italicus -a -um, *adj* (語頭の i は hexameter 中で長音) イタリアの, イタリア人の.

Italis -idis [-idos], *f* (語頭の i は韻文中で長音) イタリアの女.

Italus¹ -a -um, *adj* (語頭の i は韻文中でときに長音) イタリアの, イタリア人の.

Italus² -ī, *m* イタリア人.

Italus³ -ī, *m* イタルス《Italia の名祖である伝説的な王》.

itaque *adv* [ita/-que²] **1** (=et ita) そしてこのように. **2** 従って, それゆえに.

item *adv* [*cf.* ita] **1** 同じく, 同様に. **2** また, さらに, そのうえ.

iter itineris, *n* [eo²; *cf.* itio] **1** 旅, 旅行: ~ *facere* (CIC) 旅をする / *in itinere* (TER) 道中で. **2** 道. **3** 行くこと, 歩行. **4**【軍】行進, 行軍: *magnis itineribus* (CAES) 強行軍で. **5** 行程. **6** 通行権. **7** 進路, 行路. **8**【解】(人体内の) 管. **9** 手段, 方法. **10** 継続, 続行.

iterātiō -ōnis, *f* [itero] **1** 繰返し, 反復. **2** 再耕, 鋤き返し [直し].

iterātō *adv* (*abl*) [↓] 再び, もう一度.

iterō -āre -āvī -ātum, *tr* [↑] **1** 繰り返す; 繰り返して言う, 反復する: *iterare agrum* (CIC) 再び耕す, 鋤き返す. **2** 列挙する, 並べ立てる. **3** 新たにする, 復活

させる. **4** 作りなおす. **5** 再び訪れる.
iterum *adv* **1** 再び, もう一度: *semel atque* ~ (Caes) =*semel* ~*que* (Cic) = ~ *atque* ~ (Hor) 繰り返して, 何度も. **2** 他方では, これに反して.
Ithaca -ae, *f* [*Gk*] イタカ, *-ケー《イオニア海の島の一つ; Ulixes の故国と伝えられる》.
Ithacensis -is -e, *adj* Ithaca の.
Ithacēsius -a -um, *adj* =Ithacensis.
Ithacus[1] -a -um, *adj* Ithaca の.
Ithacus[2] -ī, *m* Ithaca 人《特に Ulixes を指す》.
itidem *adv* [ita; *cf.* idem] 同様に, 同じく.
itinerārium -ī, °*n* [↓] **1** 旅行記. **2** 出発[行進]の合図.
itinerārius -a -um, °*adj* [iter] **1** 旅の. **2** 旅程の.
itineror -ārī, °*intr dep* [iter] 旅をする.
itiō -ōnis, *f* [eo²] 行くこと.
Itius portus *m* イティウス港《Gallia Belgica の港; ここから Caesar が Britannia へ渡った; 現 Boulogne-sur-Mer または Wissant》.
itō[1] -āre -āvī, *intr freq* [eo²] (頻繁に)行く.
itō[2] 2 & 3 *sg impr fut* ⇨ eo².
Itōnē -ēs, *f* [*Gk*] イトーネー《Thessalia の町; Athena の神殿があった》.
Itōnius -a -um, *adj* Itonus の.
Itōnus -ī, *m* [*Gk*] イトーヌス, *-ノス《Boeotia の町; Athena の神殿があった》.

Itūraea -ae, °*f* Ituraei 族の国.
Itūraeī -ōrum, *m pl* [*Gk*] イトゥーラエイー, *-ライオイ《Palaestina 北東部にいた一部族; 弓矢に長じていたことで有名》.
Itūraeus -a -um, *adj* Ituraei 族の.
itus[1] -a -um, *pp* ⇨ eo².
itus[2] -ūs, *m* **1** 行くこと; 歩み. **2** 出発.
Itys -yos, *m* [*Gk*] 《伝説》イテュス《Thracia の王 Tereus と Procne の息子; 夫への復讐として母親に殺された》.
Iūlēus -a -um, *adj* =Juleus.
iūlis -idis, *f* [*Gk*] 《魚》ベラ.
Iūlis -idis, *f* [*Gk*] イウーリス《Cea 島の町; 抒情詩人 Simonides と Bacchylides の生地; 現 Zea》.
iūlus, -os -ī, *m* [*Gk*] **1** 《植》尾状花序, 花穂(ホ;). **2** 《動》ワラジムシ.
Iūlus -ī, *m* =Julus.
Ixīōn -onis, *m* 《伝説》イクシーオーン《Thessalia の Lapithae 族の王; Pirithous の父; Juno を犯そうとしたため, Juppiter により地獄の永遠に回る車輪に縛りつけられた》.
Ixīonidēs -ae, *m* 《伝説》**1** Ixion の息子(=Pirithous). **2** (*pl* -dae) Ixion の子孫(=Centaurus たち).
Ixīonius -a -um, *adj* Ixion の.
iynx -ngis, *f* [*Gk*] 《鳥》アリスイ.

J

J, j indecl n ラテン字母 I は, 本来, 母音 [i] と半母音 [j] の両方を表わした. このため, 中世に半母音 [j] のみを表わす字母として作られたのが J, j.

jaceō -ēre jacuī jacitum, intr [cf. jacio] **1** 横わっている ⟨in re⟩. **2** 休んでいる, 寝ている, 横になっている. **3** 投げられている, 倒されている; 死んでいる. **4** とどまっている, 滞在している. **5** (ある場所に)ある, 位置している. **6** たれさがっている. **7** 打ち倒されている, 卑しめられている: *pauper ubique jacet* (Ov) 貧乏人はどこでもおとしめられている. **8** 静止している, 何もしていない: *jacent terrae* (Verg) 土地が(耕されずに)遊んでいる. **9** 意気消沈している, 落胆している. **10** 低い, 低いところにある: *jacent pretia praediorum* (Cic) 農地の値段が下がっている.

jacēre[1] inf ⇨ jaceo.
jacere[2] inf ⇨ jacio.
Jacetānī -ōrum, m pl ヤケターニー (Hispania 北部, Pyrene 山脈のふもとにいた一部族).
jaciō -cere jēcī jactum, tr [cf. ico] **1** 投げる, 投げつける, 投げ捨てる ⟨alqd in alqd⟩: *jacere ancoram* (Caes) 投錨[停泊]する / *jacere semen* (Verg) 種をまく / *jacere talos* (Plaut) さいころを振る. **2** (光・熱などを)発する, 放つ. **3** (非難・侮辱などを)ぶつける, 向ける. **4** (ことばを)ふと漏らす, 口に出す. **5** 置く, 据える: *jacere fundamenta* (Liv) 基礎を置く, 土台を築く ⟨alcis rei⟩.
jactābilis -is -e, °adj [jacto] よく動く.
jactābundus -a -um, adj [jacto] **1** (海が)荒れ狂う. **2** 誇り高い.
jactans -antis, adj [prp] [jacto] **1** 自慢する, 高慢な. **2** 誇り高い.
jactanter adv [↑] 自慢して, これ見よがしに.
jactantia -ae, f [jactans] 自慢, 見せびらかし, 誇示.
jactātiō -ōnis, f [jacto] **1** 揺り動かすこと: ~ *corporis* (Cic) 身振り手振り. **2** 自慢, 見せびらかし, 誇示. **3** (心の)揺れ動き, 不安定.
jactātor -ōris, m [jacto] 自慢家, 見せびらかし屋.
jactātus -ūs, m [jacto] 揺り動かすこと, 震わせること.
jactitō -āre -āvī -ātum, tr freq [↓] **1** (ことばを)投げかける, (冗談を)とばす. **2** 自慢する.
jactō -āre -āvī -ātum, tr freq [jacio] **1** 投げる. **2** 投げやる, 投げ捨てる. **3** 無視する, はねつける. **4** (光などを)発する, 放つ. **5** 揺り動かす, 振り回す. **6** 苦しめる, 悩ます. **7** 強く言う, 自由に議論する: *pluribus praesentibus res jactare* (Caes) 多数の前で問題を突っ込んで論ずる. **8** 自慢する, 誇示する, 見せびらかす.
jactūra -ae, f [jacio] **1** 投げ捨てること. **2** 犠牲, 損失: *jacturam facere* (Cic) 損害をこうむる, 失う ⟨alcis rei⟩. **3** 浪費, 濫費. **4** 出費, 費用.
jactus[1] -a -um, pp ⇨ jacio.
jactus[2] -ūs, m **1** 投げること; 射程. **2** 投げ落とすこと, 投げ捨てること. **3** 激しい動き. **4** 発すること, 放つこと.
jaculābilis -is -e, adj [jaculor] 投げることのできる.
jaculātiō -ōnis, f [jaculor] 投げること.
jaculātor -ōris, m [jaculor] **1** 投げる人. **2** 槍使い, 槍兵.
jaculātōrius -a -um, °adj [↑] **1** 槍投げの. **2** 【カト】射禱の.
jaculātrix -īcis, f [jaculator] 槍使い, 狩人 《女性; Diana の添え名》.
jaculor -ārī -ātus sum, intr, tr dep [↓] **I** (intr) **1** 槍を投げる. **2** 非難する, 罵倒する. **II** (tr) **1** 投げる, 投げつける ⟨alqd in alqm; alqd alci rei⟩. **2** 射る, 射殺す. **3** (光などを)放つ. **4** 得ようとする, 狙う. **5** (ことばを)発する.
jaculum -ī, n [jacio] **1** 投げ槍. **2** 投網.
jaculus[1] -a -um, adj [jacio] 投げるための.
jaculus[2] -ī, m 【動】ヘビの一種 《木の上から獲物に跳びかかる》.
jājūnus -a -um, adj =jejunus.
jam adv [cf. is] **1** すでに, もう: *non* ~ (Cic) = ~ *non* (Liv) もはや…ない. **2** 今, 目下: ~ *nunc* (Cic) たった今. **3** ~ …~ あるいは…あるいは, ある時は…ある時は: *flumina* ~ *lactis,* ~ *flumina nectaris ibant* (Ov) 乳の川が流れると思えば, 蜜の川も流れた. **4** 今まで, ずっと. **5** 直ちに, 間もなく, やがて. **6** (話題の移行)さて, さらに. **7** 全く, 本当に.
jamdiū, jam diū adv ずっと前から, すでに長らく: ~ *flebam* (Ov) 私はずっと前から泣いていた.
jamdūdum, jam dūdum adv ずっと前から, すでに長らく.
jamjam, jam jam, jam jamque adv 今にも.
jamprīdem, jam prīdem adv ずっと前から.
Jāna -ae, f 【神話】ヤーナ 《月の女神 (=Diana)》.
Jānālis -is -e, adj Janus の.
Jāniculum -ī, n [Janus] ヤーニクルム 《ローマ市の七丘に対峙する, Tiberis 川西岸の丘》.
Jānigena -ae, adj [Janus/gigno] Janus から生まれた.
jānitor -ōris, m [janua] 玄関番, 門番: ~ *Orci* (Verg) =Cerberus.
jānitrix -īcis, f [↑] 玄関番, 門番 《女性》.
jānua -ae, f [janus] **1** 戸, 門, 玄関. **2** 入口.
Jānual -ālis, n [Janus] Janus 神に捧げる菓子.
Jānuārius[1] -a -um, adj **1** Janus の. **2** 1月の: *Kalendae Januariae* (Varr) 1月1日.

Jānuārius² -ī, *m* (*sc.* mensis) 一月.
jānus -ī, *m* **1** 有蓋通路, 拱廊(ｱｰｹｰﾄﾞ). **2** (J-)《神話》ヤーヌス《イタリアの古い神; 頭の前と後ろに顔があり, 戸口・門の守護神》. **3** Janus 神殿.
Japhet(h) *indecl* °*m* [Heb.]《聖》ヤペテ《Noaの第3子》.
Jāsō(n) -onis, *m* =Iason.
Jāzyges -um, *m pl* =Iazyges.
jēcī *pf* ⇨ jacio.
jecur -coris [-cinoris], *n* **1** 肝臓. **2** 感情の源.
jecusculum -ī, *n dim* [↑] 小さな肝臓.
jējūnālis -is -e, °*adj* [jejunum]《解》空腸の.
jējūnē *adv* [jejunus] (文体が)貧弱に, 無味乾燥に.
jējūnitās -ātis, *f* [jejunus] **1** 絶食, 空腹. **2** 欠乏, 不足. **3** (文体の)貧弱, 無味乾燥.
jējūnium -ī, *n* [jejunus] **1** 断食, 絶食. **2** 空腹, 飢餓. **3** 土地がやせていること, 不毛.
jējūnō -āre, °*intr* [jejunus] **1** 断食する ⟨*abs*⟩. **2** 控える, 断つ ⟨alci rei⟩.
jējūnum -ī, °*n* [↓]《解》空腸.
jējūnus -a -um, *adj* **1** 断食[絶食]している; 飢えている, 空腹の. **2** 貧弱な, 乏しい. **3** 微々たる, 取るに足らぬ. **4** (文体が)無味乾燥の.
jentāculum -ī, *n* [↓] (起床直後の軽い)朝食.
jentō -āre -āvī -ātum, *intr* 朝食を取る.
Jeremiās -ae, *m* [Heb.]《聖》エレミヤ《ヘブライの預言者》.
Jerichō *indecl* °*f* [Heb.] イェリコー, "エリコ《Palaestinaの古都》.
Jēsūs -ū, °*m* =Iesus.
Jōannēs -is, °*m* [Gk<Heb.]《聖》ヨハネ《(1) 洗礼者ヨハネ. (2) 福音史家ヨハネ》.
Jōb *indecl* °*m* [Heb.]《聖》ヨブ《ヘブライの族長; 忍苦・堅忍の典型》.
Jōbus -ī, °*m* =Job.
jocābundus -a -um, *adj* [jocor] 冗談を言う, ふざけた.
jocātiō -ōnis, *f* [jocor] 冗談, ふざけること.
jocātus -a -um, *pp* ⇨ jocor.
jocor -ārī -ātus sum, *intr dep* [jocus] ふざける, 冗談を言う.
jocōsē *adv* [↓] 冗談に, ふざけて.
jocōsus -a -um, *adj* [jocus] 冗談を言う, ふざけた, ひょうきんな.
joculanter °*adv* [joculor] 冗談に, ふざけて.
joculāria -ium, *n pl* [↓] 冗談, 戯れ.
joculāris -is -e, *adj* [joculus] 冗談の, ふざけた, 滑稽な.
joculāriter *adv* [↑] 冗談に, ふざけて, 滑稽に.
joculārius -a -um, *adj* =jocularis.
joculātor -ōris, *m* [joculor] 冗談を言う人, おどけ者.
joculātōrius -a -um, °*adj* [↑] 冗談の, ふざけた.
joculātrīx -īcis, °*f* [juculator] 道化, 芸人《女性》.
joculor -ārī -ātus sum, *intr dep* [↓] =jocor.
joculus -ī, *m dim* [jocus] (ちょっとした)冗談.
jōcund- ⇨ jucund-.

jocur -cineris [-cinoris], *n* =jecur.
jocus -ī, *m* **1** 冗談, ふざけること. **2** 笑い草, 物笑いの種. **3** くだらぬこと.
jōdoformium -ī, °*n*《化》ヨードホルム.
jōdum -ī, °*n* [↑] ヨード.
Jōhannēs -is, °*m* =Joannes.
Jōnās -ae, °*m* [Gk<Heb.]《聖》ヨナ《預言者の一人》.
Jopē -ēs, *f* [Gk<Heb.] ヨペー, "ヨッパ《Palaestinaの海港; 現 Jaffa》.
Jordānēs -is, *m* ヨルダーネース, "ヨルダン川《Palaestinaの川》.
Jōsēph *indecl* °*m* [Heb.]《聖》ヨセフ《(1) イスラエル民族の祖 Jacob の息子. (2) 聖母 Maria の夫》.
Jōsūe *indecl* °*m* [Heb.]《聖》ヨシュア《Moyses の後継者でイスラエル民族の指導者》.
Joviālis -is -e, °*adj* [Jovis] Juppiter の: *stella* ~ (MACR) 木星.
Joviānī -orum, °*m pl* [↓] Diocletianus 帝の軍団兵たち.
Joviānus¹ -a -um, °*adj* [Jovius²] Diocletianus 帝の.
Joviānus² -ī, °*m* ヨウィアーヌス《ローマ皇帝 (在位 363-64)》.
Jovis *gen* ⇨ Juppiter.
Jovius¹ -ī, °*m* [↑] Juppiter の.
Jovius² -ī, °*m* Diocletianus 帝の添え名.
juba -ae, *f* **1** たてがみ. **2** (かぶとの)前立て.
Juba -ae, *m* ユバ《(1) Numidia の王; Thapsus の戦い (前46) に敗れて自殺した. (2) (1)の息子; Augustus 帝によって Mauritania の王にされた》.
jubar -aris, *n* **1** 曙光. **2** 光, 輝き.
jubātus -a -um, *adj* [juba] たてがみ[冠毛]のある.
jubeō -ēre jussī jussum, *tr* **1** 命ずる, 指図する ⟨alci alqd; +acc c. inf; +inf; ut, ne⟩. **2** (決議を)裁可する; (命令を)追認する. **3** 任命する; 割り当てる. **4**《医》処方する. **5** 促す, 乞う: *sperare nos amici jubent* (CIC) 友人たちは私たちに望みを持てという / *Dionysium jube salvere* (CIC) Dionysius によろしく伝えてください.
jūbilaeus -ī, °*m* [Gk<Heb.] **1**《聖》ヨベルの年《ユダヤ民族がカナンへ入ってから50年ごとの年; この年には奴隷の解放, 借金の帳消しなどを神が Moyses に命じた》. **2**《カト》聖年, 特赦の年.
jūbilātiō -ōnis, *f* [jubilo] **1** 叫ぶこと. **2** °陽気な歌声.
jūbilātus¹ -a -um, *pp* ⇨ jubilo.
jūbilātus² -ūs, *m* 歓喜.
jūbilō -āre -āvī -ātum, *intr, tr* **I** (*intr*) 叫ぶ, 歓喜の声をあげる. **II** (*tr*) 大声で呼びかける.
jūbilum -ī, *n* [↑] 叫び声; (羊飼いの)歌声.
jūcundē *adv* [jucundus] 楽しく, 快く.
jūcunditās -ātis, *f* [jucundus] **1** 快いこと. **2** 愛すべきこと, 感じのよさ; 人気, 人望. **3** (*pl*) 親切な行為, 恩恵.
jūcundō -āre, °*tr* [jucundus] 楽しませる, 喜ばせる.
jūcundor -ārī, °*intr dep* [↑] 喜ぶ, 楽しむ.
jūcundus -a -um, *adj* [jocus] **1** 快い, 楽しい.

Juda — jungo

2 愛すべき, 感じのよい.

Jūda -ae, °*m* [*Gk*<*Heb*.]【聖】ユダ《イスラエル民族の祖 Jacob の息子; イスラエル十二支族の一つの長》.

Jūdaea -ae, *f* [*Gk*<*Heb*.] ユーダエア,*-イアー, "ユダヤ《Palaestina 南西部, ユダヤ人の国》.

Jūdaeicus -a -um, *adj* =Judaicus.

Jūdaeus[1] -a -um, *adj* ユダヤの, ユダヤ人の.

Jūdaeus[2] -ī, *m* ユダヤ人.

Jūdaicē °*adv* [↓] 1 ユダヤ人のように. 2 ヘブライ語で.

Jūdaicus -a -um, *adj* ユダヤの, ユダヤ人の.

jūdex jūdicis, *m* (*f*) [judico] 1 審判者, 裁判官; 陪審員. 2 判定者, 評価する人.

jūdicātiō -ōnis, *f* [judico] 1 判決; 判定. 2【修】争点. 3 判断, 評価.

jūdicātō *adv* [judico] 熟慮して.

jūdicātor -ōris, °*m* [judico] 判断[判定]者.

jūdicātrīx -īcis, *f* [↑] 判断[判定]者《女性》.

jūdicātum -ī, *n* (*pp*) [judico]【法】1 判決; 判例. 2 判決債務.

jūdicātus[1] -ī, *m* [judico] 判決債務者.

jūdicātus[2] -ūs, *m* [judex] 審判者[陪審員]の職務.

jūdiciālis -is -e, *adj* [judicium] 裁判の, 法廷の.

jūdiciāliter °*adv* [↑] 裁判によって, 司法上.

jūdiciārius -a -um, *adj* =judicialis.

jūdicium -ī, *n* [judex] 1 裁判, 審理〈alcis rei; de re〉. 2 法廷. 3 (総称的に)審判人団. 4 判決, 裁決. 5 裁判権, 司法権. 6 意見, 見解; 判断, 評価. 7 尊重, 好意的評価. 8 判断力, 洞察力.

jūdicō -āre -āvī -ātum, *tr, intr* [judex] 1 審判者である; 裁く, 判決を下す〈abs; de re; alqd; +*gen*〉. 2 決定する, 判断する〈+*acc c. inf*; de re〉. 3 信ず, 思う〈de re; +*acc c. inf*〉. 4 評価する〈de re〉. 5 宣言する〈+2個の *acc*〉.

jugālēs -ium, *m pl* [↓] 一くびきの動物.

jugālis -is -e, *adj* [jugum] 1 くびきにつながれた. 2 結婚の.

jugārius[1] -a -um, *adj* [jugum] 1 くびきにつながれた. 2 *Vicus* ~ (LIV) ローマ市の中心部の大通りの一つ.

jugārius[2] -ī, *m* 牛飼い.

jugātiō -ōnis, *f* [jugo] ブドウのつるを棚にからませること.

jugātus -a -um, *adj* (*pp*) [jugo] 1 (ブドウのつるが)棚にからませられた. 2 (*n pl* の名詞として) *jugata* (*verba*) (QUINT) 同一語根からの派生語.

jūgerum -ī, *n* [*cf*. jugum] 1 地積単位《一くびきの牛が一日で耕しうる広さ; =約 ¼ ヘクタール》. 2 (*pl*) 広大な土地.

jūgis[1] -is -e, *adj* [jungo] 絶え間のない, とぎれない: ~ *aqua* (SALL) 流水.

jugis[2] -etis, *adj* [jungo] 一くびきの動物の.

jūgitās -ātis, °*f* [jugis[1]] とぎれないこと, 継続.

jūgiter *adv* [jugis[1]] とぎれることなく, 連続して.

jūglans -andis, *f* [Jovis/glans]【植】クルミ(胡桃).

jugō -āre -āvī -ātum, *tr* [jugum] 1 つなぐ, 結びつける. 2 結婚させる.

jugōsus -a -um, *adj* [jugum] 山地の.

jugulāris -is -e, °*adj* [jugulum]【解】頸静脈の.

jugulātiō -ōnis, *f* [↓] (のどを切って)殺すこと.

jugulō -āre -āvī -ātum, *tr* [↓] 1 (のどを切って)殺す; 虐殺する. 2 滅ぼす; だいなしにする.

jugulum -ī, *n*, **jugulus** -ī, *m* [↓] 1 鎖骨. 2 のど. 3 のどを切ること, 殺害.

jugum -ī, *n* [*cf*. jungo] 1 くびき. 2 一くびきの動物; 一対. 3 (結婚・隷従の)きずな, 束縛. 4 横木. 5 くびき門《捕虜が服従のあかしにくぐらされた三本槍の門》. 6 天秤棒. 7【天】天秤座. 8 織機の巻棒. 9 こぎ手の座席. 10 山脈; 尾根. 11 °【昆】翅垂(さい).

Jugurtha -ae, *m* ユグルタ《Numidia の王》; ローマの将軍 Marius に征服された (前 104)》.

Jugurthīnus -a -um, *adj* Jugurtha の.

Jūlēus -a -um, *adj* 1 Julus の(子孫の). 2 Julia 氏族に属する. 3 6月の.

Jūlia -ae, *f* ユーリア《(1) Julius Caesar の娘で Cn. Pompeius の妻 (前 54 没). (2) Augustus 帝の一人娘; Marcellus, Agrippa, Tiberius と次々に結婚; 身持ちの悪さで有名 (前 39-後 14)》.

Jūliānī -ōrum, *m pl* [Julius] (内乱時の) Caesar 側についた兵士たち.

Jūliānus[1] -a -um, *adj* Julius Caesar の.

Jūliānus[2] -ī, °*m* ユーリアヌス《*Flavius Claudius* ~, ローマ皇帝 (在位 361-363); キリスト教から異教に改宗したため Apostata (背教者)と呼ばれる》.

Jūlius[1] -ī, *m* ユーリウス《ローマ人の氏族名; Caesar 家はこの氏族に属する》.

Jūlius[2] -a -um, *adj* 1 Julius の. 2 7 月の.

Jūlius[3] -ī, *m* 7 月《従来 Quintilis (第 5 月) と称したが, 前 44 年 Julius Caesar の出生月であるのにちなんで Julius と改称された》.

Jullus -ī, *m* ユッルス《ローマ人の家名》.

Jūlus -ī, *m*【伝説】ユールス《Aeneas と Creusa の息子 Ascanius の別名; Julia 氏族の祖とされる》.

jūmentum -ī, *n* [jungo] 荷物運搬用の動物, 役畜《ラバ・馬など》.

junceus -a -um, *adj* [juncus] 1 トウシンソウ[イグサ]のような. 2 トウシンソウ[イグサ]で作った.

juncōsus -a -um, *adj* [juncus] トウシンソウ[イグサ]の多い.

junctim *adv* [junctus] 1 いっしょに. 2 連続して, 引き続いて.

junctiō -ōnis, *f* [jungo] 結合, 結びつき.

junctūra -ae, *f* [jungo] 1 接合点, つなぎ目. 2 結合, 連結. 3 (語の)配列, 置産. 4 きずな, 縁. 5 °【解】連結: *juncturae ossium* 骨の連結 / *juncturae tendineum* 腱間結合.

junctus -a -um, *adj* (*pp*) [jungo] 1 結合した. 2 隣接する. 3 親しい; 血縁の: *junctissimus illi comes* (OV) 彼の無二の親友. 4 関連した. 5 複合の.

juncus -ī, *m*【植】トウシンソウ, イグサ.

jungō -ere junxī junctum, *tr* 1 くびきをかける, 引き具をつける. 2 (馬を車に)つなぐ. 3 つなぐ, 接合する, 連結する〈alqd ad alqd; alqd alci rei; alqd cum re〉: *fluvium ponte jungere* (LIV) 川に橋をかける /

jungere oscula (Ov) 接吻する．　**4** 合体させる，一体にする: *externus timor infensos inter se jungebat animos* (Liv) 外からの脅威は互いに憎み合っていた市民たちの心を一つにつないでいた．　**5** (関係を)結ぶ，共同で行なう，参加する．　**7** 連続させる．　**8** 同時に行なう．　**9** 結びつけて考える．　**10** 並べる，並列する．

Jūniānus -a -um, *adj* Junius の．

jūnior -ior -ius, *adj comp* ⇨ juvenis¹.

jūniperus -ī, *f* 『植』 ビャクシン.

Jūnius¹ -ī, *m* ユーニウス《ローマ人の氏族名》．

Jūnius² -a -um, *adj* [Juno] 6 月の: *mensis ～* (Varr) 6 月.

jūnius³ -ī, *m* 6 月.

jūnix -īcis, *f* [*cf.* juvenis] 若い雌牛.

Jūnō -ōnis, *f* 『神話』 ユーノー《Saturnus の娘で Juppiter の妻; 女性・結婚の守護神; ギリシア神話の Hera に当たる》: *～ inferna* (Verg) =Proserpina / *urbs Junonis* (Ov) =Argos.

Jūnōnālis -is -e, *adj* Juno の.

Jūnōnicola -ae, *m* [Juno/colo²] Juno の崇拝者.

Jūnōnigena -ae, *m* [Juno/gigno] Juno の息子 (=Volcanus).

Jūnōnius -a -um, *adj* Juno の.

junxī *pf* ⇨ jungo.

Juppiter, Jūpiter Jovis, *m* 『神話』 **1** ユッピテル 《Saturnus の息子で Juno の夫; ローマ神話の最高神; ギリシア神話の Zeus に当たる》: *～ Stygius* (Verg) =Pluto.　**2** 《詩》 天, 大気, 大空.　**3** 《天》 木星.

Jūra -ae, *m* ユーラ, ｼﾞｭﾗ《Helvetia と Gallia の境をなす山脈》.

jūrāmentum -ī, °*n* [juro] 誓い, 誓約.

jūrātiō -ōnis, °*f* [juro] 宣誓.

jūrātō °*adv* (*abl*) [juratus] 宣誓して, 誓約して.

jūrātor -ōris, *m* [juro] 1 宣誓者, 誓約した証人.　2 納税者の宣誓した申告を受ける租税査定官.

jūrātus -a -um, *adj* (*pp*) [juro] 誓約した, 宣誓した.

jūre *adv* (*abl*) [jus²] **1** 合法的に.　**2** 正当に, 当然.

jūreconsultus -ī, *m* =jurisconsultus.

jurgium -ī, *n* [↓] **1** 口論, けんか.　**2** 悪口, 罵倒.　**3** 訴訟.

jurgō -āre -āvī -ātum, *intr* (*tr*) [jus²/ago] **1** 口論する, けんかする．　**2** ののしる, 非難する.

jūridiciālis -is -e, *adj* [↓] 裁判[司法]の.

jūridicus¹ -a -um, *adj* [jus²/dico²] 裁判[司法]上の.

jūridicus² -ī, *m* 審判者, 裁判官.

jūrigō -āre, *intr* (*tr*) =jurgo.

jūrisconsultus -ī, *m* [jus²/consulo] 法律家.

jūrisdictiō -ōnis, *f* [jus²/dictio] 1 司法, 裁判.　2 司法[裁判]権.

jūrisdictiōnālis -is -e, °*adj* [↑] 司法[裁判]権の.

jūrisperītus -ī, *m* [jus²/peritus²] 法律家.

jūrisprūdentia -ae, °*f* [jus²/prudentia] 法学.

jūrō -āre -āvī -ātum, *intr* (*tr*) [jus²] **1** 誓う, 誓約する: *per deos jurare* (Cic) 神々にかけて誓う / *in legem jurare* (Cic) 法の遵守を誓う / *in verba alcjs jurare* (Suet) (兵士たちが)ある人に忠誠を誓う．　**2** 誓って保証[断言]する〈alqd; +*inf*; +*acc c. inf*〉: *qui sine hac jurabat se unum numquam victurum diem?* (Ter) 彼女なしには一日だって生きていけないと誓ったのは誰かしら．　**3** 共謀する: *in me jurarunt somnus ventusque* (Ov) 眠りと風が私の破滅を謀った．　**4** 〖法〗 *calumniam jurare* (Cic) 善意による告発であることを宣誓する.

jūror -ārī -ātus sum, *intr* (*tr*) *dep* =juro.

jūs¹ jūris, *n* スープ, 煮出し汁.

jūs² jūris, *n* [*cf.* jubeo] **1** 法, 法律: *～ civile* (Cic) 市民法《ローマ市民の法》/ *～ gentium* (Cic) 万民法《ローマ市民と外国人に等しく適用される法》 / *～ naturale* (Cic) 自然法《自然によって人間に生まれつき与えられている理想的な法》．　**2** 権利, 特権．　**3** 司法権, 支配権．　**4** 法廷．　**5** 正当, 公正.

juscellum -ī, °*n dim* [↓] スープ, ソース.

jusculum -ī, *n dim* [jus¹] スープ.

jusjūrandum jūrisjūrandī, *n* [jus²/juro] 誓い, 誓約.

jussī *pf* ⇨ jubeo.

jussiō -ōnis, °*f* [jubeo] 命令.

jussō *fut pf* 《古形》 =jussero (⇨ jubeo).

jussum -ī, *n* [jubeo] **1** 命令．　**2** (医師の)処方.

jussus¹ -a -um, *pp* ⇨ jubeo.

*****jussus**² -ūs, *m* (用例は *sg abl* jussū のみ) 命令: *jussū meo* (Cic) 私の命令によって.

jūstē *adv* [justus] **1** 合法的に, 法にかなって．　**2** 正当に, 当然.

jūstificātiō -ōnis, °*f* [justifico] **1** 正当化, 弁明．　**2** 『神学』 義認《信仰によって義とされること》.

jūstificātus -a -um, °*adj* (*pp*) [↓] 義とされた.

jūstificō -āre -āvī -ātum, °*tr* [↓] **1** 正しくふるまう, 正しく取り扱う．　**2** 義とする, 赦す, 擁護する.

jūstificus -a -um, *adj* [justus / facio] 正義の, 公正な.

Jūstiniānus -ī, °*m* ユスティーニアーヌス(1 世)《東ローマ皇帝 (在位 527–65)》.

Jūstīnus -ī, °*m* ユスティーヌス《(1) *～ I*, ローマ皇帝 (在位 518–527). (2) *～ II*, 東ローマ皇帝 (在位 565–78). (3) ローマの史家 (3 世紀); Trogus Pompeius の史書の要約を作った. (4) キリスト教の護教者で聖人; ローマで殉教 (165 没)》.

jūstitia -ae, *f* [justus] 正義, 公正, 公平.

jūstitium -ī, *n* [jus²/sisto] **1** 裁判停止, 休廷．　**2** 停止, 休止.

jūstum -ī, *n* [↓] **1** 公正, 正当．　**2** (*pl*) 正当な権利．　**3** 正当な儀式; 葬儀．　**4** (*pl*) 正規の任務.

jūstus -a -um, *adj* [jus²] **1** 正当な, 公正な; 合法の．　**2** 当然与えられるべき．　**3** 公平な, 公明正大な．　**4** 適切な, 十分な, 完全な; 根拠のある: *justa inimicitia* (Cic) 十分に根拠のある敵意 / *justa stipendia* (Tac) 満期をつとめた兵役期間．　**5** (軍隊・戦闘が)正規の, 正式の.

jūsum °*adv* 下方へ.

Jūturna -ae, *f* 『神話』 ユートゥルナ《泉のニンフ; Rutuli 族の王 Turnus の姉妹ともされる》.

jūtus -a -um, *pp* ⇨ juvo.

juvāmen -minis, °*n* [juvo] 援助, 助力.

juvenālis -is -e, *adj* [juvenis¹] **1** 若い; 若々しい. **2** 力強い, 活気のある.

Juvenālis -is, *m* ユウェナーリス《*D. Junius* ～, ローマの諷刺詩人 (60?-?128)》.

juvenāliter *adv* =juveniliter.

juvenca -ae, *f* [juvencus²] **1** 若い雌牛. **2** 少女, 若い娘.

juvenculus -ī, °*m dim* [juvencus²] **1** 若い雄牛. **2** 若者, 青年.

juvencus¹ -a -um, *adj* [juvenis¹] (動物について) 若い.

juvencus² -ī, *m* **1** 若い雄牛. **2** 青年, 若者.

juvenescō -ere juvenuī, *intr inch* [juvenis¹] **1** 成長する, 大人になる. **2** 若返る. **3** 新芽を出す.

juvenīlis -is -e, *adj* [juvenis¹] **1** 若い; 若々しい. **2** 活気のある.

juvenīliter *adv* [↑] 若々しく, 血気盛んに, 活発に.

juvenis¹ -is, *adj* (*comp* junior [juvenior]) 若い; 若々しい.

juvenis² -is, *m* (*f*) 青年《男女》.

juvenix -īcis, *f* =junix.

juvenor -ārī -ātus sum, *intr dep* [juvenis¹] (青年のように) 無分別にふるまう.

juventa -ae, *f* [juvenis¹] **1** 青年時代, 青春期. **2** 若いこと, 若々しさ. **3** (集合的に) 若者たち. **4** (J-) =juventas 2.

juventās -ātis, *f* [juvenis¹] **1** 青年時代; 若さ. **2** (J-) ユウェンタース《青春の女神 (=Hebe)》.

Juventius¹ -ī, *m* ユウェンティウス《ローマ人の氏族名》.

Juventius² -a -um, *adj* Juventius の.

juventūs -ūtis, *f* [juvenis¹] **1** 青年期, 青年時代. **2** (集合的に) 若者たち. **3** (J-) =juventas 2.

juvenuī *pf* ⇨ juvenesco.

jūvī *pf* ⇨ juvo.

juvō -āre jūvī jūtum (*fut p* juvātūrus), *tr* **1** 助ける, 援助する, 助力する ⟨alqm [alqd]⟩. **2** 役立つ, 有益である. **3** 喜ばせる: (impers) *juvit me tibi tuas litteras profuisse* (Cic) 私はあなたの学識があなたの役に立ったことを喜んだ.

juxtā *adv, prep* [*cf.* jungo] **I** (*adv*) **1** 接して, すぐ近くに. **2** 同様に, 等しく: *aestatem et hiemem ～ pati* (Sall) 夏の暑さにも冬の寒さにも同じようによく耐える / ～ *ac si hostes adessent* (Sall) あたかも敵勢が間近にせまっているかのように. **II** (*prep*) ⟨+*acc*⟩ **1** …のすぐ近くに. **2** …の傍らに. **3** …の直後に, …の次に. **3** ほとんど, ほぼ. **4** …と一致して, …に従って.

juxtim *adv, prep* [↑] **I** (*adv*) すぐ近くに, 接して. **II** (*prep*) ⟨+*acc*⟩ …の隣に, …のすぐ近くに.

K

K, k *indecl n* ラテン語アルファベットの第10字《もともと [g] 音を表わした C, c が [k] 音を表わすようになってからは、K, k はごく少数の単語の語頭のみに残った》.

K., k. 《略》=Kaeso; Kalendae.

Kaesō -ōnis, *m* カエソー《ローマ人の個人名 (略形 K.)》.

Kal. 《略》=Kalendae.

Kalendae -ārum, *f pl* [*cf.* calo¹] **1** (ローマ暦の) 朔日(ついたち), 月の第1日: *tristes* ~ (HOR) 悲しみの朔日《月初めに借金の利息を払う習慣だった》. **2** (暦の)月.

kalendālis -is -e, °*adj* [↑] 朔日の.

kalendārium -ī, *n* [Kalendae] **1** (1か月分の利息が記入された金貸しの)元帳, 帳簿. **2**° 財産, 身代(しんだい). **3**° 暦.

kalium -ī, °*n* 【薬】カリウム: ~ *carbonicum* 炭酸カリウム / ~ *nitricum* 硝酸カリウム / ~ *sulfuratum* 硫化カリウム.

kamala -ae, °*f* 【薬】カマラ《トウダイグサ科の植物クスノハガシワの果実の腺毛で、駆虫剤・染料》.

Karolus -ī, °*m* カロルス, "シャルルマーニュ, "カール大帝《西ローマ皇帝 (在位 800-814), フランク王 (在位 768-814)》.

Karthāgō -ginis, *f* =Carthago.

kīnēsis -is, °*f* [*Gk*] 【生物】キネシス, 無定位運動性.

karyokīnēsis -is, °*f* 【生物】核分裂.

kīnētonūcleus -ī, °*m* 【生物】動原核.

koppa *indecl n* =coppa.

L

L, l *indecl n* **1** ラテン語アルファベットの第11字. **2** (ローマ数字)=50.
L., l. 《略》=Lucius; legio; lex; libens; libertus; locus.
labascō -ere, *intr inch* [labo] **1** 崩壊する, ばらばらになる. **2** (決心・気持が)揺らぐ, ぐらつく.
labda *indecl n* [*Gk*] ラムダ《ギリシア語アルファベットの第11字 (Λ, λ); 音価 [l]》.
Labdacidēs -ae, *m* Labdacus の子孫《特に Polynices》.
Labdacus -ī, *m* [*Gk*]《伝説》ラブダクス, *-コス《Thebae の王; Laius の父》.
labea -ae, *f* =labium.
Labeātēs -ium, **-ae** -ārum, *m pl* ラベアーテース《Illyria にいた一部族》.
Labeātis -idis, *adj f* Labeates 族の.
lābēcula -ae, *f dim* [labes] (小さな)汚点.
labefacere *inf* ⇨ labefacio.
labefaciō -cere -fēcī -factum, *tr* [labo/facio] **1** 揺るがす, ぐらつかせる. **2** 弱める, 衰えさせる.
labefactātiō -ōnis, *f* [↓] ぐらつかせること.
labefactō -āre -āvī -ātum, *tr freq* [labefacio] **1** 揺るがす, ぐらつかせる. **2** 弱める, 衰えさせる, 傷つける: *labefactare alcis fidem pretio* (CIC) 賄賂である人の信用を危うくする.
labefactus -a -um, *pp* ⇨ labefacio, labefio.
labefēcī *pf* ⇨ labefacio.
labefierī *inf* ⇨ labefio.
labefīō -fierī -factus sum, *intr* (labefacio の *pass* として用いられる).
labellum¹ -ī, *n dim* [labrum¹] (小さな)唇.
lābellum² -ī, *n dim* [labrum²] (小さな)鉢.
Labeō -ōnis, *m* ラベオー《ローマ人の家名》.
labeōsus -a -um, *adj* 厚い唇の.
Laberius -ī, *m* ラベリウス《ローマ人の氏族名》.
lābēs -is, *f* [labor¹] **1** 落ち込むこと, 沈下. **2** 破滅, 災厄; 破滅の原因. **3** 欠陥. **4** しみ, よごれ. **5** 汚点, 不名誉.
lābī *inf* ⇨ labor¹.
labia -ae, *f* =labea.
labiālis -is -e, °*adj* [labium] 《解・動》**1** 唇の. **2** 陰唇の.
Labīcānus -a -um, *adj* Labici の. **Labīcānī** -ōrum, *m pl* Labici の住民.
Labīcī -ōrum, *m pl* **1** ラビーキー《Latium の小さな町》. **2** Labici の住民.
Labīcum -ī, *n* =Labici 1.
Labiēniānus -a -um, *adj* Labienus の.
Labiēnus -ī, *m* ラビエーヌス《ローマ人の家名; 特に T. Atius ~, Gallia における Caesar の副官; のちに Pompeius 側に寝返った》.

lābilis -is -e, *adj* [labor¹] **1** °すべる; すべりがちの. **2** (韻律が)なめらかな.
labium -ī, *n* **1** 唇: *primoribus labiis* (FRONT) 唇の先で(=ほんの軽く). **2** 搾油機の軸.
labō -āre -āvī -ātum, *intr* **1** 揺らぐ, ぐらつく, 倒れそうである: *rei publicae partes aegrae et labantes* (CIC) 国家の病んで崩壊しそうになっている部分. **2** ためらう, くずくずする.
lābor¹ -bī lapsus sum, *intr dep* [*cf.* labo] **1** すべる, すべるように進む. **2** すべり落ちる, 落下する, 倒れる: *mente labi* (SEN MAJ) 気がふれる. **3** 流れる. **4** (時が)過ぎる. **5** (ある状態に)陥る, なる <ad [in] alqd>. **6** 失敗する, 間違える. **7** 消散する, 消える.
labor² -ōris, *m* [*cf.* labor¹] **1** 骨折り, 労働. **2** 勤勉, 熱心. **3** 成果, 業績: *labores Herculis* (CIC) Hercules の功業. **4** 苦難; 苦痛: *labores solis* (VERG) 日食.
labōrātiō -ōnis, °*f* [laboro] 働くこと, 骨折り.
labōrātus -a -um, *pp* ⇨ laboro.
labōrifer -fera -ferum, *adj* [labor²/fero] 労苦に耐える.
labōriōsē *adv* [↓] 苦労して, 骨折って.
labōriōsus -a -um, *adj* [labor²] **1** 骨の折れる, 苦しい, 困難な. **2** 勤勉な, 熱心な. **3** 苦しんでいる.
labōrō -āre -āvī -ātum, *intr, tr* [labor²] **I** (*intr*) **1** 骨折る, 働く <in [de] re; in alqd; ut, ne; +inf>. **2** 難儀する, 苦しむ <re; ex [a, in] re>: *morbo laborare* (CIC) 病気である. **3** 心配する <de re>. **II** (*tr*) (苦労して)仕上げる; (時間を)仕事に費やす.
labōs -ōris, *m* =labor².
Labrō -ōnis, *m* ラブロー《Etruria の港町; 現 Livorno》.
labrum¹ -ī, *n* [*cf.* labium] **1** 唇: *primis labris gustare alqd* (CIC) あるものを唇の先で味みる(=うわべだけ学ぶ) / *alci labra linere* (MART) ある人をだます. **2** 縁, へり. **3** °《動》上唇.
lābrum² -ī, *n* [lavo] **1** 桶, たらい. **2** 《詩》水浴の場.
labrusca -ae, *f* 《植》野生のブドウ.
labruscum -ī, *n* [↑] 《植》野生のブドウの実.
labyrinthēus -a -um, *adj* [↓] 迷宮[迷路]の.
labyrinthus, **-os** -ī, *m* [*Gk*] 迷宮, 迷宮《特に Creta 島の王 Minos が Minotaurus を監禁するために Daedalus に造らせた迷宮》.
lac lactis, *n* **1** 乳. **2** (植物の)乳汁, 乳液. **3** 乳白色. **4** ° = *calcariae* 《薬》石灰乳.
Lacaena¹ -ae, *adj f* [*Gk*] Lacedaemon の, Sparta の.
Lacaena² -ae, *f* Lacedaemon [Sparta] の女《特に Helena, Leda, Clytaemnestra》.
lacca -ae, °*f* 脛骨の突出部.

laccus -ī, °*m* **1** (貯蔵用の)穴蔵. **2** 水槽.

Lacedaemō(n) -onis, *f* [*Gk*] ラケダエモーン, *-ダイ-*《Laconia の町 (=Sparta)》.

Lacedaemonius -a -um, *adj* Lacedaemon の, Sparta の. **Lacedaemoniī** -ōrum, *m pl* Lacedaemon [Sparta] の住民.

lacer -era -erum, *adj* **1** 引き[切り]裂かれた, ずたずたにされた. **2** 引き裂く, ずたずたにする.

lacerātiō -ōnis, *f* [lacero] 引き[切り]裂くこと.

lacerātus -a -um, *pp* ⇨ lacero.

lacere *inf* ⇨ lacio.

lacerna -ae, *f* (tunica の上に着る)小外套.

lacernātus -a -um, *adj* [↑] 小外套を着た.

lacerō -āre -āvī -ātum, *tr* [lacer] **1** 引き[切り]裂く. **2** 打ち砕く, 破壊する; だいなしにする, そこなう. **3** ののしる, 非難する. **4** 苦しめる, 悩ます.

lacerta -ae, *f*, **-us** -ī, *m* [lacer] **1** 【動】トカゲ. **2** 【魚】サワラ.

lacertōsus -a -um, *adj* [↓] 筋肉のたくましい, 強壮な.

lacertus -ī, *m* **1** 〈肩から肘までの〉上腕, 腕. **2** 筋肉. **3** 腕力, 力. **4** (川の)支流. **5** 【解】腱膜.

lacessītus -a -um, *pp* ⇨ lacesso.

lacessīvī *pf* ⇨ lacesso.

lacessō -ere -īvī [-iī] -ītum, *tr freq* [lacio] **1** 挑発する, 刺激する, 駆りたてる 《alqm ad alqd》. **2** 挑む, 挑戦する. **3** ひき起こす, 誘発する. **4** 悩ます, 苦しめる. **5** 打ちかかる.

Lācētānī -ōrum, *m pl* ラーケーターニー《Hispania Tarraconensis にいた一部族》.

Lācētānia -ae, *f* ラーケーターニア《Lacetani 族の居住地》.

Lācētānus -a -um, *adj* Lacetania の.

lachanizō -āre, *intr* [*Gk*] しおれている.

Lachēs -ētis, *m* [*Gk*] ラケース《Athenae の将軍; Mantinea の戦いで没した (前 418)》.

Lachesis -is, *f* [*Gk*] 【神話】ラケシス《「人間の運命を割り当てる者」の意; 運命の三女神 Parcae の一人 (*cf.* Clotho, Atropos)》.

Laciadēs -ae, *m* [*Gk*] Attica の Laciadae 市区の人.

lacinia -ae, *f* [*cf.* lacer] **1** (衣服の)縁, へり: *alqd obtinēre laciniā* (CIC) あるものの端っこをつかんでいる (=かろうじて手離さずにいる). **2** 布きれ; (*pl*) 衣服. **3** (家畜の)のど袋.

laciniōsus -a -um, *adj* [↑] **1** ぎざぎざの付いた [多い]. **2** 負担のかかった.

Lacinium -ī, *n* [*Gk*] ラキーニウム, *-オン*《Bruttii の Croton 近くの岬; Juno の神殿があった; 現 Capo delle Colonne》.

Lacinius -a -um, *adj* Lacinium の.

laciō -cere, *tr* 誘い込む, おびき寄せる.

Lacō(n) -ōnis, *m* [*Gk*] Laconia 人, Sparta 人.

Lacōnia -ae, *f* ラコーニア《Peloponnesus 半島南東部の地域; Sparta の支配を受けていた》.

Lacōnica -ae, **-ē** -ēs, *f* =Laconia.

Lacōnicum -ī, *n* [↓] (*sc.* balneum) 蒸しぶろ.

Lacōnicus -a -um, *adj* [*Gk*] Laconia の.

Lacōnis -idis, *adj f* [*Gk*] Laconia の.

lacrima -ae, *f* (通例 *pl*) 涙. **2** (*pl*) 涙を流すこと. **3** 樹脂, 樹液.

lacrimābilis -is -e, *adj* [lacrimo] **1** 悲しむべき. **2** 涙ぐんでいる, 泣いている.

lacrimābundus -a -um, *adj* [lacrimo] 涙ぐんでいる, 泣いている.

lacrimālis -is -e, °*adj* [lacrima] 【解】涙の: *arteria ~* 涙腺動脈.

lacrimātiō -ōnis, *f* [↓] 【病】流涙.

lacrimō -āre -āvī -ātum, *intr*, *tr* [lacrima] **I** (*intr*) **1** 泣く, 涙を流す. **2** (植物が)液をにじみ出させる. **II** (*tr*) 嘆き悲しむ 〈alqd〉.

lacrimor -ārī -ātus sum, *intr*, *tr dep* =lacrimo.

lacrimōsē *adv* [↓] 泣いて, 涙ぐんで.

lacrimōsus -a -um, *adj* [lacrima] **1** 涙ぐんでいる, 泣いている. **2** 涙を催させる, 悲しい, 哀れな. **3** (植物が)液をにじみ出させている.

lacrimula -ae, *f dim* [lacrima] わずかの涙; (特に) 空涙.

lacruma -ae, *f* =lacrima.

lactāns -antis, *adj* (*prp*) [lacto¹] **1** 乳が出る; 乳汁の多い. **2** 乳を吸っている.

lactāria -ōrum, °*n pl* [↓] ミルクを使った料理.

lactārius -a -um, *adj* [lac] **1** 乳の, 乳の多い. **2** 乳を飲ませる: *nutrix lactaria* 《碑》乳母.

lactātiō¹ -ōnis, °*f* [lacto¹] **1** 哺乳, 授乳. **2** 栄養物, 食物.

lactātiō² -ōnis, °*f* [lacto²] **1** 誘惑. **2** へつらい.

lactēns -entis, *adj* (*prp*) [↓] **1** 乳を吸っている, 乳離れしていない. **2** 乳汁の多い. **3** 乳白色の.

lacteō -ēre, *intr* [lac] 乳汁が多い.

lacteolus -a -um, *adj dim* [lacteus] 乳白色の.

lactēs -ium, *f pl* [lac] 腸; 小腸.

lactēscō -ere, *intr inch* [lacteo] **1** 乳を出しはじめる. **2** 乳になる, 乳化する.

lacteus -a -um, *adj* [lac] **1** 乳の; 乳のような; 乳白色の. **2** 乳の多い. **3** 乳離れしていない. **4** *~ orbis* (CIC) 天の川, 銀河.

lacticīnium -ī, °*n* [lac] =lactaria.

lactifer -fera -ferum, *adj* [lac/fero] **1** 《碑》乳を出す. **2** °【解】乳汁分泌性の.

lactō¹ -āre -āvī -ātum, °*intr*, °*tr* [lac] **I** (*intr*) **1** 乳が出る, 乳を与える. **2** 乳を吸う. **II** (*tr*) 乳で養う.

lactō² -āre -āvī -ātum, *tr freq* [lacio] 誘う, だます.

lactūca -ae, *f* [lac] 【植】チシャ, レタス.

lactūcula -ae, *f dim* [↑] (小さな)レタス.

lacūna -ae, *f* [lacus] **1** くぼみ, 穴. **2** 水たまり: *salsae lacunae* (LUCR) 海. **3** 欠落, 不足. **4**°【医】裂孔: *~ musculorum* 筋裂孔.

lacūnar -āris, *n* [↑] 天井の鏡板, 羽目板天井: *spectare ~* (JUV) 見て見ぬ振りをする.

lacūnō -āre -āvī -ātum, *tr* [lacuna] 格子状に飾る, 鏡板をはめる.

lacūnōsus -a -um, *adj* [lacuna] **1** 穴のある. **2** 池[沼]の多い.

lacus -ūs, *m* **1** 湖, 池; 水たまり. **2** 貯水池; 水槽. **3** 穴, 窪み. **4** 桶, 容器. **5**° *~ lacrimalis* 【解】涙湖.

lacusculus -ī, *m dim* [↑] **1** (小さな)穴, 窪み; 水たまり. **2** (小さな)容器, 入れ物.

Lācȳdēs -is [-ī], *m* [*Gk*] ラーキューデース《Cyrene 生まれの Academia 学派哲学者(前3世紀); Arcesilas の弟子》.

Lādās -ae, *m* [*Gk*] ラーダース《その速さが謎のようになったギリシアの走者 (Laconia 出身の Olympia 競技勝者(前5世紀)を指すか)》.

Lādōn -ōnis, *m* [*Gk*] ラードーン《Arcadia の川; Alpheus 川の支流》.

Laeca -ae, *m* ラエカ《ローマ人の家名; 特に *M. Porcius ~*, Catilina の共謀者》.

laedō -ere laesī laesum, *tr* **1** 傷つける, 害する, そこなう. **2** 感情を害する, 不快にする. **3** (約束・義務などに)背く, 違反する.

Laeētan- ⇨ Lacetan-.

Laeliānus -a -um, *adj* Laelius の.

Laelius -ī, *m* ラエリウス《ローマ人の氏族名; 特に *C. ~*, Scipio Africanus Minor の友人, 執政官(前140); Sapiens「賢者」と呼ばれた; Cicero の友情論の主人公に選ばれ, その題名ともなった》.

laena -ae, *f* [*Gk*] (羊毛の)外套.

Lāertēs -ae, *m* [*Gk*] 《伝説》ラーエルテース《Ulixes の父》.

Lāertiadēs -ae, *m* 《伝説》Laertes の息子 (=Ulixes).

Lāertius -a -um, *adj* Laertes の: *heros ~* (Ov) = Ulixes / *regna Laertia* (Verg) = Ithaca.

laesī *pf* ⇨ laedo.

laesiō -ōnis, *f* [laedo] (弁論家による相手側への)人身攻撃.

Laestrȳgones -um, *m pl* [*Gk*] 《伝説》ラエストリューゴネス, *ライ-《Formiae または Sicilia 島にいたという食人巨人族》.

Laestrȳgonius -a -um, *adj* Laestrygones 族の.

laesus -a -um, *pp* ⇨ laedo.

laetābilis -is -e, *adj* [laetor] 喜ばしい, 楽しい.

laetābundus -a -um, *adj* [laetor] 喜んでいる, うれしい.

laetātiō -ōnis, *f* [laetor] 歓喜, 喜び.

laetātus -a -um, *pp* ⇨ laeto, laetor.

laetē *adv* [laetus] **1** 喜んで. **2** 豊富に, 豊かに.

laetificō -āre -āvī -ātum, *tr* [↓] **1** 喜ばせる, 楽しませる. **2** 肥沃にする, 実り豊かにする.

laetificus -a -um, *adj* [laetus/facio] **1** 喜ばせる, 喜ばしい, 楽しい. **2** 実り豊かな.

laetitia -ae, *f* [laetus] **1** 喜び, 楽しみ. **2** 肥沃, 豊饒, 多産. **3** 優美, 優雅. **4** (文体の)華麗.

laetō -āre -āvī -ātum, *tr* [laetus] 喜ばせる, 楽しませる.

laetor -ārī -ātus sum, *intr dep* [↓] **1** 喜ぶ, 楽しむ ‹re; de [in] re; quod; +acc c. inf›. **2** 繁茂する.

laetus -a -um, *adj* **1** 喜んでいる, うれしい ‹re; alcis rei›. **2** 喜ばしい, 好ましい: *laetum augurium* (Tac) さい先のよい前兆. **3** 繁茂した, 青々とした. **4** 肥沃な, 豊饒な. **5** 栄養のよい, 肥えた. **6** 豊富な. **7** (文体が)華麗な.

laeva[1] -ae, *f* [laevus] (*sc.* manus) **1** 左手. **2** 左, 左側.

laeva[2] -ōrum, *n pl* [laevus] 左側.

laevē *adv* [laevus] へたに.

laevir -rī, *m* = levir.

laevis -is -e, *adj* = levis[1].

Laevīnus -ī, *m* ラエウィーヌス《Valeria 氏族に属する家名》.

laevum *adv* (*neut*) [↓] 左側に.

laevus -a -um, *adj* **1** 左の, 左側の. **2** へたな, 愚かな. **3** 不吉な, 縁起の悪い. **4** (鳥占いで)吉兆の(南面すると縁起のよいとされている東が左にくることから). **5** 有害な, 禍をもたらす.

laganum -ī, *n* [*Gk*] 油で揚げたパンケーキ.

lagēna, lagoena, lagōna, lagūna -ae, *f* 細口瓶, (特に)ぶどう酒瓶.

lagēos -ī, *f* [*Gk*] ギリシア産のブドウの一種.

Lāgēus -a -um, *adj* Lagus の; エジプトの.

lagōis -idis, *f* [*Gk*] 《鳥》ライチョウ(雷鳥).

lagophthalmus -ī, *m* [*Gk*] 《病》兎眼.

lagōpūs -podis, *f* [*Gk*] **1** 《鳥》ライチョウ (=lagois). **2** 《植》シャグマハギ.

laguncula -ae, *f dim* [lagena] (小さな)瓶.

Lāgus -ī, *m* ラーグス, *-ゴス《エジプト王 Ptolemaeus I Soter の父》.

Lāiadēs -ae, *m* 《伝説》Laius の息子 (=Oedipus).

lāicālis -is -e, °*adj* [laicus] 俗人の, 聖職者でない.

lāicismus -ī, °*m* [laicus] 世俗主義.

lāicus[1] -a -um, °*adj* [*Gk*] 俗人の, 聖職者でない.

lāicus[2] -ī, °*m* 俗人, 平信徒.

Lāis -idis, *f* [*Gk*] ラーイス《Corinthus の二人の有名な遊女》: (1) Peloponnesus 戦争当時の女性. (2) Demosthenes の同時代人》.

Lāius -ī, *m* [*Gk*] 《伝説》ライユス, *-オス《Labdacus の息子で Thebae の王; 誤って息子 Oedipus に殺された》.

Lalagē -ēs, *f* [*Gk*] ララゲー《「おしゃべり女」の意; Horatius が愛した女性の名》.

lalisiō -ōnis, *f* 《動》野生ロバの子.

lallō -āre -āvī -ātum, *intr* 子守歌をうたう.

lalopathīa -ae, °*f* 《病》言語障害.

lāma -ae, *f* 沼地.

Lāmachus, -os -ī, *m* [*Gk*] ラーマクス, *-コス《Peloponnesus 戦争時の Athenae の将軍(前414没)》.

lambda *indecl* °*n* =labda.

lamberō -āre, *tr* 引き裂く: *meo me ludo lamberas* (Plaut) あなたは私の仕掛けたゲームで私を打ち負かす.

lambī *pf* ⇨ lambo.

lambitus -ūs, °*m* [↓] なめること.

lambō -ere lambī lambitum, *tr* [*cf.* labium] **1** なめる, しゃぶる. **2** (炎が)めらめらと走る; (川が)なめるように洗う.

lāmella -ae, *f dim* [lamina] **1** 薄い金属板. **2**° 《植》(キノコの)ひだ. **3**° 《解》層板.

lāmellōsus -a -um, °*adj* 《解》層板(状)の.

lāmenta -ōrum, *n pl* 悲嘆.

lāmentābilis -is -e, *adj* [lamentor] **1** 悲嘆すべき. **2** 悲嘆に暮れた.

lāmentārius -a -um, *adj* [lamenta] 悲嘆の, 悲しみを誘う.

lāmentātiō -ōnis, *f* [lamentor] 悲嘆, 哀悼.

lāmentātus -a -um, *pp* ⇨ lamento, lamentor.

lāmentō -āre -āvī -ātum, °*intr* =lamentor.

lāmentor -ārī -ātus sum, *intr, tr dep* [lamenta] 嘆き悲しむ.

lāmentum -ī, °*n* =lamenta.

lamia -ae, *f* [*Gk*]《伝説》ラミア《子供をむさぼり食うという女の怪物》.

Lamia[1] -ae, *m* ラミア《Aelia 氏族に属する家名》.

Lamia[2] -ae, *f* [*Gk*] ラミア(-)《Thessalia の Phthiotis の町》.

Lamiānus -a -um, *adj* Lamia[1] の.

lāmina, lammina, lamna -ae, *f* 1 薄い金属板: ~ *plumbī* (PLIN) 鉛板. 2 刃, 刀身. 3 薄板. 4 お金, 現金. 5 堅果の殻. 6 °《植》葉身. 7 °《解》板.

lamium -ī, *n* [*Gk*]《植》オドリコソウ.

lampas -adis [-ados], *f* [*Gk*] 1 たいまつ. 2 灯火, ランプ. 3 (太陽・月などの)光.

Lampsacēnus -a -um, *adj* Lampsacus の.

Lampsacēnī -ōrum, *m pl* Lampsacus の住民.

Lampsacus, -os -ī, *f*, **-um** -ī, *n* [*Gk*] ランプサクス, *-コス《Hellespontus 南岸の町》.

Lamptēr -ēris, *m* [*Gk*] ランプテール《「燭台」の意; Phocaea の異名》.

lampyris -idis, *f* [*Gk*]《昆》ホタル.

Lamus -ī, *m* [*Gk*]《伝説》ラムス, *-モス《(1) Laestrygones 族の王; Formiae の創建者. (2) Hercules と Omphale の息子》.

lamyrus -ī, *m* [*Gk*] 海魚の一種.

lāna -ae, *f* 1 羊毛: *aurea* ~ (OV)《伝説》金の羊毛《Iason が Argonautae を率いて Colchis まで遠征し, Medea の助けで入手した》. 2 羊毛紡ぎ: *cogitare de lana sua* (OV) 自分の仕事に没頭する. 3 羊毛に似たもの: *de lana caprina rixari* (HOR) つまらないことでけんかする.

lānāria -ae, *f* [lanarius[1]] (*sc.* officina)《碑》羊毛紡績工場.

lānāris -is -e, *adj* [lana] 羊毛の採れる.

lānārius[1] -a -um, *adj* [lana] 1 羊毛を加工する. 2 *herba lanaria* (PLIN)《植》シャボンソウ.

lānārius[2] -ī, *m* 羊毛加工者, 毛織物業.

lānātus -a -um, *adj* [lana] 羊毛でおおわれた.

lancea -ae, *f* 軽い長槍.

lanceō -āre -āvī -ātum, °*tr* [↑] 槍を操る.

lanceola -ae, *f dim* [lancea] (小さな)槍.

lancifer -ī, °*m* [lancea/fero] 槍持ち.

lancinō -āre -āvī -ātum, *tr* [*cf.* lacer, lacinia] ずたずたに裂く, 切りさいなむ.

lāneus -a -um, *adj* [lana] 1 羊毛(製)の. 2 羊毛のような.

Langobardī -ōrum, *m pl* ランゴバルディー《Germania 北部の Albis (現 Elbe) 川下流域にいた一部族》.

languefacere *inf* ⇨ languefacio.

languefaciō -cere -fēcī -factum, *tr* [langueo/facio] 不活発にする, 活力をなくさせる.

languefactus -a -um, *pp* ⇨ languefacio.

languefēcī *pf* ⇨ languefacio.

langueō -ēre -guī, *intr* [*cf.* laxus] 1 (体が)弱っている, 衰弱している; 病気である: *e via languere* (CIC) 旅で疲れている. 2 (植物が)しぼんで[しおれて]いる. 3 (流れが)よどんでいる, 緩慢である. 4 不活発[無気力]である.

languēscō -ere -guī, *intr inch* [↑] 1 弱る, 衰弱する; 病気になる. 2 (植物が)しおれる, しぼむ. 3 不活発[無気力]になる.

languī *pf* ⇨ langueo, languesco.

languidē *adv* [languidus] 弱々しく, 力なく; 不活発に, 無気力に.

languidulus -a -um, *adj dim* [↓] 1 しぼんだ, しおれた. 2 ものうい, だるい.

languidus -a -um, *adj* [langueo] 1 弱った, 衰弱した; 病気の. 2 たれて[たるんで]いる. 3 (動き・流れが)のろい, ゆるい. 4 不活発な, 無気力な. 5 活力をなくさせる.

languor -ōris, *m* [langueo] 1 衰弱, 疲労; 病気. 2 (海の)穏やかさ, 静かさ. 3 不活発, 無気力.

laniēna -ī, *n* [lanius] 肉店.

laniātiō -ōnis, *f* [lanio[1]] 引き[切り]裂くこと.

laniātus[1] -a -um, *pp* ⇨ lanio[1].

laniātus[2] -ūs, *m* 1 引き[切り]裂くこと. 2 (切り裂かれた)傷あと.

lānicium -ī, *n* [lana] 羊毛.

laniēna -ae, *f* [↓] 1 肉店. 2 切り裂くこと.

laniēnus -a -um, *adj* [lanius] 肉屋の.

lānifica -ae, *f* [lanificus] (の)糸紡ぎ女, 織女.

lānificium -ī, *n* [↓] (羊毛)紡績.

lānificus -a -um, *adj* [lana/facio] 羊毛を織る, 毛糸を紡ぐ: *lanificae puellae* (MART) =Parcae.

lāniger[1] -gera -gerum, *adj* [lana/gero] 1 羊毛のある, 羊毛でおおわれた. 2 羊毛製の.

lāniger[2] -gerī, *m*《動》雄羊.

laniō[1] -āre -āvī -ātum, *tr* [*cf.* lanista] 1 引き[切り]裂く, ずたずたにする. 2 酷評する.

laniō[2] -ōnis, *m* [lanius] 肉屋.

laniōnius -a -um, *adj* [lanius] 肉屋の.

lānipēs -pedis, *adj* [lana/pes] 羊毛で足をくるんだ.

lanista -ae, *m* 1 剣闘士訓練者. 2 煽動者, 教唆者.

lānitium -ī, *n* =lanicium.

lanius -ī, *m* [*cf.* lanio[1]] 肉屋; 屠殺者

Lānivium -ī, *n* =Lanuvium.

lānoculus -a -um, *adj* [lana/oculus] 羊毛製の眼帯をした.

lānōsus -a -um, *adj* [lana] 羊毛の多い, 羊毛でおおわれた.

lanterna -ae, *f* 灯火, ランプ.

lanternārius -ī, *m* [↑] 灯火持ち.

lānūginōsus -a -um, *adj* [↓] 毛[綿毛]でおおわれた.

lānūgō -ginis, *f* [lana] 1 (顔の)和毛(にこ); 思春期. 2 (植物の)軟毛, 柔毛.

Lānuvīnus -a -um, *adj* Lanuvium の. **Lānuvīnī** -ōrum, *m pl* Lanuvium の住民.

Lānuvium -ī, *n* ラーヌウィウム《Via Appia 沿いにあった Latium の町; 現 Lanuvio》.

lanx lancis, *f* **1** 大皿. **2** 天秤の皿.

Lāocoōn -ontis, *m* [*Gk*] 〖伝説〗ラーオコオーン《Troja の Apollo の神官; ギリシア軍の残した巨大な木馬を城内に引き入れることに反対した》.

Lāodamīa -ae, *f* [*Gk*] 〖伝説〗ラーオダミーア, ⋆-メイア《Acastus の娘; Protesilaus の妻; 結婚したばかりの夫が Troja で戦死したとの報を受けて自害した》.

Lāodicēa, -īa -ae, *f* ラーオディケーア, ⋆-ケイア《いくつかの町の名; 特に (1) Phrygia の町. (2) Syria の港町; 現 Latakia》.

Lāodicēnsis -is -e, *adj* Laodicea (1) の. **Lāodicēnsēs** -ium, *m pl* Laodicea (1) の住民.

Lāodicēnus -a -um, *adj* Laodicea (2) の. **Lāodicēnī** -ōrum, *m pl* Laodicea (2) の住民.

Lāomedōn -ontis, *m* [*Gk*] 〖伝説〗ラーオメドーン《Troja の王; Priamus の父》.

Lāomedontēus, -ius -a -um, *adj* Laomedon の; Troja の.

Lāomedontiadēs -ae, *m* **1** Laomedon の息子 (=Priamus). **2** (*pl*) Troja 人たち.

laparotomia -ae, °*f* 〖医〗開腹術.

lapathum -ī, *n*, **lapathus, -os** -ī, *f* (*m*) [*Gk*] 〖植〗ギシギシ属の植物.

lapicīda -ae, *m* [lapis/caedo] 石工.

lapicīdīnae, -cae- -ārum, *f pl* [lapis/caedo] 石切り場.

lapidāris -is -e, *adj* [lapis] 〖碑〗石の.

lapidārius[1] -a -um, *adj* [lapis] 石の, 石切りの.

lapidārius[2] -ī, *m* 石工.

lapidātiō -ōnis, *f* [lapido] 石を投げること.

lapidātor -ōris, *m* [lapido] 投石者.

lapidātus -a -um, *pp* ⇨ lapido.

lapidēscō -ere, *intr* [lapis] 石になる, 石化する.

lapideus -a -um, *adj* [lapis] **1** 石の, 石でできた. **2** 石のような, 堅い.

lapidō -āre -āvī -ātum, *tr, intr* [lapis] 石を投げる, 石で打つ: (impers) *lapidavit* (Liv) 石が雨あられと降った.

lapidōsus -a -um, *adj* [lapis] **1** 石の多い. **2** 石のように堅い.

lapillus -ī, *m dim* [↓] **1** 小石. **2** 宝石.

lapis -idis, *m* **1** 石. **2** 大理石. **3** 里程標石. **4** 境界標石. **5** 墓石. **6** 白石. **7** 敷石. **8** 奴隷競売用の石の台. **9** 宝石. **10** 鈍感〖愚鈍〗な人.

Lapithae -ārum, *m pl* [*Gk*] 〖伝説〗ラピタエ, ⋆-タイ, "ラピテース族《Thessalia 山岳地方の粗暴な部族; Centaurus 族と戦った》.

Lapithaeus, -ēius -a -um, *adj* Lapithae 族の.

lappa -ae, *f* 〖植〗**1** (クリ・ゴボウなどの)いが. **2** いがのある植物《オナモミ・ゴボウなど》.

lappāceus -a -um, *adj* [↑] いがのような.

lapsana -ae, *f* [*Gk*] 〖植〗キャベツの類.

lapsiō -ōnis, *f* [labor¹] (誤りに)陥ること.

lapsō -āre -āvī -ātum, *intr freq* [labor¹] すべる, つまずく.

lapsus[1] -a -um, *pp* ⇨ labor¹.

lapsus[2] -ūs, *m* **1** すべり落ちること. **2** すべるように進むこと. **3** (時の)経過. **4** 失墜, 没落. **5** 過失, 誤り.

laqueāre -āris, *n* =lacunar.

laqueātus[1] -a -um, *pp* ⇨ laqueo¹.

laqueātus[2] -a -um, *adj* (lacus) (天井に)鏡板がはめられた.

laqueō[1] -āre -āvī -ātum, *tr* [laqueus] わなにかける.

laqueō[2] -āre, *tr* [laqueatus²] 羽目板天井で飾る.

laqueus -ī, *m* **1** 締縄: *laqueum mandare alci* (Juv) ある人を絞首刑に処する. **2** わな. **3** 策略. **4** 束縛.

Lār Laris, *m* **1** (通例 *pl* Lares として) ラール《家庭・道路などの守護神》: ~ *familiaris* (Plaut) 家の守り神. **2** 家庭, 家屋.

Lara -ae, *f* 〖神話〗ララ《Almo 河神の娘でニンフ; Lares の母; おしゃべりのため Juppiter に舌を切り取られた (*cf.* Tacita, Muta)》.

Larālia -ium, *n pl* [Lar] =Larentalia.

larārium -ī, °*n* (家庭内の) Lares の安置所.

larbasis -is, *f* [*Gk*] =stibi.

Larcius -ī, *m* ラルキウス《(ローマ人の氏族名); 特に T. ~ *Flavus*, 最古の独裁官(前 6 世紀初頭)》.

lardārius -ī [↓] 〖碑〗豚肉商人.

lardum -ī, *n* =laridum.

Lārentālia -ium, *n pl* ラーレンターリア祭《12月 23 日に行なわれた Larentia の祭典》.

Lārentia -ae, *f* =Acca.

Larēs -ium, *f pl* ラーレース《Numidia の町》.

largē *adv* [largus] **1** 寛大に, 気前よく. **2** 豊富に, たっぷりと. **3** 大いに, 非常に.

largificus -a -um, *adj* [largus/facio] 豊富な, たっぷりの.

largifluus -a -um, *adj* [largus/fluo] 豊かに流れる.

largiloquus -a -um, *adj* [largus/loquor] おしゃべりな.

largiō -īre, *tr* =largior.

largior -īrī -ītus sum, *tr dep* [largus] **1** 気前よく与える ⟨alci alqd⟩. **2** 贈賄する, 賄賂を使う. **3** 与える, 授ける, 許す. **4** 大目に見る, 容赦する.

largitās -ātis, *f* [largus] **1** 寛大さ, 気前のよさ. **2** 豊富.

largiter *adv* [largus] **1** 豊富に, たっぷりと. **2** 大いに, 非常に.

largītiō -ōnis, *f* [largior] **1** 気前よく与えること; 贈与, 授与, 施し. **2** 贈賄. 3° 帝室資金.

largītor -ōris, *m* [largior] **1** 気前よく与える人, 施しをする人. **2** 贈賄者.

largitūdō -dinis, *f* =largitas.

largītus -a -um, *pp* ⇨ largior

largus -a -um, *adj* **1** 気前のよい, 物惜しみしない ⟨+ *abl* [*gen*]⟩: ~ *promissis* (Tac) 気前よく約束する / *lacrumarum* (Plaut) ふんだんに涙を流す. **2** 豊富な, たっぷりの.

lāridum -ī, *n* 豚の脂身, ベーコン.

Lārīnās -ātis, *f adj* Larinum の. **Lārīnātēs** -ium, *m pl* Larinum の住民.

Lārīnum -ī, *n* ラーリーヌム《Samnium の町; 現

Lārīsa, Lārissa -ae, *f* [*Gk*] ラーリーサ, *-リッサ《Thessalia の町》.
Lārīsaeus -a -um, *adj* Larisa の. **Lārīsaeī** -ōrum, *m pl* Larisa の住民.
Lārīsensēs -ium, *m pl* =Larisaei.
Lārius -ī, *m* ラーリウス《Gallia Cisalpina の湖; 現 Lago di Como》.
larix -icis, *f* (*m*)《植》カラマツ.
Lars -rtis, *m* ラルス《Etruria 起源の個人名》.
Larunda -ae, *f* =Lara.
larva,《古形》**lārua** -ae, *f* **1** 悪霊, 亡霊. **2** 仮面.
larvālis -is -e, *adj* [↑] 悪霊[亡霊]のような.
larvātus,《古形》**lāruātus** -a -um, *adj* [larva] 悪霊に取りつかれた.
larvō -āre, *tr* [↑] 魔法をかける.
laryngeus -a -um, *adj* [larynx] 喉頭の.
laryngoscopia -ae, °*f*《医》喉頭鏡検査(法).
laryngotomia -ae, °*f*《医》喉頭切開(術).
larynx -ngis, °*m* [*Gk*]《解》喉頭.
Lās -sae, *f* [*Gk*] ラース《Laconia の町》.
lasanum -ī, *n* [*Gk*] 室内便器, おまる.
lāsar -aris, *n* =laser.
lāsarpīcī- ⇨ laserpici-.
lascīvē *adv* [lascivus] 放縦に, 奔放に, きまぐれに.
lascīvia -ae, *f* [lascivus] **1** きまぐれ, 戯れ. **2** 放縦, ふしだら. **3**《文体の》抑制がないこと.
lascīvībundus -a -um, *adj* [↓] ふざける, はしゃぐ.
lascīviō -īre, -vii -vītum, *intr* [↓] **1** ふざける, はしゃぐ. **2** 放縦にふるまう, 放蕩する.
lascīvus -a -um, *adj* **1** ふざける, 戯れる. **2** 軽薄な, きままな. **3** ふしだらな. **4** 手に負えない, 言うことを聞かない.
lāser -eris, *n* =laserpicium.
lāserpīcifer -fera -ferum, *adj* [↓/fero] アギを生ずる.
lāserpīcium -ī, *n* **1** アギ(阿魏)《オオウイキョウの類から採れるゴム樹脂》. **2**《植》アギが採れる植物.
lassātus -a -um, *pp* ⇨ lasso.
lassescō -ere, *intr inch* [lassus] **1** 疲れる. **2**《植物が》しおれる. **3** 尽きる, なくなる.
lassitūdō -dinis, *f* [lassus] 疲労, 倦怠.
lassō -āre -āvī -ātum, *tr* [lassus] 疲れさせる, 疲弊させる; 枯渇させる.
lassulus -a -um, *adj dim* [↓] 少し疲れた.
lassus -a -um, *adj* **1** 疲れた, くたびれた ~ *de via* (PLAUT) 旅に疲れた. **2** *res lassae* (Ov) 災難, 不幸.
lastaurus -ī, *m* [*Gk*] 放蕩者, 男色者.
lātē *adv* [latus¹] 広く, 広範囲に: *longe ~que* (CIC) 遠く広く, あまねく.
latebra -ae, *f* [lateo] **1** 隠れ場, 潜伏所. **2** 避難所. **3** 逃げ道, 口実. **4** 隠すこと.
latebricola -ae, *m* [↑/colo²] 悪所に隠れている人.
latebrōsē *adv* [↓] 隠れて, 秘密に, こっそり.
latebrōsus -a -um, *adj* [latebra] **1** 隠れ場の多い, 人目につかない. **2**《軽石が》穴の多い. **3** 隠れている, 潜伏している.
latens -entis, *adj* (*prp*) [lateo] **1** 潜伏している, 隠れている. **2** 秘密の.
latenter *adv* [↑] **1** 気づかれずに, こっそり. **2** 秘密に.
lateō -ēre latuī, *intr* (*tr*) **1** 潜伏する, 隠れる. **2** 気づかれない, 見過ごされる. **3** 避難する. **4** 見えない. **5** 世に知られずに暮らす. **6** …に知られない 〈alqm〉: *nec latuēre doli fratrem Junonis* (VERG) Juno の企ては兄弟(=Neptunus)の目を逃れられなかった.
later -eris, *m* **1** 煉瓦. **2**《金属の》鋳塊.
laterālis -is -e, *adj* [latus²] 横の, 脇の, 側面の.
laterāliter °*adv* [↑] 側面に, 横に.
lateramen -minis, *n* [later] (*pl*) 陶器, 土器.
Laterānus -ī, *m* ラテラーヌス《Claudia, Sextia, Plautia 氏族に属する家名》.
laterāria -ae, *f* [laterarius] 煉瓦焼き窯.
laterārium -ī, *n* [latus²]《建》桁.
laterārius -a -um, *adj* [later] 煉瓦用の.
laterculus -ī, *m dim* [later] **1**《小さな》煉瓦. **2** 堅い焼き菓子, ビスケット.
Laterensis -is, *m* ラテレンシス《Juventia 氏族に属する家名》.
latericium -ī, *n* [↓] **1** 煉瓦積み(工事). **2** (*pl*) 煉瓦造りの壁.
latericius -a -um, *adj* [later] 煉瓦(造り)の.
Laterium -ī, *n* ラテリウム《Arpinum にあった Cicero の弟 Quintus の別荘》.
lātern- ⇨ lantern-.
lātescō¹ -ere, *intr inch* [latus¹] 広くなる, 広がる.
lātescō² -ere, *intr inch* [lateo] 隠れる, 消える, 見えなくなる.
latex -icis, *m* **1** 液体, 流体: *sacer ~* (SEN) 神聖な液体(=血). **2** 水; 流水. **3** ぶどう酒.
Latiālis -is -e, *adj* Latium の.
Latiāliter °*adv* [↑] Latium 風に; ラテン語で.
Latiar -āris, *n* [↓] Juppiter の祭典.
Latiāris -is -e, *adj* **1** Latium の《特に Latini の聖山 mons Albanus で礼拝された Juppiter の添え名として》. **2** Juppiter Latiaris の: *mons ~* (CIC) = mons Albanus.
latibulum -ī, *n* [lateo] **1** 隠れ場, 潜伏所. **2**《動物の》巣穴, ねぐら.
lāticlāvius¹ -a -um, *adj* [latus¹/clavus]《元老院階級の印として tunica に》幅広の紫色の縞を付けた.
lāticlāvius² -ī, *m* 元老院階級の人.
lātifolius -a -um, *adj* [latus¹/folium] 広葉の.
lātifundium -ī, *n* [latus¹/fundus] 広大な地所.
Latīna -ae, *f* [Latinus²] **1** (*sc. lingua*) ラテン語. **2** (*sc. via*) ラティーナ街道《ローマから Casilinum に至る街道》.
Latīnae -ārum, *f pl* **1** (*sc. feriae*) ラティウム祭《Latini の聖山 mons Albanus で毎年行なわれた祭典》. **2** (*sc. litterae*) ラテン語[文学].
Latīnē *adv* [Latinus²] **1** ラテン語で. **2** 正しい[平明な]ラテン語で.
Latīnī -ōrum, *m pl* [Latinus²] **1** Latium の人々. **2** ラテン諸都市の住民.

Latīniēnsis -is -e, *adj* Latium の. **Latīniēnsēs** -ium, *m pl* Latium の住民.

Latīnitās -ātis, *f* [Latinus²] 1 ラテン語風[語法]. 2 =jus Latii).

Latīnum -ī, *n* [Latinus²] ラテン語.

Latīnus¹ -ī, *m* (伝説) ラティーヌス (Laurentes 族の王; 娘 Lavinia を Aeneas に嫁がせた).

Latīnus² -a -um, *adj* 1 Latini の, Latium の. 2 ラテン語の. 3 ラテン権を有する.

lātiō -ōnis, *f* [latus³] もたらすこと: ~ *auxilii* (Liv) 援助の提供 / ~ *legis* (Cic) 法案の提出 / ~ *suffragii* (Liv) 投票権, 選挙権.

latitātiō -ōnis, *f* [↓] 隠れていること.

latitō -āre -āvī -ātum, *intr* (*tr*) *freq* [lateo] 1 隠れている. 2 隠されている.

lātitūdō -dinis, *f* [latus¹] 1 広さ, 幅, 大きさ. 2 耳ざわりな発音. 3 表現の豊かさ.

Latium -ī, *n* ラティウム (ローマ市を含むイタリア中西部地方): *jus Latii* (Tac) ラテン人の権利, ラテン権 (ラテン諸都市の住民に与えられた権利).

Latius -a -um, *adj* 1 Latium の. 2 ローマの.

Latmius -a -um, *adj* Latmus の.

Latmus, -os -ī, *m* [Gk] ラトムス, *-モス (Caria の山; ここで月の女神 Luna が眠っている Endymion と夜をともにしたという).

Lātō -ūs, *f* [Gk] =Leto (⇨ Latona).

Latobrigī -ōrum, *m pl* ラトブリギー (Gallia にいたゲルマン系一部族).

Lātoia, Lātois, etc. ⇨ Letoia, Letois, etc.

lātomiae -ārum, *f pl* =lautumiae.

Lātōna -ae, *f* (神話) ラートーナ (Juppiter に愛されて Apollo と Diana の母になった女神; ギリシア神話の Leto に当たる).

Lātōnia -ae, *f* (神話) Latona の娘 (=Diana).

Lātōnigena -ae, *m, f* [Latona/gigno] Latona の子 (=Apollo または Diana).

Lātōnius -a -um, *adj* Latona の.

lātor -ōris, *m* [latus³] 1 (法案の)提出者. 2 *suffragii* ~ (Cic) 投票者.

Lātōus¹,² =Letous¹,².

Latovicī -ōrum, *m pl* ラトウィキー (Pannonia にいたケルト系一部族).

lātrātor -ōris, *m* [latro¹] ほえる者 (=犬); どなる[わめく]者.

lātrātus -ūs, *m* [latro¹] ほえること.

latrīa -ae, °*f* [Gk] 礼拝.

lātrīna -ae, *f* [lavo] 便所; 浴室.

lātrō¹ -āre -āvī -ātum, *intr* (*tr*) 1 (犬が)ほえる. 2 鳴り響く, とどろく. 3 (人が)どなる, わめく, 叫ぶ.

latrō² -ōnis, *m* 1 傭兵. 2 追いはぎ, 盗賊. 3 猟師. 4 チェスのこま.

latrōcinālis -is -e, *adj* [latrocinium] 盗賊の.

latrōcinātiō -ōnis, *f* [latrocinor] 強盗, 強奪.

latrōcinium -ī, *n* [↓] 1 (傭兵としての)軍務. 2 略奪, 強奪, 追いはぎ行為. 3 不正, 悪事. 4 盗賊団.

latrōcinor -ārī -ātus sum, *intr* (*tr*) *dep* [latro²] 1 傭兵として働く. 2 追いはぎ[強盗]をはたらく.

latrunclārius -a -um, *adj* [↓] チェスの: *tabula latrunclaria* (Sen) チェス盤.

latrunculus -ī, *m dim* [latro²] 1 追いはぎ, 盗賊. 2 チェスのこま.

lātus¹ -a -um, *adj* 1 幅の広い. 2 広い, 広大な. 3 (発音が)耳ざわりな. 4 高慢な. 5 (文体が)しまりのない, 冗長な.

latus² lateris, *n* [lateo] 1 横腹, 脇腹: ~ *dare alci* (Tib) ある人に弱みを見せる. 2 側面. 3 かたわら, そば: *lateri adhaerere* (Liv) 人に付きまとう. 4 斜面. 5 肺. 6 身体. 7 (軍)(隊)の翼(ぐ), 側面.

lātus³ -a -um, *pp* ⇨ fero.

latusculum -ī, *n dim* [latus²] 脇腹; 側面.

laudābilis -is -e, *adj* [laudo] ほめるべき, 賞賛に値する.

laudābiliter *adv* [↑] 賞賛に値するように, りっぱに.

laudātiō -ōnis, *f* [laudo] 1 ほめること, 賞賛. 2 (死者に対する)頌徳文, 弔辞. 3 (被告への)賞賛演説.

laudātīva -ae, *f* [↓] 賛辞.

laudātīvus -a -um, *adj* [laudo] 賞賛の.

laudātor -ōris, *m* [laudo] 1 賞賛者. 2 弔辞を述べる者. 3 (被告の人格について)有利な証言をする人.

laudātrīx -īcis, *f* [↑] 賞賛者 (女性).

laudātus -a -um, *adj* (*pp*) [laudo] 賞賛された; ほめるべき, りっぱな.

Laudic- ⇨ Laodic-.

laudicēnus -ī, *m* [↓/cena] 食事をほめる者, 食客.

laudō -āre -āvī -ātum, *tr* [laus] 1 ほめる, 賞賛する. 2 弔辞を述べる. 3 (被告の人格について)有利な証言をする. 4 名を挙げる, 言及する.

laurea -ae, *f* [laurus] 1 (植) 月桂樹. 2 (勝利のしるしとしての)月桂樹の枝; 月桂冠. 3 勝利.

laureātus -a -um, *adj* [↑] 月桂樹の枝で飾られた, 月桂冠をいただいた.

Laurēns -entis, *adj* 1 Laurentum の. 2 (詩) ローマの. **Laurentēs** -ium [-um], *m pl* 1 Laurentum の住民. 2 (詩) ローマ人たち.

Laurentīnum -ī, *n* [↓] Laurentum にあった Plinius Minor の地所.

Laurentīnus -a -um, *adj* Laurentum の.

Laurentius -a -um, *adj* Laurentum の.

Laurentum -ī, *n* ラウレントゥム (Latium の沿岸の町).

laureola -ae, *f dim* [laurea] 月桂樹の小枝, (小さな)月桂冠; (ささいな)勝利, 栄誉.

laurētum -ī, *n* [laurus] 月桂樹の森.

laureus -a -um, *adj* [laurus] 月桂樹の.

lauricomus -a -um, *adj* [laurus/coma¹] 月桂樹でおおわれた.

laurifer -fera -ferum, *adj* [laurus/fero] 1 月桂樹を生じさせる. 2 月桂冠で飾られた.

lauriger -gera -gerum, *adj* [laurus/gero] =laurifer.

laurinus -a -um, *adj* [↓] 月桂樹の.

laurus -ī [-ūs], *f* 1 (植) 月桂樹. 2 月桂樹の枝, 月桂冠. 3 勝利.

laus laudis, *f* 1 賞賛: *efferre alqm laudibus in caelum* (Cɪᴄ) ある人を口をきわめてほめやす. 2 栄誉, 名声. 3 賞賛に値する行為, 功績, 徳.

Lausus -ī, *m*〖伝説〗ラウスス《(1) Alba Longa の王 Numitor の息子; 叔父 Amulius に殺された. (2) Mezentius の息子; Aeneas に討たれた》.

lautē *adv* [lautus] 1 りっぱに, みごとに. 2 ぜいたくに, 気前よく.

lautia -ōrum, *n pl* [lautus] (国賓に対する)接待, 饗応.

lautitia -ae, *f* [lautus] ぜいたく, 豪奢.

lautiusculus -a -um, *adj dim* [lautus] (やや)豪華な.

Lautulae, -to- -ārum, *f pl* ラウトゥラエ《Latium の Anxur 付近の温泉場のある町》.

lautumiae -ārum, *f pl* [*Gk*] (特に牢獄として使われていた)石切り場.

lautus -a -um, *adj* (*pp*) [lavo] 1 洗われた, 清潔な. 2 りっぱな, みごとな. 3 ぜいたくな, 豪華な.

lavācrum -ī, *n* [lavo] 1 浴場. 2° 洗礼の水.

lavātiō -ōnis, *f* [lavo] 1 洗うこと; 入浴. 2 浴用道具. 3 浴場.

Laverna -ae, *f*〖神話〗ラウェルナ《盗人の女神》.

Lavernālis -is -e, *adj* Laverna の: *porta* ~ (Vᴀʀʀ) ラウェルナ門《ローマ市の門の一つ》.

Lavernium -ī, *n* ラウェルニウム《Campania の地名(詳細不明)》.

lāvī *pf* ⇒ lavo.

Lavic- ⇒ Labic-.

Lāvīnia -ae, *f*〖伝説〗ラーウィーニア《Latinus の娘; Aeneas の妻となった》.

Lāvīnium -ī, *n* ラーウィーニウム《Latium の沿岸の町; Aeneas が妻 Lavinia にちなんで名づけたという; 現 Pratica di Mare》.

Lāvīnius -a -um, *adj* Lavinium の.

Lāvīnum -ī, *n* =Lavinium.

Lāvīnus -a -um, *adj* =Lavinius.

lavō -āre [-ere] lāvī lavātum [lautum, lōtum], *tr, intr* **I** (*tr*) 1 洗う; (*pass*) 入浴する, 体を洗う. 2 湿らす, ぬらす. 3 洗い去る, 洗い流す. **II** (*intr*) 入浴する, 体を洗う.

laxāmentum -ī, *n* [laxo] 1 余地, 空間. 2 休憩, 中休み. 3 軽減, 緩和.

laxātus -a -um, *pp* ⇒ laxo.

laxē *adv* [laxus] 1 広く. 2 たっぷりと, 気前よく. 3 ゆるく, 制限なく: *laxius proferre diem* (Cɪᴄ) 期日をもっと先に延期する.

laxitās -ātis, *f* [lɑxus] 1 広いこと, 広さ. 2 広大空間. 3 自由な動き. 4 ゆるみ, 弛緩, ゆるみ.

laxō -āre -āvī -ātum, *tr* (*intr*) [↓] 1 広げる, 大きくする. 2 ゆるめる, ほどく. 3 解放する, 放つ. 4 (緊張を)解く, 楽にさせる. 5 軽減する, 弱める. 6 明らかにする, (価格を)下げる; 下がる.

laxus -a -um, *adj* [*cf.* langueo] 1 広い, 広々とした. 2 ゆるんだ, ゆるい. 3 大きく開いた. 4 緊張の解けた, くつろいだ. 5 時間がかかる; 将来の.

lea -ae, *f* [leo] 雌ライオン.

leaena -ae, *f* [*Gk*] =lea.

Leaena -ae, *f* [*Gk*] レアエナ, *レアイナ《Harmodius と Aristogiton の頃の Athenae の遊女 (前6世紀初頭)》.

Lĕander, -drus -drī, *m* [*Gk*]〖伝説〗レーアンデル, *-ドロス《Abydus の若者; 対岸の Sestos にいる恋人 Hero に会うために Hellespontus を泳ぎ渡っているうちに溺死した》.

Learchēus -a -um, *adj* Learchus の.

Learchus -ī, *m* [*Gk*]〖伝説〗レアルクス, *-コス《Athamas と Ino の息子; 発狂した父に殺された》.

Lebadīa, -ēa -ae, *f* [*Gk*] レバディーア, *-デイア《Boeotia の Helicon 山付近の町; 現 Levadhia》.

Lebedus, -os -ī, *f* [*Gk*] レベドゥス, *-ドス《Ionia の沿岸の町》.

lebēs -ētis, *m* [*Gk*] 1 大釜, 大鍋. 2 たらい.

Lebinthos, -us -ī, *f* [*Gk*] レビントス《Sporades 諸島の島》.

leccātor -ōris, °*m* 1 食客. 2 おべっか使い.

Lechaeum -ī, *n* [*Gk*] レカエウム, *-イオン《Corinthus の港》.

lectārium -ī, °*m* [↓] ベッドカバー.

lectārius -ī, *m* [lectus²]〖碑〗ベッド製造者.

lectē *adv* [lectus¹] 精選して.

lectīca -ae, *f* [lectus²] 1 輿(こし). 2 棺台.

lectīcāriola -ae, *f dim* [↓] かごかきと不倫する女.

lectīcārius -ī, *m* [lectica] 輿をかつぐ人.

lectīcula -ae, *f dim* [lectica] 1 (小さな)輿(こし). 2 (小さな)棺台. 3 長椅子.

lecticulus -ī, *m dim* [lectus²] ベッド.

lectiō -ōnis, *f* [lego²] 1 集めること. 2 選ぶこと, 選出: ~ *senatūs* (Lɪᴠ) censor による元老院議員名簿の見直し《不適格者の抹消と新人の選出》. 3 読むこと; 朗読. 4 読まれるもの; (書物の)一節. 5°〖カト〗(ミサで読む)聖句, 日課.

lectisterniātor -ōris, *m* [↓] 食卓の用意をする奴隷.

lectisternium -ī, *n* [lectus²/sterno] 1 神々のための饗宴. 2° 死者をしのぶ饗宴.

lectitō -āre -āvī -ātum, *tr freq* [lego²] しばしば[熱心に]読む.

lectiuncula -ae, *f dim* [lectio] 短い[軽い]読書.

lector -ōris, *m* [lego²] 1 読む人, 読者. 2 (他人のための職業的)朗読者. 3°〖カト〗読誦《ミサで聖句を朗読する》.

lectulus -ī, *m dim* =lectus².

Lectum, -on -ī, *n* [*Gk*] レクトゥム, *-トン《Troas の岬; 現 Babakale》.

lectus¹ -a -um, *adj* (*pp*) [lego²] 1 選ばれた, 精選された, えり抜きの. 2 上等な, 卓越した, すぐれた.

lectus² -ī, *m* 1 寝台, 長椅子. 2 食事用臥台. 3 棺台.

lēcythus -ī, *m* [*Gk*] 香油瓶.

Lēda -ae, **-ē** -ēs, *f* [*Gk*]〖伝説〗レーダ, *レーデー《Sparta の王 Tyndareus の妻; Juppiter が白鳥の姿で言い寄って Pollux, Helena, Castor, Clytaemnestra を生ませた》.

Lēdaeus -a -um, *adj* Leda の.

lēgālis -is -e, *adj* [lex] 法律の, 法律に関する.

lēgātārius -ī, *m* [legatum] 遺産受取人.

lēgātiō -ōnis, *f* [lego¹] 1 使節の派遣. 2 使節の職[任務]. 3 使節の報告[復命]. 4 使節団. 5 ~ *lībera* (Cɪᴄ) [私用で旅行する元老院議員に与えられた]使節並みに処遇される特権. 6 副官の職; 軍団長の職.

lēgātor -ōris, *m* [lego¹] 遺贈者.

lēgātōrius -a -um, *adj* legatus² の.

lēgātum -ī, *n* [↓] 遺産, 遺贈物.

lēgātus¹ -a -um, *pp* ⇒ lego¹.

lēgātus² -ī, *m* 1 使節. 2 (将軍・総督の)副官, 代官. 3 (帝政期の)属州総督. 4 ~ *legiōnis* (Tᴀᴄ) (帝政期の)軍団長.

legenda -ae, °*f* [lego²] 聖人伝.

legēns -entis, *m* (*prp*) [lego²] 読む人, 読者.

lēgī *pf* ⇒ lego².

legibilis -is -e, °*adj* [lego²] 読みうる, 読みやすい.

lēgifer -fera -ferum, *adj* [lex/fero] 法を与える.

legīle -is, °*n* [lego²] 《カト》聖書台.

legiō -ōnis, *f* [lego²] 1 軍団(兵員約4200–6000). 2 軍隊, 軍勢. 3 大群, 大勢.

legiōnārius¹ -a -um, *adj* [↑] 軍団の.

legiōnārius² -ī, *m* 軍団兵.

lēgirupa -ae, *m* [lex/rumpo] 法を破る者.

lēgirupiō -ōnis, *m* =legirupa.

lēgislātiō -ōnis, °*f* 法律制定, 立法.

lēgislātīvus -a -um, °*adj* [lex/latus²] 立法の.

lēgislātor -ōris, *m* 法律制定者, 立法者.

lēgista -ae, °*m* [lex] 法学者.

lēgitima -ōrum, *n pl* [legitimus] 1 (法で定められた)慣習. 2 °戒律, おきて.

lēgitimātiō -ōnis, °*f* [legitimo] 1 合法と認めること. 2 嫡出子と認めること.

lēgitimē *adv* [legitimus] 1 合法的に, 法に従って. 2 適切に, 正当に.

lēgitimitās -ātis, °*f* [legitimus] 1 適法, 合法. 2 嫡出.

lēgitimō -āre, °*tr* [↓] 1 合法と認める. 2 嫡出と認める.

lēgitimus -a -um, *adj* [lex] 1 法の, 法に関する. 2 法定の, 法で認められた. 3 合法的な, 適法の: *legitimum habere* (Cɪᴄ) 合法とみなす. 4 適切な, 当然の. 5 本物の, 真の.

legiuncula -ae, *f dim* [legio] (小さな)軍団.

lēgō¹ -āre -āvī -ātum, *tr* [lex] 1 使節として派遣する. 2 (将軍・総督の)副官[代官]に任命する. 3 委任する 〈alci alqd〉. 4 遺言で譲る, 遺贈する.

legō² -ere lēgī lectum, *tr* 1 集める, 拾い集める. 2 盗む, 奪う. 3 (帆・糸などを)巻き上げる. 4 立ち聞きする, 見て取る. 5 選ぶ; 改訂する: *senatum ter legi* (Aᴜɢᴜsᴛ) 私は元老院名簿を3度改訂した. 6 通り過ぎる, 横切る: *vestigia legere* (Vᴇʀɢ) 跡をつける, 追跡する. 7 (海岸に沿って)航行する. 8 読む; 朗読する. 9 読んで知る.

lēgulēius -ī, *m* [lex] 法律の専門的事項に精通した人, 三百代言.

legūmen -minis, *n* [lego²] 1 豆のなる植物. 2 豆, 豆類.

lēgumlātor -ōris, *m* =legislator.

Lelegēis -idis, *adj f* Leleges 族の.

Lelegēius -a -um, *adj* Leleges 族の.

Lelegēs -um, *m pl* [Gk] レゲゲス《ギリシア人の定住以前にギリシア・小アジアにいた先住民族》.

lēma -atis, *n* [Gk] 《病》ものもらい.

Lemannus (lacus) -ī, *m* レマンヌス湖《現 Lac Léman》.

lembus -ī, *m* [Gk] 小型帆船.

lemma -atis, *n* [Gk] 1 題目, 表題. 2 短い詩, 寸鉄詩.

Lēmniacus -a -um, *adj* =Lemnius¹.

Lēmnias -adis, *f* [Gk] Lemnos 島の女.

Lēmnicola -ae, *m* [Lemnos/colo²] Lemnos 島の住人 (=Volcanus).

Lēmniēnsis -is -e, *adj* =Lemnius¹.

lemniscātus -a -um, *adj* [↓] リボンで飾った.

lēmniscus -ī, *m* [Gk] 1 (栄誉のしるしとして花冠に付けた)リボン. 2 °《解》毛帯.

Lēmnius¹ -a -um, *adj* Lemnos 島の.

Lēmnius² -ī, *m* Lemnos 島の人 (=Volcanus).

Lēmnos, -us -ī, *f* [Gk] レームノス《エーゲ海北東部の島; Volcanus の居所とされた》.

Lemōnia -ae, *f* レモニア《(ローマの tribus の一つ)》.

Lemōnum -ī, *n* レモーヌム 《Gallia Celtica の町; 現 Poitiers》.

Lemovīcēs -um, *m pl* レモウィーケース《Aquitania にいたケルト系一部族; 首都は Augustoritum (現 Limoges)》.

lemurēs -um, *m pl* 亡霊, 死霊.

Lemūria -ōrum, *n pl* [↑] レムーリア祭《5月に行なわれた死霊をなだめる祭礼》.

lēna -ae, *f* [leno] 1 売春宿のおかみ. 2 誘惑する女.

Lēnaeus¹ -a -um, *adj* [Gk] Bacchus の.

Lēnaeus² -ī, *m* 《神話》 =Bacchus.

lēne *adv* (*neut*) [lenis] 《詩》静かに, 穏やかに.

lēnīmen -minis, *n* [lenio] 和らげるもの, 慰め.

lēnīmentum -ī, *n* [↓] 1 《医》緩和薬, 鎮静剤. 2 慰撫.

lēniō -īre -īvī [-iī] -ītum, *tr, intr* [↓] I (*tr*) 1 和らげる, 鎮める. 2 なだめる, 慰める. 3 もっともらしい説明をつける, 言いつくろう. II (*intr*) 和らぐ, 鎮まる.

lēnis -is -e, *adj* 1 穏やかな, 静かな: *lene stagnum* (Lɪᴠ) よどんだ水たまり. 2 (坂が)ゆるやかな. 3 (酒が)まろやかな, 芳醇な. 4 (音が)耳に快い. 5 温厚な, 優しい. 6 (状況・態度などが)耐えられる, 穏当な: ~ *sententia* (Cᴀᴇs) 穏当な意見.

lēnitās -ātis, *f* [↑] 1 穏やかさ, 静かさ. 2 温厚, 寛容.

lēniter *adv* [lenis] 静かに, 穏やかに.

lēnitūdō -dinis, *f* [lenis] 穏やかさ, 静かさ.

lēnītus -a -um, *pp* ⇒ lenio.

lēnō -ōnis, *m* 1 売春宿の主人, 女衒(ぜげん). 2 誘惑者.

lēnōcinium -ī, *n* [↑] 1 売春の仲介. 2 誘惑, 魅力. 3 甘言, 手管. 4 けばけばしい文飾.

lēnōcinor -ārī -ātus sum, *intr dep* [leno] 1 追従する, 取り入る 〈alci〉. 2 促進する, 助長する 〈alci rei〉.

lēnōnius -a -um, *adj* [leno] 売春周旋屋の.
lens[1] lendis, *m* シラミの卵.
lens[2] lentis, *f* 1 〘植〙ヒラマメ, レンズマメ. 2°〘解〙(眼球の)水晶体: ~ *crystallina* 水晶体.
lentē *adv* [lentus] 1 ゆっくり, 急がずに. 2 ぐずぐずと, 遅れて. 3 冷静に, 落ちついて.
lentescō -ere, *intr inch* [lentus] 1 粘る, ねばねばする. 2 柔軟[しなやか]になる. 3 (心配が)弱まる, 和らぐ.
lenticula -ae, *f dim* [lens²] 1 〘植〙ヒラマメ, レンズマメ. 2 ヒラマメ形のもの. 3 そばかす, しみ.
lenticulāris -is -e, *adj* [↑] 1 ヒラ[レンズ]マメの. 2°〘解〙レンズ形の, レンズ状の; 水晶体の.
lentiformis -is -e, *adj* [lens²/forma] 〘解〙レンズ形の, レンズ状の.
lentīginōsus -a -um, *adj* [↓] そばかす[しみ]のある.
lentīgō -ginis, *f* [lens²] そばかす, しみ.
lentiscifer -fera -ferum, *adj* [↓/fero] 乳香樹の生えている.
lentiscus -ī, *f*, **-cum** -ī, *n* 1 〘植〙乳香樹. 2 〘薬〙マスティクス, 乳香 (乳香樹から採れる樹脂).
lentitia -ae, *f* [lentus] 1 柔軟性, しなやかさ. 2 粘着性, ねばっこさ.
lentitūdō -dinis, *f* [lentus] 1 柔軟性, しなやかさ. 2 粘着性, ねばっこさ. 3 ぐずぐずすること. 4 鈍感.
lentō -āre -āvī -ātum, *tr* [lentus] 1 たわませる, 曲げる: *arcūs lentare* (Stat) 弓を引く. 2 長引かせる.
lentor -ōris, *m* [lentus] 1 柔軟性. 2 粘着性; ねばねばしたもの.
Lentulitās -ātis, *f* Lentulus 家の一員であること (=名家の誇り).
lentulus -a -um, *adj dim* [lentus] ややぐずの.
Lentulus -ī, *m* レントゥルス《Cornelia 氏族に属する家名》.
lentus -a -um, *adj* [lenis] 1 柔軟な, しなやかな. 2 強靱な. 3 粘着性の, ねばっこい. 4 のろい, ぐずぐずする; 長引いた. 5 無感覚な, 冷淡な.
lēnullus -ī, *m dim* [leno] 売春周旋屋, 女衒(ぜん).
lēnunculus[1] -ī, *m dim* =lenullus.
lēnunculus[2] -ī, *m dim* [lembus] 小舟.
leō -ōnis, *m* 1 (雄)ライオン. 2〘天·占星〙獅子座.
Leōcorion -ī, *n* [*Gk*] レオコリオン《Athenae にあった神殿; 飢饉を免れるために一身をいけにえに捧げた Leos の三人の娘のために建てられたもの》.
Leōn -ontis, *m* レオーン《(1) Sicilia 島の Syracusae 近くの町. (2) Phlius の僭主 (前 6 世紀後半)》.
Leōnidās -ae, *m* [*Gk*] レオーニダース《Sparta の王; Thermopylae の戦いで没した (前 480)》.
Leōnidēs -ae, *m* [*Gk*] レオーニデース《(1) Alexander 大王の師. (2) 青年時代の Cicero が Athenae でついて学んだ教師》.
leōnīnus -a -um, *adj* [leo] ライオンの.
Leonnātus -ī, *m* [*Gk*] レオンナートゥス, *-トス《Alexander 大王の将軍の一人》.
Leontīnī[1] -ōrum, *m pl* [*Gk*] レオンティーニー, *-ノイ《Sicilia 島東部の町; ソフィスト Gorgias の生地》.
Leontīnus -a -um, *adj* Leontini の. **Leontīnī**[2] -ōrum, *m pl* Leontini の住民.

Leontium -ī, *f* [*Gk*] レオンティウム, *-オン《Athenae の遊女; Epicurus の友人》.
leopardus -ī, °*m* [*Gk*] 〘動〙ヒョウ (豹).
lepas -adis, *f* [*Gk*] 〘貝〙カサガイ.
lepidē *adv* [↓] 1 快く, 魅力的に. 2 (賛同を表わして)よろしい. 3 (賞賛を表わって)うまい, みごとだ. 4 当意即妙に, 巧みに.
lepidus -a -um, *adj* [lepos] 1 快い, 魅力的な. 2 めめしい, 柔弱な. 3 (話が)機知に富んだ, 巧みな.
Lepidus -ī, *m* レピドゥス《Aemilia 氏族に属する家名; 特に *M. Aemilius* ~, Octavius, Antonius とともに第 2 回三頭政治を行なった政治家》.
Lēpontiī -ōrum, *m pl* レーポンティイー《Gallia Cisalpina の Ticinus 河畔にいたケルト系一部族》.
lepor -ōris, °*m* =lepos.
leporīnus -a -um, *adj* [lepus] ウサギの.
lepos -ōris, *m* 1 優美, 魅力. 2 機知.
lepra -ae, *f* [*Gk*] 〘病〙癩病.
leprōsus[1] -a -um, °*adj* [↑] 癩病の.
leprōsus[2] -ī, °*m* 癩病患者.
Leptis -is, *f* レプティス《Africa 沿岸の二つの町の名; (1) ~ *magna*, Tripolis の町. (2) ~ *minor*, Carthago 南方の町》.
Leptitānus -a -um, *adj* Leptis の. **Leptitānī** -ōrum, *m pl* Leptis の住民.
leptosporangiātae -ārum, °*f pl* 〘植〙薄嚢シダ類.
lepus leporis, *m* 1 〘動〙ウサギ. 2 〘天〙兎座.
lepusculus -ī, *m dim* [↑] 子ウサギ.
Lerna -ae, **-ē** -ēs, *f* [*Gk*] レルナ, *レルネー《Argos 付近の沼沢地; ここに生息した水蛇 Hydra は Hercules に退治されたという》.
Lernaeus -a -um, *adj* [*Gk*] Lerna の.
Lesbiacus -a -um, *adj* [*Gk*] Lesbos 島の.
Lesbias -ados, *f* [*Gk*] Lesbos 島の女.
Lesbis[1] -idos, *adj f* [*Gk*] Lesbos 島の.
Lesbis[2] -idos, *f* Lesbos 島の女 (=Sappho).
Lesbium -ī, *n* (*sc. vinum*) Lesbos 島産のぶどう酒.
Lesbius -a -um, *adj* [*Gk*] Lesbos 島の: ~ *civis* (Hor) =Alcaeus / *Lesbium plectrum* (Hor) 抒情詩 / *Lesbia vates* (Ov) =Sappho.
Lesbos, -us -ī, *f* [*Gk*] レスボス《エーゲ海北部の島; 抒情詩人 Sappho と Alcaeus の生地》.
Lesbōus -a -um, *adj* [*Gk*] Lesbos 島の.
lessus -ūs, *m* 哀悼.
lētālis -is -e, *adj* [letum] 1 死の. 2 致命的な, 死を招く.
lētāliter *adv* [↑] 致命的に.
Lēthaeus -a -um, *adj* 1 Lethe 川の. 2 死の, 冥府の. 3 忘却[眠り]をもたらす.
lēthargia -ae, *f* [*Gk*] 嗜眠(みん), 昏睡.
lēthargicus[1] -a -um, *adj* [*Gk*] 嗜眠性[症]の.
lēthargicus[2] -ī, *m* 嗜眠症の人.
lēthargus -ī, *m* [*Gk*] 嗜眠, 昏睡.
Lēthē -ēs, *f* [*Gk*] 1 〘伝説〙レーテー《「忘却」の意; 冥府にある川; その水を飲むと過去のすべてを忘れるという》. 2 忘却. 3 冥府.
lētifer -fera -ferum, *adj* [letum/fero] 致命的な,

死をもたらす.
lētō -āre -āvī -ātum, *tr* [letum] 殺す.
Lētō -ūs, *f* [*Gk*] 【神話】レートー (⇨ Latona).
Lētōia -ae, *f* [*Gk*] 【神話】Leto の娘 (=Diana).
Lētoidēs -ae, *m* [*Gk*] 【神話】Leto の息子 (= Apollo).
Lētōis[1] -idis [-idos], *adj f* [*Gk*] Leto の.
Lētōis[2] -idis [-idos], *f* =Letoia.
Lētōius[1] -a -um, *adj* =Letous[1].
Lētōius[2] -ī, *m* =Letous[2].
Lētōus[1] -a -um, *adj* Leto の.
Lētōus[2] -ī, *m* Leto の息子 (=Apollo).
lētum -ī, *n* 1 死: *leto dare* [*mittere*] (VERG [Ov]) 殺す. 2 破滅.
leuca -ae, °*f* =leuga.
leucacantha -ae, *f*, **-os** -ī, *m* [*Gk*] 【植】アザミ.
Leucadia[1] -ae, **Leucas** -adis, *f* [*Gk*] レウカディア(-), レウカス《イオニア海の島; Apollo 神殿があった; 現 Levkás》.
Leucadia[2] -ae, *f*「Leucas の女」《Turpilius の喜劇の題名》.
Leucadiēnsis -is -e, *adj* =Leucadius. **Leucadiēnsēs** -ium, *m pl* =Leucadii.
Leucadius -a -um, *adj* Leucadia の. **Leucadiī** -ōrum, *m pl* Leucadia の住民.
leucaemia -ae, °*f* 【医】白血病.
Leucas -adis, *f* レウカス《(1) =Leucadia[1]. (2) 同島の主要な町. (3) 同島南端の岬》.
leucaspis -idis, *adj f* [*Gk*] 白い盾を持った.
Leucāta -ae, **-ē** -ēs, *f* [*Gk*] レウカータ, *-カータース (=Leucas (3)).
leucē -ēs, *f* [*Gk*] 1 【植】オドリコソウ. 2 【植】セイヨウワサビ. 3 【病】白斑の一種. 4° 白ポプラ.
Leucē[1] -ēs, *f* [*Gk*] レウケー《(1) 黒海沿岸の Borysthenes 河口近くの島; 「白い島」の意; Achillea 「Achilles の島」とも呼ばれた. (2) Laconia の町》.
Leucē[2] -ēs, °*f* [*Gk*] 【神話】レウケー《「白い女」の意; Oceanus と Tethys の娘; Pluto に愛され, 白ポプラに変身した》.
Leucī -ōrum, *m pl* レウキ《Gallia Belgica にいた一部族》.
Leucippis -idis [-idos], *f* Leucippus (1) の娘.
Leucippus -ī, *m* [*Gk*] レウキップス, *-ポス《(1)【伝説】Messene の王で Phoebe と Hilaira の父. (2) 前5 世紀のギリシアの哲学者; 原子論の創始者》.
leucochrȳsos -ī, *m* [*Gk*] 1 貴橄欖(かんらん)石の一種. 2 鋼玉の一種.
leucocomos -os -on, *adj* [*Gk*] 白い葉の.
leucocōum -ī, *n* [*Gk*] (Cos 島産の)白ぶどう酒.
leucocytōsis -is, °*f* [↓] 【病】白血球増加症.
leucocytus -ī, °*m* 【解】白血球.
leucogaeus -a -um, *adj* [*Gk*] 白土の.
leucographītis -idos, *f* [*Gk*] 白墨.
leucoium -ī, *n* [*Gk*] 【植】ニオイスミレの一種.
Leuconoē -ēs, *f* [*Gk*] 【伝説】レウコノエー《Minyas の娘の一人》.
leucopathīa -ae, °*f* 【病】白皮症.
Leucopetra -ae, *f* [*Gk*] レウコペトラ《「白い岩」の意; Bruttii の Regium 近くの岬》.

Leucophryna -ae, *f* [*Gk*]「眉の白い」の意)(Magnesia における) Diana の添え名.
leucorrhoea -ae, °*f* 【医】白帯下(はくたいげ).
Leucosia -ae, *f* [*Gk*] レウコシア(-) 《Lucania の Paestum 付近の小島》.
Leucosyrī -ōrum, *m pl* [*Gk*] レウコシュリー, *-ロイ《黒海沿岸にいた一部族》.
Leucothea -ae, **-eē** -ēs, *f* [*Gk*] 【神話】レウコテア(-)《「白い女神」の意; Ino が身を投げて海の女神になってからの名》.
Leuctra -ōrum, *n pl* [*Gk*] レウクトラ《Boeotia の小さな町; Thebae の将軍 Epaminondas が Sparta 軍を破った(前 371) 場所》.
Leuctricus -a -um, *adj* Leuctra の.
leuga -ae, °*f* Gallia 人の用いた距離の単位 (=1500 passus).
leunculus -ī, °*m dim* [leo] (小さな)ライオン.
Levācī -ōrum, *m pl* [*Gk*] レウァーキー《Gallia Belgica にいた一部族》.
levāmen -minis, *n* [levo²] 1 緩和[軽減](するもの). 2 慰め(となるもの).
levāmentum -ī, *n* =levamen.
levātiō -ōnis, *f* [levo²] 1 持ち上げること. 2 緩和[軽減](するもの).
levātor -ōris, *m* [levo²] 1 緩和[軽減]する人. 2 泥棒, すり. 3° 【解】挙筋.
lēvātus[1] -a -um, *pp* ⇨ levo[1].
levātus[2] -a -um, *pp* ⇨ levo[2].
lēvī *pf* ⇨ lino.
leviculus -a -um, *adj dim* [levis²] 1 心の狭い, 卑しい心の. 2 取るに足らない, つまらない.
levidēnsis -is -e, *adj* [levis²/densus] 軽く織られた, 目の粗い.
levifidus -a -um, *adj* [levis²/fidus] あてにならない, 信頼できない.
lēvigō[1] -āre -āvī -ātum, *tr* [levis¹] 1 なめらかにする. 2 (砕いて)粉にする.
levigō[2] -āre -āvī -ātum, *tr* [levis²] 軽くする.
levipēs -edis, *adj* [levis²/pes] 足の速い.
lēvir -rī, *m* 夫の兄弟, 義理の兄弟.
lēvis[1] -is -e, *adj* 1 なめらかな. 2 毛[ひげ]のない. 3 めめしい, 柔弱な. 4 (弁辞的)耳ざわりな音を避けた, なめらかな.
levis[2] -is -e, *adj* 1 軽い. 2 軽装(備)の. 3 軽快な, すばやい. 4 軽率な, 重みがない. 5 不確かな, あてにならない. 6 (苦しみ・不幸などが)容易に耐えられる, 軽微な.
levisomnus -a -um, *adj* [↑/somnus] 眠りの浅い.
Lēvīta, -ēs -ēs, °*m* [*Gk*<*Heb.*] 1 【聖】レビ族の人《特に, ユダヤの神殿で祭司を補佐した者》. 2 【カト】助祭.
lēvitās[1] -ātis, *f* [levis¹] 1 なめらかさ. 2 (音の)なめらかさ, 耳ざわりでないこと.
levitās[2] -ātis, *f* [levis²] 1 軽いこと. 2 敏捷. 3 浅薄, 空疎. 4 あてにならないこと, 軽率.
leviter *adv* [levis²] 1 軽く, そっと. 2 力を加えずに, 無理をせずに. 3 少し, わずかに. 4 平静に; 容易に. 5 気まぐれに, 軽率に. 6 根拠なしに, いわれなく.

lēvō¹ -āre -āvī -ātum, *tr* [levis¹] なめらかにする; 磨く.

levō² -āre -āvī -ātum, *tr* [levis²] **1** 持ち上げる. **2** 緩和する, 軽減する ⟨alci alqd⟩. **3** 解放する, 自由にする ⟨alqm re⟩. **4** 弱める, 減ずる. **5** 取り除く ⟨alci alqd⟩. **6** 回復させる, 元気づける.

lĕvor -ōris, *m* [levis¹] なめらかさ.

lex lēgis, *f* [lego²] **1** 法, 法律: *lege* (Cɪᴄ) 法に従って, 法律的に / *lege agere* (Cɪᴄ) 法的手続きを取る, 訴訟を起こす. **2** 契約, 協定: *leges pacis* (Vᴇʀɢ) 講和条件. **3** 法案. **4** おきて, ならわし; 規則. **5** 原理, 法則: *ad legem* (Sᴇɴ) きちんと / *sine lege* (Ov) 無秩序に.

lexidium -ī, *n* [*Gk*] あまり用いられない（珍しい）こと.

lexis -is [-eos], *f* [*Gk*] ことば, 話, 言語.

Lexoviī -ōrum, *m pl* レクソウィイー《Gallia Lugdunensis の Sequana 河口西方にいた一部族》.

lībāmen -minis, *n* [libo] **1** 献酒; 供物. **2** （神にそなえる）初穂, 初物.

lībāmentum -ī, *n* [libo] **1** 献酒, (初穂の)供物. **2** 少量, 見本.

libanus -ī, °*m* [*Gk*] 乳香.

Libanus -ī, *m* [*Gk*<*Heb.*] リバヌス, °-ノス《Syria の山脈; 現 Lebanon 山脈》.

lībārius -ī, *m* [libum] 菓子職人.

lībātiō -ōnis, *f* [libo] (神への)献酒.

lībātor -ōris, *m* [libo] 献酒する者.

lībātōrium -ī, °*n* [libo] 献酒用の皿.

libella -ae, *f dim* [libra] **1** 小銀貨《denarius の 10 分の 1 の価》: *heres ex libella* (Cɪᴄ) (遺産の) 10 分の 1 の相続人 / *ad libellam* (Cɪᴄ) 最後の一文まで(=きっかり). **2** 水準器, (おもりの付いた)下げ振り線.

libellus -ī, *m dim* [liber¹] **1** 小冊子. **2** 記録簿, 筆記帳. **3** 公文書, 通達. **4** 請願書. **5** 《法》訴状. **6** 貼り紙, ちらし. **7** プログラム, 演目一覧. **8** 誹謗文書, 中傷文.

libens -entis, *adj* (*prp*) [libet] **1** 喜んで[快く]...する: *libenti animo* (Pʟᴀᴜᴛ) 快く, 進んで. **2** うれしい, 喜ばしい.

libenter *adv* [↑] 喜んで, 快く, 進んで.

libentia -ae, *f* [libens] 喜び, 楽しさ.

Libentīna -ae, *f* [libens] 《神話》(肉体的快楽の女神) Venus の呼称の一つ.

liber¹ -brī, *m* **1** 樹皮, 靭皮（じんぴ）. **2** 書物, 本, 文書; 巻, 編. **3** (*pl*) 予言書: *libri Sibyllini* (Lɪᴠ) Sibylla の予言書. **4** 記録簿, 目録. **5** 書簡, 手紙.

liber² -era -erum, *adj* **1** 自由な. **2** 独立した: *libera civitas* (Cɪᴄ) 自由市. **3** 制約をうけない, 制限のない: *libera custodia* (Cɪᴄ) 自宅監禁, 軟禁. **4** 用事のない, ひまな. **5** 人のいない, 占有されていない. **6** 開放された, 自由に出入りできる. **7** (土地が抵当・納税などの)義務のない. **8** 自主的な. **9** 率直な, 遠慮のない. **10** (...を)免れた ⟨(a) re; alcis rei⟩. **11** 放縦な, 節度のない.

Līber¹ -erī, *m* **1** 《神話》リーベル《イタリアの古い神; 植物の繁茂をつかさどる; のちに Bacchus と同一視された》. **2** ぶどう酒.

Lībera -ae, *f* 《神話》リーベラ《イタリアの古い女神; 農業をつかさどる; Ceres の娘 Proserpina (時に Bacchus の妻 Ariadna) と同一視された》.

Līberālia -ium, *n pl* [Liberalis] リーベラーリア《Liber の祭典; 3 月 17 日に行なわれた》.

līberālis -is -e, *adj* [liber²] **1** 自由の, 自由に関する. **2** 自由人にふさわしい; 上品な. **3** 親切な, 寛大な. **4** たっぷりの, 豊富な.

Līberālis -is -e, *adj* Liber の.

līberālitās -ātis, *f* [liberalis] **1** 寛大, 高貴, 親切. **2** 気前のよさ; 贈与, 施し.

līberāliter *adv* [liberalis] **1** 自由人にふさわしく. **2** 寛大に, 親切に, 気前よく. **3** 豊富に, たっぷりと.

līberātiō -ōnis, *f* [libero] **1** 自由にすること, 解放; 放免. **2** °(負債の)免除.

līberātor -ōris, *m* [libero] 解放者.

līberātrīx -īcis, *f* [↑]《碑》解放者《女性》.

līberātus -a -um, *pp* ⇒ libero.

līberē *adv* [liber²] **1** 自由人にふさわしく. **2** 自由に, 拘束されずに. **3** 遠慮なく, 率直に. **4** 破廉恥に, ふしだらに.

līberī -ōrum, *m pl* [liber²] 子供たち.

līberō -āre -āvī -ātum, *tr* [liber²] **1** 自由にする, 解放する ⟨alqd [alqm] (a [ex]) re⟩. **2** 免れさせる; 免除する; 放免する ⟨alqm (a [ex]) re; alqm alcis rei⟩. **3** (約束・義務を)履行する, 果たす. **4** (包囲を)解除する.

līberta -ae, *f* [libertus] 解放奴隷《女性》.

lībertās -ātis, *f* [liber²] **1** 自由(な状態). **2** 自主, 独立, 機会 ⟨alcis rei; ad alqd; in re; ut⟩: *dare populo libertatem ut quod velint faciant* (Cɪᴄ) 民衆にしたいことをする自由を与える. **4** 率直. **5** 放縦, 気まま.

lībertīna -ae, *f* [↑] 解放奴隷《女性》.

lībertīnus¹ -a -um, *adj* [libertus] 解放奴隷の.

lībertīnus² -ī, *m* **1** 解放奴隷. **2** 解放奴隷の息子.

lībertus -ī, *m* [liber²] 解放奴隷.

libet, lubet -ēre libuit [libitum est], *intr impers* ...の気に入る, 好ましい ⟨alci; +*inf*⟩: *quod tibi* ~, *idem mihi* ~ (Pʟᴀᴜᴛ) あなたの好きなことはそのまま私の好きなこと / *non* ~ *fugere* (Cɪᴄ) 逃げるのはいやだ.

Lībēthra -ōrum, *n pl* [*Gk*] リーベートラ, °レイ-《Helicon 山の泉; Musae の聖泉》.

Lībēthrides -um, *f pl* [*Gk*] =Musae.

Lībēthrum -ī, *n* リーベートルム, °レイベートロン《Thessalia の町》.

libīdinitās -ātis, *f* [libido] 好色.

libīdinor -ārī -ātus sum, *intr dep* [libido] 情欲にふける.

libīdinōsē *adv* [↓] 気ままに, 放縦に.

libīdinōsus -a -um, *adj* [↓] **1** みだらな, 好色の. **2** がままな, 気ままな.

libīdō -dinis, *f* [libet] **1** 欲望, 願望. **2** 情欲, 性欲. **3** わがまま, 気まぐれ. **4** 放蕩.

libita -ōrum, *n pl* (*pp*) [libet] 欲望, 願望.

Libitīna -ae, *f* **1** 《神話》リビティーナ《イタリアの古い死と埋葬の女神; その神殿に死亡者名簿が保管された》. **2** 葬儀用具; 棺台. **3** 死.

libitīnārius -ī, *m* [↑] 葬儀屋.
libitus[1] -a -um, *pp* ⇨ libet.
libitus[2] -ūs, °*m* 気まぐれ.
libō -āre -āvī -ātum, *tr* 1 (神に)献酒をする；ささげ物をする. 2 少し味わう. 3 軽く触れる, かすめる：*oscula alcis libare* (VERG) ある人にキスをする. 4 減ずる. 5 引き出す, 選び出す.
Libō -ōnis, *m* リボー《ローマ人の家名》.
libonotus, -os -ī, *m* [*Gk*] 南南西の風.
lībra -ae, *f* 1 重量単位（=12 unciae = 約 327.45 g）. 2 はかり, 天秤：~ *et aes* (LIV) 天秤と銅貨《正式な手続きによる所有権の移転の象徴》. 3 水準；水準器. 4 均衡, 釣合い. 5《天・占星》天秤座.
lībrālis -is -e, *adj* 1 libra の重さの.
lībrāmen -minis, °*f* [libro] 均衡, 釣合い.
lībrāmentum -ī, *n* [libro] 1 平衡錘(た), おもり. 2 水準；水平面(線). 3 勾配, 傾斜. 4 均衡, 釣合い.
lībrāria -ae, *f* [librarius[2]] 1 (女性の)書記, 写字生. 2 書店.
lībrāriolus -ī, *m dim* =librarius[2].
lībrārium -ī, *n* [↓] 本をしまう所, 櫃(ひ).
lībrārius[1] -a -um, *adj* [liber[1]] 書物の.
lībrārius[2] -ī, *m* 1 書記, 写字生. 2 書籍商.
lībrārius[3] -a -um, *adj* 1 libra の重さの.
lībrātiō -ōnis, *f* [libro] 1 水準測量. 2 (はかりのさおを)水平にすること. 3 水平面. 4 (階段の)傾斜.
lībrātor -ōris, *m* [libro] 測量者.
lībrātus -a -um, *adj* (*pp*) [libro] 1 水平の, 平面の. 2 ねらいを定めた.
lībrile -is, *n* [↓] 1 はかり, 天秤. 2 はかりのさお. 3 投石機.
lībrīlis -is -e, *adj* 1 libra の重さの：*funda* ~ (CAES) (1 libra の石を投射する)投石機.
lībripens -endis, *m* [libra/pendo] 1 (軍隊の)俸給支給官, 主計官. 2 (契約に基づく財産譲渡の儀式において)天秤を持つ者.
lībritor -ōris, *m* [↓] 投石兵.
lībrō -āre -āvī -ātum, *tr* [libra] 1 水平にする. 2 釣り合わせる, 均衡をとらせる. 3 宙に浮かせておく. 4 狙いを定める；投げる. 5 測る；考量する.
Libs -bis [-bos], *m* =Lips.
Libuī -ōrum, *m pl* リブイー《Gallia Transpadana にいた一部族》.
libuit *pf* ⇨ libet.
lībum -ī, *n* [libo] (通例, 供物用の)菓子.
Liburna -ae, *f* (Liburni 族の)快走船.
Liburnī -ōrum, *m pl* リブルニー《Illyria 北部のアドリア海沿岸にいた一部族》.
Liburnia -ae, *f* リブルニア《Liburni 族のいた地方》.
Liburnica -ae, *f* =Liburna.
Liburnicus -a -um, *adj* =Liburnus[1].
Liburnus[1] -a -um, *adj* Liburni 族の：*rostra Liburna* (PROP) =Liburna.
Liburnus[2] -ī, *m* Liburni 族の人《特にローマで輿を運ぶ奴隷として使われた》.
libus -ī, *m* =libum.
Libya -ae, -ē -ēs, *f* [*Gk*] リビュア, *エー《Africa 北部の一地方；時に Africa 全土を指す》.

Libycus -a -um, *adj* 1 Libya の. 2 Carthago の.
Libyphoenīcēs -um, *m pl* [*Gk*] Phoenicia 人の子孫と混血した Libya 人.
Libys[1] -yos, *adj* Libya の.
Libys[2] -yos, *m* Libya 人.
Libyssa -ae *adj f* Libya の.
Libystīnus -a -um, *adj* Libya の.
Libystis -idis, *adj f* Libya の.
Libyus -a -um, *adj* Libya の.
licens -entis, *adj* (*prp*) [licet] 放縦な, わがままな, あつかましい.
licenter *adv* [↑] 1 節度なく, 放縦に, あつかましく. 2 誇張して, 途方もなく.
licentia -ae, *f* [licens] 1 (…する)自由, 許可, 機会〈alcis rei; ad alqd〉. 2 放縦, 気まま. 3 率直. 4 (修辞的・詩的効果をあげるための)語の自由な[型破りの]用い方. 5 奔放な空想.
licentiātus -ūs, *m* [↑] 許可.
licentiōsus -a -um, *adj* [licentia] 気ままな, 放縦な.
liceō -ēre -cuī -citum, *intr* (…の)値段がついている, 売りに出ている〈+価格の *gen* [*abl*]〉.
liceor -ērī -citus sum, *intr, tr dep* Ⅰ (*intr*) (競売で)値をつける. Ⅱ (*tr*) 入札する〈alqd〉.
licet -ēre licuit [licitum est], *intr impers* [*cf.* liceo] 1 (…することが)自由である, 許されている〈alci；+ *inf*；+ *acc c. inf*；+ *subj*；ut〉：*tibi vendere hasce aedis* ~ (PLAUT) この家を売るのはあなたのご随意に. 2 (命令・要求への応答として)もちろん, 了解：*concede huc.* — ~ (PLAUT) こっちへ来い. —はい, 仰せのとおりに. 3 (*conj* として；+ *subj*) …としても：*omnia* ~ *concurrant* (CIC) これらのことがすべて同時に起こったとしても.
Lichās -ae, *m* [*Gk*] (伝説) リカース《Hercules の部下；妻 Deianira によって毒を塗られた肌着を Hercules に届けた》.
lichēn -ēnis, *m* [*Gk*] 1《植》地衣類. 2《病》皮疹(ん).
liciātōrium -ī, °*n* [licium] 織機の巻棒.
Liciniānus -a -um, *adj* =Licinius[2].
Licinius[1] -ī, *m* リキニウス《ローマ人の氏族名；特に *M.* ~ *Crassus* (⇨ Crassus)》.
Licinius[2] -a -um, *adj* Licinius の.
Licinus -ī, *m* リキヌス《ローマ人の家名；特に Augustus 帝の解放奴隷で Gallia の富裕な行政長官》.
licitātiō -ōnis, *f* [licitor] 入札, 競り.
licitātor -ōris, *m* [licitor] 入札者, 競り手.
licitē *adv* [licitus] 正当に, 合法的に.
licitō° *adv* =licite.
licitor -ārī -ātus sum, *intr* (*tr*) *dep* [liceor] 1 (競売で)値をつける；入札する〈+*dat*；+*acc*〉. 2 競争する.
licitus -a -um, *adj* (*pp*) [licet] 許された；正当な, 合法の.
licium -ī, *n* [*cf.* obliquus] 1 ひも, 糸. 2 (機織りで)織り端(の糸).
līctor -ōris, *m* 先導吏《束桿(そっかん) (fasces) を持って高官の先駆を務めた下級官吏》.
līctōrius -a -um, *adj* lictor の.

licuī *pf* ⇨ liqueo, liquesco.
licuit *pf* ⇨ licet.
liēn -ēnis, **liēnis** -is, *m* 〖解〗脾臓.
liēnōsus -a -um, *adj* [↑] 〖医〗脾病の.
ligāmen -minis, *n* [ligo²] ひも, リボン状のもの; 包帯.
ligāmentum -ī, *n* [ligo²] **1** 包帯, 巻きつけた布. **2**〖解〗靭帯, 索.
Ligāriānus -a -um, *adj* Ligarius の.
Ligārius -ī, *m* リガーリウス《ローマ人の氏族名; 特に Q.~, 彼のために Cicero が法廷で弁論した》.
ligātus -a -um, *pp* ⇨ ligo².
Ligdus -ī, *m* 〖伝説〗リグドゥス《Creta 島の Phaestum の人; Iphis の父》.
Liger -eris, *m* リゲル《Gallia Lugdunensis と Aquitania の境界をなす川; 現 Loire》.
Ligiī -orum, *m pl* リギイー《Germania の Visurgis (現 Weser) 河畔にいた一部族》.
lignārius -ī, *m* [lignum] 木材加工業者, 材木商.
lignātiō -ōnis, *f* [lignor] 材木伐採; 薪を集めること.
lignātor -ōris, *m* [lignor] 材木伐採者; 薪を集める人.
ligneolus -a -um, *adj dim* [↓] 木製の, 木造の.
ligneus -a -um, *adj* [lignum] **1** 木造の, 木製の. **2** 木のような.
lignor -ārī -ātus sum, *intr dep* [lignum] 材木〔薪〕を集める.
lignōsus -a -um, *adj* [↓] 木のような, 木質の.
lignum -ī, *n* [*cf.* lego²] **1** (*pl*) 薪, たきぎ. **2** 木, 樹木: *in silvam ligna ferre* (Hor) 森の中へ木を運ぶ (=余計なことをする). **3** 木材, 材木. **4** 木製品《書字板, 人形など》.
ligō¹ -ōnis, *m* **1** 鍬(くわ), つるはし. **2** 耕作.
ligō² -āre -āvī -ātum, *tr* **1** 結びつける, 縛る, 巻きつける. **2** 縛りつける, 拘束する. **3** いっしょにする, 結合する. **4** (関係・きずなを)固める, 結ぶ.
ligula, lingula -ae, *f* [lingo] **1** さじ. **2** 舌状のもの(靴の前革, 楽器のリードなど). **3**°〖解〗小舌.
Ligur¹ -uris, *adj* =Ligus¹.
Ligur² -uris, *m* =Ligus².
Ligurēs -um, *m pl* リグレース《Gallia Cisalpina にいた一部族》.
Liguria -ae, *f* リグリア《Ligures 族の領土》.
Ligurīnus¹ -a -um, *adj* =Ligusticus.
Ligurīnus² -ī, *m* リグリーヌス《Horatius が愛した少年》.
ligūriō, ligurriō -īre -īvī [-iī] -ītum, *intr, tr* [*cf.* lingo] **I** (*intr*) 食べ物に凝る. **II** (*tr*) **1** なめる. **2** 食い物にする, たかる ⟨alqm⟩. **3** 熱望する, しきりにほしがる ⟨alqd⟩.
ligūrītiō, ligurrītiō -ōnis, *f* [↑] (常習的な)大食.
Ligus¹ -uris, *adj* =Ligusticus.
Ligus² -uris, *m* Ligures 族の人.
Ligusticus -a -um, *adj* Liguria の, Ligures 族の.
Ligustīnī -ōrum, *m pl* =Ligures.
Ligustīnus -a -um, *adj* =Ligusticus.

ligustrum -ī, *n* 〖植〗イボタノキ属の木.
liliāceus -a -um, °*adj* [lilium] ユリの.
līlīnum -ī, *n* [↓] ユリの油.
līlium -ī, *n* **1** 〖植〗ユリ. **2** 〖軍〗中に先端の尖った杭を打ち込んだ落とし穴《形がユリの花に似ていた》.
Lilybaeum, -on -ī, *n* [*Gk*] リリュバエウム, *-バイオン《Sicilia 島西岸の岬と町; 現 Marsala》.
Lilybaeus, -bēius -a -um, *adj* =Lilybitanus.
Lilybītānus, -baetānus -a -um, *adj* Lilybaeum の.
līma -ae, *f* [*cf.* levis¹] **1** やすり. **2** (文章を)練り上げること, 推敲.
līmātē *adv* [limatus] 入念に, 綿密に.
līmātulus -a -um, *adj dim* [↓] (いくらか)洗練された.
līmātus -a -um, *adj* (*pp*) [limo¹] 入念に仕上げられた, 洗練された.
limax -ācis, *f* (*m*) [*Gk*] 〖動〗ナメクジ, カタツムリ.
limbolārius, limbul- -ī, *m* 縁飾り職人.
limbus -ī, *m* **1** 縁, へり. **2**°〖カト〗リンボ, 古聖所: ~ *infantium* 幼児リンボ界《未受洗の幼児の霊魂がとどまる場所》.
līmen -minis, *n* [*cf.* limes] **1** 敷居, 棚(しきみ)《戸口上部の横木》. **2** 戸口, 玄関. **3** 家, 住居. **4** 入口, 境目; 出発点: ~ *interni maris* (Plin) 現 Gibraltar 海峡. **5** 開始. **6** 終わり.
līmes -mitis, *m* [*cf.* limes²] **1** 小道; 川床. **2** (境界とするためにすき残した)耕地の一部分; 境界線. **3** 進路, 道筋. **4** 通った跡; (流星の)尾. **5** 限界, 限度.
limeum -ī, *n* 矢毒に用いられた植物.
līmigenus -a -um, °*adj* [limus¹/gigno] 泥の中に生えた.
līmitātiō -ōnis, *f* [↓] (土地の)境界画定.
līmitō -āre -āvī -ātum, *tr* [limes] **1** (土地を)境界線で囲む. **2** 限定する, 規定する.
Limnaea -ae, *f* [*Gk*] リムナエア, *-ナイアー《Thessalia の町》.
Limnātis -idis, *f* [*Gk*] Messenia の Limnae における Diana の添え名.
līmō¹ -āre -āvī -ātum, *tr* [lima] **1** やすりをかける, 磨く. **2** 仕上げる, 磨きをかける, 洗練する. **3** やすりですり落とす; (徐々に)取り除く, 減ずる.
līmō² °*adv* (*abl*) [limus²] 斜めに, はすかいに.
līmōsus -a -um, *adj* [limus¹] **1** 泥の, 泥だらけの, ぬかるみの. **2** 泥の中に生えている.
limpiditās -ātis, °*f* [↓] 透明, 清澄.
limpidus -a -um, *adj* 澄んだ, 透明な.
limpor -oris, *m* [*cf.* limpidus] 澄んだ液体.
līmula -ae, *f dim* [lima] (小さな)やすり.
līmulus -a -um, *adj dim* [limus²] (やや)横目の.
līmus¹ -ī, *m* **1** 泥; 汚物. **2** (ぶどう酒の)おり.
līmus² -a -um, *adj* 斜めの, 横目の: *limis ocellis* (Ov) 横目[流し目]で.
līmus³ -ī, *m* [↑] (神官・高官の従者などが用いた)前掛け.
Limyra -ae, **-ē** -ēs, *f* [*Gk*] リミュラ《Lycia の町》.
līnāmentum -ī, *n* [linum] **1** 亜麻布. **2** 灯心.

linārius -ī, *m* [linum]《碑》亜麻布商人[織工].
linctus[1] -a -um, *pp* ⇨ lingo.
linctus[2] -ūs, *m* なめること.
Lindius -a -um, *adj* Lindus の.
Lindus, -os -ī, *f* [*Gk*] リンドゥス, *-ドス《Rhodos 島の町》.
līnea -ae, *f* [linum] **1** (亜麻の)ひも, 糸; 釣糸. **2** 下げ振り線. **3** 線, すじ, 輪郭. **4** 境界線《競走の決勝線》. **5** 系統, 血統.
līneālis -is -e, °*adj* [↑] 線の.
līneāmentum -ī, *n* [linea] **1** 線, すじ. **2** (*pl*)《美術作品の》線描, デザイン. **3** (*pl*) 輪郭; 特徴.
līneāris -is -e, *adj* [linea] 線の, 直線の.
līneārius -a -um, *adj* [linea] 境界線となる.
līneō -āre -āvī -ātum, *tr* [linea] 一直線[まっすぐ]にする.
līneus -a -um, *adj* [linum] 亜麻(製)の.
lingō -ere linxī linctum, *tr* なめる.
Lingonēs -um, *m pl* リンゴネース《Gallia Celtica にいた一部族》.
Lingonicus -a -um, *adj* Lingones 族の.
Lingonus[1] -a -um, *adj*《碑》=Lingonicus.
Lingonus[2] -ī, *m* Lingones 族の人.
lingua -ae, *f* **1** 舌. **2** ことば, 発言. **3** おしゃべり. **4** (ある国・地方・民族に特有の)言語. **5** 舌状の物《岬, (花の)雄蕊(ズイ)など》.
linguālis -is -e, *adj* [lingua] [↑]《解》舌の.
linguārium -ī, *n* [lingua] 軽率な発言に対する罰金.
lingula -ae, *f* =ligula.
lingulāca -ae, *m*, *f* [lingua] おしゃべり屋, 金棒引き.
linguōsus -a -um, *adj* [lingua] むだ口をたたく, おしゃべりの; 口の悪い.
līnia -ae, *f* =linea.
līniāmentum -ī, *n* =lineamentum.
līnifer -era -erum, *adj* [linum/fero] 亜麻を産する.
līniger -gera -gerum, *adj* [linum/gero] 亜麻の衣をまとった.
linīmentum -ī, °*n* [lino]《薬》リニメント剤, 擦剤: ~ ammoniatum アンモニア擦剤 / ~ calcariae 石灰擦剤.
līniō -īre -īvī [-iī] -ītum, *tr* =lino.
līnītus[1] -a -um, *pp* ⇨ linio.
līnītus[2] -ūs, *m* 塗ること.
linō -ere lēvī [līvī] litum, *tr* **1** 塗る, 塗りつける 〈alqd re〉. **2** よごす. **3** こすって消す. **4** おおう.
līnostīmus, -stēmus -a -um, °*adj* [linum/*Gk* στῆμα] 亜麻と羊毛で織った.
linquō -ere līquī, *tr* **1** 去る: *lumen* [*animam*] *linquere* (PLAUT [OV]) 死ぬ. **2** 見捨てる: *nos liquit animus* (SEN) 私は気を失った. **3** やめる, 断念する. **4** (あとに)残す, 置いて行く. **5** 託する, ゆだねる. **6** 遺言で譲る, 遺贈する 〈alqd alci〉.
linteāmen -minis, *n* [linteus] 亜麻布.
linteārius[1] -ia -ium, °*adj* [linteum] 亜麻布の.
linteārius[2] -ī, *m* 亜麻布商人[織工].
linteātus -a -um, *adj* [linteum] 亜麻布の衣服を着た.
linteō -ōnis, *m* [linteum] 亜麻布織工[商人].
linteolum -ī, *n* [linteum] (小さな)亜麻布.
linter -tris, *f* (*m*) **1** 小舟. **2** 大桶, 水槽.
linteum -ī, *n* [↓] **1** 亜麻布. **2** 帆; タオル; 日よけ, 幕.
linteus -a -um, *adj* [linum] 亜麻製の.
lintriculus -ī, *m dim* [linter] 小舟.
līnum -ī, *n* **1**《植》アマ(亜麻): *semen lini* (CELS) アマの種子, 亜麻仁. **2** 亜麻糸; ひも, 糸. **3** 釣糸. **4** 狩猟[漁]網. **5** 灯心. **6** 亜麻布; 亜麻製品《帆, 衣服など》.
Linus, -os -ī, *m* [*Gk*]《伝説》リヌス, *リノス《Apollo の息子; 竪琴の奏者で Orpheus や Hercules の師; Hercules に竪琴の奏法を教えていたとき, 怒った Hercules に打ち殺された》.
linxī *pf* ⇨ lingo.
Lipara -ae, -ē -ēs, *f* [*Gk*] リパラ《Sicilia 島北岸沖の Aeolia 諸島中最大の島; 現 Lipari》.
Liparae -ārum, *f pl* Lipara 諸島 (=Aeolia 諸島).
Liparaeus -a -um, *adj* =Liparensis.
Liparēnsis -is -e, *adj* Lipara 島の. **Liparēnsēs** -ium, *m pl* Lipara 島の住民.
Liparitānus -a -um, *adj* =Liparensis. **Liparitānī** -ōrum, *m pl* =Liparenses.
lipōma -atis, °*m*《病》脂肪腫.
lipothȳmia -ae, °*f* [*Gk*] 卒倒, 気絶.
lippiō -īre -īvī -ītum, *intr* [lippus] 目が炎症をおこしている, 涙目で困っている.
lippitūdō -dinis, *f* [↓] **1** かすみ目. **2** 目の炎症.
lippus -a -um, *adj* **1** かすみ目の; 目が炎症をおこしている. **2** (目が)かすんだ, よく見えない. **3** 気づかない.
Lips Libis [Libos], *m* [*Gk*] 南西風 (=Africus).
lipsanothēca -ae, °*f* [*Gk*]《カト》聖遺物箱.
lipsanum -ī, °*n* [*Gk*]《カト》聖遺物.
liquāmen -minis, *n* [liquo] **1** 流体, 液体. **2** 魚のスープ (=garum).
liquātus -a -um, *pp* ⇨ liquo.
liquefacere *inf* ⇨ liquefacio.
liquefaciō -cere -fēcī -factum, *tr* [liqueo/facio] **1** 溶かす, 溶解する. **2** 弱める. **3** (旋律を)流麗にする.
liquefactīvus -a -um, °*adj* [↑] 溶かす.
liquefactus -a -um, *pp* ⇨ liquefacio.
liquefēcī *pf* ⇨ liquefacio.
liquefīō -fierī -factus sum, *intr* [liqueo/fio] (liquefacio の *pass* として用いられる).
liquēns[1] -entis, *adj* (*prp*) [liqueo] **1** 液体の, 流れる. **2** 透明な, 澄んだ. **3** 疑う余地のない, 明白な.
liquēns[2] -entis, *adj* (*prp*) [liquor[2]] 液体の, 流れる.
liqueō -ēre licuī [liquī], *intr* **1** 液体である. **2** 透明である, 澄んでいる. **3** (*impers*) 明白である, 確実である;《法》罪状明白である 〈de re; +*acc c. inf*; +間接疑問〉: *non liquet* (CIC)《法》それは明らかではない, 証拠不十分.
liquēscō -ere licuī, *intr inch* [↑] **1** 液体になる,

溶ける. **2** 消え去る, 消散する. **3** 腐る. **4** 柔弱になる. **5** 澄む.
līquī[1] *pf* ⇨ linquo.
liquī[2] *pf* ⇨ liqueo.
līquī[3] *inf* ⇨ liquor[2].
liquidē *adv* [liquidus] **1** 澄みわたって. **2** 明白に, 明瞭に.
liquidiusculus -a -um, *adj dim* [liquidius (liquidus の *comp*)] もう少し穏やかな.
liquidō *adv* (*abl*) [liquidus] はっきりと, 明瞭に.
liquidum -ī, *n* [↓] **1** 液体, 水. **2** 確実性, 明白.
liquidus -a -um, *adj* [liqueo] **1** 液体の, 流体の. **2** 溶けた, 溶解した. **3** 透明な, 澄んだ. **4** 純粋な, 曇りのない: *liquida voluptas et libera* (Cic) 純粋で自由な快楽. **5** 明白な, 確実な. **6** (響きが)清澄な, 流麗な. **7** (心が)落ちついた, 乱れていない.
liquō -āre -āvī -ātum, *tr* [cf. liqueo] **1** 液体にする, 溶かす. **2** 濾(こ)す, 浄化する. **3** (声を)澄んで美しいものにする.
liquor[1] -ōris, *m* [liqueo] **1** 流動性. **2** 液体, 流体. **3** 水, 海. **4** 透明. **5**°〖薬〗液: ~ *Lugoli* ルゴール液; ~ *Ringeri* リンゲル液.
liquor[2] liquī, *intr dep* [cf. liqueo] **1** 液体になる, 溶ける. **2** 流れる. **3** 弱くなる, 衰える.
līra -ae, *f* うね, あぜ.
līrinum, -on -ī, *n* [Gk] =lilinum.
Līriopē -ēs, *f* [Gk]〖神話〗リーリオペー, *レイリー《水辺のニンフで Narcissus の母》.
Līris -is, *m* リーリス《Latium と Campania の境をなす川; 現 Gariglianο)》.
līrium -ī, *n* [Gk] =lilium 1.
līrō -āre -āvī -ātum, *tr* [lira] うねを立てる.
līs lītis, *f* **1** 論争, 口論, 争い. **2** 訴訟: *aestimare litem* (Cic) 賠償額を査定する. **3** 係争事項, 争点.
Lissus -ī, *f*, **Lissum** -ī, *n* [Gk] リッスス, *-ソス《Dalmatia 南部の町; 現 Lesh》.
litābilis -is -e, °*adj* [lito] 犠牲にささげるにふさわしい.
Litana (silva) -ae, *f* リタナの森《Gallia Cisalpina の森, ここで Boii 族が L. Postumius Albinus の率いるローマ軍を破った (前 216)》.
litanīa -ae, °*f* [Gk]〖教会〗連禱.
litātiō -ōnis, *f* [lito] 供犧(ぎ)によって吉兆を得ること.
litātus -a -um, *pp* ⇨ lito.
lītera -ae, *f* =littera.
Līternīnum -ī, *n* [↓] Liternum 付近にあった Scipio Africanus の別荘.
Līternīnus -a -um, *adj* =Liternus.
Līternum -ī, *n* リーテルヌム《Campania の港町》.
Līternus -a -um, *adj* Liternum の.
lithargyrus -ī, *m*〖化〗リサージ, 密陀僧《一酸化鉛》.
lithium -ī, °*n*〖化〗リチウム《金属元素中最も軽い》: ~ *carbonicum* 炭酸リチウム.
lithopaedion -ī, °*n*〖医〗(化)石(胎)児.
Lithostrōtos -ī, °*m* [Gk]〖聖〗敷石《イエスの裁判時に Pilatus が座った裁判官席の呼び名》.
lithostrōtum -ī, *n* [↓] 切りばめ細工; (*pl*) モザイクの舗道.
lithostrōtus -a -um, *adj* [Gk] 切りばめ細工のはめ石床の, モザイク模様の.
lithotomia -ae, °*f*〖医〗(膀胱結石の)切石[砕石]術.
liticen -cinis, *m* [lituus/cano] らっぱ手.
lītigātor -ōris, *m* [litigo] 訴訟当事者.
lītigiōsus -a -um, *adj* [↓] **1** 論争好きな; 訴訟好きな. **2** 論争の的となっている; 係争中の.
lītigium -ī, *n* [↓] **1** 論争, 口論, 争い. **2** 訴訟.
lītigō -āre -āvī -ātum, *intr* [lis/ago] **1** 論争[口論]する, けんかする. **2** 訴訟を起こす.
litō -āre -āvī -ātum, *intr, tr* **I** (*intr*) **1** (供犠(ぎ)によって)吉兆を得る. **2** (いけにえが)吉兆を示す. **3** 犧牲をささげる. **II** (*tr*) **1** (神々を)なだめる. **2** (なだめの供え物として)ささげる.
litorālis -is -e, *adj* =litoreus.
litoreus -a -um, *adj* [litus[3]] 海岸の, 海岸に住む[ある].
littera -ae, *f* **1** 文字: *ad litteram* (Quint) 文字どおりに. **2** (*pl*) (学問の)初歩, 読み書き. **3** 筆跡. **4** (*pl*) 文書, 書類: *litteris* (Cic) 書面で, 文書で. **5** (*pl*) 手紙, 書簡, 書状 (*cf.* epistula); ひとくだり, 一筆. **6** 証書. **7** 帳簿. **8** 墓碑銘, 碑文. **9** (*pl*) 公文書, 記録. **10** 布告; 辞令. **11** 作品, 著作; 著述[文筆]活動. **12** 知識, 学問; 教養, 博識. **13**° ~ *encyclicae* 回状 / ~ *nominationis* 任命状.
litterālis -is -e, °*adj* [↑] 文字の; 手紙の.
litterārius -a -um, *adj* [littera] 読み書きの: *ludus* ~ (Quint) 初等学校.
litterātē *adv* [litteratus[1]] **1** 文字どおりに, わかりやすいことばで. **2** 学者らしく, 学問があるように.
litterātiō -ōnis, *f* [littera] 読み書きを教えること.
litterātor -ōris, *m* [littera] (読み書きなど)初等教育の先生《時に軽蔑的; *cf.* litteratus[2]》.
litterātōrius -a -um, °*adj* [littera] **1** 教師の. **2** 文法の.
litterātūra -ae, *f* [littera] **1** 文字を書くこと. **2** 著作物, 文献. **3** 字母組織, アルファベット. **4** 文法. **5** 学問, 学識.
litterātus[1] -a -um, *adj* [littera] **1** 文字を刻された. **2** (奴隷が)入れ墨をされた, 烙印を押された. **3** 教養のある, 学問のある. **4** 学問的な.
litterātus[2] -ī, *m* 教養ある人, 文法家.
litterula -ae, *f dim* [littera] **1** (小さな)文字. **2** (*pl*) 短い手紙, 一筆. **3** (*pl*) (学問の)初歩. **4** (*pl*) 学問, 著作活動; 学識.
littus littoris, *n* =litus[3].
Lituβium -ī, *n* リトゥビウム《Liguria の町》.
litūra -ae, *f* [lino] **1** 消すこと, 訂正. **2** 削除[訂正]箇所. **3** よごれ, しみ. **4** きず, 欠点.
līturgia -ae, °*f* [Gk] **1** 典礼, 礼拝式. **2** 典礼文.
līturgicus -a -um, °*adj* [↑] 典礼の.
litus[1] -a -um, *pp* ⇨ lino.
lītus[2] -ūs, *m* 塗ること.
lītus[3] litoris, *n* **1** 海岸; 海辺. **2** (川・湖の)岸.
lituus -ī, *m* **1** (卜占官の)曲がった杖. **2** (先の曲

がった)らっぱ.

līvens -entis, *adj* (*prp*) [↓] **1** 青黒い, 鉛色の. **2** 嫉妬している, 悪意をもった <+*dat*>.

līveō -ēre, *intr* **1** 鉛色である. **2** 嫉妬している <+*dat*>.

līvescō -ere, *intr* [↑] 鉛色になる.

līvī *pf* ⇨ lino, linio.

Līvia -ae, *f* リーウィア《(1) ~ *Drusilla*, Augustus 帝の後妻. (2) ~ *Orestilla*, Caligula 帝の妻》.

Līviānus -a -um, *adj* =Livius².

līvidulus -a -um, *adj dim* [↓] (やや)嫉妬している.

līvidus -a -um, *adj* [liveo] **1** 青黒い, 鉛色の. **2** 嫉妬している, 悪意をもった.

Līvius¹ -ī, *m* リーウィウス《ローマ人の氏族名;特に (1) *M. ~ Andronicus*, ローマ最初の悲劇詩人(前 284–?204). (2) *T. ~*, 歴史家(前 59–後 17)》.

Līvius² -a -um, *adj* Livius の.

līvor -ōris, *m* [liveo] **1** 青あざ. **2** 嫉妬, 悪意.

lix licis, °*m* [医] 灰, 灰汁(ぁく).

lixa -ae, *m* 酒保商人, 従軍商人.

lixābundus -a -um, *adj* 気ままな旅をする.

lixīvia -ae, *f* [↓] 灰汁(ぁく).

lixīvius -a -um, *adj* =lixivus.

lixīvus -a -um, *adj* [lix] 灰汁の: *cinis lixiva* (VARR) 灰汁.

lixula -ae, *f* チーズ入りのパンケーキ.

Lixus -ī, *m* [*Gk*] リクスス, *-ソス*《Mauritania の川》.

lobulus -ī, °*m dim* [解] 小葉: ~ *auriculae* 耳垂.

lobus -ī, °*m* [*Gk*] [解] 葉(は).

loca -ōrum, *n pl* =loci (⇨ locus).

locālis -is -e, *adj* [locus] [文] 場所の: *localia adverbia* (SCAUR) 場所の副詞.

locātim *adv* [locus] 契約によって.

locātiō -ōnis, *f* [loco] **1** 配置, 配列. **2** 賃貸. **3** 賃貸借契約; 税の取立てを請け負わせること.

locātīvus -a -um, °*adj* [locus] [文] 位置[場所]を示す: *casus ~* 所格.

locātor -ōris, *m* [loco] **1** 賃貸人. **2** 請負人.

locātum -ī, *n* [↓] 賃貸物件.

locātus -a -um, *pp* ⇨ loco.

locellus -ī, *m dim* [locus] 小箱.

lochia -ae, °*f* [*Gk*] [医] 悪露(ぁくろ).

locitō -āre, *tr freq* [↓] (常習的に)賃貸しする.

locō -āre -āvī -ātum, *tr* [locus] **1** 置く; 配置する, (ある状態に)置く <alqd in re>. **2** (*pass*) 位置する, ある. **3** 請け負わせる; (税の)取立てを請け負わせる. **4** (娘を)とつがせる, 嫁にやる. **5** 賃貸しする, 貸し出す: *se locare* (PLAUT) 雇われる.

Locrēnsēs -ium, *m pl* =Locri.

Locrī -ōrum, *m pl* [*Gk*] ロクリ, *-ロイ*《(1) ギリシア中部の二地方にいた人々 ⇨ Locris 1. (2)(1) の人々が Bruttii に建設した植民市; その住民は ~ *Epizephyrii* と呼ばれた》.

Locris -idis [-idos], *f* [*Gk*] **1** ロクリス《ギリシア中部の Locri 人が住んでいた二地方; Locri Opuntii がいた Euboicus 湾に面した地方と Locri Ozolae がいた Corinthiacus 湾に面した地方》. **2** Locri 人の女性.

loculāmentum -ī, *n* [loculus] 容器, 箱.

loculātus -a -um, *adj* [loculus] (小区画に)仕切られた.

loculōsus -a -um, *adj* =loculatus.

loculus -ī, *m dim* [locus] **1** 狭い場所. **2** 仕切られた箱. **3** 棺, ひつぎ. **4** 財布, 金入れ. **5** °[植] 房室. **6** [解] (小)部屋.

locuplēs -plētis, *adj* [locus/pleo] **1** 裕福な, 富裕な. **2** 豊富な, 豊かな. **3** 信頼できる.

locuplētātor -ōris, *m* [↓] 豊かにする者.

locuplētō -āre -āvī -ātum, *tr* [locuples] 富ませる, 豊かにする <alqm re>.

locus -ī, *m* (*pl* loci (*m*) または loca (*n*)) **1** 場所, 位置. **2** 点, 地点. **3** 居所, 住居. **4** [軍] 拠点, 陣地. **5** (*pl*) 地域, 地区. **6** 席, 座席. **7** (身体の)部分, 部位. **8** 地位, 身分: *summo loco natus* (CAES) 高貴な身分に生まれた. **9** 順序, 順位: *primo loco* (JUV) 第一に / *secundo loco* (CIC) 第二に. **10** *in locum* <+*gen*> ...の代わりに: *in famulae locum* (SEN) 下女の身代わりに. **11** 好機, ふさわしい時. **12** 事情, 状況: *nullo loco* (CIC) どんなことがあっても...ない. **13** 立脚点, 見地. **14** (*pl* loci) (書物・演説などの)一節, 箇所. **15** (*pl* loci) 主題. **16** °[生物] (染色体中である遺伝子が占める)座.

locusta -ae, *f* **1** [昆] イナゴ. **2** [動] ロブスターの一種.

Locusta -ae, *f* ロークスタ《有名な女性の毒薬調剤師; Claudius 帝, Nero 帝と同時代》.

locūtiō -ōnis, *f* [loquor] **1** 話すこと; 話し方. **2** 言いまわし, ことばづかい.

Locūtius -ī, *m* ⇨ Aius.

locūtor -ōris, *m* [loquor] 話す人, 話し手.

locūtus -a -um, *pp* ⇨ loquor.

lōdīcula -ae, *f dim* [↓] (小さな)毛布.

lōdix -īcis, *f* 毛布.

logarium, -on -ī, °*n* [*Gk*] 会計簿.

logēum -ī, *n* [*Gk*] 演壇.

logica¹ -ae, *f* [*Gk*] 論理学.

logica² -ae, **-ē**¹ -ēs, °*f* = logica¹.

logicē² °*adv* [↓] 論理的に.

logicus -a -um, °*adj* [*Gk*] 論理的な.

logista -ae, *m* [*Gk*] (Trajanus 帝以降の自治都市の)主計官.

logos, -us -ī, *m* [*Gk*] **1** ことば. **2** (*pl*) くだらない話. **3** うまい冗談, しゃれ. **4** 寓話. **5** °[神学] ロゴス, 神のことば《三位一体の第二位》キリスト.

lolium -ī, *n* [植] ドクムギ.

lolleāceus -a -um, *adj* [↑] ドクムギの.

Lolliānus -a -um, *adj* Lollius の.

lollīgō, lōlīgō -ginis, *f* [動] イカ(烏賊).

lollīguncula, lōlīg- -ae, *f dim* [↑] (小さな)イカ.

Lollius -ī, *m* ロッリウス《ローマ人の氏族名》.

lōmentum -ī, *n* [lavo] **1** (豆のあら粉で作った)美肌剤, 化粧クリーム. **2** 豆のあら粉. **3** 青色の顔料.

Londinium -ī, *n* ロンディニウム《Britannia の町; 現 London》.

longaeva -ae, *f* [↓] 老女.

longaevus -a -um, *adj* [longus/aevum] **1** 老い

た, 年をとった. **2** 年を経た, 古い.
longanimitās -ātis, °*f* [longus/animus] 辛抱強いこと.
longē *adv* [longus] **1** 遠くに, かなたに: ~ *lātēque* (Cic) 遠く広く, あまねく / ~ *abesse* (Caes) 全く役に立たない. **2** 大いに; (特に *comp, superl* とともに) はるかに: ~ *minor* (Liv) はるかに小さな / ~ *praestāre* (Cic) 格段にすぐれている. **3** 長たらしく, まわりくどく. **4** 久しく, 長い間: ~ *ante* (Cic) 久しい以前に.
longincus -a -um, *adj* =longinquus.
longinquē *adv* [longinquus] **1** 遠くに. **2** 長たらしく. **3** 長い間.
longinquitās -ātis, *f* [longinquus] **1** (空間的)長さ, (遠)距離. **2** (時間的)長さ, (長)期間.
longinquō °*adv* (*abl*) [longinquus] 遠くに.
longinquum *adv* (*neut*) [↓] 長々と, くだくだしく.
longinquus -a -um, *adj* [longus] **1** (空間的)長い, 遠い; 遠方[異国]に住む. **2** (時間的)長期にわたる, 遠い.
Longīnus -ī, *m* ロンギーヌス《Cassia 氏族に属する家名; 特に *Dionysius Cassius* ~, ギリシアの新プラトン学派の哲学・修辞学者(213?-273); Zenobia の師》.
longitūdinālis -is -e, °*adj* [↓]《解》縦の.
longitūdō -dinis, *f* [longus] **1** (空間的)長さ; 長いこと: *in longitūdinem* (Caes) 長さに. **2** (時間的)長さ; 長時間: *in longitūdinem* (Ter) 遠い将来に. **3** (文章の)冗長, まわりくどいこと. **4**《詩》(音節・音の)長さ.
longiturnitās -ātis, °*f* [↓] 長期間: ~ *vītae* (Cassiod) 長寿.
longiturnus -a -um, °*adj* [longus] 長期の.
longiusculus -a -um, *adj dim* [longius (longus の *comp*)] (やや)長い.
longō -āre -āvī -ātum, °*tr* **1** 長くする. **2** 遠ざける.
Longula -ae, *f* ロングラ《Corioli 付近にあった Volsci 族の町》.
longulē *adv* [↓] (やや)遠く.
longulus -a -um, *adj dim* [longus] (やや)長い.
longum[1] -ī, *n* [longus] (時間・空間の)長いこと: *in* ~ (Verg) (未来の)長い間 / *ex longō differre* (Verg) 何年か先に延期する / *ex longō* (Verg) 長い間のあとで.
longum[2] *adv* (*neut*) [longus] **1** 遠くから. **2** 冗長に, くだくだしく. **3** 長い間.
Longuntica -ae, *f* ロングンティカ《Hispania Tarraconensis の町》.
longuriō -ōnis, *m* [longus] 長身の人.
longurius -ī, *m* [↓] 長い棒, さお.
longus -a -um, *adj* **1** (空間的)長い, 長距離の: *nāvis longa* (Caes) 軍船, ガレー船 / *pedēs LX* ~ (Caes) 長さ 60 pedes の. **2** 背の高い. **3** 広い, 広大な. **4** 遠い. **5** (文章などが)長い; 冗長な. **6** (時間的)長い, 長時間の, 長期の. **7** (音が)引き伸ばされた;《詩》長音節の. **8** 遠い将来[昔]の.
lopas -adis [-ados], *f* =lepas.
loquācitās -ātis, *f* [loquax] 饒舌, 多弁.
loquāciter *adv* [↓] 饒舌に, 多弁に.
loquax -ācis, *adj* [loquor] **1** おしゃべりな, 饒舌な. **2** 表現[表情]の豊かな.
loquēla, loquella -ae, *f* [loquor] ことば, 話.
loquens -entis, *adj* (*prp*) [loquor] ものが言える.
loquentia -ae, *f* [loquor] 能弁, 流暢.
loquī *inf* ⇨ loquor.
loquitor -ārī -ātus sum, *intr dep freq* [↓] 話し続ける, ひっきりなしにしゃべる.
loquor -quī locūtus sum, *intr, tr dep* **I** (*intr*) **1** 話す, ものを言う ⟨de re⟩. **2** 示す. **II** (*tr*) **1** 言う, 話す. **2** 言及する.
lōrāmentum -ī, °*n* [lorum] 革ひも.
lōrārius -ī, *m* [lorum] **1**《碑》馬具製造者. **2** むちで打つ人.
lōrātus -a -um, *adj* [lorum] 革ひもで縛られた.
lōreola -ae, *f dim* =laureola.
lōrētum -ī, *n* =lauretum.
lōreus -a -um, *adj* [lorum] 革ひもで作った.
lōrīca -ae, *f* [lorum] **1** 胴鎧. **2** 胸壁.
lōrīcātus -a -um, *adj* [↑] 胴鎧をつけた.
lōrīcula -ae, *f dim* [lorica] (小さな)胸壁.
lōripēs -edis, *adj* [↓/pes] 脚が曲がっている.
lōrum -ī, *n* **1** 革ひも. **2** (通例 *pl*) 手綱. **3** 革のむち. **4** 革製の首飾り.
Lōryma -ōrum, *n pl* [Gk] ローリュマ《Caria の港町》.
lōtiō -ōnis, *f* [lavo] 洗滌(せんじょう).
Lōtis -idis, *f* [Gk]《神話》ローティス《Priapus の求愛をのがれるために lotos に変身するニンフ》.
lōtium -ī, *n* [lotus[2]] 尿, 小便.
Lōtophagī -ōrum, *m pl* [Gk]《伝説》ロートパギー, *-パゴイ《「lotos を食う者たち」の意; Africa 北岸にいたといわれる人々; *cf*. lotos 1》.
lōtor -ōris, *m* [lavo]《碑》洗濯人.
lōtos, -us[1] -ī, *f* [Gk]《伝説》ロートス《その実を食べると過去を忘れるといわれる想像上の植物; エノキ, ナツメ, チョウジノキなどの説がある》. **2**《植》エノキ属の木; その木でつくった笛. **3**《植》スイレン(水蓮).
lōtus[2] -a -um, *pp* ⇨ lavo.
Lua -ae, *f*《神話》ルア《戦争で捕獲した武器をささげた女神; Saturnus と一対をなす女神として崇拝された》.
lubens, lubet, etc. ⇨ libens, libet, etc.
Lubentīna -ae, *f* =Libentina.
lubid- ⇨ libid-.
lūbricō -āre, *tr* [lubricus] すべりやすくする.
lūbricum -ī, *n* [↓] **1** すべりやすい場所. **2** 危険[不安定]な状態.
lūbricus -a -um, *adj* **1** すべりやすい, つるつる[ぬるぬる]した. **2** すばやく動く; (時が)早く流れる. **3** 不確か[不安定]な, 危険な. **4** ちょっとしたことで…する ⟨ad +*gerundiv*; +*inf*⟩.
Lūca -ae, *f* ルーカ《Etruria 北部の町; ここで第 1 回三頭政治家が会談した(前 56); 現 Lucca》.
Lūca bōs Lūcae bovis, *f*「Lucania の牛」の意》《動》ゾウ(象).
Lūcānī -ōrum, *m pl* ルーカーニー《Lucania 地方にいた人々》.
Lūcānia -ae, *f* ルーカーニア《イタリア半島南部の一地方》.
lūcānica -ae, *f* [Lucanus[2]] ソーセージの一種.

Lūcānus[1] -ī, *m* ルーカーヌス《*M. Annaeus ~*, Corduba 出身の詩人で叙事詩 *Pharsalia* を著わした; Seneca の甥; Nero 帝に処刑された (後 65)》.

Lūcānus[2] -a -um, *adj* 1 Lucania の. 2 Lucani 人の.

lūcar -āris, *n* [lucus] 役者の報酬.

Lūcās -ae, *m* [Gk]《聖》(福音書記者)聖ルカ.

Luccēius -ī, *m* ルッケイユス《ローマ人の氏族名; 特に L. ~, 法務官 (前 67); Cicero の友人で歴史家》.

lūce *adv* (*abl*) [lux] 昼間に.

lucellum -ī, *n dim* (*lucrum*) (小さな)利益.

Lūcentia -ae, *f*, **Lūcentum** -ī, *n* ルーケンティア《Hispania Tarraconensis の町; 現 Alicante》.

lūceō -ēre luxī, *intr*, *tr* [lux] I (*intr*) 1 輝いている, 明るい: (impers) *lucet* 明るくなる; 明るい, 自らを輝かせる. 2 明白である, 目立つ. II (*tr*) 明るくする, 輝かせる.

Lūcerēs -um, *m pl* ルーケレース《ローマ最初期の血縁的三部族 (tribus) の一つ; 他は Ramnes と Tities》.

Lūceria -ae, *f* ルーケリア《Apulia の町》.

Lūcerīnus -a -um, *adj* Luceria の. **Lūcerīnī** -ōrum, *m pl* Luceria の住民.

lucerna -ae, *f* [*cf.* lux, luceo] ランプ, 明かり, 灯火: *ad lucernam* (SEN) 日が暮れてから / *ante lucernas* (JUV) 日が暮れる前に.

lūcēscō -ere luxī, *intr inch* [luceo] 輝き始める, 明るくなる: (impers) *lucescit* 夜が明ける.

lūcī *adv* (*loc*) [lux] 昼間に (=luce).

lūcidē *adv* [lucidus] 1 輝かしく. 2 明瞭に, 明快に.

lūcidō -āre -āvī -ātum, °*tr* 明白にする, 解明する.

lūcidum *adv* (*neut*) [↓] 明るく.

lūcidus -a -um, *adj* [lux] 1 明るい, 輝いている. 2 澄んだ, 透明な. 3 わかりやすい, 明快な.

lūcifer[1] -fera -ferum, *adj* [lux/fero] 光をもたらす, 明るくする.

lūcifer[2] -ferī *m* [↑] 1 明けの明星, 金星. 2 (L-)《伝説》ルーキフェル《Aurora と Cephalus の息子で Ceyx の父》. 3 朝, 昼. 4°(L-)《聖》ルシフェル《堕落した大天使で Satan と同一視される》.

lūcificō -āre, °*tr* [lux/facio] 明るくする, 照らす.

lūcifluus -a -um, °*adj* [lux/fluo] 光を発する, 光り輝く.

lūcifuga -ae, *m*, *f* [lux/fugio] 光を避ける者.

lūcifugus -a -um, *adj* [lux/fugio] 1 (昼の)光を避ける. 2 こそこそする, 人目を避ける.

Lūciliānus -a -um, *adj* 詩人 Lucilius の.

Lūcilius -ī, *m* ルーキーリウス《ローマ人の氏族名; 特に C. ~, Campania の Suessa Aurunca 出身の詩人 (前 180?-?102);ローマ諷刺詩の創始者》.

Lūcīna -ae, *f* [lux] 1《神話》ルーキーナ《出産の女神; Juno または Diana と同一視される》. 2 出産: *Lucinam pati* (VERG) 子を産む.

lūciscō -ere, *intr inch* =lucesco.

Lūcius -ī, *m* ルーキウス《ローマ人の個人名 (略形 L.)》.

Lucomō -ōnis, *m* =Lucumo.

lucrātīvus -a -um, *adj* [lucror] 1 有益な, 利益になる. 2 金のかからない, 無料の.

lucrātus -a -um, *pp* ⇨ lucror.

Lucrētia -ae, *f* [Lucretius]《伝説》ルクレーティア《*Sp.* Lucretius Tricipitinus の娘で L. Tarquinius Collatinus の貞節な妻; Sex. Tarquinius に陵辱されて自害した (前 510)》.

Lucrētilis -is *m* ルクレーティリス《Sabini 族のいた地方の山; 現 Monte Gennaro; 近くに Horatius の別荘があった》.

Lucrētīnus -a -um, *adj* Lucretilis 山の.

Lucrētius -ī, *m* ルクレーティウス《ローマ人の氏族名; 特に (1) *Sp. ~ Tricipitinus*, Lucretia の父. (2) *T. ~ Carus, De Rerum Natura*「物の本性について」と題する哲学詩の作者 (前 94?-?55)》.

lucrifacere *inf* ⇨ lucrifacio.

lucrifaciō, lucrī faciō -ere (-)fēcī (-)factum, *tr* [lucrum/facio] 1 (利益として)獲得する. 2 罰を免れる.

lucrifactus -a -um, *pp* ⇨ lucrifacio.

lucrifer -fera -ferum, *adj* [lucrum/fero] 利益をもたらす.

lucrificābilis -is -e, *adj* [↓] 利益になる.

lucrificō -āre, *tr* [lucrum/facio] もうける, 得る.

lucrificus -a -um, *adj* =lucrificabilis.

lucrifierī *inf* ⇨ lucrifio.

lucrifiō, lucrī fiō -ere (-)fierī (-)factus sum, *intr* [lucrum/fio] (lucrifacio の *pass* として用いられる).

lucrifuga -ae, *m* [lucrum/fugio] 利益を避ける者, 浪費家.

Lucrīnensis -is -e, *adj* =Lucrinus[2].

Lucrīnus[1] -ī, *m* (*sc. lacus*) ルクリーヌス《Baiae 付近の潟湖(せき); 牡蠣で有名》.

Lucrīnus[2] -a -um, *adj* Lucrinus 湖の.

lucripeta -ae, *m* [lucrum/peto] がりがり亡者, 守銭奴.

lucror -ārī -ātus sum, *tr dep* [lucrum] 1 もうける, 利益を得る. 2 (名声・名誉などを)得る, 博する. 3 (罰を)免れる, 容赦される.

lucrōsus -a -um, *adj* [↓] 利益になる.

lucrum -ī, *n* 1 利益, もうけ: *in lucro esse* (PLAUT) 利益[利得]である / *in lucro ponere* (CIC) 利益に数える / *vivere de lucro* (CIC) ありがたいことに生きている. 2 貪欲. 3 富.

lucta -ae, *f* [luctor] 格闘技, レスリング.

luctāmen -minis, *n* [luctor] 努力, 奮闘, 骨折り.

luctans -antis, *adj* (*prp*) [luctor] 気が進まない, いやいやながらの.

luctātiō -ōnis, *f* [luctor] 1 格闘(試合). 2 争い, 抗争; 口論.

luctātor -ōris, *m* [luctor] 格闘士, レスラー.

luctātus[1] -a -um, *pp* ⇨ luctor.

luctātus[2] -ūs, *m* [luctor] 1 格闘技, レスリング. 2 闘争; 逃れようともがくこと.

luctifer -fera -ferum, *adj* [luctus/fero] 悲しみ[不幸]をもたらす.

luctificus -a -um, *adj* [luctus/facio] 悲しませる, 悲惨な.

luctisonus -a -um, *adj* [luctus/sonus] 悲しげな

響きの.
luctō -āre -āvī, *intr* =luctor.
luctor -ārī -ātus sum, *intr dep* 1 格闘する. 2 戦う, 闘争する. 3 口論する, 論争する. 4 抵抗する. 5 努力[奮闘]する.
luctuōsē *adv* [↓] 悲しみを誘うように.
luctuōsus -a -um, *adj* [↓] 1 悲しむべき, 悲惨な. 2 悲しみに沈んだ, 悲嘆に暮れる.
luctus -ūs, *m* [lugeo] 1 悲嘆, 哀悼. 2 悲しみ; 悲しみの原因. 3 喪服.
lūcubrātiō -ōnis, *f* [lucubro] 夜業, 夜なべ.
lūcubrātiuncula -ae, *f dim* [↑] 1 夜業, 夜なべ. 2 灯火の著作.
lūcubrātōrius -a -um, *adj* [↓] 夜業用の.
lūcubrō -āre -āvī -ātum, *intr, tr* [luceo] I (*intr*) 夜業をする. II (*tr*) 夜業で作る.
lūculentē, lūculenter *adv* [luculentus] りっぱに, みごとに.
lūculentitās -ātis, *f* [↓] りっぱ, みごと.
lūculentus -a -um, *adj* [lux] 1 明るい, 光り輝く. 2 りっぱな, みごとな.
Lūcullus -ī, *m* ルークッルス 《Licinia 氏族に属する家名; 特に *L. Licinius* ~, Mithridates を征服したローマの将軍(前 117-56); ぜいたく三昧の余生を送った》.
lūculus -ī, *m dim* [lucus] (小さな)森.
Lucumō -ōnis, *m* ルクモー 《(1) Etruria 人の名前 (おそらく本来は称号). (2) Luceres 部族の名祖》.
lūcus -ī, *m* [luceo] 1 神聖な森. 2 森, 林, 木立.
lucusta -ae, *f* =locusta.
lūdia -ae, *f* [ludio] 1 踊り子. 2 剣闘士の妻[世話をする女奴隷].
lūdibrium -ī, *n* [ludus] 1 あざけり, 愚弄. 2 あざ笑いの的. 3 陵辱.
lūdibundus -a -um, *adj* [ludo] 1 戯れの, ふざける. 2 気楽な, 苦労のない.
***lūdicer,** ***lūdicrus** -cra -crum, *adj* [ludus] (*m sg nom* は用例なし) 1 遊びの, 戯れの. 2 役者の, 芝居の.
lūdicrē *adv* [↑] 戯れに, ふざけて.
lūdicrum -ī, *n* [ludus] 1 気晴らし, 娯楽. 2 玩具, おもちゃ. 3 戯詩, ざれ歌. 4 冗談. 5 催し物, 見世物.
lūdificābilis -is -e, *adj* [ludifico] 物笑いの種にする.
lūdificātiō -ōnis, *f* [ludifico] あざけり, 愚弄.
lūdificātor -ōris, *m* [ludifico] からかう[あざける] 者.
lūdificātus -a -um, *pp* ⇨ ludifico.
lūdificō -āre -āvī -ātum, *tr* [ludus/facio] 1 あざける, 愚弄する. 2 (策略によって)くじく, 挫折させる.
lūdificor -ārī -ātus sum, *tr dep* =ludifico.
lūdiō -ōnis, *m* [ludus] 役者, 踊り手.
lūdius -ī, *m* [ludus] 役者, 踊り手.
lūdō -ere lūsī lūsum, *intr, tr* 1 遊ぶ, 楽しむ <re; +*acc*>. 2 ふざける, 戯れる; もてあそぶ. 3 ひやかす, からかう. 4 踊る, 演ずる. 5 戯れ, 欺く.
lūdus -ī, *m* [*cf.* ludo] 1 遊び, 娯楽. 2 児戯に類すること. 3 戯れ, おどけ. 4 (*pl*) 催し物, 見世物.

5 学校: *litterarum* ~ (Liv) 初等学校.
luella, luēla -ae, *f* [luo²] 罪のあがない, 償い.
luēs -is, *f* [luo²] 1 疫病, 伝染病. 2 災害, 災難. 3 堕落, 腐敗. 4 ⟨医⟩梅毒.
Lugdūnensis, Lugu- -is -e, *adj* Lugdunum の: *Gallia* ~ (⇨ Gallia).
Lugdūnum, Lugu- -ī, *n* ルグドゥーヌム 《Gallia Lugdunensis の主要な町; 現 Lyon》.
lūgeō -ēre luxī luctum, *intr, tr* 悲しむ, 嘆く.
lūgubre *adv* (*neut*) [lugubris] 陰鬱に.
lūgubria -ium, *n pl* [↓] 喪服.
lūgubris -is -e, *adj* [lugeo] 1 哀悼の, 悲しみに沈んだ: ~ *domus* (Liv) 喪に服している家. 2 悲しむべき, 悲しませる: *o rem lugubrem!* (Cic) ああ嘆かわしいことだ. 3 (前兆などが)不吉な.
lūgubriter *adv* [↑] 悲しんで.
luī *pf* ⇨ luo¹.².
lumbāgō -ginis, *m* [lumbus] ⟨病⟩腰痛.
lumbāris -is -e, °*adv* [lumbus] ⟨解⟩腰(部)の, 腰椎の.
lumbifragium -ī, *n* [lumbus/frango] 腰の骨を折ること.
lumbocostālis -is -e, °*adj* ⟨解⟩腰肋の.
lumboinguinālis -is -e, °*adj* ⟨解⟩腰鼠蹊の.
lumbricālis -is -e, °*adj* ⟨解⟩虫様筋の.
lumbrīcus -ī, *m* 1 ミミズ. 2 腸内寄生虫.
lumbulus -ī, *m dim* [↓] (小さな)腰.
lumbus -ī, *m* 腰, 腰部.
lūmen -minis, *n* [*cf.* luceo, lux] 1 光, 輝き, 明るさ. 2 光; 昼. 3 (通例 *pl*) ⟨法⟩日照権, 採光権. 4 発光体, 光源. 5 明かり, ランプ. 6 生者がこの世で享受する光; 生命: *vitalia lumina linquere* (Cic) 死ぬ. 7 目; 視力: *lumina amittere* (Cic) 盲目になる. 8 明かり採り, 窓. 9 輝かしい人物[もの]; 栄誉, 飾り. 10 光明, 洞察(力).
lūmināre -āris, *n* [↑] 1° 天体. 2° (*pl*) ランプ. 3 (*pl*) 窓.
lūminō -āre -āvī -ātum, *tr* [lumen] 照らす, 明るくする.
lūminōsus -a -um, *adj* [lumen] 1 明るい. 2 (弁辞的)華麗な, みごとな.
lūna -ae, *f* [*cf.* lux, lumen] 1 月; 月光. 2 夜. 3 (L-) ⟨神話⟩ルーナ 《月の女神; ギリシア神話の Selene に当たる》. 4 (暦の)月. 5 三日月形のもの 《特に元老院議員の靴の三日月形の飾り》.
Lūna -ae, *f* ルーナ 《Etruria の町》.
lūnāris -is -e, *adj* [luna] 月の.
lūnāticus¹ -a -um, °*adj* [luna] 発狂した, 気の狂った.
lūnāticus² -ī, °*m* 狂人.
lūnātus -a -um, *adj* (*pp*) [luno] 1 三日月形の. 2 三日月形の飾りのついた.
Lūnensis -is -e, *adj* Etruria の町 Luna の.
lūnō -āre -āvī -ātum, *tr* 三日月形にする, 曲げる.
lūnula -ae, *f dim* [luna] 1 (女性用の)三日月形の装身具. 2° ⟨カト⟩三日月形聖体容器. 3° ⟨解⟩(爪の)半月.
luō¹ -ere luī, *tr* [lavo] 1 洗う. 2 清める.
luō² -ere luī, *tr* 1 (罪を)償う. 2 (償いのために罰を)

受ける. 3 (償いによって危難を)避ける. 4 (約束を)履行する.
lupa -ae, *f* [lupus] 1 雌オオカミ. 2 娼婦.
lupānar -āris, *n* [↑] 売春宿.
lupānāris -is -e, *adj* [↑] 売春宿の.
lupāta -ōrum, *n pl* [↓] (鋭い歯のついた)はみ.
lupātus -a -um, *adj* [lupa] (狼のような)鋭い歯のついた.
Lupercal -ālis, *n* [Lupercus] ルペルカル《Palatinus 丘のふもとの洞穴》.
Lupercālia -ium [-iōrum], *n pl* [↓] ルペルカーリア祭《毎年 2 月 15 日, Lupercus 神官団により豊穣を祈って Palatinus 丘で挙行された》.
Lupercālis -is -e, *adj* [↓] Lupercus の.
Lupercus -ī, *m* Lupercalia 祭を挙行する神官団の一人.
Lupia -ae, *f* ルピア《Rhenus 川の支流; 現 Lippe》.
lupillus -ī, *m dim* [↓] (小さな)ハウチワマメ.
lupīnum -ī, *n*, **-us**[1] -ī, *m* [植] ハウチワマメ.
lupīnus[2] -a -um, *adj* [lupus] 狼の(ような).
lupor -ārī, *intr* [lupa] 売春する.
lupula -ae, *f dim* [lupa] 売春婦.
lupus -ī, *m* 1 [動] オオカミ: ~ *in fabula* [*sermone*] (TER PLAUT) 話の中の狼, うわさをすれば影. 2 《魚》スズキの類. 3 (*pl*) (鋭い歯のついた)はみ. 4 ひっかけ鉤. 5° 《病》狼瘡.
lurc(h)inābundus -a -um, *adj* [↓] 大食する, がつがつ食う.
lurc(h)ō[1] -āre, *tr* 大食する, がつがつ食う.
lurc(h)ō[2] -ōnis, *m* 大食漢.
lurc(h)or -ārī, *tr dep* =lurcho[1].
lūridus -a -um, *adj* [↓] 1 薄黄色の, 青ざめた. 2 恐ろしい, ものすごい.
lūror -ōris, *m* 黄ばんだ色, 青白さ.
luscinia -ae, *f*, **-ius** -ī, *m* [luscus/cano] 《鳥》ナイチンゲール.
lusciniola -ae, *f dim* [↑] 《鳥》(小さな)ナイチンゲール.
lusciōsus, luscītiōsus -a -um, *adj* [luscus] 夜盲症[鳥目]の.
luscītiō -ōnis, *f* [↓] 夜盲症; 昼盲症.
luscus -a -um, *adj* 1 片目の. 2 (言辞が)あいまいな, わかりにくい.
lūsī *pf* ⇒ ludo.
lūsiō -ōnis, *f* [ludo] 遊び, 遊戯.
Lūsitānī -orum, *m pl* ルーシターニー《Hispania の西部地方に住んでいた一部族》.
Lūsitānia -ae, *f* ルーシターニア《Lusitani 族の領土; のちローマの属州; ほぼ現在のポルトガルに相当する》.
Lūsitānus -a -um, *adj* Lusitania の, Lusitani 族の.
lūsitō -āre, *intr freq* [ludo] (しばしば)遊ぶ, 楽しむ.
Lūsius -ī, *m* [*Gk*] ルーシウス, *-オス《Arcadia の川》.
lūsor -ōris, *m* [ludo] 1 遊戯者. 2 からかう者. 3 戯作者.
lūsōrius -a -um, *adj* [↑] 1 遊戯の. 2 ふざけた, 戯れの.
lustra -ae, *f* 沼沢地.
lustrāgō -ginis, °*f* [植] =verbena.
lustrālis -is -e, *adj* [lustrum[2]] 1 清めの: *aqua* ~ (Ov) 清めの水. 2 5 年間の, 5 年ごとの.
lustrāmen -inis, *n* [lustro[2]] 清めのための供物.
lustrāmentum[1] -ī, °*n* [lustro[2]] ごみ, くず.
lustrāmentum[2] -ī, °*n* [lustror] 情欲を刺激するもの.
lustrātiō -ōnis, *f* [lustro[2]] 1 清めの儀式. 2 歩きまわること, 遍歴.
lustrātus -a -um, *pp* ⇒ lustro[1].
lustricus -a -um, *adj* [lustrum[2]] 清めの: *dies* ~ (SUET) 新生児が清めの儀式を受けて命名される日.
lustrificus -a -um, *f* [lustrum[2]/facio] 清めの.
lustrivagus -a -um, °*adj* [lustrum[1]/vagor] 荒野をさまよう.
lustrō[1] -āre -āvī -ātum, *tr* [lustrum[2]] 1 (儀式によって)清める. 2 まわりを回る. 3 入念に調べる, 吟味する. 4 歩きまわる, 遍歴する. 5 通り過ぎる. 6 光を投じる: *luce* [*lumine*] *lustrare* (CIC LUCR) 照らす.
lustrō[2] -ōnis, *m* [↓] 悪所通いをする者.
lustror -ārī -ātus sum, *intr* [↓] 売春宿へ足しげく通う.
lustrum[1] -ī, *n* [lutum[1]] 1 沼地, 湿地. 2 (*pl*) 森; 獣の隠れ場. 3 (*pl*) 悪所, 売春宿. 4 放蕩.
lustrum[2] -ī, *n* [luo[1]] 1 (監察官によって 5 年ごとに行なわれた)清めの儀式. 2 5 年間. 3 長期間.
lūsus[1] -a -um, *pp* ⇒ ludo.
lūsus[2] -ūs, *m* 1 遊び, 遊戯. 2 催し物, 見世物. 3 おどけ(た所作), 冗談.
lutārius -a -um, *adj* [lutum[1]] 泥の中に住んでいる; 泥を食って生きている.
Lutātius -ī, *m* ルターティウス《ローマ人の氏族名》.
lutensis -is -e, *adj* [lutum[1]] 泥の中に住んでいる.
lūteolus -a -um, *adj dim* [luteus[2]] 黄色の, 黄色がかった.
lutescō -ere, *intr* [lutum[1]] ぬかるみになる.
Lutetia (Parisiōrum) -ae, *f* ルテティア《Gallia Lugdunensis の町; 現 Paris》.
luteus[1] -a -um, *adj* [lutum[1]] 1 泥の, 粘土の. 2 価値のない, 役に立たない. 3 泥まみれの; よごれた, きたない.
lūteus[2] -a -um, *adj* [lutum[2]] 黄色の.
lutitō -āre, *tr freq* [↓] 泥まみれにする.
lutō -āre -āvī -ātum, *tr* [lutum[1]] 泥を塗る, よごす.
lutōsus -a -um, *adj* [lutum[1]] 泥だらけの, ぬかるみの.
lutra -ae, *f* [動] カワウソ.
lutulentus -a -um, *adj* [↓] 1 泥まみれの, よごれた; (川が)濁った. 2 (道徳的に)けがらわしい, 不潔な. 3 (文体が)不明確な, あいまいな.
lutum[1] -ī, *n* 泥, ぬかるみ, 粘土: *in luto esse* [*haerere*] (PLAUT) 窮境にある / *pro luto esse* [*habere*] (PETR) 何の値打ちもない.
lūtum[2] -ī, *n* 1 [植] ホザキモクセイソウ. 2 (ホザキモクセイソウから採った)黄色の染料.
lux lūcis, *f* (*m*) [*cf.* luceo] 1 光; 光源. 2 輝き. 3 昼, 日中; 昼光, 日光: *cum prima luce* (CIC) 明け方に / *luce* [*luci*] (CIC) 昼に, 日中に. 4 日, 一日.

luxātiō -ōnis, °*f* [luxo] 脱臼.

luxī *pf* ⇨ luceo, lucesco, lugeo.

luxō -āre -āvī -ātum, *tr* [luxus³] **1** 脱臼させる, くじく. **2** (本来の位置から)はずす.

luxuria -ae, **luxuriēs** -ēī, *f* [luxus³] **1** (植物の)繁茂, はびこること. **2** 気まま, 放縦. **3** ぜいたく, 奢侈.

luxuriō -āre -āvī -ātum, *intr* [↑] **1** (植物が)繁茂する, はびこる. **2** 大きくなる, 活発である. **3** (動物が)ふざける, はねまわる. **4** ふける, 放蕩する. **5** (文体が)装飾過剰である.

luxurior -ārī -ātus sum, *intr dep* =luxurio.

luxuriōsē *adv* [↓] **1** 節度なく, 放縦に. **2** ぜいたくに.

luxuriōsus -a -um, *adj* [luxuria] **1** 繁茂した, はびこった. **2** 肥沃な. **3** 節度のない, 放縦な. **4** ぜいたくな. **5** (文体が)装飾過多の.

luxus¹ -a -um, *adj* 脱臼した, くじいた.

luxus² -ūs, *m* 脱臼, 捻挫.

luxus³ -ūs, *m* **1** 放縦, 放蕩. **2** ぜいたく, 栄華.

Lyaeus¹ -ī, *m* [*Gk*] **1** リュアエウス, *リュアイオス《「解放者」の意; Bacchus の呼称の一つ》. **2** (詩)ぶどう酒.

Lyaeus² -a -um, *adj* Bacchus の.

Lycabās -ae, *m* [*Gk*] 《伝説》リュカバース《(1) Bacchus によってイルカに変身させられた Lydia 人. (2) Centaurus 族の一人》.

Lycaeus¹ -ī, *m* [*Gk*] リュカエウス, *リュカイオス《Arcadia の山; Juppiter と Pan の聖山》.

Lycaeus² -a -um, *adj* (詩) Lycaeus 山の; Arcadia の.

Lycambēs -ae, *m* [*Gk*] リュカンベース《詩人 Archilochus に約束を破って娘を与えることを拒んだため, 彼の諷刺詩で手ひどく攻撃された男》.

Lycambēus -a -um, *adj* Lycambes の.

lycāōn -onis, *m* [*Gk*] **1** 狼に似た未詳の動物. **2**°(動) イヌ科リカオン属の動物.

Lycāōn -onis, *m* [*Gk*] 《伝説》リュカーオーン《Arcadia の王で Callisto の父; Juppiter によって狼に変えられた》.

Lycāones -um, *m pl* [*Gk*] リュカーオネス《小アジア南部にいた一部族》.

Lycāonia -ae, *f* [*Gk*] リュカーオニア(-)《Lycaones 族のいた地方》.

Lycāonis -idis, *f* [*Gk*] Lycaon の娘 (=Callisto).

Lycāonius -a -um, *adj* [*Gk*] **1** Lycaon の. **2** Lycaones 族の.

Lycēum, -cīum -ī, *n* [*Gk*] リュケーウム, *リュケイオン《(1) Athenae 東郊の地に Aristoteles が設立した学園. (2) Cicero が Tusculum の別荘に作った学園》.

lychnicus -a -um, *adj* [*Gk*] (石が)光る, 輝く.

Lychnidus -ī, *f* [*Gk*] リュクニドゥス, *-ドス《Illyria の町》.

lychnītēs -ae, *m* [*Gk*] (Paros 島産の) 白い大理石.

lychnītis -itidis, *f* [*Gk*] 《植》モウズイカ属の植物《灯芯を作るのに使われた》.

lychnobius -ī, *m* [*Gk*] 夜ふかしをする者.

lychnūchus -ī, *m* [*Gk*] 燭台.

lychnus -ī, *m* [*Gk*] 灯火, ランプ《特に天井からつるすもの》.

Lycia -ae, *f* [*Gk*] リュキア(-)《小アジア南西部の山岳地帯》.

Lycidās -ae, *m* [*Gk*] リュキダース《(1)《伝説》 Centaurus 族の一人. (2) Vergilius の詩に登場する羊飼いの名. (3) Horatius の詩に登場する美少年の名》.

Lycīum -ī, *n* =Lyceum.

Lycius -a -um, *adj* Lycia の. **Lyciī** -ōrum, *m pl* Lycia の住民.

Lycō -ōnis, *m* [*Gk*] リュコー(ン)《逍遥学派の哲学者 (前3世紀)》.

Lycomēdēs -is, *m* [*Gk*] 《伝説》リュコメーデース《Scyros 島の王; Deidamia の父》.

lycophōs -ōtis, *n* [*Gk*] (朝の)薄明.

lycopodiālēs -ium, °*f pl* 《植》ヒカゲノカズラ目.

lycopodium -ī, °*n* 《植》ヒカゲノカズラ属; 《薬》石松子(ごょう)《ヒカゲノカズラ属の植物の胞子から採れる粉末; 医薬・花火などに用いられる》.

Lycōrias -adis, *f* [*Gk*] 《神話》リュコーリアス《海のニンフ; Nereus と Doris の娘》.

Lycōris -idis, *f* [*Gk*] リュコーリス《Gallus が自らの詩中で恋人 Cytheris を呼んだ名》.

Lycormās -ae, *m* [*Gk*] リュコルマース《Aetolia の川 Euenus の旧名》.

Lyctius -a -um, *adj* Lyctus の; Creta 島の.

Lyctus, -os -ī, *f* [*Gk*] リュクトゥス, *-トス《Creta 島の町》.

Lycūrgēī -ōrum, *n pl* Lycurgus (2) のような(=厳格な)人たち.

Lycūrgus -ī, *m* [*Gk*] リュークールグス, *-ゴス《(1)《伝説》Dryas の息子で Edoni 人の王; Bacchus の祭祀を迫害したため神罰を受け, 盲目となって死んだ. (2) Sparta の伝説的立法者. (3) Demosthenes と同時代の Athenae の雄弁家》.

Lycus¹, -os -ī, *m* [*Gk*] 《伝説》リュクス, *リュコス《(1) Thebae の王; 始め Antiopa の, のち Dirce の夫. (2) Thebae の王; Hercules が下界へ行った間に Megara を殺そうと企てた》.

Lycus² -ī, *m* リュクス, *リュコス《小アジアのいくつかの川の名; 特に Maeander 川の支流》.

Lȳdē -ēs, *f* [*Gk*] **1** リューデー《(1) 詩人 Antimachus の妻. (2) Juvenalis の諷刺詩に登場する女のにせ医者の名》.

Lȳdī -ōrum, *m pl* [Lydus] **1** Lydia 人. **2** Etruria 人.

Lȳdia -ae, *f* [*Gk*] リューディア(-)《小アジア西部の一地方; 首都 Sardes; Etruria 人の故郷とされる》.

Lȳdius -a -um, *adj* [*Gk*] **1** Lydia (人)の. **2** Etruria (人)の.

Lȳdus -a -um, *adj* [*Gk*] =Lydius.

Lyg- ⇨ Lig-.

lympha -ae, *f* [*Gk*] **1** 《神話》水のニンフ. **2** (川・泉の)清水. **3**°《生理》リンパ(液).

lymphāticus -a -um, *adj* [↑] 狂乱の, 逆上した.

lymphātus -a -um, *adj* (*pp*) [↓] =lymphaticus.

lymphō -āre -āvī -ātum, *tr* [lympha] **1** 発狂させる. **2** (*pass, prp*) 狂っている.

lymphoglandula -ae, °*f* 〖解〗リンパ腺.

Lyncēstae -ātum, *m pl* [*Gk*] リュンケースタエ, *-タイ《Macedonia 南西部にいた一部族》.

Lyncēstis -idis, *adj f* Lyncestae 族の.

Lyncēstius -a -um, *adj* Lyncestae 族の.

Lyncēstus -a -um, *adj* =Lyncestius.

Lynceus[1] -eī [-eos], *m* [*Gk*] 〖伝説〗リュンケウス《(1) Aphareus の息子で Idas の兄弟; Argonautae の一人; 鋭い視力で有名. (2) Aegyptus の 50 人の息子の一人で Hypermnestra の夫; 他の兄弟はすべてそれぞれの妻に殺されたが, 彼だけは自らの妻に救われた》.

Lynceus[2] -a -um, *adj* [*Gk*] Lynceus (1) の; (Lynceus のように) 鋭い視力の.

Lyncīdēs -ae, *m* Lynceus (2) の子孫《特に玄孫 Perseus》.

lyncūrion, -um -ī, *n* [*Gk*] 琥珀の一種.

Lyncus -ī, *m, f* [*Gk*] リュンクス, *-コス《(1) (*m*)〖伝説〗Scythia の王; Ceres によってヤマネコ (lynx) に変えられた. (2) (*f*) Macedonia の町》.

lynx lyncis, *f* (*m*) [*Gk*] **1** 〖動〗ヤマネコ. **2** ヤマネコの皮.

lyra -ae, *f* [*Gk*] **1** リラ, 竪琴. **2** 抒情詩. **3** (L-)〖天〗琴座.

Lyrcēius, -cēus -a -um, *adj* (Argolis と Arcadia の境をなす) Lyrceum 山の.

Lyrcīus, -cēus -ī, *m* Lyrceum 山上の泉《Inachus 川の源》.

lyrica -ōrum, *n pl* [↓] 抒情詩.

lyricus[1] -a -um, *adj* [lyra] **1** リラの, 竪琴の. **2** 抒情詩の.

lyricus[2] -ī, *m* 抒情詩人.

lyristēs -ae, *m* [*Gk*] 竪琴奏者.

Lyrnēsis -idis [-idos], *f* [*Gk*] Lyrnesus の女 (= Briseis).

Lyrnēsius -a -um, *adj* [*Gk*] Lyrnesus の.

Lyrnēsus, -os -ī, *f* [*Gk*] リュルネースス, *-ソス《Troas の町; Briseis の生地》.

Lȳsander -drī, *m* [*Gk*] リューサンデル, *-ドロス《Sparta の将軍; Aegos 川河口の海戦で Athenae 艦隊を破った (前 405)》.

Lȳsiās -ae, *m* [*Gk*] リューシアース《Athenae の雄弁家 (前 458?-?380)》.

Lȳsimachīa -ae, *f* [*Gk*] リューシマキーア, *-ケイア《Thracia Chersonesus の町; Lysimachus が創建した》.

Lȳsimachiēnsēs -ium, *m pl* Lysimachia の住民.

Lȳsimachus -ī, *m* [*Gk*] リューシマクス, *-コス《Alexander 大王の将軍の一人; 大王の死後 Thracia の王 (前 361-281)》.

Lȳsinoē -ēs, *f* [*Gk*] リューシノエー《Pisidia の町》.

Lȳsippus -ī, *m* [*Gk*] リューシッブス, *-ポス《前 4 世紀の Sicyon 出身の彫刻家》.

lysis -is, *f* [*Gk*] **1** 〖建〗剖形(ぼうけい). **2**°〖医〗(熱や疾患の)消散, 渙散(かんさん).

Lȳsis -idis, *m* [*Gk*] リューシス《(1) Tarentum 生まれの Pythagoras 学派哲学者; Epaminondas の師. (2) 小アジアの川》.

Lȳsistratus -ī, *m* [*Gk*] リューシストラトゥス, *-トス《Sicyon 出身の彫刻家 (前 4 世紀); Lysippus の兄弟で, 初めて石膏の型を使って像をつくった》.

lyssa -ae, *f* [*Gk*] **1** 狂乱, 熱狂. **2**°〖病〗狂犬病.

Lystra -ae, °*f*, **-a** -ōrum °*n pl* [*Gk*] リュストラ《Lycaonia の町》.

lytta -ae, *f* [*Gk*] (犬の舌に生ずる)虫状の吹き出物《狂犬病の原因と考えられた》.

M

M, m *indecl n* ラテン語アルファベットの第12字.
M. 《略》=Marcus; mille; maximus; magister; municipium; monumentum.
M'. 《略》=Manius.
Macae -ārum, *m pl* [*Gk*] マカエ, *マカイ《(1) Arabia にいた一部族. (2) Libya にいた一部族》.
Macarēis -idis, *f* [*Gk*] Macareus の娘 (=Isse).
Macareus -eī [-eos], *m* [*Gk*] 《伝説》マカレウス《(1) Aeolus の息子; 妹 Canace と不倫の恋におちた. (2) Ulixes の部下; のち Aeneas の部下. (3) Centaurus 族の一人》.
maccis -idis, *f* (Plautus の喜劇に出る)架空の調味料.
maccus -ī, *m* 1 (Atella 笑劇の)道化役. 2 ばか者.
Macedō(n) -onis, *m* [*Gk*] 1 Macedonia 人. 2 (*pl*) Macedonia の住民.
Macedonia -ae, *f* [*Gk*] マケドニア(-)《Thessalia と Thracia の間にあった王国; Alexander 大王時代に隆盛, のちローマの属州 (前 148)》.
Macedonicus -a -um, *adj* [*Gk*] Macedonia の.
Macedoniensis -is -e, *adj* =Macedonicus.
Macedonius -a -um, *adj* =Macedonicus.
Macella -ae, *f* [*Gk*] マケッラ《Sicilia 島西部の町》.
macellārius¹ -a -um, *adj* [macellum] 食料品の.
macellārius² -ī, *m* 食料品商人.
macellum -ī, *n*, **-us**¹ -ī, *m* [*Gk*] 1 食料品市場. 2 (市場で売られる)食料品.
macellus² -a -um, *adj dim* [macer] 少しやせた.
maceō -ēre, *intr* [↓] やせている.
macer -cra -crum, *adj* 1 やせた. 2 (土地が)やせた, 不毛の. 3 (液体が)薄い, 水っぽい.
Macer -crī, *m* マケル《ローマ人の家名; 特に (1) *C. Licinius* ~, 前1世紀前半の年代記編者. (2) *Aemilius* ~, Augustus 帝時代の詩人》.
mācerātiō -ōnis, *f* [macero] 1 浸すこと. 2°柔らかくすること.
mācerātus -a -um, *pp* ⇒ macero.
mācerescō -ere, *intr inch* [macero] 薄くなる.
māceria -ae, **-ēs**¹ -ēī, *f* [macero] (石や煉瓦の)塀, 壁.
māceriēs² -ēī, *f* [↓] 苦悩.
mācerō -āre -āvī -ātum, *tr* [*cf.* macer] 1 浸す, 漬ける; 柔らかくする. 2 弱める, 衰えさせる. 3 悩ます, 苦しめる.
macescō -ere, *intr inch* [maceo] やせる; (果実が)しぼむ.
machaera -ae, *f* [*Gk*] (片刃の)刀, 剣.

machaerophorus -ī, *n* [*Gk*] 剣持ち, 護衛兵.
Machāōn -onis, *m* [*Gk*] 1 《伝説》マカーオーン《Aesculapius の息子; Troja 攻めのギリシア軍の医師》. 2 (一般に)医者.
Machāonius -a -um, *adj* 1 Machaon の. 2 医者の.
māchina -ae, *f* [*Gk*] 1 機械, 装置: °*deus ex machina* (演劇で)急場の解決に登場する宙乗りの神. 2 起重機. 3 投石機, 攻城用具. 4 奴隷売買用の台. 5 牢獄, 獄舎. 6 構造. 7 策略, 計略.
māchinālis -is -e, *adj* [↑] 機械の.
māchināmen -inis, °*n* [machinor] 策略.
māchināmentum -ī, *n* [machinor] 1 攻城用具, 仕掛け. 2 装置, 仕掛け.
māchinārius -a -um, *adj* [machina] 機械の.
māchinātiō -ōnis, *f* [machinor] 1 仕掛け, 装置. 2 攻城用具. 3° 策略, たくらみ.
māchinātor -ōris, *m* [machinor] 1 機械製造者, 技師. 2 (陰謀などの)案出者, 計略者.
māchinātrix -īcis, *f* [↑] (女性の)案出者, 計略者.
māchinātus -a -um, *pp* ⇒ machinor.
māchinor -ārī -ātus sum, *tr dep* [machina] 1 考案する, 案出する. 2 みごとに作りあげる. 3 たくらむ, 策略をめぐらす.
māchinōsus -a -um, *adj* [machina] 機械仕掛けの.
maciēs -ēī, *f* [macer] 1 やせていること. 2 (土地の)不毛. 3 (文体の)貧弱.
macilentus -a -um, *adj* [↑] やせた, 細い.
macir *indecl n* [*Gk*] (インド産の)芳香性の樹脂.
macor -ōris, *m* [maceo] やせていること.
Macra -ae, *m* マクラ《Liguria と Etruria の境をなす川》.
macrescō -ere macruī, *intr inch* [macer] やせる, 衰える.
Macrī campī -ōrum -ōrum, *m pl* マクリー・カンピー《Padus 川の南の Parma と Mutina の間の地方》.
macriculus -a -um, *adj dim* [macer] (少し)やせた.
macritās -atis, *f* (粒の)細かいこと.
macritūdō -dinis, *f* [macer] やせていること.
Macrō -ōnis, *m* マクロー《Tiberius 帝の護衛隊長; Caligula 帝に自害を強いられた (38 年)》.
Macrobii -ōrum, *m pl* マクロビイー, *マクロビオイ《「長寿の人々」の意; (1) Aethiopia の人々. (2) Macedonia の Apollonia の住民》.
Macrobius -ī, °*m* マクロビウス《*Ambrosius Theodosius* ~, ローマの文法学者 (400 年頃)》.
Macrocephalī -ōrum, *m* [*Gk*] (「頭の大きい人々」の意) Pontus の住民.

macrochir -īros [-iris], *m* [*Gk*]「手の長い人」の意) Persia 王 Artaxerxes I のあだ名.
macrocollum -ī, *n* [*Gk*] 大判のパピルス紙.
macrocosmos -ī, °*m* [*Gk*] 大宇宙.
macrogametangium -ī, °*n* 【植】大配偶子嚢.
macrosporangium -ī, °*n* 【植】大胞子嚢.
mactābilis -is -e, *adj* [macto] 致命的な.
mactātor -ōris, *m* [macto] 殺害者.
mactātus[1] -a -um, *pp* ⇨ macto.
mactātus[2] -ūs, *m* (供犠(〈〉)のために)殺すこと.
macte *int* (*sg voc*) [mactus[1]] (祝福・賞賛を表わす):(神に対して) ~ *vino esto* (CATO) ぶどう酒でたたえられよ/(人に対して) ~ *virtute esto* (HOR) 汝の勇気に栄えあれ、よくやった、でかした.
mactō -āre -āvī -ātum, *tr* [↓] **1** たたえる、賞賛[賛美]する ⟨alqm re⟩. **2** 罰する、苦しめる ⟨alqm re⟩. **3** (供犠(〈〉)のために)殺す、いけにえとしてささげる ⟨alci alqd⟩. **4** 殺す. **5** 滅ぼす、破滅させる.
mactus[1] -a -um, *adj* たたえられた、賞賛[賛美]された.
mactus[2] -a -um, *adj* [macto] 打たれた；苦しめられた.
macula -ae, *f* **1** よごれ、しみ；汚点. **2** 恥辱、汚名. **3** 斑点、模様. **4** 網目. **5**° 【医】斑、斑紋：~ *lutea* (網膜の)黄斑.
maculātiō -ōnis, *f* [maculo] **1** 斑点. **2**° (道徳的)汚点.
maculātus -a -um, *pp* ⇨ maculo.
maculō -āre -āvī -ātum, *tr* [macula] **1** よごす、しみをつける. **2** 模様[斑点]をつける. **3** 名誉を傷つける、恥辱を与える.
maculōsus -a -um, *adj* [macula] **1** よごれた、しみのついた. **2** まだらの、縞模様の. **3** 堕落した、けがれた.
madarōsis -is, °*f* 【病】睫毛[眉毛]脱落症.
Madarus -ī, *m* [*Gk*]「禿頭」の意) C. Matius のあだ名.
madefacere *inf* ⇨ madefacio.
madefaciō -cere -fēcī -factum, *tr* [madeo/facio] ぬらす、浸す.
madefactō -āre, *tr freq* [↑] ぬらす、浸す.
madefactus -a -um, *pp* ⇨ madefacio, madefio.
madefēcī *pf* ⇨ madefacio.
madefierī *inf* ⇨ madefio.
madefīō -fierī -factus sum (madefacio の *pass* として用いられる).
madens -entis, *adj* (*prp*) [↓] **1** 湿った、ぬれた. **2** 酔った.
madeō -ēre maduī, *intr* **1** 湿っている；(涙・汗で)ぬれている. **2** 煮える. **3** あふれている、染み込んでいる ⟨re⟩. **4** 酔っている.
madescō -ere -duī, *intr inch* [↑] ぬれる.
madidē *adv* [↓] 酔っぱらって.
madidus -a -um, *adj* [madeo] **1** 湿った；(涙・汗で)ぬれた. **2** 柔らかく煮えた、ふやけた. **3** 酔った. **4** (...に)あふれた、染み込んだ ⟨re⟩.
mador -ōris, *m* [madeo] ぬれていること、湿り.
Maduatēnī -ōrum, *m pl* Madytus の住民.

maduī *pf* ⇨ madeo, madesco.
madulsa -ae, *m* [madeo] 酩酊.
Madytus, -os -ī, *f* マデュトゥス, *-トス 《Thracia Chersonesus の港町》.
Maeander, Maeandros, -us -drī, *m* [*Gk*] **1** マエアンデル, *マイアンドロス 《Phrygia に源を発しエーゲ海に注ぐ川、蛇行で知られる；現 Mendenes》. **2** 曲がりくねり.
Maeandrius -a -um, *adj* Maeander 川の.
Maecēnās -ātis, *m* マエケーナース 《Etruria 人の名；特に C. *Clinius* ~, ローマの騎士身分の人で Augustus 帝の友人 (前 70?–8)；Vergilius, Horatius などの文人の後援者として有名》.
Maecius -ī, *m* マエキウス 《ローマ人の氏族名；特に *Sp.* ~ *Tarpa*, Augustus 帝時代の批評家》.
Maedī -ōrum, *m pl* [*Gk*] マエディー, *マイドイ 《Thracia 西部にいた一部族》.
Maedica -ae, *f* Maedi 族の国.
Maedicus -a -um, *adj* Maedi 族の.
Maeliānus -a -um, *adj* Maelius の. **Maeliānī** -ōrum, *m pl* Maelius の一味.
Maelius -ī, *m* マエリウス 《ローマ人の氏族名；特に *Sp.* ~, 王権を狙ったとして Ahala に殺された (前 440)》.
maena -ae, *f* [*Gk*] 【動】イワシ(鰯)の類.
Maenalis -idis, *adj f* Maenalus の；Arcadia の.
Maenalius -a -um, *adj* Maenalus の.
Maenalus, -os -ī, *m*, **Maenala** -ōrum, *n pl* [*Gk*] マエナルス, *マイナロス 《Arcadia の山脈》.
Maenas -adis, *f* [*Gk*] **1** マエナス, *マイナス 《Bacchus の女性の崇拝者》. **2** 神から霊感を吹き込まれた女、狂乱した女.
maeniānum -ī, *n* [↓] (通例 *pl*) 露台、バルコニー.
Maenius[1] -ī, *m* マエニウス 《ローマ人の氏族名》.
Maenius[2] -a -um, *adj* Maenius の：*columna Maenia* (⇨ columna).
Maeōn -onis, *m* [*Gk*] 【伝説】マエオーン, *マイ- 《Thebae 人で Apollo の神官》.
Maeones -um, *m pl* [*Gk*] Maeonia の住民.
Maeonia -ae, *f* [*Gk*] マエオニア, *マイオニアー 《(1) Lydia 東部の一地方. (2) = Etruria》.
Maeonidēs -ae, *m* [*Gk*] **1** Lydia 人 《特に Homerus の詩的呼称》. **2** Etruria 人.
Maeonis -idis, *f* [*Gk*] Maeonia の女；Lydia の女.
Maeonius -a -um, *adj* [*Gk*] **1** Maeonia の, Lydia の. **2** Homerus の. **3** Etruria の.
Maeōtae -ārum, *m pl* [*Gk*] マエオータエ, *マイオータイ 《Scythia の Maeotis 湖のほとりにいた一部族》.
Maeōticus -a -um, *adj* = Maeotius.
Maeōtis -idos [-idis], -is, *f* [*Gk*] **1** マエオーティス, *-イ- 《Bosporus Cimmericus 海峡の北の内海；現 Azov 海》. **2** (*adj f*) Maeotis 湖の.
Maeōtius -a -um, *adj* Maeotis 湖の.
Maera -ae, *f* [*Gk*] マエラ, *マイラ 《(1) 【伝説】犬に変身させられた女の名. (2) Venus の巫女の一人》.
maerens -entis, *adj* (*prp*) [↓] 悲しんでいる.
maereō -ēre -ruī, *intr*, *tr* 悲しむ、嘆く ⟨re; alqd⟩.

maeror -ōris, *m* [↑] 悲嘆, 哀悼.
maestitia -ae, *f* [maestus] **1** 悲しみ, 悲嘆. **2** 陰鬱.
maestitūdō -dinis, *f* =maestitia.
maestus -a -um, *adj* [maereo] **1** 悲しみに沈んだ. **2** 悲しみを表わす. **3** 悲しませる, 悲惨な: *maesta fama* (TAC) 悲報. **4** 陰鬱な.
Maevius -ī, *m* マエウィウス《当代の一流詩人の Vergilius や Horatius を酷評したへぼ詩人》.
maga -ae, *f* [magus] 魔女.
māgālia -ium, *n pl* [*Punic*] 小屋, テント.
mage *adv* =magis².
magīa -ae, *f* [*Gk*] =magice.
magicē -ēs, *f* [*Gk*] 魔術, 魔法.
magicus -a -um, *adj* [*Gk*] 魔術の, 魔法の.
magis¹ -idis, *f* [*Gk*] 皿.
magis² *adv comp* [magnus] **1** もっと, さらに. **2** むしろ (=potius). **3** (multo, nihilo, tanto, eo, quo, tam, quam などとともに) *eo* ~ *quod* (CIC) …なのでよりいっそう / ~ *quam id reputo, tam* ~ *uror* (PLAUT) それを考えれば考えるほど一段と腹が立つ / *eo* ~ *elucet quo* ~ *occultatur* (CIC) 隠せば隠すほど目立つようになる. **4** *non* ~ … *quam* (a) …と同じように: *trepidatum non in agris* ~ *quam in urbe est* (LIV) 都市部でも田舎に劣らず周章狼狽した. (b) …というよりはむしろ: *haec ratio non* ~ *contra Reguli, quam contra omne jus jurandum valet* (CIC) この議論は Regulus (の誓い)に対するだけより, むしろすべての誓いに対して有効である. (c) …ではないのと同様, …ではない: *istic Philocrates non* ~ *est quam ego aut tu* (PLAUT) あの男は私やあなたがそうでないのと同様 Philocrates ではありません. **5** ~ *et* ~ (CIC) =~ ~*que* (CIC) =~ ~ (CATUL) ますます. **6** ~ *aut* [*ac*] *minus* (QUINT) 多かれ少なかれ.
magister -trī, *m* [magnus] **1** 長, かしら: ~ *equitum* (LIV) 騎兵長官《dictator が任命する副官》/ ~ *navis* (CAES) 船長. **2** 監督者, 指揮者, 管理者: ~ *populi* (CIC) =dictator. **3** (動物の)飼い主; 御者. **4** 教師, 師匠. **5** 教唆者, 助言者.
magisterium -ī, *n* [↑] **1** 監督[指揮者]であること. **2** 支配, 管理. **3** 教育, 指導. **4**《カト》教導権.
magistra -ae, *f* [magister] **1** 監督, 指揮者《女性》. **2** 教師, 師匠《女性》.
magistrātus -ūs, *m* [magister] **1** (高級)官職, 公職. **2** 政務官, (高級)官吏: *magistratūs et imperia* (SALL) 文官と武官.
magistrō, -terō -āre, *tr* 支配する, 統治する.
Magius -ī, *m* マギウス《ローマ人の家名 (Osci 起源)》.
magma -atis, *n* [*Gk*] **1** (軟膏・香油の)残滓(ざ), おり. **2**°《地》岩漿, マグマ. **3**°《薬》マグマ剤.
magmentārium -ī, *n* [↓] magmentum を奉納する社.
magmentum -ī, *n* いけにえの内臓.
Magna Graecia -ae -ae, *f* マグナ・グラエキア《イタリア半島南部の沿岸に建設された多数のギリシア人の植民市》.

magnālia -ium, °*n pl* [↓] 偉業.
magnālis -is -e, °*adj* [magnus] 偉大な, 驚嘆すべき.
magnanimitās -ātis, *f* [↓] 度量の大きいこと.
magnanimus -a -um, *adj* [magnus/animus] 度量の大きい, 雅量のある.
magnātus -ī, **magnās** -ātis, °*m* [magnus] 大立者, 重要人物.
Magnēs -ētis, *adj* [*Gk*] Magnesia (1) の: ~ *lapis* (VARR) Magnesia 産の石 (=天然磁石). **Magnētēs** -um, *m pl* Magnesia (1) の住民.
Magnēsia -ae, *f* [*Gk*] マグネーシア(-)《(1) Thessalia の東部地方. (2) Caria の町. (3) Lydia の町》.
magnēsium -ī, °*n*《化》マグネシウム: ~ *carbonicum* 炭酸マグネシウム / ~ *sulfuricum* 硫酸マグネシウム.
Magnēsius -a -um, *adj* [*Gk*] Magnesia (1) の: *Magnesium saxum* (LUCR) 天然磁石 (=Magnes lapis).
Magnessa -ae, *f* [*Gk*] Magnesia (1) の女.
Magnētarchēs -ae, *m* [*Gk*] Magnesia (1) の行政長官.
magnēticus -a -um, °*adj* [*Gk*] 磁石の.
Magnētis -idis, *adj f* [*Gk*] Magnesia (1) の.
magnētismus -ī, °*m* 磁気, 磁性; 磁気学.
Magni campī -ōrum -ōrum, *m pl* マグニー・カンピー《Carthago 西南方の Bagrada 川沿いの地方; Africa の穀倉地帯》.
magnidicus -a -um, *adj* [magnus/dico²] 大言壮語する.
magnifacere *inf* ⇨ magnifacio.
magnifaciō, magnī faciō -ere, *tr* [magnus/facio] 重んずる.
magnificē *adv* [magnificus] **1** りっぱに, みごとに, すばらしく. **2** 自慢して, いばって.
magnificenter *adv* =magnifice.
magnificentia -ae, *f* [magnificus] **1** 高潔. **2** 雅量, 寛大. **3** 華麗, 豪華. **4** 大言壮語, 自慢.
magnificō -āre -āvī -ātum, *tr* [↓] **1** 高く評価する, 重んずる. **2** 賞賛する, 賛美する.
magnificus -a -um, *adj* [magnus/facio] **1** 華麗, 豪華な. **2** 偉大な, りっぱな. **3** 大言壮語する, 自慢する.
magniloquentia -ae, *f* [↓] **1** 高尚[高雅]な文体, 格調の高いことばづかい. **2** 大言壮語, 自慢.
magniloquus -a -um, *adj* [magnus/loquor] **1** (ことばの)高尚な, 高雅な. **2** 大言壮語する, 自慢する.
magnitūdō -dinis, *f* [magnus] **1** 大きさ. **2** 大きな広がり. **3** 大量, 多量. **4** 強烈, 猛烈. **5** 大きいこと, 広いこと. **6** 高位. **7** 高潔, 威厳. **8** 重要なこと. **9** 勢力のあること, 有力.
magnopere, magnō opere *adv* (*superl* maximopere) [↓/opus] **1** 大いに, 非常に: *non magnopere* (CIC) あまり…でなく. **2** 全力で, 熱心に. **3** 特に, とりわけ.
magnus -a -um, *adj* (*comp* mājor, *superl* maximus) **1** 大きい. **2** 大量の. **3** (価格・評価が)高い: *magni aestimare* [*facere*] (CIC) 高く評価する, 重んずる. **4** (時間が)長い; 年を経た, 老いた: *mag-*

Magon — Maliacus

no natu (Liv) 老齢の. **5** 激しい, はなはだしい: *magno opere* =magnopere. **6** (音・声の)大きな: *magnā voce* (Cic) 大声で. **7** 重要な, 重大な. **8** 高名な, 卓越した. **9** 偉大な. **10** 雅量のある. **11** 大胆な. **12** 自慢する, 高慢な. **13** 全くの, 純然たる: *casus ~* (Caes) 全くの偶然.

Māgō(n) -ōnis, *m* [*Gk*] マーゴー(ン) 《Carthago 人の個人名; 特に (1) Hannibal の弟で将軍 (前 203 頃 没). (2) 農耕論の著者; その著書はのちにラテン語に訳された》.

magus[1] -ī, *m* [*Gk<Pers.*] **1** (ペルシアの)僧侶階級の一人. **2** 魔術師, 魔法使い. **3** °〖聖〗(キリスト誕生時に礼拝に来た)東方の三博士の一人.

magus[2] -a -um, *adj* [↑] 魔術の, 魔法の.

magȳdaris -is, *f* [*Gk*] **1** laserpicium の茎. **2** laserpicium の一種.

Maharbal -alis, *m* マハルバル 《第 2 次 Poeni 戦争における Hannibal の部下の武将》.

Māia -ae, *f* [*Gk*] 〖神話〗マイヤ, *マイア 《(1) Atlas の娘で Pleiades の一人; Juppiter との間に Mercurius を生んだ. (2) Volcanus の妻》.

Māius[1] -a -um, *adj* [↑] 5 月 (古くは 3 月)の.

Māius[2] -ī, *m* (*sc. mensis*) 5 月 《古くは 3 月》.

mājālis -is, *m* (去勢された)豚.

mājestās -ātis, *f* [↓] **1** 威厳, 尊厳. **2** 壮麗, 華麗. **3** 逆罪.

mājor -or -us, *adj comp* [magnus] **1** より大きな. **2** より多数[大量]の. **3** より年を経た, 年上の: *~ filius* (Ter) 上の息子 / *majores natu* (Caes) すべての老人たち. **4** より激しい, 徹底的な: *in majorem modum* (Cic) =*in majus* (Sall) 大いに. **5** より重要[重大]な. **6** より高名な[卓越した]. **7** より偉大な. **8** より大胆な[確固たる]. **9** °〖カト〗*altare majus* 主祭壇 / *ordines majores* 上級聖品 《司祭, 助祭, 副助祭など》.

mājōrēs -um, *m pl* [↑] 先祖, 父祖.

Mājor Graecia -ōris -ae, *f* =Magna Graecia.

Mājōrica -ae, °*f* [major] マイヨーリカ 《地中海西部の Baliares 諸島中最大の島; 現 Mallorca》.

mājōrīnus -a -um, *adj* [major] (オリーブの品種名として)大型の.

mājōritās -ātis, °*f* [major] **1** 大多数, 大部分. **2** 成年, 丁年(なん).

mājusculus -a -um, *adj comp dim* [major] **1** (やや)大きい. **2** (やや)年上の.

māla -ae, *f* **1** ほお. **2** あご.

Malaca -ae, *f* マラカ 《Hispania Baetica の町; 現 Málaga》.

malacha -ae, *f* =bdellium 2.

malachē -ēs, *f* [*Gk*] 〖植〗ゼニアオイ属の一種.

malacia -ae, *f* [*Gk*] **1** なぎ, 無風状態. **2** 食欲不振, 吐き気.

malacissō -āre, *tr* [*Gk*] 柔らかくする.

malacus -a -um, *adj* [*Gk*] **1** 柔らかい, 柔軟な. **2** 惰弱な.

malagma -atis, *n* [*Gk*] 〖薬〗罨法(あんぽう), パップ.

malaxō -āre -āvī, *tr* [*Gk*] 柔らかくする, ゆるめる.

male *adv* (*comp* pējus, *superl* pessimē) [malus[1]] **1** 悪く: *~ audire* (Cic) 悪口を言われる, 悪い評判が立つ. **2** 不快に, 苦痛を与えるように: *~ cubandum est* (Plaut) 食卓につくのもいやだ. **3** かろうじて, ほとんど…なく. **4** むなしく, 失敗のうちに: *cum ~ pugnatum apud Caudium esset* (Cic) Caudium での戦いに敗れて. **5** ひどく, 過度に.

Malĕa -ae, *f* [*Gk*] マレ(−)ア, *マレ(イ)ア 《Peloponnesus 半島最南端の岬》.

maledicax, male dicax -ācis, *adj* 中傷的な, 口の悪い.

maledicē *adv* [maledicus] 中傷的に, あしざまに.

maledicens -entis, *adj* (*prp*) [maledico] 誹謗する, 中傷的な.

maledicentia -ae, *f* [↑] 誹謗, 中傷.

maledīcō -ere -dīxī -dictum, *intr* (*tr*) [male/dico[2]] 誹謗する, 罵倒する, 悪口を言う ⟨*abs*; alci; alqm⟩.

maledictiō -ōnis, *f* [↑] **1** 悪口, 中傷. **2** °呪い, 呪詛.

maledictor -ōris, *m* [maledico] 非難[中傷]する者.

maledictum -ī, *n* [↓] 悪口, 非難, 中傷.

maledictus -a -um, *pp* ⇨ maledico.

maledicus -a -um, *adj* [maledico] 悪口を言う, 中傷的な, 罵倒する.

maledixī *pf* ⇨ maledico.

malefacere *inf* ⇨ malefacio.

malefaciō, male faciō -cere (-)fēcī (-)factum, *intr* **1** 不正行為をする. **2** 害を加える, 傷つける ⟨alci⟩.

malefactor -ōris, *m* [↑] 悪事をはたらく者.

malefactum, male factum -ī, *n* [malefacio] 悪行, 不正行為; 損害, 損傷.

malefactus -a -um, *pp* ⇨ malefacio.

malefēcī *pf* ⇨ malefacio.

malefica -ae, *f* [maleficus] 魔女.

maleficē *adv* [maleficus] 悪意をもって.

maleficentia -ae, *f* [malefacio] 悪行, 悪事.

maleficium -ī, *n* [↓] **1** 悪行, 悪事, 犯罪. **2** 損害, 損傷. **3** *~* (*magicum*) (Apul) 妖術, 魔術. **4** (*pl*) 害虫.

maleficus[1] -a -um, *adj* [malefacio] **1** 非道な, 邪悪な. **2** 有害な, 危害を及ぼす. **3** 妖術[魔術]の.

maleficus[2] -ī, *m* **1** 悪事をはたらく者, 犯罪者. **2** ° 妖術使い, 魔術師.

malefidus, male fīdus -a -um, *adj* あてにならない, 信頼できない.

malesuādus -a -um, *adj* [male/suadeo] 悪い忠告[助言]をする.

Malēus -a -um, *adj* Malea 岬の.

Maleventum -ī, *n* マレウェントゥム 《Beneventum の古名》.

malevolens -entis, *adj* [male/volo[2]] 悪意のある, 敵意をもった.

malevolentia -ae, *f* [↑] 悪意, 敵意.

malevolus -a -um, *adj* [male/volo[2]] 悪意のある, 意地の悪い.

Māliacus -a -um, *adj* [*Gk*] *~ sinus* (Liv) マーリアクス (*-コス)湾 《Thessalia 南部の Malis 地方の東にある湾》.

Māliēnsis -is -e, *adj* Malis 地方の.
mālifer -fera -ferum, *adj* [malum¹/fero] リンゴを産する.
malificus -a -um, *adj* =maleficus¹.
malignē *adv* [malignus] **1** 悪意[敵意]をもって. **2** 物惜しみして, けちに. **3** 乏しく, 不十分に.
malignitās -ātis, *f* [malignus] **1** 悪意, 敵意. **2** けち. **3** 卑しさ. **4** 不作.
malignō -āre -āvī -ātum, °*tr*, **malignor** -ārī -ātus sum, °*tr dep* [↓] 悪だくみする, 悪意をもってする〈alqd〉.
malignus -a -um, *adj* [malus¹/gigno; *cf.* benignus] **1** 意地の悪い, 悪意のある. **2** 不毛の, 実を結ばない. **3** けちな, 物惜しみする. **4** 乏しい, 貧弱な, わずかな.
mālinus -a -um, *adj* [malum¹] **1** リンゴの木の. **2** リンゴ色の.
malitās -ātis, °*f* [malus¹] 害悪.
malitia -ae, *f* [malus¹] **1** 意地悪な性向[行為]. **2** 悪徳, 欠陥.
malitiōsē *adv* [↓] 悪意をもって.
malitiōsus -a -um, *adj* [malitia] 悪意のある, 邪悪な.
Mālius -a -um, *adj* Maliacus 湾の.
malivol- ⇨ malevol-.
malle *inf* ⇨ malo.
malleātor -ōris, *m* [malleus] 槌で打つ者.
malleolāris -is -e, *adj* [↓] **1** 挿し枝として使われる. **2** °[解] くるぶしの.
malleolus -ī, *m dim* [↓] **1** 小槌. **2** 挿し枝, 接ぎ穂. **3** 火矢. **4** °[解] くるぶし.
malleus -ī, *m* **1** 槌. **2** 挿し枝, 接ぎ穂. **3** °[解] 槌骨(ᵗᵘ).
Mallī -ōrum, *m pl* [Gk] マッリー, *-ロイ《India 北部にいた一部族》.
Mallius -ī, *m* マッリウス《ローマ人の家名; 特に ~ *Theodorus*, ラテン詩韻律論の著者 (4 世紀)》.
Malloea -ae, *f* [Gk] マッロエア, *-ロイア《Thessalia の町》.
Mallōtēs -ae, *m* Mallus の住民.
Mallus -ī, *f* [Gk] マッルス, *-ロス《Cilicia の町》.
mālō malle māluī, *tr irreg* [magis²/volo²] **1** むしろ...を好む[選ぶ]〈alqd; +inf; +acc c. inf; ut, ne; +subj〉: *mallem ut ires* (Cᴵᴄ)私はきみに行ってほしかった. **2** むしろ...に好意的である〈alci〉.
mālobathron, -um -ī, *n* [Gk] [植] **1** 肉桂の木. **2** 桂皮油.
malt(h)a -ae, *f* [Gk] **1** アスファルトの一種; 瀝青. **2** めめしい男.
māluī *pf* ⇨ malo.
malum¹ -ī, *n* [Gk] **1** リンゴ: *ab ovo usque ad mala* (Hᴏʀ)卵からリンゴまで(=始めから終わりまで; ローマ人の食事が前菜の卵で始まりデザートのリンゴで終わったことから). **2** 果実, 果物: ~ *Punicum* (Vᴀʀʀ) ザクロ / ~ *Cydoneum* (Lᴀʀɢ) マルメロ / ~ *Persicum* (Pʟɪɴ) モモ.
malum² -ī, *n* [↓] **1** 悪いこと, 悪; 悪事, 犯罪. **2** 欠点; 不利益, 不十分. **3** 不幸, 災難. **4** 損害, 危害. **5** 罰, 懲罰. **6** 侮辱, 非難. **7** 害悪; 病気. **8** (ののしりのことばとして)ちくしょう.
malus¹ -a -um, *adj* (*comp* pējor, *superl* pessimus) **1** 悪い, 不正な, 邪悪な. **2** 不快な, いやな, ひどい: *mala res* (Tᴇʀ) 災難. **3** 無能な, 無用の. **4** 不利な; 不首尾な. **5** 敵意ある, 好意的でない; 侮辱[中傷]的な. **6** 乏しい, 劣等な, 卑しい. **7** 有害な, 害をなす.
mālus² -ī, *m* **1** 帆柱, マスト. **2** 梁, 柱.
mālus³ -ī, *f* [malum¹] 果樹; (特に)リンゴの木.
malva -ae, *f* [植] ゼニアオイ属の植物.
malvāceus -a -um, *adj* [↑] アオイのような.
Māmercus -ī, *m* マーメルクス《(1) Osci 起源のローマ人の個人名. (2) Aemilia 氏族に属する家名》.
Māmers -tris, *m* [神話] マーメルス《Osci 人による Mars の呼称》.
Māmertīnī -ōrum, *m pl* (「Mamers の息子たち」の意) Messana の住民《その町を前 289 年に占領・植民した Campania の傭兵団の子孫》.
Māmertīnus -a -um, *adj* Mamertini の.
Māmilius -ī, *m* マーミリウス《Tusculum 起源のローマ人の氏族名》.
mamilla, -mmi- -ae, *f dim* [mamma] 乳首, 乳頭.
mamillāre -is, *n* [↑] 胸帯, ブラジャー.
mamillāris -is -e, °*adj* [mamilla] [解] 乳頭の.
mamma -ae, *f* **1** 乳房. **2** つぼみ, 芽. **3** (幼児) おかあちゃん.
mammālia -ium, °*n pl* [↓] [動] 哺乳動物.
mammālis -is -e, °*adj* [mamma] 乳房の.
mammārius -a -um, °*adj* [mamma] [解] 乳房の.
mammeātus -a -um, *adj* [mamma] 胸の大きな.
mammia -ae, *f* [Gk] 乳房, 胸.
mammicula -ae, *f dim* [mamma] 小さな胸.
mammōna -ae, °*f* [Gk<Aram.] 富.
mammōsus -a -um, *adj* [mamma] **1** 胸の大きな. **2** 乳房のような, 盛り上がった.
mammula -ae, *f dim* [mamma] **1** (小さな)乳房 [乳頭]. **2** [俳] 乳母.
Māmurius -ī, *m* マーム(ー)リウス《Numa 王時代の楯職人》.
Māmurra -ae, *m* マームッラ《Formiae 出身の騎士身分の人; Caesar に従って Gallia に赴き, 蓄財した》.
mānābilis -is -e, *adj* [mano] しみ通る.
mānāmen -minis, °*n* [mano] 流れ.
manceps -cipis [-cupis], *m* [manus¹/capio¹] **1** 買手, 購入者. **2** (租税取立て・土木事業の)請負人. **3** 賃借人. **4** 卸売業者.
Mancīnus -ī, *m* マンキーヌス《ローマ人の家名; 特に C. *Hostilius* ~, 執政官 (前137); Numantia 人に敗北して屈辱的な和を結んだ》.
manciola -ae, *f dim* [manus¹] (小さな)手.
mancipātiō -ōnis, *f* [mancipo] [法] (mancipium による)財産譲渡.
mancipātus¹ -a -um, *pp* ⇨ mancipo.
mancipātus² -ūs, *m* **1** 売却. **2** °請負人の職務.

mancipium, -cu- -ī, *n* [↓] **1** 要式売買, 握取行為売買《財産譲渡の正規の方式として証人の前で物を手でつかむこと》. **2** (要式売買によって獲得された)所有権; 所有物. **3** 奴隷.

mancipō, -cu- -āre -āvī -ātum, *tr* [manceps] **1** (mancipium によって)処分する, 正式に売却する. **2** 引き渡す.

mancus -a -um, *adj* [manus¹] **1** 片手のない, (手が)不具の. **2** 無力な, 弱い.

mandātēla -ae, *f* [mandatum] 委任, 委託.

mandātiō -ōnis, °*f* [mando²] 委任, 委託.

mandātor -ōris, *m* [mando²] **1** 委任[委託]者. **2** 密告[告発]をそそのかす者. **3**° 保証人.

mandātōrius -a -um, °*adj* [↑] 委任の, 訓令の.

mandātum -ī, *n* (*pp*) [mando²] **1** 命令, 指令; 勅令. **2** 委任, 委託. **3**°《キ教》神のおきて, 律法.

mandātus¹ -a -um, *pp* ⇒ mando².

*****mandātus**² -ūs, *m* (用例は *sg dat, abl* のみ) 命令, 指令: *mandatu meo* (Cɪᴄ) 私の命令によって.

Mandēla -ae, *f* マンデーラ《Sabini 族の土地にあった町》.

mandī *pf* ⇒ mando².

mandibula -ae, °*f*, **-um** -ī, °*n* [mando²] 《解》下あご, 下顎(がく)骨.

mandō¹ -āre -āvī -ātum, *tr* [manus¹/do] **1** 引き渡す, 委託[委任]する, 託する, ゆだねる ⟨alci alqd⟩: *fugae se mandare* (Cᴀᴇs) 逃走に身をゆだねる (=逃走する) / *memoriae mandare* (Cɪᴄ) 記録[記憶]する / *filiam viro mandare* (Pʟᴀᴜᴛ) 娘を男に嫁がせる. **2** 報告する, 伝言する. **3** 命ずる, 指示[指令]する ⟨alci alqd; ut, ne; +*subj*; +*inf*; +*acc c. inf*⟩.

mandō² -ere mandī mansum, *tr* **1** かむ, かみくだく: *mandere humum* (Vᴇʀɢ) 土をかむ (=地上に倒される, 戦死する). **2** (馬がくつわを)かむ. **3** (火が)焼き尽くす.

mandō³ -ōnis, *m* [↑] 大食漢.

mandra -ae, *f* [*Gk*] **1** 家畜小屋. **2** 家畜の群れ[列]. **3** ゲーム盤.

mandragorās -ae, *m* [*Gk*] 《植》マンドレーク《催眠剤として用いられた》.

Mandubiī -ōrum, *m pl* マンドゥビイー《Gallia Celtica にいた一部族》.

mandūcātiō -ōnis, °*f* [↓] かむこと, 食べること.

mandūcō¹ -āre -āvī -ātum, *tr* [manducus] **1** かむ. **2** 食べる.

mandūcō² -ōnis, *m* [↑] 大食漢.

mandūcus -ī, *m* [mando²] **1** 大食漢. **2** (Atella 笑劇でものを食べていることを表現するための)口の動く仮面を着けた登場人物.

Mandūria -ae, *f* マンドゥーリア《Calabria の町》.

māne¹ *indecl n* (*abl* 古形) mānī) 朝.

māne² *adv* [↑] **1** 朝早く, 早朝に. **2** 翌朝に.

maneō -ēre mansī mansum, *intr, tr* **I** (*intr*) **1** とどまる ⟨in re; ad alqd⟩. **2** 泊まる. **3** 存続[持続]する: *munitiones integrae manebant* (Cᴀᴇs) 堡塁が完全な形で残っていた. **4** 固執する; (忠実に)守る ⟨in re⟩: *in condicione manere* (Cɪᴄ) 提案を守る. **5** あとに残る. **II** (*tr*) **1** 待つ. **2** (事件・運命などが)待ち構えている ⟨alqm⟩.

mānēs -ium, *m pl* [*cf.* manus²] **1** 死者の霊, 亡霊 (=di manes). **2** 遺骨; 遺骸. **3** 冥府, よみの国. **4** 死.

mangō -ōnis, *m* 商人; (特に)奴隷商人.

mangōnicō -āre -āvī -ātum, *tr* [↑] (売り物の)見ばえをよくする.

mangōnicus -a -um [mango] 奴隷商人の.

mangōnium -ī, *n* [mango] (売るために品物の)見ばえをよくすること.

mānī *abl* (古形) ⇒ mane¹.

mania -ae, °*f* [*Gk*] **1** 狂気, 精神錯乱. **2** 《医》躁病.

Mānia -ae, *f* [*cf.* manes] **1** 《神話》マーニア《Lares の母》. **2** (*pl*) (お守り用の)醜い顔をした小さな人形.

manibrium -ī, *n* =manubrium.

manicae -ārum, *f pl* [manus¹] **1** (tunica の)長い袖. **2** 手かせ, 手錠.

manicātus -a -um, *adj* [↑] 長い袖の付いた.

manicon -ī, *n* [*Gk*] 《植》チョウセンアサガオ.

manicula -ae, *f dim* [manicae] (小さな)手.

maniculus -ī, *m* [manus¹] =manipulus.

manifestārius -a -um, *adj* [manifestus] 現場を押さえられた, 明白な.

manifestātiō -ōnis, °*f* [manifesto²] 表明, 明示, 顕示.

manifestātor -ōris, °*m* [manifesto²] 明らかにする者, 明示する者.

manifestē *adv* [manifestus] 明白に, 明らかに.

manifestō¹ *adv* (*abl*) [manifestus] **1** 現場を押さえられて, 現行犯で. **2** 明白に, 明らかに.

manifestō² -āre -āvī -ātum, *tr* [↓] 明らかにする, 明示する, 現わす.

manifestus -a -um, *adj* [manus¹/*festus (*cf.* infestus)] **1** 明白な, 明らかな, 疑う余地のない; 紛れのない; 顕著な. **2** 現場を押さえられた, 罪状明白な.

Mānīlius -ī, *m* マーニーリウス《ローマ人の氏族名; 特に *C.* ~, 護民官 (前 66)》.

manipretium -ī, *n* =manupretium.

manip(u)lāris¹ -is -e, *adj* [manipulus] 中隊に属する, 兵卒の.

manip(u)lāris² -is, *m* **1** 兵士, 兵卒. **2** 同じ中隊の兵士.

manip(u)lārius¹ -a -um, *adj* [manipulus] 兵卒の.

manip(u)lārius² -ī, *m* =manipularis².

manip(u)lātim *adv* [↓] **1** 束にして. **2** 中隊ごとに.

manip(u)lus -ī, *m* [manus¹/pleo] **1** 手一杯, ひとつかみ. **2** 束. **3** 歩兵中隊 (=2 centuriae=$^1/_3$ cohors).

Mānius -ī, *m* マーニウス《ローマ人の個人名(略形 M'.)》.

Manliānus -a -um, *adj* Manlius の: *Manliana imperia* (Lɪᴠ) (Manlius のような)きびしい命令.

Manlius -ī, *m* マンリウス《ローマ人の氏族名; 特に (1) *M.* ~ *Capitolinus*, ローマ市が Gallia 人に占領されたとき, Capitolinus 丘を守り抜いた; のちに王権をねらった嫌疑のため殺された (前 384 頃). (2) *T.* ~ *Torquatus*, 執政官 (前 340) として Latini 人との戦いを

指揮したとき,命に背いて功をたてようとした自らの息子を処刑した; 苛酷峻厳の典型とされる》.
manna¹ -ae, *f* [*Gk*] (乳香の)かけら, 一片.
manna² *indecl* °*n* acc -ae, °*f* [*Heb.*] 《聖》マナ《イスラエル人が荒野で神から与えられた食物》.
mannulus -ī, *m dim* [↓] (Gallia 産の)小型の馬.
mannus -ī, *m* (Gallia 産の)小型の馬.
Mannus -ī, *m* [*G*] 《神話》マンヌス《古いゲルマン人の神》.
mānō -āre -āvī -ātum, *intr* (*tr*) **I** (*intr*) **1** 流れ出る,したたる; にじみ出る.　**2** ぬれている⟨re⟩.　**3** 発する,生ずる,由来する⟨ex [a] re⟩.　**4** 広がる.　**II** (*tr*) 流す,こぼす.
mansī *pf* ⇨ maneo.
mansiō -ōnis, *f* [maneo] **1** とどまること,滞在.　**2** 住居; 宿場, 宿屋.　**3** 一日の旅程.
mansiōnārius¹ -a -um, °*adj* [↑] 宿屋の.
mansiōnārius² -ī, °*m* 教会堂の番人, 寺男.
mansitō -āre -āvī -ātum, *intr freq* [maneo] 泊まる, 滞在する.
mansiuncula -ae, °*f dim* [mansio] 小部屋.
mansor -ōris, °*m* [maneo] 滞在者, 客.
mansuēfacere *inf* ⇨ mansuefacio.
mansuēfaciō -cere -fēcī -factum, *tr* [mansues/facio] **1** 飼いならす.　**2** 穏やかにする, 和らげる.
mansuēfactus -a -um, *pp* ⇨ mansuefacio, mansuefio.
mansuēfēcī *pf* ⇨ mansuefacio.
mansuēfierī *inf* ⇨ mansuefio.
mansuēfīō -fierī -factus sum, *intr* [↓/fio] (mansuefacio の *pass* として用いられる).
mansuēs -ētis [-is], *adj* 《古形》=mansuetus.
mansuēscō -ere -suēvī -suētum, *intr* (*tr*) *inch* [manus¹/suesco] **I** (*intr*) **1** 飼いならされる.　**2** 温和になる, 穏やかになる.　**II** (*tr*) 飼いならす.
mansuētē *adv* [mansuetus] 穏やかに.
mansuētūdō -dinis, *f* [mansues] **1** 飼いならされていること.　**2** 教化, 洗練.　**3** 温和, 寛大.
mansuētus -a -um, *adj* (*pp*) [mansuesco] **1** 飼いならされた.　**2** 洗練[教化]された.　**3** 温和な, 穏やかな.
mansuēvī *pf* ⇨ mansuesco.
mansūrus -a -um, *adj* (*fut p*) [maneo] 永続する, 永久の, 不変の.
mansus -a -um, *pp* ⇨ mando², maneo.
mantēle -is, *n* [manus¹/tergeo] **1** 手ぬくい, ナプキン.　**2** テーブルクロス.
mantēlium -ī, *n* 手ぬくい, ナプキン.
mantellum -ī, *n* [*cf.* mantica] 外套.
mantēlum -ī, *n* [mantele] 手ぬくい, ナプキン.
mantica -ae, *f* [*cf.* mantellum] 合切袋, 背のう.
manticinor, **-tisci-** -ārī -ātus sum, *tr dep* [mantis/cano] 予言する.
Mantinēa -ae, *f* [*Gk*] マンティネーア, *-ネイア《Arcadia の町; Thebae の将軍 Epaminondas が Sparta 軍を破った (前 362) 古戦場》.
mantis -idis, *m* [*Gk*] 予言者, 占い師.
mantīsa, **-issa** -ae, *f* **1** 添え物.　**2** 分け前.

Mantō -ūs, *f* [*Gk*] 《伝説》マントー《(1) Tiresias の娘で予言者. (2) Mantua の創建者 Ocnus の母で予言者》.
mantō -āre, *intr*, *tr freq* [maneo] **I** (*intr*) とどまる, 滞在する.　**II** (*tr*) 待つ.
Mantua -ae, *f* マントゥア《Gallia Cisalpina の町; 詩人 Vergilius はこの町の近くの Andes 村で生まれた》.
manuāle -is, *n* [↓] **1** (木製の)本箱.　**2**° (*pl*) 手引書.
manuālis -is -e, *adj* [manus¹] **1** 手に持った.　**2** ひとつかみの.　**3** 手で握れるくらいの.
manuārius¹ -a -um, *adj* [manus¹] **1** 手で動かす.　**2** 賭けでもうけた.
manuārius² -ī, *m* 泥棒.
manubiae -ārum, *f pl* [manus¹] **1** 戦利品の売却代金のうちの将軍の取り分.　**2** 利得, 利益.
manubiālis -is -e, *adj* [↑] 戦利品を売って得た.
manubiārius -a -um, *adj* [manubiae] 利益をもたらす.
manubriolum -ī, *n dim* [↓] (小さな)柄(ᵉ).
manubrium -ī, *n* [manus¹] 柄(ᵉ), 取っ手.
manuciolum -ī, *n dim* [maniculus] (小さな)束.
manucla -ae, *f* [manus¹] (投石機の)引き金.
manūfactilis -is -e, °*adj* [manus¹/facio] 手製の.
manūfactūra -ae, °*f* [manus¹/facio] 手細工, 手工品; 手工業.
manufestus -a -um, *adj* =manifestus.
manuleātus -a -um, *adj* [↓] 長い袖の付いた; 長袖の tunica を着た《柔弱のしるしとみなされた》.
manuleus -ī, *m* [manus¹] 長い袖.
manūmīsī *pf* ⇨ manumitto.
manūmissiō -ōnis, *f* [manumitto] (奴隷の)解放.
manūmissus -a -um, *pp* ⇨ manumitto.
manūmittō -ere -mīsī -missum, *tr* [manus¹/mitto] (奴隷を)解放する.
manupretium, mani- -ī, *n* [↓/pretium] **1** 賃金, 給料.　**2** 報酬.
manus¹ -ūs, *f* **1** (人間の)手: *ad manum esse* (Lɪᴠ) 手近にある / *per manūs tradere* (Cᴀᴇs) 手渡しする / *ad meam manum* (Cɪᴄ) 手ずから, 自ら.　**2** 象の鼻.　**3** ~ *ferrea* (Cᴀᴇs) (船を引き寄せる)ひっかけ鈎.　**4** 武力, 暴力: *manu* (Sᴀʟʟ) 暴力によって, 力ずくで.　**5** 戦闘, 格闘: *manum conferre* [*conserere*] (Lɪᴠ [Cᴀᴇs]) =*manūs conferre* (Cɪᴄ) 交戦する / *manūs dare* (Cᴀᴇs) 降伏する.　**6** 行為, 実行.　**7** 所有, 支配: *in manibus habere* (Cɪᴄ) 手にしている, 持っている.　**8** 手権, 父権, 家長権: *manu emittere* (Pʟᴀᴜᴛ) (奴隷を)解放する; (子どもを父権から)解放する.　**9** 手跡, 筆跡.　**10** (芸術的)技量, 筆致: ~ *extrema* [*summa*] (Cɪᴄ [Oᴠ]) 最後の仕上げ.　**11** 労働, 手仕事: *manu sata* (Cᴀᴇs) 手植えの作物.　**12** 軍隊, 軍勢.　**13** 一団, 一隊.　**14** 人手, 労力.　**15** 手先, 代理人; 道具.
mānus² -a -um, *adj* [*cf.* manes] よい (=bonus).
manuscriptiō -ōnis, °*f* 書かれた紙, 署名された

文書.

manuscriptum -ī, °*n* [↓] 手書き; 写本, 稿本.

manuscriptus -a -um, °*adj* [manus¹/scribo] 手書きの, 筆写した.

manūtergium -ī, °*n* [manus¹/tergeo] 手ぬぐい.

manūtigium -ī, °*n* [manus¹/tango] 手でさわること.

mapālia -ium, *n pl* 《アフリカの遊牧民の》天幕小屋.

mappa -ae, *f* **1** ナプキン. **2** (競技の出発合図に用いる)旗. **3** °《カト》祭壇布.

mappula -ae, °*f dim* [↑] (小さな)ナプキン.

Maracanda -ōrum, *n pl* マラカンダ (Sogdiana の首都; 現 Samarkand).

marasmus -ī, °*m* [Gk] 《病》消耗症, 衰弱.

Marathēnus -a -um, *adj* Marathos の.

Marathōn -ōnis, *f* [Gk] マラトーン《Attica 東海岸の町; Athenae の将軍 Miltiades が Persia の大軍を破った (前490) 古戦場》.

Marathōnis -idis, *adj f* [Gk] Marathon の.

Marathōnius -a -um, *adj* [Gk] Marathon の; Athenae の.

Marathos, -us -ī, *f* [Gk] マラトス《Phoenicia 北部の町》.

marathrītēs -ae, *m* [Gk] ウイキョウの香りをつけた酒.

marathrum -ī, *n*, **-us** -ī, *m* [Gk] 《植》ウイキョウ (茴香).

marca -ae, °*f* [G] 境界, 領土.

Marcellīa, -ēa -ōrum, *n pl* Marcellus 家をたたえる祭典《Syracusae で行なわれた》.

Marcelliānus -a -um, *adj* Marcellus の.

Marcellus -ī, *m* マルケッルス《Claudia 氏族に属する家名; 特に (1) *M. Claudius* ~, 執政官を5度つとめた; 第2次 Poeni 戦争で Syracusae を占領した (前212). (2) *M. Claudius* ~, Augustus の甥で養子 (前42-23)》.

marcens -entis, *adj* (*prp*) [↓] **1** しおれた, しぼんだ. **2** 元気のない, 無気力な.

marceō -ēre, *intr* **1** しおれている, しぼんでいる. **2** 弱っている, 衰えている. **3** 不活発である, 元気がない, 無気力である.

marcescō -ere, *intr inch* [↑] **1** しおれる, しぼむ. **2** 弱くなる, 衰える. **3** 不活発になる, 無気力になる.

Marciānus -a -um, *adj* Marcius の.

marcidus -a -um, *adj* [marceo] **1** しおれた, しぼんだ. **2** 弱った, 衰えた. **3** 無気力な, 不活発な.

Marcius¹ -ī, *m* マルキウス《ローマ人の氏族名; 特に *Ancus* ~, ローマ第4代の王 (在位前640-616)》.

Marcius² -a -um, *adj* Marcius の.

Marcodūrum -ī, *n* マルコドゥールム《Rhenus 川西岸の Ubii 族の町; 現 Düren》.

Marcoman(n)ī -ōrum, *m pl* マルコマ(ン)ニー《Germania 中部にいた一部族》.

Marcoma(n)nicus -a -um, *adj* Marcomanni 族の.

marcor -ōris, *m* [marceo] **1** しおれること, 腐敗. **2** 無気力, 怠惰.

marculus -ī, *m dim* [*cf.* malleus] 小槌.

marcus -ī, *m* [↑] 槌.

Marcus -ī, *m* マルクス《ローマ人の個人名 (略形 M.)》.

Mardī -ōrum, *m pl* [Gk] マルディー, *-ドイ (Hyrcania 付近にいて略奪を生業とした一部族).

Mardonius -ī, *m* [Gk] マルドニウス, *-オス《Dareus I の女婿でペルシア軍の将軍; Plataeae で Pausanias 率いるギリシア軍に敗れ, 戦死 (前479)》.

mare -is, *n* **1** 海: *terrā marique* (LIV) 陸海で / *mare nostrum* (CAES) われらの海(=地中海). **2** 海水.

Marea, Mareōta -ae, *f* [Gk] マレア(-)《エジプトの Alexandria 付近の町と湖》.

Mareōticum -ī, *n* [↓] Marea 産のぶどう酒.

Mareōticus -a -um, *adj* **1** Marea の. **2** 《詩》エジプトの.

Mareōtis¹ -idis, *adj f* 《詩》エジプトの.

Mareōtis² -idis, *f* **1** =Marea. **2** 《詩》エジプト.

marga -ae, *f* 泥灰土.

margarīta -ae, *f*, **-um** -ī, *n* [Gk] 真珠.

margarītifer -era -erum, *adj* [↑/fero] (貝が)真珠を持っている.

Margiāna -ae, *f* [Gk] マルギアーナ, *-ネー《カスピ海の西方で, Hyrcania と Bactria の間の地方》.

marginālis -is -e, °*adj* [margo] 縁の, へりの.

marginō -āre -āvī -ātum, *tr* [↓] 縁をつける.

margō -ginis, *m* (*f*) **1** 縁, へり: ~ *ripae* (OV) 河岸. **2** 境界. **3** (本の)欄外, 余白. **4** (建物の)敷居.

Marīa, °*f* [Gk<Heb.] 《聖》マリーア《女の名; 特に (1) キリストの母である聖マリア. (2) Magdala のマリア. (3) Bethania のマリア (Lazarus と Martha の妹)》.

Mariālis -is -e, °*adj* 聖母マリアにささげられた: *rosarium Mariale* ロザリオによる Ave Maria の祈り.

Mariānus¹ -a -um, °*adj* 聖母マリアの.

Mariānus² -a -um, *adj* Marius の.

Marīca -ae, *f* 《神話》マリーカ《Latium の Minturnae で崇拝された Liris 川のニンフ; Faunus との間に Latinus を産んだ》.

marīnus -a -um, *adj* [mare] 海の; 航海の.

marisca -ae, *f* **1** 《植》イチジクの一種. **2** (*pl*) 《病》痔(疾).

marīta -ae, *f* [maritus²] 妻.

marītālis -is -e, *adj* [maritus¹] 結婚の, 夫婦の.

marītima -ōrum, *n pl* [↓] 沿海地方.

marītimus, -tumus -a -um, *adj* [mare] **1** 海の: *cursus* ~ (CIC) 航海 / *maritima negotia* (PLAUT) 海外貿易 / *imperia maritima* (NEP) 制海権. **2** 海岸の, 沿海の.

marītō -āre -āvī -ātum, *tr* [↓] **1** 結婚させる; (*pass*) 結婚する. **2** (ブドウを他の木に)からませる.

marītus¹ -a -um, *adj* **1** 結婚の. **2** 既婚の, 結婚した. **3** (ブドウが他の木に)からみついた.

marītus² -ī, *m* 夫.

Marius¹ -ī, *m* マリウス《ローマ人の氏族名; 特に C. ~, 執政官を7度つとめた (前156-86); Jugurtha や Cimbri 族の征服者》.

Marius² -a -um, *adj* Marius の.

Marmaricus -a -um, *adj* [Gk] Marmarica (アフリカ北部の Aegyptus と Cyrenaica の間の地方) の; Africa の.

Marmaridēs -ae, *m* [Gk] Marmarica の人.

marmor -oris, *n* [Gk] **1** 大理石. **2** 大理石製品(像・碑など). **3** (一般に)石. **4** (白く泡立った)海面.

marmorārius[1] -a -um, *adj* [↑] 大理石の.

marmorārius[2] -ī, *m* 大理石工.

marmoreus -a -um, *adj* [marmor] **1** 大理石の, 大理石製の. **2** 大理石のような.

marmorō -āre -āvī -ātum, *tr* [marmor] 大理石でおおう.

marmorōsus -a -um, *adj* [marmor] 大理石を含んだ.

Marō -ōnis, *m* マロー 《詩人 Vergilius の家名》.

Maroboduus -ī, *m* マロボドゥウス 《Marcomanni 族の王; Tiberius 帝にさからってイタリアへ逃れた》.

Marōnēa, -īa -ae, *f* [Gk] マローネーア, *-ネイア 《(1) Thracia の沿岸の町; 有名なぶどう酒産地. (2) Samnium の町》.

Marōnēus[1] -a -um, *adj* Maronea (1) の.

Marōnēus[2] -a -um, *adj* [Maro] 詩人 Vergilius の.

Marōniānus -a -um, *adj* =Maroneus[2].

Marōnītēs -ae, *m* [Gk] Maronea (1) の人.

Marpessius, -pēsius -a -um, *adj* **1** Marpessus 山の. **2** Troas の Marpessus の.

Marpessus, -pēsus -ī, *m* マルペッスス, *-ソス 《(1) Paros 島の山. (2) Troas の町》.

marra -ae, *f* (除草用の)鍬.

marrubium, -vium -ī, *n* [植] ニガハッカ.

Marrūcīnī -ōrum, *m pl* マッルーキーニー 《Italia 中部の東海岸の Aternus 川近辺にいた一部族》.

Marrūcīnus -a -um, *adj* Marrucini 族の.

Marruvium -ī, *n* マッルウィウム 《Latium の Marsi 族の主要な町》.

Marruvius -a -um, *adj* Marruvium の.

Mars Martis, *m* **1** 〖神話〗マルス 《軍神; ギリシア神話の Ares に当たる》. **2** 戦争, 戦闘; 戦法. **3** 武力; 軍隊. **4** 武勇, 士気; 武運. **5** 〖天〗火星: *stella Martis* (Cic) 火星.

Marsacī -ōrum, *m pl* マルサキー 《Gallia Belgica にいた一部族》.

Marsī -ōrum, *m pl* マルシー (Latium にいた一部族; 同盟市戦争の際にはローマ人の強敵であった》.

Marsicus -a -um, *adj* =Marsus.

marsūpium -ī, *n* [Gk] **1** 財布. **2**° 〖動〗(有袋動物の)育児囊.

Marsus -a -um, *adj* Marsi 族の.

Marsyās, Marsya -ae, *m* マルシュアース 《(1)〖神話〗Phrygia のサテュロス; Apollo との笛吹きくらべに敗れ, 生きながら皮をはがれた; Forum Romanum には Marsyas の像が立っていた. (2) Maeander 川の支流; Marsyas の血から生じたといわれる》.

Martiālēs -ium, *m pl* [↓] **1** Mars の神官団. **2** ローマ軍団 (legio Martia) の兵士たち.

Martiālis[1] -is -e, *adj* Mars の.

Martiālis[2] -is, *m* マルティアーリス 《*M. Valerius* ~, Hispania の Bilbilis 出身 (40?-?104); ローマのエピグラム詩人》.

Marticola -ae, *m* [Mars/colo[2]] Mars の崇拝者 (=好戦的な人).

Martigena -ae, *m f* [Mars/gigno] Mars の子孫.

Martius[1] -a -um, *adj* **1** Mars の[にささげられた]: *Martia proles* (Ov) =Romulus と Remus / *Campus* ~ ⇒ campus. **2** (詩)ローマの: ~ *miles* (Ov) ローマの兵士. **3** 戦争の, 好戦的な. **4** 3月の: *mensis* ~ 3月. **5** 〖天〗火星の.

Martius[2] -ī, *m* (*sc. mensis*) 3月 《古くは 1月》.

martyr -tyris, °*m*, °*f* [Gk] **1** 証人. **2** 殉教者.

martyrium -ī, °*n* [Gk] **1** 証言. **2** 殉教. **3** 殉教者の墓. **4** (聖人に奉献された)教会.

martyrizō -āre -āvī -ātum, °*intr*, °*tr* [Gk] **I** (*intr*) 殉教する. **II** (*tr*) 拷問する; 殺す.

Marus -ī, *m* マルス 《Danubius 川の一支流》.

mās[1] maris, *adj* **1** 男の; 雄の. **2** 男性的な; 勇しい, 力強い: *male* ~ (Catul) めめしい, 柔弱な. **3** 〖文〗男性の.

mās[2] maris, *m* 男, 男性; 雄.

Masada -ae, *f* マサダ (Judaea の要塞都市).

Masaesylī -ōrum, *m pl* [Gk] マサエシュリー, *マサイシュリオイ 《Mauritania にいた一部族》.

masculīnus -a -um, *adj* [↓] **1** 男の; 雄の. **2** 男性的な. **3** 〖文〗男性の.

masculus -a -um, *adj dim* [mas[1]] **1** 男の; 雄の. **2** 男性的な; 力強い, 勇ましい.

Masinissa -ae, *m* マシニッサ 《Numidia の王 (前 238-148); 第 2 次 Poeni 戦争ではローマ側についた》.

massa -ae, *f* **1** 塊り: ~ *lactis coacti* (Ov) 凝固した牛乳の塊り(=チーズ). **2** 大きさ, かさ; 大きなもの. **3**° 〖医〗質量, 塊: ~ *intermedia* 中間質 / ~ *lateralis* 外側塊.

Massagetae -ārum, *m pl* [Gk] マッサゲタエ, *-タイ 《カスピ海の東方にいた Scythia の一部族》.

massētēr -trī, °*m* [Gk] 〖解〗咬筋 (ᵖᵘ).

massētēricus -a -um, °*adj* [↑] 〖解〗咬筋の.

Massica -ōrum, *n pl* Massicus 山地方.

Massicum -ī, *n* (*sc. vinum*) Massicus 産のぶどう酒.

Massicus[1] -ī, *m* マッシクス 《Campania の山; 現 Monte Massico; ぶどう酒の産地として有名》.

Massicus[2] -a -um, *adj* Massicus 山の.

Massilia -ae, *f* [Gk] マッシリア(-) 《Rhodanus 河口に Phocaea 人が建設した植民市; 現 Marseilles》.

Massiliensis -is -e, *adj* Massilia の. **Massilienses** -ium, *m pl* Massilia の住民.

massula -ae, *f dim* [massa] (小さな)塊り.

Massȳlī -ōrum, *m pl* [Gk] マッシューリー, *-リオイ 《Numidia にいた一部族》.

Massȳlus, -lius -a -um, *adj* **1** Massyli 族の. **2** 《詩》Africa の.

Mastanabal -alis, *m* マスタナバル 《Masinissa の末子で Jugurtha の父》.

masticātōrius -a -um, °*adj* [mastico] 〖解〗咀嚼の.

mastichē -ēs, *f* [Gk] マスチック 《乳香樹から採る

樹脂).
mastico -āre, °*tr* かむ, 咀嚼する.
mastīgia -ae, *m* [*Gk*] (「むち打ちにふさわしい男」の意) 悪党.
mastīgō -āre, °*tr* [*Gk*] むち打つ.
mastīgophorus -ī, °*m* [*Gk*] (「むちを持つ者」の意) 警備員.
mastītis -stītidis, °*f* [病] 乳腺炎.
mastix -icis, °*f* =mastiche.
mastoīdeus -a -um, °*adj* [*Gk*] [医・動] 乳頭状の, 乳様突起の.
mastrūca -ae, *f* 羊皮製の外套.
mastrūcātus -a -um, *adj* [↑] 羊皮製の外套を着けている.
masturbātor -ōris, *m* 手淫する者.
masturbor -ārī -ātus sum, *intr* 手淫する.
mataris, -teris -is, **matara** -ae, *f* (Gallia の) 投げ槍.
matella -ae, *f dim* [matula] **1** 水入れ, 壺. **2** しびん, おまる.
matelliō -ōnis, *m dim* [matula] (小さな) 壺.
mateola -ae, *f* 大槌.
māter -tris, *f* **1** 母, 母親. **2** 養母, 乳母. **3** 女神: *magna ~* (CIC) =Cybele. **4** (植物の) 親木. **5** 母国, 本国; 故郷. **6** 元, 源. **7**°[解] 膜: *pia ~* (脳・脊髄の軟膜) / *dura ~* (脳・脊髄の硬膜).
mātercula -ae, *f dim* [↑] (親愛を表わす語として) おかあちゃん.
māterfamiliās, māter familiās [familiae] mātrisfamiliās, mātris familiās [familiae], *f* (familiās は familia の *sg gen* の古形) **1** (一家の) 女主人, 主婦. **2** 既婚婦人.
māteria -ae, *f* =materies.
māteriālis -is -e, *adj* [↑] **1** 主題の. **2**° 物質の.
māteriālismus -ī, °*m* [哲] 唯物論[主義].
māteriāliter°*adv* [materialis] 本質的に.
māteriārius -a -um, *adj* [materia] 材木の: *fabrica materiaria* (PLIN) 大工仕事.
māteriātiō -ōnis, *f* [materio] **1** 大工仕事. **2** 木組み.
māteriātūra -ae, *f* [materio] 大工仕事.
māteriātus -a -um, *pp* ⇨ materio.
māteriēs -ēī, **-a** -ae, *f* [mater] **1** 材料, 素材. **2** [哲] 物質, 質料. **3** 材木. **4** 題材, 主題. **5** 原因, 機会. **6** 潜在能力, 素質.
māteriō -āre -āvī -ātum, *tr* [materia] 材木で組み立てる.
māterior -ārī -ātus sum, *intr* [materia] 材木を調達する.
materis -is, *f* =mataris.
māternitās -ātis, °*f* [mater] 母であること, 母性.
māternus -a -um, *adj* [mater] **1** 母の; 母方の. **2** 母性の, 母らしい. **3** 妊娠の.
mātertera -ae, *f* [mater] 母方の伯(叔)母 (*cf.* amita): *~ magna* (GAIUS) 祖母の姉妹, 大おば.
mathēmatica -ae, *f* [↓] (*sc. ars*) **1** 数学. **2** 占星術.
mathēmaticus[1] -a -um, *adj* [*Gk*] **1** 数学の. **2** 占星術の.
mathēmaticus[2] -ī, *m* **1** 数学者. **2** 占星術師.
Matiānus -a -um, *adj* Matius の.
Matīnus[1] -ī, *m* マティーヌス 《Apulia の山》.
Matīnus[2] -a -um, *adj* Matinus 山の.
Matiscō -ōnis, *f* マティスコー 《Gallia Lugdunensis の Aedui 族の町; 現 Mâcon》.
Matius -ī, *m* マティウス 《ローマ人の氏族名》.
Mātrālia -ium, *n pl* [mater] マートラーリア 《Mater Matuta の祭典; 毎年 6 月 11 日に行なわれた》.
mātricīda -ae, *m f* [mater/caedo] 母殺し 《人》.
mātricīdium -ī, *n* [↑] 母殺し 《行為》.
mātrimōniālis -is -e, *adj* [↓] 結婚の.
mātrimōnium -ī, *n* [mater] **1** 結婚, 婚姻: *in matrimonium ducere* (CIC) (男が) 結婚する, めとる / *in matrimonium dare* [*collocare*] (CAES CIC) 嫁にやる, 結婚させる. **2** (*pl*) 既婚女性, 妻.
mātrimus -a -um, *adj* [mater] 母のまだ生きている.
mātrīna -ae, °*f* [mater] [カト] 代母.
mātrix -īcis, *f* [mater] **1** 母畜. **2** 親木. **3** 源, 母体. **4**°[生物・解] 基質. **5**°[解] 床: *~ unguis* 爪床.
mātrōna -ae, *f* [mater] 既婚女性; 妻.
Mātrōna -ae, *f* マートロナ 《Sequana 川の支流; 現 Marne》.
Mātrōnālia -ium, *n pl* [↓] 既婚女性の祭典 《3 月 1 日に行なわれ, 女性に贈り物をした》.
mātrōnālis -is -e, *adj* [matrona] 既婚女性の(らしい).
mātrōnātus -ūs, *m* [matrona] 既婚女性の服装.
mātruēlis -is, °*m* [mater] 母方のいとこ.
matta -ae, °*f* (イグサで作った) むしろ, ござ.
mattea -ae, *f* [*Gk*] おいしいもの, ごちそう.
Mattiacī -ōrum, *m pl* マッティアキー 《Germania の一部族; 現在の Wiesbaden の近くにいた》.
Mattiacus -a -um, *adj* Mattiaci 族の.
Mattium -ī, *n* マッティウム 《Germania の Chatti 族の町》.
matula -ae, *f* **1** 壺. **2** しびん. **3** まぬけ, ばか者.
mātūrātē *adv* [maturo] すばやく.
mātūrātiō -ōnis, *f* [maturo] (相手を) 出し抜くこと.
mātūrātō°*adv* (*abl*) [↓] 早急に.
mātūrātus -a -um, *pp* ⇨ maturo.
mātūrē *adv* [maturus] **1** 折よく, ちょうどよい時に. **2** 迅速に, 速やかに. **3** 早くに, 早目に: *pater ~ decessit* (NEP) 父は若くして死んだ. **4** 慎重に, 分別をもって.
mātūrēscō -ere -ruī, *intr* [maturus] 熟する, 成熟する: *maturescere nubilibus annis* (OV) 結婚適齢期に達する.
mātūritās -ātis, *f* [maturus] **1** 成熟. **2** 十分な発達, 円熟: *scelerum ~ in nostri consulatus tempus erupit* (CIC) 悪事は私が執政官のときに頂点に達した. **3** 好機, 適時. **4** 迅速な処理.
mātūrō -āre -āvī -ātum, *tr, intr* [maturus] **I** (*tr*) **1** 熟させる, 成熟させる. **2** 早急に行なう〈+

inf): *oro ut matures venire* (Cɪᴄ) 早く来てほしい. **3** 急がせる, 速める ⟨alqd; alci alqd⟩: *alci maturare mortem* (Cɪᴄ) ある人の死を早める. **II** (*intr*) 急く.

mātūruī *pf* ⇨ maturesco.

mātūrus -a -um, *adj* **1** 熟した, 成熟した. **2** 適した, 準備のできた ⟨alci rei⟩. **3** 十分に発達した, 円熟した: *maturum est* (Cɪᴄ) 機は熟している. **4** 老齢に達した, 高齢の. **5** 時を得た, 折よい. **6** 速やかな. **7** 尚早の, 早すぎる.

Mātūta -ae, *f* [*cf.* maturus] 《神話》マートゥータ《あけぼのの女神; のちギリシア神話の Ino (Leucothea とも呼ばれる)と同一視された》.

mātūtīnālis -is -e, °*adj* [matutinus] 朝の, 早朝の.

mātūtīnē °*adv* =matutino.

mātūtīnō *adv* (*abl*) [↓] 朝早く, 早朝に.

mātūtīnum -ī, *n* [↓] **1** 朝, 早朝. **2** °《カト》朝課.

mātūtīnus -a -um, *adj* [Matuta] 早朝の.

Maurī -ōrum, *m pl* [*Gk*] マウリー, *-ロイ《Africa 北西部にいた一部族》.

Mauritānia, Maurē- -ae, *f* [*Gk*] マウリーターニア(-)《Mauri 族の国》.

Maurus -a -um, *adj* Mauri 族の; Africa の.

Maurūsia -ae, *f* [*Gk*] =Mauritania.

Maurūsiī -ōrum, *m pl* =Mauri.

Maurūsius -a -um, *adj* =Maurus.

Mausōlēum -ī, *n* [*Gk*] **1** マウソーレーウム, *-レイオン《Mausolus 王のために妃 Artemisia が Halicarnassus に前 350 年頃建てた壮麗な墓》. **2** 広大壮麗な墓.

Mausōlēus -a -um, *adj* Mausolus の.

Mausōlus -ī, *m* [*Gk*] マウソールス, *-ロス《前 4 世紀の Caria の王》.

māvolō māvelle, *tr*《古形》=malo.

Māvors -ortis, *m*《古形; 詩》=Mars.

Māvortius¹ -a -um, *adj* [↑] =Martius¹.

Māvortius² -ī, *m* [伝説] **1** Mars の息子 (=Meleager). **2** =Mars.

maxilla -ae, *f dim* [mala] **1** あご, 顎骨. **2** °《動解》上顎骨.

maximē *adv superl* [maximus] **1** 最も. **2** 非常に, きわめて: *quam* ~ (Cɪᴄ) できるだけ多く, 最大限に. **3** 特に, とりわけ. **4** *cum* ~ (Cɪᴄ) ...の時ちょうど / *nunc cum* ~ (Cɪᴄ) ちょうど今. **5** (返答として)もちろん, よろしいとも.

Maximiānus -ī, °*m* マクシミアーヌス《ローマの軍人・皇帝(在位 286-305)》.

maximopere *adv superl* ⇨ magnopere.

maximus -a -um, *adj superl* [magnus] **1** 最大の. **2** 最も多い. **3** 最年長の. **4** 最も重要な. **5** 最も卓越した.

Maximus -ī, *m* マクシムス《ローマ人の家名》.

maxum- ⇨ maxim-.

Mazaca -ae, *f*, **-ca** -ōrum, *n pl* [*Gk*] マザカ《Cappadocia の町; 現 Kayseri》.

Mazacēs -um, *m pl*, **Mazax** -cis, *m* (*sg* で集合的に) マザケース《Numidia にいた一部族》.

Mazagae -ārum, *f pl* マザガエ《India の町》.

mazonomus -ī, *m* [*Gk*] 大皿.

mē *pron pers* (*acc, abl*) ⇨ ego.

mea -ōrum, *n pl* ⇨ meum.

meābilis -is -e, *adj* [meo] **1** 通行できる. **2** 通り抜ける.

meātor -ōris, *m* [meo] 《碑》旅人, 通行人.

meātus -ūs, *m* [meo] **1** 動くこと, 進行. **2** 道筋, 進路. **3** 通路, 水路. **4**°《解》道: ~ *acusticus* 耳道 / ~ *nasi* 鼻道.

mēcastor *int* [me/Castor] Castor にかけて (=確かに)《女性が用いた誓いの文句》.

mēchanica -ae, °*f* [↓] 建築術.

mēchanicus¹ -a -um, *adj* 機械でつくられた.

mēchanicus² -ī, *m* (機械の)技師.

mēcōn -ōnos, *f* 《植》トウダイグサの一種.

mēcōnis -idis, *f* 《植》レタスの一種.

mēcōnium -ī, *n* **1** ケシのエキス, アヘン. **2** 《植》トウダイグサの一種. **3** (新生児の)胎便.

med *pron*《古形》=me.

med(d)ix -icis, *m* [*Oscan*] Osci 人の町の首長《正式には ~ *tuticus*》.

Mēdēa -ae, *f* [*Gk*] 《伝説》メーデーア, *メーデイア《Colchis の王 Aeetes の娘で魔法使い; Iason に恋し, 彼の金の羊毛獲得を助け, 彼とともにギリシアへ逃げたが, のち彼に捨てられた》.

Mēdēis -idis, *f adj* Medea の, 魔法の.

medēla -ae, *f* [medeor] **1** 治療. **2** 矯正(法).

medens -entis, *m* (*prp*) [↓] 医師, 医者.

medeor -ērī, *intr, tr dep* **1** 治療する, 手当てする ⟨*abs*; +*dat*; +*acc*⟩. **2** 改善する, 救済《矯正》する, 軽減する ⟨*abs*; +*dat*; +*acc*⟩: *inopiae frumentariae mederi* (Cᴀᴇs) 食糧不足を軽減する.

Mēdī -ōrum, *m pl* [*Gk*] Media の住民《Assyria 人, Persia 人, Parthia 人を指すこともある》.

media -ae, °*f* [medius] **1** 《解》(血管の)中膜. **2** 《昆》(翅の)中脈.

Mēdia -ae, *f* [*Gk*] メーディア(-)《カスピ海南方にあった Medi 人の国》.

mediālis -is -e, *adj* [medius] **1** 真昼の. **2**° 中央の, まん中の. **3**°《解》内側の.

mediānus -a -um, *adj* [medius] **1** 中央の, まん中の, 中間の. **2**°《解》正中の.

mediastīnālis -is -e, °*adj* [↓] 《解》縦隔の.

mediastīnum -ī, °*n* 《解》(両肺間の)縦隔.

mediast(r)īnus -ī, *m* [medius] 下男, 下働き.

mediātor -ōris, *m* [medius] 仲介者.

mēdica¹ -ae, *f* [*Gk*] 《植》ムラサキウマゴヤシ.

medica² -ae, *f* [medicus] 女医.

medicābilis -is -e, *adj* [medico] **1** 治療できる, 治る. **2** 治療力のある, 病気に効く.

medicāmen -minis, *n* [medico] **1** 薬, 薬物, 薬剤; 治療薬. **2** 化粧品. **3** 毒物, 毒薬. **4** 染料. **5** 救済法[策].

medicāmentāria -ae, °*f* [↓] 毒薬調合者《女性》.

medicāmentārius¹ -a -um, *adj* [medicamentum] 薬物の.

medicāmentārius² -ī, *m* 薬剤師, 薬物調合者.

medicāmentum -ī, *n* =medicamen.
medicātiō -ōnis, *f* [medico] **1** (食物・ぶどう酒などを保存するための)処置. **2°** [医] 投薬, 薬物投与.
medicātus[1] -a -um, *adj* (*pp*) [medico] **1** 治癒力のある. **2** 薬[毒]物を加えられた[しみ込ませた]: *somnus* ~ (Ov) 薬によってひき起こされた眠り.
medicātus[2] -ūs, *m* 投薬, 薬.
medicīna -ae, *f* [medicinus] **1** 医術, 医療. **2** 医師. **3** 投薬. **4** 医院, 診療所. **5** 治療, 手当て: *medicinam facere* [*adhibere*] (Plaut [Cic]) 治療を施す. **6** 矯正法, 救済策.
medicīnālis -is -e, *adj* [↑] 医療の.
medicīnus -a -um, *adj* [medicus[1]] 医術の: *ars medicina* (Varr) 医術.
medicō -āre -āvī -ātum, *tr* [medicus[1]] **1** 治療する. **2** 薬物を投与する, 薬物で処置する. **3** 毒を盛る. **4** 染める. **5** 改善する, 軽減する.
medicor -ārī -ātus sum, *intr*, *tr dep* [↑] 治療する, いやす (*alci*; *alqd*).
medicus[1] -a -um, *adj* [medeor] **1** 医療の: *ars medica* (Tib) 医術. **2** 治癒力のある, 病気に効く. **3** *digitus* ~ 薬指.
medicus[2] -ī, *m* 医師, 医者.
Mēdicus -a -um, *adj* [Gk] Media の, Media 人の: *malus Medica* (Plin) シトロン.
medidiēs -ēī, *f* [古用] =meridies.
mediē *adv* [medius] 極端に走らないで, 適度に.
medietās -ātis, *f* [medius] 中央, 中間.
medimnum -ī, *n*, **-us** -ī, *m* [Gk] (ギリシアの)乾量単位 (=6 modii).
mediō -āre -āvī -ātum, °*tr*, °*intr* [medius] **I** (*tr*) 二等分する, 半々にする. **II** (*intr*) 間にある; 仲介する.
mediocriculus -a -um, *adj dim* [↓] (やや)平凡な[取るに足らない].
mediocris -is -e, *adj* [medius] **1** 中位の, 適度の: *cum mediocribus copiis* (Caes) 通常の兵力で. **2** 平凡な, 取るに足らない, 二流の: *non* ~ (Sall) 並はずれた.
mediocritās -ātis, *f* [↑] **1** 中位, 適度. **2** 平凡, 凡庸.
mediocriter *adv* [mediocris] **1** ほどよく, 適度に: *non* ~ (Caes) 過度に. **2** 控えめに.
Mediolānensis -is -e, *adj* Mediolanum の.
Mediolānum, -nium -ī, *n* メディオラーヌム《Gallia Cisalpina の町; 現 Milano》.
Mediomatricī -ōrum, *m pl* メディオマトリキー《Gallia Belgica にいた一部族》.
Mediomatricus -a -um, *adj* Mediomatrici 族の.
Mediōn -ōnis, *f* [Gk] メディオーン《Acarnania の町》.
Mediōniī -ōrum, *m pl* [Gk] Medion の住民.
medioximus -a -um, *adj* [medius] まん中の, 中間の.
meditābundus -a -um, °*adj* [meditor] もくろんでいる.
meditāmen -minis, °*n* [meditor] 計画, 準備.
meditāmentum -ī, *n* [meditor] 下準備, 練習.
meditātē *adv* [meditatus] よく考えて, 故意に.
meditātiō -ōnis, *f* [meditor] **1** 熟考, 思案; 考え. **2** 意図, 意向. **3** 下準備, 練習.
meditātus -a -um, *adj* (*pp*) [meditor] 準備した, 考え抜かれた.
mediterrāneum -ī, *n* [↓] 内陸部.
mediterrāneus -a -um, *adj* [medius/terra] 内地の, 内陸の: *Mediterraneum mare* (Isid) 地中海.
meditor -ārī -ātus sum, *tr*, *intr dep* **I** (*tr*) **1** 熟考する, 思案する. **2** 意図する, (…する)つもりである ⟨*alqd*; +*inf*⟩. **3** 計画する, 企てる. **4** 稽古する, 練習する. **II** (*intr*) **1** 思案する. **2** 演説を練習する.
meditullium -ī, *n* [medius/tellus] **1** 内陸部. **2** 中央, まん中.
medium -ī, *n* [↓] **1** 中央, まん中: *noctis* ~ (Ov) 真夜中. **2** 中間, 間. **3** 中間期[段階]: *in medio relinquere alqd* (Liv) あることを未決定のままにする. **4** 公衆, 世間: *in medio ponere* (Cic) =*in* ~ *proferre* (Cic) 公けにする. **5** 公益: *in* ~ *consulere* (Sall) 公益をはかる.
medius -a -um, *adj* **1** 中央の, まん中の: *digitus* ~ 中指 / *in medio foro* (Plaut) 中央広場のまん中で / *media nocte* (Caes) 真夜中に. **2** 中間の, 間にある ⟨+*gen*; *inter alqa*⟩. **3** 中位の, 適度の; 中年の. **4** 平凡な, 並みの. **5** 中立の, どちらでもない. **6** 仲介する; じゃまをする. **7** 半分の.
medius Fidius *int* [*cf*. mecastor, mehercule] 神よ, 私を助けたまえ (me dius Fidius, mediusfidius とも表記される).
Medōn -ontis, *m* [Gk] [伝説] メドーン《(1) Centaurus 族の一人. (2) Athenae の王 Codrus の息子; 王位を継いだとも初代の archon になったともいう》.
Medontidae -ārum, *m pl* Medon の子孫.
medulla -ae, *f* **1** 骨髄. **2** (心の)奥底: *mihi haeres in medullis* (Cic) 私の心の奥にいつもあなたがいる. **3** [植] 髄 (堅果の仁)⟨°⟩. **4** 内部. **5** 精髄, 真髄. **6°** [解] 髄質: ~ *oblongata* 延髄 / ~ *spinalis* 脊髄.
medullāris -is -e, *adj* [↑] **1** 骨髄の. **2°** [解] 髄の, 髄質の.
medullātus -a -um, °*adj* [medulla] **1** 髄のある, 髄の多い. **2** 脂肪の多い.
Medullia -ae, *f*, **Medullum** -ī, *n* メドゥッリア《Latium の町》.
Medullīnus -a -um, *adj* Medullia の.
medullitus *adv* [medulla] 心の奥底から[に].
medullōsus -a -um, *adj* [medulla] 髄の多い.
medullula -ae, *f dim* [medulla] (小さな)髄.
Mēdus[1] -a -um, *adj* [Gk] =Medicus.
Mēdus[2] -ī, *m* [Gk] [伝説] [Gk] メードゥス, *-ドス《Athenae の王 Aegeus と Medea の息子; Media 人の名祖》.
Medūsa -ae, *f* [Gk] **1** [伝説] メドゥーサ《Gorgones の一人; 頭髪はヘビから成り, その姿をまともに見た者を石に化す魔力があった》. **2°** (m-) [動] クラゲ.
Medūsaeus -a -um, *adj* Medusa の(ような).
mefītis -is, *f* =mephitis.

Megaera -ae, *f* [Gk] 《神話》メガエラ, *メガイラ《Furiae の一人》.

Megalē -ēs, *f* [Gk] 《碑》《神話》(「偉大な女」の意) Cybele の添え名.

Megalensia, -lēsia -ium, *n pl* [↑] Cybele の祭典《毎年4月4日に行なわれた》.

Megalē polis (*acc* Megalēn polin) [Gk] = Megalopolis.

Megalēsiacus -a -um, *adj* Megalensia の.

megalocephalus -a -um, °*adj* 巨大頭蓋の, 巨頭の.

megalographia -ae, *f* [Gk] 大きな[等身大の]画を描くこと.

megalomania -ae, °*f* 《医》誇大妄想.

Megalopolis -is, *f* [Gk] メガロポリス《Arcadia 南部の町; 歴史家 Pclybius の生地》.

Megalopolītae -ārum, *m pl* Megalopolis の住民.

Megalopolītānus -a -um, *adj* Megalopolis の. **Megalopolītānī** -ōrum, *m pl* =Megalopolitae.

Megara[1] -ae, *f*, **-a** -ōrum, *n pl* [Gk] メガラ《(1) Megaris の中心都市; 哲学者 Euclides の生地. (2) Sicilia 島の町》.

Megara[2] -ae, *f* [Gk] 《伝説》メガラ(-)《Thebae の王 Creon の娘で Hercules の最初の妻; 発狂した夫に息子とともに殺された》.

Megarēius -a -um, *adj* **1** Megareus の. **2** Megara[1] (1) の.

Megarensis -is -e, *adj* Megara[1] (1) の.

Megarēus[1] -a -um, *adj* =Megaricus.

Megareus[2] -eī [-eos], *m* [Gk] 《伝説》メガレウス《Boeotia の Onchestus の王で Hippomenes の父》.

Megaricus -a -um, *adj* [Gk] **1** Megara[1] (1) の. **2** Megara[1] (1) 産大理石で作った. **3** (Euclides 創始の) Megara 学派の.

Megariī -ōrum, *m pl* Megara[1] (1) の住民.

Megaris -idis, *f* [Gk] **1** メガリス《Megara[1] (1) 周辺の地域》. **2** =Megara[1] (2).

Megarus -a -um, *adj* Megara[1] (2) の.

megistānes -um, *m pl* [Gk] (Parthia および東方諸国の)貴顕, 高官.

meherc(u)le, -lēs *int* [me/Hercules] Hercules にかけて, 誓って《主に男性が用いる; cf. mecastor》.

meī -ōrum, *m pl* [meus] 私の身内[仲間, 部下].

meiōsis -is, °*f* [Gk] **1** 《修》緩叙法. **2** 《生物》(細胞の)減数分裂.

mējō -ere mixī [minxī] mi(n)ctum, *intr* 小便する.

mel mellis, *n* **1** 蜂蜜, (蜜のように)甘いもの. **2** 快いこと. **3** (親愛を表わす呼びかけとして)いとしい人.

Mela -ae, *m* メラ《ローマ人の家名; 特に *Pomponius* ~, Claudius 帝時代の地理学者》.

melaena -ae, °*f* [Gk] 《病》メレナ, 下血.

Melampūs -podis, *m* [Gk] 《伝説》メランプース《Amythaon の息子; 医者で予言者》.

melancholia -ae, °*f* [Gk] **1** 《古医》黒胆汁. **2** 《病》鬱病.

melancholicus -a -um, *adj* [↑] 鬱病の.

Melanippa -ae, **-ē** -ēs, *f* [Gk] 《伝説》メラニッパ, *ペー《Aeolus の娘; Neptunus との間に双生児 Aeolus と Boeotus を生んだ》.

Melanippus -ī, *m* [Gk] 《伝説》メラニップス, *ポス《Thebae の英雄; Thebae 攻めの七将の一人 Tydeus を迎え撃った》.

Melanthius -ī, *m* [Gk] メランティウス, *オス《(1) 《伝説》Ithaca の山羊飼いで Ulixes の召使. (2) 前4世紀の有名な画家》.

Melanthō -ūs, *f* [Gk] 《神話》メラントー《Deucalion の娘で海のニンフ》.

Melanthus -ī, *m* [Gk] メラントゥス, *トス《(1) 《伝説》Athenae の王; Codrus の父. (2) Sarmatia の川》.

melanūrus -ī, *m* [Gk] 《魚》海魚の一種.

mēlapium -ī, *n* [Gk] 《植》林檎の一種.

Melās -anis, *m* [Gk] メラース《ギリシアのいくつかの川の名》.

melculum -ī, *n dim* [mel] (愛情を表わす呼びかけとして)いとしい人.

Meldī -ōrum, *m pl* メルディー《Gallia Celtica にいた一部族》.

Meleager, -gros -grī, *m* [Gk] 《伝説》メレアゲル, *グロス《Calydon の王 Oeneus の息子; Argonautae の一人》.

Meleagrides -um, *f pl* [Gk] 《伝説》Meleager の姉妹たち《彼の死を嘆いてホロホロ鳥に変えられた》.

mēlēs -is, *f* 《動》テン.

Melēs[1] -ētis, *m* [Gk] メレース《Ionia の川; Smyrna 付近にあり, Homerus がそのほとりで生まれたといわれる》.

Melēs[2] -ium, *f pl* メレース《Samnium の町》.

Meletē -ēs, *f* [Gk] メレテー《一説で Musae の一人》.

Melētēus -a -um, *adj* Meles 川の; Homerus の.

Meliboea -ae, *f* [Gk] メリボエア, *ボイア《Thessalia の町》.

Meliboeus[1] -a -um, *adj* Meliboea の.

Meliboeus[2] -ī, *m* [Gk] メリボエウス, *ボイオス《Vergilius の牧歌に登場する山羊飼いの名》.

melicēris -idis, *f* [Gk] 《病》囊腫の一種.

Melicerta, -ēs -ae, *m* [Gk] 《神話》メリケルタ, *テース《Ino と Athamas の末子; 変身して海神 Palaemon となった》.

melichrūs (*acc* -um), *adj* [Gk] 蜂蜜色の.

melicus[1] -a -um, *adj* [melos] **1** 音楽的な. **2** 抒情的な.

melicus[2] -ī, *m* 抒情詩人.

melilōtos -ī, *m* [Gk] 《植》シナワハギ属の植物.

melimēlum -ī, *n* [Gk] 甘いリンゴの一種.

mēlīna -ae, *f* =mellina[1].

mēlinus -a -um, *adj* [Gk] マルメロの.

melior -or -us, *adj comp* [bonus] **1** よりよい, (より)すぐれた, よりふさわしい. **2** より高潔な[より忠実な[信頼できる]. **3** より親切な[慈悲深い]. **4** より望ましい. **5** より有利[好都合]な. **6** より力のある, より強力な. **7** より妥当な.

meliōrātiō -ōnis, °*f* [↓] 改良, 改善.

meliōrō -āre -āvī -ātum, °*tr* [melior] 改良[改善]する.

melisphyllum, melissophyllon, -um -ī, *n* [*Gk*] 〖植〗セイヨウヤマハッカ.

Melissa -ae, *f* [*Gk*] 〖伝説〗メリッサ《(1)° Creta 島の王 Melissus の娘; 姉の Amalthea とともに赤ん坊の Juppiter を育てた. (2) 養蜂を考案したといわれるニンフ》.

Melissus -ī, *m* [*Gk*] メリッスス, *-ソス《(1)〖伝説〗Creta 島の王; Melissa と Amalthea の父. (2) Samos 島出身の政治家・哲学者 (前5世紀中頃). (3) *C. Maecenas* ~, ローマの文法家・喜劇詩人; Maecenas の解放奴隷で, Augustus 帝の司書に任ぜられた》.

Melita -ae, **-ē** -ēs, *f* [*Gk*] メリタ, *-テー《Sicilia 島南方にある島; 現 Malta》.

Melitensis -is -e, *adj* Melita 島の. **Melitensia** -ium, *n pl* (*sc.* vestimenta) Melita 島製の毛織物.

melius *adv comp* (*neut*) [melior; *cf.* bene] 1 よりよく[申し分なく]. 2 より適当に[ふさわしく]. 3 よりりっぱに. 4 より有利に[好都合に].

Mēlius -a -um, *adj* [*Gk*] Melos 島の.

meliusculē *adv dim* [↓] 少しよく.

meliusculus -a -um, *adj dim* [melius] 少し[いくらか]よい.

mella -ae, *f* [mel] 蜂蜜水.

Mella -ae, *m* メッラ《(1) Annaea 氏族に属する名家. (2) Gallia Cisalpina の川》.

Mellāria -ae, *f* メッラーリア《Hispania Baetica 最南端の町》.

mellārium -ī, *n* [↓] 養蜂場.

mellārius[1] -a -um, *adj* [mel] 蜂蜜の.

mellārius[2] -ī, *m* 養蜂家.

mellātiō -ōnis, *f* [mel] 蜂蜜の採取.

melleus -a -um, *adj* [mel] 1 蜂蜜の(ような). 2 快い, 楽しい.

melliculum -ī, *n dim* [↓] =melculum.

melliculus -a -um, *adj dim* [mel] 蜜のように甘い.

mellifer -fera -ferum, *adj* [mel/fero] 蜜を生ずる.

mellifex -ficis, *m* [mel/facio] 養蜂家.

mellificium -ī, *n* [mel/facio] 蜂蜜作り.

mellificō -āre, *intr* [↓] 蜜を作る.

mellificus -a -um, *adj* [mel/facio] 蜜を作る.

mellifluus -a -um, °*adj* [mel/fluo] 1 蜜のあふれる, 蜜のしたたる. 2 甘美な.

melligō -inis, *f* [mel] 蜂蠟(ﾛｳ), 蜂にかわ.

mellilla -ae, *f dim* [mel] (愛情を表わす呼びかけとして)いとしい人.

mellina[1] -ae, *f* [meles] テンの革製の財布[袋].

mellina[2] -ae, *f* [mel] 愉快, 喜び.

mellitula -ae, *f dim* [↓] (愛情を表わす呼びかけとして)いとしい人.

mellitus -a -um, *adj* [mel] 1 蜜で甘くした. 2 蜜のように甘い; かわいい, いとしい.

mēlō -ōnis, °*m* [*Gk*] 〖植〗メロン.

Mēlō -ōnis, *m* メーロー《Nilus 川の古名》.

melōda -ōrum, *n pl* [*Gk*] 詩, 詩歌.

melōdia -ae, °*f* [*Gk*] 美しい調べ.

melōdus -a -um, °*adj* [*Gk*] 美しい調べの.

mēlofolium -ī, *n* 〖植〗リンゴの一種.

mēlomeli -itos, *n* [*Gk*] マルメロで風味をつけた蜜.

mēlopepō -ōnos, *m* [*Gk*] カボチャの一種.

melos -eos, *n* (*pl* melē) [*Gk*] 歌.

Mēlos -ī, *f* [*Gk*] メーロス《エーゲ海南部の島》.

mēlōta -ae, °*f* [*Gk*] 羊皮.

Melpomenē -ēs, *f* [*Gk*] 〖神話〗メルポメネー《Musae の一人; 悲劇をつかさどる》.

membrāna -ae, *f* [membrum] 1 膜. 2 (ヘビの)抜け殻. 3 羊皮紙.

membrānāceus -a -um, *adj* [↑] 1 膜の, 膜質の. 2 〖碑〗羊皮紙の.

membrāneus -a -um, *adj* [membrana] 羊皮紙の.

membrānula -ae, *f dim* [membrana] 1 薄膜. 2 羊皮紙片.

membrātim *adv* [↓] 1 部分ごとに, 一つずつ, 別々に. 2 〖修〗短い節によって.

membrum -ī, *n* 1 身体の部分, 肢. 2 (*pl*) 身体, 四肢. 3 部分, 構成要素. 4 一室. 5 一員, 構成員. 6 〖修〗節.

mementō, mementōtē 2 *sg*, *pl impr* ⇒ memini.

mēmet *pron pers* [me/-met] 〖強意形〗私自身を (*cf.* egomet).

meminens -nentis, *adj* (*prp*) [↓] 憶えている, 忘れずに.

meminī -isse, *tr, intr* [*cf.* mens] (*pf* 形で *pres* の意味に用いられる) 1 記憶している, 憶えている; 思い出す <+*gen* [*acc*]; de alqo [re]; +*acc c. inf*; 間接疑問>. 2 心に留める. 3 忘れずに...する <+*inf*; ut, ne>. 4 言及する <+*gen* [*acc*]; de alqo>.

meminisse *inf* ⇒ memini.

Memmiadēs -ae, *m* Memmia 氏族の人.

Memmiānus -a -um, *adj* Memmius の.

Memmius -ī, *m* メンミウス《ローマ人の氏族名; 特に *C.* ~, Cicero と同時代の人で Lucretius の友人》.

Memnōn -onis, *m* [*Gk*] 〖伝説〗メムノーン《Aethiopia の王で Tithonus と Aurora の息子; Troja 戦争で Achilles に殺された》.

Memnonides -um, *f pl* [*Gk*] Memnon の鳥たち《Memnon の遺骸が焼かれた時その灰の中から生まれた》.

Memnonius -a -um, *adj* [*Gk*] Memnon の.

memor -oris, *adj* [memini] 1 心に留めている, 忘れずにいる <+*gen* [*acc*]; +*acc c. inf*; +*inf*; 間接疑問>. 2 感謝している, 恩義を感じている. 3 執念深い. 4 記憶力のよい. 5 思い出させる, 記念の <+*gen*>.

memorābilis -is -e, *adj* [memoro] 記憶すべき, 注目すべき, 顕著な.

memorandus -a -um, *adj* (*gerundiv*) [memoro] 1 言及に値する. 2 記憶すべき, 注目すべき.

memorātor -ōris, *m* [memoro] 語り手.

memorātus[1] -a -um, *adj* (*pp*) [memoro] 記憶すべき, 有名な, 注目すべき.

memorātus[2] -ūs, *m* 語ること, 言及; 報告.

memoria -ae, *f* [memor] 1 記憶力. 2 憶えていること, 記憶: *post hominum memoriam* (Cic) 人類の記憶以来(=有史以後) / *tenere memoriā* (Cic) 憶え

ている；思い出す / *memoriam deponere* (Caes) =*memoriā deponere* [*abire*] (Cic [Liv]) 忘れる / *viri digni memoriā* (Cic) 記憶すべき人々. **3** 追憶, 思い出. **4** 記録: *memoriae prodere* (Cic) =*in memoriam tradere* (Sen) 伝える, 記録する. **5** 意図, 企て. **6** 死後の名声. **7** 伝統, 歴史. **8** 思い出させるもの, 記念物.

memoriāle -is, *n* [↓] **1** 覚書, 記録. **2°** 思い出させるもの, 記念物.

memoriālis -is -e, *adj* [memoria] **1** 記憶の: *liber* ~ (Suet) 手帳. **2**《碑》思い出させる, 記念になる.

memoriola -ae, *f dim* [memoria] **1** 記憶. **2**《碑》記念碑.

memoriōsus -a -um, *adj* [memoria] よく記憶している.

memoriter *adv* [memor] 確かな記憶力で, 正確に.

memorō -āre -āvī -ātum, *tr* [memor] **1** 思い出させる. **2** 言う, 口に出す. **3** 述べる, 語る ⟨alqd; + *acc c. inf*⟩. **4** 言及する.

Memphis -is [-idos], *f* [*Gk*] メンピス, "メンフィス《Aegyptus の町》.

Memphītēs -ae, *adj m* Memphis の.

Memphīticus -a -um, *adj* Memphis の; Aegyptus の.

Memphītis -idis [-is], *adj f*《詩》Memphis の; Aegyptus の.

mēna -ae, *f* =maena.

Mēna -ae, °*f* [*Gk*] メーナ《Juppiter の娘で女性の体調をつかさどる女神》.

Menaenus -a -um, *adj* [*Gk*] Sicilia 島の町 Menae の.

Menalcās -ae, *m* メナルカース《Vergilius の牧歌に登場する羊飼いの名》.

Menalipp- ⇨ Melanipp-.

Menander, -dros, -drus -drī, *m* [*Gk*] メナンデル, *-ドロス《Athenae の新喜劇詩人（前 342?-? 293）》.

Menapiī -ōrum, *m pl* メナピイー《Gallia Belgica にいた一部族》.

Mēnās -ae, *m* [*Gk*] メーナース《大 Pompeius の息子 Sextus の解放奴隷》.

menda -ae, *f* =mendum.

mendāciloquus -a -um, *adj* [↓/loquor] うそをつく.

mendācium -ī, *n* [mendax¹] **1** 虚言, うそ. **2** にせもの.

mendāciunculum -ī, *n dim* [↑] ちょっとしたうそ.

mendax¹ -ācis, *adj* [mendum] **1** うそつきの, 不誠実な. **2** 偽りの, 虚偽の.

mendax² -ācis, *m* うそつき.

Mendēs -ētis, *f* [*Gk*] メンデース《Aegyptus の Nilus 河口デルタの町》.

Mendēsius, Mendēsicus -a -um, *adj* Mendes の.

mendicābulum -ī, *n* [mendico] 物乞い.

mendicātiō -ōnis, *f* [mendico] 物乞いすること.

mendicātus -a -um, *pp* ⇨ mendico.

mendicē *adv* [mendicus¹] けちけちして.

mendicitās -ātis, *f* [mendicus¹] 乞食であること, 赤貧.

mendicō -āre -āvī -ātum, *intr*, *tr* [mendicus] **I** (*intr*) 乞食をする. **II** (*tr*) 乞い求める.

mendicor -ārī -ātus sum, *intr*, *tr dep* =mendico.

mendiculus -a -um, *adj dim* [↓] 乞食の.

mendicus¹ -a -um, *adj* [mendum] **1** 乞食のような, 赤貧の. **2** 卑しい, 貧弱な.

mendicus² -ī, *m* 乞食.

mendōsē *adv* [↓] 誤って.

mendōsus -a -um, *adj* [↓] **1** 不完全な, 誤った. **2** よく失敗する.

mendum -ī, *n* [*cf.* menda, mendicus] **1**（美貌を）そこなうもの, 欠点. **2** 誤り, 間違い.

Meneclēs -is, *m* [*Gk*] メネクレース《Caria の Alabanda 出身の修辞学者（前 1 世紀）》.

Meneclius -a -um, *adj* Menecles の.

Menedēmus -ī, *m* [*Gk*] メネデームス, *-モス《(1) Eretria 出身の哲学者（前 339?-?265）.（2) Athenae の修辞学者；名高い弁論家 L. Licinius Crassus の客となった.（3) Alexander 大王の将軍》.

Menelāeus -a -um, *adj* Menelaus の.

Menelāus -ī, *m* [*Gk*]《伝説》メネラーウス, *-オス《Atreus の子で Agamemnon の弟；Sparta の王；Helena の夫》.

Meneniānus -a -um, *adj* =Menenius².

Menēnius¹ -ī, *m* メネーニウス《ローマ人の氏族名；特に ~ *Agrippa*, 貴族と平民の争いを「腹と手足」の寓話によって仲裁した（前 494）といわれる》.

Menēnius² -a -um, *adj* Menenius の.

Menestheus -eī [-eos], *m* [*Gk*] メネステウ《(1)° Athenae の王；Athenae 勢を率いて Troja 戦争に参加した.（2) Diomedes の戦車の御者》.

mēningeus -a -um, °*adj* [meninx]《解》髄膜の.

mēningītis -tidis, °*f* [↓]《病》髄膜炎.

mēninx -ingis, °*f* [*Gk*]《解》髄膜.

Mēninx -ingis, *f* [*Gk*] メーニンクス《Africa 北岸の Syrtis Minor 近くの小島》.

Menippus -ī, *m* [*Gk*] メニップス, *-ポス《(1) Syria の町 Gadara 出身の犬儒学派哲学者（前 3 世紀前半）.（2) Caria の Stratonicea 出身の弁論家（前 1 世紀前半）》.

mēniscus -ī, °*m* [*Gk*]《解》半月(板).

Menoeceus -eī [-eos], *m* [*Gk*]《伝説》メノエケウス, *メノイ-《Thebae の王 Creon の子；祖国のために自らを犠牲にした》.

Menoetiadēs -ae, *m* [*Gk*]《伝説》Menoetius の息子 (=Patroclus).

Menoetius -ī, *m* [*Gk*]《伝説》メノエティウス, *メノイティオス《Patroclus の父；Argonautae の一人》.

mēnorrhagia -ae, °*f*《生理》月経過多.

mēnorrhoea -ae, °*f*《生理》月経.

mēnostasis -is, °*f*《病》一時的月経停止.

menotaxis -is, °*f*《生物》保留走性.

mens mentis, *f* [*cf.* memini] **1** 知性, 頭；*in mentem venire* (Plaut) わかる, 考えつく. **2** 精神, 心.

mensa — mergo

3 理性, 正気. **4** 意図, 意向: *ea mente discessi ut adessem Kalendis Januariis* (CIC) 私は1月1日には戻っているつもりで出発した. **5** 意見, 考え: *hominum erga se mentes deprehendere* (SUET) 人々が自分のことをどう考えているかを探る. **6** 意志. **7** 冷静, 沈着: *mente concidere* (CIC) 呆然とする.

mensa -ae, *f* [metior] **1** テーブル, 食卓. **2** 料理: ~ *secunda* (CIC) デザート. **3** 宴会. **4** ささげ物をのせる台, 祭壇. **5** 両替台, 勘定台. **6**°《カト》祭台.

mensālis -is -e, °*adj* [↑] 食卓の.

mensārius -ī, *m* [mensa] **1** 両替商. **2** 国庫管理官.

mensiō -ōnis, *f* [metior] **1** 測定. **2** 評価.

mensis -is, *m* [*cf*. metior] **1** (暦の)月. **2** ひと月. **3** (*pl*) 妊娠期間. **4** (*pl*)《生理》月経.

mensor -ōris, *m* [metior] **1** 計る者. **2** 測量士.

menstruālis -is -e, *adj* [mensis] **1** 1か月間の, ひと月の. **2** 1か月毎の.

menstruātiō -ōnis, °*f* [menstruus] 《生理》月経.

menstruātus -a -um, °*adj* [menstruus] 月経の.

menstruum -ī, *n* [↓] **1** 1か月分の糧食. **2** 1か月間の勤務. **3** (*pl*) 月経.

menstruus -a -um, *adj* [mensis] **1** (暦の)月の. **2** 月々の, 毎月の. **3** 1か月間の.

mensula -ae, *f dim* [mensa] **1** (小さな)テーブル. **2** 両替商の勘定台.

mensulārius -ī, *m* [↑] 両替商.

mensūra -ae, *f* **1** 計ること, 測定. **2** 測定器具, 枡. **3** 寸法, 長さ, 量; 程度. **4** 尺度, 基準. **5** 限度, 限界. **6**《詩》(韻律上の)音量.

mensūrālis -is -e, *adj* [↑] 測定に関する.

mensūrō -āre, °*tr* [mensura] **1** 計る, 測定する. **2** 評価する.

mensus -a -um, *pp* ⇒ metior.

menta, mentha -ae, *f* [*Gk*]《植》ハッカ.

mentālis[1] -is -e, °*adj* [mens] 精神の, 心の: ~ *oratio*《キ教》念禱.

mentālis[2] -is -e, °*adj* [mentum] 《医》あごの.

mentholum -ī, °*n* [menta] 《化》メントール, ハッカ脳.

mentiens -entis, *m* [mentior] 謬論.

mentiō -ōnis, *f* [memini] **1** 言及, 陳述: *mentionem facere* (CIC) 言及する 〈+*gen*; de re; +*acc c. inf*; +間接疑問〉. **2** (結婚の話を)持ち出すこと.

mentior -īrī -ītus sum, *intr, tr dep* [mens] **I** (*intr*) うそをつく, 人を欺く. **II** (*tr*) **1** 偽る, 偽り伝える. **2** でっちあげる. **3** 装う, ふりをする. **4** (期待を)裏切る.

mentītus -a -um, *pp* ⇒ mentior.

Mentōr -oris, *m* [*Gk*] メントール《(1)《伝説》Ulixes の友人; Ulixes が Troja 出征の際, 後事を彼に託した. (2) ギリシアの銀細工師 (前4世紀初))》.

Mentoreus -a -um, *adj* Mentor (2) の.

mentula -ae, *f* 男性生殖器, 男根.

mentum -ī, *n* **1**《解》あご. **2**《昆》基板, 下唇基節. **3**°《植》(熱帯ランの)あご状唇弁.

meō -āre -āvī -ātum, *intr* (*tr*) 行く, 通る, 進む.

mephītis -is, *f* (地中からの)毒気, 瘴気(ショウキ). **2** (M-)《神話》メピーティス (疫病の女神).

merāculus -a -um, *adj dim* [↓] (ほとんど)まじりけのない, 薄められていない.

merācus -a -um, *adj* [merus] まじりけのない, 薄められていない.

mercābilis -is -e, °*adj* [mercor] 買うことのできる.

mercālis -is -e, °*adj* [merx] =mercabilis.

mercans *m* (*prp*) [mercor] 買手.

mercantia -ae, °*f* [↑] 商売, 取引.

mercātor -ōris, *m* [mercor] **1** 商人. **2** 買手.

mercātōrius -a -um, *adj* [↑] 商売の.

mercātūra -ae, *f* [mercor] **1** 商売, 取引. **2** 商品, 品物.

mercātus[1] -a -um, *pp* ⇒ mercor.

mercātus[2] -ūs, *m* **1** 商売, 取引. **2** 市(イチ), 市場.

mercēdula -ae, *f dim* [merces] **1** (わずかな)手当, 賃金. **2** (わずかな)地代, 賃貸料.

mercennārius[1] -a -um, *adj* [merces] **1** 金で雇われた. **2** 報酬目当ての.

mercennārius[2] -ī, *m* **1** 雇われ人, 賃金労働者. **2** 傭兵.

mercēs -ēdis, *f* [merx] **1** 賃金, 手当; 報酬. **2** 賄賂. **3** 価格, 代価. **4** 賃貸料, 地代; 利子. **5** 商品 (=merx).

mercimōnium -ī *n* [merx] 商品, 品物.

mercor -ārī -ātus sum, *tr, intr dep* [merx] **I** (*tr*) 購入する, 買う. **II** (*intr*) 商売[取引]をする.

Mercuriālis -is -e, *adj* Mercurius の.

Mercurius -ī, *m* **1**《神話》メルクリウス《ギリシア神話の Hermes に当たるローマの雄弁家・商人・盗賊の守護神》. **2**《天》水星: *stella* [*sidus*] *Mercurii* (CIC [PLIN]) 水星.

merda -ae, *f* 排泄物, 糞便.

merē *adv* [merus] 純粋に, まじりけなく, 全く.

merenda -ae, *f* [mereo] 午後の軽食, おやつ.

merendō -āre, °*intr* [↑] 午後の軽食をとる.

merens -entis, *adj* (*prp*) [↓] (…に)値する, (…を)受けるべき 〈de re; alci rei〉.

mereō -ēre meruī meritum, *tr* (*intr*) **I** (*tr*) **1** 稼ぐ, もうける: *stipendia merere* (CIC) 軍務によって収入を得る, 軍務に服する. **2** 獲得する, 手に入れる. **3** (…に)値する, (…を)受けるに足る 〈alqd; ut; +*inf*〉. **II** (*intr*) (主に *dep* mereor で) *bene* [*male*] *mereri de* [*alqo*] (CIC) あるもの[人]から[罰]を受けるに足る, あるもの[人]に貢献する[害を及ぼす].

meretrīciē *adv* [↓] 娼婦のように.

meretrīcius -a -um, *adj* [meretrix] 娼婦の(ような).

meretrīcor -ārī -ātus sum, °*intr dep* [meretrix] 売春を業とする.

meretrīcula -ae, *f dim* [↓] 娼婦.

meretrix -īcis, *f* [mereo] 娼婦, 情婦.

mergae -ārum, *f pl* (麦の穂を刈るための)股鋤.

mergēs -gitis, *f* [↑] (穀物を刈った)束.

mergō -ere mersī mersum, *tr* **1** 沈める, 浸す, つける 〈alqd in alqd [re]〉. (*pass*) 沈む. **2** おぼれさせる, ふけらせる. **3** (水が)飲み込む. **4** (地中に)埋める.

5 差し込む, 突っ込む. **6** おおい隠す. **7** (ある状態に)陥らせる.

mergus -i, *m* [↑] 〖鳥〗海鳥《カモメ, アビなど》.

merīdiālis -is -e, *adj* [meridies] **1** 正午の, 真昼の. **2** 南の.

merīdiānum -ī, *n* [↓] **1** 正午, 真昼. **2** (太陽の)最高点. **3** 南.

merīdiānus -a -um, *adj* [meridies] **1** 真昼の, 正午の. **2** 正午の太陽の位置の. **3** 南の. **merīdiānī** -ōrum, *m pl* (*sc.* gladiatores) 真昼に闘う剣闘士.

merīdiātiō -ōnis, *f* [meridio] 昼寝.

merīdiēs -ēī, *f* [medius/dies] **1** 正午, 真昼: *meridie* (PLAUT) =*post meridiem* (CIC) 午後に. **2** 南.

merīdiō -āre, *intr* [↑] 昼寝をする.

merīdiōnālis -is -e, *adj* [meridies] 南の.

merīdior -ārī, *intr dep* =meridio.

Mēriōnēs -ae, *m* [Gk] 〖伝説〗メーリオネース《Creta 人; Idomeneus の友人でその戦車の御者》.

meritō[1] -āre -āvī -ātum, *tr* (*intr*) *freq* [mereo] **I** (*tr*) 稼ぐ, もうける. **II** (*intr*) 軍務に服する.

meritō[2] *adv* [meritus] 正当に, 当然.

meritōrium -ī, *n* [↓] (*pl*) 貸間.

meritōrius -a -um, *adj* [meritus] 賃貸しの.

meritum -ī, *n* [↓] **1** 当然の報い. **2** 値すること. **3** 功労, 尽力. **4** 過失, 落度: *nullo meo merito* (CIC) 私の側に何の落ち度もないのに.

meritus -a -um, *adj* (*pp*) [mereo] **1** 価値のある. **2** 当然の, 正当な.

Merō -ōnis, *m* [merum] (Tiberius 帝のあだ名)酒飲み, 酔漢.

merobibus -a -um, *adj* [merum/bibo] 生(ᵏ)の酒を飲む.

Meroē -ēs, *f* [Gk] メロエー《Aethiopia の Nilus 河畔にあった王国》.

Meropē -ēs, *f* [Gk] 〖神話〗メロペー《Atlas の娘で Sisyphus の妻; Pleiades の一人》.

merops -opis, *f* [Gk] 〖鳥〗ハチクイ.

Merops -opis, *m* [Gk] 〖伝説〗メロプス《Aethiopia の王; Sol がその妻 Clymene と交わって Phaethon をもうけた》.

Mēros, -us -ī, *m* [Gk] メーロス《India の伝説的な山》.

mersī *pf* ⇨ mergo.

mersō -āre -āvī -ātum, *tr freq* [mergo] 浸す, つける, 沈める.

mersus -a -um, *pp* ⇨ mergo.

merula -ae, *f* **1** 〖鳥〗ツグミの類. **2** 〖魚〗ベラ.

meruleus -a -um, *adj* [↑] ツグミのような色(=黒)の.

merum -ī, *n* [↓] (*sc.* vinum) 水で割っていない酒, 生(ᵏ)の酒.

merus -a -um, *adj* **1** (金属が)合金でない, まぜもののない, 純粋な. **2** (酒が)水で割らない, 生(ᵏ)の. **3** 純然たる, 全くの: *merum bellum loquitur* (CIC) 彼が言っているのは戦争のことにほかならない. **4** 単なる, ただの. **5** 裸の, むきだしの.

merx,〖古形〗**mers** mercis, *f* [mereo] **1** 商品, 品物. **2** *mala mers* (PLAUT) 悪いやつ. **3** 商売, 取引. **4** 価格, 値段 (=merces).

Mesēmbria -ae, *f* [Gk] メセーンブリア(-)《Thracia の黒海沿岸の町》.

Mesēmbriacus -a -um, *adj* Mesembria の.

mesencephalon -ī, °*n* 〖解〗中脳.

mesentericus -a -um, °*adj* [mesenterium] 〖医〗腸間膜の.

mesenteriolum -ī, °*n dim* 〖解〗腸間膜.

mesenterium -ī, °*n* 〖解〗腸間膜: ~ *dorsale commune* 総背側腸間膜.

mesēs -ae, *m* [Gk] 北東の風.

mesochorus -ī, *m* [Gk] 歌舞隊の中央で指揮する者; 雇われて拍手喝采する「さくら」のリーダー.

mesocolon -ī, °*n* 〖解〗結腸間膜.

mesogastricus -a -um, °*adj* [↓] 〖解〗胃間膜の.

mesogastrium -ī, °*n* 〖解〗胃間膜.

mesometrium -ī, °*n* 〖解〗子宮間膜.

mesonyctium -ī, *n* [Gk] 真夜中に行なわれた (Cybele の)祭礼.

mesonyctius -a -um, °*adj* [Gk] 真夜中の.

Mesopotamia -ae, *f* [Gk] メソポタミア(-)《Euphrates, Tigris 両河の間の地域》.

mesorchium -ī, °*n* 〖解〗精巣間膜.

mesorectum -ī, °*n* 〖解〗直腸間膜.

mesosalpinx -ngis, °*n* 〖解〗卵管間膜.

mesosphaerum -ī, *n* [Gk] 〖植〗ナルド[甘松]の一種.

mesothōrax -ācis, °*m* 〖昆〗中胸.

mesovārium -ī, °*n* 〖解〗卵巣間膜.

mespila -ae, *f* [Gk] 〖植〗セイヨウカリンの木.

mespilum -ī, *n* [Gk] 〖植〗セイヨウカリン(の木).

mespilus -ī, *f* [Gk] 〖植〗**1** セイヨウカリンの木. **2**° セイヨウカリン.

Messālīna, Messallīna -ae, *f* [↓] メッサーリーナ《(1) Claudius 帝の 3 番目の妃; 放埓な生活で有名 (48 年死刑). (2) Nero 帝の妃》.

Messālīnus, Messallīnus -ī, *m* メッサーリーヌス《ローマ人の家名》.

Messalla, Messāla -ae, *m* メッサラ, メッサーラ《Valeria 氏族に属する家名; especially *M. Valerius* ~ *Corvinus*, 前 31 年の執政官 (前 63?-後 8); 卓越した雄弁家で文人; Tibullus の庇護者》.

Messāna -ae, *f* [Gk] メッサーナ, *メッセーネー《Sicilia 島北東岸の町; 現 Messina》.

Messāpia -ae, *f* [Gk] メッサーピア(-)《Calabria の古名》.

Messāpius -a -um, *adj* Messapia の. **Messāpiī** -ōrum, *m pl* Messapia の住民.

Messāpus -ī, *m* 〖伝説〗メッサープス《Messapia の名祖》.

Messēnē -ēs, **-a** -ae, *f* [Gk] メッセーネー《Messenia の首都》.

Messēnia -ae, *f* [Gk] メッセーニア(-)《Peloponnesus 半島南西部の地域》.

Messēnius -a -um, *adj* Messene [Messenia] の. **Messēniī** -ōrum, *m pl* Messene [Messenia] 人.

messiō -ōnis, *f* [meto²] 刈入れ, 収穫.

messis -is, *f* [meto²] 1 収穫, 刈入れ. 2 収穫期. 3 収穫物, 作物. 4 結果, 報い.
Messius -ī, *m* メッシウス《ローマ人の氏族名》.
messor -ōris, *m* [meto²] 収穫者, 刈り手.
messōrius -a -um, *adj* [↑] 刈り手の.
messuī *pf* ⇒ meto².
messus -a -um, *pp* ⇒ meto².
-met *suf* 代名詞・所有形容詞・ipse に付いて意味を強める: *egomet*, *memet*, etc.
mēta -ae, *f* 1 円錐形(のもの). 2 (円錐形の)競走場の折り返し標柱; 決勝点. 3 転換点. 4 限界. 5 終点, 終極.
metabolē -ēs, °*f* [Gk] 〖音〗転調.
Metabus -ī, *m* [Gk] 〖伝説〗メタブス, *-ボス《(1) Volsci 族の王で Camilla の父. (2) Sisyphus の息子で Metapontum の建設者》.
metacarpeus -a -um, °*adj* [metacarpus] 〖解〗中手(骨)の.
metacarpōphalangeus -a -um, °*adj* 〖解〗中手指節関節の.
metacarpus -ī, °*m* 〖解〗中手.
metachlamydeae -ārum, °*f pl* 〖植〗合弁花類.
metachrōmasia -ae, °*f* 〖生理〗異染性, メタクロマジー.
metacismus -ī, °*m* [Gk] 1 m 字の多用. 2 (次の語が母音で始まる場合に)語末で m 音を発音すること.
metagenesis -is, °*f* 〖生物〗真正世代交代.
metalepsis -is, *f* [Gk] 〖修〗換喩的転義《二重の換喩; すでに比喩的に用いられた語をさらに換喩によって言い換えること》.
mētālis -is -e, *adj* [meta] 円錐形の.
metallica -ae, *f* 冶金学.
metallicus¹ -a -um, *adj* [Gk] 1 金属の. 2° 鉱山の.
metallicus² -ī, *m* 1 鉱夫. 2° 鉱夫をさせられている罪人.
metallum -ī, *n* 1 鉱山, 採鉱場. 2 金属, 鉱物, 鉱石《金・白亜・大理石など》.
metamorphopsia -ae, °*f* 〖病〗変視症.
Metamorphōsēs -eōn, °*f pl* [Gk] 『変身物語』《ギリシア・ローマ神話伝説の変身譚を軸とした Ovidius の物語詩》.
metamorphōsis -is, °*f* [Gk] 〖動・医〗変態.
metaphora -ae, *f* [Gk] 〖修〗転義(=translatio); 比喩, 暗喩.
metaplasia -ae, °*f* 〖医〗化成.
metaplasmus -ī, *m* [Gk] 1 〖文〗語形変異. 2°〖生物〗後形質.
metapodium -ī, °*n* 〖動〗後足.
Metapontīnus -a -um, *adj* Metapontum の.
Metapontum -ī, *n*, **Metapontion** -ī, *n* メタポントゥム, *-ポンティオン《Lucania の Tarentinus 湾に臨むギリシア人の植民市; 哲学者 Pythagoras が没した地; 現 Metaponto》.
metatarseus -a -um, °*adj* 〖解〗中足(骨)の.
metatarsophalangeus -a -um, °*adj* 〖解〗中足指節の.

metatarsus -ī, °*m* 1 〖解・動〗中足(骨). 2 〖昆〗基附節.
metathalamus -ī, °*m* 〖解〗視床後部.
metathesis -is, °*f* [Gk] 〖文〗字位転換.
metathōrax -ācis, °*m* 〖昆〗後胸.
mētātiō -ōnis *f* [metor] 境界画定, 土地を区画すること.
mētātor -ōris, *m* [metor] 土地区画者, 測量者.
mētātus -a -um, *pp* ⇒ metor.
Metaurus¹ -ī, *m* メタウルス《Umbria の川; 現 Metauro; そのほとりでローマ軍が Hasdrubal 率いる Carthago 軍を破ったことで有名 (前 207)》.
Metaurus² -a -um, *adj* Metaurus 川の.
Metella -ae, *f* メテッラ《Metellus 家の女性; 特に *Caecilia* ~, P. Cornelius Lentulus Spinther の不貞の妻》.
Metellīnus -a -um, *adj* Metellus の.
Metellus -ī, *m* メテッルス《Caecilia 氏族に属する家名; 特に *Q. Caecilius ~ Numidicus*, Numidia の王 Jugurtha を破った (前 109)》.
metempsȳchōsis -is, °*f* [Gk] 〖霊魂の〗再生, 輪廻転生.
metencephalon -ī, °*n* 〖解〗後脳.
metensōmatōsis -is, °*f* [Gk] 霊魂移入《一つの肉体に数個の霊魂が入りこむこと》.
meteōria -ae, °*f* 放心状態, 忘れっぽいこと.
meteōrismus -ī, °*m* [Gk] 〖病〗鼓腸.
methodicē -ēs, *f* [Gk] 正しく話す技術.
methodicus -a -um, *adj* [methodus] 組織的な, 特定の流派に属する.
methodium -ī, *n* [Gk] 気のきいたしゃれ, 巧妙な思いつき.
methodus, -os -ī, *f* [Gk] 組織的方法, 方式.
methȳlēnum -ī, °*n* 〖化〗メチレン.
Mēthymna -ae, *f* [Gk] メーテュムナ《Lesbos 島の町; ぶどう酒の名産地; 詩人 Arion の生地》.
Mēthymnaeus -a -um, *adj* [Gk] Methymna の.
Mēthymnias -adis, *adj f* Methymna の.
meticulōsus -a -um, *adj* =metuculosus.
Metilius -ī, *m* メティリウス《ローマ人の氏族名》.
mētior -īrī mensus sum, *tr dep* 1 計る, 測定する. 2 範囲を定める, 区画する. 3 割り当てる, 分配する 〈alci alqd〉. 4 通過する, 進む. 5 判断する, 評価する 〈alqd re〉.
Metiosēdum -ī, *m* メティオセードゥム《Gallia Lugdunensis の町》.
Metiscus -ī, *n* 〖伝説〗メティスクス《Turnus の戦車の御者》.
mētō¹ -āre -ātum, *tr* =metor.
metō² -ere messuī messum, *tr* 1 刈り入れる, 収穫する. 2 刈る, 切り取る. 3 なぎ倒す, 掃討する.
Metō(n) -ōnis, *m* [Gk] メトー(ン)《Athenae の天文学者 (前 5 世紀)》.
metōnymia -ae, *f* [Gk] 〖修〗換喩.
metōposcopus -ī, *m* [Gk] ひたいによって占う人, 人相見.
mētor -ārī -ātus sum, *tr dep* [meta] 1 測定[測量]する, 地取りする, 区画する. 2 精査する, 吟味する.

3 通過する.

metrēta -ae, *f* [*Gk*] **1** (Athenae の) 液量単位 (= 約 40 *l*). **2** (1 metreta 入る) かめ, 壺.

metricus[1] -a -um, *adj* [*Gk*] **1** 測定[計測]の. **2** 韻律の.

metricus[2] -ī, *m* 韻律学者.

metrītis -tidis, °*f* 〘病〙 子宮炎.

Mētrodōrus -ī, *m* [*Gk*] メートロドールス, *-ロス 《(1) Epicurus 学派の哲学者 (前 331? -278). (2) 修辞学者・哲学者; Carneades の弟子. (3) Chios 島出身の哲学者; Democritus の弟子. (4) Scepsis 出身の学者 (前 1 世紀); 並はずれた記憶力で有名》.

mētromania -ae, °*f* [*Gk*] ヒステリー.

metropolis -is, °*f* [*Gk*] **1** (ギリシア植民市の) 母市, 本国. **2** 首都. **3** 〘カト〙 大司教管区.

Mētropolis -is, *f* [*Gk*] メートロポリス《いくつかの町の名; 特に Thessalia の町》.

metropolīta -ae, °*m* [metropolis] **1** 母市の市民. **2** 〘カト〙 首都大司教.

Metropolītae -ārum, *m pl* Metropolis の住民.

metropolītānus -a -um, °*adj* [metropolis] **1** 母市の. **2** 〘カト〙 大司教管区の.

Mētropolītānus -a -um, *adj* Metropolis の.

metrum, -on -ī, *n* [*Gk*] 〘詩〙 韻律.

Mettius, Mētius, Mettus -ī, *m* メッティウス 《イタリアの人名; 特に = *Fufetius*, Alba 人の指導者 (前 7 世紀中頃); ローマ第 3 代の王 Tullus Hostilius に裏切りのかどで処刑された》.

metuculōsus -a -um, *adj* [metus] **1** 小心な, 臆病な, おどおどした. **2** 恐ろしい.

metuens -entis, *adj (prp)* [metuo] 恐れている; 畏敬の念をいだいている <+*gen*>.

metuī *pf* ⇨ metuo.

metula -ae, *f dim* [meta] (小さな) 方尖柱.

metuō -ere metuī metūtum, *tr (intr)* [↓] 恐れている, 心配している <+*dat*; de re; +*inf*; ne; ne non, ut>: *ne uxor resciscat metuit* (Plaut) 彼は妻にばれるのではないかと恐れている / *metuit ut eam tempestatem ipse posset opibus suis sustinere* (Cic) 彼は自分一人の力ではそのあらしに耐え抜くことができないのではないかと恐れた.

metus -ūs, *m* **1** 恐怖, 危惧, 心配. **2** 恐ろしいもの, 恐怖の対象. **3** 脅威, 危険. **4** 畏敬, 畏怖.

metūtus -a -um, *pp* ⇨ metuo.

meum -ī, *n* [↓] **1** 私のなすべきこと [関心事]. **2** (しばしば *pl*) 私の所有物 [財産].

meus -a -um, *adj poss* **1** 私の, 私に属する, 私が所有する. **2** 私にかかわる. **3** 私が行なった. **4** 私に対する. **5** 私が自由にできる, 私の支配下にある.

Mēvānia -ae, *f* メーウァーニア《Umbria 南部の町; 現 Bevagna》.

Mezentius -ī, *m* 〘伝説〙 メゼンティウス《Etruria の Caere の王; Turnus に味方して Aeneas に殺された》.

mī[1] *m sg voc* ⇨ meus.

mī[2] *sg dat* =mihi.

miasma -atis, °*n* [↓] (沼地から発すると考えられた) 悪気, 瘴気(しょうき).

mīca -ae, *f* 小片, 少量, 微量: ~ *salis* (Mart) 塩粒 (=ピリッときいた味).

micans -antis, *adj (prp)* [mico] きらめく.

mīcārius -a -um, *adj* [mica] くずを拾い集める, けちな.

micciō -īre, *intr* (ヤギが) メーメー鳴く.

Michaël -ēlis, °*m* [*Gk*<*Heb.*] 〘聖〙 大天使ミカエル.

Micipsa -ae, *m* ミキプサ《Masinissa の子で Numidia の王》.

micō -āre -uī [-āvī], *intr* **1** 激しく動く, 震える. **2** 光を放つ, きらめく, 輝く. **3** 指の数当て (相手の出す指と自分の出す指の合計を当てる遊び).

micrococcus -ī, °*m* 〘細菌〙 ミクロコックス属, 小球菌属.

micronucleus -ī, °*m* 〘動〙 (特に繊毛虫類の) 小核.

microspeciēs -ēī, °*f* 〘生物〙 微細種.

microsporangium -ī, °*n* 〘植〙 小胞子嚢.

mictiō -ōnis, °*f* 〘生理〙 排尿.

micturiō *intr desid* [mingo] 尿意を催す, 排尿する.

mictus -a -um, *pp* ⇨ mejo.

micuī *pf* ⇨ mico.

Midaeensēs -ium, *m pl* Midaium の住民.

Midaeī -ōrum, *m pl* =Midaeenses.

Midaium -ī, *n* [*Gk*] ミダイウム, *ミダエイオン《Phrygia の町》.

Midās -ae, *m* [*Gk*] 〘伝説〙 ミダース《Phrygia の王; 手で触れるすべてのものを黄金に化する力を Bacchus から与えられた》.

migma -atis, °*n* [*Gk*] 混ぜたもの, 飼い葉.

migraeninum -ī, °*n* 〘薬〙 ミグレニン.

migrātiō -ōnis, *f* [↓] 移住, 移転.

migrō -āre -āvī -ātum, *intr, tr* **I** (*intr*) **1** 移住 [移転] する. **2** 移る, 変わる. **3** 去る: *migrare de vita* (Cic) 死ぬ. **II** (*tr*) **1** 移す, 移動させる. **2** 違反する, (法を) 犯す.

mihi *pron pers (dat)* ⇨ ego.

Mīlaniōn -ōnis, *m* [*Gk*] 〘伝説〙 ミーラニオーン, *メイ-《徒競走で Atalanta に勝って彼女の夫となった (*cf.* Hippomenes)》.

mīles -litis, *m (f)* **1** 兵, 兵士. **2** 歩兵. **3** 兵卒. **4** (集合的に) 兵隊, 軍隊. **5** (ゲームの) コマ.

mīlēs-, mīlens- ⇨ milles-, millens-.

Mīlēsius -a -um, *adj* [*Gk*] Miletus[2] の.

Milētis[1] -idis, *f* Miletus[1] の娘 (=Byblis).

Mīlētis[2] -idis, *adj f* Miletus[2] の.

Mīlētus[1] -ī, *m* [*Gk*] 〘伝説〙 ミーレートゥス, *-トス《Miletus の建設者でその名祖》.

Mīlētus[2] -ī, *f* [*Gk*] ミーレートゥス, *-トス《小アジア西岸 Ionia の都市; Thales の生地》.

mīlia -ium, *n pl* ⇨ mille.

mīliārius -a -um, *adj* [milium] キビの.

mīliēs, -iens *adv* ⇨ millies, milliens.

mīlifolium, mille- -ī, *n* 〘植〙 **1** フサモ. **2** ノコギリソウ.

mīlipeda, millepeda -ae, *f* [mille/pes] 〘動〙 ヤスデ.

mīlitāris[1] -is -e, *adj* [miles] **1** 軍隊の: *res ~* (Cic) 軍事. **2** 軍務に適齢の. **3** 兵士の. **4** 兵士

militāris² -is, *m* 兵士 (=miles).

militāriter *adv* [militaris¹] **1** 軍紀に従って. **2** 軍人らしく.

militārius -a -um, *adj* [miles] 軍人らしい.

mīlitia -ae, *f* [miles] **1** 軍務, 戦闘, 従軍: *militiae et domi* (Ter) 戦時も平時も / *militiae* (Cic) = *militiā* (Liv) 従軍して, 戦場で. **2** 軍隊. **3** (労力・努力を要する)職務, 困難な仕事.

mīlitō -āre -āvī -ātum, *intr* [miles] **1** 兵士である, 軍務に服する. **2** つとめる, 勤務する.

milium -ī, *n* 《植》キビ(黍).

mille *indecl num card* (*pl* mīlia は中性名詞) **1** 1000(の). **2** (*adj*) 無数の.

millēnārius -a -um, °*adj* [↓] 1000 から成る, 1000 の.

millēnī -ae -a, *adj* [mille] 1000 ずつの.

millēsimum, -ensimum, mīlēsimum, -ensimum *adv* [↓] 1000 番[回]目に.

millēsimus, -ensimus, mīlēsimus, -ensimus -a -um, *adj* [mille] 1000 番[回]目の: *pars millesima* (Cic) 千分の 1.

milliārium, mīli- -ī, *n* [↓] **1** 里程標. **2** 1 マイル (=1000 passus =約 1.48 *km*).

milliārius, mīli- -a -um, *adj* [mille] **1** 1000 を含む. **2** 1000 passus の.

milliēs, -iens, mīliēs, -iens *adv* [mille] 1000 回[倍].

Milō -ōnis, *m* ミロー《T. Annius ~, 護民官(前 57); P. Pulcher Clodius を殺害(前 52) し, Cicero に弁護された》.

Milō(n) -ōnis, *m* [Gk] ミロー(ン)《Croton の競技者(前 6 世紀後半)》.

Milōniānus -a -um, *adj* **1** Milo の. **2** (Cicero の) Milo 弁護演説の.

Miltiadēs -is, *m* [Gk] ミルティアデース《Marathon の会戦でペルシア軍を破った Athenae の将軍(前 490)》.

milvīnus, milvīnus -a -um, *adj* [↓] **1** トビの. **2** トビのような, 貪欲な.

milvus, milvus -ī, *m* **1** 《鳥》トビ(鳶). **2** 《魚》セミホウボウ. **3** 貪欲漢. **4** 星座の名.

Milyas -adis, *f* [Gk] ミリュアス《Lycia と Pisidia にまたがる地方》.

mīma -ae, *f* [mimus] (女性の)笑劇役者.

Mimallonēs -um, *f pl* [Gk] 《詩》Bacchus の巫女たち.

mīmārius -ī, *m* [碑] 笑劇役者.

Mimās -antis, *m* [Gk] ミマース《(1) Ionia の山. (2) 《神話》 Olympus の神々と戦った巨人族の一人》.

mīmiambī -ōrum, *m pl* [Gk] 《詩》跛行(^)短長格 (scazon) で書かれた笑劇.

mīmicē *adv* [↓] 笑劇の役者のように, おどけて.

mīmicus -a -um, *adj* **1** 笑劇の. **2** にせの, 空虚な.

Mimnermus -ī, *m* [Gk] ミムネルムス, *-モス《Colophon 出身の elegia 詩人 (前 630 年頃)》.

mīmographus -ī, *m* [Gk] 笑劇作者.

mīmologus -ī, °*m* [Gk] 笑劇役者.

mīmula -ae, *f dim* [mima] (女性の)笑劇役者.

mīmus -ī, *m* **1** 笑劇役者. **2** 笑劇, 道化芝居. **3** 見せかけ, 茶番.

mina -ae, *f* [Gk] **1** (ギリシアの)重量単位 (=100 drachmae=約 430 *g*). **2** (ギリシアの)通貨単位 (=¹/₆₀ talentum).

mināciae -ārum, *f pl* [minax] 脅迫, 威嚇.

mināciter *adv* [minax] 脅迫[威嚇]的に, おどすように.

minae -ārum, *f pl* [*cf*. minor¹] **1** おどし, 威嚇, 脅迫. **2** 不吉な前兆, 凶兆.

mināntěr *adv* [minor¹] =minaciter.

minātiō -ōnis, *f* [minor¹] 脅迫, おどし.

mīnāx -ācis, *adj* [minor¹] **1** 脅迫[威嚇]的な, おどすような. **2** 不吉な, 凶兆の.

Mincius -ī, *m* ミンキウス《Padus 川の支流; Vergilius の生地 Mantua のわきを流れる; 現 Mincio》.

mineō -ēre, *intr* 前に傾く.

Minerva -ae, *f* [神話] ミネルウァ《ギリシア神話の Athena に当たるローマの知恵・技術の女神》. **2** 糸紡ぎ, 機織り. **3** 知恵, 技術.

Minervālis -is -e, *adj* Minerva の.

Minervium -ī, *n* Minerva の神殿.

Minervius -a -um, *adj* Minerva の.

mingō -ere, *intr* =mejo.

miniāceus -a -um, *adj* [minium] 辰砂で作った.

miniānus -a -um, *adj* [minium] 辰砂を塗った.

miniārius -a -um, *adj* [minium] 辰砂の.

miniātulus -a -um, *adj dim* [↓] 辰砂で赤く染めた.

miniātus -a -um, *adj* (*pp*) [minio] **1** 辰砂で赤く染めた. **2** 朱色の.

minimē *adv superl* [minimus] **1** 最も少なく, 最低に: *quam ~* (Cic) できるだけ少なく. **2** 少しも…(で)なく. **3** (数詞とともに)少なくとも.

minimum¹ *adv superl* (*neut*) [minimus] **1** 最も少なく, 最低に. **2** 最も短い間. **3** 少なくとも: *cum ~* (Plin) 少なくとも.

minimum² -ī, *n* 最少, 最低.

minimus -a -um, *adj superl* [parvus] **1** 最も[きわめて]小さい; 最も少ない. **2** (時間が)最も短い. **3** 最も若い, 最年少の. **4** (程度が)最も低い. **5** 最も新しい, 最近の.

miniō -āre -āvī -ātum, *tr* [minium] 辰砂で赤く染める.

Miniō -ōnis, *m* ミニオー《Etruria 南部の川》.

minister¹ -tra -trum, *adj* [minor²] **1** 仕える, 助けになる. **2** (神への)奉仕にささげられた.

minister² -trī, *m* **1** 下僕, 召使. **2** 神官の従者. **3** 助手, 補佐; 手先.

ministeriālēs -ium, °*m pl* [↓] 廷臣.

ministeriālis -is -e, °*adj* [↓] 仕える, 奉仕する.

ministerium -ī, *n* [minister²] **1** (下僕・従者として)仕えること, 奉仕. **2** 務め, 任務. **3** 助力. **4** 下僕, 従者.

ministra -ae, *f* [minister²] **1** 下女, 従者《女性》. **2** 神に仕える女性. **3** (キリスト教の)助祭《女性》. **4** 助手《女性》.

ministrātiō -ōnis, *f* [ministro] **1** 下僕の務めを

ministrātor -ōris, *m* [ministro] 下僕, 従者.
ministrātrix -īcis, *f* [↑] 下女.
ministrō -āre -āvī -ātum, *intr*, *tr* [minister¹] **I** (*intr*) **1** 仕える, 奉仕する, はべる〈alci〉. **2** 給仕する. **II** (*tr*) **1** (飲食物を)供する, 配膳する. **2** 手渡す, 配る〈alci alqd〉. **3** 提供[供給]する. **4** 行なう, 指揮する.
minitābundus -a -um, *adj* [↓] 脅迫的な, おどすような.
minitor -ārī -ātus sum, *intr*, *tr dep freq* [minor¹] 威嚇[脅迫]する, おどす〈+*dat*; +*inf*; +*acc*; +*acc c. inf*〉.
minium -ī, *n* **1** 辰砂(ﾆ), 朱. **2** 鉛丹.
Minius -ī, *m* ミニウス《Lusitania の川; 現 Minho》.
minō -āre -āvī -ātum, *intr*, *tr* [minor¹] 押しやる, 駆りたてる.
Minōis -idis, *f* [*Gk*]《伝説》Minos の女系子孫《特に娘 Ariadna》.
Mīnōius -a -um, *adj* [*Gk*] 《詩》 **1** Minos の. **2** Creta 島の.
minor¹ -ārī -ātus sum, *intr*, *tr dep* [minae] **I** (*intr*) **1** 突出する, そびえる. **2** おどす, 脅迫する; おびやかす〈+*dat*〉. **II** (*tr*) **1** おどす, 脅迫する〈alci alqd; +*acc c. inf*〉. **2** 今にも…しそうである〈+*inf*〉.
minor² -or -us, *adj comp* [parvus] **1** より小さい; より少ない. **2** (程度が)より低い. **3** (時間が)より短い. **4** より若い, 年少の. **5** 下位の, 劣った.
minōrō -āre -āvī -ātum, *tr*, *intr* [↑] **I** (*tr*) 少なくする, 減らす, 小さくする. **II°** (*intr*) 欠乏[不足]する.
Mīnōs -ōis, *m* [*Gk*] 《伝説》ミーノース《(1) Creta 島の王で立法者; 死後, 冥界(ﾀ)の国の裁判官となった. (2)(1) の孫で Creta 島の王; Pasiphae の夫で Ariadna の父》.
Mīnōtaurus -ī, *m* [*Gk*] 《伝説》ミーノータウルス, *-ﾛｽ*《Pasiphae と牛との間に生まれた人身牛頭の怪物; Minos が Daedalus に造らせた Labyrinthus に閉じ込められたが, Theseus に退治された》.
Mīnōus -a -um, *adj* =Minoius.
Minturnae -ārum, *f pl* ミントゥルナエ《Latium 南部の Appia 街道沿いの町》.
Minturnēnsis -is -e, *adj* Minturnae の.
Minucius -ī, *m* ミヌキウス《ローマ人の氏族名》.
minuī *pf* ⇒ minuo.
minum- ⇒ minim-.
minuō -ere -uī -ūtum, *tr*, *intr* [minor²] **I** (*tr*) **1** 砕く, 切り刻む. **2** 小さくする, 減らす, 少なくする. **3** 和らげる, 弱める. **4** てなう. **II** (*intr*) 減る, 衰える, 弱まる: *minuente aestu* (CAES) 引き潮のときに.
minus *adv comp* (*neut*) [minor²] **1** より少なく[小さく]: *nihilo ~* =nihilominus / *nihil ~* (TER) (前に言われたことを打ち消して)とんでもない, そんなことは決してない / *non* [*haud*] *~* (CIC) (LIV) 劣らず, 同様に. **2** 不十分[不完全]に: *tu ~ scis aerumnas meas* (TER) 君には僕の苦労などわかりゃしないよ / *si ~* (PLAUT) もし…でなければ.
minusculus -a -um, *adj dim* [↑] やや小さい[少ない].
minūtal -ālis, *n* [minutus] **1** ひき肉料理. **2** (*pl* minutalia) こまごましたもの.
minūtālis -is -e, °*adj* [minutus] 小さな, つまらない, 取るに足らない.
minūtātim *adv* [minutus] 少しずつ, 徐々に.
minūtē *adv* [minutus] **1** 切れぎれに, 細かく. **2** つまらないやり方で. **3** 詳細に, 綿密に.
minūtia -ae, *f* [minutus] 小さい[細かい]こと.
minūtim *adv* [minuo] **1** 細かく. **2** 少しずつ, 徐々に.
minūtiō -ōnis, *f* [minuo] 減少, 縮小.
minūtulus -a -um, *adj dim* [minutus] 非常に小さい.
minūtum -ī, *n* [↓] **1** 小さいもの; 取るに足らぬの. **2°** 小銭. **3°** (時間の)分《1 hora の ¹/₁₀; のちに ¹/₆₀》.
minūtus -a -um, *adj* (*pp*) [minuo] **1** 細かい; 細切れの. **2** 小さい, 少ない. **3** 卑しい, けちな. **4** つまらない, 些細な, 取るに足らぬ: *res minutae* (CIC) 些事, くだらぬこと. **5** 細かいことにこだわる.
minxī *pf* ⇒ mejo.
Minyae -ārum, *m pl* [*Gk*] 《伝説》Minyas の子孫《特に Argonautae (その大部分が Minyas の孫であったといわれる)》.
Minyās -ae, *m* [*Gk*] 《伝説》ミニュアース《Thessalia の王で Minyae の名祖》.
Minyēias -adis, *f* =Minyeis.
Minyēis -idis, *f* [*Gk*] Minyas の娘.
Minyēius -a -um, *adj* [*Gk*] Minyas の.
miōsis -is, °*f* [*Gk*] 《病》 縮瞳.
miōticum -ī, °*n* [↑] 《薬》 縮瞳薬.
mīrābilis -is -e, *adj* [miror] 驚くべき, 不思議な, 異常な, 奇妙な: *mirabile dictu* (VERG) 語るも不思議なことに.
mīrābiliter *adv* [↑] 不思議に, 驚くほど, 異常に.
mīrābundus -a -um, *adj* [miror] 驚いている, 不思議に思っている.
mīrācula -ae, *f* [miraculus] 驚くほど醜い女.
mīraculōsē °*adv* [↓] 不思議にも, 驚くべきことに.
mīrāculum -ī, *n* [miror] **1** 驚くべきもの[こと], 驚異. **2** 驚嘆, 驚き. **3°** 奇跡.
mīraculus -a -um, *adj* [miror] 異様な, ぶかっこうな, 醜い.
mīrandus -a -um, *adj* (*gerundiv*) [miror] 不思議な, 驚くべき.
mīrātiō -ōnis, *f* [miror] 驚嘆, 驚き.
mīrātor -ōris, *m* [miror] 感嘆[賞賛]者.
mīrātrīx -īcis, *f* [↑] 感嘆[賞賛]者《女性》.
mīrātus¹ -a -um, *pp* ⇒ miror.
mīrātus² -ūs, *m* 感嘆, 賞賛.
mīrē *adv* [mirus] 不思議に, 驚くほど.
mīrificē *adv* [mirificus] 不思議に, 驚くほど.
mīrificō -āre -āvī -ātum, °*tr* [↓] 賞賛する, 賛美する.
mīrificus -a -um, *adj* [mirus/facio] 驚くべき, 不思議な.
mīrimodīs *adv* [mirus/modus] 驚くべき方法で.

mīrō -āre -āvī -ātum, *intr, tr* =miror.

mīror -ārī -ātus sum, *intr, tr dep* [↓] **1** 驚く, 当惑[狼狽]する⟨alqd ; +*acc c. inf*; si; de re⟩. **2** 感嘆する, 崇敬する⟨+*acc*⟩.

mīrus -a -um, *adj* 驚くべき, 不思議な, 異様な: *miris modis* (Plaut) =*mirum in modum* (Cic) 驚くほど, 不思議に / *mirum quam* [*quantum*] 驚くほど, 途方もなく / *mirum quam inimicus ibat* (Cic) 彼はひどく怒って出かけて行った.

miscellānea, misci- -ōrum, *n pl* [↓] ごった煮.

miscellāneus, misci- -a -um, *adj* [↓] 雑多なものから成る.

miscellus -a -um, *adj* [↓] 混合した.

misceō -ēre miscuī mixtum [mistum], *tr* **1** 混ぜる, 混合する⟨alqd (cum) re; alqd alci rei⟩. **2** 混ぜ合わせて作る, 合成する. **3** 組み[からみ]合わせる. **4** 結合する, 一つにする: *tres legiones miscere in unam* (Tac) 三軍団を一つにまとめる. **5** 関係させる, 連合させる: *Antonii partibus miscetur* (Tac) 彼は Antonius 派と手を組んでいる. **6** かかわらせる, 参加させる. **7** 合わせもつ, 両立させる. **8** 共同[共有]する: *miscere consilia* (Tac) いっしょに相談する. **9** 交わす, 交換する: *miscere jocos* (Plin Min) 冗談を言い合う. **10** 混乱させる, かき乱す. **11** (混乱などを)ひき起こす, かきたてる.

misellus -a -um, *adj dim* [miser] **1** (人が)不幸な, みじめな, あわれな. **2** くだらない, 貧弱な, 取るに足らぬ.

Mīsēnensis -is -e, *adj* Misenum の.

Mīsēnum -ī, *n*, **-na** -ōrum, *n pl* ミーセーヌム《Campania の岬; この名は Misenus にちなむ》.

Mīsēnus -ī, *m* **1** 〔伝説〕ミーセーヌス, ⁎-ノス《Aeolus の息子で Aeneas のらっぱ吹き; Misenum 岬に埋葬されたといわれる》. **2** =Misenum.

miser -era -erum, *adj* **1** (人が)不幸な, みじめな, あわれな: *me miserum* [*miseram*] (Plaut) (Ter) ああ悲しいかな. **2** (事態が)嘆かわしい, 悲惨な, 痛ましい. **3** (軽蔑的に)みじめったらしい, 卑しむべき, つまらない. **4** 病んでいる.

miserābile *adv* (neut) [↓] =miserabiliter.

miserābilis -is -e, *adj* [miseror] **1** (人が)あわれむべき, かわいそうな. **2** あわれを誘う, 悲しげな. **3** (事態が嘆かわしい, 悲惨な. **4** くだらない, 貧弱な, 取るに足らぬ.

miserābiliter *adv* [↑] **1** あわれを誘うように, 悲しげに. **2** みじめに, 悲惨に.

miserandus -a -um, *adj* (*gerundiv*) [miseror] =miserabilis.

miserātiō -ōnis, *f* [miseror] **1** 同情, あわれみ. **2** あわれを誘う表現.

miserātus -a -um, *pp* ⇨ miseror.

miserē *adv* [miser] **1** みじめに, 悲惨に. **2** 激しく, 気も狂わんばかり.

misereō -ēre -ruī -ritum *intr, tr* **1** =misereor. **2** (impers) *me* [*nos*] *miseret* ⟨+*gen*⟩ 私(たち)は…に同情する, …を気の毒に思う: *eorum nos miseret* (Cic) 私たちは彼らに同情する.

misereor -ērī -ritus [-rtus] sum, *intr, tr dep* [miser] 同情する, あわれむ ⟨+*gen*⟩.

miserēscō -ere, *intr inch* [↑] 同情する, あわれむ⟨+*gen*⟩: (impers) *me miserescit* ⟨+*gen*⟩ 私は…に同情する.

miseria -ae, *f* [miser] 不幸, 悲惨, 困窮.

misericordia -ae, *f* [misericors] **1** 同情, あわれみ. **2** あわれを誘うこと.

misericorditer *adv* [↓] 同情して, あわれんで.

misericors -cordis, *adj* [miser/cor] **1** あわれみ深い, 同情的な ⟨in alqm⟩. **2** あわれを誘う.

miserimōnium -ī, *n* [miser] 不幸, 悲惨.

miserīnus -a -um, *adj* [miser] あわれな, 不幸な.

miseriter *adv* [miser] あわれを誘うように.

miseritūdō [miser] **1** 悲惨, 不幸. **2** 同情, あわれみ.

miseritus -a -um, *pp* ⇨ misereo, misereor.

miseror -ārī -ātus sum, *tr* (*intr*) *dep* [miser] **1** あわれむ, 同情する ⟨+*acc*; alcis⟩. **2** 嘆き悲しむ.

mīsī *pf* ⇨ mitto.

missa -ae, °*f* [mitto] 〚カト〛ミサ, 典礼: ~ *cantata* 歌ミサ.

missāle -is, °*n* [↑] 〚カト〛ミサ典書.

missicius -a -um, *adj* [mitto] 退役した.

missiculō -āre, *tr freq* [mitto] (たびたび)送る.

missile -is, *n* [↓] **1** 飛び道具. **2** (*pl*) (劇場などで観衆に投げられる)贈り物.

missilis -is -e, *adj* [mitto] 投げられる.

missiō -ōnis, *f* [mitto] **1** 送ること, 派遣, 発送. **2** 釈放, 解放. **3** (特に兵士の)解職, 除隊. **4** (負傷した剣闘士の)試合免除; 猶予. **5** 解散, 終了. **6** (飛び道具の)発射. **7°** 権利を認めること: ~ *in possessionem* (Ulp) 所有権付与. **8°** 〚カト〛伝道, 布教.

missitō -āre -āvī -ātum, *tr freq* [mitto] (繰り返し)送る.

missor -ōris, *m* [mitto] (飛び道具を)発射する者.

missus[1] -a -um, *pp* ⇨ mitto.

missus[2] -ūs, *m* **1** 送ること, 派遣. **2** (競走の)一試合. **3** (飛び道具を)投げること; 射程. **4°** (料理の)一品.

mistūra, mistus ⇨ mixt-.

mīte *adv* [mitis] 激しくなく, 穏やかに, 優しく.

mitella -ae, *f dim* [mitra] **1** (女性の)頭飾り (=mitra). **2** 吊り包帯, 三角巾.

mitellīta -ae, *f* [↑] (*sc. cena*) (招待客が頭飾りをつけて出席した)宴会.

mītēscō, -tī- -ere, *intr inch* [mitis] **1** (果物が)熟する. **2** おとなしく[従順に]なる. **3** 穏やかになる; 和らぐ, 静まる.

Mithrās, -ēs -ae, *m* [Gk<Pers.] ミトラース, ⁎ミトラ《ペルシア人の光明神・太陽神; 1-3 世紀のローマ帝国でも崇拝された》.

Mithridātēs -is, *m* [Gk] ミトリダーテース《Pontus の数名の王の名; 特に ~ *VI*, ローマに抵抗したが, 最後に Pompeius に敗れて自殺 (前 69)》.

Mithridātēus, -īus -a -um, *adj* =Mithridaticus.

Mithridāticus -a -um, *adj* Mithridates の.

mītificātus -a -um, *pp* ⇨ mitifico.

mītificō -āre -āvī -ātum, *tr* [mitis/facio] **1**（果物を）熟させる;（一般に）柔らかくする. **2**（気候を）穏やかにする. **3**（気性を）やわらかにする.

mītigātiō -ōnis, *f* [mitigo] 和らげること.

mītigātōrius -a -um, *adj* [↓] 鎮痛の.

mītigō -āre -ātum, *tr* [↓/ago] **1**（果物を）熟させる;（一般に）柔らかくする. **2** 鎮める, 軽減する. **3**（感情などを）和らげる, 静める, なだめる. **4**（人・動物などを）おとなしく（穏やかに）させる.

mītis -is -e, *adj* **1**（果物が）熟した, 甘い;（酒が）芳醇な. **2** 柔軟な, 扱いやすい. **3** 激しくない, 穏やか. **4** きびしくない, 寛大な. **5** 温和な, 優しい, おとなしい. **6**（気候が）温暖な, 穏やかな. **7** さい先のよい, 吉兆の.

mitōsis -is, *f*『生物』（細胞核の）有糸分裂.

mitra -ae, *f* [*Gk*] **1**（東洋風の女性の）頭飾り. **2°**（船の）太索（ふと). **3°**『カト』司教冠.

mitrātus -a -um, *adj* mitra をかぶった.

mittō -ere mīsī missum, *tr* **1** 行かせる, 放す, 解放する. **2** 投げる, 発射する. **3** 落とす, 投げ落とす, 投げ捨てる;(*refl*, *pass*) 飛び込む. **4**（血を）流す. **5** 発する, 放つ. **6**（音・ことばを）出す, 発する. **7** やめる, 放棄する, 断念する: *jam scrutari mitto* (PLAUT) もう探すのはやめよう / *missos faciant honores* (CIC) 彼らに公職を捨てさせる. **8** 無視する, 顧みない, 言及しない. **9** 送る, 派遣する, 差し向ける: *mittere alqm sub jugum* (CAES)（屈服のしるしに）ある人に槍門の下をくぐらせる. **10**（人を）送って知らせる（命ずる）, 書き送る (+*acc c. inf*; *ut, ne*). **11** 送る, 運ぶ, 持って行く; 贈る: *mittere alci salutem* (OV) ある人に挨拶する. **12**（ある状態に）置く, 至らせる: *mittere rem in discrimen* (TAC) あることに決着をつける.

mītulus, -ty- -ī, *m* [*Gk*]『動』イガイ (貽貝) の一種.

Mitylēnē -ēs, *f* =Mytilene.

mixtim *adv* [mixtus] 入り混じって.

mixtiō -ōnis, *f* [misceo] 混合; 混合物.

mixtum -ī, *n* [misceo] 混合物; 水で割ったぶどう酒.

mixtūra -ae, *f* [misceo] **1** 混合, 調合; 混合[合成]物. **2** 結合, 融合. **3** 交接, 交尾.

mixtus -a -um, *adj* (*pp*) [misceo] **1** 混合された, 混成の, 雑多な. **2** 水で割った.

mna -ae, *f* =mina.

Mnēmōn -onis, *m* [*Gk*] ムネーモーン《ペルシア王 Artaxerxes II の添え名;「良い記憶の」の意》.

Mnēmonides -um, *f pl* Mnemosyne の娘たち (=Musae).

Mnēmosynē -ēs, *f* [*Gk*]『神話』ムネーモシュネー《記憶の女神; Juppiter との間に 9 人の Musae を生んだ》.

mnēmosynum -ī, *n* [*Gk*] 記念品, 形見.

Mnēstheus -eī [-eos], *m* [*Gk*]『伝説』ムネーステウス《Aeneas の部下》.

mōbilis -is -e, *adj* [moveo] **1** 動かすことができる. **2** 敏捷[活発]な, すばしこい. **3** 柔軟な, 従順な. **4** 変わりやすい, 気まぐれな.

mōbilitās -ātis, *f* [↑] **1** 可動性, 動きやすいこと: ~ *equitum* (CAES) 騎兵の機動力. **2** 変わりやすさ, 気まぐれ. **3** 軽快, 敏捷: ~ *linguae* (CIC) 舌のなめらかさ, 流暢.

mōbiliter *adv* [mobilis] **1** 速く, 敏速に. **2** すぐに, 容易に.

mōbilitō -āre -āvī -ātum, *tr* [mobilis]（激しく）動かす.

moderābilis -is -e, *adj* [moderor] 制御できる.

moderāmen -minis, *n* [moderor] **1** 御すること, 操縦. **2** 舵. **3** 支配, 制御.

moderanter *adv* [moderor] 制御して.

moderātē *adv* [moderatus] 節度をもって; ほどよく, 適度に.

moderātim *adv* [moderatus] 少しずつ, 徐々に.

moderātiō -ōnis, *f* [moderor] **1** 管理, 制御, 支配. **2** 自制, 節制; 自制心があること, 慎しみ深さ. **3** 拘束, 制限.

moderātor -ōris, *m* [moderor] **1** あやつる者; 支配者, 統治者. **2** 抑制者, 規制者.

moderātrix -īcis, *f* [↑] **1** 管理者, 支配者《女性》. **2** 抑制者, 規制者《女性》.

moderātus -a -um, *adj* (*pp*) [moderor] **1** 度を越さない, 適度の. **2** 節度のある, 慎しみのある. **3** よく制御された.

modernus -a -um, °*adj* [modo] 新しい, 当今の.

moderor -ārī -ātus sum, *intr*, *tr dep* [modus] **1** 制御[抑制]する (+*dat*; +*acc*). **2** 操作する, 指揮する; 支配する (+*dat*; +*acc*). **3** 緩和[軽減]する, 和らげる. **4** 調整する, 規定する.

modestē *adv* [modestus] **1** 抑制して, 控えめに. **2** 礼儀正しく, 慎しみ深く.

modestia -ae, *f* [↓] **1** 抑制, 控えめ: ~ *hiemis* (TAC) 温暖な冬. **2** 礼儀正しさ, 慎しみ深さ. **3** 規律, 自制.

modestus -a -um, *adj* **1** 控えめな, 抑制された. **2** 礼儀正しい, 慎しみ深い. **3** 規律正しい.

modiālis -is -e, *adj* 1 modius 入る.

modicē *adv* [modicus] **1** 控えめに, 抑制して. **2** 適度に, ほどよく. **3** みすぼらしく, 粗末に. **4** 規則正しく.

modicellus -a -um, *adj dim* [modicus] きわめて少ない, わずかな.

modicum -ī, *n* [↓]（程度・量の）少し; 少しの間.

modicus -a -um, *adj* [modus] **1** 適度の, 大きくない. **2** 抑制された, 節度のある, 控えめな. **3** 平凡な, 並みの, 普通の. **4** 少しの, わずかな; 取るに足らない.

modificātiō -ōnis, *f* [modifico] 調整, 配置.

modificātus -a -um, *pp* ⇒ modifico.

modificō -āre -ātum, *tr* [modus/facio] **1** 調整する, 規制する. **2** 抑制する, 制限する.

modiolus -ī, *m dim* [↓] **1**（水車の）水受け. **2** 車輪受け. **3** 車軸の中心部, こしき. **4**『医』(外科用) 穿孔器. **5°**『解』(内耳の) 蝸牛軸.

modius -ī, *m*, **-um** -ī, *n* [modus] **1** 乾量単位 (=16 sextarii). **2** 計量容器, 枡 [↑].

modo *adv* (*abl*) [modus] **1** ただ, …だけ: *non* ~ … *sed etiam* (CIC) …だけでなく…もまた / *non* ~ *non*… *sed ne*…*quidem* (CIC) …でないだけでなく…さえない / *si* ~ (+*subj*) (CIC) もし…でありさえすれば / ~ *ut* (+*subj*) (TER) …でありさえすれば / ~ *ne* (+*subj*) (CIC) …でさえなければ. **2**（命令・勧誘に添えて）さあ, まあちょっ

と: tace ~ (PLAUT) ちょっとおだまり. **3** ちょうど[たった]今; すぐに: ～ ... ～ (CIC) ある時は…またある時は.

modulāmen -minis, *n* [modulor] **1** 調子, リズム. **2°** 美しい音調[旋律].

modulātē *adv* [modulatus¹] 音楽的に, 美しい旋律で.

modulātiō -ōnis, *f* [modulor] **1** 測定, 計測. **2** (声・音の)抑揚, リズミカルな旋律.

modulātor -ōris, *m* [modulor] 歌[曲]をつくる人, 音楽家.

modulātus¹ -a -um, *adj* (*pp*) [modulor] **1** 演奏された, 歌われた. **2** 音楽的な, 旋律の美しい.

modulātus² -ūs, *m* (竪琴で)調べをかなでること.

modulor -ārī -ātus sum, *tr* (*intr*) *dep* [↓] **I** (*tr*) **1** 調子を合わせる; 合わせて歌う. **2** 節(ﾌｼ)をつける⟨alqd⟩. **3** 演奏する. **4** 測定[計測]する.

modulus -ī, *m dim* [↓] **1** 測定単位. **2** 拍子, 音律. **3** 音程; 旋律.

modus -ī, *m* **1** 量, 数, 大きさ. **2** 測定単位, 尺度. **3** 適量, 適度; 限度, 限界: *modum facere* [*imponere*] (CIC [LIV]) 制限する. **4** 抑制. **5** 拍子, リズム, 音律. **6** 調べ, 旋律. **7** やり方, 方法; 形, 種類: *modo* ⟨+*gen*⟩ (LIV) …のやり方で, …のように / *ad hunc modum* (CAES) 次のように / *nullo modo* (CIC) 決して…でない / *mirum in modum* (CAES) 驚くほど / *quodam modo* (CIC) ある程度まで, 幾分か. **8** (文)(動詞の)態, 相.

moecha -ae, *f* [moechus] 姦婦.

moechissō -āre, *tr* [moechus] 姦通する.

moechor -ārī -ātus sum, *intr dep* [↓] 姦通する.

moechus -ī, *n* [*Gk*] 姦通者, 姦夫.

moen- ⇨ mun-.

moenia -ium, *n pl* [*cf.* munio] **1** 防壁, 城壁, 堡塁. **2** 城塞都市. **3** 城, 邸宅.

Moenus -ī, *m* モエヌス《Germania の川; Rhenus 川の支流; 現 Main》.

Moera -ae, *f* [*Gk*] 《神話》 モエラ, *モイラ《運命の女神》. **2** 宿命, 運命.

Moeris -idis, *m*, *f* [*Gk*] モエリス, *モイ《(1) (*m*) エジプト王. (2) (*f*) (1) によって造られたエジプトの湖》.

moerus -ī, *m* =murus.

Moesī -ōrum, *m pl* モエシー《Danubius 下流域にいた一部族》.

Moesia -ae, *f* モエシア《Moesi 族の国; のちローマの属州》.

Moesiacus -a -um, *adj* Moesia の, Moesi 族の.

moest- ⇨ maest-.

Mogontiacum -ī, *n* モゴンティアクム《Germania の Vangiones 族の町; 現 Mainz》.

mola -ae, *f* [*cf.* molo] **1** 石臼, (*pl*) 製粉機. **2** (いけにえに振りかける, 塩を混ぜた)粗びき麦.

molāris¹ -is, *m* [↑] **1** 石臼; (飛び道具として用いる)大きな石. **2** 臼歯.

molāris² -is -e, *adj* 製粉機の.

molārius -a -um, *adj* [mola] 製粉機の.

molendārius -a -um, °*adj* [mola] 製粉の.

molendīnum -ī, °*n* [mola] 製粉所.

mōlēs -is, *f* **1** 塊り, 大量; 大群. **2** 巨大なもの; 大きな石, 岩. **3** 大きな構造物《城壁・堤防など》. **4** 重み; 重責. **5** 危険, 困難, 苦労.

molestē *adv* [molestus] **1** 不快感を与えるように, 悩ませるように: ~ *ferre* [*pati*] (CIC) 不快に思う. **2** 気取って.

molestia -ae, *f* [molestus] **1** 不快感, 煩わしさ: *sine molestia tua* (CIC) あなたに面倒をかけずに. **2** (文体の)わざとらしさ, 気取り.

molestō -āre, *tr* [molestus] 煩わす, 悩ます.

molestor -ārī -ātus sum, *tr dep* =molesto.

molestus -a -um, *adj* [moles] **1** 煩わしい, 厄介な, 悩ます. **2** (文体の)わざとらしい, 気取った.

mōlīmen -minis, *n* [molior] **1** 力, 努力. **2** 企て; 仕事. **3** 重要性; 重大事.

mōlīmentum -ī, *n* [molior] **1** 努力, 労力. **2** 企て.

molina -ae, °*f* [mola] 製粉所.

molīnārius -ī, *m* [↑]《碑》 粉屋.

mōlior -īrī mōlitus sum, *tr* (*intr*) *dep* [moles] **I** (*tr*) **1** 企てる, 工作する. **2** 精を出す, 励む. **3** 建造[建設]する, 築く. **4** (骨折って)動かす, 移動させる: *moliri ancoras* (LIV) 抜錨[出帆]する. **5** (武器・道具を)ふるう, 振りまわす. **6** (土地を)耕す. **7** (人をある行動に)駆られてる. **8** 動揺させる, 揺るがす. **9** 押し破る, こじあける. **II** (*intr*) **1** 努力する, 骨折る ⟨in [de] re; +*inf*⟩. **2** (骨折って)進む.

mōlītiō¹ -ōnis, *f* [↑] **1** 建造, 建設. **2** 企て, 工作. **3** 移動, 動かすこと. **4** 耕作. **5** 努力, 労力.

molītiō² -ōnis, °*f* [molo] (穀物を)ひくこと, 製粉.

mōlītor¹ -ōris, *m* [molior] **1** 建設者, 建造者. **2** 企てる者, 工作者.

molītor² -ōris, °*m* [molo] 粉屋.

molitus¹ -a -um, *pp* ⇨ molo.

mōlitus² -a -um, *pp* ⇨ molior.

mollēscō -ere, *intr inch* [mollis] **1** 柔らかくなる. **2** 柔和[柔弱]になる.

mollestra -ae, *f* 羊皮.

mollicellus -a -um, *adj dim* [mollis] (やや)柔かい, きゃしゃな.

molliculus -a -um, *adj dim* [mollis] **1** (やや)柔らかい. **2** (やや)柔弱な.

mollīmentum -ī, *n* [↓] 緩和(手段).

mollīō -īre -īvī [-iī] -ītum, *tr* [mollis] **1** 柔らかくする. **2** 弱々しくする, 柔弱にする. **3** (天候・海などを)穏やかにする, 静める. **4** なだめる, 懐柔する. **5** 和らげる, 緩和[軽減]する. **6** 飼いならす, 従順にする.

mollipēs -pedis, *adj* [↓/pes] 柔らかな足をした.

mollis -is -e, *adj* **1** 柔らかい. **2** 柔軟な, しなやかな. **3** 弱々しい. **4** 通行しやすい; (傾斜が)なだらかな. **5** 耐えられる, ゆるやかな. **6** (天候・気候が)穏やかな. **7** 快い. **8** (動き・状態の)静かな, 穏やかな. **9** 優しい, 柔和な. **10** 影響されやすい, 感じやすい. **11** 軟弱な, めめしい; 臆病な. **12** (動物が)おとなしい.

molliter *adv* [↑] **1** 柔らかく, しなやかに. **2** 静かに, 穏やかに. **3** 軟弱に, 臆病に.

mollitia -ae, **mollitiēs** -ēī, *f* [mollis] **1** 柔らかさ. **2** (気候の)穏やかさ. **3** (身体の)弱々しさ; 軟弱, 臆病. **4** 柔軟さ, しなやかさ. **5** 優しさ, 柔和. **6** 感じやすさ, 繊細. **7** ぜいたく.

mollitūdō -dinis, *f* [mollis] **1** 柔らかさ; しなやか

さ, 柔軟さ. **2** 優しさ, 柔和. **3** 軟弱.
mollītus -a -um, *pp* ⇨ mollio.
molō -ere moluī molitum, *tr* [mola] ひく, 粉にする.
molochē -ēs, *f* =malache.
molochinārius -ī, *m* [↑] 葵染め屋.
Molō(n) -ōnis, *m* [*Gk*] モロー(ン)《Rhodos 島の修辞学者(前 1 世紀)》.
Molorchus -ī, *m* [*Gk*] 〔伝説〕モロルクス, *-コス《Nemea のブドウの園丁; Hercules を歓待した》.
Molossī -ōrum, *m pl* [*Gk*] モロッシー, *-ツイ《Epirus にいた一部族》.
Molossia -ae, *f* [*Gk*] モロッシア(-)《Molossi 族の国》.
Molossicus -a -um, *adj* =Molossus¹.
Molossis -idis, *f* [*Gk*] =Molossia.
Molossus¹ -a -um, *adj* [*Gk*] Molossi 族の.
Molossus², **-os** -ī, *m* **1** Molossia 犬. **2** 〔詩〕長長長格.
moluī *pf* ⇨ molo.
mōly -yos, *n* [*Gk*] **1** モーリュ《白い花と黒い根をもつ幻想の薬草; Mercurius が Ulixes に与えて Circe の魔法から救ったという》. **2** 〔植〕ナス属の一種.
mōmen -minis, *n* [moveo] **1** 動き, 運動. **2** 衝撃.
mōmentāneus -a -um, *adj* [momentum] 瞬間の.
mōmentārius -a -um, *adj* [momentum] 瞬間の.
mōmentōsus -a -um, *adj* [↓] 瞬間の, すばやい.
mōmentum -ī, *n* [moveo] **1** 衝撃, 推進力. **2** (一連の)動き. **3** 力, 努力. **4** 小片, 少量; 地点. **5** 瞬間, 短時間: momento temporis (Liv) たちまち. **6** 動機, 原因; 契機. **7** 重大局面. **8** 影響力, 重要性: magni momenti (Cic) 重要な / nullius momenti (Cic) 無意味な, 重要でない.
momordī *pf* ⇨ mordeo.
Mona -ae, *f* モナ《(1) 現 Man 島. (2) 現 Anglesey 島》.
monacha -ae, °*f* [*Gk*] 修道女, 尼僧.
monachālis -is -e, °*adj* [monachus] 修道士の.
monachātus -ūs, °*m* [monachus] 修道士であること.
monachicus -a -um, °*adj* [*Gk*] 修道士の.
monachus -ī, °*m* [*Gk*] 修道士.
Monaesēs -is, *m* [*Gk*] モナエセース, *モナイ-《Parthia 人の将軍(前 1 世紀後半)》.
monarchia -ae, °*f* [*Gk*] 君主制, 君主政治.
monastēriālis -is -e, °*adj* [↓] 修道院の.
monastērium -ī, °*n* [*Gk*] 修道院.
monasticus -a -um, °*adj* [*Gk*] 修道士の.
monēdula -ae, *f* 〔鳥〕コクマルガラス.
moneō -ēre monuī monitum, *tr* [*cf.* mens, memini] **1** 思い出させる, 気づかせる ⟨alqm de re [alcis rei]; alqd; +*acc c. inf*⟩. **2** 忠告する; 警告する ⟨alqm; alqd; ut, ne; +*inf*⟩. **3** 罰する, こらしめる. **4** 予言[予言]する.
monēris -is, *f* [*Gk*] 一段櫂船.
monēta -ae, *f* [↓] **1** 貨幣, 硬貨. **2** 造幣所.

3 (貨幣の)鋳型, 刻印.
Monēta -ae, *f* Juno の呼称の一つ. **2** (ローマ市にあった) Juno 神殿《ここで貨幣が鋳造された》. **3** = Mnemosyne.
monētālis¹ -is -e, *adj* [moneta] 造幣の, 貨幣の.
monētālis² -is, *m* 造幣監督官; 貨幣鋳造者.
monētārius -a -um, *adj* [moneta] 貨幣鋳造の.
moniālis -is, °*f* 修道女.
monīle -is, *n* 首飾り, 首輪.
monimentum -ī, *n* =monumentum.
monita -ōrum, *n pl* [moneo] **1** 警告; 忠告. **2** 予言.
monitiō -ōnis, *f* [moneo] 警告; 忠告.
monitor -ōris, *m* [moneo] **1** 忠告者, 助言者. **2** 雄弁家の後見. **3** 名指し奴隷《主人に出会った市民の名前を教える下僕》. **4** (舞台の)台詞つけ, プロンプター.
monitus¹ -a -um, *pp* ⇨ moneo.
monitus² -ūs, *m* =monita.
monobiblos -ī, *m* 一巻本《Propertius の詩集の第 1 巻の題名》.
monocerōs -ōtis, *m* [*Gk*] 一角獣《伝説上の動物》.
monochasium -ī, °*n* 〔植〕単散花序.
monochrōmatos -os -on, *adj* [*Gk*] 単色の.
monocotylēdōn -onis, °*f* 〔植〕単子葉植物.
monocotylēdoneae -ārum, °*f pl* 〔植〕単子葉類.
Monoecus -ī, *m* [*Gk*] (「一人で住む者」の意) Hercules の添え名: arx Monoeci (Verg) モノエクスの城塞《Liguria の岬; 現 Monaco》.
monogamia -ae, °*f* [*Gk*] 一夫一婦制.
monogamus -ī, °*m* [*Gk*] 一夫一婦主義者.
monogenismus -ī, °*m* [*Gk*] (人類)一祖発生説.
monogramma -atis, °*n* [*Gk*] モノグラム, 組合わせ文字.
monogrammus -a -um, **-os** -os -on, *adj* [*Gk*] 実体のない.
monolithus -a -um, *adj* [*Gk*] 一本石の.
monomachia -ae, °*f* [*Gk*] 一騎打ち, 決闘.
monomania -ae, °*f* 〔病〕単一狂, 偏執狂.
monometer -tra -trum, °*adj* [*Gk*] 〔詩〕一つの韻律のみから成る.
monoplegia -ae, °*f* 〔病〕単麻痺.
monopodium -ī, °*n* [*Gk*] 一脚テーブル.
monopōlium -ī, *n* [*Gk*] 専売権, 独占権.
monopteros -os -on, *adj* [*Gk*] 〔建〕(円形神殿の天井を支える)柱が一列から成る.
monosporangium -ī, °*n* 〔植〕単胞子嚢.
monosyllabon, -um -ī, *n* [*Gk*] (*sc.* verbum) 〔文〕単音節語.
monosyllabus -a -um, °*adj* [*Gk*] 〔文〕単音節の.
monotheismus -ī, °*m* 一神教.
monotonus -a -um, °*adj* [*Gk*] 一本調子の, 単調な.
monotropus -a -um, *adj* [*Gk*] 一種類の, 単独の.

mons montis, *m* [*cf.* emineo] **1** 山, 丘. **2** (*pl*) 山岳[丘陵]地帯. **3** 大きな岩. **4** 大量, 塊り. **5**° 〖解〗丘: ~ pubis [*Veneris*] 恥丘.

monstrābilis -is -e, *adj* [monstro] 注目すべき.

monstrātiō -ōnis, *f* [monstro] 示すこと, 指示.

monstrātor -ōris, *m* [monstro] **1** 指示者, 案内者. **2** 創始者, 案出者.

monstrātus[1] -a -um, *adj* (*pp*) [monstro] 目立った, 顕著な.

monstrātus[2] -ūs, *m* 指示, 指摘.

monstrifer -fera -ferum, *adj* [monstrum/fero] **1** 怪物を生む[もたらす]. **2** 怪物のような, 奇怪な.

monstrificābilis -is -e, *adj* [monstrificus] 奇怪な, 驚くべき.

monstrificē *adv* [↓] 異常に.

monstrificus -a -um, *adj* [monstrum/facio] 怪物のような, 奇怪な.

monstrō -āre -āvī -ātum, *tr, intr* [monstrum] **I** (*tr*) **1** (指し)示す ⟨alci alqd⟩. **2** 明らかにする, 知らせる. **3** 定める, 指定する. **4** 教える, 説明する. **5** 告発する. **II** (*intr*) 案内する, 指示する.

monstrōsitās -ātis, °*f* 奇形, 奇怪.

monstrum -ī, *n* [*cf.* moneo] **1** 前兆, 前触れ. **2** 怪物. **3** 奇怪な[恐ろしい]できごと[もの]. **4** 極悪非道の人, 人非人. **5** 暴虐, 非道. **6**° 〖医〗奇形.

monstr(u)ōsē *adv* [↓] 奇怪に, 異常に.

monstr(u)ōsus -a -um, *adj* [monstrum] **1** 凶兆の, 不吉な. **2** 奇怪な, 異常な.

montāna -ōrum, *n pl* [↓] 山地, 山岳地帯.

montānus[1] -a -um, *adj* [mons] 山の, 山の多い.

montānus[2] -ī, *m* **1** 山地の住人. **2** (*pl*) ローマ市の七丘の住民.

Montānus -ī, *m* モンターヌス 《ローマ人の家名; 特に (1) *Julius* ~, Tiberius 帝時代の詩人. (2) *Votienus* ~, Tiberius 帝時代の雄弁家》.

monticola -ae, *m* [mons/colo²] 山地の住人.

monticulus -ī, °*m dim* [mons] 小山.

montivagus -a -um, *adj* [mons/vagus¹] 山中をさまよう.

mont(u)ōsus -a -um, *adj* [mons] **1** 山の多い. **2** 山地に生える.

monumentum, moni- -ī, *n* [moneo] **1** 思い出させるもの, 記念物. **2** 記念碑, 記念建造物; 墓. **3** 記録; (*pl*) 著作物.

Mopsiānī -ōrum, *m pl* Mopsii の支持者.

Mopsii -ōrum, *m pl* 第2次 Poeni 戦争当時の Compsa の名家の人々.

Mopsopia -ae, *f* [*Gk*] モプソピア(-)《Attica の古名》.

Mopsopius -a -um, *adj* Mopsopia (=Attica) の.

Mopsūhestia -ae, *f* [*Gk*] モプスーヘスティア(-) 《Cilicia の町》.

Mopsus -ī, *m* [*Gk*] モプスス, *-ソス《ギリシア人の名; 特に Argonautae の遠征に参加した Argos の予言者》.

mora[1] -ae, *f* [*Gk*] (Sparta 軍の)部隊.

mora[2] -ae, *f* **1** 遅れ, 停滞; 猶予, 延期. **2** (話が)とぎれること, 休止. **3** 間, 時間. **4** 時間の経過. **5** 継続. **6** 長居, ぐずぐずすること. **7** 障害(物), 妨害(物).

mōrālia -ium, *n pl* [↓] 道徳, 倫理.

mōrālis -is -e, *adj* [mores] 道徳上の, 倫理的な: *Epistulae Morales*「道徳書簡集」《Seneca の著作》.

mōrāliter °*adv* [↑] **1** 特徴的に. **2** 道徳的に.

morātor -ōris, *m* [moror] 妨害者, 遅らせる者.

mōrātus[1] -a -um, *adj* [mores] ⇒ moror.

mōrātus[2] -a -um, *adj* [mos] **1** ...の状態[性質]の ⟨+*adv*⟩. **2** 行儀のよい, 品のよい.

morbiditās -ātis, °*f* 〖医〗罹病[罹患]率.

morbidus -a -um, *adj* [morbus] **1** 病気にかかった. **2** 病気をひき起こす, 健康に悪い.

morbillī -ōrum, °*m pl* [morbus] 〖病〗麻疹, はしか.

morbōsus -a -um, *adj* [↓] **1** 病身の, 病弱な. **2** (病的に)好色の. **3** (...に)夢中の ⟨in alqd⟩.

morbus -ī, *m* **1** 病気, 疾患. **2** 苦悩. **3** 欠点, 弱点.

mordācitās -ātis, *f* [mordax] **1** (とげがあって)チクチクすること; 刺すような味. **2**° 毒舌, 辛辣.

mordāciter *adv* [↓] きびしく, 辛辣に.

mordāx -ācis, *adj* [↓] **1** すぐにかみつく. **2** 鋭い, とがった, とげのある. **3** ピリッとする. **4** 辛辣な, 痛烈な. **5** (苦痛・心配などが)悩ます, むしばむ.

mordeō -ēre momordī morsum, *tr* **1** かむ; かじる. **2** 侵食[腐食]する. **3** 刺す, ヒリヒリさせる. **4** 悩ます, 苦しめる. **5** つかむ. **6** 非難する, 酷評する.

mordex -dicis, *m* [↑] かむ者(=歯).

mordicus *adv* [mordeo] **1** かんで, 歯で. **2** 頑強に.

mōrē *adv* [morus¹] 愚かにも.

mōrēs -um, *m pl* ⇒ mos.

morētum -ī, *n* (ニンニク・パセリ・酢・オリーブ油などで作る)サラダ.

morī *inf* ⇒ morior.

mōria -ae, °*f* [*Gk*] 〖病〗痴呆.

moribundus -a -um, *adj* [morior] **1** 死にかけている, 瀕死の. **2** 死ぬべき, 必滅の. **3** 致命的な, 死をもたらす.

mōrigerātiō -ōnis, *f* [morigeror] 言いなりになること, 従順.

mōrigerō -āre, *intr* =morigeror.

mōrigeror -ārī -ātus sum, *intr dep* [↓] 喜ばせる, 言いなりになる ⟨alci⟩.

mōrigerus -a -um, *adj* [mos/gero] 言いなりになる, 従順な ⟨alci⟩.

Morinī -ōrum, *m pl* モリニー《Gallia Belgica にいた一部族》.

mōriō -ōnis, *m* ばか者, うすのろ.

morior morī mortuus sum, *intr dep* **1** 死ぬ. **2** 枯れる, しおれる. **3** 衰える, 消滅する. **4** すたれる, 使われなくなる.

mormȳr -ȳris, *f* [*Gk*] 〖魚〗タイ科の魚.

mōrologus -a -um, *adj* [*Gk*] ばかなことを言う, まぬけの.

moror -ārī -ātus sum, *tr, intr dep* [mora²] **I** (*tr*) **1** 妨げる, 遅らせる ⟨alqm [alqd]; alqm a re⟩. **2** (注意を)ひき留める: *nihil* [*nil*] ~ ⟨+*acc*; +*acc c. inf*⟩ まったく注意を払わない, どうでもよい; 望まない / *purpu-*

ram nil ~ (PLAUT) 紫の衣などどうでもよい / *nil ~ eum tibi esse amicum* (PLAUT) あの男がおまえの友人だなんて気に入らないね． **II** (*intr*) **1** とどまる，滞在する． **2** ぐずぐずする，手間どる，遅れる．

mōrōsē *adv* [morosus] 気むずかしく，不機嫌に．

mōrōsitās -ātis, *f* [↓] 気むずかしさ，不機嫌．

mōrōsus -a -um, *adj* [mos] 気むずかしい，不機嫌な．

morphaea -ae, °*f* [病] 斑状強皮症．

Morpheus -eī [-eos], *m* [神話] モルペウス《眠りの神 Somnus の息子で夢の神》．

morphīnum -ī, °*n* [化] モルヒネ．

morphnos -ī, *m* [Gk] [鳥] ワシの一種．

morphogenesis -is, °*f* [生物] 形態発生．

morphologia -ae, °*f* [生物] 形態学．

mors mortis, *f* [morior] **1** 死ぬこと，死，死亡． **2** 死体． **3** 死の原因[手段]． **4** (M-)[神話] モルス《死の女神； ギリシア神話の Thanatos に当たる》．

morsicō -āre, *tr*, *intr* [mordeo] **I** (*tr*) (軽く)かむ． **II** (*intr*) 色目[流し目]をつかう．

morsiuncula -ae, *f dim* [morsus²] 少しかむこと；接吻．

morsum -ī, *n* (*pp*) [mordeo] (かみ切られた)小片．

morsus¹ -a -um, *pp* ⇒ mordeo.

morsus² -ūs, *m* **1** かむこと；かみ傷． **2** かみ砕くこと，咀嚼． **3** つかむこと． **4** (食物の) ピリッとすること． **6** 痛み，苦痛． **7** あらさがし，悪口雑言．

Morta -ae, *f* [Gk] [神話] モルタ《運命の三女神 Parcae の一人》．

mortālia -ium, *n pl* [↓] 人間的なこと，人間界のできごと．

mortālis¹ -is -e, *adj* [mors] **1** 死ぬべき運命の，必滅の． **2** 移ろいやすい，はかない． **3** 人間の，この世の． **4°** 死に至る: *peccatum mortale* [カト] 大罪．

mortālis² -is, *m* 死ぬべき者，人間．

mortālitās -ātis, *f* [mortalis¹] **1** 死ぬべき運命[性質]； はかなさ，無常． **2** 死． **3** 人類． **4°** [医] 死亡率．

mortāriolum -ī, °*n dim* [↓] (小さな)臼．

mortārium -ī, *n* [↓] 臼，すり鉢．

morticīnus -a -um, *adj* [mors] 死んだ，腐った．

mortifer, -ferus -fera -ferum, *adj* [mors/fero] 死をもたらす．致命的な．

mortifera -ōrum, *n pl* [↑] 死をもたらすもの．

mortiferē *adv* [mortifer] 致命的に．

mortificātiō -ōnis, °*f* [↓] **1** 殺すこと，死亡． **2** [病] 壊疽(ぇ)，壊死．

mortificō -āre, °*tr* [↓] **1** 殺す． **2** 屈服させる．

mortificus -a -um, °*adj* [mors/facio] 死をもたらす，致命的な．

mortuālia -ium, *n pl* [mortuus¹] **1** 葬送歌，挽歌． **2** 喪服．

morturiō -īre, *intr desid* [morior] 死にたがる．

mortuus¹ -a -um, *adj* (*pp*) [morior] **1** 死んでいる，死んだ． **2** 死んだも同然の，元気のない． **3** 動かない，静止した． **4** 終わった，すたれた． **5** 無生物の，生命のない．

mortuus² -ī, *m* 死者．

mōrula -ae, °*f* [↓] [生物] 桑実胚(そうじっぱい)．

mōrum -ī, *n* [植] クワ(桑)の実． **2** キイチゴ．

mōrus¹ -a -um, *adj* [Gk] 愚かな．

mōrus² -ī, *f* [*cf.* morum] [植] クワ(桑)の木．

mōs mōris, *m* **1** 慣習，風習，習俗: *de* [*ex*] *more* (CIC LIV) 慣習に従って，慣例上 / *~ majorum* (CIC) 先祖伝来の慣習，伝統． **2** 習慣． **3** 意志: *morem gerere* ⟨+*dat*⟩ (PLAUT) …の言いなりになる (=morigerari)． **4** やり方，様式． **5** (*pl*) 性癖，性向． **6** (*pl*) 道徳．

Mosa -ae, *m* モサ《Gallia Belgica の川； 現 Maas》．

Moschī -ōrum, *m pl* [Gk] モスキー，*-コイ《黒海の南東部の沿岸地方にいた一部族》．

Moschus -ī, *m* [Gk] モスクス，*-コス《Pergamum 出身の雄弁術教師(前1世紀)》．

Mosella -ae, *m*, *f* モセッラ《Gallia Belgica の川； Rhenus 川に合流； 現 Moselle》．

Mosellicus -a -um, *adj* [碑] Mosella 川の．

Mōsēs -is, *m* =Moyses.

Mostellāria -ae, *f* [monstrum] 「幽霊」《Plautus 作の喜劇の題名》．

Mostēnī -ōrum, *m pl* Lydia の町 Mostena の住民．

mōtiō -ōnis, *f* [moveo] 動き，運動．

mōtitō -āre, *tr freq* [moveo] (しばしば)動かす．

mōtiuncula -ae, *f dim* [motio] (軽い)発熱[震え]．

mōtīvus -a -um, °*adj* [moveo] 動きのある，動く．

mōtō -āre -āvī -ātum, *tr freq* [moveo] 動かす，ゆさぶる．

mōtor -ōris, *m* [moveo] 動かす[ゆさぶる]者．

mōtus¹ -a -um, *pp* ⇒ moveo.

mōtus² -ūs, *m* **1** 運動，動き: *~ terrae* (CIC) 地震． **2** (時間・できごとの)進行． **3** 身振り，動作． **4** (感覚・精神の)活動． **5** 作戦的行動． **6** 変化，変動． **7** 混乱；動乱，騒動． **8** 激情，情動． **9** 刺激，鼓舞．

movēns -entis, *adj* (*prp*) [↓] **1** 動いている；動的な． **2** 動かせる: *res moventes* (LIV) [法] 動産． **3** (感覚に)刺激を与える．

moveō -ēre mōvī mōtum, *tr* (*intr*) **1** 動かす． **2** 振る，振り動かす，ゆさぶる: *arma movere* (OV) 武器を取る． **3** (*refl*, *pass*, *intr*) 動く； 揺れる，震える． **4** 移す，移動させる ⟨alqd (de [ex, a]) re; alqd in [ad] alqd⟩； (*refl*, *pass*) 移動する: *movere castra* (CAES) 陣地を移す / *movere signa* (LIV) 進軍を開始する． **5** 追い出す． **6** かきまわす，いじる． **7** 乱す，かき乱す． **8** (*pass*, *refl*, *intr*) 騒乱になる，不穏である． **9** 奮起させる，駆りたてる，刺激する ⟨alqm ad alqd⟩； (*refl*, *pass*, *intr*) 奮起する． **10** 影響を与える，考えを変えさせる． **11** 感動させる． **12** 悩ます，動揺させる． **13** ひき起こす，引き起こす． **14** 着手する，開始する． **15** 議題にのせる，討議する． **16** 思案する，思いめぐらす．

mōvī *pf* ⇒ moveo.

mox *adv* **1** 間もなく，やがて，すぐに． **2** それから，次に，続いて．

Moysēs -is, *m* [Heb.] [聖] モーセ《ヘブライの立法者・預言者》．

mū *int* ムー(つぶやく声)．

mūceō -ēre, *intr* [mucus] かびが生えている、かび臭い.
mūcēscō -ere, *intr inch* [↑] かび臭くなる、かびが生える.
Mūcia -ae, *f* ムーキア《Cn. Pompeius の妻；のちに離縁された》.
Mūciānus -a -um, *adj* Mucius の.
mūcidus -a -um, *adj* [mucus] 1 鼻水をたらしている. 2 かびた、かび臭い.
mucilāgō -ginis, °*f* 【薬】漿剤.
Mūcius -ī, *m* ムーキウス《ローマ人の氏族名》；(1) C. ~ Scaevola, Porsenna 王を殺そうとしてとらえられると、自分の右手を炎の中に突っ込んで焼いた（前508?）. (2) P. ~ Scaevola, 執政官（前133）; Gracchus 兄弟の支持者. (3) Q. ~ Scaevola, 有名な法学者；執政官（前95）.
mūcor -ōris, *m* [muceo] 1 粘液. 2 かび.
mūcōsa -ae, °*f* [↓] 【解】粘膜.
mūcōsus -a -um, *adj* [mucus] 粘液質の、ねばねばした.
mucrō -ōnis, *m* 1 （剣の）刃先. 2 先端、とがった先. 3 剣.
mucrōnātus -a -um, *adj* [↑] 先のとがった.
mūculentus -a -um, *adj* [↓] 鼻水をたらしている.
mūcus -ī, *m* 鼻水.
mufrius -ī, *m* ばか者.
mūgil, mūgilis -ilis, *m* 【魚】ボラ.
mūginor -ārī, *intr dep* [↓] ぐずぐずする.
mūgiō -īre -īvī [-iī] -ītum, *intr* 1 （牛が）モーと鳴く；うなる. 2 とどろく、鳴り響く.
mūgītus -ūs, *m* [↑] 1 （牛が）モーと鳴くこと；うなること. 2 とどろき、轟音.
mūla -ae, *f* [mulus] 【動】ラバ（雌）.
mūlāris -is -e, *adj* [mulus] ラバの.
mulceō -ēre mulsī mulsum [mul(c)tum], *tr* 1 なでる、さする. 2 なだめる、静める. 3 （病気・苦痛を）和らげる、緩和する. 4 楽しませる、慰める、魅する.
Mulciber -erī [-eris], *m* [↑] 1 Volcanus の添え名の一つ. 2 〔詩〕火.
mulcō -āre -āvī -ātum, *tr* [cf. mulceo] 1 （棒などで）なぐる、たたきのめす. 2 手荒に扱う、暴力をふるう. 3 損害を与える.
mulcta -ae, *f* =multa¹.
mulctō -āre, *tr* =multo¹.
mulctra -ae, *f*, **mulctrum** -ī, *n* [mulgeo] 乳しぼり桶.
mulctrārium -ī, *n* [↑] 乳しぼり桶.
mulctus¹ -a -um, *pp* =mulsus².
mulctus² -ūs, *m* 乳をしぼること.
mulgeō -ēre mulsī mulsum [mulctum], *tr* 乳をしぼる.
muliebris -is -e, *adj* [mulier] 1 女の、女性の. 2 女らしい、女性的な；（男が）めめしい.
muliebriter *adv* [↑] 女らしく；（男が）めめしく.
mulier -eris, *f* 1 女. 2 妻、既婚婦人；情婦.
mulierārius -a -um, *adj* [↑] 女に屈従する.
muliercula -ae, *f dim* [mulier] （かよわい、愚かな）女.
mulierōsitās -ātis, *f* [↓] 女好き.
mulierōsus -a -um, *adj* [mulier] 女好きの.
mūlīnus -a -um, *adj* [mulus] ラバの（ような）.
mūliō -ōnis [mulus] ラバを駆る人、ラバ追い.
mūliōnicus -a -um, *adj* =mulionius.
mūliōnius -a -um, *adj* [mulio] ラバ追いの.
mullus -ī, *m* 【魚】ヒメジ.
mulsa -ae, *f* [mulsus¹] 1 (*sc.* aqua) 蜂蜜水. 2 いとしい人.
mulseus -a -um, *adj* [mel] 1 蜜を入れた. 2 （蜜のように）甘い.
mulsī *pf* ⇨ mulceo, mulgeo.
mulsum -ī, *n* [↓] 蜂蜜酒.
mulsus¹ -a -um, *adj* (*pp*) [mel] 1 蜜を入れた. 2 （蜜のように）甘い. 3 （愛情表現として）いとしい、かわいい.
mulsus² -a -um, *pp* ⇨ mulceo, mulgeo.
multa¹ -ae, *f* [mulco] 1 罰金. 2 （一般に）罰.
multa² -ōrum, *n pl* [multus] 1 多くのもの、多数、大量. 2 多くのことば: *quid* [ne] ~ (PLAUT CIC] 要するに、手短かに言えば.
multangulus -a -um, *adj* [multus/angulus] 多角の.
multātīcius -a -um, *adj* [multa¹] 罰金の.
multātiō -ōnis, *f* [multo¹] 罰金刑を課すること.
multēsimus -a -um, *adj* [multus] 微小の、非常に小さい.
multī -ōrum, *m pl* [multus] 1 多数の人々、大勢. 2 庶民、大衆.
multibibus -a -um, *adj* [multus/bibo] 大酒飲みの、酒好きの.
multicavātus -a -um, *adj* [multus/cavus] 穴の多い.
multicavus -a -um, *adj* [multus/cavus] 穴の多い.
multicia -ōrum, *n pl* (*sc.* vestimenta) 薄地の服.
multicius, -tius -a -um, °*adj* 細糸で織られた.
multicolor -ōris, *adj* [multus/color] 多色の.
multicolōrus -a -um, *adj* =multicolor.
multicupidus -a -um, *adj* [multus/cupidus] 多くをほしがる.
multifaciō, multī faciō -ere (-)fēcī, *tr* [multum¹/facio] 高く評価する、重んずる.
multifāriam *adv* [multifarius] 多くの場所で、方々に.
multifāriē °*adv* [↓] さまざまに.
multifārius -a -um, °*adj* さまざまな、雑多の.
multifer -fera -ferum, *adj* [multus/fero] 多産の、実り豊かな.
multifidus -a -um, *adj* [multus/findo] いくつかに分かれた.
multiforis -is -e, *adj* =multiforus.
multiformis -is -e, *adj* [multus/forma] 多くの形のある、多様な、さまざまの.
multiforus -a -um, *adj* [multus/foro] 穴の多い.
multigeneris -is -e, *adj* [multus/genus] 多くの種類の.
multigenus -a -um, *adj* =multigeneris.
multigrūmus -a -um, *adj* [multus/grumus]

multijugis -is -e, *adj* =multijugus.

multijugus -a -um, *adj* [multus/jugum] **1** (家畜が)いっしょにたくさんつながれた. **2** さまざまな, 雑多の.

multiloquium -ī, *n* [multus/loquor] おしゃべり, 多弁.

multiloquus -a -um, *adj* [multus/loquor] おしゃべりの, 多弁な.

multimodīs *adv* [<multis modis] さまざまに.

multimodus -a -um, *adj* [multus/modus] さまざまの, 種々の.

multinōdus -a -um, *adj* [multus/nodus] **1** 節の多い **2** もつれた, からまった.

multinōminis -is -e, *adj* [multus/nomen] 多くの名前をもっている.

multinummus -a -um, *adj* [multus/nummus] 費用のかかる, 高価な.

multipara -ae, °*f* [multus/pario] 〖医〗経産婦.

multiplex -plicis, *adj* [multus/plico] **1** ひだの多い, 湾曲[曲折]の多い: ~ *domus* (Ov) 迷宮. **2** 多重の, 多層の: *lorica* ~ (Verg) 幾重にも編んだよろい. **3** 多数の, おびただしい. **4** 何倍もの. **5** 複合の, 複雑な. **6** さまざまの, 多種多様の, 雑多の. **7** 多才な, 多方面の. **8** 変わりやすい.

multiplicābilis -is -e, *adj* [multiplico] 何重もの.

multiplicātiō -ōnis, *f* [multiplico] **1** 増やすこと, 増加. **2** 〖数〗乗法, 掛け算; 倍数.

multiplicitās -ātis, °*f* [multiplex] 多種多様.

multipliciter *adv* [multiplex] さまざまに.

multiplicō -āre -āvī -ātum, *tr* [multiplex] **1** 増やす, 大きくする. **2** 〖数〗掛ける.

multipotens -entis, *adj* [multus/potens] 強力な, 多能の.

multiscius -a -um, *adj* [multus/scio] 博識の.

multisonus -a -um, *adj* [multus/sonus] (鳴き声・音を)響かせる.

multitūdō -dinis, *f* [multus] **1** 大量, 多数, 豊富. **2** 数, 量. **3** 〖文〗複数. **4** 群衆, 大勢. **5** 庶民, 大衆.

multivagus -a -um, *adj* [multus/vagor¹] さすらう, 放浪の; 広範囲にわたる.

multivira -ae, °*f* [multus/vir] 多くの夫を持ったことのある女.

multivolus -a -um, *adj* [multus/volo²] 好色な, 多情な.

multō¹ -āre -āvī -ātum, *tr* [multa¹] **1** (没収・剝奪によって)罰する: *agro multare* (Liv) 土地を没収する. **2** (罰金などを科することによって)罰する.

multō² *adv* (*abl*) [multus] はるかに, 断然, 大いに.

multotiēs, -ens °*adv* [multus] たびたび, 何度も.

multum¹ -ī, *n* [multus] 多数, 大量: ~ *temporis* (Cic) 長時間 / *multum posse* (Caes) 幅がきく, 勢力がある / *multi facere* (Plaut) 高く評価する (=multifacere).

multum² *adv* [↓] **1** 大いに, 非常に. **2** たびたび. **3** はるかに, 断然 (=multo²).

multus -a -um, *adj* (*comp* plūs, *superl* plūrimus) **1** 多数の, 多くの, 豊富な. **2** 大きい, 広い. **3** はなはだしい. **4** (時間が)進んだ, 遅い: *multa nox* (Plaut) 夜ふけ, 深夜. **5** うんざりさせる; ことば数の多い, 冗長な. **6** 不断の, たゆまぬ <in re>.

Mulucha -ae, *m, f* ムルカ《(1) (*m*) Africa の Mauritania の川. (2) (*f*) Mulucha 河畔の町》.

mūlus -ī, *m* 〖動〗ラバ(螺馬)《雌ウマと雄ロバとの雑種; *cf.* hinnus》.

Mulviānus -a -um, *adj* Mulvius の.

Mulvius -ī, *m* ムルウィウス《ローマ人の氏族名》: *pons* ~ (Cic) ムルウィウス橋《ローマ市北方の Tiberis 川にかかる橋》.

mummificātiō -ōnis, °*f* 〖医〗ミイラ化; 乾性壊疽(ぇ).

Mummius -ī, *m* ムンミウス《ローマ人の氏族名; 特に *L.* ~ *Achaicus*, 執政官のときアカイア同盟を破り, Corinthus を破壊した (前 146)》.

Munātius -ī, *m* ムナーティウス《ローマ人の氏族名; 特に *L.* ~ *Plancus*, 執政官 (前 42); 一時は M. Antonius の支持者》.

Munda -ae, *f* ムンダ《Hispania Baetica の町; ここで Caesar が Pompeius の二人の息子と Labienus の率いる軍勢に大勝し, 共和政にとどめをさした (前 45)》.

mundānus¹ -a -um, *adj* [mundus²] **1** 世界の, 宇宙の. **2**° 俗界の.

mundānus² -ī, *m* 世界の市民, コスモポリタン.

mundātiō -ōnis, °*f* [mundo] 清め, 浄化.

mundē *adv* [mundus¹] きちんと, きれいに.

Mundensis -is -e, *adj* Munda の.

mundiālis -is -e, °*adj* [mundus²] 俗界の, 世俗的な.

munditer *adv* [mundus¹] **1** きちんと, きれいに. **2** 端正に.

munditia -ae, **-ēs** -ēī, *f* [mundus¹] **1** 清潔, きちんとしていること. **2** 上品, 優雅, 洗練.

mundō -āre -āvī -ātum, *tr* [mundus¹] **1** きれいにする, きれいにする. **2**°(罪を)清める, 浄化する.

mundulus -a -um, *adj dim* [mundus¹] きちんとした, こぎれいな.

mundum -ī, *n* =mundus² 1, 2.

mundus¹ -a -um, *adj* **1** 清潔な, きれいな. **2** 優雅な, 上品な, 洗練された. **3** かなりの, 相当な. **4**° 高潔な, けがれのない.

mundus² -ī, *m* [↑] **1** 化粧道具, 装身具. **2** (一般に)道具, 備品. **3** 世界, 地球. **4** 天, 天空; 宇宙. **5** 人間, 人類. **6** よみの国, 地獄. **7**° 俗界, 俗世.

mūnerārius¹ -a -um, °*adj* [munus] 贈り物の.

mūnerārius² -ī, *m* **1**° 贈り物をする人. **2** 剣闘試合の提供者.

mūnerātor -ōris, *m* =munerarius² 2.

mūnerigerulus -ī, *m* [munus/gero] 贈り物を持ってくる人.

mūnerō -āre -āvī -ātum, *tr* =muneror.

mūneror -ārī -ātus sum, *tr dep* [munus] 贈る, 与える <alqm re; alqd alci>.

mūnia -ōrum [-ium] (*gen, dat, abl* の 2 世紀以前の用例なし), *n pl* [*cf.* munus] 義務, 職務.

mūniceps -cipis, *m f* [↑/capio¹] **1**《自治都市の》市民. **2** 同じ自治都市の出身者.
mūnicipālis -is -e, *adj* [municipium] 自治都市の.
mūnicipātim *adv* [↓] 自治都市ごとに.
mūnicipium -ī, *n* [municeps] 自治都市.
mūnifex -ficis, *m* (*f*) [munia/facio] 義務を果たす者, 服務者.
mūnificē *adv* [munificus] 気前よく, 惜しみなく.
mūnificentia -ae, *f* [↓] 物惜しみしないこと, 気前のよさ.
mūnificus -a -um, *adj* [munus/facio] **1** 本分を尽くす, 義務に忠実な. **2** 気前のよい, 物惜しみしない.
mūnīmen -minis, *n* =munimentum.
mūnīmentum -ī, *n* [↓] **1** 防塁, 堡塁, 要塞. **2** 防護物; 障害物. **3** 保護, 防禦.
mūniō -īre -īvī [-iī] -ītum, *tr* [moenia] **1** 防備を固める, 要塞化する, 防壁を築く. **2**《道路を》建設[整備]する. **3** 防衛する, 保護する〈alqd contra alqd; alqd a re〉.
mūnis -is -e, *adj* [*cf.* munus] 人に尽くそうとする.
mūnītiō -ōnis, *f* [munio] **1** 防備を固めること, 城壁をめぐらすこと. **2** 防壁, 堡塁, 要塞. **3**《道路の》建設, 整備.
mūnītiuncula -ae, °*f dim* [↑]《小さな》とりで.
mūnītō -āre -āvī -ātum, *tr freq* [munio]《道路を》建設する.
mūnītor -ōris, *m* [munio]《城塞・防壁などを》築く者, 工兵.
mūnītus -a -um, *adj* (*pp*) [munio] **1** 防備を固めた. **2** 堅固な, 安全な.
mūnus -neris, *n* [*cf.* munia] **1** 義務, 務め, 役目; 公職. **2**《神々・死者への》ささげもの. **3**《租税などの》負担, 重荷. **4** 創造物, 作品. **5** 好意, 親切. **6** 贈り物. **7**《特に剣闘士の》見世物. **8**《個人によって寄進された》建築物.
mūnusculum -ī, *n dim* [↑]《ささやかな》贈り物.
Mūnychia -ae, *f* [*Gk*] ムーニュキア(-)《Athenae の外港》.
Mūnychius -a -um, *adj* [*Gk*] Munychia の; Athenae の.
mūraena -ae, *f* =murena.
mūrālis -is -e, *adj* [murus] 壁の, 城壁の: *falces murales* (CAES) 破城鉤 / ~ *corona* (LIV) 敵の城壁に一番よじ登った兵士に勲章として与えられる冠.
mūrātus -a -um, *adj* [murus] 城壁をめぐらした.
Murcia, -tia, -tea, Myrtea -ae, *f*《神話》ムルキア《(1) Venus の呼称の一つ; 女神の聖木 myrtus に由来するという. (2)° 怠惰の女神》.
murcidus -a -um, *adj* 怠惰な, 無精な.
murcus -i, °*m* 兵役をのがれるため親指を切り取る者.
mūrēna -ae, *f* [*Gk*]《魚》ウナギの一種.
Mūrēna -ae, *m* ムーレーナ《Licinia 氏族に属する家名; 特に *L. Licinius* ~, 執政官 (前62); 選挙運動中の贈賄を告発されたが Cicero に弁護された (前63)》.
mūrēnula -ae, *f dim* [murena] **1**《魚》《小さな》ウツボ. **2**《ウナギ形の小さな》首飾り.
mūrex -ricis, *m* **1**《動》アクキガイ《紫色の染料を採った》. **2** 紫色の染料; 紫色の布. **3** とがった岩[石]. **4** ~ *ferreus* (CURT)《軍》鉄菱.
Murgantia -ae, *f* ムルガンティア《(1) Samnium の町. (2) Sicilia 島の町》.
Murgantīnus -a -um, *adj* Murgantia (2) の.
Murgentia -ae, *f* =Murgantia (2).
Murgentīnus =Murgantinus. **Murgentīnī** -ōrum, *m pl* Murgantia (2) の住民.
muria -ae, *f*《漬け物用》塩水.
muriāticus -a -um, *adj* [↑] 塩漬けの.
mūricidus -ī, *m* 臆病者.
mūrīnus -a -um, *adj* [mus] **1** ネズミの. **2** ねずみ色の.
murmillō, mir-, myr- -ōnis, *m* 剣闘士の一種《Gallia 風の武具と魚形の前立てのついたかぶとを着用して retarius (投網剣闘士)と戦った》.
murmur -uris, *n* **1** とどろき, うなり, ざわめき. **2** つぶやき, ささやき.
murmurātiō -ōnis, *f* [murmuro] **1** 低い声で鳴くこと. **2**《不平の》つぶやき, ブツブツ言うこと.
murmurātor -ōris, *m* [murmuro] ブツブツ言う者.
murmurillō -āre, *intr* [↓] つぶやく, ブツブツ言う.
murmurillum -ī, *n dim* [murmur]《かすかな》つぶやき.
murmurō -āre -āvī -ātum, *intr* (*tr*) [murmur] **1** とどろく, ざわめく. **2** つぶやく, ささやく. **3** 不平を言う, ブツブツ言う.
murra¹ -ae, *f* [*Gk*] 蛍石《高価な容器を造るのに用いられた》.
murra², myrrha -ae, *f* [*Gk*] 没薬(_{もつ}), ミルラ.
murrātus -a -um, *adj* [↑] 没薬の香りをつけた.
murreus¹ -a -um, *adj* [murra¹] 蛍石で造った.
murreus² -a -um, *adj* [murra²] **1** 没薬の香りのする. **2** 没薬色の, 赤褐色の.
Murr(h)ānus -ī, *m*《伝説》ムッラーヌス《Latium の王; Aeneas に殺された》.
murrina, myrrhina -ōrum, *n pl* [↓] (*sc.* vasa) 蛍石で造った容器.
murrinus¹, myrrhinus -a -um, *adj* [murra¹] 蛍石で造った.
murrinus², my- -a -um, *adj* [murra²] 没薬の.
murt- ⇨ myrt-.
mūrus, moerus -ī, *m* **1**《しばしば *pl*》防壁, 城壁. **2** 壁. **3** 防護物.
mūs mūris, *m, f*《動》ネズミ《鼠》.
Mūsa -ae, *f* [*Gk*] **1**《神話》ムーサ《学芸をつかさどる9人の女神の一人》. **2** 詩, 歌. **3** 学問. **4** 芸術的才能.
mūsaeum -ī, *n* =museum.
Mūsaeus¹ -ī, *m* [*Gk*] ムーサエウス, *ムーサイオス《ギリシアの伝説的な詩人; Orpheus の弟子》.
Mūsaeus² -a -um, *adj* =Museus.
musca -ae, *f* **1**《昆》ハエ(蝿). **2** うるさい[詮索好きな]人.
muscārium -ī, *n* [↓] はえたたき.
muscārius -a -um, *adj* [musca] ハエの; ハエをつかまえる.

mūscipulum -ī, *n*, **-a** -ae, *f* [mus/capio¹] ねずみ捕り器.

muscōsus -a -um, *adj* [muscus] **1** こけにおおわれた, こけむした. **2** こけのような.

musculāris -is -e, ᵒ*adj* [musculus] 《解》筋の.

musculātūra -ae, ᵒ*f* 《解》筋系.

musculocutāneus -a -um, ᵒ*adj* 《解》筋皮の.

musculophrēnicus -a -um, ᵒ*adj* 《解》筋横隔膜の.

musculōsus -a -um, *adj* [↓] 筋肉の多い.

musculus -ī, *m dim* [mus] **1** (小さな)ネズミ. **2** 《解》筋, 筋肉. **3** (攻囲戦の際に兵士が身を隠した)掩護物. **4** 《動》イガイ. **5** 《魚》ブリモドキ.

muscus -ī, *m* 《植》コケ(苔).

mūsēum, mūsaeum, mūsīum -ī, *n* [Gk] (「Musae の聖域」の意) **1** 学問の研究所. **2** (Alexandria の)図書館.

Mūsēus, Mūsaeus -a -um, *adj* [Gk] **1** Musa たちの. **2** 音楽の, 詩の.

mūsica¹ -ae, **-cē** -ēs, *f* [Gk] **1** 音楽の技術[理論]. **2** 音楽. 3ᵒ 詩.

mūsica² -ōrum, *n pl* [musicus¹] =musica¹ 1.

mūsicē *adv* [↓] **1** 優雅に, ぜいたくに. **2** 音楽的に, 調和して.

mūsicus¹ -a -um, *adj* [Gk] **1** Musa たちの, 学芸の. **2** 音楽の; 音楽的な, 響きのよい. **3** 詩の.

mūsicus² -ī, *m* 音楽家.

mūsīvum -ī, ᵒ*n* [↓] (*sc.* opus) モザイク細工.

mūsīvus -a -um, *adj* [Gk] 《碑》モザイクの.

Mūsōnius -ī, *m* ムーソーニウス《*C.* ~ *Rufus*, ストア学派の哲学者(30?-?100); Epictetus の師; Nero 帝に追放され, のち Vespasianus 帝にも追放された》.

mussitō -āre -āvī -ātum, *intr* (*tr*) *intens* [↓] **1** 黙っている, 語らない. **2** つぶやく, ブツブツ言う.

mussō -āre -āvī -ātum, *intr* (*tr*) **1** つぶやく, ささやく. **2** 黙っている. **3** ためらう.

mustāceum -ī, *n*, **-us** -ī, *m* [mustum] 月桂樹の葉の上で焼いたぶどう液入りの菓子《婚礼用》.

mustēla, -tella -ae, *f* [mus] 《動》イタチ.

mustēlīnus, -tellī- -a -um, *adj* [↑] イタチの.

musteus -a -um, *adj* [mustum] 新しい, 若い; 未熟な.

mustricula -ae, *f* 靴型.

mustulentus -a -um, *adj* [↓] 発酵前[中]のぶどう液でいっぱいの.

mustum -ī, *n* [↓] **1** 発酵前[中]のぶどう液. **2** (*pl*)《詩》ブドウの収穫.

mustus -a -um, *adj* 新しい, 若い: *vinum mustum* (Cato) 発酵前[中]のぶどう液.

Musulāmiī -ōrum, *m pl* ムスラーミイー《Numidia にいた一部族》.

Mūta -ae, *f* [mutus] ムータ《おしゃべりだったために Juppiter によって口がきけなくされたニンフ; =Lara》.

mūtābilis -is -e, *adj* [muto¹] **1** 変わりやすい. **2** 変えられる.

mūtābilitās -ātis, *f* [↑] **1** 変わりやすさ. **2** 移り気, 気まぐれ.

mūtātiō -ōnis, *f* [muto¹] **1** 変化, 変更: ~ *rerum* (Cic) 政変, 革命. **2** 翻訳. **3** 交換, 取替え,

交替. **4** (意見・態度の)変化.

mūtātor -ōris, *m* [muto¹] **1** 変化させる人[もの]. **2** 交換者.

mūtātōrius -a -um, ᵒ*adj* [muto¹] 交換の, 取替えの.

mūtātus -a -um, *pp* ⇨ muto¹.

mutilātiō -ōnis, ᵒ*f* [↓] (手足の)切断.

mutilō -āre -āvī -ātum, *tr* [↓] **1** 切り取る, 切断する. **2** 不具にする. **3** 減らす, 縮める.

mutilus -a -um, *adj* **1** (体の一部を)切断された, 不具にされた. **2** (動物が)角の(伸びが)ない. **3** (話・文が)とぎれとぎれの.

Mutina -ae, *f* ムティナ《Gallia Cisalpina の町; 現 Modena; D. Brutus が Antonius に攻囲された場所(前 44-43)》.

Mutinensis -is -e, *adj* Mutina の.

mūtīnus -a -um, *adj* [muto²] 男根の.

Mūtīnus -ī, *m* [muto²] ~ *Titinus* (Fest) 男根像《ローマの花嫁が崇拝した》.

mutmut *indecl n* ブツブツ言うこと.

mūtō¹ -āre -āvī -ātum, *tr, intr* **I** (*tr*) **1** 移動させる, 移す. **2** 取り替える, 交換する 〈alqd re〉: *vestem mutare* (Cic) 衣服を(特に喪服に)着替える〈=喪服を着る〉. **3** 変える, 変化させる: ᵒ*mutatis mutandis* 必要な変更を加えて / *mutare fidem* (Liv) 寝返る. **4** 翻訳する. **5** (人の意見・気分・態度を)変えさせる. **6** 改善する; そこなう. **II** (*intr*) 変化する, 変わる.

mūtō², **muttō** -ōnis, *m* 陰茎.

mūtōniātus -a -um, *adj* [↑] 巨根を具えた.

muttiō, mūtiō -īre -īvī [-iī] -ītum, *intr* [*cf.* mutmut, mutus] つぶやく, ブツブツ言う.

mūtua *adv* (*n pl acc*) [mutuus] 相互に.

mūtuārius -a -um, *adj* [mutuus] 相互の.

mūtuāticus -a -um, *adj* [mutuor] (金銭が)借りられた.

mūtuātiō -ōnis, *f* [mutuor] 借りること, 借用.

mūtuātus -a -um, *pp* ⇨ mutuor.

mūtuē, mūtuiter *adv* [mutuus] 相互に, お返しに.

mūtuitor -ārī, *tr dep* [mutuor] (金銭を)借りようとする.

mūtum -ī, *n* [mutus] (*sc.* animal) (もの言わぬ)獣.

mūtuō¹ *adv* (*abl*) [mutuus] **1** 相互に, お互いに. **2** お返しに.

mūtuō² -āre, *tr* =mutuor.

mūtuor -ārī -ātus sum, *tr dep* [mutuus] **1** (金銭・ものを)借りる 〈alqd ab alqo〉. **2** (表現・思想を)借用する.

mūtus -a -um, *adj* [*cf.* muttio] **1** (動物が)ものを言わぬ. **2** (人間が)口がきけない; (興奮などで一時的に)ものが言えない. **3** 無言の, 黙っている. **4** (場所などが)静かな, 音のしない: *tempus mutum a litteris* (Cic) 手紙を書かずにいる時間.

Mutusca -ae, *f* ムトゥスカ《Sabini 族の町 (=Trebula Mutusca)》.

mūtuum -ī, *n* [↓] **1** 借用. **2** 相互性.

mūtuus -a -um, *adj* [muto¹] **1** 借りた, 借りられた: *alqd mutuum sumere* [*dare*] (Plaut) あるものを借りる[貸す]. **2** 相互の, 双方の, 共同の.

Mutycē -ēs, *f* ムテュケー《Sicilia 島の町; 現 Modica》.
Mutycensis -is -e, *adj* Mutyce の.
Mycalaeus -a -um, *adj* =Mycalensis.
Mycalē[1] -ēs, *f* [Gk] ミュカレー《Samos 島対岸の Ionia の岬》.
Mycalē[2] -ēs, *f* [Gk]《伝説》ミュカレー《Thessalia の魔女》.
Mycalensis -is -e, *adj* Mycale[1] の.
Mycalēsius -a -um, *adj* Mycalesos の.
Mycalēsos, -us -ī, *m* [Gk] ミュカレーソス《Boeotia の町と山》.
mycēlium -ī, °*n*〖植〗菌糸体.
Mycēnae -ārum, *f pl*, **-nē** -ēs, **-a** -ae, *f* [Gk] ミュケーナエ, *-ナイ《Argolis の古都で Agamemnon の居住地》.
Mycēnaeus -a -um, *adj* [Gk] Mycenae の;《詩》Agamemnon の.
Mycēnensēs -ium, *m pl* Mycenae の住民.
Mycēnis -idis, *f* [Gk] Mycenae の女 (=Iphigenia).
Myconos, -us -ī, *f* [Gk] ミュコノス《Cyclades 諸島の一島》.
mycorrhiza -ae, °*f*〖植〗菌根.
mydriāsis -is, *f* [Gk]〖病〗瞳孔散大, 散瞳.
mydriāticum -ī, °*n*〖薬〗散瞳薬.
myelencephalon -ī, °*n*〖解〗髄脳.
myelītis -tidis, °*f* [Gk] 脊髄炎.
Mygdōn -onis, *m*〖伝説〗ミュグドーン《Phrygia の王で Mygdones 族の祖; Coroebus の父》.
Mygdones -um, *m pl* [↑] ミュグドネス《Thracia にいた一部族; のちにその一部が小アジア方面へ移住し Phrygia, Mesopotamia に定住した》.
Mygdonia -ae, *f* [Gk] ミュグドニア(-)《Mygdones 族の居住地》; (1) Macedonia の一部. (2) Phrygia の一部. (3) Mesopotamia の一部》.
Mygdonidēs -ae, *m* Mygdon の息子.
Mygdonis -idis [-idos], *adj f* =Mygdonius.
Mygdonius -a -um, *adj* Mygdones 族の;《詩》Phrygia の.
Mȳlae -ārum, *f pl* [Gk] ミューラエ, *-ライ《(1) Sicilia 島北岸の町; その沖で Vipsanius Agrippa が S. Pompeius (大 Pompeius の息子)を破った (前 36). (2) Thessalia の町. (3) Creta 島付近の二つの島》.
Mylasa -ōrum, *n pl* [Gk] ミュラサ《Caria の町》.
Mylasēnī -ōrum, *m pl* Mylasa の住民.
Mylasensēs -ium, *m pl* =Mylaseni.
Mylasēus -a -um, *adj* Mylasa の.
mylohyoīdeus -a -um, °*adj*〖解〗顎舌骨の.
Myndiī -ōrum, *m pl* Myndus の住民.
Myndus -ī, *f* [Gk] ミュンドゥス, *-ドス《Caria の港町》.
myocardium -ī, °*n*〖解〗心筋層.
myoctonos -ī, *m* [Gk]〖植〗=aconitum.
myologia -ae, °*f*〖医〗筋学.
myōma -atis, °*n*〖病〗筋腫.
Myonnēsus, -os -ī, *f* [Gk] ミュオンネーッスス, *-ソス《(1) Ionia の岬と町. (2) Ephesus 付近の島》.
myoparō(n) -ōnis, *m* [Gk] 小型海賊船.

myopathīa -ae, °*f*〖病〗筋障害.
myōpia -ae, °*f* [Gk]〖病〗近視.
myops -ōpis, *adj* [Gk] 近視の.
myrīca -ae, **-ē** -ēs, *f* [Gk]〖植〗ギョリュウ(御柳).
Myrīna -ae, *f* [Gk] ミュリーナ《(1) Aeolis の港町. (2) Creta 島の町. (3) Lemnos 島の町》.
myringītis -is, °*f* [Gk]〖病〗鼓膜炎.
myrinx -ingis, °*f*〖解〗鼓膜.
Myrmēcidēs -ae, *m* [Gk] ミュルメーキデース《年代不詳の彫刻家; 大理石, 象牙にきざんだ極小模型で有名》.
myrmēcion -ī, *n* [Gk] **1**〖動〗クモの一種. **2** いぼの一種.
Myrmidones -um, *m pl* [Gk]〖伝説〗ミュルミドネス《Thessalia の Phthia の民族; Achilles に率いられて Troja 戦争に参加した》.
myrmillō -ōnis, *m* =murmillo.
***myrobrechēs** *adj* [Gk]《用例は *m pl acc* myrobrechīs のみ》たっぷり香油を塗った.
Myrō(n) -ōnis, *m* [Gk] ミュロー(-ン)《Attica の有名な彫刻家 (前 5 世紀)》.
myropōla -ae, *m* [Gk] 香油屋, 香料商.
myropōlium -ī, *n* [Gk] 香料店.
myrothēcium -ī, *n* [Gk] 香油箱.
myrrha -ae, *f* =murra[2].
Myrrha -ae, *f* [Gk]〖伝説〗ミュッラ《Cinyras の娘; 父と交わったためアラビアへ逃れ, 彼女が変身したミルラの木から Adonis が生まれた; Smyrna とも呼ばれる》.
myrrheus -a -um, *adj* =murreus[1].
myrrhin- ⇨ murrin-.
myrr(h)is -idis, *f* [Gk]〖植〗**1** セリ科の植物. **2** =geranion.
myrtētum -ī, *n* [myrtus]〖植〗ギンバイカの茂み.
myrteus -a -um, *adj* [myrtus] **1** ギンバイカの. **2** ギンバイカの葉[実]で作った. **3** ギンバイカに似た.
Myrtilus, -os -ī, *m* [Gk]〖伝説〗ミュルティルス, *-ロス《Mercurius の息子; Oenomaus の不忠な御者; Pelops に殺された》.
Myrtōus -a -um, *adj* [Gk] Euboea 島南端沖の小島 Myrtos の: *Myrtoum Mare* (Hor) エーゲ海の南西部.
myrtum -ī, *n* [Gk]〖植〗ギンバイカの実.
myrtus -ī [-ūs], *f* (*m*) [Gk]〖植〗**1** ギンバイカ. **2** ギンバイカで作った槍.
mȳs myos, *m* [Gk]〖貝〗イガイ.
Mȳs Myos, *m* [Gk] ミュース《Phidias と同時代の有名な銀の浮彫り細工師》.
Myscelus -ī, *m* [Gk]〖伝説〗ミュスケルス, *-ロス《Argos の Alemon の息子; Croton の創建者》.
Mȳsī -ōrum, *m pl* [Gk] Mysia 人.
Mȳsia -ae, *f* [Gk] ミューシア(-)《小アジア北西部の国》.
Mȳsius -a -um, *adj* [Gk] Mysia の.
mysta -ae, °*m* =mystes.
mystagōgus, -os -ī, *m* [Gk] **1** 秘儀伝授者. **2** 案内人.
mystēria -ōrum, *n pl*, **-ium** -ī, *n* [Gk] **1** 秘儀, 秘教; 奥義. **2**° 不可思議, 神秘. **3**《カト》秘跡.

mystēs -ae, *m* [*Gk*] 秘儀を受けた人.
mysticus -a -um, *adj* [*Gk*] **1** 秘儀の. **2** 神秘的な, 秘密の.
Mȳsus -a -um, *adj* [*Gk*] Mysia の.
mȳthicus, -os -a -um, *adj* [*Gk*] 神話の, 伝説の.
mȳthos -ī, *m* [*Gk*] 神話, 伝説.
Mytilēnaeus -a -um, *adj* [*Gk*] Mytilene の.
 Mytilēnaeī -ōrum, *m pl* Mytilene の住民.
Mytilēnē -ēs, *f*, **Mytilēnae** -ārum, *f pl* [*Gk*] ミュティレーネー《Lesbos 島の首都; 現 Mitilíni》.
Mytilēnensis -is -e, *adj* =Mytilenaeus.
mȳtilus, -tu- -ī, *m* =mitulus.
Myūs -untis, *f* [*Gk*] ミュウース《Ionia の町》.
myxa -ae, *f* [*Gk*] 〖植〗ムラサキ科の木《スモモに似た実をつける》.
myxamoeba -ae, °*f* 〖生物〗粘菌アメーバ.
myxōma -atis, °*n* 〖病〗粘液腫.
myxomycētēs -um, °*f pl* 〖生物〗粘菌綱.
myxum -ī, *n* [*Gk*] myxa の実.
myxus -ī, °*m* (ランプ・ろうそくの)芯.

N

N, n indecl n ラテン語アルファベットの第13字.
N., n. 《略》=Numerius; Nonae; natio; natus; nepos; nihilum; numerus; nummus.
Nabataea -ae, f [Gk] ナバタエア, *-タイアー 《Nabataei 族の国》.
Nabataeī -ōrum, m pl [Gk] ナバタエイー, *-タイオイ 《Arabia 北部にいた一部族》.
Nabataeus -a -um, adj [Gk] **1** Nabataei 族の, Nabataea の. **2**《詩》Arabia の; 東方の.
Nabis -idis, m [Gk] ナビス 《残虐で有名な Sparta の王 (前207-192)》.
nablia -ium, n pl [Gk<Sem.] 堅琴の一種.
nactus -a -um, pp ⇒ nanciscor.
nae int =neˡ.
naenia -ae, f =nenia.
Naeviānus -a -um, adj Naevius の.
Naevius[1] -ī, m ナエウィウス 《ローマ人の氏族名; 特に Cn. ~, 前3世紀のローマの詩人・劇作家》.
Naevius[2] -a -um, adj Naevius の.
naevulus -ī, m dim [↓] (小さな)ほくろ, あざ.
naevus -ī, m **1** ほくろ, あざ. **2**° 汚点. **3**°《医》母斑.
Naha(na)rvālī -ōrum, m pl ナハナルヴァーリー 《Germania 北東部にいた Ligii 族の一支族》.
Nāicus -a -um, adj Nais の.
Nāis -idis [-idos], **Nāias** -adis [-ados], f [Gk] **1** ナーイス, ナーイアス 《川・泉のニンフ》. **2** (一般に)ニンフ.
nam conj **1** というのも, なぜなら. **2** もちろん, 確かに. **3** 一方, それでは. **4** たとえば. **5** (前接辞として疑問の意を強める)いったい: quisnam いったい誰が / ubinam いったいどこに.
Namnētēs -um, pl ナムネーテース 《Gallia Celtica の現 Nantes 付近にいた一部族》.
namque conj [nam/-que²] **1** もちろん, 確かに. **2** というのも. **3** たとえば.
nanciō -īre, tr 獲得する, 手に入れる.
nancior -īrī, tr dep =nancio.
nancīscī inf ⇒ nanciscor.
nancīscor -scī nactus [nanctus] sum, tr dep inch [nancio] **1** 手に入れる, 獲得する. **2** 着く, 到達する. **3** (偶然)見つける, でくわす.
nanctus -a -um, pp =nactus.
nans nantis, adj (prp) [no] (鳥・動物が)遊泳性の, 泳ぐ.
Nantuātēs -ium, m pl ナントゥアーテース 《Gallia Narbonensis にいた一部族》.
nānus -ī, m [Gk] **1** こびと. **2** (浅く広い)容器.
Napaeae -ārum, f pl [↓]《神話》ナパエアエ, *ナパイアイ 《谷間の森に住むニンフたち》.
napaeus -a -um, adj [Gk] 谷間の森の.

naphtha -ae, f, **napht(h)ās** -ae, m [Gk] ナフサ.
naphthalīnum -ī, °n [↑]《化》ナフタリン.
nāpīna -ae, f [↓] カブラ畑.
nāpus -ī, m《植》カブラの一種.
nāpy -yos, n [Gk] カラシ.
Nār Nāris, m ナール 《Umbria の川; Tiberis 川の支流; 現 Nera》.
Narbō -ōnis, m ナルボー 《Gallia Narbonensis の主要な町; ~ Martius とも呼ばれた; 現 Narbonne》.
Narbōna -ae, °f =Narbo.
Narbōnensis -is -e, adj Narbo の: Gallia ~ (⇒ Gallia).
narcissus -ī, m [Gk]《植》スイセン (水仙).
Narcissus -ī, m [Gk] ナルキッスス, *-ソス 《(1)《神話》Cephisus 河神とニンフ Liriope の息子; 泉に映る自分の姿に恋いこがれ, 水仙の花になった. (2) Claudius 帝の富裕な解放奴隷》.
narcōsis -is, °f [Gk]《医》麻酔.
narcōticum -ī, °n [↓]《薬》麻酔薬; 麻薬.
narcōticus -a -um, °adj [Gk] 麻酔性の.
nardinum -ī, n [↓] (sc. vinum) カンショウ (甘松) の香りをつけたぶどう酒.
nardinus -a -um, adj [↓] カンショウの.
nardus -ī, f, **-um** -ī, n [Gk] **1**《植》カンショウ (甘松). **2** 甘松香.
nāris -is, f [cf. nasus] **1** 鼻; (pl) 鼻孔. **2** 嗅覚. **3** 勘, 洞察力. **4** 軽蔑, 怒り. **5** 開口部.
Naristī -ōrum, m pl ナリスティー 《Germania の Suebi 族の一支族》.
Narnia -ae, f ナルニア 《Umbria の Nar 河畔の町; 現 Narni》.
Narniensis -is -e, adj Narnia の. **Narniensēs** -ium, m pl Narnia の住民.
Narōna -ae, f ナローナ 《Dalmatia の町》.
narrābilis -is -e, adj [narro] 語ることができる.
narrātiō -ōnis, f [narro] **1** 物語, 話, 語り. **2**《修》陳述 《古典的弁論形式において問題の経緯を述べる段階》.
narrātiuncula -ae, f dim [↑] (ちょっとした)話.
narrātor -ōris, m [narro] 語り手.
narrātum -ī, n [↓] 語られたこと, 物語.
narrātus[1] -a -um, pp ⇒ narro.
narrātus[2] -ūs, m 物語, 話, 語り.
narrō -āre -āvī -ātum, tr, intr [cf. gnarus] **1** 話す, 語る, 物語る〈+acc c. inf〉; +間接疑問〉. **2** 言う, 述べる.
narthēcium -ī, n [Gk] 香油箱, 薬箱.
narthex -ēcis, m [植] オオウイキョウ.
nārus -a -um, adj =gnarus.
Nārycia -ae, f《詩》ナーリュキア 《Bruttii の町 Locri

Epizephyrii).

Nārycius -a -um, adj 1 《詩》Narycum の: heros ～ (Ov) Oileus の子 Ajax.　2 Narycia の.

Nārycum -ī, n [Gk] ナーリュクム, *-クス《ギリシア中部の Locris の町》.

nāsālis -is -e, °adj [nasus] 鼻の[に関する].

Nasamōnes -um, m pl [Gk] ナサモーネス《Libya にいた一部族》.

Nasamōniacus -a -um, adj [Gk] Nasamones 族の;《詩》Africa の.

Nasamōnias -adis, adj f [Gk] Nasamones 族の.

Nasamōnius -a -um, adj Nasamones 族の;《詩》Africa の, Libya の.

nascens -ntis, adj (prp) [nascor] 生まれたばかりの, 初期の.

nascentia[1] -ae, f [↑] 誕生.

nascentia[2] -ium, n pl 植物.

nascī inf ⇒ nascor.

nascor -scī nātus sum, intr dep [cf. gigno] 1 生まれる, 誕生する.　2 生ずる, 起こる, 発生する.　3 (天体が)昇る; 夜が明ける.

Nāsīca -ae, m ナーシーカ《ローマ人の家名; 特に P. Cornelius Scipio ～, 執政官 (前 191)》.

Nāsidiānus -a -um, adj Nasidius の.

Nāsidius -ī, m ナーシディウス《ローマ人の氏族名》.

Nāsō -ōnis, m [nasus] ナーソー《ローマ人の家名; 特に P. Ovidius ～ ⇒ Ovidius》.

nāsociliāris -is -e, °adj [解] 鼻毛様体の.

nāsofrontālis -is -e, °adj [解] 鼻前頭の.

nāsolacrimālis -is -e, °adj [解] 鼻涙の.

nāsopalātīnus -a -um, °adj [解] 鼻口蓋の.

Nāsos, -us -ī, f [Gk] ナーソス《「島」の意; Syracusae 市の一部》.

nassa -ae, f 1 (魚を捕るための)枝編みのわな, やな.　2 わな, 計略.

nasturcium, -tium -iī, n [植] コショウソウ, オランダガラシ.

nāsum -ī, n 《古形》=nasus.

nāsus -ī, m [cf. naris] 1 鼻: alqm naso suspendere (Hor) ある人に対して鼻を上に向ける(=軽蔑する).　2 機智.　3 (容器の)注ぎ口.

nāsūtē adv [↓] 機智に富んで, 辛辣に.

nāsūtus -a -um, adj [nasus] 1 大鼻の.　2 機智に富んだ, 辛辣な.

nāta -ae, f [natus] 娘.

nātāle -is, n [natalis¹] 誕生[出生]地.

nātālicia -ae, f [natalicius] 誕生日を祝う宴会.

nātālicium -iī, n [↓] 誕生日の贈り物.

nātālicius -a -um, adj [↓] 誕生(日)の.

nātālis[1] -is -e, adj [natus] 1 誕生の, 出生の: dies ～ (Plaut) 誕生日 / solum natale (Ov) 出生地, 生まれ故郷.　2 誕生の, 生得の.

nātālis[2] -is, m 1 誕生日;《例年の》記念日.　2 出生[誕生]地.　3 出生, 誕生; 発生, 起源.　4 (pl) 生まれ, 血統.

natans -antis, adj (prp) [nato] 1 (海で)泳いでいる, 海にすむ.　2 (波が)上下する, 波立つ.

natantēs -um, m pl [↑]《詩》泳ぐもの(=魚).

natātiō -ōnis, f [nato] 1 泳ぐこと.　2 遊泳地[施設].

natātor -ōris, m [nato] 泳ぐ人.

natātōria -ae, °f, **-um** -iī, °n [↓] 泳ぐ場所.

natātōrius -a -um, °adj [natator] 泳ぐための.

natātus -ūs, m, pp ⇒ nato.

natēs -ium, f pl ⇒ natis.

nātiō -ōnis, f [nascor] 1 出生, 誕生.　2 民族, 国民.　3 組, 集団.　4 産地.

natis -is, f (主に pl) 臀部, 尻.

nātīvitās -ātis, f [↓] 1° 出生, 誕生.　2 起源.　3° 世代.

nātīvus -a -um, adj [nascor] 1 生まれた, 生じた.　2 生まれつきの, 生得の.　3 自然のままの, 人工的でない.　4 土着の, その土地固有の.

natō -āre -āvī -ātum, intr (tr) freq [no] 1 泳ぐ.　2 浮かぶ, 漂う.　3 浸る, つかる⟨re⟩.　4 揺れ動く, 動きまわる: ante oculos natant tenebrae (Ov) 目の前がまっ暗になる.　5 (目が)とろんとしている, うつろである.　6 (心が)動揺する, ぐらつく.

natrium -iī, °n [化] ナトリウム: ～ carbonicum 炭酸ナトリウム / ～ jodatum ヨード・ナトリウム / ～ nitricum 硝酸ナトリウム.

natrix -icis, f [動] 水ヘビ.

nātū m sg abl ⇒ natus³.

nātūra -ae, f [nascor] 1 出生.　2 自然.　3 素質, 天性.　4 特徴, 性質; 性格, 気質.　5 本能.　6 自然の理法[秩序].　7 自然界, 万物, 森羅万象.　8 生殖器.

nātūrāle -is, n [↓] 1 (婉曲的に)陰部; 排泄物.　2 特徴.

nātūrālis -is -e, adj [natura] 1 自然の, 天然の.　2 血のつながった, 実の.　3 自然界の, 生まれつきの, 生来の: ～ societas inter homines (Cic) 人間同士の自然な結びつき / jus naturale (Cic) 自然法.　5 普通の, 当然の.　6 特徴的な, 典型的な.

nātūrāliter adv [↑] 1 本来, 生まれつき.　2 自然に, ひとりでに.　3 本性に従って.　4 普通に.

nātus[1] -a -um, adj (pp) [nascor] 1 (...から)生まれた, 生じた ⟨+abl; a [ex] re⟩.　2 ...歳の: plus triginta annis ～ sum (Plaut) 私は30過ぎだ.　3 (...として, ...をもって)生まれた, 生まれながらの ⟨+dat; ad [in] alqd⟩: ～ huic imperio (Cic) この帝国(ローマ)に奉仕すべく生まれた.

nātus[2] -ī, m 1 息子.　2 (pl) 子供たち.

*****nātus**[3] -ūs, m (用例は sg abl nātū のみ) [nascor] 年齢: grandis natu (Cic) 高齢の / minimus natu (Cic) 最年少の.

nauarchus -ī, m [Gk] 船長, 艦長.

Naubolidēs -ae, m [Gk]《伝説》Naubolus の息子 (=Iphitus).

Naubolus -ī, m [Gk]《伝説》ナウボルス, *-ロス《Phocis の王; Argonautae の一人である Iphitus の父》.

nauclēricus -a -um, adj [Gk] 船長の.

nauclērus -ī, m [Gk] 船長.

Naucratēs -is, m [Gk] ナウクラテース《ギリシアの史家 (前4世紀後半); Isocrates の弟子》.

naucum -ī, *n*, **-us** -ī, *m* 取るに足らぬもの, くだらぬもの: *non nauci esse* (Cɪᴄ) 取るに足らない, 値打がない.

naufragium -ī, *n* [naufragus¹] **1** 難船, 難破. **2** 失敗, 破滅. **3**（難破船の）残骸.

naufragō -āre -āvī, *intr* [↓] 難船する.

naufragus¹ -a -um, *adj* [navis/frango] **1** 難船[難破]した. **2** 破滅した. **3** 難破させる.

naufragus² -ī, *m* 難船者.

naulum, -on -ī, *m* [Gk] 船賃, 渡し賃.

naumachia -ae, *f* [Gk] **1**（見世物としての）模擬海戦. **2** 模擬海戦場《見世物のためにローマ市内に作られた人口湖》.

naumachiārius¹ -a -um, *adj* [↑] 模擬海戦場の.

naumachiārius² -ī, *m* 模擬海戦参加者.

Naupactōus -a -um, *adj* Naupactus の.

Naupactus, -os -ī, *f*, **-um** -ī, *n* [Gk] ナウパクトゥス, *-トス《Corinthus 湾に面する Aetolia の町; 現 Návpaktos》.

naupathīa -ae, °*f* 船酔い.

Naupliadēs -ae, *m* [Gk]《伝説》Nauplius の息子（=Palamedes）.

Nauplius -ī, *m* [Gk]《伝説》ナウプリウス, *-オス《Euboea の王; 息子 Palamedes の復讐のためにギリシア艦隊を難破させた》.

Nauportum -ī, *n* ナウポルトゥム《Pannonia の町》.

Nauportus -ī, *m* ナウポルトゥス《Nauportum 付近の川》.

nausea, -ia -ae, *f* [Gk] **1** 船酔い. **2** 吐き気, むかつき. **3** 嫌悪.

nauseābundus -a -um, *adj* [nauseo] **1** 船酔いの. **2** 吐き気を催す, むかつく.

nauseātor -ōris, *m* [↓] 船酔いする人.

nauseō -āre -āvī -ātum, *intr* [nausea] **1** 船酔いしている. **2** 吐き気を催す, むかつく. **3** 嫌悪する.

nauseola -ae, *f dim* [nausea]（軽い）吐き気.

nauseōsus -a -um, *adj* [nausea] 吐き気を催させる.

Nausicaā -ae, **-ē** -ēs, *f* [Gk]《伝説》ナウシカアー《Phaeacia の王 Alcinous の娘; 島に漂着した Ulixes に救いの手をさしのべた》.

Nausiphanēs -is, *m* [Gk] ナウシパネース《Teos 出身のギリシアの哲学者; Epicurus の師》.

nauta -ae, *m* [Gk] 船員, 水夫.

nautālis -is -e, °*adj* [↑] 船員らしい.

nautea -ae, *f* [Gk] **1** 吐き気. **2**（船底にたまる）汚水.

nauticī -ōrum, *m pl* [↓] 船員[水夫]たち.

nauticus -a -um, *adj* [Gk] 航海の, 海の, 船の: *res nautica* (Cᴀᴇs) 海事, 航海. **2** 船乗りの.

Nautiī -ōrum, *m pl* ナウティイー《Minerva の祭をつかさどった一族》.

nautilus, -os -ī, *m* [Gk]《動》アオイガイ.

Nautius -ī, *m* ナウティウス《ローマ人の氏族名》.

Nāva -ae, *m* ナーウァ《Germania の Rhenus 川の支流; 現 Nahe》.

nāvāle -is, *n* [↓] **1** 造船所, ドック, 船渠. **2** (*pl*)（船の）索具.

nāvālis -is -e, *adj* [navis] **1** 船の. **2** 海戦の, 海軍の: *socii navales* (Lɪᴠ) ローマの海軍で水夫・こぎ手をつとめた植民市や同盟市の出身者 / *res* — (Cɪᴄ) 海戦.

nāvē *adv* [navus] 熱心に, 勤勉に.

nāvicula -ae, *f dim* [navis] 小舟.

nāviculāria -ae, *f* [navicularius¹] (*sc. res*) 海運業.

nāviculāris -is -e, °*adj* [navicularia] **1** 海運業の. **2**《解》舟状(骨)の.

nāviculārius¹ -a -um, °*adj* [navicula] **1** 小舟の. **2** 船長の.

nāviculārius² -ī, *m* 船主; 船長.

nāvifragus -a -um, *adj* [navis/frango] 難船させる.

nāvigābilis -is -e, *adj* [navigo] 航行できる.

nāvigātiō -ōnis, *f* [navigo] 航海, 航行.

nāvigātor -ōris, *m* [navigo] 航海[航行]者.

nāvigātus -a -um, *pp* ⇒ navigo.

nāviger -gera -gerum, *adj* [navis/gero] 船を運ぶ, 航行できる.

nāvigiolum -ī, *n dim* [↓] =navicula.

nāvigium -ī, *n* [↓] 船, 船舶.

nāvigō -āre -āvī -ātum, *intr* [↓/ago] **I** (*intr*) **1** 航海する, 船旅をする. **2** 泳ぐ. **II** (*tr*) 航行する, 渡航する.

nāvis -is, *f* **1** 船: — *longa* (Cᴀᴇs) 軍船, 軍艦 / — *oneraria* (Cᴀᴇs) 貨物船, 輸送船. **2** (N-) (*sc.* Argolica)《天》アルゴー(Argo)座.

nāvita -ae, *m*《古形・詩》=nauta.

nāvitās -ātis, *f* [navus] 勤勉, 熱心.

nāviter *adv* [navus] **1** 熱心[勤勉]に. **2** 完全に, 全く: *bene et* — (Cɪᴄ) 完全に.

Navius¹ -iī, *m* ナウィウス《ローマ人の氏族名; 特に *Attus* —, Tarquinius Priscus 王時代の有名な鳥占い師》.

Navius² -a -um, *adj* Attus Navius の.

nāvō -āre -āvī -ātum, *tr* [↓] **1** 専心する, 熱心に行なう: *operam navare* (Cᴀᴇs) 忙しく働く, 専念する. **2** なし遂げる, 達成する.

nāvus -a -um, *adj* 熱心な, 勤勉な.

Naxius -a -um, *adj* [Gk] Naxos 島の.

Naxos, -us -ī, *f* [Gk] ナクソス《Cyclades 諸島最大の島》.

nē¹ *int*（代名詞の前で用いられる）本当に, 実に, 確かに.

nē² *adv*, *conj* **I** (*adv*) **1**（語句を否定して）…しない, …でない: *ne...quidem* 決して…でない, …でさえない. **2** 〈+*impr*; +*subj*〉（命令）…するな: — *timete* (Lɪᴠ) 恐れるな / — *me attigas* (Tᴇʀ) 私に触らないで / — *feceris* (Pʟᴀᴜᴛ) そうしてはいけない. **3** 〈+*subj*〉（祈願）…（し）ないように: *a, te* — *frigora laedant!* (Vᴇʀɢ) ああ, 寒さがあなたをそこなわないように! **4** 〈+*subj*〉（譲歩）…としても: — *sit sane summum malum dolor; malum certe est* (Cɪᴄ) いかにも苦痛は最大の害悪であるとしても, ともかく害悪にはちがいない. **II** (*conj*) 〈+*subj*〉 **1**（目的を表わす）…しないように, …するといけないから: *abeo a te,* — *quid tecum consili commisceam* (Pʟᴀᴜᴛ) おまえはおさらばだ, おまえの計画に巻き込まれたくないからな. **2**（命令・忠告・要求）…しないように: *imperavit* — *injussu suo concurrerent*

(CAES) 彼は自分の号令がないうちは突撃しないように命令した. **3** (恐怖・危惧) …ではないかと, …(する)ことを: *metu ~ amitteret praemissas jam cohortes* (TAC) すでに先発させた歩兵を失うのではないかと恐れた. **4** (努力・注意) …しないように: *fac ~ destiteris scribere* (CIC) 私に手紙を書くのをやめないようにしてください. **5** (妨害・抵抗) …(する)ことを: *sententiam ~ diceret, recusavit* (CIC) 彼は意見を述べることを拒んだ.

ne- *pref* 否定を表わす: *nefas, nescio, neuter,* etc.

-ne *enclitic interrog* (強調される語の後ろに付ける) **1** (直接疑問) …か: *meministine?* (CIC) おまえは覚えているか / *egon* (<egone) *istuc facerem?* (TER) 私がまさかそんなことをするとでも? / *vosne L. Domitium, an vos Domitius deseruit?* (CAES) きみたちが L. Domitius を見捨てたのか? それとも Domitius がきみたちを見捨てたのか? **2** (間接疑問) …かどうか: *rogavi pervenissentne Agrigentum* (CIC) 私は彼らが Agrigentum に到着したかどうかたずねた / *nescio gratulerne tibi an timeam* (CIC) あなたに感謝すべきか恐れるべきかわからない.

Neaera -ae, *f* [*Gk*] ネアエラ, *ネアイラ《(1) 前1世紀の詩人 Lygdamus (本名不詳)の恋人. (2) Horatius の恋人》.

Neāpolis -is, *f* [*Gk*] ネアーポリス《いくつかのギリシアの町の名; 特に Campania の町 (もともとギリシア人の植民市); 現 Napoli》.

Neāpolitānum -ī, *n* Neapolis 付近の Pompeius の別荘.

Neāpolitānus -a -um Neapolis の. **Neāpolitānī** -ōrum, *m pl* Neapolis の住民.

Neāpolitēs -ae, *m* [*Gk*] Neapolis 人.

Neāpolitis -idis, *adj f* Neapolis の.

Nearchus -ī, *m* [*Gk*] ネアルクス, *ネ-コス《Alexander 大王の少年時代からの友; 彼の東征に従い, Indus 川からペルシア湾までの航海記を著わした》.

nebris -idis [-idos], *f* [*Gk*] Bacchus の信徒たちが身にまとった小鹿の皮.

nebula -ae, *f* **1** 霧, かすみ, もや. **2** ほこり, 煙. **3** 雲. **4** 薄膜. **5** かげり, 闇.

nebulō[1] -ōnis, *m* [↑] ろくでなし, 役立たず.

nebulō[2] -āre, °*tr* [nebula] 曇らせる, 暗くする.

nebulōsus -a -um, *adj* [nebula] **1** 霧[もや]の立ちこめた, 曇った. **2** 蒸気[もや]のような. **3** あいまいな, 不明瞭な.

nec, neque *adv, conj* [ne-/-que[2]] **I** (*adv*) 《古形》(通例 nec) …でない(=non). **II** (*conj*) そして…でない; (単独で) そして…でさえない: *neque unquam* そして決して…でない / *id, quod utile videbatur, neque erat* (CIC) 一見有益に思えて実はそうでなかったもの / *neque vero* そして実際…でない / *neque enim* というのも…でないから / *neque tamen* にもかかわらず…でない / *neque…neque* …でもなく…でもない / *neque…et* …でないばかりかむしろ… / *et…neque* …であるばかりか…でない / *nec non* そして…も, そしてさらに.

necātor -ōris, °*m* [neco] 殺害者.

necātrīx -īcis, °*f* [↑] 殺害者《女性》.

necātus -a -um, *pp* ⇒ neco.

necdum *adv, conj* [nec/dum[2]] **I** (*conj*) そしてまだ…でない. **II** (*adv*) まだ…でない.

necessāria[1] -ae, *f* [necessarius[2]] 親戚, 友人《女性》.

necessāria[2] -ōrum, *n pl* [necessarius[1]] 生活必需品.

necessāriē *adv* [necessarius[1]] 必然的に.

necessāriō *adv* (*abl*) [↓] **1** やむをえず, 余儀なく. **2** 必然的に, 当然.

necessārius[1] -a -um, *adj* [necesse] **1** やむをえない, 避けられない, 必然の. **2** 必要な, 不可欠の. **3** 争う余地のない, 明白な. **4** 緊急の, きわめて重大な. **5** (血縁・友情・庇護関係などで)固く結ばれた.

necessārius[2] -ī, *m* 親戚, 友人.

necesse *indecl adj n* [ne-/cedo[2]] 必然の, 避けられない, やむをえない; 必要な, 不可欠の: ~ *esse* 必然である, …ねばならぬ <+inf; +acc c. inf; +subj; ut> / ~ *habere* <+inf> (…することを)必要と考える, …ねばならぬ.

necessitās -ātis, *f* [↑] **1** 必然性, 不可避. **2** 必要, 不可欠. **3** 強制, 圧迫. **4** 難局, 苦境. **5** 困窮, 窮乏. **6** 必要なもの, 要求. **7** やむをえない行為. **8** (人と人との)きずな, 親しい関係 (=necessitudo).

necessitūdō -dinis, *f* [necesse] **1** 必然性, 不可避. **2** 強制, 拘束. **3** 困窮, 窮乏. **4** 必要なもの, 要求. **5** (人と人との)きずな, 親しい関係. **6** (*pl*) 親戚, 友人.

necessō -āre, °*tr* [necesse] 不可欠にする.

necessum, -us *indecl adj* 《古形》=necesse.

necne *conj, particle* [nec/-ne] …か否か, …かどうか.

necnōn *adv* そして…も, そしてさらに.

necō -āre -āvī -ātum, *tr* [nex] **1** 殺す. **2** 滅ぼす, だいなしにする. **3** 抑圧する.

necopīnans -antis, *adj* [nec/opinor] 気づかない, 予期しない.

necopīnātō *adv* (*abl*) [↓] 思いがけなく, 突然.

necopīnātus -a -um, *adj* [nec/opinor] 思いがけない, 不測の.

necopīnus -a -um, *adj* [↑] **1** 思いがけない, 不測の. **2** 気づかない, 予期しない.

necrobiōsis -is, °*f* 《病》類壊死.

necrologia -ae, °*f*, **-um** -ī, °*n* 死亡者名簿, 過去帳.

necromantīa, -ēa -ae, °*f* [*Gk*] 降霊術.

necropsia -ae, °*f* [*Gk*] 検死, 剖検.

necroscopia -ae, °*f* =necropsia.

necrōsis -is, °*f* [*Gk*] 《病》壊死( ), 壊疽( ).

Nectanabis, -tene- -idis, **Necthebis** -is, *m* ネクタナビス《エジプト王 (前4世紀前半頃)》.

nectar -aris, *n* [*Gk*] **1** 《神話》ネクタル, 神酒. **2** 人間を不死にする[人間の姿を変える]飲料. **3** 甘美なもの《特にぶどう酒・蜜・ミルクなど》.

nectareus -a -um, *adj* [↑] **1** 神酒を混ぜた. **2** (神酒のように)甘美な.

nectarītēs -ae, *m* [*Gk*] オオグルマで芳香をつけたぶどう酒.

nectarius -a -um, *adj* =nectareus: *herba nectaria* (PLIN) 《植》オオグルマ.

nectō -ere nex(u)ī nexum, *tr* [*cf.* nassa, nodus]

1 織って[編んで]作る. **2** 巻きつける, からませる. **3** つなぎ合わせる, 結びつける; 関連させる ⟨alqd re⟩. **4** 拘束する. **5** たくらむ, もくろむ. **6** (詩文・演説などを)作る; 物語る.

nēcubi [ne²/*cubi (*cf.* alicubi)] *adv* ⟨+*subj*⟩ どこ[どんな場合]にも…ないように.

necullus, nec ullus -a -um, *adj* 一つ[一人]もない.

nēcunde [ne²/*cunde (*cf.* unde)] *adv* ⟨+*subj*⟩ どこからも…ないように.

nēdum [ne²/dum²] *conj* ⟨+*subj*⟩ いわんや[まして, なおさら]…でない.

nefandus -a -um, *adj* [ne-/for] 邪悪な, 憎むべき, 忌まわしい.

nefans -antis, *adj* =nefandus.

nefāriē *adv* [nefarius] 邪悪に, 非道に.

nefārium -ī, *n* [↓] 忌まわしい行為.

nefārius -a -um, *adj* [↓] **1** 人倫に反した, 邪悪な. **2** ひどい, 不快な.

nefās *indecl n* [ne-/fas] **1** 不敬虔, 瀆聖. **2** 犯罪, 罪業: *fas atque ~* (VERG) 正邪. **3** 忌まわしいできごと, 恐ろしいもの. **4** 邪悪な者, 悪人. **5** 災難, 懲罰.

nefastus -a -um, *adj* [ne-/fastus²] **1** (神のおきてによって)禁じられている, 瀆聖の, 不浄な: *dies nefasti* (VARR) (宗教上の理由から)公的業務の禁じられている日々. **2** 忌まわしい, 恐ろしい. **3** 不吉な, 縁起の悪い.

negantia -ae, *f* [nego] 否定, 否認.

negantinummius -a -um, *adj* [nego/nummus] お金を出そうとしない者.

negātiō -ōnis, *f* [nego] **1** 否定, 否認; 拒否, 拒絶. **2** 〘文〙否定辞.

negātīvē *adv* [↓] 否定的に.

negātīvus -a -um, *adj* [nego] **1** 〘法〙禁止の. **2** 〘文〙否定の.

negātor -ōris, °*m* [nego] 否定者.

negātrīx -īcis, °*f* [↑] 否定者(女性).

negātus -a -um, *pp* ⇨ nego.

negitō -āre -āvī -ātum, *tr freq* [nego] 断固繰り返して否定[拒否]する.

neglēctiō -ōnis, *f* [neglego] 無視, 軽視.

neglēctus¹ -a -um, *adj* (*pp*) [neglego] **1** 顧みられない, 無視[軽視]された. **2** 不注意な.

neglēctus² -ūs, *m* 無視, 軽視.

neglegēns -entis, *adj* (*prp*) [neglego] **1** 無頓着な, 不注意な ⟨alcis rei; in re [alqd]⟩. **2** だらしない, 雑然とした. **3** 区別しない.

neglegenter *adv* [↑] 不注意に, ぞんざいに.

neglegentia -ae, *f* [neglegens] 怠慢, 不注意, 無頓着: *epistularum ~* (CIC) 筆不精.

neglegō -ere -lēxī -lēctum, *tr* [nec/lego²] **1** 無視する, 顧みない, 気にしない, 看過する ⟨alqd; +*acc. inf*; +間接疑問; de alqo⟩: *Aeduorum injurias non neglegere* (CAES) Aedui 族に対する不正行為を見過ごさない ⟨+*inf*⟩. **2** 軽視する, 軽んずる: *alcis imperium neglegere* (CAES) ある人の権威を軽んずる. **3** 放棄[断念]する, なしですます.

neglēxī *pf* ⇨ neglego.

negō -āre -āvī -ātum, *tr* (*intr*) **I** (*tr*) **1** 否定[否認]する ⟨alqd; +*acc c. inf*⟩. **2** 拒絶[拒否]する, 断る ⟨alqd; +*inf*⟩. **3** 禁ずる, 許さない ⟨alci alqd; +*acc c. inf*⟩. **II** (*intr*) 否と言う ⟨+*dat*⟩.

negōtiālis -is -e, *adj* [negotium] 仕事に関する, 業務上の.

negōtiāns -antis, *m* (*prp*) [negotior] 商人, (特に)卸売商人, 実業家.

negōtiātiō -ōnis, *f* [negotior] 商売, 取引.

negōtiātor -ōris, *m* [negotior] 商人, (特に)卸売商人.

negōtiolum -ī, *n dim* [negotium] **1** (小さな)仕事. **2** (ちょっとした)問題.

negōtior -ārī -ātus sum, *intr* (*tr*) *dep* [negotium] 商売[取引]をする.

negōtiōsus -a -um, *adj* [↓] **1** 仕事の多い, 多忙な. **2** 骨の折れる, 厄介な. **3** 仕事の: *negotiosi dies* (TAC) 仕事をする日々.

negōtium -ī, *n* [nec/otium] **1** 仕事, 活動. **2** 苦労, 骨折り: *sine negotio* (NEP) 苦もなく. **3** 迷惑, 面倒: *~ alci facessere* (CIC) ある人に迷惑をかける. **4** (なすべき)仕事, 務め: *dare ~ alci* (CIC) ある人に任務を与える. **5** 国政, 公務. **6** (個人に)関すること, 利益: *suum ~ agere* (CIC) 自分のことだけをする. **7** 商売, 取引. **8** 訴訟. **9** 問題, 事態: *quid negotii est?* (PLAUT) 何が問題なのか, どうしたのか. **10** こと, 事柄; 人, やつ.

Nēlēius¹ -ī, *m* =Nelides.

Nēlēius² -a -um, *adj* [Gk] **1** Neleus の. **2** (詩)Nestor の.

Nēleus¹ -eī [-eos], *m* [Gk] 〘伝説〙ネーレウス(Pylus の王で Nestor の父).

Nēleus² -a -um, *adj* Neleus の.

Nēlidēs -ae, *m* [Gk] Neleus の子孫(=Nestor).

Nemausum -ī, *n* ネマウスム(Gallia Narbonensis の町; 現 Nîmes).

Nemea¹ -ae, **Nemeē** -ēs, *f* [Gk] ネメア(Argolis の谷; Hercules がライオンを退治した場所).

Nemea² -ōrum, *n pl* [Gk] ネメア祭(2年ごとに Nemea で催されたギリシアの四大競技祭の一つ).

Nemeaeus¹ -a -um, *adj* [Gk] **1** Nemea¹ の. **2** Nemea のライオンの.

Nemeaeus² -ī, *m* 〘天・占星〙獅子座 (=Leo).

Nemesis -is [-eōs], *f* [Gk] 〘神話〙ネメシス(人間の傲慢を罰する女神).

Nemetēs -um, *m pl* ネメテース(Gallia Belgica にいたゲルマン系一部族).

Nemetocenna -ae, *f* ネメトケンナ(Gallia Belgica にあった, Atrebates 族の町; 現 Arras).

nēmō (*gen* nullius, *dat* nēminī, *acc* nēminem, *abl* nullō), *m* (*f*) [ne²/homo] **1** 誰も…ない: *~ alius* 他に誰も, 誰一人も. *~ unus* 一人も…ない / *non ~* 何人か / *~ non* 各人, 誰もみな. **2** 取るに足らぬ人, 無名の人. **3** (形容詞的に)=nullus.

nemorālis -is -e, *adj* [nemus] 森の, 森林の: *templum nemorale Dianae* (OV) (Aricia 付近にあった) Diana の森深い神殿.

nemorensis -is -e, *adj* [nemus] 森の; (特に,

Aricia 付近にあった) Diana の聖林の.
nemorivagus -a -um, *adj* [nemus/vagus¹] 森をうろつく.
nemorōsus -a -um, *adj* [nemus] **1** 森の多い. **2** 葉の茂った.
nempe *adv, conj* [*cf.* nam, quippe] 本当に, 確かに; もちろん.
nemus nemoris, *n* **1** 森, 森林. **2** 植樹; 樹木. **3** 聖林, 神にささげられた森; (特に) Diana にささげられた Aricia の森.
nēnia -ae, *f* **1** 哀悼歌, 挽歌. **2** 呪文. **3** (一般に) 歌. **4** (*pl*) くだらないもの, がらくた.
neō -ēre nēvī nētum, *tr* **1** 紡ぐ. **2** 織る.
Neobūlē -ēs, *f* [*Gk*] ネオブーレー《Horatius の詩に登場する娘の名》.
Neoclēs -is [-ī], *m* [*Gk*] ネオクレース《Themistocles の父》.
Neoclīdēs -ae, *m* [*Gk*] Neocles の息子(=Themistocles).
neomēnia -ae, *f* [*Gk*] 新月.
neonātus -ī, °*m* 〖医〗新生児.
Neontīchos (用例は *nom, acc* のみ), *n* [*Gk*] ネオンティーコス, *-テイ-*《Thracia の要塞》.
neophytus -ī, °*m* [*Gk*] 新しくキリスト教に改宗した人.
neoplasma -atis, °*n* 〖病〗新生物.
Neoptolemus -ī, *m* [*Gk*] ネオプトレムス, *-モス*《Achilles の息子; Troja 戦争で Priamus を殺した; Pyrrhus とも呼ばれた》.
neōtericī -ōrum, °*m pl* [↓] 当今の作家.
neōtericus -a -um, °*adj* 当今の, 近ごろの.
nepa -ae, *f* **1** 〖動〗サソリ. **2** (N-) 〖天〗サソリ座.
nēpenthes -is, *n* [*Gk*] 悲しみを取り除くと考えられた薬.
Nepesīnus -a -um, *adj* Nepete の.
nepeta -ae, *f* 〖植〗シソ科カラミンタ属の植物.
Nepete -is, *n*, **-a** -ae, *f* ネペテ《Etruria 南部の町; 現 Nepi》.
Nephelaeus -a -um, *adj* Nephele の.
Nephelē -ēs, *f* [*Gk*] 〖伝説〗ネペレー《Athamas の妻で Phrixus と Helle の母》.
Nephelēias -adis [-ados], *f* =Nepheleis.
Nephelēis -idos [-idis], *f* [*Gk*] Nephele の娘(=Helle).
nephralgia -ae, °*f* 〖病〗腎臓痛.
nephrectomia -ae, °*f* 〖医〗腎摘出(術).
nephridium -ī, °*n* 〖動〗腎管.
nephrītis -tidis, °*f* [*Gk*] 〖病〗腎炎.
nephrocirrhōsis -is, °*f* 〖病〗腎硬変(症).
nephrolithiasis -is, °*f* 〖病〗腎結石症.
nephropathīa -ae, °*f* 〖病〗腎症.
nephropyelītis -tidis, °*f* 〖病〗腎盂(う)腎炎.
nephrōsis -is, °*f* 〖病〗ネフローゼ.
nepōs -ōtis, *m* (*f*) **1** 孫. **2** 子孫. **3** 甥(おい). **4** 道楽者, 浪費家.
Nepōs -ōtis, *m* ネポース《Cornelia 氏族に属する家名; 特に *Cornelius* ~, 伝記作家で Cicero の友人 (前 99?-?24)》.
nepōtālis -is -e, *adj* [nepos] 浪費家の.

nepōtātus -ūs, *m* [↓] 浪費.
nepōtor -ārī -ātus sum, *tr dep* [nepos] 浪費する.
nepōtula -ae, *f* [↓] 〖碑〗(小さな)孫娘.
nepōtulus -ī, *m dim* [nepos] (小さな)孫.
neptis -is, *f* [*cf.* nepos] **1** 孫娘. **2** 女系子孫.
Neptūnālia -ium [-iōrum], *n pl* [↓] Neptunus の祭典《7月23日に行なわれた》.
Neptūnālis -is -e, °*adj* Neptunus の.
Neptūnicola -ae, *m* [Neptunus/colo²] Neptunus の崇拝者.
Neptūnius -a -um, *adj* 《詩》Neptunus の: *arva* [*loca*] *Neptunia* (VERG) Neptunus の野原(=海) / ~ *dux* (HOR) =Sextus Pompeius《自らを Neptunus の養子と称した》.
Neptūnus -ī, *m* **1** 〖神話〗ネプトゥーヌス《海神; Juppiter の兄弟で Amphitrite の夫; ギリシア神話の Poseidon に当たる》. **2** 《詩》海.
nēquam¹ *indecl adj* (*comp* nēquior, *superl* nēquissimus) [ne²/quam] **1** 役に立たない, 価値のない. **2** 放埓な, 邪悪な. **3** いたずら好きな.
nēquam² *indecl n* 危害, わるさ.
nēquandō, nē quandō *conj* 決して…(し)ないように.
nēquāquam *adv* [ne²/quisquam] 決して…ない.
neque *adv, conj* =nec.
nequedum *adv, conj* =necdum.
nequeō -quīre -quīvī [-quiī] -quitum, *intr* …できない, …する能力がない ⟨+*inf*⟩.
nequiī *pf* =nequivi (⇒ nequeo).
nēquior -or -ius, *adj comp* ⇒ nequam¹.
nēquīquam, nēquicquam, necquicquam *adv* **1** むだに, いたずらに. **2** 根拠なく, 理由なく. **3** 罰を受けずに.
nequīre *inf* ⇒ nequeo.
nēquissimus -a -um, *adj superl* ⇒ nequam¹.
nēquiter *adv* [nequam¹] **1** まずく; 失敗して, 不首尾に. **2** 下劣に, 邪悪に.
nēquitia -ae, **-ēs** -ēī, *f* [nequam¹] 放蕩, ふしだら, 不品行.
nequitus -a -um, *pp* ⇒ nequeo.
nequīvī *pf* ⇒ nequeo.
Nerātius -ī, *m* ネラーティウス《ローマ人の氏族名; 特に *L.* ~ *Priscus*, Trajanus 帝時代の高名な法学者》.
Nērēis -idis, *f* [*Gk*] 〖神話〗ネーレーイス《Nereus と Doris の娘たちの一人; 海のニンフ》.
Nērēius -a -um, *adj* Nereus の.
Nerētum -ī, *n* ネレートゥム《Calabria の町》.
Nēreus -eī [-eos], *m* [*Gk*] **1** 〖神話〗ネーレウス《海神; Oceanus と Tethys の息子で Doris の夫; Nereis たちの父》. **2** 《詩》海.
Nērīnē -ēs, *f* =Nereis.
Nērītius -a -um, *adj* 《詩》Neritos の; Ithaca の; Ulixes の.
Nērītos, -us -ī, *m* [*Gk*] ネーリトス《Ithaca 島の山》.
Nerius -ī, *m* ネリウス《Horatius 時代の有名な高利貸し》.
Nerō -ōnis, *m* ネロー《Claudia 氏族に属する家名; 特に (1) *C. Claudius* ~, 執政官(前 207)として Me-

Neroneus — Nicaea

taurus 河畔の戦いで, Hasdrubal を破った. (2) ~ *Claudius Caesar*, ローマ第5代皇帝(在位 54-68); 暴君として知られる)).

Nerōnēus -a -um, *adj* Nero 帝の: *mensis* ~ (SUET) Nero の月 (Nero 帝時代に Aprilis (4月)をこう呼んだ).

Nerōnia -ōrum, *n pl* ネロ祭 (Nero 帝が創始した競技祭).

Nerōniānus -a -um, *adj* =Neroneus.

Nersae -ārum, *f pl* ネルサエ (Latium にあった Aequi 族の町).

Nerthus -ī, *f* ネルトゥス (ゲルマン人の豊穣の女神).

Nerulum -ī, *n* ネルルム (Lucania 南部の町).

Nerva -ae, *m* ネルウァ (ローマ人の家名; 特に M. Cocceius ~, ローマ皇帝 (在位 96-98); 五賢帝の最初の皇帝).

nervia -ōrum, *n pl* [*cf.* nervus] 【解】腱(义).

nerviae -ārum, *f pl* [*cf.* nervus] 1 (楽器の)弦. 2 (測量師の)おもりをつるす糸.

Nervicus -a -um, *adj* Nervii 族の.

Nervii -ōrum, *m pl* ネルウィイー (Gallia Belgica にいた一部族; Caesar に征服された).

nervōsē *adv* [nervosus] 強く, 勢いよく.

nervōsitās -ātis, *f* [↓] (繊維などの)頑丈[丈夫]なこと.

nervōsus -a -um, *adj* [nervus] 1 筋肉の多い, 筋骨たくましい. 2 (文体が)力強い, 勢いある.

nervulus -ī, *m dim* [↓] (*pl*) 活力, 精力.

nervus -ī, *m* 1 腱(义), 筋. 2 (楽器の)弦; (*pl*) 弦楽器. 3 弓のつる. 4 (盾をおおう)革. 5 (囚人の)足かせ. 6 力, 精力, 活力. 7° 【解】神経: ~ *vagus* 迷走神経.

Nesactium -ī, *n* ネサクティウム (Histria の町).

nesciens -entis, *adj* (*prp*) [↓] 知らない, 気づかない ⟨+*gen*⟩.

nesciō -īre -scīvī [-sciī] -scītum, *tr* (*intr*) [ne-/scio] 1 知らない, 気づかない ⟨alqd; +*acc c. inf*⟩: ~ *an* おそらくは / ~ *quis* 誰か(ある人)が / ~ *quo modo* [*pacto*] 何らかの方法で, どうにかこうにか. 2 (...することが)できない ⟨alqd; +*inf*⟩: *nescire Graece* (CIC) ギリシア語ができない.

nescius -a -um, *adj* [↑] 1 知らない, 気づかない ⟨+*gen*; +*acc c. inf*⟩. 2 経験のない ⟨+*gen*⟩. 3 (...することが)できない ⟨+*inf*⟩. 4 知られていない.

Nēsis -idis, *f* [*Gk*] ネーシス (Puteoli と Neapolis の間にあった小島; 現 Nisida).

Nesseus -a -um, *adj* Nessus (1) の.

Nessus -ī, *m* [*Gk*] ネッスス, *-ソス* ((1) 【伝説】Centaurus 族の一人; Hercules の妻 Deianira に暴行しようとして Hercules に毒矢で殺された. (2) Thracia の川).

Nestōr -oris, *m* [*Gk*] 【伝説】ネストール (Neleus の息子; Pylus の王; Troja 戦争では賢い老王としてギリシア軍の御意見番をつとめた).

nētē -ēs, *f* [*Gk*] (四音音階の)最高音.

Nētīnēnsēs -ium, *m pl* =Netini.

Nētīnī -ōrum, *m pl* Netum の住民.

Nētum -ī, *n* ネートゥム (Sicilia 島の町; Syracusae の南西にあった).

nētus[1] -a -um, *pp* ⇨ neo.

nētus[2] -ūs, *m* (紡ぎ)糸.

neu *conj* =neve.

neuma -ae, *f* [*Gk*] 1 【音】ネウマ (中世の単旋聖歌の高低・律動などを表示した記号). 2 (*pl*) 旋律, 調べ.

neuralgia -ae, *f* 【病】神経痛: ~ *trigeminalis* 三叉神経痛.

neurasthenia -ae, *f* 【病】神経衰弱(症).

neurilemma -ae, *f* 【解】神経線維鞘(いょう).

neuritis -tidis, *f* 【病】神経炎: ~ *multiplex* 多発性神経炎 (=polyneuritis) / ~ *endemica* 地方病性神経炎 (=脚気) / ~ *optica* 視神経炎 / ~ *toxica* 中毒性神経炎.

neuroglia -ae, *f* 【解】神経支持質, 神経膠.

neurohumor -ōris, *m* 【生理】神経(体)液.

neurologia -ae, *f* 【医】神経学.

neurōma -atis, *n* 【病】神経腫.

neuron -ī, *n* 【解】神経単位.

neuroparalysis -is, *f* 【病】神経麻痺.

neuropathia -ae, *f* 【医】神経障害.

neuropodium -ī, *n* 【解】神経足, 腹肢.

neurōsis -is, *f* 【病】神経症, ノイローゼ.

neurotomia -ae, *f* 【医】1 神経切断(術). 2 神経解剖学.

neuter -tra -trum (*gen* neutrīus), *adj* [ne-/uter?] 1 どちらも...でない. 2 中立の. 3 【文】中性の.

neutiquam *adv* [ne-/ut/quam] 決して...ない.

neutrālis -is -e, *adj* [neuter] 【文】中性の.

neutrō *adv* [neuter] どちらの側[方向]でも...ない.

neutrubī *adv* [neuter/ubi] どちらの場所にも...ない.

nēve, neu *conj*, *adv* [ne²/-ve] 1 しかも[また]...(し)ないように: *quaeso ut advocatus mi adsis* ~ *abeas* (PLAUT) 頼むから弁護士として私のところにいてくれ, 帰らないでくれ. 2 ~ ...~ ...でもなく...でもないように.

nēvī *pf* ⇨ neo.

nēvis, nēvolt (古形) =non vis, non vult (~ nolo).

nex necis, *f* [*cf.* noceo, noxa] 1 殺害, 殺すこと. 2 (一般に)死. 3 殺された者の血.

nexī *pf* =nexui.

nexilis -is -e, *adj* [necto] つなぎ[結び]合わされた.

nexō -ere -xuī [-xī], *tr freq* [necto] 結び合わせる, からみ合わせる.

nexuī *pf* ⇨ necto, nexo.

nexum -ī, *n* (*pp*) [necto] 身体拘束 (債務不履行の場合に債務者が債権者の奴隷になること).

nexus[1] -a -um, *adj* (*pp*) [necto] 担保[抵当]に入れられた.

nexus[2] -ī, *m* (債務不履行による)奴隷.

nexus[3] -ūs, *m* 1 結合, からみ合うこと. 2 結び目, 継手; きずな, 結びつき. 3 =nexum. 4 組み合わせたもの, からみ合ったもの.

nī *adv*, *conj* [*cf.* ne²] 1 =ne². 2 もし...でなければ (=si non, nisi).

Nīcaea -ae, *f* [*Gk*] ニーカエア, *-カイア* ((1) Bithynia の町; 通称=ケーア; 現 Iznik. (2) Locris の

Thermopylae 近くの町. (3) India の町; Alexander 大王が建設した》.

Nicaeensis -is -e, *adj* Nicaea (1) の.

Nīcaeus -a -um, *adj* [*Gk*] 《Juppiter の添え名として》勝利を与える.

Nīcander -drī, *m* [*Gk*] ニーカンデル, *-ドロス《Colophon 出身のギリシアの詩人 (前 2 世紀); Claros の Apollo の神官でもあった》.

Nīcātōr -oris, *m* [*Gk*]《「勝利者」の意》**1** Seleucus I の呼称. **2** (*pl*) Macedonia の親衛隊の呼称.

Nīcēphorium -ī, *n* [*Gk*] ニーケーポリウム, *-オン《(1) Pergamum 付近の森; Eumenes I が Antiochus I に対する勝利を記念して植樹した. (2) Mesopotamia の町》.

Nīcēphorius -ī, *m* ニーケーポリウス《Armenia の川》.

nīcētērium, -on -ī, *n* [*Gk*] 勝利の褒賞.

Nīciās -ae, *m* [*Gk*] ニーキアース《Peloponnesus 戦争時の Athenae の政治家・将軍 (前 470?–413); Sicilia 遠征軍を率いて出征したが, Syracusae 軍に敗れ処刑された》.

Nīcoclēs -is, *m* [*Gk*] ニーコクレース《Sicyon の僣主 (前 3 世紀)》.

Nīcolāus -ī, *m* [*Gk*] ニーコラーウス, *-オス《Damascus 出身の逍遙学派哲学者 (前 1 世紀)》: *palma Nicolai* (PLIN) Nicolaus が Augustus 帝に寄贈した特大種のナツメヤシの木.

Nīcomēdēs -is, *m* [*Gk*] ニーコメーデース《Bithynia の数人の王; 特に *Nicomedes IV Philopator*, 自らの王国をローマ人民に遺贈した (在位前 94–74)》.

Nīcomēdīa -ae, *f* [*Gk*] ニーコメーディーア, *-デイア《Bithynia の首都; 現 Izmit》.

Nīcopolis -is, *f* [*Gk*] ニーコポリス《Epirus の町; Actium の海戦での勝利を記念して Augustus 帝が建設した》.

nictātiō -ōnis, *f* [↓] まばたき.

nictō -āre -āvī -ātum, *intr* [*cf.* coniveo] **1** まばたきする. **2** ちらちら光る, またたく. **3** 目くばせする.

nictor -ārī -ātus sum, *intr dep* =nicto.

nictus -ūs, *m* [nicto] まばたき, 目くばせ.

nīdāmentum -ī, *n* [nidus] 巣を作るための材料.

nīdificō -āre -āvī -ātum, *tr* [nidus/facio] 巣を作る.

nīdificus -a -um, *adj* [nidus/facio] 巣作りの.

nīdor -ōris, *m* (熱い飲食物が立てる)湯気, 香り; (物が焼けるときの)強烈な匂い[臭気], 煙.

nīdulus -ī, *m dim* [↓] (小さな)巣.

nīdus -ī, *m* **1** 巣. **2** (巣の中の)ひな鳥. **3** 箱. **4** 住みか, 家.

nigellus -a -um, *adj dim* [↓] 黒みがかった, 黒っぽい.

niger -gra -grum, *adj* **1** 黒い, 暗色の. **2** 肌の黒い, 浅黒い; 黒髪の. **3** 暗い; 暗黒の. **4** 死の, 陰鬱な; 不吉な. **5** 邪悪な, よこしまな.

Nigidius -ī, *m* ニギディウス《ローマ人の氏族名; 特に *P. ~ Figulus*, Cicero や Caesar と同時代の卓越した学者》.

nigrāns -antis, *adj* (*prp*) [nigro] 黒い; 暗い.

nigrēdō -dinis, *f* [niger] 黒色, 黒さ.

nigreō -ēre, *intr* [niger] 暗くなる.

nigrēscō -ere -gruī, *intr inch* [↑] 黒くなる; 暗くなる.

nigricāns -antis, *adj* (*prp*) [↓] **1** 黒みがかった, 黒っぽい. **2** 光のない, 暗い, はっきりしない.

nigricō -āre, *intr* [niger] 黒ずむ.

Nigris -is, *m* [*Gk*] ニグリス《Aethiopia の大河; おそらく現 Niger》.

Nigrītae -ārum, *m pl* [*Gk*] ニグリータエ, *-タイ《Nigris 河畔にいた一部族》.

nigritia -ae, **-ēs** -ēī, *f* [niger] 黒色.

nigritūdō -dinis, *f* =nigritia.

nigrō -āre -āvī -ātum, *intr, tr* [niger] **I** (*intr*) 黒い. **II** (*tr*) 黒くする.

nigror -ōris, *m* [niger] 黒色, 黒さ.

nigruī *pf* ⇒ nigresco.

nigrum -ī, *n* [niger] 黒い点: ~ *oculi* (CELS) 目の黒い点(=ひとみ).

nihil[1], **nīl**[1] *indecl n* (*gen* nullīus reī) [*cf.* nihilum] **1** 無, (何も)ないこと: *non* ~ 多少 / ~ *non* すべて, 何でも / ~ *aliud nisi* (Cic) ただ…だけ, …しかほかならない / ~ *minus* 決して[全く]…(で)ない. **2** 無意味, 無価値: ~ *esse* 無価値である, 役に立たぬ.

nihil[2], **nīl**[2] *adv* **1** 全く[決して]…ない: *non* ~ かなり, 少なからず. **2** 何の理由もなく.

nihildum *adv* [↑/dum[2]] まだ何も…ない.

nihilōminus, nihilō minus *adv* [↓] それにもかかわらず, それでもやはり.

nihilum[1], **nīlum** -ī, *n* [ne-/hilum] 無, (何も)ないこと: *ad* ~ *venire* (Cic) 無に帰する / *nihili* (価値を表わす *gen*) *facere* (Cic) =*pro nihilo putare [ducere]* (Cic) 無価値[取るに足らぬもの]とみなす / *de nihilo* (PLAUT) むなしく, いたずらに, 根拠なく / *nihilo* <+*comp*> 少しも…でない / *nihilo beatior* (Cic) (…より)少しも幸せでない.

nihilum[2] *adv* =nihil[2].

nīl[1, 2] =nihil[1, 2].

Nīliacus -a -um, *adj* **1** Nilus 川の. **2** エジプトの.

Nīligena -ae, *m, f* [Nilus/gigno] Nilus 河畔に生まれた者(=エジプト人).

nīlum -ī, *n* =nihilum[1].

Nīlus -ī, *m* [*Gk*] **1** ニールス, *ネイロス, "ナイル《(1) エジプトの大河. (2) (1) の河神》. **2** (n-) 水路, 水道.

nimbātus -a -um, *adj* [nimbus] 猛烈な, 激しい.

nimbifer -fera -ferum, *adj* [nimbus/fero] あらしをもたらす.

nimbōsus -a -um, *adj* [↓] 雨雲におおわれた; あらしをもたらす, あらしの.

nimbus -ī, *m* **1** 雨雲. **2** (一面の)煙, 砂塵. **3** 大群. **4** 土砂降り, 豪雨, 驟雨. **5** 流出, 噴出. **6** (雨あられと)降り注ぐこと. **7**° (聖像の)後光, 光輪.

nimietās -ātis, *f* [nimius] 過多, 過剰.

nimiō *adv* (*abl*) [nimium[1]] 並はずれて, はるかに.

nimiopere, nimiō opere *adv* (*abl*) [nimium[1]/opus] 過度に.

nīmīrum *adv* [ni/mirus] 確かに, もちろん, 当然.

nimis *adv* 1 過度に, あまりに. 2 非常に, 大いに: *non* ~ 大して…ない.

nimium¹ -ī, *n* [nimius] 1 過度な, 過多. 2 大量, 豊富.

nimium² *adv* =nimis.

nimius -a -um, *adj* [nimis] 1 過度の, 極端な, 過剰な. 2 中庸を欠いた, 節度のない. 3 非常な.

ninguis -is, *f* =nix.

ning(u)it -ere ninxit, *intr impers* [*cf.* nix, nivit] 雪が降る.

Ninivē, -ne- -ēs, °*f* ニニウェ, ⁿニネヴェ 《Assyria の首都 (⇒ Ninus (2))》.

Ninnius -ī, *m* ニンニウス《Campania の貴族の氏族名; 特に (1) *L.* ~ *Quadratus*, 護民官 (前 58). (2) ~ *Crassus*, Homerus の *Ilias* をラテン語に訳した (前 1 世紀?)》.

Ninus, -os -ī, *m, f* [*Gk*] ニヌス, *-ノス 《(1) (*m*) 〖伝説〗 Assyria 初代の王で Semiramis の夫; Ninus の伝説上の建設者. (2) (*f*) Assyria の首都 Ninive の古名》.

ninxit *pf* ⇒ ninguit.

Niobē -ēs, **-a** -ae, *f* [*Gk*] 〖伝説〗ニオベー《Tantalus の娘で Amphion の妻; Latona に自分の子供の数を自慢したため, 14 人の子供全部を Latona の子 Apollo と Diana によって射殺された; 彼女は悲嘆のあまり石と化したが, 涙を流し続けたという》.

Niobēus -a -um, *adj* Niobe の.

Niobidae -ārum, *m pl* Niobe の子供たち.

Niphātēs -ae, *m* [*Gk*] ニパーテース《Armenia の Taurus 山脈の山》.

Niptra -ōrum, *n pl* [*Gk*] 「足洗い」《Sophocles と Pacuvius の劇の題名》.

Nīreus -eī [-eos], *m* [*Gk*] 〖伝説〗ニーレウス《Troja 戦争におけるギリシア軍中 Achilles に次ぐ美男子》.

Nīsaeus -a -um, *adj* =Niseius.

Nīsēis -idis [-idos], *f* [*Gk*] 〖伝説〗Nisus の娘 (= Scylla).

Nīsēius -a -um, *adj* Nisus の: *Niseia virgo* (Ov) =Scylla.

nisi *conj* [ne-/si] 1 (もし)…でなければ. 2 (否定辞のあとに) …を除いては, …のほかに: *nihil aliud* ~ …ほかならぬ(この)…, …以外の何ものでない / *non* ~ 単に, ただ / ~ *si* …でなければ / ~ *quod* …であることを除いては, …であるほかは / ~ *forte* [*vero*] 〈+*ind*〉ひょっとして …でないならば.

Nīsias -adis [-ados], *f* 「Megara の王 Nisus の後裔の女」の意》Sicilia 島の Megara Hyblaea (Megara の植民市)の女.

Nisibis -is, *f* [*Gk*] ニシビス《Mesopotamia の町》.

nīsus¹ -a -um, *pp* =nixus¹ (⇒ nitor²).

nīsus² -ūs, *m* 1 踏みしめること. 2 力をこめること, 努力. 3 よじ登ること; 前進. 4 趨勢, 動向.

Nīsus -ī, *m* [*Gk*] 〖伝説〗ニースス, *-ノス《(1) Megara の王; 娘 Scylla に裏切られて死んだ》. (2) Aeneas の部下の一人; 親友 Euryalus とともに戦死した》.

nītēdula -ae, *f* 〖動〗ヤマネ(山鼠).

nitēla¹ -ae, *f* [niteo] 1° 輝き; 輝くもの. 2 輝かせるもの.

nitēla², **nītella** -ae, *f* =nitedula.

nitens -entis, *adj* (*prp*) [↓] 1 輝く, 光る. 2 (動物などが)手入れのよい, つやつやした. 3 (文体が)洗練された, 優雅な. 4 輝かしい, 際立った.

niteō -ēre -tuī, *intr* 1 光る, 輝く. 2 栄養がよい, つやつやしている. 3 りっぱである, 美しい. 4 富んでいる, 繁栄している. 5 卓越している, 際立っている. 6 (ことば・文体が)洗練されている.

nitēscō -ere, *intr inch* [↑] 1 光り[輝き]だす. 2 栄養がよくなる, つやつやする.

nītī *inf* ⇒ nitor².

nītibundus -a -um, *adj* [nitor²] 1 …に頼ってく+*abl*〉. 2° 圧倒する.

nitidē *adv* [nitidus] 1 光り輝いて, 明るく. 2 優雅に, 洗練されて.

nitidiusculē *adv* [↓] もう少しきちんと[こぎれいに].

nitidiusculus -a -um, *adj dim* [↓] もう少しつやつやした.

nitidus -a -um, *adj* [niteo] 1 光る, 輝く, 明るい. 2 栄養のよい, つやつやした. 3 美しい; こぎれいな, きちんとした. 4 優雅な, 洗練された.

Nitiobrogēs -um, *m pl* ニティオブロゲース《Aquitania にいたケルト系一部族》.

nitor¹ -ōris, *m* [niteo] 1 光輝, 輝き. 2 つやつやしていること, 光沢. 3 優雅, 洗練. 4 卓越, 傑出.

nītor² -tī nixus [nīsus] sum, *intr dep* 1 寄りかかる, もたれる 〈re; in re; in alqd〉: *niti genibus* [*genu*] (Liv) (Suet) ひざまずく. 2 支えられる, 立っている 〈re〉. 3 信頼する, 頼みにする 〈+*abl*〉. 4 基づく, 依存する 〈re〉. 5 力をこめる[ふりしぼる]: *quantum*…*adstrictis faucibus niti poterat, clamitavit* (Tac) 首を綱で縛られたままでできる限り声をふりしぼって叫んだ. 6 (骨折って)進む. 7 (精いっぱい)努力[尽力]する 〈pro re [alqo]; ut, ne〉. 8 争う 〈contra alqd〉. 9 得ようと努力する 〈ad [in] alqd; ut, ne; +*inf*〉.

nitrum -ī, *m* [*Gk*] 天然のソーダ.

nituī *pf* ⇒ niteo.

nivālis -is -e, *adj* [nix] 1 雪の; 雪の降る. 2 雪の積もった, 雪におおわれた. 3 雪のように白い. 4 冷たい.

nivātus -a -um, *adj* [nix] 雪で冷やされた.

nive *conj* [ni-/ve] 1 =neve. 2 それとも…でなければ.

niveus -a -um, *adj* [nix] 1 雪の. 2 雪のように白い. 3 雪のように冷たい; 雪で冷やされた. 5 雪におおわれた, 雪の積もった.

nīvit -ere, *intr impers* 雪が降る.

nivōsus -a -um, *adj* [↓] 雪の多い; 雪をもたらす.

nix nivis, *f* 雪; (*pl*) 降雪: *capitis nives* (Hor) (老人の)白髪.

Nixī -ōrum, *m pl* (*pp*) [nitor²] ニクシー《お産を助ける神々》.

nixor -ārī -ātus sum, *intr dep* [nitor²] 1 寄りかかる, もたれる 〈re〉. 2 骨折る, 奮闘する.

nīxus¹ -a -um, *pp* ⇒ nitor².

nixus² -ūs, *m* 1 努力, 奮闘. 2 (*pl*) 産みの苦しみ.

nō -āre -āvī -ātum, *intr* 1 泳ぐ. 2 浮かぶ, 漂う. 3 目まがひする.

nōbilis¹ -is -e, *adj* [nosco] 1 よく知られている. 2

nobilis² -is, *m* 高貴な家柄[生まれ]の者, 貴族.
nōbilitās -ātis, *f* [nobilis¹] **1** 高名, 名声. **2** 高貴な生まれ. **3** 貴族(階級). **4** 卓越, 優秀. **5** 高潔, 気高さ.
nōbilitātus -a -um, *pp* ⇨ nobilito.
nōbiliter *adv* (*superl* nōbilissimē) [nobilis¹] すばらしく, みごとに.
nōbilitō -āre -āvī -ātum, *tr* [nobilis¹] **1** 広く知らせる, 注意を促す. **2** 著名に[悪名高く]する. **3** 高貴に気高くする. **4** (文体に)光彩を与える.
nōbīs *dat, abl* ⇨ nos.
nōbīscum =cum nobis (⇨ ego).
nocens¹ -entis, *adj* (*prp*) [noceo] **1** 有害な, 危険な. **2** 邪悪な, 罪のある, 有罪の ⟨re⟩.
nocens² -entis, *m* 犯罪者, 罪人.
nocenter *adv* [nocens¹] 有害に, 危険に.
nocentia -ae, °*f* [nocens¹] 有罪.
noceō -ēre -cuī -citum, *intr* (*tr*) [*cf.* nex, neco] **1** 傷つける, 害する, そこなう ⟨+dat⟩. **2** 堕落させる.
nocīvus -a -um, *adj* [↑] 有害な.
noctambulismus -ī, °*m* [nox/ambulo] 〖病〗夢遊(症).
nocte *adv* (*abl*) =noctu.
noctescō -ere, *intr inch* [nox] (夜のように)暗くなる.
noctifer -ferī, *m* [nox/fero] 宵の明星 (=Hesperus).
noctilūca -ae, *f* [nox/luceo] 夜輝くもの (=月).
noctivagus -a -um, *adj* [nox/vagus¹] 夜にさまよう.
noctū *adv* (*abl* 古形) [nox] 夜に.
noctua -ae, *f* [nox] 〖動〗フクロウ(梟): *Athenas noctuam mittere* (Cic) (Minerva に守護される)Athenae へ(女神の聖鳥の)フクロウを送る (=蛇足を加える).
noctuābundus -a -um, *adj* 夜に旅する.
noctuīnus -a -um, *adj* [noctua] フクロウの.
noctulūcus -a -um, *adj* [noctu/luceo] 夜眠らずにいる.
noctūria -ae, °*f* =nycturia.
nocturnus -a -um, *adj* [noctu] **1** 夜の. **2** 夜に行なわれる. **3** 夜に活動する: *fur* ~ (Cic) 夜盗.
noctuvigilus -a -um, *adj* [noctu/vigilo] 夜に見張りをする, 夜眠らずにいる.
nocumentum -ī, °*n* [noceo] 害, 損害.
nocuus -a -um, *adj* [noceo] 有害な.
Nodīnus -ī, *m* ノディーヌス《ローマ市近郊の川》.
nōdō -āre -āvī -ātum, *tr* [nodus] **1** 結ぶ, 結び目をつくる. **2** 節(ﾌｼ)だらけにする.
nōdōsus -a -um, *adj* [nodus] **1** 結び目の多い. **2** こぶ[節(ﾌｼ)]の. **3** (法律が)がんじがらめにする. **4** もつれた, 紛糾した. **5°** 〖解〗結節(性)の.
nōdulus -ī, *m dim* [↓] **1** (小さな)結び目. **2** こぶ, 節(ﾌｼ). **3°** 〖解〗小(結)節.
nōdus -ī, *m* [nox] **1** 結び目. **2** こぶ, 節(ﾌｼ). **3** 帯, ベルト. **4** (髪の)ふさ, 束. **5** きずな, 結びつき. **6** 束縛, 拘束. **7** 厄介な問題, 難事.

noenu(m) *adv* [ne-/unum]《古形》=non.
nola -ae, °*f* 小さな鐘.
Nōla -ae, *f* ノーラ《Campania の町》.
Nōlānus -a -um, *adj* Nola の.
nolle *inf* ⇨ nolo.
nōlō nolle nōluī, *tr, intr irreg* [ne-/volo²] **1** 欲しない, 好まない, 拒絶する ⟨alqd; +*inf*; +*acc c. inf*; ut; +*subj*⟩. **2** (*impr* で) (禁止) …するな, …してはいけない ⟨+*inf*⟩.
nōluī *pf* ⇨ nolo.
noma -atis, *n* [*Gk*] 〖病〗水癌.
Nomas -adis, *m, f* [*Gk*] **1** (*m*) 遊牧民. **2** (*f*) 遊牧民の居住地.
nomē -ēs, *f* [*Gk*] 腐食性の腫瘍.
nōmen -minis, *n* [*cf.* nosco, cognomen] **1** 名, 名前: (*dat* とともに) ~ *Mercurio est mihi* (Plaut) 私の名は Mercurius だ / *suo nomine* (Cic) 自分の名において (=自分の責任で, 独立で) / *per* ~ (Cic) =*nomine* (Cic) ⟨+*gen*⟩ (宣誓などにおいて) …の名にかけて. **2** 名称, 呼称; 称号. **3** 表現, ことば: *uno nomine* (Cic) 一言でいえば, 要するに. **4** 〖文〗名詞. **5** 名声, 評判. **6** 見かけ. **7** (実体に対して)名目. **8** (ある名前をもつ)人, 国民, 民族: *filii regis, nomina tanta* (Liv) 王の息子たちというこのように偉大な人たち / ~ *Romanum* (Cic) ローマ人[国民, 軍]. **9** 氏族名《ときに cognomen または praenomen を指す》. **10** (名簿・帳簿などに記入された)名前: ~ *dare* [*edere*] (Cic) 兵隊名簿に登録する, 徴募に応ずる / ~ *alcis deferre* (Cic) ある人を提訴する / *nomina solvere* (Cic) 借金を支払う. **11** 見出し, 範疇. **12** 理由, 目的, 根拠.
nōmenclātiō -ōnis, *f* [↑/calo¹] **1** 名前を呼ぶこと. **2** (名前の)一覧表, リスト.
nōmenclātor, -culātor -ōris, *m* [nomen/calo¹] **1** 名前を呼ぶ者. **2** 名告げ奴隷《主人に付き添って, 出会う人の名を主人に告げた》.
nōmenclātūra -ae, *f* [nomen/calo¹] 命名(法); (事物の)名前を述べること.
Nōmentānus¹ -ī, *m* ノーメンターヌス《ローマ人の家名》.
Nōmentānus² -a -um, *adj* Nomentum の.
Nōmentum -ī, *n* ノーメントゥム《Latium 北部の町; 現 Mentana》.
nōminālia -ium, °*n pl* [↓] (子供の)命名日.
nōminālis -is -e, *adj* [nomen] 名前の[に属する].
nōminātim *adv* [nomino] **1** 名指して. **2** 特別に, わざわざ.
nōminātiō -ōnis, *f* [nomino] **1** 命名. **2** 名称, 呼称. **3** 指名, 任命.
nōminātīvus -a -um, *adj* [nomino] *casus* ~ (Varr) 〖文〗主格.
nōminātus¹ -a -um, *pp* ⇨ nomino.
nōminātus² -ūs, *m* 〖文〗名詞.
nōmine *abl* ⇨ nomen.
nōminitō -āre -āvī -ātum, *tr freq* [↓] (…を…と)名づける, 呼ぶ ⟨+2 個の *acc*⟩.
nōminō -āre -āvī -ātum, *tr* [nomen] **1** 名づける, 呼ぶ; (*pass*) …と呼ばれる, …という名である. **2** 名を呼ぶ. **3** 名を挙げる, 言及する. **4** 指名する, 任命する. **5** 詳述する. **6** 糾弾[告発]する. **7** 数に入れ

る, 一つとみなす〈in+abl; inter+acc〉. **8** (pass) 有名である.

nomisma -atis, n [Gk] **1** 貨幣, 硬貨 (=nummus). **2** しるし, 保証.

Nomius, -os -ī, m [Gk]「牧者」の意) Apollo の添え名.

nomos[1] -ī, m [Gk] 旋律, 楽曲.

nomos[2] -ī, m [Gk] (エジプトの)行政区画.

nōn adv [noenum] **1** …でない: et [ac] ~ そして…ない(むしろ) / (否定辞が後に付いて弱い否定を表わす) ~ numquam 時には, 時々 / (否定辞が前に付いて強い否定を表わす) numquam ~ 常に, いつも. **2** =ne[2]. **3** =nonne. **4** (否定の答として)いいえ, 否.

nōna -ae, f [nonus] **1** (sc. hora) (一日の)第 9 時 《今の午後 3 時頃; ローマ市ではこの時刻に仕事を終えた》. **2** (N-) 《神話》ノーナ《妊娠の 9 か月目をつかさどる女神; 運命の三女神 Parcae のうちの一人ともみなされた》.

Nōnacrīnus, -crius -a -um, adj Nonacris の; Arcadia の.

Nōnacris -is, f [Gk] ノーナクリス《Arcadia の山と町》.

Nōnae -ārum, f pl [nonus] (3・5・7・10 月の)第 7 日, (他の月の)第 5 日《Idus を 1 日目と数えて逆算した 9 日目》.

nōnāgēnārius -a -um, adj [↓] **1** 90 からなる. **2** 90 歳の.

nōnāgēnī -ae -a, num distrib [nonaginta] 90 ずつの.

nōnāgēsimus -a -um, num ord [nonaginta] 第 90 の, 90 番目の.

nōnāgiēs, -ens adv [↓] 90 回[倍].

nōnāgintā indecl num card [nonus] 90 (の).

nōnānī -ōrum, m pl [↓] 第 9 軍団の兵士たち.

nōnānus -a -um, adj [nonus] 第 9 軍団の.

nōndum adv [non/dum[2]] まだ…ない.

nōngentēsimus -a -um, num ord [↓] 900 番目の.

nōngentī -ae -a, num card [novem/centum] 900 (の).

nōngentiēs, -ens adv [↑] 900 回[倍].

nōningentī -ae -a, num card = nongenti.

Nōnius -ī, m ノーニウス《ローマ人の氏族名; 特に (1) M. ~ Suffenas, 法務官 (前 52?). (2) ~ Marcellus, 4 世紀の百科全書的な辞書の編者》.

nōnne adv [non/-ne] **1** (肯定の答を予期する疑問文を導いて)…(では)ないか. **2** (間接疑問を導いて)…かどうか.

nōnnēmō, nōn nēmō -inis, m ⇒ nemo.

nōnnihil, nōn nihil indecl n, adv ⇒ nihil[1,2].

nōnnisi, nōn nisi adv ⇒ nisi.

nōnnullus, nōn nullus -a -um, adj ⇒ nullus.

nōnnumquam, -nunquam, nōn numquam adv ⇒ numquam.

nōnnusquam, nōn nusquam adv ⇒ nusquam.

nōnus -a -um, num ord [novem] 第 9 の, 9 番目の.

nōnusdecimus -a -um, num ord [↑/decimus] 第 19 の, 19 番目の.

Nōra -ōrum, n pl [Gk] ノーラ《(1) Cappadocia の要塞. (2) Sardinia 島の町. (3) India の町》.

nōram plpf = noveram (⇒ nosco).

Norba -ae, f ノルバ《Latium の町》.

Norbānus -a -um, adj Norba の.

Nōrēia -ae, f [Gk] ノーレイヤ, *-レーイアー《Noricum の町》.

Nōrēnsēs -ium, m pl Nora (2) の住民.

Nōricum -ī, n [Gk] ノーリクム, *-コン《Danubius 川の南, Raetia と Pannonia の間の地域; のちにローマの属州》.

Nōricus -a -um, adj Noricum の.

nōrim subj pf = noverim (⇒ nosco).

norma -ae, f **1** 定規, 曲尺((かねじゃく)). **2** 規範, 規則.

normālis -is -e, adj [↑] 曲尺を使って作られた, 直角の: ~ angulus (QUINT) 直角.

Nortia -ae, f 《神話》ノルティア《Etruria 人の女神; しばしば運命の女神 Fortuna と同一視される》.

nōs pron pl 我々, 私たち (⇒ ego).

noscitābundus -a -um, adj [↓] 気づく, 認める.

noscitō -āre -āvī -ātum, tr freq [↓] **1** (詳しく)調べる. **2** 気づく, 認める. **3** よく知っている, 慣れている.

noscō -ere nōvī nōtum, tr **1** 知る〈alqd; +間接疑問; +acc c. inf〉. **2** (pf) 知っている. **3** よく知る, 精通する; 知り合いになる. **4** 検査[調査]する; 審理する. **5** 確認する, 認識する: acciti edicto domini ad res suas noscendas (LIV) 所有者たちは自分の財産を確認するために布告によって呼び寄せられた. **6** 承認する, 認める.

nōsmet pron pers [nos/-met] (強意形) 我々自身.

nosocomium -ī, n [Gk] 病院, 診療所.

nosologia -ae, f 〔医〕疾病分類学.

nosse inf pf = novisse (⇒ nosco).

nossem subj pf = novissem (⇒ nosco).

nostalgia -ae, f 懐郷, 郷愁.

noster[1] -tra -trum, adj poss [nos] **1** 我々の, 我々に属する, 我々による; 我々に対する. **2** =meus.

noster[2] -trī, m **1** 我々[私]の友人[主人・息子]. **2** (pl) 我々の家族[親類・同胞・軍隊・兵]. **3** (pl) 同じ学派[見解]の人々.

nostra -ae, f [↑] 我々の(家)館)の女主人.

nostrās -ātis, adj [noster[1]] わが国(固有)の.

nostrātim adv [↑] 我々のやり方で.

nostrum -ī, n [noster[1]] **1** 我々の義務[本分]. **2** (pl) 我々の財産[所有物].

nota -ae, f [nosco] **1** 目印, 標識. **2** 符合, 記号, 文字. **3** (ローマ市民の名簿中, 監察官の行状に問題ありと認定した市民の名に付す不名誉のしるし; 処罰; 烙印, 汚名, 恥辱. **4** 《書物の章句に賛同または反対を示すために付する》. **5** 品質, 等級. **6** しるし, 表示; 暗示; 合図. **7** 跡, 痕跡; (pl) 入れ墨.

notābilis -is -e, adj [noto] **1** 注目に価する, 注目すべき. **2** 目立つ, 顕著な.

notābiliter adv [↑] 著しく, 目立って.

notāmen -minis, °n 目印, 標識.

notārius -ī, m [nota] 速記者; 筆記者.

notātiō -ōnis, *f* [noto] **1** しるしを付けること；(監察官が)不名誉のしるしを付けること. **2** 記号, 文字. **3** 語源(解釈). **4** 観察, 注目. **5** 選抜, 選出.

notātus -a -um, *adj* (*pp*) [noto] よく知られた, 目立った；けがれた.

nōtēscō -ere nōtuī, *intr inch* [notus] 知られるようになる.

nothus -a -um, *adj* [Gk] **1** 庶出の, 非嫡出の. **2** 雑種の. **3** にせの, まがいの.

nōtī -ōrum, *m pl* [notus] 友人, 知人.

nōtificō -āre -āvī -ātum, *tr* [notus/facio] 知らせる.

nōtiō -ōnis, *f* [nosco] **1** 知り合いになること, 面識. **2** 査察, 査問, 取調べ. **3** 概念, 観念.

nōtitia -ae, **-ēs** -ēī, *f* [notus] **1** 知り合いになること, 面識. **2** 知って[気づいて]いること. **3** 熟知, 精通. **4** (学問・言語などの)知識, 理解. **5** 概念, 観念. **6** 名声, 評判；悪評, 悪名.

Notium -ī, *m* [Gk] ノティウム, *-オン《Ionia の Colophon 付近の町と岬》.

notō -āre -āvī -ātum, *tr* [nota] **1** しるしを付ける. **2** 語源の解釈をする. **3** (書物の章句に賛同または反対の)記号を付ける. **4** (監察官が市民の名に不名誉のしるしを付ける；烙印をおす, 汚名をきせる. **5** 限定する. **6** 識別する, 認識する. **7** (ある目的のために)選抜[選出]する. **8** (しぐさによって)指し示す, 知らせる. **9** (記号・ことばによって)表わす. **10** 例証または. **11** (文字・ことばをしるす, 書く；書き留める. **12** 言及する, 述べる. **13** 注目する, 観察する.

nōtopodium -ī, °*n* 背枝.

nōtor -ōris, *m* [nosco] 保証人.

nōtōria -ae, *f* [↓] **1** 密告. **2** 告訴状.

nōtōrius -a -um, °*adj* [notor] **1** 知らせる. **2** 公然の, 周知の.

nōtuī *pf* ⇒ notesco.

notula -ae, °*f dim* [nota] (小さな)しるし.

nōtum -ī, °*n* [Gk] 〖動〗胸背板.

nōtus -a -um, *adj* (*pp*) [nosco] **1** 知られた, 既知の：*tibi causam notam esse volui* (Cic) あなたに事実を知ってほしかった. **2** 知り合いの. **3** 周知の, 知れわたっている；有名な；悪名高い. **4** 慣れた, おなじみの：*nota palus* (Verg) 住みなれた沼地.

Notus, -os -ī, *m* [Gk] **1** 南風. **2** (一般に)風. **3** 南, 南方.

novācula -ae, *f* **1** 小刀, ナイフ. **2** かみそり.

novāle -is, *n* [↓] (*sc.* solum) =novalis².

novālis¹ -is -e, *adj* [novus] (土地が)休閑の, 休作の.

novālis² -is, *f* (*sc.* terra) **1** 新開懇地. **2** 休閑地. **3** 耕地.

novātiō -ōnis, *f* [novo] 〖法〗更改《現債務を消滅させて新債務に代えること》.

novātor -ōris, *m* [↑] 案出者：~ *verborum* (Gell) 新語を造り出す人.

novātrīx -īcis, *f* [↑] 更新者《女性》.

novātus -a -um, *pp* ⇒ novo.

Nova Via -ae, *f* ノウァ・ウィア《ローマ市の Palatinus 丘から forum Romanum へ下る道》.

novē *adv* [novus] **1** 新奇な[珍しい]方法で. **2** 当世風に.

novella -ae, °*f* [novellus] **1** 新しく植え付けられたブドウの木. **2** 若木, 若枝.

novellō -āre -āvī -ātum, *tr* [↓] ブドウ畑を開墾する.

novellus -a -um, *adj dim* [novus] **1** (動植物が)若い. **2** 新しい；不慣れの.

novem *indecl num card* 9(の).

November¹, **-bris** -bris -bre, *adj* [↑] (ローマ古暦の)9月の；(前 153 年以降)11 月の.

November², **-bris** -bris, *m* (*sc.* mensis) (ローマ古暦の)9月；(前 153 年以降)11 月.

novēnārius -a -um, *adj* [noveni] **1** 9 の部分からなる. **2** (溝の)深さと幅が 3 pedes の.

novendiālis, novem- -is -e, *adj* [novem/dies] **1** 9日(間)続く. **2** 9日目に行なわれる.

novēnī -ae -a, *num distrib* ⇒ novenus.

novennis -is -e, °*adj* [novem/annus] 9歳の.

Novensidēs, Novensilēs -ium, *m pl* [novus/insideo] 外来の神々.

novēnus -a -um, (通例 *pl*) **novēnī** -ae -a, *num distrib* [novem] 9 ずつの.

noverca -ae, *f* [novus] 継母.

novercālis -is -e, *adj* [↑] 継母の(ような).

novercor -ārī, °*intr dep* [noverca] 継母のようにふるまう.

Novesium -ī, *n* ノウェシウム《Gallia Belgica の, Rhenus 河岸の要塞都市；現 Neuss》.

nōvī *pf* ⇒ nosco.

noviciī -ōrum, *m pl* [↓] 新しく輸入された[買われた]奴隷たち.

novicius -a -um, *adj* [novus] **1** (奴隷が)新しく輸入された[買われた]；新参の, 新入りの. **2** 新しく発見[工夫]された.

noviēs, -ēns *adv* [novem] 9 回[倍].

Noviodūnum -ī, *n* ノウィオドゥーヌム《(1) Bituriges 族の町. (2) Aedui 族の町；現 Nevers. (3) Suessiones 族の町；現 Soissons》.

novissima -ōrum, *n pl* [novissimus] **1**° 底, 深み. **2** 最悪の事態. **3**° 終わり, 最後.

novissimē *adv* [↓] **1** 近ごろ, 最近. **2** 最後に.

novissimus -a -um, *adj superl* [novus] **1** 最近の, 最新の. **2** 最後の；臨終の. **3** 最後尾の：*agmen novissimum* (Caes) しんがり, 後衛. **4** 最低の, 最下位の. **5** 極端な.

novitās -ātis, *f* [novus] **1** 新しさ, 新奇；新奇なこと[もの]. **2** 見慣れないこと, 異様. **3** 思いがけないこと, 意外. **4** (ローマ政界の)新人(homo novus)であること. **5** (*pl*) 新しい知り合い.

novītia -ae, °*f* [novitius] 〖教会〗**1** 新信者《女性》. **2** 修練女.

novītiātus -ūs, °*m* [↓] **1** 修練期. **2** 修練院.

novītius -iī, °*m* [novus] 〖教会〗**1** 新信者. **2** 修練士.

Novius -iī, *n* ノウィウス《ローマ人の氏族名；特に Atella 笑劇の作者 (前 1 世紀初)》.

novō -āre -āvī -ātum, *tr* [novus] **1** 新たにする. **2** 新しく作る, 考案[案出]する. **3** (新しいものに)取り替える；〖法〗更改する. **4** 復活させる, 回復させる. **5**

変える、改改する: *res novare* (Liv) 革命を起こす、変革する. **6** 再び始める、再開する; (感情・状態を)再び起こさせる. **7** 繰り返す.

Novocōmensēs -ium, *m pl* Novum Comum の住民.

Novum Cōmum -ī -ī, *n* ノウゥム・コームム《Gallia Transpadana の町 Comum の前59年以降の呼称 (⇨ Comum)》.

novus -a -um, *adj* **1** 新しい. **2** 新鮮な、若い; 早い. **3** 見慣れない、新奇な. **4** 不意の、意外な. **5** *novae res* (Caes) 変革、革命. **6** 革命[煽動]的な. **7** 最近の. **8** 経験のない. **9** ~ *homo* (Cic) 新人《家系の中で初めて高位の官職(監察官・執政官・法務官・貴族造営官)に就いた者》.

nox noctis, *f* **1** 夜: *noctes et dies* (Plaut) 日夜、絶えず / *nocte* (Cic) 夜に (=noctu). **2** (N-) 《神話》ノクス《夜の神》. **3** 闇、暗黒. **4** 死. **5** 眠り. **6** 盲目; 無知、暗愚.

noxa -ae, *f* [noceo] **1** 悪事、悪行. **2** 害、損害. **3** 罰.

noxālis -is -e, *adj* [↑] 《法》損害の、加害の.

noxia -ae, *f* [noxius¹] **1** 悪事、悪行. **2** 害、損害.

noxiōsus -a -um, *adj* [↑] **1** 有害な. **2** 罪を犯した.

noxius¹ -a -um, *adj* **1** 有害な. **2** 罪を犯した.

noxius² -ī, *m* 犯罪人、罪人.

nūbēcula -ae, *f dim* [↓] **1** (小さな)雲. **2** (表情の)曇り. **3** (雲のような)よごれ、しみ.

nūbēs -is, *f* **1** 雲. **2** 群れ、大群. **3** (一面の)ほこり、煙. **4** おおい、ベール. **5** (表情の)曇り. **6** 不安、悲しみ. **7** (戦争・災難などの)脅威、暗雲.

nūbifer -fera -ferum, *adj* [↑/fero] **1** 雲を頂いた. **2** 雲をもたらす.

nūbigena -ae, *adj m* [nubes/gigno] 雲から生まれた《Centaurus 族または Phrixus を指す》.

nūbilis -is -e, *adj* [nubo] 結婚適齢期の.

nūbilō -āre -āvī, *intr* [nubilum] 曇っている; (*impers pass*) 曇る.

nūbilōsus -a -um, *adj* [↓] 曇った.

nūbilum -ī, *n* [↓] **1** 曇天. **2** (*pl*) 雲.

nūbilus -a -um, *adj* [nubes] **1** 雲におおわれた、曇った; 雲をもたらす. **2** 暗い. **3** (気がふさいだ、憂鬱な. **4** 恵まれない、不運な.

nūbō -ere nupsī nuptum, *intr* [nubes] (女が)結婚する〈alci〉、とつぐ〈in+*acc*〉: *in familiam clarissimam nubere* (Cic) 名家にとつぐ.

nucellus -ī, °*m dim* [nux] 《植》珠心.

Nūceria -ae, *f* ヌーケリア《(1) Campania 南部の町. (2) Umbria の町》.

Nūcerīnus -a -um, *adj* Nuceria (1) の.

nuceus -a -um, *adj* [nux] クルミの木の.

nucha -ae, °*f* [*Arab.*] 《解》項(うなじ).

nucifrangibulum -ī, *n* [nux/frango] クルミ割り《歯を指す喜劇的な表現》.

nucleolus -ī, °*m dim* [↓] 《生物》核小体.

nucleus -ī, *m dim* [nux] **1** (堅果の)仁(じん). **2** (果実の)種. **3** 核.

nucula -ae, *f dim* [nux] 《植》(小さな)堅果.

nūdātiō -ōnis, *f* [nudo] 裸にすること、露出.

nūditās -ātis, °*f* [nudus] 裸、むきだし.

nudius *adv* [nunc/dies] (序数詞とともに)...してから...日目で: ~ *tertius* (Plaut) 一昨日に.

nudiustertiānus -a -um, *adj* [↑/tertius] 一昨日の.

nūdō -āre -āvī -ātum, *tr* [↓] **1** 裸にする、脱がせる; (剣を)抜く. **2** はぐ、むく. **3** むきだしにする、あらわにする. **4** 攻撃にさらす、無防備にする. **5** 奪う、略奪する〈alqd re〉. **6** 暴露する、あばく.

nūdus -a -um, *adj* **1** 裸の、衣服を着けていない、むきだしの. **2** 武装していない、攻撃にさらされた、無防備の. **3** おおいのない. **4** (剣が)さやから抜かれた、抜身の. **5** 葉[木]のない; 毛のない. **6** 飾りのない、簡素な. **7** 空(から)の. **8** (...を)奪われた、(...が)欠けている〈+*abl [gen]*〉. **9** 貧乏な、無一文の. **10** 単なる、ただ、多くの: *hoc nudum relinquitur* (Cic) ただこれだけが残される. **11** (態度・表現などが)あからさまな.

nūgācitās -ātis, °*f* [↓] 悪ふざけ、冗談.

nūgae -ārum, *f pl* **1** むだな[ばかげた]こと[もの]. **2** 悪ふざけ、冗談. **3** おどけ者、ひょうきん者.

nūgālis -is -e, *adj* [↑] くだらない、つまらない、取るに足らない.

nūgātor -ōris, *m* [nugor] **1** ふざける人、ばかなまねをする人. **2** 作り話をする人、ほら吹き.

nūgātōriē *adv* [↓] 軽率に、ふまじめに.

nūgātōrius -a -um, *adj* [nugator] むだな、ばかげた、取るに足らない.

nūgax -ācis, *adj* [nugor] 無能な、役立たずの.

nūgigerulus -ī, *m* [nugae/gero] =nugivendus.

nūgivendus -ī, *m* [nugae/vendo] 安ぴか物の行商人.

nūgor -ārī -ātus sum, *intr dep* [nugae] **1** ふざける. **2** だます、かつぐ.

nullātenus°*adv* [*cf.* eatenus] 決して[全く]...ない.

nullibī°*adv* [nullus/ubi] どこにも...ない.

nullificāmen -minis, °*n* [↓] 軽蔑.

nullificō -āre -āvī -ātum, °*tr* [nullus/facio] 軽蔑する.

nullipara -ae, °*f* 《医》未産婦.

nullitās -ātis, °*f* [nullus] **1** 無. **2** 無価値. **3** 無効.

nullum nullīus, *n* [↓] =nihil¹.

nullus -a -um (*gen* nullīus, *dat* nullī), *adj* [ne/ullus] **1** ない: *nullo certo ordine* (Caes) 整然とした秩序もなく / ~ *non* あらゆる、すべての / *non* ~ 少なからぬ、かなりの. **2** 無意味な、無価値な、取るに足らぬ: *sine his studiis vita nulla est* (Cic) これらの考究なしには人生は生きるに値しない. **3** 存在しない.

nullusdum nulladum nullumdum, *adj* [↑/dum²] まだ誰も[何も]...ない.

num *adv interrog* **1** (否定の答を予期する疑問文を導いて) ...ではないだろうね: ~ *ista est nostra culpa?* (Cic) まさかそれが我々の過失だろうか / ~ *quid vis?* (Plaut) 他に何か用はないだろうね《いとまごいの決まり文句》. **2** (間接疑問文を導いて) ...か(どうか).

Num. (略) =Numerius.

Numa -ae, *m* ヌマ《~ *Pompilius*, 前700年頃の伝説的なローマ第2代の王》.
Numantia -ae, *f* ヌマンティア (Hispania Tarraconensis の町; 小 Scipio に攻略された (前133)》.
Numantīnus -a -um, *adj* Numantia の.
　Numantīnī -ōrum, *m pl* Numantia の住民.
numella -ae, *f* (犯罪人・奴隷・家畜用の)鉄の首輪.
nūmen -minis, *n* [nuto] **1** うなずき; 指図, 意向. **2** 権能, 威光. **3** 神意. **4** 神性. **5** 神.
numerābilis -is -e, *adj* [numero¹] 数えられる.
numerātiō -ōnis, *f* [numero¹] **1** 計算, 勘定. **2** 支払い.
numerātum -ī, *n* [↓] 現金.
numerātus -a -um, *adj* (*pp*) [numero¹] **1** 数えられた; 支払われた. **2** 現金の.
Numeriānus -a -um, *adj* Numerius (2) の.
Numerius -ī, *m* ヌメリウス《(1) ローマ人の個人名(略形 N(um.).). (2) ローマ人の氏族名; 特に Q. ~ *Rufus*, 護民官 (前57)》.
numerō¹ -āre -āvī -ātum, *tr* [numerus] **1** 数える, 計算する, 合計する: *senatum numerare* (Cic) (定足数を充たしているか否かを確認するために)元老院議員(の出席数)を数える. **2** 支払う. **3** 数え上げる, 列挙する. **4** 含める, 算入する〈alqd in re; alqd inter+acc〉. **5** (…を…と)みなす, 判断する〈+2個の acc〉.
numerō² *adv* (*abl*) [numerus] **1** ちょうど, ぴったり. **2** 速やかに. **3** 早すぎて, 時期尚早に.
numerōsē *adv* [numerosus] **1** 数多く; さまざまに. **2** リズミカルに.
numerōsitās -ātis, °*f* [↓] **1** 多数. **2** リズム, 諧調.
numerōsus -a -um, *adj* [↓] **1** 多数の; 多くの部分からなる. **2** 多様な. **3** 大量に生み出す, 多産の. **4** 調和のとれた, リズミカルな.
numerus -ī, *m* [*cf.* nummus] **1** 総数: *oppida numero ad duodecim* (Caes) 数で言えば[全部で]12の町. **2** 数, 数量〈+gen〉; ex+abl〉: *magnum numerum hostium occidimus* (Cic) われわれは多数の敵を殺した. **3** (*pl*) 計算, 数学. **4** 兵員, 兵力; 数の優勢. **5** (必要な)数. **6** (文)数. **7** 群れ, 集団; 群集, 烏合の衆. **8** 部隊, 兵団. **9** (人やものの)集合体〈+gen〉: *legatos ex suo numero ad Caesarem mittunt* (Caes) 彼らは自分たちの中から使者をカエサルのもとへ送る. **10** 範疇, 部類〈+gen〉: *habere alqm numero hostium* (Cic) ある人を敵とみなす. **11** (全体を形づくる)部分, 側面, 段階. **12** 拍子, リズム: *in* [*ad*] *numerum* (Lucr) (Ov) 調子を合わせて. **13** (詩) 韻律; 詩脚; 韻文, 詩. **14** 任命, 指名. **15** 旋律, 調べ.
Numīcius¹ -ī, *m* ヌミーキウス《ローマ人の氏族名》.
Numīcius², **-cus** -ī, *m* ヌミーキウス《Latium の川; そのほとりに Aeneas が埋葬されたという》.
Numidae -ārum, *m pl* Numidia 人.
Numidia -ae, *f* ヌミディア《北アフリカにあった王国; 前46年からローマの属州, ほぼ現在の Algeria に当たる》.
Numidiānus -a -um, *adj* =Numidicus.
Numidicus -a -um, *adj* Numidia の.
Numisiānus -a -um, *adj* Numisius の.

Numisius -ī, *m* ヌミシウス《ローマ人の氏族名》.
numisma -atis, *n* =nomisma.
numismatica -ae, °*f* [↑] 古銭学.
Numistrō -ōnis, *f* ヌミストロー《Lucania 北部の町》.
Numitor -ōris, *m* 《伝説》ヌミトル《Alba Longa の王; Ilia の父で Romulus と Remus の祖父》.
Numitōrius -ī, *m* ヌミトーリウス《ローマ人の氏族名》.
nummārius -a -um, *adj* [nummus] **1** 貨幣の; 金銭の. **2** 買収[賄賂]のきく.
nummātus -a -um, *adj* [nummus] 金持ちの, 富裕な.
nummāriolus -ī, *m dim* [↓] (小口の)両替商.
nummulārius¹ -a -um, *adj* [nummulus] 両替の.
nummulārius² -ī, *m* 両替商.
nummulus -ī, *m dim* [↓] (わずかな)お金.
nummus -ī, *m* (*pl gen* nummūm [nummōrum]) **1** 貨幣, 金銭. **2** =sestertius. **3** (わずかな)お金, 一文.
numnam *adv* [num/nam] =numne.
numne *adv* [num/-ne] =num 1.
numquam *adv* [ne-/umquam] 決して…ない: *non* ~, 時々 / ~ *non* 常に, いつも.
numquī *adv interrog* [num/quī³] ひょっとして…ではないだろうね.
numquid *adv interrog* [num/quid] **1** (否定の答を予期する疑問文を導いて)…ではないだろうね. **2** (間接疑問を導いて)…か(どうか).
numquis, num quis *pron, adj interrog* ⇒ num, quis¹.
nūmu- ⇒ nummu-.
nunc *adv* **1** 今, 現在: ~ *ipsum* (Cic) ちょうど今. **2** (近い過去) 今しがた, たった今. **3** (近い未来) 今から, すぐに. **4** ~…~ ある時は…(また)ある時は…, 時には…時には…. **5** 今では, 現今では. **6** (物語の中で)今や, その時. **7** (話題を変えて)さて, ところで. **8** (相手を促して)さあ, そら. **9** このような状況[事情]なので. **10** しかし現状[実際]は.
nuncin(e) 《古形》=nuncne (⇒ nunc, -ne).
nuncjam, nunc jam *adv* **1** (命令などで)今すぐに, 直ちに. **2** (相手を促して)さあ, そら. **3** やっと今, もうすでに.
nuncubī *adv interrog* [num/ubi] (否定の答を予期して) ひょっとしてどこかで…ではないだろうね.
nuncupātiō -ōnis, *f* [nuncupo] **1** 宣誓, 祈願. **2** (法) 口頭宣言. **3** 任命, 指名. **4** 名称, 呼称.
nuncupātīvē °*adv* [↓] 名目上に.
nuncupātīvus -a -um, °*adj* [nuncupo] 名目的な, いわゆる.
nuncupātor -ōris, *m* [↓] 命名者.
nuncupō -āre -āvī -ātum, *tr* [nomen/capio¹] **1** 宣言する. **2** 指名する: *heredem alqm nuncupare* (Tac) ある人を(正式に)相続人に指名する. **3** 宣誓する. **4** 名前を呼ぶ, 呼びかける. **5** 名づける, 称する.
nundinae -ārum, *f pl* [novem/dies] **1** (8 (ローマ式の数え方では9) 日目ごとの) 市日. **2** 市, 市場. **3**

商売, 売買.
nundinālis -is -e, *adj* [↑] 市日の.
nundinārius -a -um, *adj* [nundinae] 市の開かれる.
nundinātiō -ōnis, *f* [nundinor] 商売, 売買.
nundinātor -ōris, *m* [↓] 市で売り買いする人; 商人.
nundinor -ārī -ātus sum, *intr, tr dep* [nundinae] **I** (*intr*) **1** 市で売り買いする. **2** 群がる. **II** (*tr*) **1** 売買する <alqd>. **2** 取引によって手に入れる, 買う <alqd ab alqo>. **3** 売り払う, 売却する <alqd>.
nundinum -ī, *n* [novem/dies] 市日と次の市日の間の期間 (=8 日間): ~ *trinum* (a) (Cic) 24 日間《法案の提出から票決までに置かれるべき最低の日数》; (b) (Liv) 市の 3 日目.
nunqu- ⇨ numqu-.
nuntia -ae, *f* [nuntius] 使者《女性》.
nuntiātiō -ōnis, *f* [nuntio] **1** (卜占官による)予兆の告知. **2** 通知, 告示.
nuntiātor -oris, °*m* [↓] 通知者.
nuntiō -āre -āvī -ātum, *tr* [↓] **1** 知らせる, 報告する, 伝える <alci alqd; +*acc c. inf*>. **2** 指示[指図]する <ut, ne; +*inf*>. **3** 予告[警告]する: *clamor qui fera nuntiat arma* (Ov) 無情な戦いを予告するどよめき. **4** (卜占官が)予兆を告げる.
nuntium -ī, *n* [nuntius] 通達.
nuntius[1] -a -um, *adj* [↑] **1** 知らせる, 伝える <+*gen*>. **2** 予告[警告]する <+*gen*>.
nuntius[2] -ī, *m* **1** 使者; 報告者. **2** 通知, 通達; 報告.
nūper *adv* (*sup* nūperrimē) [nu- (*cf.* nunc)/-per (*cf.* semper)] **1** 最近, 少し前に. **2** 近年, 昨今.
nūperus -a -um, *adj* [↑] 新着[新来]の.
nupsī *pf* ⇨ nubo.
nupta -ae, *f* (*pp*) [nubo] 結婚した女, 妻: *nova* ~ (Plaut) 新婦.
nuptiae -ārum, *f pl* [nubo] 結婚, 婚姻; 結婚式, 婚礼.
nuptiālis -is -e, *adj* [↑] 結婚(式)の.
nuptus[1] -a -um, *pp* ⇨ nubo.
nuptus[2] -ūs, *m* とつぐこと, 結婚.
Nursia -ae, *f* ヌルシア《Sabini 族の町》.
Nursīnus -a -um, *adj* Nursia の. **Nursīnī** -ōrum, *m pl* Nursia の住民.
nurus -ūs, *f* **1** 義理の娘, 嫁. **2** (詩) 若い既婚の女性.
nuscītiō -ōnis, *f* =luscitio.
nusquam *adv* [ne-/usquam] **1** どこにも…ない; どこへも…(し)ない: *non* ~ ところどころに, あちこちに / ~ *non* いたるところに, どこにも / ~ *esse* (Cic) 存在しない. **2** いたずらに, むなしく. **3** どんな場合にも[決して]…(し)ない.
nūtātiō -ōnis, *f* [↓] **1** うなずくこと. **2** 揺れ, くらつき.
nūtō -āre -āvī -ātum, *intr freq* [*nuo (*cf.* annuo)] **1** うなずく. **2** 傾く, たわむ. **3** 揺らぐ, 揺れる. **4** くらつく, よろめく. **5** ためらう, 迷う.
nūtrīcātiō -ōnis, *f* [nutricor] **1** 乳にする[与える]こと, 授乳. **2** 育てること.

nūtrīcātus -ūs, *m* [nutricor] 育てること.
nūtrīcia -ae, °*f* [nutricius] 養育者《女性》.
nūtrīciō -ōnis, *m* [nutrix] (稀) 養い親.
nūtrīcium -ī, °*n* [↓] **1** 育てること. **2** °(*pl*) (乳母に与える)養育料.
nūtrīcius[1], **-tius**[1] -a -um, *adj* [nutrix, nutrio] 養育者の.
nūtrīcius[2], **-tius**[2] -ī, *m* 養い親; 守り役, 師傳(上).
nūtrīcō -āre -āvī -ātum, *tr* =nutricor.
nūtrīcor -ārī -ātus sum, *tr dep* [nutrix] **1** 授乳する. **2** 育てる, 養育する. **3** 大事にする, 世話する.
nūtrīcula -ae, *f dim* [nutrix] **1** 乳母. **2** 養育者《女性》.
nūtrīficō -āre, °*tr* [nutrix/facio] 授乳する.
nūtrīmen -minis, *n* [nutrio] 滋養物.
nūtrīmentum -ī, *n* [↑] **1** 滋養物, 食物. **2** 養育.
nūtriō -īre -īvī [-iī] -ītum, *tr* **1** 授乳する. **2** 滋養物を与える. **3** 育てる, 養育する. **4** 養成[助長, 促進]する. **5** 世話[手当て]する.
nūtrior -īrī -ītus sum, *tr dep* =nutrio.
nūtrītiō -ōnis, *f* [nutrio] 滋養物を与えること.
nūtrītius[1,2] =nutricius[1,2].
nūtrītor -ōris, *m* [nutrio] **1** 滋養物を与える者. **2** 育てる人, 養育者.
nūtrītōrius -a -um, °*adj* [↑] **1** 栄養になる. **2** 育てる.
nūtrītūra -ae, °*f* =nutricatus.
nūtrītus -a -um, *pp* ⇨ nutrio.
nūtrīx -īcis, *f* [nutrio] **1** 乳母, 養育者《女性》. **2** (*pl*) (女性の)乳房. **3** 促進[助長]するもの.
nūtus -ūs, *m* [*nuo (*cf.* annuo); *cf.* nuto] **1** (特に同意を表わす)うなずき. **2** 沈下, 重力作用. **3** (打撃をかかれるか, または疲れて)頭を下げること. **4** 命令, 指図, 意向.
nux nucis, *f* 《植》 **1** 堅果, ナッツ《クルミ・アーモンド・ヘーゼルナッツなど》: *cassa* ~ (Hor) 実のないクルミ《=つまらぬもの》. **2** 堅果をつける木. **3** 球果($\ast \atop \ast$).
nyctalōpia -ae, °*f* [Gk] 《病》 夜盲症, 鳥目.
nyctalops -ōpis, *m, f* [Gk] **1** (*m*) 夜盲症患者. **2** (*f*) =nyctegreton.
nyctēgreton -ī, *n* [Gk] 《植》 夜に光を発するという植物.
Nyctēis -idis [-idos], *f* Nycteus の娘《=Antiopa》.
Nyctelius -a -um, *adj* [Gk] Bacchus の呼称の一つ《その祭儀が夜間行なわれたことから》.
Nycteus -eī [-eos], *m* [Gk] 《伝説》 ニュクテウス《Antiopa の父》.
nycticorax -acis, °*m* [Gk] 夜行性のカラス(鳥).
Nyctimenē -ēs, *f* [Gk] 《伝説》 ニュクティメネー《Lesbos 島の王 Epopeus の娘; 父と交わってフクロウに変身させられた》.
nyctūria -ae, °*f* 《病》 夜間多尿(症).
nympha -ae, **-ē** -ēs, *f* [Gk] **1** 《神話》 ニンフ《海・川・泉・山・森などに住む少女の姿をした精》. **2** 水. **3** 若妻; 乙女, おとめ. **4** 若虫; さなぎ.
nymphaea -ae, *f* [Gk] 《植》 スイレン(睡蓮).
nymphaeum -ī, *n* [Gk] ニンフにささげられた神殿

[洞穴].
Nymphaeum -ī, n [Gk] ニュンパエウム, *-パイオン《Illyria の岬と港町》.
nymphālis -is, -e °adj [nympha] 泉の.
nymphomania -ae, °f 〖病〗女子色情(症).
Nȳsa[1] -ae, f [Gk] 〖伝説〗ニューサ《Aristaeus の娘で Bacchus の乳母の一人》.
Nȳsa[2], **Nyssa** -ae, f [Gk] ニューサ《(1) Caria の町. (2) Bacchus が生まれたという India の伝説的な山; その山に近い同名の町》.
Nȳsaeī -ōrum, m pl Nysa[2] (1) の住民.

Nȳsaeus -a -um, adj 1 Nysa[2] (1) の. 2 Nysa 山の; 《詩》Bacchus の.
Nȳsēis -idis, adj f Nysa 山の; Bacchus の.
Nȳsēius -a -um, adj =Nysaeus 2.
Nȳseus -eī [-eos], m Nysa 山の人《Bacchus の呼称の一つ》.
Nȳsias -adis [-ados], adj f =Nyseis.
Nȳsigena -ae, adj m [Nysa[2]/gigno] Nysa 山で生まれた.
Nȳsius -a -um, adj =Nysaeus 2.
nystagmus -ī, °m [Gk] 〖医〗眼振, 眼(球)振盪.

O

O, o *indecl n* ラテン語アルファベットの第14字.

ō *int* (呼びかけ・感嘆・喜び・恐怖・願望などを表わす)おお, ああ: *o mi Furni* (Cic) おお, わが Furnius よ.

Ōariōn -ōnis, *m* 《詩》=Orion.

Oasēnus -a -um, °*adj* [↓] オアシスの.

Oasis -is, °*f* [*Gk*] オアシス《Libya 砂漠にあった肥沃地で, ローマ帝政期における流刑地》.

Oaxēs -is, *m* [*Gk*] オアクセース《Creta 島の川》.

ob *prep* ⟨+*acc*⟩ **1** …の前に, …の行く手に. **2** …に向かって, …の方へ. **3** …の(利益の)ために, …の有利になるように, of-, og-, op- となる). **4** …の理由で, …のために; …の結果として. **5** …の報いとして; …の代償として.

ob- *pref* [↑] 意味は前置詞 ob を参照 (c, f, g, p の前ではそれぞれ oc-, of-, og-, op- となる).

obaerātus[1] -a -um, *adj* [↑/aes] 負債のある.

obaerātus[2] -ī, *m* 債務者.

obambulātiō -ōnis, *f* [↓] 行き来.

obambulō -āre -āvī -ātum, *intr* (*tr*) [ob-/ambulo] (前・まわりを)うろつく, 歩きまわる ⟨+*dat* [*acc*]⟩.

obarmō -āre -āvī -ātum, *tr* [ob-/armo] 武装させる ⟨alqd re⟩.

obarō -āre -āvī -ātum, *tr* [ob-/aro] すき返す, 掘り返す.

obātrātus -a -um, *adj* [ob-/ater] 黒みがかった.

obaudiō -īre -īvī -ītum, *intr* [ob-/audio] 従う.

obba -ae, *f* 底の広い杯.

Obba -ae, *f* オッバ《Carthago 付近の町》.

obbrūtēscō -ere -brūtuī, *intr* [ob-/brutesco] 鈍くなる, 麻痺する.

obbrūtuī *pf* ⇒ obbrutesco.

obc- ⇒ occ-.

obdidī *pf* ⇒ obdo.

obditus -a -um, *pp* ⇒ obdo.

obdō -ere -didī -ditum, *tr* [ob-/*do (*cf*. abdo)] **1** 間にはさむ ⟨alci rei alqd⟩: *pessulum ostio obdere* (Ter) 扉にかんぬきを掛ける. **2** (戸を)閉める, 戸締まりをする. **3** 結わえる. **4** (危険に)さらす.

obdormiō -īre -īvī [-iī] -ītum, *intr* (*tr*) [ob-/dormio] 寝入る, 眠り込む.

obdormīscō -ere -dormīvī, *intr inch* [↑] 寝入る, 眠り込む.

obdormīvī *pf* ⇒ obdormio, obdormisco.

obdūcō -ere -duxī -ductum, *tr* [ob-/duco] **1** (…の方へ)導く, 率いる. **2** 前方へ伸ばす[広げる]: *obducere fossam* (Caes) 壕を掘り進める. **3** (戸・かんぬきを)閉める. **4** 間にはさむ: *obducere posterum diem* (Cic) 滞在を一日延ばす. **5** ふさぐ, さえぎる. **6** おおう: *obducta glacie humus* (Tac) 氷におおわれた地面. **7** のみ込む, のみ干す.

obductiō -ōnis, *f* [↑] おおうこと.

obdūrātiō -ōnis, °*f* [obduro] 強情, 頑固.

obdūrēscō -ere -dūruī, *intr inch* [↓] **1** 堅くなる. **2** 無感覚になる.

obdūrō -āre -āvī -ātum, *tr*, *intr* [ob-/duro] **I** (*tr*) 堅くする. **II** (*intr*) 固執する, 持ちこたえる.

obdūruī *pf* ⇒ obduresco.

obduxī *pf* ⇒ obduco.

obēd- ⇒ oboed-.

obeliscus -ī, *m* [*Gk*] **1** オベリスク, 方尖柱. **2** °バラのつぼみ. **2**=obelus.

obelus -ī, °*m* [*Gk*] (古代の写本中, 疑問の箇所に付けた)疑問標.

obeō -īre -iī -itum, *tr*, *intr* [ob-/eo[2]] **I** (*tr*) **1** 顔を合わせる, 会う. **2** 巡回する, 訪問する. **3** 調べる, 検査する; 吟味する. **4** 取り巻く, 囲む. **5** 携わる, 取り組む: *munia imperii obire* (Tac) 皇帝の責務を果たす. **6** (約束の日に)現われる; 出席する, 参加する. **7** *obire mortem* [*diem supremum*] (Plaut) [Nep]) 死ぬ. **II** (*intr*) **1** 向かって行く. **2** 死ぬ, 消滅する. **3** (天体が)沈む.

obequitō -āre -āvī -ātum, *intr* [ob-/equito] 馬に乗って来る ⟨+*dat*⟩.

oberrō -āre -āvī -ātum, *intr* [ob-/erro[1]] **1** 歩きわる, ぶらつく. **2** (人の)じゃまをする. **3** (目の前に)ちらつく. **4** 誤る, 間違える.

obēsitās -ātis, *f* [obesus] 肥満(体).

obēsō -āre, *tr* [obesus] 太らせる.

obesse *inf* ⇒ obsum.

obēsus -a -um, *adj* [ob-/edo[1]] **1** 肥えた, 太った. **2** ふくれた, はれた. **3** 鈍い, 鈍感な.

obex obicis, *m*, *f* [obicio] **1** かんぬき, 横木. **2** 防塞. **3** 障害物.

obf- ⇒ off-.

obfuī *pf* ⇒ obsum.

obg- ⇒ ogg-.

obhaereō -ēre, *intr* [ob-/haereo] くっついている.

obhaerēscō -ere -haesī, *intr inch* [↑] 付着する, くっつく.

obhaesī *pf* ⇒ obhaeresco.

obicere *inf* ⇒ obicio.

obiciō -ere -jēcī -jectum, *tr* [ob-/jacio] **1** 前へ投げる[置く]; 差し出す ⟨alci alqd⟩. **2** (不幸・恐怖などを)もたらす, ひき起こす ⟨alci alqd⟩. **3** (危険・不幸などに)さらす, あわせる ⟨alqm alci rei⟩. **4** (*pass*) 向かい合っている, 面している ⟨+*dat*⟩. **5** 防壁[障害物]を前に置く; (戸を)閉める: *objecta flumina* (Verg) 行く手をはばむ川. **6** (部隊などを)対峙させる. **7** (引合いに出して)責める, 非難する.

obiēns -euntis, *prp* ⇒ obeo.

obiī *pf* ⇒ obeo.

obīrāscī *inf* ⇒ obirascor.

obīrascor -scī -īrātus sum, *intr dep* [ob-/irascor] (…に)怒っている〈alci rei〉.
obīrātiō -ōnis, *f* [↑] 怒り, 憤怒.
obīre *inf* ⇒ obeo.
obiter *adv* [ob/iter] **1** 途中で. **2** ついでに, たまたま. **3** 同時に.
obitus[1] -a -um, *pp* ⇒ obeo.
obitus[2] -ūs, *m* **1** 接近, 訪問. **2** 死去; 没落, 消滅. **3** 〈天体が〉沈むこと; 日暮れ, 夕方.
objaceō -ēre -jacuī, *intr* [ob-/jaceo] **1** そばに横たわっている, 向かい合っている〈alci rei〉. **2** さえぎる, 妨げる.
objēcī *pf* ⇒ obicio.
objectātiō -ōnis, *f* [objecto] 非難, 中傷.
objectiō -ōnis, *f* [obicio] **1** 前へ投げる[置く]こと. **2** 非難. **3** 反対, 異議を唱えること.
objectō -āre -āvī -ātum, *tr freq* [obicio] **1** 前へ投げる[置く]. **2** 突き出す, 突っ込む〈alqd alci rei〉. **3** (危険などに)さらす, あわせる〈alqm alci rei〉. **4** (引合いに出して)責める, 非難する.
objectum -ī, *n* [↓] **1** 告発, 罪(名). **2** 〖哲〗対象, 客体.
objectus[1] -a -um, *pp* ⇒ obicio.
objectus[2] -ūs, *m* **1** 前へ置くこと, 対置. **2** 障害物; 抵抗.
objex -jicis, *m, f* =obex.
objiciō -ere, *tr* =obicio.
objurgātiō -ōnis, *f* [objurgo] 非難, 叱責.
objurgātor -ōris, *m* [objurgo] 叱責[非難]する人.
objurgātōrius -a -um, *adj* [↑] 叱責の, 非難をこめた.
objurgātus -a -um, *pp* ⇒ objurgo.
objurgitō -āre, *tr freq* [↓] (激しく)非難[叱責]する.
objurgō -āre -āvī -ātum, *tr* [ob-/jurgo] **1** 非難する, 叱責する, とがめる〈alqm de re; alqd; quod〉. **2** 罰する, 懲らす〈re〉. **3** 打つ, なぐる.
oblanguēscō -ere -languī, *intr* [ob-/languesco] 生気[活気]のないものになる.
oblanguī *pf* ⇒ oblanguesco.
oblāta -ae, °*f* [oblatus] 〖教会〗 (*sc. hostia*) ホスチア, 聖体のパン.
oblātīcius -a -um, °*adj* [offero] 自発的に差し出された.
oblātiō -ōnis, *f* [offero] **1** 提供, 贈呈. **2**° (競売の)入札. **3**° 奉献, 奉納. **4**° 進物, 贈り物.
oblātīvus -a -um, °*adj* [offero] 自発的に与えられた.
oblātor -ōris, °*m* [offero] 提供者.
oblātrātiō -ōris, °*f* [oblatro] ののしること, 罵倒.
oblātrātor -ōris, °*m* [oblatro] ののしる人.
oblātrīx -īcis, *f* [↑] がみがみ女.
oblātrō -āre -āvī -ātum, *intr* (*tr*) [ob-/latro¹] **1** 〈犬が〉吠えたてる. **2** ののしる, わめく〈alci; alqm〉.
oblātus -a -um, *pp* ⇒ offero.
oblectāmen -minis, *n* (詩) =oblectamentum.
oblectāmentum -ī, *n* [oblecto] 楽しみ, 娯楽.
oblectātiō -ōnis, *f* [oblecto] 楽しませる[喜ばせる]こと.
oblectātor -ōris, *m* [oblecto] 楽しませる[喜ばせる]者.
oblectātōrius -a -um, *adj* [↓] 楽しませる, 喜ばせる.
oblectō -āre -āvī -ātum, *tr* [ob-/lacto²] **1** 楽しませる, 喜ばせる. **2** (時を)楽しく過ごす, (暇を)紛らす.
oblēniō -ire, *tr* [ob-/lenio] 〈怒り・気持ちを〉和らげる, 静める.
oblēvī *pf* ⇒ oblino.
oblīcus -a -um, *adj* =obliquus.
oblīdō -ere -līsī -līsum, *tr* [ob-/laedo] **1** (のどを)締めつける, 窒息させる. **2** 押しつぶす.
obligātiō -ōnis, *f* [obligo] **1** 保証. **2** (法的・金銭的)義務. **3** 債務証書.
obligātōrius -a -um, *adj* [obligo] (法的)義務を課する.
obligātus -a -um, *adj* (*pp*) [↓] **1** 義務を負っている. **2**° 責任のある〈+*gen*〉. **3** 誓約した.
obligō -āre -āvī -ātum, *tr* [ob-/ligo²] **1** 結びつける, つなぐ, 縛る. **2** 包帯する. **3** (法的・宗教的に)義務を負わせる, 拘束[束縛]する. **4** 罪を帰する, 責を負わせる〈alqm re〉. **5** 質におく, 抵当[担保]に入れる〈alci alqd〉. **6** 恩義を施す, 義理を負わせる.
oblīmō -āre -āvī -ātum, *tr* [ob-/limus¹] 泥でふさぐ(おおう): *rem patris oblimare* (Hor) 父の財産を浪費する.
oblinō -ere -lēvī -litum, *tr* [ob-/lino] **1** 塗りたくる, 塗りつける〈alqm [alqd] re〉. **2** (目張りをして容器の口・すきまなどを)ふさぐ. **3** よごす; けがす; 名誉を傷つける. **4** 消す, 抹消する. **5** 飽きあきさせる.
oblīquē *adv* [obliquus] **1** 斜めに. **2** 横目で. **3** 遠まわしに, それとなく.
oblīquitās -ātis, *f* [obliquus] 斜めであること, 傾斜, 勾配.
oblīquō[1] -āre -āvī -ātum, *tr* [obliquus] **1** 斜めにする, ゆがめる. **2** そらす, 転ずる. **3** しらばくれる, 偽って言う.
oblīquō[2] *adv* (*abl*) [↓] 斜めに.
oblīquus -a -um, *adj* **1** 斜めの, 傾斜した. **2** 横目の. **3** 横目で見る; ねたんでいる. **4** (血統が正当でない, 傍系の. **5** 遠まわしの, 婉曲な. **6** 〖文〗斜格の; 間接的な; 直説法現在時称以外の: *casus* ~ (Quint) 斜格. **7**° 〖解〗(筋肉などが)斜めの.
oblīsī *pf* ⇒ oblido.
oblīsus -a -um, *pp* ⇒ oblido.
oblitterō -āre, *tr* =oblittero.
oblitēscō -ere -lituī, *intr* [ob-/latesco²] 隠れる, 見えなくなる.
oblitterātiō, oblīte- -ōnis, *f* [oblittero] 忘れること, 忘却.
oblitterātus, oblīte- -a -um, *pp* ⇒ oblittero.
oblitterō, oblīte- -āre -āvī -ātum, *tr* [ob-/littera] **1** (こすって)消す, 抹消する. **2** (記憶から)消し去る, 忘れさせる. **3** すたれさせる.
oblituī *pf* ⇒ oblitesco.
oblitus[1] -a -um, *pp* ⇒ oblino.
oblītus[2] -a -um, *pp* ⇒ obliviscor.
oblīviō -ōnis, *f* [obliviscor] **1** 忘れる[忘れられる]

obliviosus — obrussa

こと, 忘却. **2** 大赦, 恩赦. **3** (下界の)忘却の川 (= Lethe). **4** *Flumen oblivionis* (FLOR) (Hispania Tarraconensis の) Limia 川.

oblīviōsus -a -um, *adj* [↑] **1** 忘れっぽい. **2** 忘れさせる.

oblīvīscī *inf* ⇨ obliviscor.

oblīvīscor -scī oblītus sum, *intr, tr dep* **1** 忘れる ⟨+*gen* [*acc*]; +*inf*; +*acc c. inf*⟩. **2** (故意に)記憶をぬぐい去る. **3** (本分を)顧みない. **4** 言及しないでおく.

oblīvium -ī, *n* [↑] 忘却.

oblīvius -a -um, *adj* [oblivio] 忘れ去られた.

oblocō -āre, °*tr* 賃貸する.

oblocūtor -ōris, *m* [obloquor] (人の)話の腰を折る人.

oblocūtus -a -um, *pp* ⇨ obloquor.

oblongātus -a -um, °*adj* 《解》*medulla oblongata* 延髄.

oblongulus -a -um, *adj dim* [↓] (やや)細長い.

oblongus -a -um, *adj* [ob-/longus] 細長い.

obloquī *inf* ⇨ obloquor.

obloquium -ī, °*n* [↓] 抗言, 反駁.

obloquor -quī -locūtus sum, *intr* (*tr*) *dep* [ob-/loquor] **1** (人の)話をさえぎる, 話に割り込む; 反駁する ⟨alci⟩. **2** 非難[叱責]する. **3** (詩) (…に合わせて)歌う, 伴奏する.

obluctor -ārī -ātus sum, *intr dep* [ob-/luctor] 逆らう, 抵抗する ⟨+*dat*⟩.

oblūdiō -āre *intr* [ob-/ludus] ばかなまねをする, ふざける ⟨alci⟩.

obmōlior -īrī -ītus sum, *tr dep* [ob-/molior] **1** 障害物として前へ置く. **2** (防壁の破れ目を)ふさぐ.

obmoveō -ēre -mōvī, *tr* [ob-/moveo] 供え物をする.

obmurmurō -āre -āvī -ātum, *intr* [ob-/murmuro] (…に対して)つぶやく ⟨alci⟩.

obmūtēscō -ere -mūtuī, *intr* [ob-/mutus] **1** 口がきけなくなる; 黙る, 沈黙する. **2** やむ, 静まる.

obmūtuī *pf* ⇨ obmutesco.

obnātus -a -um, *adj* [ob-/natus¹] そばに生えている ⟨alci rei⟩.

obnīsus¹ -a -um, *pp* =obnixus (⇨ obnitor).

obnīsus² -ūs, °*m* 努力, 骨折り.

obnītī *inf* ⇨ obnitor.

obnītor -tī -nixus [-nīsus] sum, *intr dep* **1** 押しつける ⟨+*dat*⟩. **2** 逆らう, 抵抗する. **3** 苦闘する ⟨+*inf*⟩.

obnīxē *adv* [↓] 全力を出して, 断固として.

obnīxus, -nīsus -a -um, *adj* (*pp*) [obnitor] 断固とした.

obnoxiē *adv* [obnoxius] **1** 罪を犯して. **2** 卑屈に, 屈従的に.

obnoxiĕtās -ātis, °*f* [obnoxius] 義務, 責務.

obnoxiōsē *adv* [↓] おずおずと, びくびくして.

obnoxiōsus -a -um, *adj* [↓] **1** 服従[従属]する. **2** 有害な, 危険な.

obnoxius -a -um, *adj* **1** 恩に縛られた, 義理のある; (法的に)責任のある. **2** (悪事などに)ふけっている ⟨alci rei⟩. **3** (害・危険などに)さらされた, 陥りやすい ⟨alci rei⟩. **4** 服従[従属]する; 屈従的な, 卑屈な ⟨+*dat*⟩.

obnūbilātiō -ōnis, °*f* [↓] 《病》朦朧(もうろう).

obnūbilō -āre -āvī -ātum, *tr* [ob-/nubilo] 曇らせる, 暗くする: *obnubilare animam* (APUL) 失神する, 気が遠くなる.

obnūbilus -a -um, *adj* [ob-/nubilus] 曇った, 暗い.

obnūbō -ere -nupsī -nuptum, *tr* [ob-/nubo] おおう, 包む.

obnūntiātiō -ōnis, *f* [↓] 凶兆を告げること.

obnūntiō -āre -āvī -ātum, *tr, intr* [ob-/nuntio] **1** 凶兆を告げる. **2**° 悪い知らせをもたらす.

obnupsī *pf* ⇨ obnubo.

obnuptus -a -um, *pp* ⇨ obnubo.

oboediēns -entis, *adj* (*prp*) [oboedio] 服従する, 従順な ⟨+*dat*⟩.

oboedienter *adv* [↑] 従順に.

oboedientia -ae, *f* [oboediens] 服従, 従順.

oboediō -īre -īvī [-iī] -ītum, *intr* [ob-/audio] **1** 耳を傾ける. **2** 服従する, 従順である ⟨+*dat*⟩.

oboleō -ēre -oluī, *intr, tr* [ob-/oleo] **I** (*intr*) 匂いがする, 匂う. **II** (*tr*) 匂わせる ⟨alqd⟩.

obolus -ī, *m* [*Gk*] **1** 古代ギリシアの銀貨 (=¹⁄₆ drachma). **2** 古代ギリシアの重量単位 (=¹⁄₆ drachma).

oborior -īrī -ortus sum, *intr dep* [ob-/orior] **1** のぼる. **2** 現われる, 起こる.

obortus -a -um, *pp* ⇨ oborior.

obp- ⇨ opp-.

obrēpō -ere -repsī -reptum, *intr* (*tr*) [ob-/repo] **1** 忍び寄る, そっと近づく ⟨+*dat* [*acc*]⟩. **2** 突然訪れる.

obrepsī *pf* ⇨ obrepo.

obreptiō -ōnis, *f* [obrepo] **1** 忍び寄ること, 不意を突くこと. **2**° 詐取.

obreptō -āre -āvī -ātum, *intr freq* [obrepo] 忍び寄る, そっと近づく.

obreptus -a -um, *pp* ⇨ obrepo.

obrētiō -īre -īvī -ītum, *tr* [ob-/rete] 網で捕える.

obrigeō -ēre, °*intr* 硬直している.

obrigēscō -ere -riguī, *intr inch* [↑] **1** 堅くなる, 硬直する, 凍結する. **2** (乳が)凝固する.

obriguī *pf* ⇨ obrigesco.

Obrima -ae, *m* [*Gk*] オブリマ, *-モス《Phrygia の川; Maeander 川の支流》.

obrōdō -ere, *tr* [ob-/rodo] かじる.

obrogātiō -ōnis, *f* [↓] (現行法の)修正, 廃止.

obrogō -āre -āvī -ātum, *tr, intr* [ob-/rogo] **1** (現行法を新法によって)修正[廃止]する. **2** (法案の)通過を妨害する ⟨+*dat*⟩.

obruī *pf* ⇨ obruo.

obruō -ere -ruī -rutum, *tr, intr* [ob-/ruo] **I** (*tr*) **1** おおう, 包む ⟨alqd re⟩. **2** 埋める, 沈める. **3** 押しつぶす, 打ちのめす; 圧倒する. **4** (忘却の中に)埋れさせる. **5** 影をうすくさせる, 効力を失わせる: *obruere famam alcis* (TAC) ある人の名声をしのぐ. **II** (*intr*) 瓦解[崩壊]する.

obrussa -ae, *f* [*Gk*] **1** 試金: *aurum ad obrussam* (SUET) るつぼで試金された金, 純金. **2** 試金石.

obrutus -a -um, *pp* ⇨ obruo.

obryzum -ī, °*n* [*Gk*] (*sc.* aurum) 純金.

obsaepiō, -sēpiō, -sīpiō -īre -saepsī -saeptum, *tr* [ob-/saepio] **1** 囲い込む, 閉じ込める. **2** ふさぐ, 遮断する.

obsaepsī *pf* ⇨ obsaepio.

obsaeptus -a -um, *pp* ⇨ obsaepio.

obsaturō -āre, *tr* [ob-/saturo] 飽きあきさせる.

obscaen- ⇨ obscen-.

obscaevō -āre -āvī -ātum, *intr* [ob-/scaeva] 吉兆[凶兆]を示す.

obscēna -ōrum, *n pl* [obscenus¹] **1** 排泄物, 尿. **2** 陰部. **3** みだらな行為[ことば].

obscēnē *adv* [obscenus¹] 下品に, みだらに.

obscēnitās -ātis, *f* [obscenus¹] 猥褻[下品](な行為).

obscēnum -ī, *n* [↓] 陰部 (=obscena).

obscēnus¹ -a -um, *adj* **1** 縁起の悪い, 不吉な. **2** けがらわしい, 忌しわしい. **3** 猥雑な, みだらな, 下品な. **4** 下品なことばを使う.

obscēnus² -ī, *m* **1** 放蕩者, 好色漢. **2** 下品なことばを使う者.

obscoen- ⇨ obscen-.

obscūrātiō -ōnis, *f* [obscuro] **1** 暗くなること. **2** (太陽・月の)食. **3** 見えなくなること.

obscūrātus -a -um, *pp* ⇨ obscuro.

obscūrē *adv* [obscurus] **1** ぼんやりと, 不明瞭に. **2** (表現が)あいまいに, 不明確に. **3** こっそり, ひそかに. **4** 目立たずに, 世に知られずに.

obscūritās -ātis, *f* [obscurus] **1** 暗黒, 暗さ. **2** 不分明, 不明瞭. **3** 世に知られないこと; 卑賤, 無名.

obscūrō -āre -āvī -ātum, *tr* [obscurus] **1** 暗くする, おおい隠す. **2** 隠す, 知られないようにする. **3** (目・心を)曇らせる, かすませる. **4** 目立たなくする, 影をうすくさせる. **5** 不分明[不明瞭]にする. **6** 忘れさせる.

obscūrum -ī, *n* [↓] **1** 暗さ. **2** 薄明かり.

obscūrus -a -um, *adj* **1** 暗い, うす暗い. **2** かすかに見える; (色が)黒ずんだ. **3** (表情が)陰気な, 陰鬱な. **4** おおわれた, 隠れた. **5** (音が)不明瞭な. **6** 目立たない, 世に知られない, 無名の. **7** 不確かな, 判然としない. **8** 知られていない, 公けにされていない. **9** 率直でない, 隠しだてする. **10** わかりにくい, 不分明な.

Obscus, Opscus -a -um, *adj* 《古形》=Oscus.

obsecrātiō -ōnis, *f* [obsecro] **1** 懇願, 嘆願. **2** 祈禱式.

obsecrātor -ōris, °*m* [↓] 嘆願者.

obsecrō -āre -āvī -ātum, *tr* [ob-/sacro] **1** 懇願[嘆願]する ⟨alqm; ut, ne⟩. **2** (挿入句として)どうか, お願いです: *pergite, ~, continuo* (PLAUT) 頼むから, 続けてやってくれ.

obsecundō -āre -āvī -ātum, *intr* [ob-/secundo¹] (人の望みに)応ずる, 同意する; (…の)動きに合わせる ⟨+*dat*⟩.

obsecūtus -ε -um, *pp* ⇨ obsequor.

obsēdī *pf* ⇨ obsideo, obsido.

obsequēla, -ella -ae, *f* [obsequor] (人の望みに)応ずること, 従順.

obsequens -entis, *adj* (*prp*) [obsequor] **1** (人の望みに)応ずる, 従順な ⟨+*dat*⟩. **2** (神々が)好意的な, 慈悲深い.

obsequenter *adv* [↑] 従順に.

obsequentia -ae, *f* [obsequens] (人の望み・意向などに)応ずること, 従順.

obsequī *inf* ⇨ obsequor.

obsequiae -ārum, *f pl* [obsequor]《碑》葬儀 (=exsequiae).

obsequibilis -is -e, *adj* [obsequor] 親切な.

obsequiōsus -a -um, *adj* [↓] 従順な.

obsequium -ī, *n* [↓] **1** (要求などに)応ずること, 従順: ~ *ventris* (HOR) 大食. **2** 忠誠, 恭順.

obsequor -quī -secūtus sum, *intr dep* [ob-/sequor] **1** (要求・命令などに)従う, 応ずる ⟨+*dat*⟩. **2** 専心する, ふける.

obserō¹ -ere -sēvī -situm, *tr* [ob-/sero²] **1** (種を)まく. **2** (災難を)生じさせる.

obserō² -āre -āvī -ātum, *tr* [ob-/sero³] **1** (戸などに)かんぬきを掛ける, 閉ざす. **2** ふさぐ, さえぎる.

observābilis -is -e, *adj* [observo] **1** 観察できる, 目に見える. **2** 遵守する.

observans -antis, *adj* (*prp*) [observo] **1** 気を遣う, 敬意を表する ⟨+*gen*⟩. **2** きちょうめんな, 遵守する ⟨+*gen*⟩.

observanter *adv* [↑] 注意深く, きちょうめんに.

observantia -ae, *f* [observans] **1** 観察, 注目. **2** 敬意, 配慮. **3** 遵奉, 遵守.

observātē *adv* [observo] 注意深く.

observātiō -ōnis, *f* [observo] **1** 観察, 注目. **2** 見張り, 監視. **3** 遵奉, 遵守. **4** 慣例, 慣行. **5** 評言, 所見. **6** 敬意.

observātor -ōris, *m* [observo] **1** 観察[監視]者. **2°** 遵奉者.

observātrix -īcis, °*f* [↑] 遵守[遵奉]者《女性》.

observitō -āre -āvī -ātum, *tr freq* [↓] **1** (注意深く)観察する. **2** 注意する, 顧慮する. **3** (儀式を)挙行[執行]する.

observō -āre -āvī -ātum, *tr* [ob-/servo] **1** 観察する, 注目する. **2** 監視する, 見張る, 用心する. **3** 向かう, 面する ⟨+*dat*⟩. **4** 待ち構える, 待ち受ける. **5** 尊重する, 尊敬を払う. **6** (規則・慣例などを)守る, 遵守する, 従う; (儀式を)挙行[執行]する. **7** (…である と)みなす.

obses obsidis, *m* (*f*) [ob-/sedeo] **1** 人質. **2** 保証, 抵当.

obsessiō -ōnis, *f* =obsidio.

obsessor -ōris, *m* [obsideo] **1** (ある場所を)占拠する者. **2** 包囲[封鎖]者.

obsessus -a -um, *pp* ⇨ obsideo, obsido.

obsēvī *pf* ⇨ obsero¹.

obsideō -ēre -sēdī -sessum, *intr, tr* [ob-/sedeo] **I** (*intr*) すわる, 場所を占める. **II** (*tr*) **1** 住む, 占有[占拠]する. **2** 占める, 支配する. **3** 奪取する. **4** 包囲[攻囲]する, 封鎖する. **5** 圧迫する, 悩ます, 襲う. **6** 厚くおおう, 取り囲む. **7** 見張る, 機会をうかがう: *qui meum tempus obsidet* (CIC) 私の時期を(取り上げようと)見張っている人(=私のじゃまをする人).

obsidiālis -is -e, *adj* =obsidionalis.

obsidiō -ōnis, *f* [obsideo] **1** 包囲, 攻囲, 封鎖. **2°** 捕われの状態. **3** 差し迫った危険.

obsidiōnālis -is -e, *adj* [↑] 包囲[攻囲]の, 封鎖

obsidior — obstupefacere

の: corona ~ (LIV) 攻囲軍を撃退して包囲を解いた指揮官に与えられる冠.

obsidior -ārī, *intr dep* [↓] 待伏せする <+*dat*>.

obsidium[1] -ī, *n* [obsideo] **1** 包囲, 攻囲, 封鎖. **2** 注意深く見守ること. **3** 待伏せ. **4** (差し迫った)危険.

obsidium[2] -ī, *n* [obses] 人質であること.

obsīdō -ere -sēdī -sessum, *tr* [ob-/sido] **1** 包囲[攻囲]する, 封鎖する. **2** 占拠[占領]する. **3** (病気が)襲う, 悩ます.

obsignātiō -ōnis, *f* [obsigno] 認印を押すこと, 封印.

obsignātor -ōris, *m* [↓] 封印した人; (特に, 遺言状の)封印の証人.

obsignō -āre -āvī -ātum, *tr* [ob-/signo] **1** 認印を押す, 封印する. **2** 銘記する, 感銘を与える.

obsīpiō -īre, *tr* =obsaepio.

obsīpō -āre, *tr* [ob-/supo] まきちらす, 振りかける: *obsipat aquolam* (PLAUT) 《劇》 元気が出る, 気分が晴れる.

obsistō -ere -stitī -stitum, *intr* [ob-/sisto] **1** 立ちはだかる, 道をふさぐ <+*dat*>. **2** 抵抗する, 逆らう. **3** じゃまをする, 妨害する <quominus, quin, ne>.

obsitus -a -um, *adj* (*pp*) [obsero¹] おおわれた, 包まれた <re>.

obsolefacere *inf* ⇒ obsolefacio.

obsolefaciō -cere -fēcī -factum, *tr* [obsolesco/facio] **1** そこねる. **2** 品位[価値]を低下させる, おとしめる.

obsolefactus -a -um, *pp* ⇒ obsolefacio, obsolefio.

obsolefēcī *pf* ⇒ obsolefacio.

obsolefierī *inf* ⇒ obsolefio.

obsolefīō -fierī -factus sum, *intr* (obsolefacio の *pass* として用いられる).

obsolēscō -ere -solēvī -solētum, *intr* [ob-/soleo] **1** すたれる, 効力を失う, 衰微する. **2** おとしめられる, 価値が低下する.

obsolētē *adv* [↓] みすぼらしく.

obsolētus -a -um, *adj* (*pp*) [obsolesco] **1** 使い古した, すりきれた, ぼろぼろの. **2** ぼろをまとった, みすぼらしい. **3** (色が)くすんだ, 黒ずんだ. **4** 陳腐な, ありきたりの. **5** 世に忘れられた, おちぶれた.

obsolēvī *pf* ⇒ obsolesco.

obsōnātor, ops- -ōris, *m* [obsono¹] 食料を調達する人, まかない人.

obsōnātus -ūs, *m* [obsono¹] 食料の買出し.

obsōnitō -āre -āvī -ātum, *intr freq* [obsono¹] (しばしば)饗宴を催す, ごちそうする.

obsōnium, ops- -ī, *n* [Gk] **1** パンといっしょに食べるもの《野菜・魚・果物など》. **2** (*pl*) 饗宴.

obsōnō¹, **ops-** -āre -āvī -ātum, *tr, intr* [Gk] **I** (*tr*) (食料を)購入する, 調達する. **II** (*intr*) **1** 食料を購入[調達]する. **2** 饗宴を催す, ごちそうを食べる.

obsōnō² -āre -āvī -ātum, *intr* [ob-/sono] (口をはさんで)人の話のじゃまをする.

obsōnor -ārī -ātus sum, *tr, intr dep* =obsono¹.

obsōpiō -īre -īvī [-iī] -ītum, *tr* [ob-/sopio¹] 眠らせる.

obsōpītus -a -um, *pp* ⇒ obsopio.

obsorbeō -ēre -uī, *tr* [ob-/sorbeo] **1** ぐいとのむ, のみ込む. **2** 吸い込む.

obstācullum -ī, *n* =obstantia¹.

obstantia¹ -ium, *n pl* [obsto] 障害(物).

obstantia² -ae, *f* 抵抗, 妨害.

obstātus -a -um, *pp* ⇒ obsto.

obstetrīcia -ōrum, *n pl* [↓] (*sc.* officia) 《医》 産婆術; 産科学 (=tocologia).

obstetrīx -īcis, *f* [obsto] 産婆, 助産婦.

obstinātē *adv* [obstinatus] 頑強に.

obstinātiō -ōnis, *f* [obstino] 不屈, 頑固.

obstinātus -a -um, *adj* (*pp*) [↓] 断固とした, 不屈の, 頑固な <ad alqd; +*inf*>: *obstinati mori* (LIV) 決死の覚悟をしている男たち.

obstinō -āre -āvī -ātum, *tr* (*intr*) [ob-/*stano (cf. sto)] 固く決心する, 固執する <alqd; ad alqd; +*inf*>.

obstīpāns -antis, °*n* [ob-/stipo] 《薬》 止痢剤.

obstīpātiō -ōnis, °*f* [ob-/stipo] **1** (群衆の)ひしめき, 雑踏. **2** 《病》 (頑固な)便秘.

obstīpēscō -ere, *intr* (*tr*) =obstupesco.

obstīpus -a -um, *adj* [ob-/stipo] **1** 斜めの, 傾いた. **2**° 頑固な, つむじ曲がりの.

obstita -ōrum, *n pl* (*pp*) [obsisto] 雷に撃たれたもの.

obstitī *pf* ⇒ obsisto, obsto.

obstitus -a -um, *pp* ⇒ obsisto.

obstō -āre -stitī (*fut p* -stātūrus), *intr* [ob-/sto] **1** 立ちはだかる, 道をふさぐ, 行く手をはばむ <+*dat*>. **2** じゃまする, 妨げる. **3** 抵抗する, 反対する <+*dat*; ne>.

obstrāgulum -ī, *n* サンダルのひも.

obstrepitus -a -um, *pp* ⇒ obstrepo.

obstrepō -ere -strepuī -strepitum, *intr* (*tr*) [ob-/strepo] **1** 大声を出して妨げる[かき消す], (対抗して)大きな音を立てる <+*dat*>: *tympana et plausus obstrepuerunt sono citharae* (OV) 太鼓と手拍子が竪琴の音をかき消した. **2** 大きな音を立てる <+*dat*>. **3** 激しく抗議[反対]する. **4** 悩ます, うるさがらせる. **5** 効果を打ち消す.

obstrepuī *pf* ⇒ obstrepo.

obstrictus -a -um, *pp* ⇒ obstringo.

obstri(n)gillō -āre -āvī -ātum, *tr* [↓] 妨害する, じゃまする.

obstringō -ere -strinxī -strictum, *tr* **1** 縛る, 締める. **2** 縛りつける. **3** 義務を負わせる, 拘束する <alqm re>. **4** 約束する, 誓う. **5** 巻き込む, 巻き添えにする <alqm re>. **6** 責を負わせる, 罪を帰する.

obstrinxī *pf* ⇒ obstringo.

obstructiō -ōnis, *f* [obstruo] **1** 障害(物). **2**° 《病》 閉塞(症).

obstructus -a -um, *pp* ⇒ obstruo.

obstrūdō -ere, *tr* =obtrudo.

obstruō -ere -strūxī -structum, *tr, intr* [ob-/struo] **1** 障害物として置く <+*acc* [*dat*]>. **2** (道などを)ふさぐ, 遮断する. **3** (視界・光などを)さえぎる. **4** (機能・活動などを)妨げる: *obstruere aures* (VERG) 耳を聞こえなくさせる.

obstrūxī *pf* ⇒ obstruo.

obstupefacere *inf* ⇒ obstupefacio.

obstupefaciō -cere -fēcī -factum, *tr* [ob-/stupefacio] 1 啞然とさせる、どぎもを抜く。 2 無感覚にする、麻痺させる。

obstupefactus -a -um, *pp* ⇨ obstupefacio.

obstupefēcī *pf* ⇨ obstupefacio.

obstupefīō -fierī, *intr* (obstupefacio の *pass* として用いられる).

obstupēscō -ere -stupuī, *intr* (*tr*) [ob-/stupesco] 1 麻痺する、無感覚になる。 2 あっけに取られる、啞然とする、びっくり仰天する。

obstupidus -a -um, *adj* [ob-/stupidus] あっけに取られた、啞然とした。

obstupuī *pf* ⇨ obstupesco.

obsufflō -āre -āvī -ātum, *tr* [ob-/sufflo] 吹きかける ⟨alci alqd⟩.

obsuī *pf* ⇨ obsuo.

obsum -esse -fuī, *intr* [ob-/sum] じゃまになる、害になる ⟨+*dat*⟩.

obsuō -ere -suī -sūtum, *tr* [ob-/suo] (穴などを)縫い合わせる、縫い閉じる。

obsurdēscō -ere -surduī, *intr* [ob-/surdus] 1 耳が聞こえなくなる。 2 (忠告などに)耳をかさなくなる。

obsurduī *pf* ⇨ obsurdesco.

obsūtus -a -um, *pp* ⇨ obsuo.

obtaedēscit -ere, *intr impers* [ob-/taedet] いやになる、飽きあきする。

obtēctus¹ -a -um, *pp* ⇨ obtego.

obtēctus² -ūs, °*m* おおい。

obtegō -ere -tēxī -tēctum, *tr* [ob-/tego] 1 おおう、包む ⟨alqd re⟩. 2 保護する。 3 隠す、見えなくする。

obtemperanter *adv* [obtempero] 従順に、服従的に。

obtemperātiō -ōnis, *f* [obtempero] 服従、遵守(じゅんしゅ)。

obtemperātor -ōris, °*m* [↓] 服従者。

obtemperō -āre -āvī -ātum, *intr* [ob-/tempero] 要求に応ずる、従う ⟨+*dat*⟩.

obtendī *pf* ⇨ obtendo.

obtendō -ere -tendī -tentum, *tr* [ob-/tendo¹] 1 前[上]に広げる。 2 (*pass*) 向かい合う、面する ⟨+*dat*⟩. 3 隠れみの[口実]にする。 4 おおう、隠す。

obtenebrō -āre -āvī -ātum, °*tr* [ob-/tenebro] 暗くする。

obtēnsus -ūs, *m* [obtendo] 口実。

obtentus¹ -a -um, *pp* ⇨ obtineo, obtendo.

obtentus² -ūs, *m* [obtendo] 1 おおうこと；隠すこと。 2 口実。

obterō -ere -trīvī -trītum, *tr* [ob-/tero] 1 踏みつぶす、押しつぶす。 2 全滅させる、粉砕する。 3 見くだす、軽蔑する。 4 すりへらす。

obtestātiō -ōnis, *f* [obtestor] 1 (神々を)証人として呼ぶこと、祈願。 2 嘆願、懇願。

obtestātus -a -um, *pp* ⇨ obtestor.

obtestor -ārī -ātus sum, *tr dep* [ob-/testor] 1 証人として引合いに出す。 2 懇願[嘆願]する ⟨alqm; alqd; ut, ne; +*subj*⟩. 3 断言する；誓約する。

obtexī *pf* ⇨ obtego.

obtexō -ere -texuī -textum, *tr* [ob-/texo] 1 (クモが巣を)…の上に張る。 2 おおう、隠す。

obtextus -a -um, *pp* ⇨ obtexo.

obtexuī *pf* ⇨ obtexo.

obticentia -ae, *f* [↓] 〖修〗頓絶法 (=aposiopesis).

obticeō -ēre, *intr* [ob-/taceo] 黙っている。

obticēscō -ere -ticuī, *intr inch* [↑] 黙り込む、沈黙する。

obticuī *pf* ⇨ obticesco.

obtigī *pf* ⇨ obtingo.

obtineō, opt- -ēre -tinuī -tentum, *tr* (*intr*) [ob-/teneo] 1 (ある行動・状態を)保つ、続ける。 2 支配[管理]する。 3 (場所・地位を)占めている。 4 おおう、一面に広がる。 5 (力・権利などを)もっている、保持している。 6 (目標を)達成する；うまくいく、成功する。

obtingō, opt- -ere -tigī, *intr* [ob-/tango] (偶然)起こる、振りかかる ⟨alci; ut⟩: *si quid mihi obtigerit* (Cic) もし何事かが私に起こったなら(＝万一私が死ぬようなことがあれば)。

obtorpēscō -ere -torpuī, *intr* [ob-/torpesco] 無感覚になる、麻痺する。

obtorpuī *pf* ⇨ obtorpesco.

obtorqueō -ēre -torsī -tortum, *tr* [ob-/torqueo] 1 方向を変える、よじる。 2 (通例 *pp* で)(輪なわで)首を締める。

obtorsī *pf* ⇨ obtorqueo.

obtortus -a -um, *pp* ⇨ obtorqueo.

obtrectātiō -ōnis, *f* [obtrecto] けなすこと、中傷、そしり。

obtrectātor -ōris, *m* [↓] 中傷者、そしる[けなす]人。

obtrectō -āre -āvī -ātum, *intr, tr* [ob-/tracto] (嫉妬・悪意から)けなす、そしる ⟨+*dat* [*acc*]⟩.

obtrītus¹ -a -um, *pp* ⇨ obtero.

obtrītus² -ūs, *m* 踏みつぶすこと。

obtrīvī *pf* ⇨ obtero.

obtrūdō -ere -trūsī -trūsum, *tr* [ob-/trudo] 1 突き出す。 2 (飲食物を)詰め込む、のみ込む。 3 (無理に[だまして])押しつける。

obtruncātiō -ōnis, *f* [↓] (木の)刈り込み、剪定。

obtruncō -āre -āvī -ātum, *tr* [ob-/trunco] 1 (木を)刈り込む、剪定する。 2 殺す、殺戮する。

obtrūsī *pf* ⇨ obtrudo.

obtrūsus -a -um, *pp* ⇨ obtrudo.

obtueor -ērī, *tr, intr dep* [ob-/tueor] 見る、眺める、見つめる。

obtulī *pf* ⇨ offero.

obtundō -ere -tudī -tūsum [-tunsum], *tr* [ob-/tundo] 1 強く打つ、たたきのめす。 2 鈍らせる、弱める。 3 (耳を)聞こえなくする。 4 やかましく言い立てる；悩ます、煩わす。 5 しゃがれ声にする。

obtūrāmentum, opt- -ī, *n* [obturo] 栓；水をせきとめる壁。

obtūrātiō -ōnis, °*f* [obturo] 1 ふさぐこと。 2 〖医〗閉鎖、閉塞。

obtūrātus -a -um, *pp* ⇨ obturo.

obturbātiō -ōnis, °*f* [↓] 不安、動揺、狼狽。

obturbō -āre -āvī -ātum, *tr* [ob-/turbo¹] 1 かき

obturgescō -ere -tursī, *intr* [ob-/turgesco] はれる.
obtūrō -āre -āvī -ātum, *tr* [ob-/cf. turgeo] 1 (穴などを)ふさぐ, 栓をする: *obturare aures* (Hor) 耳をふさぐ(=聞こうとしない). 2 和らげる, 鎮める.
obtursī *pf* ⇨ obturgesco.
obtūsē *adv* [↓] 鈍く.
obtūsus, -tunsus -a -um, *adj* (*pp*) [obtundo] 1 (刃などの)切れ味の悪い, 鈍い, なまくらの. 2 (光が)鈍い, さえない. 3 (感覚・能力などが)鈍い; 愚かな. 4 (声が)しゃがれた. 5 (行動が)粗野な, 無骨な.
obtūtus -ūs, *m* [obtueor] 1 見つめること, 凝視. 2 思いめぐらすこと.
obumbrātiō -ōnis, *f* [obumbro] 暗くすること, 影にすること.
obumbrātrīx -īcis, °*f* [↓] 暗くする[影にする]者《女性》.
obumbrō -āre -āvī -ātum, *tr* [ob-/umbro] 1 暗くする, 影にする. 2 曇らせる. 3 おおい隠す; かばう.
obunctus -a -um, *adj* [ob-/ungo] 香油[香料]を塗った.
obuncus -a -um, *adj* [ob-/uncus²] かぎ状の, 曲がった.
obustus -a -um, *adj* [ob-/uro] 1 (先端を)焼き焦がした. 2 (霜で)痛められた.
obvāgiō -īre, *intr* [ob-/vagio] (子供が)泣きわめく.
obvallō -āre -āvī -ātum, *tr* [ob-/vallo] 壁[堡塁]で囲う.
obvēnī *pf* ⇨ obvenio.
obvenientia -ae, °*f* [↓] できごと, 事件.
obveniō -īre -vēnī -ventum, *intr* [ob-/venio] 1 向かって行く ⟨+*dat*⟩. 2 (偶然)起こる, 振りかかる. 3 与えられる, 割り当てられる, (所有に)帰する.
obventiō -ōnis, °*f* [↑] 収入.
obventus -a -um, *pp* ⇨ obvenio.
obversor -ārī -ātus sum, *intr dep* [ob-/versor] 1 (人目につくように)歩きまわる, うろうろする. 2 (目の前[心の中]に)現われる, ちらつく ⟨alci⟩.
obversus -a -um, *pp* ⇨ obverto.
obvertī *pf* ⇨ obverto.
obvertō -ere -vertī -versum, *tr* [ob-/verto] 1 (ある方向へ)向ける ⟨alqd in [ad] alqd⟩. 2 (*pass*) 反対する, 逆らう; 没頭する.
obviam *adv* [ob/via] 1 行く手に, 途中に, 行き会うように ⟨+*dat*⟩: ~ *ire* [*procedere*] (Plaut Cic) 出迎える; 迎え撃つ ‖ ~ *ire* (Cic) 立ち向かう; 手助けする. 2 手近に, 手の届く所に.
obvigilō -āre -āvī -ātum, *intr* [ob-/vigilo] 用心する, 油断しない.
obviō -āre -āvī -ātum, *intr* [↓] 1 反する, 逆らう ⟨+*dat*⟩. 2° 防ぐ, 妨げる.
obvius -a -um, *adj* [ob-/via] 1 途中[行く手]にある, 行き会う ⟨+*dat*⟩. 2 立ち向かう, 迎え撃つ. 3 じゃまをする, 妨害する. 4 現われる; (心に)浮かぶ. 5 さらされた. 6 手元にある, 手近な; ありふれた. 7 気さくな, 愛想のよい.
obvolūtus -a -um, *pp* ⇨ obvolvo.
obvolvī *pf* ⇨ obvolvo.

obvolvō -ere -volvī -volūtum, *tr* [ob-/volvo] 1 包む, おおう. 2 取りつくろう, 隠す.
occa -ae, °*f* [occo] まぐわ.
occaecātiō -ōnis, *f* [occaeco] 隠す[見えなくする]こと.
occaecātus -a -um, *pp* ⇨ occaeco.
occaecō -āre -āvī -ātum, *tr* [ob-/caeco] 1 盲にする, 目を見えなくさせる. 2 暗くする. 3 わかりにくくする. 4 隠す, 見えなくする.
occallātus -a -um, *adj* [ob-/callum] 無感覚になった.
occallēscō -ere -caluī, *intr* [ob-/calleo] 1 (表面が)固くなる. 2 無感覚になる.
occaluī *pf* ⇨ occallesco.
occanō -ere -canuī, *intr* [ob-/cano] らっぱを吹く.
occanuī *pf* ⇨ occano.
occāsiō -ōnis, *f* [occido¹] 機会, 好機: *per occasionem* (Sall) = *ex occasione* (Suet) 都合のよい時に.
occāsiuncula -ae, *f dim* [↑] 好機, 決定的瞬間.
occāsus¹ -a -um, *pp* ⇨ occido¹.
occāsus² -ūs, *m* 1 日没, 沈むこと. 2 機会, 好機. 3 西, 西方. 4 没落, 崩壊, 滅亡; 死.
occātiō -ōnis, *f* [occo] (土地を)まぐわでならすこと.
occātor -ōris, *m* [occo] まぐわでならす人.
occātōrius -a -um, *adj* [↑] (土地を)まぐわでならすことの.
occecinī *pf* =occinui (⇨ occino).
occēdō -ere -cessī -cessum, *intr* [ob-/cedo²] 向かって行く ⟨alci obviam⟩.
occentō -āre -āvī -ātum, *intr, tr* [ob-/canto] 1 (…に向かって)歌う. 2 魔法をかける.
occentus -ūs, *m* [occino] (トガリネズミが)キーキー鳴く声.
occēpī *pf* ⇨ occipio.
occeptō -āre -āvī -ātum, *intr freq* [occipio] 始める.
occeptus -a -um, *pp* ⇨ occipio.
occessī *pf* ⇨ occedo.
occessus -a -um, *pp* ⇨ occedo.
occidēns¹ -entis, *adj* (*prp*) [occido¹] 1 日没の, 夕方の. 2 西の, 西方の.
occidēns² -entis, *m* 太陽の没する地域[方角], 西, 西方.
occidentālis -is -e, *adj* [occidens¹] 西の, 西方の.
occidī¹ *pf* ⇨ occido¹.
occīdī² *pf* ⇨ occido².
occidiō -ōnis, *f* [occido²] 大虐殺, 根絶.
occidō¹ -ere -cidī -cāsum, *intr* [ob-/cado] 1 落ちる, 倒れる. 2 (天体が)沈む, 没する: *ante solem occasum* (Plaut) 日没前に. 3 死ぬ; 絶滅する. 4 破滅[滅亡]する, 崩壊する; 消滅する: *occidi* (Plaut) もうだめだ.
occīdō² -ere -cīdī -cīsum, *tr* [ob-/caedo] 1 打ち倒す; 殺す. 2 (死ぬほど)苦しめる, 悩ます. 3 破滅[滅亡]させる.
occiduus -a -um, *adj* [occido¹] 1 (太陽・天体が)没しようとする, 沈みつつある. 2 西の, 西方の. 3

終わろうとする; 死にそうな.

occillō -āre, *tr* [occo] 打ちこわす, 粉砕する.

occinō -ere -cinuī [occecinī], *intr* [ob-/cano] **1** (鳥が)不吉な鳴き方をする. **2** (…に対して)鳴く, さえずる.

occinuī *pf* ⇨ occino.

occipere *inf* ⇨ occipio.

occipiō -pere -cēpī -ceptum, *tr*, *intr* [ob-/capio¹] **I** (*tr*) 始める, 取りかかる, 着手する〈alqd; + *inf*.〉始まる, 生ずる.

occipitālis -is -e, *adj* [↓] 〖解〗後頭の.

occipitium -ī, *n* [ob-/caput] 後頭部.

occipitomastoīdeus -a -um, °*adj* 〖解〗後頭乳突の.

occiput -pitis, *n* [ob-/caput] 後頭部.

occīsiō -ōnis, *f* [occido²] 殺すこと, 殺害.

occīsor -ōris, *m* [occido²] 殺害者.

occīsus -a -um, *pp* [occido²].

occlāmitō -āre -āvī -ātum, *intr* [ob-/clamito] 叫んで妨害する.

occlūdō -ere -clūsī -clūsum, *tr* [ob-/claudo²] **1** (建物・容器などを)閉ざす, 閉める. **2** 閉じ込める. **3** 止める, 抑える.

occlūsī *pf* ⇨ occludo.

occlūsiō -ōnis, °*f* [occludo] 〖医〗**1** 閉鎖, 閉塞. **2** 咬合.

occlūsus -a -um, *pp* ⇨ occludo.

occō -āre -āvī -ātum, *tr* まぐわでならす, すく.

occoepī *pf* =occepi (⇨ occipio).

occubitus -a -um, *pp* ⇨ occumbo.

occubō -āre, *intr* [ob-/cubo] **1** (前[上]に)横たわっている〈alci〉. **2** 死んで横たわっている.

occubuī *pf* ⇨ occumbo.

occucurrī *pf* =occurri (⇨ occurro).

occulcō -āre -āvī -ātum, *tr* [ob-/calco] 踏みつける, 踏みつぶす.

occulō -ere -culuī -cultum, *tr* [ob-/celo] **1** 見えなくする, 隠す. **2** 土をかける, 埋める. **3** 知られないようにする, 秘密にする.

occultātiō -ōnis, *f* [occulto²] **1** 隠すこと, 秘密にすること. **2** 〖修〗掩蔽(えんぺい), 星食. **3** 〖修〗逆言法.

occultātor -ōris, *m* [occulto²] 隠す人.

occultātus -a -um, *pp* ⇨ occulto².

occultē *adv* [occultus] **1** こっそり, ひそかに. **2** あいまいに, 遠まわしに.

occultō¹ *adv* (*abl*) [occultus] ひそかに, こっそり.

occultō² -āre -āvī -ātum, *intr freq* [occulo] **1** 見えなくする, 隠す; (*refl*, *pass*) 身を隠す, 隠れる. **2** 聞こえなくする. **3** 秘密にする.

occultum -ī, *n* [↓] 秘密(にすること): *per ~* (Sen) =*ex occulto* (Ter) ひそかに.

occultus -a -um, *adj* (*pp*) [occulo] **1** 隠された, (はっきり)見えない. **2** 秘密の, ひそかな. **3** 本心を隠す.

occuluī *pf* ⇨ occulo.

occumbō -ere -cubuī -cubitum, *intr* (*tr*) [ob-/*cumbo (cf. cubo*)] 倒れる; 死ぬ: *occumbere mortem* [*morte, morti*] (Cic [Liv, Verg]) 死ぬ.

occupātiō -ōnis, *f* [occupo] **1** 占有, 所有. **2** 仕事, 業務: *~ rei publicae* (Caes) 国事, 国務.

occupātus¹ -a -um, *adj* (*pp*) [occupo] 忙しい, 従事している; 結婚している 〈in〉re〉.

occupātus² -ūs, °*m* 仕事, 職務.

occupō -āre -āvī -ātum, *tr* [ob-/capio¹] **1** つかむ, つかまえる. **2** 占有[占拠]する; 占領する, 支配する. **3** (病気・現象などが)襲う, とらえる. **4** (地位・官職などを)占める, 就く. **5** (機会を)利用する, とらえる. **6** (場所・時間を)占める, ふさぐ. **7** (金銭を)費やす, 投資する. **8** 夢中にさせる; 専心させる. **9** 不意を襲う, 襲撃する. **10** 機先を制する, 先んずる.

occurrī *pf* ⇨ occurro.

occurrō -ere -(cu)currī -cursum, *intr* [ob-/curro] **1** 急いで会いに行く. **2** 到着する, やって来る. **3** 襲う, 降りかかる. **4** 立ち向かう, 迎え撃つ, 対抗する. **5** 対処する, 阻止する: *venienti occurrite morbo* (Pers) 病には途中で(=手遅れにならないうちに)対処せよ. **6** (偶然)出会う, でくわす. **7** 現われる, 起こる; (心に)浮かぶ.

occursātiō -ōnis, *f* [occurso] (敬意のしるしとして)走るようにして出迎えること.

occursātor -ōris, °*m* [occurso] 走るようにして出迎える人.

occursātrix -īcis, *f* [↑] 出迎える人〈女性〉.

occursiō -ōnis, *f* [occurro] **1** 会うこと, 訪問. **2** (*pl*) 急襲, 襲撃.

occursō -āre -āvī -ātum, *intr freq* [occurro] **1** 急いで会いに行く. **2** さえぎる, 妨げる. **3** 逆らう, 立ち向かう. **4** 現われる, 生ずる, 目に映ずる. **5** 襲撃する, 突撃する. **6** 機先を制する. **7** (心に)浮かぶ.

occursus¹ -a -um, *pp* ⇨ occurro.

occursus² -ūs, *m* **1** 行き会うこと, 遭遇. **2** 襲撃, 攻撃. **3** 衝突, ぶつかること.

Ōceanicus -a -um, *adj* [Oceanus] 大洋の.

Ōceanidēs -ae, °*m* Oceanus の息子.

Ōceanis -idis, *f* =Oceanitis.

Ōceanitis -tidis [-idos], *f* Oceanus の娘.

Ōceanus -ī, *m* [*Gk*] **1** 〖神話〗オーケアヌス, *-ノス 《大洋神; 天空神 Uranus と大地の女神 Gaea の子で Tethys の夫; 多くの河川や Oceanitis たちの父》. **2** 大地を取り巻いているとされる大洋.

ocellātum -ī, *n* [↓] (目のような斑点のある)小さな石.

ocellus -ī, *m dim* [oculus] **1** (小さな)目. **2** (親愛を表わして)いとしい[大事な]人[もの]. **3** 〖動〗単眼.

Ōcelum -ī, *n* オーケルム《Gallia Cisalpina の町》.

ōchra -ae, *f* [*Gk*] 黄土《顔料として用いられる》.

Ōchus -ī, *m* [*Gk*] オークス, *-コス 《(1) Bactria の川; Oxos 川に注ぐ. (2) ペルシア王 Artaxerxes III の添え名. (3) ペルシア王 Dareus II の添え名》.

ōcimum -ī, *n* [*Gk*] 〖植〗メボウキ.

ōcinum -ī, *n* 飼料の一種.

ōcior -ior -ius, *adj comp* **1** よりすばやい[迅速な]. **2** (時間的に)より早い.

ōciter (*comp* ōcius, *superl* ōcissimē) *adv* **1** すばやく, 迅速に. **2** 即座に, 直ちに.

ocliferius -a -um, *adj* [oculus/ferio] 人目をひく, 魅力的な.

Ocnus -ī, *m* [*Gk*] 〖伝説〗オクヌス, *-ノス 《(1) Mantua 市の建設者. (2) 下界で縄をなってゆくそばからロバにその縄を食われるという罰を受けた男; むだな努力を象徴する寓意的人物.

ocrea -ae, *f* すね当て.

ocreātus -a -um, *adj* [↑] すね当てを着けた.

Ocrēsia -ae, *f* オクレーシア《Tanaquil の奴隷で Servius Tullius の母》.

Ocriculānus -a -um, *adj* Ocriculum の.

Ocriculum -ī, *n* オクリクルム《Umbria 南部の町; 現 Otricoli》.

ocris -is, *m* ごつごつした山.

octagōnon -ī, *n* [↓] 8 角[辺]形.

octagōnos -os -on, *adj* [*Gk*] 8 角[辺]形の.

octangulus -a -um, *adj* [octo/angulus] 8 角の.

octaphoron -ī, *n* [↓] 8 人のりの輿(?).

octaphoros -os -on, *adj* [*Gk*] 8 人で運ぶ.

octastȳlos -os -on, *adj* [*Gk*]【建】8 本の円柱を持つ, 八柱式の.

octāva -ae, *f* [octavus] **1** (*sc.* hora) 第 8 時. **2** (*sc.* pars) 八分の一税. **3**°【聖】祝日から 8 日目[8 日間].

octāvānus -ī, *m* [octavus] 第 8 軍団の兵士.

octāvārium -ī, °*n* [octavus] 八分の一税.

Octāvia -ae, *f* オクターウィア《Octavia 氏族の女; 特に (1) Augustus 帝の姉; C. Marcellus の, 後に M. Antonius の妻. (2) Claudius 帝の娘で Nero 帝の妻》.

Octāviānus[1] -ī, *m* オクターウィアーヌス《C. Octavius (のちの Augustus 帝) が Caesar の養子となったときにつけられた名 (C. Julius Caesar ~)》.

Octāviānus[2] -a -um, *adj* =Octavius[2]. **Octāviānī** -ōrum, *m pl* Octavius の軍勢.

Octāvius[1] -ī, *m* オクターウィウス《ローマ人の氏族名; 特に C. ~, のちの Augustus 帝》.

Octāvius[2] -a -um, *adj* Octavius の.

octāvum *adv* (*neut*) [↓] 8 回目に.

octāva -a -um, *num ord* [octo] 第 8 の, 8 番目の; 8 分の 1 の.

octāvusdecimus -a -um, *num ord* [↑/decimus] 18 番目の, 第 18 の; 18 分の 1 の.

octennis -is -e, °*adj* [octo/annus] 8 歳の.

octennium -ī, °*n* [octo/annus] 8 年間.

octiēs, -ens *adv* [octo] 8 回[倍].

octingentēsimus -a -um, *num ord* [↓] 800 番目の.

octingentī -ae -a, *num card* [octo/centum] 800 (の).

octingentiēs, -ens *adv* [↑] 800 回[倍].

octipēs -pedis, *adj* [↓/pes] 8 本足の.

octō *indecl num card* 8 (の).

Octōber[1] -bris -bre, *adj* [↑] (ローマ古暦の) 8 月の; (前 153 年以降) 10 月の.

Octōber[2] -bris, *m* (*sc.* mensis) (ローマ古暦の) 8 月; (前 153 年以降) 10 月.

octōdecim *indecl num card* [octo/decem] 18 (の).

Octodūrus -ī, *m* オクトドゥールス《Gallia Narbonensis の町; 現 Martigny》.

octōgēnārius -a -um, *adj* [↓] **1** 80 から成る. **2** 80 歳の.

octōgēnī -ae -a, *num distrib* [octoginta] 80 ずつの.

Octogēsa -ae, *f* オクトゲーサ《Hispania Tarraconensis の町; Hiberus 河畔にあった》.

octōgēsimus, -gensimus -a -um, *adj* [octoginta] 80 番目の, 第 80 の; 80 分の 1 の.

octōgiēs, -ens *adv* [↓] 80 回[倍].

octōgintā *indecl num card* [octo] 80 (の).

octōjugis -is -e, *adj* [octo/jugum] 8 頭立ての; 8 人いっしょの.

octōnārius -a -um, *adj* [↓] 8 個から成る.

octōnī -ae -a, *num distrib* [octo] 8 ずつ(の).

octōvir -virī, *m* [octo/vir]【碑】八人委員の一人.

octuplicātus -a -um, *adj* 8 倍した.

octuplus -a -um, *adj* [octo (*cf.* duplus)] 8 重の, 8 倍の.

octussis -is, *m* [octo/as] 8 asses の金額.

oculāre -is, °*n* [↓] 眼薬.

oculāris -is -e, *adj* [oculus] 目の.

oculārius[1] -a -um, *adj* [oculus] 目の.

oculārius[2] -ī, *m* (*sc.* medicus) 眼科医.

oculāta -ae, *f* [↓]【魚】目のような模様のある魚.

oculātus -a -um, *adj* [oculus] **1** 目の付いている, 目の見える: *testis* ~ (PLAUT) 目撃者. **2** 目に見える, 人目の多い.

oculeus -a -um, *adj* [oculus] **1** 目がたくさんある. **2** 眼力の鋭い.

oculissimus -a -um, *adj superl* [oculus] 最もいとしい, 最愛の《喜劇で用いられる表現》.

oculō -āre, °*tr* [oculus] **1** 目を与える, 目が見えるようにする. **2** 啓発する. **3** 目に見えるようにする, 目立たせる.

oculomōtōrius -a -um, °*adj*【解】眼球運動の; 動眼神経の.

oculus -ī, *m* **1** 目: *mundi* ~ (Ov) 世界の目 (=太陽神). **2** (通例 *pl*) 視力, 視覚: *oculos amittere* (CAES) 失明する. **3** 目つき, まなざし. **4** 見る[見える] こと: *ante oculos patris facere infanda* (LIV) 父親の見ている前で言語道断のことをする. **5** 視界, 視野. **6** 注視, 注目. **7** 慧眼, 眼識. **8** 心の目: *ponere alqd ante oculos* (CIC) あることを眼前に思い描く / *in oculis esse alcis* [*alci*] (CIC) ある人に非常に愛されている / *alqm in oculis ferre* (CIC) ある人を愛する. **9** 際立ったもの, 花形. **10** 眼状のもの《くじゃくの尾の羽紋など》. **11** 芽, つぼみ.

Ōcyrhoē -ēs, *f* [*Gk*]【伝説】オーキュロエー《Chiron の娘; 神々の秘密をもらしたため馬に変えられた》.

ōdarium -ī, *n* [*Gk*] (短い) 歌.

ōdē -ēs, -a -ae, °*f* [*Gk*] 歌; 抒情詩.

ōdēum -ī, *n* [*Gk*] 音楽堂.

ōdī ōdisse ōsum (*fut p* ōsūrus), *tr* (*pf* で現在時称を表わす) 憎む, (ひどく) 嫌う 〈+*acc*; +*inf*〉.

odiōsē *adv* [odiosus] 不快感を与えるように, いやらしく.

odiōsicus -a -um, *adj* =odiosus《喜劇で用いられる表現》.

odiōsus -a -um, *adj* [odium] **1** 不快感を与える, いやな. **2** うんざりさせる, 退屈な.

ōdisse *inf* ⇨ odi.
odium -ī, *n* [odi] **1** 憎しみ, 嫌悪, 反感. **2** 嫌われていること, 不評: *in odio esse* (Cic) 嫌われている / *in ~ venire* (Cic) 憎しみを買う. **3** 憎悪の対象.
Odomantī-ōrum, *m pl* [*Gk*] オドマンティー, *-テス《Thracia にいた一部族》.
odontalgia -ae, °*f* 歯痛.
odontītis -idis, *f* [*Gk*] 歯痛に効くといわれる植物《おそらくコゴメグサ》.
odor -ōris, *m* **1** 匂い. **2** 芳香; 悪臭. **3** (*pl*) 香料, 香油. **4** 気味, 気配.
odōrābilis -is -e, °*adj* [odoror] 匂いでわかる.
odōrāmen -minis, °*n* =odoramentum.
odōrāmentum -ī, *n* 香料, 香油.
odōrārius -a -um, *adj* [odor] 香りづけに用いられる.
odōrātiō -ōnis, *f* [odoror] 嗅覚.
odōrātus[1] -a -um, *adj* (*pp*) [odoror] 匂いのする; 香りのよい.
odōrātus[2] -ūs, *m* **1** 匂いをかぐこと. **2** 嗅覚. **3** 匂い.
odōrifer -fera -ferum, *adj* [odor/fero] **1** 芳香を放つ, 香りのよい. **2** 香料を産する.
odōrō -āre -āvī -ātum, *tr* [odor] 香りをつける, 香りで満たす.
odōror -ārī -ātus sum, *tr dep* [odor] **1** 匂いをかぐ. **2** かぎつける, かぎとる; 捜し出す. **3** 熱望する. **4** (学問などを)生かじりする.
odōrus -a -um, *adj* [odor] **1** 芳香を放つ, 香りのよい. **2** 鋭い嗅覚の.
odōs -ōris, *m* 《古形》=odor.
Odrysae, Odru- -ārum, *m pl* [*Gk*] オドリュサエ, *-サイ《Thracia の Hebrus 河畔にいた一部族》.
Odrysius -a -um, *adj* Odrysae 族の;《詩》Thracia の.
Odyssēa, -īa -ae, *f* [*Gk*] オデュッセーア, *-セイア《(1) Ilias と並ぶ Homerus の長編叙事詩; Troja 攻略後の Odysseus (=Ulixes) の放浪・冒険を語る. (2) (1) の Livius Andronicus によるラテン語訳》.
Oea -ae, *f* オエア《Africa の沿岸の町; 現 Tripoli》.
Oeager, -grus -grī, *m* [*Gk*]《伝説》オエアゲル, *オイアグロス《Thracia の王で Orpheus の父》.
Oeagrius -a -um, *adj* Oeager (の子孫)の;《詩》Thracia の.
Oebalia -ae, *f* 《詩》=Tarentum.
Oebalidēs -ae, *m* Oebalus の子孫 (=Hyacinthus; Pollux; (*pl*) Castor と Pollux).
Oebalis -idis, *adj f* Oebalus の; Sparta の: *~ nympha* (Ov) =Helena.
Oebalius -a -um, *adj* Oebalus の; Sparta の.
Oebalus -ī, *m* [*Gk*]《伝説》オエバルス, *オイバロス《Sparta の王; Tyndareus の父で Helena の祖父》.
Oechalia -ae, *f* オエカリア, *オイカリアー《(1) Euboea 島の町. (2) Messenia の町》.
Oechalis -idis, *f* Oechalia の女.
Oecleus -eī [-eos], *m* [*Gk*]《伝説》オエクレウス, *オイ-《Amphiaraus の父で Alcmaeon の祖父》.
Oeclīdēs -ae, *m* Oecleus の息子 (=Amphiaraus).

oeconomia -ae, *f* [*Gk*] (弁論・劇などにおける)素材の配置.
oeconomicus -a -um, *adj* [*Gk*] **1** 家政の, 家庭経済の. **2** (素材の配置が)秩序立った, 整然とした.
Oeconomicus -ī, *m*「家政論」《Xenophon の著作の題名》.
oeconomus -ī, °*m* [*Gk*] 家政の切り盛りする人; 執事.
oecos -ī, *m* [*Gk*] 部屋, 広間.
oecūmenē -ēs, *f* [*Gk*] 人の住む世界.
oecūmenicus -a -um, *adj* [*Gk*] **1** (人の住む)全世界の. **2** 全キリスト教会の.
oedēma -atis, °*n* [*Gk*]《病》水腫, 浮腫: *~ malignum* 悪性水腫 / *~ pulmonum* 肺水腫.
Oedipodēs -ae, *m* [*Gk*] =Oedipus.
Oedipodīonidēs -ae, *m* Oedipus の息子 (=Eteocles または Polynices).
Oedipodīonius -a -um, *adj* Oedipus の.
Oedipūs -podos [-podis], **-us** -ī, *m* [*Gk*]《伝説》オエディプース, *オイ-《Thebae の王 Laius と Iocasta の息子; それとは知らずに父を殺したあと, Sphinx の謎を解いて Thebae の王位を得, 知らずに母と結婚したが; その真相を知ると, 自ら眼をくり抜いた》.
Oeensēs -ium, *m pl* Oea の住民.
oenanthē -ēs, *f* [*Gk*] **1** 野ブドウの房. **2**《植》ロクベンショウの一種. **3**《鳥》渡り鳥の一種.
Oenēis -idis [-idos], *f* Oeneus の娘 (=Deianira).
Oenēius -a -um, *adj* Oeneus の.
Oeneus[1] -eī [-eos], *m* [*Gk*]《伝説》オエネウス, *オイ-《Calydon の王; Althaea の夫で Meleager や Deianira の父》.
Oeneus[2] -a -um, *adj* =Oeneius.
Oeniadae -ārum, *m pl* [*Gk*] オエニアダエ, *オイニアダイ《Acarnania の Achelous 川河口の町》.
Oenīdēs -ae, *m* [*Gk*] Oeneus の子孫 (=息子 Meleager または Tydeus; 孫 Diomedes).
Oenomaus -ī, *m* [*Gk*]《伝説》オエノマウス, *オイノマオス《Elis の Pisa の王; Hippodamia の父; Pelops の舅 (しゅうと)》.
Oenōnē -ēs, *f* [*Gk*]《伝説》オエノーネー, *オイ-《予言の術と薬草の知識を持つ Phrygia のニンフ; Paris に愛されたが, 彼の愛が Helena に移って, 捨てられた》.
oenophorum -ī, *n* [*Gk*] ぶどう酒の容器.
Oenopia -ae, *f* [*Gk*] オエノピア, *オイノピアー《Aegina 島の古名》.
Oenopiōn -ōnis, *m* [*Gk*] オエノピオーン, *オイ-《Chios 島の王; Merope の父》.
Oenopius -a -um, *adj* Oenopia の.
oenopōlium -ī, *n* [*Gk*] 酒屋.
Oenōtrī -ōrum, *m pl* [*Gk*] イタリア南東端地方の住民;《詩》(一般に)イタリアの住民.
Oenōtria -ae, °*f* [*Gk*] オエノートリア, *オイノートリアー《(1) イタリア南東端地方の古名. (2) =Italia》.
Oenōtrius, -trus[1] -a -um, *adj* Oenotria の;《詩》イタリアの.
Oenōtrus[2] -ī, °*m* [*Gk*]《伝説》オエノートルス, *オイノートロス《Oenotria の古い王》.
oenus -a -um, *adj* 《古形》=unus[1].
Oenūs -untis, *m* [*Gk*] オエヌース, *オイ-《Laconia

の川; Eurotas 川に注ぐ; 現 Kelefina).
oesophagus -ī, °*m* [Gk] 〖解〗食道.
oestrus, -os -ī, *m* [Gk] 1 〖昆〗アブ. 2 (予言者・詩人が神から授かる)霊感, 激しい興奮. 3°〖動〗発情(現象), 発情期.
oesypum -ī, *n* [Gk] 未洗浄の羊毛から採取される脂肪性物質(薬や化粧品に用いられた).
Oeta -ae, -ē -ēs, *f* [Gk] オエタ, *オイテー《Thessalia と Aetolia の間の山; その山頂で Hercules が焼身自殺したという》.
Oetaeus -a -um, *adj* [Gk] Oeta 山の.
ofella -ae, *f dim* [↓] (食べ物の)ひと口, 一片.
offa -ae, *f* 1 小麦粉だんご. 2 一片, 塊り. 3 腫れ. 4 堕胎した胎児.
offātim *adv* [↑] こまぎれに.
offēcī *pf* ⇨ officio.
offectus[1] -a -um, *pp* ⇨ officio.
offectus[2] -ūs, *m* 有害な影響(力).
offendī *pf* ⇨ offendo.
offendiculum -ī, *n* [↓] 障害(物), つまずきの石.
offendō -ere -fendī -fensum, *intr, tr* [ob-/*fendo (cf. defendo)] **I** (*intr*) 1 ぶつかる, 衝突する; 座礁する; (困難・災難などに)遭遇する ⟨in re [alqd]; alci rei⟩. 2 間違いをする, あやまちを犯す. 3 感情を害する, 怒らせる ⟨*abs*⟩. 4 気を悪くする, 怒る ⟨in alqm⟩. **II** (*tr*) 1 ぶつかる[ぶつける], 衝突する[させる] ⟨alqd; alqd ad alqd⟩. 2 食い止める, はばむ. 3 (人を)ぶつ, なぐる. 4 見つける, 出くわす: *imparatum te offendam* (Cic) 私はあなたの不意をつくだろう. 5 害する, そこなう. 6 感情を害する, 怒らせる. 7 (*pass*) 気を悪くする, 怒る ⟨(in) re⟩.
offensa -ae, *f* [↑] 1 衝突, ぶつかること. 2 苦痛, 不快. 3 損害, 危害, 不正. 4 感情を害すること, 侮辱, 無礼. 5 (医学) 恨み, 不興.
offensāculum -ī, *n* [offenso] つまずかせるもの, 障害物.
offensātiō -ōnis, *f* [offenso] 1 衝突, つまずくこと. 2 どもる[口ごもる]こと.
offensātor -ōris, *m* [offenso] つまずかせるもの.
offensiō -ōnis, *f* [offendo] 1 衝突, ぶつかること. 2 つまずくこと. 3 障害(物), じゃま(物). 4 失敗, 挫折. 5 苦痛, 不快. 6 損害. 7 感情を害すること. 8 憤懣, 恨み, 不興.
offensiuncula -ae, *f dim* [↑] 1 (小さな)憤懣. 2 (小さな)失敗, 挫折.
offensō -āre -āvī -ātum, *tr, intr freq* [offendo] **I** (*tr*) ぶつかる, 衝突する; ぶつける. **II** (*intr*) つまずく; (ことばが)つかえる.
offensor -ōris, °*m* [offendo] (他人の)感情を害する者[もの].
offensus[1] -a -um, *adj* (*pp*) [offendo] 1 不快な, いやな, 憎むべき. 2 感情を害された, 憤慨している ⟨alci⟩.
offensus[2] -ūs, *m* 1 衝突, ぶつかること. 2 苦痛, 不快.
offerentia -ae, °*f* [↓] 起こること, 出現.
offerō offerre obtulī oblātum, *tr* [ob-/fero] 1 前に置く, 出会わせる; (*refl, pass*) 前に現われる, 出会う. 2 (危険などに)さらす, 投げ出す. 3 示す, 現わす, 見せる; (*refl, pass*) 現われる. 4 気づかせる, 目に留めさせる; (*refl, pass*) (心に)浮かぶ, 思い当たる. 5 差し出す, 提供する; 提供を申し出る. 6 ひき起こす, もたらす.
offerre *inf* ⇨ offero.
offerūmenta -ae, *f* [*cf.* ferrumen] むち打ち傷, みみず腫れ.
officere *inf* ⇨ officio.
officiālis[1] -is -e, °*adj* [officium] 義務[職務]の.
officiālis[2] -is, *m* 1 高官の従者, 下級役人. 2° 従者, 従僕.
officians -antis, °*m* [officium] (祭式などの)執行者.
officīna -ae, *f* [opificina] 1 工場, 仕事場. 2 訓練所, 養成所.
officīnātor -ōris, *m* [↑] 職工長.
officiō -cere -fēcī -fectum, *intr* (*tr*) [ob-/facio] 1 妨げる, じゃまする ⟨+*dat*⟩. 2 (光・視界を)さえぎる.
officiōsē *adv* [↓] 義務に忠実に, 敬意を表して.
officiōsus[1] -a -um, *adj* [officium] 1 義務に忠実な, 律儀な. 2 礼儀正しい, 親切な. 3 さしでがましい, おせっかいな.
officiōsus[2] -ī, *m* 浴場の脱衣場係.
officium -ī, *n* [opus/facio] 1 奉仕, 尽力. 2 敬意を表すること; 表敬[儀礼的]訪問; 儀礼, 儀式. 3 義務, 責務. 4 務め, 任務. 5 職務に忠実なこと: *vir summo officio praeditus* (Cic) きわめて責任感の強い男. 6 職, 地位. 7 官像, 役人. 8°〖キ教〗聖職日課.
offigō -ere -fixī -fixum, *tr* [ob-/figo] 1 (杭などを)打ち込む. 2 打ちつける, 固定する.
offirmātē *adv* [↓] 頑固に.
offirmātus -a -um, *adj* (*pp*) [↓] 断固とした, 頑固な.
offirmō -āre -āvī -ātum, *tr* (*intr*) [ob-/firmo] 1 強固[堅固]にする. 2 (意志を)固くする. 3 固く決心する.
offixī *pf* ⇨ offigo.
offixus -a -um, *pp* ⇨ offigo.
offla -ae, *f* = offula.
offlectō -ere, *tr* [ob-/flecto] (…の方へ)向ける.
offōcō -āre, *tr* [ob-/fauces] 首を締める, 窒息させる.
offrēnātus -a -um, *adj* [ob-/freno] 抑制された; 手なずけられた.
offringō -ere -frēgī -fractum, *tr* [ob-/frango] 再び鋤(ス)く, 鋤き直す.
offūcia -ae, *f* [ob-/fucus¹] 1 えのぐ, 顔料. 2 詐欺, ペテン.
offūdī *pf* ⇨ offundo.
offula -ae, *f* [offa] (肉の)小片.
offulcio -īre -fulsī -fultum, *tr* [ob-/fulcio] (穴などを)ふさぐ.
offulgeō -ēre -fulsī, *intr* [ob-/fulgeo] 向かって輝く.
offulsī *pf* ⇨ offulcio, offulgeo.
offundō -ere -fūdī -fūsum, *tr* [ob-/fundo²] 1 (一面に)注ぎかける ⟨alqd alci re⟩. 2 おおう ⟨alqd re⟩. 3 満たす, 圧倒する ⟨alqd re⟩.

offuscō -āre -ātum, °*r* [ob-/fusco] 1 暗くする. 2 堕落させる.

offūsus -a -um, *pp* ⇨ offundo.

ogganniō -īre -īvī [-.ī] -itum, *intr* [ob/gannio] 1 どなる. 2 つぶやく, ブツブツ言う.

oggerō -ere, *tr* [ob-'gero] (大量に)差し出す, 与え る.

Ogulnius -ī, *m* オグルニウス (ローマの氏族名).

Ōgygēs -is, *m* [Gk] 《伝説》オーギュゲース《Thebae の創建者で王; その治世中に大洪水があった》.

Ōgygia -ae, *f* [Gk] 《伝説》オーギュギア(-)《Calypso が住んでいたという島》.

Ōgygidae -ārum, *m pl* [Gk] Ogyges の子孫 (= Thebae 人).

Ōgygius -a -um, *adj* [Gk] Ogyges の; 《詩》Thebae の.

Ōgygos, -us -ī, *m* =Ogyges.

ōh, ō *int* (喜び・苦痛・悲嘆・非難・驚きなどを表わす) おお, ああ.

ŏhē *int* おーい, おいこら.

oiei *int* (苦痛・苦悩を表わす) 痛い, あいた.

Oīleus -eī [-eos], *m* [Gk] 《伝説》オイーレウス《Locris の Opus の王; Argonautae の一人; 小 Ajax の父》.

Oīliadēs -ae, *m* [Gk] Oileus の息子 (=小 Ajax).

Olbia -ae, *f* [Gk] オルビア《いくつかの町の名; 特に Sardinia 島東岸の港町》.

Olbiensis -is -e, *adj* (Sardinia 島の) Olbia の.

Olciniātae -ārum, **-ēs** -(i)um, *m pl* Olcinium の住民.

Olcinium -ī, *n* オルキニウム (Illyria の港町).

olea -ae, *f* [oliva] 《植》 1 オリーブ(の実). 2 オリーブの木.

oleāgineus -a -um, *adj* [↑] 1 オリーブの木の. 2 オリーブ材で作った; オリーブの葉で作った. 3 オリーブの実[葉]のような.

oleāginus -a -um, *adj* [olea] 1 オリーブの木の. 2 オリーブ色の.

oleāmen -inis, *n* [oleum] オリーブ油で作った軟膏.

oleāmentum -ī, *n* =oleamen.

oleāris -is -e, *adj* [oleum] (オリーブ)油の.

oleārius[1] -a -um, *adj* [oleum] 1 (オリーブ)油の. 2 オリーブの.

oleārius[2] -ī *m* (オリーブ)油商人[製造人].

Ōlearos, Ōlia- -ī, *f* [Gk] オーレアロス《Cyclades 諸島の Paros 島対岸の島; 現 Andíparos》.

oleaster -trī, *m* [olea] 野生オリーブ.

ōlecrānon -ī, °*n* 《解》肘頭(ﾁｭｳﾄｳ).

Ōlenius -a -um, *adj* (Aetolia の) Olenus の; 《詩》Aetolia の.

olens -entis, *adj* (*prp*) [oleo] 1 香りの強い[よい]. 2 悪臭を放つ. 3 かび臭い.

olentia -ae, °*f* [↑] 香り, 香気.

olenticētum -ī, *n* [oleo] 悪臭のする場所.

Ōlenus -ī, *m* オーレーヌス, *-*ノス《いくつかの町の名; 特に Aetolia 南部の町》.

oleō -ēre -luī, *intr* [*cf.* odor] 1 匂いがする; 悪臭 [芳香]を放つ《+*adv*; re》. 2 (匂いによって)知れる, ばれる.

oleōsus -a -um, *adj* [oleum] 油の多い.

olerāceus -a -um, *adj* [oleum] 草本状の.

olētum[1] -ī, *n* [olea] オリーブ園.

olētum[2] -ī, *n* [oleo] 排泄物, 汚物.

oleum -ī, *n* 1 オリーブ油: ~ *et operam perdere* (PLAUT) (ランプを灯す)油と骨折り(=時間と労力)を無駄にする. 2 格闘技《レスラーが身体に油を塗ったことから》. 3 (その他の)油: ~ *sesamae* (PLIN) ゴマ油 / ~ *ex rosa* (GELL) ローズ油 / ° ~ *jecoris* 肝油 / ~ *menthae* ハッカ油.

olfacere *inf* ⇨ olfacio.

olfaciō -cere -fēcī -factum, *tr* [oleo/facio] 1 匂い[香り]で知る, かぎつける. 2 匂いをかぐ.

olfactrīx -īcis, *adj f* [↓] 鼻がきく.

olfactō -āre -āvī -ātum, *tr freq* [olfacio] 匂いをかぐ.

olfactōrium -ī, *n* [↓] 気付け瓶, かぎ瓶.

olfactōrius -a -um, *adj* [olfacio] 匂いをかぐための.

olfactus[1] -a -um, *pp* ⇨ olfacio.

olfactus[2] -ūs, *m* 1 匂いをかぐこと. 2 嗅覚. 3 匂うこと.

olfēcī *pf* ⇨ olfacio.

olidus -a -um, *adj* [oleo] 1 悪臭を放つ, いやな臭いのする. 2 芳香を放つ, 香りのある.

oligaemia -ae, °*f* 《病》血液過少(症), 乏血(症).

oligomēnorrhoea -ae, °*f* 《病》過少月経.

oligophrenia -ae, °*f* 《病》精神薄弱.

oligūria -ae, °*f* 《病》尿量過少(症), 乏尿(症).

ōlim *adv* [*cf.* olle, ille] 1 以前に, かつて. 2 久しく, 以前から. 3 将来いつか, 他日. 4 時々, 時折.

olit- ⇨ holit-.

olīva -ae, *f* [Gk] 1 《植》オリーブ(の実). 2 オリーブの木; オリーブの葉[枝]. 3 オリーブの杖. 4 °《解》(延髄の)オリーブ.

olīvāris -a -um, *adj* [↑] オリーブ(油)の.

olīvētum -ī, *n* [oliva] オリーブ園.

olīvifer -fera -ferum, *adj* [oliva/fero] 1 オリーブを産する. 2 オリーブの枝で作られた.

olīvitās -ātis, *f* [oliva] オリーブの収穫.

olīvum -ī, *n* [oliva] 1 オリーブ油. 2 香油. 3 格闘技.

olla -ae, *f* 壺, 瓶.

ollārium -ī, *n* [↓] (墓の中の)骨壺を置く場所.

ollārius -a -um, *adj* [olla] 壺を作るのに用いられる.

olle, ollus -a -ud, *pron*, *adj* 《古形》=ille.

ollicula -ae, °*f dim* [olla] (小さな)壺.

ollula -ae, *f dim* [olla] (小さな)壺.

olor[1] -ōris, *m* 《鳥》ハクチョウ(白鳥).

olor[2] -ōris, *m* [oleo] =odor.

olōrīnus -a -um, *adj* [olor[1]] 白鳥の.

oluī *pf* ⇨ oleo.

olus- ⇨ holus-.

Olympēnī -ōrum, *m pl* [Gk] (Lycia の) Olympus の住民.

Olympia[1] -ae, *f* [Gk] オリュンピア(-)《Elis の Zeus (Juppiter) をまつる聖地; Olympia 競技祭の開催地》.

Olympia[2] -ōrum, *n pl* [*Gk*] オリュンピア競技祭《Olympia で4年ごとに行なわれた》.

Olympiacus -a -um, *adj* =Olympicus.

Olympiades -um, *f pl* [*Gk*] Olympus 山に住む者たち (=Musae).

Olympias[1] -adis [-ados], *f* [*Gk*] **1** Olympia 競技祭の開催. **2** オリュンピア紀《二つの Olympia 競技祭の間の4年間;最初の Olympias は前776年から》. **3** 〘詩〙5年間 (=lustrum).

Olympias[2] -adis [-ados], *f* [*Gk*] オリュンピアス《Macedonia の王 Philippus II の妻で Alexander 大王の母》.

Olympias[3] -adis [-ados], *m* [*Gk*] (Euboea 島における)西北西の風.

Olympicus -a -um, *adj* [*Gk*] Olympia 競技祭の.

Olympiēum -ī, *n* =Olympium.

Olympionīcēs, -a -ae, *m* [*Gk*] Olympia 競技祭の勝者.

Olympium -ī, *n* [*Gk*] (Olympia[1] の) Zeus 神殿.

Olympius -a -um, *adj* [*Gk*] **1** Olympus 山の《Zeus (Juppiter) の添え名》. **2** Olympia で開かれる: *ludi Olympii* (PLAUT) Olympia 競技.

Olympus[1], **-os** -ī, *m* [*Gk*] **1** オリュンプス, *-ポス, *"オリンポス 《(1) Macedonia と Thessalia の国境の高山; Zeus (Juppiter) を最高神とする神々がその山頂に住んだという. (2) Mysia の山. (3) Galatia の山》. **2** (神々の住む)天.

Olympus[2], **-os** -ī, *f* [*Gk*] オリュンプス, *-ポス《(1) Lycia の町. (2) Cilicia の町》.

Olympus[3] -ī, *m* [*Gk*] 〘伝説〙オリュンプス, *-ポス《Phrygia の笛の名手; Marsyas の弟子》.

Olynthius -a -um, *adj* [*Gk*] Olynthus の.

Olynthiī -ōrum, *m pl* Olynthus の住民.

Olynthus, -os -ī, *f* [*Gk*] オリュントゥス, *-トス《Thracia の町; Philippus II に破壊された (前348)》.

Omāna -ae, *f* オマーナ《Arabia の町》.

omarthrītis -idis, °*f* 〘病〙肩関節炎.

omāsum, omassum -ī, *n* **1** 雄牛の第一胃 [第二胃]. **2** °〘動〙重弁胃.

ōmen ōminis, *n* **1** 前兆, 予兆. **2** 吉兆; 凶兆. **3** 縁起のよい[悪い]ことば. **4** *prima omina* (VERG) 結婚を是とする吉兆.

ōmentum -ī, *n* **1** (腸をおおう)脂肪膜. **2** 腸, はらわた. **3** °〘解〙大網《胃から出て腸に至る腹膜のひだ》.

ōminālis -is -e, °*adj* [omen] 不吉な, 縁起の悪い.

ōminātiō -ōnis, *f* [ominor] 予兆, 前兆.

ōminātor -ōris, *m* [ominor] 予言者.

ōminātus -a -um, *pp* ⇒ ominor.

ōminō -āre, *tr* =ominor.

ōminor -ārī -ātus sum, *tr dep* [omen] (前兆によって)予知する, 予言する〈+*acc c. inf*; +間接疑問〉: *male ominata verba* (HOR) 不吉なことば.

ōminōsus -a -um, *adj* [omen] 凶兆の, 不吉な.

omīsī *pf* ⇒ omitto.

omissiō -ōnis, °*f* [omitto] 省略, 無視.

omissus -a -um, *pp* ⇒ omitto.

omittō -ere -mīsī -missum, *tr* [ob-/mitto] **1** 行かせる, 解放する; 逃がす. **2** 捨てる, 放棄する. **3** 退く, 撤退する. **4** やめる, 中止する〈+*inf*〉. **5** 無視する, 言及しない, 省略する, 抜かす. **7** …しそこなう, 怠る〈+*inf*; quominus〉.

ommateum -ī, °*n* 〘動〙(節足動物の)複眼.

ommatidium -ī, °*n* 〘動〙(ommateum を構成する)個眼.

omne -is, *n* [omnis] あらゆるもの[こと]: *per omnia* (LIV) あらゆる点で / *ante omnia* (LIV) 万事に先立って, まず第一に.

omnēs -ium, *m, f pl* [omnis] すべての人々.

omnicanus -a -um, *adj* [omnis/cano] あらゆる調子の音を出す.

omnicarpus -a -um, *adj* [omnis/carpo] あらゆるものを摘み取る (=何でも食べる).

omnicolor -ōris, *adj* [omnis/color] あらゆる色をもつ.

omnifāriam *adv* [omnis/cf. bifariam] いたるところで; あらゆる方法で.

omnigenus[1] -a -um または *indecl*, *adj* [omnis/genus] あらゆる種類の.

omnigenus[2] -a -um, °*adj* [omnis/gigno] あらゆるものを生じさせる.

omnimodis *adv* (*pl abl*) [omnis/modus] あらゆる方法で.

omnimodō, omnī modō *adv* (*abl*) [omnis/modus] あらゆる場合に, 常に.

omnimodus -a -um, *adj* [omnis/modus] あらゆる種類の.

omninō *adv* [omnis] **1** 全く, 完全に, すっかり. **2** 全体[全部]で, 合計で. **3** 全般的に, 概して. **4** (否定辞と) *non* ~ (通例)全く…というわけではない; (ときに)全く…ではない / ~ *non* 全く…ではない. **5** (疑問文で)いったい. **6** 要するに, 約言すれば. **7** ~… *sed* 確かに…だがしかし.

omniparens -entis, *adj* [omnis/pario[2]] 万物を生む《通例, 大地を表す》.

omnipater -tris, °*m* [omnis/pater] 万物の父.

omnipotens[1] -entis, *adj* [omnis/potens] 全能の.

omnipotens[2] -entis, *m* 全能者《(1) =Juppiter. (2) 〘キ教〙全能の神》.

omnipotentia -ae, °*f* [omnipotens[1]] 全能.

omnis -is -e, *adj* **1** (*sg*) 全体の: *Gallia* ~ (CAES) 全ガリア. **2** (*pl*) すべての, あらゆる. **3** それぞれ[おのおの]の. **4** 可能な限りすべての(種類の).

omniscius -a -um, °*adj* [↑/scio] 全知の.

omnituens -entis, *adj* [omnis/tueor] すべてを見る.

omnivagus -a -um, *adj* [omnis/vagus[1]] いたるところをさまよう.

omnivolus -a -um, *adj* [omnis/volo[2]] すべてをほしがる.

omnivorus -a -um, *adj* [omnis/voro] 何でも食べる, 雑食性の.

ōmohyoīdeus -a -um, °*adj* 〘解〙肩甲舌骨の.

ōmophorion -ī, °*n* [*Gk*] (東方教会の)主教用肩衣.

Omphalē -ēs, *f* [*Gk*] 〘伝説〙オンパレー《Lydia の

女王; Herculesが女装してその奴隷として仕えた》.
omphalos -ī, °*m* [*Gk*] 1 〖解〗臍(^{へそ})(=umbilicus). 2 中心.
onager, -grus -grī, *m* [*Gk*] 1 〖動〗野生のロバ. 2° 投石機.
onanismus -ī, °*m* 1 自慰, オナニー. 2 中絶性交 (=coitus interruptus).
Onchēsmītēs -ae, *m* [*Gk*] EpirusのOnchesmusから吹く南東風.
Onchēstius -a -um, *adj* Boeotiaの町Onchestus の.
oncō -āre, *intr* [*cf.* unco] (ロバが)鳴く.
oncologia -ae, °*f* 〖医〗腫瘍学.
oneirodўnia -ae, °*f* 〖病〗悪夢, 夢魔: ~ *activa* 夢遊症.
oneirōgmus -ī, °*m* [*Gk*] 〖病〗遺精, 夢精.
onerāria -ae, *f* [↓] (*sc.* navis) 貨物船.
onerārius -a -um, *adj* [onus] 荷物[貨物]を運ぶ.
onerātus -a -um, *pp* ⇨ onero.
onerō -āre -āvī -ātum, *tr* [onus] 1 (乗物・動物などに)荷物を載せる[積む] ⟨alqd re⟩. 2 どっさり載せる, 積み上げる: *epulis onerare mensas* (VERG) 食卓に料理を並べる. 3 負わせる, 重くする: *alqm armis onerare* (TAC) ある人を武装させる. 4 圧倒する. 5 詰め込む ⟨alqd re⟩: *epulis onerari* (OV) 食べすぎる. 6 あふれるほどに与える, 浴びせる ⟨alqd re⟩: *onerare laetitiā senem* (PLAUT) 年寄りを大喜びさせる. 7 圧迫する, 悩ます. 8 悪化させる, 深刻化させる.
onerōsus -a -um, *adj* [onus] 1 重い, 重すぎる. 2 負担となる, 煩わしい, 厄介な.
oniscus, -os -ī, *m* [*Gk*] 〖動〗ヤスデ(=millepeda).
onocentaurus -ī, °*m* [*Gk*] ロバとCentaurusの合体した怪物.
onocrotalus -ī, *m* [*Gk*] 〖鳥〗ペリカン (=pelecanus).
onomatopoeia -ae, *f* 1 造語. 2° 〖修〗擬声[音]語.
ontogenesis -is, °*f* 〖生物〗個体発生.
ontogeneticus -a -um, °*adj* [↑] 〖生物〗個体発生の.
onus oneris, *n* 1 重さ; 重いもの. 2 荷, 荷物. 3 負担, 重荷; 苦しみ: ~ *Babylonis* (VULG) Babylonに対するわざわいの預言. 4 義務, 責任. 5 税.
onustō -āre -āvī -ātum, °*tr* [↓] 荷を負わせる.
onustus -a -um, *adj* [onus] 1 (乗物・動物などが)荷を積んだ ⟨re; alcis rei⟩. 2 (…で)いっぱいの.
onyx onychis, *m* (*f*) [*Gk*] 1 〖鉱〗縞大理石. 2 °縞大理石製の容器. 3 〖鉱〗石英の一種. 4 〖貝〗マテガイの一種.
ōoecium -ī, °*n* 〖動〗(コケムシ類の)卵室.
ōogenesis -is, °*f* 〖生物〗卵形成.
ōogonium -ī, °*n* 1 〖植〗生卵器. 2 〖生物〗卵原細胞.
ōophoron -ī, °*n* 〖解〗卵巣 (=ovarium).
opācitās -ātis, *f* [opacus] 陰(になること), 暗がり.
opācō -āre -āvī -ātum, *tr* [↓] 陰にする, 暗くする.
opācus -a -um, *adj* 1 陰の, 陰になった. 2 人目につかない, 引きこもった. 3 陰をつくる, 暗くする. 4 暗い, うす暗い.

opalus -ī, *m* [*Gk*] 〖鉱〗蛋白石, オパール.
opella -ae, *f dim* [↓] (小さな)仕事[骨折り].
opera -ae, *f* [opus] 1 労力, 骨折り: *operam dare* ⟨+*dat*; ut, ne⟩ 骨折る, 尽力する / *est operae pretium* ⟨+*inf*⟩ (CIC) 骨折りがいがある / *operā meā* (CIC) 私のおかげで. 2 仕事, 任務. 3 行為, 行動. 4 製作物, 作品: *operae araneorum* (PLAUT) クモの巣. 5 尽力, 助力. 6 (一人分の)一日の仕事. 7 (日雇い)労働者; 雇われごろつき: *theatrales operae* (TAC) (劇場の)雇われ喝采者たち.
operārius[1] -a -um, *adj* [↑] 1 雇われて働く; 労働者の. 2 (家畜・道具が)農耕[作業]に用いられる.
operārius[2] -ī, *m* 1 (日雇い)労働者, 職人. 2° 施物(^{ほどこし})の分配係.
operātiō -ōnis, *f* [opera] 1 仕事, 作業, 活動; (自然力の)はたらき, 作用. 2 (*pl*) 供犠(^{きょうぎ}).
operātor -ōris, °*m* [operor] 職人; 創造者.
operātōrius -a -um, °*adj* [opera] 仕事をする, 作り出す.
operātus -a -um, *pp* ⇨ operor.
operculāris -is -e, °*adj* 〖解〗弁蓋の.
operculum -ī, *n* [operio] 1 ふた, おおい. 2° 〖動〗(魚の)鰓蓋(^{さいがい}); (貝類の殻口の)蓋(^{ふた}); (カブトガニの)蓋板(^{がいばん}). 3° 〖解〗弁蓋.
operīmentum -ī, *n* [↓] おおい, ふた.
operiō -īre -eruī -ertum, *tr* [ob-/pario²] 1 閉める, 閉じる. 2 おおう, ふたをする. 3 埋める. 4 (衣服などを)まとわせる, 包む. 5 浴びせかける. 6 隠す, おおい隠す.
operor -ārī -ātus sum, *intr, tr dep* [opus] I (*intr*) 1 従事する, 骨折る ⟨alci rei⟩. 2 供犠を行なう. II° (*tr*) 1 行なう, 遂行する. 2 もたらす, 生じさせる.
operōsē *adv* [operosus] 骨折って, 苦労して.
operōsitās -ātis, *f* [↓] 過度に綿密な仕上げ.
operōsus -a -um, *adj* [opera] 1 勤勉な, 労を惜しまない. 2 (薬が)効能のある. 3 忙しい. 4 骨の折れる, 面倒な. 5 入念に仕上げられた, 凝った.
opertē *adv* [opertus¹] 遠まわしに, 暗に.
opertiō -ōnis, *f* [operio] おおうこと.
opertō -āre, *tr freq* [operio] (しばしば)おおう.
opertōrium -ī, *n* [operio] 1 おおい. 2° 衣服. 3° 墓.
opertum -ī, *n* [↓] 1 秘密の[隠された]場所. 2 秘密. 3 謎めいた言葉.
opertus[1] -a -um, *adj* (*pp*) [operio] 1 見えなくされた, 隠された; おおわれた. 2 秘密の, 知られていない.
opertus[2] -ūs, *m* おおう[包む]こと.
operuī *pf* ⇨ operio.
operula -ae, *f dim* [opera] 1° (ちょっとした)尽力, 骨折り. 2 (わずかな)稼ぎ.
Opheltēs -ae, *m* [*Gk*] 〖伝説〗オペルテース ⟨(1) Nemeaの王 Lycurgusの子; 幼くして大蛇に殺された彼の追悼にNemea競技祭が始められた; 別名 Archemorus. (2) Trojaの戦士; Euryalusの父⟩.
ophidion -ī, *n* [*Gk*] 〖魚〗アナゴに似た魚.
ophidismus -ī, °*m* 〖病〗蛇毒症.
Ophiōnidēs -ae, *m* [*Gk*] Centaurus族のOphionの息子 (=Amycus).

Ophiusa -ae, *f* [*Gk*] オピウーサ《(1) Cyprus 島の古名. (2) Rhodos 島の古名. (3) Pontus の町》.

Ophiūsius -a -um, *adj* Ophiusa (1) の.

ophthalmia -ae, °*f* [*Gk*] 〖病〗眼炎: ~ *Aegyptica* エジプト眼炎; ~ *sympathica* 交感性眼炎.

ophthalmiās -ae, *m* [*Gk*] 〖魚〗ヤツメウナギ (= oculata).

ophthalmicus[1] -a -um, *adj* [*Gk*] 眼の.

ophthalmicus[2] -ī, *m* 眼科医.

ophthalmologia -ae, °*f* 〖医〗眼科学.

Opicus -a -um, *adj* (Oscus の別称) **1** Osci 人の. **2** 粗野な, 無学の.

opifer -fera -ferum, *adj* [ops/fero] **1** 救いをもたらす. **2** (薬が)効能のある.

opifex -ficis, *m* (*f*) [opus/facio] **1** 製作者, 製造者. **2** 職人, 細工人.

opificīna -ae, *f* = officina.

opificium -ī, *n* [opifex; *cf.* officium] 働くこと, 活動.

ōpiliō -ōnis, *m* [ovis] (羊・山羊の)番人.

opimē *adv* [opimus] 豪華に, ぜいたくに.

opīmitās -ātis, *f* [opimus] 繁栄, 幸福.

Opīmius -ī, *m* オピーミウス《ローマ人の氏族名; 特に *L.* ~, 執政官 (前121); *C.* Gracchus に反対した optimates の指導者》.

opīmō -āre -āvī -ātum, *tr* [↓] **1** 太らせる, 肥育する. **2** (土地を)肥やす, 肥沃にする. **3**° 豊かにする.

opīmus -a -um, *adj* [ops] **1** 太った. **2** (土地が)肥えた, 肥沃な. **3** 豊かな, 豊富な; 利益をもたらす. **4** (文体が)豊かな.

opīnābilis -is -e, *adj* [opinor] 推測に基づく, 想像(上)の.

opīnātiō -ōnis, *f* [opinor] **1** 想像, 推測. **2** 見解, 意見, 所信.

opīnātor -ōris, *m* [opinor] **1** 推測でものを言う人. **2**° (帝政期の属州における軍隊の)食糧調達官.

opīnātus[1] -a -um, *adj* (*pp*) [opinor] **1** 想像[推測]された, 仮定の. **2** 評判の高い.

opīnātus[2] -ūs, *m* 推測, 想像.

opīniō -ōnis, *f* [opinor] **1** 意見, 見解, 所信: *ut ~ mea fert* (Cic) 私の見解では. **2** 予測, 予想: *praeter opinionem* (Cic) 予想に反して; *celerius opinione* (Caes) 予想より早く. **3** 想像, 推測; 心象, 観念. **4** 評価, 評判; 悪評; うわさ.

opīniōsus -a -um, °*adj* [↑] 推測に富んだ.

opīnor -ārī -ātus sum, *tr, intr dep* **I** (*tr*) **1** 思う, 考える ⟨alqd; +*acc c. inf*⟩. **2** 想像する, 予想する. **3** 意見を述べる[もつ]. **II** (*intr*) (人をよく・悪く)評価する ⟨de alqo⟩.

opiparē *adv* [↓] 豪華に, ぜいたくに.

opiparus -a -um, *adj* [ops/paro[2]] 豪華な, ぜいたくな.

Ōpis -is, *f* [*Gk*] 〖神話〗オーピス《Diana に仕えるニンフの一人》.

opisthographus -a -um, *adj* [*Gk*] 裏面にも記された, 両面に書かれた.

Opitergīnus -a -um, *adj* Opitergium の.

Opitergium -ī, *n* オピテルギウム《Venetia の町; 現 Oderzo》.

opitulātiō -ōnis, °*f* [opitulor] 助力, 援助.

opitulātor -ōris, *m* [↓] 助力[援助]者.

opitulor -ārī -ātus sum, *intr dep* [ops/tuli (⇒ fero)] **1** 助ける, 援助する ⟨alci⟩. **2** 和らげる ⟨alci rei⟩. **3** 役立つ, 有効である.

opium, -on -ī, *n* [*Gk*] アヘン(阿片).

opobalsamētum -ī, °*n* [↓] バルサム樹が植えてある場所.

opobalsamum -ī, *n* [*Gk*] バルサム樹の樹液.

oportet -ēre -tuit, *intr impers* **1** …するのが当然である, …すべきである ⟨+*inf*; +*acc c. inf*; +*subj*⟩. **2** 必ず起こる, 避けられない. **3** …に相違ない, …のはずである. **4** (*pers*) (…するように)要求する.

oportuit *pf* ⇒ oportet.

oppāctus -a -um, *pp* ⇒ oppango.

oppandō -ere -pandī -pansum [-passum], *tr* [ob-/pando[2]] (…に向かって)広げる.

oppangō -ere -pēgī -pactum, *tr* [ob-/pango] (上に)くっつける: *suavium oppangere* (Plaut) キスする.

oppectō -ere, *tr* [ob-/pecto] 櫛をあてがう; むしり取る, 食う.

oppēdō -ere, *intr* [ob-/pedo[2]] (人に向かって)放屁する; 侮辱する ⟨alci⟩.

oppēgī *pf* ⇒ oppango.

opperior -perīrī -pertus [-perītus] sum, *intr, tr dep* [*cf.* experior] 待つ, 待ちうける.

oppertus -a -um, *pp* ⇒ opperior.

oppetītus -a -um, *pp* ⇒ oppeto.

oppetīvī *pf* ⇒ oppeto.

oppetō -ere -petīvī -petītum, *tr* [ob-/peto] **1** でくわす, 遭遇する ⟨alqd⟩. **2** (*sc.* mortem) 死ぬ ⟨*abs*⟩.

oppidāneus -a -um, °*adj* [oppidum] 町の.

oppidānī -ōrum, *m pl* [↓] 町の住民.

oppidānus -a -um, *adj* [oppidum] **1** (ローマ市以外の)町の, 地方都市の, 田舎町の. **2** (特定の)町の.

oppidātim *adv* [oppidum] 町ごとに.

oppidō *adv* **1** きわめて, 全く, すっかり: ~ *quam* (Liv) きわめて, 全く. **2** (返答として)もちろん.

oppidulum -ī, *n dim* [↓] (小さな)町.

oppidum -ī, *n* **1** (特に, ローマ市 (urbs) 以外の)町. **2** 町の住民. **3** (Britannia 人の)要塞化された森.

oppignerō -āre -āvī -ātum, *tr* [ob-/pignero] 質[抵当]に入れる.

oppīlō -āre -āvī -ātum, *tr* [ob-/pilo[1]] ふさぐ, せきとめる.

Oppius -ī, *m* オッピウス《ローマ人の氏族名; 特に *C.* ~, 伝記作家で Caesar の友人》.

oppleō -ēre -plēvī -plētum, *tr* [ob-/pleo] **1** 満たす, いっぱいにする ⟨alqd re⟩. **2** 全面をおおい尽くす, 一面に広がる.

opplētus -a -um, *pp* ⇒ oppleo.

opplēvī *pf* ⇒ oppleo.

opplōrō -āre, *intr* [ob-/ploro] (…に向かって)泣き叫ぶ ⟨+*dat*⟩.

oppōnēns -entis, °*m* (*prp*) [↓] 〖解〗対立筋.

oppōnō -ere -posuī -positum, *tr* [ob-/pono] 前[向かう側]に置く, 向かい合わせる ⟨alqd alci rei;

alqd ad alqd〉. **2** 差し出す. **3** (危険などに)さらす, 遭遇させる. **4** 障害物[遮蔽物]として前に置く. **5** (部隊などを敵に)対抗[対峙]させる. **6** 反対[対立]させる. **7** 反論する, 異議を唱える; 申し立てる. **8** 対比させる. **9** 質[抵当]に入れる.

opportūna -ōrum, *n pl* [opportunus] (戦略的に)好都合なこと.

opportūnē *adv* [opportunus] 適時に, 都合よく.

opportūnitās -ātis, *f* [↓] **1** 好都合, 便宜. **2** 時宜を得ていること. **3** 機会, 好機.

opportūnus -a -um, *adj* [ob-/portus] **1** 便利な, 好都合な. **2** 時宜を得た, 折よい. **3** 役に立つ, 有用な〈alci rei; ad alqd〉. **4** (危険などに)さらされた, (攻撃を)受けやすい.

opposita -ōrum, *n pl* [oppositus¹] 対立する命題.

oppositiō -ōnis, °*f* [oppono] **1** 反駁. **2** 〖修〗対照(法).

oppositor -ōris, °*m* [oppono] 反対者.

oppositus¹ -a -um, *pp* ⇨ oppono.

oppositus² -ūs, *m* **1** 対置, 介在. **2** 反駁.

opposuī *pf* ⇨ oppono.

oppressī *pf* ⇨ opprimo.

oppressiō -ōnis, *f* [opprimo] **1** 押しつけること. **2** 力づくで抑えこむ[つかまえる]こと.

oppressiuncula -ae, *f dim* [↑] (そっと)もむこと.

oppressor -ōris, *m* [opprimo] 破壊者.

oppressus¹ -a -um, *pp* ⇨ opprimo.

oppressus² -ūs, *m* 圧迫.

opprimō -ere -pressī -pressum, *tr* [ob-/premo] **1** 圧迫する, 圧搾する. **2** (口・目を)閉じる. **3** 窒息させる. **4** (火・音を)おおい消す; おおう, おおい隠す. **5** 埋める, 沈める. **6** 打ちのめす, 圧倒する: *oppressus somno* (CAES) 眠りこけている. **7** 制圧する, 征服する. **8** (行動・状態・感情などを)やめさせる, 抑える, 鎮める. **9** 不意を襲う, 急襲する. **10** (できごと・状況が)突然やって来る[起こる].

opprobrāmentum -ī, *n* [opprobro] 恥辱, 不面目.

opprobrātiō -ōnis, *f* [opprobro] 非難.

opprobrium -ī, *n* [↓] **1** 非難, 侮辱. **2** 恥辱, 不面目.

opprobrō -āre -ātum, *tr* [ob-/probrum] 非難する.

oppugnātiō -ōnis, *f* [oppugno] **1** 攻囲, 襲撃, 攻撃. **2** 非難, 弾劾.

oppugnātor -ōris, *m* [oppugno] 襲撃者, 攻撃者.

oppugnātōrius -a -um, *adj* [↑] 攻囲[襲撃]の.

oppugnō -āre -āvī -ātum, *tr* **1** 攻囲する, 襲撃[攻撃]する. **2** 反対する, 非難する.

ops opis, *f* [*cf.* opus] **1** 力, 能力: *summā ope* (SALL) 全力をあげて. **2** (*pl*) 権力, 勢力. **3** 助け, 助力; 助力者: *opem afferre* (OV) 助力する. **4** (*pl*) 資力, 財産; 兵力, 軍勢. **5** 手段, 方策.

Ops Opis, *f* [↑] 〖神話〗オプス《豊穰の女神; Saturnusの妻; ギリシャ神話のRheaと同一視された》.

ops- ⇨ obs-.

optābilis -is -e, *adj* [opto] **1** 望ましい, 願わしい. **2** 切望[熱望]された.

optābiliter *adv* [↑] 望ましく.

optātiō -ōnis, *f* [opto] **1** 願望. **2** 願望を表わすこと. **3°** 選択権.

optātīvus -a -um, °*adj* [opto] 〖文〗願望を表わす: *modus ~* (DIOM) 希求法.

optātō *adv* (*abl*) [↑] 望んだとおりに.

optātum -ī, *n* [↓] 願望, 願い.

optātus -a -um, *adj* (*pp*) [opto] 願わしい, 望ましい.

optimās -ātis, *adj* [optimus] 貴族の.

optimātēs -ium [-um], *m pl* [↑] 貴族; 貴族党, 閥族派.

optimē *adv superl* [↓] (原級 bene) 最もよく[申し分なく].

optimus *adj superl* [bonus¹] 最もよい[すぐれた], 最高の.

optiō¹ -ōnis, *f* [opto] 選択(権).

optiō² -ōnis, *m* [opto] **1** 兵長. **2** 助手, 補佐.

optīvus -a -um, *adj* [↓] 選ばれた.

optō -āre -āvī -ātum, *tr* **1** 選ぶ, 選択する. **2** 願う, 望む〈alqd; ut; +*inf*; +*acc c. inf*〉.

opulēns -entis, *adj* =opulentus.

opulentē, opulenter *adv* [opulentus] 豪華に, 豪勢に.

opulentia -ae, *f* [opulentus] **1** 豪華, みごとさ. **2** 勢力. **3** 豊かさ, 富.

opulentitās -ātis, *f* [opulentus] 富裕, 裕福.

opulentō -āre -āvī -ātum, *tr* [↓] **1** 富ませる, 豊かにする. **2** 豪華にする.

opulentus -a -um, *adj* [ops] **1** 富裕な, 裕福な. **2** (...に)富んだ, 豊富な〈re; alcis rei〉. **3** 豪華な. **4** 強力な, 勢力のある. **5** 富をもたらす.

opulēscō -ere, *intr* [ops] 富裕[裕福]になる.

Opūntius -a -um, *adj* Opusの. **Opūntiī** -ōrum, *m pl* Opusの住民.

opus -eris, *n* [*cf.* ops] **1** 仕事, 務め. **2** 業務, 職業. **3** 活動, 作業. **4** 骨折り. **5** 細工, 作り. **6** 業績, 功績. **7** 製作物, 作品. **8** 建造物, 構築物; 保塁. **9** *~ est* 必要である〈alci re; +*inf*; +*acc c. inf*〉: *~ est auctoritate tua* (CIC) きみの影響力が必要だ / *Quid ~ est tam valde affirmare?* (CIC) なぜそんなに強く主張する必要があろうか.

Opūs -untis, *f* [*Gk*] オプース《Locrisの町》.

opusculum -ī, *n dim* [opus] (小さな)仕事[作品].

ōra¹ -ae, *f* (船をつなぐ)太綱, 大索(ﾀﾞｲｻｸ).

ōra² -ae, *f* [os¹] **1** 縁, へり. **2** 海岸, 沿岸; 沿岸の住民. **3** 国土, 地方: *orae luminis* (LUCR) 光明の世界, 生あるものたちの世. **4°** 〖解〗縁: *~ serrata* (網膜の)鋸状縁.

ōrāculum, ōrāclum -ī, *n* [oro] **1** 神託, 託宣. **2** 託宣者; 神託所. **3** 神託めいた発言, 教え, 格言.

ōrālis -is -e, °*adj* [os¹] 口の, 口頭の.

ōrāmen -minis, °*n* [oro] 祈り.

ōrārius -a -um, *adj* [ora²] 沿岸航行の.

Ōrāta -ae, *m* オーラータ《ローマ人の家名; 特に *C. Sergius ~*, 法務官(前97年); 奢侈な生活で有名》.

ōrātiō -ōnis, *f* [oro] **1** 話すこと; 会話, 談義. **2** 話し方, 言いまわし; 文体: ~ *solūta* [*prōrsa*] (VARR [PLIN]) 散文. **3** 発言, 陳述; 声明. **4** 演説, 弁論; 雄弁術. **5** 伝言. **6** 単語: *pars orationis* (QUINT) 〖文〗 品詞. **7** 言語; 方言. **8** 勅令, 勅諭. **9**° 祈り, 祈願: ~ *dominica* 主の祈り. **10**°〖文〗話法: ~ *recta* 直接話法 / ~ *obliqua* 間接話法.

ōrātiuncula -ae, *f dim* [↑] (短い)話[演説].

ōrātor -ōris, *m* [oro] **1** 代弁者, 代理人. **2** 演説者, 弁論家.

ōrātōria -ae, *f* [oratorius] (*sc.* ars) 雄弁術, 修辞学.

ōrātōriē *adv* [oratorius] 演説風に, 雄弁に.

ōrātōriolum -ī, °*n dim* [↓] 小礼拝堂.

ōrātōrium -ī, °*n* [↓] 祈禱室, 礼拝堂.

ōrātōrius -a -um, *adj* [orator] 演説の, 雄弁の; 演説家の: *ars oratoria* (QUINT) 雄弁術.

ōrātrīx -īcis, *f* [orator] **1** 嘆願[懇願]者《女性》. **2** 雄弁術, 修辞学.

ōrātum -ī, *n* [↓] 願い(ごと).

ōrātus[1] -a -um, *pp* ⇒ oro.

ōrātus[2] -ūs, *m* 懇願, 要請.

orbātiō -ōnis, *f* [orbo] 剝奪, 奪うこと.

orbātor -ōris, *m* [orbo] (他人からその子[親]を)奪う者.

orbātus -a -um, *pp* ⇒ orbo.

orbiculāris -is -e, *adj* [orbiculus] **1** 円形の, 環状の. **2**°〖解〗輪状の.

orbiculātim *adv* [↓] 輪をなして, 環状に.

orbiculātus -a -um, *adj* [↓] 円形の, 環状の.

orbiculus -ī, *m dim* [orbis] **1** (小さな)円形のもの《輪, 円盤, 滑車など》. **2**°〖解〗輪: ~ *ciliaris* 毛様体輪.

orbificō -āre, *tr* [orbus/facio] (親から)子を奪う.

Orbilius -ī, *m* オルビリウス《ローマ人の氏族名; 特に L. ~ *Pupillus*, 前1世紀の文法学者; Horatiusの師》.

orbis -is, *m* **1** 円形のもの《円盤, 楯, 盆, 皿, 鏡, 円テーブル, 白石など》. **2** 車輪. **3** 円. **4** 球, 球体: ~ *caeli* (LUCR) 天球 / ~ *luminis* [*oculi*] (LUCR) 眼球. **5** 天体. **6**〖軍〗円陣. **7** ~ *terrarum* [*terrae*] (CIC) 全世界. **8** 地域, 地帯. **9** 回転, 旋回. **10** 軌道. **11**〖修〗掉尾(ちょうび)文. **12** 循環, ひと巡り.

orbita -ae, *f* [↑] **1** 車の跡, わだち. **2** すき跡, あぜ溝. **3** (天体の)軌道. **4**°〖解〗眼窩.

orbitās -ātis, *f* [orbus] **1** (家族・近親)に先立たれること; 孤児であること, 子を失うこと. **2** 子供のないこと. **3** 失うこと, 奪われること.

orbitōsus -a -um, *adj* [orbita] わだちの多い.

orbō -āre -āvī -ātum, *tr* [orbus] **1** (家族・近親を)死によって奪う; 子を失わせる ⟨alqm alqo⟩: *orbatus filio* (CIC) 息子をなくした. **2** 奪う, 取り上げる ⟨alqm re⟩.

Orbōna -ae, *f* [↓] オルボーナ《子供をなくした親の守護女神》.

orbus -a -um, *adj* **1** (家族・近親を)失った, 先立たれた. **2** 親のない, 孤児になった. **3** 子供のない. **4** (…を)奪われた, (…が)ない ⟨(a) re; +gen⟩.

orca -ae, *f* [*Gk*] **1**〖動〗ハナゴンドウ. **2** 大壺.

Orcades -um, *f pl* オルカデス《Scotia北方の諸島; 現 Orkney Islands》.

Orchamus -ī, *m* [*Gk*]〖伝説〗オルカムス, *-モス《Babyloniaの王; 絶世の美女Leucothoeの父》.

orchas -adis, *f* [*Gk*]〖植〗オリーブの一種 (=orchites).

orchestra -ae, *f* **1** (ギリシアの劇場の)舞台前の半円形の合唱隊が歌舞する場所. **2** (ローマの劇場の)元老院議員・高官用の貴賓席. **3**〖詩〗元老院.

orchidotomia -ae, °*f*〖医〗精巣[睾丸]摘除(術).

orchis -is, *f* [*Gk*]〖植〗オリーブの一種. **2**〖植〗ラン. **3**°〖解〗精巣, 睾丸.

orchītēs, -a -ae, *m*, **-tis**[1] -is, *f* [*Gk*]〖植〗オリーブの一種 (=orchis).

orchītis[2] -tidis, °*f*〖医〗睾丸[精巣]炎.

Orchomenius -a -um, *adj* [*Gk*] Orchomenusの.

Orchomenus, -os -ī, *m* [*Gk*] オルコメヌス, *-ノス《(1) Boeotiaの町. (2) Arcadiaの町. (3) Thessaliaの町》.

orcīnus -a -um, *adj* [↓] 遺言によって定められた.

Orcus -ī, *m*〖神話〗**1** オルクス《冥界の神; ギリシア神話の Pluto に当たる》. **2** 冥府, よみの国. **3** 死.

ordeum -ī, *n* = hordeum.

ordia prīma =primordia (⇒ primordium).

ordinārius[1] -a -um, *adj* [ordo] **1** 通常の, 普通の, 正規の. **2** 整然とした, 秩序正しい.

ordinārius[2] -ī, °*m*〖キ教〗裁治権者.

ordinātē *adv* [ordinatus] 整然と, 秩序正しく.

ordinātim *adv* [ordinatus] 秩序[規則]正しく, 整然と.

ordinātiō -ōnis, *f* [ordino] **1** 配列, 配置. **2** 秩序づけ, 整理. **3** 任命, 指名. **4**°〖キ教〗(聖職者の)任職(式).

ordinātor -ōris, *m* [ordino] **1** 規制[支配]者. **2** 訴訟を起こす人, 提訴者. **3**°〖キ教〗聖職授任者, 叙階者.

ordinātus -a -um, *adj* (*pp*) [↓] **1** 秩序立った, 整然とした. **2** 平行した. **3**°〖キ教〗聖職位を授けられた, 叙階された.

ordinō -āre -āvī -ātum, *tr* [ordo] **1** 配列[配置]する. **2** 秩序[組織]立てる, 整える. **3** 支配[統治]する. **4** 管理[監督]する. **5** 規定する; 任命[指名]する. **6** (文書を)作成する. **7** 訴訟を起こす, 提訴する. **8**°〖キ教〗聖職位を授ける, 叙階する.

ordior -īrī orsus sum, *tr*, *intr dep* [*cf.* ordo] **1** 縦糸を張る. **2** 始める, 開始する, 着手する.

ordō -dinis, *m* **1** 列, 並び. **2** (劇場の)座席列. **3** 戦列, 隊列. **4** 百人隊: *ordinem ducere* (CAES) 百人隊長である. **5** 階級, 地位. **6** ひと続き, 連続: *ex ordine* (CIC) 次々と, 連続して. **7** 経過, 段階. **8** (話などの)筋道, 脈絡. **9** 順序: (*in*) *ordine* (VERG) 順序正しく / *extra ordinem* 順序が狂って. **10** 配列, 整列. **11** 秩序, 規則正しさ: *ordine* (CIC) 適切に. **12**°〖キ教〗(聖職者の)位階, 品品. **13**°〖カト〗修道会. **14**°〖カト〗年間祭式規程書.

Ordovicēs -um, *m pl* オルドウィケース《Britannia (の現 Wales 中・北部)にいた一部族》.

ōreae -ārum, *f pl* [os¹] (くつわの)はみ.

Orēas -adis, *f* [*Gk*] 【伝説】オレーアス, *オレイアス《山のニンフ》.

Oreos -ī, *m* [*Gk*] 山に住む者《Bacchus の添え名》.

oreoselīnum -ī, *n* [*Gk*] 【植】セリ科の植物.

Orestae -ārum, *m pl* [*Gk*] オレスタエ, *-タイ《Macedonia にいた一部族》.

Orestēs -is [-ae], *m* [*Gk*] 【伝説】オレステース《Agamemnon と Clytaemnestra の息子で Electra の弟; 父を殺した母とその情夫 Aegisthus を殺して父のあだを討ち, 復讐の女神たち Furiae に追われた》.

Orestēus -a -um, *adj* [*Gk*] Orestes の.

Orestilla -ae, *f* オレスティッラ《*Aurelia* ~, Catilina の妻》.

Ōrētānī -ōrum, *m pl* Hispania の町 Oretum の住民.

Ōreus, -eos -ī, *f* [*Gk*] オーレウス, *-オス《Euboea 島の町》.

orexis -is, *f* [*Gk*] 欲望, 欲求.

organicus[1] -a -um, *adj* [organum] **1** 道具[装置]の. **2** 楽器の.

organicus[2] -ī, *m* 楽器奏者, 演奏家.

organum, -on -ī, *n* [*Gk*] **1** 道具, 器具, 装置. **2** 楽器;（オルガンの）音管: ~ *hydraulicum* (PLIN) 水力オルガン. **3**°【動・解】器官, 臓器.

orgasmus -ī, *m* [*Gk*] 【生理】オルガスムス《性的興奮[快感]の頂点》.

Orgetorix -igis, *m* オルゲトリクス《Caesar に敵対した Helvetii 族の指導者》.

orgia -ōrum, *n pl* [*Gk*]（特に Bacchus の）乱飲乱舞の酒宴を伴う秘儀.

orichalcum -ī, *n* [*Gk*] 真鍮, 黄銅.

ōricilla -ae, *f dim* [auris] 耳たぶ.

Ōricīnī -ōrum, *m pl* Oricos の住民.

Ōricius -a -um, *adj* Oricos の.

Ōricos -ī, *f*, **-um** -ī, *n* [*Gk*] オーリコス《Illyria の港町》.

ōricula -ae, *f* =auricula.

oriēns[1] -entis, *adj* (*prp*) [orior] **1**（天体が）昇る. **2** 東の. **3** 始まりの, 初期の.

oriēns[2] -entis, *m* **1** 昇る太陽; 太陽神. **2** 夜明け, 朝. **3** 東; 東方.

orientālēs -ium, °*m pl* [↓] **1** 東方の人たち. **2** 東方教会の信者たち.

orientālis -is -e, *adj* [orior] 東の, 東方の.

ōrificium -ī, *n* [os¹/facio] 開口部, 口.

orīganum -ī, *n* [*Gk*] 【植】ハナハッカ.

Ōrigenēs -is, °*m* [*Gk*] オーリゲネース《Alexandria 生まれの神学者で教父 (185?–?254)》.

orīginālis -is -e, *adj* [origo] 原初の, 最初の: *peccatum originale* (AUG) 原罪.

orīginātiō -ōnis, *f* [↓] 【文】語源.

orīgō -ginis, *f* [orior] **1** 始まり, 起こり, 出現. **2** 発端, 起源. **3** 血統, 系統. **4** 創始者; 祖先. **5** (*pl*)「起源論」《Cato Major 作の史書》. **6**°【解】（筋肉・末梢神経の）起始, 起点.

Ōriōn -ōnis, *m* [*Gk*] **1**【伝説】オーリーオーン《巨漢で美男の猟師; Diana に殺され, 死後星座となった》. **2**【天】オリオン座.

orior -irī ortus sum (*fut p* oritūrus), *intr dep* **1**（天体が）昇る. **2** 起きる, 起き上がる. **3**（川などが）源を発する. **4** 始まる. **5**（人・生き物が）生まれる. **6** (…の) 出である, 由来する〈a [ex] re〉: *plerosque Belgas esse ortos ab Germanis* (CAES) Belgae 人のほとんどが Germania 起源であること. **7**（事が）起こる, 生ずる, 発生する;（…に）起因する.

ōripelargus -ī, *m* [*Gk*] 【動】大型猛禽類の一種 (=percnopterus).

Ōrītae -ārum, *m pl* [*Gk*] オーリータエ, *オーレイタイ《魚を常食とする India の一部族》.

Ōrīthyia -ae, *f* [*Gk*] オーリーテュイア, *オーレイ́イ《Athenae の王 Erechtheus の娘; 北風神 Aquilo にさらわれて妻となり, Calais と Zetes を生んだ》.

oriundus -a -um, *adj* [orior] …に由来する, …から発する〈a [ex] re〉.

Oriundus -ī, *m* オリウンドゥス《Illyria の川》.

Ormenis -nidis, *adj f* (Amyntor の父) Ormenus の(子孫の).

ōrnāmentārius -a -um, *adj* [↓] 【碑】官職には就かずにその標識を保持している, 名誉職の.

ōrnāmentum -ī, *n* [orno] **1** 装具, 衣裳. **2** 飾り, 装飾. **3** 顕章, 勲章. **4** 文飾. **5** 光彩[栄誉]を添えるもの[人].

ōrnātē *adv* [ornatus¹] 飾って, 装飾的に, みごとに.

ōrnātiō -ōnis, *f* [orno] 飾ること, 装飾.

ōrnātor -ōris, *m* [orno] 【碑】**1** 飾る者, 光彩を添える者. **2** 着付けや化粧を手伝う奴隷.

ōrnātrix -icis, *f* [↑] **1** 飾る者, 光彩を添える者《女性》. **2** 着付けや化粧を手伝う女奴隷.

ōrnātus[1] -a -um, *adj* (*pp*) [orno] **1** よく装備された〈re〉. **2** みごとに飾られた, 華麗な;（文体が）凝った. **3** (…が) 与え[授け]られた〈re〉.

ōrnātus[2] -ūs, *m* **1** 装備, 装具, 衣裳. **2** 準備. **3** 飾り, 装飾. **4** 文飾.

orneus -a -um, *adj* [ornus] マンナノキの.

ornīthōn -ōnis, *m* [*Gk*] 鳥小屋 (=aviarium).

ōrnō -āre -āvī -ātum, *tr* **1** 装備する, 武装させる〈alqm [alqd] re〉. **2** 支給[調達]する; 与える, 授ける. **3** 着飾らせる; 飾る, 装飾する; 文飾を施す. **4** 敬意を表する, 栄誉を与える.

ornus -ī, *f* 【植】マンナノキ.

ōrō -āre -āvī -ātum, *tr, intr* **1** 懇願[嘆願]する, 祈る〈alqm; alqd; ut, ne; +*subj*〉. **2** 論ずる, 弁ずる: *orare causam* [*litem*] (TER CIC) 事件を弁護する.

Oroanda -ōrum, *n pl* [*Gk*] オロアンダ《Pisidia の町》.

Oroandēnsis -is -e, *adj* Oroanda の. **Oroandēnsēs** -ium, *m pl* Oroanda の住民.

Oroandēs -is, *m* [*Gk*] オロアンデース《Media の Taurus 山脈の一部》.

Oroandicus -a -um, *adj* Oroanda の.

orobanchē -es, *f* [*Gk*] 【植】ネナシカズラ.

Orōdēs -is [-ī], *m* [*Gk*] オローデース《数人の東方の王; 特に Parthia 王（在位前 57–37）; 彼の将軍がローマの Crassus を Carrhae で破った（前 53）》.

Orontēs -is [-ae], *m* [*Gk*] オロンテース《Syria の川》.

Orontēus -a -um, *adj* Orontes 川の;【詩】Syria の.

Ōrōpus, -os -ī, *m* [*Gk*] オーローブス, *-ポス《Attica との境にある Boeotia の町》.
orphanotrophīum -ī, °*n* [*Gk*] 孤児院.
orphanus -ī, °*m* [*Gk*] 孤児.
Orpheus[1] -eī [-eos], *m* [*Gk*] 《伝説》オルペウス 《Thracia の詩人で竪琴の名手; Eurydice の夫》.
Orphēus[2] -a -um, *adj* =Orphicus.
Orphicus -a -um, *adj* Orpheus の.
orsa -ōrum, *n pl* [↓] **1** 企て, 企図. **2** ことば, 発言.
orsus[1] -a -um, *pp* ⇨ ordior.
orsus[2] -ūs, *m* **1** 織物. **2** 開始, 始め.
orthodoxus -a -um, °*adj* [*Gk*] 正統の, 正統信仰の.
orthogōnius -a -um, *adj* [*Gk*] 直角の.
orthographia -ae, *f* [*Gk*] **1** 《建》(建物の)立面図. **2** 正書法, 正字法.
orthopaedīa -ae, °*f* 《医》整形外科学.
orthopteron -ī, °*n* 《昆》直翅類.
orthopȳgium -ī, *n* [*Gk*] (鳥の)尾.
Orthōsia -ae, *f* [*Gk*] オルトーシア(-) 《(1) Caria の町. (2) Phoenicia の町》.
ortus[1] -a -um, *pp* ⇨ orior.
ortus[2] -ūs, *m* **1** (天体が)昇ること; 日の出, 夜明け. **2** 東; 東方. **3** 生まれること, 誕生. **4** 始まり. **5** 出現, 起こり. **6** 生まれ, 出自, 起源, 源.
Ortygia -ae, -ē -ēs, *f* [*Gk*] オルテュギア(-) 《(1) Delos 島の古名. (2) Syracusae の港の入口にあった島. (3) Ephesus の古名》.
Ortygius -a -um, *adj* Ortygia (1)(2) の.
ortygomētra -ae, *f* [*Gk*] 《鳥》ウズラクイナ.
ortyx -ygis, *f* [*Gk*] 《植》オオバコ属の植物.
oryx -ygis, *m* [*Gk*] 《動》レイヨウの一種.
oryza -ae, *f* [*Gk*] 《植》米.
ōs[1] ōris, *n* **1** 口; (鳥の)くちばし: *uno ore* (Ter) 異口同音に / *semper in ore habere alqm* (Cic) ある人の名前をいつも口にする. **2** 話し方, 発音; ことば, 発言. **3** 開口部, 口; 河口, 入口. **4** 顔; 顔つき, 表情: ~ *durum* (Cic) 厚顔(無恥). **5** 仮面. **6** 見えるところ, 面前: *in ore parentium* (Sen) 両親の目の前で. **7** 正面, 前面.
os[2] ossis, *n* **1** 骨; (*pl*) 骨身, 髄. **2** (*pl*) 遺骨, 遺骸. **3** (木の)髄; (果実の)仁.
Osca -ae, *f* オスカ 《Hispania Tarraconensis の町; 現 Huesca》.
oscen -cinis, *m* [obs-(=ob-)/cano] 鳴き声によって前兆を告げる鳥, 鳴禽(めいきん).
Oscensis -is -e, *adj* Osca の.
Oscī -ōrum, *m pl* オスキー《Campania にいた古いイタリアの民族の一つ; ローマ人に征服された》.
oscillātiō -ōnis, *f* [↓] 揺すること, 振動させること.
oscillō -āre, *intr* [oscillum[2]] ぶらんこに乗る.
oscillum[1] -ī, *n dim* [os[1]] **1** (小さな)口. **2** (小さな)仮面, 面.
oscillum[2] -ī, *n* ぶらんこ(に似たもの).
oscitans -antis, *adj* (*prp*) [oscito] ものうげな, 気乗りしない.
oscitanter *adv* [↑] ものうげに, 気乗りしない様子で.

oscitātiō -ōnis, *f* [↓] **1** 口を大きく開けること. **2** あくび; 退屈なこと.
oscitō -āre -āvī -ātum, *intr* [os[1]/cieo] **1** 口を大きく開ける; (花・葉が)開く. **2** あくびをする.
oscitor -ārī, *intr dep* =oscito.
osculābundus -a -um, *adj* [osculor] 接吻する.
osculātiō -ōnis, *f* [osculor] 接吻, キス.
osculātus -a -um, *pp* ⇨ osculor.
osculor -ārī -ātus sum, *tr* (*intr*) *dep* [↓] **1** 接吻する. **2** かわいがる, 大事にする.
osculum -ī, *n dim* [os[1]] **1** (小さな)口. **2** 接吻, キス.
Oscus -a -um, *adj* Osci 族の.
Osdroēna -ae, °*f* [*Gk*] オスドロエーナ, *-ネー《Mesopotamia の西部地域》.
Osdroēnī -ōrum, °*m pl* Osdroena の住民.
Osī -ōrum, *m pl* オシー《Germania にいた一部族》.
Osīris -is [-idis], *m* [*Gk*<*Egypt.*] 《神話》オシーリス 《エジプトの冥府の神; Isis の夫》.
Osismī -ōrum, *m pl* オシスミー《Gallia 北西部にいたケルト系一部族》.
ōsmōsis -is, °*f* 《理》浸透.
ōsmotaxis -is, °*f* 《生物》走濃性.
ōsor -ōris, *m* [odi] 憎む人, 嫌う人.
Ossa -ae, *f* [*Gk*] オッサ《Thessalia の山》.
Ossaeus -a -um, *adj* [*Gk*] Ossa 山の.
osseus -a -um, *adj* [os[2]] **1** 骨の(ような), 骨から成る. **2** 骨と皮の, やせこけた.
ossiculum -ī, *n dim* [os[2]] (小さな)骨.
ossificātiō -ōnis, °*f* [os[2]/facio] 《生理》骨化(作用).
ossifraga -ae, *f* 《鳥》ミサゴ.
ossifragus -ī, *m* [os[2]/frango] **1** 骨を砕く者. **2** =ossifraga.
ossua -uum, *m pl* [os[2]] 遺骨, 遺骸.
ossuārium -ī, °*n* [os[2]] 納骨堂.
ossulum -ī, °*n* [os[2]] (小さな)骨.
ostendī *pf* ⇨ ostendo.
ostendō -ere -tendī -tentum [-tensum], *tr* [obs-(=ob-)/tendō][1] 差し出す, 見せる <alci alqd>; (*refl*) 進み出る, 名のりを上げる. **2** 現わす; あらわす, さらす; (*refl*) 姿を現わす, 現われる. **3** 指し示す, 注意を向けさせる, 指摘する; (道・方法を)教える. **4** (力・好意などを)示す, 表わす: *auctoritatem suam ostendere* (Cic) 自分の権威を示す. **5** 知らせる, 明らかにする: *omnem animum ostendere* (Plaut) 心の内をすべて明かす. **6** 証明[立証]する. **7** 意志を表明する, 約束する. **8** 予期させる: *tum spem, tum metum ostendere* (Cic) ある時は希望をもたせ, ある時は恐れを抱かせる.
ostensiō -ōnis, *f* [↑] 示すこと, 明示.
ostensōrium -ī, °*n* [ostendo] 《カト》(聖体)顕示台.
ostensus -a -um, *pp* ⇨ ostendo.
ostentātiō -ōnis, *f* [ostento] **1** 見せること, 表明, 表示. **2** 見せびらかし, 誇示; 自慢. **3** 見せかけ, ふり.
ostentātor -ōris, *m* [↓] 見せびらかす者; ほら吹き.
ostentō -āre -āvī -ātum, *tr freq* [ostendo] **1** 差

し出す, 見せる. **2** 見せびらかす, 誇示する. **3**（行為によって感情・性質などを）示す, 表わす: *ostentare patientiam* (Cic) 忍耐力を示す. **4** 自慢する, 大言壮語する; ふりをする, 装う. **5** 指し示す; 注意を向けさせる. **6** 知らせる, 明らかにする. **7** 予期させる: *capitis periculum ostentare* (Cic) 死罪を予期させて脅す.

ostentum -ī, *n* [↓] **1** 兆し, 前兆. **2** 怪異, 不可思議なもの.

ostentus[1] -a -um, *pp* ⇨ ostendo.

ostentus[2] -ūs, *m*（通例 *sg dat* で用いられる）**1** 見せること: *ostentui* (Tac) 見せし[見世物]として. **2** 誇示. **3** 証拠.

osteologia -ae, *f* [医] 骨学.

osteōma -atis, °*n* [病] 骨腫.

osteomalacia -ae, °*f* [病] 骨軟化症.

osteomyelītis -tidis, °*f* [病] 骨髄炎.

Ostia -ae, *f*, **-a** -ōrum, *n pl* オスティア《Tiberis 川の河口にあったローマ市の外港》.

ostiāria -ae, °*f* [ostiarius] 女門番.

ostiārium -ī, *n* [↓] 玄関税.

ostiārius -ī, *m* [ostium] **1** 門番. **2**°《カト》守門《最下級の聖職者》.

ostiātim *adv* [ostium] 一軒ごとに, 各戸に.

Ostiēnsis -is -e, *adj* Ostia の.

ostiolum -ī, *n dim* [↓]（小さな）門, 戸.

ostium -ī, *n* [os[1]] **1** 戸, 門. **2** 開口部. **3** 河口, 入口. **4**°[解] 口. **5**°[動]（節足動物の）心門.

Ostōrius -ī, *m* オストーリウス《ローマ人の氏族名; 特に P. ~ *Scapula*, Britannia の総督 (後 47–52)》.

ostraceum, -ium -ī, *n* [貝] マラサキガイ.

ostracismus -ī, °*m* [Gk] (Athenae の) 陶片追放《危険人物を市民の陶片による投票で 10 年間国外へ追放した》.

ostrea -ae, *f*, **-um** -ī, *n* [Gk] [貝] **1** 二枚貝. **2** カキ(牡蠣).

ostreārium -ī, *n* [↓] カキ養殖場.

ostreārius -a -um, *adj* [ostrea] カキの.

ostreōsus -a -um, *adj* [ostrea] カキの多い.

ostrifer -fera -ferum, *adj* [ostrea/fero] カキを産する, カキの多い.

ostrīnus -a -um, *adj* [↓] 深紅色の.

ostrum, austrum -ī, *n* [Gk] **1** 深紅色の染料; 深紅色. **2** 深紅色の衣[上掛け].

ōsūrus -a -um, *fut p* ⇨ odi.

ōsus -a -um, *pp* ⇨ odi.

Otācilius -ī, *m* オターキリウス《ローマ人の氏族名; 特に T. ~ *Crassus*, Sicilia の propraetor で第 2 次 Poeni 戦争の際 Sicilia の艦隊の指揮官をつとめた》.

Othō -ōnis, *m* オトー《ローマ人の家名; 特に (1) *L. Roscius* ~, Cicero の友人で護民官 (前 67). (2) *M. Salvius* ~, 皇帝 (後 69)》.

Othōniānus -a -um, *adj* Othō 帝の.

Othryadēs -ae, *m* [Gk] [伝説] オトリュアデース《Thyrea の領有をめぐって Sparta と Argos の各 300 人が戦った (前 545 頃) ときの Sparta 側の唯一の生存者》.

Othrys -yos, *m* [Gk] オトリュス《Thessalia 南部の山》.

ōtiābundus -a -um, °*adj* [otior] 閑暇を楽しんでいる.

ōticus -a -um, °*adj* [Gk] 耳の.

ōtiolum -ī, *n dim* [otium]（少しの）暇.

ōtion -ī, *n* [Gk] [貝] アワビ.

ōtior -ārī -ātus sum, *intr dep* [otium] 閑暇を楽しむ, くつろぐ.

ōtiōsē *adv* [↓] のんびりと, 落ちついて.

ōtiōsus[1] -a -um, *adj* [otium] **1** ひまな, 仕事のない, 有閑の. **2** 無関心な, 無為の. **3** 無用の, 無益の. **4**（人が）静かな, 落ちついた. **5** 乱されない, 悩まされない: ~ *esse* (Cic) 平穏に暮らす. **6**（文体が）単調な, 退屈な. **7**（時間・役職などが）空いている, 使われていない.

ōtiōsus[2] -ī, *m* **1** 私人, 公職に就いていない人. **2** 非戦闘員, 一般市民.

ōtis -idis, *f* [Gk] [鳥] ノガン(野雁).

ōtītis otītidis, °*f* [Gk] 耳炎: ~ *externa* 外耳炎 / ~ *interna* 内耳炎 / ~ *media* 中耳炎.

ōtium -ī, *n* **1** ひま, 閑暇; 休暇. **2** 休息, くつろぎ. **3** 余暇の産物 (=詩). **4** 平安, 平穏, 平和.

ōtoconia -ōrum, °*n pl* [医] 耳塵(じん), 平衡砂.

ōtologia -ae, °*f* [医] 耳科学.

ōtorrhoea -ae, °*f* [病] 耳漏.

Ōtos, -us -ī, *m* [Gk] [伝説] オートス《Ephialtes の兄で巨人》.

ōtus -ī, *m* [Gk] [鳥] フクロウの一種.

ovālis -is -e, *adj* [ovo] 小凱旋式の.

ovanter °*adv* [ovo] 歓喜して.

ovārium -ī, °*n* **1** [解] 卵巣 (=oophoron). **2** [植] 子房.

ovātiō -ōnis, *f* [ovo] 小凱旋式.

ōvātus[1] -a -um, *adj* [ovum] 卵形の.

ovātus[2] -a -um, *adj* (*pp*) [ovo] 小凱旋式の.

ovātus[3] -ūs, *m* 歓声.

oviārius -ī, *m* [ovis] 羊の.

ovicula -ae, *f dim* [ovis] [動]（小さな）羊.

Ovidiānus -a -um, *adj* Ovidius の.

Ovidius -ī, *m* オウィディウス《ローマ人の氏族名; 特に *P. ~ Naso*, Augustus 帝時代の詩人 (前 43–後 17); Augustus 帝に追放され配所の Tomi で没した》.

ovīle -is, *n* [ovilis] **1** 羊小屋, 羊のおり. **2** (Campus Martius にあった, 民会の) 投票所.

ovīlio -ōnis, *m* [↓] 羊飼い, 牧羊者.

ovīlis -is -e, *adj* [ovis] 羊の.

ovilla -ae, *f* [↓] 羊肉.

ovillus -a -um, *adj* [ovis] 羊の.

ovīna -ae, °*f* [↓] =ovilla.

ovīnus -a -um, °*adj* =ovillus.

ōvipārus -a -um, °*adj* [ovum/pario[2]] [動] 卵生の.

ovis -is, *f*(*m*) **1** [動] ヒツジ(羊). **2** 羊毛. **3** だまされやすい人, まぬけ.

ovō -āre -āvī -ātum, *intr* (主に *prp* ovans で) **1** 歓喜する, 大喜びする. **2** 小凱旋式をする.

ōvogenesis -is, °*f* [生物] 卵形成.

ōvotestis -is, °*f* [生物] 卵精巣.

ōvulum -ī, °*n dim* [↓] **1** [生物] 卵(ξ). **2** [植] 胚珠.

ōvum -ī, *n* **1** 卵; *ab ovo usque ad mala* (⇨ ma-

oxalis — ozaenitis

lum¹). **2** (特に, 競技場で何周走ったかを数えるために用いられた)卵形の計数装置. **3**°『生物』卵(らん), 卵子.
oxalis -idis, *f* [*Gk*]『植』スイバ.
Ōxos, -us -ī, *m* [*Gk*] オークソス《Sogdiana の川; アラル海に注ぐ(古代人はカスピ海に注ぐと考えた); 現 Amu Darya》.
oxydātiō -ōnis, °*f*『化』酸化.
oxygarum -ī, *n* [*Gk*] 酢入りの魚のソース.
oxygenium -ī, °*n*『化』酸素.

oxygōnius -a -um, *adj* [*Gk*] 鋭角の.
oxymeli -itis, *n* [*Gk*] 酢蜜《蜂蜜と酢を混ぜたもので薬として用いられた》.
oxymōron -ī, °*n* [*Gk*]『修』撞着語法《反意語を組み合わせること》.
oxyporum -ī, *n* [*Gk*] 消化剤.
ozaena -ae, *f* [*Gk*] **1**『動』タコの一種. **2**『病』蓄膿症.
ozaenītis -idis, *f*『植』甘松の一種.

P

P, p *indecl n* ラテン語アルファベットの第 15 字.
P. 《略》=Publius.
pābulāris -is -e, *adj* [pabulum] 飼料用の.
pābulātiō -ōnis, *f* [pabulor] 1 糧秣徴発. 2 放牧場.
pābulātor -ōris, *m* [pabulor] 糧秣を徴発する者.
pābulātōrius -a -um, *adj* [↑] 飼料の(ための).
pābulor -ārī -ātus sum, *intr (tr) dep* [↓] I (*intr*) 1 飼料を食う. 2 生活の糧を求める. 3 糧秣を徴発する[あさる]. II (*tr*) 肥料をやる.
pābulum -ī, *n* [pasco] 1 糧秣, 飼料; 牧草. 2 食物, 栄養; 糧(☆).
pācālis -is -e, *adj* [pax] 平和の.
pācātē *adv* [pacatus] 平和的に, なごやかに.
pācātor -ōris, *m* [paco] 平定者.
pācātum -ī, *n* [↓] 1 平定された地域, 友好国. 2 友好的関係.
pācātus -a -um, *adj* (*pp*) [paco²] 1 平定された; 平和な, 平穏な. 2 穏やかな, 温和な. 3 平和の, 平時の.
pachydermia -ae, °*f* [病] 強皮症.
pachymēningītis -tidis, °*f* [病] 硬(髄)膜炎.
pachymēninx -ngis, °*f* [病] 硬(髄)膜.
Pachȳnum -ī, *n*, **-os, -us** -i, *m*, *f* [Gk] パキューヌム, *-ノス《Sicilia 島南東部の岬; 現 Capo Passero》.
Pacidēiānus -ī, *n* パキデイヤーヌス《ローマの剣闘士》.
pācifer -fera -ferum, *adj* [pax/fero] 平和をもたらす.
pācificātiō -ōnis, *f* [pacifico] 和解, 和睦.
pācificātor -ōris, *m* [pacifico] 調停者, 平定者.
pācificātōrius -a -um, *adj* [↑] 和睦の, 和平の.
pācificō -āre -āvī -ātum, *tr* [pax/facio] I (*intr*) 和を結ぶ, 講和する. II (*tr*) なだめる, 静める.
pācificor -ārī -ātus sum, *intr dep* 和解する.
pācificus -a -um, *adj* [pax/facio] 平和をもたらす, 和平的な.
paciscī *inf* ⇒ paciscor.
paciscō -ere pactum, *tr* [paco¹] 1 (話し合って)取り決める, 協定する <alqd>. 2 (…と)婚約させる <alqm>.
paciscor -scī pactus sum, *intr, tr dep* [↓] I (*intr*) 契約を結ぶ, 折り合いがつく <cum alqo; ut>. II (*tr*) 1 (話し合って)取り決める, 協定する <alqd>: Cilicia, quam sibi, si rem publicam prodidisset, pactus erat (Cɪᴄ) 国を裏切るなら自分のものになることを協定していた Cilicia. 2 (…すること)を約束[同意]する <+inf>. 3 交換する. 4 (…と)婚約する <alqm>.
pācō¹ -ere, *tr, intr* [*cf.* pax] 合意に達する, 折り合いがつく.
pācō² -āre -āvī -ātum, *tr* [pax] 1 平和にする, 平定する. 2 開墾する. 3 (人を)落ちつかせる, 静める.
Pacōnius -ī, *m* パコーニウス《ローマ人の氏族名》.
Pacorus -ī, *m* [Gk] パコルス, *-ロス《(1) Parthia の王 Orodes の息子; Crassus を破った (前 53). (2) Domitianus 帝と同時代の Parthia の王》.
pacta -ae, *f* [pactus¹] 婚約者《女性》.
pactiō -ōnis, *f* [paciscor] 1 協定, 契約. 2 和解, 妥協. 3 婚約.
Pactōlis -idis, *adj f* Pactolus の.
Pactōlus **-os** -ī, *m* [Gk] パクトールス, *-ロス《Lydia の川; 砂金が採れたという》.
pactor -ōris, *m* [paciscor] 交渉にあたる人.
pactum -ī, *n* [↓] 1 協定, 契約. 2 (*abl* で副詞的に用いられる)方法, 仕方, 根拠, 理由: *nullo pacto* (Cɪᴄ) 決して…ない / *quo pacto* (Cɪᴄ) どんなふうに.
pactus¹ -a -um, *adj* (*pp*) [paciscor] 1 協定した, 合意した. 2 誓約した; 婚約した.
pactus² -a -um, *pp* ⇒ pango.
Pactyē -ēs, *f* [Gk] パクテュエー《Thracia の町》.
Pācuviānus -a -um, *adj* Pacuvius の.
Pācuvius -ī, *m* パークウィウス《ローマ人の氏族名; 特に悲劇詩人 (前 220?-?130); Ennius の甥》.
Padaeī -ōrum, *m pl* パダエイー《Indus 川河口付近にいた民族; 人食い人種と考えられていた》.
Padus -ī, *m* パドゥス《イタリア最大の川; 現 Po》.
Padūsa -ae, *f* パドゥーサ《Padus 川の河口の一つ》.
paeān -ānis [-ānos], *m* [Gk] 1 (P-)《神話》パイアーン, *-パイ《医神としての Apollo の呼び名》. 2 (神々, 特に Apollo にささげた)賛歌. 3 《詩》1 長音節 3 短音節から成る詩脚.
paedagōgīum -ī, *n* [Gk] 1 少年奴隷訓練所. 2 (その訓練所の)少年奴隷.
paedagōgus -ī, *m* 1 子供を学校へ送り迎えする奴隷, 家庭教師. 2 案内者, 指導者.
paediātria -ae, °*f* [医] 小児科学.
paediātros, -us -ī, °*m* [医] 小児科医.
paedicātiō -ōnis, °*f* 男色.
paedicātor -ōris, *m* [↓] 男色者.
paedicō¹ -āre, *tr* (…と)男色をする <alqm>.
paedicō² -ōnis, *m* 男色者.
paedogenesis -is, °*f* [動] 幼生生殖.
paedor -ōris, *m* よごれ, 不潔.
paelex, pēl-, pell- -licis, *f* 1 愛人, めかけ; (正妻の)恋敵. 2 男娼, 稚児.
paelicātus -ūs, *m* [↑] 愛人[めかけ]であること.
Paelignī -ōrum, *m pl* パエリグニー《Samnium にいた一部族》.
Paelignum -ī, *n* Paeligni 族の領土産のぶどう酒.
Paelignus -a -um, *adj* Paeligni 族の.
Paemānī -ōrum, *m pl* パエマーニー《Gallia Bel-

gica にいたゲルマン系一部族)．
paeminōsus -a -um, *adj* 割れ目[ひび]の入った．
paene *adv* ほとんど, ほぼ．
paeninsula -ae, *f* [↑/insula] 半島．
paenitendus -a -um, *adj* (*gerundiv*) [paeniteo] 悔やまれる, 遺憾な．
paenitentia -ae, *f* [paeniteo] **1** 後悔, 悔悛. **2** 考えを変えること, 心変わり. **3**°《カト》悔悛[告解]の秘跡.
paenitentiālis[1] -is -e, °*adj* [↑]《カト》悔悛の, 告解の.
paenitentiālis[2] -is, °*m* (*sc.* presbyter)《カト》聴罪師.
paenitentiāria -ae, °*f* [paeniteo]《カト》(ローマ教皇庁の)内赦院.
paenitentiārius -ī, °*m* [↓]《カト》聴罪師.
paeniteō -ēre -tuī, *tr, intr* [paene; *cf.* poena] **I** (*tr*) 残念がらせる, 不満をいだかせる, 後悔させる: (impers) *paenitet* ⟨(alqm) alcis rei; +*inf*; quod⟩ 残念に思う, 不満である, 後悔している / *non paenitet me consilii de tua mansione* (CIC) 私はあなたの滞留についての助言を後悔していない. **II** (*intr*) 残念に思う, 後悔する.
paeniteor -ērī, °*intr dep* 悔い改める.
paenitūdō -dinis, *f* [paeniteo] 後悔．
paenula -ae, *f* [Gk] 外套．
paenulātus -a -um, *adj* [↑] 外套を着用している．
paenultima -ae, *f* (*sc.* syllaba) 語末から2番目の音節．
paenultimus -a -um, *adj* [paene/ultimus] 終わりから2番目の．
paenūria -ae, *f* =penuria.
paeōn -ōnis, *m* =paean.
Paeones -um, *m pl* [Gk] パエオネス, *パイ-《Macedonia 北部にいた一部族)．
paeōnia -ae, *f* [Gk]《植》シャクヤク(芍薬)．
Paeonia -ae, *f* [Gk] パエオニア, *パイオニアー《Paeones 族の国)．
Paeonis -idis, *f* Paeones 族の女．
Paeonius[1] -a -um, *adj* Paeones 族の．
Paeonius[2] -a -um, *adj* **1** Paean の. **2** 医療の．
Paestānus -a -um, *adj* Paestum の. **Paestānī** -ōrum, *m pl* Paestum の住民．
Paestum -ī, *n* パエストゥム《Lucania の町; バラで有名; 古名 Posidonia)．
paetulus -a -um, *adj dim* [↓] (少し)やぶにらみの．
paetus -a -um, *adj* やぶにらみの, 斜視の．
pāgānismus -ī, °*m* [↓] 異教, 偶像崇拝．
pāgānus[1] -a -um, *adj* [pagus] **1** 村の, 田舎の; 田舎者の. **2**°(軍人に対し) 一般市民の. **3**° 異教(徒)の．
pāgānus[2] -ī, *m* **1** 村人, 田舎の人. **2** (軍人に対し) 一般市民, 民間人. **3**° 異教徒．
Pagasa -ae, *f*, **-ae** -ārum, *f pl* [Gk] パガサ, *-サイ《Thessalia の港町; ここで Argo 船が造られたと伝えられる)．
Pagasaeus -a -um, *adj* Pagasa の．
pāgātim *adv* [pagus] 地域[村]ごとに．

pāgella -ae, *f dim* [pagina] (小さな)一葉, 小紙葉．
pāgensis -is, °*m* [pagus] 村人．
pāgina -ae, *f* [*cf.* pango] **1** (筆記用紙・書き物の)一区画, 一葉. **2**《詩》書かれたもの (=詩)．
pāginula -ae, *f dim* [↑] (筆記用紙・書き物の)一区画．
pagur -ī, *m*《魚》魚の一種．
pagūrus -ī, *m* [Gk]《動》カニの一種．
pāgus -ī, *m* [*cf.* pango] **1** 村, 郷. **2** 村人．
pāla -ae, *f* [*cf.* pango] **1** 鋤(含). **2** 指輪の台座．
Palaemōn -ōnis, *m* [Gk]《神話》パラエモーン, *パライ-《海神; ローマ神話の Portunus と同一視された; ⇒ Melicerta)．
Palaemonius -a -um, *adj* Palaemon の;《詩》Corinthus の．
Palaepharsālus -ī, *f* [Gk] パラエパルサールス, *パライパルサーロス《Thessalia の町)．
Palaepolis -is, *f* [Gk] パラエポリス, *パライ-《Campania の町; のち Neapolis に合併された)．
Palaepolītānī -ōrum, *m pl* Palaepolis の住民．
Palaestē -ēs, *f* [Gk] パラエステー, *パライ-《Epirus の港町)．
Palaestīna -ae, **-ē** -ēs, *f* [Gk] パラエスティーナ, *パライスティーネー,パレスティナ《Syria 南部の地中海に面する地方; ユダヤ人の故郷)．
Palaestīnus -a -um, *adj* Palaestina の．
palaestra -ae, *f* [Gk] **1** 格闘技訓練場. **2** 格闘技, レスリング. **3** 熟練．
palaestricōs *adv* [Gk] 格闘技訓練場のように．
palaestricus -a -um, *adj* [palaestra] 格闘技訓練場の．
palaestrīta -ae, *m* 格闘技訓練所の教師．
palaestrō -āre -āvī -ātum, *intr* [palaestra] 格闘技を練習する．
Palaetyros -ī, *f* [Gk] パラエテュロス, *パライ-《Phoenicia の町)．
palaga -ae, *f* 天然金塊．
palam *adv, prep* **I** (*adv*) **1** 公然と, おおっぴらに: ~ *facere* (PLAUT) 公けにする, 明るみに出す, あばく / *esse* (PLAUT) 周知の[公然たる]事実である. **2** 表面上, うわべは. **3** 明白に, はっきりと. **II** (*prep*) ⟨+*abl*⟩ ~の面前で．
Palamēdēs -is, *m* [Gk]《伝説》パラメーデース《Euboea 島の王 Nauplius の息子; Troja 戦争におけるギリシア方の将; Ulixes の奸計によって死んだ)．
pālāris -is -e, *adj* [palus[1]] 杭の; 木刀の．
Palātīnus -a -um, *adj* [Palatium] **1** (ローマ市の七丘の一つ) Palatium の. **2** 宮殿の, 皇帝の．
pālātiō -ōnis, *f* [palus[1]] 杭を打ち込むこと．
Palātium -ī, *n* **1** パラーティウム, ᴵᴵパラーティヌス丘《ローマ市の七丘の一つ). **2** (Palatium の丘にあった)皇帝の宮殿. **3** (Palatium の丘にあった)神殿．
palātomaxillāris -is, °*adj*《解》口蓋上顎の．
palātum -ī, *n*, **-us** -ī, *m* **1**《解》口蓋. **2** 味覚. **3** 天の穹窿(鴨ヌ)．
palea -ae, *f* **1** (穀類の)殻, もみがら. **2** (鶏の)肉垂(祭). **3**《植》(イネ科の花の)内花頴(戔)．
paleālis -is -e, °*adj* = palearis.

palear -āris, *n* [palea] **1** (牛の)のどぶくろ. **2** のど.

paleāris -is -e, °*adj* [palea] もみがらの.

Palēs -is, *f* (*m*)《神話》パレース《羊飼いと家畜の守護神》.

Palīcī -ōrum, *m pl* [*Gk*]《神話》パリーキー《Juppiter と Thalia のふたごの息子; Sicilia 島の Palica で崇拝された》.

Palicus -ī, *m* Palici のうちの一人.

Palīlia -ium, *n pl* Pales の祭典《4 月 21 日に行なわれた》.

Palīlis -is -e, *adj* Pales の.

palimbacchīus -ī, *m* [*Gk*]《詩》長長短格.

palimpsestus -ī, *m* [*Gk*] もとの字を消してその上に書いた羊皮紙.

palingenesia -ae, °*f* [*Gk*] 再生.

palingenesis -is, °*f* [*Gk*] **1**《生物》原形発生. **2**《哲》再生.

palinōdia -ae, °*f* [*Gk*] **1** 改竄詩《前作の内容を取り消す詩》. **2** 取消し, 撤回.

Palinūrus -ī, *m* パリヌールス《(1)《伝説》Aeneas の船の船手; Lucania 沖で眠りの神に襲われて海に落ちた. (2) Lucania の岬; この名は (1) にちなむ》.

paliūrus -ī, *m f* [*Gk*]《植》ハマナツメ《刺のある低木》.

palla -ae, *f* **1** (特に, ローマの)婦人用外衣. **2** (悲劇役者の)長衣. **3** 幕, カーテン. **4**°《キ教》聖杯布; 聖体布.

pallaca -ae, *f* [*Gk*] 愛人, めかけ (=paelex).

pallacāna -ae, *f*《植》アサツキ (浅葱) (=gethyum).

Palladium -ī, *n* [*Gk*] Pallas¹ (1) の像《特に Troja にあったもの; 天から降り, Ulixes によって盗まれ, のちローマへもたらされたといわれる》.

Palladius -a -um, *adj* Pallas¹ の.

Pallantēum -ī, *n* [*Gk*] パッランテーウム, *-テイオン《(1) Pallas² (4) が建設した Arcadia の町. (2) Euander が Italia に建設した町; のちローマ市がそこに置かれた》.

Pallantēus -a -um, *adj* Pallanteum (1) の.

Pallantias -adis, *f* **1**《神話》Pallas² (2) の女系子孫 (=Aurora). **2** あけぼの, 夜明け.

Pallantis -idis [-idos], *f* =Pallantias.

Pallantius -a -um, *adj* Pallas² (4) の.

Pallas¹ -adis [-ados], *f* [*Gk*] **1** パッラス《Athena (Minerva) の呼称の一つ》. **2** =Palladium. **3** オリーブ油.

Pallās² -antis, *m* [*Gk*] パッラース《(1)《神話》Minerva の父. (2)《神話》Gigantes の一人. (3)《伝説》Athenae の息子の父と Aegeus の弟. (4)《伝説》Euander の曾祖父; Arcadia の王. (5)《伝説》Euander の息子. (6) Claudius 帝の解放奴隷; 巨富と権力を手中にしたが Nero 帝に殺された》.

Pallēnē -ēs, *f* [*Gk*] パッレーネー《Macedonia の半島と町》.

Pallēnensis -is -e, *adj* Pallene の.

pallens -entis, *adj* (*prp*) [↓] **1** 青白い, 青ざめた. **2** 色のさえない, くすんだ, 色あせた.

palleō -ēre, *intr* (*tr*) **1** 青ざめている, 青白い. **2** 色がさえない; 色あせている. **3** (光が)かすむ, ぼんやりする. **4** 恐れる, 心配する ‹+*dat*›.

pallēscō -ere palluī, *intr* (*tr*) *inch* [↑] **1** 青ざめる, 青白くなる. **2** 色あせる, 色がくすむ.

palliastrum -ī, *n* [pallium] ぼろ外套.

palliātus -a -um, *adj dim* [pallium] (典型的なギリシア風の衣服としての)外套 (pallium) を着た: *fabula palliata* (VARR) ギリシア風新喜劇を翻案した Plautus, Terentius の喜劇作品 (*cf.* fabula togata).

pallidulus -a -um, *adj dim* [↓] (やや)青白い, (やや)青ざめた.

pallidus -a -um, *adj* [palleo] **1** 青白い, 青ざめた. **2** 青ざめさせる. **3** 色のさえない, くすんだ; 色あせた.

palliō -āre -āvī -ātum, °*tr* [pallium] おおう, おおい隠す.

palliolātim *adv* [↓] 外套を着て.

palliolātus -a -um, *adj* [↓] (頭巾付き)外套を着た.

palliolum -ī, *n dim* [↓] **1** 外套. **2** (外套の)頭巾.

pallium -ī, *n* [*cf.* palla] **1** (ギリシア風の)外套. **2** 上掛け. **3**° 幕, カーテン. **4**°《カト》(大司教の)肩衣. **5**°《キ教》祭壇布. **6**°《解》(脳の灰白質の)外套.

pallor -ōris, *m* [palleo] **1** 蒼白, 青白いこと. **2** 変色, 色あせること.

palluī *pf* ⇒ pallesco.

pallula -ae, *f dim* [palla] (小さな)外衣; 垂れ幕.

palma -ae, *f* **1** てのひら, たなごころ. **2** かい[オール]の水かき. **3**《植》シュロ(棕櫚); ヤシ(椰子). **4** ナツメヤシ. **5** シュロの枝で作ったほうき. **6** (競走の勝利者が手に持った)シュロの枝; 勝利の賞品[栄冠]; 勝利, 栄誉. **7** 勝利者. **8** ブドウの枝; (一般に) 枝.

palmāris -is -e, *adj* [↑] **1** てのひらの幅の, 掌尺の. **2** 賞賛[栄冠]に値する, すぐれた.

palmārium -ī, *n* [palma] みごとな手腕[手際]. **2**° (弁護人の)成功報酬.

palmātus -a -um, *adj* [palma] シュロの文様のついた[縁取りをした].

palmes -mitis, *m* [palma] **1** ブドウの新芽[若枝]. **2** (一般に)枝.

palmētum -ī, *n* [palma] ヤシの林.

palmeus -a -um, *adj* [palma] **1** てのひらの幅の. **2** シュロで作った.

palmifer -fera -ferum, *adj* [palma/fero] シュロを産する[の生えた].

palmiger -gera -gerum, *adj* [palma/gero] シュロの枝を持つ.

palmipedālis -is -e, *adj* [palmipes²] 1 pes と 1 palmus の長さの.

palmipēs¹ -pedis, *adj* [palma/pes] 水かきのついた足をもつ.

palmipēs² -pedis, *adj* [palmus/pes] 1 pes と 1 palmus の長さの.

palmō -āre -ātum, *tr* [palma] **1** 手形を捺す[付ける]. **2** (支柱に)ブドウのつるをゆわえつける.

palmōsus -a -um, *adj* [palma] シュロの多い.

palmula -ae, *f dim* [palma] **1** (小さな)てのひら. **2** かい[オール]の水かき. **3** ヤシ; ヤシの葉. **4** ナツメヤシ.

palmulāris -is -e, °*adj* [↑] てのひらの.

palmus -ī, *m* 1 てのひら (=palma). 2 てのひらの幅, 掌尺.

Palmȳra -ae, *f* [*Gk*] パルミューラ《Syria の町; Solomon が建設したと伝えられる》.

Palmȳrēnus -a -um, *adj* Parmyra の.

pālō[1] -āre -āvī -ātum, *tr* [palus[1]] (ブドウのつるを)支柱で支える.

pālō[2] -āre, *tr* [pala] (地面を)掘り返す.

pālor -ārī -ātus sum, *intr dep* 1 (特に, 略奪のために)歩きまわる, うろつく. 2 散らばる, さまよう.

palpābilis -is -e, °*adj* [palpo[1]] さわることができる.

palpāmen -minis, °*n* [palpo[1]] 愛撫, なでること.

palpāmentum -ī, °*n* [palpo[1]] おだて, お世辞.

palpātiō -ōnis, *f* [palpo[1]] 1 なでること; 愛撫. 2° 恐怖. 3°《医》触診(法).

palpātor -ōris, *m* [palpo[1]] おだてる人, おべっか使い.

palpebra -ae, *f* [palpo[1]] 1 まぶた. 2 (*pl*) まつげ.

palpebrālis -is -e, °*adj* [↑] まぶたの.

palpebrātiō -ōnis, °*f* [↓] まばたき.

palpebrō -āre, °*intr* [palpebra] まばたきする.

palpitātiō -ōnis, *f* [↓] 1 鼓動, ピクピク動くこと. 2°《病》動悸, 心悸亢進.

palpitō -āre -āvī -ātum, *intr freq* [↓] 1 鼓動する, 脈が(早く)うつ. 2 ピクピク動く, 痙攣(けいれん)する.

palpō[1] -āre -āvī -ātum, *tr* (*intr*) 1 なでる, さする, 軽く触れる. 2 おだてる, 甘言でだます.

palpō[2] -ōnis, *f* [↑] おだてる人, おべっか使い.

palpor -ārī -ātus sum, *tr* (*intr*) *dep* =palpo[1].

palpus -ī, *m* [palpo[1]] てのひら.

palūdāmentum -ī, *n* (特に, 将軍用の)軍用外套.

palūdātus -a -um, *adj* 軍用外套を着た.

palūdivagus -a -um, °*adj* [palus[2]/vagus[1]] 沼地をさまよう.

palūdōsus -a -um, *adj* [palus[2]] 沼沢性の, 沼沢の多い.

palumbēs -is, *f* 1 《鳥》モリバト. 2 だまされやすい人, まぬけ.

palumbulus -ī, *m dim* [↑] 小鳩《愛情を表わす語として用いる》.

pālus[1] -ī, *m* [*cf.* pango, paciscor] 1 杭, 棒; 火刑柱. 2 木釘.

palūs[2] -ūdis, *f* 1 沼, 沼地. 2 《植》アシ, ヨシ.

paluster -stris -stre, *adj* [↑] 1 沼沢の多い. 2 沼地の, 沼地に生ずる.

Pammenēs -is, *m* [*Gk*] パンメネース《Athenae の修辞学者 (前1世紀); Brutus の師》.

Pammenius -a -um, *adj* Pammenes の.

Pamphȳlia -ae, *f* [*Gk*] パンピューリア(-)《小アジア南部, 地中海沿岸の地域》.

Pamphȳlius -a -um, *adj* Pamphylia の.

pampināceus -a -um, *adj* [pampinus] ブドウの巻きひげの(ような).

pampinārium -ī, *n* [↓] (ブドウの)葉と巻きひげしかつかない枝.

pampinārius -a -um, *adj* [pampinus] (ブドウの枝が)葉と巻きひげしかつかない.

pampinātiō -ōnis, *f* [pampino] (ブドウの余分な葉や巻きひげの)刈り込み.

pampinātor -ōris, *m* [pampino] ブドウの刈り込みをする人.

pampineus -a -um, *adj* [pampinus] 1 ブドウの葉や巻きひげの. 2 ブドウ[ぶどう酒]の.

pampiniformis -is -e, °*adj* [pampinus/forma] 《解》蔓状の.

pampinō -āre -āvī -ātum, *tr* [↓] (ブドウの余分な葉や巻きひげを)刈り込む.

pampinus -ī, *m* (*f*) ブドウの枝[巻きひげ, 葉].

Pān -nos, *m* [*Gk*] 《神話》1 パーン《森・牧人・家畜などの神; ヤギの角・足をもち, 笛を吹く; ローマ神話の Faunus と同一視される》. 2 (*pl* Pānes) パーネス《Pan に似た森・野辺の神々》.

panaca -ae, *f* [陶製の]酒杯の一種.

panacēa -ae, *f* [*Gk*] 1 万病をなおすといわれる薬草. 2 (P-) 《神話》パナケーア, *-ケイア《治療の女神; Aesculapius の娘》.

Panaetius -ī, *m* [*Gk*] パナエティウス, *パナイティオス《Rhodos 島出身のストア学派哲学者 (前185?-?109); P. Cornelius Scipio Aemilianus の師》.

Panaetōlicus -a -um, *adj* [*Gk*] 全 Aetolia の.

Panaetōlium -ī, *n* [*Gk*] 全 Aetolia 会議.

pānāriolum -ī, *n dim* [↓] (小さな)パンかご.

pānārium -ī, *n* [panis] パンかご.

Panathēnaea -ōrum, *n pl* [*Gk*] パナテーナエア, *-ナイア《Athenae におけるその守護女神 Athena の祭典》.

Panathēnāicus[1] -a -um, *adj* [*Gk*] Panathenaea の.

Panathēnāicus[2] -ī, *m*「Panathenaea 祭演説」《Isocrates の著作の題名 (前339)》.

pancarpineus -a -um, *adj* [↓] =pancarpius.

pancarpius -a -um, *adj* [*Gk*] 各種の果物から成る.

Panchāia -ae, *f* [*Gk*] パンカイア, *パンカイアー《Arabia の伝説的な一地方; 乳香で有名》.

Panchāius, -chaeus -a -um, *adj* Panchaia の.

panchrestus -a -um, *adj* [*Gk*] (薬・治療法が)何にでも効く.

panchrūs -ī, *m* [*Gk*] 蛋白石, オパール.

pancratiastēs -ae, *m* [pancratium] 格闘技の選手.

pancraticē *adv* [*Gk*] 格闘技の選手のように.

pancratium, -on -ī, *n* [*Gk*] 1 《ギリシアの, レスリングと拳闘を合わせた》格闘技. 2 《植》チョリー.

pancreas -ātis, °*n* [*Gk*] 《解》膵(臓).

pancreāticoduodēnālis -is -e, °*adj* 《解》膵十二指腸の.

pancreātinum -ī, °*n* 《薬》パンクレアチン.

pancreātītis -titidis, °*f* 《病》膵(臓)炎.

panctus -us, *pf pass* =pactus (⇒ pango).

Panda[1] -ae, *f* 《神話》パンダ《ローマの女神; 一説では道路の開通をつかさどるという》.

Panda[2] -ae, *m* パンダ《Scythia の川》.

Pandarus -ī, *m* [*Gk*] 《伝説》パンダルス, *-ロス《Lycia 人の将として Troja 軍に加勢した弓の名手》.

Pandatēria, -tāria -ae, *f* パンダーテーリア《ティレ

ニア海上の小島；ローマ皇帝から追放処分を受けた者の流刑地)).

Pandectae -ārum, °*m pl* [↓]《法》学説集《ローマ法大全 Corpus Juris Civilis の主要部分； Justinianus I の命令で 533 年に完成；古典的法学者たちの学説を整理・編集しなおした；全 50 巻).

pandectēs, -a -ae, *m* [*Gk*] 百科事典.

pandēmia -ae, °*f* [*Gk*] 汎(発)流行病.

pandī *pf* ⇨ pando².

pandiculor -ārī, *intr dep* [pando²] 伸びをする.

Pandīōn -onis, *m* [*Gk*]《伝説》パンディーオーン《Athenae の王； Procne と Philomela の父).

Pandīonius -a -um, *adj* Pandion の: *volucres Pandioniae* (SEN) Pandion の鳥たち (=ナイチンゲールとツバメ).

pandō¹ -āre -āvī -ātum, *tr*, *intr* [pandus] **I** (*tr*) 曲げる, たわませる. **II** (*intr*) 曲がる, たわむ.

pandō² -ere pandī passum [pansum], *tr* [*cf.* pateo] **1** 広げる, 伸ばす: *pennas pandere* (VERG) 羽を広げる. **2** (部隊を)展開させる. **3** 開く, 開ける: *januam pandere* (PLAUT) 戸を開ける / *viam pandere* (VERG) 道を切り開く. **4** 明らかにする, 知らせる.

Pandōra -ae, *f* [*Gk*]《伝説》パンドーラ(-)《Juppiter の命によって Volcanus が作った人類最初の女).

Pandōsia -ae, *f* [*Gk*] パンドーシア(-)《Epirus の町; Acheron 河畔にあった).

Pandrosos -ī, *f* [*Gk*]《伝説》パンドロソス《Attica の王 Cecrops の三人の娘の一人 (他の二人は Aglauros と Herse)).

pandūra -ae, *f* [*Gk*] 首の長い三弦の琴《Pan が考案したといわれる).

pandus -a -um, *adj* 曲がった, 湾曲した.

panēgyricus -ī, *m* [*Gk*] **1** (P-)《前 380 年の Olympia 競技祭で行なわれた Athenae に対する Isocrates 作の賞賛演説. **2** (一般に)賞賛演説, 賛辞.

Pangaeus¹ -ī, *m*, **-a** -ōrum, *n pl* [*Gk*] パンガエウス, *-ガイオン《Thracia の山).

Pangaeus² -a -um, *adj* Pangaeus 山の;《詩》Thracia の.

pangō -ere pepigī [panxī, pēgī] pactum [panctum], *tr* [*cf.* pacīscor] **1** しっかり打ち込む;(木などを)植える. **2** (契約・協定などを)結ぶ,(話をまとめる. **3** 申し合わせる, 取り決める. **4** (与えることを)約束する;婚約させる. **5** (詩・文などを)作る.

Panhormus, -os -ī, *f*, **-um** -ī, *n* = Panormus.

pānicellus -ī, °*m dim* [panis] パンの(小さな)塊り.

pānicium -ī, *n* [panis] **1** ° 焼いたもの《パン・ケーキなど). **2** = panicum.

pāniculus -ī, °*m dim* [panis]《植》円錐花序.

pānicum -ī, *n* [panis]《植》アワ(粟).

pānifex -ficis, °*m* [panis/facio] パン製造人.

pānificium -ī, *n* [↓/facio] **1** パンを焼くこと. **2** (*pl*) (焼いた)パン, ケーキ.

pānis -is, *m* [*cf.* pasco] **1** パン(の塊り). **2** 食物, 生活の糧. **3** 塊り.

Pāniscus -ī, *m dim* **1** (小さな)Pan. **2** (小さな)Pan の像.

panniculus -ī, *m dim* [pannus] **1** 布きれ, ぼろきれ. **2** °《解》層: ~ *adiposus* 脂肪層.

Pannonia -ae, *f* [*Gk*] パンノニア(-)《Danubius 川の南と西の地域；後 10 年からローマの属州).

Pannonicus -a -um, *adj* Pannonia の.

Pannonius -a -um, *adj* = Pannonicus. **Pannoniī** -ōrum, *m pl* Pannonia の住民.

pannōsus -a -um, *adj* [pannus] **1** ぼろを着た；ぼろぼろの. **2** ぼろのような, しわの寄った.

pannūcea -ōrum, °*n pl* [*var.* pannuceus] ぼろ.

pannūceātus -a -um, *adj* [↓] ぼろを着た.

pannūceus -a -um, *adj* [pannus] **1** ぼろぼろの. **2** しわの寄った.

pannulus -ī, *m dim* [↓] 布きれ；(*pl*) ぼろきれ.

pannus -ī, *m* **1** 布きれ. **2** 衣服. **3** (*pl*) ぼろ.

pannychius -a -um, *adj* [*Gk*] 夜通し続く.

Panomphaeus -ī, *m* [*Gk*]「すべての神託の支配者」の意) Juppiter の呼称の一つ.

Panopē¹ -ēs, *f* [*Gk*]《神話》パノペー《Nereis たちの一人).

Panopē² -ēs, *f* [*Gk*] パノペー《Phocis の町).

Panopēa, -pa -ae, *f* = Panope¹.

Panormitānus -a -um, *adj* Panormus (1) の.

Panormus -ī, *f*, **-um** -ī, *n* [*Gk*] パノルムス, *-モス《(1) Sicilia 島北岸の町; 現 Palermo. (2) Samos 島の町. (3) Creta 島の町).

pansa -ae, *adj* [pando²] 扁平足の.

pansus -a -um, *pp* = passus (⇨ pando²).

Pantagiās, -ēs -ae, *m* [*Gk*] パンタギアース《Sicilia 島東岸の川).

pantex -ticis, *m* (通例 *pl*) 腹, 腸.

pantheismus -ī, °*m* 汎神論.

Pantheon, -um -ī, *n* パンテオン《前 27 年に Agrippa がローマ市の Campus Martius に建立した神殿).

panthēr -eris, *m* [*Gk*] 捕鳥用の網.

panthēra¹ -ae, *f* [*Gk*]《動》ヒョウ(豹).

panthēra² -ae, *f* [*Gk*] 一網分の獲物.

panthērīnus -a -um, *adj* [panthera¹] 豹の(ような).

Panthoīdēs -ae, *m* [*Gk*]《伝説》Panthus の息子 (=Euphorbus).

Panthūs, -ous -ī, *m* [*Gk*]《伝説》パントゥース, *-トォス《Troja における Apollo の神官; Euphorbus の父).

Pantolabus -ī, *m* [*Gk*] パントラブス《「何でももらう人」の意；食客によく用いられる名前).

pantomīma -ae, *f* [pantomimus] 黙劇役者《女性).

pantomīmicus -a -um, *adj* [↓] 黙劇の.

pantomīmus -ī, *m* [*Gk*] 黙劇役者.

pantopōlium -ī, *n* [*Gk*] 市場.

pānus -ī, *m* [*Gk*] **1** (糸を巻きつけた)糸巻き. **2** 腫(は)れ物. **3** 粟の穂.

panxī *pf* = pepigi (⇨ pango).

Panyasis -is, *m* [*Gk*] パニュアシス《ギリシアの叙事詩人(前 5 世紀)).

pāpa -ae, °*m*《カト》司教, 大司教；教皇.

papae *int* [*Gk*] (苦痛・驚き・喜びを表わす)おや, ま.

pāpālis -is -e, °*adj* [papa] 教皇の.

paparium -ī, *n* パンがゆ《乳児の食物》.
pāpās -ae, *m* [Gk] 家庭教師.
pāpātus -ūs, °*m* [papa] 《カト》教皇の職[位], 教皇権; 教皇政治[制度].
papāver -eris, *n* (*m*) 《植》ケシ; ケシの実.
papāverātus -a -um, *adj* [↑] ケシで漂白した.
papāvereus -a -um, *adj* [papaver] ケシの.
Paphiē -ēs, *f* [Gk] 1 Paphos の女神 (=Venus). 2 異性愛. 3 (Cyprus 島産の) レタスの一種.
Paphius -a -um, *adj* 1 Paphos の. 2 (詩) Venus の[にささげられた].
Paphlagō(n) -onis, *m* [Gk] Paphlagonia 人.
Paphlagonia -ae, *f* [Gk] パプラゴニア(-)《黒海沿岸の Bithynia と Pontus の間の地域》.
Paphos, -us -ī, *f* [Gk] パポス《Cyprus 島の町; Venus 崇拝の中心地》.
pāpiliō -ōnis, *m* 1 《昆》チョウ(蝶); ガ(蛾). 2° 天幕, テント.
papilla -ae, *f dim* [papula] 1 乳首, 乳頭. 2 胸.
papillāris -is -e, °*adj* [↑] 《解》乳頭(状)の.
papillōma -atis, °*n* 《病》乳頭腫.
Papīriānus -a -um, *adj* =Papirius².
Papīrius¹ -ī, *m* パピーリウス《ローマ人の氏族名; 特に (1) L. ~ Cursor, 独裁官(前 325, 310); 第 2 次サムニウム戦争で勝利をおさめた. (2) C. ~ Carbo, 執政官(前 120); Ti. Gracchus の支持者)》.
Papīrius² -a -um, *adj* Papirius の.
pāpista -ae, °*m* [papa] 教皇派, カトリック教徒.
pāpisticus -a -um, °*adj* [papa] カトリックの.
Papius -ī, *m* パピウス《ローマ人の氏族名》.
pappa -ae, *f* 《幼児》食べ物, マンマ.
pappō -āre, *tr* [↑] 《柔らかな[すりつぶした]食物を)食べる.
pappus -ī, *m* [Gk] 1 老人. 2 《植》冠毛, 柔毛. 3 《植》ノボロギク.
papula -ae, *f* 《病》吹き出物, 丘疹.
papȳrāceus -a -um, *adj* [papyrus] パピルスから作られた.
papȳrifer -fera -ferum, *adj* [papyrus/fero] パピルスを生えさせる.
papȳrīnus -a -um, *adj* [↓] パピルスの.
papȳrus -ī, *f*, **-um** -ī, *n* [Gk] 1 《植》パピルス. 2 パピルス紙. 3 パピルス製の衣服.
pār¹ paris, *adj* 1 等しい, 同等の; 一様な, 均一の〈+ *dat*; cum alquo, ac atque〉. 2 偶数の. 3 同様の, 類似した. 4 釣り合った, 相応する: ~ *sapientia ac forma* (PLAUT) 美貌にふさわしい知恵. 5 (任に)耐えうる; 匹敵する〈+*dat*; ad alqd〉. 6 対抗[競争]する. 7 互角の: ~ *certamen* (CAES) 互角の戦い. 8 公正な, 正当な, 合理的な.
pār² paris, *m*, *f* 1 対等の[同等の]者: *pares cum paribus congregantur* (CIC) 《諺》類は友を呼ぶ. 2 仲間, 相棒. 3 競争相手, 敵手.
pār³ paris, *n* [par¹] 1 一対, 一組. 2 夫婦. 3 二人組.
parābilis -is -e, *adj* [paro²] 入手できる[しやすい].
parabiōsis -is, °*f* 《生物》並体結合.
parabola -ae, **-ē** -ēs, *f* [Gk] 1 比較, 対照. 2° たとえ話, 寓話. 3° 諺(ことわざ).
parabolicē °*adv* [↑] 比喩的に, たとえを用いて.
parabolus -ī, °*m* [Gk] 無鉄砲[むこうみず]な人.
paracentēsis -is, *f* [Gk] 《医》穿刺.
paracharactēs -ae, °*m* [Gk] にせ金を作る者.
paraclētus -ī, °*m* [Gk] 1 擁護者. 2 《神学》聖霊.
paracorolla -ae, °*f* 《植》副花冠.
parada -ae, °*f* (船の甲板上の)天幕.
paradidymis -is, °*f* 《解》精巣傍体.
paradīgma -atis, °*n* [Gk] 範例, 模範.
paradīsiacus -a -um, °*adj* [Gk] 天国の.
paradīsicola -ae, °*m*, *f* [↓/colo²] 天国に住む人.
paradīsus -ī, *m* [Gk] 1 庭園. 2° 楽園, エデンの園; 天国. 3° (教会の)前庭.
Paradīsus -ī, *f*, *m* [Gk] パラディーソス, *-デイソス 《(1) (f) Syria の町. (2) (m) Cilicia の川》.
paradoxa -ōrum, *n pl* [Gk] (ストア哲学の)逆説, パラドクス.
paradoxī -ōrum, °*m pl* [Gk] (同じ日に lucta と pancratium の双方に勝った) 予想外の勝利者たち.
paraenesis -eos, °*f* [Gk] 教訓, 訓戒.
paraesthēsia -ae, °*f* 《病》感覚異常(症).
Paraetacae -ārum, *m pl* Paraetacene 人.
Paraetacēnē -ēs, *f* [Gk] パラエタケーネー, *パラィ-《Persia の一地方》.
Paraetacēnī -ōrum, *m pl* =Paraetacae.
Paraetonicus -a -um, *adj* =Paraetonius.
Paraetonium -ī, *n* [Gk] パラエトニウム, *パライトニオン《Alexandria 西方の Libya の港町》.
Paraetonius -a -um, *adj* 1 Paraetonium の. 2 エジプトの; Libya の, Africa の.
paraffīnum -ī, °*n* 《薬》パラフィン: ~ *liquidum* 流動パラフィン / ~ *solidum* 固形パラフィン.
paragauda -ae, **-is** -is, °*f* 1 (衣服の)縁飾り. 2 縁飾りのついた衣服.
paragōgē -ēs, °*f* [Gk] 《文》語尾音添加《1 字または 1 音節を加えて語を長くすること》.
paragōgus -a -um, °*adj* [Gk] 《文》(別の語から)派生した.
paragōgī -ōrum, °*n pl* [Gk] 水路, 水道.
paragramma -atis, °*n* [Gk] 書き誤り.
paragraphus -ī, °*f* [Gk] 《文》(文章の)節, 段落.
paralipomena -ōrum, °*n pl* [Gk] 《聖》(旧約聖書の)歴代志《「省かれたもの」の意; 列王記から省かれた部分を含んでいることから》.
paralius -a -um, *adj* 海岸の.
parallēlepipedum -ī, °*n* [Gk] 《数》平行六面体.
parallēlogrammus -a -um, °*adj* [Gk] 平行線から成る.
parallēlos -os -on, *adj* [Gk] 平行の.
paralogismus -ī, °*m* [Gk] 誤った推論, 謬論.
paralysis -is, *f* [Gk] 《病》1 麻痺. 2 眼振(盪). 3 脳卒中.
paralyticus -a -um, *adj* [Gk] 麻痺の.
paramēnia -ōrum, °*n* 《病》月経不順.
parāmentum -ī, °*n* (通例 *pl*) (装飾を施した)祭服, 祭式装飾.

paranāsālis -is -e, °*adj* 〚解〛鼻傍の.
parangaria -ae, °*f* [↓] 割当て以上の賦役.
parangarius -a -um, °*adj* [Gk] 割当て以上の賦役の.
paranymphus -ī, °*m* [Gk] 花婿の付添い人.
parapeteuma -atis, °*n* [Gk] 穀物割当て切符.
paraphasis -is, °*f* 〚病〛錯語(症).
paraphēmia -ae, °*f* =paraphasis.
parapherna -ōrum, °*n pl* [Gk] 〚法〛(嫁資以外の)妻の所有物.
paraphernālis -is -e, °*adj* [↑] 〚法〛嫁資以外の.
paraphōnia -ae, °*f* 〚病〛音声変調.
paraphōnista -ae, °*m* [Gk] 〚カト〛(聖歌隊の)先唱者.
paraphoros -os -on, *adj* [Gk] 劣等種の.
paraphrasis -is, *f* [Gk] 言い換え, 注解.
paraphrenia -ae, °*f* 〚病〛偏執性痴呆.
paraphysis -is, °*f* [Gk] 〚柳〛側糸.
paraplēgia -ae, °*f* 〚病〛対(?)麻痺.
parapodium -ī, °*n* [Gk] **1** (環形動物の)疣足(ゆうそく). **2** (複足類の)側足(そくそく).
parapsis -idis, *f* =paropsis.
parārius -ī, *m* [par¹] 代理人, 仲介者.
parascēvē -ēs, °*f* [Gk] (安息日の)備えの日(=ユダヤ教の金曜日).
parasiōpēsis -is, °*f* [Gk] 〚修〛黙説法, 暗示的沈黙.
parasīta -ae, *f* [parasitus] 食客, いそうろう《女性》.
parasītaster -trī, *m* (軽蔑的に)食客, いそうろう.
parasītātiō -ōnis, *f* [parasitus] ご機嫌取り, ごますり.
parasīticus -a -um, *adj* [parasitus] 食客の.
parasītologia -ae, °*f* 〚医〛寄生虫学.
parasītor -ārī, *intr dep* [↓] 寄食する.
parasītus -ī, *m* [Gk] **1** (会食の)客. **2** たいこ持ち; 食客.
parastas -ados, *m* (*f*), **-stata** -ae, *f* 直立柱.
parastichis -idis, *f* [Gk] 〚詩〛折り句(詩の行頭の文字を縦に読むと語句になる).
parasynapsis -is, °*f* 〚生物〛(染色体の)平行接合.
parasynaxis -is, °*f* [Gk] 秘密集会.
parasyphilis -is, °*f* 〚病〛副梅毒.
parātē *adv* [paratus¹] **1** 用意して, 準備して. **2** 抜かりなく. **3** 直ちに, すぐに.
parātiō -ōnis, °*f* [paro²] 得ようとすること ⟨alcis reī⟩.
paratragoedō -āre, *intr* [Gk] (悲劇風に)大げさに表現する.
parātūra -ae, °*f* [paro²] 用意, 準備.
parātus¹ -a -um, *adj* (*pp*) [paro²] **1** 準備[用意]のできた. **2** 覚悟のできた, ...する気のある ⟨ad alqd; alci reī; +*inf*⟩: ~ *ad proeliandum* (Cic) 戦う意欲のある. **3** 手近な, 入手しやすい. **4** 熟練した ⟨in re⟩.
parātus² -ūs, *m* **1** 準備, 用意. **2** 企て. **3** 用具, 装具; 衣裳.
paratȳphus -ī, °*m* 〚病〛パラチフス.
paraurēthrālis -is -e, °*adj* 〚解〛尿道傍の.

Parca -ae, *f* 〚神話〛パルカ《運命の三女神 Clotho, Lachesis, Atropos の一人》.
parcē *adv* [parcus] **1** 節約[倹約]して, つましく. **2** けちに. **3** 節度をもって, 控えめに.
parcēprōmus -ī, *m* [↑/promo] けちんぼ.
parciloquium -ī, *n* [parcus/loquor] おしゃべりを控えること.
parcimōnia -ae, *f* =parsimonia.
parcitās -ātis, *f* [parcus] 節約; 手加減すること.
parcō -ere pepercī [parcuī, parsī] (*fut p* parsūrus), *intr*, *tr* [↓] **1** 節約する, 惜しむ ⟨alci reī; alqd⟩: *laborī parcere* (Caes) 労を惜しむ. **2** 大切にする, 思いやる ⟨+*dat*⟩: *parcere adversariī dignitātī* (Cic) 相手の体面を傷つけぬように配慮する. **3** 控える, 慎しむ ⟨alcī reī; a re; +*inf*⟩. **4** 容赦[勘弁]する ⟨+*dat*⟩: *ōrant ut sibi parcat* (Caes) 彼らは助命してくれと懇願する.
parcus -a -um, *adj* [↑] **1** 倹約な. **2** けちな. **3** 抑制された, 控えめな. **4** 少ない, わずかな.
pardalianchēs -is, *n* [Gk] 〚植〛トリカブト(=aconitum).
pardalis -is, *f* [Gk] 〚動〛雌ヒョウ(豹).
pardus -ī, *m* [Gk] 〚動〛雄ヒョウ(豹).
parēgoria -ae, °*f* [Gk] (病状の)軽減, 緩和.
parenchyma -atis, °*n* [Gk] **1** 〚解・動〛実質(組織). **2** 〚植・動〛柔組織.
pārens¹ -entis, *adj* (*prp*) [pareo] 従順な, 服従する.
parens² -entis, *m* (*f*) [pario²] **1** 親; (*pl*) 両親. **2** 祖父; (*pl*) 先祖. **3** (植民市の)母都, 本国. **4** (宇宙の)創造者. **5** 創始者, 創建者. **6** 生み出すもの, 源.
parentālia -ium, *n pl* [↓] (親族の)法要《2月13–21日に行なわれた》.
parentālis -is -e, *adj* [parens²] **1** 両親の, 父母の. **2** (親・親族の)法要の.
parentātiō -ōnis, °*f* [parento] (親・親族の)法要.
parentēla -ae, °*f* [parens²] 親族関係.
parenthesis -is, °*f* **1** 〚修〛挿入文[句]. **2** 〚文〛語中に一字[一音節]を挿入すること.
pārentia -ae, °*f* [pareo] 服従.
parenticīda -ae, *m* [parens²/caedo] 親殺し《人》.
parentō -āre -āvī -ātum, *tr* [parens²] **1** (親・親族の)法要を行なう ⟨alcī⟩. **2** 敵討ちをする.
pāreō -ēre pāruī pāritum, *intr* (*cf*. pario²) **1** 見える, 現われる. **2** (特に *impers* で)明白である, 明らかである. **3** 服従する; (命令・申し出などに)従う, 応ずる ⟨+*dat*⟩. **4** 従属する, 屈服する. **5** 供をする ⟨alcī⟩.
parere *inf* ⇨ pario².
parergon -ī, *n* [Gk] 付随[付帯]的な事柄; 添え物.
paresis -is, °*f* [Gk] 〚病〛不全麻痺.
parhēlion -ī, *n* [Gk] 〚気〛幻日.
pariambus -ī, *m* [Gk] 〚詩〛**1°** 短長長格(⌣--). **2°** 長短短短短格(-⌣⌣⌣⌣). **3** 短短格(⌣⌣)(=pyrrichius).
Pariānus -a -um, *adj* Parium の.
pariātiō -ōnis, *f* [pario¹] (収支勘定の)清算.

pariātor -ōris, °*m* [pario¹] 清算者.
pariēs -etis, *m* 壁: *intra parietes meos* (Cic) 私の壁の内側で (=私のすぐ近くで).
parietālis -is -e, °*adj* [↑] **1** 壁の. **2** 〖解〗頭頂の; 壁側の: *os parietale* 頭頂骨.
parietārius -a -um, °*adj* [paries] 壁の.
parietīnae -ārum, *f pl* [paries] 廃墟.
parietomastoīdeus -a -um, °*adj* 〖解〗頭頂乳突の.
parietooccipitālis -is -e, °*adj* 〖解〗頭頂後頭の.
Parīli- ⇨ Palili-.
parīlis -is -e, *adj* [par¹] 同様の, 類似した.
pariō¹ -āre -āvī -ātum, *tr, intr* [par¹] **I** (*tr*) **1**° 等しくする. **2** 清算する. **II**° (*intr*) 等しい.
pariō² -rere peperī partum [paritum], *tr* **1** (子·卵を)生む. **2** 生ずる, 産する. **3** ひき起こす, もたらす. **4** 手に入れる, 獲得する ⟨alci [sibi] alqd⟩.
Paris -idis, *m* [Gk] 〖伝説〗パリス (Priamus と Hecuba の息子; 彼が Sparta 王 Menelaus の妃 Helena を誘拐したことが Troja 戦争の原因となった).
Parīsiī -ōrum, *m pl* パリーシイー (Gallia Celtica の Sequana 河畔にいた一部族).
paritās -ātis, °*f* [par¹] 等しいこと, 同等.
pariter *adv* [par¹] **1** 等しく, 同等に; 一様に, 均一に. **2** いっしょに, 共同して ⟨cum re⟩. **3** 同時に, 一斉に. **4** 同じように, 同様に.
paritō -āre, *tr freq* [paro²] 準備する, 計画する ⟨alci alqd; +*inf*; ut⟩.
pāritor -ōris, °*m* [pareo] 護衛, 従者.
paritus -a -um, *pp* =partus (⇨ pario²).
Parium -ī, *n* [Gk] パリウム, *パリオン (Mysia の Propontis 沿岸の町).
Parius -a -um, *adj* Paros 島の: ~ *lapis* (Verg) 大理石.
parma -ae, *f* **1** (軽装歩兵や騎兵が持った)円形の盾. **2** (一般に)盾.
Parma -ae, *f* パルマ (Gallia Cispadana の町).
parmātus -a -um, *adj* [parma] 円形の盾を持った.
Parmenidēs -is, *m* [Gk] パルメニデース (イタリアの Elea 生まれのギリシアの哲学者 (前 5 世紀)).
Parmeniō(n) -ōnis, *m* [Gk] パルメニオーン (Alexander 大王の将軍の一人).
Parmēnsis -is -e, *adj* Parma の. **Parmēnsēs** -ium, *m pl* Parma の住民.
parmula -ae, *f dim* [parma] (小さな)円形の盾.
Parnāsis, -nassis -idis, *adj f* Parnasus 山の; Apollo の.
Parnāsius, -nassius -a -um, *adj* **1** Parnasus 山の. **2** Apollo の; Delphi の.
Parnāsus, -os, -nassus -ī, *m* [Gk] パルナースス, *-ソス (Phocis の高山; Apollo と Musae の聖山; その南斜面に Delphi がある).
parō¹ -āre -āvī -ātum, *tr* [par¹] **1**° 等しくする, 同等に評価する. **2** 同意させる: *se parare cum collega* (Cic) 同僚と折り合いをつける.
parō² -āre -āvī -ātum, *tr* [pario²] **1** 用意する, 準備する ⟨alqd; alci alqd⟩. **2** 提供する, 供給する. **3** 任命する, 指名する ⟨+2個の *acc*⟩. **4** 生み出す, 生じさせる. **5** (軍隊を)集める, 召集する. **6** …しようと思う, 企てる ⟨+*inf*⟩. **7** 手に入れる, 獲得する; 買う.
parō³ -ōnis, *m* [Gk] 小舟.
parocha -ae, *f* [Gk] (旅行中の官吏に対する)必要物資調達.
parochia -ae, °*f* [Gk] 教会区, 小教区.
parochiālis -is -e, °*adj* [↑] 教会区の, 小教区の.
parochiānus -ī, °*m* [parochia] 教会区民.
parochus -ī, *m* [Gk] **1** (旅行中の官吏に対する必要物資の)調達者. **2** 主人, 接待役. **3**° 教会区司祭.
parōdia -ae, °*f* [Gk] (「対歌」の意) 同一の語[言いまわし]を保持した応答, もじり詩文.
paroec- ⇨ paroch-.
paroemia -ae, °*f* [Gk] ことわざ, 格言.
paromoeon -ī, *n* [Gk] 〖修〗語頭に同じ子音を繰り返すこと.
paronomasia -ae, *f* 〖修〗掛けことば, 地口.
parōnychia -ae, *f* [Gk] 瘭疽(ʰ²ʲ²) (=reduvia).
parōnymon -ī, °*n* [Gk] 〖文〗同源[同根]語.
parōophoron -ī, °*n* [Gk] 卵巣傍体.
Paropamīsus -ī, *m* [Gk] パロパミスス, *-ソス (カスピ海の東の山脈).
paropsis -idis, *f* [Gk] (果物·野菜などをのせて出す)皿.
paroptus -a -um, °*adj* [Gk] 軽く焼いた.
Paros, -us -ī, *f* [Gk] パロス (Cyclades 諸島の島; 白い大理石で有名).
parōtis -idis, *f* [Gk] 〖病〗耳下腺腫.
parōtītis -idis, °*f* 〖病〗耳下腺炎.
parra -ae, *f* 不吉な鳥 (おそらくフクロウ).
Parrhasia -ae, *f* [Gk] パッラシア(ー) (Messenia と境を接する Arcadia の一地方; 同名の町があった).
Parrhasis¹ -idis, *adj f* Parrhasia の; Arcadia の.
Parrhasis² -idis [-idos], *f* **1** Parrhasia [Arcadia] の女 (=Callisto). **2** 〖天〗大熊座 (=Ursa Major).
Parrhasius¹ -a -um, *adj* Pharrhasia の; Arcadia の.
Parrhasius² -ī, *m* [Gk] パッラシウス, *-オス (Ephesus 出身のギリシアの画家 (前 4 世紀初)).
Parrhēsiastēs -ae, *m* [Gk] (あだ名として)ずけずけものを言う人.
parricīda -ae, *m, f* **1** 親[近親]殺し(人). **2** 殺人者; 暗殺者. **3** (国家への)反逆者, 売国奴.
parricīdālis -is -e, *adj* [↑] 親[近親]殺しの.
parricīdāliter °*adv* [↑] 殺人によって.
parricīdium -ī, *n* [parricida] **1** 親[近親]殺害. **2** 殺害; 暗殺. **3** 反逆, 謀反.
pars partis, *f* [*cf.* portio] **1** 部分, 一部: ~ … ~ (Cic) 一部は…また一部は / *magnā ex parte*=*magnam partem* (Cic) 大部分は / *ex parte* (Liv) 一部分, いくぶん / (*ex*) *omni parte* (Ov) 全く, 完全に. **2** 約数: *tertia* ~ (Vitr) 3 分の 1 / *dimidia* ~ (Plaut) 2 分の1, 半分 / (*pl*; 基数詞を伴って) *partes duae* (Liv) 3 分の 2 / *tres partes* (Caes) 4 分の 3. **3** 要素, 成分. **4** 体の部分, 器官. **5** 一員, 一人. **6** 分け前, 割当て: *partem habere in alqo* (Cic) あることの分け前に

ずかる. **7** (劇・対話における)役. **8** 役目, 任務: *pro virili parte* (Ov) 力の限り. **9** 地方, 地域. **10** 方向, 方面. **11** 一方で: *in utramque partem* (Caes) 両方的側で / *nullius partis esse* (Cic) 中立を保つ.

parsimōnia -ae, *f* [parco] **1** 節約, 倹約; けち. **2** 控えめ, 抑制されていること. **3** むやみにことばを多用しない文体.

parsūrus -a -um, *fut p* ⇒ parco.

parta¹ -ae, *f* (*pp*) [pario²] 子を生んだ動物.

parta² -ōrum, *n pl* (*pp*) [pario²] 取得物.

Parthāōn -onis, *m* [*Gk*]《伝説》パルターオーン《Calydon の王; Agenor と Epicaste の息子で Oeneus の父》.

Parthāonius -a -um, *adj* Parthaon の; Calydon の.

Parthēnī -ōrum, *m pl* =Parthini.

Parthenia -ae, *f* [*Gk*] パルテニア(-)《Samos 島の別名》.

Partheniae -ārum, °*m pl* [*Gk*]《伝説》《原義「乙女らの子供」》Phalanthus に率いられて Sparta を去り, Tarentum を創建したといわれる移住民.

parthenicē -ēs, *f* [*Gk*]《植》花の名《おそらくカミツレ》.

parthenium -ī, *n* [*Gk*]《植》**1** ヒカゲミズ属の植物. **2** ナツシロギク. **3** ヤマアイ属の植物.

Parthenius¹ -ī, *m* [*Gk*] パルテニウス, *-オス*《(1) Arcadia の山. (2) Paphlagonia と Bithynia の境をなす山. (3) Plataeae の泉. (4) Augustus 帝時代の詩人で文法家. (5) Domitianus 帝の寝室付き従者》.

Parthenius² -a -um, *adj* [*Gk*] Parthenius 山の.

parthenogenesis -is, °*f*《生物》単為生殖.

Parthenopaeus -ī, *m* [*Gk*]《伝説》パルテノパエウス, *-パイオス*《Meleager と Atalanta の息子; Thebae 攻めの七将の一人》.

Parthenopē -ēs, *f* [*Gk*] パルテノペ《(1)《神話》Siren たちの一人; 海に身を投げたその遺体がのちの Neapolis の岸に流れついたという. (2) Neapolis の古名; (1) に由来する》.

Parthenopēius -a -um, *adj* Parthenope の; Neapolis の.

Parthī -ōrum, *m pl* [*Gk*] パルティー, *-トイ*《カスピ海の南東にいた一部族》.

Parthia -ae, *f* [*Gk*] パルティア(-)《Parthi 人の国》.

Parthicus -a -um, *adj* =Parthus.

Parthiēnē -ēs, *f* =Parthia.

Parthīnī, -ēnī -ōrum, *m pl* [*Gk*] パルティーニー, *-ノイ*《Dyrrhachium 付近にいた Illyria の一部族》.

Parthus -a -um, *adj* Parthia 人の.

partiālis -is -e, °*f* [pars] 一部分の; 不完全な.

partiāliter °*adv* [↑] 部分的に.

partiāriō *adv* (*abl*) [↓] 共同で, 利害を共にして.

partiārius -a -um, *adj* [pars] 参加[関与]している, 分かち持つ.

particeps¹ -cipis, *adj* [pars/capio²] 関与[参加]する, 関係する ⟨alcis rei⟩.

particeps² -cipis, *m* (*f*) 関与[参加]者, 仲間.

participālis -is -e, *adj* [participes¹] **1** °共にする. **2**《文》分詞の.

participātiō -ōnis, *f* [participo] 関与, 参加, 共にすること.

participātus -ūs, °*m* =participatio.

participiālis -is -e, *adj* [participium]《文》分詞の (=participalis).

participiāliter *adv* [↑]《文》分詞として.

participium -ī, *n* [particeps¹] **1**° 関与, 参加, 共にすること. **2**《文》分詞.

participō -āre -āvī -ātum, *tr, intr* [particeps¹] **1** (あるものを人と)分かつ, 共にする. **2** 関与させる, 仲間にする ⟨alqm alcis rei⟩. **3** …に加わる ⟨+*dat*⟩.

particula -ae, *f dim* [pars] **1** 小部分: *ex aliqua particula* (Cic) ある程度まで. **2** 小片, かけら. **3** (物質の)微分子, 粒子. **4** 小区分, 下位区分. **5** 細部, 細目. **6** 小部分. **7**《文》小辞, 不変化詞. **8**°《カト》ホスチアの小片.

particulāris -is -e, *adj* [↑] **1** 一部分の, 部分的な. **2** 特別の, 特殊の.

particulāriter *adv* [↑] 特に, とりわけ.

particulātim *adv* [particula] 少しずつ; 別々に.

partim *adv* (par *sg acc* の古形) 部分的に, 一部分は, ある程度, いくぶんか, 多少: ～…～ 一部はも…一部は…

partiō¹ -ōnis, *f* [pario²] 出産; 産卵.

partiō² -īre -iī [-īvī] -ītum, *tr* =partior.

partior -īrī -ītus sum, *dep* [pars] **1** 分ける, 分割する. **2** 割り当てる, 分配する ⟨alqd inter alqos [cum alqo, in alqos]⟩.

partītē *adv* [partio²] 適切に配置して.

partītiō -ōnis, *f* [partio²] **1** 分割, 分配. **2**《修》(弁論の)区分, 分析; 論点の列挙. **3** 分類.

partītūdō -dinis, *f* [partio²] 出産.

partītus -a -um, *pp* ⇒ partio², partior.

partuālis -is -e, °*adj* [partus²] 出産の.

Partula -ae, *f* [partus²]《神話》パルトゥラ《出産の女神》.

partūra -ae, *f* [pario²] 出産.

parturiō -īre -īvī [-iī], *intr, tr desid* [pario²] **1** 産気づいている, 分娩中である; 生みの苦しみを味わっている. **2** 生み出す. **3** はらんでいる, (…に)満ちている.

parturītiō -ōnis, °*f* [↑] **1** 陣痛. **2** 出産, 分娩. **3** 激しい苦痛.

partus¹ -a -um, *pp* ⇒ pario².

partus² -ūs, *m* **1** 出産. **2** 始まり, 発端. **3** 子.

parum¹ *indecl n* [parvus¹] 不十分, 少なすぎること ⟨+*gen*⟩.

parum² *adv* 不十分に, 少なすぎて: *non* ～ (Cic) 十分に.

parumbilīcālis -is -e, °*adj*《解》臍旁の.

parumloquium -ī, *n* [parum/loquor] 寡黙, 無口.

parumper *adv* [parum/per; *cf.* paullisper] **1** しばらく, 少しの間. **2** 速やかに, 急いで.

parunculus -ī, *m dim* [paro³] (小さな)小舟.

parvifaciō -ere, *tr* [parvus¹/facio] 軽んずる, 何とも思わない.

parvipendō -ere -pependī -pensum, °*tr* [parvus¹/pendo] 軽んずる, 何とも思わない.

parvipēnsus -a -um, *pp* ⇒ parvipendo.

parvipependī *pf* ⇨ parvipendo.
parvitās -ātis, *f* [parvus] **1** 微小, 微細. **2** 無意味, 取るに足らないこと.
parvō *adv* (*abl*) [parvum] **1** 少し. **2** 安価で.
parvulum *adv* (*neut*) [↓] (ほんの)少し, わずかに.
parvulus[1], **-olus** -a -um, *adj dim* [parvus[1]] **1** (非常に)小さい. **2** 軽微な, わずかな. **3** 取るに足らない, 重要でない. **4** 幼い. **5** 不十分な.
parvulus[2] -ī, *m dim* 子供, 小児: *a parvulo* [*parvulis*] (Ter [Caes]) 幼い時から.
parvum -ī *n* [↓] 少量, 微少.
parvus[1] -a -um, *adj* **1** 小さい. **2** 少量の, 少ない; (音が)小さい. **3** 年の若い, 幼い. **4** (時間が)短い. **5** 軽微な, わずかな. **6** (価値が)低い; 重要でない, 取るに足らない. **7** (心が)卑しい, 卑劣な.
parvus[2] -ī, *m* 子供, 小児: *a parvis* (Cic) 幼い時から.
Pasargadae -ārum, *f pl*, **-a** -ōrum, *n pl* [*Gk*] パサルガダエ, *-ダイ《Persia の要塞; magus たちの居住地で, Cyrus I の墓があった》.
pascālis -is -e, *adj* (pasco) 草を食(は)む.
pasceolus -ī, *m* [*Gk*] (小さな)皮の財布.
Pascha -ae, *f*, **-a** -atis, *n* [*Gk*<*Heb.*] **1** (キリスト教の)復活祭. **2** (ユダヤ教の)過越しの祭. **3** 過越しの小羊.
paschālis -is -e, °*adj* [↑] **1** (キリスト教の)復活祭の. **2** (ユダヤ教の)過越しの.
pascō -ere pāvī pastum, *tr, intr* **I** (*tr*) **1** 放牧する, (家畜を)飼う. **2** 養う, 食物を与える. **3** 育てる, 成長させる. **4** あおる, 増大させる: *spes pascis inanes* (Verg) あなたはむなしい希望をつのらせている. **5** 楽しませる, 満足させる; (*pass*) 楽しむ: *pascere oculos in re* (Cic) あるもので目を楽しませる. **6** (*pass*) 草を食(は)む. **7** (土地を)放牧地にする. **II** (*intr*) 草を食(は)む, 餌にする.
pascua -ae, *f* [pascuus] (*sc.* terra) 牧草地, 放牧地.
pascuōsus -a -um, °*adj* [↓] 牧草の多い, 牧場に適した.
pascuum -ī, *n* [↓] (通例 *pl*) 牧草地, 放牧地.
pascuus -a -um, *adj* [pasco] 牧場の, 牧場に適した.
Pāsiphaē -ēs, **Pāsiphaa** -ae, *f* [*Gk*] 《伝説》パーシパエー《Minos の妻で Phaedra, Ariadna の母; 白い雄牛と交わって Minotaurus を生んだ》.
Pāsiphaēia -ae, *f* Pasiphae の娘 (=Phaedra).
Pāsithea -ae, **Pāsitheē** -ēs, *f* [*Gk*] 《神話》パーシテア(-), 《美の三女神 Gratiae の一人》.
Pāsitigris -is, *m* [*Gk*] パーシティグリス《Tigris 川と Euphrates 川が合流してできた川 (現 Shatt al-Arab) に東から注ぐ支流; 現 Karun》.
passārius -a -um, °*adj* [passus[1]] 天日で乾かされた.
Passarōn -ōnis, *f* [*Gk*] パッサローン《Epirus にあった Molossi 族の町》.
passer -eris, *m* **1** 《鳥》スズメ(雀). **2** 《魚》カレイ, ヒラメ. **3** ~ *marinus* (Plaut) 《鳥》ダチョウ.
passercula -ae, *f dim* [↓] (小さな)雀《愛情の表現として》.

passerculus -ī, *m dim* [passer] (小さな)雀《愛情の表現として》.
passerīnus -a -um, *adj* [passer] スズメの.
passibilis -is -e, *adj* [patior] 感受性の強い, (苦悩などに)傷つきやすい.
passibilitās -ātis, °*f* [↑] 感受性.
passibiliter °*adv* [passibilis] 感じやすく, 苦しんで.
passim *adv* [passus[1]] **1** いたるところに, あちらこちらに. **2** 無秩序に, でたらめに.
passiō -ōnis, *f* [patior] **1** 熱情, 激情. **2** 現象, 事象. **3**° 試練, 苦難. **4**° 病気, 疾病. **5**° (キリストの)受難.
passiōnālis -is -e, °*adj* [↑] (苦痛・苦悩などに)傷つきやすい.
passīvē[1] *adv* [passivus[1]] ごちゃごちゃに; (髪が)しどろに.
passīvē[2] *adv* [passivus[2]] 受動的に.
passīvitās[1] -ātis, °*f* [passivus[1]] 無秩序(な状態).
passīvitās[2] -ātis, °*f* [passivus[2]] 《文》受動態.
passīvus[1] -a -um, *adj* [passus[1]] **1**° 広く行なわれている, 行きわたっている. **2** ごちゃごちゃの, 見境のない.
passīvus[2] -a -um, *adj* [patior] **1** 感情に左右される. **2** 《文》受動(態)の.
passor -ōris, °*m* [pando[2]] 開けるもの.
passum -ī, °*n* [↓] 干しブドウで作った酒.
passus[1] -a -um, *pp* ⇨ pando[2].
passus[2] -a -um, *pp* ⇨ patior.
passus[3] -ūs, *m* [pando[2]] **1** 歩み, 歩. **2** (*pl*) 足跡. **3** 長さの単位 (=5 pedes): *mille passūs* [*passuum*] (Liv [Cato]) 距離の単位 (=約 1.48 *km*).
pasta[1] -ae, °*f* [pasco] 肥育しためんどり.
pasta[2] -ae, °*f* [*Gk*] **1** (小麦粉の)練り粉, ペースト. **2** (*pl*) 《薬》泥膏(でい), パスタ剤.
pastālis -is -e, *adj* =pascalis.
pastillārius -ī, °*m* [pastillus] 錠剤製造者.
pastillum -ī, *n dim* [↓] (小さな)パンの塊り; 供物用の丸いパン.
pastillus -ī, *m dim* [panis] **1** (小さな)パンの塊り. **2** 錠剤.
pastinātiō -ōnis, *f* [pastino] **1** (ブドウ作りのために)地ごしらえをすること. **2** (地ごしらえされた)ブドウ畑.
pastinātor -ōris, *m* [↓] (ブドウ作りのために)地ごしらえをする人.
pastinō -āre -āvī -ātum, *tr* [↓] (ブドウ作りのために)地ごしらえをする.
pastinum -ī, *n* **1** (二叉の)点まき器. **2**° =pastinatio.
pastiō -ōnis, *f* [pasco] **1** 牧畜, 放牧. **2** 牧草地, 放牧地.
pastophorium -ī, °*n* [*Gk*] (エルサレムの神殿内の)祭司部屋.
pastophorus -ī, *m* [*Gk*] (小さな社を持ち回っていた) Isis 神官団の一人.
pastor -ōris, *m* [pasco] **1** 牧夫, 羊飼い. **2**° (主任)司祭.
pastōrālis -is -e, *adj* [↑] **1** 牧夫の, 羊飼いの. **2**° (主任)司祭の.
pastōraliter °*adv* [↑] 牧者のように.

pastōricius -a -um, *adj* [pastor] 牧夫[羊飼い]の.

pastōrius -a -um, *adj* =pastoricius.

pastūra -ae, °*f* 草を食(ʰ)むこと.

pastus[1] -a -um, *pp* ⇨ pasco.

pastus[2] -ūs, *m* **1** 放牧. **2** 餌場, 牧草地. **3** 食料.

patagiārius -ī, *m* [patagium] 縁飾り商人.

patagiātus -a -um, [↓] 縁飾りのついた.

patagium -ī, *n* [*Gk*] **1** (女性用 tunica の)縁飾り. **2** 髪飾り.

Patara -ae, *f* [*Gk*] パタラ《Lycia の港町; Apollo の神託所があった》.

Patareus, -ēus[1] -a -um, *adj* Patara の.

Patarānī -ōrum, *m pl* Patara の住民.

Patareus[2] -ī, *m* [*Gk*] Patara の人《Apollo の呼称の一つ》.

Pataricus -a -um, *adj* =Pataraeus.

Patavīnitās -ātis, *f* Patavium の方言的特徴.

Patavīnus -a -um, *adj* Patavium の. **Patavīnī** -ōrum, *m pl* Patavium の住民.

Patavium -ī, *n* [*Gk*] パタウィウム《Gallia Cisalpina の町; 史家 Livius の生地; 現 Padua》.

patefacere *inf* ⇨ patefacio.

patefaciō -cere -fēcī -factum, *tr* [pateo/facio] **1** 開く, 開ける. **2** 通行[出入り]できるようにする; 機会を与える: *iter* [*viam*] *patefacere* (Cɪᴄ [Tᴀᴄ]) 道を切り開く. **3** 見えるようにする, 現わす. **4** (軍隊を)展開[散開]させる. **5** 知らせる, 明らかにする.

patefactiō -ōnis, *f* [↑] 明らかにすること.

patefactus -a -um, *pp* ⇨ patefacio, patefio.

patefēcī *pf* ⇨ patefacio.

patefierī *inf* ⇨ patefio.

patefīō -fierī -factus sum, *intr* [pateo/fio] (patefacio の *pass* として用いられる).

patella -ae, *f dim* [patina] **1** (小さな)皿;(特に)供物皿. **2** 〖解〗ひざがしら.

patellārius -a -um, *adj* [↑] 供物皿の: *dii patellarii* (Pʟᴀᴜᴛ) patella に載せた供物をあげる神々(= Lares).

patena -ae, *f* =patina.

patens -entis, *adj* (*prp*) [pateo] **1** 開いている. **2** 通行[出入り]できる, 妨げるもののない. **3** 広い, 広々とした. **4** 明らかな, 明白な. **5** さらされた, むきだしの.

patenter *adv* (*comp* patentius) [↑] 公然と.

pateō -ēre patuī, *intr* **1** 開いている. **2** (道・場所などが)通行[出入り]できる; 入手[利用]できる. **3** 広がる, 伸びる: *late patere* (Cɪᴄ) 広範囲にわたる. **4** さらされている, 受けやすい. **5** はっきり見える, 明らかである〈+*acc c. inf*〉: *causa latet, mala nostra patent* (Oᴠ) 原因は不明でも, 私の不幸はまぎれもない / *ducem belli Civilem esse patet* (Tᴀᴄ) 戦争の指導者が Civilis であることは明らかだ.

pater -tris, *m* **1** 父, 父親: ~ *familiae* [*familias* (古い *gen*)] (Cᴀᴇs [Cᴀᴛᴏ]) 家父長. **2** (*pl*) 父祖, 先祖. **3** 保護者: ~ *patriae* (Cɪᴄ) 国父. **4** (*pl*) 貴族(階級), 元老院議員. **5** 創始者, 始祖: *Herodotus,* ~ *historiae* (Cɪᴄ) 歴史の父 Herodotus. **6** ~ *patratus* (Cɪᴄ) (条約締結のために派遣された)神官団の長. **7**°〖ｶﾄ〗司教; 修道院長. **8**°(初期キリスト教の)教父. **9**°〖ｷ教〗父なる神.

patera -ae, *f* [pateo] (特に, 献酒用の)皿.

paterfamiliās, pater familiās patris familias, *m* =pater familiae (⇨ pater).

paternitās -ātis, °*f* [↓] **1** 父であること. **2** 父親らしさ, 父の慈愛. **3** 一人の父から出た子孫.

paternus -a -um, *adj* [pater] **1** 父の. **2** 父方の, 父系の **3** 父親としての, 父親らしい. **4** 父祖の, 先祖の. **5** 祖国の, 出生地の.

patescō -ere patuī, *intr inch* [pateo] **1** 開く. **2** (道・場所などが)通行[出入り]できるようになる; 入手[利用]できるようになる. **3** さらされている〈*alci rei*; *ad alqd*〉. **4** 広がる, 伸びる (軍隊が)展開[散開]する. **5** 見えるようになる; 明らかになる.

pathēticus -a -um, °*adj* [*Gk*] 感動的な, 哀れを誘う.

pathicus -a -um, *adj* [*Gk*] **1** 性交渉の相手となる. **2** 好色な.

pathogenesis -is, °*f* 〖病〗病因(論), 病原(論).

pathologia -ae, °*f* 〖医〗病理学.

pathos (用例は *sg nom, acc* のみ)°*n* [*Gk*] 激情.

patī *inf* ⇨ patior.

patibilis -is -e, *adj* [patior] **1** 耐えられる. **2** 感受性豊かな.

patibulātus -a -um, *adj* patibulum をかけられた.

patibulum -ī, *n* [pateo] **1** 罪人にかける二叉のくびき状のもの. **2** ブドウのつるを支えるまた木. **3** 木製のかんぬき.

patiens -entis, *adj* (*prp*) [patior] **1** よく耐える〈*alcis rei*〉: ~ *operum* (Vᴇʀɢ) 労働によく耐える. **2** 忍耐[辛抱], 我慢]強い. **3** 堅固な, 耐久性のある.

patienter *adv* [↑] 我慢して, 辛抱強く.

patientia -ae, *f* [patiens] **1** 耐えること〈*alcis rei*〉. **2** 忍耐, 辛抱. **3** 堪忍, 容赦. **4** 服従, 忍従. **5** 房事にふけること. **6** 不活動, 怠惰.

patina -ae, *f* **1** 皿, 鍋. **2**° かいば桶. **3**° パンケーキ. **4**°〖教会〗聖体皿.

patinārius[1] -a -um, *adj* [↑] 皿[鍋]の.

patinārius[2] -ī, *m* 大食漢.

patior -ī passus sum, *tr dep* **1** 受ける, こうむる. **2** (女が)身をまかせる, 肌を許す. **3** 耐える, 我慢する. **4** 黙認する, 許容する. **5** (...の状態に)しておく, ほうっておく〈*alqd*; +*acc c. inf*; *ut, quin*; +*inf*〉. **6** 〖文〗受動的態にある.

Patrae -ārum, *f pl* [*Gk*] パトラエ, ⁎-ライ《Achaia の港町; 現 Patras》.

patraster -trī, *m* [pater] 〖碑〗継父.

patrātiō -ōnis, *f* [patro] 遂行.

patrātor -ōris, *m* [patro] 遂行者, 下手人.

patrātus -a -um, *pp* ⇨ patro.

Patrensis -is -e, *adj* Patrae の.

patria -ae, *f* [patrius] 祖国, 故郷.

patriarcha, -ēs -ae, °*m* [*Gk*] **1** 家長, 族長. **2** 〖ｷ教〗総主教.

patriarchālis -is -e, °*adj* [↑] **1** 家長の, 族長の. **2** 〖ｷ教〗総主教の.

patriarchātus -ūs, °*m* [patriarcha] 〖ｷ教〗総主教の管区.

patriarchicus -a -um, °*adj* =patriarchalis.
patricē *adv* [patricius] 家父長のように.
patricia -ae, *f* [patricius] 貴族(の女性).
patriciātus -ūs, *m* [patricius] 貴族の地位.
patricīda -ae, *m* [pater/caedo] 父殺し《人》.
patricius[1] -a -um, *adj* [pater] 貴族の; 貴族らしい.
patricius[2] -ī, *m* 貴族.
Patricolēs -is, *m* =Patroclus.
patricus -a -um, *adj* [pater] *casus* ~ (VARR)〖文〗属格.
patrimōniālis -is -e, °*adj* [↓] 先祖伝来の, 世襲の.
patrimōnium -ī, *n* [pater] 世襲財産.
patrīmus -a -um, *adj* [pater] 父が健在の.
patrīnus -ī, °*m* [pater] 〖カト〗(洗礼に立ち会う)代父.
patriōta -ae, °*m* [*Gk*] 同国人, 同郷の人.
Patripassiānī -ōrum, °*m pl* 〖神学〗天父受難説(天父も子キリストと同じく受難したとする初代教会の異端説の一つ)を奉ずる人々.
patrissō -āre, *intr* [*Gk*] 父に似る, 父をまねる.
patrītus -a -um, *adj* [pater] 父(から)の.
patrius -a -um, *adj* [pater] **1** 父(から)の. **2** 父親としての, 父親らしい: *patria potestas* (CIC)〖家〗家父長権. **3** 先祖伝来の. **4** 祖国の, 出生地の. **5** *casus* ~ (GELL)〖文〗属格.
patrō -āre -āvī -ātum, *tr* [pater] なし遂げる, 完成[達成]する.
patrōcinālis -is -e, *adj* [↓]〖碑〗保護者の.
patrōcinium -ī, *n* [↓] **1** 庇護者の務め; 保護, 庇護. **2** (法廷における)弁護. **3** 弁解, 口実.
patrōcinor -ārī -ātus sum, *intr dep* [patronus] **1** 庇護者である, 保護する. **2** 弁護する.
Patroclus, -os -ī, *m* [*Gk*]〖伝説〗パトロクルス, *-ロス《Menoetius の息子で Achilles の親友; Hector に殺された》.
Patrōn -ōnis, *m* [*Gk*] パトローン《Epicurus 学派の哲学者; Cicero の友人》.
patrōna -ae, *f* [patronus] **1** (解放奴隷の)女主人. **2** (一般に)保護者(の女性).
patrōnālis -is -e, °*adj* [patronus] 庇護者の.
patrōnātus -ūs, °*m* [↓] 庇護者の地位: *jus patronatūs* (ULP) 解放奴隷に対する旧主人の権利.
patrōnus -ī, *m* [pater] **1** (ローマの平民の)庇護者, 有力者 (*cf.* cliens); (解放奴隷の)旧主人. **2** (法廷における)弁護人. **3** (一般に)保護[擁護]者. **4**〖カト〗守護聖人.
patrōnymicus -a -um, °*adj* [*Gk*] 父[父祖]の名から採った.
patruēlis[1] -is -e, *adj* [patruus¹] 父方のおじの: *frater* [*soror*] ~ (PLAUT/HYG) 父方のいとこ.
patruēlis[2] -is, *m* *f* 父方のいとこ.
patruus[1] -ī, *m* [pater] **1** 父方のおじ. **2** 厳格な人, 口やかましい人.
patruus[2] -a -um, *adj* [pater] 父方のおじの.
patuī *pf* ⇨ pateo, patesco.
Patulcius -ī, *m* [pateo] パトゥルキウス《Janus の祭祀名の一つ; その神殿が戦時に開かれていたことから》.

patulus -a -um, *adj* [pateo] **1** 大きく開いた. **2** (場所が)出入り[通行]自由の. **3** 広い, 広がった.
pauca -ōrum, *n pl* [paucus] わずかなもの; わずかなことば: *paucis* (PLAUT) (*sc.* verbis) わずかなことばで, 手短に.
pauciloquium -ī, *n* [paucus/loquor] ことば数の少ないこと.
paucitās -ātis, *f* [paucus] 少数, 少量, わずか.
pauculus -a -um, *adj dim* [↓] ほんのわずかの; 少しの.
paucus -a -um, *adj* **1** (*pl*) 少数の. **2** 少量の.
Paulīnus -ī, *m* パウリーヌス《ローマ人の家名; 特に C. Suetonius ~, Britannia の総督 (58-61)》.
paul(l)ātim *adv* [paullus] **1** 徐々に, 次第に. **2** 少しずつ.
Paul(l)iānus -a -um, *adj* Paullus の.
paul(l)isper *adv* [paullus/per] しばらく, ちょっとの間.
paul(l)ō *adv* (*abl*) [paullus] わずかに, 少し; いくらか: ~ *post* しばらく後に, 間もなく.
paul(l)ulō *adv* (*abl*) [paullulus] 少し; いくらか.
paul(l)ulum[1] *adv* [paullulus] ほんのわずかに, 少し.
paul(l)ulum[2] *adv* (*neut*) ごくわずかに; 少し.
paul(l)ulus -a -um, *adj dim* [paullus] ほんのわずかの; 少しの.
paul(l)um[1] -ī, *n* [paullus] ほんのわずか; 少し.
paul(l)um[2] *adv* わずかに, 少し; いくらか.
paul(l)us -a -um, *adj* わずかの, 少しの.
Paul(l)us -ī, *m* **1** パウ(ッ)ルス《Aemilia 氏族に属する家名》; ⇨ *Aemilius*. **2**° パウ(ッ)ルス, パウロ《初期キリスト教の伝道者 (67 頃没)》.
pauper -eris, *adj* [paucus] **1** 貧乏な, 貧しい. **2** 安価な. **3** 乏しい, 貧弱な 〈alcis rei〉.
pauperculus -a -um, *adj dim* [↑] **1** 貧乏な, 貧しい. **2** 乏しい, 貧弱な.
pauperēscō -ere, °*intr inch* [pauper] 貧しくなる.
pauperiēs -ēī, *f* [pauper] **1** 貧乏. **2** 損害, 損失.
pauperō -āre -āvī -ātum, *tr* [pauper] **1** 貧乏にする. **2** 奪う 〈alqm re〉.
paupertās -ātis, *f* [pauper] **1** 貧乏, 貧困. **2** (ことばの)貧弱, 乏しさ.
paupertīnus -a -um, *adj* [pauper] 貧しい; みすぼらしい, 粗末な.
pausa -ae, *f* [*Gk*] 休止, 中止.
Pausaniās -ae, *m* [*Gk*] パウサニアース《(1) Cleombrotus の息子; Plataeae の戦い (前 479) でギリシア軍を指揮した Sparta の将軍. (2) Macedonia の貴族; Philippus II を暗殺した (前 336)》.
pausārius -ī, *m* [pausa] **1** こぎ手の指揮者. **2**〖碑〗Isis 神官団の一人.
pausātiō -ōnis, °*f* [pauso] **1** 停止, 休止, 中止. **2** 永眠, 死.
pausea, -ia -ae, *f* 〖植〗オリーブの一種《上等の油が採れる》.
Pausiacus -a -um, *adj* Pausias の.
Pausiās -ae, *m* [*Gk*] パウシアース《Sicyon 出身のギリシアの画家 (前 4 世紀)》.

pausill- ⇨ pauxill-.
pausō -āre -āvī -ātum, °*intr* [pausa] **1** 止まる、やむ、休止する. **2** 永眠する、死ぬ.
pausum -ī, *n* [*cf.* pausa] 《碑》中止、休止.
pauxillātim *adv* [pauxillus] 徐々に、次第に.
pauxillisper *adv* [pauxillus/per] 徐々に、次第に.
pauxillulum -ī, *n* [↓] ごく少量.
pauxillulus -a -um, *adj dim* [pauxillus] ごく小さい.
pauxillum[1] -ī, *n* [pauxillus] 少量.
pauxillum[2] *adv* (*neut*) わずかに、少し; いくらか.
pauxillus -a -um, *adj dim* [paucus] 小さい.
pāva -ae, °*f* [pavus]《鳥》クジャク(孔雀)の雌.
pavefacere *inf* ⇨ pavefacio.
pavefaciō -cere -fēcī -factum, *tr* [paveo/facio] こわがらせる、驚かす.
pavefactus -a -um, *pp* ⇨ pavefacio.
pavefēcī *pf* ⇨ pavefacio.
paveō -ēre pāvī, *intr, tr* こわがっている、おびえている〈ad alqd; alqd [alqm]; ne; +*inf*〉.
pavēscō -ere, *intr, tr inch* [↑] こわがる、おびえる〈re; alqd〉.
pāvī *pf* ⇨ pasco, paveo.
pavidē *adv* [↓] 恐るおそる、こわごわ.
pavidus -a -um, *adj* [paveo] **1** 臆病な、小心な. **2** おびえる、こわがる〈+*abl*; +*gen*〉.
pavimentārius -ī, *m* [pavimentum]《碑》舗装工.
pavimentō -āre -āvī -ātum, *tr* [↓] 舗装する.
pavimentum -ī, *n* [↓] 舗装された[敷石を敷いた]道[床].
paviō -īre -īvī [-iī] -ītum, *tr* **1** たたく、打つ. **2** 打ち[突き]固める.
pavītō -āre -āvī -ātum, *intr, tr freq* [paveo] こわがっている、おびえている.
pāvō -ōnis, *m*《鳥》(雄の)クジャク(孔雀).
pāvōnāceus -a -um, *adj* [pavo] **1** 孔雀の尾に似た.
pāvōnīnus -a -um, *adj* [pavo] **1** 孔雀の. **2** 孔雀の羽で作られた. **3** (孔雀の羽のような)玉虫色の.
pavor -ōris, *m* [paveo] **1** 恐怖、おびえ、身震い. **2** 恐怖の原因. **3** 恐慌. **4** 不安、心配、危惧.
pāvus -ī, *m* =pavo.
pax pācis, *f* [paciscor] **1** 講和、和平. **2** 平和、泰平; (CIC) *Romana* ~ (PLIN) ローマの支配による平和 / *in pace* (CIC) 平時に / *vel pace vel bello* (SALL) 平時であれ戦時であれ. **3** 友交、親善. **4**《神話》パークス《平和の女神; ギリシアの Eirene に当たる》. **5** *tuā pace* (PLAUT) ご免をこうむって、失礼ですが. **6** (神々の)加護、祝福. **7** (海・風などの)静かさ、なぎ. **8** (心の)平静、落ちつき. **9** (*int* として) 望みどおりだ、十分だ. **10**°《カト》親睦の接吻.
paxillus -ī, °*m* [Gk] 木釘、小さな杭.
paximacium -ī, *n* ビスケット.
peccāmen -minis, °*n* [pecco] (宗教上の)罪、あやまち.
peccans[1] -ntis, *adj* (*prp*) [pecco] 罪のある、罪の多い.
peccans[2] -ntis, *m, f* 罪人.

peccantia -ae, °*f* [peccans¹] (宗教上の)罪.
peccātiō -ōnis, *f* [pecco] 罪、犯罪.
peccātor -ōris, °*m* [pecco] (宗教上の)罪人.
peccātōrius -a -um, °*adj* [↑]《碑》罪深い.
peccātrix[1] -icis, °*adj f* [peccator] 罪深い: ~ *generatio* (VULG) 罪深い時代.
peccātrix[2] -icis, °*f* 罪深い女.
peccātum -ī, *n* (*pp*) [pecco] **1** 過失、誤り. **2** 罪、あやまち. **3**° (宗教上の)罪、罰.
peccātus -ūs, *m* =peccatio.
peccō -āre -āvī -ātum, *intr* (*tr*) **1** 間違いをする、失敗する. **2** 罪[あやまち]を犯す.
pecorālis -is -e, *adj* [pecus] 家畜の.
pecorōsus -a -um, *adj* [pecus] 家畜の多い.
pecten -tinis, *m* [pecto] **1** 櫛(く). **2** (織機の)おさ. **3** (弦楽器演奏用の)つめ、ばち; 堅琴; 詩歌. **4** 熊手. **5** (苦悩して)両手の指を櫛の目に組み合わせること. **6** 櫛状のもの. **7**《貝》ホタテガイ.
pectinārius -a -um, *adj* [↑]《碑》櫛作りの.
pectinātim *adv* [pecten] 櫛の歯のように.
pectinātor -ōris, *m* [↓]《碑》(羊毛を)すく人.
pectinō -āvī -ātum, *tr* [pecten] **1** くしけずる、くしげる. **2** (地面を)鋤でならす.
pectō -ere pexī pexum, *tr* **1** くしけずる、くしげる. **2** (土地を)耕す. **3** (ひどく)なぐる、打ちすえる.
pectorāle -is, *n* [↓] (よろいの)胸当て.
pectorālis -is -e, *adj* [pectus] 胸の: *crux* ~《カト》(司教・大修院長などが着ける)佩用(はいよう)十字.
pectorōsus -a -um, *adj* [pectus] 胸の豊かな、大きな乳房の.
pectunculus -ī, *m dim* [pecten]《貝》(小さな)ホタテガイ.
pectus -toris, *n* **1** 胸、前胸部; 乳房. **2** 胃. **3** 心、気持、心情. **4** 勇気、知力. **5** 精神、魂: *toto pectore* (CIC) 全身全霊で、心の底から. **6** (すぐれた・勇敢な・愛情深い)人.
pecū (*abl* pecū; *sg gen, dat* は用例なし; *pl* pecua *gen* -uum, *dat* & *abl* -ubus), *n* **1** 家畜; 群れ. **2** (*pl*) 牧場. **3** (*pl*) お金.
pecuālis -is -e, °*adj* [↑] 家畜の.
pecuāria[1] -ae, *f* [pecuarius¹] **1** 家畜. **2** 畜産、牧畜.
pecuāria[2] -ōrum, *n pl* (家畜・馬・ロバ・象などの)群れ.
pecuārius[1] -a -um, *adj* [pecu] 家畜の、牧畜の.
pecuārius[2] -ī, *m* 家畜の飼育者、牧畜業者.
pecuīnus -a -um, *adj* [pecu] **1** 家畜の. **2** 獣のような、残忍な.
peculātor -ōris, *m* [peculor] 公金横領者.
peculātus -ūs, *m* [peculor] 公金[財産]横領.
pecūliāris -is -e, *adj* [peculium] **1** 個人[私有]財産の. **2** 個人の、私の. **3** 独特の、特有の. **4** 特異な、example**の.
pecūliāriter *adv* [↑] **1** 個人財産として. **2** 特別に、特に.
pecūliārius -a -um, *adj* [peculium] 個人財産の.
pecūliātus -a -um, *adj* (*pp*) [↓] 個人財産を持った; 富裕な.

pecūliō -āre -āvī -ātum, *tr* [peculium] 個人財産として与える.

pecūliolum -ī, *n dim* [peculium] (小さな)個人財産.

pecūliōsus -a -um, *adj* [↓] 個人財産を持った, 富裕な.

pecūlium -ī, *n* [pecu] (子供や奴隷に与えられた)個人[私有]財産.

pecūlor -ārī, *tr dep* [↑] 公金を横領する.

pecūnia -ae, *f* [pecu] **1** 財産, 富. **2** 金(ホ), 金銭; (*pl*) 金額: praesens ~ (PLAUT) 現金 / *devorare pecuniam publicam* (CIC) 公金を使い込む.

pecūniālis -is -e, °*adj* [↑] 金銭の.

pecūniāriē °*adv* [pecuniarius] 金銭上.

pecūniāris -is -e, °*adj* [pecunia] 金銭(上)の.

pecūniāriter °*adv* [↑] =pecuniarie.

pecūniārius -a -um, *adj* [pecunia] 金銭(上)の: *res pecuniaria* (CIC) 金銭問題.

pecūniōsus -a -um, *adj* [pecunia] **1** 金持ちの, 富裕な. **2** 富をもたらす, もうかる.

pecus[1] -coris, *n* [*cf.* pecu] **1** (集合的に)家畜. **2** (動物・人間の)群れ.

pecus[2] -udis, *f* [*cf.* pecu] **1** 家畜; (特に)羊. **2** (一般に)動物, 獣.

pedāle -is, *n* [pedalis] **1** 履物. **2**° 一歩尺 (=約 30 cm).

pedālion -ī, °*n* 〔植〕タデ属の植物.

pedālis -is -e, *adj* **1** pes の.

pedāmen -minis, *n* [pedo[1]] (ブドウの)添え木, 支柱.

Pedānus -a -um, *adj* Pedum の.

pedārius -a -um, *adj* [pes] *pedarii senatores* (TAC) (高級官職に就いたことがないため政治的影響力を持たない)平(%)の元老院議員たち.

Pēdasa -ōrum, *n pl* [Gk] ペーダサ(Caria の町).

pedātim *adv* [pes] 左足が右足を追い越さない足運びで.

pedātūra[1] -ae, °*f* [pes] **1** 歩尺で測ること. **2** 歩尺で測られた空間.

pedātūra[2] -ae, *f* [pedo[1]] 〔碑〕(ブドウの)支柱.

pedātus[1] -a -um, *pp* ⇨ pedo[1].

pedātus[2] -ūs, *m* (敵の)接近, 来襲.

pedātus[3] -a -um, *adj* [pes] **1** …の足をした. **2** …の詩脚をもった.

pedēs[1] -um, *pl* ⇨ pes.

pedes[2] -ditis, *m* [pes] **1** 歩行者. **2** 歩兵: *equites peditesque* (LIV) 騎兵と歩兵(=全ローマ市民).

pedester -tris -tre, *adj* [pes] **1** 徒歩の, 歩行の. **2** 歩兵の. **3** 陸上の. **4** 散文の. **5** (韻文の)散文的な, 詩趣のない.

pedetem(p)tim *adv* [pes/tendo[1]] **1** 一歩一歩, 段々に. **2** 用心深く, 慎重に.

Pediātia -ae, *f* ローマの騎士 Pediatius のあだ名(柔弱であったため女性語尾にした).

pedica -ae, *f* [pes] **1** 足かせ, 足鎖. **2** わな.

pedicellāria -ōrum, °*n pl* 〔動〕(ウニ類などの体表にある)叉棘(ホ).

pedicinus -ī, *m* [pes] 圧搾機の脚.

pēdicōsus -a -um, *adj* [pedis] シラミだらけの.

pediculāris -is -e, *adj* [pediculus[2]] シラミの.

pediculus[1] -ī, *m dim* [pes] **1** (小さな)足. **2** 〔植〕葉柄, 花梗(ホッ).

pediculus[2] -ī, *m dim* [pedis] 〔昆〕(小さな)シラミ.

pedinus -ī, °*m* [pes] (チェスの)歩(ホ), ポーン.

pēdis -is, *m f* 〔昆〕シラミ(虱).

pedisequa -ae, *f* [↓] 侍女.

pedisequus -ī, *m* [pes/sequor] **1** 従僕, 下男. **2** 追従者.

peditastellus -ī, *m dim* [pedes[2]] (軽蔑的に)歩兵.

peditātus[1] -a -um, °*adj* [pedes[2]] 歩兵からなる.

peditātus[2] -ūs, *m* (集合的に)歩兵.

pēditum -ī, *n* [pedo[2]] 屁, おなら.

pēditus -a -um, *pp* ⇨ pedo[2].

Pedius -ī, *m* ペディウス(ローマ人の氏族名; 特に Q. ~, Caesar の姉 Julia の息子).

pedō[1] -āre -āvī -ātum, *tr* [pes] (ブドウの木に)添え木をする, 支柱を施す.

pēdō[2] -ere pepēdī pēditum, *intr* 屁をひる.

Pedō -ōnis, *m* ペドー(ローマ人の家名; 特に *Albinovanus* ~ (⇨ Albinovanus)).

Pedūcaeus -ī, *m* ペドゥーカエウス(ローマ人の家名).

pedūlis -is -e, °*adj* [pes] 足の.

pedum -ī, *n* [pes] (羊飼いの柄の曲がった)杖.

Pedum -ī, *n* ペドゥム(Latium の古い町).

Pēgasēius, -seus -a -um, *adj* [Gk] Pegasus[1] の.

Pēgasides -um, *f pl* [Gk] =Musae.

Pēgasis[1] -idis, *adj f* [Gk] Pegasus[1] の; Hippocrene の.

Pēgasis[2] -idis, *f* [Gk] 〔神話〕ペーガシス(泉のニンフ).

Pēgasus[1], **-os** -ī, *m* [Gk] **1** 〔神話〕ペーガスス, ペーガソス(Perseus に殺された Medusa の血から生まれ出た翼のある天馬; その一蹴りで Hippocrene の泉ができた). **2** 〔天〕ペガスス座.

Pēgasus[2] -ī, *m* ペーガスス(Vespasianus 帝時代の著名な法学者).

Pēgē -ēs, *f* [Gk] ペーゲー(Bithynia の泉).

pēgī *pf* ⇨ pango.

pegma -atis, *n* [Gk] **1** 足場, 舞台のせり出し. **2** 本箱, 書棚.

pējerātiō -ōnis, °*f* [pejero] 偽誓, 偽証.

pējerātiuncula -ae, *f dim* [↑] (軽微な)偽証.

pējerō, perjerō, perjūrō -āre -āvī -ātum, *intr* (*tr*) [per-/juro] 偽誓[偽証]する: *jus pejeratum* (HOR) 偽誓.

pējor -or -us, *adj comp* (原級 malus) より悪い; より有害な; より劣る, より下位の.

pējōrō -āre, °*tr*, °*intr* [↑] **I** (*tr*) 悪くする, 悪化させる. **II** (*intr*) 悪くなる, 悪化する.

pējūr- ⇨ perjur-.

pelagicus -a -um, *adj* [pelagus] 海の.

pelagium -ī, *n* [↓] (アクキガイから採れる)紫色の染料.

pelagius -a -um, *adj* [Gk] 海の.

Pelagones -um, *m pl* [Gk] ペラゴネス(Macedonia 北部にいた一部族).

Pelagonia -ae, *f* [*Gk*] ペラゴニア(-)《Pelagones 族の国》.

pelagus -ī, *n* [*Gk*] **1** 大海, 大海原(^{かい}). **2** (海のような)大量の水.

pēlamys -ydis, **-is** -idis, *f* [*Gk*] 〖魚〗マグロの稚魚.

Pelasgī -ōrum, *m pl* [Pelasgus¹] **1** ペラスギー, *-ゴイ《有史以前のギリシア・小アジアなどに居住したとされる民族》. **2** ギリシア人.

Pelasgia -ae, *f* [*Gk*] ペラスギア(-)《(1) Peloponnesus の古名. (2) Lesbos 島》.

Pelasgias -adis, *adj f* [*Gk*] Pelasgi 族の; ギリシアの.

Pelasgicus -a -um, *adj* [*Gk*] Pelasgi 族の.

Pelasgis¹ -idis [-idos], *f* [*Gk*] ペラスギス《Thessalia の古名》.

Pelasgis² -idis [-idos], *adj f* [*Gk*] Pelasgi 族の; ギリシアの; Lesbos 島の.

Pelasgus¹ -a -um, *adj* [*Gk*] ペラスギーの; ギリシアの; Argos の.

Pelasgus² -ī, *m* [*Gk*] 〖伝説〗ペラスグス, *-ゴス《Pelasgi 族の名祖》.

pelecānus -ī, °*m* [*Gk*] 〖鳥〗ペリカン.

Pēlēius -a -um, *adj* Peleus の; Achilles の.

Pelendonēs -um, *m pl* ペレンドーネス《Celtiberia の一部族》.

pelethronia -ae, °*f* 〖植〗ヤグルマギク(矢車菊).

Pelethronius¹ -a -um, *adj* [*Gk*] Thessalia の Lapithae 族と Centaurus 族の居住した地方の.

Pelethronius² -ī, *m* [*Gk*] 〖伝説〗ペレトロニウス, *-オス《Lapithae 族の王; 馬のくつわと鞍を発明したという》.

Pēleus -eos [-ei], *m* [*Gk*] 〖伝説〗ペーレウス《Aeacus の子で Achilles の父》.

pēlex -licis, *f* = paelex.

Pēliacus -a -um, *adj* Pelion 山の.

Pēliades -um, *f pl* Pelias の娘たち.

Peliās¹ -ae, *m* [*Gk*] 〖伝説〗ペリアース《Thessalia の Iolcus の王; Iason に金の羊毛の探索を命じた》.

Pēlias² -adis, *adj f* Pelion 山の.

pelicānus -ī, °*m* = pelecanus.

pēlicātus -ūs, *m* = paelicatus.

Pēlīdēs -ae, *m* **1** Peleus の息子(= Achilles). **2** Peleus の孫(= Neoptolemus).

Pēlign- ⇨ Paelign-.

Pēlion -ī, *n* [*Gk*] ペーリオン《Thessalia 東部の山》.

pelios -a -um, *adj* [*Gk*] 〖鳥〗サギの一種の.

Pēlius -a -um, *adj* Pelion 山の.

Pella -ae, **-ē** -ēs, *f* [*Gk*] ペッラ《Philippus II 時代の Macedonia の首都; Alexander 大王の生地》.

pellācia -ae, *f* [pellax] 魅惑, 誘惑.

Pellaeus -a -um, *adj* **1** Pella の; Philippus II の, Alexander 大王の. **2** Macedonia の. **3** Alexandria の, エジプトの.

pellārius -ī, °*m* [pellis] 毛皮商人.

pellax -ācis, *adj* [pellicio] 人をひきつける, 口の達者な.

pellecebra -ae, *f* = perlecebra.

pellectiō -ōnis, *f* [pellego] 通読.

pellectus -a -um, *pp* ⇨ pellego, pellicio.

pellegō -ere, *tr* = perlego.

Pellēnaeī -ōrum, *m pl* Pellene の住民.

Pellēnē -ēs, *f* [*Gk*] ペッレーネ《Achaia の町》.

Pellēnensis -is -e, *adj* Pellene の.

pellex -licis, *f* = paelex.

pellexī *pf* ⇨ pellicio.

pelliceus, -ius -a -um, *adj* [pellis] 皮でできた.

pelliciō, perliciō -cere -lexī -lectum, *tr* [per-/lacio] **1** 引き寄せる, 引きつける. **2** 籠絡する, 誘惑する ⟨alqm ad [in] alqd⟩.

pellicula -ae, *f dim* [pellis] (小さな)皮膚, 皮; 外皮.

pelliculātiō -ōnis, *f* [pellicio] 誘惑.

pelliculō -āre, *tr* [pellicula] 皮でおおう.

polliō -ōnis, *m* [↓] 皮なめし工.

pellis -is, *f* **1** 皮膚. **2** 皮, 毛皮, 生皮: *in propria pelle quiescere* (Hor) 自分の皮の中に休む(= 分をわきまえる) / *pellem pro pelle* (Vulg) 皮を皮に(換える)(= 何も無償にしない). **3** 革; 革製品: *pes in pelle natat* (Ov) 足が靴の中で泳ぐ(= 靴が大き過ぎる). **4** (軍隊の)テント. **5** 羊皮紙.

pellītus -a -um, *adj* [↑] 毛皮の[を]着た.

pellō -ere pepulī pulsum, *tr* **1** 押す, 突く. **2** 打つ, たたく. **3** 感銘を与える, 感動させる. **4** 押し動かす. **5** 駆りたてる, 鼓舞する. **6** 追い出す, 駆逐[追放]する; 退ける. **7** (敵を)敗走させる, 撃退する. **8** 追い払う, 払いのける: *pellere curas vino* (Hor) 酒で憂さを晴らす.

Pellōnia -ae, °*f* [↑] 〖神話〗ペッローニア《敵を敗走させる女神》.

pellūc- ⇨ perluc-.

pelluvia -ae, *f*, **-um** -ī, *n* [pes/lavo] 足を洗う水盤.

Pelopēa -ae, *f* [*Gk*] 〖伝説〗ペロペーア, *-ペイア《Thyestes の娘; 父と交わって Aegisthus の母となった》.

Pelopēias -adis [-ados], **-ēis** -idis [-idos], *adj f* Pelops の; Peloponnesus の.

Pelopēius, -ēus -a -um, *adj* Pelops の; Peloponnesus の.

Pelopidae -ārum [-um], *m pl* [*Gk*] Pelops の子孫.

Pelopidās -ae, *m* [*Gk*] ペロピダース《Thebae の将軍(前 364 没); Epaminondas の友人》.

Pelopius -a -um, *adj* Pelops の.

Peloponnensis -is -e, *adj* Peloponnesus の.
Peloponnensēs -ium, *m pl* = Peloponnesii.

Peloponnēsiacus -a -um, *adj* = Peloponnesius. **Peloponnēsiacī** -ōrum, *m pl* = Peloponnesii.

Peloponnēsius -a -um, *adj* Peloponnesus の.
Peloponnēsii -ōrum, *m pl* Peloponnesus の住民.

Peloponnēsus -ī, *f* [*Gk*] ペロポンネーソス, *-ソス《ギリシア南部の半島》.

Pelops -opis, *m* [*Gk*] 〖伝説〗ペロプス《Tantalus の子で Atreus と Thyestes の父; 父に殺されて神々の食卓に供されたが, のちもとどおりの体にされてよみがえった》.

Pelōrias -adis [-ados], **-ris** -idis, *f* =Pelorus.
pelōris -idis, *f* [*Gk*] 《貝》イガイの一種.
Pelōrus -ī, *m* [*Gk*] ペロールス, *-ロス《Sicilia 島北東端の岬; 現 Capo di Faro》.
pelta -ae, *f* [*Gk*] (三日月形の)軽い盾.
peltasta, -ēs -ae, *m* [*Gk*] (pelta を持つ)軽装兵.
peltātus -a -um, *adj* pelta で武装した.
peltifer -era -erum, *adj* [pelta/fero] =peltatus.
Pēlūsiacus -a -um, *adj* Pelusium の.
Pēlūsiōtēs -ae, *m* Pelusium の住民.
Pēlūsium -ī, *n* [*Gk*] ペルーシウム, *-オン《Nilus 川の東側の河口の町》.
Pēlūsius -a -um, *adj* =Pelusiacus.
pelvicula -ae, *f dim* [↓] (小さな)水盤.
pelvis -is, *f* 1 たらい, 水盤. 2° 《解·動》骨盤: ~ *major* 大骨盤 / ~ *minor* 小骨盤 / ~ *renalis* 腎盤, 腎盂.
pemphīgus -ī, °*m* [*Gk*] 《病》天疱瘡.
penārius -a -um, *adj* [penus] 食料貯蔵用の: *cella penaria* (CIC) 食料貯蔵室.
Penātēs -ium, *m pl* [penus] 1《神話》ペナーテース《ローマの家庭·国家の守護神》. 2 住居, 住まい; 家庭. 3 家系, 一族.
penātiger -gera -gerum, *adj* [↑/gero] Penates の像を携えている.
pendeō -ēre pependī, *intr* [↓] 1 ぶらさがっている, かかる, たれさがる. 2 つるされる, つるし首になる; 首をつる. 3 掲示[告示]される. 4 重さが...である. 5 すがりつく, しがみつく: *narrantis pendere ab ore* (VERG) 語り手の口元にしがみつく(= 一心に聞き入る). 6 (衣服·髪などが)たれる, (草花がしぼむ, しおれる. 7 おおいかぶさる, たれこめる. 8 (空中·水中に)浮遊する, 浮かんでいる. 9 停止[中止]している; とどまる, ぐずぐずする. 10 (文が)不完全[未完成]なままである. 11 (状況·事態が)未決定[不確定]である. 12 心配する, 気をもむ. 13 ...にかかっている, ...しだいである; たよっている, 依存している 〈+*abl*; a [ex] re〉.
pendō -ere pependī pensum, *tr, intr* I (*tr*) 1 はかりにかける, 重さを計る; 釣り合わせる. 2 支払う. 3 *poenas pendere* (CIC) 罰をうける. 4 評価する, 判断する: *magni pendere* (LUCR) 大切にする, 重んずる. II (*intr*) 重さが...である.
pendulus -a -um, *adj* [pendeo] 1 たれさがった, ぶらさがった; 宙に浮いた. 2 ためらっている, 迷っている. 3 (...に)依存[由来]している 〈re〉.
Pēnēis -idis, *adj f* Peneus の.
Pēnēius -a -um, *adj* Peneus の.
Pēneleus -ī, *m* [*Gk*] 《伝説》ペーネレウス, *-レオス《Helena の求婚者の一人》.
Pēnelopē -ēs -ae, *f* [*Gk*] 《伝説》ペーネロペー《Icarius の娘; Ulixes の妻で Telemachus の母; 夫の 20 年間の不在中貞節を守り続けた》.
Pēnelopēus -a -um, *adj* Penelope の.
penes *prep* ...の所有で, ...の支配[管理]下に, ...の手中に: ~ *se esse* (HOR) 正気である / ~ *alqm laus est* (LIV) 賞賛がある人に帰せられる.
Penestae -ārum, *m pl* [*Gk*] ペネスタエ, *-タイ《Illyria にいた一部族》.
Penestia -ae, *f* ペネスティア《Penestae 族の国》.

penetrābilis -is -e, *adj* [penetro] 1 刺し通す, 貫通する. 2 浸透する; 身にしみる. 3 洞察力のある, 鋭い; 辛辣な. 4 刺し通せる, 貫通できる. 5 浸透できる, 透過狀せる.
penetrābiliter °*adv* [↑] 見通すように.
penetral -ālis, °*n* =penetrale.
penetrāle -is, *n* [↓] (通例 *pl* penetralia で) 1 内部, 奥. 2 (神殿の)内陣, 奥殿. 3 =Penates (の神殿). 4 家宅.
penetrālis -is -e, *adj* [penetro] 1 刺し通す, 貫通する. 2 内部の, 奥の. 3 *di penetrales* (SEN) = Penates 1.
penetrātiō -ōnis, *f* [penetro] 刺し通すこと, 貫通.
penetrātor -ōris, °*m* [↓] 入り込む人.
penetrō -āre -āvī -ātum, *intr, tr* [penitus] 1 入り込ませる 〈alqd [alqm] ad [in] alqd〉: *intra portam penetrare pedem* (PLAUT) 門の中に足を踏み入れる. 2 突き通す; 入り込む, 達する, 浸透する 〈alqd; ad [in] alqd〉: *id Tiberii animum altius penetravit* (TAC) それが Tiberius の心を深く突き刺した / *gelidus in artus penetrat tremor* (OV) 冷たい戦慄が関節まで達する. 3 (川を)渡る.
Pēneus¹, -os -ī, *m* [*Gk*] ペーネーウス, *-ネイオス《(1) Thessalia の川; Tempe 峡谷を通って海に注ぐ. (2)《神話》(1) の河神; Cyrene と Daphne の父》.
Pēneus² -a -um, *adj* =Peneius.
pēnicillī -ōrum, °*m pl* [penicillus] 《解》筆毛動脈.
pēnicillinum -ī, °*n* [↓] 《薬》ペニシリン.
pēnicillium -ī, °*m* [↓] 《植》ペニシリウム属, アオカビ類.
pēnicillus -ī, *m*, **-um** -ī, *n dim* [penis] 1 絵筆. 2 絵画. 3 文体, 筆致. 4 海綿. 5 (傷口に当てる)布.
pēniculus -ī, *m dim* [↓] 1 はけ. 2 海綿.
pēnis -is, *m* 1 (動物の)尾, しっぽ. 2 男根, 陰茎.
penitē *adv* [↓] 内部に, 奥深く.
penitus¹ -a -um, *adj* [↓] 内部の, 奥の.
penitus² *adv* [penes] 1 内部から, 奥深くから. 2 奥深く, 遠くまで. 3 心底, 本気で. 4 完全に, 徹底的に.
pēnītus³ -a -um, *adj* [penis] しっぽの付いた.
Penius -ī, *m* ペニウス《Colchis の川》.
penna -ae, *f* 1 羽; 矢羽. 2 (主に *pl*) 翼. 3 飛翔. 4° 羽ペン.
pennātus -a -um, *adj* [↑] 1 翼のある. 2 羽をつけた.
pennifer -fera -ferum, °*adj* [penna/fero] 翼のある.
penniger -gera -gerum, *adj* [penna/gero] 羽をつけた; 翼のある.
Penninus -a -um, *adj Penninae Alpes* (TAC) ペンニン·アルプス《現在のスイスとイタリアの国境にある山脈》.
pennipēs -pedis, *adj* [penna/pes] 足に翼の生えた.
pennipotens -potentis, *adj* [penna/potens] 翼のある, 飛ぶことのできる.
pennula -ae, *f dim* [penna] (小さな)翼.

pensābilis -is -e, °*adj* [penso] 賠償できる, 償いのできる.

pensātiō -ōnis, *f* [penso] **1** 補償, 埋合わせ. **2°** 考慮, 検討.

*****pensē** °*adv* [pensus] (用例は *comp* pensius のみ) 慎重に, 注意深く.

pensilis -is -e, *adj* [pendeo] たれさがっている, ぶらさがっている, かかっている.

pensiō -ōnis, *f* [pendo] **1** 重さを計ること; 重さ, 目方. **2** 支払い. **3** 賃貸料. **4** 補償, 埋合わせ.

pensitātiō -ōnis, *f* [pensito] **1** 支払い. **2** 補償, 埋合わせ. **3°** 費用, 出費.

pensitātor -ōris, *m* [↓] 考察する人.

pensitō -āre -āvī -ātum, *tr freq* [↓] **1** はかりにかける, 重さを計る. **2** 熟考[考察]する; 比較考量する. **3** 支払う ⟨alci alqd⟩. **4** 納税する ⟨*abs*⟩.

pensō -āre -āvī -ātum, *tr freq* [pendo] **1** 重さを計る. **2** 支払う. **3** 埋合わせる, 償う, 補償する ⟨alqd re⟩. **4** 報いる, 罰する ⟨alqd re⟩. **5** 交換する ⟨alqd re⟩. **6** 熟考[考察]する. **7** 買う ⟨alqd re⟩.

pensor -ōris, °*m* [pendo] 考察する人.

pensum -ī, *n* [↓] **1** (一日に紡ぐべき量として)計量された羊毛. **2** (紡ぎ手の一日の仕事; 紡がれた糸. **3** (割り当てられた)仕事, 任務. **4** 重み, 重要性: *nihil pensi habere alqd* (SALL) あることを全く重んじない[顧慮しない].

pensus -a -um, *adj* (*pp*) [pendo] 評価[是認]された.

pentachordus -a -um, °*adj* [*Gk*] 五弦の.

pentacontarchus -ī, °*m* [*Gk*] 五十人隊長.

pentadōros -os -on, *adj* [*Gk*] 5 palmi の.

pentaetēricus -a -um, *adj* [*Gk*] [碑] 5 年ごと (=4 年に 1 回)の.

pentaetēris -idis, °*f* [*Gk*] 5 年間.

pentagōnium -ī, °*n* [*Gk*] 五角形.

pentagōnon, -um -ī, °*n* [*Gk*] =pentagonium.

pentagōnus -a -um, *adj* [*Gk*] 五角形の.

pentameter, -trus -trī, *m* [*Gk*] [詩] 五歩格の詩行.

pentametrus -a -um, *adj* [*Gk*] 五歩格の.

pentapetes -is, *n* [*Gk*] 5 歩格の.

pentaphyllon -ī, *n* [*Gk*] [植] キジムシロ属の植物 (=quinquefolium).

Pentapolis -is, *f* [*Gk*] ペンタポリス《(1) [聖] Palaestina の五府市地方. (2) Cyrenaica の一地方》.

pentasyllabus -a -um, °*adj* [*Gk*] 5 音節の.

Pentateuchus -ī, °*m*, **-um** -ī, °*n* [*Gk*] [聖] (モーセの)五書《旧約聖書の最初の五書》.

pentāthlum -ī, *n* [*Gk*] (ギリシアの)五種競技.

pentāthlus -ī, *m* [*Gk*] 五種競技の選手.

pentēcostālis -is -e, °*adj* [↓] **1** (ユダヤ教の)五旬節の. **2** (キリスト教の)聖霊降臨日の.

pentēcostē -ēs, *f* [*Gk*] **1** (ユダヤ教の)五旬節. **2** (キリスト教の)聖霊降臨日.

Pentelicus -a -um, *adj* [*Gk*] Attica の Pentele 市区産の大理石から作られた.

pentēris, -ēs -is, *f* [*Gk*] 五段櫂船.

Penthesilēa -ae, *f* [*Gk*] [伝説] ペンテシレーア, *-トス《Amazon 族の女王; Troja を助けてギリシア人と戦い, Achilles に殺された》.

Pentheus[1] -eos [-eī], *m* [*Gk*] [伝説] ペンテウス《Thebae の王で Cadmus の孫; Bacchus の崇拝を禁じたため, この神に感化されて正気を失った母と姉妹に殺された》.

Penthēus[2] -a -um, *adj* Pentheus の.

pentorobon -ī, *n* [*Gk*] [植] シャクヤク(芍薬) (= paeonia).

Pentrī -ōrum, *m pl* ペントリー《Samnium にいた一部族》.

penuārius -a -um, *adj* =penarius.

pēnul- ⇒ paenul-.

pēnūria -ae, *f* 欠乏, 不足; 窮乏 ⟨+gen⟩.

penus -ūs, *f*(*m*), **-us** -noris, *n*, **-um** -ī, *n* [*cf.* penitus] **1** 食料の貯え; 食料, 食物. **2** Vesta 神殿内奥の食料貯蔵室.

Peparēthus, -os -ī, *f* ペパレートゥス, *-トス《Sporades 諸島の島》.

pepēdī *pf* ⇒ pedo[2].

pependī *pf* ⇒ pendeo, pendo.

pepercī *pf* ⇒ parco.

peperī *pf* ⇒ pario[2].

pepigī *pf* ⇒ pango.

peplis -is, *f* [*Gk*] [植] トウダイグサ属の植物.

peplum -ī, *n*, **-us** -ī, *m* [*Gk*] **1** (ギリシアの)女性用外衣. **2** Panathenaea 祭で Athena の像に着せた外衣.

pepō -ōnis, *m* [*Gk*] [植] スイカの類.

pepsinum -ī, °*n* [薬] ペプシン.

pepticus -a -um, *adj* [*Gk*] 消化を助ける.

pepugī *pf* ⇒ pungo.

pepulī *pf* ⇒ pello.

per *prep* ⟨+*acc*⟩ **1** …を通って, …を越えて, …の間を: *iter ~ provinciam nostram* (CAES) われらの属州を通る道. **2** …に沿って. **3** …中にいたるところに. **4** (時間的に)…の間, …中; …の間中(ずっと). **5** …に関するかぎり: *~ leges ei consulem fieri licet* (CAES) 法律上, 彼が執政官になってもよい. **6** (誓い・祈願において)…にかけて, …に誓って: *~ deos* (CIC) 神々に誓って, 神かけて. **7** (原因・理由)…のために, …の結果として: *~ metum* (PLAUT) 恐怖のあまり. **8** (手段・媒介)…によって, …で: *~ se* (CIC) 独力で, 単独で. **9** (態度・様子): *~ jocum* (PLAUT) 冗談で, 戯れに / *~ iram* (CIC) 怒って. **10** …を口実にして, …を装って.

per- *pref* [↑] 「すっかり」「あまねく」「非常に」などの意を per- を付けられた動詞, 形容詞, 副詞に添える (l の前ではしばしば同化して pel-).

pēra -ae, *f* [*Gk*] 仕切袋, 背嚢.

perabjectus -a -um, °*adj* [per-/abicio] 非常にへりくだった.

perabsurdus -a -um, *adj* [per-/absurdus] 非常にばかげた[不合理な].

peraccommodātus -a -um, *adj* [per-/accomodatus] 非常に便利な.

peraccūrātus -a -um, °*adj* [per-/accuratus] 非常に入念な, 完璧な.

perācer -cris -e, *adj* [per-/acer[2]] 非常に鋭い[明敏な].

peracerbus -a -um, *adj* [per-/acerbus] **1** 非常に酸っぱい. **2** きわめて不愉快な[残念な].

peracescō -ere -acuī, *intr* [per-/acesco] ひどくいらいらする[立腹する].

peractiō -ōnis, *f* [perago] 終わらせること, 結末.

peractus -a -um, *pp* ⇨ perago.

peracuī *pf* ⇨ peracesco.

peracūtē *adv* [↓] **1** 非常に鋭く[激しく]. **2** 非常に抜け目なく.

peracūtus -a -um, *adj* [per-/acutus¹] **1** 非常に鋭い. **2** (音が)非常によく通る[かん高い]. **3** 非常に明敏な[抜け目のない].

peradulescens -entis, *adj* [per-/adulescens¹] 非常に若い.

peradulescentulus -ī, *m dim* [↑] 非常に若い者.

Peraea -ae, *f* [Gk] ペラエア, *ペライアー《(1)* Palaestina のヨルダン川・死海の東の地域. (2) Caria の, Rhodos 島対岸の地域. (3) Aeolis にあった Mytilene の植民市).

peraedificō -āre -āvī -ātum, *tr* [per-/aedifico] 建築を完了する.

peraequātiō -ōnis, *f* [peraequo] **1** 平等であること. **2°** 平等な課税.

peraequātor -ōris, °*m* [peraequo] 税を平等に賦課する者.

peraequē *adv* [per-/aeque] 全く等しく.

peraequō -āre -āvī -ātum, *tr* [per-/aequo] **1** 完全に平らにする. **2** 完全に釣り合わせる. **3** (…と)全く等しい <alqd>.

peragitō -āre -āvī -ātum, *tr* [per-/agito] **1** 徹底的にかきまわす. **2** 大いに悩ます. **3** 徹底的に刺激する[駆りたてる].

peragō -ere -ēgī -actum, *tr* [per-/ago] **1** 突き通す, 刺し貫く. **2** 絶えず追いまわす[悩ます]; (土地を)耕す. **3** (訴訟を)最後まで行なう. **4** なし遂げる, 遂行する. **5** 完了[完成]する. **6** 使い果たす. **7** (役を)演ずる. **8** 通過する, 過ぎる. **9** (ある時期を)過ごす. **10** 述べる, 論ずる.

peragrātiō -ōnis, *f* [↓] 遍歴, 歩きまわること.

peragrō -āre -āvī -ātum, *tr*, *intr* [per-/ager] **1** (ある地域を)めぐり歩く, 遍歴する; (知らせなどが)行き渡る. **2** 詳しく考察する.

peralbus -a -um, *adj* [per-/albus] 全く白い, まっ白な.

peraltus -a -um, °*adj* [per-/altus¹] 非常に高い.

peramans -antis, *adj* (*prp*) [per-/amans] (ある人を)非常に愛している <alcis>.

peramanter *adv* [per-/amanter] 愛情深く.

peramārus -a -um, °*adj* [per-/amarus] 非常につらい[不快な].

perambulō -āre -āvī -ātum, *tr* [per-/ambulo] 歩きまわる, めぐり歩く, 遍歴する.

peramīcus -a -um, °*adj* [per-/amicus¹] 非常に友好的な.

peramoenus -a -um, *adj* [per-/amoenus] 非常に快適な.

peramplus -a -um, *adj* [per-/amplus] 非常に大きい.

perangustē *adv* [↓] 非常に狭く.

perangustus -a -um, *adj* [per-/angustus] 非常に狭い.

perannō -āre, *intr* =perenno.

perantīquus -a -um, *adj* [per-/antiquus] 非常に古い.

perappositus -a -um, *adj* [per-/appositus] 非常にふさわしい.

perarduus -a -um, *adj* [per-/arduus] 非常に困難な.

perārescō -ere -āruī, *intr* [per-/aresco] 完全に乾く[乾燥する].

perargūtus -a -um, *adj* [per-/argutus] **1** (音が)非常に澄んだ. **2** 非常に明敏な[機知に富んだ].

perāridus -a -um, *adj* [per-/aridus] 完全に乾いた, 干上がった.

perarmō -āre -āvī -ātum, *tr* [per-/armo] 十分[完全に]武装させる.

perarō -āre -āvī -ātum, *tr* [per-/aro] **1** (土地を)十分にすく, 鋤道(ｽｷﾐﾁ)を作る: *perarare pontum* (Sen) (船が海水を押し分けて進む(=航海する). **2** (蠟板に)文字を刻み込む; 書き記す.

perasper -aspera -asperum, *adj* [per-/asper] **1** 非常にざらざらした. **2°** 非常にごつごつした.

perastūtulus -a -um, *adj dim* [per-/astutus] きわめて狡猾な.

perāticum -ī, *n* [Gk] 〖植〗(Media から輸入された)ブデリウムの木.

perattentē *adv* [↓] 非常に注意深く.

perattentus -a -um, *adj* [per-/attentus¹] 非常に注意深い.

peratticus -a -um, *adj* [per-/Atticus¹] 非常に Attica 的な(=高雅な).

pērātus -ī, *m* [pera] 合切袋を肩にしている男.

peraudiō -īre -īvī [-iī] -ītum, *tr* [per-/audio] 最後まで聞く.

perbacchor -ārī -ātus sum, *tr dep* [per-/bacchor] 乱飲乱舞の酒宴をする, どんちゃん騒ぎをする.

perbāsiō -āre, *tr* [per-/basio] 心ゆくまで接吻する.

perbeātus -a -um, *adj* [per-/beatus] 非常に幸福な.

perbellē *adv* [per-/belle] きわめて好都合に[申し分なく].

perbene *adv* [per-/bene] **1** 非常によく[申し分なく]. **2** きわめてじょうずに[うまく]. **3** 非常に好都合に.

perbenevolus -a -um, *adj* [per-/benevolus¹] 非常に好意的な.

perbenignē *adv* [per-/benigne] 非常に親切に.

perbibī *pf* ⇨ perbibo.

perbibō -ere -bibī, *tr* [per-/bibo] **1** 飲み干す. **2** 吸収する, 吸い込む.

perbītō -ere, *intr* [per-/bito] 死ぬ, 滅びる.

perblandē °*adv* [↓] 非常に愛想よく.

perblandus -a -um, *adj* [per-/blandus] 非常に魅力的な[愛想のよい].

perbonus -a -um, *adj* [per-/bonus¹] **1** 非常によい[すぐれた]. **2** きわめて好都合な.

perbrevī adv (abl) [↓] 直ちに, すぐさま.
perbrevis -is -e, adj [per-/brevis¹] 非常に短い.
perbreviter adv [per-/breviter] 非常に短く[簡潔に].
perca -ae, f [Gk] 【魚】スズキの類.
percalefacere inf ⇨ percalefacio.
percalefaciō -cere -fēcī -factum, tr [per-/calefacio] 非常に熱くする.
percalefactus -a -um, pp ⇨ percalefacio, percalefio.
percalefēcī pf ⇨ percalefacio.
percalefierī inf ⇨ percalefio.
percalefīō -fierī -factus sum, intr [per-/calefio] (percalefacio の pass として用いられる).
percalescō -ere -caluī, intr [per-/calesco] 非常に熱く[温かく]なる.
percallescō -ere -calluī, intr, tr [per-/calleo] I (intr) 全く無感覚になる. II (tr) 十分に精通する[知る].
percalluī pf ⇨ percallesco.
percaluī pf ⇨ percalesco.
percandidus -a -um, adj [per-/candidus] まっ白な, 純白の.
percārus -a -um, adj [per-/carus] 1 非常に愛されている. 2 きわめて高価な.
percautus -a -um, adj [per-/cautus] 非常に用心深い[慎重な].
perceleber -bris -bre, adj [per-/celeber] 非常に有名な.
percelebrō -āre -āvī -ātum, tr [per-/celebro] 十分に広める, 広く行き渡らせる.
perceler -eris -ere, adj [per-/celer] 非常に迅速な.
perceleriter adv [per-/celeriter] 非常に迅速に.
percellō -ere -culī -culsum, tr [per-/*cello (cf. clades)] 1 打つ, 突く. 2 投げ倒す, 打ち倒す, 打ちのめす. 3 破壊する, 滅ぼす. 4 気力を失わせる, ひるませる ⟨alqm re⟩. 5 圧倒する. 6 (無理にある行動に)駆りたてる.
percenseō -ēre -censuī, tr [per-/censeo] 1 十分に吟味[考察]する, 十分に調べる. 2 数え上げる, 列挙する. 3 旅して回る, 遍歴する.
percensiō -ōnis, f [↑] 吟味, 考察.
percēpī pf ⇨ percipio.
percepta -ōrum, n pl (pp) [percipio] (学問・芸術の)原理, 理論.
perceptibilis -is -e, °adj [percipio] 1 認知[理解]できる. 2 関与している.
perceptiō -ōnis, f [pericipio] 1 収穫, 取入れ. 2 認知, 理解.
perceptor -ōris, °m [percipio] 受け入れる人, 吸収する人.
perceptus -a -um, pp ⇨ percipio.
percīdī pf ⇨ percido.
percīdō -ere -cīdī -cīsum, tr [per-/caedo] 1 ぶんなぐる. 2 打ちのめす, 粉砕する. 3 (…と)男色をする ⟨alqm⟩ (=paedico).
percieō -ēre -īvī [-iī] -itum, tr [per-/cieo] 1 動かす, 進ませる. 2 刺激する, 駆りたてる.
perciō -īre -īvī [-iī] -itum, tr =percieo.
percipere inf ⇨ percipio.
percipibilis -is -e, °adj [↓] 知覚できる.
percipiō -pere -cēpī -ceptum, tr [per-/capio¹] 1 つかむ, 捕える. 2 収穫する, 取り入れる. 3 獲得する, 受け取る. 4 知覚する, 気づく. 5 理解[会得]する.
percīsus -a -um, pp ⇨ percido.
percitus -a -um, adj (pp) [percieo] 刺激された; 激しやすい.
percīvī pf ⇨ percieo.
percīvīlis -is -e, adj [per-/civilis] 全くでしゃばらない[気取らない].
percnopterus -ī, m [Gk] 【鳥】ハゲワシの一種.
percnus -ī, m [Gk] 【鳥】ワシの一種 (=morphnos).
percoctus -a -um, pp ⇨ percoquo.
percōlātiō -ōnis, f [percolo²] 濾(²)すこと, 濾過.
percolō¹ -ere -coluī -cultum, tr [per-/colo²] 1 (土地を)耕す. 2 仕上げる, 完成する. 3 (入念に)飾る ⟨alqm⟩. 4 敬意をもって処遇する, 尊重する ⟨alqm⟩.
percōlō² -āre -āvī -ātum, tr [per-/colo¹] 1 濾す, 濾過する. 2 通過させる.
percoluī pf ⇨ percolo¹.
percōmis -is -e, adj [per-/comis] 非常に好意的[丁重]な.
percommodē adv [↓] 非常に都合よく[適切に].
percommodus -a -um, adj [per-/commodus] 非常に好都合な.
percongruus -a -um, °adj [per-/congruus] 全く適合した.
percōnor -ārī -ātus, tr dep [per-/conor] (企てを)遂行する.
percontātiō -ōnis, f [percontor] 質問, 問い合わせ, 照会.
percontātīvus -a -um, °adj [percontor] 1 普遍的な, 広く知られた. 2 【文】疑問の.
percontātor -ōris, m [↓] 質問者, 尋問者.
percontor -ārī -ātus sum, tr dep [per-/contus] 質問する, 尋問する, 調べる ⟨alqd ab [ex] alqo; alqm de re; alqm alqd⟩.
percontumāx -ācis, adj [per-/contumax] 非常に頑固[強情]な.
percōpiōsus -a -um, adj [per-/copiosus] 非常に雄弁な.
percoquō -ere -coxī -coctum, tr [per-/coquo] 1 十分に煮る. 2 (太陽などが)焦がす, 焼く, 熱する. 3 十分に熟させる.
percoxī pf ⇨ percoquo.
percrassus -a -um, adj [per-/crassus] きわめて濃い[粘りけのある].
percrēb(r)escō -ere -b(r)uī, intr [per-/crebresco] 広まる, 普及する: *percrebruerat pravus mos* (Tac) 悪い習慣が広まっていた.
percrēb(r)uī pf ⇨ percrebresco.
percrepitus -a -um, pp ⇨ percrepo.

percrepō -āre -crepuī -crepitum, *intr, tr* [per-/crepo] **I** (*intr*) 鳴り響く, 反響する. **II** (*tr*) 喧伝する, 広く知らせる.

percrepuī *pf* ⇨ percrepo.

percrībrō -āre -āvī -ātum, *tr* [per-/cribro] 十分にふるいにかける.

percruciō -āre, *tr* [per-/crucio] 大いに苦しめる[悩ます].

percrūdus -a -um, *adj* [per-/crudus] (皮が)全く生(なま)の; (果物が)全く熟していない.

percucurrī *pf* =percurri (⇨ percurro).

perculī *pf* ⇨ percello.

perculsus[1] -a -um, *pp* ⇨ percello.

perculsus[2] -ūs, °*m* 衝撃.

percultor -ōris, °*m* [percolo[1]] 熱烈な崇拝者.

percultus -a -um, *pp* ⇨ percolo[1].

percun(c)tor -ārī, *tr* =percontor.

percupere *inf* ⇨ percupio.

percupidus -a -um, *adj* [per-/cupidus] 熱望している ⟨+*gen*⟩.

percupiō -pere -iī -ītum, *tr* [per-/cupio] 熱望する.

percūriōsus -a -um, *adj* [per-/curiosus] 全く骨身を惜しまない; 非常にせんさく好きの.

percūrō -āre -āvī -ātum, *tr* [per-/curo] 完治させる, 完全にいやす.

percurrī *pf* ⇨ percurro.

percurrō -ere -(cu)currī -cursum, *intr, tr* [per-/curro] **1** 急いで通る, 駆け抜ける; (官職を)歴任する. **2** ざっと述べる, 概説する. **3** ざっと目を通す, 概観する.

percursātiō -ōnis, *f* [percurso] 歩きまわること, 歴訪.

percursiō -ōnis, *f* [percurro] **1** 概観. **2** 概説, 略述.

percursō -āre -āvī -ātum, *intr, tr freq* [percurro] 歩きまわる, 跋渉(ばっしょう)する.

percursus -a -um, *pp* ⇨ percurro.

percussī *pf* ⇨ percutio.

percussiō -ōnis, *f* [percutio] **1** 打つ[たたく]こと. **2** 〖音〗拍, 拍子. **3** 〖詩〗強勢. **4**° 〖医〗打診(法).

percussor -ōris, *m* [percutio] 殺す人, 刺客.

percussūra -ae, *f* [percutio] **1** 打つ[たたく]こと, 打撃. **2**° 〖病〗疥癬(かいせん).

percussus[1] -a -um, *pp* ⇨ percutio.

percussus[2] -ūs, *m* **1** 打つ[たたく]こと, 打撃. **2** 鼓動. **3** (光の)反射.

percutere *inf* ⇨ percutio.

percutiō -ere -cussī -cussum, *tr* [per-/quatio] **1** 激しく打つ[たたく], 打ち当てる. **2** 突き刺す, 刺し貫く. **3** 打ち殺す. **4** だます, 欺く. **5** (楽器を)打ち鳴らす. **6** 刻印する. **7** (血管を)切る. **8** (堀などを)掘る. **9** 印象づける; 衝撃を与える, 動揺させる: *percussus atrocissimis litteris* (Cic) とんでもない(事態を伝える)手紙に気も動転して. **10** (条約・協定などを)結ぶ.

perdecōrus -a -um, *adj* [per-/decorus] 非常にふさわしい[優雅な].

perdēleō -ēre, °*tr* [per-/deleo] 完全に破壊する, 絶滅させる.

perdēlīrus -a -um, *adj* [per-/delirus] 全くむちゃくちゃな[不合理な].

perdēnsus -a -um, *adj* [per-/densus] ぎっしり詰まった.

perdepsō -ere -suī, *tr* [per-/depso] 十分にこねる.

perdepsuī *pf* ⇨ perdepso.

perdicālis -is -e, °*adj* [perdix] 〖鳥〗シャコ[ヤマウズラ]の: ~ *herba* 〖植〗=perdicium.

Perdiccās, -cca -ae, *m* [*Gk*] ペルディッカース 《(1) Alexander 大王に仕えた Macedonia の将軍(前 321 没). (2) Macedonia の数名の王; 特に (a) ~ *II* (前 413 没). (b) ~ *III* (前 359 没)》.

perdicium -ī, *n* [perdix] 〖植〗イラクサ科の植物.

perdidī *pf* ⇨ perdo.

perdidicī *pf* ⇨ perdisco.

perdifficilis -is -e, *adj* [per-/difficilis] 非常にむずかしい[困難な].

perdifficiliter *adv* [↑] 非常に骨折って.

perdignus -a -um, *adj* [per-/dignus] 非常に…に値する ⟨re⟩.

perdīligēns -entis, *adj* [per-/diligens] 非常に勤勉な.

perdīligenter *adv* [↑] 非常に勤勉に.

perdiscō -ere -didicī, *tr* [per-/disco] 徹底的に習得する.

perdisertē *adv* [per-/diserte] 非常に雄弁に.

perditē *adv* [perditus[1]] **1** 死ぬほど, 猛烈に: *filiam amare* ~ (Ter) 娘にぞっこんほれている. **2** 乱暴に, 勝手に.

perditim *adv* [perditus[1]] 死ぬほど, 猛烈に.

perditiō -ōnis, °*f* [perdo] 破滅, 滅亡.

perditor -ōris, *m* [perdo] 破壊者, 破滅させる者.

perditrix -īcis, °*f* [↑] 破壊者, 破滅させる者《女性》.

perditus[1] -a -um, *adj* (*pp*) [perdo] **1** (病気・不幸などで)衰弱した, 弱った: ~ *luctu* (Cic) 悲しみに沈んだ. **2** 破産した, 破滅した: ~, *quoi tanta mala maestitudoque optigit* (Plaut) もうおしまいだ, とんでもない不幸と悲しみがわしにふりかかったのだ. **3** やけになった, 自暴自棄の. **4** 絶望的な, 見込みのない. **5** 堕落した, 不埒な.

perditus[2] -ūs, *m* 破滅, 破産.

perdiū *adv* [per-/diu] 非常に長い間.

perdius -a -um, *adj* [per-/dies] 一日中続く, 丸一日の.

perdiūturnus -a -um, *adj* [per-/diuturnus] 非常に長い間続く.

perdīves -dīvitis, *adj* [per-/dives] 非常に富裕な.

perdix -īcis, *m, f* [*Gk*] 〖鳥〗シャコ, ヤマウズラ.

Perdix -īcis, *m* [*Gk*] 〖伝説〗ペルディクス《Daedalus の甥; Minerva によってシャコに変えられた》.

perdō -ere -didī -ditum (*subj pr* perduim -is -it -int), *tr* [per-/*do* (*cf*. abdo)] **1** 破壊する, 破滅させる: *di te perduint* (Cic) 神々があなたを滅ぼしますように (=くたばれ). **2** 殺す, 殺害する. **3** 害する, そこなう. **4** 浪費する, むだにする: *perdere operam* (Plaut)

努力をむだにする. **5** 失う, なくす. **6** 忘れる. **7** のがす, 逸する. **8**（訴訟で）負ける, 敗訴する.

perdoceō -ēre -docuī -doctum, *tr* [per-/doceo] 徹底的に教える[明らかにする].

perdocilis -is -e, *adj* [per-/docilis] きわめて物おぼえのよい.

perdoctē *adv* [↓] 非常な物知りのように.

perdoctus -a -um, *adj* (*pp*) [perdoceo] 非常に学識豊かな; きわめて巧妙な.

perdoleō -ēre -doluī -dolitum, *intr* [per-/doleo] **1** 大いに苦しむ. **2** 悩みの種である.

perdolēscō -ere -doluī, *intr inch* [↑] 大いに苦しむ.

perdolō -āre -āvī -ātum, *tr* [per-/dolo¹] 切って[刻んで]作る.

perdoluī *pf* ⇨ perdoleo, perdolesco.

perdominor -ārī, °*intr* [per-/dominor]（ある期間にわたって）支配[統治]する.

perdomitor -ōris, °*m* [perdomo] 征服者.

perdomitus -a -um, *pp* ⇨ perdomo.

perdomō -āre -domuī -domitum, *tr* [per-/domo¹] **1** 十分に飼いならす. **2** 完全に征服する[服従させる]. **3**（穀粒を）完全につぶす;（穀粉を）十分にこねる. **4**（土を）ほぐす.

perdomuī *pf* ⇨ perdomo.

perdormīscō -ere, *intr* [per-/dormio] 眠り続ける.

perdūcō -ere -dūxī -ductum, *tr* [per-/duco] **1** 連れて行く, 導く. **2** 運ぶ, 運搬する. **3**（味方に）引き入れる. **4**（ある状態へ）導く, 至らせる ⟨alqd [alqm] ad alqd; ut⟩. **5**（堡塁・壕などを）張りめぐらす, 延ばす. **6** 長引かせる, 続ける. **7** 一面に広がる, おおう ⟨alqd re⟩. **8** 飲みほす.

perductiō -ōnis, *f* [↑]（水を）引くこと.

perductō -āre -āvī -ātum, *tr freq* [perduco] 連れて行く, 導く.

perductor -ōris, *m* [perduco] **1** 連れて行く人, 案内者. **2** 売春斡旋者, ポン引き.

perductus -a -um, *pp* ⇨ perduco.

perdūdum *adv* [per-/dudum] ずっと以前に.

perduelliō -ōnis, *f* [↓] 祖国に弓引く行為, 反逆罪.

perduellis -is, *m* [per-/*duellis (*cf.* bellum)] **1** 国家の敵. **2** 個人的な敵.

perduim *subj pr* ⇨ perdo.

perdūrō -āre -āvī -ātum, *tr, intr* [per-/duro] **I**° (*tr*) 強固にする, 堅くする. **II** (*intr*) 持続[存続]する; 耐える, 持ちこたえる.

perdūrus -a -um, *adj* [per-/durus] 非常に厳格な.

perdūxī *pf* ⇨ perduco.

perēdī *pf* ⇨ peredo.

peredō -ere -ēdī -ēsum, *tr* [per-/edo¹] **1** 食い尽くす. **2** 侵食する, むしばむ. **3** 消耗[衰弱]させる.

pereger -gris, °*adj m, f* [peregre] 外国にいる, 故郷を離れている.

perēgī °*pf* ⇨ perago.

peregrē *adv* [peregri] 外国へ[で, から].

perēgregius -a -um, *adj* [per-/egregius] 非常にすぐれた.

peregrī *adv* [per-/ager] 外国で.

peregrīna -ae, *f* [peregrinus] 外国人《女性》.

peregrīnābundus -a -um, *adj* [peregrinor] 外国を旅して回る.

peregrīnātiō -ōnis, *f* [peregrinor] **1** 外国旅行. **2** 外国滞在[在留]. **3**（動物の）うろつきまわること.

peregrīnātor -ōris, *m* [peregrinor] 旅行[遍歴]者.

peregrīnitās -ātis, *f* [peregrinus] **1** 外国式のやり方. **2** 外国人であること.

peregrīnor -ārī -ātus sum, *intr dep* [↓] **1** 外国を旅行する, 外国に滞在[在留]する. **2** さまよう.

peregrīnus¹ -a -um, *adj* [peregri] **1** 外国の, 外国人の. **2** 未熟な, 不慣れな ⟨in re⟩.

peregrīnus² -ī, *m* 外国人.

perēlegans -antis, *adj* [per-/elegans¹]（文体が）非常に優雅[巧み]な.

perēleganter *adv* [↑]（文体が）きわめて優雅[巧み]に.

perēloquens -entis, *adj* [per-/eloquens] 非常に雄弁な.

perēmī *pf* ⇨ perimo.

peremnia -ium, *n pl* [per-/amnis] 川を渡る際の鳥占い.

peremō -ere, *tr* =perimo.

peremptālis -is -e, *adj* [perimo]（占いの対象としての稲光について）取消しを迫る.

peremptiō -ōnis, °*f* [perimo] 殺害.

peremptor -ōris, *m* [perimo] 殺害者.

peremptōriē °*adv* [↓] 強制的に, 断固として.

peremptōrius -a -um, *adj* [peremptor] **1** 致命的な, 破壊的な. **2**《法》決定的な, 最終的な.

peremptrīx -īcis, °*f* [peremptor] 絶滅[破壊]者《女性》.

peremptus -a -um, *pp* ⇨ perimo.

perendiē *adv* [dies] 明後日に.

perendinātiō -ōnis, °*f* [↓] 明後日までの延期.

perendinus -a -um, *adj* [perendie] 明後日の: *perendino die* (Caes) =perendie.

Perenna -ae, *f* ⇨ Anna (Perenna).

perenne *adv* [↓] **1** 一年中. **2°** 絶えず, 常に.

perennis -is -e, *adj* [per-/annus] **1** 一年中続く: ~ *fons* (Caes) 一年中枯れない泉. **2** 絶えず続く, 不断の. **3** 長く続く, 永続する.

perenniservus -ī, *m* [↑/servus]（ののしりことばとして）死ぬまで奴隷.

perennitās -ātis, *f* [perennis] **1**（泉などが）一年中枯れない[やまない]こと. **2** 永続, 不朽.

perenniter °*adv* [perennis] 絶えず; 永久に.

perennō -āre -āvī -ātum, *intr* [perennis] 長く続く, 永続する.

pereō -īre -iī [-īvī] -itum, *intr* (*tr*) [per-/eo²] **1** 見えなくなる, 消える, なくなる. **2** むだになる, 浪費される: *opera perit* (Cic) 努力の甲斐がない. **3** 死ぬ. **4** 死ぬ思いをする; 死ぬほど恋いこがれる ⟨alqm, alqo⟩. **5**（人が）破滅する, だめになる: *perii [perīmus]!* (Plaut [Ter]) 私[我々]はもうだめだ, 万事休すだ. **6** 破壊され

perequitō -āre -āvī -ātum, *tr, intr* [per-/equito] 馬に乗ってまわる [通る].

pererrō -āre -āvī -ātum, *tr, intr* [per-/erro¹] 1 歩きまわる、さまよう. 2 (ざっと)目を通す. 3 失敗する.

perērudītus -a -um, *adj* [per-/eruditus] 非常に博学な.

perēsus -a -um, *pp* ⇨ peredo.

perexcelsus -a -um, *adj* [per-/excelsus] 非常に高い.

perexiguē *adv* [↓] 非常にわずかに.

perexiguus -a -um, *adj* [per-/exiguus] 1 非常に小さな[わずかな]. 2 (時間が)非常に短い. 3 きわめて取るに足らない.

perexīlis -is -e, *adj* [per-/exilis] 1 (土地が)やせた. 2° 取るに足らない.

perexoptātus -a -um, *adj* [per-/exoptatus] 熱心に待望された.

perexpedītus -a -um, *adj* [per-/expeditus¹] きわめて容易な.

perexplicātus -a -um, °*adj* [per-/explicatus] 完全に達成された.

perexspectō -āre, °*tr* [per-/exspecto] 大いに待望する.

perfabricō -āre -āvī, *tr* [per-/fabrico] (すっかり)出し抜く, だます.

perfacētē *adv* [↓] 非常に機知に富んで[おもしろく].

perfacētus -a -um, *adj* [per-/facetus] 非常に機知に富んだ[おもしろい].

perfacile *adv* (*neut*) [↓] 1 きわめて容易に. 2 非常に快く[喜んで]. 3 (弁舌が)全くよどみなく.

perfacilis -is -e, *adj* [per-/facilis] 1 非常に容易な. 2 非常に行儀がよい.

perfācundus -a -um, *adj* [per-/facundus] 非常に雄弁[流暢]な.

perfalsus -a -um, *adj* [per-/falsus] 全く真実でない[偽りの].

perfamiliāris¹ -is -e, *adj* [per-/familiaris¹] 非常に親密な.

perfamiliāris² -is, *m* 非常に親しい友.

perfēcī *pf* ⇨ perficio.

perfectē *adv* [perfectus¹] 完全に, 全く.

perfectiō -ōnis, *f* [perficio] 1 完成, 完了, 達成. 2 完全, 完璧.

perfector -ōris, *m* [perficio] 完成者.

perfectrix -īcis, *f* [↑] 完成者《女性》.

perfectus¹ -a -um, *adj* (*pp*) [perficio] 1 成熟した. 2 完成した; 完全な, 完璧な. 3《文》完了時称の.

perfectus² -ūs, *m* 1° 完成. 2 (*pl*) 結果.

perfēcundus -a -um, *adj* [per-/fecundus] 非常に多産の.

perferēns -entis, *adj* (*prp*) [↓] 非常に忍耐強い.

perferō -ferre -tulī -lātum, *tr* [per-/fero] 1 持って行く, 運ぶ ⟨alqd ad [in] alqd⟩: *se perferre* (VERG) 行く, 赴く. 2 伝える, 知らせる ⟨alqd ad alqm⟩. 3 (行動・態度などを)維持する, 持続させる. 4 なし遂げる, 遂行する. 5 (法律を)通過させる, 施行する. 6 甘受する, 我慢する. 7 持ちこたえる, 耐える.

perferre *inf* ⇨ perfero.

Perfica -ae, °*f* [perficio]《神話》ペルフィカ《生殖の女神》.

perficere *inf* ⇨ perficio.

perficiō -cere -fēcī -fectum, *tr* [per-/facio] 1 完成する, なし遂げる. 2 完全[完璧]にする. 3 形づくる, 組み立てる. 4 ひき起こす, もたらす ⟨ut, ne⟩. 5 …にする ⟨+述語⟩. 6 証明する, 決着をつける.

perficus -a -um, *adj* [↑] 完成する.

perfidē *adv* [perfidus] 不実に, 裏切って.

perfidēlis -is -e, *adj* [per-/fidelis] 全く信頼できる.

perfidēns -entis, °*adj* [per-/fido] 全く信頼している.

perfidia -ae, *f* [perfidus] 不実, 裏切り.

perfidiōsē *adv* [↓] 不実に, 背信的に.

perfidiōsus -a -um, *adj* [perfidia] 不実な, 裏切りの.

perfidus -a -um, *adj* [per-/fides¹] 不実な, 裏切りの.

perfīgō -ere -fixī -fixum, *tr* [per-/figo] 突き刺す, 刺し貫く.

perfixī *pf* ⇨ perfigo.

perfixus -a -um, *pp* ⇨ perfigo.

perflābilis -is -e, *adj* [per-/flo] 1 風が通り抜けられる, 風通しのよい. 2° 動かされやすい.

perflāgitiōsus -a -um, *adj* [per-/flagitiosus] 非常に恥ずべき[不面目な].

perflātus¹ -a -um, *pp* ⇨ perflo.

perflātus² -ūs, *m* 風通し, 空気の流れ.

perflētus -a -um, *adj* [per-/fleo] 涙に暮れた.

perflō -āre -āvī -ātum, *tr, intr* [per-/flo] I (*tr*) 1 吹いて通る, 吹き抜ける. 2 吹いて運ぶ. II (*intr*) (風が)絶えず吹く.

perfluctuō -āre, *tr* [per-/fluctuo] 埋め尽くす, ふさぐ.

perfluō -ere -fluxī -fluxum, *intr* [per-/fluo] 1 通って流れる ⟨per alqd⟩. 2 流れる ⟨in [ad] alqd⟩. 3 (汗などが)流れ出る, したたる ⟨re⟩. 4 (長衣が)ゆったりとたれる.

perfluus -a -um, *adj* [↑] 流れるような; なよなよとした.

perfluxī *pf* ⇨ perfluo.

perfluxus -a -um, *pp* ⇨ perfluo.

perfodere *inf* ⇨ perfodio.

perfōdī *pf* ⇨ perfodio.

perfodiō -dere -fōdī -fossum, *tr* [per-/fodio] 1 穴をあける; 刺し[突き]通す. 2 (水路などを)掘って作る. 3 穴を掘る.

perforāns -antis, °*adj* (*prp*) [perforo]《病》穿孔性の, 貫通の.

perforātiō -ōnis, *f* [perforo] 1《碑》掘削. 2°《病》穿孔.

performīdolōsus -a -um, °*adj* [per-/formidolosus] 非常に怖がりの.

perforō -āre -āvī -ātum, *tr* [per-/foro] 1 穴をあ

ける, 突き通す. 2 掘り抜く.
perfortiter *adv* [per-/fortiter] 非常に勇敢に.
perfossiō -ōnis, °*f* [perfodio] 穴をあけること.
perfossor -ōris, *m* [perfodio] (盗みのために壁に)穴をあける者, 押入り強盗.
perfossus -a -um, *pp* ⇒ perfodio.
perfractus -a -um, *pp* ⇒ perfringo.
perfragilis -is -e, °*adj* [per-/fragilis] きわめてもろい.
perfrēgī *pf* ⇒ perfringo.
perfremō -ere -fremuī, *intr* [per-/fremo] 大声でうなる.
perfremuī *pf* ⇒ perfremo.
perfrequens -entis, *adj* [per-/frequens] 非常によく人の集まる, 非常に人出の多い.
perfricātiō -ōnis, *f* [↓] こすること, マッサージ.
perfricō -āre -fricuī -frīcātum [-frictum], *tr* [per-/frico] (一面を)こする: *os* [*frontem, faciem*] *perfricare* (Cɪᴄ [Mᴀʀᴛ, Qᴜɪɴᴛ]) 赤面しないように顔をこする (=羞恥心を捨てる).
perfrictiō[1] -ōnis, *f* [perfrigesco] 悪寒.
perfrictiō[2] -ōnis, *f* [perfrico] すり傷.
perfrictus -a -um, *pp* ⇒ perfrico.
perfricuī *pf* ⇒ perfrico.
perfrīgefacere *inf* ⇒ perfrigefacio.
perfrīgefaciō -ere, *tr* [per-/frigeo/facio] ぞっとさせる, 震えあがらせる.
perfrīgescō -ere -frīxī, *intr* [per-/frigesco] 1 冷たくなる. 2 かぜをひく, 寒けがする.
perfrīgidus -a -um, *adj* [per-/frigidus] 非常に冷たい[寒い].
perfringō -ere -frēgī -fractum, *tr* [per-/frango] 1 押し入る, 突き破る. 2 破砕する, 粉々に砕く. 3 (人を)破滅[零落]させる. 4 (法・習慣などを)くつがえす, 無効にする.
perfrīvolus -a -um, °*adj* [per-/frivolus] 全く取るに足らない.
perfrīxī *pf* ⇒ perfrigesco.
perfrūctus -a -um, *pp* ⇒ perfruor.
perfruī *inf* ⇒ perfruor.
perfruor -fruī -fructus sum, *intr dep* [per-/fruor] 1 十分に享受する ⟨re⟩. 2 遂行する.
perfūdī *pf* ⇒ perfundo.
perfuga -ae, *m* [perfugio] 1 逃亡者, 脱走兵. 2 裏切り者.
perfugere *inf* ⇒ perfugio.
perfūgī *pf* ⇒ perfugio.
perfugiō -gere -fūgī, *intr* [per-/fugio] 1 避難する, 逃げ込む ⟨ad alqm; ad [in] alqd⟩. 2 脱走する; (敵方に)寝返る.
perfugium -ī, *n* [↑] 1 避難所, 逃げ場, 隠れ場. 2 逃げ口上.
perfūnctiō -ōnis, *f* [perfungor] 遂行, 達成.
perfūnctōriē °*adv* [↓] おざなりに, いいかげんに.
perfūnctōrius -a -um, °*adj* [↓] おざなりの, うわべだけの.
perfūnctus -a -um, *pp* ⇒ perfungor.
perfundō -ere -fūdī -fūsum, *tr* [per-/fundo[2]] 1 ぬらす, 浸す; 染める. 2 (*pass*, *refl*) 水浴びをする. 3 まく, 振りかける. 4 満たす, いっぱいにする: *simul pudore et gaudio perfusus* (Lɪᴠ) きまり悪さと同時に喜びでもいっぱいになって.
perfungī *inf* ⇒ perfungor.
perfungor -gī -functus sum, *intr* (*tr*) *dep* [per-/fungor] 1 なし遂げる, 達成する, 果たす ⟨re; alqd⟩. 2 (苦難などを)経験する, 耐える. 3 味わう, 享受する.
perfurō -ere, *intr* (*tr*) [per-/furo] 荒れ狂う.
perfūsiō -ōnis, *f* [perfundo] 水を注ぐこと, ぬらすこと.
perfūsor -ōris, *m* [perfundo] 《碑》入浴者に水を注きかける奴隷.
perfūsōriē *adv* [↓] おおざっぱに, あいまいに.
perfūsōrius -a -um, *adj* [perfundo] 1 うわべだけの, 浅薄な. 2 不明確な, あいまいな.
perfūsus -a -um, *pp* ⇒ perfundo.
Perga -ae, *f* [*Gk*] ペルガ《Pamphylia の町》.
Pergama -ōrum, *n pl* [*Gk*] ペルガマ《Troja の城塞》.
pergamēna -ae, °*f* [↓] 羊皮紙.
Pergamēnus -a -um, *adj* Pergamum[2] の.
Pergameus -a -um, *adj* 1 Pergamum[2] の. 2 Troja の; 《詩》ローマ人の.
Pergamum[1] -ī, *n* =Pergama.
Pergamum[2], **-on** *n*, **-us, -os** -ī, *f* [*Gk*] ペルガムム, *ペルガモン《Mysia の町; 同名の王国の首都; Aesculapius の神殿と図書館で有名》.
pergaudeō -ēre, *intr* [per-/gaudeo] 大いに喜ぶ.
pergnārus -a -um, *adj* [per-/gnarus] 熟知[精通]した ⟨alcis rei⟩.
pergō -ere perrēxī perrectum, *intr* (*tr*) [per-/rego] 1 進む, 行く, 前進する ⟨ad alqd [alqm]⟩. 2 続ける, 続行する; 続けて言う ⟨+*inf*⟩.
pergracilis -is -e, *adj* [per-/gracilis] 非常に細い.
pergraecor -ārī, *intr dep* [per-/graecor] ギリシア人のようにふるまう.
pergrandescō -ere, *intr* [per-/grandesco] 非常に大きくなる.
pergrandis -is -e, *adj* [per-/grandis] 1 非常に大きな. 2 ~ *natu* (Lɪᴠ) 非常に高齢の.
pergraphicus -a -um, *adj* [per-/graphicus] 巧みに描かれた, 巧妙な.
pergrātus -a -um, *adj* [per-/gratus] 大いに喜ばれる.
pergravis -is -e, *adj* [per-/gravis] 非常に重大[深刻]な.
pergraviter *adv* [↑] 非常に重大[深刻]に.
pergula -ae, *f* [pergo] 1 (家の)正面の突出部; 店, 売り場, 仕事場. 2 学校. 3 売春宿. 4 (ブドウのつるをはわせた)あずまや. 5 小屋, あばら屋.
Pergus -ī, *m* ペルグス《Sicilia 島の Henna 付近の湖》.
perhauriō -īre -hausī -haustum, *tr* [per-/haurio] 飲みほす.
perhausī *pf* ⇒ perhaurio.
perhaustus -a -um, *pp* ⇒ perhaurio.
perhibeō -ēre -hibuī -hibitum, *tr* [per-/habeo] 1 提供する, 与える: *testimonium perhibere* (Vᴀʀʀ)

証言する, 証人となる. **2** 主張する; 呼ぶ, 称する〈alqd; +acc c. inf〉: *ut Graii perhibent* (VERG) ギリシア人が言うところでは. **3** (…に)帰する〈alqd alci rei〉.

perhiemō -āre, *intr* [per-/hiemo] 冬を過ごす, 越冬する.

perhīlum *adv* [per-/hilum] ごくわずか, ほんの少々.

perhonestus -a -um, °*adj* [per-/honestus] 大いに尊敬すべき[りっぱな].

perhonōrificē *adv* [↓] 大いに敬意を表して.

perhonōrificus -a -um, *adj* [per-/honorificus] **1** 大いに敬意を表する. **2** 大きな名誉をもたらす.

perhorreō -ēre, *tr* [per-/horreo] 大いに身震いしている[恐れている].

perhorrescō -ere -horruī, *intr, tr inch* [↑] 大いに身震いする(ひるむ, 恐れる)(ようになる)〈ne; +inf〉.

perhorridus -a -um, *adj* [per-/horridus] 非常に恐ろしい[ぞっとするような].

perhorruī *pf* ⇒ perhoresco.

perhūmāniter *adv* [↓] 非常に親切に.

perhūmānus -a -um, *adj* [per-/humanus¹] 非常に親切な[思いやりのある].

perhumilis -is -e, °*adj* [per-/humilis] 背丈のきわめて低い, 発育の悪い.

Periander, -drus -drī, *m* [Gk] ペリアンデル, *-ドロス《Corinthus の僭主 (前625?-?585); ギリシア七賢人の一人》.

periboētos -os -on, *adj* [Gk] 有名な, 著名な.

peribolus -ī, °*m* [Gk] (神殿内の)境の壁[石垣]; 境内.

pericardītis -ditidis, °*f* 【病】心膜炎.

pericardium -ī, °*n* [Gk] 【解】心膜, 囲心嚢.

pericarpium -ī, °*n* [Gk] 【植】果皮.

pericarpum -ī, *n* [Gk] 球根の一種.

perichondrium -ī, °*n* 【解】軟骨膜.

Periclēs -is [-ī], *m* [Gk] ペリクレース《Athenae の全盛時代をもたらした政治家・将軍 (前490?-429)》.

perīclitābundus -a -um, *adj* [periclitor] 試す〈+acc 〈gen〉.

perīclitātiō -ōnis, *f* [periclitor] 試み, 試し.

perīclitātus -a -um, *pp* ⇒ periclitor.

perīclitor -ārī -ātus sum, *tr, intr dep* [periculum] **I** (*tr*) **1** 試す, 試験する. **2** 危険にさらす, 危くする. **II** (*intr*) **1** 危険になまにに, 危険である〈re; +inf〉. **2** 試す; 危険を冒す〈in re〉.

perīclum -ī, *n* = periculum.

Periclymenus -ī, *m* [Gk] 【伝説】ペリクリュメヌス, *-ノス《Neleus の子で Nestor の兄弟; Argonautae の一人》.

pericopē -ēs, °*f* [Gk] (書物の)一節.

pericrānium -ī, °*n* 【解】頭蓋骨膜.

perīculōsē *adv* [↓] 危険なまでに, 危険を冒して.

perīculōsus -a -um, *adj* [↓] 危険な, 危険を生ずる[伴う].

perīc(u)lum -ī, *n* [*cf.* experior] **1** 試み, 試し: ~ *facere alcis rei*〈Cic〉あることを試す[やってみる]. **2** 危険; ~ *est, ne*〈Cic〉…の危険がある / *meo periculo*〈Cic〉私の責任で. **3** 訴訟, 裁判. **4** 調書, 判決.

peridōneus -a -um, *adj* [per-/idoneus] 非常に適した[ふさわしい]〈alci rei; ad alqd〉.

periēgēticus -ī, °*m* [Gk] 旅行記作者.

periī *pf* ⇒ pereo.

Perillus -ī, *m* [Gk] ペリッルス, *-ロス《Athenae 出身の金物細工師(前6世紀); Agrigentum の僭主 Phalaris のために, その中に人を入れてあぶり殺す真鍮製の牝牛を造った》.

perillūstris -is -e, *adj* [per-/illustris] **1** 非常に顕著な. **2** 大いに尊敬されている.

perilympha -ae, °*f* 【解】外リンパ.

perimbēcillus -a -um, *adj* [per-/imbecillus] 非常に弱い.

Perimēdēus -a -um, *adj* Thessalia の王 Aeolus の娘 Perimede の; 魔法の.

Perimēlē -ēs, *f* [Gk] 【伝説】ペリメーレー《Hippodamas の娘; 河神 Achelous に愛され, 同名の島に変えられた》.

perimētrītis -tidis, °*f* 【病】子宮外膜炎.

perimētrium -ī, °*n* 【解】子宮外膜.

perimetros -ī, *f* [Gk] 周囲.

perimō -ere -ēmī -emptum, *tr* [per-/emo] **1** 絶滅させる, 滅ぼす. **2** 命を奪う, 殺す. **3** 無効にする, だいなしにする.

perimpedītus -a -um, *adj* [per-/impeditus] 障害物のきわめて多い, 非常に通過困難な.

perimpleō -ēre -ēvī, °*tr* [per-/impleo] 完全に満たす[果たす].

perimplēvī *pf* ⇒ perimpleo.

perimproprius -a -um, °*adj* [per-/improprius] 非常に逆説的な.

perimysium -ī, °*n* 【解】筋周膜.

perinānis -is -e, *adj* [per-/inanis] 全く空虚[無価値]な.

perincertus -a -um, *adj* [per-/incertus] きわめて不確実な[疑わしい].

perincommodē *adv* [↓] きわめて都合悪く.

perincommodus -a -um, *adj* [per-/incommodus] きわめて都合の悪い.

perinde *adv* [per-/inde] 同様に; 同程度に: ~ *[atque]* ちょうど…のように / ~ *atque ego putarem* (CIC) まさしく私が予想していたように / ~ *ac si* あたかも…のように / ~ *ac si Hannibal Alpes jam transisset* (LIV) すでに Hannibal がアルプスを越えたかのように.

perindigeō -ēre, °*intr* [per-/indigeo] 非常に困窮している.

perindignē *adv* [per-/indigne] 非常に憤慨して.

perindignus -a -um, °*adj* [per-/indignus] 全くふさわしくない.

perindulgēns -entis, *adj* [per-/indulgens] 非常に寛大な.

perineptus -a -um, °*adj* [per-/ineptus] 非常に不適切な.

perinēum -ī, °*n* [Gk]【解】会陰(ﾀﾆ)部.

perineurium -ī, °*n* 【解】神経周膜.

perīnfāmis -is -e, *adj* [per-/infamis] 非常に評判の悪い.

perīnfirmus -a -um, *adj* [per-/infirmus] **1** 非常に弱い. **2** 根拠のきわめて薄弱な.

peringeniōsus -a -um, *adj* [per-/ingeniosus] 非常に才能[才気]のある.
peringrātus -a -um, *adj* [per-/ingratus] きわめて恩知らずの.
perinīquus -a -um, *adj* [per-/iniquus¹] **1** きわめて不当な. **2** 非常に不満な[つらい].
perinjūrius -a -um, *adj* [per-/injurius] きわめて不当な.
perinsignis -is -e, *adj* [per-/insignis] 非常に顕著な.
perinteger -gra -grum, *adj* [per-/integer] 非常にりっぱな[高潔な].
perintempestīvus -a -um, *adj* [per-/intempestivus] 全く時機を失した.
Perinthius -a -um, *adj* Perinthus の.
Perinthus -ī, *f* [*Gk*] ペリントゥス, *-トス《Thracia の町》.
perinvalidus -a -um, *adj* [per-/invalidus] 非常に弱い.
perinvīsus -a -um, *adj* (*pp*) [per-/invisus²] 大いに嫌われた.
perinvītus -a -um, *adj* [per-/invitus] 全く気が進まない.
periodicus -a -um, *adj* [*Gk*] 周期的な.
periodus -ī, *f* [*Gk*] 〔修〕完全文.
periorbita -ae, °*f* 〔解〕眼窩(がんか)骨膜.
periosteum -ī, *n* [*Gk*] 〔解〕骨膜.
periostītis -titidis, °*f* 〔病〕骨膜炎.
Peripatēticus¹ -a -um, *adj* [*Gk*] 逍遥学派の.
Peripatēticus² -ī, *m* 逍遥学派の哲学者.
peripetasmata -um, *n pl* [*Gk*] おおい, カーテン, 敷物.
Periphās -antis, *m* [*Gk*] 〔伝説〕ペリパース《Attica の王; Juppiter によって鷲に変えられた》.
peripherēs -es, °*adj* [*Gk*] 取り囲む.
peripherīa -ae, °*f* [*Gk*] 周縁.
periphorētus -ī, *m* [*Gk*] 運び回られる人《どこへでも担いかごで旅をした男のあだ名》.
periphrasis -is, *f* [*Gk*] 〔修〕迂言法; 迂言的表現(=circumlocutio).
periplūs -ī, *m* [*Gk*] 周航.
peripneumonia -ae, °*f* [*Gk*] 〔病〕肺炎.
peripneumonicus -a -um, *adj* [↑] 肺炎の.
peripsēma -atis, °*n* [*Gk*] くず, 廃物, 汚物.
peripteros -os -on, *adj* [*Gk*] 列柱に囲まれた.
perīrātus -a -um, *adj* [per-/iratus] 非常に怒った〈alci〉.
perīre *inf* ⇨ pereo.
periscelis -idis, *f* [*Gk*] 足首飾り.
perispōmenon -ī, °*n* [*Gk*] 〔文〕《ギリシア語で》最終音節に曲アクセントのある語.
perissologia -ae, °*f* [*Gk*] 〔修〕むだで余計な表現, 贅語[冗語]法.
peristalsis -is, °*f* 〔生理〕蠕動(ぜんどう).
peristasis -is, *f* [*Gk*] 〔弁論の〕題目, 主題.
peristereos -ī, *m* [*Gk*] 〔植〕クマツヅラ属の植物.
peristrōma -atis, *n* [*Gk*] ベッドカバー.
peristrophē -ēs, °*f* [*Gk*] 〔修〕相手側の議論を相手自身にふり向けること.

peristȳlum, -on, -ium -ī, *n* [*Gk*] 〔建〕列柱廊(で囲まれた中庭).
perītē *adv* [peritus²] じょうずに, 巧みに.
perithēcium -ī, °*n* 〔植〕菌類の子嚢殻.
perītia -ae, *f* [peritus²] (経験から体得される)知識, 技能.
peritonaeos -os -on, °*adj* [*Gk*] 腹膜の.
peritonaeum -ī, °*n* [*Gk*] 〔解〕腹膜.
perītus¹ -a -um, *pp* ⇨ pereo.
perītus² -a -um, *adj* [*cf*. experior] 経験のある, 熟練した〈+*gen* [*abl*]; ad alqd; +*inf*〉.
perizōma -atis, °*n* [*Gk*] 腰帯.
perjerō -āre, *intr*, (*tr*) =pejero.
perjūcundē *adv* [↓] 非常に愉快に.
perjūcundus -a -um, *adj* [per-/jucundus] 非常に喜ばしい[うれしい].
perjūriōsus -a -um, *adj* [↓] いつも偽証する, 大うそつきの.
perjūrium -ī, *n* [pejero] 偽誓, 偽証.
perjūrō -āre, *intr*, (*tr*) =pejero.
perjūrus -a -um, *adj* [pejero] **1** 偽誓[偽証]した. **2** うそつきの.
perlābī *inf* ⇨ perlabor.
perlābor -ī -lapsus sum, *tr*, *intr dep* [per-/labor¹] すべるように進む〈alqd; in [ad] alqd〉.
perlaetus -a -um, *adj* [per-/laetus] 非常に喜ばしい.
perlapsus -a -um, *pp* ⇨ perlabor.
perlātē *adv* [perlatus] 非常に広く[広範囲に].
perlateō -ēre -latuī, *intr* [per-/lateo] すっかり隠れたままでいる.
perlātiō -ōnis, *f* [perfero] **1** 移すこと, 運ぶこと. **2**° 耐えること.
perlātor -ōris, °*m* [perfero] 運搬人.
perlātrīx -īcis, °*f* [↑] 運搬人《女性》.
perlātus -a -um, *pp* ⇨ perfero.
perlaudābilis -is -e, °*adj* [per-/laudabilis] 大いに賞賛するに足る.
perlaxō -āre, °*tr* [per-/laxo] 大いにゆるめる.
perlecebra -ae, *f* [pellicio] 誘惑するもの.
perlectiō -ōnis, *f* =pellectio.
perlectus -a -um, *pp* ⇨ perlego.
perlēgī *pf* ⇨ perlego.
perlegō, pellegō -ere -lēgī -lectum, *tr* [per-/lego²] **1** すみずみまで目を通す, 精査する. **2** 読み通す; (大きな声で)朗読する.
perlepidē *adv* [per-/lepide] 非常に楽しく.
perlevis -is -e, *adj* [per-/levis²] 非常にわずかな[軽度の].
perleviter *adv* [↑] ほんのわずか.
perlexī *pf* ⇨ perlicio.
perlibēns -entis, *adj* (*prp*) [perlibet] 非常に乗り気な[喜んでいる]: *me perlubente* (CIC) 私の大きな喜びとして.
perlibenter *adv* [↑] 非常に喜んで.
perliberālis -is -e, *adj* [per-/liberalis] 非常に育ちのよい[上品な].
perliberāliter *adv* [↑] 非常に気前よく.
perlibet -ēre, *intr impers* [per-/libet] 非常に好

ましい: ~ mihi ⟨+inf⟩ 私は大いに…したい.

perlībrātiō -ōnis, f [↓] 水平面を定めること.

perlībrō -āre -āvī -ātum, tr [per-/libro] 1 水平面を正確に定める, 水平にする. 2 (武器を)振りまわす, かざす.

perliciō -cere, tr =pellicio.

perliniō -īre, °tr =perlino.

perlinō -ere -litum, tr [per-/lino] 一面に塗る.

perlitō -āre -āvī -ātum, intr [per-/lito] 犠牲式によって吉兆を得る ⟨re; alci rei⟩.

perlitterātus -a -um, adj [per-/litteratus¹] 非常に博学な.

perlitus -a -um, pp ⇨ perlino.

perlongē adv [perlongus] 非常に遠く離れて.

perlonginquus -a -um, adj [per-/longinquus] 非常に長期間の.

perlongus -a -um, adj [per-/longus] 非常に長い.

perlub- ⇨ perlib-.

perlūceō, pellūceō -ēre -lūxī, intr [per-/luceo] 1 光を放つ, 輝き出る. 2 透けて見える. 3 光を通す, 透明である. 4 明白である.

perlūciditās -ātis, f [perlucidus] 透明.

perlūcidulus -a -um, adj dim [↓] (やや)透明な.

perlūcidus -a -um, adj [per-/lucidus] 1 透明な. 2 輝いている. 3 明白な, わかりやすい.

perluctuōsus -a -um, adj [per-/luctuosus] 非常に悲しむべき.

perluī pf ⇨ perluo.

perluō -ere -luī -lūtum, tr [per-/luo¹] すっかり洗う; (refl, pass) 水浴びをする.

perlūstrō -āre -āvī -ātum, tr [per-/lustro²] 1 歩きまわる. 2 目を通す, 調べる: animo perlustrare (Cic) 検討する. 3 すっかり清める.

perlūtus -a -um, pp ⇨ perluo.

perlūxī pf ⇨ perluceo.

permacer -cra -crum, adj [per-/macer] 1 (肉が)脂肪のない. 2 (土壌が)非常にやせた.

permadefacere inf ⇨ permadefacio.

permadefaciō -cere, tr [per-/madefacio] すっかり浸す.

permadēscō -ere -maduī, intr [per-/madesco] 1 水に浸る, びしょぬれになる. 2 柔弱になる.

permaduī pf ⇨ permadesco.

permaestus -a -um, adj [per-/maestus] 非常に悲しんでいる.

permagnificus -a -um, °adj [per-/magnificus] 非常に豪華な.

permagnō adv (abl) [↓] (sc. pretio) 非常に高価に.

permagnus -a -um, adj [per-/magnus] 1 非常に大きい. 2 非常に多数[多量]の. 3 非常に重大[重要]な: quod permagni interest (Cic) きわめて重要なこと / permagni aestimo (Cic) 私は非常に高く評価する.

permānanter adv [permano] 浸透して, 行きわたって.

permānāscō -ere, intr inch [permano] 入り込む, 達する.

permanēns -entis, adj (prp) [↓] 1 長く続く. 2° 永遠の.

permaneō -ēre -mansī -mansum, intr [per-/maneo] 1 とどまる ⟨in re⟩. 2 (ある態度・状態を)続ける, 持続する ⟨in re⟩: in sententia permanere (Cic) 考えを変えない / innuba ~ (Ov) 私は未婚のままでいる. 3 存続する, 残る: quasi etiam post mortem tyranni saevitiā permanente (Suet) まるで暴君の死んだ後でもなお残酷さが残っているかのように.

permānō -āre -āvī -ātum, intr (tr) [per-/mano] 1 浸透する, 染みとおる ⟨in [ad] alqd; alqd⟩. 2 入り込む, 達する: ad aures alcis permanare (Cic) ある人の耳に達する.

permansī pf ⇨ permaneo.

permansiō -ōnis, f [permaneo] 1 滞留. 2 持続, 継続.

permansus -a -um, pp ⇨ permaneo.

permarīnus -a -um, adj [per-/marinus] (神々が)航海を護る.

permātūrēscō -ere -ruī, intr inch [↓] 十分に熟する(ようになる), 完熟する.

permātūrō -āre -āvī, intr [per-/maturo] 十分に熟する.

permātūruī pf ⇨ permaturesco.

permātūrus -a -um, adj [per-/maturus] 十分に熟した.

permeābilis -is -e, °adj [permeo] 通過できる, 横切ることができる.

permeātor -ōris, °m [permeo] 入り込む人.

permeātus -ūs, m [permeo] 通じ, 便道.

permediocris -is -e, adj [per-/mediocris] 非常に中庸を得た.

permeditātus -a -um, adj [per-/meditor] よく下稽古をした.

permedius -a -um, °adj [per-/medius] まんまん中の.

permensus -a -um, pp ⇨ permetior.

permeō -āre -āvī -ātum, tr, intr [per-/meo] 1 渡る, 横切る. 2 浸透する, 染みとおる.

permereō -ēre -meruī, intr [per-/mereo] 兵役[軍務]を完了する.

Permēssis -idos [-idis], f [Gk] 【神話】Permessus 川のニンフ.

Permēssus -ī, m [Gk] ペルメーッスス, *-ソス 《Helicon 山に発する Boeotia の川; Apollo と Musae にささげられた》.

permētior -īrī -mensus sum, tr dep [per-/metior] 1 正確に計る. 2 渡る, 横切る. 3 満了[完了]する.

permīlitō -āre -āvī, °intr [per-/milito] 兵役を完了する.

permingō -ere -minxī, tr [per-/mingo] 一面に放尿する; けがす.

perminxī pf ⇨ permingo.

permīrābilis -is -e, °adj [per-/mirabilis] 非常に驚くべき.

permīrandus -a -um, adj [per-/mirandus] = permirus.

permīrus -a -um, *adj* [per-/mirus] 非常に驚くべき.

permisceō -ēre -miscuī -mixtum, *tr* [per-/misceo] **1** 完全に混ぜ合わせる ⟨alqd cum re⟩. **2** 結合する, 合体させる. **3** 巻き添えにする, 巻き込む. **4** 混同する, ごっちゃにする. **5** 混乱させる.

permisī *pf* ⇨ permitto.

permissiō -ōnis, *f* [permitto] **1** 降服. **2** 《修》譲歩. **3** 許可.

permissum -ī, *n* [↓] =permissus².

permissus¹ -a -um, *pp* ⇨ permitto.

permissus² -ūs, *m* 許可, 認可.

permitiēs -ēī, *f* 《古形》=pernicies.

permitis -is -e, *adj* [per-/mitis] (果物が)よく熟して水気の多い.

permittō -ere -mīsī -missum, *tr* [per-/mitto] **1** 行かせる; (飛び道具を)投げる, 発射する. **2** 好きにさせる. **3** 放す, ゆるめる. **4** 引き渡す, 譲る: *se suaque omnia in fidem atque in potestatem populi Romani permittere* (Caes) 自分たちと自分たちの所有物すべてをローマ国民の保護と権力のもとに引き渡す. **5** ゆだねる, 託す: *senatus electionem Galbae permiserat* (Tac) 元老院は選択をGalbaに一任していた. **6** 与え, 授ける. **7** 許す, 許可する ⟨alci ut; alci+*inf*; + *acc c. inf*⟩.

permixtē, -mixtim *adv* [permixtus] ごちゃごちゃに, 雑多に.

permixtiō -ōnis, *f* [permisceo] **1** (十分な)混合. **2** 混合物. **3** 混乱.

permixtus -a -um, *adj* (*pp*) [permisceo] **1** 混成の, 合成の. **2** 混乱した.

permodestus -a -um, *adj* [per-/modestus] 非常に控えめな[慎み深い].

permodicē *adv* [↓] ごくわずか, ほんの少し.

permodicus -a -um, *adj* [per-/modicus] ごく小さい[わずかな].

permolestē *adv* [↓] 非常に煩わしく.

permolestus -a -um, *adj* [per-/molestus] 非常に煩わしい.

permollis -is -e, *adj* [per-/mollis] 非常に柔らかい.

permolō -ere -moluī, *tr* [per-/molo] (臼で)よくひく.

permoluī *pf* ⇨ permolo.

permoror -ārī, *intr dep* [per-/moror] 長い間ぐずぐずする[とどまる].

permōtiō -ōnis, *f* [permoveo] **1** (心を)かき乱すこと. **2** 激しい感情, 情動.

permōtus -a -um, *pp* ⇨ permoveo.

permoveō -ēre -mōvī -mōtum, *tr* [per-/moveo] **1** 激しく(揺り)動かす, かきまわす. **2** 促す, そそのかす. **3** (心を)かき乱す, 動揺させる. **4** (感情を)起こさせる, かきたてる.

permōvī *pf* ⇨ permoveo.

permulceō -ēre -mulsī -mulsum [-mulctum], *tr* [per-/mulceo] **1** なでる, さする. **2** (感情を)静める, なだめる. **3** (苦痛・不快感を)和らげる, 軽くする. **4** 喜ばせる, 魅する.

permulsī *pf* ⇨ permulceo.

permulsiō -ōnis, °*f* [permulceo] (手で)なでること.

permulsus -a -um, *pp* ⇨ permulceo.

permultō *adv* (*abl*) [permultus] (*comp* とともに) はるかに, 断然.

permultum *adv* (*neut*) [↓] 大いに, 非常に.

permultus -a -um, *adj* [per-/multus] 非常に多くの.

permundus -a -um, *adj* [per-/mundus¹] 非常にきれい好きな.

permūniō -ire -īvī [-iī] -ītum, *tr* [per-/munio] **1** 十分に防備を固める. **2** (防壁を)建設し終える.

permūtābilis -is -e, °*adj* [per-/mutabilis] 変えられる.

permūtātim °*adv* 互いに, 相互に.

permūtātiō -ōnis, *f* [↓] **1** 交換. **2** 置き換え. **3** 変更, 変化.

permūtō -āre -āvī -ātum, *tr* [per-/muto¹] **1** 取り替える, 交換する ⟨alqd re⟩. **2** 置き換える. **3** (徹底的に)変える, 変化させる. **4** 売る. **5** 為替手形で送金する; (金を)為替手形で受け取る.

perna -ae, *f* **1** (腿(も)を含む)脚部. **2** (豚の)腿の肉, ハム.

pernārius -ī, *m* [↑] 《碑》ハム商人.

pernecessārius -a -um, *adj* [per-/necessarius¹] **1** 絶対に必要な, 不可欠な. **2** きわめて重大な. **3** 非常に親密な.

pernecesse *indecl adj n* [per-/necesse] 絶対に必要な.

pernecō -āre -āvī, °*tr* [per-/neco] 完全に息の根を止める.

pernegō -āre -āvī -ātum, *tr* [per-/nego] **1** 断固として否定する. **2** きっぱりと断わる, 頑強に拒絶する.

perniciābilis -is -e, *adj* [pernicies] 破滅的な, 致命的な.

perniciālis -is -e, *adj* =perniciabilis.

perniciēs -ēī, *f* [per-/neco] **1** 破滅, 零落. **2** 破滅の原因.

perniciōsē *adv* [↓] 破滅[致命]的に, 有害に.

perniciōsus -a -um, *adj* [pernicies] 破滅的な, 致命的な, 有害な.

pernīcitās -ātis, *f* [pernix] すばやいこと, 敏捷.

pernīciter *adv* [pernix] すばやく, 敏捷に.

perniger -gra -grum, *adj* [per-/niger] まっ黒な.

pernimium *adv* [per-/nimium] あまりにもはなはだしく.

perniō -ōnis, *m* [perna] (足の)しもやけ.

perniteō -ēre, *intr* [per-/niteo] 非常に明るく輝く.

pernix -īcis, *adj* [perna] すばやく動く, 敏捷な.

pernōbilis -is -e, *adj* [per-/nobilis¹] 非常に有名な.

pernoctātiō -ōnis, °*f* [↓] (眠らずに)一夜を過ごすこと.

pernoctō -āre -āvī -ātum, *intr* [pernox] 一夜を過ごす.

Pernōnidēs -ae, *m* [perna] (喜劇中の父称)ハム(perna)の息子.

pernōscō -ere -nōvī -nōtum, *tr* [per-/nosco] **1**

詳しく調べる. **2** 十分に知る. **3** (*pf*) 十分に知って[熟知して]いる.
pernōtēscō -ere -nōtuī, *intr inch* [pernotus] 広く知られるようになる.
pernōtō -āre, °*tr* [per-/noto] 注目する, 注意する.
pernōtuī *pf* ⇨ pernotesco.
pernōtus -a -um, *adj* (*pp*) [pernosco] よく知られた.
pernōvī *pf* ⇨ pernosco.
pernox -noctis, *adj* [per-/nox] 夜通しの.
pernoxius -a -um, *adj* [per-/noxius¹] 非常に有害な.
pernumerō -āre -āvī -ātum, *tr* [per-/numero¹] **1** 数え上げる. **2** すっかり支払う.
pērō -ōnis, *m* 生皮の長靴.
Pērō -ōnis, *f* [*Gk*] 〖伝説〗ペーロー《Neleus の娘で Nestor の姉妹》.
perobscūrus -a -um, *adj* [per-/obscurus] 非常にあいまいな.
perōdī -disse -dissum, *tr* [per-/odi] (*pf* 形で *pr* の意味) ひどく嫌って[憎んで]いる.
perodiōsus -a -um, *adj* [per-/odiosus] 非常に煩わしい[いらいらさせる].
perofficiōsē *adv* [per-/officiose] 非常に親切に[丁重]に.
peroleō -ēre -uī [-ēvī], *intr* [per-/oleo] 悪臭を放つ.
peropācus -a -um, °*adj* [per-/opacus] 非常に暗い.
peropportūnē *adv* [↓] **1** 非常に有利に. **2** 非常に折よく[好都合に].
peropportūnus -a -um, *adj* [per-/opportunus] **1** (場所が)非常に有利な. **2** 非常に折よい[好都合な].
peroptātō *adv* (*abl*) [↓] 全く望みどおりに.
peroptātus -a -um, *adj* [per-/optatus] 待望の.
peropus *adv* [per-/opus] ～ *est* ⟨+*acc c. inf*⟩ 絶対に必要である.
perōrātiō -ōnis, *f* [peroro] (弁論の)結びの部分, 締めくくり.
perōrnātus -a -um, *adj* (*pp*) [↓] (文体が)非常に凝った[装飾的な].
perōrnō -āre -āvī -ātum, *tr* [per-/orno] 大いに光彩を添える[栄誉を与える].
perōrō -āre -āvī -ātum, *tr* (*intr*) [per-/oro] **1** 初めから終わりまで弁論を行なう, 徹底的に弁護する. **2** 締めくくる, 結末をつける.
perōsē *adv* [↓] ひどく憎んで.
perōsus -a -um, *adj* (*pp*) [perodi] **1** ひどく嫌って[憎んで]いる ⟨alqm [alqd]⟩. **2°** 徹底的に嫌われた[憎まれた].
perpācō -āre -āvī -ātum, *tr* [per-/paco²] 完全に鎮圧[平定]する.
perpallidus -a -um, *adj* [per-/pallidus] 非常に青白い.
perparcē *adv* [per-/parce] 非常にけちけちして.
perparum °*adv* [per-/parum²] ごくわずか.
perparvulus -a -um, *adj dim* [per-/parvulus¹] 非常に小さい.

perparvus -a -um, *adj* [per-/parvus¹] 非常に小さい.
perpascor -ī, *tr dep* [per-/pasco] (溶岩流が土地を)荒廃させる.
perpastus -a -um, *adj* (*pp*) [per-/pasco] 栄養の十分な, よく肥えた.
perpaucī -ae -a, *adj pl* [per-/paucus] ごくわずかな.
perpauculī -ae -a, *adj pl dim* [↑] ごくわずかな.
perpaulum -ī, *n* [per-/paulum¹] ごくわずか.
perpauper -eris, *adj* [per-/pauper] 非常に貧乏な.
perpauxillum -ī, *n* [per-/pauxillum¹] ごくわずか.
perpavefacere *inf* ⇨ perpavefacio.
perpavefaciō -ere -fēcī -factum, *tr* [per-/pavefacio] ひどく恐れさせる.
perpellō -ere -pulī -pulsum, *tr* [per-/pello] **1** 強く押す. **2** 深く印象づける ⟨alqm⟩. **3** 強いる, 駆りたてる ⟨alqm [alqd]; ut, ne; +*acc c. inf*⟩.
perpendī *pf* ⇨ perpendo.
perpendiculāris -is -e, *adj* [perpendiculum] 垂直の, 直立した.
perpendiculātor -ōris, °*m* [↓] (下げ振り線で測量する)石工.
perpendiculum -ī, *n* [↓] **1** 下げ振り線. **2** 垂線, 垂直面: *ad* ～ (Caes) 垂直に.
perpendō -ere -pendī -pensum, *tr* [per-/pendo] **1** 入念に計る. **2** 熟考[吟味]する, 慎重に判断[評価]する.
perpensātiō -ōnis, *f* [perpenso] 比較考量, (慎重な)評価.
perpensē °*adv* [perpensus] 慎重に, 熟考して.
perpensiō -ōnis, °*f* [perpendo] 熟考.
perpensō -āre, *tr freq* [perpendo] 慎重に評価する, 熟考する.
perpensum -ī, °*n* [↓] (測量用の)照準儀.
perpensus -a -um, *pp* ⇨ perpendo.
perperam *adv* (*f sg acc*) [perperus] 偽って, 不正に; 誤って.
perperē °*adv* [perperus] 誤って.
Perperna, -penna -ae, *m* ペルペルナ《ローマ人の家名》.
perperus -a -um, *adj* つむじ曲がりの, 頑迷な.
perpes -etis, *adj* [*cf.* praepes] 継続する, とぎれない: *noctem perpetem* (Plaut) 一晩中.
perpessīcius, -tius -a -um *adj* [perpetior] 大いに耐えた; 忍耐強い.
perpessiō -ōnis, *f* [perpetior] (最後まで)耐えること.
perpessus -a -um, *pp* ⇨ perpetior.
perpetī *inf* ⇨ perpetior.
perpetim *adv* [perpes] 絶えず, 間断なく.
perpetior -tī -pessus sum, *tr dep* [per-/patior] **1** (苦難を)十分に味わう[経験する]. **2** 最後まで耐える.
perpetītus -a -um, *adj* [per-/peto] (ある状態に)なった, 変えられた.
perpetrābilis -is -e, °*adj* [perpetro] 許される,

差しつかえない.
perpetrātiō -ōnis, °f [perpetro] 実行, 遂行.
perpetrātor -ōris, °m [↓] 実行者, 遂行者.
perpetrō -āre -āvī -ātum, tr [per-/patro] なし遂げる, 遂行する.
perpetuālis -is -e, adj [perpetuus] 1 《碑》永遠の. 2 一般的な, 普遍的な.
perpetuāliter °adv [↑] 永遠に.
perpetuārius -a -um, adj [perpetuus] いつまでも同じ仕事[職]に就いている.
perpetuē adv [perpetuus] 絶えず, 間断なく.
perpetuitās -ātis, f [perpetuus] 1 連続, 継続. 2 永久, 永続性.
perpetuō[1] -āre -āvī -ātum, tr [perpetuus] 1 継続する, (間断なく)続ける. 2 永続させる.
perpetuō[2] adv (abl) 1 連続して, 間断なく, 絶えず. 2 永久に, いつまでも.
perpetuum adv (neut) [↓] 1 絶えず, 常に. 2 永久に, いつまでも.
perpetuus -a -um, adj [per-/peto] 1 (空間的に)連続した, とぎれない. 2 (時間的に)不断の, 絶え間のない. 3 永続する, 永久の: in perpetuum (sc. tempus) (Cic) 永久に, いつまでも. 4 一生の, 終生の: perpetua dictatura (Cic) 終身独裁官職. 5 慢性の. 6 あまねく通用する, 普遍的な.
perplaceō -ēre, intr [per-/placeo] 非常に好ましい ‹alci›.
perplānus -a -um, °adj [per-/planus[1]] 非常に明白な.
perplexābilis -is -e, adj [perplexor] 当惑させる, わけのわからない.
perplexābiliter adv [↑] 当惑させるように.
perplexē adv [perplexus] わかりにくく, あいまいに.
perplexim adv =perplexe.
perplexitās -ātis, °f [perplexus] 1 混乱, 紛糾. 2 あいまいさ, 不明瞭.
perplexor -ārī, tr dep [↓] 紛糾させる, 混乱させる.
perplexus -a -um, adj [per-/plecto[1]] 1 入り組んだ, からみ合った. 2 わかりにくい, あいまいな.
perplicātus -a -um, adj [per-/plico] からみ合った.
perpluō -ere, intr, tr [per-/pluo] 1 (雨が)染みとおる. 2 雨を染みとおらせる, 雨漏りがする. 3 すっかりぬらす.
perplūrēs -ium, °adj [per-/plures[1]] きわめて多くの.
perplūrimus -a -um, °adj [per-/plurimus] 非常に多くの.
perpluvium -ī, °n [per-/pluvius] 豪雨.
perpoliō -īre -īvī [-iī] -ītum, tr [per-/polio[1]] 1 十分に磨く. 2 仕上げる, 完成する.
perpolītē adv [perpolitus] 磨き上げられて, 洗練されて.
perpolītiō -ōnis, f [perpolio] 磨き上げる[洗練する]こと.
perpolītus -a -um, adj (pp) [perpolio] 磨き上げられた, 洗練された.
perpopulor -ārī -ātus sum, tr dep [per-/populor] 徹底的に荒らす.
perpōtātiō -ōnis, f [↓] (長時間の)酒宴.
perpōtō -āre -āvī -ātum, tr, intr [per-/poto] I (tr) 飲みほす. II (intr) 痛飲する, 飲み続ける.
perpressī pf ⇨ perprimo.
perpressus -a -um, pp ⇨ perprimo.
perprimō -ere -pressī -pressum, tr [per-/premo] 強く押す, 押し続ける.
perprobābilis -is -e, °adj [per-/probabilis] 全くありそうな[本当らしい].
perpropinquus[1] -a -um, adj [per-/propinquus[1]] 非常に差し迫った.
perpropinquus[2] -ī, m きわめて近い親族.
perprūrīscō -ere, intr [per-/prurio] 体中がむずむずする.
perpugnax -ācis, adj [per-/pugnax] 非常に攻撃的な.
perpulcher -chra -chrum, adj [per-/pulcher] 非常に美しい.
perpulī pf ⇨ perpello.
perpulsus -a -um, pp ⇨ perpello.
perpurgō -āre -āvī -ātum, tr [per-/purgo] 1 すっかり清める[きれいにする]. 2 (下剤で)通じをつける. 3 説明する, 明白にする. 4 きっぱりかたをつける.
perpusillus -a -um, adj dim [per-/pusillus] 非常に小さい[短い].
perputō -āre -āvī -ātum, tr [per-/puto] きちんと説明する.
perputrēscō -ere -uī, intr [per-/putresco] すっかり腐る.
perquadrātus -a -um, adj [per-/quadratus] 完全な正方形の.
perquam adv [per-/quam] きわめて, 非常に: ~ velim scire (Plin Min) 私は知りたくてたまらない.
perquīrō -ere -quīsīvī -quīsītum, tr [per-/quaero] 1 くまなく捜す. 2 入念に探究する[調べる].
perquīsītē adv [perquisitus] 徹底的に調査して.
perquīsītiō -ōnis, f [perquiro] 調査, 探求.
perquīsītor -ōris, m [perquiro] 捜し出す人.
perquīsītus -a -um, pp ⇨ perquiro.
perquīsīvī pf ⇨ perquiro.
perrādius -ī, °m 《生物》主対称面.
Perranthēs -is -is, m [Gk] ペッランテース《Epirus の, Ambracia 付近の山》.
perrārō adv (abl) [↓] 非常にまれに, めったに…ない.
perrārus -a -um, adj [per-/rarus] 非常にまれな, めったにない.
perreconditus -a -um, adj [per-/reconditus] きわめて深遠な.
perrectus -a -um, pp ⇨ pergo.
perrēpō -ere -repsī -reptum, intr (tr) [per-/repo] はって[こっそり]通る ‹ad alqd; alqd›.
perrepsī pf ⇨ perrepo.
perreptō -āre -āvī -ātum, intr (tr) freq [perrepo] はいまわる, はって通る.
perreptus -a -um, pp ⇨ perrepo.
perrexī pf ⇨ pergo.
Perrhaebia -ae, f [Gk] ペッラエビア, *ペッライビ

ア-《Thessalia 北部の山岳地帯》.

Perrhaebus -a -um, *adj* Perrhaebia の; Thessalia の. **Perrhaebī** -ōrum, *m pl* Perrhaebia の住民.

perrīdiculē *adv* [↓] 非常におもしろく[滑稽に].

perrīdiculus -a -um, *adj* [per-/ridiculus] 非常に滑稽な, 全くばかげた.

perrōdō -ere -sī -sum, *tr* [per-/rodo] 深くむしばむ, 腐食する〈alqd〉.

perrogātiō -ōnis, *f* [perrogo] 1《碑》次々に意見を求めること. 2 (法案の)通過, 可決.

perrogitō -āre -āvī -ātum, *tr freq* [↓] 次々に尋ねる.

perrogō -āre -āvī -ātum, *tr* [per-/rogo] 1 次々に尋ねる〈alqd〉: *perrogare sententias* (Liv) 次々に意見を求める. 2 (法案を提出して)通過させる.

perrumpō -ere -rūpī -ruptum, *tr, intr* [per-/rumpo] 1 押し破る, 突き破る. 2 (法を)犯す, 破る. 3 押し進む, 通り抜ける〈alqd; per [in] alqd〉. 4 (困難・障害などを)打破する, 突破する. 5 押し入る, 侵入する.

perrūpī *pf* ⇨ perrumpo.

perruptus -a -um, *pp* ⇨ perrumpo.

Persa[1] -ae, *f* [Gk]《神話》ペルサ《Oceanus の娘; Sol の妻; Aeetes, Circe, Perses, Pasiphae の母》.

Persa[2] -ae, *m* = Perses[2].

Persae -ārum, *m pl* [Gk] 1 Persia 人. 2《詩》Parthia 人.

persaepe *adv* [per-/saepe] 非常にしばしば.

persalsē *adv* [↓] 非常に機智に富んで.

persalsus -a -um, *adj* [per-/salsus] 非常に機智に富んだ[気のきいた].

persalūtātiō -ōnis, *f* [↓] 次々に挨拶すること.

persalūtō -āre -āvī -ātum, *tr* [per-/saluto] 次々に挨拶する.

persanctē *adv* [↓] 非常におごそかに.

persanctus -a -um, *adj* [per-/sanctus[1]]《碑》非常に崇められた.

persānō -āre -āvī -ātum, *tr* [per-/sano] 完全にいやす.

persānus -a -um, *adj* [per-/sanus] 非常に健康[健全]な.

persapiens -entis, *adj* [per-/sapiens] 非常に賢い.

persapienter *adv* [↑] 非常に賢明に.

perscidī *pf* ⇨ perscindo.

persciens -entis, °*adj* (*prp*) [per-/sciens] 非常によく知って[精通して]いる〈+*acc*〉.

perscienter *adv* [per-/scienter] 非常に巧みに.

perscindō -ere -scidī -scissum, *tr* [per-/scindo] (ずたずたに)引き裂く.

perscissus -a -um, *pp* ⇨ perscindo.

perscītus -a -um, *adj* [per-/scitus[1]] 非常に賢い.

perscrībō -ere -scripsī -scriptum, *tr* [per-/scribo[1]] 1 すっかり書く, 書き記す. 2 作成する, 起草する; 手形を振り出す. 3 (詳細に)記録[記載]する, 報告する〈alqd ad alqm; alci alqd [de re]; +*acc c. inf*〉. 4 (語を)略さずに書く.

perscripsī *pf* ⇨ perscribo.

perscriptiō -ōnis, *f* [perscribo] 1 (詳細な)記録, 記載. 2 手形の振出し.

perscriptitō -āre, °*tr* [perscribo] (省略せずに)すっかり書く.

perscriptor -ōris, *m* [perscribo] (金融の)詳細な記録をとる人.

perscriptūra -ae, °*f* [perscribo] 書き写すこと.

perscriptus -a -um, *pp* ⇨ perscribo.

perscrūtābilis -is -e, °*adj* [perscrutor] 詳しく調査[探索]しうる.

perscrūtātiō -ōnis, *f* [↓] 探索, 調査.

perscrūtor -ārī -ātus sum, *tr dep* [per-/scrutor] 1 くまなく捜す, 探索する. 2 入念に調べる.

persecō -āre -secuī -sectum, *tr* [per-/seco] 1 切り開く, 切り裂く. 2 根絶する. 3 細かく調べる.

persector -ārī -ātus sum, *tr dep freq* [persequor] 1 熱心に追跡する. 2 熱心に探求[追求]する.

persectus -a -um, *pp* ⇨ perseco.

persecuī *pf* ⇨ perseco.

persecūtiō -ōnis, *f* [persequor] 1 追跡. 2 達成, 遂行. 3《法》訴訟(を起こす権利). 4°《キリスト教徒に対する》迫害.

persecūtor -ōris, °*m* [persequor] 1 追跡者. 2 起訴者. 3 (キリスト教徒の)迫害者.

persecūtrix -īcis, °*f* [↑] 追跡者; 迫害者《女性》.

persecūtus -a -um, *pp* ⇨ persequor.

persedeō -ēre -sēdī, *intr* [per-/sedeo] すわったままでいる.

persēdī *pf* ⇨ persedeo, persido.

persegnis -is -e, *adj* [per-/segnis] 非常にだらけた[緩慢な].

Persēis[1] -idis [-idos], *adj f* 1 Persa[1] の. 2 Perseus の.

Persēis[2] -idis [-idos], *f* 1 = Persa[1]. 2 Persa[1] の娘(=Hecate または Circe).

Persēius -a -um, *adj* 1 Persa[1] の. 2 Perseus の;《詩》Argos の.

persenescō -ere, °*intr inch* [↓] 非常に老いる.

persenex -senis, *adj* [per-/senex[1]] 非常に老いた.

persenīlis -is -e, °*adj* [per-/senilis] 非常に老いた.

persensī *pf* ⇨ persentio.

persensus -a -um, *pp* ⇨ persentio.

persentiō -īre -sensī -sensum, *tr* [per-/sentio] 1 はっきりとわかる[気づく]. 2 強く感ずる.

persentiscō -ere, *tr inch* [↑] 1 はっきりとわかる[気づく]ようになる. 2 強く感じ始める〈*abs*〉.

Persephonē -ēs, *f* [Gk]《神話》ペルセポネー《Proserpina のギリシア名》.

persephonium -ī, °*n* [Gk]《植》野生のケシ.

Persepolis -is, *f* [Gk] ペルセポリス《Persia の首都; Achaemenidae 王家の居住地》.

persequax -ācis, *adj* [per-/sequax[1]] 熱心に追う.

persequī *inf* ⇨ persequor.

persequor -quī -secūtus sum, *tr dep* [per-/sequor] 1 (しつこく)ついて行く, あとを追う; 同行[随伴]する. 2 追跡[追撃]する; (繰り返し)攻撃する, (しつこ

く)悩ます。 3 追いつく。 4 復讐する, 罰する; 起訴する。 5 捜す, 捜しまわる; 探求する: *studiose antiqua persequi* (Cɪᴄ) 歴史を熱心に研究する。 6 得ようとする。 7 書き留める, 書きつける。 8 たどる, 踏査する: *dum omnes solitudines persequeris* (Cɪᴄ) あなたがあらゆるへんぴな場所をたどっているうちに。 9 言及する, 述べる。 10 (規則・模範などに)従う, ならう。 11 やり通す, なし遂げる。

perserō¹ -ere -seruī, *tr* [per-/sero¹] (糸などを)通す.

perserō² -ere -sēvī, °*tr* [per-/sero²] (種を)まく.

Persēs¹ -ae, *m* [*Gk*] ペルセース《(1)《伝説》Sol と Persa の息子; Aeetes や Circe の兄弟. (2)《伝説》Perseus と Andromeda の息子; Persia 人の祖とされる. (3) =Persēus (2), Persa とも いう》.

Persēs², **Persa** -ae, *m* Persia 人.

Perseus¹ -eī [-eos], *m* [*Gk*] ペルセウス《(1)《伝説》Juppiter と Danae の息子; Medusa を退治し, のちに Andromeda を海の怪物から救って妻とした. (2) Macedonia の最後の王; Pydna で Aemilius Paullus に敗れた (前 168)》.

Persēus² -a -um, *adj* Perseus の.

perseverāns -antis, *adj* (*prp*) [persevero] やり通す, 持続する.

perseveranter *adv* [↑] たゆまず, 持続して.

perseverantia -ae, *f* [perseverans] 堅忍, 不屈.

perseverō -āre -āvī -ātum, *intr* (*tr*) [↓] 1 固執する, 堅持する, やり通す, 持続する〈in re; alqd; +*inf*〉. 2 主張する, 言い張る〈+*acc c. inf*〉.

persevērus -a -um, *adj* [per-/severus] 非常に厳格な.

Persia -ae, *f* ペルシア《Persae 人の国》.

Persiānus -a -um, *adj* Persius (風)の.

persībus -a -um, *adj* 非常に賢い.

Persica -ae, *f* [Persicus²] (*sc. arbor*)《植》モモ(桃)の木.

persiccus -a -um, *adj* [per-/siccus] 非常に乾燥した.

Persicē *adv* [Persicus²] ペルシア語で.

Persicum -ī, *n* [Persicus²] (*sc. malum*) モモ(桃)の実.

Persicus¹ -a -um, *adj* Macedonia の王 Perseus の.

Persicus² -a -um, *adj* [*Gk*] Persia (人)の.

Persicus³ -ī, *f* [↑]《植》モモ(桃)の木.

persīdō -ere -sēdī, *intr* [per-/sido] 定着する, 入り込む.

persignō -āre -āvī -ātum, *tr* [per-/signo] 1 書き留める, 記録する. 2 (一面に)入れ墨をする.

persimilis -is -e, *adj* [per-/similis] 非常によく似た〈+*gen* [*dat*]〉.

persimplex -plicis, *adj* [per-/simplex] 非常に簡素な.

Persis¹ -idis ˈ[-idos], *f* [*Gk*] ペルシス《(1) Susiane と Carmania の間の地域; ここにペルシア帝国の首都 Persepolis があった. (2) ペルシア帝国全域》.

Persis² -idis, *f adj* Persia の.

persistō -ere -stitī, °*intr* [per-/sisto] あくまでも続ける, 固執する〈in re; +*inf*〉.

Persius -ī, *m* ペルシウス《ローマ人の氏族名; 特に (1) C. ~, Lucilius と同時代の学識ある弁論家 (前 2 世紀). (2) *A.* ~ *Flaccus*, Nero 帝時代の諷刺詩人 (34–62)》.

persolla -ae, *f dim* [persona] 小さな仮面; (ののしりことばとして)化け物.

persollāta -ae, *f*《植》ゴボウ(牛蒡).

persolūtus -a -um, *pp* ⇨ persolvo.

persolvī *pf* ⇨ persolvo.

persolvō -ere -solvī -solūtum, *tr* [per-/solvo] 1 すっかり支払う, 完済する〈alci alqd〉. 2 (敬意を)払う,(礼を)尽くす. 3 (務め・誓いなどを)果たす, 遂げる. 4 (罰を)受ける: *poenas alci persolvere* (Cɪᴄ) ある人から罰を受ける. 5 (問題を)解決する, 解明する.

persōna -ae, *f* 1 (俳優の)仮面. 2 (芝居の)役, (文学作品の)登場人物. 3 見せかけ, ふり. 4 人, 人物, 個人. 5 (社会的な)役割, 立場, 地位: *civitatis personam gerere* (Cɪᴄ) 国家の代理をする. 6 個性, 人格. 7《文》人称. 8《神学》位格, ペルソナ.

persōnālis -is -e, *adj* [↑] 1《法》個人の. 2°《文》人称の (*cf.* impersonalis).

persōnāliter *adv* [↑] 1 個人的に. 2《文》人称動詞として.

persōnāta -ae, *f* [↓]《植》ゴボウ.

persōnātus -a -um, *adj* [persona] 1 仮面をつけた. 2 本性を隠した, 外面を装った, 偽りの.

personitus -a -um, *pp* ⇨ persono.

personō -āre -sonuī -sonitum, *intr, tr* [per-/sono] **I** (*intr*) 1 (音が)鳴り響く, 響きわたる;(場所が)反響する. 2 大きな音をたてる, 鳴らす〈re〉: *personare citharā* (Vᴇʀɢ) 竪琴を奏する. **II** (*tr*) 1 反響させる, 鳴り響かせる. 2 大声で言う, 叫ぶ; 大声で歌う.

personuī *pf* ⇨ persono.

personus -a -um, *adj* [persono] 1 大きな音をたてる. 2 鳴り響く, 反響する.

persorbeō -ēre -sorbuī, *tr* [per-/sorbeo] 十分に吸収する.

perspargō -ere -sparsī -sparsum, *tr* =perspergo.

perspatior -ārī, °*intr dep* [per-/spatior] くまなく歩きまわる.

perspectē *adv* [perspectus] 明敏に.

perspectīvus -a -um, °*adj* [↓] 光学の《*Gk* ὀπτικός の訳語》.

perspectō -āre -āvī -ātum, *tr freq* [perspicio] 1 入念に調べる. 2 最後まで見る.

perspector -ōris, °*m* [perspicio] 調べる人, 見分ける人.

perspectus -a -um, *adj* (*pp*) [perspicio] 1 入念に調べられた. 2 よく知られた, 明白な.

perspeculor -ārī -ātus sum, *tr dep* [per-/speculor] くまなく偵察[踏査]する.

perspergō -ere -spersī -spersum, *tr* [per-/spergo] まき散らす, 振りかける.

perspersī *pf* ⇨ perspergo.

perspersus -a -um, *pp* ⇨ perspergo.

perspexī *pf* ⇨ perspicio.

perspicācitās -ātis, °f [perspicax] 明敏, 洞察力のあること.
perspicāciter °adv [↓] 明敏に.
perspicax -ācis, adj [perspicio] 明敏な, 洞察力のある.
perspicere inf ⇨ perspicio.
perspicientia -ae, f [↓] 明確な認識.
perspiciō -cere -spexī -spectum, tr [per-/specio] 1 見通す. 2 入念に見る, 点検する. 3 調べる, 確かめる. 4 気づく, 認識する.
perspicuē adv [perspicuus] 1 はっきりと, 明確に. 2 紛れもなく, 明白に.
perspicuitās -ātis, f [↓] 1 透明. 2 (表現・論述などの)明快さ, わかりやすいこと. 3 自明, 明白.
perspicuus -a -um, adj [perspicio] 1 見通すことができる, 透明な, 透き通った. 2 はっきり見える. 3 自明の, 明白な. 4 (表現が)明快な, わかりやすい.
perspīrātiō -ōnis, °f [↓] 【生理】発汗, 蒸散.
perspīrō -āre, intr [per-/spiro] 1 いたるところで呼吸する. 2 (風が)絶えず吹く.
perspissō adv [per-/spisso²] 非常にゆっくりと.
perstātūrus -a -um, fut p ⇨ persto.
persternō -ere -strāvī -strātum, tr [per-/sterno] すっかり舗装する.
perstimulō -āre -āvī -ātum, tr [per-/stimulo] 絶えず刺激する.
perstitī pf ⇨ persisto, persto.
perstō -āre -stitī (fut p -stātūrus), intr [per-/sto] 1 立ったままでいる; 動かずにいる, とどまっている. 2 変わらない, 持続する. 3 固執する, 堅持する, やり通す <in re; +inf>.
perstrātus -a -um, pp ⇨ persterno.
perstrāvī pf ⇨ persterno.
perstrepitus -a -um, pp ⇨ perstrepo.
perstrepō -ere -strepuī -strepitum, intr, tr [per-/strepo] I (intr) 1 大きな音をたてる <re>. 2 (場所が)反響する. II (tr) 反響させる, 鳴り響かせる.
perstrepuī pf ⇨ perstrepo.
perstrictē °adv [perstrictus] 簡潔に, 手短に.
perstrictiō -ōnis, °f [perstringo] 1 摩擦. 2 (ことばによる)攻撃.
perstrictus -a -um, pp ⇨ perstringo.
perstrīdō -ere, tr [per-/strido] (風が)ヒューと鳴って通る.
perstringō -ere -strinxī -strictum, tr [per-/stringo] 1 強く締める; ひきつらせる. 2 軽く触れる, かする. 3 名誉を傷つける; 感情を害する. 4 叱責する, 非難する. 5 簡単に触れる[述べる]. 6 (音などが)神経にさわる, 不快感を与える.
perstrinxī pf ⇨ perstringo.
perstudiōsē adv [↓] 非常に熱心に.
perstudiōsus -a -um, adj [per-/studiosus] (…に)非常に熱心な <+gen>.
persuādenter °adv [↓] 説得力をもって, 納得させるように.
persuādeō -ēre -suāsī -suāsum, intr, tr [per-/suadeo] 1 説得する, 促す, 勧める <alci alqd; alci ut; alci+inf>. 2 納得させる, 信じさせる <alci alqd; +acc c. inf>: *persuadere sibi* (Cɪᴄ) 確信している /

(impers pass) *de tua benevolentia in nos persuasum est nobis* (Cɪᴄ) 私たちはあなたの私たちへの好意を確信している.
persuāsī pf ⇨ persuadeo.
persuāsibilis -is -e, adj [persuadeo] 説得力のある, 納得させる.
persuāsibiliter adv [↑] 説得力をもって, 納得させるように.
persuāsiō -ōnis, f [persuadeo] 1 説得, 納得させること; 説得力. 2 確信, 信念. 3 世評, 世論.
persuāsor -ōris, °m [persuadeo] 説得する人.
persuāstrix, -sitrix -īcis, f [persuadeo] 説得する人《女性》.
persuāsus¹ -a -um, pp ⇨ persuadeo.
persuāsus² -ūs, m 説得.
persuāvis -is -e, °adj [per-/suavis] 非常に快い.
persuāviter °adv [↑] 非常に快く.
persubtīlis -is -e, adj [per-/subtilis] きわめて繊細な.
persultātor -ōris, °m [↓] 跳びまわる人.
persultō -āre -āvī -ātum, intr, tr [per-/salto] 1 跳びまわる, はねまわる. 2 (自由に)歩きまわる.
pertābēscō -ere -buī, intr [per-/tabesco] すっかり溶ける, 液化する.
pertaedeō -ēre -taeduī -taesum, tr (intr) [per-/taedet] 1 (impers) 全く飽きあき[うんざり]させる <alqm alcis rei; alqm+inf>: *pertaesum est me levitatis* (Cɪᴄ) 私は(彼らの)気まぐれに心底うんざりした. 2 全く飽きあき[うんざり]している <alcis rei; alqd>.
pertaedēscō -ere -duī, intr inch [↑] 全く飽きあき[うんざり]し始める.
pertectus -a -um, pp ⇨ pertego.
pertegō -ere -texī -tectum, tr [per-/tego] すっかりおおう; 屋根をふきかえる.
pertemptō -āre -āvī -ātum, tr [per-/tempto] 1 くまなく探る. 2 十分に吟味[考察]する. 3 試す. 4 揺り動かす, かき乱す; 襲う.
pertendī pf ⇨ pertendo.
pertendō -ere -tendī (-tensum [-tentum]), tr, intr [per-/tendo¹] I (tr) やり遂げる. II (intr) 1 進む <in [ad] alqd>. 2 あくまでも続ける, やり通す. 3 広がる, 達する.
pertensus -a -um, pp ⇨ pertendo.
pertentō -āre, tr =pertempto.
pertenuis -is -e, adj [per-/tenuis] 1 非常に細かい[薄い, 狭い]. 2 ごくわずかな, 取るに足りない.
perterebrō -āre -āvī -ātum, tr [per-/terebro] 穴をあける, 貫く.
pertergeō -ēre -tersī -tersum, tr [per-/tergeo] 1 すっかりふいてきれいにする. 2 かすって通る.
perterō -ere -trīvī -trītum [per-/tero] 押しつぶす, すりつぶす.
perterrefacere inf ⇨ perterrefacio.
perterrefaciō -cere -fēcī -factum, tr [perterreo/facio] ひどく恐れさせる.
perterrefactus -a -um, pp ⇨ perterrefacio.
perterrefēcī pf ⇨ perterrefacio.
perterreō -ēre -terruī -territum, tr [per-/terreo] 大いに恐れさせる.

perterricrepus -a -um, *adj* [↑/crepo] 恐ろしい音を鳴り響かせる.

perterritus -a -um, *pp* ⇨ perterreo.

perterruī *pf* ⇨ perterreo.

pertersī *pf* ⇨ pertergeo.

pertersus -a -um, *pp* ⇨ pertergeo.

pertexī *pf* ⇨ pertego.

pertexō -ere -texuī -textum, *tr* [per-/texo] 1 最後まで[完全に]織る, 織り上げる. 2 (話・文を)完成する, 仕上げる.

pertextus -a -um, *pp* ⇨ pertexo.

pertexuī *pf* ⇨ pertexo.

pertica -ae, *f* 1 杖, 棒, さお. 2 挿し枝, 若枝. 3 (測量用の)さお尺: *ūnā perticā* (PLIN MIN) 一様[均一]に. 4 pertica で測って割り当てられた土地.

perticālis -is -e, *adj* [↑] (ヤナギなどが)棒[杖]として役立つ[使える].

perticārius -a -um, *adj* [pertica] 《稗》棒[杖]を商う.

perticātus -a -um, *adj* [pertica] 棒[杖]をもった.

pertimefacere *inf* ⇨ pertimefacio.

pertimefaciō -cere -fēcī -factum, *tr* [per-/timeo/facio] 大いに恐れさせる.

pertimefactus -a -um, *pp* ⇨ pertimefacio.

pertimefēcī *pf* ⇨ pertimefacio.

pertimeō -ēre -timuī, °*tr* [per-/timeo] 非常に恐れている.

pertimēscō -ere -timuī, *tr*, *intr inch* [↑] 非常に恐れる[おびえる]ようになる ‹alqd [alqm]; de re; ne›.

pertimuī *pf* ⇨ pertimeo, pertimesco.

pertinācia -ae, *f* [pertinax] 1 堅忍不抜, 不屈. 2 頑固, 強情. 3 持続.

pertināciter *adv* [↓] 1 しっかりと, 固く. 2 頑固に, しつこく.

pertināx -ācis, *adj* [per-/tenax] 1 しっかりつかむ. 2 非常にけちな. 3 不屈の, 断固とした. 4 頑固な, 強情な. 5 持続する, 長引く.

pertinenter °*adv* [↓] 適切に, ふさわしく.

pertineō -ēre -tinuī -tentum, *intr* [per-/teneo] 1 広がる, わたる, 及ぶ ‹ad alqd›. 2 目指す, ねらう: *nec oratio mea ad infirmandum foedus Gaditanorum pertinet* (CIC) 私の弁論は Gades 人との同盟を無効にすることを意図したものではない. 3 資する, 役立つ. 4 (ことばなどが)指す, (…に)向けられる: *suspicio malefici pertinet ad alqm* (CIC) 悪事の嫌疑がある人に向けられる. 5 関係する, かかわる: *quod ad alqd pertinet* (CIC) …に関するかぎり. 6 属する, 帰属する ‹ad alqm›: *si ad hunc maleficium istud pertinet* (CIC) もしこの犯行が彼のしわざであるなら. 7 (…の)範囲内に入る.

pertingō -ere, *tr*, *intr* [per-/tango] 伸びる, 達する, 及ぶ ‹alqd; ad [in] alqd›.

pertinuī *pf* ⇨ pertineo.

pertolerō -āre -āvī, *tr* [per-/tolero] 耐え抜く.

pertonō -āre -uī, *intr*, *tr* [per-/tono] 1 (*impers*) 雷が鳴り響く. 2° 大声で言う, どなる.

pertorqueō -ēre, *tr* [per-/torqueo] 1 (飛び道具を)投げつける. 2 ゆがませる.

pertractātē *adv* [pertracto] ありきたりのやり方で.

pertractātiō -ōnis, *f* [↓] 詳細な考察[吟味].

pertractō, -trectō -āre -āvī -ātum, *tr* [per-/tracto] 1 (手で)触れる, なでる. 2 (心・感情を)動かす, 影響を与える. 3 詳細に考察[吟味]する.

pertractus[1] -a -um, *pp* ⇨ pertraho.

pertractus[2] -ūs, °*m* 長期の滞在.

pertrahō -ere -trāxī -tractum, *tr* [per-/traho] 1 引っ張って行く; 力ずくで連れて行く. 2 おびき寄せる, 誘い出す ‹alqm ad [in] alqd›.

pertrālūcidus -a -um, *adj* [per-/translucidus] 全く透明な.

pertrānseō -īre -iī [-īvī] -itum, *intr* [per-/transeo] 1 通り抜ける. 2° 通り過ぎる; (時が)過ぎ去る.

pertransiī *pf* ⇨ pertranseo.

pertransīre *inf* ⇨ pertranseo.

pertransitus -a -um, *pp* ⇨ pertranseo.

pertrāxī *pf* ⇨ pertraho.

pertrectō -āre, *tr* =pertracto.

pertristis -is -e, *adj* [per-/tristis] 1 非常に悲しげな. 2 きわめて厳格な.

pertrītus -a -um, *adj* (*pp*) [pertero] 非常に陳腐な[ありきたりの].

pertudī *pf* ⇨ pertundo.

pertulī *pf* ⇨ perfero.

pertumultuōsē *adv* [per-/tumultuose] 非常に動揺[狼狽]した.

pertundō -ere -tudī -tūsum, *tr* [per-/tundo] 穴をあける, 貫き通す.

perturbātē *adv* [perturbatus] 無秩序[乱雑]に.

perturbātiō -ōnis, *f* [perturbo] 1 混乱, 無秩序, 変動. 2 不穏, 騒動, 動乱. 3 激情, 情動. 4 (心の)動揺, 不安.

perturbātor -ōris, °*m* [perturbo] 秩序を乱す者, 攪乱者.

perturbātrīx -īcis, *f* [perturbo] 攪乱者《女性》.

perturbātus -a -um, *adj* (*pp*) [↓] 1 乱雑な, 無秩序の. 2 (天候が)荒れた, 荒れ狂う. 3 (事態が)混乱した, 騒然とした. 4 (心が)動揺した.

perturbō -āre -āvī -ātum, *tr* [per-/turbo¹] 1 かきまわす, かき乱す. 2 (事態・組織などを)混乱させる, 崩壊させる. 3 (心を)乱し, 動揺させる, 不安にする; (感情を)かきたてる.

perturpis -is -e, *adj* [per-/turpis] 非常に恥ずべき[不名誉な].

pertussis -is, °*f* [per-/tussis] 《病》百日咳.

pertūsūra -ae, °*f* [pertundo] 穴をあけること, 貫通.

pertūsus -a -um, *pp* ⇨ pertundo.

pērula -ae, *f dim* [pera] (小さな)袋.

perūnctiō -ōnis, *f* [perunguo] (一面に)塗ること.

perūnctus -a -um, *pp* ⇨ perunguo.

perung(u)ō -ere -unxī -unctum, *tr* [per-/ung(u)o] (一面に)塗る, 塗りたくる.

perūnxī *pf* ⇨ perunguo.

perurbānē °*adv* [↓] きわめて如才なく.

perurbānus -a -um, *adj* [per-/urbanus¹] 非常に洗練された.

perurgeō -ēre -ursī, °*tr* [per-/urgeo] 1 強く促

す[せきたてる], しつこく悩ます. **2** 非難する.
perūrō -ere -ussī -ustum, *tr* [per-/uro] **1** 焼き尽くす, 焼き払う. **2** 心を燃え立たせる, 興奮させる. **3** 焼く, 焦がす. **4** 凍えさせる. **5** すりむく; いらだたせる.
perursī *pf* ⇨ perurgeo.
Perusia -ae, *f* ペルシア《Etruria の Trasumenus 湖西の町; 現 Perugia》.
Perusīnus -a -um, *adj* Perusia の. **Perusīnī** -ōrum, *m pl* Perusia の住民.
perussī *pf* ⇨ peruro.
perustus -a -um, *pp* ⇨ peruro.
perūtilis -is -e, *adj* [per-/utilis] 非常に有益な.
perūtiliter °*adv* [↑] 非常に有益に.
pervacuus -a -um, °*adj* [per-/vacuus] 全く空(から)の.
pervādō -ere -vāsī -vāsum, *intr, tr* [per-/vado¹] **1** 横切る, 渡る, 越える ⟨per alqd; alqd⟩. **2** 広がる, 行き渡る ⟨per alqd; alqd⟩. **3** 入り込む, 達する ⟨ad [in] alqd⟩.
pervagātus -a -um, *adj* (*pp*) [↓] **1** 広く行き渡った, よく知られた. **2** 全般的な.
pervagor -ārī -ātus sum, *intr, tr dep* [per-/vagor¹] **1** 歩きまわる, さまよう. **2** 広がる, 行き渡る, 浸透する.
pervagus -a -um, *adj* [per-/vagus¹] 広く歩きまわる.
pervaleō -ēre, *intr* [per-/valeo] きわめて強力である.
pervalidus -a -um, °*adj* [per-/validus] 非常に強い.
pervariē *adv* [per-/varie] さまざまに.
pervāsī *pf* ⇨ pervado.
pervāstō -āre -āvī -ātum, *tr* [per-/vasto] 完全に荒廃させる.
pervāsus -a -um, *pp* ⇨ pervado.
pervectiō -ōnis, °*f* [perveho] 運搬.
pervectus -a -um, *pp* ⇨ perveho.
pervehō -ere -vexī -vectum, *tr* [per-/veho] **1** 運ぶ, 持って行く. **2** (*pass*) 旅をする, 航海する ⟨in [ad] alqd; alqd⟩.
pervelle *inf* ⇨ pervolo².
pervellī *pf* ⇨ pervello.
pervellō -ere -vellī, *tr* [per-/vello] **1** (不意に)つねる, つまむ, 引っ張る. **2** (急に)刺激する. **3** 苦痛を与える. **4** けなす, こきおろす.
pervēnī *pf* ⇨ pervenio.
perveniō -īre -vēnī -ventum, *intr* [per-/venio] **1** 着く, 到着する ⟨ad [in] alqd⟩. **2** 達する, 届く: *ad aures alcis pervenire* ⟨Cic⟩ ある人の耳にはいる. **3** ...の所有になる, ...の手に渡る, 帰する ⟨ad alqm⟩. **4** 到達する, 達成する. **5** (ある状態・結果・段階)になる, 至る.
pervēnor -ārī, *tr dep* [per-/venor] くまなく捜す, 捜しまわる.
perventiō -ōnis, °*f* [pervenio] 到着.
perventor -ōris, °*m* [pervenio] **1** 到着する人. **2** 深く究める人.
perventus -a -um, *pp* ⇨ pervenio.
pervenustus -a -um, °*adj* [per-/venustus] 非常に魅力的な.
perversē *adv* [perversus] **1** 逆に, あべこべに. **2** 誤って, 不正に. **3** むやみに, やたらに.
perversiō -ōnis, *f* [perverto] **1** ⟨文・修⟩ 倒置. **2**° (本文の)変造, 改変. **3**° ⟨医⟩ 倒錯(症).
perversitās -ātis, *f* [↓] 片意地, 頑迷, 理不尽.
perversus -a -um, *adj* (*pp*) [perverto] **1** 逆向きの. **2** ゆがんだ, 斜めの. **3** ひねくれた, 頑迷な. **4** 誤った, 邪悪な. **5** 異常な.
pervertī *pf* ⇨ perverto.
pervertō, -vortō -ere -vertī -versum, *tr* [per-/verto] **1** ひっくり返す, 打ち倒す. **2** 破滅[没落]させる; 崩壊させる, だいなしにする. **3** 逆向きにする, 順序を逆にする; (私的に)流用する. **4** ゆがめる, (事実を)曲げる, 乱る. **5** やりこめる, 黙らせる.
pervesperī *adv* [per-/vesper] 夕方遅くに.
pervestīgātiō -ōnis, *f* [pervestigo] 綿密な研究, 入念な探究.
pervestīgātor -ōris, °*m* [↓] 探究者.
pervestīgō -āre -āvī -ātum, *tr* [per-/vestigo] **1** (跡を追って)突きとめる. **2** (入念に)探索する, 探求する.
pervetus -veteris, *adj* [per-/vetus] **1** 非常に古い[古くからの]. **2** 大昔の.
pervetustus -a -um, *adj* [per-/vetustus] (語が)非常に古い.
pervexī *pf* ⇨ perveho.
perviam *adv* [per-/via] 近づける[出入りできる]ように.
pervicācia -ae, *f* [pervicax] **1** 堅忍不抜, 不屈. **2** 頑固, 強情.
pervicāciter *adv* [↓] 頑固に.
pervicax -ācis, *adj* [per-/vinco] **1** 不屈の, 断固とした. **2** 頑固な, 強情な, 手に負えない.
pervīcī *pf* ⇨ pervinco.
pervictus -a -um, *pp* ⇨ pervinco, pervivo.
pervideō -ēre -vīdī -vīsum, *tr* [per-/video] **1** 見渡す. **2** 見通す, 見分ける.
pervīdī *pf* ⇨ pervideo.
pervigeō -ēre -viguī, *intr* [per-/vigeo] (最後まで)繁栄し続ける.
pervigil -lis, *adj* [per-/vigil¹] **1** 絶えず[夜通し]警戒している. **2** 一晩中起きている[眠れない]; 徹夜の.
pervigilātiō -ōnis, *f* [pervigilo] 一晩中眠らずにいること; 徹夜の儀式.
pervigilium -ī, *n* [pervigil] **1** 寝ずの番. **2** 一晩中眠らずにいること. **3** 徹夜の儀式. **4**° ⟨医⟩ 不眠(症).
pervigilō -āre -āvī -ātum, *intr* (*tr*) [per-/vigilo] **1** 一晩中起きている, 徹夜する; 眠らずに過ごす. **2** 寝ずの番をする. **3** 徹夜の儀式をする.
pervīlis -is -e, *adj* [per-/vilis] 非常に安い.
pervincō -ere -vīcī -victum, *tr* (*intr*) [per-/vinco] **1** 完全に勝つ, 征服[克服]する. **2** 目的を達する, 主張を通す ⟨alqd; ut, ne⟩. **3** 説いて[勧めて]...せる ⟨alqm ut; quin⟩. **4** まさる, しのぐ. **5** 証明[立証]する.
perviridis -is -e, *adj* [per-/viridis] 深緑の.
pervīsus -a -um, *pp* ⇨ pervideo.

pervium -ī, *n* [↓] 通路, 通り道.
pervius -a -um, *adj* [per-/via] **1** 通過[通行]でき る. **2** 浸透[貫通]できる. **3** 接近[出入り]できる. **4** 貫通された, 穴のあいた. **5** 突き抜ける.
pervīvō -ere -vīxī -victum, *intr* [per-/vivo] 生き続ける.
pervīxī *pf* ⇨ pervivo.
pervolgō -āre, *tr* =pervulgo.
pervolitantia -ae, *f* [↓] (穹天の)回転運動.
pervolitō -āre -ātum, *tr*, *intr freq* [↓] **1** 飛びまわる, 飛び交う. **2** (天体が)動きまわる.
pervolō¹ -āre -āvī -ātum, *tr*, *intr* [per-/volo¹] **1** 飛んで行く, 飛びまわる 〈alqd; in alqd〉. **2** 走りまわる, 走り抜ける.
pervolō² -velle -voluī, *tr irreg* [per-/volo²] 強く欲する, 切望する 〈+inf; +acc c. inf; +subj〉.
pervoluī *pf* ⇨ pervolo².
pervolūtō -āre -āvī -ātum, *tr freq* [pervolvo] **1** (書物を)繰り返しひもとく[読む]. **2** (*pass*) ころげまわる.
pervolūtus -a -um, *pp* ⇨ pervolvo.
pervolvī *pf* ⇨ pervolvo.
pervolvō -ere -volvī -volūtum, *tr* [per-/volvo] **1** ころがす. **2** (書物を)ひもとく, 読む. **3** (*pass*) (考え・思いが)くるくる回る, 去来する.
pervors- ⇨ pervers-.
pervortō -ere, *tr* =perverto.
pervulgātus -a -um, *adj* (*pp*) [↓] **1** よく知られた. **2** 通常の, ありふれた.
pervulgō, -volgō -āre -āvī -ātum, *tr* [per-/vulgo²] **1** 広く知らせる, 公表する. **2** 広く利用できるようにする, 誰でも接近できるようにする; (*refl*) 売春する. **3** しばしば[大挙して]訪れる.
pēs pedis, *m* **1** 足: *nec caput nec ~ sermoni apparet* (PLAUT) その話は頭も足も(=何が何だかさっぱり)わからない / *pedem ferre* (VERG) 足を運ぶ, 行く / *pedem referre* (OV) 退く / *pedem conferre* (LIV) 接近戦をする / *pedibus ire* (CAES) 徒歩で; 陸路で / *ante pedes* (CIC) 足の前に(=目の前に); 明らかで. **2** (卓・椅子などの)脚, (ものの)最下部. **3** [海] 帆脚索(ほあし). **4** 果実をつけた柄(え). **5** 地所, 敷地; 領地. **6** 長さの単位 (=約 29.6*cm*). **7** [詩] 詩脚; 韻律. **8** [音] 拍子.
pescia -ōrum, *n pl* [*Gk*] 小羊の皮で作った帽子.
pessārium -ī, °*n* [医] ペッサリー; 膣坐薬.
pessimē, pessumē *adv superl* [pessimus] **1** 最も悪く[まずく]. **2** 最も邪悪[不正]に. **3** 最も不快[悲惨]に. **4** 最も不利[不運]に.
pessimō -āre -āvī -ātum, °*tr* [↓] 破滅させる, だいなしにする.
pessimus -a -um, *adj superl* [malus¹] **1** 最も悪い[まずい]. **2** 最も邪悪[下劣]な. **3** 最も劣った; 極貧の. **4** 最もひどい[悲惨な]. **5** 最も有害な. **6** 最も不利[不運]な.
Pessinuntius -a -um, *adj* Pessinus の.
Pessinūs -untis, *f* [*Gk*] ペッシヌース 《Galatia の町; Cybele 崇拝で有名》.
pessulum -ī, °*n dim* [pessum²] [医] ペッサリー.
pessulus -ī, *m* [*Gk*] かんぬき.
pessum¹ *adv* [*cf*. pes] 最下部へ, 底まで: *~ ire* (PLAUT) 沈む; 破滅する / *~ dare* (PLAUT) 破壊する, 破滅させる (=pessumdare).
pessum² -ī, °*n* [*Gk*] [医] ペッサリー.
pessum- ⇨ pessim-.
pessumdō, pessundō -are -dedī -datum, *tr* ⇨ pessum¹.
pestifer -fera -ferum, *adj* [pestis/fero] **1** 死[滅び]をもたらす, 破壊的な. **2** 有害な, 有毒な.
pestiferē *adv* [↑] 有害に, 破滅的に.
pestilēns -entis, *adj* [pestis] **1** 不健康な, 有害[有毒]な. **2** 破壊的な.
pestilentia -ae, *f* [↑] **1** 不健康な気候[風土]; 不健全. **2** 疫病, 伝染病.
pestilentiōsus -a -um, °*adj* [↑] 健康に害する, 不健康な.
pestilentus -a -um, *adj* =pestilentiosus.
pestilitās -ātis, *f* [↓] 疫病, 伝染病.
pestis -is, *f* **1** 疫病, 伝染病. **2** 破壊, 死. **3** 破滅, 崩壊. **4** 死[滅び]をもたらすもの, 災いのもと; 厄介者, 困り者.
petalium -ī, *n* [*Gk*] (金属の)薄片, 箔(はく).
petasātus -a -um, *adj* [petasus] つばの広い帽子をかぶった; 旅支度をした.
petasō, -siō -ōnis, *m* (豚の)もも肉, ハム.
petasunculus -ī, *m dim* [↑] (小さな)もも肉.
petasus -ī, *m* [*Gk*] (つばの広い)帽子 (旅行用).
petaurista, -ēs -ae, *m* [*Gk*] 軽業師.
petaurum -ī, *n* [*Gk*] (軽業師の)跳躍台.
petechiae -ārum, °*f pl* [病] 点状出血, 溢血点.
Petēlia -ae, *f* [*Gk*] ペテーリア(-) 《Bruttii のギリシア植民市》.
Petēlīnus -a -um, *adj* Petelia の.
petessō -ere, *tr intens* [peto] **1** (ある場所に)到達しようと努める 〈alqd〉. **2** 得ようと努力する.
Petillius, Petīlius -ī, *m* ペティッリウス 《ローマ人の氏族名; 特に Q. ~, 同名の二人の護民官 (前 187)》.
petiolus -ī, *m dim* [pes] **1** (小さな)足. **2** 果実をつけた柄(え). **3** °[解] 茎, 柄: *~ epiglottidis* 喉頭蓋茎. **4** °[昆] 腹柄.
Pētitarus -ī [*Gk*] ペーティタルス, *-ロス 《Aetolia の川》.
petītiō -ōnis, *f* [peto] **1** 攻撃, 襲撃. **2** 追求. **3** 懇願, 請願. **4** 官職志願, 立候補. **5** 求婚. **6** [法] 訴訟(を起こす権利).
petītor -ōris, *m* [peto] **1** 追求者. **2** 官職志願者, 候補者. **3** 求婚者. **4** 原告, 提訴者.
petītōrium -ī, °*n* [↓] 申請書, 請願書.
petītōrius -a -um, *adj* [peto] 申請の, 請願の.
petītrīx -īcis, *f* [petitor] 1° 原告 《女性》. **2** 官職志願者 《女性》.
petītum -ī, *n* (*pp*) [peto] 請願, 請求.
petīturiō -īre, *tr desid* [peto] 立候補に意欲的である.
petītus¹ -a -um, *pp* ⇨ peto.
petītus² -ūs, *m* **1** (...の方向へ)傾くこと 〈alci rei〉. **2** 懇願.
petīvī *pf* ⇨ peto.
petō -ere petīvī (-tiī) petītum, *tr* **1** 向かう, 行く. **2** 攻撃する, 襲う; 打つ: *aprum jaculis petere* (SUET)

猪に槍を投げつける. **3** 追う, 追跡する. **4** 捜し求める; 得ようとする, 追求する: *fugam petere* (CAES) 逃走する / *pauperem dives me petit* (HOR) 金持ちが貧乏人の私を(友人として)求めている. **5** 持ってくる, 引き出す: *gemitus alto de corde petere* (OV) 心の底からうめきをもらす. **6** 請い求める, 頼む ⟨alqd ab alqo; ut, ne; +*subj*; +*acc c. inf*⟩. **7** (官職を)志願する, 立候補する. **8** 言い寄る, 求婚する. **9** 〖法〗(…に対する)権利を主張する⟨alqd⟩. **10** 要求[請求]する ⟨alqm alci rei; alqm ad [in] alqd⟩. **11** (ものが)必要とす.

petorritum, petōritum -ī, *n* (無蓋の)四輪馬車.

petra -ae, *f* [*Gk*] 岩, 石.

Petra -ae, *f* [*Gk*] ペトラ(-) 《(1) Arabia Petraea の主要な町. (2) Pieria の町. (3) Thracia の町. (4) Sicilia 島の町. (5) Dyrrhachium 付近の丘》.

petraeus -a -um, *adj* [petra] 岩の; 岩場に生える.

petrārium -ī, °*n* [petra] 採石場.

Petrēiānus -a -um, *adj* Petreius の.

Petrēius -ī, *m* ペトレイユス《ローマ人の氏族名; 特に M. ~, 内乱時の Pompeius の副官》.

Petrīnī -ōrum, *m pl* (Sicilia 島の) Petra の住民.

Petrīnum -ī, *n* **1** ペトリーヌム《Sinuessa 付近の地域》. **2** Petrinum にある別荘.

petrinus -a -um, *adj* [*Gk*] 石の.

petrō -ōnis, *m* **1** 去勢した雄羊. **2** 田舎者.

Petrō -ōnis, *m* ペトロー《T. Flavius ~, Vespasianus 帝の祖父》.

Petrocorii -ōrum, *m pl* ペトロコリイー《Aquitania にいたケルト系一部族》.

Petrōnia -ae, *f* ペトローニア《Vitellius 帝の最初の妻》.

petrōnius -a -um, *adj* [petra] 岩の.

Petrōnius[1] -ī, *m* ペトローニウス《ローマ人の氏族名; 特に ~ *Arbiter*, Nero 帝に寵愛された廷臣 (?-66); *Satyricon* の作者とされる》.

Petrōnius[2] -a -um, *adj amnis Petronia* (FEST) Tiberis 川の支流.

petrooccipitālis -is -e, °*adj* 〖解〗錐体後頭の.

petroselīnum -ī, *n* [*Gk*] 〖植〗パセリ.

petrosquāmōsus -a -um, °*adj* 〖解〗錐体鱗状部の.

petrōsus -a -um, *adj* [petra] **1** 岩の多い. **2**°〖解〗岩様の; (側頭骨)錐体の.

petrōtos -os -on, *adj* [*Gk*] 石化した.

Petrus -ī, °*m* [*Gk*] 〖聖〗ペトルス, "ペテロ《もと Galilaea の漁夫で十二使徒の一人》.

petulans -antis, *adj* [peto] **1** 手に負えない, ずうずうしい, 生意気な, 恥知らずの. **2** 好色な, みだらな.

petulanter *adv* [↑] あつかましく, 生意気に, 恥知らずに.

petulantia -ae, *f* [petulans] **1** 生意気, ずうずうしさ, 厚顔無恥. **2** 下品, 野卑; 好色, みだら.

petulcus -a -um, *adj* [peto] (1) (角などで)突く(習性の). **2**° 奔放な.

peucē -ēs, *f* [*Gk*] 〖植〗**1** 松の木. **2** エジプト産のブドウ.

Peucetia -ae, *f* ペウケティア《Apulia の一地域》.

Peucetius -a -um, *adj* Peucetia の.

pexī *pf* ⇒ pecto.

pexus -a -um, *adj* (*pp*) [pecto] **1** (髪が)念入りに櫛を入れた, 身だしなみのよい. **2** (羊毛製衣服が)けばの残っている, 真新しい. **3** 毛の多い.

Phacus -ī, *m* [*Gk*] パクス, *-コス《Macedonia の Pella 付近の要塞》.

Phaeāces -um, *m pl* [*Gk*] 〖伝説〗パエアーケス, *パイー《Scheria 島に住む伝説的な民族; 彼らの王 Alcinous は島に漂着した Ulixes を歓待した》.

Phaeācia -ae, *f* [*Gk*] 〖伝説〗パエアーキア, *パイアーキアー《Phaeaces 人の国》.

Phaeācis -idis, *f* [*Gk*] (*sc. Musa*) (Ulixes の) Phaeacia 滞在を歌った詩.

Phaeācius, -cus -a -um, *adj* Phaeaces の, Phaeaces 人の.

Phaeax -ācis, *m* [*Gk*] **1** 〖伝説〗Phaeacia の人. **2** 〖詩〗Corcyra 島の人.

Phaedō(n) -ōnis, *m* [*Gk*] パエドーン, *パイー《Elis 出身の哲学者(前4世紀初頭); Socrates の弟子で Plato の友人; Plato の対話篇に登場する》.

Phaedra -ae, *f* [*Gk*] 〖伝説〗パエドラ, *パイドラー《Creta 島の Minos 王の娘で Theseus の妻; 夫の先妻の子 Hippolytus に恋したが拒絶された》.

Phaedrus -ī, *m* パエドルス, *パイドロス《(1) Socrates の弟子(前5世紀); Plato の対話篇の一つに彼の名が付される. (2) Epicurus 学派の哲学者で, Cicero の師. (3) Thracia 生まれの寓話作者(前 15?-?後 50); Augustus 帝の解放奴隷》.

phaenomenon -ī, °*n* [*Gk*] **1** 現象. **2** (*pl* Phaenomena)「星辰譜」《Aratus 作の詩の題名》.

Phaenōn -ōnis, *m* [*Gk*]「輝く者」の意》〖天〗**1** 土星(Saturnus). **2** 木星(Juppiter).

Phaestias -adis, *f* [*Gk*] Phaestum (1) の女.

Phaestius -a -um, *adj* Phaestum (1) の.

Phaestum -ī, *n* [*Gk*] パエストゥム, *パイストス《(1) Creta 島の町. (2) Thessalia の町. (3) Locris の町》.

Phaethōn -ontis, *m* [*Gk*] **1** 〖伝説〗パエトーン《太陽神 Sol の息子; 父の日輪の車を借りて乗っていたとき, 馬を御しきれず車が暴走しかかったため, Juppiter の雷に撃たれて死んだ》. **2** (「輝く者」の意) 太陽(神)の添え名. **3** 木星; 土星.

Phaethontēus -a -um, *adj* Phaethon の.

Phaethontiades -um, *f pl* Phaethon の姉妹たち《彼の死を嘆いてポプラに変身した》.

Phaethontis -idis (-idos), *adj f* Phaethon の.

Phaethontius -a -um, *adj* **1** Phaethon の. **2** 太陽(神)の.

Phaethūsa -ae, *f* [*Gk*] 〖伝説〗パエトゥーサ《Phaethon の長姉》.

phagedaena -ae, *f* [*Gk*] 〖病〗**1** 侵食性の潰瘍. **2** 病的な食欲.

phager -grī, *m* [*Gk*] 赤色の魚《おそらくタイ科》.

phagocytōsis -is, °*f* 〖動〗食(菌)作用.

phagō(n) -ōnis, *m* [*Gk*] 大食家.

phalacrocorax -acis, *m* [*Gk*] 〖鳥〗ウ(鵜).

Phalaecēus -a -um, *adj* [*Gk*] Phocis 人の僭主 Phalaecus の.

Phalaecius -a -um, *adj* 11音節の詩行の《ギリシ

phalangae -ārum, *f pl* [*Gk*] **1** (重い荷物の)担い棒. **2** (船を動かすときに下に敷いて用いる)ころ, ローラー.

phalangārius -ī, *m* [↑] (担い棒を用いて)重い荷物を運ぶ人夫.

phalangītēs, **-a** -ae, *m* [*Gk*] phalanx の兵士.

phalangītis -tidis, *f* [*Gk*] 〖植〗(ユリ科)アンテリクム属植物《毒グモのかみ傷を治すといわれた》.

Phalanna -ae, *f* [*Gk*] パランナ《Thessalia の町》.

Phalannaeus -a -um, *adj* Phalanna の.

Phalant(h)us -ī, *m* [*Gk*] パラントゥス, *-トス《Sparta 人; Tarentum を創建したといわれる》.

phalanx -angis, *f* [*Gk*] **1** (ギリシアの)重装歩兵密集隊形. **2** (Macedonia の)密集部隊. **3** 軍勢, 集団. **4**° 〖解・動〗 指趾骨(しこつ), 指節骨. **5**° 〖植〗雄蕊(ずい)束.

Phalara -ae, *f* [*Gk*] パララ《Thessalia の Phthiotis の港》.

phalārica -ae, *f* =falarica.

phalāris -idis, *f* [*Gk*] **1** 〖植〗(イネ科)クサヨシ属の植物. **2** 〖鳥〗水鳥の一種.

Phalaris -idis, *m* [*Gk*] パラリス《Agrigentum の僭主(前 570?-554)》.

Phalasarna -ae, *f* [*Gk*] パラサルナ《Creta 島の町》.

Phalasarnēus -a -um, *adj* Phalasarna の.

Phalēra -ōrum, *n pl* =Phalerum.

phalerae -ārum, *f pl* [*Gk*] **1** (金属製の)胸飾り《特に勲章として》. **2** (馬につける)飾り.

phalerātus -a -um, *adj* [↑] **1** phalerae を着けた. **2** (話し方が)仰々しい.

Phalēreus -ī, *m* [*Gk*] Phalerum の《Demetrius (2) の添え名》.

Phalēricus -a -um, *adj* Phalerum の.

phalerō -āre -āvī -ātum, °*tr* [phalerae] 飾る, 飾りたてる.

Phalērum -ī, *n* [*Gk*] パレールム, *-ロン《Athenae の外港の一つ》.

phallus -ī, °*m* [*Gk*] **1** 男根像《生殖力の象徴として崇拝された》. **2** 〖解〗陰茎.

Phalōria -ae, *f* [*Gk*] パローリア(-)《Thessalia の Peneus 河畔の町》.

Phanae -ārum, *f pl* [*Gk*] パナエ, *パナイ《Chios 島南端の港と岬; ぶどう酒で有名》.

Phanaeus -a -um, *adj* Phanae の.

Phānia, **-iās** -ae, *m* [*Gk*] パーニア, *-アース《Lesbos 島出身の博物学者》.

Phanotē -ēs, **-tēa** -ae, *f* [*Gk*] パノテー《(1) Epirus の町. (2) Phocis の町》.

phantasia -ae, *f* [*Gk*] **1** 空想, 幻想, 夢幻. **2**° 幽霊.

phantasma -atis, *n* [*Gk*] 幽霊, お化け; 幻影.

phantasticus -a -um, °*adj* [*Gk*] 想像の.

Phantasus, **-os** -ī, *m* [*Gk*] 〖神話〗パンタスス, *-ス《Somnus の息子で夢の神》.

Phaōn[1] -ōnis, *m* [*Gk*] 〖伝説〗パオーン《Lesbos 島の若者; Sappho に愛されたが, 彼はその愛に報いなかったという》.

Phaōn[2] -ontis, *m* パオーン《Nero 帝の解放奴隷》.

Pharae -ārum, *f pl* [*Gk*] パラエ, *パライ《Creta 島の町》.

Pharaeus -a -um, *adj* Pharae の.

Pharaō, **-ōn** -ōnis, °*m* [*Gk<Heb.*] 〖聖〗パラオー, "パロ, "ファラオ《古代エジプト王の称号》.

pharetra -ae, *f* [*Gk*] **1** 箙(えびら), 矢筒. **2** 日時計の一種.

pharetrātus -a -um, *adj* [↑] 箙を背負っている.

pharetriger -era -arum, *adj* =pharetratus.

Phariacus -a -um, *adj* [*Gk*] Pharos の; エジプトの.

Phāris -idis, *f* [*Gk*] パーリス《Laconia の Sparta 南方の町》.

Pharisaeus[1] -a -um, °*adj* [*Gk<Aram.*] 〖聖〗パリサイ主義の.

Pharisaeus[2] -ī, °*m* 〖聖〗パリサイ人.

Pharisaicus -a -um, °*adj* [*Gk*] =Pharisaeus[1].

Pharītae -ārum, *m pl* Pharos 島の住民.

Pharius -a -um, *adj* Pharos の; 〖詩〗エジプトの.

pharmaceuticus -a -um, °*adj* [*Gk*] 薬の.

pharmaceutria -ae, °*f* [*Gk*] 女魔術師.

pharmacīa -ae, °*f* [*Gk*] 薬剤術, 薬学; 製薬業.

pharmacologīa -ae, °*f* 薬理学.

pharmacopōla -ae, *m* [*Gk*] (いんちき)薬売り, いかさま医者.

pharmacum -ī, °*n* [↓] **1** 毒, 毒薬. **2** 薬, 薬剤.

pharmacus -ī, *m* [*Gk*] 毒殺者.

Pharnabāzus -ī, *m* [*Gk*] パルナバズス, *-ゾス《Dareus II と Artaxerxes II に仕えた Persia の地方総督》.

Pharnacēs -is, *m* [*Gk*] パルナケース《Pontus の二人の王; (1) Mithridates の祖父 (前 169 没). (2) Mithridates の息子; Zela の戦い (前 47) で Caesar にあっけなく敗れ, 彼に 'veni, vidi, vici' と豪語せしめた》.

Pharos, **-us** -ī, *f* [*Gk*] **1** パロス《(1) エジプトの Alexandria 沖の島; 灯台で有名. (2) =Aegyptus. (3) Pharos 島東端の灯台; Ptolemaeus II Philadelphus が建てた》. **2** (一般に)灯台.

Pharsālia -ae, *f* [*Gk*] パルサーリア《(1) Pharsalus 周辺の地域. (2) Lucanus の叙事詩の題名》.

Pharsālicus -a -um, *adj* Pharsalus の.

Pharsālius -a -um, *adj* =Pharsalicus.

Pharsālus, **-os** -ī, *f* [*Gk*] パルサールス, *-ロス《Thessalia の町; 現 Fársala; その付近で Caesar が Pompeius を破った (前 48)》.

pharyngītis -tidis, °*f* 〖病〗咽頭炎.

pharyngopalātīnus -a -um, °*adj* 〖解〗咽頭口蓋の.

pharynx -ngis, °*m* [*Gk*] 〖解〗咽頭.

Phasēlis -idis, *f* [*Gk*] パセーリス《(1) Lycia の港町. (2) Jericho の北方, Judaea の町》.

Phasēlitae -ārum, *m pl* Phaselis (1) の住民.

phasēlus, **-os** -ī, *m* (*f*) [*Gk*] **1** 〖植〗インゲンマメ. **2** 小舟, 軽舟.

Phāsiacus -a -um, *adj* [*Gk*] Phasis 川の; Colchis の.

phāsiāna -ae, *f* [Phasis¹] 〖鳥〗キジ(雌).
phāsiānārius -ī, °*m* [↑] キジの飼育者.
phāsiānīnus -a -um, °*adj* [phasiana] キジの.
phāsiānus -ī, *m* =phasiana.
Phāsiānus -a -um, *adj* =Phasiacus.
Phāsias¹ -adis [-ados], *adj f* Phasis 川の; Colchis の.
Phāsias² -adis [-ados], *f* =Phasis³.
Phāsis¹ -idis [-idos], *m* [*Gk*] パーシス 《(1) Colchis の川; 黒海に注ぐ; 現 Rioni. (2) =Colchis. (3) Phasis 河口の町》.
Phāsis² -idis [-idos], *adj f* Phasis 川の; Colchis の.
Phāsis³ -idis [-idos], *f* Colchis の女 (=Medea).
Phasma -atis, *n* [*Gk*] (「幽霊, お化け」の意) **1** Menander の喜劇の題名. **2** mimus 作家 Catullus (前1世紀)の作品名.
Phēgēius -a -um, *adj* Phegeus の.
Phēgeus -eī [-eos], *m* [*Gk*] 〖伝説〗ペーゲウス《Arcadia の Psophis の王; Alphesiboea の父》.
Phēgis -idis, *f* [*Gk*] Phegeus の娘 (=Alphesiboea).
phellos -ī, *m* [*Gk*] コルク; コルク製の浮き.
Phēmius -iī, *m* [*Gk*] 〖伝説〗ペーミウス, *-オス《Ithaca 島の楽人》.
Phēmonoē -ēs, *f* [*Gk*] 〖伝説〗ペーモノエー《Apollo の娘; Delphi の神託所の巫女》.
phēnacētīnum -ī, °*n* 〖薬〗フェナセチン.
Pheneātae -ārum, *m pl* Pheneus の住民.
Pheneus, **-os** -ī, *f*, **-on** -ī, *n* [*Gk*] ペネウス, *-オス《Arcadia の町と湖》.
phengītēs -ae, *f* [*Gk*] 〖鉱〗白雲母の一種《窓ガラスとして用いられた》.
phēnolum -ī, °*n* 〖薬〗フェノール, 石炭酸.
Pherae -ārum, *f pl* [*Gk*] ペラエ, *ペライ《(1) Thessalia の町; Admetus 王の居所. (2) Messenia の町》.
Pheraeus -a -um, *adj* Pherae (1) の; Thessalia の.
Pheraclēus -a -um, *adj* Paris が誘拐した Helena を乗せた船の建造者 Phereclus の.
Pherecratius -a -um, °*adj* [*Gk*] *Pherecratium metrum* (SID) 韻律の一種 (–∪∪––).
Pherecȳdēs -is, *m* [*Gk*] ペレキューデース《(1) Syros 島出身の哲学者 (前6世紀). (2) Athenae の年代記編者 (前5世紀頃)》.
Pherecȳdēus -a -um, *adj* Pherecydes (1) の.
Pherēs -ētis, *m* [*Gk*] 〖伝説〗ペレース《Admetus の父で Thessalia の Pherae の創建者》.
Pherētiadēs -ae, *m* [*Gk*] Pheres の息子 (=Admetus).
Pherētus -ī, *m* [*Gk*] 〖伝説〗ペレートゥス, *-トス《Iason と Medea の息子; 母 Medea に殺された》.
phiala -ae, *f* [*Gk*] **1** 大きな皿[酒杯]. **2**° 吊り香炉.
Phīdiacus -a -um, *adj* Phidias の.
Phīdiās -ae, *m* [*Gk*] ピーディアース, *ペイ-《前5世紀の Athenae の彫刻家; Parthenon 神殿の造営・彫刻で有名》.
Phila -ae, *f* [*Gk*] ピラ, *ピレー《(1) Gallia Narbonnensis の町. (2) Macedonia の町》.
Philadelphēnī -ōrum, *m pl* Philadelphia (1) の住民.
Philadelphia -ae, *f* [*Gk*] ピラデルピーア, *-ペイア《(1) Arabia の町. (2)° Lydia の主要な町》.
Philadelphus -ī, *m* [*Gk*] ピラデルプス, *-ポス《「兄弟姉妹を愛する者」の意; エジプト王 Ptolemaeus II の呼称》.
Philae -ārum, *f pl* [*Gk*] ピラエ, *ピライ《上エジプトの Nilus 川の中洲と町》.
Philaenī -ōrum [-ōn], *m pl* [*Gk*] ピラエニー, *ピライノイ《祖国愛のためにあえて生き埋めにされた Carthago の二人の兄弟》.
Philammōn -ōnis, *m* [*Gk*] 〖伝説〗ピランモーン《Apollo と Chione の息子; 予言者・音楽家・詩人》.
philanthrōpion, **-um** -iī, °*n* [*Gk*] 贈り物, 祝儀.
philanthrōpos -ī, *f* [*Gk*] (*sc.* herba) 〖植〗ヤエムグラ (=aparine).
philargyria -ae, °*f* [*Gk*] 金銭愛, 貪欲.
philargyrus -a -um, **-os** -os -on, *adj* [*Gk*] 金銭好きな.
Philēmō(n) -onis, *m* [*Gk*] ピレーモーン《(1) 〖伝説〗Phrygia の貧しい農夫; Baucis の夫; ⇨ Baucis. (2) ギリシアの新喜劇詩人; Menander と同時代. (3) Augustus 帝時代の歴史家》.
philetaeria -ae, *f* [*Gk*] 〖植〗=polemonia.
Philētās -ae, *m* [*Gk*] ピレータース《Cos 島出身のギリシアのエレゲイア詩人・学者 (前300頃); Ptolemaeus Philadelphus の師》.
Philippēnsis -is -e, *adj* Philippi の.
Philippēus -a -um, *adj* **1** Philippus II の. **2** Philippi の.
Philippī -ōrum, *m pl* [*Gk*] ピリッピー《Macedonia の町; Octavianus と Antonius が Brutus と Cassius を破った (前42) 場所; また, ここに聖パウロが最初のキリスト教会を建てた》.
Philippica -ae, *f* (*sc.* oratio) **1** Demosthenes の Philippus II 攻撃演説. **2** Cicero の Antonius 攻撃演説.
Philippicus -a -um, *adj* **1** Philippus II の. **2** Philippi の.
Philippius -a -um, *adj* Philippi の.
Philippopolis -is, *f* [*Gk*] ピリッポポリス《Thracia の町》.
Philippus -ī, *m* [*Gk*] **1** ピリップス, *-ポス《Macedonia の数名の王; 特に (1) ~ II, Alexander 大王の父 (前382–336). (2) ~ V, Hannibal と同時代の人 (前238–179)》. **2** Philippus II 鋳造の金貨.
Philistus -ī, *m* [*Gk*] ピリストゥス, *-トス《Syracusae 生まれの歴史家 (前356 没)》.
philītia -ōrum, *n pl* [*Gk*] 〈スパルタ人の〉会食.
Phillyrīdēs -ae, *m* Philyra の息子 (=Chiron).
Philoclēs -is, *m* [*Gk*] ピロクレース《(1) エジプトの画家; 線描画の創始者. (2) Peloponnesus 戦争時の Athenae の将軍》.
Philoctētaeus -a -um, *adj* Philoctetes の.
Philoctētēs, **-a** -ae, *m* [*Gk*] 〖伝説〗ピロクテーテース《Hercules からもらった弓矢を使って Troja 戦争で

Paris を射殺した弓の名手》.
Philodēmus -ī, m [Gk] ピロデームス, *-モス《Palaestina の Gadara 出身の Epicurus 学派哲学者・詩人 (前 110?-?40)》.
philograecus -a -um, adj [Gk] ギリシア(語)好きな.
Philolāus, -lēos -ī, m [Gk] ピロラーウス, *-オス《Socrates と同時代の Pythagoras 学派哲学者》.
philologia -ae, f [Gk] 1 学問好き, 学問に従事すること. 2 文献解釈, 文献学.
philologus[1] -a -um, adj [Gk] 学問の(ある); 文学の.
philologus[2] -ī, m 教養のある人, 学者; 文学者.
Philomēla -ae, f [Gk] 1 〖伝説〗ピロメーラ(-)《Pandion の娘; 姉 Procne の夫 Tereus に暴行されたが, 最後にはナイチンゲールに変えられた》. 2 (p-) 〖鳥〗ナイチンゲール. 3° (p-) 〖鳥〗ツバメ.
Philomēliensēs -ium, m pl Philomelium の住民.
Philomēlium -ī, m [Gk] ピロメーリウム, *-オン《Phrygia Major の町》.
Philomētor -oris, m [Gk] ピロメートル《「母を愛する者」の意》(1) エジプト王 Ptolemaeus VI のあだ名. (2) Pergamum の王 Attalus III のあだ名》.
Philō(n) -ōnis, m [Gk] ピローン《(1) Eleusin の建築家 (前 4 世紀). (2) Byzantium の機械技師 (前 2 世紀). (3) Larisa 出身の Academia 学派哲学者; Cicero の師 (前 160?-?80). (4) Alexandria のユダヤ系ギリシア人哲学者 (前 30?-?後 45)》.
Philopator -oris, m [Gk] ピロパトル《「父を愛する者」の意》(1) エジプト王 Ptolemaeus IV のあだ名. (2) Cilicia の王 (1 世紀)》.
Philopoemēn -menis, m [Gk] ピロポエメーン, *-ポイメーン《Megalopolis 出身の政治家で Achaia 同盟の将軍 (前 253?-?182)》.
Philorōmaeus -ī, m [Gk] ピロローマエウス, *-マイオス《「ローマ人の友」の意; Cappadocia の王 Ariobarzanes のあだ名》.
philosopha -ae, f [philosophus[2]] 哲学者《女性》.
philosophaster -trī, °m [philosophus[2]] 哲学者気取りの人, えせ哲学者.
philosophia -ae, f [Gk] 1 哲学. 2 哲学の理論[学派]. 3 人生観.
philosophicē °adv [↓] 哲学的に.
philosophicus -a -um, °adj [philosophus] 哲学の.
philosophor -ārī -ātus sum, intr dep [philosophus] 哲学研究に従事する, 哲学的に思索[探究]する.
philosophūmenos -ē -on, adj [Gk] 哲学上の.
philosophus[1] -a -um, adj [Gk] 哲学の.
philosophus[2] -ī, m 哲学者.
philostorgus -a -um, adj [Gk] (家族に対して) 情愛の深い.
Philōtās -ae, m [Gk] ピロータース《Alexander 大王に仕えた将軍の一人》.
philotechnus -a -um, adj [Gk] 工芸の[に関する].

Philotīmus -ī, m [Gk] ピロティームス, *-モス《Cicero の解放奴隷》.
philtrum -ī, n [Gk] 1 ほれ薬, 媚薬. 2° 〖解〗人中(じんちゅう)《鼻と口との間の縦溝》.
Philus -ī, m ピルス《ローマ人の家名; 特に L. Furius ~, Laelius と Scipio Africanus Major の友人》.
philyra, -lu- -ae, f [Gk] 菩提樹の靱皮(じんぴ).
Philyra -ae, f [Gk] 〖神話〗ピリュラ(-)《ニンフ; Oceanus の娘; Saturnus との間に Chiron を生み, 菩提樹に変えられた》.
Philyrēius -a -um, adj Philyra の.
phīmōsis -is, f [Gk] 〖病〗包茎.
phīmus -ī, m [Gk] さいころを振り出す円筒.
Phīnēius, -ēus[1] -a -um, adj Phineus (1) の.
Phīneus[2] -eī [-eos], m [Gk] 〖伝説〗ピーネウス《(1) Thracia の王; Harpyiae に苦しめられて盲目となった. (2) Cephesus の兄弟; Perseus によって石に変えられた》.
Phīnīdēs -ae, m Phineus (1) の子孫.
Phintia -ae, f ピンティア《Sicilia 島の町》.
Phintiās -ae, m [Gk] ピンティアース《Syracusae 生まれの Pythagoras 学派哲学者; Damon との友情で有名》.
phlebītis -tidis, °f 〖病〗静脈炎.
phlebotomia -ae, °f [Gk] 〖医〗静脈切開, 瀉血(しゃけつ).
phlebotomō -āre -āvī -ātum, °tr [Gk] 静脈切開[瀉血]する.
phlebotomus -ī, °m [Gk] 放血刀.
Phlegethōn -ontis, m [Gk] プレゲトーン《冥界の火の川》.
Phlegethontis -idis, adj f Phlegethon の.
phlegma -atis, °n 1 〖古生理〗粘液. 2 粘液質, 遅鈍. 3 〖生理〗痰.
phlegmōn -ontis, m [Gk] 〖病〗1 炎症. 2° フレグモーネ, 蜂巣織炎.
Phlegōn -ontis, m [Gk] 〖神話〗プレゴーン《「燃えている者」の意; 太陽神の馬車を引く四頭の馬の一頭》.
Phlegra -ae, f [Gk] プレグラ《Pallene の古名; ここで Gigantes が神々と戦って雷に打たれたという》.
Phlegraeus -a -um, adj [Gk] Phlegra の: Phlegraei campi (Ov) Gigantes が滅ぼされた野. 2 campi Phlegraei (PLIN) Campania の火山地帯.
Phlegyae -ārum, m pl [Gk] プレギュアエ, *-アイ《略奪を生業としていた Thessalia 南部の一部族》.
Phlegyās -ae, m [Gk] 〖伝説〗プレギュアース《Mars の息子で Ixion の父; Lapithae 族の王》.
Phliāsius -a -um, adj Phlius の. **Phliāsiī** -ōrum, m pl Phlius の住民.
Phliūs -untis, f [Gk] プリーウース《Peloponnesus 半島北東部の町》.
Phobētōr -oris, m [Gk] 〖神話〗ポベートール《夢の神 Morpheus の息子》.
phobotaxis -is, °f 〖生物〗驚動走性.
phōca -ae, **-ē** -ēs, f [Gk] 〖動〗アザラシ(海豹).
Phōcaea -ae, f [Gk] ポーカエア, *-カイア《Ionia の港町; 前 600 年頃 Massilia に植民した》.
Phōcaeensēs -ium, m pl Phocaea の住民.

Phōcaeī -ōrum, *m pl* Phocaea の住民.
Phōcaeus -a -um, *adj* **1** Phocis の. **2** Phocaea の.
Phōcaicus -a -um, *adj* **1** Phocaea の; Massilia の. **2** Phocis の.
Phōcais -idis, *adj f* [*Gk*] Phocaea の; Massilia の.
Phōcēnsēs -ium, *m pl* =Phocii.
Phōcēus -a -um, *adj* Phocis の: *juvenis* ~ (Ov) =Pylades.
Phōciī -ōrum, *m pl* Phocis の住民.
Phōciōn -ōnis, *m* [*Gk*] ポーキオーン《Demosthenes と同時代の Athenae の将軍・政治家 (前 402?–318)》.
phōcis -idos, *f* [*Gk*] ナシ(梨)の一種.
Phōcis -idis, *f* [*Gk*] ポーキス《(1) ギリシア中部の Boeotia と Aetolia の間の地域; Delphi の町と Apollo の神託所がここにあった. (2) =Phocaea (本来は誤用). (3)° =Massilia》.
Phōcus -ī, *m* [*Gk*] 《伝説》ポークス, *-コス《Aeacus と Psamathe の子; 異母兄弟 Telamon と Peleus に殺された》.
Phoebas -adis, *f* [*Gk*] Apollo の巫女; 予言者《女性》.
Phoebē -ēs, *f* [*Gk*] ポエベー, *ポイベー《(1)《神話》Titanes の一人; のちに Phoebus (=Apollo) の妹で月の女神の Diana と同一視された. (2)《伝説》Juppiter と Leda の娘; Helena の姉妹. (3)《伝説》Leucippus の娘》.
Phoebēius -a -um, *adj* **1** Phoebus の. **2** Phoebe (1) の.
Phoebēum -ī, *n* [*Gk*] ポエベーウム, *ポイベイオン《Sparta 近隣の地域; Phoebus 神殿があった》.
Phoebēus -a -um, *adj* Phoebus の.
Phoebidās -ae, *m* [*Gk*] ポエビダース, *ポイ-《Sparta の将軍》.
Phoebigena -ae, *m* [↓/gigno] 《神話》Phoebus の息子 (=Aesculapius).
Phoebus -ī, *m* 《神話》ポエブス, *ポイボス《「光り輝く者」の意; 太陽神としての Apollo の呼称》.
phoenīcē -ēs, *f* [*Gk*] 《植》ホソムギ.
Phoenīcē -ēs, *-a* -ae, *f* [*Gk*] ポエニーケー, *ポイ-《(1)"フェニキア"; Syria の沿岸地方. (2) Ios 島の別名. (3) Epirus の町》.
Phoenīces -um, *m pl* ⇨ Phoenix¹.
phoenīceus -a -um, *adj* [*Gk*] 深紅色の, 紫色の.
Phoenīceus, -cius -a -um, *adj* Phoenice の.
Phoenīcia -ae, °*f* ポエニーキア (=Phoenice (1)).
phoenīcopterus -ī, *m* [*Gk*] 《鳥》フラミンゴ.
Phoenīcūs -untis, *f* [*Gk*] ポエニークース, *ポイ-《(1) Lycia の港. (2) Ionia の港》.
Phoenissa¹ -ae, *f* [*Gk*] **1** =Carthago. **2** Phoenicia の女《特に Dido》.
Phoenissa² -ae, *adj f* **1** Phoenicia の. **2** Thebae の. **3** Carthago の.
phoenix -icis, *m* [*Gk*] **1** 《伝説》不死鳥, フェニックス《エジプト神話の霊鳥》. **2** 《植》ナツメヤシ. **3** 南南東の風.
Phoenix¹ -īcis [-īcos], *m* [*Gk*] Phoenicia 人《通例 *pl* Phoenices で用いられる》.
Phoenix² -īcis [-īcos], *m* 《伝説》ポエニクス, *ポイ-《(1) Amyntor の息子で Achilles の仲間. (2) Agenor の息子で Cadmus の兄弟》.
Pholoē -ēs, *f* [*Gk*] ポロエー《(1) Elis と Arcadia の境界をなす山. (2) Thessalia の山; Centaurus 族の居所とされる》.
Pholus -ī, *m* [*Gk*] 《伝説》ポルス, *ポロス《Centaurus 族の一人; Ixion の子》.
phōnascus -ī, *m* [*Gk*] 歌[朗唱]の教師.
phōnēma -atis, *n* [*Gk*] ことば, 発音.
Phorbās -antis, *m* [*Gk*] 《伝説》ポルバース《(1) Tiphys の父. (2) Priamus の息子; Menelaus に殺された》.
Phorcis -idis [-idos], *f* 《神話》Phorcus の娘 (=Medusa または Graeae の一人).
Phorcus -ī, **-cys** -yos [-yis], *m* [*Gk*] 《神話》ポルクス, *-コス《Graeae と Gorgones の父; 死後, 海神とされた》.
Phorcȳnis -idis [-idos], *f* Phorcus の娘 (=Medusa).
Phormiō -ōnis, *m* [*Gk*] ポルミオー(-ン)《(1) 逍遥学派の哲学者; Hannibal に兵学を講じた. (2) Peloponnesus 戦争時の Athenae の将軍 (前 428? 没). (3) Terentius の喜劇の題名》.
Phorōneus¹ -ei [-eos], *m* [*Gk*] 《伝説》ポローネウス《Inachus の息子; Argos の王; Io の兄》.
Phorōneus² -a -um, *adj* Phoroneus の; Argos の.
Phorōnis -idis [-idos], *f* 《伝説》Phoroneus の妹 (=Io).
Phōsphorus -ī, *m* [*Gk*] **1** 《神話》ポースポルス, *-ロス《暁の明星; ローマ神話の Lucifer に当たる》. **2°** (p-) 《化》燐.
phōtophobia -ae, °*f* 《病》羞明(しゅうめい), 光恐怖(症), まぶしがり(症).
phōtoreceptor -ōris, °*m* 《生物・生理》光受容体.
phōtosynthesis -is, °*f* 《植》光合成.
phōtotaxis -is, °*f* 《植》走光性.
Phr(a)ātēs -ae, *m* [*Gk*] プラ(ア)ーテース《Parthia の数名の王の名》.
phrasis -is, *f* [*Gk*] 《修》言いまわし, 表現.
phrenasthenīa -ae, °*f* 《病》精神薄弱.
phrenēsis -is, *f* [*Gk*] 《病》譫妄(せんもう), 精神錯乱.
phrenēticus -a -um, *adj* [↑] 精神錯乱の.
phrenicocōlicus -a -um, °*adj* 《解》横隔膜結腸の.
phrenicohēpaticus -a -um, °*adj* 《解》横隔膜肝臓の.
phrenicus -a -um, °*adj* 《解》横隔膜の: *nervus* ~ 横隔神経.
phrenītis -tidis, *f* [*Gk*] 《病》**1** 精神錯乱. **2°** 横隔膜炎.
phrenopathīa -ae, °*f* 《病》精神病.
Phrixēus -a -um, *adj* Phrixus の: *Phrixea vellera* (Ov) 金の羊毛 / ~ *maritus* (Mart) 雄羊 / ~ *agnus* (Mart) 雄羊座 / *Phrixeum mare* (Sen) = ~ *pontus* (Luc) =Hellespontus.
Phrixus, -os -ī, *m* [*Gk*] 《伝説》プリクスス, *-ソス

《Athamas と Nephele の子で Helle の兄; 継母 Ino の虐待を逃れるため, 妹とともに空を飛ぶ金毛の羊に乗って Colchis に渡った(妹は途中で海峡(のちの Hellespontus) に落ちて死んだ)》.
Phryges -um, *m pl* ⇨ Phryx² 1.
Phrygia -ae, *f* [*Gk*] プリュギア(-)《(1) 小アジア中部地域. (2) =Troja》.
phrygiō -ōnis, *m* [Phryx¹] 刺繍屋.
Phrygius -a -um, *adj* **1** Phrygia の. **2** Troja の.
Phrȳnē -ēs, *f* [*Gk*] プリューネー《Athenae の高級娼婦; Thebae が Alexander 大王に破壊されたときその再建を申し出た》. **2** (一般に) 高級娼婦.
phrȳnion -iī, *n* [*Gk*] 〘植〙ゲンゲ属の植物 (=poterion).
Phryx¹ -ygis, *adj* [*Gk*] Phrygia の; Troja の.
Phryx² -ygis, *m* **1** Phrygia 人《通例 *pl* Phryges で用いられる》. **2** プリュクス《Ionia の川》.
Phthīa -ae, *f* [*Gk*] プティーア(-)《Thessalia の町; Achilles の生地》.
Phthīas -adis, *f* Phthia の女.
Phthīōtēs, **-a** -ae, *m* Phthia 人.
Phthīōticus -a -um, *adj* Phthia の.
Phthīōtis -idis, *f* [*Gk*] Phthia 周辺の地域.
phthīr -ros, *m* [*Gk*] 〘魚〙コバンザメ.
phthīriasis -is, *f* [*Gk*] 〘病〙シラミ (虱) 症.
Phthīrophagī -ōrum, *m pl* [*Gk*] プティーロパギー, *プテイロパギイ《「シラミを食う者たち」の意; Sarmatia にいた一部族》.
phthisicus -a -um, *adj* [↓] 消耗性疾患[肺病]の.
phthisis -is, *f* [*Gk*] 〘病〙消耗性疾患, 肺病.
phthisiscō -ere, °*intr inch* [↑] 肺病にかかる.
Phthīus -a -um, *adj* Phthia の.
phū(n) *indecl n* [*Gk*] 〘植〙カノコソウ.
phȳ *int* [*Gk*] (不快・嫌悪を表わす)ヘン, フン, チェッ.
Phyācēs -ae, *m* [*Gk*] ピュアーケース《Getae 族の王》.
phȳcis -idis, *f* [*Gk*] 〘魚〙ベラ.
phȳcītis -idos, *f* [*Gk*] 宝石の一種.
phȳcos -ī, *n* [*Gk*] 海草の一種.
phylaca -ae, *f* [*Gk*] 牢屋, 監獄 (=custodia).
Phylacē -ēs, *f* [*Gk*] ピュラケー《(1) Epirus の町. (2) Protesilaus が統治した Thessalia の町》.
Phylacēis -idis, *adj f* Phylace (2) の.
Phylacēius -a -um, *adj* Phylace (2) の.
Phylacidēs -ae, *m* Phylacus の子孫 (=Protesilaus).
phylactērium -iī, °*n* [*Gk*] **1** (ユダヤ教の)聖句箱《聖句を記した羊皮紙を入れた》. **2** 護符, お守り, 魔除け. **3** (剣闘士が身につけた)鎖.
Phylacus -ī, *m* [*Gk*] 〘伝説〙ピュラクス, *-コス《Thessalia にあった Phylace の創建者; Iphiclus の父》.
phȳlarchus -ī, *m* [*Gk*] 部族の長.
Phȳlē -ēs, *f* [*Gk*] ピューレー《Attica の要塞; Boeotia との国境にあった》.
Phyllēius -a -um, *adj* Thessalia の町 Phyllus の.

Phyllis -idis [-idos], *f* [*Gk*] ピュッリス《(1) 〘伝説〙Thracia の王 Sithon の娘; アーモンドの木に変えられた. (2) 詩によく出る女性名》.
phyllocladium -iī, °*n* 〘植〙葉状茎.
phyllodium -iī, °*n* 〘植〙偽葉.
Phyllodocē -ēs, *f* [*Gk*] 〘神話〙ピュッロドケー《Nereus と Doris の娘で海のニンフ》.
phyllon -ī, *n* [*Gk*] 〘植〙**1** =leucacantha 1. **2** ヤマアイ.
Phyllos -ī, *f* [*Gk*] ピュッロス《Arcadia の一地域》.
phȳlum -ī, °*n* 〘生物〙(分類上の)門.
phȳma -atis, *n* [*Gk*] 〘病〙腫瘤(しゅりゅう), 腫瘍.
phȳrāma -atis, *n* [*Gk*] アンモニアゴム.
phȳsēma -atis, *n* [*Gk*] (中のうつろな)真珠.
physētēr -ēris, *m* [*Gk*] 〘動〙クジラの一種.
physica¹ -ae, *f*, **-a** -ōrum, *n pl* [physicus¹] 自然学; 物理学.
physicē *adv* [↓] 自然学的に.
physicus¹ -a -um, *adj* [*Gk*] **1** 自然の, 自然に関する. **2** 自然学の; 物理学の. **3** 生来の.
physicus² -ī, *m* 自然学者.
physiognōmicus -a -um, °*adj* [*Gk*] 観相術の, 人相学の.
physiognōmōn -onis, *m* [*Gk*] 観相家, 人相見.
physiologia -ae, *f* [*Gk*] **1** 自然学. **2**° 生理学.
physiologicē °*adv* [↓] **1** 自然学的に. **2** 生理学的に.
physiologicus -a -um, °*adj* [physiologia] **1** 自然学の. **2** 生理学の.
physis -is, *f* [*Gk*] **1**° 自然. **2** 宝石の一種.
phyteuma -atis, *n* [*Gk*] 〘植〙レセダ属の植物.
phytocoenōsis -is, °*f* 〘植〙全層群落.
piābilis -is -e, *adj* [pio] 償う[あがなう]ことのできる.
piāculāris -is -e, *adj* [piaculum] **1** 罪滅ぼしの, 罪滅ぼしをする. **2** 贖罪を必要とする.
piāculāriter °*adv* [↑] 罪深くも.
piāculō -āre, *tr* [↓] (供犠して罪を)償う, あがなう.
piāculum -ī, *n* [pio] **1** 償い[あがない]の供物, いけにえ. **2** 贖罪の儀式. **3** 罰. **4** 償いを必要とする行為, 罪, 犯罪. **5** 不幸なできごと, 災難.
pia māter -ae -tris, °*f* 〘解〙軟膜《「優しい母」の意》.
piāmen -minis, *n* [pio] 贖罪の手段.
piāmentum -ī, *n* [pio] **1** 贖罪の手段. **2** 贖罪の儀式.
piātiō -onis, *f* [pio] 贖罪.
piātor -ōris, *m* [pio] 贖罪の儀式をする人.
piātrix -īcis, *f* [↑] 贖罪の儀式をする人《女性》.
pīca -ae, *f* 〘鳥〙カケス, カササギ.
picāria -ae, *f* [pix] ピッチ製造所.
picātiō -ōnis, °*f* [pico] ピッチを塗ること.
picātus¹ -a -um, *adj* (*pp*) [pico] (ぶどう酒が)ピッチで香りをつけられた.
pīcātus² -a -um, *adj* [pix²] スフィンクスに似た.
picea -ae, *f* [pix¹] 〘植〙トウヒ.
Picens -entis, *adj* Picenum の. **Picentēs** -ium [-um], *m pl* Picenum の住民.
Picentia -ae, *f* ピーケンティア《Campania 南部の

町)).
Pīcentiānus -a -um, *adj* 《碑》Picenum の.
Pīcentīnus -a -um, *adj* **1** Picentia の. **2** Picenum の.
Pīcēnum -ī, *n* ピーケーヌム《イタリア中東部のアドリア海に面する地域》.
Pīcēnus -a -um, *adj* =Picens.
piceus -a -um, *adj* [pix¹] **1** ピッチのような, 樹脂質の. **2** ピッチのように黒い.
picō -āre -āvī -ātum, *tr* [pix¹] ピッチを塗る.
Pictāvī -ōrum, °*m pl* =Pictones.
pictilis -is -e, *adj* [pictus] 刺繍した.
Pictonēs -um, *m pl* ピクトネース《Aquitania にいた一部族》.
pictor -ōris, *m* [pingo] **1** 画家, 絵かき. **2**° 刺繍をする人.
Pictor -ōris, *f* ピクトル《Fabia 氏族に属する家名; 特に *Q. Fabius* ~ (⇒ Fabius)》.
pictōrius -a -um, *adj* [pictor] 絵画の.
pictūra -ae, *f* [pingo] **1** えのぐを塗ること; 絵, 絵画. **2** 刺繍. **3** 彩色, 色どり. **4** 心に描いた像.
pictūrātus -a -um, *adj* [↑] **1** 彩色された. **2** 刺繍した.
pictus -a -um, *adj* (*pp*) [pingo] **1** 彩色された, 描かれた. **2** 刺繍した. **3** 入れ墨をした. **4** (文体が)華麗な, 飾りたて. **5** 見せかけの, 実体のない.
Pīcumnus -ī, *n* 《神話》 ピークムヌス《夫婦と子どもの守護神; Pilumnus とともに崇拝された》.
pīcus -ī, *m* 《鳥》 [cf. pica] キツツキ《啄木鳥》.
Pīcus -ī, *m* [Gk] 《伝説》ピークス《Saturnus の息子; Latinus の祖父; Circe によってキツツキに変えられた》.
piē *adv* [pius] (神々に対して)敬虔に; (家族・友人に対して)愛をこめて.
Pīeria -ae, *f* [Gk] ピーエリア(-)《(1) Macedonia の Olympus 山の北麓地方; Musae の生地と伝えられる. (2) Syria の一地域; Cilicia と Phoenicia の間に位置した》.
Pīeriae -ārum, *f pl* Musae の呼称の一つ.
Pīeris -idis [-idos], *f* [Gk] Pieros の娘の一人《= Musa》.
Pīerius -a -um, *adj* **1** Musae の; 詩の. **2** Pieria (1) の; Macedonia の; Thessalia の.
Pīeros, -us -ī, *m* [Gk] 《伝説》ピーエロス《Macedonia の Pella の王; 彼の 9 人の娘が Musae と競ってカササギに変えられた; 一説に Musae の父》.
pietās -ātis, *f* [pius] **1** (神々への)敬虔, 信仰. **2** (神々からの)愛, 慈悲. **3** (祖国への)忠誠, 愛国心. **4** (家族・友人への)情愛, 孝心; 信義. **5** (一般に)好意, 親切.
piger -gra -grum, *adj* **1** いやがる, 気が進まない 〈ad alqd〉. **2** のろい, 不活発な, 怠惰な 〈in re; alcis rei; ad alqd; +*inf*〉: *palus pigra* (Ov) よどんだ沼 / *campus* ~ (Hor) 不毛の野. **3** 落胆した, 意気消沈した.
piget -ēre piguit [pigitum est], *tr impers* **1** 不快にする, うんざりさせる, いらだたせる 〈alqm alcis rei; +*inf*; +*acc c. inf*〉: *me ~ stultitiae meae* (Cic) 私は自分の愚かさがいやになる. **2** 後悔させる. **3** 恥じ入らせる.
pigmentārius¹ -a -um, *adj* [pigmentum] 顔料の.
pigmentārius² -ī, *m* 顔料商.
pigmentātus -a -um, °*adj* [↓] 化粧した, 彩色された.
pigmentum -ī, *n* [pingo] **1** 顔料, 染料; 化粧品. **2** 文飾. **3**° (植物の)汁.
pignerātiō -ōnis, *f* [pignero] 抵当に入れること.
pignerātor -ōris, *m* [↓] 抵当権者.
pignerō, -norō -āre -āvī -ātum, *tr* [pignus] **1** 質におく, 抵当に入れる. **2** (道徳的に)縛る, 束縛する.
pigneror -ārī -ātus sum, *tr dep* [pignus] わが物にする; 保証として受け取る.
pignoriscapiō, pignoris capio -ōnis, *f* [↓/capio²] 担保を取ること.
pignus -noris [-neris], *n* [pango] **1** 担保, 抵当. **2** 人質. **3** 賭けた金[物]. **4** 保証, しるし; (愛の)証し.
pigrē *adv* [piger] **1** のろのろと, 不活発に. **2** 気が進まないで, いやいやながら.
pigreō -ēre, *intr* [piger] 気が進まない, いやがる.
pigrescō -ere, *intr inch* [↑] 緩慢[不活発]になる.
pigritia -ae, **-ēs** -ēī, *f* [piger] **1** 不活発, 緩慢. **2** 怠惰; いや気, 気が進まないこと.
pigritor -ārī -ātus sum, °*intr dep freq* [pigror¹] 不活発[緩慢]である, のろい.
pigrō -āre -āvī -ātum, *intr* =pigror¹.
pigror¹ -ārī -ātus sum, *intr dep* [piger] ためらう, しりごみする.
pigror² -ōris, *m* 緩慢, 不活発.
piguit *pf* ⇒ piget.
pīla¹ -ae, *f* [cf. pinso] 臼(う), すり鉢.
pīla² -ae, *f* 柱.
pila³ -ae, *f* **1** 球, 玉, まり. **2** 球戯, まり遊び.
pīlānus -ī, *m* [pilum] 第三戦列兵 (cf. triarii).
pilāris -is -e, *adj* [pila³] 球の, まりの.
pīlārium -ī, *n* [pila²] 《碑》納骨堂.
pilārius -ī, *m* [pila³] (いくつかの球をあやつる)曲芸師.
pīlātim¹ *adv* [pila²] 柱によって.
pīlātim² *adv* [pilatus¹] 密集隊形をなして.
pīlātrīx -īcis, *f* [pilo²] こそ泥《女性》.
pīlātus¹ -a -um, *adj* [pila²] 密集隊形の.
pīlātus² -a -um, *adj* [pilum] 投げ槍で武装した.
Pīlātus -ī, *m* ピーラートゥス《ローマ人の家名; 特に *Pontius* ~, Judaea 総督 (26-36); キリストの処刑を許可したと伝えられる》.
pīlentum -ī, *n* (貴婦人用の)四輪馬車.
Pīlia -ae, *f* ピーリア《Atticus の妻》.
pilicrepus -ī, *m* [pila³/crepo] 球戯の審判.
pilleātus, pīle- -a -um, *adj* [pilleus] フェルト帽をかぶった.
pilleō, pīleō -āre -āvī -ātum, °*tr* [pilleus] フェルト帽をかぶらせる《=奴隷を解放する》.
pilleolus -ī, *m dim* [↓] (小さな)フェルト帽.
pilleus, pīle- -ī, *m*, **-um** -ī, *n* **1** フェルト帽《解放された奴隷がかぶった; また Saturnalia で着用した》. **2**° 《植》傘(ホ).
pīlō¹ -āre -ātum, *tr* [pila²] しっかり固定する.

pilō² -āre -āvī -ātum, *intr*, *tr* [pilus¹] **I** (*intr*) 体毛が生える．**II** (*tr*) 毛を抜く，羽をむしる．

pilōsus¹ -a -um, *adj* [pilus¹] 毛深い，毛むくじゃらの．

pilōsus² -ī, °*m* 毛深い者(=野山羊)．

pilula -ae, *f dim* [pila³] (小さな)球; 丸薬．

pilum -ī, *n* **1** すりこぎ，きね．**2** 投げ槍．

Pīlumnus -ī, *m* ピールムヌス《(1)〘神話〙夫婦と子どもの守護神; Picumnus とともに崇拝された．(2)〘伝説〙Turnus の曾祖父》．

pilus¹ -ī, *m* [*cf*. pilɛ³, pilleus¹] **1** 毛，毛髪．**2** (毛ほどの)取るに足らぬ[つまらぬ]もの: *pili non facere alqd* (CATUL) あることに一筋の毛ほどの値打ちも認めない (=全く問題にしない)．

pilus² -ī, *m* [pilum] (ローマ軍の)第三戦列 (triarii) の一部: *primum pilum ducere* (CAES) (百人隊長が)軍団の第1大隊 (cohors) 第1百人隊 (centuria) を指揮する / *centuriō primī pīlī* (CAES) (軍団の)首位百人隊長 (=primipilus)．

Pimplēa -ae, *f* [*Gk*] ピンプレーア《Pieria の Musae の聖泉》．

Pimplēis -idis [-idos], *f* =Musa．

Pimplē(i)us -a -um, *adj* Pimplea の．

pīna -ae, *f* [*Gk*] 〘動〙二枚貝《タイラギの類》．

pinacothēca -ae, **-ē** -ēs, *f* [*Gk*] 画廊．

pīnālis -is -e, °*adj* [pinus] 松の．

Pīnārius¹ -ī, *m* ピーナーリウス《ローマの貴族階級に属する氏族名; 特に Hercules の祭祀にたずさわった》．

Pīnārius² -a -um, *adj* Pinarius の．

Pinarus -ī, *m* [*Gk*] ピナルス，*-*ロス《Cilicia の川》．

pinax -acis, °*m* [*Gk*] (板に描いた)絵，板絵．

pincerna -ae, ᶜ*m* [*Gk*] (貴人に)酌をする人，酌取り．

Pindaricus -a -um, *adj* Pindarus (風)の．

Pindarus -ī, *m* [*Gk*] ピンダルス，*-*ロス《ギリシアの抒情詩人 (前 518?-?438)》．

Pindenissītae -ārum, *m pl* Pindenissus の住民．

Pindenissus -ī, *f* [*Gk*] ピンデニッスス，*-*ソス《Cilicia の要塞》．

Pindus, **-os** -ī, *m* [*Gk*] ピンドゥス，*-*ドス《Thessalia と Epirus の境界をなす山脈; Musae の聖山とされた》．

pīnea -ae, *f* [pineus] 〘植〙松の実．

pīneālis -is -e, °*adj* 〘解〙松果体の．

pīnētum -ī, *n* [pinus] 松林．

pīneus -a -um, *adj* [pinus] 松の木の; 松材の．

pingō -ere pinxī pictum, *tr* **1** 色をつける，彩色する．**2** (絵に)描く．**3** (色で)飾る，彩りを添える; 刺繍を施す．**4** 文飾を施す．

pingue -guis, *n* [pinguis] (動物の)あぶら身，獣脂．

pinguecula -ārum, °*n pl* 〘病〙瞼裂斑．

pinguēdō -dinis, *f* [pinguis] **1** 脂っこいこと．**2**° 脂っこい食材．

pinguefacere *inf* ⇨ pinguefacio．

pinguefaciō -cere -fēcī -factum, *tr* [pinguis/facio] 太らせる．

pinguefactus -a -um, *pp* ⇨ pinguefacio．

pinguefēcī *pf* ⇨ pinguefacio．

pinguēscō -ere, *intr inch* [↓] **1** 太る．**2** (土地が)肥沃になる．**3** 脂っこくなる．

pinguis -is -e, *adj* **1** 肥えた，太った; 栄養のよい．**2** 油の多い．**3** 液汁[水分]の多い．**4** (酒が)こくのある．**5** 豊穣な，肥沃な．**6** (音が)豊かな．**7** 分厚い．**8** 濃厚な，濃密な; ねばねばした．**9** (頭が)鈍い，愚鈍な．**10** (表現が)拙劣な，へたな．**11** 落ちついた，安らかな，のんびりした．

pinguiter *adv* [↑] **1** 肥沃に．**2** 油っこく．**3** 濃密に．**4** (光沢が)鈍く．**5**° 気前よく，豊富に．**6**° 愚かに．

pinguitūdō -dinis, *f* [pinguis] **1** 太っていること，肥満．**2** 脂肪．**3** 脂の多いこと．**4** (土地の)肥沃．**5** (声の)太いこと．

pīnifer -fera -ferum, *adj* [pinus/fero] 松の生える．

pīniger -gera -gerum, *adj* [pinus/gero] 松(の木)におおわれた．

pinna -ae, *f* [*cf*. penna] **1** 羽，羽毛．**2** 翼．**3** (魚の)ひれ．**4** 鋸壁《きょへき》(防冊の上部にのこぎりの歯状に付け足した部分; その間から飛び道具を放つ)．**5**° 〘植〙(複葉の)羽片．**6**° 〘解〙耳介．

pinnāculum -ī, °*n dim* [↑] (建物の)とがった先端．

pinnātus -a -um, *adj* [pinna] 羽[翼]のある; 羽のような．

pinniger -gera -gerum, *adj* [pinna/gero] **1** 羽[翼]のある．**2** ひれのある．

pinnipēs -pedis, *adj* [pinna/pes] 足に翼のある．

pinnirapus -ī, *m* [pinna/rapio] (敵のかぶとから)羽根飾りを奪う(者) (=retiarius)．

pinnula -ae, *f dim* [pinna] **1** (小さな)羽，翼．**2** (小さな)ひれ．

pīnotērēs -ae, *m* [*Gk*] 〘動〙カクレガニ．

pinsī *pf* ⇨ pinso²．

pinsitus -a -um, *pp* =pinsus．

pinsō¹, **pīsō**¹ -āre -āvī -ātum, *tr* =pinso²．

pinsō², **pīsō**² -ere pinsī [-suī] pinsum [pinsitum, pistum], *tr* 押しつぶす，つき砕く．

pinsus -a -um, *pp* ⇨ pinso²．

pīnus -ūs [-ī], *f* 〘植〙**1** 松の木．**2** 松葉飾り．**3** 船; 帆柱．**4** かい，オール．**5** たいまつ．

pinxī *pf* ⇨ pingo．

piō -āre -āvī -ātum, *tr* [pius] **1** (犠牲によって神々を)祀る．**2** (贖罪・犠牲によって)祓い清める．**3** (神々を)あがめる，崇拝する．**4** (罪を)償う．**5** 罰する，復讐する．

piper piperis, *n* [*Gk*] 胡椒《こしょう》．

piperātōrium -ī, °*n* [↑] コショウ入れ．

piperātus -a -um, *adj* [piper] **1** コショウで調味された．**2** 盗癖のある．

piperītis -idis, *f* [*Gk*] 〘植〙コショウソウ．

pipilō -āre -āvī -ātum, *intr* (スズメが)ピーピー鳴く，さえずる．

pipinna -ae, *f* 〘幼児〙おちんちん．

pīpiō¹ -āre, *intr* **1** (スズメが)ピーピー鳴く．**2**° (小児が)めそめそ泣く．

pīpiō² -īre, *intr* (ひよこが)ピーピー鳴く．

pīpiō³ -ōnis, °*m* ひな鳥．

pīpō -āre, *intr* (メンドリが)鳴く.
pīpulum -ī, *n*, **-us** -ī, *m* [↑] 叫び[わめき]声.
pīrācium -ī, °*n* [pirum] 洋ナシ酒.
Pīraeus[1] -ī, **Pīraeeus** -eī [-eos], *m*, **Pīraea** -ōrum, *n pl* [*Gk*] ピーラエウス, *ペイライエウス《Athenae の外港》.
Pīraeus[2] -a -um, *adj* Piraeus 港の.
pīrāta -ae, *m* [*Gk*] 海賊.
pīrātērium -ī, °*n* 1 略奪者の群れ. 2 試練.
pīrātica -ae, *f* [piraticus] 海賊行為.
pīrāticē °*adv* [↓] 海賊のように[として].
pīrāticus -a -um, *adj* [*Gk*] 海賊の.
Pīrēnē -ēs, **-a** -ae, *f* [*Gk*] ピーレーネー, *ペイ-《Corinthus の泉; 天馬 Pegasus のひづめの一蹴りで涌いたという; Musae の聖泉》.
Pīrēnis -idis, *adj f* Pirene の.
piriformis -is -e, °*adj* [pirum/forma] 《解》梨状の.
Pīrithous -ī, *m* [*Gk*] ピーリトゥス, *ペイリトオス《Lapithae 族の王; 親友 Theseus とともに黄泉の国から Proserpina を連れ出そうとして果たさなかった》.
pirum -ī, *n* 《植》梨(の実).
pirus -ī, *f* [↑] 《植》梨の木.
Pīrūstae -ārum, *m pl* [*Gk*] ピールースタエ, *ペイルースタイ《Illyria にいた一部族》.
pīsa -ae, *f* =pisum.
Pīsa -ae, *f* [*Gk*] ピーサ《Elis の Alpheus 河畔の町; この近くの野で Olympia 競技祭が催された》.
Pīsae -ārum, *f pl* ピーサエ《Etruria の町; Pisa の植民市といわれる; 現 Pisa》.
Pīsaea -ae, *f* [↓] Pisa の女 (=Hippodamia).
Pīsaeus -a -um, *adj* Pisa の.
Pīsander -ī, *m* [*Gk*] ピーサンデル, *ペイサンドロス《(1)《伝説》Penelope の求婚者の一人. (2) Rhodos 島の Camirus 生まれのギリシアの叙事詩人 (前 7-6 世紀頃). (3) Athenae の政治家 (前 5 世紀)》.
Pīsānus -a -um, *adj* Pisae の.
pīsātiō -ōnis, *f* [piso] 踏みつけること.
Pīsaurēnsis -is -e, *adj* Pisaurum の.
Pīsaurum -ī, *n* ピサウルム《Umbria のアドリア海沿岸の町; 現 Pesaro》.
piscārius -a -um, *adj* [piscis] (売り物としての)魚の.
piscātiō -ōnis, °*f* [piscor] 漁業.
piscātor -ōris, *m* [piscor] 漁師; 魚屋.
piscātōria -ae, °*f* [↓] 漁業.
piscātōrius -a -um, *adj* [piscator] 漁業の; 魚販売の.
piscātrīx -īcis, *f* [piscator] 漁師《女性》.
piscātus -ūs, *m* [piscor] 1 魚釣り, 漁業. 2 漁獲量, (捕れた)魚.
Piscēnae -ārum, *f pl* ピスケーナエ《Gallia Narbonnensis の町; 現 Pézenas》.
piscicapus -ī, *m* [piscis/capio[1]] 《碑》漁師.
pisciculus -ī, *m dim* [piscis] (小さな)魚.
piscīna -ae, *f* [piscis] 1 養魚池. 2 水泳プール. 3 貯水池; 水槽. 4 《キ教》聖水盤.
piscīnārius[1] -a -um, *adj* [↑] 養魚池の.
piscīnārius[2] -ī, *m* 養魚池所有者.
piscīnula, piscinilla -ae, *f dim* [piscina] (小さな)養魚池.
piscis -is, *m* 1 魚. 2 (*pl* Pisces) 《天》魚座;《占星》双魚宮 (*sg* でも用いる).
pisciunculus -ī, °*m dim* [↑] (小さな)魚.
piscor -ārī -ātus sum, *intr dep* [piscis] 魚を釣る, 漁をする: *piscari in aere* (PLAUT) 空中で魚を釣る(=むだ骨を折る).
piscōsus -a -um, *adj* [piscis] 魚の多い.
pisculentus -a -um, *adj* [piscis] 魚の多い.
Pisidae -ārum, *m pl* [*Gk*] Pisidia の住民.
Pisidia -ae, *f* [*Gk*] ピシディア(-)《小アジア南部地方》.
Pisidicus -a -um, *adj* Pisidia の.
pīsiformis -is -e, °*adj* [pisum/forma] 《解》豆状の.
pisinnus[1] -a -um, *adj* 小さな.
pisinnus[2] -ī, *m* 小さな子供.
Pīsistratidae -ārum, *m pl* [*Gk*] Pisistratus の息子たち (=Hippias と Hipparchus).
Pīsistratus -ī, *m* [*Gk*] ピーシストラトゥス, *ペイシストラトス《Athenae の僭主 (前 605?-527)》.
pīsō[1, 2] =pinso.
Pīsō -ōnis, *m* ピーソー《Calpurnia 氏族に属する家名; 特に (1) *L. Calpurnius* ~ *Caesoninus*, 執政官 (前 58). (2) *L. Calpurnius* ~ *Frugi*, 執政官 (前 15). (3) *Cn. Calpurnius* ~, 執政官 (前 7); 後 19 年に Germanicus 殺害の容疑で告発された. (4) *C. Calpurnius* ~, 後 65 年の Nero 帝に対する陰謀の首謀者とされる》.
Pīsōniānus -a -um, *adj* Piso の.
pissinus -a -um, *adj* [*Gk*] ピッチの.
pistācium -ī, *n* [*Gk*] 《植》ピスタチオ(の実).
pistāna -ae, *f* 《植》オモダカの植物.
pistātiō -ōnis, *f* [pinso[2]] 突き固めること.
pisticus -a -um, °*adj* [*Gk*] 1 まじりけのない, 純粋な. 2 誠実な.
pistillum -ī, *n*, **-us** -ī, *m* [pinso[2]] きね, すりこぎ.
pistō -āre -āvī -ātum, °*tr freq* [pinso[2]] つき砕く.
pistor -ōris, *m* [pinso[2]] 1 粉屋. 2 パン屋.
Pistōriēnsis -is -e, *adj* Pistorium の.
Pistōrium -ī, *n* ピストーリウム《Etruria の町; 現 Pistoia; この近くで Catilina が戦死した (前 62)》.
pistōrius -a -um, *adj* [pistor] パン屋の: *opus pistorium* (PLIN) 焼き菓子.
pistrilla -ae, *f dim* [↓] (小さな)製粉[製パン]所.
pistrīna -ae, *f* [pistor] 製粉[製パン]所.
pistrīnālis -is -e, *adj* [↑] 粉屋[パン屋]の.
pistrīnārius -ī, °*m* [pistrinum] 製粉[製パン]所の持ち主.
pistrīnēnsis -is -e, *adj* [↓] 製粉[製パン]所の.
pistrīnum -ī, *n* [pistor] 1 製粉所. 2 製パン所, パン屋. 3 骨折り仕事, 苦役.
pistris -is, *f* =pristis.
pistrīx[1] -īcis, *f* 1 海の怪物《クジラ・ノコギリエイなど》. 2 (P-) 《天》鯨座.
pistrīx[2] -īcis, *f* [pistor] 粉屋; パン屋《女性》.
pistus -a -um, *pp* ⇒ pinso[2].
Pisuētae -ārum, *m pl* [*Gk*] Caria の町 Pisua の

住民.

pīsum -ī, n [Gk] 【植】エンドウ(豆).

Pitanē -ēs, f [Gk] ピタネー《Aeolia の沿岸の町》.

pithēcium -ī, n [Gk] (小さな)サル.

pithēcus -ī, m [Gk] 【動】サル(猿).

Pithēcūsae -ārum, f pl, **-a** -ae, f [Gk] ピテークーサエ, *-サイ《Campania の Neapolis 沖の島; Aenaria のギリシア名; 現 Ischia》.

pitheus -eī [-eos], **pithiās** -ae, m [Gk] 樽状の彗星.

pithiatismus -ī, °m [Gk] 【病】暗示性疾患.

Pītholeō(n) -ontis, m [Gk] ピートレオー, *ペイトレオーン《Rhodos 島生まれのへぼ詩人 (前 50 頃)》.

pittaciārium -ī, n [↓] (碑) 許可料, 免許料.

pittacium -ī, n [Gk] 1 (布・皮などの)一片. 2 貼り札. 3°(一覧)表. 4°受領証.

Pittacus, -os -ī, m [Gk] ピッタクス, *-コス《Mytilene の政治家・立法者 (前 650?-?570); ギリシア七賢人の一人》.

Pitthēis -idis [-idos], f Pittheus の娘 (=Aethra).

Pitthē(i)us -a -um, adj Pittheus の.

Pittheus -eī [-eos], m [Gk] 【伝説】ピッテウス《Troezen の王; Pelops の息子で Aethra の父; Theseus の祖父》.

pītuīta -ae, f 1 粘膜の分泌物. 2 (家禽の)舌病. 3 膿汁. 4 粘着性の樹液.

pītuītōsus -a -um, adj [↑] カタルにかかった, 粘液過多の.

pityūsa -ae, f [Gk] 【植】トウダイグサ属の植物.

pium -ī, n [↓] 正義, 公正.

pius -a -um, adj 1 敬虔な, 信心深い; 神聖な. 2 (神々が)慈悲深い. 3 愛国心のある, 忠誠な. 4 (家族・友人に対して)愛情深い, 忠実な.

pix[1] picis, f ピッチ.

pix[2] pīcis, f [Gk] スフィンクス (Sphinx).

plācābilis -is -e, adj [placo] 1 なだめやすい, 和らげられる. 2 なだめる, 懐柔する. 3 温和な, 平和的な.

plācābilitās -ātis, f [↑] なだめやすいこと, 温和.

plācābiliter adv [placabilis] なだめるように.

plācāmen -minis, n =placamentum.

plācāmentum -ī, n [placo] なだめるもの[手段].

plācātē adv [placatus] 穏やかに, 落ちついて.

plācātiō -ōnis, f [placo] なだめること, 静めること.

plācātōrius -a -um, °adj [placo] なだめる.

plācātus -a -um, adj (pp) [placo] 1 温和な, 寛容な. 2 静かな, 穏やかな.

placens -ntis, adj (prp) [placeo] 1 好ましい, 楽しい. 2 愛らしい, かわいい.

placenta -ae, f [Gk] 1 (平たい)ケーキ. 2°【解・動】胎盤: ~ diffusa 散在胎盤 / ~ discoidea 板状胎盤 / ~ zonaria 環状胎盤. 3°【植】胎座.

placentārius -ī, m [↑] ケーキ製造人, 菓子屋.

placentia -ae, f [placens] 丁寧, 親切.

Placentia -ae, f プラケンティア《Gallia Cispadana の Padus 河畔の町; 現 Piacenza》.

Placentīnus -a -um, adj Placentia の.

placeō -ēre -cuī -citum, intr 1 喜ばれる, 快い, 好ましい ⟨alci⟩: sibi placere (Cic) 喜ぶ / (impers) si placet (Cic) お気に召せば, 御意なら / mihi placet (Cic) 私はよいと思う ⟨ut; +inf; +acc c. inf⟩. 2 (演技者・見世物が)好評を得る, 喝采される. 3 (特に impers で) 決定[決議]される, 協定される ⟨ut, ne; +inf; +acc c. inf⟩.

placida -ae, f [placidus] (オールのついた)遊覧船.

placidē adv [placidus] 1 静かに, 穏やかに. 2 温和に. 3 ゆるやかに, 徐々に.

placiditās -atis, f [↓] 静かさ, 穏やかさ.

placidus -a -um, adj [placeo] 1 静かな, 穏やかな. 2 寛大な, 優しい. 3 おとなしい, 従順な.

placitō -āre, intr intens [placeo] 大いに気に入る [好ましい].

placitum -ī, n [↓] 1 人を喜ばせるもの. 2 見解, 所信. 3 教義, 原理. 4 指示, 命令.

placitus -a -um, adj (pp) [placeo] 1 快い, 好ましい. 2 決定された.

plācō -āre -āvī -ātum, tr [placeo] 1 なだめる, 懐柔する. 2 静める, 落ちつかせる. 3 (激情を)鎮める, 和らげる. 4 和解させる ⟨alqm alci⟩.

placuī pf ⇒ placeo.

Plaetōrius -ī, m プラエトーリウス《ローマ人の氏族名》.

plāga[1] -ae, f [cf. plango] 1 殴打, 打撃. 2 傷. 3 災難, 不運. 4°疫病, 伝染病.

plaga[2] -ae, f 1 網, わな. 2 ベッドカーテン.

plaga[3] -ae, f [cf. planus¹] 1 空間, 広がり. 2 地域, 区域, 地帯.

plagālis -is -e, °adj [plaga¹] 打つことの: poena ~ むち打ちの刑.

plagiāria -ae, f [↓] 誘拐する女 (=Venus).

plagiārius -ī, m [plagium] 誘拐者. 2 剽窃者.

plagiātīcius -a -um, adj [↓] 剽窃の.

plagiātor -ōris, °m [plagium] 1 誘拐者. 2 堕落させる者, 誘惑者.

plāgiger -gera -gerum, adj [plaga¹/gero] むち跡のある.

plāgigerulus -a -um, adj =plagiger.

plāgipatida -ae, m [plaga¹/patior] むち跡のある者.

plagium -ī, n [plaga²] 1 (獲物を)網で捕ること. 2° 誘拐.

plāgōsus -a -um, adj [plaga¹] 1 ひどく打たれた, むち跡の多い. 2 むち打つことを好む.

plagula -ae, f dim [plaga²] 1 ベッドカバー. 2 ベッドカーテン. 3 紙葉.

plāna -ae, °f [plano] 鉋(かんな).

plānārius -a -um, °adj [planus¹] 平地の; 同一平面の.

Planasia -ae, f [Gk] プラナシア(ー)《Ilva 島の南の島; 現 Pianosa》.

Plancius -ī, m プランキウス《ローマ人の氏族名; 特に Cn. ~, 贈賄の容疑で告発されたが Cicero に弁護された》.

planctus[1] -a -um, pp ⇒ plango.

planctus[2] -ūs, m =plangor.

Plancus -ī, m プランクス《「扁平足」の意; Munatia 氏族に属する家名》.

plānē *adv* [planus¹] **1** 明瞭に, はっきりと, わかりやすく. **2** 全く, すっかり. **3** 確かに, もちろん.

planēs -ētis, *f* [*Gk*] =planeta¹.

planēta¹ -ae, *m* [*Gk*] 〘天〙惑星.

planēta² -ae, *f* [*Gk*] 〘カト〙上祭服《司祭がミサで alba の上に着用する袖のない長円形の祭服》.

plangō -ere planxī planctum, *tr* (*intr*) **1** (音を立てて)打つ, たたく: *plangere pectora* (Ov) (悲しみ・嘆きなどを表わして)胸をたたく. **2** 嘆き悲しむ, 悼む.

plangor -ōris, *m* [↑] **1** 打つこと. **2** (悲しみ・嘆きを表わして手で胸などをたたくこと, 悲嘆, 哀悼.

plangus -ī, *m* [*Gk*] 〘鳥〙ワシ(鷲)の一種.

plānificō -āre, °*tr* [planus¹/facio] 平らにする.

plāniloquus -a -um, *adj* [planus¹/loquor] 腹蔵なく[率直に]言う.

plānipēs -pedis, *m* [planus¹/pes] (靴を履かない)道化役者, 踊り手.

plānitās -ātis, *f* [planus¹] (表現の)明瞭, 率直.

plānitia -ae, **-ēs** -ēī, *f* [planus¹] **1** 平坦. **2** 平らな表面, 平面. **3** 平地. **4** 高原, 台地.

plānō -āre -āvī -ātum, °*tr* [planus¹] 平らにする.

planta¹ -ae, *f* 足の裏.

planta² -ae, *f* **1** 接ぎ穂, 挿し枝; 苗. **2** 植物, 草木.

plantāgō -ginis, *f* [planta¹] 〘植〙オオバコ属の植物.

plantāria -ium, *n pl* [planta²] **1** 接ぎ穂, 挿し枝. **2** 植物, 草木; 野菜. **3** (Mercurius の)翼のついたサンダル.

plantāris -is -e, *adj* [planta] 足裏の.

plantārium¹ -ī, °*n* [planta¹] 足の裏.

plantārium² -ī, *n* [planta²] 苗床, 苗木畑.

plantātiō -ōnis, *f* [planto] **1** 植え付け, 移植. **2°** 植え付けられた植物.

plantātor -ōris, *m* [↓] 植え付ける者, 移植者.

plantō -āre -āvī -ātum, *tr* [planta²] **1** 植える; (挿し枝を)根付かせる. **2°** 置く, 据える: *regnum plantare* (Vulg) 王国を建てる.

plānum -ī, *n* [↓] **1** 平坦な土地, 平地: *e plano* (Suet) 平土間から(=法廷外で, 非公式に). **2** 〘幾〙平面図形. **3** (表現の)単純明快さ.

plānus¹ -a -um, *adj* **1** 平らな; 水平な. **2** (水面が)穏やかな, 静かな. **3** 土間にある. **4** ひらべったい. **5** 平面の. **6** (表現が)単純明快な, 単刀直入な. **7** 明らかな, 明白な.

planus² -ī, *m* [*Gk*] ぺてん師.

planxī *pf* ⇨ plango.

plasma -atis, *n* [*Gk*] **1°** 作り話, 虚構. **2°** 創造物. **3** 気取った声の抑揚. **4°** 〘生物〙原形質. **5°** 〘解〙血漿.

plasmātiō -ōnis, °*f* [plasmo] 形成, 創造.

plasmātor -ōris, °*m* [↓] 形成[創造]者.

plasmō -āre -āvī -ātum, °*tr* [plasma] 形づくる, 形成する.

plasmōdium -ī, °*n* **1** 〘生物〙変形体. **2** 〘動〙マラリア原虫.

plasmolysis -is, °*f* 〘生物〙原形質分離.

plasmolyticum -ī, °*n* 〘生物〙原形質分離剤.

plasmoptysis -is, °*f* 〘生物〙原形質吐出.

plastēs -ae, *m* [*Gk*] **1** 形づくる人, 彫刻家, 陶工.

2° 創造者.

plasticātor -ōris, °*m* [plasticus¹] (粘土で)形づくる人.

plasticē -ēs, *f* [*Gk*] 彫塑術.

plasticus¹ -a -um, *adj* [*Gk*] 塑造の.

plasticus² -ī, °*m* 彫刻家.

Plataeae -ārum, *f pl* [*Gk*] プラタエアエ, *プラタイアイ《Boeotia 南部の町; この地でギリシア軍がペルシア軍に大勝した (前 479)》.

Plataeeēnsēs -um, *m pl* Plataeae の住民.

platalea, **-ia** -ae, *f* 〘鳥〙ヘラサギ.

platanīnus -a -um, *adj* [platanus] プラタナス[スズカケノキ]の.

platanōn -ōnis, *m* [*Gk*] プラタナス[スズカケノキ]の林.

platanus -ī, *f* [*Gk*] 〘植〙プラタナス, スズカケノキ.

platēa -ae, *f* [*Gk*] **1** 通り, 街路. **2°** 中庭.

platessa -ae, °*f* 〘魚〙カレイ.

Platō(n) -ōnis, *m* [*Gk*] プラトー(ン)《ギリシアの哲学者 (前 427?-?347); Socrates の弟子; Academia 学園を開いた》.

Platōnicus¹ -a -um, *adj* Plato の.

Platōnicus² -ī, *m* Plato 学派の人, Plato 哲学を奉ずる人.

platysma -atis, °*n* [*Gk*] 〘解〙広頸筋.

plaudō -ere -sī -sum, *tr, intr* **I** (*tr*) たたく: *plausis alis* (Ov) 羽ばたいて. **II** (*intr*) **1** たたいて音を出す. **2** 拍手喝采する〈alci〉. **3** 賛意を表する, 是認[賞賛]する.

plausī *pf* ⇨ plaudo.

plausibilis -is -e, *adj* [plaudo] 拍手喝采[賞賛]に価する.

plausibiliter °*adv* [↑] 賞賛に値するように.

plausor -ōris, *m* [plaudo] 拍手喝采する人, 賞賛者.

plaustra -ae, °*f* =plaustrum 2.

plaustrārius¹ -a -um, *adj* [plaustrum] 荷馬車[荷車]の.

plaustrārius² -ī, °*m* 荷馬車の御者.

plaustrum -ī, *n* **1** 荷馬車, 荷車. **2** (P-)〘天〙北斗七星, 大熊座.

plausus¹ -a -um, *pp* ⇨ plaudo.

plausus² -ūs, *m* **1** たたいて音を出すこと. **2** 拍手喝采. **3** 是認, 賞賛.

Plautiānus -a -um, *adj* Plautius の.

Plautīnus -a -um, *adj* Plautus の.

Plautius¹ -ī, *m* プラウティウス《ローマ人の氏族名》.

Plautius² -a -um, *adj* Plautius の.

plautus -a -um, *adj* **1** 平たい. **2** 扁平足の.

Plautus -ī, *m* プラウトゥス《ローマ人の家名; 特に T. Maccius ∼, 喜劇詩人 (前 254?-184)》.

plēbānus -ī, °*m* 〘カト〙主任司祭.

plēbēcula -ae, *f dim* [plebs] 庶民, 大衆, 下層民.

plēbēia -ae, *f* [↓] 庶民, 平民《女性》.

plēbēius¹ -a -um, *adj* [plebs] **1** 平民の; 庶民の, 下層階級の. **2** 平凡な, ありふれた.

plēbēius² -ī, *m* 平民; 庶民.

plēbēs -eī [-ī], *f* =plebs.

plēbicola -ae, *m* (*f*) [plebs/colo²] 庶民の味方.
plēbiscītum, plēbī [**plēbis**] **scītum** -ī, *n* [plebs/scitum] 平民会決議.
plēbitās -ātis, *f* [↓] 平民であること.
plebs plēbis, **plēbēs** -eī [-ī], *f* [*cf*. plenus] 1 平民, プレブス. 2 庶民, 下層民. 3 一団.
plectibilis -is -e, *adj* [plecto²] 1 処罰に価する. 2° 処罰する.
plectilis -is -e, *adj* [↓] 1 編まれた. 2° 入り組んだ, 複雑な.
plectō¹ -ere -xī [-xuī] -xum, *tr* 編む, 組む.
plectō² -ere, *tr* [*Gk*] (通例 *pass* で) 1 打つ: *tergo plecti* (HOR) 背中を(むちで)打たれる. 2 罰する.
plectrum -ī, *n* [*Gk*] 1 (弦楽器用の)つめ, ばち. 2 竪琴. 3 抒情詩. 4 (船の)舵(かじ).
Plēiades -um, *f pl* [*Gk*] 1 《神話》プレーイアデス《Atlas と Pleione の 7 人の娘 (=Alcyone, Celaeno, Electra, Maia, Merope, Sterope (または Asterope), Taygete); Juppiter によって Pleiades 星団(すばる)に変えられた》. 2 暴風雨, 嵐.
Plēias -adis, *f* [*Gk*] 《神話》Pleiades の一人.
pleiochasium -ī, °*n* [植] 多散花序.
Plēionē -ēs, *f* [*Gk*] 1 《神話》プレーイオネー《Oceanus と Tethys の娘; Atlas の妻で Pleiades の母》. 2 《天》 Pleiades 星団.
Plēmyrium -ī, *n* [*Gk*] プレーミュリウム, *-オン《Syracusae 湾口の南側の岬》.
plēnārius -a -um, °*adj* [plenus] 完全な.
plēnē *adv* [plenus] 1 十分に, 完全に. 2 広い意味で.
plēnilūnium -ī, *n* [plenus/luna] (*sc*. *tempus*) 満月(期).
plēnitās -ātis, *f* [plenus] 1 充満, いっぱい. 2 豊富, おびただしさ.
plēniter °*adv* [plenus] 十分に, 完全に.
plēnitūdō -dinis, *f* [↓] 1 充満, 十分, いっぱい. 2 太いこと. 3 全部. 4° 完全.
plēnus -a -um, *adj* [*cf*. pleo] 1 充満した, いっぱいの《+*gen* [*abl*]》. 2 妊娠した, (帆が)風をはらんだ. 3 太い, 大きい. 4 豊富な, あり余るほどの; 金持ちの, 裕福な. 5 満足した, 飽きあきした. 6 満月の. 7 全部そろった, 完備した: *legio plena* (CAES) 全員そろった軍団. 8 全部の, 全体の: ~ *annus* (CIC) まる一年. 9 (音が)よく響く, 朗々とした; (眠りが)深い. 10 完全な, 欠けたところのない.
pleō -ēre, *tr* 満たす, いっぱいにする.
pleonasmus -ī, °*m* [*Gk*] 《修》冗言法.
plēraque *adv* =plerumque².
plērīque¹ -aeque -aque, *adj pl* [plerusque] 非常に多くの.
plērīque² -ōrumque, *m pl* ほとんどの人々, 大多数.
plērōma -atis, °*n* [*Gk*] 充満, いっぱい.
plērumque¹ plērīque, *n* [plerusque] 大部分 《+*gen*》: ~ *noctis* (SALL) ほとんど一晩中.
plērumque² *adv* 1 大部分, たいてい, ふつう. 2 しばしば.
plērus -a -um, *adj* 《古形》=plerusque.
plērusque plēraque plērumque, *adj* [↑/-que²]

非常に多くの, 大部分の, たいていの.
plēthōra -ae, °*f* [*Gk*] 過多, 過度; 《病》多血(症).
Pleumoxiī, -siī -ōrum, *m pl* プレウモクシイー《Gallia Belgica にいた一部族》.
pleura -ae, °*f* [*Gk*] 《解》 胸膜: ~ *parietalis* 壁側胸膜 / ~ *pulmonalis* 肺胸膜.
pleuricus -a -um, °*adj* [*Gk*] 脇の, 側面の.
pleurisis -is, °*f* =pleuritis.
pleurīticus -a -um, *adj* [*Gk*] 胸膜炎にかかっている.
pleurītis -tidis, *f* [*Gk*] 《病》胸膜炎.
pleuron -ī, °*n* [*Gk*] 《動》(甲殻類などの)側板.
Pleurōn -ōnis, *f* [*Gk*] プレウローン《Aetolia 南部の町》.
Pleurōnius -a -um, *adj* Pleuron の.
plexī, plexuī -ī ⇨ plecto¹.
Plēxippus -ī, *m* [*Gk*] 《伝説》プレークシッポス, *-ポス《(1) Thestius の息子で Althaea の兄弟. (2) Aegyptus の 50 人の息子の一人)》.
plexus¹ -a -um, *adj* (*pp*) [plecto¹] 込み入った, 複雑な.
plexus² -ūs, °*m* [解・動] (神経・血管などの)叢, 集網: ~ *aorticus abdominalis* 腹大動脈神経叢 / ~ *solaris* 太陽神経叢.
Plīas -adis, *f* =Pleias.
plica -ae, °*f* [plico] ひだ.
plicātrix -īcis, *f* [plico] 衣服[衣類]を折りたたむ人《女性》.
plicātūra -ae, *f* [↓] 折り目をつけること.
plicō -āre -ātum, *tr* 1 たたむ, 折り曲げる, 巻く. 2 からませる, 巻きつける.
Pliniānus -a -um, *adj* Plinius の.
Plīnius -ī, *m* プリーニウス《ローマ人の氏族名; 特に (1) *C*. ~ *Secundus* (*Major*), 「博物誌」の著者 (23-79); Vesuvius 火山の爆発の際に死んだ. (2) *C*. ~ *Caecilius Secundus* (*Minor*), (1) の甥 (62?-?113);「書簡集」, Trajanus 帝への「頌詞」などの著者》.
plinthis -idis [-idos], *f* [*Gk*] 1 台座, 柱礎. 2 (水力オルガンの)音栓.
plinthium -ī, *n* [*Gk*] 日時計の一種.
plinthus -ī, *m*, *f* [*Gk*] 《建》1 (円柱の)台座, 柱礎. 2 アバクス《円柱の柱頭上の平板》.
plisimus -a -um, *adj* 《古形》=plurimus.
Plīsthenēs -is, *m* [*Gk*] 《伝説》プリーステネース, *-プレイ《Thyestes (一説では Atreus) の息子》.
Plīsthenius -a -um, *adj* Plisthenes の.
Plistica -ae, *f* プリスティカ《Samnium の町》.
plistolochīa -ae, *f* [*Gk*] 《植》1 ウマノスズクサ属の植物. 2 ゼニアオイ属の植物.
plocimos -ī, *m* [*Gk*] 《植》アシの一種.
plōdō -ere, *tr*, *intr* =plaudo.
ploerēs, ploera 《古形》=plures, plura.
plōrābilis -is -e, *adj* [ploro] 嘆かわしい, 悲惨な.
plōrātor -ōris, *m* [ploro] 泣く[嘆く]人.
plōrātus -ūs, *m* [↓] 泣くこと, 嘆くこと: *virginalem ploratum edere* (CIC) おとめのような泣き声をもらす.
plōrō -āre -āvī -ātum, *intr*, *tr* 泣く, 嘆く《*alqm* [*alqd*]; +*acc c. inf*》.

plōsor -ōris, *m* =plausor.

plostellum -ī, *n dim* [plostrum] (小さな)荷(馬)車.

plostror -ārī, °*intr dep* [↓] 荷車を引く.

plostrum -ī, *n* =plaustrum.

Plōtiānus -a -um, *adj* =Plautianus.

Plōtīna -ae, *f* プローティーナ《Trajanus 帝の妃》.

Plōtīnus -ī, °*m* [*Gk*] プロティーヌス, *-ノス《エジプト生まれでローマで活躍した新プラトン主義哲学者 (205?-?270)》.

Plōtius -ī, *m* =Plautius.

ploxenum, -xin- -ī, *n* (荷車の)車体.

pluī *pf* ⇒ pluo.

plūma -ae, *f* **1** 羽, 羽毛: *plumā haud interest* (PLAUT) 少しも構わない. **2** (若者のうぶ毛のような)ひげ. **3** (よろいの)小ざね.

plūmācium -ī, °*n* [↑] 羽毛枕, 羽毛ぶとん.

plūmārius[1] -a -um, *adj* [pluma] 羽模様の刺繍をする.

plūmārius[2] -ī, *m* 刺繍職人.

plūmātilis -is -e, *adj* [pluma] 羽模様を刺繍した.

plumbāgō -ginis, *f* [plumbum] **1** 《鉱》黒鉛, 石墨. **2** 《植》ルリマツリ.

plumbārius[1] -a -um, *adj* [plumbum] 鉛の.

plumbārius[2] -ī, *m* (*sc.* artifex) 鉛工, 鉛商人.

plumbātae -ārum, °*f pl* [plumbo] **1** 鉛玉. **2** 鉛玉の付いたむち.

plumbātūra -ae, °*f* [plumbo] (鉛で)はんだ付けすること.

plumbeus -a -um, *adj* [plumbum] **1** 鉛(製)の. **2** 重苦しい. **3** 愚鈍な, 鈍感な. **4** 劣った, つまらない.

plumbō -āre -āvī -ātum, *tr* [plumbum] **1** 鉛を付ける, 鉛で重くする. **2** (鉛で)はんだ付けする.

plumbōsus -a -um, *adj* [↓] 鉛を含む.

plumbum -ī, *n* **1** 鉛: ~ *album* (CAES) 錫(ｽｽﾞ)/ ° ~ *aceticum* 《薬》酢酸鉛. **2** 鉛玉. **3** 鉛管. **4** 眼球にできる鉛色のしみ.

plūmeus -a -um, *adj* [pluma] **1** 羽毛でおおわれた. **2** 羽毛の入った. **3** 羽毛のような, 軽い.

plūmiger -gera -gerum, *adj* [pluma/gero] 羽毛でおおわれた.

plūmipēs -pedis, *adj* [pluma/pes] 足に羽の生えた.

plūmō -āre -āvī -ātum, *tr, intr* [pluma] **I** (*tr*) **1** 羽毛でおおう. **2** 羽模様の刺繍をする. **II** (*intr*) 羽毛でおおわれる.

plūmōsus -a -um, *adj* [pluma] 羽毛[綿毛]でおおわれた.

plūmula -ae, *f dim* [pluma] (小さな)羽毛[綿毛].

pluō -ere pluī (古形 plūvī), *intr* **1** (*impers*) 雨が降る: *dum pluit in terris* (VERG) 大地に雨が降り注ぐ間. **2** 雨のように降る.

plūra -ium, *n pl* [plus[1]] もっと多くのこと[もの]: *pluribus (sc. verbis)* (CIC) 長々と, もっと詳しく.

plūrālis -is -e, *adj* [plus[1]] 複数の.

plūrālitās -ātis, °*f* [↑] **1** 複数であること. **2** 《文》複数.

plūrāliter *adv* [pluralis] 複数で, 複数として.

plūrēs[1] -ēs -a, *adj pl comp* [plus[1]] **1** より多くの, それ以上の. **2** 複数の, 多数の. **3** 多くの, 多数の.

plūrēs[2] -ium, *m, f pl* **1** より多くの人々. **2** ほとんどの人々, 大多数. **3** 死者たち.

plūriēs °*adv* [plus[1]] しばしば, たびたび.

plūrifāriam *adv* [plus[1]; *cf.* bifariam] **1** 多くの場所[部分]で, あちこちで. **2** 多様に, 多くの方法で.

plūrifārius -a -um, °*adj* [plus[1]] さまざまの, 多様な.

plūriformis -is -e, *adj* [plus[1]/forma] 多くの形を持つ, 多様な.

plūrimī -ōrum, *m pl* [plurimus] 非常に多くの人々, 大多数.

plūrimum[1] -ī, *n superl* [plurimus] **1** 非常に多くのこと[もの], 大半 <+*gen*>: *quam* ~ (CIC) できるだけ多くのもの / ~ *belli* (LIV) 戦争の大半. **2** (価値を表わす *gen* として) *plurimi facere* (CIC) 最も重んずる.

plūrimum[2] *adv* (*neut*) **1** 最も, 最も多く. **2** たいてい, ふつう. **3** *cum* [*ut*] ~ (LIV [PLIN]) 多くても, せいぜい.

plūrimus -a -um, *adj superl* [plus[1]] **1** 非常に多くの; 最も多くの: *quam plurimi* (CIC) できるだけ多くの. **2** 最も頻繁な. **3** 最大量の, 最高の. **4** 最も[非常に]大きな. **5** 最も[非常に]強い[激しい].

plūrivocus -a -um, °*adj* [↓/vox] 多くの意味をもつ, 多義の.

plūs[1] plūris, *n comp* [multum[1]] **1** より多くの数[量] <+*gen*>: ~ *cladium quam intulerant acceperunt* (LIV) 彼らは与えた以上の損害をこうむった. **2** (価値を表わす *gen* として) より高価に, より重要に: *pluris vendere* [*aestimare*] (CIC) より高く売る[評価する].

plūs[2] *adv comp* **1** より多く, より以上に: ~ *quam semel* (CIC) 一度ならず / ~ *minusve* (TER) 多少, 幾分; およそ, 大体. **2** さらに, そのうえ.

plūsculum[1] -ī, *n* [plusculus] **1** やや多めの量[程度]. **2** かなりの量.

plūsculum[2] *adv* **1** やや多めに. **2** 少し長く.

plūsculus -a -um, *adj dim* [plus[1]] **1** やや多めの. **2** かなり多くの.

pluteus -ī, *m*, **-um**, -ī, *n* **1** 《軍》障壁車. **2** 胸壁, 障壁, 柵. **3** (ベッド・食事用臥台の)背板. **4** 棚, 台.

Plūtō -ōnis, *f* [*Gk*] 《伝説》プルートー《Tantalus の母》.

Plūtō(n) -ōnis, *m* [*Gk*] 《神話》プルートー(-ン)《冥界の支配者; Juppiter と Neptunus の兄弟; Proserpina の夫》.

Plūtōnia -ōrum, *n pl* [↓] (*sc.* loca) (Asia の)悪疫が発生する地域.

Plūtōnius -a -um, *adj* 冥界の支配者 Pluto の.

Plūtus -ī, *m* [*Gk*] 《神話》プルートゥス, *-トス《福の神》.

pluvia -ae, *f* [pluvius] 雨, 降雨.

pluviālis -is -e, *adj* =pluvius.

pluviōsus -a -um, *adj* [pluvia] 雨の, 雨の多い.

pluvius -a -um, *adj* [pluo] 雨の: *pluvius arcus* (HOR) 虹. **2** 雨をもたらす. **3** 雨のように降る.

pneuma -atis, °*n* [*Gk*] **1** 息. **2** 聖霊.

pneumatica -ae, °*f* [↓] 気学, 気力学.
pneumaticus -a -um, *adj* [pneuma] 空気圧の; 空気圧で動く.
pneumonia -ae, °*f* [*Gk*]《病》肺炎: ～ *alba* 白色肺炎 / ～ *catarrhalis* カタル性肺炎 / ～ *tuberculosa* 結核性肺炎.
pnīgītis -idis, *f* [*Gk*] 陶土の一種.
pnix pnīgis, °*f* [*Gk*]《病》痙攣.
pōcillum -ī, *n dim* [poculum]（小さな）杯; 小カップ一杯（の量）.
pōculentus -a -um, °*adj* [↓] 飲用に適した.
pōculum -ī, *n* 1 杯. 2 飲み物; 酒: *amoris* ～ (Hor) 媚薬. 3 毒盃. 4 (*pl*) 宴会. 5 飲むこと: *ad pocula venire* (Verg)（水を）飲みに来る.
podager[1] -gra -grum, *adj* [*Gk*] 痛風の[にかかっている].
podager[2] -grī, *m* 痛風患者.
podagra -ae, *f* [*Gk*]《病》痛風.
podagricus[1] -a -um, *adj* [↑] 痛風の[にかかっている].
podagricus[2] -ī, *m* =padager[2].
Podalīrius -ī, *m* [*Gk*]《伝説》ポダリーリウス,* ポダレイリオス《(1) 有名な医師; Aesculapius の息子. (2) Aeneas の仲間; Italia へ随行した》.
podērēs -is, °*m* [*Gk*]《カト》(司祭の)長衣.
pōdex -dicis, *m* [*cf.* pedo[2]] 肛門.
podicus -a -um, °*adj* [*Gk*]《詩》韻脚の.
podismātiō -ōnis, °*f* [↓] pes で地面を測ること.
podismō -āre, *tr* [↓] pes で測量する.
podismus -ī, *m* [*Gk*] 1 pes で測量した長さ[面積]. 2《幾》(直角三角形の)斜辺.
podium -ī, *n* [*Gk*] 1《建》土台床. 2 (円形劇場の貴賓席のある)張り出し露台. 3《建》腰羽目. 4°《劇》足. 5°《植》葉柄.
Poeantiadēs -ae, *m* Poeas の息子 (=Philoctetes).
Poeantius[1] -a -um, *adj* Poeas の: *Poeantia proles* (Ov) =Philoctetes.
Poeantius[2] -ī, *m* =Poeantiades.
Poeās -antis, *m* [*Gk*]《伝説》ポエアース,* ポイ-《Philoctetes の父》.
Poecilē -ēs, *f* [*Gk*] 1 (さまざまな絵画で飾られた Athenae の)柱廊. 2° (Hadrianus 帝の Tibur の別荘に作られた)Athenae 風の柱廊.
poēma -atis (*pl dat* & *abl* poēmatīs; poēmatibus も用いられる), *n* [*Gk*] 詩, 詩歌.
poēmatium -ī, *n* [*Gk*] 短詩, 小詩.
poena -ae, *f* [*Gk*] 1 償い金, 罰金; 罰, 懲罰: *poenas dare* [*reddere*] (Cic) [Liv]) 罪を償う, 罰を受ける / *poenas capere de alqo* (Cic) ある人に罰金を科す. 2 復讐; 復讐の女神. 3 不利益, 損失.
poenālis -is -e, *adj* [↑] 罰の, 刑罰の.
poenāliter °*adv* [↑] 刑罰によって.
poenārius -a -um, *adj* [poena] 刑罰の.
Poenī -ōrum, *m pl* Carthago の住民《もともとは Phoenicia からの植民者》.
poenic-, Poenic- ⇨ punic-, Punic-.
Poenīnus -a -um, *adj* =Penninus.
poeniō, poenior ⇨ punio, punior.
poenit- ⇨ paenit-.
poenīt- ⇨ punit-.
Poenus[1] -a -um, *adj* 1 Phoenicia の, Poeni の. 2 (Phoenicia の植民市としての) Carthago の.
Poenus[2] -ī, *m* Carthago 人;（特に）Hannibal.
poēsis -is, *f* [*Gk*] 詩作; 詩, 詩歌.
poēta -ae, *m* [*Gk*] 1 製作者, 職人; ペテン師. 2 詩人; 劇作家.
poētica -ae, **-ē**[1] -ēs, *f* [poeticus] 作詩法, 詩学; 詩.
poēticē[2] *adv* [↓] 詩的に, 詩人のように.
poēticus -a -um, *adj* [*Gk*] 詩の, 詩的な.
poētor -ārī, *intr dep* [poeta] 詩人である, 詩作する.
poētria -ae, *f* [*Gk*] 詩人《女性》.
poētris -idos, *f* [*Gk*] =poetria.
pol *int* Pollux にかけて, 本当に, 実際.
pōlea -ae, *f* [*Gk*] ロバの子の糞.
Polemō(n) -ōnis, *m* ポレモ-(ン)《(1) Athenae の Plato 学派の哲学者（前 270 没）; Xenocrates の弟子で Zeno と Arcesilas の師. (2) Pontus の王（前 8 没）》.
Polemōnēus -a -um, *adj* Polemo (1) の教説を奉ずる.
polemōnia -ae, *f* [*Gk*] philetaeria とも呼ばれる植物《未詳》.
Polemōniacus -a -um, °*adj* Polemo (2) の.
polenta -ae, *f* [*cf.* pollen] 1 外皮をむいてつぶした穀粒. 2（ひき割りした）大麦, 大麦のあら粉.
polentācius -a -um, *adj* [↑] ひき割り大麦でつくった.
polentārius -a -um, *adj* [polenta] ひき割り大麦の.
polia[1] -ae, *f* [*Gk*] 灰色をした宝石《未詳》.
pōlīa[2] -ae, °*f* [*Gk*] 馬の飼育場で.
polīmen -inis, *n* [polio[1]] 1 光沢, つや. 2° (*pl*) 睾丸.
polīmentum -ī, *n* (豚の)睾丸.
poliō[1] -īre -īvī [-iī] -ītum, *tr* 1 なめらかにする, 磨く, 光沢をつける. 2（除草して）畑をきれいにする. 3 装飾する, 華麗にする. 4 洗練する, 彫琢を加える.
poliō[2] -ōnis, *m* 磨く人, 光沢をつける人.
polioencephalitis -tidis, °*f* [病] 灰白脳炎.
poliomyelītis -tidis, °*f* [病] 灰白髄炎, ポリオ.
politē *adv* [politus] 優美に, 洗練された様子で.
Politēs -ae, *m* [*Gk*]《伝説》ポリーテース《Priamus 王の息子; Pyrrhus に殺された》.
politīa -ae, *f* [*Gk*] 1 (P-)「国家論」《Plato の著作の題名》. 2° 政体, 政府.
politicus -a -um, °*adj* [*Gk*] 政治の, 国家の.
politiō -ōnis, *f* [polio[1]] 磨くこと, つや出し; つやつやした表面. 2（麦畑の）除草.
polītor -ōris, *m* [polio[1]] 1° 磨く人. 2 除草する者.
polītūra -ae, *f* [polio[1]] 1 磨くこと, つや出し; つやつやしていること. 2 洗練, 彫琢.
polītus -a -um, *adj* (*pp*) [polio[1]] 1 磨かれた, つやつやした. 2 優雅な, 洗練された. 3（文体が）彫琢を加えられた, 練り上げられた.
pollen pollinis, *n* 1（穀物の）細かくひいた粉. 2

粉末. 3° 〘植〙花粉.
pollens -entis, *adj* (*prp*) [polleo] 勢威をふるう, 強力な.
pollenter °*adv* [↑] 勢威をもって.
pollentia -ae, *f* [pollens] 1 権勢, 支配. 2 (P-) (神格化して)権勢の女神.
Pollentia -ae, *f* ポッレンティア《(1) Picenum の町. (2) Liguria の町》.
polleō -ēre polluī, *intr* 勢威をふるう, 強力である, 重きをなす〈in〉 re〉.
pollex -licis, *n* 1 親指: *pollicem premere* (PLIN) 親指を折り曲げる(=賛成する) / *infesto pollice* (QUINT) 親指を下に向けて(=反対して) / *pollice utroque laudare* (HOR) 無条件に賞賛する. 2 指幅尺 (=digitus). 3 足の親指. 4 (木の)こぶ.
polliceor -ērī -licitus sum, *tr*, *dep* [por-/liceor] 1 (競売で)値をつける. 2 約束する, 保証[確言]する 〈alci alqd; +acc c. fut inf; +inf〉.
pollicitātiō -ōnis, °*f* [pollicitor] 約束, 申し出.
pollicitātor -ōris, °*m* [↓] 約束する人.
pollicitor -ārī -ātus sum, *intr dep freq* [polliceor] (繰り返し)約束する.
pollicitum -ī, *n* [↑] 約束.
pollicitus -a -um, *pp* ⇨ polliceor.
pollinārius -a -um, *adj* [pollen] (穀物の)粉の, 粉用の.
pollinctor -ōris, *m* [pollingo] (死体を清めて)埋葬準備をする人, 葬儀屋.
pollinctus -a -um, *pp* ⇨ pollingo.
pollingō -ere -nxī -nctum, *tr* (死体を清めて)埋葬準備をする.
pollinium -ī, °*n* [pollen] 〘植〙花粉塊.
pollinxī *pf* ⇨ pollingo.
Polliō -ōnis, *m* ポッリオー《ローマ人の名famly; 特に C. Asinius ~, Augustus 帝の友人で史家 (前76-後4)》.
Pollius -a -um, *adj* Pollia tribus (LIV) ローマの35部族のうち, 31 の tribus rusticae の一つ.
pollūceō -ēre -luxī -luctum, *tr*, *intr* 1 犠牲をささげる, 供物をそなえる. 2 (料理を)食卓に出す; もてなす. 3° 分け前にあずからせる.
pollūcibilis -is -e, °*adj* [↑] 1 神々にささげるにふさわしい. 2 ぜいたくな, 豪華な.
pollūcibilitās -ātis, °*f* [↑] 豪華, 華美.
pollūcibiliter *adv* [pollucibilis] 豪勢に.
polluctum -ī, *n* (*pp*) [polluceo] 犠牲; 犠牲の宴.
polluctūra -ae, *f* [polluceo] (豪華な)饗宴.
polluctus -a -um, *pp* ⇨ polluceo.
polluī *pf* ⇨ polluo.
polluō -ere -luī -lūtum, *tr* [por-; *cf.* lutum¹] 1 よごす, きたなくする. 2 けがす, 冒瀆する. 3 (女性を)誘惑する, 辱める.
pollūtiō -ōnis, °*f* [↑] 1 よごすこと; 不浄. 2 〘医〙遺精.
pollūtus -a -um, *adj* (*pp*) [polluo] 1 堕落した, 不道徳な. 2 (文体が)品位に欠ける.
Pollūx -ūcis, *m* [Gk] 〘伝説〙ポッルクス, *ポリュデウケース《Tyndareus と Leda の息子で Castor と双子の兄弟; 拳闘士として有名; *cf.* Dioscuri》. 2° 〘天〙ポルックス《双子座 (Gemini) のβ星》.
polluxī *pf* ⇨ polluceo.
pōlūbrum -ī, *n* [polluo] 洗盤, 手洗い鉢.
polus -ī, *m* [Gk] 1 〘天・地理〙極(°≩): ~ *glacialis* (Ov) 北極 / ~ *australis* (Ov) 南極. 2 北極星. 3 天(空).
polyacanthos -ī, *m* [Gk] 〘植〙アザミの一種.
polyanthemum -ī, *n* [Gk] 〘植〙キンポウゲ属の植物 (=batrachion).
polyarthrītis -tidis, °*f* 〘病〙多発(性)関節炎.
Polybius -ī, *m* [Gk] ポリュビウス, *-オス《ギリシアの史家 (前205?-?123); Scipio Africanus Minor の友人》.
Polybus -ī, *m* [Gk] 〘伝説〙ポリュブス, *-ボス《(1) Corinthus の王; Oedipus の養父. (2) Penelope の求婚者の一人》.
polycarpos -ī, *f* [Gk] =polygonus.
polychronius -a -um, °*adj* [Gk] 長命の.
Polyclītēus, -clēt- -a -um, *adj* Polyclitus の.
Polyclītus, -clētus -ī, *m* [Gk] ポリュクリートゥス, *-クレイトス《ギリシアの有名な彫刻家 (前5世紀後半)》.
Polycratēs -is, *m* [Gk] ポリュクラテース《Samos 島の僭主(前6世紀後半); 繁栄の極みから一転して磔刑にされるという悲運に泣いた》.
Polydamantēus -a -um, *adj* Polydamas の.
Polydamās -antis, *m* [Gk] 〘伝説〙ポリュダマース《Troja の武将; Panthus の息子で Hector の友》.
Polydectēs -ae, *m* [Gk] 〘伝説〙ポリュデクテース《Seriphus 島の王; Perseus によって石に変えられた》.
Polydōrēus -a -um, *adj* Polydorus の.
Polydōrus -ī, *m* [Gk] 〘伝説〙ポリュドールス, *-ロス《Priamus と Hecuba の末子; Polymnestor に殺された》.
polygamia -ae, °*f* [Gk] 複婚《一夫多妻制と多夫一妻制》.
Polygnōtus -ī, *m* [Gk] ポリュグノートゥス, *-トス《Thasos 島生まれの画家・彫刻家 (前5世紀中葉); Socrates と同時代》.
polygonaton -ī, *n* [Gk] 〘植〙1 アザミの一種 (=leucacantha). 2 ミヤナギ.
polygōnius -a -um, *adj* [Gk] 〘幾〙多角[多辺]形の.
polygonoīdēs -ēs, *f* [Gk] 〘植〙キンポウゲ科センニンソウ属の植物.
polygōnos -os -on, *adj* [Gk] 多角[多辺]形の.
polygōnum -ī, °*n* [Gk] 〘幾〙多角形, 多辺形.
polygonus -ī, *f* [Gk] 〘植〙ミヤナギ.
Polyhymnia -ae, *f* 〘神話〙ポリュヒュムニア, *ポリュムニア《Musae の一人; 合唱隊歌をつかさどる女神》.
Polyidos -ī, *m* [Gk] 〘伝説〙ポリュイドス《Corinthus の予言者》.
polymitus -a -um, *adj* [Gk] 色とりどりの糸で織られた.
Polym(n)ēstōr -oris, *m* [Gk] 〘伝説〙ポリュムネーストール《Thracia の王; Polydorus の殺害者》.
Polymnia -ae, °*f* =Polyhymnia.

polymyxos -os -on, *adj* [*Gk*] (ランプが)灯芯の多い.
polyneurītis -idis, °*f* 【病】多発(性)神経炎.
Polynīcēs -is, *m* [*Gk*] 【伝説】ポリュニーケース, *-ネイケース《Thebae の王 Oedipus と Iocasta の子；七将の一人として Thebae を攻め，兄の Eteocles と戦って両者とも果てた》.
polyōnymos -ī, °*f* [*Gk*] 【植】イラクサ科の植物(= perdicium).
polyōnymus -a -um, **-os** -os -on, °*adj* [*Gk*] 多くの名を持つ.
polyopia -ae, °*f* 【病】多視(症).
Polyperchōn -ontis, *m* [*Gk*] ポリュペルコーン《Alexander 大王の将軍》.
polyphagus -a -um, *adj* [*Gk*] 大食漢の.
Polyphēmus, -os -ī, *m* [*Gk*] 【伝説】ポリュペームス, *-モス《(1) 海神 Neptunus の息子；一つ目の巨人族 Cyclopes の一人；Ulixes によって盲目にされた. (2) Argonautae の一人》.
Polyplūsius -a -um, *adj* [*Gk*] 非常に富裕な《ローマ人の氏族名らしく造った喜劇のことば》.
polypnoea -ae, °*f* 【病】多呼吸, 呼吸頻発.
polypodium, -on -ī, *n* [*Gk*] 【植】エゾデンダ.
polypōsus -a -um, *adj* [*polypus*] 鼻にポリプができた.
polyptycha -ōrum, °*n pl* [*Gk*] 登録簿，名簿.
polypus -ī, *m* [*Gk*] 1 【動】タコ(蛸). 2 【病】(鼻にできる)ポリプ.
polyrrizos -os -on, °*adj* [*Gk*] 根の多い, 多根の.
polysēmus -a -um, °*adj* [*Gk*] 多義の.
polyspaston -ī, °*n* [*Gk*] 巻き上げ機, 複滑車.
polysyllabus -a -um, °*adj* [*Gk*] 【文】多音節の.
polytheismus -ī, °*m* [*Gk*] 多神教, 多神論.
polythrix -trichos, *f*, **-thrichon** -thrichī, *n* [*Gk*] 1 【植】クジャクシダ属のシダ (=adiantum). 2 【植】チャセンシダ (=trichomanes). 3 宝石の一種.
Polytimētus -ī, *m* [*Gk*] ポリュティーメートゥス, *-トス《Sogdiana の川》.
Polyxena -ae, *f* [*Gk*] 【伝説】ポリュクセナ《Priamus と Hecuba の娘；Neoptolemus によってその父 Achilles の墓前でいけにえに供された》.
Polyxenius -a -um, *adj* Polyxena の.
pōmārium -ī, *n* [↓] 1 果樹園. 2 果物貯蔵所.
pōmārius[1] -a -um, *adj* [*pomum*] 果物の.
pōmārius[2] -ī, *m* 果物売り；果樹栽培者.
pōmerīdiānus -a -um, *adj* ⇨ postmeridianus.
pōmērium, pōmoer- -ī, *n* [*post-/moerus* (= *murus*)] 1 市壁沿いの神聖な土地《建築・居住が許されなかった》. 2 町の境界. 3 (主題の)限界，制限.
Pōmētia -ae, *f* ポーメーティア《Latium にあった Volsci 族の町；Suessa とも呼ばれた》.
Pōmētīī -ōrum, *m pl* Pometia の住民.
Pōmētīnus -a -um, *adj* Pometia の.
Pōmētum -ī, *n* [*pomum*] 果樹園.
pōmifer -fera -ferum, *adj* [*pomum/fero*] 果実を生ずる, 実を結ばせる.
pōmoerium -ī, *n* =pomerium.

Pōmōna -ae, *f* [*pomum*] 【神話】ポーモーナ《果物と果樹の女神》.
Pōmōnal -ālis, *n* Pomona の神殿.
Pōmōnālis -is -e, *adj* Pomona の.
pōmōsus -a -um, *adj* [*pomum*] 1 果実がよく実った. 2 果実から成る.
pompa -ae, *f* [*Gk*] 1 (祭礼・凱旋などの)行列, 行進. 2 葬列. 3 随行員, 供. 4 華美, 壮麗；見せびらかし.
pompābilis -is -e, °*adj* [↑] 華麗[壮麗]な.
pompābiliter °*adv* [↑] 華麗に.
pompāticus -a -um, *adj* [*pompa*] 1 祝祭行列の. 2 華美な, はでな.
Pompēia -ae, *f* [*Pompeius*[1]] ポンペイヤ, "ポンペイア《Caesar の 2 度目の妻；Sulla の孫；不義の噂を立てられて Caesar に離縁された (前 61)》.
Pompēiānus[1] -a -um, *adj* Pompeii の. **Pompēiānum** -ī, *n* Pompeii 付近にあった Cicero の別荘. **Pompēiānī**[1] -ōrum, *m pl* Pompeii の住民.
Pompēiānus[2] -a -um, *adj* Pompeius の. **Pompēiānī**[2] -ōrum, *m pl* Pompeius の支持者[兵士].
Pompē(i)ī -ōrum, *m pl* ポンペー(イ)イー, "ポンペイイ《Campania 南部の Vesuvius 火山のふもとにあった港町；79 年の噴火で埋没した；*cf.* Herculaneum》.
Pompēiopolis -is, *f* ポンペイヨポリス《Cilicia の町 Soli が Pompeius によって再建されてからの名》.
Pompēius[1] -ī, *m* ポンペイユス, "ポンペイウス《ローマ人の氏族名；特に Cn. ~ Magnus, 将軍・政治家 (前 106-48)；第 1 回三頭政治の一人；Pharsalus の戦いで Caesar に敗れた》.
Pompēius[2] -a -um, *adj* Pompeius の.
Pompēius[3] -a -um, *adj* Pompeii の.
Pompēum -ī, *n* [*Gk*] ポンペーウム, *-ペイオン《祝祭行列の本部として使われた建物；Piraeus 港から Athenae への入口にあった》.
pompholyx -gis, *f* [*Gk*] 【化】酸化亜鉛, 亜鉛華.
pompicus -a -um, °*adj* [*Gk*] (韻律が)荘厳な.
Pompilius[1] -ī, *m* ポンピリウス《ローマ人の氏族名；特に Numa ~ (⇨ Numa)》.
Pompilius[2] -a -um, *adj* Pompilius の.
pompilus -ī, *m* [*Gk*] 【魚】サメや船にまつわりついて泳ぐ魚《ブリモドキなど》.
Pompōnius -ī, *m* ポンポーニウス《ローマ人の氏族名；特に T. ~ Atticus, Cicero の親友 (前 109-32)》.
Pomptīnum -ī, *n* ポンプティーヌム《Pomptinae paludes の近隣地》.
Pomptīnus -a -um, *adj* Latium の Pometia 付近の地域の：*Pomptinae paludes* (VITR) マラリアの多発した沼地.
pōmum -ī, *n*, **-us** -ī, *f* 1 果物, 果実. 2 果樹.
pōmusculum -ī, °*n dim* [↑] (小さな)果実.
ponderābilis -is -e, °*adj* [*pondero*] 重さを計ることができる, 計量可能な.
ponderārium -ī, *n* 【碑】公式計量所.
ponderātim °*adv* [*pondero*] ほどよく, 適度に.
ponderātiō -ōnis, *f* [*pondero*] 1 はかりにかけること, 計量. 2° 考量, 熟考.
ponderātor -ōris, °*m* [↓] はかりにかける人, 計量

者.

ponderō -āre -āvī -ātum, *tr* [pondus] **1** はかりにかける, 重さを計る. **2** 考量する, 熟考する; 評価する.
ponderōsus -a -um, *adj* [pondus] **1** 重い, 重量のある. **2** 重々しい, 威厳のある.
pondō[1] *adv* (*abl*) [pondus] 目方で, 重さで.
pondō[2] *indecl n* [pondus] (*sc.* libra) ポンド (=約 326 *g*).
pondus -deris, *n* [pendo] **1** (はかりの)平衡おもり, 分銅. **2** 重さ, 重量. **3** ポンド (=libra). **4** (*pl*) 均衡, 釣合い. **5** 重荷, 負担. **6** 重い物体, 塊. **7** 重み, 権威, 影響力.
pōne *adv*, *prep* [post] **1** 後ろで; 後ろから; 後ろへ. **2** ...の後ろで[へ] (+*acc*).
pōnō -ere posuī positum [postum], *tr* **1** 置く, 据える. **2** (陣地を)設営する; (軍勢・兵力を)配置[配備]する. **3** 建てる, 建設する. **4** 植える. **5** 差し出す; (飲食物などを)供える. **6** (武器を)捨てる, 投げる. **7** (衣類などを)脱ぐ. **8** (体の一部を)下に置く: *pedem ponere* (Cic) 歩を運ぶ / *genu ponere* (Ov) ひざまずく. **9** 取っておく, 貯える: *tabulas testamenti in aerario ponere* (Caes) 遺言書の写しを国庫に保管する. **10** 埋葬する; お供えをする. **11** (海を)静める, (*pass, intr*) (風が)静まる. **12** やめる, 廃する, 終わらせる. **13** (ある状態に)置く; 任命する. **14** (時間・労力・金銭などを)費やす, 投資する. **15** (問題を)課す. **16** 名づける. **17** 確立する, 定める, 立てる. **18** みなす; 評価する; 数え入れる: *mortem in malis ponere* (Cic) 死を禍の一つに数える. **19** (...に)基づかせる; (望みを...に)かける: *omnem spem salutis in virtute ponere* (Caes) 救出のすべての望みを武勇にかける. **20** 銘記[明示]する: *exemplum ponere* (Cic) 例に引く. **21** 主張する, 申し立てる. **22** 描く, 表現する.
pons pontis, *m* **1** 橋. **2** (板の)通路, 渡り板. **3** (Campus Martius にあった民会の投票所のある一画へ行く)通路. **4** (攻城用の)はね橋. **5** (弩砲を積載するための)甲板. **6** 渡りやぐら. **7**°[解] 脳梁.
Pontia -ae, *f* **1** ポンティア (Latium の Circeii 岬沖の島; 現 Ponza). **2** (*pl*) Pontia 島とその近辺の小島群.
Pontiānī -ōrum, *m pl* Pontia 島の住民.
ponticulus -ī, *m dim* [pons] (小さな)橋.
Ponticus[1] -a -um, *adj* Pontus の: *mare Ponticum* (Liv) 黒海.
Ponticus[2] -ī, *m* ポンティクス《ローマ人の家名; 特に Propertius と同時代の叙事詩人》.
pontifex -ficis, *m* [pons/facio] **1** 神祇官《ローマの公的な宗教行事をつかさどる神官団の一人》: ~ *maximus* (Varr) 大神祇官. **2**° (ユダヤの)大祭司, 祭司長. **3**°[カト] 司教: ~ *maximus* [*summus*] ローマ教皇.
pontificālis -is -e, *adj* =pontificius.
pontificātus -ūs, *m* [pontifex] **1** 神祇官の職務. **2**° (ユダヤの)祭司長の職務. **3**° 司教の職務.
pontificium -ī, *n* [↓] **1** 職権, 権能. **2**° 司教の威信.
pontificius -a -um, *adj* [pontifex] **1** (ローマの)神祇官の; (ユダヤの)祭司長の. **3**°[カト] 司教の; 教皇の.

Pontius -ī, *m* ポンティウス《Samnites 人の名前; のちローマ人の氏族名; 特に (1) *C.* ~, Samnites 人の指導者; ローマ軍を Furculae Caudinae で攻囲した (前 321). (2) *L.* ~ *Aquila*, Caesar 暗殺者の一人. (3) ~ *Pilatus* (⇒ Pilatus)》.
pontivagus -a -um, °*adj* [pontus/vagus[1]] 海をさまよう.
pontō -ōnis, *m* [pons] **1** (平底の)輸送船. **2**° 浮き橋.
pontus -ī, *m* [*Gk*] **1** (詩) 大海. **2** 海の波, 大波.
Pontus -ī, *m* **1** 黒海 (Pontus Euxinus とも). **2** ポントゥス, *ホ*-トス《黒海周辺の地域; 特に Bithynia と Armenia の間の地域; 前 63 年以降ローマの属州》.
popa[1] -ae, *m* いけにえの屠殺人.
popa[2] -ae, *f* 《碑》 居酒屋の女将.
popanum -ī, *n* 供物用の丸い菓子.
popellus -ī, *m dim* [populus[1]] (軽蔑的に)庶民, 細民.
Popilius, **-llius** -ī, *m* ポピリウス《ローマ人の氏族名》.
popīna -ae, *f* [*cf.* coquina] **1** 飲食店, 居酒屋. **2** 手の込んだごちそう.
popīnālis -is -e, *adj* [↑] 飲食店の.
popīnāria -ae, *f* [popina] 《碑》 飲食店の女将.
popīnātor -ōris, °*m* =popino.
popīnō -ōnis, *m* [popina] 飲食店の常連.
poples -litis, *m* **1** ひかがみ. **2** ひざ, 膝(ざ)関節.
Poplicola -ae, *m* =Publicola.
Poplifugia, Populi- -ōrum, *n pl* [populus[1]/fugio] ポプリフギア《Romulus の死の際の市民の逃走を記念するローマの祭り; 7 月 5 日に行なわれた》.
popliteus -a -um, °*adj* [poples] 《解》膝窩の.
poposcī *pf* ⇒ posco.
Poppaea -ae, *f* [Poppaeus] ポッパエア《~ *Sabina*, Nero 帝の 2 度目の妻 (?-?65)》.
Poppaeānus -a -um, *adj* (化粧品について) Poppaea 風の.
Poppaeus -ī, *m* ポッパエウス《ローマ人の氏族名》.
poppysma -atis, *n*, **-us** -ī, *m* [*Gk*] 唇で立てる音《賛意を示すため, また雷よけのおまじない》.
populābilis -is -e, *adj* [populor] 破壊されることができる.
populābundus -a -um, *adj* [populor] 荒廃させる, 破壊的な.
populāria -ium, *n pl* [↓] (*sc.* subsellia) (劇場の)一般[普通]席.
populāris[1] -is -e, *adj* [populus[1]] **1** 同国[同郷]の, 土着の. **2** 国民的な. **3** 民衆の, 庶民の. **4** 民衆に愛される, 一般に広まっている. **5** 民衆派の, 民主的な.
populāris[2] -is, *m* (*f*) **1** 同国[同郷]人, 同胞. **2** 市民, 住民. **3** 民衆派の人. **4** 仲間, 同僚.
populāritās -ātis, *f* [popularis[1]] **1** 同国[同郷]人であること. **2** 民衆の人気[支持]を得ようと努めること. **3**° 住民, 居住者.
populāriter *adv* [popularis[1]] **1** 大衆的に; 卑俗に. **2** 民衆の人気[支持]を得るように.
populātim *adv* [populus[1]] すべての民族[国民]の間で, いたるところで.

populātiō¹ -ōnis, *f* [populor] **1** 荒廃, 破壊; 略奪. **2** 略奪物, 戦利品. **3** 堕落; 破滅.
populātiō² -ōnis, °*f* [populus¹] 民衆, 大衆.
populātor -ōris, *m* [populor] 荒廃させる者; 略奪者.
populātrix -īcis, *f* [↑] 荒廃させる者; 略奪者《女性》.
populātus¹ -a -um, *pp* ⇨ populor.
populātus² -ūs, °*m* 荒廃させること.
pōpulētum -ī, *n* [populus²] ポプラの樹林.
pōpuleus -a -um, *adj* [populus²] ポプラの.
pōpulifer -fera -ferum, *adj* [populus²/fero] ポプラの木の多い.
populō -āre -āvī -ātum, *tr* =populor.
Populōnia¹ -ae, *f* [populor]《神話》(「略奪を防ぐ女」の意) Juno の呼称の一つ.
Populōnia² -ae, *f* ポプローニア《Etruria の港町》.
Populōniēnsēs -ium, *m pl* Populonia の住民.
Populōniī -ōrum, *m pl*, **-ium** -ī, *n* =Populonia².
populor -ārī -ātus sum, *tr dep* [populus¹] **1** 荒らす, 荒廃させる; 略奪する. **2** 破壊する, 滅ぼす.
populōsitās -ātis, °*f* [↓] 大勢, 多数.
populōsus -a -um, *adj* [↓] 人口の多い; 大勢の, 多数の.
populus¹ -ī, *m* **1** 民族, 国民. **2** 人民; 平民. **3** 民衆, 世間. **4** 群衆, 大勢. **5** 地区.
pōpulus² -ī, *f*《植》ポプラ.
por- *pref* 動詞に付いて「先へ」「前へ」などの意を与える.
porca¹ -ae, *f* [porcus] 雌豚.
porca² -ae, *f* 畝, あぜ.
porcārius¹ -a -um, *adj* [porcus] 豚の飼育[売買]の.
porcella -ae, *f dim* [porca¹] 子豚《雌》.
porcelliō -ōnis, °*m*《動》ワラジムシ.
porcellus -ī, *m dim* [porculus] 子豚《雄》.
porcilāca, -llāca -ae, *f*《植》=portulaca.
porcīna -ae, *f* [porcinus] (*sc.* caro) 豚肉.
porcīnārius -ī, *m* [porcus] 豚屠殺業者.
porcīnus -a -um, *adj* [porcus] 豚の.
Porcius -ī, *m* ポルキウス《ローマ人の氏族名》; ⇨ Cato).
porculātiō -ōnis, *f* [porculus] 養豚.
porculātor -ōris, *m* [↓] 養豚業者.
porculus -ī, *m dim* [↓] 子豚《雄》.
porcus -ī, *m* **1**《動》雄豚; (*pl*)(一般に) 豚. **2**《動》ネズミイルカ (=porcus marinus). **3** 女性器.
porgō -ere porxī, *tr* =porrigo².
porphyrēticus -a -um, *adj* [Gk] 赤紫[深紅]色の.
porphyriō -ōnis, *f* [Gk]《鳥》セイケイ.
Porphyriōn -ōnis, *m* [Gk] ポルピュリオーン《(1)《神話》巨人族の一人. (2)° *Pomponius ~*, Horatius の注釈者 (3世紀)》.
porphyrītēs -ae, *m* [Gk] 班岩.
porphyrītis -idis, *adj f* [Gk] 深紅色の.

porphyrogenitus -a -um, °*adj* [Gk] 高貴な生まれの.
porrāceus -a -um, *adj* [porrum] リーキの(ような).
porrectē °*adv* [porrectus²] 広く, 遠く.
porrectiō -ōnis, *f* [porrigo²] **1** 伸ばすこと; 突き出すこと. **2** 直線.
porrectus¹ -a -um, *pp* ⇨ porricio.
porrectus² -a -um, *adj* (*pp*) [porrigo²] **1** 伸ばされた, 長い. **2** 晴れやかな.
porrēxī *pf* ⇨ porrigo².
porricere *inf* ⇨ porricio.
porriciō -cere -rectum, *tr* [por-/jacio] 犠牲をささげる: *inter caesa et porrecta* (Cic)(いけにえを)殺してから供えるまでの間に(=最後の土壇場で).
porrigibilis -is -e, °*adj* [porrigo²] 伸ばしうる, 伸張性の.
porrīginōsus -a -um, *adj* [↓] ふけの.
porrīgō¹ -ginis, *f* ふけ.
porrīgō² -ere -rexī -rectum, *tr* [por-/rego] **1** 伸ばす, 広げる. **2** (*pass, refl*) 伸びる, 広がる, 達する〈*re* ad [in] alqd〉. **3** (地上に)長々と横たえる, 倒す. **4** (時間・期間を)長くする. **5** 差し出す, 提供する 〈alci alqd〉.
Porrima -ae, *f*《神話》ポッリマ《ローマの出産の女神》.
porrīna -ae, *f* [porrum] リーキの苗床.
porrō *adv* **1** 前方へ; 前方で. **2** 以前に, 昔. **3** 今後, 将来. **4** 再び. **5** さらに, 次に; ところで.
porrum -ī, *n*, **-us** -ī, *m*《植》**1** リーキ, ニラネギ. **2** ~ *nigrum* (Plin) イヌゴマ.
Porsenna, -sena, -sina -ae, *m* ポルセンナ《Etruria の Clusium の王; 追放されたローマ第7代の王 Tarquinius Superbus を復位させようとしてローマ人と戦った》.
porta -ae, *f* **1** (町・陣営などの)門. **2** 戸; 出入口.
portābilis -is -e, °*adj* [porto] **1** 持ち運びできる. **2** 堪えられる.
portārius -ī, °*m* [porta] 門番.
portātiō -ōnis, *f* [porto] 運搬, 輸送.
portātor -ōris, °*m* [porto] (手紙の)配達人.
portātōrius -a -um, °*adj* [porto] 運ぶのに用いる.
portendī *pf* ⇨ portendo.
portendō -ere -tendī -tentum, *tr* [por-/tendo¹] 示す, 知らせる; 予告する, 予言する〈alqd; +*acc c. inf*〉.
portentificus -a -um, *adj* [portentum/facio] 不思議な効果をもつ.
portentiloquium -ī, °*n* [portentum/loquor] 怪異談.
portentōsē *adv* [↓] 不思議[奇怪]に.
portentōsus -a -um, *adj* [↓] 不思議な, 奇怪な, 途方もない.
portentum -ī, *n* [↓] **1** (大事件を予告する)異常な現象, 前兆. **2** 怪異な事物; 怪物. **3** 途方もない行為. **4** 怪異談.
portentus -a -um, *pp* ⇨ portendo.
Porthāōn -onis, *m*《伝説》ポルターオーン《Calydon の王; Agenor の息子で Oeneus の父》.
porthmeus -eōs (*acc* -ea), *m* [Gk]《伝説》(三途

(³⁄) の川の) 渡し守 (=Charon).
Porthmos -ī, *m* [*Gk*] ポルトモス《(1) fretum Gaditanum (=ジブラルタル海峡)のギリシア名. (2) Euboea 島の町》.
porticātiō -ōnis, °*f* [porticus] 列柱, 柱廊.
porticula -ae, *f dim* [porticus] 小歩廊, 小柱廊.
porticuncula -ae, *f dim* [↓] 《碑》=porticula.
porticus -ūs, *f* [porta] **1** (有蓋の)歩廊, 柱廊, 回廊. **2** 《軍》(攻城用の)有蓋路. **3** (Athenae で)ストア学派哲学者 Zeno が講義に使った歩廊; ストア学派.
portiō -ōnis, *f* **1** 部分, 一部. **2** 分け前, 取り分. **3** 率, 割合: pro portione (VARR) 比例して, 準じて.
portiōnālis -is -e, °*adj* [↑] 一部[部分]の.
portisculus -ī, *m* **1** 漕ぎ手の指揮者が漕ぎ方を指示する棒. **2** (漕ぎ方を指示する)漕ぎ手の指揮者. **3** 指示, 指導.
portitor -ōris, *m* [portus] **1** 関税収吏. **2** 《伝説》(三途の川の)渡し守 (=Charon). **3** 渡し守, 船頭. **4** 運搬人, 配達人.
portitōrium -ī, *n* [↓] 《碑》税関.
portitōrius -a -um, *adj* 《碑》関税[輸出入税]の.
portiuncula -ae, *f dim* [portio] 小部分.
portō -āre -āvī -ātum, *tr* **1** 運ぶ, 運搬する; もたらす. **2** (*pass*) 行く, 進む, 動く. **3** °(苦しみに)堪える, こらえる.
portōrium -ī, *n* [↑] **1** 関税, 輸出入税; 通行税. **2** 船賃 (=naulum).
portuensis -is -e, °*adj* [portus] Ostia 港の.
portula -ae, *f dim* [porta] (小さな)門.
portulāca -ae, *f* [↑] 《植》スベリヒユ.
Portūnālia -ōrum, *n pl* [↓] Portunus の祝祭《8月17日に行なわれた》.
Portūnālis -is -e, *adj* Portunus の.
Portūnus -ī, *m* [portus] 《神話》ポルトゥーヌス《海港の守護神》.
portuōsē °*adv* [↓] 港が多くて; 便利に.
portuōsus -a -um, *adj* [↓] 港の多い.
portus -ūs, *m* [*cf.* porta] **1** 港. **2** 避難[安息]所. **3** 倉庫, 貯蔵所. **4** 家 (=domus).
porus¹ -ī, °*m* [*Gk*] **1** (身体の)導管. **2** 《解》孔.
pōrus² -ī, *m* [*Gk*] 《地》石灰華.
Pōrus -ī, *m* [*Gk*] ポールス, *ポーロス《インドの王; Alexander 大王に征服された》.
posca -ae, *f* [poto] 酢と水を混ぜた飲料.
poscinumius -a -um, *adj* [↓/nummus] 金銭を要求する, 欲得ずくの.
poscō -ere poposcī, *tr* **1** 要求する, 求める ⟨alqd ab alqo; alqm alqd; ut; +*acc c. inf*⟩. **2** 要する, 必要とする. **3** 尋ねる, 問う. **4** 挑戦をする. **5** 呼び出す, 召喚する. **6** 求婚する. **7** (競売で)値をつける.
pōsea, pōsia -ae, *f* =pausea.
Posīdōnius -ī, *m* [pono] ポシードーニウス, *ポセイドーニオス《Syria の Apamea 出身のストア学派哲学者(前135?-?50); Athenae で Panaetius に学び, Rhodos 島で Cicero を教えた》.
positiō -ōnis, *f* [pono] **1** 置くこと, 植えること. **2** 場所, 位置; 状況: ~ mentis (SEN) 気分. **3** 《修》主題の提示法. **4** 《詩》下降拍 (*cf.* sublatio). **5** 《文》語尾.

positīvē °*adv* [positivus] 絶対に.
positīvum -ī, °*n* [↓] 《文》実(名)詞.
positīvus -a -um, *adj* [pono] **1** 恣意(ˋˋ)的な. **2** 《文》原級の.
positor -ōris, *m* [pono] 建設者, 創始者.
positūra -ae, *f* [pono] **1** 位置, 配置; 状況. **2** 《文》句読点.
positus¹ -a -um, *pp* ⇒ pono.
positus² -ūs, *m* **1** 位置, 場所. **2** 整えること. **3** 適用.
posmerīdiānus -a -um, *adj* =postmeridianus.
posse *inf* ⇒ possum.
possēdī *pf* ⇒ possideo, possido.
possessiō -ōnis, *f* [possideo] **1** 占有, 占取. **2** 占拠, 占領. **3** 所有; 享受. **4** 財産; (*pl*) 不動産, 地所.
possessiuncula -ae, *f dim* [↑] (わずかな)地所.
possessīvus -a -um, *adj* [possideo] 《文》所有を表わす: casus ~ (PRISC) 所有格, 属格.
possessor -ōris, *m* [possideo] **1** 所有者; 地主. **2** 《法》被告. **3** 支配者, 統治者.
possessōrius -a -um, *adj* 《法》所有[占有]に関する.
possessus¹ -a -um, *pp* ⇒ possideo, possido.
possessus² -ūs, *m* [possideo] 所有, 占有.
possestrix -īcis, *f* [possessor] 所有者《女性》.
possibilis -is -e, *adj* [possum] (存在・実行が)可能な.
possibilitās -ātis, °*f* [↑] 能力, 可能性.
possibiliter °*adv* [possibilis] 可能な方法で.
possideō -ēre -sēdī -sessum, *tr* [potis/sedeo] **1** 所有する; 占有する. **2** 獲得する. **3** 支配する.
possīdō -ere -sēdī -sessum, *tr* [potis/sido] 手に入れる; 掌握する.
possum posse potuī, *intr* (*tr*) [potis/sum] **1** (…することが)できる ⟨+*inf*⟩. **2** 可能性がある. **3** …する気になる, …する勇気をもつ, …する決心をする ⟨+*inf*⟩. **4** 知っている, 習得している. **5** 勢力[影響力, 効力]がある: plus [plurimum] posse (CIC [CAES]) もっと[最も]勢力がある.
post¹ (古形 **poste**) *adv* **1** (空間的に)後ろに, 背後に. **2** (時間的に)その後, 後で: multis ~ annis (CIC) 何年もたってから / paulo ~ (CIC) 少し後に. **3** さらに, そのうえに.
post² *prep* ⟨+*acc*⟩ **1** (空間的に)…の後ろで, …の後方で. **2** (時間的に)…以後, …の後に. **3** (順序・序列)…の次に.
post- *pref* 意味は post を参照.
posteā *adv* [↑/ea (is の *f sg abl*); *cf.* antea] **1** その後, 後に. **2** 今後, 将来. **3** 次に, 続いて, それから.
posteāquam *conj* ⟨+*ind*⟩ [↑/quam] (…した)後で, …してから.
posterī -ōrum, *m pl* [posterus] 子孫, 後裔.
posterior -or -ius, *adj comp* [posterus] **1** より後の, それに続く. **2** 劣った, 下位の.
posteritās -ātis, °*f* [posterus] **1** 未来, 将来. **2** 後の世代; 子孫, 後裔. **3** 死後[不朽]の名声.
posterius *adv comp* (*neut*) [posterior] 次に, それ

から, 後に.
posterus -a -um, *adj* [post¹] 次の, あとからの, 続く: *postero die* ⟨Cic⟩ 翌日に.
postfactum -ī, °*n* [post¹/facio] 〘法〙引き続き生じた事態.
postferō -ferre, *tr* [post-/fero] 後ろに置く, 低く評価する ⟨alci alqm; alci rei alqd⟩.
postferre *inf* ⇨ postfero.
postfutūrum -ī, *n.* [post¹/futurum] 将来, 未来.
postgenitī -ōrum, *m pl* [post-/gigno] 後の世代; 子孫, 後裔.
posthabeō -ēre -habuī -habitum, *tr* [post-/habeo] 1 低く評価する. 2 延期する.
posthāc *adv* [post¹/hac] 今後, 後に, 将来.
postibī *adv* [post¹/ibi] それから, その後.
postīca -ae, *f* [posticus] 裏口.
postīculum -ī, *n. dim* [↓] (小さな)離れ(家).
postīcum -ī, *n* [↓] 1 裏口. 2 (母屋の後ろの)離れ. 3 尻, 臀部.
postīcus -a -um, *adj* [post¹] 後ろの, 後方の.
postid *adv* [post¹] その後, それから.
postideā *adv* [↑/ea] その後, それから.
postilēna -ae, *f* しりがい, 尻当て《馬具》.
postiliō -ōnis, *f* [postulo] (神々が)前回なされなかった供犧を要求すること.
postillā *adv* [post¹/illa] その後, それから.
postillāc *adv* =postilla.
postis -is, *m* 1 〈戸口の〉側柱. 2 戸(口), 門, 扉.
postlīminium -ī, *n* [post-/limen] 1 亡命・占領などの間に一時停止されていた市民権を帰国して回復すること; 敵から財産を取り戻すこと. 2 (一般に)回復, 復旧.
postmerīdiānus, posm- -a -um, *adj* [post-/meridies] 午後の.
postmodo, post modo *adv* その後, やがて, 間もなく.
postmodum *adv* =postmodo.
postpartor -ōris, *m* [post-/pario²] (財産)相続人.
postpōnō -ere -posuī -positum, *tr* [post-/pono] 1 後に置き, 低く見る, 軽視する ⟨alqd alci rei⟩. 2 延期する, あとまわしにする.
postpositīvus -a -um, °*adj* [↑] 〘文〙後置の.
postpositus -a -um, *pp* ⇨ postpono.
postposuī *pf* ⇨ postpono.
postprincipium -ī, *n* [post²/principium] 1 あとに続く事柄, 続き; 結果.
postputō -āre -āvī -ātum, *tr* [post-/puto] 軽視する, 低く見る.
postquam *conj* ⟨通例 +ind pf⟩ [post¹/quam] 1 (…した)後で, (…する)時に. 2 …以来. 3 …であるから(には), …の後でさえ.
postrēmō *adv* (*abl*) [postremus] 1 ついに, 最後に. 2 要するに, 結局.
postrēmum *adv* [↓] 最後に, 結局.
postrēmus -a -um, *adj superl* [posterus] 1 最後の, 最終の, 最後尾の. 2 最も劣った, 最下等の, 最悪の: *servitus postremum malorum omnium* ⟨Cic⟩ 奴隷であることはすべての禍いの中でも最悪だ.

postrīdiē *adv* [posterus/dies; *cf.* pridie] 次の日に, 翌日に: ～ *quam a vobis discessi* ⟨Cic⟩ 私が諸君と別れた翌日に.
postrīduānus -a -um, °*adj* [↓] 翌日の.
postrīduō *adv* =postridie.
postscaenium -ī, *n* [post-/scaena] 舞台裏; 内幕.
postscrībō -ere -scripsī -scriptum, *tr* [post-/scribo¹] あとに書く, 書き加える ⟨alqd alci rei⟩.
postsignānī -ōrum, *m pl* [post-/signum] (*sc.* milites) 軍旗の背後に配置された兵士たち.
postulārius -a -um, *adj* [postulo] 要求の.
postulātīcius -a -um, *adj* [postulo] 要求して与えられた.
postulātiō -ōnis, *f* [postulo] 1 要求, 請求. 2 不平, 苦情. 3 〘法〙(損害・不正に対する補償の)申し立て. 4 〘法〙告訴許可の申請.
postulātor -ōris, *m* [postulo] 1 要求する人. 2 提議者, 原告.
postulātōrius -a -um, *adj* =postularius.
postulātum -ī, *n* [↓] 要求, 請求; 請願.
postulātus¹ -a -um, *pp* ⇨ postulo.
postulātus² -ūs, *m* 申し立て, 請願.
postulō -āre -āvī -ātum, *tr* [posco] 1 要求[請求]する; 要請する ⟨alqm [alqd] ab alqo; alci alqd; alqm alqd [de re]; ut, ne⟩. 2 欲する, 渇望する ⟨+ *inf*; +*acc c. inf*⟩. 3 必要とする ⟨alqd; +*inf*⟩. 4 〘法〙告訴する, (法廷へ)召喚する ⟨alqm de re⟩. 5 告訴許可の申請をする.
Postumiānus -a -um, *adj* Postumius の.
Postumius -ī, *m* ポストゥミウス《ローマ人の氏族名》.
postumus -a -um, *adj superl* [posterus] 1 最後の, 最終の. 2 最後に生まれた. 3 〘法〙父の死後に生まれた; 遺言状作成後に生まれた.
Postumus -ī, *m* ポストゥムス《ローマ人の名字; 特に *M. Curtius* ～, Cicero の友人》.
postus -a -um, *pp* =positus (⇨ pono).
Postverta, -vorta -ae, *f* 〘神話〙ポストウェルタ《ローマの逆子の出産をつかさどる女神》.
posuī *pf* ⇨ pono.
pōtābilis -is -e, *adj* [poto] 飲める, 飲用に適した.
pōtāculum -ī, °*n* =potatio.
pōtāmentum -ī, °*n* [poto] 飲み物.
potamophylacia -ae, *f* [*Gk*] 〘稀〙川の哨戒[警備].
pōtātiō -ōnis, *f* [poto] 飲酒; 酒宴.
pōtātor -ōris, *m* [poto] 酒飲み.
pōtātus¹ -a -um, *pp* ⇨ poto.
pōtātus² -ūs, *m* 飲酒; 酒宴.
pote *adj n* ⇨ potis.
potēns -entis, *adj* (*prp*) [possum] 1 強力な, 影響力のある. 2 ……ができる ⟨alcis rei⟩. 3 支配する, …の長である ⟨+*gen*⟩: *dum mei ～ sum* ⟨Liv⟩ 私が私自身の支配者である限り. 4 …を獲得[達成]した ⟨alcis rei⟩: *jussi ～* ⟨Ov⟩ 命令を果たし終えた.
potentātus -ūs, *m* [↑] 政治力, 権力, 勢力.
potenter *adv* [potens] 1 力強く, 有力に. 2 有

効に, 効果的に.

potentia -ae, *f* [potens] **1** 力, 能力. **2** 効能, 効果. **3** 政治力, 影響力, 権勢.

Potentia -ae, *f* ポテンティア, *ポテンツィア* 《(1) Picenum の海辺の町. (2) Lucania の町; 現 Potenza》.

potentiāliter °*adv* [potentia] 強力に, 大いに.

potērion -ī, *n* [Gk]《植》ゲンゲ属の植物 (=phrynion).

potērium -ī, *n* [Gk] 酒杯.

potesse *inf*《古形》=posse (⇒ possum).

potestās -ātis, *f* [possum] **1** 力, 能力. **2** 政治力, 影響力. **3** 権限, 職権; 官職: ~ *vitae necisque* (Cic) 生殺与奪の権 / *imperia et potestates* (Cic) 武官および文官. **4** 高官; 有力者. **5** 機会, 可能性: ~ *est* 〈+*inf*〉…が可能である / *nulla hinc exire* ~ *est* (Verg) ここから立ち去ることは全く不可能だ.

Pothīnus -ī, *m* [Gk] ポティーヌス, *ポティノス*《Ptolemaeus XIII の宦官; Pompeius を殺害した》.

pothos -ī, *m* [Gk]《植》夏草の一種. **2** (P-) Scopas 作の彫刻の題名 (「欲望」の意).

Potīdaea -ae, *f* [Gk] ポティーダエア, *ポティダイア*《Pallene 半島の付け根の町》.

Potīdānia -ae, *f* [Gk] ポティダーニア(-)《Aetolia の町》.

pōtilis -is -e, *adj* [poto] 飲用の.

potin' =potisne (⇒ potis, -ne): *potin' es?* (Ter) = potes? / *potin' es? (sc. est)?* (Plaut)=potest?

Pōtina -ae, *f* ポティーナ《乳離れした幼児の最初の飲み物をつかさどる女神》.

pōtiō[1] -ōnis, *f* [poto] **1** 飲むこと; 飲酒. **2** 飲み物. **3** 薬の一服; 毒薬, 媚薬.

potiō[2] -īre, *tr* [potis] 支配下に置く, 服従させる.

pōtiōnātus -a -um, *adj* [potio[1]] 薬を飲まされた.

potior[1] -ior -ius, *adj comp* [potis] よりよい, より重要な, より強力な.

potior[2] -īrī potītus sum, *tr, intr dep* [potio[2]] **1** わがものとする, 獲得する 〈+*abl* [*gen*]〉. **2** 所有する, 支配者である 〈+*abl* [*gen*, *acc*]〉: *potiri rerum* (Cic) 権力を握っている.

potis -is -e, *adj* 能力のある: ~ *sum* =possum / *pote est* [=*potest*] できる, 可能である.

potissimē °*adv* =potissimum.

potissimum *adv* (*neut*) [↓] 主に, 特に, なかんずく.

potissimus -a -um, *adj superl* [potis] 最もすぐれた[重要な].

pōtitō -āre, *tr freq* [poto] たびたび[常に]飲む.

pōtītus -a -um, *pp* ⇒ potior[2].

Potītus -ī, *m* ポティートゥス《ローマ人の氏族名; この氏族の多くは Hercules の祭祀にたずさわった》.

pōtiuncula -ae, *f dim* [potio[1]] (少しの)飲酒.

potius *adv* (potior[1] の *neut*) …よりむしろ 〈quam〉.

Potniae -ārum, *f pl* [Gk] ポトニアエ, *ポトニアイ*《Boeotia の村; その近くの牧草地は馬などを狂わせたという》.

Potnias -adis, *adj f* Potniae の.

pōtō -āre -āvī -ātum [-tum], *tr, intr* **1** (渇きをいやすために)水を飲む. **2** (酒を)飲む, 痛飲する. **3** 吸い込む, 吸収する.

pōtor -ōris, *m* [↑] **1** (水を)飲む人: *Rhodani* ~ (Hor) Rhodanus 川の水を飲む者(=川辺の住民). **2** 酒飲み, のんだくれ.

pōtōrium -ī, *n* [↓] 酒杯, さかずき.

pōtōrius -a -um, *adj* [potor] 飲むための.

pōtrix -īcis, *f* [potor] 酒豪《女性》.

potuī *pf* ⇒ possum.

pōtulentum -ī, *n* [↓] 飲み物.

pōtulentus -a -um, *adj* [↓] **1** 飲用に適した. **2** ほろ酔いの, 千鳥足の.

pōtus[1] -a -um, *adj* (*pp*) [poto] **1** 酒を飲んだ; 酩酊した. **2** 飲まれた, 飲みほされた.

pōtus[2] -ūs, *m* **1** 飲むこと. **2** 飲酒; 酩酊. **3** 飲み物, 飲料.

practicē -ēs, °*f* [↓] 実際, 実地 (*cf.* theoria).

practicus -a -um, °*adj* [Gk] 活動的な, 活発な.

prae[1] *adv* **1** 先に, 前方に. **2** ~ *quam*, ~ *ut* ⇒ praequam, praeut.

prae[2] *prep* 〈+*abl*〉 **1** …の前に, …の前方に: ~ *manu* [*manibus*] (Plaut)(Gell) 手もとに, 思いどおりにできる / ~ *se armentum agere* (Liv) 牛の群れを追いたてる / ~ *se ferre* [*gerere*] (Cic) 見せびらかす, 明示する. **2** …に対して, …と比較して: *tu* ~ *nobis beatus es* (Cic) あなたは私と比べれば幸せだ. **3** …のために, …の故に: *nec loqui* ~ *maerore potuit* (Cic) 彼は悲しみのためにものが言えなかった.

prae- *pref* [↑]「前に」「あらかじめ」「非常に」などの意.

praeacuō -ere -acuī -acūtum, *tr* [↑/acuo] 先をとがらせる.

praeacūtus -a -um, *adj* (*pp*) [↑] 先のとがった; 非常に鋭い.

praealtē *adv* [↓] **1** 非常に高く. **2** 非常に深く.

praealtus -a -um, *adj* [prae-/altus[1]] **1** 非常に高い. **2** 非常に深い.

praeambulō -āre, °*intr* [prae-/ambulo] 先に歩む, 前方を行く.

praeambulus -a -um, °*adj* [↑] 前方を歩いている, 先行する.

praeaudiō -īre -īvī -ītum, °*tr* [prae-/audio] 前もって聞く.

praebenda -ae, °*f* [praebeo] **1** 国家から支給される手当. **2**《カト》司教座聖堂参事会員の聖職禄.

praebendātus -ī, °*m* [↑]《カト》聖職禄受給者.

praebendō -āre -āvī -ātum, °*tr*《カト》聖職禄を給する.

praebeō -ēre -buī -bitum, *tr* [praehibeo] **1** 差し出す, 差しのべる 〈alci alqd〉. **2** 示す, 見せる: *se virum* [*misericordem*] *praebere* (Cic) 自分を男[同情心がある]と見せる. **3** 与える, 提供する. **4** ひき起こす, 生じさせる. **5** 任せる, ゆだねる 〈+*inf*〉: *praebuit ipsa rapi* (Ov) 彼女は自分がさらわれるに任せた.

praebia -ōrum, *n pl* [↑] 魔よけ, 護符.

praebibī *pf* ⇒ praebibo.

praebibō -ere -bibī, *tr* [prae-/bibo] **1**° 前に飲む. **2** (ある人の)健康を祝して飲む.

praebitiō -ōnis, *f* [praebeo] (食物などの)提供, 支給.

praebitor -ōris, *m* [praebeo] 支給する人.

praebitus -a -um, *pp* ⇨ praebeo.
praeblandus -a -um, °*adj* [prae-/blandus] 大いにへつらう.
praebuī *pf* ⇨ praebeo.
praecalidus -a -um, *adj* [prae-/calidus] 非常に熱い.
praecalvus -a -um, *adj* [prae-/calvus] 非常にはげた.
praecandidus -a -um, °*adj* [prae-/candidus] 非常に白い.
praecanō -ere, *tr* [prae-/cano] 1° 予言する. 2 魔力を予防する, 魔法にかからぬようにする.
praecantātiō -ōnis, °*f* [praecanto] 魔よけのまじない.
praecantātor -ōris, °*m* [↓] 魔よけの呪文を唱える人.
praecantō -āre -āvī -ātum, *tr, intr* [prae-/canto] 1 予言する. 2 魔よけの呪文を唱える ⟨alqd; alci rei⟩.
praecantor -ōris, °*m* [praecano] 魔法使い.
praecantrix -īcis, *f* 魔法使い《女性》, 魔女.
praecānus -a -um, *adj* [prae-/canus] 若しらがの.
praecautus -a -um, *pp* ⇨ praecaveo.
praecaveō -ēre -cāvī -cautum, *intr, tr* [prae-/caveo] 1 用心する, 警戒する ⟨a re; ne⟩. 2 配慮する, 意を用いる ⟨alci⟩. 3 予防[防止]する ⟨alqd⟩.
praecāvī *pf* ⇨ praecaveo.
praecēdentia -ae, °*f* [↓] 《天》 歳差(運動).
praecēdō -ere -cessī -cessum, *intr, tr* 1 先に行く[進む], 先行する. 2 しのぐ, まさる ⟨+acc [dat]⟩.
praeceler -eris -ere, *adj* [prae-/celer] 非常に速やかな.
praecelerō -āre, *intr, tr* [prae-/celero] 大急ぎで先に行く; 非常に急ぐ.
praecellēns -entis, *adj* (*prp*) [praecello] 抜きんでた, 卓越した, 顕著な.
praecellentia -ae, °*f* [↑] 優越, 卓越.
praecellō -ere, *intr, tr* [*cf.* excello] 1 卓越している. 2 支配する ⟨+dat⟩. 3 しのぐ, まさる ⟨+acc [dat]⟩.
praecelsus -a -um, *adj* [prae-/celsus] 非常に高い; 非常に長身の.
praecentiō -ōnis, *f* [praecino] (犠牲・戦闘などに)先立って音楽を奏すること; 前奏.
praecentō -āre, *intr* [prae-/canto] 魔よけの呪文を唱える.
praecentor -ōris, *m* [praecino] (合唱の)音頭取り, 先唱者.
praecentus -a -um, *pp* ⇨ praecino.
praecēpī *pf* ⇨ praecipio.
praeceps[1] -cipitis, *adj* [prae-/caput] 1 頭から先の, 真っ逆さまの, 逆立った. 2 突進する, 猛烈な; 急激な. 4 むこうみずの, 無鉄砲な. 5 …の傾向がある, …しがちな ⟨in alqd⟩.
praeceps[2] -cipitis, *n* 1 絶壁, 断崖; 急坂: *in* [*per*] ~ (Ov) まっさかさまに. 2 破滅, 危険: *in praecipitī* (Tac) 破滅に瀕して.
praeceps[3] *adv* まっさかさまに; むこうみずに, がむしゃらに.

praeceptiō -ōnis, *f* [praecipio] 1 教え, 教訓. 2 先入見. 3 《法》(遺産の)先取権.
praeceptīvē °*adv* [↓] 命令的に.
praeceptīvus -a -um, *adj* [praecipio] 教訓的な.
praeceptor -ōris, *m* [praecipio] 1 命令者. 2 指導者, 教師. 3 権威者.
praeceptrix -īcis, *f* [↑] 指導者, 教師《女性》.
praeceptum -ī, *n* [↓] 1 助言; 教え, 教訓. 2 指図, 命令. 3 原理, 規則.
praeceptus -a -um, *pp* ⇨ praecipio.
praecerpō -ere -cerpsī -cerptum, *tr* [prae-/carpo] 1 (時期より)早く摘み取る[引き抜く]. 2 途中で奪う, 横取する. 3 (書物から)抜粋する.
praecerpsī *pf* ⇨ praecerpo.
praecerptus -a -um, *pp* ⇨ praecerpo.
praecessī *pf* ⇨ praecedo.
praecessor -ōris, °*m* [praecedo] 1 先行者. 2 上位者.
praecessus -a -um, *pp* ⇨ praecedo.
praecīdī *pf* ⇨ praecido.
praecīdō -ere -cīdī -cīsum, *tr* [prae-/caedo] 1 切り離す, 切り取る. 2 切り詰める, 短くする. 3 取り除く, 奪う. 4 絶ち切る, 終わらせる: *amicitias praecidere* (Cic) 絶交する. 5 きっぱり拒絶する.
praecīnctiō -ōnis, *f* [praecingo] 1° 帯. 2 (劇場の)上部席と下部席を分ける通路.
praecīnctōrium -ī, °*n* [praecingo] 1 帯. 2 (法衣の)前垂れ.
praecīnctūra -ae, *f* [praecingo] 1 巻きつけること. 2° 帯.
praecīnctus[1] -a -um, *pp* ⇨ praecingo.
praecīnctus[2] -ūs, *m* 1 巻きつけること. 2° 身づくろい, 衣裳.
praecingō -ere -cīnxī -cīnctum, *tr* [prae-/cingo] 1 (通例 *pass*) (帯を締める, (武器を)帯びる. 2 (*pass*)(着物を)たくし上げる. 3 取り囲む.
praecinō -ere -cinuī -centum, *tr, intr* [prae-/cano] 1 (人の前で)演奏する, 歌う. 2 (歌の)先導をする. 3 呪文を唱える. 4 予言する.
praecinuī *pf* ⇨ praecino.
praecinxī *pf* ⇨ praecingo.
praecipere *inf* ⇨ praecipio.
praecipiō -pere -cēpī -ceptum, *tr* [prae-/capio[1]] 1 先取する, 先に獲得する. 2 《法》先位相続をする. 3 先んずる, 先手を打つ. 4 予感する, 予期する. 5 指図する, 指示する, 命令する. 6 忠告する, 戒める ⟨alci alqd; ut, ne, +inf; +acc c. inf⟩. 7 教える, 指導する ⟨alqd; de re⟩.
praecipitanter *adv* [praecipito] 大急ぎで, がむしゃらに.
praecipitātiō -ōnis, *f* [praecipito] 1 まっさかさまに落ちること, 墜落; 途方もない速さ. 2° 軽率, 無分別.
praecipitium -ī, *n* [praeceps[1]] 1 高い所から落ちる[飛び降りる]こと. 2 絶壁, 深淵.
praecipitō -āre -āvī -ātum, *tr, intr* [praeceps[1]] I (*tr*) 1 まっさかさまに落とす, 突き[投げ]落とす ⟨alqd

ex [de] re in alqd〉. **2** 滅ぼす. **3** 〈天体を〉降下させる;〈昼・夜を〉終わらせる. **4** 〈地位・階級を〉下げる, 降等する. **5** むやみにせき立てる. **II** (*intr*) **1** さかさまに落ちる; 飛び降りる. **2** 没落する; 滅びる. **3** 〈天体が〉降下する. **4** 急に終わりを告げる. **5** むやみに急ぐ.

praecipuē *adv* [praecipuus] 特に, とりわけ.

praecipuum -ī, *n* [↓] **1** 優秀, 卓越. **2** 〖法〗優先的に分配された遺産. **3** (*pl*) 〈ストア哲学で〉最高善に次ぐ重要事項.

praecipuus -a -um, *adj* [praecipio] **1** 独自の, 特別の. **2** 〖法〗〈遺産について〉優先的に分配された. **3** すぐれた, 卓越した, 顕著な.

praecīsē *adv* [praecisus] **1** 簡単に, 簡潔に. **2** 断定的に. **3°** 絶対的に.

praecīsum -ī, *n* [↓] 〈肉の〉一きれ.

praecīsus -a -um, *adj* (*pp*) [praecido] **1** 切り離された. **2** 険しい, 切り立った. **3** 短縮された, 簡潔な. **4** 去勢された.

praeclāmō -āre -āvī, *tr* [prae-/clamo] 警告の叫び声をあげる.

praeclārē *adv* [praeclarus] **1** 非常に明白に. **2** 大いにすぐれて, 非常にりっぱに.

praeclāriter *adv* [↓] 輝かしい成果をあげて.

praeclārus -a -um, *adj* [prae-/clarus] **1** 非常に明るい, 光り輝いている. **2** すぐれた, りっぱな, 卓越した. **3** 有名な; 悪名高い.

praeclāvium -ī, *n* [prae-/clavus] (toga の) 紫の縁取りの前の部分.

praeclūdō -ere -clūsī -clūsum, *tr* [prae-/claudo²] 閉ざす, ふさぐ, 妨げる.

praeclueō -ēre, *intr* [prae-/clueo] 非常に有名である.

praeclūsī *pf* ⇨ praecludo.

praeclūsiō -ōnis, *f* [praecludo] **1°** 〈傷口を〉ふさぐこと. **2** 〈水を止める〉栓.

praeclūsor -ōris, °*m* [praecludo] 妨害する人.

praeclūsus -a -um, *pp* ⇨ praecludo.

praecō -ōnis, *m* [praedico¹] **1** 触れ役, 告知人. **2** 競売人. **3** 賞賛者.

praecōgitātiō -ōnis, °*f* [↓] 前もっての熟慮[工夫, 計画].

praecōgitō -āre -āvī -ātum, *tr* [prae-/cogito] 前もって熟慮する.

praecognitiō -ōnis, °*f* [praecognosco] 前もって知ること, 予知.

praecognitor -ōris, °*m* [praecognosco] 予知する人, 先見者.

praecognitus -a -um, *pp* ⇨ praecognosco.

praecognōscentia -ae, °*f* [↓] 予知, 先見.

praecognōscō -ere -cognitum, *tr* [prae-/cognosco] 前もって知る, 予知[予見]する.

praecolō -ere -coluī -cultum, *tr* [prae-/colo²] **1** あらかじめ耕す[開治]する. **2** 早まっておもねる.

praecoluī *pf* ⇨ praecolo.

praecompositus -a -um, *adj* [prae-/compono] あらかじめ心構えした.

praeconcinnātus -a -um, *adj* [prae-/concinno] あらかじめ計画された.

praecondidī *pf* ⇨ praecondo.

praecondiō -īre, °*tr* [prae-/condio] あらかじめ味つけをする.

praeconditus -a -um, *pp* ⇨ praecondo.

praecondō -ere -condidī -conditum, °*tr* [prae-/condo] あらかじめ整える.

praeconfessiō -ōnis, °*f* [prae-/confessio] 前もっての告白.

praecōnium -ī, *n* [↓] **1** 触れ役[競売人]の職務. **2** 告知, 公表. **3** 賞賛, 称揚.

praecōnius -a -um, *adj* [praeco] 触れ役[競売人]の.

praecōnor -ārī, °*tr dep* [praeco] **1** 触れ役の任を果たす. **2** 布告する. **3** 賞賛する.

praeconsūmō -ere -sumpsī -sumptum, *tr* [prae-/consumo] 尚早に使い果たす.

praeconsumpsī *pf* ⇨ praeconsumo.

praeconsumptus -a -um, *pp* ⇨ praeconsumo.

praecontemplātiō -ōnis, °*f* [prae-/contemplatio] 前もっての瞑想.

praecontrectō -āre -āvī -ātum, *tr* [prae-/contrecto] 前もって愛撫する.

praecoquis -is -e, **-coquus** -a -um, *adj* = praecox.

praecoquō -ere -coxī -coctum, *tr* [prae-/coquo] **1** (れんがを)焼き[熱し]すぎる. **2** 〈ブドウを〉(あまりにも)早く熟させる.

praecordia -ōrum, *n pl* [prae-/cor] **1** 横隔膜. **2** 内臓, 臓腑. **3** 〖詩〗胸, 乳房. **4** 心, 精神, 感情.

praecordium -ī, °*n* 横隔膜.

praecorrumpō -ere -corrūpī -corruptum, *tr* [prae-/corrumpo] 前もって買収[贈賄]する.

praecorrūpī *pf* ⇨ praecorrumpo.

praecorruptus -a -um, *pp* ⇨ praecorrumpo.

praecox -cocis, *adj* [praecoquo] **1** 早熟の. **2** 早すぎる, 尚早の. **3°** 〖医〗早発の.

praecucurrī *pf* ⇨ praecurro.

praecultus -a -um, *pp* ⇨ praecolo.

praecuneus -ī, °*m* 〖解〗楔(⁵)前部.

praecupidē *adv* [↓] 大いに熱望して.

praecupidus -a -um, *adj* [prae-/cupidus] 大いに愛好[熱望]している 〈alcis rei〉.

praecurrī *pf* =praecucurri.

praecurrō -ere -(cu)currī -cursum, *intr*, *tr* [prae-/curro] **1** 前を走る, 先駆する. **2** 先行する, 先に起こる 〈+*acc* [*dat*]〉. **3** しのぐ, まさる 〈+*acc* [*dat*]〉.

praecursātor -ōris, °*m* [↑] 斥候.

praecursiō -ōnis, *f* [praecurro] **1** 先に起こったできごと; 先行. **2** 〖軍〗小競り合い. **3** 〈聞き手の〉準備. **4°** 〈キリストの先駆者としての〉洗礼者ヨハネの任務.

praecursor -ōris, *m* [praecurro] **1** 先駆者. **2** 前衛; 斥候. **3°** 〈キリストの先駆者としての〉洗礼者ヨハネ.

praecursōrius -a -um, *adj* [praecurro] 先行の, 前触れの.

praecursus¹ -a -um, *pp* ⇨ praecurro.

praecursus² -ūs, *m* 先立つこと, 先行.
praecussī *pf* ⇨ praecutio.
praecussus -a -um, *pp* ⇨ praecutio.
praecutere *inf* ⇨ praecutio.
praecutiō -tere -cussī -cussum, *tr* [prae-/quatio] 前で振る, 振り回す.
praeda -ae, *f* [*cf.* prehendo] 1 戦利品; 略奪物. 2 (猟の)獲物; (他の動物の)えじき. 3 もうけ, 利得.
praedābundus -a -um, *adj* [praedor] 略奪を働く, 略奪を事とする.
praedamnātiō -ōnis, °*f* [↓] 前もって有罪と決すること.
praedamnō -āre -āvī -ātum, *tr* [prae-/damno] 1 前もって有罪と決する. 2 前もってだめ[不満足]と判断する: *spem praedamnare* (Liv) とうに望みをなくす.
praedātiō -ōnis, *f* [praedor] 略奪, 強奪.
praedātor -ōris, *m* [praedor] 1 略奪者, 強奪者. 2 猟師.
praedātōrius -a -um, *adj* [praedor] 略奪[強奪]を事とする; 海賊の.
praedātrīx -īcis, *f* [praedator] 略奪[強奪]者《女性》.
praedātus¹ -a -um, *pp* ⇨ praedor.
praedātus² -ūs, *m* 強奪, 強盗.
praedēcessor -ōris, °*m* [prae-/decessor] 先任者.
praedēlassō -āre -āvī -ātum, *tr* [prae-/delasso] あらかじめ弱める.
praedēlēgātiō -ōnis, °*f* [prae-/delegatio] 前もって使節を派遣すること.
praedēs -um, *m pl* ⇨ praes.
praedestinātiō -ōnis, °*f* [↓] 《神学》予定(説).
praedestinō -āre -āvī -ātum, *tr* [prae-/destino] 1 前もって決定する, 予定する. 2 あらかじめ給する.
praedexter -tera -terum, *adj* [prae-/dexter] 非常に巧妙な.
praediātor -ōris, *m* [praedium] (抵当に入った)不動産の購入者.
praediātōrius -a -um, *adj* [↑] (国が担保に取った)土地の競売に関する.
praediātūra -ae, *f* [praedium] 土地の競売.
praediātus -a -um, *adj* [praedium] 1 土地を所有している. 2° 富裕な.
praedicābilis -is -e, *adj* [praedico¹] 賞賛に値する.
praedicāmentum -ī, °*n* [praedico¹] 1 告知; 予告. 2 (*pl*)《論・哲》範疇.
praedicātiō -ōnis, *f* [praedico¹] 1 公表, 布告. 2 賞賛, 称揚. 3° 説教. 4° 予言.
praedicātīvē °*adv* [↓] 断定的に.
praedicātīvus -a -um, *adj* [praedico¹] 断定[断言]的な.
praedicātor -ōris, *m* [praedico¹] 1 告知者; 触れ役. 2 賞賛者. 3° 説教者.
praedicātōrius -a -um, °*adj* [↓] 賞賛の, 称揚の.
praedicō¹ -āre -āvī -ātum, *tr* [prae-/dico¹] 1 告知する, 公表する, 布告する ⟨alqd; +*acc c. inf*⟩. 2 賞賛する, 推賞する. 3° 説教する. 4° 予言する.
praedīcō² -ere -dīxī -dictum, *tr* [prae-/dico²] 1 前もって言う; あらかじめ指定する. 2 予言する. 3 指図する, 命ずる; 警告する ⟨ut, ne⟩.
praedictiō -ōnis, *f* [↑] 1 《修》前もって陳述しておくこと. 2 予告; 予言.
praedictīvus -a -um, °*adj* [praedico²] 徴候を示す.
praedictum -ī, *n* [↓] 1 予言. 2 命令, 指図. 3 (事前の)打合わせ, 取決め.
praedictus -a -um, *pp* ⇨ praedico².
praedifficilis -is -e, °*adj* [prae-/difficilis] きわめて困難な.
praediolum -ī, *n dim* [praedium] (小さな)地所, 農場.
praediscō -ere, *tr* [prae-/disco] 前もって学ぶ, 予備知識を得る.
praeditus -a -um, *adj* [prae-/do] 1 賦与された, 備えている, 持っている ⟨re⟩. 2 (神々が)つかさどる, 支配する ⟨alci rei⟩. 3 前に置かれた ⟨alci rei⟩.
praedium -ī, *n* [*cf.* praes] 地所, 農場.
praedīves -divitis, *adj* [prae-/dives] 1 非常に富んだ, きわめて富裕な. 2 あり余る, たっぷりの.
praedīvīnō -āre -āvī -ātum, *tr* [prae-/divino] 予想[予感]する.
praedīxī *pf* ⇨ praedico².
praedō¹ -ōnis, *m* [praeda] 1 略奪者. 2 盗賊; 海賊.
praedō² -āre -āvī -ātum, °*tr* 略奪する.
praedoceō -ēre -docuī -doctum, *tr* [prae-/doceo] 前もって教える.
praedoctus -a -um, *pp* ⇨ praedoceo.
praedomō -āre -domuī, *tr* [prae-/domo¹] 前もって征服[克服]する.
praedomuī *pf* ⇨ praedomo.
praedōnius -a -um, °*adj* [praedo²] 《法》不法取得者の.
praedor -ārī -ātus sum, *intr, tr dep* [praeda] I (*intr*) 1 戦利品[ぶんどり品]を得る ⟨in [de, ex] re⟩. 2 (猟によって)獲物を得る. II (*tr*) 1 襲う, 強奪する. 2 獲物にする.
praeductus -a -um, *pp* ⇨ praeduco.
praedūcō -ere -duxī -ductum, *tr* [prae-/duco] 1 (防壁などを)前方に築く ⟨alqd alci rei⟩. 2 前に導く. 3 線を引く.
praeductus -a -um, *pp* ⇨ praeduco.
praedulce *adv* (*neut*) [↓] 非常に甘美に.
praedulcis -is -e, *adj* [prae-/dulcis] 1 きわめて甘い[美味な]. 2 (耳に)非常に快い. 3 (弁論が)甘ったるくて鼻につく.
praedūrō -āre -āvī -ātum, *tr, intr* [prae-/duro] 1 あらかじめ堅くしておく. 2° 堅くなる.
praedūrus -a -um, *adj* [prae-/durus] 1 非常に堅い, きわめて強壮[頑丈]な. 3 きわめて困難な[きびしい]; 非常に耳ざわりな.
praeduxī *pf* ⇨ praeduco.
praeēlēctiō -ōnis, °*f* [praeeligo] 前もって選ぶこと.
praeēlectus -a -um, *pp* ⇨ praeeligo.
praeēlēgī *pf* ⇨ praeeligo.

praeēligō -ere -ēlēgī -ēlectum, °*tr* [prae-/eligo] 優先する.

praeēminentia -ae, °*f* [↓] 優越, 優位.

praeēmineō -ēre, °*intr*, °*tr* =praemineo.

praeeō -īre -īvī [-iī], *intr*, *tr* [prae-/eo²] **1** 先行する; 導く. **2** (歌・祈りなどを)先導する. **3** 指図[命令]する.

praeesse *inf* ⇨ praesum.

praeeuntis *prp sg gen* ⇨ praeeo.

praeexistō -ere, °*intr* [prae-/existo] 先在する.

praefacilis -is -e, *adj* [prae-/facilis] 非常に容易な.

praefandus -a -um, *gerundiv* ⇨ praefor.

praefārī *inf pr* ⇨ praefor.

praefātiō -ōnis, *f* [praefor] **1** (定)式文. **2** 前口上; 序文. **3**°(法律の)前文.

praefātus¹ -a -um, °*adj (pp)* [praefor] 初めに述べられた.

praefātus² -ūs, °*m* 前もって言うこと, 緒言.

praefēcī *pf* ⇨ praeficio.

praefectiō -ōnis, *f* [praeficio] 先頭に置くこと.

praefectōrius¹ -a -um, °*adj* [praefectus¹] 長官の, 総督の.

praefectōrius² -ī, °*m* 元[前]長官, 元[前]総督.

praefectūra -ae, *f* [praefectus²] **1** 監督[管理者]の地位. **2** 属州総督による任命の長官, 隊長などの職務. **3** (帝政期の)属州総督の職務. **4** (ローマから派遣される長官によって治められる)イタリアの町やその他の行政区.

praefectus¹ -a -um, *pp* ⇨ praeficio.

praefectus² -ī, *m* **1** 監督[管理]者; ~ urbis (LIV) 執政官が二人とも不在時のローマ市を治める臨時の代官. **2** (属州の町やその他の行政区などの)長官, 隊長. **3** (帝政期の)属州総督. **4** (軍隊・艦隊などの)指揮官, 隊長; 船長. **5**°《ｶﾄ》(ローマ教皇庁の)聖省長官.

praefēcundus -a -um, *adj* [prae-/fecundus] 並はずれて多産の.

praeferō -ferre -tulī -lātum, *tr* [prae-/fero] **1** 前に持って来る[運ぶ, 置く]; 差し出す ⟨alci alqd⟩. **2** 示す, 明らかにする, 見せる. **3** より高く評価する, むしろ…を好む, 優先する ⟨alci alqd⟩: *praeferre se alci* (CIC) ある人に抜きんでる. **4** (時期を)早める. **5** (*pass*) そばを急いで過ぎる, 通過する ⟨+*acc*; praeter alqd⟩.

praeferōx -ōcis, *adj* [prae-/ferox] **1** 非常に激しい[荒々しい]. **2** きわめて横柄な.

praeferre *inf* ⇨ praefero.

praefertilis -is -e, °*adj* [prae-/fertilis] 非常に多産な[肥沃]な.

praefervidus -a -um, *adj* [prae-/fervidus] **1** 非常に熱い. **2** 激烈な, わき返った.

praefestīnātim *adv* [↓] 大急ぎで.

praefestīnō -āre -āvī -ātum, *tr* [prae-/festino] **1** (あまりに)急ぎすぎる, あわてすぎる ⟨+*inf*; +*acc*⟩. **2** そばを急いで通過する ⟨+*acc*⟩.

praefica -ae, *f* [praeficio] 雇われ泣き女《葬列を先導する》.

praeficere *inf* ⇨ praeficio.

praeficiō -cere -fēcī -fectum, *tr* [prae-/facio] 長に任ずる, 指揮[監督]させる ⟨alqm alci rei⟩.

praefīdēns -entis, *adj* (*prp*) [prae-/fidens] 自信過剰な ⟨sibi⟩.

praefīdenter °*adv* [↑] 自信過剰に.

praefīgō -ere -fixī -fixum, *tr* [prae-/figo] **1** 前方に打ち込む; 先端に付ける. **2** 突き刺す, 貫く. **3** ふさく, 妨害する. **4** 魔法にかける.

praefigūrātiō -ōnis, °*f* [praefiguro] (寓意による)予言.

praefigūrātor -ōris, °*m* [↓] (寓意によって)予言する人.

praefigūrō -āre -āvī -ātum, °*tr* [prae-/figuro] 予示する.

praefīniō -īre -īvī [-iī] -ītum, *tr* [prae-/finio] **1** あらかじめ決定[指図]する ⟨alci alqd⟩. **2** 限界を定める.

praefīnītiō -ōnis, °*f* [↑] **1** 予定, 指示. **2** 制限を定めること.

praefīscinē, -nī *adv*, *int* [prae-/fascinum] **I** (*adv*) さしさわりなく. **II** (*int*) くわばらくわばら《災難よけのまじないの文句》.

praefixī *pf* ⇨ praefigo.

praefixus -a -um, *pp* ⇨ praefigo.

praeflōreō -ēre, *intr* [prae-/floreo] 早咲きする.

praeflōrō -āre -āvī -ātum, *tr* [prae-/flos] **1** (栄光などを)減じる. **2** 貞操を奪う.

praefluō -ere, *intr*, *tr* [prae-/fluo] 前[そば]を流れる.

praefōcābilis -is -e, °*adj* [praefoco] 息苦しくさせる, 窒息性の.

praefōcātiō -ōnis, °*f* [↓] 窒息.

praefōcō -āre -āvī -ātum, *tr* [prae-/faux] **1** 窒息させる, 気道をふさぐ. **2** 絞殺する.

praefodere *inf* ⇨ praefodio.

praefōdī *pf* ⇨ praefodio.

praefodiō -dere -fōdī -fossum, *tr* [prae-/fodio] **1** 前に堀を掘る. **2** あらかじめ掘る; あらかじめ埋める.

praefōmentō -āre, °*tr* [prae-/fomento] 前もって暖める, 温湿布する.

praefor -fārī -fātus sum, *tr dep* [prae-/for] **1** 前もって言う; 前置きして始める. **2** (祈り・誓いなどの)冒頭をとる, 先導する. **3** 呼びかける, (神々に)祈る.

praeformīdō -āre -ātum, *tr* [prae-/formido¹] 前もって恐れる.

praeformō -āre -āvī -ātum, *tr* [prae-/formo] **1** 前もって造る[準備する]. **2** あらかじめ教える.

praefortis -is -e, °*adj* [prae-/fortis] きわめて丈夫な[強い].

praefossus -a -um, *pp* ⇨ praefodio.

praefrāctē *adv* [↓] きびしく, 容赦なく.

praefrāctus -a -um, *adj (pp)* [praefringo] **1** 《修》(文体が)まとまりのない, 飛躍の多い. **2** きびしい, 苛酷な.

praefrēgī *pf* ⇨ praefringo.

praefrīgidus -a -um, *adj* [prae-/frigidus] 非常に寒冷な[冷たい].

praefringō -ere -frēgī -fractum, *tr* [prae-/frango] 先端を折る[粉砕する].

praefuī *pf* ⇨ praesum.

praefulciō -īre -fulsī -fultum, *tr* [prae-/fulcio]

支柱として立てる; 支えにする.
praefulgeō -ēre -fulsī, *intr* [prae-/fulgeo] **1** 特に明るく光り輝く. **2** 光彩を放つ, 人目を引く.
praefulgurō -āre, *intr* [prae-/fulguro] **1** ピカッと光る. **2** 照らし出す.
praefulsī *pf* ⇨ praefulcio, praefulgeo.
praefultus -a -um, *pp* ⇨ praefulcio.
praefurnium -ī, *n* [prae-/furnus] **1** 炉の燃料を入れる口. **2**（浴場の）加熱室.
praefurō -ere, *intr* [prae-/furo] 非常に憤る, 激怒する.
praegaudeō -ēre, *intr* [prae-/gaudeo]（…することを）非常に喜ぶ ⟨+*inf*⟩.
praegelidus -a -um, *adj* [prae-/gelidus] 非常に冷たい[寒い].
praegelō -āre, *tr* [prae-/gelo] 冷気で傷める.
praegenerātus -a -um, °*adj* [prae-/genero] 先に生まれた.
praegerminō -āre, *intr* [prae-/germino] 早く芽が出る.
praegerō -ere -gestum, *tr* [prae-/gero] 前へ持ってくる, 差し出す.
praegestiō -īre, *intr* [prae-/gestio²] ひどく欲する, しきりに…したがる ⟨+*inf*⟩.
praegestus -a -um, *pp* ⇨ praegero.
praegnans -antis, **-gnās** -ātis, *adj* [prae-/*gnatis (cf. gnatus, gigno)] **1** 妊娠している. **2** はれて[ふくれて]いる.
praegnātiō -ōnis, *f* [↑] **1** 妊娠. **2** 豊穣の根源, 自然の生産力.
praegracilis -is -e, *adj* [prae-/gracilis] 非常にほっそりした.
praegradō -āre, *tr* [prae-/gradus] 前を[先頭に立って]行く.
praegrandis -is -e, *adj* [prae-/grandis] **1** きわめて大きい, 巨大な. **2** 偉大な: ～ *senex* (Pers) 偉大な老人 (=Aristophanes).
praegravidus -a -um, *adj* [prae-/gravidus] 非常に重い.
praegravis -is -e, *adj* [prae-/gravis] **1** 非常に重い. **2**（耐えがたい）負担となる. **3** 面倒をかける, 厄介な.
praegravō -āre -āvī -ātum, *tr*, *intr* [prae-/gravo] **1**（重さで）圧迫する. **2** 負担に思わせる, 当惑させる. **3** まさる, 優位を占める.
praegredī *inf* ⇨ praegredior.
praegredior -dī -gressus sum, *intr*, *tr dep* [prae-/gradior] **1** 前を行く. **2** 先行する; まさる ⟨+*acc*⟩. **3** そばを通過する ⟨+*acc*⟩.
praegressiō -ōnis, *f* [↑] **1** 前進, 進行. **2** 先行.
praegressus¹ -a -um, *pp* ⇨ praegredior.
praegressus² -ūs, *m* 先行, 先に起こったできごと.
praegustātor -ōris, *m* [↓] 味見[毒味]役の奴隷.
praegustō -āre -āvī -ātum, *tr* [prae-/gusto] **1** 前もって[人より先に]味わう, 試食[毒味]する. **2** あらかじめ解毒剤をのむ.
praegypsō -āre, °*tr* [prae-/gypso] 石膏を一面に塗る.
praehibeō -ēre -buī -bitum, *tr* [prae-/habeo] 差し出す, 提供する, 与える.
praehibitus -a -um, *pp* ⇨ praehibeo.
praehibuī *pf* ⇨ praehibeo.
praehonōrābilis -is -e, *adj* [prae-/honorabilis] 非常に名誉ある, 大いに尊敬すべき.
praehonōrō -āre, °*tr* [prae-/honoro] 何にもまして尊敬する.
praeiciō -icere, *tr* =praejacio.
praeiens -euntis, *prp* ⇨ praeeo.
praeiī *pf* =praeivi (⇨ praeeo).
praeīre *inf* ⇨ praeeo.
praeīvī *pf* ⇨ praeeo.
praejaceō -ēre -jacuī, *intr* [prae-/jaceo] 前に横たわっている[ある] ⟨alci rei; alqd⟩.
praejaciō -cere -jēcī -jectum, *tr* [prae-/jacio] 前へ投げる, 投げかける.
praejactō -āre -āvī, °*tr freq* [prae-/jacto] 生意気に言い触らす.
praejectīvus -a -um, °*adj* [praejacio] 前に置かれうる.
praejūdicātiō -ōnis, °*f* [praejudico] 予断, 先入観.
praejūdicātum -ī, *n* [↓] **1** 前もって決定されたこと. **2** 先入観, 偏見.
praejūdicātus -a -um, *adj* (*pp*) [praejudico] 前もって決定された, 予決の: *opinio praejudicata* (Cic) 先入観, 偏見.
praejūdiciālis -is -e, *adj* [praejudico]『法』予審の.
praejūdicium -ī, *n* [prae-/judicium] **1**『法』予審. **2** 先行判決, 判例; 先例. **3** 予断, 先入観.
praejūdicō -āre -āvī -ātum, *tr*, *intr* [prae-/judico] **1** 予断裁決を下す. **2** 前もって判断を下す, 予断する, 先入観をいだく. **3** 不利である, 害をなす ⟨+*dat*⟩.
praejūrātiō -onis, *f* [prae-/juratio] 宣誓を先導すること.
praelābor -ī -lapsus sum, *intr*, *tr dep* [prae-/labor¹] **1** 前へ[先に]すべる[流れる, 進む]. **2** すべって[流れて]通る ⟨+*acc*⟩.
praelambō -ere, *tr* [prae-/lambo] **1** 前もってなめる[味見する]. **2** °（波が岸などを）洗う.
praelapsus -a -um, *pp* ⇨ praelabor.
praelargus -a -um, *adj* [prae-/largus] 非常に豊かな[たっぷりした] ⟨alcis rei⟩.
praelassātus -a -um, *adj* [prae-/lasso] 以前に[すでに]疲れた.
praelātiō -ōnis, *f* [praefero] 優先(すること).
praelātīvus -a -um, °*adj* [praelatus¹]『文』上位の.
praelātūra -ae, °*f* [praelatus²]『カト』高位聖職(位).
praelātus¹ -a -um, °*adj* (*pp*) [praefero] より好ましい, よりまさった.
praelātus² -ī, °*m* **1** 前へ運ぶこと. **2** 上位者, 長. **3**『カト』高位聖職者.
praelautus -a -um, *adj* [prae-/lautus] きわめて

豪華な[ぜいたくな].

praelavō -ere, *tr* [prae-/lavo] あらかじめ洗う, すすぐ.

praelectiō -ōnis, *f* [praelego²] (解説付きの)朗読, 講義.

praelector -ōris, *m* [praelego²] (解説付きの)朗読する人, 講師.

praelectus -a -um, *pp* ⇨ praelego².

praelēgātiō -ōnis, *f* [praelego¹] 分配前における遺産の優先的遺贈.

praelēgī *pf* ⇨ praelego².

praelēgō¹ -āre -āvī -ātum, *tr* [prae-/lego¹] 遺産を分配前に優先的に遺贈する.

praelegō² -ere -lēgī -lectum, *tr* [prae-/lego²] **1** (講義のために)朗読する. **2** 選び出す, 選択する. **3** 沿岸を)航海する ⟨alqd⟩.

praelīber -era -erum, °*adj* [prae-/liber²] きわめて自由な.

praelibō -āre, *tr* [prae-/libo] **1** 前もって味わう. **2** 吟味する. **3**° 簡潔に述べる, 軽く触れる.

praeligāmen -minis, °*n* [↓] お守り, 護符.

praeligō -āre -āvī -ātum, *tr* [prae-/ligo¹] **1** 上に結ぶ; まわりを縛る. **2** 包む, おおう: *praeligatum pectus* (PLAUT) 閉ざされた(＝情に動かされない)心.

praelocūtiō -ōnis, *f* [praeloquor] **1** 前もって言うこと. **2** 序言, 緒言.

praelocūtus -a -um, *pp* ⇨ praeloquor.

praelongō -āre -āvī -ātum, *tr* [↓] 非常に長くする.

praelongus -a -um, *adj* [prae-/longus] **1** 非常に長い. **2** 非常に長身の.

praeloquium -ī, °*n* [↓] 前置き, 序論.

praeloquor -loquī -locūtus sum, *intr*, *tr dep* [prae-/loquor] **1** (人より)先に言う. **2** 序言を述べる. **3** 序言として述べる ⟨alqd⟩.

praelūceō -ēre -luxī, *intr*, *tr* [prae-/luceo] **1** きわめて明るく輝く. **2** (輝きで)まさる, ひいでる ⟨+*dat*⟩. **3** 前方を照らす ⟨+*acc*⟩.

praelūcidus -a -um, *adj* [prae-/lucidus] 非常に明るい.

praelūdium -ī, °*n* [↓] 前奏曲.

praelūdō -ere -lūsī -lūsum, *intr*, *tr* [prae-/ludo] **1** 序幕を演ずる, 前奏する. **2** 序[前置き]を付ける. **3** 予行[試行]をする.

praelum -ī, *n* ＝prelum.

praelumbō -āre, *tr* [prae-/lumbus] 腰のまわりを打ちのめす.

praelūsī *pf* ⇨ praeludo.

praelūsiō -ōnis, *f* [praeludo] 序幕, 序奏.

praelūsōrius -a -um, °*adj* [praeludo] 序幕[序奏]の.

praelustris -is -e, *adj* [prae-/lustro¹] 非常に輝かしい.

praelūsus -a -um, *pp* ⇨ praeludo.

praeluxī *pf* ⇨ praeluceo.

praemandāta -ōrum, *n pl* (*pp*) [↓] 【法】逮捕令状.

praemandō¹ -āre -āvī -ātum, *tr* [prae-/mando¹] **1** あらかじめ命ずる[求める]. **2** 前もって推薦[紹介]する.

praemandō² -ere, *tr* [prae-/mando²] **1** 前もってかむ. **2** 明確に説明する.

praemātūrē *adv* [↓] あまりに早く, 時ならず.

praemātūrus -a -um, *adj* [prae-/maturus] あまりに早い, 時期尚早の.

praemedicātus -a -um, *pp* [prae-/medico] あらかじめ呪文[薬]によって守られた.

praemeditātē *adv* [praemeditor] あらかじめ考慮して.

praemeditātiō -ōnis, *f* [praemeditor] 前もって考慮しておくこと, 予測.

praemeditātōrium -ī, °*n* [↓] 準備する場所.

praemeditor -ārī -ātus sum, *tr dep* [prae-/meditor] **1** 前もって考慮する. **2** のどの調子を整える ⟨*abs*⟩.

praememor -oris, °*adj* [prae-/memor] よく覚えている ⟨+*gen*⟩.

praememorātus -a -um, °*adj* [prae-/memoro] 前述[上述]の.

praemensus -a -um, *adj* [prae-/metior] 前もって測量された.

praemercor -ārī -ātus sum, *tr dep* [prae-/mercor] 前もって[先んじて]買う.

praemetium -ī, *n* [↓] (Ceres に捧げる)初穂, 初物.

praemetō -ere, *tr* [prae-/meto²] **1** 初穂を収穫する. **2** 短く切る.

praemetuō -ere, *tr*, *intr* [prae-/metuo] **1** 前もって恐れる. **2** 気づかう ⟨+*dat*⟩.

praemicō -āre, *intr* [prae-/mico] 明るく輝く.

praemigrō -āre, *intr* [prae-/migro] あらかじめ退去する.

praemineō -ēre, *intr*, *tr* [prae-/cf. emineo] **1** 突き出ている. **2** まさる, 優位を占める ⟨+*dat* [*acc*]⟩.

praeminister -trī, °*m* [↓] しもべ, 侍者.

praeministra -ae, *f* しもべ, 侍者(女性).

praeministrō -āre, *intr*, *tr* [prae-/ministro] **1** 仕える, 世話をする ⟨alci⟩. **2** 与える, 提供する.

praeminor -ārī -ātus sum, *tr dep* [prae-/minor¹] (あらかじめ)おびやかす, 脅迫する.

praemior -ārī, *intr dep* [praemium] 報酬を要求する.

praemiōsus -a -um, *adj* [praemium] もうけの多い, 利益になる.

praemīsī *pf* ⇨ praemitto.

praemissiō -ōnis, °*f* [praemitto] **1** 前に置くこと. **2** 序言, 序説.

praemissus -a -um, *pp* ⇨ praemitto.

praemītis -is -e, °*adj* [prae-/mitis] とても温和な.

praemittō -ere -mīsī -missum, *tr* [prae-/mitto] **1** 先に送る, 先遣する. **2** 前置きとして言う.

praemium -ī, *n* [prae-/emo] **1** 戦利品, 獲物. **2** 報酬, 償い. **3** 利点, 恩恵.

praemodum *adv* [prae-/modus] あまりに, 過度に.

praemolestia -ae, *f* [prae-/molestia] 事前の心配[不安], 懸念.

praemōlior -īrī, *tr dep* [prae-/molior] 前もって用意する.

praemolliō -īre -īvī -ītum, *tr* [prae-/mollio] あらかじめ柔らかくする.

praemollis -is -e, *adj* [prae-/mollis] **1** 非常に柔らかい. **2** (文体が)過度にだけれた[締まりのない].

praemoneō -ēre -monuī -monitum, *tr* [prae-/moneo] **1** 前もって気づかせる[警告する] ⟨alqd; ut, ne⟩. **2** 予言する ⟨alqd; +acc c. inf⟩.

praemonitiō -ōnis, °*f* [↑] 前もっての警告, 予告.

praemonitor -ōris, *m* [praemoneo] 前もって警告する人.

praemonitōrius -a -um, °*adj* [↑] 前もって警告する.

praemonitum -ī, *n* [↓] 前もっての警告.

praemonitus[1] -a -um, *pp* ⇨ praemoneo.

praemonitus[2] -ūs, *m* 前もっての警告.

praemonstrātiō -ōnis, °*f* [praemonstro] あらかじめ示すこと, 予示.

praemonstrātor -ōris, *m* [↓] 案内人.

praemonstrō -āre -āvī -ātum, *tr* [prae-/monstro] **1** 予示する, あらかじめ指示する. **2** 予言する.

praemonuī *pf* ⇨ praemoneo.

praemordeō -ēre, *tr* [prae-/mordeo] **1** 先端をかみ切る. **2** くすねる.

praemorī *inf* ⇨ praemorior.

praemorior -ī -mortuus sum, *intr dep* [prae-/morior] **1** 早死にする. **2** 先に機能しなくなる.

praemortuus -a -um, *adj* (*pp*) [↑] **1** 早死にした. **2** 失せた.

praemūniō -īre -īvī -ītum, *tr* [prae-/munio] **1** あらかじめ堡塁を築く. **2** あらかじめ備える[補強する].

praemūnītiō -ōnis, *f* [↑] **1**° あらかじめ防備を固めること. **2** 〖修〗相手側の駁論を先取りして自説の守りを固めること.

praenarrō -āre -āvī -ātum, *tr* [prae-/narro] あらかじめ説明する.

praenatō -āre -āvī -ātum, *intr*, *tr* [prae-/nato] **1** 前を泳ぐ. **2** そばを流れる ⟨alqd⟩.

praenāvigō -āre -āvī -ātum, *intr*, *tr* [prae-/navigo] 航行して通過する.

Praeneste -is, *n* (*f*) プラエネステ 《Latium の町; 現 Palestrina》.

Praenestīnus -a -um, *adj* Praeneste の.

praeniteō -ēre -nituī, *intr* [prae-/niteo] **1** 非常に明るく輝く. **2** 輝きにおいてまさる ⟨+dat⟩.

praenōbilis -is -e, *adj* [prae-/nobilis] 非常に有名な.

praenōmen -minis, *n* [prae-/nomen] **1** (ローマ人の)個人名 ⟨M. Tullius Cicero の Marcus のように, 通例, 氏族名の前に置かれる⟩. **2** (皇帝の)称号.

praenōminō -āre -āvī -ātum, *tr* [↑] praenomen を付ける; 名づける.

praenoscentia -ae, °*f* [↓] 予知, 先見.

praenoscō -ere -nōvī -nōtum, *tr* [prae-/nosco] 前もって知る.

praenosse *inf pf* =praenovisse (⇨ praenosco).

praenotātus -a -um, *pp* ⇨ praenoto.

praenōtiō -ōnis, *f* [praenosco] 先入観.

praenotō -āre -āvī -ātum, *tr* [prae-/noto] **1** 印を押す. **2**° 題をつける. **3**° 予告する. **4** 書き留める.

praenūbilus -a -um, *adj* [prae-/nubilus] 非常に暗い.

praenuntia -ae, *f* [praenuntius²] 先触れ, 予言する者《女性》.

praenuntiātiō -ōnis, °*f* [praenuntio] 予言.

praenuntiātor -ōris, °*m* [praenuntio] 予言者.

praenuntiātrix -īcis, °*f* [↑] 予言する者《女性》.

praenuntiō -āre -āvī -ātum, *tr* [prae-/nuntio] 予告する; 予言する.

praenuntius[1] -a -um, *adj* [↑] 予告する.

praenuntius[2] -ī, *m* 先触れ, 予告する者.

praeobtūrō -āre, *tr* [prae-/obturo] 前をふさぐ.

praeoccidō -ere, *intr* [prae-/occido¹] (星が)先に沈む.

praeoccupātiō -ōnis, *f* [praeoccupo] **1** 先取りすること. **2**° 〖修〗予弁法 (=prolepsis). **3**° 〖病〗腸閉塞.

praeoccupātus -a -um, *pp* ⇨ praeoccupo.

praeoccupō -āre -āvī -ātum, *tr* [prae-/occupo] **1** 先取りする, 先に占める. **2** 出し抜く, 機先を制する. **3** 先んじて…する, 急ぐ ⟨+inf⟩.

praeoccursiō -ōnis, °*f* [prae-/occurro] 〖修〗命題の順序を逆にすること.

praeoleō -ēre, **-olō** -ere, *intr* [prae-/oleo] 前方で香りを放つ; 匂ってくる.

praeoptō -āre -āvī -ātum, *tr* [prae-/opto] むしろ…を好む[選ぶ], 優先する ⟨alqd alci rei; +inf⟩.

praeordinō -āre, °*tr* [prae-/ordino] 前もって定める.

praeostendī *pf* ⇨ praeostendo.

praeostendō -ere -ostendī -ostensum, °*tr* [prae-/ostendo] 前もって示す, 予示する.

praeostensus -a -um, *pp* ⇨ praeostendo.

praepandō -ere, *tr* [prae-/pando²] **1** 前へ広げる[伸ばす]. **2** 知らせる, 告げる.

praeparātiō -ōnis, *f* [praeparo] **1** 用意, 準備. **2** 〖修〗(聞き手にこれから言おうとすることへの)心構えをさせること.

praeparātō *adv* (*abl*) [praeparatus¹] 用意[準備]してから, 手はずを整えたうえで.

praeparātor -ōris, °*m* [praeparo] 準備する者.

praeparātōrius -a -um, *adj* [praeparo] 予備の.

praeparātum -ī, *n* [↓] 用意, 準備: *ex praeparato* (LIV) =praeparato.

praeparātus[1] -a -um, *pp* ⇨ praeparo.

praeparātus[2] -ūs, *m* 準備, 支度, 用意.

praeparcus -a -um, *adj* [prae-/parcus] 非常に節約する[つましい].

praeparō -āre -āvī -ātum, *tr* [prae-/paro²] (前もって)用意[準備, 計画]する.

praeparvus -a -um, °*adj* [prae-/parvus¹] 非常に小さい.

praepedīmentum -ī, *n* [↓] 妨げ, 妨害, 障害.

praepediō -īre -īvī [-iī] -ītum, *tr* [prae-/pes] 1 端をつなぐ[縛る]. 2 妨げる, 妨害する, じゃまする.

praepedītus -a -um, *pp* ⇒ praepedio.

praependeō -ēre -pendī, *intr* [prae-/pendeo] 前に掛かっている[ぶらさがっている].

praependī *pf* ⇒ praependeo.

praepes[1] -etis, *adj* [prae/peto] 1 (吉兆の方向に)飛ぶ; 速く飛ぶ. 2 縁起のよい. 3 翼のある.

praepes[2] -etis, *m* 1 (吉兆の方向に飛ぶ)鳥. 2 (一般に)鳥: *Jovis* ～ (Ov) ワシ(鷲). 3 空を飛ぶ者: *Medusaeus* ～ (Ov) = Pegasus.

praepilātus -a -um, *adj* [prae-/pila³] (投げ槍が)先端に球形のもの(たんぽ)の付いた.

praepinguis -is -e, *adj* [prae-/pinguis] 1 非常に太った. 2 きわめて肥沃な.

praepolleō -ēre -polluī, *intr* [prae-/polleo] きわめて強力である, 力がまさっている.

praeponderātiō -ōnis, °*f* [↓] より重いこと.

praeponderō -āre -āvī -ātum, *intr, tr* [prae-/pondus] 1 目方がより重い, (重さで)まさる. 2 (...の方に)傾く.

praepōnō -ere -posuī -positum, *tr* [prae-/pono] 1 前に置く <alqd alci rei>. 2 長にする, 指揮させる <alqm alci rei>. 3 優先する, より高く評価する <alqm alci; alqd alci rei>.

praeportō -āre -āvī -ātum, *tr* [prae-/porto] 前に運ぶ.

praeposita -ōrum, *n pl* (*pp*) [praepono] (ストア哲学で)望ましいもの《財産・美しさなど》.

praepositiō -ōnis, *f* [praepono] 1° 前に置くこと. 2 優先. 3 長[指揮官]に任ずること. 4 【文】前置詞; 接頭辞.

praepositivus -a -um, °*adj* [praepono] 【文】前置(詞)の.

praepositūra -ae, °*f* [praepono] 1 長[監督・指揮官]の職. 2 〔カト〕司教座聖堂首席司祭[修院長代理]の職.

praepositus[1] -a -um, *pp* ⇒ praepono.

praepositus[2] -ī, *m* 指揮官, 隊長, 長官.

praeposterē *adv* [praeposterus] 左右を取り違えて; 順序を逆にして.

praeposterō -āre -āvī -ātum, *tr* [↓] 順序を逆にする, 前後を転倒する.

praeposterus -a -um, *adj* [prae-/posterus] 1 前後転倒した, あべこべの. 2 時ならぬ, 時機を誤った. 3 めちゃくちゃな, 途方もない.

praeposuī *pf* ⇒ praepono.

praepotens -entis, *adj* (*prp*) [prae-/potens] 1 非常に勢力のある[有力な]. 2 支配している <+*gen*>.

praepotentia -ae, *f* [↑] 絶大な権力.

praeproperanter *adv* [prae-/properanter] 非常な速さで.

praeproperē *adv* [↓] 大急ぎで; あわてふためいて.

praeproperus -a -um, *adj* [prae-/properus] 1 非常に急いだ. 2 早まった, 早計[軽率]な.

praepulcher -chra -chrum, °*adj* [prae-/pulcher] 非常に美しい.

praepūtiātiō -ōnis, °*f* [↓] 割礼を受けていないこと, 無割礼.

praepūtiō -āre, °*tr* [↓] (割礼を施さずに)包皮を引き寄せる.

praepūtium -ī, *n* 1 包皮. 2° 割礼を受けていないこと.

praequam, prae quam *adv* 1 ...と比較して. 2 ...より以上に.

praequerī *inf* ⇒ praequeror.

praequeror -querī -questus sum, *tr dep* [prae-/queror] 先に嘆く.

praequestus -a -um, *pp* ⇒ praequeror.

praeradiō -āre -āvī -ātum, *intr, tr* [prae-/radio] 1 光る, 輝く. 2 ...より輝く <+*acc*>.

praerancidus -a -um, *adj* [prae-/rancidus] ひどく腐った; かび臭い.

praerapidus -a -um, *adj* [prae-/rapidus] 非常に動きの速い.

praereptor -ōris, °*m* [praeripio] 他に先んじて取る人.

praereptus -a -um, *pp* ⇒ praeripio.

praerigēscō -ere -riguī, *intr* [prae-/rigesco] 先端が凍える.

praerigidus -a -um, *adj* [prae-/rigidus] 非常に硬直した.

praeriguī *pf* ⇒ praerigesco.

praeripere *inf* ⇒ praeripio.

praerīpia -ōrum, *n pl* [prae-/ripa] 川岸沿いの浅瀬.

praeripiō -pere -ripuī -reptum, *tr* [prae-/rapio] 1 先に取る[奪う]. 2 (時期より早く)奪い去る. 3 先んずる, 出し抜く.

praeripuī *pf* ⇒praeripio.

praerōdō -ere -rōsī -rōsum, *tr* [prae-/rodo] 先端をかじる[かみ切る, 食いちぎる].

praerogātiō -ōnis, *f* [prae-/rogo] 1 先行する票決[評決]. 2° あらかじめ分配すること.

praerogātīva -ae, *f* [↓] 1 (ケントゥリア民会で)最初に投票することにくじで決まった百人組. 2 最初に投票された百人組の票決. 3 先行する決定. 4 前兆, きざし. 5° 特権.

praerogātīvus -a -um, *adj* [prae-/rogo] 最初に投票する.

praerogātor -ōris, °*m* [↓] 分配者, 配布者.

praerogō -āre -āvī -ātum, °*tr* [prae-/rogo] 1 前もって要求する. 2 前払いする.

praerōsī *pf* ⇒ praerodo.

praerōsus -a -um, *pp* ⇒ praerodo.

praerumpō -ere -rūpī -ruptum, *tr* [prae-/rumpo] もぎ取る, 絶ち切る.

praerūpī *pf* ⇒ praerumpo.

praeruptiō -ōnis, °*f* [praerumpo] 地面の切り立った割れ目.

praeruptum -ī, *n* [↓] 1 急傾斜の場所, 絶壁. 2 困難[危険]な企て, 冒険.

praeruptus -a -um, *adj* (*pp*) [praerumpo] 1 険しい, 切り立った. 2 (発言が)途切れ途切れの. 3 差し迫った, 危機的な. 4 むこうみずの, 性急な. 5 苛酷な.

praes praedis, *m* [prae-/vas¹] 1 保証人. 2 保証物件, 担保.

praesaepe -is, *n*, **-ēs** -is, *f*, **-ium** -ī, *n* [prae/saepes] 1 馬屋, 牛舎; 家畜の囲い. 2 かいば[まぐさ]桶. 3 ねぐら, 巣.

praesaepiō -īre -saepsī -saeptum, *tr* [prae-/saepio] 前方に柵をめぐらす, 前を柵でさえぎる.

praesaepsī *pf* ⇨ praesaepio.

praesaeptus -a -um, *pp* ⇨ praesaepio.

praesāgātus -a -um, *pp* ⇨ praesago.

praesāgax -ācis, °*adj* =praesagus.

praesāgiō -īre -īvī -ītum, *tr* [praesagus] 1 予感する. 2 予告する, 予言する.

praesāgītiō -ōnis, *f* [↑] 予感, 予知能力.

praesāgium -ī, *n* [praesagio] 1 予感. 2 予言, 予兆.

praesāgō -āre -āvī -ātum, *tr* [↓] 1 予感する. 2 予言する.

praesāgus -a -um, *adj* [prae-/sagus²] 1 予感する. 2 予言する, 前兆の.

praesānescō -escere -uī, *intr inch* [↓] すみやかに治る.

praesānō -āre -āvī -ātum, *tr* [prae-/sano] 時期よりも早く治す.

praescateō -ēre, *intr* [prae-/scateo] 満ちあふれている.

praescientia -ae, °*f* [↓] 予知, 予見.

praesciō -īre -īvī [-iī] -ītum, *tr* [prae-/scio] 前もって知る.

praesciscō -ere -scīvī, *tr inch* [↑] 前もって知る(ようになる).

praescītiō -ōnis, °*f* [praescio] 予知, 予測.

praescītum -ī, *n* [↓] 前もって知られたこと, 予知, 予測.

praescītus -a -um, *pp* ⇨ praescio.

praescius -a -um, *adj* [prae-/scio] 予知する, 先見の明のある ⟨alcis rei⟩.

praescīvī *pf* ⇨ praescio, praescisco.

praescrībō -ere -scrīpsī -scrīptum, *tr* [prae-/scribo¹] 1 冒頭に書く[記す]. 2 概略を述べる. 3 指示[教示]する, 命ずる ⟨+acc; ut, ne; +inf⟩. 4 口実にする. 5 ⟨法⟩ 抗弁を提起する.

praescrīpsī *pf* ⇨ praescribo.

praescrīptiō -ōnis, *f* [praescribo] 1 前置き, 前文; 表題. 2 指図, 命令. 3 口実. 4 ⟨法⟩ 抗弁.

praescrīptō -āre, °*tr freq* [praescribo] (いつでも)指図する.

praescrīptum -ī, *n* [↓] 1 境界線; 道(筋). 2 (子供がなぞって字を覚えるための)手本. 3 指図, 規定.

praescrīptus -a -um, *pp* ⇨ praescribo.

praesecō -āre -secuī -sectum [-secātum], *tr* [prae-/seco] 前を切り取る[切る]: *ad praesectum unguen* (Hor) 切り整えた爪先まで(=細部にいたるまで).

praesectus -a -um, *pp* ⇨ praeseco.

praesecuī *pf* ⇨ praeseco.

praesēdī *pf* ⇨ praesideo.

praesegmen -minis, *n* [praeseco] 切りくず, 切れ端.

praesēminātiō -ōnis, *f* [prae-/semino] 胎児.

praesens -entis, *adj* (*prp*) [praesum] 1 (今ここに)いる, ある: *quo praesente* (Cic) その人の面前で. 2 現在の, 今の; 現今の, 近時の: *praesenti tempore* (Ov) 今この時点で / *in ~ tempus* (Cic) 目下, さしあたり. 3 即刻の, 即時の: *~ pecunia* 現金. 4 速効性の, 効果的な; 力ある: *O diva ~ imo tollere de gradu* (Hor) (人間を)きわめて低いところから高める力ある女神よ. 5 断固たる, 決然とした. 6 (神が人間に)好意的な, 慈悲深い. 7 ⟨文⟩ 現在時称の.

praesensī *pf* ⇨ praesentio.

praesensiō -ōnis, *f* [praesentio] 1 予感, 予知. 2 先入観.

praesensus -a -um, *pp* ⇨ praesentio.

praesentālis -is -e, °*adj* [praesens] (本人自身がその場に)居合わせている.

praesentāneē °*adv* [↓] 直ちに, 即刻.

praesentāneus -a -um, *adj* [praesens] 1 即刻の. 2 速効性の.

praesentārius -a -um, *adj* [praesens] 1 現金払いの. 2 速効性の.

praesentātiō -ōnis, °*f* [praesento] 提示, 表示.

praesentia¹ -ae, *f* [praesens] 1 前にいる[ある]こと, (その場に)居合わせること; 出現: *~ animi* (Caes) 沈着, 勇気. 2 効果, 効き目.

praesentia² -ium, *n pl* 現況, 現状.

praesentiāliter *adv* [praesentia¹] 自身で, みずから.

praesentiō -īre -sensī -sensum, *tr* [prae-/sentio] 予感[予知]する.

praesentō -āre -āvī -ātum, *tr* [praesens] 1 差し出す, 提出する. 2 見せる, 示す.

praesēp- ⇨ praesaep-.

praesertim *adv* [prae-/sero¹] 特に, とりわけ.

praeserviō -īre, *intr* [prae-/servio] 奴隷として仕える ⟨alci⟩.

praeses¹ -sidis, *adj* [praesideo] 保護している.

praeses² -sidis, *m* (*f*) 1 保護者, 守護者. 2 長官, 頭領.

praesessus -a -um, *pp* ⇨ praesideo.

praesidātus -ūs, °*m* [praeses] 属州総督の職[地位].

praesidens -entis, *m* (*prp*) [↓] 属州総督, 統治者.

praesideō -ēre -sēdī -sessum, *intr*, *tr* [prae-/sedeo] 1 前にすわる. 2 監視[監督]する ⟨+dat [acc]⟩. 3 保護する, 防衛する. 4 指揮する, 統治する ⟨+dat [acc]⟩.

praesid(i)ālis -is -e, °*adj* [praeses] 属州総督の.

praesidiārius -a -um, *adj* [↓] 1 防備(のため)の. 2 予備の. 3° 属州総督の.

praesidium -ī, *n* [praeses] 1 保護, 防衛. 2 護衛(隊), 守備隊. 3 要塞, とりで: *in praesidiis esse* (Cic) 陣地にいる, 部署についている. 4 助け, 助力, 援助.

praesignātor -ōris, *m* [praesigno] ⟨碑⟩ あらかじめ印判を押捺する人.

praesignificātiō -ōnis, °*f* [↓] 1 あらかじめ示すこと. 2 寓喩.

praesignificō -āre -āvī -ātum, *tr* [prae-/signi-

fico〕前もって示す,予告する.
praesignis -is -e, *adj* [prae-/signum] 他より秀でた,卓越した.
praesignō -āre -āvī -ātum, *tr* [prae-/signo] **1** 前もって示す. **2** あらかじめ封印する.
praesonō -āre -sonuī, *intr, tr* [prae-/sono] **1** 先に鳴る[響く]〈alci〉. **2** よりよく響く〈+acc〉.
praesonuī *pf* ⇨ praesono.
praespargō -ere, *tr* [prae-/spargo] 前方へまき散らす.
praestābilis -is -e, *adj* [praesto²] **1** 卓越した,抜群の. **2** (*comp* で) ましな,より有利な.
praestans -antis, *adj* (*prp*) [praesto²] 卓越した,すぐれた,注目すべき.
praestanter *adv* [↑] 卓越して,抜群に.
praestantia -ae, *f* [praestans] 卓越,抜群,優秀.
praestātiō -ōnis, *f* [praesto²] **1** 保証. **2** 支払い.
praestātor -ōris, *m* [praesto²] 保証人.
praestātūrus -a -um, *fut p* ⇨ praesto².
praestātus -a -um, *pp* ⇨ praesto².
praesternō -ere, *tr* [prae-/sterno] **1** 前方へまく. **2** 地ならし[下準備]をする.
praestes -stitis, *m, f* [praesto²] 保護者; 守護神.
praestigia, -strigia -ae, *f* [praestringo] (通例 *pl*) **1** 詐欺, ぺてん. **2** 幻影, 幻覚.
praestīgiātor -ōris, *m* [↑] **1** 詐欺師. **2** 手品師.
praestīgiātrīx -īcis, *f* [↑] **1** 詐欺師《女性》. **2** 手品師《女性》.
praestigiōsus -a -um, *adj* [praestigia] 人を欺く, 欺瞞に満ちた.
praestigium -ī, *n* [praestringo] 詐欺, ぺてん.
praestinō -āre -āvī -ātum, *tr* [prae-/*cf.* sto] (前もって)値を付ける, 買う.
praestitī *pf* ⇨ praesto².
praestitor -ōris, *m* [praesto²] 与える者.
praestituī *pf* ⇨ praestituo.
praestituō -ere -stituī -stitūtum, *tr* [prae-/statuo] **1** 前もって定める[指定する]. **2** 委託[委任]する〈alci alqd; +間接疑問〉.
praestitus -a -um, *pp* =praestatus (⇨ praesto²).
praestō¹ *adv* [prae] **1** 手近に, 用意されて〈alci; ad alqd〉. **2** 役立って, 有益に〈+dat〉.
praestō² -āre -stitī -stātum [-stitum], *intr, tr* [prae-/sto] **I** (*intr*) **1** 前に立つ; 際立っている, ずばぬけている. **2** まさる, しのぐ〈+dat〉. **3** (*impers*) ... のほうがよい[望ましい]〈+inf〉: *mori praestat quam haec pati* (Cɪᴄ) こういう目にあうよりは死んだほうがましだ. **II** (*tr*) **1** まさる, 勝つ. **2** 保証する, 責任を負う. **3** 示す, 明らかにする, 証明する: *se invictum praestare* (Ov) 自らがくじけていないことを示す. **4** 果たす, 実行する: *fidem praestare* (Cɪᴄ) 約束を守る. **5** 供給する, 授ける, 与える. **6** (結果などを) 招来する, ひき起こす. **7** (ある状態に) 保つ.
praestōlātiō -ōnis, °*f* [praestolor] 期待, 望み.
praestōlō -āre -āvī -ātum, *intr, tr* =praestolor.
praestōlor -ārī -ātus sum, *intr, tr dep* [*cf.* praesto¹] 待ち, 期待する〈+dat [acc]〉.
praestrictus -a -um, *pp* ⇨ praestringo.
praestrīgia -ae, *f* =praestigia.
praestringō -ere -strīnxī -strictum, *tr* [prae-/stringo] **1** (ひもで) くくる, 締めつける. **2** 軽く触れる, かすめる. **3** 鈍くする. **4** 盲目にする.
praestrīnxī *pf* ⇨ praestringo.
praestructiō -ōnis, °*f* [praestruo] 土台固め, 準備.
praestructus -a -um, *pp* ⇨ praestruo.
praestruō -ere -strūxī -structum, *tr* [prae-/struo] **1** 前方に構築する. **2** ふさぐ, 妨げる. **3** 準備する; 前もって工夫する[たくらむ].
praestrūxī *pf* ⇨ praestruo.
praestupidus -a -um, °*adj* [prae-/stupidus] 非常に愚かな.
praesuī *pf* ⇨ praesuo.
praesul -sulis, *m, f* [prae-/salio¹] **1** (宗教的行列などの) 先頭に立つ踊り手. **2°** 主宰者, 管理者. **3°** 《ｶﾄ》司教.
praesulātus -ūs, °*m* [↑] 監督者の地位.
praesultātor -ōris, *m* [↓] =praesul 1.
praesultō -āre, *tr* [prae-/salto] 前で踊る[跳ぶ].
praesultor -ōris, *m* [prae-/salio¹] =praesultator.
praesum -esse -fuī, *intr* [prae-/sum] **1** 管理する, 統轄する〈+dat〉. **2** 先頭に立つ, 先導する.
praesūmō -ere -sūmpsī -sūmptum, *tr* [prae-/sumo] **1** 前もって取る, 先取する. **2** 先行する, 先んずる. **3** 推測する, 予期する. **4°** 企てる, あえてする.
praesūmptiō -ōnis, *f* [↑] **1** 期待, 予感. **2** 推測, 予想. **3** 《修》予弁法. **4** 頑固, 強情. **5°** 大胆, 無遠慮.
praesūmptiōsus -a -um, °*adj* [↑] あつかましい, ずうずうしい.
praesūmptīvē °*adv* [↓] あつかましく, 無遠慮に.
praesūmptīvus -a -um, °*adj* [praesumo] **1** 先取りの. **2** 自分勝手な.
praesūmptor -ōris, °*m* [praesumo] **1** 横領者. **2** 自分勝手な人.
praesūmptus -a -um, *pp* ⇨ praesumo.
praesuō -ere -suī -sūtum, *tr* [prae-/suo] (先端を) 包む, おおう.
praesūtus -a -um, *pp* ⇨ praesuo.
praetectus -a -um, *pp* ⇨ praetego.
praetegō -ere -texī -tectum, *tr* [prae-/tego] おおう, 隠す.
praetemptō -āre -āvī -ātum, *tr* [prae-/tempto] **1** 前もって試す. **2** 手さぐりする.
praetendī *pf* ⇨ praetendo.
praetendō -ere -tendī -tentum, *tr* [prae-/tendo] **1** 前に伸ばす[差し出す]. **2** 前に広げる[張る, 置く]. **3** (*pass, refl*) 前に広がる, 達する. **4** 口実にする, ふりをする〈alqd alci rei〉. **5°** 主張する.
praetentō -āre, *tr freq* [↑] 口実にする.
praetentūra -ae, °*f* [praetendo] 辺境守備隊.
praetentus -a -um, *pp* ⇨ praetendo.
praetepēscō -ere -tepuī, *intr* [prae-/tepesco]

praetepuī *pf* ⇨ praetepesco.
praeter[1] *adv* [prae; *cf.* inter] **1** そばを通って、通過して. **2** さらに、そのうえ. **3** …を除いて、…のほかに(=praeterquam).
praeter[2] *prep* ⟨+*acc*⟩ **1** …のそばを通って、…を通過して. **2** …を越えて、…に反ślit逆らって): ~ *modum* (Cic) 並はずれて / ~ *opinionem* (Cic) 予想に反して. **3** …以上に. **4** …を除いて、…のほかに: *hoc nemini* ~ *me videtur* (Cic) 私以外の誰もそう考えていない. **5** …に加えて.
praeter- *pref* [↑] 意味は praeter を参照.
praeteractus -a -um, *pp* ⇨ praeterago.
praeteragō -ere -actum, *tr* [praeter-/ago] (動物を)駆りたててそばを通過する.
praeterbītō -ere, *intr*, *tr* [praeter-/bito] そばを通り過ぎる.
praeterdūcō -ere, *tr* [praeter-/duco] 導く、連れて行く.
praetereā *adv* [praeter-/ea (is の *f sg abl*)] **1** さらに、そのうえ、加えて. **2** この後、今後.
praetereō -īre -iī [-īvī] -itum, *intr*, *tr* [praeter-/eo[2]] **1** そばを通る、通り過ぎる. **2** (時が)経過する. **3** 気づかれない、注意を免れる ⟨alqm⟩. **4** 見過ごす、見のがす. **5** 無視する、省略する. **6** まさる、勝つ. **7** 踏み越える、逸脱する.
praeterequitans -antis, *adj* (*prp*) [praeter-/equito] 馬で通過する.
praetereundus -a -um, *gerundiv* ⇨ praetereo.
praetereunter °*adv* [praeteriens] **1** ついでに. **2** 大ざっぱに、ざっと.
praeterferō -ferre -tulī -lātum, *tr* [praeter-/fero] (*pass*) 通り過ぎる.
praeterferre *inf* ⇨ praeterfero.
praeterfluō -ere -fluxī, *intr*, *tr* [praeter-/fluo] **1** そばを流れる、流れて過ぎる. **2** 消え去る、消滅する.
praeterfluxī *pf* ⇨ praeterfluo.
praeterfugere *inf* ⇨ praeterfugio.
praeterfugiō -ere, °*tr* [praeter-/fugio] 急いで通り過ぎる.
praetergredī *inf* ⇨ praetergredior.
praetergredior -dī -gressus sum, *intr*, *tr dep* [praeter-/gradior] 通り過ぎる、そばを通る.
praetergressus -a -um, *pp* ⇨ praetergredior.
praeterhāc *adv* [praeter-/hac (hic の *f sg abl*)] これ以上に、そのうえに.
praeteriēns -euntis, *prp* ⇨ praetereo.
praeteriī *pf* ⇨ praetereo.
praeterīre *inf* ⇨ praetereo.
praeterita -ōrum, *n pl* [praeteritus] 過去.
praeteritiō -ōnis, °*f* [praetereo] **1** (時の)経過. **2** 〖法〗遺言脱落. **3** 〖修〗暗示的看過法⟪主題の重要事実の看過または省略を装いながらかえってその事実に注意を引こうとする技法⟫.
praeteritus -a -um, *adj* (*pp*) [praetereo] 過ぎ去った、過去の: *tempus praeteritum* (Quint) 〖文〗過去時称.
praeterlābī *inf* ⇨ praeterlabor.
praeterlābor -bī -lapsus sum, *tr*, *intr dep* [praeter-/labor[1]] (すべるように)走り[通り]過ぎる.
praeterlambō -ere, °*tr* [praeter-/lambo] そばをなめるように流れる.
praeterlātus -a -um, *pp* ⇨ praeterfero.
praetermeō -āre, *intr*, *tr* [praeter-/meo] そばを通り過ぎる.
praetermīsī *pf* ⇨ praetermitto.
praetermissiō -ōnis, *f* [praetermitto] **1** 省略. **2** 無視、看過.
praetermissus -a -um, *pp* ⇨ praetermitto.
praetermittō -ere -mīsī -missum, *tr* [praeter-/mitto] **1** 向こうへ運ぶ. **2** (時を)経過させる. **3** 無視する、利用しておく. **4** (文章・話で)省略する、述べずにおく. **5** 大目に見る、罰しないでおく.
praeternāvigō -āre -āvī -ātum, *intr*, *tr* [praeter-/navigo] 沿岸[沖]を航行する.
praeterō -ere -trīvī, *tr* [prae-/tero] **1** (表面に)やすりをかける、すりへらす. **2**° あらかじめすりつぶす.
praeterpropter, praeter propter *adv* 多かれ少なかれ、だいたい、どうにかこうにか.
praeterquam, praeter quam *adv* **1** そのうえに、以上に. **2** …のほかに、…を除いて: ~ *quod* (Cic) …は別にして[ともかく].
praetertulī *pf* ⇨ praeterfero.
praetervectiō -ōnis, *f* [praetervehor] 旅行[航海]して通過する.
praetervectus -a -um, *pp* ⇨ praetervehor.
praetervehor -vehī -vectus sum, *tr dep* [praeter-/veho] **1** (船・馬に乗って)通過する. **2** (演説で)言及しない; 素通りする.
praetervertō -ere, *tr* [praeter-/verto] (向きを変えて)通り過ぎる.
praetervolō -āre -āvī -ātum, *tr*, *intr* [praeter-/volo[1]] **1** そばを飛ぶ. **2** 飛び去る; 過ぎ去る.
praetexī *pf* ⇨ praetego.
praetexō -ere -texuī -textum, *tr* [prae-/texo] **1** 縁取る、縁飾りを付ける. **2** 前[冒頭]に置く. **3** おおう、包む ⟨alqd re⟩. **4** 口実にする.
praetexta -ae, *f* [praetextus] **1** (ローマの高官や少年が着た)紫の縁飾りの付いたトガ. **2** (sc. fabula) プラエテクスタ劇⟪ローマ史に題材を取った悲劇; 登場人物は praetexta を着用した⟫.
praetextātus -a -um, *adj* [↑] **1** 紫の縁飾りの付いたトガを着た. **2** (少年が) praetexta を着用する年齢の. **3** 若者に特有な(=卑猥な).
praetextum -ī, *n* [↓] **1** 飾り. **2** 口実、言いわけ.
praetextus[1] -a -um, *adj* (*pp*) [praetexo] **1** *toga praetexta* (Cic) =praetexta. **2** praetexta を着用した.
*****praetextus**[2] -ūs, *m* (用例は *sg abl* praetextū のみ) **1** 堂々とした様子[外観]. **2** 口実、言いわけ.
praetexuī *pf* ⇨ praetexo.
praetimeō -ēre -muī, *intr*, *tr* [prae-/timeo] (前もって)恐れる、こわがる.
praetimidus -a -um, °*adj* [prae-/timidus] 大いに恐れて[びくびくして]いる.
praetīnctus -a -um, *pp* ⇨ praetingo.

praetingō -ere -tinxī -tinctum, *tr* [prae-/tingo] 前もって浸す[ぬらす].

praetinxī *pf* ⇨ praetingo.

praetitulō -āre -āvī -ātum, °*tr* [prae-/titulo] (本に)表題を付ける.

praetor -ōris, *m* [praeeo] 1 指導者, 頭領. 2 法務官《consul に次ぐ高級行政官; 古くは 2 名; のち少しずつ増え, Sulla が 8 名, Caesar が 16 名に増員した》. 3 属州総督 (=propraetor). 4 (Carthago の)執政官; (ローマ以外の軍隊の)将軍, 指揮官.

praetōriānī -ōrum, *m pl* [↑] 近衛兵(団).

praetōriānus[1] -a -um, *adj* [praetorium] (ローマ皇帝の)近衛兵(団)の.

praetōriānus[2] -a -um, °*adj* [praetor] 法務官の.

praetōriolum -ī, *n dim* [↓] 1 《稗》(小さな)別荘. 2° 船長室.

praetōrium -ī, *n* [↓] 1 軍隊指揮官の幕舎, 本営. 2 本営における将校会議. 3 属州の総督府. 4 (ローマ皇帝の)近衛兵. 5 壮麗な屋敷[別荘]; 宮殿.

praetōrius[1] -a -um, *adj* [praetor] 1 法務官の: *comitia praetoria* (Cic) 法務官を選挙する民会. 2 属州総督の. 3 軍指揮官の: *porta praetoria* (Caes) (ローマ陣営の)正門 / *navis praetoria* (Liv) 旗艦. 4 ローマ皇帝の: *cohors praetoria* (Tac) 近衛兵団.

praetōrius[2] -ī, *m* [↑] 前法務官.

praetorqueō -ēre -torsī -tortum, *tr* [prae-/torqueo] (先端を)よじる, ねじる.

praetorridus -a -um, *adj* [prae-/torridus] 炎暑の, 酷熱の.

praetorsī *pf* ⇨ praetorqueo.

praetortus -a -um, *pp* ⇨ praetorqueo.

praetractātus -ūs, °*m* [↓] 序論, 序説, 序言.

praetractō -āre -āvī -ātum, *tr* [prae-/tracto] あらかじめ検討する.

praetrepidō -āre -āvī -ātum, *intr* [prae-/trepido] 期待して震える[どきどきする].

praetrepidus -a -um, *adj* [prae-/trepidus] 非常に心配して(恐れて)いる.

praetrīvī *pf* ⇨ praetero.

praetruncō -āre -āvī -ātum, *tr* [prae-/trunco] (先端を)切り取る.

praetulī *pf* ⇨ praefero.

praetūra -ae, *f* [praetor] 1 法務官の職[地位・任期]. 2 属州総督の職[地位].

Praetūtiānus -a -um, *adj* Picenum にいた Praetutii 族の.

Praetūtius -a -um, *adj* =Praetutianus.

praeumbrō -āre -āvī -ātum, *tr* [prae-/umbro] (前に)影を投げかける, 暗くする.

praeūrō -ere -ussī -ustum, *tr* [prae-/uro] 1 先端[表面]を焼く. 2 先端を凍らせる, 凍傷にかからせる.

praeussī *pf* ⇨ praeuro.

praeustus -a -um, *pp* ⇨ praeuro.

praeut, prae ut *conj* …に比べて, …を考慮して.

praevaleō -ēre -valuī, *intr* [prae-/valeo] 1 非常に強力[頑健]である. 2 優勢である. 3 (薬・治療が)大いに効果的である.

praevalescō -ere -valuī, *intr inch* [↑] (樹木が)非常に強く[丈夫に]なる.

praevalidē *adv* [↓] 非常に強く.

praevalidus -a -um, *adj* [prae-/validus] 非常に強力[頑健], 非常に勢力のある.

praevallō -āre, *tr* [prae-/vallo] 前方を堡塁で固める.

praevaluī *pf* ⇨ praevaleo.

praevāricātiō -ōnis, *f* [praevaricor] 1 《法》(原告・被告間の)通謀. 2° 罪, 過失.

praevāricātor -ōris, *m* [praevaricor] 1 反対当事者と通謀する弁護人. 2° 法を犯す人; 背教者.

praevāricātrix -īcis, °*f* [↑] 法[教え]に背く人《女性》.

praevāricō -āre -āvī -ātum, °*tr* =praevaricor 3.

praevāricor -ārī -ātus sum, *intr, tr dep* [prae-/varico] 1 それる, 曲がる. 2 (弁護人が)反対当事者と通謀する. 3° (法・契約を)破る.

praevārus -a -um, *adj* [prae-/varus] ひどく曲がった[よこしまな].

praevectus -a -um, *pp* ⇨ praevehor.

praevehī *inf* ⇨ praevehor.

praevehor -hī -vectus sum, *intr, tr dep* [prae-/veho] 1 (馬・船に乗って)行く. 2 歩いて通る. 3 (川が)沿って流れる.

praevēlō -āre, °*tr* [prae-/velo] (前に)おおいをかける, おおい隠す.

praevēlox -ōcis, *adj* [prae-/velox] 非常に速い.

praevēnī *pf* ⇨ praevenio.

praeveniō -īre -vēnī -ventum, *intr, tr* [prae-/venio] 1 先に着く. 2 先立つ, 先行する. 3 先んずる, 機先を制する ⟨+acc⟩. 4 勝つ, まさる ⟨+acc⟩.

praeventiō -ōnis, °*f* [↑] 先んずること.

praeventōrēs -um, °*m pl* [praevenio] 斥候, 前衛兵.

praeventus[1] -a -um, *pp* ⇨ praevenio.

praeventus[2] -ūs, °*m* 先んずること, 不時の到来.

praeverbium -ī, *n* [prae-/verbum] 『文』接頭辞.

praevernō -āre, *intr* [prae-/verno] (常よりも)早く春になる.

praeverrō -ere, *tr* [prae-/verro] 前を掃く.

praeversus -a -um, *pp* ⇨ praeverto.

praevertī *pf* ⇨ praeverto.

praevertō, -vortō -ere -vertī -versum, *tr, intr* [prae-/verto] 1 まっ先に(…の方へ)向ける(駆りたてる). 2 優先する, …よりも好む ⟨alqd alci rei⟩. 3 先んずる, 機先を制する; 先取りする. 4 まさる, 凌駕する. 5 (特に)注意を向ける, 気にかける ⟨+dat; ad [in] alqd⟩.

praevertor, -vortor -tī -versus sum, *tr, intr dep* ⇨ praeverto.

praevideō -ēre -vīdī -vīsum, *tr* [prae-/video] 前もって見る, 予見する.

praevīdī *pf* ⇨ praevideo.

praevigilō -āre, °*intr* [prae-/vigilo] 非常に用心している.

praevinciō -īre -vinxī -vinctus, *tr* [prae-/vin-

praevinctus — presso

cio] あらかじめ縛る[束縛する].
praevinctus -a -um, *pp* ⇨ praevincio.
praevinxī *pf* ⇨ praevincio.
praevīsus -a -um, *pp* ⇨ praevideo.
praevitiō -āre -āvī -ātum, *tr* [prae-/vitio] 前もって汚染する[害する].
praevius -a -um, *adj* [prae-/via] 先立って行く, 先導する.
praevolō -āre -āvī -ātum, *intr, tr* [prae-/volo¹] 1 前方を飛ぶ. 2° しのぐ, まさる.
pragmaticārius -ī, °*m* [↓] 勅令起草者.
pragmaticus¹ -a -um, *adj* [*Gk*] 世情に通じた.
pragmaticus² -ī, *m* [↑] 法律顧問.
prandeō -ēre prandī pransum, *intr, tr* [prandium] (*pp* は act の意になる) 1 昼食[昼食]をとる. 2 (軍隊が)行動を起こす前に食事する. 3 朝食[昼食]として食べる ⟨alqd⟩.
prandī *pp* ⇨ prandeo.
prandiculum -ī, *n dim* [↓] 軽い朝食 (=jentaculum).
prandium -ī, *n* 1 おそい朝食, 昼食. 2 食事. 3 飼料, えさ.
pransitō -āre -āvī, *intr, tr freq* [prandeo] 1 朝食[昼食]をとる. 2 朝食[昼食]として食べる ⟨alqd⟩.
pransor -ōris, *m* [prandeo] 昼食をとる人, 昼食の相伴をする人, 客.
pransus¹ -a -um, *pp* ⇨ prandeo.
pransus² -ūs, °*m* 朝食, 昼食.
Prasii -ōrum, *m pl* プラシイー《Ganges 河畔にいた一部族》.
prasinus -a -um, *adj* [*Gk*] ネギ(葱)色の, 緑色の.
prātensis -is -e, *adj* [pratum] 草地に生える.
prātulum -ī, *n dim* [↓] (小さな)草地.
prātum -ī, *n* 1 草原, 草地. 2 牧草.
prāvē *adv* [pravus] 1 正道を外れて, 邪悪に. 2 誤って, 間違って.
prāvitās -ātis, *f* [↓] 1 ゆがみ, 曲がっていること. 2 (身体などの)奇形, 不具. 3 不正, 邪悪. 4 頑迷, 片意地.
prāvus -a -um, *adj* 1 曲がった, ゆがんだ. 2 奇形の, 不具の. 3 堕落した, 腐敗した. 4 不正な, 邪悪な. 5 頑迷な, ひねくれた.
Prāxitelēs -is [-ī], *m* [*Gk*] プラークシテレース《Athenae の彫刻家(前 4 世紀)》.
Prāxitelīus -a -um, *adj* Praxiteles の.
precāmen -minis, °*n* [precor]《稀》祈り, 祈願.
precāriō *adv* (*abl*) [↓] 1 懇願して. 2 不確かに, あやふやに.
precārius -a -um, *adj* [precor] 1 懇願して得た, 恩恵として与えられた. 2 不確かな, あてにならない.
precātiō -ōnis, *f* [precor] 1 祈ること, 祈り. 2 祈りの(決まり)文句.
precātīvē °*adv* [↓] 懇願によって.
precātīvus -a -um, °*adj* [precor] 祈りの; 懇願によって得た.
precātor -ōris, *m* [precor] 1 祈願者, 懇願者. 2 仲裁者, とりなす人.
precātōrius -a -um, °*adj* [↑] 懇願の, 祈願の.
precātrīx -īcis, °*f* [precator] とりなす人《女性》.

precātus -ūs, *m* [precor] 祈り, 懇願.
preciae -ārum, *f pl*《植》ブドウの一種.
Preciānī -ōrum, *m pl* プレキアーニー《Aquitania にいた一部族》.
precor -ārī -ātus sum, *tr, intr dep* 1 祈る, 懇願する ⟨alqm [alqd]; alqm alqd; alqd ab alqo; ut, ne; +*acc c. inf*⟩. 2 (よかれ[悪しかれ]と)願う: *male precari* (Cic) 禍いあれと祈る.
prehendī *pf* ⇨ prehendo.
prehendō, prendō -ere -hendī -hensum, *tr* [prae] 1 つかむ. 2 (話をするために人を)引き留める. 3 捕える, 逮捕する. 4 占領[占領]する. 5 達する, 到着する. 6 理解する, 把握する.
prehensō, prēnsō -āre -āvī -ātum, *tr freq* [↑] 1 つかもうとする, しっかり握る. 2 (助けを求めて人に)呼びかける. 3 (官職の選挙で)投票を依頼する, 選挙運動をする.
Prelius [Pri-] lacus -ī -ūs プレリウス湖《Etruria の小さな湖; 現 lago di Castiglione》.
prēlum -ī, *n* [↓] 1 (ブドウ・オリーブなどの)圧搾機, しぼり器. 2 衣類のしわ伸ばし用の器具.
premō -ere pressī pressum, *tr* 1 押す, 圧する: *ad pectora natos premere* (Verg) 子らを胸にひしと抱く / *pressum lac* (Verg) チーズ. 2 (上から)体重をかける; 立つ, 踏む, すわる, 横たわる: *vestigia alcis premere* (Sen) ある人の足跡をたどる. 3 近接したまま続く: *litus premere* (Hor) 岸に沿って航行する. 4 押し付ける, しるしを付ける, 植え付ける: *caper dentes in vite premens* (Verg) ブドウの木をかじっている山羊. 5 押し下げる, 掘る. 6 (押して)閉じる, ふさぐ. 7 押して[締めて]小さくする, 圧縮する: *collum laqueo premere* (Hor) 締め殺す. 8 おおう, 包む, 隠す, 埋める: *curam sub corde premere* (Verg) 苦悩を胸に閉じ込める. 9 駆りたてる, 急追する, 攻撃する: *cervum ad retia premere* (Verg) 鹿を網に追い込む. 10 打ち倒す. 11 苦しめる, 悩ます: *aere alieno premi* (Caes) 借金で苦しむ. 12 押しとどめる, 抑制する: *sermones vulgi premere* (Tac) 民衆の口を封じる. 13 軽んずる, けなす.
prendō -ere, *tr* =prehendo.
prēnsātiō -ōnis, *f* [prenso] 選挙運動.
prēnsiō -ōnis, *f* [prendo] 捕えること, 逮捕権.
prēnsō -āre, *tr* =prehenso.
prēnsus -a -um, *pp* ⇨ prendo.
prepūpa -ae, °*f*《動》前蛹(ﾖｳ), 前さなぎ.
presbyophrenia -ae, °*f*《病》老年痴呆.
presbyōpia -ae, °*f*《病》老眼, 老視.
presbyter -erī, °*m* [*Gk*] 1 年長者. 2 (教会の)長老; 司祭.
presbyterālis -is -e, °*adj* [↑] 長老の; 司祭の.
presbyterātus -ūs, °*m* [presbyter] 長老[司祭]の職[地位].
presbyterium -ī, °*n* [presbyter] 長老会.
pressē *adv* [pressus¹] 1 ぎゅっと押して, 締めつけて. 2 (発音を)明瞭に. 3 (表現を)簡潔に. 4 正確に.
pressī *pf* ⇨ premo.
pressiō -ōnis, *f* [premo] 1 (挺子(ﾃｺ)による)押し下げ, 圧力. 2 (挺子の)支点; 挺子.
pressō -āre -āvī -ātum, *tr freq* [premo] 1 押す, 圧する. 2 押し付ける. 3 圧搾する, しぼる.

pressor -ōris, °*m* [premo] 獲物を狩り出す猟師.
pressōrium -ī, °*n* [↓] (布地・衣服の)加圧[圧縮]機.
pressōrius -a -um, *adj* [premo] (ブドウの)しぼり器の.
pressūra -ae, *f* [premo] **1** 押す[圧する]こと. **2** 圧搾, しぼること; しぼり汁. **3**° 苦悩.
pressus¹ -a -um, *adj* (*pp*) [premo] **1** 圧縮された, 密な. **2** 抑制された, 押さえられた: *presso passu* (Ov) 落ちついた足取りで. **3** 簡潔な. **4** (色が)鈍い, くすんだ.
pressus² -ūs, *m* **1** 圧迫. **2** 引き締め: *oris* ~ (Cic) 口の引き締め(=明瞭な発音).
prestēr -ēris, *m* [Gk] **1** たつまき. **2** 【動】毒ヘビの一種.
pretiōsē *adv* [pretiosus] 壮麗に, 華麗に, 豪華に.
pretiōsitās -ātis, *f* [↓] 高価, 貴重.
pretiōsus -a -um, *adj* [↓] **1** 高価な. **2** 貴重な, 価値のある. **3** 高い代価を払う.
pretium -ī, *n* **1** 価値, 値打ち: *in pretio esse* (Cic) 貴重とみなされる, 高く評価される / *in pretio habere* (Tac) 貴重とみなす, 高く評価する. **2** 代価, 価格: *parvi pretii esse* (Liv) 安価である / *pretium facere* (Plaut) 値を付ける. **3** 賃金, 給料. **4** 報酬; 罰. **5** 代償: *operae pretium est* <+*inf*> (Cic) 骨折りがいがある. **6** 贈[収]賄.
***prex** precis, *f* (*sg* では *dat*, *acc*, *abl* のみ; 通例 *pl* preces が用いられる) **1** 懇願. **2** (神への)祈り, 祈願: *in prece totus eram* (Ov) 私は熱心に祈った. **3** (人の)幸せを祈ること, 好意. **4** 呪い, 呪詛(ピ).
Priamēis -idis, *f* [Gk] Priamus の娘《特に Cassandra》.
Priamēius -a -um, *adj* [Gk] Priamus の.
Priamidēs -ae, *m* [Gk] Priamus の息子.
Priamus -ī, *m* [Gk] 《伝説》プリアムス, *-モス《(1) Laomedon の子で Troja 最後の王; Hecuba の夫で Hector, Paris, Cassandra の父. (2) (1) と同名の孫》.
Priāpēius -a -um, *adj* [Gk] Priapus (1) の.
priāpiscus -ī, °*m* [Gk] 【植】ラン科ハクサンチドリ属の植物.
priāpismus -ī, °*m* [↓] 【病】(有痛性)持続勃起(症).
Priāpus -ī, *m* [Gk] **1** 【神話】プリアープス, *-ポス《男性生殖力の神; 特にブドウ畑や果樹園に害鳥・泥棒よけに立てられた彼の像》. **2** 男根の形をしたもの; 男根. **3** 好色漢.
prīdem *adv* [cf. prior, itidem] 以前に, かつて, 先ごろに: *quam* ~? (Plaut) どれほど長く, どれほど前に / *jam* ~ (Plaut) ずっと以前に, 昔.
prīdiānus -a -um, *adj* [↓] 前日の.
prīdiē *adv* [cf. pridem, hodie] 前の日に 〈*abs*; + *acc* [*gen*]; quam〉: ~ *ejus diei* (Caes) = ~ *eum diem* (Cic) その日の前日に / ~ *quam Athenas veni* (Cic) 私が Athenae に来る前日に.
Priēnē -ēs, *f* [Gk] プリエーネー《Ionia の町》.
prīmae -ārum, *f pl* [primus] (*sc. partes*) **1** (芝居の)主役. **2** 首位, 第一席.
prīmaevus -a -um, *adj* [primus/aevum] 若い; 青春の.

prīmānī -ōrum, *m pl* [↓] 第1軍団の兵士たち.
prīmānus -ī, *m* [primus] 第1軍団の.
prīmārius -a -um, *adj* [primus] 第一位の; 第一級の, 卓越した; 主要な.
prīmās¹ -ātis, *adj m*, *f* [primus] 最上位の, 貴族の.
prīmās² -ātis, °*m* **1** (*pl*) 最上位の市民たち. **2** 【カト】首座司教. **3** (*pl*) 【動】霊長類.
prīmātus -ūs, *m* [primus] **1** 首位; 卓越. **2**° 【カト】教皇の職.
prīmē *adv* [primus] 最高度に; 特に.
prīmicēriātus -ūs, °*m* [↓] **1** 最上位者の地位. **2** 【カト】聖堂参事会長の職[地位].
prīmicērius -ī, °*m* [primus] **1** 最上位者. **2** 侍従長. **3** 聖堂参事会長.
prīmiformis -is -e, °*adj* [primus/forma] 最初の形の, 本来の.
prīmigenēs -ae, °*m* [primus/gigno] 初生児, 長子.
Prīmigenia -ae, *f* [↓] Fortuna 女神の添え名《「最初に生まれた女」の意》.
prīmigenius -a -um, *adj* [primus/gigno] **1** 最初に生まれた. **2** 最初の, 原始の.
prīmigenus -a -um, *adj* [primus/gigno] 最初の, 原初の.
primipara -ae, *f* 初めて子を産んだ雌.
prīmipīlāris -is, *m* =primipilus.
prīmipīlus -ī, *m* 軍団の首位百人隊長.
prīmitiae -ārum, *f pl* [primus] **1** 初穂, 初生(ﾅ)り, (神への)最初の奉納物. **2** 最初の成果[結果]; 始め.
prīmitīvus -a -um, *adj* [primus] **1** 初期の, 最初の. **2**° 最初に生まれた.
prīmitus *adv* [primus] 最初に, 初めに; 初めて.
prīmō *adv* (*abl*) [primus] 最初に, 初めに; 初めて.
prīmōcreātus -a -um, °*adj* [primus/creo] 最初に創造された.
prīmōgenitālis -is -e, °*adj* [↓] 最初に生まれた; 原初の.
prīmōgenitus¹ -a -um, *adj* [primus/genitus¹] 最初に生まれた, 長子の.
prīmōgenitus² -ī, °*m* 長子.
prīmoplastus -a -um, °*adj* =protoplastus.
prīmordiālis -is -e, °*adj* [primordium] 最初の, 本源の.
prīmordiāliter °*adv* [↑] 最初から, 本来.
prīmordium -ī, *n* [primus] **1** (通例 *pl*) 発端, 始まり, 起源. **2** (*pl*) 初期段階, 原初形態; 元素. **3**° 【生物】原基.
prīmōrēs -um, *m pl* [↓] 【軍】最前戦(の兵士たち).
prīmōris -is -e, *adj* [primus] **1** 第一の, 最初の. **2** 一流の, 高位の. **3** 先端[末端]の. **4** 一番古い, 原初の.
prīmōtinus -a -um, °*adj* [primus] (果物などが)早生の, はしりの.
prīmulum *adv* (*neut*) [↓] そもそも, 最初に, はじめて.
prīmulus -a -um, *adj dim* [primus] 最初の.

prīmum¹ -ī, *n* [primus] **1** 最初の部分, 初め: *in primo* 初めに (SEN); 前方に (SALL) / *a primo* (PLAUT) 最初から. **2** 前線, 前面, 前面 (pl) 周辺. **3** (*pl*) 首位. **4** (*pl*)(自然界を構成する)要素, 元素. **5** (主要点: *in primo* (VARR) 特に, とりわけ / *in primis* =imprimis. **6** 〖論〗(大)前提

prīmum² *adv* (*neut*) [↓] **1** まず, 第一に, 最初に. **2** 初めて. **3** *ubi* [*ut, cum*] ~ (PLAUT, CIC, LIV)…や否や, …するとすぐに. **4** *quam* ~ (PLAUT) できるだけ早く.

prīmus -a -um, *adj superl* [prior] **1** 先頭の, 最前部の, 先端の. **2** 第一の: *primum agmen* (CAES) 前衛. **3** 最初の, 初めの, 冒頭の, 発端の: *prīmā nocte* (CAES) 夜に入るとすぐに / *prīmā luce* (LIV) 夜明けに. **4** 主要な, 最も顕著な, 卓越した, 一流の.

prīnceps¹ -cipis, *adj* [↑/capio¹] **1** 最も古い, 最初の. **2** 先頭の, 第一の. **3** 最もすぐれた, 卓越した.

prīnceps² -cipis, *m* (*f*) [↑] **1** 発起人, 創設者. **2** 長, 指導者, 監督者. **3** 元首, 皇帝. **4** (*pl*) 第二戦列の兵士たち; (*sg*) principes の中隊; principes の百人隊長.

prīncipālis¹ -is -e, *adj* [princeps¹] **1** 原初の, 最初の, 本来の. **2** 第一の, 最も重要な. **3** 首長の, 指導者の. **4** 元首[皇帝]の; 君主[王侯]の. **5** 〖軍〗~ *via* (LIV) (ローマ陣営内の)主道 / ~ *porta* (LIV) (主道の両端の)脇門.

prīncipālis² -is, *m* [↑] **1** 第一級の市民. **2**° 監督者. **3**° 自治都市の首長.

prīncipāliter ˊ*adv* [principalis¹] **1** まず第一に, 主として. **2** 第一人者として, きわだって.

prīncipātus -ūs, *m* [princeps¹] **1** 第一位, 最上位, 卓越. **2** 指導者の地位, 支配, 統治. **3** 元首の地位; 元首政治. **4** 始まり, 起源.

prīncipiālis -is -e, *adj* [↓] **1** 原初の, 始まりの. **2** 元素の.

prīncipium -ī, *n* [princeps¹] **1** 初め(の部分), 開始. **2** 始める人[もの], 創始者. **3** 首位. **4** 基礎, 起源. **5** (*pl*) 原理, 要素, 元素. **6** (*pl*) 〖軍〗前線. **7** (*pl*) 〖軍〗(ローマ陣営の)司令部, 本営.

prīncipor -ārī, ° *tr dep* [princeps¹] 支配する.

prīnus -ī, ° *f* [*Gk*] 〖植〗カシ(樫)の類.

prior -or -us, *adj comp* [*cf.* primus] **1** より前方[前面]の: *priores pedes* (NEP) (馬の)前足. **2** より以前の[古い]. **3** よりすぐれた[重要な].

priōrātus -ūs, ° *m* [↑] **1** 上位, 優越. **2** 小修道院長の地位.

priōrēs -um, *m pl* [prior] 祖先, 先人たち.

priōritās -ātis, ° *f* [prior] 優位, 上位, 優先.

priscē *adv* [priscus] 旧式[古風]に; 厳格に.

priscī -ōrum, *m pl* [↓] 昔の人々, 古人.

priscus -a -um, *adj* **1** 古い(時代の). **2** 古風な, 旧式の, 尊ぶべき. **3** 以前の, 先の.

prisma -atis, ° *f* [*Gk*] 稜鏡, 角柱(プリズム).

pristēs, -a -ae, *m* [*Gk*] 木挽(ǫ̂ ̆).

pristinus -a -um, *adj* [*cf.* priscus] **1** 初期[太古]の. **2** 以前[往時]の; 古風な. **3** 最近の: ~ *dies* (CAES) 昨日.

pristis -is, *f* [*Gk*] **1** 海の怪物(クジラ/ノコギリエイなど). **2** (P-) 〖天〗鯨座. **3** (オールでこぐ)快速舟.

prius *adv comp* (*neut*) [prior] **1** (より)以前に, かつて. **2** むしろ.

priusquam, prius quam *adv* **1** …より以前に. **2** …よりむしろ.

prīvantia¹ -ium, *n pl* [privo] 〖文〗欠性語, 欠性辞.

prīvantia² -ae, ° *f* 喪失, 欠如.

prīvātim *adv* [privatus¹] **1** 私的[個人的]に, 個人の資格で. **2** 個別に; 特別に. **3** 在宅して.

prīvātiō -ōnis, *f* [privo] 除去; 欠如.

prīvātīvē ° *adv* [↓] 否定的に.

prīvātīvus a -um, *adj* [privo] 〖文〗欠性を示す, 否定の.

prīvātum -ī, *n* [↓] **1** 私有財産; 私用: *in privato* (LIV) こっそり, 非公式に.

prīvātus¹ -a -um, *adj* (*pp*) [privo] **1** 一個人の, 私的の. **2** 官職についていない, 私人の. **3** 皇帝(一族)に属さない.

prīvātus² -ī, *m* 私人, 官職についていない市民.

Prīvernās -ātis, *adj* Privernum の. **Privernātēs** -ium, *m pl* Privernum の住民.

Prīvernum -ī, *n* プリーウェルヌム《Volsci 族が建設した Latium の町》.

prīvigna -ae, *f* [↓] 継子(ﾏﾏｺ)《女》.

prīvignus¹ -a -um, *adj* [privus/genus] 継子(ﾏﾏｺ)の: *privigna proles* (COL) 移植された苗木.

prīvignus² -ī, *m* 継子(ﾏﾏｺ)《男》.

prīvilēgiārius -a -um, ° *adj* [↓] 特権を与えられた[有する].

prīvilēgium -ī, *n* [privus/lex] 〖法〗例外法規. **2** 特権, 特典.

prīvō -āre -āvī -ātum, *tr* [↓] **1** (人からある物を)奪う, 略取する ⟨alqm re⟩. **2** 自由にする, 解放する.

prīvus -a -um, *adj* **1** 単一の, 個々の. **2** 独自の, 特別の. **3** …のない, …を免れた ⟨+gen⟩.

prō¹ *int* おお, ああ(悲しいかな), おやまあ ⟨+*voc* [*acc*]⟩: ~ *supreme Juppiter* (TER) おお, 天なるユピテルよ / ~ *deum atque hominum fidem* (CIC) ああ, 神々と人間の信義にかけて.

prō² *prep* ⟨+*abl*⟩ **1** …の前に, …の前で; …の前方へ; …(の上)に: *sedens* ~ *aede Castoris* (CIC) Castor 神殿の前にすわって / ~ *castris copias producere* (CAES) 陣地の前へ兵を連れ出す / *stare* ~ *litore* (TAC) 海岸に立つ. **2** …のために: ~ *libertate* (VERG) 自由のために. **3** …の代わりに, …の名義で: *carros* ~ *vallo obicere* (CAES) 防壁の代わりに荷馬車を前に置く / ~ *consule* (CIC) 執政官の資格で, 前執政官(=proconsul)として. **4** …のように, …も同然で, …として: *Cato unus mihi est* ~ *centum milibus* (CIC) カトー一人で私には10万人(の意見)に匹敵する / ~ *cive se gerere* (CIC) 市民としてふるまう / ~ *eo ac si* (CIC) あたかも…のように. **5** …に対して, …の報酬[罰]として: *alcis meritis gratiam referre* (CIC) ある人の好意に感謝する / *alqm* ~ *scelere ulcisci* (CAES) ある人を非行のために罰する. **6** …の割には; …としては: ~ *multitudine hominum angustos se fines habere* (CAES) 人口の割には自分たちの領土が狭い / ~ *mea parte* (CIC) 私としては. **7** …に応じて[従って]: ~ *tempore et re* (CAES) 時と場合に応じて / ~ *se quisque* (CAES) 各自そ

の分に応じて. **8** …の理由で, …が原因で: ～ *te mihi cum rivalibus arma erunt* (Prop) 僕は君のために恋敵と戦うだろう.

prŏ- *pref* [↑]「前へ」「前で」などの意.

proabbās -ātis, °*m* [カト] 大修道院長代理.

proaedificātum -ī, *n* [pro-/aedifico] 張出し, 露台, バルコニー.

proāgorus -ī, *m* [Gk] (Sicilia 島のいくつかの町の)行政官.

proamita -ae, *f* [pro-/amita] 曾祖父の姉妹, 大おば.

proauctor -ōris, *m* [pro-/auctor] **1** 遠い祖先, 始祖. **2** [碑] 以前の所有者.

proavia -ae, *f* [pro-/avia¹] 曾祖母.

proavītus -a -um, *adj* [↓] **1** 曾祖父の. **2** 先祖(から)の.

proavus -ī, *m* [pro-/avus] **1** 曾祖父. **2** 祖先.

probābilis -is -e, *adj* [probo] **1** 賞賛に値する, 容認できる, 良い. **2** 信ずるに足る, ありそうな, もっともらしい.

probābilitās -ātis, *f* [↑] 信ずるに足ること, ありそうなこと, もっともらしさ.

probābiliter *adv* [probabilis] **1** 賞賛に値するように, 適切に. **2** 信ずるに足るように, もっともらしく. **3** たぶん, おそらく.

probata -ōrum, *n pl* [Gk] [動] ヒツジ(羊).

probaticus -a -um, °*adj* [Gk] 羊の: *piscina probatica* (Vulg) (供犠の前に)羊の体を洗う池.

probātiō -ōnis, *f* [probo] **1** 試み, 試験, 検査. **2** 認可, 是認. **3** 証明; 証拠.

probation -ī, °*n* [植] オオバコ(車前草).

probātīvus -a -um, *adj* [probo] 証明する.

probātor -ōris, *m* [probo] **1** 是認[賞賛]する人. **2°** 試験[吟味]する人.

probātōria -ae, °*f* [probo] (*sc.* epistula) (皇帝の)推薦状, 資格証明書.

probātus -a -um, *adj* (*pp*) [probo] **1** (良いと)認められた, 評価された, すぐれた. **2** (人に)好かれる, 人気のある.

probē *adv* [probus] よく, 適切に, 正しく: ～ *narras!* (Ter) もっともなお話です, 至言正.

probitās -ātis, *f* [probus] 誠実, 正直, 貞淑.

prōbĭtō -ere, *intr* [pro-/bito] 前へ進む.

problēma -atis, *n* [Gk] 問題, 課題.

problēmatica -ōrum, °*n pl* [Gk]「(臨床)問題集」《医学書の題》.

probō -āre -āvī -ātum, *tr* [probus] **1** 試す, 調べる, 吟味[検査]する. **2** (一定の基準によって)判断する. **3** 是認[承認]する, 賛同する ‹alqd; +*acc c. inf*›. **4** 賞賛すべきものと認めさせる, 推薦する. **5** 証明[立証]する, 信じさせる ‹alci alqd; +*acc c. inf*; ut›. **6** (だまして)…として通用させる, なりすます ‹alqm pro alqo›.

proboscis -idis, *f* [Gk] **1** (動物の)鼻(づら); (特に)象の鼻. **2°** [動] (昆虫の)吻(だ).

probrōsē *adv* [↓] 侮辱[誹謗]的に.

probrōsus -a -um, *adj* [↓] **1** 誹謗する, 侮辱的な. **2** 恥辱的の, 不名誉な.

probrum -ī, *n* **1** 非難, ののしり, 侮辱. **2** 恥辱, 醜聞. **3** 破廉恥行為, 悪事, 非行.

probus -a -um, *adj* **1** 良質の; しっかり造られた, 頑丈な. **2** 有能な, じょうずな. **3** 正直な, 高潔な; 貞淑な.

Proca, -ās -ae, *m* [伝説] プロカ《Alba Longa の王; Numitor と Amulius の父》.

procācitās -ātis, *f* [procax] **1** あつかましさ, 傲慢. **2** 怒りっぽいこと.

procāciter *adv* [procax] あつかましく; 節度[慎み]なく.

procambium -ī, °*n* [植] 前形成層.

procapis -is, *f* [*cf.* caput] 同族, 子孫.

procātiō -ōnis, *f* [proco] 求婚.

procax -ācis, *adj* [proco] あつかましい, 恥知らずの, 傲慢な.

prōcēdō -ere -cessī -cessum, *intr* [pro-/cedo²] **1** 前に進む, 進み出る. **2** [軍] 進軍する, 進発する. **3** 進歩する, はかどる. **4** (時が)過ぎる: *aetate procedere* (Cic) 年齢を重ねる. **5** 現われる. **6** (結果として)生じる, 起こる: *si bene processit* (Cic) もしうまくいったならば. **7** 引き続く, 継続する. **8** 達する, 及ぶ. **9°** (…から)生じる, 発する ‹ab alqo›.

procella -ae, *f* [↑] **1** 嵐, 暴風雨. **2** 急襲, 突撃, 攻撃. **3** 動乱, 騒乱. **4** 激情.

prōcellō -ere, *tr* [pro-/*cf.* clades] (前方へ)投げ出す.

procellōsus -a -um, *adj* [procella] 暴風の, 嵐の(ような).

procephalon -ī, °*n* [解] 前脳, 前頭.

procer -eris, *pl* **procerēs** -um, *m* **1** (国・社会の)指導者. **2** (学芸の)大家, 巨匠.

prōcērē *adv* [procerus¹] できるだけ遠くへ[前へ].

prōcērĭtās -ātis, *f* [procerus¹] 高さ; 長さ.

prōcērulus -a -um, *adj dim* [↓] (やや)長い.

prōcērus¹ -a -um, *adj* **1** 高い, 長い; 長身の. **2** 持ち上げられた. **3** [韻] (音節の)長い.

prōcērus² -ī, °*m* [解] 鼻根筋, 錐体筋.

prōcessī *pf* ⇒ procedo.

prōcessiō -ōnis, *f* [procedo] **1** 前進. **2°** (宗教的)行列, 行進.

prōcessus¹ -a -um, *pp* ⇒ procedo.

prōcessus² -ūs, *m* **1** 前進, 進行; 進歩. **2** 展開, 経過. **3** 結節, こぶ.

prochos agrios -ī -ī, °*m* [Gk] [植] =saxifraga.

Prochyta -ae, **-ē** -ēs, *f* [Gk] プロキュタ《Campania の Puteoli 沖の小島》.

prōcidentia -ae, *f* [procido] [病] 脱出(症).

prōcidī *pf* ⇒ procido.

prōcidō -ere -cidī, *intr* [pro-/cado] **1** 前へ落ちる[倒れる]; 平伏する. **2** (身体の一部が)弛脱する, 脱出する. **3** (赤ん坊が)生み落とされる.

prōcinctus¹ -a -um, *pp* ⇒ procingo.

prōcinctus² -ūs, *m* **1** 戦備, 戦闘準備: *testamentum facere in procinctu* (Cic) 戦場で遺言状をしたためる. **2°** [軍] 遠征; 戦闘. **3** 身支度, 装束.

prōcingō -ere -cinctus, *tr* [pro-/cingo] 装備する, 戦備を整える.

prōclāmātiō -ōnis, *f* [proclamo] **1** 叫び(声). **2°** (奴隷の)自由身分請求の訴え.

prōclāmātor -ōris, *m* [↓] 叫ぶ[わめく]人.
prōclāmō -āre -āvī -ātum, *intr, tr* [pro-/clamo]: **1** 声高に呼ぶ, 叫ぶ. **2** 声高に要求する[訴える]: *in libertatem proclamare* (ULP) 自由の身分を要求する.
Proclēs -is [-ī], *m* [Gk] 【伝説】プロクレース《Eurystheus の双生の兄弟で, Sparta の二王家の一つの始祖》.
prōclīnātiō -ōnis, *f* [↓] 前方に傾いていること; 傾斜(部分).
prōclīnō -āre -āvī -ātum, *tr* [pro-/*clino (*cf.* acclino)] **1** 前へ傾ける. **2** (比喩的に)ぐらつかせる.
prōclīve[1], **-clīvī** *adv* [proclivis] **1** 下方へ. **2** 容易に.
prōclīve[2] -is, *n* 傾斜面, 坂.
prōclīvis -is -e, **-clīvus** -a -um, *adj* [pro-/clivus] **1** 下へ傾斜する, 下り坂の. **2** …に傾いた, …しがちな 〈ad [in] alqd〉. **3** 容易な: *dictu proclive est* (CIC) 言うのはたやすい.
prōclīvitās -ātis, *f* [↑] **1** 下り坂. **2** 傾向, 性癖.
prōclīviter *adv* =proclive[1].
prōclūdō -ere, °*tr* [pro-/claudo[2]] 閉じ込める.
Procnē, Prognē -ēs, *f* [Gk] 【伝説】**1** プロクネー《Pandion の娘で Philomela の姉; Tereus の妻; ツバメに変えられた》. **2** ツバメ.
prōcō -āre, *tr* [cf. precor] **1** 要求する, せがむ. **2** 求婚する.
procoetōn -ōnis [-ōnos], *m* [Gk] 〈寝室の控えの間〉.
Proconnēsius -a -um, *adj* Proconnesus の.
Proconnēsus, -os -ī, *f* [Gk] プロコンネーソス, *-ソス《Propontis (現 Marmara 海) の島; 大理石で有名》.
prōconsul -ulis, *m* **1** (軍隊の指揮官または属州総督に就任した)前執政官. **2** (帝政期の)元老院属州の総督.
prōconsulāris -is -e, *adj* proconsul の.
prōconsulātus -ūs, *m* proconsul の職[地位].
prōcor -ārī, *tr dep* =proco.
prōcrāstinātiō -ōnis, *f* [↓] 延引, 遅延.
prōcrāstinō -āre -āvī -ātum, *tr* [pro-/crastinus] 翌日まで延期する; 遅らせる.
prōcreātiō -ōnis, *f* [procreo] **1** 生むこと; 生殖. **2** 子孫. **3** 生産物, 果実.
prōcreātor -ōris, *m* [procreo] **1** 子をもうける人《父親》. **2** (*pl*) 両親. **3** 創造者.
prōcreātrix -īcis, *f* [↑] 生む人《母親》.
prōcreō -āre -āvī -ātum, *tr* [pro-/creo] **1** 生む, 子をもうける; 産出する. **2** ひき起こす, 生じさせる.
prōcrēscō -ere, *intr inch* [↑] 生まれてくる, 生ずる; 成長する.
Procris -idis [-is], *f* [Gk] 【伝説】プロクリス《Athenae の王 Erechtheus の娘で Cephalus の妻; 誤って夫に射殺された》.
Procrūstēs -ae, *m* [Gk] 【伝説】プロクルーステース《Attica の追いはぎ; 捕えた人を寝台に乗せ, 寝台と同じ長さになるように, その人の足を切ったり引き延ばしたりした; Theseus に殺された》.

prōctītis -titidis, °*f* 【病】肛門炎, 直腸炎.
prōctodaeum -ī, °*n* 【動】肛門陥, 肛門道.
prōcubitus -a -um, *pp* ⇨ procumbo.
prōcubō -āre, *intr* [pro-/cubo] 伸びて(横たわって)いる.
prōcubuī *pf* ⇨ procumbo.
prōcucurrī *pf* ⇨ procurro.
prōcūdī *pf* ⇨ procudo.
prōcūdō -ere -cūdī -cūsum, *tr* [pro-/cudo] **1** 鍛造する. **2** 形づくる, 作り出す.
procul *adv* **1** 遠くに, 遠くへ, 遠くから. **2** (遠く)隔って[離れて] 〈(a) re〉: ~ *dubio* (QUINT) 疑いなく.
prōculcātiō -ōnis, *f* [proculco] **1** 踏みつけること. **2** 抑圧, 圧迫.
prōculcātor -ōris, °*m* [↓] 斥候, 尖兵.
prōculcō -āre -āvī -ātum, *tr* [pro-/calco] **1** 踏みつける. **2** 踏みにじる, 蹂躙(じゅうりん)する.
Proculēius -ī, *m* プロクレイユス《ローマの騎士; Augustus 帝の親友》.
prōcumbō -ere -cubuī -cubitum, *intr* [pro-/*cumbo (*cf.* cubo)] **1** 前かがみになる, 傾く. **2** ひれ伏す. **3** 倒れる. **4** 落ち込む, 堕落する.
prōcūrātiō -ōnis, *f* [procuro] **1** 配慮, 世話, 管理. **2** procurator (2)(3) の職[地位]. **3** (犠牲によるあがない, 罪滅ぼし.
prōcūrātiuncula -ae, *f dim* [↑] ちょっとした職務.
prōcūrātor -ōris, *m* [procuro] **1** 監督者, 管理者, 支配人. **2** 代理人. **3** (帝政期のさまざまな職能の)行政長官.
prōcūrātōrius -a -um, *adj* procurator (2) の.
prōcūrātrix -īcis, *f* [procurator] 管理者《女性》.
prōcūrō -āre -āvī -ātum, *tr* [pro-/curo] **1** 世話する, 面倒をみる. **2** procurator (2)(3) の職務を遂行する. **3** (犠牲によって)罪をあがなう, (凶事を避けるために)犠牲をささげる.
prōcurrī *pf* ⇨ procurro.
prōcurrō -ere -(cu)currī -cursum, *intr* [pro-/curro] **1** 前方へ走る, 走り出る. **2** 突き進む; 進撃[出撃]する. **3** 突出する, 伸びる.
prōcursātiō -ōnis, *f* [procurso] 出撃, 突撃.
prōcursātor -ōris, *m* [procurso] 散兵, 小競り合いをする兵.
prōcursiō -ōnis, *f* [procurrro] **1** 前に走る[進む]こと. **2** 本題からそれること, 脱線.
prōcursō -āre -āvī -ātum, *intr freq* [procurro] 駆け出す, 突進する, 攻撃する.
prōcursus[1] -a -um, *pp* ⇨ procurro.
prōcursus[2] -ūs, *m* **1** 出撃, 突撃. **2** (怒りなどの)突発. **3** (地形の)突出.
prōcurvō -āre, *tr* [pro-/curvo] 前にかがめる[曲げる].
prōcurvus -a -um, *adj* [pro-/curvus] 前に曲がった.
procus -ī, *m* [proco] 求婚者.
prōcūsus -a -um, *pp* ⇨ procudo.
Procyōn -ōnis, *m* [Gk] 【天】プロキオン《小犬座の α 星; =Antecanem》.

prōdactus -a -um, *pp* ⇨ prodigo.
prōdeambulō -āre, *intr* [pro-/deambulo] 散歩に出かける.
prōdēgī *pf* ⇨ prodigo.
prōdeō -īre -iī -itum, *intr* [pro-/eo² (*cf.* re-d-eo)] **1** 進み出る, 現われる, 登場する: *ex portu prodire* (Caes)(船が)出港する. **2** 芽[葉]を出す, 成長する. **3** 突出する: *extra modum prodire* (Cic) 程度を越す.
prōdesse *inf pr* ⇨ prosum¹.
Prodicius -a -um, *adj* Prodicus の.
prōdīcō -ere -dīxī -dictum, *tr* [pro-/dico²] **1** 予言する. **2** (期日を)移す: *diem prodicere* (Liv) 延期する. **3** 《碑》公布する, 通達する.
prōdictiō -ōnis, *f* [↑] 延期.
prōdictus -a -um, *pp* ⇨ prodico.
Prodicus -ī, *m* [Gk] プロディクス, *-コス《Ceos 島生まれのソフィスト; Socrates と同時代》.
prōdidī *pf* ⇨ prodo.
prōdiēns *prp* ⇨ prodeo.
prōdigē *adv* [prodigus] ぜいたくに, 浪費して.
prōdigentia -ae, *f* [prodigo] 浪費, ぜいたく.
prōdigiālis -is -e, *adj* [prodigium] **1** 凶兆を避ける. **2**° 奇異な, 不思議な.
prōdigiāliter *adv* [↑] 奇異に, 不思議に.
prōdigiōsē *adv* [↓] 不思議に, 奇異に.
prōdigiōsus -a -um, *adj* [↓] 奇異な, 不思議な.
prōdigium -ī, *n* [*cf.* prodico] **1** 予兆, 不吉な兆し. **2** 不思議なできごと, 怪奇. **3** 怪物.
prōdigō -ere -ēgī -actum, *tr* [pro-/ago (*cf.* re-d-igo)] **1** 前へ駆る, 駆りたてる. **2** 使い尽くす, 浪費する.
prōdigus -a -um, *adj* [↑] **1** 浪費する, ぜいたくな. **2** 気前のよい, 物惜しみしない〈*abs*; re〉. **3** 富んだ, 豊かな〈*abs*; alci rei〉. **4** 放恣な, 淫蕩な.
prōdiī *pf* ⇨ prodeo.
prōdīre *inf* ⇨ prodeo.
prōditiō¹ -ōnis, *f* [prodo] **1** (秘密の)漏洩. **2** 反逆, 裏切り. **3** 延期(する権利).
prōditiō² -ōnis, °*f* [prodeo] **1** 進出, 出現. **2** 出撃.
prōditor -ōris, *m* [prodo] **1** 暴露する人. **2** 裏切り者.
prōditrīx -trīcis, °*f* [↑] **1** 暴露する人《女性》. **2** 裏切り者《女性》.
prōditus¹ -a -um, *pp* ⇨ prodeo, prodo.
prōditus² -ūs, °*m* [prodo] 暴露, 裏切り.
prōdixī *pf* ⇨ prodico.
prōdō -ere -didī -ditum, *tr* [pro-/*do (*cf.* abdo)] **1** 押し出す, 突き出す. **2** 生み出す, もたらす, ひき起こす. **3** 任命する, 選出する. **4** (期間を)のばす, 延期する. **5** 伝える, ゆだねる: *memoriae* [*ad memoriam*] *prodere* (Cic) 記憶にゆだねる(=後世に伝える). **6** (書き物にして)公表する, 記録する; 主張する. **7** 見捨てる, 裏切る, 寝返る. **8** (本性を)明らかにする, あばく.
prōdoceō -ēre, *tr* [pro-/doceo] 反復して教え込む.
prōdormiō -īre -īvī [-iī], *intr* [pro-/dormio] 長く眠る.

prodromus -ī, *m* [Gk] **1** 先駆者, 先触れ. **2** 天狼星 (Sirius) が昇る前の 8 日間吹く北北東の風. **3** 《植》早熟のイチジクの一種. **4**°《病》前徴, 前駆症(状).
prōdūcō -ere -dūxī -ductum, *tr* [pro-/duco] **1** 連れて行く, 連れ出す; (軍隊を)出撃させる. **2** 出席[出廷, 出演]させる. **3** 引き出す, 差し出す. **4** 養育する, 成長させる. **5** 生み出す, 作り出す. **6** さらに進ませる[導く]; 誘う. **7** 昇進させる, 出世させる. **8** 長くする, 延長する. **9**《文》(母音・音節を)長く(発音)する; (接尾辞を付けて語を)長くする.
prōducta -ōrum, *n pl* =proegmena.
prōductē *adv* [productus] **1** 長期間にわたって. **2** (発音を)引き延ばして.
prōductilis -is -e, °*adj* [produco] 槌で打って作った, 打ち出し細工の.
prōductiō -ōnis, *f* [produco] **1** (時間の)延長. **2**《文》(音節を)長く発音すること; (接尾辞を付けて)語を長くすること.
prōductīvus -a -um, °*adj* [produco] 伸ばすに適した.
prōductō -āre, *tr freq* [produco] 先に延ばす.
prōductus -a -um, *adj* (*pp*) [produco] **1** 伸ばされた, 長い. **2** (時間が)長びいた; (発音が)長い.
prōdūxī *pf* ⇨ produco.
proēgmena -ōrum, *n pl* [Gk] (ストア哲学で)望ましいもの, 好都合なもの (=producta).
proeliārī *inf* ⇨ proelior.
proeliāris -is -e, *adj* [proelium] 戦闘の.
proeliātor -ōris, *m* [proelior] 戦士, 武人.
proeliātus -a -um, *pp* ⇨ proelior.
proelior -ārī -ātus sum, *intr dep* [↓] **1** 戦う, 交戦する〈cum alqo〉. **2** 議論を戦わす.
proelium -ī, *n* **1** 戦い, 戦闘. **2** 争い, 抗争. **3** 論戦; 技[腕]くらべ.
proembryō -ōnis, °*f* 《植》前胚.
Proetides -um, *f* [Gk] 《伝説》Proetus の三人の娘 (Juno に狂わされ, 自らを牝牛と信じた).
Proetus -ī, *m* [Gk] 《伝説》プロエトゥス, *プロイトス《Tiryns の王; Acrisius の兄弟》.
profānātiō -ōnis, °*f* [profano] 冒瀆.
profānātor -ōris, °*m* [profano] 冒瀆者.
profānē °*adv* [profanus] 瀆神的に, 不敬に.
profānitās -ātis, °*f* [profanus] **1** 異教徒であること. **2** 冒瀆, 不敬.
profānō -āre -āvī -ātum, *tr* [profanus] **1** (神殿などの前に)ささげる, 奉献する. **2** (聖物を)俗用に供する, (神を)冒瀆する. **3** 辱める, けがす. **4** (秘密を)あばく.
profāns -antis, *prp* ⇨ profor.
profānus -a -um, *adj* [pro²/fanum] **1** 聖別されていない, 世俗的な. **2** 奥義を授かっていない. **3** 不浄の, けがれた. **4** 冒瀆する, 不敬の.
profārī *inf* ⇨ profor.
profātum -ī, *n* [↓] 格言, 金言.
profātus¹ -a -um, *pp* ⇨ profor.
*****profātus²** -ūs, *m* (用例は *sg abl* profātū のみ) 話すこと; 口調.
prōfēcī *pf* ⇨ proficio.

profectīcius -a -um, °*adj* [proficiscor] 花嫁の父(または祖父)に由来する: *dos proficiavia* (ULP) 父[祖父]の準備した持参金.

profectiō -ōnis, *f* [proficiscor] **1** 旅立ち, 出発. **2** 出所, 由来.

profectō *adv* [<pro facto (pro²/factum)] 確かに, 疑いなく, 本当に.

prōfectus¹ -a -um, *pp* ⇨ proficio.

prōfectus² -ūs, *m* **1** 前進, 進歩. **2** 成功. **3** 収益, 利益. **4**°(病気の)回復.

prōfectus³ -a -um, *pp* ⇨ proficiscor.

prōferō -ferre -tulī -lātum, *tr* [pro-/fero] **1** 前へ運ぶ, 持ち出す. **2** 差し出す, 提供する. **3** 公表[発表]する. **4** 公開[公演]する. **5** 明るみへ出す, 暴露する. **6** 発言する, 述べる, 言及する. **7** 前進させる: *signa proferre* (LIV) 軍旗を前進させる(=進軍させる). **8** 長くする, 延長する; 拡張する. **9** 延期する. **10** 生み出す; 作り出す.

prōferre *inf* ⇨ profero.

professa -ae, °*f* [professus] (立願)修道女.

professiō -ōnis, *f* [profiteor] **1** 公言, 宣言, 表明. **2** 申告, 報告. **3** 職業, 専門. **4**『カト』(信仰)告白; 誓願(式).

professīvus -a -um, °*adj* [profiteor] 予告する, 約束する.

professor -ōris, *m* [profiteor] **1** 教師, 教授; 専門家. **2**°『カト』立願修道士.

professōrius -a -um, *adj* [↑](修辞学の)教師の.

professum -ī, *n* [↓] *ex professo* (SEN) 隠さずに, 公然と.

professus¹ -a -um, *adj* (*pp*) [profiteor] 告白された, 公然たる, 承認された.

professus² -ī, °*m* [↑](立願)修道士.

profestus -a -um, *adj* [pro-/festus] **1** 祝祭日でない, 平日の. **2** 教養のない.

prōficere *inf* ⇨ proficio.

prōficienter °*adv* [↓] 有利に, 都合よく.

prōficiō -cere -fēcī -fectum, *intr, tr* [pro-/facio] **1** 前進する, 進む. **2** (価格が)上昇する. **3** 好結果を得る, 成功する. **4** 役立つ, 効きめがある.

proficiscī *inf* ⇨ proficiscor.

prōficiscor -scī -fectus sum, *intr dep* [pro-/facio] **1** 出発する, 旅立つ. **2** (新しい話題に)進む. **3** 始める: *a philosophia profectus* (CIC) 哲学から学び始めて. **4** 生ずる, 発する 〈a re〉.

prōficuē °*adv* [↓] 役立つように, 有利に.

prōficuus -a -um, °*adj* [proficio] 役立つ, 有益[有利]な.

prōfīlius -ī, *m* 《碑》孫.

profiteor -ērī -fessus sum, *tr dep* [pro-/fateor] **1** 公然と認める, 公言する 〈alqd; +acc c. inf〉. **2** 名のる, (自)称する: *se grammaticum professus* (CIC) 文法家と称して. **3** 職業[専門]とする, (職業として)教える. **4** 申告する, 申し出る: (*nomen*) *profiteri* (LIV) (立候補・従軍・市民権のために)名前を登録する. **5** 保証する, 約束する.

prōflāmen -minis, *m* [pro²/flamen²] 《碑》神官代理.

prōflātus¹ -a -um, *pp* ⇨ proflo.

prōflātus² -ūs, *m* いびき.

prōflīgātiō -ōnis, °*f* [profligo] **1** (負債の)決済. **2** 浪費, むだづかい.

prōflīgātor -ōris, *m* [profligo] **1** 放蕩者. **2**° 破壊者.

prōflīgātus -a -um, *adj* (*pp*) [↓] **1** 堕落した, 不品行な, 放埓な. **2** (時が)進んだ: *profligatae aetatis homo* (SEN) 高齢の人.

prōflīgō -āre -āvī -ātum, *tr* [pro-/fligo] **1** 打ち負かす, 打ちのめす. **2** 滅ぼす, 破壊する, 破滅させる. **3** ほぼし遂げる: *profligata opera* (AUGUST) あらかたできあがっている建造物.

prōflō -āre -āvī -ātum, *tr* [pro-/flo] **1** 吹き出す, 吐き出す. **2** (金属を)炉で溶解する.

prōfluēns¹ -entis, *adj* (*prp*) [profluo] **1** 流れる. **2** 流暢な.

prōfluēns² -entis, *f* (*sc.* aqua) 流水.

prōfluenter *adv* [profluens¹] 流れるように; 容易に.

prōfluentia -ae, *f* [profluens¹] 能弁, 流暢.

prōfluō -ere -flūxī -flūxum, *intr* [pro-/fluo] **1** 流れ出る, 流れる. **2** 生ずる, 発する 〈a [ex] re〉. **3** (知らぬ間に)陥る 〈ad alqd〉.

prōfluus -a -um, *adj* [↑] 流れる, 流れ出る.

prōfluvium -ī, *n* [profluo] **1** (血液などの)流出. **2** 下痢.

prōfluvius¹ -a -um, *adj* [profluo] ぐらつく, 不安定な.

prōfluvius² -ī, °*m* 《病》漏(ろう).

prōflūxī *pf* ⇨ profluo.

prōflūxiō -ōnis, °*f* [profluo] 流れ出ること.

prōflūxus -a -um, *pp* ⇨ profluo.

profor -fārī -fātus sum, *intr, tr dep* [pro-/for] **1** 言う, 話す, 語る. **2** 告げる, 予言する.

prōfore *inf fut* ⇨ prosum¹.

prōfringō -ere -frēgī -frāctum, *tr* [pro-/frango] (土地を)鋤(すき)で耕す, 鋤(すく).

prōfūdī *pf* ⇨ profundo.

profugere *inf* ⇨ profugio.

profūgī *pf* ⇨ profugio.

profugiō -gere -fūgī, *intr, tr* [pro-/fugio] **1** 逃げ去る, 逃亡する 〈ab alqo; ad alqm; ex [a] re in [ad] alqd〉: *profugere in exilium* (CIC) 亡命する. **2** のがれる, 見捨てる 〈+acc〉.

profugus¹ -a -um, *adj* [↑] **1** 逃げる, 逃走する. **2** 放浪する. **3** 亡命している.

profugus² -ī, *m* **1** 逃亡者, 亡命者. **2**° 背教者.

prōfuī *pf* ⇨ prosum¹.

profundē *adv* [profundus] 深く.

profunditās -ātis, °*f* [profundus] **1** 深いこと, 深み. **2** 広大, 莫大.

prōfundō -ere -fūdī -fūsum, *tr* [pro-/fundo²] **1** 流す, こぼす; (*pass, refl*) 流れ(出)る. **2** (芽などを)出す; (*refl, pass*) 芽[枝]を出す. **3** (ことば・音声などを)浴びせかける. **4** (感情などを)さらけ出す. **5** 長々と伸ばす. **6** 惜しみなく与える; 浪費する.

profundum -ī, *n* [↓] **1** 深さ, 深み; 深淵: *de profundis* (VULG) (悲惨・絶望などの)深き淵より. **2**

profundus -a, -um, *adj* [pro-/fundus] **1** (きわめて)深い. **2** 高い. **3** (暗闇が)深い, 濃い. **4** 無限の, 限りない. **5** 奥深い, 深遠な.

profūsē *adv* [profusus] **1** ぜいたくに. **2** 混乱して. **3** 過度に.

profūsiō -ōnis, *f* [profundo] **1** (体液の病的な)流出; 下痢. **2** 《碑》(神への)献酒. **3** ぜいたく, 浪費.

profūsus -a -um, *adj* (*pp*) [profundo] **1** 浪費する, ぜいたくな. **2** 気前のよい, 物惜しみしない. **3** 過度の, 法外な.

prōfutūrus -a, -um, *fut p* ⇨ prosum¹.

prōgemmō -āre, *intr* [pro-/gemmo] 芽を出す, つぼみをもつ.

prōgener -erī, *m* [pro-/gener] 孫娘の夫.

prōgenerātiō -ōnis, *f* [↓] 子を生むこと, 繁殖.

prōgenerō -āre -āvī -ātum, *tr* [pro-/genero] (子を)生む.

prōgeniēs -ēī, *f* [pro-/gigno] **1** 血統, 血筋. **2** 後裔, 子孫. **3** 息子, 娘, 子.

prōgenitīvus -a, -um, °*adj* [progigno] 生産[生殖]力のある.

prōgenitor -ōris, *m* [progigno] 先祖, 始祖.

prōgenitrīx -īcis, °*f* [↑] 先祖, 始祖《女性》.

prōgenitus -a -um, *pp* ⇨ progigno.

prōgenuī *pf* ⇨ progigno.

progermināō -āre, *intr* [pro-/germino] 芽を出す, 発芽する.

prōgerō -ere -gessī -gestum, *tr* [pro-/gero] 運び出す, 運ぶ.

prōgessī *pf* ⇨ progero.

prōgestus -a -um, *pp* ⇨ progero.

prōgignō -ere -genuī -genitum, *tr* [pro-/gigno] **1** (父が)子をもうける; 生む. **2** 生じさせる, ひき起こす.

prōglottis -idis, °*f* 《動》(多節条虫類の)片節.

prōgnāriter *adv* [pro-/gnarus] 正確に, きちんと.

prōgnātus¹ -a -um, *adj* [pro-/(g)nascor] 生まれた; 生じた.

prōgnātus² -ī, *m* 子, 子孫.

prōgnōsis -is, °*f* [Gk] **1** 予知. **2** 《医》予後.

prōgnostica -ōrum, *n pl* [Gk] 天候の徴候.

prōgnōsticus -a -um, °*adj* [Gk] 予知[予測]の.

programma -atis, °*n* [Gk] **1** 宣言, 布告. **2** 目録, 番組, 計画.

prōgredī *inf* ⇨ progredior.

prōgredior -gredī -gressus sum, *intr dep* [pro-/gradior] **1** 歩み出る, 出てくる, 前進する〈ex re; in alqd〉. **2** さらに進む, 進歩[発達]する. **3** 話を進める. **4** 年を取る, 円熟する. **5** (数が)大きくなる, ふえる.

prōgressiō -ōnis, *f* [↑] **1** 進歩, 発展. **2** 《修》漸層法.

prōgressus¹ -a -um, *pp* ⇨ progredior.

prōgressus² -ūs, *m* **1** 前進. **2** 突出部. **3** 進歩, 発展. **4** 年齢を重ねること.

prōgubernātor -ōris, *m* [pro²/gubernator] 水先案内人の助手.

prohibeō -ēre -buī -bitum, *tr* [pro/habeo] **1** 遠ざける, そらす. **2** 防ぐ, 妨げる〈alqd; alqm re; + *acc c. inf*; ne, quominus, quin〉: *hostem commeatu prohibere* (Cic) 敵の糧道を断つ. **3** 禁ずる〈alqd; alqm re; +acc c. inf〉. **4** 守る〈alqm [alqd] re〉.

prohibitiō -ōnis, *f* [↑] 禁止, 防止.

prohibitor -ōris, *m* [prohibeo] 禁止[防止]者.

prohibitōrius -a -um, *adj* [↑] 禁止[防止]する.

prohibitus -a -um, *pp* ⇨ prohibeo.

prohibuī *pf* ⇨ prohibeo.

prohinc *adv* [pro²/hinc] それゆえに, だから.

prōicere *inf* ⇨ proicio.

prōiciō -cere -jēcī -jectum, *tr* [pro-/jacio] **1** へ投げる; 注ぐ; (種子を)まく. **2** 伸ばす, 差し出す. **3** 追い出す, 追放する. **4** (*refl*, *pass*) 飛び込む. **5** 押し[引き]倒す. **6** 捨てる, 放棄する. **7** 引き延ばす, 遅らせる.

proin *adv* =proinde.

proinde *adv* [pro-/inde] **1** それゆえに, 従って. **2** (ac, atque, ut などと用いて) …のように, …と同様に, …に応じて: *te faciam ~ ac meritus es* (Plaut) おまえをおまえにふさわしいものにしてやろう / *~ ut dixi* (Plaut) 先にも言ったとおり. **3** (ac si, quasi などと用いて)あたかも…のように: *~ ac si virtute vicissent* (Caes) 彼らはまるで武勇によって勝利したかのように.

prōjēcī *pf* ⇨ proicio.

prōjectē °*adv* [projectus¹] 不注意に, 無頓着に.

prōjectīcius -a -um, *adj* [proicio] **1** (子どもが)捨てられた. **2**° 罷免[解任]された.

prōjectiō -ōnis, *f* [proicio] 突き出すこと, 伸ばすこと.

prōjectō -āre, *tr freq* [proicio] **1** 非難する. **2**° (危険に)さらす.

prōjectūra -ae, *f* [proicio] (建物の)張り出し, 突出部.

prōjectus¹ -a -um, *adj* (*pp*) [proicio] **1** 突き出た. **2** 著しい, 目立つ. **3** …にふける〈ad alqd〉. **4** 卑しい, 卑屈な.

*****prōjectus**² -ūs, *m* (用例は *sg abl* prōjectū のみ) 伸ばす[広げる]こと.

prōjiciō -cere, *tr* =proicio.

prōlābī *inf* ⇨ prolabor.

prōlābor -bī -lapsus sum, *intr dep* [pro-/labor] **1** 前へすべる; 徐々に[ひそかに]進む. **2** すべり落ちる. **3** 倒れる, 崩壊する. **4** (ある状態に)陥る〈ad [in] alqd〉. **5** 衰える, 堕落する. **6** 誤る, 間違いをする.

prōlāpsiō -ōnis, *f* [↑] **1** 足をすべらすこと, つまずき. **2** (建物の)崩壊. **3**° 過失, 失策.

prōlāpsus -a -um, *pp* ⇨ prolabor.

prōlātiō -ōnis, *f* [profero] **1** (例の)提示. **2** 拡大, 拡張. **3** 延期, 延引.

prōlātō -āre -āvī -ātum, *tr freq* [profero] **1** 伸ばす, 広げる. **2** 延引する, 延期する.

prōlātor -ōris, °*m* [profero] 提出する人; 公布する人.

prōlātus¹ -a -um, *pp* ⇨ profero.

prōlātus² -ūs, °*m* **1** 提出. **2** (口頭の)報告, 説明.

prōlectō -āre -āvī -ātum, *tr freq* [prolicio] 誘う, 誘惑する, そそのかす.

prōlēgātus -ī, *m* [pro²/legatus²] 《碑》副総督代

理.

prolegomena -ōrum, °*n pl* [Gk] 序言, 序文; 緒論.

prolepsis -is, °*f* [Gk] 《修》予弁法 (=praeoccupatio).

prōlēs -lis, *f* [pro-/*cf.* indoles] **1** 子, 子孫; 《植物》の実. **2** 世代. **3** 種族. **4** °(*pl*) 睾丸.

prōlētārius[1] -a -um, *adj* [↑] **1** 最下層市民の. **2** 低俗[卑俗]な.

prōlētārius[2] -ī, *m* 最下層市民.

prōlicere *inf* ⇨ prolicio.

prōliciō -cere, *tr* [pro-/lacio] 誘惑する, 誘い出す, そそのかす.

prōlixē *adv* [prolixus] **1** 長く伸びて. **2** 詳細に. **3** 豊富に, 大量に; 気前よく, 惜しみなく.

prōlixitās -ātis, *f* [prolixus] **1** 長さ, 広がり. **2** °長期間. **3**° 冗長.

prōlixitūdō -dinis, *f* [prolixus] (話が)長たらしいこと, 冗長.

prōlixō -āre, *tr* [prolixus] 長くする, 伸ばす.

prōlixum *adv* (*neut*) [↓] とめどなく.

prōlixus -a -um, *adj* [pro-/laxus] **1** 長い, 伸びた. **2** (背の)高い. **3** 広範囲の. **4** 冗長な, 長たらしい. **5** 親切な, 好意的な.

prōlocūtiō -ōnis, °*f* [proloquor] 序言.

prōlocūtor -ōris, °*m* [proloquor] 代言人, 弁護人.

prōlocūtus -a -um, *pp* ⇨ proloquor.

prologium -ī, *n* [Gk] 序言, 前口上.

prologus -ī, *m* [Gk] **1** (芝居の)序, 前口上. **2** 序文, 序言. **3** 前口上を述べる役者.

prōlongō -āre -āvī, °*tr* [pro-/longus] (時間的に)長引かせる, 延ばす.

prōloquī *inf* ⇨ proloquor.

prōloquium -ī, *n* [↓] **1** 序言, 序文, 前置き. **2** 《論》公理 (=axioma). **3**° 宣告, 判決.

prōloquor -quī -locūtus sum, *intr, tr dep* [pro-/loquor] **1** 言う, 話す, 述べる. **2** 言明する, 表明する.

prōlubium -ī, *n* [pro-/libet] **1** 傾向, 性向. **2** 喜び, 欲望.

prōlūdō -ere -lūsī -lūsum, *intr* [pro-/ludo] (演説・戦闘などの)準備[下稽古]をする, 前もって練習する.

prōlūgeō -ēre, *intr* [pro-/lugeo] (普段より長く)悲しむ.

prōluī *pf* ⇨ proluo.

prōluō -ere -luī -lūtum, *tr* [pro-/luo[1]] **1** 洗い流す, 流し運ぶ. **2** 洗い[流し]清める.

prōlūsī *pf* ⇨ proludo.

prōlūsiō -ōnis, *f* [proludo] (試合の)練習, 下稽古.

prōlūsus -a -um, *pp* ⇨ proludo.

prōlūtus -a -um, *pp* ⇨ proluo.

prōluviēs -ēī, *f* [proluo] **1** 洪水, 氾濫. **2** 汚物, 排泄物.

prōluviō -ōnis, *f* [proluo] 洪水.

prōluviōsus -a -um, °*adj* [↑] 蔓延する, はびこる.

prōluvium -ī, °*n* [proluo] 豊富, 潤沢.

prolytae -ārum, °*m pl* [Gk] 5年間法律を研究してから証書を受けて卒業する学生.

prōmagister -trī, *m* [pro[2]/magister] 《碑》代理役(官), 副官.

prōmagisterium -ī, *n* 《碑》promagister の職[地位].

prōmātertera -ae, *f* [pro-/matertera] 曾祖母の姉妹.

prōmercālis -is -e, *adj* [pro-/merx] 売買される.

prōmercium -ī, *n* [pro-/merx] 取引, 売買.

prōmereō -ēre -meruī -meritum, *tr* (*intr*) [pro-/mereo] **1** …に値する ⟨alqd; ut⟩. **2** *bene promerere de alqo* (Cic) ある人に親切を尽くす. **3** 獲得する, かち取る; 好意を得る, 味方に引き入れる.

prōmereor -ērī -meritus sum, *tr* (*intr*) *dep* = promereo.

prōmeritum -ī, *n* [↓] **1** 奉仕, 善行. **2** 悪行, 過失.

prōmeritus -a -um, *pp* ⇨ promereo, promereor.

Promētheus[1] -eī [-eos], *m* [Gk] 《神話》プロメーテウス (Iapetus と Clymene の息子で Epimetheus の兄弟; Deucalion の父; 天上から火を盗んで人間に与えた).

Promētheus[2] -a -um, *adj* Prometheus の.

Promēthīdēs -ae, *m* Prometheus の息子 (= Deucalion).

prōmicō -āre -āvī -ātum, *intr* [pro-/mico] 湧き出る, 生え出る.

prōminens[1] -entis, *adj* (*prp*) [promineo] 突き出た.

prōminens[2] -entis, *n* 突き出た部分, 突端.

prōminenter °*adv* [prominens[1]] 顕著に.

prōminentia -ae, *f* [prominens[1]] 突出.

prōmineō -ēre -minuī, *intr* [pro-/*cf.* emineo] **1** 突き出ている. **2** 前かがみになる, 傾く: *matres de muro prominentes* (Caes) 母親たちは城壁から身を乗り出して.

prōminulus -a -um, *adj dim* [↑] やや突き出た.

promiscam *adv* =promiscue.

prōmiscuē, -miscē *adv* [↓] **1** 入り交じって, 無差別に, 区別なしに. **2** 一般に, 普通に.

prōmiscuus, -miscus -a -um, *adj* [pro-/misceo] **1** 入り交じった, 差別[区別]のない, 共通の: *conubia promiscua* (Liv) 《貴族と平民間の》通婚. **2** 《文》通性[両性共通]の. **3** 普通の, ありふれた.

prōmīsī *pf* ⇨ promitto.

prōmissiō -ōnis, *f* [promitto] **1** 約束, 契約. **2** 《修》論拠をやがて示すことを保証すること.

prōmissīvus -a -um, °*adj* [promitto] **1** 約束の, 約定の. **2** *promissivum tempus* (Diom) 《文》未来時制.

prōmissor -ōris, *m* [promitto] 約束する人.

prōmissum -ī, *n* (*pp*) [promitto] **1** 約束, 誓約. **2** 保証.

prōmissus[1] -a -um, *adj* (*pp*) [promitto] (髪が)伸ばし放題の, 長い.

prōmissus[2] -ūs, *m* 約束すること.

prōmittō -ere -mīsī -missum, *tr* [pro-/mitto] 1 (髪・ひげなどを)伸びるにまかせる. 2 約束する, 保証する, 義務を負う: *se ultorem promittere* (Verg) 仇討ちを誓う / *damni infecti promittere* (Cic) 不慮の損害に賠償を約す / *promittere ad cenam* [*ad alqm*] (Plaut) 食事(ある人から)の招待に応じる. 3 期待させる. 4 あらかじめ告げる.

prōmō -ere prompsī promptum, *tr* [pro-/emo] 1 取り(引き)出す, 汲み出す. 2 明らかにする, 提示する, 説く: *consilia promere* (Cic) 助言を与える.

prōmoneō -ēre -monuī -monitum, *tr* [pro-/moneo] (あらかじめ)警告する.

prōmontŏrium -ī, *n* =promunturium.

prōmōta -ōrum, *n pl* (*pp*) [promoveo] =proegmena, producta.

prōmōtiō -ōnis, °*f* [promoveo] 昇任, 昇進.

prōmōtor -ōris, *m* [promoveo] 1 〘教〙促進する人. 2°〘カト〙~ *fidei* 列聖調査審問検事.

prōmōtus -a -um, *pp* ⇨ promoveo.

prōmoveō -ēre -mōvī -mōtum, *tr* [pro-/moveo] 1 前へ動かす, 前進させる. 2 (nihil, parum などと用いて)はかどる, 進歩する; …に役立つ ⟨ad alqd⟩. 3 拡大[拡張]する. 4 昇進させる. 5 明るみに出す. 6 延期する.

prōmōvī *pf* ⇨ promoveo.

prompsī *pf* ⇨ promo.

promptē *adv* [promptus¹] 1 すばやく, 速やかに. 2 快く, 喜んで. 3 容易に. 4 流暢に.

promptitūdō -dinis, °*f* [promptus¹] 迅速, 機敏.

promptō -āre, *tr freq* [promo] 分配する, 会計係をつとめる.

promptuārium -ī, *n* [↓] 納戸, 貯蔵室[庫].

promptuārius -a -um, *adj* [promo] 保管[貯蔵]する.

promptus¹ -a -um, *adj* (*pp*) [promo] 1 容易に手に入る, 思いどおりにできる. 2 準備のできた, 進んでする. 3 容易な. 4 はっきり見える, 明白な. 5 迅速な, 機敏な.

*****promptus**² -ūs, *m* (用例は常に *in promptū* の形で) 1 *in promptu esse* (Lucr) 明らか[自明]である / *in promptu ponere* (Cic) 見えるようにする 2 *in promptu esse* [*habere*] (Cic) すぐ利用できる, 思うままになる. 3 *in promptu esse* ⟨+*inf*⟩ (Sall) 容易である.

prōmulgātiō -ōnis, *f* [promulgo] 公布, 発布.

prōmulgātor -ōris, *m* [↓] 公布[発布]する人.

prōmulgō -āre -āvī -ātum, *tr* 公示する, 公表する.

prōmulsis -idis, *f* [pro-/mulsum] 前菜, オードブル.

prōmum -ī, °*n* [↓] 食料貯蔵室.

prōmuntŭrium, -tŏrium -ī, *n* [promineo] 1 岬: ~ *Apollinis* (Liv) Carthago 湾の岬 / ~ *Junonis* (Mela) Utica 近くの岬. 2 (山(脈)から横に突出した)尾根, 支脈. 3°〘解〙岬角(ぬの).

prōmus -ī, *m* [promo] 1 食料品係, 賄い方. 2 図書係.

prōmūtuus -a -um, *adj* [pro²/mutuus] 前貸し[前払い]された.

prōnātō -āre, *intr* [pro-/nato] 泳いで進む.

prōnātor -ōris, °*m* 〘解〙回内筋.

prōnāus -ī, *m* [*Gk*] (神殿の神像安置室(cella)の)前室.

prōnē *adv* [pronus] 1 斜めに. 2° 快く, 進んで.

prōnectō -ere, *tr* [pro-/necto] 織り続ける.

pronepōs -ōtis, *m* [pro-/nepos] 曾孫⟨男⟩.

proneptis -is, *f* [pro-/neptis] 曾孫⟨女⟩.

prōnō -āre -āvī -ātum, °*tr* [pronus] 前へ傾ける, 前屈させる.

pronoea -ae, *f* [*Gk*] 神意, (神の)摂理.

prōnōmen -minis, *n* [pro-/nomen] 〘文〙代名詞.

prōnōminālis -is -e, °*adj* [↑] 代名詞の.

prōnōminātiō -ōnis, *f* [pro-/nomino] 〘修〙換称(本名の代わりにあだ名や通称を用いる; =antonomasia).

prōnōminō -āre, °*tr* [pronomen] 代名詞で指示する.

prōnuba -ae, *f* [pro-/nubo] 1 花嫁を寝室へ導く既婚女性. 2 Juno の添え名.

prōnubus¹ -a -um, °*adj* [pro-/nubo] 結婚の, 婚姻の.

prōnubus² -ī, °*m* 花婿の付添人.

prōnucleus -ī, °*m* 〘生物〙前核.

prōnum -ī, *n* [pronus] 斜面, 坂.

prōnuntiātiō -ōnis, *f* [pronuntio] 1 公告, 宣言. 2 判決, 宣告. 3 〘論〙命題. 4 演説(のせりふまわし. 5 〘文〙発音.

prōnuntiātīvē °*adv* [↓] 平叙的に, 肯定的に.

prōnuntiātīvus -a -um, °*adj* [pronuntio] 〘文〙平叙の, 肯定の: *modus* ~ (Diom) 直説法.

prōnuntiātor -ōris, *m* [pronuntio] 1 語り手, 説明する人. 2 演説する人.

prōnuntiātum -ī, *n* (*pp*) [pronuntio] 〘論〙命題.

prōnuntiātus -ūs, *m* [↓] 発音.

prōnuntiō -āre -āvī -ātum, *tr* 1 公告する, 宣言する ⟨alqd; +*acc c. inf*⟩. 2 公約する. 3 演説する, 述べる. 4 判決を下す, 宣告する. 5 演説する; 朗読[朗誦]する; (俳優が)せりふを言う. 6 発音する.

prōnūper *adv* (nuper の強意形) ついこの間, ごく最近に.

prōnurus -ūs, *f* [pro-/nurus] 1 孫の妻. 2 曾孫の妻.

prōnus -a -um, *adj* 1 前に傾いた, 前のめりになった. 2 下降する, 傾斜した, 険しい. 3 (天体が)沈む; (月日が)早く過ぎる. 4 …の傾向がある, …しがちな ⟨ad [in] alqd; alci rei⟩. 5 好意的な ⟨alci; in alqm⟩. 6 容易な.

prooemior -ārī -ātus sum, *intr dep* [↓] (演説の)前置きを語る.

prooemium -ī, *n* [*Gk*] 1 〘音〙前奏, 序奏. 2 序文, 緒言.

propāgātiō -ōnis, *f* [propago¹] 1 (取り木・挿し枝による)繁殖, 増殖. 2 (空間の)拡大, 拡張; (時間の)延長.

propāgātor -ōris, *m* [propago¹] 延長[拡大]する人.

propāgēs -is, *f* [pro-/pango] 1 挿し枝, 取り木.

2 子孫, 後裔.

propāginātiō -ōnis, °f [↓] 取り木すること.

propāginō -āre -āvī -ātum, tr [propago²] (取り木によって)増殖する.

propāgō¹ -āre -āvī -ātum, tr [propages] 1 (取り木・挿し枝によって)増殖[繁殖]させる, 成長させる. 2 (生殖によって)一族・種族を)存続させる; (家名・伝統を)後世に伝える. 3 (時間的に)延長する; (空間的に)拡大[拡張]する. 4 (量・度合いを)増す.

propāgō² -ginis, f [cf. propages] 1 取り木, 挿し枝. 2 子; 子孫, 後裔. 3 一世代; 一族, 種族.

prōpalam adv [pro-/palam] 公けに, 公然と, 明白に.

prōpalō -āre -ātum, °tr [↑] 公表する, 暴露する.

propator -oris, °m [Gk] 祖先, 先祖.

prōpatruus -ī, m [pro-/patruus] 曾祖父の兄弟.

prōpatulō -ō adv (abl) [↓] 戸外[野外]で.

prōpatulum -ī, n [↓] おおわれていない[公然たる]場所: in propatulo (PLIN MIN) 戸外[野外]で, 公然と.

prōpatulus -a -um, adj [pro-/patulus] おおわれていない, 公然の.

prope adv, prep I (adv) (comp propius, superl proximē) 1 (空間的に)近く, 接近して. 2 (時間的に)近く. 3 ほとんど, ほぼ: ~ est ut (+subj) (SEN) あやうく…しそうである, …も同然だ. II (prep) (+acc) 1 (空間的に)…のそばに. 2 (時間的に)…に近く, …頃. 3 (性質・状態などが)…に近く, …に遠くなく: res ~ secessionem plebis venit (LIV) 事態は平民の離脱に近づいた.

propediem, prope diem adv [↑/dies] 近々, ほどなく, やがて.

prōpellō -ere -pulī -pulsum, tr [pro-/pello] 1 前へ押し[追い]やる, 押し[突き]進める. 2 押し[突き]倒す, ひっくり返す. 3 駆りたてる 〈alqm ad alqd〉. 4 追い払う, 駆逐する.

propemodo adv =propemodum.

propemodum adv [prope/modus] ほとんど, ほぼ, およそ.

prōpendeō -ēre -pendī -pensum, intr [pro-/pendeo] 1 垂れ下がっている, ぶら下がっている. 2 (天秤皿が)一方へ下がる, 傾く. 3 まさっている, 優勢である. 4 (心が)…に向く, 傾く 〈in alqm [alqd]〉.

prōpendī pf ⇒ propendeo.

prōpensē adv (comp prōpensius) [propensus] 快く, 進んで, 自発的に.

prōpensiō -ōnis, f [propendeo] (ある事物を好む)傾向, 性向 〈ad alqd〉.

prōpensus -a -um, adj (pp) [propendeo] 1 重い. 2 …に傾いた, …しがちな 〈ad [in] alqd〉. 3 好意的な. 4 優勢な. 5 熟意のある.

properans -antis, adj (prp) [propero] 急いでいる, 急速な.

properanter adv [↑] 大急ぎで, 急速に.

properantia -ae, f [properans] 大急ぎ, 急速.

properātim adv [propero] 急いで.

properātiō -ōnis, f [propero] =properantia.

properātō adv (abl) [↓] =properanter.

properātus -a -um, adj (pp) [propero] 大急ぎの, 急ぎの.

properē adv [properus] 急いで, 躊躇なく.

properipēs -edis, adj [properus/pes] 足の速い.

properiter adv [properus] 急いで.

properō -āre -āvī -ātum, tr, intr [properus] I (tr) 1 急いで行なう. 2 急がせる, 促す. II (intr) 急ぐ 〈in [ad] alqd; +inf; ut〉.

Propertius -ī, m プロペルティウス《ローマ人の氏族名; 特に Sex. ~, ローマの elegia 詩人 (前 50?-?15)》.

properus -a -um, adj 速い, 急いだ.

prōpēs -pedis, m [pro-/pes] 帆脚索(ほあし).

prōpexus -a -um, adj [pro-/pecto] (髪をくしで)前にとかした; (長く)垂れ下がった.

prophēta, -ēs -ae, m [Gk] 神の代弁者, 預言者.

prophētālis -is -e, °adj [propheto] 預言(者)の.

prophētātiō -ōnis, °f [propheto] 預言.

prophētīa -ae, °f [Gk] 預言.

prophētiālis -is -e, °adj [↑] 預言の.

prophēticus -a -um, °adj [Gk] 預言の.

prophētis -idis, °f [Gk] 預言者《女性》.

prophētizō -āre, °tr 預言する.

prophētō -āre -āvī -ātum, °tr 預言する.

prophylaxis -is, °f [医] 予防(法).

propīn indecl n [Gk] 食前酒.

propīnātiō -ōnis, f [↓] 健康を祝して乾杯すること, 酒盛り.

propīnō -āre -āvī -ātum, tr [Gk] 1 健康を祝して飲む, 乾杯する 〈alci alqd〉. 2 (薬として)飲ませる.

propinqua -ae, f [propinquus²] 親族《女性》.

propinquē adv [propinquus¹] 近く[そば]に.

propinquitās -ātis, f [propinquus¹] 1 (時・場所の)近いこと, 近接. 2 親族関係. 3 親密, 友好.

propinquō -āre -āvī -ātum, intr, tr [↓] I (intr) 近づく; 近くにある. II (tr) 近づける, 急がせる.

propinquus¹ -a -um, adj [prope] 1 (空間的に)近くにある 〈+dat [gen]〉. 2 近い, 差し迫った. 3 よく似た, 類似の. 4 近親の, 親族の.

propinquus² -ī, m 親族, 親類.

propiō -āre -ātum, °intr [prope] 近づく, 接近する.

propior -ior -ius (gen -ōris), adj comp [prope] 1 (空間的に)より近い 〈+dat [acc]; a re〉. 2 より近い過去[未来]の. 3 より近親の; より親密な. 4 よりかわりのある, より重要な. 5 もっとよく似た. 6 より適切な, よりふさわしい.

propiōra -um, n pl [↑] より近い場所; より最近のできごと.

propitiābilis -is -e, adj [propitio] なだめる[和らげる]ことができる.

propitiātiō -ōnis, °f [propitio] 1 贖罪; (神の)慈悲. 2 贖罪の供犠.

propitiātor -ōris, °m [propitio] なだめる人, 取りなす人.

propitiātōrium -ī, °n [↓] 1 神をなだめる[贖罪の]手段. 2 贖罪所.

propitiātōrius -a -um, °adj [propitiator] 神をなだめる, 贖罪の.

propitiātrix -īcis, °f [propitiator] なだめる人, 取りなす人《女性》.

propitiō -āre -āvī -ātum, tr [↓] 1 好意を得る, な

だめる. **2** (感情を)静める.
propitius -a -um, *adj* [pro-/peto] 慈悲深い, 親切な, 好意的な.
propius *adv comp* (*neut*) [propior] より近く.
proplasma -atis, *n* [Gk] (彫刻の)原型, ひな形.
propnigēum -ī, *n* [Gk] (浴場の)発汗室.
propodium -ī, °*n* [動] 前足.
Prōpoetides -um, *f pl* [Gk] 《伝説》プロポエティデス, *-ポイ《Cyprus 島の Amathus の乙女たち; Venus の神性を否定したため最初の娼婦となり, のち石に変えられた》.
propōla[1] -ae, *m* [Gk] 小売商.
propōla[2] -ae, °*f* 古物商, 古道具屋.
propolis -is, *f* [Gk] 蜂蠟(ﾛｳ), 蜂にかわ.
propolluō -ere, *tr* [pro-/polluo] けがす, よごす.
prōpōnō -ere -posuī -positum, *tr* [pro-/pono] **1** 前に置く, 展示する, 人目にさらす: *fidem venalem proponere* (Cic) 信頼を売りに出す. **2** 説明する, 打ち明ける, 述べる. **3** 差し出す, 提供する, 約束する: *remedia morbo proponere* (Nep) 病を治療する. **4** 想像する, 思い浮かべる. **5** 手本[例]とする: *sibi alqm ad imitandum proponere* (Cic) ある人を模倣のお手本に選ぶ. **6** 提案する. **7** 予定する, 運命づける. **8** もくろむ, 企図する〈alqd; sibi alqd; ut; +*inf*〉. **9** (三段論法の)大前提として立てる.
Propontiacus -a -um, *adj* Propontis の.
Propontis -idos [-idis], *f* [Gk] プロポンティス《黒海とエーゲ海の間の海; 現 Marmara 海》.
prōporrō *adv* [pro-/porro] さらに, そのうえに.
prōportiō -ōnis, *f* [<pro portione] **1** 釣り合い, 均整, 比例. **2** 《文》類推 (=analogia).
prōportiōnālis -ē, °*adj* [↑] 釣り合った, 比例した.
prōportiōnālitās -ātis, °*f* [↑] 釣り合い, 比例.
prōportiōnāliter °*adv* [proportionalis] 釣り合って, 比例して.
prōportiōnātus -a -um, °*adj* [proportio] 釣り合いのとれた.
prōpositiō -ōnis, *f* [propono] **1** 想像. **2** 考え, 見解. **3** 陳述, 提示. **4** (三段論法の)大前提.
prōpositum -ī, *n* [↓] **1** 計画, 企て, 意図, 目的. **2** 暮らし方, 生き方. **3** (演説の)仕方, 型. **4** 題目, 主題. **5** (三段論法の)大前提.
prōpositus -a -um, *pp* ⇒ propono.
prōposuī *pf* ⇒ propono.
prōpraetor -ōris, *m*, **prō praetōre** *indecl m* **1** (praetor を勤めた)属州総督. **2** 総督代理.
propriātim °*adv* [proprius] 本式に, 適切に.
propriē *adv* [proprius] **1** 固有のものとして, 個別に. **2** 厳密に, 正確に, 適切に. **3** 特に, とりわけ.
proprietārius -ī, °*m* [↑] 《法》所有者.
proprietās -ātis, *f* [proprius] **1** 独自性, 特質. **2** (語の)正確な[特有の]意味. **3** 適正, 適切. **4** 所有権.
proprium -ī, *n* [↓] **1** 所有物, 財産. **2** 特徴, 独自性.
proprius -a -um, *adj* **1** 自分の; 独自の, 固有の. **2** 特殊な, 特別の. **3** 恒常的な, 持続的な. **4** 適当な, ふさわしい.

propter *adv*, *prep* [prope] **I** (*adv*) 近くに, そばに. **II** (*prep*) 〈+*acc*〉 **1** …の近くに, …のそばに. **2** …のゆえに, …の結果として. **3** …の(目的・利益の)ために. **4** …によって, …を使って. **5** …に関しては.
proptereā *adv* [↑/ea (is の *f sg abl*)] **1** それゆえに, その結果として: ~ *quod* … (Cic) …であるから. **2** その目的のために: ~ *ut* … (Cic) …する目的で, …しようとして.
proptōsis -is, *f* [Gk] 《病》(眼球の)突出.
propudiōsus -a -um, *adj* [↓] 破廉恥な, 恥知らずの.
propudium -ī, *n* [pro-/pudeo] **1** 破廉恥[下劣]な行為. **2** 破廉恥漢, 恥知らずな女.
prōpugnāculum -ī, *n* [propugno] **1** とりで, 堡塁, 城塞. **2** 防備, 防護.
prōpugnātiō -ōnis, *f* [propugno] 防護, 防衛.
prōpugnātor -ōris, *m* [propugno] **1** 防衛[防戦]する者. **2** 庇護[擁護]者.
prōpugnātrix -īcis, *f* [↑] 《稀》防衛[庇護]する者《女性》.
prōpugnō -āre -āvī -ātum, *intr*, *tr* [pro-/pugno] **I** (*intr*) **1** 出撃する. **2** 戦う, 防戦[応戦]する 〈pro re; alci rei〉. **II** (*tr*) 防護[防衛]する, かばう.
prōpulī *pf* ⇒ propello.
prōpulsātiō -ōnis, *f* [propulso] くつがえす[論駁]すること.
prōpulsātor -ōris, *m* [↓] 遠ざける[回避する]人.
prōpulsō -āre -āvī -ātum, *tr freq* [propello] **1** 追い払う, 撃退する. **2** 遠ざける, 回避する 〈alqd a re〉.
prōpulsor -ōris, °*m* [propello] (家畜を)前に追いたてる人.
prōpulsus[1] -a -um, *pp* ⇒ propello.
prōpulsus[2] -ūs, °*m* 推進(力).
propylaea -ōrum, *n pl* [Gk] (Athenae の) Acropolis の入口をなす前殿.
propylon -ī, *n* [Gk] =propylaea.
prōquaestor -ōris, *m*, **prō quaestōre** *indecl m* (属州総督を補佐する)前財務官.
prōquam, prō quam *conj* …に比例して, …に応じて.
prōquirītō -āre -ātum, *intr* [pro-/quirito] 声高に読み上げる, 布告する.
prōra -ae, *f* [Gk] **1** 船首, へさき. **2** 《詩》船.
prōrēpō -ere -repsī -reptum, *tr* [pro-/repo] **1** はって進む[出る]; こっそり進む. **2** 徐々に現われる; にじみ出る.
prōrepsī *pf* ⇒ prorepo.
prōreptus -a -um, *pp* ⇒ prorepo, proripio.
prōrēta -ae, *m* [Gk] (船首に立って舵手に指示を与える)見張り人.
prōreus -eī [-eos], *m* [Gk] =proreta.
prōripere *inf* ⇒ proripio.
prōripiō -pere -ripuī -reptum, *tr* [pro-/rapio] **1** 引き(ずり)出す, 引き離す. **2** (*refl*) 飛び出す.
prōripuī *pf* ⇒ proripio.
prōrītō -āre, *tr* [pro-/*cf.* irrito[1]] (人を)駆りたてる, そそのかす; (状況を)ひき起こす, 誘発する.
prōrogātiō -ōnis, *f* [prorogo] **1** (任期の)延長.

2 延期.

prōrogātīvus -a -um, *adj* [prorogo] (雷の脅威が)先に延ばすことのできる.

prōrogātor -ōris, °*m* [↓] 給付する人.

prōrogō -āre -āvī -ātum, *tr* [pro-/rogo] **1** (任期を)延長する. **2** 延期する: *prorogare dies ad solvendum* (Cɪᴄ) 数日支払いの猶予を与える. **3°** 前払いする.

Prorsa -ae, *f*《神話》プロルサ《逆子でない分娩をつかさどる女神》.

prorsum,《古形》**prōsum** *adv* [pro²/vorsum (⇨ versus²)] **1** 先に, 前方に; まっすぐに. **2** 単純に, まったく, 絶対に.

prorsus¹,《古形》**prōsus**¹ *adv* [pro²/vorsus (⇨ versus²)] **1** まっすぐに; うまい具合に. **2** すっかり, まったく, 絶対に. **3** 一言で言えば.

prorsus², **prōsus**² -a -um, *adj* [↑] **1** (通例 prorsus で)まっすぐな. **2** (通例 prosus で) *prosa oratio* (Sᴇɴ) 散文.

prōruī *pf* ⇨ proruo.

prōrumpō -ere -rūpī -ruptum, *intr, tr* [pro-/rumpo] **I** (*intr*) 飛び出す, 突進する; (突然)現われる. **II** (*tr*) 飛び出させる.

prōruō -ere -ruī -rutum, *intr, tr* [pro-/ruo] **I** (*intr*) **1** 飛び出す, 突進する. **2** 前方へ倒れる, 崩壊する. **II** (*tr*) **1** 飛び出させる. **2** 倒壊[崩壊]させる.

prōrūpī *pf* ⇨ prorumpo.

prōruptiō -ōnis, °*f* [prorumpo] 飛び出すこと, 突進.

prōruptus -a -um, *pp* ⇨ prorumpo.

prōrutus -a -um, *pp* ⇨ proruo.

prōsa -ae, *f* [prorsus²] 散文.

prōsaicus -a -um, °*adj* [↑] 散文の, 散文的な.

prōsāpia -ae, *f* [pro²/*cf.* sopio²] 血統, 家系, 一族.

prōsāpiēs -ēī, °*f* =prosapia².

prōsatus -a -um, *pp* ⇨ prosero².

proscaenium, -scēn- -ī, *n* [*Gk*] 舞台; 劇場.

proscholus -ī, °*m* [*Gk*] 助教師.

proscidī *pf* ⇨ proscindo.

proscindō -ere -scidī -scissum, *tr* [pro-/scindo] **1** 切り裂く. **2** 耕す, すく; 波を切って進む. **3** そしる, 罵倒する.

proscissiō -ōnis, *f* [↑] (未耕・休耕地の)掘り起こし.

proscissus -a -um, *pp* ⇨ proscindo.

proscrībō -ere -scripsī -scriptum, *tr* [pro-/scribo¹] **1** 公示[掲示]する. **2** 売りに出すことを文書で公告する. **3** (財産を)没収する. **4** 罪人として公告する, 法律上の保護を奪う.

proscripsī *pf* ⇨ proscribo.

proscriptiō -ōnis, *f* [proscribo] **1** (文書による)売却の公告. **2** 罪人と宣告され財産を没収された市民名の公告.

proscriptor -ōris, *m* [proscribo] 追放する[法律上の保護を奪う]人.

proscripturiō -īre, *intr desid* [proscribo] 追放[財産没収]しようと熱望する.

proscriptus -a -um, *pp* ⇨ proscribo.

prōsecō -āre -secuī -sectum, *tr* [pro-/seco] **1** (いけにえの臓腑を)切り取る. **2** (土地を)掘り起こす, 耕す. **3°** 犠牲にささげる.

prōsectiō -ōnis, °*f* [↑] 切断, 切り離し.

prōsector -ōris, °*m* [proseco] 切り取る人.

prōsectum -ī, *n* [↓] いけにえの臓腑.

prōsectus¹ -a -um, *pp* ⇨ proseco.

prōsectus² -ūs, *m* 切りつけること.

prōsecuī *pf* ⇨ proseco.

prōsecūtiō -ōnis, °*f* [prosequor] **1** 随従, 随行. **2** 告別の辞. **3** 継続, 続行.

prōsecūtor -ōris, °*m* [prosequor] 随行者, 護衛者.

prōsecūtus -a -um, *pp* ⇨ prosequor.

prōseda -ae, *f* [pro/sedeo] 娼婦.

proselēnus -a -um *adj* [*Gk*] 月よりも古い《Arcadia 人の自称》.

prosēlytus¹ -a -um, °*adj* [*Gk*] 外国から来た, 異国の.

prosēlytus² -ī, °*m* **1** 外国人. **2** (ユダヤ教への)改宗者.

prōsēminō -āre -āvī -ātum, *tr* [pro-/semino] **1** 種をまき散らす. **2** 繁殖させる, 産み出す.

prosencephalon -ī, °*n*《解》前脳.

prosenchyma -atis, °*n*《植》紡錘組織.

prōsensī *pf* ⇨ prosentio.

prōsentiō -īre -sensī, *tr* [pro-/sentio] 予感する, かぎつける.

prōsequī *inf* ⇨ prosequor.

prōsequor -quī -secūtus sum, *tr dep* [pro-/sequor] **1** 伴う, 付き従う, 同行する. **2** (旅に出る人などを)見送る. **3** 追跡[追撃]する. **4** (賛辞・栄誉を)与える, (褒賞・贈り物などで)報いる, 賛える. **5** (話・記述を)さらに続ける.

prōserō¹ -ere -seruī -sertum, *tr* [pro-/sero¹] 突き出す, 伸ばす.

prōserō² -ere -sēvī -satum, *tr* [pro-/sero²] **1** 種をまいて収穫を得る. **2** 産み出す, 作り出す.

Prōserpina -ae, *f*《神話》プロセルピナ《Juppiter と Ceres の娘; Pluto の妻》ギリシア神話の Persephone に当たる》.

prōserpināca -ae, *f* [↑]《植》タデ属の植物.

prōserpinālis -is -e, °*adj* [Proserpina] *herba* ~ (Mᴀʀᴄ Eᴍᴘ)《植》イブキトラノオ.

prōserpō -ere, *intr* [pro-/serpo] はって[こっそり]進む: *proserpens bestia* (Pʟᴀᴜᴛ) 蛇.

prōsertus -a -um, *pp* ⇨ prosero¹.

prōseruī *pf* ⇨ prosero¹.

proseucha -ae, *f* [*Gk*] ユダヤ教会堂.

prōsēvī *pf* ⇨ prosero².

prōsiciēs -ēī, *f*, **-ium** -ī, *n* =prosectum.

prōsiliō -īre -siluī -silīvī), *intr* [pro-/salio] **1** 飛び出[込む], 突進する. **2** ほとばしる, 噴き出る. **3** 突出する.

prōsiluī *pf* ⇨ prosilio.

prōsistō -ere, *intr* [pro-/sisto] 突出する, 突き出る.

prōsocer -erī, *m* [pro-/socer] 妻の祖父.

prōsocrus -ūs, °*f* 妻の祖母.

prosōdia -ae, *f* [Gk] (音節の)音調，アクセント．
prosōdiacus -a -um, °*adj* [↑] 音調の整った，韻律的な．
prosōpalgia -ae, °*f* 【病】三叉神経痛，顔面痛．
prosōpoplēgia -ae, °*f* 【病】顔面筋麻痺．
prosōpopoeia -ae, *f* [Gk] 【修】別人に扮(ふん)して話[演説]をすること．
prospectē °*adv* [prospectus¹] 熟慮して．
prospectiō -ōnis, °*f* [prospicio] 気遣い，世話．
prospectīvus -a -um, °*adj* [prospectus²] 見通し[見晴らし]のよい．
prospectō -āre -āvī -ātum, *tr freq* [prospicio] **1** 前方[遠方]を見る，眺める，見つめる． **2** 見まわす． **3** (場所が)見渡す，望む． **4** 待ち受ける，期待する．
prospectus¹ -a -um, *pp* ⇨ prospicio.
prospectus² -ūs, *m* **1** 眺め(ること)，展望，見晴らし． **2** 視野，視界． **3** 外観，様子． **4** 顧慮，留意． **5°** 先見．
prospeculor -ārī, *intr, tr dep* [pro-/speculor] **1** 探査する，偵察する． **2** (見張りして)待ち構える．
prosper -pera -perum, *adj* =prosperus.
prosperē *adv* [prosperus] 幸運に，好都合に，望みどおりに．
prosperitās -ātis, *f* [prosperus] 順境，幸運，成功，繁栄．
prosperō -āre -āvī -ātum, *tr* [prosper] 成功[繁栄]させる，助けとなる: *ut consilia sua rei publicae prosperarent* (Tac) 自分の計画が国家の隆盛に寄与するようにと．
prosperus -a -um, *adj* **1** 成功した，望みどおりの，好都合の． **2** 好意的な，恵み深い． **3** さい先のよい．
prospex -picis, °*m* [prospicio] 予見する人．
prospexī *pf* ⇨ prospicio.
prospicere *inf* ⇨ prospicio.
prospicienter *adv* [prospicio] 注意深く，慎重に．
prospicientia -ae, °*f* [↓] **1** 先を見通すこと，用心． **2°** 外観，姿形．
prospiciō -cere -spexī -spectum, *intr, tr* [pro-/specio] **1** 遠く[前方]を見る，眺める，見渡す． **2** 先を見通す，予見する． **3** あらかじめ備える，用心する，警戒する ⟨+*dat*; ut, ne⟩． **4** 探して与える，供給[調達]する ⟨alci alqd⟩．
prospicuē *adv* [↓] 先見の明をもって，用心して．
prospicuus -a -um, *adj* [prospicio] **1** 遠方から見える． **2** 先を見通す．
prostata -ae, °*m* [Gk] 【解】前立腺．
prosternō -ere -strāvī -strātum, *tr* [pro-/sterno] **1** 投げ倒す，打ち倒す; (*refl*) ひれふす． **2** 打ち負かす，打ちのめす．
prosthesis, prothesis -is, °*f* [Gk] **1** 【文】語頭音添加 (gnatus の g- など)． **2** 【医】プロテーゼ(法)，人工装具: ~ *ocularis* 義眼．
prostibula -ae, *f* [prosto] 娼婦．
prostibulum -ī, *n* [prosto] **1** 娼婦． **2°** 娼家，女郎屋．
prostitī *pf* ⇨ prosto.
prostituī *pf* ⇨ prostituo.
prostituō -ere -uī -ūtum, *tr* [pro-/statuo] **1** (身

を)売る，売春させる． **2** 辱める，名誉をけがす．
prostitūta -ae, *f* [prostitutus] 売春婦，娼婦．
prostitūtiō -ōnis, °*f* [prostituo] **1** 売春． **2** 神聖をけがすこと．
prostitūtor -ōris, °*m* [prostituo] **1** 売春仲介者． **2** 神聖をけがす[冒瀆する]者．
prostitūtus -a -um, *pp* ⇨ prostituo.
prostō -āre -stitī -stitum, *intr* [pro-/sto] **1** 商売をする． **2** 身を売る; 売りに出ている． **3** 突出している．
prostomium -ī, *n* [Gk] 【動】口前葉．
prostrātiō -ōnis, °*f* [prosterno] **1** 平伏． **2** くつがえすこと，堕落させること．
prostrātus -a -um, *pp* ⇨ prosterno.
prostrāvī *pf* ⇨ prosterno.
prostȳlos -os -on, *adj* [Gk] 【建】前柱式の．
prostypum -ī, *n* [Gk] 浅浮彫りの装飾．
prōsubigō -ere, *tr* [pro-/subigo] **1** 掘り起こす． **2** 鍛造する． **3°** 踏みつける．
prōsum¹ prōdesse prōfuī, *intr* [pro-/sum] **1** 役立つ，助けになる，有益である ⟨+*dat*; ad [in] alqd; + *inf*; + *acc c. inf*⟩: *qui nec sibi nec alteri prosunt* (Cic) 自分にも他人にもためにならない人々． **2** (薬が)効く，効能がある．
prōsum², **-us** *adv* ⟨古形⟩ =prorsum, -us.
prosumia -ae, *f* (偵察用)小舟．
prosyllogismus -ī, °*m* [Gk] 【論】前三段論法 (複合三段論法で，結論が次の三段論法の前提となるもの)．
Prōtagorās -ae, *m* [Gk] プロータゴラース ⟨Abdera 出身のソフィスト (前 483?–?414); Socrates と同時代に Athenae で活躍⟩．
prōtanopia -ae, °*f* 【病】第一色盲，赤色盲．
protasis -is, *f* [Gk] **1** 主張，命題． **2°** (劇の)導入部 (*cf*. epitasis, catastropha).
protaticus -a -um, °*adj* [↑] (劇の)導入部にのみ登場する．
prōtectiō -ōnis, °*f* [protego] 保護，防御．
prōtector -ōris, °*m* [protego] **1** 保護[擁護]者． **2** 護衛．
prōtectōrius -a -um, °*adj* [↑] 護衛の．
prōtectum -ī, *n* [↓] ひさし，(屋根の)張出し．
prōtectus¹ -a -um, *pp* ⇨ protego.
prōtectus² -ūs, *m* (屋根の)張出し．
prōtegō -ere -texī -tectum, *tr* [pro-/tego] **1** (前を)おおう． **2** 屋根[おおい]を付ける． **3** 保護する，かばう．
prōtēlō -āre -āvī -ātum, *tr* [↓] **1** 追い払う，退却させる． **2°** 延引[延期]する．
prōtēlum -ī, **1** 引き具に付けられた一連の牛． **2** 連続．
prōtendī *pf* ⇨ protendo.
prōtendō -ere, -tendī, -tentum [-tensum], *tr* [pro-/tendo¹] **1** 伸ばす，差し出す． **2** 引き延ばす．
prōtentus -a -um, *pp* ⇨ protendo.
prōtenus *adv* =protinus.
prōterō -ere -trīvī -trītum, *tr* [pro-/tero] **1** 踏みつぶす． **2** 打ち破る，敗北させる． **3** 踏みつける，蹂躙する． **4** 追い払う．

prōterreō -ēre -terruī -territum, *tr* [pro-/terreo] (おどして)追い払う.

protervē *adv* [protervus] **1** あつかましく, 恥知らずに. **2** 大胆に.

protervia -ae, °*f* [protervus] あつかましさ, 恥知らず.

protervitās -ātis, *f* [protervus] あつかましさ, 恥知らず; わがまま, 放縦.

proterviter *adv* =proterve.

protervus -a -um, *adj* **1** 激しい. **2** 大胆な, あつかましい, 恥知らずな; わがままな, 気まぐれな.

Prōtesilāēus -a -um, *adj* Protesilaus の.

Prōtesilāus -ī, *m* [Gk] [伝説]プロテシラーウス, *-オス《Laodamia の夫; Troja 戦争におけるギリシア軍最初の戦死者》.

prōtestātiō -ōnis, °*f* [↓] 明言, 保証.

prōtestor -ārī -ātus sum, *tr dep* [pro-/testor] **1** 明言[確言]する. **2** ° 証言する.

Prōteus -eī [eos], *m* [Gk] **1** [神話]プローテウス《Neptunus の従者でアザラシの番をする海神; 自由に姿を変える力と予言の能力で有名》. **2** 気まぐれ[狡猾]な人.

prōtexī *pf* ⇨ protego.

prothallium -ī, °*n* [植] (シダ類の)前葉体.

protheōrēmata -um, °*n pl* [Gk] (幾何学の)原理.

prothesis -is, °*f* =prosthesis.

prothōrax -ācis, °*m* [昆] 前胸[昆虫の第一胸節].

prothýmē *adv* [Gk] 進んで, 喜んで.

prothýmia -ae, *f* [Gk] 親切, 善意.

prōtinam *adv* [↓] 直ちに, すぐに.

prōtinus *adv* [pro-/tenus²] **1** まっすぐ前へ, さらに前方へ. **2** 引き続いて, そのまま. **3** 絶えず, 間断なく, 直ちに, すぐに [*quam*] …するとすぐに / ~ *ut erit parens factus* (QUINT) 父親になるや否や.

prōtocerebrum -ī, °*n* [動] 前大脳[節足動物の脳の第一部].

Prōtogenēs -ae, *m* [Gk] プロートゲネース《Caunus 出身のギリシアの画家 (前 4 世紀後半)》.

prōtollō -ere, *tr* [pro-/tollo] **1** 前へ伸ばす, 差し出す. **2** 引き延ばす; 延期する.

prōtomartyr -ris, °*m* [Gk] 最初の殉教者.

prōtomysta -ae, °*m* [Gk] 秘儀の主司祭.

prōtonēma -atis, °*n* [植] (シダ・コケ植物の)原糸体.

prōtonephrīdium -ī, °*n* [動] (蠕虫などの)原腎管.

prōtonō -āre, *intr* [pro-/tono] (雷のように)どなる, 叫ぶ.

prōtonotārius -ī, °*m* 教皇庁最高記録官.

prōtoplasma -atis, °*n* [Gk] **1** 最初の人間. **2** [生物]原形質.

prōtoplastus -ī, °*m* [Gk] 最初の人間.

prōtopraxia -ae, *f* [Gk] [法]債務履行優先請求権.

prōtostasia -ae, °*f* [Gk] (自由市における)収税官長の職.

prōtotomus -a -um, *adj* [Gk] (野菜が)最初に切られた[採られた].

prōtotypus¹ -a -um, °*adj* [Gk] 原形の, 原初の.

prōtotypus² -ī, °*m* 原形.

prōtractiō -ōnis, °*f* [protraho] **1** 延長. **2** 延期.

prōtractor -ōris, °*m* [解] 伸出筋.

prōtractus -a -um, *pp* ⇨ protraho.

prōtrahō -ere -traxī -tractum, *tr* [pro-/traho] **1** 前方へ引っ張る, 引きずり[引っ張り]出す. **2** 駆りたてる. **3** 公けにする, 暴露する, 明るみに出す. **4** (時間を)引き延ばす; 延期する.

prōtraxī *pf* ⇨ protraho.

protrepticon -ī, °*n* (韻文による)激励, 勧告.

prōtrītus -a -um, *pp* ⇨ protero.

prōtrīvī *pf* ⇨ protero.

prōtrūdō -ere -trūsī -trūsum, *tr* [pro-/trudo] **1** 押しやる, 押し出す. **2** 延期する.

prōtrūsus -a -um, *pp* ⇨ protrudo.

prōtūberantia -ae, °*f* [医] 隆起: ~ *mentalis* おとがい隆起.

prōtulī *pf* ⇨ profero.

prōturbō -āre -āvī -ātum, *tr* [pro-/turbo¹] **1** 追い払う, 駆逐する. **2** なぎ倒す. **3** (ため息を)つく.

prōtūtēla -ae, °*f* [pro²/tutela] 副後見人職.

prout *conj*, *adv* [pro²/ut] …に応じて, …に従って / ~ *cuique libido est* (HOR) 各人の好みのままに.

prōvectiō -ōnis, °*f* [proveho] 前進させること, 推進.

prōvector -ōris, °*m* [proveho] 促進[推進]者.

prōvectus¹ -a -um, *adj* (*pp*) [proveho] 年をとった, 年を重ねた: ~ *aetate* (CIC) 高齢になって.

prōvectus² -ūs, °*m* **1** 前進させること. **2** 昇進, 栄進. **3** 増加, 増大.

prōvehō -ere -vexī -vectum, *tr* [pro-/veho] **1** 運び出す, 連れ出す; (*pass*)(船・馬で)進む, 行く, (船が)航行する. **2** 進ませる, 導く; (*pass*) 続ける: *quid ultra provehor?* (VERG) なぜ私はこれ以上話を続けようか. **3** 高める, 昇進させる; (*pass*) 向上[進歩]する.

prōvēnī *pf* ⇨ provenio.

prōveniō -īre -vēnī -ventum, *intr* [pro-/venio] **1** 現われる, 登場する. **2** (植物が)生える, 成長する. **3** 生ずる, 起こる, 生まれる. **4** (事態が)成り行く, 進行する <+*adv*>. **5** 成功する.

prōventriculus -ī, °*m* [動] (鳥・昆虫の)前胃.

prōventus¹ -a -um, *pp* ⇨ provenio.

prōventus² -ūs, *m* **1** 成長. **2** 実り, 収穫. **3** 成り行き, 結果; 好結果, 成功.

prōverbiālis -is -e, *adj* [proverbium] ことわざの, 格言の.

prōverbiāliter °*adv* [↑] ことわざのように, 格言的に.

prōverbium -ī, *n* [pro-/verbum] ことわざ, 格言: *proverbii locum obtinere* (CIC) ことわざになっている.

prōvicārius -ī, °*m* 司教代理補佐.

prōvidē *adv* [providus] 先見の明をもって.

prōvidēns -entis, *adj* (*prp*) [provideo] 先見の明のある, 用心深い, 慎重な.

prōvidenter *adv* [↑] 先見の明をもって, 用心深

く, 慎重に.

prōvidentia -ae, *f* [providens] 1 先見(の明). 2 神意, 摂理.

prōvideō -ēre -vīdī -vīsum, *tr, intr* [pro-/video] 1 先に見る, 遠くに[から]見る. 2 予見する. 3 (あらかじめ)用心する, 配慮する, 準備する⟨+*acc*; de re; +*dat*; ut, ne⟩.

prōvīdī *pf* ⇒ provideo.

prōvidus -a -um, *adj* [provideo] 1 予見する. 2 用意周到な; 用心深い, 慎重な ⟨+*gen*⟩.

prōvincia -ae, *f* 1 職務, 職分. 2 担当領域[分野]. 3 (ローマの)属州;(ローマの支配が及ばない)地方, 州. 4 属州統治; 属州民.

prōvinciālis[1] -is -e, *adj* [↑] 属州の.

prōvinciālis[2] -is, *m* 属州民.

prōvinciātim *adv* [provincia] 属州ごとに.

prōvīsiō -ōnis, *f* [provideo] 1 予見, 予知. 2 用心, 備え.

prōvīsō[1] *adv* (*abl*) [provisus¹] 用心して, 先のことを見込んで.

prōvīsō[2] -ere, *intr, tr freq* [provideo] I (*intr*) 見に行く[来る]. II (*tr*) 見張る.

prōvīsor -ōris, *m* [provideo] 1 予見する人. 2 準備する人. 3° 供給者.

prōvīsus[1] -a -um, *pp* ⇒ provideo.

prōvīsus[2] -ūs, *m* 1 予見. 2 準備.

prōvīvō -ere -vīxī, *intr* [pro-/vivo] 生き続ける.

prōvīxī *pf* ⇒ provivo.

prōvocābilis -is -e, °*adj* [provoco] 興奮しやすい, 激しやすい.

prōvocābulum -ī, *n* 〖文〗代名詞.

prōvocātiō -ōnis, *f* [provoco] 1 挑戦, 挑発. 2 上訴. 3° 激励.

prōvocātīvus -a -um, °*adj* [provoco] 1 刺激された, 興奮した. 2 刺激性の.

prōvocātor -ōris, *m* [provoco] 1 挑戦者;「挑戦者」と呼ばれた剣闘士. 2° 上訴人.

prōvocātōrius -a -um, *adj* [↑] 1 一騎討ちの勝者に与えられる. 2° 下剤の.

prōvocātrix -īcis, °*f* [provocator] 挑戦者⟨女性⟩.

prōvocō -āre -āvī -ātum, *tr, intr* [pro-/voco] 1 呼び出す, 呼び寄せる. 2 挑戦する, 挑発する. 3 駆りたてる; ひき起こす. 4 上訴する. 5 (判断の拠り所として)頼る.

prōvolō -āre -āvī -ātum, *intr* [pro-/volo¹] 1 飛び出る. 2 急いで出る, 躍り出る.

prōvolūtus -a -um, *pp* ⇒ provolvo.

prōvolvī *pf* ⇒ provolvo.

prōvolvō -ere -volvī -volūtum, *tr* [pro-/volvo] 前に転がす; 押し出す. 2 ひっくり返す, 倒す. 3 (*pass, refl*) ひれふす, 身を投げる: *provolvere se alci ad pedes* (Liv) ある人の足もとにひれふす. 4 (*pass*) 品位を落とす.

prōvomō -ere, *tr* [pro-/vomo] 吐き出す.

prōvulgō -āre -āvī -ātum, *tr* [pro-/vulgo²] 公けに知らせる[広める].

prox *int* おなら⟨喜劇的表現⟩.

proxenēta -ae, *m* [*Gk*] 仲介人.

proxenēticum -ī, °*n* [*Gk*] 仲介手数料.

proximālis -is -e, °*adj* 〖解〗近位の.

proximē, proxumē *adv, prep* [proximus¹] I (*adv*) 1 最も近く. 2 最近, すぐ前に; 次に, すぐ後に. 3 最も正確に. II (*prep*) ⟨+*acc*⟩ 1 …に最も近く. 2 ほとんど…, …らしく.

proximitās -ātis, *f* [proximus¹] 1 近いこと. 2 類似. 3 近い親族関係.

proximō[1] *adv* (*abl*) [proximum] 最近.

proximō[2], **proxumō** -āre -āvī -ātum, *intr, tr* [proximus¹] 近づく; 差し迫っている ⟨+*dat*; +*acc*⟩.

proximum, proxumum -ī, *n* [↓] 1 (すぐ)近所[近辺]. 2 最近.

proximus[1], **proxumus** -a -um, *adj superl* [prope] 1 最も近い ⟨+*dat* [*acc*]⟩. 2 次の, すぐ後の; 最近の, すぐ前の. 3 最もよく似た.

proximus[2] -ī, *m* 1 近親者. 2 親友. 3 隣人. 4° (帝政期の)文庫管理官補佐.

prūdēns[1] -entis, *adj* [<providens] 1 気づいている, わきまえている. 2 精通[熟達]した ⟨alcis rei; (in) re; +*inf*⟩. 3 分別のある, 賢明な.

prūdēns[2] -entis, *m* 1 精通者, 専門家 ⟨alcis rei⟩. 2 法律家.

prūdenter *adv* [prudens¹] 思慮深く, 賢明に.

prūdentia -ae, *f* [prudens¹] 1 予知, 予見. 2 精通, 熟達 ⟨alcis rei⟩. 3 分別, 知恵.

pruīna -ae, *f* 1 霜. 2 〖詩〗雪; 冬.

pruīnōsus -a -um, *adj* [↑] 1 霜の降りた. 2 寒い.

prūna -ae, *f* 赤く燃えている炭火.

prūnicius, -ceus -a -um, *adj* [prunus] スモモの木の.

prūnum -ī, *n* [↓] スモモ(の実).

prūnus -ī, *f* 〖植〗スモモの木.

prūrīginōsus -a -um, *adj* [↓] 1 かゆい. 2° 好色な.

prūrīgō -ginis, *f* [↓] 1 かゆいこと. 2 色欲, 情欲.

prūriō -īre, *intr* 1 かゆい. 2 (なぐられることを予期して)背中・歯などが)むずむずする. 3 欲しくて[したくて]たまらない.

prūrītus -ūs, *m* [↑] 1 かゆいこと, かゆみ. 2° 激しい情欲.

Prūsa -ae, *f* [*Gk*] プルーサ⟨Olympus 山北麓にあった Bithynia の町⟩.

Prūsiacus -a um, *adj* Prusias の.

Prūsiadēs -ae, *m* Prusias の子[子孫]⟨ときに Prusias Cholus を指す⟩.

Prūsiās, -sia -ae, *m* [*Gk*] プルーシアース⟨Bithynia の数名の王; 特に ~ *Cholus*, Hannibal を厚遇したが, のちに裏切った (前 182 没)⟩.

prytanēum -ī, *n* [*Gk*] ⟨ギリシアのいくつかのポリスの)迎賓館⟨評議員たちの会議が開かれた他, 国家の功労者に食事が供された⟩.

prytanis -is, *m* [*Gk*] ⟨ギリシアのいくつかのポリスの)行政長官.

psallō -ere -ī, *intr* [*Gk*] 1 竪琴を弾く. 2 (竪琴に合わせて)歌う. 3° 〖教会〗詩篇を頌する.

psalma -atis, °*n* [*Gk*] 1 竪琴伴奏による歌. 2

〖聖〗詩篇.
psalmicen -cinis, °*m* [↑/cano] 詩篇を頌する人.
psalmista -ae, °*m* [*Gk*] 詩篇作者.
psalmōdia -ae, °*f* [*Gk*] 詩篇[聖歌]詠唱.
psalmographus -ī, °*m* [*Gk*] 詩篇[聖歌]作者.
psalmus -ī, °*m* [*Gk*] **1** 聖歌. **2** 詩篇.
psaltērium -ī, *n* [*Gk*] **1** 竪琴の一種. **2**° 聖刺歌. **3**° 〖聖〗詩篇. **4**° 〖解〗脳弓交連. **5**° 〖動〗重弁胃《反芻動物の第三胃》.
psaltēs -ae, *m* [*Gk*] 竪琴弾き.
psaltria -ae, *f* [*Gk*] 竪琴弾き《女性》.
Psamathē -ēs, *f* [*Gk*] プサマテー《(1)〖神話〗海のニンフ; Nereus と Doris の娘で Phocus の母. (2) 〖伝説〗 Argos の王 Crotopus の娘; Apollo の子 Linus を産んだ. (3) Laconia の町 Psamathus 付近の泉》.
psecas -adis, *f* [*Gk*] 髪結い女奴隷.
Pseliūmenē -ēs, *f* [*Gk*] 腕輪を付けた女《Praxiteles 作の立像の名》.
psellismus -ī, °*m* [*Gk*] 〖病〗吶(とつ), 構音障害.
psēphisma -atis, *n* [*Gk*] 《ギリシアのポリスの》民会で可決した法令[決議].
pseudapostolus -ī, °*m* [*Gk*] 偽使徒.
pseudoanchūsa -ae, *f* [*Gk*] 〖植〗ウシノシタグサ (anchusa) に似た植物.
Pseudocatō -ōnis, *m* [*Gk* ψευδο-/Cato] Cato もどきの人物.
Pseudochristus -ī, °*m* [*Gk*] 偽キリスト.
Pseudodamasippus -ī, *m* 自称 Damasippus.
pseudodiāconus -ī, °*m* [*Gk*] 偽助祭.
pseudodictamnum -ī, *n* [*Gk*] 〖植〗《「偽ハナハッカ」の意》シソ科バロタ属の植物.
pseudodipteros -on, *adj* [*Gk*] 〖建〗擬二重周翼式の《二列柱を配したように見える神殿建築》.
pseudoepiscopus -ī, °*m* [*Gk*] 偽司教.
pseudogaphus -a -um, °*adj* [*Gk*] 偽りの表題を持つ.
pseudographia -ae, °*f* [*Gk*] 虚偽の記述.
Pseudolus -ī, *m* 「うそつき」《Plautus の喜劇の題名》.
pseudomenos -ī, *m* [*Gk*] 《前4世紀の論法家 Eubulides が創案した》うそつきの論法.
pseudomonachus -ī, °*m* [*Gk*] 偽修道士.
pseudoparenchyma -atis, °*n* [*Gk*] 〖植〗偽柔組織.
pseudoperipterus -a -um, *adj* [*Gk*] 〖建〗擬周翼式の《周囲に列柱を配したように見える神殿建築》.
Pseudophilippus -ī, *m* 偽 Philippus《Macedonia の王 Perseus の子と称した Andriscus を指す》.
pseudopodium -ī, °*n* **1** 〖動〗《原生動物の》仮足. **2** 〖植〗偽柄.
pseudopresbyter -erī, °*m* [*Gk*] 偽司祭.
pseudoprophēta -ae, °*m* [*Gk*] 偽預言者.
pseudoprophētia -ae, °*f* [*Gk*] 偽りの預言.
pseudoprophēticus -a -um, °*adj* [*Gk*] 偽預言の.
pseudoprophētis -idis, °*f* [*Gk*] 偽預言者《女性》.
pseudosēricus -a -um, *adj* 絹に似せた.

pseudosphex -ēcis, *f* 〖昆〗スズメバチの一種.
pseudothyrum -ī, *n* [*Gk*] 裏戸, 裏口.
pseudourbānus -a -um, *adj* 都会風をまねた.
psīlocitharista -ae, *m* [*Gk*] 《自分は歌わない》竪琴奏者.
psithia -ae, *f* [*Gk*] (*sc.* vitis) 〖植〗ギリシア産のブドウの一種.
psithius -a -um, *adj* [*Gk*] psithia の.
psittacinus -a -um, *adj* [*Gk*] オウムの.
psittacus -ī, *m* [*Gk*] 〖鳥〗オウム.
psoadicus -a -um, °*adj* [*Gk*] 腰痛に悩む.
psoās -atis, °*m* [*Gk*] 〖解〗腰筋.
Psōphis -idis, *f* [*Gk*] プソーピス《Arcadia 北西部, Erymanthus 山南の町》.
Psophodeēs -is, *m* [*Gk*] 「はにかみ屋」《Menander の喜劇の題名》.
psōra -ae, °*f* [*Gk*] 〖病〗疥癬(かいせん) (=scabies).
psōriāsis -is, °*f* [*Gk*] 乾癬.
psōricum, -on -ī *n* [*Gk*] かゆみ止めの薬.
Psȳchē -ēs, *f* [*Gk*] 〖伝説〗プシューケー《「魂」の意; Cupido に愛された少女; Juppiter によって不死にされた》.
psȳchiātria -ae, °*f* 〖医〗精神医学.
psȳchicī -ōrum, °*m pl* [*Gk*] 物質[唯物]主義者《Montanus 派でないキリスト教徒》.
psȳchogenia -ae, °*f* 〖医〗心因, 精神作用.
psȳchogonia -ae, °*f* [*Gk*] 《Plato の著作 Timaeus における》霊魂発生説.
psȳchomantīum -ī, *n* [*Gk*] **1** 死者の霊魂が呼び出される場所. **2** 巫術(ふじゅつ), 降霊術.
psȳchopathīa -ae, °*f* 〖病〗精神病; 精神病質.
psȳchophthoros -ī, °*m* [*Gk*] 霊魂を滅ぼす者《キリストにおける人性を否定した Apollinarius の異名》.
psȳchōsis -is, °*f* [*Gk*] 精神病.
psȳchotrophum, -on -ī, *n* [*Gk*] 〖植〗カッコウチョウギ.
psȳchrolūsia -ae, °*f* [*Gk*] 冷水浴.
psychrolūta, -tēs -ae, *m* [*Gk*] 冷水浴をする人.
psyllion, -ium -ī, *n* [*Gk*] 〖植〗オオバコ属の植物.
-pte *suf* 《人称代名詞・所有代名詞に付いて強意を表わす》: mepte fieri servum (PLAUT) この私が奴隷になる / *suapte manu* (CIC) 自分自身の手で.
Pteleum, -on -ī, *n*, **-os** -ī, *f* [*Gk*] プテレウム, -オン《(1) Euboea 島に面する Thessalia の港町. (2) Messenia の町》.
pteridophyta -ōrum, °*n pl* 〖植〗シダ植物.
pteris -idis, *f* [*Gk*] 〖植〗シダの一種.
pterōma -atos, *n* [*Gk*] 建物の周囲に配した列柱.
pteron -ī, *n* [*Gk*] 建物の周囲の列柱; 外側の建物.
pterygoīdeus -a -um, °*adj* 〖解〗翼状の.
pterygopodium -ī, °*n* 〖動〗鰭脚(きゃく).
ptilōsis -is, °*f* [*Gk*] 睫毛(まつげ)脱落症.
ptisana -ae, *f* [*Gk*] **1** 脱穀した大麦. **2** 大麦湯《薬用》.
ptisanārium -ī, *n* [↑] **1** ~ *oryzae* (HOR) 米のかゆ. **2** 大麦湯.
ptōchēum -ī, °*n* [*Gk*] 救貧院.
ptōchotrophus -ī, °*m* [*Gk*] 貧民に給食する人.

Ptolemaeus[1] -ī, *m* [*Gk*] プトレマエウス, *-マイオス《(1) Alexander 大王以後のエジプト王の名. (2) Mauritania の王 (在位 23–40); Juba II の子*》.

Ptolemaeus[2] -a -um, *adj* Ptolemaeus の.

Ptolemāis -idis, *f* プトレマーイス《(1) Ptolemaeus 王家の女; 特に Cleopatra. (2) Phoenicia の港町. (3) エジプトの町. (4) Cyrenaica の町》.

ptōsis -is, °*f* [*Gk*] 《病》下垂(症).

ptyalismus -ī, °*m* [*Gk*] 《病》流涎(ぜん)症.

pūbens -entis, *adj* [pubes] 1° 思春期に達した. 2 (葉が)みずみずしい, (花が)盛りの.

pūber -eris, *adj* =pubes[1].

pūberēs -um, *m pl* [pubes] 成人した男たち.

pūbertās -ātis, *f* [↓] 1 思春期; 成年. 2 思春期の徴候. 3 (植物・果実の)成熟.

pūbēs[1], **pūber** -eris, *adj* 1 成長した, 成人した. 2 (葉・果実が)みずみずしい.

pūbēs[2] -is, *f* 1 陰毛; 陰部. 2 思春期. 3 成年男子. 4 人々, 群衆.

pūbescō -ere, pūbuī, *intr inch* [pubes[1]] 1 思春期に達する, 成人する; 恥毛が生える. 2 (植物・果実が)成長する, 成熟する.

pūblica -ae, *f* [publicus] 売春婦.

pūblicānus[1] -a -um, *adj* [publicus[1]] 収税請負人の.

pūblicānus[2] -ī, *m* 収税請負人.

pūblicātiō -ōnis, *f* [publico] 1 没収. 2 公表. 3° (法律の)公布.

pūblicātor -ōris, °*m* [publico] 暴露する人.

pūblicātrīx -īcis, °*f* [↑] 暴露する人《女性》.

pūblicē *adv* [publicus[1]] 1 国家のために, 公けに. 2 公費で. 3 公然と. 4 全体として, 例外なく.

pūblicitus *adv* [publicus[1]] 1 公的に. 2 公費で. 3 公然と.

Pūblicius -ī, *m* プーブリキウス《ローマ人の氏族名》.

pūblicō -āre -āvī -ātum, *tr* [publicus[1]] 1 公用に供する. 2 没収する. 3 (身を)売る. 4 公表する; 出版する.

Pūblicola -ae, *m* プーブリコラ《ローマ人の家名; 特に *P. Valerius* ~, 最初の執政官の一人とされる》.

pūblicum -ī, *n* [↓] 1 公有財産, 公有地. 2 国庫, (国家の)歳入. 3 公益, 国益. 4 国家, 共同体. 5 公文書館. 6 公共の場: *carere publico* (Cic) 公衆の前に姿を現わさない.

pūblicus[1] -a -um, *adj* 1 国民(全体)の, 国家の: *res publica*=respublica. 2 公的な, 公式の. 3 公共の. 4 万人共通の: *lux publica mundi* (Ov) 世界をあまねく照らす光(=太陽). 5 《詩》平凡な, 月並みな.

pūblicus[2] -ī, *m* 《俗》国家奴隷.

Pūblilius -ī, *m* プーブリリウス《ローマ人の氏族名; 特に ~ *Syrus*, 前 1 世紀の mimus の作者; 彼の名を冠した「格言集」が現存する》.

Pūblius -ī, *m* プーブリウス《ローマ人の個人名 (略形 P.)》.

pūbocapsulāris -is -e, °*adj* 《解》恥骨関節包の.

pūboprostaticus -a -um, °*adj* 《解》恥骨前立腺の.

pūbovēsīcālis -is -e, °*adj* 《解》恥骨膀胱の.

pūbuī *pf* ⇨ pubesco.

pudenda -ōrum, *n pl* [↓] (*sc.* membra) 1 恥部, 陰部. 2° 尻, 臀部. 3《解》(女性の)外陰部.

pudendus -a -um, *adj* (*gerundiv*) [pudeo] 1 恥ずべき, 外聞の悪い, 不名誉な. 2 *pars pudenda* (Ov) 恥部.

pudens -entis, *adj* (*prp*) [pudeo] 1 慎み深い. 2 内気な, 恥ずかしがる.

pudenter *adv* [↑] 恥ずかしそうに, 遠慮がちに.

pudeō -ēre, -duī (puditum est], *tr, intr* 1 恥ずかしく思わせる, 恥じ入らせる ⟨+(*acc c.*) *inf*⟩: (impers) ⟨alqm alcis⟩ *me stultitiae meae pudet* (Cic) 私は自分の愚かさが恥ずかしい. 2 恥ずかしく思う.

pudescit -ere, °*intr impers inch* [↑] 恥ずかしくなる.

pudibundus -a -um, *adj* [pudeo] 1 恥ずかしがる, 遠慮がちな. 2 恥ずべき, 不名誉な.

pudīcē *adv* [pudicus] 慎み深く, 上品に.

pudīcitia -ae, *f* [↓] 純潔, 貞操.

pudīcus -a -um, *adj* [pudeo] 1 慎み深い. 2 純潔な, 貞節な.

puditus -a -um, *pp* ⇨ pudeo.

pudor -ōris, *m* [pudeo] 1 恥ずかしさ: ~ *est promissa precesque referre* (Ov) 約束と懇願を繰り返すのは恥ずかしい. 2 慎み; 純潔, 貞節. 3 はにかみ, 内気. 4 名誉, 面目. 5 恥辱, 不面目.

puduī *pf* ⇨ pudeo.

puella -ae, *f* [puellus] 1 少女, 女の子. 2 娘. 3 恋人, 愛人. 4 (既婚・未婚を問わず)若い女.

puellāris -is -e, *adj* [↑] 少女のような.

puellāriter *adv* [↑] 少女のように.

puellāscō -ere, *intr inch* [puella] 少女のように[めめしく]なる.

puellula -ae, *f dim* [puella] (小さな)少女.

puellus -ī, *m dim* [↓] (小さな)少年.

puer -erī, *m* 1 少年, 男の子; 若者. 2 息子: *Latonae ~* (Ov) アポロン. 3 独身男. 4 稚児. 5 (*pl*) (男女を問わず)子供. 6 奴隷, 召使, 下僕.

puera -ae, *f* [↑] 少女; 娘.

puerāscō -ere, *intr inch* [puer] 1 少年期に近づく. 2° 若返る.

puerīlis -is -e, *adj* [puer] 1 少年の, 少年らしい. 2 子供っぽい, 幼稚な.

puerīlitās -ātis, *f* [↑] 1 子供であること; 少年期. 2 子供っぽさ, 幼稚さ.

puerīliter *adv* [puerilis] 1 少年[子供]らしく. 2 子供っぽく, 幼稚に.

puer(i)tia -ae, *f* [puer] 1 子供であること; 少年期. 2 幼稚, 未熟.

pueritiēs -ēī, °*f* =pueritia.

puerpera -ae, *f* [puerperus] 産婦.

puerperium -ī, *n* [↓] 1 出産, 分娩. 2 新生児, 嬰児.

puerperus -a -um, *adj* [puer/pario] 出産[分娩]の: *verba puerpera* (Ov) 安産のまじない.

puerulus -ī, *m dim* [puer] (小さな・愛らしい)少年.

pūga, pȳga -ae, *f* [*Gk*] 尻, 臀部 (=natis).

pugil -ilis, *m* [*cf*. pugnus] 拳闘士《籠手(こて)(caestus)を用いて戦う》.

pugilicē *adv* [↑] 拳闘士のように.

pugillar -āris, °*n* =pugillares.

pugillārēs -ium, *m pl* [pugillaris] (*sc. libelli*) 書き板, 書字板.

pugillāria -ium, *n pl* =pugillares.

pugillāris -is -e, *adj* [pugillus] 手で持つことができるほど小さな.

pugil(l)ātiō -ōnis, *f* [pugillor] 拳闘(試合).

pugil(l)ātor[1] -ōris, °*m* [pugillares] 1 手紙を運ぶ人, 飛脚. 2 すり.

pugil(l)ātor[2] -ōris, °*m* [pugillor] =pugil.

pugil(l)ātōrius -a -um, *adj* [pugillor] 拳闘の.

pugil(l)ātus -ūs, *m* [↓] 拳闘.

pugil(l)or -ārī -ātus sum, *intr dep* [pugil] 1 拳闘をする. 2 (馬が)蹴る.

pugillus -ī, *m dim* [pugnus] 手一杯[ひと握り]の量.

pūgiō -ōnis, *m* [pungo] 短刀, 短剣: *plumbeus* ~ (Cic) 鉛の短刀(=説得力のない議論).

pūgiunculus -ī, *m dim* [↑] (小さな)短剣.

pugna -ae, *f* [pugno] 1 なぐり合い, 殴たし合い. 2 戦闘, 会戦. 3 戦列, 陣立て. 4 口論, 論争. 5 *pugnam dare* (Plaut) 面倒を起こす, 悪さをする.

pugnābilis -is -e, °*adj* [pugno] 打ち破ることができる.

pugnācitās -ātis, *f* [pugnax] 1 闘争心, 闘志. 2 論争好き.

pugnāciter *adv* [pugnax] 攻撃的に, けんか腰で.

pugnāculum -ī, *n* [pugno] 要塞, とりで.

pugnantia -ium, *n pl* (*prp*) [pugno] 矛盾, 不一致.

pugnātor -ōris, *m* [pugno] 戦う[争う]者.

pugnātōrius -a -um, *adj* [↑] 戦闘に用いられる.

pugnātrīx -īcis, °*adj f* [pugnator] 好戦的な, 闘争的な.

pugnax -ācis, *adj* [pugno] 1 好戦的な, 闘争的な. 2 (文体などが)論争的な, けんか腰の. 3 頑固な, 強情な.

pugneus -a -um, *adj* [pugnus] こぶしの, げんこつの.

pugnō -āre -āvī -ātum, *intr* (*tr*) [pugnus] 1 戦う, 戦闘[格闘]する. 2 論争する, (強く)主張する <alci; cum alqo; +*acc c. inf*>. 3 奮闘[苦闘]する <alqd; ut, ne, quominus; +*inf*>. 4 (言説・理論などが)衝突する, 相反する.

pugnus -ī, *m* [*cf*. pugil] 1 握りこぶし, げんこつ. 2 《詩》拳闘. 3 手一杯[ひと握り]の量.

pulc(h)ellus -a -um, *adj dim* [↓] きれいな, かわいらしい.

pulc(h)er -c(h)ra -c(h)rum, *adj* 1 美しい, きれいな. 2 りっぱな, 気高い, 輝かしい.

Pulcher -chrī, *m* プルケル《Claudia 氏族に属する家名; 特に *P. Clodius* ~, 護民官 (前58)》.

pulc(h)rē *adv* [pulcher] 1 美しく. 2 りっぱに, みごとに. 3 快適に, 愉快に. 4 全く, すっかり.

pulc(h)rēscō -ere, °*intr inch* [pulcher] 美しくなる.

pulc(h)ritūdō -dinis, *f* [pulcher] 1 美しさ;

(*pl*) 美しいもの. 2 優秀, 卓越.

pūlēium -ī, *n* 《植》ハッカ(薄荷)の類; 清涼剤.

pūlex -licis, *m* 《昆》1 ノミ(蚤). 2 アリマキ.

pūlicārius -a -um, °*adj* [↑] ノミの; ノミを発生させる.

pūlicōsus -a -um, *adv* [pulex] ノミの多い, ノミがたかった.

pullārius -ī, *m* [pullus¹] (占いに用いられる)聖なるにわとりの番人.

pullātiō -ōnis, *f* [pullo] (ひよこの)孵化.

pullātus -a -um, *adj* [pullus³] くすんだ[黒ずんだ]色の服を着た.

pullīgō -inis, *f* [pullus³] くすんだ[黒ずんだ]色.

pullīnus -a -um, *adj* [pullus¹] 動物の子の.

pullitiēs -ēī, *f* [pullus¹] (動物の)ひと腹の子.

pullō -āre, *intr* [pullus¹] 芽を出す, つぼみをもつ.

pullulāscō -ere, *intr inch* [pullulo] 芽を出し始める.

pullulātiō -ōnis, °*f* [↓] 1 (植物の)成長. 2 (*pl*) 若芽.

pullulō -āre -āvī -ātum, *intr* (*tr*) [↓] I (*intr*) 1 (植物が)発芽する, 生える, 急に成長する. 2 繁茂する, はびこる. II (*tr*) 生み出す.

pullulus -ī, *m dim* [pullus¹] 1 動物の子, ひな鳥. 2 若芽.

pullum -ī, *n* [pullus³] 黒ずんだ色の服.

pullus[1] -ī, *m* 1 動物の子. 2 ひな鳥, ひよこ. 3 (愛称として)ひよこちゃん. 4 若芽.

pullus[2] -a -um, *adj dim* [purus] 純粋な.

pullus[3] -a -um, *adj* 1 くすんだ, 黒ずんだ. 2 悲しみの.

pulmentāris -is -e, *adj* [pulmentum] ~ *cibus* (Plin) (料理の)付け合わせ.

pulmentārium -ī, *n* [↓] 香辛料, 薬味: *pulmentaria quaerere sudando* (Hor) 汗をかくことによって調味料を求める(=食欲を増進させる).

pulmentum -ī, *n* 前菜; 料理.

pulmō -ōnis, *m* 1 《解》肺. 2 《動》クラゲの一種.

pulmōnārius -a -um, *adj* [↑] 1 肺病にかかっている. 2° 肺病に効く.

pulmōneus -a -um, *adj* [pulmo] 1 肺の. 2 (*mala*) *pulmonea* (Plin) リンゴの一品種.

pulpa -ae, *f* 1 肉. 2 肉体, 肉欲. 3 果肉, 髄.

pulpāmen -minis, *n* =pulpamentum.

pulpāmentum -ī, *n* [pulpa] 1 前菜, つまみ. 2 食肉, 魚肉.

pulpitum -ī, *n* 演壇, 舞台.

puls pultis, *f* 麦がゆ.

pulsātiō -ōnis, *f* [pulso] 1 打つ[たたく]こと. 2 《法》暴行.

pulsātor -ōris, *m* [↓] 打つ人: ~ *citharae* (Val Flac) 竪琴奏者.

pulsō -āre -āvī -ātum, *tr freq* [pello] 1 打つ, たたく. 2 (楽器を)弾く, はじく. 3 押し出す, 駆りたてる. 4° 起訴する.

pulsus[1] -a -um, *pp* ⇒ pello.

pulsus[2] -ūs, *m* 1 打つこと, 打撃: ~ *remorum* (Cic) オールでこぐこと / ~ *lyrae* (Ov) 竪琴の弾奏 / ~ *venarum* (Tac) 脈拍. 2 刺激, 衝撃. 3° 脈拍.

pultārius -ī, *m* [puls] **1** 深皿, 壺. **2** 〖医〗吸い玉.

pultātiō -ōnis, *f* [pulto] (戸を)たたくこと.

Pultiphagōnidēs -ae, *m* プルティパゴーニデース《「かゆ食いの子」の意; Plautus の造ったローマ人の名》.

pultiphagus -ī, *m* かゆを食べる者（＝初期のローマ人）.

pultō -āre, *tr freq* [pello] (戸を)たたく.

pulverārius -a -um, *adj* [pulvis] 〘碑〙(地区・通りについて)ほこりの多い.

pulverātica -ae, °*f*, **-um** -ī, °*n* [pulvis] (力仕事への)酒手, 報酬.

pulverātiō -ōnis, *f* [pulvero] (ブドウの木の根元の)土を砕くこと.

pulvereus -a -um, *adj* [pulvis] **1** ちりの, ほこりの. **2** ほこりまみれの, ほこりっぽい. **3** 粉末状の.

pulverō -āre, *tr* [pulvis] **1** ほこりをまき散らす, ほこりでおう. **2** (砕いて)粉々にする.

pulverulentus -a -um, *adj* [pulvis] **1** ほこりまみれの, ほこりっぽい. **2** ほこりを立てる.

pulvescō -ere, °*intr inch* [pulvis] ちり[ほこり]になる.

pulvillus -ī, *m dim* [pulvinus] **1** (小さな)枕, クッション. **2**° 〖昆〗褥盤.

pulvīnar -āris, *n* [pulvinus] **1** 神像を据える褥(しとね)の付いた台座. **2** 貴賓席. **3** 船泊まり, 停泊地. **4**° 〖解〗視床枕.

pulvīnāris -is -e, *adj* [↓] 座ぶとんの, クッションの.

pulvīnus -ī, *m* **1** 枕, クッション. **2** 貴賓席. **3** 畝.

pulvis -veris, *m* (*f*) **1** ちり, ほこり, 砂塵: *sulcos in pulvere ducere* (Juv) ほこりの中に畝を立てる（＝むなしい努力をする）. **2** 灰, 灰塵. **3** 粘土. **4** 粉, 粉末. **5** 骨折り, 労苦. **6**°〖薬〗 ~ *aromaticus* 芳香散 / ~ *stomachicus* 健胃散.

pulvisculus -ī, *m dim* [↑] (細かい)ちり, ほこり.

pūmex -micis, *m* **1** 軽石: *libellum pumice expolitum* (Catul) 端を軽石で磨いた小さな本. **2** 多孔質の岩石.

pūmiceus -a -um, *adj* [↑] 軽石の.

pūmicō -āre -āvī -ātum, *tr* [pumex] (軽石でこすって)なめらかにする.

pūmicōsus -a -um, *adj* [pumex] 軽石のような; 多孔質の.

pūmiliō -ōnis, *m* (*f*) [↓] 小人(こびと), 一寸法師.

pūmilus¹ -a -um, *adj* 矮小の.

pūmilus² -ī, *m* =pumilio.

punctātim °*adv* [punctum] 一言で言えば, 要するに.

punctātōriola -ae, *f* [pungo] 小競り合い.

punctim *adv* [pungo] (刀の切先で)突いて, ちくちくと.

punctiō -ōnis, *f* [pungo] **1** 刺す[突く]こと. **2** 刺すような痛み. **3**° 〖医〗穿刺.

punctiuncula -ae, *f dim* [↑] 軽く刺す[突く]こと; 軽いちくりとする痛み.

punctulum -ī, *n dim* [↓] 軽く刺す[突く]こと.

punctum -ī, *n* (*pp*) [pungo] **1** 突く[刺す]こと; (刺してできた)穴. **2** 投票. **3** 点, 小点, 斑点. **4** ~ *temporis* (Cic) 瞬間, 一瞬. **5**° 〖解〗点: ~ *caecum* 盲点 / ~ *lacrimale* 涙点.

punctūra -ae, °*f* [pungo] 刺すこと; 刺し傷.

punctus¹ -a -um, *pp* ⇒ pungo.

punctus² -ūs, *m* 刺す[突く]こと, 一突き.

pungō -ere pupugī [pepugī] punctum, *tr* **1** 刺す, 突く; 貫く. **2** 動揺させる, 悩ます.

pūnicans -antis, *adj* [puniceus] 赤くなる.

Pūnicānus -a -um, *adj* [Punicus] Carthago 風の.

Pūnicē *adv* [Punicus] Carthago のことばで.

pūniceus -a -um, *adj* [*Gk*] 緋色の, 深紅色の.

Pūnicus, -ceus -a -um, *adj* **1** Carthago (人)の: *Punica fides* (Liv) 背信, 不実. **2** *Punicum malum* (Plin) 〖植〗ザクロ / *Punica malus* (Varr) ザクロの木. **3** =puniceus.

pūniō -īre -īvī [-iī] -ītum, *tr* **1** 罰する, 懲らしめる <alqm [alqd]>. **2** 復讐する.

pūnior -īrī -ītus sum, *tr dep* =punio.

pūnītiō -ōnis, *f* [punio] 処罰, 懲罰.

pūnītor -ōris, *m* [punio] **1** 処罰する人. **2** 復讐者.

pūnītus -a -um, *pp* ⇒ punio, punior.

pūpa -ae, *f* [pupus] **1** 少女, 女の子. **2** 人形. **3**° 〖昆〗サナギ(蛹).

pūpārium -ī, °*n* [↑] 〘昆〙囲蛹(いよう)殻.

pūpilla -ae, *f dim* [pupa] **1** 後見人の保護下にある少女. **2** 瞳孔, ひとみ.

pūpillāris -is -e, *adj* [pupillus] 後見人の保護下にある未成年者の.

pūpillātus -ūs, *m* [↓] 〘碑〙被後見者の身分[年齢].

pūpillus -ī, *m dim* [pupulus] 後見人の保護下にある少年.

Pūpinia -ae, *f* [Pupinius] プーピニア(Latium の一地方; ローマと Tusculum の間の不毛地帯).

Pūpiniensis -is -e, *adj* =Pupinius.

Pūpinius -a -um, *adj ager* ~ (Fest) =Pupinia.

Pūpius -ī, *m* プーピウス(ローマ人の氏族名).

puppis -is, *f* **1** 船尾, とも. **2** (詩) 船.

pupugī *pf* ⇒ pungo.

pūpula -ae, *f dim* [pupa] **1** (小さな)少女. **2** 瞳孔, ひとみ.

pūpulus -ī, *m dim* [↓] **1** (小さな)少年. **2**° 人形.

pūpus -ī, *m* **1** 少年, 男の子. **2**° 瞳孔, ひとみ.

pūrē *adv* [purus] **1** 清潔に, きれいに. **2** 清らかに, けがれなく. **3** 明快に, 明瞭に. **4** 〖法〗無条件で, 絶対的に.

purgābilis -is -e, *adj* [purgo] (木の実が)皮をむきやすい.

purgāmen -minis, *n* [purgo] **1** ごみ, 汚物. **2** 清めの手段. **3**° 純潔.

purgāmentum -ī, *n* [purgo] **1** ごみ, 汚物. **2** 清めの手段. **3** (羊毛の)ごみ取り法.

purgantia -ium, °*n pl* (*prp*) [purgo] 〖薬〗瀉下(しゃげ)薬, 下剤.

purgātiō -ōnis, *f* [purgo] **1** 清掃; 除去. **2** 清

purgātīvus -a -um, °*adj* [purgo] **1** 通じをつける. **2** 謝罪する, 弁解する.

purgātor -ōris, *m* [purgo] **1**° 清掃人. **2** 駆除する人. **3**° 清める者.

purgātōrium -ī, *n* [↓] 《カト》煉獄.

purgātōrius -a -um, °*adj* [purgo] **1** 下剤の. **2** 清める.

purgātrīx -īcis, °*f* [purgator] 清める者《女性》.

purgātus -a -um, *adj* (*pp*) [↓] **1** 浄化された. **2** 無罪にされた.

purgō -āre -āvī -ātum, *tr* [purus] **1** (不要物・よごれなどを)取り除く, 浄化する. **2** 下剤をかける, 通じをつける. **3** (病気を)いやす, 治す. **4** (儀式によって)清める. **5** 無罪を主張する, 嫌疑を晴らす〈alqm de re; alqm alcis rei; +*acc c. inf*〉. **6** 正当化する, 弁明する.

pūrificātiō -ōnis, *f* [purifico] (儀式によって)清めること.

pūrificātōrium -ī, °*n* [↓] 《教会》聖杯(清め)布巾(ﾌｷﾝ).

pūrificātōrius -a -um, °*adj* [↓] 清めの.

pūrificō -āre -āvī -ātum, *tr* [purus/facio] **1** (不要物・よごれなどを)取り除く, きれいにする. **2** (儀式によって)清める.

pūrigō -āre, *tr*《古形》=purgo.

pūritās¹ -ātis, °*f* [purus] **1** 清潔, 清浄, 清澄. **2** (文体の)純正, 正格.

pūritās² -ātis, °*f* [pus]《病》膿(ﾉｳ), 化膿.

pūriter *adv* [purus] **1** 清潔に, きれいに. **2** 清廉に.

purpura -ae, *f* [*Gk*] **1**《貝》アクキガイ《紫色の染料が採れる》. **2** 紫色の染料; 紫色. **3** 紫色に染めた布; 紫衣. **4** 高位, 高官. **5**°《病》紫斑(病).

purpurārius¹ -a -um, *adj* [↑] 紫染めの.

purpurārius² -ī, *m, f* **1**《碑》紫色の染屋. **2** 紫布商.

purpurāscō -ere, *intr inch* [purpuro] 紫色になる.

purpurātus¹ -a -um, *adj* [purpura] 紫衣を着た.

purpurātus² -ī, *m* (特に, 東方の)高官.

purpureus -a -um, *adj* [*Gk*] **1** (赤みがかった)紫色の: *purpuream vomere animam* (VERG) 紅色の魂を吐き出す (=血を吐いて死ぬ). **2** 紫衣を着た. **3** 光り輝く, 華美な.

purpurissātus -a -um, *adj* [↓] 紅(ﾍﾞﾆ)を塗った.

purpurissum -ī, *n* (顔料・化粧用の)紅(ﾍﾞﾆ).

purpurō -āre -āvī -ātum, *tr, intr* [purpura] **I** (*tr*) 紫色にする; 輝かせる. **II** (*intr*) 紫色[深紅色]である.

pūrulentātiō -ōnis, °*f* [purulentus] 化膿.

pūrulentē *adv* [purulentus] 膿状に.

pūrulentia -ae, °*f* [↓] **1** 膿(ﾉｳ). **2** (比喩的に)かす, くず.

pūrulentus -a -um, *adj* [pus] 膿(ﾉｳ)の, 膿んだ.

pūrum -ī, *n* [↓] 晴天, 青空.

pūrus -a -um, *adj* **1** 清潔な, きれいな, よごれていない. **2** 純粋な, まじりけのない. **3** (天体・空などが)澄みきった, 曇りのない. **4** (宗教的に)けがれのない, 清い. **5** (道徳的に)けがれのない, 清廉な; 貞潔な, 純潔な. **6** 障害物のない: ~ *ab arboris campus* (Ov) 樹木のない野原. **7** 装飾のない: *toga pura* (CIC) (紫の縁飾りのない)白地のままのトガ《ローマ市民の平服》; *cf.* toga praetexta》/ *hasta pura* (VERG) (軍功の褒美の)穂先のない槍. **8** (文体が)平明な, 飾らない. **9**《法》無条件の, 絶対的な.

pūs pūris, *n* **1** 膿(ﾉｳ). **2** (悪口として)けす野郎.

pūsa -ae, *f* [pusus] 少女.

pusillanimis -is -e, °*adj* [pusillus/animus] 優柔不断な, 臆病な, 弱気の.

pusillanimitās -ātis, °*f* [↑] 優柔不断, 臆病, 弱気.

pusillanimus -a -um, °*adj* =pusillanimis.

pusillitās -ātis, *f* [pusillus] 微少, 取るに足らぬこと.

pusillum¹ -ī, *n* [pusillus] 微少, 僅少.

pusillum² *adv* (*neut*) 少し, わずかに.

pusillus -a -um, *adj dim* [pusus] **1** ごく小さい, ちっぽけな. **2** つまらぬ, 取るに足りない. **3** 卑しい, けちな: ~ *animus* (CIC) さもしい料簡.

pūsiō -ōnis, *m* [pusus] 少年, 男の子.

pustula -ae, *f* =pusula.

pustulātiō -ōnis, °*f* [↓] 膿疱の生じること.

pūsula, pussula -ae, *f dim* [pus] **1**《病》水ぶくれ, 吹き出物, 膿疱. **2** 水泡, あぶく.

pūsulātus, pustu- -a -um, *adj* [↑] 精錬された.

pūsulōsus -a -um, *adj* [pusula] 水ぶくれ[膿疱]のある.

pūsus -ī, *m* 少年, 男の子.

puta -ae, *f* [puto] (本来 *impr*) たとえば; すなわち.

putāmen -minis, *n* [puto] (カキ・クルミ・卵などの)殻; (豆の)さや; (カメの)甲.

putātiō -ōnis, *f* [puto] **1** (木の)刈り込み, 剪定. **2**° 算定; 評価.

putātīvē °*adv* [↓] 想像[推定]して.

putātīvus -a -um, °*adj* [puto] 想像上の, 推定上の.

putātor -ōris, *m* [puto] 剪定をする人.

puteal -ālis, *n* [puteus] **1** 井戸の縁石. **2** (特にローマ市の forum にあった)神聖な落雷地点を囲んだ縁石 (= ~ *Libonis*)《近くで金貸が営業していた》.

puteālis -is -e, *adj* [puteus] 井戸の.

puteānus -a -um, *adj* =putealis.

puteārius -ī, *m* [puteus] 井戸を掘る者.

pūteō -ēre -tuī, *intr* **1** いやな匂いがする, 悪臭を放つ. **2** 腐っている.

Puteolānum -ī, *n* [↓] Puteoli 付近にあった Cicero の別荘.

Puteolānus -a -um, *adj* Puteoli の.

Puteolī -ōrum, *m pl* プテオリー《Campania の, Neapolis 西の沿岸の町; この地の鉱泉は多くの行楽客を招き寄せた; 現 Pozzuoli》.

puter, putris -tris -tre, *adj* [*cf.* puteo] **1** 腐った, 悪臭を放つ. **2** くずれかけた, ぼろぼろの; 砕けやすい, もろい. **3** 気力のない.

putesco — pyrethrum

pūtescō, -iscō -ere pūtuī, *intr inch* [puteo] 腐り始める, 悪臭を放ち始める.

puteus -ī, *m* 1 井戸. 2 穴, 穴蔵;立坑(たてこう).

pūtidē *adv* [putidus] 気取って, 知ったかぶりをして.

pūtidiusculus -a -um, *adj dim* [↓] いささかお世辞がすぎる.

pūtidus -a -um, *adj* [puteo] 1 腐った, 悪臭を放つ. 2 老いさらばえた, もろくなった. 3 (人について)不快な, うんざりする; (語り口が)気取った.

putillus -ī, *m dim* [putus²] (かわいい)少年.

pūtiscō -ere, *intr* =putesco.

putō -āre -āvī -ātum, *tr* [putus¹] 1 きれいにする; (木を)刈り込む, 剪定する. 2 *rationem cum alqo putare* (CIC) ある人と話をつける. 3 思いめぐらす, 思案する. 4 評価する, みなす (+*gen* [*abl*]; pro [in] re; + 2 個の *acc*) : *alqd magni* [*nihili*] *putare* (CIC) あるものを高く[何の価値もないと]評価する / *alqm in hominum numero putare* (CIC) ある人を人間の中へ数え入れる(=少なくとも人間扱いする) / *alqm civem putare* (CIC) ある人を市民とみなす. 5 思う, 信ずる, 考える(<+ *acc c. inf*: *putare deos* (*esse*) (CIC) 神々の存在を信ずる / (挿入句的に)(*ut*) *puto* (CIC) 思うに.

pūtor -ōris, *m* [puteo] 腐敗, 悪臭.

putrāmen -minis, °*n* [puter] 腐敗, 腐臭.

putrēdō -dinis, *f* [puter] 腐敗, 化膿.

putrefacere *inf* ⇒ putrefio.

putrefaciō -cere -fēcī -factum, *tr* [puter/facio] 1 腐敗させる, 腐らせる. 2 砕けやすくする.

putrefactiō -ōnis, °*f* [↑] 腐敗.

putrefactus -a -um, *pp* ⇒ putrefacio, putrefio.

putrefēcī *pf* ⇒ putrefacio.

putrefierī *inf* ⇒ putrefio.

putrefīō -fierī -factus sum, °*intr* [puter/fio] (putrefacio の *pass* として用いられる).

putreō -ēre, *intr* [puter] 腐っている.

putrēscō -ere putruī, *intr inch* [↑] 1 腐敗する, 腐る. 2 しなびる, もろくなる.

putridus -a -um, *adj* [puter] 1 腐った, 傷んだ. 2 しなびた.

putris -tris -tre, *adj* =puter.

putruī *pf* ⇒ putresco.

pūtuī *pf* ⇒ puteo, putesco.

putus¹ -a -um, *adj* (通例 purus (ac) ~ で) 純粋な, まじりけのない, 真正の.

putus² -ī, *m* 少年.

pyaemia -ae, °*f* 〖病〗膿血症.

pycnidium -ī, °*n* 〖植〗(不完全菌類の)分生子殻.

pycnium -ī, °*n* 〖植〗(サビ菌類の)柄子器.

pycta, -ēs -ae, *m* [Gk] 1 拳闘士 (=pugil). 2 闘鶏, しゃも.

Pydna -ae, *f* [Gk] ピュドナ《Macedonia の町;ここで Aemilius Paullus が Perseus 率いる Macedonia 軍を破った (前168)》.

Pydnaeī -ōrum, *m pl* Pydna の住民.

pyelītis -tidis, °*f* 〖病〗腎盂(じんう)炎.

pyelus -ī, *m* [Gk] 湯船.

pȳgargus -ī, *m* [Gk] 1 〖動〗カモシカの一種. 2 〖鳥〗ワシ[タカ]の一種.

Pygela -ōrum, *n pl* [Gk] ピュゲラ《Ionia の港町》.

Pygmaeī -ōrum, *m pl* [Gk] 〖伝説〗ピュグマエイー, *-マイオイ《エチオピアの小人族;常にコウノトリと戦っているという》.

Pygmaeus -a -um, *adj* Pygmaei の.

Pygmaliōn -ōnis, *m* [Gk] 〖伝説〗ピュグマリオーン《(1) Belus の子で Tyrus の王;姉妹 Dido の夫 Sychaeus を殺した. (2) Cyprus 島の王;自作の象牙の乙女像にひどく恋したため, Venus がこれを生身の人間にした》.

Pyladēs -ae [-is], *m* [Gk] ピュラデース《(1) 〖伝説〗Strophius の息子;Orestes の親友. (2) Augustus 帝時代の有名な役者》.

Pyladēus -a -um, *adj* Pylades (1) の.

pylae -ārum, *f pl* [Gk] 山間の隘路, 狭い山道.

Pylae -ārum, *f pl* [Gk] ピュラエ, *-ライ《(1) = Thermopylae. (2) Arcadia の町. (3) ~ *Tauri*, Cappadocia と Cilicia の間の狭い山道》.

Pylaemenēs -is, *m* [Gk] 〖伝説〗ピュラエメネース, *ピュライ《Paphlagonia 人の王で Priamus の同盟者;Menelaus に殺された》.

Pylaicus -a -um, *adj* [Gk] Thermopylae の.

Pylius¹ -a -um, *adj* [Gk] Pylus の;Nestor の.

Pylius² -ī, *m* Pylus の人 (=Nestor).

pylōrus -ī, °*m* [Gk] 〖解〗幽門.

Pylus, -os -ī, *f* [Gk] ピュルス, *-ロス《Peloponnesus 半島の Messenia と Elis にあった二つの町の名;両者はしばしば Neleus とその子の Nestor の王宮の所在地として混同される》.

pyomētra -ae, °*f* 〖病〗子宮留膿症.

pyorrhoea -ae, °*f* 〖病〗膿漏(症).

pyōsis -is, °*f* [Gk] 〖病〗化膿(症).

pyothōrax -ācis, °*m* 〖病〗膿胸.

pyra -ae, *f* [Gk] (火葬用の)薪(たきぎ) (=rogus).

Pyra -ae, *f* [Gk] ピュラ(-) 《Hercules が火葬壇に登って焼け死んだという Oeta 山の一地点》.

Pyracmōn -onis, *m* [Gk] 〖伝説〗ピュラクモーン《Volcanus の鍛冶場で働く Cyclopes の一人》.

pyralis, -allis -is, *f* [Gk] 1 火中に住むといわれる羽のある昆虫. 2 ハトの一種.

pȳramidālis -is -e, °*adj* [↓] 1 尖塔状の, ピラミッド状の. 2 〖解〗錐体の: *processus* ~ 錐体突起 / *musculus* ~ 錐体筋.

pȳramis -idis, *f* [Gk] 1 (古代エジプト人が造った)ピラミッド. 2 尖塔[ピラミッド]状のもの. 3 °〖幾〗角錐. 4 °〖動〗錐体.

Pȳramus -ī, *m* [Gk] ピューラムス, *-モス《(1) 〖伝説〗Babylon の青年;恋人 Thisbe がライオンに殺されたと誤解して自殺した. (2) Cilicia の川》.

Pȳrēnaeus -a -um, *adj* Pyrene の: *montes Pyrenaei* [*mons* ~] (CAES)(SIL) ピレネー山脈.

Pȳrēnē -ēs, *f* [Gk] ピューレーネー《(1) 〖伝説〗Bebryx 王の娘;のちに彼女の名にちなんでピレネー山脈と呼ばれた山中に葬られたという. (2) = Pyrenaei montes》.

Pȳrēneus -ī, *m* [Gk] 〖伝説〗ピュレーネウス《Thracia の王;Musae を陵辱しようとして塔から墜死した》.

pyrethrum, -on -ī, *n* [Gk] 〖植〗ピレトリウム《キク科の植物;媚薬・痛み止めなどに用いられた》.

pyrēum -ī, °*n* [*Gk*] ペルシア人が聖火を絶やさなかった神域.
Pyrgensis -is -e, *adj* Pyrgi の.
Pyrgī -ōrum, *m pl* [*Gk*] ピュルギー, *-ゴイ《Etruria 南部の港町》.
Pyrgō -ūs, *f* [*Gk*] 《伝説》ピュルゴー《Priamus の息子たちの乳母》.
Pyrgotelēs -is, *m* [*Gk*] ピュルゴテレース《Alexander 大王時代の彫像師》.
pyrgus -ī, °*m* [*Gk*] 塔の形をした小さな木製の筒《そこからさいころを振り出した; =phimus》.
Pyrgus -ī, *m* [*Gk*] ピュルグス, *-ゴス《Elis の要塞》.
Pyriphlegethōn -ontis, *m* =Phlegethon.
pyrītēs -ae, *m* [*Gk*] 1 火打ち石. 2 臼石. 3 《鉱》黄鉄鉱, 黄銅鉱.
pyrogallolum -ī, °*n* 《薬》ピロガロール, 焦性没食子(だっしょく)酸.
Pyroīs, Pyroeis -entis [-entos], *m* [*Gk*] 1 《伝説》ピュロイース《太陽神の馬車を引く馬の一頭》. 2 《天》火星 (=Mars).
pyromantīa -ae, °*f* [*Gk*] 火占い.
pyrōpus -ī, *m* [*Gk*] 金と銅の合金.
pyrōsis -is, °*f* [*Gk*] 《医》胸やけ.
Pyrrha -ae, -ē -ēs, *f* [*Gk*] ピュッラ(-) 《(1) 《伝説》Epimetheus の娘で Deucalion の妻. (2)《伝説》女装していた Achilles に付けられた名. (3) Lesbos 島の町》.
Pyrrhaeus -a -um, *adj* Pyrrha (1)(3) の.
Pyrrhēum -ī, *n* [*Gk*] ピュッレーウム, *-レイオン《Ambracia の建物; おそらく Pyrrhus の建てた王宮》.
Pyrrhias -adis, *adj f* Pyrrha (1) の.
pyrrhicha -ae, *f* [*Gk*] 剣舞, 戦舞.
pyrrhichārius -ī, °*m* [↑] (職業的に)剣舞[戦舞]をする者.
pyrrhichius -a -um, *adj* [*Gk*] 《詩》短短格 (⌣⌣) の.
pyrrhicus -a -um, °*adj* [pyrrhicha] 剣舞[戦舞]の.
Pyrrhō -ōnis, *m* [*Gk*] ピュッロー, *-ローン《Elis 出身の懐疑派哲学の創始者 (前 365?-275); Aristoteles と同時代》.
pyrrhopoecilos -os -on, *adj* [*Gk*] (岩石が)赤い斑点のある.
Pyrrhus -ī, *m* [*Gk*] ピュッルス, *-ロス《(1)《伝説》Achilles の子 Neoptolemus の別名; Epirus の Molossi 人の祖となったとも伝えられる. (2) Epirus の王; Tarentum の救援に南イタリアへ渡り, ローマ軍と戦った (前 280-275)》.
Pȳthagorās -ae, *m* [*Gk*] ピュータゴラース《Samos 島生まれのギリシアの哲学者 (前 580?-?500)》.
Pȳthagorēus[1], -īus -a -um, *adj* Pythagoras (哲学)の.
Pȳthagorēus[2], -īus -ī, *m* Pythagoras 学派の哲学者.
Pȳthagoricus -a -um, *adj* =Pythagoreus[1].
pȳthagorissō -āre, *intr* [*Gk*] Pythagoras 哲学を奉ずる.
Pȳtharātus -ī, *m* [*Gk*] ピュータラートゥス, *-トス《Athenae の執政官(前 270)》.
pȳthaulēs -ae, *m* [*Gk*] 1 Apollo と大蛇 Python の格闘の歌を葦笛で奏する者. 2 俳優の独唱に葦笛で伴奏する者.
Pȳthia[1] -ae, *f* [*Gk*] ピューティア(-)《Delphi で神託を授けた Apollo の巫女》.
Pȳthia[2] -ōrum, *n pl* [*Gk*] ピューティア《(1) Apollo の祭として 4 年ごとに Pytho (Delphi) で催されたギリシアの四大競技祭の一つ. (2) Apollo の大蛇 Python に対する勝利を祝う賛歌; 葦笛で奏された》.
Pȳthias -adis, *f* [*Gk*] ピューティアス《ローマ喜劇によく出る女奴隷の名》.
Pȳthicus -a -um, *adj* 1 Pytho の, Delphi の; Delphi 人の. 2 Apollo の.
Pȳthium -ī, *n* [*Gk*] ピューティウム, *-オン《Thessalia の町》.
Pȳthius -a -um, *adj* =Pythicus.
pȳthō -ōnis, °*m* [*Gk*] 占い(師), 予言(者).
Pȳthō -ūs, *f* [*Gk*] ピュートー《Delphi の古名》.
Pȳthōn -ōnis, *m* [*Gk*] 1 《伝説》ピュートーン《Apollo が Delphi で退治した大蛇》. 2°(p-)《動》ニシキヘビ属.
pȳtisma -atis, *n* [*Gk*] (試飲のあとで吐き出す)口中のぶどう酒.
pȳtissō -āre, *intr* (試飲のあとで)口中のぶどう酒を吐き出す.
pyūria -ae, °*f* 《病》膿尿.
pyxidicula -ae, *f dim* [pyxis] 小箱.
pyxidium -ī, °*n* [*Gk*] 《植》蓋果.
pyxis -idis, *f* [*Gk*] 1 (薬などを入れておく)箱. 2°《教会》聖体匣(こう), 聖体容器.

Q

Q, q *indecl n* ラテン語アルファベットの第16字.
Q. (略) =Quintus; quaestor; -que¹.
quā¹ *adv* (*f sg abl*) [qui¹] **I** (*interrog*) **1** どの道を通って, どんな経路で: *illuc ~ veniam?* (Cic) そこへ私はどの道を通って行けばよいのだろうか. **2** どのように, どんなふうに. **II** (*relat*) **1** そこを通って[そこに向かって]…するところの: *limina portae, ~ gressum extuleram* (Verg) そこを通って私が外へ出た城門の入口. **2** …する(場所). **3** …の範囲[程度]まで. **4** …の方法で, …のように. **5** ~ … ~ …も…も: *~ viri ~ mulieres* (Plaut) 男たちも女たちも. **III** (*indef*) **1** 何らかの経路で, どこかを通って. **2** ひょっとして.
quā² *f sg abl* ⇒ quis¹.
quaad *adv* (Varro と碑文のみ) =quoad.
quācumque, -cunque *adv relat* (*f sg abl*) [quicumque] **1** どこへでも, どこにであれ. **2** どんな方法によってでも.
quādamtenus *adv* [quidam の *f sg abl*/tenus²] ある点までは, ある程度(は).
Quādī -ōrum, *m pl* クワーディー (現 Moravia にいたゲルマン系一部族).
quadra -ae, *f* [quadrus] **1** (パン・ケーキなどの)四角に切り分けた切れはし. **2** 食卓: *alienā vivere quadrā* (Juv) 他人の食卓で生活する(=寄食する). **3** 四角なもの. **4** 〖建〗方形台座, 平縁(ひらぶち).
quadrāgēnārius -a -um, *adj* [↓] **1** 40(単位)の. **2** 40歳の.
quadrāgēnī -ae -a, *num distrib* [quadraginta] 40ずつの.
quadrāgēsima -ae, *f* [quadragesimus] **1** 40分の1税. **2**°〖キ教〗四旬節.
quadrāgēsimālis -is -e, °*adj* [↑]〖キ教〗四旬節の.
quadrāgēsimus, -gensimus -a -um, *num ord* [quadraginta] **1** 第40の, 40番目の. **2** 40分の1の.
quadrāgiens, -iēs *adv* [↓] 40回[倍].
quadrāgintā *indecl num card* [quattuor] 40 (の).
quadrangulus -a -um, *adj* =quadriangulus.
quadrans -antis, *m* (*prp*) [quadro] **1** ¼ as 貨幣; 小銭. **2** 液量単位 (=¹/₄ sextarius); 重量単位 (=¹/₄ libra); 地積単位 (=¹/₄ jugerum). **3** 4分の1.
quadrantal -ālis, *n* [↑] **1** 液量単位 (=1 amphora =8 congii). **2** さいころ.
quadrantālis -is -e, *adj* [quadrans] ¹/₄ pes の.
quadrantārius -a -um, *adj* [quadrans] **1** 4分の1の. **2** ¼ as の[かかる].
quadrātiō -ōnis, *f* [quadro] 正方形.
quadrātum -ī, *n* (*pp*) [quadratus] **1** 四角形のもの. **2**〖天〗矩象(くしょう).

quadrātūra -ae, *f* [quadro] (土地を)正方形に区画すること.
quadrātus -a -um, *adj* (*pp*) [quadro] **1** 四つに分けられた; 90°の, 直角の. **2** 四角に切られた; 四角形の. **3** 角張った; 均整のとれた. **4**°〖動〗方形骨の.
quadri- *pref* [quattuor]「4」の意.
quadriangulus -a -um, *adj* [↑/angulus] 四角(形)の.
quadriceps -cipis, °*n* [quadri-/caput]〖解〗(大腿)四頭筋.
quadrīduānus -a -um, °*adj* [↓] 4日目の.
quadrīduum -ī, *n* [quadri-/dies] 4日間.
quadriennis -is -e, °*adj* [quadri-/annus] 4か年の; 4歳の.
quadriennium -ī, *n* [quadri-/annus] 4年間.
quadrifāriam *adv* [quattuor] **1** 四通りに, 四つの部分に. **2** 四つずつ.
quadrifidus -a -um, *adj* [quadri-/findo] **1** 四つに分けられた[割られた], 十字形に切り込みを入れた. **2**°〖動・植〗四裂の.
quadrifīnium -ī, °*n* [quadri-/finis] 四つの地所の境界.
quadrīga -ae, *f* [quadri-/jugum] (通例 *pl*) **1** 4頭立て戦車. **2** 戦車用の(4頭立ての)馬.
quadrīgālis -is -e, *adj* [↑] 4頭立て戦車の.
quadrīgamus -a -um, °*adj* [quadri-/-] 4回結婚した.
quadrīgārius¹ -a -um, *adj* [quadriga] 4頭立て戦車の.
quadrīgārius² -ī, *m* 4頭立て戦車の御者.
quadrīgātus -a -um, *adj* [quadriga] (貨幣が)4頭立て戦車の刻印のある.
quadrigeminus -a -um, *adj* [quadri-/geminus¹] 4重の.
quadrīgulae -ārum, *f pl dim* [quadriga] (小さな)4頭立て戦車.
quadrijugī -ōrum, *m pl* [↓] 戦車用の4頭立ての馬.
quadrijugus -a -um, **-is** -is -e, *adj* [quadri-/jugum] (戦車用・馬が)4頭立ての.
quadrilībris -is -e, *adj* [quadri-/libra] 4 libra の重さの.
quadrimātus -ūs, *m* [quadrimus] 4歳, 4年.
quadrime(n)stris -is -e, *adj* [quadri-/mensis] 4か月間続く; 4か月の.
quadrimenstruus -a -um, °*adj* [quadri-/menstruus] 4か月の.
quadrimulus -a -um, *adj dim* [↓] (ほんの)4歳の.
quadrimus -a -um, *adj* [quattuor] 4歳の, 4年の.

quadringenarius — qualibet

quadringēnārius -a -um, *adj* [↓] 400人から成る.

quadringēnī, -gentēnī -ae -a, *num distrib* [quadringenti] 400ずつの.

quadringentēsimus -a -um, *num ord* [↓] 400番目の.

quadringentī -ae -a, *num card* [quadri-/centum] 400(の).

quadringentiēns, -iēs *adv* [↑] 400回[倍].

quadrīnī -ae -a, *num distrib* [quadri-] 四つずつの, 四つの: *quadrinis diebus* [*annis*] (PLIN) 4日[年]ごとに.

quadrinoctium -ī, °*n* [quadri-/nox] 4夜の間.

quadripartiō -īre -ītum, °*tr* [quadri-/partio²] 四つに分ける.

quadripartītiō -ōnis, *f* [↑] 四つに分けること.

quadripartītō *adv* (*abl*) [↓] 四つに分けて, 4地点で.

quadripartītus -a -um, *adj* (*pp*) [quadripartio] 四つに分けられた[分けられる].

quadripedāns, -pēs, -plātor, -plex ⇒ quadru-.

quadripertītus -a -um, *adj* =quadripartitus.

quadrirēmis -is, *f* [quadri-/remus] 四段櫂船.

quadrisēmus -a -um, °*adj* [文] 4音節の[から成る].

quadrivium -ī, *n* [quadri-/via] 1 四つ辻, 十字路. 2°(中世の教育の)四科, 四学(算術・幾何・音楽・天文学).

quadrō -āre -āvī -ātum, *tr, intr* [quadrum] I (*tr*) 1 四角にする; 形を整える. 2 4倍にする. II (*intr*) 1 四角形をしている. 2 ぴったり合う, 適合する.

quadrula -ae, °*f dim* [quadra] (小さな)四角形.

quadrum -ī, *n* [*cf.* quattuor] 1 四角形. 2 均整のとれていること.

quadrupedāns¹ -antis, *adj* [quadrupes¹] (四足で)疾駆する.

quadrupedāns² -antis, *m, f* 馬.

quadrupedus -a -um, *adj* [↓] 疾駆する.

quadrupēs¹ -pedis, *adj* [quadri-/pes] 四本足の; 四つんばいの.

quadrupēs² -pedis, *m, f* 1 四足獣. 2 家畜. 《詩》馬.

quadruplātor -ōris, *m* [quadruplo] 1 告発者, 密告者. 2 誇張する人.

quadruplex -plicis, *adj* [quadri-/plico] 1 4倍の; 4重の. 2 四つの部分から成る.

quadruplicātō *adv* [quadruplico] 4倍に.

quadrupliciter °*adv* =quadruplicato.

quadruplicō -āre -āvī -ātum, *tr* [quadruplex] 4倍にする.

quadruplō -āre -āvī -ātum, °*tr* [quadruplus] 4倍にする.

quadruplor -ārī, *intr dep* [quadruplus] 密告者である.

quadruplum -ī, *n* [↓] 4倍の量.

quadruplus -a -um, *adj* [quadri-/*cf.* duplus] 4倍の, 4重の.

quadrus -a -um, °*adj* [quadri-] 四角の.

quadruvium -ī, *n* =quadrivium.

quaeritō -āre -āvī -ātum, *tr freq* [↓] 1 熱心に捜す. 2 得ようとする, 必要とする: *hujus sermo haud cinerem quaeritit* (PLAUT) 彼女の話は灰の必要もほとんどない(=磨きたてるまでもなくきれいだ). 3 尋ねる.

quaerō -ere -sīvī [-siī] -sītum, *tr* 1 捜す, 捜し求める. 2 得ようとする, 欲する 〈+*acc*; +*inf*〉. 3 獲得する, 手に入れる: *quaerere liberos* (PLAUT) 子をもうける. 4 欲しがる, ないのを惜しむ. 5 必要とする. 6 知ろうとする, 探求する, 問う 〈alqd ex [de, ab] alqo; +間接疑問〉. 7 尋問[審問]する: *de servo in dominum quaerere* (CIC) 主人のことで奴隷を(拷問にかけて)尋問する.

quaesītiō -ōnis, *f* [↑] 1 捜すこと. 2《碑》審問.

quaesītor -ōris, *m* [quaero] 1 探求[追求]する人. 2 審問者.

quaesītum -ī, *n* [↓] 1 質問. 2 金もうけ; 貯え.

quaesītus¹ -a -um, *adj* (*pp*) [quaero] 1 故意の, 意図的な. 2 入念に仕上げた, 手の込んだ.

quaesītus² -ūs, °*m* 探求, 調査.

quaesīvī *pf* ⇒ quaero, quaeso.

quaesō -ere -sīvī [-siī], *tr, intr* [quaero] 1 得ようとする, 求める. 2 頼む, 懇願する 〈alqd ab alqo; ut, ne; +*subj*〉: (挿入句として) *tu, ~, crebro ad me scribe* (CIC) どうか, ひんぱんに手紙を下さい.

quaesticulus -ī, *m dim* [quaestus] わずかな利得[もうけ].

quaestiō -ōnis, *f* [quaero] 1 捜すこと. 2 審問, (しばしば拷問を伴う)尋問. 3 調査, 探求; 議論. 4 問題, 論点.

quaestiōnāliter °*adv* [↑] 質問形式で.

quaestiōnārius -ī, °*m* [quaestio] (拷問による)審問者, 死刑執行人.

quaestiōnō -āre -āvī, °*tr* [quaestio] (拷問にかけて)尋問する.

quaestiuncula -ae, *f dim* [quaestio] 小さな問題.

quaestor -ōris, *m* [*cf.* quaesitor] 1 (王政時代・共和政初期の)検察官; (のちの)財務官. 2°(キ教)免罪符商人.

quaestōrium -ī, *n* [↓] 1 (ローマ属州の)財務官舎. 2 (宿営地における)財務官の幕舎.

quaestōrius¹ -a -um, *adj* [quaestor] 財務官の; 財務官級の.

quaestōrius² -ī, *m* 前財務官.

quaestuāria -ae, *f* [↓] 売春婦.

quaestuārius -a -um, °*adj* [quaestus] 商売の, 金もうけの.

quaestuōsē *adv* [↓] 利益になるように.

quaestuōsus -a -um, *adj* [quaestus] 1 もうけの多い, 有利な. 2 金もうけのうまい, 富裕な.

quaestūra -ae, *f* [quaestor] 財務官の職[地位・任期].

quaestus -ūs, *m* [quaero] 1 利益をあげる[もうける]こと: *quaestui deditum esse* (SALL) 金もうけに専念している. 2 利益, もうけ. 3 生業, 商売.

quālibet, -lubet *adv* (*abl*) [quilibet] 1 どこへ

qualificatus — quapropter

でも、どこでも．**2** どんな方法でも．

quālificātus -a -um, °*adj* 条件付きの: *delicta qualificata* 特別事情犯．

quālis -is -e, *adj* [*cf.* qui¹] **I** (*interrog*) **1** どのような; どんな種類[性質]の．**2** (感嘆) 何という; 何とすばらしい．**II** (*relat*) …のような(種類): *crudelissimum bellum, quale bellum nulla umquam barbaria cum sua gente gessit* (Cic) かつてどんな蛮族もその同胞には仕掛けたことのないような、この上なく悲惨な戦争 / ~ *dominus, talis servus* (Petr) この主人にして、このしもべあり．**III** (*indef*) ある種類[性質]の．

quāliscumque -iscumque -ecumque, *adj* [↑/cumque] **1** (*relat*) どのようであっても、どんな種類[性質]でも．**2** (*indef*) 何でも．

quālislibet -islibet -elibet, *adj* [qualis/libet] どんな(種類の)…でも．

quālisnam -isnam -enam *adj* (いったい)どんな(種類)の．

quālisquālis, quālis quālis -isqualis -equale, *adj relat* =qualiscumque.

quālitās -ātis, *f* [qualis] **1** 特性, 性質．**2**『文(動詞の)法．

quāliter *adv* [qualis] **1** (*interrog*) どんなふうに、いかに．**2** (*relat*) …のように．

quālitercumque *adv* [↑/cumque] どんなふうにでも．

quālubet *adv* =qualibet．

quālus -ī, *m*, **-um** -ī, *n* [*cf.* quasillum] 枝編みかご．

quam *adv* [*cf.* qui¹] **I** (*interrog*) **1** どれほど、どの程度．**2** (感嘆) 何と、どんなに．**II** (*relat*) **1** …のように、…と同ধ্বに: *tam*… ~ …のように… / *non tam*… ~ …というよりむしろ．**2** (+*superl*) できるだけ、なるべく: *ut* ~ *plurimos colles*…*occuparet* (Caes) できるだけ多くの丘を占領するように．**3** (+*comp*) …よりも．**4** *secus* [*alius*] ~ ……よりほかの．**5** *prius* [*postea*] ~ ……より前[後]に．

quamdiū, quam diū *adv* **I** (*interrog*) **1** どのくらいの間、どれほど長く．**2** (感嘆) 何と長い間．**II** (*relat*) …の間; …まで．

quamlibet *adv* [quam/libet] どれほど(多く)…でも．

quamobrem, quam ob rem *adv* **I** (*interrog*) なぜ、どうして．**II** (*relat*) **1** そのために…するところの: *quando is* ~ *huc veneram rus abiit* (Ter) 私が会うためにここに来た当人は田舎へ行ってしまったのだから．**2** それだから．

quamplūrēs -ium, *m pl* [quam/plus¹] 非常に多くの人々．

quamquam, quan- *conj* **1** …とはいえ、…にもかかわらず: ~ *animus meminisse horret, incipiam* (Verg) 思い出すだけでも(私の)心は震えおののくが、(話を)始めよう．**2** しかしながら、それにもかかわらず．

quamvīs *adv, conj* [quam/volo²] **I** (*adv*) どれだけ(多く)でも: ~ *pauci* (Caes) どんなに少数でも．**II** (*conj*) たとえ…であっても; どんなに…でも．

quānam *adv* [qua¹/nam] (いったい)どこを通って[どんな経路で]、(いったい)どんな方法で[どんなふうに]．

quandō *adv* [quam/*cf.* donec] **I** (*interrog*) いつ．**II** (*relat*) **1** …の時に．**2** …だから、…のゆえに．**III** (*indef*) いつか、ある時．

quandōcumque *adv* [↑/cumque] **1** (*relat*) …の時はいつでも、…のたびごとに．**2** (*indef*) いつか、ある時に．

quandōque *adv* [quando/-que²] **I** (*relat*) **1** …の時はいつでも．**2** …のゆえに、…だから．**II** (*indef*) いつか、ある時．

quandōquidem, quandō quidem *conj* (実に)…だから．

quantī (価値を表わす *gen*) ⇒ quantum．

quantillus -a -um, *adj dim* [quantulus] なんと小さい[わずかな]．

quantisper *adv* [quantus] どのくらいの間、どれほど長く．

quantitās -ātis, *f* [quantus] **1** 大きさ, 量, 程度．**2** 金額, 金高．**3**『論』(命題の)量．

quantō *adv* (*abl*) [quantum] **I** (*interrog*) **1** (疑問) どの程度、どれほど．**2** (感嘆) どんなに、何と．**3** (*relat*) …だけ、…ほど: ~…*tanto* …するほど(ますます)．

quantōcius, quantō ōcius °*adv* できるだけ速やかに．

quantopere, quantō opere *adv* [quantus/opus] **1** (*interrog*) どれほど(多く), どの程度．**2** (*relat*) …ほど多く．

quantulum -ī, *n* [↓] ごくわずかな量[もの]．

quantulus -a -um, *adj dim* [quantus] **I** (*interrog*) **1** どれほど小さな[わずかな]．**2** (感嘆) 何と小さな[わずかな]．**II** (*relat*) …ほど小さい．

quantuluscumque -acumque -umcumque, *adj relat* [↑/cumque] どんなに小さくても[わずかでも]．

quantum -ī, *n* [quantus] **I** (*interrog*) **1** どれほどの量: *vos* ~ *debetis?* (Cic) あなたがたはどれほど借りているのか．**2** (価値を表わす *gen*) *quanti?* (Ter) どれほどの値段で？**3** (感嘆) 何と多くのもの．**II** (*relat*) **1** …ほどの量．**2** (価値を表わす *gen*) *quanti* (Plaut) …の値段で．**3** (副詞的に) ~ *ego existimare possum* (Cic) 私が判断できる限りでは / *in te est* (Cic) あなたに関する限り．

quantumvīs *adv, conj* [quantusvis] **I** (*adv*) どれほど多くても．**II** (*conj*) たとえ…であっても．

quantus -a -um, *adj* [quam] **I** (*interrog*) **1** どれほど大きい[多い]．**2** (感嘆) 何と大きな[多くの, 小さな]．**II** (*relat*) …ほど大きい[多い]: *si sibi pecuniam, quantam poposcerat, non dedisset* (Cic) もし彼が自分の要求しただけの金をくれなかったなら．

quantuscumque -acumque -umcumque, *adj relat* [↑/cumque] いかに大きく[小さく]ても、どれほどの量[程度]でも．

quantuslibet -alibet -umlibet, *adj* [quantus/libet] どれほどの大きさ[量, 程度]でも．

quantusquantus -aquanta -umquantum, *adj relat* =quantuscumque.

quantusvīs -avīs -umvīs, *adj* =quantuslibet．

quāpropter *adv* [qua¹/propter] **1** (*interrog*) なぜ、どうして．**2** そのゆえに．**2** (*relat*) そのために…するところの、…という理由で: *quid est* ~ *nobis vos malum minitamini?* (Plaut) あなたがたが私たちにひどい仕打ちをするとおどすでしょ

の理由は何なの.

quāquā *adv relat* [quisquis] どこへ[どこに]でも: ~ *versus* (APUL) どちら側も.

quārē, quā rē *adv* (*abl*) [qui¹/res] **I** (*interrog*) どんな方法で, どんなふうに, なぜ: *nec ego nunc eum juvare* ~ *possim scio* (CIC) 私は今どうしたら彼を助けられるのか分からない. **2** そのために…するところの; それゆえに. **II** (*relat*) **1** それによって…するところ.

quarta -ae, *f* [quartus] (*sc.* pars) 4分の1.

quartadecumānī, -cim- -ōrum, *m pl* [quartusdecimus] 第14軍団の兵士たち.

quartāna -ae, *f* [quartanus] (*sc.* febris) 〖病〗四日熱.

quartānī -ōrum, *m pl* [↓] 第4軍団の兵士たち.

quartānus -a -um, *adj* [quartus] 第4日ごとの.

quartārius -ī, *m* [quartus] **1** (sextarius の) 4分の1. **2** 雇われラバ追い《手間賃の¹/₄を受け取ることから》.

quartātō *adv* [quartus] 4回目に.

quarticeps -cipis, *adj* [quartus/*cf.* anceps] 4番目の.

quartō *adv* (*abl*) [quartus] 第4に, 4番目に; 4度目に.

quartum *adv* (*neut*) [↓] 4番目に, 第4に, 4度目に.

quartus -a -um, *num ord* [quattuor] 第4の, 4番目の; 4分の1の.

quartusdecimus, quartus decimus -a -um, *num ord* 第14の, 14番目の; 14分の1の.

quasi *conj, adv* [quam/si] **I** (*conj*) **1** まるで…かのように. **2** …のように, …と同様に. **3** …と称して; …との理由で. **II** (*adv*) **1** ほとんど, ほぼ. **2** いわば.

quasillum -ī, *n*, **-us** -ī, *m dim* [*cf.* qualus] 枝編みかご.

quasiparochus -ī, °*m* 〖カト〗(布教地の)準聖堂区の主任司祭.

quasiparoecia, -parochia -ae, °*f* 〖カト〗準聖堂区.

quasipossessiō -ōnis, °*f* 〖法〗準占有, 占有に準ずるもの.

quassābilis -is -e, *adj* [quasso] **1** 揺り動かされる. **2°** 揺り動かす.

quassātiō -ōnis, *f* [↓] **1** 振動. **2°** 打ち合わせること. **3°** 災い.

quassō -āre -āvī -ātum, *tr* (*intr*) *intens* [quatio] **1** 揺り動かす, 振動させる. **2** (武器などを)振りまわす. **3** 打ちこわす, 損傷する. **4** 弱める, そこなう.

quassus¹ -a -um, *adj* (*pp*) [quatio] **1** 打ちこわされた, 砕かれた. **2** (声が)とぎれがちの, 震えている. **3** 打ちひしがれた.

quassus² -ūs, *m* 振すること.

quatefacere *inf* ⇨ quatefacio.

quatefaciō -cere -fēcī, *tr* [quatio/facio] 動揺させる, ぐらつかせる.

quatefēcī *pf* ⇨ quatefacio.

quātenus *adv* [qua¹/tenus²] **I** (*interrog*) **1** どこまで, どのくらいの間. **2** どの程度[範囲]まで. **II** (*relat*) **1** …の限り, …の程度[範囲]まで. **2** …だから, …のゆえに.

quater *adv* [quattuor] **1** 4度, 4回: *terque quaterque* (VERG) 再三再四, たびたび. **2** 4倍.

quatere *inf* ⇨ quatio.

quaternī -ae -a, *num distrib* [quattuor] 四つ[個, 人]ずつの.

quaterniō -ōnis, °*f* [↑] **1** (数字の)4《さいころの目など》. **2** 4人一組の兵士.

quatiō -tere quassum, *tr* **1** 振り動かす, 振動させる. **2** (続けざまに)打つ, たたく. **3** せきたてる, 駆りたてる. **4** 打ち砕く, 打ちこわす. **5** かき乱す, 動揺[混乱]させる. **6** (武器などを)振りまわす.

quatridu- ⇨ quadridu-.

quattuor *indecl num card* 4(の).

quattuordeciens, -iēs *adv* [↓] 14回[倍].

quattuordecim *indecl num card* [quattuor/decem] 14(の).

quattuorprīmī -ōrum, *m pl* [quattuor/primus] 〖碑〗(自治市の)上位4人の参事会議員たち.

quattuorvirātus -ūs, *m* quattuorviri の職.

quattuorvirī -ōrum, *m pl* [quattuor/vir] 四人委員《ローマでは道路の管理官, 自治市・植民市では高級政務官》.

-que¹ *enclitic* (2語を並列する場合, 2番目の語に付け; 語群か文の場合はその先頭の語に付ける) **1** …と…, また, そして: *terrā marique* (LIV) 陸海で / *senatus populusque Romanus* (CIC) 元老院とローマ人民 / *ad consilium rem deferunt magnaque inter eos exsistit controversia* (CAES) 彼らは その問題を協議にかける. そして彼らの間で大きな論争が起こる. **2** …か…, または. **3** *-que…-que* [*et, ac*] …も…も.

-que² *suf* itaque, atque, quisque などのように *adv*, *conj*, *relat pron* などに付けられる.

queis *pl dat, abl* 〖古形〗=quibus (⇨ qui¹).

quemadmodum, quem ad modum *adv* **1** (*interrog*) どんなふうに, どのように. **2** (*relat*) …のように.

queō quīre quīvī [quiī] quītum, *intr* …できる《+*inf*; (*pass*) being nosci non quita est (TER) 暗くて顔の見分けもつかなかった. nosci non quita est*

quercerus -a -um, *adj* =querquerus.

querceus -a -um, *adj* [↓] オークの(木・葉)の.

quercus -ūs, *f* **1** 〖植〗オーク. **2** オーク材. **3** (戦闘中, 味方の命を救った兵に与えられる)オークの冠[葉飾り]. **4** どんぐり.

querēla, -ella -ae, *f* [queror] **1** 不平, 苦情; 悲嘆. **2** (鳥・楽器などの)悲しげな音. **3** 嘆きのもと; 病気.

querī *inf* ⇨ queror.

queribundus -a -um, *adj* [queror] 不平を言う, 訴える, 嘆くような.

querimōnia -ae, *f* [queror] 不平, 苦情.

queritor -ārī -ātus sum, *intr dep* [queror] 激しく訴える.

querneus, quernus -a -um, *adj* [quercus] オークの; オークで作った.

queror querī questus sum, *tr, intr dep* **1** 不平を言う, 嘆く, 嘆願する《alqd; de re; +*acc c. inf*》. **2** (鳥・楽器などが)悲しげな音を出す.

querquēdula -ae, *f* 〖鳥〗カモ(鴨)の類.

querquera -ae, *f* [↓] (*sc.* febris) (悪寒を伴う)おこり, マラリア.

querquerus, quercerus -a -um, *adj* 悪寒を起こさせる.

querquētulānus -a -um, *adj* [↓] オークの林の: *mons ~* (TAC) Mons Caelius の古名.

querquētum -ī, *n* [quercus] オークの林.

querulus -a -um, *adj* [queror] **1** 不平を言う. **2** 悲しげな音を出す.

questiō -ōnis, *f* [queror] 不平を言うこと.

questus[1] -a -um, *pp* queror.

questus[2] -ūs, *m* **1** 不平, 苦情; 悲嘆. **2** 悲しげな音.

quī[1] quae quod, *pron*, *adj* **I** (*adj interrog*) **1** どの, 何の, どのような: *quam tu mihi nunc navem narras?* (PLAUT) あなたはどの船のことを言っているの. **2** (感嘆) 何という. **II** (*pron relat*) **A** (+*ind*) **1** (事実関係) …するところの(人・もの): *luna eam lucem, quam a sole accipit, mittit in terras* (CIC) 月は太陽から受けた光を地上に送る. **2** (is qui, sunt qui などの形で) *sunt ~ quod sentiunt non audent dicere* (CIC) 自分の考えをあえて述べない人々がいる. **B** (+*subj*) **1** (目的) …するために: *equitatum ~ sustineret hostium impetum misit* (CAES) 敵の攻撃に対抗すべく騎兵隊を送った. **2** (原因・理由) …だから, …なので: *me, ~ ad multam noctem vigilassem* (CIC) 私は遅くまで夜ふかしをしたために. **3** (傾向・結果) …のような: *neque is sum ~ mortis periculo terrear* (CAES) 私は死の危険におびえるような人間ではない. **4** (譲歩) …けれども, …とはいえ: *ego-met, ~ sero Graecas litteras attigissem* (CIC) 私自身はギリシア文学に触れたのは遅かったけれども. **C** (連結詞として) =et is, sed is など: *res loquitur ipsa, quae semper valet plurimum* (CIC) 事実そのものは雄弁だ, そしてそれはいつでも最も力がある. **D** (*n sg quod* で)…の限り: *quod potero adjutabo senem* (TER) できる限り老人を助けてやろう / *quod sciam* [scio] (CIC GELL) 私の知る限り / (+*gen* で) *victor Britannus quod peditum interfecit* (TAC) 勝ち誇った Britannia 人は歩兵隊の最後の一兵まで殺した.

quī[2] qua (まれに quae) quod *adj indef* (si, nisi, num, ne のあとで) どれかの, 何かの.

quī[3] *adv* [quī[1] の *sg abl* の古形] **I** (*interrog*) **1** どのように, どんなふうに. **2** なぜ. **3** いくらで. **4** (災いなどの祈願)…するがいい. **II** (*relat*) それによって…するところの. **III** (*indef*) 何とかして.

quia *conj* [quis[1] の *n pl* の古形で] (というのは)…だから.

quianam *adv* [↑/nam] いったいなぜ.

quiane *adv* [quia/-ne] というのは[その理由は]…だからか.

quicquam =quidquam (⇒ quisquam).

quicquid =quidquid[1,2] (⇒ quisquis).

quīcum [quī[1] の *sg abl* の古形/cum[1]] =quocum (<cum quo) その人[もの]といっしょに.

quīcumque, -cunque quaecumque quodcumque, *pron* (*adj*) [quī[1]/cumque] **I** (*pron*) **1** (*relat*) …する人は何でも, …するものは何でも. **2** (*indef*) だれ[何]でも. **II** (*adj*) どんな…でも.

quid *adv* (*acc*) [quis[1]] どうして, なぜ: *~ ita?* (CIC) なぜそのように.

quīdam quaedam quiddam (*pron*), quoddam (*adj*), *pron*, *adj* [quī[1]] **I** (*pron*) だれか, 何か, ある人[物]: *accurrit ~* (HOR) だれかが走ってくる. **II** (*adj*) **1** ある…の, 何らかの. **2** 一種の, いわば: *mors est quaedam quasi migratio commutatioque vitae* (CIC) 死はいわば生の転位あるいは変化のようなものだ.

quidem *adv* 確かに, 全く: *~ … sed* 確かに…(ではあるが)しかし / *ne … ~* …(で)さえない, 決して…(で)ない.

quidnam ⇒ quisnam.

quidnī, quid nī *adv* なぜ…(で)ないか (=当然だ).

quidpiam ⇒ quispiam.

quidquam ⇒ quisquam.

quidque ⇒ quisque.

quidquid[1] ⇒ quisquis.

quidquid[2], **quicquid** *adv* (*neut*) [quisquis] どれほど…ても.

quidvīs ⇒ quivis.

quiēs[1] -ētis, *f* **1** 休養, 休息; 休止. **2** 眠り; (動物の)ねぐら. **3** 死(の眠り): *dura* [*perpetua*] *~* (VERG SEN) 固い[永遠の]眠り(=死). **4** 夢. **5** 平穏な生活, 平静; 中立的な立場.

quiēs[2] -ētis, *adj* [*cf.* quietus] 平穏な, 平和な.

quiēscō ere quiēvī quiētum, *intr* [quies[1]] **1** 休養[休息]する, 休む. **2** 横になる, 眠る. **3** (死者が墓で)安らぎを得る. **4** 静にしている, 活動を控える[止める]. **5** 静まる, おさまる.

quiētātiō -ōnis, °*f* [quietus] 静けさ, 穏やかさ.

quiētē *adv* [quietus] 静かに, 穏やかに.

quiētō -āre, °*tr* [quietus] 静める, 落ちつかせる.

quiētor -āri, °*tr dep* =quieto.

quiētus -a -um, *adj* (*pp*) [quiesco] **1** 休息している. **2** 眠っている. **3** 落ちついた, 平穏な. **4** 活動を控えている, 静かにしている; 平和な.

quiēvī *pf* ⇒ quiesco.

quīlibet, -lubet quaelibet quidlibet (*pron*), quodlibet, *pron*, *adj* [quī[1]/libet] だれでも, 何でも: *quibuslibet temporibus* (LIV) いつでも.

quīn *adv*, *conj* [quī[3]/-ne] **I** (*adv*) **1** どうして[なぜ]…でないか. **2** (*impr* とともに)さあ(…しなさい). **3** いやそれどころか, いやむしろ. **II** (*conj*) (従属節も *subj* と; 主節は否定(または実質的な否定)文) **1** (妨害・疑惑を否定する主節を受けて)…(する)ことを[に]: *numquam me potes deterrere ~ loquar* (PLAUT) あなたは私がしゃべることを決して止められない / *non est dubium ~* (CAES) …に疑いはない. **2** (=qui [quae/quod] non, ut non)…ない者[こと]は, …せずには: *nemo fuit militum ~ vulneraretur* (CAES) 負傷していない兵は一人もいなかった / *nihil tam difficilis est ~ investigare possit* (TER) 調べられないほど難しいものは何もない. **3** (*nihil* [paulum] *abest ~* で) まさしく, ほとんど: *nihil abest ~ sim miserrimus* (CIC) まさしく私は最もみじめな人間だ / *paulum afuit ~ Varum interficeret* (CAES) すんでのことで Varus を殺すところであった. **4** (*non possum* (facere) *~* で)…せずにはいられない: *facere non possum ~ iis litteris pareram* (CIC) 私はあの手紙に従わざるをえない. **5** *non ~* …ないからでは

なく.

quīnam quaenam quodnam *adj (pron) interrog* [quī¹/nam] いったい どの[どんな].

quīnārius¹ -a -um, *adj* [quini] 5 から成る.

quīnārius² -ī, *m* 5 asses の硬貨 (=¹/₂ denarius).

Quinct- ⇨ Quint-.

quincunciālis -is -e, *adj* [↓] **1** (1 pes の) 12 分の 5 の. **2** さいころの五の目形に植えられた.

quincunx -uncis, *m* [quinque/uncia] **1** 12 分の 5. **2** さいころの五の目形.

quindeciens, -iēs *adv* [↓] 15 回[倍].

quindecim *indecl num card* [quinque/decem] 15 (の).

quindecimprīmī -ōrum, *m pl* [↑/primus] (自治市の) 15 人の高官たち, 十五人委員.

quindecimvirālis -is -e, *adj* quindecimviri の.

quindecimvirī -ōrum, *m pl* [quindecim/vir] 15 人から成る神官団: ~ *sacris faciundis* (GELL) Sibylla 予言書管理神官団.

quindēnī -ae -a, *num distrib* [quindecim] 15 ずつの (quini deni, quinae denae, quina dena).

quingēnārius -a -um, *adj* [↓] 500 から成る.

quingēnī -ae -a, *num distrib* [quingenti] 500 ずつの.

quingentēsimus -a -um, *num ord* [↓] **1** 500 番目の. **2** *pars quingentesima* (COL) 500 分の 1.

quingentī -ae -a, *num card* [quinque/centum] 500 (の).

quingentiens, -iēs *adv* [↑] 500 回[倍].

quīnī -ae -a, *num distrib* [quinque] 5 ずつの.

quīnimmō, quīn immō *adv* **1** 実際. **2** そのうえ, さらに. **3** それどころか.

quinquāgēnārius -a -um, *adj* [↓] **1** 50 から成る. **2** 50 歳の.

quinquāgēnī -ae -a, *num distrib* [quinquaginta] 50 ずつの.

quinquāgēsima -ae, *f* [↓] **1** (*sc. pars*) 50 分の 1 の税. **2°**⟨カト⟩ (*sc. dies*) 五旬節の主日.

quinquāgēsimus -a -um, *num ord* [quinquaginta] 第 50 の, 50 番目の.

quinquāgiens, -iēs *adv* [↓] 50 回[倍].

quinquāgintā *indecl num card* [quinque] 50 (の).

Quinquātrūs -uum, *f pl*, **-tria** -ium, *n pl* [↓] Minerva の祭 (3 月 19–23 日に挙行).

quinque *indecl num card* 5 (の).

quinquefolium -ī, *n* [↓]《植》バラ科キジムシロ属の植物.

quinquefolius -a -um, *adj* [quinque/folium] 五葉の; 五弁の.

quinquelībrālis -is -e, *adj* 5 libra の.

quinqueme(n)stris -is -e, *adj* [quinque/mensis] 5 ヵ月の.

quinquennālis¹ -is -e, *adj* [quinquennis] **1** 5 年目ごとの. **2** 5 年間の[続く].

quinquennālis² -is, *m* **1°**⟨自治市⟩ (自治市で 5 年ごとに任命される) census を監督する高官. **2** (任期 5 年の)さまざまの collegium の長.

quinquennis -is -e, *adj* [quinque/annus] **1** 5 年目の, 5 歳の. **2** 5 年間の[続く]. **3** 5 年目ごとの.

quinquennium -ī, *n* [quinque/annus] 5 年間.

quinquepartītus, -pertītus -a -um, *adj* [quinque/partio²] 五つの部分に分けられた.

quinquepedal -ālis, *n* [quinque/pes] 5 pes の物差し.

quinqueremis¹ -is -e, *adj* [quinque/remus] 五段櫂の.

quinqueremis² -is, *f* 五段櫂船.

quinquevir -ī, *m* [quinque/vir] (通例 *pl* quinqueviri) 五人委員(会).

quinquevirātus -ūs, *m* quinquevir の地位[職務].

quinquiens, -iēs *adv* [quinque] 5 回[倍].

quinquiplex -icis, *adj* [quinque/plico] 五つの部分から成る, 五つ折りの.

quinquiplicō -āre -āvī -ātum, *tr* 5 倍にする.

quintadecimānī -ōrum, *m pl* [quintus/decimus] 第十五軍団の兵士たち.

quintāna -ae, *f* [quintanus] (*sc. via*)《陣営内の主道 via principalis に並行する》第 5 道《ここで市(ﾊ)が開かれた》.

quintānī -ōrum, *m pl* [↓] 第 5 軍団の兵士たち.

quintānus -a -um, *adj* [quintus] 5 日目の.

Quintiānus -a -um, *adj* Quintius の.

Quintiliānus -ī, *m* クゥインティリアーヌス《ローマ人の家名; 特に *M. Fabius* ~, Hispania 生まれのローマの修辞学者で *Institutio Oratoria*「弁論術教程」(12 巻)の著者 (35?–?100)》.

Quintilii -ōrum, *m pl* クゥインティリイー《Romulus 時代の貴族; Lupercus 神官団を構成した》.

Quintīlis¹ -is -e, *adj* **1** (ローマ古暦の) 5 月の. **2** (前 153–45 年) 7 月の.

Quintīlis² -is, *m* [↑] (*sc. mensis*) **1** (ローマ古暦の) 5 月. **2** (前 153–45 年) 7 月《前 44 年, Julius Caesar の誕生月にちなんで Julius と改称》.

Quintilius -ī, *m* クゥインティリウス《ローマ人の氏族名; 特に *P.* ~ *Varus*, ローマの将軍; 後 9 年ゲルマン人に敗北して自殺; ⇨ Varus》.

Quintius -ī, *m* クゥインティウス《ローマ人の氏族名》.

quintō *adv* (*abl*) [quintus] **1** 5 番目に. **2** 5 度目に.

quintum *adv* (*neut*) [↓] 5 度目に.

quintus -a -um, *num ord* [quinque] **1** 第 5 の, 5 番目の. **2** *quinta pars* (VITR) 5 分の 1.

Quintus -ī, *m* クゥイントゥス《ローマ人の個人名(略形 Q.)》.

quippe *adv* [quis¹; *cf.* nempe] **1** 確かに, まったく, 実際. **2** なぜなら, というのは. **3** ~ *qui* (relat) [ubi] (通例+subj) = ~ *qui* (adv) = ~ *cum* (+subj) …だから.

quippiam ⇨ quispiam.

quippinī *adv* [quippe] **1** なぜ…でないか. **2** もちろん, 当然.

quīre *inf* ⇨ queo.

Quirīnālia -ium, *n pl* [↓] Quirinus の祭典《2 月 17 日に行なわれた》.

Quirīnālis -is -e, *adj* Quirinus の: ~ *Collis* [*Mons*] (Liv [Cic]) ローマ市の七丘の一つ.

Quirīnus[1] -ī, *m*《神話》**1** クゥイリーヌス《ローマの戦争の神; のち Romulus と同一視された》. **2** Janus の添え名.

Quirīnus[2] -a -um, *adj* **1** Quirinus (=Romulus) の. **2** *Quirina tribus* (Fest) ローマの 35 部族の一つ.

Quirīs -rītis, *m* (通例 *pl* Quirites で) **1** Sabini 族の町 Cures の住民. **2** ローマ市民.

quirītātiō -ōnis, *f* [quirito] 悲鳴, 絶叫.

quirītātus -ūs, *m* =quiritatio.

Quirītēs -ium [-um], *m pl* ⇨ Quiris.

quirītō -āre -āvī -ātum, *intr* (*tr*) *freq* 悲鳴をあげる, 絶叫する.

quis[1] quis quid, *pron* (*adj*) **I** (*interrog*) **1** だれ, 何, どれ. **2** (*n sg* quid で) (a) *quid ergo?* (Caes) それではどういうことになるのか. (b) (+*gen*) どのくらい, どのような: ~ *mulieris uxorem habes?* (Ter) あんたはどういう女を女房にしているのかね. (c) *quid!* (驚きを表わす) 何だって. (d) *quid?* (新しい話題・事項の列挙に) さらには, また. (e) (*adv* として) ⇨ quid. **II** (*relat*) …はだれでも[何でも]. **III** (*indef*) (しばしば si, nisi, ne, cum, num のあとで) だれか, 何か, ある人[物].

quīs[2] *pl dat*, *abl*《古形》=quibus (⇨ qui[1]).

quisnam quaenam quidnam, *pron* (*adj*) [quis[1]/nam] いったいだれ[何].

quispiam quaepiam quidpiam [quippiam] (*pron*), quodpiam (*adj*), *pron*, *adj* [quis[1]/-pe (*cf.* nempe)/jam] だれか, 何か, ある(人・物).

quisquam quaequam quidquam [quicquam], *pron* (*adj*), [quis[1]/quam (quis[1] の *f sg abl*)] **1** (否定文中で) だれも, 何も: *nec quisquam* (Liv) そしてだれひとり…ない. **2** (疑問文・条件節中で) だれか, 何か.

quisque quaeque quidque (*pron*), quodque (*adj*), *pron*, *adj* [quis[1]/-que[2]] 各人, おのおの, だれでも, 何でも (しばしば *sg* が *pl* 扱いされる). (a) (関係節中で) *quod cuique obtigit, id ~ teneat* (Cic) だれでも自らの手に落ちたものを保有すべし. (b) (程度の *sup* と *comp* を伴って) …すればするほどますます: *quo ~ est major, magis est placabilis ira* (Ov) 偉大な人物であればあるだけ, その怒りはなだめられやすい. (c) (間接疑問文中で) *quid quemque cuique praestare oporteat* (Cic) 誰が誰に何を負ってしかるべきか. (d) (+*refl*) *naturae sequitur semina ~ suae* (Prop) 人はみな自分自身の本性の種(丸)に従う. (e) (+*superl*) *doctissimus ~* (Cic) あらゆる博識の人《=すべての博識の人々》. (f) (序数詞と) *quinto quoque anno* (Cic) 5 年目ごとに (=4 年に一度). (g) (primus と) *primo quoque tempore* (Cic) いちばん早い機会に.

quisquiliae -ārum, *f pl*, -ia -ōrum, *n pl* **1** ごみ, くず. **2** くだらぬ者, 人間のくず.

quisquis quisquis quidquid [quicquid] (*pron*), quodquod (*adj*), *pron*, *adj* **I** (*relat*) **1** …するものはだれ[何]でも, …するすべての(人[もの]). **2** …がだれ[何であろうと: *quisquis es, quidquid tibi nomen est* (Plaut) あなたがどなたで, どんなお名前であろうとも. **3** *quidquid* (*adv* として) ⇨ quidquid[2]. **II** (*indef*) だれでも, 何でも.

quītus -a -um, *pp* ⇨ queo.

quīvī *pf* ⇨ queo.

quīvīs quaevīs quidvīs (*pron*), quodvīs (*adj*), *pron*, *adj* [qui[1]/volo[2]] だれでも, 何でも.

quīvīscumque quaevīs- quodvīs- *adj* [↑/cumque] だれ[何]であろうとも.

quō[1] *adv* [qui[1], quis[1]] **I** (*interrog*) **1** どこへ. **2** 何のために. **II** (*relat*) **1** …(するところ)のそこへ. **2** (目的) (+*subj*) …(するための)そこへ. **III** (*indef*) (si, nisi, ne のあとで) どこへでも.

quō[2] *adv*, *conj* [qui[1], quis[1]] **1** その結果, それゆえに, それによって. **2** (+*comp*) ~…*eo* [*hoc*] …であればあるほど: ~ *propius hostis accedebat, eo major caedes fiebat fugientium* (Liv) 敵が近づけば近づくほど, 逃亡をはかって殺される者の数が増大した. **3** (目的) (+*subj*) …するように: *vos, ~ pauca monerem, advocavi* (Sall) 私は手短かに警告するために諸君を召集した. (b) (+*comp*) それだけいっそう…するように: *ignis fieri prohibuit, ~ occultior esset ejus adventus* (Caes) 彼の到着ができるだけ気付かれないように火の使用を禁じた. **4** non ~ (+*subj*) (理由) …からではなく: *in exilium profectus est, non ~ sibi tanti sceleris conscius esset* (Sall) 彼が亡命したのは大罪を犯したとの自覚があったからではなく…

quoad *adv* [quo[1]/ad[1]] **I** (*interrog*) どれくらい, どの程度まで; いつまで. **II** (*relat*) **1** …まで. **2** …の限り, …の程度まで. **3** (時間的) …の間; …まで.

quoadusque° *adv* …(に至る)まで.

quōcircā, quō circā *adv* [quo[2]/circa] その結果, それゆえに.

quōcumque *adv* [quo[1]/cumque] (…するところは)どこ(へ)でも.

quod[1] ⇨ qui[1].

quod[2] *adv*, *conj* [qui[1]] **1** …ということが[を]: *magnum beneficium est naturae ~ necesse est mori* (Sen) 死が必然であることは自然の大きな恩恵だ. **2** …という事実[こと]に関しては, …という点で: *de Messalla ~ quaeris, quid scribam nescio* (Cic) Messalla についてお尋ねの件, 何とお返事していいかわかりません / *inter inanimum et animal hoc maxime interest ~ animal agit aliquid* (Cic) 無生物と生物の最大の違いはこの点, すなわち生物は何かをするという点にある. **3** (理由) (a) (+*ind*) …という理由で: *unum diem commorati sumus, ~ Quintus nos consecutus non erat* (Cic) Quintus が追いつけなかったのでわれわれはそこに一日とどまった. (b) (+*subj*) …という理由で, …と言って: *noctu ambulabat ~ somnium capere non posset* (Cic) 彼は眠れないからと称して夜中に散歩をしたものだった. **4** est ~ (+*subj*) …というのに理由がある: *nihil est ~ pocula laudes* (Verg) 君が杯を自慢する理由は何もない. **5** …以来, …してから: *de pactione statim ~ audieram* (Cic) その契約のことを耳にすると直ちに. **6** …(する)限り (⇨ qui[1] II D). **7** (しばしば si (quodsi とも書かれる), nisi, quia などと) そして(それゆえに), しかし: *etiam nunc regredi possumus: ~ si ponticulum transierimus…* (Suet) 今でも引き返すことはできる. だが, もしこの小さな橋を渡ってしまったら….

quōdammodō, quōdam modō *adv* (*abl*) [quidam/modus] いわば, 幾分か.

quodnam ⇨ quinam.

quodsī, quod sī ⇨ quod² 7.
quodvīs ⇨ quivis.
quōjās -ātis, *adj* =cujas.
quōjus *sg gen*《古形》=cujus (⇨ qui¹, quis¹).
quōlibēt *adv* [quo¹/libet] どこへでも，好きな所へ．
quom *conj* =cum².
quōminus, quō minus *conj* (+*subj*) (=ne²) 1《妨害・拒絶などを意味する動詞をもつ主節に応じて従属節で》…することを: *neque recusavit ~ legis poenam subiret* (Nep) 彼は法の定める罰を受けることを拒否しなかった． 2 *per alqm stare ~* …しないのはある人のせい[責任]だ: *per me stetit ~ fierent nuptiae* (Ter) 結婚話がお流れになったのはばくのせいだ．
quōmodo, quō modo *adv* (*abl*) [qui¹/modus] I (*interrog*) 1 どのように，どんなふうに． 2 どんな状態で． 3《感嘆》何とまあ． II (*relat*) 1 …のように． 2 …の限り，…の程度まで． III (*indef*) 何らかの方法で．
quōmodocumque *adv* [↑/cumque] 1 (*interrog*) どんなふうであれ． 2 (*indef*) どういうわけか．
quōmodolibet° *adv* どんなふうにでも．
quōmodoonam *adv* いったいどのように．
quōnam *adv* [quo¹/nam] 1 いったいどこへ． 2 *~ usque* (Gell) いったいいつまで．
quondam *adv* [quom] 1 かつて，昔，以前． 2 時々，時折． 3 将来，いつか．
quoniam *conj* [quom/jam] 1 …や否や，…のあとで． 2 …であるからには，…だから．
quōpiam *adv* [*cf.* quispiam] どこかへ[で]．
quōquam *adv* [*cf.* quisquam] どこかへ[で]も．
quoque *adv* 1 同じく，同様に；また，そのうえ: *non solum ... sed* [*verum*]*... ~* …のみならず…もまた． 2 …でさえ，実のところ: *dictu ~ videntur turpia* (Cic) 口にするのさえ恥ずかしく思われる / *ne ... ~* さえも…(で)ない (=ne...quidem)．
quoqueversus, -um, quōque versus, -um *adv* =quoqueversus.
quōquō *adv* [*cf.* quisquis] どこへでも．
quōquōmodo, quōquō modo *adv* (*abl*) [↑/modus] どんな方法によってでも，どんなふうであれ．
quōquōversus, -um, quōquō versus, -um *adv* [quoquo/versus²] あらゆる方向へ，どこへでも．
quorsum, -us *adv* [quo¹/versum] I (*interrog*) 1 どこへ，どの方向へ． 2 何のために，何の目的で． II (*relat*) …の方向へ．

quot *indecl adj* I (*interrog*) 1 どれほど多くの，どのくらいの数の． 2《感嘆》何と多くの． II (*relat*) …だけ多くの: *~ homines tot sententiae* (Ter) 人の数だけ意見がある．
quotannīs, quot annīs *adv* [↑/annus] 毎年，年ごとに．
quotcalendīs, quot calendīs *adv* [quot/calendae] 毎月ついたちに．
quotcumque *indecl adj* [quot/cumque] …だけ多くの，それだけの数の．
quotēnī -ae -a, *adj pl* [quot] それぞれどれほど多くの．
quotennis -is -e, °*adj* [quot/annus] 何年間の，何年目の．
quotidiē, etc. ⇨ cot(t)idie, etc.
quotiens, -iēs *adv* [quot] I (*interrog*) 1 何回，何度． 2《感嘆》何としばしば． II (*relat*) …するたびごとに: *~ dicimus, totiens de nobis judicatur* (Cic) われわれが弁論をするたびにわれわれに評価が下される．
quotienscumque, -tiēs- [↑/cumque] …するたびごとに，…する時はいつでも．
quotienslibet° *adv* 何回でも．
quotiensque *adv relat* =quotienscumque.
quotlibet *adv* [quot/libet] 何回でも．
quotquot *indecl adj* 1 どれほど多くの． 2 *~ mensibus* (Varr) 毎月 / *~ annis* (Varr) 毎年．
quotumus -a -um, *adj* [quot] 何番目の．
quotus -a -um, *adj* [quot] 何番目の: *hora quota est?* (Hor) 時間は何時か．《全体に対していかなる割合の》: *pars quota laudis* (Ov) どれほど大きな(=きわめて小さな)賞賛．
quotuscumque, quotus cumque -acumque -umcumque, *adj* [↑/cumque] 1 何番目であっても． 2《全体に対して》いかなる割合であっても (=どれほど少なくても)．
quotusquisque, quotus quisque -aquaeque -umquidque, *pron*《全体に対して》いかなる割合の人[物] (=きわめて少数の人[物])．
quousque, quō usque *adv* 1 どこまで． 2 どれほど長い間，いつまで: *~ tandem abutere, Catilina, patientiā nostrā?* (Cic) Catilina よ，君は一体いつまでわれわれの忍耐につけこむつもりなのだ．
quōvīs *adv* [quivis] どこへでも．
quum *conj* =cum².

R

R, r *indecl n* ラテン語アルファベットの第17字.
R., r. (略) =Romanus; Rufus; recte, regnum, reficiendum (⇨ reficio).
rabere *inf* ⇨ rabio.
rabidē *adv* [↓] 狂ったように, 猛烈に.
rabidus -a -um, *adj* [↓] 狂暴な, 荒れ狂う, 猛烈な.
rabiēs -ēi, *f* [↓] **1** 狂暴, 獰猛. **2** 激情, 狂乱. **3** 激しさ, 猛烈さ: *ventris* ~ (VERG) 激しい空腹. **4** 狂犬病.
rabiō -bere, *intr* 激怒している, 荒れ狂う.
rabiōsē *adv* [rabiosus] 狂ったように.
rabiōsulus -a -um, *adj dim* [↓] 少し怒った.
rabiōsus -a -um, *adj* [rabies] **1** (犬の)狂犬病にかかった; (人が)狂乱した. **2** 狂暴な.
Rabīriānus -a -um, *adj* Rabirius の.
Rabīrius -ī, *m* ラビーリウス《ローマ人の氏族名; 特に (1) *C.* ~, 大逆罪で告発されたが Cicero に弁護された. (2) *C.* ~ *Postumus*, (1)の甥で養子; 同じく Cicero に弁護された. (3) *C.* ~, Vergilius と同時代の叙事詩人》.
rabula -ae, *m* [rabio] わめき立てる弁論家, 熱弁家.
raca, racha *indecl* °*m* [*Aram.*] 愚か者, 能なし.
racēmārius -a -um, *adj* [racemus] (ブドウの木が)葉だけの(=実を結ばない).
racēmātiō -ōnis, °*f* [racemus] (ブドウの)摘み残りを集めること.
racēmifer -fera -ferum, *adj* [racemus/fero] (ブドウの)房をなしている, 房で飾られた.
racēmōsus -a -um, *adj* [↓] 房の多い.
racēmus -ī, *m* **1** (特に, ブドウの)房. **2** (詩) ぶどう酒.
rachis -idis, °*f* [*Gk*] **1** 『動』羽軸. **2** 『植』花軸; 葉軸. **3** 『解』脊柱.
rachītis -tidis, °*f* [*Gk*] 『病』佝僂(くる)病.
Racilius -ī, *m* ラキリウス《ローマ人の氏族名; 特に *L.* ~, 護民官(前56)》.
radiālis -is -e, °*adj* 『解』橈側(とうそく)の.
radiātiō -ōnis, *f* [radio] **1** 輝き, きらめき. **2**° 『生物』放散.
radiātus -a -um, *adj* [radius] **1** 輝く, 光を放つ. **2** 放射状の. **3** (車輪に)輻(や)の付いた.
rādicālis -is -e, °*adj* [radix] **1** 根のある. **2** 根源の.
rādīcescō -ere, *intr inch* [radicor] 根がつき始める.
rādīcitus *adv* [radix] **1** 根こそぎ, 根元から. **2** 完全に, 徹底的に.
rādīcō -āre -āvī -ātum, °*intr* =radicor.
rādīcor -ārī -ātus sum, *intr dep* [radix] 根がつく.
rādīcōsus -a -um, *adj* [radix] 根の多い.
rādīcula -ae, *f dim* [radix] **1** (小さな)根. **2** 『植』ハツカダイコン. **3** 『植』サボンソウ.
rādīculārius -a -um, °*adj* [↑] 『病』根(症)の.
radiō -āre -āvī -ātum, *intr, tr* [radius] **I** (*intr*) 光を放つ, 輝く. **II**° (*tr*) 照らす.
radiocarpeus -a -um, °*adj* 『解』橈骨手根骨の.
radiolus -ī, *m dim* [radius] **1**° (わずかな)日光. **2** 『植』オリーブの一種. **3**° 『植』シダに似た植物.
radior -ārī -ātus sum, *intr dep* =radio.
radiōsus -a -um, *adj* [radius] 光り輝く.
radioulnāris -is -e, °*adj* 『解』橈骨尺骨の.
radius -ī, *m* **1** 棒, さお, 杖. **2** (車輪の)輻(や). **3** (円の)半径. **4** (織機の)杼(ひ). **5**° 『植』オリーブの一種. **6** 光線. **7**° 『解・動』橈骨(とうこつ). **8**° *radii lentis* 『解』水晶体放線.
rādix -īcis, *f* **1** 『植物の』根. **2** 『植』ハツカダイコン. **3** 根元, 付け根. **4** (山の)ふもと. **5** 根源, 起源: *ex iisdem, quibus nos, radicibus natum* (CIC) 私と出身地が同じ男. **6** 基礎, 基盤. **7**° ~ *gentianae* 『薬』ゲンチアナ. ~ *hibisci* 『薬』トロロアオイ(黄蜀葵).
rādō -ere rāsī rāsum, *tr* **1** かく, こする. **2** 削り取る, こすり落とす. **3** (毛を)そる. **4** 磨く, なめらかにする. **5** (文字などを)消す. **6** かすめて通る.
rādula -ae, *f* [↑] **1** こすり取る道具. **2**° 『動』(軟体動物の)歯舌.
raeda, rēda -ae, *f* (旅行用の)四輪馬車.
raedārius -ī, *m* (raeda の)御者.
Raetī, Rhaet- -ōrum, *m pl* ラエティー《Danubius 川の南で Helvetia と Noricum の間の山岳地方にいた一部族》.
Raetia, Rhaet- -ae, *f* ラエティア《Raeti 族の国; 前13年からローマの属州》.
Raeticus, Rhaet- -a -um, *adj* Raetia の, Raeti 族の.
Raetius, Raetus -a -um, *adj* =Raeticus.
rallus -a -um, *adj dim* [rarus] (織物から)薄手の.
rāmāle -is, *n* [ramus] 小枝, 若枝.
rāmentum -ī, *n* [rado] 削りくず, 切れはし: ~ *sulphuratum* (MART) 硫黄マッチ.
rāmeus -a -um, *adj* [ramus] 枝の.
rāmex -micis, *m* [ramus] **1** (*pl*) 肺. **2** 『病』(血管などの)破裂, 断裂; ヘルニア; 精索静脈瘤.
Ramnēnsēs, Rham- -ium, *m pl* =Ramnes.
Ramnēs, Rham- -ium, *m pl* ラムネース《(1) ローマ最初期の血縁的3部族(tribus)の一つ. (2) Romulus が制定したという)騎士の3 centuriae の一つ》. **2** (詩) 貴族.
rāmōsus -a -um, *adj* [ramus] **1** 枝の多い. **2** 分岐する, 枝分かれする.
rāmulus -ī, *m dim* [↓] 小枝.

rāmus -ī, *m* 1 枝. 2 枝に分かれたもの, 枝状のもの. 3 (*pl*) ギリシア文字 *Υ* (ユプシロン)の枝分かれ部《Pythagoras が美徳と悪徳の二つの道のたとえに用いた》.

rāmusculus -ī, °*m dim* =ramulus.

rāna -ae, *f* 1 〖動〗カエル(蛙). 2 〖魚〗アンコウの類.

ranceō -ēre, *intr* 腐敗している; 腐臭がする.

rancēscō -ere, °*intr inch* [↑] 悪臭を放つようになる.

rancidē *adv* [rancidus] むかむかさせるように.

rancidō -āre, °*tr* [rancidus] 悪臭を放たせる; 好ましくないものにする.

rancidulus -a -um, *adj dim* [↓] 1 腐敗した, 悪臭を放つ. 2 むかむかさせる, 不快な.

rancidus -a -um, *adj* [ranceo] 1 腐敗した, 悪臭を放つ. 2 むかむかさせる, 不快な.

rancor -ōris, °*m* 1 腐臭, 悪臭. 2 深い恨み, 憎悪.

rānula -ae, *f dim* [rana] 1 (小さな)カエル. 2° 〖病〗がま腫, ラヌラ《舌の下に生ずる腫れもの》.

rānunculus -ī, *m dim* [rana] 1 (小さな)カエル. 2 〖動〗=batrachion.

rapācida -ae, *m* [rapax¹] こそ泥の裔(ﾂﾏ)《喜劇向けにつくられた父称》.

rapācitās -ātis, *f* [rapax¹] 強欲, 貪欲.

rapāciter °*adv* [rapax¹] 強欲に, 貪欲に.

rāpanāpus -ī, °*m* [rapum] (大きな)カブラ.

rapax¹ -ācis, *adj* [rapio] 1 強奪する. 2 強欲[貪欲]な.

rapax² -ācis, *m* 1 猛獣, 捕食動物. 2 第 21 軍団の異名; (*pl*) 第 21 軍団の兵士たち.

rapere *inf* ⇨ rapio.

raphanīnus, -os -a -um, *adj* [↓] ハツカダイコンの.

raphanus -ī, *m* [*Gk*] 〖植〗ハツカダイコン.

raphē, rhaphē -ēs, °*f* [*Gk*] 〖解〗縫線.

rapidē *adv* [↓] 速く, 急いで.

rapiditās -ātis, *f* [↓] (川の流れの)速いこと.

rapidus -a -um, *adj* [rapio] 1 激しく流れる, 猛烈な. 2 速い, 急速な. 3 (太陽・暑さなどが)焼けつくような. 4 (人・動物などが)荒々しい, 獰猛な.

rapīna¹ -ae, *f* [rapio] 1 略奪, 強奪; 連れ去ること, 誘拐. 2 略奪物, 戦利品.

rapīna² -ae, *f* [rapum] カブラ; カブラ畑.

rapinātiō -ōnis, *f* [rapina¹] 略奪, 強奪.

rapinātor -ōris, *m* [rapina¹] 略奪者.

rapiō -pere -puī -ptum, *tr* 1 ひったくる, 強奪する. 2 略奪する. 3 (病気・運命などが)命を奪う. 4 急がせる; (*refl, pass*) 急ぐ. 5 (処罰などのために)引っ立てる. 6 運び去る, さらう. 7 (ある行動・状態へ)駆りたてる. 8 魅了する, 心を奪う. 9 つかむ, とらえる: *rapere occasionem* (HOR) 機会をとらえる.

rāpistrum -ī, *n* [rapum] 〖植〗(野性の)ハツカダイコン.

rapō -ōnis, *m* =raptor.

rapsō -āre, *tr* [rapio] 急いで行かせる.

rapta -ae, *f* (*pp*) [rapio] さらわれた女.

raptātiō -ōnis, °*f* [rapto] 引きずること.

raptē °*adv* [rapio] 激しく, 急速に.

raptim *adv* [rapio] 急いで, すばやく.

raptiō -ōnis, *f* [rapio] さらうこと, 誘拐.

raptō -āre -āvī -ātum, *tr freq* [rapio] 1 (むりやりに)連れ[運び]去る, さらう. 2 (法廷へ)引っ張り出す, 引っ立てる. 3 略奪する.

raptor -ōris, *m* [rapio] 強奪者, 略奪者.

raptōrius -a -um, °*adj* [↑] 引き出す[引きずる]のに役立つ.

raptrix -īcis, °*f* [raptor] さらう者(=Ganymedes をさらったワシ).

raptum -ī, *n* (*pp*) [rapio] 略奪品, 獲物.

raptus¹ -a -um, *pp* ⇨ rapio.

raptus² -ūs, *m* 1 もぎ[削り]取ること. 2 強奪, 略奪. 3 さらうこと, 誘拐.

rapuī *pf* ⇨ rapio.

rāpula -ae, *f dim* [rapum] =rapulum.

rāpulum -ī, *n dim* [↓] (小さな)カブラ.

rāpum -ī, *n* 〖植〗 1 カブラ. 2 〖植〗塊茎.

rārē *adv* [rarus] 1 まばらに. 2 まれに, めったに…ない.

rārēfacere *inf* ⇨ rarefacio.

rārēfacere -cere -fēcī -factum, *tr* [rarus/facio] 希薄にする, まばらにする.

rārēfactus -a -um, *pp* ⇨ rarefacio.

rārēfēcī *pf* ⇨ rarefacio.

rārenter °*adv* [rarus] まれに, めったに…ない.

rārēscō -ere, *intr* [rarus] 1 希薄になる, まばら[間遠]になる. 2 広く開く.

rāritās -ātis, *f* [rarus] 1 希薄, まばら. 2 目の粗いこと. 3 希少, まれなこと.

rāriter °*adv* =raro.

rāritūdō -dinis, *f* [rarus] (網の)目の粗いこと; (土が)ぼろぼろしていること.

rārō *adv* (*abl*) [↓] まれに, めったに…ない.

rārus -a -um, *adj* 1 目が粗い; 穴の多い. 2 希薄な, まばらな. 3 めったに起こらない, たまの, まれな; 珍しい. 4 まれにみる, たぐいまれな.

rāsī *pf* ⇨ rado.

rāsilis -is -e, *adj* [rado] 削ってなめらかにした, 磨かれた.

rāsiō -ōnis, °*f* [rado] 剃(ｿ)ること, こすり落とすこと.

rasis -is, *f* 未加工の瀝青.

rāsitō -āre -āvī -ātum, *tr freq* [rado] (常習的に)剃(ｿ)る.

rāsor -ōris, *m* [rado] 剃(ｿ)る[こする]人 (=堅琴奏者).

rāsōrium -ī, °*n* [rado] 削り落とす道具; かみそり.

rastellus -ī, *m* [rastrum] (木製の)鍬(ｸﾜ).

rastrārius -a -um, °*adj* [↓] 鍬(ｸﾜ)の(=農業の, 田舎暮らしの).

rastrum -ī, *n* [rado] (通例 *m pl* rastri として)鍬(ｸﾜ), 熊手.

rāsūra -ae, *f* [rado] 1 削る[剃(ｿ)る]こと. 2° 削りくず.

rāsus -a -um, *pp* ⇨ rado.

rat(i)āria -ae, *f* [↓] いかだ舟.

ratiārius¹ -a -um, °*adj* [碑] いかだ舟の.

rat(i)ārius² -ī, °*m* [↑] 船頭, 渡し守.

ratihabitiō -ōnis, *f* [ratus/habeo] 是認, 許可.

ratiō -ōnis, *f* [reor] **1** 計算, 勘定: *rationem habere* [*inire*] (Cɪᴄ [Cᴀᴇs]) 計算する / ~ *constat* (Cɪᴄ) 計算［が合う］正しい, *°digitis rationem computat* (Pʟᴀᴜᴛ) 彼は指で数えている. **2** 割合, 比: *pro ratione* ⟨+gen⟩ (Cɪᴄ) …に比例して. **3** 説明, 釈明: *rationem reddere* (Cɪᴄ) 釈明する, 理由を述べる. **4** 理性, 分別: *ratione* (Cɪᴄ) 理性的に, 分別をもって. **5** 考慮, 勘案: *rationem habere* [*ducere*] ⟨+gen⟩ (Cɪᴄ) …を考慮に入れる. **6** 事柄, 問題, 関心事. **7** 計画, 企図. **8** 原則, 規則, 法則. **9** 理論, 学説. **10** 方法, 手段. **11** 性質, 種類.

ratiōcinālis -is -e, *adj* [ratiocinor] 推論に基づく, 三段論法の.

ratiōcinātiō -ōnis, *f* [ratiocinor] **1** 推論; 演繹（法）. **2** [論] 三段論法. **3** (建築の)理論, 技法.

ratiōcinātīvus -a -um, *adj* [ratiocinor] 推論の, 三段論法の.

ratiōcinātor -ōris, *m* [ratiocinor] 会計係; 算定する人.

ratiōcinium -ī, *n* [↓] 計算.

ratiōcinor -ārī -ātus sum, *intr* (*tr*) *dep* [ratio] **1** 計算する. **2** 考察する, 論ずる; 思案する.

ratiōnābilis -is -e, *adj* [ratio] 理性のある. **2** 理にかなった, 筋の通った.

ratiōnābilitās -ātis, *f* [↑] 理性があること; 理にかなうこと.

ratiōnābiliter *adv* [rationabilis] 理にかなって.

ratiōnāle -is, *°n* [↓] （ユダヤ教の祭司長が着用した）胸当て.

ratiōnālis[1] -is -e, *adj* [ratio] **1** (碑) 会計の. **2** 理性のある, 理性的な. **3** 理論的な, 推論に基づく.

ratiōnālis[2] -is, *°m* 会計係, 収入役.

ratiōnālitās -ātis, *f* [rationalis[1]] 理性, 思考力.

ratiōnāliter *adv* [rationalis[1]] 理性的に, 合理的に.

ratiōnārium -ī, *n* [ratio] (統計的な)報告書.

ratis -is, *f* **1** いかだ. **2** 船.

ratiuncula -ae, *f dim* [ratio] **1** (収支の)ちょっとした計算[勘定]. **2** (詩) 屁(^)理屈. **3** ばかげた三段論法.

ratus -a -um, *adj* (*pp*) [reor] **1** 確定した, 一定の: *pro rata* (*parte*) (Cɪᴄ) 一定の割合で, 比例して. **2** (法的に)有効な, 正式の: *ratum habere* (Cɪᴄ) 有効と認める.

rauca -ae, *f* オークの根に発生する虫.

raucē[°] *adv* [raucus] しゃがれ声で, 耳ざわりな声で.

raucēdō -dinis, *°f* [raucus] （声が）しゃがれていること.

raucellus -a -um, *°adj dim* [raucus] (声がやや)しゃがれた, 耳ざわりな.

raucēscō -ere, *°intr* [raucus] (声が)しゃがれる, 耳ざわりになる.

raucio -īre rausī rausum, *intr* [raucus] (声が)しゃがれている.

raucisonus -a -um, *adj* [raucus/sonus] 耳ざわりな声で[音]の.

raucitās -ātis, *f* [↓] **1** しゃがれていること, しゃがれ[かすれ]声[音]. **2**° いびき.

raucus -a -um, *adj* [*cf.* ravis] **1** しゃがれ[かすれ]声

の; しゃがれた. **2** やかましい, 耳ざわりな.

Raudius -a -um, *adj campus ~* [*campi Raudii*] (Vᴇʟʟ) ラウディウス平原《*Padus* 川上流の Vercellae 近くの平原; ここで Marius が Cimbri 族を撃破した（前 101）》.

raudus, rōdus, rūdus -deris, *n* **1** (未加工の) 塊り. **2** （貨幣として用いられた）青銅片.

raudusculum, rūd- -ī, *n dim* [↑] **1** （硬貨として用いられた）青銅片. **2** 少額の金.

Rauracī, -icī -ōrum, *m pl* ラウラキー《*Rhenus* 河畔にいたケルト系一部族》.

rausī *pf* ⇒ raucio.

rausus -a -um, *pp* ⇒ raucio.

Ravenna -ae, *f* ラウェンナ《アドリア海に面する *Gallia Cispadana* の町; 現 Ravenna》.

Ravennās -ātis, *adj* Ravenna の.

raviō -īre, *intr* [↓] 声がかれるほど叫ぶ.

ravis -is, *f* [*cf.* ravus[2]] 声がかれること.

rāvus[1] -a -um, *adj* (黄色がかった)灰色の, 黄褐色の.

ravus[2] -a -um, *adj* [*cf.* ravis, raucus] (声が)しゃがれた.

re- *pref* 「後方へ, 逆方向へ」「再び, 繰り返して」「反対して」などの意（母音と h の前では red-）.

rē *sg abl* ⇒ res.

rea *f* ⇒ reus.

reaedificātiō -ōnis, *°f* [↓] 再建.

reaedificō -āre -āvī -ātum, *°tr* 再建する.

reagens -entis, *°n* [化] 試薬.

reagnōscō -ere, *°tr* 再認する, 思い出す.

reālis -is -e, *°adj* [res] 現実の, 実際の.

reāpse, rē eapse *adv* (*f abl*) [res/eapse (ipsa の古形; ⇒ ipse)] 実際に, 本当に.

Reāte -is, *n* レアーテ《Sabini 族の町; 現 Rieti》.

Reātinus -a -um, *adj* Reate の.

reātus -ūs, *m* [reus] **1** 被告人の立場[状態]. **2** 告訴, 告発. **3**° 罪.

rebaptisma -atis, *°n* 再洗礼.

rebaptizātiō -ōnis, *°f* [rebaptizo] 再洗礼.

rebaptizātor -ōris, *°m* [↓] 再洗礼を施す人.

rebaptizō -āre, *°tr* 再洗礼を施す.

rebellātiō -ōnis, *f* =rebellio[1].

rebellātrix -īcis, *adj f* [rebello] 謀反する.

rebelliō[1] -ōnis, *f* [rebello] 謀反, 反乱.

rebelliō[2] -ōnis, *m* 謀反人, 反逆者.

rebellis -is -e, *adj* [rebello] 謀反[反乱]を起こす.

rebellium -ī, *n* =rebellio[1].

rebellō -āre -āvī -ātum, *intr* [re-/bello] **1** 謀反[反乱]を起こす. **2** 抵抗する, 逆らう. **3** (病気が)再発する.

Rebilus -ī, *m* レビルス《Caninia 氏族に属するローマ人の家名》.

rebītō -ere, *intr* [re-/bito] 戻る, 帰る.

reboō -āre -āvī -ātum, *intr* [re-/boo] 反響する, 響きわたる.

rebulliō -īre -īvī [-iī] -ītum, *intr, tr* [re-/bullio] **I** (*intr*) 泡立つ. **II** (*tr*) 泡立たせる.

recalcitrō -āre -āvī -ātum, *intr* [re-/calcitro] **1** (馬が)蹴り返す. **2**° 反抗する, 言うことを聞かない.

recalcō -āre -āvī -ātum, *tr* [re-/calco] **1** 再び踏

recalefaciō -cere °*tr* =recalfacio.
recaleō -ēre, *intr* [re-/caleo] **1** 温かいままである; 再び熱くなる. **2**° よみがえる.
recalescō -ere -caluī, *intr inch* [↑] 再び温かく[熱く]なる.
recalfacere *inf* ⇨ recalfacio.
recalfaciō -cere -fēcī -factum, *tr* [re-/calfacio] 再び温める[熱くする].
recalfactus -a -um, *pp* ⇨ recalfacio, recalfio.
recalfēcī *pf* ⇨ recalfacio.
recalfiō -fierī -factus sum, *intr* 再び熱くなる.
recaluī *pf* ⇨ recalesco.
recalvus -a -um, *adj* [re-/calvus] 額のはげあがった.
recandescō -ere -canduī, *intr* [re-/candesco] **1** (再び)白くなる. **2** 再び熱くなる, 白熱する.
recanduī *pf* ⇨ recandesco.
recantō -āre -āvī -ātum, *tr, intr freq* [re-/canto] **1** 歌い直す; 取り消す. **2** 呪文で払いのける. **3**° 繰り返して歌う. **4** こだまする, 反響する.
recapitulātiō -ōnis, °*f* [↓] 要点を繰り返すこと, 要約.
recapitulō -āre -āvī -ātum, °*tr* [re-/capitulum] 要点を繰り返す, 要約する.
recāsus -a, -um, *pp* ⇨ recido[1].
recautum -ī, °*n* (*pp*) [recaveo] 受取[領収]証.
recautus -a -um, *pp* ⇨ recaveo.
recaveō -ēre -cāvī -cautum, °*tr* 〖法〗逆担保を提供する.
recāvī *pf* ⇨ recaveo.
reccidī *pf* ⇨ recido[1].
reccidō -ere, *intr* =recido[1].
recēdō -ere -cessī -cessum, *intr* [re-/cedo[2]] **1** 退く, 後退する, 引っ込む 〈a [ex] re in alqd〉: *recedere a vita* (CIC) 自殺する / *recedere ab armis* (CIC) 武器を置く(=降参する). **2** 減退[縮小]する. **3** 消え去る, なくなる. **4** 離れる, 遠ざかる. **5** それる, はずれる, 逸脱する.
recellō -ere, *intr, tr* [re-/cf. percello] **I** (*intr*) はね返る. **II** (*tr*) 後ろに引く[投げかける].
recēns[1] -entis, *adj* **1** 近ごろの, 最近の. **2** 新しい, 新鮮な; 潑剌(はつらつ)とした.
recēns[2] *adv* 最近, 近ごろ.
recēnseō -ēre -suī -sum [-sītum], *tr* [re-/censeo] **1** 点呼する, 閲兵する. **2** 数え上げる, 列挙する. **3** 調べる, 検討する.
recēnsiō -ōnis, *f* [↑] (監察官(censor)による)再調査[査定].
recēnsus[1] -a -um, *pp* ⇨ recenseo.
recēnsus[2] -ūs, *m* (住民名簿の)再調査, (財産の)査定.
recenter *adv* =recens[2].
recēpī *pf* ⇨ recipio.
receptābilis -is -e, °*adj* [recepto] ...を受けやすい 〈alcis rei〉.
receptāculum -ī, *n* [recepto] **1** 物置, 倉庫, 収容所. **2** 隠れ場, 避難所.

receptātor -ōris, *m* [recepto] かくまう[隠す]者.
receptātrīx -īcis, °*f* [↑] 隠匿する者《女性》.
receptibilis -is -e, °*adj* [recipio] **1** 取り戻す[回復する]ことができる. **2** 受け入れられる, 理解できる.
recepticius -a -um, *adj* [recipio] 〖法〗(財産が)妻が保有する(=嫁資として夫に引き渡されない).
receptiō -ōnis, *f* [recipio] **1** 受け入れること. **2**° 〖法〗(権利・利益の)留保.
receptō -āre -āvī -ātum, *tr freq* [recipio] **1** 取り返す[戻す], 回復する. **2** (習慣的に)受け[迎え]入れる; かくまう. **3** (*refl*) 行く, 従う.
receptor -ōris, *m* [recipio] **1** かくまう[隠す]者. **2**° 〖生物〗受容体.
receptōrium -ī, °*n* [↓] 避難所, 隠れ場.
receptōrius -a -um, °*adj* [recepto] 隠れ場として適した.
receptrīx -īcis, *f* [receptor] 受け入れる者; かくまう[隠す]者《女性》.
receptum -ī, *n* [↓] 保証, 約束.
receptus[1] -a -um, °*adj* (*pp*) [recipio] 広く認められた[受け入れられた].
receptus[2] -ūs, *m* **1** 取り戻すこと, 回復. **2** 撤回, 取消し. **3** 後退, 退却: *Caesar receptui cani jussit* (CAES) Caesar は退却のラッパを吹くように命じた. **4** 避難所, 隠れ場.
recessa -ae, °*f* (*pp*) [recedo] 引き潮, 干潮.
recessī *pf* ⇨ recedo.
recessim *adv* [recedo] 後ろへ, 退いて.
recessiō -ōnis, *f* [recedo] 後退.
recessus[1] -a -um, *adj* (*pp*) [recedo] 後退した.
recessus[2] -ūs, *m* **1** 後退, 退却. **2** 引っ込んだ[奥まった]所; 避難所, 隠れ場. **3** (海岸線の)湾入; 入江, 湾. **4** 背景. **5**° 〖解〗窩(か), 陥凹(かんおう).
recharmidō -āre, *intr* [re-/charmido] Charmides であることをやめる《喜劇の造語》.
recidī[1] *pf* ⇨ recido[1].
recidī[2] *pf* ⇨ recido[2].
recidīvātus -ūs, °*m* [↓] 回復, 再生.
recidīvus -a -um, *adj* [↓] **1** (種子が地面に)落ちる. **2** 再生[復興]する; (熱が)ぶりかえす.
recidō[1], **recc-** -ere -c(c)idī -cāsum, *intr* [re-/cado] **1** 落ちる. **2** (害・災いなどが当人に)戻ってくる, はね返る: *omnes in te istaec recident contumeliae* (PLAUT) あなたのその侮辱はすべてあなたにはね返るんだ. **3** (ある状態に)(再び)陥る: *id ego puto ad nihilum recasurum* (CIC) 私はそれが何にもならずに終わると思う.
recidō[2] -ere -cīdī -cīsum, *tr* [re-/caedo] **1** (木などを)根元まで切る, 切り払う, 刈り込む. **2** (余分なものを)取り除く.
recinctus -a -um, *pp* ⇨ recingo.
recingō -ere -cīnxī -cīnctum, *tr* [re-/cingo] **1** (衣服・帯を)解く, ゆるめる. **2** (*pass*) (自分の)帯を解く, 脱ぐ 〈alqd〉.
recinō -ere, *intr, tr* [re-/cano] **1** 反響する, こだまする, 鳴り響く. **2** こだまさせる, 反響させる. **3** そっくりまねて[そのまま繰り返して]歌う.
recīnxī *pf* ⇨ recingo.
reciperātiō, reciperātor, reciperō, etc. ⇨ recuperatio, recuperator, recupero, etc.

recipere inf ⇨ recipio.

recipiō -pere -cēpī -ceptum, tr [re-/capio¹] **1** 入ることを許す, 迎え入れる: *illum majores nostri in civitatem receperunt* (Cic) われわれの先祖たちは彼をローマ市民に迎え入れた. **2** 受ける, 受け取る: *recipere gloriam* (Tac) 栄誉を受ける. **3** 受け入れる, 認める: *recipere fabulas fictas* (Cic) 作り話を信じる. **4** (任務・責任などを)引き受ける: *causam recipere* (Cic) (弁護士が)事件を引き受ける / *nomen recipere* (Cic) (法務官が)告訴を受理する. **5** 約束する, 保証する〈+ *acc c. inf*〉. **6** (剣・矢などを)引き抜く. **7** (兵・軍隊を)引き上げる, 撤退させる: *se in castra recipere* (Caes) 陣営に引き上げる. **8** (占領された町などを)奪還する, (人質・捕虜などを)取り戻す. **9** (もとの状態に)戻す, 回復する: *stupens, ut me recepi* (Cic) 私は呆然としていたが, ふと我に返って / *mentem [animum] recipere* (Verg [Liv]) 正気に戻る, 元気[勇気]を取り戻す. **10** (売らずに)取っておく; 〖法〗(権利を)留保する.

reciprocātiō -ōnis, *f* [reciproco] **1** 前進後退運動; 逆行, 後退. **2** 交換, やり取り: ~ *animorum* (Tert) 霊魂輪廻(り^ん). **3** ° 〖文〗(相互代名詞の)相互性.

reciprocē *adv* [reciprocus] (潮が)満ちたり引いたりして.

reciprocō -āre -āvī -ātum, tr, intr [↓] **1** 行ったり来たり[行きつ戻りつ]させる: *animam reciprocare* (Liv) 呼吸する. **2** 交換する **3** (*pass*) 行ったり来たり[行きつ戻りつ]する; (潮が)満ちたり引いたりする. **4** 逆行する, 後退する; (潮が)引く.

reciprocus -a -um, *adj* [↓] **1** 行ったり来たり[行きつ戻りつ]する; 引き潮の. **2** 相互の.

recisiō -ōnis, *f* [recido²] 刈り込むこと, 剪定.

recitātiō -ōnis, *f* [recito] 朗読.

recitātor -ōris, *m* [↓] 朗読者.

recitō -āre -āvī -ātum, tr [re-/cito²] 朗読する.

reclāmātiō -ōnis, *f* [reclamo] 声高に抗議する[異議を唱える]こと.

reclāmitō -āre -āvī -ātum, *intr freq* [↓] 声高に抗議する, 異議を唱える〈alci rei〉.

reclāmō -āre -āvī -ātum, *intr, tr* [re-/clamo] **1** 声高に抗議する, 異議を唱える〈alci; +*acc c. inf*; ut, ne〉. **2** 反響する, 鳴り響く.

reclīnātiō -ōnis, °*f* [reclino] **1** 傾くこと, 傾斜. **2** 休息, くつろぎ.

reclīnātōrium -ī, °*n* [reclino] (輿(こ)・寝台の)背もたれ.

reclīnis -is -e, *adj* [↓] 後ろにもたれている, よりかかった; 横たわった.

reclīnō -āre -āvī -ātum, tr [re-/*clino (*cf.* acclino)] **1** もたせかける, 寄りかからせる; 横たえる. **2** (*refl*) もたれる, 寄りかかる. **3** 休息させる.

reclūdō -ere -clūsī -clūsum, tr [re-/claudo²] **1** (戸を)開ける. **2** 開け放す, 開放する. **3** (地面を掘り)返す, 耕す. **4** 切り開く. **5** おおいをとる, 解く; (剣をさやから)抜く. **6** 明らかにする, 暴露する.

reclūsī *pf* ⇨ recludo.

reclūsus -a -um, *pp* ⇨ recludo.

recoctus -a -um, *pp* ⇨ recoquo.

recōgitātiō -ōnis, °*f* [↓] 熟考.

recōgitō -āre -āvī -ātum, *intr, tr* [re-/cogito] 熟考する, よく考える.

recognitiō -ōnis, *f* [recognosco] **1** 点検, 検査. **2** 認識.

recognitus -a -um, *pp* ⇨ recognosco.

recognōscō -ere -gnōvī -gnitum, tr [re-/cognosco] **1** 点検[検査]する. **2** 認識する, 認める. **3** 思い起こす, 想起する.

recognōvī *pf* ⇨ recognosco.

recōgō -ere, °*tr* 再び集める.

recollectus -a -um, *pp* ⇨ recolligo.

recollēgī *pf* ⇨ recolligo.

recolligō, reconl- -ere -lēgī -lectum, tr [re-/colligo²] **1** 再び集める. **2** 再入手する, 取り戻す, 回復する. **3** (*refl*) 勇気づく, 気を取り直す. **4** *animum alcis recolligere* (Cic) ある人の機嫌を取り結ぶ, とりなす.

recolō¹ -āre, tr [re-/colo¹] 再び濾過する.

recolō² -ere -coluī -cultum, tr [re-/colo²] **1** 再び耕す; 再び採鉱する. **2** 再び訪れる. **3** 再び始める, 再開する. **4** 回復する, 再建する. **5** 熟考する, よく考える; 思い出す.

recoluī *pf* ⇨ recolo².

recommentor -ārī -ātus sum, tr [re-/commentor¹] 思い出す.

recommīniscī *inf* ⇨ recomminiscor.

recommīniscor -nīscī, *tr dep* [re-/comminiscor] 思い出す.

recompēnsātiō -ōnis, °*f* [↓] 償い, 賠償.

recompēnsō -āre, °*tr* 償う.

recompōnō -ere -positum, tr [re-/compono] **1** 再び整える. **2** 再び落ち着かせる, 鎮める.

recompositus -a -um, *pp* ⇨ recompono.

reconciliātiō -ōnis, *f* [reconcilio] **1** 回復. **2** 和解.

reconciliātor -ōris, *m* [reconcilio] **1** 回復する者. **2** 調停者.

reconciliātrix -īcis, *f* [↑] 調停者《女性》.

reconciliō -āre -āvī -ātum, tr [re-/concilio] **1** 回復する, 取り戻す. **2** 和解[仲直り]させる.

reconcinnō -āre -āvī -ātum, tr [re-/concinno] 修繕[修理]する.

recondidī *pf* ⇨ recondo.

recondita -ōrum, *n pl* [reconditus] 人目につかない奥まった場所.

reconditiō -ōnis, °*f* [recondo] 元の場所に戻すこと.

reconditor -ōris, °*m* [recondo] 元に戻す者.

reconditus -a -um, *adj* (*pp*) [↓] **1** 隠された, 秘密の. **2** 人目につかない, 辺鄙な. **3** 深遠な, 難解な. **4** 引っ込みがちな, 内気な.

recondō -ere -didī -ditum, tr [re-/condo] **1** 元に戻す, 置く; (目を)閉じる. **2** 保管する, しまっておく. **3** 隠す. **4** (剣を深く突き刺す.

recondūcō -ere -duxī -ductum, tr [re-/conduco] 再び[代わって]契約を結ぶ[請け負う].

reconductus -a -um, *pp* ⇨ reconduco.

recondūxī *pf* ⇨ reconduco.

reconflō -āre, tr [re-/conflo] 再燃させる, 再び火

reconligō -ere, *tr* =recolligo.
reconstruō -ere, °*tr* 再建する.
reconvincō -ere, °*tr* (罪を)完全に認めさせる.
recoquō -ere -coxī -coctum, *tr* [re-/coquo] 1 煮直す; 作り直す. 2 再び熱する; (金属を)製錬する, (剣の)焼き直しをする.
recordābilis -is -e, °*adj* [recordor] 記憶すべき.
recordātiō -ōnis, *f* [recordor] 思い出すこと, 想起, 回想.
recordātus[1] -a -um, *pp* ⇨ recordor.
recordātus[2] -ūs, °*m* 思い出すこと, 回想.
recordō -āre -āvī -ātum, *tr* =recordor.
recordor -ārī -ātus sum, *tr* (*intr*) *dep* [re-/cor] 思い出す, 想起する ⟨alcis rei; alqd; de re; +*acc c. inf*⟩.
recorporātiō -ōnis, °*f* [↓] 1 再び肉体を与えること, 復活. 2 身体を旧状に戻すこと.
recorporō -āre, °*tr* 1 再び肉体を与える. 2 (体液の瀉出(しゃしゅつ)によって)体を旧状に戻す.
recorrectiō -ōnis, *f* [recorrigo] 修正, 訂正.
recorrectus -a -um, *pp* ⇨ recorrigo.
recorrexī *pf* ⇨ recorrigo.
recorrigō -ere -rexī -rectum, *tr* [re-/corrigo] 修正する, 訂正する.
recoxī *pf* ⇨ recoquo.
recrastinō -āre, *tr* [re-/crastinus] 延期する.
recreābilis -is -e, °*adj* [recreo] 心身をさわやかにする.
recreātiō -ōnis, *f* [recreo] 回復.
recreātor -ōris, °*m* [recreo] 回復させる者.
recrēmentum -ī, *n* [re-/cerno] 廃物, かす; 排泄物: ~ *farris* (PLIN) 穀殻(こくかく).
recreō -āre -āvī -ātum, *tr* [re-/creo] 1 回復させる, 元気づける. 2 復興する, 再建する.
recrepō -āre, *intr* (*tr*) [re-/crepo] 反響する, こだまする.
recrescō -ere -crēvī -crētum, *intr* [re-/cresco] 再び大きくなる, 再び成長する.
recrētus -a -um, *pp* ⇨ recresco.
recrēvī *pf* ⇨ recresco.
recrūdescō -ere -crūduī, *intr* [re-/crudesco] 1 (傷口が)再び開く. 2 再発[再燃]する.
recrūduī *pf* ⇨ recrudesco.
rectā *adv* [rectus] (*sc. viā*) まっすぐに, 直行して.
rectagōnum -ī, °*n* [rectus] 長方形.
rectē *adv* [rectus] 1 まっすぐ上に, 直立して. 2 誤りなく, 正確に. 3 正しく, 正当に, 適当に. 4 全く, 完全に. 5 よく, 申し分なく. 6 (返答として)そのとおり, よろしい; だいじょうぶ, 何でもない.
rectiangulum -ī, °*n* [↓] 直角三角形.
rectiangulus -a -um, °*adj* 直角の; 長方形の.
rectificātiō -ōnis, °*f* [↓] 矯正[修正], 調整.
rectificō -āre, °*tr* [rectus/facio] 矯正[修正]する, 調整する.
rectilīneus -a -um, °*adj* [rectus/linea] 直線の.
rectilīnium -ī, °*n* [rectus] 公明, 誠実.
rectiō -ōnis, *f* [rego] 支配, 管理.
rectitās -ātis, °*f* =rectitudo.

rectitātor -ōris, °*m* [rego] 指揮者, 管理者.
rectitūdō -dinis, °*f* [rectus] 1 まっすぐなこと. 2 正直, 誠実.
rectō *adv* (*abl*) [rectus] 1 直接に. 2° 正しく, 正当に.
rectococcȳgēus -a -um, °*adj* 〚解〛直腸尾骨の.
rector -ōris, *m* [rego] 1 指導者, 管理者, 支配者. 2 舵手. 3 騎手, 御者, 馬引き; 象使い. 4 (軍の)指揮官, 司令官.
rectouterīnus -a -um, °*adj* 〚解〛直腸子宮の.
rectovēsicālis -is -e, °*adj* 〚解〛直腸膀胱の.
rectum -ī, *n* [rectus] 1 (道徳的に)まっすぐなこと, 正直, 徳. 2 °〚解〛直腸.
rectūra -ae, *f* [rego] 1 まっすぐなこと; 直線. 2° 管理, 支配.
rectus -a -um, *adj* (*pp*) [rego] 1 まっすぐな. 2 直角の; 直立した: *angulus* ~ (SEN) 直角. 3 直接の; 率直な, 単刀直入な. 4 正しい, 正当な, 適当な. 5 誠実[廉直]な. 6 〚文〛主格の: *casus* ~ (VARR) 主格.
recubitus[1] -a -um, *pp* ⇨ recumbo.
recubitus[2] -ūs, °*m* 1 (食事のために)横臥すること. 2 (宴会での)座席.
recubō -āre -buī, *intr* [re-/cubo] (くつろいで)横になる, 寝そべる.
recubuī *pf* ⇨ recubo, recumbo.
rēcula -ae, *f dim* [res] わずかな財産.
recultus -a -um, *pp* ⇨ recolo[2].
recumbō -ere -cubuī -cubitum, *intr* [re-/*cumbo (cf. cubo)] 1 横になる, 寝そべる. 2 (宴席で)身体を横たえる, 横臥する. 3 落ちる, 沈む, おりる.
recuperātiō -ōnis, *f* [recupero] 1 回復, 取り戻すこと. 2 民事審判委員による裁決.
recuperātīvus -a -um, *adj* [recupero] 権利の回復に関する.
recuperātor -ōris, *m* [recupero] 1 回復する[取り戻す]者. 2 民事審判委員《民事訴訟を即決裁判するために法務官 (praetor) によって選任された 3 名または 5 名の委員》.
recuperātōrius -a -um, *adj* [↑] 民事審判委員の.
recuperō -āre -āvī -ātum, *tr* [recipio (*cf*. tolero)] 回復する, 取り戻す ⟨alqd ab alqo⟩.
recūrō -āre -āvī -ātum, *tr* [re-/curo] 1 回復させる, 治癒する. 2 復興する, 修復する.
recurrens[1] -entis, °*adj* (*prp*) [recurro] 〚解〛反回性の.
recurrens[2] -entis, °*m* (*prp*) 〚病〛回帰.
recurrī *pf* ⇨ recurro.
recurrō -ere -currī -cursum, *intr* [re-/curro] 1 急いで[走って]戻る ⟨ad alqm; in [ad] alqd⟩. 2 戻る, 帰る. 3 心に再び浮かぶ, 思い出される. 4 …による[訴える] ⟨ad alqm [alqd]⟩.
recursiō -ōnis, °*f* [↑] 1 戻ること, 回帰. 2 嘔吐(おうと).
recursō -āre -āvī -ātum, *intr freq* [recurro] 1 何度も戻る. 2 何度も心に浮かぶ, 繰り返し思い出される.
recursus[1] -a -um, *pp* ⇨ recurro.

recursus[2] -ūs, *m* 急いで[走って]戻ること. **2** 逆戻りする[引き返す]こと. **3** 引き潮, 干潮. **4** 回帰.

recurvō -āre -āvī -ātum, *tr* [re-/curvo] 後ろへ曲げる, 逆戻りさせる, そらせる: *undae recurvatae* (Ov) 蛇行する流れ.

recurvus -a -um, *adj* [re-/curvus] そり曲がった, そり返った, 湾曲した.

recūsābilis -is -e, °*adj* [recuso] 拒否されうる.

recūsātiō -ōnis, *f* [recuso] **1** 拒否, 忌避. **2** 〘法〙抗弁, 異議.

recūsātīvus -a -um, *adj* [↓] 拒否する, 受けつけない.

recūsō -āre -āvī -ātum, *tr, intr* [re-/causa] **1** 拒否する, 受けつけない ⟨alqd; de re; +*inf*; ne, quominus, quin⟩: *recusare nullum periculum* (Caes) どんな危険も辞さない. **2** 〘法〙異議を唱える, 抗弁する.

recussābilis -is -e, °*adj* [recutio] (球が)はね返る.

recussī *pf* ⇨ recutio.

recussus[1] -a -um, *pp* ⇨ recutio.

recussus[2] -ūs, *m* はね返り, 反動.

recutere *inf* ⇨ recutio.

recutiō -tere -cussī -cussum, *tr* [re-/quatio] **1** 震わせる, 反響させる. **2** (眠りから急に)目を覚まさせる.

rēda -ae, *f* = raeda.

redactiō -ōnis, °*f* [redigo] **1** 取りまとめること. **2** 〘数〙約分. **3** (税などの)収納.

redactus[1] -a -um, *pp* ⇨ redigo.

redactus[2] -ūs, *m* 収益, 収入.

redadoptō -āre -āvī -ātum, °*tr* 再び養子にする.

redaedificō -āre, *tr* 〘碑〙= reaedifico.

redambulō -āre -āvī -ātum, *intr* [re-/ambulo] 歩いて帰る.

redamō -āre -āvī -ātum, *tr* [re-/amo] 愛し返す.

redamptruō -āre, *intr* (Salii の祭儀で)踊りのリーダー (praesul) に倣って踊る.

redanimātiō -ōnis, °*f* [↓] 復活, よみがえり.

redanimō -āre -āvī -ātum, °*tr* よみがえらせる, 復活させる.

redardescō -ere, *intr* [re-/ardesco] 再び燃え上がる.

redarguī *pf* ⇨ redarguo.

redarguō -ere -arguī -argūtum, *tr* [re-/arguo] 反駁する, 異議を唱える ⟨alqm [alqd]⟩.

redargūtiō -ōnis, °*f* [↑] 反駁, 反論.

redargūtus -a -um, *pp* ⇨ redarguo.

rēdārius -a -um, *adj* = raedarius.

redarmō -āre -ātum, °*tr* 再び武装させる.

redauspicō -āre, *intr* [re-/auspico] 再び占いをする.

reddidī *pf* ⇨ reddo.

redditiō -ōnis, *f* [reddo] **1**° 返還, 返却. **2**° 応報, 処罰. **3** 〘修〙(直喩で比較される二つの事物の)対応. **4**° 〘修〙(同一語の)反復. **5** ~ *rationis* (Aug) 論証.

redditor -ōris, °*m* [reddo] 支払[返済]者.

redditus -a -um, *pp* ⇨ reddo.

reddō -ere -didī -ditum, *tr* [re-/do] **1** もとに戻す, 返す, 返還する. **2** 反射する, 反響する, はね返す. **3** 答えて言う. **4** 再生する, 再現する. **5** 翻訳する: *cum ea, quae legeram Graece, Latine redderem* (Cic) ギリシア語で読んだものをラテン語に翻訳していたときに. **6** (借金を)返済する, 支払う. **7** (当然払うべきものを)払う, 納める. **8** 割り当てる, 与える. **9** 引き渡す, 譲り渡す. **10** 届ける, 配達する. **11** 報告する, 説明する. **12** *jura [judicium] reddere* (Liv [Caes]) 裁判を行なう, 判決を下す. **13** 生む, 産する. **14** ひき起こす, もたらす. **15** (補語を伴って)...(の状態)にする: *totam vitam periculosam reddere* (Cic) 人生全体を危険に満ちたものにする.

reddūcō -ere, *tr* = reduco.

reddux -ucis, *adj* = redux.

redēgī *pf* ⇨ redigo.

redēmī *pf* ⇨ redimo.

redemptiō -ōnis, *f* [redimo] **1** 請戻し, 身受け. **2** 買収. **3** 租税取立て請負い. **4**° 〘キ教〙贖罪.

redemptitō -āre -āvī -ātum, *tr freq* [↓] (繰り返して)買い戻す.

redemptō -āre -āvī -ātum, *tr freq* [redimo] 買戻する, 身受けする.

redemptor -ōris, *m* [redimo] **1** 請負人. **2** 買戻し人. **3**° 〘教会〙贖(あがな)い主 (= キリスト).

redemptrix -īcis, °*f* [↑] 買戻し人〘女性〙.

redemptūra -ae, *f* [redimo] (公的な事業の)請負い.

redemptus -a -um, *pp* ⇨ redimo.

redeō -īre -iī [-īvī] -itum, *intr* [re-/eo²] **1** 帰る, 戻る: *dum redit itque frequens* (Ov) たびたび行き来する間に / *ad se redire* (Ter) 我にかえる / *in gratiam cum alqo redire* (Cic) ある人と和解する / *in memoriam redire* (Cic) 思い出す. **2** 再び現われる[起こる]. **3** (利益として)生じる. **4** ...に帰する, ...のものになる ⟨ad alqm⟩. **5** (ある状態に)なる, 至る.

redhālō -āre, *tr* [re-/halo] 吐き返す.

redhibeō -ēre -uī -itum, *tr* [re-/habeo] **1** (買い手が欠陥のある購入物を)返す. **2** (売り手が欠陥のある売却物を)引き取る.

redhibitiō -ōnis, *f* [↑] **1** (欠陥のある購入物の)返却, 引き取り. **2**° 支払い義務の履行.

redhibitor -ōris, °*m* [redhibeo] 負債を支払う者.

redhibitōrius -a -um, *adj* [redhibeo] 欠陥のある購入物の返還に関する.

redhibitus -a -um, *pp* ⇨ redhibeo.

redīcō -ere, °*tr* 繰り返して言う.

rediēns -euntis, *prp* ⇨ redeo.

redigō -ere -ēgī -actum, *tr* [re-/ago] **1** (家畜などを)追いたてて戻す ⟨alqd [alqm] in [ad] alqd⟩. **2** (敵を)追い返す, 追い払う. **3** もと(の状態・状況)に戻す: *redigere alqd in memoriam alcis* (Cic) ある人にあることを思い出させる. **4** (ある状態に)変える, 至らせる ⟨alqd [alqm] in [ad] alqd⟩: *civitatem in potestatem redigere* (Caes) 町を支配下に置く / *victoriam ad vanum et irritum redigere* (Liv) 勝利を無にする. **5** (売って金銭・財源を)得る. **6** (金銭を)支払う, 納入する: *in aerarium [publicum] redigere* (Liv) 国庫に納める. **7** (数・量を)減らす. **8** (基準に)合致させる.

rediī *pf* ⇨ redeo.
redimīculum -ī. *n* [↓] (頭巾の)垂れ(飾り).
redimiō -īre -iī -ītum, *tr* 1 (花輪・花冠などで)飾る. 2 取り巻く, 囲む.
redimītus -a -um, *pp* ⇨ redimio.
redimō -ere -ēmī -emptum, *tr* [re-/emo] 1 買い戻す. 2 代価を払う, 償う. 3 (奴隷・捕虜などを)身請けする, 請け戻す 4 (金銭・その他の方法で)救い出す. 5 (金銭・その他の方法で)手に入れる. 6 請け負う, 賃貸約する. 7 金を与えて追い払う, 買収する.
redintegrātiō -ōnis, *f* [redintegro] 1 回復, 復活. 2 繰返し, 反復.
redintegrātor -ōris, °*m* [↓] 回復[復活]させる者.
redintegrō -āre -āvī -ātum, *tr* [re-/integro] 1 再び始める, 再開する. 2 再び満たす, 補充する. 3 回復させる, 新たにする. 4 繰り返して言う.
redinveniō -īre, °*tr* 再び見いだす.
redipiscī *inf* ⇨ redipiscor.
redipiscor -cī, *tr dep* [re-/apiscor] 取り戻す, 回復する.
redīre *inf* ⇨ redeo.
reditiō -ōnis, *f* [redeo] 戻ってくること, 帰還.
reditus[1] -a -um, *pp* ⇨ redeo.
reditus[2] -ūs, *m* 1 戻ってくること, 帰還; 復帰. 2 収入, 収益.
redīvī *pf* =redii (⇨ redeo).
redivia -ae, *f* =reduvia.
redivīvum -ī, *n* [↓] (再利用された)古い建築用材.
redivīvus -a -um, *adj* 再利用の, 再生の.
redoleō -ēre -oluī, *tr, intr* [re-/oleo] 匂いがする, 匂う.
redomitus -a -um, *adj* [re-/domo[1]] 再び馴らされた; 改めて物の道理をわきまえさせられた.
Rēdonēs -um, *m pl* レードネース《Gallia Lugdunensis にいたケルト系一部族》.
redōnō -āre -āvī -ātum, *tr* [re-/dono] 1 返す, 戻す. 2 憤りを止める.
redoperiō -īre -ruī, °*tr* 再びおおいを取る.
redoperuī *pf* ⇨ redoperio.
redormiō -īre, *intr* [re-/dormio] 再び眠る.
redūcō -ere -dūxī -ductum, *tr* [re-/duco] 1 連れ戻す, 連れ戻る. 2 (軍勢を)撤退させる; 引き戻す: *socios a morte reducere* (VERG) 仲間を死から救う. 3 (後ろへ)引く[引き込む]: *remos ab pectora reducere* (OV) 胸もとへオールを漕ぎ寄せる. 4 (もとの状態へ)戻す, 復帰[復活]させる. 5 (ある状態へ)至らせる, 変える. 6 思い出させる.
reducta -ōrum, *n pl* (*pp*) [↑] (*sc. bona*) (ストア哲学で)遠ざけられたもの, 望ましくないもの (*cf.* producta).
reductiō -ōnis, *f* [reduco] 1 連れ戻す[復位させる]こと. 2 引く[引き戻す]こと.
reductō -āre, °*tr freq* [reduco] (軍隊を)撤退させる.
reductor -ōris, *m* [reduco] 1 連れ戻す者. 2 復活[復興]させる者.
reductus -a -um, *adj* (*pp*) [reduco] 引っ込んだ, 奥まった, 深い.
redulcerō -āre -āvī -ātum, *tr* [re-/ulcero] 再びひりひり痛ませる.
reduncus -a -um, *adj* [re-/uncus[2]] 後ろへ曲がった.
redundanter *adv* [redundo] 冗漫に, 冗長に.
redundantia -ae, *f* [redundo] 1 (空気の)出入り, 流入. 2 あふれること, 過剰.
redundātiō -ōnis, *f* [↓] 1 (天体の)逆行. 2 嘔吐. 3 過剰.
redundō -āre -āvī -ātum, *intr* (*tr*) [re-/undo] I (*intr*) 1 逆流する. 2 あふれ出る, 氾濫する. 3 満ちあふれる, いっぱいである <re>. 4 帰する, 及ぶ <in [ad] alqm [alqd]>: *ad fructum alcis redundare* (CIC) ある人の利益になる. 5 (文体が)冗長[冗漫]である. II (*tr*) あふれさせる.
reduplicātiō -ōnis, °*f* [↓] 反復.
reduplicō -āre, *tr* [re-/duplico] (碑) 2倍にする.
reduvia, redivia -ae, *f* [*cf.* exuviae] ささくれ, 瘭疽(ﾛﾞｳｿﾞ).
redux -ucis, *adj* [reduco] 1 連れ帰る. 2 戻る, 帰還する.
redūxī *pf* ⇨ reduco.
refabricō -āre, °*tr* 再建する, 建て直す.
refēcī *pf* ⇨ reficio.
refectiō -ōnis, *f* [reficio] 1 修復, 修理. 2 元気を回復させること[もの]. 3 (病気からの)回復.
refector -ōris, *m* [reficio] 修理[修復]する者.
refectōrium -ī, °*n* [reficio] (修道院などの)食堂.
refectus[1] -a -um, *pp* ⇨ reficio.
refectus[2] -ūs, *m* 1 元気回復. 2 収入, 収益.
refellī *pf* ⇨ refello.
refellō -ere -fellī, *tr* [re-/fallo] 反駁する, やりこめる: *crimen ferro refellere* (VERG) 剣で恥辱を払う.
refurciō -īre -fersī -fertum, *tr* [re-/farcio] ぎっしり詰める, いっぱいにする <alqd re>.
referendārius -ī, °*m* [refero] 伝奏官《請願の受理・報告を行なう》.
referiō -īre, *tr* [re-/ferio] 1 打ち返す, 反撃する; はね返す. 2 映し出す, 反映する.
referō -ferre rettulī (retulī) relātum, *tr* [re-/fero] 1 持ち帰る, 連れ帰る <alqd in [ad]+*acc*>. 2 引き下がらせる, 引き戻す: *pedem referre* (CAES) 戻る, 退却する. 3 (*refl, pass*) 戻る, 帰る. 4 報告する, 相談する <alqd ad alqm>. 5 議題にのせる, 討議する. 6 記録する, 記載する <alqd in alqd>. 7 数に入れる, …の一つとみなす: *alqm in proscriptos referre* (CIC) ある人を法律の保護外にある者のリストに登録する. 8 関連づける, 照らし合わせて判断する <alqd ad alqd>. 9 帰する, せいにする <alqd ad [in] alqd; alqd alci rei>. 10 返す, 戻す. 11 (当然払うべきものを)払う: *gratiam [grates] referre* (CIC) 感謝を表わす, お礼をする. 12 (視線・注意を)向けなおす, 向ける. 13 復活[回復]させる, 更新する, 繰り返す: *nomine mutato causa relata mea est* (OV) 私のようなことは何度もあったこと, ただ名前が違うだけ. 14 思い出す, 思いめぐらす: *referre secum sceleratae facta puellae* (OV) 性悪女の仕打ちを思い出す. 15 述べる, 語る, 言及する.

16 再現する, しのばせる, 似ている: *nutricum et paedagogorum rettulere adulescentium mores* (Sen) 乳母と家庭教師の性格は若者のそれに反映する.

referre[1] *inf* ⇨ refero.

rēferre[2] *inf* refert.

refersī *pf* ⇨ refercio.

rēfert rēferre rētulit, *intr impers* [res/fero] 大切である, 重要である<+所有代名詞の *f abl*; +*gen* [*dat*]; ad alqm; +間接疑問; +*inf*; +*inf c. acc*>: *id meā minime ~* (Ter) それは私には何の関係もない / *ipsius ducis hoc referre* (Juv) このことは将軍自身に重要である / *magni ~ studium atque voluptas* (Lucr) 熱中と快楽は大きな意味がある / (impers) *si meā ~* (Plaut) もし私に関係があるのなら / *quid ~, quā me ratione cogatis?* (Cic) 君たちはどういうやり方で私を強制しようとかまわないのだね / *neque ~ videre quid dicendum sit* (Cic) 何を言うべきかを理解することは問題ではない.

refertus -a -um, *adj* (*pp*) [refercio] ぎっしり詰まった <+*abl* [*gen*]>.

referveō -ēre, *intr* [re-/ferveo] 煮えたぎる, 沸騰する.

refervēscō -ere -fervī, *intr inch* [↑] 煮え立つ, 泡立つ.

refervī *pf* ⇨ refervesco.

reficere *inf* ⇨ reficio.

reficiō -cere -fēcī -fectum, *tr* [re-/facio] **1** 再建[復旧]する, 修理[修復]する. **2** もとの状態に戻す, 回復させる. **3** 再任[再選]する. **4** 元気を回復させる, 生き返らせる. **5** (売って)金銭を得る.

refīgō -ere -fīxī -fīxum, *tr* [re-/figo] **1** 解く, ほどく, はずす. **2** (法律を)廃止する.

refigūrātiō -ōnis, °*f* [↓] 作り直すこと, 改造.

refigūrō -āre, *tr* [↑] 作り直す, 改造する.

refingō -ere, *tr* [re-/fingo] 作り直す, 改造する.

refirmō -āre -āvī -ātum, °*tr* 復旧[修復]する.

refīxī *pf* ⇨ refigo.

refīxus -a -um, *pp* ⇨ refigo.

reflāgitō -āre, *tr* [re-/flagito] 声高に何度も要求する.

reflātiō -ōnis, °*f* [reflo] 蒸発.

reflātus -ūs, *m* [reflo] **1** 逆風. **2** (シャチ・クジラが)大きく息を吐き出すこと.

reflectō -ere -flexī -flexum, *tr* (*intr*) [re-/flecto] **1** 後ろへ曲げる, そらせる. **2** 向きを変える, 逆に向ける.

reflexī *pf* ⇨ reflecto.

reflexim °*adv* [reflecto] 逆に.

reflexiō -ōnis, °*f* [reflecto] **1** 後ろへ曲げること. **2** [論] (命題の)換位.

reflexus[1] -a -um, *pp* ⇨ reflecto.

reflexus[2] -ūs, *m* **1** (流れの)変わり目. **2** °(惑星の)逆行.

reflō -āre -āvī -ātum, *intr*, *tr* [re-/flo] **1** (風が)逆向きに吹く, 逆風である. **2** (息を)吐き出す.

reflōrēscō -ere -flōruī, *intr* [re-/floresco] **1** 再び花が咲く.

reflōruī *pf* ⇨ refloresco.

refluāmen -minis, °*n* [↓] あふれ出ること, 氾濫.

refluō -ere -fluxī, *intr* [re-/fluo] **1** 逆流[逆行]する; (潮が)引く. **2** 氾濫する.

refluus -a -um, *adj* [↑] 逆流する; (潮が)引く.

refluxī *pf* ⇨ refluo.

refocillātiō -ōnis, °*f* [↓] 元気を回復させること, 生き返らせること.

refocillō -āre -āvī -ātum, °*tr* 元気を回復させる, 生き返らせる.

refodere *inf* ⇨ refodio.

refōdī *pf* ⇨ refodio.

refodiō -dere -fōdī -fossum, *tr* [re-/fodio] 掘る, 掘り返す; 掘り出す.

reformābilis -is -e, °*adj* [reformo] 作り直すとのできる.

reformātiō -ōnis, *f* [reformo] **1** 変形, 変身. **2** 改造.

reformātor -ōris, *m* [reformo] 作り直す者, 改革者.

reformātus[1] -a -um, *pp* ⇨ reformo.

reformātus[2] -ūs, °*m* 変形, 改造.

reformīdātiō -ōnis, *f* [↓] 恐れ, 不安.

reformīdō -āre -āvī -ātum, *tr* [re-/formido[1]] 恐れる, しりごみする, いやがる <alqm [alqd]; +*inf*>.

reformō -āre -āvī -ātum, *tr* [re-/formo] **1** 変形させる. **2** もとに戻す, 回復させる.

refossus -a -um, *pp* ⇨ refodio.

refōtus -a -um, *pp* ⇨ refoveo.

refoveō -ēre -fōvī -fōtum, *tr* [re-/foveo] **1** 再び温かくする. **2** 生き返らせる, 元気を回復させる. **3** 復興[再興]する.

refōvī *pf* ⇨ refoveo.

refractāriolus -a -um, *adj dim* [↓] 理屈っぽい, 論争的な.

refractārius -a -um, *adj* [refragor] 反抗的な, 手に負えない.

refractiō -ōnis, °*f* [refringo] 屈折.

refractīvus -a -um, °*adj* [refringo] **1** 屈折する. **2** [文] 再帰の: *refractiva verba* (Prisc) 再帰動詞.

refractus[1] -a -um, *pp* ⇨ refringo.

refractus[2] -ūs, °*m* 反射; 屈折.

refraenō -āre, *tr* =refreno.

refrāgātiō -ōnis, °*f* [refragor] 抵抗, 反対.

refrāgātor -ōris, *m* [refragor] 反対者, 敵対者.

refrāgium -ī, °*n* [↓] **1** 抵抗, 反対. **2** 障害物, じゃま物.

refrāgor -ārī -ātus sum, *intr dep* **1** (選挙である候補者に)反対(投票)する, 不利になるように行動する <+*dat*> (*cf.* suffragor). **2** 異議を唱える, 気に入らない; 抑制する <+*dat*>.

refrēgī *pf* ⇨ refringo.

refrēnātiō -ōnis, *f* [↓] 制御, 抑制.

refrēnō -āre -āvī -ātum, *tr* [re-/freno] **1** (手綱を引いて馬を)止める. **2** 制御する, 抑制する.

refricō -āre -fricuī -fricātum, *tr* [re-/frico] **1** (傷口を)再び開く. **2** 再び起こさせる[喚起する].

refricuī *pf* ⇨ refrico.

refrīgerāns -antis, °*n* (*prp*) [refrigero] [薬] 寒剤.

refrīgerātiō -ōnis, *f* [refrigero] **1** 冷却. **2**°

鎮静, 緩和.
refrīgerium -ī, *n* [↓] 1 涼しい日々[一時期]. 2° 慰め.
refrīgerō -āre -āvī -ātum, *tr* [re-/frigero] 1 冷却する, 冷やす. 2 (熱意を)冷めさせる, (勢いを)失わせる. 3 冷たくあしらう, 冷遇する.
refrīgescō -ere -frixī, *intr* [re-/frigesco] 1 (再び)冷たくなる. 2 熱意が冷める, 勢いを失う.
refringō -ere -frēgī -fractum, *tr* [re-/frango] 1 折る, 砕く. 2 こわして開く, こじあける. 3 (相手の攻撃・力を)粉砕する, 撃退する.
refrīxī *pf* ⇨ refrigesco.
refūdī *pf* ⇨ refundo.
refuga -ae, °*m* [refugio] 1 逃亡者. 2 背教者.
refugere *inf* ⇨ refugio.
refūgī *pf* ⇨ refugio.
refugiō -gere -fūgī, *intr*, *tr* [re-/fugio] 1 逃げる, 逃走[逃亡]する. 2 避難する, 逃げ込む. 3 引き下がる, 後退する. 4 しりごみする, ひるむ. 5 避ける, 遠ざける ⟨alqd [alqm]⟩.
refugium -ī, *n* [↑] 避難所, 逃げ場.
refugus[1] -a -um, *adj* [refugio] 1 逃走する. 2 後退する.
refugus[2] -ī, *m* 逃走者.
refulgeō -ēre -fulsī, *intr* [re-/fulgeo] 1 光を放つ, 輝く. 2 (心に)ぱっと浮かぶ. 3 際立つ, すぐれる.
refulsī *pf* ⇨ refulgeo.
refundō -ere -fūdī -fūsum, *tr* [re-/fundo[2]] 1 注ぎ返す. 2 (*pass*) 逆流する, 氾濫する. 3 返却[返済]する. 4 溶かす. 5 (*pass*) (後ろに)倒れかかる; 広がる.
refūsiō -ōnis, °*f* [↑] 1 あふれること, 氾濫. 2 返還, 返却.
refūsus -a -um, *pp* ⇨ refundo.
refūtābilis -is -e, °*adj* [refuto] 反駁しうる.
refūtātiō -ōnis, *f* [refuto] 論駁, 反駁.
refūtātōrius -a -um, °*adj* [refuto] 論駁[反駁]の.
refūtātus -ūs, *m* [↓] 論駁, 反駁.
refūtō -āre -āvī -ātum, *tr* [re-/*cf*. confuto] 1 (相手の行動を)押さえ込む, はばむ; 抑える. 2 反駁する, やりこめる.
rēgāliolus -ī, *m dim* [↓] 《鳥》ミソサザイ.
rēgālis -is -e, *adj* [rex] 1 王[女王]の: ~ *potestas* (CIC) 王権. 2 王にふさわしい, 王者らしい.
rēgāliter *adv* [↑] 王のように, 王にふさわしく.
regelō -āre -āvī -ātum, *tr* [re-/gelo] 解凍する, 溶かす; 暖める.
regemō -ere, *intr*, [re-/gemo] うめく, うめき声をあげる.
regenerātiō -ōnis, °*f* [regenero] 再生, 新生.
regenerātor -ōris, °*m* [regenero] 再生[新生]させる者.
regenerātus -a -um, *pp* ⇨ regenero.
regenerō -āre -āvī -ātum, *tr* [re-/genero] 再生させる, 再現する.
regēns -entis, *m* (*prp*) [rego] 1 支配者, 指揮者. 2 (馬の)乗り手.
regermīnātiō -ōnis, *f* [↓] 再び芽生えること, 新芽を出すこと.
regermīnō -āre, *intr* [re-/germino] 再び発芽する, 新芽を出す.
regerō -ere -gessī -gestum, *tr* [re-/gero] 1 もとの位置に戻す, 運び返す. 2 (悪口・非難などを)投げ返す, 浴びせる, (報い・罰などが)ふりかかるように仕向ける. 3 仕返し[しっぺ返し]をする. 4 (光を)反射する. 5 収集[集積]する.
regessī *pf* ⇨ regero.
regesta -ōrum, °*n pl* (*pp*) [regero] 目録, 一覧, 名簿.
regestus -a -um, *pp* ⇨ regero.
rēgia -ae, *f* [regius] 1 王宮; (特に, Vesta 神殿近くの) Numa 王の宮殿《のち大神祇官 (pontifex maximus) の官邸となった》. 2 (王宮のある)首都. 3 宮廷, 王家. 4 王であること, 王位, 王権. 5 (屋根付きの)柱廊 (=basilica). 6 ~ *caeli* [*caelestis*] (VERG [STAT]) 天空.
rēgibilis -is -e, °*adj* [rego] 御しやすい, 従順な.
rēgiē *adv* [regius] 1 王にふさわしく, 堂々と, りっぱに. 2 王のように, 専制的に.
Rēgiēnsēs -ium, *m pl* Regium (1) の住民.
rēgificē *adv* [↓] 王にふさわしく, 堂々と, りっぱに.
rēgificus -a -um, *adj* [rex/facio] 王にふさわしい, 豪華な.
rēgifugium -ī, *n* [rex/fugio] ローマ第 7 代の王 Tarquinius Superbus のローマ市からの逃亡を記念する祭儀《2 月 24 日に挙行》.
regignō -ere, *tr* [re-/gigno] 再び生み出す.
rēgiī -ōrum, *m pl* [regius] 王の兵士[廷臣]たち.
Rēgillēnsis -is -e, *adj* 1 Regillum の. 2 Regillus (2) の.
Rēgillum -ī, *n*, **Rēgillī** -ōrum, *m pl* レーギッルム《Sabini 族の町; Claudia 氏族発祥の地と伝えられる》.
rēgillus -a -um, *adj dim* [*cf*. regula] 垂直の; 縦糸の.
Rēgillus -ī, *m* レーギッルス《(1) Latium の小さな湖; この付近でローマ軍が Latini 人を破った (前 496). (2) Aemilia 氏族に属する家名》.
regimen -minis, *n* [rego] 1 操舵, 舵取り, 操縦; 舵取りオール. 2 指揮, 統御, 支配. 3 指揮者, 支配者.
regimentum -ī, *n* =regimen.
rēgīna -ae, *f* [rex] 1 女王《特に Cleopatra を指す》. 2 王女. 3 女神. 4 貴婦人, 一流の女性.
Rēgīnus, Rhēg- -a -um, *adj* Regium (2) の.
regiō -ōnis, *f* [rego] 1 進路, 方向. 2 *e regione* (CIC) (...の)真向かいに ⟨+*gen* [*dat*]⟩. 3 位置, 場所. 4 境界線. 5 地方, 地域, 地区; 行政区. 6 (天空または宇宙の)部分. 7 (体の)部位. 8 (活動・思考の)領域, 分野.
regiōnālis -is -e, °*adj* [↑] 地方の, 属州の.
regiōnāliter *adv* [↑] 地方[地域]ごとに.
regiōnātim *adv* [regio] 1 (ローマ市の)地区ごとに. 2 異なる地方の間で.
registrum -ī, °*n* =regesta.
Rēgium, -on, Rhēg- -ī, *n* レーギウム《(1) Gallia Cispadana の町 (=Regium Lepidum); 現 Reg-

gio nell'Emilia. (2) Bruttii の町; 現 Reggio di Calabria).

rēgius -a -um, *adj* [rex] **1** 王[女王]の; 王家の. **2** 王による, 君主政の. **3** 王にふさわしい; りっぱな, 堂々たる. **4** 王らしい; 専制的な.

reglīscō, -glēscō -ere, *intr* [re-/glisco] 成長する, 大きくなる.

reglūtinō -āre -āvī -ātum, *tr* [re-/glutino] **1** はがす, 引き離す. **2°** 再び結合する.

regnātor -ōris, *m* [regno] 支配者, 王.

regnātrix -īcis, *adj f* [↑] 支配する, 王の.

regnō -āre -āvī -ātum, *intr (tr)* [↓] **1** 支配[統治]する, 君臨する. **2** 王の役をつとめる; 威張る, 牛耳る. **3** (自然の力・感情などが)勝つ, 優勢である.

regnum -ī, *n* [rex] **1** 王であること, 王権, 王位. **2** 支配, 統治. **3** 専制, 独裁, 暴政. **4** 王国; 王領, 領土. **5** 地所, 農園.

regō -ere rexī rectum, *tr* **1** 境界を画定する. **2** 導く, 案内する. **3** 操縦[操作]する, 舵を取る. **4** 支配する, 指揮する, 管理する. **5** 矯正する, 正す.

regradātiō -ōnis, °*f* [↓] **1** 降位, 降格. **2** (惑星の)逆行.

regradō -āre -āvī -ātum, °*tr* [re-/gradus] **1** 格下げ[降格]する. **2** (閏(うる)日[月]を加えて暦を)もとに戻す.

regredī *inf* ⇒ regredior.

regredior -gredī -gressus sum, *intr dep* [re-/gradior] **1** 帰る, 戻る. **2** 退却する, 後退する.

regressiō -ōnis, *f* [↑] **1** 帰る[戻る]こと. **2** 退却, 後退. **3** 《修》反復の一種《複数の事物の相違を強調しつつ反復叙述する技法》.

regressus[1] -a -um, *pp* ⇒ regredior.

regressus[2] -ūs, *m* **1** 帰る[戻る]こと. **2** 退却, 撤退. **3** あと戻り, 後退; (天体の)逆行: ~ *ab ira* (LIV) 怒りが鎮まること. **4** (救済・補償などを人に)訴えること.

rēgula -ae, *f* [rego] **1** 定規, 物差し. **2** 原則, 基準. **3** (木・金属の)長い棒.

rēgulāris[1] -is -e, *adj* [↑] **1** 棒状の: *aes regulare* (PLIN) 棒銅《展性のある精錬銅》. **2°** 規範となる; 宗規にかなった. **3°** 通例の, ふつうの.

rēgulāris[2] -is, °*m, f* 修道士; 修道女.

rēgulāriter °*adv* [regularis[1]] 規則に従って.

rēgulātim °*adv* =regulariter.

rēgulō -āre, °*tr* [regula] 規定する, 整える.

Rēgulus -ī, *m dim* [rex] **1** 小国の王, 首長. **2** 王子. **3°** 蛇の一種.

Rēgulus -ī, *m* レーグルス《ローマ人の家名; 特に *M. Atilius* ~, 第 1 次 Poeni 戦争で捕虜となった将軍; 誓言を破らなかったことで有名》.

regurgitātiō -ōnis, °*f* [生理] 逆流; 吐きもどし, 反芻.

regustō -āre -āvī -ātum, *tr* [re-/gusto] 繰り返し[再び]味わう: *crebro* ~ *tuas litteras* (CIC) 私は君の手紙を何度も読み返している.

regȳrō -āre -āvī -ātum, *tr* [re-/gyrus] 再び旋回する.

rēicere *inf* ⇒ reicio.

rēiciō, rējiciō -cere -jēcī -jectum, *tr* [re-/jacio] **1** 投げ返す. **2** 背後に投げる: *ex umeris vestem reicere* (OV) 肩から衣服をはねのける. **3** (*refl*) 身を投げ出す: *se in alcis gremium reicere* (LUCR) ある人の膝に身を投げ出す. **4** 追い返す; (嵐が船を押し戻す); (軍勢を)押し返す. **5** (胃から)戻す, 吐く. **6** 投げ捨てる, はねつける; 軽蔑する. **7** (裁判官・仲裁者を)忌避する. **8** ゆだねる: *rem ad senatum reicere* (LIV) 事柄を元老院にゆだねる. **9** 延期する.

rēiculus, rējiculus -a -um, *adj* [↑] (無用として)捨てられた.

reincipiō -ere, °*tr* 再び始める, 再開する.

reiterō -āre -āvī, °*tr* 繰り返す.

rējēcī *pf* ⇒ reicio.

rējecta -ōrum, *n pl* [rejectus[1]] (ストア哲学で)退けられたもの.

rējectānea -ōrum, *n pl* [reicio] =rejecta.

rējectātiō -ōnis, °*f* [rejecto] 繰り返し投げ返すこと.

rējectiō -ōnis, *f* [reicio] **1** 吐くこと: *sanguinis* ~ (PLIN) 吐血. **2** (市民権の)放棄. **3** (裁判官・仲裁者の)忌避.

rējectō -āre -āvī, *tr freq* [reicio] **1** (繰り返し)はね返す. **2** 遠ざける, 放棄する. **3** 吐き出す.

rējectus[1] -a -um, *pp* ⇒ reicio.

rējectus[2] -ūs, *m* (船の)後甲板.

relābī *inf* ⇒ relabor.

relābor -lābī -lapsus sum, *intr dep* [re-/labor] **1** すべって戻る[下りる]. **2** (潮・水が)引く. **3** 逆戻りする.

relanguēscō -ere -languī, *intr* [re-/languesco] **1** 気絶する, 卒倒する. **2** (勢い・激しさが)弱まる, 衰える.

relanguī *pf* ⇒ relanguesco.

relapsus -a -um ⇒ relabor.

relātiō -ōnis, *f* [refero] **1** (持ち)運ぶこと; 返すこと. **2** [法] ~ *criminis* (CIC) 告発者を逆に告発すること, 反対告発. **3** (政務官の)提案; 審議. **4** 関連(づけること), 参照. **5** (法廷での)陳述, 語ること. **6** 《修》~ *contrariorum* (CIC) 反対の事物の対照[比較]. **7°** 《修》同一語の反復.

relātīvē °*adv* [↓] 関連づけて, 比較して.

relātīvus -a -um, °*adj* [refero] **1** 関連する. **2** [文] *pronomen relativum* (PRISC) 関係代名詞.

relātor -ōris, *m* [refero] **1** (元老院における)発議者. **2°** 語り手. **3** 《碑》(競売の)記録係.

relātrīx -īcis, °*f* [↑] 語り手《女性》.

relātum -ī, °*n* [↑] 《修》同一語の反復.

relātus[1] -a -um, *pp* ⇒ refero.

relātus[2] -ūs, *m* **1** 語ること, 吹聴すること. **2** 朗唱.

relaxātiō -ōnis, *f* [↓] **1** ゆるめること. **2** 緩和, 軽減. **3** 休息, くつろぎ.

relaxō -āre -āvī -ātum, *tr, intr* [re-/laxo] **1** ゆるめる, 弛緩させる. **2** 緊張を解く, くつろがせる. **3** はずす, 解く. **4** (負担・苦痛から)解放する, 楽にさせる. **5** 弱める, 減ずる. **6** 軽くなる, 弱まる, 和らぐ.

relēctus -a -um, *pp* ⇒ relego[2].

relēgātiō -ōnis, *f* [relego[1]] 追放, 流刑.

relēgī *pf* ⇒ relego[2].

relēgō[1] -āre -āvī -ātum, *tr* [re-/lego[1]] **1** 追放す

る; 遠ざける, 追い払う.　**2**　(罪・責任を)転嫁する, 帰する.　**3**　(もとの所有者に)遺贈する.

relegō[2] -ere -lēgī -lectum, *tr* [re-/lego[2]]　**1**　再び集める; 取り戻す.　**2**　引き返す, たどりなおす.　**3**　再読する, 読み返す.　**4**　回顧する, 思い返す.

relentēscō -ere, *intr* [re-/lentesco] (愛が)冷める, 弱まる.

relevātiō -ōnis, °*f* [relevo]　**1**　軽減, 緩和.　**2**　(尿の浮きかす, 泡.

relēvī *pf* ⇨ relino.

relevō -āre -āvī -ātum, *tr* [re-/levo[2]]　**1**　(再び)上げる, 持ち上げる.　**2**　軽くする, 軽減する, 緩和する.　**3**　解放する.

relictiō -ōnis, *f* [relinquo]　見捨てること, 放棄.

relictum -ī, *n* [↓]　残り, 残余.

relictus[1] -a -um, *adj* (*pp*) [relinquo]　**1**　見捨てられた, 放棄された.　**2**　手つかずの, もとのままの.

relictus[2] -ūs, *m* =relictio.

relīdō -ere -līsum, *tr* [re-/laedo]　**1**　打ち返す.　**2**°　拒否する, 退ける.

religātiō -ōnis, *f* [religo]　縛り[結び]つけること.

religiō -ōnis, °*f*　**1**　宗教的感情, (神に対する)畏怖, 迷信.　**2**　疑念, しりごみ, 良心のとがめ.　**3**　禁忌, 禁制.　**4**　規律, しきたり.　**5**　神聖, 尊厳.　**6**　宗教儀式, 礼拝.　**7**　信仰の対象.

religiōsa -ae, °*f* [religiosus[1]]　修道女.

religiōsē *adv* [religiosus[1]]　**1**　神の掟に従って, (宗教的)儀式によって.　**2**　信心深く, 敬虔に.　**3**　良心的に, 細心に.

religiōsitās -ātis, *f* [↓]　神の掟を重んずること, 信心深いこと.

religiōsus[1] -a -um, *adj* [religio]　**1**　信心深い, 敬虔な; 迷信的な.　**2**　禁制の, 忌むべき.　**3**　神聖な.　**4**　良心的な, 細心な.

religiōsus[2] -ī, °*m*　修道士.

religō -āre -āvī -ātum, *tr* [re-/ligo[2]]　**1**　結ぶ, つなぐ.　**2**　縛りつける, しっかり留める.　**3**　解く, ほどく.

relinō -ere -lēvī, *tr* [re-/lino]　開封する, 開ける.

relinquō -ere -līquī -lictum, *tr* [re-/linquo]　**1**　あとに残して去る, 置いて行く.　**2**　遺贈する.　**3**　(ある状態に)しておく, 放置する: *alqm insepultum relinquere* (Cic) ある人を埋葬もしないままにしておく.　**4**　述べずにおく, 無視する.　**5**　見捨てる, 放棄する, 断念する.　**6** (*pass*) 残る: *ne qua spes in fuga relinqueretur* (Cic) 逃亡の期待が少しても残らぬように / *relinquitur ut* ⟨+*subj*⟩ ……という可能性は残っている.

reliquātiō -ōnis, *f* [reliquor]　**1**°　未払い残金.　**2**　《碑》(軍港に留まっている)予備兵力.

reliquātor -ōris, *m* [reliquor]　債務不履行者, 滞納者.

reliquātrīx -īcis, °*m* [↑]　債務不履行者, 滞納者《女性》.

reliquī[1] -ōrum, *m pl* [reliquus]　**1**　残り[その他]の人たち.　**2**　生き残った人たち; 子孫, 後継者.

reliquī[2] *pf* ⇨ relinquo.

reliquiae -ārum, *f pl* [relinquo]　**1**　残り, 残存物.　**2**　残飯; 残りかす.　**3**　遺体, 遺骨.　**4**　生き残った人, 生存者.　**5**　痕跡, なごり.　**6**°《キ教》(聖)遺物.

reliquiārium -ī, °*n* [↑]　聖骨箱, 聖遺物箱.

reliquor -ārī -ātus sum, *intr dep* [↓]　未払い残金がある, 借金が残っている.

reliquum -ī, °*n* [↓]　**1**　残り, 残余: *de reliquo* (Cic) その他は.　**2** (*pl*) 遺体, 遺骸.　**3**　未払い残金.　**4**　未来, 将来: *in* ～ (Sall) 将来は, 今後は.

reliquus -a -um, *adj* [relinquo]　**1**　残っている, 残りの; その他の: *reliquum est* ⟨*ut*; *+inf*⟩ (…が)残っている / *reliquum facere* (Cic) 残す / *quod reliquum est* (Cic) その他(について)は.　**2**　未払いの.　**3**　未来の, 将来の.

relīsus -a -um, *pp* ⇨ relido.

relligiō -ōnis, *f* 《詩》=religio.

relūceō -ere -lūxī, *intr* [re-/luceo]　輝く, 光を放つ.

relūcēscō -ere -lūxī, *intr inch* [↑]　再び輝く[明るくなる].

reluctanter °*adv* [reluctor]　いやいや, 不本意ながら.

reluctātiō -ōnis, °*f* [↓]　抵抗.

reluctor -ārī -ātus sum, *intr dep* [re-/luctor]　逆らう, 抵抗する⟨+*dat*⟩.

relūdō -ere -sī, *tr* [re-/ludo]　**1**　(ジャグラーがボールを)投げ返す⟨+*dat*⟩.　**2**　(冗談を)言い返す.

relūminō -āre, °*tr*　再び光を与える, 視力を回復させる.

relūxī *pf* ⇨ reluceo, relucesco.

remacrēscō -ere -cruī, *intr* [re-/macresco]　やせる, 細くなる.

remacruī *pf* ⇨ remacresco.

remaledīcō -ere, *intr* [re-/maledico]　ののしり返す.

remancipātiō -ōnis, °*f* [↓]　再譲渡.

remancipō -āre -āvī -ātum, *tr* [re-/mancipo]　所有権を再譲渡する.

remandō[1] -āre, °*tr*　返事をする, 通告する.

remandō[2] -ere, *tr* [re-/mando[2]]　かみ直す; 反芻する.

remaneō -ēre -mānsī, *intr* [re-/maneo]　**1**　残る, とどまる.　**2**　(ある状態に)とどまる, …のままである; 存続[持続]する.

remānō -āre, *intr* [re-/mano]　しみ出る.

remānsī *pf* ⇨ remaneo.

remānsiō -ōnis, *f* [remaneo]　残留, 滞留.

remānsor -ōris, *m* [remaneo] 《碑》休暇を得て帰郷中の兵士.　**2**　休暇期間後も帰営しない兵士.

remeābilis -is -e, *adj* [remeo]　もと(の場所)に戻る.

remeāculum -ī, *n* [remeo]　帰ること, 帰還.

remeātiō -ōnis, °*f* [remeo]　本題に戻ること.

remediābilis -is -e, *adj* [remedio]　**1**　治癒できる.　**2**°　健康[体]によい.

remediālis -is -e, °*adj* [remedio]　治療の(ための).

remediātiō -ōnis, *f* [↓]　治癒, 治療.

remediō -āre -āvī -ātum, *tr* [↓]　治療する, 治癒させる.

remedium -ī, *n* [re-/medeor]　**1**　治療(法); 薬.　**2**　救済策, 予防策.

remeligō -ginis, *f* 遅らせるもの.

rememinī -isse, °*intr* 思い出す, 想起する ‹+ *gen*›.

rememinisse *inf* ⇨ rememinī.

rememorātiō -ōnis, °*f* [↓] **1** 物語ること. **2** 追憶, 回想.

rememorō -āre -āvī -ātum, °*tr* [re-/memor] 思い出す, 想起する.

rememoror -ārī -ātus sum, °*tr dep* =rememorō.

remēnsūrō -āre, °*tr* 再び計る, 計り直す.

remēnsus -a -um, *pp* ⇨ remetior.

remeō -āre -āvī -ātum, *intr* [re-/meō] 戻る, 帰る; ‹+場所の *acc*› *patriās urbēs remeāre* (VERG) 祖国の町に戻る.

remētior -īrī -mēnsus sum, *tr dep* [re-/metior] **1** 計り直す; 同量[等しい価値のもの]を返す[戻す]. **2** (ある距離を)たどり直す, 引き返す; (*pp* is *pass* に用いて) *pelagō remēnsō* (VERG) 海が逆に渡られて (=再び海を渡って). **3** 考え直す; 再び語る, 繰り返す.

rēmex -migis, *m* [remus/agō] 漕ぎ手.

Rēmī -ōrum, *m pl* レーミー《Gallia 北部 (現 Reims あたり) にいた一部族》.

rēmigātiō -ōnis, *f* [remigō] 漕ぐこと.

rēmigium -ī, *n* [remex] **1** 漕ぎ道具, 櫂, オール. **2** (一組の)漕ぎ手.

rēmigō -āre -āvī -ātum, *intr* [remex] 漕ぐ.

remigrō -āre -āvī -ātum, *intr* [re-/migrō] 戻る, 帰る, 帰還[帰郷]する.

reminīscentia -ae, °*f* [↓] 追想, 回想.

reminīscor -scī, *intr, tr dep* [re-/meminī] 思い出す, 想起する ‹+*acc*; +*gen*; de re; +*acc c. inf*; +間接疑問›.

remīsceō -ēre -miscuī -mixtum, *tr* [re-/misceō] 混ぜる, 混ぜ合わせる.

remīsī *pf* ⇨ remittō.

remissa -ae, °*f* [remittō] (罪の)赦し, 赦免.

remissē *adv* [remissus] **1** ゆるく. **2** 穏やかに, 落ちついて. **3** 気楽に, くつろいで. **4** 弱々しく, だらしなく. **5** 寛大に, 温和に.

remissibilis -is -e, °*adj* [remittō] **1** 許されうる, 免除できる. **2** 容易な, 楽な.

remissiō -ōnis, *f* [remittō] **1** 送り返すこと. **2** ゆるめる[和らげる]こと. **3** 休養, くつろぎ, 気晴らし. **4** 緩和, 軽減. **5** 免除. **6**° (罪の)許し, 赦免.

remissīvus -a -um, °*adj* [remittō] **1** 通じをつける. **2** 〔文〕 *adverbia remissīva* (PRISC) 緩優さを表わす副詞 (pedetemptim, paulātim, sēnsim など).

remissor -ōris, *m*° [remittō] 許す[赦免する]人.

remissus -a -um, *adj* (*pp*) [↓] **1** ゆるんだ, たるんだ. **2** 穏やかな, 落ちついた. **3** くつろいだ, 気楽な. **4** いいかげんな, 無気力な. **5** 温和な, 寛大な. **6** (評価が)低い.

remittō -ere -mīsī -missum, *tr* (*intr*) [re-/mittō] **1** 送り返す; 返す, 戻す ‹alqd alci; alqd ad alqm›. **2** 投げ返す; こだまさせる. **3** (人を政務官・弁護士などのもとへ)行かせる, 差し向ける; (問題・事件などを)委託[付託]する. **4** 解放する, 去らせる. **5** 産する; (音などを)発する; (クモが糸を吐き出す). **6** ゆるめる; (*pass, refl*) ゆるむ. **7** (感情・態度などを)弱める, 和らげる; (*refl*) 弱まる, 和らく. **8** (譲歩して)容認する. **9** (借金・罰になどを)免除する, 軽減する. **10** 大目に見る, 見のがす, 許す. **11** 放棄[断念]する.

remīxtus -a -um, *pp* ⇨ remīsceō.

Remmius -ī, *m* レンミウス《ローマ人の氏族名》.

rēmōlior -īrī -mōlītus sum, *tr dep* [re-/mōlior] **1** 押し返す, 押しのける. **2** 再び動かす.

remollēscō -ere, *intr inch* [re-/mollēscō] **1** (再び)柔らかくなる, 溶ける. **2** 柔弱になる. **3** 心が和らく.

remolliō -īre -īvī -lītum, *tr* [re-/molliō] **1** 柔弱にする. **2** 柔らかにする. **3** 心を和らげる.

remoneō -ēre, *tr* [re-/moneō] 再び忠告[警告]する.

remora -ae, *f* [remoror] 遅延, 停滞, 妨害.

Remora -ae, *f* レモラ《のちのローマ市の名として Remus が提案した名》.

remorātiō -ōnis, °*f* [remoror] ぐずぐずすること, 滞在すること.

remorbēscō -ere, *intr* [re-/morbus] 再び病気になる.

remordeō -ēre -mordī -morsum, *tr* [re-/mordeō] **1** かみつき返す. **2** (しつこく)苦しめる[悩ます].

remordī *pf* ⇨ remordeō.

remorēs *adj m, f pl* (用例は *pl nom* のみ) [remoror] **1**° 遅延させる. **2**° のろまな.

Remōria -ae, *f* レモリア《Aventīnus 丘の頂上の名; ローマ市の建設をめぐって Remus がここで鳥占いをした》.

remoror -ārī -ātus sum, *intr, tr dep* [re-/moror] **1** ぐずぐずする. **2** 遅らせる, 妨害する ‹alqm a re›.

remorsus[1] -a -um, *pp* ⇨ remordeō.

remorsus[2] -ūs, °*m* かみつき返すこと.

remōtē *adv* [remōtus] 遠くに.

remōtiō -ōnis *f* [removeō] **1** 引っ込めること. **2** 除去, 排除. **3**° (罪・責任の)転嫁.

remōtus -a -um, *adj* (*pp*) [↓] **1** 遠い, 遠く離れた. **2** かけ離れた, 無関係な ‹a re›. **3** もってまわった, まわりくどい.

removeō -ēre -mōvī -mōtum, *tr* [re-/moveō] **1** 取り去る ‹alqd a [ex, de] re›. **2** 退かせる, 遠ざける ‹alqm a re›: *removēre sē ā negōtiīs pūblicīs* (CIC) 公務から身を引く. **3** 取り除く, 追い払う. **4** 無視する, 考慮に入れない: *remōtō iocō* (CIC) 冗談は抜きにして.

remōvī *pf* ⇨ removeō.

remūgiō -īre, *intr* [re-/mūgiō] **1** (牛が)鳴いて答える. **2** 反響する, 鳴り響く.

remulceō -ēre -mulsī -mulsum, *tr* [re-/mulceō] **1** なで返す. **2** (動物が尾・耳を)垂れる, 下げる. **3** 和らげる; 楽しませる.

remulcum -ī, *n* 引き綱.

remulsī *pf* ⇨ remulceō.

remulsus -a -um, *pp* ⇨ remulceō.

rēmulus -ī, *m dim* [remus] (小さな)櫂.

Remulus -ī, *m* レムルス《(1) 〔伝説〕 レムルス《(1) Alba Longa の王. (2) 叙事詩に登場するイタリアの数名の英雄の名》.

remūnerābilis -is -e, °*adj* [remūneror] 報酬

remūnerātiō -ōnis, *f* [remuneror] (…に)報いること ⟨+*gen*⟩.

remūnerātor -ōris, °*m* [remuneror] 報いる人.

remūnerō -āre, *tr* =remuneror.

remūneror -ārī -ātus sum, *tr dep* [re-/munēror] 報いる, お返しをする ⟨alqm re; alqd⟩.

Remūria -ōrum, *n pl* レムーリア祭《Ovidius が説く Lemuria 祭の本来の名; Remus に由来するという》.

remurmurō -āre -āvī -ātum, *intr*, *tr* [re-/murmuro] **1** つぶやき返す. **2** 反響する, 鳴り響く.

rēmus -ī, *m* 櫂(ﾀ)ﾞ: *velis remisque* [*remis ventisque*] (Cic [Verg]) 帆と櫂[櫂と風]によって(=一所懸命に).

Remus[1] -ī, *m* 《伝説》レムス《Romulus と双生児の兄弟; ローマ市の建設をめぐって衝突し Romulus に殺された》.

Rēmus[2] -ī, *m* ⇒ Remi.

rēnālis -is -e, *adj* [renes] 腎臓の.

renarrō -āre -āvī -ātum, *tr* [re-/narro] 詳しく述べる, 物語る.

renascī *inf* ⇒ renascor.

renascibilitās -ātis, °*f* [↓] 再生しうること.

renascor -scī -nātus sum, *intr dep* [re-/nascor] **1** 再び生まれる, 生まれ変わる. **2** 再び成長する[大きくなる]. **3** 再び現われる[起こる].

renātus -a -um, *pp* ⇒ renascor.

renāvigō -āre -āvī -ātum, *intr*, *tr* [re-/navigo] 船で戻る.

reneō -ēre, *tr* [re-/neo] (糸を)紡ぎ直す.

rēnēs -ium, *m pl* **1** 《解》腎臓. **2**° 腰, 腰部. **3**° 感情の宿る所, 心.

renīdentia -ae, °*f* [↓] ほほえむこと, 微笑.

renīdeō -ēre, *intr* **1** きらめく, 輝く. **2** にこやかに笑う, ほほえむ.

renīdēscō -ere, *intr inch* [↑] きらめく, 輝く.

renīsus[1] -a -um, *pp* ⇒ renitor.

renīsus[2] -ūs, *m* 抵抗.

renītenter °*adv* [renitor] 抵抗して, いやいやながら.

renīteō -ēre, *intr* [re-/niteo] 光る, 輝く.

renītor -nītī -nīsus sum, *intr dep* [re-/nitor[2]] 逆らう, 抵抗する, もちこたえる.

renō[1] -āre -āvī -ātum, *intr* [re-/no] 泳いで帰る; 浮かび上がる.

rēnō[2] -ōnis, *m* トナカイの毛皮(で作った衣服).

renōdō -āre -āvī -ātum, *tr* [re-/nodo] **1** (後ろで)結ぶ. **2** ほどく, 解き放つ.

renovāmen -minis, *n* [renovo] 新しい状態[形態].

renovātiō -ōnis, *f* [renovo] **1** 更新, 一新. **2** 複利.

renovātor -ōris, *m* [renovo] 《碑》もとに戻す人, 復興[再興]者.

renovellō -āre, *tr* [re-/novello] 植え直す.

renovō -āre -āvī -ātum, *tr* [re-/novo] **1** もとどおりにする, 回復する. **2** 新しく生き返らせる. **3** (契約・法律などを)更新する, 期限を延ばす: *faenus renovare* (Cic) 元金に利子を加えて負債を更新する. **4** 再開する, 再び始める. **5** (ある状態・感情を)取り戻す: *renovare memoriam* (Cic) 思い起こす / *renovare gloriam* (Cic) 名声を回復する. **6** (話題を)再び持ち出す.

renūbō -ere, °*intr* [re-/nubo] (女性が)再婚する.

renūdō -āre -āvī -ātum, *tr* [re-/nudo] おおいを取る, あらわにする.

renūdus -a -um, °*adj* 裸の, むきだしの.

renuī *pf* ⇒ renuo.

renumerātiō -ōnis, °*f* [↓] 要約.

renumerō -āre -āvī -ātum, *tr* [re-/numero[1]] **1** 数を報告する. **2** 返済する.

renūntiātiō -ōnis, *f* [renuntio] **1** (公式の)報告. **2**° 放棄, 断念.

renūntiātor -ōris, *m* [↓] 報告者.

renūntiō -āre -āvī -ātum, *intr*, *tr* [re-/nuntio] **1** 報告する, 伝える ⟨alci de re; alci alqd; +*acc c. inf*; +間接疑問⟩. **2** 宣言[布告]する ⟨+2 個の *acc*⟩: *alqm consulem renuntiare* (Cic) ある人が(選挙で)執政官に当選したと公告する. **3** 拒絶する, 放棄する ⟨alci alqd; alci rei⟩.

renuntius -ī, *m* [↑] 伝言を持って来る人.

renuō -ere -nuī -nūtum, *intr*, *tr* [re-/*nuo (cf. nuto)] (不同意を示して)頭をのけぞらせる; 拒否する, 退ける ⟨alci rei; alqd⟩.

renūtō -āre -āvī, *intr freq* [↑] 拒否する, 退ける.

renūtus[1] -a -um, *pp* ⇒ renuo.

renūtus[2] -ūs, *m* (不同意を示して)頭をのけぞらせること.

reor rērī ratus sum, *tr dep* (…と)思う, 考える ⟨alqd; +*acc c. inf*⟩.

repāgula -ōrum, *n pl* [re-/pango] **1** (扉の)かんぬき, 横木. **2** 障害, 制約.

repandirostrus -a -um, *adj* [repandus/rostrum] (イルカ・アザラシが)鼻のそり返った.

repandō -ere, *tr* [re-/pando[2]] (扉を)広く開ける.

repandus -a -um, *adj* そり返った.

reparābilis -is -e, *adj* [reparo] 取り戻せる, 回復できる.

reparātiō -ōnis, °*f* [reparo] 回復, 修復.

reparātor -ōris, *m* [reparo] 復興[復活]させる者.

reparcō -ere repersī, *intr* [re-/parco] 惜しむ, 控える ⟨alci rei; +*inf*⟩.

reparō -āre -āvī -ātum, *tr* [re-/paro[2]] **1** 回復する, 取り戻す. **2** 作り直す, 再建[復旧]する. **3** 元気を回復させる; 生き返らせる. **4** 再開する. **5** (代償として・引換えに)得る.

reparturiō -ire, °*tr* [re-/parturio] 再び生み出す.

repastinātiō -ōnis, *f* [↓] **1** (土地の)鋤き返し. **2**° 訂正, 修正.

repastinō -āre -āvī -ātum, *tr* [re-/pastino] **1** (土地を)鋤き返す, 掘り返す. **2**° (爪を)切る. **3**° 制限する, 訂正する.

repatēscō -ere -tuī, *intr* [re-/patesco] 広く知られるようになる, 普及する.

repatriō -āre -āvī, °*intr* 帰国する.

repatuī *inf* ⇒ repatesco.

repausō -āre, *intr*, °*tr* [re-/pauso] **1** 休む, 休息する. **2** 休息させる, 元気を回復させる.

repectō -ere -pexum, *tr* [re-/pecto] 櫛(𝑘)を入れ直す.

repellō -ere reppulī repulsum, *tr* [re-/pello] 1 押し返す, 押しのける. 2 追い返す, 追い払う, 撃退する. 3 拒否する, はねつける. 4 避ける, 防ぐ. 5 (権利・地位などから)締め出す, 排除する ⟨alqm a re⟩.

rependī *pf* ⇨ rependo.

rependō -ere -pendī -pensum, *tr* [re-/pendo] 1 (重さを)釣り合わせる. 2 償う, 埋合わせをする. 3 報いる, お返しをする. 4° よく考える, 熟慮する.

repens[1] -entis, *adj* 1 不意の, 突然の, 思いがけない. 2 真新しい, 最近の.

repens[2] *adv* 突然に, 不意に.

repensātiō -ōnis, °*f* [repenso] 償い, 埋合わせ.

repensātrīx -īcis, °*f* [repenso] 償う人《女性》.

repensiō -ōnis, °*f* [rependo] 償い, 報い.

repensō -āre -āvī -ātum, *tr freq* [rependo] 報いる; 償う, 埋合わせをする.

repensor -ōris, °*m* [rependo] 償う人, 報いる人.

repensus -a -um, *pp* ⇨ rependo.

repente *adv* [repens¹] 1 突然に, 不意に. 2 瞬く間に, たちまち.

repentīnō *adv* [↓] 1 突然に, 不意に. 2 瞬く間に, たちまち.

repentīnus -a -um, *adj* [repens¹] 1 思いがけない, 突然の, 不意の. 2 応急の, 即座の.

repercussī *pf* ⇨ repercutio.

repercussiō -ōnis, *f* [repercutio] (光などの)反射.

repercussus[1] -a -um, *pp* ⇨ repercutio.

repercussus[2] -ūs, *m* 1 押し返すこと, 反対[逆]の圧力. 2 (光などの)反射; (音の)反響.

repercutere *inf* ⇨ repercutio.

repercutiō -ere -cussī -cussum, *tr* [re-/percutio] 1 押し返す, はね返す. 2 (光などを)反射する; (音を)反響する.

reperiō -īre repperī repertum, *tr* [re-/pario²] 1 発見する, 見つける. 2 手に入れる, 得る. 3 (補語を伴って)(…であると)認める, 気づく. 4 工夫[案出]する, 作り出す.

repertīcius -a -um, *adj* [↑] 成り上がり者の.

repertiō -ōnis, *f* [reperio] 1 見つけること, 発見. 2° 考案.

repertor -ōris, *m* [reperio] 1 発見者. 2 創始者, 創案者.

repertōrium -ī, °*n* [reperio] 目録, 一覧.

repertrīx -īcis, *f* [repertor] 発見者, 創始者《女性》.

repertum -ī, *n* [↓] 発見.

repertus[1] -a -um, *pp* ⇨ reperio.

repertus[2] -ūs, *m* 発見; 考案.

repetentia -ae, *f* [repeto] 記憶.

repetītiō -ōnis, *f* [repeto] 1 反復すること. 2 返還を要求すること. 3 (語の)反復;《修》首句反復 (=anaphora). 4 要点の繰返し, 要約.

repetītor -ōris, *m* [repeto] 返還を要求する人.

repetītus -a -um, *adj (pp)* [repeto] (副詞的に用いられて)繰り返して, 何度も.

repetīvī *pf* ⇨ repeto.

repetō -ere -petīvī [-iī] -petītum, *tr (intr)* [re-/peto] 1 再び向かう, 戻る. 2 再び襲う[攻撃する, 苦しめる]. 3 (ある行動を)再び始める. 4 繰り返す, 復する. 5 取り戻す, 回復する. 6 思い出す, 想起する: *repetere memoriam alcis rei* (Cic)=*repetere alqd memoriā* [*animo*] (Cic [Verg]) あることを思い出す. 7 跡をたどる, さかのぼる. 8 返還[支払い]を要求する / *poenas repetere* (Caes) 償いを要求する, 処罰する / *res* [*pecunias*] *repetere* (Cic) (不当に取得された)財産[金銭]の返還を要求する.

repetundae -ārum, *f pl* [↑] (*sc.* pecuniae) 総督が属州民から不法徴収したとして返還請求される財貨; 不法[苛斂(れん)]誅求.

repexus -a -um, *pp* ⇨ repecto.

replasmō -āre, *tr* [re-/plasmo] 作り直す.

repleō -ēre -plēvī -plētum, *tr* [re-/pleo] 1 再び満たす, 補充する. 2 (場所を)満たす, いっぱいにする ⟨alqd re⟩. 3 腹をいっぱいにさせる; たっぷり与える ⟨alqm re⟩. 4 ふくらませる.

replētiō -ōnis, °*f* [↑] 満たす[いっぱいにする]こと.

replētus -a -um, *adj (pp)* [repleo] 1 満ちた, いっぱいの ⟨+abl [gen]⟩. 2 食物をたくさん食べさせた, 肉がついた.

replēvī *pf* ⇨ repleo.

replicābilis -is -e, *adj* [replico] 繰り返す価値のある.

replicātiō -ōnis, *f* [replico] 1 (宇宙の)逆行運動. 2 《法》(原告の)再抗弁. 3° 《数》約分. 4° 反復.

replicātūra -ae, °*f* [replico] へりの裁縫.

replicātus -a -um, *pp* ⇨ replico.

replicō -āre -āvī -ātum, *tr* [re-/plico] 1 後ろへ折る, 折り返す. 2 (書物を)開く, ひもとく; (綱を)解く. 3 思いめぐらす. 4 《法》再抗弁する.

rēpō -ere repsī reptum, *intr* はう; はうように[こっそり]進む.

repōnō -ere -posuī -positum [-postum], *tr* [re-/pono] 1 もとの位置に置く, 戻す. 2 取り替える, 交換する. 3 (飲食物を再び食卓に出す[給仕する]. 4 (金を)返す, 返済する. 5 お返しをする, 報いる. 6 (下に)置く, 横たえる. 7 取っておく, たくわえる. 8 …の一つとみなす, 数に入れる ⟨alqd in re [alqd]⟩: *sidera in numero deorum reponere* (Cic) 星辰を神々の数に加える. 9 (希望などを)(…に)かける, たよらせる ⟨alqd in re⟩: *plus reponere in duce quam in exercitu* (Tac) 軍隊より指揮官を重視する.

reportātiō -ōnis, °*f* [↓] (勝利を)勝ち取ること.

reportō -āre -āvī -ātum, *tr* [re-/porto] 1 持ち帰る, 連れ戻す: *nihil ex praeda domum suam reportare* (Cic) (勝利をおさめた指揮官でありながら)戦利品の中から何一つ自分の家には持ち帰らない. 2 返す, 戻す. 3 報告する, 伝える.

reposcō -ere, *tr* [re-/posco] 1 返還を要求する ⟨alqm alqd; alqd ab alqo⟩. 2 (権利として)要求する: *regem ad supplicium reposcunt* (Verg) 彼らは処刑するため王を渡せと要求している.

repositiō -ōnis, *f* [repono] 1《碑》取っておくこと, 保管. 2 もとの所に戻すこと.

repositōrium -ī, *n* [repono] 1 (料理の)運搬

台. 2° 穀物倉. 3° 小室. 4° 墓.
repositus, (詩) **repostus** -a -um, *adj (pp)* [repono] 遠く離れた; 人目につかない.
repostor -ōris, *m* [repono] 再建者.
reposuī *pf* ⇨ repono.
repōtia -ōrum, *n pl* [re-/poto] 結婚式[祝祭]の翌日の宴会.
repperī *pf* ⇨ reperio.
reppulī *pf* ⇨ repello.
repraesentāneus -a -um, °*adj* 現在の, 今の.
repraesentātiō -ōnis, *f* [↓] **1** 生きいきとした描写[表現, 説明]. **2** 象徴, 典型. **3** 現金払い.
repraesentō -āre -āvī -ātum, *tr* [re-/praesento] **1** (再び)出現させる, 実際に生じさせる: *si repraesentari morte meā libertas civitatis potest* (Cɪᴄ) もし私の死によって国家の自由が実現されうるのなら. **2** (画家・彫刻家が)生きいきと描写[再現]する. **3** 直ちに[急いで]実行する. **4** (その場で)現金で払う. **5°** 代理[代表]する.
repraestō -āre -āvī -ātum, °*tr* 引き渡す, 与える.
reprehendī *pf* ⇨ reprehendo.
reprehendō, reprendō -ere -hendī -hensum, *tr* [re-/prehendo] **1** つかんで引き止める, 阻止する. **2** (ひっかけて)とらえる, つかまえる. **3** 非難する, とがめる, 責める. **4** 反駁する.
reprehensibilis -is -e, °*adj* [↑] とがめるべき, 非難すべき.
reprehensiō -ōnis, *f* [reprehendo] **1** (弁論の途中で)止まる[つまずく]こと. **2** 非難, 叱責. **3** 反駁. **4** 条件をつけること.
reprehensō -āre -āvī -ātum, *tr freq* [reprehendo] つかんで引き止める.
reprehensor -ōris, *m* [reprehendo] 非難者, 叱責者.
reprehensus -a -um, *pp* ⇨ reprehendo.
reprendō -ere, *tr* =reprehendo.
repressē *adv* [reprimo] しぶしぶ, 控え目に.
repressī *pf* ⇨ reprimo.
repressiō -ōnis, °*f* [reprimo] **1** (らっぱの合図による)退却. **2** 抑圧, 抑制.
repressor -ōris, *m* [reprimo] 抑止[阻止]する者.
repressus -a -um, *pp* ⇨ reprimo.
reprimō -ere -pressī -pressum, *tr* [re-/premo] **1** 押しとどめる, 阻止する, 妨げる: *pedem reprimere* (Vᴇʀɢ) 足(=歩み)を止める. **2** 抑制する, 差し控える; (炎症などを)静める, 和らげる.
reprobābilis -is -e, °*adj* [reprobo] とがめるべき, 非難すべき.
reprobātiō -ōnis, °*f* [↓] **1** 非難, 叱責. **2** 〖神学〗劫罰. **3** 〖修〗(ある議論を考慮の対象にならないとして)排除すること.
reprobō -āre -āvī -ātum, *tr* [re-/probo] 排除する, 拒絶する.
reprobus -a -um, °*adj* [↑] (貨幣の量目が)正しくない; 堕落した.
reprōmīsī *pf* ⇨ repromitto.
reprōmissiō -ōnis, *f* [repromitto] **1** (あらかじめ負っている義務の実行を保証するための)正式の約束. **2°** (永遠の生の)約束.

reprōmissor -ōris, °*m* [repromitto] (永遠の生を)保証[約束]する人.
reprōmissus -a -um, *pp* ⇨ repromitto.
reprōmittō -ere -prōmīsī -prōmissum, *tr* [re-/promitto] (あらかじめ負っている義務の実行を保証するために)正式の約束をする; 約束する.
repropitiātor -ōris, °*m* [↓] なだめる人.
repropitiō -āre, °*tr* **1** 再びなだめる. **2** (罪を)あがなう.
repsī *pf* ⇨ repo.
reptābundus -a -um, *adj* [repto] はう.
reptātiō -ōnis, *f* [repto] はうこと.
reptile -is, °*n* [↓] **1** はうもの. **2** 〖動〗爬虫類.
reptilis -is -e, °*adj* [↓] はう.
reptō -āre -āvī -ātum, *intr freq* [repo] **1** はう. **2** ぶらぶら[ゆっくり]歩く. **3** こそこそ歩く.
reptus -ī, °*m* [repo] 毛皮の外套 (=reno²).
repūbescō -ere, *intr* [re-/pubesco] 再び若くなる.
repūblicō -āre, °*tr* 再現する.
repudiātiō -ōnis, *f* [repudio] 拒絶, 拒否, 却下.
repudiātor -ōris, °*m* [↓] 拒絶[拒否]する者.
repudiō -āre -āvī -ātum, *tr* [repudium] **1** 拒絶[拒否]する, 退ける. **2** 婚約を破棄する; 離婚する.
repudiōsus -a -um, *adj* [↓] 拒絶[破棄]すべき.
repudium -ī, *n* [re-/pudeo] 婚約破棄, 破談; 離婚.
repuerascō -ere, *intr* [re-/puerasco] 再び少年になる.
repugnans -antis, *adj (prp)* [repugno] 相反する, 矛盾した.
repugnanter *adv* [↑] いやがって, 反抗して.
repugnantia -ae, *f* [repugnans] **1** 抵抗, 防衛. **2** 衝突, 対立. **3** 矛盾, 不一致.
repugnātiō -ōnis, *f* [repugno] 対立, 抵抗.
repugnātor -ōris, °*m* [repugno] 攻撃する人, 反対者.
repugnātōrius -a -um, *adj* [↓] 抵抗する, 防衛の.
repugnō -āre -āvī -ātum, *intr* [re-/pugno] **1** 抵抗する, 立ち向かう〈+*dat*〉. **2** 反対する, 異議を唱える. **3** 矛盾する, 相容れない, 一致しない.
repullulō -āre -āvī -ātum, *intr* [re-/pullulo] 再び発芽する[芽を出す].
repulsa -ae, *f* [repello] **1** (公職志願者の)落選: *repulsam ferre* (Cɪᴄ) 落選する. **2** 拒絶, 拒否.
repulsiō -ōnis, °*f* [repello] **1** 抵抗, 拒否. **2** 反駁.
repulsō -āre, *tr freq* [repello] **1** はね返す. **2** 拒否する, 退ける.
repulsor -ōris, °*m* [repello] 押し戻す[追い返す]人.
repulsus¹ -a -um, *adj (pp)* [repello] 退けられた, 拒否された.
repulsus² -ūs, *m* はね返す[押し返す]こと.
repungō -ere, *tr* [re-/pungo] (感情を)再び刺激する.
repurgō -āre -āvī -ātum, *tr* [re-/purgo] **1** きれいにする, 洗い清める. **2** (じゃまなものを)取り除く, 片付

reputātiō -ōnis, *f* [↓] 1° 計算. 2 熟考, 考察.
reputō -āre -āvī -ātum, *tr* [re-/puto] 1 計算する; 考慮に入れる. 2 熟考する, よく考える.
Requiem *indecl* °*f* (*acc*) [↓]【カト】レクイエム, 死者のためのミサ.
requiēs -ētis, *f* [re-/quies¹] 1 休息, 休養. 2 気晴らし, 慰め. 3° (永遠の)安息: *Requiem aeternam dona eis, Domine, et lux perpetua luceat eis* 主よ, 彼らに永遠の安息を与え給え, しかして絶えざる光が彼らを照らせよかし《レクイエム入祭唱の冒頭》.
requiēscō -ere -quiēvī -quiētum, *intr* (*tr*) [re-/quiesco] 1 休む, 休息する; 永眠する. 2 休息[くつろぎ]を得る《a [ex] re》. 3 支えられている, 上に乗っている《in re》. 4 休止する.
requiētiō -ōnis, °*f* [↑] 休息, 休養.
requiētōrium -ī, *n* [requiesco]《碑》(死者の)休息所, 墓.
requiētus -a -um, *adj* (*pp*) [requiesco] 休んだ, 休息した.
requiēvī *pf* ⇨ requiesco.
requīritō -āre, *tr freq* [↓] 繰り返し尋ねる.
requīrō -ere -quīsīvī [-siī] -quīsītum, *tr* [re-/quaero] 1 捜す. 2 尋ねる, 問う《alqd ab [ex] alqo; +間接疑問》. 3 必要とする, 得ようとする; 要求する. 4 ないのに気づく, 惜しがる.
requīsītiō -ōnis, *f* [↑] 探求, 調査.
requīsītum -ī, *n* [↓] 要求(されるもの).
requīsītus -a -um, *pp* ⇨ requiro.
requīsīvī, requīsiī *pf* ⇨ requiro.
rērī *inf* ⇨ reor.
rēs reī, *f* 1 物, 物事, 事柄. 2 (*pl*) 事象, 自然(界), 宇宙: *summa rerum* (Ov) 全世界. 3 事態, 事情, 状況: *res secundae* [*prosperae*] (Hor [Nep]) 順境, 幸運 / *res adversae* (Cic) 逆境, 不運 / *res novae* (Caes) 新事態, 革命. 4 所有物, 富, 財産: ~ *familiaris* (Cic) 私有財産. 5 仕事, 業務: ~ *frumentaria* (Caes) 食糧供給. 6 行為, 事実; 軍事行動: *res gestae Augusti* (Hor) Augustus の戦功[業績]. 7 (しばしば *pl*) 政治, 支配, 統治: *rerum potiri* (Tac) 世界をわが物とする. 8 (*pl*) 歴史: *rerum Romanorum auctor* (Tac) ローマ史家. 9 (*sc.* publica) 国家: *custode rerum Caesare* (Hor) Caesar (=Augustus) が国の守護者である限り. 10 訴訟(事件). 11 (弁論・著述の)題材, 主題. 12 利益, 効用: *rebus suis consulere* (Nep) 自分の利益を計る / *in rem alcis* (Plaut) ある人の有利なように. 13 理由, 原因: *eā re* = *ob eam rem* (Cic) そのために / *quā re* = *quam ob rem* (Cic) それゆえに. 14 現実, 事実: *re* (*verā*) 実際に.
resacrō -āre, *tr* = resecro.
resaeviō -īre, *intr* [re-/saevio] 再び激怒する.
resalūtātiō -ōnis, *f* [↓] 挨拶を返すこと.
resalūtō -āre -āvī -ātum, *tr* [re-/saluto] 挨拶を返す《alqm》.
resānēscō -ere -sānuī, *intr* [re-/sanus] 治る, いえる.
resānō -āre, °*tr* 治す, いやす.
resānuī *pf* ⇨ resanesco.
resarciō -īre -sarsī -sartum, *tr* [re-/sarcio] 1 修理[修繕]する. 2 (損害などを)回復する.
resarsī *pf* ⇨ resarcio.
resartus -a -um, *pp* ⇨ resarcio.
rescidī *pf* ⇨ rescindo.
rescindō -ere -scidī -scissum, *tr* [re-/scindo] 1 切って取り除く. 2 切り裂く, 切り開く. 3 無効にする, 廃止する, 取り消す.
resciō -īre -īvī [-iī] -ītum, *tr* = rescisco.
rescīscō -ere -īvī [-iī] -ītum, *intr* [re-/scisco] 気づく, 知る《alqd; de re; +*acc c. inf*; +間接疑問》.
rescissiō -ōnis, °*f* [rescindo] 無効にすること, 廃止, 取消し.
rescissus -a -um, *pp* ⇨ rescindo.
rescīvī, -sciī *pf* ⇨ rescio, rescisco.
rescrībō -ere -scrīpsī -scriptum, *tr* [re-/scribo] 1 返事を書く, 返信する. 2 (文書で)反駁する. 3 書き直す, 修正する. 4 手形[現金]で返済する. 5 (兵を)別の軍団[部隊]に編入する.
rescrīpsī *pf* ⇨ rescribo.
rescrīptiō -ōnis, *f* [rescribo] ローマ皇帝の勅裁書.
rescrīptum -ī, *n* [↓] 返書; ローマ皇帝の勅裁書.
rescrīptus -a -um, *pp* ⇨ rescribo.
rescula -ae, *f* = recula.
resecātiō -ōnis, °*f* [↓] 切り取ること.
resecō -āre -sectum, *tr* [re-/seco] 1 切って短くする, 刈り込む, 切り取る. 2 (文章を)簡潔にする. 3 切り開く.
resecrō -āre -āvī -ātum, *tr* [re-/sacro] 1 繰り返し嘆願する. 2 呪いを解く.
resectiō -ōnis, *f* [reseco] 1 (樹木の)剪定(せんてい)をすること. 2°《医》切除(術).
resectus -a -um, *pp* ⇨ reseco.
resecūtus -a -um, *pp* ⇨ resequor.
resēda -ae, *f*《植》モクセイソウ.
resēdī *pf* ⇨ resideo, resido.
resegmen -inis, *n* [reseco] 切り屑, 切れはし.
resēminō -āre -āvī -ātum, *tr* [re-/semino] 再生する.
resequor -sequī -secūtus sum, *tr dep* [re-/sequor] 答える《alqm》.
reserō¹ -āre -āvī -ātum, *tr* [re-/sero³] 1 かんぬき[横木]をはずす; 開く. 2 あらわにする, 明かす.
reserō² -ere -sēvī, *tr* [re-/sero²] 再び種をまく[植える].
reservō -āre -āvī -ātum, *tr* [re-/servo] 1 (他日・他目的のために)取って[残して]おく《alqd ad [in] alqd; alqd+*dat*》. 2 保護[保存]する.
resēs -sidis, *adj* [resideo] 不活発な, 無気力な.
resessus -a -um, *pp* ⇨ resideo, resido.
resēvī *pf* ⇨ resero².
resībilō -āre, °*intr* シーッと言って答える.
residentia -ae, °*f* [resideo]《聖職者の》居所.
residentiālis -is -e, °*adj* [↑]《聖職者の》居所[居住]の: *episcopus* ~【カト】定住[教区]司教.
resideō -ēre -sēdī -sessum, *intr* [re-/sedeo] 1 すわっている. 2 とどまる, 滞在する. 3 残っている, 存続する: *residet spes in tua virtute* (Cic) 望みはあなた

の勇気にかかっている．　**4** しゃがむ．　**5** もとに戻る．
resīdō -ere -sēdī -sessum, *intr* [re-/sido] **1** すわる，腰をおろす．　**2** 定住する，落ちつく．　**3** 沈む，沈下する．　**4** 静まる．
residuum -ī, *n* [↓] 残余，残り．
residuus -a -um, *adj* [resideo] **1** 残っている；未払いの，怠惰な．
resignātiō -ōnis, °*f* [↓] 断念，あきらめ．
resignō -āre -āvī -ātum, *tr* [re-/signo] **1** 封を切る；開ける．　**2** だいなしにする，無効にする．　**3** あばく，明かす．　**4** 別の帳簿へ転記する，返却する．
resiliō -īre -siluī, *intr* [re-/salio] **1** 跳びのく，あとずさりする．　**2** はね返る．　**3** 縮む，小さくなる．
resiluī *pf* ⇨ resilio.
resīmus -a -um, *adj* 後ろへ曲がった，そり返った．
rēsīna -ae, *f* [*Gk*] 樹脂：～ *pinea* (Cels) マツヤニ（松脂）．
rēsīnāceus -a -um, *adj* [↑] 樹脂質[状]の．
rēsīnālis -is -e, ᶜ*adj* =resinaceus.
rēsīnātus -a -um, *adj* [resina] **1** 樹脂を混ぜた，樹脂で風味をつけた．　**2** (脱毛のために)樹脂を塗った．
resipere *inf* ⇨ resipio.
resipiō -pere, *tr* [re-/sapio] …の味がする，…の風味[趣]がある ⟨alqd⟩．
resipiscentia -ae, °*f* [↓] 悔悛．
resipīscō -ere -sipuī [-iī], *intr* [re-/sapio] **1** 意識が戻る，気がつく．　**2** 分別を取り戻す，正気に返る．　**3°** 悔悛する，悔い改める．
resipuī *pf* ⇨ resipisco.
resistentia -ae, °*f* [↓] 抵抗．
resistō -ere -stitī, *intr* [re-/sisto] **1** 立ち止まる，停止する．　**2** しっかりと[じっと]立つ，居すわる：*nihil est ubi lapsi resistamus* (Cic) 一度倒れたら再び立ち上がる[=もとの地歩を回復する]余地はない．　**3** 抵抗する，反対する ⟨+*dat*⟩．　**4** 干渉[妨害]する ⟨+*dat*; ne, quominus⟩．
resolidō -āre, °*tr* 再び強固[完全]にする．
resolūbilis -is -e, °*adj* [resolvo] 再び分解[融解]できる．
resolūtē °*adv* [resolutus] 容赦[遠慮]なく．
resolūtiō -ōnis, *f* [resolvo] **1** ほどく[ゆるめる]こと．　**2** (難問の)解決，答え．　**3** (身体の一部の)弛緩；麻痺．　**4°** 取消し，無効にすること．
resolūtōria -ae, °*f* [resolvo] 【論】分析．
resolūtus -a -um, *adj* (*pp*) [resolvo] **1** (土壌が)ボロボロと砕けやすい．　**2** (体が)たるんだ，弱々しい．　**3** 抑制されない．
resolvēns -entis, °*n* [resolvo] 【薬】溶解剤．
resolvī *pf* ⇨ resolvo.
resolvō -ere -solvī -solūtum, *tr* [re-/solvo] **1** 解く，ほどく：*puella resoluta capillos* (Ov) もじゃもじゃの(乱れ)髪の乙女．　**2** 切り開く．　**3** (謎・問題を)解決する．　**4** 解放する．　**5** 解体[分解]する，溶解する．　**6** ゆるめる，だらけさせる，無力にする．　**7** (借金を)返済する．　**8** (ある状況を)終わらせる．　**9** 無効にする，取り消す，廃止する．　**10** 反駁する．
resonābilis -is -e, *adj* [resono] 音をおうむ返しに繰り返す，こだます．
resonāns -antis, *adj* (*prp*) [resono] 反響する，こだまする．

resonantia -ae, *f* [↑] 反響，こだま．
resonātiō -ōnis, °*f* [↓] 反響．
resonō -āre -āvī -ātum, *intr* (*tr*) [re-/sono] **1** 反響する，響きわたる．　**2** 反響させる，響きわたらせる．　**3** 繰り返して言う．
resonus -a -um, *adj* [↑] 反響する，響きわたる．
resorbeō -ēre, *tr* [re-/sorbeo] **1** 吸い込む，のみ込む．　**2** (感情・涙などを)抑える．
resorcīnum -ī, °*n* 【薬】レゾルシン．
respectiō -ōnis, °*f* [respicio] 吟味，点検．
respectīvē *adv* [↓] それぞれ，個々に．
respectīvus -a -um, *adj* [respicio] それぞれの，個々の．
respectō -āre -āvī -ātum, *intr*, *tr freq* [respicio] **1** 何度も振り返る[見まわす]．　**2** (期待して)待っている．　**3** 重んじる ⟨+*acc*⟩：*si qua pios respectant numina* (Verg) もし神々が敬虔な者どもを愛されるなら．
respectus¹ -a -um, *pp* ⇨ respicio.
respectus² -ūs, *m* **1** 振り返る[見まわす]こと．　**2** 逃げ場，頼みとするもの．　**3** 顧慮，配慮，尊重．
respergō¹ -ere -spersī -spersum, *tr* [re-/spargo¹] **1** 振り[注ぎ]かける，浴びせる ⟨alqd re⟩．　**2** 汚点をつける，よごす．
respergō² -ginis, °*f* [↑] 振りかけること．
respersī *pf* ⇨ respergo¹.
respersiō -ōnis, *f* [respergo¹] 振りかける[注ぎかける]こと．
respersus¹ -a -um, *pp* ⇨ respergo¹.
respersus² -ūs, *m* 振りかける[はねかける]こと．
respexī *pf* ⇨ respicio.
respicere *inf* ⇨ respicio.
respiciō -cere -spexī -spectum, *intr*, *tr* [re-/specio] **1** 振り返る，見まわす ⟨alqd; ad alqd⟩．　**2** 期待する，あてにする．　**3** 回顧する．　**4** 面する，臨む．　**5** 配慮する，気づかう，案じる．　**6** 関係がある，関心事である：*ad hunc summa imperii respiciebat* (Caes) この男に最高指揮権が集中していた．
respīrāculum -ī, °*n* [respiro] 呼吸．
respīrāmen -minis, *n* [respiro] のど笛，気管．
respīrātiō -ōnis, *f* [respiro] **1** 息をつくこと，呼吸．　**2** (弁論の途中で)ひと息入れること．　**3** 蒸発．
respīrātōrius -a -um, °*adj* [respiro] 呼吸の．
respīrātus -ūs, *m* [↓] 呼吸．
respīrō -āre -āvī -ātum, *intr* (*tr*) **1** (息を)吐き出す；(風が)吹き戻す．　**2** (再び)息をつく，息を吹き返す．　**3** ひと休みする．　**4** (恐怖などから)立ち直る，回復する．　**5** 弱まる，衰える．
resplendentia -ae, °*f* [↓] 光輝．
resplendeō -ēre, *intr* [re-/splendeo] (反射光によって)輝く，きらめく．
respondeō -ēre -spondī -spōnsum, *intr* (*tr*) [re-/spondeo] **1** 答える，(手紙で)返事をする ⟨+*dat*; ad+*acc*⟩．　**2** (支配者・神官・予言者などが)公式に返答[答弁]する：*jus respondere* (Cic) 法律問題について助言[勧告]する．　**3** 弁明する，反駁する．　**4** 出頭[出廷]する．　**5** (負債等を)(手紙で)(債務を)履行する．　**6** 返報する，報いる：*par pari respondere* (Plaut) 尺に尺を(同じもので)報いる．　**7** 反応する，応ずる．

respondī — resupīnus

8 一致する, 適合する.
respondī *pf* ⇨ respondeo.
respōnsālis -is, °*m* [respondeo] (教会の)代理人.
respōnsiō -ōnis, *f* [respondeo] **1** 応答, 返答: *sibi ipsi* ~ (Cɪᴄ) 〔修〕自問自答法. **2** 反駁.
respōnsitō -āre -āvī -ātum, *tr freq* [responso] (法律上の問題について)たびたび所見を述べる.
respōnsīvē °*adv* [↓] 返答という形で.
respōnsīvus -a -um, °*adj* [respondeo] 答える.
respōnsō -āre -āvī -ātum, *intr freq* [respondeo] **1** 答える, 返答する. **2** 反響する. **3** 逆らう, 反抗する <+*dat*>: *responsare cupidinibus* (Hᴏʀ) 情欲と戦う. **4** (要求に)応ずる.
respōnsor -ōris, *m* [respondeo] 答える者.
respōnsōrium -ī, °*m* [respondeo] 〘教会〙応唱, 答唱.
respōnsum -ī, *n* [↓] **1** 答え, 返答. **2** 神託, 託宣. **3** (法律問題について法律家が与える)回答.
respōnsus[1] -a -um, *pp* ⇨ respondeo.
respōnsus[2] -ūs, *m* 答え, 返答. **2** 〘碑〙神託, 託宣. **3** 調和, 一致.
rēs pūblica, rēspūblica reī pūblicae [reīpūblicae], *f* **1** 国事, 政務. **2** 公益; 公共財産. **3** 国家; 共和国.
respuī *pf* ⇨ respuo.
respuō -ere -spuī, *tr* [re-/spuo] **1** 吐く, 吐き出す. **2** はじく, はね返す. **3** 退ける, 拒絶する, 拒否する.
restagnātiō -ōnis, *f* [↓] あふれ出ること, 氾濫.
restagnō -āre -āvī -ātum, *intr* [re-/stagno[1]] **1** あふれ出る. **2** 水浸しになる.
restaurātiō -ōnis, °*f* [restauro] 〘法〙原状回復.
restaurātor -ōris, *m* [↓] 〘碑〙再建[復旧]する者.
restaurō -āre -āvī -ātum, *tr* 再建する, 復旧する.
restertō -ere, °*intr* いびきをかく.
restibilis -is -e, *adj* [re-/stabilio] **1** 毎年耕作される. **2** (同じ耕地から)毎年収穫される.
resticula -ae, *f dim* [restis] 細紐(絲㝵).
restiformis -is -e, °*adj* [restis/forma] 〘解〙索状の.
restillō -āre -āvī -ātum, °*intr* したたり落ちる.
restīnctiō -ōnis, *f* [restinguo] (渇きを)いやすこと.
restīnctus -a -um, *pp* ⇨ restinguo.
restinguō -ere -stīnxī -stīnctum, *tr* [re-/stinguo] **1** (火・灯などを)消す. **2** (渇きを)いやす. **3** (ある状態・感情などを)抑える, 静める. **4** 滅ぼす, (発育を)阻害する.
restīnxī *pf* ⇨ restinguo.
restiō -ōnis, *m* [restis] **1** 綱作り職人. **2** 綱で打たれる人.
restipulātiō -ōnis, *f* [↓] 裏契約.
restipulor -ārī -ātus sum, *tr dep* [re-/stipulor] 報酬[返礼]の契約をする.
restis -is, *f* (*sg acc* restim, restem) 綱, 縄: *ad restim res redit* (Tᴇʀ) 首をつるほかない, 万事休すだ. **2** (*pl*) (ニンニク・タマネギの)葉.
restitī *pf* ⇨ resisto, resto.
restitō -āre, *intr freq* [resto] **1** 立ち止まる, ぐずぐずする. **2** 抵抗する, 逆らう.
restituī *pf* ⇨ restituo.
restituō -ere -stituī -stitūtum, *tr* [re-/statuo] **1** 再建する, 建て直す; (戦列を)立て直す. **2** (健康・元気などを)回復させる. **3** 取り戻す, 回収する. **4** (制度・慣行などを)復活させる, 復興する. **5** もとどおりにする; 復位[復権]させる: *se alci restituere* (Cɪᴄ) =*alci in gratiam restituere* (Tᴇʀ) ある人と仲直りする. **6** 埋め合わせをする, 償う. **7** もとに戻す, 返還する.
restitūtiō -ōnis, *f* [↑] **1** 再建. **2** 回復, 復旧. **3** 復権, 復位.
restitūtor -ōris, *m* [restituo] **1** 再建者. **2** 回復させる者.
restitūtus -a -um, *pp* ⇨ restituo.
restō -āre -stitī, *intr* [re-/sto] **1** 同じ所にとどまる. **2** 一歩もひかない, 抵抗する. **3** 残る, 残存する: (impers) *restat ut* <+*subj*> (Cɪᴄ) …とすること[の可能性]が残っている. **4** 待ち構えている, 起ころうとしている: *quod restat* (Cɪᴄ) 将来, 今後.
restrictē *adv* [restrictus] **1** けちけちして, 物惜みして. **2** 厳密に.
restrictim *adv* [restrictus] 厳密に.
restrictiō -ōnis, °*f* [restringo] 制限, 限定.
restrictus -a -um, *adj* (*pp*) [↓] **1** 締めつけられた, 窮屈な. **2** 控えめな, 慎み深い. **3** けちな, 物惜しみする. **4** きびしい, 厳格な.
restringō -ere -strīnxī -strictum, *tr* [re-/stringo] **1** 後ろで縛る; 固く縛る. **2** きつく締める. **3** 制限[限定]する. **4** おおいを取る, むきだしにする.
restrīnxī *pf* ⇨ restringo.
restrūctus -a -um, *pp* ⇨ restruo.
restruō -ere -strūxī -strūctum, *tr* [re-/struo] **1** 再び建てる, 建て直す. **2** 復活させる.
restrūxī *pf* ⇨ restruo.
resūdātiō -ōnis, °*f* [↓] 汗をかくこと.
resūdō -āre -āvī -ātum, *intr*, *tr* [re-/sudo] **1** (地面から水が)にじみ出る. **2**° 空にする, 吐く.
resuī *pf* ⇨ resuo.
resultātiō -ōnis, °*f* [↓] **1** 反響, 反射. **2** 抵抗.
resultō -āre -āvī -ātum, *intr freq* [resilio] **1** 飛びはねる, はね返る. **2** 反響する, こだまする. **3** (文体が)ぎくしゃくしている, 落ちつきがない. **4** 反抗する, 逆らう: *versibus nomina resultant* (Pʟɪɴ Mɪɴ) 名前が韻律に適合しない.
resūmō -ere -sūmpsī -sūmptum, *tr* [re-/sumo] **1** 再び取り[拾い]上げる; 再び用いる. **2** 回復する, 取り戻す. **3** 再び始める, 再開する.
resūmpsī *pf* ⇨ resumo.
resūmptiō -ōnis, °*f* [resumo] (病気からの)回復.
resūmptīvus -a -um, °*adj* [resumo] 回復させる.
resūmptōrius -a -um, °*adj* =resumptivus.
resūmptus -a -um, *pp* ⇨ resumo.
resuō -ere -suī -sūtum, *tr* [re-/suo] 縫い目をほどく.
resupīnō -āre -āvī -ātum, *tr* [↓] **1** 仰向けに横たえる; 仰向けに倒す. **2** (後ろから)引き止める, 後ろへそらせる[傾ける]. **3** (*refl*) ふんぞり返る. **3** 平らにする.
resupīnus -a -um, *adj* [re-/supinus] **1** 仰向けに

横たわった, 仰向けの. **2** (後ろに)寄り掛かった. **3** ふんぞり返った, 尊大な. **4** 後ろへ傾いた, そり返った. **5** (音調が)次第に弱まる.

resurgō -ere -surrexī -surrectum, *intr* [re-/surgo] **1** 再び立ち[起き]上がる. **2** 再び上がる. **3** 再び生える; 再び燃え上がる; (月が)再び満ちる. **4** 再興[復興]する.

resurrectiō -ōnis, °*f* [↑] **1** 復活. **2** 回復.

resurrectus -a -um, *pp* ⇨ resurgo.

resurrexī *pf* ⇨ resurgo.

resuscitātiō -ōnis, °*f* [↓] よみがえらせること, 蘇生.

resuscitō -āre -āvī -ātum, *tr* [re-/suscito] **1** 再び目ざめさせる[かきたてる]. **2**° 復活させる, よみがえらせる.

resūtus -a -um, *pp* ⇨ resuo.

retāliō -āre, *tr* 仕返しをする, 報復する.

retardātiō -ōnis, *f* [↓] のろのろしていること, 遅れること.

retardō -āre -āvī -ātum, *tr* (*intr*) [re-/tardo] **1** 遅らせる. **2** 制止する, 妨げる. **3** のろのろ進む, 遅れる.

retaxō -āre, *tr* [re-/taxo] 非難する, 叱責する.

rēte -is, *n* **1** (捕獲用の)網. **2**° 〖解〗網, 網状組織: ~ *mirabile* 怪網 / ~ *testis* 精巣網 / ~ *acromiale* 肩峰動脈網.

retectus -a -um, *pp* ⇨ retego.

retegō -ere -texī -tectum, *tr* [re-/tego] **1** おおいを取る, むきだしにする, あらわにする. **2** (秘密などを)明らかにする, あばく.

retemperō -āre, °*tr* [re-/tempero] **1** 緩和する. **2** (かみ傷を)治す.

retemptō, -tentō -āre -āvī -ātum, *tr freq* [re-/tempto] **1** 再び手探りする. **2** 再び試す[やってみる] ⟨alqd; +*inf*⟩.

retendī *pf* ⇨ retendo.

retendō -ere -tendī -tentum [-tensum], *tr* [re-/tendo] **1** (弓の弦を)ゆるめる. **2** 緊張を解く.

retentātor -ōris, °*m* [retento¹] 不法占有者.

retentātrīx -īcis, °*f* [↑] 不法占有者《女性》.

retentiō -ōnis, *f* [retineo] **1** 制止すること. **2** 停止. **3** 〖法〗保有, 保持.

retentō¹ -āre -āvī -ātum, *tr freq* [retineo] **1** しっかりつかんでいる. **2** 引き止める, 進ませない. **3** 保全する, 護る.

retentō² -āre, *tr* =retempto.

retentor -ōris, *m* [retineo] 引き止める者.

retentus -a -um, *pp* ⇨ retendo, retineo.

reterō -ere -trīvī -trītum, *tr* [re-/tero] こすり落とす.

retexī *pf* ⇨ retego.

retexō -ere -xuī -xtum, *tr* [re-/texo] **1** (織ったものの)糸をほぐく, 解く. **2** 解体する, 崩壊させる. **3** 無効にする, 取り消す. **4** 織り直す; 更新する. **5** 反復する, 繰り返す.

retextus -a -um, *pp* ⇨ retexo.

retexuī *pf* ⇨ retexo.

rētiārius -ī, *m* [rete] 投網剣闘士《三つ叉槍と網を持って戦った》.

reticentia -ae, *f* [↓] **1** 沈黙. **2** 〖修〗逆言法; 頓絶法 (=aposiopesis).

reticeō -ēre -ticuī -ticitum, *intr*, *tr* [re-/taceo] 黙っている, 発言[言及, 返答]を控える ⟨de re; alqd⟩.

reticuī *pf* ⇨ reticeo.

rēticulāris -is -e, °*adj* [reticulum] 〖解〗網様の, 細網(状)の.

rēticulātim °*adv* [↓] 網のように, 網状に.

rēticulātus -a -um, *adj* [↓] 網状の; 格子作りの.

rēticulum -ī, *n dim* [rete] **1** (小さな)網. **2** 網状の物, 網細工. **3**° 〖解〗小網, 細網. **4**° 〖動〗網胃《反芻動物の第二胃》.

rētifex -ficis, °*m* [rete/facio] 網を作る人.

rētina -ae, °*f* [rete] 〖解〗網膜.

retināculum -ī, *n* [retineo] **1** つなぐもの, 綱, 縄. **2** 手綱. **3**° 〖解〗支帯.

retinēns -entis, *adj* (*prp*) [retineo] 堅持している, 固守[固執]する ⟨alcis rei⟩.

retinentia -ae, *f* [↑] 記憶.

retineō -ēre -tinuī -tentum, *tr* [re-/teneo] **1** しっかりつかまえる, 放さない. **2** 引き止める, 阻止する. **3** 保持する, 持ち続ける: *retinere alqd memoriā* (Cɪᴄ) あることを憶えている. **4** 固執する, 固守する.

retinniō -īre, *intr* [re-/tinnio] (鳴り)響く.

retinuī *pf* ⇨ retineo.

rētinula -ae, °*f dim* [retina] 〖動〗小網膜.

rētiolum -ī, *n dim* [rete] (小さな)狩猟網.

retonō -āre, *intr* [re-/tono] 反響する, 響きわたる.

retorpescō -ere, °*intr* 鈍く[無感覚に]なる.

retorqueō -ēre -torsī -tortum, *tr* [re-/torqueo] **1** 後ろへ曲げる[ねじる]: *bracchia tergo retorquere* (Hᴏʀ) 後ろ手に縛る. **2** 逆方向に向ける. **3** 後ろへ投げる, 投げ返す. **4** 向きを変えさせる, そらせる: *retorquere oculos* (Ov) 目をそむける.

retorrescō -ere, *intr* [re-/torresco] しおれる, しなびる.

retorridē *adv* [↓] しおれて, しなびて.

retorridus -a -um, *adj* [re-/torridus] **1** しおれた, しなびた. **2**° 陰鬱な.

retorsī *pf* ⇨ retorqueo.

retortus -a -um, *pp* ⇨ retorqueo.

retractātiō -ōnis, *f* [retracto] **1** しりごみ, 躊躇: *sine ulla retractatione* (Cɪᴄ) 何のためらいもなく. **2** 取消し, 撤回. **3** 反復. **4** 回顧, 回想. **5**° 訂正, 修正.

retractātor -ōris, °*m* [retracto] 拒絶[拒否]する者.

retractātus¹ -a -um, *adj* (*pp*) [retracto] 修正[改訂]された.

retractātus² -ūs, °*m* **1** しりごみ, 躊躇. **2** 反復. **3** 吟味, 検討.

retractiō -ōnis, *f* [retraho] **1** (階段の)踏み幅. **2**° (日が)短くなること. **3**° 躊躇.

retractō -āre -āvī -ātum, *tr* (*intr*) [re-/tracto] **1** 再び取る[つかむ]. **2** 再び扱う[論ずる], 再検討する. **3** 改訂[訂正]する. **4** 思い返す, 回顧[回想]する. **5** 取り消す, 撤回する. **6** 引き下がる, しりごみする; 反抗する. **7** そしる, おとしめる.

retractor -ōris, °*m* [retraho]【解】後引筋.
retractus[1] -a -um, *adj* (*pp*) [retraho] 引っ込んだ, 奥まった.
retractus[2] -ūs, *m* **1** 引き戻すこと. **2** 反駁.
retrādō -ere, °*tr* [re-/trado] 所有権を再び返還する.
retrahō -ere -trāxī -tractum, *tr* [re-/traho] **1** 後ろへ引く; 退かせる. **2** 連れ[呼び]戻す. **3** 取り戻す. **4** 引っ込める, 抑制する. **5** 減らす. **6** 遠ざける, 引き離す 〈alqm a re〉. **7** 復活させる.
retransitiō -ōnis, °*f* [re-/transeo]【文】再帰.
retrāxī *pf* ⇒ retraho.
retribuī *pf* ⇒ retribuo.
retribuō -ere -uī -ūtum, *tr* [re-/tribuo] **1** 返す, 返済する. **2** 報いる, お返しする.
retribūtiō -ōnis, °*f* [↑] 報い; 罰.
retribūtor -ōris, °*m* [retribuo] 仕返し[報復]する人.
retribūtus -a -um, *pp* ⇒ retribuo.
retrīmentum -ī, *n* [retero] かす; かなくそ.
retrītūrō -āre, °*tr* (再び)すりつぶす[砕く].
retrītus -a -um, *pp* ⇒ retero.
retrīvī *pf* ⇒ retero.
retrō *adv* (*prep*) **I** (*adv*) **1** 後方へ[に]. **2** もとへ, 戻って. **3** 逆に. **4** さかのぼって. **II** (*prep*) …の後ろに 〈+*acc*〉.
retroagō, retrō agō -ere -ēgī -actum, *tr* **1** 後ろへ押す, 押し戻す; (時間的に)さかのぼる. **2** 逆にする. **3** (怒りを)静める. **4** 取り消す, 撤回する.
retrōcēdō, retrō cēdō -ere, *intr* 退く, 後退する.
retrōcessus -ūs, *m* [↑] 後退, 逆行.
retrōdō, retrō dō -dare -dedī -datum, *tr* **1** 後ろへ動かす, 後退させる. **2** もとに戻す.
retrōdūcō, retrō dūcō -ere -duxī -ductum, *tr* 後ろへ引く, 引き戻す.
retrōductus -a -um, *pp* ⇒ retroduco.
retrōduxī *pf* ⇒ retroduco.
retroēgī *pf* ⇒ retroago.
retroeō, retrō eō -īre, *intr* 後退[逆行]する.
retrōflexus -a -um, °*adj*【解】反屈の, 後屈の: *fasciculus* ～ 反屈束.
retrōgradātiō -ōnis, °*f* [retrogradior] 後退, 逆行.
retrōgradī *inf* ⇒ retrogradior.
retrōgradior, retrō gradior -gradī -gressus sum, *intr dep* 後退[逆行]する.
retrōgradō -āre, °*intr* = retrogradior.
retrōgradus -a -um, *adj* 後退[逆行]する.
retrōgressus[1] -a -um, *pp* ⇒ retrogradior.
retrōgressus[2] -ūs, °*m* 後退, 逆行.
retroīre *inf* ⇒ retroeo.
retrorsum *adv* [retroversus²] **1** 後方へ, もとへ. **2** 逆に(して); (時間的に)さかのぼって.
retrorsus[1] *adv* = retroversum.
retrorsus[2] -a -um *adj* [retroversus²] **1** 後ろ向きの, ひっくり返した. **2**° 以前の, 古い.
retrōtractiō -ōnis, °*f* [retrotraho] さかのぼること, 遡及.

retrōtractus -a -um, *pp* ⇒ retrotraho.
retrōtrahō -ere -traxī -tractum, °*tr* さかのぼる, 遡及する.
retrōtraxī *pf* ⇒ retrotraho.
retrōversim °*adv* [retroversus²] 後方に.
retrōversum *adv* [retroversus²] 後ずさりして.
retrōversus[1] *adv* [↓] 後ろ向きに.
retrōversus[2] -a -um, *adj* (*pp*) [retro/verto] **1** 後ろ向きの. **2**° ひっくり返された, 論破された.
retrōvertō -ere, °*tr* 逆[逆さ]にする.
retrūdō -ere -trūsum, *tr* [re-/trudo] **1** 押し戻す. **2** 見えなくする, 隠す.
ret(t)udī *pf* ⇒ retundo.
ret(t)ulī *pf* ⇒ refero.
rētulit *pf* refert.
retundō -ere retudī (rettudī) retūsum [retunsum], *tr* [re-/tundo] **1** (刃を)鈍くする. **2** 力をそぐ, 弱める.
retūsus, retunsus -a -um, *adj* (*pp*) [↑] 鈍い, なまくらの.
Reudignī -ōrum, *m pl* レウディグニー 《Germania 北部にいた Suebi 族の一支族》.
reunctor -ōris, *m* [re-/ungo] (患者の体に)軟膏を塗る人.
reūniens -entis, °*adj* [re-/unio¹]【解】結合の.
reus -ī, *m*, **rea** -ae, *f* [res] **1** 訴訟当事者. **2** 被告人: *reum facere alqm* ある人を告発する. **3** 犯罪者, 犯人. **4** 義務を負う者; 債務者 〈+*gen*〉: *voti* ～ (VERG) 誓いを果たすべき責任(義務)のある者.
revalēscō -ere -valuī, *intr* [re-/valesco] **1** 体力を取り戻す, 健康を回復する; 意識を回復する. **2** 再び効力をもつ.
revaluī *pf* ⇒ revalesco.
revectō -āre, °*tr* 運び戻す.
revectus -a -um, *pp* ⇒ reveho.
revehō -ere -vexī -vectum, *tr* [re-/veho] **1** (馬・船などで)運び戻す; (*pass*) (乗物で)帰る, 戻る. **2** (話題を過去に)戻す.
revēlātiō -ōnis, °*f* [revelo] **1** おおいを取る[あらわにする]こと; 暴露. **2** (神の)啓示;【聖】ヨハネの黙示録.
revēlātor -ōris, °*m* [revelo] 明らかにする[暴露する]者.
revellī *pf* ⇒ revello.
revellō -ere -vellī [-vulsī] -vulsum [-volsum], *tr* [re-/vello] **1** 引きはがす[離す], もぎ取る, 引き抜く. **2** 追い払う[出す].
revēlō -āre -āvī -ātum, *tr* [re-/velo] **1** おおいを取る. **2** あばく, 暴露する. **3**° 啓示する.
revendidī *pf* ⇒ revendo.
revendō -ere -didī -ditum, °*tr* 再び売る, 転売する.
revēneō -īre -iī, *intr* [re-/veneo] 転売される.
revēnī *pf* ⇒ revenio.
revēniī *pf* ⇒ reveneo.
reveniō -īre -vēnī -ventum, *intr* [re-/venio] 帰る, 戻る.
revenīre *inf* ⇒ revenio.
reventus[1] -a -um, *pp* ⇒ revenio.

reventus² -ūs, *m* 帰還.

rēvērā, rē vērā *adv* (*abl*) [res/verus] 実は, 実際には.

reverberō -āre -āvī -ātum, *tr* [re-/verbero¹] 打ち返す, 押し返す, はね返す.

reverēcunditer *adv* [revereor] 敬意を表して, うやうやしく.

reverendus -a -um, *adj* [revereor] 畏敬の念を起こさせる, 敬うべき.

reverēns -entis, *adj* (*prp*) [revereor] 敬意を表する, うやうやしい.

reverenter *adv* [↑] 敬意を表して, うやうやしく; 敬虔に, 畏敬の念をもって.

reverentia -ae, *f* [reverēns] 1 畏敬, 敬意. 2 危惧, 不安. 3 恥じらい.

revereor -ērī -veritus sum, *tr dep* [re-/vereor] 1 畏敬[畏怖]する; きまりが悪い. 2 恐れる, 心配する. 3 尊敬する, 敬う.

reveritus -a -um, *pp* ⇨ revereor.

reverrō, revorrō -ere, *tr* [re-/verro] (掃き集めたものを)再びまき散らす.

reversiō, revorsiō -ōnis, *f* [reverto] 1 戻ること, 帰還, 回帰; 再び巡ってくること. 2 〘修〙倒置法 (=anastrophe).

reversō -āre, °*tr freq* [reverto] 逆の方向に向ける.

reversus -a -um, *pp* ⇨ reverto, revertor.

revertī¹ *pf* ⇨ reverto.

revertī² *inf* ⇨ revertor.

reverticulum -ī, *n dim* [↓] 再び回って[巡って]くること.

revertō -ere -vertī -versum, *intr* =revertor.

revertor -vertī -versus sum, *intr dep* [re-/verto] 1 引き返す, 帰る. 2 (もとの習慣・状態・意見・話題などに)戻る, 立ち返る. 3 (できごと・季節などが)再び巡ってくる, 繰り返し起こる. 4 帰着する.

revestiō -īre -īvī -ītum, °*tr* 再びかぶせる[着せる].

revexī *pf* ⇨ reveho.

revibrātiō -ōnis, *f* [re-/vibro] (光の)反射.

revibrō -āre -āvī, °*tr*, °*intr* 反射する.

revīcī *pf* ⇨ revinco.

revictiō -ōnis, °*f* [revinco] 反駁.

revictus -a -um, *pp* ⇨ revinco, revivesco, revivo.

revideō -ēre -vīdī -vīsum, *intr, tr* [re-/video] 再び会いに行く, 再訪する.

revīdī *pf* ⇨ revideo.

revigēscō -ere, °*intr* 再び繁栄しはじめる.

revīlēscō -ere, *intr* [re-/vilesco] 軽蔑されるようになる.

revīmentum -ī, *n* [re-/vieo] (衣服の)ふさ飾り.

revincibilis -is -e, °*adj* [revinco] 反駁できる.

revinciō -īre -vīnxī -vīnctum, *tr* [re-/vincio] 1 縛りつける, 固く縛る. 2 つなぐ, 結びつける. 3 (束縛を)解く, ほどく.

revincō -ere -vīcī -victum, *tr* [re-/vinco] 1 打ち勝つ, 負かす. 2 反駁[論破]する. 3 有罪と決定する, 罪を立証する.

revīnctus -a -um, *pp* ⇨ revincio.

revīnxī *pf* ⇨ revincio.

revirdēscō -ere, *intr* [re-/viridis] (植物が)再び青々とする.

revireō -ēre, *intr* [re-/vireo] (植物が)再び青々としている.

revirēscō -ere -viruī, *intr inch* [↑] 1 (植物が)再び青々となる. 2 若返る; 力を回復する.

reviruī *pf* ⇨ reviresco.

revīsī *pf* ⇨ reviso.

revīsiō -ōnis, °*f* [revideo] 見直し.

revīsitō -āre -āvī -ātum, *tr freq* [↓] しばしば[定期的に]訪れる.

revīsō -ere -vīsī, *intr, tr* [re-/viso] 1 再び訪れる[見る] ⟨ad alqm; +acc.⟩. 2 見(るため)に戻る.

revīsus -a -um, *pp* ⇨ revideo.

revīvēscō, -vīvīscō -ere -vixī -victum, *intr* [re-/vivesco] 1 よみがえる, 生き返る. 2 力を回復する, 再び繁栄しはじめる.

revīvificō -āre -ātum, °*tr* よみがえらせる, 生き返らせる.

revīvō -ere -victum, *intr* 生き返る.

revīxī *pf* ⇨ revivesco.

revocābilis -is -e, *adj* [revoco] 呼び戻せる; 取り消せる.

revocābiliter °*adv* [↑] 取り消せるように.

revocāmen -minis, *n* [revoco] 呼び戻すこと.

revocātiō -ōnis, *f* [revoco] 1 呼び戻すこと. 2° 〘法〙(郷里を離れている被告の裁判を)居住地へ移して行なう権利. 3 〘修〙(同一語の)反復. 4° 取消し, 撤回.

revocātor -ōris, *m* [↓] 呼び戻す者.

revocō -āre -āvī -ātum, *tr* [re-/voco] 1 呼び戻す[返す]. 2 (兵士を)再召集する. 3 (法廷に)再召喚する. 4 (劇場で)アンコールを要求する. 5 復位[復権]させる. 6 もとの位置に引き戻させる, もとに戻す: *revocas oculos protinus meos* (Ov) あなた(の美貌)は(横にそらしていた)私の目をすぐまた(あなたの方に)向かわせる. 7 返還を要求する. 8 取り消す, 撤回する. 9 引き止める, 阻止する ⟨alqm a re⟩. 10 元気[力]を回復させる; 生き返らせる. 11 (習慣・状況などを)復活させる. 12 再び始める, 再開する. 13 思い起こさせる, 思い出させる. 14 (起源を)…に帰する. 15 縮小する, 切り詰める. 16 (ある事態に)陥らせる, 至らせる ⟨alqd ad alqd⟩. 17 (決定を)ゆだねる, 付託する. 18 関連づけて考える: *omnia ad scientiam revocare* (Cic) すべてを知識に関連づける.

revolō -āre -āvī -ātum, *intr* [re-/volo¹] 飛んで帰る.

revolsus -a -um, *pp* =revulsus.

revolūbilis -is -e, *adj* [revolvo] 1 後ろへころがる. 2 (巻物が)巻き戻すことができる. 3 回転する; (蛇が)のたくる.

revolūtiō -ōnis, °*f* [revolvo] 1 後ろへころがること. 2 回転, 循環.

revolūtus -a -um, *pp* ⇨ revolvo.

revolvī *pf* ⇨ revolvo.

revolvō -ere -volvī -volūtum, *tr* [re-/volvo] 1 ころがして(もとの位置へ)戻す; (*pass*) 後ろへころがる, ころがり落ちる. 2 (巻いた[織った]ものを)ほどく; (巻物

を)ひもとく. 3 (過去のことに)言及する, 思い返す; 繰り返す: *dicta factaque ejus secum revolvere* (Tac) 彼のことばと行為を心の中で思いめぐらす. 4 回転させる; 循環させる. 5 (*pass*) (ある状態に)再び陥る, あと戻りする <in [ad] alqd>: *in eamdem vitam te revolutum esse* (Ter) おまえはまたもとの暮らしぶりに戻ってしまった.

revomō -ere -vomuī, *tr* [re-/vomo] 再び吐き出す.

revomuī *pf* ⇨ revomo.

revortō -ere, *intr* =reverto.

revortor -vertī, *intr* =revertor.

revulsiō -ōnis, *f* [revello] ちぎり取ること.

revulsus -a -um, *pp* ⇨ revello.

rex rēgis, *m* [rego] 1 王, 君主: ~ *regum* (Liv) 王中の王 (=Agamemnon). 2 (*pl*) 王族, 王家. 3 (共和政以降, 王に代わって祭儀をつかさどった)祭司 (*rex sacrorum* ともいう). 4 庇護者.

Rex -ēgis, *m* レクス《Marcia 氏族に属する家名; 特に *Q. Marcius* ~, Marcia 水道を建設した(前144–43)》.

rexī *pf* ⇨ rego.

rhabdomyōma -atis, °*n* 〖病〗横紋筋腫.

rhachis -idis, °*f* [*Gk*] 1 〖植〗花軸. 2 〖動〗羽軸. 3 〖解〗脊柱.

rhachītis -tidis, °*f* =rachitis.

Rhadamanthus, -os -ī, *m* [*Gk*] 〖神話〗ラダマントゥス, *-トス《Juppiter の息子で Creta の王 Minos の兄弟; 冥府の裁判官の一人》.

rhadinē -ēs, *f* [*Gk*] かよわい〔虚弱な〕女.

Rhaet- ⇨ Raet-.

rhagades -um, *f pl* [*Gk*] 〖病〗(特に肛門の)裂傷.

rhagadia -ōrum, *n pl* =rhagades.

Rhamnensēs -ium, *m pl* =Ramnenses.

rhamnus, -os -ī, *f* [*Gk*] 〖植〗クロウメモドキ属の植物.

Rhamnūs -ūntis, *f* [*Gk*] ラムヌース《Attica 東海岸の町; Nemesis の神像で有名》.

Rhamnūsia -ae, *f* =Rhamnusis.

Rhamnūsis -idis, *f* Rhamnus の女神 (=Nemesis).

Rhamnūsius -a -um, *adj* Rhamnus の.

Rhamsēs -is, *m* ラムセース《エジプトの数名の王の名》.

rhapsōdia -ae, *f* [*Gk*] (吟誦に適した)叙事詩の一部: *Homeri secunda* ~ (Nep) Homerus の (*Ilias* の)第2巻.

Rheā -ae, *f* [*Gk*] 〖神話〗レアー《Saturnus の妻で Juppiter の母; 時に Cybele と同一視された》.

Rhea Silvia -ae, *f* 〖神話〗レーア・シルウィア《Alba Longa の王 Numitor の娘; Mars がされて Romulus と Remus を産む; Ilia とも呼ばれる》.

rhecoma -ae, *f* 〖植〗ダイオウ(大黄).

rhēctae -ārum, *m pl* [*Gk*] 一種の地震.

rhēda -ae, *f* =raeda.

Rhēdonēs -um, *m pl* =Redones.

Rhēgīnus, Rhēgium ⇨ Reginus, Regium.

Rhēmī -ōrum, *m pl* =Remi.

Rhēnānus -a -um, *adj* Rhenus 川の.

rhēnō -ōnis, *m* =reno².

Rhēnus -ī, *m* レーヌス《Gallia と Germania の境をなす川; 現 Rhein》.

rheotaxis -is, °*f* 〖生物〗走流性.

Rhēsus -ī, *m* [*Gk*] 〖伝説〗レースス, *-ソス《Troja に味方した Thracia の王; Diomedes と Ulixes に殺された》.

rhētor -oris, *m* [*Gk*] 1 弁論術教師, 修辞学者. 2 雄弁家.

rhētorica¹ -ae, *f* [rhetoricus] (*sc. ars*) 雄弁〔弁論〕術.

rhētorica² -ōrum, *n pl* =rhetorica¹.

rhētoricē¹ -ēs, *f* [*Gk*] =rhetorica¹.

rhētoricē² *adv* [rhetoricus] 弁論術を用いて, 弁論家のように.

rhētoricī -ōrum, *m pl* [rhetoricus] 1 弁論術教師たち, 修辞学者たち. 2 弁論術書, 修辞学書.

rhētoricō -āre -āvī, *intr* [rhetoricus] 雄弁家のように話す, 弁じたてる.

rhētoricor -ārī, *intr dep* =rhetorico.

rhētoricōterus *adj comp* [*Gk*] (用例は *m sg nom* のみ) 仰々しい話し方をする.

rhētoricus -a -um, *adj* [*Gk*] 修辞学の, 弁論術の.

rheum -ī, °*n* 〖植〗ダイオウ(大黄).

rheuma -atis, °*n* [*Gk*] 1 流れ, 潮流. 2 〖病〗カタル.

rheumaticus -ī, *m* [*Gk*] rheumatismus の患者.

rheumatismus -ī, *m* [*Gk*] 〖病〗1 体液の病的な流出. 2 °リウマチ: ~ *articulorum* 関節リウマチ / ~ *musculorum* 筋肉リウマチ.

rhīnencephalon -ī, °*n* 〖解〗嗅脳.

rhīnītis -tidis, °*f* 〖病〗鼻炎: ~ *atrophicans* 萎縮性鼻炎 / ~ *hypertrophica* 肥厚性鼻炎.

rhīnocerōs -ōtis [-ōtos], *m* [*Gk*] 1 〖動〗サイ(犀). 2 サイの角で作った油入れ.

Rhīnocolūra -ōrum, *n pl* [*Gk*] リーノコルーラ《地中海沿岸のエジプトと Syria の境の町》.

rhīnolalia -ae, °*f* 〖病〗鼻声, 鼻音症: ~ *aperta* 開放性鼻音症 / ~ *clausa* 閉塞性鼻音症.

rhīnologia -ae, °*f* 〖医〗鼻科学.

rhīnophōnia -ae, °*f* =rhinolalia.

rhīnorrhagia -ae, °*f* 〖病〗鼻出血.

rhīnoscopia -ae, °*f* 〖医〗鼻鏡検査法.

Rhinton -ōnis, *m* [*Gk*] リントーン《Tarentum 出身のギリシアの道化風悲劇の作者(前3世紀)》.

Rhion, -um -ī, *n* [*Gk*] リオン《Corinthus 湾の入口にあった Achaia の岬と町》.

Rhīp(h)aeus -a -um, *adj* =Rip(h)aeus.

rhiziās -ae, *m* [*Gk*] 根から採った液汁.

rhizōma -atis, °*n* [*Gk*] 〖植〗根茎: ~ *filicis* 〖薬〗メンマ(綿馬) / ~ *rhei* 〖薬〗ダイオウ(大黄)の根《下剤または苦味薬》.

Rhizōn -onis, *f* [*Gk*] リゾーン《Dalmatia の町》.

Rhizonītae -ārum, *m pl* Rhizon の住民.

rhō *indecl n* [*Gk*] ギリシア語アルファベットの第17字 (*P, ρ*; 音価 [r]).

Rhoda -ae, *f* ロダ《(1) Hispania Tarraconensis の町; 現 Rosas. (2) Rhodanus 河畔の町》.

Rhodanus -ī, *m* ロダヌス《地中海に注ぐ Gallia の川; 現 Rhône》.
Rhodiacus -a -um, *adj* Rhodos 島の.
Rhodiensis -is -e, *adj* Rhodos 島の. **Rhodiensēs** -ium, *m pl* Rhodos 島の住民.
rhodinus -a -um, *adj* [Gk] バラの, バラで作った.
rhodītis -idis, *f* [Gk] バラ色の宝石.
Rhodius[1] -a -um, *adj* Rhodos 島の.
Rhodius[2] -ī, *m* Rhodos 島の人.
rhododaphnē -ēs, *f* [Gk]【植】セイヨウキョウチクトウ.
rhododendron -ī, *n* [Gk]【植】=rhododaphne.
Rhodopaeus -a -um, *adj* Rhodope 山脈の.
Rhodopē -ēs, -a -ae, *f* [Gk] ロドペー《Thracia の山脈》.
Rhodopēius -a -um, *adj* Rhodope 山脈の; Thracia の.
Rhodos, -us -ī, *f* [Gk] ロドス《(1) 小アジア南岸沖の島. (2) この島の名祖となったニンフ》.
Rhoecus -ī, *m* [Gk] ロエクス, *ロイコス《(1) Centaurus の一人. (2) 塑像(ぞう)術の発明者. (3) Lemnos 島の迷宮の建設者の一人》.
Rhoetēius -a -um, *adj* =Rhoeteus.
Rhoetēum -ī, *n* [Gk] ロエテーウム, *ロイテイオン《Hellespontus 沿岸にあった Troas の岬の町》.
Rhoetēus -a -um, *adj* Rhoeteum の; Troja の.
Rhoetus -ī, *m* [Gk] ロエトゥス, *ロイトス《(1) Centaurus の一人. (2) 巨人族の一人. (3) Marsi 族の王》.
rhombencephalon -ī, °*n*【解】菱脳.
rhomboīdeus -a -um, °*adj*【解】菱形の.
rhombus -ī, *m* [Gk] 1《魔術で用いる》輪. 2【魚】ヒラメの一種. 3°【数】菱形.
rhomphaea -ae, *f* [Gk] =rumpia.
rhonchus -ī, *m* [Gk] 1 いびき. 2《軽蔑して》鼻を鳴らすこと. 3《カエルの》鳴き声. 4°【病】ラ音, 水泡音, ラッセル.
rhopalon, -ī, *n* [Gk]【植】スイレンの一種.
Rhōsicus -a -um, *adj* Rhosus の.
Rhōsus, -os -ī, *f* [Gk] ロースス, *-ソス《Cilicia の町》.
Rhoxolānī -ōrum, *m pl* [Gk] ロクソラーニー, *-ノイ《Sarmatia の Borysthenes 川と Tanais 川の間にいた Scythae 人の一部族》.
rhythmicē -ēs, *f* [Gk] 韻律法[学].
rhythmicus[1] -a -um, *adj* 韻律の, リズムの.
rhythmicus[2] -ī, *m* 韻律学者.
rhythmopoeia -ae, °*f* [Gk] 韻律[リズム]を作ること.
rhythmus -ī, *m* [Gk] 韻律, リズム.
rīca -ae, *f* ベール, かぶりもの.
rīcinium -ī, *n dim* [↑]《服喪用の》ベール.
ricinus -ī, *m* 1【動】ダニ. 2【植】トウゴマ, ヒマ. 3【植】未熟なクワの実.
rictus[1] -a -um, *pp* ⇒ ringor.
rictus[2] -ūs, *m*, **rictum** -ī, *n*《人・動物の》大きく開いた口[顎].
rīdeō -ēre rīsī rīsum, *intr*, *tr* 1 笑う. 2《好意的に》ほほえむ. 3 あざける, あざわらう. 4 大きく裂ける.
rīdibundus -a -um, *adj* [↑] 笑っている.
rīdiculāria -ium, *n pl* [ridicularius¹] おどけ, 冗談.
rīdiculāris[1] -is -e, °*adj* =ridicularius¹.
rīdiculāris[2] -is, °*m* =ridicularius².
rīdiculārius[1] -a -um, *adj* [ridiculus] おどけた, 冗談の.
rīdiculārius[2] -ī, *m* 道化師, おどけ者.
rīdiculē *adv* [ridiculus] 1 おかしみを込めて, おどけて. 2 ばかばかしく.
rīdiculōsē °*adv* [↓] 滑稽に, おどけて.
rīdiculōsus -a -um, *adj* [ridiculus] 滑稽な, おかしい.
rīdiculum -ī, *n* [↓] 1 冗談, おどけ. 2 ばかばかしさ.
rīdiculus -a -um, *adj* [rideo] 1 おかしい, 滑稽な. 2 ばかげた.
rigātiō -ōnis, *f* [rigo] 水で潤すこと, 灌漑.
rigēns -entis, *adj* (*prp*) [↓] 1 堅い, 凍った. 2 頑固な, 屈しない.
rigeō -ēre riguī, *intr* 1 堅い. 2《視線・表情が》硬直している. 3《心が》動かされない. 4 凍っている;《寒さで》かじかんでいる. 5 直立している;《毛が》逆立っている.
rigēscō -ere riguī, *intr inch* [↑] 1 堅くなる, 硬直する. 2 凍る. 3《毛が》逆立つ.
rigidē *adv* [rigidus] 1《筋肉が》張りつめて, 硬直して. 2 きびしく, 厳格に.
rigiditās -ātis, *f* [rigidus]《木材の》固さ, 強さ.
rigidō -āre, *tr* [↓] 堅くする.
rigidus -a -um, *adj* [rigeo] 1 堅い, 硬直した. 2 凍った. 3 直立した;《毛が》逆立った. 4 粗暴な, 粗野な. 5 厳格な, 断固とした.
rigō -āre -āvī -ātum, *tr* 1 水を引く, 灌漑する. 2 ぬらす. 3《液体を》流れさせる; 行きわたらせる.
Rigodūlum -ī, *n* リゴドゥールム《Gallia Belgica の Treveri 族の町》.
rigor -ōris, *m* [rigeo] 1 堅いこと, 硬直. 2 凍結; 寒さ, 冷たさ. 3 厳格, きびしさ. 4 粗野, 不作法.
riguī *pf* ⇒ rigeo, rigesco.
riguus -a -um, *adj* [rigo] 1 給水する, 水で潤す. 2 給水された, 水をまかれた.
rīma -ae, *f* 1 裂け目, 割れ目, 亀裂. 2 ひび, あかぎれ: plenus rimarum sum (Ter) 私はひびだらけだ《=何事も隠せない》. 3°【解】裂: ~ glottidis 声門裂.
rīmātus -a -um, °*adj* (*pp*) [↓] 割れた; 割れ目の多い.
rīmō -āre -āvī -ātum, *tr* =rimor.
rīmor -ārī -ātus sum, *tr dep* [rima] 1 掘り返す. 2 くまなく捜す, 捜しまわる; 捜し出す. 3 探究する, 調査する.
rīmōsus -a -um, *adj* [rima] 割れ目の多い, 亀裂の入った.
rīmula -ae, *f dim* [rima]《小さな》割れ目.
ringī *inf* ⇒ ringor.
ringor -gī rictus sum, *intr dep*《うなる犬のように》歯をむく[きしらせる].
ripa -ae, *f* 岸, 土手.

rīpārius -a -um, *adj* [↑] (ツバメが)土手に巣をつくる.

rīpēnsis -is -e, °*adj* [ripa] 川岸にある.

Rip(h)aeus -a -um, *adj* 1 *montes Riphaei* (PLIN) (Scythia 北端の)リーパエイー山脈. 2 極北の.

rīpula -ae, *f dim* [ripa] (小さな)土手.

riscus -ī, *m* [Gk] (収納)箱.

rīsī *pf* ⇨ rideo.

rīsibilis -is -e, °*adj* [rideo] 1 よく笑う. 2 (人を)笑わせる.

rīsibilitās -ātis, °*f* [↑] よく笑うこと, 笑い性.

rīsiloquium -ī, °*n* [risus²/loquor] 談笑.

rīsiō -ōnis, *f* [rideo] 笑うこと.

rīsitō -āre, *tr freq* [rideo] たびたび笑う.

rīsor -ōris, *m* [rideo] 笑う者; 嘲笑する人.

rīsus¹ -a -um, *pp* ⇨ rideo.

rīsus² -ūs, *m* 1 笑い; 嘲笑, あざわらい. 2 嘲笑の的.

rīte *adv* [cf. ritus] 1 儀式に従って, しきたりどおりに. 2 正しく, 適切に, しかるべく.

rītuāle -is, °*n* [↓] 《カト》 典礼書, 儀式書.

rītuālis -is -e, *adj* [↓] 宗教儀式の.

rītus -ūs, *m* 1 典礼, 儀式. 2 慣例, ならわし: *ritu* <+*gen*> …の流儀で, …のように / *juvenum ritu* (HOR) 若者たちのように.

rīvālis¹ -is -e, *adj* [rivus] 小川の.

rīvālis² -is, *m* 1 小川を共同で使う者. 2 競争相手; 恋敵.

rīvālitās -ātis, *f* [↑] (恋の)競争.

rīvulus, -vol- -ī, *m dim* [↓] 1 小川, 細流. 2 水管.

rīvus -ī, *m* 1 川, 小川. 2 水路, 水道. 3 (血などの)流れ.

rixa -ae, *f* 1 けんか, 口論, いさかい. 2 戦い.

rixātor -ōris, *m* [rixor] 口論する者.

rixō -āre, *intr* =rixor.

rixor -ārī -ātus sum, *intr dep* [rixa] 1 (激しく)けんかする, 口論する. 2 戦う; 衝突する.

rixōsus -a -um, *adj* [rixa] けんか好きな.

rixula -ae, *f dim* [rixa] 《碑》(つまらない)口論.

rōbeus -ea -eum, *adj* [cf. robus¹] 赤い.

rōbīginōsus -a -um, *adj* [↓] 1 さびた. 2 嫉妬深い, 意地の悪い.

rōbīgō -ginis, *f* 1 さび. 2 (穀物などの)うどん粉病, カビ. 3 歯くそ, 歯垢(ﾆｭ). 4 無為, 無活動. 5 悪意, 嫉妬.

Rōbīgus -ī, *m* [↑] ロービーグス《穀物のカビを防ぐと信じられた神》.

rōbor -oris, *n* =robur.

rōborāns -antis, °*n* (*prp*) [roboro] 《薬》強壮薬.

rōborāscō -ere, *intr inch* [roboro] 強くなる.

rōborētum -ī, *n* [robur] 《碑》オークの植林地(森).

rōboreus -a -um, *adj* [robur] オーク(材)の.

rōborō -āre -āvī -ātum, *tr* [↓] 強くする, 堅固(強固)にする.

rōbur -oris, *n* 1 オークの木. 2 (木の)幹. 3 硬材. 4 オーク製品《椅子・槍・棒・十字架など》. 5 (Servius Tullius が ローマ市に作った)地下牢. 6 (物の)堅さ, 丈夫さ. 7 体力, 強壮. 8 兵力, 軍勢. 9 頼みの綱, よりどころ; 拠点. 10 主力, 精鋭. 11 力. 12 堅忍不抜, 不屈.

rōbus¹ -a -um, *adj* [ruber, rufus] (牛について)赤い.

rōbus² -oris, *n* 《古形》=robur.

rōbustē *adv* [↓] 力強く.

rōbustus -a -um, *adj* [robur] 1 硬木の, オークの木の. 2 (肉体的・精神的に)強い, 堅固な, しっかりした.

rochettum -ī, °*n* 《カト》ロシェトゥム《司教などが着用する法衣の一種》.

roc(h)us -ī, °*m* [Pers.] (チェスの)ルーク.

rōdō -ere rōsī rōsum, *tr* 1 かじる, かむ. 2 腐食する, 侵食する. 3 そしる, 中傷する: *absentem amicum rodere* (HOR) その場にいない友人の陰口をきく.

rōdus -deris, *n* =raudus.

rogālis -is -e, *adj* [rogus] 火葬用の薪の.

rogāmentum -ī, °*n* [rogo] 問い, 質問.

rogātiō -ōnis, *f* [rogo] 1 問う[質問する]こと. 2 要請, 招待. 3 法案の提議: *praetores tribunosque plebis rogationes ad populum ferre* (CAES) 法務官と護民官が法案を民会に提議する.

rogātiuncula -ae, *f dim* [↑] 1 小さな質問. 2 大して重要でない法案.

rogātor -ōris, *m* [rogo] 1 懇願者; 乞食. 2 (法案の)提出者. 3 投票立会人.

rogātum -ī, *n* (*pp*) [rogo] 質疑, 質問.

rogātus -ūs, *m* [rogo] 懇願, 依頼.

rogitātiō -ōnis, *f* [↓] 法案.

rogitō -āre -āvī -ātum, *tr freq* [↓] 1 繰り返ししつこく尋ねる[質問する]. 2 しつこく要求する.

rogō -āre -āvī -ātum, *tr* 1 問う, 尋ねる, 質問する <alqm [alqd]; alqm de re; alqm alqd>. 2 要求する, 求める, 懇願する <alqm alqd; ut, ne>: *alqm sententiam rogare* (CIC) ある人に意見を求める / *alqm sacramento rogare* (CAES) 忠誠を誓うことをある人に要求する / *populum [legem] rogare* (CIC) 法案を提出する. 3 招待する, 招く <alqm ad [in] alqd>.

rogus -ī, *m* 1 火葬用の薪の山. 2 死, 破滅: *diffugiunt carmina sola rogos* (OV) 歌だけが死を逃れる.

Rōma -ae, *f* ローマ《Latium の首都; のちローマ帝国の首都; Tiberis 河岸にあった》. 2 ローマの住民.

Rōmānē *adv* [Romanus¹] 1 ローマ人のように(=きびしく). 2 ローマ人のことば(=ラテン語)で.

Rōmānēnsis -is -e, *adj* =Romaniensis.

Rōmānicus -a -um, *adj* [Romanus¹] ローマで作られた, ローマ風の.

Rōmāniēnsis -is -e, *adj* [Romanus¹] ローマの.

Rōmānitās -ātis, °*f* [↓] ローマ風.

Rōmānus¹ -a -um, *adj* 1 ローマの, ローマ人の. 2 ローマ人のような, ローマ風の: *more Romano* (CIC) ローマ人のように, 率直に.

Rōmānus² -ī, *m* ローマ人.

Rōmilius, Rōmul- -a -um, *adj* ローマの: *Romilia tribus* (VARR) tribus rusticae の一つ.

Rōmuleus -a -um, *adj* 1 Romulus の. 2 ローマの.

Rōmulidae -ārum, *m pl* Romulus の子孫たち(=ローマ人).

Rōmulus[1] -ī, *m* 〖神話〗ロームルス《Mars と Rhea Silvia の間に生まれた双生児の一人 (*cf*. Remus); ローマの伝説上の建設者で初代の王》.

Rōmulus[2] -a -um, *adj* =Romuleus.

ronchus -ī, *m* =rhonchus.

rōrāriī -ōrum, *m pl* (*sc*. milites) 散兵.

rōrātiō -ōnis, *f* [roro] **1** 露が降りること. **2** 樹霜(じゅそう)のためにブドウが実らないこと. **3**° clepsydra (水時計)に水が滴下すること.

rōridus -a -um, *adj* [ros] 露をおびた.

rōrifer -fera -ferum [ros/fero] 露をもたらす.

rōrō -āre -āvī -ātum, *intr*, *tr* [↓] **1** 露[霧雨]を落とす: (impers) *rorat* 露が下りる, 霧雨が降る. **2** ぬれる. **3** したたる. **4** 振りかける, したたらせる. **5** ぬらす.

rōs rōris, *m* **1** 露; 小雨. **2** しずく, しぶき: *stillare ex oculis rorem* (Hor) 眼から涙をこぼす / *Syrius* ~ (Tib) 香水. **3** *ros* (*marinus* [*maris*]) (Verg Ov) 〖植〗マンネンロウ.

rosa -ae, *f* **1** 〖植〗バラ(の花). **2** バラの花輪. **3** バラ油. **4** (愛情を表わすことばとして): *mea* ~ (Plaut) 私のバラちゃん.

rosāceus -a -um, *adj* [↑] バラの, バラで作った.

Rosālia -ium, *n pl* [rosa] 《碑》バラ祭《墓をバラで飾った》.

rosārium -ī, *n* バラ園.

rosārius[1] -a -um, *adj* [rosa] バラの.

rosārius[2] -ī, *m* 《碑》バラ商人.

Rosciānus -a -um, *adj* Roscius の.

roscidus -a -um, *adj* [ros] **1** 露にぬれた, 露をおびた. **2** 湿った, ぬれた. **3** 露のような.

Roscius -ī, *m* ロスキウス《ローマ人の氏族名; 特に (1) *L*. ~ *Otho*, Cicero の友人; 護民官 (前 67). (2) *Q*. ~ *Gallus*, 有名な俳優で Cicero の友人. (3) *Sex*. ~, Ameria の人; 父親殺しで告発されたが Cicero に弁護された (前 80)》.

Rōsea, Rōsia -ae, *f* ローセア《Reate 付近の肥沃な低地》.

roseola -ae, *f* [roseus] 〖病〗バラ疹.

rosētum -ī, *n* [rosa] バラ園.

roseus -a -um, *adj* [rosa] **1** バラの, バラで作った. **2** バラ色の.

Rōseus -a -um, *adj* Rosea の.

rōsī *pf* ⇒ rodo.

rōsiō -ōnis, *f* [rodo] **1** 腐食. **2** 刺すような[ひりひりする]痛み.

rosmarīnum -ī, *n*, **-us** -ī, *m* 〖植〗マンネンロウ (= ros marinus).

rostellum -ī, *n dim* [rostrum] (小さな)くちばし; (ネズミの)とがった鼻.

rostrālis -is -e, °*adj* [rostrum] **1** 演壇の. **2** 〖動〗吻(ふん)の.

rostrātus -a -um, *adj* [↓] **1** くちばし形の. **2** (戦艦が)くちばし状の船首を持つ; 船嘴(せんし)の付いた: *columna rostrata* (Liv) 第 1 次 Poeni 戦争中, 敵艦から奪った船嘴で飾った海戦勝利記念柱; ローマ市の forum にある / *corona rostrata* (Plin) 敵艦に一番乗りした勇士に与えられる小型の船嘴飾り付きの冠.

rostrum -ī, *n* [rodo] **1** (動物の)鼻づら, 口吻. **2** (鳥の)くちばし. **3** くちばし形のもの; (軍艦のへさきの)船嘴(せんし)《これで敵艦を突き破った》. **4** 砂嘴(さし), 出洲(でず). **5** (*pl*) 演壇《ローマ市の forum にある Antium の海戦(前 338)で捕獲した敵艦の船嘴で飾ったところから》.

rosula -ae, °*f dim* [rosa] (小さな)バラ.

rōsus -a -um, *pp* ⇒ rodo.

rota -ae, *f* **1** 輪, 車輪. **2** (陶工の)ろくろ. **3** 刑車《拷問具》: ~ *orbis Ixionii* (Verg) Ixion の刑車. **4** 二輪戦車. **5** 滑車, ローラー; 水車.

Rota -ae, °*f* [↑] 〖カト〗教皇庁控訴院《Sacra Romana Rota ともいう》.

rotālis -is -e, °*adj* [rota] 車輪の付いた.

Rotālis -is -e, °*adj* [Rota] 教皇庁控訴院の.

rotārium -ī, *n* [rota] 〖碑〗(車の)通行税.

rotātiō -ōnis, *f* [roto] 回ること, 回転.

rotātor -ōris, *m* [roto] **1** 回転[旋回]させる者. **2**° 〖解〗回旋筋.

rotātus[1] -a -um, *pp* ⇒ roto.

rotātus[2] -ūs, *m* [roto] 回転, 旋回.

rotō -āre -āvī -ātum, *tr* (*intr*) [rota] **1** 回す, 回転させる. **2** 旋回させる; 振りまわす. **3** ころがす. **4** 車輪の形にする. **5** ころがる.

rotundē *adv* [rotundus] **1** 丸く. **2** (文体が)洗練されて, みごとな表現で.

rotunditās -ātis, *f* [rotundus] **1** 丸いこと. **2**° 洗練された[なめらかな]文体.

rotundō -āre -āvī -ātum, *tr* [↓] **1** 丸くする. **2** (切上げ·切捨て·四捨五入して)数を丸める. **3**° (文体を)彫琢する, 磨きをかける.

rotundus -a -um, *adj* [rota] **1** 丸い, 円形[球形]の. **2** (文体が)洗練された, なめらかな, 完成された.

Rōxanē -ēs, *f* [Gk] ロークサネ《Alexander 大王の妻》.

Roxolānī -ōrum, *m pl* =Rhoxolani.

rubellus -a -um, *adj dim* [ruber] やや赤い.

rubens -entis, *adj* (*prp*) [↓] 赤い.

rubeō -ēre -buī, *intr* 赤い; 赤くなる.

ruber -bra -brum, *adj* **1** 赤い. **2** *Rubrum mare* (Cic) =*Rubra aequora* (Prop) ペルシア湾および[または]紅海の名《Cic》; Arabia 周辺の海の総称. **3** *Saxa Rubra* (Cic) ローマ市北の Flaminia 街道沿いの村; 赤い石灰華の露頭からそう呼ばれた.

rubēscō -ere -buī, *intr inch* [rubeo] 赤くなる.

rubēta -ae, *f* [↓] 〖動〗ヒキガエルの一種.

rubētum -ī, *n* [rubus] キイチゴの茂み.

rubeus[1] -a -um, *adj* [rubus] キイチゴの.

rūbeus[2] -a -um, *adj* =robeus.

Rubī -ōrum, *m pl* ルビー《Apulia の町; 現 Ruvo》.

rubia -ae, *f* [*cf*. ruber] **1** 〖植〗アカネ. **2** あかね染料.

rubiāceae -ārum, °*f pl* [↑] 〖植〗アカネ科.

Rubicō(n) -ōnis, *m* ルビコー(ン)《Ravenna 南方を流れる川; Italia と Gallia Cisalpina の境をなした; Caesar が元老院の命にそむき, 'Jacta est alea' (賽(さい)は投げられた)との決意表明のことばとともにこの川を渡り, Pompeius との決戦に突入した (前 49)》.

rubicundulus -a -um, *adj dim* [↓] いくらか赤みをおびた.

rubicundus -a -um, *adj* [rubeo] 赤らんだ, 赤みをおびた.
rubidus -a -um, *adj* [rubeo] 赤らんだ, 赤みをおびた.
rūbīgō -ginis, *f* =robigo.
rubor -ōris, *m* [rubeo] 1 赤, 赤色. 2 赤面; 恥ずかしさ, はにかみ. 3 恥辱, 不面目.
rubrīca -ae, *f* 1 赤色土, 代赭(たいしゃ)石. 2 朱書きされた法令の題目. 3 発疹の一種. 4° 《教会》典礼法規.
rubrīcātus -a -um, *adj* [↑] 1 (赤色土で)赤く着色された. 2 朱書き題目の付いた.
rubrīcōsus -a -um, *adj* [rubrica] 赤色土の多い.
Rubrius -ī, *m* ルブリウス《ローマ人の氏族名》.
Rubrum mare ⇨ ruber.
rubuī *pf* ⇨ rubeo, rubesco.
rubus -ī, *m* 〖植〗キイチゴ.
Rubustīnī -ōrum, *m pl* Rubi の住民.
ructābundus -a -um, *adj* [ructo] げっぷをする.
ructāmen -minis, °*n* [ructo] げっぷ, おくび.
ructātiō -ōnis, °*f* =ructamen.
ructō -āre -āvī -ātum, *intr, tr* 1 げっぷ[おくび]をする. 2 (げっぷして)吐き出す.
ructor -ārī -ātus sum, *intr, tr dep* =ructo.
ructuōsus -a -um, *adj* [↓] げっぷの多い.
ructus -ūs, *m* げっぷ, おくび.
rūdectus -a -um, *adj* [rudus²] (土が)荒石だらけの.
rudens -entis, *m* (*f*) 1 (船の)索具. 2 綱, 縄.
rūderārius -a -um, *adj* [rudus²] 荒石(ふるい分け)用の.
rūderātiō -ōnis, *f* [rudus²] 砕石[荒石]を敷きつめること[敷きつめた床].
Rudiae -ārum, *f pl* ルディアエ《Calabria の町; 詩人 Ennius の生地》.
rudiārius -ī, *m* [rudis¹] (rudis を与えられて)引退した剣闘士.
rudicula -ae, *f* [rudis¹] へら, しゃくし.
rudīmentum -ī, *n* [rudis²] 1 手ほどき, 手引き. 2 最初の試み[企て], 処女作. 3 萌芽, 始まり. 4° 〖生物〗原基. 5° 〖生物〗痕跡器官.
Rudīnus -a -um, *adj* Rudiae の.
rudis¹ -is, *f* 1 へら, しゃくし. 2 (剣闘練習用の)木刀《功績のある剣闘士が引退時に与えられた》.
rudis² -is -e, *adj* 1 自然のままの, 加工されていない; (土地が)未開墾の. 2 仕上げられていない; 洗削りの, 荒削りの. 3 成長していない, 未熟な. 4 訓練されていない, 経験を積んでいない. 5 精通[熟達]していない 〈in re; ad alqd〉.
ruditās -ātis, *f* [↑] 無知.
rudītus¹ -a -um, *pp* ⇨ rudo.
rudītus² -ūs, *m* (ロバの)いななき.
rudīvī *pf* ⇨ rudo.
rudō -ere -dīvī -dītum, *intr* 1 ほえる, うなる, うめく. 2 (ロバが)いななく. 3 (大きな音をたてて)きしむ.
rūdus¹ -deris, *n* =raudus.
rūdus² -deris, *n* 砕石, 荒石; 瓦礫(がれき).
rufēscō -ere, *intr* [rufus] 赤みをおびる.
rūfius -ī, *m* [*Gall.*] 〖動〗ヤマネコ (=chama).

rūfō -āre, *tr* [rufus] 赤く染める.
Rufrae -ārum, *f pl* ルフラエ《Campania との境にあった Samnium の町》.
Rufrium -ī, *n* ルフリウム《Samnium の町》.
Rūfulī -ōrum, *m pl* [rufus] (将軍自身が選んだ)軍団司令官たち.
rūfulus -a -um, *adj dim* [↓] やや赤い, 赤らんだ.
rūfus -a -um, *adj* [*cf*. ruber] 赤い, 赤らんだ.
Rūfus -ī, *m* ルーフス《ローマ人に多い家名》.
rūga -ae, *f* 1 ひだ, しわ. 2° *rugae vaginales* 〖解〗腟粘膜皺.
rūgātus -a -um, *adj* [↑] しわのある.
Rugiī -ōrum, *m pl* ルギイー《Germania にいた一部族》.
rugiō -īre -īvī [-iī] -ītum, *intr* 1 ほえる, うなる. 2° (ロバが)いななく. 3° (腹が)ゴロゴロ鳴る. 4° 大声で呼ぶ.
rugītus -ūs, °*m* [↑] 1 (ライオンが)ほえること. 2 (腹が)ゴロゴロ鳴ること.
rūgō -āre -āvī -ātum, *intr, tr* [ruga] 1 しわが寄る, しわになる. 2 しわを寄せる.
rūgōsitās -ātis, °*f* [↓] しわが寄ること.
rūgōsus -a -um, *adj* [ruga] しわの多い, しわだらけの.
ruī *pf* ⇨ ruo.
ruīna -ae, *f* [ruo] 1 むこうみずな突進. 2 まっさかさまに落ちること. 3 崩壊, 倒壊. 4 (*pl*) 廃墟, 残骸. 5 破滅, 滅亡, 没落; 破壊者, 破滅の原因.
ruīnōsus -a -um, *adj* [↑] 倒壊しそうな; 倒壊した.
Rullus -ī, *m* ルッルス《ローマ人の家名; 特に *P. Servilius* ~, 護民官として農地法を提案したが執政官の Cicero に反対された(前 63)》.
rūma -ae, *f* (動物の)乳首, 乳頭.
rūmen -minis, *n* (動物の)第一胃.
rumex¹ -micis, *m* 投げ槍の一種.
rumex² -micis, *m*, *f* 〖植〗ワセスイバ.
rūmiferō -āre, *tr* [rumor/fero] 公けに評判を立てる, 褒めそやす.
rūmigerātiō -ōnis, °*f* [↓] うわさを広めること.
rūmigeror -ārī, *intr dep* [rumor/gero] うわさを広める.
rūmigō -āre, *tr* [rumen/ago] 反芻(はんすう)する, 食い戻してかむ.
Rūmina -ae, *f* 〖神話〗ルーミーナ《ローマの古い授乳の女神》.
rūminālis -is -e, *adj* [rumen] 反芻(はんすう)する.
Rūminālis -is -e, *adj* [Rumina] ~ *ficus* Lupercal 付近にあったイチジク; Romulus と Remus がこの下でオオカミの乳によって養育された.
rūminātiō -ōnis, *f* [↓] 1 反芻. 2 思いめぐらすこと, 熟考. 3 再出現, 再発.
rūminō -āre -āvī -ātum, *tr* (*intr*) [rumen] 1 反芻する. 2 思いめぐらす, 熟考する.
rūminor -ārī -ātus sum, *tr* (*intr*) *dep* =rumino.
rūmis -is, *f* =ruma.
rūmor -ōris, *m* 1 ざわめき, どよめき. 2 うわさ, 流言 〈alcis rei; de alqa re; +*acc c. inf*〉. 3 うわさの種. 4 評判, 世評. 5 好評, 名声; 悪評.
rumpia -ae, *f* [*Gk*] (Thracia 人の)長い槍.

rumpō -ere rūpī ruptum, *tr* **1** 破裂させる, 裂く. **2**（障害・出入口などを）突き破る, 突破する. **3** 噴出させる, 放出する. **4** 破る, 折る, ちぎる, 砕く. **5** 引き離す, 分離する. **6** さえぎる, 中断する: *silentia rumpere* (VERG) 沈黙を破る, 口を開く. **7**（法・命令などを）破る, 犯す. **8**（約束などを）無効にする, 取り消す.

rumpotinētum -ī, *n* [↓] ブドウのつるを支える低木を植えること.

rumpotinus[1] -a -um, *adj* ブドウのつるを支えるのに用いられる.

rumpotinus[2] -ī, *f* ブドウのつるを支える低木.

rūmusculus -ī, *m dim* [rumor] あてにならない賞賛, 風評.

rūna -ae, *f* 飛び道具の一種.

rūnātus -a -um, *adj* runa で武装した.

runcātiō -ōnis, *f* [runco] **1** 雑草を抜くこと, 除草. **2** 抜かねばならない雑草.

runcātor -ōris, *m* [runco] 除草する人.

runcina -ae, *f*（大工の）かんな.

runcinō -āre, *tr* [↑] 岩の, かんなをかける.

runcō -āre -āvī -ātum, *tr* **1** 雑草を抜く, 除草する. **2** 毛を抜く. **3**° 刈る, 刈り取る.

ruō -ere ruī rutum (*fut p* ruitūrus), *intr, tr* **I** (*intr*) **1** 突進する, 急行する. **2** 襲いかかる, 突撃する <in alqd [alqm]>. **3**（建物などが）倒れる, くずれ落ちる. **4** 滅びる. **II** (*tr*) **1** 突きくずす, 突き落とす. **2** 噴き上げる, 吹きとばす. **3** かき乱す, 掘り返す, かき集める. **4**【法】*ruta (et) caesa* (CIC) ある地所からすでに掘り出された鉱物と切り倒された材木で未加工のもの《その地所を売りに出すとき, 売却の対象から除外された》.

rūpēs -is, *f* [rumpo] 険しい岩山, 岩壁.

rūpeus -a -um, °*adj* [↑] 岩の; 生命のない.

rupex -picis, *m* 田舎者, 無骨者.

rūpī *pf* ⇨ rumpo.

Rupilius -ī, *m* ルピリウス《ローマ人の氏族名; 特に P. ~, 執政官（前 132）; Sicilia 島における奴隷の反乱を鎮圧し, 首謀者の Eunus をとらえた》.

rūpīna -ae, *f* [rupes] 岩の裂け目.

ruptiō -ōnis, °*f* [rumpo] **1** 損傷を与えること, 故意の破壊. **2** 破れること, 破裂.

ruptor -ōris, *m* [rumpo]（協定を）破る者, 違反者.

ruptūra -ae, *f* [rumpo] **1**（手足を）折ること. **2**° 【病】破裂, 断裂.

ruptus -a -um, *pp* ⇨ rumpo.

rūrālis -is -e, °*adj* [rus] 田舎の, 田園の.

rūrāliter °*adv* [↑] 田舎風に, 粗野に.

rūricola[1] -ae, *adj m, f* [rus/colo[2]] 土地を耕す; 田舎に住む, 田舎の.

rūricola[2] -ae, *m, f* **1** 百姓, 農夫. **2** 田舎の人.

rūricolāris -is -e, °*adj* [ruricola[1]] 土地を耕す, 田舎の.

rūrigena -ae, *m* [rus/gigno] 田舎に生まれた人.

rūrō -āre, *intr* [rus] 田舎に住む.

rūror -ārī, *intr dep* = ruro.

rursus, -um *adv* [re-/versus[2]] **1** 後方へ, もとへ: ~ *(ac) prorsus* = *rursum prorsum* (TER) 前に後ろに. **2** 再び, もう一度. **3** 立ち代わって. **4** そのうえに, さらに. **5** これに反して, 他方では.

rūs rūris, *n* **1** 田舎, 田園: *rus* (acc) (PLAUT) 田舎へ / *ruri* (PLAUT) = *rure* (HOR) 田舎で / *rure* (TER) 田舎から. **2** 田舎屋敷, 別荘. **3** 田舎風, 無骨, 素朴.

Ruscinō -ōnis, *f* ルスキノー《Gallia Narbonensis の町; 現 Perpignan》.

rusculum -ī, *n dim* [rus]（小さな）田舎屋敷, 別荘.

ruscum -ī, *n*, **-us** -ī, *f*【植】ナギイカダ.

Rusellae -ārum, *f pl* ルセッラエ《Etruria の町; 現 Roselle》.

Rusellānus -a -um, *adj* Rusellae の.

ruspor -ārī, *tr dep* くまなく探す.

russātus -a -um, *adj* [russus[2]] 赤い服を着た.

russescō -ere, *intr* [russus[2]] 赤くなる.

russum, -us[1] *adv* = rursus.

russus[2] -a -um, *adj* 赤い; 赤毛の.

rustica -ae, *f* [rusticus] **1** 田舎の人, 農民《女性》. **2**【鳥】= rusticula.

rusticānus[1] -a -um, *adj* [rusticus[1]] 田舎の, 田園の.

rusticānus[2] -ī, *m* 田舎の人, 農夫.

rusticātim *adv* [rusticor] 田舎風に.

rusticātiō -ōnis, *f* [rusticor] **1** 田舎[田園]生活. **2** 農耕, 耕作.

rusticē *adv* [rusticus[1]] 田舎風に; 無作法に, 無骨[粗野]に.

rusticitās -ātis, *f* [rusticus[1]] **1** 田舎生まれ; 田舎なまり. **2** 粗野, 無骨, 無作法; 偏狭; 素朴, 単純.

rusticor -ārī, *intr dep* [rusticus[1]] **1** 田舎で生活する. **2** 農耕[耕作]する.

rusticula -ae, *f* [↓]【鳥】クロライチョウ.

rusticulus[1] -a -um, *adj dim* [rusticus[1]]（やや）粗野な, 無骨な.

rusticulus[2] -ī, *m*（軽蔑的に）田舎者.

rusticus[1] -a -um, *adj* [rus] **1** 田舎の; 農耕の. **2** 田舎風の. **3** 質朴な, 飾り気のない. **4** 無骨な, 粗野な.

rusticus[2] -ī, *m* **1** 田舎の人, 農夫. **2** 無骨者.

rūsum, -us *adv* = rursus.

rūta -ae, *f* [*Gk*]【植】ヘンルーダ: *in rutae folium conicere* (PETR) こてんこてんに打ちのめす. **2** 苦み; 辛辣（しんらつ）.

rūta (et) caesa ⇨ ruo II 4.

rutābulum -ī, *n* [ruo] **1** 火かき棒. **2** 攪拌（かくはん）用のしゃくし[へら].

rūtāceus -a -um, °*adj* [ruta] ヘンルーダの.

rūtārius -a -um, °*adj* [ruta]《碑》ヘンルーダでおおわれた.

rūtātus -a -um, *adj* [ruta] ヘンルーダで風味をつけた.

rutellum -ī, *n* [rutrum] 小さなシャベル.

Rutēnī -ōrum, *m pl* ルテーニー《Aquitania にいた一部族》.

rutilāns -antis, *adj (prp)* [rutilo] 赤く輝く, 赤みをおびた.

rutilescō -ere, *intr* [rutilus] 赤みをおびるようになる.

Rutiliānus -a -um, *adj* Rutilius の.

Rutilius -ī, *m* ルティリウス《ローマ人の氏族名; 特に

(1) P. ~ Rufus, 執政官(前105); 晩年, 追放の地 Smyrna で同時代史をつづった. (2) P. ~ Lupus, 後1世紀初頭の修辞学者).

rutilō -āre -āvī -ātum, tr, intr [↓] **1** (髪を)赤く染める. **2** 赤く輝く.

rutilus -a -um, adj 赤く輝く, 赤褐色の.

rutrum -ī, n [ruo] **1** シャベル, 鋤. **2** (左官の)こて.

rūtula -ae, f dim [ruta] 〖植〗(小さな)ヘンルーダ.

Rutulī -ōrum, m pl ルトゥリー《Latium の Ardea を中心にして住んでいた一部族; Turnus 王の指揮のもと, Aeneas に敵対したことで有名》.

Rutulus -a -um, adj Rutuli 人の.

Rutupiae -ārum, f pl ルトゥピアエ《Britannia 南東部の町; 現 Richborough》.

Rutupīnus -a -um, adj Rutupiae の.

rutus[1] -a -um, pp ⇨ ruo.

rutus[2] -ūs, m (土を)掘り返すこと.

S

S, s *indecl n* ラテン語アルファベットの第18字.
S., s. (略) =Sextus; sacrum; semis; (手紙で) salutem (⇒ salus).
Saba -ae, *f* [*Gk*<*Heb.*] サバ, "シバ《Arabia Felix の町; 乳香の産地として有名》.
Sabaea -ae, *f* (*sc.* terra) Saba 人の国 (=Arabia Felix).
Sabaeī -ōrum, *m pl* Saba 人.
Sabaeus -a -um, *adj* Saba (人)の; Arabia の.
sabanum -ī, *n* [*Gk*] 亜麻布, リンネル製品.
Sabaōth *indecl* °*f pl* [*Gk*<*Heb.*] 《聖》万軍, 天軍: *Dominus* [*Deus*] ~ (TERT) 万軍の主, 神.
Sabāria, Savā- -ae, *f* サバーリア《Pannonia の町; Claudius 帝により植民市 (colonia) とされた》.
Sābātē -ēs, *f* サバーテー《Etruria 南部の町と湖》.
sabatēnum -ī. ° *n* スリッパの一種 (=diabathrum).
Sābātīnus -a -um, *adj* Sabate の. **Sābātīnī** -ōrum, *m pl* Sabate の住民.
Sābātius -a -um, *adj* 《詩》=Sabatinus.
Sabazia -ōrum, *n pl* Sabazius の祭典.
Sabazius -ī, *m* [*Gk*] サバジウス, *-オス《Thracia-Phrygia 起源の神; Bacchus と同一視された》.
sabbata -ōrum, *n pl* [*Gk*<*Heb.*] (ユダヤ教の)安息日.
sabbatāria -ae, *f* [↑] 安息日を守る女(=ユダヤ女性).
sabbatārius -a -um, °*adj* [sabbata] (ユダヤ教の)安息日の.
sabbatismus -ī, °*m* [*Gk*] 安息日を守ること.
sabbatizō -āre, °*intr* [*Gk*] 安息日を守る.
sabbatum -ī, °*n* [*Gk*<*Heb.*] **1** 安息日: *una sabbati* (HIER) 安息日の翌日(=日曜日) / *secunda sabbati* (CASSIAN) 月曜日. **2** 週.
Sabellī -ōrum, *m pl* サベッリー《(1) イタリア半島中部にいた Sabini 族, Samnites 族の総称. (2)《詩》= Sabini》.
Sabellicus -a -um, *adj* Sabelli 人の.
Sabellus[1] -a -um, *adj* Sabelli 人の.
Sabellus[2] -ī, *m* Sabelli 人《Sabini 族の地に農場を所有していた Horatius を指す》.
Sabīna -ae, *f* [Sabinus[1]] Sabini 族の女.
sabīna -ae, *f* [Sabinus[1]] (*sc.* herba) 《植》サビナビャクシン.
Sabīnē *adv* [Sabinus[1]] Sabini 族の言語で.
Sabīnī -ōrum, *m pl* **1** サビーニー《ローマの北東にいた一部族》. **2** Sabini 族の居住地.
Sabīniānus -a -um, °*adj* 法学者 Sabinus の. **Sabīniānī** -ōrum, °*m pl* Sabinus の門弟たち.
Sabīnum -ī, *n* [↓] **1** (*sc.* vinum) Sabini 産のぶどう酒. **2** (*sc.* praedium) Sabini にあった Horatius の別荘.
Sabīnus[1] -a -um, *adj* Sabini (族)の.
Sabīnus[2] -ī, *m* **1** Sabini 族の人. **2** サビーヌス《ローマ人の家名; 特に (1) Ovidius の友人で詩人. (2) *Masurius* ~, 後1世紀の法学者. (3) *Flavius* ~, Vespasianus 帝の兄》.
Sabis -is, *m* サビス《Gallia Belgica の川; 現 Sambre》.
Sabrīna -ae, *f* サブリーナ《Britannia の川; 現 Severn》.
sabūceus -a -um, *adj* [sabucus] ニワトコの木の.
sabūcum -ī, *n* [↓] 《植》=ニワトコの実.
sabūcus -ī, *f* 《植》=ニワトコ.
sabulētum -ī, *n* [sabulum] 砂地, 砂利採取場.
sabulō -ōnis, *m* [sabulum] 砂利, 礫(たれ).
sabulōsa -ōrum, *n pl* [↓] 砂地, 砂利の多い土地.
sabulōsus -a -um, *adj* [sabulo] 砂利の多い.
sabulum -ī, *n* 砂.
saburra -ae, *f* [sabulo] **1** 砂利; (船の)底荷. **2** °《病》胃内残渣; 食物残渣.
saburrālis -is -e, *adj* [↑] 砂利の.
saburrārius -ī, *m* [saburra] 《碑》船に底荷を積む人夫.
saburrō -āre -ātum, *tr* [saburra] **1** 底荷を積む; 砂(ぶどう酒)で満たす. **2** 腹いっぱいに詰め込む.
sabus -ī, *m* [*Gk*]《碑》Sabazius への帰依者.
Sacae, Sagae -ārum, *m pl* [*Gk*] サカエ, *サカイ《Scythia の一部族》.
sacal *indecl n* [*Egypt.*] コハク(琥珀).
saccāria -ae, *f* [↓] 荷物運びの(仕事).
saccārius[1] -a -um, *adj* [saccus] 袋の; 袋を積んだ.
saccārius[2] -ī, °*m* 袋を運ぶ人, 運搬人.
saccātum -ī, °*n* [sacco[2]] 尿, 小便.
saccellātiō -ōnis, *f* [↓] 罨法(あんぽう).
saccellus -ī, *m dim* [sacculus] (小さな)袋.
saccharīnum -ī, °*n* 《薬》サッカリン.
saccharon, -um -ī, *n* [*Gk*] 甘蔗(かんしょ)糖; °*saccharum lactis* 《薬》乳糖.
sacciformis -is -e, °*adj* [saccus/forma] 《解》嚢状の.
saccipērium -ī, *n* [saccus/pera] (大きな)財布.
saccō[1] -ōnis, *m* [saccus] 金袋; お大尽.
saccō[2] -āre -āvī -ātum, *tr* [saccus] 濾(こ)す, 濾過する.
sacculus -ī, *m dim* [↓] **1** (小さな)袋; 財布. **2** 濾し袋. **3**°《解》(内耳迷路の)球形嚢, 小嚢.
saccus -ī, *m* **1** (大きな)袋; 財布. **2** 濾し袋. **3**° 粗布. **4**°《解》嚢.
sacellulum -ī, °*n dim* [↓] 小礼拝所.

sacellum -ī, *n dim* [sacrum] 礼拝所, 聖堂, 祠(ほこら), 社(やしろ).

sacēna -ae, *f* (いけにえ用の)斧(おの).

sacer -cra -crum, *adj* 1 (ささげ物が)清められた, 聖別された. 2 呪われた, 忌まわしい. 3 神聖な, 聖なる: *Sacer Mons* (LIV) ローマ市北東の山 / *Sacra Via* (CIC) ローマ市の Velia から Forum Romanum へ至る道. 4 尊敬すべき, 崇高な.

sacerda -ae, *f* [↑]《碑》女祭司.

sacerdōs -ōtis, *m* (*f*) [sacer] 祭司, 神官.

sacerdōtālēs -ium, *m pl* [↓]《碑》祭司身分の人々.

sacerdōtālis -is -e, *adj* [sacerdos] 祭司の.

sacerdōtāliter°*adv* [↑] 祭司として.

sacerdōtissa -ae, °*f* [sacerdos] 女祭司.

sacerdōtium -ī, *n* [sacerdos] 1 祭司職. 2°《カト》司教職.

sacerdōtor -ārī, °*intr dep* [sacerdos] 司祭を務める.

sacerdōtula -ae, *f dim* [sacerdos] 下級の女祭司.

Sacēs -ae, °*m* Sacae 族の一人.

sacōma -ātis, *n* [Gk] 平衡錘(すい), 釣合い重り: *ad* ~ (VITR) 正確に.

sacra -ōrum, *n pl* [sacer] 1 神聖なもの[道具, 場所]. 2 宗教儀式, 祭儀, 崇拝. 3 《詩》(Musae にささげられたものとして)詩歌: ~ *Maronis* (MART) Maro (=Vergilius) の聖なる詩業.

sacrālis -is -e, °*adj*《解》仙骨の.

sacrāmentālia -ium, °*n pl* [↓]《カト》準秘跡.

sacrāmentālis -is -e, °*adj* [sacramentum] 秘跡の.

sacrāmentāliter°*adv* [↑] 秘跡として.

sacrāmentum -ī, *n* [sacro] 1 誓約供託金. 2 訴訟. 3 誓約, 宣誓. 4°《教会》秘跡.

Sacrānī -ōrum, *m pl* サクラーニー《Latium の古い住民》.

Sacrānus -a -um, *adj* Sacrani の.

sacrārium -ī, *n* [sacrum] 1 (神殿内の)聖具室. 2 聖堂, 祠(ほこら). 3°《カト》聖具室; 聖水盤.

sacrātē°*adv* [sacratus] 1 信心深く, 敬虔に. 2 神秘的に.

sacrātiō -ōnis, °*f* [sacro] 聖別.

sacrātor -ōris, °*m* [sacro] 聖別する[清める]人.

sacrātus -a -um, *adj* (*pp*) [sacro] 神聖な, 聖なる.

sacricola -ae, *m, f* [sacer/colo²] 犠牲をささげる者[神官];信者.

sacrifer -fera -ferum, *adj* [sacer/fero] 聖物を運ぶ.

sacrificālis -is -e, *adj* [sacrificus] 犠牲の.

sacrificātiō -ōnis, *f* [sacrifico] 犠牲をささげること, 供犠(くぎ).

sacrificātor -ōris, °*m* [sacrifico] 犠牲をささげる人.

sacrificātrīx -īcis, *f* [↑]《碑》犠牲をささげる人《女性》.

sacrificātus -ūs, *m* [sacrifico] 犠牲をささげること, 供犠(くぎ).

sacrificium -ī, *n* [↓] 供犠(くぎ).

sacrificō -āre -āvī -ātum, *intr, tr* [sacrum/facio] 1 犠牲をささげる〈alci re〉. 2 犠牲としてささげる.

sacrificulus -ī, *m dim* [↓] 犠牲をささげる祭司: *rex* ~ =rex 3.

sacrificus -a -um, *adj* [sacrum/facio] 1 供犠をつかさどる. 2 供犠に関する.

sacrilega -ae, *f* [sacrilegus] 神聖をけがす女.

sacrilegē°*adv* [sacrilegus¹] 神聖をけがして, 瀆神(とくしん)的に.

sacrilegium -ī, *n* [↓] 1 聖物窃盗. 2 神聖をけがすこと, 瀆神(とくしん).

sacrilegus¹ -a -um, *adj* [sacrum/lego²] 1 聖物窃盗の. 2 神聖をけがす, 瀆神の.

sacrilegus² -ī, *m* 1 聖物窃盗者. 2 神聖をけがす者, 瀆神者.

sacrima -ōrum, *n pl* Bacchus にささげる新酒.

Sacriportus -ūs, *m* サクリポルトゥス《Latium の Praeneste 付近の町》.

sacrista -ae, °*m* 聖具保管係.

sacrō -āre -āvī -ātum, *tr* [sacer] 1 神にささげる, 聖別する〈alci alqd〉. 2 (神・武器にゆだねて)破滅させる. 3 不可侵(不可侵)なものにする. 4 神格化する, 神として祭る.

sacrococcȳgeus -a -um, °*adj*《解》仙尾骨の.

sacrodynia -ae, °*f*《病》仙骨痛.

sacroīliacus -a -um, °*adj*《解》仙腸骨の.

sacrōsanctus -a -um, *adj* [sacer/sanctus¹] きわめて神聖な, 不可侵の, 至聖の.

sacrum -ī, *n* [sacer] 1 聖物, 聖具. 2 犠牲, いけにえ. 3 聖所, 神殿, 祭壇: *inter* ~ *saxumque stare* (PLAUT) 祭壇と(犠牲獣を切る)石斧の間に立つ(=進退きわまった). 4 儀式, 祭儀. 5°《解》仙骨.

sadismus -ī, °*m*《病》加虐性愛.

saeclum -ī, *n*《詩》=saeculum.

saeculāris -is -e, *adj* [saeculum] 1 一世紀に一度の, 百年ごとの: *ludi saeculares* (SUET) 百年祭 / *carmen saeculare* (HOR) 百年祭歌. 2° 世俗の, 俗人の: *clerus* ~ 《カト》在俗司祭. 3° 異教の.

saeculāriter°*adv* [↑] 世俗的に.

saeculārius -a -um, °*adj* [saeculum] 異教の.

saeculārizātiō -ōnis, *f* [saecularis] 世俗化, 還俗(げんぞく).

saeculum,《詩》**saeclum** -ī, *n* 1 世代; 同世代の人々. 2 種族, 人種. 3 今の世, 当節, 時代. 4 一生, 生涯. 5 一世紀, 百年. 6 (*pl*) 後代, 後世. 7 (*pl*) 長期(間): *per saecula* (VERG) 永遠に.

saepe *adv* しばしば, 頻繁に.

saepenumerō, saepe numerō *adv* 繰り返して, 何度も.

saepēs, sēp- -is, *f* 垣, 塀, 囲い.

saepia -ae, *f* =sepia.

saepicula -ae, *f dim* [saepes] 生垣.

saepiculē *adv dim* [saepe] しばしば, 頻繁に.

saepīmen -inis, *n* =saepimentum.

saepīmentum -ī, *n* [saepio] 塀, 囲い.

Saepīnātēs -ium, *m pl* Saepinum の住民.

Saepīnum -ī, *n* サエピーヌム《Samnium の町》.

saepiō -īre -psī -ptum, *tr* [saepes] 1 垣[塀]をめ

らす, 囲いをする. **2** 取り囲む, 包囲する. **3** 閉じ込める; 封鎖する. **4** (防壁で)囲む, 防御する 〈alqd re〉. **5** 包む, おおう.

saepissimus -a -um, *adj* [saepe] きわめて頻繁な.

saepsī *pf* ⇨ saepio.

saeptulum -ī, °*n* 〖生物・解〗(小)中隔.

saeptum -ī, *n* [↓] **1** 囲い(地). **2** (*pl*) (Campus Martius にあった)投票場. **3** 塀, 柵. **4**°〖生物・解〗中隔, 隔壁: ~ *mediastinale* 縦隔.

saeptus -a -um, *pp* ⇨ saepio.

saeta -ae, *f* **1** 剛毛. **2** (馬の毛で作った)釣り糸. **3** (剛毛で作った)刷毛(はけ).

saetiger[1] -gera -gerum, *adj* [↑/gero] 剛毛でおおわれた, 剛毛の多い.

saetiger[2] -gerī, *m* 〖動〗イノシシ.

saetōsus -a -um, *adj* [saeta] 剛毛の多い, 剛毛でおおわれた.

saevē *adv* [saevus] 残酷に, 獰猛に.

saevidicus -a -um, *adj* [saevus/dico[2]] 乱暴な[怒った]口調の.

saevī[1] *pf* ⇨ saevio.

saeviō -īre -iī -ītum, *intr* [saevus] あばれまわる, 荒れ狂う 〈in alqm〉.

saevitās -ātis,°*f* [saevus] 激怒, 狂暴.

saeviter *adv* [saevus] 激怒して, 荒れ狂って.

saevitia -ae, *f* [saevus] **1** (動物の)獰猛(どうもう)さ. **2** (人の性格・行為の)きびしさ, 冷酷. **3** (天候・海などの)激しさ, 激烈.

saevitūdō -dinis, *f* =saevitia 1.

saevus -a -um, *adj* **1** (動物が)獰猛(どうもう)な, あばれ狂う. **2** (人・神が)勇猛な, 荒々しい, 苛酷な. **3** (天候・海などが)荒れ狂う, きびしい.

safranum -ī, °*n* [*Arab.*] 〖植〗サフラン.

sāga -ae, *f* [sagus[2]] 女予言者, 女占い師.

sagācitās -ātis, *f* [sagax] **1** (嗅覚・感覚の)鋭さ, 鋭敏. **2** 直観力, 洞察力.

sagāciter *adv* [sagax] **1** 鋭い嗅覚[感覚]をもって. **2** 明敏に, 洞察力をもって.

Sagalassēnus -a -um, *adj* Sagalassus の.

Sagalassus, -os -ī, *f* [*Gk*] サガラッスス, °-ソス 《Pisidia の町》.

Sagana -ae, *f* サガナ《Horatius の作品に登場する魔女》.

Sagaris -is, *m* [*Gk*] サガリス《(1) Phrygia に発して黒海に注ぐ川; 現 Sakarya. (2) 架空の Troja 人の名》.

Sagarītis -tidis, *f* サガリーティス《Sagaris 河神の娘でニンフ; Attis は彼女を愛した》.

sagārius[1] -a -um, *adj* [sagum] 外套を商う.

sagārius[2] -ī, *m* 外套商人.

sagātus -a -um, *adj* [sagum] 外套を着た.

sagax -ācis, *adj* [sagio] **1** (嗅覚・感覚が)鋭い, 鋭敏な. **2** 明敏な, 洞察力のある.

sagēna -ae, *f* **1** 引網, 大網. **2**° 誘惑, わな.

sagīna -ae, *f* **1** (家畜などを)太らせること, 肥育. **2** 飼料, 餌(えさ). **3** (剣闘士・競技者向けの)飲食物.

sagīnātiō -ōnis, *f* [↓] (動物の)太らせること, 肥育.

sagīnō -āre -āvī -ātum, *tr* [sagina] **1** (家畜など を)太らせる, 肥育する. **2** 腹いっぱい食べさせる.

sāgiō -īre, *intr* 感覚が鋭敏である.

sagitta -ae, *f* **1** 矢. **2** 〖天〗矢座.

sagittālis -is -e, °*adj* [↑] 〖解〗矢状の.

sagittārius[1] -a -um, *adj* [sagitta] **1** 弓矢で武装した. **2** 矢を作るための.

sagittārius[2] -ī, *m* **1** 弓の射手, 弓兵. **2** (S-) 〖天・占星〗射手座. **3** 矢を作る人.

sagittifer -fera -ferum, *adj* [sagitta/fero] 矢を携えている: *sagittifera pecus* (Claud) 〖動〗ヤマアラシ.

Sagittiger -gerī, °*m* [sagitta/gero] 〖天・占星〗射手座.

Sagittipotens -entis, *m* [sagitta/potens] 〖天〗射手座.

sagittō -āre -āvī -ātum, *intr, tr* [sagitta] **I** (*intr*) 矢を射る. **II**° (*tr*) 矢で射る.

sagma -ae, °*f* [*Gk*] 荷鞍.

sagmārius -a -um, °*adj* [↑] 荷鞍を付けた.

sagmen -minis, *n* 聖なる草《ローマ市の城砦(arx)から土をつけたまま引き抜いたこの草の束を携えていると, fetiales (外交担当神官団)の身柄は外地で神聖不可侵なものとされた》.

Sagra -ae, *f* [*Gk*] サグラ《Bruttii の川》.

sagulātus -a -um, *adj* [↓] 外套を着用した.

sagulum -ī, *n dim* [↓] (軍用の)外套.

sagum -ī, *n*, **-us**[1] -ī, *m* [*Gall.*] (軍用の)外套《粗織りのウールのマント》: *saga sumere=ad saga ire* (Cic) 武器を取る, 戦いの準備をする / *in sagis esse* (Cic) 武装している.

Saguntia -ae, *f* サグンティア《Hispania Baetica の町》.

Saguntīnum -ī, *n* (sc. vinum) Saguntum 産のぶどう酒.

Saguntīnus -a -um, *adj* Saguntum の. **Saguntīnī** -ōrum, *m pl* Saguntum の住民.

Saguntum -ī, *n*, **-us, -os** -ī, *f* サグントゥム《Hispania Tarraconensis の町; 現 Sagunto》.

sagus[1] -ī, *m* =sagum.

sāgus[2] -a -um, *adj* **1** 予言[予知]する. **2** 魔法を使う.

Sais -is, *f* [*Gk*] サイス《下エジプトの首都》.

Saītae -ārum, *m pl* Sais の住民.

Saīticus -a -um, *adj* Sais の.

sāl salis, *m* (*n*) **1** 塩. **2** 塩水. **3** 〖詩〗海. **4** 風味, 雅趣. **5** 機知; 冗談, しゃれ.

Salācia -ae, *f* サラーキア《(1) 〖神話〗海の女神; Neptunus の妻. (2) Lusitania の町》.

salācitās -ātis, *f* [salax] (鳥・魚の)発情.

salacō -ōnis, *m* [*Gk*] 気取り屋, うぬぼれ屋.

salamandra -ae, *f* [*Gk*] 〖動〗サンショウウオ《有毒と信じられた》.

Salamīniacus -a -um, *adj* =Salaminius 1.

Salamīnius -a -um, *adj* **1** Salamis (の海戦)の. **2** Salamis (2) の.

Salamīs -īnis, *f* サラミース《(1) Attica 沖, Saronicus 湾にある島; この付近の海戦で Themistocles 率いるギリシア軍がペルシア軍を破った (前 480). (2) Cyprus 島の町》.

Salapia -ae, *f* サラピア《Apulia 北部の町; 現 Salpi》.

Salapīnus -a -um, *adj* Salapia の. **Salapīnī** -ōrum, *m pl* Salapia の住民.

Salapitānī -ōrum, *m pl* =Salapini.

salapūtium -ī, *n* こびと, 一寸法師.

salar -aris, °*m* 〖魚〗マス(鱒)の一種.

Salāriānus -a -um, *adj castanea Salariana* (PLIN) クリ(栗)の一種.

salāriārius[1] -a -um, °*adj* [salarium] 俸給を受ける.

salāriārius[2] -ī, *m* 〖碑〗俸給受給者.

salārium -ī, *n* [↓] (*sc. argentum*) 塩を買うために兵士に与える給金; 俸給, 給料: *annua salaria* (TAC) 年金.

salārius[1] -a -um, *adj* [sal] 塩の[に関する]: (*Via*) *Salaria* (PLIN) Sabini 族が塩を運んだ, ローマから Reate に至る道.

salārius[2] -ī, *m* 塩漬け魚商人.

Salassī -ōrum, *m pl* サラッシー《Alpes 山脈にいた一部族; Augustus 帝に征服された》.

salax -ācis, *adj* [salio¹] 1 多淫の, 好色な. 2 性欲を起こさせる, 催淫性の.

salebra -ae, *f* [salio¹] 1 (道路の)でこぼこ. 2 (文体・話し方が)ごつごつしていること.

salebrītās -ātis, *f* [↑] 凹凸(おうとつ)のあること, でこぼこしていること.

salebrōsus -a -um, *adj* [salebra] 1 でこぼこの, じゃりじゃりした. 2 (文体が)ごつごつした, なめらかでない.

Salēius -ī, *m* サレイユス《~ *Bassus*, Vespasianus 帝時代の叙事詩人》.

Sālentīn- ⇨ Sallentin-.

Salernum -ī, *n* サレルヌム《Neapolis の南東, Campania の沿岸の町; 現 Salerno》.

salgama -ōrum, *n pl* 塩漬け野菜.

salgamārius -ī, *m* [↑] 漬け物屋.

Salganea -ōrum, *n pl* [Gk] サルガネア《Boeotia の町》.

Saliāris -is -e, *adj* 1 Salii の. 2 (Salii の宴のように)豪勢な.

saliātus -ūs, *m* Salii の職[地位].

salictum -ī, *n* [salix] ヤナギの林[茂み].

saliēns -entis, *adj* (*prp*) [salio¹] 噴き出る, ほとばしる.

salientēs -ium, *m pl* [↑] (*sc. aquae*) 噴水, 泉.

salifodīna -ae, *f* [sal/fodina] 塩坑.

saligneus -a -um, *adj* [salix] ヤナギの; ヤナギ製の.

salignus -a -um, *adj* [salix] ヤナギ製の.

Saliī -ōrum, *m pl* サリイー《Mars の神官団》.

salii *pf* ⇨ salio¹.

salillum -ī, *n dim* [salinum] (小さな)塩入れ, 塩壺.

salīnae -ārum, *f pl* [sal] (*sc. fodinae*) 製塩所, 塩田.

Salīnae -ārum, *f pl* サリーナエ《ローマ市の Porta Trigemina 付近の地区》.

salīnārius -a -um, *adj* [salinae] 製塩所の.

salīnātor -ōris, *m* [salinae] 1 製塩業者. 2° 塩商人.

Salīnātor -ōris, *m* サリーナートル《ローマ人の家名; 特に *M. Livius* ~, 前 219 年と 207 年の執政官》.

salīnum -ī, *n* [sal] (*sc. vas*) 塩入れ, 塩壺.

saliō[1] -īre saluī [-lii] saltum, *intr, tr* 1 跳ぶ, はねる. 2 痙攣する. 3 噴き出る, ほとばしる. 4 (雄が雌に)乗る, 交尾する.

saliō[2] -īre, *tr* =sallio.

Salisubsalus -ī, *m* 不詳の神名または Mars の呼称.

salitiō -ōnis, °*f* [salio¹] (馬が)跳びはねること.

salitō -āre -āvī -ātum, *intr freq* =salto.

saliunca -ae, *f* 〖植〗カノコソウの類.

Salius -a -um, *adj* Salii の.

salīva -ae, *f* 1 唾液, つば: *salivam movere* (SEN) 食欲をそそる. 2 ぬるぬる[ねばねば]した物質. 3 (特にぶどう酒の)風味.

salīvāns -ntis, °*n* (*prp*) [salivo] 〖医〗催唾薬.

salīvārius -a -um, *adj* [saliva] 唾液に似た, ねばねばした.

salīvātiō -ōnis, °*f* [↓] 1 つばを出すこと. 2 〖病〗流涎(りゅうぜん)(症), 唾液過多.

salīvō -āre, *tr* [saliva] 1 唾液を出させる. 2 (ねばねばした物質を)吐き出す.

salīvōsus -a -um, *adj* [saliva] 1 よだれでぬれた. 2 唾液のような, ねばねばした.

salix -icis, *f* 〖植〗ヤナギ(柳).

Sallentīnī -ōrum, *m pl* サッレンティーニー《イタリア半島南東端にいた一部族》.

Sallentīnus -a -um, *adj* Sallentini 族の.

salliō -īre -īvī -ītum, *tr* [sal] 塩漬けにする, 塩蔵する.

sallō -ere salsum, *tr* [sal] 塩漬けにする, 塩味をつける.

Sallustiānus -a -um, *adj* Sallustius (1) の.

Sallustius -ī, *m* サッルスティウス《ローマ人の氏族名; 特に (1) *C.* ~ *Crispus*, ローマの歴史家(前 86?-? 35). (2) *C.* ~ *Crispus*, (1) の兄弟の孫でその養子. (3) *Cn.* ~, Cicero の友人》.

Sallūviī, Salū- -ōrum, *m pl* サッルーウィイー《Massilia と Alpes 山脈の間にいた Ligures 族の一支族》.

Salmacidēs -ae, *m* Salmacis の息子(=柔弱な男).

salmacidus -a -um, *adj* 塩気のある.

Salmacis -idis, *f* [Gk] サルマキス《(1) Halicarnassus の泉; その水を飲む者を柔弱にしたという. (2) 〖神話〗この泉のニンフ》.

salmō -ōnis, *m* 〖魚〗サケ(鮭).

Salmōneus -eos, *m* [Gk] 〖神話〗サルモーネウス《Aeolus の息子; 自らを Juppiter と称したために神の怒りをかい, 雷に撃たれて死んだ》.

Salmōnis -idis, *f* Salmoneus の娘の Tyro (テュロー).

Salomōn -ōnis (*acc* -ōnem [-ōna]), °*m* [Gk< *Heb.*] サロモーン, 〟ソロモン《David (〟ダビデ)の子でイスラエル王(前 10 世紀); 賢王として知られる》.

Salomōniacus -a -um, °*adj* Salomon の.

Salomōnius -a -um, °*adj* =Salomoniacus.
Salōnae -ārum, *f pl*, **-a** -ae, *f* サローナエ《Dalmatia の港町》.
Salōnitānus -a -um, *adj* Salonae の. **Salōnitānī** -ōrum, *m pl* Salonae の住民.
Salōnius -ī, *m* サローニウス《Cato Major の庇護民 (cliens)》.
Salpia -ae, *f* =Salapia.
Salpīnās -ātis, *adj* Salpinates 族の.
Salpīnātēs -um, *m pl* サルピーナーテース《Etruria にいた一部族》.
salpingītis -tidis, °*f* 〖病〗卵管炎; 耳管炎.
salpingōpharyngēus -a -um, °*adj* 〖解〗耳管咽頭の.
Salpīnus -a -um, *adj* =Salapinus.
salpinx -ngis, °*m* [*Gk*] 1 ラッパ. 2 〖解〗卵管; 耳管.
salpūga -ae, *f* 〖虫〗有毒のアリ.
salsāmen -minis, °*n* [salsus] 塩漬け食品.
salsāmentārius[1] -a -um, *adj* [salsamentum] 1 塩漬け魚用の. 2 塩漬け魚を商う.
salsāmentārius[2] -ī, *m* 塩漬け魚商人.
salsāmentum -ī, *n* [salsus] 1 (塩漬け用)塩水. 2 塩漬け魚.
salsē *adv* [salsus] 機知に富んで, 当意即妙に.
salsēdō -inis, °*f* [salsus] 塩味.
salsīcius -a -um, °*adj* [salsus] 塩の, 塩からい.
salsilāgō -inis, *f* 1 塩水. 2 塩分.
Salsipotens -ntis, *m* [salsus/potens] 〖神話〗海の支配者《Neptunus の呼称》.
salsitās -ātis, °*f* [salsus] 1 塩味, 塩気. 2 辛辣, 機知.
salsitūdō -inis, *f* [salsus] 塩分, 塩からいこと.
salsūgō -ginis, *f* [salsus] 1 塩分. 2 塩水.
salsūra -ae, *f* [↓] 1 塩漬けすること. 2 塩漬け食品.
salsus -a -um, *adj* (*pp*) [sallo] 1 塩漬けした, 塩味をつけた. 2 塩からい, 塩気のある. 3 機知のある, 当意即妙な, 滑稽な.
saltābundus -a -um, *adj* [salto] 踊っている.
saltātim *adv* [salto] 跳ねながら.
saltātiō -ōnis, *f* [salto] 踊ること; 踊り.
saltātor -ōris, *m* [salto] 踊り手.
saltātōriē *adv* [↓] 踊りながら.
saltātōrius -a -um, *adj* [saltator] 踊りの.
saltātrix -īcis, *f* [saltator] 踊り手《女性》, 踊り子.
saltātus -ūs, *m* =saltatio.
saltem *adv* 1 いずれにしても, とにかく. 2 *non* [*neque*] ~ …さえも[決して]…ない.
salticus -a -um, °*adj* [saltus¹] 踊る.
saltim *adv* =saltem.
saltitō -āre, °*intr freq* [↓] 大いに[激しく]踊る.
saltō -āre -āvī -ātum, *tr freq* [salio¹] 1 踊る: *saltare discere* (Cɪᴄ) 《弁論家が身振りの要領を体得するために》踊りを学ぶ. 2 踊り[身振り]で表現する.
saltor -ōris, °*m* [salio¹] 踊り手.
saltuārius -ī, *m* [saltus³] 山林管理人.
saltuensis -is -e, °*adj* [saltus³] 森林に関する.
saltuōsus -a -um, *adj* [saltus³] 樹木の茂った, 森

の多い.
saltus[1] -a -um, *pp* ⇨ salio¹.
saltus[2] -ūs, *m* 跳躍.
saltus[3] -ūs, *m* 1 森, 林; (森間の)草地[牧場]. 2 (山間の)狭い道, 隘路《あ》, 峡谷: ~ *Thermopylarum* (Lɪᴠ) Thermopylae の隘路.
salūbris, **-ber** -bris -bre, *adj* [salus] 1 健康によい. 2 有益な, 健全な. 3 健康な, 壮健な.
salūbritās -ātis, *f* [↑] 1 健康, 壮健. 2 健康によいこと. 3 有益, 健全.
salūbriter *adv* [salubris] 1 健康に資するように. 2 有利[有益]に; 安価に.
saluī *pf* ⇨ salio¹.
salum -ī, *n* [*Gk*] 1 大波, うねり. 2 大海, 外海; 海.
salūs -ūtis, *f* [salvus] 1 健康. 2 無事, 安全; 生存. 3 救済策[手段]; 安全な場所, 逃げ場; 救済者. 4 (ある人の)幸福を祈る気持ち, 好意: *salutem dicit* (…より…へ)ご機嫌いかがですか《手紙の冒頭で用いる; 略 S.D.》. 5 挨拶: *salute datā reditāque* (Lɪᴠ) 互いに挨拶を交わしてから. 6 (S-) 〖神話〗サルース《健康と安寧の女神; ギリシア神話の Hygia に当たる》.
salūtāre -is, °*n* [↓] 救済(策).
salūtāris -is -e, *adj* [salus] 1 健康によい, 病気を治す. 2 安全[幸福]をもたらす, 有益な.
salūtāriter *adv* [↑] 1 健康によいように. 2 安全[幸福]をもたらすように, 有益に.
salūtātiō -ōnis, *f* [saluto] 1 挨拶. 2 (朝の)表敬訪問, 伺候.
salūtātor -ōris, *m* [saluto] 1 挨拶する人. 2 (朝の)伺候者.
salūtātōrium -ī, °*n* [↓] 謁見室.
salūtātōrius -a -um, *adj* [salutator] 表敬訪問の, 伺候の.
salūtātrix -īcis, *f* [salutator] 挨拶する人; 伺候者《女性》.
salūtifer -fera -ferum, *adj* [salus/fero] 1 健康をもたらす, 病気を治す. 2 安全[幸福]をもたらす.
salūtiger[1] -gera -gerum, °*adj* [salus/gero] 1 健康をもたらす. 2 挨拶の.
salūtiger[2] -gerī, *m* 挨拶を届ける者, 使者.
salūtigerulus -a -um, *adj* [salus/gero] 挨拶を届ける, 走り使いの.
salūtō -āre -āvī -ātum, *tr* [salus] 1 挨拶する. 2 …と呼ぶ. 3 伺候する, 表敬訪問する. 4 表敬訪問を受ける. 5 別れを告げる.
salvātiō -ōnis, °*f* [salvo] 救い, 救済, 救世.
salvātor -ōris, °*m* [salvo] 救済者, 救い主, 救世主.
salvātrix -īcis, °*f* [↑] 救済者《女性》.
salvē¹ *adv* [salvus] 健康で, 具合よく.
salvē² *int* (2 *sg impr pr*) [↓] 1 こんにちは, ご機嫌いかが. 2 さようなら, お達者で.
salveō -ēre, *intr* [salvus] 1 健康である, 具合がよい. 2 *salvere jubere* 挨拶する: *Dionysium velim salvere jubeas* (Cɪᴄ) Dionysius によろしくと伝えてください.
salvia -ae, *f* 〖植〗サルビア.
salvificō -āre, °*tr* [salvus/facio] 救う, 救済する.

Salvius -ī, *m* サルウィウス《ローマ人の氏族名；特に M. ~ *Otho*, ローマ皇帝 (後 69)》.
salvō -āre -āvī -ātum, °*tr* [↓] **1** 癒(い)す. **2** 救う，救済する，救助する.
salvus -a -um, *adj* [*cf. salus*] **1** 安全な，無事な，生き残っている. **2** 申し分ない，よい具合で: *salva res est* (PLAUT) 万事よし. **3** 健康な. **4** そこなわれていない，無傷で: *salvā lege* (CIC) 法を犯すことなく.
Samaeī -ōrum, *m pl* Same の住民.
samara, samera -ae, *f* **1** ニレ(楡)の実. **2**° 〖植〗翼果.
Samaria -as, *f* [*Gk*<*Heb.*] サマリーア, *-レイア 《Palaestina 北部, Galilaea と Judaea の間の地域》.
Samarītae -ārum, *m pl* Samaria の住民.
Samarobrīva -ae, *f* サマロブリーウァ《Gallia Belgica の町; 現 Amiens》.
sambūca -ae, *f* [*Gk*<*Aram.*] **1** (東洋起源の)三角琴. **2** 〖軍〗(攻城用の)はね橋.
sambūceus -a -um, *adj* [*sambucus²*] ニワトコの.
sambūcistria -ae, *f* [*Gk*] 三角琴奏者《女性》.
sambūcus¹ -ī, *m* [*sambuca*] 三角琴奏者.
sambūcus² -ī, *f* =sabucus.
Samē -ēs, *f* [*Gk*] サメー《Cephallenia 島の古名; またその東岸の町》.
samera -ae, *f* =samara.
samiō -āre -āvī -ātum, °*tr* [*Samius*] (Samos 島産の石で)磨く, 研ぐ.
Samīramis -is [-idis], *f* =Semiramis.
Samius -a -um, *adj* Samos (1) の.
Samnīs¹ -ītis, *adj* Samnium の.
Samnīs² -ītis, *m* [↑] **1** Samnium 人, Samnites 族の人. **2** (Samnium 人のように)重装備した剣闘士.
Samnītēs -ium, *m pl* ⇨ Samnīs².
Samnīticus -a -um, *adj* Samnium 人の.
Samnium -ī, *n* サムニウム《イタリア中部の Latium に隣接した地域》.
Samos, -us -ī, *f* [*Gk*] サモス《(1) エーゲ海上 Ephesus 沖の島; Pythagoras の生地. (2) Cephallenia 島の別称)》.
Samosata¹ -ōrum, *n pl* [*Gk*] サモサタ《Syria の Commagene の首都》.
Samosata² -ae, °*f* =Samosata¹.
Samothrācē -ēs, **-a** -ae, *f* [*Gk*] =Samothracia.
Samothrācēs -um, *m pl* Samothracia 島の住民.
Samothrācia -ae, *f* [*Gk*] サモトラーキア(-)《エーゲ海上, Thracia 沖の島; 現 Samothráki》.
Samothrācius -a -um, *adj* Samothracia 島の.
Sampsicerāmus -ī, *m* サンプシケラムス《Syria の Hemesa (ヘメサ, 現 Homs) の支配者;（彼が Pompeius の東方遠征の際にもその地位を追われなかったことから）Pompeius のあだ名》.
sampsūchus -ī, *m, f,* **-um** -ī, *n* [*Gk*] 〖植〗マヨラナ.
Samuēl -ēlis, °*m* [*Heb.*] 〖聖〗サムエール《ヘブライの士師(し)と預言者》.
sānābilis -is -e, *adj* [*sano*] **1** (肉体的・精神的に)治療できる, 癒(い)すことのできる. **2**° ためになる, 有益な.
sānātiō -ōnis, *f* [*sano*] 治癒, 回復.
sānātīvus -a -um, °*adj* [*sano*] 癒(い)す.
sānātor -ōris, °*m* [*sano*] 癒(い)す人.
sānātōrium -ī, °*n* [↓] 〖医〗サナトリウム, 療養所.
sānātōrius -a -um, °*adj* [*sanator*] 治癒の[する], 癒(い)す.
sanciō -īre sanxī sanctum [*sancitum*], *tr* [*cf. sacer*] **1** (宗教上の諸式にのっとって法律・条約・協定などを)承認する, 批准する. **2** 是認する, 同意する, 裁可する. **3** (法を)制定する, 立法化する. **4** (って)定める, 規定する〈*ut, ne*〉. **5** 罰する.
sanctītus -a -um, *pp* ⇨ *sancio*.
sanctē *adv* [*sanctus¹*] **1** 神聖(不可侵)なものとして, 厳粛に. **2** 敬虔に, 信心深く. **3** 高潔に, 誠実に.
sanctificātiō -ōnis, °*f* [*sanctifico*] 神聖にすること.
sanctificātor -ōris, °*m* [*sanctifico*] 神聖にする人.
sanctificium -ī, °*n* [↓] **1** 神聖にすること. **2** 聖所.
sanctificō -āre -āvī -ātum, °*tr* [*sanctus¹/facio*] 神聖にする, 聖別する.
sanctificus -a -um, °*adj* [↑] 神聖にする.
sanctimōnia -ae, *f* [*sanctus¹*] **1** 神聖. **2** 高潔, 純潔.
sanctimōniālis¹ -is -e, °*adj* [↑] 神聖な; 敬虔な.
sanctimōniālis² -is, °*f* 修道女.
sanctimōnium -ī, °*n* [*sanctus¹*] **1** 神聖. **2** 殉教. **3** 聖域.
sanctiō -ōnis, *f* [*sancio*] 法律の侵犯または廃止を防御するための制裁規定[条項].
sanctitās -ātis, *f* [*sanctus¹*] **1** 神聖, 不可侵. **2** 敬虔. **3** 高潔, 純潔.
sanctitūdō -dinis, *f* [*sanctus¹*] **1** 神聖. **2** 高潔, 純潔.
sanctor -ōris, *m* [*sancio*] (法の)制定者.
sanctuārium -ī, *n* [*sanctus¹*] **1**° 聖所, 神殿. **2** (王の)私室.
sanctum -ī, °*n* [↓] 聖所: ~ [*sancta*] *sanctorum* (VULG) 至聖所.
sanctus¹ -a -um, *adj* (*pp*) [*sancio*] **1** 神聖な, 聖なる. **2** 犯されない, 不可侵の. **3** 高潔な, 純潔な.
sanctus² -ī, °*m* 聖人, 聖徒.
Sancus, Sangus -ī, *m* サンクス (⇨ *Semo*).
sandaliārius¹ -a -um, *adj* [*sandalium*] サンダル(屋)の.
sandaliārius² -ī, *m*,《碑》サンダル屋.
sandaligerula -ae, *f* [↓/*gero*] (女主人の)サンダルを持ち運ぶ女奴隷.
sandalium -ī, *n* [*Gk*] (つま先がおおわれた)サンダル.
sandapila -ae, *f* (貧民の)粗末な棺架.
sandaraca -ae, *f* [*Gk*] **1** 〖鉱〗鶏冠石. **2** 蜂パン. **3**° 〖薬〗サンダラック《樹脂の一種》.
sandyx -ўcis, *f* 辰砂(しん)ぞ); 朱, 紅.

580

sānē *adv* [sanus] **1** 理性的に, 冷静に. **2** 確かに, 本当に. **3** 非常に, 全く: ~ *quam* (Cɪᴄ) 全く, 断然, はなはだ / *non* [*haud*] ~ (Cɪᴄ) あまり…でない. **4** (返答て)もちろん, いいとも. **5** (譲歩的に)なるほど, いかにも, とはいえ.

sānēscō -ere, *intr inch* [sanus] 治る, 回復する.

Sangarius -ī, *m* =Sagaris.

sanguen -guinis, *n* 《古形》=sanguis.

sanguinālis -is -e, *adj* [sanguis] 血の: *herba* ~ (Cᴏʟ)【植】=polygonus《止血薬として用いられた》.

sanguinārius -a -um, *adj* [sanguis] **1** 血の. **2** 血に飢えた, 残忍な.

sanguinātiō -ōnis, *f* [sanguino] 出血.

sanguineus -a -um, *adj* [sanguis] **1** 血の. **2** 血によごれた, 血まみれの. **3** 血のように赤い, 深紅色の.

sanguinō -āre -āvī -ātum, *intr* [sanguis] **1** 出血する. **2** 血に飢えている.

sanguinolentia -ae, *f* [↓] 充血.

sanguinolentus -a -um, *adj* [sanguis] **1** 血によごれた, 血まみれの. **2** 血のように赤い, 深紅色の. **3** 血に飢えた, 残酷な.

sanguinōsus -a -um, °*adj* [↓] 多血質の.

sanguis -guinis, *m* **1** 血, 血液. **2** 流血. **3** 活力, 血気. **4** 血統, 生まれ, 家系; 血縁, 子, 子孫.

sanguisūga -ae, *f* [↑/sugo]【動】ヒル(蛭).

Sangus -ī, *m* =Sancus.

saniēs -ēī, *f* [*cf* sanguis] **1** (傷口からにじみ出る)膿(う), 腐敗した血, 血糊. **2** (ヘビの)毒液, (イヌの)よだれ, (焼く肉の)肉汁, (ソースにする)魚汁などの液汁.

sānifer -fera -ferum, °*adj* [sanus/fero] 健康をもたらす, いやす.

sānitās -ātis, *f* [sanus] **1** 健康. **2** (精神の)正常, 健全. **3** (文体の)適正, 純正.

sāniter *adv* [sanus] 理性的に.

sanna -ae, *f* [*Gk*] あざわらい, 冷笑.

sanniō -ōnis, *m* [↑] おどけ者, 道化師.

sānō -āre -āvī -ātum, *tr* [sanus] **1** (病人・病気・傷などを)治療する, 治す, 健康にする. **2** (心の痛手・苦しみなどを)癒(ゃ)す. **3** (好ましくない状況を)正す, 直す; (損害を)埋め合わせる.

Sanquālis -is -e, *adj* Sancus の: *avis* ~ (Pʟɪɴ)【鳥】ヒゲワシ.

Sanquīnius -ī, *m* サンクゥイーニウス《ローマ人の氏族名》.

Santonēs -um, **Santonī** -ōrum, *m pl* サントネース《Aquitania にいた一部族》.

Santonicus -a -um, *adj* Santones 族の: *herba Santonica* (Cᴏʟ)【植】ミブヨモギ.

santonīnum -ī, °*n*【薬】サントニン《駆虫薬; ミブヨモギから得られる》.

Santra -ae, *m* サントラ《Varro とほぼ同時代の文法家(前50頃)》.

sānus -a -um, *adj* **1** 健康な. **2** そこなわれていない, 無傷の. **3** (精神的に)正常な, 正気の, 健全な. **4** (文体が)適正な.

sanxī *pf* ⇨ sancio.

sapa -ae, *f* $^2/_3$ または $^1/_3$ に煮つめた)ぶどう酒.

Sapaeī -ōrum, *m pl* [*Gk*] サパエイー, *サパイオイ《Thracia の一部族》.

sapere *inf* ⇨ sapio.

saphēna -ae, °*f*【解】伏在静脈.

sapidus -a -um, °*adj* [sapio] **1** おいしい, 風味のよい. **2**° 分別のある, 賢明な.

sapiens[1] -entis, *adj* (*prp*) [sapio] 分別のある, 賢明な.

sapiens[2] -entis, *m* **1** 分別のある人. **2** 賢人, 哲人: *septem sapientes* (Cɪᴄ)《ギリシアの)七賢人.

sapienter *adv* [sapiens[1]] 賢明に.

sapientia -ae, *f* [sapiens[1]] **1** 知恵, 分別. **2** 英知: *doctores sapientiae* (Tᴀᴄ) 哲学者たち.

sapientiālis -is -e, °*adj* [↑] 知恵の.

sapientipotens -entis, *adj* [sapiens[1]/potens] 知恵にすぐれた.

sapiī *pf* ⇨ sapio.

sapiō -pere -pīvī [-piī], *intr* (*tr*) **1** 味がする; 匂いがする. **2** 味がわかる. **3** 分別[判断力]がある.

Sāpis -is, *m* サーピス《Gallia Cispadana の川》.

sapīvī *pf* ⇨ sapio.

sāpō -ōnis, *m* 《髪を染めるのに用いられる)シャボン: ~ *medicatus*【薬】薬用石鹸.

sāpōnārius -a -um, °*adj* [↑]【碑】毛染め剤または髪油の.

sāpōnātum -ī, °*n* [sapo] (泡立った)石鹸水.

sapor -ōris, *m* [sapio] **1** 味, 風味. **2** 赴き, 特色: *homo sine sapore* (Cɪᴄ) 無味乾燥な人. **3** 味覚. **4** 匂い, 香り.

sapōrātus -a -um, *pp* ⇨ saporo.

sapōrō -āre -āvī -ātum, °*tr* [sapor] 味をよくする, 風味を添える.

sapōrus -a -um, °*adj* [sapor] 味のよい, 風味のある.

Sapphicus -a -um, *adj* Sappho の: *Sapphica Musa* (Cᴀᴛᴜʟ) =Sappho《10人目の Musa に数えて》.

sapphīrinus -a -um, °*adj* [*Gk*] サファイアの, 青玉の: *lapis sapphirina* (Vᴜʟɢ) サファイア.

sapphīrus, sappīrus -ī, *f* [*Gk*] サファイア, 青玉.

Sapphismus -ī, °*m* [↓] (女性間の)同性愛.

Sapphō -ūs, *f* [*Gk*] サッポー《Lesbos 島に生まれたギリシアの女流抒情詩人(前600頃)》.

sappīneus -a -um, *adj* [↓] トウヒの.

sappīnus -ī, *f*【植】トウヒ.

sapraemia -ae, °*f*【病】腐敗血症.

saprophagō -ere, *intr* [*Gk*] いかもの食いをする.

sarabāra, -balla -ae, °*f* [*Gk*] (東方で着用された)広ズボン.

Saracēnī -ōrum, °*m pl* サラケーニー, ''サラセン人《Arabia Felix にいた遊牧民》.

sarca -ae, *f* [*Gk*]【碑】肉, 肉体.

sarcasmos, -us -ī, °*m* [*Gk*] あざけり, 皮肉.

sarcīmen -inis, *n* [sarcio] 縫い目.

sarcina -ae, *f* [sarcio] **1** (運ぶための)包み, 束. **2** (土地・家屋以外の)所有物, 家財. **3** 荷, 荷物; 重荷, 責任, 負担.

sarcinālis -is -e, °*adj* =sarcinarius[1].

sarcinārius[1] -a -um, *adj* [sarcina] 荷物の.

sarcinārius[2] -ī, °*m* 運搬人.

sarcinātor[1] -ōris, *m* [sarcio] (服の)修繕屋.
sarcinātor[2] -ōris, °*m* [sarcina] 荷物番.
sarcinātrix[1] -īcis, *f* [sarcinator[1]] (服の)修繕屋《女性》.
sarcinātrix[2] -īcis, °*f* [sarcinator[2]] 荷物番《女性》.
sarcinātus -a, -um, *adj* [sarcina] 荷を負った[積んだ].
sarcinōsus -a, -um, *adj* [sarcina] 重荷を負った.
sarcinula -ae, *f dim* [sarcina] 1 (小さな)荷物, 束. 2 (*pl*) 所持品, 手まわり品.
sarciō -īre sarsī sartum, *tr* 1 繕う, 修繕する. 2 埋め合わせる, 償う.
sarcion -ī, *n* [*Gk*] エメラルドの瑕疵(きず).
sarcolemma -ae, °*f* [解] 筋線維鞘.
sarcōma -atis, °*n* [*Gk*] [病] 肉腫.
sarcophagus[1] -a -um, *adj* [*Gk*] *lapis* ~ (Plin) 石灰岩《死体を分解すると考えられ, 石棺に用いられた》.
sarcophagus[2] -ī, *m*, -**um**, -ī, *n* 石棺, 墓石.
sarculātiō -ōnis, *f* [sarculum] (鍬による)除草.
sarculō -āre -āvī -ātum, °*tr* [↓] (鍬で)除草する.
sarculum -ī, *n* [sario] (除草用の)鍬(くわ).
sarda[1] -ae, *f* [Sardus] [魚] イワシの類.
sarda[2] -ae, *f* [*cf*. sardonyx] [鉱] 紅玉髄.
Sarda -ae, *f* [Sardus] Sardinia 島の女.
Sardanapālus, -pallus -ī, *m* サルダナパールス《Assyria 最後の王; 巨富と淫蕩で有名》.
Sardēs, -is -ium, *f pl* [*Gk*] サルデース, *-ディス《Lydia の首都》.
Sardī -ōrum, *m pl* [*Gk*] Sardinia 島の住民.
Sardiānus -a -um, *adj* Sardes の.
Sardinia -ae, *f* サルディニア《イタリア半島の西方, Corsica 島の南にある地中海第2の大島》.
Sardiniensis -is -e, *adj* Sardinia 島の.
sardius -ī, °*m* [*Gk*] [鉱] 紅玉髄.
Sardonius -a -um, *adj* =Sardus: *Sardonia herba* 《植》キンポウゲ属の植物.
sardonychātus -a -um, *adj* [↓] 紅縞瑪瑙で飾られた.
sardonyx -ychis [-ychos], *m f* [*Gk*] [鉱] 紅縞瑪瑙(べにしまめのう).
Sardōus -a -um, *adj* [*Gk*] =Sardus.
Sardus -a -um, *adj* Sardinia (人)の.
sargus -ī, *m* [*Gk*] [魚] タイ科の魚.
sāriō, sarriō -īre -ruī [-rīvī], *intr, tr* 鍬(くわ)を入れる, 除草する.
sarīsa, sarissa -ae, *f* [*Gk*] (Macedonia の)長い槍.
sarīsophorus, sarisso- -ī, *m* [*Gk*] (Macedonia の)槍兵.
sārīvī *pf* ⇨ sario.
Sarmatae -ārum, *m pl* [*Gk*] サルマタエ, *-タイ《黒海の北方にいた遊牧民》.
Sarmatia -ae, *f* [*Gk*] サルマティア(-)《Sarmatia 人の国》.
Sarmaticē *adv* [↓] Sarmatae 人の言語で.
Sarmaticus -a -um, *adj* Sarmatae 人の, Sarmatia の.
Sarmatis -idis, *adj f* Sarmatia の.

sarmentum -ī, *n* [sarpo] 1 (特にブドウの)若枝. 2 (*pl*) 切り枝, しば.
Sarnus -ī, *m* サルヌス《Campania の川; 現 Sarno》.
Saronicus -a -um, *adj* [*Gk*] *sinus* ~ サロニークス(*-コス)湾《Attica と Peloponnesus 半島の間の湾》.
Sarpēdōn -onis, *m* [*Gk*] [伝説] サルペードーン《Juppiter と Europa の息子で Lycia の王; Troja 戦争で Patroclus に殺された》.
sarpō -ere sarptum, *tr* 刈り込む, 剪定(せんてい)する.
sarptus -a -um, *pp* ⇨ sarpo.
Sarra -ae, *f* サッラ《Tyrus の古名》.
sarrācum -ī, *n* =serracum.
Sarrānus -a -um, *adj* 1 Sarra の, Phoenicia の. 2 Carthago の. 3 紫色の, Tyrus の紫で染めた.
Sarrastēs -ium, *m pl* サッラステース《Sarnus 河畔に住んでいたと伝えられる一部族》.
sarriō -īre, *intr, tr* =sario.
sarsī *pf* ⇨ sarcio.
sarta -ōrum, *n pl* [sartus] *sarta tecta* (Liv) (建造物の)修繕, 補修; 良好な状態.
sartāgō -ginis, *f* 1 フライパン. 2 寄せ集め, ごたまぜ.
sartē *adv* [sartus] そこなわれずに.
sartor[1] -ōris, °*m* [sarcio] (服の)修繕屋.
sartor[2] -ōris, *m* [sario] (鍬で)除草する人.
sartōrius[1] -ī, °*m* [sartor[1]] [解] 縫工筋.
sartōrius[2] -a -um, *adj* [sario] (鍬による)除草の.
sartūra[1] -ae, *f* [sarcio] 修繕した[繕った]部分.
sartūra[2] -ae, *f* [sario] (鍬による)除草.
sartus -a -um, *adj* (*pp*) [sarcio] 修繕された: *sartus (et [ac]) tectus* (Cic) (建造物が)風雨を通さない; 手入れが行き届いた.
sāruī *pf* ⇨ sario.
Sāsōn(is) -ōnis, *f* [*Gk*] サーソーン《Illyria 沖の小島》.
sat *n*, *adv* =satis.
sata -ōrum, *n pl* (*pp*) [sero[2]] 1 作物. 2 (一般に)植物, 草木. 3 [詩] 子孫.
satagitō, sat agitō, satis agitō -āre, *intr freq* [↓] 手いっぱいである, 大忙しである《+*gen*》.
satagō, sat agō, satis agō -ere -ēgī -actum, *intr* 1 手いっぱいである《+*gen*》. 2 じたばたする, 大騒ぎする. 3 難儀する, せっぱ詰まっている. 4 借金を払う.
Satan, Satanās *indecl* °*m* [*Gk*<*Heb*.] サタン, 悪魔.
satelles -itis, *m*, *f* 1 護衛, 親衛(兵). 2 侍従, 従者. 3 仲間, 支持者. 4 共犯者.
satiābilis -is -e, °*adj* [satio[1]] 1 満腹[満足]させる. 2 満腹[満足]できる.
satianter *adv* [satio[1]] たっぷり, 飽きるほど.
satiās -ātis, *f* [satis] 1 十分, 豊富. 2 飽満, 飽きあきすること: *ad satiatem* (Lucr) おびただしく.
satiātē °*adv* [↓] 十分に, 飽きるほど.
satiātus -a -um, *pp* ⇨ satio[1].
Satīcula -ae, *f* サティークラ《Campania との境界に近い Samnium の町》.
Satīculānus -a -um, *adj* Saticula の. **Satīculānī** -ōrum, *m pl* Saticula の住民.

Satĭculus -ī, *m* Satīcula 人.

satĭēs -ēī, *f* [satis] 腹いっぱい, たらふく; 飽きあきすること.

satĭĕtās -ātis, *f* [satis] **1** 十分, 豊富. **2** たらふく食べること, 満腹. **3** 飽満: *ad satietatem* (Liv) 飽きあきするほど.

satillum -ī, *n dim* [satis] 少量.

satin, satine =satisne (⇨ satis, -ne).

satĭō[1] -āre -āvī -ātum, *tr* [satis] **1** 満腹させる, 渇きをいやす. **2** いっぱいにする. **3** (人・欲望などを)満足させる. **4** 飽きあきさせる, うんざりさせる.

satĭō[2] -ōnis, *f* [sero[2]] **1** 種まき, 植え付け. **2** (*pl*) 種をまいた畑, 耕作地.

satira -ae, *f* =satura 2, 3.

satirĭcus -a -um, °*adj* [↑] 諷刺の.

satis, sat *indecl n, adv* **I** (*n*) 十分 ⟨+*gen*⟩: ～ *superque* (Cic) 十二分(なもの) / ～ *temporis* (Cic) 十分な時間 / ～ *est* ⟨+*inf*; si⟩ (Cic) …すれば十分だ / ～ *habeo* ⟨+*inf*; quod⟩ (Caes; Liv) …することを十分と考える / ～ *accipio* (Plaut) 担保[保証]を取る / ～ *agito* =satagito / ～ *ago*=satago / ～ *do*=satisdo / ～ *facio*=satisfacio. **II** (*adv*) 十分に, まったく, 確かに.

satisacceptĭō, satis acceptĭō -ōnis, *f* 担保を取ること.

satisdatĭō, satis datĭō -ōnis, *f* [satisdo] 保証[担保]をつけること.

satisdătō *adv* (*abl*) [satisdo] 保証をつけて.

satisdător -ōris, °*m* [↓] 保証人.

satisdō, satis do -āre -edī -ătum, *intr* 保証[担保]をつける.

satisfăcĭō, satis făcĭō (-)facere (-)fēcī (-)factum, *intr* **1** 満足させる, 十分である ⟨+*dat*⟩. **2** 弁済する, 償う. **3** 謝る, 弁解する. **4** 保証する, 確信[納得]させる.

satisfăctĭō -ōnis, *f* [↑] **1**° 弁済, 賠償. **2** 弁解, 謝罪.

satisfactĭōnālis -is -e, °*adj* [↑] 弁解の, 謝罪の.

satisfactus -a -um, *pp* ⇨ satisfacio.

satisfēcī *pf* ⇨ satisfacio.

satisfĭt -fierī -factum est, *intr* (satisfacio の *pass* として *impers* で用いられる).

satĭus *adv comp* [satis] よりよく, 望ましく: ～ *est* ⟨+*inf*; +*acc c. inf*⟩ よりよい, 望ましい.

satō -āre -āvī, °*tr freq* [sero[2]] (いつも)種をまく.

sător -ōris, *m* [sero[2]] **1** 種をまく人, 植え付ける人. **2** 創始者, 始祖.

satrăpēs, -a -ae, *m* [Gk<Pers.] (ペルシアの)地方総督, 守護.

satrăpīa, -ēa -ae, *f* [Gk] 太守の職[管区].

Satrĭcānī -ōrum, *m pl* Satricum の住民.

Satrĭcum -ī, *n* サトリクム《Latium の町》.

satullus -ī, *m adj dim* [satur] 満腹した.

satum -ī, °*n* [Gk] (ユダヤ人の)乾量単位 (=約1.5 modii).

satur -ura -urum, *adj* [*cf.* satis] **1** 満腹した ⟨+*abl* [*gen*]⟩. **2** 肥沃な, 実り豊かな. **3** 湿った. **4** 濃い[深い]色の, 濃い[深い]色に染められた. **5** (話題が)内容豊富な.

satŭra -ae, *f* [↑] **1** いろいろな食材を煮込んだシチュー, ごまぜ煮: *per saturam* (Liv) ひとまとめにして. **2** 雑録(さまざまなテーマの散文・韻文から成る). **3** 諷刺(詩): ～ *quidem tota nostra est* (Quint) 諷刺詩はまったくわれわれ(ローマ人)の(創意になる)ものだ / *difficile est saturam non scribere* (Juv) 諷刺詩を書かずにいるのは難しい.

Satŭrae palūs *f* サトゥラの湖《Latium の湖》.

satŭrāmen -minis, °*n* [saturo] (食物の)満足させること.

satŭranter °*adv* [saturo] 十分に.

satŭrātĭō -ōnis, °*f* [saturo] **1** 満足させること; 満腹. **2**《化》飽和.

satŭrēia -ae, *f* 《植》キダチハッカ.

Satŭrēiānus -a -um, *adj* ⁼ Saturum (Tarentum 近くの地名)の, Tarentum の.

satŭric- ⇨ satyric-.

satŭrĭtās -ātis, *f* [satur] **1** 満腹, 飽満. **2** 豊富, 充満. **3** (鳥の)糞(ふん).

Sāturnālĭa -iōrum, (*dat & abl* -ibus), *n pl* Saturnus の祭典《12 月 17 日頃に行なわれた収穫祭》.

Sāturnālĭcĭus -a -um, *adj* Saturnalia の.

Sāturnĭa -ae, *f* **1** Saturnus の娘 (=Juno). **2** サートゥルニア《(1) Saturnus が Capitolium の丘に建てたという町の名. (2) Etruria の町》.

Sāturnĭgena -ae, °*m* [Saturnus/gigno] Saturnus の息子 (=Juppiter).

Sāturnīnus -ī, *m* サートゥルニーヌス《ローマ人の家名; 特に *L. Apuleius* ～ (⇨ Apuleius)》.

sāturnismus -ī, °*m* [Saturnus] 鉛中毒.

Sāturnĭus[1] -a -um, *adj* Saturnus の: *Saturnia terra* (Ov) =Latium / *stella Saturnia* (Cic) 土星 / *versus* ～ (Varr) サートゥルヌス詩《ギリシア詩の影響を受ける以前の初期ラテン詩体》.

Sāturnĭus[2] -ī, *m* Saturnus の息子《Juppiter, Pluto, Neptunus のいずれか》.

Sāturnus -ī, *m* **1**《神話》サートゥルヌス《農耕の神; Juppiter の父; Juppiter 以前の黄金時代の主神; ギリシア神話の Cronos に当たる》. **2**《天》土星.

satŭrō -āre -āvī -ātum, *tr* [satur] **1** 満腹[飽食]させる. **2** 満足させる; 飽きあきさせる. **3** 浸す, しみ込ませる; 染める. **4** (川などが土地を)潤(うるお)す.

sătus[1] -a -um, *adj* (*pp*) [sero[2]] …から生まれた ⟨+*abl*; de [ab] alqo⟩.

sătus[2] -ūs, *m* **1** 種まき, 植え付け. **2** 種, 苗. **3** 生まれ, 素姓(すじょう).

sătyrĭāsis -is, °*f* [Satyrus]《病》男子色情症.

sătyrĭcōs °*adv* [Gk] 諷刺的に, 皮肉に.

sătyrĭcus, satŭr- -a -um, *adj* [Gk] **1** Satyrus のような. **2** サテュロス劇の.

Sătyriscus -ī, *m dim* [Gk] 幼い Satyrus.

Sătyrus -ī, *m* [Gk] **1**《神話》サテュルス, *-ロス《山羊の脚・馬の尾をもつ半人半獣の好色な森の神; Dionysus の従者; ローマ神話の Faunus に当たる》. **2** (*pl*) サテュロス劇. **3** サルの一種.

saucaptis -idis, *f* 《架空の》香辛料.

saucĭātĭō -ōnis, *f* [↓] 傷つけること.

saucĭō -āre -āvī -ātum, *tr* [↓] **1** 傷つける, 負傷させる. **2** (鋤(すき)で)すく, (すいて)うねを立てる.

saucius -a -um, *adj* 1 傷ついた, 負傷した. 2 傷心の, 打ちひしがれた. 3 ほろ酔いの, 一杯機嫌の.
Saufēius -ī, *m* サウフェイユス《ローマ人の氏族名》.
saura -ae, *f* [*Gk*]《動》トカゲの一種.
saurion -ī, *n* [*Gk*] カラシ(芥子).
saurix, sōrix -icis, °*m*《動》フクロウの一種.
Sauromatae -ārum, *m pl* =Sarmatae.
saurus -ī, *m* [*Gk*]《魚》マアジ.
sāvi- ⇨ suavi-.
Savō[1] -ōnis, *f* サウォー《Liguria の沿岸の町; 現 Savone》.
Savō[2] -ōnis, *m* サーウォー《Campania の川》.
Saxa Rubra ⇨ ruber.
saxātilis[1] -is -e, *adj* [saxum] 岩間に住む.
saxātilis[2] -is, *m* 岩間に棲息する魚.
saxētum -ī, *n* [saxum] 石ころだらけの土地.
saxeus -a -um, *adj* [saxum] 1 石の, 岩の. 2 岩の多い. 3 岩のような. 4 無情な, 冷酷な.
saxicola -ae, °*m* [saxum/colo[2]] 石を拝む者, 偶像崇拝者.
saxifer -era -erum, *adj* [saxum/fero] 石を運ぶ[投げる].
saxificus -a -um, *adj* [saxum/facio] 石に変える, 石化させる.
saxifraga -ae, *f*, **-um** -ī, *n* [↓]《植》1 アジアンタム属のシダ. 2 ユキノシタ.
saxifragus -a -um, *adj* [saxum/frango] 岩を砕く.
saxitās -ātis, °*f* [saxum]《医》硬結, 硬化.
Saxonēs -um, °*m pl* サクソネース, サクソン族《Germania 北部にいたゲルマン民族で 5-6 世紀に Britannia へ移住した》.
Saxonia -ae, °*f* サクソニア《Saxones 族の故国》.
saxōsus -a -um, *adj* [saxum] 1 岩の多い. 2 (植物が)岩場に生える.
saxulum -ī, *n dim* [↓] (小さな)岩.
saxum -ī, *n* 1 石, 岩. 2 Tarpeia の岩 (⇨ Tarpeius[2]). 3 Remus が鳥占いを行なったという Aventinus 丘の岩.
saxuōsus -a -um, *adj* 岩の多い.
S.C.《略》=senatus consultum (元老院決議).
scabellum, -billum -ī, *n* [scamnum] 1 (低い)腰掛け, 足台. 2 (カスタネットに似た)足で踏んで鳴らす楽器.
scaber -bra -brum, *adj* [scabo] 1 かさかさした, かさぶただらけの. 2 でこぼこの, ざらざらした.
scabī *pf* ⇨ scabo.
scabidus -a -um, °*adj* [↓] 疥癬にかかった, かさぶただらけの.
scabiēs -ēī, *f* [scabo] 1 疥癬(ホ⟨ム⟩), かさぶた. 2 ざらざらしていること. 3 むずむずするようなものほしさ.
scabillum -ī, *n* =scabellum.
scabiō -āre -āvī, °*intr* [scabies] かゆい.
scabiōsus -a -um, *adj* [scabies] 1 疥癬にかかった, かさぶただらけの. 2 ざらざらした. 3 かびた.
scabitūdō -dinis, *f* [scabies] むずがゆいこと; いらいらすること.
scabō -ere -bī, *tr* かく, こする.
scabrātus -a -um, *adj* [scaber] ぎざぎざした.

scabrēdō -dinis, °*f* [scaber] 疥癬, かさぶた.
scabreō -ēre, *intr* [scaber] ざらざら[ごつごつ]している.
scabridus -a -um, °*adj* [scaber] ざらざらした.
scabritia -ae, **-ēs** -ēī, *f* [scaber] 1 ざらざらしていること. 2 疥癬, 皮癬.
Scādināvia, Scāti-, Scandi- -ae, *f* スカーディナーウィア《ユトランド半島の北にあると考えられた大島; 現 Scandinavia》.
scaena -ae, *f* [*Gk*] 1 舞台. 2 背景. 3 演技, 芝居. 4 活動の舞台[領域]. 5 わざとらしさ, 芝居がかったしぐさ. 6 見せかけ, ふり. 7 (事件・できごとの)周囲の状況.
scaenālis -is -e, °*adj* [↑] 舞台の, 劇場の.
scaenārius -a -um, °*adj* [scaena] 舞台の, 劇場の.
scaenāticus -a -um, *adj* =scaenicus[1].
scaenica -ae, °*f* [scaenicus[2]] 女優.
scaenicus[1] -a -um, *adj* [scaena] 舞台の, 演劇の.
scaenicus[2] -ī, *m* 俳優, 役者.
Scaeus -a -um, *adj* [*Gk*] *porta Scaea*=*portae Scaeae* (VERG) スカエア(*スカイア)門《Troja 城の大西門》.
scaeva[1] -ae, *f* [scaevus] 1 左側. 2 予兆.
scaeva[2] -ae, *m* 左利きの人.
Scaeva -ae, *m* スカエウァ《ローマ人の家名》.
scaevitās -ātis, *f* [scaevus] 1 意地の悪いこと, つむじまがり. 2 不運.
Scaevola -ae, *m* スカエウォラ《Mucia 氏族に多いローマ人の家名》.
scaevus -a -um, *adj* 1 左の, 左側の. 2 不運な, 不吉な. 3 無器用な, へまな.
scafium -ī, *n* =scaphium.
scālae -ārum, *f pl* [scando] 1 はしご;《軍》攻城ばしご. 2 階段.
scālāris -is -e, *adj* [↑] はしごの.
Scaldis -is, *m* スカルディス《Gallia Belgica の川; 現 Schelde》.
scalēnus -a -um, °*adj* [*Gk*] 1 (三角形が)不等辺の. 2《解》斜角筋の.
scalmus -ī, *m* [*Gk*] 櫂栓(ホã⟨ミ⟩), オール受け.
scalpellum -ī, *n dim* [scalprum] (外科用の)小刀, メス.
scalpō -ere -psī -ptum, *tr* 1 ひっかく, かく; くすぐる. 2 彫る, 刻む, 彫刻する.
scalprum -ī, *n* [↑] 小刀, ペンナイフ《葦(ホ)のペン先をとがらせる》; のみ.
scalpsī *pf* ⇨ scalpo.
scalptor -ōris, *m* [scalpo] 彫刻家, (宝石の)彫り師.
scalptōrium -ī, *n* [scalpo] 背中をかく道具, 孫の手.
scalptūra -ae, *f* [scalpo] 1 彫刻(術). 2 彫刻[細工]された装飾[模様].
scalptus -a -um, *pp* ⇨ scalpo.
scalpurriō -īre, *intr desid* [scalpo] (あちこち)かく.
Scamander, -drus -drī, *m* [*Gk*] スカマンデル, *-ドロス《Troas の川; Xanthus ともいう》.

Scamandrius -a -um, *adj* Scamander 川の.
scambus -a -um, *adj* [*Gk*] がにまたの.
scamma -atis, *n* [*Gk*] 1 格闘競技場. 2 格闘競技.
scammōnia -ae, *f* [*Gk*] 〔植〕スカモニア《ヒルガオ科》.
scamnum -ī, *n* 1 腰掛け, 足台. 2 (すき残した)うね. 3 (東西方向に測量した)地所の幅 (*cf.* striga).
scandalizō -āre -āvī -ātum, °*tr* [*Gk*] つまずかせる; 陥(おとしい)れる.
scandalum -ī, °*n* [*Gk*] 1 つまずきの石. 2 誘惑.
scandī *pf* ⇨ scando.
Scandināvia -ae, *f* =Scadinavia.
scandō -ere scandī scansum, *intr, tr* 1 登る, 上る, 乗る 〈in alqd; alqd〉. 2 (詩の)韻律を調べる.
scandula -ae, *f* 屋根板, こけら板.
scansilis -is -e, *adj* [scando] 1 登ることができる. 2 上昇する.
scansiō -ōnis, *f* [scando] 1 登ること. 2 (音声の)上昇. 3° (詩の)韻律分析.
scansus -a -um, *pp* ⇨ scando.
Scantiānus -a -um, *adj* mala Scantiana (CATO) リンゴの一品種.
Scantīnius -a -um, *adj* スカンティーニウス《ローマ人の氏族名》.
Scantius[1] -ī, *m* スカンティウス《ローマ人の氏族名》.
Scantius[2] -a -um, *adj* silva Scantia (CIC) Campania の森 / aquae Scantiae (PLIN) 前記の森の泉.
scapha -ae, *f* [*Gk*] 1 小舟. 2° 〔解〕舟状窩.
scaphārius -ī, *m* [↑] 〔碑〕小舟の船頭.
scaphē -ēs, *f* [*Gk*] お椀(わん)型の日時計.
scaphium, scafium -ī, *n* [*Gk*] 1 (舟形の)容器, 碗, 盃, 鉢. 2 しびん, おまる.
scaphō -ōnis, *m* [*Gk*] 帆脚索(ほづな).
scaphoīdeus -a -um, °*adj* 〔解〕舟状の.
Scaptensula -ae, *f* [*Gk*] スカプテンスラ, °*-テーシュレー*《Thracia の Abdera 付近の町; 銀山で有名》.
Scaptia -ae, *f* スカプティア《Latium の町》.
Scaptiensis -is -e, *adj* Scaptienses tribules (SUET) スカプティウス行政〔選挙〕区.
Scaptius -a -um, *adj* Scaptia の.
scapula -ae, *f* ブドウの一品種 (=vennuculus).
Scapula -ae, *m* スカプラ《Cornelia 氏族に属する家名》.
scapulae -ārum, *f pl* 1 〔解〕肩甲骨. 2 (一般に)肩, 背.
Scapulānus -a -um, *adj* Scapula の.
scāpus -ī, *m* [*cf.* scamnum] 1 茎, 軸. 2 (織機の)巻棒.
scarabaeus -ī, *m* [*Gk*] 〔昆〕甲虫.
scarīfātiō, scarīphātiō -ōnis, *f* [↓] こする〔引っかく〕こと, ひっかき傷, 切り込み.
scarīfō, scarīphō -āre -āvī -ātum, *tr* こする, 引っかく, 傷をつける.
scariō -ōnis, °*m* 1 夜警員. 2 捕吏.
scariola -ae, *f* 〔植〕キクヂシャ.
scarlātīna -ae, °*f* 〔病〕猩紅(しょうこう)熱.
Scarphēa -ae, *f* [*Gk*] スカルペーア, °*-ペイア*《(1) Locris の町. (2) エーゲ海の島》.
scarus -ī, *m* [*Gk*] 〔魚〕ブダイ科の魚.
scatebra -ae, *f* [scateo] (水の)ほとばしり, 噴出.
scatebrōsus -a -um, °*adj* [↑] ほとばしる水でいっぱいの.
scateō -ēre, **scatō** -ere, *intr* 1 ほとばしる, 噴出する. 2 群がる, あふれる 〈+*abl* [*gen*]〉. 3 (心)が沸き立つ, (胸)がいっぱいである.
Scatināvia -ae, *f* =Scadinavia.
scaturrex, scaturēx -rigis, *m* 噴泉.
scaturrīginōsus, scaturīginōsus -a -um, *adj* [↓] 噴泉の多い.
scaturrīgō, scaturīgō -ginis, *f* [↓] 噴泉.
scaturriō, scaturīō -īre, *intr* 1 噴出する. 2 あふれる.
scaurus -a -um, *adj* [*Gk*] えび足の.
Scaurus -ī, *m* スカウルス《Aemilia 氏族と Aurelia 氏族に属する家名》.
scazōn -ontis, *m* [*Gk*] 〔詩〕跛行(はこう)短長格詩《短長六歩格の最終脚が長長格となる; =choliambus》.
scelerātē *adv* [sceleratus] 非道に, 忌まわしく.
scelerātor -ōris, °*m* [scelero] 悪漢, 卑劣漢.
scelerātus -a -um, *adj* (*pp*) [scelero] 1 (場所)が呪われた, 罪にけがれた: vicus ~ (OV) Servius Tullius の娘 Tullia が父の屍を馬車で踏みにじったという Esquilinus 丘の街路 / campus ~ (LIV) 貞潔の誓いを破った Vestalis (Vesta の巫女(みこ)) が生き埋めにされたローマ市の Collina 門附近の場所. 2 (人・行動が)極悪な, 罪深い.
sceleritās -ātis, °*f* [scelus] (行為の)犯罪性.
scelerō -āre -āvī -ātum, *tr* [scelus] 罪で〔邪悪な行為で〕けがす, よごす.
scelerōsus -a -um, *adj* [scelus] 邪悪な, 罪深い.
scelestē *adv* [↓] 邪悪に, ひどいやり方で.
scelestus[1] -a -um, *adj* [scelus] 1 呪われた, 不幸な. 2 邪悪な, 罪深い.
scelestus[2] -ī, *m* 悪人.
sceletus -ī, *m* [*Gk*] 骸骨.
scelus -leris, *n* 1 呪い, 不幸. 2 犯罪, 悪行, 悪事. 3 悪漢, 悪党.
scēn- ⇨ scaen-.
Scēnītae -ārum, *m pl* [*Gk*] 天幕居住者たち《遊牧民の呼び名》.
scēnofactōrius -a -um, °*adj* 天幕作りの.
Scēpsis -is, *f* [*Gk*] スケープシス《Mysia の町》.
Scēpsius[1] -a -um, *adj* Scepsis の.
Scēpsius[2] -ī, *m* Scepsis 人 (=Metrodorus (4)).
sceptrifer -fera -ferum, *adj* [sceptrum/fero] 1 王笏を持っている. 2 王権を有する.
sceptriger -gera -gerum, *adj* [↓/gero] =sceptrifer.
sceptrum -ī, *n* [*Gk*] 1 王笏(おうしゃく). 2 王権, 主権.
sceptūchus -ī, *m* [*Gk*] (東方の)太守.
scheda -ae, *f* =scida.
schedia -ae, *f* [*Gk*] (即席で作った)いかだ舟.
schedium -ī, *n* [*Gk*] 即興詩〔演説〕.
schedula -ae, °*f dim* [scheda] 小さな紙葉.
schēma -atis [-atos], *n*, **-a** -ae, *f* [*Gk*] 1 服装,

身なり. **2** 形, 形状. **3** 姿勢, 身振り. **4** (修辞的)表現法.

schēmatismus -ī, m [Gk] 比喩の多い話し方.

Scheria -ae, f [Gk] 《伝説》スケリア(−)《Phaeaces人の島; 古代人は Corcyra 島のことと想像した》.

schidia -ae, f [Gk] 木くず, 削りくず.

schinus, -os -ī, °f [Gk] 《植》乳香樹.

schisma -atis, °n [Gk] 分離, 分裂.

schismaticus[1] -a -um, °adj [Gk] 分離の, 分裂の.

schismaticus[2] -ī, °m (教会)分離論者.

schistos -a -um, adj [Gk] 裂けた; 裂けやすい.

schistosōma -atis, °n pl 《動》住血吸虫.

schistosōmiāsis -is, °f 《病》住血吸虫症.

schizophrenia -ae, °f 《医》統合失調症.

Schoenēia -ae, f =Schoeneis.

Schoenēis -idis, f Schoeneus の娘(=Atalanta).

Schoenēius -a -um, adj Schoeneus の.

Schoeneus -ī, m [Gk] 《伝説》スコエヌウス, *スコイーイ《Boeotia の王; Atalanta の父》.

schoeniculus -ī, °m, adj dim [schoenus] (売春婦について)安物の香油を身体に塗った.

schoenobatēs -ae, m [Gk] 綱渡り芸人.

schoenus -ī, m [Gk] **1** 《植》(芳香のある)トウシンソウ, イグサ《ぶどう酒の香りづけ・安価な香油の原料として用いられた》. **2** (ペルシア・エジプト)の長さの単位(=30−40 stadii).

schola -ae, °f [Gk] **1** 講義, 説法; 論題. **2** 学校, 学園. **3** 門弟, 信奉者; 学派.

scholāris -is -e, °adj [↑] **1** 学校の. **2** (皇帝の)親衛隊の.

scholasticē °adv [scholasticus[1]] 修辞的に.

scholasticulus -ī, °m dim [↓] 学者; 文法家.

scholasticus[1] -a -um, adj [Gk] (修辞)学校の, 修辞学の.

scholasticus[2] -ī, m **1** 修辞学の教師[生徒]. **2**° 学者.

scia -ae, °f 《解》坐骨.

sciadeus -ī, m [Gk] 《魚》マス(鱒)の一種.

sciaena -ae, f [Gk] 《魚》sciadeus の雌.

Sciathos, -us -ī, f [Gk] スキアトス《Euboea 島の北の小島》.

sciatica -ae, °f 《病》坐骨神経痛.

scida -ae, f [Gk] **1** 紙葉をつくるパピルス(植物)の細片. **2** (書物の)一葉.

scidī pf ⇒ scindo.

sciens -entis, adj (prp) [scio] **1** (事実を)知っている. **2** 意識する[自覚]している. **3** 巧みな, 精通した <alcis rei>.

scienter adv [↑] **1** 故意に, 意識して. **2** 巧みに, 精通して.

scientia -ae, f [sciens] **1** 知っていること. **2** 知識, 心得. **3** 学識, 博識.

scientificus -a -um, °adj [↑/facio] 学問の, 学問的な.

scientiola -ae, °f dim [scientia] 生半可な[浅薄な]知識.

sciī pf ⇒ scio.

scīlicet adv [<scire licet; cf. videlicet, ilicet] **1** 確かに, 明らかに. **2** (返答で)もちろん. **3** つまり, すなわち.

scilla -ae, f [Gk] **1** 《植》カイソウ(海葱)《地中海地方産ユリ科の球根植物》. **2** 《動》エビの一種.

scillinus -a -um, adj [Gk] カイソウで風味を添えた.

scillītēs -ae, m [Gk] カイソウで風味を添えたぶどう酒[酢].

scīn' =scisne (喜劇に多い短縮形; ⇒ scio, -ne).

scincus, -os -ī, m [Gk] (アジア・アフリカ産の)トカゲの一種.

scindō -ere scidī scissum, tr **1** 切り離す, 割る. **2** (道を)切り開く. **3** (部分に)分ける. **4** 中断する, さえぎる. **5** 引き裂く, 引きちぎる: scindere crines (VERG) (悲しみの表現として)髪をかきむしる.

scinīphēs, -fēs -um, m pl [Gk] **1** 《昆》南京虫. **2**° 《昆》ブヨ.

scintilla -ae, f dim **1** 火花, 火の粉. **2** 兆し, 芽生え. **3** きらきら光る粒[斑点].

scintillātiō -ōnis, f [↓] (目の)ちらつき.

scintillō -āre -āvī -ātum, intr [scintilla] **1** 火花を発する[散らす]. **2** きらめく, 輝く.

scintillula -ae, °f dim [scintilla] (小さな)火花.

sciō -īre -īvī [-iī] -ītum, tr (intr) **1** 知っている <+ acc; de re; +acc c. inf>. **2** 精通している, 心得ている <alqd; +inf>: scire Graece (CIC) ギリシア語ができる.

sciolus -ī, °m dim [scius] 半可通, えせ学者.

sciothēricon -ī, n [Gk] 日時計.

sciothērum -ī, n [Gk] (日時計の)指時針, 日時計.

Scīpiadās, -ēs -ae, m Scipio 家の人.

scīpiō -ōnis, m [cf. sceptrum] 杖(特に犠牲用).

Scīpiō -ōnis, m スキーピオー《Cornelia 氏族に属する家名; 特に (1) P. Cornelius ~ Africanus (Major), 第 2 次 Poeni 戦争で Hannibal を破った(前 236?−184). (2) P. Cornelius ~ Aemilianus Africanus (Minor), 第 3 次 Poeni 戦争で Carthago を滅ぼした(前 185?−129)》.

Scīrōn -ōnis, m [Gk] スキーローン《(1)《伝説》Megara の海に近い街道に出没した追いはぎ; Theseus に殺された. (2) Sciron の絶壁 (saxa Scironia) から Attica 方面に吹く北西風. (3) Epicurus 学派の哲学者; Cicero と同時代》.

Scīrōnis -idis, adj f [Gk] Sciron の.

Scīrōnius -a -um, adj Sciron (1) の: saxa Scironia (MELA) Megara の海に面する絶壁.

scirpea -ae, f [↓] イグサで編んだ大きなかご.

scirpeus -a -um, adj [scirpus] イグサで編んだ[作った].

scirpiculus -ī, m dim [↓] イグサで編んだかご.

scirpus -ī, m 《植》イグサ, トウシンソウ(灯心草): nodum in scirpo quaerere (PLAUT) 灯心草に節(ﾌﾞｼ)を捜す(=むだな骨折りをする). **2** なぞ, 判じ物.

scirros -ī, m [Gk] 硬い腫瘍(ﾖｳ).

sciscitātiō -ōnis, f [scisctor] 質問, 尋ねること.

sciscitātor -ōris, m [↓] 調査する人, 検査官.

sciscitor -ārī -ātus sum, tr dep freq [↓] 質問する, 尋ねる; 調査[探究]する <alqd ex alqo; alqm de

re〉.

sciscō -ere scīvī scītum, *tr inch* [scio] **1** 知るようになる, 探知する, 弁知める. **2** (賛成の)投票をする, 可決する; 承認する〈alqd; ut, ne〉.

scissilis -is -e, *adj* [scindo] **1** 裂け[割れ]やすい. **2** (衣服が)ぼろぼろの.

scissim °*adv* [scindo] 裂けて, 引き裂かれて.

scissor -ōris, *m* [scindo] **1** 肉を切り分ける人. **2** 《碑》剣闘士の一種.

scissūra -ae, *f* [scindo] **1** 割れ目, 裂け目. **2** (川などの)分岐点. **3** 裂くこと.

scissus -a -um, *adj* (*pp*) [scindo] **1** 裂けた, 分かれた. **2** (声が)耳ざわりな.

scītāmenta -ōrum, *n pl* [scitus¹] **1** ごちそう, 珍味. **2** (文体上の)凝った工夫.

scītātiō -ōnis, °*f* [scitor¹] 質問, 尋ねること.

scītātor -ōris, °*m* [scitor¹] 知ろうとする[調べる]人.

scītē *adv* [scitus¹] じょうずに, 巧妙に.

scītor¹ -ārī -ātus sum, *tr dep freq* [scio] 知ろうとする, 尋ねる.

scītor² -ōris, °*m* [scio] 目きき, 鑑定人.

scītulē *adv* [↓] 手際よい, 巧みに; 優雅に.

scītulus -a -um, *adj dim* [scitus¹] きれいな, かわいい, 器量のよい.

scītum -ī, *n* (*pp*) [scisco] **1** 決定, 決議: *plebis* [*plebi*] ~ (Cic) 民会決議 (=plebiscitum); *cf.* senatūs consultum〉. **2** 布告, 法令.

scītus¹ -a -um, *adj* (*pp*) [scisco] **1** 精通[習熟]している〈alcis rei〉. **2** 巧妙な, みごとな. **3** 賢い, 利口な. **4** きれいな, かわいい.

scītus² -ūs, *m* (用例は *sg abl* のみ)決議: *plebis* [*plebi*] *scitu* (Cic) 民会決議により.

sciūrus -ī, *m* [Gk]《動》リス.

scius -a -um, *adj* [scio] **1** 知っている. **2** 精通[習熟]している〈re〉.

scīvī *pf* ⇨ scio, scisco.

sclēra -ae, °*f* 〖解〗(眼の)強膜.

sclērenchyma -atis, °*n* 〖植〗厚壁組織.

sclērītis -tidis, °*f* 〖病〗強膜炎.

sclērophytēs -ae, °*f* 〖植〗硬葉植物.

sclērōsis -is, °*f* [Gk] 〖医〗硬化(症).

sclērotium -ī, °*n* 〖植〗菌核.

scobis -is, *f* (*m*) [scabo] 削りくず, おがくず, こすり[かき]取られたもの.

Scodra -ae, *f* スコドラ(Illyria の町; 現 Shkodër).

Scodrēnsēs -ium, *m pl* Scodra の住民.

scola -ae, *f* =schola.

scolax -acis, °*m* ろうそく.

scōlex -ēcis, *m* [Gk]《植》**1** (ミミズの形に似た)緑青(ろくしょう). **2**°《動》(多節条虫類の)頭節.

scoliōsis -is, °*f* [Gk] 〖医〗(脊柱)側弯(症).

scolopax -acis, °*f* [Gk]《鳥》シギ.

scolopendra -ae, *f* [Gk]《動》**1** ムカデの一種. **2** ゴカイ.

scomber -brī, *m* [Gk]《魚》サバ(鯖).

scomma -atis, °*n* [Gk] 嘲弄, あざけり.

scopa¹ -ae, °*f* [Gk] 観察.

scōpae -ārum, *f pl*, **-a**² -ae, *f* **1** 若枝, 小枝. **2** ほうき.

scōpārius -ī, °*m* [↑] (ほうきで床を)掃く人.

Scopās -ae, *m* [Gk] スコパース《Paros 島生まれのギリシアの彫刻家(前4世紀)》.

scōpiō -ōnis, *m* [scopus²] (ブドウの房の)軸, 柄(え).

scōpō¹ -āre -āvī -ātum, °*tr* [scopae] (ほうきで)掃く, 掃除する.

scōpō² -ere, °*tr* [Gk] 調べる, 吟味する.

scopolamīna -ae, °*f* 〖薬〗スコポラミン.

scopulōsus -a -um, *adj* [↓] **1** 岩[崖]の多い; 岩礁(暗礁)の多い. **2** 危険な.

scopulus -ī, *m* **1** (海に突き出た)岩, 断崖, 岩礁. **2** (陸の)岩, 岩塊, 崖. **3** 難所, 危険.

scopus¹ -ī, °*m* [Gk] 標的.

scōpus² -ī, *m* =scopio.

scordalia -ae, *f* [↓] けんか.

scordalus -ī, *m* けんか好きな人.

scordion, -ium -ī, *n* [Gk]《植》ニガクサ属の植物.

Scordiscī -ōrum, *m pl* [Gk] スコルディスキー, *-コイ*《(1) Illyria の一部族. (2) Pannonia の一部族》.

scordiscus -ī, °*m* (革製の)鞍.

scordōtis -is, °*f* [Gk] =scordion.

Scordus -ī, *m* [Gk] スコルドゥス(Illyria の山脈).

scōria -ae, *f* [Gk] かなくそ, 鉱滓(こうさい).

scorpiō -ōnis, *m*, **scorpius, -os** -ī, *m* [Gk] **1**《動》サソリ. **2**《天・占星》さそり座. **3**《植》マウ属の植物. **4**《魚》カサゴ. **5** 投矢[投石]機.

scorpioctonon -ī, °*n* [Gk]《植》キダチルリソウ属の植物.

scorpion -ī, *n* [Gk]《植》トリカブト.

scortātiō -ōnis, °*f* =scortatus.

scortātor -ōris, *m* [scortor] 女郎買いをする人.

scortātus -ūs, *m* [scortor] 女郎買い, 女遊び.

scortea -ae, *f* [scorteus] (*sc. vestis*) 革製の外套.

scortēs *pl* (用例は *pl nom* のみ)陰嚢(いんのう).

scorteus -a -um, *adj* [scortum] **1** 革の, 革製の. **2** 革のような; しわくちゃの.

scortia -ae, °*f* [↑] (油を入れる)革袋.

scortillum -ī, *n dim* [scortum] (若い)娼婦.

scortīnus -a -um, *adj* [scortum] 革製の.

scortor -ārī, *intr dep* [scortum] **1** 娼婦を買う, 女遊びをする. **2** 娼婦のようにふるまう.

scortulum -ī, °*n dim* [↓] **1** 獣皮. **2** 若い娼婦.

scortum -ī, *n* **1** 獣皮. **2** 娼婦; 男娼.

Scōtī, Scottī -ōrum, °*m pl* スコーティー《(1) Caledonia (現 Scotland) 人. (2) Hibernia (現 Ireland) 人》.

scotia -ae, *f* [Gk] 〖建〗**1** (柱礎の深くえぐった)繰形(くりがた). **2** 軒蛇腹(のきじゃばら)に刻まれた溝.

Scōtia, Scottia -ae, °*f* Scoti 人の国.

Scōticus, Scotticus -a -um, °*adj* Scotia の.

scotōma -atis, °*n* [Gk] **1** めまい, 眩暈(げんうん). **2** 〖医〗(網膜上の)(視野)暗点.

Scotussa, -ūsa -ae, *f* [Gk] スコトゥッサ《(1) Thessalia の町. (2) Macedonia の町》.

Scotussaeī, -ūsaeī -ōrum, *m pl* Scotussa (2) の住民.

Scotussaeus, -ūsaeus -a -um, *adj* Scotussa

(1) の.

screātor -ōris, *m* [screo] 咳払いをする人.
screātus -ūs, *m* [↓] 咳払い.
screō -āre, *intr* 咳払いをする, (咳払いして)痰を出す.
scrība -ae, *m* [scribo¹] **1** 著者, 作者. **2** 書記官, 事務官. **3**°(ユダヤの)律法学者. **4**° 筆写者, 写字生.
scrībātus -ūs, °*m* [↑] 書記の職.
scrib(i)līta -ae, *f* チーズタルトの一種.
scrībō¹ -ere scripsī scriptum, *tr (intr)* **1** (線を)引く, (図を)描く. **2** (文字を)刻みつける; 記す, 書く. **3** 記録する. **4** 〚法〛 *dicam scribere alci* (PLAUT) ある人を告訴する. **5** 〚商〛(ある金額の)約束手形を切る; (元帳に金額・勘定を)記入する. **6** 登録する. **7** (文書で)指名する: *alqm heredem scribere* (CIC) ある人を相続人に指名する. **8** (文書で)規定する. **9** (法律を)立案する, (文書を)作成[起草]する. **10** (事実・意見などを文字に記して)述べる, 言う ⟨alqd; +acc c. inf; de re⟩. **11** 著述[著作]する. **12** (手紙を)書く, 書き送る ⟨ad alqm; alci⟩.
scrībō² -ōnis, °*m* **1** 書記. **2** 徴兵官.
Scrībōnia -ae, *f* スクリーボーニア《Augustus の最初の妻で Julia の母》.
Scrībōnius -ī, *m* スクリーボーニウス《ローマ人の氏族名; 特に (1) *C. ~ Curio*, Caesar の支持者. (2) *~ Largus*, Claudius 帝の Britannia 遠征に同伴した医者》.
scrīniārius -ī, °*m* [scrinium] 文書管理者.
scrīniolum -ī, *n dim* [↓] 小さな箱[容器].
scrīnium -ī, *n* (手紙・書類・筆記用具などを入れる)箱, (円筒形の)書巻入れ.
scripsī *pf* ⇨ scribo¹.
scriptiō -ōnis, *f* [scribo¹] **1** 書くこと. **2** 著述, 著作.
scriptitō -āre -āvī -ātum, *tr freq* [scribo¹] **1** (しばしば)書く. **2** (しばしば)作成する; 著作[著述]する. **3** (しばしば)手紙を書く.
scriptō -āre, *tr freq* =scriptito.
scriptor -ōris, *m* [scribo¹] **1** 書く人; 書記, 記録係. **2** (文書の)作成[起草]者. **3** 著述家, 著者: *~ rerum* (LIV) 史家.
scriptōrium -ī, °*n* [↓] **1** (蠟板用の)尖筆. **2** (修道院の)写本室, 文書室.
scriptōrius -a -um, *adj* [scribo¹] 筆記用の.
scriptula -ōrum, *n pl dim* [scriptum] duodecim scripta (⇨ scriptum 2) に使うゲーム盤に引かれた12本の線.
scriptulum -ī, *n* =scripulum.
scriptum -ī, *n (pp)* [scribo¹] **1** しるし, 記号. **2** 線: *duodecim scripta* (CIC) 12本の線を引いた盤で遊ぶチェッカーに似たゲーム. **3** 書かれたもの; 手紙. **4** 成文法, (契約・遺言などの)文書.
scriptūra -ae, *f* [scribo¹] **1** 書くこと. **2** 書かれたもの, 文書. **3** 字句, 文言. **4** 著述, 著作; 作品, 著作物. **5** 放牧税. **6**° 聖書; 聖書の文章[一節].
scriptūrābilis -is -e, °*adj* [↑] 書くことができる.
scriptūrārius¹ -a -um, *adj* [scriptura] 放牧税の.
scriptūrārius² -ī, *m* 放牧税徴収人.
scriptus¹ -a -um, *pp* ⇨ scribo¹.
scriptus² -ūs, *m* 書記官の職務.
scripulātim *adv* [↓] 1 scripulum ずつ.
scrīpulum, scrūpulum, scriptulum -ī, *n dim* [scrupulus] **1** 重量単位 (=¹⁄₂₄ uncia=¹⁄₂₈₈ libra). **2** ごくわずか, 微量.
scrobātiō -ōnis, *f* [scrobis] 〚碑〛(穴を掘って)木を植えること.
scrobiculus -ī, *m dim* [↓] (植樹・移植用の小さな)穴, 溝.
scrobis -is, *m, f* [↓] 穴, 溝, くぼみ. **2** 墓(穴).
scrōfa -ae, *f* (繁殖用の)雌豚.
scrōfinus -a -um, *adj* [↑] 雌豚の.
scrōfipascus -ī, *m* [scrofa/pasco] 雌豚を飼う人.
scrōfula -ae, °*f* [scrofa] 〚病〛腺病, 瘰癧(るいれき).
scrōfulōsis -is, °*f* [↑] 〚病〛腺病質.
scrōtālis -is -e, °*adj* [↓] 〚解〛陰囊の.
scrōtum -ī, *n* 〚解〛陰囊.
scrūpeus -a -um, *adj* [scrupus] **1** 岩の多い, ごつごつした. **2**° 困難な, 厄介な.
scrūpōsus -a -um, *adj* [↑] **1** 岩の多い, ごつごつした. **2** 困難な, 厄介な.
scrūpulōsē *adv* [scrupulosus] 細心に, 綿密に.
scrūpulōsitās -ātis, *f* [↓] 細心, 綿密.
scrūpulōsus -a -um, *adj* [scrupulus] **1** 岩の多い, ごつごつした. **2** 注意深い, 細心な, 綿密な.
scrūpulum -ī, *n* =scripulum.
scrūpulus -ī, *m dim* [↓] 心配事, 厄介な問題.
scrūpus -ī, *m* **1** とがった石. **2** 心配事.
scrūta -ōrum, *n pl* くず, がらくた.
scrūtanter °*adv* [scrutor] 綿密に, 詳細に.
scrūtātiō -ōnis, *f* [scrutor] **1** 捜索, くまなく調べること. **2** 詮索.
scrūtātor -ōris, *m* [scrutor] **1** 捜索者, くまなく調べる人. **2** 詮索[探究]する人.
scrūtātrix -īcis, °*f* [↑] 詳しく調べる人《女性》.
scrūtillus -ī, *m* [↑] 捜すこと, 捜索.
scrūtor -ārī -ātus sum, *tr dep* [scruta] **1** (場所・人を)くまなく捜す[調べる]: *domos scrutari* (CIC) 家(々)捜しする. **2** 吟味する, 探究する, 詮索する.
sculpō -ere -psī -ptum, *tr* [*cf.* scalpo] 彫る, 刻む, 彫刻する.
sculpōneae -ārum, *f pl* 木靴.
sculpōneātus -a -um, *adj* [↑] 木靴を履いている.
sculpsī *pf* ⇨ sculpo.
sculptile -is, °*n* [↓] 彫像, 偶像.
sculptilis -is -e, *adj* [sculpo] 彫刻された.
sculptor -ōris, °*m* [sculpo] 彫刻家.
sculptūra -ae, *f* [sculpo] **1** 彫刻(術). **2** 彫刻作品, 彫像.
sculptus -a -um, *pp* ⇨ sculpo.
Scultenna -ae, *f* スクルテンナ《Padus 川の支流》.
scurra -ae, *m* **1** しゃれ者, 遊び人, 粋人. **2** 道化.
scurrīlis -is -e, *adj* [↑] おどけた, 滑稽な.
scurrīlitās -ātis, *f* [↑] おどけ, 滑稽.
scurrīliter *adv* [scurrilis] おどけて, 滑稽に.
scurror -ārī -ātus sum, *intr dep* [scurra] 道化を

演ずる；居候(ｲｿｳﾛｳ)をする．
scūtāle -is, *n* [scūtum] 投石器の革ひも．
scūtārius¹ -a -um, °*adj* [scutum] 盾の．
scūtārius² -ī, *m* **1** 盾職人．**2**°(盾を持つ)近衛兵．
scūtātus¹ -a -um, *adj* [scutum] 盾を持った．
scūtātus² -ī, *m* 盾を持つ兵, 重装兵．
scutella -ae, *f dim* [scutra] 小さな浅い皿[盆]．
scutellum -ī, °*n dim* [scutum] **1** 〘昆〙小盾板．**2** 〘植〙(イネ科植物の)胚盤．
scutica -ae, *f* (懲罰用の)革むち．
scūtigerulus -ī, *m dim* [scutum/gero] 盾持ち奴隷．
scutra -ae, *f* 浅皿, 平鍋．
scutriscum -ī, *n dim* [↑] (小さな)浅皿, 平鍋．
scutula¹ -ae, *f* [Gk] (木製の転子(ｺﾛ)), ローラー．
scutula² -ae, *f dim* [scutra] **1** (小さな浅い)平皿．**2** 菱形(の物); 眼帯．
scutulāta -ōrum, *n pl* [↓] (*sc.* vestimenta) 市松模様の衣服．
scutulātus -a -um, *adj* [scutula²] 菱形の; 市松模様の．
scūtulum -ī, *n dim* [↓] (小さな)楯．
scūtum -ī, *n* (長方形の)楯．**2** 防備, 保護(手段)．
scybala -ōrum, °*n pl* [Gk] **1** 糞便, 排泄物．**2** 〘医〙兎糞．
Scylacē -ēs, *f* [Gk] スキュラケ〖Mysia の町〗．
Scylacēum, -īum -ī, *n* [Gk] スキュラケーウム, *-ケイオン〖Bruttii の東岸の町; Thurii と Squillace〗．
Scylacēus -a -um, *adj* Scylaceum の．
Scylla -ae, *f* [Gk] スキュッラ〖(1) Sicilia 島と Italia 本土の間の Siculum fretum (現 Messina 海峡)にある岩礁; その前方に Charybdis (渦巻)があった．(2) 〘神話〙(1)の擬人化された女性の怪物; 通りがかりの船から人をさらって, えじきにした．(3)〘伝説〙Megara の王 Nisus の娘; 父を裏切り, ciris と呼ばれる鳥に変えられた〗．
Scyllaeum -ī, *n* [Gk] スキュッラエウム, *-ライオン〖(1) Argolis の岬．(2) Scylla (1) 付近の Bruttii の岬〗．
Scyllaeus -a -um, *adj* Scylla の．
scymnus, -os -ī, *m* [Gk] 獣の子．
scyphus -ī, *m* [Gk] (二つの取っ手の付いた)大杯．
Scyrēis -idis [-idos], *f* Scyros 島の．
Scȳriades -um, *f pl* [↓] Scyros 島の女たち．
Scȳrias -adis, *adj f* Scyros 島の: ～ *puella* (Ov) =Deidamia.
Scȳrius -a -um, *adj* Scyros 島の: ～ *juvenis* (Sen) =Pyrrhus (Achilles の息子)．
Scȳros, -us -ī, *f* [Gk] スキューロス〖Euboea 島東方の島; 現 Skíros〗．
scytala -ae, *-ē* -ēs, *f* [Gk] **1**° スパルタ人が秘密の指示・命令を記すときに用いた棒〖それに巻きつけた革ひもに文字を書いてから, ほどいて送ると, 先方はまったく同じ形状の棒に巻きつけて読み取った〗, 秘密[暗号]文書．**2** ヘビの一種〖頭から尾まで太さが同じという〗．
Scythae -ārum, *m pl* (*sg* **Scytha, -ēs** -ae) [Gk] スキュタエ, *-タイ, ⁿスキタイ人〖黒海・カスピ海の北方にいた遊牧民〗．
Scythia -ae, *f* [Gk] スキュティア(-)〖Scythae 人の国〗．
Scythicus -a -um, *adj* Scythia の, Scythae 人の．
Scythis -idis [-idos], *f* =Scythissa.
Scythissa -ae, *f* Scythia の女．
Scytholatrōnia -ae, *f* [Scythia/latro²] スキュトラトローニア〖「Scythia の追いはぎ」の意; 喜劇で言及される架空の土地〗．
S.D. 〘略〙=salutem dicit (⇒ salus).
sē¹, sēsē *pron refl acc, abl* ⇒ sui¹.
sē², sēd¹ *prep* …なしに <+*abl*> (=sine).
sē- *pref* **1** 「…なしに」の意: securus, sedulus．**2** (動詞に付いて)「離れて」の意: secedo, sejungo.
sēbācium -ī, *n* [sebum] 獣脂ろうそく．
Sebastē -ēs, *f* [Gk] セバステー〖Samaria の町〗．
Sebastēnus -a -um, °*adj* Sebaste の．
Sebastīa -ae, *f* [Gk] セバスティーア, *-ティア〖Pontus の町〗．
Sebastiānus -ī, °*m* セバスティアーヌス〖ローマの軍人でキリスト教殉教者 (3 世紀末)〗．
Sēbēthis -idis, *adj f* Sebethos 川の．
Sēbēthos, -us -ī, *m* セーベートス〖Campania の川〗．
sēbō -āre, *tr* [sebum] (ろうそくの)獣脂に浸す．
sēborrhoea -ae, °*f* 脂漏(症)．
sēbum -ī, *n* **1** 獣の堅い脂肪; 獣脂．**2**°〘生理〙皮脂．
secābilis -is -e, °*adj* [seco] 切ることができる．
secale -is, *n* ライ麦．
sēcēdō -ere -cessī -cessum, *intr* [se-/cedo²] **1** 退く, 離れる <a [de] re>．**2** 離脱する, 関係を断つ．**3** 引退する, 引きこもる．
sēcernō -ere -crēvī -crētum, *tr* [se-/cerno] **1** 分ける, 離す (alqd a re)．**2** 取りのける, 取り除く．**3** 区別する．**4** 分割する．
secespita -ae, *f* [seco] (いけにえ用の)庖丁, 小刀．
sēcessī *pf* ⇒ secedo.
sēcessiō -ōnis, *f* [secedo] **1** (会議・相談のために持ち場などを)離れること, 退出．**2** 離脱, 断絶．
sēcessus¹ -a -um, *pp* ⇒ secedo.
sēcessus² -ūs, *m* **1** 退出; 引退, 隠遁．**2** 奥まった場所, 隠棲地．
sēcius *adv* =setius.
sēclūdō -ere -clūsī -clūsum, *tr* [se-/claudo²] **1** 切り離す, 隔離する, 遮断する．**2** (隔離して)閉じ込める, しまい込む．**3** 追い払う．
sēclūsī *pf* ⇒ secludo.
sēclūsus -a -um, *adj* (*pp*) [secludo] 隔離された, 隠された．
secō -āre secuī sectum (*fut p* secātūrus), *tr* **1** 切る, 切断する．**2** 切り分ける, 切り刻む．**3** 分類する．**4** 切り取る; 去勢する．**5** 切り込みを入れる, 傷をつける; 切開する．**6** 酷評する, 諷刺する．**7** かき分けて進む, 突き進む．**8** (道を)切り開く．**9** 解決する, 決着をつける．
sēcordia -ae, *f* =socordia.
sēcrētārium -ī, *n* [secretus] **1** 隠れ[隠し]場所．**2**° 秘密会議, 秘密法廷．**3**° 聖所, 聖域．

sēcrētārius -ī, °*m* [secretus] 1 (宮廷の)秘書 [書記]官. 2 (教会の)宝物の管理人.

sēcrētē, sēcrētim °*adv* [secretus] 離れて, 別に.

sēcrētiō -ōnis, *f* [secerno] 分離, 分割.

sēcrētō *adv* (*abl*) [secretus] 1 離れて, 別れて. 2 個々に, 別々に. 3 ひそかに, こっそり.

sēcrētum -ī, *n* [↓] 1 引きこもった状態, 隠遁. 2 奥まった[人目につかない]場所, 隠棲地. 3 人目に触れない状態, 内密. 4 秘密, 秘物; 秘儀{密儀}.

sēcrētus -a -um, *adj* (*pp*) [secerno] 1 離れた, 別々の. 2 人里離れた, 人目に触れない. 3 秘密の, 内密の. 4 …を欠いた, …の足りない 〈+*abl*; +*gen*〉.

sēcrēvī *pf* ⇨ secerno.

secta -ae, *f* [sequor] 1 進路, 路線, 方針. 2 学派; 党派.

sectārius -a -um, *adj* [sector²] *vervex ~* (PLAUT) 群れを率いる去勢羊.

sectātiō -ōnis, °*f* [sector²] 追求.

sectātor -ōris, *m* [sector²] 1 随行者, 従者. 2 追随者, 信奉者.

sectātrix -īcis, °*f* [↑] 信奉する者《女性》.

sectilis -is -e, *adj* [seco] 1 切ることができる. 2 切られた.

sectiō -ōnis, *f* [seco] 1 切断, 切開: °*~ caesarea* 帝王切開. 2 (没収財産・戦利品の)競売; (競売に付される)戦利品.

sectīvus -a -um, *adj* [seco] 切り取られる: *porrum sectivum* (COL) (先端部分のみを食す)エゾネギ.

sector¹ -ōris, *m* [seco] 1 切る人: ~ *collorum* (CIC) 殺し屋 / *~ zonarius* (PLAUT) すり. 2 (戦利品・没収財産の競売における)落札者.

sector² -ārī -ātus sum, *tr dep freq* [sequor] 1 同行[随行]する 〈alqm〉. 2 追いかける, 追跡する. 3 追求する, ねらう, 目指す. 4 (先例・習慣などに)ならう, 従う. 5 しばしば訪れる.

sectōrius -a -um, *adj* [sector¹] (戦利品・没収財産の)落札に関する.

sectrix -īcis, °*f* [sector¹] (戦利品・没収財産の)落札者《女性》.

sectūra -ae, *f* [seco] 1 切ること; 切り込み, 刻み目. 2 石切り場.

sectus -a -um, *pp* ⇨ seco.

sēcubitus¹ -a -um, *pp* ⇨ secubo.

sēcubitus² -ūs, *m* [seco] 独り寝.

sēcubō -āre -buī -bitum, *intr* [se-/cubo] 独りで寝る[横になる].

sēcubuī *pf* ⇨ secubo.

secuī *pf* ⇨ seco.

sēcul- ⇨ saecul.

secula -ae, *f* [seco] 鎌.

sēcum =cum se.

secundae -ārum, *f pl* [secundus] 1 (*sc. partes*) 脇役, 代役. 2 《医》後産{のちざん}.

secundānī -ōrum, *m pl* [secundus] (*sc. milites*) 第2軍団の兵士たち.

secundānus -a -um, *adj* [secundus] 1 《暦》順風を吹き送る《Juppiterの添え名》. 2° 第二位の: *Juppiter ~* (CAPEL) =Neptunus.

secundārius -a -um, *adj* [secundus] 1 第二段階の, 第二位[級]の. 2° 《病》二次性の, 続発性の.

secundātus -ūs, °*m* [secundus] 第二位.

secundē *adv* [secundus] 有利に, 好都合に.

secundīna -ae, °*f* 《医》後産.

secundō¹ -āre -āvī -ātum, *tr* [secundus] 味方する, 助ける, 成功させる: *secundante vento* (TAC) 順風が吹いて.

secundō² *adv* 第二に, 次に.

secundum *adv, prep* [↓] I (*adv*) 1 後ろに. 2 第二に, 次に. II (*prep*) 〈+*acc*〉 1 …の後ろに. 2 …に沿って, …と並んで. 3 …の後で, …が終わって. 4 …の次に, …に次いで. 5 …に従って, …と一致して: *~ naturam fluminis* (CAES) 川の自然の流れに従って. 6 …に味方して, …に有利に: *multa ~ causam nostram disputavit* (CIC) 彼は私に有利になるように大いに論じてくれた.

secundus -a -um, *adj* [sequor] 1 第二の; 次の, 続く: *secunda mensa* (CIC) デザート. 2 次位の; 劣った: *secundae partes* (HOR) 脇役. 3 随行する, 沿って流れる; 順風の: *secundo flumine* (CAES) 川の流れにまかせて. 4 味方する, 有利な: *secundo populo* (CIC) 民衆の賛同を得て. 5 (結果・状況などが)好都合の, 有利な, 順調な: *res secundae* (CIC) 幸運, 順境.

sēcūrē *adv* [securus] 不安なく, 安心して, 平気で.

sēcūricula -ae, *f dim* [securis] 1 (小さな)斧, 手斧{ちょうな}. 2 《建》蟻柄{ありがら}.

sēcūrifer -fera -ferum, *adj* [securis/fero] 斧を持っている.

sēcūriger -gera -gerum, *adj* [↓/gero] 斧をふるう.

sēcūris -is, *f* [*cf.* seco] 1 斧, まさかり. 2 束桿{そっかん} (fasces)の斧. 3 打撃, 損害. 4 (*pl*) 権力, 権威.

sēcūritās -ātis, *f* [↓] 1 不安のないこと, 安心, 平静. 2 無頓着, 無関心. 3 安全, 無事.

sēcūrus -a -um, *adj* [se-/cura] 1 心配していない, 安心している, 平穏な. 2 (状況が)平穏な, 平和な. 3 確信している 〈alcis rei; de re〉. 4 無頓着な, 無関心な. 5 安全な, 無事な.

secus¹ *indecl n* [*cf.* sexus] (男女の)性(別), (その性に属する者の)集団.

secus² *adv* 1 異なって, 別なふうに, そうでなく: *non ~ atque* [*ac, quam*] (CIC) 同じように, そのとおりに / *non ~ ac si* (CIC) ちょうど…かのように / *numquam ~ habui illam ac si ex me esset nata* (TER) 私はあの子をまるで実の子のように扱ってきた. 2 期待とは裏腹に, まずい具合に: *coepta ~ cadere* (TAC) 計画が思いどおりに進まない.

secus³ *prep* 〈+*acc*〉 1 …に沿って, …と並んで. 2 《碑》…に従って, …と一致して. 3 …に続いて, …の後に.

-secus *suf*「…の側{がわ}に」の意: *altrimsecus, extrinsecus, intrinsecus,* etc.

secūtiō -ōnis, °*f* [sequor] 追求.

secūtor -ōris, *m* [sequor] 1 随行者, 従者. 2 (retiariusと闘う)軽装剣闘士.

secūtus -a -um, *pp* ⇨ sequor.

sēd¹ *prep* =se².

sed², **set** *conj* 1 (否定辞の後で)(…ではなく)…で: *non ego nunc parasitus sum ~ rex regum* (PLAUT) 俺はもう居候ではなく王中の王だ / *non modo* [*salum*] *~ etiam* …のみならず(また)…. 2 しかし,けれども: *tamen* しかしとにかく / *~ enim* しかし実際は. 3 (話題の転換)ところで,それはさておき. 4 (強調・敷衍(ふえん))しかもそのうえに,そればかりか[しばしば *~ etiam* [*et*]].

sedāmen -minis, *n* [sedo] 軽減[緩和]させるもの.

sedātē *adv* [sedatus¹] 静かに,落ちついて.

sedātiō -ōnis, *f* [sedo] 軽減,緩和,鎮静.

sedātīvum -ī, °*n* [sedo] [薬] 鎮静薬.

sedātus¹ -a -um, *adj* (*pp*) [sedo] 1 (川の流れが)静かな,穏やかな. 2 (行動・態度が)落ちついた,平静な.

sedātus² -ūs, °*m* 平穏,平和.

sedecennis -is -e, °*adj* [sedecim/annus] 16歳の.

sedeciēs *adv* [↓] 16 回[倍].

sedecim *indecl num card* [sex/decem] 16(の).

sedēcula -ae, *f dim* [sedes] (小さな)椅子.

sedens -entis, *adj* (*prp*) [sedeo] 1 (植物が)丈(たけ)の低い. 2 沈澱する.

sedentārius -a -um, *adj* [↑] すわったままの,座業の.

sedeō -ēre sēdī sessum, *intr* (*tr*) 1 すわる,すわっている. 2 (馬などに)乗る. 3 (鳥が木などに)とまる. 3 (政務官・裁判官などとして)臨席する. 4 滞在する,とどまる,(ある場所・状態)にいる,ある. 5 (軍隊が行動を起こさないでじっとしている. 6 (武器などが)(突き)刺さる,あたる. 7 (方針が)決まる,固まる. 8 鎮まる,衰える. 9 固定する,定着する. 10 沈下する,陥没する. 11° (司教座などを)占める.

sēdēs -is, *f* [↑] 1 席,座席,いす; (鳥の)とまり木. 2 尻,臀部. 3 住居,住まい,居所; 町,都. 4 神域,神殿. 5 (死者の)休息所,墓. 6 活動の場[中心]. 7 宿る場所,ありか: *pudoris malae ~* (PLIN) 頬に恥を知る心の座. 8 位置. 9 土台,基礎.

Sēdētānī -ōrum, *m pl* セーデーターニー《Hispania Tarraconensis にいた一部族》.

sēdī *pf* ⇒ sedeo, sido.

sedīle -is, *n* [sedeo] 座席,椅子,腰掛け.

sedīmen -minis, °*n* [sedeo] おり,沈澱物.

sedīmentum -ī, *n* [sedeo] 沈下.

sēditiō -ōnis, *f* [sed¹/eo²] 1 不和,内紛,軋轢(あつれき). 2 暴動,動乱,反乱.

sēditiōsē *adv* [↓] 煽動的に,騒乱を起こさせるように.

sēditiōsus -a -um, *adj* [seditio] 1 煽動的な,治安を妨害する. 2 物情騒然とした,激動の.

sēdō -āre -āvī -ātum, *tr* (*intr*) [*cf.* sedeo] I (*tr*) 1 静める,落ちつかせる. 2 和らげる,軽くする. II (*intr*) (嵐が)静まる,やむ.

sēdūcō -ere -duxī -ductum, *tr* [se-/duco] 1 わきに連れて行く,救い出す: *ocellos ~* (PROP) 目をそらす. 2 引き離す,分かつ. 3° 誘惑する,正道を踏みはずさせる.

sēductilis -is -e, °*adj* [↑] 惑わされやすい.

sēductiō -ōnis, *f* [seduco] 1 わきへ連れ出すこと. 2° 誘惑,惑わすこと. 3° 分離.

sēductor -ōris, °*m* [seduco] 誘惑者,惑わす者.

sēductōrius -a -um, °*adj* [↑] 惑わす,欺く.

sēductrix -īcis, °*f* [seductor] 誘惑者,惑わす者《女性》.

sēductus -a -um, *adj* (*pp*) [seduco] 1 遠く離れた. 2 人里離れた,人目につかない; 隠遁した,引きこもった.

sēdulē *adv* [sedulus] 熱心に,注意深く.

sēdulitās -ātis, *f* [sedulus] 勤勉,熱心,入念.

sēdulō *adv* [↓] 1 誠実に,まじめに. 2 注意深く,入念に,熱心に.

sēdulus -a -um, *adj* [se-/dolus] 勤勉な,熱心な,せっせと働く.

sedum -ī, *n* [植] ベンケイソウ科の植物.

Sedūnī -ōrum, *m pl* セドゥーニー《Rhodanus 川上流域にいた一部族》.

Sedusiī -ōrum, *m pl* セドゥシイー《Germania の一部族》.

sēduxī *pf* ⇒ seduco.

seges -etis, *f* 1 耕地,畑. 2 刈っていない穀物; 収穫. 3 (一般に)栽培,作物.

Segesta¹ -ae, *f* セゲスタ《Sicilia 島の北西部の町》.

Segesta² -ae, *f* セゲスタ《収穫をつかさどる女神》.

Segestānus -a -um, *adj* Segesta¹ の. **Segestānī** -ōrum, *m pl* Segesta¹ の住民. **Segestānum** -ī, *n* Segesta¹ の領土.

Segestēs -is, *m* セゲステース《Cherusci 族の首長; ローマに対して友好的; 敵対する Arminius の岳父》.

segestre -is, *n*, **-tria** -ae, *f* (寝椅子の)カバー; 包み紙.

segetālis -is -e, °*adj* [seges] (雑草が)穀物の間に生えた.

Segetia -ae, °*f* = Segesta².

Segimerus -ī, *m* セギメルス《Cherusci 族の首長; Segestes の兄弟》.

Segimundus -ī, *m* セギムンドゥス《Segestes の息子》.

segmen -minis, *n* [seco] (つめ・髪の)切り取ったもの; 欠け落ちたもの.

segmentātus -a -um, *adj* [↓] 縁飾りを付けた.

segmentum -ī, *n* [seco] 1 切り取った部分,切片. 2 区域,地域. 3 縁飾り.

segne *adv* (*neut*) [segnis] 何もしないで,のらくらと.

segnescō -ere, °*intr* [segnis] 緩慢になる.

Segnī -ōrum, *m pl* セグニー《Gallia Belgica にいたゲルマン系一部族》.

segnipēs -edis, *adj* [↓/pes] 足の遅い.

segnis -is -e, *adj* 1 活動的でない,無気力な,だれた. 2 緩慢な,のろい,動きの鈍い.

segnitās -ātis, *f* [↑] 怠惰.

segniter *adv* [segnis] ぐずぐずと,無気力に,投げやりに: *nihilo segnius* (PLIN MIN) 少しもくじけることなく(=それまでと同じように)熱心に.

segnitia -ae, **-ēs** -ēī, *f* [segnis] 不活発,無気力,怠惰,緩慢.

Segontia, **-gun-** -ae, *f* セゴンティア《Celtiberia の町; 現 Sigüenza》.

Segontiacī -ōrum, *m pl* セゴンティアキー《Britan-

Segovia -ae, *f* セゴウィア《Hispania Tarraconensis の町; 現 Segovia》.

sēgredī *inf* ⇨ segredior.

sēgredior -gredī, °*intr dep* [se-/gradior] 遠ざかる, 離れる.

sēgregātim °*adv* [segrego] 離れて, 別々に.

sēgregātiō -ōnis, °*f* [segrego] 分離, 隔離.

sēgregātīvus -a -um, °*adj* [↓] 《文》配分の.

sēgregō -āre -āvī -ātum, *tr* [se-/grex] 1 引き離す, 分離する, 隔離する: *sermonem segregare* (PLAUT) 話をやめる. 2 分割する, 分断する.

sēgrex -egis, *adj* [↑] 1 孤立した; 関わりのない《+ *gen*》. 2 ばらばらの, 分散した.

Segūsiāvī -ōrum, *m pl* セグーシアーウィー《Gallia Lugdunensis にいた一部族》.

sei *conj* 《古形》=si.

Sējānus¹ -a -um, *adj* Sejus の.

Sējānus² -ī, *m* セイヤーヌス《ローマ人の家名; 特に L. Aelius ~, Tiberius 帝の護衛隊長; 帝位簒奪(さんだつ)を企てたが果たせなかった》.

sējugātus -a -um, *pp* ⇨ sejugo.

sējugēs -ium, *m pl* [↓]《馬車を引く》6 頭一連の馬.

sējugis¹ -is -e, *adj* [sex/jugum] 6 頭立ての.

sējugis² -is -e, *adj* [se-/jugum] ばらばらの, 別々の.

sējugō -āre -āvī -ātum, *tr* [se-/jugo] 引き離す, 分離する.

sējūnctim *adv* [sejungo] 別々に, ばらばらに.

sējūnctiō -ōnis, *f* [sejungo] 1 直前の話題からそれること. 2 分離, 不和.

sējūnctus -a -um, *pp* ⇨ sejungo.

sējungō -ere -jūnxī -jūnctum, *tr* [se-/jungo] 1 分離する, 切り離す. 2 区別する.

sējūnxī *pf* ⇨ sejungo.

Sējus -ī, *m* セイユス《ローマ人の氏族名; 特に (1) *M.* ~, 騎士身分の人で Caesar の支持者. (2) ~ *Strabo*, Sejanus の父》.

selāgō -inis, *f* 《植》ヒカゲノカズラ属の植物.

selas *indecl n* [*Gk*] 流星.

sēlēctiō -ōnis, *f* [seligo] 選択.

sēlēctor -ōris, *m* [seligo] 選択者.

sēlēctus -a -um, *pp* ⇨ seligo.

sēlēgī *pf* ⇨ seligo.

Selēnē -ēs, *f* [*Gk*] セレーネー《(1) Ptolemaeus VIII の娘で Syria の王 Antiochus の妻. (2) M. Antonius の娘》.

selēnion -ī, °*n* [*Gk*] 《植》シャクヤク(芍薬).

selēnītis -idis, *f* [*Gk*] 透明石膏.

selēnomantīa -ae, *f* [*Gk*] 月による占い.

Seleucēnsis -is -e, *adj* Seleucia (2) の. **Seleucēnsēs** -ium, *m pl* Seleucia (2) の住民.

Seleucīa, -ēa -ae, *f* [*Gk*] セレウキーア, *-ケイア《(1) Syria の Orontes 河口の港町. (2) Tigris 河畔の町. (3) Cilicia の町》.

Seleucus -ī, *m* [*Gk*] セレウクス, *-コス《Syria の数人の王の名》.

sēlībra -ae, *f* [semi-/libra] 半 libra.

Seliciānus -a -um, *adj* Selicius の.

Selicius -ī, *m* セリキウス《ローマ人の氏族名》.

sēligō -ere -lēgī -lectum, *tr* [se-/lego²] 1 雑草[無用物]を除く. 2 選ぶ, 選択する.

selīnas -ados, *f* 縮葉キャベツ.

selīnon -ī, °*n* [*Gk*] 《植》パセリ, セロリ (=apium).

Selīnūs -ūntis, *f* [*Gk*] セリーヌース《(1) Sicilia 島の南西岸の町. (2) Cilicia の沿岸の町》.

Selinūsius -a -um, *adj* Selinus の.

sella -ae, *f* [sedeo] 1 座席, 腰掛け, 椅子. 2 高官椅子 (=~ *curulis*). 3 坐輿(ざよ). 4 便器. 5° 鞍.

sellāria -ae, *f* [↑] 1 居間, 閨房(けいぼう). 2° 娼婦, 売春婦.

sellāris -is -e, °*adj* [sella] 座席の.

sellārius -ī, *m* [sella] 稚児(ちご)《男色の相手》.

Sellasia -ae, *f* [*Gk*] セッラシア(-)《Laconia の町》.

sellisternium -ī, *n* [sella/sterno] 女神たちに捧げられる饗宴 (*cf.* lectisternium).

sellula -ae, *f dim* [sella] 小さな椅子.

sellulārius¹ -a -um, °*adj* [↑] すわりがちの, 坐業の.

sellulārius² -ī, *m* 坐業の職人.

Sēlymbria -ae, *f* [*Gk*] セーリュンブリア(-)《Thracia の Propontis 沿岸の町》.

sēmanim- ⇨ semianim-.

sēmanticus -a -um, °*adj* [*Gk*] 意味を表わす (= significans).

semel *adv* 1 一度, 一回: *non* ~ *sed saepe* (CIC) 一度ならず何度も / *~ atque iterum* (CAES) 繰り返して, 何度も. 2 最初に[は]. 3 今度限り, これを最後に. 4 かつて, いつか. 5 一度に, 同時に.

Semelē -ēs, -a -ae, *f* [*Gk*] 《神話》セメレー《Cadmus の娘; Juppiter に愛され, Bacchus の母となった》.

Semelēius -a -um, *adj* Semele の: *proles Semeleius* (OV) =Bacchus.

sēmen -minis, *n* [*cf.* sero²] 1 まかれるもの, 種. 2 苗, 挿し枝. 3 精液. 4 血統, 生まれ, 素姓. 5 子, 子孫. 6 元素, 原子. 7 根源, 萌芽. 8° *~ armeniacae* 《薬》キョウニン(杏仁) / *~ lini* 《薬》亜麻仁 / *~ myristicae* ニクズク(肉豆蔲) / *~ pharbitidis* 《薬》ケンゴシ(牽牛子) / *~ strychni* 《薬》ホミカ.

sēme(n)stris¹ -is -e, *adj* [sex/mensis] 1 6 か月間の, 半年間の. 2 6 か月[半年]ごとの. 3 生後 6 か月の.

sēme(n)stris² -is -e, *adj* [semi-/mensis] 半月(ごと)の: *luna* ~ (APUL) 満月.

sēmentātiō -ōnis, °*f* [semento] 種まき.

sēmentifer -fera -ferum, *adj* [↓/fero] 実り豊かな.

sēmentis -is, *f* [semen] 1 種まき: *ut sementem feceris, ita metes* (CIC) きみがまいた種はきみが刈り取るであろう. 2 種まき時. 3 《まかれた》種.

sēmentīvus -a -um, *adj* [↑] 種まきの: *feriae sementivae* (VARR) 種まき祭《1 月に行なわれた》 / *pirum sementivum* (CATO) 《晩秋の種まき時に実る》晩熟梨.

sēmentō -āre, *intr* [sementis] 種を散らす.

sēmermis, -us ⇨ semiermis.

sēmēsus -a -um, °*adj* [semi-/edo¹] 食べかけの.

sēmet *pron refl* 《強意形》=se[1] (⇨ sui).
sēmi- *pref*「半分の, 半…」の意.
sēmiadapertus -a -um, *adj* [semi-/adaperio] 半開きの.
sēmiagrestis -is -e, °*adj* [semi-/agrestis[1]] 半ば田舎の, 田舎じみた.
sēmiambustus -a -um, *adj* [semi-/amburo] 半焼けの.
sēmiamictus -a -um, *adj* [semi-/amicio] 半ば[わずかに]衣服をまとった.
sēmiamputātus -a -um, *adj* [semi-/amputo] 半分切り取られた.
sēm(i)animis -is -e, **-us** -a -um, *adj* [semi-/anima] 半死半生の.
sēmiannuus -a -um, °*adj* [semi-/annus] 半年の.
sēmiapertus -a -um, *adj* [semi-/aperio] 半開きの.
sēmiassus -a -um, °*adj* [semi-/assus] 半焼きの.
sēmibarbarus -a -um, *adj* [semi-/barbarus[1]] 半未開の.
sēmibōs -bovis, *adj* [semi-/bos] 半分牛の: *vir* ~ (Ov) =Minotaurus.
sēmicanālis -is, °*m* 〖解〗半管.
sēmicānus -a -um, *adj* [semi-/canus] 半白の, 白髪まじりの.
sēmicaper -prī, *adj m* [semi-/caper] 半分山羊の: ~ *deus* (Ov) =Pan.
sēmichristiānus -ī, °*m* [semi-/Christianus] 半キリスト教徒.
sēmicinctium -ī, *n* [semi-/cinctus] 細帯, 腰ひも.
sēmicirculāris -is, -e, °*adj* 〖解〗半円の, 半輪の.
sēmicirculātus -a -um, *adj* =semicirculus[1].
sēmicirculus[1] -a -um, *adj* [semi-/circulus] 半円形の.
sēmicirculus[2] -ī, *m* 半円形の.
sēmiclausus -a -um, *adj* [semi-/claudo[2]] 半分閉じた.
sēmicoctus -a -um, *adj* [semi-/coquo] 半煮えの.
sēmiconfectus -a -um, *adj* [semi-/conficio] 半分できあがった, 未完成の.
sēmiconspicuus -a -um, *adj* [semi-/conspicio] 垣間見る.
sēmicorporālis -is -e, °*adj* [semi-/corpus] 体半分の, 半身の.
sēmicremātus -a -um, *adj* [semi-/cremo] 半焼けの, 生焼けの.
sēmicremus -a -um, *adj* [semi-/cremo] 半焼けの.
sēmicrūdus -a -um, *adj* [semi-/crudus] **1** 生煮え[生焼け]の. **2** 消化不良の.
sēmicubitālis -is -e, *adj* [semi-/cubitum] 半腕尺の.
Sēmicūpa -ae, *m* [semi-/cupa[1]] セーミクーパ《平民の家名;「樽半分(=太鼓腹)」の意》.
sēmidea -ae, *f* [semi-/dea] 半女神.
sēmideus[1] -a -um, *adj* [semi-/deus] 半神の.

sēmideus[2] -ī, *m* 半神.
sēmidiametros -ī, °*f* [semi-/diametros] 半径.
sēmidiēs -ēī, °*m* [semi-/dies] 半日.
sēmidigitālis -is -e, *adj* [semi-/digitus] 半指幅の.
sēmidīvīnus -a -um, *adj* [semi-/divinus[1]] 半神の.
sēmidoctus -a -um, *adj* [semi-/doctus[1]] 勉強半ばの, 生かじりの.
sēmiermis -is -e, **-us** -a -um, *adj* [semi-/arma] 半武装の, まともに武装していない.
sēmifactus -a -um, *adj* [semi-/facio] 半分できあがった.
sēmifastīgium -ī, *n* [semi-/fastigium] 半破風.
sēmifer[1] -fera -ferum, *adj* [semi-/ferus] **1** 半人半獣の. **2** 半野蛮[未開]の.
sēmifer[2] -ferī, *m* 半人半獣 (=Centaurus).
sēmiformis -is -e, *adj* [semi-/forma] 半ば形ができあがった.
sēmigelātus -a -um, *adj* [semi-/gelo] 半ば凝固した.
Sēmigermānus -a -um, *adj* [semi-/Germanus[1]] 半ゲルマンの.
Sēmigraecē *adv* [↓] 半ギリシア風に.
Sēmigraecus -a -um, *adj* [semi-/Graecus[1]] 半ギリシア風の.
sēmigravis -is -e, *adj* [semi-/gravis] 半ば酔った.
sēmigrō -āre -āvī -ātum, *intr* [se-/migro] 去る, 離れる.
sēmihians -antis, *adj* [semi-/hio] **1** (口が)半開きの. **2** (声が)押えつけられた.
sēmihomō[1] -minis, *adj* [semi-/homo] **1** 半人の. **2** 半未開の.
sēmihōra -ae, *f* [semi-/hora] 半時間.
sēmijējūnia -ōrum, °*n pl* 半断食.
sēmijūgerum -ī, *n* 半 jugerum.
sēmilacer -cera -cerum, *adj* [semi-/lacer] 半ばめった切りにされた.
sēmilater -eris, *m*, **-laterium** -ī, *n* [semi-/later] (標準の)半分の大きさの煉瓦.
sēmilautus -a -um [semi-/lavo] 半ば洗った.
sēmilīber -bera -berum, *adj* [semi-/liber[2]] 半ば自由な.
sēmilībra -ae, °*f* 半 libra.
sēmilixa -ae, *m* [semi-/lixa] 従軍商人に毛の生えたようなやつ《指揮官の蔑称》.
sēmilūnāris -is -e, °*adj* 〖解〗半月形[状]の.
sēmilūnāticus -a -um, °*adj* 半狂人の.
sēmimarīnus -a -um, *adj* [semi-/marinus] 半海獣の体をした.
sēmimās[1] -maris, *adj* [semi-/mas[1]] **1** 半分男の. **2** 去勢された.
sēmimās[2] -maris, *m* ふたなり.
sēmimasculus -ī, °*m* 去勢された人; 宦官(かんがん).
sēmimātūrus -a -um, °*adj* 半ば熟した.
sēmimembrānōsus -a -um, °*adj* 〖解〗半模様

の.

sēmimenstruum -ī, *n* [semi-/memstruus] 半月の期間, 15日間.

sēmimixtus -a -um, °*adj* [semi-/misceo] 半分混ぜた.

sēmimortuus -a -um, *adj* [semi-/mortuus¹] 半死半生の.

sēminālis -is -e, *adj* [semen] 種の, 種まきの: *membrum seminale* (PRIAP.) =penis.

sēminānis -is -e, *adj* [semi-/inanis] 半分空(から)の.

sēminārista -ae, °*m* [↓] 神学生.

sēminārium -ī, *n* [↓] 1 苗床. 2 育成所; 温床, 源. 3° 神学校.

sēminārius -a -um, *adj* [semen] 種の.

sēminātiō -ōnis, *f* [semino] 繁殖.

sēminātor -ōris, *m* [semino] 繁殖させる者, 生み出す者.

sēminex -necis, *adj* (*sg nom* の用例なし) 死にかかっている, 半死半生の.

sēminiferus -a -um, °*adj* [semen/fero] 1 〖解〗精液を生ずる[運ぶ], 輸精の. 2 〖植〗種子を生ずる.

sēminium -ī, *n* [semen] 1 生殖, 繁殖. 2 (動物の)種族, 血統.

sēminiverbius -ī, °*m* [↓/verbum] くだらぬおしゃべりをする者.

sēminō -āre -āvī -ātum, *tr* [semen] 1 (種を)まく, (木を)植える. 2 産む, 生ずる. 3° 広める, 行きわたらせる.

sēminōsus -a -um, *adj* [semen] 種の多い.

sēminūdus -a -um, *adj* [semi-/nudus] 1 半裸の. 2 ほとんど装備していない.

sēmiobolus -ī, °*m* 半 obolus.

sēmiobrutus -a -um, *adj* [semi-/obruo] 半分埋まった.

sēmionustus -a -um, *adj* [semi-/onustus] 半分まで荷を積んだ.

sēmiorbis -is, *m* [semi-/orbis] 半円.

sēmipāgānus -ī, *m* [semi-/paganus] 半ば部外の人[門外漢].

sēmipatens -entis, °*adj* [semi-/pateo] 半開きの.

sēmipedālis -is -e, *adj* 半 pes の.

sēmipedāneus -a -um, *adj* =semipedalis.

sēmiperactus -a -um, °*adj* [semi-/perago] 半分完成した.

sēmiperfectiō -ōnis, °*f* 半分完成していること.

sēmiperfectus -a -um, *adj* [semi-/perficio] 半分完成した, 未完成の; 不完全な.

sēmiperītus -a -um, *adj* [semi-/peritus²] 未熟な.

Sēmipersa -ae, *m* [semi-/Persa²] 半ペルシア人.

sēmipēs -pedis, *m* [semi-/pes] 1 半 pes. 2 〖詩〗詩脚の半分. 3° (片足のない)不具者.

sēmiphalārica -ae, *f* [semi-/falarica] 半分の長さの falarica.

Sēmiplacentīnus -ī, *m* 半 Placentia 人《Piso の家系を揶揄(やゆ)するのに用いた Cicero の造語》.

sēmiplēnē °*adv* [↓] 不十分に.

sēmiplēnus -a -um, *adj* [semi-/plenus] 1 半分満たされた. 2 兵員[船員]不足の.

sēmiputātus -a -um, *adj* [semi-/puto] 剪定(せんてい)しかけの.

Semirāmis -is [-idis], *f* [*Gk*] 〖伝説〗セミーラミス《Assyria の美しく賢明な女王; Babylon の創建者といわれる》.

Semirāmius -a -um, *adj* Semiramis の; Babylon の.

sēmirāsus -a -um, *adj* [semi-/rado] (とらえられた逃亡奴隷のしるしとして)半分剃(そ)られた.

sēmireductus -a -um, *adj* [semi-/reduco] 少し前かがみになった.

sēmirefectus -a -um, *adj* [semi-/reficio] 半ば修理された.

Sēmirōmānus -a -um, *adj* 半分ローマ人の.

sēmirotundum -ī, *n* [↓] 半球.

sēmirotundus -a -um, *adj* [semi-/rotundus] 半円形の.

sēmirutus -a -um, *adj* [semi-/ruo] 半ば破壊された.

sēmis -issis, *m* [semi-/as] 1 半 as. 2 月利 1/2%(=年利 6%). 3 半分, 2分の1.

sēmisaucius -a -um, °*adj* 半ば傷つけられた.

sēmisenex -senis, *m* [semi-/senex] 外見は若々しい老人, 半老人《喜劇中の造語》.

sēmisepultus -a -um, *adj* [semi-/sepelio] 半分埋まった.

sēmisermō -ōnis, °*m* わけのわからないことば.

sēmisiccus -a -um, °*adj* 半ば乾いた.

sēmisomnus -a -um, *adj* [semi-/somnus] 半分眠った.

sēmisonans -antis, *adj* [semi-/sono] 〖文〗半有声の.

sēmisonantēs -ium, *f pl* [↑] (*sc.* litterae) 〖文〗半母音.

sēmisōpītus -a -um, *adj* [semi-/sopio¹] 半分眠った.

sēmispatha -ae, °*f* 短い spatha (1).

sēmisphērium -ī, °*n* 堅琴の弦を張る半円形の駒.

sēmissālis -is -e, *adj* [semis] 半 as の.

sēmissārius -a -um, °*adj* [semis] 取り分が半分の.

sēmisupīnus -a -um, *adj* [semi-/supinus] 半ば仰向けの, 半ば背をそらした.

sēmita -ae, *f* [se-/meo] 1 小道, わき道; (舗装した)歩道. 2 (船などの)通った跡, (流れ星の)尾.

sēmitalentum -ī, *n* 半 talentum.

sēmitālis -is -e, *adj* [semita] 小道[わき道]の《路傍に立つ神々の彫像の呼称》.

sēmitārius -a -um, *adj* [semita] 小道[わき道]の.

sēmitātim *adv* [semita] 小道を通って.

sēmitectus -a -um, *adj* [semi-/tego] 半分蓋(ふた)をした.

sēmitendinōsus -a -um, °*adj* 〖解〗半腱様の.

sēmitonium -ī, °*n* [semi-/tonus] 〖音〗半音.

sēmitonsus -a -um, °*adj* [semi-/tondeo] 半分剃(そ)られた.

sēmitrepidus -a -um, *adj* [semi-/trepidus] 少しこわがっている.
sēmitrītus -a -um, *adj* [semi-/tero] 半分脱穀された.
sēmiustilō, -tulō -āre, *tr* semustulo.
sēmiustus -a -um, *adj* =semustus
sēmiviētus -a -um, *adj* [semi-/vietus] 半ばしなびた.
sēmivigil -gilis, °*adj* 半分目をさました.
sēmivillānus -ī, *m* 半ば部外の人[門外漢].
sēmivir -ī, *m* [semi-/vir] 1 半人半獣. 2 ふたなり. 3 去勢された男. 4 めめしい男.
sēmivīvus -a -um, *adj* [semi-/vivus¹] 1 半死半生の. 2 (声の)弱々しい.
sēmivōcālēs -ium, *f pl* [↓] (*sc.* litterae) 〖文〗半母音.
sēmivōcālis -is -e, *adj* [semi-/vocalis¹] (人語ではない)音声を発する: *instrumentum semivocale* (VARR) (耕作に使役する)家畜.
sēmivulsus -a -um, °*adj* [semi-/vello] 半ば引き裂かれた.
Semnŏnēs -um, *m pl* セムノ(ー)ネース《Germania 北部にいた一部族》.
Sēmō (**Sancus**) -ōnis, *m* 〖神話〗セーモー (サンクス)《Sabini 族から移入された, 誓約をつかさどる神; Dius Fidius と同一視された》.
sēmodiālis -is -e, *adj* [↓] 半 modius の.
sēmodius -ī, *m* [semi-/modius] 半 modius.
Sēmōnia -ae, *f* セーモーニア《収穫をつかさどるイタリアの女神》.
sēmōtē, sēmōtim °*adv* [semotus] 別々に, 離して.
sēmōtiō -ōnis, °*f* [semoveo] 人里から離れていること.
sēmōtus -a -um, *adj* (*pp*) [↓] 1 遠ざけられた, 切り離された, 遠く離れた. 2 内密の, 内輪の.
sēmoveō -ēre -mōvī -mōtum, *tr* [se-/moveo] 遠ざける, 分離する.
sēmōvī *pf* ⇒ semoveo.
semper *adv* 常に, いつでも: ~ ... *non* (PROP) 決して ...ない (=numquam).
semperflōrium -ī, °*n* [↑/flos] 〖植〗クモノスバンダイソウ属の植物.
sempervīvum -ī, *n* =semperflorium.
sempervīvus -a -um, °*adj* 永遠の.
sempiternē *adv* [sempiternus] 永遠に.
sempiternitās -ātis, *f* [↓] 永遠, 永久.
sempiternus -a -um, *adj* [semper] 永続する, 永久の.
Semprōniānus -a -um, *adj* =Sempronius².
Semprōnius¹ -ī, *m* センプローニウス《ローマ人の氏族名; 特に *Ti.* & *C.* ~ *Gracchus* (⇒ Gracchus)》.
Semprōnius² -a -um, *adj* Sempronius の.
sēmuncia -ae, *f* [semi-/uncia] 1 (全体の) 24 分の 1. 2 重量単位 (=¹/₂₄ libra). 3 通貨単位 (¹/₂₄ uncia =¹/₂₄ as). 4 地積単位 (=¹/₂₄ jugerum). 5 微量.
sēmunciālis -is -e, °*adj* [↑] ¹/₂₄ libra の.
sēmunciārius -a -um, *adj* [semuncia] 1 ¹/₂

uncia (=¹/₂₄ as) の. 2 月利 ¹/₂₄%(=年利 ¹/₂%)の.
Sēmurium -ī, *n* セームリウム《ローマ市近郊の野; Apollo の神殿があった》.
sēmustulō -āre -ātum, *tr* [semi-/ustulo] 半焼きにする.
sēmustus -a -um, *adj* [semi-/uro] 半分燃えた, 半焼けの, 焦げた.
Sēna -ae, *f* セーナ《(1) Umbria のアドリア海沿岸の町; 現 Senigaglia. (2) (1) 付近の川; 現 Sesano》.
senāculum -ī, *n* [*cf.* senatus] 元老院の議場.
senāpe *indecl n* =sinapi.
senāriolus -ī, *m dim* [↓] 〖詩〗(小さな)六詩脚.
senārius¹ -a -um, *adj* [seni] 1 六つずつからなる. 2 〖詩〗六詩脚の (通例 iambus).
senārius² -ī, *m* 〖詩〗六詩脚.
senātor -ōris, *m* [*cf.* senex] 1 (ローマの)元老院議員. 2 (他民族の)同様の団体の構成員.
senātōrius¹ -a -um, *adj* [↑] 元老院議員の.
senātōrius² -ī, *m* 元老院階級の人.
senātus -ūs [-ī], *m* [senex] 1 (ローマの)元老院: *senatūs consultum* (CIC) 元老院決議. 2 (他民族の)同様の団体. 3 元老院の集会[会議].
Seneca -ae, *m* セネカ《Annaea 氏族に属する家名; 特に (1) *L. Annaeus* ~, Corduba 生まれの修辞学者 (前 55?-?後 40). (2) *L. Annaeus* ~, (1)の息子, ストア哲学者・悲劇作家・政治家 (前 4?-後 65); Nero 帝の師》.
seneciō -ōnis, *m* [senex] 1 老人. 2 〖植〗キク科セネシオ属の植物.
Seneciō -ōnis, *m* セネキオー《ローマ人の家名》.
senecta -ae, *f* [↓] 1 老年(期). 2 ヘビの抜け殻.
senectus¹ -a -um, *adj* [senex] 高齢の, 老いた: *aetas senecta* (GELL) 老年.
senectūs² -ūtis, *f* 1 老年(期). 2 老人. 3 白髪. 4 ヘビの抜け殻.
Sēnēnsis -is -e, *adj* Sena の.
seneō -ēre, *intr* [senex] 老いている.
senescō -ere senuī, *intr inch* [↑] 1 老いる, 年をとる. 2 衰える, 弱くなる. 3 (月が)欠ける. 4 (時期が)終わりに近づく.
senex¹ senis (*comp* senior), *adj* 老いた.
senex² senis, *m*, *f* 1 老人. 2 家長, 主人. 3 (*pl*) (ギリシア諸都市, 特に Sparta の) 長老.
sēnī -ae -a, *num distrib* [sex] 1 六つずつの. 2 6 の (=sex).
Seniae balneae -ārum -ārum, *f pl* セニアエ浴場《ローマ市にあった公共浴場》.
senica -ae, *m*, *f* [*cf.* senex] 老人.
sēnīdēnī, sēnī dēnī -ae -a, *num distrib* 16 ずつの.
senīlis -is -e, *adj* [senex] 老年の, 老人の.
senīliter *adv* [↑] 老人のように.
sēnio -ōnis, *m* [seni] (さいころの) 6 の目.
senior -ōris, *adj comp* [senex¹] 1 より年長[高齢]の; より古い[以前の]. 2 やや高齢の.
seniōrēs -um, *m pl* [↑] 1 老人たち, 年配者. 2 長老たち.
seniōsus -a -um, *adj* [senium] 弱った, 衰えた.
sēnipēs -pedis, °*adj* 六詩脚の.

senium -ī, *n* [senex] **1** 老齢, 老衰. **2** 老人. **3** 悲しみ. **4** 不機嫌, 憂鬱.

senius -ī, *m* 老人.

Seno -onis, *m* Senones 族の人.

Senonēs -um, *m pl* セノネース《(1) Caesar の頃 Gallia Lugdunensis の Agedincum (現 Sens) を中心に住んでいた一部族. (2) Gallia Cisalpina にいた一部族; 前4世紀にローマをおびやかし続けた》.

sensa -ōrum, *n pl* (*pp*) [sentio] 考え, 意見, 見解.

sensātē °*adv* [↓] 分別をもって.

sensātus -a -um, °*adj* [sensus²] 分別のある.

sensī *pf* ⇨ sentio.

sensibilis -is -e, *adj* [sentio] **1** 感覚でとらえられる, 知覚できる. **2** 感覚を有する.

sensiculus -ī, *m* [sensus²] (ちょっとした)警句.

sensifer -fera -ferum, *adj* [sensus²/fero] 感覚を生じさせる.

sensilis -is -e, *adj* [sentio] 感覚のある.

sensillum -ī, °*n dim* [sensus²] 【動】感覚子.

sensilocus, -loquus -a -um, °*adj* [↓/loquor] 思慮深く話す, 賢い.

sensim *adv* [sentio] **1** 少しずつ, 徐々に. **2** 慎重に, 用心深く.

sensōrium -ī, °*n* [sensus²] 感覚の座[器官].

sensuālis -is -e, °*adj* [sensus²] **1** 感覚のある. **2** 理知的な.

sensuāliter °*adv* [↑] 感覚的に.

sensus¹ -a -um, *pp* ⇨ sentio.

sensus² -ūs, *m* **1** 感覚, 知覚: ~ *videndi* (Cic) 視覚. **2** 意識, 自覚. **3** 理解力, 判断力; 心. **4** 感情, 気持. **5** 意見, 考え. **6** 意味, 意義. **7** 【修】完全文, 掉尾(ミラミラ)文.

sententia -ae, *f* [sentio] **1** 見解, 意見. **2** 意向, 意図. **3** 投票; 票決. **4** 判決. **5** 思想, 考え. **6** 格言, 警句. **7** 意味, 内容: *multa in eam sententiam dicere, quae...non possit* (Caes) なぜ...できないのか, 次のように詳しく語る. **8** 文章.

sententiālis -is -e, °*adj* [↑] 格言風の.

sententiāliter °*adv* [↑] 格言風に.

sententiola -ae, *f dim* [sententia] 気のきいたことば[評言], 警句, 箴言(タメ).

sententiōsē *adv* [↓] **1** 金言[警句]的に. **2** 示唆に富んで, 意味深く.

sententiōsus -a -um, *adj* [sententia] 示唆に富む, 意味深い.

senticētum -ī, *n* [sentis] イバラの茂み[やぶ].

senticōsus -a -um, *adj* [sentis] イバラの多い; とげの多い.

sentina -ae, *f* **1** 淦(ぁゕ)《船底にたまる汚水》. **2** 船底の淦溝. **3** 最下層民, 社会のくず.

Sentīnās -ātis, *adj* Sentinum の.

sentīnō -āre, *intr* [sentina] **1**° 淦(ぁゕ)を汲み出す. **2** 窮地[危険]にある. (=satago).

sentinōsus -a -um, *adj* [sentina] 淦(ぁゕ)がいっぱいたまった.

Sentīnum -ī, °*n* センティーヌム《Umbria の町》.

Sentīnus -ī, *m* センティーヌス《新生児に意識を与えると考えられた神》.

sentiō -īre sensī sensum, *tr, intr* **1** 知覚する, 感ずる, 気づく <*alqd; +acc c. inf*>. **2** 経験する, 味わう. **3** 考える, 意見をもつ: *cum Caesare sentire* (Cic) Caesar と同じ考えである[の側につく] / *abs te seorsum sentio* (Plaut) 私の考えはあなたと違う. **4** 意味する, 意図する.

sentis -is, *m* (通常 *pl*) イバラの茂み[やぶ].

sentiscō -ere, *intr inch* [sentio] 気づき[感じ]始める.

sentōsus -a -um, °*adj* [sentis] イバラが多い[におおわれ].

sentus -a -um, *adj* **1**° とげのある. **2** ごつごつした, 荒れはてた.

senuī *pf* ⇨ senesco.

seorsum, -us¹ *adv* [↓] 離れて, 別個に <*ab alqo*>.

seorsus² -a -um, *adj* [se-/vorsus] 離れた, 別個の.

*****sēpār** -paris, *adj* (用例は *sg abl* のみ) 別個の, 異なった.

sēparābilis -is -e, *adj* [separo] 分離できる.

sēparābiliter °*adv* [↑] 分離して, 別個に.

sēparātē *adv* [separatus¹] 別個に, 特別に.

sēparātim *adv* [separo] 別個に, 個別に.

sēparātiō -ōnis, *f* [separo] 分離.

sēparātīvus -a -um, °*adj* [separo] 【文】分離的な.

sēparātor -ōris, °*m* [separo] 分離する者.

sēparātus¹ -a -um, *adj* (*pp*) [separo] 別個の, 個々の, 独立の, 離れた.

sēparātus² -ūs, *m* 引き離される[されている]こと.

sēparō -āre -āvī -ātum, *tr* [se-/paro²] **1** 分ける, 分かつ, 分離する <*alqd* [*alqm*] (*ex* [*a*]) *re*>. **2** 区別する, 別に扱う.

sepelībilis -is -e, *adj* [↓] 埋められる.

sepeliō -īre -pelīvī -pultum, *tr* **1** 埋葬する. **2** 圧倒する, 埋没させる.

sepelīvī *pf* ⇨ sepelio.

sēpēs¹ -edis, *adj* [sex/pes] 6本足の.

sēpēs² -is, *f* =saepes.

sēpia -ae, *f* [*Gk*] **1** 【動】イカ. **2** イカの墨, インク.

sēpīmentum -ī, *n* =saepimentum.

sēpiō -īre, *tr* =saepio.

sēpiola -ae, *f dim* [sepia] 【動】(小さな)イカ.

sēpiōticon -ī, °*n* [sepia] (インクとしての)イカの墨.

Sēplasia -ae, *f* セープラシア《香油店が軒を連ねていた Capua の街の街路》.

sēplasiārius -ī, °*m* [↑] 香油商人.

sēplasium -ī, *n* (Seplasia 街で売られていた)香油.

sēpōnō -ere -posuī -positum, *tr* [se-/pono] **1** 捨てる, 放棄する. **2** 無視する, 忘れる. **3** 隔離する: *seponere alqm in insulam* (Tac) ある人を島流しにする. **4** 別にしておく, 取っておく. **5** 区別する, 識別する.

sēpositiō -ōnis, °*f* [↑] 別にして[取って]おくこと.

sēpositus -a -um, *adj* (*pp*) [sepono] **1** 遠く離れた. **2** 別個の, 特別の. **3** 精選した, えり抜きの.

sēposuī *pf* ⇨ sepono.

sēps sepis, *m, f* [*Gk*] 【動】**1** 毒ヘビの一種《かまれると腐敗を起こすと考えられる》. **2** 毒トカゲ.

sēpse =se ipse.

sēpsis -is, °*f* [*Gk*]【病】敗血症.
sēpta *n pl* =saepta (⇒ saeptum).
septejugis -is, *m* [↓/jugum]《碑》7頭立て馬車.
septem *indecl num card* **1** 7(の); ~ *miracula* (Plin)(古代世界の)七不思議; / ~ *stellae* (Sen) 北斗七星. **2** (ギリシアの)七賢人 (=Thales, Solon, Periander, Cleobulus, Chilon, Bias, Pittacus).
Septem aquae ~ -ārum, *f pl* セプテム アクゥアエ《Reate 北方の小湖群》.
September[1] -bre -bris, *adj* [septem] (ローマ古暦の)7月の; (前153年以降)9月の.
September[2] -bris, *m* (*sc.* mensis) (ローマ古暦の)7月; (前153年以降)9月.
septemfāriam *adv* [*cf.* bifariam] 7部に分けて.
septemfluus -a -um, *adj* [septem/fluo] 七つの河口をもつ《Nilus 川の添え名》.
septemgeminus -a -um, *adj* [septem/geminus] 七つの部分から成る《特に、七つの河口をもつ Nilus 川と、七丘に建設されたローマ市を指す》.
septemmestris -is -e, °*adj* [septem/mensis] 7か月の.
septemnerva -ae, °*f* [septem/nervus]【植】オオバコ (=plantago).
septempedālis -is -e, *adj* [septem/pes] 7 pes の.
septemplex -plicis, *adj* [septem/plico] (盾に張った牛皮が)7重の; (川に)七つの河口をもつ.
septempliciter °*adv* [↑] 7倍に.
septemtr- ⇒ septentr-.
septemvir -ī, *m* [septem/vir] 七人委員の一人.
septemvirālis[1] -is -e, *adj* [↑] 七人委員の.
septemvirālis[2] -is, *m* =septemvir.
septemvirātus -ūs, *m* [septemvir] 七人委員の職[地位].
septēnārius[1] -a -um, *adj* [septeni] 7から成る.
septēnārius[2] -ī, *m* (*sc.* versus)《詩》七詩脚の詩の一行.
septendecim, septemdecim *indecl num card* [septem/decem] 17(の).
septēnī -ae -a, *num distrib* [septem] **1** 七つずつの. **2** 7倍[重]の. **3** =septem.
septennium -ī, °*n* [septem/annus] 7年間, 七年期.
septentriō -ōnis, *m* [septem/trio (⇒ triones)] (主に *pl*) **1** 【天】北斗七星; (大・小)熊座. **2** 北, 北方. **3** 北風.
septentriōnālia -ium, *n pl* [↓] 北部地方.
septentriōnālis -is -e, *adj* [septentrio] 北の, 北方の.
sēpticaemia -ae, °*f*【病】敗血症.
septicollis -is -e, °*adj* [septem/collis] 七丘の.
sēpticus -a -um, *adj* [*Gk*] 腐敗させる.
septiens, -ēs *adv* [septem] 7回[倍].
septifārius -a -um, °*adj* 七つの部分から成る.
septiforis -is -e, °*adj* [septem/foris[1]] 七つの穴のある.
septiformis -is -e, °*adj* [septem/forma] 7倍の, 7重の.

septimāna -ae, °*f* [septimanus] 7日間, 1週間 (=hebdomas).
septimānī -ōrum, *m pl* [↓] 第7軍団の兵士たち.
septimānus -a -um, *adj* [septimus] (3, 5, 7, 10月の Nonae が)月の7日目に当たる.
Septimius -ī, *m* セプティミウス《ローマ人の氏族名》.
septimō *adv* (*abl*) [septimus] 7回目に.
Septimontiālis -is -e, *adj* [↓] 七丘祭の.
Septimontium -ī, *n* [septem/mons] **1** ローマ市をつくる七丘周辺の地域. **2** 七丘祭《12月11日》.
septimum *adv* (*neut*) [↓] 7回目に.
septimus -a -um, *num ord* [septem] **1** 第7の, 7番目の. **2** *pars septima* 7分の1.
septingēnārius -a -um, *adj* [↓] 700ずつから成る.
septingēnī -ae -a, *num distrib* [septingenti] 700ずつの.
septingentēsimus -a -um, *num ord* [↓] 700番目の.
septingentī -ae -a, *num card* [septem/centum] 700(の).
septingentiens, -ēs *adv* [↑] 700回[倍].
septipēs -pedis, °*adj* [septem/pes] 身の丈(舟)が 7 pes の(=きわめて長身の).
septirēmis -is -e, *adj* [septem/remus] 七段櫂(舟)の.
Septizōnium, -zōdium -ī, *n* [septem/zona] セプティゾーニウム《(1) Titus 帝がローマ市に建てた建造物. (2) Septimius Severus 帝がローマ市の大競技場近くに建てた記念建造物》.
septuāgēnārius -a -um, *adj* [↓] **1** 70ずつから成る. **2** 70歳の.
septuāgēnī -ae -a, *num distrib* [septuaginta] **1** 70ずつの. **2** (*sg* -us -a -um) 70回.
septuāgesima -ae, °*f* [↓]《カト》七旬節.
septuāgesimus -a -um, *num ord* [septuaginta] **1** 70番目の. **2** *pars septuagesima* 70分の1.
septuāgiens, -ēs *adv* [↓] 70回[倍].
septuāgintā *indecl num card* [septem] 70(の).
Septuāgintā *indecl* °*n* 七十人訳(聖書)《ギリシア語訳旧約聖書; Ptolemaeus II の命により Alexandria で 70人のユダヤ人がヘブライ語からの翻訳を70日間で完了したと伝えられる》.
septuennis -is -e, *adj* [septem/annus] 7歳の.
sēptum -ī, *n* =saeptum.
septunx -uncis, *m* [septem/uncia] **1** 7 unciae. **2** 12分の7.
septuplum -ī, °*n* [*Gk*] 7倍, 7重.
sepulcrālis, -chrālis -is -e, *adj* [sepulcrum] 墓の.
sepulcrētum, -chrētum -ī, *n* [↓] 墓地.
sepulcrum, -chrum -ī, *n* [sepelio] **1** 墓, 墳墓, 塚. **2** 墓碑, 墓標. **3** (火葬用の)薪(毳)を積み重ねたもの. **4** (*pl*) 死者たち.
sepultō -āre, °*tr freq* [sepelio] 埋葬したままにしておく.
sepultor -ōris, °*m* [sepelio] 埋葬する人.

sepultūra -ae, *f* [sepelio] **1** 葬儀; 埋葬. **2** 埋葬所, 墓地.

sepultus -a -um, *pp* ⇨ sepelio.

sequāciter °*adv* [sequax¹] 当然の成り行きとして.

Sēquana -ae, *m, f* セークゥアナ《Gallia Celtica の主な川の一つ; 現 Seine》.

Sēquanī -ōrum, *m pl* セークゥアニー《Gallia Celtica の Arar 川と Jura 山脈の間にいた一部族》.

Sēquanus -a -um, *adj* Sequani 族の.

sequax¹ -ācis, *adj* [sequor] **1** 追いかける, ついて行く. **2** 従順な, 扱いやすい.

sequax² -ācis, *m* **1** 信奉者, 信徒. **2°** 弟子, 門人.

sequēla, -ella -ae, *f* [sequor] **1** 従者. **2** 結果.

sequens -ntis, *adj* (*prp*) [sequor] **1** 次にくる, あとに続く. **2** 必然的結果の: ~ (*est*) *ut* (TAC) その結果は必ず…となる.

sequentia -ae, °*f* [↑] **1** あとに来るもの, 続き. **2** 《カト》統唱.

sequester -trī [-tris], *m* [sequor] **1** 仲介者, 媒介者. **2** 《訟》(係争財産の)保管人, 受託者.

sequestra -ae, *f* [↑] 仲介者; 受託者《女性》.

sequestrātiō -ōnis, °*f* [sequestro] **1** 《法》(係争財産の)仮差押え. **2** 隔離, 分離.

sequestrātor -ōris, °*m* [↓] **1** 《法》仮差押え人. **2** 妨害者.

sequestrō -āre -āvī -ātum, °*tr* [sequester] **1** 《法》(係争物を管財人に)供託する, 仮差押えを行なう. **2** 分離ּする, 隔離する.

sequestrum -ī, *n* [sequester] (係争財産の)供託.

sequī *inf* ⇨ sequor.

sequior -or -us, *adj comp* [↓] 劣った, より弱い: *sexus* ~ (APUL) 女性.

sequius *adv comp* [secus²] =setius.

sequor -quī secūtus sum, *tr* (*intr*) *dep* **1** あとから行く, ついて行く. **2** 追う, 追跡する. **3** (時間的に)続く, 続いて起こる. **4** (順として)次にくる. **5** 当然の結果として…になる 〈*ut+subj*; *+acc c. inf*〉. **6** 従う; ならう, 手本とする. **7** 同行《随行》する. **8** 味方する, 追随する, 支持する. **9** 付随する, 同時に起こる. **10** (ある人の所有に)帰する, 帰属する. **11** (ある場所へ)向かう, 進む. **12** 沿って進む, たどる; (人生を)送る. **13** 一面に広がる, 広がり拡ける. **14** 得ようとする, 求める, ねらう. **15** 従事する, 遂行する.

Sēr Sēris, *m sg* ⇨ Seres.

Ser. 《略》=Servius.

sera¹ -ae, *f* [sero¹] かんぬき, 横木.

sēra² *adv* (*n pl*) [serus] おそく, 遅れて.

Serāpēum -ī, °*n* [*Gk*] Serapis の神殿.

seraphicus -a -um, °*adj* [↓] 熾(シ)天使の.

seraphīm, -īn *indecl* °*pl* [*Heb.*]《聖》セラビム, 熾(シ)天使.

serapias -adis, *f* [*Gk*] 《植》ラン《蘭》の一種.

Serāpiō, -ōn -ōnis, *m* [*Gk*] セラーピオー《P. Cornelius Scipio Nasica (前138年の執政官) のあだ名; 彼の手の者が Ti. Gracchus を殺害した (前133)》.

Serāpis -is [-idis], *m* [*Gk*] セラーピス《エジプトの神; ギリシア・ローマ世界でも広く崇拝された》.

serārius -a -um, *adj* [serum¹] 乳漿で肥育された.

serēnē °*adv* [serenus] はっきりと, 明瞭に.

serēnifer -fera -ferum, °*adj* [serenus/fero] 晴天をもたらす.

serēnificus -a -um, *adj* [serenus/facio] 《碑》晴天をもたらす.

serēniger -gera -gerum, °*adj* =serenifer.

serēnitās -ātis, *f* [serenus] **1** 晴天. **2** 平穏, 落ちつき. **3** 好都合, 順調. **4°** (皇帝・貴族に対する尊称で)閣下, 殿下.

serēnō -āre -āvī -ātum, *tr* [serenus] **1** (空を)晴れわたらせる, 晴朗にする. **2** 輝かせる, 明るくする; 晴ればれとさせる.

serēnum -ī, *n* [↓] 晴天, 晴朗.

serēnus -a -um, *adj* **1** 晴れわたった, 晴朗な. **2** 晴天をもたらす. **3** 明るい, 澄んだ. **4** 平穏な, 落ちついた, 穏やかな. **5°** (*superl* で) (皇帝への尊称)閣下.

Sēres -um, *m pl* [*Gk*] 東方の住民, 中国人.

Sergius -ī, *m* セルギウス《ローマ人の氏族名; 特に L. ~ Catilina (⇨ Catilina)》.

sēria -ae, *f* (陶製の)壺.

sērica -ōrum, *n pl* [Sericus] 絹地, 絹織物.

sēricāria -ae, *f* [Sericus] 《碑》絹物係の女奴隷.

sēricārius -a -um, *adj* [Sericus] 《碑》絹を扱う.

sēricātus -a -um, *adj* [Sericus] 絹の着物を着た.

sēricum -ī, °*n* [↓] 絹物.

Sēricus -a -um, *adj* **1** Seres 人の. **2** 絹《製》の.

sēriē °*adv* =serio.

seriēs -ēī, *f* (*gen, dat* の用例なし) [sero¹] **1** ひと続き, 連続. **2** 血統, 系系.

sēriō *adv* (*abl*) [serius¹] まじめに, 真剣に.

sēriola -ae, *f dim* [seria] (小さな)壺.

Serīphius¹ -a -um, *adj* Seriphus 島の.

Serīphius² -ī, *m* Seriphus 島の人.

Serīphus, -os -ī, *f* [*Gk*] セーリープス, *-ポス*《Cyclades 諸島の島; 帝政期には国事犯がここに追放された》.

sēritās -ātis, °*f* [serus] 遅参, 延着.

sērium -ī, *n* [↓] (通例 *pl* sēria で) **1** 大事な事柄《仕事》. **2** 深刻(まじめ)な顔つき.

sērius¹ -a -um, *adj* **1** 重大な, 重要な. **2** まじめな, 真剣な.

sērius² *adv comp* ⇨ sero⁴.

sermō -ōnis, *m* [sero¹] **1** 話, ことば. **2** 対話, 話, 話し合い. **3** うわさ話, 雑談. **4** 話題. **5** 話し方, 言いまわし. **6** 話しことば, 散文. **7** (特定の時代の)言語, 方言.

sermōcinanter °*adv* [sermocinor] 話しながら.

sermōcinātiō -ōnis, *f* [sermocinor] 対話, 会話, 話し合い.

sermōcinātor -ōris, °*m* [sermocinor] 話す人, おしゃべり屋.

sermōcinātrix -īcis, *f* [↓] **1** おしゃべり女. **2** (*adj* として)会話の.

sermōcinor -ārī -ātus sum, *intr dep* [sermo] 話し合う, 会話をする 〈*cum alqo*〉.

sermōnō -āre, *intr* 《碑》=sermonor.

sermōnor -ārī -ātus sum, *intr dep* [sermo] 会

話をする.

sermunculus -ī, *m dim* [sermo] うわさ話, むだ話.

serō[1] -ere seruī sertum, *tr* 1 からみ[編み]合わせる. 2 結合[連結]する: *certamina serere* (Liv) 交戦する / *secreta colloquia serere cum alqo* (Liv) ある人と秘密の相談をする.

serō[2] -ere sēvī satum, *tr* 1 (種を)まく, (木を)植える. 2 まき散らす, 広める. 3 産ませる, 子をもうける. 4 生じさせる, ひき起こす ⟨alci alqd⟩.

serō[3] -āre -āvī -ātum, *tr* [sera¹] かんぬきで閉ざす.

serō[4] *adv* (*abl*) [serus] 1 おそく, 遅れて. 2 おそぎて.

serologia -ae, °*f* [serum¹] 【医】血清学.

serōsa -ae, °*f* [↓] 【解・動】漿膜(ﾏｸ).

serōsus -a -um, °*adj* [serum¹] 【医】漿液(性)の, 血清の: *tunica serosa* 漿膜.

serōtinus -a -um. *adj* [sero⁴] 遅れた, 晩成の. 2° 夕方の.

serpens -entis, *f, m* (*prp*) [serpo] 1 【動】ヘビ(蛇). 2 (S-) 【天】竜座; 蛇座. 3 ウジ(虫).

serpentāria -ae, °*f* [↑] (*sc. herba*) 【植】蛇草《未詳》.

serpentiformis -is -e, °*adj* [serpens/forma] ヘビの形をした.

serpentigena -ae, *m* [serpens/gigno] ヘビから生まれた者.

serpentinus -a -um, °*adj* [serpens] ヘビの(ような).

serpentipēs -pedis, *adj* [serpens/pes] ヘビの足をした.

serperastra -ōrum, *n pl* 副木, 添え木.

serpillum -ī, *n* =serpyllum.

serpō -ere -psī -ptum, *intr* 1 はう; (はうように)ゆっくり進む. 2 曲がりくねる; 巻きつく. 3 徐々に[知らぬ間に]広がる.

serpsī *pf* ⇨ serpo.

serptus -a -um, *pp* ⇨ serpo.

serpyllum, -ullum -ī, *n* [*Gk*] 【植】イブキジャコウソウ属の植物.

serra -ae, *f* 1 のこぎり. 2 【魚】ノコギリエイ. 3 【軍】鋸歯(ｷｮｼ)状隊形.

serrāculum -ī, °*n* 舵取りオール.

serrācum -ī, *n* 1 荷馬車. 2 【天】北斗七星.

Serrānus -ī, *m* セッラーヌス《Atilia 氏族に属する家名; もと C. Atilius Regulus (前 257 年の執政官) のあだ名》.

serrātī -ōrum, *m pl* [↓] (*sc. nummi*) 縁にぎざぎざのあるローマの銀貨.

serrātus -a -um, *adj* [serra] 1 ぎざぎざの(ある). 2° 【生物・解】鋸歯(ｷｮｼ)状の.

serrula -ae, *f dim* [serra] (小さな)のこぎり.

serta -ōrum, *n pl* (*pp*), **-a** -ae, *f* [sero¹] 花輪, 花綱.

sertātus -a -um, °*adj* [↑] 花輪を着けた.

Sertōriānus -a -um, *adj* Sertorius の.

Sertōrius -ī, *m* セルトーリウス《ローマ人の氏族名; 特に Q. ~ Marius 派の将軍, 独裁官 Sulla の牛耳るローマを離れ Hispania でゲリラ戦を展開したが, 部下の Perperna に暗殺された (前 72)》.

sertus -a -um, *pp* ⇨ sero¹.

seruī *pf* ⇨ sero¹.

serum[1] -ī, *n* 乳漿(ﾆｭｳｼｮｳ), 乳清; 漿液: ° ~ *antidiphthericum* 【薬】抗ジフテリア血清 / ° ~ *antitetanicum* 【薬】抗破傷風血清.

sērum[2] -ī, *n* [serus] おそい時刻: *sero diei* (Tac) 夕刻に.

sērum[3] *adv* (*neut*) [↓] おそい時刻に, 夜おそく.

sērus -a -um, *adj* 1 おそい, 遅れた; おそ咲きの, 晩成の. 2 後の. 3 おそすぎる, 時機を失した. 4 おそい時刻の.

serva -ae, *f* [servus] 女奴隷.

servābilis -is -e, *adj* [servo] 1 救うことのできる. 2 保存できる.

servans -antis, *adj* (*prp*) [servo] (正義・法を)遵守(ｼﾞｭﾝｼｭ)する ⟨+*gen*⟩.

servātiō -ōnis, *f* [servo] 遵守, 遵奉.

servātor -ōris, *m* [servo] 1 救済者, 保護者. 2 監視者, 見張り人. 3 遵奉[遵守]者.

servātrix -īcis, *f* [↑] 救済者, 保護者《女性》.

Serviliānus -a -um, *adj* Servilius の.

servīlis -is -e, *adj* [servus] 1 奴隷の. 2 卑しい, 卑屈な.

servīliter *adv* [↑] 1 奴隷のように, 奴隷的に. 2 卑しく, 卑屈に.

Servīlius -ī, *m* セルウィーリウス《ローマ人の氏族名; 特に (1) *C. ~ Ahala* (⇨ Ahala). (2) *Q. ~ Caepio* (⇨ Caepio). (3) *P. ~ Casca Longus* (⇨ Casca)》.

serviō -īre -īvī [-iī] -ītum, *intr* [servus] 1 奴隷である, 奉公する, 仕える ⟨apud alqm; alci⟩. 2 従属する, 服従する. 3 尽力する, 骨折る ⟨+*dat*⟩. 4 役立つ, 要求を満たす. 5 【法】(土地・建物が)他人の何らかの権利下にある.

servitiālis -is -e, °*adj* [↓] 奉公の, 奉仕の.

servitium -ī, *n* [servus] 1 奴隷であること[の身分]. 2 従属, 服従. 3 卑屈, 屈従. 4 奴隷(階級).

servītor -ōris, °*m* [servio] 従僕.

servitrīcius -a -um, *adj* [servus/tritus¹] の.

servitūdō -dinis, *f* [servus] 奴隷であること.

servitūs -ūtis, *f* [servus] 1 奴隷であること[の身分]. 2 従属, 服従. 3 【法】(土地・建物が)他人の何らかの権利下にあること. 4 奴隷.

Servius -ī, *m* セルウィウス《ローマ人の個人名 (略形 Ser.); 特に ~ *Tullius*, ローマ第 6 代の王 (伝)在位前 672-641》.

servō -āre -āvī -ātum, *tr* 1 世話をする, 番をする. 2 観察する, 監視する: *de caelo servare* (Cic) 天からの予兆を観察する. 3 (ある活動・状態を)続ける, 保つ, とどめる. 4 維持する, 保持する. 5 取っておく ⟨alqd +*dat*; alqd ad alqm [alqd]⟩. 6 救助する, 保護する. 7 【法】(貸し金を)回収する.

servula, -ola -ae, *f dim* [serva] (若い)女奴隷.

servulicola, -olicola -ae, *f* [↓/colo²] 奴隷の相手をさせる娼婦.

servulus, -olus -ī, *m dim* [servus²] (若い)奴隷.

servus[1] -a -um, *adj* 1 奴隷(身分)の. 2 奴隷根

性の, 卑屈な. **3** 従属[服従]している. **4** 〖法〗(土地・建物が)他人の何らかの権利下の.

servus[2] -ī, *m* **1** 奴隷: *servī publicī* (Cɪᴄ) 公共奴隷 / *~ ā manū* (Sᴜᴇᴛ) 筆記を専門とする奴隷(=秘書). **2**° (神の)僕.

sēsama -ae, *f*, **sēsamum** -ī, *n* [*Gk*] **1** 〖植〗ゴマ(胡麻). **2** ゴマの実; ゴマ油.

sēsamoīdeus -a -um, °*adj* 〖解〗種子状の; 種子骨の.

sescēnārius -a -um, *adj* [↓] (兵力) 600 人の.

sescēnī -ae -a, *num distrib* [sescentī] 600 ずつの.

sescentēnī -ae -a, *num distrib* =sescēnī.

sescentēsimus -a -um, *num ord* [↓] 600 番目の.

sescentī -ae -a, *num card* [sex/centum] **1** 600 (の). **2** 無数の.

sescentiēns, -ēs *adv* [↑] 600 回[倍].

Sescentoplāgus -ī, *m* [sescentī/plaga[1]] むち打ち六百男《Plautus の喜劇中の造語》.

sescuncia -ae, *f* [sesqui/uncia] $^1/_8$.

sescunciālis -is -e, *adj* [↑] $^1/_8$ の.

sescuplex, -plicārius ⇒ sequi-.

sēsē *pron reflx (acc, abl)* =se[1] (⇒ sui).

seselis -is, *f* [*Gk*] 〖植〗セリ科の植物.

Sesōstris -is [-idis], **Sesōsis** -idis, *m* [*Gk*] セソーストリス《伝説上のエジプト王》.

sesquātus -a -um, *adj* [↓] 3:2 の比の.

sesqui *adv* [semis/-que[1]] もう半分だけ多く, 1 倍半.

sesquialter -a -um, *adj* [↑] 1 倍半の, 3:2 の比の.

sesquiculleāris -is -e, *adj* [sesqui/culleus] 1 culleus 半 (=30 amphorae) の容量の.

sesquicyathus -ī, *m* 1 cyathus 半.

sesquidigitālis -is -e, *adj* [↓] 1 指幅半の.

sesquidigitus -ī, *m* [sesqui/digitus] 1 指幅半.

sesquihōra -ae, *f* [sesqui/hora] 1 時間半.

sesquilībra -ae, *f* 1 libra 半.

sesquimēnsis -is, *m* [sesqui/mensis] 1 か月半.

sesquimodius -ī, *m* **1** modius 半(入る容器).

sesquiobolus -ī, *m* 1 obolus 半.

sesquioctāvus -a -um, *adj* [sesqui/octavus] 8 分の 9 の.

sesquiopera -ae, *f* [sesqui/opera] 1 日半の仕事.

sesquiopus -eris, *n* =sesquiopera.

sesquipedālis -is -e, *adj* [↓] **1** 1 pes 半の. **2** けたはずれに長い.

sesquipēs -pedis, *m* 1 pes 半.

sesquiplāga -ae, *f* [sesqui/plaga[1]] 一打ち半.

sesquiplāris -is, °*m* =sesquiplicarius.

sesquiplex, sescup- -plicis, *adj* [sesqui/plico] 3:2 の比の.

sesquiplicārius, sescup- -ī, *m* [↑] 通常の 1 倍半の報酬を受ける兵士.

sesquiplus, sescup- -a -um, *adj* =sesquiplex.

sesquiquartus -a -um, °*adj* 4 分の 5 の.

sesquisenex -senis, *adj m, f* [sesqui/senex[1]] 1 倍半だけ年をとった.

sesquitertius -a -um, *adj* [sesqui/tertius] 3 分の 4 の.

sesquivīcēsimus -a -um, °*adj* 20 分の 21 の.

sessibulum -ī, *n* [sedeo] 椅子, 腰掛け.

sessilis -is -e, *adj* [sedeo] **1** 騎乗に適した. **2** (植物が)地をはう. **3** 底が平べったい. **4**° 〖生物〗固着の; 〖植〗無柄の.

sessiō -ōnis, *f* [sedeo] **1** すわる[すわっている]こと, 着席. **2** 集まり, 会合. **3** 座席, 椅子.

sessitō -āre -āvī -ātum, *intr freq* [sedeo] (習慣的に)すわっている.

sessiuncula -ae, *f dim* [sessio] (小さな)集まり.

sessor -ōris, *m* [sedeo] **1** すわる人, 着席者. **2** 騎乗者. **3** 居住者, 住民.

sessōrium -ī, *n* [sedeo] **1** 居間. **2**° 座席, 椅子.

sessus[1] -a -um, *pp* ⇒ sedeo, sido.

sessus[2] -ūs, *m* [sedeo] すわること, 着席.

sestertia -ōrum, *n pl* [sestertius] (*sc.* milia) 1,000 セステルティウス《2,000 セステルティウス以上の金高に用いる》: *duo [decem] ~* 2,000 [10,000] セステルティウス.

sestertiārius -a -um, *adj* [sestertius] たった 1 セステルティウスの, 価値のない.

sestertium -ī, *n* [↓] (*sc.* centena milia) 100,000 セステルティウス: *vicies ~* 2,000,000 セステルティウス.

sestertius[1] -a -um, *adj* [semis/tertius] $2^1/_2$ の: *~ nummus* セステルティウス銀貨.

sestertius[2] -ī, *m* セステルティウス《ローマの貨幣単位および銀貨》=2$^1/_2$ (前 217 年以降は 4) asses =$^1/_4$ denarius》(⇒ 付録 I 2).

Sēstiacus -a -um, *adj* Sestos の.

Sēstiānus -a -um, *adj* Sestius の.

Sestius -ī, *m* セスティウス《ローマ人の氏族名; 特に P. ~, 前 57 年の護民官; 翌年, Cicero に弁護された》.

Sēstos, -us -ī, *f* [*Gk*] セーストス《Chersonesus Thracia の Hellespontus 沿岸の町; 小アジア側の Abydus と向かい合う》.

Sēstus -a -um, *adj* Sestos の: *Sesta puella* (Ov) = Hero.

set *conj* =sed[2].

sēta -ae, *f* =saeta.

sētania -ae, *f* [*Gk*] **1** 〖植〗セイヨウカリン. **2** タマネギの一種.

sētanion -ī, *n* [*Gk*] 春まきコムギ.

sētāria -ae, °*f* [seta] 〖植〗エノコログサ属.

Sētia -ae, *f* **1** セーティア《Latium の町; ぶどう酒で有名; 現 Sezze》. **2** Setia 産のぶどう酒.

sētiger[1,2] =saetiger[1,2].

Sētīnus -a -um, *adj* **1** Setia の. **2** Setia 産のぶどう酒の.

sētius *adv comp* **1** 別なふうに, 異なって. **2** より少なく; より悪く: *nihilo ~* (Cᴀᴇꜱ) それにもかかわらず, それでもやはり.

sētōsus -a, -um, *adj* =saetosus.

seu *conj* =sive.
Seuthēs -is, *m* [*Gk*] セウテース《Thracia の Odrysae 族の王 (前 383 年没)》.
sēvectus -a -um, *pp* ⇨ sevehor.
sēvehī *inf* ⇨ sevehor.
sēvehor -vehī -vectus sum, *intr dep* [se-/veho] はずれる, はみ出る.
sevērē *adv* (severus) **1** 厳格に, きびしく. **2** まじめに, 真剣に.
sevēritās -ātis, *f* [severus] **1** 厳格さ, きびしさ. **2** 厳粛, まじめさ; (表情・態度の)いかめしさ.
sevēriter *adv* [severus] 厳格に, きびしく.
sevēritūdō -dinis, *f* [↓] **1** 厳格さ, きびしさ. **2** (表情の)いかめしさ.
sevērus -a -um, *adj* **1** 厳格な, きびしい. **2** 厳粛な, まじめな. **3** (表情が)いかめしい, むずかしい. **4** (文体・建築様式などが)簡素厳正な. **5** (場所・状況が)近づきがたい, 人を寄せつけない.
Sevērus -ī, *m* セウェールス《ローマ人の家名; 特に (1) *Cornelius* ~, Augustus 帝時代の詩人. (2) *L. Septimius* ~, ローマ皇帝 (在位 193–211)》.
Sevērus mons *m* セウェールス山《Sabini 族の居住地の山; Appenninus 山脈中の一山》.
sēvī *pf* ⇨ sero².
sēvir -virī, *m* [sex/vir] 六人委員の一人.
sēvocō -āre -āvī -ātum, *tr* [se-/voco] **1** (他から離して)わきへ呼ぶ. **2** 引き離す, 遠ざける; (別の用途に)流用する 〈alqd a re〉.
sēvum -ī, *n* =sebum.
sex *indecl num card* 6 (の).
Sex. (略) =Sextus.
sexāgēnārius -a -um, *adj* [↓] 60 の; 60 歳の.
sexāgēnī -ae -a, *num distrib* [sexaginta] **1** 60 ずつの. **2** 60 (の).
sexāgēnsimus, -gēsimus -a -um, *adj* [sexaginta] 60 番目の.
sexāgēsima -ae, *f* [↑] **1** (*sc.* pars) 60 分の 1. **2**《カト》六旬節(の主日).
sexāgiens, -ēs *adv* [↓] 60 回[倍].
sexāgintā *indecl num card* [sex] 60 (の).
sexangulus -a -um, *adj* [sex/angulus] 六角[辺]形の.
sexātrūs -uum, *f pl* [sex] (毎月の) Idus 後 6 日目.
sexcen- ⇨ sescen-.
sexdecim *indecl num card* =sedecim.
sexennis -is -e, *adj* [sex/annus] 6 歳[6 年]の.
sexennium -ī, *m* [↑] 6 年間.
sexiens, -ēs *adv* [sex] 6 回, 6 倍.
sexprīmī -ōrum, *m pl* (ローマ市・自治市の)六人の書記官団.
sextadecimānī -ōrum, *m pl* [sextusdecimus] 第 16 軍団の兵士たち.
sextans -antis, *m* [sex] **1** (全体の) 6 分の 1. **2** 重量・通貨単位 (= ¹/₆ as). **3** 液量単位 (= ¹/₆ sextarius =2 cyathi). **4** 地積単位 (=¹/₆ jugerum). **5** time単位 (= ¹/₆ hora).
sextantārius -a -um, *adj* 1 sextans の.
sextāriolus -ī, *m dim* [↓] =sextarius 2.

sextārius -ī, *m* [sextus] **1** 乾量・液量単位 (=¹/₆ congius =12 cyathi). **2** ¹/₆ congius の枡(￥)[鉢].
Sextīlis¹ -is -e, *adj* [sextus] (ローマ古暦で) 8 月の, (前 153 年以降) 8 月の《前 8 年, Augustus と改称》.
Sextīlis² -is, *m* (*sc.* mensis) (ローマ古暦の) 6 月, (前 153–前 9 年) 8 月.
Sextilius -ī, *m* セクスティリウス《ローマ人の氏族名》.
Sextius -ī, *m* =Sestius.
sextula -ae, *f dim* [sextus] (*sc.* pars) ¹/₆ uncia (= ¹/₇₂ as).
sextum *adv* (*neut*) [↓] 6 回目に.
sextus -a -um, *num ord* [sex] **1** 第 6 の, 6 番目の. **2** *sexta pars* 6 分の 1.
Sextus -ī, *m* セクストゥス《ローマ人の個人名 (略形 S(ex.))》.
sextusdecimus, sextus decimus -a -um, *num ord* 16 番目の.
sexuālis -is -e, °*adj* [↓] **1** 男女の, 性の. **2** 女性の.
sexus -ūs, *m* [*cf.* seco] **1** 性, 性別. **2**《文》性. **3** (集合的に)男性, 女性.
sexvir -virī, *m* =sevir.
sī *conj* [*cf.* sic] もし…ならば. **I** (+*ind*) (単純な可能性): ~ *vis, dabo tibi testes* (Cic) お望みなら君に証人を出してあげよう / (後続する modo によって強調される) ~ *modo fert animus* (Ov) もしその気があるのなら. **II** (+*subj*) (1 *sg* の定動詞と用いられて一般的条件を表わす): *senectus plena est voluptatis,* ~ *illā scias uti* (Sen) 人がその使い方を知っていれば老年も楽しみに満ちている. **2** (過去の繰り返された行為): ~ *quando adsideret, atrox* (Tac) もしそばにすわっていることがあれば仏頂面をしていた. **3** (+*pr*; +*pf*) (可能性はあるものの見込みのなさそうな[本当らしくない]仮定): ~ *habeat aurum* (Plaut) もしお金をもっていたら / *Romani* ~ *casu intervenerint* (Caes) もしローマ軍が偶然ここに来たのなら. **4** (a) (+*impf*) (現在の事実に反する仮定): ~ *intus esset, evocarem* (Plaut) あいつが中にいるのであれば呼び出すのだが. (b) (+*plpf*) (過去の事実に反する仮定): *manibus celasset vultūs,* ~ *non religata fuisset* (Ov) もし彼女が縛りつけられていなかったなら, 手で顔をおおっただろう. **5** (譲歩)たとえ…としても: ~ *omnes deos hominesque celare possimus* (Cic) たとえ我々がすべての神と人の目を逃れられるとしても. **6** (願望; 通例 O とともに)…ならよいのに: *o mihi praeteritos referat* ~ *Juppiter annos* (Verg) ユッピテルが私に過ぎ去った歳月を返してくれたならば. **7** (間接疑問; +*ind* の用例もある)…か(どうか): *exspecto* ~ *quid dicas* (Plaut) 君が何を言い出すのか待ってるのさ. **8** (帰結文なしで意向・目的を表わす)もしや…ではないかと(期待して): *jamdudum,* ~ *des, porrexi manum* (Plaut) くれるのなら(もらおう)とさっきから手を出している. **III** (挿入句として): ~ *me amas* お願いだから, どうぞ / ~ *vivo, de vita mea* (命のある限り), 必ず / ~ *dis placet* 神々もお許しあれ, けしからぬことに《憤慨を表わす》. **IV** (定動詞を伴わずに): ~ *non* [*minus*; *aliter*] そうでなければ / ~ *nihil aliud* ほかには何もないとしても, 少なくとも / ~ *forte* たぶん, ことによると. **V** *quod* ~ ⇨ quod² / *perinde ac* ~ ⇨ perinde / *ac* ~ ⇨ atque.
sialagōgum -ī, °*n* 〖薬〗催唾薬.

sibi[1] *pron refl dat* ⇨ sui[1].
sibi[2] *indecl n* 《植》トウゴマ, ヒマ.
Sibi *indecl n* シビ《Arabia の町》.
sībila -ōrum, *n pl* (sibilus の *pl* として主に韻文で) ⇨ sibilus[1].
sībilātiō -ōnis, °*f* [↓] シューシューいうこと[音].
sībilō -āre -āvī -ātum, *intr* (*tr*) [↓] **1** シューシューいう. **2** (非難・軽蔑して)シーッと言う; (シーッと言って)排斥する, やじる ⟨alqm⟩.
sībilus[1] -ī, *m* **1** シューシューいう音, 口笛. **2** (シーッと言って)やじる[非難する]こと.
sībilus[2] -a -um, *adj* [↑] シューシューいう.
sibina, sibyna, sybina -ae, *f* [Gk] 槍の一種.
sibonēs *pl nom* 槍の一種.
Sibuzātēs -um, *m pl* シブザーテース《Aquitania の一部族》.
Sibylla, Sibulla -ae, *f* [Gk] 女予言者, 巫女《特に Cumae にいたという Apollo の巫女が有名》.
Sibyllīnus -a -um, *adj* [↑] 女予言者[巫女]の: *libri Sibyllini* (Cic) シビュッラ予言書《ローマ市の Juppiter 神殿に保管され, 非常時に神官団がこれによって啓示をうかがった》.
sīc *adv* **1** この[その]ように: 〜 *ut*... …と同じように…. **2** この条件で, この限りで ⟨ut, ne; si⟩: 〜 *scribes aliquid si vacabis* (Cic) ひまなときに何か手紙を書いてほしい. **3** それゆえ, だから. **4** その程度まで. **5** (肯定の返答として)そのとおり, はい.
sīca -ae, *f* [seco] 短剣, 短刀.
Sicambrī -ōrum, *m pl* =Sugambri.
Sicānī -ōrum, *m pl* [Gk] シカーニー《イタリアから Sicilia 島へ移住した一部族》. **2** 《詩》Sicilia 人.
Sicānia -ae, *f* シカーニア《Sicilia 島の古名》.
Sicānis -idis, *adj f* Sicania (=Sicilia) の.
Sicānius -a -um, *adj* =Sicanus 2.
Sicānus -a -um, *adj* **1** Sicani 族の. **2** Sicilia (人)の.
sīcārius -ī, *m* [sica] 刺客, 暗殺者.
Sicca -ae, *f* シッカ《Numidia の町; 現 Kef》.
siccānea -ōrum, *n pl* [↓] 乾燥した土地.
siccāneus -a -um, *adj* [siccus] **1** (土地が)乾燥した. **2** (木が)乾燥した土地に生える.
siccātiō -ōnis, *f* [sicco] 乾燥させること.
siccātīvus -a -um, °*adj* [sicco] (悪い体液を)干上がらせる, (病を)いやす.
siccē *adv* [siccus] **1** 乾いた状態で. **2** (文体が)簡素に, 飾りなく.
Siccensēs -ium, *m pl* Sicca の住民.
siccēscō -ere, *intr inch* [sicco] 乾く, 干上がる.
siccitās -ātis, *f* [siccus] **1** 乾き. **2** 日照り(続き). **3** 健康, 壮健. **4** (文体の)無味乾燥.
siccō -āre -āvī -ātum, *tr* (*intr*) [siccus] **1** 乾かす, 乾燥させる. **2** 止血する, (傷口を)ふさく. **3** 干上らせる; 排水する, 干拓する. **4** 空(から)にする, 飲みほす. **5** 乳をしぼる. **6** 乾く, 日照りになる.
siccoculus -a -um, *adj* [siccus/oculus] 涙の涸(か)れた.
siccum -ī, *n* [↓] 乾燥地; 陸地.
siccus -a -um, *adj* **1** 乾いた, 湿って[ぬれて]いない. **2** 涙を浮かべて[泣いて]いない. **3** 干上がった; 空(から)に

なった. **4** のどが渇いた; 酒を飲んでいない; 節制している. **5** 健康な, 壮健な. **6** (文体が)無味乾燥な, 飾りのない.
Sīcelis -idis [-idos], *adj f* Sicilia 島の.
sīcera -ae, °*f* [Gk<Heb.] 濃い酒.
Sicilia -ae, *f* シキリア, [11]シチリア《イタリア南方にある地中海最大の島》.
sicilicissitō -āre, *intr freq* [Siculi] Sicilia 人の流儀をまねる.
sīcīlicula -ae, *f dim* [sicilis] (小さな)鎌.
sīcīlicus -ī, *m* [sicilis] **1** $^{1}/_{4}$ uncia (=$^{1}/_{48}$ as). **2** 48 分の 1.
Siciliensis -is -e, *adj* Sicilia 島の: *fretum Siciliense* (Cic) =fretum Siculum (⇨ Siculus[1]).
sīcīliō -īre, *tr* [↓] (刈り残した麦・牧草などを)鎌で刈る.
sīcīlis -is, *f* [*cf*. sica] 鎌.
sīcine *adv* ⇨ sic, -ne.
Sicinius -ī, *m* シキニウス《ローマ人の氏族名》.
sicinnista -ae, *m* [Gk] sicinnium の踊り手.
sicinnium -ī, *n* (Phrygia 起源の)踊り.
siclus -ī, °*m* [Heb.] シケル《ユダヤの銀貨》.
Sicoris -is, *m* シコリス《Hispania Tarraconensis の川; Hiberus 川の支流; 現 Segre》.
sīcubi *conj* [si/ubi] もしどこかで…ならば, どこであれ…ならば.
sīcula -ae, *f dim* [sica] 短剣, 短刀; 陰茎.
Siculī -ōrum, *m pl* シクリー《イタリアから Sicilia 島へ移住した一部族》. **2** Sicilia 人.
Siculus[1] -a -um, *adj* Sicilia 島の, Sicilia 人の: *fretum Siculum* (Liv) イタリアと Sicilia 島の間の海峡(現 Messina 海峡).
Siculus[2] -ī, *m* Sicilia 人.
sīcunde *conj* [si/unde] もしどこかから…ならば, どこからでも…ならば.
sīcut, sīcutī *conj* [sic/ut] **1** ちょうど…のように, …と同様に: 〜 …*ita* …のように, そのように. **2** いわば. **3** あたかも…のように ⟨+*subj*⟩. **4** たとえば.
Sicyōn -ōnis, *f* [Gk] シキュオーン《Peloponnesus 半島北東部の町; Corinthus の約 20km 西方》.
Sicyōnia -ōrum, *n pl* Sicyon 人の靴《ローマ人はこれを柔弱視した》.
Sicyōnius -a -um, *adj* Sicyon の. **Sicyōniī** -ōrum, *m pl* Sicyon の住民.
Sīda -ae, **-ē** -ēs, *f* [Gk] シーダ, *-デー《Pamphylia の港町》.
Sīdensis -is -e, *adj* 《碑》Sida の.
sīderālis -is -e, *adj* [sidus] 星の, 星座の.
sīderātiō -ōnis, *f* [sidero] **1** 星によって起こると考えられた病気. **2** °《占星》星位, 星運.
sīderātus -a -um, *pp* ⇨ sidero.
sīdereus -a -um, *adj* [sidus] **1** 星の, 星の多い. **2** 太陽の. **3** (星のように)輝く, きらめく. **4** 神々しい.
sīdērion -ī, *n* [Gk] 《植》フウロソウ属の植物.
sīdērītēs -ae, **-is** -is, *m* (*f*) [Gk] **1** 種々の薬草の名. **2** 種々の鉱石の名《天然磁石など》.
sīdērītis -is, °*f* [Gk] 《植》=heliotropium.
sīderō -āre -āvī -ātum, *tr* [sidus] (星が)麻痺を起

Sīdētae -ārum, *m pl* Sida の住民.
Sidicīnī -ōrum, *m pl* シディキーニー《Campania の Teanum 周辺にいた一部族》.
Sidicīnus -a -um, *adj* Sidicini 族の.
sīdō -ere sīdī [sēdī] sessum, *intr* **1** すわる, 腰をおろす. **2** くっつく;（地面などに）届く. **3**（船が）浅瀬に乗り上げる, 坐礁する. **4** 沈む, 沈下する. **5** 静まる, おさまる.
Sīdōn -ōnis [-ōnos], *f* [*Gk* < *Phoen.*] シードーン《Phoenicia の港町; 紫の染料で有名; 現 Saida》.
Sīdones -um, °*m pl* [*Gk*] = Sidonii.
Sīdōnia -ae, °*f* Sidon 人の国.
Sīdōnicus -a -um, *adj* = Sidonius.
Sīdōniī -ōrum, *m pl* Sidon の住民.
Sīdōnis[1] -idis [-idos], *adj f* Sidon の.
Sīdōnis[2] -idis [-idos], *f* Sidon の女《特に (1) = Europa. (2) = Dido. (3) = Anna》.
Sīdōnius -a -um, *adj* **1** Sidon の; Phoenicia の. **2** Thebae の《Thebae が Phoenicia 人 Cadmus によって創建されたといわれるため》. **3** Carthago の《Carthago が Phoenicia 人によって創建されたため》.
sīdus -deris, *n* **1** 星, 天体. **2** 星座. **3** 地帯, 地域. **4** 季節. **5** 天気, 天候. **6**〖占星〗（人間の健康や農作物に影響を及ぼすと考えられた）星. **7** (*pl*) 天, 天空. **8** 栄光, 誉れ.
siem, siēs, siet, sient〈古形〉= sim, sis, sit, sint (⇨ sum).
sīfō -ōnis, *m* = sipho.
Sigambrī -ōrum, *m pl* = Sugambri.
Sīgēum -ī, *n* [*Gk*] シーゲーウム, *-ゲイオン《Troas の岬と町; ここに Achilles が埋葬されたという》.
Sīgēus, -ēius -a -um, *adj* **1** Sigeum の. **2**〘詩〙Troja の.
sigillāria -ium [-iōrum], *n pl* [sigillum] 粘土製の小さな人形.
Sigillāria -ium [-iōrum], *n pl* [↑] **1** シギッラーリア《人形や美術品などが売られていたローマ市の通り》. **2** シギッラーリア祭《Saturnalia 祭の最終日; この日に人形などを子供たちへの贈物とした》.
sigillāriārius -ī, °*m*〘碑〙sigillaria の製作者.
sigillārius -ī, *m*〘碑〙sigillum の製作者.
sigillātīvus -a -um, °*adj* [sigillum] 印形の.
sigillātus -a -um, *adj* [sigillum] 浮彫りを施した.
sigillō -āre -āvī, °*tr* **1** 封印する. **2** 彫刻する. **3**（蛇の前で）十字を切って追い払う.
sigillum -ī, *n dim* [signum] **1**（小ぶりの）彫像, 塑像, 人形. **2** 画像, 絵姿. **3**（印章の）図柄; 印章. **4**° しるし, 痕跡.
Sigimērus, Seg- -ī, *m* シギメールス《Cherusci 族の指導者; Arminius の父で Segestes の兄弟》.
sīgma -atis, *n* [*Gk*] **1** ギリシア語アルファベットの第 18 字 (Σ, σ ς). **2** 半円形の食事用臥台. **3**° 半円形の浴槽.
sigmoīdeus -a -um, °*adj*〘解〙S 状の.
signāculum -ī, *n dim* [signo] **1** 印章. **2**° しるし, 表象.
signālis -is -e, °*adj* [signum] 目印として役立つ.
signāliter °*adv* [↑] 象徴的に.
signanter °*adv* = signate.
signārius -a -um, *adj* [signum]〘碑〙彫像の.
signātē *adv* [signatus] 明確に.
signātiō -ōnis, °*f* [signo]（十字架の）しるしを付けること.
signātor -ōris, *m* [signo]（遺言書・婚姻財産設定書の）証人, 署名封印者.
signātōrius -a -um, *adj* [signo] 封印[捺印]の: *anulus* ~ (Val. Max) 印章つき指輪.
signātūra -ae, *f* [signo] 印章の母型.
signātus -a -um, *adj* [signo] **1** 刻印された, 鋳造された. **2**° 明確な, 明瞭な.
Signia -ae, *f* シグニア《Latium の町; 現 Segni》.
signifer[1] -fera -ferum, *adj* [signum/fero] **1**（艦船が）軍旗をかかげた;（陶器が）図像の描かれた. **2** 星をちりばめた, 星座を持っている: *orbis* ~ (Cic)〘天〙黄道帯.
signifer[2] -ferī, *m* **1** 軍旗手. **2** 主導者, 指揮者.
signifex -ficis, *m* [signum/facio] 彫像師.
significābilis -is -e, *adj* [significo] 意味を伝えることができる, 意味のある.
significāns -antis, *adj* (*prp*) [significo] **1** 意味を伝える, 意味深い. **2** 明瞭な, 明確な.
significanter *adv* [↑] **1** 意味を伝えるように, 意味深く. **2** 明瞭に, 明確に.
significantia -ae, *f* [significans] **1** 伝達, 表示. **2** 意味のあること, 意義.
significātiō -ōnis, *f* [significo] **1** 合図, 報知, 伝達. **2** 表明, 現われ. **3** 兆候, 予兆. **4**（身振り・表情による賛意の）表明. **5** ほめかし, 暗示. **6**（語・表現の）意味, 意義. **7**〘修〙強勢法.
significātīvus -a -um, *adj* [significo] 意味を伝える, 意味のある (= semanticus).
significātor -ōris, °*m* [↓] 指し示す人.
significō -āre -āvī -ātum, *tr* [signum/facio] **1** 表わす, 示す; 合図する 〈alqd de re〉. **2** 予示[予告]する. **3** 意味する. **4** ほのめかす, 暗示する.
Signīnus -a -um, *adj* Signia の. **Signīnī** -ōrum, *m pl* Signia の住民.
signō -āre -āvī -ātum, *tr* [↓] **1** しるしを付ける; 刻む, 記す. **2** 封印[捺印]する; 調印する. **3** 刻印する; 鋳造する. **4**（指）示す, 表わす. **5** 目立たせる. **6** 気づく, 注目する.
signum -ī, *n* **1** しるし, 目印. **2** 封印, 捺印; 印章（つき指輪）. **3** 前兆, 兆候. **4** 跡, 痕跡. **5** 合図, 信号, 合いことば. **6** 軍旗: *signa ferre* (Caes) 撤営〘陣〙する, 出発する / *signa inferre* (Caes) 攻撃する / *signa conferre* (Caes) 集結する / *signa conferre cum alqo* (Cic) …と白兵戦にになる. **7** 像, 彫像. **8** 証拠, 論拠. **9** 象徴, シンボル. **10** 星座, 十二宮. **11**° 奇跡.
sīl[1] -lis, *n* 黄土の一種.
sīl[2] -lis, *f*〘植〙= seselis.
Sīla -ae, *f* シーラ《Bruttii の森林地帯》.
sīlāceus -a -um, *adj* [sil[1]] 黄土の; 黄土色の.
Silaniōn -ōnis, *m* [*Gk*] シラニオーン《前 4 世紀の Athenae の彫刻家》.
silānus -ī, *m* [*Gk*] (Silenus 像の頭部から出る仕組みの) 噴水.

Sīlānus[1] -a -um, °*adj* Sila の森の.
Sīlānus[2] -ī, *m* シーラーヌス《Junia 氏族に属する家名》.
Silarus -ī, *m* シラルス《Lucania 北部の川; 現 Sele》.
silenda -ōrum, *n pl* (*gerundiv*) [sileo] 黙秘すべき事柄, 秘密.
silens -entis, *adj* (*prp*) [sileo] **1** 音をたてない, 静かな. **2** 物を言わない. **3** (月が)輝いていない.
silenter °*adv* [↑] 黙って, ひそかに.
silentēs -ium [-um], *m pl* [silens] 物を言わぬ人々, 死者たち.
silentiārius -ī, °*m* [silentium] **1** 家庭内の静寂を守らせる奴隷. **2** (帝政期の)宮廷の静粛と秩序維持にあたる侍従.
silentiōsē °*adv* [↓] 黙って, ひそかに.
silentiōsus -a -um, *adj* [↓] 静かな, 音のしない.
silentium -ī, *n* [sileo] **1** 音のないこと, 静寂. **2** 沈黙, 無言, 静粛. **3** 言及しないこと. **4** 無視, 黙殺; 無名. **5** 平穏(無事), 平静. **6** 何もしないこと.
Sīlēnus -ī, *m* [*Gk*] シーレーヌス, *セイレーノス, *シーレーノス《(1) 酒神 Bacchus の教育者で従者; ロバにまたがり, たいていは酔っぱらっていると考えられた. (2) (*pl*) Satyrus に似た森の精たち》.
sileō -ēre -luī, *intr* (*tr*) **1** 音をたてない, 静かである. **2** 553ている; 沈黙を守る, 口外しない. **3** 言及しない, 無視する. **4** 黙認する, 不本意ながら従う. **5** 活動しない.
siler -eris, *n* 〖植〗ニシキギ.
silescō -ere, *intr inch* [sileo] 沈黙する, 静かになる.
silex -licis, *m* (*f*) **1** 燧石(ひうち), 火打ち石. **2** (舗装・建造物に用いるような)硬い石. **3** 〖詩〗岩; 石灰岩. **4** 無情, 冷酷.
Sīliānus -a -um, *adj* Silius の.
silicārius -ī, *m* [silex] (道路の)舗装業者.
silicernium -ī, *n* **1** 葬式後の宴. **2** (ののしりのことばとして)老いぼれ.
Silicēs -um, *m pl* シリケース《Armenia と Assyria にいた一部族》.
siliceus -a -um, *adj* [silex] 火打ち石の(ような).
silicia -ae, *f* 〖植〗(マメ科)コロハ.
silicula -ae, *f dim* [siliqua] **1** (小さな)さや. **2** °〖植〗短角果.
siligō -ginis, *f* 軟らかいパンコムギ.
siliqua -ae, *f* **1** 〖植〗(豆の)さや. **2** (*sc.* Graeca) イナゴマメ(の木). **3**° シリク銀貨 (=^{1}/$_{24}$ solidus). **4**° 重量単位 (=^{1}/$_6$ scripulum). **5**° 〖植〗長角果.
siliquastrum -ī, *n* 〖植〗=piperitis.
Sīlius -ī, *m* シーリウス《ローマ人の氏族名; 特に *Tiberius Catius Asconius ~ Italicus*, 第 2 次 Poeni 戦争を描いた叙事詩 *Punica* の作者(後 26?–101)》.
sillybus[1] -ī, *m* 〖植〗アザミの一種.
sillybus[2] -ī, *m* =sittybus.
sīlō -ōnis, *adj* =silus.
Sīlō -ōnis, *m* シーロー《ローマ人の家名》.
silphium, -ion -ī, *n* [*Gk*] 〖植〗オオウイキョウの類 (=laserpicium).
siluī *pf* ⇨ sileo.

Silurēs -um, *m pl* シルレース《Britannia 南西部 (現 Wales)にいた一部族》.
silūrus -ī, *m* [*Gk*] 〖魚〗ナマズの類.
sīlus -a -um, *adj* しし鼻の.
Sīlus -ī, *m* シールス《ローマ人の家名》.
silva -ae, *f* **1** 森, 森林. **2** 庭園, 木立ち. **3** やぶ, 茂み. **4** (*pl*) 木, 樹木. **5** 多数, 多量. **6** 文学作品の素材; (*pl*) 折にふれて作った詩の集成, 詩集.
Silvānus -ī, *m* [↑] 〖神話〗シルウァーヌス《ローマ神話の森・未耕の荒れ地の神》.
silvāticus -a -um, *adj* [silva] **1** 森の. **2** (動物が)野生の.
silvescō -ere, *intr inch* [silva] (植物が)繁茂するようになる.
silvestris, -ter -tris -tre, *adj* [silva] **1** 森の, 樹木の茂った. **2** 森に住む; 粗野な, 無骨な. **3** 野生の, 飼いならされていない.
Silvia -ae, *f* =Rhea Silvia.
silvicola -ae, *adj* [silva/colo^2] 森に住む.
silvicolens -entis, *adj* 〖碑〗=silvicola.
silvicultrix -īcis, *adj f* =silvicola.
silvifragus -a -um, *adj* [silva/frango] 木々を砕く.
silviger -gera -gerum, *adj* [silva/gero] 木々[森]を繁らせる.
Silvius -ī, *m* [silva] シルウィウス《Alba Longa の数人の王の名》.
silvōsus -a -um, *adj* [silva] 森におおわれた, 樹木の茂った.
silvula -ae, *f dim* [silva] (小さな)森.
sīma -ae, *f* [*Gk*] 〖建〗断面が反曲線をなす剣形(けんけい), 反曲(はんきょく)《ペディメントの上端, 水切り庇(ひさし)の上に置かれる》.
Simbruīnus -a -um, *adj* Simbruvium の.
Simbruvium -ī, *n* シンブルウィウム《Anio 川周辺の丘陵地帯》.
sīmia -ae, *f* (*m*) [simus] **1** 〖動〗サル(猿). **2** 人まねをする者.
simila -ae, *f* 小麦粉.
simile -is, *n* [↓] **1** よく似た[そっくりな]もの; 類似. **2** 比較, 比喩; 例証.
similis -is -e, *adj* 似ている, 類似した, 同様の〈+*gen* [*dat*]〉: *patris simillimus filius* (Cɪᴄ) 父親にうりふたつの息子 / ~ *morti torpor* (Oᴠ) 死にも似た無感覚 / 〈*ac, atque, et si, ut si, tamquam si* とともに〉*simili ratione atque ipse fecit* (Cᴀᴇs) 自らが行なったのと同じやりかたで / ⇨ veri similis.
similitās -ātis, *f* [↑] 似ていること, 類似(性).
similiter *adv* [similis] 同様に〈+*dat*; ac, atque, et si, ut si〉.
similitūdō -dinis, *f* [similis] **1** 似ていること, 類似: ~ *veri* (Cɪᴄ) もっともらしさ, ありそうなこと. **2** よく似たもの, 類似. **3** 絵, 肖像, 彫像. **4** 類比, 比較, 比喩. **5** 単調, 一様.
similō -āre, °*intr* 似ている.
sīmīnīnus -a -um, °*adj* [simia] サル(猿)の.
sīmiolus -ī, *m dim* [simius] (ののしりのことばとして)小猿.
simītū *adv* 同時に, いっしょに.

sīmius -ī, *m* [simia] 1 《動》サル(猿). 2 人まねをする者.

sīmō -āre -āvī -ātum, *tr* [simus] (鼻・出っ張りを)つぶす, 平らにする.

Sīmō -ōnis, *m* シーモー《喜劇にしばしば登場する老人の名》.

Simoīs -moentis, *m* [*Gk*] シモイース, *-エイス《Troas の Scamander 川の支流》.

Simōn -ōnis, °*m* [*Gk*<*Heb.*] 《聖》シモーン, "シモン《(1) ~ *Petrus*, シモン・ペテロ; 十二使徒の一人. (2) ~ *Magus*, 聖霊を授ける力を買い取ろうとした Samaria の魔術師》.

simōnia -ae, °*f* [Simon (2)] 聖職売買(罪).

simōniacus -a -um, °*adj* [↑] 聖職売買の.

Simōnidēs -is, *m* [*Gk*] シモーニデース《Cea 島生まれのギリシアの抒情詩人 (前 556?-?468)》.

Simōnidēus -a -um, *adj* Simonides の.

simpla -ae, *f* [simplus] (*sc. pecunia*) 正味の金額.

simplāris -is -e, °*adj* [simplus] 《軍》定量の糧食を支給される.

simplārius -a -um, *adj* [simplus] 《法》単純な, 無条件の.

simplex -plicis, *adj* [plico; *cf.* semel] 1 一重の, 単一の. 2 単純な, 簡単な, 込み入っていない. 3 簡素な, 飾りのない. 4 純真な, 素朴な, 率直な. 5 無条件の. 6 《文》原級の.

simplicitās -ātis, *f* [↑] 1 単一(性). 2 単純, 簡単. 3 純真, 素朴, 率直.

simpliciter *adv* [simplex] 1 単一に. 2 単純に, 簡単に. 3 素朴に, 率直に.

simplicitūdō -dinis, °*f* [simplex] 簡潔, 飾りけのない表現.

simplicō -āre, °*tr* [simplex] 一つだけにする.

simplum -ī, *n* [↓] 正味[実際]の金額 (=simpla).

simplus -a -um, *adj* [*cf.* simplex] 1 *simpla pecunia* =simpla. 2° *adj* 単純な.

simpulātor -ōris, °*m* [simpulum] 会食者.

simpulātrix -īcis, *f* [↓] 神事にたずさわる女性.

simpulum -ī, *n* (神酒を注ぐ)ひしゃく: *excitare fluctus in simpulo* (Cic) ひしゃくの中であらしを起こす (=から騒ぎをする).

simpu(v)ium -ī, *n* =simpulum.

simul *adv* [*cf.* similis] いっしょに, 同時に: ~…一方では…他方では / ~ *ac* [*atque, ut*] …(する)や否や.

simulac =simul ac.

simulācrum -ī, *n* [simulo] 1 似たもの. 2 似姿, 像, 肖像 3 まぼろし; 亡霊. 4 にせもの, みせかけ: ~ *belli* (Lucr)模擬戦.

simulāmen -minis, *n* [simulo] 模倣, 再現.

simulāmentum -ī, *n* [simulo] 模倣, 見せかけ.

simulans -antis, *adj* (*prp*) [simulo] まねる, 模倣する 〈alcis rei〉.

simulanter *adv* [↑] =simulate.

simulātē *adv* [simulatus] ふりをして, 見せかけに, うわべだけ.

simulātiō -ōnis, *f* [simulo] 1 模倣. 2 ふりをすること, 見せかけ. 3 口実, 言いわけ: *per simulationem amicitiae* (Cic) 友情を口実にして.

simulātor -ōris, *m* [simulo] 1 まねる人, 模倣者. 2 偽る人, ふりをする人.

simulātōrius -a -um, °*adj* [simulo] 偽りの, 見せかけの.

simulatque =simul atque.

simulātrix -īcis, *f* [simulo] (Circe を指して) 人間を動物に変身させる女.

simulātus -a -um, *pp* ⇨ simulo.

simulō -āre -āvī -ātum, *tr* [similis] 1 まねる, 模倣する. 2 似せる, 変装する 〈alqd alci rei〉. 3 描く. 4 ふりをする, 見せかける 〈quasi; +*inf*; +*acc c. inf*〉.

simultāneus -a -um, °*adj* [simul] 同時の.

simultās -ātis, *f* [simul] 不和, 敵意.

simulter *adv* =similiter.

sīmus -a -um, *adj* [*Gk*] 1 鼻の低い, しし鼻の. 2 平たい, 平らな.

sīn *conj* [si/-ne] しかしもし: ~ *minus* [*aliter, secus*] しかしもし…でなければ, そうでなければ.

sināpi, -pe *indecl n*, **sināpis** -is, *f* [*Gk*] 《植》シロガラシ.

sināpismus -ī, °*m* 《薬》からし泥(で)[軟膏].

sincērē *adv* [sincerus] 1 健全に, 正常に. 2 誠実に, 正直に.

sincēris -is -e, *adj* [sincerus] 1 まじりけのない, 純粋な. 2 発熱のない.

sincēritās -ātis, *f* [sincerus] 1 清潔, 純粋さ. 2 健全. 3 正直, 貞潔.

sincēriter *adv* [↓] 熱心に, 一途(ジン)に.

sincērus -a -um, *adj* 1 健全な, 無傷の. 2 澄んだ, 透き通った. 3 純粋な, まじりけのない. 4 正直な, 誠実な.

sincipitāmentum -ī, *n* [↓] (動物の)頭の半分.

sinciput -pitis, *n* [semi-/caput] 1 (食材としての動物の)頭の半分, 頬(ホホ)肉. 2 頭脳, 頭.

Sindensis -is -e, *adj* Pisidia 西部の町 Sinda の.

Sindensēs -ium, *m pl* Sinda の住民.

Sindicus -a -um, *adj* =Sindensis.

sindōn -ōnis, *f* [*Gk*] きめの細かい布地, モスリン.

sine *prep* 〈+*abl*〉 …がなく, …なしに.

singillātim -ī, °*adj* [singularis] 単一の, 単独の.

singillātim, singulātim *adv* [singuli] 一つずつ, 別々に.

singulārēs -ium, *m pl* [↓] 選抜騎兵隊.

singulāris -is -e, *adj* [singuli] 1 特別の, 独特の. 2 たった一つの, 単一の. 3 個々の, 別々の. 4 まれな, 並はずれた. 5 《文》単数の.

singulāritās -ātis, °*f* [↑] 1 単一, 単独. 2 《文》単数. 3 1 (なる数).

singulāriter *adv* [singularis] 1 一つずつ, 別々に. 2 並はずれて. 3 《文》単数(形)で.

singulārius -a -um, *adj* [singuli] 1 単独の, 別々の. 2 独自の, 独特の. 3 まれな, 並はずれた.

singulātim *adv* =singillatim.

singulī -ae -a, *adj pl* (まれに *sg* **singulus** -a -um) 一つ一つの; おのおのの, それぞれの: *in annos*

singulos (CAES) 年ごとに. **2** 別々の, 個々の.
singultim *adv* [singultus] すすり泣きながら; とぎれとぎれに.
singultiō -īre, *intr* [singultus] **1** しゃっくりする, あえぐ, しゃくり上げる, むせぶ. **2** (めんどりが)コッコッと鳴く. **3** 脈動する, 脈うつ.
singultō -āre -āvī -ātum, *intr* (*tr*) [↓] **1** 息を切らせて言う; すすり泣く. **2** (喉から血が)どくどく流れる. **3** (しゃくり上げるような泣き声を)発する; (あえぎながら息を)吐き出す(=息が絶える).
singultus -ūs, *m* **1** むせび泣いて息をつまらせること, すすり泣き. **2** (めんどりが)コッコッと鳴くこと; (からすが)カーカーと鳴くこと. **3** しゃっくり. **4** (血・水が流れて)ゴボゴボ音を立てること.
Sinis -is, *m* [*Gk*] 《伝説》シニス《Corinthus 地峡に出没した追いはぎ; Theseus に殺された》.
sinister -tra -trum, *adj* **1** 左の, 左側の. **2** あべこべの, 逆の. **3** よこしまな, 邪悪な. **4** 有害な, 不都合な. **5** (南を向いて占いをするローマ人の場合, 左手の東側で見られる現象について)吉兆の, 縁起のよい. **6** (北を向いて占いをするギリシア人の場合, 左手の西側に見られる現象について)凶兆の, 縁起の悪い.
sinisteritās -ātis, *f* [↑] 無作法, 育ちの悪さ.
sinistra[1] -ae, *f* [sinister] (*sc.* manus) **1** 左手. **2** 左側, 左方.
sinistrā[2] *adv, prep* (*abl*) [↑] **I** (*adv*) 左に, 左側[左方]に. **II** (*prep*) <+*acc*> …の左方[側]に.
sinistrātus -a -um, *adj* [sinister] 左側に位置する.
sinistrē *adv* [sinister] **1** 不利に, 不都合に. **2** 片意地に, ひねくれて.
sinistrō(r)sus, -um *adv* [sinister/vorsus] 左方[左側]に.
sinō -ere sīvī situm, *tr* **1** 放っておく, なるにまかせる <alqm [alqd]>; (口語で) *sine* (PLAUT) かまうな, 勝手にしろ. **2** (…の状態に)しておく, 残す: *villas intactas sinere* (TAC) 家屋敷には手を触れずにおく. **3** 許す, …させておく <*alqd*; +*acc c. inf*>.
Sinōn -ōnis, *m* 《伝説》シノーン《Troja 人を欺いて木馬をその城内へ引き入れさせたギリシア人》.
Sinōpē -ēs, **-a** -ae, *f* [*Gk*] シノーペー《黒海沿岸, Paphlagonia のギリシア植民市; 哲学者 Diogenes の生地》.
Sinōpensis -is -e, *adj* Sinope の. **Sinōpensēs** -ium, *m pl* Sinope の住民.
Sinōpeus -ī, *m* Sinope の: ~ *cynicus* (Ov) = Diogenes.
Sinōpicus -a -um, *adj* =Sinopeus.
Sinōpis -idis, *f* (*sc.* terra) (Sinope 産の)代赭《*セキシャ*》石.
Sinticē -ēs, *f* シンティケー《Macedonia の一地域》.
sinuātiō -ōnis, *°f* [sinuo] 湾曲.
Sinuessa -ae, *f* シヌエッサ《Latium の海辺の町; Campania との境にあった》.
Sinuessānus -a -um, *adj* Sinuessa の. **Sinuessānī** -ōrum, *m pl* Sinuessa の住民.
sīnum -ī, *n*, **sīnus**[1] -ī, *m* 大きな酒杯.
sinuō -āre -āvī -ātum, *tr* [sinus²] **1** 曲げる, 湾曲させる. **2** (円・弧を)つくる; (風が帆・衣服をふくらませ

る. **3** うつろにする, くりぬく.
sinuōsē *adv* [↓] 曲がりくねって, 入り組んで.
sinuōsus -a -um, *adj* [↓] **1** 曲がりくねった, 湾曲した. **2** 曲がりくねった. **3** 《植》(葉の)縁が鈍鋸歯《*ドンキョシ*》状の. **4** ひだの多い. **5** (文体が)入り組んだ, まわりくどい.
sīnus[1] -ī, *m* =sinum.
sinus[2] -ūs, *m* **1** 曲がりくねっていること[部分], 湾曲. **2** (衣服の)ひだ; 衣服. **3** ふところ, 財布. **4** 胸; 心配り. **5** 中心部, 内奥(で). **6** 湾, 入江. **7** くぼみ, 空洞. **8** 音調の変化, 抑揚. **9**° 本棚. **10**°《解》洞.
sīparium -ī, *n* **1** (舞台の両袖を隠す)引き幕, 脇幕 (*cf.* aulaeum). **2** 喜劇. **3** 日よけ幕.
sīparum, sīph- -ī, *n* [*Gk*] 帆柱の上部に掲げる小さな帆.
Siphnos, -us -ī, *f* [*Gk*] シプノス《Cyclades 諸島の島; 現 Sífnos》.
siphō, sīfō -ōnis, *m* [*Gk*] **1** サイホン, 吸い上げ管. **2** 消火ポンプ. **3** 噴流.
siphōnārius -ī, *m* [↑] 《碑》消防士.
sīphunculus, -pum- -ī, *m dim* [sipho] (噴水の水を噴出させる)小さな管[パイプ].
sīphus, sīfus -ī, *m* [sipho] 配水管.
Sipontīnus -a -um, *adj* Sipontum の.
Sipontum -ī, *n* シーポントゥム《Apulia の港町》.
Sipūs -untis, *m* [*Gk*] Sipontum のギリシア名.
Sipylē(i)us -a -um, *adj* =Sipylensis.
Sipylensis -a -um, *adj* Sipylus の.
Sipylus, -os -ī, *m* [*Gk*] シピュルス, *-ロス*《(1) Lydia の山; ここで Niobe が悲しみのあまり石と化した. (2)《神話》Niobe の息子》.
sīquidem, sī quidem *conj* **1** もし本当に…ならば. **2** たとえ…でも. **3** …だから.
Siracī -ōrum, *m pl* シラキー《Sarmatia にいた一部族》.
Sirae -ārum, *f pl* [*Gk*] シーラエ, *セイライ*《Thracia の町》.
siremps, -pse *indecl adj* 全く同じ, よく似た.
Sīrēn -ēnis, *f* [*Gk*]《神話》シーレーン, *セイレーン*《Sicilia 島近くの小島にいた人面鳥身の海のニンフ; その美声に魅せられた船人は島に上陸し死んだという》.
sīriāsis -is, *f* [*Gk*] 子どもの日射病.
sīrium -ī, *°n* 《植》ヨモギ.
Sīrius[1] -ī, *m* [*Gk*] 《天》シリウス, 天狼星.
Sīrius[2] -a -um, *adj* シリウスの.
Sirmiō -ōnis, *f* シルミオー《Lacus Benacus (現 Lagodi Garda) の岬》.
Sirmium -ī, *°n* シルミウム《Pannonia の町; 現 Sremska Mitrovica》.
sirp- ⇒ scirp-.
sirpe -is, *n* 《植》=silphium.
sirpīcium -ī, *n* silphium から採られるゴム樹脂.
sirupus -ī, *m* [*Arab.*] 《薬》シロップ[剤]: ~ *sengae* セネガシロップ / ~ *sennae* センナシロップ / ~ *simplex* 単シロップ / ~ *zingiberis* ショウキョウシロップ.
sīrus -ī, *m* [*Gk*] 地下穀物庫.
sīs[1] =si vis.
sīs[2] 《古形》=suis (⇒ suus).
sīs[3] 2 *sg subj pr* (⇒ sum).

Sisapō -ōnis, *f* シサポー《Hispania Baetica の町; 辰砂(しん)の豊富な産出地》.

Sisapōnensis -is -e, *adj* Sisapo の.

Sīsenna -ae, *m* シーセンナ《ローマ人の家名; 特に *L. Cornelius* ～, 歴史家《前 78 年の法務官》》.

siser -eris, *n* [*Gk*] 《植》ホタルプクロ属の植物.

sistō -ere stitī [stetī] statum, *tr, intr* [*cf.* sto] **I** (*tr*) **1** 立たせる; 立てる, 置く: *totam aciem in litore sistere* (VERG) 全軍を海岸に配置する.   **2** 出頭[出廷]させる: *vadimonium sistere* (CIC) 《所定の日時に》出廷する.   **3** 引き渡す, 譲り渡す.   **4** 固定させる, 据え付ける.   **5** 《ある状態に》置く.   **6** 止(と)める, 停止させる.   **7** 終わらせる, やめる.   **II** (*intr*) **1** 立つ.   **2** 出頭[出廷]する.   **3** しっかりと立つ, ゆるがない.   **4** 立ち止まる, 停止する.

sīstrātus -a -um, *adj* sistrum を携えている.

sīstrifer -era -erum, °*adj* [sistrum/fero] =sistratus.

sīstriger -era -erum, *adj* [↓/gero] 《碑》=sistrifer.

sīstrum -ī, *n* [*Gk*] Isis 崇拝に用いられるガラガラに似た祭器.

sisymbrium -ī, *n* [*Gk*] 《植》ハッカ《Venus にささげられた》.

Sīsyphidēs -ae, *m* Sisyphus の後裔(こうえい)《=Ulixes》.

Sīsyphius -a -um, *adj* Sisyphus の;《詩》Corinthus の.

Sīsyphus, -os -ī, *m* [*Gk*]《伝説》シーシュプス, *-ポ*ス《Corinthus の狡猾な王; 死後地獄に落ち, 大石を山に押し上げる罰を負わされたが, 石は山頂に近づくたびにまたころがり落ちたという》.

sītarchia -ae, *f* [*Gk*] **1** 旅行用の糧食.   **2**° ずた袋, 合切袋.

sitella -ae, *f dim* [situla] 《投票の順を決めるための》くじが入った壺《口が小さくなっている》.

Sīthōn[1] -ōnis, *m* [*Gk*] シートーン《(1)《伝説》両性具有者の名. (2) Thracia の古名》.

Sīthōn[2] -onis, *adj* Sithonii 族の; Thracia の.

Sīthōnē -ēs, *f* シートーネ《Macedonia の町》.

Sīthoniī -ōrum, *m pl* **1** シートニイー, *-オイ*《Thracia の一部族》.   **2** Thracia 人.

Sīthonis[1] -idis [-idos], *f adj* Sithonii 族の; Thracia の.

Sīthonis[2] -idis [-idos], *f* Sithonii 族[Thracia]の女.

Sīthonius -a -um, *adj* Sithonii 族の; Thracia の.

siticen -inis, *m* 葬儀用の特殊ならっぱを吹く人.

sīticulōsē °*adv* [↓] のどが渇いて.

sīticulōsus -a -um, *adj* [sitis] **1** のどが渇いた; 渇きをひき起こす.   **2** 乾いた, 乾燥した.

sitiens -entis, *adj* [sitio] **1** のどが渇いた; 渇きをひき起こす.   **2** 渇望している ‹+*gen*›.   **3** 乾いた, 乾燥している.

sitienter *adv* [↑] 渇望して.

sitiō -īre -īvī [-iī], *intr, tr* [↓] **I** (*intr*) **1** のどが渇いている.   **2** 乾いて[乾燥して]いる.   **II** (*tr*) **1** 《飲み物を》求める, 飲みたがる.   **2** 渇望する, しきりに求める ‹alqd›.

sitis -is, *f* **1** のどの渇き.   **2** 激しい欲求, 渇望 ‹alcis rei›.   **3** 乾燥; 日照り, 旱魃(かんばつ).

sitītor -ōris, *m* [sitio] **1** しきりに飲みたがる者 ‹+*gen*›.   **2** 渇望する者 ‹+*gen*›.

sītologia -ae, °*f* [*Gk*] 《医》食品学, 栄養学.

sītōna -ae, *m* [*Gk*] 穀物調達官.

Sittiānus -a -um, *adj* Sittius の.

Sittius -ī, *m* シッティウス《ローマ人の氏族名》.

sittybus, silly- -ī, *m* [*Gk*] 著者名・表題を記したパピルス書巻の端に貼った羊皮紙の付箋(ふせん).

situla -ae, *f* [*cf.* situlus] **1** バケツ, 手桶.   **2** くじが入った壺《=sitella》.

situlus -ī, *m* =situla 1.

situs[1] -a -um, *adj* (*pp*) [sino] **1** 貯えられた, 預けられた.   **2** 位置している, 置かれた, ある.   **3** 埋葬された.   **4** 建てられた, 建設された.   **5** 《...に》かかっている, 依存する ‹in+*abl*›: *in armis omnia sita* (SALL) すべては武器次第だ.

situs[2] -ūs, *m* **1** 位置, 場所.   **2** 配列, 配置.   **3** 地域; 地形, 地勢.   **4** 建築物.   **5**°《解》位置: ～ *inversus viscerum* 内臓逆位.

situs[3] -ūs, *m* **1** 放置, 顧みないこと.   **2** 腐敗, かび, さび.

sīve, seu *conj* [si|-ve] **1**《先行する si とともに, または単独で》あるいはもし: *si ego volo* ～ *nolo* (PLAUT) 私が望もうが望むまいが / *postulo,* ～ *aequumst, te oro* (TER) わしはおまえに要求する, いや, そのほうがよければ, お願いする.   **2**《sive...sive [aut, an]》あるいは...か[にせよ]あるいは...か[にせよ]: ～ *casu* ～ *consilio deorum* (CAES) あるいは偶然か, それとも神のはからいによるものか.   **3** あるいは《=vel》: ～ *potius* (CIC) 否むしろ.

sīvī *pf* ⇨ sino.

Sixtus -ī, °*m* シクストゥス《数名のローマ教皇の名》.

skeleton -ī, °*n* [*Gk*] 《解・動》骨格.

smaragdachātēs -ae, *f* [*Gk*] 《鉱》瑪瑙(めのう)の一種.

smaragdineus -a -um, °*adj* =smaragdinus.

smaragdinus -a -um, *adj* [*Gk*] エメラルドグリーン[鮮緑色]の.

smaragdus, -os -ī, *m, f* 緑玉, エメラルド.

smaris -idis, *f* [*Gk*] 小さな安価な海魚.

smecticus -a -um, *adj* [*Gk*] 洗浄力のある.

smegma -atis, *n* [*Gk*] **1** 洗浄剤.   **2**°《生理》皮脂; 垢(あか).

Smerdis -is, *m* [*Gk*] スメルディス《ペルシアの王 Cambyses の兄弟》.

smīlax -ae, °*f* [*Gk*] 《外科用》メス, 小刀.

smīlax -acis, *f* [*Gk*] **1** ユリ科シオデ属の植物.   **2** ヒイラギガシの一種.   **3** イチイ属の木.

smīlion -ī, *n* [*Gk*] 軟膏状の目薬.

Smintheus[1] -ī, *m* [*Gk*] Apollo の添え名.

Smintheus[2], **-thius** -a -um, *adj* Apollo Smintheus の.

smyris -idis, °*m* [*Gk*] 金剛砂.

smyrna -ae, *f* [*Gk*] ミルラ, 没薬(もつやく).

Smyrna[1] -ae, *f* [*Gk*] スミュルナ《Ionia の港町; 現 Izmir; Homerus の出生地ともいわれる》.

Smyrna² -ae, *f* 1 =Myrrha. 2 Cinna の作になる小叙事詩の題名.

Smyrnaeus -a -um, *adj* Smyrna¹ の. **Smyrnaeī** -ōrum, *m pl* Smyrna¹ の住民.

sobolēs -is, *f* = suboles.

sōbriē *adv* [sobrius] 1 酔わずに、しらふで. 2 節制して、慎ましく. 3 慎重に、分別をもって.

sōbrietās -ātis, *f* [sobrius] 1 しらふ、節酒. 2 分別、慎重.

sobrīna -ae, *f* [↓] 従姉妹.

sobrīnus -ī, *m* [soror] 従兄弟.

sōbrius -a -um, *adj* [*cf.* ebrius] 1 しらふの、酔っていない. 2 節度のある、慎ましい. 3 分別のある.

socculus -ī, *m dim* [↓] (小さな)かかとの低い軽い靴.

soccus -ī, *m* 1 (ギリシア人の)かかとの低い軽い靴. 2 喜劇《この靴を喜劇役者が履(は)いたことから》.

socer -erī, *m* 配偶者の父、舅(しゅうと).

socera -ae, *f* [↑] 配偶者の母、姑(しゅうとめ).

soceriō -ōnis, *m* [socer]《碑》配偶者の兄弟.

socerus -ī, *m* = socer.

socia -ae, *f* [socius¹] 1 仲間、同僚《女性》. 2 妻: ~ *tori* (Ov) 妻.

sociābilis -is -e, *adj* [socio] 1 容易に仲間になることができる; 結合しやすい. 2 親密な.

sociābiliter °*adv* [↑] 共同[協力]して.

sociālis -is -e, *adj* [socius] 1 仲間の、社交的な: *homo sociale animal* (Sen) 人間は社会的な動物. 2 婚姻の、夫婦の. 3 同盟の: *bellum sociale* (Liv) 同盟市戦争 (前 91-88).

sociālitās -ātis, *f* [↑] 人づきあい、社交(性).

sociāliter *adv* [socialis] 仲間として、親密に.

sociātiō -ōnis, °*f* [socio] 結合、共同、提携.

sociennus -ī, *m* [socius] 仲間.

societās -ātis, *f* [socius¹] 1 仲間関係、共同、提携. 2 団体、結社、組合. 3 同盟. 4 密接な関係. 5°《カト》修道会.

sociō -āre -āvī -ātum, *tr* [socius¹] 1 結合する、連合[提携]させる. 2 結婚させる. 3 共有する、共にする: *sociare cubilia cum alqo* (Ov) ある人とベッドを共にする、同衾する.

sociofraudus -ī, *m* [↓/fraudo] 仲間を欺く者.

socius¹ -a -um, *adj* 1 仲間の、連合[提携]した: *classis socia* (Ov) 味方の艦隊. 2 共同の、共有の: *spes socia* (Ov) 共通の望み.

socius² -ī, *m* [↑] 仲間、相棒. 2 同盟者、盟友.

socordia -ae, *f* [socors] 1 愚かさ、愚鈍. 2 怠惰、無気力、無為.

socordius *adv comp* [↓] より[いっそう]怠慢に、ぐずぐずして.

socors -rdis, *adj* [se-/cor] 1 ばかな、愚かな. 2 怠慢な、不活発な. 3 無関心な 〈+*gen*〉: *miles futuri* ~ (Tac) 将来のことに無頓着な兵士.

Sōcratēs -is, *m* [*Gk*] ソークラテース《Athenae の哲学者(前 470?-399); Plato の師》.

Sōcraticus -a -um, *adj* Socrates (哲学)の. **Sōcraticī** -ōrum, *m pl* Socrates の弟子たち、Socrates 派の人々.

socrus -ūs, *f*(*m*) [socer] 配偶者の母、姑.

(しゅうとめ): ~ *magna* 配偶者の祖母 / ~ *major* 配偶者の曾祖母. 2 (*m*) 配偶者の父、舅(しゅうと) (=socer).

sodālicium -ī, *n* [↓] 1 友誼(ゆうぎ)、親交. 2 (宗教的・社交的)団体、結社. 3 (選挙のために組織された買収と暴力行為を事とする)一味、徒党.

sodālicius -a -um, *adj* [↓] 1 仲間の. 2° 結社の.

sodālis -is, *m*, *f* 1 仲間、親友、同志. 2 (宗教的・社交的)団体[結社]の構成員.

sodālitās -ātis, *f* [↑] 1 交際、社交. 2 遊び仲間. 3 宗教上の結社[団体]. 4 = sodalicium 3.

sōdēs [<si audes] どうぞ、お願いですから.

Sodoma -ōrum, °*n pl*, -a -ae, °*f* [*Gk*<*Heb.*]《聖》ソドマ、ソドム《死海沿岸にあった Palaestina の都市; 邪悪な住民のため天からの火に滅ぼされたという》.

sodomīa -ae, °*f* [↑] 男色、獣姦.

Sodomītae -ārum, °*m* Sodoma の住民.

Sodomīticus -a -um, °*adj* Sodoma の.

Sodomum -ī, °*n* = Sodoma.

Sogdiānus -a -um, *adj* [*Gk*] *Sogdiana regio* (Curt) ソグディアーナ《ペルシア帝国北東部の州》. **Sogdiānī** -ōrum, *m pl* Sogdiana の住民.

sōl sōlis, *m* 1 太陽: *oriens* ~ (Caes) = *ortus solis* (Liv) 東 / *occidens* ~ = *occasus solis* (Caes) 西. 2 日光、太陽の熱. 3 1日: *tres soles* (Verg) 3日. 4 輝かしい存在、傑出した人物. 5 (S-)《神話》ソール《太陽神; ギリシア神話の Helios に当たる》.

sōlāciolum -ī, *n dim* [↓] わずかな慰め.

sōlācium -ī, *n* [solor] 1 慰め、慰安; 慰めとなる物[人]: *aves solacia ruris* (Ov) (甘い声で歌う)鳥たちは田園の慰め. 2°《法》補償、賠償.

sōlāmen -minis, *n* [solor] 慰め、慰藉(いしゃ)、慰安、慰めとなる物.

sōlānum -ī, *n*《植》ナス(茄子)属の植物.

sōlānus -ī, *m* [sol] 東風 (=subsolanus).

sōlāris -is -e, *adj* [sol] 太陽の.

sōlārium -ī, *n* [↓] 1 日時計. 2 バルコニー、露台、テラス.

sōlārius -a -um, *adj* [sol] 太陽の[に関する]: *horologium solarium* (Plin) 日時計.

sōlātiō -ōnis, °*f* [sol] 日光浴.

sōlātium -ī, *n* = solacium.

sōlātor -ōris, *m* [solor] 慰める者.

sōlātus -a -um, *adj* [sol] 日射病にかかった.

soldūriī -ōrum, *m pl* 従者、家臣.

soldus -a -um, *adj* = solidus¹.

solea -ae, *f* [solum¹] 1 サンダル. 2 足かせ. 3 (家畜に履かせる)一種の靴、蹄鉄. 4《魚》カレイ、ヒラメ.

soleāris -is -e, °*adj* [↑] サンダルのような.

soleārius -ī, *m* [solea] サンダル職人.

soleātus -a -um, *adj* [solea] サンダルを履いた.

sollemnis -is -e, *adj* = sollemnis.

sōlēn -enis, *m* [*Gk*]《貝》マテガイ.

Solensis -is -e, *adj* Soli (1) の. **Solensēs** -ium, *m pl* Soli (1) の住民.

soleō -ēre solitus sum, *intr* [*cf.* suesco] 1 …する習慣である、…するのを常とする; …しがちである〈+*inf*〉: *ut solet* (Cic) いつものように. 2 (…と)性交する〈*cum*

alqo; alqm⟩.
sōler- ⇨ soller-.
soleus -a -um, °*adj* 〖解〗ヒラメ筋の.
Soleus -ei, *m* Soli (1) の人.
Solī -ōrum, *m pl* [*Gk*] ソリー, *ソロイ《(1) Cilicia の町; 後名 Pompeiopolis. (2) Cyprus 島北岸の町》.
soliar -āris, *n* [solium] 王座のおおい.
soliāris -is -e, *adj* [solium]《碑》浴槽のある.
sōlicitō -āre, *tr* =sollicito.
solidāmen -minis, °*n* =solidamentum.
solidāmentum -ī, °*n* [solido] 堅固[強固]にするもの, 支えるもの.
solidātiō -ōnis, *f* [solido] 堅固にすること; 地固め.
solidē *adv* [solidus¹] 1 強固に, しっかりと. 2 徹底的に, 確実に.
solidescō -ere, *intr inch* [solidus¹] 1 丈夫[強固]になる. 2 (傷口が)固まる, 癒着する.
soliditās -ātis, *f* [solidus¹] 1 堅固, 強固なこと. 2 固形[固体]性. 3°〖法〗全体, 全額.
solidō -āre -āvī -ātum, *tr* [solidus¹] 1 固める, 堅くする, 強固にする. 2 凝固[凝結]させる, 固体化する. 3 (はんだ付けして)接合する. 4 (傷口を)瘉着させる.
solidum¹ -ī, *n* [solidus¹] 1 固いもの, 固体. 2 全体.
solidum² *adv* (*neut*) 全く, 徹底的に.
solidus¹ -a -um, *adj* [solum¹] 1 固い, 強固な, 頑丈な. 2 (液体に対して)固体の. 3 ぎっしり詰まった, 隙間のない. 4 混ぜもののない, 本物の. 5 全体の, 全部の. 6 実質的な, 長続きのする: *solida fides* (TAC) ゆるぎない信頼.
solidus² -ī, °*m* [↑] (Constantinus 大帝が初めて発行した)ソリッドゥス金貨.
sōlifer -fera -ferum, *adj* [sol/fero] 太陽をもたらす; 東方の.
sōliferreum -ī, *n* =solliferreum.
Sōligena -ae, *m* [sol/gigno]《伝説》太陽神の子孫 (=Aeetes).
sōliloquium -ī, °*n* [solus/loquor] 独り言, 独語《Augustinus の造語》.
Sōlīnus -ī, °*m* ソーリーヌス《*C. Julius* ~, エジプト出身の著述家 (3 世紀); Plinius と Mela に依拠して地理書を著わした》.
solipugna, -pūga -ae, *f* =salpuga.
sōlistimus -a -um, *adj* =sollistimus.
solitāneus¹ -a -um, °*adj* [solitus] 日常の, 普通の.
solitāneus² -a -um, °*adj* [solus] 別個の, 独立した.
sōlitāriē °*adv* [↓] 1 単独で, 独力で. 2 ただ, 単に.
sōlitārius -a -um, *adj* [solus] 1 孤独な, 孤立した. 2° 孤特の, 唯一の.
solitās -ātis, *f* [solus] 一人でいること, 孤独.
solitē °*adv* [solitus] いつものように, 普段どおりに.
solitō¹ -āre -āvī, *intr freq* [soleo] ...するのを常とする, ...する習慣である ⟨+*inf*⟩.
solitō² °*adv* (*abl*) =solite.
sōlitūdō -dinis, *f* [solus] 1 一人でいること, 孤独. 2 (友人・子供などの)不在, 欠如 ⟨ab alqo; +*gen*⟩:

līberōrum ac parentum ~ (QUINT) 子供も両親も失くした不幸. 3 寂しい場所, 荒野.
solitum -ī, *n* [↓] いつも[通常]のこと[状態].
solitus -a -um, *adj* (*pp*) [soleo] いつもの, 通常の.
solium -ī, *n* 1 肘掛け椅子. 2 玉座, 王座. 3 王位, 王権; 統治, 支配. 4 湯ぶね, 浴槽. 5 石棺.
sōlivagus -a -um, *adj* [solus/vagor¹] 1 一人さまよう, 群居しない. 2 単独の, 一人の.
sollemne -is, *n* [↓] 1 祭典, 宗教儀式. 2 (*pl*) 犠牲, 供え物. 3 習慣, いつものこと.
sollemnis -is -e, *adj* [sollus] 1 年 1 回の, 毎年行なわれる. 2 宗教上の, 厳粛な. 3 形式にこだわった, 正式の. 4 通常の, 習慣的な.
sollemnitās -ātis, *f* [↑] 1 儀式, 威儀. 2°〖法〗形式上[正式]の手続き.
sollemniter *adv* [sollemnis] 1 厳粛に. 2.〖法〗正式の手続きを経て.
sollemnitus *adv* =sollemniter 1.
sollemnizō -āre -āvī -ātum, °*tr* [sollemnis] 儀式をもって祝う.
sollers -ertis, *adj* [sollus/ars; *cf*. iners] 1 巧妙な, 上手な, 熟練した. 2 巧妙に工夫された.
sollerter *adv* [↑] 巧妙に, 器用に.
sollertia -ae, *f* [sollers] 巧妙, 熟練, 器用.
sollicitātiō -ōnis, *f* [sollicito] 1 心配, 不安. 2 教唆, そそのかし.
sollicitātor -ōris, *m* [sollicito] そそのかす者, 誘惑者.
sollicitē *adv* [sollicitus] 1 不安がって, 心配して. 2 注意して, 用心深く.
sollicitō -āre -āvī -ātum, *tr* [sollicitus] 1 激しく動かす, ゆすぶる. 2 悩ます, 苦しめる. 3 そそのかす, 煽動する ⟨ad +*acc*; ut, ne; +*inf*⟩. 4 (感情などを)刺激する, かきたてる. 5 誘惑する; 得ようとする: *dōnīs pudīcam fidem sollicitāre* (Ov) 贈り物で(妻の)操を試す.
sollicitūdō -dinis, *f* [↓] 1 不安, 心配. 2 配慮, 気づかい.
sollicitus -a -um, *adj* [sollus/cieo] 1 激しく動かされた, かき乱された. 2 不安な, 心配した ⟨de re; pro alqo⟩. 3 注意深い, 入念[細心]の. 4 不安にする, 苦しめる, 悩ます.
solliferreum -ī, *n* [sollus/ferrum] (*sc*. telum) (鉄だけで作られた)投げ槍.
sollistimus -a -um, *adj* (*superl*) [↓] 完璧な, 申し分のない.
sollus -a -um, *adj* 完璧[完全]な.
sōlō -āre -āvī -ātum, *tr* [solus] (地域・家の)住民[住人]を絶やす, 荒廃させる.
soloecismus -ī, *m* [*Gk*] 1 語法の誤り, 文法違反, 破格. 2° 誤り, 過誤.
soloecista -ae, °*m* [↓] 文法上の誤りを犯す者.
soloecum, -on, -ī, *n* =soloecismus.
Solomōn -ōnis, °*m* =Salomon.
Solō(n) -ōnis, *m* [*Gk*] ソローン》《Athenae の政治家・立法家 (前 640?-?559); ギリシア七賢人の一人》.
Solōnium -ī, *n* ソローニウム《ローマ市南方のオスティア街道 (Via Ostiensis) 沿いの一地域》.
Solōnius ager -ī -grī, *n* =Solonium.

sōlor -ārī -ātus sum, *tr dep* **1** 慰める. **2** (苦痛・不安などを)和らげる, 静める.

solox -ōcis, *adj* [*cf.* solidus¹] (羊毛が)粗い, ざらざらした.

solsequium -ī, °*n* [sol/sequor] 『植』ヘリオトロープ, キダチルリソウ (=heliotropium).

sōlstitiālis -is -e, *adj* [↓] **1** 夏至の: *orbis* ~ (Cic) 夏至線. **2** 夏の. **3** 太陽の.

sōlstitium -ī, *n* [sol/sisto] **1** (夏または冬の)至(し). **2** 夏至. **3** 夏(の暑さ).

soltanus -ī, °*m* =sultanus.

solūbilis -is -e, °*adj* [solvo] **1** 分解[解体]できる, ばらばらにできる. **2** 分離させる, ゆるめる.

solum¹ -ī, *n* **1** 底部, 最下部, 土台. **2** 足の裏, 靴底. **3** 床(ः). **4** 地面; 耕地. **5** 土地, 国: ~ *natale* (Ov) 故郷.

sōlum² *adv* (*neut*) [solus] ただ, …だけ: *non* ~ … *sed* [*verum*] *etiam* (単に)…だけでなく…もまた / *non* ~ *non* … *sed ne* … *quidem* (ただ)…でないだけでなく…さえない.

sōlummodo *adv* =solum².

Solūntīnī -ōrum, *m pl* Solus の住民.

sōlus -a -um, (*sg gen* sōlīus, *dat* sōlī), *adj* [*cf.* sollus] **1** 一人の, 単独の: *non mihi soli…sed etiam posteris* (Cic) ただ私だけではなく後世の人々にも / *solos novem menses* (Cic) たった 9 か月間だけ. **2** 孤独の, ひとりぼっちの. **3** 人気(%)のない, 寂しい.

Solūs -ūntis, *f* [*Gk*] ソルース《Sicilia 島北岸の町》.

solūtē *adv* [solutus] **1** ゆるんで, ばらばらになって. **2** 流暢に, よどみなく. **3** 自由に, 気楽に. **4** 無気力に, いいかげんに.

solūtilis -is -e, *adj* [solvo] 解体しやすい.

solūtiō -ōnis, *f* [solvo] **1** ゆるめる[ほどく]こと. **2** 支払い, 弁済. **3** 解決, 解明. **4** 下痢. **5**° 溶解; 溶液: ~ *albuminis* 蛋白溶液 / ~ *amyli* 澱粉溶液 / ~ *jodi* ヨード溶液.

solūtor -ōris, °*m* [solvo] **1** 解く[開く]人. **2** 支払う人.

solūtrīx -īcis, °*f* [↑] 解く[救う]人《女性》.

solūtum -ī, *n* [↓] 弁済されたもの: *in* ~ *dare* (Julian) 負債を弁済する / *in* ~ *accipere* (Julian) 負債の弁済を受ける.

solūtus -a -um, *adj* (*pp*) [solvo] **1** 縛られて[拘束されて]いない, 自由な. **2** 目の粗い, 密でない; 柔らかい. **3** (…を)免れた, (…と)無縁の ⟨(a) re; +*gen*⟩: *famuli operum soluti* (Hor) 仕事から解放された家僕ども. **4** 放逸な, 気ままな; 怠惰な, なげやりな. **5** (話し方が)流暢な, よどみない. **6** 韻律に妨げられない: *verba soluta* (Cic) 散文.

solvens -entis, °*n* (*prp*) [solvo] 『薬』溶剤, 溶媒.

solvī *pf* ⇒ solvo.

solvō -ere solvī solūtum, *tr* [se-/luo²] **1** 解く, ほどく, はずす; 開く: *solvere navem* (Caes) 船(のともづな)を解く(=出帆する). **2** 解放する, 自由にする. **3** ゆるめる, 弱める; そこなう. **4** 分解する, ばらばらにする, 破壊する. **5** 散らす, 消散させる. **6** 溶かす, 液化する. **7** 移れる, 取り消す, 無効にする. **8** 支払う, 弁済する: *solvendo non esse* (Cic) 支払い不能である. **10** (約束・職務などを)果たす, 履行する. **11** (罰を)受ける, (罪を)償う: *capite poenas solvit* (Sall) 彼は処刑された.

Solyma -ōrum, *n pl* =Hierosolyma.

Solymī -ōrum, *m pl* [*Gk*] ソリュミー, *ソリュモイ《Pisidia の Termessus 付近の山地にいた一部族; Hierosolyma の名はこの部族に由来するという》.

Solymus¹ -ī, *m adj* Hierosolyma の.

Solymus² -ī, *m* [*Gk*] 『伝説』ソリュムス, *-モス《Aeneas の仲間; Sulmo を建設したという》.

sōma -atos, °*m* [*Gk*] 『生物』体(ः).

somnambulismus -ī, °*m* 夢遊(症).

somniālis -is -e, *adj* [somnium] 夢をもたらす, 夢の.

somniātor -ōris, *m* [somnio] 夢見る人; 夢を根拠に議論する人.

somniculōsē *adv* [↓] 眠って, 眠そうに.

somniculōsus -a -um, *adj dim* [somnus] **1** 眠りをむさぼる, 寝ぼけた. **2** 眠気を誘う.

somnifer -fera -ferum, *adj* [somnus/fero] 眠りをもたらす, 催眠性の.

somniferum -ī, °*n* [↑] 『薬』催眠剤.

somnificus -a -um, *adj* [somnus/facio] 眠りを催させる, 催眠性の.

somniō -āre -āvī -ātum, *intr* (*tr*) [↓] **1** 夢を見る, 夢に見る ⟨de re; alqd; +*acc c. inf*⟩. **2** 夢想する, 空想にふける. **3** (否定文で)夢にも思わない.

somnium -ī, *n* [somnus] **1** 夢. **2** 空想, 夢想, 幻想. **3** たわごと.

somnolenter °*adv* [somnolentus] 眠そうに, 眠く.

somnolentia, somnul- -ae, °*f* [↓] **1** 眠いこと. **2** 『医』傾眠.

somnolentus, somnul- -a -um, *adj* [somnus] 眠い, 眠気におそわれた.

somnurnus -a -um, *adj* [↓] 夢に現われる.

somnus -ī, *m* [*sopnus; *cf.* sopor] **1** 睡眠, 眠り. **2** 眠気, 眠いこと. **3** 永眠, 死. **4** 夜. **5** 惰眠, 怠惰. **6** (S-) 『神話』ソムヌス《眠りの神》.

sonābilis -is -e, *adj* [sono] 鳴り響く, 朗々とした.

sonans -antis, *adj* (*prp*) [sono] **1** 鳴り響く, やかましい. **2** 朗々とした. **3** 母音の.

sonax -ācis, *adj* [sono] 鳴り響く, やかましい.

sonipēs¹ -pedis, *adj* [sonus/pes] 足で音をたてる, 足を踏み鳴らす.

sonipēs² -pedis, *m* 足で音をたてるもの, 馬.

sonitus¹ -a -um, *pp* ⇒ sono.

sonitus² -ūs, *m* 音, 大きい[やかましい]音, 騒音.

sonivius -a -um, *adj* [sonus] (かたかた)音をたてる: *tripudium sonivium* (Cic) 聖なるニワトリのくちばしから落ちた餌のたてる音《この音で吉凶を占った》.

sonō -āre -uī -itum, *intr, tr* **I** (*intr*) **1** 音がする, 鳴る. **2** (場所が)鳴り響く, 反響する. **II** (*tr*) **1** 音を出す, 鳴らす. **2** (歌・ことばで)賛美[称揚]する. **3** 意味する, 表わす.

sonor -ōris, *m* [↑] 音, 騒音.

sonōra -ae, *f* [sonorus] (*sc.* littera) 子音.

sonōrē *adv* [sonorus] 大きな音で, 鳴り響いて.

sonōritās -ātis, °*f* [↓] よく響く[鳴る]こと.

sonōrus -a -um, *adj* [sonor] **1** 鳴り響く. **2**

朗々とした. **3** 子音の.
sons[1] sontis, *adj* 罪を犯した, 有罪の.
sons[2] sontis, *m* 罪人, 悪党.
Sontiātēs -um, *m pl* ソンティアーテース《Aquitania にいた一部族》.
sonticus -a -um, *adj* [sons[1]] 危険な, 深刻な, 重大な: *morbus* ~ (GELL)(出廷不能と認められるほどの)重い病気.
sonuī *pf* ⇒ sono.
sonus[1] -ī, *m* [sono] **1** 音. **2** 声, ことば. **3** 調子, 語調.
sonus[2] -a -um, °*adj* 音のする, 鳴り響く.
Sōphēnē -ēs, *f* [*Gk*] ソーペーネー《Armenia 西部の一地方》.
sophia -ae, *f* [*Gk*] 知恵, 分別 (=sapientia).
sophisma -atis, *n* [*Gk*] 詭弁, 屁(^)理屈, こじつけ (=captio).
sophismation -ī, *n dim* [*Gk*] (ちょっとした)詭弁.
sophistēs, **-a** -ae, *m* [*Gk*] **1** ソフィスト《哲学・修辞学の教師》. **2**°(Babylonia の)夢占い師.
sophisticē[1] °*adv* [sophisticus] ソフィスト的に, ことば巧みに.
sophisticē[2] -ēs, *f* [*Gk*] ソフィスト的弁辞, 詭弁術.
sophisticus -a -um, *adj* [*Gk*] ソフィスト的な, 詭弁の.
Sophoclēs -is [-ī], *m* [*Gk*] ソポクレース《ギリシア三大悲劇詩人の一人, 前 496?–406》.
Sophoclēus -a -um, *adj* Sophocles の.
Sophoniba -ae, *f* [*Gk*] ソポニーバ《Hasdrubal の娘で Syphax の妻》.
sophōs *int* [*Gk*] みごと!うまい!でかした!
sophus[1], **-os** -a -um, *adj* [*Gk*] 賢い, 知恵のある.
sophus[2], **-os** -ī, *m* [*Gk*] 賢者, 知者.
sōpīna -ae, *f* ブドウの一種.
sōpiō[1] -īre -īvī [-iī] -ītum, *tr* [sopor] **1** 眠らせる; (*pass*) 眠る. **2** 麻痺させる, 無感覚にする; 失神させる. **3** 和らげる, 静める.
sōpiō[2] -ōnis, *m* ペニス, 陰茎 (=membrum virile).
sōpītus -a -um, *adj* (*pp*) [sopio[1]] **1** 眠らされた, 眠っている. **2** 麻痺した, 感覚を失った.
sopor -ōris, *m* [*cf.* somnus] **1** 眠り; (特に)熟睡. **2** 無気力, 怠惰. **3** 麻痺, 無感覚. **4** 催眠薬. **5** 永眠, 死.
sopōrātus -a -um, *adj* (*pp*) [soporo] **1** 眠っている; 麻痺した. **2** 眠りを誘う.
sopōrifer -fera -ferum, *adj* [sopor/fero] 眠らせる; 麻痺させる.
sopōrō -āre -āvī -ātum, *tr* [sopor] **1** 眠り込ませる. **2** 無感覚にする, 麻痺させる.
sopōrus -a -um, *adj* [sopor] **1** 眠い. **2** 眠りを誘う.
Sōra -ae, *f* ソーラ《Latium にあった Volsci 族の最北の町》.
Sōracte -is, *n* ソーラクテ《Etruria 南部の高山; Apollo の神殿があった》.
Sōractīnus -a -um, *adj* Soracte 山の.
sōracus -ī, *m*, **sōracum** -ī, *n* [*Gk*] 詰めかご, 箱.

Sōrānus -a -um, *adj* Sora の. **Sōrānī** -ōrum, *m pl* Sora の住民.
sorbeō -ēre -buī [sorpsī] -itum, *tr* **1** 飲み込む[下す], 吸い込む. **2** (感情などを)抑える, こらえる.
sorbilis -is -e, *adj* [↑] 飲み込む[吸い込む]ことができる.
sorbilō[1], **sorbillō** -āre -āvī -ātum, *tr* [sorbeo] ちびちび飲む.
sorbilō[2] *adv* [sorbeo] ちびりちびり, 少しずつ.
sorbitiō -ōnis, *f* [sorbeo] 液状の食べ物《粥(㎘), 肉汁, スープ, ポタージュなど》.
sorbitiuncula -ae, °*f dim* [↑] 少量の飲み物[粥(㎘)].
sorbum -ī, *n* ナナカマドの実.
sorbus -ī, *f* 《植》 ナナカマド.
sordeō -ēre -duī, *intr* [↓] **1** きたない, よごれている. **2** つまらない[価値のない]ものに思われる, 卑しいものに見える.
sordēs -is, *f* (主に *pl*) **1** きたなさ, よごれ. **2** (*pl*) 喪服. **3** 身分の低いこと, 下賤. **4** 卑しさ, あさましさ. **5** 下層民, 人間のくず.
sordescō -ere -duī, *intr inch* [sordeo] **1** きたなくなる, よごれる. **2** (土地が)荒廃する.
sordidātus -a -um, *adj* [sordidus] **1** きたない[みすぼらしい]服装をした. **2** 喪服をまとった.
sordidē *adv* [sordidus] **1**° よごれて. **2** 身分が低く. **3** (話し方が)下品に. **4** 卑しく, 強欲に.
sordidō -āre, °*tr* [sordidus] **1** よごす, きたなくする. **2** けがす.
sordidulus -a -um, *adj dim* [↓] 小ぎたない, みすぼらしい.
sordidus -a -um, *adj* [sordeo] **1** きたない, よごれた. **2** みすぼらしい, むさくるしい. **3** 卑しい, 下品な. **4** 無価値な, つまらない. **5** 貪欲な, あさましい. **6** 生まれの卑しい, 下賤の.
sorditia -ae, **-ēs** -ēī, °*f* =sorditudo.
sorditūdō -dinis, *f* [sordes] きたなさ, よごれ.
sorduī *pf* ⇒ sordeo, sordesco.
soredium -ī, °*n* 《植》 粉芽(体).
sōrex -ricis, *m* 《動》 トガリネズミ.
sōricīnus -a -um, *adj* [↑] トガリネズミの.
sōrītēs -ae, *m* [*Gk*] 《論》 連鎖式《複合三段論法の一種; =acervus》.
sōrix -icis, °*m* =saurix.
soror -ōris, *f* **1** 姉妹: *sorores tres* (PROP) 運命の三女神 Parcae / *novem sorores* (OV) 詩・音楽・学徳の九女神 Musae. **2** 従姉妹. **3** 女友だち. **4**° 《カト》 修道女.
sorōricīda -ae, *m* [↑/caedo] 姉妹殺害者.
sorōrius[1] -a -um, *adj* [soror] **1** 姉妹の. **2** 姉妹のような.
sorōrius[2] -ī, *m* 《碑》 姉妹の夫, 義兄弟.
sorōsis -is, °*f* 《植》 桑果.
sors -rtis, *f* [sero[1]] **1** くじ(札); くじ引き. **2** 運命, めぐり合わせ; 事情, 状況. **3** 神託, 予言. **4** 割当て, 分け前. **5** 職務, 任務. **6** 種類, 部類. **7** 元金, 元金.
sorticula -ae, °*f dim* [↑] (小さな)くじ札.
sortilegus[1] -a -um, *adj* [sors/lego[2]] 予言する, 神

sortilegus — spatiose

託を与える.

sortilegus² -ī, *m* 予言者, 占い師.
sortiō -īre -iī [-īvī] -ītum, *intr, tr* =sortior.
sortior -īrī -ītus sum, *intr, tr dep* [sors] **I** (*intr*) くじを引く. **II** (*tr*) **1** (くじで)割り当てる, 定める; 選ぶ, 選抜する. **2** (くじで)得る; 獲得する, 手に入れる.
sortītiō -ōnis, *f* [↑] **1** くじ引き, 抽選; (くじによる)割当て, 分配 ⟨alcis rei⟩. **2** (割り当てられた)任務, 職務.
sortītō *adv* (*abl*) [sortitus¹] **1** くじ引きで, 抽選で. **2** 運命によって.
sortītor -ōris, *m* [sortior] くじを引く人.
sortītus¹ -a -um, *adj* (*pp*) [sortior] くじで割り当てられた.
sortītus² -ūs, *m* **1** くじ引き, 抽選. **2** 割り当てられたもの.
sōrus -ī, °*m* [*Gk*] 【植】胞子嚢(のう)群.
Sōsia -ae, *m* [*Gk*] ソーシア《喜劇に出る典型的な奴隷の名》.
Sosiānus -a -um, *adj* Sosius の.
Sōsilus -ī, *m* [*Gk*] ソーシルス, *-ロス《Sparta 生まれの歴史家; Hannibal にギリシア語を教え, その業績を記録した》.
Sosius -ī, *m* ソシウス《ローマ人の氏族名》.
sospes -pitis, *adj* **1** 無事な, 無傷の. **2** 幸運な, 順調な.
Sospita -ae, *f* [↑] (Lanuvium における Juno の呼称として)救済者.
sospitālis -is -e, *adj* [sospes] 安全[健康]をもたらす.
sospitās -ātis, °*f* [sospes] 無事, 安全, 健康, 幸福.
sospitātor -ōris, *m* [sospito] 救済者.
sospitātrix -īcis, *f* [↑] 救済者《女性》.
sospitō -āre -āvī -ātum, *tr* [sospes] 安全にする, 守る, 保護する.
Sōtēr -ēris, *m* [*Gk*] **1** (特に支配者の称号として)救済者. **2**° 救い主, 救世主(=キリスト).
sōtēria -ōrum, *n pl* [*Gk*] 病気全快祝いの贈り物.
Sotiātēs -um, *m pl* ソティアーテース《Aquitania にいた一部族》.
Sp. (略)=Spurius.
spādīcum -ī, °*n* =spadix² 1.
spādix¹ -īcis, *adj* [*Gk*] 栗色の, 赤褐色の, (馬が)栗毛の.
spādix² -īcis, *m* [*Gk*] **1** 果実といっしょに折り取られたシュロの枝. **2** 弦楽器の一種. **3**° 【植】肉穂花序.
spadō -ōnis, *m* [*Gk*] **1** 去勢された男. **2** (植物について)種のない実.
spadōnātus -ūs, °*m* [↑] 去勢された状態, 生殖不能.
spadōnīnus -a -um, *adj* [spado] (ゲッケイジュが)種のない.
spadōnius -a -um, *adj* [spado] (リンゴが)種のない.
Spalathra -ae, *f* [*Gk*] スパラトラ《Thessalia の沿岸の町》.
spalax -acis, *f* [*Gk*] 未詳の植物.

Spān- ⇨ Hispan-.
spargō¹ -ere -rsī -rsum, *tr* **1** ばらまく, 振りかける, まき散らす. **2** 方々に派遣する, 分散配置する. **3** 追い散らす, 敗走させる: *se in fugam passim spargere* (Liv) ちりぢりばらばらに敗走する. **4** 浪費する. **5** 斑点をつける, まだらにする. **6** (枝・茎などを)伸ばす, 広げる.
spargō² -ginis, °*f* [↑] 振りかけること.
sparsī *pf* ⇨ spargo¹.
sparsim *adv* [sparsus] 散らばって, あちこちに.
sparsiō -ōnis, *f* [spargo¹] (劇場・競技場で香料を)振りかけること, (劇場で観客に贈り物を)ばらまくこと.
sparsus -a -um, *adj* (*pp*) [spargo¹] **1** 散らばった, まばらな, 散在する. **2** (髪が)もじゃもじゃの. **3** そばかす[斑点]のある.
Sparta -ae, **-ē** -ēs, *f* [*Gk*] スパルタ《Laconia の首都; 別名 Lacedaemon》.
Spartacus -ī, *m* スパルタクス《Thracia 出身の剣闘士; ローマに対する奴隷の反乱(前73-71)を指揮した》.
Spartānus¹ -a -um, *adj* **1** Sparta の, Sparta 人の. **2** スパルタ流の; 尚武の.
Spartānus² -ī, *m* **1** Sparta 人. **2** スパルタ犬.
spartārius -a -um, *adj* [spartum] レダマが繁茂している: *Carthago spartaria* (Plin)=Carthago Nova.
spartē -ēs, *f* [*Gk*] 【植】(マメ科)レダマ.
sparteus -a -um, *adj* [spartum] レダマ(製)の.
Spartiacus -a -um, *adj* Sparta の.
Spartiātēs -ae, *m* Sparta 人.
Spartiāticus -a -um, *adj* =Spartiacus.
Sparticus -a -um, *adj* Sparta の, Sparta 人の.
spartum, -on -ī, *n* [*Gk*] 【植】(ひも・なわ類の材料となる 2 種の植物名) **1** (マメ科)レダマ. **2** アフリカハネガヤ.
sparulus -ī, *m dim* [sparus²] 【魚】(小型の)タイの一種.
sparus¹ -ī, *m* [*Gk*] 槍の一種.
sparus² -ī, *m* [*Gk*] 【魚】タイの一種.
spasma -atis, *n* [*Gk*] =spasmus.
spasmophilia -ae, °*f* 【医】痙攣(けいれん)質.
spasmus, -os -ī, *m* [*Gk*] 【生理・医】痙攣, ひきつり, ひきつけ: *~ caninus* (*cynicus*) 痙笑.
spasticus -a -um, *adj* [↑] 【病】痙攣性の.
spatalium -ī, *n* [*Gk*] 腕輪の一種.
spatalocinaedus -ī, *m* [*Gk*] 好色漢.
spatangius -ī, °*m* [*Gk*] 【動】ウニの一種.
spatārius¹,² =spatharius¹,².
spatha -ae, *f* [*Gk*] **1** (織機の)横糸を打つ道具. **2** (撹拌用の)へら. **3** 広刃の長剣. **4** (ヤシの房状の実を包む)仏炎苞(ぶつえんほう). **5** ヤシの一種.
spathalium, -on -ī, *n* [*Gk*] =spatha 4.
spathārius¹, **spatā-** -a -um, *adj* [spatha] 【碑】広刃の長剣を携えた.
spathārius², **spatā-** -ī, *m* 【碑】剣持ち, 護衛.
spatiātor -ōris, *m* [↓] ぶらぶら歩く者.
spatior -ārī -ātus sum, *intr dep* [spatium] **1** ぶらぶら歩く, 歩きまわる. **2** 広がる, 伸びる; (病勢が)募(つの)る.
spatiōsē *adv* [↓] **1** 広く, 広範に. **2** 詳細に. **3**

(時間が)長く.

spatiōsus -a -um, *adj* [↓] **1** 広い, 大きい, 長い. **2** (著述が)包括的な. **3** (時間が)長い.

spatium -ī, *n* **1** 空間, 広がり, 広さ. **2** 距離, 間隔. **3** 長さ, 大きさ: *viae ~* (Ov)(長い)道のり. **4** 競走路, コース. **5** 空地, 広場. **6** (遊)歩道, 散歩. **7** 時間, 期間. **8** 暇, 機会. **9** 〘韻〙(詩脚の朗誦に要する時間); (母音の)音量.

specere *inf* ⇒ specio.

speciālis -is -e, *adj* [species] 特別の, 特殊な; 独特の.

speciālitās -ātis, °*f* [↑] 特質, 特殊性.

speciāliter *adv* [specialis] 特に, とりわけ.

speciātim °*adv* [↓] 特に, 特別に.

speciēs -ēī, *f* [specio] **1** 見ること, 注視. **2** 見えるもの, 光景. **3** 外観, 形, 様子: *specie* (Cic) 外見上. **4** 美しさ, 美しい姿. **5** 幻, 幻影. **6** 像, 似姿. **7** 見せかけ, うわべ; 口実. **8** 観念, 概念. **9** 〘論〙(genus の下位区分としての)種; 種類.

specificē °*adv* [specificus] 独特に, 特徴的に.

specificō -āre -āvī -ātum, °*tr* [species/facio] 特性を与える, 類別する.

specificus -a -um, °*adj* [↑] 種を構成する, 特有の.

specillum -ī, *n* [specio] **1** 〘医〙探針, 消息子. **2**° 小さな鏡.

specimen -minis, *n* [↓] **1** しるし, 証拠. **2** 模範, 手本, 典型. **3** 理想. **4** 姿, 外観; 像.

speciō -cere spexī spectum, *tr* 見る; 観察する.

speciōsē *adv* [speciosus] **1** りっぱに, みごとに, すばらしく. **2** もっともらしく, まことしやかに.

speciōsitās -ātis, °*f* [↓] 美しさ.

speciōsus -a -um, *adj* [species] **1** 美しい, りっぱな, みごとな. **2** 見かけだけの, もっともらしい, まことしやかな.

spectābilis -is -e, *adj* [specto] **1** 見ることのできる, 見える. **2** 美しい, りっぱな. **3** 注目すべき, 顕著な.

spectābilitās -ātis, °*f* [↑] (高官の称号として)閣下.

spectāculum -ī, *n* [specto] **1** 光景, 見もの: *septem spectacula* (Vitr) (古代世界の)七不思議. **2** (劇場・競技場などでの)見世物. **3** (*pl*) 観覧席, 見物席. **4** 見ること; 視力.

spectāmen -minis, *n* [specto] **1** 特徴, しるし. **2** 光景.

spectāmentum -ī, °*n* [specto] 光景, 眺め.

spectandus -a -um, *adj* [specto] 見る価値のある, 注目すべき.

spectātē *adv* [spectatus] 目立って, 派手に.

spectātiō -ōnis, *f* [specto] **1** 見ること; 見物. **2** (貨幣の)検査, 鑑定.

spectātīvus -a -um, *adj* [specto] 思弁的な, 理論上の.

spectātor -ōris, *m* [specto] **1** 見物人, 観客. **2** 観察者. **3** 検査人, 鑑定者, 吟味する人.

spectātrīx -īcis, *f* [↑] 観察者; 吟味する人《女性》.

spectātus -a -um, *adj* (*pp*) [specto] **1** 明白な, 確かな. **2** 卓越した, りっぱな. **3** 注目すべき, 顕著な.

spectiō -ōnis, *f* [specio] ト占(権).

spectō -āre -āvī -ātum, *tr, intr freq* [specio] **1** 見る, 眺める, 注視する. **2** 見物[観覧]する. **3** 検査する, 吟味する, 判断する. **4** 頼る, あてにする ⟨alqd; in alqd⟩. **5** 考える, 考慮する. **6** もくろむ, 目指す ⟨alqd; ad alqd⟩. **7** (ある方向に)向いている, 面する ⟨alqd; in [ad] alqd⟩. **8** 関係する ⟨alqd; ad alqd⟩.

spectrum -ī, *n* [specio] 〘哲〙(事物から放出される)影像.

spectus[1] -a -um, *pp* ⇒ specio.

spectus[2] -ūs, *m* **1** 観察. **2** 表情. **3** 外的表徴.

spēcula[1] -ae, *f dim* [spes] かすかな希望, 一縷(いちる)の望み.

specula[2] -ae, *f* [specio] **1** 望楼, 見張り台. **2** 見張り, 監視: *esse in speculis* (Liv) 見張りをしている. **3** 〘詩〙高み, 頂き.

speculābundus -a -um, *adj* [speculor] 見張りをしている.

speculāmen -minis, °*n* [speculor] 眺めること.

speculāria -ium [-iōrum], *n pl* [↓] 透明な鉱物をはめた[ガラス]窓.

speculāris -is -e, *adj* [speculum] 鏡(のような).

speculāriter °*adv* [↑] 明らかに, はっきり見えて.

speculārius[1] -a -um, *adj* [speculum] 《碑》鏡の製作[販売]の.

speculārius[2] -ī, °*m* 鏡の製作[販売]者.

speculātiō -ōnis, °*f* [speculor] **1** 偵察, 監視. **2** 観察, 考察. **3** 眺め.

speculātīvus -a -um, °*adj* [speculor] 純理論的な, 思弁的な.

speculātor -ōris, *m* [speculor] **1** 斥候, 偵察兵. **2** 見張り, 歩哨(ほしょう). **3** 護衛(兵); 伝令. **4** 観察者.

speculātōria -ae, *f* [↓] **1** (*sc.* navis) 偵察船. **2**° (*sc.* caliga) 斥候兵の履く靴.

speculātōrius -a -um, *adj* [speculator] **1** 偵察の, 監視の. **2** 護衛兵の.

speculātrīx -īcis, *f* [speculator] 監視者; スパイ《女性》.

speculoclārus -a -um, *adj* [speculum/clarus] 鏡のように輝く.

speculor -ārī -ātus sum, *tr* (*intr*) *dep* [specula[2]] **1** 監視[観察]する, 見張る. **2** 偵察する; 探り出す, かぎつける.

speculum -ī, *n* [specio] 鏡, 姿見.

specus -ūs, *m* (*f, n*) **1** 洞穴, 洞窟. **2** 空洞, 穴; 割れ目. **3** 溝, 暗渠(あんきょ), 水道. **4** 地下道, 坑道.

spēlaeum, -lēum -ī, *n* [Gk] 洞穴, 洞窟.

spēlunca -ae, *f* [Gk] 洞穴, 洞窟.

Spēlunca -ae, *f*「洞窟の館」《Tarracina 付近にあった Tiberius 帝の別荘》.

spērābilis -is -e, *adj* [spero] 望みがある.

spērāta[1] -ae, *f* (*pp*) [spero] 婚約者, いいなずけ《女性》.

spērāta[2] -ōrum, *n pl* (*pp*) 望み: *potiri speratis* (Liv) 望みをかなえる.

spērātus -ī, *m* (*pp*) [spero] 婚約者, いいなずけ.

Sperchēis -idis, *adj f* Spercheos 川の.

Spercheos, -ēus, -ios -ī, *m* [*Gk*] スペルケーオス, *-ケイオス《Thessalia 南部の川》.

Sperchiae -ārum, *f pl* スペルキーアエ《Spercheos 川の水源近くの町》.

Sperchionidēs -ae, *m* Spercheos 河辺の住人.

spergō -ere, *tr* =spargo¹.

sperma -atis, °*n* [*Gk*] 1 種子. 2 〚生理〛精液; 精子.

spermathēca -ae, °*f* 〚動〛貯精嚢.

spermaticus -a -um, °*adj* [*Gk*] 1 種子の. 2 精液の.

spermatium -ī, °*n* 〚植〛不動精子.

spermatogenesis -is, °*f* 〚生物〛精子形成.

spermatogonium -ī, °*n* 〚生物〛精原細胞.

spermatorrhoea -ae, °*f* 〚病〛精液漏.

spermatothēca -ae, °*f* =spermatheca.

spermatozōon -ī, °*n* 1 〚動〛精子, 精虫. 2 〚植〛動的雄性配偶子.

spermiogenesis -is, °*f* 〚生物〛1 =spermatogenesis. 2 精子完成[変態].

spernax -ācis, *adj* [↓] (…を)軽蔑する〈+*gen*〉.

spernō -ere sprēvī sprētum, *tr* 1 遠ざける, 離す. 2 軽蔑する, 一蹴する, 無視する.

spernor -ārī, *tr dep* [↑] 軽蔑する.

spērō -āre -āvī -ātum, *tr* (*intr*) [↓] 1 希望する, 期待する〈*abs*; alqd; +*acc c. inf*; ut+*subj*〉. 2 (よくないことを)予期する, 懸念する, 危ぶむ. 3 信頼する, 期待をかける〈alqm〉.

spēs -eī, *f* 1 希望, 期待〈alcis rei; ut+*subj*; +*acc c. inf*〉. 2 期待される[望みをもたせる]事物[人]. 3 不安, 懸念.

Speusippus -ī, *m* [*Gk*] スペウシッポス, *-ポス《Plato の甥; Plato の死後その後継者として Academia の学頭をつとめた》.

spexī *pf* ⇨ specio.

sphaera -ae, *f* [*Gk*] 1 球, 球体. 2 天空; 天球層. 3 天球儀.

sphaerālis -is -e, °*adj* [↑] 球の, 球形の.

sphaericus -a -um, °*adj* [*Gk*] 球状の, 球形の, 丸い.

sphaerion -ī, *n* [*Gk*] 小さな丸薬.

sphaerista -ae, °*m* [*Gk*] 球技をする人.

sphaeristērium -ī, *n* [*Gk*] 1 球技場. 2° 球技.

sphaerīta -ae, *m* [*Gk*] 球形の焼き菓子の一種.

sphaeroīdēs -ēs -es, *adj* [*Gk*] 球状の, 丸い.

sphaeromachia -ae, *f* [*Gk*] 革袋に入った鉄球を使う拳闘の一種.

sphaerula -ae, °*f dim* [sphaera] 1 小さな球. 2 (燭台の)丸こぶ装飾.

sphagītis -idos, *f* [*Gk*] 〚解〛頸静脈 (=jugularis vena).

sphagnos -ī, *m* [*Gk*] 〚植〛芳香性の地衣類.

sphēnoīdālis -is -e, °*adj* [*Gk*] 〚解〛蝶形(骨)の.

sphinctēr -ēris, °*m* [*Gk*] 〚解〛括約筋.

Sphinga -ae, *f* =Sphinx.

sphingātus -a -um, °*adj* Sphinx の形をした.

Sphinx Sphingis, *f* [*Gk*] 1 〚神話〛スピンクス, ″スフィンクス《人間の頭とライオンの胴を持った有翼の怪物; Thebae 付近で通行人になぞをかけ, 解けない者を殺した》. 2 (s-) (Aethiopia にいたといわれる)サルの一種.

sphondylē -ēs, *f* [*Gk*] 〚昆〛甲虫の一種.

sphondylion, -ium, spon- -ī, *n* [*Gk*] 〚植〛ハナウド.

sphondylus, spon- -ī, *m* [*Gk*] 1 〚解・動〛椎骨 (ついこつ). 2 (二枚貝の)(筋)肉. 3 〚貝〛イガイの一種.

sphrāgis -idis, *f* [*Gk*] 1 印章つき指輪に用いられる宝石. 2 Lemnos 島産の赤土《その包みに封印をして売っていたことから》.

spīca -ae, *f* [*cf*. spina] 1 (麦の)穂. 2 〚植〛花穂 (かすい), 穂状花序. 3 〚天〛スピカ《おとめ座の主星》.

spīcātus -a -um, *adj* (*pp*) [spico] (麦の)穂のような形状の.

spīceus -a -um, *adj* [spica] 穂のある; 穂で作った.

spīcifer -fera -ferum, °*adj* [spica/fero] (麦の)穂を生ずる[持っている].

spīcilegium -ī, *n* [spica/lego²] 落ち穂拾い.

spiciō -cere, *tr* =specio.

spīcō -āre -ātum, *tr* [spica] 穂を付ける.

spīcula -ae, °*f dim* [↓] 〚植〛小穂. 2 キランソウ属の植物 (=chamaepitys).

spīculum -ī, *n dim* [↓] 1 槍の穂, 矢じり. 2 (ハチ・サソリなどの)針. 3 投げ槍; 矢.

spīcum -ī, *n* =spica.

spīna -ae, *f* [*cf*. spica] 1 とげ, 針. 2 とげのある低木. 3 背骨; 背中. 4 難問, 難事.

spīnālis -is -e, °*adj* [↑] 背骨の, 脊柱の.

spīnētum -ī, *n* [spina] いばらの茂み.

spīneus -a -um, *adj* [spina] とげ[針]の多い.

spīnifer -fera -ferum, °*adj* [spina/fero] =spiniger.

spīniger -gera -gerum, *adj* [spina/gero] とげ[針]におおわれた.

spīniola -ae, *f dim* [spina] 〚植〛きわめて小さな花弁のバラ.

spīnōsus -a -um, *adj* [spina] 1 とげのある, とげだらけの. 2 いばらでおおわれた. 3 (表現などが)難解な, わかりにくい. 4 苦しめる, 不安にさせる.

spintēr -ēris, *n* [*Gk*] 腕輪の一種.

Spinthēr -ēris, *m* スピンテール《ローマ人の添え名; 特に *P. Cornelius Lentulus* ~, 前 57 年の執政官》.

spinthērismus -ī, °*m* [*Gk*] 〚病〛光視症眼.

spintria -ae, *m* [*Gk*] 男娼, 男色にふける人.

spinturnīcium -ī, *n dim* =spinturnix.

spinturnīx -īcis, *f* [*Gk*] 不吉な鳥.

spīnula -ae, *f dim* [spina] 1 小さな背骨. 2° 小さなとげ.

spīnus -ī, *f* [spina] 〚植〛とげのある低木.

Spīō -ūs, *f* [*Gk*] 〚神話〛スピーオー, ″スペイオー《Nereus と Doris の娘で海のニンフ》.

spīonia -ae, *f* (大粒の実のなる)ブドウの木.

spīra -ae, *f* [*Gk*] 1 渦巻[螺旋 (らせん)]状のもの; (ヘビの)とぐろ; ねじれたひも; 編んだ髪. 2 (円柱の)柱礎.

spīrābilis -is -e, *adj* [spiro] 1 (*pass*) 呼吸される(のに適した). 2 (*act*) 呼吸する(ことのできる). 3 空気で動く.

spīrāculum -ī, *n* [spiro] 通気孔, 空気穴.

spīrālis -is -e, °*adj* [spira] 螺旋状の.
spīrāmen -minis, *n* [spiro] 1 呼吸; 呼気. 2 通気孔, 空気穴. 3°〖キ教〗聖霊.
spīrāmentum -ī, *n* [spiro] 1 通気孔, 空気穴. 2 息の通り道; 気孔. 3 息つぎ, 間(*). 4 息, 空気.
spīrātiō -ōnis, *f* [spiro] 呼吸; 息, 呼気.
spīrillum -ī, *n* [spira] 1 ヤギのひげ. 2°〖細菌〗螺旋状菌.
spīrītālis -is -e, *adj* [spiritus] 1° 呼吸の. 2 空気によって動く. 3° 精神的な, 霊的な.
spīritāliter, spīrituāl- °*adj* [↑] 霊的に.
spīrituālis -is -e, °*adj* =spiritalis.
spīrituōsum -ī, °*n* [↓]〖薬〗酒精剤.
spīrituōsus -a -um, °*adj* [↓] 酒精のある.
spīritus -ūs, *m* [spiro] 1 呼吸. 2 息: ~ *extremus* [*ultimus*] (Cic) 最後の息, 臨終. 3 命; 意識. 4 霊, 魂. 5 霊感, インスピレーション. 6 気質, 性向. 7 元気, 熱心, 気概. 8 傲慢, 慢心. 9 風, 気流. 10〖哲〗(四大の一つとしての)空気. 11 匂い, 香り. 12°〖キ教〗聖霊(三位一体の第3位格)(=~ Sanctus). 13〖薬〗酒精, アルコール; 酒精剤: ~ *ammoniae foeniculatus* アンモニア茴香チンキ)精.
spīrō -āre -āvī -ātum, *intr, tr* I (*intr*) 1 呼吸する. 2 生きている. 3 (詩的)霊感を得る. 4 香りを発散する, 匂いがする. 5 (風が)吹く. II (*tr*) 1 (息などを)吐き出す. 2 (匂いなどを)放つ, 発散させる. 3 …の気質[精神]を表わす[示す]: *homo tribunatum etiamnunc spirans* (Liv) 今もなお護民官の精神を体現している男.
spīrochaeta -ae, °*f*〖細菌〗スピロヘータ(スピロヘータ目の螺旋状微生物).
spissāmentum -ī, *n* [spisso¹] 栓, 詰め物.
spissātiō -ōnis, *f* [spisso¹] (畑の土を)踏み固めること.
spissātus -a -um, *pp* ⇨ spisso¹.
spissē *adv* [spissus] 1 詰めて, ぎっしりと. 2 ゆっくり.
spissescō -ere, *intr inch* [spissus] 厚く[濃く]なる.
spissigradus -a -um, *adj* [spissus/gradior] 歩みのおそい.
spissitās -ātis, *f* [spissus] 濃密さ.
spissitūdō -dinis, *f* [spissus] 濃密, 密集.
spissō¹ -āre -āvī -ātum, *tr* [spissus] 1 圧縮[凝縮]する, 濃厚にする. 2 (身体・筋肉を)丈夫にする. 3 せきたてる.
spissō² *adv* (*abl*) [↓] ゆっくりと, のろのろと.
spissus -a -um, *adj* 1 密な, 濃い, 厚い: *spissum theatrum* (Hor) 満員の劇場. 2 のろい, 緩慢な; 骨の折れる. 3 矢つぎばやの.
spithama -ae, *f* [Gk] (ギリシアの)長さの単位 (=¹/₂ pes).
splanchna -ōrum, °*n pl* [Gk] (いけにえの)内臓.
splanchnicus -a -um, °*adj* [↑]〖解〗内臓の.
splanchnologia -ae, °*f*〖医〗内臓学.
splanchnoptēs -ae, *m* [Gk] 内臓をあぶる人(Styppax 作の彫像の名).
splanchnoptōsis -is, °*f*〖解〗内臓下垂.
splēn -ēnis, *m* [Gk]〖解〗脾臓(ᵖ).

splendentia -ae, °*f* [↓] 輝き, 光輝.
splendeō -ēre -duī, *intr* 1 輝く, 光る. 2 際立つ, 顕著である.
splendescō -ere -duī, *intr inch* [↑] 1 輝き始める, 光り出す. 2 光彩を放つ.
splendidē *adv* [↓] 光彩を放って, りっぱに, みごとに.
splendidus -a -um, *adj* [splendeo] 1 光っている, 輝いている. 2 目を奪うばかりの, みごとな. 3 卓越した, 際立った, りっぱな. 4 (声が)澄んだ, よく通る. 5 派手な, 人目をひく.
splendificō -āre, °*tr* [splendor/facio] 輝かす, 明るくする.
splendificus -a -um, °*adj* [splendor/facio] 輝かす, 明るくする.
splendifluus -a -um, °*adj* [↓/fluo] 光り輝く.
splendor -ōris, *m* [splendeo] 1 輝き, 光輝. 2 (音の)明るさ, 澄んでいること. 3 才気喚発(ᵏᵃⁿ). 4 華やかさ, 派手. 5 卓越, 名声, 栄光.
splenduī *pf* ⇨ splendeo, splendesco.
splēnēticus -a -um, °*adj* [splen] 脾臓の.
splēniātus -a -um, *adj* [splenium] 膏薬を貼られた.
splēnicus¹ -a -um, *adj* [Gk] 脾臓を病んだ.
splēnicus² -ī, *m* [Gk] 脾臓を病んだ人.
splēnium, -on -ī, *n* [Gk] 1〖植〗シダの一種. 2〖医〗膏薬.
splēnius -ī, °*m*〖解〗(首の)板状筋.
splēnomegalia -ae, °*f*〖病〗巨脾腫(症).
splēnopathīa -ae, °*f*〖病〗脾臓害.
spodiacus -a -um, *adj* [Gk] 灰色の.
spodium -ī, *n* [Gk] 1 灰. 2 かなくそ, 鉱滓(ᵛᶦ) (=spodos).
spodos -ī, *m* [Gk] かなくそ, 鉱滓.
Spōlētīnus -a -um, *adj* Spoletium の. **Spōlētīnī** -ōrum, *m pl* Spoletium の住民.
Spōlētium -ī, *n* スポーレーティウム(Umbria の町; 現 Spoleto).
spoliābilis -is -e, °*adj* [spolio] はぎ取られうる.
spoliārium -ī, *n* [spolio] 1 殺された剣闘士の装備をはぎ取る場所. 2 盗賊・人殺しの巣窟.
spoliātiō -ōnis, *f* [spolio] 略奪; 剥奪.
spoliātor -ōris, *m* [spolio] 1 略奪者. 2 人さらい.
spoliātrix -īcis, *f* [↑] 略奪者〖女性〗.
spoliātus -a -um, *adj* (*pp*) [↓] 略奪された.
spoliō -āre -āvī -ātum, *tr* [↓] 1 (衣服・おおいなどを)はぐ, はぎ取る <alqm re [alqd]>. 2 略奪する, 奪う.
spolium -ī, *n* 1 (動物の)皮. 2 略奪品, 戦利品: *spolia opima* (Liv) 指揮官同士の一騎討ちで相手を倒して得た戦利品.
sponda -ae, *f* 1 (寝台・寝椅子の)フレーム. 2 寝台, 寝椅子; 棺架.
spondaeus -ī, °*m* =spondeus.
spondaicus -a -um °*adj* =spondiacus.
spondālium, -daulium -ī, *n* 犠牲をささげる時の歌(縦笛に伴奏される).
spondaulēs -ae, °*f* [Gk] 供犠(⅔)における縦笛奏

者.

spondēadeus -a -um, °*adj* [spondeus] = spondiacus.

spondeō -ēre spopondī [pepondī] sponsum, *tr, intr* I (*tr*) 1 誓約する, (正式に)約束する ⟨alci alqd⟩. 2 保証する ⟨alqd pro alqo⟩. 3 婚約させる ⟨alqm alci⟩. II (*intr*) 保証人になる.

spondēum -ī, *n* [*Gk*] (神への)献酒用の器.

spondēus, -ēos, -īus, -īos -ī, *m* [*Gk*] 〖詩〗長長格.

spondīacus -a -um, °*adj* [*Gk*] 〖詩〗長長格の.

spondylītis -tidis, °*f* 〖病〗脊椎炎.

spongia, -ea -ae, *f* [*Gk*] 1 海綿. 2 アスパラガスの根. 3 (バラにできるコケに似た)虫こぶ. 4 (よろいの)胸当て.

spongiōsus, -eōsus -a -um, *adj* [↑] 海綿状の, 海綿のような; 小孔の多い.

spongītis -idis, *f* [*Gk*] 宝石の一種.

spongius -a -um, °*adj* [spongia] 海綿状の.

*****spons** -ntis, *f* (用例は *sg abl* sponte と *sg gen* spontis (稀用)のみ) 意志, 意欲. I (*abl* sponte) 1 (…の)意に従って ⟨+*gen*⟩. 2 自発的に, 自由意志で ⟨+*adj poss*⟩: *sponte meā* (Cic) (私が)自分から進んで. 3 故意に, わざと. 4 独力で, 単独で. 5 ひとりでに, 自動的に: *clamor suā sponte ortus* (Liv) 誰からともなく歓声が上がって. 6 本質的に, それ自体. II (*gen* spontis) *suae spontis* 自分の意志を働かせて; 自然に: *homo qui suae spontis est* (Cels) 思うとおりにふるまえる人.

sponsa -ae, *f* (*pp*) [spondeo] 婚約者, いいなずけ《女性》.

sponsālia -ōrum, *n pl* [↓] 婚約(の式); 婚約の宴.

sponsālis -is -e, *adj* [sponsus¹] 婚約の.

sponsālītius, -cius -a -um, °*adj* [↑] 婚約の.

sponsiō -ōnis, *f* [spondeo] 1 誓約; 契約, 約定. 2 保証(金). 3 賭け(金).

sponsiuncula -ae, *f dim* [↑] (ちょっとした)賭け.

sponsō -āre -āvī -ātum, °*tr* [sponsa] (男性が)婚約する.

sponsor -ōris, *m* [spondeo] 1 保証人. 2 °〖キ教〗代父, 名親(祭).

sponstrix -īcis, *f* [↑] 保証人《女性》.

sponsum -ī, *n* (*pp*) [spondeo] 契約, 誓約.

sponsus¹ -a -um, *pp* ⇨ spondeo.

sponsus² -ī, *m* 婚約者《男性》.

sponsus³ -ūs, *m* 保証; 保証人.

spontālis -is -e, *adj* [spons] 自発的な, みずから選んだ.

spontāliter °*adv* [↑] 自発的に.

spontāneē °*adv* [↓] =spontaliter.

spontāneus -a -um, °*adj* [spons] 自発的な, 自由意志の.

sponte, spontis ⇨ spons.

spopondī *pf* ⇨ spondeo.

Sporades -um, *f pl* [*Gk*] スポラデス《Cyclades 諸島と Creta 島を除くエーゲ海の島々》.

sporangium -ī, °*n* 〖植〗胞子嚢, 芽胞嚢.

sporidium -ī, °*n* 〖植〗小生子《前菌糸体にできる胞子》.

sporogenesis -is, °*f* 〖植〗胞子生殖; 胞子形成.

sporta -ae, *f* かご, バスケット.

sportella -ae, *f* [↑] 小さなバスケット.

sportula -ae, *f dim* [sporta] 1 小さなバスケット. 2 (有力な庇護者から庇護民への)施し物. 3 (一般に)贈り物.

S.P.Q.R. 〖略〗=senatus populusque Romanus (ローマ元老院とローマ市民).

sprētiō -ōnis, *f* [sperno] 軽蔑, 侮辱.

sprētor -ōris, *m* [sperno] 軽蔑[侮辱]者.

sprētus¹ -a -um, *pp* ⇨ sperno.

sprētus² -ūs, *m* 軽蔑, 侮辱.

sprēvī *pf* ⇨ sperno.

spuī *pf* ⇨ spuo.

spūma -ae, *f* [spuo] 1 泡, あぶく, 浮きかす. 2 ~ *argenti* [*argentea*] (Plin) 〖化〗密陀僧(訖).

spūmātiō -ōnis, °*f* [spumo] 泡立つこと, 泡.

spūmescō -ere, *intr inch* [spumo] 泡が出る, 泡立つ.

spūmeus -a -um, *adj* [spuma] 1 泡だらけの, 泡におおわれた. 2 泡でできた.

spūmidus -a -um, *adj* [spuma] 泡立つ, 泡だらけの.

spūmifer -fera -ferum, *adj* [spuma/fero] 泡を作る, 泡立つ, 泡の多い.

spūmiger -gera -gerum, *adj* [spuma/gero] = spumifer.

spūmō -āre -āvī -ātum, *intr* (*tr*) [spuma] I (*intr*) 1 泡立っている, 泡だらけである. 2 泡を吹く. II (*tr*) 泡でおおう, 泡立たせる.

spūmōsus -a -um, *adj* [spuma] 泡立つ, 泡だらけの.

spuō -ere -uī -ūtum, *intr, tr* (*intr*) つば(など)を吐く.

spurcāmen -minis, °*n* [spurco] 汚物.

spurcē *adv* [spurcus] 1 きたなく, 不潔に. 2 不快感を与えるように, 下品に.

spurcidicus -a -um, *adj* [spurcus/dico²] 卑猥な, 下品な.

spurcificus -a -um, *adj* [spurcus/facio] きたならしくする, 下品なものにする.

spurciloquium -ī, °*n* [spurcus/loquor] 下品[卑猥]なことば.

spurcitia, -ēs -ēī, *f* [spurcus] 1 不潔, よごれ. 2 糞, 汚物. 3 下劣.

spurcō -āre -āvī -ātum, *tr* [↓] 1 よごす, 不潔にする. 2 けがす, 堕落させる.

spurcus -a -um, *adj* 1 きたない, 不潔な. 2 汚らわしい, むかつくような; みだらな.

Spurinna -ae, *m* スプリンナ《ローマ人の家名; 特に, Caesar に 3 月 15 日の危難を忠告した haruspex (腸卜(髭)官)》.

spurium -ī, *n* [↓] 海に棲む貝の一種.

spurius¹ -a -um, *adj* 1 庶出の. 2 °真正でない, にせの. 3 °〖生物〗擬似の.

spurius² -ī, *m* 父親の知れない子.

Spurius -ī, *m* スプリウス《ローマ人の個人名 (略形 Sp.)》.

spūtāmen -minis, °n [sputo] つば, 唾液.
spūtāmentum -ī, °n =sputamen.
spūtātilicus -a -um, adj [sputo] 唾棄すべき, 忌まわしい.
spūtātor -ōris, m [↓] よくつばを吐く者.
spūtō -āre -āvī -ātum, tr freq [spuo] (つばなどを)吐く; (厄除けに)つばを吐きかける.
spūtum -ī, n [↓] 1 つば, 唾液. 2 °【病】痰(たん), 喀痰(かくたん).
spūtus -a -um, pp ⇨ spuo.
squāleō -ēre -luī, intr [squalus²] 1 でこぼこ[ざらざら]している, うろこ状である. 2 手入れされていない, きたない, 不潔である. 3 (土地が)荒れ果てている; 不毛である. 4 陰気である, 暗い. 5 喪服を着ている.
squālescō -ere, intr inch [↑] きたなくなる, よごれる.
squālidē adv [squalidus] (語り口が)ぞんざいに, なげやりに.
squāliditās -ātis, °f [↓] なげやりなこと, 怠慢.
squālidus -a -um, adj [squaleo] 1 ざらざらした, でこぼこの. 2 きたない, 不潔な, むさくるしい. 3 (土地が)荒廃した; 不毛の. 4 喪服を着た. 5 (文体・語り口が)ぞんざいな, 荒っぽい.
squālitās -ātis, f [squalus²] よごれ, 不潔.
squālitūdō -inis, f =squalitas.
squālor -ōris, m [squaleo] 1 ざらざら[でこぼこ]していること. 2 不潔, きたなさ, よごれ; 手入れされていないこと. 3 喪に服していること. 4 (土地の)荒廃.
squalus¹ -ī, m 【魚】海魚の一種.
squalus² -a -um, adj [cf. squama] (衣服が)きたない, よごれた.
squāma -ae, f 1 (魚・ヘビなどの)うろこ; 【詩】魚. 2 小さね鎧の金属板. 3 鱗片, 薄片. 4 °【医】白内障, そこひ. 5 °(語り口が)ごつごつしていること.
squāmātim adv [↑] うろこ状に, うろこのように.
squāmātiō -ōnis, °f [squama] 1 うろこが生ずること. 2 【動】鱗片配列; 鱗片状.
squāmātus -a -um, °adj [squama] うろこでおおわれた.
squāmeus -a -um, adj [squama] うろこでおおわれた; うろこ状の.
squāmifer -fera -ferum, adj [squama/fero] = squamiger.
squāmiger -gera -gerum, adj [squama/gero] うろこのある.
squāmōsus -a -um, adj [squama] 1 うろこのある, うろこでおおわれた. 2 うろこ状の; ざらざらした.
squāmula -ae, f dim [squama] (小さな)うろこ.
squatina -ae, f [cf. squatus] 【動】カスザメ.
squatus -ī, m =squatina.
squilla -ae, f =scilla.
st int 静かに, しっ.
Staberius -ī, m スタベリウス《ローマの文法学者; Brutus と Cassius の師》.
Stabiae -ārum, m pl スタビアエ《Campania の町; Vesuvius 火山の噴火で埋没した; 現 Castellamare di Stabia》.
Stabiānum -ī, n [↓] 1 Stabiae の領域. 2 Stabiae 付近にあった Marius の別荘.

Stabiānus -a -um, adj Stabiae の.
stabilīmen -minis, n =stabilimentum.
stabilīmentum -ī, n [↓] 支え, 安定させる[固定する]もの.
stabiliō -īre -īvī -ītum, tr [↓] 1 安定させる, 固定する. 2 強固にする, 確立する.
stabilis -is -e, adj [sto] 1 安定した, 固定した. 2 確固たる, 不動の: ~ gloria (Cic) ゆるぎない栄光.
stabilitās -ātis, f [↑] 1 安定, 固定. 2 確固, 不動.
stabiliter adv [stabilis] 強固に, しっかりと.
stabilitor -ōris, m [stabilio] 安定させる者.
stabulārius -ī, m [stabulum] 1 家畜小屋番. 2 宿屋の主人.
stabulātiō -ōnis, f [↓] 家畜小屋(に家畜を入れておくこと).
stabulō -āre -āvī -ātum, tr, intr [↓] I (tr) (通例 pass) (家畜)を小屋で飼う. II (intr) (家畜・野獣などが)ねぐら[巣]にする.
stabulum -ī, n [sto] 1 家畜小屋, おり. 2 (野獣の)ねぐら, 巣. 3 宿屋; 売春宿.
stactē -ēs, -a -ae, f [Gk] 没薬, 香油.
stadiālis -is -e, °adj stadium の.
stadiodromus -ī, m [Gk] 徒競走の競技者[選手].
stadium -ī, n [Gk] 1 スタディオン《ギリシアの長さの単位; 約 190 メートル》. 2 競走路.
Stagīra -ōrum, n pl [Gk] スタギーラ, *-ゲイラ《Macedonia の町; Aristoteles の生地》.
Stagīrītēs -ae, m Stagira 人 (=Aristoteles).
stagnālis -is -e, °adj [stagnum¹] 池の.
stagnō¹ -āre -āvī -ātum, intr, tr [stagnum¹] I (intr) 1 (水が)流れない, よどむ, たまる. 2 (場所が)水浸しになる, 水におおわれる. II (tr) 氾濫させる, 水浸しにする.
stagnō² -āre -āvī -ātum, °tr [stagnum²] 1 錫(すず)めっきをする. 2 強く[強固に]する.
stagnōsus -a -um, adj [↓] 水たまり[沼・池]の多い.
stagnum¹ -ī, n 水たまり, 沼, 池: Phrixeae stagna sororis (Ov) =Hellespontus.
stagnum² -ī, n =stannum.
Stājēnus -ī, m スタイィェーヌス《賄賂(わいろ)のきくことで悪名高かった裁判官の名 (前 1 世紀)》.
stalagmium -ī, n [Gk] 耳飾り, 耳輪.
stāmen -minis, n [sto] 1 縦糸. 2 (糸巻き棒に)織り糸: stamina torquere (Ov) 撚(よ)りをかけて糸にする, 紡ぐ. 3 (運命の三女神 Parcae が紡ぎ, 長さを定め, 人間の寿命の)糸, (一般に)糸; (楽器の)弦. 5 (神官の)髪ひも. 6 【植】雄蕊(ゆうずい), おしべ.
stāmineus -a -um, adj [↑] 1 糸の, 糸でできた, 糸から成る. 2 糸状の.
stāminōdium -ī, °n 【植】仮雄蕊.
stannātiō -ōnis, °f (れんが積みの壁の)目地塗り.
stanneus -a -um, adj [↓] 錫と鉛の合金の.
stannum -ī, n 1 銀と鉛の合金. 2° 錫(すず).
stapēs -pedis, °n 【解】あぶみ骨, 鐙骨(とうこつ).
staphis -idis, f [Gk] 【植】ヒエンソウ属の植物.
staphylē -ēs, f [Gk] 【植】白ブリオニア.

staphylīnus -ī, *m* [*Gk*] 【植】ニンジン[パースニップ]の一種.

staphylodendron -ī, *n* [*Gk*] 【植】ミツバウツギ属の低木.

staphylōma -atis, *n* [*Gk*] 【病】(目の)ブドウ腫.

stapia -ae, *f* 【碑】(馬に付ける)あぶみ.

Staseās -ae, *m* スタセアース《Neapolis 生まれの逍遥学派の哲学者 (前1世紀)》.

stasis -is, °*f* [*Gk*] 【病】血行停止, 鬱血.

Stata -ae, *f* スタタ《火事を防ぐ女神; ~ Mater ともいう》.

statārius -a -um, *adj* [sto] **1** (兵士が戦列[持ち場]を)しっかり持ちこたえている, 動じない. **2** (俳優・弁士が)落ちついた, 平静な.

statēr -ēris, °*m* [*Gk*] **1** 重量単位: (a) =semuncia. (b) =4 drachmae. **2** (ユダヤ人の)銀貨 (=4 drachmae).

statēra -ae, *f* [*Gk*] **1** さおばかり. **2** 値打ち, 値段. **3** (戦車の)ながえ.

staticē -ēs, *f* [*Gk*] 【植】ハマカンザシ, アルメリア.

staticulum -ī, *n dim* [statua] **1** 小像. **2**° 偶像, 神像.

staticulus -ī, *m dim* [status²] こっけいな身振り[ポーズ].

Statiellās -ātis, *adj* Statielli 族の.

Statiellātēs -ium, *m pl* =Statielli.

Stat(i)ellēnsēs -ium, *m pl* =Statielli.

Stat(i)ellī -ōrum, *m pl* スタティエッリー《Liguria の一部族》.

Statilius -ī, *m* スタティリウス《ローマ人の氏族名; 特に L. ~, Catilina の共謀者》.

statim *adv* [sto] **1** 断固として; しっかりと. **2** 定期的に, 常に. **3** 直ちに, その場で: ~ *ut* ...するやいなや | ~ *ut Romam rediit* (Cic) ローマに戻るとすぐに. **4** 当然の帰結として, 必然的に.

statiō -ōnis, *f* [sto] **1** 立って[静止して]いること. **2** 定位置; 持ち場. **3** 滞在地, 居住地; 休憩所, 宿泊所. **4** 停泊地, 錨地(ピ⁴⁶). **5** 歩哨に立つこと, 哨戒. **6** 別働[分遣]隊. **7**° (属州の財務官の)役所, 官舎. **8**° 宿駅. **9**° (キリスト教徒の)集会(場).

statiōnālis -is -e, *adj* [↑] 静止している.

statiōnārius¹ -a -um, *adj* [statio] **1**° =stationalis. **2** 警備(隊)の.

statiōnārius² -ī, °*m* 警備兵, 憲兵.

Stātius -ī, *m* スターティウス《(1) イタリアの個人名; 奴隷に多い; 特に *Caecilius* ~, 奴隷の身分から解放されたのち喜劇詩人となった(前2世紀). (2) ローマ人の家名; 特に *P. Papinius* ~, Domitianus 帝時代の叙事詩人 (45頃-96頃)》.

statīva -ōrum, *n pl* [↓] **1** (*sc.* castra) 常設陣営. **2** 宿駅.

statīvus -a -um, *adj* [sto] **1** 静止している; (水が)よどんでいる. **2** (陣営・要塞などの)常設の.

stator -ōris, *m* [sto] (属州総督の)従者, 使者.

Stator -ōris, *m* [sisto] スタトル《「(戦場で敗走しかかった兵士たちを)くいとめる者」の意; Juppiter の呼称の一つ》.

Statōrius -ī, *m* スタトーリウス《ローマ人の氏族名》.

statua -ae, *f* [statuo] **1** 彫像, 塑像. **2**° 円柱.

statuāria -ae, *f* [↓] (*sc.* ars) 彫塑術.

statuārius¹ -a -um, *adj* [statua] 彫像の.

statuārius² -ī, *m* 彫像制作者.

statuī *pf* ⇒ statuo.

statūliber -berī, *m*, **-lībera** -ae, *f* [status²/liber²] 一定の条件のもとで解放を約束された奴隷.

statūmen -minis, *n* [statuo] **1** (ブドウづるの)支柱, 添え木. **2** (船の)肋板. **3** (舗床の)下地; 基層.

statūminātiō -ōnis, *f* [↓] (舗床の)下地造り.

statūminō -āre -āvī, *tr* [statumen] **1** (支柱で)支える. **2** (舗床の)下地を造る.

statuō -ere -uī -ūtum, *tr* [status] **1** 立たせる, 立てる. **2** 据える; 配置[配備]する. **3** 建てる, 建設[建立]する. **4** 確立する, 設ける. **5** 定める, 決定する《+*inf*; *ut*》: *de capite civis Romani statuere* (Cic) ローマ市民に死刑を宣告する. **6** 決心する. **7** 判断する《+*acc c. inf*; +2 個の *acc*》: *voluptatem summum bonum statuens* (Cic) 快楽こそ最高の善と信じて.

statūra -ae, *f* [sto] 身長, 背丈.

status¹ -a -um, *pp* ⇒ sisto, sto.

status² -ūs, *m* [sto] **1** 立っていること; 姿勢, 態度. **2** 背丈, 高さ. **3** (占めている)位置, 場所; 地位, 立場. **4** 状態, 状況; (取り巻く)環境, 事情. **5** 政体. **6** 論争[係争]点, 争点. **7** 【文】法.

statūtum -ī, °*n* [↓] 法令, 布告.

statūtus -a -um, *pp* ⇒ statuo.

stega -ae, *f* [*Gk*] (船の)デッキ, 甲板.

stēla -ae, **-lē** -ēs, *f* [*Gk*] 石板, 石柱; 墓碑.

stēliō -ōnis, *m* =stellio.

stelis -idis, *f* [*Gk*] 【植】ヤドリギ.

stella -ae, *f* **1** 星: ~ *comans* (Ov) ほうき星. **2** 星座. **3** 星形のもの. **4** 【動】ヒトデ. **5**° ~ *maris*《カト》海の星=聖母マリア》.

stellans -antis, *adj* (*prp*) [stello] **1** 星をちりばめた. **2** (星のように)きらめく, 輝く. **3** 星の形をした.

stellāris -is -e, °*adj* [stella] 星の.

Stellās, Stellātis -ātis, *adj ager* [*campus*] ~ (Liv) ステッラースの野《Campania 北部の Samnium との境界に近い一地域》.

Stellātīnus -a -um, *adj ager* Stellas の: *tribus Stellatina* (Liv) ローマ人の tribus (部族)の一つ.

stellātus -a -um, *adj* [stella] **1** 星をちりばめた, 星で飾った. **2** 星[星座]に変えられた. **3** (星のように)輝いている, きらめく. **4** 星状に配列された.

stellifer -fera -ferum, *adj* [stella/fero] 星を持っている.

stelliger -gera -gerum, *adj* [stella/gero] =stellifer.

stellimicans, stellum- -antis, *adj* [stella/mico] 星で輝いている.

stelliō -ōnis, *m* [stella] **1** 【動】ヤモリ. **2** ずる賢い人.

stelliōnātus -ūs, °*m* [↑] 【法】詐欺.

stellō -āre -ātum, *intr, tr* [stella] **I** (*intr*) (用例は *prp* のみ; ⇒ stellans). **II** (*tr*) 星をちりばめる.

stemma -atis, *n* [*Gk*] **1** (先祖の像にかける)花輪. **2** 系図, 系譜; 血統. **3** 古い起源, 高貴.

stenocardia -ae, °*f* 【医】狭心症.

Stentōr -oris, *m* [*Gk*] 【伝説】ステントール《Troja 戦

争におけるギリシア軍の触れ役; 50 人に匹敵する大きな声量の持ち主》.
Stephanūsa -ae, *f* [*Gk*]「花冠を編む女」の意《Praxiteles 作の小像の名》.
stercorārius -a -um, *adj* [stercus] 糞便の; 肥料の.
stercorātiō -ōnis, *f* [stercoro] 肥料をやること, 施肥.
stercoreus -a -um, *adj* [stercus] 1° 糞便の. 2 (ののしりのことばとして) くそったれの.
stercorō -āre -āvī -ātum, *tr* [stercus] 肥料をやる, 施肥する.
stercorōsus -a -um, *adj* [stercus] 1 糞だらけの; 不潔な. 2 よく施肥された.
sterculīnum -ī, *n* [↓] 糞[こやし, 肥料]の山.
stercus -coris, *n* 1 (家畜の) 糞. 2 こやし, 肥料, 厩肥(*ᵏʸᵘ*). 3 (金属の) 浮きかす, ドロス.
stergēthron -ī, *n* [*Gk*] [植] 惣菜(ᵍᵒᶻᵃⁱ)[媚薬]に用いられた植物《ベンケイソウ科クモバンダイソウ属の草本か》.
sterilēscō -ere, *intr inch* [↓] 1 (土地が) 不毛になる, やせる. 2 生殖[繁殖]力がなくなる. 3 空しくなる.
sterilis -is -e, *adj* 1 不妊の, 生殖[繁殖]力のない. 2 不毛の, 収穫[実り]のない. 3 不毛にする, 実りをなくさせる. 4 収益のない, 無駄な: *amor ～* (Ov) 片思い. 5 (…に) 乏しい, (…を) 欠いた ‹re; alcis rei›.
sterilitās -ātis, *f* [↑] 1 不妊; 不毛. 2 無能力. 3° 飢饉(ᵏⁱⁿ).
steriliter *adv* [sterilis] 空しく, 無益に.
sternālis -is -e, °*adj* [sternum] [解] 胸骨の.
sternax -ācis, *adj* [↓] 1 (馬が後足で立って乗り手を) 振り落とす. 2° 平伏している.
sternō -ere strāvī strātum, *tr* 1 (地面などに) 広げる, 伸ばす. 2 横たえる; はいつくばらせる: (refl) *se in litore sternere* (VERG) 浜辺に寝そべる / (pass) *stratus ad pedes alcis* (Cic) ある人の足もとにひれ伏して. 3 (石・れんが・木などを道・床に) 敷く, 舗装する; 張る. 4 まき散らす, おおう ‹alqd re›. 5 打ち倒す, 倒壊させる; 打ち負かす. 6 鎮める. 7 (馬に) 鞍を置く.
sternoclāviculāris -is -e, °*adj* [解] 胸鎖の.
sternocostālis -is -e, °*adj* [解] 胸肋の.
sternuī *pf* ⇨ sternuo.
sternum -ī, °*n* 1 [解] 胸骨. 2 [動] (昆虫・甲殻類の) 胸片, 胸板, 腹板.
sternūmentum -ī, *n* [↓] 1 くしゃみ. 2 くしゃみ誘発薬.
sternuō -ere -uī, *intr, tr* I (*intr*) 1 くしゃみをする. 2 (灯火が) ぱちぱち音を立てる. II (*tr*) (同意・前兆を) くしゃみをして示す.
sternūtāmentum -ī, *n* [sternuto] くしゃみの発作.
sternūtātiō -ōnis, *f* [↓] (激しい・ひっきりなしの) くしゃみ.
sternūtō -āre -āvī, *intr freq* [sternuo] (激しく・ひっきりなしに) くしゃみをする.
Steropē -ēs, *f* [*Gk*] [神話] ステロペー《Pleiades 七姉妹の一人》.
Steropēs -is, *m* [*Gk*] [神話] ステロペース《Volca-

nus の鍛冶(ᵏᵃʲⁱ) 場で働く Cyclopes の一人》.
sterquilīnium -ī, *n* =sterculinum.
stertěia -ae, *f* いびきをかく女.
Stertinius -ī, *m* ステルティニウス《ローマ人の氏族名; 特に Horatius が言及しているストア学派の哲学者》.
stertō -ere -tuī, *intr* いびきをかく.
stertuī *pf* ⇨ sterto.
Stēsichorus -ī, *m* [*Gk*] ステーシコルス, *-ロス《Himera 生まれのギリシアの抒情詩人 (前 7-6 世紀)》.
stetī *pf* ⇨ sisto, sto.
Stheneboea -ae, *f* [*Gk*] [伝説] ステネボエア, *-ボイア《Proetus の妻; 義理の息子の Bellerophon を誘惑しようとした》.
Sthenelēius -a -um, *adj* Sthenelus の.
Sthenelus -ī, *m* [*Gk*] [伝説] ステネルス, *-ロス《(1) Capaneus の息子; Troja 戦争で活躍したギリシア軍の領袖の一人. (2) Liguria の王; Cycnus の父. (3) Perseus の息子で Eurystheus の父》.
stibadium -ī, *n* [*Gk*] 半円形の食事用臥台.
stibi -is, *n*, **stibium** -ī, *n* [*Gk*] アンチモン《その粉末で女性がまつげや眉を黒く染めた; 眼病用の軟膏としても用いられた》.
Stichus -ī, *m* スティクス《奴隷の名としてよく用いられた》.
stigma -atis, *n* [*Gk*] 1 (奴隷・罪人に押された) 焼き印, 烙印(ʳᵃᵏᵘⁱⁿ). 2 汚名, 恥辱. 3 (へたな床屋がつけた) 顔の切り傷. 4° [聖] (喪のしるしとしての) 入れ墨; [カト] 聖痕《十字架にかけられたキリストの傷と同じ傷痕》. 5° [病] 小紅斑, 出血斑. 6° [動] (昆虫・クモ類などの) 気門, 気孔.
stigmatiās -ae, *m* [*Gk*] 烙印を押された奴隷.
stigmō -āre -āvī, °*tr* [stigma] 烙印を押す.
stigmōsus -a -um, *adj* [stigma] 烙印を押された.
stīlicidium -ī, *n* =stillicidium.
stilla -ae, *f dim* [stiria] したたり, しずく; 一滴.
stillanter °*adv* =stillatim.
stillārium -ī, *n* [stilla] 余禄, おまけ.
stillātīcius -a -um, *adj* [stillo] したたり落ちる.
stillātim *adv* [stillo] 一滴ずつ.
stillātiō -ōnis, *f* [stillo] したたり落ちること, 滴下.
stillātīvus -a -um, °*adj* =stillaticius.
stillicidium -ī, *n* [stilla/cado] 1 したたり(落ちる液体), しずく; 点滴: *stillicidii casus lapidem cavat* (LUCR) 点滴石をもうがつ. 2 雨だれ. 3 (雨水を落とすための) 屋根の傾斜, 水取り (勾配).
stillō -āre -āvī -ātum, *intr, tr* [stilla] I (*intr*) したたる, したたり落ちる. II (*tr*) 1 したたらせる. 2 (感情・考えなどを) 心に染みこませる.
stilō -āre -āvī, *intr* [stilus] (種子が発芽して) 茎ができる.
Stilō -ōnis, *m* スティロー《*Lucius Aelius ～ Praeconinus*, ローマの文法家 (前 2 世紀); M. Terentius Varro の師》.
Stilpō, -ōn -ōnis, *m* [*Gk*] スティルポー(ン)《Megara 生まれの哲学者 (前 4 世紀後半)》.
stilus -ī, *m* [*cf.* stimulus] 1 杭(ᵏᵘⁱ)(状のもの). 2 (植物の) 茎. 3 (蠟版に書くための鉄または骨製の尖筆(ˢᵉⁿ)): *vertere stilum* (Cic) (とがっていない方の端で蠟

Stimula — stolatus

版をこすってなめらかにするために)尖筆をひっくり返す(=書いた字を消す). **4** 文字を書くこと, 文章をつづること. **5** 筆致, 文体.

Stimula -ae, *f* 《神話》スティムラ《Bacchus の祭儀とかかわりのあったローマの女神; 時に Semele と同一視された》.

stimulātiō -ōnis, *f* [stimulo] (人を行動に)駆りたてること, 鼓舞.

stimulātor -ōris, °*m* [stimulo] 駆りたてる者, 使嗾(そう)者.

stimulātrix -īcis, *f* [↑] そそのかす者《女性》.

stimuleus -a -um, *adj* [stimulus] 《奴隷に対する罰が)突き棒による.

stimulō -āre -āvī -ātum, *tr* [stimulus] **1** (突き棒で)駆る. **2** 苦しめる, 悩ます. **3** 刺激する, そそのかす, 使嗾(そう)する ⟨ad alqd; ut, ne⟩: *populos ad arma stimulare* (LIV) 人々を戦争へと駆りたてる.

stimulōsus -a -um, °*adj* [↓] 刺激的な.

stimulus -ī, *m* [*cf.* stilus] **1** (家畜・奴隷などを駆りたてる)突き棒. **2** 《軍》(地面に埋め込まれた)先端のとがった杭. **3** 責め苦; 苦痛, 苦悩. **4** 駆りたてるもの, 刺激.

stinguō -ere -inxī -īnctum, *tr* 消す; 消滅させる.

stīpa -ae, *f* =stuppa.

stīpāmen -minis, °*n* [stipo] 群衆, 人波.

stīpātiō -ōnis, *f* [stipo] **1** (王・高官などの)従者・随行員の一団. **2** 群れ.

stīpātor -ōris, *m* [stipo] 供奉(ぐ), 護衛.

stīpendiālis -is -e, °*adj* [stipendium] 貢物の, 貢納の.

stīpendiāriī -ōrum, *m pl* [↓] (金銭での)貢納者《国》.

stīpendiārius -a -um, *adj* [stipendium] **1** (兵士に)俸給を受けて軍務に服した, 雇われた. **2** (金銭で)貢納[納税]する(義務のある).

stīpendior -ārī -ātus sum, *intr dep* [stipendium] (兵士に)俸給を受けて軍務に服する.

stīpendiōsus -a -um, °*adj* [↓] (長期間)軍務に服している.

stīpendium -ī, *n* [stips/pendo] **1** (金銭での)租税, 貢物. **2** (兵士の)俸給. **3** (1年の)兵役, (一連の)戦役: *stipendia facere* (LIV) (長年)兵隊勤めをする. **4** 義務. **5**° 奉仕.

stipes -pitis, *m* **1** (樹木の)幹; 切り株. **2** 《詩》樹木; 枝. **3** (棒)杭; 棍棒. **4** (ののしりことばとして)でくのぼう, ばか.

stīpō -āre -āvī -ātum, *tr* **1** 密集させる, (ぎっしり)詰め込む: *stipata phalanx* (LIV) 密集方陣. **2** (びっしりと)取り囲む[巻く] ⟨alqd re⟩.

stips -stipis, *f* **1** (小額の)貨幣, 小銭. **2** 寄付(金), 喜捨, 施し. **3** (わずかの)謝礼, 報酬.

stipula -ae, *f* [stipes] **1** (穀類などの)茎, 藁(わら). **2** (穀物などの)刈り株.

stipulātiō -ōnis, *f* [stipulor] 口頭で借り手から弁済の誓約を求めること; (借り手が誓約したのちに交わされる)契約, 約定.

stipulātiuncula -ae, *f dim* [↑] (取るに足らぬ)契約.

stipulātor -ōris, *m* [↓] **1** (口頭での契約で)正式の保証を要求する側, (誓約に基づいて)金を貸す人.

stipulor -ārī -ātus sum, *tr dep* **1** 口頭で借り手から弁済の誓約を求める. **2** (契約に基づいて)約束する.

stīria -ae, *f* [*cf.* stilla] 氷滴, つらら; 鼻水.

stirpēscō -ere, *intr inch* [stirps] 茎が出始める.

stirpis -pis, *f* =stirps.

stirpitus *adv* [↓] **1**° 根こそぎに. **2** 根本的に, 完全に.

stirps -pis, *f* (*m*) **1** 茎, 幹; 株, 根. **2** 若枝, 木. **3** 根源, 起源; 根幹: *Carthago ab stirpe interiit* (SALL) Carthago は根っこから崩壊した. **4** 家系, 血統. **5** 子孫, 後裔.

stīva -ae, *f* 鋤(すき)の柄.

stlatta, stlāta -ae, *f* [latus¹] 大型貨物船の一種.

stlattārius, stlātārius -a -um, *adj* [↑] stlatta で運んだ; 高価な.

stlīs stlītis, *f* 《古形》 =lis.

stō -āre stetī statum, *intr* **1** 立つ, 立っている. **2** (兵士・軍勢が)部署[持ち場]につく, 持ちこたえる. **3** (船舶が)停泊[投錨]している. **4** (町・建造物が)建設される, 存立している: *jam stabant Thebae* (Ov) Thebae (の町)はすでにできかかっていた. **5** (槍・矢が)突き刺さっている. **6** (髪が)逆立つ. **7** ...でいっぱいである, 立ちこめている ⟨+abl⟩: *stat pulvere caelum* (VERG) 大空は砂塵におおわれている. **8** とどまって[動かないで]いる: *diu pugna neutro inclinata stetit* (LIV) 戦運は長い間いずれにも傾かず膠着したままであった. **9** (考え・気持などが)変わらない, 定まっている: *stat sententia* (TER) (私は)もう決心した. **10** ...に依存する, ...次第である ⟨in⟩ re⟩: *virtute quam pecuniā res Romana stetit* (TAC) ローマという国家は財貨よりも武勇に支えられていた. **11** (約束・協定などを)守る, 誇示する ⟨+abl⟩. **12** ...の側に立つ, ...に味方する ⟨ab [cum, pro]+abl⟩. **13** (芝居などが)好評である. **14** (費用が)かかる ⟨+abl [gen]⟩: *magno illi ea cunctatio stetit* (LIV) その遷巡は彼に高くついた. **15** *per alqm stare (quominus, quin, ne; ut)* ある人のせい[おかげ]で(...でない[ある]): *per duces stetisse ne vincerent* (LIV) 勝てなかったのは指揮官たちのせいだ.

Stobī -ōrum, *m pl* [*Gk*] ストビー, *-ボイ (Paeonia の町).

Stoechades -um, *f pl* [*Gk*] ストエカデス, *ストイ 《Massilia 近くの群島》.

Stōica -ōrum, *n pl*, *-a* -ae, *f* [Stoicus¹] ストア哲学.

Stōicē *adv* [Stoicus¹] **1** ストア学派のように. **2** 禁欲的に; 平静に.

Stōicidae -ārum, *m pl* [↓] ストア学派を気取る者たち.

Stōicus¹ -a -um, *adj* [*Gk*] **1** ストア学派の. **2** 克己の, 禁欲的な.

Stōicus² -ī, *m* ストア哲学者.

stola -ae, *f* [*Gk*] **1** 衣服. **2** ストラ 《ローマの良家の既婚女性が着用した丈の長い外衣》. **3** (ローマの)良家の既婚女性. **4**° 《カト》ストラ《祭服の一部》; 首からひざ下まで垂らす長い帯状の肩掛け》.

stolārium -ī, °*n* [↑] 《カト》秘跡執行謝礼.

stolātus -a -um, *adj* [↑] **1** (女性が) stola を着た. **2** 良家の既婚女性にふさわしい.

stolidē *adv* [stolidus] 愚かしく, 無分別に.
stoliditās -ātis, *f* [↓] 愚かさ, 愚鈍.
stolidus -a -um, *adj* [*cf.* stultus¹] **1** 愚かな, 鈍い. **2** 無骨な, 粗野な. **3** 不活発な, 緩慢な.
stolō -ōnis, *m* (根株や地下茎から生じるむだな)吸枝, 若枝.
Stolō -ōnis, *m* ストロー《Licinia 氏族に属するローマ人の家名》.
stoma -atis, °*n* [Gk] **1** 【解】小口. **2** 【植】気孔.
stomacacē -ēs, *f* [Gk] 【医】(歯肉に症状が現われた)壊血病.
stomachābundus -a -um, *adj* [stomachor] 憤激した.
stomachanter °*adv* [stomachor] 怒りっぽく, 気むずかしく.
stomachicus¹ -ī, *m* [Gk] 胃病の人.
stomachicus² -a -um, °*adj* [Gk] 胃病の.
stomachor -ārī -ātus sum, *intr (tr) dep* [stomachus] **1** 憤る, 不快である〈+*abl*〉. **2** 言い争う〈cum alqo〉.
stomachōsē *adv* [↓] 怒って, 不機嫌に.
stomachōsus -a -um, *adj* [↓] **1** 腹立たしい, いらいらさせる. **2** いらいらしている, 怒りっぽい.
stomachus -ī, *m* [Gk] **1** 食道. **2** 胃. **3** 趣味, 好み; 機嫌. **4** いら立ち, 不機嫌.
stomaticē -ēs, *f* [Gk] 口中の腫れ物のための薬; 口の薬.
stomatītis -tidis, °*f* 【病】口内炎.
stomodaeum -ī, *n* 【動】口陥.
storax -acis, *m* =styrax.
storea, -ia -ae, *f* むしろ, ござ.
strabismus -ī, °*m* [Gk] 【病】斜視, やぶにらみ.
strabō -ōnis, *m* [Gk] **1** 斜視[やぶにらみ]の人. **2** 嫉妬深い人, やきもち焼き. **3** (S-) ストラボー《ローマ人の家名》.
Strabō -ōnis, °*m* [Gk] ストラボー, *ストラボーン《ギリシアの地理学者 (前 63?-? 後 21)》.
strabus -a -um, *adj* 斜視の, やぶにらみの.
strāgēs -is, *f* [*cf.* sterno] **1** 破壊, 荒廃. **2** 殺戮(さつりく), 皆殺し. **3** 瓦礫(がれき)(の山), 残骸. **4** 累々と続く死骸.
strāgula -ae, *f* [stragulus] (*sc.* vestis) **1** おおい, カバー. **2** 棺衣, 屍衣. **3°** 馬衣.
strāgulātus -a -um, °*adj* [↑] =stragulus.
strāgulum -ī, *n* [↓] **1** おおい; 敷物. **2** 馬衣. **3** 屍衣, 棺衣.
strāgulus -a -um, *adj* [sterno] 広げることのできる: stragula vestis おおい, 敷物, 寝具, 衣服(など).
strāmen -minis, *n* [sterno] **1** 敷き藁(わら). **2** 藁[草・葉]の寝床.
strāmenticius -a -um, *adj* [stramentum] 藁の, 藁で作られた.
strāmentor -ārī -ātus sum, *intr dep* [↓] 藁を集めに行く.
strāmentum -ī, *n* [sterno] **1** 敷き藁(わら), 寝藁. **2** 藁, 麦藁; 麦の茎. **3** (*pl*) 荷鞍(にぐら). **4** (*pl*) おおい, カバー.
strāmineus -a -um, *adj* [stramen] 藁で作った; 藁ぶきの.

strangulābilis -is -e, °*adj* [strangulo] 窒息させる(ことのできる).
strangulātiō -ōnis, *f* [strangulo] 窒息: *strangulationes vulvae* (PLIN) 【病】ヒステリー.
strangulātor -ōris, °*m* [strangulo] 窒息させる者.
strangulātrīx -īcis, °*f* [↑] 窒息させる者《女性》.
strangulātus -ūs, *m* =strangulatio.
strangulō -āre -āvī -ātum, *tr* **1** 首を絞める, 絞め殺す. **2** 息を詰まらせる, 窒息させる; (生長を)妨げる. **3** 苦しめる.
strangūria -ae, *f* [Gk] 【医】有痛排尿困難.
strāta -ae, °*f* (*pp*) [sterno] (*sc.* via) 舗装された街路, 舗道.
stratēgēma -atis, *n* [Gk] **1** 戦略, 軍略. **2** 策略, はかりごと.
stratēgia -ae, *f* [Gk] (ローマ帝国内のギリシア語圏における)軍政区.
stratēgus -ī, *m* [Gk] **1** 将軍, 指揮官. **2** (宴会を)取り仕切る人.
stratiōtēs -ae, *m* [Gk] 【植】水草の一種《ボタンウキクサか》.
stratiōticum -ī, *n* [↓] (*sc.* collyrium) 目薬の一種.
stratiōticus -a -um, *adj* [Gk] 兵士[軍隊]の.
Stratō(n) -ōnis, *m* [Gk] **1** ストラトー(ン)《Lampsacus 生まれの逍遥学派の哲学者 (前 3 世紀)》. **2** *Stratonis turris* ストラトーンの塔《Palaestina の町 Caesarea の旧名; Sidon の王の名にちなむ》.
Stratonīcēa -ae, *f* [Gk] ストラトニーケーア, *-ケイア《Caria の町; 現 Eskihisar》.
Stratonīcēnsis -is -e, *adj* Stratonicea の.
Stratonīcēum -ī, *n* ストラトニーケーウム, *-ケイオン《Aphrodite Stratonicis の神殿》.
Stratonīcis -idis, *f* [Gk] ストラトニーキス《Smyrna における Aphrodite の呼称》.
strātor -ōris, *m* [sterno] **1** 馬丁, 厩番(うまやばん). **2°** (器を)傾ける者. **3°** 牢番.
strātum -ī, *n* (*pp*) [sterno] **1** 寝具, 夜具. **2** 寝床, ベッド. **3** 鞍敷き(鞍の下に敷く厚布); 馬衣(ばい). **4** 舗装: ~ *viarum* (LUCR) 舗道. **5°** 【生物】(組織)層.
strātūra -ae, *f* [sterno] **1** 舗装工事. **2** 敷き石; 床張り材. **3°** 積み重なった厩肥(きゅうひ).
strātus¹ -a -um, *pp* ⇒ sterno.
strātus² -ūs, *m* **1** 広げること. **2** 寝具; じゅうたん.
Stratus, -os -ī, *f* [Gk] ストラトゥス, *-トス《Acarnania の町》.
strāvī *pf* ⇒ sterno.
strēna -ae, *f* **1** 前兆; (特に)吉兆. **2** (新年の)贈り物 (*cf. Fr.* étrennes).
Strēnia -ae, *f* 【神話】ストレーニア《健康をつかさどる女神》.
strēnuē *adv* [strenuus] 熱心に, 活発に, 勢いよく.
strēnuitās -ātis, *f* [↓] 活気のあること; 活発.
strēnuus -a -um, *adj* **1** 熱心な, 活発な, 精力的な. **2** 騒ぎを起こす. **3** (薬・毒が)速効性の.
strepitō -āre, *intr freq* [strepo] 大きな物音をたてる, 騒めく.

strepitus -ūs, *m* [↓] **1** 騒音, 喧騒. **2**（車輪・戸などがたてる）音;（川の）せせらぎ;（楽器がかなでる）調べ.

strepō -ere -puī -itum, *intr, tr* **I**（*intr*）**1** 大きな[騒がしい]音をたてる. **2** わめく, 叫ぶ. **3** 鳴り響く, とどろく⟨re⟩. **II**（*tr*）騒音で満たす.

strepuī *pf* ⇨ strepo.

stria -ae, *f* **1** 溝, 畦(⹀). **2**（円柱の）縦溝, 溝彫り. **3**（衣服の）ひだ, プリーツ. **4**°【解】線, 線条.

striātus -a -um, *adj* [↑] **1** 畦のある; 溝彫り[フルーティング]を施した. **2**°【解】線条の.

stribilīgō, striblīgō -ginis, *f* 語法の誤り, 文法違反.

strictē *adv* [strictus] **1** 固く, きつく. **2** 簡潔に. **3**°正確に.

strictim *adv* [strictus] **1**（体に）ぴったりと, きつく, しっかりと. **2** ざっと, 簡略に; おざなりに.

strictiō -ōnis, °*f* [stringo] **1** 締めつけること. **2** 厳しさ, 厳格.

strictūra -ae, *f* [stringo] **1**（鍛錬された）鉄塊. **2**°収縮, 狭窄. **3**°迫害, 拷問.

strictus -a -um, *adj* (*pp*) [stringo] **1** 堅く[きつく]締まった, 引き締まった. **2** 厳格な, 厳正な. **3**（文体が）簡潔な, 簡明な.

strīdeō -ēre -dī, **strīdō** -ere -dī, *intr* **1** キーキー[ギシギシ]と音をたてる, きしる, きしむ. **2** ヒューヒュー[ブンブン, ブーン]と音をたてる, うなる. **3** ジュージュー[シューシュー]と音をたてる. **4**（人・鳥・楽器が）甲高い声[音]を出す.

strīdī *pf* ⇨ strideo, strido.

strīdor -ōris, *m* [strideo] **1**（物が）キーキー[ギシギシ]という音. **2**（風や空中を飛ぶ物体がたてる）ヒューヒュー[ブーン]という音. **3** ジュージュー[シューシュー]という音. **4**（人・動物・楽器が発する）甲高い声[音]. **5**°【医】喘鳴(⹀).

strīdulus -a -um, *adj* [strideo] (キーキー, ヒューヒュー, シューシューなどの)甲高い[鋭い]音[声]をたてる.

strīga[1] -ae, *f* [cf. stringo, stria] **1** 干草の列. **2** 縦長の土地. **3**°【軍】幕舎間の通路.

strīga[2] -ae, *f* [Gk; cf. strix] 子どもに危害を加える魔女.

strigilēcula -ae, *f dim* [↓]（小さな）strigilis.

strigilis -is, *f* [stringo] **1**（入浴後に使う）垢(⹀)取り器. **2**【建】（円柱の縦溝[溝彫り]装飾, フルーティング. **3**【医】点耳薬を滴下する器具.

strīgmentum -ī, *n* [stringo] **1** 削り[こそぎ]落としたもの. **2**（strigilis で落とした）垢(⹀).

strigō -āre, *intr* 止まる, 停止する.

strigōsus -a -um, *adj* [striga[1]] **1** やせた, 骨と皮だけの. **2**（語り口が）無味乾燥な, そっけない.

stringō -ere strinxī strictum, *tr* [cf. striga[1], strigilis] **1** きつく締める[縛る]. **2**（葉・果実などを）むしる, 摘む. **3**（剣などを鞘から）抜く, さやを払う. **4** かすり傷を負わせる. **5** かすめる;（軽く）触れる; 接する.

stringor -ōris, *m* [↑]（歯が冷水に）しみること.

strinxī *pf* ⇨ stringo.

strix -igis, *f* [Gk] **1** ミミズクの一種《子どもの生き血を吸うと考えられた》. **2** 魔女.

strobīla -ae, °*f* [Gk]【動】**1**（条虫の）片節連体.

2 横分体.

strobīlus -ī, °*m* [Gk]【植】**1** 松の実, 松かさ. **2** 球果.

strōma -atis, °*m* [Gk] **1** ベッドの上掛け. **2**（*pl*）雑録. **3**【医】支質, 間質.

stropha -ae, *f* [Gk] **1**°コロス[合唱歌舞団]が左方転回しながら歌う一節. **2** 離れ業, 見もの. **3** ごまかし; 言い抜け, 口実.

Strophades -um, *f pl* [Gk] ストロパデス《Messenia 海岸沖のイオニア海に浮かぶ二つの小島; Harpyiae の居住地とされる》.

strophiārius -ī, *m* [strophium] 胸帯屋.

strophiolum -ī, *n dim* [↓] 小さな strophium.

strophium -ī, *n* [Gk] **1** 胸帯《女性の胸を支えるための帯》. **2** 頭に巻く布, 鉢巻き. **3** 太綱, ロープ.

Strophius -ī, *m* [Gk]【伝説】ストロピウス, *-オス《Phocis の王; Pylades の父》.

strophōma -atis, °*n* [Gk] 疝痛(⹀), 腹痛.

strophōsus[1] -a -um, °*adj* [stropha] 策略をめぐらす.

strophōsus[2] -a -um, °*adj* [strophus] 疝痛[腹痛]で苦しんでいる.

strophulus -ī, °*m*【医】ストロフルス, 蕁麻疹様苔癬(⹀⹀): ~ *infantum* 小児ストロフルス.

strophus -ī, *m* [Gk] **1** =struppus 1. **2**°疝痛, 腹痛.

structilis -is -e, *adj* [struo] **1** 建築の, 建築用の. **2** 石造り[石積み]の.

structiō -ōnis, *f* [struo] **1** 建築, 建造. **2**°山積み. **3**°教化. **4**°準備.

structor -ōris, *m* [struo] **1** 建築業者; 左官, 石工. **2** 配膳[給仕]の奴隷.

structōrius -a -um, °*adj* [↑] 建築の, 建築に関する.

structūra -ae, *f* [struo] **1** 建築, 建物; 建築術. **2** 石[煉瓦]造りの建造物). **3**（語の）配列,（文章などの）構成, 構造.

structus[1] -a -um, *pp* ⇨ struo.

structus[2] -ūs, *m* **1** 整然とした様子, 威儀. **2**°積み, 山積み.

struēs -is, *f* [struo] **1** 積み上げた山, 堆積: ~ *rogi* (Tac) 火葬用の薪の山. **2** 密集; 塊り. **3**（積み重ねた）小さな供物菓子.

struix -icis, *f* [struo] 山積み.

strūma -ae, *f*【医】瘰癧(⹀⹀), 腺病; °甲状腺腫.

strūmāticus -a -um, °*adj* [↑] 腺腫の, 瘰癧性の.

strūmōsus -a -um, *adj* [struma] 瘰癧[腺病]にかかった.

strūmus -ī, *m* [struma]【植】**1** キンポウゲ (=ranunculus). **2** ナス属の植物の一種 (=strychnos).

struō -ere struxī structum, *tr* **1** 積む, 積み上げる, 並べる. **2** 建設する, 建てる, 作る. **3** 配置[配備]する: *aciem struere* (Liv) 戦列を敷く. **4** 用意[支度]する: *conviva struere* (Tac) 饗宴を催す. **5** たくらむ, 企てる; ひき起こす. **6**（語を）配列する,（詩文を）作る, つづる. **7**°（知識などを）与える, 教える.

struppus -ī, *m* [Gk] **1**（革）ひも, 細引き. **2** 儀式用の冠[環].

strūthea -ōrum, *n pl* [↓] (*sc.* mala) 〘植〙小型のマルメロ(の木).
strūtheus, -ius -a -um, *adj* [*Gk*] スズメ(雀)の.
strūthiō -ōnis, °*m* [*Gk*] 〘鳥〙ダチョウ(駝鳥).
strūthion, -um -ī, *n* [*Gk*] 〘植〙シャボン草.
struxī *pf* ⇨ struo.
strychnīna -ae, °*f*, **-um** -ī, °*n* [↓] 〘薬〙ストリキニーネ.
strychnos -ī, *m* [*Gk*] 〘植〙ナス科の植物《イヌホオズキ・(ヨウシュ)ホオズキなど》.
Strȳmō(n) -onis [-onos], *m* [*Gk*] ストリューモー(ン)《(1) Macedonia と Thracia の境をなす川. (2) = Thracia》.
Strȳmonis -idis, *f* 〘詩〙Strymon 河畔に住む女(=Amazon).
Strȳmonius -a -um, *adj* 1 Strymon 川の. 2 Thracia の. 3 北方の.
Stuberra -ae, *f* [*Gk*] ストゥベッラ, *ステュ-《Macedonia の町》.
studeō -ēre -duī, *intr* (*tr*) 1 (...に)専念[熱中]する; 得ようと努める, 熱心に求める〈alci rei; +*inf*; +*acc c. inf*〉: novis rebus studere (CAES) 政変[革命]を狙う. 2 (...に)味方する, 支持する, 好意をもつ〈+*dat*〉. 3 学問する, 研究する〈alci rei; alqd〉.
studiolum -ī, *n dim* [studium] 小研究, 小品.
studiōsē *adv* [↓] 熱心に; 入念に.
studiōsus[1] -a -um, *adj* [studium] 1 熱心な; 入念な, 周到な. 2 (...に)好意[愛着]を持つ, 支持する〈+*gen*〉. 3 学問好きな; 学問の. 4 (...に)造詣が深い, 精通している〈alcis rei〉.
studiōsus[2] -ī, *m* 1 (熱心に)研究する者. 2 弟子, 信奉者.
studium -ī, *n* [studeo] 1 熱意, 熱心; 欲求, 欲望〈+*gen*〉: libertatis recuperandae studia (Cic) 自由回復にかける意気込み. 2 愛着, 愛情, 好意. 3 支持, 党派心. 4 関心事, 好きな仕事, 趣味. 5 勉強, 研究, 学問.
stultē *adv* [stultus[1]] 愚かに.
stultiloquentia -ae, *f* =stultiloquium.
stultiloquium -ī, *n* [↓] たわごと, ばか話.
stultiloquus -a -um, *adj* [stultus[1]/loquor] 愚かなことを言う, ばか話にふける.
stultitia -ae, *f* [stultus[1]] 1 愚かしさ, 愚鈍. 2 ばかげたこと; 愚行.
stultividus -a -um, *adj* [↓/video] 目が節穴の, やぶにらみの.
stultus[1] -a -um, *adj* [*cf.* stolidus] 愚かな, ばかな, 間抜けな.
stultus[2] -ī, *m* 愚か者, ばか, まぬけ.
stūpa -ae, *f* =stuppa.
stūpefacere *inf* ⇨ stupefacio.
stūpefaciō -cere -fēcī -factum, *tr* [stupeo/facio] 1 仰天させる, 呆然とさせる. 2 (感覚・感情を)麻痺させる, 奪う.
stūpefactus -a -um, *pp* ⇨ stupefacio.
stūpefēcī *pf* ⇨ stupefacio.
stūpeō -ēre -puī, *intr, tr* [↓] ぼうっとする, 呆然とする. 2 びっくり仰天する〈(in)+*abl*; (ad)+*acc*〉. 2 動かなくなる, 止まる; 弱まる.

stupēscō -ere, *intr inch* [↑] 1 呆然とする, びっくり[狼狽]する. 2° しびれる, 麻痺する.
stūpeus -a -um, *adj* =stuppeus.
stupiditās -ātis, *f* [↓] 愚かさ, 愚昧(ぐまい).
stupidus -a -um, *adj* [stupeo] 1 感覚のない, 呆然とした. 2 愚かな, 鈍い.
stupor -ōris, *m* [stupeo] 1 麻痺, 無感覚. 2 呆然, 自失. 3 愚かさ, 愚鈍; 愚か者, まぬけ.
stuppa -ae, *f* [*Gk*] 1 麻くず, トウ(より糸・詰め物などに用いられる麻くず); ぼろ切れ. 2°(ローソクの)芯.
stuppārius -a -um, *adj* [↑] 麻くず[トウ]をつくるための.
stuppātor -ōris, *m* [stuppa] 〘碑〙(木造船などの)隙間を詰める者.
stuppeus -a -um, *adj* [stuppa] 麻くず[トウ]の.
stuprātor -ōris, *m* [stupro] 陵辱[密通]者.
stuprē *adv* [stuprum] 恥ずかしく, 不名誉に.
stuprō -āre -āvī -ātum, *tr* [stuprum] 1 陵辱[強姦]する, はずかしめる, 犯す; 密通する. 2 けがす, 冒瀆する.
stuprōsus -a -um, *adj* [↓] みだらな, 堕落した.
stuprum -ī, *n* 1 恥辱, 不面目. 2 密通; 陵辱.
sturnus -ī, *m* 〘動〙ムクドリ.
Stygiālis -is -e, *adj* Styx の.
Stygius -a -um, *adj* 1 Styx [三途(さんず)の川] の; 冥界[地獄]の. 2 死の, 致命的な; 不気味な.
stȳlobatēs -ae, *m* [*Gk*] 〘建〙ステュロバテス, 土台床《この上に列柱が立つ》.
stȳloglossus -a -um, °*adj* 〘解〙茎(状)突起舌の.
stȳlopharyngeus -a -um, °*adj* 〘解〙茎(状)突起咽頭の.
stylus -ī, *m* =stilus.
stymma -atis, *n* [*Gk*] 芳香を保つために添加する軟膏の濃化油.
Stymphālicus -a -um, *adj* =Stymphalis[1].
Stymphālis[1] -idis [-idos], *adj f* Stymphalus の.
Stymphālis[2] -idis, *f* (*sc.* avis) Stymphalus の森の鳥《青銅の羽を持つ猛禽(もうきん)で大群をなして住民を苦しめていたが, Hercules に退治された》.
Stymphālius -a -um, *adj* =Stymphalis[1].
Stymphālus, -os -ī, *m*, **-um** -ī, *n* [*Gk*] ステュンパールス, *-ロス《Arcadia 北東部の一地域; また同地の町, 山, 湖》.
styptēria -ae, °*f* [*Gk*] 〘化〙明礬(みょうばん).
stypticus -a -um, *adj* [*Gk*] 収斂(しゅうれん)性の.
styrax -acis, *m* [*Gk*] 1 〘植〙エゴノキ. 2 エゴノキから採取される芳香性樹脂. 3° ~ *liquidus* 〘化〙流動蘇合香.
Styx -ygis [-ygos], *f* [*Gk*] 1 ステュクス《Arcadia の泉; 有毒の冷水がわき出たという》. 2 三途(さんず)の川, 黄泉(よみ)の国の川. 3 下界, 冥府, 黄泉の国.
Suāda -ae, *f* [suadeo] 〘神話〙スアーダ《説得の女神, ギリシア神話の Peitho にあたる》.
suādēla -ae, *f* [suadeo] 1 説得. 2 (*pl*) 説得の手段. 3 (S-) =Suada.
suādenter °*adv* [↓] 納得がいくように.
suādeō -ēre suāsī suāsum, *intr, tr* 1 忠告[助言]する, 勧める; 説得する〈alci alqd; +*inf*; +*acc c. inf*; ut, ne〉: *tantum religio potuit suadere malorum*

(Lucr.) 宗教にはこれほど多くの悪事を行なわせる力があった. **2** (法案・提議などを)支持する, 賛成する ⟨+acc⟩.
suādibilis -is -e, *adj* [↑] **1** 説得されうる. **2** 説得力のある.
suāmet *etc.* ⇨ suus, -met.
suārius[1] -a -um, *adj* [sus] ブタ(豚)の; 豚肉の.
suārius[2] -ī, *m* **1** 豚飼い. **2°** 豚商人.
suāsī *pf* ⇨ suadeo.
suāsiō -ōnis, *f* [suadeo] **1** 勧告, 忠告; 提案, 提唱. **2** 支持, 賛成.
suāsor -ōris, *m* [suadeo] **1** 忠告[助言]者, 勧告者. **2** (法案の支持[賛同])者. **3** suasoria の作者.
suāsōria -ae, *f* [suasorius] (*sc. oratio*) (歴史上または神話伝説中の人物の説得を目的とする)修辞学練習の弁論.
suāsōriē *adv* [↓] 勧告[説得]するように.
suāsōrius -a -um, *adj* [suadeo] **1** 勧告[助言]の. **2** 説得力のある. **3°** 人をだます.
suāsum -ī, *n* (白い衣服の)黒ずんだしみ.
suāsus[1] -a -um, *pp* ⇨ suadeo.
suāsus[2] -ūs, *m* **1** 忠告, 勧告. **2** 説得.
suātim[1] *adv* [sus] 豚のように.
suātim[2] *adv* [suus] 自分の流儀で.
suāve *adv* (*neut*) [suavis] 快く, 楽しく.
suāveolens -entis, *adj* [suavis/oleo] 甘い香りのする.
suāvidicus -a -um, *adj* [suavis/dico[2]] (詩歌が)快い調べの.
suāviloquens -entis, *adj* [suavis/loquor] 心地よく語る, 耳に快い; 甘いことばの.
suāviloquentia -ae, *f* [↑] 耳に快い語り口.
suāviloquium -ī, °*n* [suavis/loquor] =suaviloquentia.
suāviolum -ī, *n dim* [suavium] 軽い接吻[キス].
suāvior -ārī -ātus sum, *tr dep* [suavium] 接吻する.
suāvis -is -e, *adj* [*cf.* suadeo] **1** 美味な, 甘い. **2** 香りのよい. **3** 耳に快い, 甘い調べの. **4** 目に快い, 美しい.
suāvisāviātiō -ōnis, *f* [↑/suavior] 甘い接吻.
suāvisonus -a -um, *adj* [suavis/sono] 甘い調べの, 快く響く.
suāvitās -ātis, *f* [suavis] **1** 美味, 甘美. **2** 芳香. **3** 快い音調. **4** 外見の美しさ. **5** 魅力.
suāviter *adv* [suavis] 甘美に; 楽しく, 心地よく.
suāvitūdō -dinis, *f* [suavis] **1** 心地よさ, 甘美, 魅力. **2** (愛情を示す呼びかけとして)かわいい人.
suāvium -ī, *n* [suavis] **1** (接吻のために)すぼめた口. **2** 接吻. **3** =suavitudo 2.
sub *prep* **I** ⟨+abl⟩ **1** (空間的; 位置)(a) ...の下で, ...の下部で: ~ *pellibus hiemare* (Caes) 毛皮の天幕の下で越冬する. (b) ...の下のほうで, ...のふもとで: ~ *monte* (considere) (Caes) 山麓(にいる). (c) ...の近くで, ...のすぐ後ろに: ~ *urbe* (Plaut) 町のそばに, 郊外に / *legionem* ~ *signis ducere* (Cic) 軍団を軍旗のもとに進軍させる. (d) (荷物などを)背負って; (衣服・武具などを)身にまとって: ~ *armis* (Caes) 武装してしたまで. **2** (時間的) ...の間に, ...の頃に: ~ *burma* (Caes) 冬至の頃に / ~ *aurora* (Ov) 空が白み始めると.

3 (従属)...の支配[管理]下で: ~ *alcis dicione et imperio esse* (Caes) ある人の支配と命令に屈している. **4** (事情・状況)...のもとに, ...によって: ~ *nomine pacis bellum latet* (Cic) 平和の名のもとに戦争がひそんでいる. **II** ⟨+acc⟩ **1** (空間的; 方向)(a) ...の下へ, ...の下部へ: *exercitum* ~ *jugum mittere* (Caes) 軍隊に軛(くびき)をくぐらせる (捕虜が軛または3本の槍でつくるアーチの下をくぐらされるのは最大の屈辱とされた). (b) ...の近くへ; ...のほうへ: ~ *montem succedere* (Caes) 山のふもとへ接近する. **2** (時間的)(a) ...のうちに, ...の頃に: ~ *lucem* (Caes) 夜明けに / ~ *noctem* (Caes) 夜が近づくと. (b) ...に続いて, ...の直後に: ~ *haec dicta lacrimantes* (Liv) これらのことを言い終えると彼らは涙を流して. **3** (従属)...の支配[管理]下へ: ~ *legis vincula* (Liv) 法の支配下へ.

sub- *pref*「下で[へ, から]」「ひそかに」「代わって」「下位」「やや, 多少」などの意を添える.
subabsurdē *adv* [↓] いささか滑稽(こっけい)に.
subabsurdus -a -um, *adj* [sub-/absurdus] 少々ばかげた[適当でない].
subaccūsō -āre -āvī -ātum, *tr* [sub-/accuso] おだやかに苦情を言う.
subacidus -a -um, *adj* [sub-/acidus] 少し酸っぱい.
subactiō -ōnis, *f* [subigo] **1** 入念な下準備. **2** 十分な訓練, 修養. **3°** (食物を)かみ砕くこと. **4°** 服従させること.
subactus[1] -a -um, *pp* ⇨ subigo.
subactus[2] -ūs, *m* (粉を)こねる[練る]こと.
subadjuva -ae, °*m* [sub-/adjuvo] 助手, 補佐.
subadmoveō -ēre -mōvī -mōtum, *tr* [sub-/admoveo] こっそり近づける.
subaed(i)ānus -a -um, *adj* [sub/aedes] (碑)家の内装作業をする.
subaemulātiō -ōnis, °*f* [sub-/aemulor] ひそかな嫉妬[対抗心].
subaerātus -a -um, *adj* [sub-/aeratus] 下[内部]が銅の.
subagrestis -is -e, *adj* [sub-/agrestis[1]] いくぶん粗野な, やや洗練されていない.
subālāris -is -e, *adj* [sub/ala] **1°** 翼の下にある. **2** 脇にかかえる: *subalare telum* (Nep) 短剣.
subalbidus -a -um, *adj* [sub-/albidus] やや白い, 白っぽい.
subalbus -a -um, *adj* [sub-/albus] やや白い, 白っぽい.
subalternus -a -um, °*adj* 下位の.
subamārus -a -um, *adj* [sub-/amarus] 苦味がかった, やや苦い.
subambiguē *adv* やや曖昧に.
subaquāneus -a -um, °*adj* [sub/aqua] 水中の, 水生の.
subaquilus -a -um, *adj* [sub-/aquilus] ワシ(鷲)のような色をした(=浅黒い, 褐色の).
subarātor -ōris, *m* [subaro] 近くまで鋤(すき)ですく者.
subārescō -ere, *intr inch* [sub-/aresco] ほぼ乾いた状態になる.
subarmālis -is -e, °*adj* [sub/armus] 腕の下[わ

きのした]を通る: ~ *vestis* (Capel) 腕をおおわない tunica.

subarō -āre -āvī -ātum, *tr* [sub-/aro] (ある物の)近くまで鋤(すき)ですく.

subarrō -āre, °*tr* 1 質[抵当]に入れる. 2 婚約させる.

subarroganter *adv* [sub-/arroganter] やや傲慢に.

subasper -pera -perum, *adj* [sub-/asper] 少しざらざらした.

subaudiō -īre -iī -ītum, *tr* [sub-/audio] 1°(語を補って)理解[解釈]する. 2 …に従う, 従順である〈+*dat*〉.

subaudītiō -ōnis, °*f* [↑] (語を補って)理解[解釈]すること.

subaurātus -a -um, *adj* [sub-/aurum] うすく金を着せる, 金めっきした.

subauscultō -āre, *intr*, *tr* [sub-/ausculto] 盗み聞きする, 耳をそばだてる.

subausterus -a -um, *adj* [sub-/austerus] (ぶどう酒が)やや辛口の.

subbasilicānus -ī, *m* [sub/basilica] バシリカをぶらつく人.

subbibō -ere -bibī, *tr* [sub/bibo] 少し飲む, すする.

subblandior -īrī, *intr dep* [sub-/blandior] それとなくへつらう, 機嫌を取る.

subbrevis -is -e, *adj* [sub-/brevis¹] やや短い.

subc- ⇨ **succ-**.

subcenturiō -ōnis, *m* [sub-/centurio²] 百人隊長代理.

subclāvius -a -um, °*adj* 〖解〗鎖骨下の.

subcolōrātus -a -um, °*adj* 少し色のついた.

subcontinuātiō -ōnis, °*f* すぐあとに続くこと, 直結.

subcontumēliōsē *adv* [sub-/contumeliose] やや無礼に.

subcrispus -a -um, *adj* [sub-/crispus] 少し縮れた.

subcrūdus -a -um, *adj* [sub-/crudus] 1 半煮えの, 調理半ばの. 2 消化不十分の. 3 (膿瘍が)十分に膿んでいない.

subcruentus -a -um, *adj* [sub-/cruentus] 血の混じった; やや出血した.

subcurvus -a -um, °*adj* 少し曲がった.

subcustōs -ōdis, *m* [sub-/custos] 見張り番の手下.

subcutāneus -a -um, °*adj* 〖解〗皮下の.

subdēbilis -is -e, *adj* [sub-/debilis] 少し不具の.

subdēficere *inf* ⇨ subdeficio.

subdēficiō -cere, *intr* [sub-/deficio] やや衰える.

subdēlēgātiō -ōnis, °*f* [↓] 再委任.

subdēlēgō -āre -āvī -ātum, *tr* 再委任する《委任された権限をさらに別の人に委任する》.

subdiācōn -onis, **-diāconus** -ī, °*m* 〖カト〗副助祭.

subdiāconālis -is -e, °*adj* 〖カト〗副助祭の.

subdiāconātus -ūs, °*m* 〖カト〗副助祭の職[地位].

subdiālia -ium, *n pl* [↓] 露台, バルコニー, テラス.

subdiālis -is -e, *adj* [sub-/dium] 屋外にある.

subdidī *pf* ⇨ subdo.

subdifficilis -is -e, *adj* [sub-/difficilis] 少々むずかしい[困難な].

subdiffīdō -ere, *intr* [sub-/diffido] 少々不信[疑念]をいだく.

subdisjunctiō -ōnis, °*f* 〖文〗コロン.

subdisjunctīvus -a -um, *adj* 〖論〗(選言命題が)少なくとも一方の命題が偽である(ような).

subdistinctiō -ōnis, °*f* 1 〖修〗細分, 細別. 2 〖文〗コンマ.

subdita -ōrum, *n pl* [subditus¹] 〖薬〗坐薬, 坐剤.

subditīcius -a -um, °*adj* [subdo] すり替えられた, 偽りの, にせの.

subditiō -ōnis, °*f* [subdo] 1 付け加えること. 2 服従.

subditīvus -a -um, *adj* [subdo] 1 すり替えられた, にせの, 偽りの. 2° 隠された.

subditus¹ -a -um, *adj* (*pp*) [subdo] 1 下に位置する. 2 …にさらされた〈+*dat*〉. 3 服従している〈+*dat*〉.

subditus² -ūs, *m* (薬を)坐薬として投与すること.

subdīvidō -ere -vīsī -vīsum, °*tr* さらに分ける, 細分する.

subdīvīsiō -ōnis, *f* [↑] 小分け, 細分.

subdō -ere -didī -ditum, *tr* [sub-/*do* (*cf.* abdo)] 1 (下に)置く, 据える〈+*dat*〉: *se aquis subdere* (Ov) 水中にもぐる. 2 (火を)つける. 3 (馬に拍車を)入れる, 鼓舞する. 4 服従させる: *ne feminae imperio subderentur* (Tac) 女の支配に屈することがないように. 5 取り替える. 6 すり替える; 偽造する.

subdoceō -ēre, *tr*, *intr* [sub-/doceo] I (*tr*) (先生の)代わりに教える. II° (*intr*) 教えるのを手伝う.

subdoctor -ōris, °*m* 助[代理]教師.

subdolē *adv* [subdolus] 狡猾に, ずる賢く.

subdolōsitās -ātis, °*f* [↓] 狡猾, 奸計.

subdolōsus -a -um, °*adj* 狡猾な, ずる賢い.

subdolus -a -um, *adj* [sub-/dolus] 1 狡猾な, ずる賢い. 2 うその, 偽りの.

subdomō -āre, *tr* [sub-/domo¹] 馴致(じゅんち)する, 服従させる.

subdubitō -āre -āvī -ātum, *intr* [sub-/dubito] 少し疑う, 疑念がよぎる.

subdūcō -ere -duxī -ductum, *tr* [sub-/duco] 1 (下から)引き上げる, 持ち上げる. 2 取り除く, 取り上げる. 3 〖海〗(船を)陸上げする. 4 〖軍〗撤退させる. 5 (*refl*) 去る: *clam se ab custodibus subducere* (Nep) 監視の目をかすめてこっそり姿を消す. 6 (ひそかに)奪う, 盗む〈alci alqd〉. 7 計算する; 考量する.

subductiō -ōnis, *f* [↑] 1 船を岸へ上げること. 2 計算, 見積もり. 3° 恍惚, 有頂天.

subductus -a -um, *adj* (*pp*) [subduco] 遠く離れた, 隔った; 辺鄙な.

subdulcis -is -e, *adj* [sub-/dulcis] 甘味のある.

subdūrus -a -um, *adj* [sub-/durus] 1 やや硬い, 硬めの. 2 やや困難な.

subduxī *pf* ⇨ subduco.

subēdī *pf* ⇨ subedo.

subedō -esse [-edere] -ēdī -ēsum, *tr* [sub-/edo¹]

subēgī pf ⇨ subigo.

subēlectiō -ōnis, °f (優れたものの中から)さらに選ぶこと.

subeō -īre -iī -itum, intr, tr [sub-/eo²] 1 下へ行く, 下を通る. 2 (下から)上へ行く, 上がる, 登る. 3 (中へ)入る. 4 近づく, 接近する; 襲う. 5 (仕事・責任などを)引き受ける, になう. 6 あとに続く, 継ぐ: *pone subit conjunx* (Verg) 妻が後ろから来る. 7 取って代わる⟨+dat; +acc⟩: *furcas subiēre columnae* (Ov) 二又の木(の柱)に(石造りの)円柱が取って代わった. 8 (考え・感情などが)忍び寄る[込む], 思い浮かぶ⟨+dat; +acc; +inf; +間接疑問⟩: *quid sim subit* (Ov) 自分は何者なのだろうかとの思いにとらわれる. 9 (不運・災難などを)こうむる, 耐え忍ぶ⟨+acc⟩.

sūber -eris, n 〖植〗コルクガシ(樫); その樹皮.

sūbereus -a -um, adj [↑] コルクガシの.

subērigō -ere -exī -ectum, tr [sub-/erigo] 少し持ち上げる[身を起こす].

sūberīnus -a -um, °adj =subereus.

Subertānus -a -um, adj Etruria 北部の町 Subertum の. **Subertānī** -ōrum, m pl Subertum の住民.

subesse inf ⇨ subedo, subsum.

subexcūsō -āre, °tr いくぶん容赦する.

subexplicō -āre, °tr 下で展開する.

subf- ⇨ suff-.

subflāvus -a -um, adj [sub-/flavus] (毛髪が)ブロンドに近い.

subfuscus -a -um, adj [sub-/fuscus] 黒ずんだ; つやのない.

subg- ⇨ sugg-.

subgenus -neris, °n 〖生物〗(分類学上の)亜属.

subgrandis -is -e, adj [sub-/grandis] やや大きな.

subhaereō -ēre, °intr 依存[従属]する.

subhastō -āre -āvī -ātum, °tr 競売に付する.

subhērēs -rēdis, m [sub-/heres] 〖碑〗〖法〗第二位相続人 (=heres secundus).

subhorridus -a -um, adj [sub-/horridus] いくぶん粗野な, 少々洗練されていない.

Subī indecl m, **Subis** -is, m スビー《Hispania の川》.

subicere inf ⇨ subicio.

sūbicēs -um, f pl [↓; cf. obex] 下層.

subiciō -cere -jēcī -jectum, tr [sub-/jacio] 1 下から投げる, ほうり上げる, 突き上げる, (refl, pass) (若枝が)伸びる. 2 下[足もと]に置く. 3 差し出す, 提出する. 4 服従させる, 管理下に置く: *parcere subjectis* (Verg) 帰順者を助命する. 5 (ある状態・危険などに)置く, さらす: *alqd praeconi* [*voci praeconis*] *subicere* (Cic) ある物を競売にかける. 6 (知覚・判断などに)ゆだねる, まかせる. 7 区分などに)入れる, くくる. 8 代わりに置く, 代用する. 9 すり替える, 偽造する; (証人を)買収する. 10 すぐあとに置く, 付け加える; 書き加える, 付言する. 11 思い出させる, 想起させる, 気づかせる.

subiculum -ī, °n dim [subices] 支え: ~ *promontorii* 〖解〗岬角支脚 (蝸牛窩の骨隆起).

subidus -a -um, adj [subo] (性的に)興奮した.

subigitātiō -ōnis, °f [subigito] 性的愛撫, いちゃつき.

subigitātrīx -īcis, f [↓] (愛撫によって)誘いをかける女.

subigitō -āre, tr freq [↓] 1 愛撫する, いちゃつく, 誘いをかける. 2 そそのかす.

subigō -ere -ēgī -actum, tr [sub-/ago] 1 上へ駆りたてる, 進める. 2 強いる, …させる ⟨ad [in] alqd; +inf; ut; quin⟩. 3 抑えつける, 服従させる. 4 (土を)掘り起こす, 耕す. 5 こねる; なめらかにする: *in cote secures subigere* (Verg) 斧を砥石でとぐ. 6 訓練する, 鍛える.

subiī pf ⇨ subeo.

subimāgō -ginis, °f 〖動〗亜成虫.

subimpudēns -entis, adj [sub-/impudens] 少々あつかましい.

subīna -ae, f =sibina.

subinānis -is -e, adj [sub-/inanis] 少々軽薄な, 少し見栄っぱりの.

subinde adv [sub-/inde] 1 すぐその後. 2 時々, 繰り返して.

subindicō -āre, °tr 暗示する, ほのめかす.

subindō -ere, °tr 追加する.

subindūcō -ere -duxī, °tr (解釈・考えなどを)こっそり挿入する.

subinduxī pf ⇨ subinduco.

subinferō -ferre -tulī, tr [sub-/infero] 追加する, 付け足す.

subinferre inf ⇨ subinfero.

subinflō -āre, °tr 少しふくらませる.

subingredī inf ⇨ subingredior.

subingredior -gredī, °intr dep そっと入る.

subinscrībō -ere, °tr 下に刻む[記す].

subinsertiō -ōnis, °f 〖修〗付言.

subinsulsus -a -um, adj [sub-/insulsus] いささかおもしろみに欠ける, 少々退屈な.

subintellegō -ere, °tr 1 少し理解する. 2 (省略を)補って理解する.

subintrō -āre -āvī -ātum, °intr こっそり入る, 忍び込む.

subintroeō -īre -iī -itum, °intr, °tr 1 こっそり入る, 忍び込む. 2 (姿・形を)取る.

subintroiī pf ⇨ subintroeo.

subintroīre inf ⇨ subintroeo.

subintroitus -a -um, pp ⇨ subintroeo.

subintulī pf ⇨ subinfero.

subinvicem °adv 互いに入り乱れて.

subinvideō -ēre, tr [sub-/invideo] 少し嫉妬する ⟨alci alqd⟩.

subinvīsus -a -um, adj [sub-/invisus²] いくらか嫌われた, あまり人気のない.

subinvītō -āre -āvī, tr [sub-/invito] 遠回しに依頼する ⟨ut⟩.

subīrascī inf ⇨ subirascor.

subīrascor -scī -rātus sum, intr dep [sub-/irascor] 少し腹を立てる, いらだつ ⟨+dat; quod⟩.

subīrātus -a -um, adj (pp) [↑] 少し腹を立てた, いらだった.

subīre *inf* ⇨ subeo.
subitāneus -a -um, *adj* [subitus] 突然の, 急な.
subitārius -a -um, *adj* (subitus) **1** 緊急の, 火急の. **2** 非常呼集された; 急ごしらえの.
subitātiō -ōnis, °*f* [subitus] 突然の出現; 予想外のもの.
subitō[1] *adv* (*abl*) [subitus] **1** 突然(に), 不意に. **2** すぐに, 短時間で.
subitō[2] -āre, °*intr*, °*tr* [subitus] 不意に現われる; 突然襲う, 驚かす.
subitum -ī, *n* [↓] 突然のできごと, 不測の事態, 危機: *per* [*in*] *subitum* (Sil.) 急に, 突然.
subitus -a -um, *adj* (*pp*) [subeo] **1** 突然の, 不意の. **2** 急な, 急ぎの. **3** 急ごしらえの, 間に合わせの.
subjaceō -ēre -cuī, *intr* [sub-/jaceo] **1** 下に横たわっている, 下にある. **2** ⟨…を⟩受けやすい, ⟨…に⟩さらされている ⟨alci rei⟩. **3** ⟨…に⟩属する, ⟨…の⟩一つである ⟨alci rei⟩.
subjēcī *pf* ⇨ subicio.
subjectē *adv* [subjectus] 謙遜して, へりくだって.
subjectibilis -is -e, °*adj* [subicio] 従順な.
subjectiō -ōnis, *f* [subicio] **1** 下に置くこと; (眼前に)さらすこと. **2** すり替え, 偽造. **3** 《修》予駁(よく)論法. **4** 補促説明. **5** °服従, 隷属.
subjectīvē °*adv* [↓] 《文》主語[主格]として.
subjectīvus -a -um, *adj* [subjectus] **1** 後置された. **2** °《文》主部[主語]の.
subjectō -āre -āvī -ātum, *tr freq* [subicio] **1** 投げ上げる. **2** 下に置く[あてがう].
subjector -ōris, *m* [subicio] 偽造者.
subjectum -ī, °*n* [↓] 《文》主部, 主語.
subjectus[1] -a -um, *adj* (*pp*) [subicio] **1** ⟨…の⟩下にある ⟨+*dat*⟩. **2** ⟨…の⟩そば[隣, 視界の内]にある ⟨+*dat*⟩. **3** ⟨…に⟩服従している, 支配下にある ⟨+*dat*⟩. **4** (危険などに)さらされている ⟨+*dat*⟩. **5** ⟨…の⟩範疇[区分]に入る ⟨+*dat*⟩. **6** *subjecta materia* (Cic.) 主題.
subjectus[2] -ī, *m* 従者, 部下; 臣民.
subjectus[3] -ūs, *m* (ペッサリーとして)用いること.
subjiciō -cere, *tr* =subicio.
subjugāle -is, °*n* [↓] 荷獣, 駄獣.
subjugālis -is -e, °*adj* 軛につながれた.
subjugātiō -ōnis, °*f* [subjugo] 軛につなぐこと; 屈服させること.
subjugātor -ōris, *m* [subjugo] 征服者.
subjugius -a -um, *adj* [sub-/jugum] 軛用の.
subjugō -āre -āvī -ātum, °*tr* **1** 軛(くびき)につなぐ. **2** 屈服させる ⟨+*dat*⟩.
subjunctiō -ōnis, °*f* [subjungo] **1** 軛にかけること. **2** 《修》付言.
subjunctīvus -a -um, *adj* [↓] 《文》従属的な: *modus* ~ (Diom.) 接続法 / *subjunctivae conjunctiones* (Char.) 従位接続詞.
subjunctus -a -um, *pp* ⇨ subjungo.
subjungō -ere -junxī -junctum, *tr* [sub-/jungo] **1** 軛(くびき)にかける, (動物を車などに)つなぐ. **2** 服従させる, 支配下に置く. **3** 下位に置く, 関連づける: *carmina percussis nervis subjungere* (Ov.) 弦(楽器)の伴奏で歌う. **4** 付け加える, 付言する.

subjunxī *pf* ⇨ subjungo.
sublābī *inf* ⇨ sublabor.
sublābor -bī -lapsus sum, *intr dep* [sub-/labor¹] **1** 倒れる, 崩れ落ちる. **2** ひそかに進む, 衰える: *retro sublapsa spes* (Verg.) はかなく消えた望み.
sublacrimō -āre, °*intr* (少し)涙を流す.
sublapsus -a -um, *pp* ⇨ sublabor.
sublaqueō -āre -āvī, *tr* [sub-/laqueo²] 《碑》天井を張る.
Sublaqueum -ī, *n* スブラクゥエウム (Latium にあった Aequi 族の町; 現 Subiaco).
sublātē *adv* [sublatus] **1**° 高く. **2** (弁論が)高雅に; 高慢に.
sublātiō -ōnis, *f* [tollo] **1** 高くすること; 《詩》上昇拍 (*cf.* positio). **2** (精神の)高揚. **3**° 教育. **4** (法的手続きの)破棄, 棄却.
sublātus -a -um, *adj* (*pp*) [tollo] **1** (声が)かん高い. **2** 高慢な, 威張った.
sublectiō -ōnis, °*f* [sublego] 再度の選択, 落ち穂拾い.
sublectō -āre, *tr* [sub-/lacio] 甘言でだます, 丸め込む.
sublectus -a -um, *pp* ⇨ sublego.
sublēgī *pf* ⇨ sublego.
sublegō -ere -lēgī -lectum, *tr* [sub-/lego²] **1** (地面から)拾い上げる. **2** こっそり奪う, 盗む. **3** 小耳にはさむ, 盗み聞きする. **4** 補充のために選ぶ[指名する].
sublestus -a -um, *adj* 弱い, 薄弱な.
sublevātiō -ōnis, *f* [sublevo] 軽減, 緩和.
sublēvī *pf* ⇨ sublino.
sublevō -āre -āvī -ātum, *tr* [sub-/levo²] **1** (持ち)上げる, 支える. **2** 支持する, 手助けする. **3** 和らげる, 軽くする.
sublica -ae, *f* **1** 杭(くい), 棒. **2** 橋杭.
sublicius -a -um, *adj* [↑] 杭で支えられた.
subligāculum -ī, *n* [subligo] 腰布, 腰巻き, 下着.
subligar -āris, *n* =subligaculum.
subligātiō -ōnis, °*f* [↓] 下を縛ること.
subligō -āre -āvī -ātum, *tr* [sub-/ligo²] (下を)縛りつける, 結びつける.
sublīmātiō -ōnis, °*f* [sublimo] **1** (持ち)上げること, 高くすること. **2** 《化》昇華.
sublīmātus -a -um, *pp* ⇨ sublimo.
sublīme[1] *adv* (*neut*) [sublimis] **1** 宙に; 高く, 高いところに. **2** 格調高く.
sublīme[2] -is, *n* [sublimis] 高所, 高地.
sublīmen *adv* [↓] =sublime¹ 1.
sublīmis -is -e, *adj* **1** 空中にある[浮かんだ]. **2** 高い, 高くそびえている. **3** 気高い, 崇高な. **4** 大志をいだく, 野心的な. **5** 身分の高い, 高貴な.
sublīmitās -ātis, *f* [↑] **1** 高さ; 高所. **2** 精神の高揚, 高潔. **3** (文체の)高雅, 崇高.
sublīmiter *adv* [sublimis] **1** 高く, 高所に. **2** 格調高く.
sublīmō -āre -āvī -ātum, *tr* [sublimis] **1** 上げる. **2**° 称揚賛美してする.
sublīmus -a -um, *adj* =sublimis.
sublinguālis -is -e, °*adj* 《解》舌下の.

sublingulō -ōnis, *m* [sub-/lingo] 見習い料理人 《「皿なめ役見習い」の意；喜劇の造語》.
sublinō -ere -lēvī -litum, *tr* [sub-/lino] **1** 一面 [表面全体]に塗る: *os alci sublinere* (PLAUT) ある人を 欺く[だます]. **2** 下部に塗る，下塗りする.
sublitus -a -um, *pp* ⇨ sublino.
sublūcānus -a -um, *adj* [sub/lux] 夜明け直前 の.
sublūceō -ēre, *intr* [sub-/luceo] かすかに輝く，微 光を発する.
sublūcidus -a -um, *adj* [sub-/lucidus] わずかに 明るい，ほの暗い.
sublūcō -āre, °*tr*（日当たりをよくするために）枝おろし をする.
subluī *pf* ⇨ subluo.
subluō -ere -luī -lūtum, *tr* [sub-/luo¹] **1**（身体の 下部などを）洗う. **2**（川が）ふもとを流れる.
sublustris -is -e, *adj* [sub-/lustro¹] ほのかに明る い，うす暗い.
sublūteus -a -um, *adj* [sub-/luteus²] 黄色がかっ た.
sublūtus -a -um, *pp* ⇨ subluo.
subluviēs -ēī, *f* [subluo] **1** 泥，ぬかるみ. **2**（羊 の）腐蹄症.
submānō -āre, *intr*, *tr* =summano.
submergō -ere -mersī -mersum, *tr* [sub-/mergo] **1** 沈める，沈没させる. **2**（*pass*）海中に棲息する.
submersī *pf* ⇨ submergo.
submersiō -ōnis, °*f* [submergo] 沈む[沈める]こ と.
submersō -āre, °*tr freq* [submergo]（完全に）沈 める.
submersus -a -um, *pp* ⇨ submergo.
submigrātiō -ōnis, °*f* 移住，移民.
subministrātiō -ōnis, °*f* [subministro] **1** 与 えること. **2** 助け.
subministrātor -ōris, *m* [subministro] 与える もの[人].
subministrātus -ūs, °*m*（食物の）供与.
subministrō -āre -āvī -ātum, *tr*, *intr* [sub-/ministro] 供給[提供]する，与える.
submīsī *pf* ⇨ submitto.
submissē *adv* [submissus] **1** 穏やかに，控え目 に，抑えて. **2** へりくだって；卑屈に.
submissim *adv* [submissus] 声をひそめて，こそこ そと.
submissiō -ōnis, *f* [submitto] **1**（声を）低くする こと. **2**（文体の）簡素. **3** 下位に置くこと. **4**°煽 動. **5**°詐欺.
submissus -a -um, *adj* (*pp*)[↓] **1** 低い，下がっ た. **2** 髪を長く伸ばした. **3**（声・話し方などが）静か な，低い，抑えた. **4**（文体が）簡素な. **5** 謙虚な，へり くだった；卑屈な，卑下した.
submittō -ere -mīsī -missum, *tr* [sub-/mitto] **1** 下に置く <+*dat*>. **2** 下げる，低くする. **3** (*refl*) 身を かがめる，伏せる: *alci se ad pedes submittere* (LIV) ある 人の足下にひれ伏す. **4** 服従させる；(*refl*) 屈服する： *animos submittere amori* (VERG) 恋に誇りを譲る. **5** (*refl, pass*) へりくだる. **6**（声・口調などを抑える；（感 情を）静める. **7** 上げる，上に向ける. **8** 生み出す；育 てる. **9**（補佐・援軍などとして）送る. **10** ひそかに派 遣する. **11** 買収する.
submolestē *adv* [↓] やや不本意[不満]で.
submolestus -a -um, *adj* [sub-/molestus] いく らか気がかりな.
submoneō -ēre -nuī -nitum, *tr* [sub-/moneo] こっそり教える[助言する].
submōrōsus -a -um, *adj* [sub-/morosus] いく らか不機嫌な，少しいらだった.
submōtus -a -um, *pp* ⇨ submoveo.
submoveō -ēre -mōvī -mōtum, *tr* [sub-/moveo] **1** 追い払う，退ける；撃退する. **2** 遠ざける，追 放する. **3** 隔てる，離す.
submōvī *pf* ⇨ submoveo.
submultiplex -plicis, °*adj* 約数の.
submultiplicitās -ātis, °*f* [↑] 約数であること.
submurmurō -āre -āvī -ātum, *tr* [sub-/murmuro] や さしくささやく；°ひそかにつぶやく.
submūtō -āre, *tr* [sub-/muto¹] 交換する.
subnāscī *inf* ⇨ subnascor.
subnāscor -scī -nātus sum, *intr dep* [sub-/nascor] 下に[あとから]生長する[生じる].
subnatō -āre, *intr* [sub-/nato] 水面下を泳ぐ.
subnātus -a -um, *pp* ⇨ subnascor.
subnectō -ere -nexuī -nexum, *tr* [sub-/necto] **1** 下に結び[ゆわえ]つける <*alqd alci rei*>. **2** 追加す る；付言する. **3**（留め金で）たばねる，締める.
subnegō -āre -āvī -ātum, *tr* [sub-/nego] 半ば拒 む.
subnervō -āre -āvī -ātum, *tr* [sub-/nervus] **1**° 四足獣の飛節の後ろの腱を切って不具にする. **2** 骨抜 き[無力]にする.
subnexuī *pf* ⇨ subnecto.
subnexus -a -um, *pp* ⇨ subnecto.
subniger -gra -grum, *adj* [sub-/niger] 黒ずんだ, 黒味を帯びた.
subnīsus -a -um, *adj* =subnixus.
subnīxus -a -um, *adj* [sub-/nitor²] 支えられた, もたれた <+*abl*>: *solio subnixa resedit* (VERG) 彼女は 玉座に着席した. **2** 支持[力添え]を受けた，頼りにし た；自信を持った <+*abl*>: *Hannibal ~ victoriā Cannensi* (LIV) Hannibal は Cannae での戦いの勝利に 意気揚々として.
subnotātiō -ōnis, °*f* [↓] 署名.
subnotō -āre -āvī -ātum, *tr* [sub-/noto] **1** 署名 する. **2** 書きつける[留める].
subnuba -ae, *f* [sub-/nubo]（夫婦の臥所(ふしど)に） 入り込む女，恋敵.
subnūbilus -a -um, *adj* [sub-/nubilus] **1**（いく ぶん曇った. **2** うす暗い.
subō -āre, *intr*（雌獣に）さかりがついている；（女性の） 色情に燃えている.
subobscēnus -a -um, *adj* [sub-/obscenus¹] い くらか卑下た，猥褻気味の.
subobscūrē *adv* [↓] ややあいまいに.
subobscūrus -a -um, *adj* [sub-/obscurus] やや あいまいな.
suboccultē °*adv* いくぶん秘密に.

subodiōsus -a -um, *adj* [sub-/odiosus] いささか煩わしい[退屈な].

suboffendō -ere, *intr*, °*tr* 少し不快にする.

suboleō -ēre, *intr* [sub-/oleo] かすかに匂う, うすうす感じられる.

subolēs -is, *f* [*cf.* proles] **1** 若枝, 若芽. **2** 子, 子孫, 後裔(ﾊﾞ). **3** 同世代の人々. **4** 種族.

subolescō -ere, *intr* [sub-/alesco] 成長する.

suborior -īrī -ortus sum, *intr dep* [sub-/orior] **1** わき上がる, わき出る. **2** (代わりに)生ずる; 再び生ずる.

subornātor -ōris, °*m* [↓] 教唆者, 首謀者.

subornō -āre -āvī -ātum, *tr* [sub-/orno] **1** 供給する, 用意する, 準備する. **2** 着飾らせる, 扮装させる. **3** 教唆する, 買収する: *medicum indicem subornare* (Cɪᴄ) 医者を密告者に仕立てる.

subortus[1] -a -um, *pp* ⇨ suborior.

subortus[2] -ūs, *m* 次々と出現すること.

subostendī *pf* ⇨ subostendo.

subostendō -ere -tendī -tensum, °*tr* ひそかに示す, ほのめかす.

subostensus -a -um, *pp* ⇨ subostendo.

Subota -ōrum, *n pl* スボタ《エーゲ海の島》.

subp- ⇨ supp-.

subpaedagōgus -ī, *m* 《碑》家庭教師の助手.

subphȳlum -ī, *n* 《生物》(分類学上の)亜門.

subpraefectus -ī, *m* [sub-/praefectus[2]] **1** 《碑》副 praefectus. **2** 補助.

subprōmus -ī, *m* [sub-/promus] 食料品係の助手.

subradiō -āre, °*tr* 暗示する, 告げる.

subrādō -ere, *tr* **1** 下枝を切る. **2** °(川が)通って流れる.

subrancidus -a -um, *adj* [sub-/rancidus] 半ば腐った, 腐りかけの.

subraucus -a -um, *adj* [sub-/raucus] (声が)ややかすれた.

subrectiō -ōnis, °*f* [subrigo] **1** (陰茎の)勃起. **2** 《教会》(キリストの)復活.

subrectitō -āre -āvī, *intr freq* [subrigo] (テーブルから)しばしば立ち上がる.

subrectus -a -um, *pp* ⇨ subrigo.

subrēgulus -ī, °*m* 小封建領主.

subrelinquō -ere, °*tr* あとに残す, 見捨てる.

subrēmigō -āre, *intr*, °*tr* [sub-/remigo] **1** 下で漕(ﾆ)ぐ. **2** (漕いで)支援する, 押し進める.

subrepente *adv* やや突然に.

subrēpō, surr- -ere -repsī -reptum, *intr* (*tr*) [sub-/repo] **1** (…の)下を這(ﾊ)う. **2** 忍び寄る[込む]; しみ通る.

subrepsī *pf* ⇨ subrepo.

subreptīcius, surr- -a -um, *adj* [subripio] **1** 盗まれた; 誘拐された. **2** 秘密の, 人目を忍ぶ.

subreptiō[1] -ōnis, *f* [subripio] **1** こそ泥, 窃盗. **2**° 略奪. **3**° (人命を)奪うこと.

subreptiō[2] -ōnis, °*f* [subrepo] 詐欺, 詐取.

subreptīvē °*adv* [↓] ひそかに, こっそり.

subreptīvus -a -um, °*adj* [subripio] 秘密の, ひそかな.

subreptus -a -um, *pp* ⇨ subripio.

subrīdeō -ēre -rīsī -rīsum, *intr* [sub-/rideo] 微笑する.

subrīdiculē *adv* [sub-/ridicule] 少しふざけて[滑稽に].

subrigō, surr- -ere -rexī -rectum, *tr* [sub-/rego] まっすぐに起こす[立てる], 高くする: *aures subrigere* (Vᴇʀɢ) 耳をそばだてる.

subringī *inf* ⇨ subringor.

subringor -gī, *intr dep* [sub-/ringor] 顔をしかめる, 少し腹を立てる.

subripere *inf* ⇨ subripio.

subripiō -pere -ripuī -reptum, *tr* [sub-/rapio] **1** 盗む, くすねる. **2** (子供を)さらう. **3** (詩文を)剽窃 (°ﾋﾖｳｾﾂ). **4** こっそり取り上げる[除く]; うまくごまかす. **5** (*refl*) こっそり姿を消す.

subripuī *pf* ⇨ subripio.

subrīsī *pf* ⇨ subrideo.

subrīsus -a -um, *pp* ⇨ subrideo.

subrogātiō -ōnis, °*f* [↓] 補欠選挙, 次善の選択.

subrogō, surr- -āre -āvī -ātum, *tr* [sub-/rogo] 後継者[代理]として選ぶ[選ばせる].

subrostrānus -ī, *m* [sub-/rostrum] rostra 演壇のあたりをうろつく人.

subrotātus -a -um, *adj* [sub-/rota] 下に車輪をつけた.

subrotundus -a -um, *adj* 丸味を帯びた.

subrubeō -ēre, *intr* [sub-/rubeo] 赤みがかる[を帯びる].

subruber -bra -brum, *adj* [sub-/ruber] やや赤い, 赤味がかった.

subrūfus -a -um, *adj* [sub-/rufus] **1** 赤みを帯びた. **2** 赤毛の.

subruī *pf* ⇨ subruo.

subrūmō -āre, *tr* [sub-/rumis] (動物に)乳を与える.

subrūmus -a -um, *adj* [sub-/rumis] (幼獣が)まだ乳離れしていない.

subruncīvus -a -um, *adj* [sub-/runco] 除草された.

subruō -ere -ruī -rutum, *tr* [sub-/ruo] **1** 土台[根元]から崩す[倒す]. **2** (希望・自由などを)壊す, 破壊する.

subrupiō -pere, *tr* =subripio.

subrusticē *adv* [↓] いくらか田舎くさく[野暮に].

subrusticus -a -um, *adj* [sub-/rusticus[1]] いくらか田舎くさい[野暮な].

subrutilus -a -um, *adj* [sub-/rutilus] やや赤い, 赤味を帯びた.

subrutus -a -um, *pp* ⇨ subruo.

subsalsus -a -um, *adj* [sub-/salsus] やや塩辛い, 塩気のある.

subsannātiō -ōnis, °*f* [subsanno] 嘲弄, あざけり.

subsannātor -ōris, °*m* [↓] あざける者.

subsannō -āre -āvī -ātum, °*tr* 嘲弄する, あざける.

subscalpō -ere -psī -ptum, °*tr* 下をひっかく.

subscalpsī *pf* ⇨ subscalpo.

subscalptus -a -um, *pp* ⇨ subscalpo.

subscrībendārius -ī, °*m* 書記補.
subscrībō -ere -scrīpsī -scrīptum, *tr* [sub-/scribo¹] **1** 下に[後から]書く;（像・墓などの台座に）文字を刻む: *quarum litterarum exemplum subscripsi* (Cic) 私は（あなたへの手紙の末尾に彼の）あの手紙を写し（てお送りし）ました / *subscripsēre quidam Luci Bruti statuae* (Suet) L. Brutus の像（の台座）に落書きをする者がいた. **2**（主[副]告発人として）訴状に署名する, 告訴する. **3**（監察官（censor）が）ローマ市民の非行などを）名簿に記入[記録]する. **4**（文書に）署名する; 保証する〈+*acc* [*dat*]〉. **5** 支持[賛成]する〈+*dat*〉. **6**（こっそり）書き留める.
subscrīpsī *pf* ⇨ subscribo.
subscrīptiō -ōnis, *f* [subscribo] **1** 下に[後から]書かれたもの;（書簡の）結語. **2**（像・墓などの台座の）碑文. **3**（副告発人として）訴状に署名すること, 告訴. **4**（censor のもつ）ローマ市民名簿上の）非行記録. **5** 署名. **6** 記載事項.
subscrīptor -ōris, *m* [subscribo]（署名による）補助告訴人. **2** 賛成者, 支持者.
subscrīptus -a -um, *pp* ⇨ subscribo.
subscūs -ūdis, *f* [sub-/cudo] 柄(⁂).
subsecīvus -a -um, *adj* =subsicivus.
subsecō -āre -cuī -ctum, *tr* [sub-/seco] **1**（下を）切る, 離す. **2** 仕切る.
subsectus -a -um, *pp* ⇨ subseco.
subsecuī *pf* ⇨ subseco.
subsecundārius -a -um, *adj* [sub-/secundarius] 後に続く, つけたりの.
subsecūtus -a -um, *pp* ⇨ subsequor.
subsēdī *pf* ⇨ subsido.
subsellium -ī, *n* [sub-/sella] **1**（低い）腰掛け, ベンチ. **2**（劇場の）観客席;（元老院の）議員席. **3**（法廷の）座席;（*pl*）法廷.
subsensī *pf* ⇨ subsentio.
subsentātor -ōris, *m* [*cf.* assentator] おべっか使い.
subsentiō -īre -sensī -sensum, *tr* [sub-/sentio] 感づく, かぎつける.
subsequenter °*adv* 相次いで, 引き続いて.
subsequī *inf* ⇨ subsequor.
subsequor -quī -secūtus sum, *tr dep* [sub-/sequor] **1**（すぐ）あとに続く[従う]; あとを追う. **2** …にならう, 手本にする; …と同じ道[運命]をたどる.
subsequus -a -um, °*adj* [↑] 次の, 続く.
subsēricus -a -um, °*adj* 半絹の.
subserō¹ -ere -seruī -sertum, *tr* [sub-/sero¹] **1** 下に差し入れる. **2°** 加える, 追加する.
subserō² -ere, *tr* [sub-/sero²] あとから[代わりに]植える.
subsertus -a -um, *pp* ⇨ subsero¹.
subseruī *pf* ⇨ subsero¹.
subserviō -īre, *intr* [sub-/servio] **1** 仕える, 伺候する〈+*dat*〉. **2** 助ける〈+*dat*〉.
subsessa -ae, °*f* [subsido] 待ち伏せ.
subsessor -ōris, *m* [subsido] **1** 待ち伏せする人. **2** 陰謀をたくらむ者. **3°** 誘惑者.
subsessus -a -um, *pp* ⇨ subsido.
subsicīvus -a -um, *adj* [subseco] **1**（土地が分）配のあとに）残った. **2**（時間が）空きの, 用事のない;（活動に）余暇にする: *tempora subsiciva* (Cic) 閑暇.
subsīdentia -ae, *f* (*prp*) [subsido] 沈殿(物).
subsidiālis -is -e, °*adj* =subsidiarius.
subsidiāriī -ōrum, *m pl* [↓] 予備軍.
subsidiārius -a -um, *adj* [subsidium] **1** 予備の, 支援の. **2°**（法）*actio subsidiaria* 不適任な後見人をあてがわれた被後見人がその任命権者に補償を求める訴え.
subsidior -ārī, *intr dep* [↓] 予備軍として活動する.
subsidium -ī, *n* [sub-/sedeo] **1** 予備軍, 援軍. **2**（軍で）支援, 救援, 加勢. **3** 援助, 助け, 支え《行為・人・もの》. **4** 避難所, 逃げ場.
subsīdō -ere -sēdī -sessum, *intr* (*tr*) [sub-/sido] **1** しゃがむ, うずくまる: *poplite subsidens* (Verg) ひざまずいて. **2** 待ち伏せする, 要撃する. **3** 落ちつく, とどまる. **4** 沈む; 沈澱する. **5** 勢い[力]を失う, 静まる, おさまる.
subsignānus -a -um, *adj* [sub/signum] 軍旗の下にある: *milites subsignani* (Tac) 軍団の古参予備兵.
subsignātiō -ōnis, °*f* [↓] **1** 署名. **2°** 保証, 確約.
subsignō -āre -āvī -ātum, *tr* [sub-/signo] **1** 下に書く; 付記する; 署名する. **2** 登記[登録]する. **3** 抵当に入れる. **4** 保証する, 確約する.
subsiliō -īre -luī, *intr*, *tr* [sub-/salio¹] 跳び上がる, 跳躍する. **2** 跳び込む.
subsiluī *pf* ⇨ subsilio.
subsimilis -is -e, *adj* [sub-/similis] やや似た.
subsistentia -ae, °*f* [↓]《哲》実体, 本質; 存在.
subsistō -ere -stitī, *intr*, *tr* [sub-/sisto] **1** しっかり立つ; 持ちこたえる, 立ち向かう〈+*acc* [*dat*]〉. **2** 止まる, 動きを止める. **3** とどまる, 動かずにいる. **4** 救援に赴く〈+*dat*〉. **5°** 存在[存続]する.
subsitus -a -um, *adj* [sub-/situs¹] 下[近く]にある.
subsōlānus -a -um, *adj* [sub/sol] 東方の: ~ (*ventus*) (Plin) 東風.
subsonō -āre, °*tr* ひそかに示す, ほのめかす.
subsortior -īrī -ītus sum, *tr dep* [sub-/sortior] 抽籤で代わり[補充]として選ぶ.
subsortītiō -ōnis, *f* [↑] 抽籤で代わり[補充]を選ぶこと, 補充くじ引き.
subspargō -ere, °*tr* ひそかにまく.
subspeciēs -ēī, °*f*《生物》（分類学上の）亜種.
substantia -ae, *f* [substo] **1** 実在, 存在. **2** 実体, 本質《*accidens* の対語》. **3** 構成するもの, 要素; 物質. **2** 資産, 財産. **5°** 食物, 糧(ⁿ). **6°** 能力, 力. **7°**（三位一体論の）位格.
substantiālis -is -e, °*adj* [↑] **1** 実在[存在]する. **2** 本質的な. **3** 自立的な.
substantiālitās -ātis, °*f* [↑] 実在性, 本質性.
substantiāliter °*adv* [substantialis] 本質的に.
substantiola -ae, °*f dim* [substantia] 小資産, わずかな財産.
substantīvus -a -um, °*adj* [substantia] **1** 実在[存在]する;《文》存在を表わす: *substantivum verbum* (Prisc) 存在動詞 (sum). **2**《文》実詞[名詞]の.

substernō -ere -strāvī -strātum, *tr* [sub-/sterno] **1** (下に)敷く, 広げる: *ponti aequora substrata* (Lucr) 茫洋(ぼう)たる海原. **2** 差し伸べる. **3** ゆだねる; 与える.
substitī *pf* ⇨ subsisto.
substituō *pf* ⇨ substituo.
substituō -ere -stituī -stitūtum, *tr* [sub-/statuo] **1** (予備軍として)後尾に置く. **2** (心・眼前に)思い浮べる. **3** 責任を帰する, せいにする ⟨+*dat*⟩. **4** 代わりに置く[立てる] ⟨pro alqo; loco [in locum]⟩. **5** 代理相続人とする.
substitūtiō -ōnis, *f* [↑] **1** 代替. **2** 〖法〗代替相続人指名.
substitūtīvus -a -um, °*adj* [substituo] 代替する, 条件の.
substitūtus[1] -a -um, *pp* ⇨ substituo.
substitūtus[2] -ī, *m* 〖法〗代替相続人.
substō -āre, *intr* [sub-/sto] **1** (ある状態に)ある[あり続ける], (ある条件が)存在する. **2** 我慢している, 耐える.
substomachor -ārī, °*intr dep* 少々腹を立ててうんざりしている.
substrāmen -minis, *n* [substerno] 敷かれたもの; 寝わら, 敷きわら.
substrātum -ī, *n* [↓] **1** 下層. **2** °〖生物〗基層.
substrātus[1] -a -um, *pp* ⇨ substerno.
substrātus[2] -ūs, *m* (寝床の下に)敷き広げること.
substrāvī *pf* ⇨ substerno.
substrepō -ere, *tr* [sub-/strepo] かすかな声を出す, つぶやく.
substrictus -a -um, *adj* (*pp*) [↓] **1** 引き締まった, 縮んだ. **2** (衣服が)身にぴったり合った.
substringō -ere -strinxī -strictum, *tr* [sub-/stringo] **1** (下で[うしろに])結ぶ, 縛る; (帆を)巻く, たたむ: *aurem substringere* (Hor) 耳をそばだてる. **2** 抑える.
substrinxī *pf* ⇨ substringo.
substructiō -ōnis, *f* [substruo] 基礎(工事), 下部[地下]構造.
substructum -ī, *n* [↓] =substructio.
substructus -a -um, *pp* ⇨ substruo.
substruō -ere -struxī -structum, *tr* [sub-/struo] 土台[基礎]を造る: *Capitolium saxo quadrato substructum est* (Liv) Capitolium は四角い切り石で基礎を据えられた.
substruxī *pf* ⇨ substruo.
subsūdō -āre -āvī, °*intr* 汗ばむ, 少し汗をかく.
subsultim *adv* [subsilio] 何度も跳びはねながら.
subsultō -āre, *intr freq* [subsilio] **1** (何度も)跳びはねる, はねまわる. **2** (文体が)急に変わる.
subsum -esse suffuī, *intr* [sub-/sum] **1** 下にある; 根底にある ⟨+*dat*⟩. **2** 隠れ[ひそんで]いる. **3** すぐ近くにある; (時間的に)差し迫っている.
subsūtus -a -um, *adj* [sub-/suo] **1** 裾を縫った. **2** °書き加えられた.
subtālāris -is -e, °*adj* 足首までの.
subtegmen -minis, *n* =subtemen.
subtēgulāneus -a -um, *adj* [sub-/tegula[1]] 屋根の下にある, 屋内の.

subtēmen -minis, *n* [sub-/texo] **1** (織物の)横糸. **2** 糸, つむぎ糸. **3** (Parcae の)運命の糸.
subtendī *pf* ⇨ subtendo.
subtendō -ere -tendī -tentum [-tensum], *tr* [sub-/tendo[1]] **1** 下でぴんと張る. **2** (線を)下に伸ばす.
subtensus -a -um, *pp* =subtentus.
subtentus -a -um, *pp* ⇨ subtendo.
subtenuis -is -e, *adj* [sub-/tenuis] (馬のたてがみが)いくぶん細い.
subter *adv*, *prep* [sub; *cf.* propter, praeter] **I** (*adv*) 下方に, 下に. **II** (*prep*) **1** ⟨+*acc*⟩ …の下へ. **2** ⟨+*abl*⟩ …の下に.
subteragō -ere -ēgī -actum, *tr* [↑/ago] 下へ押し込む.
subterdūcō -ere -duxī, *tr* ひそかに移動する, 抜け出す.
subterduxī *pf* ⇨ subterduco.
subterfluō -ere, *intr*, *tr* 下を流れる.
subterfugere *inf* ⇨ subterfugio.
subterfūgī *pf* ⇨ subterfugio.
subterfugiō -gere -fūgī, *intr*, *tr* **1** こっそり逃げる, 抜け出す ⟨alci⟩. **2** 巧みに避ける, 逃れる.
subterfugium -ī, °*n* [↑] 言い抜け, ごまかし.
subterfundō[1] -āre, °*tr* 下に築く[固める].
subterfundō[2] -ere, °*tr* 下に広げる.
subterhabeō -ēre -uī -itum, *tr* 見くだす, 蔑む.
subterinserō -ere, °*tr* 下へ入れる, 挿入する.
subterior -or -us, °*adj comp* [subter] より低い[下方の], (=inferior).
subterjaceō -ēre, °*intr* 下にある.
subterjacēre *inf* ⇨ subterjaceo.
subterjaciō -cere, °*tr* 下へ投げる.
subterlābī *inf* ⇨ subterlabor.
subterlābor -bī, *intr dep* **1** 下を流れてゆく. **2** 巧みに逃れる.
subterlinō -ere, *tr* (油を)下に塗る.
subterluō -ere, °*tr* 下を洗う[流れる].
subterluviō -ōnis, °*f* [↑] 下を洗うこと.
subtermeō -āre, *intr* 下[低い位置]へ移動する.
subtermoveō -ēre, °*tr* 下方へ動かす.
subternus -a -um, °*adj* [subter] 下方にある; 下界の (=infernus).
subterō -ere -trīvī -trītum, *tr* [sub-/tero] **1** (ひづめ・足などを)すりへらす. **2** つき砕く, すりつぶす.
subterpositus -a -um, °*adj* [subter/pono] 下に置かれた.
subterrāneus -a -um, *adj* [sub/terra] **1** 地下の. **2** °陰府の.
subterrēnus -a -um, *adj* =subterraneus 2.
subterstērnō -ere -strāvī -strātum, °*tr* (下を)おおう, 包む.
subterstrātus -a -um, *pp* ⇨ subtersterno.
subterstrāvī *pf* ⇨ subtersterno.
subtertius -a -um, °*adj* (大きい数の) $^3/_4$ の.
subtervacans -antis, *adj* (*prp*) [subter/vaco] 下方が空っぽな.
subtexō -ere -xuī -xtum, *tr* [sub-/texo] **1** (下に)縫いつける; 巻きつける ⟨alci rei alqd⟩. **2** おおう, 包み

subtextus — subvorto 632

隠す〈alqd re〉. **3** 付け加える, 付記する.
subtextus -a -um, *pp* ⇨ subtexo.
subtexuī *pf* ⇨ subtexo.
subtīliloquentia -ae, °*f* [↓] 洗練された[巧みな]話し方.
subtīliloquus -a -um, °*adj* [subtilis/loquor] 洗練された[巧みな]話し方をする.
subtīliō -āre, °*tr* [↓] 細く[薄く]する, 弱める.
subtīlis -is -e, *adj* [sub/tela] **1** 細い, 薄い; 希薄な. **2** 精巧な, 巧妙な. **3** 鋭敏な, 洗練された. **4** 細心の, 緻密(ﾁﾐﾂ)な; 正確な, 厳格な. **5** (文体が)平明な, 簡素な.
subtīlitās -ātis, *f* [↑] **1** 細い[薄い, 希薄な]こと. **2** 精巧; 巧妙な工夫[仕掛け]. **3** 鋭敏, 洗練されていること. **4** 緻密, 精妙; 正確, 厳格. **5** (文体の)平明, 簡素.
subtīliter *adv* [subtilis] **1** 細かく. **2** 精巧に, 巧妙に. **3** 鋭敏に; 正確に, 厳格に. **4** 平明に, 簡素に.
subtimeō -ēre, *intr* [sub-/timeo] 少し恐れる.
subtorqueō -ēre -torsī, °*tr* 軽くねじる.
subtorsī *pf* ⇨ subtorqueo.
subtractiō -ōnis, °*f* [subtraho] **1** 引き下がる[退く]こと. **2** (数) 減法, 引き算.
subtractus -a -um, *pp* ⇨ subtraho.
subtrahō -ere -traxī -tractum, *tr* [sub-/traho] **1** (下から)引き抜く[離す]〈alqm [alqd] alci (rei)〉. **2** 取り除く[上げる], 奪う, さらう. **3** 引っ込める. **4** (*refl, pass*) 退く, 遠ざかる.
subtraxī *pf* ⇨ subtraho.
subtristis -is -e, *adj* [sub-/tristis] 少し悲しんでいる.
subtrītus -a -um, *pp* ⇨ subtero.
subtrīvī *pf* ⇨ subtero.
subturpiculus -a -um, *adj* [sub-/turpis] 少々恥ずかしい.
subturpis -is -e, *adj* [sub-/turpis] いささかみっともない.
subtus *adv, prep* [sub; *cf.* intus] **I** (*adv*) 下に, 下方に. **II** (*prep*) …よりも低い位置に〈+*acc*〉.
subtūsus -a -um, *adj* [sub-/tundo] 少し傷つけられた.
subtūtus -a -um, °*adj* いくらか安全な.
subūcula[1] -ae, *f* 下着, シャツ.
subūcula[2] -ae, *f* 供儀(ｸﾞ)に用いる菓子の一種.
sūbula -ae, *f* [suo] (靴屋の)突錐(ｷﾘ): *subulā leonem excipere* (SEN) 錐でライオンを防ぐ(=危険に対する備えが不十分である).
subulcus -ī, *m* [sus; *cf.* bubulcus] 豚飼い.
sūbulō[1] -ōnis, *m* 笛吹き.
sūbulō[2] -ōnis, *m* [subula] (角が枝分かれしていない)若雄鹿.
subūmidus -a -um, *adj* [sub-/umidus] (熱病患者の眼が)湿っぽい.
subunctiō -ōnis, °*f* 軽く塗る[すり込む]こと.
subungō -ere, *tr* [sub-/ungo] (軽く)塗る.
Subūra -ae, *f* スブーラ《ローマ市の Forum の北東部にあった歓楽街》.
Subūrānus -a -um, *adj* Subura の.

suburbānī -ōrum, *m pl* [suburbanus] ローマ市近郊の住民.
suburbānitās -ātis, *f* [suburbanus] ローマ市に近いこと.
suburbānum -ī, *n* [↓] (通例, ローマ市の)郊外の別荘.
suburbānus -a -um, *adj* [sub-/urbanus[1]] ローマ市近郊の.
suburbium -ī, *n* [sub-/urbs] (ローマ市の)近郊.
suburgeō -ēre, *tr* [sub-/urgeo] (操船して)近寄せる.
subūrō -ere -ussī -ustum, *tr* [sub-/uro] 少し焼く, 焦がす.
subustus -a -um, *pp* ⇨ suburo.
subvectiō -ōnis, °*f* [subveho] (中心地への)輸送.
subvectō -āre -āvī -ātum, *tr freq* [subveho] 運ぶ, 運び上げる, 輸送する.
subvector -ōris, °*m* [↓] (海峡を)渡してやる人.
subvectus[1] -a -um, *pp* ⇨ subveho.
subvectus[2] -ūs, *m* (水上を)運ぶこと, 輸送.
subvehō -ere -vexī -vectum, *tr* [sub-/veho] **1** (下から上へ)運ぶ, 輸送する. **2** (*pass*) 遡上する, 登る, 渡る.
subvēnī *pf* ⇨ subvenio.
subveniō -īre -vēnī -ventum, *intr* [sub-/venio] **1** 助けに来る[行く]; 取り除く, (危機などを)救う; (病気を)治す〈+*dat*〉. **3** (心に)思い浮かぶ.
subventiō -ōnis, °*f* [↑] 助け, 救援.
subventō -āre, *intr freq* [subvenio] 助けに来る〈+*dat*〉.
subventor -ōris, *m* [subvenio] 《碑》助ける者.
subventrīle -is, °*n* (兎の)腹部.
subventus -a -um, *pp* ⇨ subvenio.
subverbustus -a -um, *adj* [sub-/verber] (むちで)めった打ちにされた.
subvereor -ērī, *intr dep* [sub-/vereor] 少し恐れる[危惧する].
subversiō -ōnis, °*f* **1** 破滅, 破壊. **2** 誘惑.
subversor -ōris, *m* [subverto] くつがえす人, 破壊者.
subversus -a -um, *pp* ⇨ subverto.
subvertī *pf* ⇨ subverto.
subvertō -ere -vertī -versum, *tr* [sub-/verto] **1** ひっくり返す, 転覆させる. **2** 破壊させる; 破棄[無効に]する. **3**° 誘惑する, 堕落させる.
subvespertīnus -a -um, °*adj* ~ *ventus* (VEG) 南西風.
subvesperus -ī, *m* [sub-/vesper] (*sc. ventus*) 南西微西風.
subvexī *pf* ⇨ subveho.
subvexus -a -um, *adj* [subveho] ゆるやかな上り(坂)の.
subvolō -āre, *intr* [sub-/volo[1]] 飛び立つ, 舞い上がる.
subvolturius -a -um, *adj* [sub-/voltur] 灰色がかった(原意「ややハゲタカの色に似た」).
subvolvō -ere, *tr* [sub-/volvo] 転がして上げる.
subvorto -ere, *tr* =subverto.

succaelestis -is -e, °*adj* [sub/caelum²] 天の下の.

succantō -āre, *tr freq* [succino] 繰り返し教え聞かせる.

succavus -a -um, *adj* [sub-/cavus²] **1** 多少くぼんだ. **2** 下がうつろな.

succēdāneus -a -um, *adj* =succidaneus.

succēdō -ere -cessī -cessum, *intr (tr)* [sub-/cedo²] **1** 下に行く[来る, 入る]; 甘受する〈+*dat*; (sub) +*acc*〉. **2** 下から行く, 登る, 昇る〈+*dat*; sub [ad]+ *acc*〉. **3** 近づく, 迫る. **4** あと[代わり]に来る〈+*dat*〉: *integri et recentes defatigatis succedunt* (CAES) 無傷の新手(の兵士たち)が疲れ切った者に取って代わる. **5** (地位・財産などを)継ぐ, 継承する. **6** うまくいく, 成功する: *res nulla successerat* (CAES) 何事もうまくいっていなかった / (impers (+*dat*)) *si successisset coepti* (LIV) もし企てが成功していたなら.

succendī *pf* ⇨ succendo.

succendō -ere -cendī -censum, *tr* [sub-/*cando (cf.* candeo)] **1** (下に[から])火をつける, 燃やす. **2** 赤々と照らす[輝かせる]. **3** (激情で)燃え上がらせる, 駆りたてる.

succēnseō -ere, *intr, tr* =suscenseo.

succēnsiō¹ -ōnis, °*f* [succendo] **1** 火をつける[燃やす]こと. **2** 温めること.

succēnsiō² -ōnis, *f* =suscensio.

succēnsus -a -um, *pp* ⇨ succendo.

succentīvus -a -um, *adj* [succino] 伴奏用の.

succentor -ōris, °*m* [succino] **1** 〔音〕伴唱者. **2** 推進者.

succenturiātus -ī, *m* (*pp*) [↓] 補充兵.

succenturiō¹ -āre -āvī -ātum, *tr* [sub-/centuria] **1** centuria の欠員を補充する. **2** 予備兵にする; 交代させる.

succenturiō² -ōnis, *m* =subcenturio.

succentus -ūs, °*m* [succino] 〔音〕伴唱.

succernō -ere -crēvī -crētum, *tr* [sub-/cerno] **1** 篩(ふるい)にかける, ふるい分ける. **2** 揺り動かす.

successī *pf* ⇨ succedo.

successiō -ōnis, *f* [succedo] **1** 継承, 後継. **2** 相続. **3** (集合的に)継承者. **4**° 成果, 成功.

successīvē °*adv* [↓] 連続して.

successīvus -a -um, °*adj* [succedo] 連続する, 継続的な; 継承する.

successor -ōris, *m* [succedo] **1** 継承[後継]者. **2** 相続人.

successus¹ -a -um, *pp* ⇨ succedo.

successus² -ūs, *m* **1** 接近. **2**° 継続, 連続. **3** 成果, 成功. **4**° 子孫.

succidāneus -a -um, *adj* [succido¹] **1** (先の犠牲獣に引き続き)犠牲に供される. **2** 身代わりの.

succīdī¹ *pf* ⇨ succido¹.

succīdī² *pf* ⇨ succido².

succīdia -ae, *f* [sus/caedo] **1** (塩漬けの)豚肉の塊, ベーコン. **2** 虐殺.

succīdō¹ -ere -cīdī -cīsum, *tr* [sub-/caedo] **1** (下の方を)切る, 切り倒す, 刈る. **2°** 転覆させる, 破滅する. **3°** 反駁する, くつがえす.

succidō² -ere -cidī, *intr* [sub-/cado] **1** (人が)くずれる, 倒れる. **2** (物が)沈む, 崩壊する.

succiduus -a -um, *adj* [↑] 倒れそうな, よろよろした; 消えかかった.

succīnctē °*adv* [succinctus] 簡単に, 簡潔に, 手短に.

succīnctim °*adv* =succincte.

succīnctus -a -um, *adj (pp)* [↓] **1** (帯で着物を)たくし上げた, 裾をからげた. **2** 身にまとった, 巻きつけた; からみついた. **3** 準備[用意]ができた. **4** 取り囲まれた. **5** 短い, 簡潔な.

succingō -ere -cinxī -cinctum, *tr* [sub-/cingo] **1** (帯で着物を)たくし上げる, 裾をからげる. **2** (*refl, pass*) 身にまとう, 巻きつける〈+*abl*〉. **3** (*pass*) 用意する, 備える. **4** 囲む, 取り巻く.

succingulum -ī, *n* [↑] 腰帯.

succinō -ere, *intr* [sub-/cano] **1** 合わせて歌う, 伴奏する; 伴う〈+*dat*〉. **2** 調子を合わせる.

succinxī *pf* ⇨ succingo.

succipiō -pere, *tr* =suscipio.

succīsiō -ōnis, °*f* [succido¹] **1** 切ること;(木の)伐採. **2** 破壊.

succīsus -a -um, *pp* ⇨ succido¹.

succlāmātiō -ōnis, *f* [↓] (賛否を表明する)叫び.

succlāmō -āre -āvī -ātum, *intr (tr)* [sub-/clamo] (賛否を表明して)叫ぶ, 叫んで答える〈+*dat*; + *acc c. inf*〉.

succlīnō -āre, °*tr*, °*intr* 少し曲がる[曲げる], やや傾く[傾ける].

succō -ōnis, *m* =sacco¹.

succollō -āre -āvī -ātum, *tr* [sub-/collum] 肩にかつぐ, 担う.

succonditor -ōris, *m* 〘碑〙 Circus Maximus で催された競技の管理者 (conditor) の補佐.

succrēscō -ere -crēvī, *intr* [sub-/cresco] **1** 下に[下から]生ずる. **2** あとに生ずる; 成長して取って代わる.

succrētus -a -um, *pp* ⇨ succerno.

succrēvī *pf* ⇨ succerno, succresco.

succrotillus -a -um, *adj* [sub-/crotalum] (声が)やや震えている; か細い.

succuba -ae, °*f* [succubo] **1** (*f*) 情婦; 競争相手. **2°** (*m*) 男色の相手の少年, 稚児.

succubitus -a -um, *pp* ⇨ succumbo.

succubō -āre, *intr, tr* [sub-/cubo] 下に横になる, 下に寝る〈+*dat*; +*acc*〉.

succubōnea -ae, °*f* [↑] 妾(めかけ).

succubuī *pf* ⇨ succumbo.

succumbō -ere -cubuī -cubitum, *intr* [sub-/*cumbo; cf.* accumbo] **1** 倒れる, くずおれる. **2** 衰える; (病で)床につく. **3** 屈する, 敗れる〈+*dat*〉: *philosopho succubuit orator* (CIC) 哲学者は雄弁家に屈した. **4** (女が男と)寝る, 関係をもつ〈+*dat*〉.

succurrī *pf* ⇨ succurro.

succurrō -ere -currī -cursum, *intr* [sub-/curro] **1** 下を走る〈+*dat*〉. **2°** 立ち向かう. **3** 救援に駆けつける, 救う, 助ける〈+*dat*〉. **4°** 心に浮かぶ. **5** 心に浮かぶ, 思いつく: *ut quidque succurrit libet scribere* (CIC) 何でも思いつくまま好きなように書く /

(impers) *mirari benignitatem naturae succurrit* (PLIN) 思わず自然の恵み深さを賛嘆したくなる.
succursor -ōris, *m* [↑]《碑》Circus Maximus における競技者の介添え人.
succursus -a -um, *pp* ⇨ succurro.
succus -ī, *m* =sucus.
Succusānus -a -um, *adj pagus* ~ (VARR) ローマ市の Carinae 下方の一地区.
succussātor -ōris, *m* [succusso] よくはねる馬.
succussī *pf* ⇨ succutio.
succussiō -ōnis, *f* [succutio] 地震.
succussō -āre -āvī -ātum, *tr freq* [succutio] 頻繁に[激しく]ゆさぶる.
succussor -ōris, *m* =succussator.
succussus[1] -a -um, *pp* ⇨ succutio.
succussus[2] -ūs, *m* ふるえる[ふるわせる]こと.
succutiō -ere -cussī -cussum, *tr* [sub-/quatio] (下から)揺らす, ゆさぶる.
sūcidia -ae, *f* =succidia.
sūcidus -a -um, *adj* [sucus] **1** (刈りたての羊毛が)脂気(*ぷら)の多い. **2** みずみずしい. **3** 湿り気のある.
sūcinum -ī, *n* 琥珀(ぶ゙).
sūcinus -a -um, *adj* [↑] 琥珀(色)の.
sūcophanta -ae, *m* =sycophanta.
sūcōsus -a -um, *adj* [sucus] **1** 液汁[水分]の多い; 湿り気のある. **2** 大金持ちの.
Sucrō -ōnis, *m* スクロー《Hispania Tarraconensis の川; 現 Júcar》.
Sucrōnensis -is -e, *adj* Sucro の.
suctus -a -um, *pp* ⇨ sugo.
sūcula -ae, *f dim* [sus] **1** (雌の)子豚. **2** 巻き上げ機, ウインチ.
Sūculae -ārum, *f pl*《天》ヒヤデス星団(=Hyades).
sūculentus -a -um, *adj* [↓] したたる(ような)、みずみずしい.
sūcus -ī, *m* [sugo] **1** 樹液, 液汁, 体液. **2** 薬液(汁). **3** 味. **4** 活力, 生命力. **5** 活気.
sūdāmen -inis, *n*《病》汗疹, あせも.
sūdārium -ī, *n* [sudor] **1** ハンカチ. **2**°(死者の頭部をおおう)布, 屍衣.
sūdātiō -ōnis, *f* [sudo] **1** 発汗. **2** 発汗室.
sūdātor -ōris, *m* [sudo] 汗をかく人, 汗かき.
sūdātōrium -ī, *n* [↓] 蒸し風呂, 発汗室.
sūdātōrius -a -um, *adj* [sudo] 発汗を促す.
sūdātrix -īcis, *adj f* 汗にまみれたもの(の衣服).
sudis -is, *f* **1** (とがった)杭(公), 棒. **2** (魚の)とがった背びれ; (岩の)尖端. **3**《魚》カワカマス.
sūdō -āre -āvī -ātum, *intr (tr)* **1** 汗をかく, 汗を流す⟨+abl; +acc⟩. **2** 汗水たらして働く[努力する, 骨折る]; なし遂げる⟨+acc⟩. **3** (物が)汗をかく, 湿る⟨+abl⟩; にじみ出させる, したたらせる⟨+acc⟩.
sūdor -ōris, *m* [↑] **1** 汗, 発汗. **2** 骨折り, 努力. **3** にじみ出る液[水], 液体.
sūdōrifer -fera -ferum, °*adj* [↑/fero] 発汗を促す.
sūdōrus -a -um, *adj* [sudor] 汗びっしょりの.
sūduculum -ī, *n* (鞭に)汗をかかせるもの, 鞭打ち刑の罪人を縛りつける柱.
sūdum -ī, *n* [↓] 雲一つない[晴れわたった]空.

sūdus -a -um, *adj* (雨のあとの空が)晴れ上がった, 雲一つない.
Suēba -a, *f* Suebia の女.
Suēbī -ōrum, *m pl* スエービー《Germania 中部にいた大部族》.
Suēbia -ae, *f* Suebi 族の国.
Suēbicus -a -um, *adj* Suebia の, Suebi 族の.
Suēbus[1] -a -um, *adj* Suebi 族の, Suebia の.
Suēbus[2] -ī, *m* [↑] Suebia 人.
sueō -ēre, *intr* …する習慣である, …するのを常とする⟨+*inf*⟩.
suescō -ere suēvī suētum, *intr, tr inch* [↑] **1** 慣れる, 習慣となる⟨+*inf*; +*dat*⟩. **2** (*pf*) ⇨ suetus. **3** 慣らす⟨alqm re⟩.
Suessa -ae, *f* スエッサ《(1) Campania の町; ~ Aurunca とも呼ばれた; 現 Sessa Aurunca. (2) Latium の Volsci 族の町; ~ Pometia とも呼ばれた》.
Suessānus -a -um, *adj* Suessa Aurunca の.
Suessānī -ōrum, *m pl*《碑》Suessa Aurunca の住民.
Suessetānī -ōrum, *m pl* スエッセターニー《Hispania Tarraconensis の一部族 (現 Soissons 近辺)》.
Suessionensis -is -e, *adj* Suessiones 族の.
Suessiōnēs -um, *m pl* スエッシオーネース《Gallia Belgica の一部族》.
Suessula -ae, *f* スエッスラ《Campania の都市; 現 Sessola》.
Suessulānī -ōrum, *m pl* Suessula の住民.
Suētōnius -ī, *m* スエートーニウス《ローマ人の氏族名; 特に *C.* ~ *Tranquillus*, 史家 (69?–?140); ローマの最初の十二皇帝の列伝を著わした》.
suētus -a -um, *adj (pp)* [suesco] **1** 慣れている, 習慣とする⟨+*inf*; +*dat*⟩. **2** いつもの, 慣れた.
Suēv- ⇨ Sueb-.
suēvī *pf* ⇨ suesco.
sūfēs -etis, *m* [*Punic*] Carthago の執政官《毎年二人ずつ選ばれた》.
suffarcinō -āre -āvī -ātum, *tr* [sub-/farcio] (衣服の下に物を隠して)ふくらませる; 懐を肥やす; 腹を満たす.
suffēcī *pf* ⇨ sufficio.
suffectiō -ōnis, °*f* [sufficio] **1** 付加. **2** 取替え.
suffectus -a -um, *adj (pp)* [sufficio] 身代わりに任命された, 補充された.
sufferentia -ae, °*f* [↓] 忍耐, 寛容.
sufferō -ferre sustulī sublātum, *tr* [sub-/fero] **1** 与える, 差し出す; ゆだねる. **2** 耐える, 持ちこたえる: *poenas alci sufferre* (PLAUT) ある人に罰せられる.
sufferre *inf* ⇨ suffero.
suffertus -a -um, *adj* [sub-/farcio] 詰め込まれた.
suffēs -ētis, *m* =sufes.
suffibulum -ī, *n* [sub-/fibula] (神官などの)ベール, 頭巾.
sufficere *inf* ⇨ sufficio.
sufficiens -entis, *adj (prp)* [sufficio] 十分な, 足りる.
sufficienter *adv* [↑] 十分に, 足りて.
sufficientia -ae, °*f* [sufficiens] 十分, 充足.
sufficiō -cere -fēcī -fectum, *tr, intr* [sub-/facio]

1 つける, 浸す; 染める. 2 供給する, 与える. 3 代わりに任ずる[選ぶ] ⟨alqm alci⟩: consul in sufficiendo collegā occupatus (Cic) 同僚を補充するのに忙しい執政官. 4 足りる, 間に合う, 匹敵する ⟨+dat; +inf⟩; ad [in] alqd⟩. 5 できる, 能力がある ⟨+inf⟩: nec laudare satis sufficiam (Stat) いくらほめてもほめ足りない.

suffīgō -ere -fīxī -fixum, tr [sub-/figo] 1 (下に)固定する, 支える. 2 (上に)付ける; (先端に)突き刺す. 3 磔(はりつけ)にする: alqm cruci [in cruce] suffigere (Cic [Plaut]) ある人を十字架につける.

suffīmen -minis, n =suffimentum.

suffīmentum -ī, n [↓] 香(こう), 香木.

suffīō -īre -īvī -ītum, tr [cf. fumus] 1 香をたいて清める, 薫蒸する. 2 《詩》暖める.

suffīscus -ī, m [sub-/fiscus] (雄羊の)陰嚢.

suffītiō -ōnis, f [suffio] 香をたくこと, 薫蒸すること.

suffītor -ōris, m [suffio] 香をたく人.

suffītus -ūs, m [suffio] 1 薫蒸する[いぶす]こと. 2 香煙, 薫煙.

suffīxī pf ⇨ suffigo.

suffīxus -a -um, pp ⇨ suffigo.

sufflābilis -is -e, °adj [sufflo] 呼吸できる.

sufflāmen -minis, n [sufflo] 1 (車輪の)輪止め, ブレーキ. 2 妨害.

sufflāminō -āre, tr [↑] 1 (sufflamen で)車輪の回転を抑える[止める]. 2 (演説の)速度を落とす.

sufflammō -āre, °tr 1 燃え上がらせる, かきたてる. 2 (人を)焼き殺す.

sufflō -āre -āvī -ātum, tr, intr [sub-/flo] 1 ふくらむ; ほらを吹く. 2 ふくらませる. 3 息を吹きかける. 4 (refl) (急に)怒り出す: se uxori sufflavit (Plaut) 彼は女房にかんしゃくを起した. 5 °(魂・命を)吹き込む.

suffōcābilis -is -e, °adj [suffoco] 息が詰まりそうな, 息苦しい.

suffōcātiō -ōnis [↓] 呼吸困難《女性のヒステリーとも関連すると考えられた》.

suffōcō -āre -āvī -ātum, tr [sub-/fauces] 1 窒息させる, 絞殺する; 溺死させる. 2 (活動を)抑えつける, 抑圧する.

suffodere inf ⇨ suffodio.

suffōdī pf ⇨ suffodio.

suffodiō -dere -fōdī -fossum, tr [sub-/fodio] 1 下に穴を掘る, トンネルを掘る; 掘りくずす. 2 下から突き刺す.

suffossiō -ōnis, f [↑] 地下に穴を掘ること; 掘りくずすこと.

suffossus -a -um, pp ⇨ suffodio.

suffractus -a -um, pp ⇨ suffringo.

suffrāgāneus -a -um, °adj [suffragium] 《カト》属司教の.

suffrāgātiō -ōnis, f [suffragor] (公職立候補者への)支持, 応援, 投票.

suffrāgātor -ōris, m [suffragor] 1 (公職立候補者への)支援[投票]者. 2°《カト》とりなす[取り次ぐ]者. 3°《カト》属司教(管区).

suffrāgātōrius -a -um, adj [suffragor] 得票狙いの, 選挙目当ての.

suffrāgātrix -īcis, °f [suffragator] 支持[賛成]者《女性》.

suffrāgium -ī, n [suffragor] 1 投票; 投票権: ~ ferre [inire] (Cic [Liv]) 投票する. 2 評決; 判断. 3 称賛; 推薦.

suffrāgō[1] -āre -āvī, intr (tr) =suffragor.

suffrāgō[2] -ginis, f [sub-/frango] 1 (四足獣の後脚の)ひかがみ《膝の裏のくぼんだ所》; (鳥の)ひざ. 2 (ブドウの)吸枝.

suffrāgor -ārī -ātus sum, intr (tr) dep [cf. refragor] 1 (支持・賛成の)投票をする. 2 支える, 助ける ⟨+dat⟩: fortunā suffragante (Cic) 運にも味方されて.

suffrēgī pf ⇨ suffringo.

suffrēnātiō -ōnis, f [sub-/freno] セメント(で接合すること).

suffrīgidē adv [↓] やや冷たく[冷淡に].

suffrīgidus -a -um, °adj やや冷たい; あまり熱がらない[説得力のない].

suffringō -ere -frēgī -fractum, tr [sub-/frango] (足を)へし折る.

suffūdī pf ⇨ suffundo.

suffūgī pf ⇨ suffugio.

suffugiō -gere -fūgī, intr (tr) [sub-/fugio] 1 (…の下へ)逃げる, 隠れる; 避難する. 2 のがれる, 免れる, 避ける.

suffugium -ī, n [↑] 1 避難所, 逃げ場. 2 逃げる[避ける]手段.

suffulciō -īre -fulsī -fultum, tr [sub-/fulcio] (下から)支える, かつぐ.

suffulsī pf ⇨ suffulcio.

suffultus -a -um, pp ⇨ suffulcio.

suffūmigō -āre, tr [sub-/fumigo] 下からいぶす.

suffūmō -āre, °intr 少しく煙る[くすぶる].

suffundō -ere -fūdī -fūsum, tr [sub-/fundo[2]] 1 注ぐ, つぐ. 2 (血・涙などで)満たす, いっぱいにする: animum esse censet cordi suffusum sanguinem (Cic) 彼は魂を心臓にみなぎる血液と考える; (しばしば pass) lacrimis oculos suffusa (Verg) 彼女は目に涙をたたえて. 3 (光・色・熱などで)あふれさせる, 注ぎ込ませる: aequabili calore suffusus aether (Cic) 熱が一様に満ちわたった上天. 4°赤面させる, 恥じ入らせる.

suffūror -ārī, tr dep [sub-/furor[2]] こっそり盗む, くすねる.

suffūsiō -ōnis, f [suffundo] 1 満ちる[あふれる]こと. 2 《病》白内障, 白そこひ. 3°注ぐこと. 4°赤面, 羞恥; 恥. 5°混合, 融合. 6°臆病.

suffūsus -a -um, pp ⇨ suffundo.

Sugambrī, Sig-, Sic-, Syg- Syc- -ōrum, m pl スガンブリー《Rhenus 川東岸にいた Germania の一部族》.

suggerō -ere -gessī -gestum, tr [sub-/gero] 1 下に置く; 積み上げる. 2 後に続ける[すえる]; 加える. 3 与える, 供給する. 4 かきたてる, あおる: invidiae flammam suggerere (Liv) 憎悪の炎を燃え上がらせる. 5 提案する, 勧める, 示唆する.

suggessī pf ⇨ suggero.

suggestiō -ōnis, f [suggero] 1°《修》予駁(よばく)論法. 2 追加, 付け加え. 3 示唆; 提案. 4°告知, 報告; 宣言. 5°請願(書).

suggestor -ōris, °m [suggero] 1 与える者; 助言者, 相談役.

suggestum -ī, *n* [suggero] **1** 高くなった場所. **2** 演壇.
suggestus[1] -a -um, *pp* ⇨ suggero.
suggestus[2] -ūs, *m* **1** 高くなった場所; 高台; 高原. **2** 演壇; ひな壇; 基壇. **3** 積み上げられた(たくさんの)もの. **4** 示唆, 提案, 助言. **5°** 整えること, 準備.
suggillātiō, sūgil- -ōnis, *f* [↓] **1** 青あざ. **2** 侮辱. **3** 非難, 叱責.
suggillō, sūgil- -āre -āvī -ātum, *tr* **1** (なぐるなどして)青あざを作る. **2** 侮辱する, 恥をかかせる. **3** 非難する, 責める, 叱責.
suggredī *inf* ⇨ suggredior.
suggredior -dī -gressus sum, *intr, tr dep* [sub-/gradior] **1** 近づく, 接近する. **2** 攻撃する.
suggressus -a -um, *pp* ⇨ suggredior.
suggrunda -ae, *f* 軒, 庇(ﾋｻｼ).
sūgō -ere suxī suctum, *tr* 吸う, 吸い込む, 吸い上げる.
suī[1] *pron refl gen* (*sg & pl* 同形; *nom* なし, *dat* sibi, *acc & abl* sē, sēsē) 彼[彼女・それ・彼ら・それら]自身.
suī[2] -ōrum, *m pl* [suus] 彼[彼女, 彼ら]の一族[友人, 部下].
suī[3] *pf* ⇨ suo.
suīcīdium -ī, °*n* [se¹/caedo] 自殺, 自害.
suīle -is, *n* [sus] 豚小屋, 豚舎.
suilla -ae, *f* [suillus] (*sc.* caro) 豚肉.
Suillius -ī, *m* スイッリウス《ローマ人の氏族名; 特に P. ~ Rufus, Ovidius の継娘の夫; Claudius 帝時代の恐るべき告発者》.
suillus -a -um, *adj* [sus] ブタ(豚)の, 豚肉の.
Suiōnēs -um, *m pl* スイーオネース《Scadinavia 南部(現スウェーデン)にいたゲルマン系の一部族》.
sulcāmen -minis, *n* [sulco] 畝溝.
sulcātor -ōris, *m* [sulco] **1** 畝溝を掘る人; °耕す人, 農夫. **2** 航跡を残すもの, 船人. **3°** 引き裂くもの.
Sulcī -ōrum, *m pl* スルキー《Sardinia 島の港町》.
Sulciensis -is -e, *adj* Sulci の.
Sulcitānī -ōrum, *m pl* Sulci の住民.
sulcō -āre -āvī -ātum, *tr* [↓] **1** (畝溝を)掘る. **2** (波などを)分けて[切って]進む, 跡を残す. **3** しわをつくる. **4°** 引き裂く. **5°** 入れ墨を彫る. **6°** (文字を)書く.
sulcus -ī, *m* **1** (畑の)畝溝(ｳﾈﾐｿﾞ), 畝. **2** 溝, 堀. **3** 通った跡, 軌跡, 航跡. **4** (肌の)しわ. **5** 女性器. **6** 鋤(ｽｷ)を起こし, 耕作.
sulfonālum -ī, °*n* [薬] スルフォナール.
sulfur -uris, *n* [化] 硫黄: ~ aethereum (Luc) 稲妻.
sulfurātiō -ōnis, *f* [↑] 硫黄の浸透.
sulfurātus -a -um, *adj* [sulfur] 硫黄を含有する, 硫黄をしみ込ませた.
sulfureus -a -um, *adj* [sulfur] **1** 硫黄(状・質)の, 硫黄を含有する. **2** 硫黄色の.
sulfurōsus -a -um, *adj* [sulfur] 硫黄を含有する, 硫黄質の.
Sulla -ae, *m* スッラ《Cornelia 氏族の家名; 特に L. Cornelius ~ Felix, ローマの独裁官 (前 82-79)》.
Sullānus -a -um, *adj* Sulla の, Sulla にかかわりのある. **Sullānī** -ōrum, *m pl* Sulla の支持者たち.
sullāturiō -īre, *intr desid* Sulla のようにふるまおう

とする.
Sulmō -ōnis, *m* スルモー《イタリア半島中部の Paeligni 族の町; 詩人 Ovidius の生地; 現 Sulmona》.
Sulmōnensis -is -e, *adj* Sulmo の. **Sulmōnensēs** -ium, *m pl* Sulmo の住民.
sulp(h)u- ⇨ sulfu-.
Sulpiciānus -a -um, *adj* =Sulpicius².
Sulpicius[1] -ī, *m* スルピキウス《ローマ人の氏族名; 特に (1) P. ~ Galba, 護民官 (前 88); C. Marius にくみし, Sulla の政敵となる. (2) Ser. ~ Rufus (?-前 43); Cicero と親交のあった法律家》.
Sulpicius[2] -a -um, *adj* Sulpicius の.
sultanus -ī, °*m* [*Arab.*] スルタン, イスラム教国の君主.
sultis =si vultis (あなた方が欲するならば, どうぞ).
sum esse fuī (*fut p* futūrus, *inf fut* しばしば fore, *subj impf* しばしば forem), *intr* **I** (存在詞) **1** (a) 存在する, ある, 居る: nolite arbitrari me, cum discessero, nusquam fore (Cɪᴄ) 私が死んでも諸君は私がどこにも存在しなくなるだろうと考えてはいけない / periculum est (Cɪᴄ) 危険がある / fuit Ilium (Vᴇʀɢ) かつて Ilium があった(=今はない) / sunt qui … (のような)人々がある / est quod [cur] ⟨+subj⟩ …という理由がある, (それは)…だからだ / diu est cum ⟨+ind⟩ …以来長らく経過した / quid me [mihi, de me] futurum est? (Pʟᴀᴜᴛ) 私はどうなってしまうのだろう. (b) 起こる, 生ずる; 行なわれる: est ut 実情[事情]は…だ, …が真相だ. (c) (+地名 (*loc*) または前置詞) 居る, とどまっている, 住んでいる, ある, 位置している: Romae esse ローマに居る / ante oculos esse 眼前にある / in lege est ut (Cɪᴄ) 法律に…との条項がある / in ore sunt omnia (Cɪᴄ) すべては表情にかかっている / fuit ad me sane diu (Cɪᴄ) 彼は私のところにかなり長い間いた / quantum in me est (Cɪᴄ) 私に関するかぎり / esse cum alqo ある人と一緒に居る, 交際する; 夫婦関係にある. (d) (+様態の副詞) …の状態[事情]である: sic vita hominum est (Cɪᴄ) 人間の生活とはこうしたのだ / bene est それはよい, 結構だ / male tibi est (Pʟᴀᴜᴛ) 君は不幸だ. (e) (+*inf*) …することができる, してもよい: est videre 見ることができる. **2** 事実である, 現状である: sic est 事情はこうだ / id quod est (Lɪᴠ) 事態, 現状 / hoc [id] est すなわち. (C) 修辞として) **1** …である: vita est brevis (Sᴇɴ) 人生は短い. **2** (a) (+所有の属格[所有形容詞]) ある人に属する, …の所有物である: domus est fratris [mea, tua] 家は兄弟[私, 君]のものである / omnia erant hostium [nostra, vestra] すべては敵[われわれ, 諸君]のものであった / est alcis (それは)ある人に属すること[義務, 習慣, 本性, 特質]である, …の証拠である / adulescentis [summae dementiae, levis animi] est それは青年[最高の無分別, 軽薄な心]の特徴 / meum est それは私の義務[なすべきこと]である. (b) (+性質の属格[奪格]) …を持っている[所有する], …がある: tenuissimā valetudine fuit (Cᴀᴇs) 彼はきわめて虚弱な体質であった / nullius momenti est (Nᴇᴘ) 少しも重要でない / bono animo est (Cɪᴄ) 彼は元気[上機嫌]だ / qua facie est homo? (Pʟᴀᴜᴛ) その人はどんな顔をしているのか. **3** (+数詞の属格) …から成り立つ, (合計して)…の数[額]になる: classis est ducentarum navium (Nᴇᴘ) 艦隊は二百隻の船から成る. (d) (+価格・価値の属格[奪格]) …に

値する, (費用を)要する; …の価値がある: *magni* [*parvi*] *esse* 価値が大きい[乏しい] / *mille sestertiis esse* 1000 セステルティウスの価値である.　**3** (+与格) (a) (…には…)ある; *patri est ampla domus* 父は広大な家を持っている.　(b) (…にとって…で)ある, (…に…を)もたらす: *hoc tibi laudi* [*honori, saluti*] *est* これはおまえに賞賛[栄誉, 安全]をもたらす.

sumbol- ⇨ symbol-.

sūmen -minis, *n* [sugo] **1** 雌ブタ(豚)の乳房(ごちそうとされ, 肥沃な土地にもたとえられた).　**2** 雌豚.　**3** (女の)胸, 乳房.

summ- ⇨ subm-.

summa -ae, *f* [summus] **1** 頂点; 極致, 完成.　**2** 要点, 骨子.　**3** 総計, 総数, 総量, 総額.　**4** 全体, 総体: ~ *victoriae* (CAES) 全般的な勝利.　**5** *ad summam* 要するに; 全体的には; °加えて / *in summam* 要するに; 全部で; °ついに.

summālis -is -e, °*adj* [↑] 総計[全体]の.

summāliter °*adv* [↑] **1** 全く, 完全に.　**2** 最も広い意味で.

Summānālis -is -e, *adj* Summanus に供えられた.

summānō -āre, *intr, tr* [sub-/mano] **1** 下を流れる.　**2** 濡らす.

Summānus -ī, *m* [summus] スンマーヌス《夜間の稲光をつかさどる古いローマの神》.

summārium -ī, *n* [summa] 要約, 概要.

summās -ātis, *adj m, f* [summus] 上流階級の, 高貴な生まれの.

summātim *adv* [summus] **1** 要約して, かいつまんで.　**2** 表面的に, うわべだけ.

summātus -ūs, *m* [summus] 至上権.

summē *adv* [summus] 最も, 一番, この上もなく.

summitās -ātis, °*f* [summus] 絶頂, 頂点, 最高部.

summopere, summō opere *adv* (*abl*) [summus/opus] できる限り努力して, 力の限り.

summōtenus °*adv* 頂上まで.

summula -ae, *f dim* [summa] 少額の金銭.

summum[1] -ī, *n* [summus] 最高部, 頂上.　**2** 先端.　**3** 表面.　**4** 最高[最後]のもの; 究極.　**5** 《文》最上級.

summum[2] *adv* (*neut*) **1** せいぜい, たかだか.　**2** 最後に.

summus -a -um, *adj superl* **1** 一番高い[上の], 頂上の: ~ *summa urbs* (CIC) 町の一番高い場所.　**2** 先端の.　**3** 表面の.　**4** 最後の.　**5** きわめて重大な, 決定的な: *summa res publica* (TAC) 国家存亡の瀬戸際[大事].　**6** 究極の, 一番の, 最高[最大]の: *summum bonum* (CIC) 最高善.　**7** 声の最も高い[大きい]: *summa voce* (PLAUT) 声を限りに, 大声を張り上げて.　**8** 真っ盛りの, たけなわの: *hieme summa* (CIC) 真冬に.　**9** 最も多い, 最多の.　**10** 全般的な, 総合的な.

sūmō -ere sumpsī sumptum, *tr* [sub-/emo] **1** (手に)取る, つかむ.　**2** 手に入れる, 得る.　**3** まとう, 身に着ける, 装う.　**4** 食べる, 飲む.　**5** 利用する, 使う, 費やす; (時を)使う: *frustra laborem sumere* (CAES) むだな努力をする.　**6** (罰を)課す: *de alqo supplicium sumere* (CAES) ある人を処罰する.　**7** 買い求める.　**8** 選ぶ; (例・証拠として)取り上げる, 言及する.　**9** 採り入れる, 採用[借用]する.　**10** (姿・態度などを)とる: *hominis speciem sumere* (OV) 人の姿になる / *sibi arrogantiam sumere* (CAES) 不遜尊大]である.　**11** 着手する; 引き受ける.　**12** 考える; 主張[要求]する.　**13** 《論》前提とする, 仮定する.

sumpsī *pf* ⇨ sumo.

sumptiō -ōnis, *f* [sumo] **1** 取ること.　**2** 骨折り.　**3** 《論》(三段論法の)前提.

sumptuārius -a -um, *adj* [sumptus[2]] 出費[支出]の[に関する]; 奢侈(しゃし)取締りの[に関する].

sumptum -ī, °*n* [sumptus[1]] 《論》(三段論法の)小前提.

sumptuōsē *adv* [sumptuosus] ぜいたく[豪華, 高価]に.

sumptuōsitās -ātis, °*f* [↓] 多大の出費, ぜいたく, 華美.

sumptuōsus -a -um, *adj* [sumptus[2]] 多大の出費を要する, ぜいたくを好む, 浪費家の.

sumptus[1] -a -um, *pp* ⇨ sumo.

sumptus[2] -ūs, *m* **1** 支出, 出費; 支払い: *sumptum facere* (PLAUT) 金を使う, 支出する.　**2** 浪費, むだづかい.

Sūnium, -on -ī, *n* [*Gk*] スーニウム, *-オン《Attica 南端の岬と町》.

suntō 3 *pl impr fut* ⇨ sum.

suō -ere suī sūtum, *tr* **1** 縫う, 縫い合わせる.　**2** (傷口を)縫合する.

suōmet ⇨ suus, -met.

suōpte ⇨ suus, -pte.

suovetaurīlia -ium, *n pl* [sus/ovis/taurus] 豚, 羊, 雄牛の犠牲《特に lustratio で捧げられる》.

supellex -lectilis, *f* [↓ /lego[2]] 家具; 什器, 道具.

super[1] *adv* **1** 上に[で, の].　**2** さらに, 加えて: *satis superque* (CIC) 十二分に.　**3** (あとに)残って.

super[2] *prep* **I** (+*acc*) **1** …の上に[へ].　**2** …を越えて, …の向こうに, …から離れて.　**3** …の間に: ~ *cenam* (PLIN MIN) 晩餐会の間に.　**4** …の次いで: *alii ~ alios trucidantur* (LIV) 彼らは次々へと殺される.　**5** …以上に; …より多く; …を超えて: ~ *vota* (TAC) 望んでいた以上に / *seniores ~ sexaginta annos* (LIV) 60 歳を過ぎた老人たち / ~ *omnia* 何よりも, とりわけ.　**II** (+*abl*) **1** …の上で[に].　**2** …(の時)に: *nocte ~ media* (VERG) 真夜中に.　**3** …について[関して].　**4** …に加えて.

superā[1] *adv, prep* =supra.

supera[2] -ōrum, *n pl* [superus] **1** 天体.　**2** 高所; (天)上界.

superābilis -is -e, *adj* [supero] **1** (乗り)越えることができる; 克服しうる.　**2** 負けることがある, 屈服させられる.

superabundanter °*adv* [superabundo] あり余るほどに, 過剰に.

superabundantia -ae, °*f* [↓] あり余っていること, 過剰, 余分.

superabundō -āre -āvī, °*intr* あり余っている, 過剰である.

superacervō -āre, °*tr* (さらに)積み重ねる.

superadditus -a -um, *pp* ⇨ superaddo.

superaddō -ere -didī -ditum, *tr* [super/addo] 1 (表面に)刻む; (上に)植える。 2 付け加える。
superadicere *inf* ⇨ superadicio.
superadiciō -cere -adjēcī, °*tr* さらに加える。
superadjēcī *pf* ⇨ superadicio.
superadornō -āre -āvī -ātum, *tr* [super/adorno] 表面をメッキする。
superaedificō -āre, °*tr* 上に建てる。
superaggerō -āre, *tr* [super/aggero¹] 1 おおう。 2°…の上に積み重ねる。
superāmentum -ī, °*n* [supero] 残余。
superans -antis, *adj (prp)* [supero] 優勢である; すぐれている。
superantia -ae, °*f* [↑] 優勢, 過度。
superātiō -ōnis, *f* [supero] 1 優位。 2 過多。
superātor -ōris, *m* [supero] 1 統治する者, 征服者。
superaugeō -ēre -auxī -auctum, °*tr* さらに足す。
superaugmentum -ī, °*n* 追加, 追増。
superbē *adv* [superbus] 尊大に, 傲慢に, 見くだして。
superbia -ae, *f* [superbus] 1 傲慢, 尊大, うぬぼれ。 2 誇り, 自尊心。 3 壮麗, 絢爛(けんらん)。
superbibō -ere, *tr* あとで飲む。
superbificus -a -um, *adj* [superbus/facio] 傲慢にふるまう。
superbiloquentia -ae, *f* [superbus/loquor] 豪語, 傲慢なことば。
superbiō -īre, *intr* [superbus] 1 傲慢である[になる]; 誇る ‹+abl; quod›。 2 …することをいさぎよしとしない ‹+inf›。 3 美しさを誇る。
superbiter *adv* [↓] 傲慢に[尊大に]。
superbus -a -um, *adj* [super] 1 傲慢な, 思い上がった。 2 気むずかしい, えり好みの激しい。 3 誇り高い; 誇らしい。 4 壮麗な, 絢爛(けんらん)たる。
Superbus -ī, *m* [↑] スペルブス (初期ローマの第7代で最後の王 Tarquinius (在位前534–510) の添え名)。
supercalcō -āre, *tr* 踏みつける。
supercertō -āre, °*intr* …のために戦う ‹+dat›。
superciliōsus -a -um, *adj* [↓] 尊大な, 難癖をつけたがる。
supercilium -ī, *n* [super; *cf.* celo] 1 眉, 眉毛: *Jovis cuncta supercilio moventis* (HOR) 眉ひとつで一切を動かす Juppiter の。 2 いかめしさ, 謹厳。 3 尊大, 高慢。 4 (丘などの)突端, 崖っぷち。 5 [建] 張出し; (戸の)上部の横木, 楣(まぐさ)。
supercontegō -ere -texī -tectum, *tr* 上にかぶせる, おおう。
supercontexī *pf* ⇨ supercontego.
supercrēscō -ere -crēvī, *intr, tr* 1 表面に成長する。 2 …に付け加わる ‹+dat›。 3° しのぐ, 凌駕する。
supercrēvī *pf* ⇨ supercresco.
supercurrō -ere, *intr, tr* 1 駆けてくる, 走り寄る。 2 越える, しのぐ。
superdatus -a -um, *pp* ⇨ superdo.
superdedī *pf* ⇨ superdo.
superdīcō -ere, °*tr* 言い足す, 付言する。
superdīmidius -a -um, °*adj* 半分ほど多い, 1.5倍の。
superdō -are -dedī -datum, *tr* 上に置く, あてがう。
superdūcō -ere -duxī -ductum, *tr* 1° かぶせる, おおう。 2° 付加する。 3 後妻として迎える。 4° 超過する, 超える。 5° もたらす。
superductus -a -um, *pp* ⇨ superduco.
superduxī *pf* ⇨ superduco.
superedō -ere, *tr* [super/edo¹] すぐ後に食べる。
superefficere *inf* ⇨ superefficio.
superefficiō -cere, °*intr* (数量が)余分にある。
superefflūō -ere, °*tr* [super/fluo] 1 あふれる, あり余るほどである。 2° …にまさる, …を越える ‹+dat›。
superēgredī *inf* ⇨ superegredior.
superēgredior -ēgredī, °*tr dep* 越える, よりまさる。
superēminentia -ae, °*f* [↓] 卓越, 傑出。
superēmineō -ēre, *tr, intr* [super/emineo] 1 ぬきんでる, まさる, しのぐ。 2 上に現われる[出る]。
superēmorī *inf* ⇨ superemorior.
superēmorior -ēmorī, *intr dep* [super/emorior] (…の)上で死ぬ。
superērogātiō -ōnis, °*f* [↓] 余分に支払うこと。
superērogō -āre -āvī, °*tr* 余分に支払う。
superesse *inf* ⇨ supersum.
superexactiō -ōnis, °*f* [superexigo] 過大な要求。
superexaltō -āre, °*tr*, °*intr* より以上に高める[強める]。 2 打ち勝つ。 3 …にまさる ‹+dat›。
superexcēdō -ere, °*tr* 越える, まさる。
superexcellens -entis, °*adj* すべてにまさる, きわめて卓越した。
superexigō -ere, °*tr* 過当に要求する。
superexsultō -āre, °*intr* ことのほか喜ぶ, 欣喜雀躍する。
superextendō -ere, °*tr* 1 上に広がる, おおう。 2 (*refl*) 限度を超える。
superextollō -ere, °*tr* より以上に高める。
superfēcundātiō -ōnis, °*f* [生理, 医] 過妊娠。
superferō -ferre -tulī -lātum, *tr* 1 (上へ[向こうへ])運ぶ。 2 (*pass*) 上[表面]を進む[移動する]。 3 誇張する。
superferre *inf* ⇨ superfero.
superfētō -āre, *intr* 妊娠中に新たに受胎する。
superficiālis -is -e, °*adj* [superficies] 1 表面積の。 2 表面的な, 見せかけの。
superficiārius¹ -a -um, *adj* [superficies] [法] 借地に保有する, 用益権を有する。
superficiārius² -ī, *m* [法] 借地に建造物等の用益権を持つ人。
superficiēs -ēī, *f* [super/facies] 1 上部, 表面; 屋根; (カメの)甲羅。 2 建造物; [法] 用益権のついた建造物。
superficiō -ere, °*intr* [super/facio] 余っている。
superfierī *inf* ⇨ superfio.
superfīgō -ere -fixī -fixus, *tr* 上に突き刺す。
superfīō -fierī, *intr* 1 余っている, 余分にある。 2 残っている。
superfluē °*adv* [superfluus] 余分に, 余って; 必要以上に。

superfluitās -ātis, °*f* [superfluus] 余分, 余計；あり余っているもの.
superfluō[1] °*adv* (*abl*) [superfluus] =superflue.
superfluō[2] -ere -fluxī -fluxum, *intr*, °*tr* 1 あふれる；氾濫する. 2 余計[余分]にある, あり余っている. 3 流れ去る: *quae dicuntur superfluunt aures* (QUINT.) ことばが耳を通り抜ける.
superfluus -a -um, *adj* [↑] 1 過剰な, 余分な, 不必要な. 2 残っている.
superfluxī *pf* ⇨ superfluo.
superfluxus -a -um, *pp* ⇨ superfluo.
superfūdī *pf* ⇨ superfundo.
superfugere *inf* ⇨ superfugio.
superfugiō -gere, *tr* 越えて逃げる.
superfuī *pf* ⇨ supersum.
superfundō -ere -fūdī -fūsum, *tr* 1 上[表面]に注ぐ, 上にまき散らす. 2 (*refl, pass*) 氾濫する；広がる <alci rei; in alqd>. 3 浸す；おおい隠す.
supergaudeō -ēre, °*intr* 大いに喜ぶ <alci rei>.
superglōriōsus -a -um, °*adj* 限りなき栄光につつまれた.
supergredī *inf* ⇨ supergredior.
supergredior -dī -gressus sum, *tr* (*intr*) *dep* [super/gradior] 1 越えて進む. 2 越える, 上回る；しのぐ, …にまさる. 3 克服する, 乗り越える. 4 (ある期間を)生き長らえる.
supergressiō -ōnis, °*f* [↑] 超過, 過剰.
supergressus[1] -a -um, *pp* ⇨ supergredior.
supergressus[2] -ūs, *m* 越える[超過する]こと.
superhabeō -ēre, *tr* 1 上に貼る. 2° 見くだす, 軽蔑する.
superhumerāle -is, °*n* [super/humerus] ユダヤ教祭司の外衣.
superī -ōrum, *m pl* [superus] 1 (天上の)神々. 2 地上に住む者たち, 生きている人々.
superimmineō -ēre, *intr* [super/immineo] 1 のしかかる；待ち構える. 2 そびえる.
superimpendō -ere, °*tr* 使い果たす, 費やして空にする.
superimpōnō -ere -posuī -positum, *tr* [super/impono] 上に[重ねて]置く.
superimpositus -a -um, *pp* ⇨ superimpono.
superincidō[1] -ere, *intr* [super/incido[1]] (上から)降り注ぐ, 落ちかかる.
superincīdō[2] -ere, *tr* [super/incido[2]] 上部を切開する.
superincrēscō -ere -ēvī, *intr inch* [super/incresco] 表面に生ずる.
superincubō -āre, *intr* [super/incubo] 上に横たわる.
superincubuī *pf* ⇨ superincumbo.
superincumbō -ere -cubuī, *intr* [super/incumbo] のしかかる, おおいかぶさる.
superincurvātus -a -um, *adj* [super/incurvo] おおいかぶさった.
superindūcō -ere -duxī -ductum, °*tr* 1 表面をおおう. 2 生じさせる；攻撃させる. 3 付言する.
superinductiō -ōnis, °*f* [↑] (文書の文字を上に線を引いたり塗りつぶしたりして)抹消すること.

superinductus -a -um, *pp* ⇨ superinduco.
superinduī *pf* ⇨ superinduo.
superinduō -ere -uī -ūtum, *tr* [super/induo] 1 上に着る, はおる. 2° (比喩的に)身に着ける.
superindūtus -a -um, *pp* ⇨ superinduo.
superinduxī *pf* ⇨ superinduco.
superingerō -ere -gessī -gestum, *tr* [super/ingero] 積み上げる；上から投じる.
superingestus -a -um, *pp* ⇨ superingero.
superingredior -ī -ssus sum, *intr dep* [super/ingredior] …をきっかけにして入る <+*dat*>.
superinicere *inf* ⇨ superinicio.
superiniciō -cere -jēcī -jectum, *tr* [super/inicio] 1 …の上にまく[広げる], 身にまとう. 2 (湿布を)当てる, (膏薬を)塗る.
superinjēcī *inf* ⇨ superinicio.
superinjectus -a -um, *pp* ⇨ superinicio.
superinsternō -ere -strāvī -strātum, *tr* [super/insterno] 上に広げる[並べる], 上をおおう.
superinstrātus -a -um, *pp* ⇨ superinsterno.
superinstrāvī *pf* ⇨ superinsterno.
superinstrepō -ere, *intr* [super/instrepo] 上方で雷鳴がとどろく.
superinstruō -ere -struxī -structum, *tr* [super/instruo] 上に重ねて建てる[つくる].
superintegō -ere, *tr* [super/intego] 屋根を張る, 屋根でおおう.
superintellegō -ere, °*tr* 付け加えて理解する, 理解力がぬきんでている.
superintendō -ere, °*intr* 指揮[監督]する.
superinung(u)ō -(u)ere, *tr* [super/inunguo] (膏薬を)上に塗る.
superior -or -ius, *adj comp* [superus] 1 より高い [上の]: ~ *pars collis* (CAES.) 山の中腹あたり. 2 高地 [奥地の]；上流の. 3 以前の, 先の: *nocte superiore* (CIC.) 昨夜. 4 年長の. 5 上位の；より強力な；よりすぐれした: *semper discessit* ~ (NEP.) 常に勝者として立ち去った.
superīre *inf* ⇨ supereo.
superius *adv* (*neut*) [superior] 1 より高く. 2 以前に, 先に.
superjaceō -ēre, *intr* 表面に(動かずに)ある.
superjacere *inf* ⇨ superjacio.
superjaciō -cere -jēcī -jectum, *tr* 1 …の上に投げ(かけ)る, 上からかぶせる. 2 越えて行く, 跳び越える. 3 まさる, しのぐ. 4 度を越す. 5 誇張する.
superjactō -āre -āvī -ātum, *tr freq* [↑] 1 (ぱいと)投げ上げる. 2 跳び越える.
superjēcī *pf* ⇨ superjacio.
superjectiō -ōnis, *f* [superjacio] 1° 上に投げかけること. 2 度を越すこと.
superjectus -a -um, *pp* ⇨ superjacio.
superjūmentārius -ī, *m* [super/jumentum] 荷獣御者の親方.
superjungō -ere, °*tr* 1 結びつける. 2 付け加える.
superlābī *inf* ⇨ superlabor.
superlābor -bī, *tr dep* 1 …の上をすべって行く. 2° …の上を流れて行く.

superlacrimō -āre, *intr* したたり落ちる.
superlātiō -ōnis, *f* [superfero] 1 《修》誇張. 2 《文》最上級. 3° 上に運ばれること.
superlātīvē °*adv* [superlativus] 《文》最上級を用いて.
superlātīvum -ī, *n* [↓]《文》最上級.
superlātīvus -a -um, °*adj* [↓] 1《文》最上級の. 2《修》誇張された.
superlātus -a -um, °*adj* (*pp*) [superfero] 誇張された, 過度の.
superlaudābilis -is -e, °*adj* 大いに賛美されるべき.
superligō -āre, °*tr* 上で結ぶ.
superlīmen -minis, *n*《例》=superliminare.
superlīmināre -is, *n* [↑]《建》楣(${}^{びさ}_{きょう}$).
superliniō -īre, °*tr* 一面に塗る.
superlinītiō -ōnis, °*f* [↑] 一面に塗ること.
superlinō -ere, *tr* 一面に[上に]塗る.
superlitiō -ōnis, *f* [↑] 糊膏(${}^{こ}_{う}$).
superlucror -ārī -ātus sum, °*tr dep* さらにもうける.
supermandō -ere, *tr* (…のあとで)かじる, 食べる.
supermēnsus -a -um, *pp* ⇒ supermetior.
supermeō -āre, *tr* (…の上を)流れる.
supermētior -īrī -mēnsus sum, °*tr dep* たっぷり割り当てる.
supermīsceō -ēre, °*tr* さらに混ぜる.
supermīsī *pf* ⇒ supermitto.
supermittō -ere -mīsī, °*tr* 1 上に投げる, 上に置く. 2 追加する.
supernās[1] -ātis, *adj* [supernus] アドリア海 (mare superum) の[からの, に面する].
supernās[2] -ātis, *m* アドリア海から吹く風, 北東微北風.
supernāscī *inf* ⇒ supernascor.
supernāscor -scī -nātus sum, *intr dep* 表面に生じる; 上に伸びる.
supernatō -āre, *intr, tr* 1 …の上で泳ぐ; 表面に浮かぶ. 2 (風が)…の表面をかすめて吹く ⟨*alqd*⟩.
supernātūrālis -is -e, °*adj* 超自然的な.
supernātus -a -um, *pp* ⇒ supernascor.
supernē *adv* [supernus] 1 上から. 2 上に[へ]. 3 表面[表側]に.
supernitās -ātis, °*f* [supernus] 高さ, 偉大.
supernō -āre, *intr* 表面に浮かぶ.
supernōminō -āre, °*tr* (…に…と)異名をつける.
supernumerārius -a -um, °*adj* [super/numerus] 定員外の, 追加の; 余分な.
supernus -a -um, *adj* [super] 1 上の(方の), 高い所にある. 2 (Tartarus に対して)地上の, 上界の. 3 天[天空]の.
superō -āre -āvī -ātum, *intr, tr* [super] 1 (…の上に)そびえる, 突き出る. 2 まさる, 上回る, 勝つ. 3 たくさんある[いる], あり余っている. 4 (後に)残る: *uter eorum vitā superavit* (CAES) 二人のどちらが生き残ったても. 5 (感情などが)たかぶる; 得意になる. 6 越える, 渡る; 通過する. 7 打ち負かす, 征服する.
superobruī *pf* ⇒ superobruo.
superobruō -ere -uī -utum, °*tr* 押しつぶす.

superobrutus -a -um, *pp* ⇒ superobruo.
superoccupō -āre -āvī -ātum, *tr* [super/occupo] (上から)…の不意を襲う.
superoperiō -īre, °*tr* (表面を)おおう.
superordinātiō -ōnis, °*f* [↓]《カト》(司教後継者の)選任.
superordinō -āre, °*tr* 1 …に追加する[書き加える]. 2 追加して任命する.
superparticulāris -is -e, °*adj* ある数とその約数からなる.
superpelliceum -ī, *n*《カト》祭式用短白衣.
superpendeō -ēre, *intr* 上に張り出している.
superpictus -a -um, *pp* ⇒ superpingo.
superpingō -ere -pictus, °*tr* 上から[上に]描く.
superpōnō -ere -posuī -positum, *tr* 1 上に置く[載せる, あてがう]. 2 建てる. 3 …の向こうに[かなたに]置く; 初めの方に配置する. 4 …の長[責任者]に任ずる. 5 優先する.
superpositiō -ōnis, °*f* [↑]《病》発作.
superpositus -a -um, *pp* ⇒ superpono.
superposuī *pf* ⇒ superpono.
superrāsus -a -um, *adj* [super/rado] 表面を削られた.
superruō -ere, *intr, tr* …の上へ落ちかかる[倒れ込む] ⟨+*dat*; +*acc*⟩.
superscandō -ere, *tr* 踏みつける[越える].
superscrībō -ere -scripsī -scriptum, *tr* 1° 上部に書く; 表題を付ける. 2° 注記する. 3 (訂正のために)上部に書き加える, 加筆する.
superscripsī *pf* ⇒ superscribo.
superscriptiō -ōnis, °*f* [superscribo] 銘(文); 標題.
superscriptus -a -um, *pp* ⇒ superscribo.
supersedeō -ēre -sēdī -sessum, *intr, tr* 1 …の上にすわる[とまる] ⟨+*dat*; +*acc*⟩. 2 やめる, 控える, 避ける ⟨+*dat*; +*abl*; +*acc*; +*inf*⟩. 3 座長を務める, 裁く ⟨+*dat*⟩.
supersēdī *pf* ⇒ supersedeo.
supersēminō -āre -āvī -ātum, °*tr* (以前まいた種子の)上に種子をまく.
superserō -ere -sēvī, °*tr* =supersemino.
supersessus -a -um, *pp* ⇒ supersedeo.
supersēvī *pf* ⇒ supersero.
supersignō -āre -āvī -ātum, °*tr* 封印する, 封ずる.
supersiliō -īre -luī, *tr, intr* [super/salio[1]] 1° 飛び乗る. 2 (鳥が)とまる.
supersiluī *pf* ⇒ supersilio.
supersistō -ere -stitī, *tr* …の上に立つ[またがる].
superspargō, -spergō -ere -spersus, °*tr* 表面に広げる.
superspērō -āre -āvī, °*intr* 切望する, 強く望む.
superspicere *inf* ⇒ superspicio.
superspiciō -cere, °*intr* [super/specio] 遠望する.
superstagnō -āre -āvī, *intr* (川水が)氾濫して湖のようになる.
supersternō -ere -strāvī -strātum, *tr* (おおうように)上に広げる[載せる].

superstes¹ -stitis, *adj* [supersto] **1** (ひれ状した敵を見おろして)立ちはだかっている. **2** (証人として)居合わせている. **3** (…の)後も生きて[生き残って]いる; (…の)後まで残っている ‹+*dat*; +*gen*›.

superstes² -stitis, *m* 証人.

superstillō -āre, °*tr* …に一滴ずつ注ぐ[したたらす].

superstitī *pf* ⇨ supersisto.

superstitiō -ōnis, *f* [supersto] **1** 迷信; 迷信に基づく宗教儀礼. **2** (宗教的)畏怖の対象. **3** 盲信, 盲目的な遵守.

superstitiōsē *adv* [↓] **1** 迷信にとらわれて. **2** 規則に盲従して, 杓子定規に.

superstitiōsus -a -um, *adj* [superstitio] **1** 神がかり(状態)の; 預言(者)の. **2** 迷信にとらわれた, 迷信深い. **3** 規則に盲従する, 杓子定規な.

superstitō -āre, *tr, intr* [superstes¹] **1** 存続させる. **2** あり余っている.

superstō -āre, *intr, tr* **1** (…の)上に立つ; (…に)またがって立つ ‹+*dat* [*abl*]; +*acc*›. **2**° (人の)上に立つ, 支配する. **3**° 生き残る.

superstrātus -a -um, *pp* ⇨ supersterno.

superstrictus -a -um, *pp* ⇨ superstringo.

superstringō -ere -strinxī -strictum, *tr* (…の)上に手をあてる, (…の上で)手を重ねる.

superstrinxī *pf* ⇨ superstringo.

superstructus -a -um, *pp* ⇨ superstruo.

superstruō -ere -struxī -structum, *tr* 上に建てる[築く, 積む].

superstruxī *pf* ⇨ superstruo.

supersubstantiālis -is -e, °*adj* 生命を維持するのに必要な: *panis* ~ (Vulg) 日用の糧(ｶﾃ).

supersum -esse -fuī, *intr* **1** (…より)高いところにある. **2** 上回る, まさる, 凌駕する. **3** 生き残っている: *quod superest* (Cic, Verg) 今後(のこと)は, さらに. **4** 生き残(っている) ‹+*dat*; *de* [*ex*] *re*›. **5** 余分[余計]にある, 余っている. **6** (まだ思いどおりに)使える, 利用できる. **7** 擁護する, 支援する ‹*alci*›.

supertectus -a -um, *pp* ⇨ supertego.

supertegō -ere -texī -tectum, *tr* おおう, 被覆する.

supertendō -ere, *tr, intr* **1** 上に張る. **2** 広がる.

superterrēnus -a -um, °*adj* 地上の.

supertertius -a -um, °*adj* 3分の1だけ多い, 3分の4の.

supertexī *pf* ⇨ supertego.

supertexō -ere, °*tr* (織物のように)表面をおおう, 上に広げる.

supertollō -ere, °*tr* 高く[上へ]あげる.

supertrahō -ere, °*tr* (…の上を)引く[引きずる].

supertulī *pf* ⇨ superfero.

superunctiō -ōnis, °*f* [superungo] (軟膏・油を)塗ること, 塗油.

superunctus -a -um, *pp* ⇨ superungo.

superungō -ere -unxī -unctum, °*tr* (軟膏・油を)塗る, 塗油する.

superunxī *pf* ⇨ superungo.

superurgeō -ēre, *tr* [super/urgeo] 上から押し寄せる[殺到する].

superus -a -um, *adj* [super] **1** 上の, 上にある:

mare superum (Cic) アドリア海 (cf. *mare inferum* ティレニア海) / *de* [*ex*] *supero* (Plaut [Lucr]) 上から. **2** 天(上)の. **3** (地下の冥界に対して)地上(界)の.

supervacāneō *adv* (*abl*) [↓] 余計に.

supervacāneus -a -um, *adj* [super/vacuus] 余分の, あり余るほどの; 不要な.

supervacō -āre, *intr* 余分である, あり余っている.

supervacuāneus -a -um, *adj* =supervacaneus.

supervacuē °*adv* =supervacuo.

supervacuitās -ātis, °*f* [supervacuus] 虚楽.

supervacuō *adv* (*abl*) [↓] **1** 余分に, あり余るほど. **2** 無益に, むだに.

supervacuus -a -um, *adj* [super/vaco] **1** 余分の, あり余っている. **2** 無益な, むだな.

supervādō -ere, *tr* 乗り越えて行く, 克服する.

supervagor -ārī -ātus sum, *intr dep* [super/vagor¹] はるかにまさる[強い].

supervaleō -ēre, °*intr* はるかにまさる[強い].

supervalescō -ere, °*intr inch* さらに強くなる.

supervector -ārī, °*intr dep* 上を動く[浮遊する].

supervehō -ere -vexī -vectum, *tr* **1** 上に運ぶ[積む]. **2** (*pass*) 横切る, 通過する.

supervēnī *pf* ⇨ supervenio.

superveniō -īre -vēnī -ventum, *intr, tr* **1** 上に降りる[かぶさる, 乗る] ‹+*dat*; +*acc*›. **2** (不意に)到着する, 現われる ‹+*dat*›; 襲う ‹+*acc*›. **3** (…に加えて)起こる[生じる], 重なる ‹+*dat*›. **4** 越える, 上回る ‹+*acc*›.

superventōrēs -um, °*m pl* [↑] (奇襲のための)予備隊.

superventus¹ -a -um, *pp* ⇨ supervenio.

superventus² -ūs, *m* **1** 来ること, (不意の)到来. **2**° 奇襲, 不意討ち.

supervestiō -īre -itum, °*tr* 上に着せる, まとわせる; 帯びさせる.

supervincō -ere, °*tr* 勝つ, 征服する.

supervīvō -ere -vixī, *intr* (…よりも)長く生きる, 生き残る ‹+*dat*›.

supervixī *pf* ⇨ supervivo.

supervolitō -āre -āvī, *intr, tr* (…の)上を飛び回る ‹+*dat*; +*acc*›.

supervolō -āre -āvī, *intr, tr* (…の)上を飛ぶ[飛んで行く].

supīnātiō -ōnis, °*f* [supino] (食物を)受けつけないこと, 嘔吐.

supīnē *adv* [supinus] 冷淡に, 無頓着に.

supīnitās -ātis, *f* [supinus] **1** 頭を後ろにそり返らせること. **2**° 仰向けに横たわること.

supīnō -āre -āvī -ātum, *tr* [supinus] **1** 仰向けにする. **2** 手のひらを上に向ける. **3** 掘り[鋤(ｽ)で]返す. **4** (頭などを)そらせる, (後ろに)曲げる. **5** (*pass*) まっくなる, 平らになる.

supīnum -ī, °*n* [↓] (*sc. verbum*) 〘文〙(目的を表わす)動詞状名詞, 目的分詞.

supīnus -a -um, *adj* **1** 仰向けの; 手のひらを上に向けた. **2** そり返らせた, ひっくり返った, 逆の. **3** 逆さまの. **4** 平坦な, なだらかに傾斜した. **5** 気にかけない, 無関心な, 冷淡な.

supō -āre, *tr* [*cf.* dissipo] 投げる、まき散らす。
suppactus -a -um, *pp* ⇨ suppingo¹.
suppaenitet -ēre, *tr impers* [sub-/paeniteo] いくらか残念に思わせる ⟨alqm alcis rei⟩.
suppalpor -ārī, *intr dep* [sub-/palpor] ひそかに取り入る ⟨+*dat*⟩.
suppār -paris, *adj* [sub-/par¹] ほぼ等しい；ほとんど同時期の ⟨+*dat*⟩.
supparasitor -ārī, *intr dep* [sub-/parasitor] 機嫌を取る、ごまをする ⟨+*dat*⟩.
supparātūra -ae, °*f* [↓] 再生、再興.
supparō -āre, °*tr* [sub-/paro²] 1 整える；合わせる. 2 代わりにする. 3 復興/再生させる.
supparum -ī, *n* 1 ショール、肩掛け. 2 小さい帆、上檣帆 (ホニー). 3 長旗.
supparus -ī, *m* =supparum 1.
suppateō -ēre, *intr* [sub-/pateo] 下に開いている、下に広がっている.
suppedāneum -ī, °*n* 1 祭壇の上段. 2 足台.
suppeditātiō -ōnis, *f* [↓] (必要を満たすために物が)常に用意されていること.
suppeditō -āre -āvī -ātum, *intr*, *tr freq* [sub-/pedes] 1 十分に備わって[用意されて]いる ⟨+*dat*; ad [in]+*acc*; ut+*subj*⟩. 2 助け[補強]となる ⟨+*dat*⟩. 3 供給する、与える；授ける ⟨alqd alci; alqm re⟩.
suppēdō -ere, *intr* [sub-/pedo²] 軽くおならする.
suppēgī *pf* ⇨ suppingo¹.
suppernātus -a -um, *adj* [sub-/perna] 1 両脚を切り落とされた. 2 切り倒された.
suppetiae -ārum, *f pl* [suppeto] 援助、救援：(*alci*) suppetias ferre (PLAUT) (人を)助けに行く.
suppetiātus -ūs, °*m* =suppetiae.
suppetilis -is -e, *adj* [suppeto] 助けになる；役に立つ.
suppetior -ārī -ātus sum, *intr dep* [suppetiae] 助ける、助けに行く ⟨+*dat*⟩.
suppetītus -a -um, *pp* ⇨ suppeto.
suppetium -ī, °*n* =suppetiae.
suppetīvī *pf* ⇨ suppeto.
suppetō -ere -īvī [-iī] -ītum, *intr* [sub-/peto] 1 たくわえがある、手元にある. 2 十分である. 3 助けになる、役立つ.
suppictus -a -um, *pp* ⇨ suppingo².
suppīlō¹ -āre -āvī -ātum, *tr* [sub-/pilo²; *cf.* compilo¹] (こっそり)盗む、くすねる.
suppīlō² -ōnis, *m* こそ泥.
suppingō¹ -ere -pēgī -pactum, *tr* [sub-/pango] 1 下に付ける. 2 (馬に)強く拍車を入れる.
suppingō² -ere -pinxī -pictum, °*tr* [sub-/pingo] 淡く彩(はたる)る.
suppinguis -is -e, *adj* [sub-/pinguis] 1 いくらか脂性(たほ)の. 2° ねばねばした.
suppinxī *pf* ⇨ suppingo².
supplantātiō -ōnis, °*f* [supplanto] 1 足をすくう[ころばせる]こと. 2 わな、悪だくみ.
supplantātor -ōris, °*m* [↓] 足をすくう人；(策略を用いて)取って代わる者.
supplantō -āre -āvī -ātum, *tr* [sub-/planta] 1 足をすくう、ころばせる. 2 落とす、倒す. 3° 取って代わる.
supplau- ⇨ supplo-.
supplēmentum -ī, *n* [↓] 1 補うこと、補充、補強. 2 助け、補助. 3 補充兵、援軍.
suppleō -ēre -ēvī -ētum, *tr* [sub-/pleo] 1 (足して)満たす、いっぱいにする. 2 〖軍〗(兵を)補う、補充する. 3 補って完成させる、補完する. 4 代わりを勤める.
supplētiō -ōnis, °*f* [↑] 完全にすること、補完.
supplētōrium -ī, °*n* [suppleo] 補遺、補足.
supplētus -a -um, *pp* ⇨ suppleo.
supplēvī *pf* ⇨ suppleo.
supplex¹ -plicis, *adj* [*cf.* supplico] ひざを屈した、哀願[嘆願]する ⟨+*dat*⟩.
supplex² -plicis, *m* 哀願[嘆願]者.
supplicāmentum -ī, *n* [supplico] 1 (神への)儀式、祈禱. 2° 責め苦、拷問.
supplicātiō -ōnis, *f* [supplico] (災厄の回避・戦争の勝利などを願う)国家的祈願(式)、(神々への)感謝祭.
supplicātor -ōris, °*m* [supplico] 1 嘆願者. 2 崇拝者、信仰者.
suppliciālis -is -e, °*adj* [supplicium] 苦しめる、罰の.
suppliciter *adv* [supplex¹] 嘆願して、ひざまずいて.
supplicium -ī, *n* [supplex¹] 1 (神々への)祈願、(人への)哀願、嘆願. 2 供物、犠牲. 3 償い、代償. 4 罰；極刑. 5 ~ dare (CIC) 償いをする；罰せられる / ~ sumere (CIC) 償いを受ける；罰する、処刑する.
supplicō -āre -āvī -ātum, *intr*, *tr* [*cf.* supplex¹] 1 (神々に)祈りを捧げる、祈願する ⟨+*dat*⟩. 2 (人に)哀願[嘆願]する ⟨+*dat*; +*acc*⟩. 3° 請願する ⟨+*acc*⟩.
supplicuē *adv* [supplex¹] へりくだって、つつましく.
supplōdō -ere -plōsī -plōsum, *tr*, *intr* [sub-/plaudo] 1 (足を)踏み鳴らす. 2° 拍手喝采(ホッッヘ)する. 3° 踏みつぶす、くじく.
supplōsī *pf* ⇨ supplodo.
supplōsiō -ōnis, *f* [supplodo] (弁論家が)足を踏み鳴らすこと.
supplōsus -a -um, *pp* ⇨ supplodo.
suppōnō -ere -posuī -positum, *tr* [sub-/pono] 1 下に置く[あてがう]: *alqd terrae* [*aquae*] (dat) *supponere* (OV) 物を埋める[沈める]. 2 従わせる、服従させる. 3 (下位に)分類する. 4 付け足す、書き添える. 5 (身)代わりにする、(すり)替える；偽造する. 6° 抵当[担保]に入れる.
supportātiō -ōnis, °*f* [supporto] 耐えること、忍耐.
supportātōrium -ī, °*n* [↓] 支え、支柱.
supportātōrius -a -um, °*adj* [↓] 支える、支持する.
supportō -āre -āvī -ātum, *tr* [sub-/porto] 1 運び上げる；(中心地へ)輸送する. 2° 耐える、忍耐する.
suppositīcius -a -um, *adj* [suppono] 1 身代わりの. 2 すり替えられた、にせの.
suppositiō -ōnis, *f* [suppono] 1 下に置くこと. 2 (子供の)すり替え. 3° 仮定、仮説.
suppositīvē °*adv* [↓] 仮定して.
suppositīvus -a -um, °*adj* [suppono] 仮定的な、

suppositōrium -ī, °*n* [suppono] 1 支え. 2 (杯の)受け皿. 3 【薬】坐薬: *suppositoria glycerini* グリセリン坐薬.
suppositus -a -um, *pp* ⇨ suppono.
suppostrix -īcis, *f* [suppono] (赤ん坊を)すり替える女.
suppostus -a -um, *pp* =suppositus.
supposuī *pf* ⇨ suppono.
suppressē °*adv* [suppressus] 小声で, 低い声で.
suppressī *pf* ⇨ supprimo.
suppressiō -ōnis, *f* [supprimo] 1 圧迫(感): ~ *nocturna* (PLIN) 悪夢. 2 横領, 着服. 3° ~ *veritatis* 【法】真実の隠蔽.
suppressus -a -um, *adj* (*pp*) [↓] 1 短い, 先細りになった. 2 (声ガ)低い, 抑えた声の.
supprimō -ere -pressī -pressum, *tr* [sub-/premo] 1 (下から)押し上げる. 2 圧迫する. 3 沈める, 沈没させる. 4 阻止する, はばむ, 抑える. 5 公表[刊行]させない; 隠蔽する, もみ消す. 6 横領[着服]する. 7 拘束する.
supprior -ōris. °*m* [sub-/prior] (修道院)副院長.
suppudet -ēre, *tr impers* [sub-/pudeo] 少し恥ずかしい ⟨alqm alcis⟩.
suppūrātiō -ēnis, *f* [suppuro] 化膿; 膿瘍.
suppūrātōrius -a -um, *adj* [suppuro] 化膿(用)の.
suppūrātus -a -um, *adj* (*pp*) [↓] 化膿した.
suppūrō -āre -āvī -ātum, *intr* [sub-/pus] 膿(゚)む.
suppus -a -um, *adj* [sub] 1 仰向けの. 2 (上下)逆さまの.
supputātiō -ōnis, °*f* [supputo] 計算, 勘定.
supputātor -ōris, °*m* [supputo] 計算[勘定]する人.
supputātōrius -a -um, °*adj* [↓] 計算[勘定](するため)の.
supputō -āre -āvī -ātum, *tr* [sub-/puto] 1 (下の枝を)払う, 剪定(ﾎﾞﾝ)する. 2 計算する, 勘定する.
suprā *adv, prep* I (*adv*) 1 (空間的) (a) 上に, 上部に; 越えて, より高く. (b) 上流に; 北方へ. (c) (文書などで)先に, 上に. 2 (時間的) 以前に, 前までに; *pauca ~ repetere* (SALL) 以前の事情にさかのぼって少々述べる. 3 以上に, さらに. 4 より高い地位に. II (*prep*) ⟨+*acc*⟩ 1 (空間的) (a) …の上に, 上方[上部]に. (b) …を越えて. (c) …の上流に; …の北方に. 2 (時間的) …の以前に. 3 (数量・程度) …以上に, …より多く, …を越えて: ~ *numerum* (TAC) 定数以上に / ~ *modum* (VERG) 度はずれに. 4 …を監督[管理]して.
suprāfātus -a -um, °*adj* [↑/for] 上述の.
suprāfundō -ere, °*tr* 上に注ぐ.
suprālātiō -ōnis, *f* =superlatio 1.
suprāorbitālis -is -e, °*adj* 【解】 眼窩上の.
suprārēnālis -is -e, °*adj* 【解】 副腎の.
suprāscandō -ere, *tr* 踏み越える.
suprāscrībō -ere, °*tr* 1 上に書く. 2 表題をつける.
suprāsedeō -ēre, °*intr* 上に乗る.
suprēma¹ -ae, *f* [supremus] (*sc*. tempestas) — 日の終わり, 日没; 民会の終了.
suprēma² -ōrum, *n pl* 1 最期の時, 臨終, 死. 2 遺言. 3 葬礼, 葬儀. 4° 遺骨, 遺灰.
suprēmitās -ātis, °*f* [supremus] 1 先端. 2 死. 3 最高の栄誉.
suprēmō *adv* (*abl*) [supremus] 最期の時に.
suprēmum¹ -ī, *n* [supremus] 最後, 終局.
suprēmum² *adv* 1 最後に; 永遠に. 2 死者へのたむけに, 最期の別れとして.
suprēmus -a -um, *adj superl* [superus] 1 最も高い, 一番上の: *montes supremi* (VERG) 山頂. 2 最後の, 最終の: *sole supremo* (HOR) 日没時に. 3 最期の; 死者にたむける, 葬儀の. 4 至高の. 5 極度[極限]の: *supplicium supremum* (CIC) 死刑. 6 決定的な, 重大な.
supt- ⇨ subt-.
sūra -ae, *f* ふくらはぎ, 腓骨(ﾋﾎ).
sūrālis -is -e, °*adj* 【医】腓腹の.
surculāris -is -e, *adj* [surculus] (土壌が)ブドウの若芽[若枝]が出るのに適した.
surculārius -a -um, *adj* [surculus] 1 若木が植えられた. 2 (さし木)の若枝の間にいる.
surculō -āre, *tr* [surculus] 1 …の若芽[小枝]を切り取る. 2° 小串でとめる.
surculōsē *adv* [↓] 小枝のように.
surculōsus -a -um, *adj* [↓] 小枝の多い; 木のような, 木質の.
surculus -ī, *m* 1 小枝; 若枝. 2 挿し木. 3 棒. 4° 小串. 5 灌木.
surdaster -tra -trum, *adj* [surdus] 耳が遠い.
surdē *adv* [surdus] 聾(゚)者のように.
surdēscō -ere, °*intr inch* [surdus] 耳が聞こえなくなる.
surditās -ātis, *f* [↓] 耳が聞こえないこと.
surdus -a -um, *adj* 1 耳が聞こえない. 2 耳を貸さない, 聞き入れない ⟨+*dat*; in [ad] alqd⟩. 3 音がしない[を立てない], 鈍い, 不明瞭な. 4 (色・香りなどが)薄い, はっきりしない.
surēna -ae, *f* 【動】貝類の一種《未詳》.
Sūrēna, -nās -ae, *m* スーレーナ《Parthia の世襲制の宰相》.
surexe *inf pf* =surrexisse (⇨ surgo).
surgō -ere surrexī surrectum, *intr* 1 起き上がる, 立ち上がる. 2 (太陽・星が)昇る; (日・季節などが)始まる. 3 高くなる, 高く[高くふくれ]上がる. 4 芽生え立つ. 5 生長[成長]する. 6 (海が)波立つ; (川が)水かさを増す; (風が)起きる. 7 生じる, 起きる. 8 行動を起こす. 9° 復活する, よみがえる.
surpiculus -ī, *m* =scirpiculus.
surpiō -pere, *tr* =subripio.
surr- ⇨ subr-.
surrectus -a -um, *pp* ⇨ surgo.
Surrentīnus -a -um, °*adj* Surrentum の. **Surrentīnī** -ōrum, *m pl* Surrentum の住民.
Surrentum -ī, *n* スッレントゥム《Campania の町; 現 Sorrento》.
surrexī *pf* ⇨ surgo.
sursum, sursus *adv* [sub-/versus²] 上方へ[で], 高いところへ[に]: *sursus deorsus* (CIC) 上へ下へと.

sūs suis, *m, f* **1** 豚；野豚，猪. **2** ~ *Minervam (docet)* (Cɪᴄ) (豚が)ミネルウァに(ものを教える)(=釈迦に説法).

Sūsa -ōrum, *n pl*, **-a** -ae, *f* [*Gk*] スーサ《Persia の Achaemenidae の冬期の都》.

suscēnseō -ēre -cēnsuī -cēnsum, *intr, tr* [sub-/censeo] (…に)腹を立てる, 憤慨する〈alci; +acc; +acc c. inf〉.

suscēnsiō -ōnis, ° *f* [↑] 怒り, 憤怒 (ᶠⁿ).

suscēnsuī *pf* ⇨ suscenseo.

suscēnsus -a -um, *pp* ⇨ suscenseo.

suscēpī *pf* ⇨ suscipio.

susceptibilis -is -e, ° *adj* [suscipio] 受け入れることができる, 受けやすい〈+gen〉.

susceptiō -ōnis, *f* [suscipio] **1** 引き受けること, 負うこと. **2°** 受け取ること; 受領. **3°** 歓待, 歓迎. **4°** (洗礼を)受けること. **5°** 【ｶﾄ】 (人性を)授かること. **6°** 支え, 支援.

susceptō -āre -āvī, ° *tr freq* [suscipio] **1** 引き受ける. **2** 受け入れる, 認める.

susceptor -ōris, ° *m* [suscipio] **1** 引き受ける人; 訴訟請負人. **2°** 守護者〈好ましからざる人物をかくまう者. **3** (客を)もてなす主人. **4** 収税吏. **5** 【ｶﾄ】 (人性を)授かった者.

susceptum -ī, *n* (*pp*) [↓] 企て, 企図.

susceptus[1] -a -um, *pp* ⇨ suscipio.

susceptus[2] -ī, ° *m* **1** 庇護民 (=cliens). **2** 患者.

suscipere *inf* ⇨ suscipio.

suscipiō -pere -cēpī -ceptum, *tr* [sub-/capio[1]] **1** (下で)受け取る[止める], 支える. **2** (父親が赤子を地面から拾い上げて)自分の子と認める; 養子にする; (子を)もうける. **3** 受け入れる, 認める. **4** 引き受ける, 企てる, 始める. **5** (考えなどを)抱く, 持つ. **6** (様相・外観などを)帯びる, 呈する; (役割を演じる. **7°** 庇護する. **8°** 歓待[歓迎]する. **9°** 徴税する. **10°** 【ｶﾄ】(人性を)授かる.

suscitābulum -ī, *n* [suscito] (弁論の稽古 (ᵏᵉⁱᵏᵒ) を)鼓舞するもの.

suscitātiō -ōnis, ° *f* [suscito] 復活, よみがえり.

suscitātor -ōris, ° *m* [↓] よみがえらせる[復活させる]者.

suscitō -āre -āvī -ātum, *tr* [sub-/cito[2]] **1** 立ち上がらせる, 起こす. **2** 築く, 建設する. **3** 目ざめさせる. **4** 駆りたてる; 呼び起こす. **5** (とろ火を)かきたてる. **6°** よみがえらせる. **7°** (子を)もうける.

Sūsiānē -ēs, *f* [*Gk*] スーシアーネー《Susa のあった地方》.

Sūsiānus -a -um, *adj* Susa の.

sūsinātus -a -um, ° *adj* [↓] ユリから採った.

sūsinus -a -um [*Gk*] ユリの, ユリを素材とする.

Sūsis -idis, *adj f* Susa の.

suspectiō -ōnis, *f* [suspicio[1]] **1** 疑い, 疑惑. **2°** 尊敬; 畏怖.

suspectīvus -a -um, ° *adj* [suspicio[2]] 推測的な.

suspectō[1] -āre -āvī -ātum, *tr freq* [suspicio[1]] **1** 見上げる, 見つめる. **2** 疑う, 怪しむ〈+acc; +acc c. inf〉.

suspectō[2] ° *adv* (*abl*) [suspectus[1]] 疑わしい状況で.

suspector[1] -ārī, ° *tr dep* =suspecto[1].

suspector[2] -ōris, ° *m* [suspicio[2]] 賞賛する人.

suspectus[1] -a -um, *adj* (*pp*) [suspicio[1]] **1** 不信の目で見られる, 疑わしい〈alci; de re; +gen; +inf〉: *alqm suspectum habere* (Pʟᴀᴜᴛ) ある人を疑う. **2** 疑惑を抱かせる.

suspectus[2] -ūs, *m* **1** 見上げること; (見上げる)高さ. **2** 尊敬, 敬意〈+gen〉.

suspendī *pf* ⇨ suspendo.

suspendiōsus -a -um, *adj* [↓] 縊死した; 吊り上げられた.

suspendium -ī, *n* [↓] 首吊り, 縊死 (ᵉⁱˢⁱ).

suspendō -ere -pendī -pensum, *tr* [sub-/pendo] **1** つるす, 掛ける, ぶら下げる〈a [ex] re; +abl [dat]〉: *suspensus lectus* (Cᴇʟs) つり床(=ハンモック). **2** (神に奉納するために)つるす, (つるして)献ずる. **3** …の首をつるす, 絞首刑にする; (*refl*) 首を吊る. **4** もち上げる[しておく]; 支える; 浮かせる: *suspenso gradu* (Tᴇʀ) 爪先立ちで, しのび足で. **5** 不安に[心配]させておく, 未決のままにする. **6** (*pass*) …による, …に左右される〈ex re; +abl [dat]〉. **7** 止める, やめる; 中断する.

suspēnsiō -ōnis, *f* [↑] **1** =suspensura. **2°** (十字架に)つるすこと. **3°** 停止, 中断. **4°** 不確かさ, 待っていること.

suspēnsōrius -a -um, ° *adj* 【医】懸垂の.

suspēnsūra -ae, *f* [suspendo] 凸状に湾曲した床.

suspēnsus -a -um, *adj* (*pp*) [suspendo] **1** (風が)そよと吹く, (土が)さらさらした. **2** (人が)不安[心配]な, 気のもめる: *alqm suspensum tenere* (Vᴇʀɢ) ある人をやきもきさせておく. **3** (物事が)未決の, はっきりしない; (ことばが)あいまいな. **4** *in suspenso* 不安[心配]で; 【法】 (権利などが)停止中で.

suspexī *pf* ⇨ suspicio[1].

suspicābilis -is -e, ° *adj* [suspicor] 推測的な.

suspicāx -ācis, *adj* [suspicor] 疑い深い, 猜疑心の強い.

suspicere *inf* ⇨ suspicio[1].

suspicientia -ae, ° *f* [↓] 尊敬, 賛嘆.

suspiciō[1] -cere -spexī -spectum, *tr* (*intr*) [sub-/specio] **1** 見上げる, 仰ぎ見る. **2** 重んじる, 尊敬する. **3** 疑う, 怪しむ.

suspiciō[2] -ōnis, *f* [↑] **1** 疑い, 疑念: *in suspicionem alci venire* 〈+acc c. inf〉 (Cɪᴄ) ある人に…を疑われる. **2** 予感, 予感: ~ *belli* (Cɪᴄ) 戦争の懸念. **3** かすかな気配[形跡].

suspiciōsē *adv* [↓] 疑念を生じさせるように.

suspiciōsus -a -um, *adj* [suspicio[2]] **1** 疑っている人, 疑い深い. **2** 疑わせる, 疑念を生じさせる.

suspiciter ° *adv* [suspicio[2]] 疑って.

suspicō -āre, *tr* =suspicor.

suspicor -ārī -ātus sum, *tr dep* [suspicio[1]] **1** 疑う. **2** 推測[臆測]する.

suspīrātiō -ōnis, *f* [suspiro] ため息をつくこと; 嘆息.

suspīrātus -ūs, *m* [suspiro] ため息.

suspīriōsus -a -um, *adj* [suspirium] 呼吸困難な, 喘息 (ᶻᵉⁿˢᵒᵏᵘ)(性)の.

suspīritus -ūs, *m* [suspiro] 深いため息, 嘆息.

suspīrium -ī, n [↓] 1 深いため息, 嘆息. 2 苦しげな呼吸; 喘息(ぜん).

suspīrō -āre -āvī -ātum, intr, tr [sub-/spiro] 1 深く息をつく, ため息をつく: *in aliquo suspirare* (Ov) ある人に恋い焦がれてため息が出る / *suspirare longo non visam tempore matrem* (Juv) 久しく顔を見ていない母に会いたくてため息をつく. 2 .息をする. 3 噴き出す.

suspītiō -ōnis, f =suspicio².

susque dēque adv [sub-/-que¹/de] 上へ下へと (次の用例のみ): ~ *habere* [*ferre*] (Plaut [Gell]) どうでもよいことだ(とみなす).

sustentābilis -is -e, °adj [sustento] 耐えられる, 我慢できる.

sustentāculum -ī, n [sustento] 1 支え, 支柱. 2° 栄養, 食物.

sustentātiō -ōnis, f [sustento] 1 扶助, 扶養. 2 遅れ, 遅滞. 3 [修] 懸延法.

sustentātor -ōris, °m [sustento] 保護[擁護]者.

sustentātrīx -īcis, °f [↑] 扶養する人[女性].

sustentātus -ūs, °m [↓] 1 まっすぐに立てておくこと. 2 援助.

sustentō -āre -āvī -ātum, tr freq [sustineo] 1 支える, 倒れないようにする. 2 (良好な状態に)保つ, 維持する: *litteris sustentor* (Cic) 私は文学に支えられている. 3 (食糧・金銭を与えて)助ける, 扶養する. 4 耐える, 持ちこたえる. 5 遅らせる, 引き延ばす.

sustentus¹ -a -um, pp ⇒ sustineo.

sustentus² -ūs, m (沈まぬように)支えること.

sustinentia -ae, °f [↓] 忍耐, 我慢.

sustineō -ēre -tinuī -tentum, tr [sub-/teneo] 1 支える, 倒れ[落ち]ないようにする. 2 (良好な状態に)保つ, 維持する. 3 (食糧・金銭を与えて)助ける, 扶養する. 4 引き止める, 抑える. 5 耐える, 持ちこたえる. 6 思い切って[あえて]...する, 許容する<+inf; ut>. 7 (役割を)演ずる, 果たす: *tres personas unus* ~ (Cic) 私一人で三人の役を務める. 8° 待つ; 期待する.

sustollō -ere, tr [sub-/tollo] 1 (持ち)上げる, 高く上げる. 2 (子供を)さらう.

sustulī pf ⇒ suffero, tollo.

sūsum adv =sursum.

susurrāmen -inis, n [susurro¹] (つぶやくように唱えられる)まじない.

susurrātiō -ōnis, °f [susurro¹] 1 ささやき, つぶやき. 2 悪いうわさ, 中傷.

susurrātor -ōris, m [susurro¹] 1 ささやく人. 2° 悪いうわさを言いふらす人.

susurrium -ī, °n 1 ささやき, ひそひそ話. 2 悪口, 悪いうわさ.

susurrō -āre, tr, intr [susurrus¹] 1 ささやく, ひそひそ話をする, つぶやく: *fama susurrat* (Ov) うわさが広まる. 2 (風・水・ハチが)低い音を立てる.

susurrō² -ōnis, °m ひそひそ話をする人, 悪いうわさを振りまく人.

susurrus¹ -ī, m 1 ささやき, つぶやき; ひそひそ話. 2 低い物音.

susurrus² -a -um, adj ささやく, ひそひそ話す.

sūta -ōrum, n pl (pp) [suo] 鎖かたびら.

sūtēla -ae, f [suo] 奸策, 悪だくみ, ぺてん.

Suthul -lis, n ストゥル (Numidia の要塞).

sūtilis -is -e, adj [suo] 縫われた, 縫い合わせて作った.

sūtor -ōris, m [suo] 1 靴屋, 靴直し. 2 下層民. 3° (集めて)作り上げる人, 編纂(さん)者.

sūtōrius -a -um, adj [↑] 靴屋の.

sūtrīna -ae, f [sutrinus] 1 (sc. officina) 靴屋(店舗). 2 (sc. ars) 靴作り.

sūtrīnum -ī, n =sutrina 2.

sūtrīnus -a -um, adj =sutorius.

Sūtrīnus -a -um, adj Sutrium の. **Sūtrīnī** -ōrum, m pl Sutrium の住民.

Sūtrium -ī, n スートリウム (Etruria 南部の町; 現 Sutri).

Sūtrius -a -um, adj [詩] =Sutrinus.

sūtūra -ae, f [suo] 1 縫い合わせること. 2 縫い目. 3 [生物・解] (頭蓋(がい)の)縫合線.

sūtus -a -um, pp ⇒ suo.

suum -ī, n [↓] (三人称の(代)名詞と呼応して) 自分[彼, 彼女, 彼ら](自身)のもの[仕事, 義務, 財産].

suus -a -um, adj poss refl 1 自分(たち)の, 彼[彼女, それ, 彼ら, それら](自身)の: *suā(pte) sponte* (Caes [Apul]) 自分(自身)の意志で, 自発的に / *sui juris* (Liv) みずからの支配権管理のもとにある. 2 固有の, 特徴的な. 3 都合のよい, 有利な. 4 (書簡の冒頭で受取人の名に付け加えて)慕わしい, 愛する: *Tullius Terentiae suae* (Cic) Tullius 学 (=Cicero) より愛しい(妻) Terentia に.

suxī pf ⇒ sugo.

Sybaris -is, f, m [Gk] シュバリス((1)(f) Magna Graecia の Tarentum 湾に面するギリシア人の植民市; 富と奢侈(しゃ)で有名 (前 510 滅亡); 現 Sibari. (2)(m)(1)付近の川).

Sybarīta -ae, m Sybaris の人.

Sybarītānus -a -um, adj Sybaris の.

Sybarīticus -a -um, adj 1 Sybaris の. 2 猥褻(わい)な.

Sybarītis -idis, f Sybaris の女.

sybina -ae, f =sibina.

sȳcamīnos, -us -ī, f [Gk] [植] 1 クワ(桑). 2 エジプトイチジク.

sȳcē -ēs, f [Gk] 1 松やに. 2 [植] トウダイグサの一種 (=peplis).

Sychaeus¹ -ī, m [伝説] シュカエウス (Dido の夫).

Sychaeus² -a -um, adj Sychaeus の.

sȳcītēs -ae, m [Gk] イチジク酒.

sȳcomorus -ī, f [Gk] =sycaminos 2.

sȳconium -ī, n [植] イチジク状果.

sȳcophanta -ae, m [Gk] 1 告発者, 密告者; 中傷者. 2 詐欺師, ぺてん師. 3 ごますり, おべっか使い.

sȳcophantia -ae, f [Gk] 悪だくみ, ぺてん.

sȳcophantiōsē adv [↑] ぺてんにかけて, 悪だくみをしかけて.

sȳcophantor -ārī, intr dep [sycophanta] (人を)ぺてんにかける <+dat>.

Sycurium -ī, n [Gk] シュクリウム, *-オン (Thessalia の Ossa 山麓の町).

Syene — synedrus

Syēnē -ēs, *f* [Gk] シュエーネー《上エジプト南部, Nilus 川東岸の町; 現 Aswan》.
Syēnītae -ārum, *m pl* Syene の住民.
Syēnītēs -ae, *adj* Syene の: *lapis* ~ (PLIN) 【鉱】Syene で切り出された赤色の花崗(ウ)岩.
Sygambrī -ōrum, *m pl* =Sugambri.
Sylla -ae, *m* =Sulla.
syllaba -ae, *f* [Gk] 1 音節, シラブル. 2 (*pl*) 詩行, 韻文. 3° 手紙, 書簡.
syllabāriī -ōrum, °*m pl* [↑] 綴り・読み方を学ぶ生徒たち.
syllabātim *adv* [syllaba] 一語ずつ.
syllabicē °*adv* [syllaba] 一音節ふやすことによって.
syllabus -ī, *m* 1 要覧, 一覧表. 2 [カト] 語謬表 (Pius IX が 1864 年に発表した).
Syllānus -a -um, *adj* =Sullanus.
syllēpsis -is, °*f* [Gk] 【修】兼用法.
Syllēum -ī, *n* [Gk] シュッレーウム, *-レイオン (Pamphylia の町).
syllogē -ēs, *f* [Gk] 収集, 集成.
syllogismaticus -a -um, °*adj* [↓] 三段論法的な.
syllogismus -ī, *m* [Gk] 三段論法.
syllogisticē °*adv* [↓] 三段論法によって.
syllogisticus -a -um, *adj* [syllogismus] 三段論法の.
syllogizō -āre, *intr* [Gk] 三段論法を用いる.
sylv- ⇨ silv-.
Symaethēus -a -um, *adj* =Symaethius.
Symaethis -idis, *adj f* Symaethus の: *nympha* ~ (Ov) Symaethus 河神の娘であるニンフ.
Symaethius -a -um, *adj* Symaethus の.
Symaethus -ī, *m*, **-um** -ī, *n* [Gk] シュマエトゥス, *シュマイトス《Sicilia 島東岸の川》.
symbiōsis -is, °*f* [Gk] 【生物】共生《異種の生物が一緒に生活している様子》.
symbola -ae, *f* [Gk] (宴会の) 費用の割り前, 会費; 割り勘.
symbolicē *adv* [↓] 象徴的に, 比喩的に.
symbolicus -a -um, °*adj* [Gk] 象徴的な, 比喩的な.
symbolum -ī, °*n* [Gk] 1 [キ教] 使徒信条[信経], 信仰告白. 2 =symbola.
symbolus -ī, *m* [Gk] 1 (取引などの相手を確認するための) 割り符, (印章の) 印影. 2 印章つき指輪.
symmetria -ae, *f* [Gk] 釣り合い, 均整, 対称.
symmetros -os -on, *adj* 均整[釣り合い]のとれた, 対称的な.
symmystēs, -a -ae, *m* [Gk] 1 【碑】同じ密儀[秘儀]を授かった者. 2° 仲間, 同僚.
sympasma -atis, °*n* [Gk] (身体に振りかける) 粉薬.
sympathēticus -a -um, °*adj* [Gk] 【解・生理】交感性の.
sympathīa -ae, *f* [Gk] 共鳴, 共感.
symphōnia -ae, *f* [Gk] 1 音の調和, 協和音. 2 楽隊, 合唱隊; その演奏[合唱].
symphōniacus -a -um, *adj* 1 楽隊の, 合唱隊

の; 演奏する, 歌う. 2 *symphoniaca herba* (PALL) 【植】ヒヨス (=hyoscyamos).
symphysis -is, °*f* [Gk] 1 【解・動】(骨の) 結合(部): ~ *pubica* 恥骨結合 / ~ *sacrococcygea* 仙尾結合. 2 【植】合着.
Symplēgades -um, *f pl* [Gk] 【伝説】打ち合い岩《黒海への入口の Bosphorus 海峡両岸にそそり立っていた二つの岩; その間を通過しようとする船を両側から動いて破壊したという》.
symplēgas -adis, °*f* [Gk] 結合, 癒着.
symplegma -atis, *n* [Gk] (レスリングなどで組み合った二人の) 形態.
symposiacus -a -um, °*adj* [Gk] 宴会[饗宴]の.
symposium -ī, *n* [Gk] 宴会, 饗宴.
sympoticus -a -um, *adj* [Gk] 宴会[饗宴]の.
sympsalma -atis, °*n* [Gk] lyra の伴奏で歌うこと.
symptōma -atis, °*n* [Gk] 1 (多数が) 同時に倒れること. 2 【病】徴候, 症状.
symptōmatologia -ae, °*f* [↑] 【医】症候学.
synaeresis -is, °*f* [Gk] 【文】合音《2 母音が連続する際の, 二重母音化・約音・先行母音の子音化などの現象》.
synagōga -ae, °*f* [Gk] 1 ユダヤ教徒の集会(所), シナゴーグ. 2 ユダヤ教; ユダヤ人. 3 集まり; 会衆.
synalīphē -ēs, *f* [Gk] 【文・詩】(synaeresis, elisio などによる) 2 音節の 1 音節への縮約.
synallagmaticus -a -um, *adj* [Gk] 【法】双務的な.
synaloephē -ēs, °*f* [Gk] =synaliphe.
synanchē -ēs, *f* [Gk] 【病】咽喉炎.
synanchicus -a -um, °*adj* [↑] 咽喉炎の.
synangium -ī, °*n* [Gk] 【植】聚嚢(ᢇ)《シダ類の一部に見られる, 合着し房室に入った胞子嚢群》.
synaphīa -ae, *f* [Gk] 【詩】格調連繋《行末の過剰な音節の母音を省略して次行初の母音で始まる音節とつなげ, 韻律を保つこと》.
synapsis -is, °*f* [生物] シナプシス, 対合.
synarthrōsis -is, °*f* [Gk] 【解】不動結合.
synaxis -is [-eos], °*f* [Gk] 礼拝(集会); 聖餐(式).
synchondrōsis -is, °*f* [Gk] 【医】軟骨接合.
synchrisma -atis, °*n* [Gk] 香油を塗ること, 塗油.
synchronus -a -um, °*adj* [Gk] 同時代の.
synchysis -is, °*f* [Gk] 【文】(構文の乱れ, 破格.
syncopa -ae, **-ē** -ēs, °*f* 1 失神, 卒倒. 2 【文】(語中の) 文字[音節]の消失, 語中音消失.
syncopō -āre -ātum, °*intr* [↑] 気絶する, 失神する.
syncrāsis -is, °*f* [Gk] 混合, 融合.
syndesmōsis -is, °*f* [Gk] 【解】靭帯結合.
syndicus -ī, *m* [Gk] (団体などの法的な) 代理人.
synecdochē -ēs, °*f* [Gk] 【修】提喩法[代喩]法《部分で全体を, 固有名で一般を表わしたりする比喩; その逆の場合もある》.
synecdochicē °*adv* synecdoche によって.
synechīa -ae, °*f* [Gk] 【病】瘉着(症).
synedrium -ī, °*n* [Gk] 会議場.
synedrus -ī, *m* [Gk] (Macedonia の) 元老院議

員.
synemptōsis -is. °*f* [*Gk*] 【文】(格の)一致.
syngrapha -ae, *f* [*Gk*] 支払い誓約書, 借用証書.
syngraphus -ī, *m* 1 契約書. 2 通行許可証.
synhodus, -os -ī, °*f* =synodus¹.
synizēsis -is, °*f* 1 【文・詩】母音融合《隣接する2母音を1音節に読むこと》. 2 【生物】収縮[縮合]期.
Synnada -ōrum, *n pl* [*Gk*] シュンナダ《Phrygia Major の町; 大理石で有名; 現 Şuhut》.
Synnadensis -is -e, *adj* Synnada の.
Synnadicus -a -um, *adj* =Synnadensis.
Synnas -adis [-ados], *f* =Synnada.
synnāvus -a -um, *adj* [*Gk*] 《碑》同じ神殿に祀(まつ)られた.
synochītis -idis, *f* [*Gk*] 宝石の一種《未詳》.
synodālis -is -e, °*adj* 【カト】教会[司教]会議の.
synōdia -ae, *f* [*Gk*] 斉唱.
synodicus -a -um, °*adj* [*Gk*] 1 【カト】教会[司教]会議の教令にかなった. 2 【天】(惑星が)太陽と同じ方向にあるときの, 合の.
synodontītis -idis, *f* synodus² の頭から出る一種の宝石.
synodus¹, -os -ī, °*f* [*Gk*] 【カト】教会[司教]会議, 公会議.
synodūs² -ontis, *m* [*Gk*] 【動】タイ(鯛)の一種.
synoecium -ī. *n* [*Gk*] 共同住宅, 下宿屋.
synōnymia -ae, °*f* [*Gk*] 【文】(語の)同義(性).
synōnymos -os -on, °*adj* [*Gk*] 同義の.
synōnymum -ī, °*n* [*Gk*] 同義語.
synopsis -is [-eos], *f* [*Gk*] 1 概観, 実測[図]. 2° 明細目録.
synostōsis -is, °*f* 【解】骨癒合, 骨質結合.
synovia -ae, °*f* 【生理・解】滑液, 関節滑液.
syntaxis -is, °*f* [*Gk*] 【文】語の結合; 統語法[論], 構文法[論].
syntecticus -a -um, *adj* [*Gk*] (体力を)衰弱[消耗]させる, 消耗性の.
syntexis -is, *f* [*Gk*] 消耗, 衰弱, 羸痩(るいそう).
synthema -atis, °*n* [*Gk*] (郵便馬車île乗)許可証.
synthesina -ae, *f* [*Gk*] 食事着, 部屋着.
synthesis -is, *f* [*Gk*] 1 集り《食器・皿などの一そろい[一式]》. 2 (食事着・普段着・寝間着などの)一そろいのゆったりした衣服. 3° (薬の)調合.
syntonum -ī, *n* [*Gk*] カスタネット様の楽器.
synūsia -ae, °*f* [*Gk*] 【生物】シヌシア, 分層[生活形]群落.
Syphax -ācis, *m* [*Gk*] シュパクス《第 2 次 Poeni 戦争当時の Mauritania の Masaesyli 族の首長》.
syphilis -is, °*f* 【医】梅毒 (=lues): ~ *hereditaria* 遺伝性梅毒.
Syrācosius -a -um, *adj* =Syracusanus.

Syrācūsae -ārum, *f pl* [*Gk*] シュラークーサエ, *-サイ, "シラクサ《Sicilia 島東岸の都市; 現 Siracusa》.
Syrācūsānus -a -um, *adj* Syracusae の. **Syrācūsānī** -ōrum, *m pl* Syracusae の住民.
Syrācūsius -a -um, *adj* =Syracosius.
Syrī -ōrum, *m pl* [*Gk*] Syria の住民.
Syria -ae, *f* [*Gk*] シュリア, "シリア《小アジアの一地方; 通常 Phoenicia と Palaestina を含む》.
Syriacus -a -um, *adj* Syria の.
Syriāticus -a -um, *adj* =Syriacus.
Syricus -a -um, *adj* Syria の; 果皮の黒い.
Syriī -ōrum, °*m pl* =Syri.
syringa -ae, °*f* [syrinx] 1 【医】浣腸器; 浣腸. 2 【解】瘻(ろう), 瘻孔.
Syringa -ae, °*f* =Syrinx.
syringiās -ae, *m* [syrinx] 【植】(笛の材料となる)アシ(葦).
syringītis -is, *f* [↓] 管状の宝石《珊瑚か》.
syrinx -ingis, °*f* [*Gk*] 1 アシ(葦). 2 葦笛. 3 (*pl*) 洞穴, 地下道. 4 【解】瘻(ろう)(孔). 5 【鳥】鳴管.
Syrinx -ingis, *f* [*Gk*] 【神話】シューリンクス《葦に変身した, Arcadia の川の精; Pan がこれで葦笛を作った》.
Syriscus -ī, *m dim* Syria 人《愛称》.
Syrius¹ -a -um, *adj* =Syriacus.
Syrius² -a -um, *adj* Syros 島の.
syrma -atis, *n*, -a -ae, *f* [*Gk*] 1 装裾(そうきょ)のついた衣服《特に悲劇役者の長衣》. 2 悲劇.
Syrophoenissa °*f* カナンの女《イエスに娘の治療を願い出た女》.
Syrophoenix -nīcis, *m* [*Gk*] フェニキア人《Phoenicia が Syria の一部とみなされたことによる呼称》.
Sӯros, -us -ī, *f* [*Gk*] シューロス《エーゲ海の Cyclades 諸島の一つ》.
Syrticus -a -um, *adj* Syrtis の.
Syrtis -is, *f* [*Gk*] シュルティス, "シルチス《Carthago から Cyrene にかけての地中海沿岸二つの浅瀬[流砂岸地帯]; 航海の難所; ~ *major* (現リビアの Sidra 湾)と ~ *minor* (現チュニジアの Gabès 湾)に分けられる》.
Syrus¹ -a -um, *adj* =Syriacus.
Syrus² -ī, *m* Syria 人《特に奴隷》.
systēma -atis, °*n* [*Gk*] 1 組合わせ, 集積. 2 【音】音階.
systēmaticus -a -um, °*adj* [↑] 体系的な.
systolē -ēs, °*f* [*Gk*] 1 【詩】(長音節の)音節短縮. 2 【医】心臓収縮(期).
systӯlos -os -on, *adj* [*Gk*] 【建】集柱式の《柱間隔を柱の太さの 2 倍にする方式の》.
syzygia -ae, °*f* [*Gk*] 1 結合, 組合わせ. 2 【詩】複数脚混用.

T

T, t indecl n ラテン語アルファベットの第19字.
T. 《略》=Titus.
Tabae -ārum, f pl タバエ《(1) Cariaの町. (2) Paraetaceneの町》.
tabānus -ī, m《昆》アブ.
tabefacere inf ⇨ tabefacio.
tābefaciō -cere -fēcī -factum, °tr [tabes/facio] 1 溶かす, 溶解させる. 2 弱める.
tābefactus -a -um, pp ⇨ tabefacio.
tābefēcī pf ⇨ tabefacio.
tabella -ae, f dim [tabula] 1 (小さな)板. 2 投票札. 3 (通例, 蠟引きした)書字板. 4 (通例 pl) 文書《手紙, 契約書, 記録など》: tabellae dotis (SUET) 持参金契約書. 5 掲示[告知]板. 6 描画版; 絵. 7 (神に感謝するための)奉納額.
tabellārius[1] -a -um, adj [↑] 1 投票に関する. 2 手紙の: navis tabellaria (SEN) 飛脚船.
tabellārius[2] -ī, m 1 手紙を運ぶ人, 飛脚. 2° 会計係.
tabelliō -ōnis, °m [tabella] (司法)代書人.
tābeō -ēre, intr [tabes] 1 衰える, 弱くなる, 細る. 2 滴(したた)る.
taberna -ae, f [cf. trabs] 1 (木造の)小屋. 2 宿屋, 旅籠(はたご): Tres Tabernae (CIC)「三軒旅籠」《ローマ市から約50km南のAppia街道の宿場》. 3 店; 露店, 屋台.
tabernāculum -ī, n dim [↑] 1 テント, 天幕, 幕営(ばくえい): ~ capere (CIC)《卜占官が鳥の飛翔を観察するための場所を選んで》天幕を張る. 2° (ユダヤ人の)幕屋. 3° 住居; (魂のすみかとしての)肉体.
tabernāria -ae, f [↓] 1° (宿屋・商店の)女主人, 女将. 2° 売春婦. 3 (sc. fabula) 低俗な喜劇.
tabernārius[1] -a -um, adj [taberna] 低俗な, 下品な.
tabernārius[2] -ī, m 商店主, 商売人.
tabernula -ae, f dim [taberna] 1 小屋. 2 小さな店.
tābēs -is, f 1 腐敗, 分解. 2 腐ったもの, 溶け[にじみ]出たもの: ~ sanguinis (LIV) 血の海 / ~ liquescentis nivis (LIV) 雪どけのぬかるみ. 3 病気, 疾病. 4 堕落, 退廃. 5°《病》瘍(よう).
tābēscō -ere -buī, inr inch [tabeo] 1 溶ける; 融解する. 2 腐る, 分解する. 3 衰弱[憔悴]する, やつれる.
tābidōsus -a -um, °adj [tabidus] 腐った, 腐る.
tābidulus -a -um, °adj dim [↓] 衰弱[消滅]させる.
tābidus -a -um, adj [tabeo] 1 腐りかけた, 溶けかかった. 2 衰弱[憔悴]した. 3 衰弱[憔悴]させる.
tābificābilis -is -e, adj [↓] 衰弱[憔悴]させる.
tābificō -āre, tr [tabes/facio] 消耗[衰弱]させる.

tābificus -a -um, adj [tabes/facio] 1 腐敗させる, 溶解させる. 2 衰弱させる.
tābifluus -a -um, °adj [tabes/fluo] 1 腐りつつある. 2 消耗[衰弱]させる.
tābitūdō -dinis, f [tabidus] 1 衰弱. 2° 朽ちる[滅びる]こと.
tablīnum -ī, n =tabulinum.
tābuī pf ⇨ tabesco.
tabula -ae, f 1 板, 金属板, 石板. 2 (蠟引きの)書字板: manum de tabula! (CIC) 書字板から手を(離)せ, 止め《塾教師の生徒への命令から》. 3 (通例 pl) 文書; 記録, 帳簿, 遺言書: novae tabulae (CIC) 借金の帳消し. 4 勘定台, 帳場. 5 競売. 6 掲示[告知]板; (一覧)表. 7 (恒久的な布告・記録用の)金属[石]板: duodecim tabulae (CIC) 十二表法. 8 絵, 図; 奉納額. 9 遊技盤. 10° (衣服の)ひだ, しわ.
tabulāmentum -ī, n [↑] 床(ゆか)張り, 床張り.
tabulāria -ae, f [tabula] 1 記録庫, 文書館. 2° 記録[文書]保管者の職務.
tabulāris -is -e, adj [tabula] 木の板の; 金属板の.
tabulārium -ī, n [tabula] 1 記録集. 2 文書館, 記録庫.
tabulārius -ī, m 1 帳簿係. 2° 会計官. 3° (一種の)公証人.
tabulātiō -ōnis, f [tabula] 板張り; 板材で作った物.
tabulātum -ī, n [↓] 1 板張りの床; 床板. 2 (家屋などの)階. 3 (樹木の水平に伸びた枝がつくる)層.
tabulātus -a -um, adj [tabula] 板張りの.
tab(u)līnum -ī, n [tabula] タブリーヌム《ローマ人の家屋でatriumとperistylumの間にある部屋; 一族に関する文書が収蔵され, 絵画や彫像で飾られた》.
tabulō -āre, °tr [tabula] 板を張る.
tābum -ī, n [tabeo] 1 膿(うみ), 血膿, (流れ出た)血, 血糊. 2 (染料として用いられた紫貝の)液汁. 3 疾病.
Taburnus -ī, m タブルヌス《Samniumの山; オリーブの木が多い; 現Monte Taburno》.
tacenda -ōrum, n pl (gerundiv) [↓] 口外してはいけないこと, 秘密: gravis est culpa ~ loqui (OV) 黙すべきことをしゃべるのは重い罪だ.
taceō -ēre -cuī -citum, intr, tr 1 黙っている, 口を開かない. 2 話をやめる, 黙る. 3 静かである[になる]. 4 (tr) 話さない, …について口にしない: ut alios taceam (OV) 他の者たちのことは言わずにおくが (実際は大いに言いたい《逆言法》).
tachycardia -ae, °f《病》頻脈, 頻拍.
tachygenesis -is, °f《生物》急速発生.
Tacita -ae, f [tacitus]《神話》タキタ《「沈黙の女神」の意; Laraの異称》.

tacitē adv [tacitus] 1 音を立てずに, 静かに. 2 無言で, 黙って. 3 ひそかに, 内密に; 気づかれずに. 4 暗黙のうちに.

tacitō °adv =tac:te.

tacitulus -a -um, adj dim [tacitus] 沈黙している, 無言の.

tacitum -ī, n [tacitus] 1 沈黙. 2 秘密.

taciturnitās -ātis, f [↓] 1 沈黙(を貫くこと); 秘密を守ること. 2 音信[連絡]がないこと.

taciturnus -a -um, adj [↓] 1 沈黙している, 無言の. 2 無口の, 寡黙な. 3 静かな, 音のない.

tacitus -a -um, adj (pp) [taceo] 1 黙っている, 無言の; (動物などが)口のきけない. 2 静かな, 物音ひとつしない. 3 (うちに秘めて)表に出さない: tacitum vulnus (VERG) 心の傷. 4 暗黙の: adsensiones tacitae (CIC) 暗黙の同意. 5 秘密の. 6 語られる[議論される]ことのない.

Tacitus -ī, m タキトゥス《ローマ人の家名; 特に (1) Cornelius ~, ローマの史家 (55?-?120). (2) M. Claudius ~, ローマの皇帝 (在位 275-276)》.

tactilis -is -e, adj [tango] 触れることができる.

tactim °adv [tango] 触って.

tactiō -ōnis, f [tango] さわる[触れる]こと; 触覚.

tactor -ōris, °m [tango] 触れる者.

tactus[1] -a -um, pp ⇒ tango.

tactus[2] -ūs, m 1 さわる[触れる]こと; 触覚. 2 影響, 作用.

Tadius -ī, m タディウス《Augustus 帝時代の画家》.

taeda -ae, f 1 〖植〗マツ(松), 松の木; 松林. 2 松脂(ﾏﾂﾔﾆ). 3 松明(たいまつ) (松明が象徴する)婚礼, 結婚; 愛情. 5 °《犠牲獣の)脂身の小片.

taedeō -ēre -duit, °intr いやになる, うんざりする.

taedet -ēre taesum est, tr impers 飽きあきしている, うんざりしている ⟨alqm+gen[+inf]⟩: vos talium civium ~ (CIC) あなたがたはそのような市民たちに群易いているのだ / jam audire eadem miliens (TER) 同じことを千回も聞くのはもううんざりだ.

taedifer -fera -ferum, adj [taeda/fero] 松明(たいまつ)を持つ《Ceres 女神の呼称の一つ》.

taediō -āre -āvī -ātum, °intr [taedium] うんざりしている, 飽きあきしている.

taediōsus -a -um, °adj [↓] 1 退屈な, うんざりさせる. 2 憂鬱な, 悲しい.

taedium -ī, n [taedet] 1 うんざり[飽きあき]していること, 退屈. 2 不快感, 嫌悪感. 3 好ましくない品質[状態・物]: vetustas oleo ~ adfert (PLIN) 古くなると油は傷む. 4° 病気.

taeduit pf ⇒ taedeo.

Taenara -ōrum, n pl =Taenarum.

Taenaridēs -ae, m Taenarum の人 (=Hyacinthus).

Taenaris -idis, adj f Taenarum の; Sparta の.

Taenarius -a -um, adj 1 Taenarum の: ~ deus (PROP) =Neptunus / Taenaria marita (OV) =Helena. 2 Laconia (=Sparta) の. 3 黄泉(よみ)の国の (入口の, 下界の.

Taenarum, -on -ī, n 1 タエナルム, *タイナロン《Laconia の岬; Peloponnesus 半島の最南端に位置し, Neptunus の神殿があった; 現 Matapan》. 2 下界, 黄泉の国《その入口が Taenarum 付近にあるといわれたことから》.

Taenarus, -os -ī, m =Taenarum.

taenia -ae, f [Gk] 1 リボン, 髪ひも. 2 ひも[帯] (状のもの). 3 〖建〗平縁(ひらぶち)《ドーリス式円柱でアーキトレーブの一番上の部分》. 4 (ひも状の)寄生虫《条虫など》. 5 岩礁.

taeniensis -is -e, adj [↑] 岩礁の上に住んでいる.

taeniola -ae, f dim [taenia] 細長い一片.

taesum est pf ⇒ taedet.

taeter -tra -trum, adj [taedet] 1 いやな, 不快な. 2 忌むべき, 下劣な, けがらわしい.

taetrē adv [↑] 忌まわしく; 下劣に.

taetritūdō -inis, f [taeter] 忌まわしい状態, 醜悪.

taetrō -āre, tr [taeter] けがらわしいものにする, 醜くする.

taetrum °adv (neut) [taeter] ぞっとするほどに, 忌まわしく.

tagax -ācis, adj [tago] 手癖の悪い, 盗癖のある.

Tagēs -ētis [-ae], m 〖神話〗タゲース《同胞に卜占(ぼくせん)術を教えたとされる Etruria 人》.

tagō -ere, tr 〖古形〗=tango.

Tagus -ī, m タグス《Lusitania の川; 砂金で有名; 現 Tajo》.

Talaīonidēs -ae, m 〖伝説〗Talaus の息子 (=Adrastus).

Talaīonius -a -um, adj Talaus の血を引く.

tālāria -ium, n pl [↓] 1 くるぶし, 足首. 2 (Mercurius, Perseus などが履く)翼のついた靴《サンダル》. 3 (くるぶしまで届く)長衣. 4 足錠.

tālāris -is -e, adj [talus] 1 くるぶしまで届く. 2 足首についた. 3 =talarius.

tālārius -a -um, adj [talus] (長衣を着て踊る)低俗な演芸の.

talas(s)iō -ōnis, m 婚礼時に花嫁にあびせる掛け声.

Talas(s)ius -ī, m タラッシウス《婚姻の神》.

Talaus -ī, m [Gk] 〖伝説〗タラウス, *-ーオス《Argonautae の一人; Adrastus, Eriphyla の父》.

talcum -ī, °n 〖鉱〗タルク, 滑石.

tālea -ae, f 1 棒, 杭(くい): ~ ferrea (CAES) (Britannia で硬貨の代わりに用いられた)鉄の棒. 2 挿し木, 接(つ)ぎ木.

talentum -ī, n [Gk] タレント《(1) ギリシアの衡量単位; 地方・年代によって異なるが, Attica 単位では約 26.2 kg. (2) ギリシアの通貨単位》.

tāliatūra -ae, °f 割れ目, 裂け目.

tāliō -ōnis, f [talis] 〖法〗タリオ, 同害報復, 同罰刑.

tālipedō -āre, intr [talus/pes] (足が)ふらつく.

tālipēs -edis, °m [talus/pes] 〖医〗湾足.

tālis -is -e, adj 1 この[その]ような, こんな[そんな]性質[種類]の: talia dicta (VERG) そのような発言. 2 これ[それ]ほどすぐれた[重要な, 悪い, ひどい]: pro tali facinore (CIC) それほどの[憎むべき]悪行の報いに. 3 前述の. 4 次に述べる, 以下の. 5 (qualis, ut, qui, ac [atque] とともに): non esse eum talem qualem putassem (CIC) 彼は私が思っていたような人物ではない / tales nos esse putamus ut jure laudemur (CIC) われわれは自分をほめられて当然である人間と思っている / faxo (=faciam) tali eum mactatum atque hic est

tāliscumque — tantillum 650

infortunio (Ter) そんな奴はこいつと同じように災難で痛めつけてやる.

tāliscumque tāliscumque tālecumque, *adj* ほぼそのような(性質の).

tāliter *adv* [talis] そのよう(な具合)に.

tālitrum -ī, *n* [talus] 指ではじくこと.

talla -ae, *f* タマネギの皮.

tālocrūrālis -is -e, °*adj* 〖解〗距腿の.

tālonāviculāris -is -e, °*adj* 〖解〗距舟の.

talpa -ae, *f* 〖動〗モグラ.

talpīnus -a -um, °*adj* [↑] モグラの.

talpōna -ae, *f* ブドウの一品種.

Talthybius -ī, *m* [*Gk*] 〖伝説〗タルテュビウス, *-オス《Agamemnon の伝令使》.

tālus -ī, *m* **1** くるぶし, 足首; 〖解〗距骨. **2** (動物の距骨で作った)さいころ; (*pl*) さいころ遊び.

tam *adv* **1** この[その]ように, これ[それ]ほどに: *haec ~ parva civitas* (Cic) こんなに小さなこの国. **2** (a) *... quam ...* と同様[同じ程度]に: *~ esse clemens tyrannus quam rex importunus est* (Cic) 王が冷酷であるのと同様僭主は慈悲深い. (b) *non ~ ... quam ...* ... (というより)はむしろ...: *non ~ turpe fuit vinci quam contendisse decorum* (Ov) 負けることが恥である よりはむしろ戦ったことが名誉だった. (c) *quam magis ... ~ magis ...* すればするほど...: *quam magis aspecto, ~ magis nimbata* (Plaut) 見れば見るほどたまらない女だ. **3** (*ut* [*qui*]+*subj* とともに): *non se ~ barbarum esse ut non sciret* (Caes) 自分が(それを)知らぬほど未開人ではない / *nemo est ~ senex qui se annum non putet posse vivere* (Cic) あと1年生きられないと考えるほど老いている者はいない.

tama -ae, *f* (手足の)腫(は)れ物.

tamarīcē -ēs, *f* =tamarix.

tamarīcium -ī, *n* 〖植〗ギョリュウ(御柳)の実.

tamarix -īcis, *f* 〖植〗ギョリュウの木.

Tamasēus -a -um, *adj* Tamasos の.

Tamasos -ī, *f* [*Gk*] タマソス《Cyprus 島中部の町》.

tamdiū, tam diū *adv* こんなに長い間; 大変長い間.

tamen *adv* しかし, にもかかわらず; それでも, やはり: *semper Ajax fortis, fortissimus ~ in furore* (Cic) Ajax はいつでも強い, だが怒り狂っているときが最も強い / (*ac* [*atque*], *et*, *sed*, *at* などとともに) *difficile factu est, sed conabor ~* (Cic) 実行困難だが, それでも努力してみよう / (譲歩を表わす句・節を前後に伴って) *quamquam abest a culpa, suscipione ~ non caret* (Cic) たとえ罰を免れているとはいえ, 依然嫌疑は残っている.

tamendem *adv* それでも, そうだとしても.

tamenetsī, tamen etsī *conj* =tametsi.

Tamesis -is, *m*, **Tamesa** -ae, *f* タメシス《Britannia 南部の川; 現 Thames》.

tametsī, tam etsī *conj* たとえ...でも; それでもやはり, それにもかかわらず.

tamiacus -a -um, °*adj* [*Gk*] 国庫(収入)に関する.

taminia -ae, *adj f uva ~* (Plin) tamnus の実.

tāminō -āre, *tr* よごす; けがす.

tammodo, tam modo *adv* 今しがた, ついさっき, 今.

tamnus -ī, *f* 〖植〗ヤマノイモ科の蔓草.

Tamphiliānus -a -um, *adj* Tamphilus の.

Tamphilus -ī, *m* タンピルス《ローマ人の家系, 特に (1) *Cn. Baebius ~*, 法務官(前199), 執政官(前182). (2) *M. Baebius ~*, (1)の弟; 法務官(前192), 執政官(前181)》.

tamquam, tanquam *adv*, *conj* **I** (*adv*) **1** (あたかも)...のように, 同じように: *te ~ oculos amat* (Plaut) 彼女はあなたを(自分の)目のように愛している / (*sic, ita* と呼応して) *ex vita ita discedo, ~ ex hospitio* (Cic) 私はあたかも宿をあとにするように人生から去る / (*si*+*subj* とともに) *~ si esset consul* (Cic) 彼が執政官でもあるかのように. **2** いわば. **3** たとえば. **II** (*conj*) (+*subj*) あたかも...のように: *~ regina maneret* (Ov) あたかも まだ女王であるかのように.

Tamyris -is, *f* =Tomyris.

Tanager -grī, *m* タナゲル《Lucania の小川》.

Tanagra -ae, *f* [*Gk*] タナグラ《Boeotia の町》.

Tanagraeus -a -um, *adj* Tanagra の.

Tanagricus -a -um, *adj* =Tanagraeus.

Tanais -is, *m* タナイス《(1) Sarmatia の川; 現 Don. (2) Tanais (1) 河口の町. (3) Numidia の川》.

Tanaītae -ārum, *m pl* Tanais (1) 河畔の住民.

Tanaīticus -a -um, *adj* Tanais (1) の.

Tanaītis -idis, *f* 〖詩〗Tanais (1) のほとりに住む女 (=Amazon).

Tanaquil -īlis, *f* タナクウィル《Tarquinius Priscus の妻; 夫を後押ししてローマ第5代の王に即位させた》.

tandem *adv* [*tam*/-*dem*] **1** ついに, とうとう, ようやく. **2** (疑問詞とともに)一体全体, 結局, (それでは): *quid ~ veremini?* (Caes) おまえたちは一体何を恐れるのか / *quousque ~ ?* (Cic) 一体全体いつまで. **3** つまり, 要するに.

Tanētum, Tannē- -ī, *n* タネートゥム《Gallia Cispadana の村》.

Tanfāna, Tamf- -ae, *f* タンファーナ《Germania の女神》.

tangibilis -is -e, °*adj* [↓] 触れることのできる.

tangō -ere tetigī tactum, *tr* [*cf.* tago, tagax] **1** 触れる, さわる. **2** たたく, 打つ: *de caelo tactus* (Cic) 雷に打たれて. **3** (食べ物に)手をつける, 味わう. **4** (女性・他人のものなどに)手を出す; (神聖なものなどを)侵す, けがす. **5** (水などを)ふりかける; 染める: *corpus aquā tangere* (Ov) 体に水をふりかける. **6** ...に着手する: *tetigisse carmina* (Ov) 詩作に手を染めた. **7** ...からだまし取る〈alqm re〉. **8** (感情などが)...に影響を及ぼす, 動かす. **9** ...に(少し)言及する, 触れる. **10** 接する, 隣接する. **11** 達する, 着く, 届く.

Tantaleus -a -um, *adj* Tantalus の.

Tantalidēs -ae, *m* Tantalus の男系子孫《Pelops, Atreus, Thyestes, Agamemnon, Orestes など》.

Tantalis -idis [-idos], *f* Tantalus の女系子孫《Niobe, Hermiona など》.

Tantalus -ī, *m* [*Gk*] 〖伝説〗タンタルス, *-ロス《Juppiter の息子で Pelops と Niobe の父; Lydia の王》.

tantī *gen* ⇒ tantum¹.

tantillum -ī, *n* [↓] ごくわずかの量[額], 時間(な

tantillus -a -um, *adj dim* [tantus] そんなに小さな; ごくわずかの.
tantisper *adv* [tantus] その間, しばらく, 当面 ⟨dum; quoad⟩.
tantopere, tantō opere *adv* [tantus/opus] これ[それ]ほどまで大いに[はなはだしく].
tantulum[1] -ī, *n* [tantulus] それほど[ごく]わずかの量, ささいなこと.
tantulum[2] *adv* ほんの少し, ごくわずか.
tantulus -a -um, *adj dim* [tantus] これ[それ]ほど小さい[わずかな].
tantum[1] -ī, *n* [tantus] **1** これ[それ]ほど多くのもの[量] ⟨+*gen*⟩: ~ *effatus* (VERG) 彼はそれだけ言うと / ~ *piscium* (CIC) こんなにたくさんの魚 / *alterum* [*ter, quater*] ~ *auri* 2[3, 4]倍の金(釜) / (*quantum* と呼応して) ~ *dedit quantum iste imperavit* (CIC) 彼はあの男が命じただけの額を払った / *in* ~ それほどまで. **2** (*tanti*(価値を表わす *gen*)で)これ[それ]ほどの値段[価値]で: *tanti indica* (PLAUT) 売り値を言ってくれ / (*quanti* と呼応して) *hortos emit tanti quanti Pythius voluit* (CIC) 彼は Pythius の言い値で庭を買った / (+*inf*) *est mihi tanti hujus invidiae tempestatem subire* (CIC) 私にとってこの嫉妬の嵐を耐える価値は十分ある. **3** (*tanto* で) (a) それだけの値段で. (b) それだけ多く ⟨+*comp*⟩: *tanto miserior* (PLAUT) いっそう気の毒だ / (*quanto* と呼応して) *tanto major vis, quanto recentior* (PLIN) 新しければ新しいほど力が大きい / *tanto ante* [*post*] (CIC) ずっと以前に[あとに].
tantum[2] *adv* **1** これ[それ]ほど(多く, 長く, 遠く): ~ *equitatu valere* (CAES) それほど騎兵でまさる. **2** ただ, …だけ: *non* ~ *sed etiam* …… …だけでなく…もまた. **3** (~ *non* で)ほとんど: ~ *non statim a funere* (SUET) 葬式からほとんど間をおかずに. **4** (~ *quod* で)ようやく, やっと, ちょうど; (~ *quod non* で)ただ: ~ *quod hominem non nominat* (CIC) 男を名指ししていないというだけのことだ.
tantummodo, tantum modo *adv* ただ, 単に, …だけ: *non* ~ … *sed etiam* … ……だけでなく…も(また).
tantundem[1], -**tum**-[1] tantīdem, *n* [tantusdem] **1** ちょうど同じだけの量[程度]: ~ *argenti quantum miles debuit* (PLAUT) 兵士が借りていたのと同額の銀貨 / ~ *est* (JUV) (結局は)同じことだ. **2** (*gen* で)ちょうど同じ値段[価値]で: *tantidem emptam postulat* (TER) 彼は(おれが)買った女を元値で売れと言う.
tantundem[2], -**tum**-[2] *adv* ちょうど同じ程度に.
tantus -a -um, *adj* [*cf.* tam] これ[それ]ほど大きい[多量の, 重要な]: *tanta multitudo hostium* (CAES) これほど多くの敵 / (*quantus* と呼応して) *non sum tanto ingenio quanto Themistocles fuit* (CIC) 私は Themistocles ほどの才能はない / (*ut, qui* を伴って) *tanta oborta caligo est ut dispicere non posset* (SUET) 何も見分けられないほどひどい暗やみが起きた(=ひどい暗やみが起きたので何も見分けられなかった) / *nulla est tanta vis quae non ferro frangi possit* (CIC) 武器によって破られないほど強固な力はない.
tantusdem tantadem tantundem [-tum-], *adj* [↑/-dem] ちょうどそれだけの大きさ[量, 程度]の.

*****tapēs** -ētis, *m* [*Gk*] (*sg nom* の用例なし) =tapete.
tapēte -is, *n*, **tapētia** -ium, *n pl* [*Gk*] **1** 敷物, 絨毯(鷺). **2** 壁掛け, 上(鷺)掛け.
tapētum -ī, °*n* **1** 〖植〗絨毯組織. **2** 〖解〗内面層. **3** 〖解〗(側脳室の)壁板. **4** 〖解・動〗(眼球の)輝板.
tapinōma -atis, °*n* [*Gk*] 陳腐な表現.
tapinōsis -is, °*f* [*Gk*] =tapinoma.
Taprobanē -ēs, *f* [*Gk*] タプロバネー《インド洋の島; 現 Ceylon》.
Tapȳrī -ōrum, *m pl* [*Gk*] タピューリー, *-ロイ《カスピ海南岸の Hyrcania にいた一部族》.
tarandrus -ī, *m* [*Gk*] 〖動〗トナカイ(馴鹿).
Taranis -is, *m* タラニス《Galli の雷神; Juppiter と同一視された》.
Taranucus -ī, *m* 〖碑〗=Taranis.
taratantara tuba の音を表わす擬音語.
Tarbellī -ōrum, *m pl* タルベッリー《Aquitania 南部にいた一部族》.
Tarbellus -a -um, *adj* Tarbelli 族の.
Tarchō(n) -ōnis [-ontis], *m* 〖伝説〗タルコー(ン)《Etruria 人の長; Turnus に抗して Aeneas に味方した》.
tardātiō -ōnis, °*f* [tardo] のろいこと, 緩慢.
tardē *adv* [tardus] ゆっくりと, のろのろ[ぐずぐず]と; (時間に)遅れて: *citius tardius* (PLIN) 遅れ早かれ, 早晩.
tardēscō -ere, *intr* [tardus] 動きが鈍くなる: *tardescit lingua* (LUCR) 舌がもつれる.
tardicors -cordis, °*adj* [tardus/cor] (頭が)鈍い, 鈍感な.
tardigradus -a -um, °*adj* [tardus/gradior] 歩みののろい, 足の遅い.
tardilinguis -is -e, °*adj* [tardus/lingua] (ことばの)たどたどしい, 舌の回らぬ.
tardiloquus -a -um, *adj* [tardus/loquor] ゆっくり話す.
tardipēs -pedis, *adj* [tardus/pes] 歩みののろい, 足を引きずる: ~ *deus* (CATUL) =Volcanus.
tarditās -atis, *f* [tardus] **1** (動きの)鈍いこと, 緩慢. **2** 遅れ, 遅滞. **3** 耳が遠いこと, 難聴. **4** (頭の)鈍さ, 愚鈍.
tarditiēs -ēī, *f* =tarditas.
tarditūdō -dinis, *f* [tardus] 動きが鈍いこと.
tardiusculē *adv* [↓] 少しゆっくりと.
tardiusculus -a -um, *adj dim* [tardus] 少しのろまの.
tardō -āre -āvī -ātum, *tr, intr* [↓] **1** 遅らせる; 阻む: *palus Romanos ad insequendum tardabat* (CAES) 沼地がローマ人の追跡を妨げていた. **2** (感情などを)抑える, 弱める. **3** 遅れる, ぐずぐずする.
tardus -a -um, *adj* **1** (動きの)遅い, 鈍い, のろい. **2** (頭の)鈍い, 愚かな. **3** ゆっくりとした, 時間のかかる. **4** 遅れる, 遅い.
Tarentīnus -a -um, *adj* Tarentum[1] の. **Tarentīnī** -ōrum, *m pl* Tarentum[1] の住民.
Tarentum[1] -ī, *n*, -**tus**, -**tos**[1] -ī, *f* タレントゥム, *タラース《Magna Graecia にあったギリシア人の植民市; 現 Taranto》.
Tarentum[2] -ī *n*, -**tos**[2] -ī, *m* タレントゥム《Cam-

tarmes — **taurus**

pus Martius 内の百年祭 (ludi saeculares) が催れた場所).
tarmes -itis, *m* [tero]《昆》キクイムシ.
Tarpēia -ae, *f* タルペイヤ, "-ア《ローマ人の女性名; 特に Romulus 王治下のローマ防衛隊長 Sp. Tarpeius の娘; Sabini 族のために裏切って市の城門を開いたという》.
Tarpēius[1] -ī, *m* タルペイユス, "-ウス《ローマ人の氏族名》.
Tarpēius[2] -a -um, *adj* Tarpeius の(岩の); Tarpeia の: *saxum* ~ (TAC) Tarpeius の岩《Capitolinus 丘の崖(⊥)》; 人殺しや国事犯がそこから突き落とされた).
tarpezīta -ae, *m* =trapezita.
Tarquiniānus -a -um, *adj* =Tarquinius[2].
Tarquiniēnsis -is -e, *adj* Tarquinii の. **Tarquiniēnsēs** -ium, *m pl* Tarquinii の住民.
Tarquinii -ōrum, *m pl* タルクゥイニイー《Etruria の町; 現 Tarquinia》.
Tarquinius[1] -ī, *m*《伝説》タルクゥイニウス《Etruria 人の家名; 特に: (1) ~ *Priscus*, ローマの第5代の王《伝》在位前 616–579). (2) ~ *Superbus*, ローマの最後(第7代)の王《伝》在位前 534–510). (3) *L.* ~ *Collatinus*, 最初の二人の執政官の一人（前 509)》.
Tarquinius[2] -a -um, *adj* Tarquinius の.
Tarquitius -ī, *m* タルクゥイティウス《占いに関する書物を著わした Etruria 人》.
Tarracīna -ae, *f*, **-nae** -ārum, *f pl* タッラキーナ《Latium の海岸の町; 現 Terracina》.
Tarracīnēnsis -is -e, *adj* Tarracina の. **Tarracīnēnsēs** -ium, *m pl* Tarracina の住民.
Tarracō(n) -ōnis, *f* タッラコー(ン)《Hispania 東海岸の町; 現 Tarragona》.
Tarracōnēnsis -is -e, *adj* Tarraco の.
tarsālis -is -e, °*adj* 《解・動》1 足根部(骨)の. 2 瞼板の.
Tarsēnsis -is -e, *adj* Tarsus の. **Tarsēnsēs** -ium, *m pl* Tarsus の住民.
tarsus -ī, °*m* [*Gk*]《解・動》1 足首; 足根(骨). 2 (鳥の)跗蹠(ふ)骨. 3 (昆虫の)跗節. 4 瞼板(けん).
Tarsus, -os -ī, *f* [*Gk*] タルスス, *-ソス《Cilicia の町; 聖パウロの生地》.
Tartara -ōrum, *n pl* =Tartarus.
Tartareus -a -um, *adj* [Tartarus] 冥界の, 地獄の: ~ *custos* (VERG) =Cerberus / *sorores Tartareae* (VERG) =Furiae.
tartarum -ī, °*n* [*Gk*] 1 酒石. 2 歯石.
Tartarus, -os -ī, *m* [*Gk*] 冥界, 地獄.
Tartēs(s)iacus -a -um, *adj* Tartessus (起源)の.
Tartēs(s)ius -a -um, *adj* Tartessus の.
Tartēs(s)us, -os -ī, *f* [*Gk*] タルテーッスス, *-ソス《Hispania 南部の Baetis 河口の町; 時に世界の西端の象徴》.
Tarusātēs -ium, *m pl* タルサーテース《Aquitania の一部族》.
Tasgetius -ī, *m* タスゲティウス《Carnutes 族の首長》.
tasis -is, °*f* [*Gk*]《声》の調子, 高低.
tat *int* やあ, ねえ.

tata -ae, *m*《幼児》1 おとうちゃん. 2 おじいちゃん.
tatae *int* おや, まあ.
Tatius[1] -ī, *m* タティウス《*T.* ~, Sabini 族の王; 一時 Romulus とローマを共同統治したという》.
Tatius[2] -a -um, *adj* Tatius の.
Taulantiī -ōrum, *m pl* タウランティイー《Illyria の一部族》.
Taulantius -a -um, *adj* Taulantii 族の.
Taunus -ī, *m* タウヌス《Germania 西部の山》.
taura -ae, *f* [taurus] (不妊の)雌牛.
taurārius -ī, *m* [taurus]《碑》闘牛士.
Taurasia -ae, *f* タウラシア《Samnium の町》.
Taurasīnī -ōrum, *m pl* Taurasia の住民.
taurea -ae, *f* [taureus] 1 牛革の鞭. 2 ° =taura.
taurelephās -antis, °*m* [*Gk*] 体の半分が牛で残りが象であるインドの架空の動物.
taureus -a -um, *adj* [taurus] 雄牛の; 牛革の: *taurea vincla* (LUCR) にかわ / *taurea terga* 牛革 (VERG); 太鼓 (OV).
Taurī -ōrum, *m pl* タウリー《Chersonesus Taurica (現 Krym) にいた部族》.
tauricornis -is -e, °*adj* [taurus/cornu] 雄牛の角(♂)をもった.
Tauricus -a -um, *adj* Tauri 族の.
taurifer -era -erum, *adj* [taurus/fero] 雄牛を産する[育む].
tauriformis -is -e, *adj* [taurus/forma] 雄牛の形[姿]をした.
taurigenus -a -um, *adj* [taurus/gigno] 雄牛(から)の.
Taurīnī -ōrum, *m pl* 1 タウリーニー《Gallia Cisalpina にいた Liguria 人の一部族》. 2 *Augusta Taurinorum* (TAC) Augustus 帝により創建された都市 (現 Turin).
taurīnus -a -um, *adj* [taurus] 1 雄牛(から)の. 2 牛革の.
Taurīnus -a -um, *adj* Taurini 族の.
Tauris -idis, *f* タウリス《Illyria 沖の島》.
Taurius[1] -ī, *m* タウリウス《ローマ人の氏族名》.
Taurius[2] -a -um, *adj* Taurius の: *ludi Taurii* (VARR) 地下の神々を祭るために Palatinus 丘の北西にあった Circus Flaminius で催された競技.
taurobolior -ārī -ātus sum, °*intr dep* [↓] taurobolium の儀式を行なう.
taurobolium -ī, *n* [*Gk*]《碑》タウロボリウム, *-オン《Cybele のために雄牛を犠牲に捧げる儀式》.
Tauroīs -roentis, *m* タウローイース《Gallia Narbonensis の要塞・港町》.
Tauromenītānus -a -um, *adj* Tauromenium の. **Tauromenītānī** -ōrum, *m pl* Tauromenium の住民.
Tauromenium, -num -ī, *n* タウロメニウム《Sicilia 島東岸の町; 現 Taormina》.
Tauropolos -ī, *f* [*Gk*] Diana [Artemis] の呼称の一つ.
taurus -ī, *m* [*Gk*] 1《動》雄牛. 2 パリリスの牛《Agrigentum の僭主 Phalaris (前6世紀) が作らせた青銅の牛の形をした拷問具》. 3 (T-)《天・占星》牡牛座.

Taurus -ī, *m* [*Gk*] タウルス, *-ロス《小アジア南部の山脈》: *Tauri pylae* (Cɪᴄ) Cappadocia と Cilicia の間の隘路(ﾛ)(「Taurus 山脈の門」の意).
tautologia -ae, °*f* [*Gk*]《修・論》同義語反復.
taxa -ae, °*f* [taxo] 1 評価(額). 2 手数料; 税.
taxātiō -ōnis, *f* [taxo] 1 評価, 査定; 評価額. 2《法》限度額. 3° 課税. 4° 非難.
taxātor -ōris, *m* [taxo] 1 ののしる人. 2°(税などの)評価[査定]者.
taxeus -a -um, *adj* [taxus] イチイ(櫟)の.
taxicus -a -um, *adj* =taxeus.
taxillus -ī, *m dim* [talus] 小さなさいころ.
taxim *adv* [tango] そっと, こっそりと.
Taximagulus -ī, *m* タクシマグルス《Cantium (現 Kent) の王》.
taxō -āre -āvī -ātum, *tr freq* [tango] 1 評価[査定, 判定]する. 2 非難する; けなす. 3° 指摘する, 言及する. 4° 課税する.
taxus -ī, *f*《植》イチイ(櫟)(の木).
Tāygeta[1] -ōrum, *n pl* =Taygetus.
Tāygetē -ēs, **-a**[2] -ae, *f* [*Gk*]《神話》ターユゲテー (Pleiades 7 姉妹の一人》.
Tāygetus -ī, *m* [*Gk*] ターユゲトゥス, *-ゲトン《Laconia の山脈; Messenia との境をなす》.
tē *pron pers* (*acc*, *abl*) ⇒ tu.
-te 人称代名詞 tu. te に付加される強意の接尾辞: tute, tete.
Teānēnsēs -ium, *m pl* Teanum Apulum の住民.
Teānī -ōrum, *m pl* =Teanenses.
Teānum -ī, *n* テアーヌム《(1) Apulia の町; ~ *Apulum* ともいう; 現 San Paolo di Civitate. (2) Campania の町; ~ *Sidicinum* ともいう; 現 Teano》.
Teāte -is, *n* テアーテ《イタリア中部のアドリア海側にいた Marrucini 族の町; 現 Chieti》.
Teātēs -us, *m pl* テアーテース《Apulia の一部族》.
Teātīnī -ōrum, *m pl* Teate の住民.
teba -ae, *f* 丘, 小山 (Sabini 語).
techna, techina -ae, *f* [*Gk*] 奸計, 計略.
technicus -ī, *m* [*Gk*] 技芸[技術]の専門家.
technographus -ī, °*m* [*Gk*] 論稿執筆者.
technyphion -ī, *n* [*Gk*] 小さな仕事部屋, 小工房.
Tecmēssa -ae, *f* [*Gk*]《伝説》テクメーッサ《Telamon の息子 Ajax の愛妾》.
Tecmōn -ōnis, *f* [*Gk*] テクモーン《Epirus の町》.
Tecta -ae, *f* [tego] (*sc*. Via) ローマ市内の屋根付き道路; Porta Capena に通じていた.
tectē *adv* [tectus] 隠して, ひそかに.
tectiō -ōnis, °*f* [tego] 覆うこと.
tectonicus -a -um, °*adj* [*Gk*] 建築(術)の.
tector -ōris, *m* [tego] 左官, 漆喰(ﾘ)師.
tectōriolum -ī, *n dim* [↓] ちょっとした漆喰仕上げ.
tectōrium -ī, *n* [↓] 1 スタッコ, 化粧漆喰. 2 (*pl*) 漆喰仕上げの壁, 天井など). 3 (化粧の)上塗り; (うわべだけの)お世辞.
tectōrius -a -um, *adj* [tego] 1 おおい[屋根]となる. 2 漆喰塗り[仕上げ]の.

Tectosagēs -um, **-agī** -ōrum, *m pl* テクトサゲース《Gallia Narbonensis にいた Volcae 族の一支族》.
tectum -ī, *n* [tectus] 1 屋根; 天井. 2 家屋, 住居. 3 巣, 隠れ家.
tectūra -ae, °*f* [tego] 1 漆喰を塗ること. 2 (羊皮紙本の)装丁.
tectus -a -um, *adj* (*pp*) [tego] 1 屋根のある, 屋根付きの: *Via Tecta* (Oᴠ) ⇒ Tecta. 2 おおわれた: *navis tecta* (Cᴀᴇs) 甲板を張った(軍)船. 3 隠された, 秘められた. 4 用心深い, 慎重な.
tēcum =cum te.
tēda -ae, *f* =taeda.
Tegea -ae, **-geē** -ēs, *f* [*Gk*] テゲア(-)《Arcadia の町》.
Tegeaeus -a -um, *adj* 1 Tegea の. 2 Arcadia の: *virgo Tegeaea* (Oᴠ) =Callisto.
Tegeātēs -ae, *m* Tegea 人.
Tegeāticus -a -um, *adj* Tegea の; Arcadia の: *ales* ~ (Sᴛᴀᴛ) =Mercurius.
Tegeātis -idis, *adj f* Tegea の; Arcadia の.
teges -etis, *f* [tego] 1 おおい. 2 ござ, 敷物, マット.
tegeticula -ae, *f dim* [↑] 1 小さなおおい. 2 小さなマット[ござ].
tegiculum -ī, °*n* =tegeticula 1.
tegile -is, *n* [tego] (おおいにする)布切れ.
tegillum -ī, *n dim* [↑] (小さな)ござ.
tegimen, tegum-, tegm- -minis, *n* [tego] 1 おおうもの, おおい. 2 衣服; 上着, 外衣. 3 武具; 鎧, 兜. 4 盾; 防御. 5 毛皮; 果皮; 殻. 6° 屋根, 住居. 7° 口実, 言い訳.
tegimentum, tegum- -ī, *n* [↓] 1 おおう[包む, 保護する]もの, おおい. 2 武具; 鎧, 兜. 3 外皮.
tegō -ere texī tectum, *tr* 1 おおう, 包む. 2 (衣服を)着せる. 3 屋根をふく. 4 防御[保護]する, 守る: *tegere latus alci* (Hᴏʀ) ある人の(無防備な左)側を守る (=敬意を表して左側を歩く). 5 隠す, 見えなくする. 6 秘密にする, 秘匿する.
tēgula[1] -ae, *f* [↑] 1 (屋根)瓦. 2 (特に *pl*) (瓦)屋根. 3 (*pl*) (壁の)化粧タイル.
tēgula[2] -ae, °*f* 揚げ物など, フライパン.
tēgulārius -a -um, *adj* [tegula[1]] 瓦(造り)の.
tēgulārius[2] -ī, *m* 瓦師, 瓦屋.
tēgulum -ī, *n* [tego] 屋根葺き; 屋根.
tegurium -ī, °*n* [tego] 1 小屋. 2 小神殿.
tegus -oris, *n* [tergus] (動物の)背中; 背肉.
Tēius -a -um, *adj* Teos の. **Tēiī** -ōrum, *m pl* Teos の住民.
tēla -ae, *f* [<*texla (texo)] 1 織物, 布. 2 くもの巣. 3 (織物の)縦糸. 4 織機, 機(ﾊﾀ). 5 策略, 計略. 6°《解》組織: ~ *choroidea* (脳室の)脈絡組織.
Telamō(n) -ōnis [-ōnos], *m* [*Gk*]《伝説》テラモー(ン)《Aeacus の息子で Ajax と Teucer の父; Argonautae の一人》.
Telamōniadēs -ae, *m* =Telamonius[2].
Telamōnius[1] -a -um, *adj* Telamon の; Telamon の息子の, Ajax の.
Telamōnius[2] -ī, *m*《伝説》Telamon の息子 (=Ajax).

Telchinēs -um, *m pl* [Gk] 【神話】テルキーネス《魔術に長じていたという Rhodos 島の神官一族》.

Tēleboae -ārum [-um], *m pl* [Gk] テーレボアエ, *-アイ《Acarnania の一部族; 後に Capreae 島に植民した》.

Tēlegonus -ī, *m* [Gk] 【伝説】テーレゴヌス, *-ノス《Ulixes と Circe の息子; それと知らずに父を殺した; Tusculum の建設者といわれる》.

Tēlemachus -ī, *m* [Gk] 【伝説】テーレマクス, *-コス《Ulixes と Penelope の息子》.

Tēlemus -ī, *m* [Gk] 【伝説】テーレムス, *-モス《Cyclopes の一人 Polyphemus に Ulixes が彼を盲目にすると告げた予言者》.

telencephalon -ī, °*n* 【解】終脳, 端脳.

Tēlephus -ī, *m* [Gk] 【伝説】テーレプス, *-ポス《Mysia の王; Hercules と Tegea の Minerva の巫女 Auge の息子; Achilles の槍で傷つけられたが, そのさびで癒やされた》.

Telesia -ae, *f* テレシア《Samnium の町》.

tēlinum -ī, *n* [Gk] コロハ (telis) から製する高価な香油.

tēlis -is, *f* [Gk] 【植】コロハ《マメ科の一年草; 種子は芳香があり薬用》.

telium -ī, °*n*《サビキン類の》冬胞子堆(たい).

Tellēna -ōrum, *n pl* テレナ《Latium の町》.

tellūs -ūris, *f* [Gk] **1** 大地, 地; 土地, 地面. **2** (T-)【神話】テッルース《ローマの地母神》; 母なる大地 (= terra mater). **3** 領地, 地方, 国.

telluster -tris -tre, °*adj* [↑] 大地の.

Telmēssēnsēs -ium, °*m pl* =Telmesses.

Telmēssēs -ium, *m pl* [Gk] Telmessus の住民.

Telmēssicus -a -um, *adj* Telmessus の.

Telmēssis -idis, *adj f* Telmessus の.

Telmēssius -a -um, *adj* =Telmessicus.

Telmēssus, -os -ī, *f* [Gk] テルメースッス, *-ソス《Lycia の港町》.

telōnārius, -neā-, -niā- -ī, °*m* [↓] 関税徴収吏.

telōneum, -nium -ī, °*n* [Gk] 税関.

tēlum -ī, *n* **1** 飛び道具《矢・投げ槍・石など》. **2** 武器; (特に) 槍, 剣. **3** 稲妻; 陽光. **4** 男根 (= membrum virile).

Temenītēs -ae, *m* [Gk] テメニーテース《Apollo の添え名; Syracusae の一地区 Temenos にその聖杯があったことから》.

Temenītis -idis, *f* [Gk] テメニーティス《(1) (*sc.* porta) Tarentum にあった門. (2) (*sc.* fons) Syracusae にあった泉》.

temerāriē *adv* [↓] 軽率[無思慮]に.

temerārius -a -um, *adj* [temere] **1** 偶然の, 偶発的な. **2** 無分別な, 無謀な, むこうみずな. **3** 浅はかな, 軽はずみな.

temerātiō -ōnis, °*f* [temero] **1** 偽造, 贋造(がんぞう). **2** 違反, 違背.

temerātor -ōris, *m* [temero] **1** 風俗を乱す者; (婦女子の) 陵辱者. **2°** 偽造者. **3°** 背く者.

temere *adv* **1** 偶然に, たまたま. **2** わけもなく, でたらめに: *non ~ est quod corvus cantat* (PLAUT) カラス が鳴くのは何かわけがあるぞ. **3** 無分別に, むこうみずに. **4** *non ~* 容易に, やすやすと.

temeritās -ātis, *f* [↑] **1** 偶然. **2** 無分別, 無謀, むこうみず.

temeriter *adv* [temere] 無思慮[不注意]に.

temeritūdō -inis, *f* [temere] 無謀, むこうみず.

temerō -āre -āvī -ātum, *tr* [temere] **1** (神聖なものを) けがす, 侵す, 踏みにじる. **2** (女性を) はずかしめる, 犯す. **3** よごす, きたなくする.

Temesaeus -a -um, *adj* Temese の.

Temesē -ēs, **-a** -ae, *f* [Gk] テメセー《Bruttii の町; 銅山で有名》.

temētum -ī, *n* 強い酒; (水で割ってない生の) ぶどう酒.

temnibilis -is -e, °*adj* [temno] 軽蔑すべき, 見下げはてた.

Temniī -ōrum, *m pl* =Temnitae.

Temnītēs -ae, *adj m* Temnos の. **Temnītae** -ārum, *m pl* Temnos の住民.

temnō -ere, *tr* 軽蔑する, 見くだす (=contemno).

Temnos -ī, *f* [Gk] テームノス《Aeolis の町》.

temō[1] -ōnis, *m* **1** 轅(ながえ), 梶棒. **2** (細長い) 棒. **3** (T-)【天】大熊座.

temō[2] -ōnis, °*m* 徴兵免除[回避]税.

temōnārius -a -um, °*adj* temo[2] に関する.

Tempē *indecl n pl* [Gk] **1** テンペー《Thessalia の渓谷; Olympus, Ossa 両山の間にあり Peneus 川が流れていた》. **2** (一般に) 美しい渓谷.

temperāculum -ī, *n* [tempero] 溶鉱炉.

temperāmentum -ī, *n* [tempero] **1** (調和のとれた) 混合(物). **2** 適度, 節度, 中庸. **3** 調和; 妥協. **4** 適温; 温暖.

temperans -antis, *adj (prp)* [tempero] 節度[自制心] のある, 中庸を保つ.

temperanter *adv* [↑] 節度[中庸] を保って, 自制して.

temperantia -ae, *f* [temperans] 節度, 自制, 中庸.

temperātē *adv* [tempero] **1** 適度に. **2** 節度[中庸] を保って, 自制して.

temperātiō -ōnis, *f* [tempero] **1** (適切な) 混合, 配合. **2** (調和のとれた) 組織. **3** 組織原理. **4** 抑制, 調節.

temperātīvus -a -um, °*adj* [tempero] 緩和する, 鎮静する.

temperātor -ōris, *m* [tempero] **1** 調和させる者; 節度[中庸] を保つ者. **2**《詩》(武具を) 鍛える者.

temperātūra -ae, *f* [tempero] **1** 正しい混合[配合], 調和. **2** 適度; 温暖. **3** 制御, 調節.

temperātus[1] -a -um, *adj (pp)* [tempero] **1** 適度な, 中程度の. **2** 温暖な, 温和な. **3** 節度[分別] のある, 中庸を得た.

temperātus[2] -ūs, °*m* 絶つこと, 禁欲.

temperī, temporī *adv (loc)* [tempus[1]] ちょうどよい時に.

temperiēs -ēī, *f* [tempero] **1** 適切な配合[混合]. **2** 気候; (気候の) 温暖, 温和. **3°** 季節.

temperius *adv comp* [temperi] **1** 早めに, 本来より早く. **2** いっそう時宜(じぎ) にかなって.

temperō -āre -āvī -ātum, *tr, intr* [tempus¹] **I** (*tr*) **1** (適切に)混ぜ合わせる、組み合わせる；調合[配合]する。 **2** 調節する；和らげる。 **3** 支配する、規制する。 **4** 抑制する；節度を守って扱う。 **5°** (*refl*) 絶つ、慎む⟨a re⟩。 **II** (*intr*) **1** 節度を守る、抑える⟨+ *dat*⟩: *linguae tempera* (PLAUT) 口を慎む。 **2** いたわる、寛恕(%)する: *etiam superatis hostibus temperavit* (CIC) 彼は打ち負かした敵兵どもさえ助命した。 **3** 自制する、控える、慎む⟨(a) re; quin, quominus⟩: *a lacrimis temperare* (VERG) 涙を抑える。

tempestās -ātis, *f* [tempus¹] **1** (ひと区切りの)時間、期間；日、季節、時代。 **2** 天気、天候。 **3** 悪天候、嵐。 **4** (比喩的に)嵐(の時)、混乱。 **5** (T-; 通例 *pl*) 天候[嵐]の女神。

tempestīvē *adv* [tempestivus] ちょうどよい時に、時宜を得て。

tempestīvitās -ātis, *f* [↓] **1** ちょうどよい時、時宜にかなっていること。 **2** 時期に合った性質[特徴]。 **3** 良好な状態、健康。

tempestīvus -a -um, *adj* [tempestas] **1** 時勢[時期、季節]に合った、時宜(%)を得た。 **2** 都合のよい、適当な。 **3** 成熟した。 **4** 普通より早い: *convivium tempestivum* (CIC) 昼日中から開く宴会(=ぜいたくな宴会)。

tempestuōsus -a -um, °*adj* [tempestas] 嵐のような；荒れ狂った；激しい。

templāris -is -e, °*adj* [templum] 神殿の。

templārius -ī, °*m* [↓] テンプル騎士団員。

templum -ī, *n* **1** (卜占(%)官が鳥占いのために区切った)天空または地上の一郭(%)。 **2** 聖域、神域；神殿。 **3** 一帯、地区、地域。 **4** (建) 母屋(%)(桁(%)) (屋根の垂木を受ける桁)。

temporāle -is, °*n* [↓] **1** この世[現世]のもの。 **2** 一時的な[はかない]もの。

temporālis¹ -is -e, *adj* [tempus¹] **1** 一時の、はかない。 **2** 現世の、この世の。 **3** 〖文〗時制の。 **4°** 最近の。

temporālis² -is -e, °*adj* [tempus²] 〖解〗こめかみの、側頭部の。

temporālitās -ātis, °*f* [temporalis¹] **1** 一時性、はかなさ。 **2** 環境、状況。 **3** 現在。

temporāneum -ī, °*n* [↓] 早熟の果実。

temporāneus -a -um, °*adj* [tempus¹] ちょうどよい時の、時宜を得た；好都合な。

temporāriē °*adv* [↓] 一時的に、しばらくの間。

temporārius -a -um, *adj* [tempus¹] **1** その場に合わせの；変わりやすい、気まぐれな。 **2** 一時[暫定]的な、ある時期だけの。

temporātim °*adv* [tempus¹] 時に応じて。

temporī *adv* =temperi。

temporomandibulāris -is -e, °*adj* 〖解〗側頭下顎の、顎関節の。

Tempsa -ae, *f* [Gk] =Temese。

Tempsānus -a -um, *adj* Tempsa の。

temptābundus -a -um, *adj* [tempto] 一歩ごとに足元を確かめる。

temptāmen -minis, *n* [tempto] **1** 試すこと、試み。 **2** 誘惑。

temptāmentum -ī, *n* [tempto] **1** 試すこと、試

み；努力。 **2°** 誘惑。

temptātiō -ōnis, *f* [tempto] **1** 企て、試み。 **2** 攻撃；(病気の)発作。 **3°** 誘惑。

temptātor -ōris, *m* [tempto] **1** (性的)誘惑者。 **2°** 害する者。 **3°** 悪魔、サタン (Satan)。

temptātrix -icis, *f* [↑] 誘惑者《女性》。

temptō -āre -āvī -ātum, *tr* **1** さわる、触れる。 **2** 探る、調べる: *temptare venas* (QUINT) 脈をとる。 **3** 試す、試みる⟨+*acc*; +*inf*; ut+*subj*⟩。 **4** 働きかける、動かそうとする: *judicium pecuniā temptare* (CIC) 判決を金で買おうとする。 **5** 襲う；攻撃する；苦しめる。

tempus¹ -poris, *n* **1** 時、時間；頃、時期；(通例 *pl*) 時代: *fugit inreparabile* ~ (VERG) 時は呼び戻す術もなく過ぎて行く。 **2** 季節: ~ *anni* (CIC) 季節。 **3** しかるべき[ふさわしい]時；好機、機会: *nunc est discedere* ~ (PROP) 今こそ別れる時だ。 **4** 状況、事情。 **5** 〖文〗時制、時。 **6** 〖詩〗(音節の)長短；〖音〗拍子、速度。 **7** (*adv* として) *tempore* (a) ちょうどよい時に。 (b) 時とともに、次第に。 **8** (前置詞とともに) (a) 時間[予定]通りに；(b) 状況に応じて；(c) 一時に / *ex tempore* (a) すぐに、その場で；(b) =ad ~ (b) / *in tempore* ちょうどよい時に、都合よく / *in* ~ (a) さしあたって今は、臨時に；(b) =ad ~ (b) / *per* ~ =in tempore / *pro tempore* =ad ~ (b)。

tempus² -poris, *n* こめかみ、側頭(部)。

tempusculum -ī, °*n dim* [tempus¹] 短時間、瞬時。

Tempȳra -ōrum, *n pl* テンピューラ《Thracia の町》。

tēmulenter *adv* [temulentus] 酩酊して。

tēmulentia -ae, *f* [↓] 酩酊。

tēmulentus -a -um, *adj* 酔っ払った、酩酊した。

tenācia -ae, *f* [tenax] **1** (馬が)御しがたいこと、強情。 **2°** 貪欲。

tenācitās -ātis, *f* [tenax] しっかりつかむこと；堅持、固守；強情。

tenāciter *adv* [tenax] **1** ぎゅっとつかんで。 **2** 頑固に、執拗に。

tenāculum -ī, *n* [teneo] つかむ道具。

tenax -ācis, *adj* [teneo] **1** しっかりつかむ、まといつく、粘着力の強い。 **2** 手放すまいとする、物惜しみする、けちな⟨+*gen*⟩。 **3** しっかりとした、確固に持する。 **4** ねばり強い、忠実に守る[従う]⟨+*gen*⟩: *vir boni exempli* ~ (SEN) 気高い理想に固執する男。 **5** 強情な、頑固な。

Tencterī -ōrum, *m pl* テンクテリー《Rhenus 川流域にいたゲルマン系の一部族》。

Tendēba -ōrum, *n pl* [Gk] テンデーバ《Caria の町》。

tendicula -ae, *f* [↓] **1** (衣類の)伸張具。 **2** わな。

tendō¹ -ere tetendī tentum [tensum], *tr, intr* **I** (*tr*) **1** 伸ばす、広げる；(天幕などを)張る。 **2** 強く引く、引っ張る: *neque semper arcum tendit Apollo* (HOR) Apollo も絶えず弓を張っているわけではない。 **3** ふくらませる。 **4** 差し出す、差しのべる。 **5** (わななどを)しかける。 **6** (行方・進路などを)向ける。 **II** (*intr*) **1** 伸びる、向かう、進む。 **2** 目指す、ねらう⟨ad alqd⟩。 **3** 努力する、骨折る⟨+*inf*; ut⟩。 **4** 固執す

tendo — Tentyriticus

る，主張する: *contra tendere* (LIV) 反論[反対]する．
5 天幕を張る，野営する．

tendō² -ōnis, °*n* [↑][解] 腱: ~ *Achillis* アキレス腱．

Tenea -ae, *f* [*Gk*] テネア (*Corinthus* 市外の村落)．

tenebrae -ārum, *f pl* **1** 暗闇，暗黒. **2** 暗夜，夜. **3** 盲目; [失神・死による]闇. **4** 暗い場所; 牢獄; 隠れ家; 冥界. **5** 無知, 蒙昧(ホェ). **6** 世に知られない境遇[状態], 窮状. **7**°[カト] テネブレ《復活祭前週の木・金・土曜日の朝課と賛課》.

tenebrārius -a -um, °*adj* [↑] 卑賤の, 無名の.

tenebrātiō -ōnis, °*f* [tenebro] 目がくらむこと, 目まい.

tenebrēscō -ere, °*intr inch* [tenebrae] 暗くなる, 陰る.

tenebricō -āre -āvī, °*intr*, °*tr* **1** = tenebresco. **2** 暗くする.

tenebricōsitās -ātis, °*f* [↓] 目まい.

tenebricōsus -a -um, *adj* [↑] **1** 暗い, 闇の. **2** (行為・過去などが) 隠された, 闇に包まれた.

tenebricus -a -um, *adj* [tenebrae] 闇に包まれた, 暗い.

tenebriō -ōnis, *f* [tenebrae] 光を嫌う者, 不正[悪事]を働く者.

tenebrō -āre, *tr* [tenebrae] 暗くする.

tenebrōsē °*adv* [↓] 暗く.

tenebrōsus -a -um, *adj* [tenebrae] 暗い; 陰気な.

Tenedius -a -um, *adj* Tenedos の.

Tenedos, -us -ī, *f* [*Gk*] テネドス《エーゲ海のTroas 沖の小島; 現トルコ領 Bozcaada》.

tenellulus -a -um, *adj dim* = tenellus.

tenellus -a -um, *adj dim* [tener] きゃしゃな; か弱い.

tenens -entis, °*m* (*prp*) [teneo] [史] 封建家臣, 封臣.

teneō -ēre tenuī tentum, *tr* (*intr*) **I** (*tr*) **1** しっかり持つ, つかむ, 握る: *cibum ore tenere* (PHAEDR) えさを口にくわえる. **2** つかまえる, 支える; 抱きしめる. **3** 中に持つ, 含む: *exspectabant omnes quidnam in tabulis teneretur* (CIC) 全員その帳簿に一体何が記入されているかと期待して見守った. **4** (位置・場所を)占める; (…に)住む; しばしば訪れる. **5** 占拠[占領]する; 支配する. **6** 取り押える, 捕まえる; 有罪と決する <+ *gen* [*abl*]>. **7** 引き止める, 留まらせる. **8** 抑える, 控える, 慎む; 妨げる <*quin, quominus, ne*>. **9** (法律・誓約などが)束縛する, (義務を)負わせる. **10** (感情などが人を)とらえる, 襲う: *magna spes me tenet* <+ *acc c. inf*> (CIC) 私は…したいとの大きな希望を持っている. **11** (地位・官職などを)占める, 勤める. **12** 持ち続ける, 保つ, 維持する: *cursum* [*iter, viam*] *tenere* 進路を守る. **13** 固執する, (主張などを)通す: *causam tenere* (CIC) 訴訟に勝つ. **14** (ある地点・場所に)着く, 達する; なし遂げる. **15** 理解する, 知る. **16** 心に留める, 記憶する. **II** (*intr*) **1** (場所を)ずっと占拠する. **2** (ある方向へ)進み続ける: *inter utrumque tene* (Ov) おまえはずっと両者の間を進むのだ. **3** 持続[継続]する. **4** 《天幕を張る》の意にも: *imber per noctem totam tenuit* (LIV) 雨は一晩中降りやまなかった / *tenet fama* <+ *acc c. inf*> (LIV) …と語り伝えられている.

tener -era -erum, *adj* [↑] **1** 柔らかい. **2** もろい, 弱い; 軟弱な. **3** 若い, 幼い. **4** 順応性のある, 柔軟な. **5** 繊細な; しなやかな, 優美な.

tenerāscō -ere, *intr inch* [↑] たるむ, ゆるむ: *in tenero tenerascere corpore mentem* (LUCR) 弱い肉体の中では精神もたるむ.

tenerē *adv* [tener] **1** 柔らかく; なまめかしく. **2** 優美に, 弱々しく.

tenerēscō -ere, *intr inch* [tener] 柔らかくなる; ゆるむ, 薄くなる.

teneritās -ātis, *f* [tener] **1** 柔らかさ. **2** もろさ. **3** 若さ; 未熟. **4** 優美さ, 上品さ; 優しさ.

teneriter °*adv* = tenere.

teneritūdō -dinis, *f* [tener] **1** 柔らかさ, 砕けやすさ. **2** 若い[幼い]こと. **3** 優しさ.

tenerōsitās -ātis, °*f* [tener] 幼少, 幼年.

tēnesmus, -os -ī, *m* [*Gk*] [病] しぶり腹.

Tēnii -ōrum, *m pl* Tenos の住民.

Tenitae -ārum, *f pl* [神話] 運命の女神たち (= Parcae).

Ten(n)ēs -ae, *m* [*Gk*] [伝説] テ(ン)ネース《Cycnus の息子; Tenedos 島に流れつき, その名の由来となった英雄》.

tenōn -ontis, °*m* [*Gk*] = tendo².

tenor -ōris, *m* [teneo] **1** 途切れない進行[進み方], 連続した動き: *hasta servat tenorem* (VERG) 槍が一直線に飛ぶ / *uno tenore* (CIC) 一気に, 中断することなく. **2** 持続, 継続. **3** (声の)抑揚, 調子. **4** (法律・文書の)文面, 主旨.

Tēnos, -us -ī, *f* [*Gk*] テーノス《Cyclades 諸島の一つ》.

tensa -ae, *f* **1** 神像を乗せて競技場へ運ぶ車. **2**°(一般に)荷車.

tensibilis -is -e, *adj* [tendo¹] 張ることのできる, 伸長性のある.

tensiō -ōnis, *f* [tendo¹] **1** 強く引っ張ること. **2**°(天幕を)張ること. **3** (筋肉などの)収縮, 緊張. **4**°勃起.

tensor -ōris, °*m* [tendo¹] [解] 張筋.

tensūra -ae, °*f* [tendo¹] **1** (身体の)緊張. **2** (天幕を)張ること. **3**°勃起.

tensus -a -um, *adj* (*pp*) [tendo¹] **1** ぴんと張った, 張りつめた. **2** (性的に)興奮した, 勃起した.

tentā- ⇒ tempta-.

tentīgō -ginis, *f* [tendo¹] 過度の性的興奮, 持続勃起.

tentiō -ōnis, *f* [tendo¹] **1** = tensio 1. **2**°延長.

tento- *āre, tr* = tempto.

tentōriolum -ī, *n dim* [↓] 小さなテント.

tentōrium -ī, *n* [tendo¹] **1** テント, 天幕. **2**°[解] ~ *cerebelli* 小脳天幕. **3**°[昆] 幕状骨.

tentōrius -a -um, *adj* [↑] 天幕用の.

tentus¹ -a -um, *pp* ⇒ tendo¹, teneo.

tentus² -ūs, °*m* [teneo] 止(ㇳ)めること.

Tentyra -ōrum, *n pl*, **-ris** -idis, *f* [*Gk*] テンテュラ《上エジプトの町》.

Tentyrītae -ārum, *m pl* Tentyra の住民.

Tentyrīticus -a -um, *adj* Tentyra の.

tenuābilis -is -e, °*adj* [tenuo] 薄める, 希釈用の.
tenuārius -a -um, *adj* [tenuis]《碑》薄地[薄手]の.
tenuātim °*adv* [tenuo] 薄く.
tenuātiō -ōnis, °*f* [tenuo] やせ衰えること, 衰弱.
tenuescō -ere, °*intr inch* (月が)欠け始める.
tenuiculus -a -um, *adj dim* [↓] いくぶん粗末[質素]な.
tenuis -is -e, *adj* **1** 細い; やせた; 狭い: *subtemen tenue* (PLAUT) 細い糸. **2** 薄い: *murus* ～ (CIC) 薄い壁. **3** (気体・液体など)希薄な; 澄んだ. **4** (影・幽霊など)ぼんやり見える, ぼやけた. **5** 弱い, 力のない; かすかな. **6** 小さい; 細かい: ～ *formica* (JUV) 小さなアリ. **7** 繊細な; 微妙な: *tenues Athenae* (MART) 洗練された都市 Athenae. **8** 少ない, 乏しい; 貧しい; 下賤な. **9** 取るに足らない, つまらない. **10** (文章など)飾らない, 簡素[簡潔]な.
tenuitās -ātis, *f* [↑] **1** 細いこと, やせていること. **2** 薄さ, 希薄. **3** 欠乏, 貧困; 質素. **4** 洗練されていること; 微妙なこと. **5** 文飾のないこと, 簡素.
tenuiter *adv* [tenuis] **1** 薄く; 細かく. **2** 少なく, 乏しく. **3** 力なく, 弱々しく. **4** 繊細に, 精細に. **5** 飾らず, 簡素に.
tenuō -āre -āvī -ātum, *tr* [tenuis] **1** 薄くする; 細くする. **2** やつれ[やせ衰え]させる; 弱める. **3** (糸を)紡ぎ出す; (詩を)作る.
tenus[1] -noris, *n* [*Gk*] **1** わな. **2**° (伸ばした)なわ.
tenus[2] *prep* (後置される) [*cf.* teneo, tendo[1]] **1** ...に(至る)まで, ...を限度として: <+*gen* (通例 *pl*)> *lumborum* ～ (CIC) 腰まで / *Cumarum* ～ (CIC) Cumae まで / <+*abl* (通例 *sg*)> *lateri capulo* ～ *abdidit ensem* (VERG) 脇腹に剣を柄(%)も通れと突き刺した / *Cantabrico* ～ *bello* (SUET) Cantabria の戦まで. **2** ...に可能な限りで <+*abl*>: *titulo* ～ (SUET) (...の)肩書きで / *verbo* ～ (CIC) ことばの上だけで(=純理論的に).
Teōs, -us -ī, *f* [*Gk*] テオース《Ionia の町; 抒情詩人 Anacreon の生地》.
tepefacere *inf* ⇨ tepefacio.
tepefaciō -ere -fēcī -factum, *tr* [tepeo/facio] 温[暖]める, 熱する.
tepefactō -āre, *tr freq* [↑] 温[暖]める(のを常とする).
tepefactus -a -um, *pp* ⇨ tepefacio.
tepefēcī *pf* ⇨ tepefacio.
tepeō -ēre -puī, *intr* **1** 温[暖]かい; ぬるい. **2** 恋心を抱いて熱くなっている. **3** たいして興味がない, 熱がない.
tepescō -ere -puī, *intr, tr inch* [↑] **1** 温[暖]まる, 温まり始める. **2** 冷める, 冷める. **3**° 冷やす.
tepidārium -ī, *n* [↓] (caldarium より低い温度の)温浴室.
tepidārius -a -um, *adj* [tepidus] 温浴(室)用の.
tepidē *adv* [tepidus] **1** 温かく. **2**° 不熱心に, 気持を入れず.
tepidō -āre, *tr* [↓] 温[暖]める.
tepidus -a -um, *adj* [tepeo] **1** 温[暖]かい; 温暖な. **2** 生ぬるい. **3** 熱意のない, 冷淡な.
tepor -ōris, *m* [tepeo] **1** 温[暖]かさ. **2** 生ぬるいこと. **3** (文章などの)生気のなさ.

tepōrātus -a -um, *adj* [↑] 熱せられた.
tepōrus -a -um, °*adj* [tepor] 暖かい, 温暖な.
tepuī *pf* ⇨ tepeo, tepesco.
Tepulus -a -um, *adj aqua Tepula* (PLIN) テプラ水道《ローマ市南東にある Albanus mons からローマ市へ至る水道; 前 125 年頃建造》.
ter *adv* [tres] **1** 3 度, 3 回: ～ *centum milia* (HOR) '30 万. **2** (強調)非常に: *stulte bis* ～ *que* (CIC) 二重三重に(=はなはだしく)愚かに / *o* ～ *que quaterque beati* (VERG) ああ, 3 倍も 4 倍も(=非常に)恵まれた人々.
teratologia -ae, °*f* [*Gk*] 《生物》奇形学.
teratōma -atis, °*n* 《医》奇形腫.
tercentum *indecl num card* 300 (の) (=trecenti).
terdeciens, -ēs *adv* 13 回[倍].
terebinthinus -a -um, *adj* [*Gk*] テレビンノキの, トクノウコウの: *resina terebinthina* (PLIN) テレビン樹脂.
terebinthus -ī, *f* [*Gk*] 《植》テレビンノキ, トクノウコウ.
terebra -ae, *f* [tero] **1** 穴あけ道具, 錐(%). **2** 《医》(外科用の)トレパン, 管錐. **3** 《軍》(壁に穴をあける)攻城器械.
terebrātiō -ōnis, *f* [terebro] **1** 穴をあけること, 穿孔[穿孔]. **2** (あけられた)穴.
terebrātus -ūs, *m* =terebratio 1.
terebrō -āre -āvī -ātum, *tr* [terebra] **1** 穴をあける, 突き刺す. **2** (人を)うまく言いくるめる.
terebrum -ī, °*n* [terebra] 穴あけ道具, 錐.
terēdō -dinis, *f* [*Gk*] 《動》フナクイ(船食)虫.
Tēreidēs -ae, *m* [*Gk*] 《伝説》Tereus の息子 (=Itys).
Terentia -ae, *f* テレンティア《Cicero の妻》.
Terentiānus -a -um, *adj* Terentius (1) (2) の.
Terentilius -ī, *m* テレンティリウス《ローマ人の氏族名, 特に C.* ～ *Harsa*, 護民官 (前 462)》.
Terentīnus, Tērēt- -a -um, *adj* ローマの Tere(n)tina 部族の.
Terentius[1] -ī, *m* テレンティウス《ローマ人の氏族名; 特に (1) *P.* ～ *Afer*, 喜劇詩人 (前 190?-159). (2) *C.* ～ *Varro* ⇨ Varro. (3) *M.* ～ *Varro* ⇨ Varro)》.
Terentius[2] -a -um, *adj* Terentius の.
Terentum -ī, *n*, **-tus** -ī, *m* =Tarentum[2].
teres -retis, *adj* [tero] **1** 磨かれた, すべすべした. **2** 丸みを帯びた; すらりとした. **3** きつく撚(%)った, しっかり編んだ. **4** (話し方・文章が)なめらかな, 洗練された; (耳の)鋭敏な. **5**°《解》円の.
Tēreus -eī [eos], *m* [*Gk*] 《伝説》テーレウス《Thracia の王; Philomela の姉 Procne の夫; Philomela を犯したために妻によって息子 Itys の肉を食わされ, ヤツガシラ (epops) に変えられた》.
tergeminus -a -um, *adj* =trigeminus.
tergeō -ēre tersī tersum, *tr* **1** こすってきれいにする, 磨く. **2** ふく, ぬぐう; 清掃する: *manu lacrimantia tersit lumina* (OV) 手で涙のやどる目をぬぐった. **3** (感覚を)刺激する. **4** 改善する, 償う.
Tergeste -is, *n*, **-tum** -ī, *n* テルゲステ《Histria

Tergestīnus -a -um, *adj* Tergeste の. **Tergestīnī** -ōrum, *m pl* Tergeste の住民.
tergilla -ae, *f* [tergum] (料理に使う)豚の皮.
tergīnum -ī, *n* [tergum] 革のむち[ひも].
tergiversanter *adv* [tergiversor] しぶしぶ, いやいや(ながら).
tergiversātiō -ōnis, *f* [tergiversor] しりごみ[躊躇(ちゅうちょ)]すること; (責任・義務などの)回避.
tergiversātor -ōris, *m* [tergiversor] しりごみする(ためらう)人.
tergiversātōrius -a -um, °*adj* [↓] 言いつくろいの, 逃げ口上の.
tergiversor -ārī -ātus sum, *intr dep* [tergum/verso] しりごみする, 言い逃れをする.
tergō -ere -rsī -rsum, *tr* =tergeo.
tergorō -āre, *tr* [tergus] おおう, 塗りたくる.
tergum -ī, *n* 1 背, 背中: *tergo ac capite punire* (Liv) 鞭で打たれ斬首される / *terga vertere* (Caes) 敗走する / *a tergo* 背後から, 後ろで. 2 裏, 反対側に: *ad terga collis* (Liv) 丘の向こう側へ. 3 (動物の)背(肉), 胴体: *centum terga suum* (Verg) 百頭の豚. 4 (動物の)皮; 皮革製品(袋・楯・拳闘用籠手(ガ)・タンバリンなど). 5 (土地・海などの広い)表面. 6 (畑の)畝(うね).
tergus -oris, *n* [*cf.* tegus] 1 背, 背中. 2 (動物の)背(肉), 胴体. 3 (動物の)皮, 皮革; (*pl*) 盾.
Terīna -ae, *f* テリーナ《Bruttii 西海岸の町》.
Terīnaeus -a -um, *adj* Terina の.
terjugus -a -um, *adj* [ter/jugum] 三つの, 3倍の.
termen -minis, *n* 1 境界標, 境界石. 2《碑》期限.
termentum -ī, *n* [tero/mentum] (足の)まめ.
termes -mitis, *m* (木の)枝.
Termes *indecl n* テルメス《Hispania Tarraconensis の町》.
Termēssēnsēs -ium, *m pl* Termessus の住民.
Termēssus -ī, *f* [*Gk*] テルメーッスス, *-ソス《Pisidia の町》.
Termestīnus -a -um, *adj* Termes の. **Termestīnī** -ōrum, *m pl* Termes の住民.
terminābilis -is -e, °*adj* [termino] 制限することのできる, 限られた.
Termināliā -ium, *n pl* Terminus の祭典《2月23日》.
terminālis -is -e, *adj* [terminus] 1 境界の. 2 終わりを告げる.
terminātē °*adv* [termino] 決着ずみとして.
terminātiō -ōnis, *f* [termino] 1 境界を定めること; 測量, 測定. 2 境界. 3 限界, 範囲. 4 結末;《修》結句. 5°《文》語尾.
terminātor -ōris, °*m* [termino] 限界を設ける者.
terminātus[1] -a -um, *pp* ⇨ termino.
terminātus[2] -ūs, *m* 1 境界を定めること. 2° 境界.
terminō -āre -āvī -ātum, *tr* [↓] 1 境界を定める, 区切る⟨alqd a re⟩. 2 制限する, 限定する. 3 定義する: *bona voluptate, mala dolore terminare* (Cic) 善を快楽によって, 悪を苦痛によって定義する. 4 終わ

らせる, 結末をつける. 5 (問題・紛争を)解決する, 決着させる.
terminus -ī, *m* 1 境界標, 境界石. 2 地の果て, さいはての地; (*pl*) 国境地方. 3 境界, 限界. 4 終わり, 結末. 5 (T-)《神話》テルミヌス《ローマの境界(標)の神》 6° 判決, 裁定. 7°《論》名辞. 8° 郡, 郷.
termō -ōnis, *m* [*cf.* termen, terminus] (競走路の)ゴール標識.
ternārius -a -um, *adj* [↓] 三つから成る, 三つ一組の.
ternī -ae -a, *adj pl* [ter] 1 三つずつの; 三つ一組の. 2《詩》三つの, 三人の (=tres).
ternitās -ātis, °*f* [↑] 三つ組 (=trinitas).
ternus -a -um, *adj* terni の *sg* (稀用).
terō -ere trīvī trītum, *tr* 1 こする. 2 こすって磨く[研ぐ]. 3 脱穀する. 4 すりつぶす, つき砕く. 5 すり減らす: *tempus adamanta terit* (Ov) 時は金剛石をもすりへらす. 6 踏みつける, しばしば通る. 7 (時を)使い果たす, むだに費やす⟨in⟩ re⟩. 8 疲れさせる, 消耗させる⟨alqm in re⟩. 9 (使い過ぎてことばを)陳腐なものにする.
Terpsichorē -ēs, *f* [*Gk*]《神話》テルプシコレー《Musa たちの一人; 舞踏・合唱をつかさどる》.
terra -ae, *f* 1 陸, 陸地: *terrā marique* (Cic) 陸と海とで. 2 地面, 大地: *terrae motus* (Cic) 地震. 3 土, 土壌: *terrae filius* (Cic) 素姓も知れない男. 4 土地, 国土: ~ *Italia* (Liv) =Italia. 5 (天に対する)地, 地上. 6 世界: *orbis terrarum* (Cic) 全世界. 7 地球: *globus terrarum* (Plin) 地球 8 (T-)《神話》大地の女神.
Terracīna -ae, *f* =Tarracina.
terrāneola -ae, *f dim* [terra]《鳥》ヒバリ.
terrārium -ī, *n* [terra]《碑》(通路として利用される)土手.
terrārius -a -um, °*adj* [terra] 1 田舎で気ままに暮らしている. 2 地上の.
terrēnum -ī, *n* [↓] 土地; 土, 土壌: *herbidum* ~ (Liv) 草の繁った土地.
terrēnus -a -um, *adj* [terra] 1 陸の, 陸地の. 2 大地の, 地面の: *numina terrena* (Ov) 地下の神々. 3 土の, 土でできた. 4 世界の; 地球の.
terreō -ēre terruī territum, *tr* 1 こわがらせる, おびえさせる, 威圧する. 2 おどして思いとどまらせる⟨alqm a re; quominus, ne; +*inf*⟩.
terrester -tris -tre, *adj* =terrestris.
terrestris -is -e, *adj* [terra] 1 陸(上)の. 2 地面の: *cibus* ~ (Vitr) 大地からもたらされる食物. 3 地上の; 地球の.
terreus -a -um, *adj* [terra] 土の, 土でできた: *virorum terrea progenies* (Verg) 人間の土の[から生じた]種族.
terribilis -is -e, *adj* [terreo] 1 恐ろしい, 恐るべき⟨alci⟩. 2° 畏敬(いけい)すべき, 尊敬に値する.
terribilitās -ātis, °*f* [↑] 恐ろしさ.
terribiliter *adv* [terribilis] 恐ろしく.
terricola -ae, *m* [terra/colo²] 地上に住む者.
terricrepus -a -um, *adj* [terror/crepo] 恐ろしげに鳴り響く.
terricula -ae, *f*, **-lum** -ī, *n* [terreo] こわがらせる

[おどす]もの; 化け物.
terriculāmentum -ī, *n* [↑] 幽霊, お化け.
terrificō -āre, *tr* [↓] こわがらせる, おびえさせる.
terrificus -a -um, *adj* [terreo/facio] こわがらせる, 恐ろしい.
terrigena -ae, *m, f* [terra/gigno] 大地から生まれた者.
terrigenus -a -um, *adj* [terra/gigno] 大地から生まれた.
terriloquus -a -um, *adj* [terreo/loquor] 恐怖を起こさせる.
terripavium, -pudium, -puvium -ī, *n* [terra/pavio] tripudium (3) の語源と考えられた語.
terrisonus -a -um, *adj* [terreo/sono] 恐ろしげに響く.
territiō -ōnis, *f* [terreo] おびえさせること, 威圧.
territō -āre -āvī -ātum, *tr freq* [terreo] おびえさせる, おどす.
territōriālis -is -e, *adj* [↓] 領地[領土]の.
territōrium -ī, *n* [terra] (町などの)領有地.
territus -a -um, *pp* ⇨ terreo.
terror -ōris, *m* [terreo] 1 恐れ, 恐怖 ⟨alcis⟩. 2 恐怖をひき起こすもの; 恐ろしい人[物, 事件].
terrōsus -a -um, *adj* [terra] 土の多い, 土質の.
terrula -ae, *f dim* [terra] わずかな地所.
terrulenta -ōrum, *n pl* [terrulentus] 大地の産物, 農作物.
terrulentē °*adv* [↓] 世俗的に.
terrulentus -a -um, °*adj* [terra] 地上の, 現世の.
terruncius -ī, *m* [ter/uncia] (*sc.* nummus) 1 3 unciae の目方の銅貨 (=³/₁₂ as). 2 わずかな金額, はした金. 3 (遺産総額の) 4 分の 1.
tersī *pf* ⇨ tergeo.
tersus -a -um, *adj* (*pp*) [tergeo] 1 きちんとした, こぎれいな. 2 晴天の. 3 (文体・趣味が)洗練された, 品のある.
tertia -ae, *f* [tertius] 1 (*sc.* pars) 3 分の 1: *duae tertiae partes* (COL) 3 分の 2. 2 (*sc.* hora) 第 3 時. 3 (*pl*) (*sc.* partes) 劇の第三役.
Tertia -ae, *f* テルティア 《ローマ人(女性)の個人名》.
tertiadecimānī -ōrum, *m pl* [tertiusdecimus] (*sc.* milites) 第 13 軍団の兵士たち.
tertiānī -ōrum, *m pl* [↓] (*sc.* milites) 第 3 軍団の兵士たち.
tertiānus -a -um, *adj* [tertius] 3 日目ごと[隔日]に起こる: *tertianae febres* (CIC) 三日熱.
tertiārius[1] -a -um, *adj* [tertius] 3 分の 1 (のある物)を含む.
tertiārius[2] -ī, *m* 1 3 分の 1. 2 (前の試合で殺された者の代わりをする)控えの剣闘士. 3 《カト》(修道会員で俗籍にある)第三会員.
tertiō *adv* (*abl*) [tertius] 1 3 度目に. 2 3 番目に.
tertium *adv* (*neut*) [↓] 1 3 度目に. 2 3 番目に.
tertius -a -um, *num ord* [ter] 1 第 3 の, 3 番目の: *tertia regna* (Ov) 下界, 冥府. 2 *tertia pars* (CIC) 3 分の 1.

Tertius -ī, *m* [↑] テルティウス 《ローマ人の個人名》.
tertiusdecimus, tertius decimus -adecima -umdecimum, *num ord* 第 13 の, 13 番目の.
Tertulliānus -ī, *m* テルトゥッリアーヌス 《*Q. Septimius Florens* ~, Carthago 生まれのキリスト教神学者 (160?–?220)》.
teruncius -ī, *m* =terruncius.
terveneficus -ī, *m* 極悪人.
tesqua, tesca -ōrum, *n pl* (*sc.* loca) 荒れ地, 荒蕪(ブ)地.
tessella -ae, *f dim* [tessera] 1 (石畳・モザイクなどに使う)小さな立方形の石. 2 さいころ.
tessellārius -ī, *m* [↑] モザイク職人.
tessellātim °*adv* [↓] (料理)賽(サイ)の目に.
tessellātus -a -um, *adj* [tessella] 切りはめ細工の.
tessera -ae, *f* 1 モザイクの石片. 2 さいころ. 3 四角形の小片: (a) (軍隊における)合言葉・命令などを記した小板. (b) ~ *hospitalis* (PLAUT) (友人間で分かち持ち, 後に相手を確認するための)割符. (c) ~ *frumentaria* (SUET) 穀物の配給切符.
tesserārius[1] -a -um, °*adj* [↑] さいころ遊びの.
tesserārius[2] -ī, *m* 1° さいころ遊びをする人. 2 (軍隊における)合いことば伝達係の兵.
tesserātus -a -um, *adj* [tessera] (さいころ状の骨を)くっつけた.
tesserula -ae, *f dim* [tessera] 1 モザイクの石片. 2 小さなさいころ. 3 穀物の配給切符. 4 投票札.
testa -ae, *f* [*cf.* testu, testum] 1 かわら. 2 土製の容器(壺, 瓶など): ~ *ardens* (VERG) ランプ. 3 (陶器の)破片. 4 (甲殻類などの)殻; 貝. 5 ~ *lubrica* (Ov) 張りつめた氷. 6° 《榊》種皮.
testābilis -is -e, *adj* [testor] 証言する権利を有す.
testāceus -a -um, *adj* [testa] 1 煉瓦[瓦]で作った. 2 煉瓦色の. 3 殻でおおわれた, 殻をもつ.
testāmentārius[1] -a -um, *adj* [testamentum] 遺言の[に関する]; 遺言で指定された.
testāmentārius[2] -ī, *m* 1° (雇われた)遺言状作成者. 2 遺言状偽造者.
testāmentum -ī, *n* [testor] 1 遺言(書). 2° 《聖》(神と人との)契約; (契約の)文書: *vetus* ~ (VULG) 旧約聖書 / *novum* ~ (HIER) 新約聖書.
testātim *adv* [testa] 粉々に.
testātiō -ōnis, *f* [testor] 1 証言すること, 証人となること. 2 《法》宣誓証言.
testātō *adv* (*abl*) [testatus] 1 証人の前で, 証人立会で. 2 (証言によって)よく知られているように. 3° 遺言状を作成してにちに.
testātor -ōris, *m* [testor] 1° 証人. 2 遺言者.
testātrīx -īcis, *f* [↑] (女性の)遺言者.
testātus -a -um, *adj* (*pp*) [testor] 1 立証された, 明白な. 2° 有効な遺言状を残した.
testeus -a -um, *adj* [testa] 陶製の, 粘土(製)の.
testiculāris -is -e, °*adj* [↓] 《解》睾丸の, 精巣の.
testiculus -ī, *m dim* [testis¹] 《解》睾丸, 精巣.
testificātiō -ōnis, *f* [testificor] 1 証言. 2 証明, 立証. 3° 戒律, 掟. 4° 殉教, 受難.

testificātus -a -um, *adj* (*pp*) [↓] 明らかにされた，よく知られた．

testificor -ārī -ātus sum, *tr dep* [testis¹/facio] 1 証言する ⟨alqd; +*acc c. inf*; +間接疑問⟩． 2 立証する；明らかにする: *testificandi amoris mei causā* (Cic) 私の(あなたへの)好意を示すために． 3 証人として呼ぶ．

testimōniāles -ium, °*f pl* [↓] (*sc.* litterae) 証明書．

testimōniālis -is -e, °*adj* [↓] 証拠の，証明になる．

testimōnium -ī, *n* [testor] 1 証言，立証． 2 証明， 3 証拠． 4° 戒律，掟．

testis¹ -is, *m* (*f*) 1 証人；立会人． 2 証拠． 3 目撃者．

testis² -is, *m* [解·動] 睾丸，精巣．

testor -ārī -ātus sum, *tr, intr dep* [testis¹] 1 証人として呼ぶ． 2 証言する；宣言する． 3 立証[証明]する；明らかにする． 4 遺言する，遺言状を作成する ⟨de re⟩.

testū *indecl n*, **testum** -ī, *n* [*cf.* testa] 1 陶製の容器(鍋·鉢など)． 2 調理用の陶製[金属製]の蓋(ふた)．

testūdinātus, -neātus -a -um, *adj* [testudo] (天井·屋根が)円筒形[アーチ状]の．

testūdineus -a -um, *adj* [↓] 1 カメのような(足の遅い)． 2 カメの甲で作られた[おおわれた]．

testūdō -dinis, *f* [testu, testa] 1 [動] カメ(亀)． 2 カメの甲，亀甲． 3 (lyra や cithara などの)撥弦[琴]楽器(その反響板が亀甲でも作られた)． 4 亀甲[丸]天井[屋根]． 5 [軍] 亀甲状隊形(攻城の際，数人の兵士がかたまって盾を亀甲状に連ねて突進した)． 6 [軍] 亀甲車(攻城の際に使用された屋根つきの装甲車)．

testula -ae, *f dim* [testa] (特に，Athenae で陶片追放に使われた)陶片，陶器の破片．

teta -ae, °*f* [鳥] ハト(鳩)の一種．

tetanicus -ī, *m* [Gk] 強直痙攣の患者．

tetanus -ī, *m* [Gk] 1 [生理] 筋肉の強直痙攣． 2 [病] 破傷風．

tetartēmoria -ae, °*f* [Gk] [音] 4 分の 1 音．

tetartēmorion -ī, *n* [Gk] [天·占星] 黄道帯の 4 分の 1 (= 3 宮)．

tetendī *pf* ⇨ tendo¹.

tēter -tra -trum, *adj* = taeter.

tēthea -ae, *f*, **tētheon** -ī, *n* [Gk] [動] ホヤ(原索動物)．

Tēthys -yos, *f* [Gk] 1 [神話] テーテュス《海の女神；Oceanus の妻》． 2 海，大洋．

tetigī *pf* ⇨ tango.

tetrachmum -ī, *n* [Gk] (ギリシアの) 4 ドラクマ銀貨．

tetrachordon, -um -ī, *n* [↓] 1 [音] 四音音階． 2 四弦琴． 3 ~ *anni* (Varr) 四季．

tetrachordos -os -on, *adj* [Gk] 1 [音] 四音音階の． 2 4 弦から成る．

tetracōlon -ī, *n* [↓] [文·修] 4 個の並列節から成る文．

tetracōlos -os -on, *adj* [Gk] [詩·修] 4 行から成る．

tetradium, -dēum -ī, *n* [Gk] 4 個[人]一組．

tetradōros -os -on, *adj* [Gk] 4 手幅尺の．

tetradrachmum -ī, *n* = tetrachmum.

tetraetēris -idis, °*f* [Gk] 4 年間．

tetragnathius -ī, *m* [Gk] [動] 毒グモの一種．

tetragōnālis -is -e, °*adj* [tetragonum] 四角(形)の．

tetragōnicus -a -um, °*adj* [Gk] = tetragonalis.

tetragōnium -ī, *n* [Gk] = tetragonum.

tetragōnum -ī, °*n* [Gk] 四角形，正方形．

tetragōnus -a -um, °*adj* [Gk] 1 四角[正方]形の． 2 [占星] ~ *aspectus* (Aus) 惑星間の角度が 90 度になる星相．

tetragrammatos -os -on, °*adj* [Gk] 4 文字から成る．

tetralix -icis, *f* [Gk] [植] アザミの類．

tetrametrus -a -um, *adj* [詩] 四歩格の．

tetrans -antis, *m* [Gk] 1 4 分の 1． 2 四分円． 3 2 本の直径の交点，円の中心；2 本の線の交点．

tetraō -ōnis, *m* [Gk] [鳥] ライチョウの類．

tetrapharmacum, -on -ī, *n* [Gk] 1 四つの成分から成る香薬． 2° 4 皿の料理が出る食事．

tetraplasius -a -um, °*adj* [Gk] 4 倍の．

tetraplō -āre, °*tr* [Gk] 4 倍にする．

tetraptōton -ī, °*n* [文] 四つの格だけを有する語．

tetraptōtos -os -on, °*adj* [Gk] [文] 四つの格だけを有する．

Tetrapūs -podis, *m* [Gk] 「四足獣(料理)」《Apicius に帰せられる *de Re Coquinaria*「料理大全」の第 8 巻の題名》．

tetrarcha -ae, °*m* = tetrarches.

tetrarchēs -ae, *m* [Gk] 四分領太守；(属州の)小王，小君主．

tetrarchia -ae, *f* [Gk] 四分領太守[小君主]の領地．

tetras -adis, °*f* [Gk] 1 (数の) 4． 2 4 個一組．

tetrasēmus -a -um, °*adj* [Gk] 4 音節の．

tetrastichon -ī, *n* [詩] 四行詩．

tetrastichos -os -on, °*adj* [Gk] 1 四行詩の． 2 4 柱列の．

tetrastȳlon, -um -ī, *n* [↓] [碑] 四柱式建築物．

tetrastȳlus -a -um, **-stȳlos** -os -on, *adj* [Gk] [建] 4 本の柱のある，四柱式の．

tetrasyllabus -a -um, °*adj* [Gk] 4 音節の．

tetrax -acis, °*m* [Gk] = tetrao.

Tetrica -ae, *f* テトリカ《Sabini 族の領土にある岩山》．

tetricitās -ātis, *f* [↓] いかめしさ，厳格．

tetricus -a -um, °*adj* [↓] いかめしい，厳格な；不機嫌な，無愛想な: *tetricae deae* (Mart) = Parcae． 2 (山などが)険しい，切り立った．

tetrinniō -īre, °*intr* = tetrissito.

tetrissitō -āre, *intr* (アヒルなどが) ガーガー鳴く．

tettigomētra -ae, °*f* [Gk] セミの幼虫．

tettigonium -ī, *n* [Gk] 小型のセミ．

tetulī *pf* [古形] = tuli (⇨ fero).

Teucer, -crus -crī, *m* [Gk] [伝説] テウケル，*テウクロス《(1) Salamis の王 Telamon の息子で Ajax の異母兄弟． (2) Scamander 河神の息子で Darda-

nus の義父; Troja 王家の祖》).
teuchītis -idis, *m.* [*Gk*] 《植》(芳香性の)イグサの類.
Teucrī -ōrum, *m pl* 1 Teucer の子孫 (=Troja 人). 2 ローマ人.
Teucria -ae, *f* Teucri の国 (=Troja).
teucria -ae, *f* 《植》=chamaedrys.
teucrion, -um -ī, *n* [*Gk*] 《植》1 ニガクサの一種. 2 シダの一種.
Teucris -idis, *f* Troja の女.
Teucrius -a -um, *adj* Teucer の; Teucer が創建した.
Teucrus[1] -ī, *m* =Teucer.
Teucrus[2] -a -um, *adj* Teucer の子孫の; Troja の.
Teumēsius -a -um, *adj* Teumesos の; 《詩》Thebae の, Boeotia の.
Teumēsos -ī, *n* [*Gk*] テウメーソス《Boeotia の Thebae 付近の丘》.
teuthalis -idis, *f* [*Gk*] 《植》=polygonus.
Teuthrantēus -a -um, *adj* Teuthras の; 《詩》Mysia の.
Teuthrantius -a -um, *adj* Teuthras (の子孫)の: *Teuthrantia turba* (Ov) Thespius の 50 人の娘たち.
Teuthrās -antis, *m* [*Gk*] 《伝説》テウトラース《Mysia の王; Thespius の父》.
teuthrion -ī, *n* [*Gk*] 《植》ニガクサ属の植物.
Teutoburgiensis -is -e, *adj* ~ *saltus* (TAC) 「トイトブルクの森」《紀元 9 年, ゲルマン人連合軍がここでローマ軍を撃滅した; この古戦場は後の Teutoburger Wald ではなく, Osnabrück 北方の地》.
Teutoburgium -ī, °*n* テウトブルギウム《Pannonia の町; 現 Teutoburg》.
Teutomatus -ī, *m* テウトマトゥス《Aquitania の Nitiobriges 族の王》.
Teutonēs -um, *m pl* =Teutoni.
Teutonī -ōrum, *m pl* テウトニー《ゲルマン人の一部族》.
Teutonicus -a -um, *adj* Teutoni 族の; 《詩》ゲルマン人の.
texī *pf* ⇨ tego.
texō -ere -xuī -xtum, *tr* 1 織る. 2 編む, 編み合わせる. 3 組み合わせて作る; 建造する. 4 (文章を)つづる.
textile -is, *n* [↓] (*sc.* opus) 織物: *pictura in textili* (CIC) 綴じ織.
textilis -is -e, *adj* [texo] 織られた; 編まれた.
textor -ōris, *m* [texo] 機織り.
textōrius -a -um, *adj* [texo] 1 織る[編む]ための. 2 もつれた, 込み入った.
textrīcula -ae, °*f dim* [textrix] 機織り娘.
textrīna -ae, *f* [textor] 1 (*sc.* officina) 機(ハタ)織り場. 2° 織物; 《クモの》巣.
textrīnum -i, *n* [textor] 1 機織り場. 2 機織りの技術. 3 造船所.
textrīnus -a -um, °*adj* [textor] 機織りの.
textrix -icis, *f* [textor] 機織り女.
textum -ī, *n* (*pp*) [texo] 1 布地; 衣装. 2 骨組, 構造, 組織. 3 (文章の)肌理(キメ), 文体.

textūra -ae, *f* [texo] 1 機織り(の技術). 2 結合, 構造, 組織.
textus[1] -a -um, *pp* ⇨ texo.
textus[2] -ūs, *m* 1 織物; 編物; 織り[編み]方. 2 結合, 構造, 組織.
texuī *pf* ⇨ texo.
Thabēna -ae, *f* タベーナ《Numidia の海沿いの町》.
Thabēnensēs -ium, *m pl* Thabena の住民.
Thāis -idis [-idos], *f* [*Gk*] ターイス《Athenae の遊女(前 4 世紀); Alexander 大王に愛され, のちにエジプトの Ptolemaeus 1 世の愛妾となった》.
Thala -ae, *f* [*Gk*] タラ《Numidia の町》.
thalamēgus -ī, *f* [*Gk*] 船室のある遊覧船.
thalamencephalon -ī, °*n* 《解》視床脳.
thalamus -ī, *m* [*Gk*] 1 部屋; 寝室. 2 新婚[夫婦]の床. 3 婚姻, 結婚. 4°《解》視床. 5°《植》花床.
thalasseros -ī, *m* [*Gk*] 《碑》眼薬の一種.
thalassicus -a -um, *adj* [*Gk*] 海の.
thalassinus -a -um, *adj* [*Gk*] 海の色の.
thalas(s)iō -ōnis, *m* =talassio.
Thalas(s)ius -ī, *m* =Talassius.
thalassomeli *n* [*Gk*] 海水と蜂蜜を混ぜた飲み物.
thalassometra -ae, °*m* [*Gk*] 海の測量士 (= maris mensor).
Thalēs -ētis [-is], *m* [*Gk*] ターレス《Ionia の Miletus 生まれの哲学者(前 640?-?546); ギリシア七賢人の一人; 万物の根源は水と唱えた》.
Thalia, Thalēa -ae, *f* [*Gk*] 《神話》タリーア, *タレイア》(1) Musae の一人; 喜劇をつかさどる. (2) 美の三女神 (Gratiae) の一人. (3) 海のニンフたち (Nereides) の一人》.
thallophyta -ōrum, °*n pl* 《植》葉状植物.
thallus -ī, *m* [*Gk*] 1 若枝, 小枝. 2°《植》葉状体.
thamnus -ī, *f* [*Gk*] 《植》低木の一種.
Thamyrās -ae, *m* [*Gk*] 《伝説》タミュラース《Thracia の詩人; Musae と技を競って盲目に(あるいは口をきけなく)されたという》.
Thamyris[1] -idis, *m* =Thamyras.
Thamyris[2] -is, *f* =Tomyris.
Thapsacus -ī, *f* [*Gk*] タプサクス, *-コス《Syria の Euphrates 川沿いの町》.
thapsia -ae, *f* [*Gk*] 《植》ウイキョウに似たセリ科オオウイキョウ属の植物.
Thapsitānī -ōrum, *m pl* Thapsus の住民.
thapsos -ī, *f* [*Gk*] 《植》ハグノマキ《黄色の染料が採れる》.
Thapsus, -os -ī, *f* [*Gk*] タプスス, *-ソス《(1) Sicilia 島の町. (2) Africa 沿岸の町; ここで Caesar が Pompeius 派の残党に大勝した (前 46)》.
Thasius -a -um, *adj* Thasos の.
Thasos, -us -ī, *f* [*Gk*] タソス《Thracia 海岸沖, エーゲ海最北の島》.
Thaumacī -ōrum, *m pl* [*Gk*] タウマキー, *-コイ《Thessalia の町》.
Thaumaciē -ēs, *f* [*Gk*] タウマキエー, *-アー《Magnesia の町》.
Thaumantēus -a -um, *adj* Thaumas の:

Thaumantias — Theramenes 662

Thaumantea virgo (Ov) =Iris.
Thaumantias -adis, *f* =Thaumantis.
Thaumantis -idis [-idos], *f* [↓]《神話》Thaumas の娘 (=Iris).
Thaumās -antis, *m* [Gk]《神話》タウマース《(1) Iris の父. (2) Centaurus 族の一人》.
theātrālis -is -e, *adj* [theatrum] **1** 劇場の; 演劇の: *theatrales operae* (Tac)《雇われて》拍手喝采する連中. **2** 芝居がかった, 作り染めいた.
theātricus -a -um, °*adj* [Gk] 劇場の; 演劇の.
theātridion -ī, *n dim* [↓] 小劇場.
theātrum -ī, *n* [Gk] **1** 劇場, 舞台; 円形劇場〔闘技場〕. **2** 観衆, 聴衆; 会衆. **3** (活動などの)場, 舞台.
Thēbae -ārum, *f pl*, **Thēbē**[1] -ēs, *f* [Gk] テーバエ, *-バイ*《(1) Boeotia の主都; Cadmus が創建したという. (2) 上(か)エジプトの首都; 現 Luxor. (3) Mysia の町; Eetion 王の支配地》.
Thēbais[1] -idis [-dos], *adj f* Thebae (1) (3) の.
Thēbais[2] -idis [-idos], *f* **1** Thebae (1) の女. **2**「テーバイス」「テーバイ物語」《Oedipus 王の二人の遺子の王位争いに取材した Statius 作の叙事詩》. **3** Thebae (2) 周辺の地域.
Thēbāna -ae, *f* [Thebanus]《神話》Thebae (3) の女 (=Eetion の娘 Andromacha).
Thēbānī -ōrum, *m pl* Thebae (1) の住民.
Thēbānus -a -um, *adj* Thebae (1) (2) (3) の.
Thēbē[1] -ēs, *f* =Thebae.
Thēbē[2] -ēs, *f* テーベー《(1) Pherae の僭主 Alexander の妻. (2) Asopus 河神に愛されたニンフ》.
thēca -ae, *f* [Gk] **1** 箱, 容器, ケース. **2**°《解》膜; ~ *folliculi* 卵胞膜. **3**°《動》甲. **4**°《植》半莢; (苔類の)子囊(のう).
thēcātus -a -um, °*adj* [↑] 箱(袋)に入った.
thelodīves -vitis, °*adj* 金持ぶる.
thelohumilis -is -e, °*adj* 謙遜ぶる.
thelosapiens -entis, °*adj* 賢者ぶる.
thēlycardios -a -um, *n* [Gk] 心臓の色をした宝石.
thēlygonon -ī, *n* [Gk]《植》トウダイグサ科ヤマアイ属の多年草《妊娠を促す効能があるとされた》.
thēlyphonon -ī, *n* [Gk]《植》トリカブト (=aconitum).
thēlypteris -idis, *f* [Gk]《植》シダの一種.
thema -atis, *n* [Gk] **1** (二手に分かれて争う, 弁論術の稽古用の)事件, 状況, 論題. **2**《占星》(誕生時の)天体の位置, 星相.
Themis -idis, *f* [Gk]《神話》テミス《天空神 Uranus と 大地女神 Gaea の娘で法律・秩序・正義の女神》.
Themiscȳra -ae, *f*, **-rium** -ī, *n* [Gk] テミスキューラ, *-キューリウム*《Cappadocia の町; Amazon 族の国の首都》.
Themisōn -ōnis, *m* [Gk] テミソーン《Syria の医師; Asclepiades の弟子》.
Themista -ae, *f* [Gk] テミスタ《Lampsacus の Epicurus 学派哲学者》.
Themistoclēs -is [-ī], *m* テミストクレース《Athenae の政治家・将軍 (前 527?-?462); Salamis の海戦で Xerxes の率いる Persia 艦隊を撃破 (前 480)》.

Themistoclēus -a -um, *adj* Themistocles の.
thenar -aris, °*n* [Gk]《解》母指球.
thensaurus -ī, *m* =thesaurus.
theocratia -ae, °*f* [Gk] 神の支配.
Theocritus -ī, *m* [Gk] テオクリトゥス, *-トス*《Syracusae 生まれの詩人 (前 300?-?260); 牧歌の創始者とされる》.
Theodectēs -is [-ī], *m* [Gk] テオデクテース《Cilicia 出身の弁論家 (前 375?-?334); ずば抜けた記憶力で有名》.
Theodōrus -ī, *m* [Gk] テオドーロス《(1) Byzantium 出身のギリシアのソフィスト (前 5 世紀後半). (2) Cyrene 出身のソフィストで無神論者; Socrates と同時代. (3) Palaestina の町 Gadara 出身の修辞学者 (前 1 世紀後半); Tiberius 帝の師》.
Theognis -is, *m* [Gk] テオグニス《Megara 出身の詩人 (前 6 世紀)》.
Theogonia -ae, *f* [Gk]「神々の誕生」《別名「神統記」》《Hesiodus 作の叙事詩》.
theologia -ae, *f* [Gk] 神学.
theologicus -a -um, °*adj* [↑] 神学の.
theologus -ī, *m* [Gk] **1** 神話について論述する人. **2**° 神性を論ずる人; 神学者.
Theōn -ōnis, *m* [Gk] テオーン《Samos 島出身の画家 (前 4 世紀後半)》.
Theōnīnus -a -um, *adj* (毒舌家として知られた) Theon の; 人を中傷する.
Theophanēs -is, *m* [Gk] テオパネース《Mytilene 出身の歴史家; Pompeius の友人》.
Theophrastus -ī, *m* [Gk] テオプラストゥス, *-トス*, "テオフラストス《Lesbos 島の Eressus 出身の哲学者 (前 372?-?287); Aristoteles の弟子で後継者》.
theopnoē -ēs, °*f* [Gk]《植》マンネンロウ (=rosmarinum).
Theopompēus, -īus -a -um, *adj* Theopompus の.
Theopompus -ī, *m* [Gk] テオポンプス, *-ポス*《Chios 島生まれのギリシア史家・弁論家 (前 4 世紀); Isocrates の弟子》.
Theorāctus -ī, *m* [Gk] テオラークトゥス, *-レークトス*《「神が憑(つ)いた〔気がふれた〕人」の意; Syracusae の Theomnastus のあだ名》.
theōrēma -atis, *n* [Gk] **1** 論題, 問題. **2**°《論・数》定理. **3**° 意見, 見解. **4**° 見ること, 観察.
theōrēmatium -ī, *n dim* [↑] 問題.
theōrētica -ae, **-ē** -ēs, °*f* [Gk] 思弁哲学.
theōrēticus -a -um, °*adj* [Gk] 思弁的な.
theōria -ae, °*f* [Gk] 思弁; 考究.
theōricus -a -um, °*adj* [Gk] 思弁的な, 観想的な.
theostasis -is, *f* [Gk]《碑》神像の台座.
theotocos -ī, °*f* [Gk] 神の母《聖母 Maria の尊称》.
Thēra -ae, **-ē** -ēs, *f* [Gk] テーラ(-)《エーゲ海上, Creta 島北方の島; 現 Thira または Santorini》.
Thēraeus -a -um, *adj* Thera 島の. **Thēraeī** -ōn, *m pl* Thera 島の住民.
Thērāmenēs -is [-ī], *m* [Gk] テーラーメネース《Athenae の三十人僭主の一人, 急進派の Critias に

処刑された (前 403)》.
therapeutica -ōrum, °*n pl* [*Gk*] 《医》治療学, 療法.
theraphim *indecl* °*pl* [*Heb.*] 《古代ヘブライ人の》家神像.
therapīa -ae, °*f* [*Gk*] 治療, 療法.
Therapnae -ārum, *f pl*, **-ē** -ēs, *f* [*Gk*] テラプナエ, *-ナイ*《(1) Sparta に近い小さな町; Helena と Dioscoroe の生地. (2) =Sparta》.
Therapnaeus -a -um, *adj* 1 Therapnae の. 2 Sparta の, Laconia の.
thēriaca -ae, **-ē** -ēs, *f* [*Gk*] 《毒》ヘビによる咬傷(こうしょう)の解毒剤.
Thēriclēs -is, *m* [*Gk*] テーリクレース《Corinthus の陶工 (前 5 世紀)》.
Thēriclēus, -īus -a -um, *adj* Thericles の.
thērīōma -atis, *n* [*Gk*] 《病》悪性潰瘍(かいよう).
theristrum -ī, °*n* [*Gk*] 1 アラブ女性の軽い夏着. 2 装い.
thermae -ārum, *f pl* [*Gk*] (*sc.* aquae) 温浴場; 公共大浴場.
Thermae -ārum, *f pl* [*Gk*] テルマエ, *-マイ*《Sicilia 島北岸, Himera の西隣りの町; 現 Termini Imerese》.
Thermaeus, -maicus -a -um, *adj* Therme の: ~ *sinus* (Tac) テルメー湾.
thermanticus -a -um, °*adj* [*Gk*] 体を熱くさせる[ほてらせる].
thermārius -ī, *m* [thermae] 温浴場の管理人.
Thermē -ēs, *f* [*Gk*] テルメー《Macedonia の町; 後に建設される Thessalonica のすぐ南に位置した》.
terminus -a -um, *adj* [*Gk*] 《油が》ハウチワマメから作られた.
Thermitānus -a -um, *adj* Thermae の.
Thermitānī -ōrum, *m pl* Thermae の住民.
Thermōdōn -ontis, *m* [*Gk*] テルモードーン《Pontus の川; その付近に Amazon 族が住んでいたという》.
Thermōdontēus, -ius -a -um, *adj* Thermodon 川の; 《詩》Amazon 族の.
Thermōdontiacus -a -um, *adj* =Thermodonteus.
thermoplēgia -ae, °*f* 《病》日射病.
thermopōlium -ī, *n* [*Gk*] 温めた酒を飲ませる店.
thermopōtō -āre -āvī, *tr* [*Gk* θερμός/poto] 温めた酒を出す.
Thermopylae -ārum, *f pl* [*Gk*] テルモピュラエ, *-ピュライ*《Thessalia から Locris に通じる海辺の峡路; Sparta の王 Leonidas の率いる千人余のギリシア兵がペルシアの大軍を迎えて戦い全滅した場所 (前 480)》.
thermoreceptor -ōris, °*m* 《生理》温度受容器.
thermospodium -ī, °*n* [*Gk*] 熱い灰, 残り火.
thermotaxis -is, °*f* 《生物》走熱性, 温度走性.
thermulae -ārum, *f pl dim* [thermae] 《小さい》温浴場.
Thērodamantēus -a -um, *adj* 《人肉をライオンの餌(えさ)にやっていたという Scythia の王》Therodamas の.

Thēromedōn -ontis, *m* [*Gk*] 《伝説》テーロメドーン《残酷な王の名; Therodamas と同一人物か》.
thērotrophīum -ī, *n* [*Gk*] 野獣飼育場.
Thersītēs -ae, *m* [*Gk*] 《伝説》テルシーテース《Troja に進攻したギリシア軍の中で最も醜悪で横柄な兵士》.
thēsaurārium -ī, °*n* [↓] 宝物.
thēsaurārius[1] -a -um, *adj* [thesaurus] 宝物の: *fur* ~ (Plaut) 宝物泥棒.
thēsaurārius[2] -ī, °*m* 宝物管理人.
thēsaurensis -is, °*m* =thesaurarius[2].
thēsaurizātiō -ōnis, °*f* [thesaurizo] 蓄財, 財宝蓄積.
thēsaurizātor -ōris, °*m* [↓] 財をたくわえる人, 蓄財家.
thēsaurizō -āre, *intr*, *tr* [↓] 宝を集める, 蓄財する.
thēsaurus -ī, *m*, **-um** -ī, *n* [*Gk*] 1 宝物, 財宝; 大切な[いとしい]人. 2 《情報・知識などの》宝庫, 豊かなたくわえ. 3 倉庫, 貯蔵所; 宝物室, 宝蔵: ~ *rerum omnium memoria* (Cic) 万物の宝蔵である記憶. 4°《法》埋蔵物《所有者不明の発掘物》.
Thēsēius -a -um, *adj* Theseus の: ~ *heros* (Ov) =Hippolytus.
Thēseus[1] -eī [-eos], *m* [*Gk*] 《伝説》テーセウス《Athenae の王; Aegeus と Aethra の息子で Phaedra の夫; 若くして Minotaurus を退治した》.
Thēseus[2] -a -um, *adj* 1 Theseus の. 2 《詩》(Theseus の王国である) Attica の.
Thēsīdēs -ae, *m*, **Thēsīdae** -ārum, *m pl* 1 Theseus の子孫 (=息子 Hippolytus). 2 (*pl*) Athenae 人たち.
thesis -is, *f* [*Gk*] 1 《修》(一般的・抽象的)問題, 題目. 2 《詩》(詩脚の)抑音[弱音]部. 3 《碑》満願成就の際の礼金の寄託. 4°(命題の)提示. 5° 読点; 句読点.
Thesmophoria -iōrum, *n pl* [*Gk*] 立法者としての Demeter を称(たた)えるギリシアの祭.
Thespiacus -a -um, *adj* Thespiae の.
Thespiadēs[1] -ae, *m* Thespius の子孫《特に Thespius の 50 人の娘たちと Hercules の間にできた息子たちの一人》.
Thespiades[2] -um, *f pl* 1 Thespius の娘たち. 2 (Thespiae で祭られた) Musa たち.
Thespiae -ārum, *f pl* [*Gk*] テスピアエ, *-アイ*《Boeotia の町; Helicon 山の東麓》.
Thespiēnsēs -ium, °*m pl* Thespiae の住民.
Thespis -is, *m* [*Gk*] テスピス《ギリシア悲劇の創始者 (前 6 世紀)》.
Thespius[1] -a -um, *adj* Thespiae の. **Thespii** -ōrum, °*m pl* Thespiae の住民.
Thespius[2] -ī, *m* [*Gk*] 《伝説》テスピウス, *-オス*《Thespiae の創建者; 50 人の娘を Hercules と結婚させてそれぞれに息子を得ようとしたという》.
Thesprōtī -ōrum, *m pl* [*Gk*] テスプローティー, *-トイ*《Epirus の南西部にいた一部族》.
Thesprōtia -ae, *f* [*Gk*] テスプローティア《Thesproti 族のいた Epirus の一地方》.
Thesprōtis -idis, °*adj f* Thesproti 族の.
Thesprōtius -a -um, *adj* Thesproti 族の(領土).

の.

Thessalia -ae, f [Gk] テッサリア(-)《ギリシア北東部の一地方》.
Thessalicus -a -um, adj Thessalia の.
Thessalis[1] -idis [-idos], adj f Thessalia の.
Thessalis[2] -idis, f [↑] 1 Thessalia の女. 2 魔女.
Thessalius -a -um, adj =Thessalicus.
Thessalonica -ae, -ē -ēs, f テッサロニーカ, *-ケー《Macedonia の町; テルメー湾 (sinus Thermaicus) に臨む; 現 Thessaloniki)》.
Thessalonīcensēs -ium, m pl Thessalonica の住民.
Thessalus[1] -a -um, adj Thessalia の.
Thessalus[2] -ī, m Thessalia 人.
Thestiadēs -ae, m 《伝説》Thestius の子孫 (=息子 Plexippus, Toxeus; 孫 Meleager).
Thestias -adis, f 《伝説》Thestius の娘 (=Althaea).
Thestius -ī, m [Gk] 《伝説》テスティウス, *-オス《Aetolia の王; Plexippus, Leda, Althaea らの父》.
Thestōr -oris, m [Gk] 《伝説》テストール《予言者 Calchas の父》.
Thestoridēs -ae, m Thestor の息子 (=Calchas).
thēta indecl n [Gk] ギリシア語アルファベットの第8字 (Θ, θ).
theticus -a -um, °adj [Gk] 理論的な, 一般論の.
Thetidēius -a -um, adj (Achilles について) Thetis から生まれた.
Thetidium -ī, n [Gk] テティディウム, *-オン《Thessalia の町》.
Thetis -idis [-idos], f [Gk] 1 《神話》テティス《海のニンフ Nereides の一人; Peleus の妻で Achilles の母》. 2 《詩》海.
theurgia -ae, °f [Gk] (魂の浄化のための)魔術, 神的秘術.
theurgicus -a -um, °adj [Gk] 魔法の, 神的秘術の.
theurgus -ī, °m [Gk] 魔術[神的秘術]を行なう人.
Thīa -ae, f [Gk] 《神話》ティーア, *テイア《Hyperion の妻で Sol の母》.
thiasō -āre, intr [↓] Bacchus の熱狂的信者たちを先導する.
thiasus -ī, m [Gk] 1 Bacchus の信者たちの乱舞; お供の一団. 2 《碑》(特に Bacchus 祭祀の)神官団.
thigmotaxis -is, °f 《生物》走触性, 接触走性.
Thirmida -ae, f ティルミダ《Numidia の町》.
Thisbaeus -a -um, adj Thisbe (2) の.
Thisbē -ēs, f [Gk] ティスベー《(1) 《伝説》Babylon の美少女; Pyramus の恋人. (2) Boeotia の町; ハト(鳩)で有名》.
thius -ī, m [Gk] 伯父, 叔父.
thlasiās -ae, °m [Gk] 睾丸をつぶして去勢された男子.
thlaspi -is, n [Gk] 《植》ナズナ, ペンペングサ.
thlibiās -ae, °m [Gk] 睾丸を抜いて去勢された男子.
Thoantēus -a -um, adj Thoas (1) の; 《詩》Tauri

族の.
Thoantias -adis, f Thoas (2) の娘 (=Hypsipyle).
Thoās -antis, m [Gk] 《伝説》トアース《(1) Tauri 族の王; 彼のもとへ女神 Diana が Iphigenia を運んだ. (2) Lemnos 島の王; 島中の男が皆殺しにされたとき, 彼だけが娘の Hypsipyle に救われた》.
tholus -ī, m [Gk] (丸屋根付きの)円形建造物.
thōmix -icis, f [Gk] 縄, ロープ.
thōrāca -ae, -ē -ēs, °f [thorax] 胸壁.
thōrācālis -is -e, °adj [thorax] 《解・動》胸の, 胸廓の.
thōrācātus -a -um, adj [thorax] 胸甲を着けた.
thōrācium -ī, n dim [thorax] (小さな)胸甲, 胴着.
thōrācoacrōmiālis -is -e, °adj 《解》胸肩峰の.
thōrācodorsālis -is -e, °adj 《解》胸背の.
thōrax -ācis, m [Gk] 1 《解・動》胸, 胸廓. 2 胸甲, 胸当て. 3 胴着. 4 ° 胸像.
Thorius -ī, m トリウス《ローマ人の氏族名; 特に Sp. ~ Balbus, 護民官 (前 111?)》.
thōs -ōos [-ōis], m [Gk] 《動》ジャッカル《オオカミ(狼)の一種》.
Thōth indecl m トート《エジプトの神; ローマ神話の Mercurius と同一視された》.
Thrāca -ae, **Thrācē** -ēs, f [Gk] =Thracia.
Thrācia, Thraecia, Thrēcia -ae, f [Gk] トラーキア《Macedonia の東の広大な地方》.
Thrācicus -a -um, adj 《碑》=Thracius.
Thrācius, Thraecius, Thrēcius -a -um, adj Thracia の.
Thrācus, Thraecus -a -um, adj =Thracius.
Thraecidica, Thrēc- -ōrum, n pl [↓] (sc. arma) Thraex の武器.
Thraecidicus, Thrēc- -a -um, adj Thraex の.
Thraeissa, Thraessa, Thrēissa, Thrēssa -ae, f Thracia の女.
Thraex[1,2] ⇒ Thrax[1,2].
Thrasybūlus -ī, m [Gk] トラシュブールス, *-ロス《Athenae の政治家 (前 445?-?389); 祖国を三十人僭主から解放した》.
Thrax[1] -ācis, **Thraex**[1] -aecis, **Threx**[1] -ēcis, adj Thracia の.
Thrax[2] -ācis, **Thraex**[2] -aecis, **Threx**[2] -ēcis, m 1 Thracia 人. 2 剣闘士《Thracia 人のように, 小型の円い楯 parma と短剣 sica で武装した者》.
Thrēicius -a -um, adj 《詩》=Thracius.
thrēnicus -a -um, adj 《詩》哀歌の, 挽歌の.
thrēnus -ī, °m [Gk] 哀歌, 挽歌.
Threx[1,2] ⇒ Thrax[1,2].
thrīpes -pum, m pl [Gk] 1 木を食う害虫. 2 °だらぬ者.
thrissa -ae, f [Gk] 《魚》ニシンダマシ.
thrombōsis -is, °f [Gk] 《病》血栓症.
thrombus -ī, °m [Gk] 《病》血栓.
Thronium -ī, n [Gk] トロニウム, *-オン《Locri Opuntii 人の町》.
thronus, -os -ī, m [Gk] 1 王座, 玉座. 2 ° 《神

学》(*pl*) 座天使《九天使中の第3位》.
Thūcydidēs -is, *m* [*Gk*] トゥーキューディデース, "ツキディデス《ギリシアの史家 (前460?-?400); ペロポネソス戦争 (bellum Peloponnesiacum) 史を著わした》.
Thūcydidīus, -ēus -a -um, *adj* Thucydides の.   **Thūcydidiī, -ēī** -ōrum, *m pl* Thucydides の模倣者たち.
Thūlē, Thȳlē -ēs, *f* [*Gk*] トゥーレー《極北の島; 現在の Iceland とも Shetland 諸島ともいわれる》.
thunnus -ī, *m* =thynnus.
thūr- ⇨ tur-.
Thūriī -ōrum, *m pl*, **Thūrium** -ī, *n*, **Thūriae** -ārum, *f pl* [*Gk*] トゥーリイー《Magna Graecia のギリシア人の植民市; 破壊された Sybaris の跡地に建設された (前443)》.
Thūrīnus -a -um, *adj* Thurii の.   **Thūrīnī** -ōrum, *m pl* Thurii の住民.
thūs thūris, *n* =tus.
Thuys (*dat* Thuyni, *acc* Thuynem, Thuyn), *m* [*Gk*] トゥユス, *テュース《Paphlagonia の王侯 (前4世紀)》.
thya -ae, *f* [*Gk*] 〖植〗マオウヒバ属の木.
Thyamis -idis, *m* [*Gk*] テュアミス《Epirus 中部の川》.
Thyatīra -ae, *f*, **-a** -ōrum, *n pl* [*Gk*] テュアティーラ, *-テイラ《Lydia の町》.
Thybris -idos, *adj f* 〖詩〗=Tiberinis.
Thyēnē -ēs, *f* [*Gk*] 〖神話〗テュエーネー《Hyades の一人》.
Thyestēs -ae [-is], *m* [*Gk*] 〖伝説〗テュエステース《Pelops の息子; 兄弟の Atreus に自分の息子の肉を供された; Aegisthus の父》.
Thyestēus -a -um, *adj* Thyestes の.
Thyestiadēs -ae, *m* Thyestes の子孫 (=Aegisthus).
Thȳias (詩では2音節), **Thȳas** -adis [-ados], *f* [*Gk*] 《酒神 Bacchus の祭りに参加して》乱飲乱舞している女.
thyinus -a -um, °*adj* [*Gk*] thya の.
thyius -a -um, *adj* thya で作られた.
thymbra -ae, *f* [*Gk*] 〖植〗セリ科の植物.
Thymbra -ae, **-ē** -ēs, *f* [*Gk*] テュンブラ, *-ブレー《Troas の町; Apollo の神殿があった》.
thymbraeum -ī, *n* [*Gk*] 〖植〗ハッカの一種 (=sisymbrium)《シソ科》.
thymbraeus -a -um, *adj* [*Gk*] 〖碑〗シソ科の香料植物の.
Thymbraeus -a -um, *adj* (特に Apollo の添え名として) Thymbra の.
thymelaea -ae, *f* [*Gk*] 〖植〗ジンチョウゲ属の低木.
thymelē -ēs, **-a** -ae, °*f* [*Gk*] 劇場, 芝居《原義は Athenae の劇場の orchestra 中央にあった祭壇状に高くなった場所》.
thymelica -ae, °*f* [↓] 女優.
thymelicus[1] -a -um, *adj* [*Gk*] コロス (合唱歌舞団) の.
thymelicus[2] -ī, *m* 1 コロス (合唱歌舞団) の一員. 2° 俳優, 役者.
thȳmiāma -atis, *n* [*Gk*] 薫香, 香(³).

thȳmiāmatērium -ī, °*n* [↑] 香炉.
thȳmiāmatizō -āre, °*intr* [thymiama] 香をたく.
thȳmiāmātus -a -um, °*adj* [thymiama] 香をしみ込ませた.
thȳmiātērium -ī, °*n* [*Gk*] =thymiamaterium.
thyminus -a -um, *adj* [thymum] 〖植〗タチジャコウソウの.
thymium, -on -ī, *n* [*Gk*] いぼ状の潰瘍(ホラ).
thymolum -ī, °*n* 〖化〗チモール《タチジャコウソウ油の主成分》.
thymum -ī, *n* [*Gk*] 〖植〗(シソ科) タチジャコウソウ.
thymus -ī, *m* [*Gk*] 1 イボの一種. 2° 〖解〗胸腺.
Thȳnī -ōrum, *m pl* [*Gk*] テューノイ《Thracia の黒海沿岸地方にいた一部族; Bithynia へ移住した》.
Thȳnia -ae, *f* Thyni 族の国《Thracia の黒海沿岸地方》.〖詩〗=Bithynia.
Thȳniacus -a -um, *adj* Thynia の.
Thȳnias -adis, *adj f* 〖詩〗Bithynia の.
Thȳnicus -a -um, *adj* 〖詩〗Bithynia の.
thynnārius -a -um, °*adj* [↓] マグロ (鮪) の.
thynnus -ī, *m* [*Gk*] 〖動〗マグロ (鮪).
Thȳnus -a -um, *adj* =Thynicus.
thyon -ī, *n* =thya.
Thyōnē -ēs, *f* [*Gk*] 〖神話〗テュオーネー《(1) (一説で) Bacchus の母. (2) Hyades の一人》.
Thyōneus -ī, *m* Thyone (1) の息子 (=Bacchus).
thyraeus -ī, °*m* [*Gk*] 門番《Apollo の添え名の一つ》.
Thyrea -ae, *f* [*Gk*] テュレア《Argolis と Laconia の境をなす一地区》.
Thyreātis -idis, *adj f* 〖詩〗Thyrea の.
thyreoglossus -a -um, °*adj* 〖解〗甲状舌の.
thyreoīdea -ae, °*f* 〖解〗甲状腺.
thyreoīditis -idis, °*f* 〖病〗甲状腺炎.
thyrōma -atis, *n* [*Gk*] 扉, 入口.
Thyrreum, -ium -ī, *n* [*Gk*] テュッレウム, *-レイオン《Acarnania 北部の町》.
Thyrriensēs -ium, *m pl* Thyrreum の住民.
thyrsiculus -ī, °*m dim* [thyrsus] (小さな) 茎, 軸.
thyrsicus -a -um, °*adj* [*Gk*] 飲み騒ぐ.
thyrsiger -gera -gerum, *adj* [↓/gero] Bacchus の杖を携えた.
thyrsus -ī, *m* [*Gk*] 1 茎, 軸. 2 Bacchus の杖《キヅタやブドウのつるで巻いた杖に松かさをのせたもの》.
Ti. 〖略〗=Tiberius.
tiāra -ae, *f*, **tiārās** -ae, *m* [*Gk*] 1 (ペルシア人の) 頭飾り, 冠. 2° 〖カト〗(ローマ教皇の) 三重宝冠, 教皇冠.
tiārātus -a -um, °*adj* tiara をかぶった.
Tibarānī -ōrum, *m pl* ティバラーニー《Cilicia にいた一部族》.
Tiberēius -a -um, *adj* 〖詩〗=Tibereus.
Tiberēus -a -um, *adj* Tiberius の.
Tiberiānus -a -um, *adj* Tiberius 帝の.
Tiberīnis -idis, *adj f* 〖詩〗=Tiberinus[1].

Tiberīnus[1] -a -um, *adj* Tiberis 川の.
Tiberīnus[2] -ī, *m* [Tiberis] ティベリーヌス《(1)《伝説》Alba Longa の王; 彼がおぼれて死んだ Albula 川ののちに Tiberis の名を得たという. (2) =Tiberis. (3)° ローマ皇帝 M. Aurelius Antoninus Heliogabalus (在位 218-22) の死後のあだ名; その死体が Tiberis 川に投げ込まれたことから》.
Tiberiolus -ī, *m dim* (いとしい) Tiberius 帝.
Tiberis -is, *m* ティベリス《(1) イタリア中部の川; 現 Tevere. (2) (1) の河神》.
Tiberius -ī, *m* ティベリウス《ローマの個人名 (略形 Ti.); 特に ~ *Claudius Nero Caesar*, 第 2 代皇帝 (前 42-後 37; 在位後 14-37)》.
tibī *pron pers* (*dat*) ⇨ tu.
tibia -ae, *f* 1 笛, 葦笛. 2 《解・動》脛骨. 3°《民》脛節.
tibiāle -is, *n* [↓] 脚絆(きゃ), すね当て.
tibiālis -is -e, *adj* [tibia] 1 笛用の. 2°《解》脛骨の.
tibiārius -ī, *m* [tibia]《碑》笛商人; 笛作り.
tībīcen -cinis, *m* [tibia/cano] 1 笛を吹く人. 2 (建物の)支柱.
tībīcina -ae, *f* [↑] 笛を吹く人《女性》.
tībīcināria -ae, °*f* [tibicen] 笛の吹奏法.
tībīcinium -ī, *n* [tibicen] 笛を吹くこと, 笛の練習.
tībīcinō -āre -āvī, °*intr*, °*tr* [tibicen] 1 笛を吹く. 2 (建物に)支柱を付ける.
tibīnus -a -um, *adj* [tibia] 笛の.
tibiofibulāris -is -e, °*adj*《解》脛腓の.
tibionāviculāris -is -e, °*adj*《解》脛舟の.
tibizō -āre, °*intr* =tibicino 1.
Tibullus -ī, *m* ティブッルス《*Albius* ~, ローマのelegia 詩人で Horatius や Ovidius の友人 (前 48?-19)》.
tibulus -ī, *f* マツ(松)の一種.
Tībur -uris, *n* ティーブル《ローマ市の東約 30km の Anio 河畔の町; 別荘地として有名; 現 Tivoli》.
Tīburnus[1] -a -um, *adj* Tibur の.
Tīburnus[2] -ī, *m* ティーブルヌス《Tibur の伝説上の創建者》.
Tīburs -urtis, *adj* Tibur の. **Tīburtēs** -ium, *m pl* Tibur の住民.
Tīburtīna -ae, *f* [Tiburtinus] (*sc.* via) ティーブル街道《Roma から Tibur に到る道路》.
Tīburtīnum -ī, *n* [↓] Tibur にある別荘.
Tīburtīnus -a -um, *adj* Tibur の.
Tīburtus -ī, *m* =Tiburnus[2].
Tīcinēnsis -is -e, *adj* Ticinus 川(湖)の.
Tīcīnum -ī, *n* ティーキーヌム《Gallia Cisalpina の Ticinus 河畔の町; Padus 川との合流点に近い; 現 Pavia; この近くでローマ軍が Hannibal に大敗した(前 218)》.
Tīcīnus -ī, *m* ティーキーヌス《Gallia Cisalpina の川; Padus 川の支流; 現 Ticino》.
tieldō -ōnis, *m* Hispania 産の馬.
Tifāta -ōrum, *n pl* ティーファータ《Campania の Capua 北方の山; 山腹に Diana 神殿があった》.
Tifātīnus -a -um, *adj*《碑》Tifata 山の《Diana の添え名》.

Tifernātēs -um [-ium], *m pl* Tifernum (1) (2) の住民.
Tifernum -ī, *n* ティーフェルヌム《(1) Umbria 北部の Tiberis 河畔の町. (2) Umbria の Metaurus 河畔の町. (3) Samnium の町》.
Tifernus -ī, *m* ティーフェルヌス《(1) Samnium の山; 現 Matese. (2) (1) に発してアドリア海に注ぐ川; 現 Biferno》.
Tigellīnus, Tigil- -ī, *m* ティゲッリーヌス《Nero の寵臣 (69 年没)》.
Tigellius -ī, *m* ティゲッリウス《(1) ~ *Sardus*, Sardinia 島出身; Caesar, Octavianus の取巻きの一人; 歌が上手だった. (2) ~ *Hermogenes*, Horatius に諷刺された歌下手で三文詩人》.
tigillum -ī, *n dim* [tignum] (小さな)梁(はり).
tignārius -a -um, *adj* [tignum] 梁(はり)の: *faber* ~ 《Cic》大工.
tignulum -ī, °*n dim* [↓] (小さな)梁(はり).
tignum -ī, *n* 1 建築材料; 材木. 2 梁(はり), 桁(けた).
Tigrānēs -is, *m* [Gk] ティグラーネース《Armenia の数人の王の名; 特に (1) ~ *II*, Mithridates VI の娘婿で同盟者で;「王中の王」と称された (?前 56 没). (2) (1) の孫 (在位前 20-?6)》.
Tigrānocerta -ae, *f*, **-a** -ōrum, *n pl* [Gk] ティグラーノケルタ《Tigranes II によって建設された Armenia の首都》.
tigrifer -fera -ferum, °*adj* [tigris/fero] 虎を生む.
tigrīnus -a -um, *adj* [↓] 虎のような模様のある.
tigris -idis [-is], *m* (*f*) [Gk] 1《動》トラ(虎). 2 虎の皮.
Tigris -is [-idis], *m* [Gk] ティグリス《Euphrates 川と合流してペルシア湾に注ぐ大河》.
Tigurīnī -ōrum, *m pl* pagus Tigurinus の住民.
Tigurīnus -a -um, *adj* pagus ~ ティグリーヌス郷(さと)《Helvetia の一地区》.
tilia -ae, *f*《植》1 シナノキ; シナノキ材. 2 シナノキの内皮.
tiliāceus, -ius -a -um, °*adj* [↑] シナノキの.
tiliāgineus -a -um, *adj* [tilia] シナノキ材で作られた.
tiliāris -is -e, °*adj* =tiliaceus.
Timaeus -ī, *m* [Gk] ティーマエウス, *-マイオス《(1) 南イタリアの Locri Epizephyrii 出身の Pythagoras 学派哲学者; Plato の対話篇 'Timaeus' の主要登場人物. (2) Sicilia 島の Tauromenium 出身のギリシアの歴史家 (前 356?-?260)》.
Tīmāgenēs -is, *m* [Gk] ティーマーゲネース《Alexandria 出身の修辞学者・歴史家; Augustus 帝の時代にローマで活躍した》.
Tīmanthēs -is, *m* [Gk] ティーマンテース《Cythnus 島出身のギリシアの画家 (前 5 世紀後半)》.
Tīmāvus, -os -ī, *m* ティーマーウゥス《Histria の川; 現 Timavo》.
timefactus -a -um, *adj* [timeo/facio] おびえた, 恐れをなした.
timendus -a -um, *adj* (*gerundiv*) [timeo] 恐るべき, 恐ろしい.
timēns -ntis, *adj* (*prp*) [↓] (...を)恐れている《+

timeō -ēre -muī, *intr, tr* 恐れる, 心配する, 気づかう 〈+*acc*; ne, ne non, ut, *tr* +間接疑問〉: *neque timent ne aversi ab hoste circumveniantur* (CAES) 自分たちの背尾が敵に包囲されるのではないかと恐れることもない / *timeo ut sustineas* (CIC) 私はどうしてあなたが耐えられようかと気がかりだ (=耐えられないのではないかと心配だ).

timēscō -ere, *intr inch* [↑] 恐れる, おびえる.

timidē *adv* [timidus] **1** 恐れて, びくびくして. **2** 躊躇して, 慎重に.

timiditās -ātis, *f* [timidus] 臆病, びくびくすること.

timidulē *adv dim* [↓] びくびくして.

timidus -a -um, *adj* [timeo] 臆病な; びくびくしている, 恐れている 〈ad alqd; in re; +*gen*; +*inf*〉.

Tīmocratēs -is, *m* [*Gk*] ティーモクラテース《Epicurus 学派の哲学者 (前 3 世紀)》.

Tīmoleōn -ontis, *m* [*Gk*] ティーモレオーン《Corinthus の将軍 (前 334? 没); Syracusae の僭主 Dionysius II を追放して市民を救った》.

Tīmoleontēus -a -um, *adj* Timoleon の.

Tīmōlus -ī, *m* =Tmolus.

Tīmomachus -ī, *m* [*Gk*] ティーモマクス, *-コス《Byzantium の画家 (前 1 世紀)》.

Tīmōn -ōnis, *m* [*Gk*] ティーモーン《Pericles 時代の Athenae 人;「人間ぎらい」として有名》.

Tīmōnēus -a -um, *adj* Timon の [にふさわしい].

timor -ōris, *m* [timeo] **1** 恐怖, 心配, 懸念 〈+*gen*; +*inf*; ne; +*acc c. inf*〉: *timores* (LUCR) 死への恐怖 / (+*subj gen*) ~ *omnium* (CIC) 万人の抱く恐怖. **2** 恐怖の対象, 不安の種.

timorātus -a -um, °*adj* [↑] 神を恐れる, 敬神の, 敬虔な.

timōs -ōris, *m*《古形》=timor.

Tīmosthenēs -is, *m* [*Gk*] ティーモステネース《エジプト王 Ptolemaeus II の艦隊司令官 (前 3 世紀)》.

Tīmotheus -eī, *m* [*Gk*] ティーモテウス, *-オス《(1) Conon の息子; Athenae の将軍 (前 354 没). (2) Miletus 生まれの詩人で音楽家 (前 450 頃-360 頃). (3)《聖》パウロの弟子の名モテ》.

tīna -ae, *f*《首の長い, ふた付きの》酒瓶(資).

tinca -ae, °*f*《魚》コイ(鯉)の一種.

tincta -ōrum, *n pl* (*pp*) [tingo] 染められた物.

tinctilis -is -e, *adj* [tingo] 染められた, 浸された.

tinctiō -ōnis, °*f* [tingo] **1** つける[浸す]こと. **2** 洗礼.

tinctor -ōris, *m*: [tingo]《碑》染め物師.

tinctōrium -ī *n* [↓] **1** 染色作業場, 染め物屋. **2**° 洗礼盤.

tinctōrius -a -um, *adj* [tingo] 染色にかかわる; 血に飢えた.

tinctūra -ae, *f* [tingo] **1** 染めること, 着色, 染色. **2**°《薬》チンキ(剤): ~ *amara* 苦味チンキ / ~ *opii* アヘン(阿片)チンキ / ~ *valerianae* カノコソウチンキ.

tinctus[1] -a -um, *pp* ⇨ tingo.

tinctus[2] -ūs, *m* 浸すこと.

tinea -ae, *f* **1** 幼虫, ウジ; 〈衣類・本などを食いあらす〉害虫. **2** ガ(蛾). **3** 回虫. **4**° シラミ. **5**° 疥癬(燦).

6° 銹(♪).

Tingitānus -a -um, *adj provincia Tingitana* (PLIN) 北アフリカの属州の一つ《Claudius 帝が Mauritania を東部の Caesariensis と西部の Tingitana の 2 属州に分割したときの後者; ほぼ現在の Morocco に当たる》.

tingō, tinguō -ere tinxī tinctum, *tr* **1** 湿らす, ぬらす, 〈ある物に〉浸す 〈alqd re〉. **2** 染める, 染色[着色]する. **3** 血でよごす, 血ぬらす 〈alqd re〉. **4** 影響を与える, 染み込ませる: *orator tinctus litteris* (CIC) 文学の素養のある弁論家. **5**° 洗礼を授ける.

tinia -ae, *f* =tinea.

tinnīmentum -ī, *n* [↓] 耳鳴り.

tinniō, tīniō -īre -īvī -ītum, *intr* **1** (鈴・鐘など が) カンカン [チリンチリン] と鳴る; (耳が) 鳴る. **2** お金 (硬貨)をチャリンといわせる, お金を数える [支払う]. **3** 甲高い声 [金切り声]をあげる.

tinnipō -āre, °*intr*《フクロウが》ポーポーと鳴く.

tinnītus -ūs, *m* [tinnio] **1** 《剣・兜・青銅製のシンバルなどが立てる》甲高い音. **2** 耳鳴り. **3** 《雄弁家の》響きのよい語り口.

tinnulus -a -um, *adj* [tinnio] 《シンバル・弦楽器・人の声などが》鳴り響く, 甲高い.

tinnunculus -ī, *m*《鳥》チョウゲンボウ《ハヤブサの一種》.

tintin(n)ābulum -ī, *n* [↓] 《小さな》鐘, 鈴, ベル.

tintin(n)ō -āre, **tintin(n)iō** -īre, *intr* =tinnio.

tintinnum -ī, °*n*, **-us** -ī, °*m* 小さな鈴.

tīnus -ī, *f*《植》ガマズミ属の常緑低木.

tinxī *pf* ⇨ tingo.

tiphē -ēs, *f* [*Gk*]《植》一粒麦コムギの一種.

tiphyon -ī, *n* [*Gk*]《植》スイセン(水仙)の一種.

Tiphys -yos, *m* [*Gk*]《伝説》ティーピュス《Argo 船の舵手》.

tippūla, tīpulla -ae, *f* [*昆*] ミズムシ科の昆虫.

Tīresiās -ae, *m* [*Gk*]《伝説》ティーレシアース, *テイレ-《Thebae の盲目の予言者》.

Tīridātēs -ae, *m* [*Gk*] ティーリダテース《Armenia の数人の王の名》.

tīrō -ōnis, *m* **1** 新兵. **2** 初心者, 新米 〈in re〉. **3** 成年に達したばかりの若者. **4**°《キ教》洗礼志願者, 公教要理受講者.

Tīrō -ōnis, *m* ティーロー《*M. Tullius* ~, Cicero の学識ある解放奴隷》.

tīrōcinium -ī, *n* [tiro] **1** 新兵であること; 新兵. **2** 未経験, 未熟, 新米 [見習い] であること. **3** 初めての試み 〈alcis rei〉. **4**°《キ教》洗礼志願期, 公教要理受講期間.

tīruncula -ae, *f* [↓] **1**《初めて子を産んだ》雌犬. **2**°《キ教》新帰依者《女性》.

tīrunculus -ī, *m dim* [tiro] **1** 初心者, 新米; 新兵. **2**°《キ教》洗礼志願者, 公教要理受講者.

Tīryns Tirynthis [-os], *f* [*Gk*] ティーリュンス, "ティリンス《Argolis の古い町; Hercules はここで育ったという》.

Tīrynthia -ae, *f* [↓] =Hercules の母 Alcmena.

Tīrynthius[1] -a -um, *adj* Tiryns の; Hercules の. **Tirynthiī** -ōrum, *m pl* Tiryns の住民.

Tīrynthius[2] -ī, *m* =Hercules.
tis *gen* 《古形》=tui (⇨ tu).
Tīsaeum -ī, *n* [*Gk*] ティーサエウム, *-サイオン《Thessalia の山》.
tisana, etc ⇨ ptisana, etc.
Tīsiās -ae, *m* [*Gk*] ティーシアース《Sicilia 島生まれの弁論術教師 (前 5 世紀初)》.
Tīsiphonē -ēs, *f* [*Gk*] 《神話》ティーシポネー《Furiae の一人；「殺人の復讐者」の意》.
Tīsiphonēus -a -um, *adj* Tisiphone の.
Tissaphernēs -is, *m* [*Gk*] ティッサペルネース《ペルシア王 Dareus II と Artaxerxes II 時代の Sardes の太守；狡猾な策略家》.
Tissē -ēs, *f* [*Gk*] ティッセー《Aetna 山麓の小さな町》.
Tissēnsēs -ium, *m pl* Tisse の住民.
Tītān -nos [-nis], **Tītānus** -ī, *m* [*Gk*] **1** Titanes の一人《特に太陽神 Sol (Hyperion の子)；Prometheus (Iapetus の子)》. **2**°《天》タイタン《土星の第 6 衛星》.
Tītānes -um, **Tītānī** -ōrum, *m pl* ティーターネス《Uranus (Caelus) と Gaea (Tellus) から生まれた巨人族；その一人の Cronos (Saturnus) の子 Zeus (Juppiter) らから成る Olympus の神々と戦い、敗れて Tartarus に幽閉された》.
Tītānia -ae, *f* [Titan]《神話》Titanes の女系子孫 (Latona, Pyrrha, Diana, Circe のいずれか).
Tītāniacus -a -um, *adj* =Titanius[1].
Tītānis[1] -idis [-idos], *adj f* **1** Titanes の一人《女神》の. **2** Titanes の女系子孫の.
Tītānis[2] -idis, *f* [↑] Titanes の女系子孫《Circe, Diana のいずれか》.
Tītānius[1] -a -um, *adj* Titanes の; Titanes の血を引く.
Tītānius[2] -ī, *m* Titanes の子孫 (=太陽神 Sol).
Tīthōnia -ae, *f*《神話》Tithonus の妻 =あけぼのの女神 Aurora.
Tīthōnis -idos [-idis], *f* =Tithonia.
Tīthōnius -a -um, *adj* Tithonus の: ~ *ortus* (Germ) 夜明け、あけぼの.
Tīthōnus -ī, *m* [*Gk*] ティートーヌス, *-ノス《Laomedon の息子で Aurora の夫；不死の生命を与えられたが、永遠の若さの約束を取りつけていなかったため、老いらばえていつまでも生きている彼を女神はセミ (蟬) に変えたという》.
tithymal(l)is -idis, *f* [*Gk*]《植》トウダイグサの一種.
tithymal(l)us -ī, *m* [*Gk*] トウダイグサ属の植物.
Titiālis -is -e, *adj*《碑》Titus 帝の祭祀に関する.
Titiānus -a -um, *adj* Titius の.
Titiēnsēs -ium, *m pl* =Titius.
Titiēs -ium, *m pl* ティティエース《ローマの血縁的 3 部族 (tribus) の一つ》.
tītillāmentum -ī, *n* =titillatio.
tītillātiō -ōnis, *f* [titillo] くすぐること; 快感, 快い刺激.
tītillātus -ūs, *m* =titillatio.
tītillō -āre -āvī -ātum, *tr* くすぐる, 快く刺激する, 快感を与える.

tītillus -ī, °*m* =titillatio.
Titin(n)ius -ī, *m* ティティ(ン)ニウス《ローマの喜劇詩人; Terentius と同時代》.
titiō[1] -ōnis, *m* 燃えている木、たいまつ.
titiō[2] -āre, *intr* (スズメが) チュンチュンさえずる.
Titius -ī, *m* ティティウス《ローマ人の氏族名；特に *Sex.* ~, 護民官 (前 99 年)》.
tītivillītium, -cium -ī, *n* 無価値な[くだらぬ]もの.
titubanter *adv* [titubo] (語り口が) たどたどしく, もたもたして.
titubantia -ae, *f* [titubo] *linguae* [*oris*] ~ (Suet) どもること.
titubātiō -ōnis, *f* [↓] **1** (足取りが) ふらつくこと. **2** 躊躇, ためらい.
titubō -āre -āvī -ātum, *intr* **1** (酔って足取りが) つく, よろめく. **2** (物が) ぐらつく, 揺れる. **3** (体力などが) 弱larsus, 衰える. **4** 狼狽(ﾛｳﾊﾞｲ)する, うろたえる. **5** (ことばが) つかえる, 口ごもる.
titulāris -is -e, °*adj* [titulus] 称号の, 名義上の: ~ *episcopus*《カト》名誉司教.
titulō -āre -āvī -ātum, *tr* [↓] **1**《碑》…に銘を刻む. **2**°…に名称 [称号] を与える, 名づける.
titulus -ī, *m* **1** 銘 (刻) 文, 碑文. **2** 墓碑銘. **3** (売り物・貸し家などを告知する) (貼り) 札, 掲示 (板): *mittere sub titulum* (Ov) 売り [貸し] に出す. **4** 書名, 標題, 見出し. **5** 号, 官職名, 肩書き. **6** 名誉, 栄誉. **7** 口実, 名目. **8**° 権利, 資格.
Titūriānus -a -um, *adj* Titurius の.
Titūrius -ī, *m* ティトゥーリウス《Gallia 戦争における Caesar の副官 (legatus) の一人》.
titus -ī, °*m*《鳥》ヤマバト (山鳩).
Titus -ī, *m* **1** ティトゥス《ローマ人の個人名 (略形 T.); 特に (1) ~ *Tatius*, Sabini 族の王; ~ で Romulus と共同統治した. (2) ~ *Flavius Vespasianus*, ローマ皇帝 (在位 79-81)》. **2**°《聖》テトス《使徒パウロ (Paulus) の友人》.
Tityos, -us -ī, *m*《神話》ティテュオス《Juppiter の息子; Latona をはずかしめようとしたため冥界でハゲタカに肝臓を喰われ続ける罰を受けた》.
tītyrus -ī, °*m* [*Gk*] 鈴付き雄羊《首に鈴を付けて群れを導く》.
Tityrus -ī, *m* [*Gk*] ティーテュルス, *-ロス《Vergilius の *Eclogae*「牧歌」に登場する牧人の名; Vergilius の「牧歌」または Vergilius その人も指す》.
Tlēpolemos -ī, *m* [*Gk*]《伝説》トレーポレモス《Hercules の息子; Troja 攻めの Rhodos 軍の指揮官》.
Tmarius -a -um, °*adj* Tmarus の.
Tmarus, -os -ī, *m* [*Gk*] トマルス, *-ロス《Epirus の山》.
Tmōlītae -ārum, *m pl* Tmolus の住民.
Tmōlītēs[1] -is, *adj* Tmolus 山の.
Tmōlītēs[2] -is, *m* Tmolus 産のぶどう酒.
Tmōlius[1] -a -um, *adj* Tmolus 山の.
Tmōlius[2] -ī, *m* [↑] Tmolus 産のぶどう酒.
Tmōlus -ī, *m* [*Gk*] トモールス, *-ロス《(1) Lydia の山; Pactolus 川がこの山に発する. (2) Tmolus 山近辺の町》.

tocologia -ae, °*f* 〖医〗産科学.
tocul(l)iō -ōnis, *m* 高利貸し.
todī -ōrum, *m pl* 小鳥.
todillus -a -um, *adj* [↑] 小鳥のような.
tōfāceus -a -um, *adj* [tofus] 凝灰岩の.
tōficius -a -um, °*adj* [tofus] 凝灰岩のような.
tōfīnus -a -um, *adj* =tofaceus.
tōfōsus -a -um, °*adj* [↓] 凝灰岩のように小孔の多い.
tōfus -ī, *m* 〖鉱〗凝灰岩.
toga -ae, *f* [tego] **1** (一般に)衣服, おおい. **2** トガ《ローマ市民が平時に着用した寛衣》: ～ *virilis* (Cic) 成年男子用の無地のトガ / ～ *praetexta* (Cic) 高級公職者および未成年者用の紫の縁付きトガ / ～ *picta* (Liv) 凱旋将軍用の刺繡を施したトガ / ～ *candida* (Liv) 官職立候補者用の白無垢(むく)のトガ / *cedant arma togae* (Cic) 武器(=武)はトガ(=文)に譲るべし. **3** 平時. **4** ローマ市民であること. **5** 売春婦《女性の外衣 stola の着用が許されず, トガをまとっていた》.
togāta -ae, *f* [togatus¹] **1** (*sc.* fabula)(toga をまとう一般のローマ人の生活に取材した)国民喜劇 (*cf.* palliata). **2** (*sc.* ancilla) 売春婦.
togātārius -ī, *m* [togatus¹] 国民喜劇の俳優[役者].
togātulus -ī, *m dim* [↓] (あわれな)庇護民.
togātus¹ -a -um, *adj* [toga] **1** (ローマ市民として)トガを着た: *gens togata* (Verg) トガを着た国民(=ローマ人). **2** 文民の, 平時の生活[活動]をしている. **3** *Gallia togata* (Plin) =Gallia Cisalpina《北イタリアの Padus 川と Alpes 山脈の間の Gallia 地方ではローマ風の暮らしが普通であった》.
togātus² -ī, *m* **1** ローマ市民. **2** 文民, 文官. **3** 庇護民.
togula -ae, *f dim* [toga] (軽蔑的に)トガ.
Tolbiacum -ī, *n* トルビアクム《Gallia Belgica の町; 現 Zülpich》.
Tolēnus -ī, *m* トレーヌス《Latium の川; 現 Turano》.
tolerābilis -is -e, *adj* [tolero] **1** 耐えられる, 我慢できる: ～ *condicio* (Cic) 耐えられる程度の境遇. **2** 寛容な, 忍耐強い.
tolerābiliter *adv* [↑] **1** 耐えられる程度に, ほどほどに. **2** 我慢強く.
tolerans -antis, *adj* [*prp*] [tolero] 我慢する, 忍耐強い 〈*alcis rei*〉.
toleranter *adv* [↑] **1** 我慢して, 忍耐強く. **2** 耐えられる程度に, まずまず.
tolerantia -ae, *f* [tolerans] 忍耐, 辛抱, 我慢.
tolerātiō -ōnis, *f* [tolero] 耐える方法.
tolerātus -ūs, °*m* [↓] 忍耐[辛抱]すること.
tolerō -āre -āvī -ātum, *tr* [*cf.* tollo] **1** (重さを)支える, 持ちこたえる. **2** (義務・責任を)負う, になう. **3** 食料を供給する, 支える, 養う. **4** 耐える, 我慢する 〈+*acc c. inf*; +*inf*〉. **5** …に立ち向かう, …と戦う.
toleror -ārī, °*tr dep* =tolero.
tōlēs -ium, *f pl* 〖病〗甲状腺腫 (=struma).
Tolētānus -a -um, *adj* Toletum の. **Tolētānī** -ōrum, *m pl* Toletum の住民.
Tolētum -ī, *n* トレートゥム《Hispania Tarraconensis の町; 現 Toledo》.
Tolistobogiī -ōrum, *m pl* =Tolostobogii.
tollēnō -ōnis, *m* [*cf.* tollo] てこの働きを利用した装置: (a) (井戸の)はねつるべを動かすしかけ. (b) (岩石・金属などを吊り上げて落とす)攻城[船]器械.
tollō -ere sustulī sublātum, *tr* **1** 上げる, 持ち上げる: *oculos tollere* (Cic) 目を上げる, 見上げる / *sortes tollere* (Ter) くじを引く / *ancoras tollere* (Caes) 錨を上げる, 出帆する. **2** (子どもを認知・養育するために)拾い上げる; (子を)もうける. **3** (*refl*; *pass*) 上がる, 登る, 称揚する. **4** (叫び声を)上げる. **5** (天・大空まで)高める. **6** (船・乗物などに)乗せる, 積み込む. **7** 起こす, 立てる: *fluctūs tollere* (Verg) 波を逆立てる. **8** (意気・気分などを)高揚させる, 鼓舞する. **9** 取り去る, 運び去る. **10** 盗む. **11** 取り除く, 除去する, 削除する: *alqm tollere de medio* (Cic) ある人を人目につかないところへ片付ける(=殺す). **12** (ある地位から)追い出す. **13** (ある状態・習慣・制度などを)終わらせる, 廃止する. **14**° 耐え忍ぶ, 辛抱する.
Tolōsa -ae, *f* トローサ《Gallia Narbonensis の町; 現 Toulouse》.
Tolōsānus, Toloss- -a -um, *adj* Tolosa の. **Tolōsānī** -ōrum, *m pl* Tolosa の住民.
Tolōsās -ātis, *adj* Tolosa の. **Tolōsātēs** -ium, *m pl* Tolosa の住民.
Tolōsensis -is -e, *adj* =Tolosanus.
Tolostobogiī -ōrum, *m pl* トロストボギイー《Galatia の一部族》.
Tolumnius -ī, *m* トルムニウス《(1) 〖伝説〗Rutuli 族の占い師. (2) *Lars* ～, Veii の王》.
tolūtārius -a -um, **-tāris** -is -e, *adj* [tolutim] 速歩の, 速足の: ～ *equus* (Sen) 速歩の馬.
tolūtilis -is -e, *adj* [tolutim] 速歩の.
tolūtiloquentia -ae, *f* [↓/loquor] 多弁, 饒舌(じょうぜつ), おしゃべり.
tolūtim *adv* [tollo] だく足で, 速歩で.
tomācina -ae, *f* =tomaculum.
tomāculārius -ī, *m* [↓] ソーセージ商人.
tomāculum -ī, *n dim* [*Gk* τομή] ソーセージの一種.
tomē -ēs, *f* [*Gk*] 〖詩〗行中休止 (=caesura); 行中休止によって分かれた詩行の一部.
tōmentum -ī, *n* [*cf.* tumeo] (クッション用の)詰め物.
Tomī -ōrum, *m pl*, **Tomis** -is, *f* [*Gk*] トミー, *トモイ《黒海に面する Moesia の町; Ovidius の流謫(たく)地; 現 Constantza》.
Tomītae -ārum, *m pl* Tomi の住民.
Tomītānus -a -um, *adj* Tomi の.
tōmix -icis, *f* =thomix.
tomus -ī, *m* [*Gk*] **1** パピルスの一片. **2**° (書物の)巻. **3**° (一冊の)書物.
Tomyris, T(h)amyris -is, *f* [*Gk*] トミュリス《Scythia の Massagetae 族の女王; かつて自分に求婚した大 Cyrus の率いるペルシア軍を撃破した; このとき Cyrus も戦死したという》.
Tonans -ntis, *m* [*prp*] [tono] 雷鳴をとどろかす者《Juppiter の添え名》.
tonanter °*adv* [tono] 雷鳴をとどろかして.

tonātiō -ōnis, °*f* [tono] 雷鳴(のとどろき).
tondeō -ēre totondī tonsum, *tr* **1** (髪を)切る, (ひげを)剃[ｿ]る. **2** (木を)剪定する, 枝打ちする. **3** 刈る, 刈り取る; 摘み取る. **4** (草を)食[は]む. **5** むさぼる; (人を)丸裸[無一文]にする.
tonescō -ere, *intr inch* [tono] 雷鳴がとどろき始める.
tongeō -ēre, *tr* 知っている.
tongitiō -ōnis, *f* [↑] 知っていること, 知識.
tonicum -ī, °*n*〖薬〗強壮剤.
tonitrātor -ōris, *m* [tonitrus]〘碑〙雷鳴をとどろかす者《Juppiter の添え名》.
tonitruālis, -trāl- -is -e, *adj* [tonitrus] 雷鳴がとどろく[をとどろかす].
tonitruō -āre, °*intr* [↓] (神が)雷鳴をとどろかす.
tonitrus -ūs, *m* [tono] **1** 雷鳴. **2** 雷鳴のように大きな[とどろく]音.
tonitruum -ī, *n* =tonitrus.
tonō -āre -nuī, *intr, tr* **1** (時に *impers*) 雷が鳴る, 雷鳴がとどろく. **2** とどろく, 鳴り響く; とどろかせる, 鳴り響かせる.
tonor -ōris, *m* [*Gk*]〘古形〙=tenor 3.
tonōticus -a -um, °*adj* [*Gk*] 強壮にする.
tonsa -ae, *f* 櫂[ｶｲ].
tonsilis -is -e, *adj* [tondeo] **1** (織物の)毛足をつんだ[短く切った]. **2** 剪定された, 刈り込まれた. **3** 刈り[切り]取って作った.
tonsilla -ae, *f* [tonsa] 係留杭[ｸｲ].
tonsillae -ārum, *f pl* 〖解〗扁桃(腺).
tonsillītis -tidis, °*f* 〖病〗扁桃(腺)炎.
tonsiō -ōnis, °*f* [tondeo] (羊の)毛を刈ること, 剪毛; 草刈り.
tonsitō -āre, *tr freq* [tondeo] (羊の)毛を刈る.
tonsor -ōris, *m* [tondeo] **1** 理髪師. **2**°(羊の)毛を刈る人. **3**°剪定する人.
tonsōrius -a -um, *adj* [tondeo] 理髪(師)の.
tonstrīcula -ae, *f dim* [tonstrix] (愛らしい)女性の理髪師.
tonstrīna -ae, *f* [tondeo] 床屋, 理髪店.
tonstrīnum -ī, *n* [tondeo] 理髪業.
tonstrix -icis, *f* [tonsor] 理髪師(女性).
tonsūra -ae, *f* [tondeo] **1** (羊の)毛を刈ること, 剪毛. **2** (髪を切ること, 散髪. **3** (草木を)刈る[切る]こと, 剪定. **4**°〖ｶﾄ〗剃髪(式), トンスラ.
tonsurō -āre, °*tr* [↑] 剃髪する ⟨alqm⟩.
tonsus[1] -a -um, *pp* ⇨ tondeo.
tonsus[2] -ūs, *m* 理髪; 髪形.
tonuī *pf* ⇨ tono.
tonus, -os -ī, *m* [*Gk*] **1** 張り, 緊張. **2** 音, 響き; 音調. **3**°〖音〗音階; 和声, 諧調. **4** (音節の)抑揚, アクセント. **5** (色の)明暗, 色調. **6** 雷鳴.
toparchēs, -a -ae, °*m* [*Gk*] toparchia の長.
toparchia -ae, *f* [*Gk*] (ヘレニズム時代の)地方行政区.
topazus, -os -ī, *f*, **-zion** -ī, °*n*, **-zius** -ī, °*f* [*Gk*]〖鉱〗貴橄欖[きんらん]石.
tōph- ⇨ tof-.
topia -ōrum, *n pl* [*Gk*] (*sc.* opera) **1** 風景画. **2**°ぜいたくな庭園.

topiāria -ae, *f* [topiarius[1]] 造園[築庭]術.
topiārium -ī, *n* [↓] (*sc.* opus) 装飾庭園.
topiārius[1] -a -um, *adj* [topia] 造園の, 築庭の.
topiārius[2] -ī, *m* 造園師, 庭師.
Topica -ōrum, *n pl* [topicus] トピカ《(1) Aristoteles の著作「論拠集」. (2) にならった Cicero の著作》.
topicē -ēs, °*f* [*Gk*] 常套的論題を用いる技術.
topicus -a -um, °*adj* [*Gk*] **1** 場所の[に関する]. **2**〖医〗局所の, 部位的な. **3** 常套的論題の.
topographia -ae, °*f* [*Gk*] 地誌, 風土記.
topper *adv* **1** すぐに, 直ちに. **2** おそらく, ひょっとすると.
toral -ālis, *n* [torus] 長椅子[寝台]の掛け布.
torcular -āris, *n* [torqueo] (ブドウ・オリーブの)圧搾器[室].
torculārium -ī, *n* [↓] =torcular.
torculārius[1] -a -um, *adj* [torcular] (ブドウ・オリーブの)圧搾(用)の.
torculārius[2] -ī, *m* 圧搾室で作業する人.
torculum -ī, *n* [↓] (ブドウ・オリーブの)圧搾器.
torculus -a -um, *adj* [torqueo] (ブドウ・オリーブの)圧搾器の.
tordȳlon -ī, *n* [*Gk*]〖植〗セリ科の植物の一種.
toreuma -atis, *n* [*Gk*] 浮彫り細工を施した物品.
toreutēs, -a -ae, *m* [*Gk*] 浮彫り細工師.
toreuticē -ēs, *f* [*Gk*] (*sc.* ars) 浮彫り細工.
tormentum -ī, *n* [torqueo] **1** (髪の毛・線維など)を絢[よ]った)縄, 綱. **2** 巻揚げ機. **3** 射出機, 投石機, 弩[いしゆみ]. **4** (射出機によって発射された)矢玉, 飛び道具. **5** 拷問台[具]; 拷問. **6** 苦痛, 苦悩. **7**°(編んだ)下(さ)げ髪.
tormentuōsus -a -um, °*adj* [↑] 激しい痛みのある; 責めさいなむ.
tormina -um, *n pl* [torqueo]〖病〗(激しい)腹痛, 疝痛[せんつう]: urinae ~ (PLIN) 排尿痛, 有痛性排尿困難.
torminālis -is -e, *adj* [↑] 疝痛に効く.
torminōsus -a -um, *adj* [tormina] 疝痛病みの[になりやすい].
tornātilis -is -e, °*adj* [torno] **1** ろくろ細工の. **2** みごとに丸く仕上げられた.
tornātor -ōris, °*m* [torno] ろくろ細工師.
tornātūra -ae, °*f* [↓] ろくろ細工.
tornō -āre -āvī -ātum, *tr* [↓] **1** (ろくろで)丸く[滑らかに]する. **2** (詩を)いじり回す. **3**°(あごひげを)ひねる.
tornus -ī, *m* [*Gk*] ろくろ: angustō versūs includere tornō (PROP) 狭いろくろの上に詩を閉じ込める(=短詩を作る).
Torōnaeus -a -um, *adj* Torone の: sinus ~ (TAC) トローネー湾. **Torōnaeī** -ōrum, *m pl* Torone の住民.
Torōnāicus -a -um, *adj* =Toronaeus: mare Toronaicum (LIV) =sinus Toronaeus.
Torōnē -ēs, *f* [*Gk*] トローネー《Chalcidice の南に突き出た三つの半島のうち, 中央の Sithonia 半島西岸の町》.
torōsus -a -um, *adj* [torus] **1** 筋肉が盛りあがった,

たくましい． **2** 多肉質の． **3** 節(ふし)くれ立った，節の多い．

torpēdō -dinis, *f* [torpeo] **1** 無気力，怠惰；無感覚． **2** 〖魚〗シビレエイ．

torpefacere *inf* ⇨ torpefacio.

torpefaciō -cere -fēcī, °*tr* [torpeo/facio] =torporo.

torpefēcī *pf* ⇨ torpefacio.

torpeō -ēre -puī, *intr* **1** 麻痺している，無感覚である． **2** 動けないでいる，すくんでいる． **3** 鈍い，緩慢[不活発]である．

torpēscō -ere -puī, *intr inch* [↑] **1** 麻痺する，無感覚になる． **2** 動けなくなる，すくむ． **3** 鈍る，怠惰になる．

torpidus -a -um, *adj* [torpeo] 動けなくなった；呆然としている．

torpor -ōris, *m* [torpeo] **1** 麻痺，無感覚． **2** 無気力，怠惰． **3** 動かないこと，不活発．

torpŏrō -āre -āvī -ātum, *tr* [↑] 麻痺させる，無感覚にする．

torpuī *pf* ⇨ torpeo, torpesco.

torquātus -a -um, *adj* [torques] **1** 首飾りを着けた：*Allecto torquata colubris* (Ov) 蛇を首飾りのようにに巻きつけた Allecto / *palumbus* ~ (MART) モリバト． **2**° (兵士が)銀の首章を授けられた．

Torquātus -ī, *m* トルクゥアートゥス《Manlia 氏族に属する家名；T. Manlius が討ち取った Gallia 人から奪った首飾りにちなむ；⇨ Manlius (2)》．

torqueō -ēre torsī tortum, *tr* **1** ねじる，ひねる：*stamina pollice torquere* (Ov) 糸を親指でねじる(=紡ぐ)． **2** 曲げる，向ける：*omnia ad suae causae commodum torquere* (CIC) すべてを自分の利益になるようにねじ曲げる． **3** 巻く，巻きつける． **4** 回す，回転させる． **5** 投げる，射る，発射する． **6** 拷問にかける；責める，さいなむ，苦しめる． **7** 吟味する：*alqm mero torquere* (HOR) ある人を酒で試す(=酒を飲ませて人物を見とどける)．

torquēs, torquis -is, *m* (*f*) [↑] **1** 首飾り；(戦功のあった兵士に授与される)首章． **2** (牛の)首輪． **3** 花輪，花冠．

torrefacere *inf* ⇨ torrefacio.

torrefaciō -cere -fēcī -factum, *tr* [torreo/facio] (日光にあてて)乾燥させる．

torrēns[1] -entis, *adj* (*prp*) [torreo] **1** 灼熱していた，(焼けるように)熱い． **2** 激しく流れる，急流の．

torrēns[2] -entis, *m* 激しい流れ，急流，奔流．

torrenter °*adv* [torrens[1]] 激しく，急流をなして．

torreō -ēre torruī tostum, *tr* **1** 乾かす；干上がらせる． **2** あぶる，焦がす，焼く． **3** (恋が心[胸・身]を)燃え上がらせる． **4** (寒さで)凍えさす．

torrēscō -ere, *intr inch* [↑] **1** あぶら[焦がさ]れる． **2**° 乾く．

torridō -āre -ātum, °*tr* [↓] 焼く，あぶる，乾燥させる．

torridus -a -um, *adj* [torreo] **1** 乾いた；干上がった，ひからびた． **2** 焦げた，焼かれた． **3** 凍えた；(寒さが)肌を刺すような．

torris -is, *m* [torreo] 燃えている木；燃えさし．

torror -ōris, °*m* [torreo] 日光に照らすこと；日光を浴びること．

torrus -ī, *m* =torris.

torsī *pf* ⇨ torqueo.

torsiō -ōnis, °*f* [torqueo] 捻転，腹痛，疝痛(せん)．

torta -ae, °*f* [tortus[1]] (丸い)パン．

tortē *adv* [tortus[1]] 曲がって，ねじれて．

torticollis -is, °*f* 〖病〗斜頸．

torticordius -a -um, °*adj* [tortus[1]/cor] ねじけた心の．

tortilis -is -e, *adj* [torqueo] ねじれた；(渦状に)巻いた．

tortiō -ōnis, *f* [torqueo] **1** ねじる[ひねる]こと． **2** 耐えがたい苦痛，疝痛(せん)．

tortīvus -a -um, *adj* [torqueo] *mustum tortivum* (CATO) 二番しぼりのブドウ液．

tortō -āre, *tr freq* [torqueo] **1** 拷問にかける． **2** (くねくねと)曲がる，よじる．

tortor -ōris, *m* [torqueo] **1** 拷問する人[係]；(T-) 拷問する者《Apollo の添え名》． **2** (投石器の革ひもを)振り回す者． **3**° (弩砲の綱を)よじる者．

tortula -ae, °*f dim* [torta] (小さな)パン，菓子．

tortum -ī, °*n* [tortus[1]] (拷問用の)縄．

tortuōsē °*adv* [tortuosus] (曲がり)くねって．

tortuōsitās -ātis, °*f* [↓] **1** (ラクダの背が)曲がっている様子[外観]． **2** 言いのがれ，逃げ口上．

tortuōsus -a -um, *adj* [tortus[1]] **1** 曲がった，曲がりくねった，ねじれた． **2** 曲げづらい；込み入った，複雑な． **3** *tortuosior urina* (PLIN) (有痛)排尿困難．

tortūra -ae, °*f* [torqueo] **1** 撚り合わせる[巻きつける]こと． **2** 腹痛，疝痛．

tortus[1] -a -um, *adj* (*pp*) [torqueo] **1** ねじれた，曲がった，曲がりくねった：*torta quercus* (VERG) オークの冠 / *torta via* (PROP) 迷路 (=labyrinthus)． **2** 渦巻いた；巻き毛の． **3** 入り組んだ．

tortus[2] -ūs, *m* [↑] **1** (ヘビ)のたくる[のたうち回る]こと；とぐろ． **2** (投石器の革ひもを)振り回すこと． **3**° (ラッパの)湾曲部．

torulus -ī, *m dim* [↓] **1** ひも． **2** 編んだ髪，束髪． **3** (盛り上がった)筋肉． **4** 〖植〗辺材，白太(しらた) (=alburnum)．

torus -ī, *m*, **-um** -ī, *n* **1** (縄・綱の)組み継ぎ；結び目；ゆわえ付けること． **2** (盛り上がった)筋肉；(牛などの)太い頸． **3** (木の)こぶ． **4** (地面の)高くなった場所． **5** (枝葉でつくった冠に添える)花(束)． **6** 敷物，褥(しとね)． **7** 寝椅子，寝台． **8** 新床(にいどこ)；結婚；情事． **9** 棺架． **10** 〖建〗トルス(柱基上の横に出っ張った繰形(くりがた))． **11** (破城槌(つい)の槌を滑らせる)円筒．

torva *adv* (*n pl*) =torvum.

torvidus -a -um, °*adj* [torvus] 荒々しい，激しい．

torvitās -ātis, *f* [torvus] (容貌・性格の)狂暴な[陰険な，きびしい]こと．

torviter *adv* [torvus] 荒々しく，残忍に．

torvum *adv* (*neut*) [↓] きびしく，激しく．

torvus -a -um, *adj* **1** 狂暴な，残忍な，陰険な，恐ろしい：~ *senex* (PROP) 陰鬱な(目つきの)老人 (=Charon)． **2** (味が)苦い，渋い．

tōsillae, tōsillae ⇨ tonsilla, tonsillae.

tostārius -a -um, °*adj* [torreo] 焼くのに適した．

tostō -āre, °*tr freq* [torreo] **1** あぶる，焼く． **2** 乾

tostus -a -um, pp ⇨ torreo.
tot indecl adj ⟨+pl⟩ これ[それ, あれ]だけの数の; これ[それ, あれ]ほどたくさんの: quot homines, ~ sententiae (Ter)(それだけ)多くの人がいれば、(それだけ)多くの考え(がある)、十人十色 / ~ tantaeque classes (Caes) あれほどたくさんの艦船.
tōtālis -is -e, °adj [totus] 全体の.
tōtāliter °adv [↑] 全く、すっかり.
tōtē °adv =totaliter.
totidem indecl adj [tot/idem] ⟨+pl⟩ (…と)同数の; 同じくらいの数の: quot fratres, ~ periēre sorores (Ov) 兄弟と同じ数だけの姉妹が失われた / epistula quam ~ fere verbis interpretatus sum (Cic) 私がほとんど逐語訳した書簡.
totiens, totiēs adv [tot] (…と)同じ回数だけ、同じ頻度で; (それ[それ、あれ]ほど頻繁に、しばしば: quotienscumque dico, ~ mihi videor in judicium venire (Cic) 弁論に立つたびに、私自身が裁判にかけられるように感じる / ~ne sententiam mutas (Cic) あなたはそれほど頻繁に意見を変えるのですか.
totjugī -ae -a, adj pl [tot/jugum] (まとめて)それほどの多くの.
totjugis -is -e, adj [tot/jugum] そんなに多く(のも の)を一まとめにした、多岐にわたる.
totondī pf ⇨ tondeo.
tōtum -ī, n [↓] 全体、全部: ex toto (Sen) 完全に、すっかり / in toto (Cic) だいたい、概して / in ~ (Plin) 全く、全然.
tōtus -a -um (gen -tīus, dat -tī), adj 1 全体[全部]の: sex menses totos (Ter) まるまる6か月間 / totā nocte (Caes) 一晩中. 2 (人について)心からの、没頭している: sum ~ vester (Cic) 私は身も心もあなた方のものです / in prece ~ eram (Ov) 私は一心不乱に祈っていた. 3 完全[完璧]な、欠陥のない: tota libertas (Tac) 完全な自由.
toxicō -āre -ātus, °tr 毒を塗る.
toxicum, -on -ī, n [Gk] 毒、毒物.
toxotis -is, °f [Gk] 植 ヨモギ.
Tr. 略 =tribunus; tribunicius.
Tr. Pl. 略 =tribunus plebis.
trabālis -is -e, adj [trabs] 1 梁(はり)の: clavus ~ (Cic) 大釘. 2 (幹のように)太い、大きな.
trabea -ae, f [trabs] 1 式服、礼服(紫の縞(しま)の入った白いマント; 王・騎士・ト占官が着用した). 2 騎士階級. 3° 執政官職.
Trabea -ae, m トラベア(ローマの喜劇詩人; Caecilius と同時代の人).
trabeālis -is -e, adj trabea の.
trabeāta -ae, f [↓] (sc. fabula) トラベアータ(ローマ喜劇の一種; 騎士身分のローマ人を主題としたらしい).
trabeātus -a -um, adj trabea を着た.
trabēcula -ae, f dim [trabs] 1 小さな梁(はり). 2° 解・動 柱、小柱.
trabēs -is, f 古myst =trabs.
trabica -ae, f (sc. navis) [↓] 小舟の一種.
trabs -bis, f [trab, 桁(けた)] 1 材木. 2 木、樹木. 幹. 3 棍棒、槍; 破城槌. 4 松明(たいまつ). 5 船. 6

屋根. 7 食卓. 8 流星、ほうき星. 9 男根.
Trachālus -ī, m トラカールス《Quintilianus と同時代の弁論家》.
Trāchās -antis, f [Gk] =Tarracina.
trăchēa -ae, °f [Gk] 1 =trachia. 2 植 導管.
trăchēītis -tidis, °f 病 気管炎.
trăchīa -ae, °f [Gk] 解 気管.
Trāchīn -īnis [-inos], f [Gk] トラーキーン、*トラーキース《Thessalia の Oeta 山麓の町》.
Trāchīniae -ārum, f pl [↓]「トラーキースの女たち」《Sophocles の悲劇の題名》.
Trāchīnius -a -um, adj Trachin の.
trăchōma -atis, °n [Gk] 病 トラコーマ、トラホーム《眼病》.
tracta[1] -ae, f (traho) (長く伸ばした)パン、焼き菓子.
tracta[2] -ōrum, n pl [tractus[2]] 1 =tracta[1]. 2 (糸に紡ぐために取り分けた)羊毛の房.
tractābilis -is -e, adj [tracto] 1 触れることができる. 2 扱いやすい、御しやすい: non tractabile caelum (Verg)(航海には)適さない天候. 3 素直[従順]な; 穏和な.
tractābilitās -ātis, f [↑] 扱いやすさ.
tractābiliter adv [tractabilis] 容易に.
tractātiō -ōnis, f [tracto] 1 (取り)扱うこと; (取り)扱い方. 2 処遇: mala ~ (Quint) 虐待. 3 考察、論ずること; 論じ方.
tractātor -ōris, m [tracto] 1 マッサージ奴隷. 2 碑 (帝政期の)会計官. 3° 論ずる人; 注解者. 4° 説教する人. 5° 助言者、顧問.
tractātrix -īcis, f [↑] マッサージ奴隷《女性》.
tractātus[1] -a -um, pp ⇨ tracto.
tractātus[2] -ūs, m 1 手でいじる[触れる]こと. 2 (取り)扱うこと; (取り)扱い方. 3 考察、論ずること; 論じ方. 4 論考、論文. 5 遂行、履行. 6° 計議、審議. 7° 熟慮; 取り扱い. 8° 検査. 9° 管理、運営. 10° 説教. 11° キ教 公会議、教会会議.
Tractīcius -ī, °m [traho]「引きずられた者」《ローマ皇帝 Elagabalus (別名 Heliogabalus; 正式名 M. Aurelius Antoninus (在位 218-22))の死去のあだ名; その死体が市中を引きずり回されたことから》.
tractim adv [traho] 1 長く伸びて[伸ばして]. 2 なでるように. 3 ゆっくり.
tractiō -ōnis, f [traho] 文 (副詞の)派生語.
tractō -āre -āvī -ātum, tr (intr) freq [traho] 1 引きずる; 引きずり込む. 2 (手で)取り扱う、操作する: fila lyrae tractare (Ov) 堅琴(の弦)を弾ずる / gubernacula rei publicae tractare (Cic) 国家の舵を取る. 3 なでる、触れる; (傷の)手当てをする. 4 (人と)遇する、扱う. 5 対処する、処理する. 6 用いる、利用する. 7 行なう、実行する. 8 (人生を)送る、生きる. 9 (役を)演じる. 10 (refl) ふるまう、行動する. 11 (人の心)に働きかける、影響を与える. 12 (intr) 交渉する、協議[討議]する: de condicionibus tractare (Nep)(降服の)条件について談判する. 13 考察する、研究する. 14 (題材などを)取り上げる、扱う. 15° (聖書の字句を)解釈する.
tractōrius -a -um, adj [traho] 引っ張る、引っ張り上げる.
tractuōsus -a -um, °adj [traho] ねばねばする、ねば

tractūra -se, °*f* [traho] 引く[引っ張る]こと.
tractus¹ -a -um, *adj* (*pp*) [traho] (弁説がが)なめらかな, よどみなく続く.
tractus² -ūs, *m* 1 引く[引っ張る]こと. 2 (ものの動いた)跡; 道筋, 通り道: *longo per aera tractu* (Ov) 空中に長い尾を引いて. 3 広がり, 距離; 位置. 4 区域, 地域, 地方. 5 (時間の)流れ, 長さ, 期間. 6 引き延ばす[長引かせる]こと, 延長. 7 展開, 進行. 8° 【解】道, 路, 索: ~ *iliotibialis* 腸脛索[腸脛靱帯] / ~ *olfactorius* 嗅索 / ~ *solitarius* 孤束. 9°(神性の)拡張. 10°【カト】(ミサの)詠唱(えいしょう).
trādidī *pf* ⇨ trado.
trāditiō -ōnis, *f* [trado] 1 (商品などの)引渡し. 2 (降服時の身柄・領土などの)引渡し, 明渡し. 3 (知識などを)伝えること, 教育; 伝承. 4° 翻訳.
trāditor -ōris, *m* [trado] 1 裏切り者 (=proditor). 2° 伝える人; 教師.
trāditus¹ -a -um, *pp* ⇨ trado.
trāditus² -ūs, °*m* 伝承, 伝統.
trādō -ere -didī -ditum, *tr* [trans-/do] 1 手渡す, 与える. 2 引き[明け]渡す: *armis traditis* (CAES) 武器を引き渡して. 3 ゆだねる, 託す: *alci neptem tradere* (TAC) 孫娘をある男の嫁にやる. 4 紹介する, 推薦する ⟨alqm alci⟩. 5 残す, 伝える; 報告する, 物語る: *traditum est* ⟨+*acc c. inf*⟩ (CIC) =*traditur memoriae* ⟨+*acc c. inf*⟩ (LIV) …と伝えられている. 6 教える. 7 (*refl*) 身をまかせる[差し出す]; 降服する: *se totos voluptatibus tradere* (CIC) すっかり快楽にふけっている.
trādūciānī -ōrum, °*m pl* [↓] 原罪の継承を信じる人々《ペラギウス派の人々がカトリック教徒に与えた名称》.
trādūcō -ere -duxī -ductum, *tr* [trans-/duco] 1 (ある場所から他へ)連れて来る, 連行する. 2 (物のある場所を)変える, 移す. 3 横断させる, 渡らせる: *vadis partem copiarum traducere* (CAES) 浅瀬で軍勢の一部を渡河させる /(渡る対象の *acc* と *flumen Axonam exercitum traducere* (CAES) 軍隊を Axona 川を渡らせる. 4 (見世物にさらしものにするために)行進させる, 運ぶ. 5 *equum traducere* (CIC) ローマ騎士が自分の馬を引いて通る (=censor による身分審査に合格した). 6 見せる, 示す, 公表する. 7 (ある時期を)過ごす. 8 遂行する. 9 (習慣・態度などを)変えさせる, (別の物へと)向かわせる. 10 (別な身分・地位に)つけ, 置く: *Clodium a patribus ad plebem traducere* (SUET) Clodius を貴族から平民に移籍する. 11 翻訳する. 12 【文】(語を)派生させる, 派生語をつくる. 13° 非難する. 14°(原罪を)受け継ぐ. 15° 惑わす, 堕落させる.
trāductiō -ōnis, *f* [↑] 1 (ある場所から他へ)運ぶ[運搬する]こと. 2° 凱旋(がいせん)式で(捕虜を)行進させること. 3 さらしものにすること. 4 (時の経過). 5 (身分の変更, 移籍. 6 【修】換喩. 7 【修】同一語の反復.
trāductor -ōris, *m* [traduco] (身分を)移籍させる者.
trāductus¹ -a -um, *pp* ⇨ traduco.
trāductus² -ūs, °*m* 通路.

trādux -ucis, *m* [traduco] 1 【植】(ブドウ園内の木から木へ渡した)ブドウのつる. 2° 媒介. 3°(原罪の)継承.
trāduxī *pf* ⇨ traduco.
tragacantha -ae, *f* [*Gk*] 【植】トラガカントゴムノキ.
tragacanthum -ī, *n* トラガカントゴム.
tragelaphos -ī, °*m* [*Gk*] 【動】野生ヤギの一種.
tragēmata -tum, *n pl* [*Gk*] デザート用のドライフルーツ (=ナツメヤシの実・デーツ).
tragicē *adv* (tragicus¹) 悲劇のように, 悲劇にふさわしく.
tragicōmoedia [↓/comoedia] 悲喜劇.
tragicus¹ -a -um, *adj* [*Gk*] 1 悲劇の. 2 悲劇のような[にふさわしい]; 荘重な, 悲壮な. 3 悲劇的な; 恐ろしい.
tragicus² -ī, *m* 1 悲劇役者. 2 悲劇詩人[作者].
tragoedia -ae, *f* [*Gk*] 1 悲劇; 文芸としての悲劇作品. 2 芝居がかった演説, 大げさな表現. 3 大騒ぎ, 痛ましいできごと. 5° 悪事, 悪行.
tragoediographus -ī, °*m* [*Gk*] 悲劇作者.
tragoedus -ī, *m* [*Gk*] 悲劇役者.
trāgula -ae, *f* [traho] 1 (Gallia 人や Hispania 人の)革ひも付きの投げ槍. 2 一種の引網. 3 (牛馬に引かせる農作物運搬用の)そり. 4 わな, 策略.
tragum¹ -ī, *n* [*Gk*] 粥(かゆ)の一種.
trāgum² -ī, *n* 引網.
tragus -ī, *m* [*Gk*] 1 腋臭(わきが), 強い体臭. 2 【魚】=maena (産卵期の雄について言う). 3 【解】耳毛(じ); 耳珠(じ).
traha, trahea -ae, *f* [traho] (牛に引かせる脱穀用の)そり.
trahax -ācis, *adj* [traho] 何でも引ったくるのが好きな, 強欲な.
trahitōrius -a -um, °*adj* [↓] (心を)引きつける, 魅惑する.
trahō -ere traxī tractum, *tr* (*intr*) 1 引く, 引っ張る, 引きずる: *caudā traxit in antra boves* (PROP) (Hercules は)尻尾を掴んで牛を洞穴へ引き込む /*trahit Hectorem ad currum religatum Achilles* (CIC) Achilles は Hector (の死体)を戦車に縛りつけて引きずり回す. 2 (兵士・従者などの一隊[団]を)引き連れて(来る). 3 引き寄せる; 引き倒す. 4 引き抜く[離す]. 5 長く引き出す, 紡ぐ: *data pensa trahens* (Ov) 日課の糸紡ぎをしながら. 6 (水を)汲む, 汲み出す. 7 飲む; 吸収する; 吸い込む: *spiritum [animum] trahere* (SEN [PLIN]) 呼吸する, 息をする. 8 引き締める, 縮める: *vultum trahere* (Ov) 顔をしかめる / *vela trahere* (VERG) 帆をたたむ. 9 奪う, 略奪する. 10 (関心などを)向ける; 魅了する. 11 引き込む, 巻き込む. 12 ひき起こす, 招来する. 13 (結論を)引き出す, 導く. 14 取り入れる; 獲得する. 15 (色・熱・様相などを)帯びる, 呈する. 16 取り除く, 排除する. 17 長引かせる, 引き延ばす; (*intr*) 続く. 18 (時を)過ごす, 費やす. 19 帰する, 結びつける; 解釈する: *crimen in se trahere* (Ov) 他人の罪を自分にかぶせる / *cuncta in deterius trahere* (TAC) すべてを悪い方にとる. 20 利用[適用]する: *spinas in pisce traxit in exemplum* (Ov) 彼は魚の骨を(のこぎりを発明する)手本にした. 21 変える. 22 熟考[熟慮]する.

trāiciō -cere, *tr* =trajicio.
Trāiānus -ī, *m* トライヤーヌス, "トラヤヌス《*M. Ulpius ~*, ローマ皇帝 (在位 98–117)》.
trāiēcī *pf* ⇨ trajicio.
trāiectīcius -a -um, *adj* [trajicio] 商品の海上輸送のために融資された: *trajecticia pecunia*《法》冒険貸借《船舶が無事帰還した場合に返済する高利の金銭貸借》.
trāiectiō -ōnis, *f* [trajicio] **1** 移動; 横断. **2**《修》(語・文字の)転置, 転位. **3**《修》(責任などの)転嫁 (法). **4**《修》誇張(法).
trāiector -ōris, °*m* [trajicio] 貫通するもの.
trāiectūra -ae, *f* [trajicio] 突出部.
trāiectus¹ -a -um, *pp* ⇨ trajicio.
trāiectus² -ūs, *m* **1** 渡ること, 横断. **2** 船着き場.
trāicere *inf* ⇨ trajicio.
trāiciō -cere -jēcī -jectum, *tr* (*intr*) [trans-/jacio] **1** (向こうへ)投げる. **2** (橋などを)かけ渡す, 渡す. **3** 貫く, 突き通す, 射抜く; 突き刺す[立てる]. **4** 移す, 移動させる; 渡らせる, 移動[横断]させる: *legiones in Siciliam trajicere* (LIV) 軍団を Sicilia へ渡海させる / (渡る場所の *acc* と) *equitum magnam partem flumen trajecit* (CAES) 彼は騎兵の大部分を対岸へ渡した. **5** 渡る, 横断する. **6**《修》(語の)位置を変える, 転置させる.
trāl- ⇨ transl-.
Trallēs¹ -ium, *f pl* [Gk] トラッレース, *-レイス《Lydia の Maeander 川近くの町》.
Trallēs² -ium, *m pl* [Gk] トラッレス《Illyria の一部族》.
Tralliānus -a -um, *adj* Tralles¹ の. **Tralliānī** -ōrum, *m pl* Tralles¹ の住民.
Trallis -is, *f* =Tralles¹.
trām- ⇨ transm-.
trāma -ae, *f* [*cf.* traho] **1** 縦糸. **2** (クモの)巣. **3** *~ figurae* (PERS) やせひょろひょろした人 / *tramae putidae* (PLAUT) 腐ったくず糸(=一文の値打ちもない物).
trāmen -minis, °*n* **1** 横糸. **2** より糸.
trāmes -mitis, *m* [trans-/meo] **1** 脇道, 間道, 小道. **2** 川床, 水路. **3** 進路, 行路. **4** 狭く細長い土地. **5**《家族の)分家. **6** °(本のページの)縦の欄.
trāmosēricus -a -um, °*adj* [trama/Sericus] 縦糸が亜麻で横糸が絹の.
trānatō, trānō ⇨ transnato, transno.
tranquillē *adv* [tranquillus] 静かに, 穏やかに.
tranquillitās -ātis, *f* [tranquillus] **1** 海(風)が穏やかなこと; 好天. **2** (航行を妨げる)凪(な), 無風. **3** 平静, 平安.
tranquillō¹ *adv* (*abl*) =tranquille.
tranquillō² -āre -āvī -ātum, *tr* [tranquillus] 静める, 落ちつかせる.
tranquillum -ī, *n* [↓] **1** 穏やかな海; 好天. **2** 平穏, 落ちつき.
tranquillus -a -um, *adj* **1** (海・天候などが)穏やかな. **2** 平静な, 落ちついた. **3** 静かな, 静穏な.
trans *prep*, *adv* [*cf.* tero] **I** (*prep*)〈+acc〉…を越えて, を通って向こうに: *qui ~ mare currunt* (HOR) 海のかなたへと駆け出す人々 / *qui ~ Rhenum incolunt* (CAES) Rhenus 川の向こう側に住む人々. **II** (*adv*) 向こう[反対]側に.
trans- *pref* [↑] 意味は trans を参照(有声子音の前ではしばしば trā-).
transabeō -īre -iī -itum, *intr*, *tr* [↑/abeo] 越えて[通って, 向こうへ]行く: *ensis transabiit costas* (VERG) 剣があばら骨を刺し貫いた.
transabiī *pf* ⇨ transabeo.
transabīre *inf* ⇨ transabeo.
transabitus -a -um, *pp* ⇨ transabeo.
transactiō -ōnis, *f* [transigo] **1** 和解, 示談. **2**° 契約, 取引. **3**° 完成[終了]すること.
transactor -ōris, *m* [transigo] 代理人, 代行者.
transactus -a -um, *pp* ⇨ transigo.
transadactus -a -um, *pp* ⇨ transadigo.
transadēgī *pf* ⇨ transadigo.
transadigō -ere -adēgī -adactum, *tr* [trans-/adigo] 刺し通す, 突き刺す.
Transalpibus *adv* Alpes の向こうから.
Transalpicus -a -um, °*adj* =Transalpinus.
Transalpīnus -a -um, *adj* Alpes の向こう側の.
Transalpīnī -ōrum, *m pl* Alpes の向こう側の住民.
transbibō -ere, °*tr* 飲み尽くす, 飲みほす.
transbītō -ere, *intr* こちらに来る.
transcendentālis -is -e, °*adj* [transcendo]《哲》超越的な.
transcendentia -ae, *f* [transcendo] 議論の筋道を他へ移すこと.
transcendī *pf* ⇨ transcendo.
transcendō -ere -endī -ensum, *tr*, *intr* [trans-/scando] **1** 登り越える, 向こう側へ行く, 渡る. **2** (境界・規則などを)踏み越える, 違反する: *transcendere fines juris* (LUCR) 法の限度を越える. **3** 超える, 上回る. **4** 抜かす, 省く, 飛ばす. **5** (*intr*) (話題が)移る, 移行する.
transcēnsiō -ōnis, °*f* [↑] **1** 踏み越えること; 違反. **2** (ユダヤ教の)過越しの祝い. **3**《修》転置法 (= hyperbaton).
transcēnsus¹ -a -um, *pp* ⇨ transcendo.
transcēnsus² -ūs, °*m* **1** 登ること. **2** (川の)渡り場, 渡し. **3** 移り変わり, 変化. **4**《修》転位, 転置.
transcīdī *pf* ⇨ transcido.
transcīdō -ere -cīdī, *tr* [trans-/caedo] **1** めった打ちにする. **2**° 貫く, 貫通する.
transcrībō -ere -scrīpsī -scriptum, *tr* [trans-/scribo¹] **1** 書き写す, 転記する; (絵画を)模写する. **2** 偽造する. **3** 移す, 移し替える: *alci spatium vitae transcribere* (OV) ある人に寿命を移し替える. **4** 移籍[移管]する; 登録する: *transcribere matres urbi* (VERG) 母親たちを町(の住民名簿)に載せる. **5**° 刻み込む.
transcrīpsī *pf* ⇨ transcribo.
transcrīptiō -ōnis, *f* [transcribo] **1**° 書写, 転記. **2** (所有権・負債などの)移転, 移管.
transcrīptus -a -um, *pp* ⇨ transcribo.
transcucurrī *pf* =transcurri (⇨ transcurro).
transcurrī *pf* ⇨ transcurro.
transcurrō -ere -currī [-cucurrī] -cursum, *intr*,

tr **1** 向こう(側)へ走る[駆けて行く]. **2** 急いで通過する[越える]: *caelum transcurrit nimbus* (Verg) 黒雲が天空を漂い渡る. **3** 素早く変わる[移る]. **4** (時が)(早く)過ぎ去る; (一定の期間を)過ごす, 終える. **5** 手短かに論じる; ざっと読む.

transcursiō -ōnis, °*f* [↑] **1** すばやく通り過ぎること. **2** 手短かに論ずること. **3** (時の)経過.

transcursōrius -a -um, °*adj* [transcurro] ぞんざいな, 皮相の.

transcursus[1] -a -um, *pp* ⇨ transcurro.

transcursus[2] -ūs, *m* **1** すばやく通り過ぎる[走り抜ける]こと. **2** 手短かに論ずること, 簡単な言及.

Transdānubiānus, -viānus -a -um, °*adj* Danubius 川対岸の. **Transdānubiānī** -ōrum, *m pl* 《碑》 Danubius 川対岸に住む人々.

transēgī *pf* ⇨ transigo.

transenna -ae, *f* **1** 捕鳥網; 罠(わな). **2** 格子(窓).

transeō -īre -iī [-īvī] -itum, *intr, tr* [trans-/eo[2]] **1** (ある場所から他へ)行く, 渡る: *plebs in Sacrum Montem ex Aventino transit* (Liv) 平民は Aventinus の丘から聖山へ移動する / *mare hieme transire* (Cic) 冬に渡航する. **2** 通り過ぎる, 通過する. **3** 追いつく, 追い越す. **4** (権利・状態などが)移る, 転ずる: *terror ad hostes transit* (Liv) (今度は)敵が恐怖に陥る番だ. **5** 寝返る, 乗り換える: *ad Pompeium transierunt* (Caes) 彼らは Pompeius のもとへ脱走した. **6** 変わる, 変化する; 変容する. **7** …よりまさる, しのぐ. **8** (基準・限度などを)越える: *verecundiae fines transire* (Cic) 慎しみの一線を踏み越える. **9** 無視する, 省く; 簡単に論じる. **10** 消え去る, なくなる. **11** (時が)過ぎ(去)る; (時を)過ごす.

transferō, trāferō -ferre -tulī -lātum, *tr* **1** (ある場所から他へ)運ぶ, 移送する. **2** 場所を変える, 動かす, 移す; 移植する: *in Celtiberiam bellum transferre* (Caes) Celtiberia へ戦場を移す / (2 個の *acc* と) *concilium Lutetiam Parisiorum transfert* (Caes) 彼は会議の場を Parisii 族の町 Lutetia に変更する. **3** (所有権・支配権などを)移譲する; (責任などを)転嫁する; (役割などを)移し替える. **4** (別の用途に)転用する, 充てる. **5** (新しい局面に)注意[関心]を振り向けさせる: *ut se ad aliud studium transferat admonebo* (Cic) 私は彼が他の(分野の)研究に専念するよう忠告するだろう. **6** 書き写す, 転写する. **7** 翻訳する. **8** 比喩的に用いる. **9** 延期する, 先送りする. **10** 変える, 変容させる. **11**° (*pass*) 死ぬ.

transferre *inf* ⇨ transfero.

transfictiō -ōnis, °*f* [transfingo] **1** 偽造, 捏造(ねつぞう). **2** 〖文〗語形変異 (=metaplasmus).

transfīgō -ere -fixī -fixum, *tr* 突き通す, 貫く.

transfigūrābilis -is -e, °*adj* [transfiguro] 変容することのできる.

transfigūrātiō -ōnis, *f* [transfiguro] **1** 変容. **2**° (キリストの)変容. **3**° 〖カト〗変容の祝日 (8 月 6 日).

transfigūrātor -ōris, °*m* [↓] 変容させる人: *sui* ~ (Tert) 偽善者.

transfigūrō -āre -āvī -ātum, *tr* **1** 姿形[性状]を変える, 変容させる. **2**° (*refl*) ふりをする, 装う ⟨in+*acc*⟩. **3**° たとえて[あてはめて]話す.

transfingō -ere, °*tr* (*refl*) ふりをする, 装う.

transfixī *pf* ⇨ transfigo.

transfixiō -ōnis, °*f* [transfigo] (釘を)打ち込むこと.

transfixus -a -um, *pp* ⇨ transfigo.

transfluō -ere -fluxī, *intr* **1** 横切って[越えて]流れる; 貫流する. **2**° (時が)流れる, 経過する.

transfluviālis -is -e, °*adj* 川の向こうに住んでいる.

transfluviō -āre, °*intr* 川を渡る, 渡河する.

transfluvium -ī, °*n* 渡河.

transfluxī *pf* ⇨ transfluo.

transfodere *inf* ⇨ transfodio.

transfōdī *pf* ⇨ transfodio.

transfodiō -dere -fōdī -fossum, *tr* **1** 反対側まで掘り抜く. **2** 突き[刺し]通す.

transforātiō -ōnis, °*f* [transforo] 穴があいていること: *transforationis partes* (Cael Aur) (人体の)開口部位(＝目, 鼻, 耳, 肛門).

transformātiō -ōnis, °*f* [transformo] 変形, 変貌(へんぼう); (キリストの)変容, 変身.

transformis -is -e, *adj* [↓] 変身することのできる.

transformō -āre -āvī -ātum, *tr* 変身[変容]させる, 変える.

transforō -āre -āvī -ātum, *tr* 貫く, 刺し[突き]通す.

transfossus -a -um, *pp* ⇨ transfodio.

transfretānus -a -um, °*adj* 海の向こうからの.

transfretātiō -ōnis, *f* [↓] 海峡を渡ること.

transfretō -āre -āvī -ātum, *intr, tr* [trans-/fretum] **1** 海を渡る, 渡航する. **2**° 渡す, 渡らせる. **3**° (時を)過ごす.

transfūdī *pf* ⇨ transfundo.

transfuga -ae, *m* (*f*) [transfugio] **1** 敵に寝返る者, 裏切り者; 逃亡者. **2**° 背教[棄教]者.

transfugere *inf* ⇨ transfugio.

transfūgī *pf* ⇨ transfugio.

transfugiō -gere -fūgī -fugitum, *intr, tr* **1** 寝返る, 裏切る. **2** 逃れる ⟨+*acc*⟩.

transfugitus -a -um, *pp* ⇨ transfugio.

transfugium -ī, *n* [transfugio] 脱走; 寝返り.

transfūmō -āre, *intr* 煙となって[のように]吐き出される.

transfunctōrius -a -um, °*adj* [transfungor] おざなりの, ぞんざいな.

transfundō -ere -fūdī -fūsum, *tr* **1** (別の容器へ)注ぎ移す, 移し替える. **2** (気持などを)移す. **3** (*pass*) 注ぐ, 流れ込む. **4**° 翻訳する.

transfungī *inf* ⇨ transfungor.

transfungor -gī, *intr dep* 《碑》休みなく…を楽しむ ⟨+*abl*⟩.

transfūsiō -ōnis, *f* [transfundo] **1** (別の容器への)注ぎ移し, 移し替え. **2** 混交, 混血. **3**° 〖法〗(負債の)転移. **4**° (光が世界のすみずみにまで)行きわたること. **5**° 〖医〗輸血.

transfūsus -a -um, *pp* ⇨ transfundo.

transgerō -ere, *tr* 運び移す, 移動させる.

transgredī *inf* ⇨ transgredior.

transgredior -dī -gressus sum, *tr, intr dep* [trans-/gradior] **1** …の側(がわ)へと(歩いて)行く, 越え

transgressio — transmissio

る, 渡る＜+*acc*; in [*ad*]+*acc*＞: *amnem Araxem ponte transgredi* (TAC) Araxes 川に橋をかけて渡る / *Galli in Italiam transgressi* (LIV) (Alpes 山脈を越えて) Italia に入ってきた Gallia 人たち. **2** (別の党派などへ)移る, 乗り換える, つく＜in [*ad*]+*acc*＞. **3** 変わる, 変化する. **4** (新しい題目に)移行する. **5** (限度などを)踏み越える. **6** まさる, しのぐ. **7** (話題を)簡単に扱う, とばす. **8**° 罪を犯す.

transgressiō -ōnis, *f* [↑] **1** 越える[渡る]こと. **2** (別の話題へ)移ること. **3** 〖修〗転置(法)(=hyperbaton). **4**° (法を)犯すこと. **5**° (神への)罪. **6**° 背教. **7**° 苦難.

transgressor -ōris, °*m* [transgredior] (神の法の)違反者, 罪人(፟፟፟፟).

transgressus[1] -a -um, *pp* ⇨ transgredior.

transgressus[2] -ūs, *m* 渡ること, 渡河.

transiciō -cere, *tr* =transjicio (⇨ trajicio).

transigō -ere -ēgī -actum, *tr, intr* [trans-/ago] **1** (武器を)突き刺す; (武器で)刺し貫く. **2** (最後まで)やり遂げる, 終わらせる. **3** (交渉などを)まとめる, (紛争などを)解決する; (*intr*) まとまる, 片づく＜cum alqo; de alqo; cum re＞: *me absente omnia cum illis transigi malo* (CIC) 私がいない間にすべてが彼らとの交渉に決着してほしいものだ / (impers pass) *cum spe votoque uxoris semel transigitur* (TAC) (未婚女性が)妻となる望みと誓いはただ一度しか許されないく=一度で相手が決められてしまう). **4** 〖法〗互譲によって示談にする, 妥協する. **5** (時を)過ごす. **6**° 支える, 維持する. **7**° 処分する, 売却する.

transii *pf* ⇨ transeo.

transiliō, transsiliō -īre -uī [-īvī, -iī], *tr, intr* [trans-/salio[1]] **1** 跳び越える, 跳び移る＜+*acc*; in+*acc*＞. **2** 無視する, とばす. **3** (限界などを)越える: *transilire munera Liberi* (HOR) Liber(=Bacchus) の贈り物(=ぶどう酒)の程を過ごす(=乱飲する).

transilivī *pf* =transilui (⇨ transilio).

transiluī *pf* ⇨ transilio.

transīre *inf* ⇨ transeo.

transitiō -ōnis, *f* [transeo] **1** 通り過ぎること; 移動. **2** 通路. **3** (敵方に)寝返ること, 裏切り. **4** (階級を)移ること, 転籍. **5** 話題を転ずること. **6** 感染, 伝染. **7** 〖文〗(格変化に伴う)語形の変化. **8**° 〖文〗関係. **9**° 死.

transitīvē °*adv* [↓] 〖文〗他動詞的に[として].

transitīvus -a -um, °*adj* [transeo] 〖文〗他動詞の.

transitor -ōris, °*m* [transeo] 通りがかりの人, 通り過ぎる人.

transitōriē °*adv* [transitorius] ついでに; ざっと.

transitōrium -ī, *n* [↓] 〖碑〗通路, 通り道.

transitōrius -a -um, *adj* [transeo] **1** 通路の[となる]. **2**° はかない, 束(፟)の間の.

transitus[1] *sup*, *pp* ⇨ transeo.

transitus[2] -ūs, *m* **1** 渡る[越える]こと, 横断. **2** 通り過ぎること, 通過: *in transitu* (TAC) 途中で. **3** 通り道, 通路: ~ *spiritūs* (PLIN) 気管. **4** 寝返り, 裏切り. **5** 移り変わり, 変化, 転換: ~ *rerum* (TAC) 改変. **6** 話題の転換. **7** 〖文〗語形変化, 活用. **8**° 出発. **9**° 死.

transjiciō -cere, *tr* =trajicio.

transjugō -āre, °*tr* (牛・馬などを)別の軛(፟)にかける.

transjungō -ere, °*tr* 軛にかける2頭のラバの左右を入れ替える.

translābī *inf* ⇨ translabor.

translābor -bī -lapsus sum, °*tr dep* ...の上を(すべるように)飛び過ぎる.

translapsus -a -um, *pp* ⇨ translabor.

translātīciē *adv* [↓] ぞんざいに, なげやりに.

translātīcius, trāl- -a -um, *adj* [translatus[1]] **1** 伝統的な, 慣例の. **2** 普通の, ふだんの. **3** (ことばが)転じた, 転義した.

translātiō, trāl- -ōnis, *f* [transfero] **1** 運ぶこと, 移送. **2** 移すこと, 移動. **3** 移植, 接ぎ木. **4** 移管, 移譲. **5** (罪・責任の)転嫁. **6** (語の転用; 転義, 比喩(の用法). **7**° 〖文〗音位[字位]転換(=metathesis). **8** 翻訳. **9**° (魂の)転生, 輪廻. **10**° 死.

translātīva -ae, *f* [translativus] 〖修〗換喩的転義(=metalepsis).

translātīvē °*adv* [↓] 〖修〗転義的に, 比喩的に.

translātīvus, trāl- -a -um, *adj* [transfero] **1** (異議申し立てに伴う)訴訟手続き・弁論などの変更に関する. **2** 通常の, 慣例の.

translātor -ōris, *m* [transfero] **1** 譲渡する人. **2**° 翻訳者. **3**° 転写する人.

translātus[1] -a -um, *pp* ⇨ transfero.

translātus[2], **trāl-** -ūs, *m* **1** (ある物を誇示する)行列, 行進. **2**° 運搬.

translēgō[1] -āre -āvī, °*tr* 遺言で譲る, 遺贈する.

translegō[2] -ere, *tr* (人に)読んで聞かせる.

transloquī *inf* ⇨ transloquor.

transloquor, trāl- -quī, *tr dep* 一部始終を語る, すっかり話す.

translūcānus -a -um, *adj* [trans-/lucus] 〖碑〗森の向こう側にある.

translūceō, trāl- -ēre, *intr* **1** (映像が)反射する. **2** (水・薄衣などを通して)光って[輝いて]見える. **3** 透いて見える, 透明である.

translūcidus, trāl- -a -um, *adj* 澄んだ, 透き通った, 透明な.

transmarīnus, trām- -a -um, *adj* [trans-/mare] **1** 海を渡って来る, 舶来の: *politissima doctrina transmarina* (CIC) きわめて洗練された海外(=ギリシア)からの文化. **2** 海外(で)の, 海外にある.

transmeābilis -is -e, °*adj* [transmeo] 通過[横断]することのできる.

transmeātōrius -a -um, °*adj* [↓] 通過[横断]に関する.

transmeō, trām- -āre -āvī -ātum, *tr, intr* 通過する, 横断する.

transmigrātiō -ōnis, °*f* [↓] **1** 移住; 亡命; 虜囚. **2** (霊魂の)転生.

transmigrō, trām- -āre -āvī -ātum, *intr, tr* **1** 移住する; 居所を変えて住む. **2**° 移住させる.

transmineō -ēre, *intr* 反対側へ突き出る.

transmīsī *pf* ⇨ transmitto.

transmissiō -ōnis, *f* [transmitto] **1** 渡航. **2**°

(税の)支払い. **3**° (罪・責任の)転嫁. **4**° (遺産の)相続.

transmissor -ōris, °*m* [transmitto] (罪を)運び去ってくれる者(=贖罪(しょく)のヤギ).

transmissus[1] -a -um, *pp* ⇨ transmitto.

transmissus[2] -ūs, *m* **1** 渡航, 横断. **2** 遺贈, 相続.

transmittō, trām- -ere -mīsī -missum, *tr*, *intr* **1** 向こう側へ送る[行かせる], 横断[渡航]させる, 通過させる: *magnam classem in Siciliam transmittere* (LIV) 大艦隊を Sicilia 島へ派遣する / *ponte transmisso* (SUET) 橋をかけて. **2** 渡る, 横断する, 通過する: *equites adnantes equis transmisere* (TAC) 騎兵たちは馬にすがって泳いで(川を)渡った. **3** (水・光・風などを)通す, 通らせる. **4** (別の党派へ)移る, 鞍替えする. **5** 手渡す; 譲渡[贈与]する: *poma intacta ore servis transmisit* (TAC) (毒殺を恐れた彼女は)リンゴに口をつけず奴隷たちに手渡した. **6** 託す, ゆだねる: *huic hoc tantum bellum transmittere* (CIC) 彼にこの大戦争を託す. **7** (手をつけずに)放置する, 無視する: *eam sententiam silentio, deinde oblivio transmisere* (TAC) 世間はその意見を(始めは)黙って聞き流し, やがては忘れた. **8** (時を)過ごす, 費やす. **9** 体験[経験]する; 耐える.

transmontānus -a -um, *adj* [trans-/mons] 山の向こうにある[住む].

transmōtus -a -um, *pp* ⇨ transmoveo.

transmoveō -ēre -mōvī -mōtum, *tr*, *intr* **1** (一地点から他へ)移動させる. **2** (...の)せいにする: *gloriam verbis se transmovere* (TER) 栄光をことば巧みにわがものとする. **3**° 離れる, 遠ざかる.

transmūtātiō -ōnis, *f* [↓] **1** 字位[語順]転置. **2**° 変化, 変形. **3**° 〖修〗換喩. **4**° (霊魂の)転生.

transmūtō -āre -āvī -ātum, *tr* 置き換える, 移し変える.

transnatō, trān- -āre -āvī -ātum, *tr*, *intr* 向こう岸まで泳く, 泳いで渡る.

transnāvigō -āre -āvī -ātum, *tr*, *intr* **1** 向こう岸まで航海する, 船で横断する. **2** 船で通り過ぎる.

transnō, trān- -āre -āvī -ātum, *tr*, *intr* **1** 向こう岸まで泳ぐ, 泳いで渡る: *in Tiberim desiluit et incolumis ad suos transnavit* (LIV) 彼は Tiberis 川に飛び込むと, 無事, 味方のいるところまで泳ぎ切った. **2** (船で)渡る. **3** 飛んで行く, 通過する〈+*acc*; per+*acc*〉: *Strymoniae grues aethera transnant* (VERG) Strymon のツルが大空を飛んで行く. **4** 一面に広がる, 行き渡る.

transnōminō -āre -āvī -ātum, *tr* ...を...と改称する〈+2 個の *acc*〉.

transnūbō -ere, °*intr* (女性が)夫を捨てて別の男性と結ばれる.

transnumerō -āre, *tr* 全部数える, 数え終える.

transpadānus -a -um, *adj* [trans/Padus] Padus 川の向こう[北]側にある.

transpectus, transs- -ūs, *m* [transpicio] (開口部を通しての)眺め, 光景.

transpicere *inf* ⇨ transpicio.

transpiciō, transs- -cere, *tr* [trans-/specio] (開口部の)向こう側を見る, 見通す.

transplantō -āre -āvī -ātum, °*tr* 移植する.

transpōnō -ere -posuī -positum, *tr* 位置を移す, 移動させる.

transportātiō -ōnis, *f* [↓] 移住させること.

transportō -āre -āvī -ātum, *tr* **1** (通例, 水路で)運ぶ, 渡す: *duas legiones transportare* (CAES) 2 個軍団を(アフリカへ)派遣する /(2 個の *acc* と) *milites navibus flumen transportat* (CAES) 彼は兵士たちを船橋で渡河させる. **2** (強制的に)移送する, 移住させる.

transpositus -a -um, *pp* ⇨ transpono.

transposuī *pf* ⇨ transpono.

transrhēnānus -a -um, *adj* [trans/Rhenus] Rhenus 川の向こう[東]側の.

transs- ⇨ trans-.

transtiberīnus -a -um, *adj* [trans/Tiberis] Tiberis 川の向こう側にある[住んでいる].

transtineō -ēre, *intr* [trans-/teneo] (横切って)通じている.

transtrum -ī, *n* **1** 漕ぎ手席. **2** 〖建〗大梁(ばり).

transtulī *pf* ⇨ transfero.

transubstantiātiō -ōnis, °*f* [trans/substantia] 〖カト〗実体変化《ミサにおいて聖体のパンとぶどう酒がキリストの肉と血に変えられること》.

transuī *pf* ⇨ transuo.

transultō -āre, *intr* [trans-/salto] 跳び移る.

transūmō -ere, *tr* [trans- /sumo] 取る, 受け取る.

transūmptiō, transs- -ōnis, *f* [↑] (ギリシア語 μετάληψις のラテン訳) ⇨ metalepsis.

transūmptīva -ae, *f* =transumptio.

transuō -ere -suī -sūtum, °*tr* [trans-/suo] **1** (治療のために針が体の一部を)刺し貫く. **2** (とがった物が)突き刺す. **3** (端から端まで)縫う.

transūtus -a -um, *pp* ⇨ transuo.

transvadō -āre, °*tr* **1** (浅瀬を)渡る. **2** (無事に)通過する.

transvāricō -āre, °*intr* 大股(また)で歩く.

transvectiō, trāv- -ōnis, *f* [transveho] **1** 渡河. **2** 運搬, 輸送. **3** (censor による騎士観閲時の)騎馬行進.

transvectō -āre, °*tr freq* [transveho] 運ぶ, 輸送する.

transvectūrārius -ī, *m* [transveho] 〖碑〗駄獣による荷物運送業者.

transvectus -a -um, *pp* ⇨ transveho.

transvehō, trāv- -ere -vexī -vectum, *tr* **1** 向こう側へ運ぶ, 渡す. **2** (*pass*) 渡る, 通航する;(馬などに)乗って行く[進む]. **3** (*pass*)(物が通り過ぎる, 横切る;(時が)過ぎ去る. **4** (凱旋行進で)運んで通る. **5** (*pass*) 騎馬行進する〈*cf*. transvectio 3〉.

transvena -ae, °*m* [transvenio] 移住者, 外来者.

transvendō -ere, *tr* 〖碑〗売却する.

transveniō -īre, °*intr* よそから来る.

transverberātiō -ōnis, °*f* [↓] 刺し通す[貫く]こと.

transverberō -āre -āvī -ātum, *tr* 刺し貫く, 突き刺す.

transversa *adv* (*n pl acc*) =transverse: ~ *tueri* (VERG) 横目で見る.

transversālis -is -e, °*adj* [transversus] 【解】横の.

transversāria, trāv- -ōrum, *n pl* [↓] 横木, 横材.

transversārius, trāv- -a -um, *adj* [transversus] 横に渡された, 横断する.

transversē *adv* [transversus] 斜めに, はすに, 横に, 横から.

transversim °*adv* =transverse.

transversō -āre, *tr* 1 こね回す. 2° 渡る, 越える.

transversum[1], **trāv-** *adv* (*n sg acc*) =transverse.

transversum[2], **trāv-** -ī, *n* [↓] 斜め, はす, 横(方向): *ex [de] transverso* (CIC) 横脇から; 思いがけず, 不意に / *in* ~ (LIV) 横[水平]に / *per* ~ (PLIN) 横切って.

transversus, trāv- -a -um, *adj* (*pp*) [transverto] 1 斜めの, 交差する, 横断する: ~, *non proversus cedit, quasi cancer solet* (PLAUT) あいつは真っすぐじゃなく, カニみたいに横歩きしている / *transversa proelia* (SALL) 側面攻撃. 2 *digitus* ~ (PLAUT) 指の幅だけの長さ / *unguis* ~ (CIC) 爪の幅だけの長さ (いずれも長さの最小単位). 3 「正しい道・本筋を」踏みはずした, (わき道に) それた. 4° 【解】横の.

transvertī *pf* ⇨ transverto.

transvertō, trāv- -ere -vertī -versum, *tr* 1 変えて…にする. 2 (*pass*) 横切る. 3° 避ける, そらす. 4° 翻訳する.

transvexī *pf* ⇨ transveho.

transvolitō -āre, *tr freq* [↓] 突き抜けて飛ぶ.

transvolō -āre -āvī -ātum, *intr*, *tr* 1 横切って飛ぶ; 飛んで越える. 2 すばやく(通り)過ぎる, 突っ切る. 3 無視する; 注意を引かない. 4° (時が)早く過ぎ去る.

transvorātiō -ōnis, °*f* [↓] 1 飲み下すこと, 嚥下(🈁). 2 喉(🈁); 食道.

transvorō -āre -āvī -ātum, *tr* 1° 飲み下す, むさぼり食う. 2 (財産を)蕩尽(🈁)する, 使い果たす.

transvorsum, trāv- *adv* =transversum[1].

trapētus -ī, *m*, **-um** -ī, *n*, **-es** -um, *m pl* [*Gk*] オリーブの搾油器.

trapezīta -ae, *m* [*Gk*] 両替屋, 金貸し.

trapezium -ī, °*n* [*Gk*] 1 【幾】台形, 梯形(🈁). 2 境界標石. 3 【解】(手首の)大菱形骨.

trapezius -a -um, °*adj* [↑]【解】僧帽の.

trapezophorum -ī, *n* [*Gk*] テーブル[卓]の脚部(凝った装飾を施したもの).

Trapezūs -ūntis [-ūntos], *f* [*Gk*] トラペズース《Pontus の町; 現トルコ Trabzon》.

trapizēum -ī, °*n* [*Gk*]【幾】台形.

Trasimēnicus -a -um, °*adj* =Trasumenus[1].

Trasumēnus[1] -a -um, *adj* Trasumenus 湖の《語形は↓参照》.

Trasumēnus[2], **-mennus, Trasym-, Trasim-** -ī, *m* トラスメーヌス《Etruria の湖; 現 Trasimeno; そのほとりで Hannibal がローマ軍に大勝した (前 217)》.

traulizī *intr* 3 *sg pr* [*Gk*] (人が)舌足らずに話す《ギリシア語の音訳》.

trauma -atis, °*n* [*Gk*]【病】創傷; 心的外傷.

traumaticum -ī, °*n* [↓] 傷薬.

traumaticus -a -um, °*adj* [*Gk*] 傷に効く.

trāv- ⇨ transv-.

traxī *pf* ⇨ traho.

trebāciter °*adv* [trebax] ずる賢く, 狡猾に.

Trebātius -ī, *m* トレバーティウス《*C.* ~ *Testa*, ローマの法律家; Cicero の友人》.

trebax -ācis, °*adj* [*Gk*] 世故(🈁)にたけた, 狡猾な.

Trebelliānus -a -um, *adj* Trebellius の.

Trebellius -ī, *m* トレベッリウス《ローマ人の氏族名》.

Trebia[1] -ae, *m* トレビア《Padus 川の支流; 現 Trebbia; その合流点付近で Hannibal がローマ軍を破った (前 218)》.

Trebia[2] -ae, °*f* トレビア《Umbria の町》.

Trebiānus -a -um, *adj* Trebia[2] の. **Trebiānī** -ōrum, *m pl* Trebia[2] の住民.

Trebiātēs -um, *m pl* =Trebiani.

Trebium -ī, *n* トレビウム《Latium の町》.

Trebōnius -ī, *m* トレボーニウス《ローマ人の氏族名; 特に *Gaius* ~, Gallia における Caesar の副官 (legatus); 後に Caesar 暗殺に加担した (前 44)》.

Trēbula -ae, *f* トレーブラ《(1) Campania の町. (2) Sabini の町》.

Trēbulānus -a -um, *adj* Trebula の. **Trēbulānī** -ōrum, *m pl* Trebula の住民.

trecēnārius[1] -a -um, °*adj* [treceni] 300 の;《碑》 300,000 sestertia の支給を受ける.

trecēnārius[2] -ī, *m*《碑》近衛兵団 (cohortes praetoriae) に配置された 300 人の斥候 (speculatores) を指揮する百人隊長 (centurio).

trecēnī -ae -a, *num distrib* [tres/centum] 1 300 ずつの. 2 300(の) (=trecenti).

trecentēnārius -a -um, °*adj* [↓] 300 回[度・倍]の.

trecentēnī -ae -a, *num distrib* [trecenti] 300 ずつの.

trecentēsimus -a -um, *num ord* [↓] 300 番目の.

trecentī -ae -a, *num card* [tres/centum] 1 300 (の). 2 無数の, おびただしい数の.

trecentiens, -tiēs *adv* [↑] 300 回[度・倍].

trechedipnum -ī, *n* [*Gk*] (伴食者が身に着ける)軽衣(あるいはスリッパ).

tredeciēs °*adv* [↓] 13 回[度・倍] (=terdeciens).

tredecim *indecl num card* [tres/decem] 13 (の).

treis *num card*《古形》=tres.

tremebundus -a -um, *adj* [tremo] 震える, 震えている; 揺れる, 揺れている.

tremefacere *inf* ⇨ tremefacio.

tremefaciō -cere -fēcī -factum, *tr* [tremo/facio] 1 震動させる, 揺らす. 2 (恐怖などで)震えさせる.

tremefactus -a -um, *pp* ⇨ tremefacio.

tremefēcī *pf* ⇨ tremefacio.

tremendus -a -um, *adj* (*gerundive*) [tremo] 恐ろしい; 畏怖すべき.

trementer °*adv* [tremo] 震えて, 戦慄(🈁)して.

tremescō -ere, *intr*, *tr inch* [tremo] **1** 震える、揺れる。 **2** …を恐れて震える、…におののく《+*acc*; + *acc c. inf*》.

tremibundus -a -um, *adj* =tremebundus.

tremidus -a -um, *adj* [tremo] 震えている.

tremiscō -ere, *intr*, *tr* =tremesco.

tremō -ere -uī, *intr*, *tr* **1** 震動する、震える、揺れる。 **2** …に震える、おののく《+*acc*》.

tremor -ōris, *m* [↑] **1** (体が)震えること、身震い、おののき。 **2** 恐怖(の原因)。 **3** 揺れ；地震： ~ *ignium* (LUCR) 炎のゆらぎ.

tremuī *pf* ⇨ tremo.

tremulē *adv* [↓] 震えて、震えながら.

tremulus[1] -a -um, *adj* [tremo] **1** 震える、震えている、揺れる、揺れている: *tremula canna* (Ov) 風にそよぐアシ(葦)。 **2** 震えさせる、おののかせる.

tremulus[2] -ī, °*f*《植》ヤマナラシ.

trepidanter *adv* [trepido] 震えながら、びくびくして.

trepidātiō -ōnis, *f* [trepido] **1** 震え、おののき；動揺、狼狽: *ferrum pectori per trepidationem admovens* (TAC) 震えながら剣を胸に近づけると. **2°** 躊躇、ためらい.

trepidē *adv* [trepidus] **1** 狼狽［動揺、混乱］して. **2** せかせかと.

trepidō -āre -āvī -ātum, *intr* (*tr*) [trepidus] **1** 狼狽(ﾛｳﾊﾞｲ)する、あわてふためく；(impers pass) *totis trepidatur castris* (CAES) 全陣営がパニック状態だ. **2** せわしなく動く；急いで…する《+*inf*》. **3** 震動する、震える、揺れる；揺れる(＝翼を震わせて) / *trepidantia bello corda* (VERG) 戦(いくさ)にはやる胸. **4** 心配[不安]である；(*tr*) 恐れる. **5°** 躊躇する、ためらう.

trepidulus -a -um, *adj dim* [↓] おののいている.

trepidus -a -um, *adj* **1** 恐れて［心配して］いる、おののいている: (原因の *gen* と) ~ *admirationis et metūs* (TAC) 驚きと恐怖におののく. **2** あわただしい、落ちつかない、震える: *trepidum aenum* (VERG) ぶくぶく泡立っている銅鍋. **4** (物事が)不安な、恐ろしい、危険な: *in re trepida*=*in rebus trepidis* (LIV) 危急の事態に、重大な局面で / *incerta et trepida vita* (TAC) 不確かで不安な人生.

trepondō *indecl n* [↓/pondo²] (重さ) 3 ポンド.

trēs trēs tria, *num card* 3(の)；三つの.

tressis -is, *m* [↑/as] 3 asses、三文《金額》.

Trēs Tabernae -ium -ārum, *f pl* トレース・タベルナエ《Latium にあった Via Appia 沿いの地名；「三軒茶屋」の意》.

trēsvirī triumvirōrum, *m pl* =triumviri (⇨ triumvir).

treuga -ae, °*f* [G] 休戦： ~ *Dei* 神の休戦《中世にローマ・カトリック教会が首唱した》.

Trēverī, **Trēvirī** -ōrum, *m pl* トレーウェリー《Gallia Belgica にいた一部族》: *Augusta Treverorum* (MELA) アウグスタ・トレーウェロールム《Treveri 族の町；現 Trier》.

Trēvericus -a -um, *adj* Treveri 族の.

tri- *pref* [tres] 「三つの…から成る」の意.

triācontas -adis, °*f* [Gk] 30 (=triginta).

triambī -ōrum, *m pl*《芝居における》三人の役者の会話.

triangulāris -is -e, *adj* [triangulus] 三角形の.

triangulātiō -ōnis, °*f* [triangulus] 三角形にすること.

triangulum -ī, *n* [↓] 三角(形).

triangulus -a -um, *adj* [tri-/angulus] 三角形の.

triāriī -ōrum, *m pl* [tres] 第三戦列(兵)《古参兵から成り、第一戦列 (hastati)、第二戦列 (principes) の後ろに位置した》；予備隊[軍].

trias -adis, °*f* [Gk] **1** 3 (=tres). **2**《神学》《聖》三位一体.

Triballī -ōrum, *m pl* [Gk] トリバッリー《(下(=東) Moesia にいた Thracia 人の一部族》.

Triballia -ae, *f*《碑》Triballi 族の国.

tribas -adis, *f* [Gk] 同性愛の女性.

Tribocī -ōrum, **-cēs** -um, *m pl* トリボキー《Rhenus 河畔 (現 Alsace 地方) にいた Germania の一部族》.

tribolus -ī, *m* =tribulus.

tribrachys -yos, *m* [Gk]《詩》三短格、短短短格 (⌣⌣⌣).

tribuārius -a -um, *adj* [tribus] 部族 (tribus 2) の［に関する］.

tribuī *pf* ⇨ tribuo.

tribula -ae, *f* =tribulum.

tribulātiō -ōnis, °*f* [tribulo] 苦難、苦しみ.

tribūlis[1] -is, *m* [tribus] **1** 同じ部族 (tribus 2) の人. **2** 貧乏人.

tribūlis[2] -is -e, °*adj* [tribus] 部族の.

tribulō -āre -āvī -ātum, *tr* [tribulum] **1** 強く押す、搾り出す. **2** (税を)きびしく取り立てる. **3°** 苦しめる、さいなむ.

tribulōsus -a -um, °*adj* [tribulus] **1** とげの多い. **2** 困難な、つらい、危険な.

tribulum -ī, *n* [tero] 脱穀板.

tribulus -ī, *m*《植》(いずれも実にトゲがある) (a) ハマビシ(浜菱)《海岸に多い》. (b) ヒシ《水生》. **2°** 鉄菱(ﾋｼ)《地上にまいて敵の騎兵の進撃を防いだ》.

tribūnal -ālis, *n* [tribunus] **1** (法廷などの)高官席、高壇. **2** (戦陣での将軍の)指揮壇[台]. **3** (劇場における法務官 (praetor) の)特別席. **4** 玉座. **5** (物故高位者の)記念塚. **6** (神殿の)壇；(家屋の)土台. **7** 高み、頂点. **8°** 説教壇、朗読台. **9°** 合唱[聖歌]隊.

tribūnāle -is, *n* =tribunal.

tribūnātus -ūs, *m* [tribunus] 護民官[軍団司令官]の地位[職].

tribūnicius[1] -a -um, *adj* [tribunus] 護民官[軍団司令官]の.

tribūnicius[2] -ī, *m* 前護民官.

tribūnus -ī, *m* [tribus] **1** ローマ最初期の 3 部族 (tribus 1) の各々が兵員として編制された部隊の司令官： ~ *celerum* (LIV) (王制期の)親衛隊長. **2** ~ *militum consulari potestate* (LIV) 執政官格軍司令官《前 444-367 年の間、2 名の執政官に代えてほぼ毎年選出された 3 名 (のちに 6 名) の員数》. **3** ~ *militum [militaris]* (CAES) 軍団司令官《各軍団に 6 名配置され、2 か月交代で指揮した》. **4** ~ *plebis* (CIC) 護

民官《貴族の横暴から平民を護るために毎年平民自身によって選出された10名の高官》. **5** ~ *aerarius* (Cic) 主計官《古くは戦時税徴収と軍隊への給料支払いを担当; 前1世紀には準騎士階級として陪審員団に選ばれた》.

tribuō -ere -buī -būtum, *tr* (*intr*) [↓] **1** 分ける, 区分する: *rem universam tribuere in partes* (Cic) 全体を部分に分ける. **2** 配分する, 割り当てる; (時間を) 割く. **3** 与える, 授ける: *paribus beneficiis parem voluntatem tribuere* (Caes) 受けた恩恵に釣り合うだけの好意を返す. **4** ...に帰する, ...のせいにする. **5** 認める: *principiis rerum colores tribuere* (Lucr) 元素に色(があること)を認める. **6** 重んじる, 敬意を表す〈+dat〉: *honori abeuntis amici tribuere* (Tac) その場を去ろうとしている友人の名に配慮すする (tantum, plurimum などと) *patri ejus uni plurimum tribui* (Cic) 私は彼の父一人だけに最も敬意を払ってきた.

tribus -ūs, *f* [tres] **1** ローマ最初期の Ramnes, Tities, Luceres の血縁的3部族の一つ. **2** 第6代の王 Servius Tullius が制定したという地縁的な部族の一つ《ローマ市域の4部族 tribus urbanae と周辺部の16 (この数はとともに増え, 最終的には31)部族 tribus rusticae があり, 行政区域として機能した》: *tribu movere* (Cic) 部族からはずす[除名する] / *tribum ferre* (Cic) 部族の票[支持]を獲得する. **3** (*pl*) 大衆, 庶民.

tribūtārius -a -um, *adj* [tributum] 租税[貢ぎ物]の[を納める義務のある].

tribūtim *adv* [tribus] 部族 (tribus 2) ごとに[によって].

tribūtiō -ōnis, *f* [tribuo] **1** 分配. **2**° 貢納, 納税.

tribūtor -ōris, °*m* [tribuo] **1** 与える者. **2** 分配者.

tribūtōrius -a -um, *adj* [tribuo] 《法》配分に関する.

tribūtum -ī, *n* [↓] **1** 租税, 貢ぎ物: ~ *imponere* (Caes) = ~ *exigere* (Cic) 課税する / ~ *pendere* (Caes) = ~ *conferre* (Cic) 納税する. **2** (当然視される)贈り物. **3**° 債権者に支払われるべき金額. **4**° ~ *sanguinis* (Tert) 月経.

tribūtus[1] -a -um, *pp* [↑].

tribūtus[2] -ī, *m* **1** 租税. **2**《碑》割当て, 配分.

tribūtus[3] -a -um, *adj* [tribus] 部族 (tribus 2) による: *comitia tributa* (Cic) トリブス民会《部族ごとに投票した》.

tricae -ārum, *f pl* **1** つまらないこと[物]. **2** 面倒[厄介]なこと.

tricamerātus -a -um, °*adj* [tri-/camera] 3室から成る; 3階建ての.

Tricastīnī -ōrum, *m pl* トリカスティーニー《Gallia Narbonensis の Rhodanus (現 Rhône) 川沿いの現 Tricastin 地方にいた一部族》.

Tricca -ae, -ē -ēs, *f* [Gk] トリッカ, *トリッケー《Thessalia 西部の Peneus 川沿いの町》.

tricēnārius -a -um, *adj* [↓] **1** 30の, 30から成る. **2** 30歳の.

tricēnī -ae -a, *num distrib* [triginta] **1** 30ずつの, それぞれ30の. **2** 30の (=triginta).

tricennālia -ium [-iōrum], °*n pl* [↓] 皇帝統治30周年記念祭.

tricennālis -is -e, °*adj* [↓] 30年の.

tricennium -ī, °*n* [triginta/annus] 30年(間).

tricēsimus, -cēsimus -a -um, *num ord* [triginta] 第30の, 30番目の; 30分の1の.

tricent- ⇨ trecent-.

triceps -cipitis, *adj* [tres/caput] **1** 頭が三つある, 三頭の. **2** 三様[種]の. **3**°《解》(筋肉が)三頭の.

tricēsima -ae, °*f* [tricensimus] 新月. **2** 30日ごとの.

tricēsimārius -a -um, °*adj* [tricensimus] 毎月の, 30日ごとの.

tricessis -is, *m* [triginta/as] 30 asses 貨.

trichiās -ae, *m* [Gk]《魚》イワシ.

trichiasis -is, °*f* [Gk]《病》さか(さ)まつげ.

trichila, triclia -ae, *f* [Gk] 四阿(あずまや), 亭(ちん)(ず).

trichinus -a -um, *adj* [Gk] わずかな, 乏しい.

trichītis -tidis, *f* [Gk] 明礬(みょうばん)の一種.

trichomanes -is, *n* [Gk]《植》チャセンシダ《ウラボシ科の常緑のシダ》.

trichordis -is -e, °*adj* [tri-/chorda] 3弦の.

trichōrum -ī, *n* [↓] 三つに仕切られた家屋[建物].

trichōrus -a -um, *adj* [Gk] 三つに分かれた.

trichōsis -is, °*f* [Gk]《病》**1** 異所発毛症. **2** = trichiasis.

triciēns, -ēs *adv* [triginta] 30 回[度・倍].

Tricipitīnus -ī, *m* トリキピティーヌス《Lucretia 氏族に属する家名》.

trīclīnar- ⇨ tricliniar-.

trīclīniarchēs, -a -ae, *m* [Gk] 食堂の支配人.

trīclīniāria -ium, *n pl* [↓] **1** 食堂. **2** 食事用臥台(がだい)の掛け布.

trīclīniāris -is -e, *adj* [triclinium] **1** 食堂の. **2** 食事用臥台の.

trīclīniārius -ī, °*m* [↓] 給仕奴隷.

trīclīnium -ī, *n* [Gk] **1** 食事用臥台. **2** 食堂.

tricō[1] -āre, °*tr* (*refl*) **1** ぐずぐずする, 遅れる. **2** 苦労する.

tricō[2] -ōnis, *m* [tricae] 言いのがれをする[うまくごまかす]者.

tricoccum -ī, *n* [Gk]《植》ヒマワリなどの日向生植物の一種.

tricolor -ōris, °*adj* [tri-/color] 三色の.

tricōlos -os -on, °*adj* [Gk] 三つの節から成る.

tricōlum -ī, *n* [Gk]《修》三つの節から成る文.

tricor -ārī -ātus sum, *intr dep* [tricae] 言いのがれをする: *tecum tricatus est* (Cic) 彼はきみをうまくごまかした.

Tricoriī -iōrum, *m pl* [Gk] トリコリイー, *-コリオイ《Gallia Narbonensis の Alpes 山脈にいた一部族》.

tricorniger -gera -gerum, °*adj* 三つの角(つの)のある《ギリシア文字 Ψ を指して言う》.

tricornis -is -e, *adj* [tri-/cornu] 三つの角(つの)をもつ, 三本角の.

tricorpor -oris, *adj* [tri-/corpus] 三つの身体をもつ.

tricōsus -a -um, *adj* [tricae] ごまかし上手な, ずる賢い.

tricubitus -a -um, °*adj* 3 cubita (の長さ)の.

tricuspidālis -is -e, °*adj* [↓] 〖解〗三尖(弁)の.
tricuspis -idis, *adj* [tri-/cuspis] 三叉の, 三つの先端のある: ~ *telum* (Ov)(Neptunus の持つ)三叉の槍.
tridacna -nōrum. *n pl* [*Gk*] カキ(牡蠣)の一種《食べるのに三口を要することから》.
tridens[1] -entis, *adj* [tri-/dens] (船嘴(ﾍｻｷ)が)三叉の.
tridens[2] -entis, *m*. 1 (漁獲用の)三叉のやす. 2 (投網剣闘士(retiarius)の持つ)三叉の槍. 3 (Neptunus の標章としての)三叉の槍.
tridentifer -era -erum, *adj* [↑/fero] 三叉の槍を持っている《Neptunus の添え名》.
tridentiger -era -erum, *adj* [tridens/gero] = tridentifer.
trīduānus -a -um, *adj* [↓] 3 日間の, 3 日続く.
trīduum -ī, *n* [tri-/dies] 1 3 日間. 2° 3 日間の断食.
triennālis -is -e, °*adj* [tri-/annus] 3 年間の, 3 年続く.
triennia -ium, *n pl* [↓] 3 年ごとに Thebae で行なわれた Bacchus の祭(=trieterica sacra).
triennis -is -e, *adj* [tri-/annus] 3 年目の; °3 歳の.
triennium -ī, *n* [↑] 3 年間; 3 年.
triens -entis, *m* [tres] 1 3 分の1. 2 (通貨・重量単位としての) 1/3 as. 3 1/3 sextarius 入る酒杯. 4 1/3 pes (約 10 cm) の梁(ﾊﾘ).
trientābulum -ī, *n* [↑] 国に金を貸した人にその 3 分の 1 の返済分として与えられた公有地.
triental -ālis, °*n* =triens 3.
trientālis -is -e, *adj* [triens] (長さ) 1/3 pes の.
trientārius -a -um, °*adj* [triens] (利子が)月 1/3 %(=年 4 %)の.
triērarchus -ī, *m* [*Gk*] 三段櫂(ｻｳ)船の船長.
triēris[1] -is -e, *adj* [*Gk*] 三段櫂の.
triēris[2] -is, *f* 三段櫂船.
trietērica -ō:um, *n pl* [↓] =triennia.
trietēricus -a -um, *adj* [*Gk*] 3 年ごとの: *sacra trieterica* (Ov) =triennia.
trietēris -idis, *f* [*Gk*] 1 3 年間. 2 3 年ごとの祝祭(特に Bacchus の).
trifāriam *adv* [trifarius] 1 三つに(分けて). 2 三方から[で]. 3 三様に.
trifāriē *adv* =trifariam.
trifārius -a -um, °*adj* [tri-; *cf.* bifarius] 三種の, 三様の.
trifaucis -is -e, *adj* [tri-/fauces] 三つの喉(ﾉﾄﾞ)をもつ[からの]: *latratus* ~ (Verg) 三つの喉から出る(Cerberus の)ほえる声.
trifax -ācis, *f* (弩(ｵｵﾕﾐ)で射出される)長い飛び道具の一種.
trifer -fera -ferum, *adj* [tri-/fero] (年に) 3 回実を結ぶ.
trifidus -a -um, *adj* [tri-/findo] 三つに分かれた, 三叉の: *trifida flamma* (Ov) 稲妻.
trifīlis -is -e, *adj* [tri-/filum] (頭に)毛が 3 本しかない.
trifīnium -ī, *n* [tri-/finis] 三つの境界が会する地点.

trifissilis -is -e, °*adj* =tricorniger.
trifolium -ī, *n* [tri-/folium] 〖植〗クローバー《マメ科シャジクソウ属の草本の総称》.
triformis -is -e, *adj* [tri-/forma] 三つの姿[形]をもつ; 三つの部分から成る.
triformitās -ātis, °*f* [↑] 三つの姿[形]をもつこと; 三つの部分から成ること.
triformiter °*adv* [triformis] 三つの形を成して.
trifūr -ris, *m* [tri-/fur] 大泥棒.
trifurcifer -erī, *m* [tri-/furcifer] 大悪党.
trifurcus -a -um, *adj* [tri-/furca] 三つの先端をもつ, 三叉の.
trīga -ae, *f* [tri-/*cf*. bigae] 1 3 頭立ての(戦車). 2° 三つ一組のもの, 三つ組.
trigamia -ae, °*f* [*Gk*] 三重婚, 一夫三妻.
trigamus -ī, °*m* [*Gk*] 三重婚している[三人の妻を持つ]男.
trīgārium -ī, *n* [triga] 1 (戦車用馬の)調教場, 調馬場. 2° 三つ一組.
trīgārius -ī, *m* triga (1) の御者.
trigeminō -āre, *tr* [tri-/gemino] 3 倍にする.
trigeminus -a -um, *adj* [tri-/gemini] 1 三つ子の: *fratres trigemini* (Liv) ローマの Horatii 三兄弟と Alba Longa の Curiatii 三兄弟《いずれも三つ子と伝えられる》. 2 三つ一組の: *trigemina via* (Sen) 三叉路. 3 3 重[度]の: *trigemini honores* (Hor) 造営官 (aedilis), 法務官 (praetor), 執政官 (consul) の三高官職. 4 *porta Trigemina* (Plaut) トリゲミナ門《ローマ市の Aventinus 丘北麓の門; 上部がアーチ形をした三つの出入口があった》. 5° 〖解〗三叉の.
trigemmis -is -e, °*adj* [tri-/gemma] 三つの芽のある.
trigintā *indecl num card* 30 (の).
triglyphus -ī, *m* [*Gk*] 〖建〗トリグリュフォス《ドーリ式建築のフリーズのうち, 3 本の縦溝が刻まれた矩形部分》.
trigon -ōnis [-ōnos], *m* [*Gk*] 三人でする球戯; それに用いる球.
trigōnālis -is -e, *adj* [↑] *pila* ~ (Mart) trigon 用の球.
trigōnicus -a -um, °*adj* [*Gk*] 三角形の.
trigōnium -ī, *n* [trigonum] 三角形.
trigōnius -a -um, °*adj* =trigonus.
trigōnum -ī, *n* [↓] 1 三角(形). 2 =trigon.
trigōnus -a -um, °*adj* [*Gk*] 三角(形)の.
trihōrium -ī, °*n* [tri-/hora] 3 時間.
trijugis -is -e, °*adj* [tri-/jugum] 3 頭立ての.
trilaterus -a -um, °*adj* [tri-/latus[2]] 三辺から成る.
trilībris -is -e, °*adj* [tri-/libra] (重量) 3 librae の.
trilinguis -is -e, *adj* [tri-/lingua] 1 三つの舌をもつ. 2 3 言語を話す.
trilix -īcis, °*adj* [tri-/licium] 3 本の糸で織られた, 3 段重ねの.
trilongus -a -um, °*adj* [tri-/longus] 〖詩〗三つの長音節から成る.
trimanus -a -um, °*adj* 手の 3 本ある.
trimātus -ūs, *m* [trimus] 3 歳.
trime(n)stris -is -e, *adj* [tri-/mensis] 1 (作物が) 3 か月で成熟する. 2 (生後) 3 か月の. 3 3 か月

trimeter -trī, °*m* =trimetrus².
trimetrus, -os -a -um, *adj* [*Gk*] 【詩】 三複詩脚の, 六歩格の.
trimetrus² -ī, *m* 【詩】 三複詩脚の詩行.
trimodia -ae, *f*, **-modium** -ī, *n* 3 modii 入る容器.
trīmulus -a -um, *adj dim* [↓] 3歳の, 生後3年の.
trīmus -a -um, *adj* [tri-/hiems] 3歳の.
Trīnacria -ae, *f* [*Gk*] Sicilia 島の古名.
Trīnacris¹ -idis, *adj f* Trinacria (=Sicilia) の.
Trīnacris² -idis, *f* =Trinacria.
Trīnacrius -a -um, *adj* Trinacria (=Sicilia) の.
trinepōs -ōtis, *m* [tri-/nepos] 曾孫の曾孫, 仍孫 (じょう) 《男》.
trineptis -is, *f* [tri-/neptis] 曾孫の曾孫, 仍孫 (じょう) 《女》.
trīnī -ae -a, *num distrib* [tres] **1** 三ずつの, 一度 [一時期] に三つの. **2** 三つの, 3の. **3** 3倍[3重]の.
trīnitās -ātis, °*f* [↑] **1** 三つ一組, 三つ揃い. **2** 【神学】 三位一体.
Trinobantēs -ium [-um], *m pl* トリノバンテース《Britannia 東部 (現 Essex と Suffolk 南部) にいた一部族》.
trinoctiālis -is -e, *adj* [↓] 三夜(連続)の.
trinoctium -ī, *n* [tri-/nox] 三夜(連続).
trinōdis -is -e, *adj* [tri-/nodus] **1** 三つの節(ふし)[瘤 (こぶ)] のある. **2** ° 3 音節から成る.
trinōminis -is -e, °*adj* [tri-/nomen] 三つの名をもつ.
trinōmius -a -um, °*adj* =trinominis.
trinummus -ī, *n* **1** ある高額(一説では低額)貨幣の通称. **2** (T-) 「三千両」(または「三文銭」) 《Plautus 作の喜劇の題名》.
trinundinus -a -um, °*adj* [tri-/nundinae] 3度目の市の日の: *trinundino die* (MACR) 24 日目に.
trīnus -a -um, *adj* (trini の *sg* (稀用)) **1** 3度(目) の; 三つの部分から成る. **2** *trinum nundinum* ⇨ nundinum.
triōbolum -ī, *n* [*Gk*] **1** (ギリシアの) 3 oboli 貨幣; わずかな金額, 少額. **2** (重量) 1/2 drachma.
Triŏcala -ōrum, *n pl* [*Gk*] トリオーカラ《Sicilia 島西部の内陸の町》.
Triŏcalīnus -a -um, *adj* Triocala の. **Triŏcalīnī** -ōrum, *m pl* Triocala の住民.
triōnēs -ōnum, *m pl* **1** 農耕牛. **2** 【天】大熊座と小熊座.
triōnymus -a -um, °*adj* [*Gk*] 三つの名をもつ (=trinominis).
Triopās -ae, *m* [*Gk*] 【伝説】トリオパース《Thessalia の王; Erysichthon の父》.
Triopēis -idis, *f* [*Gk*] Erysichthon の娘で Triopas の孫 (=変身の能力をもつ Mestra).
Triopēius -ī, *m* 【伝説】Triopas の息子 (=Erysichthon).
triparcus -a -um, *adj* [tri-/parcus] ひどくけちな.
tripart- ⇨ tripert-.
tripeccia -ae, *f* [*cf.* tripes¹] (Gallia 地方の方言で) 三脚腰掛け.
tripectorus -a -um, *adj* [tri-/pectus] 三つの胸の.
tripedālis -is -e, *adj* [tri-/pes] (長さ) 3 pedes の.
tripedāneus -a -um, *adj* =tripedalis.
tripertiō -īre -īvī, °*tr* 三つに分ける.
tripertītiō -ōnis, *f* [tripertitus] 三つに分けること, 三分割.
tripertītō *adv* (*abl*) [↓] 三つに(分けて).
tripertītus -a -um, *adj* [tri-/partior] 三つの部分から成る, 三つの部分から成る.
tripēs¹ -pedis, *adj* [tri-/pes] 3 本足の, 三脚の.
tripēs² -pedis, *m* **1** 三脚台, 三脚腰掛け. **2** ° 鼎 (かなえ).
Triphȳlia -ae, *f* [*Gk*] トリピューリア(−)《Elis 南部の沿岸地方》.
triplasius -a -um, °*adj* [*Gk*] 3 倍の; (比が) 3 対 1 の.
triplex¹ -plicis, *adj* [tri-/plico] **1** 3 重の, 3 倍の: ~ *acies* (CAES) 3 重の戦列. **2** 三つの部分から成る: ~ *mundus* (Ov) (陸・海・天の) 3 領域から成る世界. **3** 三つ (=tres): *poenarum deae triplices* (Ov) 復讐の三女神 (=Furiae).
triplex² -plicis, *n* 3 倍.
triplicābilis -is -e, °*adj* [triplico] 三つの部分から成る.
triplicārius -ī, *m* [triplico] 【碑】3 倍の給与を受ける兵士.
triplicātiō -ōnis, *f* [triplico] **1** ° 3 倍にすること. **2** 【法】(被告の再々抗弁に対する) 原告の第 3 回目の訴答.
triplicēs -um, *m pl* (*sc.* codicilli) [triplex¹] 3 枚つづりの書字板.
triplicitās -ātis, °*f* [triplico] 三重[様]の性質.
tripliciter *adv* [triplex¹] **1** 三通りに, 三様に. **2** ° 激しく.
triplicō -āre -āvī -ātum, *tr* [triplex¹] 3 倍にする.
triplus -a -um, *adj* [*Gk*] 3 倍の.
tripoda -dae, °*f* (Pythia¹ の) 鼎 (かなえ).
tripodō¹ -āre -āvī -ātum, *intr* 【碑】=tripudio.
tripodō² -āre -āvī -ātum, °*intr* [↓] (馬が) 速歩で駆ける.
tripodum -ī, °*n* [*Gk*] (馬の) 速歩.
Tripolis -is, *f* [*Gk*] トリポリス《(1) Laconia の一地域. (2) Thessalia 北部の一地域. (3) Pontus の港町と同名の川. (4) Phoenicia の港町; Tyrus, Sidon, Aradus の三市によって建設された; 現 Lebanon の Tarabulus (Tripoli). (5) ° Africa の Oea, Leptis などの三町を含む一地域》.
Tripolītānus -a -um, *adj* Tripolis (2) (5) の.
tripontium -ī, °*n* [tri-/pons] 三つの橋のある場所.
triportentum -ī, *n* [tri-/portentum] きわめて異常な前兆.
Triptolemus -ī, *m* [*Gk*] 【伝説】トリプトレムス, *-モ*ス《Celeus の息子; Eleusin の王; 女神 Ceres に穀物栽培を教えられ, その業を世に広めた》: *Triptolemo dare fruges* (Ov) Triptolemo に穀物を与える (=釈迦 (しゃか) に説法).

tripudiō -āre -āvī -ātum, *intr* [↓] **1** (儀式の中で)三拍子で踊る. **2** (一般に)踊る, 跳ねる; 欣喜雀躍する.

tripudium -ī, *n* [tri-/pes] **1** (Mars の神官団 Salii が儀式の中で踊った)三拍子の踊り. **2** (Salii 以外の儀式的または娯楽的な)踊り. **3** (ト占における)吉兆《聖なるニワトリがついばむ餌の一部が音を立ててくちばしから地面に落ちたとき》.

tripūs -podis, *m* [*Gk*] **1** 鼎(ゕなぇ), 三脚, 三脚の鍋[供物台]. **2** (Delphi の Apollo の巫女が座る)三脚の座. **3** (Delphi の, または一般に)神託, 託宣.

triquetrum -ī, *n* [↓]《占星》三分, トライン《黄道十二宮図で惑星間の角度が 120 度をなしている状態》.

triquetrus -a -um, *adj* **1** 三角(形)の. **2** Sicilia 島の《島の全体的な形状から》.

trirēmis[1] -is -e, *adj* [tri-/remus] 三段櫂の.

trirēmis[2] -is, *f* 三段櫂船.

trisagium -ī, °*n* [*Gk*]《教会》三聖唱: (a) サンクトゥス《sanctus, sanctus, sanctus で始まるカトリック教会などの聖歌》. (b) トリサギオン《正教会の典礼文; sanctus Deus, sanctus fortis, sanctus immortalis を唱える》.

triscurrium -ī, *n* [tri-/scurra] ひどいおどけ.

trisēmus -a -um, *adj* [*Gk*]《詩》(脚が長短 (—⏑) または短長 (⏑—) のような) 3 音節相当の音節から成る.

trismus -ī, °*m* [*Gk*]《病》開口障害.

trisōmum -ī, °*n* [*Gk*]《碑》三遺体用石棺.

trissō -āre, °*intr* (ツバメが)さえずる.

triste *adv* (*neut*) [tristis] **1** 悲しんで, 悲しく. **2** 難しく, 困難で. **3** 厳しく.

tristega -ōrum, °*n pl* [*Gk*] (建物の) 3 階.

tristiculus -a -um, *adj dim* [tristis] 悲しみ[憂い]を帯びている.

tristificō -āre, °*tr* [tristis/facio] 悲しませる.

tristificus -a -um, *adj* [tristis/facio] 悲しませる, 意気消沈させる.

tristimōnia -ae, *f*, **-ium** -ī, *n* [↓] 悲しみ, 憂鬱.

tristis -is -e, *adj* **1** 悲しんでいる, 意気消沈した, 憂鬱な ⟨re⟩. **2** (状況・行為などが)悲しむべき, 悲惨な, 痛ましい. **3** 不機嫌な, 気むずかしい, 敵対的な. **4** 厳しい, 厳格な, いかめしい. **5** (文体が)荘重な, 重々しい. **6** 恐るべき, 禍いの: *tristia omina bubo* (Ov) フクロウが(ホーホーと鳴いて)不吉な前兆を下した. **7** 陰鬱な, うす暗い. **8** (自然力などが)激しい, 苛酷な, 荒れ狂う. **9** 厭うべき, 不快な; いやな味[匂い, 音]の.

tristitās -ātis, *f* [↑] 悲しみ, 憂鬱, 不機嫌.

tristitia -ae, *f* [tristis] **1** 悲しみ, 意気消沈; 憂鬱な状況[日々]. **2** 不機嫌, 気むずかしさ; 陰鬱な外観[様子]. **3** 厳しさ, 厳格. **4** (自然力の)苛烈, 苛酷.

tristitiēs -ēī, *f* [tristis] 悲しみ, 悲嘆.

tristitūdō -dinis, *f* [tristis] 悲しみ, 憂鬱.

tristor -ārī, °*intr dep* [tristis] 悲しむ.

trisulcus -a -um, *adj* [tri-/sulcus] (先端が)三つに裂けた, 三叉の: *tela trisulca Jovis* (Ov) Juppiter の(放つ)稲妻.

trisyllabus -a -um, *adj* [*Gk*] 3 音節の[から成る].

tritanōpia -ae, °*f*《病》第三色盲(青黄色盲).

tritavia -ae, °*f* [↓] 曾祖父母の曾祖母.

tritavus -ī, *m* [*Gk* τρίτος/avus] **1** 曾祖父母の曾祖父. **2** 遠い先祖, 遠祖.

tritēmoria -ae, *f* [*Gk*]《音》三度(音程).

trīticeus, -cius -a -um, *adj* [triticum] **1** 小麦の, 小麦でつくった. **2** °《病》麦粒体の.

trīticiārius -a -um, °*adj* [triticum] 小麦に関する.

trīticīnus -a -um, °*adj* =triticeus 1.

trīticum -ī, *n* [tritus¹]《植》小麦.

tritocerebrum -ī, °*n*《動》後大脳.

Tritogenīa -ae, *f* [*Gk*] Minerva の添え名《女神が Triton 川のほとりで誕生したとの伝承があることから》.

Tritōn -ōnis -ōnos), *m* [*Gk*] トリートーン《(1)《神話》Neptunus の息子; 父神の言いつけでほら貝を吹き鳴らして波を立てたり静めたりける半人半魚の海神. (2) Africa の Tritonis 湖から Syrtis minor に注ぐ川. (3)° Thracia の湖沼》.

Tritōnia -ae, *f* [*Gk*] Minerva の添え名.

Tritōniacus -a -um, *adj* [*Gk*] Tritonia (= Minerva) の考案のアシ(葦)笛 / *Tritoniaca palus* (Ov) Pallene 付近の湖沼.

Tritōnis[1] -idis, *adj f* [*Gk*] **1** Tritonis 湖の. **2** Minerva の指示で: ~ *pinus* (Ov) Minerva の(指示で)松(材から建造された Argo 船).

Tritōnis[2] -idis [-idos], *f* [*Gk*] **1** トリートーニス《Africa の湖》. **2** =Minerva. **3** オリーブの木《Minerva の聖木》.

Tritōnius -a -um, *adj* Triton 川の: *Tritonia Pallas* [*virgo*] (Verg) =Minerva.

trītor -ōris, *m* [tero] **1** すり減らす者. **2** (顔料を)する[砕く]人.

trittilis -is, *m* (小鳥がさえずるように)ペチャクチャおしゃべりする人.

trītūra -ae, *f* [tero] **1** こすること. **2** 脱穀. **3** こねる[練る]こと.

trītūrātiō -ōnis, °*f* [triturio] 脱穀.

trītūrātor -ōris, °*m* [↓] 脱穀する人.

trītūrō -āre, °*tr* [tritura] **1** 脱穀する. **2** 責めさいなむ.

trītus[1] -a -um, *adj* (*pp*) [tero] **1** すりへった, すりきれた; (道が)踏みならされた. **2** よく用いられる, ありふれた. **3** 経験を積んだ, 熟練した: *aures tritae* (Cic) (文学的に)きたえられた耳. **4** 碾(°)いた, 粉にした.

trītus[2] -ūs, *m* こすること, 摩擦.

triumphālia -ium, *n pl* [↓] (*sc.* ornamenta) 凱旋将軍の栄誉のしるし.

triumphālis -is -e, *adj* [triumphus] **1** 凱旋の: *porta* ~ (Cic) 凱旋門《Campus Martius から Capitolinus 丘の Juppiter 神殿に向かう凱旋行進で最初にくぐる門》. **2** 凱旋式を行なったことのある; 凱旋将軍の栄誉を帯びた. **3** 祝勝の, 勝ち誇る.

triumphātor -ōris, *m* [triumphus] **1** 凱旋者. **2** Juppiter の呼称の一つ.

triumphātōrius -a -um, °*adj* 凱旋の.

triumphō -āre -āvī -ātum, °*tr* [↓] **1** 凱旋する, 凱旋式を挙げる; 凱旋行進する ⟨ex [de]+*abl*⟩: *triumphavit Murena de Mithridate* (Cic) Murena

は Mithridates に勝利して凱旋した / (impers pass) *sine auctoritate senatūs populi jussu triumphatum est* (Liv) 元老院の決議なしに人民に命令により凱旋式が行なわれた. **2** (*pass* (通例 *pp*)) 凱旋行進で見世物にされる; (国・町・民族などが)征服される, 打ち負かされる; 捕獲される: *Roma triumphati caput urbis* (Ov) 征服された世界の首都なるローマ. **3** 凱歌をあげる; 歓喜する: *Caesar triumphat de sententia Catonis* (Cic) Caesar は Cato の意見に大喜びしている. **4°** 征服する ⟨alqm⟩.

triumphus (古形 **triumpus**) -ī, *m* **1** 凱旋式, 凱旋行進 ⟨+*gen*; ex [de]+*abl*⟩: *Pharsalicae pugnae triumphum agere* (Cic) Pharsalus の合戦の凱旋式を挙げる. **2** 凱旋; 勝利. **3** 凱歌, 勝利の雄叫び: *io triumphe* (Hor) 凱旋万歳! (凱旋行進中の兵士たちと観衆があげる叫び声).

triumvir (iii vir とも表記) -virī, *m* (*pl* **triumvirī, trēsvirī**) triumvirōrum [-um]) [tres/vir] **1** (*sg*) 三人委員の一人; (*pl*) 三人委員会: ~ *capitalis* (Pompon) 監察委員〔処刑も監督する〕/ ~ *monetalis* (Pompon) 造幣委員 / ~ *coloniae deducendae* (Liv) 植民地新設委員 / ~ *agro dando* (Liv) (新植民地の)土地配分委員 / ~ *mensarius* (Liv) 国家財政委員. **2** ~ *rei publicae constituendae* (Gell) 国家再建三人委員〔第 2 回 (前 43) 三頭政治を行なった Antonius, Octavianus, Lepidus のいずれか〕.

triumvirālis -is -e, *adj* [↑] **1** 三人委員(会)の. **2** (第 2 回)三頭政治の.

triumvirātus -ūs, *m* [triumvir] **1** 三人委員の身分〔職務〕. **2** (第 2 回)三頭政治.

trivenēfica -ae, *f* [tri-/venefica] (喜劇中のののしりことば)極悪の毒盛り女.

trīvī *pf* ⇨ tero.

Trivia -ae, *f* [trivius] Diana の添え名〔その神殿がしばしば 3 本の道の合流点にあったことから〕: *lacus Triviae* トリウィアの湖 (Latium の Aricia 付近の lacus Nemorensis (現 Nemi 湖) の別称; 湖畔に Diana の聖林がある).

triviālis -is -e, *adj* [trivium] ありふれた, 普通の, 平俗な.

triviāliter°*adv* [↑] 普通の仕方で, 通俗的に.

triviātim°*adv* [trivium] 大通りで.

Trivīcum -ī, *n* トリウィークム (Samnium と Apulia の間の山中の小さな町).

trivium -ī, *n* [tri-/via] **1** 3 本の道の合流点, 三叉路. **2** 人通りの多い街路: *arripere maledictum ex trivio* (Cic) 悪口を往来の雑踏から拾ってくる. **3°** (初等)三学 (中世の大学での七教養科目中, 最初に学ぶ文法・修辞学・論理学の 3 科目).

trivius -a -um, *adj* [↑] 三叉路の: *trivia virgo* (Lucr) 三叉路の処女 (=Diana または Hecate).

Trōas[1] -adis [-ados], *adj f* [Gk] Troja の.

Trōas[2] -adis [-ados], *f* [Gk] **1** Troja の女. **2** トローアス (Troja を中心とする小アジアの一地方).

trochaeus -ī, *m* [Gk] (韻) 長短格 (—⌣). **2** 三短格, 短短短格 (⌣⌣⌣) (=tribrachys).

trochaicus -a -um, *adj* [Gk] 長短格から成る.

trochantēr -teris, °*m* [Gk] **1** (解・動) 転子. **2** (昆) 転節.

trochiscus -ī, *m* [Gk] (薬) トローチ, 口内錠.

troc(h)lea, trochilĕa -ae, *f* [Gk] 滑車.

trochleātim°*adv* [↑] 滑車によって.

trochoīdeus -a -um, °*adj* [Gk] (解) 滑車状の.

trochus -ī, *m* [Gk] **1** (遊戯用の)鉄の輪. **2** (魚) 「輪魚」(不詳).

Trocmī, Trogmī -ōrum, *m pl* [Gk] トロクミー (小アジア中央部の Galatia 地方にいた一部族).

Trōes -um, *m pl* ⇨ Tros.

Troesmis -is, *f* [Gk] トロエスミス, *トロイ- (Moesia Inferior (=東部) の Danubius 川沿いの町).

Troezēn -ēnis [-ēnos], *f* [Gk] トロエゼーン, *トロイ- (Argolis の町); Theseus の生地.

Troezēnē -ēs, *f* [Gk] トロエゼーネー, *トロイ- ((1) =Troezen. (2) Caria の町).

Troezēnius -a -um, *adj* [Gk] Troezen の.

Trōgilī -orum, *m pl* トローギリー (Syracusae 市北部の Trogilus 港の住民).

Trōg(l)odytae -ārum, *m pl* [Gk] トローグロデュタエ, *-タイ (Aethiopia の穴居人).

Trōia -ae, *f* =Troja.

Trōiades -um, *f pl* ⇨ Troas[2] 1.

Trōicus -a -um, *adj* [Gk] Troja (人)の.

Trōilus -ī, *m* [Gk] (伝説) トローイルス, *-ロス (Troja の王 Priamus の息子; Achilles に殺された).

Trōius -a -um, *adj* [Gk] Troja の.

Trōja -ae, *f* [Gk] **1** トローヤ, *トローイアー, "トロイ ((1) 小アジア北西部の Phrygia の町; Homerus の叙事詩 *Illias* の舞台 (別名 Ilion, Ilium). (2) Troja を逃れた Aeneas と Helenus がそれぞれ Laurentum 付近と Epirus に建てた町). **2** ローマの元老院議員の子弟による騎馬模擬戦 (別称 lusus Trojae).

Trōjānus -a -um, *adj* **1** Troja (人)の: *equus* ~ (Cic) 隠された危険 (トロイの木馬の故事から) / ~ *judex* (Ov) (美を競う三女神の審判をつとめた) Paris. **2** (Aeneas を通じて) Troja 起源の. **Trōjānī** -ōrum, *m pl* Troja の人々.

Trōjugena[1] -ae, *adj m, f* [Troja/gigno] Troja 生まれの.

Trōjugena[2] -ae, *m* **1** Troja 人. **2** ローマ人 (自らを Troja 人の後裔と主張したことから).

tropa[1] -ae, *f* [Gk] (牌) 至, 冬, (夏・冬)至.

tropa[2] *adv* [Gk] ころがして: ~ *ludere talo* (Mart) さいころ遊びをする.

tropaeophorus -ī, *m* [Gk] 勝利の表象を携えている者 (Juppiter の呼称の一つ).

tropaeum -ī, *n* [Gk] **1** 戦勝記念碑 (古くは木の幹に敗走させた敵の武具などを吊るしただけのもの; のちに石造りとなった): *sistere Romae tropaea de Parthis* (Tac) ローマ市に Parthia 征服の記念碑を築く. **2** 勝利. **3** 記念(品), しるし. **4°** 墓.

Trophōniānus -a -um, *adj* Trophonius の.

Trophōnius -ī, *m* [Gk] トロポーニウス, *-ニオス ((1) (伝説) 兄弟の Agamedes とともに Delphi の Apollo 神殿を建てた建築家. (2) (神話) Boeotia の Lebadia に近い地下の洞穴で神託を下した神).

tropica -ōrum, *n pl* [tropicus][1] (趣味・風俗などの)変化, 変遷.

tropicē°*adv* [↓] 比喩的に.

tropicus[1] -a -um, *adj* [tropus] **1** 《天》分点の、至点の; 回帰線の. **2** 《修》転義的な、比喩的な.
tropicus[2] -ī, °*m* (*sc.* circulus) 回帰線.
tropis -is, *f* [*Gk*] ぶどう酒の滓(¹⁄₈).
tropologia -ae, °*f* [*Gk*] 比喩的表現[語法].
tropologicē °*adv* [↓] 比喩的に.
tropologicus -a -um, °*adj* [tropologia] 比喩的な.
tropus -ī, *m* [*Gk*] **1** 《修》(語の)転義的な使用、比喩. **2**° 歌、旋律; 旋法. **3**° 典礼聖歌に付け加えられた旋律および説明的歌詞.
Trōs -ōis, *m* (*pl* Trōes -um (*acc* -as)) [*Gk*] **1** Troja 人. **2** 《伝説》トロース《Dardanus の孫で Phrygia の王; Troja の名祖》.
trossulus -ī, *m* **1** 初期ローマの騎士《その名は彼らが Etruria の町 Trossulum を歩兵の支援なしに征服したことに由来するという》. **2** (蔑称として)めかし屋、だて男.
troxallis -idis, *f* [*Gk*] 《昆》イナゴの一種.
trua -ae, *f* **1** 撹拌用大さじ、杓子(˚),ひしゃく. **2** (台所の)排水管[溝].
trucīdātiō -ōnis, *f* [trucido] **1** 虐殺、殺戮(⁵⁄₈). **2** 剪定.
trucīdātor -ōris, °*m* [↓] 殺害者.
trucīdō -āre -āvī -ātum, *tr* [trux/caedo] **1** 虐殺する、殺害する; (動物を)屠殺する. **2** ひどい目にあわせる: *faenore trucidari* (Cıc) 高利の借金で身代をつぶす. **3**° 《詩》(火を)消す.
tructa -ae, °*f*, **tructus** -ī, °*m* [*Gk*] 《魚》マス(鱒)の一種.
truculentē *adv* [truculentus] 荒々しく、獰猛に.
truculenter°*adv* =truculente.
truculentia -ae, *f* [↓] **1** 凶暴、残忍. **2** (気候の)厳しさ.
truculentus -a -um, *adj* [trux] **1** 狂暴な、獰猛(ᵈᵒᵘ)な、残忍な: *Galatea fetā truculentior ursā* (Ov) 腹に仔をもつ雌熊よりも凶暴な Galatea. **2** 過激な、激しい.
trudis -is, *f* [↓] 先端がとがった棒、突き棒.
trūdō -ere trūsī trūsum, *tr* **1** 押す、押しやる[返す、上げる]. **2** (根を)成長させる、(芽を)出させる. **3** (ある行為・状況へ)追い込む、駆りたてる: *in arma trudi* (Tac) 武器を取ることを強いられる. **4** (引き続いて)生じさせる: *truditur dies die* (Hor) 一日一日と日は過ぎていく.
Truentum -ī, *n* トルエントゥム《Picenum の Truentus (現 Tronto) 川の河口の町; Castrum Truentinum とも呼ばれた》.
trulla -ae, *f dim* [trua] **1** (小さな)ひしゃく、杓子. **2** おまる《室内用便器》. **3**° 小鍋. **4**°《左官の》鏝(˚).
trulleus -ī, *m*, **-um** -ī, *n* [↑] たらい[洗面器](状の容器).
trulliō -ōnis, °*m* =trulleus.
trullissātiō -ōnis, °*f* [↓] (漆喰などの)下塗り.
trullissō -āre, *tr* [trulla] (漆喰(ˢʰᶦ)などで)下塗りをする.
truncātiō -ōnis, °*f* [↓] (手足などの)切断.
truncō -āre -āvī -ātum, *tr* [↓] **1** (手足などを切り取って身体を)不具にする、切り殺す; ひどくそこなう: *semusta, truncata simulacra deum* (Liv) 半分焼けて見る影もなくなった神々の像. **2** (木を)切り倒す; (枝葉を)払う.
truncus[1] -a -um, *adj* **1** (身体の一部を切り取られて[奪われて])不具にされた、もぎ取られた. **2** (枝を)払われた. **3** 生長の止まった; (…を)欠いている <+*gen* [*abl*]>: *animalia trunca pedum* (Verg) 脚のない生き物. **4** 完全でない、不備な.
truncus[2] -ī, *m* [↑] **1** (人間の)胴、胴体. **2** 木の幹、樹幹. **3** でくのぼう、のろま. **4** (円柱の)柱身; 台胴. **5**°《解》(血管・神経などの)幹.
truō[1] -āre, *intr* [*cf.* trua] (さじで)かきまわす.
truō[2] -ōnis, *m* 《鳥》ペリカン.
trūsī *pf* ⇒ trudo.
trūsō -āre, *tr freq* [trudo] (性交中の男性が)押し[突き]続ける <+*dat*> ⇒ trudo.
trūsus -a -um, *pp* ⇒ trudo.
trutina -ae, *f* [*Gk*] 秤(¹⁄₈ʸᵏ)、天秤(ᵗᵉⁿ).
trutinātiō -ōnis, °*f* [trutino] (重さを)量ること、秤量(¹⁄₈).
trutinātor -ōris, °*m* [↓] 量る人; 評価[判定]する人.
trutinō -āre -āvī -ātum, *tr* [trutina] (重さを)量る; 評定する.
trux -ucis, *adj* **1** 恐ろしい、ぞっとさせる; 情け容赦もない、冷酷な. **2** (動物が)凶暴な、獰猛(ᵈᵒᵘ)な. **3** (天候などが)厳しい、荒々しい、激しい.
tryblium -ī, *n* [*Gk*] 皿[盆]の一種.
trychnum, -on -ī, *n*, **-os** -ī, *f* [*Gk*] =strychnos.
trygētus -ī, *m* [*Gk*] ブドウの収穫; 新しいぶどう酒.
tryginon -ī, *n* [*Gk*] (ぶどう酒の澱(ᵒ⁄₈)で作られる)黒の顔料.
trȳgōn -onis [-onos], *f* [*Gk*] **1** 《魚》アカエイ. **2** 《鳥》コキジバト.
trȳgōnus -ī, *m* =trygon 1.
tryx -ygis, *f* [*Gk*] 新しいぶどう酒; 発酵前のブドウ液.
tū (*gen* tuī, *dat* tibī, *acc, abl* tē, *pl nom, acc* vōs, *gen* vestrum, vestrī, *dat, abl* vōbīs), *pron pers* (二人称) あなた、きみ、おまえ.
tua -ōrum, *n pl* ⇒ tuum.
tuātim *adv* [tuus] きみの流儀[やり方]で.
tuba -ae, *f* **1** (管のまっすぐな)らっぱ; (祭典・競技・葬儀などで用いられる)らっぱ. **2** けしかけるもの: ~ *belli civilis* (Cıc) 内乱の煽動者. **3** (象徴的に)戦を語る勇壮な叙事詩. **4** (水圧揚水機の)管. **5**°《解》管: ~ *auditiva* 耳管 / ~ *uterina* 卵管.
Tubantēs -um, *m pl* トゥバンテース《Germania 北西部、Rhenus 川東岸にいた一部族》.
tubārius -ī, *m* [tuba] (軍隊)らっぱを作る人.
tūber[1] -eris, *n* **1** こぶ、腫れもの. **2** (木の)こぶ; 塊茎. **3** 《植》フランスショウロ(松露). **4** 《植》 ~ *terrae* (Plin) (a) =3; (b) シクラメン. **5**°《解》隆起、結節: ~ *calcanei* 踵骨隆起 / ~ *parietale* 頭頂結節.
tūber[2] -eris, *m, f* **1** (f) 《植》チドール《バラ科サンザシ属の低木》. **2** (*m*) その果実《ビワの実に似る》.
tūberculōsis -is, °*f* [tuber[1]] 《病》結核: ~ *pul-*

monalis 肺結核 (=phthisis).
tūberculum -ī, *n dim* [tuber¹] **1** (小さな)こぶ、はれもの、突起(物)。**2**°〚解〛(小)結節。**3**°〚植〛小塊茎。
tūberō -āre, *intr* [tuber¹] ふくらむ。
Tūberō -ōnis, *m* トゥーベロー《Aelia 氏族に属する家名》。
tūberōsus -a -um, *adj* [tuber¹] こぶの多い。
tubicen -cinis, *m* [tuba/cano] らっぱ手。
tubicinō -āre, °*intr* [↑] らっぱを吹き鳴らす。
Tubilustrium -ī, *n* [tuba/lustro²] らっぱ清浄祭《3月23日と5月23日に犠牲式に使われたらっぱを清めた》。
tubula -ae, *f dim* [tuba] (小さな)らっぱ。
tubulātiō -ōnis, *f* [tubulus] 導管を作ること、溝切り。
tubulātus -a -um, *adj* [↓] **1** 管状の。**2** 導管の付いた。
tubulus -ī, *m dim* [tubus] **1** 小さな管；(陶製の)導水管。**2** 金属塊。
tubur -uris, *m* =tuber²。
tuburc(h)inābundus -a -um, *adj* [↓] むさぼり食う、食貪の。
tuburcinor -ārī -ātus sum, *tr dep* がつがつ食べる、むさぼり食う：(*pp* は *pass* に用いて) *prandio raptim tuburcinato* (APUL) 昼飯をあわただしくかき込むと。
tubus -ī, *m* [*cf.* tuba] **1** 管、導管；水道管。**2** (犠牲式用の)らっぱ (=tuba 1)。**3**°〚解〛管：~ *digestorius* 消化管。
Tucca -ae, *m* トゥッカ《ローマ人の家名；特に M. Plotius ~、Vergilius の友人；詩人の没後、残された叙事詩 *Aeneis* を Varius とともに公刊した》。
tuccētum -ī, *n* ソーセージの一種。
Tuccia -ae, *f* トゥッキア《前3世紀の有名な Vesta の巫女(?)；純潔の証を立てるために、Tiberis 川の水をふるいに入れて Vesta 神殿まで運んだという》。
Tuccius -ī, *m* トゥッキウス《ローマ人の氏族名》。
Tuder -eris, *m* トゥデル《Umbria の Tiberis 川沿いの町；現 Todi》。
tudes -ditis, *m* 金槌、ハンマー。
tudicula -ae, *f dim* [↑] オリーブの実をつぶす器具。
tudiculō -āre -āvī -ātum, *tr* [↑] たたいてつぶす。
tuditō -āre, *tr* [tudes] **1** 繰り返してたたく[打つ]。**2** (仕事を)どんどん片付ける。
tueō -ēre, *tr* =tueor。
tueor -ērī tūtus [tuitus] sum, *tr dep* **1** 見つめる、ながめる；目撃する：(副詞的に用いられた *adj n pl* とともに) *leo acerba tuens* (VERG) 凶暴な目つきでにらみつけるライオン。**2** 見守る；保護[防護]する：*tua* ~ (CIC) 私はきみに関わることを見守っている。**3**〚軍〛防禦[防衛]する。**4** (良好な状態に)保つ、維持[管理]する。**5** 面倒を見る、取り計らう。**6** (仕事を)怠らず勤める、(義務)を果たす。**7** (人の好意を)肝に銘ずる。
tūfa -ae, °*f* かぶとの羽根飾りの一種。
tuguriolum -ī, *n dim* [↓] 小屋。
tugurium -ī, *n* [tego] (掘っ建て)小屋、茅屋(ぼろや)。
tuī¹ *pron pers* (*gen*) ⇨ tu。
tuī² -ōrum, *m pl* [tuus] あなたの身内[仲間、部下]。
tuitiō -ōnis, *f* [tueor] **1** (法的)保護。**2**〚碑〛(建

物などの)維持、管理。
tuitor -ōris, *m* [tueor] 保護者；管理人。
tuitus -a -um, *pp* ⇨ tueor。
tulī *pf* ⇨ fero。
Tulingī -ōrum, *m pl* トゥリンギー《Helvetii 族の近隣にいた一部族》。
Tullia -ae, *f* トゥッリア《(1) ローマ第6代の王 Servius Tullius の娘で第7代の王 Tarquinius Superbus の妻。(2) Cicero の娘》。
Tulliānum -ī, *n* [↓] ローマ市の牢獄の地下にあった処刑場《Servius Tullius が造らせたという》。
Tulliānus -a -um, *adj* **1** Tullius の。**2** M. Tullius Cicero の；Cicero 風の文体の。
Tulliola -ae, *f dim* トゥッリオラ《Cicero の娘の愛称；「かわいい Tullia」の意》。
tullius -ī, *m* **1** 噴流。**2** 滝。
Tullius -ī, *m* トゥッリウス《ローマ人の氏族名；特に (1) *Servius* ~ ⇨ Servius. (2) *M.* ~ *Cicero* ⇨ Cicero》。
Tullus -ī, *m* トゥッルス《(1) ローマ人の古い個人名；特に ~ *Hostilius*、第3代の王 (伝) 在位前672-641). (2) (後に) ローマ人の家名》。
tum *adv* **1** その時(に)、その際(に)、その当時：*vastae* ~ *in his locis solitudines erant* (LIV) 当時、このあたり一帯は人気のない荒野が広がっていた / *quando essurio,* ~ *crepant* (PLAUT) 腹ぺこになると(その時、腹の虫が)グーグー鳴く / (しばしば vero、denique によって強調されて) ~ *vero* (SALL) まさにその時 / ~ *demum* [*denique*] (LIV CIC) ようやくその時、その時初めて。**2** それから、そこで、その次に：*primo... deinde... postremo* (CIC) 最初に... 次いで... 最後に / (新しい話者を示して) ~ *Cotta... inquit* (CIC) そこで Cotta が... と言った。**3** (a) ~... ~ ある時は... (また別の)ある時は、... ばかりでなく... もまた：*mihi* ~ *hoc* ~ *illud probabilius videtur* (CIC) 私にはある時はこれが、またある時はそれがより真実らしく思われる。(b) *cum* ~... ~ ...ばかりでなく(とりわけ)... もまた：*multum cum in omnibus rebus* ~ *in re militari potest fortuna* (CAES) 何事においてもそうだが、とりわけ軍事においては大きな影響を及ぼすのは運だ。
tumba -ae, °*f* [*Gk*] 墓、墓地。
tumefacere *inf* ⇨ tumefacio。
tumefaciō -cere -fēcī -factum, *tr* [tumeo/facio] **1** ふくれ上がらせる、ふくらませる。**2** 得意がらせる、慢心させる。
tumefactus -a -um, *pp* ⇨ tumefacio。
tumefēcī *pf* ⇨ tumefacio。
tumentia¹ -ōrum, *n pl* (*prp*) [tumeo] (体の表面の)腫れ。
tumentia² -ae, °*f* [↓] 〚医〛腫脹(しゅちょう)。
tumeō -ēre -muī, *intr* **1** ふくれ(上がる)、はれ(上がる)、盛り上がる。**2** (水位が)上がる、(波が)高くなる。**3** 激情にかられる、興奮する。**4** 得意がる、鼻高々である：*spe vana tumens* (TAC) 空しい希望で胸をふくらませて。**5** (状況が)危険な方向へ進んでいる：*tument negotia* (CIC) 大変な事態になりつつある。**6** 〚修〛誇張されている、大げさである。
tumescō -ere tumuī, *intr inch* [↑] **1** ふくれ[盛り上がり]始める、ふくれる、盛り上がる：*tumescentia*

tumide — turbinatus

vulnera (Tac) ふくれ上がって膿のたまった傷. **2** (怒り・自尊心で)ふくれ上がる. **3** (戦争が)勃発寸前である.

tumidē *adv* [tumidus] **1** 尊大に, うぬぼれて. **2** 誇張された[大げさな]語り口で.

tumiditās -ātis, °*f* [↓] **1** 《病》腫脹; 腫瘍. **2** うぬぼれ, 慢心.

tumidus -a -um, *adj* [tumeo] **1** ふくれ[盛り]上がった; (水位が)高まった. **2** 激情にかられる, 興奮した. **3** 思い上がった, 鼻高々の: *successu* 〜 (Ov) 成功で意気揚々とした. **4** (語り口・文体が)誇張された, 大げさな. **5** 《詩》ふくらませる: 〜 *auster* (Verg) (帆を)ふくらませる南風.

tumor -ōris, *m* [tumeo] **1** ふくれ[はれ]ていること, ふくらみ; (水位の)高まり: *turpia facit Palladis ora* 〜 (Prop) (笛を吹くために頬を)ふくらませるとAthenaの顔もみにくくなる. **2** (体の一部[表面]の)はれ, はれもの, 吹き出物. **3** 激怒, 興奮. **4** うぬぼれ, 高慢. **5** 騒然とした事態[状況]. **6** 《修》(語り口・文体・話題の)誇張, 誇大. **7** °《病》腫脹, 腫瘍: 〜 *albus* 白腫 / 〜 *vasculosus* 血管腫.

tumuī *pf* ⇨ tumeo, tumesco.

tumulāmen -minis, *n* [tumulus] 《碑》塚, 墓.

tumulātiō -ōnis, °*f* [↓] 埋葬.

tumulō -āre -āvī -ātum, *tr* [tumulus] 塚でおおう, 埋葬する.

tumulōsus -a -um, *adj* [tumulus] 丘[小山]の多い.

tumultuāriē, -āriō °*adv* [↓] 大急ぎで, あわただしく.

tumultuārius -a -um, *adj* [tumultus] **1** (兵隊が)大急ぎで徴募された. **2** 間に合わせの, 一時しのぎの. **3** (戦闘が)出会い頭の, 予期しない.

tumultuātim °*adv* [tumultus] 大急ぎで, 行き当たりばったりに.

tumultuātiō -ōnis, *f* [tumultuor] **1** 騒動, 混乱. **2** °(急に徴募された兵隊の)即席の宣誓.

tumultuō -āre, *intr* 興奮している, 騒ぎたてる.

tumultuor -ārī -ātus sum, *intr* (*tr*) *dep* **1** 騒ぎたてる, 狼狽(ろうばい)する: (impers pass) *nuntiatur in castris tumultuari* (Caes) 陣営で大きな物音がするとの報告が届く. **2** 暴動を起こす, 武装蜂起する. **3** 混乱させる ⟨alqd⟩.

tumultuōsē *adv* [↓] 騒々しく, 混乱して, 無秩序に.

tumultuōsus -a -um, *adj* [↓] **1** 騒々しい, 混乱した. **2** 不安を与える, 心配させる.

tumultus -ūs [-ī], *m* **1** 大騒ぎ, 混乱. **2** 暴動, 反乱; 不意討ち, 急襲. **3** 嵐. **4** 不安, 困惑, 動揺.

tumulum -ī, *n* 《碑》=tumulus.

tumulus -ī, *m* **1** 小山, 丘. **2** 塚, 墓: 〜 *inanis* (Verg) (亡骸(むくろ)を埋めていない)空(から)の墓.

tūn =tune (⇨ tu, -ne).

tunc *adv* [tum] **1** その時. **2** それから, その次に. **3** (a) *jam* 〜 (Cic) すでにその時. (b) 〜 *primum* (Sall) その時初めて. (c) 〜 *demum* [*denique*] (Suet [Varr]) ようやく[やっと]その時.

tundō -ere tutudī tūsum [tunsum], *tr* (繰り返し)打つ, たたく: *pectora manu tundere* (Ov) (悲しみの表現として)手で胸をぶつ. **2** たたいて[打って]粉にする, すりつぶす, 砕く. **3** しつこく要求する, うるさくせがむ.

Tūnēs -ētis, *m* =Tynes.

Tungrī -ōrum, *m pl* トゥングリー《Gallia Belgica の現 Liège 付近にいた一部族》.

tunica -ae, *f* **1** トゥニカ, チュニック《ローマ人が用いた貫頭衣, 通例, 男性用は半袖で丈は膝まで, 女性用は長袖で丈は足もとまで; 正装時には, その上に男は toga, 女は palla などを着用した》. **2** (動植物の器官の)皮膜, 薄膜; (昆虫などの)殻, 外皮.

tunicātus -a -um, *adj* (*pp*) [tunico] tunica を着た: 〜 *popellus* (Hor) (上衣の toga をまとわず) tunica のみで暮らしている貧乏人ども.

tunicella -ae, °*f dim* [tunica] 《カト》副助祭の祭服.

tunicō -āre, *tr* tunica を着せる.

tunicula -ae, *f dim* [tunica] **1** 薄手の[短い] tunica. **2** 保護膜, 外皮.

tunsiō -ōnis, °*f* [tundo] 打つ[たたく]こと.

tunsus -a -um, *pp* ⇨ tundo.

tuor[1] -ōris, *m* [tueor] 視覚, 視力.

tuor[2] tuī, *tr dep* =tueor.

tūrābulum -ī, °*n* [tus] (宗教的儀式用の)吊り香炉.

tūrārius[1] -a -um, °*adj* [tus] 香をたくときに使用される.

tūrārius[2] -ī, *n* 《碑》乳香商人.

turba -ae, *f* **1** 混乱, 騒動, 大騒ぎ. **2** 暴動, 動乱. **3** 群集, 大衆. **4** 群れ, 大群. **5** 徒党, 一味; 一族, 同族.

turbāmentum -ī, *n* [turbo[1]] 攪乱(かくらん)の手段.

turbātē *adv* [turbatus] 混乱して.

turbātiō -ōnis, *f* [turbo[1]] **1** 混乱, 無秩序. **2** (心の)動揺, 不安.

turbātor -ōris, *m* [turbo[1]] (社会・人心を)攪乱する者, 煽動者.

turbātus -a -um, *adj* (*pp*) [turbo[1]] **1** (天候・海が)荒れた. **2** 混乱[動揺]した, 怒った.

turben -binis, *m* =turbo[2] 3.

turbidē *adv* [turbidus] **1** 混乱して, 無秩序に. **2** 反乱を起こそうとして.

turbidō[1] -āre -āvī -ātum, °*tr* [turbidus] **1** かき回す, 攪拌(かくはん)する. **2** 攪乱する, 混乱させる.

turbidō[2], **turbēdō** -dinis, °*f* [turbo[1]] **1** 嵐. **2** (ビールが)濁っていること.

turbidulus -a -um, °*adj dim* [turbidus] やや困乱した.

turbidum[1] -ī, *n* [turbidus] 混沌(こんとん)とした情勢[時代].

turbidum[2] *adv* (*neut*) [↓] 混乱して.

turbidus -a -um, *adj* [turba] **1** (天候・海などが)嵐の, 荒れた. **2** (液体が)濁った, (大気・砂塵で)暗い, 曇った: *auro* 〜 *Hermus* (Verg) 砂金で濁った Hermus 川. **3** 混乱した, 騒がしい. **4** 不穏な動きを見せる, 暴動を起こしそうな. **5** 困惑した, 取り乱した. **6** 興奮した, 怒った.

turbinātiō -ōnis, *f* [↓] 円錐形.

turbinātus -a -um, *adj* [turbo[2]] 円錐形の.

turbineus -a -um, *adj* [turbo²] 渦を巻いている.
turbistum -ī, *n* 媒染剤.
turbō¹ -āre -āvī -ātum, *tr, intr* **1** 波立たせる, 揺り動かす. **2** 混濁させる; 曇らせる. **3** 混乱させる, 騒がす. **4** 反乱[暴動]を起こさせる, 蜂起させる. **5** (人心を)動揺させる, 当惑させる;(熱意を)かきたてる, 興奮させる. **6** 混乱する[している], 騒ぎ立てる, 暴れまわる: (impers pass) *si Hispania turbatum esset* (Cic) もし Hispania で反乱が起きたら.
turbō² -binis, *m* [*cf.* turba] **1** 旋風, 竜巻; 暴風, 嵐. **2** 渦巻. **3** こま; 鍾(ご), 紡錘(ぼう)のはずみ車. **4** 旋回[回転](運動), 螺旋(ぜん)形(の)物.
turbulentē *adv* [turbulentus] 粗暴に, 取り乱して.
turbulenter *adv* [turbulentus] かっとなって, すてばちな気分で.
turbulentia -ae, °*f* **1** 混乱, 騒動. **2** (水が)濁っていること.
turbulentus -a -um, *adj* [turba] **1** (天候・海などが)嵐の, 荒れた. **2** (水が)濁った. **3** 混乱した, 騒がしい. **4** 不穏な動きを見せる, 治安を乱す. **5** 落ちつきのない, 取り乱した. **興奮した.
turda -ae, *f* [turdus] [鳥] ツグミ(雌).
Turda -ae, *f* トゥルダ (Hispania Tarraconensis の町).
turdārium -ī, *n* [turdus] ツグミの飼育場.
Turdētānī -ōrum, *m pl* トゥルデーターニー (Hispania Baetica の南部, Baetis (現 Guadalquivir) 川の東西両岸地方にいた一部族).
Turdētānia -ae, *f* トゥルデーターニア (Turdetani 族の居住地).
Turdulī -ōrum, *m pl* トゥルドゥリー (Lusitania 南部にいた一部族; その西方に Turdetani 族がいた).
turdus -ī, *m* **1** [鳥] ツグミ(雄). **2** [魚] ベラ.
tūreus -a -um, *adj* [tus] 乳香の: *turea virga* (Verg) 乳香の採れる木.
turgeō -ēre tursī, *intr* **1** ふくれる, ふくらむ, ふくらんでいる: *turgentia lumina* (Prop) (涙で)はれた目. **2** ひどく怒っている. **3** (文体が)誇大である, 大げさである.
turgescō -ere, *intr, tr inch* [↑] **1** ふくれ[ふくらみ]始める, ふくれ上がる. **2** 激しく興奮する. **3** (文体が)誇大である, 大げさである. **4**° ふくらませる.
turgidulus -a -um, *adj dim* [↓] (目が)はれぼったい.
turgidus -a -um, *adj* [turgeo] **1** ふくれた, はれた, 盛り上がった: *fluvius hiberna nive ~* (Hor) 冬の雪に水かさを増した川. **2** 激情にかられた, 激怒している. **3** (文体が)誇張した, 大げさな.
turgiō -ōnis, °*m* =turio.
Tūria -ae, *m* トゥーリア (Hispania Tarraconensis の川 (現名同じ); Valentia (現 Valencia) で海に注ぐ).
tūribulum -ī, *n* [tus] **1** 香炉. **2** (T-) [天] 祭壇座 (=Ara).
tūricremus -a -um, *adj* [tus/cremo] 香をたく.
Tūriensis -is -e, *adj* Turia 川の.
tūrifer -fera -ferum, *adj* [tus/fero] **1** 乳香を産する. **2** 乳香が捧げられた. **3°** (キリスト教以外の神々に)香を捧げる, 偶像崇拝の.
tūrificātiō -ōnis, °*f* [turifico] 香を捧げること.
tūrificātor -ōris, °*m* [↓] (キリスト教以外の神々に)香を捧げる者, 偶像崇拝者.
tūrificō -āre -āvī, °*intr* [tus/facio] 香をたく[捧げる], 偶像を崇拝する.
tūrilegus -a -um, *adj* [tus/lego²] 乳香を集める.
tūrinum -ī, *n* [↓] [碑] 乳香から作られた眼病用軟膏.
tūrinus -a -um, °*adj* [tus] 乳香の.
turiō -ōnis, *m* [*cf.* turgeo] 新芽, 若枝.
Tūrium -ī, *n* =Turia.
Turius -ī, *m* トゥリウス (ローマ人の氏族名).
turma -ae, *f* **1** 騎兵小隊[分隊] (本来は 30 騎で, ala の 1/10 を構成した). **2** 一群, 一団.
turmālēs -ium, *m pl* [↓] (同じ)騎兵小隊の者たち.
turmālis -is -e, *adj* [turma] **1** 騎兵小隊の. **2** 騎士階級[身分]の.
turmātim *adv* [turma] **1** 騎兵小隊で. **2** 群をなして.
Turnus -ī, *m* トゥルヌス (⑴[伝説] Rutuli 族の王; いいなずけの Lavinia をめぐる争いから Aeneas の率いる Troja 人に戦争を仕掛け, Aeneas に討たれた. ⑵諷刺詩作家 (1 世紀)).
Turonēs -um, **Turonī** -ōrum, *m pl* トゥロネース (Gallia Lugdunensis の Liger (現 Loire) 川中流域にいた一部族; Caesarodunum (現 Tours) がその主要な町).
Turonicensis -is -e, °*adj* Turones 族の.
Turonicus -a -um, °*adj* =Turonicensis.
turpātus -a -um, *pp* ⇒ turpo.
turpe¹ -is, *n* [turpis] 恥辱, 不名誉.
turpe² *adv* (neut) =turpiter.
turpēdō, -īdō -dinis, °*f* [turpis] 醜さ; 卑劣(な言動).
turpiculus -a -um, *adj dim* [turpis] **1** (鼻の形が)やや不格好な. **2** やや下品な.
turpificātus -a -um, *adj* [turpis/facio] けがれた, 堕落した.
Turpilius -ī, *m* トゥルピリウス (ローマ人の氏族名).
turpiloquium -ī, °*n* [turpis/loquor] 卑猥(みだら)な話.
turpilucricupidus -a -um, *adj* [turpis/lucrum/cupidus] 利益を得ることに汲々としている.
turpilucricupis -is -e, **-lucrus** -a -um, °*adj* [turpis/lucrum] 不正な利益を得る.
Turpiō -ōnis, *m* トゥルピオー (*L. Ambivus ~*, Terentius と同時代の喜劇役者).
turpis -is -e, *adj* **1** 醜い, 不格好な. **2** 恥ずべき, 不道徳な, 面目をそこなう, 不名誉な. **3** みだらな, 卑猥な.
turpiter *adv* [↑] **1** 醜く, 不格好に. **2** 不面目に, 卑劣に.
turpitūdō -dinis, *f* [turpis] **1** 醜さ, 不格好. **2** 卑劣(な行為), 不道徳; 醜行, 非行. **3** 悪評, 不名誉.
turpō -āre -āvī -ātum, *tr* [turpis] **1** 醜くする; 汚す. **2** 名誉を奪う, はずかしめる.
Turrānius -ī, *m* トゥッラーニウス (ローマ人の氏族

turrĭcŭla -ae, *f dim* [turris] 1 小塔. 2 (塔の形をした)さい筒《さいころを入れて振り出す容器》. 3° 鳩小屋.

turrĭfer -fera -ferum, *adj* [turris/fero] =turriger 2.

turrĭger -gera -gerum, *adj* [↓/gero] 1 塔を持っている; 櫓を運ぶ: *turrigerae urbes* (VERG) 塔のそびえ立つ町々. 2 (女神 Cybele について) 塔のある城壁の形をした冠をいただく.

turris -is, *f* [*Gk*] 1 塔. 2 (攻城・攻撃・防御用の)櫓(ˆ‥). 3 象の背に取り付けた櫓《その中に兵が配備される》. 4 城, 宮殿: *regia* ~ (Ov) 王城. 5 鳩小屋. 6 (戦闘隊形としての)方陣.

turrītus -a -um, *adj* [↑] 1 塔[櫓]のある. 2 塔のある城壁の形をした冠をいただく (=turriger 2). 3 (象が)背に櫓を取り付けられた. 4 塔のように高くそびえる.

tursī *pf* ⇨ turgeo.

tursĭō -ōnis, *m* 《魚》イルカの一種.

turtur -uris, *m*, *f* 1 (*m* (*f*)) 《鳥》キジバト(雉鳩). 2° (*f*) ~ *marina* (DICT) 《魚》アカエイ (=trygon).

turtŭrilla -ae, *f dim* [↑] 1 コキジバト. 2 意気地のない男.

tŭrunda -ae, *f* 1 (ガチョウ肥育用の)粒状の餌. 2 供物用の菓子の一種. 3 (傷口に入れておく)栓塞(ᷴᷴ)子.

tŭrundus -ī, °*m* =turunda 3.

tūs tūris, *n* [*Gk*] 1 香, 乳香. 2 《植》 ~ *terrae* (PLIN) キランソウ (=chamaepitys).

Tuscānĭcus -a -um, *adj* [Tuscia] Etruria 風の.

Tuscē *adv* [Tuscus] Etruria 風に, Etruria 語で.

Tuscī -ōrum, *m pl* Etruria 人(=Etrusci).

Tuscĭa -ae, *f* [Tuscus] =Etruria.

Tuscŭlānensis -is -e, *adj* Tusculum の別荘.

Tuscŭlānum -ī, *n* [↓] (*sc.* praedium) Tusculum の別荘; (特に) Cicero の別荘.

Tuscŭlānus -a -um, *adj* Tusculum の: *Tusculanae Disputationes*「トゥスクルム荘談義」《Cicero の哲学的幸福論; 前 45 年, Tusculum の別荘で著述された》.

tuscŭlum -ī, *n dim* [tus] わずかの乳香.

Tuscŭlum -ī, *n* トゥスクルム《Latium の町》; ローマ市の南東 24 km の保養地; 現 Frascati 付近》.

Tuscŭlus -a -um, 《詩》 Tusculum の.

Tuscus -a -um, *adj* [Tusci] Etruria の.

tūsillae, tussillae -ārum, °*f pl* 《解》扁桃腺 (=tonsillae).

tussēdō -dinis, *f* [tussis] しつこい咳.

tussĭcŭla -ae, *f dim* [tussis] 軽い咳.

tussĭcŭlāris -is -e, °*adj* [↑] 咳止めの.

tussĭcŭlōsus -a -um, *adj* [tussicula] よく咳をする.

tussĭcus -a -um, °*adj* [tussis] 咳に苦しむ.

tussĭlāgō -inis, *f* [tussis] 《植》フキタンポポ《咳止めの薬草として用いられた》.

tussĭō -īre -īvī -ītum, *intr* [↓] 咳をする.

tussis -is, *f* 咳: *tussi liberari* (PLIN) 咳がおさまる. 咳をしなくなる.

tūsus -a -um, *pp* ⇨ tundo.

tūtāmen -minis, *n* [tutor²] 防備, 守り, 頼みの綱.

tūtāmentum -ī, *n* =tutamen.

tūtātor -ōris, *m* [tutor²] 防衛者, 守り手.

tūtātus -a -um, *pp* ⇨ tutor².

tūtĕ¹ *pron pers* [tu/-te] 《強意形》あなた自身.

tūtĕ² *adv* [tutus] 安全に, 無事に, 確実に.

tūtēla -ae, *f* [tueor] 1 保護, 庇護, 監督: *tutelam januae gerere* (PLAUT) 入口の見張りをする. 2 養育; (動物の)飼育. 3 (建物の)保存, 維持, 管理. 4 保護者; 守護神. 5 後見(人の役目): *in suam tutelam venire* (CIC) (被後見者が)自分の財産を管理するようになる, 成年に達する. 6 被後見人(の財産).

tūtēlāris -is -e, °*adj* [↑] 1 保護の. 2 《法》後見.

tūtēlārĭus¹ -a -um, *adj* [tutela] 《碑》(高官の)後見(事案)を扱う.

tūtēlārĭus² -ī, *m* 番人, 管理人.

tūtēlātor -ōris, °*m* [tutela] 守り神 (=genius).

Tūtēlīna, Tūtīl- -ae, *f* [tutela] トゥーテーリーナ《特に収穫後の穀物の守護女神》.

tūtĕmet *pron pers* [tu/-te/-met] 《強意形》まさしくあなた自身.

tūtĭcus -a -um, *adj* 公けの: *meddix* ~ (LIV) (Osci 人の)最高長官.

tūtō¹ *adv* (*abl*) =tute¹.

tūtō² -āre, *tr* =tutor².

tūtor¹ -ōris, *m* [tueor] 1 保護者, 番人. 2 《法》後見人.

tūtor² -ārī -ātus sum, *tr dep freq* [tueor] 1 守る, 保護する; 防衛する ⟨alqm [alqd] a re; contra [adversus, ad] alqd⟩. 2 (代理[弁護]人として)弁護する, 擁護する. 3 …に備えて警戒[用心]する, 回避する: *praesentem inopiam tutabatur* (CAES) 彼は目下の窮状を打開しようとした.

tūtōrĭus -a -um, *adj* [tutor¹] 《法》後見[法的代理]人の.

tūtrix -īcis, °*f* [tutor¹] 1 《法》代理人《女性》. 2 保護[擁護]者《女性》.

tutudī *pf* ⇨ tundo.

tŭtŭlus -ī, *m* (神官の妻の)高く円錐形に編み上げた髪形; (神官の)円錐形の帽子.

tūtum -ī, *n* [↓] 安全, 安全な場所[立場].

tūtus -a -um, *adj* (*pp*) [tueor] 1 危険[危害]から守られた, 安全な, 確かな ⟨a re; adversus [ad] alqd⟩: *tutae aures* (HOR) 秘密のもれない耳. 2 警戒[用心]している; 安心している.

tuum -ī, *n* [↓] 1 あなたの持ち物[財産]. 2 (*pl*) あなたの書いた物[事柄, 用具].

tuus -a -um, *adj poss* [tu] あなた[きみ, おまえ]の. 2 あなたに好意的[好都合, 有利]な: *tempore non tuo* (MART) おまえの都合の悪い時に. 3 あなたの意のままに; あなた自身を失っていない: *semper* ~ (STAT) あなたは常に自分を頼りにして. 4 (tui (*object gen*) の代用) な: *neque neglegentiā tuā neque odio tuo* (TER) あなたを無視したからでも, あなたを憎んだりしたからでもなく.

tuxtax *int* (鞭打ちの擬音語)ピシッ, バシッ.

Tyana -ōrum, *n pl*, -a -ae, *f* [*Gk*] テュアナ《Cap-

padocia の町]).
Tyanaeus -a -um, °*adj* =Tyaneius.
Tyanēius -a -um, *adj* Tyana の.
Tyanī -ōrum, °*m pl* Tyana の住民.
Tyba -ae, *f* テュバ《Syria の Cyrrhestica の町》.
Tycha -ae, *f* [*Gk*] テュカ《Syracusae 市の一地区; その名はここに運命の女神（ギリシア語で Tychē）の神殿があったことにちなむ》.
Tychius -ī, *m* [*Gk*] テュキウス, *-オス《Boeotia の革細工師; 大 Ajax の盾の製作者》.
Tȳdēius -a -um, *adj* Tydeus の.
Tȳdeus -eī [-eos], *m* [*Gk*]《伝説》テューデウス《Calydon の王 Oeneus の息子で Diomedes の父; Thebae 攻めの七将の一人》.
Tȳdīdēs -ae, *m* Tydeus の息子 (=Diomedes).
tympanicus[1] -a -um, °*adj* [tympanum]《解》鼓膜の, 鼓室の.
tympanicus[2] -ī, *m* [*Gk*] tympanites の患者.
tympaniolum -ī, °*n dim* [tympanum] (Phrygia の)小太鼓.
tympanista, -ēs -ae, *m* [tympanum] 太鼓をたたく人.
tympanistria -ae, *f* [tympanum] 太鼓をたたく人《女性》.
tympanītēs -ae, °*m* [*Gk*]《病》鼓脹, 腹部張満.
tympanīticus -ī, *m* [*Gk*] tympanites の患者.
tympanītis -tidis, °*f* [tympanum]《病》鼓室炎, 中耳炎.
tympanium -ī, *n* [*Gk*] 真珠の一種《片面は丸く, もう片面は平たい》.
tympanizō -āre, *intr* [*Gk*] 太鼓をたたく.
tympanotriba -ae, *m* [*Gk*] 太鼓たたき《柔弱な男に対する非難のことば》.
tympanum -ī, *n* [*Gk*] 1 (Cybele の神官, Bacchus の信徒などが用いた)小太鼓, タンバリン《しばしば柔弱な用具と見なされた》. 2 (荷車の)鼓形の車輪; (起重機・揚水装置などの)胴, 円盤. 3《ペディメントの》三角小間. 4《戸の》鏡板. 5《病》鼓張, 腹部張満. 6°《解》鼓室, 中耳; 鼓膜 (=membrana tympani).
Tyndareum -ī, *n* [*Gk*] =Tyndaris[2].
Tyndareus[1] -ī, *m* [*Gk*]《伝説》テュンダレウス, *-オス《Sparta の王; Leda の夫で Castor と Pollux, Helena と Clytaemnestra の父》.
Tyndareus[2] -a -um, *adj* 1 Tyndareus の. 2《詩》Sparta の.
Tyndaridēs -ae, *m*《伝説》1 Tyndareus の息子(子孫). 2 (*pl*) Castor と Pollux; Tyndareus のすべての子.
Tyndaris[1] -idis, *f*《伝説》Tyndareus の娘 (=Helena か Clytaemnestra).
Tyndaris[2] -idis, *f* [*Gk*] テュンダリス《Sicilia 島北岸の町》.
Tyndaritānus -a -um, *adj* Tyndaris[2] の.
Tyndaritānī -ōrum, *m pl* Tyndaris[2] の住民.
Tyndarius -a -um, *adj* =Tyndareus[2].
Tyndarus -ī, *m* =Tyndareus[1].
Tȳnēs -ētis, *m* [*Gk*] テューネース《Africa の沿岸の町; 現 Tunis》.

typanum -ī, *n* =tympanum.
typhlītis -tidis, °*f*《病》盲腸炎 (=appendicitis).
typhlon -ī, °*n* [*Gk*]《解》盲腸 (=intestinum caecum).
typhlōsis -is, °*f* [*Gk*]《医》盲目, 失明.
Typhōeus[1] -eī [-eos], *m* [*Gk*]《神話》テュポーエウス《巨人の一人; Juppiter に雷電で打ち殺され, Aetna 火山の下に埋められた》.
Typhōeus[2] -a -um, *adj* Typhoeus の.
Typhōis -idis [-idos], *adj f* =Typhoeus[2].
Typhōius -a -um, *adj* =Typhoeus[2].
typhōn -ōnis [-ōnos], *m* [*Gk*] 1 激しい旋風, 台風. 2 彗星の一つ.
Tȳphōn -ōnis, *m* [*Gk*] テューポーン (=Typhoeus[1]).
Tȳphōneus -a -um, *adj* Typhon (=Typhoeus[1]) の.
tȳphōnicus -a -um, °*adj* [typhon] 旋風の, 台風の.
tȳphus -ī, °*m* [*Gk*] 1 はれ, むくみ. 2 傲慢, 不遜. 3《病》チフス: ~ *abdominalis* 腸チフス / ~ *exanthematicus* 発疹チフス.
typicē °*adv* [typicus] 象徴的に, 比喩的に.
typicī -ōrum, °*m pl* [↓]《病》間欠熱で苦しんでいる人々.
typicus -a -um, °*adj* [*Gk*] 1 典型的な, 象徴的な, 比喩的な. 2 間欠的な.
typographia -ae, °*f* 印刷(術).
typographicus -a -um, °*adj* 印刷の.
typographus -ī, °*m* 印刷(業)者.
typus -ī, *m* [*Gk*] 1 (壁面を飾る)浮彫り. 2 (測量士の)平面図. 3°《医》(間欠熱の)規則的な発253;熱と解熱の繰返し; 病型. 4° 典型, 象徴. 5°《カト》前表, 予示.
Tyra -ae, *m* =Tyras.
tyranna -ae, °*f* [tyrannus] 女性の専制君主.
tyrannicē *adv* [tyrannicus] 暴君のように, 専制的に.
tyrannicīda -ae, *m* [tyrannus/caedo] 僭主[暴君]殺害者.
tyrannicīdium -ī, *n* [↑] 僭主殺害.
tyrannicus -a -um, *adj* [*Gk*] 1 僭主政治の. 2 暴虐な, 専制的な.
Tyranniō -ōnis, *m* [*Gk*] テュランニオー(ン)《ギリシアの地理・文法学者; Cicero, Caesar らの友人》.
tyrannis -idis, *f* [*Gk*] 1 僭主政治; 僭主政治が行なわれている地域. 2 暴政, 虐政. 3° =tyranna.
tyrannoctonus -ī, *m* [*Gk*] =tyrannicida.
tyrannopolīta -ae, °*m* [*Gk*] 専制君主の従属民.
tyrannus -ī, *m* [*Gk*] 1 王, 支配者. 2 (ギリシアのポリスで非合法に政権を握った)僭主《徳》; (*pl*) 三十人僭主《前 404 年に Athenae に樹立された政権》. 3 専制君主, 独裁者, 暴君.
Tyrās -ae, *m* [*Gk*] テューラース《Sarmatia の川; 現 Dniester》.
tyrianthina -ōrum, *n pl* [↓] tyrianthinus 色に染めた衣服.
tyrianthinus -a -um, °*adj* [*Gk*] 紫がかった深紅

色の.
Tyriī -ōrum, *m pl* [↓] **1** Tyrus の住民. **2** 《詩》Thebae の人々. **3** 《詩》Carthago 人たち.
Tyrius -a -um, *adj* [*Gk*] **1** Tyrus (人)の: *Tyria puella* (Ov) =Europa. **2** (アクキガイ (murex) から採った)紫がかった深紅色染料の; その染料で染められた. **3** 《詩》(Cadmus が創建した) Thebae の. **4** 《詩》(Dido が創建した) Carthago の: ~ *ductor* (Sɪʟ) = Hannibal.
tȳropatina -ae, °*f* [*Gk* τυρός/patina] チーズケーキの一種.
tȳrotarīchum -ī, *n* [*Gk*] 塩漬け魚とチーズの料理(=質素な食事).
Tyrrhēnī -ōrum, *m pl* [*Gk*] テュッレーニー 《Tyrrhenia (=Etruria) の人々》.
Tyrrhēnia -ae, *f* [*Gk*] =Etruria.

Tyrr(h)ēnicus -a -um, *adj* [*Gk*] =Tyrrhenus 1.
Tyrr(h)ēnus -a -um, *adj* [*Gk*] **1** Tyrrhenia (=Etruria) の: *Tyrrhenum mare* (Pʟɪɴ) ティレニア海. **2** 《詩》ローマ[イタリア]の. **3** ~ *piscis* (Sᴇɴ) イルカ 《Bacchus がティレニア海の海賊をイルカに変身させたとの神話から》.
Tyrrhīdae -ārum, *m pl* 《伝説》Tyrrhus の息子たち.
Tyrrhus -ī, *m* 《伝説》テュッルス《Latinus 王の家畜番》.
Tyrtaeus -ī, *m* テュルタエウス, *-タイオス《尚武詩で名高い Sparta の詩人 (前 7 世紀)》.
Tyrus, -os -ī, *f* [*Gk*] テュルス, *-ロス, 《聖》ツロ《Phoenicia の商都で海港; 鮮やかな紫がかった深紅色染料で有名; 現 Sur》.

U

U, u indecl n ラテン字母 V は, 本来, 母音 [u] と半母音 [w] の両方を表わした. このため, 中世に母音 [u] のみを表わす字母としてつくられたのが U, u.

ūber[1] -eris, n 1 (女性・母獣の)乳房, 乳頭, 乳首. 2 肥沃な土地. 3 多産, 豊饒.

ūber[2] -eris, adj [↑] 1 肥沃な, 多産な. 2 豊かな, 利益の多い: nihil est agri cultura uberius (CIC) 土地の耕作よりも利益のあがるものはない. 3 (内容が)充実した; (文体が)委曲を尽くした.

ūbertās -ātis, f [uber²] 1 豊かな実りをもたらすこと, 多産, 豊富. 2 (物が)大量にあること, (人が)多数出現すること. 3 (思想・表現などの)豊かさ, (内容の)充実.

ūbertim adv [uber²] (涙が)とめどなく, 滂沱(ぼうだ)として.

ūbertus -a -um, adj [uber²] 1 能弁な. 2° 肥沃な.

ubī adv, conj I (adv) 1 (interrog) どこに: ~ patera nunc est? (PLAUT) 皿は今どこにあるか / (+gen) ~ terrarum esses, ne suspicabar quidem (CIC) 君がどこの土地にいるのか, 全然見当がつかなかった. 2 (relat) ...(の)場所(場合)に: ~ tyrannus est, ibi (CIC) 暴君がいるところ, そこには / ~ (=ubicumque) est (TER) 彼がどこにいようとも. II (conj) ...(の)時に: ~ ea dies venit (CAES) 約束の)その日が来ると / est ~ (CIC) ときどき, ときには / ~ primum (CIC) ...するや否や / (+ subj (=cum)) sol ~ montium mutaret umbras (HOR) 太陽が山々の影を動かすと / id ~ dixisset, hastam emittebat (LIV) (神官が)こう言ってから, 槍を投じたものだった.

ubicumque, -cunque, -quomque adv [↑/cumque¹] 1 (relat) (...するところは)どこであろうと: ~ es, in eādem es navi (CIC) 君がどこにいようとも, (私たちと)同じ船に乗っているのだ / (+gen) ~ locorum vivitis (HOR) 君たちがどの土地に暮らしていようとも. 2 (indef) どこでも, いたるところで: bonam deperdere famam malum est ~ (HOR) 良い評判をそこなうのはどこだってまずい.

Ubii -ōrum, m pl ウビイー《Caesar の時代には Rhenus 川東岸にいた Germania の一部族; 前 38 年に西岸に, 後の Colonia Agrippinensis (現 Köln) 近くに移住した》.

ubilibet adv [ubi/libet] どこでも; どんな場合でも.

ubinam adv interrog [ubi/nam] 一体どこで(に).

ubiquāque adv [ubi/quisque] どこでも, いたるところで.

ubīque[1] =et ubi.

ubīque[2] adv [ubi/-que²] どこでても, どこであれ, いたるところで: omnes agri, qui ~ sunt (CIC) どこであれ, すべての耕地.

ubiubi, ubi ubi adv どこ(において)であれ.

Ubius -a -um, adj Ubii 族の.

ubivīs adv [ubi/volo²] 1 どこであろうと. 2 いつであろうと.

Ūcalegōn -ōnis, m [Gk] 伝説 ウーカレゴーン《Troja の元老の一人; 都の陥落時, 家を焼かれた》.

ūdō[1] -āre -āvī, °tr 潤す, 湿らす, ぬらす.

ūdō[2] -ōnis, m フェルト製のスリッパの一種.

ūdor -ōris, m [↓] 湿気.

ūdus -a -um, adj [uvidus] 1 潤された, 湿った, ぬれた: udi oculi (OV) 涙ぐんだ眼. 2 酔っぱらった.

Ufens -entis, m ウーフェンス《(1) Latium の川; 現 Ufente. (2) 伝説 Rutuli 族の王 Turnus の武将の一人》.

Ufentīnus -a -um, adj [↑] tribus Ufentina (LIV) ローマの地縁的部族の一つ.

ulcerāria -ae, °f [ulcus] 植 (sc. herba) ニガハッカ (=marrubium).

ulcerātiō -ōnis, f [↓] 病 化膿, 潰瘍(かいよう)(形成).

ulcerō -āre -āvī -ātum, tr [ulcus] 1 (傷口を)化膿させる; 潰瘍を生じさせる. 2 (恋心を)燃え上がらせる.

ulcerōsus -a -um, adj [ulcus] 1 潰瘍が生じた. 2 (枝に)傷のある. 3 (恋に)傷ついた.

ulciscī inf ⇒ ulciscor.

ulciscō -ere, tr 古刑 =ulciscor.

ulciscor -scī ultus sum, tr dep 1 仕返しする, 復讐する: patrem ulcisci (CIC) 父のあだを討つ / Caesaris mortem ulcisci (LIV) Caesar 殺害の復讐をする / jure se ulcisci (CIC) (自分への不当な仕打ちに)正当な仕返しをする / (時に pass の意味で) quicquid sine sanguine civium ulcisci nequitur (SALL) 何であれ市民の血を流さずには報復されえない事柄. 2 罰する, 懲らしむ: di homines pro scelere eorum ulciscuntur (CAES) 神々は人間をその非行のために懲らしめる.

ulcus -ceris, n 1 傷; 潰瘍. 2 (幹・枝につけられた)傷. 3 (恋の)痛手; 弱み: ~ tangere (TER) 痛いところにさわる.

ulcusculum -ī, n dim [↑] (小さな)潰瘍(はれもの, おでき).

ulex -licis, m 植 ヘザー; ギョリュウモドキ.

ūliginōsus -a -um, adj [↓] 湿気の多い; 湿地の.

ūlīgō -ginis, f 1 土地の湿気; 湿地. 2° 皮膚病の一種.

ūlītis -tidis, °f 病 歯肉炎.

Ulixēs -is, m 伝説 ウリクセース《ギリシア名 Odysseus; Ithaca の王; Penelope の夫で Telemachus の

父; Troja 戦争でギリシァ軍の機略縦横の名将として活躍; Troja の陥落後は 10 年にわたる放浪・冒険の末に帰国した》.

ullātenus °*adv* [↓/tenus²] ある点で, ある程度まで.

ullus -a -um (*gen* ullīus, *dat* ullī), *adj*, *pron dim* [unus¹] **I** (*adj*) (主に否定・仮定・疑問文で)(誰か, 何か)ある: *neque ullam in partem disputo* (Cic) 私はどちらとも(=そうだとも, そうではないとも)言わない / *si essent ullae necessariae litterae* (Cic) もし何か必要な手紙があれば. **II** (*pron*) ある人, ある物: *nemo ullius nisi fugae memor* (Liv) 誰も敗走以外には何も念頭にない.

ulmānus -a -um, *adj* [ulmus] 《碑》=ㇾ(楡)の木のそばにある.

ulmārium -ī, *n* [ulmus] =ㇾの苗木仕立て場.

ulmeus -a -um, *adj* [ulmus] =ㇾの木の; =ㇾ材の.

ulmitriba -ae, *m* [↓] =ㇾの木をすりへらす者(=ㇾの枝でつくった鞭で打たれる者).

ulmus -ī, *f* **1** 《植》=ㇾ(楡)の木. **2** =ㇾ材.

ulna -ae, *f* **1** 前腕. **2** (一般に)腕. **3** 前腕尺; 両腕を広げた長さ. **4** 《解》尺骨.

ulnāris -is -e, °*adj* [↑] 《解》尺骨側の.

Ulpiānus -ī, °*m* ウルピアーヌス《*Domitius* ~, Tyrus 出身の法学者; Alexander Severus 帝の法律顧問; 228 年に殺された》.

ulpicum -ī, *n* 《植》=ンニクの一種.

Ulpius¹ -ī, *m* ウルピウス《ローマ人の氏族名; 特に *M. ~ Trajanus*, ローマ皇帝(在位 98-117)》.

Ulpius² -a -um, *adj* 《碑》Ulpius の; Trajanus 帝の.

uls *prep* ⟨+*acc*⟩ ...の向こう側に, ...を越えた.

ulterior -ior -ius, *adj comp* **1** 向こう側の, 越えた, もっと遠い: *Gallia ~* (Caes) (Alpes 山脈の)向こう側の Gallia (=Gallia Transalpina). **2** それ以上[以外]の; より高度の.

ulteriōra -ōrum, *n pl* [↑] **1** もっと遠い場所[地域]. **2** もっと以前の事柄, 過去. **3** それ以上のこと: *pudor est ~ loqui* (Ov) これ以上は語るのがはばかられる.

ulterius *adv comp* (*neut*) [ulterior] **1** もっと遠くへ; もっと長い間. **2** さらに, それ以上.

ultimē *adv* [ultimus] とことん, 徹底的に.

ultimō *adv* (*abl*) [ultimus] 最後には, ついには.

ultimum¹ -ī, *n* [ultimus] **1** 最も遠い地点, 果て. **2** 最高の物: *~ bonorum* (Cic) 最高の善. **3** 最悪[最低]の事態[人物]. **4** 最後, 結末: *ad ~* (Liv) 最後に(は).

ultimum² *adv superl* 最後に.

ultimus -a -um, *adj superl* **1** 最も遠方の, 一番端の. **2** 最も古の, 最初期の. **3** 最近の, 最新の. **4** 最後の, 最終的な: *~ lapis* (Prop) 墓. **5** 最高(度)の. **6** 最低の, 最悪の.

ultiō -ōnis, *f* [ulciscor] 復讐, 報復, (報復として課された)罰: *~ violatae per vim pudicitiae* (Liv) (女性に)陵辱した罰.

ultor -ōris, *m* [ulciscor] 復讐[報復]する者, 罰する者.

ultōrius -a -um, °*adj* [↑] 復讐の[に関する].

ultrā *adv*, *prep* [uls] **I** (*adv*) **1** (空間的)向こう側に, もっと遠くに, 越えて. **2** (時間的)より長く: *nec ~ bellum differe* (Liv) これ以上は戦争を先に延ばさない. **3** (量・程度)より以上に, そのうえ, さらに: *~ quam satis est* (Cic) 必要以上に. **II** (*prep*) ⟨+*acc*⟩ **1** (空間的)...の向こう側に, ...を越えた: *paulo ~ eum locum* (Caes) その地点から少し先へ. **2** (時間的)...より長く. **3** (数・程度)...より以上の: *~ modum progredi* (Cic) 度を越える.

ultrāmundānus -a -um, *adj* [↑/mundus²] 人間界の外にある, あの世の.

ultrix¹ -icis, *adj f* [ultor] 復讐の: *Dirae ultrices* (Verg) 復讐の女神たち(=Furiae).

ultrix² -icis, *f* 復讐者《女性》.

ultrō *adv* [ultra] **1** 向こうへ, 越えて: *~ citroque legatos mittere* (Caes) 使節をあちらへこちらへと派遣する(=互いに取り交わす). **2** そのうえに, さらに. **3** 反対に, 逆に: *oves ~ fugiat lupus* (Verg) 狼が逆に羊から逃げるようになればいい. **4** 自発的に, 進んで: *~ tributa* (Liv) 国が公共事業の請負人に支払う金高.

ultrōneus -a -um, *adj* [↑] 自分の意志で行動する者, 自発的な.

ultus -a -um, *pp* ⇨ ulciscor.

Ulubrae -ārum, *f pl* ウルブラエ《Latium の町; Pomptinae paludes に近かった》.

Ulubrānus -a -um, *adj* Ulubrae の.

ulucus -ī, °*m* =ulula.

ulula -ae, *f* [ululo] 《鳥》フクロウの一種.

ululābilis -is -e, *adj* [ululo] わめき声の.

ululātiō -ōnis, *f* [ululo] 《碑》(死者を悼む)悲しみの叫び.

ululātus¹ -a -um, *pp* ⇨ ululo.

ululātus² -ūs, *m* **1** (悲嘆の)叫び, わめき声. **2** Bacchus の女性信徒たちの叫び声. **3** 関(とき)の声. **4** (犬・狼の)ほえる声.

ululō -āre -āvī -ātum, *intr, tr* **1** (悲嘆の)叫び声をあげる. **2** (宗教的儀式などで)叫ぶ. **3** 関(とき)の声をあげる. **4** (動物などが)ほえる. **5** 大声で呼びかける; 叫び声で反響させる ⟨+*acc*⟩.

ulva -ae, *f* 《植》**1** 湿地に生えるスゲ・カヤなどの総称. **2°** アオサ属の緑藻の総称.

ulvōsus -a -um, °*adj* [↑] スゲが茂った.

umbella -ae, *f dim* [umbra] 日傘, パラソル.

Umber¹ -bra -brum, *adj* Umbria (人)の.

Umber² -brī, *m* **1** Umbria 人. **2** (*sc. canis*) Umbria 産の猟犬. **3** 羊の一種.

umbilicāris -is -e, °*adj* [umbilicus] 臍(へそ)の: *nervus ~* (Tert) 臍の緒.

umbilicātus -a -um, *adj* [↑] 臍の形をした.

umbilicus -ī, *m* **1** 臍(へそ); 臍帯(さいたい), 臍の緒. **2** 中心(部). **3** (日時計の)指柱. **4** (巻子本(かんすぼん)の)軸の先端. **5** (種子の)胚. **6** 貝の一種. **7°** *~ Veneris* 《植》ルリソウ属の草本.

umbō -ōnis, *m* **1** (盾の中央の)突起部分, 盾心. **2** 盾. **3** 肘(ひじ). **4** 岬; 地峡. **5** 境界石. **6** 宝石の凸部. **7** トガ(toga)の胸で折り重なった部分; トガ. **8°** 《動》(二枚貝類の)殻頂.

umbra -ae, *f* **1** 影; 影のようにつきまとう人[物]: *gloria ~ virtutis* (Sen) 栄光は徳の影. **2** 日陰, 陰に

なった場所; (陰をつくる)木, 葉, 家(など): *tonsoris* ~ (Hor) 日よけのある床屋(の店). **3** (絵の)影; 暗色の部分. **4** (夜の)闇: *ad umbram lucis ab ortu* (Hor) 夜明けから日暮れ時まで. **5** 亡霊; *(pl)* 冥界. **6** 影のような[実体のない]存在, 幻影. **7** 見せかけ, うわべ. **8** 保護, 擁護: *sub umbrā Romanae amicitiae latere* (Liv) ローマとの友好関係に守られて安全である. **9** 閑暇, やすらぎ. **10** [魚]コルビナ《ニベ科の食用海魚》.

Umbra -ae, *f* [Umber] Umbria の女.

umbrāculum -ī, *n dim* [umbra] **1** 日陰になった場所; 閑静な所(=学園). **2** 日よけ; パラソル.

umbrāticola -ae, *m* [umbra/colo²] 日陰を好む者; 無気力[柔弱]な人.

umbrāticus -a -um, *adj* [umbra] **1** 日陰で暮らす, 怠惰な. **2°** 見せかけだけの.

umbrātilis -is -e, *adj* [umbra] **1** 日陰にとどまる, 怠惰な; 閑雅な. **2°** 影の, むなしい. **3°** 比喩的な, 象徴的な.

umbrātiliter °*adv* [↑] **1** (影のように)ぼんやりと. **2** 比喩的に. **3** うわべだけ.

umbrātiō -onis, °*f* [umbro] 影を投ずること, 投影.

umbrātus -a -um, *pp* ⇨ umbro.

umbrescō -ere, *intr inch* [umbro] 陰になる, 暗くなる.

Umbrī -ōrum, *m pl* ウンブリー《Umbria の住民》.

Umbria -ae, *f* ウンブリア《イタリア半島の中東部地方; Etruria の東側》.

Umbricius -ī, *m* ウンブリキウス《Otho 帝に仕えたト腸(はらわた)師》.

Umbricus -a -um, *adj* Umbria の.

umbrifer -fera -ferum, *adj* [umbra/fero] **1** 陰をなす, 陰の多い. **2** 死者の霊を運ぶ.

umbrō -āre -āvī -ātum, *tr* [umbra] 陰を投ずる, 陰でおおう: *umbrata tempora quercu* (Verg) オーク(の冠)でおおわれた額.

umbrōsus -a -um, *adj* [umbra] **1** 影の多い, 陰になった, 暗い. **2** 陰をなす.

ūmectō -āre -āvī -ātum, *tr, intr* [↓] **1** 湿らす, ぬらす, 潤す. **2** (目が)涙でうるむ, 涙を流す.

ūmectus -a -um, *adj* [↓] 湿った, ぬれた.

ūmeō -ēre, *intr* [umor] 湿って[ぬれて]いる.

umerus -ī, *m* **1** (人間の)肩; 上膊(じょうはく)骨. **2** (動物の)肩; 首. **3** (樹木の)中央部の枝. **4** (山の)背, 山腹, 肩.

ūmescō -ere, *intr inch* [umeo] 湿ってくる, 湿る, ぬれる.

ūmida -ōrum, *n pl* [umidus] **1** 体液. **2°** 海.

ūmiditās -ātis, *f* [umidus] 湿気.

ūmidulus -a -um, *adj dim* [umidus] やや湿りを帯びた, 湿っぽい.

ūmidum -ī, *n* [↓] 湿った場所, 湿地.

ūmidus -a -um, *adj* [umeo] **1** 湿った, ぬれた: *nox umida* (Verg) 露の降りた夜. **2** 雨の多い, じめじめした. **3** 水分の多い.

ūmifer -fera -ferum, *adj* [umor/fero] 湿り気を帯びた.

ūmificus -a -um, *adj* [umeo/facio] 湿り気を与える.

ūmigō -āre -āvī -ātum, *tr* 湿らせる.

ūmor -ōris, *m* **1** 湿気. **2** (各種の)液体: *roscidus* ~ (Catul) 涙. **3** 体液; 樹液. **4** 飲料: *Bacchi* ~ (Verg) ぶどう酒.

umquam, unquam *adv* いつか, ある時, かつて: (主に否定・疑問・条件文で) *non* ~ (Cic) 決して…ない / *quam causam* ~ *antea dixerat?* (Cic) 彼はふだんに一体いかなる訴訟を争ったことがあったか / *si* ~ *in dicendo fuimus aliquid* (Cic) もしも私がこれまで弁論においてなにがしかの者であったなら.

ūnā *adv* [unus] **1** いっしょに, ともに: (しばしば cum +abl と) ~ *cum Gallis* (Liv) Gallia 人とともに. **2** 同時に.

ūnaetvīcēsima *adj f* ~ *legio* (Tac) 第 21 軍団.

ūnaetvīcēsimānī -ōrum, *m pl* 第 21 軍団の兵士たち.

ūnanimāns -ntis, *adj* =unanimus.

ūnanimis -is -e, *adj* =unanimus.

ūnanimitās -ātis, *f* [unanimus] 和合, 調和, 一致.

ūnanimiter °*adv* [unanimis] 一致して, 和合して.

ūnanimus -a -um, *adj* [unus/animus] 同じ考え[意図]の, 和合[一致]した.

ūnārius -a -um, °*adj* [unus] 『文』唯一の屈折語尾をもつ.

ūnasyllabus -a -um, °*adj* [unus/syllaba] 『文』1[単]音節の (=monosyllabus).

uncātus -a -um, °*adj* [uncus] 鉤(かぎ)形に曲がった.

uncia -ae, *f* **1** 全体の 12 分の 1: (a) (銅貨) ¹/₁₂ as. (b) (重量) ¹/₁₂ libra (=約 27 g). (c) (長さ) ¹/₁₂ pes (=約 2.5 cm). (d) (地積) ¹/₁₂ jugerum. (e) 遺産・負債・月利 1% の ¹/₁₂. **2** わずかな量.

unciālis -is -e, *adj* [↑] 12 分の 1 の: (重量) ¹/₁₂ libra の. (b) (長さ) ¹/₁₂ pes の.

unciārius -a -um, *adj* [uncia] 12 分の 1 の: (a) (銅貨) ¹/₁₂ as の. (b) (重量) ¹/₁₂ libra の. (c)° 遺産の ¹/₁₂ の. (d) (利率)元金の ¹/₁₂ の: *unciarium faenus* (Liv) 年利 10%(1 年を 12 か月として).

unciātim *adv* [uncia] ¹/₁₂ libra (=1 uncia) ずつ; 少しずつ.

uncīnātus -a -um, *adj* [↓] 鉤状の, 鉤の付いた.

uncīnus¹ -ī, *m* [uncus¹] 鉤(かぎ).

uncīnus² -a -um, °*adj* 鉤形に曲がった.

unciola -ae, *f dim* [uncia] (遺産の)わずか 12 分の 1.

uncipēs -pedis, °*adj* [uncus/pes] 曲がった足の.

uncō -āre, *intr* (熊が)うなる, ほえる.

unctiō -ōnis, *f* [ungo] **1** (身体に)油を塗る[すり込む]こと. **2** 軟膏. **3°** 聖別の油; 『カト』終油: ~ *extrema* 終油の秘蹟.

unctitō -āre, *intr freq* [ungo] (常習的に)香油を塗る.

unctiusculus -a -um, *adj dim* [unctus¹] 幾分油っこい.

unctor -ōris, *m* [ungo] 香油を塗ってマッサージをする奴隷.

unctōrium -ī, *n* [↑] (*sc.* cubiculum) (浴場の)塗油室.

unctrix -īcis, f [unctor]《碑》香油を塗ってマッサージをする奴隷《女性》.

unctulum -ī, n dim [unctum] 少量の香油.

unctulus -a -um, adj dim [unctus¹] 少し香油を塗られた.

unctum -ī, n [unctus¹] 1 香油. 2 豪華な料理, ご馳走.

unctūra -ae, f [ungo] (死体に)香油を塗ること.

unctus¹ -a -um, adj (pp) [ungo] 1 油を塗られた, 油っぽい. 2 (食事が)豪勢な, ぜいたくな. 3 豊かな, 裕福な. 4 (弁論が)ことば数の多い.

unctus² -ūs, m 香油を塗ること.

uncus¹ -ī, m 1 鉤(かぎ). 2 処刑された罪人の遺骸を引きずって行くための鉄鉤. 3 切り石をれんがに固定する鎹(かすがい).

uncus² -a -um, adj [↑] (鉤形に)曲がった.

unda -ae, f 1 動いている水, (大)波. 2 流れる液体, (空気・煙などの)流れ. 3 (一般に)水; 飲み水. 4 (押し寄せる群衆の)波; (抽象的なものの)波: *adversis rerum immersabilis undis* (HOR) 逆運の荒波にも沈められない. 5《廻》繰型(くりがた)の一種.

undābundus -a -um, adj [undo] 波の高い.

undanter adv [undo] 1 (髪が)波打って. 2° 奔流をなして, どっと.

undātim adv [undo] 1 波のように, 波打って. 2° 群をなして, 一団となって.

undātus -a -um, adj (pp) [undo] 波打った, 波形の.

unde adv I (*interrog*) 1 どんな場所[状況・境遇]から. 2 誰から, 誰によって. 3 どんな理由[原因]で. II (*relat*) 1 …(ところの)その場所[状況・境遇]から, そしてそこから. 2 …(ところの)その人から, そしてその人から: *is ~ petitur* (CIC)《法》被告. 3 …(ところの)その理由[原因]から; そしてそのために. III ~ ~ どこからであれ (=undecumque).

undēcentensimus -a -um, num ord [↓] 99 番目の.

undēcentum indecl num card [unus/de/centum] 99 (の).

undeciens, -ēs adv [↓] 11 回[倍].

undecim indecl nun card [unus/decem] 11 (の).

undecima -ae, f [undecimus] 1 (*sc.* pars) 11 分の1. 2 (*sc.* hora) 第 11 時.

undecimprīmus ī, m《碑》町の 11 人の長老の一人.

undecimus -a -um, num ord [undecim] 11 番目の.

undecimvirī -ōrum, m pl [undecim/vir] (Athenae の)十一人委員会.

undecirēmis -is, f [undecim/remus] (*sc.* navis) 十一段櫂の船.

undecumānī -ōrum, m pl [undecimus] 第 11 軍団の兵士たち.

undecumque, -cunque adv [unde/cumque] どんな場所[どこ]からでも, どこから…しても.

undeunde °*adv* あらゆる方面から[で].

undelibet adv [unde/libet] どんな場所[どこ]でも.

undēnārius -a -um, °*adj* [↓] 11 から成る.

undēnī -ae -a, num distrib [unus] 11 ずつの.

undēnōnāgēsimus -a -um, num ord [↓] 89 番目の.

undēnōnāgintā indecl num card [unus/de/nonaginta] 89 (の).

undēoctōgintā indecl num card [unus/de/octoginta] 79 (の).

undēquadrāgēsimus -a -um, num ord [undequadraginta] 39 番目の.

undēquadrāgiens, -ēs adv [↓] 39 回[倍].

undēquadrāgintā indecl num card [unus/de/quadraginta] 39 (の).

undēquinquāgēsimus -a -um, num ord [↓] 49 番目の.

undēquinquāgintā indecl num card [unus/de/quinquaginta] 49 (の).

undēsexāgēsimus -a -um, num ord [↓] 59 番目の.

undēsexāgintā indecl num card [unus/de/sexaginta] 59 (の).

undētrīcēnī -ae -a, °*num distrib* [unus/de/triceni] 29 ずつの.

undētrīcēsimus, -trīgē- -a -um, num ord [unus/de/tricesimus] 29 番目の.

undētrīgintā indecl num card [unus/de/triginta] 29 (の).

undeunde adv = unde unde (⇨ unde III).

undēvīcēnī -ae -a, num distrib [unus/de/viceni] 19 ずつの.

undēvīcēsimus, -vīgē- -a -um, num ord [unus/de/vicesimus] 19 番目の.

undēvīciēs adv [unus/de/viciens] 19 回[倍].

undēvīgintī indecl num card [unus/de/viginti] 19 (の).

undicola -ae, adj m, f [unda/colo²] 水中に住む.

undifragus -a -um, °*adj* [unda/frango] 波を砕く.

undique adv [unda/-que²] 1 あらゆる方向[方面]から, 至る所から: *spectabilis ~ campus* (OV) どこからでも眺められる野原. 2 至る所で. 3 あらゆる点で, 全く: ~ *liber animus* (QUINT) 完全に自由な精神.

undiqueversum, undique versum adv あらゆる方向[角度]から.

undisonus -a -um, adj [unda/sonus²] 波音が響き渡る.

undivagus -a -um, adj [unda/vagus²] 波間に漂う.

undō -āre -āvī -ātum, intr, tr [unda] 1 波立つ, 波打つ; 沸き立つ. 2 ほとばしる, 流れ出る. 3 (煙・雲などが)渦巻く; うねる. 4 あふれさせる.

undōsus -a -um, adj [unda] 波の多い, 波に洗われる.

undulātus -a -um, adj [unda] 波打っている, うねっている.

unēdō -ōnis, m《植》ヤマモモの木[果実].

Unelli -ōrum, m pl ウネッリ《Gallia Lugdunensis の Aremorica 地方にいた一部族》.

unetvīcēsim- ⇨ unaetvicesim-.

ungō, unguō -ere unxī unctum, *tr* **1** (香油・軟膏などを)塗る; 油を塗ってマッサージする: *uncta carina* (Verg) ピッチを塗った舟. **2** (料理に)油を加える, ドレッシングをかける. **3**《カト》聖油を塗る.

unguen -guinis, *n* [↑] 油脂, 脂肪, 油.

unguentāria -ae, *f* [unguentarius¹] **1** (*sc.* taberna) 香油屋. **2** 香油[香料]売り《女性》.

unguentārium -ī, *n* [↓] **1°** 香料を入れる容器. **2** (*sc.* argentum) 香料(購入)費.

unguentārius¹ -a -um, *adj* [unguentum] 香料に関する, 香料の.

unguentārius² -ī, *m* 香料商.

unguentātus -a -um, *adj* [unguentum] 香油を塗られた.

unguentō -āre -āvī -ātum, *tr* [↓]《碑》香油を塗る.

unguentum -ī, *n* [unguen] **1** 香油, 香料, 軟膏.《薬》~ *glycerini* グリセリン軟膏 / ~ *hydrargyri* 水銀軟膏.

unguiculus -ī, *m dim* [unguis] (手・足の)指の爪: *ex unguiculis* (Plaut) どの指先からも(=体じゅう, 全身にわたって) / *a teneris unguiculis* (Cic) 爪が柔らかいころから(=幼少時から).

unguis -is, *m* **1** (手・足の)指の爪: *ad* [*in*] *unguem* (Hor [Verg]) 完璧に, 正確に / *transversus* ~ (Cic) 爪の幅(ほどの短い距離). **2** (鳥・動物の)鉤爪《俗》, 蹄《俗》. **3°** ~ *Hippocraticus*《医》ヒッポクラテス爪《肺結核患者の青色の爪》.

unguitō -āre, *tr freq* [unguo] しばしば塗[なすり]つける.

ungula¹ -ae, *f dim* [unguis] **1** (草食動物の)蹄《俗》; (猛禽の)鉤爪《俗》: *toto corpore et omnibus ungulis* (Cic) 全力で. **2** 馬. **3°** 責め道具の一種.

ungula² -ae, °*f* [unguo] 香料の一種.

ungulātus -a -um, °*adj* [ungula¹] 蹄[鉤爪]のある.

ungulus -ī, *m* [Oscan] 指輪; 腕輪.

unguō -ere, *tr* = ungo.

ūnianim- ⇨ unanim-.

ūnicalamus -a -um, *adj* [unus/calamus] (コムギが)単茎の.

ūnicaulis -is -e, *adj* [unus/caulis] (アザミ・ゼニアオイなどが)単茎の.

ūnicē *adv* [unicus] とりわけ, ことのほか, 特に: ~ *unus* (Plaut) たった一人のかけがえのない人.

ūnicolor -ōris, *adj* [unus/color] 単一色の, 一色《俗》の.

ūnicornis -is -e, *adj* [unus/cornu] 1本の角《俗》しかない, 一角の.

ūnicornuus -ī, °*m* [↑] 一角獣(=monoceros).

ūnicorporeus -a -um, °*adj* [unus/corpus] 身体が一つだけの.

ūnicuba -ae, °*f* [unus/cubo] 一人の男とだけ同衾した女.

ūnicus -a -um, *adj* [unus] **1** 唯一の. **2** 独特な, 比類なき, 匹敵するもののない.

ūnificō -āre, °*tr* [unus/facio] 一つにする, 統一する.

ūniformis -is -e, *adj* [unus/forma] 単一の形の, 同形の.

ūnigena¹ -ae, *adj m, f* [unus/gigno] **1** ただ一人生まれた, 唯一の. **2** 1回の分娩で生まれた, 双子の.

ūnigena² -ae, *m, f* **1** 双子の兄弟[姉妹]の一人. **2°**《聖》(神の)ひとり子(=キリスト).

ūnigenitus¹ -a -um, °*adj* [unus/gigno] ひとり子として生まれた.

ūnigenitus² -ī, °*m*《聖》(神の)ひとり子(=キリスト).

ūnijugus -a -um, *adj* [unus/jugum] **1** (ブドウのつるが) 1本の横木に這(は)わせられた. **2°** 1度だけ結婚した.

ūnilaterālis -is -e, °*adj* [unus/latus²] **1** 一方だけの, 片側の. **2**《法》片務の.

ūnimanus -a -um, *adj* [unus/manus¹] 手が1本しかない, 片手の.

ūnimarīta -ae, *adj f* [unus/maritus]《碑》一人の夫を持つ.

ūnimodus -a -um, *adj* [unus/modus] 一様な性質の, 均一な.

ūniō¹ -īre -iī -ītum, *tr* [unus] 一つ[一緒]にする, 結合する.

ūniō² -ōnis, *m* [unus] 大きな真珠.

ūniō³ -ōnis, °*f* [unus] **1** (数字の)1; 単一. **2** (さいころの) 1の目. **3** 統一, 結合.

ūniō⁴ -ōnis, *m* (?) タマネギの一種.

ūnipennātus -a -um, °*adj* [unus/penna]《解》単羽状の.

ūniscō -ere, *intr inch* [unio¹] **1** (接ぎ木が癒着して) 1本の幹[茎]となる. **2°** 一致する.

ūnistirpis -is -e, *adj* [unus/stirps] 1本の幹を持つ.

ūnisubsellium -ī, *n dim* [unus/subsellium] (食客が座る)一人用の腰掛け.

ūnitās -ātis, *f* [unus] **1** 一つであること, 単一性. **2** 一致, 統一. **3** 同一, 一様.

ūniter *adv* [unus] 一体となるように.

ūnītus -a -um, *pp* ⇨ unio¹.

ūniunculus -ī, *m dim* [unio²] 小さな真珠.

ūniversālis -is -e, *adj* [universus] 一般的な, 普遍的な.

ūniversālitās -ātis, °*f* [↑] 一般性, 普遍性.

ūniversāliter *adv* [universalis] **1** 一括して, ひっくるめて. **2** 一般的に, 普遍的に.

ūniversē *adv* [universus] **1** 大まかに, 大ざっぱに. **2** 全般的に.

ūniversī -ōrum, *m pl* [universus] 全員, 一同.

ūniversim *adv* [universus] 一般に, 全般的に.

ūniversitās -ātis, *f* [universus] **1** 全体, 総体. **2** (*sc.* rerum) 全世界, 宇宙. **3** 共同体, 組合, 結社. **4°** (教会の)普遍性. **5°** 大学の教師と学生の総員から成る団体.

ūniversum -ī, *n* [↓] **1** 全体, 総体: *in* ~ (Liv) 全体として, 一般に. **2** 全世界, 宇宙.

ūniversus (古形 **ūnivorsus**) -a -um, *adj* [unus/verto] **1** 全体の, すべての. **2** (*pl*) 例外なく全部の. **3** すべての人[物]に関わる, 一般的な: *pugna universa* (Liv) 決戦.

ūnivira, -viria -ae, °*f* [unus/vir] 一人の夫しかもたなかった女.

ūnivocē °*adv* [↓] 同音異義的に.

ūnivocus -a -um, °*adj* [unus/vox] 1 1音の, 単音の. 2 〖文〗一義的な.

ūnoculus -a -um, *adj* [unus/oculus] 一眼の, 片目の.

Ūnomammia -ae, *f* [unus/mamma]「片乳女人国」(=Amazon 族の国)《喜劇の造語》.

ūnorsum *adv* [universus] 全体として, 一挙に.

ūnōsē *adv* [unus] ひとまとめにして, 同時に.

unquam *adv* =umquam.

ūnum (*gen* ūnīus, *dat* ūnī), *n* [↓] 1 一つ(の物): *plus uno verum esse non potest* (Cic) 真実は一つしかありえない. 2 (一つの)同じこと: ~ *omnes sentiunt* (Caes)全員が同じ考えだ. 3 一つの場所: *in ~ cogere* (Liv) 1 か所に集める.

ūnus[1] -a -um (*gen* ūnīus, *dat* ūnī), *adj* 1 一人の, 一つの: *unae litterae* (Cic) 1 通の書簡. 2 唯一の: *te unum ex omnibus amat* (Plaut) 彼女は皆の中であなただけが好きなのよ. 3 (まったく)同一の: *uno tempore* (Caes) 同時に. 4 誰か(Caes)ある: *una mulier* (Plaut) ある女. 5 (否定辞を強調) *nemo ~* (Caes) 誰一人...ない / *nulla res una* (Cic) ただ一つも...ない. 6 (+*superl*) *justissimus ~* (Verg) 最も正しい人. 7 (+quisque) *pone ante oculos unum quemque regum* (Cic) 王たちの一人一人を眼前に思い浮かべよ.

ūnus[2] (*gen* ūnīus, *dat* ūnī), *m* 一人, 唯一の人: *cum penes unum est omnium summa rerum* (Cic) 全権がただ一人の手中にあるとき / ~ *et [atque] alter* (Cic)(Suet) 一人か二人 / *omnes ad unum* (Cic) 最後の一人まで, 一人の例外もなく.

ūnusquique ūnaquaeque ūnumquidque [↓] *pron* 各々, 各自.

ūnusquisque ūnaquaeque ūnumquodque, *adj* [unus/quisque] 各々の, 各自の.

unxī *pf* ⟲ ungo.

ūpiliō, ōpiliō -ōnis, *m* [ovis/pello] 羊飼い.

upupa -ae, *f* 〖鳥〗ヤツガシラ. 2 つるはし.

ūrachus -ī, °*m* [Gk] 〖解〗尿膜管.

ūraemia, ūrēmia -ī, °*m* [病] 尿毒症.

ūraeon -ī, *n* [Gk] 魚の尾.

Ūrania -ae, -ē -ēs, *f* [Gk] 〖神話〗ウーラニア《天文をつかさどる Musa》.

ūranoscopus -ī, *m* [Gk] 海魚の一種《「天を見張る者」の意》.

Ūranus -ī, °*m* [Gk] 〖神話〗ウーラヌス, *-ノス「天」の意; ローマ神話の Caelus に当たる》.

Urba -ae, °*f* ウルバ《Helvetia の町; 現 Orbe》.

Urbāna -ae, *f* ウルバーナ《Campania の町》.

urbānātim *adv* [urbanus[1]] 都会風に; 如才なく.

urbānē *adv* [urbanus[1]] 1 礼儀正しく, 丁寧に. 2 (言い方が)機知に富んで.

urbānitās -ātis, *f* [↓] 1 都会に住むこと; ローマ暮らし. 2 都会風の(洗練された)礼儀, 優雅さ. 3 都会風のことばづかい; 機知. 4 悪ふざけ.

urbānus[1] -a -um, °*adj* [urbs] 1 都会の; (特に)ローマ市の. 2 都会風の, 洗練された. 3 機知に富んだ, 気のきいた. 4 あつかましい. 5 (植物などが)栽培された; (ミツバチが)飼育された.

urbānus[2] -ī, *m* (洗練された)都会人; (特に)ローマ市の住民.

urbicapus -ī, *m* [urbs/capio[1]] 都市を占領する者.

Urbicua -ae, *f* ウルビクア《Hispania Tarraconensis の町》.

urbicus -a -um, *adj* [urbs] 都会の; ローマ市の.

urbigena -ae, *adj m, f* [urbs/gigno] 都会(=ローマ)に生まれた.

Urbīnās -ātis, *adj* Urbīnum の. **Urbīnātēs** -um [-ium], *m pl* Urbinum の住民.

Urbīnum -ī, *n* ウルビーヌム《Umbria の町; 現 Urbino》.

Urbius -a -um, *adj* ~ *clivus* (Liv) ウルビウス坂《ローマ市七丘の一つ Esquiliae にあった》.

urbo -āre, *intr* =urvo.

urbs urbis, *f* 1 (城壁で囲まれた)都市. 2 ローマ市: *ab urbe proficisci* (Caes) ローマ市から出発する. 3 都市の住民. 4 要点.

urceolāris -is -e, *adj* [↓] *herba ~* (Plin)〖植〗イラクサ科ヒカゲミズ属の植物《ガラスの容器を磨くのに用いられた》.

urceolus -ī, *m dim* [↓] 取っ手の付いた小さな壺[水差し].

urceus -ī, *m* 取っ手の付いた壺《ᴅ》[水差し].

ūrēdō -dinis, *f* [uro] 1 黒穂病, 胴枯れ病. 2 (クラゲに刺されたときの)鋭い痛み, (蛇に咬まれたときの)燃えるような痛み; 火傷(*ʸʷ*).

ūrētēr -ēris, *m* [Gk] 〖解・動〗尿管.

ūrēthra -ae, °*f* [Gk] 〖解〗尿道.

ūrēthrālis -is -e, °*adj* [↑] 〖解〗尿道の.

ūrēthrītis -tidis, °*f* [urethra] 〖病〗尿道炎.

urgeō, urgueō -ēre ursī, *tr* (*intr*) 1 押しやる, 追いやる, 駆りたてる. 2 (重荷などが)圧迫する; 悩ます, 苦しめる. 3 攻めたてる; 急迫する: *urget diem nox et dies noctem* (Hor)夜が昼に, 昼が夜に迫る. 4 (海・山などが)近くに迫る, 取り囲む. 5 (危険などが)差し迫る. 6 (ことばで)攻めたてる, 非難[告発]する: (原因の *gen* と) *male administratae provinciae urgere* (Tac) 州の不当な属州統治のかどで告発される. 7 反論する(自説を)固守する. 8 せきたてる, しきりに促す. 9 熱心に追求する, 躍起となる.

Ūria -ae, *f* [Gk] ウーリア(-)《(1) Calabria の町; Tarentum と Brundisium の間にあった. (2) Apulia の Garganus 山北麓の町》.

Urii -ōrum, *m pl* ウーリー《Venus の祭儀にかかわりのある地名; Apulia の町 Uria かもしれない》.

ūrica -ae, *f* =uruca.

ūrīgō -ginis, *f* [uro] 欲情, 色欲.

ūrīna -ae, *f* 尿.

ūrīnal -ālis, °*n* [↑] 溲瓶(ᶻᴶ), おまる.

ūrīnālis -is -e, °*adj* [urina] 尿の: *urinales viae* (Cael Aur) 〖解〗尿道.

ūrīnārius -a -um, °*adj* [urina] 1 尿の. 2 泌尿器の.

ūrīnātor -ōris, *m* [urinor] 水にもぐる人, 潜水夫.

ūrīnō -āre, *intr* =urinor.

ūrīnor -ārī -ātus sum, *intr dep* [urina] 水にもぐ

る，潜水する．
Ūrios -ī, *m* [*Gk*]《神話》ウーリオス《「順風を送る者」の意；Juppiter の添え名》．
Ūrītēs -um, *m pl* Uria(1) の住民．
urium -ī, *n* (金鉱石を水洗いするときに)川を汚染する泥．
urna -ae, *f* [*cf.* urceus] **1** 水がめ，壺（ｶﾒ），水差し． **2** くじ壺；投票壺；骨壺． **3**《天》水瓶（ｽｲﾋﾞｮｳ）座． **4** 液量単位(=¹/₂ amphora=約 1.3 *l*)．
urnālia -ōrum, *n pl* [↓] **1** urna 入りの容器．
urnālis -is -e, *adj* [urna] **1** urna 入りの．
urnārium -ī, *n* [urna] 水がめを置くテーブル．
urnula -ae, *f dim* [urna] 小さな壺[水差し]．
ūrō -ere ussī ustum, *tr* **1** 焼く，燃やす． **2** あぶる，焦がす． **3**《医》焼灼(ｼｮｳｼｬｸ)する． **4** (蠟画法で絵の具を)焼きつける． **5** (町・家などを)焼き払う；荒廃させる． **6** (熱気が)焼けるような痛みを与える，日焼けさせる；(冷気が)凍傷を起こさせる，凍えさせる． **7** (靴ずれなどで)ひりひりさせる． **8** 地力を衰えさせる． **9** (情熱が)身を焼く，胸を焦がす：(しばしば *pass*) uritur infelix Dido (VERG) あわれな Dido は恋心に身を焦がしている． **10** 苦しめる，興奮させる，怒らせる
ūrogenitālis -is -e, °*adj*《解》尿生殖器の．
ūrologia -ae, *f*《医》泌尿器(科)学．
ūropȳgium -ī, °*n* [*Gk*]《鳥》仙骨部，尾羽の付け根 (=orthopygium)．
urruncum -ī, *n* 麦の穂の最下部．
ursa -ae, *f* [ursus] **1** 雌熊；(雌雄の別なく)熊． **2**《天》熊座：~ major [*Erymanthis, Parrhasis*] (GERM OV) 大熊座《ursa minor は古代の用例がない》／~ *Cynosuris* (OV) 小熊座．
ursī *pf* ⇨ urgeo.
ursus -ī, *m* 雄熊：poscunt ursum (HOR) (闘技場の観客が)熊の見世物を要求する．
urtīca -ae, *f* **1**《植》イラクサ(蕁麻)属の植物． **2** クラゲ，イソギンチャク． **3** むずむずすること，情欲．
urtīcāria -ae, °*f*《病》蕁麻疹(ｼﾞﾝﾏｼﾝ)．
ūrūca, ūrīca, ērūca -ae, *f*《動》ケムシ(毛虫)，アオムシ(青虫)．
ūrus -ī, *m*《動》野牛の一種《畜牛の祖先で 17 世紀に絶滅》．
urvō, urbō -āre, *intr* (新しい町の)境界を鋤(ｽｷ)で定める．
Uscāna -ae, *f* ウスカーナ《*Illyria* の町》．
Uscānensēs -ium, *m pl* Uscana の住民．
ūsia -ae, °*f* [*Gk*] 本体，本質，存在．
ūsiō -ōnis, *f* [utor] 使用，消費．
Ūsipetēs -um, *m pl* ウーシペテース《*Rhenus* 川の下流域にいた *Germania* の一部族》．
Ūsipiī, -pī -ōrum, *m pl* =Usipetes.
ūsitātē *adv* [↓] いつものように．
ūsitātus -a -um, *adj* (*pp*) [↓] 通常の，普通の，慣例の：hoc usitatum est Herculi: captas amat (SEN) 捕虜の女を好きになる，これが Hercules のお定まりだ．
ūsitor -ārī -ātus sum, *intr dep freq* [utor] しばしば[慣習的に]使用する <+*abl*>．
Uspē -ēs, *f* ウスペー《*Sarmatia* の *Siraci* 族の町；位置未詳》．
Uspensēs -ium, *m pl* Uspe の住民．

uspiam *adv* ある場所で，どこかで[に]．
usquam *adv* **1** (主に否定・条件節で)ある場所で，どこかで[に]：／non ~ *an quisquam* ~ *gentium est aeque miser?* (TER) 世界のどこにぼくほどみじめな男がいようか／non ~ esse この世に存在しない／*nulla est cistella, neque ego sum* ~ (PLAUT) 小箱がどこにもなければ，私もおしまいだわ． **2** ある場所へ，どこかへ． **3** どんな場合でも．
usque *adv*, *prep* I (*adv*) **1** 続けざまに，絶えず，ずっと：*cantantes* ~ *eamus* (VERG) ずっと歌いながら行こう． **2** (+*prep*) ~ *a Romulo* (CIC) Romulus から始めて(ずっと)／~ *ad castra* (CAES) 陣営まで／~ *in senectutem* (QUINT) 老年まで． **3** (+*adv*) ~ *adeo* (VERG) これほどまでに／~ *istinc* (CIC) (あなたのいる)その場所から． **4** (+町名の *abl*) ~ *Tmolo* (CIC) Tmolo を出てからずっと． **5** (+町名の *acc*) *Miletum* ~ (TER) Miletus まで． **6** (+時の *conj*) ~ …*dum* (CIC) …するまではずっと． II (*prep*) (+*acc*) …まで：*post cibum* ~ *somni tempus* (CELS) 食事のあと就寝時まで／~ *lumbos* (QUINT) 腰まで．
usquequāque, usque quāque *adv* **1** 至る所に，どこでも． **2** あらゆる場合[時]に，いつ(で)も． **3** あらゆる点で，全く．
ussī *pf* ⇨ uro.
usta -ae, *f* [ustus] (鉛白 (cerussa) または黄土 (sil) を焼いて作った)赤色の顔料．
Ustīca -ae, *f* ウスティーカ《(1) Sabini 族の居住地の丘；Horatius の別荘に近かった．(2) Sicilia 島北岸沖に浮かぶ小島》．
ustilis -is -e, *adj* [uro]《碑》焼くのに適した．
ustilō -āre, *tr* =ustulo.
ustiō -ōnis, *f* [uro] **1** 焼く[焦がす]こと． **2**《医》焼灼(ｼｮｳｼｬｸ)． **3** 火傷(ﾔｹﾄﾞ)．
ustor -ōris, *m* [uro] 死体を焼く人．
ustrīna -ae, *f* [uro] **1** 火葬場． **2** 猛火，火事．
ustrīnum -ī, *n* [uro]《碑》=ustrina 1.
ustulō, ustilō -āre -āvī -ātum, *tr* [uro] **1** 少し焼く，焦がす；(髪に)こてを当てる． **2** 焼却する． **3** (寒さによって新芽を)枯れさせる．
ustus -a -um, *pp* ⇨ uro.
ūsuālis -is -e, °*adj* [usus] **1** 使用に適した． **2** 日常の，普通の．
ūsuāliter °*adv* [↑] 普段どおりに．
ūsuārius¹ -a -um, *adj* [usus]《法》用益権を持っている．
ūsuārius² -ī, *m*《法》用益権者．
ūsūcapere *inf* ⇨ usucapio.
ūsūcapiō¹ -pere -cēpī -captum, *tr* [usus/capio¹]《法》(法定の期間継続所有したことによって)所有権を取得する．
ūsūcapiō², **ūsūscapiō** -ōnis, *f*《法》(法定期間継続所有したことによる)所有権取得，取得時効．
ūsūcēpiō -ōnis, *f* =usucapio².
ūsūcaptus -a -um, *pp* ⇨ usucapio¹.
ūsūcēpī *pf* ⇨ usucapio¹.
ūsūfructuārius -ī, *m* [usus/fructus]《法》用益権者．
ūsūra -ae, *f* [utor] **1** 使用，利用；借入金の使用． **2** 利息，利子． **3** 上乗せ，おまけ．

ūsūrārius -a -um, *adj* [↑] **1** (金を貸し付けたことにより)一定期間使用[利用]できる. **2** 利子付きの, 利息を払う必要のある: *aera usuraria* (PLAUT) 貸し金.

ūsūreceptiō, ūsūsreceptiō -ōnis, *f* [↓] 〖法〗 usucapio² による所有権回復.

ūsūrecipiō -ere -ēpī -eptum [usus/recipio] (usucapio² によって)所有権を回復する.

ūsurpātiō -ōnis, *f* [usurpo] **1** (あることばを)用いること, (繰り返し)言及すること; (ことばの)用法: *vocis ~* (LIV) (王という)名を口に出すこと. **2** 遵守, 保有: *~ vetustatis* (CIC) 古い慣習を守り続けること. **3** 実行; 権利の主張[行使]. **4** 〖法〗不法取得[使用・占拠]. **5**° 〖法〗 usucapio² の中断[妨害].

ūsurpātīvē °*adv* [↓] (ことばを)誤用して, 慣用に反して.

ūsurpātīvus -a -um, °*adj* [↓] 〖文〗(ことばの)用法を明示する: *usurpativa species verborum* (DIOM) =supinum と gerundivum.

ūsurpō -āre -āvī -ātum, *tr* [↓/rapio] **1** (ことばを)用いる, (繰り返し)言及する; (名で)呼ぶ. **2** 利用[使用]する; 享受する: *otium post labores usurpare* (TAC) 労苦の末に閑暇を楽しむ. **3** (目・耳で)とらえる, 知覚する. **4** (権利を)主張[行使]する. **5** 獲得する, 入手する: 〖法〗所有権を得る: *hereditatem usurpare* (TAC) 遺産を相続する. **6** 不法に取得する, 横領する; 〖法〗 usucapio² を中断させる.

ūsus¹ -a -um, *pp* ⇨ utor.

ūsus² -ūs, *m* **1** 使用, 利用. **2** *~ (et) fructus=ususfructus* 〖法〗 使用[用益]権(他人の財産を利用し, そこから生じる果実[利益]を享受する権利). **3** 利便, 有用(性), 価値: *usui esse ad rem* (CAES) あることに役立つ / *ex usu alcis esse* (CAES) ある人に役立つ. **4** 実行, 熟練, 経験: *usu venire alci* (CIC) ある人に起こる. **5** 慣行, 習慣: *in usu esse* (PLIN) 慣例である. **6** 欠乏, 必要(な物): *~ venit alci* (CATUL) ある人に必要が生じる. **7** 交際, つきあい: *propior ~ cum alqo* (TAC) ある人との親密な間柄.

ūsūscapiō -ōnis, *f* =usucapio².

ūsusfructus ⇨ usus² 2.

ut, utī ¹ *adv, conj* **I** (*adv*) **A** (*interrog*) いかに, どのように: *~ vales?* (PLAUT) ご機嫌いかが / (間接疑問) *nescis ~ res sit* (PLAUT) あんたはどんなことになっているのかないんだ. **B** (感嘆) 何と(また): *~ miser est homo qui amat!* (PLAUT) 恋する男は何とみじめなことか. **C** (*relat*) **1** (ita, sic と呼応して) (a) …のように: *~ initium, sic finis est* (SALL) 始めがあるように終わりがある / (単独で) *faciam ~ mones* (TER) 私はあなたの勧めるようにしよう / (挿入句) *~ ait* (CIC) 彼が言うように. (b) (対照)たとえ…であってもせよ: *~ nihil boni est in morte, sic certe nihil mali* (CIC) 死には善いものは何もないが, しかし悪いものも何もない. (c) (*~* quisque+*superl*) …であればあるほど, ますます: *in morbis corporis, ~ quisque est difficillimus, ita medicus optimus quaeritur* (CIC) 身体の病気の場合は, それが重症であればあるほど, 名医が求められる. (d) (断言) *ita me amabit Juppiter, ~ ego illud numquam dixi* (PLAUT) Juppiter 様もご照覧あれ, わしはけっしてそんなことは言わなかった. (e) (*~* si+*subj*) あたかも…のように: *sic animati esse debetis, ~ si ille adesset* (CIC) 諸君は, あたかも彼がこの場にいるかのように, 元気を出すべきだ. **2** (idem, item, aliter と呼応して) *eodem modo ~* (CIC) …と同じ仕方で / *fecisti item ~ praedones solent* (CIC) あなたのやり方は海賊と同じだ. **3** …として: *canem et felem ~ deos colunt* (CIC) 彼らは犬と猫を神として崇めている. **4** …と考えれば, …の割には: *orationes Catonis, ~ illis temporibus, valde laudo* (CIC) 私は Cato の演説を, あの当時のものとしては, 高く評価する. **5** (理由) …の故に, …だから: *magnifice, ~ erat copiosus, convivium comparat* (CIC) 彼は裕福なので豪華な宴会を催す. **6** (*~* qui+*subj*) …という人なら当然として: *senatui placere Cassium provinciam Syriam obtinere, ~ qui optimo jure eam provinciam obtinuerit* (CIC) 元老院は Cassius が, 正当にその属州を得た人物として, 属州 Syria の総督たるべしと決議する. **7** (perinde, pro eo と呼応して) …の程度に応じて: *habes munus magnum, sed perinde erit, ~ acceperis* (CIC) お前は(父から)大きな贈り物を受けているが, (その大きさは)お前の受け取り方次第だ. **8** たとえば: *ex Latio multi, ~ Tusculani, ~ Lanuvini* (CIC) Latium から多くの人々, たとえば Tusculum の人々, たとえば Lanuvium の人々が. **9** (*~* で)どんな風[具合]でも(=utut): *~ ~ erit, rem impediri malo* (CIC) この先どうなるにせよ, じゃまが入るのを願っている. **10** …するところの (場所): *in extremos Indos, ~ litus tunditur resonante Eoā undā* (CATUL) 海岸が Eos の鳴りひびく波に打たれているはるかなインドへ. **II** (*conj*) **A** (+*ind* (多く *pf*)) (a) …する[した]時, …: *~ recessit metus, erupit voluntas* (VELL) 恐怖がおさまると, 本音がとび出した / (primum, statim など) *~ primum fletu represso loqui posse coepi* (CIC) 私の涙がおさまり, 話せるようになるとすぐ. (b) …以来, …してから: *~ Catilina erupit ex urbe, semper vigilavi* (CIC) Catilina が都を出奔して以来, 私はずっと監視を怠らなかった. **B** (+*subj*) **1** (副詞節を導く) (a) (目的) …するために (否定は *~* ne または ne のみ): *legum idcirco omnes servi sumus ~ liberi esse possimus* (CIC) われわれは皆, 自由民であり続けることができるために, 法の僕(*しもべ*)なのだ / (ita, tantum などと呼応して) *tantum a vallo ejus prima acies aberat ~ ne telo adigi posset* (CAES) (わが方の)最前列は彼の堡塁から, 飛び道具が届かないくらいに離れていた. (b) (挿入句) *vere ~ dicam* (CIC) 実を言えば. (c) その結果として… (否定は non): *siquando non pluit, ~ terra sitiat* (CATO) 雨が降らないと, 土地は乾く / (ita, sic, adeo, tantus, tam などと呼応して) *sic Graece loquebatur, ~ Athenis natus videretur* (NEP) 彼はそのようにギリシア語を話してのでAthenae 生まれと思われた / (*comp*+quam *~*) ひどく…なので…しない: *indulgebat sibi liberalius, quam ~ invidiam vulgi posset effugere* (NEP) 彼はあまりにもぜいたくな暮らしをしいいたので, 民衆のねたみを免れなかった. (d) (譲歩) (たとえ) …であっても, (たとえ) …でも (否定は *~* non): *~ desint vires, tamen est laudanda voluntas* (Ov) (私に)力は欠けているけれども, 意欲は賞賛に値する. **2** (名詞節を導く) (a) (命令・説得・依頼・決心・願望・同意・配慮などを意味する動詞または語句のあとで) (…する)ことを (否定は *~* ne

または ne のみ): persuasit populo ~ classis aedificaretur (Nep) 彼は市民たちに艦隊の建造を説いた / filium exspecto ~ redeat domum (Ter) せがれが家に戻って来てほしい / enitar ~ Latine loquar (Cic) ラテン語を話すように努めます. (b) (原因・結果・目的などを意味する動詞または語句のあとで)...(する)ことを(が) (否定は ~ non; 結果より意志を強調するときは ~ ne または単に ne): sol efficit, ~ omnia floreant (Cic) 太陽はすべてを開花させる / consequar ~ non putent dignam sacerdotio (Sen Maj) 私は彼らが(彼女を)巫女(?)にふさわしくないと考えるように手を尽くすつもりだ. (c) (危惧・恐怖を意味する動詞または語句のあとで)...ないこと を(=ne non): veritus ~ hostium impetum sustinere posset (Caes) 彼が敵襲を持ちこたえられないのではと恐れて. (d) (非人称的)動詞・est(+adj n) など) necesse est huic ~ subveniat (Ter) あの人を助けに行かねばならない / si verum est ~ populus Romanus omnes gentes virtute superarit (Nep) もしローマ国民が武勇において(他の)すべての国民を凌いだのが本当なら. (e) (説明・定義)(すなわち)...ということが(が): damnatum poenam sequi oportebat ~ igni cremaretur (Caes) 有罪を宣告される者は火刑に処されるという罰を受けるしきたりだった / justitiae primum munus est, ~ ne cui quis noceat (Cic) 正義の第一の務めは人が他人に害を加えないようにさせることである. 3 (主文で) (a) (願望) 願わくは (=utinam): ~ te omnes di deaeque perdant! (Ter) おまえをすべての男, 女の神さまがたが滅ぼして下さいますように. (b) (憤りを表明する疑問文で, ある考えを論外と斥けて)...は可能か?...は信じうるか?: tu ~ umquam te corrigas? (Cic) おまえがいつか自らを正すなどということがありえようか.

utcumque, -cunque, (古縮)-**quomque** (ut cumque のように 2 語にも表記される) conj, adv **I** (conj) **1** ...に応じて[従って]. **2** どんなふうに...にせよ: ~ se ea res habuit (Tac) 事実はどうであったにせよ. **3** ...(する)時はいつでも(=quandocumque). **II** (adv) **1** とにかく, 何にしても: ~ animum collegi (Plin Min) 私はどうにか自分を取り戻した. **2** できる限り.

ūtendus -a -um, gerundiv ⇨ utor.

ūtens -entis, adj (prp) [utor] **1** 使用する, 有用な. **2** 裕福な.

Utens -entis, m ウテンス《Gallia Cisalpina の川; 現 Montone》.

ūtensilia -ium, n pl [↓] 日常必需品《道具, 調度, 食品など》.

ūtensilis -is -e, adj [utor] 使用に適した, 有用な.

ūtensilitās -ātis, °f [↑] 有用性.

uter[1] -tris, m **1** (液体を入れる)革袋: tumidis inflat sermonibus utrem (Hor) (虚栄心の強い)人を革袋に仕立てて)大げさな話で革袋をふくらませよ. **2** (渡河用の)浮き袋.

uter[2] utra utrum (gen utrīus, dat utrī), adj, pron **1** (interrog) 二つのうちのどちらが(の). **2** (relat) 二つのうちのどちら(の...)であれ. **3** (indef) (主に否定・仮定文で) 二つのうちのどちらでも: neque ~ (Lucr) (二者のどちらも(=neuter).

uter[3] -erī, m 《古縮》=uterus.

utercumque utracumque utrumcumque, adj, relat, pron [uter[2]/cumque] **1** 二つのうちのどちらが...であれ. **2** 二者のうちどちらか.

uterīnus -a -um, °adj [uterus] 同じ母から生まれた, 同腹の.

uterlibet utralibet utrumlibet, adj indef [uter[2]/libet] 二つのうちのどちらの...でも.

uterque utraque utrumque, adj, pron [uter[2]/-que[2]] 二つのうちのどちらの(の...)も, 両方(の...)とも: utraque fortuna (Cic) 幸運と不運 / ~ phoebus (Ov) 登る太陽と沈む太陽 / ~ parens (Ov) 父親と母親 / in utramque parte (Cic) どちらの場合も.

uterus -ī, m, **uterum** -ī, n **1** 子宮, 母胎. **2** 胎児. **3**° 妊娠. **4** 腹, 腹部; ふくらんだ部分: uterum armato milite complere (Verg) (Troja の木馬の)腹を武装兵で満たす.

utervīs utravīs utrumvīs, adj, pron [uter[2]/volo[2]] 二つ[二人・二者]のうちどちら(の...)でも.

utī[1] adv, conj =ut.

ūtī[2] inf ⇨ utor.

ūtibilis -is -e, adj [utor] 役立つ, 有用な.

Utica -ae, f ウティカ《Africa の町; Carthago の北西; ここで小 Cato が自殺した (前 46)》.

Uticensis -is -e, adj Utica の. **Uticensēs** -ium, m pl Utica の住民.

ūtilis -is -e, adj [utor] **1** 有用な, 有益な, 役立つ (+dat; ad [in]+acc; +gen; inf): utile lignum navigiis pinus (Verg) 造船に役立つ松材 / homo ad nullam rem ~ (Cic) 何の役にも立たない人 / radix medendi ~ (Ov) 治療に役立つ根 / tibia adesse choris erat ~ (Hor) 笛は合唱歌舞団の伴奏をするに役立った (utile est+inf) numquam est utile peccare (Cic) 過ちを犯すことは決して有益ではない. **2** actio ~ (法) 準訴権.

ūtilitās -ātis, f [↑] **1** 役立つこと, 有用性. **2** 利益, 便益. **3**° (法) 法的効力, 合法性.

ūtiliter adv [utilis] **1** 有益に, 有利に, 好都合に. **2** (法) 有効に.

utinam adv [utī[1]/nam] (願わくは)...でありますように: (+subj) huic ~ aliquando gratiam referre possimus (Cic) いつの日か彼に恩返しができますように / (quod と) quod ~ minus cupidi fuissemus (Cic) 私はあまり生に執着しなければよかったのだが / (+ne [non]) (否定の願望) illud ~ ne vere scriberem (Cic) 私はこれが真実でなければよいと願って(この手紙を)書いている.

utique[1] =et uti.

utique[2] adv [utī[1]/-que[2]] どんな場合でも, とにかく. **2** 確かに, 必然的に. **3** 少なくとも. **4** 特に, とりわけ.

ūtor ūtī ūsus sum, intr dep **1** 使う, 用いる, 利用する, 役立てる; 消費する: (通例+abl) materiā ad naves reficiendas uti (Caes) 船の修繕に(こわれた船の)材木を用いる / (+acc) cetera quae volumus uti (Plaut) 私たちが使いたいその他のもの / (貸借に言及するgerundive で) multa rogant utenda dari (Ov) 彼女らは多くのものを貸してほしいとせがむ. **2** 持っている, 享受する: honore [honoribus] uti (Cic) 官職について用いる / libertate modice utantur (Liv) 彼らは自由を慎重に用いるべきだ. **3** 実行する, 示す: utere tuo judicio

(Cic) おまえの判断を用いよ. **4** 交際する, つきあう: *utebar familiarissime Caesare* (Cic) 私は Caesar と親密な交際を続けてきた. **5** (人・物がある状態にあることを)見いだす: *ille facili me utetur patre* (Ter) 彼は私を物分かりのいい父親と思うだろう.

utpote *adv* [ut/pote] …であるからには, …だから ⟨qui; cum; +*part* [*adj*]⟩: ~ *qui nihil contemnere solemus* (Cic) 私たちはふだんから何事も侮らないようにしているので / ~ *cum sine febri laborassem* (Cic) (私は身体の具合が悪かったが)熱はなかったので / ~ *capta urbe* (Liv) 町はすでに占領されたものとして.

utputa, ut puta *adv* たとえば (=puta).

utquī =ut qui².

utquomque *conj*, *adv* 《古形》=utcumque.

utrālibet *adv* (*f abl*) [uterlibet] どちら側でも.

utrāque *adv* (*f abl*) [uterque] **1** 両側に[で]. **2** いずれの場合にも.

utrārius -ī, *m* [uter¹] (水を入れた)革袋の運び屋.

utricīda -ae, *m* [uter¹/caedo] (酒の入った)革袋を殺す者,「お袋殺し」(戯語).

utriculārius -ī, *m* [utriculus¹] **1** バグパイプ(風笛)の一種の奏者. **2** 《碑》革袋で浮力をつけたいかだの船頭.

utriculosacculāris -is -e, °*adj* 《解》卵形嚢球形嚢の.

utriculus¹ -ī, *m dim* [uter¹] **1** 小さな革袋. **2**° 《生理》小嚢(のう), 小胞. **3**° 《解》(内耳の)卵形嚢. **4** °《植》胞果.

utriculus² -ī, *m dim* [uterus] **1** (蜂の)小さな腹. **2** 小さな子宮. **3** (麦の)殻(から).

utrimque, utrinque *adv* [uterque] **1** 両方[両側]から. **2** 両方[両側]に[で].

utrimquesecus, utrinque-, utrimque secus, utrinque secus *adv* 両方[両側]に[で].

utrinde *adv* [uter²/inde] 両方[両側]から.

utrō *adv* (*abl*) [uter²] **1** (二つの)一方の側へ. **2** (*interrog*) どちらの側[方向]へ.

utrōlibet *adv* [↑/libet] どちら側へでも.

utrōque *adv* [uterque] 両方向(の場所)へ, 両側で, 左右に.

utrōqueversus, -versum, -vorsum, utrōque versus [versum, vorsum] *adv* **1** 両方向へ. **2** 両方の意味で, 両義に; 能動・受動両相で.

utrubī *adv* [uter²/ubi] **1** (二つのうちの)一方(の場所)で. **2** (*interrog*) どちらの場所で, どちら側に.

utrubīque, utrobīque *adv* [uter²/ubique²] **1** 両方の場所に[で], どちらの側(に)も. **2** どちらの場合(に)も.

utrum *adv* (*neut*) [uter²] …かまたは[それとも].

(a) (直接選択疑問)(第 2 の選択肢が an が導く) ~ *ea vestra an nostra culpa est?* (Cic) それはあなた方それとも私たちの過ちですか / (第 1 の選択肢中の重要語または utrum に -ne を, 第 2 肢に an または -ne を付す) ~ *tu masne an femina es?* (Plaut) あんたは男かね, 女かね / (第 2 肢なしに) ~ *hactenus satis est?* (Cic) ここまで(の説明)で充分ですか. (b) (間接選択疑問)(第 2 または1以上の選択肢を an, anne, aut が導く) ~ *illi sentiant anne simulent, tu intelleges* (Cic) 彼らが(本当に)賛成か, それともそのふりをしているのか, 君にわかるだろう / (第 1 の選択肢中の重要語または utrum に -ne を, 第 2 肢に an を付す) *videndum* ~ *eae velintne an non velint* (Plaut) 彼女らにその気があるかどうかを調べねばならぬ / (第 2 肢を necne で表わす) *declarare* ~ *proelium committi ex usu sit necne* (Caes) 戦争に踏み切るのが得策か否かを宣告する / (第 2 肢なしに) *consultum* ~ *regnum repetitum in Macedoniam veniat* (Nep) 王位の継承権を求めて Macedonia に行くべきかを相談するべく.

utut ⇒ ut I C 9.

ūva -ae, *f* **1** ブドウの房; ブドウ(の実): ~ *passa* (Plaut) 干しブドウ. **2** ブドウの木. **3** (他の植物の)一房の果実. **4** (蜂の)房状の密集群. **5** °《解》口蓋垂, のどびこ. **6** 《病》目のブドウ(膜)腫 (=staphyloma).

ūvea -ae, °*f* 《解》ブドウ膜《目の虹彩の奥の色素層》.

ūvens -entis, *adj* [*cf*. umeo] 湿っぽい, じめじめした.

ūvescō -ere, *intr* [*cf*. umeo] **1** 湿る, 湿っぽくなる. **2** 《詩》喉(のど)を潤す, 一杯飲む.

ūvidulus -a -um, *adj dim* [↓] 泣きぬれた.

ūvidus -a -um, *adj* [uvesco] **1** 湿った, ぬれた: *Juppiter* ~ *austris* (Verg) 南風にぬれた Juppiter (=雨模様の空). **2** 酔った. **3** よく灌漑(かんがい)された; 水の豊かな. **4**° 水気の多い.

ūvifer -fera -ferum, *adj* [uva/fero] ブドウを実らせる.

ūvula -ae, °*f* 《解》垂; 口蓋垂, のどびこ: ~ *vesicae* 膀胱垂.

Uxellodūnum -ī, *n* ウクセッロドゥーヌム 《Aquitania の Cadurci 族の町》.

uxor -ōris, *f* 妻: *uxorem ducere* (Cic) 妻をめとる, (男が)結婚する.

uxōrātus -a -um, °*adj* [↑] 妻帯した.

uxorcula -ae, *f dim* [uxor] 愛妻, うちのやつ, かみさん.

uxōrium -ī, *n* [↓] **1** 独身者に課せられる税. **2** (*pl*) 妻をいとおしむようにさせる飲み薬.

uxōrius -a -um, *adj* [uxor] **1** 妻の, 妻に関する: *res uxoria* (Ter, Cic) 結婚(生活), 妻の持参財産 / *dos uxoria* (Ov) 嫁資. **2** 妻を溺愛している, 妻に甘い: ~ *amnis* (Hor) 妻 (Ilia) を熱愛している (Tiberis) 河神.

V

V, v *indecl n* **1** ラテン語アルファベットの第20字; 本来, この字母は半母音[w]と母音[u]の両方を表わしたが, 本辞書では, 母音[u]には中世につくられた字母U, uを用いるので, V, vは半母音[w]のみを表わす. **2** (ローマ数字) =5.

Vacalus -ī, *m* =Vahalis.

vacanter *adv* [vaco] 余計に, むだに.

vacantīvus -a -um, °*adj* [vaco] 定員外の, 余分な.

vacātiō -ōnis, *f* [vaco] **1** (義務・仕事・兵役などから)免れていること, 免役, 自由 ⟨+*gen*; a re⟩: ~ *militiae* (Caes) 兵役の免除 / (+免役の理由を表わす *gen*) *rerum gestarum* ~ (Cic) (これまでの)業績に免じて与えられる休暇 / *a causis* ~ (Cic) 法廷の弁護活動から(一時的に身を引いて)休息すること. **2** 兵士が休暇をもらうために百人隊長に支払う金銭.

vacca -ae, *f* 雌牛.

Vaccaeī -ōrum, *m pl* ウァッカエイー《Hispania Tarraconensis の Durius 川 (現 Duero, Douro) 中流域にいた一部族》.

vaccillō -āre, *intr* =vacillo.

vaccīna -ae, °*f* [vaccinus] 〖医〗 **1** 牛痘瘡. **2** 痘苗; ワクチン.

vaccīnātiō -ōnis, °*f* 〖医〗 ワクチン接種; 種痘.

vaccīnium -ī, *n* 〖植〗 **1** ヒヤシンス. **2** コケモモ(の実).

vaccīnus -a -um, *adj* [vacca] 雌牛の.

vaccula -ae, *f dim* [vacca] 若い雌牛.

vacēfierī *inf* ⇨ vacefio.

vacēfiō -fierī, *intr* [vacuus/fio] 空虚になる.

vacerra -ae, *f* **1** 杭(くい). **2** 杭で作った柵(さく). **3** ばか, でくの棒.

vacerrōsus -a -um, *adj* [↑] 頭のおかしい, 気のふれた (=cerritus).

vacillātiō -ōnis, *f* [vacillo] 身体を左右にゆするこ と; よろめくこと.

vacillātor -ōris, *m* [↓] 詐欺(ぺてん)師.

vacillō -āre -āvī -ātum, *intr* **1** よろめく, ふらふらする. **2** 不安定な(危なっかしい状態にある): *in aere alieno vacillare* (Cic) 借金漬けになっている. **3** ためらう.

vacīvē *adv* [vacivus] ゆっくりと, くつろいで.

vacīvitās -ātis, *f* [↓] 欠如, 欠乏.

vacīvus, vocīvus -a -um, *adj* [↓] **1** 空(から)の, (…の)欠乏した ⟨+*gen*⟩: ~ *virium* (Plaut) 力の抜けた. **2** 余計な, むだな.

vacō -āre -āvī -ātum, *intr* **1** 空(から)である, 空虚である; 空間[隙間]がある. **2** 無人である, 所有者がない. **3** (女性が)未婚である. **4** (…を)欠いている, (…から) 免れている[自由である] ⟨(a) re⟩: *domus igne vacat* (Ov) その家には火の気がない / *a metu ac periculis*

vacare (Liv) 恐怖と危険を免れている. **5** 暇である, (…に)ふり向ける時間[ゆとり]がある ⟨+*dat*⟩: *philosophiae semper vaco* (Cic) 私は哲学に専念している. **6** (*impers*) 余地[機会]がある ⟨+*inf*⟩: *tibi vacat me excipere* (Cic) あなたには私を受け入れる余地がある.

vacuātus -a -um, *pp* ⇨ vacuo.

vacuē °*adv* [vacuus] むなしく, いたずらに.

vacuēfacere *inf* ⇨ vacuefacio.

vacuēfaciō -cere -fēcī -factum, *tr* [vacuus/facio] **1** (ある場所を)空(から)にする, 無人にする; (中身などを)取り除く. **2°** 廃止する.

vacuēfactus -a -um, *pp* ⇨ vacuefacio.

vacuēfēcī *pf* ⇨ vacuefacio.

vacuitās -ātis, *f* [vacuus] **1** 空(から)であること; 何もない空間. **2** 免れていること; 余暇.

Vacūna -ae, *f* [vacuus] ウァクーナ《Sabini 族の女神; その職能等は不明》.

Vacūnālis -is -e, *adj* Vacuna の.

vacuō -āre -āvī -ātum, *tr* [vacuus] **1** 空(から)にする, (中身を)なくさせる. **2** (ある場所を)無人にする.

vacuolum -ī, °*n dim* [↓] 〖生物〗 空胞, 液胞.

vacuum -ī, *n* [↓] **1** 空虚; 空間. **2** 無人[無防備]の地. **3** 暇. **4** 空位, 空席.

vacuus -a -um, *adj* [vaco] **1** 空(から)の; うつろな, 実体のない. **2** (…を)欠いた, (…を)免れた ⟨(a) re; +*gen*⟩: *consilium periculo vacuum* (Cic) 危険のない計画 / *oppidum vacuum a bello* (Cic) 戦争の心配のない町 / *litterae rerum vacuae* (Tac) 実質のない書簡. **3** 無人の, 人気(ひとけ)のない. **4** 無防備の. **5** 空位の; 統治者のいない. **6** (女性が)未婚の, 独身の. **7** 暇な, 心配事のない, 落ちついた. **8** (…に)開かれている ⟨+*dat*⟩: *necato filio vacuam domum scelestis nuptiis fecisse* (Sall) 息子を殺して邪悪な結婚に好都合な家にした. **9** 余計な, むだな.

Vada[1] -ae, *f* ウァダ《Gallia Belgica の町》.

Vada[2] -ōrum, *n pl* ウァダ《(1) Liguria の港町; Vada Sabatia とも呼ばれた; 現 Vado Ligure. (2) Etruria の Pisae 南方の港町; Vada Volaterrana と呼ばれることが多い; 現 Torre di Vado》.

vadātus -a -um, *adj* (*pp*) [vador] **1** 束縛された. **2** 捧げられた.

Vadimōnis lacus -ūs, *m* ウァディモーニス湖《Etruria の小湖; Ameria の南西にある; 現 Laghetto di Bassano》.

vadimōnium -ī, *n* [vas[1]] **1** 被告が所定の日時に出廷する旨の誓約(書); 出延, 法廷への召喚: ~ *facere* (Cic) 出廷誓約書を作成する / ~ *promittere* (Cic) 出廷を保証する / ~ *sistere* (*obire*) =*ad* ~ *venire* (Cic) 所定の日時に出廷する. **2** 保釈(金). **3** 契約(の履行), 約束(の実行).

vādō[1] -ere vāsī vāsum, *intr* [*cf.* vadum] **1** 行く,

進む, 歩く. **2** 急いで行く, 突進する: *in sententiam alcis cursu vadere* (PLIN) ある人の意見の側に駆け足でつく.

vadō[2] -āre, °*tr* [vadum] 浅瀬を渡る, 徒渉する.

vador -ārī -ātus sum, *tr dep* [vas[1]] **1** (相手側から)所定の日時の出廷を担保する保証(金)を受け取る; 法廷に召喚する: *tot vadibus accusator vadatus est reum* (LIV) その人数の保証人がそろうと告発者は被告を保釈させた / (*pp* を名詞的に用いて) *vadato respondere* (HOR) 被告の出廷を保証させた者(=原告)に答弁する. **2** (*pass* の意味で) 束縛される.

vadōsus -a -um, *adj* [↓] 徒渉できる, 浅瀬の多い.

vadum -ī, *n*, **vadus** -ī, *m* **1** 徒渉できる場所, 浅瀬; 安全な(または危険な)場所. **2** (川・海・井戸の)底. **3** (*詩*) (*pl*) 大量の水(=大海・大河).

vae[1] *int* (悲嘆・苦痛・恐怖を表わす)ああ(悲しいかな), 災いなるかな (+*dat*): ~ *victis* (LIV) 敗者どもに災いあれ 《前 390 年, Allia 川の戦いでローマ軍を破ったガリア人の指導者 Brennus のことばとされる》.

vae- *pref* =ve-.

vaesān- ⇨ vesan-.

vafellus -a -um, *adj dim* [↓] こざるい.

vafer -fra -frum, *adj* 巧妙な, 狡猾な, 悪賢い.

vaframentum -ī, *n* [↑] 奸計, 策略.

vafrē *adv* [vafer] 策略を用いて, 狡猾に.

vafritia -ae, *f* [vafer] 狡猾, 悪賢さ.

Vaga -ae, *f* ウァガ 《(1) Africa の Byzacium 地方の町. (2) Numidia の町; 現 Bajah》.

vagabundus -a -um, °*adj* [vagor[1]] **1** 放浪する, さすらう. **2** (炎が)広がってゆく.

vagātiō -ōnis, *f* [vagor[1]] **1** 放浪, さすらう. **2** 変化.

vagātus -ūs, °*m* [vagor[1]] 放浪, さすらう.

vagē *adv* [vagus[1]] **1** あちらこちらへ. **2** 雑然と, でたらめに.

Vagēnsis -is -e, *adj* Vaga (1)(2) の. **Vagēnsēs** -ium, *m pl* Vaga (2) の住民.

Vagia -ae, *f* ウァギア (Lusitania の川; 現 Vouga).

vāgīna -ae, *f* [*cf*. vas[2]] **1** (剣の)鞘(さや): *gladium e vāgīnā educere* (CIC) 剣を鞘から抜く. **2** (一般に鞘状の)包む[おおう・入れる]もの. **3** (穀物の)外皮, 殻. **4** (解) 腟. **5** (解) 鞘(しょう). **6** (植) 葉鞘.

vāgīnālis -is -e, °*adj* **1** (解) 腟の. **2** (植) 葉鞘の.

vāgīnismus -ī, °*m* (医) 腟痙(けい).

vāgīnītis -idis, °*f* (病) **1** 腟炎. **2** 腱鞘炎.

vāgīnula -ae, *f dim* [vagina] (麦の)殻.

vāgiō -īre -īvī [-iī] -ītum, *intr* **1** (赤児が)産声をあげる, (幼児が)泣く. **2** (ヤギなどが)鳴く. **3** (詩) 鳴り響く.

vāgītus -ūs, *m* [↑] (赤児の)産声, (幼児の)泣き声; (大人の)苦痛のうめき[悲鳴].

vagō -āre -āvī, *intr* =vagor[1].

vagor[1] -ārī -ātus sum, *intr dep* [vagus[1]] **1** さまよう, 放浪する, 動き[飛び]回る. **2** (天体が)動く: *stella vagantes* (APUL) 惑星. **3** (船・船乗りが)巡航する. **4** 広まる, 広く行きわたる. **5** 不安定である; 変動[変化]する. **6** (演説・文章が)散慢である; 本題を逸脱する.

vāgor[2] -ōris, *m* [vagio] 大きな叫び声; (赤児の)産声.

vāgulātiō -ōnis, *f* [vagio] 大声での訴え.

vagulus -a -um, *adj dim* [↓] さまよう.

vagus[1] -a -um, *adj* [*cf*. vacillo] **1** さまよう, うろつき回る. **2** 移動する, 動く: *vagi crines* (OV) 乱れ髪. **3** 不安定な, ぐらつく; 気まぐれな. **4** 散漫な, 冗長な; 回りくどい. **5** 不明確な, 漠然とした: ~ *rumor* (TAC) あいまいな噂.

vagus[2] -ī, °*m* **1** (中世の)さすらい人《詩人・楽人・学生・聖職者など》. **2** (解) 迷走神経 (=nervus vagus).

vāh, vaha *int* (喜び・驚き・苦痛・怒り・軽蔑などを表わす) わあ, おお.

Vahalis -is, *m* ウァハリス 《Rhenus 川の河口近くで南側に分かれる支流; 現 Waal》.

valdē *adv* [validus] **1** 力強く; 大声で. **2** 大いに, 著しく. **3** (強い肯定の答えとして)全く[確かに](そうだ).

vale 2 *sg impr* [valeo] (別れの挨拶) お元気で, さようなら: *supremum* ~ *dicere* (OV) 最後の「さようなら」を言う.

valedīcō -ere -dixī -dictum, *intr* [↑/dico[2]] さようならを言う, 別れを告げる ⟨alci⟩.

valedictus -a -um, *pp* ⇨ valedico.

valedixī *pf* ⇨ valedico.

valefacere *inf* ⇨ valefacio.

valefaciō -cere -fēci -factum, *intr* =valedico.

valefēcī *pf* ⇨ valefacio.

valēn (あなたは)お元気ですか (=valesne; ⇨ valeo, -ne).

valens -entis, *adj* (*prp*) [valeo] **1** 力の強い, 頑丈な. **2** 健康な, 壮健な. **3** 影響力[勢力]のある, 有力な. **4** 効果的な, 効き目のある.

Valens -tis, *m* ウァレンス 《(1) (神話) 一説で Mercurius の父. (2) °*Flavius* ~, ローマ皇帝(在位 364–378)》.

valenter *adv* [valens] **1** 勢いよく, しっかりと. **2** (演説が)表現力豊かに, 力強く.

valentia -ae, *f* [valens] **1** 体力. **2** °勇気. **3** °能力, 才能.

Valentia -ae, *f* ウァレンティア 《(1) Hispania Tarraconensis の町; 現 Valence. (2) Gallia Narbonensis の町. (3) Sardinia 島の町. (4) Bruttii の町; Vibo Valentia とも呼ばれた; 現 Monteleone. (5) Mauritania の町. (6)° 現スコットランドの南部地域. (7)° (一説に)ローマの古名》.

Valentīnī -ōrum, *m pl* [↑] Valentia (3)(4) の住民.

valentulus -a -um, *adj dim* [valens] (かなり)力が強い, たくましい.

valeō -ēre -luī -litum, *intr* **1** 体力がある, よい体格をしている. **2** 健康[壮健]である: *melius* [*minus*] *valere* (CIC) 体調が戻っている[すぐれない] / (手紙の書き出し) *si vales, bene est* (S. V. B. E. と略記) あなたがお元気ならなによりで / *ego quoque* ~ (E. Q.) V. とも略記) (CIC) 私は[も]元気です / (手紙の結び) *vale* (CIC) お元気で / (一般に別れの挨拶) ⇨ vale, valete / (*subj* で軽蔑・拒絶を表わす) そのままにせよ: *si talis est deus, valeat* (CIC) もし神がそのような存在であるなら, 神なんかどうでもいい[知るものか]. **3** (政治的・

軍事的に)勢力がある, 有力である〈re〉: (multum, plus, plurimum など) *res publica minus valet* (SALL) 国家が弱体化している / *equitate valere* (CAES) 騎兵でまさっている / *adversus Philippum valent Romani* (LIV) ローマ軍は Philippus に対して優勢である. **4** (あること[物]に)力がある, 役立つ, 効果がある〈ad alqd; +*inf*〉: *alii velocitate ad cursum valent* (CIC) ある人々は足が速くて競走に強い / *nec valuere manūs infixum educere telum* (Ov) 両腕は突き刺さった剣を引き抜くことができなかった. **5** (…に)相当する, (…の)値打ちがある〈pro re〉: *pro argenteis decem aureus unus valet* (LIV) 金貨1枚は銀貨10枚分にあたる. **6** 通用する, 妥当する: *definitio in omnes valet* (CIC) その定義は万人にあてはまる. **7** (語が)意味する.

Valeriānus -a -um, *adj* Valerius の.

Valerius -ī, *m* ウァレリウス《ローマ人の氏族名; 特に (1) P. ~, Brutus と協力して第7代の王 Tarquinius Superbus を追放した; 共和政成立時の consul の一人, 前509). (2) ~ *Antias*, 前1世紀の歴史家. (3) ~ *Maximus*, Tiberius 帝時代の著述家; *Facta et Dicta Memorabilia*「故事名聞集」(9巻)を執筆した. (4) C. ~ *Flaccus*, 叙事詩人(前90頃没); *Argonautica*「アルゴー船遠征譚」(8巻)を著わした.

valescō -ere -luī, *intr inch* [valeo] **1** 健康を回復する. **2** 勢いを増す, 強大になる.

valēte 2 *pl impr* [valeo] (別れの挨拶)諸君[皆さん]ご機嫌よう, さようなら.

valētūdinārium -ī, *n* [↓] 病院, 診療所.

valētūdinārius -a -um, *adj* [↓] 病気の, 病床にある.

valētūdō, valītūdō -dinis, *f* [valeo] **1** 健康(状態). **2** (良い)健康, 壮健. **3** 不健康, 病気.

valgiter *adv* [valgus] 唇を突き出して.

Valgius -ī, *m* ウァルギウス《ローマ人の氏族名; 特に C. ~ *Rufus*, Augustus 帝時代の詩人》.

valgus -a -um, *adj* 外反膝(しつ)の, X脚の.

validē *adv* [validus] **1** 強力に, 精力的に. **2** 大いに, 強く. **3** (話し方·表現が)力強く. **4** (相手の意見に同意して)全く[確かに](そうだ).

validitās -ātis, *°f* [validus] **1** 体力. **2** 頑丈なこと, 強固.

validō -āre, *°tr* [↓] (以前のように)強くする.

validus -a -um, *adj* [valeo] **1** 強い, たくましい; 丈夫な. **2** 健康[強壮]な. **3** 激しい, 猛烈な: *validā cupidine captus* (Ov) 激しい恋心のとりことなって. **4** 堅固[強固]な. **5** 有効な, 効果的な. **6** 影響力のある, 重きをなす〈+*abl*〉: *ingenium sapientiā validum* (SALL) 洞察力において卓越した天性. **7** (演説が)表現力豊かな, 力強い.

valītūdō -dinis, *f* =valetudo.

valitūrus -a -um, *fut p* ⇨ valeo.

vallāris -is -e, *adj* [vallum¹] 堡塁の: *corona* ~ (LIV) 敵陣の堡塁を真っ先に乗り越えた兵士に与えられる冠.

vallātiō -ōnis, *°f* [vallo] **1** 防御柵. **2** 防護.

vallātus -a -um, *pp* ⇨ vallo.

vallēcula -ae, *°f dim* [↓] **1** 小さな谷. **2** 〖解〗谷. **3** 〖植〗果谷(こく).

vallēs, vallis -is, *f* **1** 谷, 渓谷. **2** くぼみ.

vallestris -is -e, *°adj* [↑] 谷にある.

vallicula -ae, *f dim* [valles] **1** 小さな谷. **2** °溝, 筋目; くぼみ.

vallis, -is, *f* =valles.

vallō -āre -āvī -ātum, *tr* [↓] **1** 柵[堡塁]をめぐらして防備を施す. **2** 防護する, 守る.

vallum¹ -ī, *n* [↓] 防柵; 堡塁〖軍〗: *aggerem ac* ~ *exstruere* (CAES) 土塁を築き防柵を立てる / *vallo fossāque munire* (CAES) 堡塁と壕とで守りを固める. **2** 守り, 防御(施設): *spica munitur vallo aristarum* (CIC) (麦の)穂は芒(のぎ)で守りを固めている.

vallum² -ī, *n* =vallus² 1.

vallus¹ -ī, *m* **1** (ブドウの)支柱, 添え木. **2** (防柵用の)杭(くい); 防柵; 堡塁. **3** 〖詩〗(櫛(くし)の)歯. **4** (Gallia で)刈取り機の一種(歯のついた刃).

vallus² -ī [-ūs], *f dim* [vannus] **1** (小さな)唐箕(とうみ). **2** 半円筒状の溝瓦.

valor -ōris, *°m* **1** 法的効力. **2** 価値. **3** 能力, 才能.

valuī *pf* ⇨ valeo, valesco.

valvae -ārum, *f pl* (*sg* valva はまれ) 両開き[観音(かんのん)開き]の戸.

valvātus -a -um, *adj* [↑] 両開き戸の付いた; 両開きの.

valvolī -orum, *m pl* =valvulae.

valvulae -ārum, *f pl dim* [valvae] 〖植〗(ソラマメなど)莢(さや).

Vandalī -ōrum, *°m pl* ヴァンダリ, ”バンダル族《Tacitus の時代には Germania 北部にいた一部族(1世紀の文献では Vandil(i)i); 5世紀にガリア・ヒスパニア・北アフリカに侵攻した》.

Vandil(i)ī -ōrum, *m pl* ⇨ Vandali.

vānē (*comp* vānius, *superl* vānissimē) *adv* [vanus] むなしく, いたずらに.

vānescō -ere, *intr inch* [vanus] **1** 消える, なくなる, 消滅する. **2** 効果がなくなる.

vanga -ae, *°f* 鋤(すき), つるはし.

Vangionēs -um, *°m pl* ヴァンギオネース《Rhenus 川の中流域, 現 Worms あたりにいた Germania の一部族》.

vānidicus -a -um, *adj* [vanus/dico²] うそをつく, 嘘吐きの.

vāniloquax -ācis, *°adj* [vanus/loquor] うその, 偽りの.

vāniloquentia -ae, *f* [vaniloquus] **1** むだ話. **2** 大言, ほら. **3** 虚栄.

vāniloquium -ī, *°n* むだ話, たわいもないおしゃべり.

vāniloquus -a -um, *adj* [vanus/loquor] **1** むだ話をする. **2** 大言壮語する, 大口をたたく.

vānitās -ātis, *°f* [vanus] **1** 実体のないこと, 空虚. **2** 不誠実; 虚偽, でたらめ. **3** 無益, むだ. **4** 軽薄, だまされやすいこと; 愚かさ. **5** 見栄, 虚栄心, うぬぼれ.

vānitiēs -ēī, *°f* [vanus] **1** 虚栄(心). **2** 愚かさ.

vānitūdō -dinis, *f* [vanus] **1** うそ. **2** 虚栄(心).

vannō -ere, *tr* [↓] (穀物を)唐箕にかける, あおぎ分ける.

vannus -ī, *f* 唐箕(とうみ)《穀物から糠(ぬか)などを風で吹き分ける農具》.

vānum -ī, *n* [↓] **1** 空虚, 無: *ad* ~ *redacta vic-*

toria (Liv) 無に帰した勝利 / *vana rumoris* (Tac) 根も葉もない噂. **2** 無益: *in* ~ (Sen) 無益に, むなしく. **3** うぬぼれ.

vānus -a -um, *adj* **1** 空(ﾞ)の, 実体のない, うつろな. **2** 無益な, むだな; 無効の. **3** 根拠のない, 偽りの. **4** (人が)うわべだけの, 信頼できない; 見栄っぱりの.

vapidē *adv* [↓] (気の抜けたぶどう酒のように)生気なく; ~ *se habere* (Suet) 気分がすっきりしない《Augustus 帝が *male se habere* の代わりに用いたという語句》.

vapidus -a -um, *adj* [↓] **1** (ぶどう酒が)気の抜けた. **2** 腐敗した; だめになった.

vapor -ōris, *m* **1** 蒸気, 蒸発気. **2** (太陽などの)熱, 熱気; (病気による)発熱. **3** 火炎. **4** (恋の)炎, 情熱.

vapōrālis -is -e, °*adj* [↑] 蒸気のような.

vapōrāliter °*adv* [↑] 蒸気のように.

vapōrārium -ī, *n* [vaporo] (浴場の)蒸気管.

vapōrātiō -ōnis, *f* [vaporo] **1** 蒸発. **2** 蒸気: *balnearum* ~ (Plin) 蒸し風呂. **3**° 温罨法(ﾞﾎﾟｳ), 温湿布.

vapōrātus -a -um, *pp* ⇨ vaporo.

vapōrō -āre -āvī -ātum, *intr, tr* [vapor] **1** 蒸気を発する, 蒸発する; 霧散する. **2** 蒸気で満たす[いっぱいにする]; (治療のため)蒸気に当てる. **3** 暖める, 熱する.

vapōrōsus -a -um, *adj* [vapor] 湯気[熱気]に満ちた.

vapōrus -a -um, °*adj* [vapor] **1** 芳香を放つ. **2** 熱い.

vapōs -ōris, *m* 《古形》=vapor.

vappa -ae, *f* **1** 気の抜けたぶどう酒. **2** (*m*) 取柄のない人, 役立たず.

vāpulāris -is -e, *adj* [↓] (さんざん)ぶたれる: *tribunus* ~ (Plaut) "ぶたれたれ長官" (しょっちゅう鞭で打たれている奴隷の自称; tribunus militaris のもじり).

vāpulō -āre -āvī -ātum, *intr* **1** ぶたれる, (鞭で)打たれる. **2** (嵐などに)痛めつけられる; 被害をこうむる. **3** 酷評される.

vāra -ae, *f* [varus¹] **1** (破城槌(ﾌﾞ)をつるす)木組. **2** (支えにするための)二叉のさお.

Varagrī -ōrum, *m pl* =Veragri.

vārātiō -ōnis, *f* [varo] (川が)曲がりくねっていること.

Vardaeī -ōrum, *m pl* ウァルダエイー《Dalmatia の Narona 近辺にいた一部族; Bardaei とも呼ばれた》.

Vardaicus, Bar- -a -um, *adj* Vardaei 族の.

Vargunteius -ī, *m* ウァルグンテイユス《ローマの元老院議員; Catilina の陰謀に荷担した》.

vargus -ī, °*m* 浮浪者.

varia -ae, *f* [varius] **1** 《動》ヒョウ(豹). **2** 《鳥》カササギの一種.

Varia -ae, *f* ウァリア《(1) Anio 河畔にあった Aequi 族の町; 現 Vicovaro. (2) Apulia の町. (3) Hispania Tarraconensis の町; 現 Varea》.

variābilis -is -e, *adj* [vario] 変化しやすい.

varians -antis, *adj* [*prp*] [vario] **1** 色とりどりの. **2** 種々の, さまざまの.

variantia -ae, *f* [↑] 多種, 多様性.

variānus -a -um, *adj* [varius] さまざまな色の: *uva variana* (Plin) ブドウの一種.

Variānus -a -um, *adj* Varus¹ の.

variātim °*adv* いろいろに, さまざまに.

variātiō -ōnis, *f* [vario] **1** 変化をつけること. **2** 多様性: *sine variatione ulla dixerunt* (Liv) 異口同音に言った. **3**° 心езの変化.

variātor -ōris, °*m* [vario] 縁取り師, 刺繍をする人.

variātus -a -um, *adj* (*pp*) [vario] 変化に富む.

vāricātor -ōris, °*m* [varico] 大股で歩く人.

vāricātus -a -um, *pp* ⇨ varico.

varicella -ae, °*f* 《病》水痘, 水疱疹(ﾎﾞｳｼﾝ).

vāricō -āre -āvī -ātum, *intr* [varicus¹] 両足を大きく開く, 大股に歩く.

vāricōsē *adv* [varicus] 大股歩きで.

vāricōsus -a -um, *adj* [varix] 《病》静脈瘤のできた.

varicula -ae, *f dim* [varix] (小さな)静脈瘤.

vāricus¹ -a -um, °*adj* [varus¹] 大股に歩く.

vāricus² *adv* 大股を開いて.

variē *adv* [varius] **1** 雑多な色に. **2** さまざまに, 多様に.

variegō -āre -āvī -ātum, *tr, intr* [varius/ago] さまざまな色にする[で飾る]. **2** 色とりどりである, さまざまな色で飾る.

varietās -ātis, *f* [varius] **1** 二つ(以上)の色がある[現われている]こと. **2** 雑多, 多種多様, 変化に富むこと; 変種. **3** 栄枯盛衰, 浮き沈み. **4** (意見の)相違, 不一致; 変化. **5** 不定見, 気まぐれ.

Varīnī -ōrum, *m pl* ウァリーニー《Germania 北部, 現バルト海近くにいた一部族》.

variō -āre -āvī -ātum, *tr, intr* [varius] **I** (*tr*) **1** さまざまな色にする[で飾る]. **2** 変化をつける, 多様にする; 変形させる. **3** (意見などを)分かれさせる, 変動させる: *variante fortuna* (Liv) 武運の浮き沈みがあって / (impers pass) *cum sententiis variaretur* (Liv) いろいろな意見があったので. **II** (*intr*) **1** さまざまな色になる[変わる]. **2** 変化する, 変化が生じる. **3** (意見などが)分かれる, (心情が)ゆれ動く; 変動する: *fama variat* (Liv) さまざまな噂がとび交う.

variola -ae, °*f dim* [↑] 《病》天然痘, 痘瘡(ﾄｳｿｳ).

varius -a -um, *adj* **1** さまざまな色の; まだらの, 斑点のある. **2** 種々の, 雑多な; 変化に富む. **3** 異なった, 一致しない; ゆれ動く: *quales sint dii varium est, esse nemo negat* (Cic) 神々がどのようなものかについて意見は分かれるが, その存在を否定する者はない. **4** 不定見の, 移り気な; 信頼できない: *varium et mutabile semper femina* (Verg) 女とはいつも気まぐれで変わりやすいもの.

Varius -ī, *m* ウァリウス《ローマ人の氏族名; 特に (1) Q. ~ *Hybrida*, 護民官 (前 90). (2) L. ~ *Rufus*, Augustus 帝時代の悲劇詩人; Plotius Tucca と協力して Vergilius の遺稿を公刊したという》.

varix -icis, *m, f* [varus²] 《病》静脈瘤.

vārō -āre -āvī -ātum, *tr* [varus¹] (曲がりくねった川などを)測量する.

Varrō -ōnis, *m* ウァッロー《Terentia 氏族に属する家名; 特に (1) C. *Terentius* ~, 執政官として Cannae の戦いを指揮したが Hannibal に敗れた (前 216).

(2) *M. Terentius* ~, Cicero と同時代の学者 (前116 -27); *De Re Rustica*「農場経営論」, *De Lingua Latina*「ラテン語論」などを著わした. (3) *P. Terentius ~ Atacinus*, Augustus 帝時代の詩人).
Varrōniānus -a -um, *adj* Varro の: *fabulae Varronianae* (Gell) Varro (2) が真作として列挙した Terentius の21篇の喜劇.
varulus -ī, °*m dim* [varus²]〖病〗ものもらい, 麦粒腫.
varus¹ -a -um, *adj* **1** (内側に)曲がった[湾曲した]. **2** 内反脚(ᵅ)の, O 脚の, がにまたの. **3** 異なる, 対照的な.
varus² -ī, *m* 吹き出物, にきび.
Vārus¹ -ī, *m* ワールス《(ローマ人の家名; 特に *P. Quintilius* ~, Augustus 帝時代の将軍; その軍勢は Teutoburgiensis saltus で Arminius に全滅させられた).
Vārus² -ī, *m* ワルス《Liguria と Gallia Narbonensis の境をなす川; 現 Var》.
vas¹ vadis, *m* **1** (被告出廷の)保証人: ~ *factus est Damon ejus sistendi* (Cic) Damon は友の出頭の保証人となった. **2** 保証, 抵当.
vās² vāsis, *n* (*pl* **vāsa** -ōrum) **1** 容器, 入れ物: *vinarium* (Cic) (ぶどう酒を汲む)ひしゃく. **2** (*pl*) 道具, 用具. **3** (*pl*) (兵士の)携行物: ~ *colligere* (Liv) (陣地撤収にそなえて)携行物をまとめる. **4** ミツバチの巣. **5** (*pl*) 睾丸. **6** °〖解・生物〗管.
vāsārium -ī, *n* [↑] **1** (属州に赴任する総督に与えられる)支度金. **2** 搾油機賃借料. **3** (浴場の)タンク. **4** 文書庫.
vāsārius -a -um, *adj* [vas²] 容器[酒杯]の.
Vāsātēs -um [-ium], **Vāsātae** -ārum, °*m pl* ウァーサーテース《Aquitania の一部族》.
vascellum -ī, *n dim* [vasculum] (小さな)骨壺.
vasciō -ōnis, °*m* =vascellum.
Vascōnēs -um, *m pl* ウァスコネース《Hispania Tarraconensis の, 現 Navarra 地方にいた一部族; Basque 人の祖》.
vasculārius -ī, *m* [↓] (金・銀の)容器製造[販売]人.
vasculum -ī, *n* [vas²] **1** (小さな)容器. **2** °(小さな)蜂の巣. **3** 〖植〗(種子の入った)殻, 莢(ᵏ). **4** 陰茎.
vascus -a -um, °*adj* 曲がった.
vāsī *pf* ⇒ vado¹.
vaspicētum -ī, °*n* 深い茂み.
vassallus -ī, °*m* 封建家臣.
vastābundus -a -um, °*adj* [vasto] 荒らし回る.
vastātiō -ōnis, *f* [vasto] 荒廃させること, 破壊.
vastātor -ōris, *m* [vasto] 荒廃させる者, 略奪者.
vastātōrius -a -um, °*adj* [↑] 略奪者の.
vastātrīx -īcis, *f* [vastator] 荒廃させる者《女性》.
vastātus -a -um, *adj* [vasto/facio] ⇒ vasto.
vastē *adv* [vastus] **1** はなはだしく, 大いに. **2** (発音が)粗野に, 下品に.
vastēscō -ere, *intr inch* [vastus] 荒廃する.
vastificus -a -um, °*adj* [vastus/facio] 荒廃させる.
vastitās -ātis, *f* [vastus] **1** 荒廃(状態), 破壊. **2** 荒野, 砂漠. **3** 巨大, 広大; 強烈.

vastitiēs -ēī, *f* [vastus] 破滅(状態).
vastitō -āre -āvī -ātum, °*tr freq* [vasto] (繰り返して)荒廃させる.
vastitūdō -dinis, *f* [vastus] **1** (耕地の)荒廃(状態); (人の)うすよごれていること. **2** 巨大.
vastō -āre -āvī -ātum, *tr* [vastus] **1** 空(ᵏ)にする, 無人にする: *vastare cultoribus agros* (Verg) 農地から耕し手を奪う. **2** 荒廃させる, 略奪する. **3** (軍勢を)全滅させる. **4** (人心を)うさませる.
vastulus -a -um, *adj dim* [vastus] いささか大きめの.
vastuōsus -a -um, °*adj* [↓] 無人の, 荒涼とした.
vastus -a -um, *adj* **1** 空(ᵏ)っぽの, 無人の: *urbs a defensoribus vasta* (Liv) 守備兵がいなくなった町. **2** 荒廃した, 破壊された. **3** 途方もなく大きな, 果てしのない: *vastum mare* (Caes) 茫々(ᵇ)たる大海原. **4** 粗野な, 見苦しい, 不快な. **5** 飽くことを知らない.
vāsum -ī, *n* 〖古語〗=vas².
vāsus¹ -a -um, *pp* ⇒ vado¹.
vāsus² -ī, *m* =vas².
vatax -ācis, *adj* =vatius.
vātēs -is, *m*, *f* **1** 占い師, 予言者. **2** (神の霊感を受けた)詩人: *Maeonius* ~ (Ov) =Homerus / ~ *Lesbia* (Ov) =Sappho.
vatia -ae, *m* [vatius] 外反膝[X 脚]の男.
Vāticānum -ī, *n* (Tiberis 川の西岸, Janiculum の丘北の)ウァーティカーヌス[バチカン]丘とその周辺. **2** °バチカン宮殿; 教皇庁.
Vāticānus¹ -a -um, *adj* ウァーティカーヌス丘[地区]の: °*Vaticana civitas* バチカン市国.
Vāticānus² -ī, *m* [↑] **1** ウァーティカーヌス丘の守護神. **2** ウァーティカーヌス地区.
vāticinātiō -ōnis, *f* [vaticinor] 予言, 神託.
vāticinātor -ōris, *m* [vaticinor] 占い師, 予言者.
vāticinātrīx -īcis, °*f* [↑] 占い師, 予言者《女性》.
vāticinium -ī, *n* [vates] 占い, 予言.
vāticinō -āre, °*tr*, °*intr* =vaticinor.
vāticinor -ārī -ātus sum, *tr*, *intr dep* [vates/cano] **1** (霊感を得て)予言[警告]する, (予言者として)教えさとす 〈+*acc c. inf*: *furor vera vaticinatur* (Cic) 狂気は真実を語る / *saevam laesi fore numinis iram vaticinatus est* (Ov) 侮辱された神の怒りは激しいだろうと彼は警告した. **2** 取りとめのないこと[うわごと]を言う.
vāticinus -a -um, *adj* [↑] 予言(者)の.
vatillum -ī, *n* **1** (鳥のふんをかき集める)スコップ. **2** (火のついた炭・熱した金属を入れる)火桶.
Vatīniānus -a -um, °*adj* Vatinius¹ (1) の.
Vatīnius¹ -ī, *m* ウァティーニウス《(ローマ人の氏族名; 特に (1) *P.* ~, 護民官 (前59); J. Caesar の手先; Cicero に手ひどく弾劾された. (2) Nero 帝の宮廷における道化師》.
Vatīnius² -ī, *m* (Vatinius¹ (2) の顔に似せて作られた)酒杯.
vātis -is, *m* =vates.
vatius -a -um, *adj* 外反膝(ᵏ)の, X 脚の.
vavassor -ōris, °*m* (封建制度における)陪臣(ᵇ).
vavatō -ōnis, *m* 人形.

vē-, vae- *pref* 語頭に付けて意味を否定したり強めたりする: *vegrandis*（大きいどころか）小さい / *vecors* 精神が錯乱した.

-ve *enclitic* あるいは，または: *bis ter~* (Cic) 2 度か 3 度 / *nec quod fuimus~ sumus~*, *cras erimus* (Ov) あるいは過去のわれわれ，あるいは現在のわれわれは明日のわれわれではないだろう.

Vecilius -ī, *m* ウェキリウス《Latium の山》.

vēcordia, vae- -ae, *f* [↓] 乱心, 狂気, 気ちがい沙汰.

vēcors, vae- -cordis, *adj* [ve-/cor] 1 乱心した, 狂気の. 2 気違いじみた, 常規を逸した.

vectābilis -is -e, *adj* [vecto] 運搬できる.

vectābulum -ī, *n* [vecto] 運搬具[車].

vectāculum -ī, °*n* =vectabulum.

vectātiō -ōnis, *f* [vecto] 1 （乗物で）運ばれる[旅をする]こと; 乗馬. 2° 運搬.

vectātor -ōris, *m* [↑] 騎手.

vectātus -a -um, *pp* ⇨ vecto.

vectiārius -ī, *m* [vectis] てこを操作する者.

vectīgal -ālis, *n* [↓] 1 賦課金, 租税; 関税, 通行税: *~ pendere* (Cic) 納税する / *~ imponere* (Cic) 課税する. 2 （退任する総督に属州民が送る）寄付金. 3 （個人の）収入, 所得. 4 （被征服民に課す）年貢.

vectīgālis -is -e, *adj* [↓] 1 賦課金[税金]の. 2 納税する, 貢納する: *civitas ~* (Cic) 進貢都市. 3 （個人に）収入をもたらす.

vectiō -ōnis, *f* [veho] 1 運搬すること. 2° （馬・ロバなどの）乗用動物.

vectis -is, *m* [vectigal] 1 てこ; かなてこ. 2 突き棒. 3 （戸の）かんぬき. 4° （輿（ ）の）ながえ.

Vectis -is, *f* ウェクティス《Britannia 南岸沖の島; 現 Isle of Wight》.

vectitō -āre -āvī -ātum, *tr freq* [↓] （常習的に）引く, 運ぶ.

vectō -āre -āvī -ātum, *tr freq* [veho] 1 運ぶ, 運搬する. 2 （*pass*）運ばれる: *vectari equis* (Ov) 馬に乗って行く.

vector -ōris, *m* [veho] 1 （馬・ロバ・船などで）運ぶ人, 運搬者. 2 船客; （馬での）旅行者, 騎士. 3° 馬.

vectōrius -a -um, *adj* [↑] 運搬[輸送]用の.

vectrix -īcis, °*adj f* [vector] 運搬する.

vectūra -ae, *f* [veho] 1 （海・陸の）運送, 輸送; 運送手段. 2 運送料, 運賃.

vectus -a -um, *pp* ⇨ veho.

Vēdiovis -is, *m* =Vejovis.

Vēdius -ī, *m* ウェーディウス《ローマ人の氏族名; 特に P. ~ Pollio, Augustus 帝の友人; 奴隷への残酷な仕打ちで悪名高かった》.

vegeō -ēre, *tr, intr* 1 活気づける, かきたてる. 2 活発である.

vegetābilis -is -e, °*adj* [vegeto] 活気づける.

vegetāmen -minis, °*n* [vegeto] 生命の本源, 活力.

vegetātiō -ōnis, *f* [vegeto] 活気づけること.

vegetātor -ōris, °*m* [vegeto] 活気づける者.

vegetātus -a -um, *pp* ⇨ vegeto.

vegetō -āre -āvī -ātum, *tr* [↓] 活気づける, 活発にする.

vegetus -a -um, *adj* [vegeo] 1 活気のある, 元気な; 激しい. 2 生きいきした; 鮮やかな.

vēgrandis -is -e, *adj* [ve-/grandis] 1 大きくない, （異常に）小さい. 2 異常に大きい.

vehātiō -ōnis, °*f* [veho] 運搬, 輸送.

vehēla -ae, °*f* [veho] 荷車.

vehemens, vēm- -entis, *adj* 1 激しい, 猛烈な. 2 厳しい, 重大な. 3 精力的な, 力強い.

vehementer, vēm- *adv* [↑] 1 激しく, 猛烈に. 2 精力的に, 強力に. 3 はなはだしく, 極度に.

vehementescō -ere, °*intr inch* [vehemens] 激しくなる.

vehementia -ae, *f* [vehemens] 1 強烈; 力強いこと. 2 熱意, 熱心.

vehiculāris -is -e, °*adj* [vehiculum] 輸送に関する; 運搬車の.

vehiculārius -a -um, °*adj* =vehicularis.

vehiculātiō -ōnis, *f* [↓] 《碑》（馬と馬車を常備して）帝室郵便のすみやかな送達を実現すべき属州の義務.

vehiculum -ī, *n* [veho] 1 荷車, 馬車. 2 運搬[輸送]手段. 3 *praefectus vehiculorum* 《碑》帝室郵便管理官.

vehis -is, *f* [↓] 荷を積んだ荷車; 荷車 1 台分の荷物.

vehō -ere vexī vectum, *tr* 1 （人・動物の背に乗せて）運ぶ. 2 （船・荷車で）運搬[輸送]する. 3 （風・水・時間などが）運ぶ, もたらす: *quod fugiens semel hora vexit* (Hor) 逃げ去る時がいったん運んだもの. 4 (*pass*)（馬・馬車・船などで）運ばれる, 旅行する: *equus in quo ego vehebar* (Cic) 私が乗っていた馬 / *curru vehi* (Tac) 凱旋車に乗って来る / (*pres part* を自動詞的に用いて) *quadrigis vehens* (Cic) 4 頭立ての馬車に乗って.

Vēī -ōrum, *m pl* =Veii.

veia -ae, *f* 荷車, 荷馬車.

Vēiens -entis, *adj* Veii の. **Vēientēs** -ium, *m pl* Veii の住民.

Vēientānus -a -um, *adj* [↑] Veii の. **Vēientānī** -ōrum, *m pl* Veii の住民. **Vēientānum** -ī, *n* 1 Veii の地所[領地]. 2 (*sc.* vinum) Veii 産の低級なぶどう酒.

Vēiī -ōrum, *m pl* ウェーイイー《Etruria の町; ローマ市の北 16 km（現 Isola 付近）にあり, Camillus に攻略された（前 396）》.

Vēius -a -um, *adj* Veii の.

Vējovis, Vēdiovis -is, *m* [ve-/Jovis] ウェイヨウィス《ローマの古い神; 下界の Juppiter と考えられた》.

vel *conj, adv* (volo の古い命令形) 1 あるいは: *dasne savium?—immo ~ decem* (Plaut) キスしてくれる？—なんなら 10 回でもね. 2 それとも, あるいは: (単独で) *oppidum ~ urbem appellaverunt* (Cic) 彼らは町または都市と呼んだ / *potius obitum ~ potius excessu Romuli* (Cic) Romulus の死後, というよりその姿が見えなくなってから / *dicam ...* (Cic) あるいは...とでも言おうか / (二つ（以上）重ねて) *~ bello ~ paci paratus* (Liv) 戦にも和平にも用意する. 3 ...すら, ...さえも: *~ mediocris orator* (Cic) 凡庸な弁士でも. 4 たぶん, おそらく: *~ propter ignis peri-*

culum (Cɪᴄ) おそらく火事の危険があったために。 **5** (+ *superl*) 明らかに, 文句なく: *domus ~ optima* (Cɪᴄ) 明らかに最高の館。 **6** たとえば: *~ hic Pamphilus jurabat quotiens Bacchiti* (Tᴇʀ) たとえばこの Pamphilus は何度 Bacchis に誓ったことか。 **7** とにかく: *credite ~ sorori* (Cᴀʟᴘ) せめて姉妹くらいは信じなさい。

vēlābrum[1] -ī, *n* [*cf*. ventus[3]] =ventilabrum.
vēlābrum[2] -ī, *n* [velo] =velarium.
Vēlābrum -ī, *n* ウェーラーブルム《ローマ市の Capitolinus 丘と Palatinus 丘の間の市場があった地区》。
vēlāmen -minis, *n* [velo] **1** おおうもの《衣服・ベール・毛皮・掛け布など》。 **2** 《解》被膜, 卵膜。 **3** 《植》根被。
vēlāmentum -ī, *n* [velo] **1** 膜, 被膜。 **2** おおうもの《衣服・ベール・目隠し布など》。 **3** (*pl*) 《嘆願者が手にする》羊毛を巻いたオリーブの小枝。 **4** (ある行為・事実を)言いくろうこと, 口実。
vēlāris -is -e, *adj* [velum] 日よけ[カーテン]の。
vēlārium -ī, *n* [velum] (劇場の観覧席の上に張られた)日よけ。
vēlārius -ī, *m* [velum] 《碑》日よけ・帆などの製作・修繕業者。
vēlātiō -ōnis, °*f* [velo] (修道女が)ベールをかぶること。
vēlātō °*adv* (*abl*) [velo] ベールを通して, ぼんやりと。
vēlātūra[1] -ae, *f* [veho] 運搬賃, 運送業。
vēlātūra[2] -ae, °*f* [velo] (修道女の)ベール。
vēlātus -a -um, *pp* ⇨ velo.
Veleda -ae, *f* ウェレダ《Civilis の反乱 (69-70) で重要な役を演じた Bructeri 族の女予言者》。
vēles -litis, *m* [*cf*. velox] (通例 *pl* vēlitēs で) 軽装兵, 散兵。
Velia -ae, *f* ウェリア《(1) Lucania 西海岸の町; ギリシア名 Elea. (2) ローマ市の Palatinus 丘の高みの一つ》。
Veliēnsis -is -e, *adj* Velia (1)(2) の。 **Veliēnsēs** -ium, *m pl* Velia (1) の住民。
vēlifer -fera -ferum, *adj* [velum/fero] **1** 帆のある, 帆の付いた。 **2** (風が)帆をふくらませる。
vēlificātiō -ōnis, *f* [velifico] **1** 《海》開き《風向きに対する帆の位置》。 **2**° 繁盛。
vēlificātus -a -um, *pp* ⇨ velifico.
vēlificium -ī, *n* [↓] 帆を用いること。
vēlificō -āre -āvī -ātum, *intr, tr* [velum/facio] **1** 帆走する, 航行する。 **2** (船で)通過する。
vēlificor -cārī -cātus sum, *intr dep* [velum/facio] **1** 帆を揚げる, 航行する。 **2** …に努力する, …を得ようとする《+*dat*》。
vēlificus -a -um, *adj* [velum/facio] 帆を用いた。
vēliger -gera -gerum, °*adj* [velum/gero] 帆(=船)を運ぶ。
Velīnus[1] -a -um, *adj* Velia (1) の。
Velīnus[2] -a -um, *adj* **1** *lacus ~* (Cɪᴄ) (Velinus 川が注ぐ)ウェリーヌス湖《Reate 北方に位置する》。 **2** *tribus Velina* (Cɪᴄ) Velinus 湖周辺の住民から成るローマ 35 部族の一つ。
Velīnus[3] -ī, *m* ウェリーヌス《Sabini 族の土地を流れる川》。
Veliocassēs -ium, -cassī -ōrum, *m pl* ウェリ

カッセース《Gallia Belgica の一部族》。
vēlitāris -is -e, *adj* [veles] 軽装兵の, 散兵の。
vēlitātiō -ōnis, *f* [velitor] **1** velites の戦い方; 小競り合い。 **2** 口げんか。
vēlitātus -a -um, *pp* ⇨ velitor.
Veliterninus -a -um, *adj* =Veliternus.
Veliternus -a -um, *adj* Velitrae の。 **Veliternī** -ōrum, *m pl* Velitrae の住民。
vēlitēs -um, *m pl* ⇨ veles.
vēlitor -ārī -ātus sum, *intr dep* [veles] **1** (velites が)小競り合いする。 **2** 口げんかする, ののしり合う。
Velitrae -ārum, *f pl* ウェリトラエ《ローマ市の約 20 km 南東の Albanus (現 Monte Cavo) 山南麓の町; 現 Velletri》。
vēlivolans -antis, *adj* [velum/volo[1]] 《詩》帆で走る。
vēlivolus -a -um, *adj* 《詩》 **1** 帆で走る。 **2** (海が)帆(=船)を浮かべた。
Vellaunodūnum -ī, *n* ウェラウノドゥーヌム《Gallia Celtica の Senones 族の町》。
Vellaviī -ōrum, *m pl* ウェッラウィイー《Gallia Celtica の現 Velay 地方にいた一部族》。
velle *inf* ⇨ volo[2].
Vellēius -ī, *m* ウェッレイユス《ローマ人の氏族名; 特に (1) C. ~, Epicurus 学派の哲学者; 弁論家 Crassus の友人 (前 1 世紀). (2) C. ~ *Paterculus*, 歴史家; Tiberius 帝に仕えた; *Historiae Romanae* 「ローマ史」(未完)がある》。
vellī *pf* ⇨ vello.
vellicātim *adv* [vellico] あちこちから拾い上げて, まとまりなく。
vellicātiō -ōnis, *f* [↓] むしられること; 嘲笑。
vellicō -āre -āvī -ātum, *tr* [↓] **1** つねる; むしる。 **2** (鳥がくちばしで)つつく。 **3** ののしる, 悪口を言う: *absentem vellicare* (Hᴏʀ) 陰口をたたく。 **4** (つねって)目を覚まさせる; 刺激する。
vellō *-ere vellī* [vulsī] *vulsum* [volsum], *tr* **1** (毛・羽根などを)引っ張って抜く, むしる。 **2** (樹木などを)引き抜く: *signa vellere* (Lɪᴠ) 軍旗を引き抜く《=進発する》。 **3** 破壊する。 **4** 引っ張る: *Cynthius aurem vellit et admonuit* (Vᴇʀɢ) Apollo が(私の)耳を引っ張って忠告された。
vellus[1] -eris, *n* **1** 羊毛; 羊毛の塊り: *vellera trahere* (Oᴠ) 羊毛を梳(°)く。 **2** 絹。 **3** 羊皮; 獣皮。 **4** 羊。 **5** 羊毛状のもの《雲・羽毛・雪片など》。
vullus[2] -ī, *m* =villus.
vēlō -āre -āvī -ātum, *tr* [velum] **1** おおう, 包む; 着せる。 **2** 巻き付ける。 **3** 飾る。 **4** 隠す。
vēlōcitās -ātis, *f* [velox] **1** 迅速, 敏捷。 **2** (文体の)速度。
vēlōciter *adv* [↓] 早く, 速やかに。
vēlōx -ōcis, *adj* **1** 速い, 迅速な。 **2** 機敏な, すばやい。
vēlum[1] -ī, *n* **1** 帆: *ventis vela dare* (Nᴇᴘ) 帆を張る, 出帆する。 **2** 《詩》船。 **3** 日よけ; 幕, カーテン。 **4** 織物, 布。 **5**° 《解》帆, ベール状のもの。
velut, velutī *adv* [vel/ut] **1** たとえば。 **2** (ちょうど)…のように: *~ pecora* (Sᴀʟʟ) 家畜のように。 **3** いわば: *~ hereditate relictum odium* (Nᴇᴘ) いわば遺産相

vēmen- ⇨ vehemen-.
vēna -ae, *f* **1** 血管; 静脈. **2** 動脈; (*pl*) 脈拍: *venas tangere* (PERS) 脈を取る. **3** 水脈, 水路. **4** 鉱脈, 鉱石. **5** 木目; 石目. **6** (樹液の)導管; 葉脈. **7** 割れ目, 裂け目. **8** 毛穴. **9** 並木. **10** 尿管. **11** 陰茎. **12** 内奥, 中心. **13** 天分, 才能.
vēnābulum -ī, *n* [venor] 狩猟用の槍.
Venāfrānus -a -um, *adj* Venafrum の. **Venāfrānum** -ī, *n* Venafrum 産のオリーブ油.
Venāfrum -ī, *n* ウェナーフルム《Campania の Samnites 族の町; 良質のオリーブ油で有名; 現 Venafro》.
vēnāliciārius[1] -a -um, *adj* [venalicius[2]] 奴隷売買の.
vēnāliciārius[2] -ī, *m* 奴隷商人.
vēnālicium -ī, *n* [↓] **1** 奴隷市場. **2** (*pl*) (一群の)奴隷. **3°** 物品税.
vēnālicius[1] -a -um, *adj* [venalis[1]] **1** 売りものの, 売買できる. **2** 売りに出されている奴隷の.
vēnālicius[2] -ī, *m* 奴隷商人.
vēnālis[1] -is -e, *adj* [venus[1]] **1** 売りものの, 売買できる. **2** 金銭で自由になる; 賄賂[買収]の利く.
vēnālis[2] -is, *m* (売りものの若い)奴隷.
vēnantēs -um, *m pl* (*prp*) [venor] 《詩》狩人たち.
vēnāticus -a -um, *adj* [venatus] 狩りの: ~ *canis* (CIC) 猟犬.
vēnātiō -ōnis, *f* [venor] **1** 狩猟. **2** (狩りの)獲物. **3** (見世物としての)野獣狩り; (闘技場で)狩りたてられる野獣.
vēnātor -ōris, *m* [venor] **1** 狩人. **2** (見世物として)野獣と格闘する者. **3** 探究者.
vēnātōrius -a -um, *adj* [↑] 狩猟の, 狩人が用いる.
vēnātrix -īcis, *f* [venator] 狩人《女性》.
vēnātūra -ae, *f* [venor] 狩り, 狩猟.
vēnātus -ūs, *m* [venor] **1** 狩猟. **2** (狩りの)獲物. **3** 漁捕り.
vendax -ācis, *adj* [vendo] 売るのが好きな.
vendibilis -is -e, *adj* [vendo] **1** 売りやすい, (よく)売れる. **2** (大衆に)好まれる, 人気のある.
vendidī *pf* ⇨ vendo.
venditātiō -ōnis, *f* [vendito] ひけらかすこと, 誇示, 自慢.
venditātor -ōris, *m* [vendito] ひけらかす人, 誇示する者.
venditiō -ōnis, *f* [vendo] **1** 売却, 販売. **2** 賃貸し. **3°** 売却証書.
venditō -āre -āvī -ātum, *tr freq* [vendo] **1** (たびたび)売りに出す, 売ろうと努める. **2** (金銭・報酬を目当てに)不正な取引をする, 売り物にする: *pacem pretio venditare* (LIV) 和平に値をつけて売る《pretio は価格 の abl》. **3** ほめそやす, 吹聴する. **4** (*refl*) 自分を売り込む, (人に)取り入ろうとする: *venditantem Caesari* (CIC) 彼らは Caesar のご機嫌を取ろうとしている.
venditor -ōris, *m* [vendo] **1** 売り手. **2** 不正な取引をする人. **3°** 裏切り者.
venditum -ī, *n* [↓] 売却, 販売.
venditus -a -um, *pp* ⇨ vendo.
vendō -ere -didī -ditum, *tr* [venum/do] (*pp* venditus, *gerundiv* vendendus 以外の *pass* は通例 veneo を用いる) **1** 売る, 売り立てる. **2** (金銭・報酬を目当てに)不正な取引をする, 裏切る: *auro patriam vendere* (VERG) 黄金のために祖国を売る《auro は価格の abl》. **3** ほめそやす, 吹聴する. **4** 売り込む.
Venedī, Venet(h)ī -ōrum, *m pl* ウェネディー《Vistula 川中流域にいたスラブ系の一族》.
venēfica -ae, *f* [veneficus] **1** 毒を盛る者《女性》. **2** 魔女.
venēficium -ī, *n* [↓] **1** 毒を盛ること; 毒殺. **2** 毒物, 毒薬. **3** 魔法, 妖術. **4** 媚薬(びやく), ほれ薬.
venēficus[1] -a -um, *adj* [venenum/facio] **1** 毒を盛る; 有毒の. **2** 魔法の.
venēficus[2] -ī, *m* 毒を盛る人, 毒殺者. **2** 魔法使い.
venēnārius[1] -a -um, °*adj* [venenum] 毒の, 毒を含んだ.
venēnārius[2] -ī, *m* 毒物を調合する人; 毒殺者.
venēnātus -a -um, *adj* (*pp*) [veneno] **1** 毒を持っている, 有毒な: *venenatae sagittae* (HOR) 毒矢. **2** 有害な, 危険な; 恐ろしい. **3** 魔法の, 魔力を持つた.
venēnifer -fera -ferum, *adj* [venenum/fero] 《詩》毒をもたらす.
venēnō -āre -āvī -ātum, *tr* [venenum] **1** 毒を入れる. **2** 害する, そこなう. **3** 魔法をかける. **4** 染める.
venēnōsus -a -um, °*adj* [↓] (きわめて)有毒な.
venēnum -ī, *n* **1** 薬草; 薬物, 薬. **2** 毒物, 毒薬; 害になるもの. **3** 魔法の薬, 媚薬(びやく). **4** 化粧品; 香料. **5** 染料.
vēneō -ire -iī -itum, *intr* [venum/eo[2]] (vendo の *pass* として用いられる) **1** 売られる, 奴隷として売られる. **2** 買収される, (利益に目がくらんで)不正な取引をする: *venisse libertatem plebis* (LIV) 平民の自由が売り渡された.
venerābilis -is -e, *adj* [veneror] **1** 尊ぶべき, 尊敬するに足る. **2** 崇敬の念を示す.
venerābiliter *adv* [↑] うやうやしく, 敬意を表して.
venerābundus -a -um, *adj* [veneror] 敬意を表する, うやうやしい.
venerandus -a -um, *adj* (*gerundiv*) [veneror] 畏敬の念を起こさせる, 尊敬に値する.
veneranter *adv* [veneror] 謹しんで, 敬って, うやうやしく.
venerātiō -ōnis, *f* [veneror] **1** 崇敬, 崇拝; 尊敬, 表敬. **2°** 尊厳, 威光.
venerātor -ōris, *m* [veneror] 尊敬[畏敬]する人.
venerātus -a -um, *pp* ⇨ veneror.
Venerius[1], **-reus** -a -um, *adj* **1** Venus の[に捧げられた]. **2** 性愛的の[への]: *res Veneria* (*sg*), *res Veneriae* (*pl*) (CIC) 性交, 性的快楽. **3** *concha Veneria* (PLIN) 貝《軟体動物》の一種.
Venerius[2], **-reus** -ī, *m* **1** Eryx の Venus 神殿

の奴隷. **2** (*sc.* jactus)(振り出した賽(:)の)最高の目.
venerō -āre, *tr* 〈古形〉=veneror.
veneror -ārī -ātus sum, *tr dep* [venus²] **1** 崇拝する, 畏敬する. **2** 尊敬する, 敬う, 敬意を表する: *Larem farreo veneratur* (VERG) 彼は聖なる麦粉(の供物)をそなえて Lar に祈る / (*pass* の意味で) *Sibylla cursūs possit dabit venerata secundos* (VERG) Sibylla は祈りに応じて順調な航海を許すだろう. **3** 懇願[嘆願]する.
Venethī -ōrum, *m pl* = Venedi.
Venetī -ōrum, *m pl* ウェネティー《(1) イタリア北東部の現 Veneto 州にあたる地方にいた一部族. (2) Gallia Lugdunensis の現 Morbihan 県にあたる地域にいた一部族. (3) = Venedi.》
Venetia -ae, *f* ウェネティア《Veneti 族 (1) (2) のいた地方[地域]》.
Veneticus -a -um, *adj* Veneti 族 (2) の.
venetus -a -um, *adj* [↑] 海の色をした, 青色の.
Venetus -a -um, *adj* Veneti 族 (1) の.
vēnī *pf* ⇨ venio.
venia -ae, *f* [*cf.* venus²] **1** 恩恵, 好意, 思いやり: *posce deos veniam* (VERG) 神々に恩恵を乞い求めなさい. **2** 許可, 同意: *bonā (cum) veniā* (CIC) ご免をこうむって, 失礼ながら. **3** 寛大, 容赦, 免罪: *veniam exilii impetrare* (TAC) 追放解除の願いを聞き届けられる.
veniābilis -is -e, °*adj* [↑] (罪)が赦される.
veniālis -is -e, °*adj* [venia] **1** 赦される: *peccata venialia* (AUG) 〈カト〉小罪. **2** 恵み深い. **3** 〈修〉 弁明の.
vēnii *pf* ⇨ veneo.
venilia -ae, *f* 浜辺を洗う水.
Venīlia -ae, *f* 〈神話〉 ウェニーリア《ニンフの名; (1) Turnus (1) の母. (2) Janus の妻.》
veniō -īre vēnī ventum, *intr* **1** 来る, 到着する: *ad urbem [me] venire* (CIC) 都[私のところ]に来る / (+ *sup*) *spectatum venire* (OV) 見物しに来る / (+ 目的の *dat*) *subsidio venire* (CAES) 救援に来る / (+ *inf*) *modo venerat aurum petere* (PLAUT) 彼はさっき金がほしいと言ってやって来た / (+ *fut p*) *veni postulaturus* (TAC) 私は要請するためにやって来た / (*impers pass*) *est in Britanniam ventum* (CAES) Britannia に着いた. **2** 帰る, 帰還する. **3** 来襲する, 進撃して来る. **4** 法廷に出頭する, 出廷する <contra alqm [alqd]; pro alqo>. **5** (時が)到来する, 至る: *veniens annus* (CIC) 来年. **6** (ある状態[立場]に)なる, 陥る: *in periculum venire* (CAES) 危険に瀕(?)する / *in Caesaris fidem et potestatem venire* (CAES) Caesar の保護と権力下に入る / *res venit prope secessionem plebis* (LIV) あわや平民の離脱かという事態に立ち至った. **7** 現われる, 出現する: *res alicui in mentem venit* (CIC) あることがある人の心に浮かぶ / (impers; + *gen*) *venit mihi Platonis in mentem* (CIC) 私は Plato のことを想起する. **8** (植物が)成長する, 繁茂する. **9** …に由来する, …の血筋[系統]である. **10** 生ずる, 起こる: *ad te post paulo ventura pericula* (HOR) しばらくするうちに身に危険が及ぼうとしている. **11** (ある人の)所有物となる, …に帰属する: *hereditas alicui venit* (CIC) 遺産がある人の所有に帰す. **12** (手紙・報告などが)もたらされる. **13** (不幸・災害などが)襲う. **14** (談話が)…に及ぶ, 言及する. **15** (ある行動に)出る, 訴える; (ある方針を)採る. **16** (ある範疇・項目に)包含される.

venīre¹ *inf* ⇨ venio.
vēnīre² *inf* ⇨ veneo.
Vennōnius -ī, *m* ウェンノーニウス《ローマの歴史家(前2世紀後半); その著作は散逸して現存しない》.
vennūculus, vennunculus, vēnūculus -a -um, *adj* **1** *uva venucula* (HOR) ブドウの一種. **2** *far vennunculum* (COL) 小麦の一種.
vēnor -ārī -ātus sum, *intr, tr dep* **1** 狩りに行く: *venatum in nemus ire* (VERG) 森へ狩猟に行く. **2** 狩る: *canibus dammas venari* (VERG) 犬を使って鹿を狩る. **3** 獲得しようと努める: *ventosae plebis suffragia venari* (HOR) 気まぐれな大衆の票をねらう.
vēnōsus -a -um, *adj* [vena] **1** 血管の多い. **2** 葉脈の多い. **3** 石目の多い. **4** (老齢のために)血管が浮き出た; 古い, ひからびた. **5**° 〈生理〉 静脈の.
venter -tris, *m* **1** 腹; 胃. **2** 大食い, 暴食: *deditus ventri atque somno* (SALL) 食欲と眠気のとりことなって. **3** 子宮; 胎児: *ventrem ferre* (LIV) 妊娠している. **4** ふくらみ, ふくらんだもの.
Ventidiānus -a -um, *adj* Ventidius の.
Ventidius -ī, *m* ウェンティディウス《ローマ人の氏族名; 特に P. ~ Bassus, Parthia 戦で武勲を立てた (前38)》.
ventilābrum -ī, *n* [ventilo] (穀物をあおぎ分けるときに使う)熊手.
ventilātiō -ōnis, *f* [ventilo] **1** 大気にさらすこと. **2**° 穀物をあおぎ分けること. **3**° 正邪の判定.
ventilātor -ōris, *m* [↑] **1** (穀物を)あおぎ分ける人. **2** 一種の曲芸師. **3**° 正邪の判定者. **4**° 攪乱者.
ventilō -āre -āvī -ātum, *tr* [ventus³] **1** (空中で)振り回す, 揺り動かす. **2** 風を送る, あおぐ. **3** (穀物を)あおぎ[吹き]分ける. **4** (空気・風に)あてる, さらす. **5** あおる, かきたてる. **6** 討議する.
ventiō -ōnis, *f* [venio] 来ること, 到着.
ventitō -āre -āvī -ātum, *intr freq* [venio] たびたび来る, よく訪れる.
ventōsitās -ātis, °*f* [↓] **1** 〈病〉 鼓脹. **2** くだらない自慢, 大風呂敷.
ventōsus -a -um, *adj* [ventus³] **1** 風の多い, 吹きさらしの. **2** 風のように速い. **3** 空虚な, うぬぼれた: *ventosa lingua* (VERG) 大言壮語する舌. **4** 変わりやすい, 移り気な.
ventrāle -is, *n* [venter] 腹帯, ベルト.
ventrālis -is -e, °*adj* [venter] **1** 腹の, 腹部の. **2** 〈解・動〉 腹側の.
ventricola -ae, °*m* [venter/colo²] 腹(=食欲)の奴隷, 大食漢.
ventriculus -ī, *m dim* [venter] **1** 腹; 胃. **2** ~ *cordis* (CIC) 心室. **3**° 〈解〉 室.
ventriōsus -a -um, *adj* [venter] 太鼓腹の.
ventrōsus -a -um, °*adj* = ventriosus.
ventulus -ī, *m dim* [ventus³] そよ風, 微風.
ventūrus -a -um, *adj* (*fut p*) [venio] 来たるべき, 将来の: *venturum saeclum* (VERG) 新しい時代.

ventus[1] -a -um, *pp* ⇨ venio.

ventus[2] -ūs, *m* 来ること, 到来.

ventus[3] -ī, *m* **1** 風; ~ secundus (CAES) 〖航行する船への〗順風 / *dare verba ventis* [*in ventos*] (OV) 約束を守らない. **2** 一陣の風, そよ風. **3** (*pl*) 風神たち. **4** 〖運・不運・世評などの〗風向き; 〖事件・できごとなどに吹きつける〗突風, 嵐; *quicumque venti erunt* (CIC) どう風向きが変わろうと, どんな状況になろうとも. **5** 腸内ガス, 屁.

vēnūculus -a -um, *adj* =vennuculus.

venum -ī, *n* [ve⊃nus[1]] 売却, 販売.

venumdatus -a -um, *pp* ⇨ venumdo.

venumdedī *pf* ⇨ venumdo.

venumdō, vēnundō -are -dedī -datum, *tr* [↓/do] 売りに出す, 売る.

***vēnus**[1] -ī [-ūs], *m* (用例は *acc* vēnum, *dat* vēnō, vēnuī のみ) 売ること, 売却: *venum dare* (SALL) = *veno dare* [*ponere*] (TAC) 売る / *venum ire* (LIV) 売られる.

venus[2] -neris, *f* [*cf.* veneror] **1** 性愛, 性交, 情事. **2** 恋人, 愛人《女性》. **3** 魅力, 色香, 容色. **4** 優美, 優雅.

Venus -neris, *f* [↑] **1** 〖神話〗ウェヌス, "ヴィーナス"《愛と美の女神; Volcanus の妻で Cupido の母; Aeneas は Anchises との間にもうけた息子; ギリシア神話の Aphrodite と同一視される》: *mensis Veneris* (OV) =Aprilis / *avis Veneris* (MAN) ハト《鳩》. **2** 〖天〗金星. **3** さいころ遊びの最高の目《4面のさいころを4個同時に振って全部違う目が出たとき》. **4** *portus Veneris* (MELA) Gallia Narbonensis の港町《現 Port-Vendres》.

Venusia -ae, *f* ウェヌシア《Apulia の Appia 街道沿いの町; 詩人 Horatius の生地; 現 Venosa》.

Venusīnus -a -um, *adj* Venusia の. **Venusīnī** -ōrum, *m pl* Venusia の住民.

venustās -ātis, *f* [venus[2]] **1** 美, 愛らしさ. **2** 魅力, 優雅. **3** 喜び, 楽しみ.

venustē *adv* ⌞venustus⌟ 魅力的に, 優美に.

venustō -āre -āvī -ātum, °*tr* [venustus] 魅力的にする, 美化する.

venustulus -a -um, *adj dim* [↓] 魅力のある, 人を引きつける.

venustus -a -um, *adj* [venus[2]] **1** 魅力のある, 愛らしい, 美しい. **2** 〖語り口・文体が〗優雅な, 洗練された, 気の利いた.

vēpallidus -a -um, *adj* [ve-/pallidus]《死人のように》青白い.

veprēcula -ae, *f dim* [vepris] イバラの小さな茂み.

veprētum -ī, *n* [↓] イバラの生け垣.

vepris -is, *m* (*f*) (通例 *pl* **veprēs** -ium [-um]) イバラの茂み.

vēr vēris, *n* **1** 春, 春季: ~ *sacrum* (LIV) 聖春《非常時に春の初穂を奉納する習俗; Sabelli 族に由来する》. **2** 人生の春, 青春.

vērācitās -ātis, °*f* [verax] **1** 誠実, 正直. **2** 事実との一致, 真実.

vērāciter °*adv* [verax] 誠実に, 真実に.

Veragrī -ōrum, *m pl* ウェラグリー《Gallia Narbonensis の Octodurus (現 Martigny) あたりにいた一部族》.

vērātrum -ī, *n* 〖植〗 **1** (キンポウゲ科)クリスマスローズ属の植物. **2** (ユリ科)バイケイソウ属の植物.《いずれも有毒》.

vērax -ācis, *adj* [verus] 真実を語る〖伝える〗.

verbālis -is -e, °*adj* [verbum] **1** ことばの. **2** 〖文〗動詞の, 動詞から派生した.

verbascum -ī, *n* 〖植〗(ゴマノハグサ科)モウズイカ属の植物.

verbēna -ae, *f* (オリーブ・ギンバイカ・月桂樹などの)芳香のある植物の小枝〖若枝〗《宗教儀式・医療に用いられた》.

verbēnāca -ae, *f* [↑] 〖植〗クマツヅラ属の植物.

verbēnātus -a -um, *adj* [verbena] (神聖な)小枝の冠をかぶった.

verber -eris, *n* [*cf.* verbena] **1** 鞭. **2** 投石機のひも. **3** 鞭で打つこと; 答刑(たい). **4** (一般に)打つ〖たたく〗こと, 打撃. **5** (ことばによる)非難, 叱責.

verberābilis -is -e, *adj* [verbero[1]] 鞭打ちに値する.

verberābundus -a -um, *adj* [verbero[1]] 鞭で打つ.

verberātiō -ōnis, *f* [verbero[1]] **1** 鞭で打つこと; 答刑(たい). **2** 懲罰: ~ *cessationis* (CIC) 怠惰への叱責.

verberātus -ūs, *m* [verbero[1]] 打つこと.

verberetillus -a -um, *adj* =verbereus.

verbereus -a -um, *adj* [verber] 鞭打ちに値する.

verberō[1] -āre -āvī -ātum, *tr* [verber] **1** 鞭で打つ; 折檻する. **2** 攻撃する, 襲う. **3** (風・波などが)打つ, たたく. **4** (ことばで)非難〖叱責〗する.

verberō[2] -ōnis, *m* 鞭打ちに値する者, ならず者, 悪党.

verbex -ēcis, *m* =vervex.

verbificātiō -ōnis, *f* [verbum/facio] 大いに弁ずること.

verbigena -ae, °*m* [verbum/gigno] ことばから生まれた者《=キリスト》.

verbigerō -āre -āvī -ātum, *intr* [verbum/gero] ことばを交わし, 議論する.

verbivēlitātiō -ōnis, *f* [verbum/velitatio] 口げんか, 口論.

verbōsē *adv* [verbosus] 多くのことばを費やして, くだけずに.

verbōsitās -ātis, °*f* [↓] ことば数の多いこと; 駄弁, 冗舌.

verbōsus -a -um, *adj* [↓] **1** ことば数の多い, くだくだしい, 冗長な. **2** おしゃべり好きな, 多弁な.

verbum -ī, *n* **1** ことば, 語, 単語: *uno verbo* (CIC) 一言で言えば, 要するに / ~ *pro verbo* (CIC) =*ad* ~ (CIC) 一語一語, 逐語的に, 正確に / *verbi gratiā* [*causā*] (CIC) たとえば / *meis* [*tuis*] *verbis* 私〖あなた〗に代わって〖のために〗 / *tu velim Piliam meis verbis consolere* (CIC) 私に代わって Pilia を慰めてやってもらえませんか. **2** 発言, 談話: *verba facere* (CAES) 話をする / *in verbo* (VERG) 話の途中で. **3** (内実・行動を伴わない)単なることば, 空言: *alicui verba dare* (PLAUT) ある人をだます / *verbo...re* (CIC) 名目上〖理屈の上で〗は...

だが実際は. **4** きまり文句; ことわざ, 格言. **5**『文』動詞. **6°** 聖言, みことば;（三位一体の第2位たる）キリスト.

Vercellae -ārum, *f pl* ウェルケッラエ《Gallia Cisalpina の町; Mediolanum の西; 現 Vercelli》.

Vercingetorix -igis, *m* ウェルキンゲトリクス《Caesar に対する Gallia 人の反乱(前52)を指揮したArverni 族の首領》.

verculum -ī, *n dim* [ver] 春のように美しい女(?)《原義は「小さな春」》.

vērē *adv* [verus] 本当に, 実際に, 正しく.

verēcundē *adv* [verecundus] 控え目に, 慎しみ深く, 遠慮して.

verēcundia -ae, *f* [verecundus] **1** 控え目, 慎しみ; 内気, 遠慮. **2** 敬意, 尊敬: ~ *deorum* (LIV) 敬神の念. **3** 廉恥心; 恥じらい: *privatis dictatorem poscere reum verecundiae non fuit* (LIV) 一般の市民たちには独裁官の弾劾を求めることは恥ではなかった(=彼らは臆面もなく独裁官の弾劾を求めた)《verecundiae は predic dat》.

verēcundor -ārī -ātus sum, *intr dep* [↓] 控え目である, 慎しみ深くはにかむ《+*inf*》: *verecundari in publicum prodire* (CIC) 人前に出たがらない.

verēcundus -a -um, *adj* [vereor] **1** 控え目な, 慎しみ深い: *in appendendis honoribus inmodicus, in gerendis verecundissimus* (VELL) 官職の獲得にはなんの遠慮もないが,（権力の）行使にはきわめて控え目な. **2** 恥を知る; 恥ずかしがりの: ~ *vultus* (OV) 恥ずかしそうな顔. **3°** 尊敬すべき.

verēdārius -ī, *m* [↓] **1**〖碑〗帝室郵便の送達吏. **2** 急使, 伝令. **3** ゴシップ好きな聖職者.

verēdus -ī, *m* **1°** 駅馬, 早馬. **2**（狩猟用の）駿馬.

verenda -ōrum, *n pl* [↓] 性器, 陰部.

verendus -a -um, *adj* [↓] **1** 畏怖[尊敬]すべき, おごそかな. **2** 恐るべき.

vereor -ērī veritus sum, *tr, intr dep* **1** 畏敬する, 尊重する《+*acc*; +*gen*》: *metuebant eum servi, verebantur liberi* (CIC) 奴隷どもは彼を恐れていたが, 子らは敬愛していた / *ne tui quidem testimoni veritus* (CIC) 彼はあなた（の彼）の人物保証をしてくれたことをまったく意に介さずに. **2** 恐れる, 心配[危惧]する, 逡巡する《+*acc*; +*dat*; de re; +*inf*; ne; ne non; ut; +間接疑問》: *hostem vereri* (CAES) 敵を恐れる / *minus navibus veritus* (CAES) 船の心配はしないで / *de Carthagine vereri* (CIC) Carthago に恐れを抱く / *quos interficere vereretur* (CAES) 殺すのをはばかるような者らを / ~ *ne iste jam auctionem nullam faciat* (CIC) あの人がもう競売を行なわないのではないかと私は心配している / *videris vereri ut epistulas illas acceperim* (CIC) あなたは私があの手紙を受け取っていないのではとご心配のようだ / ~ *quid agat* (CIC) 彼(の容態)がどんな具合か気がかりだ.

verētilla -ae, *f dim* [↓] 未詳の海魚《男性器に似ているという》.

verētrum -ī, *n* [vereor] 男性器.

Vergiliae -ārum, *f pl* [vergo]『天』すばる(=Pleiades)《雄牛座の星付注》.

Vergilius -ī, *m* ウェルギリウス《ローマ人の氏族名; 特に P. ~ *Maro*, 詩人(前70-19); *Eclogae*「牧歌」,

Georgica「農耕歌」, *Aeneis*「アエネーイス」を著わした》.

Verginius -ī, *m* ウェルギーニウス《ローマ人の氏族名; 特に L. ~, 娘 Verginia が十人委員 (decemvir) の Appius Claudius に横恋慕されて強制されたため, 裁判の最中に娘を殺害してその自由と名誉を守った百人隊長; この事件がきっかけとなって十人委員会は廃止された (前449)》.

vergō -ere versī, *intr, tr* **1** 傾く, 沈む. **2** 傾斜をなす,（下方に）向かって［延びて］いる; 面する, 位置する. **3**（時・期間が）終わりに近づく; 衰退する: *vergente die* (SUET) 日が西に傾いたころ. **4** 変色する. **5** (*tr*) 傾ける,（下方に）向かわせる; 注ぐ.

Vergobretus -ī, *m* ウェルゴブレトゥス《Gallia の Aedui 族の最高の官職名》.

vericulum -ī, *n dim* [veru] **1** (小さな)串. **2** (小さな)槍.

vēridicē° *adv* [↓] 真実に, 本当に.

vēridicus -a -um, *adj* [verus/dico²] **1** 真実を告げる. **2** 正しく予言された.

vērificō -ere, °*tr* [verus/facio] 真実として提示する.

vēriloquium -ī, *n* [verus/loquor] **1** （語の）原義, 語源 (=etymologia). **2°** 真実を語ること.

vērīsimilis, vērī similis -is -e, *adj* [verus/similis] 真実らしい[らしく見える], もっともらしい, ありそうな: *nec veri simile loquere nec verum* (PLAUT) おまえは本当らしいことも本当のことも話していない.

vērīsimiliter *adv* [↑] 真実らしく, もっともらしく.

vērīsimilitūdō -dinis, *f* [verisimilis] 真実らしいこと, もっともらしさ.

vēritās -ātis, *f* [verus] **1** 真実, 真実事. **2** 現実, 実態, 実相. **3** 本性, 本質. **4** 公正, 誠実, 率直: *obsequium amicos,* ~ *odium parit* (TER) 追従は友を, 正直は憎しみを生む. **5** 本来の語源[語形]; 厳格な規則, 規則の遵守. **6°** 実際の価値[価格]. **7°**〖キ教〗福音. **8°**〖カ〗(正統)教義.

veritus -a -um, *pp* ⇨ vereor.

vēriverbium -ī, *n* [verus/verbum] 真実を語ること, 誠実さ.

vermiculātiō -ōnis, *f* [vermiculor] (樹木・果実が)虫に食われる[むしばまれる]こと.

vermiculātus -a -um, *adj* (*pp*) [↓] **1** 虫の食った. **2**（モザイクが）虫食い形模様の.

vermiculor -ārī -ātus sum, *intr dep* [↓]（木に）虫が付いている, むしばまれる.

vermiculus -ī, *m dim* [vermis] **1** 小さな虫;（昆虫の）幼虫. **2** 狂犬病. **3°** 深紅色 (=coccum).

vermifugum -ī, °*n* [vermis/fugio]〖薬〗駆虫薬, 虫下し.

vermina -um, *n pl* [*cf.* vermis] のたうちまわるよう な激しい腹痛, 疝痛[さしこみ].

verminātiō -ōnis, *f* [↓] **1** いても立ってもいられないほどの激痛. **2** (駄獣の)シラミ寄生[寄生虫]症.

verminō -āre -āvī -ātum, *intr* [vermina] **1** 激痛に苦しむ. **2** 害虫[寄生虫]に悩まされる.

verminor -ārī, *intr dep* [↑]（痛風・陣痛などの）激痛に苦しむ.

verminōsus -a -um, *adj* [↓] 虫のわいた，虫が付いた．

vermis -is, *m* 1 (昆虫の)幼虫，蛆(:)虫；ミミズ． 2°『解』(小脳)虫部．

verna -ae, *m* (*f*) 1 主人の家で生まれた奴隷． 2 その土地で生まれた人[採れたもの]，土地っ子．

vernāculus[1] -a -um, *adj dim* [↑↓] 1 (奴隷が)主人の家で生まれた． 2 その土地で生まれた[産出する]，土着の，本国(特にローマ)の． 3 (軍隊が)現地で徴募された． 4 粗野な．

vernāculus[2] -ī, *m* (*m*,*f*) 主人の家で生まれた奴隷． 2 悪ふざけをする人，おどけ者．

vernālis -is -e, *adj* [ver] 春の．

vernātiō -ōnis, *f* [verno] 1 (ヘビなどの)脱皮． 2 (ヘビの)抜け殻．

vernīlis -is -e, *adj* [verna] 1 主人の家で生まれた奴隷の． 2 奴隷根性の，こびへつらう． 3 おどけた，ふざけた．

vernīlitās -ātis, *f* [↑↑] 1 奴隷根性，追従(%). 2 生意気，無作法．

vernīliter *adv* [vernilis] 1 主人の家で生まれた奴隷のように． 2 へつらって． 3 おどけて，ふざけて．

vernō -āre -āvī -ātum, *intr* [vernus] 1 春のようになる，緑の草木でおおわれるようになる；開花する． 2 活発に[若々しく]なる；うっすらとひげが生える．

vernula -ae, *m* (*f*) *dim* [verna] 主人の家で生まれた若い奴隷．

vernum -ī, *n* [↓] 春，春の季節：*verno* (CATO) 春に．

vernus -a -um, *adj* [ver] 春の．

vērō[1] *adv* (*abl*) [verus] 1 本当に，実際に． 2 (肯定の答えとして)確かに，その通り． 3 まったく，…てさえ． 4 さらに． 5 その一方で，他方に；しかしながら．

vērō[2] -āre, *intr* [verus] 真実を語る．

Veromanduī -ōrum, *m pl* = Viromandui.

Vērōna -ae, *f* ウェーローナ《Italia 北部，Gallia Transpadana の町；詩人 Catullus の生地》．

Vērōnensis -is -e, *adj* Verona の． **Vērōnensēs** -ium, *m pl* Verona の住民．

verpa -ae, *f* [↓] (包皮から突き出した)陰茎(=membrum virile).

verpus -a -um, *adj* (陰茎が)包皮から突き出た；割礼を受けた．

verrēs -is, *m* 『動』(去勢されていない)雄豚；イノシシ．

Verrēs -is, *m* ウェッレース《ローマ人の氏族名》；特に *C. Cornelius* ~, 属州総督として Sicilia 島民を手ひどく搾取したため Cicero に弾劾(&)された《前 70》．

verriculum -ī,°*n* [verro] 引き網，地引き網(=everriculum).

verrīnus -a -um, *adj* [verres] (去勢されていない)雄豚の；イノシシの．

Verrīnus -a -um, *adj* Verres の．

Verrius[1] -ī,*m* =Verrinus.

Verrius[2] -ī, *m* ウェッリウス《ローマ人の氏族名》；特に ~ *Flaccus*, Augustus 帝時代の文法家》．

verrō -ere versum, *tr* 1 (ほうきで)掃く，掃き清める；(掃い)集める． 2 引きずる． 3 (風・船・イルカなどが水面を)かすめて[すべるように]進む． 4 (風が)吹き飛ばす，吹きまくる．

verrūca -ae, *f* 1 いぼ；できもの． 2 瑕瑾(%),小さな欠点． 3 高所，(土地の)隆起．

verrūcārius -a -um, *adj* [↑] いぼの：*herba verrucaria* (PLIN) 『植』キダチルリソウ(=heliotropium)《原義「いぼ取り草」》．

verrūcōsus -a -um, *adj* [verruca] 1 いぼの多い，いぼだらけの． 2 (文体が)ごつごつした，洗練されていない．

verrūcula -ae, *f dim* [verruca] 1 小さないぼ． 2°(土地の)小隆起．

Verrūgō -ginis, *f* ウェッルーゴー《Latium の Volsci 族の町》．

verruncō -āre, *intr* [averrunco] 回転する：*ea bene populo verruncent* (LIV) 事態が(ローマの)人々に上首尾に終わりますように《祈りの決まった文句》．

versābilis -is -e, *adj* [verso] 1 向きを変えることができる． 2 (運・状況が)変わりやすい，一定しない．

versābundus -a -um, *adj* [verso] 回転する，旋回する．

versātilis -is -e, *adj* [verso] 1 (主軸の上で)旋回[回転]する． 2 多才な，応用の利く．

versātiō -ōnis, *f* [verso] 1 回転． 2 変転．

versātus -a -um, *adj* (*pp*) [verso, versor] 経験を積んだ，熟練した．

versicapillus -a -um, *adj* [versus[1]/capillus] 白髪(%)混じりになった．

versicolor -ōris, *adj* [versus[1]/color] 1 変わる色の． 2 雑色の，多彩な．

versiculus -ī, *m dim* [versus[3]] 1 短い[一行の]書き付け，短文． 2 一行の詩；小詩，短詩． 3°『カト』(唱和用)短句．

versificātiō -ōnis, *f* [versifico] 韻文(の形)にすること，作詩法．

versificātor -ōris, *m* [↓] 1 (散文を)韻文にする人． 2 詩人．

versificō -āre -āvī -ātum, *intr*, *tr* [versus[3]/facio] 1 韻文を書く． 2 韻文にする．

versificus[1] -a -um, *adj* [↑↑] 韻文の，詩的な．

versificus[2] -ī, °*m* 詩人．

versiformis -is -e, °*adj* [versus[1]/forma] 姿を変える，変化する．

versipellis, vorsip- -is, *m* (*f*) [versus[1]/pellis] 1 姿形を変えられる者，変幻自在の人． 2 狼男．

versō -āre -āvī -ātum, *tr freq* [verto] 1 回し続ける． 2 あちらこちらへと向ける，向きを変える，ひっくり返す． 3 追いまわす． 4 かきまわす，かき混ぜる：*omnium versatur urnā sors* (HOR) すべての人々の運命は壺で振り出される． 5 (武器を)振りまわす． 6 (戦車・馬車を)操縦する．7 (土地を)すきで掘り返す． 8 (手足を)あちらこちらへ動かす；(*refl*) 身もだえする． 9 悩ます，苦しめる． 10 思案を巡らす，あれこれ考える． 11 (新しい形をつくるために素材を)こねまわす；(表現の仕方を)変える． 12 (性・態度を)状況に適合させる． 13 (考え・行動を)左右する，操る：*fortuna utrumque versavit* (CAES) 運命は二人をもてあそんだ． 14 保つ，持続する． 15 取り扱う．

versor (古形 **vorsor**) -ārī -ātus sum, *intr dep* 1 歩きまわる；(頻繁に)出入り[行き来]する． 2 (ある場所に)とどまる，時を過ごす． 3 (ある状況が)存在[存続]す

る, (ある活動が)進行中である. **4** (考えが念頭を)離れない, (思いが)去来する: *cujus os mihi ante oculos versatur* (Cɪᴄ) 彼の顔が私の眼前に浮かぶ / *meae crudelitatis metus in ore omnium versabitur* (Tᴀᴄ) 私の残虐性への恐怖がすべての人々の口にのぼり続けるだろう. **5** (ある状態に)ある, 巻き込まれている: *in maximo errore versari* (Cɪᴄ) 大きな誤りを犯している / *semper in laude versatus* (Cɪᴄ) 常に賞賛を浴びて. **6** (人が)…に従事する: *in omnibus artibus versatur* (Cɪᴄ) 彼はあらゆる学芸にたずさわっている. **7** (物が)…に関わる, …に関係する: *omnes artes in veri investigatione versantur* (Cɪᴄ) すべての学芸は真理の探求に関わっている.

versōria (古形 **vorsōria**) -ae, *f* [verto] 帆脚索(ほぎょ).

versum *adv* =versus².

versūra (古形 **vorsūra**) -ae, *f* [verto] **1** 回転. **2** (犂(すき)を引く牛が向きを変える)畝(うね)の端. **3** 角(かど), 隅(すみ); 突出部; 屈曲部. **4** 舞台脇, そで. **5** (借金返済のため他から)新しい借金をすること.

versus¹ -a -um, *pp* ⇨ verro, verto.

versus² (古形 **vorsus**), **versum** (古形 **vorsum**) *adv* (*pp*) [verto] …の方向へ, …へ向かって(常に後置される): (*ad* [*in*]+*acc*) *in forum* ~ (Cɪᴄ) フォルムの方へ / *ad Oceanum* ~ (Cᴀᴇs) 大洋へ向って / (都市・小島の *acc* と) *Romam* ~ (Lɪᴠ) ローマへ向けて / (他の *adv* と) *sursum* ~ (Cɪᴄ) 上方に / *deorsum versum* (Vᴀʀʀ) 下方に.

versus³ (古形 **vorsus**) -ūs, *m* [verto] **1** (畑の)畝(うね)溝. **2** 並んでいるもの, 列. **3** (書きものの一行; 詩行: *Graeci versūs* (Cɪᴄ) ギリシア(語)の詩. **4** サヨナキドリの鳴き声[歌声]. **5** 土地測量単位(= 10,000 平方 pedes). **6** (踊りの)旋回するステップ.

versūtē (古形 **vors-**) *adv* [versutus] 狡猾に, 巧妙に.

versūtia -ae, *f* [versutus] 狡猾, 奸策, 策略.

versūtiloquus -a -um, *adj* [↓/loquor] ことば巧みな, ずるい.

versūtus -a -um, *adj* [versus³] **1** 巧妙な, 器用な. **2** ずるい, 狡猾な.

vertebra -ae, *f* [verto] **1** 関節. **2** 《解·動》椎骨, 脊椎骨.

vertebrātus -a -um, *adj* [↑] **1** 関節のある. **2** 接合された; 可動の.

vertex (古形 **vort-**) -ticis, *m* [verto] **1** 渦, 渦巻. **2** 旋風, つむじ風. **3** 頭頂, 頭: *toto vertice supra esse* (Vᴇʀɢ) 頭一つ分(背が他より)高い. **4** 頂点, 頂き; 天頂: *a vertice* (Vᴇʀɢ) 真上から. **5** 天極.

vertī *pf* ⇨ verto.

verticālis -is -e, °*adj* [vertex] **1** 鉛直の, 垂直の. **2** 《解》頭頂の.

verticōsus -a -um, *adj* [vertex] 渦巻の多い.

verticula -ae, *f* [verto] **1** 《解》関節. **2** (機械の)接合部.

verticulum -ī, °*n* [verto] 《解》腸の皺襞(しゅうへき).

verticulus -ī, °*m* [verto] **1** 関節. **2** 《医》套管(とうかん)[カニューレ]の太い方の端.

vertīginō -āre, °*intr* [vertigo] (カメレオンの目玉が左右ばらばらに)回る.

vertīginor -ārī, °*intr dep* [↓] めまいがする.

vertīgō -ginis, *f* [↑] **1** 回転, 旋回. **2** 変転, 成り行き. **3** めまい: ° ~ *epileptica* 《病》てんかん性眩暈(げんうん).

vertō (古形 **vortō**) -ere -ī versum, *tr, intr* **I** (*tr*) **1** 回す, 向きを変える: *ora huc et huc vertit* (Hᴏʀ) 顔をあちらこちらへと向ける / *stilum vertere* (Cɪᴄ) 鉄筆の向きを(とがっている方から平らな方へ)変える(=蠟板の文字をこすって消す) / (*pass* 再帰的に) *vertitur caelum* (Vᴇʀɢ) 天が回転する / *ad lapidem verti* (Lᴜᴄʀ) 石(像)に向かって立つ. **2** *hostem in fugam vertere* (Lɪᴠ)《軍》敵を敗走させる / *terga vertere* (Cᴀᴇs) =*se vertere* (Cᴀᴇs) (敵に)背中を見せる(=逃げる). **3** (ある方向へ)向かわせる: *di bene vortant quod agas* (Tᴇʀ) 神々があなたの企てを成功させて下さいますように / *quo se verteret, non habebat* (Cɪᴄ) 彼はどちらを向けば(=どちら側に加担すれば)よいのか分らなかった / (*pp*) (ある方向に)向いた: *insulae in Africam versae* (Pʟɪɴ) Africa に面する島々. **4** ひっくり返す, 倒す: *ab imo moenia Trojae vertere* (Vᴇʀɢ) Troja の城壁を基石からくつがえす. **5** (土地を)掘り返す. **6** 変える, 変形させる: *natura cibos in corpora viva vertit* (Lᴜᴄʀ) 自然は食物を生きた肉体に変える / (*pass* 再帰的に) *in rabiem coepit verti jocus* (Hᴏʀ) 冗談が憤怒に変わり始める. **7** 取り換える, 交換する: *solum vertere* (Cɪᴄ) 亡命する. **8** 翻訳する; 言い換える. **9** …とみなす, 解する: *ea in suam contumeliam vertit* (Cᴀᴇs) 彼はそれを自分に侮辱と受け止める. **10** (*pass* 再帰的に)(できごとなどが)起きる, 展開する; …に次第である: *omnia in unius potestate vertuntur* (Cɪᴄ) すべては一個人の権力にかかっている / *spes civitatis in dictatore vertitur* (Lɪᴠ) 国家の希望は独裁官に依存している. **11** …に帰する: *fames in deum iras vertere* (Lɪᴠ) 飢饉を神々の怒りのせいにする. **II** (*intr*) **1** 向く, 向かう: *in fugam vertere* (Lɪᴠ) 逃げ出す / *alio vertunt* (Tᴀᴄ) 彼ら(の考え)は別の方向に向かう. **2** …の結果になる: *ut detrimentum in bonum verteret* (Cᴀᴇs) 禍いが転じて福となるように. **3** 回る, 変わる: *jam verterat fortuna* (Lɪᴠ) 運命はすでに転じてしまった / *totae solidam in glaciem vertēre lacunae* (Vᴇʀɢ) 池全体が固い氷に変わった. **4** (*prp* vertens) 巡る: *mense vertente* (Vɪᴛʀ) ひと月の間に / *anno vertente* (Cɪᴄ) まる一年経つうちに / *annus vertens* (Cɪᴄ) 「一巡りの年」(すべての星がいったん出発した元の地点に戻って, 天全体に同じ配置が再現されるまでの期間).

vertragus -ī, *m* Gallia の猟犬.

Vertumnus (古形 **Vort-**) -ī, *m* 《神話》ウェルトゥムヌス《もともと Etruria 人の神; ローマ人は(動詞 verto と結びつけ)四季が変わる一年中の神, さらにはあらゆる変化・交易・商売の神とみなして崇めた》.

verū -ūs, *n* **1** 鉄串, 焼き串. **2** 投げ槍. **3** (*pl*) 《碑》忍び返しのついた柵(?). **4** °(写本の)疑句標(=obelus).

veruīna -ae, *f* [↑] 鉄串.

Verulae -ārum, *f pl* ウェルラエ《Latium の Hernici 族の町; 現 Veroli》.

Verulamium -ī, *n* ウェルラミウム《Britannia の町; Londinium の北西にあった; 現 St. Albans》.

Verulānus -a -um, *adj* Verulae の.

vērum[1] -ī, *n* [verus] **1** 真実, 事実: *vero similis* (QUINT) 本当らしい / ⇨ verisimilis. **2** 正義.

vērum[2] *adv* 本当に.

vērum[3] *conj* **1** (相手の言い分に一度同意した上で)しかし実際は, とはいえ, しかしながら (しばしば vero, enim, enimvero で強調される). **2** しかし: *non solum* [*modo*] ... ~ *etiam* ...ばかりでなく...もまた. **3** (新しい話題・視点を導入して)ところで. **4** (脇道にそれた話題を元に戻して)それはさておき.

vērumtamen, vērum tamen *adv* それにしても, とはいえ, それにもかかわらず.

vērus -a -um, *adj* **1** 真実の, 事実の; 真実を語る. **2** 真正の, 本物の: *timor* ~ (CIC) 根拠のある恐怖. **3** 正当の, 合理的な. **4** 公正な, 誠実な.

Vērus -ī, *m* ウェールス《ローマ人の家名; 特に *L. Aurelius* ~, 皇帝(在位 161-169); Marcus Aurelius 帝と共同統治した》.

verūtum -ī, *n* [↓] 投げ槍の一種.

verūtus -a -um, *adj* [veru] **1** (串のように)先のとがった. **2** 投げ槍を手にした.

Vervēceus -a -um, °*adj* [vervex] 雄羊の姿をした《Juppiter Ammon の呼称》.

vervēcīnus -a -um, °*adj* [↓] (去勢された)雄羊の.

vervex, verbex -ēcis, *m* **1** (去勢された)雄羊. **2** 愚か者, ばか.

vēsānia -ae, *f* [vesanus] 狂気, 錯乱.

vēsāniō -īre, *intr* [↓] 荒れ狂う.

vēsānus -a -um, *adj* [ve-/sanus] **1** 気の狂った, 理性を失った. **2** 狂暴な, 激しい.

Vesbius[1,2] =Vesuvius[1,2].

vescī *inf* ⇨ vescor.

Vescia -ae, *f* ウェスキア《Latium の Liris 川のほとりの町》.

Vescīnus -a -um, *adj* Vescia の. **Vescīnī** -ōrum, *m pl* Vescia の住民.

vescor -scī, *intr, tr dep* **1** 食べる, 食事をする ‹re; alqd›: *lacte caseo carne vesci* (CIC) ミルク, チーズ, 肉を常食とする / *apri in morbis sibi medentur cancros vescendo* (PLIN) イノシシは病気になるとカニを食べて自分を癒す. **2** 利用する, 享受する ‹re›: *vesci vitalibus auris* (LUCR) 命を支える空気を享受する. **3** 『法』扶養する, 養育する.

vesculus -a -um, *adj dim* [↓] 弱々しい, やせた.

vescus -a -um, *adj* [vescor] **1** やせた, 細い, 小さな. **2** かじる, むしばむ: *vescum sal* (LUCR) (岩を)むしばむ(海水中の)塩分.

Veseris -is, *m* ウェセリス《Campania の Vesuvius 山麓の小さな川》.

Vesēvus[1,2] =Vesuvius[1,2].

vēsīca -ae, *f* **1** (人・動物の)膀胱. **2** (動物の膀胱でつくった)財布, 袋, おおい, ランタン(など). **3** 水ぶくれ, 水疱. **4** 膣. **5** 誇大な表現, 誇張. **6** °『解』嚢(のう): ~ *urinaria* 膀胱.

vēsīcālis -is -e, °*adj* [↑] 膀胱の.

vēsīcans -antis, °*n* [vesica] 『薬』発疱剤.

vēsīcārius -a -um, *adj* [vesica] 膀胱の疾患に効く.

vēsīcō -āre, °*intr* [vesica] (膀胱のように)ふくれる, 水疱ができる.

vēsīcula -ae, *f dim* [vesica] **1** 小さな膀胱. **2** (豆の)莢(さや). **3**° 『解』小囊(しょうのう), 小胞; ~ *seminalis* 精嚢.

Vesontiō -ōnis, *m* ウェソンティオー《Gallia Celtica の Sequani 族の町; 現 Besançon》.

vespa[1] -ae, *f* 『動』スズメバチ(雀蜂).

vespa[2] -ae, *m* =vespillo 1.

Vespasiānus -ī, *m* ウェスパシアーヌス《*T. Flavius* ~, ローマ皇帝(9-79; 在位 69-79)》.

vesper -eri [-eris], *m* **1** 夕方, 晩: *vespere* (abl) =*vesperi* (loc) (CIC) 夕方に. **2** 『天』金星, 宵の明星. **3** 西方; 西方の住民.

vespera -ae, *f* **1** 夕方, 晩, 夕暮に: *vesperā* (abl) (PLIN) 夕方に. **2**° (*pl*) 『カト』夕の祈り, 晩課.

vesperālis -is -e, °*adj* [↑] 夕方の; 西の.

vesperascō -ere, *intr inch* [vesper] 夕方になる, 日が暮れる.

vesperna -ae, *f* [vesper] 夕食.

vespertiliō -ōnis, *m* [vesper] 『動』コウモリ(蝙蝠).

vespertīnus -a -um, *adj* [vesper] **1** 夕方の: *vespertinae litterae* (CIC) 夕方受け取った手紙. **2** 西の, 西方にある.

vesperūgō -ginis, *f* [vesper] **1** 『天』金星, 宵の明星. **2**° 『動』コウモリ (=vespertilio).

vesperus -a -um, *adj* [vespera] 夕方の.

vespillō -ōnis, *m* **1** (極貧者のための)死体埋葬人夫. **2**° 墓荒し.

Vesta -ae, *f* **1** 『神話』ウェスタ《Saturnus と Ops の娘, 炉・家庭生活の女神; ギリシア神話の Hestia に当たる》. **2** 炉の神聖な火. **3** Vesta の神殿.

Vestālia -ium, *n pl* [↓] Vesta の祭典《6月9日に行われた》.

Vestālis[1] -is -e, *adj* **1** Vesta の: *virgo* ~ (CIC) Vesta の巫女(みこ). **2** Vesta の巫女の. **3** 貞淑な.

Vestālis[2] -is, *f* (*sc.* virgo) Vesta の巫女.

vester[1] (古形 **voster**) -tra -trum, *adj poss* [vos] あなた方の (*cf.* tuus): *majores vestri* (CIC) あなた方のご先祖 / (vos の object gen vestri の代わりに) *odio vestro* (LIV) あなた方に対する憎しみから.

vester[2] (古形 **voster**) -trī, *m* [↑] **1** おまえ方の主人. **2** (*pl*) あなた方の学派[党派].

vestiārium -ī, *n* [↓] **1** 衣装だんす. **2** 衣服, 着物. **3**° 衣装部屋.

vestiārius[1] -a -um, *adj* [vestis] 衣服の, 衣服に関する.

vestiārius[2] -ī, *m* **1** 衣服商. **2** 《碑》衣装番の奴隷.

vestibulum -ī, *n* **1** (建物の)前庭. **2** 入口の間, 玄関のホール. **3** 出だし, 端緒. **4**° 『解・動』前庭, 前房, 前室.

vesticeps -cipis, *adj* [vestis/capio[1]] **1** 薄ひげの生えた, 思春期に達した. **2** (皮肉として)堕落した.

vestīgātor -ōris, *m* [vestigo] **1** (獣などの)跡を追う人, 猟師. **2** 密告者.

vestīgium -ī, *n* [↓] **1** (人・動物が通った)跡, 足跡. **2** 地点, 場所: *eodem vestigio remanere* (CAES) 同じ場所にとどまる. **3** 痕跡, 名残り: *vestigia urbis* (CIC) 町の廃墟. **4** 足の裏. **5** 時点: *in illo vesti-*

vestigō — vexillarius

gio temporis (CAES) その瞬間に／*e vestigio* (CIC) 直ちに，即刻．
vestīgō -āre -āvī -ātum, *tr* **1** 足跡を追う；探索する．**2** 捜し出す，発見する．
vestīmentum -ī, *n* [vestis] **1** 衣服，衣装．**2** 掛け布；敷物．
Vestīnī -ōrum, *m pl* ウェスティーニー《Appenninus 山脈中部の東側にいた一部族》．
Vestīnus -a -um, *adj* Vestini 族の．
vestiō -īre -īvī -ītum, *tr*, *intr* [vestis] **I** (*tr*) **1** (衣服を)着せる．**2** おおう，包む．**3** (考えをことばで)表現する．**II** (*intr*) 装う，着用する．
vestiplica -ae, *f* [↓/plico] 衣服を折りたたんでしわのばしをする女奴隷．
vestis -is, *f* **1** 衣服，衣装：*vestem mutare* (CIC) 喪服に着替える．**2** おおい；敷物．**3** ヘビのぬけがら．**4** クモの巣．
vestispica -ae, *f* [↑/specio] 衣装番女奴隷，小間使い．
vestītus[1] -a -um, *adj* (*pp*) [vestio] 盛装した，着飾った．
vestītus[2] -ūs, *m* **1** 衣服，衣装：*mutare vestitum* (CIC) 喪服に着替える／*redire ad vestitum* (CIC) (喪服から)再び普段の衣服を着る．**2** (自然の)おおい：*riparum vestitūs viridissimi* (CIC) 土堤をおおう緑したたる若草．**3** 文飾．
vestrās -ātis, °*adj* [vester[1]] あなた方の家族[国]の．
vestrum -ī, *n* [vester[1]] あなた方の財産[お金]．
Vesulus -ī, *m* ウェスルス《Liguria の山；現 Monte Viso》．
Vesuvīnus -a -um, *adj* Vesuvius の．
Vesuvius[1] -a -um, *adj* =Vesuvinus.
Vesuvius[2] -ī, *m* ウェスウィウス《Campania の Neapolis 東方の活火山；79 年の噴火は Pompeii, Herculaneum を埋没させた；現 Vesuvio》．
Vesvius[1,2] =Vesuvius[1,2].
Vetera -um, *n pl* (*sc.* castra) ウェテラ《Gallia Belgica の Rhenus 川沿いの町》．
vetera -um, *n pl* [vetus] 古い事物，過去のできごと，伝統．
veterāmentārius -a -um, *adj* 古物を扱う：~ *sutor* (SUET) 古靴直し．
veterānus[1] -a -um, *adj* [vetus] **1** 経験豊かな，古参の．**2** (動植物が)成熟した．
veterānus[2] -ī, *m* **1** 古参兵，老兵．**2** 老練家．
veterārium -ī, *n* [↓] (成熟させるための)ぶどう酒貯蔵室．
veterārius -a -um, *adj* [vetus] (ぶどう酒が)古い，熟成した：*vina veteraria* (SEN) 年代物のぶどう酒．
veterāscō -ere, *intr inch* [vetus] 古くなる，年を経る．
veterātor -ōris, *m* [vetero] **1** 老練家，経験豊かな．**2** 老獪なやつ，古だぬき．**3** 老奴隷．
veterātōriē *adv* [↓] 巧みに，手際よく．
veterātōrius -a -um, *adj* [veterator] 狡猾な，巧妙な．
veterātrīx -īcis, *adj f* [veterator] (魔法に)通じた．
veterātus -a -um, *adj* (*pp*) [vetero] 古くなった．
veterēs -um, *m pl* [vetus] **1** 先人，古人；祖先．**2** 古い著述家たち．
Veterēs -um, *f pl* (*sc.* tabernae) ローマ市の Forum の南側の商店街《『老舗街』の意》．
veterīnae -ārum, *f pl*, **veterīna** -ōrum, *n pl* [veterinus] 荷車役用家畜，駄獣．
veterīnārius[1] -a -um, *adj* [veterinus] 駄獣の医療に関わる．
veterīnārius[2] -ī, *m* (*sc.* medicus) 獣医．
veterīnus -a -um, *adj* [vetus] **1** 荷物を運ぶ：*bestia veterina* (CATO) 駄獣．**2**° 駄獣の．
veternōsus -a -um, *adj* [↓] **1** 昏睡(状態)の，眠くてたまらない．**2** 無気力な，不活発な．
veternus -ī, *m* [vetus] **1** 老年，老齢．**2** 病的な眠気(倦怠感)，昏睡，(熊の)冬眠．**3** 無気力，無為，怠惰．**4** 古い汚物の山．
veterō -āre -āvī -ātum, °*tr* [vetus] 古くさせる，陳腐にする．
vetitum -ī, *n* [↓] **1** 禁止事項．**2** 禁令，禁止．
vetitus -a -um, *pp* ⇒ veto.
vetō -āre -tuī -titum, *tr* 禁止する，拒否する，妨げる ⟨+*acc*; +*inf*; +*acc c. inf*; ne⟩：*vetuit me tali voce* (HOR) 彼は次のように言って私を制した／*bella vetare* (VERG) 戦に反対する／*lex vetat delinquere* (CIC) 法は悪業を禁ずる／*ab opere legatos discedere vetuerat* (CAES) 彼は副官たちに作業の現場から離れるなと命じておいた／*edicto vetuit ne quis se praeter Apellen pingueret* (HOR) (王は) Apelles 以外は誰も自分を描いてはならぬと法令で禁止した．
Vettōnēs -um, *m pl* ウェットーネース《Lusitania にいた一部族》．
vetuī *pf* ⇒ veto.
vetula -ae, *f* [↓] 初老の女性．
vetulus[1] -a -um, *adj dim* [vetus] (人・動物が)やや老いた；(物が)やや古い．
vetulus[2] -ī, *m dim* 初老の男性．
Veturius -ī, *m* ウェトゥリウス《ローマ人の氏族名》．
vetus -teris (*comp* veterior, *superl* veterrimus), *adj* **1** 年を取った，老齢の．**2** 古い，長年の；慢性の．**3** 昔の，過去の．**4** 老練な，経験を積んだ ⟨+*gen*⟩：~ *miles* (CIC) 古参兵／~ *regnandi* (TAC) 支配の経験豊かな．
vetustās -ātis, *f* [↑] **1** 老年，高齢．**2** 古いこと；長年，長期の継続[経験]；(病気の)慢性．**3** 太古の人々・制度)，古い伝承．**4** 遠い未来，後世．
vetustē *adv* [vetustus] 昔風に．
vetustēscō -ere, *intr inch* [↓] (ぶどう酒が)熟成する．
vetustus -a -um, *adj* [vetus] **1** (事物が)古い，年を経た，長期にわたる；(病気が)慢性の．**2** (人が)古参の，年長の．**3** 太古の，大昔の．**4** 古風な，古体の．
vexāmen -minis, *n* [vexo] 動揺，変動．
vexātiō -ōnis, *f* [vexo] **1** 激しく揺する[ゆさぶる]こと，衝撃(を与えること)．**2** 苦しめること，迫害．**3** 苦痛，困苦．
vexātor -ōris, *m* [vexo] 苦しめる人，迫害者．
vexī *pf* ⇒ veho.
vexillārius -ī, *m* [vexillum] **1** 旗手．**2** (盗賊

vexillātiō -ōnis, *f* [vexillum] 1 分遣隊. 2° 騎兵隊.

vexillifer -fera -ferum, °*adj* [↓/fero] 軍旗を持っている.

vexillum -ī, *n dim* [velum] 1 軍旗. 2 (同じ軍旗の下で戦う)小部隊; 分遣隊.

vexō -āre -āvī -ātum, *tr freq* [veho] 1 絶えず激しい力を加える, 激しく動かす[ゆさぶる]; 損傷を与える. 2 虐待する, 迫害する. 3 荒廃させる; 略奪[強奪]する. 4 苦しめる, 悩ます; (健康を)そこなわせる: *sollicitudo vexat impios* (Cic) 不安が不信心者たちをさいなむ. 5 (ことばで)攻撃する, ののしる.

via -ae, *f* 1 道, 道路. 2 通り; 街道: *Sacra ~* (Cic) (ローマ市内の)聖道 / *~ Appia* (Cic) アッピア街道 《⇒ Appius》/ *~ Aurelia* アウレーリア街道 《⇒ Aurelius*²*》. 3 通路. 4 (呼気・血液・食べ物などの通る)管(½)《気管・血管・食道》. 5 道の, 旅程, 旅. 6 行程, 行軍. 7《人生の》道, 進歩: *~ vivendi* (Cic) 人生行路. 8 手段, 方法: *~ laudis* (Cic) 賞賛を博するための方途 / *viā et arte dicere* (Cic) 体系的かつ理論的に弁論する.

viālis -is -e, *aaj* [↑] 道路の: *Lares viales* (Plaut) 四つ辻に安置された Lares 像.

vians -ontis, *m* (*prp*) [vio] 旅人.

viārius -a -um, *adj* [via] 道路に関する: *lex viaria* (Cic) 道路(の修繕)に関する法.

viāticātus -a -um, *adj* [viaticum] 旅費を支給された.

viāticulum -ī, *m dim* [↓] (わずかの)旅費, 路銀.

viāticum -ī, *n* [↓] 1 旅費, 路銀; 旅行手当. 2 (兵士の)貯金. 3 戦略, 知謀. 4°(外国で勉強中の学生に親元から送られる)学資. 5°《カト》臨終の聖体拝領.

viāticus -a -um, *adj* [via] 旅の: *cena viatica* (Plaut) 旅行者の無事の帰還を祝う食事.

viātor -ōris, *m* [via] 1 旅人, 旅行者. 2 (高級行政官に仕える)下役人, 伝達吏.

viātōrius -a -um, *adj* [↑] 1 旅行(者)用の. 2《碑》下役人[伝達吏]の.

vībex -bīcis, *f* 鞭で打たれた跡, みみずばれ.

Vībidius -ī, *m* ウィービディウス《ローマ人の氏族名》.

Vībius -ī, *m* ウィービウス《ローマ人の氏族名》.

Vībō -ōnis, *f* ⇨ Valentia (4).

Vibōnensis -is -e, *adj* Vibo の.

vibōnēs -um, *m pl* Britannica (*sc.* herba) と呼ばれる植物の花《扁桃炎の予防に効能があるとされた》.

vibrācae -ārum, *f pl* 鼻毛.

vibrātus¹ -a -um, °*adj* (*pp*) [vibro] きらめく, またたく.

vibrātus² -ūs, °*m* きらめき, 輝き.

vibriō -ōnis, °*m* 《細菌》ビブリオ《コレラの病原菌などのビブリオ属細菌の総称》.

vibrissō -āre, *intr* (歌いながら)声を震わせる.

vibrō -āre -āvī -ātum, *tr*, *intr* I (*tr*) 1 震わせる, 震動させる, ゆさぶる: *flamen vestes vibrare* (Ov) 風が衣服をひらひら翻す. 2 (飛び道具を)振りまわす; 投げ飛ばす. 3 (ことばを)投げつける. 4 (髪を)縮らせる. II (*intr*) 1 震える, 震動する. 2 突進する; 速く飛ぶ.

3 閃光を発する, きらめく.

vīburnum -ī, *n*《植》ガマズミ《スイカズラ科ガマズミ属の低木》.

vīcānus¹ -a -um, *adj* [vicus] 村の, 村に住む.

vīcānus² -ī, *m* 村人.

Vica Pota -ae -ae, *f* [vinco, potior²] 勝利の女神 Victoria の添え名.

vicāria -ae, *f* [vicarius²] 1 身代わりの女性 (= Alcestis). 2《碑》(他の奴隷に買われた)下働きの女奴隷. 3°親衛隊長代理の職[地位].

vicāriātus -ūs, °*m* [vicarius²]《カト》司教代理の職.

vicārius¹ -a -um, *adj* [vicis] 代理の, 身代わりの.

vicārius² -ī, *m* 1 代理人, 代行者; 身代わり: *alieni juris ~* (Cic) 他人の権利の代理人. 2 後継者. 3 (他の奴隷に買われた)下働きとしての奴隷. 4°《カト》司教代理.

vīcātim *adv* [vicus] 1 街区ごとに, 街[通り]から街[通り]へ. 2 村ごとに, 村から村へ.

vice, vicem ⇨ vicis.

vicedominus -ī, °*m* [vicis/dominus] 1 副王, 太守. 2 司教領守護職.

vīcēnārius -a -um, *adj* [↓] 20 (単位)から成る.

vīcēnī -ae -a, *num distrib* [viginti] 20 ずつの, 一度に 20 の.

vīcennium -ī, °*n* [viciens/annus] 20 年の期間.

vīcens- ⇨ vices-.

vīcēs ⇨ vicis.

vīcēsima -ae, *f* [vicesimus] (*sc.* pars) 20 分の 1 (税).

vīcēsimānī -ōrum, *m pl* [↓] 第 20 軍団の兵士たち.

vīcēsimānus -a -um, *adj* [vicesimus] 第 20 軍団の.

vīcēsimārius, vīcens- -a -um, *adj* [↓] 20 分の 1 税の.

vīcēsimus, vīcens- -a -um, *num ord* [viginti] 1 第 20 の, 20 番目の. 2 20 分の 1 の.

Vicētia -ae, *f* ウィーケーティア《Venetia の町; Verona と Patavium の間に位置する; 現 Vicenza》.

Vicētīnī -ōrum, *m pl* Vicetia の住民.

vīcī *pf* ⇨ vinco.

vicia -ae, *f*《植》マメ科ソラマメ属の植物《家畜の飼料として栽培された》.

vīciens, vīciēs *adv* [viginti] 20 回[倍].

Vicilīnus -ī, *m* [vigil¹] (Hirpini 族における) Juppiter の添え名《「油断のない者」の意》.

vīcīna -ae, *f* [vicinus²] 隣人, 近隣の人《女性》.

vīcīnālis -is -e, *adj* [vicinus¹] その土地の住民が利用[使用]する.

vīcīnia -ae, *f* [vicinus²] 1 近所, 近辺. 2 近隣の人々. 3 (時間的な)接近. 4 類似.

vīcīnitās -ātis, *f* [vicinus²] 1 隣人であること; 隣接, 近接. 2 近隣(地方). 3 近隣の人々. 4 類似性.

vīcīnitus °*adv* [vicinus¹] 近くで, 近所で.

vīcīnum -ī, *n* [↓] 付近, 近隣(地方).

vīcīnus¹ -a -um, *adj* [vicus] 1 近くの, 近隣の《+ *dat* [*gen*]》: *montis vicina cacumina caelo* (Lucr) 天

に近い山の尾根. **2** (時間的に)近い, 差し迫った. **3** 似た, 類縁の ‹+*gen* [*dat*]›: *dialecticorum scientia vicina et finitima eloquentia* (Cic) 雄弁術と類縁関係にある論理学.

vicīnus² -ī, *m* 隣人, 近隣の人.

vicis (*gen*), *f* (*sg nom* vicēs は 3 世紀以前の用例なし, *dat* vicī (まれ), *acc* vicem, *abl* vice; *pl nom*, *acc* vicēs, *gen* 用例なし, *dat*, *abl* vicibus) **1** 順番, 引継ぎ, 交代: *hac vice sermonum* (Verg) 話を取り交わして / *per vices* (Ov) 交互に / *in vicem* [*vices*] (Cic) 交互に, お互いに / *vice versā* (Sen) 逆に, あべこべに. **2** 人生の浮き沈み, 運命. **3** 返報, 報復: *redde vicem meritis* (Ov) 報いを受けて当然の人々に仕返ししてやりなさい. **4** 地位, 役割, 任務: *vestram vicem explete* (Tac) 諸君の義務を果たしてくれ. **5**° 度, 回: *alterā vice* (Vulg) 2 度も. **6** (副詞的用法) (a) vicem (1) …の代わりに, …のために ‹+*gen*; +*adj pers*›: *eri vicem* (Plaut) 主人に代わって / *tuam vicem doleo* (Cic) 私はあなたの不幸を気の毒に思っている. (2) …のように ‹+*gen*›: *vicem pecorum* (Sall) 家畜のように. (b) vice (1) …の代わりに, …のために ‹+*gen*›: *quaestoris vice* (Suet) 財務官に代わって. (2) …のように ‹+*gen*›: *vice mundi* (Suet) 天体のように.

vicissātim *adv* [↑] **1** もう一度. **2** その代わりに.

vicissim *adv* [vicis] **1** 順番として, 交代して; 交互に. **2** 反対に, 逆に. **3** 他方, さらにまた.

vicissitās -ātis, *f* [vicis] 交代, 継承.

vicissitūdō -dinis, *f* [vicis] **1** 交代, 継承. **2** 変化, 移り変わり: *fortunae vicissitudines* (Cic) 運命の変転. **3** 返報.

victima -ae, *f* **1** 犠牲獣, いけにえ. **2** 犠牲[被害]者. **3**° 虐殺.

victimārius¹ -a -um, *adj* [↑] 犠牲獣の.

victimārius² -ī, *m* **1** 犠牲式を行なうときの助手. **2** 犠牲獣商人.

victimō -āre, *tr* [victima] (獣を)犠牲に捧げる.

victitō -āre -āvī, *intr freq* [vivo] 生活する, 生きる: *ficis victitamus aridis* (Plaut) 私たちは干しイチジクを食べて生きている.

victor -ōris, *m* [vinco] **1** 勝利者, 征服者. **2** (形容詞的に)勝利を得た, 勝ち誇る: ~ *equus* (Verg) 優勝馬.

victōria -ae, *f* [↑] **1** 勝利. **2** 成功.

Victōria -ae, *f* [神話] ウィクトーリア (勝利の女神). **2** Victoria の像.

victōriātus -ī, *m* [↑] **1** (*sc.* nummus) (Victoria 像を刻印した)銀貨 (=½ denarius). **2** 重量単位 (=½ denarius).

Victōriola -ae, *f dim* 勝利の女神 Victoria の小像.

victōriōsus -a -um, *adj* [victoria] 数多くの勝利を誇る.

victrīx¹ -īcis, *f* [victor] 勝利[征服]者 (女性).

victrīx² -īcis, *adj* **1** 勝利の, 勝ち誇る: *victricia arma* (Verg) 勝利を勝ち取った武器. **2** 勝利を告げる: *litterae victrices* (Cic) 戦勝を伝える書簡.

victuālia -ium, °*n pl* [↓] 食糧.

victuālis -is -e, *adj* [victus²] 食物の, 栄養の.

victus¹ -a -um, *pp* ⇨ vinco, vivo.

victus² -ūs, *m* [vivo] **1** 食物, 栄養物. **2**° 生活必需品. **3** 生活様式, 暮らしぶり.

vīculus -ī, *m dim* [↓] 小さな村.

vīcus -ī, *m* **1** 村落, 村. **2** (田舎の)別荘, 地所. **3** (町の)一画; 通り, 街.

vidēlicet *adv* [video/licet] **1** …は自明である ‹+*acc c. inf*›: *esse ~ in terris primordia rerum* (Lucr) 大地の中に物の原子が存在することは明らかである. **2** 明らかに. **3** (皮肉として)もちろん: *homo ~ timidus et permodestus* (Cic) (Catilina は) もちろん小心どきわめて穏健な人物. **4** すなわち.

vidēn =videsne (⇨ video, -ne).

videō -ēre vidī vīsum, *tr* **1** 見る ‹+*acc*; +*acc c. inf*; *ut*›: *clare oculis ~* (Plaut) わしは(老人だが)目は確かだぞ / *quem vides?* (Ter) あなたは誰を見てるの / *caelum videre* (Ov) 天を仰ぐ / *qui surgere videt per nubila lunam* (Verg) 雲間に月が昇るのを目にする人 / *nonne vides ut antennae gemant?* (Hor) 帆桁がきしんでいるのが見えないか. **2** (物を主語として)展望する: *triclinium hortum et gestationem videt* (Plin Min) 食堂から庭園と遊歩道が見渡せます. **3** 注視する, 観察する: *vide si non os impudens videtur* (Ter) ほら, よく見て, あつかましそうな顔に見えないこと? **4** 目撃する, 証人となる: *multas victorias aetas nostra vidit* (Cic) われわれの時代は数多くの勝利を体験した. **5** 会う, 会いに行く. **6** (視覚以外で)感知する: *mugire videbis sub pedibus terram* (Verg) あなたは足もとで大地がとどろくのを感じるでしょう. **7** (心の目で)知覚する, 認識する: *aliquid in somnis videre* (Cic) 夢で何かを見る. **8** 予見する: *sagax ventura videre* (Ov) 未来を予見するのが巧みな. **9** 調査する, 考察する ‹+*acc*; +間接疑問›: *Epicuri sententiam videre* (Cic) Epicurus の言説を検討する / *videbit judex an puniendus sit* (Quint) 裁判官が(被告の)有罪か無罪かを決定するだろう. **10** 用心する, 警戒する ‹ne, ut›: *uti consul videret ne quid res publica detrimenti caperet* (Cic) 国家が何らの被害をこうむらないように執政官が警戒すべし(と決議した). **11** 取り計らう, 配慮する: *tum reliqua videbimus* (Cic) その他のことについてはあとで考えよう. **12** 供給する: *asperum hoc vinum est: aliud lenius vide* (Ter) このぶどう酒は酸っぱいわ, もっと甘いのを下さいな. **13** (喜劇で) *me vide* (Plaut) 私にまかせておけ. **14** (*pass*) …らしく見える, …と思われる, …と考えられる ‹+*inf*; +*nom c. inf*; +*refl dat*›: *quod difficillimum nobis videbatur* (Cic) 私たちには最も困難と思われていたこと / *satis facere rei publicae videmur* (Cic) 私たちは国家に充分尽くしていると考えられる / *divitior mihi videtur esse vera amicitia* (Cic) 真の友情はもっと豊かなものであるように私には思われる / *videor mihi gratum fecisse Siculis* (Cic) 私はシキリア島民に善政を施したと自分では考えている. **15** (*pass*; *n pron* を主語として) 良い[正しい, 適当と]思われる: *quid tibi videtur?* (Ter) おまえはどうすればいいと思うね / *quae visa sunt occultant* (Caes) 彼らは(隠すのが)適当と判断したことを隠す. **16** (*pass impers*) 良い[正しい, 適当と]思われる ‹+*refl dat*›: *mihi sic videtur* (Ter) わしはそれがいいと思うね / *itaque visum est de his rebus exponere* (Vitr) こうして私はこれらの事柄につ

vīdī *pf* ⇨ video.

vidua -ae, *f* [viduus] **1** (死別または離婚により)夫のいない女性. **2°** 未婚女性.

viduālis -is -e, °*adj* [↑] 未亡人の.

viduātus -ūs, °*m* [viduo] =viduitas 1.

viduitās -ātis, *f* [viduus] **1** 未亡人であること, やもめ暮らし. **2** 欠けていること ⟨+*gen*⟩.

vidulus -ī, *m* (旅行)かばん, 行李(ヨ゚゚).

viduō -āre -āvī -ātum, *tr* [↓] **1** 寡婦にする. **2** 奪う, 空(ヵ゚)にする: *viduare civibus urbem* (VERG) 町から市民たちを奪い去る.

viduus -a -um, *adj* **1** 配偶者に死なれた[と離婚した]. **2** 未婚の, 独身の. **3** ...を奪われた, 欠けた ⟨+*abl* [*gen*]; a *re*⟩: *pectus viduum amoris* (OV) 愛をなくした胸 / ~ *pecudibus ager* (COL) 家畜のいない田野. **4** 所有者[主人]のいない. **5** (ブドウのつるに)支えのない.

Vienna -ae, *f* ウィエンナ《Gallia Narbonensis の Rhodanus 川沿いの町: 現 Vienne》.

Viennensis -is -e, *adj* Vienna の. **Viennensēs** -ium, *m pl* Vienna の住民.

vieō -ēre -ētum, *tr* 結び[より]合わせる, 編む.

viescō -ere, *intr inch* [↑] しなびる, 縮む.

viētus -a -um, *adj* (*pp*) [vieo] しなびた, しわの寄った, 縮んだ.

vigeō -ēre -guī, *intr* [*cf.* vegeo] **1** 元気である, 活発である, 活力がある: *Persarum vigui rege beatior* (HOR) ぼくはペルシア王よりも幸せで元気いっぱいだった. **2** 繁栄している, 有力である, 流行している.

vigēscō -ere, *intr inch* [↑] 活発になる; 繁栄し始める.

vigēsimus -a -um, *adj* =vicesimus.

vigil[1] -ilis, *adj* [vigeo] **1** 眠らない, 徹夜の: ~ *ignis* (VERG) 休みなく燃え続ける火. **2** 警戒している, 油断のない.

vigil[2] -ilis, *m* 夜警, 不寝番.

vigilāns -antis, *adj* (*prp*) [vigilo] **1** 眠らない. **2** 警戒している.

vigilanter *adv* [↑] 注意深く, 油断なく.

vigilantia -ae, *f* [vigilans] **1** 不寝, 徹夜. **2** 警戒, 用心.

vigilārium -ī, *n* =vigiliarium.

vigilāx -ācis, *adj* [vigilo] 眠らない; 警戒している: *curae vigilaces* (OV) 絶え間ない心労.

vigilia -ae, *f* [vigil¹] **1** 眠らずにいること; 不眠(症). **2** 不寝番, 夜警. **3 1** 夜警時《日没から夜明けまでの時間の ¹/₄》: *de tertia vigilia* (CAES) 第 3 夜警時(の間)に. **4** 見張り(番). **5** 警戒, 用心. **6** (宗教的な)夜間の儀式. **7**《カト》(主要祝日の)前日の典礼.

vigiliārium -ī, *n* [vigil¹] **1** 物見やぐら, 望楼. **2**《碑》望楼の形をした墓.

vigilium -ī, *n* [vigil¹] 見張り, 警戒.

vigilō -āre -āvī -ātum, *intr*, *tr* [vigil¹] **1** (夜間)起きている, 眠らない. **2** めざめる, 目を覚ましている, 警戒する. **3** 用心する: *vigila ut mihi succedatur* (CIC) 私の後任が来るように注意していてくれ. **4** 眠らずに仕上げる: *vigilatum carmen* (OV) 夜も寝ないで書き上げた詩. **5** 夜ふかしする: *vigilatam convivio noctem* (TAC) 饗宴でふけた夜.

vīgintī *indecl num card* 20 (の).

vīgintiangulus -a -um, *adj* [↑/angulus] 20 の角を有する: *vigintiangula sphaera* (APUL) 二十面体.

vīgintīvir -virī, *m* [viginti/vir] 二十人委員《Campania の農地を平民に分配するために Caesar によって任命された》. **2**《碑》二十人官(4 種の下級官吏の総称)の一人.

vīgintīvirātus -ūs, *m* [↑] 二十人委員[官]の職務.

vigor -ōris, *m* [vigeo] **1** 活力, 精力, 気力. **2** (宝石の)特別な輝き. **3°**《法》効力, 有効性.

vigōrāns -antis, °*adj* [↑] **1** 活気のある. **2** 強固にする.

vigōrātē *adv* [↓] 勢いよく.

vigōrātus -a -um, *adj* [vigor] **1** 活発な. **2°** 強固にされた.

vīlēscō -ere, °*intr inch* [vilis] (値段が)安くなる, 価値が減る.

vīlica, villica -ae, *f* [vilicus²] (*sc.* mulier) 農場管理者《女性》; 農場管理人の妻.

vīlicātiō, villicātiō -ōnis, *f* [↓] 農場管理人の職務.

vīlicō[1]**, villicō**[1] -āre -āvī -ātum, *intr*, *tr* [vilicus²] **1** 農場の管理人である[として働く]. **2** (農場以外の建物・施設を)管理する.

vīlicō[2]**, villicō**[2] -ōnis, *m* 農場の管理人.

vīlicor, villicor -ārī, *intr dep* [vilicus²] **1** 農場の管理人である. **2** 田舎暮らしをする.

vīlicus[1]**, villicus**[1] -a -um, °*adj* [villa] 田舎の.

vīlicus[2]**, villicus**[2] -ī, *m* **1** 農場管理人. **2** (一般に)管理人, 監督.

vīlificō -āre, °*tr* [↓/facio] 軽んずる, あなどる.

vīlis -is -e, *adj* **1** 安価な; 安っぽい: *vili emere* (PLAUT) 安く買う / *vili vendere* (MART) 安く売る. **2** 価値の低い, 尊敬に値しない, つまらない: *pericula vilia habere* (SALL) 危険を物ともしない. **3** 身分の低い, 卑賤な. **4** 普通の, ありふれた.

vīlitās -ātis, *f* [↑] **1** 安価. **2** 価値の乏しいこと, 低く評価されること; 軽視. **3** 卑しさ, 低劣. **4** 平凡, ありふれていること.

vīliter *adv* [vilis] **1** 安価に. **2** 低く評価して.

vīlitō -āre, *tr* [vilis] 評価を下げる, 卑しくする.

villa -ae, *f dim* [vicus] **1** 別荘, 田舎屋敷. **2** 荘園, 農場. **3** ~ *publica* 公共施設《そこで人口・財産登録が行なわれた他, 外国からの使節の宿舎にもあてられた》. **4** 村 (=vicus).

villāris -is -e, *adj* [↑] 農場の.

villāticus -a -um, *adj* [villa] 農場の, 別荘の.

villic- ⇨ vilic-.

Villius -ī, *m* ウィッリウス《ローマ人の氏族名》.

villōsus -a -um, *adj* [villus] 毛でおおわれた, 毛むくじゃらの.

villula -ae, *f dim* [villa] 小さな別荘[農場].

villum -ī, *n dim* [vinum] 少量のぶどう酒.

villus -ī, *m* 1 (羊などの)もじゃもじゃの毛. 2 (布地の)けば. 3 (樹木に生ずる)コケのようなもの. 4 《解》(小腸粘膜などの)絨毛. 5° 《植》(果実・花などの)絨毛.

vīmen -minis, *n* [vieo] 1 (ヤナギなどの)しなやかな細枝. 2 柳の苗木. 3 Mercurius の杖. 4 柳細工; 籠(ｶｺﾞ).

vīmentum -ī, *n* [↑] 柳細工.

vīminālis -is -e, *adj* [vimen] 柳細工に適した: *Viminalis collis* (Liv) ウィーミナーリス丘《ローマ市七丘の一つ; 市の北東部にあり、柳の木が多かったことからその名があるという》/ *porta Viminalis* (Frontin) ウィーミナーリス門《porta Collina と porta Esquilina の間にあった》.

vīminārius -ī, *m* 《碑》柳細工商人.

vīminētum -ī, *n* [vimen] 柳園, 柳畑.

vīmineus -a -um, *adj* [vimen] 柳細工の.

vīn =visne (⇨ volo², -ne).

vīnācea -ae, *f*, **-a** -ōrum, *n pl* [↓] ブドウのしぼりかす.

vīnāceus -ī, *m*, **-ceum** -ī, *n* [vinum] 1 ブドウの種子. 2 ブドウのしぼりかす.

Vīnālia -ium [-iōrum], *n pl* [↓] ウィーナーリア《年2度行なわれたぶどう酒祭り; ~ *priora* (Ov) 4月23日に前年収穫のブドウから造られたぶどう酒を Juppiter に捧げた; ~ *rustica* (Varr) 8月19日にその年のブドウの収穫を祝った》.

vīnālis -is -e, ° *adj* [vinum] ぶどう酒の.

vīnāriārius -ī, *m* [vinarius¹] 《碑》ぶどう酒商人.

vīnārium -ī, *n* [↓] ぶどう酒つぼ.

vīnārius¹ -a -um, *adj* [vinum] 1 ぶどう酒の, ぶどう酒に関する: *cella vinaria* (Plaut) ぶどう酒貯蔵室. 2 《碑》ぶどう酒を商う.

vīnārius² -ī, *m* 1 ぶどう酒商人. 2° 常習的酒飲み.

vincibilis -is -e, *adj* [vinco] 1 勝つ[打ち負かす]ことができる. 2 (議論が)説得力のある.

vinciō -īre vinxī vīnctum, *tr* 1 縛る, 結ぶ, つなぐ: *vincire post terga manūs* (Verg) 後ろ手に縛る / *canis catenā vinctus* (Petr) 鎖につながれた犬. 2 (装身具などで)巻きつける, 飾る: *vincire tempora floribus* (Hor) 額を花輪で飾る. 3 取り囲む: *loca praesidiis vincire* (Cic) (その)地点を守備隊で固める. 4 (道徳的・感情的に)束縛する. 5 (眠り・酒などで)身体の自由を奪う. 6 《修》(ことばを)緊密に結びつける.

vinclum -ī, *n* =vinculum.

vincō -ere vīcī victum, *tr* (*intr*) 1 (軍事的に)勝利する, 打ち負かす, 征服する: *Galliam bello vici* (Caes) 私は戦争で Gallia を征服した. 2 (競技・訴訟・議論などで)勝つ: *judicium vincere* (Cic) 勝訴する / *Othonem vincere* (Cic) (競売で) Otho に競(ｾ)り勝つ. 3 (人間以外の競合関係で)優位に立つ, 圧倒する: *nix zephylo victa tepente* (Ov) 生暖かい西風に溶けた雪. 4 (精神的・感情的に)強いる, 束縛する: *victus animi respexit* (Verg) (Orpheus は) 決心がにぶって後ろを振り返った / *victus patris precibus lacrimisque* (Liv) 父親の懇願と涙に負けて. 5 上回る, しのぐ: *vivendo vici mea fata* (Verg) 私は生きながらえて天命を超えた. 6 立証に成功する, 確証する: *vince*

bonum virum fuisse Oppianicum (Cic) Oppianicus が善良な市民であったことを証明せよ. 7 (要求で)勝ち取る: *vincite, si ita vultis* (Caes) おまえたちがそう望むなら, そうするがよい.

vinctiō -ōnis, *f* [vincio] 1 結びつけること. 2° おむつ. 3° (胸部の)痙攣(ｹｲﾚﾝ)性収縮.

vinctūra -ae, *f* [vincio] 1 結びつけること, ゆわえること. 2 包帯.

vinctus¹ -a -um, *pp* ⇨ vincio.

vinctus² -ūs, *m* ひも.

vinculum, vinclum -ī, *n* [vincio] 1 ひも, なわ, 綱. 2 (*pl*) 鎖, (手・足)枷(ｶｾ): *moribus suis Orgetoricem ex vinculis causam dicere coegerunt* (Caes) 彼らは部族の慣例どおり Orgetorix に鎖につながれて弁明することを強いた / *in vincula duci* (Liv) 鎖につながれる(=投獄される). 3 拘束, 束縛. 4 きずな, 縁(ｴﾆｼ): ~ *jugale* (Verg) 夫婦のきずな.

Vindelicī -ōrum, *m pl* ウィンデリキー《Alpes 山脈と Danubius 川の間にいた一部族; 中心地は Augusta Vindelicorum (現 Augsburg)》.

vindēmia -ae, *f* [vinum/demo] 1 ブドウの収穫[取り入れ]. 2 ブドウの実, ぶどう酒. 3 (一般に)収穫, 取り入れ.

vindēmiālia -ium, ° *n pl* [↓] ブドウの収穫を祝う祭.

vindēmiālis -is -e, ° *adj* [vindemia] ブドウの収穫に関する.

vindēmiātor -ōris, *m* [vindemia] ブドウを摘む[取り入れる]人.

vindēmiātōrius -a -um, *adj* [↑] ブドウ摘みの.

vindēmiō -āre, *intr*, *tr* [vindemiator] ブドウを摘む[取り入れる].

vindēmiola -ae, *f dim* [vindemia] ブドウのわずかな収穫; ささやかな貯え.

vindēmitor -ōris, *m* [vindemio] 1 =vindemiator. 2 《天》乙女座の星《その出現はブドウの収穫期の到来を告げる》.

vindex¹ -dicis, *m*, *f* [vindico] 1 《法》(被告の)保証[代理]人. 2 保護[擁護]する人: ~ *injuriae* (Liv) 不法行為から守る人. 3 復讐[処罰]する人.

vindex² -dicis, *adj* 復讐の, 処罰する: *animus* ~ *avarae fraudis* (Hor) 貪欲な欺瞞を懲らしめる精神.

Vindex -icis, *m* ウィンデクス《ローマ人の家名; 特に *C. Julius* ~, Gallia で Nero 帝に反乱ののろしを揚げた (後 68)》.

vindicātiō -ōnis, *f* [vindico] 1 《法》(所有権の)主張. 2 (不正行為からの)防御; (不正行為への)報復.

vindiciae -ārum, *f pl* [↓] 1 《法》(所有権争いが決着するまでの)暫定所有(権): *injustis vindiciis alienos fundos petere* (Cic) 不当な(所有権の)要求によって他人の地所を横領しようとする. 2 (所有権争いの)対象物件.

vindicō -āre -āvī -ātum, *tr* [vis/dico²] 1 《法》(人・物の)所有権を主張[要求・請求]する. 2 (不当に)自分のものと称する, 私物化する: *Chii Homerum suum vindicant* (Cic) Chios 島民は Homerus を同国人と称えている. 3 自由(の身)にする, 解放する: *sponsam in libertatem vindicare* (Liv) 許嫁(ｲｲﾅｽﾞｹ)の

自由(身分)の回復を要求する. **4** (危険・困難などから)救う, 防御する: *a cruditate vindicare* (LIV) 残酷な仕打ちから守る. **5** 復讐する, 罰する: *acerrime maleficia vindicare* (CIC) 悪行を非常にきびしく罰する / (*impers pass* と in+*acc* の構文で) *in bello saepius vindicatum est in eos, qui contra imperium in hostem pugnaverant* (SALL) 戦争ではかなりしばしば命令に背いて敵を攻撃した者どもが処罰された.

vindicta -ae, *f* [↑] **1** (解放の儀式で奴隷の頭に触れる)杖. **2** 解放, 救済. **3** 復讐; 処罰.

Vindobona -ae, °*f* ウィンドボナ(Pannonia 北部の Danubius 川沿いの町; 現 Wien).

Vindonissa -ae, *f* ウィンドニッサ (Helvetii 族の町; 現 Windisch (スイス)).

vīnea -ae, *f* [vinum] **1** ブドウの株. **2** ブドウ畑. **3** 【軍】木製の移動小屋《中の工兵を敵の矢玉から守る》.

vīneālis -is -e, *adj* [↑] ブドウ栽培に適した.

vīneārius -a -um, *adj* [vinea] ブドウ栽培の[に適した].

vīneāticus -a -um, *adj* =vinearius.

vīnētum -ī, *n* [vinum] ブドウ畑[園].

vīneus -a -um, °*adj* [vinum] ぶどう酒の.

vīnitor -ōris, *m* [vinum] ブドウ畑で働く人; ブドウを摘む人.

vinnulus -a -um, *adj* [*cf*. venustulus] (語り口が)楽しい, 面白おかしい.

vīnolentia, vīnul- -ae, *f* [↓] 酒びたり, 酩酊.

vīnolentus¹, vīnul-¹ -a -um, *adj* [vinum] **1** 酒びたりの, 酔っぱらった. **2** ぶどう酒の味[匂い]のする.

vīnolentus², vīnul-² -ī, *m* 酔っぱらい.

vīnōsus -a -um, *adj* [vinum] **1** 酒びたりの, 酩酊した. **2** ぶどう酒の味[匂い]のする.

vīnul- ⇨ vinol-.

vīnum -ī, *n* **1** ぶどう酒. **2** (*pl*) ぶどう酒の容器[つぼ・杯]. **3** (特定の)ブドウ(の実). **4** ブドウ以外の)果実酒.

vīnxī *pf* ⇨ vincio.

viō -āre, °*intr* [via] 旅をする.

viocūrus -ī, *m* [via/curo] 道路管理人.

viola -ae, *f dim* [*cf. Gk ἴον*] **1** 【植】スミレ・ストック(アラセイトウ)・スノードロップ(マツユキソウ)などの春の花. **2** すみれ色, 青紫色.

violābilis -is -e, *adj* [violo] **1** 傷つけられる. **2** はずかしめを受ける.

violāceus -a -um, *adj* [viola] すみれ色の.

violāris -is -e, *adj* [viola] *dies ~* 【祭】故人を追悼して墓前にスミレ(またはストック)を供える日(3月22日).

violārium -ī, *n* [viola] スミレの花園[圃].

violārius -ī, *m* [viola] **1** 【祭】スミレ(の花輪)を売る人. **2** 衣服をすみれ色に染める職人.

violātiō¹ -ōnis, *f* [violo] **1** (神聖なものの)冒瀆. **2** (約束の)不履行. **3**° 性的暴行.

violātiō² -ōnis, *f* [viola] 【祭】墓にスミレ(またはストック)を供えること (⇨ violaris).

violātor -ōris, *m* [violo] **1** 侵害を加える人. **2** (条約などを)破る者. **3** 冒瀆する人. **4** 陵辱する人.

violātus -a -um, *pp* ⇨ violo.

violēns -entis, *adj* [vis] 激しい, 猛烈な.

violenter *adv* [↑] 乱暴に, 激しく.

violentia -ae, *f* [↓] **1** 暴力(行為). **2** (性格・気質などの)激しさ, 狂暴性; 怒り. **3** (自然の)猛威, 厳しさ.

violentus -a -um, *adj* [vis] **1** 乱暴な, 破壊的な. **2** 激しい, 強烈な.

violō -āre -āvī -ātum, *tr* [vis] **1** 暴力をふるう, 危害を加える. **2** 侵入する, 略奪する. **3** (条約などを)破る, 犯す: *dignitatem violare* (CIC) 威信を傷つける. **4** 冒瀆する, はずかしめる: *loca religiosa et lucos violare* (CIC) 聖所や神苑を冒瀆する. **5** けがす: *ne hospitali caede dextram violaret* (LIV) 客人を殺害した血で右手をけがすことのないように. **6** (表面の)輝きをそこなう: *Indum sanguineo violare ostro ebur* (VERG) 血のような深紅色でインドの象牙を染める.

vīpera -ae, *f* [vivus/pario²] **1** 【動】マムシ. **2** (一般に)ヘビ(蛇). **3** (ヘビのように)陰険な人.

vīpereus -a -um, *adj* [↑] **1** マムシ[ヘビ]の: *viperei dentes* (OV) (Cadmus が蒔(ⁿ)いた)蛇の歯 / *viperea anima* (VERG) マムシの(有毒な)息. **2** ヘビの髪をした: *vipereum monstrum* (OV) =Medusa / *vipereae sorores* (OV) =Furiae / *~ canis* (OV) =Cerberus.

vīperīnus -a -um, *adj* [vipera] マムシ[ヘビ]の.

Vipsānia -ae, *f* ウィプサーニア《*~ Agrippina*, M. Vipsanius Agrippa の娘; (即位前の) Tiberius の妻》.

Vipsānius -ī, *m* ウィプサーニウス《ローマ人の氏族名; 特に *M. ~ Agrippa*, Augustus の娘 Julia の夫》.

Vipstānus -ī, *m* ウィプスターヌス《*~ Messalla*, 1世紀のローマの軍人・雄弁家・歴史家》.

vir virī, *m* **1** (女 femina に対して)男. **2** (少年 puer に対して)成人男子. **3** 男らしい[真の]男. **4** 夫. **5** 恋人, 愛人. **6** (通例 *pl*) 兵士(=歩兵); 船員. **7** (*pl*) 人類. **8** (is, ille の代わりに)あの[例の]男. **9** (各)個人. **10** 男性としての機能.

vira -ae, *f* [↑] 女 (=femina).

virācius -a -um, *adj* [vir] 男らしい, 男性的な.

virāgō -ginis, *f* [virgo] **1** 男のように頑丈な体の女. **2** 戦を好む女: *belli metuenda ~* (OV) 戦で恐れられる女戦士 (=Minerva).

Virbius -ī, *m* 【伝説】ウィルビウス《(1) Hippolytus の別名. (2) Hippolytus の息子》.

Virdomarus -ī, *m* =Viridomarus.

virectum -ī, *n* [vireo¹] **1** 緑地. **2**° 緑色.

virentia -ium, *n pl* (*prp*) [↓] 植物, 草木.

vireō¹ -ēre -ruī, *intr* **1** 緑色である, 青々としている. **2** 潑剌(はっ)としている, 元気である.

vireō² -ōnis, *m* 【鳥】カワラヒワ.

virēs -ium, *f pl* ⇨ vis.

virescō¹ -ere -ruī, *intr inch* [vireo¹] **1** 緑色になる, 青々とする. **2** 活発になる, 繁栄する.

virescō² -ere -ruī, *intr inch* [vis] 力を回復する.

virga -ae, *f* **1** (細くしなやかな)若枝, 小枝. **2** 接ぎ木, 挿し木. **3** (捕鳥用の)もちざお. **4** ほうき. **5** (体罰・乗馬用の)鞭. **6** 束桿(*じ*) (fasces)に束ねられた)棒; 束桿; (職務を示す)棒. **7** (Mercurius の)杖 (=caduceus); (Circe の)魔法の杖. **8** 棒, 竿. **9** (亜麻の)茎. **10** (衣服の)縦縞模様; 〈天空に現れる〉色の筋(=不完全な虹). **11** (系図の)分枝.

12° 陰茎 (=membrum virile).
virgātor -ōris, *m* [↑] (奴隷を)鞭打つ者.
virgātus -a -um, *adj* [virga] 1 小枝で編んだ. 2 縦縞模様の(衣服を着た).
virgētum -ī, *n* [virga] 柳の茂み.
virgeus -a -um, *adj* [virga] 若[小]枝の[で編んだ].
virgidēmia -ae, *f* [virga] 鞭の収穫(=さんざんえ打たれること)《vindemia をもじった喜劇の造語》.
Virgilius -ī (後代の写本・刊本に見られる綴り) =Vergilius.
virginal -ālis, *n* [virgo] 1 未詳の海の生物. 2° =virginale.
virgināle -is, *n* [↓] 女性器 (=pudenda muliebria).
virginālis -is -e, *adj* [virgo] 乙女の, 未婚の娘らしい: ~ habitus atque vestitus (CIC)乙女の身なりと衣装.
virginārius -a -um, *adj* [virgo] *feles virginaria* (PLAUT) 娘さらい《遊女屋に売りとばす》.
virgineus -a -um, *adj* [virgo] 1 若い娘の, 乙女[処女]の: *virgineum ruborem ore suffundere* (VERG) 乙女の恥じらいで顔を赤らめる / ~ *Helicon* (Ov) Musae の住む Helicon 山 / *focus* ~ (PROP) Vesta の巫女たちの守る炉. 2 (土地が)未開墾の. 3 乙女座の. 4 (ローマ市の) *aqua Virgo*「乙女水道」の.
virginitās -ātis, *f* [virgo] 1 処女であること, 処女性. 2° 処女たち (=virgines).
Virginius -ī, *m* =Verginius.
virgō[1] -ginis, *f* 1 乙女, 処女: *doctae virgines* (CATUL) =Musae / ~ *bellica* (Ov) 戦の処女(神) (= Minerva). 2 (V-) 《天》乙女座. 3 (*aqua*) *Virgo* (Ov)「乙女水道」《M. Agrippa が建設したローマ市の水道; 現在でも Trevi の泉に水を送っている》. 4° (V-)《カト》聖母マリア. 5°《カト》修道女. 6° (*m*) 童貞の若者; 独身を通している人.
virgō[2] -ginis, *adj* 1 未婚の: *filia* ~ (TER) 生娘. 2 末尾の. 3 未開墾の: *terra* ~ (PLIN) 処女地. 4 未使用の.
virgula -ae, *f dim* [virga] 1 小枝. 2 小さな棒[杖]: ~ *divina* (CIC) 魔法の杖. 3 直線; 筋. 4 *censoria* ~ (QUINT)(偽作と思われる詩行に付ける)疑問符 (=obelus). 5° (衣服の)縞. 6° アクセント記号.
virgulātus -a -um, *adj* [↑] 縞[筋]のある, 縞模様の.
virgulta -ōrum, *n pl* [↓] 1 低木のやぶ[茂み]; 若枝. 2 柴を束ねたもの, そだ, 薪(ば).
virgultum -ī, *n* [virgula] 低木, 灌木(ぼく).
virgultus -a -um, *adj* [↑] 茂み[茂み]でおおわれた.
virguncula -ae, *f dim* [virgo][1] 小娘.
viria -ae, *f* 腕輪の一種.
Viriāt(h)us -ī, *m* ウィリアートゥス《ローマ軍と戦った(前 147-140) Lusitania 人の指揮者》.
vīriculae -ārum, *f pl dim* [vires] 乏しい財力.
vīriculum -ī, *n* 彫刻刀, ビュラン.
viride[1] -is, *n* [viridis] 1 緑色(の物). 2 秣(まぐさ), かいば. 3°(草木の)緑.
viride[2] *adv* [viridis] 緑色に.
viridia -ium, *n pl* [viridis] 1 緑の草木. 2 植え込み.
viridiārium, viridārium -ī, *n* [viridis] 庭園, 植え込み.
viridicans -antis, °*adj* [↓] 緑がかった.
viridis -is -e, *adj* [vireo][1] 1 緑の, 青々とした. 2 新鮮な, 未熟な. 3 若々しい, 力強い.
viridītās -ātis, *f* [↑] 1 緑色, 青々としていること; 緑の草木. 2 若々しさ, 活力.
viridō -āre, *intr, tr* [viridis] 1 (通例 *prp*) 緑色である: *viridantes herbae* (LUCR) 緑の草. 2 緑色にする.
Viridomarus, Virdomarus -ī, *m* ウィリドマルス《Insubres 族の指導者; ローマの執政官 M. Claudius Marcellus との一騎討ちで敗れた (前 222)》.
vīrīlia -ium, *n pl* [↓] 1 男性器. 2 男らしい[勇敢な]行為.
vīrīlis -is -e, *adj* [vir] 1 男の, 男性の: *pars* ~ (LUCR) 男性器. 2 男天の. 3 成人男子の: *toga* ~ (CIC) 16歳に達した男子が着用する純白の外衣. 4 男らしい, 勇敢な. 5 各個人の: *pars* ~ (LIV) 各人の取り分[分け前] / *pro virili parte* (CIC) 各人の力の及ぶ限り, 精一杯に. 6°《文》男性の.
vīrīlitās -ātis, *f* [↑] 1 男として性的に成熟すること. 2 成年男子であること. 3 男性器. 4 男らしさ, 勇気.
vīrīliter *adv* [virilis] 男らしく, 勇敢に.
viriola -ae, *f dim* [viria] (小さな)腕輪.
vīripotens[1] -entis, *adj* [vis/potens] (Juppiter が)全能の.
vīripotens[2] -entis, *adj* [vir/potens] 《法》(少女が男子と)性交可能な, 結婚できる.
vīritim *adv* [vir] 1 一人ずつ; 各人に. 2 個人として.
Viromanduī -ōrum, *m pl* ウィロマンドゥイー《Gallia Belgica の一部族》.
viror -ōris, *m* [vireo][1] 緑色, 新緑.
virōsus[1] -a -um, *adj* [virus] 1 悪臭を放つ. 2° 有毒の.
virōsus[2] -a -um, *adj* [vir] (女が)男狂いの.
virtuōsus -a -um, °*adj* [↓] 有徳の.
virtūs -ūtis, *f* [vir] 1 男らしさ, 雄々しさ. 2 勇気, 果断; (*pl*) 英雄的行為. 3 美徳, 高潔; 卓越. 4 (V-) (神格化されて)美徳の女神. 5 力; 才能. 6 長所, 美点. 7 *virtute* <+*gen* [*adj poss*]> …のおかげで, …のために: *virtute deum et majorum nostrorum* (PLAUT) 神々とご先祖さまのおかげで.
viruī *pf* ⇒ vireo[1], viresco[1,2].
vīrulentia -ae, °*f* [↓] 悪臭.
vīrulentus -a -um, *adj* [↓] 1 有毒な. 2 (言辞が)辛辣な, 毒気を含んだ.
virus -ī, *n* 1 ぬめり, 粘液; 分泌物. 2 毒, (蛇の)毒液. 3 悪臭. 4 辛み, 苦み. 5 (語調・気質の)毒気を含んだ, 辛辣な. 6°《医》ウィルス, 病原体.
vīs (*gen* vīs (まれ), *dat* vī (まれ), *acc* vim, *abl* vī; *nom, acc* vīrēs (まれな別形 vīs), *gen* virium), *f* 1 (人・動物・自然の物理的な)力, 強さ, 勢い: *pro viribus* (CIC) 力の限り. 2 暴力: *P. Africano vim attulisse* (CIC) P. Africanus に暴力をふるった (=殺害した). 3 性的暴力, 陵辱. 4 多数, 大量: *magna* ~

jumentorum (CAES) 駄獣の大群. **5** (*pl*) 軍事力, 武力; 軍勢: *satis virium ad certamen* (LIV) 交戦に充分な兵力. **6** 精液, 精力. **7** (薬草などの)効能, 効き目. **8** (精神的な)力; 能力, 才能. **9** (抽象的なものの)影響力, 効果: ~ *conscientiae* (CIC) 良心の力. **10** (*pl*) 資産, 財力. **11** 拘束力, (法的)有効性. **12** (ことばの)意味; 価値, 本質: ~ *virtutis* (CIC) 美徳の本義.

viscātus -a -um, *adj* (*pp*) [visco] **1** 鳥もちを塗った. **2** 何でもとらえる. **3** からみつく, もつれる.

viscellātus -a -um, °*adj* [↓] 詰め物をした.

viscellum -ī, °*n dim* [viscus²]《料理》(肉の)詰め物.

viscera -um, *n pl* ⇨ viscus².

viscerālis -is -e, °*adj* [↑] **1** 腸の. **2** 内部[内面の].

viscerātim *adv* [viscera] ばらばらに.

viscerātiō -ōnis, *f* [viscera] (公的な)食肉の配給[分配].

viscereus -a -um, °*adj* [viscera] 肉から成る.

viscidus -a -um, °*adj* [viscum] ねばねばする, 粘着性の.

viscō -āre -āvī -ātum, *tr* [viscum] (鳥もちなどで)身動きできなくさせる.

viscōsus -a -um, °*adj* [↓] **1** 鳥もちだらけの. **2** ねばねばする.

viscum -ī, *n*, **-us**¹ -ī, *m*《植》ヤドリギ. **2** (ヤドリギの実で作った)鳥もち.

viscus² -ceris, *n* (一般に *pl* viscera) **1** 肉. **2** 内臓, はらわた. **3** 子宮; 睾丸. **4** 実の子, 骨肉. **5** 中枢, 中心[心臓]部, 内奥.

vīsendus -a -um, *adj* (*gerundiv*) [viso] 見に行く価値のある.

vīsī *pf* ⇨ viso.

vīsibilis -is -e, *adj* [video] **1** 見る能力のある. **2** 見られうる, 可視的な.

vīsibiliter °*adv* [↑] 目に見えて, 明白に.

Visigothae -ārum, **Visigothī** -ōrum, °*m pl* ウィシゴタエ《西ゴート族の一支族; 5世紀前半にPyrene 山脈の南北にわたる王国を建設した》.

vīsiō -ōnis, *f* [video] **1** 見ること; 視力, 視覚. **2** 見えるもの; 像, 幻影. **3** 心象, 観念. **4** 洞察, 理解. **5**°《法》(研究用の)判例. **6**° 見物に行くこと.

vīsitātiō -ōnis, *f* [visito] **1** 姿を見せること, 出現. **2**° 訪問. **3**° 試練を与えること.

vīsitātor -ōris, *m* [↓] **1** (頻繁に来る)見物人. **2**° 視察に訪れる人.

vīsitō -āre -āvī -ātum, *tr freq* [↓] **1** しばしば見る[会う]. **2** 訪問する. **3**° 視察する. **4**° 訪問する; 復讐する. **5**° 送る, 遣わす. **6**°(病気を)治療する.

vīsō -ere -sī, *tr*, *intr freq* [video] **1** 注意深く見る[眺める]: *visere longas pompas* (OV) (凱旋の)長い行進を眺める. **2** 見に行く[来る]: *visent quid agam* (PLAUT) 彼らは私がどんな具合か見に来るだろう. **3** 訪問する, (病人を)見舞う.

vispillō -ōnis, *m* =vespillo.

Vistula -ae, *f* ウィストゥラ《Germania と Sarmatia の境の川; 現 Wisła》.

vīsum -ī, *n* [video] **1** 見られるもの, 光景; 幻視, 幻像. **2** 《哲》表象 (Gk φαντασία の訳語).

Visurgis -is, *m* ウィスルギス《Germania 北部の川; 現 Weser》.

vīsus¹ -a -um, *pp* ⇨ video.

vīsus² -ūs, *m* **1** 見ること, 一瞥(いちべつ). **2** 見られるもの; 光景, 外観: *inopino territa visu* (OV) (彼女は)思いもかけぬ姿に驚いて. **3** 視力, 視覚.

vīta -ae, *f* [vivo] **1** 生きていること, 生存; 生命: *in vita esse* (CIC) 生きている / *pro patria vitam profundere* (CIC) 祖国のために生命を捧げる. **2** 人生, 生涯; 経歴. **3** 生活, 暮らしぶり; 生活の手段: ~ *rustica* (CIC) 田舎暮らし. **4** 伝記. **5** (親愛の表現として)いとしい人: *mea* ~ (CIC) わが命よ. **6** 人類, 人間. **7** 亡霊.

vītābilis -is -e, *adj* [vito] 避けるべき.

vītābundus -a -um, *adj* [vito] 避けようとしている: *solus inter tela hostium* ~ *erumpit* (SALL) ただ一人く敵の矢玉の間をかいくぐりながら突進する / (+ *acc*) ~ *classem hostium* (SALL) 敵の艦隊を避けて.

vītālia -ium, *n pl* [↓] **1** 生命維持に不可欠な器官[力]. **2** 死者に着せる衣, 経帷子(きょうかたびら).

vītālis -is -e, *adj* [vita] **1** 生命の, 生命を維持する: *viae vitales* (OV) のど笛, 気管. **2** 生きている, 生きながらえる: *lectus* ~ (PETR) 棺架(婉曲表現). **3** 生きるに値する.

vītālitās -ātis, *f* [↑] 生命力, 活力.

vītāliter *adv* [vitalis] 生命力を伴って.

vītātiō -ōnis, *f* [vito] 避けること, 回避.

vītecula -ae, *f* =viticula.

Vitellia -ae, *f* ウィテッリア《Latium の Aequi 族の町》.

Vitelliānī -ōrum, *m pl* [↓] **1** Vitellius 支配下の兵士たち. **2** 一種の書字板.

Vitelliānus -a -um, *adj* Vitellius の.

Vitellius¹ -ī, *m* ウィテッリウス《ローマ人の氏族名; 特に *Aulus* ~, ローマ皇帝 (69年); Vespasianus に殺された》.

Vitellius² -a -um, *adj* Vitellius の.

vitellus -ī, *m dim* [vitulus] **1** 小さな子牛. **2** 卵黄.

vīteus -a -um, *adj* [vitis] **1** ブドウの. **2** ぶどう酒の. **3**° ブドウが植えられた.

vitex -ticis, *f*《植》イタリアニンジンボク.

vītiārium -ī, *n* [vitis] ブドウの苗床.

vitiātiō -ōnis, *f* [vitio] **1** 汚染すること. **2** (女性を)陵辱すること.

vitiātor -ōris, *m* [vitio] (女性を)陵辱する者.

vīticula -ae, *f dim* [vitis] **1** ブドウの株. **2** (つる植物の)茎.

vītifer -fera -ferum, *adj* [vitis/fero] ブドウを産する.

vītigenus -a -um, *adj* [vitis/gigno] ブドウから作られた.

vītigineus -a -um, *adj* [vitis/gigno] ブドウの(木の).

vītilia -ium, *n pl* [vitilis] 柳細工のかご.

vītiligō -ginis, *f* [vitium] 乾癬(かんせん).

vītilis -is -e, *adj* [vieo] 柳[小枝]細工の.

vītilītigātor -ōris, *m* [↓] あら探し屋, あげ足取り

屋.

vitilītigō -āre, *tr* [vitium/litigo] あら探しをする、あげ足を取る.

vitiō -āre -āvī -ātum, *tr* [vitium] **1** 害する、損傷する；悪化させる. **2** 偽造する. **3** 〔処女を〕陵辱する. **4** 無効にする.

vitiōsē *adv* [vitiosus] **1** 誤って、不正確に. **2** 〔法的に〕正規の手続きを踏まずに.

vitiōsitās -ātis, *f* [↓] **1** 不品行、悪徳. **2**° 欠陥、異常.

vitiōsus -a -um, *adj* [vitium] **1** 欠陥のある、不完全な. **2** 邪悪な、堕落した. **3** 不健康な、病気の. **4** 鳥占いに反した；〔法的に〕正規の手続きを踏んでいない：~ consul (Cɪᴄ) 鳥占いにそむいて選ばれた執政官.

vitis -is, *f* **1** ブドウのつる〔木・株〕. **2** ぶどう酒. **3** ブドウの木の杖 (=百人隊長の職杖). **4** 〖軍〗木製の移動小屋 (=vinea). **5** 〖植〗ブリオニア《ウリ科のつる植物》.

vitisator -ōris, *m* [↑/sator] ブドウを植える人.

vitium -ī, *n* **1** 欠点、欠陥：~ *corporis* (Cɪᴄ) 身体の欠陥. **2** 過誤、過失：*vitio vertere* [*dare*] (Cɪᴄ) 過ちに数える[と見なす]. **3** 悪徳、不品行：*virtus est ~ fugere* (Hᴏʀ) 美徳とは悪徳を避けることだ. **4** 〔女性への〕暴行、陵辱. **5** 不吉[不十分]な鳥占い：*vitio navigare* (Cɪᴄ) 鳥占いに逆らって航海する.

vitō -āre -āvī -ātum, *tr*, *intr* 避ける、のがれる、免れる 〈+*acc*; +*dat*; ne; +*inf*〉：*tela vitare* (Cᴀᴇs) 矢玉を避ける / *vitare ancipiti infortunio* (Pʟᴀᴜᴛ) 二重の災難を免れる / *fratrem vitavi ne viderem* (Cɪᴄ) 私は弟に会うことを避けた / *novo et improbo verbo uti vitaverat* (Gᴇʟʟ) 彼は新しい、好ましくない言葉の使用を避けていた.

vītor -ōris, *m* [vieo] 柳〔小枝〕細工師.

vitreārius -ī, *m* [vitreus] ガラス細工師.

vitreum -ī, *n* [↓] ガラス製品.

vitreus -a -um, *adj* [vitrum¹] **1** ガラス製の. **2** ガラスのような、透明な、きらめく：~ *pontus* (Hᴏʀ) きらきら光る青緑色の海. **3** 砕けやすい、もろい：*vitrea fama* (Hᴏʀ) はかない名声.

vītricus -ī, *m* 義父.

vitrum¹ -ī, *n* ガラス. **2** ガラス製容器.

vitrum² -ī, *n* 〖植〗タイセイ(大青)属の植物《その葉を青色染料とした》.

vitta -ae, *f* [vieo] **1** ひも. **2** 髪ひも、リボン. **3** 〔聖職者・詩人・犠牲に供される人〔獣〕の鉢巻き、頭〔額〕に巻く帯. **4** 〔祭壇・聖所・聖木の〕注連(し゚)飾り、飾りひも. **5** 羊毛の房を巻きつけたオリーブの枝《嘆願者が手にする》.

vittātus -a -um, *adj* [↑] 髪ひもで束ねた；鉢巻きをした；注連(し゚)で飾られた.

vitula -ae, *f* [vitulus] 〔雌の〕子牛、若い雌牛.

Vītula -ae, *f* 〖神話〗ウィートゥラ《ローマの勝利と歓喜の女神》.

vitulāmen -minis, °*n* [*cf.* vitulus] 新芽、若枝.

vitulīna -ae, *f* [↓] (*sc.* caro) 子牛肉.

vitulīnus -a -um, *adj* [vitulus] 子牛(の)肉.

vitulor -ārī *dēp* 大いに喜ぶ、歓喜の声をあげる.

vitulus -ī, *m* **1** 子牛. **2** 子馬. **3** ~ *marinus* (Pʟɪɴ) アザラシ. **4** 〔象・鯨の〕子.

vituperābilis -is -e, *adj* [vitupero¹] 非難に値する.

vituperābiliter °*adv* [↑] 非難に値するように.

vituperātiō -ōnis, *f* [vitupero¹] **1** 非難、叱責. **2** 非難に値する行為.

vituperātīvus -a -um, °*adj* [vitupero¹] 非難する.

vituperātor -ōris, *m* [↓] 非難する人：*philosophiae vituperatores* (Cɪᴄ) 哲学の悪口を言う人々.

vituperō¹ -āre -āvī -ātum, *tr* [vitium/paro] **1** 非難する、けなす、難癖をつける. **2** 無効にする、効力を失わせる.

vituperō² -ōnis, *m* =vituperator.

vitus -ūs, °*m* [*Gk*] 〔車輪の〕外縁(ぶち)、輪縁.

vīvācitās -ātis, *f* [vivax] **1** 活力、生命力；長命. **2**° 活発、敏捷.

vīvāciter *adv* [vivax] 活発に、精力的に.

vīvārium -ī, *n* [vivus¹] **1** 狩猟鳥獣の飼育場. **2** 養魚池.

vīvārius -a -um, °*adj* [vivus¹] 生きものの：*vivariae naves* (Mᴀᴄʀ) 生簀(ぃす゚)を備えた漁船.

vīvātus -a -um, *adj* [vivus¹] 活気づけられた、生きいきした.

vīvax -ācis, *adj* [vivo] **1** 生命力のある、長命の、長持ちする. **2** 生命を与える：~ *solum* (Ov) 命をはぐくむ土壌. **3** 生気のある：*vivacia sulfura* (Ov) 勢いよく燃える硫黄.

vīvē *adv* [vivus¹] 活発に；非常に.

vīverādix -icis, *f* =viviradix.

vīverra -ae, *f* 〖動〗フェレット《イタチ科》.

vīvescō -ere vixī, *intr inch* [vivo] **1** 生命を得る. **2** 生きている、活発になる.

vīvicombūrium -ī, °*n* [vivus¹/comburo] 火刑.

vīvidē *adv* [vividus] 活発に、意気盛んに.

vīvidō -āre, °*tr* [↓] 元気づける.

vīvidus -a -um, *adj* [vivo] **1** 生命(力)に満ちた. **2** 活発な、元気な、力強い：*vivida senectus* (Tᴀᴄ) 矍鑠(か゚くしゃく)とした老年. **3** 生き写しの、迫真的な.

vīvificātiō -ōnis, °*f* [vivifico] 生気を与えること；蘇生.

vīvificātor -ōris, °*m* [vivifico] 蘇生させる人.

vīvificātōrius -a -um, °*adj* [↑] 蘇生させる.

vīvificātrix -icis, *adj f* [vivificator] 蘇生させる.

vīvificō -āre -āvī -ātum, °*tr* [↓] 蘇生させる、よみがえらせる.

vīvificus -a -um, *adj* [vivus¹/facio] 蘇生させる、生命を与える；活気づける.

vīviparus -a -um, *adj* [vivus¹/pario²] 〖生物〗胎生の.

vīvirādix -icis, *f* [vivus¹/radix] 〔根の付いた〕挿し木.

vīviscō -ere, *intr* =vivesco.

vīvisectiō -ōnis, °*f* [vivus¹/sectio] 生体解剖.

vīvō -ere vixī victum, *intr* **1** 生きている、生きる：*cum vivere ipsum turpe sit nobis* (Cɪᴄ) 私には生きていること自体が恥なのに / *vixit annis viginti novem* (Sᴜᴇᴛ) 享年29であった / (警言) *ita vivam, putavi* (Cɪᴄ) 命を賭けてもいいが、私は(そう)考えていた / (+*adj*) vivum — volantes

ego ~ miserrimus (Cɪᴄ) 私はと言えば、この上なくみじめな日々を送っている。 **2** 生きながらえる、存続する: *mea semper gloria vivet* (Cɪᴄ) 私の名誉は永遠に生き続けるだろう。 **3** 人生を享受する、満足して暮らす: *quando vivemus?* (Cɪᴄ) 一体いつ私に暇ができるのだろう / (別れの挨拶) (*sg*) *vive, valeque* (Hᴏʀ) さようなら、お元気て / (*pl*) *vivite, silvae* (Vᴇʀɢ) さらば、森の木々よ。 **4** 生命[生活]を支える⟨+*abl*⟩: *lacte atque pecore vivere* (Cᴀᴇs) 乳と肉を常食とする。 **5** (特定の)生き方[暮らし方]をする: *in litteris vivere* (Cɪᴄ) 学問に生きる / *cum Pansa vixi* (Cɪᴄ) 私はPansaと一緒に日々を過ごした。 **6** (絵・彫刻などが)生きているように見える、真に迫っている。

vīvum -ī, *n* [↓] **1** 生きているもの; 生身、急所: *frigidus imber altius ad ~ persedit* (Vᴇʀɢ) 冷たい雨が体の心(氵)にまで滲み通った。 **2** 元金、資本: *dat de lucro, nihil detrahit de vivo* (Cɪᴄ) 彼は儲けから支払いをして、決して元手には手をつけない。

vīvus¹ -a -um, *adj* [vivo] **1** 生命のある、生きている: *patre vivo* (Cɪᴄ) 父の存命中 / *vox viva* (Cɪᴄ) (生きている人の)肉声。 **2** 活発な、元気な。 **3** 自然のまま、未加工の: *argentum vivum* (Pʟɪɴ) 水銀。 **4** 生き写しの、迫真的な: *vivos ducere de marmore vultus* (Vᴇʀɢ) 大理石から生きているような面貌を導き出す。

vīvus² -ī, *m* 生命を有する人、生者: *pacem et vivis concedere* (Vᴇʀɢ) 生き残った者たちにも平和を許し与える。

vix *adv* **1** 辛うじて、やっと。 **2** いやいや、気乗りせずに。 **3** ほとんど…ない。 **4** ～ *cum* [*et*] …… …するかしないかのうちに。～ *ea fatus erat, geminae cum columbae caelo venere* (Vᴇʀɢ) 彼がそれをほとんど言い終わらぬうちに2羽の鳩が天から舞い下りた。

vixdum *adv* (vix の強意形) **1** 辛うじて、やっと; ほとんど…ない: *Hannibalem ~ puberem* (Lɪᴠ) まだμんの青二才でしかなかった Hannibalを。 **2** ～ *cum* [*et*] ……するかしないかのうちに…: *~ epistulam tuam legeram, cum Curtius venit* (Cɪᴄ) きみの手紙をろくに読み終えないうちにCurtiusがやって来た。

vixī *pf* ⇨ vivesco, vivo.

vōbīs *dat, abl* ⇨ vos.

vocābilis -is -e, *adj* [voco] 響きのよい。

vocābulum -ī, *n* [voco] **1** 名称、名前。 **2** 〖文〗実(名)詞、名詞。

vocālēs -ium, °*m pl* [↓] 歌手、音楽家。

vocālis¹ -is -e, *adj* [vox] **1** 話すことができる; 音を発する: *instrumenti genus vocale* (Vᴀʀʀ) 口を利く道具(=奴隷)。 **2** 美声の、響きの豊かな; (楽器が)妙なる調べをかなでる。 **3** (詩人に)感心を催させる。 **4** 〖文〗母音の。

vocālis² -is, *f* 〖文〗(*sc. littera*) 母音。

vocālitās -ātis, *f* [vocalis¹] (ことばの)快い響き (Gk εὐφωνίαの訳語)。

vocāliter *adv* [vocalis¹] **1** 名前を呼んで。 **2**° 声[ことば]で。

vocāmen -inis, *n* [voco] (物の)名、名称。

Vocātēs -ium, *m pl* ウォカーテース《Aquitaniaにいた一部族》。

vocātiō -ōnis, *f* [voco] **1** 〖法〗呼び出し、召喚。 **2**° (食事への)招待。 **3**° 召命、天職。

vocātīvē *adv* [↓] 〖文〗呼格形で。
vocātīvus¹ -a -um, *adj* [voco] **1**° 呼びかけの。 **2** 〖文〗呼格の: *casus ~* (Gᴇʟʟ) 呼格。
vocātīvus² -ī, *m* (*sc. casus*) 〖文〗呼格。
vocātor -ōris, [voco] **1** 招待状を届ける係。 **2**° (神の国へ)呼び招く人。
vocātus¹ -a -um, *pp* ⇨ voco.
vocātus² -ūs, *m* **1** 呼びかけ。 **2** 呼び出し、召集。 **3** 招待。
Vocetius -ī, *m* ウォケティウス《Helvetiaの山》。
vōciferātiō -ōnis, *f* [vociferor] **1** 大声で叫ぶこと、絶叫。 **2** 熱弁。
vōciferātor -ōris, °*m* [vociferor] 大声で叫ぶ人。
vōciferātus -ūs, *m* [vociferor] 大きな叫び声。
vōciferō -āre -āvī -ātum, *tr* = vociferor.
vōciferor -ārī -ātus sum, *intr, tr dep* [vox/fero] 大声で叫ぶ[鳴く]、絶叫する⟨+*acc c. inf*; ne, ut; +間接疑問⟩: *pauca in senatu vociferatus* (Lɪᴠ) 元老院で二三、大声で発言してから / *vociferantur iure rem judicari oportere* (Cɪᴄ) 彼らはこの問題は法に則って裁かれるべきだとわめいている / *ne reciperetur praesidium palam vociferatus est* (Lɪᴠ) 援軍は受け入れるなと彼は公然と叫んだ / *vociferatur quo fugiant* (Lɪᴠ) われわれはどこへ逃げればよいのだと彼は絶叫する。
vōcificō -āre, *intr, tr* [vox/facio] **1** (ハチが)大きな羽音を立てる。 **2** 大声で告知する。
vocimus -a -um, *adj* (梨の品種名として): *pirum vocimum* (Pʟɪɴ) 緑色で長円形の梨。
vocitō -āre -āvī -ātum, *tr, intr freq* [voco] **1** 習慣的に…と呼ぶ: *has Graeci stellas Hyadas vocitare suerunt* (Cɪᴄ) これらの星をギリシア人はHyadesと呼び慣れていた。 **2** 大声で呼ぶ。
vocīvus -a -um, *adj* 〖古形〗= vacivus.
vocō -āre -āvī -ātum, *tr* [vox] **1** 呼ぶ、呼び寄せる; 召集する。 **2** (神の名を)唱える、祈る。 **3** (名を呼んで)話しかける。 **4** (法廷へ)召喚する。 **5** 招待する。 **6** 要求する。 **7** 挑む; 促す、そそのかす: *quam in spem me vocas?* (Cɪᴄ) 私にどんな希望を持てとあなたは言われるのだろうか。 **8** (ある状況[状態]に)導く: *Italiam totam ad exitium vocas* (Cɪᴄ) おまえは全イタリアを破滅させようとしているのだ。 **9** …を…と名づける[呼ぶ]: *sanus tu non es qui furem me vocas* (Pʟᴀᴜᴛ) あなたは正気じゃない、私を泥棒呼ばわりするなんて。
Vocōnius -ī, *m* ウォコーニウス《ローマ人の氏族名; 特に Q. ~ *Saxa*, 前169年の護民官》。
Vocontii -ōrum, *m pl* ウォコンティイー《Gallia Narbonensis の Rhodanus 川と Alpes 山脈の間 (ほぼ現在の Vaucluse 県)にいた一部族》。
Vocontius -a -um, *adj* Vocontii 族の。
vōcula -ae, *f dim* [vox] **1** 小さな[弱い]声。 **2** 声の調子、音調。 **3** (*pl*) 陰口、あざけり。 **4** 語、ことば。 **5** 〖文〗母音。
vōculātiō -ōnis, *f* [↑] (声の)抑揚、アクセント。
voisgra -ae, *f* 未詳の鳥。
vola -ae, *f* **1** 手のひら; 手のひらのくぼみ。 **2** 足裏のくぼみ、土踏まず。
volābilis -is -e, *adj* [volo¹] 飛ぶことができる。
volaemum -ī, *n* = volemum.
volantēs -um, *m, f pl* [volo¹] 空を飛ぶもの、鳥類。

Volāterrae -ārum, *f pl* ウォラーテッラエ《Etruria の町; 現 Volterra》.
Volāterrānus -a -um, *adj* Volaterrae の.
  Volāterrānī -ōrum, *m pl* Volaterrae の住民.
volātica -ae, *f* [↓] **1** 魔女. **2**° 魔術.
volāticus -a -um, *adj* [volo¹] **1** 空を飛ぶ、翼のある. **2** 突然の, 不意をついた. **3** 移り気な, 気まぐれな.
volātile -is, *n* [↓] 空を飛ぶもの, 鳥.
volātilis -is -e, *adj* [volo¹] **1** 空を飛ぶ, 翼のある: *puer ~* (Ov) 空を飛ぶ少年 (=Cupido). **2** 過ぎて行く, 移ろいやすい.
volātiō -ōnis, °*f* [volo¹] 飛ぶこと, 飛翔.
volātūra -ae, *f* **1** 飛ぶこと, 飛翔. **2** 鳥類.
volātus -ūs, *m* [volo¹] **1** 飛ぶこと, 飛翔: *avium voces volatusque interrogare* (TAC) (神意を)鳥の声や飛び方に問う. **2** 急速な動き.
Volcae -ārum, *m pl* ウォルカエ《Gallia Narbonensis にいた強力な部族; ~ *Arecomici* (現 Nîmes 付近)と ~ *Tectosages* (現 Toulouse 付近)に分かれていた》.
Volcānālia, Vulc- -ium [-iōrum], *n pl* [↓] (*sc. festa*) Volcanus の祭典《毎年 8 月 23 日に催された》.
Volcānālis, Vulc- -is -e, *adj* Volcanus の.
Volcānius, Vulc- -a -um, *adj* **1** Volcanus の: *arma Volcania* (CIC) Volcanus が Achilles のために作った武器. **2** 火の, 火炎の.
Volcānus, Vulc- -ī, *m* 《神話》ウォルカーヌス《火と鍛冶の神; Juppiter と Juno の子で Venus の夫; ギリシア神話の Hephaistos と同一視された》. **2** 火, 火炎.
Volcēiī, Vulc- -ōrum, *m pl* ウォルケーイイー《Lucania の町; 現 Buccino》.
Volcentānī, Vulc- -ōrum, *m pl* **1** Volceiī の住民. **2** Etruria 人.
Volcī, Vulc- -ōrum, *m pl* ウォルキー《Etruria の町》.
Volcientēs, Vulc- -ium, *m pl* **1** Volceiī の住民. **2** Volci の住民.
volēmum -ī, *n* [vola] (手のひらにあまるほどの)大ぶりの梨.
volens -entis, *adj* (*prp*) [volo²] **1** 望んでいる, 進んでする, 自発的な: *seu ~ seu invitus* (LIV) その気があろうとなかろうと / *volentes parent* (CIC) 彼らは自分の意志で従う / *volenti animo* (SALL) 熱意をもって. **2** *alqd est alci volenti* あることがある人に願わしい[好都合だ]: *quibusdam volentibus novas res fore* (LIV) ある人々には政変は歓迎すべき事態であろう. **3** (神々が)好意的な, 恵み深い: *dis volentibus* (SALL) 神々のご加護のもとに.
volenter *adv* [↑] 自発的に, 進んで.
volentia¹ -ae, *f* [volens] 意志, 意向.
volentia² -ōrum, *n pl* 望み通りの[好都合な]事柄 <+*dat*>.
volg- ⇨ vulg-.
volitātiō -ōnis, °*f* [↓] **1** あちこち走り[飛び]回ること. **2** (木の葉などが)ひらひら舞い落ちること.
volitō -āre -āvī -ātum, *intr freq* [volo¹] **1** あちこち飛び回る: *volucres volitare* (CIC) 鳥たちが飛び回る / *umbras inter vivos volitare* (LUCR) 亡霊が生きている人々の間を飛び交う. **2** (物が)空中をすばやく動く; (うわさなどが)急速に広まる. **3** あちこち動きまわる, 徘徊する: *illa coniuratio palam volitat* (CIC) その陰謀が大手をふって闊歩(ほ)している. **4** (気分が)高揚する.
voln- ⇨ vuln-.
volō¹ -āre -āvī -ātum, *intr* **1** 飛ぶ. **2** 飛ぶように走る, 急ぐ. **3** (時が)早く過ぎ去る: *volat aetas* (CIC) 一生はいつしか過ぎる.
volō² velle voluī, *tr, intr* (volt 《古形》=vult, voltis 《古形》=vultis; vīn=vīsne, sis=sī vīs, sultis=sī vultis) <+*acc*; +*inf*; +*acc c. inf*; ut, ne; +*iuss subj*> **1** 欲する, 望む: (a) *tarde velle nolentis est* (SEN) 望みを遅らせるのは望まない者のすることだ / *pacem velle* (CIC) 平和を願う / *hoc volunt persuadere* (CAES) 彼らはこの点を説得したいと願っている / (過去時称で願いが実現しなかったことを表わす) *volebam gratiam referre, sed...* (SEN) 私は恩返しをしようと思ったが, しかし... / *interfici Caesarem voluisse* (CIC) Caesar の殺害を願ったこと / *~ uti mihi respondeas* (CIC) あなたに私に答えてほしい / *ames meam constantiam* (CIC) 私の志操堅固なところをほめて下さい. (b) (...との面談を)望む: *centuriones me velle* (CIC) 百人隊長たちが私に会いたがっている. (c) *bene [male] velle alci* あるしに好意[悪意]をいだく. (d) *velim* (おだやかな命令・願望を表わす) ...してもらいたいのだが, ...であればいいのだが: *tu velim saepe ad nos scribas* (CIC) どうか私にたびたび手紙を書いて下さい. (e) *vellem* (実現しなかった願望を表わす) ...であればよかったのに: *abiit? vah, rogasse vellem* (TER) 行ってしまったって? ああ, たずねておきたかったのに. (f) (慣用表現) *velim nolim* [*velis nolis, velit nolit* etc.] 望もうが望まないが, いやでも応でも / *quid vis?* どんなご用向きですか / *numquid* (*aliud*) *me vis?* 私に(他に)何かご用がありますか, もうご用はありませんね(暇乞いの決まり文句) / *si vis* [*vultis*] よろしければ, どうかお願いいですから. **2** 定める, 命じる: *maiores de singulis magistratibus bis vos sententiam ferre voluerunt* (CIC) (われらの)祖父たちは諸君が個々の官職につき 2 度投票すべしと定めた. **3** (しかじかの)意見[見解]を持つ, 主張する: *vultis evenire omnia fato* (CIC) すべては運命によって生起すると諸君は主張する. **4** むしろ...の方を選ぶ (=*malo*): *iudicem se quam oratorem vult laudari* (AUR) 彼の望みは弁士としてより判事として賞賛されることだ. **5** 意図する, 意味する <*sibi*>: *quid vult concursus ad amnem?* (VERG) (亡霊どもが)流れに殺到しているのは何のためか / *illae quid sibi statuae equestres inauratae volunt?* あれらの金めっきした騎馬像は一体何の意味だ.
volō³ -ōnis, *m* [↑] 奴隷の志願兵《ローマ軍が Cannae の戦い(前 216)で惨敗したあと, 国費で身分を解放されて兵卒となった》.
Vologēsus -ī, Vologesēs -is, *m* ウォロゲーソス《Arsacidae に属する数名の Parthia 王の名; 特に ~I (在位 51 頃-79)》.
volpēs -is, *f* ⇨ vulpes.
Volscī -ōrum, *m pl* ウォルスキー《Latium 南部にいた有力な部族; 前 5 世紀から前 4 世紀にかけてローマに

Volscus -a -um, *adj* Volsci 族の.
volsella -ae, *f*（小さな）鉗子(かんし)、ピンセット.
Volsiniensis, Vuls- -is -e, *adj* Volsinii の.
 Volsiniensēs, Vuls- -ium, *m pl* Volsinii の住民.
Volsinii, Vuls- -ōrum, *m pl* ウォルシニイー《Etruria の町; 現 Orvieto の近辺》.
volsus -a -um, *pp* =vulsus.
volt《古形》=vult (⇨ volo²).
Voltinia -is -e, *adj* Voltinia tribus に属する. **Voltiniensēs** -ium, *m pl* Voltinia tribus に属する市民たち.
Voltinius -a -um, *adj* Voltinia tribus (CIC) ローマの地縁的部族の一つ《地域不祥》.
voltis《古形》=vultis (⇨ volo²).
voltu- ⇨ vultu-.
Voltu- ⇨ Vultu-.
Voltumna -ae, *f* ウォルトゥムナ《Etruria 人の女神; その神殿で Etruria 同盟会議が開かれた》.
volūbilis -is -e, *adj* [volvo] **1** 回転する: *volubile buxum* (VERG) こま（独楽）. **2** 転がりやすい; 変わりやすい. **3** ぐるぐる巻いた. **4** 流れる; 流暢な.
volūbilitās -ātis, *f* [↑] **1** 回転していること, 回転. **2** 丸いこと, 丸み. **3** 変わりやすいこと. **4** 流暢. **5**°（時の）流れ.
volūbiliter *adv* [volubilis] 流暢に, よどみなく.
volucer¹ -cris -cre, *adj* [volo¹] **1** 飛ぶことができる, 翼のある: *bestiae volucres* (CIC) 鳥類. **2**（飛ぶように）速い, 迅速な. **3** 速やかに過ぎ去る, はかない.
volucra -ae, *f*, **volūcre** -is, *n* [volvo]〖昆〗ハマキガ（葉巻き蛾）《その幼虫がブドウの葉を巻くので嫌われる》.
volucris -is, *f*, **volucer**² -cris, *m* [volucer¹] **1** 翼のある動物（=鳥）: *volucris Junonis* [*Junonia*] (OV) クジャク. **2**〖天〗白鳥座 (Cycnus);（*pl*）白鳥座と鷲座 (Aquila). **3**〖昆〗ハチ（蜂）; ハエ（蝿）.
volucritās -ātis, *f* [volucer¹] 速やかな飛翔.
volucriter °*adv* [volucer¹] 速やかに.
voluī *pf* ⇨ volo².
volūmen -minis, *n* [volvo] **1** パピルス紙の巻き物, 書物: ~ *explicare* (CIC) 巻き物を広げる［ひもとく］. **2**（著作の）一部, 巻(かん). **3**（水・煙などの）渦;（蛇の）とぐろ. **4** 回転（運動）; 変転. **5**°（時の）流れ.
volūminōsus -a -um, °*adj* [↑] とぐろを巻く.
Volumna -ae, *f* ウォルムナ《新生児の守護女神》.
Volumnia -ae, *f* ウォルムニア《Coriolanus の妻》.
Volumnius -ī, *m* ウォルムニウス《ローマ人の氏族名》.
voluntāriē *adv* [voluntarius] 自発的に.
voluntāriī -ōrum, *m pl* [↓]（*sc. milites*）志願兵.
voluntārius -a -um, *adj* [↓] **1** 自由意志で行なう, 自発的な: *servi voluntarii* (CIC) 奴隷のように従順な人々. **2** 自発的に行なわれた: *mors voluntaria* (CIC) 自殺.
voluntās -ātis, *f* [volo²] **1** 意志, 欲求, 願望: *voluntate* (*suā*) (CIC) 自分の意志で, 自発的に / *ex voluntate majoris fili* (SUET) 長男の意向で / *contra suam voluntatem* (CAES) 自らの意志に反して. **2**（人・物に対する）気持, 心情. **3** 好意, 共感, 愛情: *mutua* ~ (CIC) 相互の好意. **4** 同意, 是認: *ejus voluntate* (CAES) 彼の賛同を得て. **5** 遺言. **6**（演説・文書の）意味, 趣旨.

voluntātīvus -a -um, °*adj* [↑]: 意志を表わす: *verba voluntativa* (PRISC)〖文〗意志動詞.
volup *adv* [*cf. voluptas*] 喜んで, 愉快に: ~ *esse* (PLAUT) 楽しい, うれしい.
Volupia -ae, *f* ウォルピア《快楽の女神》.
voluptābilis -is -e, °*adj* [voluptas] 楽しい.
voluptāriē *adv* [↓] 快楽にふける.
voluptārius¹ -a -um, *adj* [voluptas] **1** 快楽を与える, 楽しい. **2** 快楽に関する. **3** 快楽にふける, 快楽を好む: *Epicurus homo*~ (CIC) 快楽を追究する人である Epicurus.
voluptārius² -ī, *m* 快楽[気晴らし]にふける人.
voluptās -ātis, *f* [volup] **1** 喜び, 楽しみ, 満足: *amicitiae* ~ (LUCR) 友情の喜び / *lectionis* ~ (CIC) 読書の楽しみ / *potandi* ~ (CIC) 盃を傾ける喜び / *corporis* ~ (CIC) 肉体的快楽 / (*predic dat*) *quod mihi magnae voluptati fuit* (CIC) それは私の大きな喜びであった. **2** (V-)（神格化されて）快楽の女神. **3**（親愛の表現として）いとしい人: *mea* ~ (PLAUT) 私の喜び. **4** (*pl*) 見せ物, 催し物. **5** 性交; 精液.
voluptificus -a -um, °*adj* [↑/facio] 快楽を与える.
voluptuārius -a -um, °*adj* =voluptarius¹ 3.
voluptuōsē °*adv* [↓] 喜びとともに, 喜んで.
voluptuōsus -a -um, °*adj* [voluptas] 喜び［楽しみ］をもたらす, 喜ばしい.
Volusius -ī, *m* ウォルシウス《ローマ人の氏族名》.
volūta -ae, *f* [volvo]〖建〗（イオニア式・コリント式柱頭装飾の）渦形, 渦巻き.
volūtābrum -ī, *n* [voluto]（豚が好んで転げ回る）ぬかるみ.
volūtābundus -a -um, *adj* [voluto] 転げ回る.
volūtātiō -ōnis, *f* [voluto] 転げ回ること; 回転運動. **2** 落ちつきのなさ; 不安定.
volūtātus¹ -a -um, *pp* ⇨ voluto.
volūtātus² -ūs, *m* 転げ回ること.
volūtim °*adv* [volvo] 転げ回って.
volūtō -āre -āvī -ātum, *tr, intr freq* [volvo] **1** 転がす: *toto monte volutare difficile onus* (PROP) (Sisyphus が) 大石を山頂まで転がし［押し］上げる. **2** (*refl, pass*) 転がる, 転げ回る, のたくる. **3** (*pass*) もがく, あがく. **4**（声・音などを）鳴り響かせる;（ことばを）広める. **5** 没頭させる ⟨*in re*⟩. **6** 考えをめぐらす, 熟考する. **7** 転がる: *leone obvio suppliciter volutante* (PLIN) ライオンが（彼の）前に嘆願するかのように寝転がって.
volūtus¹ -a -um, *pp* ⇨ volvo.
volūtus² -ūs, *m* (ヘビが) 体をくねらせて進むこと.
volva -ae, *f* =vulva.
volvī *pf* ⇨ volvo.
volvō -ere volvī volūtum, *tr* (*intr*) **1** 転がす［走らせる］: *amnis volvit sub undis grandia saxa* (LUCR) (増水した) 川は水流で巨岩を転がす. **2** 転がして作る: *scarabaeus pilas volvit* (PLIN) フンコロガシは（フンを）転がして玉をつくる. **3** (*pass*) 転がる, 回転す

る;（蛇が）くねって進む: *volvuntur stellarum cursūs sempiterni* (Cɪᴄ) 星々の永遠の道が巡っている / *lacrimae volvuntur inanes* (Vᴇʀɢ) 涙がむなしくこぼれ落ちる． **4** (*pass*)（屈服して）はいつくばる． **5** (炎・煙など)を渦巻かせる，立ち昇らせる: *Vesuvius volvens incendia* (Sᴛᴀᴛ) 渦巻く炎を噴き上げる Vesuvius 火山． **6** 巻き込む，包む: *volvitur in flammis* (Lᴜᴄʀ) 火炎に包まれる． **7** ひき起こす，なし遂げる: *volventes frigora fontes* (Lᴜᴄʀ) 冷気を湧き出させる泉 / *ubi mille rotam volvēre per annos* (Vᴇʀɢ)（霊魂たちが）千年の時の輪を巡り終えたとき． **8**（運命が）定める: *sic volvere Parcas* (Vᴇʀɢ) これが運命の三女神の定めである． **9**（時を）経過させる: *luna volvit menses* (Hᴏʀ) 月は歳月を流れさせる． **10** 回転して進む;（時が）経過する: *tarda volventia plaustra* (Vᴇʀɢ) ゆっくり進む荷車 / *volventibus annis* (Vᴇʀɢ) 年が経つうちに． **11**（目・視線を）さまよわせる: *huc illuc volvens oculos* (Vᴇʀɢ) 目をあちらこちらにさまよわせて． **12**（書巻を）ひもとく: *volvendi sunt libri Catonis* (Cɪᴄ) Cato の書が読まれるべきだ． **13** *orbem volvere* (Lɪᴠ)（軍）円陣を組む． **14** よどみなく語る[弁論する]． **15** 思いめぐらす，熟考する．

volvola -ae, °*f* [↑]【植】サンシキヒルガオ属の植物の総称 (=convolvulus).

volvula -ae, *f* =vulvula.

vomax -ācis, *adj* [vomo] 吐き癖のある．

vōmer -eris, *m* **1** 犂の刃，犂先(ﾌﾘ)． **2** 陰茎． **3**°尖端． **4**°【解】鼻の鋤骨(ｼﾞｮ)．

vomica -ae, *f* [vomo] **1**【病】膿瘍(ﾖｳ); おでき． **2**（水銀のように）鉱石中に閉じこめられた液体． **3** 災厄，禍根．

vomicōsus -a -um, °*adj* [↑] 膿瘍の多い．

vomificus -a -um, °*adj* [vomo/facio] 吐き気を催させる．

vomifluus -a -um, °*adj* [vomo/fluo] 膿(ｳﾐ)を出す: *vomiflua passio* (Cᴀᴇʟ Aᴜʀ)【病】膿瘍．

vōmis -meris, *m* =vomer.

vomitiō -ōnis, *f* [vomo]【病】嘔吐; 吐物(ｼﾞｭ)．

vomitīvum -ī, °*n*【薬】催吐(ｿﾞ)剤．

vomitō -āre, *intr freq* [vomo] 頻繁に吐く．

vomitor -ōris, *m* [vomo] 嘔吐する人．

vomitōria -ōrum, °*n pl* [vomitorius]（円形競技場・劇場の）出入口．

vomitōrium -ī, °*n* [↓] 催吐剤．

vomitōrius -a -um, *adj* [vomo] 吐き気を催させる．

vomitus[1] -a -um, *pp* ⇒ vomo.

vomitus[2] -ūs, *m* **1**【医】嘔吐:° ~ *gravidarum* 妊婦嘔吐，つわり． **2** 吐物．

vomō -mere -muī -mitum, *intr*, *tr* **1** 吐き気がする; 嘔吐する． **2**（食べた物を）吐き戻す． **3**（水・炎・煙などを）吐く，吐き出す．

vomuī *pf* ⇒ vomo.

Vonōnēs -is, *m* ウォノーネース《1世紀の二人の Parthia 王の名》．

vopiscus -ī, *m* 双生児の一方が早産か流産で死んだあと無事に生まれた残りの子．

Vopiscus -ī, *m* ウォピスクス《ローマ人の家名; 特に (1) *Julius* ~, 前473年の統領． (2)° *Flavius* ~, *Historia Augusta*「ローマ皇帝列伝」の著者と伝えら

れる六人のうちの一人 (4世紀)》．

vorācitās -ātis, *f* [vorax] 大食，暴食．

vorāciter °*adv* [vorax] むさぼり食うように．

vorāginōsus -a -um, *adj* [↓] **1** 穴[窪み]の多い，割れ目[亀裂]の入った． **2**° 渦を巻いている．

vorāgō -ginis, *f* [voro] **1**（地面・河床などの）深い穴，割れ目，亀裂． **2** 淵，渦(巻き)． **3** 飽くことを知らぬ物欲[食欲](の持ち主)，(悪徳などの)極み．

vorātor -ōris, °*m* [voro] むさぼり食う人．

vorātrīna -ae, °*f* [voro] **1** 居酒屋． **2**（地面の）深い割れ目．

vorātus -a -um, *pp* ⇒ voro.

vorax -ācis, *adj* [↓] **1** がつがつ食う; 飽くことを知らない． **2** 破壊的な，猛烈な．

vorō -āre -āvī -ātum, *tr* **1**（丸ごと）のみ下す[込む]: がつがつむさぼり食う． **2** 急いで終わらせる． **3** 破滅させる;（病気が）むしばむ．

vors- ⇒ vers-.

vort- ⇒ vert-.

vōs *pron pers* 2 *pl* あなた方，きみたち，おまえら (⇒ tu).

Vosegus -ī, *m* ウォセグス《Gallia の山脈; 現 Vosges》．

vōsmet *pron pers* [vos/-met]【強意形】あなた方自身．

voster[1, 2] =vester[1, 2].

vōtifer -fera -ferum, *adj* [votum/fero] 奉納品を吊り下げる[掛ける]．

vōtiger -gera -gerum, °*adj* [votum/gero] =votifer.

vōtīvē °*adv* [votivus] 誓いに従って．

vōtīvitās -ātis, °*f* [↓] 誓約，祈誓．

vōtīvus -a -um, *adj* [↓] **1**（神々に）奉納を誓った，（満願成就のお礼に）奉納される: *tabula votiva* (Hᴏʀ) 奉納額面《難破をまぬがれた船乗りがその時の様子を描いた額を海神に奉納した》/ *votiva legatio* (Cɪᴄ) 満願成就のお礼参りのために元老院議員が国費による特使の資格で出かけた旅行． **2**（願いにこたえて）与えられる，望みどおりの．

vōtum -ī, *n* (*pp*) [voveo] **1**（神への）誓約: *vota facere* [*nuncupare, suscipere, concipere*] (Cɪᴄ) 誓いを立てる / *vota solvere* [*reddere*] (Cɪᴄ) 誓約を実行する / *voti liberari* (Lɪᴠ)（約束を実行して）誓いから解放される． **2**（満願成就のお礼としての）奉納物，供物(ｸﾞ)． **3** 祈願，願望，欲求: *hoc erat in votis* (Hᴏʀ) これが（私の）願いだった． **4** 結婚の誓い，結婚．

vōtus -a -um, *pp* ⇒ voveo.

voveō -ēre vōvī vōtum, *tr* **1**（神に）誓約する《+*acc c. inf fut*》: *tibi decimam partem praedae* ~ (Lɪᴠ) 私は（Apollo）に戦利品の10分の1を捧げる / *vovere maximam uvam se deo daturum* (Cɪᴄ) 神にいちばん大きな房のブドウを奉納すると誓う． **2** 願う，希求する《ut》: *elige, quid voveas* (Oᴠ) おまえの願いを選びなさい / *ut tua sim* ~ (Oᴠ) 私はあなたに思いを寄せられる女になりたい．

vōvī *pf* ⇒ voveo.

vox vōcis, *f* **1** 声: *magna voce* (Cɪᴄ) 大声で / *una voce* (Cɪᴄ) 異口同音に / ~ *viva* (Sᴇɴ) 肉声． **2**（声の調子，響き; アクセント: *rustica* ~ *et agrestis* (Cɪᴄ) 田舎風で粗野な発音． **3**（楽器・動物などが発する）

音, 音色: *septem discrimina vocum* (Verg) 七絃琴. **4** ことば, 発言, 話. **5** ことわざ, 格言, 金言. **6** おまじないの文句, 呪文. **7** 言語. **8**〖文〗語, 単語. **9**°〖文〗態.

Vulc- ⇨ Volc-.

vulgāria, volg- -ium, *n pl* [↓] **1** 日常茶飯事. **2** ありふれた食物[料理].

vulgāris, volg- -is -e, *adj* [vulgus] **1** 一般大衆の, 俗な: ~ *liberalitas* (Cic) 万人に行きわたる施し. **2** ありふれた, 平凡な. **3** (手続き・取引などの)通例[正規]の.

vulgāritās -ātis, °*f* [↑] **1** 一般大衆. **2** ありふれていること.

vulgāriter *adv* [vulgaris] 一般に, 普通に.

vulgārius, volg- -a -um, *adj* [vulgaris] **1** 一般大衆の. **2** ありふれた, 平凡な.

Vulgāta -ae, °*f* [vulgatus¹] (*sc.* editio) **1** ギリシア語訳旧約聖書及び外典 (=Septuaginta). **2** ラテン語訳聖書《Hieronymus が 4 世紀末に翻訳した》.

vulgātor -ōris, *m* [vulgo²] (秘密を)漏らす人.

vulgātus¹ -a -um, *adj* (*pp*) [vulgo²] **1** 広く知られた, 周知の. **2** 通常の, 一般の. **3** 陳腐な, ありふれた. **4** 卑しい.

vulgātus² -ūs, ³*m* (著作物の)公刊.

vulgivagus -a -um, *adj* [vulgus/vagus¹] **1** 方々をさまよい歩く. **2** 行き当たりばったりの.

vulgō¹, volg- *adv* (*abl*) [vulgus] **1** 多勢で, 一斉に. **2** 公然と. **3** 一般に, 普通に. **4** 至る所で.

vulgō² -āre -āvī -ātum, *tr* [↓] **1** 一般大衆に行きわたらせる, 普及させる〈alqd in alqm; alqd cum alqo〉: *contagium etiam in alios vulgatum est* (Curt) 感染が他の者どもにまで及んだ / *se vulgari cum privatis* (Liv) 私人たちと親しくつきあう. **2** (体を)売る, 売春する. **3** 公表する, 広める; (著作を)公刊する. **4** 有名にする.

vulgus, volg- -ī, *n* (*m*) **1** 民衆, 大衆: *in ~ [vulgum]* (Cic) 大衆に, 一般に. **2** 群集, 大勢. **3** (動物の)群れ.

vulnerābilis -is -e, *adj* [vulnero] **1** 傷つけられる. **2**° 傷つける.

vulnerārius¹, voln- -a -um, *adj* [vulnus] 傷に効く.

vulnerārius² -ī, *m* (傷専門の)医者.

vulnerātiō, voln- -ōnis, *f* [↓] 傷つけること, 傷害.

vulnerō, voln- -āre -āvī -ātum, *tr* [vulnus] **1** 傷つける, 負傷させる. **2** (物を)損傷する. **3** (感情を)傷つける, 侮辱する.

vulnifer -fera -ferum, °*adj* [vulnus/fero] =vulnificus.

vulnificus -a -um, *adj* [↓/facio] 傷つける, 傷を負わせる.

vulnus, voln- -neris, *n* **1** (人・動物・植物・土地などに負わせる)傷: *multis et illatis et acceptis vulneribus* (Caes) (敵味方で)多くの傷を与えたり受けたりして / *longis dat vulnera ramis* (Ov) (キツツキがくちばしでつついて)長い枝に傷を与える / *vulnera aratri rastorumque fero* (Ov) 私(大地)は犁と鍬による傷に耐えている. **2**〖詩〗(傷を負わせる)槍, 矢: *haesit sub gutture ~* (Verg) 矢は喉につき刺さったままだ. **3** 心の傷; 恋の痛手: *inconsolabile ~ mente gerere* (Ov) 心に慰めようもない傷を負う. **4** 危害, 損害, 災厄: *vulnera imposita provincia sanare* (Cic) 属州に加えられた傷を癒やす.

vulnusculum -ī, °*n dim* [↑] 軽傷.

vulpēcula -ae, *f dim* [↓]〖動〗子ギツネ.

vulpēs, volp- -pis, *f* **1**〖動〗キツネ(狐): *~ jungere* (Verg) 狐を軛(゜)にかける(=不可能なことを企てる) / *populus est domi leones, foras ~* (Petr) 民衆は家ではライオン, 外では狐だ. **2** *~ marina* (Plin)〖魚〗オナガザメ属の魚.

vulpīnor -ārī -ātus sum, *intr dep* [↑] 狐のように狡猾にふるまう.

vulpīnus, volp- -a -um, *adj* [vulpes] キツネの.

vulpiō -ōnis, *m* [vulpes] (狐のように)悪賢い者.

vulpis -is, *f* =vulpes.

Vuls- ⇨ Vols-.

vulsella -ae, *f* =volsella.

vulsī *pf* =velli (⇨ vello).

vulsiō -ōnis, °*f* [vello] **1** 引き抜かれたもの. **2** (馬の)喘息(゜).

vulsō -āre, °*intr* [vello] (馬が)喘息で苦しむ, 痙攣(゜)する.

vulsūra -ae, *f* [vello] 引き抜く[むしる]こと.

vulsus -a -um, *pp* =vello.

vult 3 *sg ind pr* [↓] volo².

vulticulus -ī, *m dim* [vultus] しかめつら, 渋面.

vultuōsē °*adv* [↓] 深刻な顔つきで.

vultuōsus -a -um, *adj* [vultus] しかめつらの; 大げさな表情の.

vultur, volt- -uris, *m* **1**〖鳥〗ハゲワシ(禿鷲). **2** 強欲な人.

Vultur, Volt- -uris, *m* ウゥルトゥル《Apulia の Venusia 近くの山》.

vulturīnus -a -um, *adj* [vultur] ハゲワシの.

vulturius -ī, *m* [vultur] **1**〖鳥〗ハゲワシ. **2** 強欲な人. **3** (さいころ遊びの)悪い目.

Vulturnum, Volt- -ī, *n* ウゥルトゥルヌム《Campania の Vulturnus 川の河口近くの町》.

Vulturnus, Volt- -ī, *m* **1** ウゥルトゥルヌス《Campania の川; 現 Volturno》. **2**〖神話〗ウゥルトゥルヌス《ローマで崇拝された河神》. **3** 南東の風.

vultus, volt- -ūs, *m* (別形 *n pl* vulta, volta) **1** 顔つき, 表情, 容貌: *imago animi ~ est* (Cic) 心を映し出すものが表情だ. **2** まなざし, 視線: *vultu in virgine fixo* (Ov) じっと乙女を見つめて. **3** 顔 (=facies, os). **4** 肖像(画). **5** 外観; 様相: *salis placidi ~* (Verg) 穏やかな海の面(゜).

vulva, volv- -ae, *f* **1** 子宮. **2** 豚の子宮《食材として愛好された》. **3** 女性器; 〖解〗陰門, 外陰(部).

vulvītis -idis, °*f* [↑]〖病〗陰門[外陰]炎.

vulvula, volv- -ae, *f dim* 小さな vulva (2).

W

W, w indecl n 本来のラテン語アルファベットにはない字母．5世紀頃からV, vの音価が[v]となったため，ゲルマン語系の半母音[w]をV, vを重ねたVVで表記するようになり，それがのちにW, wとなった．
Wandalī -ōrum, °m pl =Vandali.
wanna -ae, °f (大きな)柳細工のバスケット．
wantus -ī, °m 手袋．
warandia -ae, °f 保証．
waraniō -ōnis, °m 雄馬．
warantizō -āre, °tr 保証する．
warantus -ī, °m 保証人．
werra -ae, °f 戦争．

X

X, x indecl n 1 ラテン語アルファベットの第21字《音価 [ks]》. 2 (ローマ数字) =10.
Xanthippē -ēs, f [Gk] クサンティッペー《Socratesの妻》．
Xanthippus -ī, m [Gk] クサンティッポス，*-ポス《(1) Periclesの父．(2) Sparta人；第1次Poeni戦争でCarthago軍を指揮し，Regulusを捕虜にした(前255)》．
Xanthus, -os -ī, m [Gk] クサントゥス，*-トス《(1) Troasの川；Scamanderともいう．(2) Lyciaの川とその川沿いの町．(3) Epirusの小流》．
xeniolum -ī, n dim [↓] ちょっとした贈り物．
xenium -ī, n [Gk] 1 (客への)贈り物．2 客への贈り物を描いた絵．3 (一般に)贈り物，進物．4 (弁護士への)謝礼金，報酬．
Xenoclēs -is, m [Gk] クセノクレース《Adramytteumの修辞学者(前2-1世紀頃)》．
Xenocratēs -is, m [Gk] クセノクラテース《Chalcedon生まれの哲学者；Platoの弟子でAcademiaの塾頭(前339-314)》．
xenodochīum, -ēum -ī, °n [Gk] (困窮している異邦人のための)公共宿泊施設，施療院．
xenodochus -ī, °m [Gk] 1 xenodochiumの長．2 [カト] 看護修道士．
xenōn -ōnis, °m [Gk] =xenodochium.
Xenō(n) -ōnis, m [Gk] クセノ(-ン)《(1) Athenae人；Cicero と同時代のEpicurus学派の哲学者．(2) Sicyonの画家》．
Xenophanēs -is, m [Gk] クセノパネース《Colophon生まれの哲学者・詩人(前6世紀頃)；Magna GraeciaにImmoveしてElea学派の祖となったと伝えられる》．
Xenophōn -ontis, m [Gk] クセノポーン《Athenae人(前428?-354)；Socratesの弟子で著述家・軍人》．
Xenophontēus, -īus -a -um, adj [Gk] Xenophonの．
xērampelinus -a -um, adj [Gk] 枯れたブドウの葉色[深紅色]の．
xēranticus -a -um, °adj [Gk] 乾燥させる．
xērocollȳrium -ī, °n [Gk] 半固体[軟膏状]の目薬．
xēromyron -ī, °n [Gk] 乾燥没薬．
xēron -ī, °n [Gk] 半固形の香油．
xērophagia -ae, °f [Gk] 1 乾燥させた食物の摂取．2 《東方正教会》厳斎《水・パン・塩・野菜だけを食する》．
xērophthalmia -ae, °f [Gk] 《病》眼球乾燥症．
xērōsis -is, °f [Gk] 《病》(皮膚・眼球などの)乾燥症．
Xerxēs, -sēs -is, m [Gk] クセルクセース(1世)《DareusⅠの子，ペルシア王(在位前485-65)；第2回ギリシア遠征を起こしたがSalamisの海戦で大敗した(前480)》．
xiphiās -ae, m [Gk] 1 《魚》メカジキ．2 《天》剣の形をした彗星．
xiphium, -on -ī, n [Gk] 《植》グラジオラス (=gladiolus).
xiphoīdeus -a -um, °adj 《解》剣状の．
Xūthus, -os -ī, m [Gk] 《神話》クスートゥス，*-トス《Hellenの息子でDeucalionの孫；Ionia人の祖》．
xylinus -a -um, °adj [Gk] 綿の，木綿の: *lina xylina* (PLIN) 木綿の生地．
xylobalsamum -ī, n [Gk] 《植》バルサム樹《バルサムを分泌する樹木の総称》．
xylocinnamōmum -ī, n [Gk] 《植》ニッケイ(肉桂)《シナモン(樹皮)を採る樹木の総称》．
xylocinnamum -ī, n =xylocinnamomum.
xyloluchnūchus, -os -ī, m [Gk] 《碑》木製の燭台．
xylon -ī, n [Gk] 《植》ワタ(綿)．
xylophytum, -on -ī, °n [Gk] 《植》コンフリー《ヒレハリソウ属の多年草の総称》．
Xyniae -ārum, f pl [Gk] クシュニアエ，*-アイ《Thessalia 南西部の町》．
xyris -idis, f [Gk] 《植》アヤメの一種．

xystarcha, -ēs -ae, °*m* [*Gk*] xystus (1) の管理人.
xysticus[1] -a -um, °*adj* [xystus] 運動競技者の.
xysticus[2] -ī, *m* 運動競技者.

xystra -ae, °*f* [*Gk*] =strigilis 1.
xystus -ī, *m*, **xystum** -ī, *n* [*Gk*] **1** (ギリシアの)冬期運動競技の練習をした屋根付きの柱廊. **2** (ローマの)屋根のない回廊.

Y

Y, y *indecl n* ラテン語アルファベットの第22字《ギリシア語の upsilon を含む語の表記に用いられた；音価 [y]》.

Ylās -ae, °*m* =Hylas.
Yrcānia -ae, °*f* =Hyrcania.

Z

Z, z *indecl n* ラテン語アルファベットの第23字《ギリシア語の zeta の表記に用いられた》.
zaberna -ae, °*f* 雑嚢(ぞう)の一種.
zābolus, -bulus -ī, °*m* =diabolus.
zāconus -ī, °*m* =diaconus.
Zacynthius -a -um, *adj* Zacynthus の.
Zacynthus, -os -ī, *f* [*Gk*] ザキュントゥス, *-トス《イオニア海の島；現 Zante》.
zaeus -ī, *m* [*Gk*] 【魚】ニシマトウダイ.
Zaleucus -ī, *m* [*Gk*] ザレウクス, *-コス《Italia 最南部の町 Locri の立法者（前650頃）》.
Zama -ae, *f* [*Gk*] ザマ《Numidia の小さな町；この付近で Scipio の指揮するローマ軍が Hannibal の率いる Carthago 軍を破った（前202）》.
Zamensis -is -e, *adj* Zama の.
zāmia -ae, *f* [*Gk*] 損害, 損傷.
zanca, zancha, zanga -ae, °*f* (Parthia 人の)柔らかな靴.
Zanclaeus, -clēius -a -um, *adj* Zancle の.
Zanclē -ēs, *f* ザンクレー《Sicilia 島の Messana の旧名》.
zaplūtus -a -um, *adj* [*Gk*] 大金持ちの.
zathenēs -is, *m* [*Gk*] 琥珀(こはく)色の宝石《未詳》.
zea -ae, *f* [*Gk*] 【植】**1** エンマー小麦. **2**° シソ科マンネンロウ, ローズマリー.
Zēla -ae, *f* [*Gk*] ゼーラ《Pontus の町；この地で Pharnaces II を破った Caesar は 'veni, vidi, vici'「来たり, 見たり, 勝てり」と元老院に報告した；現 Zile (トルコ)》.
zēlātor -ōris, °*m* [zelo] 熱心家.
zēlivira -ae, °*f* [zelus/vir] 嫉妬.
zēlō -āre -āvī -ātum, °*tr* [*Gk*] **1** 熱愛する. **2** 嫉妬する, ねたむ.
zēlor -ārī -ātus sum, °*tr dep* =zelo.
zēlōtēs -ae, °*m* [*Gk*] **1** 嫉妬する人. **2** 熱心党員《反ローマのユダヤ人急進派》.

zēlōticus -a -um, °*adj* [*Gk*] 嫉妬深い.
zēlotypia -ae, *f* [*Gk*] 嫉妬.
zēlotypus -a -um, °*adj* [*Gk*] 嫉妬深い.
zēlus -ī, *m* [*Gk*] **1** 対抗心, 張り合うこと. **2** 嫉妬.
zema -ae, °*f* [*Gk*] **1** 鍋, 釜. **2** 煮出し汁, スープ.
Zēnobia -ae, *f* [*Gk*] ゼーノビア(-)《(1) Iberia (Albania と Armenia の間の地方) の王 Pharsmanes の息子 Rhadamistus の妻 (1世紀中頃). (2)° Palmyra の女王；エジプト, 小アジアの支配を企てたが, Aurelianus 帝にとらえられた (後272)》.
Zēnō(n) -ōnis, *m* [*Gk*] ゼーノー(ン)《(1) Elea 生まれの哲学者 (前490?-?430); Parmenides の弟子. (2) Citium 生まれの哲学者 (前335-263); ストア学派の祖. (3) Sidon 生まれの Epicurus 学派の哲学者 (前150?-?); Cicero も Athenae で彼の講義を聴いた》.
Zephyrītis -idis, *f* [*Gk*] ゼピューリーティス《Ptolemaeus II Philadelphus の姉で妻であった Arsinoe (前316?-270) の別名；死後 Venus Zephyritis として Alexandria の東の Zephyrium 岬に建てられた神殿にまつられた》.
Zephyrium, -on -ī, *n* [*Gk*] ゼピューリウム, *-オン《(1) Bruttii 南端の岬. (2) Cilicia の岬と同名の町》.
zephyrius -a -um, *adj* [↓] 西風の.
zephyrus, -os -ī, *m* [*Gk*] **1** (しばしば Z-) 西風《穏やかで生殖かつ西風は雪解けと春の訪れを告げる；本来のラテン語では Favonius》. **2** (一般に)風.
Zērynthius -a -um, *adj* [*Gk*] Thracia の町 Zerynthus の.
zēta[1] -ae, °*f* 別荘 (*cf*. diaeta 3).
zēta[2] *indecl* °*n* [*Gk*] ギリシア語アルファベットの第6字 (Z, ζ).
zētēma -atis, *n* [*Gk*] 【碑】研究課題, 問題；謎.
zētēmatium -ī, *n* [*Gk*] 小研究, 小問題.
Zētēs -ae, *m* [*Gk*] 【伝説】ゼーテース《Boreas (Aquilo) と Orithyia の息子で Calais の兄弟；翼を有し,

Argonautae の一人)).
Zēthus -ī, *m* [*Gk*] 〖伝説〗ゼートゥス, *-トス 《Juppiter と Antiopa の息子で Amphion の双子の兄弟; 二人で Thebae を創建したという》.
Zeugis -is, °*f* =Zeugitana regio.
Zeugitānus -a -um, *adj* Zeugitana regio (PLIN) Africa の Byzacium と Numidia の間の地味豊かな地方 (現 Tunisia 北部).
zeugitēs -ae, *m* [*Gk*] 〖楽〗 アシ(葦)の一種《双管の縦笛の歌口(マウスピース)に用いられた》.
zeugma -atis, °*n* [*Gk*] 〖文 軛(くびき)〗語法.
Zeugma -atis, *n* [*Gk*] ゼウグマ《Syria 北部の Euphrates 河畔の町》.
zēus -ī, *m* =zaeus.
Zeuxis -is [-idis], *m* [*Gk*] ゼウクシス《Lucania の Heraclea 生まれのギリシアの画家 (前5世紀末に活躍)》.
zincum -ī, °*n* 〖化〗亜鉛: ~ *oxydatum* 亜鉛華, 酸化亜鉛 (=flores zinci) / ~ *sulfuricum* 硫酸亜鉛, 皓礬.
zingiber, -beri -eris, *n* [*Gk*] 〖植〗ショウガ.
zinzilulō -āre, °*intr* (鳥が)さえずる, 鳴く.
zinziō -āre, *intr* (ツグミが)鳴く.
zinzitō -āre, °*intr* =zinzio.
Ziobetis -is, *m* ジオベティス《Hyrcania の川》.
zizānia -ae, °*f*, **-ia** -ōrum, °*n pl* [*Gk*] 〖植〗イネ科ドクムギ属の草本の総称.
zizyphum -ī, *n* [*Gk*] 〖植〗ナツメ(棗)の実.
zizyphus -ī, *f* [*Gk*] 〖植〗ナツメ.
zmilion -ī, *n* =smilion.
Zmintheus, Zmyrna, etc. ⇨ Smintheus, Smyrna¹, etc.
zōdiacus¹ -a -um, *adj* [*Gk*] 〖天〗黄道帯の, 獣帯の.
zōdiacus² -ī, *m* 〖天〗黄道帯, 獣帯 (=orbis signifer).
Zōilus -ī, *m* [*Gk*] ゾーイルス, *-ロス《Amphipolis 出身のキニク(犬儒)学派の哲学者 (前4世紀); Homerus を激しく攻撃した》.
zōna -ae, *f* [*Gk*] **1** 帯, 腰ひも: *zonam solvit diu ligatam* (CATUL) (乙女は)長い間かたく締めていた帯を解いた. **2** 胴巻き. **3** 〖天〗オリオン座の帯にあたる星. **4** (天·地球の)帯状の圏. **5** (宝石の)ガードル, 周稜. **6** 〖病〗帯状疱疹[ヘルペス].
zōnārium -ī, *n dim* [*Gk*] 小さな帯.
zōnārius¹ -a -um, *adj* [zona] 胴巻きの: *sector* ~ (PLAUT) すり, 巾着切り.
zōnārius² -ī, *m* 帯職人[商人].
zōnātim *adv* [zona] (周囲を)取り巻いて.
zōnula -ae, *f dim* [zona] **1** 小さな帯[腰ひも]. **2**° 〖解〗毛様(体)小帯.
zōoecium -ī, °*n* 〖動〗虫室, 虫房.
zō(o)phorus, -os -ī, *m*, **-um** -ī, *n* [*Gk*] 〖建〗動物の図柄を彫刻したフリーズ[小壁].
zōophthalmon -ī, *n* 〖植〗ベンケイソウ科の植物.
zōoplancton -ī, °*n* 〖動〗動物プランクトン, 浮遊動物.
zōosporangium -ī, °*n* 〖植〗遊走子嚢(のう).
zōpissa -ae, *f* [*Gk*] (船体から削り取られた)ピッチと蠟(ろう)の混合物.
Zōpyrus -ī, *m* [*Gk*] ゾーピュルス, *-ロス《(1) Dareus I に仕えたペルシアの貴族; 身体をみずから不具にして Babylon に入り, 詭計を案じて都城を陥落させた. (2) Socrates と同時代の高名の人相見. (3) Clazomenae の修辞学者 (前3世紀前半に活躍)》.
Zōroastrēs -ī, *m* [*Gk*] ゾーロアストレース, ''' ゾロアスター《ペルシアの宗教家·立法者 (前600頃); ゾロアスター教(拝火教)の開祖》.
zōstēr -ēris, *m* [*Gk*] **1** 海藻の一種. **2** 〖病〗帯状疱疹.
Zōstēr -ēris, *m* [*Gk*] ゾーステール《Attica の岬と港町; その西方に Aegina 島が浮かぶ》.
zōthēca -ae, *f* [*Gk*] **1** 小部屋, 次の間. **2**° 〖碑〗壁龕(がん).
zōthēcula -ae, *f dim* [↑] **1** 小室. **2**° 本棚, 本箱.
zuc(c)arum -ī, °*n* [*Arab.*] 砂糖.
zuma -ae, °*f* =zema.
zura -ae, °*f* 〖植〗ハマナツメ (paliurus) の実.
zygia -ae, *f* [↓] 〖植〗シデ (=carpinus) (軛(くびき)の用材).
zygius -a -um, *adj* [*Gk*] 婚姻のきずなの: *tibia zygia* (APUL) 祝婚歌を奏でる笛 / *regina zygia* (APUL) 結婚をつかさどる女王 (=Juno).
zygōma -atis, °*n* [*Gk*] **1** 頬骨(ほおぼね)突起; 頬骨弓. **2** 頬骨, 観骨(かんこつ).
zygōmaticus -a -um, °*adj* 〖解〗頬(骨)の.
zygostasium -ī, °*n* [*Gk*] 計量検査.
zygostata, -ēs -ae, °*m* [*Gk*] 計量検査官.
zȳthum -ī, *n* [*Gk*] 発酵させた麦芽からつくる飲料, ビール.

付 録 I・II

ローマの暦
通　貨
ローマ人の名前
主要な略語
変化・活用表

付　録　I

1. ローマの暦

A. 年

§1. ローマ人は特定の年を表示するのに，2つの方法を用いた．1つは，その年の2名の執政官の名を絶対的奪格で表わす方法である．
 e.g. Cn. Pompēiō M. Crassō consulibus
    Gnaeus Pompeius と Marcus Crassus が執政官のときに．
しかしわれわれは，この年が西暦前70年あるいは同55年にあたることを知るには，歴史年表などの助けを借りる他にない．

もう1つは，西暦前753年を建国の年とするローマ建国紀元 A.U.C. (=ab urbe conditā または annō urbis conditae) を用いるもので，これは次の仕方で西暦年に換算することができる．すなわち，A.U.C. の年数が753以下であれば，754からその数を引き，754以上であれば，そこから753を引けばよい．
 e.g. A.U.C. 490＝西暦前264年 (754–490)
   A.U.C. 767＝西暦14年 (767–753)

§2. 暦の1年は $365^1/_4$ 日から成る．この分数を避けるため，4年を単位として，初めの3年は365日を1年とし，4年目の閏年 annus bisextīlis は366日を1年とする．これは，大神祇官 pontifex maximus としての Caesar が定めた旧太陽暦（ユリウス暦）によるもので，西暦前45年以降，1582年に新太陽暦（グレゴリオ暦）が制定されるまで，久しく用いられた．ちなみに，西暦前46年以前の暦年は，3, 5, 7, 10 月が大の月で31日，2月が28日，それ以外が小の月で29日，合計355日が1年であった．

B. 月

§3. ラテン語の月の名は次のとおりである．

1月	Jānuārius	7月	Quintīlis (前44年より Jūlius)
2月	Februārius	8月	Sextīlis (前8年より Augustus)
3月	Martius	9月	September
4月	Aprīlis	10月	Octōber
5月	Māius	11月	November
6月	Jūnius	12月	December

[注意]
 (1) 月の名はすべて形容詞である．名詞として用いられているときは，名詞 mensis「月」を省いたものと考えられる．
 (2) 古くは Martius を年の始めとしていたので，Quintīlis (<quintus) は5月，Octōber (<octō) は8月というように，名と実が一致していたが，西暦前153年以降は，Jānuārius を年の始めとした．このため，Quintīlis 以下の月の名が実際と2か月ずつずれること

暦・通貨・名前・略語

となった.

C. 月　日(がっぴ)

§4. 1月(ひとつき)のうち, 特別の名称のある日が3日ある.
- (a) Kalendae -ārum, *fpl*「ついたち」(毎月の第1日)
- (b) Nōnae -ārum, *fpl*「(Īdūsの日も含めて)9日前の日」(1, 2, 4, 6, 8, 9, 11, 12月の第5日; 3, 5, 7, 10月(古暦の大の月)の第7日)
- (c) Īdūs -uum, *fpl*「(月の)中日」(1, 2, 4, 6, 8, 9, 11, 12月の第13日; 3, 5, 7, 10月の第15日)

これらの日は次のように表わされる.
- 1月1日に　　Kalendīs Jānuāriīs (Kal. Jan.)
- 2月5日に　　Nōnīs Februāriīs (Non. Feb.)
- 3月15日に　　Īdibus Martiīs (Id. Mar.)

§5. 上記以外の日は, その月の Nōnae, Īdūs, 翌月の Kalendae のいずれかを起点にして, そこからさかのぼって何日目と数える. その際, 起点の日を1日目と数える. ただし, Kalendae, Nōnae, Īdūs の前日だけは prīdiē と呼ばれる. なお, ante, prīdiē に続く語はすべて対格となることに注意.
- 7月12日に　　ante diem quartum Īdūs Jūliās (a.d, IV Id. Jul.)
- 8月15日に　　ante diem duodēvīcēsimum Kalendās Septembrēs (a.d. XVIII Kal. Sept.)
- 9月3日に　　ante diem tertium Nōnās Septembrēs (a.d. III Non. Sept.)
- 10月6日に　　prīdiē Nōnās Octōbrēs (prid. Non. Oct.)
- 11月12日に　　prīdiē Īdūs Novembrēs (prid. Id. Nov.)
- 12月31日に　　prīdiē Kalendās Jānuāriās (prid. Kal. Jan.)

§6. 閏年には, 2月が29日となるように, 2月24日 ante diem sextum Kalendās Martiās (a.d. VI Kal. Mar.) を2度数える (2度目の日は a.d. bis VI Kal. Mar. と呼ばれる).

§7. 以上のように表記された月日は, 全体が1個の名詞として扱われ, 前置詞とともに用いられることもある.
- e.g.　ex ante diem quintum Īdūs Aprīlēs　4月9日から

D. 時　間

§8. nox「夜」に対する　diēs「昼」は, 日の出から日没までを言い, その間を12の hōra「時間」に等分する. この hōra は, むろん, 冬期は短く, 夏期は長い. ただ春分と秋分の日のみ, 今日の60分に相当する長さとなる.
一方, 日没から日の出までの夜は, 4つの vigilia「夜警時」に等分される. それらは順番に, prīma, secunda, tertia, quarta と序数詞を付して呼ばれる.

2. 通 貨

§ 9. 初期のローマには貨幣はなく，12 unciae (約 327 グラム) の青銅のインゴット (鋳塊(ちゅうかい)) を 1 ās の通貨として用いていたが，西暦前 280 年頃，アス青銅貨と数種の補助貨幣の鋳造が始まった．

それよりも前から，Campania 地方のギリシア植民市との接触を通じて，ローマ人もすでにギリシア風の銀貨を鋳(い)るようになっていたが，前 211 年頃には初めてローマ市でローマの重量単位に合わせた銀貨 dēnārius と sestertius が鋳造された．それらと ās との関係は次のとおり．

    1 dēnārius＝4 sestertiī＝10 assēs

この間，アス青銅貨の価値は下落する一方で，dēnārius と sestertius の鋳造が始まった頃には 1 ās はほぼ 1 uncia になっていた．そして，前 140 年頃には 1 dēnārius は 16 assēs 相当と定められた．

    1 dēnārius＝4 sestertiī＝16 assēs

一方，金貨は，西暦前 84 年，Sulla によって導入され，同 46 年には Caesar が，Gallia, Britannia から奪った金を用いて，大量に鋳造した．ここに，次のような関係の通貨制度が成立し，久しく行なわれることとなった．

    1 aureus (金貨)＝25 dēnāriī (銀貨)＝100 sestertiī (真鍮貨)＝
    400 assēs (銅貨)

§ 10. ローマ人の経済生活の基本通貨であった sestertius は，その金高に応じて次のように言い表わされる．

(1) 2,000 未満

    quattuor [centum, mille] sestertiī 4 [100, 1,000] セステルティウス

(2) 2,000 から 1,000,000 未満

  (a) quīnque mīlia sestertium (まれに sestertiōrum) 5,000 セステルティウス (sestertium は古い複数属格形; 直訳は「セステルティウスの 5,000」)

  (b) duo mīlia sestertia 2,000 セステルティウス (この sestertia は形容詞 sestertius の中性複数形)

  (c) dēna [decem] sestertia 10,000 セステルティウス (この sestertia は「1,000 セステルティウス」の意の中性複数名詞; 配分数詞または基数詞とともに用いられる)

(3) 1,000,000 以上

  (a) deciēs centēna mīlia sestertium 1,000,000 セステルティウス
    (直訳は「セステルティウスの 10 万を 10 度」)

  (b) vīciēs sestertium 2,000,000 セステルティウス
    ((a) の centēna mīlia を省いたもので，このほうが普通; ここでは sestertium は「10 万セステルティウス」の意の中性名詞)

(4) sestertius は HS と略記されることがある．

    HS XX [$\overline{\text{XX}}$, |$\overline{\text{XX}}$|] 20[20,000, 2,000,000] セステルティウス

3. ローマ人の名前

§ 11. ある程度の家柄のローマ人(男性)は，3 つの名を持っていた．(1) 個人 persōna を表わす praenōmen, (2) 氏族 gens を表わす nōmen, (3) 家族 familia を表わす cognōmen である．したがって，Gāius Jūlius Caesar という名前は，「Jūlia 氏族の Caesar 家の Gāius」を表わすことになる．この他に，国家への功績を称えるなどの理由により，添え名 agnōmen が加わることがある．たとえば，Pūblius Cornēlius Scīpiō Africānus の Africānus は，Zama の会戦で Hannibal を破った Scīpiō の武勲を記念するものである．

これに対して女性には，なんら固有の praenōmen がなく，Jūlia, Cornēlia, Lucrētia などのように，-ius に終わる nōmen の女性形のみが用いられた．そして 2 人姉妹には，mājor, minor, 姉妹が 3 人以上であれば，tertia, quarta などを付して呼び分けた．

§ 12. 個人名 praenōmen は，通例，次のように略記される．

A.＝Aulus　　　　　Mam.＝Māmercus
App.＝Appius　　　　N(um).＝Numerius
C.＝Gāius　　　　　P.＝Pūblius
Cn.＝Gnaeus　　　　Q.＝Quintus
D.＝Decimus　　　　Ser.＝Servius
K.＝Kaesō　　　　　S(ex).＝Sextus
L.＝Lūcius　　　　　Sp.＝Spurius
M.＝Marcus　　　　T.＝Titus
M'.＝Mānius　　　　Ti.＝Tiberius

Gāius, Gnaeus は古くは Cāius, Cnaeus と書かれた．これは，初期のアルファベットには G がなく，C がその代わりをしていたからで，略記個人名の C, Cn. にのみ，その名残をとどめている．

§ 13. Cicerō はその書簡において，ときには M. Tullius M. (＝Marcī) F. (＝fīlius) Cicerō Imp. (＝imperātor)「マルクスの息子，将軍マルクス・トゥッリウス・キケロー」あるいは (M.) Cicerō Imp. と，威儀を正して名乗ることもある．しかし，友人・知人にあてた書簡では，単に (M.) Cicerō が普通で，もっと親しい妻・娘・秘書には Tullius，弟 Quintus には Marcus と自らを呼ぶのが常である．このように，ローマ人(男性)の名前も，時と場合に応じて，さまざまの使われ方をすることに留意しておく必要がある．

また，今日のわれわれが「ローマ詩人ウェルギリウス」というときは，P. Vergilius Marō の nōmen のみを，「史家タキトゥス」というときは，Cornēlius Tacitus の cognōmen のみを称しているのである．他にも，前者の例では「ホラーティウス」Q. Horātius Flaccus,「オウィディウス」P. Ovidius Nāsō, 後者では「カエサル」C. Jūlius Caesar,「カトゥッルス」C. Valerius Catullus などがあり，こうした呼称は習慣によるものという他はない．

4. 主要な略語

§14.

a.d. = ante diem (⇨ § 5)
A.U.C. = ab urbe conditā, annō urbis conditae (⇨ § 1)
C = centum (100)
Cos., Coss. = consul, consulēs
D = quingentī (500)
HS = sestertius (⇨ § 10)
Id. = Īdūs (⇨ § 4)
Imp. = imperium, imperātor
Kal. = Kalendae (⇨ § 4)
M = mille (1,000)
Non. = Nōnae (⇨ § 4)
P.C. = patrēs conscriptī (⇨ conscribo)
P.M. = pontifex maximus (⇨ pontifex)
P.R. = populus Rōmānus
prid. = prīdiē (⇨ § 5)
Proc. = prōconsul
R.P. = rēs pūblica
S. = senātus
S.C. = senātūs consultum (⇨ consultum)
S.D. = salūtem dīcit (⇨ salus)
S.P.Q.R. = senātus populusque Rōmānus
Tr. = tribūnus
Tr. Pl. = tribūnus plēbis (⇨ tribunus)

付　録　II

変化・活用表

1. 名　詞

§15.　第1変化

porta, *f*「戸，門」

	sg	*pl*
nom, voc	port**a**	port**ae**
gen	port**ae**	port**ārum**
dat	port**ae**	port**īs**
acc	port**am**	port**ās**
abl	port**ā**	port**īs**

§16.　第2変化

(a) -us に終わる名詞　　　　　(b) -um に終わる中性名詞
dominus, *m*「主人」　　　　　dōnum, *n*「贈り物」

	sg	*pl*	*sg*	*pl*
nom	domin**us**	domin**ī**	dōn**um**	dōn**a**
voc	domin**e**	domin**ī**	dōn**um**	dōn**a**
gen	domin**ī**	domin**ōrum**	dōn**ī**	dōn**ōrum**
dat	domin**ō**	domin**īs**	dōn**ō**	dōn**īs**
acc	domin**um**	domin**ōs**	dōn**um**	dōn**a**
abl	domin**ō**	domin**īs**	dōn**ō**	dōn**īs**

[注意]
(1) -ius, -ium に終わる名詞の単数属格の語尾 -iī は -ī に約音することがある．その場合でも，アクセントの位置は変わらない．
　　e.g.　Vergílī＜Vergíliī, ingénī＜ingéniī
(2) -ius に終わる人名と filius「息子」の単数呼格の語尾は -ī となる．
　　e.g.　Antōnī (＜Antōnie), filī (＜filie)

(c) -er, -ir に終わる男性名詞
puer, *m*「少年」, ager, *m*「畑，土地」, vir, *m*「男」

	sg	*pl*	*sg*	*pl*	*sg*	*pl*
nom, voc	puer	puer**ī**	ager	agr**ī**	vir	vir**ī**
gen	puer**ī**	puer**ōrum**	agr**ī**	agr**ōrum**	vir**ī**	vir**ōrum**
dat	puer**ō**	puer**īs**	agr**ō**	agr**īs**	vir**ō**	vir**īs**
acc	puer**um**	puer**ōs**	agr**um**	agr**ōs**	vir**um**	vir**ōs**
abl	puer**ō**	puer**īs**	agr**ō**	agr**īs**	vir**ō**	vir**īs**

§17. 第3変化
(a) 子音幹名詞
victor, *m*「勝利者」, lex, *f*「法律」, nōmen, *n*「名前」

	sg	pl	sg	pl	sg	pl
nom, voc	victor	victōr**ēs**	lex	lēg**ēs**	nōmen	nōmin**a**
gen	victōr**is**	victōr**um**	lēg**is**	lēg**um**	nōmin**is**	nōmin**um**
dat	victōr**ī**	victōr**ibus**	lēg**ī**	lēg**ibus**	nōmin**ī**	nōmin**ibus**
acc	victōr**em**	victōr**ēs**	lēg**em**	lēg**ēs**	nōmen	nōmin**a**
abl	victōr**e**	victōr**ibus**	lēg**e**	lēg**ibus**	nōmin**e**	nōmin**ibus**

(b) i 幹名詞
cīvis, *m*「市民」, urbs, *f*「都市」, mare, *n*「海」

	sg	pl	sg	pl	sg	pl
nom, voc	cīv**is**	cīv**ēs**	urb**s**	urb**ēs**	mare	mar**ia**
gen	cīv**is**	cīv**ium**	urb**is**	urb**ium**	mar**is**	mar**ium**
dat	cīv**ī**	cīv**ibus**	urb**ī**	urb**ibus**	mar**ī**	mar**ibus**
acc	cīv**em**	cīv**īs, -ēs**	urb**em**	urb**īs, -ēs**	mare	mar**ia**
abl	cīv**e**	cīv**ibus**	urb**e**	urb**ibus**	mar**ī**	mar**ibus**

[注意]
(1) sitis, *f*「渇き」, turris, *f*「塔」, secūris, *f*「斧」などの少数の語は, 常に単数対格が -im, 奪格が -ī に終わる. これは, i 幹名詞本来の格語尾を保っているのである.
(2) 男・女性名詞複数対格の語尾は, 本来, -īs であるが, 子音幹名詞の影響を受けて -ēs も用いられるようになった.
(3) vīs, *f*「力」は不規則: vīs, vīs (まれ), vī (まれ), vim, vī; vīrēs, vīrium, vīribus, vīrēs, vīribus.

§18. 第4変化
exercitus, *m*「軍隊」, cornū, *n*「角(⌒)」

	sg	pl	sg	pl
nom, voc	exercit**us**	exercit**ūs**	corn**ū**	corn**ua**
gen	exercit**ūs**	exercit**uum**	corn**ūs**	corn**uum**
dat	exercit**uī, -ū**	exercit**ibus**	corn**ū**	corn**ibus**
acc	exercit**um**	exercit**ūs**	corn**ū**	corn**ua**
abl	exercit**ū**	exercit**ibus**	corn**ū**	corn**ibus**

[注意]
(1) domus, *f*「家」は第 4 変化名詞であるが, 次の 3 個所で第 2 変化形が現われる: *sg abl* **domō**; *pl gen* **domōrum**, domuum, *acc* **domōs**, domūs.
(2) domus の副詞的用法: domī「家に」, domum「家へ」, domō「家から」.

変化・活用表(名詞)

§19. 第5変化

rēs, *f*「事,物」, diēs, *m*「日」

	sg	*pl*	*sg*	*pl*
nom, voc	rēs	rēs	diēs	diēs
gen	reī	rērum	diēī	diērum
dat	reī	rēbus	diēī	diēbus
acc	rem	rēs	diem	diēs
abl	rē	rēbus	diē	diēbus

§20. ギリシア語系の名詞

(a) 第1変化

epitomē, *f*「要旨」, Aenēās, *m*「アエネーアース」, comētēs, *m*「彗星(すいせい)」

	sg		
nom	epitomē	Aenēās	comētēs
voc	epitomē	Aenēā	comētē, -ă
gen	epitomēs	Aenēae	comētae
dat	epitomae	Aenēae	comētae
acc	epitomēn	Aenēān, -am	comētēn
abl	epitomē	Aenēā	comētē, -ā

[注意]

(1) -ē に終わる名詞は女性, -ās, -ēs に終わる名詞は男性.

(2) epitomē, comētēs には, それぞれ epitoma, comēta とラテン語化した形もある. その場合は普通の第1変化名詞.

(3) 複数形の変化は porta (§15) の複数に同じ.

(b) 第2変化

Dēlos, *f*「デーロス(島)」, Androgeōs, *m*「アンドロゲオース」, Īlion, *n*「イーリオン」

	sg		
nom	Dēlos	Androgeōs	Īlion
voc	Dēle	Androgeōs	Īlion
gen	Dēlī	Androgeō, -ī	Īliī
dat	Dēlō	Androgeō	Īliō
acc	Dēlon, -um	Androgeō, -ōn	Īlion
abl	Dēlō	Androgeō	Īliō

[注意]

(1) -os, -ōs に終わる名詞は男性または女性, -on に終わる名詞は中性.

(2) Dēlos, Īlion には, それぞれ Dēlus, Īlium とラテン語化した形もある. その場合は普通の第2変化名詞.

(3) 複数形がある場合は, -os, -ōs 名詞は dominus (§16 (a)), -on 名詞は dōnum (§16 (b)) の複数と同じように変化する.

(c) 第3変化
lampas, f「たいまつ」, Phryx, m「プリュギア人」, hērōs, m「英雄」

	sg	pl	sg	pl	sg	pl
nom, voc	lampas	lampadĕs, -ēs	Phryx	Phrygĕs, -ēs	hērōs	hērōĕs, -ēs
gen	lampados, -is	lampadum	Phrygis	Phrygum	hērōis	hērōum
dat	lampadī	lampadibus	Phrygī	Phrygibus	hērōī	hērōibus
acc	lampada, -em	lampadĕs, -ēs	Phryga, -em	Phrygĕs, -ēs	hērōa, -em	hērōĕs, -ēs
abl	lampade	lampadibus	Phryge	Phrygibus	hērōe	hērōibus

[注意]
(1) lampas の単数属格 -os, 上記3語の単数対格 -a および複数主・対格 -ĕs は, ギリシア語の語尾.
(2) -ās に終わる固有名詞 (gen -antis) の単数呼格は -ā.
　　e.g. Atlās, voc Atlā.
(3) -eus に終わる固有名詞の単数呼格は -eu. その他の格は, 通例, 第2変化になる.
　　e.g. Orpheus, voc Orpheu, gen Orpheī, dat Orpheō, etc.
(4) -ma に終わる中性名詞 (gen -matis) の複数与・奪格は, 通例, -ibus の代わりに -īs, また複数属格は -um の他に -ōrum もある.
　　e.g. poēma「詩」, pl dat, abl poēmatīs, gen poēmatum, -ōrum.
(5) -ō に終わる女性固有名詞は, gen -ūs, dat, acc, abl -ō の変化の他, gen -ōnis 以下, 普通の第3変化の語形も見られる.
　　e.g. Dīdō, voc Dīdō, gen Dīdūs, -ōnis, dat Dīdō, -ōnī, acc Dīdō, -ōnem, abl Dīdō, -ōne.

2. 形容詞

§21. 第1・2 変化
(a) -us -a -um 型

bonus -a -um「善良な」

	sg			pl		
	m	f	n	m	f	n
nom	bonus	bona	bonum	bonī	bonae	bona
voc	bone	bona	bonum	bonī	bonae	bona
gen	bonī	bonae	bonī	bonōrum	bonārum	bonōrum
dat	bonō	bonae	bonō	bonīs	bonīs	bonīs
acc	bonum	bonam	bonum	bonōs	bonās	bona
abl	bonō	bonā	bonō	bonīs	bonīs	bonīs

(b) -er -era -erum 型
    -er -ra -rum

līber -era -erum「自由な」, pulcher -chra -chrum「美しい」

	sg			pl		
	m	f	n	m	f	n
nom, voc	līber	lībera	līberum	līberī	līberae	lībera
gen	līberī	līberae	līberī	līberōrum	līberārum	līberōrum
dat	līberō	līberae	līberō	līberīs	līberīs	līberīs
acc	līberum	līberam	līberum	līberōs	līberās	lībera
abl	līberō	līberā	līberō	līberīs	līberīs	līberīs
nom, voc	pulcher	pulchra	pulchrum	pulchrī	pulchrae	pulchra
gen	pulchrī	pulchrae	pulchrī	pulchrōrum	pulchrārum	pulchrōrum
dat	pulchrō	pulchrae	pulchrō	pulchrīs	pulchrīs	pulchrīs
acc	pulchrum	pulchram	pulchrum	pulchrōs	pulchrās	pulchra
abl	pulchrō	pulchrā	pulchrō	pulchrīs	pulchrīs	pulchrīs

§22. 第3変化
(a) 2語尾型

fortis -e「強い，勇敢な」

	sg		pl	
	m, f	n	m, f	n
nom, voc	fortis	forte	fortēs	fortia
gen	fortis		fortium	
dat	fortī		fortibus	
acc	fortem	forte	fortēs, -īs	fortia
abl	fortī		fortibus	

(b) 3語尾型
　　ācer -cris -cre「鋭い, 激しい」, celer -eris -ere「速い」

	sg			pl	
	m	f	n	m, f	n
nom, voc	ācer	ācris	ācre	ācrēs	ācria
gen		ācris		ācrium	
dat		ācrī		ācribus	
acc	ācrem	ācrem	ācre	ācrēs, -īs	ācria
abl		ācrī		ācribus	
nom, voc	celer	celeris	celere	celerēs	celeria
gen		celeris		celerum	
dat		celerī		celeribus	
acc	celerem	celerem	celere	celerēs, -īs	celeria
abl		celerī		celeribus	

(c) 1語尾型
　　　　　　sapiens「賢い」

	sg		pl	
	m, f	n	m, f	n
nom, voc	sapiens		sapientēs	sapientia
gen	sapientis		sapientium	
dat	sapientī		sapientibus	
acc	sapientem	sapiens	sapientēs, -īs	sapientia
abl	sapientī, -e		sapientibus	

[注意] 単数奪格の語尾 -e もしばしば見出される.

(d) 現在分詞
　　　　amans「愛する」, regens「支配する」

	sg		pl		sg		pl	
	m, f	n	m, f	n	m, f	n	m, f	n
nom, voc	amans		amantēs	amantia	regens		regentēs	regentia
gen	amantis		amantium		regentis		regentium	
dat	amantī		amantibus		regentī		regentibus	
acc	amantem	amans	amantēs, -īs	amantia	regentem	regens	regentēs, -īs	regentia
abl	amante, -ī		amantibus		regente, -ī		regentibus	

[注意] 単数奪格は, 現在分詞が普通形容詞として用いられるときは -ī.
　　　e.g. ab amantī mātre「愛情深い母によって」.

変化・活用表(形容詞)

(e) 比較級

altior -ius「より高い」, plūs「より多い」

	sg		pl		sg		pl	
	m, f	n	m, f	n	m, f	n	m, f	n
nom, voc	altior	altius	altiōrēs	altiōra	——	plūs	plūrēs	plūra
gen	altiōris		altiōrum		——	plūris	plūrium	
dat	altiōrī		altiōribus		——	——	plūribus	
acc	altiōrem	altius	altiōrēs, -īs	altiōra	——	plūs	plūrēs, -īs	plūra
abl	altiōre		altiōribus		——	plūre	plūribus	

[注意] plūs は単数では中性名詞. 他の属格名詞とともに用いられる.

 e.g. plūs pecūniae「より多くの金銭」(直訳「金銭のより多く」).

3. 形容詞と副詞の比較

§23. 形容詞
(a) 規則的比較

positive		comparative		superlative		
m		m, f	n	m	f	n
altus (gen altī)「高い」		altior	-ius	altissimus	-a	-um
līber (gen līberī)「自由な」		līberior	-ius	līberrimus	-a	-um
pulcher (gen pulchrī)「美しい」		pulchrior	-ius	pulcherrimus	-a	-um
brevis (gen brevis)「短い」		brevior	-ius	brevissimus	-a	-um
audax (gen audācis)「大胆な」		audācior	-ius	audācissimus	-a	-um
ācer (gen ācris)「鋭い」		ācrior	-ius	ācerrimus	-a	-um
facilis (gen facilis)「容易な」		facilior	-ius	facillimus	-a	-um

(b) 不規則的比較

positive			comparative		superlative			
m	f	n	m, f	n	m	f	n	
bonus	-a	-um「良い」	melior	-ius	optimus	-a	-um	
malus	-a	-um「悪い」	pējor	pējus	pessimus	-a	-um	
magnus	-a	-um「大きな」	mājor	mājus	maximus	-a	-um	
parvus	-a	-um「小さな」	minor	minus	minimus	-a	-um	
multus	-a	-um「たくさんの」	——	plūs	plūrimus	-a	-um	
multī	-ae	-a「多くの」	plūrēs	plūra	plūrimī	-ae	-a	
juvenis	-is	——「若い」	jūnior		minimus	-a	——	nātū
senex	-ex	——「老いた」	senior		maximus	-a	——	nātū
novus	-a	-um「新しい」	recentior	-ius	novissimus	-a	-um	
vetus	-us	-us「古い」	vetustior	-ius	veterrimus	-a	-um	
externus	-a	-um「外部の」	exterior	-ius	extrēmus	-a	-um	
inferus	-a	-um「下の」	inferior	-ius	infimus	-a	-um	
					īmus	-a	-um	
posterus	-a	-um「次の」	posterior	-ius	postrēmus	-a	-um	
					postumus	-a	-um	
superus	-a	-um「上の」	superior	-ius	suprēmus	-a	-um	
					summus	-a	-um	
propinquus	-a	-um「近い」	propior	-ius	proximus	-a	-um	
(cis, citrā「こちら側に」)			citerior	-ius	citimus	-a	-um	
(in, intrā「中に」)			interior	-ius	intimus	-a	-um	
(prae, prō「前に」)			prior	-ius	prīmus	-a	-um	
(prope「近くに」)			propior	-ius	proximus	-a	-um	
(ultrā「越えて」)			ulterior	-ius	ultimus	-a	-um	

変化・活用表(形容詞と副詞の比較)

§24. 副　詞
(a) 規則的比較

positive	comparative	superlative
vērē (＜vērus)「本当に」	vērius	vērissimē
pulchrē (＜pulcher)「美しく」	pulchrius	pulcherrimē
crēbrō (＜crēber)「たびたび」	crēbrius	crēberrimē
facile (＜facilis)「容易に」	facilius	facillimē
breviter (＜brevis)「短く」	brevius	brevissimē

(b) 不規則的比較

positive		comparative	superlative
bene (＜bonus)	「良く」	melius	optimē
male (＜malus)	「悪く」	pējus	pessimē
magnopere	「大いに」	magis	maximē
multum (＜multus)	「多く」	plūs	plūrimum
nōn multum parum	「少し」	minus	minimē
diū	「長い間」	diūtius	diūtissimē
nūper	「近頃」	———	nūperrimē
(potis 「能力ある」)		potius 「むしろ」	potissimē
prope	「近くに」	propius	proximē
saepe	「しばしば」	saepius	saepissimē

4. 代　名　詞

§25. 人称代名詞と3人称再帰代名詞

	1st		2nd		3rd
	sg	pl	sg	pl	sg, pl
nom	ego	nōs	tū	vōs	―
gen	meī	nostrum, nostrī	tuī	vestrum, vestrī	suī
dat	mihi	nōbīs	tibi	vōbīs	sibi
acc	mē	nōs	tē	vōs	sē, sēsē
abl	mē	nōbīs	tē	vōbīs	sē, sēsē

[注意] 3人称の代名詞は is, ea, id (§26 (d)) によって代用される。

§26. 指示代名詞（形容詞）

(a) hic, haec, hoc「これ，この」

	sg			pl		
	m	f	n	m	f	n
nom	hic	haec	hoc	hī	hae	haec
gen	hūjus	hūjus	hūjus	hōrum	hārum	hōrum
dat	huīc	huīc	huīc	hīs	hīs	hīs
acc	hunc	hanc	hoc	hōs	hās	haec
abl	hōc	hāc	hōc	hīs	hīs	hīs

(b) iste, ista, istud「それ，その」

	sg			pl		
	m	f	n	m	f	n
nom	iste	ista	istud	istī	istae	ista
gen	istīus	istīus	istīus	istōrum	istārum	istōrum
dat	istī	istī	istī	istīs	istīs	istīs
acc	istum	istam	istud	istōs	istās	ista
abl	istō	istā	istō	istīs	istīs	istīs

(c) ille, illa, illud「あれ，あの」

	sg			pl		
	m	f	n	m	f	n
nom	ille	illa	illud	illī	illae	illa
gen	illīus	illīus	illīus	illōrum	illārum	illōrum
dat	illī	illī	illī	illīs	illīs	illīs
acc	illum	illam	illud	illōs	illās	illa
abl	illō	illā	illō	illīs	illīs	illīs

変化・活用表(代名詞)

(d) is, ea, id 「彼, 彼女, それ, その」

	sg			pl		
	m	f	n	m	f	n
nom	is	ea	id	eī, iī	eae	ea
gen	ējus	ējus	ējus	eōrum	eārum	eōrum
dat	eī	eī	eī	eīs, iīs	eīs, iīs	eīs, iīs
acc	eum	eam	id	eōs	eās	ea
abl	eō	eā	eō	eīs, iīs	eīs, iīs	eīs, iīs

(e) īdem, eadem, idem 「同じ」

	sg			pl		
	m	f	n	m	f	n
nom	īdem	eadem	idem	eīdem, iīdem, īdem	eaedem	eadem
gen	ējusdem	ējusdem	ējusdem	eōrundem	eārundem	eōrundem
dat	eīdem	eīdem	eīdem	eīsdem, iīsdem, īsdem	eīsdem, iīsdem, īsdem	eīsdem, iīsdem, īsdem
acc	eundem	eandem	idem	eōsdem	eāsdem	eadem
abl	eōdem	eādem	eōdem	eīsdem, iīsdem, īsdem	eīsdem, iīsdem, īsdem	eīsdem, iīsdem, īsdem

§27. 強意代名詞

ipse, ipsa, ipsum 「自身」

	sg			pl		
	m	f	n	m	f	n
nom	ipse	ipsa	ipsum	ipsī	ipsae	ipsa
gen	ipsīus	ipsīus	ipsīus	ipsōrum	ipsārum	ipsōrum
dat	ipsī	ipsī	ipsī	ipsīs	ipsīs	ipsīs
acc	ipsum	ipsam	ipsum	ipsōs	ipsās	ipsa
abl	ipsō	ipsā	ipsō	ipsīs	ipsīs	ipsīs

§28. 関係代名詞(形容詞)

quī, quae, quod 「…ところの人・物」

	sg			pl		
	m	f	n	m	f	n
nom	quī	quae	quod	quī	quae	quae
gen	cūjus	cūjus	cūjus	quōrum	quārum	quōrum
dat	cuī	cuī	cuī	quibus	quibus	quibus
acc	quem	quam	quod	quōs	quās	quae
abl	quō	quā	quō	quibus	quibus	quibus

§29. 疑問代名詞・疑問形容詞

quis, quid 「誰, 何」
quī, quae, quod 「どの」

	sg			pl		
	m	*f*	*n*	*m*	*f*	*n*
nom	{ quis { quī (*adj*)	{ quis { quae (*adj*)	{ quid { quod (*adj*)	quī	quae	quae
gen	cūjus	cūjus	cūjus	quōrum	quārum	quōrum
dat	cuī	cuī	cuī	quibus	quibus	quibus
acc	quem	{ quem { quam (*adj*)	{ quid { quod (*adj*)	quōs	quās	quae
abl	quō	{ quō { quā (*adj*)	quō	quibus	quibus	quibus

[注意] { を付した箇所のみ, 疑問代名詞と疑問形容詞の形が異なる. 他はすべて同形.

§30. 不定代名詞・不定形容詞

(a) aliquis, aliquid 「誰か, 何か」
aliquī, aliqua, aliquod 「ある」

	sg			pl		
	m	*f*	*n*	*m*	*f*	*n*
nom	{ aliquis { aliquī (*adj*)	{ aliquis { aliqua (*adj*)	{ aliquid { aliquod (*adj*)	aliquī	aliquae	aliqua
gen	alicūjus	alicūjus	alicūjus	aliquōrum	aliquārum	aliquōrum
dat	alicuī	alicuī	alicuī	aliquibus	aliquibus	aliquibus
acc	aliquem	{ aliquem { aliquam (*adj*)	{ aliquid { aliquod (*adj*)	aliquōs	aliquās	aliqua
abl	aliquō	{ aliquō { aliquā	aliquō	aliquibus	aliquibus	aliquibus

[注意] §29 の [注意] 参照.

(b) quīdam, quaedam, quiddam 「ある人・物」
quīdam, quaedam, quoddam 「ある」

	sg			pl		
	m	*f*	*n*	*m*	*f*	*n*
nom	quīdam	quaedam	{ quiddam { quoddam (*adj*)	quīdam	quaedam	quaedam
gen	cūjusdam	cūjusdam	cūjusdam	quōrundam	quārundam	quōrundam
dat	cuīdam	cuīdam	cuīdam	quibusdam	quibusdam	quibusdam
acc	quendam	quandam	{ quiddam { quoddam (*adj*)	quōsdam	quāsdam	quaedam
abl	quōdam	quādam	quōdam	quibusdam	quibusdam	quibusdam

[注意] §29 の [注意] 参照.

変化・活用表(代名詞)

(c) quisque, quaeque, quidque「おのおの」
quisque, quaeque, quodque「おのおのの」

	m	f	n
nom	quisque	quaeque	quidque / quodque (adj)
gen	cūjusque	cūjusque	cūjusque
dat	cuīque	cuīque	cuīque
acc	quemque	quamque	quidque / quodque (adj)
abl	quōque	quāque	quōque

[注意] §29 の [注意] 参照.

§31. 代名詞型形容詞

(a) tōtus -a -um「全体の」

	sg			pl		
	m	f	n	m	f	n
nom	tōtus	tōta	tōtum	tōtī	tōtae	tōta
gen	tōtīus	tōtīus	tōtīus	tōtōrum	tōtārum	tōtōrum
dat	tōtī	tōtī	tōtī	tōtīs	tōtīs	tōtīs
acc	tōtum	tōtam	tōtum	tōtōs	tōtās	tōta
abl	tōtō	tōtā	tōtō	tōtīs	tōtīs	tōtīs

[注意]
(1) 代名詞型形容詞は, 3性とも単数属格が -īus, 同与格が -ī となる.
(2) ここに掲げた 4 形容詞の他に, 次の 5 語がこのグループに属する.
    sōlus -a -um「単独の」
    ullus -a -um「どの…(もない)」
    nullus -a -um「どの…もない」
    neuter -tra -trum「二者とも…ない」
    uterque -traque -trumque「二者とも」

(b) alius -a -ud「他の」

	sg			pl		
	m	f	n	m	f	n
nom	alius	alia	aliud	aliī	aliae	alia
gen	(alīus) alterīus	(alīus) alterīus	(alīus) alterīus	aliōrum	aliārum	aliōrum
dat	aliī	aliī	aliī	aliīs	aliīs	aliīs
acc	alium	aliam	aliud	aliōs	aliās	alia
abl	aliō	aliā	aliō	aliīs	aliīs	aliīs

[注意] 単数属格は, 通例, alter のそれで代用される.

(c) alter -era -erum 「(二者の)一方の」

	sg			pl		
	m	f	n	m	f	n
nom	alter	altera	alterum	alterī	alterae	altera
gen	alterīus	alterīus	alterīus	alterōrum	alterārum	alterōrum
dat	alterī	alterī	alterī	alterīs	alterīs	alterīs
acc	alterum	alteram	alterum	alterōs	alterās	altera
abl	alterō	alterā	alterō	alterīs	alterīs	alterīs

(d) uter -tra -trum 「(二者の)どちらの」

	sg			pl		
	m	f	n	m	f	n
nom	uter	utra	utrum	utrī	utrae	utra
gen	utrīus	utrīus	utrīus	utrōrum	utrārum	utrōrum
dat	utrī	utrī	utrī	utrīs	utrīs	utrīs
acc	utrum	utram	utrum	utrōs	utrās	utra
abl	utrō	utrā	utrō	utrīs	utrīs	utrīs

5. 数　　　詞

§32. ūnus, duo, trēs, mille の変化

	m	f	n	m	f	n
nom	ūnus	ūna	ūnum	duo	duae	duo
gen	ūnīus	ūnīus	ūnīus	duōrum	duārum	duōrum
dat	ūnī	ūnī	ūnī	duōbus	duābus	duōbus
acc	ūnum	ūnam	ūnum	duōs (duo)	duās	duo
abl	ūnō	ūnā	ūnō	duōbus	duābus	duōbus

	sg		pl	
	m, f	n	m, f, n	n
nom	trēs	tria	mille	mīlia
gen	trium		mille	mīlium
dat	tribus		mille	mīlibus
acc	trēs	tria	mille	mīlia
abl	tribus		mille	mīlibus

[注意] mille の複数形 mīlia は中性名詞. 他の名詞の属格形とともに用いられる.
  e.g. sex mīlia mīlitum「6000人の兵士たち」(直訳「兵士たちの6,000」). cf. mille mīlitēs「1,000人の兵士たち」

変化・活用表(数詞)

§33. 基数詞，序数詞，配分数詞，数副詞

Arabic	Roman	cardinal	ordinal
1	I	ūnus -a -um	prīmus -a -um
2	II	duo -ae -o	secundus -a -um
			(alter -era -erum)
3	III	trēs -ia	tertius -a -um
4	IIII, IV	quattuor	quartus -a -um
			(以下同じ)
5	V	quīnque	quīntus
6	VI	sex	sextus
7	VII	septem	septimus
8	VIII	octō	octāvus
9	VIIII, IX	novem	nōnus
10	X	decem	decimus
11	XI	ūndecim	ūndecimus
12	XII	duodecim	duodecimus
13	XIII	trēdecim	tertius decimus
14	XIIII, XIV	quattuordecim	quartus decimus
15	XV	quīndecim	quīntus decimus
16	XVI	sēdecim	sextus decimus
17	XVII	septendecim	septimus decimus
18	XVIII	duodēvīgintī	duodēvīcēsimus
19	XVIIII, XIX	ūndēvīgintī	ūndēvīcēsimus
20	XX	vīgintī	vīcēsimus
21	XXI	ūnus et vīgintī,	ūnus et vīcēsimus,
		vīgintī ūnus	vīcēsimus prīmus
22	XXII	duo et vīgintī,	alter et vīcēsimus,
		vīgintī duo	vīcēsimus alter
28	XXVIII	duodētrīgintā	duodētrīcēsimus
29	XXVIIII, XXIX	ūndētrīgintā	ūndētrīcēsimus
30	XXX	trīgintā	trīcēsimus
40	XXXX, XL	quadrāgintā	quadrāgēsimus
50	L	quīnquāgintā	quīnquāgēsimus
60	LX	sexāgintā	sexāgēsimus
70	LXX	septuāgintā	septuāgēsimus
80	LXXX	octōgintā	octōgēsimus
90	LXXXX, XC	nōnāgintā	nōnāgēsimus
100	C	centum	centēsimus
200	CC	ducentī -ae -a	ducentēsimus
		(以下，900 まで同じ)	
300	CCC	trecentī	trecentēsimus
400	CCCC, CD	quadringentī	quadringentēsimus
500	D	quīngentī	quīngentēsimus
600	DC	sescentī	sescentēsimus
700	DCC	septingentī	septingentēsimus
800	DCCC	octingentī	octingentēsimus
900	DCCCC, CM	nōngentī	nōngentēsimus
1,000	CIƆ, M	mīlle	mīllēsimus
2,000	CIƆCIƆ,	duo mīlia	bis mīllēsimus
	MM, $\overline{\mathrm{II}}$		
10,000	CCIƆƆ, $\overline{\mathrm{X}}$	decem mīlia	deciēs mīllēsimus
100,000	CCCIƆƆƆ, $\overline{\mathrm{C}}$	centum mīlia	centiēs mīllēsimus
1,000,000	$|\overline{\mathrm{X}}|$	deciēs centēna	deciēs centiēs
		(centum) mīlia	mīllēsimus

distributive	adverbs
singulī -ae -a	semel
bīnī -ae -a	bis
ternī -ae -a	ter
(trīnī -ae -a)	
qua:ernī -ae -a	quater
(以下, 900 まで同じ)	
quīnī	quinquiēs
sēnī	sexiēs
septēnī	septiēs
octōnī	octiēs
novēnī	noviēs
dēnī	deciēs
undēnī	undeciēs
duodēnī	duodeciēs
ternī dēnī	terdeciēs
quaternī dēnī	quattuordeciēs
quīnī dēnī	quindeciēs
sēnī dēnī	sēdeciēs
septēnī dēnī	septiēsdeciēs
octōnī dēnī,	duodēvīciēs
duodēvīcēnī	
undēvīcēnī	undēvīciēs
vīcēnī	vīciēs
vīcēnī singulī	vīciēs semel
vīcēnī bīnī	vīciēs bis
duodētrīcēnī	duodētrīciēs
undētrīcēnī	undētrīciēs
trīcēnī	trīciēs
quadrāgēnī	quadrāgiēs
quinquāgēnī	quinquāgiēs
sexāgēnī	sexāgiēs
septuāgēnī	septuāgiēs
octōgēnī	octogiēs
nōnāgēnī	nōnāgiēs
centēnī	centiēs
ducēnī	ducentiēs
trecēnī	trecentiēs
quadringēnī	quadringentiēs
quingēnī	quingentiēs
sescēnī	sescentiēs
septingēnī	septingentiēs
octingēnī	octingentiēs
nōngēnī	nōngentiēs
singula mīlia	milliēs
bīna mīlia	bis milliēs
dēna mīlia	deciēs milliēs
centēna mīlia	centiēs milliēs
deciēs centēna mīlia	deciēs centiēs milliēs

6. 動　　詞

§34. 規則動詞
(a) 第1活用 amō -āre -āvī -ātum 「愛する」

active

	ind	*subj*	*impr*	*part*	*inf*
pres	amō amās amat amāmus amātis amant	amem amēs amet amēmus amētis ament	amā amāte	amans -antis	amāre
impf	amābam amābās amābat amābāmus amābātis amābant	amārem amārēs amāret amārēmus amārētis amārent			
fut	amābō amābis amābit amābimus amābitis amābunt		amātō amātō amātōte amantō	amātūrus -a -um	amātūrus -a -um esse
pf	amāvī amāvistī amāvit amāvimus amāvistis amāvērunt, amāvēre	amāverim amāveris amāverit amāverimus amāveritis amāverint			amāvisse
plpf	amāveram amāverās amāverat amāverāmus amāverātis amāverant	amāvissem amāvissēs amāvisset amāvissēmus amāvissētis amāvissent		*gerund* *gen* amandī *dat* amandō *acc* amandum *abl* amandō	
fut pf	amāverō amāveris amāverit amāverimus amāveritis amāverint			*supine* amātum amātū	

passive

	ind	*subj*	*impr*	*part*	*inf*
pres	amor amāris, amāre amātur amāmur amāminī amantur	amer amēris, amēre amētur amēmur amēminī amentur	amāre amāminī		amārī
impf	amābar amābāris, amābāre amābātur amābāmur amābāminī amābantur	amārer amārēris, amārēre amārētur amārēmur amārēminī amārentur			
fut	amābor amāberis, amābere amābitur amābimur amābiminī amābuntur		amātor amātor amantor		amātum īrī
pf	amātus -a -um amātī -ae -a	sum es est sumus estis sunt	amātus -a -um amātī -ae -a	sim sīs sit sīmus sītis sint	amātus -a -um	amātus -a -um esse
plpf	amātus -a -um amātī -ae -a	eram erās erat erāmus erātis erant	amātus -a -um amātī -ae -a	essem essēs esset essēmus essētis essent	*gerundive* amandus -a -um	
fut pf	amātus -a -um amātī -ae -a	erō eris erit erimus eritis erunt				

変化・活用表(動詞)

(b) 第2活用 moneō -ēre monuī monitum 「忠告する」
active

	ind	*subj*	*impr*	*part*	*inf*
pres	moneō monēs monet monēmus monētis monent	moneam moneās moneat moneāmus moneātis moneant	monē monēte	monens -entis	monēre
impf	monēbam monēbās monēbat monēbāmus monēbātis monēbant	monērem monērēs monēret monērēmus monērētis monērent			
fut	monēbō monēbis monēbit monēbimus monēbitis monēbunt		monētō monētō monētōte monentō	monitūrus -a -um	monitūrus -a -um esse
pf	monuī monuistī monuit monuimus monuistis monuērunt, monuēre	monuerim monueris monuerit monuerimus monueritis monuerint			monuisse
plpf	monueram monuerās monuerat monuerāmus monuerātis monuerant	monuissem monuissēs monuisset monuissēmus monuissētis monuissent	*gerund* *gen* monendī *dat* monendō *acc* monendum *abl* monendō		
fut pf	monuerō monueris monuerit monuerimus monueritis monuerint		*supine* monitum monitū		

passive

	ind	subj	impr	part	inf
pres	moneor monēris, monēre monētur monēmur monēminī monentur	monear moneāris, moneāre moneātur moneāmur moneāminī moneantur	monēre monēminī		monērī
impf	monēbar monēbāris, monēbāre monēbātur monēbāmur monēbāminī monēbantur	monērer monērēris, monērēre monērētur monērēmur monērēminī monērentur			
fut	monēbor monēberis, monēbere monēbitur monēbimur monēbiminī monēbuntur		monētor monētor monentor		monitum īrī
pf	monitus -a -um monitī -ae -a	sum es est sumus estis sunt	monitus -a -um monitī -ae -a	sim sīs sit sīmus sītis sint	monitus -a -um	monitus -a -um esse
plpf	monitus -a -um monitī -ae -a	eram erās erat erāmus erātis erant	monitus -a -um monitī -ae -a	essem essēs esset essēmus essētis essent	*gerundive* monendus -a -um	
fut pf	monitus -a -um monitī -ae -a	erō eris erit erimus eritis erunt				

変化・活用表(動詞)

(c) 第3活用 regō -ere rexī rectum「支配する」
active

	ind	*subj*	*impr*	*part*	*inf*
pres	regō regis regit regimus regitis regunt	regam regās regat regāmus regātis regant	rege regite	regens -entis	regere
impf	regēbam regēbās regēbat regēbāmus regēbātis regēbant	regerem regerēs regeret regerēmus regerētis regerent			
fut	regam regēs reget regēmus regētis regent		regitō regitō regitōte reguntō	rectūrus -a -um	rectūrus -a -um esse
pf	rexī rexistī rexit reximus rexistis rexērunt, rexēre	rexerim rexeris rexerit rexerimus rexeritis rexerint			rexisse
plpf	rexeram rexerās rexerat rexerāmus rexerātis rexerant	rexissem rexissēs rexisset rexissēmus rexissētis rexissent		*gerund* *gen* regendī *dat* regendō *acc* regendum *abl* regendō	
fut pf	rexerō rexeris rexerit rexerimus rexeritis rexerint			*supine* rectum rectū	

passive

	ind	subj	impr	part	inf
pres	regor regeris, regere regitur regimur regiminī reguntur	regar regāris, regāre regātur regāmur regāminī regantur	regere regiminī		regī
impf	regēbar regēbāris, regēbāre regēbātur regēbāmur regēbāminī regēbantur	regerer regerēris, regerēre regerētur regerēmur regerēminī regerentur			
fut	regar regēris, regēre regētur regēmur regēminī regentur		regitor regitor reguntor		rectum īrī
pf	rectus -a -um rectī -ae -a	sum es est sumus estis sunt	rectus -a -um rectī -ae -a	sim sīs sit sīmus sītis sint	rectus -a -um	rectus -a -um esse
plpf	rectus -a -um rectī -ae -a	eram erās erat erāmus erātis erant	rectus -a -um rectī -ae -a	essem essēs esset essēmus essētis essent		
fut pf	rectus -a -um rectī -ae -a	erō eris erit erimus eritis erunt			*gerundive* regendus -a -um	

変化・活用表(動詞)

(d) 第 3b 活用 capiō capere cēpī captum「とらえる」
active

	ind	*subj*	*impr*	*part*	*inf*
pres	capiō capis capit capimus capitis capiunt	capiam capiās capiat capiāmus capiātis capiant	cape capite	capiēns -entis	capere
impf	capiēbam capiēbās capiēbat capiēbāmus capiēbātis capiēbant	caperem caperēs caperet caperēmus caperētis caperent			
fut	capiam capiēs capiet capiēmus capiētis capient		capitō capitō capitōte capiuntō	captūrus -a -um	captūrus -a -um esse
pf	cēpī cēpistī cēpit cēpimus cēpistis cēpērunt, cēpēre	cēperim cēperis cēperit cēperimus cēperitis cēperint			cēpisse
plpf	cēperam cēperās cēperat cēperāmus cēperātis cēperant	cēpissem cēpissēs cēpisset cēpissēmus cēpissētis cēpissent		*gerund* *gen* capiendī *dat* capiendō *acc* capiendum *abl* capiendō	
fut pf	cēperō cēperis cēperit cēperimus cēperitis cēperint			*supine* captum captū	

passive

	ind	subj	impr	part	inf
pres	capior caperis, capere capitur capimur capiminī capiuntur	capiar capiāris, capiāre capiātur capiāmur capiāminī capiantur	capere capiminī		capī
impf	capiēbar capiēbāris, capiēbāre capiēbātur capiēbāmur capiēbāminī capiēbantur	caperer caperēris, caperēre caperētur caperēmur caperēminī caperentur			
fut	capiar capiēris, capiēre capiētur capiēmur capiēminī capientur		capitor capitor capiuntor		captum īrī

pf	captus
	-a -um sum
	           es
	           est
	captī sumus
	-ae -a estis
	           sunt
		captus
		-a -um sim
		           sīs
		           sit
		captī sīmus
		-ae -a sītis
		           sint
				captus
				-a -um
					captus
					-a -um
					esse

plpf	captus
	-a -um eram
	           erās
	           erat
	captī erāmus
	-ae -a erātis
	           erant
		captus
		-a -um essem
		           essēs
		           esset
		captī essēmus
		-ae -a essētis
		           essent
				gerundive
				capiendus
				-a -um	

fut pf	captus
	-a -um erō
	           eris
	           erit
	captī erimus
	-ae -a eritis
	           erunt				

(e) 第4活用 audiō -īre -īvī -ītum 「聞く」
active

	ind	*subj*	*impr*	*part*	*inf*
pres	audiō audīs audit audīmus audītis audiunt	audiam audiās audiat audiāmus audiātis audiant	audī audīte	audiēns -entis	audīre
impf	audiēbam audiēbās audiēbat audiēbāmus audiēbātis audiēbant	audīrem audīrēs audīret audīrēmus audīrētis audīrent			
fut	audiam audiēs audiet audiēmus audiētis audient		audītō audītō audītōte audiuntō	audītūrus -a -um	audītūrus -a -um esse
pf	audīvī audīvistī audīvit audīvimus audīvistis audīvērunt, audīvēre	audīverim audīveris audīverit audīverimus audīveritis audīverint			audīvisse
plpf	audīveram audīverās audīverat audīverāmus audīverātis audīverant	audīvissem audīvissēs audīvisset audīvissēmus audīvissētis audīvissent		*gerund* *gen* audiendī *dat* audiendō *acc* audiendum *abl* audiendō	
fut pf	audīverō audīveris audīverit audīverimus audīveritis audīverint			*supine* audītum audītū	

passive

	ind	*subj*	*impr*	*part*	*inf*
pres	audior audīris, audīre audītur audīmur audīminī audiuntur	audiar audiāris, audiāre audiātur audiāmur audiāminī audiantur	audīre audīminī		audīrī
impf	audiēbar audiēbāris, audiēbāre audiēbātur audiēbāmur audiēbāminī audiēbantur	audīrer audīrēris, audīrēre audīrētur audīrēmur audīrēminī audīrentur			
fut	audiar audiēris, audiēre audiētur audiēmur audiēminī audientur		audītor audītor audiuntor		audītum īrī
pf	audītus -a -um sum / es / est audītī -ae -a sumus / estis / sunt	audītus -a -um sim / sīs / sit audītī -ae -a sīmus / sītis / sint		audītus -a -um	audītus -a -um esse
plpf	audītus -a -um eram / erās / erat audītī -ae -a erāmus / erātis / erant	audītus -a -um essem / essēs / esset audītī -ae -a essēmus / essētis / essent		*gerundive* audiendus -a -um	
fut pf	audītus -a -um erō / eris / erit audītī -ae -a erimus / eritis / erunt				

変化・活用表(動詞)

§35. 形式受動相動詞
(a) 第1活用 hortor -ārī -ātus sum 「励ます」

	ind	*subj*	*impr*	*part*	*inf*
pres	hortor hortāris, hortāre hortātur hortāmur hortāminī hortantur	horter hortēris, hortēre hortētur hortēmur hortēminī hortentur	hortāre hortāminī	hortans -antis	hortārī
impf	hortābar hortābāris, hortābāre hortābātur hortābāmur hortābāminī hortābantur	hortārer hortārēris, hortārēre hortārētur hortārēmur hortārēminī hortārentur			
fut	hortābor hortāberis, hortābere hortābitur hortābimur hortābiminī hortābuntur		hortātor hortātor hortantor	hortātūrus -a -um	hortātūrus -a -um esse
pf	hortātus sum -a -um es est hortātī sumus -ae -a estis sunt	hortātus sim -a -um sīs sit hortātī sīmus -ae -a sītis sint		hortātus -a -um	hortātus -a -um esse
plpf	hortātus eram -a -um erās erat hortātī erāmus -ae -a erātis erant	hortātus essem -a -um essēs esset hortātī essēmus -ae -a essētis essent		*gerundive* hortandus -a -um *gerund* *gen* hortandī *dat* hortandō *acc* hortandum *abl* hortandō *supine* hortātum hortātū	
fut pf	hortātus erō -a -um eris erit hortātī erimus -ae -a eritis erunt				

(b) 第2活用 fateor -ērī fassus sum「告白する」

	ind	*subj*	*impr*	*part*	*inf*
pres	fateor fatēris, fatēre fatētur fatēmur fatēminī fatentur	fatear fateāris, fateāre fateātur fateāmur fateāminī fateantur	fatēre fatēminī	fatens -entis	fatērī
impf	fatēbar fatēbāris, fatēbāre fatēbātur fatēbāmur fatēbāminī fatēbantur	fatērer fatērēris, fatērēre fatērētur fatērēmur fatērēminī fatērentur			
fut	fatēbor fatēberis, fatēbere fatēbitur fatēbimur fatēbiminī fatēbuntur		fatētor fatētor fatentor	fassūrus -a -um	fassūrus -a -um esse
pf	fassus -a -um sum es est fassī -ae -a sumus estis sunt	fassus -a -um sim sīs sit fassī -ae -a sīmus sītis sint		fassus -a -um	fassus -a -um esse
plpf	fassus -a -um eram erās erat fassī -ae -a erāmus erātis erant	fassus -a -um essem essēs esset fassī -ae -a essēmus essētis essent	*gerundive* fatendus -a -um *gerund* *gen* fatendī *dat* fatendō *acc* fatendum *abl* fatendō *supine* fassum fassū		
fut pf	fassus -a -um erō eris erit fassī -ae -a erimus eritis erunt				

変化・活用表(動詞)

(c)　第3活用 sequor -ī -cūtus sum「従う」

	ind	*subj*	*impr*	*part*	*inf*
pres	sequor sequeris, sequere sequitur sequimur sequiminī sequuntur	sequar sequāris, sequāre sequātur sequāmur sequāminī sequantur	sequere sequiminī	sequens -entis	sequī
impf	sequēbar sequēbāris, sequēbāre sequēbātur sequēbāmur sequēbāminī sequēbantur	sequerer sequerēris, sequerēre sequerētur sequerēmur sequerēminī sequerentur			
fut	sequar sequēris, sequēre sequētur sequēmur sequēminī sequentur		sequitor sequitor sequuntor	secūtūrus -a -um	secūtūrus -a -um esse
pf	secūtus sum -a -um es est secūtī sumus -ae -a estis sunt	secūtus sim -a -um sīs sit secūtī sīmus -ae -a sītis sint		secūtus -a -um	secūtus -a -um esse
plpf	secūtus eram -a -um erās erat secūtī erāmus -ae -a erātis erant	secūtus essem -a -um essēs esset secūtī essēmus -ae -a essētis essent		*gerundive* sequendus -a -um *gerund* *gen* sequendī *dat* sequendō *acc* sequendum *abl* sequendō *supine* secūtum secūtū	
fut pf	secūtus erō -a -um eris erit secūtī erimus -ae -a eritis erunt				

(d) 第3b活用 patior -ī passus sum 「こうむる」

	ind	subj	impr	part	inf
pres	patior pateris, patere patitur patimur<|patiminī patiuntur	patiar patiāris, patiāre patiātur patiāmur patiāminī patiantur	patere patiminī	patiens -entis	patī
impf	patiēbar patiēbāris, patiēbāre patiēbātur patiēbāmur patiēbāminī patiēbantur	paterer paterēris, paterēre paterētur paterēmur paterēminī paterentur			
fut	patiar patiēris, patiēre patiētur patiēmur patiēminī patientur		patitor patitor patiuntor	passūrus -a -um	passūrus -a -um esse
pf	passus -a -um { sum, es, est } passī -ae -a { sumus, estis, sunt }	passus -a -um { sim, sīs, sit } passī -ae -a { sīmus, sītis, sint }		passus -a -um	passus -a -um esse
plpf	passus -a -um { eram, erās, erat } passī -ae -a { erāmus, erātis, erant }	passus -a -um { essem, essēs, esset } passī -ae -a { essēmus, essētis, essent }		*gerundive* patiendus -a -um *gerund* *gen* patiendī *dat* patiendō *acc* patiendum *abl* patiendō *supine* passum passū	
fut pf	passus -a -um { erō, eris, erit } passī -ae -a { erimus, eritis, erunt }				

変化・活用表(動詞)

(e) 第4活用 largior -īrī -ītus sum「与える」

	ind	subj	impr	part	inf
pres	largior largīris, largīre largītur largīmur largīminī largiuntur	largiar largiāris, largiāre largiātur lagiāmur largiāminī largiantur	largīre largīminī	largiens -entis	largīrī
impf	largiēbar largiēbāris, largiēbāre largiēbātur largiēbāmur largiēbāminī largiēbantur	largīrer largīrēris, largīrēre largīrētur largīrēmur largīrēminī largīrentur			
fut	largiar largiēris, largiēre largiētur largiēmur largiēminī largientur		largītor largītor largiuntor	largītūrus -a -um	largītūrus -a -um esse

pf	largītus
	-a -um sum
	      es
	      est
	largītī sumus
	-ae -a estis
	      sunt
		largītus sim
		-a -um sīs
		      sit
		largītī sīmus
		-ae -a sītis
		      sint
				largītus
				-a -um
					largītus
					-a -um
					esse

plpf	largītus eram
	-a -um erās
	      erat
	largītī erāmus
	-ae -a erātis
	      erant
		largītus essem
		-a -um essēs
		      esset
		largītī essēmus
		-ae -a essētis
		      essent
				gerundive
				largiendus -a -um
				
				gerund
				gen largiendī
				dat largiendō
				acc largiendum
				abl largiendō
				
				supine
				largītum
				largītū	

fut pf	largītus erō
	-a -um eris
	      erit
	largītī erimus
	-ae -a eritis
	      erunt				

§36. 不規則動詞
(a) sum esse fuī 「ある」

		ind	*subj*	*impr*	*part*	*inf*
pres		sum es est sumus estis sunt	sim sīs sit sīmus sītis sint	es este		esse
impf		eram erās erat erāmus erātis erant	essem, forem essēs, forēs esset, foret essēmus, forēmus essētis, forētis essent, forent			
fut		erō eris erit erimus eritis erunt		estō estō estōte suntō	futūrus -a -um	futūrus -a -um esse または fore
pf		fuī fuistī fuit fuimus fuistis fuērunt, fuēre	fuerim fueris fuerit fuerimus fueritis fuerint			fuisse
plpf		fueram fuerās fuerat fuerāmus fuerātis fuerant	fuissem fuissēs fuisset fuissēmus fuissētis fuissent			
fut pf		fuerō fueris fuerit fuerimus fueritis fuerint				

変化・活用表(動詞)

(b) possum posse potuī 「できる」

	ind	*subj*	*part*	*inf*
pres	possum potes potest possumus potestis possunt	possim possīs possit possīmus possītis possint	potens -entis	posse
impf	poteram poterās poterat poterāmus poterātis poterant	possem possēs posset possēmus possētis possent		
fut	poterō poteris poterit poterimus poteritis poterunt			
pf	potuī potuistī potuit potuimus potuistis potuērunt, potuēre	potuerim potueris potuerit potuerimus potueritis potuerint		potuisse
plpf	potueram potuerās potuerat potuerāmus potuerātis potuerant	potuissem potuissēs potuisset potuissēmus potuissētis potuissent		
fut pf	potuerō potueris potuerit potuerimus potueritis potuerint			

(c) volō velle voluī「欲する」

	ind	subj	part	inf
pres	volō vīs vult volumus vultis volunt	velim velīs velit velīmus velītis velint	volens -entis	velle
impf	volēbam volēbās volēbat volēbāmus volēbātis volēbant	vellem vellēs vellet vellēmus vellētis vellent		
fut	volam volēs volet volēmus volētis volent			
pf	voluī voluistī voluit voluimus voluistis voluērunt, voluēre	voluerim volueris voluerit voluerimus volueritis voluerint		voluisse
plpf	volueram voluerās voluerat voluerāmus voluerātis voluerant	voluissem voluissēs voluisset voluissēmus voluissētis voluissent		
fut pf	voluerō volueris voluerit voluerimus volueritis voluerint		[注意] volōには 命令法がない.	

(参考)
nōlō nolle nōluī「欲しない」
mālō malle māluī「むしろ欲する」
　直説法現在

nōlō	mālō
nōn vīs	māvīs
nōn vult	māvult
nōlumus	mālumus
nōn vultis	māvultis
nōlunt	mālunt

[注意]
(1) 直説法現在以外の変化形は, volō の vo- または ve- をそれぞれ nō-, mā- に変えることによって, 容易に得られる.
(2) nōlō には次のような命令法がある.
　nōlī, nōlīte; nōlītō,
　nōlītō, nōlītōte, nōluntō
(3) mālō には命令法と分詞がない.

変化・活用表(動詞)

(d) eō īre iī [īvī] itum 「行く」

	ind	*subj*	*impr*	*part*	*inf*
pres	eō īs it īmus ītis eunt	eam eās eat eāmus eātis eant	ī īte	iēns euntis	īre
impf	ībam ībās ībat ībāmus ībātis ībant	īrem īrēs īret īrēmus īrētis īrent			
fut	ībō ībis ībit ībimus ībitis ībunt		ītō ītō ītōte euntō	itūrus -a -um	itūrus -a -um esse
pf	iī īstī iit iimus īstis iērunt, iēre	ierim ierīs ierit ierīmus ierītis ierint			īsse
plpf	ieram ierās ierat ierāmus ierātis ierant	īssem īssēs īsset īssēmus īssētis īssent		*gerund* *gen* eundī *dat* eundō *acc* eundum *abl* eundō	
fut pf	ierō ieris ierit ierimus ieritis ierint			*supine* itum itū *gerundive* eundum	

[注意] 受動相 3 人称
単数 ītur, itum est, etc. は,
非人称的に用いられる.

(e) fīō fierī factus sum 「なる, 作られる」

	ind	subj	impr	part	inf
pres	fīō fīs fit fīmus fītis fīunt	fīam fīās fīat fīāmus fīātis fīant	fī fīte		fierī
impf	fīēbam fīēbās fīēbat fīēbāmus fīēbātis fīēbant	fierem fierēs fieret fierēmus fierētis fierent			
fut	fīam fīēs fīet fīēmus fīētis fīent				factum īrī
pf	factus -a -um factī -ae -a	sum es est sumus estis sunt	factus -a -um factī -ae -a	sim sīs sit sīmus sītis sint	factus -a -um	factus -a -um esse
plpf	factus -a -um factī -ae -a	eram erās erat erāmus erātis erant	factus -a -um factī -ae -a	essem essēs esset essēmus essētis essent	*gerundive* faciendus -a -um	
fut pf	factus -a -um factī -ae -a	erō eris erit erimus eritis erunt				

(f) ferō ferre tulī lātum 「運ぶ，耐える」
active

	ind	*subj*	*impr*	*part*	*inf*
pres	ferō fers fert ferimus fertis ferunt	feram ferās ferat ferāmus ferātis ferant	fer ferte	ferens -entis	ferre
impf	ferēbam ferēbās ferēbat ferēbāmus ferēbātis ferēbant	ferrem ferrēs ferret ferrēmus ferrētis ferrent			
fut	feram ferēs feret ferēmus ferētis ferent		fertō fertō fertōte feruntō	lātūrus -a -um	lātūrus -a -um esse
pf	tulī tulistī tulit tulimus tulistis tulērunt, tulēre	tulerim tuleris tulerit tulerimus tuleritis tulerint			tulisse
plpf	tuleram tulerās tulerat tulerāmus tulerātis tulerant	tulissem tulissēs tulisset tulissēmus tulissētis tulissent		*gerund* *gen* ferendī *dat* ferendō *acc* ferendum *abl* ferendō	
fut pf	tulerō tuleris tulerit tulerimus tuleritis tulerint			*supine* lātum lātū	

passive

	ind	*subj*	*impr*	*part*	*inf*
pres	feror ferris, ferre fertur ferimur feriminī feruntur	ferar ferāris, ferāre ferātur ferāmur ferāminī ferantur	ferre feriminī		ferrī
impf	ferēbar ferēbāris, ferēbāre ferēbātur ferēbāmur ferēbāminī ferēbantur	ferrer ferrēris, ferrēre ferrētur ferrēmur ferrēminī ferrentur			
fut	ferar ferēris, ferēre ferētur ferēmur ferēminī ferentur		fertor fertor feruntor		lātum īrī

pf	lātus sum
	-a -um es
	    est
	lātī sumus
	-ae -a estis
	    sunt
		lātus sim
		-a -um sīs
		    sit
		lātī sīmus
		-ae -a sītis
		    sint
				lātus
				-a -um
					lātus
					-a -um
					esse

plpf	lātus eram
	-a -um erās
	    erat
	lātī erāmus
	-ae -a erātis
	    erant
		lātus essem
		-a -um essēs
		    esset
		lātī essēmus
		-ae -a essētis
		    essent
				gerundive
				ferendus
				-a -um	

fut pf	lātus erō
	-a -um eris
	    erit
	lātī erimus
	-ae -a eritis
	    erunt				

付録 III

和羅語彙集

凡　例

① 本「和羅」語彙集は，「羅和」本編の改訂と同時進行的に執筆者自らの判断によって作成したものであり，訳語等において「羅和」本編と一致しない場合がある．訳語の作成においては，原則として古典ラテン語の用例を採用するように努めたが，新語 (e. g. ファックス，Ｅメール等) はその限りではない．
② 見出しに該当する部分は〜で省略した．
③ 語法等の表示法および略記については「羅和」にならった．
④ 品詞名略記は以下のとおり：間=間投詞，形=形容詞，接=接続詞，前=前置詞，代=代名詞，動=動詞，副=副詞，名=名詞．
⑤ 長音記号は原則的に省略したが，第１変化女性名詞単数奪格など，主格と区別できない場合は長音記号を付した．
⑥ 訳語は検索のしやすさを考慮し，基本的に「羅和」の見出しの形で挙げた．ただし，必要に応じて名詞の複数形や女性形，動詞の受動形を挙げた箇所があるが，その場合はそれぞれ訳語の直後に (*pl*), (*f*), (*pass*) などと明記した．また，動詞も基本的には「羅和」の見出しに合わせて直説法現在一人称単数形を挙げたが，se, sibi, suus を使った再帰表現など，一部不定法現在形を出した場合がある．
⑦ 本語彙集を作成するにあたり利用した参考文献のうち主要なものは以下のとおりである．

　　Edon (G.), *Dictionnaire Français-Latin*; Egger (C.), *Neues Latein Lexikon*; idem, *Lexicon Nominorum Locorum*; Gaffiot (F.), *Le Grand Gaffiot, Dictionnaire Latin-français*; Mir (J. M.) & Calvano (C.), *Nuovo Vocabolario della Lingua Latina*; Smith (W.) & Hall (T. D.), *Smith's English-Latin Dictionary*; 有川貫太郎・長谷川洋・鈴木繁夫編訳『現代ラテン語会話』; 國原吉之助『古典ラテン語辞典』; 柴田光蔵『法律ラテン語辞典』; 木下文夫『和羅辞典』．

あ

アーモンド (実) amygdala, amygdalum, amygdalae nucleus.

愛 amor, caritas; (特に両親や祖国への) pietas ⟨in [erga]+*acc*; +*gen*⟩. ▶私たちのあなたへの～ noster in te amor. ▷兄弟～, 同胞～ fraternus amor. ⇨愛する, 愛情, 恋, 愛着, 友情.

相変わらず (今も) etiam nunc, adhuc; (その時も) etiam tum. ▷きみは～だね ut semper tui similis es! ⇨いつも, 常に.

愛嬌 ⇨ 魅力.

挨拶 salutatio, salus. ▶～する saluto, salvere jubeo, consaluto, salutem do [dico]. *cf.* (出会ったときに) こんにちは, ごきげんよう salve, salvus sis (2*sg*), salvete (2*pl*) (あるいは別れるときと同じ表現で). (別れ際に) さようなら, ごきげんよう, おたっしゃで vale (2*sg*), valete (*pl*) (あるいは出会ったときと同じ表現で). (手紙の冒頭で, 書き手が読み手に) 挨拶いたします (＝こんにちは, 拝啓) S. P. D. (salutem plurimam dicit の略). ガイウス・プリニウスが親愛なるコルネリウス・タキトゥスにご挨拶を C. Plinius Cornelio Tacito suo s(alutem). (手紙末尾で) ごきげんよう (＝お体に気をつけて, ご自愛なさいますよう) vale, bene valeas, valeas (quam) optime, cura ut valeas. (歓迎の挨拶) ようこそ, よくいらしてくださいました carus et exspectatusque venisti.

アイシャドー fucus ater (quo mulieres illinunt palpebras).

相性 (＝性格の一致) morum congruentia.

愛情 amor, caritas, dilectio. ⇨愛.

愛人 (＝愛している人) amans, amator; (＝愛されている人) amatus (*m*), amata (*f*); (＝情夫・情婦, 姦夫・姦婦) adulter (*m*), adultera (*m*). ⇨姦夫.

合図 (行為) significatio, (記号) signum, nota. ▶～する significo, annuo; (頭で) innuo; (ラッパで戦闘開始を) (tubā) signum do.

アイスランド Islandia. ▶～の Islandiensis, Islandicus. ▶～人 Islandienses (*pl*).

愛する 動 amo, diligo, in amore habeo, caritate complector (*dep*). ▶愛される, 愛されている in amore sum. ── 形 (＝大切な, 親愛な) carus, dilectus; (＝いとしい) dulcis. ▶～人より甘い口づけを盗んだ subripui tibi, mellite, suaviolum dulci dulcius ambrosia. ⇨好き, 大切.

愛想 ▶～がいい affabilis, civilis, blandus, comis, facilis. ▶～のよさ affabilitas, blanditia, comitas. ▶～よく (もてなす) comiter (accipio). ▷～よく笑う blandum rideo.

空いた (＝空いている, 空の) vacuus.

間 ▶(…の) ～に inter ⟨+*acc*⟩. ▶(時間的) その～に dum, interea. ▶(…している) ～に dum ⟨+*ind*⟩. ▶(…している) ～は quamdiu ⟨+*subj*⟩. ▷あなたの好きなだけ長い～ quamdiu tu voles. ▷町と村の～に inter oppidum et vicum. ▷人々の～で apud populum. ▷3 日の～ (per) tres dies. ▷30 日の ～ずっと dies continuos triginta. ⇨間隔, 空間, 時間.

愛着 studium. ⇨愛, 愛情.

相手 (競争の) competitor, rivalis, aemulus (*m*), aemula (*f*). ▶仕事の～ laboris socius. ▶遊び～ collusor. ▶連れ, 仲間, 道連れ.

アイデア ⇨概念, 考え, 意見.

愛読書 dilectus inter ceteros liber. *cf.* (愛読書として) 枕の下に本を置いている suppositos capiti libros habeo. (座右の書として) いつもあなたのものであるデモステネス Demosthenes semper tuus.

あいにく infeliciter.

愛の神 Amor; Cupido; Venus.

あいまい ▶～な ambiguus, anceps, obscurus. ▶～さ ambiguitas, obscuritas. ▶～に ambigue. ⇨不明.

アイルランド Hibernia. ▶～の Hibernus. ▶～人 Hiberni (*pl*).

アイロニー (ソクラテス的な皮肉) ironia, dissimulatio; (修辞法として, 思っていることと反対のことを言うこと) ironia. ⇨皮肉.

会う・遇う (やって来る人にたまた) ⟨alci venienti⟩ occurro; ⟨alqm⟩ offendo, invenio; (＝会いに行く, 訪問する) inviso, viso, visito, ⟨ad alqm⟩ venio; (＝出迎える) ⟨alci⟩ obviam eo.

合う (＝合致する, 適合する) congruo, convenio. ▶合った (＝適合した) conveniens, aptus, accomodatus. ▷(時計が時間に) 合っている recte metior (*dep*). ⇨合わせる.

あえぐ anhelo, singulto. ▶あえぎ anhelitus, singultus.

あえて ▶～…する audeo ⟨+*inf*⟩.

青 (空のように) ～い caeruleus. ▶～い色 caeruleus color.

青ざめる palleo, pallesco. ▶青ざめた pallens, exsanguis.

仰向け ▶～の, ～になった supinus. ▶～にする supino. ▶～に寝る recubo.

垢 squalor. ▶～にまみれた squalidus. ▶～にまみれている squaleo.

赤 ▶～い ruber, rubens. ▶～色 rubor. ▶～い色をしている rubeo. ▶～くなる rubesco.

赤字 lacuna. ▶～である (＝支出が収入を超過する)

アカデミー ― あそび　782

sumptus fructum superat. ⇨ 損失.
アカデミー academia. ▶～の academicus.
あがなう redimo, redempto, expio, compenso.
明かり lux, lumen. *cf.* ランプ lucerna. ランタン lanterna, laterna. 松明 lampas.
上がる scando, ascendo.
明るい clarus, lucidus. ▶明るさ claritas. ▶明るくなる luceo. ▶明るくなり始める lucesco.
赤ん坊（＝乳児）lactens, lactens puer. ⇨ 幼児, 子供.
秋 autumnus. ▶～の autumnus, autumnalis. ⇨ 季節.
空き地 area.
明らか ▶～な apertus, manifestus, perspicuus. ▶～に aperte, manifeste, perspicue, videlicet. ▷～に示す manifesto. ▷（…が…であることは）～である apparet <+*acc c. inf*.>. ⇨ 明白.
あきらめる（＝断念する）dimitto, depono, desisto, decedo.
飽きる ▶飽きている taedet (*impers*). ▶飽きあきした satiatus. ▷もう同じことを聞き飽きている taedet jam audire eadem.
あきれる（＝呆然とさせられる）stupeo, stupefio, obstupesco. ▶あきれた（＝驚きあきれた）stupefactus. ▶～こと stupor. ⇨ 唖然.
悪（＝害悪）malum;（＝悪行）scelus. ⇨ 悪い.
開く（両開き扉が）(valvae) se aperiunt. ▶ 開ける.
空く（容器や場所が）vacuefio. ▶空いている vaco. ⇨ 空($\frac{n}{n}$).
悪意 malevolentia, invidia.
握手 ▶～する dextras jungere (← jungo).
悪臭 ▶～を発する 動 puteo, foeteo. 形 puter. ▶ 臭い.
アクセサリー（＝装飾品）aurum. ⇨ 宝石.
悪徳 vitium. ⇨ 美徳.
あくび oscitatio. ▶～する oscito, oscitor (*dep*), hio.
悪魔 diabolus, daemonium, satan, daemon. ▷～を祓うこと exorcismus.
悪夢 nocturna suppressio.
悪用 abusus. ▶～する deutor (*dep*), abutor (*dep*).
アクロバット ▶～芸人（＝綱渡り芸人）funambulus.
揚げ足 ▶（人の）～を取る（＝失敗を利用する）errore alcis utor [fruor] (*dep*).
開ける（戸・門・容器などを）aperio, resero;（大口を）hio.
空ける（＝容器や場所を空にする）vacuefacio.
明ける（夜が）lucescit (*impers*), dilucescit (*impers*), illucescit (*impers*). *cf.* 夜明け diluculum, aurora. 夜明けに prima luce.
あげる（＝与える）do, dono. ⇨ 与える.
上げる・挙げる（上に物を）tollo, attollo;（手を）manus ad caelum attollo;（例を）（＝引用する）exemplum affero.
揚げる（油で）frigo (ex oleo).
明け渡す trado. ▶～こと traditio.

あご mala, maxilla.
あこがれる desidero. ▶あこがれ desiderium.
朝 名（＝午前）matutinum tempus, matutinum, mane. ― 副 mane. ▶～の matutinus, antemeridianus. ▶～早く prima luce, multo mane, bene mane *cf.* 今朝 hodie mane. 翌朝 postridie mane. 明日の朝 cras mane. 昨日の朝 heri mane.
麻（植物）cannabis;（布, 糸）linum.
あざ contusio.
浅い（川や海が）vadosus, tenuis. ▶～水 vadum. ⇨ 浅瀬.
あざける（＝嘲笑する）derideo, irrideo. ▶あざけり derisus, irrisus, irrisio. ▶～人 derisor.
浅瀬（海や川の）vadum, brevia (*pl*);（海の）vadosum mare.
明後日 副 perendie. ▶～の perendinus.
朝寝坊 ▶～する mane totum dormio.
浅はか（＝軽率, 無思慮）incosideratio, inconsiderantia, imprudentia. ▶～な inconsiderans, inconsideratus, imprudens. ▶～に inconsiderate, imprudenter. ⇨ 軽卒.
朝日 sol oriens. ⇨ 日(°).
アザミ carduus.
欺く 動（＝だます）fallo, decipio, deludo, fraudo, illudo. ― 形 fallax. ▶～こと fraus. ▶～者 deceptor. ⇨ 詐欺.
鮮やかな（色が）vegetus.
アザラシ（海豹）phoca.
葦 calamus, harundo, canna. ▷羊飼いの～笛 fistula.
足 pes;（ひざから下の）crus. ▷～の裏 planta. ▷～の指 digiti pedis (*pl*). ⇨ すね, かかと, ふくらはぎ, ひざ, 腿.
味 sapor, gustus;（＝味覚）gustatus. ▷～を付ける condio. ▷～がある sapio. ▷～のある sapidus. *cf.* 味わう, 味見する gusto. ⇨ おいしい.
アジア Asia. ▶～の Asiaticus. ▶～人たち Asiatici (*pl*). ▶小～ Asia Minor. ▶小～の Asianus. ▶小～人たち Asiani (*pl*).
足跡 vestigium.
明日 名 crastinum. ― 副 cras. ▶～の crastinus. ▶～の朝 cras mane. ▷ではまた～ vale in crastinum. ⇨ 翌日.
足もと ▶～に（人の）(alcis) ad pedes;（＝目の前に）ante pedes.
預かる（＝預けられたものを受け取り保管する）accipio, conservo depositum. ⇨ 預ける.
預ける depono.
アスパラガス asparagus.
汗 sudor. ▶～をかく sudo. ▷ひどく～をかく（＝大変な苦労をする）desudo. ▷～だくになる desudasco.
焦る sollicitor (*pass*). ▶焦っている impatiens.
あせる（色が）decoloror (*pass*). ▶あせてくる pallesco. ▶あせた decolor.
唖然 stupor. ▶～とさせる stupefacio.
あそこ ▶～に, ～で illic, illo loco. ▶～へ illuc. ▶～から illinc. ⇨ そこ, ここ, あれ.
遊び（＝遊戯, 気晴らし）ludus, lusio.

遊ぶ ludo, illudo. ▶～人 lusor. ▶(…をして)～ (＝楽しむ) (alqd) facio delectationis causā.

値する mereo, mereor (dep). ▶尊敬に～ reverentiam mereor. ▷彼だけが詩人と呼ばれるに値した solus appellari poeta meruit. ——形(＝ふさわしい) dignus. ▷言うに～ dignus dictu.

あだ討ち ～する parento.

与える (…に…を)〈alci alqd〉do, dono, praebeo, offero, defero.

あたかも ▶～…であるかのように quasi (ita, perinde, sic などを伴うことが多い), tamquam si, ita ut. ▶～…のように tamquam, ceu.

温かい・暖かい 形(風呂・ミルクが) tepidus; (気候が)(＝温和な) temperatus. ——動 tepeo. ▶温かくなる tepesco. ▶温かさ(＝程よい熱さ) tepor. ⇨ 温和, 情け深い.

温まる・暖まる (＝熱くなる) calefio, calesco; (＝暖かくなる, 程よい熱さになる) tepesco.

温める (＝熱くする) calefacio, (＝程よい熱さにする) tepefacio.

あだ名 cognomen.

頭 caput.

新しい novus, recens, novellus. ▶新しさ novitas. ▶新しくする novo.

辺り ⇨ 近く.

当たり前 ▶～の(＝正当な) justus; (＝普通の) solitus, ordinarius. ⇨ 当然, もちろん.

当たる (＝ぶつかる) offendo, ferio; (日に) apricor (dep). cf. 日当たりのよい apricus.

あちこち ▶～で huc et [atque] illuc.

厚い crassus, densus. ▶厚さ crassitudo.

熱い・暑い 形 calidus. ——動 caleo. ▶熱くなる calesco. ▶熱くする calefacio, calefacto. ⇨ 熱する, 沸騰, 燃える.

悪化 ▶(病気が)～する ingravesco.

扱う (物事を) utor (dep), tracto; (人を…として)(＝みなす)(alqm) habeo〈+adv〉; pro+abl〉.

厚かましい impudens. ▶厚かましさ impudentia. ▶厚かましく impudenter. ⇨ ずうずうしい.

あっさり ▶～と facile, expedite.

圧縮 compressus, compressio. ▶～された compressus. ▶～する comprimo.

斡旋 (＝仲を取り持つこと) conciliatio. ▶～人 conciliator (m), conciliatrix (f). ▶～する interpretor (dep), concilio. ⇨ 仲介.

圧倒 oppressio. ▶～する opprimo, devinco, supero.

圧迫 angor, oppressio. ▶～する ango, opprimo, urgeo.

集まり concilium, conventus, congressus, congregatio. ⇨ 集会.

集まる convenio, coeo, congregor (dep), se congregare (＝congrego), congredior (dep); (＝人々が集まってくる) coitur (impers pass).

集める confero, cogo, colligo, colloco, compono. ▷1か所に～ in unum locum conduco.

圧力 pressus, pressio. ▶～をかける presso.

当て ▶～にする fido, confido, nitor (dep). ▶～にしない insperans. ▷私は当てにしていなかったが, …ということになった insperanti mihi cecidit ut….

アテネ (ギリシアの首都) Athenae. ▶～(人)の Atheniensis. ▶～人 Athenienses (pl).

当てはまる (…に)〈in+acc〉accidit (impers), 〈ad+acc〉pertineo, convenio, 〈in+acc〉cado.

当てる (＝あてがう) adhibeo; (＝充当する) impendo; (＝ぶつける) illido, infligo, ico; (推測によって) conjicio.

後 ▶(…の[…した])～で postquam〈+ind〉, posteaquam〈+ind〉, cum〈+subj〉. ▶～で post. ▶その～ postea.

跡 (＝痕跡, 足跡) vestigium; (＝傷跡) cicatrix. ▶～をつける vestigo.

後継ぎ (＝相続人, 後継者) heres, successor. ▶後を継ぐ succedo. ⇨ 相続.

アドバイス consilium. ⇨ 忠告.

後回し (＝延期) dilatio, prolatio. ▶～にする(＝延期する) differo, profero.

後戻り retrogradatio, retrogressus. ▶～する retrogradior (dep).

アドリブ ▶～の(＝即興の) extemporalis, subitarius. ▶～で ex tempore. ▷～で演説する ex tempore dico.

アドレス ▶Eメール～ inscriptio (cursualis) electronica. ▶URL～ inscriptio interretialis. ▶～帳 index inscriptionum cursualium. ⇨ 住所.

穴 cavus, cavum, foramen; (＝ほら穴) caverna; (地面に掘った) scrobis. ▶落とし～ fovea. ▶(…に)～をあける cavo〈+acc〉.

あなた (＝きみ, おまえ) tu (sg). ▶～たち vos (pl).

侮る contemno, despicio, despecto. ⇨ 軽蔑.

兄 (major [natu major, senior]) frater. ⇨ 兄弟, 弟.

姉 (senior) soror. ⇨ 妹, 姉妹.

あの ille. ⇨ この, その.

アパート (＝集合住宅) diaeta; (＝集合住宅全体) conexa et cohaerentia aedificia (pl); (＝安アパート) insula.

あばく patefacio, detego, revelo.

あばれる saevio, furo.

浴びせる spargo.

あひる anas. ⇨ 鴨.

浴びる (＝入浴する) lavor (pass).

アフガニスタン Afganistania. ▶～(人)の Afganus. ▶～人 Afgani (pl).

危ない (＝危険な) periculosus, dubius, anceps.

油・脂 (植物性の) oleum; (調理油・整髪油・軟膏など油性物質としての) unguen; (車軸用の)(＝グリス) axungia; (＝動物性の脂肪) adeps. ▶～を塗る ungo. ⇨ 脂肪.

アフリカ Africa. ▶北～ Libya. ▶～の Africus, Africanus, Libycus. ▶～人 Afri (pl).

あぶる frigo, torreo, coquo.

あふれる abundo, exundo, inundo, se effundere (← effundo); (液体が容器の口から) circumfluo. ▷岸に水があふれたティベリス川 effusus super ripas Tiberis.

アヘン opium. ▶～中毒 vesana opii cupido, opiomania, ob sumptum opium dementia. ⇨

あまい ― あわせる

麻薬.
甘い　dulcis, suavis; (蜂蜜のように) mulsus.
アマチュア　(=愛好家, 好事家) amator, curiosus.
甘やかす　(nimium) indulgeo. ▷自分を~人たち sibi indulgentes. ▷(子供を) 甘やかしてだめにする deliciis solvo.
あまり　▶~に (=過度に) nimis, nimium. ▶~ない non nimis [magnopere, sane]. ▶(…の) ~(に) prae <+abl>. ▶~よく知らない non satis scio. ▷喜びの~ prae laetitia.
余りもの　(=余剰, 余計なもの) id quod superest, id quod supervacaneum est.
余る　⇨ あり余る, 残り, 余計.
網　rete.
編物　textum, textus.
編む　texo, necto.
飴　mellitus pastillus, sacchari pastillus.
雨　pluvia, imber. ▶~の pluvius. ▶~が降る pluit (impers).
アメリカ(合衆国)　Foederatae Civitates Americae Septentrionalis, Civitates Americae Unitae. ▶~(人)の Americanus. ▶~人 Americani (pl).
危うく　(=ほとんど) prope, paene. ▷~…するところだった haud procul (vel multum) abfuit quin <+subj>.
怪しい　suspiciosus, suspectus, ambiguus, incertus.
過ち　(=過失) error, erratum, vitium; (倫理的な) (=罪) culpa, vitium, peccatum. ▷多くの~を犯す multa pecco. ⇨ 間違い.
誤って　falso, perperam. ▷私は~「…」と書きました perperam " … " scripsi.
誤る　erro, pecco. ⇨ 間違える.
謝る　(=謝罪する) (…に) veniam peto <ab+abl>. cf. 許して下さい ignosce, da veniam, obsecro ut mihi ignoscas. ⇨ 謝罪.
あやめ　iris.
荒い　(性格や言動が) (=粗野な) ferus, asper, crassus. ▶~人 profligator. ▷金遣いが~人 profligator. ▷きつい.
粗い　(布地の目などが) crassus, rarus; (=ざらざらした) asper, scaber. ▷目の~毛織物の手ぬぐい villis mantele solutis.
洗う　lavo; (=洗い落とす, 洗い流す) abluo. ⇨ 洗濯.
あらかじめ　(=前もって) in antecessum.
嵐　tempestas; (=大風) procella; (=暴風雨) nimbus.
荒らす　populo, populor (dep), depopulo, depopulor (dep), vasto, devasto, vexo, turbo, perturbo, spolio, lacero.
あらすじ　(=要旨, まとめ, レジュメ) summa, epitoma, epitome, summarium; (=文学作品の梗概) argumentum.
争う　(=戦う) pugno, proelior (dep), dimico, luctor (dep); (=競う, 張り合う) certo, contendo. ▶~い (=戦い) pugna, proelium, dimicatio, luctatio; (=競争) certamen, contentio. ⇨ 戦う, 争.

新た　▶~に denuo, de integro.
改める　(=変える) muto, commuto; (=改良する, 改善する) emendo, meliorem facio [reddo], corrigo.
アラビア　Arabia. ▶~人 Arabs. ▶~の Arabus.
あらゆる　omnis. ⇨ すべて.
あられ(霰)　grando. ▶~が降る grandinat (impers).
表わす　(=見せる, あらわにする) ostendo, exhibeo, monstro, aperio; (ことばや芸術によって) (=表現する) exprimo, declaro.
現われる　appareo, prodeo.
蟻　formica.
あり余る　supersum, abundo, superabundo. ▶~こと satias. ▶~ほどに abunde, abundanter, superabundanter.
ありうる　[動] fieri potest. ▷(…ことは) ありえない non potest fieri ut <+subj>. ―[形] (=実現可能な) possibilis.
ありがたい　gratus. ⇨ 感謝.
ありがとう　(お礼のことばとして) benigne, gratias ago. ▷(…について) 大変~ございます gratias quam maximas ago <pro+abl>. ⇨ 感謝.
ありふれた　communis, vulgaris, trivialis.
ある(或る)　aliquis, quidam, unus, quispiam. ▶~別の alius. ▶~時 aliquando, nescio quando. ▶~所で uspiam. ▶~人 nescio quis. ▶何か~もの nescio quid. ▶~仕方で nescio quomodo. ▶~程度 aliquanto, aliquantum. ▶~一定の数 certus numerus. ▷~ものは…~ものは… alius … alius … / unus … alius …. ▷~哲学者たち aliqui [quipiam] philosophi.
ある(在る・有る)　sum. ▷(…は) ありますか estne (…)？ ▷ありません non est. ⇨ 居る.
あるいは　vel, aut, -ve.
歩く　gradior (dep), ingredior (dep). ▶歩いて pedibus.
アルコール　alcohol, alcoholum.
アルゼンチン　Argentina. ▶~(人)の Argentinus. ▶~人 Argentini (pl).
アルバニア　Albania. ▶~(人)の Albaniensis. ▶~人 Albanienses (pl).
アルファベット　alphabetum, litterarum ordo, litterarum formae et notae (pl), litterae elementariae (pl). ▶~字母 elementa (pl). ▶~の alphabeticus. ▷~順に並べられた litterarum ordine dispositus.
アルメニア　Armenia. ▶~(人)の Armenius, Armeniacus. ▶~人 Armenii (pl).
あれ　ille. ⇨ あそこ.
荒れた　asper; (海・波・天候などが) turbulentus, procellosus, nimbosus.
荒れる　(=荒廃する) vastesco. ⇨ 荒らす.
アレルギー　allergia. ▶~の allergicus.
泡　bulla, bullula, spuma.
合わせる　(=結合する) jungo, conjugo, conjungo, committo; (=適合・適応させる) apto, accomodo. ⇨ 合う.

あわてる 動 (=平静を失う) trepido; (=ひどく急ぐ) se praecipitare (← praecipito), praecipitor (dep). 形 (=平静を失った) perturbatus.

あわれ ▶~な miser, misellus.

あわれむ (=同情する) (…を) 〈+gen; +acc〉 misereor (dep), misereo, miseror (dep), 〈+acc〉 miseret (impers). ▶~べき miserabilis.

案 consilium, ratio, institutum. ⇨ 計画.

暗記 ▶~する commendo memoriae. ▷ (彼は) 全市民の名前を~していた (=覚えて知っていた) omnium civium nomina perceperat. ⇨ 記憶.

暗号 cryptographia. ▶~の cryptographicus.

アンゴラ Angola. ▶~(人)の Angoliensis. ▶~人 Angolienses (pl).

暗殺 (per insidias) caedes [occisio, homicidium]. ▶~する per insidias occido.

暗示 significatio. ▶~する significo.

暗礁 saxa latentia (pl).

安心 (=心の平静) tranquillum, tranquillitas, securitas. ▶~な (=恐怖から解放された) metu solutus, tranquillus, securus. ▶~して sine metu, secure, in pace.

杏 (実) malum armeniacum.

安全 salus, tutum, securitas. ▶~な tutus, securus. ▶~にする (=保護する) tutor (dep), tutum reddo 〈alqd ab+abl〉. ▶~に tuto, sine periculo, bono periculo. ▶~ベルト ▷ シートベルト. ⇨ 守る.

安定 stabilitas, firmitas. ▶~した stabilis, firmus.

案内 ▶~すること ductus, ductio. ▶~人 dux, ductor. ▶~する (=導く) duco, ducto.

安楽死 euthanasia.

い

胃 stomachus.

慰安 consolatio, solacium, lenimen. ⇨ 慰め.

いい bonus, probus. ▷ 心配しなくても~ non est cur metuas. ▷ (…する) 方が~ melius est 〈+inf〉. ▷ (…するのは) ~とは思えない mihi non placet 〈+inf〉. ▷ ええ,ですとも libentissimo animo.

いいえ (否定の答え) non ita, minime (vero). ▷ 「~」と言う (=否定する) nego. ⇨ はい.

言い返す (=返答する) respondeo; (=反論する) retorqueo.

言い換える paraphrasi verto. ▶言い換え paraphrasis. ▷ ~ならば hoc est.

いい加減 neglegentia. ▶~な neglegens. ▶~に neglegenter.

いい気 arrogantia. ▶~な arrogans. ▶~になって arroganter. ⇨ うぬぼれ.

言い聞かせる ⇨ 命令, 言いつける, 説得, 忠告.

言いつける (=命じる) impero, mando, praecipio; (=告げ口する, 密告する) defero. ⇨ 密告.

言いのがれ (=口実, 言い抜け) tergiversatio, latebra, deverticulum, perfugium, excusatio. ▶言いのがれる tergiversor (dep). ⇨ 口実, 言い訳.

Eメール (=電子メール) electrogramma, mandatum electronicum, litterae electronicae, epistula electronica, cursus electronicus. ▶~アドレス inscriptio electronica.

言い訳 excusatio, apologia. ▷ ~を探す excusationem quaero. ▷ ~を認める excusationem accipio. ⇨ 弁解, 弁明, 口実.

委員 curator, procurator, legatus. ▶~会 collegium, delecti quibus aliquid agendum, curandum, procurandum committitur, consilium virorum alicui rei faciendae.

言う dico, aio, inquam. ▶(…と) 言われている (=伝えられている) fertur 〈+inf〉, traditur 〈+inf〉, traditum est 〈+inf〉. ▷ ホメロスは盲目だったと言われている Homerus dicitur caecus fuisse. ▷ Aという (名前の) qui A vocatur / nomine A / cui nomen A.

家 domus, aedes, tectum; (=家族全体, 一族, 氏族) familia, gens. ▶小さな~ (=小屋) casa. ▷ ~にいる domi sum. ⇨ アパート.

イエメン Iemen (n). ▶~(人)の Iemenitanus. ▶~人 Iemenitae (pl).

硫黄 sulphur. ▶~の sulfureus.

以下 ▷ 土地の状況は~の通りだった loci natura erat haec. ⇨ 下.

烏賊 sepia.

以外 ▶(…) ~は (=…を除いては) praeter 〈+acc〉, extra 〈+acc〉, excepto 〈+acc〉. ▶(…であること) ~は (=…であることを除いては) praeterquam quod …, nisi quod …, excepto quod ….

意外 ▶~な (=思いがけない, 不測の) inexspectatus, inopinatus, inopinus, improvisus. ▶~に (=予期に反して) ex inopinato, de [ex] improviso.

いかが ▷ デザートは~ですか placetne sumere mensam secundam? ⇨ 気分, 調子.

医学 medicina (ars), medendi scientia [ratio]. ▶~の medicinalis, medicus, medicinus. ⇨ 医者.

生かす・活かす (=食物を与え維持する, 養う) alo, pasco, sustineo, sustento; (=命を救う) servo, conservo; (=活用する) ⇨ 利用.

いかだ ratis, rataria. ⇨ 船.

いかなる ▶~…もない nullus, (否定辞を伴って) ullus. ▷ ~疑問もなく sine ulla dubitatione. ▷ 私は~年頃も学ぶために若すぎることはないと思う ego nullam aetatem ad discendum arbitror immaturam.

いかに ▶~して (=どのようにして) quomodo, qui, qua ratione. ⇨ どのように, 手段, 方法.

いがみ合う (=言い争う, 口論する) jurgo, rixor (dep), litigo, altercor (dep). ▶いがみ合い (=口論) jurgium, rixa, altercatio.

怒り (=立腹) ira, iracundia, stomachus; (=激怒) furor; (=不機嫌) bilis, fel. ▶怒る irascor (dep), stomachor (dep); (=激怒する) furo. ▶怒った iratus.

錨 ancora.

意気 animus. ▷ (人の) ~をくじく 〈alcis〉 animum affligo [frango, infringo, demitto]. ⇨ 気力.

息 spiritus, halitus, flatus. ▶~をする spiro.

異議 recusatio. ▶～を唱える recuso. ⇨ 反論.
生きいき ▶～とした vivus, vividus.
勢い impetus, vehementia. ▶～のある (=激しい) vehemens, impetuosus. ▶～よく vehementer, impetuose.
生き返る (=よみがえる) resurgo ⟨a [ex] mortuis; ab inferis⟩, revivisco.
息切れ anhelitus, anhelatio. ▶～した anhelans. ▷走って～した cursu exanimatus.
意気消沈 animi debilitatio [infractio]. ▶～する animo frangor (pass). ▶～した afflictus, tristis.
行き過ぎ (=過度) immoderatio, immodestia, nimium, nimietas. ▶行き過ぎた (=過度の) nimius, immodicus, immodestus.
行き止まり (=袋小路) fundula. ▷～だ iter exitum non habet.
粋な (=趣味の良い) elegans. ⇨ おしゃれ.
生き残る supersto, supersum. ▶生き残った superstes. ▶生き残り superstes.
イギリス Britannia, Anglia. ▶～(人)の Britannicus, Anglicus. ▶～人 Britanni (pl), Angli (pl).
生きる vivo. ▶生きている 動 existo. 形 vivus. ▷～理由 vivendi causa. ▷生き方 via vivendi.
行く eo, vado, gradior (dep), incedo. ▶急いで～ (=急行する) contendo, propero, advolo.
育児 (=養育, 保育) nutrimen, nutrimentum, educatio.
いくつ (数えられる量を尋ねる) quantus, quot. ▷あなたは～ですか (=何歳ですか) Quot annos natus es? / Qua aetate es?
いくつか ▶～の (=若干の) non nulli (pl), aliquot.
いくら ▶～で(値段) quanti. ▷～ですか quanti est?
いくらか 副 plusculum, non multum, aliquantum. ▶～の (=二三の, 若干の) aliquot, non nulli, plusculus. ▷彼は(以前は)～幸福だった aliquanto felicior fuit.
池 stagnum, lacus, piscina. ⇨ プール.
生簀 (=養殖池) piscina, vivarium.
いけない (=習慣や法律で禁止されている) non licet.
いけにえ (行為としての)(=供犠) sacrificium, immolatio, res divina; (=犠牲獣) victima, hostia. cf. 人身御供の習慣 consuetudo hominum immolandorum.
意見 opinio, sententia. ▷私の～ id quod sentio. ▷(人に) ～を求める sententiam rogo ⟨alqm⟩. ▷彼(女)は私の～を尋ねた quaesivit quidnam mihi videretur.
威厳 dignitas, majestas, gravitas, auctoritas, magnificentia.
以後 ▶(…) ～に 前 post ⟨+acc⟩. 接 postquam, posteaquam. ▶それ～ postea. ⇨ 今後.
移行 transgressio, transitus. ▶～する transgredior (dep), transeo.
いさかい jurgium. ⇨ 口論, いがみ合う.
居酒屋 caupona. ▶～の主人 caupo.
勇ましい (=勇敢な) fortis, ferox.

遺産 hereditas, heredium, legatum. ▶～に関する hereditarius. ▷(人が)～を相続する legatum ⟨alci⟩ obvenit. ▷～を手に入れる hereditatem accipio. ▶相続.
意志・意思 (=自由な意志) voluntas, spons; (=考え, 意図) consilium, animus. ⇨ 考え.
石 lapis. ▶小～ lapillus. ▶なめらかな小～ calculus. ⇨ 岩.
意地 ▶～になる (=意地を張る) se offirmare (←offirmo), in sententia persto [permaneo]. ▷～を張るのをやめる pertinaciā desisto. ⇨ 頑固.
維持 conservatio, tutela. ▶～する servo, conservo, teneo, retineo.
意識 conscientia, animus. ▷～を失う (=気絶する) animo linquor (pass). ▷～を取り戻す animum recipio.
いじめる ⇨ 虐待.
医者 medicus. ▷～を呼ぶ medicum arcesso [admoveo]. cf. 臨床医 medicus clinicus. ⇨ 医学, 外科.
移住 migratio, demigratio. ▶～する migro, emigro, demigro, sedes muto. ▶～者 migrans. ⇨ 移民.
萎縮 ▶～する tabesco, marcesco.
医術 medicina, ars medicinalis. ⇨ 医学.
遺書 ⇨ 遺言.
衣装 vestitus, cultus, habitus, ornamenta (pl).
以上 ▶～に (=(書物で)前に) supra. ▶それ～の (程度) plures. ▶それ～に (程度) plus, supra.
異常 insolentia. ▶～な insolitus, insolens, enormis. ▶～に insolenter.
移植 translatio, propagatio. ▶(植物を)～する transfero, propago.
意地悪 malevolentia. ▶～な malevolens, malevolus.
偉人 (=偉大な人物) vir magnus [singularis, summus, excellens]. ⇨ 英雄, 偉大.
椅子 (背もたれ・肘掛けのない) sella; (=座) sedes; (=肘掛け椅子) cathedra. ⇨ 座席, 腰掛け, ソファー.
泉 fons. ▶小さな～ fonticulus.
イスラエル Israel. ▶～(人)の Israelianus. ▶～人 Israeliani (pl).
イスラム ▶～教 mahometana religio [doctrina], islamismus. ▶～教徒(の) islamicus, mahometanus.
いずれ[1] ▶～か uter. ▶～も uterque. ▶～も…ない (=どちらも…ない) neuter. ▶～にせよ (=とにかく) utique. ⇨ どちら.
いずれ[2] (=近いうちに, そのうち) mox, brevi, brevi tempore; (=いつかあるとき) aliquando, aliquo tempore, quando, quandoque.
居座る (=ある場所・地位に居続ける) maneo, permaneo.
遺跡 (=廃墟) ruinae (pl), vestigia (pl). ▶考古学～ situs archeologicus.
以前 ▶(…) ～に [の] ante ⟨+acc⟩. ▶(…する) ～に antequam, priusquam. ▷～に, ～は ante, antea, prius. ▶ずっと～に pridem, dudum. ▶～の (=前

の, 先の) pristinus. ▷ソクラテス～の多くの哲学者たち multi ante Socratem philosophi (*pl*). ▷今から50年～に abhinc quinquaginta annos. *cf.* 前夫 (＝先夫) pristinus maritus.　前大統領 pristinus praesidens.

急いで　cito, festinanter, properanter, raptim, rapte, rapide, cum celeritate. ⇨ 速い.

居候　parasitus (*m*), parasita (*f*). ⇨ 寄生.

忙しい　(＝多忙な) negotiosus, operosus.

急ぐ　festino, propero；(＝急行する) contendo, advolo. ▶急がせる maturo. ▶～こと festinatio, properatio. ▶大急ぎで summa celeritate. ⇨ 急.

遺族　(＝死者の家族) hominis mortui familia (死者が男の場合), feminae mortuae familia (死者が女の場合).

板　(木の) tabula；(金属の, 薄い) lamina. ▶小さな～ tabella.

痛い　[医] doleo, habeo dolorem. ▷目が～ doleo ab oculis. ▷体が～ corpore doleo. ▷頭が～ habeo capitis dolorem. ▷私は足が～ dolet mihi pes.

偉大　▶～(さ) magnitudo. ▶～な magnus, amplus；(＝功績, 地位などが抜群の) eminens. ⇨ 偉人, 傑出した.

いたずら　(＝おふざけ) lusus, ludus, festivum facinus.

頂　cacumen, culmen, fastigium, vertex.

いただく　⇨ 受け取る.

いたち　mustela. ▶～の mustelinus.

痛ましい　flebilis, lugubris, luctuosus, lamentabilis.

痛み　(体の) dolor. ⇨ 痛い, 苦痛.

いたむ(傷む)　corrumpor (*pass*), vitior (*pass*). ▷いたんだ corrumptus, vitiosus. ▷いたんだワイン vinum mutatum. ⇨ 腐る.

いたむ(悼む)　lugeo.

炒める　(フライパンで) frigo (in sartagine).

イタリア　Italia. ▶～(人)の Italicus, Italus. ▶～人 Itali (*pl*).

至る　(＝届く, 達する) pertineo；(＝到着する) pervenio, advenio. ▶(…に)～まで usque ad (+*acc*).

至る所　▶～に[で] ubique, passim. ▶～から (＝あらゆる方向から) undique, ex omnibus partibus. ▷世界の～に in diversis orbis terrarum partibus.

いたわる　parco. ⇨ 大切.

異端　haeresis. ▶～の haereticus.

位置　situs, positus, locus.

一　(数字の) (＝一つの) unus. ▶～番の primus.

市　(＝定期市) nundinae (*pl*). ⇨ マーケット, 市場

一位　primus locus. ▶～の (＝首位の) primus. ▷第～を占める(取る) primum locum habeo [teneo, obtineo].

一月　Januarius (mensis).

イチゴ　(オランダ～) fragum. ▶木～ rubus.

一時　▶～的な temporalis, temporarius. ▶～的に in [ad] tempus.

イチジク　(木, 実) ficus. ▷～の木 arbor fici.

著しい　(＝顕著な) insignis, conspicuus, egregi-us, eximius, praestans.

一度　▶～(だけ) semel (modo). ▶～に (＝同時に) simul, una, uno tempore. ▶～ならず plus quam semel. ▶～も…ない numquam, ne semel quidem.

一日　dies. ▷よい～を(過ごして下さい) felicem diem age.

一年　annus. ▶～の annalis, annuus. ▶～前に ante annum.

市場　(＝市, 定期市) mercatus, emporium, nundinae (*pl*). ⇨ マーケット, 市.

一番　(第)～の primus.

一部　pars. ▶～は partim.

一万　decem milia.

一目散　▶～に逃げ出す se dare (← do) pedibus, se conferre (← confero) in pedes.

イチョウ　ginkgo biloba.

一流　▶～の praestantissimus.

いつ　quando. ▶～から ex quo tempore. ▶～まで quousque

いつか　(＝未来あるいは過去のある時に) olim, quondam, quando, aliquando, quandocumque, quandoque.

一角獣　monoceros, unicornuus. ▶～の unicornis.

一か所　▶～に (in) uno loco.

一気　▶～に (＝一息に) uno spiritu, uno tenore. ▷～に飲み干す uno potu haurio.

一周　circuitus. ▶～する circumvehor (*dep*), circumeo.

一週間　(＝七日間) hebdomas, hebdomada, septimana. ⇨ 週.

一瞬　(＝瞬間) punctum, momentum. ▶～で puncto [vestigio] temporis. ▷～たりとも…ない ne puncto quidem temporis.

一緒　▶～に una, simul, communiter. ▶(…と)～に cum ⟨+*abl*⟩, una ⟨cum+*abl*⟩. ▶～に合わせる interjungo.

一生　(＝人生の全体) vita omnis, omne aetatis tempus.

一生懸命　▶～に enixe. ⇨ 全力.

一斉　▶～に uno tempore.

一体　▶～となる (＝結合する) copulor (*pass*), socior (*pass*), jungor (*pass*).

いったい　▶～誰が, ～何が quisnam. ▶～どこで ubinam. ▶～どのような, ～どの quinam.

逸脱　digressio, declinatio. ▶(正しい道から)～する (de recta regione) digredior (*dep*), declino. ⇨ それる.

一致　convenientia, concordia, consensio, unanimitas. ▶～した conveniens, congruens, unanimus. ▶～して convenienter, unanimiter, congruenter. ▶～する consentio, congruo. ▷(人と人の間で)(あることについて)意見が～する ⟨inter alqm et alqm⟩ ⟨de re⟩ convenit. ▷(ほぼ)満場～で omnium (fere) consensu / nemine contradicente [dissentiente].

一対　(…の) par ⟨+*gen*⟩. ▶～の par, bini (*pl*).

一定　▶～の certus, stabilis. ⇨ 不変.

いつでも　semper, omni tempore, constanter.

いっぱい （＝満ちた状態）plenitas, abundantia;（＝たくさん, 多数）multitudo. ▶〜の（＝満ちた）plenus, affluens, abundans, refertus;（＝たくさんの）multus. ▶〜ある abundo. ▷〜詰め込む refercio.

一杯 (unum) poculum.

一般 ▶〜の communis, universus, universalis. ▶〜に universe, in commune, communiter, vulgo. ▶〜性 universitas. ▶〜大衆 vulgo. ▶〜大衆の vulgaris. ▷〜の考えでは (…) vulgo putatur ⟨+inf⟩.

一歩 gradus, passus. ▶〜ずつ gradatim, pedetemptim.

一方 ▷（二者のうちの）〜は…もう〜は… unus ... alter .../ hic ... ille .../ alter ... alter ....▶〜では…他方では… una ex parte ... altera ex parte ....

いつも semper. ▷そうなるように ut fieri solet.

偽る mentior (dep). ▶偽り mendacium. ⇨ 嘘.

イデア （＝観念）idea, species.

移転 （＝住居を変えること）migratio, emigratio. ▶〜する migro, emigro.

遺伝 hereditas. ▶〜の hereditarius. ▶（病気などが親から子に）〜する per successiones traditur (pass). ▶〜子 gen, genum.

意図 consilium, propositum, mens, sententia.

糸 filum, linum.

緯度 latitudo. ⇨ 経度.

井戸 puteus. ▶〜水 aqua puteana. ▷〜を掘る puteum effodio. ⇨ 穴.

移動 （場所の）motio, motus, locorum mutatio, migratio. ▶〜する（ことができる）mobilis. ▶（場所を）〜させる ⟨loco⟩ moveo. ▶（場所を）〜する ⟨loco⟩ se movere (← moveo), migro.

いとこ （従兄弟）consobrinus, （従姉妹）consobrina.

否 ▶…か〜か necne.

いない 形（＝不在の）absens. ― 動 absum. ⇨ 不在.

以内 （時間的）(…)〜に intra ⟨+acc⟩. ▶数日〜に intra paucos dies. ▶1 週間〜に intra unam septimanam.

田舎 rus, agri (pl). ▶〜の rusticus, agrestis. ▶〜で ruri. ▶〜風 rusticitas. ▶〜風に rustice. ▷〜暮らし rusticatio. ▷〜暮らしをする rusticor (dep).

イナゴ locusta.

稲妻 （＝雷の閃光）fulgur, fulgor, fulmen. ▷〜が光る fulgrat, fulget (impers).

否や ▶…や〜 ut [ubi] primum, cum primum, simul ac, statim [simul] ut. ▶これが言われるや〜 simul his dictis. ▶（彼が）ローマに帰って来るや〜 statim ut Romam rediit.

意に反した invitus. ▶（私の）意に反して me invito.

委任 mandatum. ▶（人に）〜する ⟨alci⟩ mando.

犬 canis. ▶子〜 catulus. ▶〜のような caninus.

稲 oryza.

いのしし aper. ▶〜の aprinus.

命 （＝生命）vita, animus;（＝人生, 生涯）vita, aetas. ▶〜を失う vitam amitto. ▷〜を懸けて（＝失敗すれば死ぬ覚悟で）sui capitis periculo.

命乞い （自分自身のために）〜をする vitam sibi petere (← peto), rogare (← rogo) ut sibi [vitae suae] parcatur.

祈る （＝祈願する）precor (dep). ▶祈り（＝祈願）prex, precatio.

いばら （＝とげのある灌木）spina;（集合的に）vepres (pl), sentes (pl). ▶〜の spineus. ▷〜の茂み spinetum. ⇨ とげ.

いばる superbio. ▶いばっている superbus. ⇨ 偉そうに, 傲慢.

違反 noxia, violatio, delictum. ▶〜する delinquo, delictum committo;（＝法に反して行なう）contra legem facio [committo]. ▶〜者 ruptor, violator. ⇨ 罪.

いびき rhoncus, stertentium sonitus. ▶〜をかく sterto.

衣服 ⇨ 服.

違法 quod contra legem factum. ▶〜な contra legem factus, illicitus. ▶〜に contra legem, illicite. ⇨ 犯罪.

居間 cubiculum.

今 副 nunc, jam, in praesentia. ― 名（＝現在）praesens tempus, praesentia. ▶〜まで ad hoc tempus, adhuc. ▶〜から jam, inde ab hoc tempore, ex hoc tempore.

いまわの際 ▶〜に imminente morte, egrediente anima.

意味 significatio. ▶ことばの〜 vis verborum. ▶〜する significo, sono. ▶〜深い significans. ▷このことばの〜は何ですか quid haec vox sonat？

移民 （国内への）immigrans;（国外への）emigrans. ▶〜する（国内へ）immigro;（国外へ）emigro, demigro. ▶〜すること demigratio.

異民族 externae gentes [nationes], aliae gentes [nationes];（ギリシア・ローマ以外の）barbari (pl). ⇨ 外国人.

イメージ （＝印象, 感じ）sensus;（＝姿, 映像, 表象）imago, effigies.

いも ▶じゃが〜 solanum tuberosum.

妹 (adulescentior) soror;（同じ父母から生まれた）germana soror. ⇨ 姉, 姉妹.

嫌 ▶〜な（＝嫌いな）molestus, odiosus. ▶〜な気持ちで moleste. ▶〜になる taedet (impers). ▶嫌がらせる piget (impers). ▶お〜でなければ si tibi non est molestum / nisi molestum est / nisi taedet. ⇨ 不快.

嫌々 ▶〜の invitus. ▶〜ながら（＝しぶしぶ）invite, pigre.

嫌がる （＝嫌う）(…)を ⟨+acc⟩ odi, ⟨+gen; in+acc⟩ odium habeo. ⇨ 嫌う.

嫌気 (…に対する) ⟨+gen⟩ taedium, fastidium, odium. ▶私は人生に〜がする me taedet vitae.

卑しい （身分が）humilis;（根性が）sordidus. ▶〜生まれの infimo loco natus, ignobili loco ortus. ▶〜こと humilitas.

癒しがたい insanabilis.

癒す sano. ⇨ 慰める, 慰安, 治療.

嫌み cavillatio. ⇨ 皮肉.

いやらしい　sordidus, foedus, spurcus.
イヤリング　(＝耳飾り) inaures (*pl*), stalagmium.
意欲　studium. ▶～的な studiosus. ▶～的に studiose. ⇨ 意志.
以来　前 ab ⟨+*abl*⟩, e/ ex ⟨+*abl*⟩. ▷都が建設されて～ ab urbe condita. ▷その時～ ex eo tempore. ▷…の日～ ex eo die quo …. ── 接 postquam.
依頼　rogatio. ▶～する rogo. ⇨ 頼む.
いらいら　⇨ いらだち.
イラク　Iraquia. ▶～(人)の Iraquianus. ▶～人 Iraquiani (*pl*).
イラスト　pictura, picta imago.
いらだち　irritatio, stomachus. ▶いらだたせる irrito.
イラン　Irania. ▶～(人)の Iranianus. ▶～人 Iraniani (*pl*).
入江　sinus.
入口　aditus, introitus, janua. ⇨ 出口.
医療　(＝治療, 医術) medicina, ars ad sanitatem pertinens, ars medicinalis. ▶～の medicinalis, ad sanitatem pertinens. ⇨ 医学.
威力　vires (*pl*).
いる(居る)　(＝居合わせる, そこにいる) adsum; (一団の中に) intersum. ▶いない (＝不在である) absum. ⇨ 在る.
いる(要る)　(＝必要だ, 足りない) (…が)(…に) opus est ⟨alci+*abl* [*nom*]⟩, indigeo ⟨+*gen*⟩, egeo ⟨+*abl*⟩. ⇨ 必要.
イルカ　delphinus.
入れ替える　(…に…を) ⟨alqd pro re; alqd alci rei; alqm alci⟩ substituo, ⟨alqd pro re; alqm in locum alcis⟩ suppono.
入れ墨　notarum in cute impressio. ▶～を入れる notis compungo.
入れ歯　dentes empti (*pl*), dentes arte facti (*pl*), prothesis dentaria.
入れ物　(＝容器) excipulum, excipula.
入れる　(…を…の中に) pono ⟨alqd in re⟩, insero ⟨alqd re⟩, indo ⟨alqd in alqd⟩, interpono, introduco, intromitto. ⇨ 入る.
色　color.
いろいろ　▶～な varius. ▶～に変える vario. ⇨ さまざま.
彩る　coloro, distinguo.
岩　saxum. ⇨ 石.
祝う　(祭りなどを) celebro, ago, agito; (＝祝辞を述べる) gratulor (*dep*). ▷～こと celebratio. ▷誕生日を～ diem natalem ago. ⇨ 祝辞.
鰯　sarda.
言わば　ut ita dicam, ut sic dixerim.
陰気　▶～な illaetabilis, tristis, maestus.
インク　(＝黒インク) atramentum (librarium [scriptorium]). ▶赤～ rubramentum. ▶青～ caerulamentum. ▶～瓶 atramentarium. ⇨ 顔料.
印刷　impressio. ▶～術 (ars) typographia, Gutembergia ars. ▶～(術)の typographicus. ▶～す

る typis imprimo, praelo excudo. ▶～機 praelum. ▶～所 officina libraria, typographeum.
隠者　(＝隠遁者) eremita. ⇨ 隠棲, 孤独.
印象　affectus mentis [animi], impressio.
飲食　(＝食べることと飲むこと) cibus et potio.
インスタント　▶～食品 ferculum in praesenti coquendum.
インストール　▶～する (＝ソフトウェアをコンピュータに導入する) instruo, instituo, installo.
隠棲　(＝隠遁) secessus, secretum. ▶～した secretus.
姻戚　▶～(関係) affinitas. ▶～の affinis.
隕石　lapis de caelo lapsus.
インターネット　interrete, internetum. ▶～の interretiarius. *cf.* ワールド・ワイド・ウェブ (WWW) tela totius terrae (TTT). ⇨ E メール.
引退　▶(…から) ～する ⟨de re⟩ recedo, decedo, ⟨a re⟩ se removere (← removeo).
インタビュー　(＝記者が取材のために行なう面会) colloquium percontativum, percontatio. ▶～する percontor (*dep*).
インテリ　(＝知識人) doctus [intellegens] homo, intellegentes (*pl*), periti (*pl*), sapientes (*pl*).
インテリア　(＝家の内部) interior pars aedium; (＝室内装飾) interiora aedium ornamenta (*pl*).
インド　India. ▶～(人)の Indicus, Indus. ▶～人 Indi (*pl*).
インドネシア　Indonesia. ▶～(人)の Indonesianus. ▶～人 Indonesiani (*pl*).
インド洋　oceanus Indicus.
インフレ　(＝インフレーション) rei nummariae nimietas.
韻文　versus, carmen, poema. ⇨ 散文.
陰謀　conjuratio, conspiratio. ▶～者たち conjurati (*pl*). ▶～を企てる conjurationem facio, conjuro, conspiro. ⇨ 策略, 詐欺, 待伏せ.
引用　commemoratio, prolatio. ▶(ある箇所を) ～する cito, commemoro, commemini, profero. ▷～箇所 locus citatus. ▷～に値する commemorandus.
韻律　metrum. ▶～学 metrorum scientia.
引力　(＝物体がお互いに引き合う力) vis gravitatis.

う

ウィット　(＝機知) facetiae (*pl*), sales (*pl*). ⇨ 機知.
ウイルス　virus. ▶コンピュータ～ virus computatorium.
ウインク　(＝めくばせ) nictus. ▶～する nicto, nictor (*dep*). ⇨ 瞬き.
ウーマンリブ　⇨ 解放運動.
ウール　(＝羊毛) lana.
上　▶(…の) ～に in ⟨+*abl*⟩, super ⟨+*abl*⟩, supra ⟨+*acc*⟩. ▶～の (位置・地位が) superior, 最も上の supremus; (年齢が) (＝年上の) major (natu). ▶～に supra; (下から) sursum. ▶～から (下に) desuper. ▶～へ (＝より高く) altius. ▶～にあ

る 動 supersum.
ウェーター　famulus, minister.
ウェートレス　famula, ministra.
ウェディングドレス　vestis nuptialis.
飢える　esurio. ▶飢え fames, inedia, esuritio. ▶飢え死にする fame morior (*dep*). ⇨ 飢餓.
植える　sero, planto. ▶~こと (=植え付け) plantatio.
ウォークマン　instrumentum portabile ad taeniolas audiendas aptum.
ウォッカ　valida potio Slavica.
迂回　▶~(路) deverticulum. ▶~させる deverto.
うがい　gargarizatio. ▶~薬 gargarisma. ▶~する gargarizo.
窺う　observo, speculor (*dep*), exploro, aucupor (*dep*).
伺う　(=訪れる, 訪問する) viso, visito, inviso. ▷ご機嫌伺いにお邪魔しました intravi ut viderem quid tu ageres. ⇨ 訪れる.
浮かぶ　(=水上に漂う) fluito; (=浮かび上がる) emergo. ▷老年について何か書こうと思った時, きみのことが頭に浮かんだ mihi, cum de senectute vellem aliquid scribere, tu occurebas.
浮かれる　hilaresco, hilaror (*pass*); (祭りなどで) (=騒ぎ歩く) commissor (*dep*).
ウガンダ　Uganda. ▶~(人)の Ugandensis. ▶~人 Ugandenses (*pl*).
雨期　tempus pluviae.
受け入れる　recipio, accipio. ⇨ 引き受ける.
受け継ぐ　(=引き継ぐ) succedo ⟨+*dat*⟩. ▶~こと (=継承) successio. ⇨ 継承.
受け取る　accipio, recipio, recepto. ▶~こと acceptio, receptio.
受け身　(=受動性) passivitas. ▶~の passivus.
受ける　(=こうむる, 甘受する) patior (*dep*), accipio.
動かす　moveo, ago; (激しく) commoveo, permoveo; (しきりに) moto; (=突き動かす) agito; (心を) (=決心を変えさせる) flecto.
動く　動 se movere (← moveo). — 形 mobilis. ▶動き motus. ▶動かない immobilis. ▶その場から動かない in loco maneo.
うさぎ　cuniculus.
牛　bos. ▶牡~ taurus. ▶牝~ vacca. ▶子~ vitulus. ▶牛乳.
失う　perdo, amitto. ▶~こと amissio. ⇨ 損害, 損失.
後ろ　(…の) ~に pone ⟨+*acc*⟩, post ⟨+*acc*⟩. ▶~に pone, post. ▶~へ rursum, rursus, retrorsum. ▶~向きに retro. ▷前にも~にも et ante et pone. ⇨ 背後.
臼　(=挽き臼) mola.
渦　(=特に風の, 竜巻) turbo; (=特に水の, 渦巻き) gurges; (=特に水・風・火の) vertex. ▶~巻 spira.
薄い　tenuis, gracilis; (液体や色が) (=薄められた) dilutus. ▶厚い.
薄暗い　pallidus.
ウズベキスタン　Usbekistania. ▶~(人)の Usbekistanianus. ▶~人 Usbekistaniani (*pl*).

薄める　(水で) diluo.
ウズラ　coturnix.
嘘　mendacium. ▶~つき mendax. ▶~つきの mendax, mentitus, fallax, falsus. ▶~をつく mentior (*dep*), mendacium dico. ▶~をついて (=偽って) falso.
歌　cantus, cantio, canticum, carmen. ⇨ 歌手.
歌う　cano, canto. ▷一斉に~ concino.
疑う　dubito, suspicor (*dep*), suspecto. ▶疑わしい dubius, incertus, suspiciosus, anceps. ▶疑い dubium, dubitatio, suspicio. ▶疑いもなく sine dubio. ▷(…ことを)誰か~だろうか quis dubitet quin …. ▷私は(…ことを)全く疑わない haud dubito quin …. ▷~余地がない (=確実に知っている) certo scio. ▷(…ことは)疑いない non dubium est quin …. ⇨ 疑惑, 不確か.
家　▷自分の~に ad se. ▷自分の~で domi. ▷自分の~にいる apud se domum esse (← sum).
内　▶(…の) ~に intra ⟨+*acc*⟩; (=…の中に) in ⟨+*abl*⟩; (=…の中に混じって) inter ⟨+*acc*⟩. ▶(部分) (…の) ~の ex/ e ⟨+*abl*⟩, de ⟨+*abl*⟩. ▷城壁の~に intra murum. ▷その年の~に in eo anno.
打ち明ける　(=告白する) confiteor (*dep*). ▶打ち明け話 (=告白) confessio.
打ち上げる　ad caelum extollo.
内側　(=内部) interior pars. ▶~の interior. ▶~へ introrsus. ▶~に intus. ▶(…の) ~に intra ⟨+*acc*⟩. ▷城壁の~に intra murum.
内気　▶~(なこと) pudor, verecundia. ▶~な pudens, verecundus.
打ち消す　(=否定する) nego. ▶打消し (=否定) negatio. ▶打消しの negans.
打ち解ける　(=慣れ親しむ) (…と) familiariter ago ⟨cum+*abl*⟩.
宇宙　universitas, cosmos. ▶~の spatialis, cosmicus. ▶~ステーション statio spatialis. ▶~空間 spatium cosmicum. ▶~飛行士 astronauta.
撃つ　(飛び道具等で) ferio, ico, percutio. ▷敵を~ adversarium ferio.
打つ　(=叩く) pulso, caedo, ferio; (強く) percutio; (鞭で) verbero. ▶~こと pulsus, pulsatio. ▷釘を~ (=打ち込む) clavum pango.
討つ　(=敵を攻撃する) impugno. ▷(…のために)仇を~ ulciscor ⟨+*acc*⟩.
うっかり　(=軽率に) inconsulte, incaute, imprudenter; (=不注意にも) per imprudentiam. ⇨ 軽率.
美しい　pulcher, formosus, decorus, venustus. ▶美しさ pulchritudo, amoenitas, venustas.
移す　(=場所を移動させる) ⟨loco⟩ moveo, ⟨loco⟩ commoveo, transfero, transmoveo, transmitto; (実行に) ad effectum adduco. ▶~こと motio. ⇨ 移動, 実行.
映す　▷鏡に自分の姿を~ in speculo tueor (*dep*) / se speculo videre (← video). ▷映画を(スクリーンに)~ (=映して見る) taeniam cinematographicam viso.
写す　(=模写する, 模倣する) simulo, effingo. ▶書き~ describo, transcribo. ▶写し (=模写, 模倣)

simulacrum, effigies; (=書写) transcriptio.
鬱蒼とした umbrosus.
訴え (=苦情, 不平) querela. ▶訴える (=苦情を言う) queror (*dep*). ⇨ 告訴, 苦情, 不平.
うっとうしい (=気がふさいで晴れ晴れしない) tristis; (=嫌な, 煩わしい) molestus, taedio plenus, gravis.
鬱病 melancholia. ▶〜の melancholicus.
うつ伏せ ▶〜の in ventrem pronus.
うつむく oculos in terram demitto.
移り気 mentis inconstantia. ▶〜な varius, mutabilis, ventosus.
移る (=場所を移動する) ⟨loco⟩ se movere (← moveo), locum muto; (=病気などが感染する)(…から…へ) ⟨ab alqo ad alqm⟩ mano, transilio. ⇨ 感染, 伝染.
映る reddor (*pass*). ▷姿が鏡に〜 imago a speculo redditur.
器 (=容器) vas. ▶小さな〜 vasculum. ⇨ カップ.
腕 brachium. ▶〜の brachialis.
腕時計 horologium brachiale.
腕輪 (=ブレスレット) armilla.
うとい (=知らない, 無縁な, 未熟な) ignarus, imperitus, rudis, expers, insuetus. ▷文学に〜 a litteris procul sum.
促す incito.
ウナギ anguilla.
うなずく annuo, nuto, innuo. ▶〜こと nutus, nutatio.
うなる fremo. ⇨ ほえる.
ウニ echinus.
うぬぼれ vanitas, jactatio. ▶〜た erectus.
乳母 nutrix.
奪う privo; (=奪い取る) adimo, aufero; (大切なものを) orbo; (力ずくで) extorqueo; (=取り上げる) tollo; (=強奪する) rapio, eripio, diripio.
馬 equus; (雌の) equa. ▶〜の equinus.
うまい (=甘い) dulcis; (=良い味の) jucundi saporis esse (← sum). ⇨ おいしい, 上手.
生まれ ortus, genus. ▷高貴な〜の natus nobili genere.
生まれつき naturā.
生まれる nascor (*dep*), orior (*dep*), gignor (*pass*), in lucem prodeo. ▶生まれた natus. ▷愛は目から生まれて胸に落ちる amor ex oculis oriens in pectus cadit.
海 mare; (=大海, 深い海) pontus; (=大洋) oceanus. *cf.* アドリア海 mare Hadriaticum. エーゲ海 mare Aegaeum. カスピ海 mare Caspium. 黒海 pontus Euxinus. 大西洋 oeanus Atlanticus. 地中海 mare Internum [Mediterraneum]. バルト海 fretum Balticum.
膿 pus.
生む・産む (母が子を) pario; (双子を) geminum partum edo, uno partu edo; (男が)(=父となる) gigno. ▷子供を〜 partum enitor (*dep*) / partum edo.
梅 prunum. ▶〜の木 prunus.
うめく gemo, ingemo.

埋め立てる terrae conjectu expleo.
埋める obruo, defodio; (=埋葬する) humo, sepelio.
羽毛 pluma. ▶〜でおおわれた, 〜のような plumeus.
右翼 (=保守派の人) dextrarum partium fautor (*m*) [fautrix (*f*)]. *cf.* 極右政党 factio dextra extrema.
裏 (=裏面, 裏側) aversa facies, aversum latus. ▶紙の〜 aversa charta, tergum. ▶手の〜 manus aversa. ⇨ 表.
裏返す inverto.
裏切る prodo, trado, vendo. ▶裏切り proditio. ▶裏切り者 proditor (*m*), proditrix (*f*), traditor (*m*).
占い divinatio, augurium. ▶〜師 augur. ⇨ 予言, 神託.
占う divino, auguro.
恨み (=隠された憎しみ) simultas.
恨む (…を) habeo simultatem ⟨cum+*abl*⟩.
うらやむ 動 invideo. ── 形 invidus, invidiosus. ▶うらやまれる, うらやましい invidiosus. ▷誰からもうらやまれるあなたの幸運 invidiosa omnibus fortuna tua.
売り上げ acceptum.
売る vendo; (=売りに出す) vendito. ▶売れる veneo. ▷高い値段で売れる magno veneo. ▶売り手 venditor. ▷アントニウスは王国を金で売り渡した Antonius regna addixit pecuniā ⇨ 買う.
閏年 annus bisextus.
潤す (=湿らせる) umecto, madefacio. ⇨ 湿る.
うるさい (=やかましい) strepens; (=厄介な) molestus. ▷〜音を立てる strepo.
うれしい (=…を喜ばす) juvat (*impers*)⟨+*acc*⟩; delector (*pass*), laetor (*dep*). ▷うれしく思う gaudeo. ▷うれしそうな laetus. ▷大変〜 magno gaudio affectus sum. ▷あなたの手紙を受け取り大変うれしかった epistulam tuam jucundissimam accepi. ▷私は善良な人と言われるのが〜 vir bonus dici delector. ⇨ 喜ぶ, 喜ばしい.
鱗 squama. ▷目から〜 caligo discussa est.
うろたえる (=狼狽する) conturbor (*pass*). ▶〜こと conturbatio.
うろつく erro, vagor (*dep*), obambulo.
浮気 (=不貞) infidelitas.
上着 (男子用) toga; (女性用) stola.
噂 rumor, fama. ▷(…という)〜である rumor est ⟨+*inf*⟩ / fama est ⟨+*inf*⟩. ▷〜(=知らせ)はたちまちガリア全部族に伝わる celeriter ad omnes Galliae civitates fama perfertur.
上回る (=凌駕する) supero.
運 fortuna, fors. ▶幸〜 secunda fortuna. ▶悲〜 adversa fortuna. ⇨ 運命.
運河 canalis, fossa.
うんざり ▶〜していること taedium. ▶〜な odiosus. ▶少々〜な subodiosus. ▶〜だ taedet (*impers*).
運送 subvectio. ⇨ 運搬.
運賃 vectura.
運転 ▶(自動車を)〜する vehiculum automatari-

うんてんしゅ ― エルサレム

um duco. ▶~免許 diploma vehiculo automatario ducendo.
運転手 (自動車の) autocinetistes, autoraedarius, autocineti ductor. ▶タクシー~ autocineti meritorii rector.
運動 (物体の) motus, motio; (=体育) corporis exercitatio; (=体操) palaestrica ars; (=社会的な変革) mutatio. ▶~競技 certamen athleticum. ▶芸術~ artium mutatio.
運搬 subvectio. ▶~する subveho, subvecto.
運命 fatum, sors, fortuna. ▶~の女神 Fortuna. ⇨ 運, 偶然, 幸運.

え

絵 tabula (picta), pictura. ▷戦争の~ simulacra pugnarum picta. ▷~を描く tabulas pingo. ▷(人の) ~を描く pingo ⟨alqm⟩; alcis speciem; alcis simulacrum⟩. ⇨ 画廊, 画家.
柄 (=取っ手) manubrium.
エアコン instrumentum aeri temperando.
永遠 (=永久) aeternitas, aeternum, perpetuitas, sempiternitas. ▶~の aeternus, sempiternus. ▶~に (in) aeternum, ad perpetuitatem, in sempiternum, semper, sempiterne. ⇨ 永続.
映画 (=映画フィルム) spectaculum cinematographicum. ▶~の cinematographicus. ▶~館 cinematographeum, locus ubi spectacula cinematographica eduntur. ▷カンヌ~祭 festum cinematographicum Cannesianum.
影響 momentum; (=影響力) vis, potentia, auctoritas. ▷(…において)~力がある possum ⟨+abl⟩. ▷(…に)~を及ぼす ⟨ad alqd⟩ momentum affero [habeo], valeo, ⟨alqm⟩ moveo.
英語 anglica (lingua). ▶~の anglicus. ▶~で anglice.
栄光 (=名誉, ほまれ) gloria, splendor, laus, fama. ▶小さな~ gloriola. ▶~ある gloriosus, illustris, splendidus, eximius. ▶~とともに gloriose.
エイズ syndrome comparati defectus immunitatis, syndrome immunitatis defectus acquisiti, morbus AIDS, morbus SIDA. ▶~ウイルス morbi SIDAe virus.
衛星 satelles. ▶人工~ satelles artificiosus.
衛生 (=健康の保全) curatio valetudinis. ▶~学 valetudinis sustentandae scientia.
映像 imago, simulacrum, forma.
永続 ▶~的な mansurus, perpetuus. ▶~させる perpetuo. ▶~的に perpetuo. ⇨ 永遠.
英雄 heros (m), herois (f). ⇨ 偉人.
栄誉 honestas, honor, gloria.
栄養 (=栄養(物)) alimentum, nutrimentum, alimonia, alimonium.
笑顔 subridens facies. ⇨ ほほえむ.
描く describo, effingo.
駅 (鉄道の) statio ferriviae [ferriviaria]. ⇨ 鉄道.
液化 liquefactio. ▶~する liquesco. ▶~させる liquefacio.
液晶 crystallum liquidum.
エキストラ actor taciturnus, actor silens, actor ultimas partes agens.
液体 humor, liquor. ▶~の liquidus, fluidus. ▶~となる liquesco. ⇨ 気体.
エクアドル Aequatoria. ▶~(人)の Aequatorianus. ▶~人 Aequatoriani (pl).
えぐる effodio. ▷両耳を切り落とすか目玉を一つずつえぐり取ってから家に帰してやる auribus desectis aut singulis effossis oculis domum remitto.
エゴイスト sui commodi studiosus.
エゴイズム (=自己中心主義) nimius sui amor, immoderatum sui commodi studium.
エコー resultans sonus, voces repercussae (pl). ⇨ こだま.
エコロジー (=生態学) oecologia, res oecologica.
餌 esca, cibus; (家畜の) pabulum, pastus.
エジプト Aegyptus (f). ▶~(人)の Aegyptius. ▶~人 Aegyptii (pl).
エスカレーター scalae versatiles (pl).
エストニア Estonia. ▶~(人)の Estoniensis. ▶~人 Estonienses (pl).
枝 ramus. ▶小~ ramulus. ▶~の(ある) rameus. ▶~の多い, ~分かれした ramosus.
エチオピア Aethiopia. ▶~(人)の Aethiopicus. ▶~人 Aethiopes (pl).
エチケット morum elegantia, aulica elegantia.
エックス線 Roentgeniani radii (pl). ▶~療法 roentgentherapia, curatio ope roentgenianorum radiorum.
エディター scriptis vulgandis praepositus.
エナメル (=エナメルペイント) lacca. ▶~を塗る laccā oblino, (laccā) obduro.
エネルギー energia.
絵の具 pigmentum, color.
エビ parvus cammarus.
エピソード (=挿話) narratio orationi inserta.
絵本 liber imaginibus ornatus.
獲物 (狩りの) venatio, praeda.
偉い magnus. ⇨ 偉大.
偉そうに superbe. ▶~する superbio. ▶~していること superbia.
選ぶ eligo, deligo, creo. ▶~こと electio, delectio. ▶選ばれた (えり抜きの) electus, delectus. ▷確実なものより不確実なものを~ incerta pro certis malo.
襟 colli tegmentum [tegmen].
エリート (=精鋭部隊) robur, electa hominum manus.
得る (=手に入れる) acquiro, potior (dep), mereo, mereor (dep), nanciscor (dep), comparo, paro; (努力して) assequor (dep). ▷(兵士として) 報酬を~ stipendia mereor. ▷熱心に得ようと努める peto. ⇨ 獲得.
エルサルバドル Salvatoria. ▶~(人)の Salvatorianus. ▶~人 Salvatoriani (pl).
エルサレム Hierosolyma. ▶~の人々 Hieroso-

lymitae (*pl*)
エレベーター　anabathrum, cellula scansoria, machina scansoria, pegma scansorium.
円　circulus, orbis.
縁　cognatio, vinculum. ▷詩歌に〜がない a poetice alienus. ⇨ 無縁, きずな, 関係.
宴会　(＝饗宴, 酒宴, 晩餐) symposium, convivium, cena, epulae (*pl*)
沿岸　litora (*pl*), ora.
延期　prolatio, prodictio, procrastinatio. ▶〜する differo, profero, prodico, procrastino.
演技　actio, actus. ⇨ 演じる, 俳優.
縁起　(＝前兆) omen, augurium, auspicium. ▷〜の良い auspicatus. ▷〜の悪い (＝凶兆の) ominosus. ▷〜の悪いことば male ominata verba.
援軍　auxilia (*pl*), auxiliares (*pl*). ▷彼は第 10 軍団を〜として我が軍に送った decimam legionem subsidio nostris misit. ⇨ 援助.
園芸　hortorum cultus.
演劇　(作品) fabula, drama; (ジャンル) ars scaenica. ⇨ 劇.
援護　praesidium. ▶〜する praesideo. ▷…の〜となる praesidio alci sum. ⇨ 護衛.
塩酸　muriaticum (hydrochloricum) acidum.
エンジニア　(＝技師, 技術者) doctor machinarius.
援助　auxilium, adjumentum, ops, suppetiae (*pl*). ▶〜する 動 auxilior (*dep*), adjuvo, auxilium [opem, suppetias] fero. 形 auxiliarius, auxiliaris.
炎症　inflammatio.
演じる　(役を) ago. ▷役を〜 personam gero [tracto]. ⇨ 演技, 役.
エンジン　machinamentum motorium.
遠征　expeditio, excursio. ▷〜を企てる expeditionem suscipio.
演説　oratio. ▶〜家 (＝弁論家) orator. ▶〜する orationem [contionem] habeo, verba facio. ▷彼は兵士を前に〜をした contionem apud milites habuit.
塩素　chlorium.
演奏　(楽器を) 〜する cano ⟨+*abl*⟩. ▷竪琴を〜する fidibus cano. ▷笛を〜する tibiā cano. ▷彼は声を出さずに竪琴を〜した citharā sine voce cecinit.
遠足　excursio. ▶〜する excurro.
演壇　suggestum, suggestus, rostra (*pl*).
円柱　columna.
延長　(時間の) prolatio, temporis productio; (空間・物体の) extensio. ▶〜する produco, profero.
エンドウ　pisum.
煙突　fumi ductus, fumarium.
円盤　discus. ▷空飛ぶ〜 (＝未確認飛行物体) res inexplicata volans.
鉛筆　lapis scriptorius, plumbatus stilus, graphium, plumbum, haematites. ▶〜削り scriptorii lapidis cuspidamentum, machinula haematitis cuspidandis, instrumentum cuspidarium.
遠慮　modestia, verecundia. ▶〜して verecunde. ⇨ 謙虚, 控えめ, 自制.

お

尾　(動物の) cauda; (彗星の) crinis.
甥　(＝兄弟の息子) fratris filius; (＝姉妹の息子) sororis filius.
おい　間 heus.
追いこす　praetereo, praecurro, insequor (*dep*).
追い込む　(…に) compello ⟨ad+*acc*⟩. ▷彼らは町の中に追い込まれる intra oppida compelluntur.
おいしい　suavis, sapore gratus, boni saporis esse (← sum).
追い出す　expello, exigo. ⇨ 追い払う, 追放.
追いつく　assequor (*dep*), consequor (*dep*).
追いつめる　urgeo, premo.
お暇　(＝立ち去ること) discessus. ▶〜する discedo, domum abeo. ⇨ 帰る, 去る.
追い払う　expello, discutio, dispello, pello, depello, exigo, dimoveo, ago. ⇨ 追い出す.
オイル　(＝石油) petroleum. ⇨ 油.
老いる　senesco. ▷老いた senex. ▶老い senectus. ⇨ 老年.
王　rex. ▶〜の regius. ▶〜である, 〜として支配する regno. *cf*. 女王 regina. 王位, 王権 regnum.
追う　(後を) sequor (*dep*), persequor (*dep*), subsequor (*dep*); (＝追いたてる) ago. ⇨ 追い払う.
負う　(親切や借金を) debeo; (責任を) ad se ipsum recipere (← recipio).
応援　(＝援助, 支援) auxilium, subsidium; (＝声援などによる心理的な励まし) hortatio, exhortatio. ▶〜する (＝援助する, 支援する) auxilium fero, subsidium fero; (＝鼓舞する, 励ます) hortor (*dep*), cohortor (*dep*). ▷(…を…に) 〜として送る submitto ⟨alci alqm⟩.
扇　flabellum. ▷小さな〜 flabellulum.
王宮　regia.
王国　regnum.
王子　(＝王の息子) regis filius, regulus. ⇨ 皇太子.
応じて　前 (…に) pro ⟨+*abl*⟩. ▷時と場合に〜 pro tempore et pro re. ── 接 (…に) prout. ▷状況の要請に〜 prout res postulat. ⇨ 従って.
欧州　Europa. ▶〜連合 Unio Europae. ▶〜諸国 nationes Europaeae. ▶〜議会 parlamentum Europaeum. ▶〜(人)の Europaeus. ▶〜人 Europaei (*pl*).
王女　regis filia.
応じる　(要求に) respondeo. ▷(人の) 夕食の誘いに〜 (＝誘いを受諾する) ad cenam promitto ⟨alci⟩.
応接間　exedra, salutatorium.
横断　transitus, transmissio, transmissus, trajectio, trajectus. ⇨ 渡る.
王朝　dynastia.
往復　itus et reditus. ▶〜する eo et redeo [revenio].
横暴　vis, violentia. ▶〜な violentus, vi factus, imperiosus, superbus, tyrannicus.
オウム　psittacus.

応用 (=適用, 実用, 実践) usus. ▶〜する (=適用する) adhibeo, accommodo. ▷知識と〜 scientia et usus.
横領 suppressio. ▶〜者 interceptor. ▶〜する supprimo, averto, intervertο. ▷公金を〜する pecunias e publico intercipio.
終える (…を) finio, conficio, ⟨+dat⟩ finem facio. ▷書くことを〜 finem facio scribendi. ▷病気で生涯を〜 morbo finior (pass). ⇨ 終わる.
多い (=多くの, 多数の, たくさんの) multus, amplus; (人や回数が) frequens. ▶相当多くの complures (pl). ▶そんなに〜 tantus, tot. ▶〜こと (=多さ, 多数) multitudo. ▷多くの市民たち magnus civium numerus.
おおう velo, tego, operio.
狼 lupus; (雌の) lupa. ▶〜の, 〜のような lupinus. ▷人間は人間にとって〜である homo homini lupus.
大きい magnus, amplus. ▶非常に〜 (=巨大な) ingens. ▷大きくする amplifico, amplio. ▷大きくなる cresco. ▶大きさ magnitudo, amplitudo.
大食い edax. ▶〜の edax, gulosus, vorax.
大げさ ▶〜な tumidus, tumens, inflatus, exaggeratus. ▷〜に言う exaggero (oratione [verbis]).
オーケストラ symphoniaci (pl).
オーケストレーション (=管弦楽の編曲) symphoniacorum partium conscriptio.
オーストラリア (Civitatum Foederatarum) Australia (f). ▶〜(人)の Australianus. ▶〜人 Australiani (pl).
オーストリア Austria. ▶〜(人)の Austriacus. ▶〜人 Austriaci (pl).
大勢 ▶〜の人々 magnus populus. ▷彼らは〜でやってきた facta manu venerunt.
オートバイ (=自動二輪車) birota automataria.
オードブル (=前菜) gustatorium, gustatio.
公 ▶〜の publicus, communis. ▶〜にする publico, divulgo. ▷公開, 公営.
丘 collis; (=高い土地) loca superiora (pl). ▶丸い〜 tumulus.
お陰 (=好意, 寵愛) favor, gratia. ▶(…の) 〜で ⟨+gen⟩ beneficio.
おかしい (=滑稽な) ridiculus, jocosus; (=変な, 普通でない) insolitus, inusitatus. ⇨ 笑う.
侵す・犯す・冒す (領土を) (=侵略する) invado; (神聖なものを) profano, (貞節や純潔を) stupro, (罪を) committo. ▷違反.
おかま (=女々しい男) semivir; (=稚児) cinaedus.
オカルト (=オカルティズム) occultarum rerum disciplina. ▶〜の ad res occultas pertinens.
小川 rivus, amniculus, rivulus. ⇨ 川.
沖 altum. ▶〜へ in altum. ▷〜から ex alto.
起きている (=目覚めている) 形 experrectus. ― 動 vigilo. ⇨ 起きる, 目覚める.
補う suppleo. ▶〜こと (=補足, 補充) supplementum.
お気に入り ▶〜の acceptus. ▷運の女神の〜 is quem Fortuna complexa est.
起きる (=立ち上がる) surgo, orior (dep); (=発生

する) orior (dep), accido, advenio, evenio, fio; (結果として) consequor (dep). ⇨ 目覚める.
奥 penetrale. ▶〜の penetralis, interior. ▶〜にある場所 interior pars. ▶最も〜の intimus.
置く pono, colloco. ▷下へ (=地面に) 〜 depono. ▷上に〜 superpono. ▷武器を〜 (=戦争をやめる) arma depono. ▷彼は手許に置いていた奴隷を送った servum misit quem secum habebat.
屋外 exterior pars.
憶測 (=推測) conjectura. ▶〜する (=推測する) conjecto. ▷推測.
屋内 interior pars (aedium).
おくび ructus. ▷〜を出す ructo, ructor (dep).
臆病 timiditas. ▶〜な timidus, formidolosus. ▶〜にも timide.
贈物 donum, munus. ▷新年の〜 strena. ▷〜をする dono, ⟨+dat⟩ donum do [affero], ⟨+acc⟩ munere dono.
送る (=送り出す) mitto. ▶〜こと (=発送, 派遣) missio. ⇨ 過ごす.
贈る dono. ▷(…を人に) 贈物として〜 (=与える) dono do ⟨alqd alci⟩.
遅れ (=遅延) mora, commoratio.
遅れる se tardare (← tardo), moror (dep), commoror (dep). ▶遅れて sero. ▷遅れて来る serius venio. ▷少し遅れて paulo serius. ▷かなり遅れて serius aliquanto. ▷遅れずに (=すぐに) sine mora. ▷私の時計はよく遅れます meum horologium solet retardari.
桶 cupa, solium, ligneum vas circulis cinctum; (大きな) labrum, lacus. ⇨ 樽, バケツ.
起こす (=眠りから覚ます) expergefacio, (e somno) excito [suscito]; (=立たす) erigo, suscito.
怠る neglego. ▷気をつけるべきことを怠り, 〜べきことを行なう quaedam custodienda omittit, facit omittenda.
行なう ago, facio; (習慣的に, 繰り返し) factito. ▶行なわれる fio. ▷すべてを一度に〜必要があった omnia uno tempore erant agenda. ▷その時, それはたやすく行なわれた quod tum facile fiebat.
起こる (=生じる) accido, incido; ⟨quod; ut; +inf⟩ accidit, evenit, contingit (impers). ▷(驚くべき偶然で) (…が) 起こった ⟨magno casu⟩ ⟨ut⟩ accidit. ▷(誠に都合よく) (…が) 起こった (per commode) ⟨quod⟩ accidit.
怒る (…に) ⟨+dat⟩ irascor (dep), suscenseo. ▷怒って irate, cum ira. ▷怒っている iratus.
おごる 動 (=ご馳走を用意してもてなす) apparatis epulis accipio, invito; (=ぜいたくする) luxurio, luxurior (dep). ― 形 (=思い上がった) superbus, arrogans. ⇨ 傲慢.
押さえる・抑える premo; (=捉えて放さない, 止める) retineo; (=抑制する) deprimo, compesco, freno, supprimo, coerceo; (=押さえつける) deprimo. ▷声を〜 vocem supprimo.
幼い parvus, parvulus; (=幼稚な, 未熟な) puerilis.
治める (=行政的に管理する) administro. ⇨ 支配.

伯父・叔父 （父方の）patruus; （母方の）avunculus. ▶大〜 （父方の）magnus patruus; （母方の）magnus avunculus.
教え praeceptum, institutum, doctrina, disciplina. ▷（講義等に出席し）クラティッポスの〜を聞く audio Cratippum.
教える doceo, edoceo; （＝知らせる）indico, (alqm) certiorem facio. ⇨ 知らせる.
おじけづく terreor (pass).
押し付ける apprimo; （望まないものを）（＝負わす）impono, injungo.
惜しむ （＝大切にする, 節約する）（…を）parco ⟨+ dat⟩; （人の不在などを）desidero. ▶〜こと （＝物惜しみ, 節約, けち）parsimonia. （人の不在などを）〜気持 desiderium. ▷労力を惜しまない non parco labori. ⇨ 倹約, 節約.
おしゃべり （＝饒舌）loquacitas; （くだらぬ）garrulitas. ▶〜な loquax, garrulus. ▶〜する （＝むだ話をする）blatero, garrio, fabulor (dep).
おしゃれ elegantia, nitor. ▶〜な concinnus, elegans, nitidus, tersus, urbanus.
汚職 corruptio. ⇨ 買収.
押す （＝圧力を加える）premo; （＝押しつぶす）opprimo; （＝力を加えて前進させる, 突き動かす）trudo, pello, impello.
雄 mas. ▶〜の mas, masculus, virilis. ⇨ 雌.
お世辞 blanditia. ⇨ お追従.
お節介 ▶〜を焼く se immiscere (← immisceo) negotiis alienis.
汚染 inquinatio, deterioratio, pollutio, contactus. ▶環境〜 circumjacentiorum inquinatio. 〜された inquinatus, pollutus. ▶〜する inquino, polluo.
遅い （時間が）serus; （速度や動作が）tardus, lentus. ▶遅く （時間が）sero (＝ゆっくり, のろのろと) tarde, lente. ▶夜遅く perveseperi. ▶〜こと tarditas. ▶遅くなる （＝のろくなる）tardesco. ⇨ 遅れ, 遅れる.
襲う （＝攻撃する, 襲いかかる）assulto, appeto, impeto, impugno, incesso, incido, ingruo, invado, oppugno, aggredior (dep), pertempto; （病気や害悪が）corripio. ▷私は痛風に襲われる pedum dolore corripior. ⇨ 攻撃.
おそらく fortasse, fortassis.
恐れ formido, metus, timor. ⇨ 心配.
恐れる paveo, formido, reformido, horreo, vereor (dep), metuo, timeo. ▷死は〜べきではない mors non metuenda est.
恐ろしい terribilis, terrificus, formidabilis, horribilis, horridus, horrificus.
オゾン ozonium.
お互い ⇨ 互い.
おだて blanditia, adulatio, assentatio.
おだてる blandior (dep), adulor (dep), assentor (dep).
穏やか ▶〜な placidus, lenis, tranquillus, quietus, placatus. ▶〜に tranquille. ▶〜さ lenitas. ▶〜にする lenio, placo.
落ちつき tranquillitas.

落ちつく ▶落ちつかせる sedo, tranquillo. ▶落ついた sedatus, lenis, tranquillus. ▶落ちついて sedate, tranquille. ▶（心が）落ちついている tranquillo animo sum. ⇨ 穏やか.
落ち度 ⇨ 過ち, 過失, 失敗.
落ち葉 folia decidua (pl).
お茶 茶.
落ちる cado, decido; （＝すべり落ちる）labor (dep), delabor (dep). ⇨ 落選.
お追従 adulatio, assentatio, assentatiuncula.
オックスフォード Oxonia. ▶〜の Oxoniensis.
夫 maritus, vir. ▶〜の maritalis. ⇨ 妻.
汚点 macula. ▶〜をつける maculo.
音 sonus, sonitus, sonor. ▷〜でいっぱいの （＝やかましい）sonorus, sonans. ▷〜をたてる sono.
弟 (adulescentior) frater. ⇨ 兄, 兄弟.
脅かす terreo, terrifico.
おとぎ話 fabula.
男 vir, mas. ▶〜らしさ virilitas, virtus. ▶〜の virilis, mas, masculinus, masculus.
陥れる (…を) ⟨alci⟩ insidior (dep). ⇨ わな.
お年玉 strena.
落とす demitto.
脅す minor (dep), territo. ▶〜こと （＝脅し）minae (pl). ⇨ 脅かす.
訪れる （＝訪問する）viso, visito, adeo.
一昨日 副 nudius tertius.
大人 pubes. ▶〜の adultus, pubes. ⇨ 成人.
おとなしい ⇨ 穏やか.
おとり illex.
劣る （…より）形 inferior. ── 動 cedo. ⇨ まさる.
踊る salto, salio. ▷踊りを〜 saltationem salto. ▶踊り saltatio.
衰える deficio, languesco, relanguesco. ⇨ 衰弱.
驚かす terrifico, pavefacio, terreo, perterreo.
驚く （＝あきれる, 驚嘆する, 不思議がる）miror (dep), admiror; （＝見て驚く）stupeo; （＝怖がる）terreor (pass), paveo. ▶〜べき mirus, admirabilis. ▶驚き （＝驚嘆の念）admiratio.
お腹 ⇨ 腹.
同じ idem; （＝等しい）par, aequus, aequalis. ▶〜く, 〜ように itidem, item. ⇨ 一つ, 等しい.
尾根 （山の）(montis) jugum.
お願い ▷（どうか）〜します （＝願わくは, お願いですから）quaeso.
おのおの 代 quisque, unusquisque, singuli. ── 副 singillatim. ▶〜の privus.
伯母・叔母 （父方の）（＝父の姉妹）amita, patris soror; （母方の）matertera. ▶大〜 （父方の）amita magna; （母方の）magna matertera.
おはよう こんにちは, 挨拶.
帯 balteus; （女性の）cingulum, zona; （男性の）cinctus. ▶〜を締める cingor (pass), se zonā circumdare (← circumdo).
おびえる paveo, pavesco.
汚物 fimus, fimum, merda. ⇨ 排泄物, ごみ.
オペラ drama musicum.

覚書　libellus, comentarii (pl), memoria.
覚えている　(＝記憶している)動 memini. ——形 memor.
覚える　(＝学んで知る) disco; (＝記憶する) edisco.
溺れる　(＝溺死する) in aqua pereo, in aqua vitam amitto; (＝水中で窒息・気絶する) se aquā exanimare (← exanimo). ▷川で溺れ死ぬ in flumine pereo.
オマーン　Oman (n). ▶〜(人)の Omanianus. ▶〜人 Omaniani (pl).
おめでとう　▷ご成功〜 gratulor felicitati tuae. ▷新年〜 annum novum faustum felicitem / num novum faustum tibi precor / omnia bona tibi precor in proximum annum.
重い　(＝重量が大きい) gravis, ponderosus; (病気が) gravis, periculosus; (罪や罰が) magnus. ▶重さ gravitas, pondus.
思い込み　opinio.
思い出す　reminiscor (dep), recordor (dep). ▶思い出させる memoro, moneo, admoneo.
思い出　(＝記憶, 回想) memoria, reminiscentia, recordatio.
思いとどまる　supersedeo.
思う　cogito, arbitror (dep), puto, censeo, reor (dep), habeo, opinor (dep), autumo, credo. ▶(…と) 思われる (＝…のようだ) videtur ⟨+inf⟩, creditur ⟨+inf⟩. ⇨期待, 恐れる, みなす.
重苦しい　gravis.
重さ　⇨重い.
おもしろい　形 jucundus, suavis. ——動 delectat.
おもちゃ　(子供の) ludibrium, puerile ludicrum, oblectamentum puerorum.
表　(＝外) exterior pars; (＝前面) frons. ▶〜(＝外で) foris, sub divo. ▶〜に (＝外へ) foras, sub divum. ⇨裏.
主な　(＝主要な) praecipuus, potissimus, principalis. ▶主に (＝主として) potissimum, imprimis, maxime, principaliter, praecipue.
重荷　onus, sarcina, pondus. ▷〜から解放する exonero.
おもり　pondus.
思わず　(＝うっかり, 軽率にも) imprudenter.
親　(＝父, 母) parens. ▶〜の parentalis. cf. 両親 parentes (pl). 父親 pater. 母親 mater.
お休み　▷〜なさい sit tibi fausta nox / bene valeas et quiescas.
親指　pollex. ⇨指.
泳ぐ　no, nato; (＝泳ぎ渡る) transno, transnato. ▶〜こと (＝水泳) natatio.
およそ　前 (＝ほぼ…) ad ⟨+acc⟩. ▷その数〜12 の numero ad duodecim. ——副 fere, circiter. ▷〜15 日 diebus circiter quindecim. ⇨ほとんど.
オランダ　Nederlandia, Batavia. ▶〜(人)の Nederlandiensis, Batavus. ▶〜人 Nederlandienses (pl), Batavi (pl).
折　(＝機会) occasio.
檻　saeptum, cavea. ▷〜に閉じ込める in caveam includo.

オリーブオイル　oleum ex olivis pressum.
折りたたむ　⇨たたむ.
織物　textum, textile.
下りる・降りる　descendo; (＝飛び降りる) desilio. ▶〜こと (＝下降) descensio, descensus.
オリンピック　(＝オリンピック競技会) Olympia (pl), Ludi Olympici (pl). ▶冬季〜 Olympia hiemalia [hiberna] (pl). ▶〜の Olympiacus, Olympicus. ▶〜の勝者 Olympionices.
織る　texo.
折る　(＝曲げて壊す) frango. ▶骨を〜 (＝努力する) laboro, operor (dep), operam do. ▶骨を折って (＝努力して) operose.
オルゴール　capsella sonora.
愚か　▶〜な stultus, insipiens. ▶〜さ stultitia, insipientia. ▶〜にも stulte, insipienter.
お詫び　⇨謝罪, わびる.
終わり　(＝終末) finis, exitus, exodium.
終わる　finem habeo [capio], exitum habeo. ⇨終える.
音楽　musica. ▶〜家 musicus. ▶〜の musicus, symphoniacus.
恩恵　beneficium. ▷(…から) 多くの〜をこうむる ⟨ab+abl⟩ multa beneficia accipio.
温情　(＝情け深さ) benevolentia, benignitas. ⇨情け深い, 温かい.
温泉　▶〜(場) thermae (pl).
恩寵　gratia.
温度　caloris gradus. ▶〜計 thermometrum. ⇨気温.
女　femina, mulier. ▶〜の femineus, muliebris. ▶〜らしく muliebriter.
音波　(＝音の波, 可聴な波) unda sonora, unda audibilis, unda acustica.
オンライン　▶〜の (＝入出力装置がコンピュータ本体に直接接続されている) directe colligatus.
温和　lenitas, temperatio. ▶〜な (気候が) mitis, temperatus; (人柄が) (＝優しい) placidus, mansuetus, clemens.

か

蚊　culex.
か　(疑問を表わす) (肯定の答えも否定の答えも予期しない場合) -ne; (否定の答えを予期する場合) num; (肯定の答えを予期する場合) nonne. (同様の事柄を列挙して) (＝あるいは) … vel …. ▶〜かどうか necne. ▶…かそれとも…か utrum … an …, -ne … an …, -ne … -ne …. ▶(従属節で) …かどうか si, num. ▷彼女は美しいか estne formosa? ▷疑いがあるのか num dubium est? ▷きみは覚えていないのか nonne meministi? ⇨あるいは.
ガーゼ　(＝薄い綿布) nebula linea.
カーテン　velum, aulaeum. ⇨幕.
カード　charta, chartula. ▶クレジット〜 charta creditoria.
カーブ　sinus, flexus. ⇨曲がりくねった.

会 (=集会) conventus, concilium. ⇨ 集会.
回 副 ▷何~ quoties; 1~ semel; 2~ bis; 3~ ter; 4~ quater: 5~ quinquies; 6~ sexies; 7~ septies; 8~ oct:es; 9~ novies; 10~ decies; 20~ vicies, 21~ vicies semel, semel et vicies; 22~ vicies bis; 30~ tricies, 100~ centies; 1000~ millies. ▷1~だけ semel modo. ▷年に1~ semel in anno. ▷一日に2~ bis in die. ▷もう1~ rursum, rursus.
階 (建物の) tabulatum, tabulatio.
貝 conchylium, concha.
櫂 remus. ⇨ こく.
害 ▶~する 動 noceo, laedo, damno, offendo. 形 (=有害な) nocens, noxius, injuriosus, damnosus. ⇨ 損害.
会員 (宗教団体や社交団体の) sodalis; (=仲間) socius, consocius.
絵画 ⇨ 絵.
海外 ⇨ 外国.
改革 (=改正) correctio, emendatio. ▶~者 (=改正者) corrector, emdendator. ⇨ 改正.
快感 (=心地よさ) suavitas; (肉体的な) (=快楽) (corporis) voluptas, voluptates (pl).
海岸 litus, ora (maritima).
会議 concilium, consessus, consilium. ▶国際~ conventus internationalis. ▷~の席に着く consido. ▷~を行なう concilium habeo, conventum ago, conventum habeo. ▷~を招集する concilium voco. ▷~を解散する concilium dimitto. ▷彼が仲間を~に召集する suos ad concilium convocat.
階級 (社会的な) classis; (=官僚や軍人の位階) gradus, ordo. ▷~闘争 dimicatio alterius ordinis in alterum. ▷位.
海峡 fretum, (maris) angustiae (pl). ▶~の fretensis.
街区 (regio の下位区分) vicus.
会計 rationes (dep), ratiocinium; (=収支計算) ratio acceptorum et datorum. ▶~士, ~係 ratiocinator (m), dispensator (m). ▶公認~士 ratiocinator re publica affirmatus. ⇨ 計算.
解決 explicatio, expeditio, solutio. ▶~する explico, expedio, dissolvo, decerno, solvo.
会見 congressio, congressus. ▶~する congredior (dep). ⇨ 会談.
解雇 (=免職, 解職) dimissio. ▶~する mitto, dimitto. ⇨ 退職.
蚕 bombyx. ▶~の bombycinus.
外交 res diplomatica, legationum obeundarum disciplina [ars, prudentia]. ▶~の, ~的な diplomaticus. ▶~官 (=使節) legatus.
外国 externi populi (pl), exterae gentes (pl). ▶~の externus, peregrinus, alienus. ▶~に[で], ~へ[から] peregre.
外国人 peregrinus (homo), advena, alienigena. ▶~の peregrinus, alienigenus, externus, alienus.
開催 celebratio. ▶~する celebro, habeo, ago. ⇨ 催し.
解雇 ▶~する dimitto.

海産物 ea quae gignuntur e mari.
開始 ▶~する (=始める) incoho, incipio.
会社 societas, sodalitas, societas opibus capitalibus innixa. ▶株式~ societas collocatae pecuniae, consociatio anonyma, inceptum oeconomicum consociatum. ▶有限~ societas sponsionis limitae. ⇨ 企業.
解釈 interpretatio, explanatio. ▶~者 interpres. ▶~する interpretor (dep), explano. ⇨ 説明.
回収 ▶~する recolligo, recipero.
怪獣 ⇨ 怪物.
外出 ▶~する domo egredior (dep) [exeo], foras exeo.
解除 absolutio. ▶~する solvo. ▷町の包囲が~されて soluta urbis obsidione.
解消 ▶~する solvo, dissolvo.
会場 locus conveniendi, locus quo conveniunt.
海水 (=海の水) aqua marina, aqua maris.
海水浴 ▶~をする (=海で水浴する) in mari lavo, in mari lavor (pass); (=海で泳ぐ) in mari nato.
改正 correctio. ▶~者 corrector. ▶~する corrigo.
解説 interpretatio. ▶~する interpretor (dep). ⇨ 注釈.
改善 correctio, emendatio. ▶~する corrigo, ⟨alqd⟩ meliorem facio [reddo].
海藻 alga.
改造 ▶~する reficio, immuto.
海賊 pirata, praedo. ▶~行為 piratica, latrocinium maritimum. ▶~の piraticus. ▷~行為を働く latrocinor (dep).
解体 dissolutio. ▶~する dissolvo, solvo. ⇨ 解剖, 分解.
開拓者 (=先駆者, パイオニア) praecursor, procursor, antecursor.
会談 (=対話, 会話) colloquium, collocutio. ▶~する colloquor (dep), colloquium habeo. ▶首脳~ (=サミット) summi gradus conventus, summarum auctoritatum congressio. ⇨ 会見.
階段 scalae (pl); (=階段の段) gradus. ▶螺旋~ scalae cochleatae (pl).
改築 ▶~する reficio. ▷私はケレス神殿をよりりっぱにより大きく~しなければならない reficienda est mihi aedes Cereris in melius et in majus.
海底 fundus maris. ⇨ 底.
快適 jucunditas. ▶~な jucundus, commodus. ▶~に commode.
回転 conversio, rotatio. ▶~させる converto, roto, torqueo. ▷地球が~する terra circum axem se torquet. ⇨ 回す, 回る, 転ずる.
ガイド (=案内人) dux, perductor. ⇨ 案内.
解答 responsum. ⇨ 解決.
回答 responsum. ▶~する respondeo. ⇨ 答え, 返答.
街道 via. ▷アッピア~ Via Appia.
外套 (男性用の) pallium; (女性用の) palla.
該当 ▶(…に)~する (=当てはまる) ⟨ad+acc⟩ attineo, pertineo.

ガイドブック (＝旅行案内書) itinerarium, hodoeporicum, libellus itineri explanando.
介入 interventus. ▶～する intervenio, se interponere (← interpono). ⇨ 干渉.
概念 conceptio, conceptus, imago, notio, notitia.
回復 (健康や元気の) refectio, recreatio; (身分や地位の) restitutio; (＝取り戻すこと) recuperatio. ▶～させる restituo, reficio, recreo. ▶～する (＝もとの状態に戻る) se recipere (← recipio); (病気から) se reficere (← reficio). ▷～に向かっている inclino ad sanitatem. ▷私は～しました melius mihi est factum.
怪物 monstrum, prodigium, corpus prodigiosum, belua; (海の) cetus.
介抱 cura, curatio. ▶～する curo, valetudini consulo.
解放 liberatio, solutio. ▶～者 liberator. ▶～する libero, solvo, (in libertatem) vindico. ⇨ 自由.
解剖 ▶～する corpora mortuum incido.
解放運動 a potestate liberatio, ab auctoritate vindicatio.
外務 ▶～大臣 administer exteris rebus praepositus, administer exteris negotiis praepositus, minister a rebus exteris. ▶～省 sedes administri exteris negotiis praepositi.
海面 (maris) aequor.
買い物 emptio. ▷よい～をする (＝安く買う) emo bene. ▷悪い～をする (＝高く買う) emo male. ▷～に行く eo ad emendum. ⇨ 買う.
改良 emendatio, correctio. ▶～する emendo, corrigo, (alqd) meliorem facio.
会話 (＝対話) collocutio, colloquium, sermo. ▶～する colloquor (dep); (…と) sermonem habeo ⟨cum alqo⟩. ▷日常～で in sermone cottidiano. ⇨ 話し合う.
飼う (＝飼育する) alo, pasco, educo; (ペットなどを) habeo.
買う emo, mercor (dep). ▶買い集める coemo. ▶買い戻す redimo.
返す reddo, restituo; (人に金を) (alci) pecuniam remunero.
かえって (＝逆に) contra, ex contrario. ⇨ それどころか, むしろ.
蛙 rana.
帰る・返る redeo, regredior (dep), revertor (dep), revenio. ▶～こと reditus, regressio, reversio, recessus. ▷家に～ domum me recipio / domum me confero / domum revertor (dep) / domum repeto.
変える muto, commuto, moveo, converto, immuto; (決心・習慣・進路を) inflector (pass), flector (pass). ⇨ 変化.
換える ⇨ 交換.
孵る ex ovo orior (dep). ⇨ 孵化.
顔 facies, vultus, os, frons.
顔色 color, facies. ▶～の悪い pallidus.
顔つき (＝顔の特徴) oris lineamenta (pl).

香り odor. ▶～のある odoratus, odorus. ▶良い～がする bene oleo.
画家 pictor. ⇨ 絵.
価格 pretium. ▷～の暴落 ruina pretiorum.
化学 chemia, chimia. ▶物理～ chemica-physica, chimica-physica. ▶～者 chemicus, chimicus.
科学 (＝自然科学) scientia naturalis; (＝知識) scientia, doctrina. ▶(自然)～者 doctus physicus.
掛かっている (＝ぶら下がっている) pendeo; (＝次第である) (…に) ⟨in re⟩ consto.
かかと calx.
鏡 speculum. ▶～の specularis.
輝き splendor, nitor, fulgor. ⇨ 光.
輝く (明るく) 動 fulgeo, luceo, splendeo, niteo, candeo, ― 形 fulgens, splendidus, clarus, candidus, nitidus. ▶輝き出す, 輝き始める lucesco, splendesco, nitesco.
かかる (時間が) (＝必要である) (tempores) opus est ⟨ad alqd⟩; (費用が) consto.
かかる(罹る) (病気に) (morbum) nanciscor (dep); (はやり病に) (pestilentiam) contraho.
かかわらず ▶それにも～ tamen, sed tamen, verum tamen.
関わる・係る (＝関係する) (…に) pertineo ⟨ad+acc⟩, attineo ⟨ad+acc⟩. ⇨ 関係.
牡蠣 ostrea.
鍵 (戸の) clavis; (小さな) clavicula.
限り ▶…である[の]～ (＝ずっと…) (tam diu …) dum ⟨+ind⟩. ▶…しない[でない]～ (＝もし…でなければ) nisi …. ▶(…に) 関する～は quantum attinet ⟨ad+acc⟩. ▷私の聞いている～では quantum audio. ▷私の知る～ quantum scio
限る (＝限界を定める, 制限する, 限定する) finio, termino, definio, determino. ⇨ 制限.
各 ⇨ おのおの.
核 nucleus. ▶～の (＝原子核の) atomicus. ⇨ 原子.
角 ⇨ 角度.
欠く (…を) ⟨re⟩ careo.
書く・描く scribo, exaro; (絵を) pingo. ▶書き写す describo, transcribo. ▶書き加える ascribo.
掻く scabo, scalpo, rado. ⇨ こする, 削る.
家具 supellex.
かぐ (匂いを) odoror (dep).
額 (＝金額) pecunia. ▶総～ summa. ⇨ 額縁.
架空 ▶～の fictus, commenticius.
格言 ⇨ 諺.
覚悟 ▶～した paratus. ▷彼らはあらゆることに耐える～をして働いた omnia perpeti parati laborabant.
各自 代 (＝おのおの, それぞれ) quisque, unusquisque, singuli (pl).
学識 doctrina, eruditio, scientia. ▶～のある doctus, eruditus. ⇨ 知識.
確実 ▶～な (＝確かな) certus, exploratus. ▶～に (＝確かに) certo, explorate. ▶不～な dubius, incertus.
学習 ▶～する disco.
確信 fides, fidentia. ▶～している 形 fidens. 動 haud dubito quin ⟨+subj⟩, pro certo habeo. ▶～

する confido ⟨+*inf*⟩. ▶～して,～をもって fidenter.
隠す abdo, abscondo, occulto, tego, operio; (正体・本心を) dissimulo. ▶～こと occultatio.
学生 scholaris, scholasticus; (文学の; 法学の; 医学の) studiosi (artium; juris; medicinae). ⇨ 生徒.
拡大 ▶～する (=広げる) dilato, extendo, amplio.
確定 ▶～する finio, constituo, decerno. ⇨ 決定, 定める, 決める.
角度 angulus.
格闘 luctatio. ▶～者 luctator. ▶～する luctor (*dep*), pugno.
獲得 ▶～する adipiscor (*dep*), potior (*dep*), obtineo, impetro, fero, consequor (*dep*). ⇨ 得る.
確認 confirmatio, affirmatio, approbatio. ▶～する confirmo, affirmo.
額縁 forma. ▷(絵を)～に入れる (picturam) in forma includo. ▷木の～に入れる ligneis formis includo.
核兵器 apparatus atomicus, arma atomica, arma nuclearia. ▶～禁止 atomicorum armamentorum interdictio. ▶～廃絶 atomicorum armamentorum amotio. *cf.* 核軍縮協議 consilium arma atomica contrahendi. 核軍縮協定 pactum arma atomica non propagandi.
革命 (政体の) res novae (*pl*); (=政体の変化) rei publicae commutatio. ▷～を企てる novis rebus studeo, novas res molior (*dep*). ▷～を起こす seditionem moveo.
学問 (=知識の体系) doctrina, scientia, disciplina. ⇨ 勉強.
隠れる se occultare (← occulto), se abdere (← abdo), lateo, delitesco. ▶隠れている lateo. ▶隠れて occulte, furtim.
賭け ▶～をする sponsionem facio, pignore contendo, pignore certo; (人と) pignus pono ⟨cum alqo⟩. ▶～金 pignus.
陰 umbra. ▷～の多い umbrosus.
崖 locus praeceps; (=断崖, 絶壁) rupes, scopulus.
過激 ▶～な (=行動や考えが極端な) extremus, immoderatus, immodicus. ▷過激派グループ grex extremistarum.
駆けつける accurro. ⇨ 急ぐ.
掛ける・架ける (鉤などに) (=つるす) suspendo; (壁などに) (=釘で固定する) figo; (布団や布を) (=かぶせる) tego, velo; (海峡に橋を) (freto pontem) impono; (川に橋を) (pontem in flumine) facio; (=か け算をする) multiplico. *cf.* 2×2 bis bini (*pl*). 7×4 quater septini (*pl*). 50×3 quinquaginta ter multiplicati (*pl*).
欠ける (皿などが) (=割れる) frangor (*pass*). ▶欠けている (=足りない) desum, absum.
賭ける ⇨ 賭け.
過去 (tempus) praeteritum. ▶～の praeteritus. ⇨ 昔.
かご sporta, corbis, fiscus, canistrum, quasillum, qualus, scirpiculus, calathus.
加工 confectio, fabricatio. ▶～する fingo, figuro, fabrico, conficio.
河口 ostium.
囲う (=囲いを巡らす) saepio, consaepio. ▶囲い saeptum, consaeptum, saepes. ▷囲いのある場所 locus saeptus.
過酷 ▶～な durissimus (← durus), asperrimus (← asper), amarissimus (← amarus), acerbissimus (← acerbus); (=冷酷な, 残忍な, 無慈悲な) saevus, crudelis, acer, ferus, inhumanus.
囲む circumdo, cingo, amplector (*dep*), ambio. ▶包囲.
傘 (=雨傘) umbella pluvialis. ▶日～ umbella.
火災 incendium.
重なる (=ある物の上にある物が乗る) superponor (*pass*). ▷災いに災いが～ (=続けざまに生じる) damna damnis continuantur.
重ねる superpono; (=積み重ねる) cumulo, accumulo, acervo, aggero. ▷罪に罪を～ scelere scelus cumulo. ▷殺人に殺人を～ caede caedem accumulo.
カザフスタン Cazastania. ▶～(人)の Cazastanianus. ▶～人 Cazastaniani (*pl*).
飾る orno, exorno, decoro, excolo. ⇨ 装飾.
火山 mons ignibus aeternis ardens, mons ignivomus. ▷～が噴火する mons ignivomus erumpit.
菓子 placenta, crustum, tragemata (*pl*), cuppediae (*pl*); (お供えやお祝い用の) libum. ▶～屋 pistor (*m*), pistrix (*f*), cuppedinarius.
家事 rerum domesticarum cura, domestica negotia (*pl*).
火事 ⇨ 火災.
舵 gubernaculum. ▶～を取る guberno. ▶～を取る人 gubernator. ▶～を取ること gubernatio.
賢い [形] sapiens. — [動] sapio. ▶賢さ sapientia. ▶賢く sapienter.
過失 culpa, delictum, peccatum, vitium, error. ▷～を犯す culpam committo.
呵責 ▶良心の～ conscientiae angor [sollicitudo].
歌手 cantor (*m*), cantrix (*f*), cantator (*m*), cantatrix (*f*).
果樹 pomifer [frugifer] arbor. ▶～園 pomarium. ▶～の pomarius.
果汁 sucus.
過剰 (=過多) (magna) abundantia, superabundantia, nimietas, nimium. ▶～な nimius, superabundans. ▶～に nimis, superabundanter, nimium. ▷(…が)～である ⟨+*gen*⟩ est nimium, superabundo. ⇨ 過度.
かじる rodo, erodo.
かす faex, faecula.
貸す (物を) commodo; (金を) pecuniam credo; (利子を取って金を) faenero, faeneror (*dep*), pecuniam faenori do. ▷14000 セステルティウスを～ sestertia quattuordecim mutua do. ▷手を～ manum commodo, manum affero. *cf.* 貸手 (=債権者) creditor.
数 numerus. ⇨ 数(す̵); 付録 II §33.

ガス　(=気体) gasium, aeriformis [vaporalis] substantia. ⇨ 気体.

かすか　▷〜な光 obscura lux. ▷〜な明かり lumen tenuissimum. ▷〜な色 color hebes. ▷〜な匂い odor dilutus.

風　ventus, spiritus. ▶北〜 aquilo, boreas. ▶南〜 auster, notus. ▶東〜 eurus. ▶西〜 zephyrus.

風邪　(=鼻風邪) gravedo, destillatio narium. ▶〜をひいている gravedinosus.

化石　fossile. ▷恐竜の〜 fossile dinosauri.

稼ぐ　(=働いて金を得る) mereor (dep), demereo.

カセット　(=音楽カセット) capsella magnetophonica musica. ▶ビデオ〜 capsella magnetoscopica. ▶〜レコーダー instrumentum taeniolarum hauritorium.

仮装　permutatus habitus. ▶〜する se cultu [habitu, veste] dissimulare (← dissimulo). ▷女に〜した男 vir muliebri vestitu. ⇨ 変装, 仮面.

数えきれない　innumerabilis.

数える　numero, dinumero, computo. ▶数え上げる enumero.

加速　acceleratio. ▶〜する (=…の速度を速める) accelero.

家族　familia. ▶〜の familiaris. ⇨ 家.

ガソリン　benzinium, autocinetorum alimentum.

型　(=鋳型) forma. ⇨ 模型, 模範.

肩　umerus; (両方の) umeri (pl).

固い　durus, rigidus; (頭が) (=頑固な) pertinax, obstinatus. ▶固くする duro, induro. ▶固くなる duresco, induresco.

肩書　appellatio, titulus. ⇨ 称号.

堅苦しい　inaniter [putide] urbanus, nimis officiosus. ▶堅苦しさ frigida [putida] urbanitas, nimia formulae observantia, nimia officiositas.

片隅　angulus; (=へんぴな場所) locus remotus.

形　forma, figura, conformatio; (表面に現われた) facies. ⇨ 形成.

片づける　(=整理する) ordino, dispono; (=終わらせる) conficio; (=取り除く) interimo; (=滅ぼす) interficio.

カタツムリ　cochlea.

刀　(=刀剣) gladius, ensis. ▶小さな〜 (=短剣) gladiolus, ensiculus, pugio. ⇨ ナイフ, 包丁.

塊　(ぎっしりつまった) massa; (大きな) moles.

固まる　duresco; (=一か所に集まる, 凝集する) cohaereo, cohaeresco.

傾く　inclinor (pass), vergo.

固める　duro, confirmo.

語る　narro, memoro. ▶語り (=物語) narratio. ▶語り手 narrator.

カタログ　catalogus, repertorium.

価値　(物の) pretium. ▶〜がある (=尊敬に値する) dignus; (=高価な) pretiosus. ⇨ 値段, 値する.

家畜　(=山羊・羊・豚等の小家畜) (一頭の) pecus, (群れ) pecus; (=牛等の大家畜) armentum; (=役獣) jumentum. ▶〜の pecuarius.

勝つ　vinco, supero. ▶勝つこと victoria. ▶勝ち誇る triumpho. ⇨ 勝利.

がっかり　▶〜する animo deficio.

活気　(=元気, 活発) vigor, alacritas. ▶〜がある vigeo. ▶〜ある vivax, alacer; (町などが) (=にぎやかな) celeber. ⇨ 元気, にぎやか.

学期　(6か月からなる) semestre (spatium); (3か月からなる) trimestre (spatium).

楽器　organum, instrumentum musicum.

かつぐ　umeris sustineo. ▶かついで運ぶ umeris transveho, bajulo. ⇨ 背負う, だます.

確固　(=不動, 堅固, 強固) firmitas. ▶〜たる firmus.

格好　(=身体の美しさ) forma; (=身なり) vestitus. ▶〜の良い [悪い] (=美しい [不細工な] formosus [informis]; (身なりが) bene [male] vestitus.

学校　schola, ludus. ▶〜の scholaris. ▶〜風に scholastice. ▷私立の〜 schola privata. ▷公立の〜 schola publica. ▷市立の〜 schola municipalis. cf. 小学校 ludus litterarum.

合唱　concentus. ▶〜団 chorus. ▶〜する concino.

かつて　quondam.

勝手　▶〜な libidinosus. ▶〜に sponte, libidinose.

活動　actio, agitatio. ▶〜的な actuosus.

活発　strenuitas, alacritas, vivacitas. ▶〜な strenuus, vivus, industrius, alacer. ▶〜に strenue, vivaciter, alacriter, vehementer.

カップ　(=飲むための杯) poculum; (小さな) pocillum; (大型で取っ手の付いた酒盃) calix; (大きな) cantharus.

活躍　▶〜している actuosus.

活用　(動詞の) conjugatio. ⇨ 使用, 利用.

仮定　hypothesis. ▶〜する (=単に憶測に基づく考え) rationes ea quae ex (mera) conjectura pendent. ▶〜に基づく hypotheticus. ▷そう〜すると quo posito.

家庭　domus. ▶〜の domesticus. ⇨ 家族.

家庭教師　paedagogus.

家電　(=家庭用電気製品) electrica domus utensilia (pl).

過度　nimium, intemperantia, immodestia, intemperies. ▶〜の nimius, intemperans, intemperatus, immodestus, immoderatus. ▶〜に extra modum, nimis, nimium, intemperanter, immodice.

角　angulus. cf. 三つ角 (=三叉路) trivium. 四つ角 compitum, quadrivium.

悲しい　tristis, maestus. ▶非常に〜 pertristis. ▶悲しみ (=悲哀) tristitia, maestitia, maeror. ▶(…を) 悲しむ ⟨+acc; +inf⟩ maereo, lugeo, doleo. ⇨ 寂しい, 嘆く.

カナダ　Canada. ▶〜(人)の Canadensis. ▶〜人 Canadenses.

必ず　(=疑いなく) certe, certo, non dubie; (=必然的に) necessario, necessarie. ▷〜…だ (=不可避的に) necesse est ⟨+inf; +subj⟩, necessarium est ⟨+inf⟩. ▷〜しも…ない (=いつも…であるとは限らない) non semper.

かなり　satis, aliquam, aliquantum. ▶〜の ali-

quantus. ▷〜の数量 aliquantum. ▷彼は〜後になってから立ち上がった post aliquanto surrexit. ⇨ 十分.

蟹 cancer. ▶〜座 cancer.

加入 ▶(…に)〜する ⟨+dat; ad+acc⟩ se adjungere (← adjungo). ⇨ 参加.

金 (=金銭) pecunia, aes, nummi (pl). ▶〜に関する pecuniarius. ▷利息を取って〜を貸す faenero, faeneror (dep). ⇨ 金貸し, 金持ち, 現金.

鐘 campana. ▶〜の音 campanae vox. ▷夜の〜が鳴る sonat aes nocturnum. ⇨ ベル.

金貸し (職業) faeneratio; (人) faenerator.

金持ち ▶〜の (=裕福な) dives, pecuniosus, locuples; (特に目立って) praedives. ⇨ 豊かな, 貧しい.

化膿 suppuratio. ▶〜する suppuro.

可能 ▶〜な qui fieri potest, possibilis. ▶〜性 possibilitas. ▷(…に)〜する, 〜性がある fieri potest (ut +subj). ⇨ できる, ありうる.

彼女 ea (is の女性形), illa (ille の女性形), haec (hic の女性形). ▶〜の ejus. ▶〜らの earum. ▶(再帰的に) 〜(ら)の(=自分の) suus. ⇨ 彼.

カバ hippopotamus.

カバー (=おおい) tegimen, tegimentum.

かばう protego. ⇨ 守る, 防ぐ.

鞄 (=袋) saccus, folliculus; (旅行用の) mantica.

過半数 major pars, maxima pars. ⇨ 大半.

かび mucor.

花瓶 (=株券) vasculum.

株 (=株券) collocatae pecuniae syngrapha, collatae pecuniae syngrapha. ▶〜主 (=共同出資者) sodales consociati (pl).

家父長 pater familias.

兜 (金属製の) cassis; (革の) galea. ▶〜をかぶった galeatus. ▷〜を着ける galeam induo.

かぶる (…に) ⟨re⟩ se tegere (← tego), ⟨re⟩ se contegere (← contego), ⟨alqd⟩ induo. ▷兜を〜 galeam induo. ▶(マスクを)かぶった (personā) indutus. ▷マスクを〜 capite suo personam induere (← induo). ▷ベールをかぶった velo amictus. ⇨ 脱ぐ, 着る.

花粉 fecundus pulvis.

壁 paries, maceria. cf. 外壁, 城壁 murus.

貨幣 nummus, nomisma, argentum, aes. cf. 金貨 aurum, aureus (nummus). 銀貨 argentum (signatum). 銅貨 aes (signatum), aereus (nummus). 紙幣 (=銀行券) charta nummaria, argentarii [nummularii] scidula, nummus chartaceus, pecunia chartacea, scidula nummaria.

かまう (=世話する) curo. ⇨ 世話.

我慢 patientia. ▶〜する patior (dep), perpetior (dep), sustineo, duro, perduro, fero, perfero. ⇨ 根気, 忍耐.

紙 charta. ▶〜の chartaceus.

神 deus. ▶〜の(ごとき) divus. cf. 女神 dea.

髪 capillus, crinis. ▶〜型 genus capillorum ornatus. ▶〜の, 〜に関する crinalis. ▶〜の生えた, 〜におおわれた crinitus.

剃刀 novacula, tonsorius culter [cultellus].

かみつく mordeo.

雷 fulmen; (=雷光, 稲妻) fulgur; (=雷鳴) tonitrus. ▷〜が鳴る tonat (impers).

かむ mando. ▶蚤が〜 pulex mordet. ▷蛇にかまれる a serpente ferior (pass).

亀 testudo.

加盟 (自分の味方に) 〜させる ⟨sibi⟩ adjungere (← adjungo). ▶〜する adjungor (pass).

カメラ machina photographica. ▶〜マン photographus.

仮面 persona, larva. ▶〜を付けた personatus, larvatus. ⇨ マスク.

鴨 anas; (子鴨) anaticula.

かもしれない nescio [haud scio, dubito, incertum est] an ⟨+subj⟩.

火薬 pulvis pyrius.

かゆい 動 prurio. ▶かゆみ prurigo.

通う frequento.

殻 (=貝殻) concha, testa.

空 (=空虚, 空の状態) vacuum, vacuitas. ▶〜の vacuus, inanis. ▶〜にする vacuefacio, evacuo, inanio. ▶〜である vaco.

から¹ ▶なぜなら(…だ)〜 quod ⟨+ind⟩, quia ⟨+ind⟩. ▷(quia+subj は主観的理由) それが快楽で〜(と思って)快楽を避ける者はいない, (そうではなく, 実際に)その後さらに苦しみが続く(=快楽を避けるの)である nemo ipsam voluptatem, quia voluptas sit, fugit, sed quia consequuntur magis dolores. ▷(…だ)〜ではなく(…だ)〜 non quo ⟨+subj⟩, sed quod ⟨+subj⟩. ▷なぜから, なので.

から² a/ ab ⟨+abl⟩, e/ ex ⟨+abl⟩, de ⟨+abl⟩. ▷町〜 ab oppido. ▷少年の頃〜 a puero. ▷天〜 de caelo. ▷森(の中)〜 ex silvis. ▷多くの理由〜 multis de causis. ▷金〜 ex auro.

カラー ⇨ 色.

辛い (=味が刺激的な) (sapore) acutus, mordax; (=塩辛い) salsus. ▶〜味 sapor acutus. ⇨ 酸っぱい, 苦い.

からかう jocor (dep), cavillor (dep), ludo, ⟨alqm/ alci⟩ ludos facio, ludifico, illudo. ▶〜こと jocus, jocatio, cavillatio, ludificatio.

ガラス (=ガラス容器) vitrum; (=ガラス製品・容器) vitreum. ▶〜の, 〜製の vitreus.

体 corpus. ▶〜の, 〜に関する corporeus. ⇨ 人体.

仮 ▶〜の (=一時的な) qui interim fit, qui ad tempus fit. ▷〜に (=一時的に)設営された舞台 scaena in tempus structa. ⇨ 一時, 臨時.

狩り (=狩猟) venatio, venatus. ▶〜に用いられる venaticus. ▶〜に行く, 〜をする venor (dep).

下流 (川の) (fluminis) inferior pars. ▶〜へ (=川を下って) secundo amne [flumine], aquā secundā.

狩人 venator (m), venatrix (f). ▶〜の venatorius.

借りる (…から) ⟨ab alqo⟩ mutuor (dep), ⟨ab alqo/ alqd⟩ mutuum sumo; (住居を) conduco. ⇨ 貸す.

刈る succido, (=切る) seco; (羊毛を) tondeo. ▷鎌で〜 falce seco.

軽い　levis. ▶軽く leviter. ▶軽くする levo. ▶軽さ levitas.
彼　(=その男, あの男, この男) is, ille, hic. ▶～の ejus. ▶～らの eorum. (再帰的に) ～(ら)の (=自分の) suus. ⇨ 彼女.
ガレージ　(=駐車場) statio autocinetorum, statio vehiculorum.
枯れる・涸れる　▷木が～ arbor moritur. ▷涙が～ arescit lacrima. ⇨ 乾く, しおれる.
カレンダー　(=暦) fasti (pl), calendarium.
画廊　pinacotheca.
過労死　mors propter nimium laborem. ▶～する morior (dep) propter nimium laborem.
かろうじて　vix, aegre, anguste.
革・皮　cutis, corium. ▶～毛皮.
川・河　flumen, fluvius, amnis; (小さな) rivus, amniculus, rivulus. ▶～の flumineus, fluvialis. ▷～を下って (=下流へ) secundo amne. ▷～を上って (=上流へ) adverso amne.
かわいい　bellus, bellulus, pulchellus.
かわいそう　▶～な (=あわれむべき) miser, miserabilis, miserandus.
渇き　(のどの) sitis. ▶のどが渇いた sitiens, siccus, aridus. ▶のどが渇く sitio.
乾く　aresco, siccesco. ▶乾かす sicco, arefacio. ▶乾いた siccus, aridus.
為替　nummarium mandatum. ▶郵便～ nummarium publici cursus mandatum.
代わり　▶～に (…の) ～に (in) loco (+gen), vice (+gen), pro (+abl). ▷賢者にとっては最高の理性が必然の～となる summa ratio sapientibus pro necessitate est.
代わる　(=取って代わる) (…に) succedo in locum (+gen). ▶(…に) 代わってもらう ⟨alqm⟩ sibi substituere, ⟨alqm⟩ pro se substituere (← substituo).
代わるがわる　invicem, vicissim. ▷彼らは～攻撃をしかけて戦闘を交える alternantes proelia miscent. ▶～の alternus. ▶～する alterno.
勘　sagacitas.
癌　cancer. ▷肺～で死ぬ cancro pulmonis morior (dep).
棺桶　⇨ ひつぎ.
考え　(=思考) cogitatio, ratio, mens, animus; (=意見) sententia, cogitatum. ▷私の～によると ad meam rationem.
考える　cogito, sentio, censeo, puto, existimo, arbitror (dep), reor (dep), intellego. ▷何かをかしいと考えている habeo in animo facere aliquid.
感覚　sensus. ▶～感じる, 気持.
間隔　intervallum, distantia. ⇨ 間(あいだ).
換気　ventilatio. ▶～扇 apparatus ventilationis, ventigenum instrumentum.
観客　spectator (m), spectatrix (f); (集合的に) theatrum. ▶～席 spectacula (pl).
環境　locus, res externae (pl), circumjectus, vitae condicio, mundus ambiens, ambitus, quae nobis cirsumstant (pl). ▶自然～ circumjacentia naturae loca (pl), natura circumjecta. ▶～汚染 circumjacentiorum inquinatio.

関係　ratio, colligatio, conjunctio, cognatio. ▶血縁～ cognatio, consanguinitas. ▶姻戚～ affinitas. ▶(…に) ～する ⟨ad+acc⟩ pertineo, attineo, attingo. ▶～のある affinis.
歓迎　▶～の挨拶 advenientis salutatio. ▶～する (=喜んで受け入れる) benigne accipio, benigno vultu excipio. ▶一斉に(皆で)～する consaluto. ⇨ 挨拶.
感激　⇨ 感動.
簡潔　brevitas. ▶～な brevis, concisus.
看護　nutricium. ▶～人 aegrorum minister. ▶～婦 aegrorum minstra. ⇨ 看病.
頑固　pertinacia, obstinatio. ▶～な pertinax, obstinatus, firmus. ▷彼はますます～になった magis ac magis induruit. ⇨ 意地.
観光　res periegetica, periegesis. ▶～客 periegetes, peregrinator voluptarius, peregrinus voluptarius. ⇨ 旅行.
韓国　(=大韓民国) Corea Meridionalis [Meridiana]. ▶～(人)の Coreanus meridionalis. ▶～人 Coreani meridionales (pl).
監査　recognitio, recensio, inspectio. ▶会計～ calculorum [rationum] recognitio. ▶～人 inspector, censor. ▶～する recognosco. ⇨ 検査.
観察　observatio, contemplatio, animadversio, spectatio. ▶～者 spectator. ▶～する observo, contemplor (dep), animadverto, specto, tueor (dep).
冠詞　articulus.
監視　custodia. ▶～人 custos. ▶～する custodio, observo, speculor (dep).
感じ　sensus. ▶～のいい placens. ⇨ 感じる.
関して　(…に) de (+abl). ⇨ ついて.
感謝　gratia. ▶(人に)(あることで) ～する ⟨alci⟩ ⟨pro re⟩ gratias do [ago, habeo], ⟨alci⟩ gratum se praebere (← praebeo).
患者　aeger, is qui curatur (m), is qui laborat (m).
願書　⇨ 請願.
干渉　intercursus, interventus. ▶～する intervenio, intercedo.
勘定　ratio.
感情　(animi) motus, affectio, affectus.
官職　magistratus.
感じる　sentio, percipio. ⇨ 感じ, 知覚.
感心　⇨ 感嘆.
関心　(=関心事) studium, cura. ▶無～ incuria, neglectio. ▶(…に) ～がある (+acc) curo, curae habeo, ⟨+dat⟩ studeo.
喚声　acclamatio, clamor, conclamatio. ▶～を上げる acclamo, clamo, conclamo.
完成　perfectio, effectus. ▶～する perficio, efficio. ▶～した perfectus.
関税　portorium. ▷～をかける portorium impono. ▷～を徴収する portorium exigo. ▷～を払う portorium do. ⇨ 税関.
間接　▶～的な obliquus. ▶～話法 oratio obliqua.
関節　artus, articulus.
感染　(=伝染) contagio, contactus. ▷～によって

完全 perfectio. ▶～な perfectus. ▶～に perfecte, omnino, ex toto. ⇨ 全く.
乾燥 (状態) siccitas, ariditas. ▶～した siccus, aridus. ▶～させる sicco.
感想 sententia.
肝臓 jecur.
観測 observatio. ▶～する observo; (＝観察し計測する) observo et dimetior.
寛大 indulgentia, clementia. ▶～な indulgens, clemens, liberalis. ▶～に indulgenter, clementer, liberaliter.
感嘆 admiratio. ▶～すべき admirabilis. ▶～する admiror (dep).
簡単 ▶～な facilis. ▶～に facile. ▶いとも～と perfacile, sine ullo labore. ⇨ 易しい.
元旦 (＝新年の最初の日) primus incipientis anni dies; (＝1月1日) Kalendae Januariae (pl).
勘違い error.
官庁 publica sedes. ⇨ 役所, 省.
姦通 (＝不義密通) adulterium. ▶～の adulter, adulterinus. ▶～する adultero, adulterium committo. ⇨ 姦夫.
観点 ▷物事をあらゆる～から考察する rem ex omni parte considero. ⇨ 点.
勘当 exheredatio. ▶～する exheredo.
感動 animi commotio. ▶～する commoveor (pass).
監督 (人) procurator, curator, magister, rector; (行為) procuratio. ▶～する procuro.
カンニング (＝不正行為, ごまかし) fraus, dolus.
かんぬき vectis, sera, repagula.
観念 species. ⇨ 概念.
乾杯 propinatio. ▶～する propino.
がんばる (＝努力する) contendo, conor (dep). ⇨ 努力.
看板 signum.
看病 aegrotum curatio, assidentis ministrae curatio. ⇨ 看護.
姦夫・姦婦 moechus (m), adulter (m), moecha (f), adultera (f).
完璧 ▶～な perfectus.
勘弁 ▶～する ignosco. ⇨ 許す.
願望 optatum, votum. ⇨ 願う.
管理 cura, curatio, procuratio, gestio, administratio. ▶～人, ～者 procurator, administrator. ▶～する procuro, administro, gero.
完了 perfectio. ▶～の, ～した perfectus. ▶～する (＝成就する, 終える) perficio, conficio, finem facio.
顔料 (＝染料) pigmentum. ⇨ インク.
関連 conjunctio. ▶～づける conjungo. ⇨ 関係.
貫録 dignitas, majestas. ⇨ 威厳.
緩和 lenimen, placatio. ▶～する lenio, placo, mitigo, relaxo. ⇨ 軽減.

き

黄 ▶～色の flavus. ▶赤～色の fulvus. ⇨ サフラン.
気 ▷～が小さい (＝臆病な) timidus, formidolosus. ▷～が狂う insanio. ▷～に入られる placeo, libet (impers). ▷～に入られた gratus, jucundus, dilectus, gratiosus. ▷～の狂った amens, demens, furiosus, insanus. ▷～を失う animo linquor (pass). ⇨ お気に入り, 性格, 狂う, 狂気.
木 arbor. ▶～の arboreus.
議員 popularis legatus, orator popularis. ▶下院 (＝代議士) delegatus parlamentarius. ▶上院 (＝元老院議員) senator. ⇨ 議会.
消える (＝消滅する, 消えてなくなる) evanesco, pereo, decedo; (視界から) ex oculis abeo; (火が) exstinguor (pass).
記憶 memoria. ▶～術 ars memoriae. ▶～する memoriae commendo, memoriae mando, memoriā teneo; ▶～している 動 memini. 形 memor. ▷～に値する memorabilis. ▶～をたよりに memoriter. ⇨ 暗記.
気温 aeris temperies. ⇨ 温度.
帰化 (＝させること) civitatis donatio. ▶～させる civitate dono, in civitatem suscipio, 〈+dat〉 civitatem do.
飢餓 (＝飢え) fames, cibi inopia [penuria], annonae inopia [penuria].
機会 facultas, occasio, opportunitas, copia.
機械 machina. ⇨ 器具.
危害 injuria.
議会 comitia. ⇨ 会, 集会, 会議.
幾何学 geometria. ▶～の geometrius.
気がかり anxietas, cura, sollicitudo. ▶～な anxius.
企画 (＝計画) propositum, ratio; (＝企て) coeptum.
器官 naturae instrumenta (pl).
期間 temporis spatium. ▷30日の～ spatium dierum triginta.
機関車 currus tractorius, machina vectoria, vectorius currus ferriviarius.
危機 discrimen, periculum. ⇨ 危険.
企業 negotium, domus effectoria, societas effectoria, societas bonis gignendis. ▶大～ administratio magni ordinis. ▶私～ privatorum incepta. ⇨ 会社.
戯曲 (＝劇) fabula, scaenica fabula.
飢饉 ⇨ 飢餓.
効く・利く 形 (＝薬等が効き目のある) efficax, potens.
聞く・聴く audio; (注意して) ausculto. ▶～こと auditio, auditus. ▶～人 auditor.
器具 instrumentum, organum, machina. ⇨ 機械, 道具.
気配り cura.
喜劇 comoedia. ▶～役者 comoedus. ▶～作家

きけん ― ぎっしり

comicus. ▶~(風)の comicus. ⇨ 劇.
危険 periculum. ▶~な periculosus, dubius. ▷非常に～な目にあう in summum periculum adducor (pass). ▷~を冒す in periculum se mittere (← mitto), in periculum se committere (← committo), periculum suscipio [adeo, subeo], periculum ingredior (dep), periclitor (dep). ▷~を冒すことなくして～に打ち勝つことは決してできない nunquam periculum sine periculo vincemus. ⇨ 冒険, 危ない.
期限 ▷各人が(...を)すべき~を定める constituo quod ante tempus quisque efficiat ⟨alqd⟩.
起源 origo, principium, primordium. ▷鳥の～は恐竜である aves ex dinosauris originem habent / aves ex dinosauris ortae sunt. ⇨ 根源.
紀元前 ▷～480 年に anno quadrigentesimo octogesimo ante Christum (natum).
気候 caelum, caeli status, caeli positio.
記号 signum.
聞こえる (＝聴覚に知覚される) auribus percipior (pass); (＝音がする) sono.
帰国 ▶~する ad patriam se referre (← refero), in patriam redeo.
きこり lignator (m).
刻む (＝切り刻む) conseco; (＝刻み込む, 刻み付ける) incido, insculpo, inscribo.
岸 (＝海岸, 河岸) litus, ripa; (＝海岸) ora.
騎士 eques. ▶(集合的に) ~たち, ~階級 equitatus. ▶~の equester.
儀式 (宗教的な) caerimonia, sacra (pl), sollemne, ritus. ▶~の ritualis. ▶~ばった sollemnis.
気質 mentis habitus.
きしむ strideo. ▶~音 stridor.
記者 ▶(新聞)~ (actorum) diurnorum confector (m). ⇨ 新聞.
騎手 eques. ▶~の equester.
技術 ars. ▶~科学~ technologia. ▷~は長く人生は短い ars longa vita brevis. ▶~の進歩 artium progressus [profectus].
基準 (＝標準) norma, regula.
気象 (＝天気, 天候) tempestas, caelum; (＝大気中の諸現象) (caeli) phaenomena (pl), phaenomena caelestia (pl).
キス (＝接吻) osculum, basium, suavium; (軽い) suaviolum. ▶~する osculor (dep), osculum fero, basium do.
傷 vulnus; (＝打ち傷, 切り傷) plaga. ▶~を負わせる vulnero, saucio. ▷~を負わせること vulneratio. cf. 傷つけられた saucius.
傷跡 cicatrix.
築く exstruo, construo. ⇨ 建築.
きずな conjunctio. ▶~で結ばれた conjunctus. ▶~で結ぶ conjungo. ⇨ 縁.
寄生 parasitatio. ▶~者 parasitus (m), parasita (f). ▶~する parasitor (dep). ⇨ 居候.
犠牲 sacrificium, immolatio. ▶~者 (＝事故や災害の死者) victima, mortuus. ▶~獣 (＝いけにえ) victima, hostia. ▶~を行なう, 神に～を捧げる sacrifico, sacrificium facio [ago]. ▷(...に)捧げる{+

acc) sacrifico, immolo.
奇跡 miraculum, prodigium, portentum. ▶~的な portentosus. ▶~的に miraculose, prodigialiter. ⇨ 不思議.
季節 anni tempus. cf. 春 ver, 夏 aestas, 秋 autumnus, 冬 hiems. ⇨ 春, 夏, 秋, 冬.
着せる vestio, induo, operio. ⇨ 着る.
毅然 ▶~とした態度 constantia.
偽善 (virtutis) simulatio, hypocrisis. ▶~者 simulator, hypocrita. ▶~的な fingendis virtutibus subdolus.
基礎 basis, solum, fundus, fundamentum, fundamen, principium, crepido; (学問・技芸の) elementum. ▶~的な principalis. ⇨ 基本.
起草 confectio. ▶~する scribo.
偽造 subjectio, fraudulenta imitatio. ▶~された adulterinus. ▶~する adultero, vitio, subicio.
規則 regula; (＝法規) lex.
貴族 optimates (pl).
北 septentriones (pl), aquilo, boreas. ▶~の septentrionalis, aquilonius, boreus. ⇨ 南.
期待 spes, exspectatio. ▶~する spero, exspecto, confido. ▷すべての人の~を裏切って contra omnium opinionem. ⇨ 希望.
気体 (＝ガス) aeriformis substantia, vaporalis substantia, aeria substantia, gasium. ▶~の (＝ガス状の) flabilis, aeriformis, aeriam naturam habens, gasiosus. ⇨ 空気.
議題 argumentum (in conventu tractandum).
鍛える (＝固くする) duro, induro; (訓練で体を) (＝鍛練する) exerceo, exercito. ▶鍛えられる induresco. ⇨ 訓練.
北風 boreas, aquilo. ▶~の boreus.
帰宅 ▶~する domum abeo, domum redeo, domum se recipere (← recipio), domum (suam) revertor (dep).
きたない 形 immundus, sordidus, squalidus. ― 動 sordeo. ▶きたなくなる sordesco. ⇨ よごす.
基地 statio, ea regio unde exercitui copiae cujusque generis suppeditantur. ▶軍事~ stationes militares (pl). ⇨ 要塞, 陣営.
機知 sal, urbanitas. ▶~のある salsus.
貴重 ▶~な carus, pretiosus.
議長 praeses, is qui praesidet.
几帳面 diligentia. ▶~な diligens. ▶~に diligenter.
きちんと apte.
きつい (仕事が) gravis, operosus; (性質や味が) durus; (＝過酷な, 厳しい) severus, austerus.
喫煙 tabaci inhalatio, fumatio, fumificatio. ▶~者 fumi haustor, fumator. ▶~する fumum tabaci haurio, foliorum nicotinorum haurio, nicotianum fumum sugo, vaporatum tabacum sugo. ⇨ 煙草.
気づく animadverto, sentio, conspicor (dep), conspicio.
喫茶店 (＝コーヒーショップ) taberna cafaearia; (＝ティーサロン) taberna thearia.
ぎっしり ▶~詰まった confertus.

キツツキ　picus.
切手　(＝郵便切手) pittacium cursuale, pittacium cursorium, pittacium vehicularium, pittacium epistulare.　⇨ 郵便.
きっと　certe.　⇨ 確か.
キツネ　vulpes. ▶〜の vulpinus.
切符　tessera. ▶入場〜 (＝入場券) tessera aditialis. ▶乗車〜 (＝乗車券) tessera vectoria [itineraria, viaria].
規定　definitio. ▶〜する definio. ▶〜された definitus.　⇨ 規則.
軌道　circulus; (天体の) orbita.
危篤　▶〜の moribundus, moriens.
気長　longanimitas. ▶〜な longanimis. ▶〜に longanimiter.
絹　▶〜(で作られたもの) sericum. ▶〜の sericus.
記念　▶〜(碑) memoria. ▶〜物 monumentum. ▶〜日 anniversarius dies.
機能　agendi ratio [modus, ordo].
昨日　名 hesternus dies.　—— 副 heri, here, hesterno die. ▶〜の hesternus.　⇨ 一昨日(おと).
キノコ　fungus. ▶小さな〜 fungulus. ▶〜の funginus.
気晴らし　oblectamen, oblectamentum, oblectatio, delectatio, delectamentum, (animi) remissio, jocus.　⇨ 娯楽.
厳しい　severus, rigidus, durus, acerbus. ▶厳しさ gravitas, duritia. ▶厳しく severe, dure, acerbe. ▷〜ことばで非難する duris verbis reprehendo.
寄付　donatio, donativum, stipendium; (小額の) stips.　⇨ 贈物, 贈る.
気分　animi affectio, animi habitus, animus.　▷〜はいかがですか quid tibi animi est? / Quomodo vales?
騎兵　eques. ▶〜(隊) equitatus, equestres copiae (pl).　⇨ 歩兵.
詭弁　captio, cavillatio, calumnia, sophisma. ▶〜家 cavillator. ▶〜を弄する 形 captiosus. 動 cavillor (dep), calumnior (dep).
規模　(＝大きさ, 広さ) amplitudo, magnitudo.
希望　spes. ▶〜する, 〜をもつ spero, spem habeo.
基本　(＝初歩, 基礎) elementa (pl), initia (pl), principia (pl), rudimenta (pl). ▶〜の, 〜的な elementarius.　⇨ 基礎.
気前　▶〜のよい largus, munificus, liberalis. ▶〜のよさ largitas, munificentia, liberalitas. ▶〜よく large, munifice, liberaliter.
気まぐれ　levitas, ingenii mobilitas, (mentis) inconstantia. ▶〜な libidinosus, levis, inconstans, mobilis, mutabilis, varius. ▶〜に libidinose, mobiliter, inconstanter.
決まる　(＝決定される) placet (impers).　⇨ 決める.
きみ　tu (2sg), の tuus. ▶〜たち vos (2 pl). ▶〜たちの vester.　⇨ あなた.
気味の悪い　foedus.
奇妙　▶〜な (＝珍奇な, 特異な, 異常な) inusitatus, insolitus, insolens, novus, singularis, mirus, mirabilis.
義務　officium, munus. ▶〜を果たす officio fungor (dep), officium facio [praesto], officio satisfacio.
決める　(＝決心する, 決議する, 決定する) statuo, decerno, constituo.
胆　⇨ 肝臓.
気持　(＝感情) animus, mens, sensus, affectus, animi affectus [motus], mentis affectus. ▶〜がいい jucundus, suavis. ▶〜がいいこと jucunditas, suavitas.　⇨ 考え, 意識, 気分.
疑問　(＝疑うこと) dubitatio; (＝疑わしいこと) dubium, incertum. ▶〜う, 質問, 問題.
客　hospes, is qui in hospitio est; (＝訪問客) salutator (m), salutatrix (f), salutantes (pl); (＝会食客) conviva (m, f); (＝乗客) vector; (＝観客) spectator; (＝買物客) emptor.
逆　(＝反対) contrarium. ▶〜の (＝逆さまの) inversus, perversus; (裏表・上下の) conversus; (前後の) praeposterus; (＝反対の) contrarius. ▶〜に (＝反対に) perverse, contrarie, ex contrario; (前後に) praepostere. ▶〜にする perverto, inverto, converto.　⇨ 反対.
ギャグ　⇨ 冗談.
虐殺　occisio, caedes, strages, internecio, trucidatio, jugulum. ▶〜する trucido, jugulo.　⇨ 殺す, 殺害.
逆説　paradoxa (pl), quod contra opinionem omnium est.
虐待　vexatio, injuria. ▶〜する人 vexator. ▶〜す る (行為によって) male mulco; (ことばによって) maledictis vexo.
逆転　conversio.　⇨ ひっくり返す.
客観的　▶〜な in natura situs [positus], objectivus.
キャンセル　⇨ 取り消す.
キャンプ　(＝キャンプ場) campus tentorius. ▶〜をする in campo tentorio commoror (dep), commoror (dep) in aperto, pernocto sub divo.
ギャンブル　⇨ 賭け.
急　▶〜な (＝切迫した, 緊急の) subitus, urgens; (＝不意な, 突然の) repentinus, repens; (＝急斜面の) abruptus, praeruptus, arduus. ▶〜死 repentina mors.　⇨ 急いで, 急ぐ.
救援　(＝援助, 救助) adjumentum, auxilium, subsidium, praesidium.　⇨ 助ける, 援助.
休暇　vacatio; (＝祝祭日) feriati dies (pl).　▷〜中である in commeatu sum.　⇨ 祭日.
球技　ludus pilae [follis].　cf. クリケット ludus pilae et portae.　ゴルフ pilae malleique ludus, pilamalleus.　サッカー pediludium, pilae et pedumque ludus, folliludium.　テニス manubriati reticuli ludus.　バレーボール ludus pilae volaticae.　バスケットボール pilae canistrique ludus, follis canistrique ludus.　野球 ludus pilae et basium, ludus basipilae.　ラグビー ludus follis ovati.
救急車　arcera automataria, autoarcera, currus aegrotis [sauciatis, infirmis] in valetudinaria festinanter vectandis.
休憩　intermissio.　▷軍隊に 3 時間の〜を与える exercitui tres horas ad quietem do.　⇨ 休息.

休日 (=祭日) feriae (*pl*), feriati dies (*pl*), festus dies. ▷国(民)の~ otium commune.
吸収 absorptio. ▶~する absorbeo, exsorbeo.
救助 salus. ▶~する (=救う) servo, conservo. ▷(人を)危険から~する ⟨alqm⟩ e periculo servo [eripio]. ⇨ 助け.
急性 ▶~の acutus. ▶~の病気 morbus acutus.
休戦 indutiae (*pl*), certaminum quies. ▷30日間の~ triginta dierum indutiae.
休息 quies, otium, relaxatio.
窮地 artum. ▷~に追い込まれる in artum compellor (*pass*).
宮殿 regia, palatium, aedes regiae (*pl*).
牛乳 lac bubulum, lac vaccinum.
キューバ Cuba (*f*). ▶~(人)の Cubanus. ▶~人 Cubani (*pl*).
給与 ⇨ 給料.
休養 remissio. ⇨ 休息.
給料 (operae) merces, stipendium. ⇨ 報酬.
寄与 adjumentum. ▶~する adjuvo. ⇨ 役立つ.
器用 sollertia, artificium, dexteritas. ▶~な sollers, dexter. ▶~に sollerter, scite, dextere. ⇨ 不器用, 巧み.
今日 名 hodiernus dies. — 副 hodie, hodierno die. ▶~の hodiernus. ⇨ 今朝.
教育 educatio, institutio. ▶~する educator. ▶~する educo, instituo. ⇨ 教養, 教え, 学識, 学問.
強化 ▶~する corroboro, confirmo.
協会 ⇨ 団体, 組合.
境界 finis.
教会 (キリスト教の) ecclesia. ▶~の ecclesiasticus. ⇨ モスク.
教科書 liber scholaris.
共感 concordia, convenientia, sympathia. ▶~する 動 concordo, consentio. 形 concors.
教官 ⇨ 教師.
狂気 insania, vesania, dementia, amentia. ▶~の (=気の狂った) insanus, demens, furiosus, furibundus. ⇨ 狂う.
競技 ludus, ludicrum. ▶運動~ certamen athleticum. ▶~者 athleta. ▶~場 stadium. ▶十種~ decathlum. ▶近代五種~ pentathlum nostrae aetatis. ⇨ 競争, 競走.
協議 consultatio, consilium, deliberatio. ▶~する consulo, consulto, consilior (*dep*), consilium habeo, consilium facio, colloquia sero, delibero. ▷お互いに~したあとで communicato inter se consilio. ⇨ 議論, 討議.
競技会 ludi (*pl*). ▶体育~ gymnicus agon. ▶オリンピック~ Ludi Olympii (*pl*), Olympia (certamina) (*pl*). ▷~を開催する ludos celebro.
供給 ▶~する praebeo.
教訓 praeceptum, praeceptio, documentum.
強固 firmitas. ▶~な confirmatus. ▶~にする firmo, confirmo. ▶~にすること confirmatio.
教皇 papa, pontifex maximus [summus].
強行軍 magnum iter, citum agmen. ▷~で(...を)目指す magno itinere confecto ⟨ad alqd⟩ contendo.

教師 magister, doctor, praeceptor (*m*), praeceptrix (*f*), paedagogus; (読み書きの) grammatista; (弁論術の) rhetor; (より専門的な) (=教授) professor.
行事 sollemne. ⇨ 儀式, 祭り.
教室 auditorium.
享受 ▶(...を)~する ⟨+abl⟩ utor (*dep*), fruor (*dep*).
教授 professor. ⇨ 教師.
狂人 amens, demens.
強制 coactus, necessitas. ▶~する (=強要する) compello, cogo, subigo. ▶~的に (=無理やり) per vim, coactu.
行政 reipublicae administratio [procuratio].
競争 certamen, certatio, aemulatio, rivalitas. ▶~相手 rivalis. ▶~して certatim. ▶~する certo, aemulor (*dep*). ⇨ 対抗.
競走 cursus. ▶~者 cursor. ▷100メートル~ cursus certamen centum metrorum. ▷(彼は)10000メートル~で世界新記録を達成した in cursu decem milium metrorum novum culmen mundanum consecutus est.
兄弟 (=兄, 弟) frater; (=兄) senior [major] frater; (=弟) adulescentior frater. ▶~の fraternus. ⇨ 兄, 弟, 義理.
協調 concordia, consensio, convenientia. ▶~する 動 consentio, conspiro. 形 conveniens, concors. ▶~しない discordo. ▶~がない discors. ▶~がないこと discordia. ⇨ 調和.
共通 ▶~の communis. ⇨ 共有.
協定 conventio, conventum, pactum, pactio. ▶~を結ぶ paciscor (*dep*).
郷土 ⇨ 故郷, 祖国.
共同 communitas. ▶~の communis. ▶~で, ~に communiter.
競売 auctio. ▶~の auctionarius. ▶~にかける auctionor (*dep*). ▶~を催す auctionem facio.
脅迫 minae (*pl*), minatio, comminatio. ▶~的に minaciter, minanter. ▶~する minor (*dep*), comminor (*dep*).
恐怖 timor, terror, pavor, metus, formido. ⇨ 恐れる, 恐ろしい.
狂暴 furor, furia, ferocitas. ▶~な furiosus, furens, ferox. ▶~に furialiter, furenter, ferociter.
共有 communitas. ▶~の communis. ▶~財産, ~物 commune. ▶(...を)(...と)~する ⟨alqd⟩ ⟨cum alqo⟩ communiter possideo, communico. ▶~すること communicatio.
教養 humanitas, disciplina, cultura, cultus. ▶~のある humanus, litteratus, doctus.
狂乱 (状態) furor. ▶~する (=発狂する) furo. ▶~した (=発狂した) furiosus, demens, vecors, cerritus. ⇨ 狂気.
協力 communitas, collaboratio, cooperatio; (=助力) auxilium, adjumentum, opera. ▶~者 adjutor (*m*), adjutrix (*f*), collaborator. ▶~して communiter. ▶~する adjuto, laborem communico; (=助ける)(...において)(...を) ⟨alqm⟩ ⟨in re; ad alqd⟩ adjuvo. ⇨ 助ける.

強力 ▶～な potens, valens, opulentus. ▶～に potenter.
行列 pompa, incessus.
虚栄 vanitas, vanum. ▶～心 gloria. ⇨ 傲慢, うぬぼれ.
許可 permissio, licentia. ▶～する permitto, patior ⟨dep⟩, sino, licentiam do. ▶(…に)(…が) ～されている(＝許されている) licet ⟨alci⟩ ⟨+inf⟩. ▷それは私に～されなかった(＝認めてもらえなかった) id mihi non est concessum. ⇨ 許す.
漁業 piscatus, piscatio. ▶～の piscatorius. ⇨ 漁.
曲 (＝作品) opus; (＝旋律, 歌, メロディー) modus, melos.
極 polus, axis, (caeli) vertex. ▶～の ad polum pertinens, caeli vertecem pertinens, polaris. *cf.* 北極 arctos, vertex (terrae) septentrionalis. 南極 polus australis, vertex austrinus, meridianus axis. 地球の両極 ultimae Aquilonis Austrive partes (*pl*). ⇨ 北極, 南極.
曲線 linea curva. ⇨ 直線.
極端 ▶～な immoderatus, extremus. ▶～に immodeste, immodice.
虚構 fictum, commentum. ▶～の fictus, commenticius.
拒絶 repudiatio, abnuentia, detrectatio. ▶～する repudio, repello, abnuo, detrecto. ⇨ 拒否, 否定.
拒否 negatio, detrectatio, repudiatio, recusatio. ▶～する nego, abnego, denego, detrecto, abdico, repudio, recuso, renuo.
嫌う (＝…が嫌いだ)(…に)⟨+acc⟩ odi, ⟨alcis rei; in alqm⟩ odium habeo. ▷(人に)嫌われている ⟨alci⟩ odio sum. ▷(人に)大変嫌われている magno in odio ⟨apud alqm⟩ sum. ▷(人に)嫌われた ⟨alci⟩ invisus / ⟨apud alqm⟩ invidiosus. ⇨ 嫌悪, 反感.
霧 nebula, caligo. ▶～深い, ～のかかった nebulosus, caliginosus.
義理 (＝恩義) officium, debitum; (＝姻戚関係) affinitas. ▶～の父 (＝妻・夫の父) socer; (＝継父) vitricus. ▶～の母 (＝姑, 妻・夫の母) socrus; (＝継母) noverca. ▶～の兄弟 (＝夫の兄弟) levir; (＝妻の兄弟) uxoris frater; (＝姉妹の夫) sororis vir. ▶～姉妹 (＝兄弟の妻, 夫の姉妹) glos.
ギリシア Graecia (*f*). ▶～(人)の Graecus. ▶～人 Graeci (*pl*). ▶～語で書かれた本 libri Graeco sermone confecti.
キリスト Christus. ▶～教 Christianismus, Chiristiana religio.
規律 disciplina.
切り取る deseco.
気力 nervus, animi vis, animi robur, animi vigor. ▶無～ (animi) inertia, (animi) ignavia, (animi) mollitia, veternus.
切る seco, caedo, scindo; (＝切り落とす) decido; (＝切り取る, 切り出す, 切除する) excido; (二つに) disseco, (切り刻む) conseco, concido; (＝断ち切る) abrumpo.
着る (着物を) (vestem) induor (*pass*). ⇨ 着せる, 脱ぐ.

きれい ▶～な (＝清潔な, よごれのない) mundus, purus; (＝きちんとした) tersus; (＝美しい) pulcher, bellus, venustus. ▶～にする tergeo.
切れる ⇨ 切る.
キロ ▶～メートル chiliometrum. ▷(それは)ローマから30～離れている a Roma triginta chiliometra distat. ⇨ メートル, 速度.
記録 perscriptio, (文書) commentarius, monumentum, tabula, litterae (*pl*). ▶世界新～ novum culmen mundanum. ▶(…を) ～する ⟨+acc⟩ perscribo, in commentarium refero, litteris mando, memoriae prodo.
ギロチン Guillotiniana machina. ▶～にかける Guillotiniano supplicio plecto.
議論 disputatio, disceptatio, dissertatio. ▶～する discepto, disputo, dissero, disserto. ⇨ 討議, 討論, 論争, 会議.
疑惑 (＝疑い) suspicio. ▶(…に) ～をもつ (＝疑う) suspicor ⟨dep⟩ ⟨alqm⟩ suspectum habeo. ⇨ 疑う.
金 aurum. ▶～色 color aureus. ▶～の aureus. ▶～製の ex auro. ▶～メダル nomisma aureum. ⇨ 曜日.
銀 argentum. ▶～の argenteus.
禁煙 ▶～する(＝喫煙の習慣をやめる) fumificationem depono. ⇨ 喫煙, 煙草.
金貨 aurum, aureus (nummus). ⇨ 貨幣.
銀貨 argentum (signatum), argenteus (nummus). ⇨ 貨幣.
銀河 lactea via, lacteus orbis.
金額 pecunia, (pecuniae) summa. ▷少ない～ parva [mediocris, tenuis] pecunia. ▷大きな～ magna [grandis] pecunia.
緊急 (状態) instantia. ▶～事態 subitum. ▶～の subitus, instans, praesens.
金庫 arca, armarium (nummarium). ▶～に関する arcarius. ▶鋼鉄製の～ arca ferrata [loricata, munita], armarium loricatum [cataphractarium, cataphractatum], pecuniae servandae defendendaeque ars. ▶(銀行などの)鋼鉄製～室 loricata cella, conclave loricatum.
均衡 (状態) libramentum, aequitas.
銀行 argentaria (taberna [mensa]). ▶～業務 argentaria (ars). ▶～家 argentarius. ▶～口座 pecuniae cumulatae depositio. ▶～(家)の argentarius. ⇨ 預金.
禁止 (行為) prohibitio, interdictio; (＝禁止令) interdictum. ▶～する prohibeo, interdico, veto.
近視 myopia. ▶～の myops.
近所 vicinitas, vicinum, propinquitas, vicini (*pl*). ▶～の vicinus, propinquus. ▶(…の) ～に (＝近くに) juxta ⟨+acc⟩, circum ⟨+acc⟩, prope ⟨+acc⟩. ⇨ 近い, 近く.
金星 Venus, stella Veneris.
金銭 ▶～欲 nummi amor. ⇨ 金(かね).
金属 metallum. ▶～の metallicus.
近代 (＝近現代, 現代) novitas, haec tempora (*pl*), haec aetas. ▶～の (＝現代の) hujus aetatis,

hodiernus, recens, nostri temporis, praesentis aetatis, modernus.
近代化 (＝現代風にすること) accommodatio ad praesentia. ▶～する ad praesentia accommodo, ad nostrae aetatis rationem redigo, ad nova exempla compono [reconcinno].
緊張 tensio, contentio, intentio. ▶～させる (＝ぴんと張る) intendo, tendo, contendo.
近東 (＝中近東) Oriens Proximus.
筋肉 musculus. ▶～の(多い) musculosus.
金髪 capillus flavus. ▶～の flavus. ▶～の男[少年] homo [puer] flavus. ▶～の女[少女] mulier [puella] flava.
勤勉 sedulitas, industria, navitas, strenuitas diligentia. ▶～な sedulus, industrius, navus, assiduus, diligens, enixus. ▶～に diligenter, sedulo, naviter, enixe. ▷～はすべてに打ちかつ labor omnia vicit.
吟味 ▶～する examino, recenseo, inspicio, perspicio, scrutor (dep). ⇨ 検査.
勤務 ministerium, ministratio. ⇨ 仕事, 労働, 働く.
金融 res nummaria. ▶～(上)の pecuniarius, nummarius. ⇨ 銀行.
禁欲 abstinentia. ▶～的な abstinens.
金利 ⇨ 利子.

く

句 verbum, membrum. ⇨ 節, 文.
区 (＝urbs の下位区分) regio. ▶街～ (＝regio の下位区分) vicus.
具合 (体)の valetudo.
グアテマラ Guatimala (f), Guatimalia (f). ▶～(人)の Guatimalensis. ▶～人 Guatimalenses (pl).
区域 regio, territorium.
食いしん坊 homo edax (m), mulier edax (f). ▶～の gulosus, edax, deditus gulae, deditus ventri. ⇨ 美食.
クイズ (＝謎を解くゲーム) ludus aenigmaticus. ⇨ 謎.
食い違い ▶(意見の) (＝不一致) discrepantia, discordia, dissensio, dissensus. ▶(意見が) 食い違う (＝一致しない) discrepo, dissentio. ▶～がある disconvenio. ▶(意見の) 食い違った discors, dissentaneus.
喰う (＝むさぼり喰う) voro, devoro. ⇨ 食べる.
クウェート Cuvaitum (n). ▶～(人)の Cuvaitensis. ▶～人 Cuvaitenses (pl).
空間 spatium. ⇨ 間(ｶﾝ).
空気 aer, spiritus. ▶～の aerius.
空港 aeroportus, aeriportus, aeronavium portus, statio aeronautica, aerostatio.
偶数 ⇨ 数(ｽｳ).
偶然 fortuna, fors. ▶～の fortuitus. ▶～に forte, casu, fortuito. ⇨ 幸運.
空想 somnium, phantasia, vana opinio, inanis cogitatio. ▶～する somnio. ▶～的な commenticius, inanis, vanus, phantasticus. ▶～に満ちた imaginosus. ⇨ 夢想, 妄想, 幻想.
空中 ▶～の aerius.
クーデター subitanea conversio rerum, facinus publicum et inopinatum. ▷～を企てる res novas tento.
空洞 cavum, lacuna. ▶～の cavus. ⇨ 穴, 洞窟.
空白 (＝何もないこと) vacuitas. ▶～の (＝何もない) vacuus. ⇨ 空(ｿﾗ).
空欄 vacans [vacuus] locus.
茎 caulis, scapus, stipula, calamus.
釘 clavus. ▶小さな～ claviculus.
区切り (文章の) distinctio, interpunctio. ▶区切る distinguo, interpungo, definio.
草 herba, gramen. ▶～でおおわれた herbidus, herbosus.
臭い 形 putidus, putridus, foetidus. —— 動 male oleo, puteo, foeteo. ▶臭くなる putesco. ⇨ 悪臭.
草地 pratum.
鎖 catena. ▶～でつながれた catenatus.
腐る putresco, puteo, putrefio. ▶腐り始める putesco. ▶腐った puter, putris, putridus, putidus. ⇨ 腐敗.
くし pecten. ▶～を入れる, ～ですく pecto, depecto.
串 veru. ▶小さい～ veruculum.
くじ sors. ▶～引きで sortitio, sortitus. ▶～を引く sortior (dep). ▶～によって sortito.
くじく intorqueo.
くしゃみ sternumentum, sternutatio. ▶～をする sternuo; (何度も) sternuto.
苦情 (＝不平, 抗議) querela, conquestio, questus, querimonia. ▶～を述べる conqueror (dep), queror (dep). ▶～を訴える accuso.
鯨 balaena.
苦心 labor. ▶～する laboro. ▶～して仕上げる elaboro. ⇨ 苦労, 努力.
くず quisquiliae; (＝かんなくず, 削りくず) ramentum; (パンの) mica (panis), frustum (panis). ▶～の frivolus. ⇨ ごみ.
ぐず ⇨ のろい.
ぐずぐず ▶～する cunctor (dep), dubito. ▶～し cunctanter. ⇨ のろい.
くすぐる titillo. ▶～こと titillatio.
崩す deruo, subruo. ⇨ 崩れる.
薬 (＝医薬品, 薬剤) medicina, medicamentum, medicamen, remedium. ▶～屋 (＝薬を作り, 売る場所) pharmacopolum, pharmaceutica taberna, taberna medicamentaria; (＝薬売り, 薬剤師) pharmacopola, medicamentarius (m). ▶～になる (＝薬効のある) medicatus, medicabilis, medicinas continens. ⇨ 飲む.
薬指 digitus medicus, digitus medicinalis, anularius digitus, digitus (qui est) minimo proximus. ⇨ 指.
崩れる ruo, deruo, corruo, collabor (dep), collabefacio. ⇨ 倒す, 崩す.

癖 (=性癖, 性向)〈animi〉inclinatio, proclivitas, indoles. ▷嘘をつく〜 fallendi studium. ⇨ 習慣, 傾向.

管 tubus, fistula, canalis.

具体的 ▶〜な definitus, certus, concretus.

砕く frango, confringo, molo, commolo. ⇨ 粉々, 粉砕.

くたばる ▶くたばれ, くたばってしまえ abi in malam rem, di te eradicent. ⇨ 死ぬ.

くたびれる ⇨ 疲れる.

果物 fructus.

下る descendo, degredior (dep), decurro, delabor (dep). ⇨ 下りる, 上る, 上がる.

口 os. ⇨ くちばし.

愚痴 questus inutilis [inanis, vanus]. ▶〜をこぼす murmuro. ⇨ 苦情, 不平, ぼやく.

くちばし rostrum.

口笛 sibilus. ▶〜を吹く sibilo.

口やかましい patruus.

靴 calcei (pl), calceamenta (pl). ▶〜屋 sutor, calceolarius. ▷〜を履く se calceare (← calceo) / calceamenta induo. ▷〜を履きかえる calceos muto. ⇨ 靴ひも.

苦痛 dolor, malum, tormentum; (ひどい) cruciatus.

くっきり ⇨ はっきり.

屈折 (光線の) refractio, refractus. ▶〜の, 〜する refractivus.

くっつく haereo, haeresco, inhaereo, inhaeresco, adhaereo.

靴ひも corrigia.

屈服 obsequium, obsequentia. ▶〜する pareo. ⇨ 従う, 服従, 降伏.

くどい (=冗長な, 長たらしい) verbosus; (表現が) (=回りくどい) sinuosus.

国 (=国家) civitas, respublica, natio; (=地方, 地域) terra. cf. 王国 regnum. 欧州諸国 civitates Europae. アラブ諸国 civitates Arabicae (pl). ⇨ 祖国.

苦にする (…を) ⟨alqd⟩ sibi grave ducere (← duco). ▶苦にしない ⟨alqd⟩ sibi leve putare (← puto). ▷老年を〜 sibi senectutem gravem esse sentire (← sentio).

配る distribuo. ⇨ 分配.

首 collum, cervix.

首飾り monile, torquis, torques.

くびき(軛) jugum. ▶〜でつなぐ jugo.

首輪 collare, collarium.

工夫 machinatio, commentum. ▶〜する machinor (dep), excogito, procudo.

区別 discrimen, distinctio, separatio. ▶〜する discrimino, discerno, distinguo, separo, secerno.

熊 (雄の) ursus; (雌の) ursa. cf. シロクマ (=北極熊) ursus marinus.

組合 societas cooperativa, collegia (pl), coetus; (=労働組合) opificum collegium, consociatio operariorum [artificium]. ▶同業者〜 societates ad professiones spectantes (pl). ▶〜員 consocius.

組み合わせる compono, conjungo. ▶組合わせ compositio.

汲む (水などの液体を) (=汲みあげる) haurio. ▶〜こと haustus.

組む plecto. ▷腕組みをして座っている compressis manibus sedeo. ⇨ 組織.

雲 nubes, nubilum. ▶〜る 曇る.

蜘蛛 aranea. ▶小さな〜 araneola, araneolus. ▶〜の巣 araneae textura [tela].

曇る (=天気が曇る, 曇っている) nubilat (nubilo の 3sg act), nubilatur (nubilo の 3sg pass). ▶曇った nubilus, nebulosus, obscurus. ▶曇り caelum nubilum [obscurum], nubilum. ⇨ 雲.

悔しさ (=後悔) paenitentia.

悔やみ consolatio. ▷〜の手紙 (=弔文) consolatoriae litterae.

悔やむ (=悔しい思いをする) ⟨alqm⟩ paenitet (impers). ⇨ 後悔.

位 (=階級, 位階, 地位) honoris gradus, gradus, ordo.

くらい 副 (=およそ, ほぼ) circa, circiter, fere, prope. ⇨ 前 (=およそ…) circa ⟨+acc⟩, circiter ⟨+acc⟩, ad ⟨+acc⟩.

暗い tenebrosus, caliginosus, ater, obscurus, opacus, umbrosus; (=薄暗い) umbrosus, sublustris. ⇨ 暗闇.

グラウンド (=運動場) area (lusoria); (=競走場) stadium.

暗がり obscuritas. ⇨ 暗い.

クラゲ pulmo, halipleumon.

クラス (=学級) classis. ⇨ 階級.

暮らす vivo, vitam ago [duco, dego]. ▶暮らし vita.

クラブ sodalicium, sodalitas. ⇨ ナイトクラブ.

グラフ (=図表, 図形) diagramma.

比べる comparo, confero. ▶〜こと comparatio. ⇨ 比較.

暗闇 tenebrae (pl), caligo.

栗 (実, 木) castanea. ▶〜の castaneus.

繰り上げる praefero.

クリーナー ⇨ 洗剤.

クリーニング (=洗浄, 清掃) purgatio; (=洗濯, 洗うこと) lotio, lavatio. ▶〜屋 (店) fullonium, taberna vestimentis lavandis, taberna lavandariis deponendis; (人) fullo. ⇨ 掃除, 洗濯.

クリーム lactis spuma, lactis cremor, lactis flos.

繰り返す itero, renovo. ▶繰り返し(て) identidem, iterum atque iterum, crebro, frequenter, saepenumero. ⇨ しばしば, たびたび.

クリスマス (Domini) Nativitas, dies nativitatis Domini, dies natalis Christi, festum nativitatis Christi, sacrum Christi natalis anniversarium, sollemnia Christi natalia.

くりぬく terebro, perterebro, excavo, perforo. ▷目を〜 exoculo. ⇨ えぐる.

繰り広げる ⇨ 展開.

来る venio; (=やって来る) advenio. ▷(私は) 来た, 見た, 勝った veni, vidi, vici.

狂い （機械や体の調子の）perturbatio. ⇨ 混乱.
狂う （気が）insanio, deliro. ▶(気が) 狂った insanus, furiosus, demens, amens, vecors, delirus. ▶(気が) 狂って dementer, insane, furiose. ⇨ 狂気, 狂乱.
グループ grex, globus, circulus. ⇨ 群れ, 集団, サークル.
苦しい acerbus, gravis, aeger. ▶苦しみ dolor, cruciatus, acerbitas, aegritudo.
苦しむ laboro, doleo. ▷借金で～ ex aere alieno laboro.
苦しめる crucio, excrucio, ango, torqueo.
クルミ nux.
狂わせる （機械や体の調子を）(＝混乱させる) turbo, conturbo, perturbo.
暮れる （日が）vesperascit (impers).
黒 ▶～い ater, niger. ▶～(色) color ater, color niger.
クロアチア Croatia. ▶～(人)の Croatus. ▶～人 Croatae (pl).
苦労 labor. ▶～を伴う[の多い] laboriosus. ▶～する laboro. ▶～して laboriose. ▷～の種 cura. ⇨ 努力.
加える (＝付け加える) addo, adicio, adjungo, affero.
企て inceptum, conatus, coeptum. ⇨ 着手, 試み.
企てる suscipio, capesso, conor (dep).
軍 ⇨ 軍隊.
軍艦 navis longa [bellica]. cf. 三段櫂船 triremis (navis), trieris (navis). 輸送艦 navis oneraria. 哨戒艇 speculatoria navigia. 航空母艦 navis aeroplanorum vectrix.
軍旗 signum, aquila, vexillum.
軍事 res militaris. ▶～(上)の, ～的な militaris.
君主 rex, imperator. ▶～政治, ～制 regnum, monarchia, unius dominatus, civitas [reipublicae] regium [regale] genus, imperium singulare [regale], regia respublica. ▶立憲～制 regnum rei publicae institutis conveniens.
群衆 turba, multitudo, frequentia. ⇨ 群れ.
軍縮 ab armis discessio [discessus], apparatus militaris [armorum] diminutio, armamentorum ademptio.
勲章 ornamentum, insigne, phalerae (pl).
軍人 (＝兵士) miles, homo [vir] militaris.
燻製 ▶～にする infumo, in fumo suspendo, fumo sicco. ▷～のハム fumosa perna.
軍勢 copiae (pl).
群生本能 congregandi naturalis instinctus. ⇨ 群衆, 群れ.
軍隊 exercitus, milites (pl), militia. cf. 軍団 legio. 大隊 cohors. 中隊 manipulus. 百人隊 centuria. 兵士 miles. ⇨ 軍勢.
軍備 belli instrumentum [apparatus], apparatus militaris, armamenta (pl), arma (pl). ▶～拡張競争 rei militaris augendae contentio, apparatūs militaris studium. ⇨ 軍縮.
軍服 vestimenta militaria (pl), ornatus [vestitus, habitus] militaris.
君臨 ▶～する regno. ⇨ 独裁, 支配, 統治.
訓練 exercitium, exercitatio. ▶～する exerceo, exercito. ⇨ 練習.

け

毛 pilus, villus; (＝羊毛) ovium villi (pl), lana; (＝髪の毛, 頭髪) crinis, capillus, coma.
毛穴 (＝皮膚の小さな穴) porus, invisibilia corporis foramina (pl).
刑 (＝罰, 刑罰) poena, supplicium. ⇨ 死刑, 罰, 罰する.
計 (＝合計) summa. ⇨ 計算, 合計.
芸 (＝技芸) ars. ⇨ 芸術.
ゲイ ＝同性愛, 少年.
敬意 reverentia, observantia, honor. ⇨ 尊敬.
経営 （会社の）(societatis) moderatio. ▶(会社の)～者 (societatis) moderator. ⇨ 管理.
警戒 vigilantia, vigilia, custodia, cautio. ▶～する caveo, vigilo, custodio. ⇨ 注意, 用心.
軽快 pernicitas. ▶～な pernix, expeditus. ▶～に perniciter, expedite. ⇨ 身軽, すばやい.
計画 consilium, propositum, institutum. ▶～する consilium capio [ineo], propono. ▷戦争を～する de bello consilia ineo. ⇨ 考え, 意図.
警官 urbis [civilis disciplinae, publicus] custos (m), minister publicus (m), biocolyta. ⇨ 警察.
景気 好～ incrementum oeconomicum. ▶不～ mercatura jacens.
警句 sententia; (短い) sententiola. ▶～の, ～的な sententiosus.
経験 usus, experientia, experimentum. ▶～する experior (dep). ▶～を積んだ, ～豊かな peritus. ⇨ 体験.
軽減 levamen, levamentum, levatio. ▶～する levo, exonero. ⇨ 緩和, 和らげる.
傾向 inclinatio, proclivitas, propensio. ▶(...へ の)～がある ⟨ad alqd⟩ inclinatus, propensus. ⇨ 癖.
蛍光 ▶～(性) fluorescentia. ▶～を発する fluorescens.
迎合 adulatio. ▶～する adulor (dep). ⇨ お追従.
渓谷 convallis. ⇨ 谷.
警告 monitum (pl), monitio, admonitio, documentum. ▶～する moneo, admoneo; (前もって) praemoneo.
経済 oeconomia, res oeconomica. ▶(ある地域や 国の)～状況 status rei oeconomicae (alicujus regionis vel nationis). ▶～大国 oeconomicus potentatus. ▶～学 oeconomia, oeconomica disciplina, doctrina de regendis et interpretandis rebus oeconomicis. ▶～学者 oeconomista, doctrinae oeconomicae peritus. ▶～の oeconomicus.
経済的 ▶～な minimi sumptus, minimae impensae.
警察 custodes publici (pl), urbis securitatis [quietis] cura, securitatis urbanae cura, publicae

securitatis ministri (*pl*), corpus biocolyticum, custodia, tutela. ▶~官 minister publicus. ▶~署 sedes biocolytica, publicae securitatis sedes. ▶~の ad disciplinam pertinens, biocolyticus.
計算　ratio, dinumeratio, computatio, ratiocinium, calculatio, supputatio. ▶~する numero, computo, dinumero, reputo, calculo, supputo, rationem ineo [habeo].　*cf.* 足し算 consummatio. 掛け算 multiplicatio.　引き算 deductio.　割り算 divisio.　指で数える digitis computo.　星の数を数える stellas dinumero.　⇨ 算数.
計算機　(＝電卓) machinula calculatoria. ▶電子~ instrumentum computatorium. ▶~センター sedes mechanicographica.　⇨ コンピュータ.
軽視　▶~する postfero.
刑事　(＝私服警察官) investigator a publica securitate. ▶~の, ~事件に関する criminalis. ▶~事件 criminalis causa.　⇨ 探偵.
掲示　libellus. ▶~板 titulus, tabula. ▶~する proscribo.　⇨ 提示.
形式　(書類や手続きの) formula; (演説の) formae [figurae] dicendi. ▶~主義, ~張っていること nimia formulae observantia.　⇨ 形.
傾斜　clivus. ▶下り~ declivitas, proclivitas. ▶上り~ acclivitas. ▶下り~の declivis, proclivis. ▶上り~の acclivis.
芸術　ars. ▶~作品 artificium. ▶~家 artifex. ▶~的な artificiosus.
継承　successio. ▶~者 successor. ▶~する succedo.
形状　forma.　⇨ 形.
形成　conformatio. ▶~する conformo, formo.
継続　successio. ▶(職務を) ~する continuo.　⇨ 連続, 継承, 維持.
軽率　temeritas, inconsiderantia, imprudentia. ▶~な temerarius, inconsultus, inconsideratus, imprudens. ▶~に temere, inconsulte, incaute, inconsiderate, imprudenter.　⇨ 浅はか.
形態　⇨ 形.
携帯　▶~の qui facile portari potest. ▶~電話 telephonum [telephonulum] gestabile.
経度　longitudo.　⇨ 緯度.
芸人　artifex.
競馬　equorum curriculum, cursus equester. ▶~場 hippodromos.
軽薄　levitas. ▶~な frivolus, levis, nugatorius.
経費　impendium, sumptus.　⇨ 費用.
警備　custodia, vigilia. ▶~員 custos, vigil.　⇨ 護衛.
景品　⇨ 贈物.
軽蔑　despicientia, despectio, despicatus, contemptio, contemptus. ▶~する despicio, despicor (*dep*), contemno; (人を) habeo ⟨alqm⟩ despicatui. ▶~して contemptim.
警報　ad arma conclamatio, publica admonitio, publicus monitus.
刑務所　(＝監獄, 牢獄) carcer, custodia, vincula (*pl*).　▷~に入れる duco [conjicio] in carcerem / duco [induco] in vincula.　▷~に入る in carce-

rem vado　⇨ 囚人.
契約　pactio, pactum, conventio, conventus, foedus. ▶~する paciscor (*dep*).
経由　▶(…を) ~して per ⟨+*acc*⟩.
形容詞　adjectivum (nomen), appositum.
経理　⇨ 会計.
計略　⇨ 策略.
計量　mensura. ▶~する metior (*dep*), demetior (*dep*); (重さを) penso, appendo.
敬礼　salutatio. ▶~する saluto.
経歴　cursus (vitae).　⇨ 履歴.
系列　consecutio, series, ordo.　⇨ 連鎖, 連続.
痙攣　convulsio, spasmus. ▶~する spasmo vexor (*pass*).
ケーキ　placenta.　⇨ 菓子.
ケース　(＝入れもの) theca; (パピルスや手紙を保管する円筒形の) scrinium; (パピルスの巻物を入れる) capsa, capsula.　⇨ 場合, 金庫, 箱.
ケーブル　funis, rudens. ▶電気~ funis electricus. ▶~カー currus funalis, vehiculum funale.　⇨ 綱, ロープ.
ゲーム　(＝試合, 競技) ludus, certamen; (＝遊技) ludus, lusio.　⇨ おもちゃ, 娯楽, 遊び.
怪我　vulnus, sauciatio. ▶(肩を) ~した vulneratus (umerum), saucior (*pass*). ▶~をする se vulnerare (← vulnero), saucior (*pass*). ▶(人に) ~をさせる ⟨alqm⟩ vulnero, saucio, ⟨alci⟩ vulnus infligo.　⇨ 傷.
外科　▶~医 chirurgus. ▶~医術 chirurgia. ▶~の chirurgicus.
毛皮　pellis, tergum.
劇　(scaenica) fabula, scaena, drama; (喜劇) comoedia; (悲劇) tragoedia. ▶~作家 poeta scaenicus, scaenicus. ▶~の scaenicus, dramaticus.　⇨ 劇場.
激化　▶~する vehementesco, ingravesco.
劇場　theatrum, scaena.
激情　impetus.
撃退　propulsatio. ▶~する propulso, repello.
激動　perturbatio.　⇨ 騒動.
激励　hortatio, hortatus.　⇨ 励ます.
今朝　副 hodie mane.
夏至　solstitium. ▶~の solstitialis.
景色　prospectus.　⇨ 風景.
消しゴム　cummis deletilis.
下女　ancilla. ▶~の ancillaris.
化粧　cultus (et ornatus). ▶~品 medicamentum, faciei medicamen. ▶~(の術) vultum fucandi ars. ▶~する se ornare (← orno), se fingere (← fingo), cultum suum componere (← compono).
消す　(火を) exstinguo; (書いたものを) deleo, erado.
下水道　cloaca.
削る　rado; (＝表面を削り取る) scabo; (＝削り落とす) erado; (予算や出費を) minuo, circumcido, astringo.
気高い　generosus. ▶気高さ nobilitas. ▶気高く honeste.　⇨ 高貴.
けたたましい　stridulus. ▶~音を鳴らす strido.
けち　avaritia; (人) avarus. ▶~な avarus. ▶けち

けちと avare.
血圧 sanguinis pressus. ▶高～ hypertensio. ▶低～ hypotonia, sanguinis pressus exiguus.
決意 ⇨ 決心.
血液 sanguis. ▷～の循環 sanguinis circulatio.
結果 eventus, eventum, effectus. ▶その～ ergo, igitur. ▷～として起こる sequitur. ▷～の…とな る ex quo efficitur. ▷～が行為を正当化する exitus acta probat. ⇨ 起こる, 結末.
欠陥 vitium. ▶～のある vitiosus. ⇨ 不完全, 欠点.
血管 vena. cf. 静脈 vena. 動脈 arteria.
決議 decretum. ▶～する decerno.
結局 denique, tandem, extremo, extremum, postremo, postremum.
欠勤 ⇨ 欠席.
月経 menstruatio, menstrua (pl). ▶～の menstrualis, menstruatus.
月桂樹 laurus. ▶月桂冠 laurea. ▶～の laureus.
結構 (＝十分に, かなり) satis. ⇨ かなり.
結合 junctura, junctio, conjunctio, coagmentum, conjugium. ▶～する conjungo, coagmento. ⇨ 結ぶ, つなぐ.
結婚 conjugium, conubium, matrimonium; (式) nuptiae (pl). ▶～の (＝夫婦の, 婚姻の) conjugalis, conjugialis, conubialis. ▶～(式)の (＝婚礼の) nuptialis. ▶～する (＝男が女を娶る) <alqm> in matrimonium duco, uxorem duco; (＝女が男に嫁ぐ) nubo. ▷ある人と娘を～させる do alicui filiam nuptam. ▷～式を祝う nuptias celebro. ⇨ 嫁.
傑作 mirabile [praeclarum, perfectum, pulcherrimum, optimum, maximum, praestantissimum] opus.
決して ▶～…ない numquam, non [ne, nec (neque), nihil, nemo, nullus] … unquam, haud, nullo modo.
傑出した excellens, egregius, praestans, eminens, praecipuus. ⇨ 著しい.
欠如 absentia. ⇨ 欠乏, 不足.
結晶 crystallina forma, crystallum. ▶～作用 in crystallinam formam mutatio. ▶～の crystallinus. ▶～化する in crystallinam formam [crystallum] verto [cogo, denso].
月食 lunae defectus [defectio, eclipsis]. ▶皆既～ lunae perfecta defectio. ⇨ 日食.
決心 decretum, sententia. ▶～する decerno, statuo, consilium capio. ▶～した certus.
欠席 absentia. ▶～する 形 absens. 動 absum, desum.
血相 ⇨ 顔色.
決定 decretum. ▶～する finio, definio, statuo, constituo, decerno, determino. ⇨ 決心.
欠点 vitium. ▶～をもつ vitiosus. ▷愚か者は一つの～を避けているうちに反対の～に至る dum vitant stulti vitia, in contraria currunt.
血統 (＝血筋) sanguis, genus, stirps.
潔白 innocentia. ▶～な innocens. ▶～で innocenter.
げっぷ ⇨ おくび.

月賦 (＝分割払い金) rata pars, pensio. ▶～払い (＝分割払い) solutio in ratas partes divisa, solutio in ratas pensiones divisa. ▶～で(支払う) per partes ratas (solvo).
欠乏 inopia, egestas, penuria. ▶～している egeo. ⇨ 乏しい, 欠如.
結末 exitus. ⇨ 結果.
月末 ▶～に ultimo mense, mense exeunte.
結論 conclusio. ▶～する concludo.
解毒剤 antidotum.
けなす obtrecto, detrecto, elevo. ▶～こと obtrectatio. ▶～人 obtrectator, detrector. ⇨ 非難, 中傷, 悪口.
ケニア Kenia. ▶～(人)の Kenianus. ▶～人 Keniani (pl).
懸念 metus. ⇨ 恐れ.
気配 odor. ▷いくらか独裁官の～がする est non nullus odor dictaturae. ⇨ 兆候, 前兆.
けばけばしい coloribus immoderatus [acerbus].
下品 obscenitas. ▶～な obscenus, inelegans. ▶～にも obscene.
毛深い (＝毛むくじゃらの) pilosus, villosus.
煙 fumus. ▶～の多い, ～でいっぱいの fumosus.
獣 bestia; (野生の) fera; (巨大な, 恐ろしい) belua. ▶～の bestiarius. ⇨ 家畜.
下落 deminutio.
けり ▶～をつける perficio, conficio. ⇨ 終える.
下痢 (alvi) profluvium, ventris fluxio.
ゲリラ ▶～(戦) bellum dolosum [tectum, incompositum, inordinatum, concursatorium], continuae insidiae. ▶～兵 bellator tectus [solutus].
蹴る calce ferio [caedo, peto, contundo], calcitro. ▶蹴り calcitratus, calcis [pedis] ictus.
下劣 ▶～な turpis, foedus, abjectus. ⇨ 下品, 卑しい.
件 ⇨ できごと, 問題, 用件.
券 tessera, pittacium.
剣 gladius, ensis.
圏 (＝一輪に囲まれた区域) circulus, orbis. ⇨ 範囲.
弦 (楽器の) nervus, chorda, fides.
険悪 ▶～な minax.
懸案 res suspensa. ▶～の suspensus.
権威 auctoritas, dignitas.
原因 causa.
幻影 simulacrum, visio, mendacium, phantasma, falsa imago; (実体がなく空虚な存在がわれわれの恐怖のせいで姿を取って現われること) inania et vana ex metu nostro imaginem accipere.
検疫 quadragenaria, mora quadragenaria in statione propter pestem [suspectam valetudinem]. ▶～を行なう quadragenariam ago. ▶(…に) ～を施す <+dat> quadragenariam infero [facio, impono].
現役 ▶～である munus obeo.
検閲 ▶～する censuram facio, recognosco, inspicio. ▶～された (a obscenis loci) purgatus.
嫌悪 fastidium, taedium, aversatio. ▶～を示す fastidio, aversor (dep). ▶～を覚えている taedet

(impers). ⇨ 反感, 嫌う.
けんか altercatio, jurgium, rixa, lis. ▶~する rixor (dep). ▶~好きな litigosus. ⇨ 口論.
見解 opinio, sententia. ⇨ 意見.
限界 terminus, finis. ▶~を決める termino, finio.
厳格 severitas, duritia. ▶~な severus, durus. ▶~に severe. ⇨ まじめ, 厳しい.
幻覚 visio, mendacium. ⇨ 幻影.
玄関 vestibulum, ostium.
嫌疑 suspicio. ⇨ 疑う.
元気 vigor, alacritas. ▶~な alacer, valens, animosus, nervosus. ▶~である valeo, vigeo. ▶~づける refoveo ⇨(=さようなら) vale / vive valeque. ▷お～で(=手紙の冒頭です)あなたがお～なら何よりです, 私は～です si vales bene est, ego quidem valeo. ▷兵士たちの心を～づける militum animos confirmo. ⇨気力, 体力, 活気.
研究 studium, investigatio. ▶~者 investigator (m). ▶~する perspicio, contemplor (dep). ▷哲学の～をする studium philosophiae colo. ⇨ 探求.
言及 mentio, commemoratio. ▶(…について)～する ⟨de+abl⟩ commemoro, ⟨+gen⟩ mentionem facio.
検挙 ⇨ 逮捕.
謙虚 modestia, verecundia, pudor. ▶~な modestus, verecundus. ▶~に verecunde. ⇨ 遠慮, 控えめ, 恥.
厳禁 ⇨ 禁止.
現金 pecunia praesens [numerata, expedita], praesentes nummi (pl). ▶~の numeratus. ▶~で in nummo. ▶~払い repraesentatio. ▶(…に)～で支払う in pecunia ⟨alci⟩ satisfacio, pecuniam ⟨alci⟩ numero, repraeseno. ⇨ 金(かね).
権限 auctoritas, potestas.
堅固 firmitas, soliditas. ▶~な firmus, solidus. ▶~にする solido.
言語 (個別の) lingua, sermo;(=人間の話すことば) oratio.
健康 ▶~(であること) salus, bona [commoda] valetudo. ▶~状態 valetudo. ▶不～ mala [adversa] valetudo. ▶~である valeo, salveo. ▶~な valens, validus, salvus. ▶(人を)～にする ⟨alqm⟩ salvum facio. ▶~になる salvus fio. ▶~に良い, ～的な salubris. ▶~に悪い, 不～な insalubris.
原稿 (=草稿, 下書) scriptum, adversaria (pl);(直筆の) autographum, manuscriptum, ideographus liber.
現行 ▶~の praesens, qui nunc est, non obsoletus.
健康保険 morbis curandis arca.
言語学 glottologica disciplina, sermonis normae rationique scientia. ▶~者 glottologus, linguarum studiosus, vir linguis doctus, glottologiae cultor, multarum linguarum peritus. ▶~の glottologicus. ⇨ 語学, 文献学.
げんこつ ⇨ 拳.
検査 experimentum, probatio, periculum, periclitatio, recensio, inspectus. ▶血液～ sanguinis probatio. ▶適性～ idoneitatis periculum. ▶~する recenseo, inspicio, recognosco. ⇨ 吟味, 監査.
現在 名 praesens (tempus), praesentia. ― 副 (=今) nunc, in praesenti, in praesentia. ▶~の praesens.
検索 investigatio, inquisitio, exploratio. ▶~する investigo, inquiro, exploro.
検事 (=検察官) causae criminalis actor.
原始 primordium. ▶~の primitivus, primordialis. ⇨ 最初.
原子 atomus, corpus individuum, corpus insecabile. ▶~論 atomismus, doctrina de atomis. ▶~物理学 physica [physice] atomica. ▶~爆弾 pyrobolus [globus] atomicus. ⇨ 原子力.
見識 sapientia. ⇨ 学識, 知識.
現実 veritas, res vera. ⇨ 事実, 真実.
拳銃 manuballistula (ignivoma), pistolium. ⇨ 銃.
厳重 ⇨ 厳しい.
厳粛 sollemnitas. ▶~な sollemnis. ▶~に sollemniter. ▶~な儀式 sollemne.
憲章 charta. ▷大～ (マグナカルタ) Magna Carta [Charta].
減少 deminutio, minutio. ▶~する deminuor (pass), minuor (pass), decresco. ⇨ 減らす, 減る.
現象 (=自然現象やできごと) res. ▷～の原因 hujus rei causa. ▷天体の～ phaenomena (pl). ▷奇怪な～ prodigium.
現状 ⇨ 状態.
原子力 vis atomica [nuclearis]. ▶~発電所 ergasterium atomicum, electrificina nuclearis. ⇨ 原子.
献身 devotio, studium. ▶~的な devotus, studiosus. ▷私のきみに対する～ mea in te pietas.
現世 ▶~の terrestris.
厳正 ⇨ 厳しい, 正確.
減税 ⇨ 税.
建設 exstructio, aedificatio. ▶~する construo, exstruo, aedifico. ⇨ 建築, 建てる.
健全 sanitas. ▶~な sanus.
源泉 fons.
元素 (万物を構成する) elementum.
建造 ⇨ 建設.
幻想 somnium, phantasia, phantasma, res vana, falsa [vana] species. ⇨ 妄想, 幻影.
原則 principium.
謙遜 verecundia, modestia. ▶~した verecundus, modestus. ⇨ 謙虚.
現代 ⇨ 現在, 近代, 古代.
現地 ▶~の (=ある土地の, その土地の) ⟨alicujus [hujus]⟩ loci [regionis]. ▶~人 aborigines (pl), indigena, autochthon.
建築 constructio, aedificatio. ▶~物 aedificium, aedificatio. ▶~術 architectura, architectonice. ▶~家 architectus, architecton. ▶~の architectonicus. ▶~する aedifico, architector (dep).
限定 ▶~する determino, finio, definio.

原点	(＝出発点) initium, exordium; (＝始まり, 起源) principium, fons.
限度	finis. ▷物事には~がある est modus in rebus.
検討	⇨ 検査, 調査, 審査, 吟味, 討議, 熟慮.
原動力	vis movendi [dynamica].
現に	実際.
兼任	▶~する ⟨alci⟩ plura munera esse (← sum).
現場	▶~に行く in rem praesentem venio. ▷彼は~にいた aderat praesens.
原爆	⇨ 原子.
鍵盤	pinnae (pl); malleori (pl), malleororum series.
見物	spectatio. ▶~人 spectator. ▶~する specto. ⇨ 見世物.
憲法	charta civitatis constitutiva, formae civitatis charta, civitatis forma, rei publicae constitutio.
厳密	subtilitas. ▶~な subtilis. ⇨ 正確, 綿密.
賢明	sapientia. ▶~な sapiens. ▶~に sapienter. ⇨ 賢い.
懸命	▶~に enixe.
言明	oratio. ⇨ 明言, 断言.
原野	⇨ 荒野.
倹約	parsimonia. ▶(…を)~する ⟨alci rei⟩ parco. ▷支出を~する parco impensae [sumptui]. ⇨ 節約.
原油	oleum terrigenum.
権利	jus.
原理	principium.
原料	materia, materies.
権力	potestas, potentia. cf. 三権分立の原理 axioma divisionis potestatum.
元老院	senatus, patres (pl). ▶~議堂 curia. ▶~議員 senator. ▶~の senatorius.
言論	oratio. ▷~の自由 libera lingua / libertas loquendi.

こ

子	(＝息子・娘) filius (m), filia (f); (＝…から生まれた者) natus (m), nata (f). ⇨ 子供.
語	verbum. ⇨ 言語, 品詞.
恋	amor. ▶~をする amo, amore capior (pass). ▶~の炎 ardor, flamma. ▷~のために狂う ex amore insano. ⇨ 恋愛, 愛.
濃い	spissus, fuscus, condensatus. ▶濃く spisse. ▶濃くする spisso, fusco.
語彙	verba linguae propria, verborum copia.
恋人	⇨ 愛人.
コイン	nummus. ⇨ 金貨, 銀貨, 銅貨, 貨幣.
甲	(亀の) testa.
高圧	alta tensura [tensio].
公安	securitas publica.
考案	inventio. ▶~者 inventor. ▶~されたもの inventum. ▶~する invenio. ⇨ 発見, 発明.
好意	benevolentia, voluntas, benignitas. ▶~的な benevolus, benevolens, benignus. ▶(人に)~を抱く ⟨alci⟩ faveo.
行為	actus, actio; (成された) factum. ▶~者 actor. ▷正しくなされた~ recte facta. ⇨ 行なう.
合意	concordia. ▶~する concordo. ⇨ 同意, 賛成.
強引	▶~に per vim. ▷こじつけ.
幸運	(secunda) fortuna, felicitas. ▶~な fortunatus, felix, prosperus, faustus. ▶~に fortunate, feliciter, fauste. ▶~の女神 (Fors) Fortuna. ⇨ 運, 運命.
後衛	novissima [extrema] acies, novissimum [extremum] agmen.
光栄	⇨ 名誉, 栄光.
公営	▶~の publicus.
公益	communis utilitas, bonum publicum.
後援	patrocinium. ⇨ 支援, 応援, 援助.
公園	horti (pl).
講演	acroasis, dictio. ⇨ 演説, 弁論.
効果	efficacitas, effectus. ▶~的に efficaciter, efficienter, potenter. ▶~なく sine effectu. ▶~のある efficax, (ad efficiendum) potens.
硬化	▶~する duresco, induresco. ▶~固い.
硬貨	nomisma, nummus. ⇨ 紙幣, 貨幣.
高価	▶~な carus, pretiosus, sumptuosus. ⇨ ぜいたく.
豪華	▶~な sumptuosus, luxuriosus, magnificus, splendidus. ⇨ ぜいたく.
後悔	paenitentia. ▶(人が…を)~する ⟨alqm alcis rei⟩ paenitet (impers).
公開	▶~する patefacio, palam facio.
航海	(maris) navigatio, via maris. ▶~する (in mari) navigo. ⇨ 航行.
公害	⇨ 汚染.
口外	▶(秘密を)~する enuntio. ⇨ 漏らす.
郊外	suburbium, suburbanitas. ▶~の suburbanus.
光学	optice. ▶~の opticus.
工学	technologia. ▶電気~ electridis naturae scientia [peritia], ars electrotechnica ars, electridis technica ratio [disciplina]. ▶電子~ electronica disciplina [ars]. ▶無線通信~ radiotechnice. ▶機械~ disciplina machinalis. ⇨ 技術.
狡猾	▶~(さ) calliditas, astutia, versutia, dolus. ▶~な callidus, astutus, dolosus, versutus.
交換	mutatio, commutatio, permutatio. ▶~する muto, commuto, permuto. ▶手紙の~ epistularum commercium. ▷私は決して閑暇を富と~しない nec otia divitiis muto.
後期	(学校の) secundum semestre; (人生の) (vitae) extrema tempora. ⇨ 前期.
好機	(bona [opportuna, commoda]) occasio, tempus. ⇨ 時機.
高貴	nobilitas. ▶~な nobilis, generosus, honestus, amplus. ⇨ 気高い.
抗議	reclamatio. ▶~する reclamo, reclamito. ⇨ 異議, 反対, 拒否.
講義	auditio, schola. ▶~室 auditorium, schola. ⇨ 講演, 授業.
好奇心	curiositas, exspectatio, videndi [co-

gnoscendi, discendi] cupiditas [studium]. ▶～の
ある curiosus. ▷～に満ちた plenus exspectatione.
皇居 ⇨ 宮殿.
工業 (＝機械工業) machinalis industria. ▶手～
artificia (*pl*). ▶手～者 artifices (*pl*). ▶～の, ～に
関する ad machinalem industriam pertinens. ▶
～化する machinalem industriam induco. ⇨ 工
芸, 産業.
公金 pecunia publica.
合金 temperatura, mixtura, commixtura, confusio (de metallis). ▷金と銅の～をつくる aes confusum auro misceo.
工具 instrumentum, ferramentum. ⇨ 道具.
航空 aeria navigatio. ▶～機 (＝飛行機) aeronavis, aerovehiculum, aeroplanum. ▶～会社 societas aeronautica. ▶～の aeronauticus.
航空便 ▶～で (送る) aeriā viā (mitto). ▷～の手紙 epistula aeriā viā missa.
後継 successio. ▶～者 successor.
光景 spectaculum.
工芸 opificium artes et munera (*pl*). ▶～家 opifex.
合計 (tota) summa. ▶～で ad summam. ▶～する consummo, (totam) summam facio, unum e singulis numerum facio. ▷～を求める summam subduco. ▷(その)～は…になる (quae) computatio efficit …. ▷全員～すると約 20 万人であった summa omnium fuerunt ad milia ducenta.
攻撃 impetus, impugnatio, congressus. ▶～する oppugno, impugno, invado, impeto, aggredior (*dep*); (投石機で) (tormentis) verbero.
貢献 adjumentum. ▷私たちは同胞諸君に多大な～をした magnum attulimus adjumentum hominibus nostris. ⇨ 寄与, 役立つ.
公言 professio, declaratio. ▶～する profiteor (*dep*), declaro.
高原 planities, campus editus.
交互 vicis. ▶～His vicissitudo. ▶～に vicissim, vice, vivibus in vicem. ▶～に行なう, ～に現われる alterno. ⇨ 交代, 互い, 相互.
航行 navigatio. ▶～する navigo, in nave vehor (*pass*). ⇨ 航海.
高校 lyceum, gymnasium. ⇨ 学校.
光合成 photosynthesis.
考古学 antiquitatis scientia, archeologia. ▶～者 archeologiae studiosus [peritus]. ▶～の ad antiquitatis doctrinam spectans, archeologicus.
公告 renuntiatio, proscriptio, praeconium; (＝公告書) libellus, proscriptio. ▶～する renuntio. ⇨ 公布, 公示.
広告 ⇨ 宣伝.
恍惚 exstasis.
交差 decussatio, transversum. ▷(道路の)～点 compitum. ▶～させる decusso. ▶～した transversus, decussatus.
口座 ⇨ 銀行, 預金, 貯金, 振替.
交際 consuetudo, commercium, conversatio, usus, convictus. ▶～する commeo, ⟨alqo⟩ utor, coutor (*dep*).

工作 fabricatio. ▶～者 fabricator. ▶～場 fabrica. ▶～する fabrico, fabricor (*dep*). ⇨ 工夫, 陰謀.
考察 consideratio, contemplatio. ▶～する considero, contemplor (*dep*). ⇨ 熟慮.
鉱山 metallum, fodina.
格子 cancelli (*pl*), clatri (*pl*).
公使 legatus. ⇨ 使節.
講師 (大学などの) docendi facultate praeditus, licentiatus. ▶～職 docendi munus, magisterium, magistri officium. ⇨ 教師.
公示 proscriptio, pronuntiatio, renuntiatio. ▶～する proscribo, pronuntio.
工事 opus. ⇨ 作業.
公式 ▶の publicus. ▶～に publice.
皇室 familia imperatoria.
口実 falsa [facta] causa, praescriptio. ▶～として述べる causor (*dep*), praescribo. ▷騎兵隊を集めるという～で per causam equitatus cogendi. ⇨ 言い訳.
公衆 populus, vulgus, homines (*pl*).
口臭 gravis halitus, anima foetida [redolens], os foetidum, animae [oris] gravitas.
講習 ⇨ 授業.
口述 dictatio. ▶～する dicto.
高所 altitudo, locus editus, loca superiora [editiora] (*pl*). ▶～から ex loco superiore. ⇨ 丘, 山, 高原.
交渉 colloquium. ▶(…について) ～する ⟨de＋abl⟩ colloquor (*dep*). ⇨ 討議.
向上 progressio, progressio, processus, profectus. ⇨ 進歩.
工場 officina, fabrica. ⇨ 工作.
強情 pertinacia, obstinatio. ▶～な pertinax, obstinatus. ▶～に pertinaciter, obstinate.
公職 magistratus.
好色 ▶～の libidinosus.
更新 renovatio. ▶～する renovo.
行進 agmen. ⇨ 前進, 行列.
香辛料 condimentum. ▶～を入れる condio.
香水 unguentum, odoratus liquor. ▶～石鹸 odoratus sapo.
洪水 diluvies, inundatio, diluvium. ▶～にする inundo.
後世 ▶～(の人々) posteritas, posteri (*pl*).
公正 ▶～ justitia. ▶～な justus. ▶～に juste. ⇨ 公平.
構成 constructio, compositio. ▶～する compono. ⇨ 構造.
合成 compositio. ▶～語 verbum junctum. ▶～する compono, jungo. ⇨ 混ぜる.
豪勢 ▶～な sumptuosus, magnificus.
抗生物質 antibioticum (medicamentum).
功績 meritum, dignitas.
光線 radius. ▶～を発する radio. ▶太陽～ radii solis (*pl*). ⇨ 光.
公然 ▶～と palam, propalam.
酵素 enzyma, solubile fermentum. ▶～の enzymaticus, fermentacius.

抗争	conflictio, conflictus. ▶～する confligo. ⇨ 争う, 戦う.	降伏	deditio. ▶～する in deditionem venio, se dedere (← dedo).
構想	consilium. ▷新たな中東和平～ novum de pace in Proximo Oriente facienda consilium. ⇨ 計画.	鉱物	res inanima [inanimata], metallum. ▶～学 metallorum doctrina [descriptio], mineralogia. ▶～の mineralis.
高層	▶～の supereditus. ▶～ビル superedita aedes.	興奮	concitatio, commotio. ▶～させる commoveo, excito, concito. ▶～した concitatus, commotus.
構造	structura. ⇨ 構成.	公平	aequitas, aequabilitas. ▶～な (＝中立の) aequus, medius. ▷～な[不～な]条件のもとで戦う in loco aequo [iniquo] pugno. ⇨ 不公平.
拘束	⇨ 束縛, 縛る.		
後退	regressus. ▶～する regredior (dep). ⇨ 退却.		
交代	▶～する succedo. ▶～に alternatim. ▷疲れた兵士たちに次々と元気のよい兵士たちが～する defatigatis in vicem integri succedunt. ⇨ 交互.	候補	▶～(者) candidatus, petitor.
		酵母	fermentum. ⇨ 発酵.
		広報	⇨ 宣伝.
広大	magnitudo, vastitas, latitudo. ▶～な magnus, vastus, latus.	後方	▶(…の) ～に post ⟨+acc⟩, pone ⟨+acc⟩. ▶～に post.
皇太子	princeps hereditarius. ▶～妃 principissa hereditaria. ⇨ 王子.	合法	legitimitas. ▶～の, ～的な legitimus, justus. ▶～的に legitime.
光沢	splendor. ▶～ 輝き.	傲慢	insolentia, superbia. ▶～な insolens, superbus. ▶～に insolenter, superbe. ▷～不遜な態度を取る magnos spiritus sibi sumere (← sumo). ⇨ 尊大.
強奪	▶～する extorqueo, exprimo, rapio. ⇨ 略奪, 奪う.		
耕地	ager cultus.		
紅茶	(＝茶) theana potio.		
好調	▶～である bene se habere (← habeo).	巧妙	sollertia. ▶～な sollers, artificiosus, callidus. ▶～に sollerter. ⇨ 狡猾.
硬直	rigor. ▶～した rigidus. ▶～する rigesco. ▶～している rigeo.		
		公務	officium, munus.
交通	commeatus. ⇨ 道.	こうむる	patior (dep), subeo.
好都合	opportunitas. ▶～な opportunus, commodus. ▶～に opportune, commode. ⇨ 不都合, 都合.	項目	caput, articulus.
		拷問	cruciatus, cruciamentum, tormentum. ▶～具 tormentum. ▶～にかける crucio.
皇帝	imperator; (女帝) imperatrix. ▶～の imperatorius.	荒野	desertum, vastitas, incultae regiones (pl).
肯定	affirmatio. ▶～する affirmo, aio. ⇨ 否定.	行楽	excursio. ⇨ 遠足, 遠出.
公的	▶～な publicus.	高利	magnum [grave] faenus. ▷～で融資する pecuniam occupo grandi faenore. ⇨ 利子.
鋼鉄	chalybs. ▶～の chalybeius.		
好転	▶～する melior fieri (← fio), melius ire (← eo).	小売り	mercium distractio. ▶～業者 (商人, 店主) distractor, caupo. ▶～する divendo, distraho.
高度	⇨ 高い.	合理主義	rationalismus. ▶～者 rationalista.
口頭	▶～で (viva) voce. ▷～で教える verbis praecipio.	公立	▶～の publicus.
		合理的	▶～な rationalis, intellegibilis. ▶非合理な irrationalis.
行動	actio, actus. ⇨ 行為, ふるまう.		
講堂	auditorium. ⇨ 講義.	攻略	oppugnatio, expugnatio. ▶～する oppugno, expugno. ⇨ 征服.
強盗	latro, praedo, praedator; (行為) latrocinium. ▶～を働く latrocinor (dep), praedor (dep). ⇨ 強奪.	交流	commercium. ⇨ 交際.
		勾留	custodia. ▶～する custodio.
		合流	confluens. ▶～する confluo.
講読	lectio.	考慮	⇨ 考え, 考える.
購入	emptio. ▶～する mercor (dep), emo, emptionem facio. ⇨ 買う.	香料	odor, odoramentum, odoramen, aroma.
		恒例	▶～の consuetus.
効能	potestas, vis, virtus, facultas, effectus.	高齢	▶～の aetate provectus. ⇨ 老いる.
購買	⇨ 購入.	航路	cursus. ▶海上～ cursus maritimus.
香ばしい	bene olens. ⇨ 匂い.	口論	altercatio, jurgium. ▶(人と) ～する ⟨cum alqo⟩ altercor (dep), jurgio contendo, jurgo. ⇨ けんか.
後半	posterior dimidia pars. ⇨ 前半.		
交尾	coitus.		
公表	▶～する profero, edo, propono. ⇨ 公(おおやけ).	講和	pacificatio. ▶～条約 pax, pacis foedus. ⇨ 平和.
好評	▶(…に) ～である (＝喜ばれる) ⟨+dat⟩ placeo.		
		声	vox. ▷大～で magna voce. ▷～を低くして voce submissa.
交付	traditio. ▶～する trado.		
公布	renuntiatio. ▶～する renuntio.	護衛	custodia, praesidium, satellites (pl), corporis custodes (pl). ▶～者 custos, praesidium, sti-
後部	pars posterior.		
幸福	felicitas, beatum, faustitas. ▶～な felix,		

pator. ▶〜する (=警護する) comitor (dep).
越える・超える transilio, transcendo, transeo, transgredior (dep), supero, praetereo. ▷度を超えて supra modum. ▷ライン川を越えて trans Rhenum. ▷城壁を越えて super murum.
コース (=道順. 道程) iter; (陸上競技等の) (=走路) curriculum, stadium.
コーチ (=教師) exercitator, magister.
コード¹ (=暗号・符号の体系) secretiorum notarum (significationum) tabulae (pl).
コード² linea. ▶電気〜 linea electrica. ▷電話の〜 linea telephonica.
コーナー angulus. ⇨ 角(②).
コーヒー cafaeum, Arabica potio, potio cafaearia. ▶カフェイン抜き〜 potio cafaearia sine cafaeino [cafaeino detracto]. ▷クリーム入り〜 cafaearia potio spuma lactis addita [praedita]. ▷ミルク〜 cafaeum cum lacte, cafaei lactisque potio, cafaeum lacte mixtum. ▷〜ショップ taberna cafaearia.
氷 glacies, aqua concreta. ▶〜の glacialis. ▶〜のような gelidus.
凍る conglacio. ▶凍らせる glacio. ▶凍った gelidus, frigidus, concretus. ▶〜ように寒い praegelidus, praefrigidus. ▷寒さで水が〜 frigoribus durescit humor.
ゴール (=決勝点) finis, calx; (サッカー等の球技における) porta. ▶〜キーパー janitor retis.
誤解 error. ▶〜する perperam [male, haud recte] intellego. ⇨ 間違い.
互角 ▶〜の aequus, aequalis.
語学 (=文学・言語・文法の研究) grammatica. ⇨ 言語学, 文献学.
焦がす aduro, uro. ▶焦げた adustus. ⇨ 燃やす.
小型 ▶〜の minore forma, parvus. ⇨ 小さい.
小切手 (=チェック) perscripta pecunia, perscriptio pecuniae, mandatum nummarium.
呼吸 spiritus, respiratio. ▶〜する spiro.
故郷 patria. ▶〜の patrius. ⇨ 祖国.
こぐ remigo. ▶〜こと remigatio, remigium. ▶こぎ手 remex. ⇨ 櫂.
極意 ars secreta.
国営 ▶〜の ad publica bona pertinens, publicus, rei publicae.
国益 utilitas communis, rei publicae quaestus [fructus, lucrum].
国際化 rationis internationalis inductio [effectus]. ▶(…を)〜する ⟨alqd⟩ internationalem reddo.
国際的 ▶〜な communis omnibus nationibus, mundanus, inter omnes gentes, internationalis, (omnium) gentium [nationum]. ▷〜な商取引 gentium inter se commercium.
国際法 jus gentium.
極上 ⇨ 最高.
黒人 homo nigricolor, cives nigricolores (pl), nigritae (pl), Aethiops. ⇨ 黒.
国勢調査 ⇨ 人口調査.
国籍 civitatis nomen. ▶イタリア〜の natione Italicus, Italus. ▶無〜の civitatis expers, civitate carens. ⇨ 市民.
告訴 accusatio. ▶〜者 accusator. ▶(人に対して)〜する accuso, nomen ⟨alcis⟩ defero. ⇨ 告発.
告知 nuntiatio. ▶〜する nuntio, denuntio. ⇨ 知らせる, 公告, 通知.
国内 ▶〜の domesticus. ▶〜で起こった intestinus.
告白 confessio. ▶〜する confiteor (dep).
告発 accusatio, indicium, insimulatio. ▶〜者 accusator, index. ▶(人を)〜する accuso, indico, insimulo, arguo, ⟨alqm⟩ reum facio. ⇨ 被告, 中傷, ざん訴.
黒板 (=書き板) tabula, tabella.
国防 defensio publica. ▶〜省 sedes administri publicae defensioni praepositi.
国民 populus, natio. ▶ローマ〜 populus Romanus. ▶〜投票 suffragium populi. ▶〜の publicus, nationalis. ⇨ 国家.
克明 ▶〜な exactus, scrupulosus, subtilis, diligens.
穀物 frumentum. ▶〜に関する frumentarius.
国有 ▶〜の publicus. ⇨ 国営.
国立 ▶〜の publicus. ⇨ 国営.
国連 (=国際連合) Unitarum Nationum Coetus [Societas], Nationes Unitae. ▶〜事務総長 secretarius generalis Nationum Unitarum.
苔 muscus.
固形 ▶〜の solidus.
語源 verbi origo [originatio]. ▶〜学 etymologia, etymologice, verborum originis disciplina. ▶〜学者 etymologus. ▶〜(学)の etymologicus.
ここ ▶〜に, 〜で hic, (in) hoc loco. ▶〜へ huc. ▶〜から hinc. ▷〜までは友情について述べてきた hactenus de amicitia locutus sum.
個々 ⇨ おのおの, 固有, 別々.
午後 [名] pomeridianum [postmeridianum] tempus. ▶〜の pomeridiem, post meridiem. ▷〜の pomeridianus, postmeridianus. ▷今日の〜 hoc ipso die post meridiem.
故国 ⇨ 祖国, 故郷.
心 animus, cor, pectus. ▶〜(の底)から ex animo.
心がける curo, curam habeo. ⇨ 努力.
志 ⇨ 好意, 親切, 贈物, 意志.
試み experientia, temptatio, temptamen, temptamentum.
試みる tempto.
快い suavis, jucundus. ▶快く libenter, (sua) spontane, (sua) sponte. ⇨ 気持, 自発的.
こざっぱり ▶〜した mundus, urbanus, elegans. ⇨ 上品, 洗練, おしゃれ.
誤算 error.
腰 lumbi (pl), renes (pl).
孤児 orbus (m), orba (f). ▶〜の境遇 orbitas. ▶〜 orbus.
誇示 ostentatio, ostentus. ▶〜する ostento. ▶〜する人 ostentator.
腰掛け sedes, sella. ▶長い〜 subsellium. ▶低い〜 sedecula. ⇨ 椅子, 座席.

乞食 mendicus (m); (状態) mendicitas. ▶～の mendicus. ▶～をする mendico. ⇨ 貧しい.
固執 ▶～する haereo, insto, teneo.
こじつけ ▶～の accessitus, quaesitus.
ゴシップ rumusculum, rumor. ⇨ 噂.
故障 (車の) vitium machinamenti motorii. ⇨ 修理.
胡椒 piper. ▷～の粒 granum piperis.
誤植 typographicum mendum.
個人 singuli (pl). ▶～名 praenomen. ▶～に属する, ～の proprius, privatus. ▶～的に proprie, privatim.
故人 (homo) mortuus (m), (femina) mortua (f), defunctus (m).
越す・超す ▷度を～ modum excedo. ⇨ 越える, 過度.
濾す liquo, sacco, percolo, colo. ⇨ 濾過.
コスト ⇨ 支出, 費用.
こする frico, defrico. ⇨ 掻く, 削る.
個性 singularis [peculiaris, propria] uniuscujusque natura. ⇨ 人格, 本性.
午前 名 matutinum tempus, antemeridianus dies. ▶～の antemeridianus. ⇨ 朝, 午後.
護送 (=付き添って護り送ること) comitatus. ▶～する comitor (dep). ⇨ 付き添う, 護衛, 運ぶ.
個体 individuum.
固体 solidum. ⇨ 液体, 気体.
古代 antiquitas, vetustas. ▶～人 antiqui (pl), veteres (pl). ▶～の antiquus, priscus.
誇大 ▶～な veritatem superans, vero major. ▶～妄想 megalomania. ⇨ 誇張.
答え responsum, responsio. ⇨ 返事.
答える respondeo, responso.
ごたごた (=混乱) confusio, perturbatio; (=もめごと, 争い) controversia.
木立 silvula. ⇨ 森, 林.
こだま echo, (vocis) imago. ⇨ 反響, エコー.
こだわる (いつまでも一つのことに) commoror (dep). ⇨ 固執.
こちこち ▷ 固い.
ごちそう epulae (pl). ⇨ 宴会.
誇張 superlatio, verborum immoderatio. ▶～れた superlativus. ▶～して superlatius, inflatius. ▶～する augeo, in majus vero fero, inflatius commemoro. ⇨ 誇大.
こちら ▶～で (in) hoc loco, hic. ▶～へ huc. ～から hinc. ▶～側の citerior. ▶～側に citra. ▶(…の)～側に cis ⟨+acc⟩, citra ⟨+acc⟩. ▷ライン川の～側に cis Rhenum.
こつ ars, artificium.
国家 respublica, civitas. ⇨ 国民.
骨格 (corpori subjecta) ossa (pl), ossium positus figurae, compages. ⇨ 骨.
コック (=料理人) coquus (m), coqua (f). ⇨ 料理.
滑稽 ▶～な ridiculus, jocosus, jocularis.
刻々 ▶～と (=絶えず, 時々刻々) omnibus temporis punctis, omnibus momentis, in omni puncto temporis.

骨髄 medulla.
骨折 (ossis) fractura. ⇨ 折る.
こっそり occulte, furtim, clam, clanculum. ⇨ 秘власти密.
ごった返す (=非常に多くの人々で混雑する) maximā frequentiā civium celebratur (pass). ⇨ あふれる.
ごっちゃ ⇨ 混同.
小包み fasciculus.
骨董 (品) res antiquo opere et summo artificio facta.
固定 ▶～する figo, defigo. ▶～された fixus.
鼓笛隊 tympanistarum et tibicinum grex.
小手先 ▶～で (=軽々と) leviter.
古典 ▶～文学 (ギリシァ・ローマの) graecae atque romanae litterae (pl); (一般的に) classicae litterae (pl). ▶～作家 (ギリシァ・ローマの) auctores utriusque linguae clarissimi (pl), scriptores graeci et romani (pl); (一般的に) classici scriptores (pl), scriptores primae classis (pl). ▶～の (=最上の, 模範となる) optimus, summus, classicus.
琴 (竪琴) cithara, lyra, barbitos.
事 res. ▷私が言った～ (id) quod dixi.
鼓動 (心臓の) cordis palpitatio. ⇨ 脈.
事欠く (…に) ⟨+abl⟩ careo, egeo.
孤独 ▶～な solus, solitarius. ▷～に暮らす in secreto tempus tero.
異なる (=異なった) dissimilis, dispar. ▶相～ diversus. ▷人間と獣が非常に～のは以下の点である inter hominem et beluam hoc maxime interest quod (…). ⇨ 違う.
ことに ⇨ 特に.
ことば verbum, sermo, vox, lingua. ⇨ 言語, 語, 声.
子供 (7 歳までの) infans, puer infans; (7-17 歳の) puer (m), puella (f). ▶～たち liberi (pl). ▶～の頃 pueritia. ▶～の, ～らしい, ～じみた puerilis. ⇨ 息子, 娘, 赤ん坊, 少年, 少女.
諺 proverbium.
断る (=拒絶する, 拒む) nego, denego, abnuo. ⇨ 拒否, 拒絶.
粉 (=粉末) pulvis; (小麦の) farina. ⇨ ほこり, ちり, 花粉.
粉々 ▶～にする contundo.
コネ ⇨ 関係.
この hic. ⇨ その, あの.
好ましい 形 (=好都合な) opportunus, gratus; (=望ましい) optabilis, optandus. ━━ 動 (=気に入る, 好まれる) placet (impers) ▷ (…する方が…するより) ～と (=優れている, よい) と思われた praestare visum est ⟨+inf⟩ quam ⟨+inf⟩.
好み (=心の傾向) animi inclinatio. ▷ (人によって) ～が違う varia sunt judicia.
好む amo; (むしろ…を) praefero, malo.
拒む abnuo, nego, recuso. ⇨ 断る, 拒絶, 拒否.
ご飯 (=米) oryza; (=食事) cibus. ▶朝～ jentaculum. ▶昼～ cibus meridianus, prandium. ▶夕～, 晩～ cibus vespertinus, cena.
コピー (=謄本, 複製) exemplum, exemplar,

媚びる adulor (*dep*). ⇨ へつらう.
こぶ tumor, tuber; (小さな) tuberculum. ▶～の多い (＝でこぼこした) tuberosus. ▷ラクダの双～ bina tubera cameli.
鼓舞 ▶～する adjuvo, confirmo. ⇨ 励ます.
古風 antiquitas. ▶～な priscus, antiquus. ⇨ 古い.
拳 pugnus, manus in pugnum compressa.
個別 ▶～に (＝一つずつ、一人ずつ) singillatim; (＝一人ずつ) viritim.
こぼす (液体を) effundo; (不平を) queror (*dep*), conqueror (*dep*). ▶こぼれる se effundere. ⇨ あふれる, 注ぐ.
胡麻 sesamum. ▶～の sesaminus.
コマーシャル ⇨ 宣伝.
細かい minutus, pusillus, parvus; (神経が) subtilis. ⇨ 繊細, 小さい, 細い.
ごまかし praestigiae (*pl*). ⇨ だます, 詐欺, 欺く.
困る haereo. ▷彼(女)は金のことで困っている laborat de pecunia.
ごみ purgamenta (*pl*), sordes. ⇨ ちり, ほこり, くず.
込み入った ⇨ 錯綜.
コミュニケーション (＝情報伝達) communicatio.
込む ⇨ 混雑.
ゴム cummis (*f*), gummi (*n*). ⇨ 消しゴム.
米 oryza.
こもる (＝閉じこもる、隠れる) se includere (← includo), se abdere (← abdo). ▷自宅に～ se domi continere (← contineo).
顧問 consultor (*m*), consiliarius (*m*). ⇨ 助言, 相談.
小屋 casa. ▶ほったて～ tugurium. ▶家畜～ stabulum.
固有 ▶～の proprius, singularis, praecipuus. ▶～名詞 nomen proprium.
小指 digitus minimus, auricularis digitus. ⇨ 指.
雇用 opus, munus. ▶～者 operum conductores (*pl*). ▶～被～者 opifices (*pl*), operarii (*pl*). ⇨ 労働, 雇う.
こら 間 heus.
こらえる teneo, reprimo. ▷涙を～ lacrimas teneo. ▷笑いを～ risum teneo. ▷怒りを～ iram reprimo.
娯楽 oblectamentum, delectamentum, delectatio.
孤立 solitudo, secessio. ▶～した solitarius. ▶～させる secludo.
ゴルフ pilamalleus, pilae malleique ludus, follis fustisque.
これ hoc (*sg*), haec (*pl*); (＝このもの) haec res.
コレクション (＝収集すること) collectio, collectus; (＝収集の結果) copia, res ejusdem generis judicio et certa colligentis ratione una coactae. ▷本の～ librorum copia. ⇨ 収集.
これほど tam. ▶～の tantus. ⇨ それほど.
頃 ▶(…の) ～(に) ad ⟨＋*acc*⟩, sub ⟨＋*acc*⟩, circa ⟨＋*acc*⟩. ▷(第) 1 時～ circa primam horam. ▷夜明け～ ad lucem. ▷5 時～ quinta fere hora. ▷何時～に ad quam horam …? ▷お昼～ circiter meridiem. ▷ほぼ同時刻～ circa eandem horam.
転がす volvo, voluto.
転がる volvor (*pass*), volutor (*pass*), se volutare (← voluto). ▶転げ回ること volutatio.
転ぶ ⇨ 倒れる.
コロンビア Colombia. ▶～(人)の Colombianus. ▶～人 Colombiani (*pl*).
怖い 形 terribilis, horribilis, horrendus. ▶動 (＝恐れる) timeo. ⇨ 恐ろしい, 恐れる.
怖がらせる terreo. ▶怖がる terreor (*pass*). ⇨ 恐れ, 恐怖, 驚く.
壊す destruo. ▶取り～ demolior (*dep*). ▶取り～こと demolitio. ⇨ 破壊.
こんがらかる implicor (*pass*).
懇願 prex, obsecratio. ▶～する imploro, precor (*dep*), obsecro, oro, obtestor (*dep*). ⇨ 嘆願.
根気 patientia. ▶～ある patiens. ⇨ 我慢, 忍耐.
根拠 (＝理由) ratio, causa; (＝よりどころ) fundamentum; (＝証拠) argumentum. ▶～のない噂 opinio sine auctore. ⇨ 証拠.
コンクール certamen. ▶絵画～ picturae certamen. ⇨ 競技, 試合.
コンクリート opus glarea calceque structum. ▶鉄筋～ lithocolla ferro durata.
混血 ▶～(児) hybrida. ▶～の ex diverso genere natus.
根源 radix, stirps. ⇨ 起源.
今後 副 posthac, in [ad] posterum.
混合 mixtura, admixtio, temperatio. ▶～する misceo, admisceo, permisceo, tempero.
コンサート concentus, symphonia. ▶～ホール odeum.
混雑 ▶(…で) ～した ⟨＋*abl*⟩ refertus.
昏睡 lethargia, lethargus. ▶～状態の人 lethargicus.
根絶 exstirpatio. ▶～する exstirpo.
献立 (＝メニュー、お品書) escarum descriptio [index].
昆虫 bestiola, insectum. ▶～学 insectorum doctrina, entomologia. ▶～学の entomologicus.
根底 fundamentum. ▶～から funditus.
コンディション ⇨ 状態.
コンテスト ⇨ コンクール.
コント brevis actio comica, mimus, comicum diverbium.
今度 副 (＝今回) nunc. ▷それは～(＝次回)にする hoc in aliud tempus differo.
混同 ▶～する commisceo.
コンドーム tegmentum, munimen.
コントラスト diversitas, contraria (*pl*). ▶～をつける contrariis contraria oppono. ⇨ 異なる,

困難 difficultas, res difficilis. ▶~な difficilis, operosus. ▷~を通って栄光へ ad astra per aspera. ⇨ 難しい.
今日 [副] hodie, hodierno tempore. ▶~の hodiernus.
こんにちは (=ごきげんよう) salve (*sg*), salvus sis, bene tibi sit; salvete (*pl*). ⇨ 挨拶.
コンパクトディスク discus compactus.
こんばんは (=ごきげんよう) salve (*sg*), salvete (*pl*). ⇨ 挨拶.
コンピュータ instrumentum computatorium, computatrum. ▶パーソナル~ personale instrumentum computatorium.
こん棒 clava.
根本 fundamentum. ▶~的に radicitus. ⇨ 根底.
婚約 pactio nuptialis, sponsalia (*pl*). ▶~者 sponsus (*m*), sponsa (*f*). ▶~式 sponsalia. ▶~ sponsalis. ▶~させる despondeo. ▶(…と)~する ⟨alci⟩ se despondere (← despondeo).
混乱 confusio, perturbatio, turbatio, turba. ▶~した confusus, perturbatus, turbatus. ▶~させる turbo, misceo, commisceo, confundo. ⇨ 乱す.
婚礼 nuptiae (*pl*). ▶~の nuptialis. ▷~を行なう nuptias facio. ▷~の晩餐 nuptialis cena. ⇨ 結婚.

さ

差 differentia. ▶~がある differo. ▷きみたちと彼らの年齢の~は全くないかほとんどないかのどちらかだ aetates vestrae et illorum nihil aut non fere multum differunt. ⇨ 差異, 違う.
さあ [間] age (*sg*), agite (*pl*).
サークル coetus, circulus. ⇨ グループ.
…歳 ▷あの 30 歳の男 ille vir triginta annos natus. ▷私は 14 歳でギリシア語の悲劇を書いた quattuordecim natus annos Graecam tragoediam scripsi. ▷彼女は 101 歳で亡くなった de vita decessit centum et unum annos nata. ▷24 歳の若い女性 puella viginti quattuor annorum. ▷私は 10 歳である annum decimum ago. ⇨ 年齢.
差異 differentia, distantia, distinctio. ⇨ 差, 区別.
サイ(犀) rhinoceros. ▶~の rhinoceroticus.
災害 calamitas, plaga, exitium, casus. ⇨ 災難, 災い.
最近 [副] nuper, recens, proxime. ▶つい~ nuperrime.
細菌 bacterium, microbacterium. ▶~学 bacteriologia, bacteriorum disciplina. ▶~学者 bacteriorum disciplina imbutus, bacteriologus de bacteriis peritus.
細工 (=技巧) ars, artificium, manus.
サイクリング ⇨ 自転車.
再現 ▶~する refero, reddo. ⇨ 模倣.
財源 facultas.
債権者 creditor.
最後 extrema pars, finis. ▶~の postremus, extremus, novissimus. ▶~に extremo, postremo, postremum, novissime, denique. ⇨ 終わり, つい に.
在庫 cumulus mercium in receptaculo.
最高 ▶~の summus.
最高峰 ▶アルプスの~ alpium culmen. ⇨ 頂上.
サイコロ alea. *cf.* 賽(さい)は投げられた alea jacta est.
再三 identidem.
財産 fortunae (*pl*), bona (*pl*), res.
祭司 sacerdos, flamen. ▶~職 sacerdotium.
祭日 (=祝祭日) feriae (*pl*), dies festus [feriatus], festum. ▶~の festus, feriatus. ⇨ 休日, 祭り.
採集 ▶~する colligo, lego.
最初 (=最初の部分) prima pars, initium. ▶~の primus, princeps. ▶~に primum, primo. *cf.* (列挙する際) 最初に (=第 1 に) primo, 次に (=第 2 に) secundo, 第 3 に tertio. ⇨ まず, 先に, 始め.
最小 ▶~の minimus. ⇨ 小さい.
最新 ▶~の novissimus. ⇨ 新しい.
サイズ ⇨ 大きい, 寸法.
財政 res nummaria publica. ▶~学 nummariae rei disciplina. *cf.* 財務(大蔵)大臣 administer rei nummariae publicae praepositus.
催促 admonitio, flagitatio. ▶~する admoneo, flagito.
最大 ▶~の maximus. ⇨ 大きい.
最中 (…の)~に inter ⟨+*acc*⟩. ▷宴の~に inter epulas.
最低 ▶~の infimus, imus; (=最も値が小さい) minimus; (=最も卑しい) pessimus.
災難 clades, calamitas, exitium, casus, incommodum, malum, infortunium. ▶~に苦しめられた calamitosus. ⇨ 災い, 災害.
才能 ingenium. ▶~ある ingeniosus, idoneus. ⇨ 能力.
栽培 cultura, satus, plantatio.
裁判 judicium. ▶~官 judex. ⇨ 判決, 法廷, 訴訟, 告訴.
財布 crumina, crumena, saccus, sacculus, marsuppium.
細部 particula, singulae partes (*pl*), singula (*pl*).
裁縫 ⇨ 縫う.
細胞 cellula. ▶~からなる cellulis constans, cellulosus, cellularis.
採用 assumptio. ▶~する assumo, adopto.
最良 ▶~の optimus.
材料 materia, materies.
サイレン acute personans instrumentum.
サイン (=署名, 合図).
サウジアラビア Arabia Saudiana. ▶~(人)の Arabicus Saudianus. ▶~人 Arabes Saudiani (*pl*).
サウナ balneum vaporeum, laconicum, sudatio.
さお(竿) pertica, contus.

坂　clivus. ▶上り〜 acclivitas. ▶上り〜の acclivis. ▶下り〜 declivitas. ▶下り〜の declivis.
境　(＝境界線, 境目, 限界) terminus, finis, regio. ⇨ 境界.
栄える　(＝栄えている) vigeo.
逆さ　▶〜に perverse. ▶〜の perversus. ⇨ 反対, 逆.
逆さま　▶〜の praeposterus. ⇨ 逆.
探す　requiro, quaero, exquiro, vestigo, investigo. ⇨ 求める.
魚　piscis. ▶〜屋 piscatoria taberna. ▶〜がたくさんいる piscosus. ▶〜を釣る piscor (dep).
遡る　(川を) flumine averso subvehor (pass), adversum flumen subeo, adversas aquas subeo.
逆らう　adversor (dep), se opponere (← oppono), resisto, renitor (dep). ⇨ 反抗.
盛り　▶夏の〜 caniculares dies (pl), aestus caniculae.
下がる　descendo; (値段や数値が) deminuo, cado. ⇨ ぶら下がる.
先　(＝先端) extrema pars, extremum, extremitas, acumen. ▶指〜 extremus digitus. ▷〜をとがらせる acuo.
詐欺　fraus, dolus (malus), fallacia, praestigiae (pl), circumscriptio. ▶〜師 praestigiator, circumscriptor. ▶〜によって dolose. ⇨ 欺く, だます.
先に　副 ante. — 前 (…より) ante ⟨+acc⟩. ▷何より(も)〜 ante omnia. ▷誰より(も)〜 ante omnes / ante alios.
作業　opus, labor. ▶〜室 officina.
先んじる　antecapio, anteeo, antegredior (dep).
柵　saeptum, cancelli (pl). ▶〜で囲む saepio.
策　dolus. ▶〜を弄する 形 dolosus. ⇨ 策略, 計画.
咲く　(＝咲いている) floreo. ▶咲き始める floresco. ▶(花の) 咲いている florens.
裂く　findo; (＝切り裂く) rimor (dep). ▶裂けた rimosus. ⇨ 割る, 割れる, 引き裂く.
削減　deminutio. ▶〜する deminuo. ⇨ 減らす.
削除　deletio. ▶〜する deleo, exseco. ⇨ 取り除く.
錯綜　▶〜した tortuosus.
作品　opus; (＝小作品) opusculum; (＝大作) magnum opus; (＝特に文学作品) scriptio, scriptum, litterae (pl). ⇨ 傑作.
作文　confectio, scriptio, scriptura. ▶〜する compono, condo, conscribo.
桜　(木) cerasus; (実, サクランボ) cerasum.
策略　astus, dolus, versutia. ▶〜にたけた versutus, astutus. ⇨ 詐欺, 陰謀.
鮭　salmo.
酒　(＝ぶどう酒) vinum. cf. 食前酒 potio aperitiva, propoma. カクテル mixtura. シャンパン (シャンパーニュ) vinum ex Campania Gallica. ビール cervesia, cerevisia, zythum. ⇨ アルコール.
叫ぶ　clamo, exclamo. ▶叫び(声) clamor, exclamatio.
避ける　vito, evito, devito, refugio. ▶避けられる

evitabilis. ▶避けられない inevitabilis.
下げる　submitto, demitto, levo. ⇨ 下がる.
些細　▶〜な parvus, parvulus. ▶ごく〜な minimus. ⇨ 取るに足らない.
支え　fultura, adminiculum, firmamentum.
支える　fulcio, adminiculo, sustineo, sustento.
捧げる　(神々に) consecro, voveo; (人に) offero, praebeo, dedico. ▶(人に) 身を〜 ⟨alci⟩ se dedere (← dedo), se addicere (← addico).
ささやく　susurro. ▶ささやき susurrus. ⇨ つぶやく.
さじ　cochlear, ligula.
差し当たって　in praesentia.
差し込む　insero, inserto. ⇨ 挿入.
指図　dictum. ▶〜する dicto. ⇨ 命令, 指示.
差し出す　propono, ostendo, praebeo, offero.
刺す　pungo; (＝突き刺す) confodio, configo, transfigo. ▶(針などの) 〜こと punctum, punctio.
指す　⇨ 指さす.
座席　sedes, sedile; (劇場等の) locus. ⇨ 椅子, 腰掛け, ソファー.
挫折　incommodum. ▶〜する non succedo. ⇨ 失敗, 敗北.
させる　facio, perficio, efficio; (＝許す) sino, permitto; (強いて) cogo.
誘う　invito, persuadeo. ⇨ 誘惑.
サソリ　scorpio, scorpius. ▶さそり座 scorpio. ⇨ 星座.
定める　statuo, constituo, metior (dep). ⇨ 決定, 定義.
撮影　▶〜する photographice reddo [exprimo], pellicula imprimo. ⇨ 写真, 映画, フィルム.
作家　scriptor, auctor.
サッカー　pediludium, pilae et pedumque ludus. ▶〜の pedifollicus. ▷〜のワールドカップ ludi pedifollici mundani (pl).
殺害　nex, caedes, occisio, homicidium. ▶〜者 interfector, homicida. ▶〜する neco, trucido, interficio, caedo, occido. ⇨ 殺人, 殺す.
錯覚　error, mendacium sensuum. ⇨ 幻覚, 幻影.
さっき　modo.
作曲　▶〜する modulor (dep). ▶〜家 modulator, melodiae compositor (m). ⇨ メロディー, 曲.
雑誌　commentarii periodici (pl), acta periodica (pl).
殺人　homicidium. ⇨ 殺害.
さっそく　⇨ すぐ, 直ちに.
雑談　fabulae (pl). ▶〜で時間をつぶす tempus fabulis contero. ⇨ おしゃべり.
殺虫剤　venenum insectis internecivum.
雑踏　turba.
殺戮　caedes, trucidatio, strages, occisio. ⇨ 殺害.
砂糖　saccharon. ▷〜を入れる saccharo condio.
鯖　scomber.
砂漠　deserta (loca) (pl). ▷リビア〜 Libycae arenae (pl).
裁く　judico. ⇨ 判決.

さびる robiginem traho, robigine infestor (pass). ▶さび robigo.
寂しい [形] desertus, solus. ── [動] (…がいなくて) desidero (alqm). ▶(…がいなくて) 非常に～ ⟨alcis absentiā⟩ non mediocriter afficior (pass). ⇨ 孤独.
サフラン crocus. ▶～色の croceus.
差別 discrimen. ▶～する discrimino. ▶人種～ elatio phyletica discriminatrix, propriae stirpis elatio.
サボ (=木靴) sculponeae (pl).
サボタージュ occulta eversio [vastatio]. ▶～する occulte [fraudulenter] everto.
サボテン cactus.
さぼる ⇨ 怠ける.
さまざま ▶～な diversus, varius, variatus. ▷～な理由で variis ex causis.
覚ます ▶目を～ expergiscor (pass). ▶目を覚まさせる expergefacio, e somno excito. ▶目を覚ました (e somno) expergefactus.
冷ます refrigero. ⇨ 冷める, 冷やす.
妨げ impedimentum. ⇨ 妨害, 邪魔.
妨げる impedio, prohibeo.
さまよう [動] vagor (dep), erro. ── [形] (=さまよっている) erraticus, errabundus. ▶～こと error. ⇨ 放浪.
寒い [形] frigidus, algidus. ── [動] frigeo; (=寒いと感じる) algeo. ▶少し～ frigidulus. ▶寒さ frigus. ⇨ 冷たい.
覚める ⇨ 覚ます.
冷める refrigeror (pass). ▷怒りが～ (=静まる) ira residit. ⇨ 冷ます.
作用 actio, appulsus; (=作用を受けた後の状態) affectio. ⇨ 影響.
さようなら (別れの挨拶)(=ごきげんよう) vale (sg), ave (sg), valete (pl); (手紙の末尾で) cura ut valeas (sg), fac valeas (sg). ▷⟨人に⟩ ～を言う ⟨alci⟩ vale dico / ⟨alqm⟩ valere jubeo. ⇨ 挨拶.
皿 catinus, catinum, patina, lanx; (小さな) catillus, patella.
サラダ acetaria (pl), lactuca.
猿 simia (f), simius (m).
去る abeo, exeo, cedo, discedo, relinquo, recedo. ▶～こと abitus. ⇨ 退去.
騒がしい turbatus.
騒ぎ agitatio, turba, tumultus. ⇨ 騒動, 混乱.
騒ぐ tumultuor (dep); (=わいわい騒ぐ) strepo.
触る tango, attingo. ⇨ 触れる.
酸 acidum.
参加 ▶～させる participio. ▶～者 particeps.
三角 (=三角形) triangulum. ▶～(形)の triangulus.
産業 quaestuosa industria. ⇨ 工業.
サンゴ corallium.
残酷 crudelitas, diritas. ▶～な crudelis, dirus. ▶～に crudeliter. ⇨ 残忍.
惨事 calamitas, clades. ▶大～ magna clades.
賛辞 laudatio. ▶～の 賞賛.

参照 ▶～する confero, comparo. ⇨ 比較.
算数 (=算術) arithmetica, arithmetice. ▶～の (=算術の) arithmeticus.
賛成 assensio, assensus, assentatio. ▶～する assentior (dep). ⇨ 同意, 認める, 承認.
ざん訴 calumnia. ▶～者 calumniator. ▶～する calumnior (dep).
残高 (pecuniae) residuum, reliqua pecunia [summa].
サンダル sandalium, solea (pl).
賛嘆 admiratio.
残忍 crudelitas, saevitia, ferocitas. ▶～な crudelis, saevus, ferus. ▶～に ferociter. ⇨ 残酷.
残念 paenitentia. ▶～な dolendus, odiosus. ▷ (人に) ～だと思わせる ⟨alqm⟩ paenitet (impers). ▷ (…が)非常に～だ accidit perincommode quod (…) / molestissime fero quod (…). ⇨ 後悔.
散髪 髪, 理髪.
ザンビア Zambia. ▶～(人)の Zambianus. ▶～人 Zambiani (pl).
産物 fructus, ea quae giguntur e terra.
散文 oratio soluta [pedestris], prosa (oratio), verba soluta. ▶～の pedester. ⇨ 韻文.
散歩 ambulatio. ▶～する ambulo, spatior (dep).
酸味 acerbitas, acor.
山脈 jugum. ▶ピレネー～ montes Pyrenaei.

し

市 ⇨ 都市.
死 mors, decessus, obitus; (不慮の) interitus. ⇨ 死ぬ, 死すべき.
詩 (=詩歌) poema, carmen. ▶～学 poetica. ▶～作, 作～法 poesis. ▶～の poeticus. ⇨ 詩人, 叙事詩, 抒情詩, 劇.
…時 hora. ▷何時ですか hora quota est? / quid horae est? ▷3時です tertia (hora) est. ▷3時10分です decem minutae nunc sunt post tertiam (horam). ▷2時2分前です duae minutae nunc sunt ante secundam. ▷午後8時です octava a meridie (hora) est.
字 ⇨ 文字, アルファベット.
試合 ludus, certamen, lusorium [athleticum] certamen. cf. 決勝戦 ludus finalis. 準決勝戦 certamina semifinalia (pl).
慈愛 caritas, beneficentia. ⇨ 親切, 慈善.
幸せ ⇨ 幸福.
思案 cogitatio, commentatio, deliberatio, consilium. ⇨ 思考, 熟慮.
飼育 pastus, pastio, educatio. ▶～する pasco, educo, alo.
シートベルト (=安全ベルト) balteus securitatis causā.
強いる cogo. ⇨ 強制.
子音 consonans, consona.
支援 subsidium, adminiculum. ▶～する subsidior (dep), adminiculor. ⇨ 後援, 援助.
塩 sal. ▶～の salarius.

潮　aestus (maritimus).　⇨ 満潮.
しおれる　marcesco, flaccesco. ▶しおれている marceo, flacceo. ▶しおれた vietus.
しか　… ～ …ない non … nisi ….
視界　conspectus, aspectus.
司会者　moderator.
紫外線　▶～の perviolaceus.
仕返し　⇨ 復讐, 報復.
資格　▶～のある idoneus.
自覚　conscientia. ▶～した conscius.
しかし　sed, verum, at, tamen, vero, autem.
仕方　modus.　⇨ 方法, 技術.
しかたなく　necessario.　⇨ やむをえず.
じかに　▷(馬の背中に)～乗って nudā spinā (equi) residens.　▷(…を)～身に着ける ⟨re⟩ nudus praecingor (pass).
しかめる　(顔を)(os) distorqueo.
叱る　[動] objurgo.　▷私は彼に「きみが間違っている」と～手紙を送った eas litteras ad eum misi quibus objurgarem ut errantem. — [形] objurgatorius.　⇨ 叱責, 非難.
然るべき　適切, ふさわしい, 資格.
志願　petitio. ▶～者 petitor, candidatus. ▶～する peto.
時間　tempus, hora; (=60 分) hora.　▷～を惜しめ tempori parce.　▷今私には～(=暇)がありません in praesentia non mihi est otium / nunc mihi haud vacat.　⇨ 暇.
指揮　gubernaculum. ▶～者 dux, ductor, administrator, praefectus. ▶～する duco, ducto, rego, impero, praesum.　⇨ 導く, 指導.
式　儀式.
時期　tempus, aetas, opportunitas.　⇨ 期間.
時機　opportunum tempus, temporis opportunitas.
磁器　porcellana, res ex argilla Sinensi.
敷居　limen.
じきに　⇨ すぐ, 直ちに.
支給　⇨ 与える.
至急　quam celerrime, summa celeritate.　⇨ 緊急, 急いで, すぐ.
事業　inceptum, res.
資金　⇨ 金(⠷), 資力, 財源.
軸　axis.
死刑　capitis [capitalis] poena, poena mortis [vitae], (ultimum) supplicium, ultima poena. ▶～の, ～に値する capitalis.　▷(人を)～にする ⟨alqm⟩ supplicio afficio.　▷(人に)～を宣告する alqm capite damno.　▷～の宣告を受けた capitis damnatus.
刺激　stimulatio, incitatio. ▶～する stimulo, incito, acuo, everbero. ▶～するもの incitamentum.
茂み　dumetum, frutex, fruticetum. ▶～でおおわれた fruticosus.　⇨ やぶ.
試験　periculum, temptamentum, experientia; (=学力試験) cognitio, probatio. ▶～する (人の) experior ⟨dep⟩, tempto.　▷(人の) 知識を～する alcis scientiam tempto.　▷(人の) 読み書きの知識を～する ⟨alcis⟩ periculum in litteris facio.　⇨ 試みる, 試す.

資源　facultates (pl), opes (pl), copiae (pl).
事件　eventum, eventus, res, casus.　▷何か大きな目をひく～が起きるといつも ubicumque major atque illustrior incidit res.
次元　mensura, dimensio. ▶二～の bimensuralis. ▶三～の tribus mensuris praeditus. ▶四～の in quadrifariam mensuram extentus.
事故　casus (incidens).　⇨ 災い, 災難.
自己　⇨ 自分, 自身.
思考　cogitatio. ▶～する cogito.　⇨ 考える.
嗜好　studium.
時効　praescriptio.　▷1 年の[2 年の, 3 年の]～ praescriptio annalis [biennalis, triennalis].
時刻　hora, (diei) tempus.　⇨ id temporis.　▷(人に)～を尋ねる quaero horas ⟨ab alqo⟩.　▷～を知らせる horas nuntio.　▷今の正しい～を教えて下さい poterisne quo momento temporis simus pro certo dicere? cf. 何時ですか hora quota est?　⇨ …時.
地獄　infernus, gehenna. ▶～の infernus, gehennalis.　⇨ 天国.
仕事　negotium, ministerium, occupatio, labor. ▶～をする laboro.　⇨ 働く, 労働.
視察　visitatio. ▶～する visito.
自殺　mors voluntaria [quaesita, arcessita], interitus voluntarius, nex voluntaria. ▶～する mortem [necem] sibi consciscere (← conscisco), se necare (← neco) [occidere (← occido)], se ipsum interficere (← interficio).
資産　⇨ 財産.
指示　designatio, indicium, index. ▶～する(=指し示す) (digito) demonstro, designo; (=命令する) mando.　⇨ 指図, 命令.
事実　res, factum; (=真相) veritas; (=できごと) eventum.
使者　legatus.　⇨ 使節.
死者　(homo) mortuus (m), (femina) mortua (f).　⇨ 故人.
磁石　Magnes lapis. ▶～の magneticus.
刺繍　textilia sigilla (pl), pictura. ▶～する intexo, (acu) pingo.
支出　impensa, sumptus, impendium.　⇨ 支払い.
思春期　pubertas.
辞書　lexicon, glossarium.
支障　impedimentum.　⇨ 障害, 不都合.
市場　mercatus. ▶自由～ liber mercatus.　⇨ 市場(⠷).
事情　circumstantia, res.
辞職　abdicatio, ejuratio. ▶～する se abdicare (← abdico), abdico.　⇨ 辞める, 辞任, 退職.
詩人　poeta. ▶～の poeticus.　⇨ 詩.
自信　confidentia, fidentia, fiducia. ▶～過剰 nimia fiducia. ▶～のある, 満々の confidens, fidens. ▶～をもって, ～満々で confidenter, fidenter.
自身　[代] ipse.　▷カエサル～ ipse Caesar.　⇨ 自分.
地震　terrae motus [quassatio].　▷～が発生した terrae motus accidit.
静か　▶～な tacitus, silens, tranquillus, placi-

しずく — しぬ

滴 gutta. ▷雨の〜 gutta imbris.
静けさ silentium, tranquillitas.
死すべき mortalis. ▶〜運命 mortalitas. ⇨ 死ぬ.
静まる silesco, sedor (*pass*), quiesco, placor (*pass*).
静める sedo, placo, restinguo.
沈める demergo, immergo. ⇨ 潜る.
姿勢 status, statio.
自制 moderatio, modestia, continentia. ▶〜した continens, sobrius. ▶〜して continenter. ▶〜する(＝自分自身を制御する) se continere (← contineo).
使節 legatus. ▶〜を派遣すること legatio. ▶〜団 legatio. ▶(ある人を)〜として派遣する lego.
施設 domus publico usui destinata.
視線 oculus. ⇨ 見つめる.
自然 natura. ▶〜な naturalis. ▶〜の nativus. ▶〜に naturaliter.
慈善 caritas, beneficentia, benefactio. ▶〜家 benefactor (*m*), benefactrix (*f*). ⇨ 親切.
思想 sententia. ▶〜家 philosophus. ⇨ 考え.
子孫 posteritas, posteri (*pl*). ⇨ 先祖.
自尊心 superbia. ▶〜のある superbus. ⇨ 傲慢, 虚栄, うぬぼれ.
下 ▶〜の inferus, inferior, infernus. ▶〜に, 〜で, 〜へ subter. ▶〜の方に, 〜の方で infra. ▶(…の)〜に subter <+*acc*; +*abl*>, infra <+*acc*>, sub <+*acc*; +*abl*>. ▷空の〜に infra caelum.
舌 lingua.
死体 cadaver, corpus (exanime).
次第 ⇨ 掛かっている, 事情, 否や.
事態 res. ▶非常〜 subitum. ⇨ 状況.
時代 tempus, aetas. ▶同〜人 aequales (*pl*).
次第に paulatim.
従う oboedio, pareo, sequor (*dep*), obsequor (*dep*), obtempero. ⇨ 従って, 服従.
下書き adversaria (*pl*).
従って (…に) secundum <+*acc*>, ad <+*acc*>. ▶本性(＝自然)に〜 ad [secundum] naturam. ⇨ それゆえに.
下着 tunica.
支度 ⇨ 準備.
親しい familiaris. ▶親しく familiariter. ▶〜こと familiaritas.
自治 libertas.
市長 urbis [oppidi] praefectus [princeps magistratus], civium magister.
視聴者 (テレビの) exhibitionum televisificarum spectator.
質 (量に対して) qualitas.
失業 occupationis carentia, invita operis vacatio, coacta desidia. ▶〜者 occupatione carentes (*pl*). ▶〜中の invite otiosus, invite opere destitutus.
実業 negotium. ⇨ 企業.
しつけ disciplina.

湿気 umor. ▶〜のある umidus.
実験 experimentum. ▶〜する experimenta ago, experior (*dep*).
実現 effectus. ▶〜する efficio, perficio.
実行 effectus, effectio. ▶〜する conficio, exsequor (*dep*), ago, gero, edo, perpetro. ⇨ 行なう.
実際 ▶〜に (in) re vera, re ipsa, reapse, re. ▷これらの神々は〜には存在しないと言われている hos deos non re esse dicunt.
実在 ▶〜する sum, existo. ▶〜しない nullus sum, non substantiam habeo. ▷神が〜すると信じる credo Deum esse.
失神 ▶〜する intermorior (*dep*), animo linquor (*pass*).
執政官 consul. ▶〜の consularis.
叱責 objurgatio. ▶〜する人 objurgator. ▶〜の objurgatorius. ⇨ 叱る, 非難.
質素 (本の) modicus, simplex, parcus, siccus. ▶〜に simpliciter. ⇨ 素朴, 控えめ.
嫉妬 invidentia, invidia. ▶〜深い invidiosus, invidus. ▶〜する invideo.
じっと immobiliter. ▶〜見つめる tueor (*dep*), intueor (*dep*), obtueor (*dep*). ▷太陽を〜見つめる (＝凝視する) acriter oculis intueor solem.
湿度計 hydrometrum.
室内 interior pars aedium.
実に vere. ⇨ 本当, 非常に.
失敗 offensio. ▶(…で)〜する <in re> offendo; (事業などで) (alqd) male gero.
執筆 (本の) (libri) confectio. ▷歴史書の〜に精を出す ad scribendam historiam se applicare (← applico). ⇨ 書く, 作文, 起草.
しっぽ ⇨ 尾.
失明 ▶〜した luminibus orbatus. ⇨ 盲目.
質問 interrogatio, percontatio, rogatio. ▶〜する interrogo, percontor (*dep*), rogo. ⇨ 尋ねる.
実用的 ▶〜な ad usum aptus. ⇨ 有益.
質量 massa. ⇨ 物体.
指定 designatio. ▶〜する designo.
指摘 admonitio. ▶〜する admoneo.
私の ▶〜な privatus. ▶〜に privatim.
支店 domus domui principali subjecta.
自転車 birota. ▶〜に乗る人 birotarius. ▶〜競走 certamen birotulariorum. ▶〜に乗る pedalia verso, pedalibus utor (*dep*), birotam pedibus propello. ▶〜の birotalis.
指導 gubernatio, moderatio, administratio. ▶〜者 gubernator (*m*), gubernatrix (*f*), moderator (*m*), moderatrix (*f*). ▶〜する gubernor, moderor (*dep*), administro, praesum. ⇨ 指揮.
自動 ▶〜の automatus, automatarius. ▶〜機械 automatum, automatarium.
自動車 autocinetum (vehiculum), vehiculum automatarium, automataria raeda, autoraeda, autovehiculum. ▶〜修理工場 officina vehiculis sarciendis.
品物 merx. ⇨ 商品.
辞任 ejuratio. ▶〜する abdico, depono, ejuro.
死ぬ morior (*dep*), emorior (*dep*), decedo, ex-

stinguor (*pass*), pereo, obeo, intereo, vitam amitto, animam abicio, diem supremum obeo, e vita excedo. ▷プラトンは書きながら死んだ Plato scribens est mortuus. ▷ウェルギリウスは 51 歳で死んだ Vergilius decessit annos unum et quinquaginta natus.

しのぐ praesto, supero, vinco, antecedo, antecello.

忍び寄る obrepo.

支配 dominatio, dominatus, potentatus, regnum, moderatio, moderamen. ▶～力 potestas. ▶～する dominor (*dep*), potior (*dep*), occupo; (王として) regno.

芝居 ▷ 劇.

しばしば saepe, frequenter, saepenumero, multum. ⇨ 頻繁.

自発的 ▶～な voluntarius. ▶～に (sua) voluntate, voluntarie, ultro.

芝生 pratulum.

支払い solutio; (金額) pensio; (完全な) exsolutio; (現金による) repraesentatio.

支払う solvo, pendo, impendo. ⇨ 支出.

しばらく ▶～の間 paulisper. ▶～して (ex) intervallo. ▷彼は～ためらってから, 合図のラッパを吹くよう命じる paululum commoratus, signa canere jubet.

縛る vincio, ligo, stringo, necto. ▶固く～ deligo, constringo. ▶縛りつける alligo.

しびれる torpesco, obtorpesco. ⇨ 麻痺.

渋い acerbus. ⇨ 地味, 質素, 苦い.

自分 ▶～(自身)の (三人称) suus. ▶～(自身)を (三人称) se. ▶～(自身)に (三人称) sibi. (一・二人称はそれぞれの人称代名詞を用いる). ▷真理は～で～を守る veritas se ipsa defendit. ⇨ 自身.

紙幣 charta [chartula] nummaria. ⇨ 硬貨.

死亡 mors, decessus. ▶～する vitam amitto. ⇨ 死, 死ぬ.

脂肪 adeps, sebum, pingue. ▷豚の～ adeps suilla. ▷牛の～ sebum bubulinum. ⇨ 油.

しぼむ ⇨ 枯れる, しおれる.

しぼる presso, premo. ▶しぼり出す, しぼり取る exprimo. ▶～こと pressus.

資本 ▶～金 pecunia, fundus pecuniarius. ▶～主義 capitalismus.

島 insula. ▶～の insularis. ⇨ 半島.

しまい ⇨ 終わり.

姉妹 soror (*sg*), sorores (*pl*). ⇨ 姉, 妹, 義理.

しまう repono. ▷剣を鞘に～ gladium in vaginam recondo. ▶戻す. 戻す.

閉まる ⇨ 閉める.

自慢 jactatio, jactantia, magniloquentia. ▶～する se jactare (← jacto), glorior (*dep*), tumeo.

しみ macula. ▶～のある maculosus. ▶～をつける maculo.

地味 ▶～な simplex, incomptus. ⇨ 質素, 控えめ.

市民 civis, municeps. ▶～権 civitas, jus civitatis.

事務 officium. ▶～所 (＝オフィス) officii sedes,

tabularia. ▶～員 tabularii (*pl*).

指名 nominatio, designatio. ▶～する nomino. ⇨ 任命.

氏名 (＝姓) nomen gentile [gentilicium, paternum]; (＝姓と個人名) nomen (gentilicium) atque praenomen. *cf.* (古代ローマの) 家名 cognomen, 氏族名 nomen gentile, 個人名 praenomen. ⇨ 名前.

示す indico, monstro, exhibeo, demonstro, praesto. ⇨ 指示.

湿る madeo, madesco, umesco. ▶湿った umidus. ▶湿っている umeo. ▶湿らせる madefacio, umecto.

占める teneo, obtineo, obsideo. ⇨ 占領.

閉める claudo, obturo. ⇨ 閉じる.

地面 solum, humus, terra.

霜 pruina. ▶～の降りた, ～でおおわれた pruinosus.

指紋 impressio digitalis.

視野 prospectus. ⇨ 視界.

ジャーナリスト ephemeridum scriptor, diurnarius.

ジャーナリズム diurnariorum ars.

社会 humana societas [consortio], hominum communitas [consociatio], civilis [civium] societas, consociati homines (*pl*). ▶～的な socialis. ▶～の, ～に関する ad hominum societatem pertinens (*etc*).

社会主義 socialismus, bonorum aequatio. ▶～者 socialista, aequandorum bonorum fautor. ▶～の ad socialismum pertinens.

しゃがむ subsido.

爵位 tituli nobilitatis. *cf.* 公爵 dux. 侯爵 marchio, marquisus, marquisius. 伯爵 comes. 子爵 vicecomes. 男爵 baro.

市役所 aedes magistri urbis.

蛇口 epitonion, epitonium.

弱点 ⇨ 欠点.

尺度 mensura.

射撃 ictus, jactus. ▶(飛び道具で) ～する (tormentis) verbero, jaculor (*dep*), jacio. ⇨ 銃.

車庫 autocinetorum receptaculum, tabernaculum automatariis vehiculis [raedis] asservandis. ⇨ 駐車.

謝罪 satisfactio. ▶(人に) ～する ⟨alci⟩ satisfacio, ⟨ab alqo⟩ veniam peto. ▶(人の) ～を受け入れる ⟨alcis⟩ satisfactionem accipio, ⟨alci⟩ veniam do. ⇨ 許す.

写真 impressio [imago] photographica. ▶～機 machina photographica. ▶～家 photographus. ▶～の photographicus. ▶～に撮る photographice exprimo [imprimo]. ▶～を撮る imagines luce pingo. ⇨ 撮影.

ジャズ jazensis [jassica] musica. ▶～音楽家 jazensis musicus, jassiacus.

社長 societatis summus moderator.

借金 aes alienum, debita pecunia, debitum, creditum. ▶～する aes alienum facio [contraho, suscipio]. ▶(人に) ～がある ⟨alci⟩ pecuniam debeo.

車道 via vehicularis. ⇨ 歩道.

しゃべる (とめどなく) garrio. cf. おしゃべりの loquax, garrulus. (くだらない) おしゃべり garrulitas. ⇨ 話す, 饒舌, おしゃべり.

邪魔 prohibitio, impedimentum. ▶〜された impeditus. ▶〜する prohibeo, impedio, obsto, obsisto, officio, intermitto. ▶〜になる obsum. ⇨ 障害.

ジャマイカ Jamaica. ▶〜(人)の Jamaicanus. ▶〜人 Jamaicani (pl).

ジャム fructuum liquamen.

斜面 ⇨ 傾斜.

砂利 glarea. ▶〜の多い glareosus.

車輪 rota.

しゃれ facetia, jocus, (dictum) ridiculum, facete dictum. ⇨ 冗談.

謝礼 honorarium. ⇨ 報酬.

シャワー lavatio in aquae dejectu, lavatio pluvia.

ジャンプ ⇨ 跳躍, はねる.

種 species. ▷類とは共通性によって互いに類似しながらも「〜」によって互いに異なる部分を二つかそれ以上含んでいる genus autem id est, quod sui similes communione quadam, specie autem differentes, duas aut plures complectitur partes. ⇨ 類.

私有 ▶〜の privatus.

週 hebdomas, hebdomada, septem dies (pl), septem dierum spatium, septimana. ▶毎〜の hebdomadalis. ▶今〜 副 hac septimana. ▶先〜 副 septimanā proximā [(proxime) praeteritā]. ⇨ 曜日, 週末.

自由 libertas, licentia. ▶〜な liber, licens. ▶〜に libere, licenter.

銃 manuballista (ignivoma), pyroballista. ⇨ 拳銃, 銃撃.

周囲 circuitus, circumjectus. ▶(...の) 〜に circum (+acc).

獣医 veterinarius. ▶〜学 medicina veterinaria.

収益 lucrum. ⇨ 損失.

集会 conventus, congressus, concilium, coetus.

収穫 messis, perceptio; (=収穫物) frumenta (pl), fructus. ▶〜する meto, demeto, percipio.

習慣 consuetudo, assuetudo, mos, victus. ▶(...する) 〜である mos [moris] est ⟨+inf⟩. ▶(...を) 〜としている soleo ⟨+inf⟩.

周期 orbis, periodus, cyclus. ▶〜的な periodicus.

住居 domus, habitatio, domicilium, tectum.

宗教 religio, deorum [dei] cultus. ▶〜上の儀式 sacra (pl), res divinae (pl).

従業員 ministri (pl).

銃撃 ignivomae manuballistae ictus. ⇨ 銃.

集合 conventus, conventio. ▶〜する convenio, congrego (pass), cogor (pass).

収支 ⇨ 収入, 支出, 支払い.

収集 collectio. ▶〜する colligo. ▷本を〜する libros undique contraho. ▷ コレクション 同.

従順 oboedientia, obsequium. ▶〜な oboediens, obsequens. ▶〜に oboedienter, obsequenter. ⇨ 従う, 服従.

住所 (=居住地) locus domicilii; (=宛名) inscriptio cursualis. cf. 国名 patria; 市 urbs; 通りの名前 via; 郵便番号 codex cursualis. ⇨ アドレス.

囚人 in carcere inclusus (m) [inclusa (f)]. ⇨ 捕虜.

ジュース sucus. ⇨ 汁.

修正 correctio. ▶〜する corrigo.

修繕 ▶〜する reficio. ⇨ 修理.

渋滞 (交通などの) obstructae viae (pl).

重大 gravitas. ▶〜な gravis, magnus. ▷そのことがおまえにとってどれほど〜か? quid tua id refert?

住宅 domicilium, aedes, domus. ⇨ 住居, 家.

集団 turba, grex, globus, circulus. ⇨ 群れ.

執着 愛着.

集中 (注意力の) intentio. ▶〜する (=一か所に集める) in unum locum cogo; (精神を) intendo. ▶精神を〜させた intentus. ▷(...に) 精神を〜する animum (in alqd) intendo. ▷すべての権力がひとりの人に〜しているとき, 私たちはそのひとりの人を王と呼ぶ cum penes unum est omnium summa rerum, regem illum unum vocamus.

終点 statio terminalis, exitus. ▷死は人間事象の〜 mors ultima linea rerum est. ⇨ 終末.

シュート (=サッカー等でシュートを決めること) follis in portam impulsio, retis [portae] violatio. ▶〜を決める follem in portam ingero [impello], follem portae adversariorum infero, rete violo, punctum fero. ▷バスケットに〜する in canistrum mitto.

修道院 monasterium, abbatia.

習得 ▶〜する disco.

柔軟 ▶〜(性) mollitia, mollities, mollitudo, lentitudo. ▶〜な flexibilis, mollis, lentus. ▶〜に molliter. ▶〜にする mollio. ▶〜になる mollesco.

収入 reditus, fructus, acceptum, accepta pecunia, accepti nummi (pl), vectigal. ▶〜に関する vectigalis. ⇨ 給料.

十分 (=十分であること) sufficientia. ▶〜な plenus. ▶〜である sufficio. ▶〜に satis, abunde, plene, sufficienter. ⇨ 足りる.

終末 terminus.

週末 exiens hebdomada, hebdomadae exitus [finis], ultimi septimanae dies (pl), dies hebdomadae finientis (pl). ⇨ 週.

住民 incola, habitator. ⇨ 住む.

収容 ▶〜する capio.

重要 ▶〜(性) gravitas, momentum, magnitudo. ▶(...が) 〜だ ⟨+inf⟩ refert (impers), interest (impers), magnum momentum habet (← habeo), magni momenti est (← sum). ▶〜でない parvi momenti est (← sum). ▶〜な gravis, magni momenti. ⇨ 重大.

修理 refectio. ▶〜する reficio, sarcio, reconcinno.

収録 ⇨ 記録.

主義 placitum, mos. ▷プラトン〜 platonica doctrina. ▷ストア〜 stoicorum disciplina. ▷マルクス〜 marxiana placita (pl). ▷資本〜 capitalismus.

授業　dictata (*pl*), auditio, praelectio. ⇨ 講義.
祝辞　gratulatio. ▶~を述べる人 gratulator. ▶~を述べる gratulor (*dep*).
祝日　feriae (*pl*), dies populi [nationis].
熟す　maturesco, maturor (*pass*). ▶熟した maturus. ⇨ 成熟.
宿題　pensum scholasticum.
祝福　gratulatio, benedictio. ▶~する gratulor (*dep*), bene dico.
熟慮　cogitatio, meditatio, commentatio. ▶(…について) ~する ⟨de re; alqd⟩ meditor (*dep*), ⟨de re; alqd⟩ cogito, ⟨alqd⟩ in animo agito, ⟨de re⟩ secum commentari (← commentor), ⟨alqd⟩ se cum volutare (← voluto).
主権　imperium. ⇨ 支配, 統治.
主催　▶~する moderor (*dep*). ▶~者 (会議などの) moderator; (見世物の) dominus. ⇨ 開催, 招集.
種子　semen. ⇨ 種(た).
手術　curatio manūs [ex manu].
首相　administrorum princeps [praeses], minister primarius, primus minister. ▷(ドイツの) 連邦共和国~ cancellarius foederalis. ⇨ 大臣.
受賞　▶~する ornor (*pass*). ▷ノーベル賞を~する. praemio Nobeliano ornor. ⇨ 賞.
主人　(=店や家の持ち主) dominus (*m*), domina (*f*), herus (*m*), hera (*f*); (=夫) maritus. ▶(家の) ~(=持ち主)である dominor (*dep*).
主題　materia, materies, argumentum, propositum. ⇨ 話題.
手段　ratio, via, modus, facultas.
主張　affirmatio. ▶~する contendo, autumo, affirmo. ⇨ 意見, 断言.
出演　演じる.
出血　sanguinis profusio [profluvium]. ▷~を止める sanguinis profluvium sisto / sanguinem cohibeo.
術語　propria verba ⟨alcis rei⟩. ▶~的な ad propria verba pertinens.
出産　partus, puerperium. ▶~する pario, partum edo.
出身　▶(…) ~の oriundus ⟨ab+*abl*; ex+*abl*⟩. ▷スペイン~の ex Hispania.
出世　▶~する procedo. ⇨ 立身出世.
出生　ortus. ▶~率 natalium index. ▶~率低下 prolis decrementum, natorum imminutio. ⇨ 生まれる, 誕生.
出席　praesentia. ▶~する adsum, intersum, praesum; ▶~して praesto.
出発　abitus, profectio, inceptum. ▶~する proficiscor (*dep*). ▷旅に~する in viam se dare (← do).
出版　editio. ▶(本を) ~する (librum) edo, divulgo.
出費　impensa, sumptus, impendium.
首都　caput.
首尾一貫　constantia.
主婦　mater familias, domina, rerum domesticarum dispensatrix.
趣味　praeoptata subsiciva occupatio, oblectatio, studium, voluptas. ⇨ 気晴らし, 娯楽, 嗜好, 審美眼.
寿命　⇨ 命, 長寿.
主要　▶~な principalis, princeps. ▶~な点 caput. ⇨ 要点.
需要　quod opus est.
種類　species, genus. ▷~種(い), 類.
瞬間　(temporis) punctum [momentum, vestigium]. ⇨ 一瞬.
循環　circulatio. ▶血液~ sanguinis circulatio. ▷論法を用いる quasi quodam gyro in argumento utor.
順序　ordo. ▶~正しく ordinatim, ordine, in [ex] ordine, in [per] ordinem. ▷~正しく並べる ordino.
純粋　sinceritas, puritas. ▶~な purus, merus, sincerus. ▶~に pure.
順調　▶~に bene. ▷~に進む bene succedo [procedo].
順番　ordo. ▶~に alium post alium. ⇨ 代わるがわる, 番.
準備　praeparatio. ▶~する praeparo.
使用　usus, usura, usurpatio. ▶(…を) ~する ⟨+*abl*⟩ utor (*dep*), ⟨+*acc*⟩ usurpo, adhibeo, in usu habeo.
省　publica sedes. ▷法務~ sedes administri rei judiciariae praepositi. ▷外務~ sedes administri exteris negotiis praepositi.
賞　praemium. ▷ノーベル~ praemia Nobeliana (*pl*). ⇨ 受賞.
性　▶(自分の) ~に合わない non convenire (← convenio) suis moribus. ⇨ 性格.
上演　actus, scaena. ▶~する ago.
消化　concoctio. ▶~する concoquo.
紹介　▶~する introduco, deduco, perduco, commendo.
障害　impedimentum, obstructio, vitium; (=障害物) obex. ▷~物にふさがれた impeditus.
生涯　vita. ▷~において in vita. ▷彼は幸福な~を生きた vitam fortunatam vixit.
奨学金　annua pensio studiorum causā.
正月　(=一年の最初の月) primus incipientis anni mensis.
正気　sanitas. ▶~の sanus.
将棋　⇨ チェス.
蒸気　vapor. ▶~で満たす[おおう] vaporo.
定規　regula.
乗客　vector.
商業　commercium, negotiatio, mercatura. ⇨ 取引, 商売.
状況　status, res, tempus, causa, condicio, locus. ▷~に応じて pro tempore.
消極的　▶~な iners, nihil agens.
上空　caelum, aether. ▶(…の) ~で in caelo ⟨+*gen*⟩, supra ⟨+*acc*⟩.
衝撃　ictus. ⇨ 衝突.
証券　perscriptiones (*pl*), mandata nummaria, chartae nummariae (*pl*).
証言　testimonium, testificatio, testatio. ▶~す

る testificor (*dep*), testimonium do.
条件 condicio. ▷…という〜で (sub) ea condicione ut (+*subj*). ▷…しないという〜で (sub) ea condicione ne (+*subj*). ▷公平な[不公平な]〜で戦う in loco aequo [iniquo] pugno.
証拠 argumentum, testimonium.
正午 meridies. ▶〜に meridie. ▶〜の meridianus.
称号 nomen, titulus, appellatio.
錠剤 pastillus.
賞賛 laus, laudatio, honor. ▶〜されるべき、〜に値する laudabilis, laudatus. ▶〜する laudo. ▶〜者 laudator. ⇨ ほめる.
上司 ▶〜(の) qui praeest (*m sg*), praepositus.
正直 probitas, sinceritas. ▶〜な probus, sincerus, frugi. ▶〜に sincere.
常識 (＝世人に共通の考え) communis [vulgaris] intelligentia, commune judicium. ⇨ 良識.
招集 convocatio. ▶〜する convoco.
少女 puella; (幼い、かわいい) puellula.
症状 signum.
上昇 ascensus. ▶〜する ascendo.
昇進 promotio, incrementum, ascensus. ▶〜させる produco, promoveo (in ampliorem gradum). ▶〜する (honoribus) procedo.
上手 ▶〜に perite, scite, callide. ⇨ 巧み.
少数 paucitas. ▶〜者 pauci (*pl*). ▶〜の paucus, pauculus.
小説 commenticia fabula, fabulosa narratio. 〜家 commenticiarum fabularum scriptor.
饒舌 loquacitas. ▶〜な loquax. ▶〜に loquaciter.
尚早 ▶(時期)〜の praematurus, praecox.
肖像 imago, effigies. ▶〜画 imago picta. ▷哲学者の〜 philosophus pictus.
消息 ▷アッティクスの〜が知りたい scire cupio quid agat Atticus. ▷(…は)〜不明だ 〈de alqo〉 nihil audimus.
招待 invitatio. ▶〜する invito.
状態 (＝状況) habitus, status, condicio; (体の) affectus.
上達 progressio, progressus. ▶(…において)〜する 〈in re〉 progressus facio, progredior (*dep*). ⇨ 進歩.
冗談 jocus, jocatio, facetiae (*pl*) ridiculum, cavillatio. ▶〜を言う jocor (*dep*), ludo. ⇨ 機知, 皮肉.
承知 ⇨ 許す, 認める.
象徴 signum. ▶〜主義 symbolismus. ▶〜する allegorice exprimo.
消毒 bacillorum purgatura. ▶〜剤 medicamentum sterilitatem inducens, bacillorum purgatorium. ▶〜する purgo.
衝突 collisus, conflictus, flictus. ▶〜する offendo, offenso, configo, concurro, collidor (*pass*). ▷物体の〜 duorum inter se corporum conflictio. ▷互いに〜し合う inter se collidi (*pass*).
承認 probatio. ▶〜する人 probator. ▶〜する probo, comprobo, agnosco. ⇨ 是認.

証人 testis.
情熱 calor, ardor. ⇨ 熱意.
小児 puer. ▶〜であること、〜らしさ pueritia. ▶〜の puerilis. ▶〜愛 paedicatio, paederastia, paedophilia. ▶〜愛者 paedico, paedicator, paederastes. ▶〜 幼年, 子供.
商売 negotium, negotiatio, quaestus, mercatura, commercium. ▶〜する negotior (*dep*), mercaturas facio. ▷〜の目的で negotiandi causā.
蒸発 evaporatio, vaporatio. ▶〜する evaporo.
消費 impensa, impendium, consumptio. ▶〜する impendo, consumo.
商品 merx, mercimonium, commercium. ▶〜の (＝売り物の) venalis. ⇨ 売る, 買う, 商売.
上品 elegantia. ▶〜な elegans. ▶〜に eleganter.
勝負 certamen. ⇨ 試合, 争う.
丈夫 ▶〜な robustus, validus. ⇨ 強い.
城壁 moenia (*pl*), murus. ▷〜内に intra murum.
譲歩 concessio, concessus. ▶〜する cedo, concedo. ▷武器はトガ(市民権)に〜すべきだ cedant arma togae.
情報 ⇨ 知らせる.
静脈 vena. ⇨ 動脈, 血管.
証明 demonstratio, probatio, ostentus. ▶〜する demonstro, probo.
正面 (建物等の) frons. ▶〜に contra. ▷(…の) 〜 pro (+*abl*). ▷〜 向かい合って.
消耗 intertrimentum. ⇨ すりへらす.
条約 foedus, pactio. ▶〜を結ぶ foedus facio, paciscor (*dep*). ▶〜を破る foedus rumpo.
将来 图 futura, futurum tempus.
勝利 victoria, triumphus. ▶〜する vinco, triumpho, victoriam reporto.
上陸 egressus, escensio. ▶〜する egredior (*dep*), de navi exeo. ▷〜に適した場所 locus ad egrediendum idoneus.
省略 praetermissio. ▶〜記号 notae (*pl*). ▶〜する praetermitto. ⇨ 縮める, 短縮.
上流 (川の) (fluminis) superior pars. ▶〜へ (＝川を上って) adverso amne. ▷川の〜へ遡る adverso flumine eo.
常連 frequentator.
女王 regina.
除外 exceptio. ▶〜する excipio, excludo. ⇨ 例外.
初期 ▷人生の〜と中期は祖国に、後期は私たち自身に与える et prima vitae tempora et media patriae, extrema nobis impertire.
ジョギング cursus pedester.
職員 minister.
職業 quaestus, professio.
食事 cibus, mensa. ▶〜を取る cibum capio. ⇨ 朝食, 昼食, 夕食.
食卓 mensa, escaria mensa.
食通 ⇨ 美食.
食道 gula.
職人 opifex, faber. ▶〜の faber.

食品	⇨ 食料.

植物　herba, res quae e terra gignuntur.

職務　munus. ▷〜に従事している occupatus. ▷〜に忠実な officiosus. ▷〜から解放された immunis. ⇨ 義務, 仕事.

食物　cibus, alimentum, esca. ▶〜の cibarius, alimentarius.

食欲　cibi aviditas [cupiditas].

食料　victus, alimentum, cibus. ▶〜に関する cibarius. ⇨ 食物.

処刑　supplicium. ▶(人を)〜する ⟨alqm⟩ supplicio afficio, ⟨de alqo⟩ supplicium sumo. ▶〜される supplicio afficior (*pass*).

助言　consilium. ▶〜者 consiliarius, consiliator. ▶〜する consilior (*dep*), consilium do.

叙事詩　(＝英雄叙事詩) carmen epicum [heroicum], epos. ▶(英雄)〜の epicus, heroicus.

助手　assistens.

処女　virgo. ▶〜性 virginitas. ▶〜の(ような) virgineus, virginalis.

抒情詩　lyrica (*pl*). ▶〜人 melicus. ▶〜の lyricus, melicus.

徐々に　gradatim, sensim, paulatim.

初心者　(…の) ⟨in re⟩ tiro, advena, ⟨ad alqd⟩ iturus.

女性　mulier, femina; (既婚の) matrona. ▶〜の muliebris, femineus.

食器　vas, escaria (*pl*).

書店　libraria (taberna).

諸島　▷キュクラデス〜 Cyclades insulae (*pl*).

所得　reditus, quaestus, fructus, merces. ⇨ 収入, もうける, 給料.

初歩　rudimentum, initium, elementum.

処方　(medicorum) placita (*pl*). ▷〜を書く valetudinis curationem praescribo.

庶民　vulgus. ⇨ 大衆, 民衆.

署名　subscriptio, nomen subscriptum. ▶〜する subscribo.

所有　possessio. ▶〜者 possessor. ▶〜する, 〜している potior (*dep*), possideo.

書類　libelli (*pl*).

白髪　cani crines (*pl*). ▶〜の canus. ▶〜頭 caput canum.

知らせる　nuntio, renuntio, affero, ⟨alqm⟩ certiorem facio, nuntium perfero. ▶知らせ nuntius. ▷これらのことがイタリアへとカエサルに知らされると his rebus in Italiam Caesari nuntiatis.

調べる　probo, perspicio, exigo, cognosco. ⇨ 吟味, 探求, 審査, 調査.

尻　clunis, natis. ▶〜の穴 anus.

知りあい　▶(…と)〜になる ⟨alqm⟩ nosco, ⟨cum alqo⟩ consuetudinem jungo.

退ける　repello. ⇨ 拒絶.

資料　materia, materies.

視力　visus, aspectus.

資力　pecunia, opes (*pl*).

汁　(肉の) jus, jusculum; (果物の) sucus.

知る　cognosco, nosco, comperio. ▶知っている scio, novi. ▶知られている notus. ▶知らない nescio.

▷ラテン語を知っている Latine (loqui) scio. ▷(…は) よく知られている satis notum est ⟨+*inf*⟩. ▷われわれは何一つ確実なことを知らないので quod nihil nobis constat.

しるし　nota, signum. ▶〜をつける notam impono, noto, signo.

城　(＝城塞, 要塞) castellum, arx; (＝王宮, 宮殿) turris, aedes regiae (*pl*), regia.

白　(色) albus color; (＝輝く白色, 純白) candidus color, candor. ▶〜い albus; (髪が) canus; (＝純白の) candidus.

素人　idiota. ▶〜の imperitus. ⇨ 無知.

しわ　ruga. ▶〜の寄った rugosus. ▶〜を寄せる rugo, corrugo.

親愛　▶〜の carus.

陣営　castra (*pl*).

進化　evolutio (phylogenetica), progressio. ▶〜論 ratio evolutionis; (＝ダーウィニズム) Darvinismus, Darviniana doctrina.

侵害　▶〜する invado. ⇨ 侵す.

人格　persona.

シンガポール　Singapura. ▶〜(人)の Singapuranus. ▶〜人 Singapurani (*pl*).

神官　sacerdos. ⇨ 祭司.

審議　deliberatio, consilium. ▶〜する delibero, consulo, consulto, consilior (*dep*). ⇨ 協議, 討議, 調査, 吟味.

寝具　lecti strata (*pl*).

神経　nervus.

真剣　▶〜な serius, intentus, enixus. ▶〜に intente, enixe.

人権　jus humanum. ▶〜擁護のために力を尽くす juribus humanis defendendis operam navo.

信仰　fides, persuasio.

進行　progressus, progressio. ▶〜する progredior (*dep*).

人口　capitum multitudo, civium numerus.

人工　▶〜の manu factus, arte factus.

人口調査　(＝戸口調査) census, recensio. ▶〜する censeo, recenseo.

申告　▶〜する dedico, profiteor (*dep*).

審査　recognitio. ▶〜する recognosco.

診察　corporis inspectio [observatio, cognitio], inspectio clinica.

紳士　humanissimus vir, integer [bonus, frugi, justus, probus, egregius] vir.

寝室　cubiculum, dormitorium.

真実　veritas, verum. ▶〜の verus. ▶〜らしい veri [vero] similis. ▶〜らしさ verisimilitudo.

真珠　margarita; (単独の大きな) unio.

信じる　(本当だと) credo (pro vero); (人・物に) ⟨+*dat*⟩ credo, fidem habeo; (＝確信している) confido. ▷神が存在すると〜 credo deum esse. ⇨ 思う.

神聖　sanctitas. ▶〜な sanctus, sacratus, sacer, religiosus.

人生　vita. ⇨ 生涯.

親戚　(父方の) agnatus. ▶〜(の) propinquus, cognatus.

親切　benevolentia, beneficentia, beneficium,

しんせん ― すうこう

benignitas. ▶~な benignus, beneficus, comis. ▶(人に) ~にする 〈alci〉 bene facio.
新鮮 ▶~な viridis, recens, novus.
心臓 cor.
身体 corpus. ▶~の corporeus.
寝台 cubile, lectus (cubicularius). ▶~車 currus dormitorius.
人体 corpus humanum. *cf.* わきのした ala; 腕 brachium, lacerti (*pl*); 口 os; 髪 coma, capillus, crines (*pl*); くるぶし talaria; わき腹, 横腹 latus; 肘 cubitum; 腿 femur; 指 digitus; 背 tergum; 顔 os, facies, vultus; 額 frons; ひざ genu; のど fauces (*pl*); 脚 crus; 頬 genae (*pl*); 舌 lingua; 唇 labrum; あご maxilla, mentum; 手 manus; ふくらはぎ sura; 鼻 nasus; へそ umbilicus; 首 collum, cervix; うなじ cervices (*pl*), cervicula; 目 oculus; 爪 unguis; 耳 auris; 手のひら palma; まぶた palpebrae; 足 pes; 胸 pectus; 乳房 mamma; 眉 supercilium; かかと talus; 頭 caput; 腹 venter.
神託 oraculum. ▷~を求める oraculum peto [consulo]. ⇨ 予言, 占い.
診断 morborum cognitio.
慎重 ▶~な consideratus, cautus, prudens, accuratus. ▶~に considerate, caute, prudenter, pedetentim, sensim.
身長 statura, proceritas, spatium a vestigio ad verticem.
振動 tremor. ▶~する tremo. ▶~させる vibro.
人道的 ▶~な humanitarius.
侵入 irruptio, incursio. ▶~する irrumpo, incurro. ⇨ 侵略, 入る.
新年 novus [incipiens] annus.
心配 sollicitudo, cura, angor, anxietas. ▶~する, ~している 動 curo, sollicito animo sum. 形 sollicitus. ▶~して anxie. ⇨ 恐れ, 悩み, 不安.
審美眼 (＝良い趣味) sapor; (＝判断力) sensus.
新聞 (日刊の) diarium, acta diurna (*pl*), ephemeris, commentarii diurni (*pl*). ⇨ 記者.
進歩 progressus, progressio, profectus, processus. ▶~する procedo, progredior (*dep*), proficio. ▷科学の~ disciplinarum profectus.
親密 familiaritas. ▶~な intimus, familiaris. ▷~な友人関係 intima amicitia.
人民 populus.
尋問 interrogatio, quaesitio, percontatio. ▶~する interrogo, quaero. ⇨ 質問.
深夜 media nox. ▶~まで ad multam noctem.
信用 fides, fiducia. ▶(人を)~する 〈alci〉 confido, fido, fidem habeo.
信頼 fides, fiducia. ▶~する confido. ▶~できる fidus.
辛辣 acerbitas, mordacitas, acumen. ▶~な acerbus, mordax, acutus. ▷彼は~家だった acerbae linguae fuit.
真理 veritas, verum.
心理学 de animo humano doctrina, psychologia. ▶~者 humani animi investigator, psychologus, psychologiae studiosus.
侵略 invasio. ▶~する invado. ⇨ 侵入.

尽力 ⇨ 努力.
森林 silva, silvae (*pl*).
親類 ⇨ 親戚.
人類 humanum [hominum] genus, homines (*pl*), mortales (*pl*).
人類学 (＝文化人類学) anthropologia (culturalis), humanae naturae doctrina, humanae formae descriptio.
神話 fabula, mythos.

す

酢 acetum.
巣 (鳥や蜂の) nidus; (蟻の) formicarum cavea; (蜜蜂の) alveus, alvus; (蜘蛛の) aranea, araneum; (獣の) cubile.
水泳 natatio, ars nandi. ⇨ 泳ぐ.
衰弱 debilitas, defectus, languor. ▶~した debilis, defectus, languidus. ▶~する deficio. ▶~している langueo. ⇨ 衰える.
水晶 crystallum, crystallus. ▶~の(ような) crystallinus.
スイス Helvetia. ▶~(人)の Helvetius, Helveticus. ▶~人 Helvetii (*pl*).
水星 Mercurius, Mercurii stella.
彗星 cometes, stella cincinnata, stella crinita. ⇨ 星.
推薦 commendatio. ▶~された commendatus. ▶~する commendo.
推測 conjectura, conjectio. ▶~する conjecto, auguro, praesumo. ▷私の~する限り quantum ego auguro.
水族館 domus beluis marinis asservandis.
水中 ▶~の aquaticus, aquatilis.
垂直 ▶~の directus, rectus, verticalis.
スイッチ apparatus ruptorius.
推定 ⇨ 推測.
出納 (＝収入と支出) acceptum et expensum, ratio acceptorum et datorum. ▶~簿 codex accepti et expensi. ⇨ 会計.
水道 aquae ductus.
随筆 opusculum altiore doctrina conscriptum [conscribendum]. ▶~家 opusculi altioris doctrinae scriptor.
水平 libramentum. ▶~な libratus, planus. ▶~にする aequo, coaequo. ▶~に保つ libro.
睡眠 somnus, sopor. ▶~薬 medicamentum somnificum. ⇨ 眠る.
推理小説 fabula criminalis.
数 numerus. ▶偶~ numerus par. ▶奇~ numerus impar.
吸う (液体を) sugo; (空気を) (animam) attraho. ▶吸い出す exsugo. ▶吸い込む haurio.
スウェーデン Suetia. ▶~(人)の Sueticus. ▶~人 Sueti (*pl*).
数学 mathematica (studia) (*pl*).
崇高 sublimitas, granditas. ▶~な excelsus, grandis, sublimis.

数字 littera rationalis. ▷〜を用いて計算する numerorum notis computo. ⇨ 数(かず).

ずうずうしい immmodestus, procax. ▶ずうずうしくも procaciter. ⇨ 厚かましい.

スーダン Sudania. ▶〜(人)の Sudaniensis. ▶〜人 Sudanienses (pl).

スープ jus, sorbitio, intrita. ▷ミルク入り〜 intritum lacte confectum.

スカーフ focale. ▷絹の〜 sericum focale.

すがすがしい ⇨ 清涼.

姿 imago.

好き ▶〜である(=好む) amo, diligo. ▷私は何もしないのが〜だ me nihil agere delectat.

スキー narta. ▷〜の narticus. ▶〜をする nartis prolabor (dep) [descendo].

過ぎ去る (時間が) praetereo, praelabor (dep). ▶過ぎ去った praeteritus. ▷過ぎ去った年月 praeterita aetas.

透きとおる 形 perlucidus, translucidus. ▶透きとおって輝く 動 transluceo.

スキャンダル adversus rumor, res insignis infamiae.

過ぎる ▶(…)過ぎて(=あまりに…て) nimium, nimis. ⇨ 過ぎ去る, あまり.

すぐ ▶〜に protinus, continuo, statim, extemplo. ▶(…すると) ubi primum …. ▶今〜にも jam jam, jam jamque.

救う servo, conservo. ▶救い salus. ⇨ 救助, 救援.

少ない paucus. ⇨ 少数, まれ.

少なくとも quidem, certe, utique, saltem.

すぐれた excellens, egregius, praestans. ▶すぐれて excellenter, egregie. ▶すぐれる, すぐれている excello, praesto. ⇨ 優秀, 優越.

図形 forma, schema, descriptio. ▷幾何学の〜 geometrica forma. ▷〜を描く describo.

スケート ▶ローラー〜 pedirota. ▷〜をする soleis ferratis prolabor (dep).

スケッチ (=素描, 下絵) adumbratio, descriptio, deformatio. ▶〜する adumbro, describo, deformo.

少し paulo; (ほんの) paululo. ▶〜前に paulo ante. ▶〜後に paulo post. ▶〜(の間) paulum, paululum. ▶〜ずつ paulatim, carptim. ▷もう〜で(…する)ところある haud [non] multum abest quin (+subj).

過ごす dego, transigo. ▷煩いなく一生を〜 omne tempus aetatis sine molestia dego. ▷無為に日を〜 per otium transigo.

涼しい frigidus. ▶涼しくする refrigero.

進む progredior (dep), prodeo. ▶(時計が) 進んでいる (horologium) currit ocius. ▷決勝(戦)に〜 in certamine finale prodeo. ⇨ 遅れる.

雀 passer.

スズメバチ vespa.

勧める suadeo, hortor (dep).

進める (=前進させる) promoveo, proveho, profero, produco. ⇨ 前進.

スタイル (=型, 様式) genus. ⇨ 文体.

すっかり plane, penitus, omnino. ⇨ 全く.

ずっと diu. ▶〜以前から ex longo. ▶〜以前 diu ante, pridem, dudum. ▶〜後 diu post. ⇨ 間(あいだ).

酸っぱい acidus, acerbus, immitis. ▶酸っぱくなる acesco. ▷〜ぶどう酒 acerbum. ⇨ 酸.

ステーキ (ビーフ) carnes bovillae (pl).

すてき ▷〜な すばらしい, みごと.

すでに jam.

捨てる abicio, depono; (子を) (puerum) expono.

ストーブ (=暖炉) focus, caminus.

ストッキング tibiale, crurale.

ストライキ (voluntaria) operis cessatio [intermissio].

ストロー cannula.

砂 arena.

素直 ▶〜な(=従順の) obsequens, oboediens, docilis, facilis.

すなわち (=言い換えれば, つまり) hoc est, id est, videlicet, scilicet.

すね (=ひざからくるぶしまでの部分) crus; (=頸骨) tibia.

頭脳 cerebrum.

スノッブ homo affectatus, homo fictam praestantiam affectans.

スパイ (=密偵) emissarius, speculator, explorator; (活動) occulta exploratio.

スパゲッティー vermiculi (pl), pasta vermiculata. ⇨ パスタ.

すばやい celer, mobilis. ▶すばやく celeriter, mobiliter, velociter, perniciter.

すばらしい splendidus, insignis, pulcher. ⇨ すぐれた, みごと.

スピーカー (=拡声器) megaphonium, megaphonum, megalophonum.

スピーチ oratio, contio.

スピード (=速さ, 速度) celeritas, velocitas. ▷〜メーター velocitatis index.

スプーン cochlear.

スプリング lamina flexibilis.

すべ (=手段) facultas, ops. ▷りっぱに幸せに生きる〜のない人にとって人生はいつでも苦しいものだ quibus enim nihil est in ipsis opis ad bene beateque vivendum, eis omnis aetas gravis est. ⇨ 方法, 手段, 技能.

スペイン Hispania. ▶〜(人)の Hispanicus, Hispanus. ▶〜人 Hispani (pl).

スペースシャトル navicula spatialis.

すべすべ ▶〜の levis; (髭がなくて) glaber. ⇨ なめらか.

すべて ▶(の) omnis, cunctus. ▷〜の人々 omnes.

すべる 動 labor (dep). ── 形(=すべりやすい) lubricus. ▶すべりやすい場所 lubricum.

スペル ▶〜(=綴り)を言う syllabas litterarum ordino.

スポークスマン (=代弁者) interpres.

スポーツ ludus, lusus. ▷私は〜が大好きだ ludicrorum studiosissimus sum. ▷私は毎日〜をし

ている corpus meum cottidie exerceo.
ズボン bracae (*pl*). ▶～をはいた bracatus.
スポンジ spongia.
角, 隅 angulus.
炭 carbo. ▶～の carbonarius.　⇨ 炭素.
墨 ⇨ インク.
すみません ⇨ 謝る, 許す.
すみやか ▶～に celeriter.　⇨ 直ちに.
住む habito, incolo.
スモッグ fumus et nebula.
スライド ▶～(写真) imago photographica translucida. ▶～フィルム (＝リバーサルフィルム) pellicula positiva.
すりつぶす tero, attero.
すりへらす (こすって) detero, attero.
する ago; (…を…に)〈+2 個の *acc*〉facio. ▷どうしてるか？ quid agis? ▷何もしない nil ago. ▷行なう.
ずるい astutus, versutus, dolosus.
鋭い acer.
すれ違う (＝行き違う) ultro citroque commeare (← commeo).　▷五段櫂船が～ quinqueremes contrariae commeant.
スロバキア Slovakia. ▶～(人)の Slovakus. ▶～人 Slovaki (*pl*).
スロベニア Slovenia. ▶～(人)の Slovenus. ▶～人 Sloveni (*pl*).
すわる sedeo, considero, resido, assido. ▶すわったままでいる resideo. ▶すわらせる sedo.
寸法 mensura, modus, modulus.　▷自分の体の～に合わせて ad modum sui corporis.　⇨ 大きい, 身長.

せ

背 ▶～が高い procerus, grandis. ▶～の高い男 homo procerae staturae. ▶～の低い男 homo corpore brevis. ⇨ 背中, 身長.
姓 nomen gentile [gentilicium, paternum].　⇨ 氏名.
性 sexus. ▶～の sexualis.
生 (＝人生, 命) vita.
精 ⇨ 精力.
せい ▶(…の)～で propter〈+*acc*〉, ex/ e〈+*abl*〉, causā〈+*gen*〉, ob〈+*acc*〉.　⇨ ため.
税 tributum, vectigal. ▶直接～ tributum. ▶間接～ vectigal. ▶所得～ tributum ex reditibus. ▶財産～ tributum ex censu.　▷～を納める tributum confero [persolvo], vectigalia pendo.　▷～を課す (＝課税する) tributum [vectigal] impono.　⇨ 関税, 税務署, 免税.
誠意 fides.　⇨ 誠実.
成果 fructus, exitus, effectus.　⇨ 結果, 達成.
性格 ingenium, mos, animus.
正確 ▶～(さ) subtilitas; (証言や記述の) fides. ▶～な exactus, examinatus, subtilis, fidelis. ▶～に subtiliter, accurate, fideliter, recte.
生活 vita. ▶～手段 victum.
請願 postulatio, postulatum, petitio. ▶～書 libellus.
税関 portitores (*pl*).　⇨ 関税.
世紀 saeculum, spatium saeculi centum.　▷19～末の cadentis saeculi XIX (undevicesimi). ▶～に一度の saecularis.
正規 ▶～の justus, legitimus, regulam servans, rectus.
請求 postulatio, petitio. ▶～する postulo, posco, imputo, peto. ▶～者 petitor.
税金 ⇨ 税.
清潔 munditia. ▶～な mundus, tersus.　⇨ きれい.
制限 modus, finis, terminus, coercitio, determinatio. ▶～する termino, finio, definio, determino, circumscribo, coerceo.　▷時間の～ temporis circumscriptio.　⇨ 抑制.
性交 concubitus, nuptiae (*pl*), nuptus, venus, coitus, coitio.
成功 processus, exitus bonus [felix], eventus prosper [bonus], res bene gesta, auctus, prosperitas. ▶(人が…において)～する〈alqd〉bene [prospere] gero; (事が) prospere cedo [procedo, succedo, evenio], bene succedo [cedo], feliciter evenio, bonos exitus habeo.　▷事業に～する suum negotium praeclare gerere (← gero).
精巧 subtilitas. ▶～な subtilis.
星座 sidus, sidera (*pl*), signum.　cf. 牡羊座 aries. 牡牛座 taurus. 双子座 gemini (*pl*), geminum astrum. 蟹座 cancer. 獅子座 leo. 乙女座 virgo. 天秤座 libra. さそり座 scorpio, scorpius. 射手座 sagittarius. 山羊座 capricornus. 水瓶座 aquarius. 魚座 pisces (*pl*).
政策 consilium, ratio, ratio politica, ratio rei publicae gerendae, in re politica consilia (*pl*).
生産 fructus. ▶農業～ proventus agrorum. ▶～する efficio.　⇨ 製造.
精算 ▶(借金を)～する (aes alienum) persolvo.
政治 res publica, res publicae (*pl*), res politica. ▶～学 civilis prudentia, civilis scientia, ars politica. ▶～(上)の, ～的な politicus.　⇨ 政策.
正式 ▶～な justus, legitimus.
性質 habitus, natura. ▶そのような～ talis. ▶どのような～ qualis.
誠実 probitas, sinceritas, fidelitas, (bona) fides, veritas, diligentia. ▶～な probus, sincerus, fidus, fidelis, verus. ▶～に sincere, fide, fideliter, (ex) bona fide.　⇨ 不誠実.
静寂 quies.　⇨ 静か.
成熟 maturitas. ▶～する maturesco. ▶～させる maturo. ▶～した maturus.
青春 juventus, juventas. ▶～の女神 Hebe.
聖書 sacra scriptura.
生殖 creatio, genitura.
聖職者 clericus, clerici (*pl*); (集合的に) clerus. ▶～の clericus, clericalis.　⇨ 祭司.
精神 spiritus, animus, mens.　▷人は～と肉体からなる homo constat ex animo et corpore.
成人 ▶～(の) adultus.　⇨ 大人.
製造 fabricatio. ▶～する facio, fabricor (*dep*).

⇒ 生産.
生存 ▶～する（＝生きている）vivo;（＝生き残る）supersum. ▶～している（＝生き残っている）[形] superstes. ▶～者 superstes. ⇒ 生きる.
盛大 ⇒ ぜいたく, 豪華.
生態学 （＝エコロジー）oecologia, res oecologica.
ぜいたく luxus, luxuria, magnificentia. ▶～な luxuriosus, magnificus. ▷～三昧で破滅した若者 adulescens luxu perditus.
成長 auctus, incrementum. ▶～する adolesco, cresco, incresco, augesco. ▶～させる augeo.
制定 ▶～する sancio.
聖典 sacrae litterae (pl), sacra scriptura.
生徒 discipulus (m), discipula (f).
政党 ⇒ 党派.
正当 ▶～な justus, rectus. ▶～に, ～にも juste, (justo) jure, merito, haud immerito, recte.
青銅 aes. ▶～の aeneus, aereus.
生得 ⇒ 先天的.
成年 ⇒ 成人.
青年 juvenis, adulescens. ▶～時代 adulescentia, juventa, juventas. ▶～の juvenis, juvenilis. ⇒ 青春.
製品 opus. ▶手工業～ opus manu factum.
制服 vestimentum. ▷軍隊の～ vestis militaris. ▷学校の～ vestitus scholaris.
征服 ▶～する vinco;（軍隊によって）(armis) subigo;（戦争によって）(bello) capio. ▶～者 victor.
生物 animal, animans. ▶～の animalis.
生物学 biologia, de vitae ratione doctrina, de animantium vita disciplina. ▶～者 biologus, de vitae ratione peritus. ▶～の, ～的な biologicus, ad biologiam pertinens.
成分 pars, res. ▷薬品の～は以下の通り(…) medicamentum in quo sunt haec: (…).
精密 ⇒ 精巧.
税務署 sedes officii fiscalis.
生命 vita, anima. ⇒ 命.
声明 editio.
生命工学 biotechnologia.
西洋 obeuntis solis partes (pl), occidens. ▶～人 ad occasum habitantes (pl). ▶～の occidentalis. ▶～的な ad occidentis cultum humanum versus. ⇒ 東洋.
整理 compositio, rerum in ordinem distributio. ▶～する ordino, dispono. ▶～された compositus. ▶～されていない incompositus. ▶～されて composite.
生理 ⇒ 月経.
清涼 refrigeratio. ▶～な refrigerans.
勢力 potestas, robur. ▶～のある potens.
精力 vis, vigor. ▶～的な actuosus.
背負う (umeris) sustineo, succollo;（は荷を背負って運ぶ）bajulo. ▷（彼らは）エトナ火山より重い荷物を背負っていると言う onus se Aetna gravius dicunt sustinere.
世界 mundus. ▶～史 omnium rerum memoria. ▶～地図 orbis terrarum descriptio. ▷～の至る所から ex omnibus orbis terrarum partibus. ▷

第2次～大戦 bellum alterum mundanum. ▷～チャンピオン princeps toto terrarum orbe victor ⇒ 宇宙, 地球.
せかす urgeo. ▷どうして(私を)～のか quid urges?
咳 tussis. ▶～をする tussio.
席 sedes. ⇒ 座席, 予約.
石炭 carbo fossilis. ⇒ 木炭.
赤道 aequinoctialis [meridianus] circulus, aequator. ▶～の aequinoctialis, ad circulum aequinoctialem pertinens.
責任 ▶(…の)～を負う ⟨alqd⟩ praesto. ▷私たちは過失のほかいかなる～も負うべきではない nihil nobis praestandum est praeter culpam.
赤面 rubor. ▶～する erubesco, rubesco, rubeo. ⇒ 恥ずかしがり.
石油 petroleum, oleum terrigenum. ▶～の petrolearius.
世間 homines (pl). ▷おまえは～とのつきあいを心得ている scisti uti foro.
…せざるをえない ▷私は笑わざるをえない facere non possum quin rideam.
世俗 ▶～の profanus. ⇒ 通俗, 大衆.
世代 aetas;（＝同世代の人々）saeculum.
節 （文章の）membrum. ⇒ 句, 文.
説教 sermo.
接近 adventus, accessus. ▶～する advento, contingo, accedo. ⇒ 近づく.
セックス ⇒ 性交.
石鹸 sapo.
石膏 gypsum. ▶～でおおう gypso.
接合 coagmentum. ▶～する coagmento.
接触 contactus, contagio, contagium.
接する （境を）[動] contingo. [形] contiguus. ⇒ 隣接, 隣りあう.
絶対 ▶～の absolutus. ▶～に absolute. ▷私は～にそれをやらなければならない mihi necesse est hoc facere.
切断 sectio. ▶～する seco, deseco. ⇒ 切る.
窃盗 （行為）furtum;（人）fur. ▶～の furtivus.
説得 persuasio. ▶～(人を)する ⟨alci⟩ persuadeo [fidem facio], ⟨alqm⟩ ad suam sententiam perducere (← perduco). ▶～的な ad probandum firmus. ▶～的に ad persuadendum accommodate [apte]. ▶～力のない ad probandum infirmus, parum potens.
設備 instrumentum. ⇒ 装備.
絶望 desperatio. ▶～的な depsperatus. ▶～する despero, spem perdo. ▶～した in spe dejectus.
説明 explicatio, explanatio, interpretatio. ▶～する explico, explano, interpretor (dep), doceo.
絶滅 exstinctio. ⇒ 滅びる, 全滅.
節約 compendium, parsimonia. ▶～する parco, sumptus minuo [circumcido], impensas corripio. ▷時間を～する tempus parce dispenso.
背中 dorsum, tergum.
是認 probatio. ▶～する probo, comprobo. ▶～された probatus. ⇒ 承認.
セネガル Senegalia. ▶～(人)の Senegaliensis.

せばめる ▶～人 Senegalienses (*pl*).
狭める angusto.
狭い angustus, artus; (非常に) perangustus. ▶～場所 artum.
迫る (＝強いて求める) compello; (＝近くまで押しよせる, 切迫する) immineo, impendeo, urgeo, propinquo, insto.
攻める ⇨ 攻撃, 襲う.
責める (＝非難する) accuso, reprehendo, culpo, obicio, objecto, exprobro, vitupero. ⇨ 非難.
セメント ferrumen, lithocolla.
科白 (俳優の)(actoris) partes (*pl*).
ゼロ zero, signum absentis numeri, nihil, nihilum.
世話 cura, curatio, cultus, cultura, tutela. ▶～をする curo, procuro, colo. ▶～人 curator. ▶～好きな comis.
千 ▶～(の) mille.
栓 obturamentum, obturaculum. ▶(...に)～をする ⟨alqd⟩ obturo.
線 linea, lineamentum. ⇨ 曲線, 直線.
善 bonum, bonitas. ▶最高～ summum bonum. ⇨ 善良.
禅 doctrina zen.
繊維 fibra.
善意 bona fides [voluntas].
全員 omnes (*pl*).
前衛 primum agmen.
前期 (学校の) primum semestre. ⇨ 後期.
選挙 creatio, suffragium, comitium. ▶～人 suffragator. ▶～権 jus impertiendi suffragii. ⇨ 投票.
先駆者 antecursor.
宣言 declaratio, professio. ▶～する declaro.
先行 antecessio. ▶～者 antecessor, antecursor. ▶～する 形 antecedens. 動 antecedo, anteeo.
専攻 ⇨ 専門.
宣告 nuntiatio.
繊細 subtilitas. ▶～な subtilis.
洗剤 detergens smegma.
潜在的 ▶～な potentialis.
詮索 ▶～する scrutor (*dep*). ▶～する人 scrutator (*m*), scrutatrix (*f*).
前日 ▶(...の)～に pridie ⟨+*acc*; +*gen*; quam⟩.
選手 athleta. ⇨ 競技.
戦術 res militaris, ratio [artes] rei militaris [belli], astutia.
戦場 locus pugnae.
染色体 chromosoma.
前進 processus, progressus. ▶～する procedo, progredior (*dep*). ⇨ 進める.
全身 omne corpus.
扇子 flabellum.
センス sensus.
潜水艦 navis submarina.
潜水夫 urinator (*m*). ⇨ 潜る.
先生 ⇨ 教師.
占星術 astrologia divinans [divinatrix], astrorum cognitio, mathematica. ▶～師 astrologus, mathematicus. ▶～の mathematicus. ⇨ 星占い.
前線 ▶(最)～ principium.
全然 ⇨ 全く.
宣戦布告 ▶～する bellum indico.
先祖 patres (*pl*), majores (*pl*). ▶～の paternus. ⇨ 子孫.
戦争 bellum, arma (*pl*), certamen. ▶～の bellicus. ▶～犯罪 injuria bellica. ▷～を準備する bellum paro. ▷～を始める belli initium facio. ▷～を行なう bellum gero. ▷～を長引かせる bellum traho. *cf*. 海戦 bellum navale [maritimum]. 第2次世界大戦 bellum alterum mundanum ⇨ 宣戦布告, 内戦.
全体 totum, universitas, summa. ▶～の totus, universus, cunctus. ▷ガリア～ cuncta Gallia. ▷ガリア～は三つの部分に分かれている Gallia est omnis divisa in partes tres.
洗濯 lavatio. ▶～する lavo, eluo. ▶～室, ～場 lavatorium. ▶～機 machina linteorum lavatoria, machina linteis lavandis, machina linteis eluendis. ⇨ 洗う, クリーニング.
選択 delectus, electio. ▶～する eligo. ⇨ 選ぶ.
センチ ▶～メートル centimetrum.
船長 navis magister; (軍艦の) navarchus; (商船の) navicularius.
前兆 augurium, auspicium, omen.
宣伝 praeconium, pervulgatio commendaticia, nuntii laudativi, divulgatio, rerum propositio. ▶～を行なう evulgo, in hominum notitiam perfero.
先天的 ▶～な insitus, innatus, ingeneratus, ingenitus.
戦闘 proelium, pugna, certamen. ▶～隊形 acies. ▶～を交える certamina [proelia] sero. ⇨ 戦争, 戦う.
煽動 ▶～する concito, accendo. ▶～者 concitor, concitator.
先入観 praejudicium. ▶～をもつ praejudico.
前半 prior dimidia pars. ⇨ 後半.
前部 prior pars.
前方 ▶～へ porro, protinus. ▶～に ante. ⇨ 前.
ぜんまい spira e ferro facta.
全滅 internecio.
洗面器 pelvis, trulleus, trulleum.
洗面所 cellula lavatoria, lavatorium.
専門 (分野) artis genus, scientiae genus, specialis doctrinae provincia, singularis peritia, singulare studium. ▶～家(の) qui uni alicui generi scientiae (artis [operis]) se dedit.
占領 occupatio, expugnatio. ▶～する occupo, capio, antecapio, teneo, obsideo, expugno.
善良 ▶～な bonus.
全力 ▶～で omnibus viribus [opibus], totis viribus, omni vi [ope], summa vi [ope]. ▶～をあげて manibus pedibusque.
洗礼 baptisma, baptismus, baptismum. ▶～者 baptizator. ▶～を受けさせる baptizo.
戦列 acies.

洗練　subtilitas, munditia, urbanitas. ▶～された subtilis, mundus, urbanus, lautus, politus, limatus, excultus. ▶きわめて～された人々 lautissimi.

そ

沿う　▶(…に)沿って secundum ⟨+acc⟩.
象　elephans, elephas, elephantus.
像　effigies, effigia, imago, signum. ▶立～ statua.
騒音　strepitus, sonitus. ▷～を響かせる strepo. ⇨ 騒動.
増加　amplificatio. ▶～する augesco. ▶～させる augeo. ⇨ 増大.
葬儀　⇨ 葬式.
象牙　ebur. ▶～(製)の eburneus.
草原　pascuum, pratum. ▶～の pratensis. ⇨ 牧草地.
倉庫　receptaculum, horreum.
相互　▶～の mutuus. ▶～に mutuo, inter ⟨+再帰・人称代名詞の acc⟩. ⇨ 互い.
掃除　purgatio. ▶～する purgo. ▶電気～機 pulveris hauritorium.
葬式　funus, exsequiae (pl), funebria (pl), suprema (officia) (pl). ▶～の funebris, funebralis, exsequialis. ▶～を行なう funus [exsequias] celebro, funeri operam do, funus facio, exsequias duco.
操縦　gubernatio, gubernaculum, regimen. ▶～する rego, guberno. ▶～士 gubernator. ▶～室 aeronavis scapha, gubernatoris cellula. ▷飛行機を～する aeronavem guberno. ⇨ 運転.
早熟　▶～な praecox.
装飾　ornamentus, decus. ⇨ 飾る.
創造　creatio. ▶～する creo, procreo; (世界を)(mundum) efficio, genero.
想像　▶～する commentor (dep), imaginor (dep), fingo. ▶～上の commenticius. ⇨ 虚構.
騒々しい　strepens, clamosus.
相続　hereditas, successio. ▶～人 heres, successor. ▶～に関する, [できる] hereditarius. ▶～する hereditatem capio [obeo] ▷彼は近親者から多大な遺産を～した hereditas a propinquo permagna ei venit.
壮大　magnificentia. ▶～な magnificus.
増大　amplificatio, auctus, incrementum, multiplicatio. ▶～する incresco, accresco, augesco, multiplicor (pass). ⇨ 増やす, 増える, 増加.
相対的　▶～な qui ex comparatione spectatur. ▶～に comparate, ex comparatione.
相談　consultatio, consilium. ▶(人に)～する ⟨alqm⟩ consulo, consulto ⟨ab alqo⟩ consilium peto. ⇨ 討議.
装置　machinatio, machinamentum.
荘重　⇨ 壮大.
騒動　tumultus, tumultuatio, turba, turbatio. ▶～を起こす tumultuor (dep). ⇨ 混乱.
挿入　interpositio. ▶～する interpono, insero, inserto, immitto.

装備　ornamentum, ornatus. ▶～する orno, comparo.
創立　conditus. ▶～者 fundator, conditor. ▶～する fundo, condo, instituo.
送料　⇨ 運賃.
ソース　condimentum, liquamen.
ソーセージ　botulus.
即座　▶～に ex tempore, ad tempus, e vestigio, celeriter, extemplo.
即席　▶～の extemporalis. ⇨ インスタント.
速達　▶(の手紙) litterae celeriores (pl), epistula celerrime ferenda, citissimus nuntius.
測定　mensura. ▶～する dimetior (dep). ⇨ 計る.
速度　celeritas, velocitas. cf. 時速20キロを超える velocitatem viginti chiliometrorum horalium excedo.
束縛　▶～する astringo, constringo.
底　fundus, ima pars, imum, profundum. ▷海の～に沈む in imo mari summergor (pass).
そこ　▶～に, ～で ibi. ▶～へ eo, ad [in] eum locum, istic. ▶～から istinc.
祖国　patria. ▶～の patrius.
そこで　itaque.
素材　⇨ 材料.
阻止　prohibitio. ▶～する impedio. ⇨ 妨害, 邪魔.
組織　constitutio, institutio, institutum; (人体の) corporis temperatio; (国家の) rei publicae temperatio. ▶階級～ hierarchia. ▶～する constituo.
素質　ingenium, indoles. ▶～がある idoneus. ⇨ 才能.
そして　et, -que, atque (ac).
訴訟　lis, causa, actio, actus, judicium. ▶～当事者 litigator. ▶～好きな litigiosus. ▶～を起こす litigo, causam ago.
注ぐ　fundo, effundo.
そそのかす　induco. ⇨ 誘惑, 欺く.
育つ　⇨ 成長.
育てる　educo, nutrio, nutrico, nutricor (dep), alo. ▶～を 養う, 教育.
卒業試験　probatio missionis e schola.
率直　libertas. ▶～な liber, explicatus. ▶～に libere, prorsum.
そっと　(=やさしく) molliter, placide; (=静かに) silentio. ⇨ こっそり.
袖　(=長袖) manicae (pl).
外　(=外部) exterior pars. ▶～の exter, externus. ▶～で foris. ▶～へ foras. ▶～から extrinsecus. ▶(…の)～に extra ⟨+acc⟩. ▷～で食事をする foris ceno. ▷～へ出る foras eo. ▷町の～へ extra oppidum.
備える　▶備え copia. ▷あらゆる戦争物資がその町には豊富に備えられていた omnium rerum quae ad bellum usui erant summa erat in eo oppido facultas.
その　is. ⇨ この, あの.
その上　(=さらに) praeterea.

そのために　propterea, quapropter, idcirco, ideo, ob eam causam, eā causā, ob eam rem, quam ob rem.
そのとき　tum, tunc, eo tempore.　▷初めて tunc primum.　▷〜やっと tunc demum.　▷ちょうど〜 tunc vero.
そのような　talis.
側　propinquitas, proximitas, vicinitas, propinquus locus.　▶〜に, 〜で in vicino, in propinquo.　▶(…の) 〜に circum ⟨+acc⟩, ad ⟨+acc⟩, apud ⟨+acc⟩, propter ⟨+acc⟩.　▷城壁の〜に juxta murum.　▷横, 近く.
ソビエト　Foederatae Civitates Socialisticae Sovieticae (pl)
そびえる　(建物などが) erigor (pass).
祖父　avus.　▶〜の avitus.
ソファー　(=寝椅子) lectulus, lecticula; (=肘掛け椅子) cathedra.
ソフトウェア　programma.
祖母　avia.
素朴　tenuitas.　▶〜な tenuis, incomptus.　⇨ 質素.
背く　deficio, non oboedio, non pareo.
染める　inficio, tingo, coloro, fuco.
粗野　rusticitas, incultus.　▶〜な agrestis, rudis, rusticus, incultus.
そよかぜ　aura.
空　caelum.　▶〜の caelestis.　⇨ 天.
剃る　rado.
それ　is.　⇨ これ, あれ.
それぞれ　unusquisque, quisque.　▶〜(の) singuli (pl).　▷〜幼い息子を一人ずつ持っている娘たち filiae singulos filios parvos habentes.
それで　⇨ それゆえに.
それでも　tamen; (=それでもやはり) ni(hi)lo minus [ni(hi)lominus], ni(hi)lo minus … tamen.
それどころか　immo, quin etiam.
それとも　▶〜…か (utrum) an.　▷それはきみたちの過失なのか, 〜われわれの過失なのか utrum ea vestra an nostra culpa est?　▷きみは奴隷なのか, 〜自由人なのか esne servus an liber?
それほど　(程度) ita, adeo, tam.　▶〜大きな [多い] tantus.　▶〜大きく [多く] tantum, tanto.
それまで　(=その時までずっと) usque ad id tempus; (=それ以前は) ante id tempus.
それゆえに　itaque, eo, quare, proinde, propterea, ergo.
それる　(道から) (de via) declino [deflecto, digredior (dep)].　▷逸脱.
ソロ　(=独唱, 独奏) sincinium.　▶〜イスト (=独唱者) monodiarius (m), vir solus canens (m).
そろえる　⇨ 集める.
損　▷損害, 損失.
損害　jactura, damnum, detrimentum, incommodum, noxia, noxa, injuria.　▶〜をもたらす [形] damnosus.　▶〜を与える noceo, damnum facio.　▷〜をこうむる offendo.　⇨ 損失.
尊敬　reverentia, verecundia, honestas, honor.　▶〜する revereor (dep), vereor (dep), deveneror (dep), reverentiam ⟨alci⟩ praesto, honesto.　▶〜すべき honestus, verendus, venerandus.
尊厳　dignitas.
存在　exsistentia.　▶〜する sum, exsisto.　▷彼らは魂の〜を否定した nullum animum esse dixerunt.
損失　damnum, amissio, amissus, impendium.　⇨ 損害, 収益.
尊大　arrogantia.　▶〜な arrogans.　⇨ 傲慢.
尊重　▶〜する observo, diligo.
そんな　⇨ そのような.
そんなに　ita.　▷どうして〜走るのですか cur tantopere curris?

た

タイ　Thailandia.　▶〜(人)の Thailandiensis, Thailandicus.　▶〜人 Thailandienses (pl).
代　⇨ 世代.
台　mensa.　▶足〜, 踏み〜 scamnum, scabellum.　⇨ 寝台, 飯台.
題　(=表題) titulus, index, inscriptio.　⇨ 主題.
体育　gymnastica [gymnica, palaestrica] ars.　▶〜の gymnicus, gymnasticus, palaestricus.
第一　▶〜の primus.　▶〜に primum, primo loco.
ダイエット　(=食餌療法) diaeta, victus ratio.　⇨ 断食.
対応　▶〜する (=相対する) respondeo.　▷ギリシア語の単語に〜し同じ意味をもつラテン語の単語 verbum Latinum par Graeco et quod idem valeat.
ダイオキシン　dioxinum.
体温　(corporis) calor [temperatura].
たいがい　⇨ たいてい.
大学　athenaeum, maxima studiorum sedes, (studiorum) universitas, academia.
大気　(terris) circumjectus aer, circumfusus aer.
退却　regressus, recessus, receptus.　▶〜する recedo, se recipere (← recipio), regredior (dep).　⇨ 後退.
退去　discessus.
退屈　taedium.　▶〜する pertaedet (impers), taedet (impers).　▶〜な odiosus.　⇨ 疲れる.
体系　(学問などの) ratio, disciplina, systema.
台形　trapezium.
体験　experientia, peritia.　▶〜する experior (dep).　▷私が書いているのは実際に〜したことなのです expertus scribo quod scribo.　⇨ 経験.
対抗　(=対抗意識) rivalitas, aemulatio.　▶〜者 adversarius.　▶〜する adversor (dep).　▶(…に) 〜して contra ⟨+acc⟩.　▷イタリアに〜して contra Italiam.　⇨ 競争, 抵抗.
滞在　mansio, commoratio.　▶〜する maneo, commoror (dep).
対策　(…に対する) ⟨contra+acc⟩ consilium, ratio.　▷〜を講じる consilium capio, consulo, rationem ineo.　▷テロ〜 consilium contra tromocratas.　▷〜協議 consilii capiendi deliberatio.
大使　legatus.　▶〜館 legati sedes [domus].　⇨ 使節.

大事 ⇨ 重要, 大切.
体質 corporis habitus [constitutio, natura].
対して (…に) contra ⟨+*acc*⟩, adversus ⟨+*acc*⟩, adversum ⟨+*acc*⟩. ▷ガリアに~ adversus Galliam. ▷イタリアに~ contra Italiam. ▶それに~ contra.
大衆 vulgus, multitudo, turba. ▶~の vulgaris.
体重 (corporis) pondus.
対照 contrarium. ▶~的な contrarius. ▷~的な色 dispares colores (*pl*). ▷(二人の)将軍の性格は~的だった diversi (duobus) imperatoribus mores fuere. ⇨ コントラスト, 比較, 差異, 違う.
対象 res. ▷神々を考察の~にする哲学の部分 philosophiae pars quae ad deos spectat. ⇨ 主題.
退職 missio. ▶~させる missionem do. ▶~する missionem accipio. ▶~した missicius. ▷~の願いを出す missionem postulo.
大臣 administer civitatis, minister muneris publici. ▷外務~ administer exteris rebus praepositus. ▷財務~ administer rei nummariae publicae praepositus. ▷法務~ administer rei judiciariae praepositus. ▷総理~ (=首相) administrorum princeps.
大豆 soia.
対する (…に) contra ⟨+*acc*⟩, adversus ⟨+*acc*⟩, adversum ⟨+*acc*⟩.
体制 (=政治の形式) civitatis forma. *cf*. 民主制 democratia. 寡頭制 paucorum administratio. 君主制 unius dominatus.
大西洋 Atlanticus oceanus.
体積 ⇨ 容積.
堆積 acervus, congeries, congestus. ⇨ 積み重ねる, 積む.
大切 ▶~な carus. ▶(*inf* を主語にして) ~である refert, expedit, oportet. ▶~にする colo, parco. ▷すべての人々にとって正しく行なうことが~である interest omnium recte facere.
体操 corporis exercitatio. ⇨ 体育.
たいそう multum, multo.
怠惰 pigritia, pigrities, ignavia, inertia, desidia, cessatio. ▶~な piger, ignavus, iners, desidiosus. ⇨ 怠ける.
だいたい (=ほぼ, およそ) fere, circiter, circa, prope, fortasse.
大胆 (=大胆不敵) audacia, confidentia. ▶~(不敵)な audax, confidens. ▶~(不敵)にも audacter, confidenter. ⇨ 勇敢.
大地 terra, tellus.
たいてい plerumque. ⇨ 大半.
態度 ▶(…に対して) 傲慢な~を取る ⟨in alqm⟩ superbe consulo. ▶そのような~を取る ⟨adversus alqm⟩ tali modo se gerere (← gero). ⇨ ふるまう.
対等 ▶~な aequalis, aequus.
大統領 praesidens, praeses (rei publicae). ▶副~ vicarius praesidentis. ▶~選挙 comitia praesidentialia (*pl*).
台所 culina, coquina.
だいなし ▶~にする corrumpo, mulco.
体罰 castigatio.
大半 major pars, maxima pars, maximus numerus. ▶~の人々 maxima pars hominum, plurimi (*pl*). ▶~のギリシア人 plerique Graecorum. ⇨ 大部分.
代表 legatus. ⇨ 代理.
台風 typhon. ▶~の typhonicus.
大部分 ⇨ 大半, 部分, 過半数.
タイプライター scriptoria machinula. ▷~のインクリボン scriptoriae machinulae fasciola, dactylographica taeniola.
太平洋 Pacificus oceanus.
大変 ▶~な (=重大な) gravis, magnus; (=恐ろしい) terribilis, horribilis, horrendus; (=異常な, 甚だしい, ものすごい) enormis, immanis, immensus, vastus; (=つらい, 耐え難い, 困難な) durus, acerbus, difficilis, laboriosus. ▶(…に) ~に 非常に.
逮捕 comprehensio. ▶~する comprehendo, prehendo.
大砲 instrumentum pyrobolos emittens, machina pyrobolorum expulsoria.
台本 (演劇やオペラの) fabulae libellus, melodramatis textus.
急慢 ⇨ 怠惰.
タイヤ cummea rota, pneumatica cummis.
ダイヤモンド adamas.
太陽 sol. ▶~の solaris.
代用 ▶(…に…を) ~する ⟨alqd pro re⟩ substituo.
平ら ▶~な aequus, planus. ▶~にする aequo.
代理 substitutio. ▶~人 vicarius, substitutus. ▶~の vicarius. ▷~人を通じて per procuratorem.
大陸 (terra) continens, terrae continuatio. ▶~の continens, in continenti positus.
大理石 marmor. ▶~の marmoreus. ▷~の彫像 simulacrum ex marmore.
対立 oppositio, repugnantia. ▶~させる oppono. ▶~する 動 obsto. 形 adversarius. ▶~した oppositus. ▶~者 adversus.
体力 corporis vis, vigor, potentia; (強い) robur. ▶~の強い valens, validus. ▶~がある vigeo.
対話 dialogus, collocutio, colloquium, sermo. ▶~する colloquor (*dep*), sermonem habeo.
台湾 Formosa, Taivania. ▶~(人)の Formosanus, Taivanianus. ▶~人 Formosani (*pl*), Taivaniani (*pl*).
耐える (…を) ⟨+*acc*⟩ patior (*dep*), duro, fero, tolero, sustineo, perfero. ▶(精神的・身体的に) 耐えられない intolerabilis; (精神的に) intolerandus. ▶耐えられないほど intoleranter. ⇨ 忍耐, 根気, 我慢, 不平, 耐える.
倒す deicio, affligo; (=打ち負かす, 圧倒する) profligo; (=滅ぼす, 破滅させる) everto, perverto, subverto.
タオル facitergium, manutergium; (小さい) sudarium. ⇨ ナプキン, ハンカチ.
倒れる cado, concido; (前に) procido, procumbo.
高い (空間的に) altus, procerus, celsus, excelsus, editus, sublimis; (値段が) (=高価な) carus, pretiosus; (声が) (=かん高い) acutus. ▶(空間的に) 高

〈 alte. ▶高さ altitudo, proceritas.
互い　▶〜の mutuus. ▶〜に mutuo, mutue, inter se. ▷これら(の人)は〜に異なっている hi inter se differunt. ▷彼らは〜に見合っていた inter se aspiciebant.
宝　(＝宝物) thesaurus.
だから　itaque, inde, ergo. ▶〜といって idcirco. ⇨ から[1], なぜなら, なので, それゆえに.
滝　aquae dejectus [projectio], unda cadens. ▶大〜 cataracta, cataractes.
抱く　(＝抱きしめる) complector (dep), amplector (dep), suo complexu tenere (← teneo).
たぐいまれ　▶〜な singularis. ▷〜な妻 uxor singularis exempli.
たくさん　▶〜の multi (pl).
タクシー　autocinetum meritorium [conducticium].
たくましい　robustus, firmus; (筋肉が発達して) nervosus, lacertosus. ⇨ 体力.
巧み　▶〜な sollers, callidus, artifex, peritus, versutus. ▶〜に perite, scienter. ⇨ 得意, 巧妙.
たくらむ　(陰謀を) machinor (dep). ⇨ 陰謀.
たくわえる　⇨ 取っておく.
竹　arundo indica, arundo bambos.
だけ　[副] modo. ▷(彼は)そのことを, それ〜を, 要求する hoc repetiit, nihil amplius. ▷A 〜ではなく, B も non modo A, sed etiam B. ▷道は全部で 2 本〜しかなかった erant omnino duo itinera. ⇨ ただ[1].
打撃　ictus. ⇨ 損害.
蛸　polypus.
多彩　vatietas. ▶〜な varius.
確か　▶〜な certus, exploratus. ▶〜に certe, profecto, probe. ▶(…は) 〜である non [haud] dubium est quin (+subj), non ambigitur quin (+subj). ▷〜なこととして言う pro certo dico. ⇨ 確実.
確かめる　exploro. ▶〜に 点検, 確認, 試す.
足し算　⇨ 計算, 合計.
多少　(＝多少とも) aliquantum. ⇨ 少し.
足す　(＝加える, 付け加える) adjungo, addo, adicio.
出す　expono, emitto.
多数　⇨ 多い.
助け　(＝救助, 援助) adjumentum, auxilium, administratio, praesidium. ⇨ 支援, 救う.
助ける　adjuvo, auxilior (dep), administro, adsum, opitulor (dep).
尋ねる　rogo, quaero, exquiro, requiro; (しきりに) rogito. ⇨ 質問, 尋問.
訪ねる　⇨ 訪問.
ただ[1]　[副] (＝…だけ) solum, modo, tantum, tantummodo, simpliciter. ▷〜単に…のみならず…もまた non tantum (modo)… sed (etiam) …. ⇨ だけ.
ただ[2]　▶〜の (＝無償の) gratuitus. ▶〜で (＝無償で) gratuito, gratiis.
堕胎　abortio. ⇨ 流産.
戦う　pugno, proelior (dep), dimico, proelium [pugnam] committo. ▶戦511 pugna, dimicatio, proelium, certamen. ⇨ 争う, 戦争.
たたく　pulso, caedo, icio, ferio, percutio, tundo, verbero. ⇨ 打つ, 殴る.
正しい　(＝間違いがない, 真正の, 正確な) rectus, verus, emendatus; (＝公正な, 正当な, 正義にかなった) justus, aequus, bonus. ▶正しく (＝正確に) recte, vere; (＝正当に) juste. ⇨ 正確.
立たせる　erigo.
直ちに　ex tempore, continuo, protinus, statim, ilico, extemplo, confestim. ▷コッタは執政官を辞すと〜ガリアへ向かった Cotta ex consulatu est profectus in Galliam.
たたむ　plico, complico.
漂う　fluito, erro, vagor (dep). ⇨ さまよう.
立ち上がる　surgo, assurgo, exsurgo. ▷一斉に〜 consurgo.
立ち入る　⇨ 入る.
立ち去る　abeo, exeo, excedo, discedo, proficiscor (dep), cedo.
立ち直る　resurgo. ⇨ 回復.
立場　locus. ▷なぜ私は自分の〜を擁護することを恐れたりためらったりするのか cur timeam dubitemque locum defendere.
たちまち　⇨ 一瞬, すぐ, 即座.
立ち寄る　寄り道.
経つ　(時間が) (＝経過する) praetereo, intercedo.
発つ　⇨ 出発, 立ち去る.
立つ　sto; (＝立ち上がる) surgo, assurgo, exsurgo. ▷髪の毛が〜 (＝逆立つ) capilli horrent. ⇨ 立っている.
達する　attingo, assequor (dep), adipiscor (dep), consequor (dep), pervenio. ⇨ 着く.
達成　exitus, effectus. ▶〜する perficio, consequor (dep), ad effectum (alcis rei) pervenio. ⇨ 完成, 実現.
脱線　(列車の) (hamaxostichi) exorbitatio. ▶〜する exorbito, ex orbitis exeo.
脱走　effugium, desertio, fuga. ▶〜者 transfuga, desertor. ▶〜兵 fugitivus. ▶〜する fugio, effugio, transfugio, desero, in fugam sese dare (← do) [conjicere (← conjicio)], fugam facio.
たった　(＝…だけ) tantum, solum; (＝全部で) omnino. ▶〜の solus. ⇨ ただ[1], だけ.
タッチ　(＝筆触) penicillus.
立っている　[動] sto, insto. ——[形] (＝立った, 直立の) rectus, erectus.
たっぷり　large, largiter, copiose, abundanter, abunde, affatim.
縦　longitudo. ▶〜に in longitudinem. ⇨ 幅, 横.
建物　aedificium, aedificatio. ⇨ 建築, 建設.
建てる　construo, exstruo, statuo, constituo, condo, aedifico, erigo. ⇨ 建築, 建設.
妥当　⇨ 適当.
たとえ　(＝たとえ…でも) etsi, tametsi, etiamsi, quamvis; (＝たとえ…でもやはり) si…tamen…. ▷〜彼女が怒っても ardeat ipsa licet. ⇨ どんなに.
たとえば　exempli causā [gratiā], verbi causā. ▶〜(…の)ように sicut (…), velut (…).

棚　(＝書棚) pluteus, pegma, armarium, loculamenta (*pl*); (＝飾り棚) armarium; (＝食堂の側壁の豪華な食器棚) abacus.
谷　vallis; (＝狭い谷, 峡谷) convallis.
他人　(＝自分以外のある人) alius (*m*), alii (*m pl*); (＝自分以外のすべての人々) ceteri (*pl*), reliqui (*pl*). ▷～の欠点が分かっても自分の欠点は顧みないこと aliorum vitia cernere, oblivisci suorum.
種　semen. ▶～まき satio. ▶～をまく sero.
楽しい　jucundus, ludicer, ludibundus, laetus. ▶楽しく jucunde. ▶楽しさ jucunditas. ⇨ おかしい, 陽気.
楽しませる　delecto, oblecto.
楽しみ　delectatio, oblectatio, delectamentum, oblectamentum. ⇨ 喜ぶ.
楽しむ　se oblectare (← oblecto), oblector (*pass*), delector (*pass*), fruor (*dep*), laetor (*dep*). ⇨ 喜ぶ.
頼む　rogo, quaeso. ▶～こと rogatio. ⇨ 催促, 請願, 要求, 懇願. 嘆願.
煙草　tabacum, nicotiana herba. ▶～の tabacarius. ⇨ 喫煙.
旅　iter, via; (外国への) peregrinatio. ▷～をする iter facio. ▷外国を～する peregrinor (*dep*). ⇨ 旅行.
たびたび　saepe, saepenumero. ⇨ 頻繁, しばしば, 何度も.
旅人　viator (*m*).
タブー　sacra interdictio, sollemne interdictum.
たぶん　(＝おそらく) fortasse, fortassis, forsan, forsitan.
食べ物　cibus, esculenta (*pl*), alimentum, esca, cibaria (*pl*), victus. ▶～の cibarius, alimentarius.
食べる　edo, sumo, vescor (*dep*). ▶食べ尽くす comedo. ▶味わって～ gusto. *cf*. むさぼり食う voro, devoro.
卵　ovum; (＝鶏卵) ovum gallinaceum. ▷～の殻 ovi putamen [testa]. ▷～を産む (ovum) pario. *cf*. 白身, 卵白 ovi album [albumen]. 黄身, 卵黄 vitellus, luteum.
魂　animus, anima; (死者の) manes (*pl*). ⇨ 精神.
だます 【動】fallo, decipio, deludo. ── 【形】fallax. ▷人を～意図から fallaciter.
たまたま　▶～(…である accidit ut ⟨+*subj*⟩.
たまに　⇨ まれ, 時々.
たまらない　⇨ 耐える.
たまり場　receptaculum. ▷マケドニアが逃亡奴隷たちの～だった serviriis fugientibus receptaculum Macedonia erat.
たまる　(水が) (aquae) colliguntur (*pass*).
黙る　(＝黙っている) taceo, sileo, linguam comprimo. ▶黙って silentio, tacite, per tacitum. ▶黙れ! os opprime.
ダム　moles opposita.
ため　▶(…の) ～に (目的) causā ⟨+*gen*⟩, gratiā ⟨+*gen*⟩; ut ⟨+*subj*⟩; (原因) propter ⟨+*acc*⟩, ex/ e ⟨+*abl*⟩, causā ⟨+*gen*⟩, ob ⟨+*acc*⟩. ▷その～に eā gratiā, idcirco, eo, propterea. ▷私の～に meā gratiā.

▷祖国の～に erga patriam / pro patria. ▷(*sup* を用いて) 彼らは援軍を要請する～にカエサルに使者を送る legatos ad Caesarem mittunt rogatum auxilium. ▷(*ad*＋動名詞の *acc* を用いて) 人間は行動する～に生まれたものだ homo ad agendum natus est. ▷そのこ との～に ob eam rem.
ため息　suspirium, suspiritus. ▶～をつく suspiro.
試す　experior (*dep*), periclitor (*dep*), tempto, probo, exploro. ⇨ 試み.
ためらう　haereo, haesito, dubito, cunctor (*dep*), moror (*dep*), titubo. ▶ためらい haesitatio, dubitatio, cunctatio, titubatio. ▶ためらいながら dubitanter, cunctanter, titubanter.
貯める　⇨ 取っておく, 貯金.
保つ　teneo, servo, sustineo, contineo, obtineo, conservo. ⇨ 保存.
頼る　recurro, decurro. ⇨ 信頼.
だらしない　ignavus, incultus, incomptus. ⇨ 無頓着.
足りる　sufficio, suppeto, suppedito. ▶(…が) 足りない desum, deficio, ⟨alcis rei⟩ est inopia, non sufficio, non suppedito. ⇨ 十分, 不足.
樽　cupa, dolium. ⇨ 桶.
たるむ　laxor (*pass*). ⇨ ゆるめる.
誰　▶～(が) quis, quisnam; (二人のうち) uter. ▶～か(が) aliquis. ▶～かある(知らない)人 nescio quis. ▶～も…ない nemo, non ullus, nullus, non quisquam, non aliquis. ▶～(われわれ二人のうち) ～も neuter nostrum. ▶～でも quilibet unus (*m*), quivis unus (*m*). ▶(関係代名詞) (…する人は) ～でも quisquis. ▷死ぬまで～も幸福ではない nemo ante mortem beatus. ▷彼は～も愛さず～からも愛されないだろう neque amet quemquam nec ametur ullo.
垂れる　(頭を) (＝垂らす) (caput) demitto; (液体が) (＝滴る) mano; (＝垂れ下がる) dependeo, pendeo.
たわいない　futilis, nugatorius. ⇨ 取るに足らない.
段　gradus. ⇨ 段落, 階段.
単位　unitas, monas.
担架　lectica, lecticula.
タンカー　navis petrolearia, navis liquidis vehendis.
段階　ordo. ▶～をなして gradatim. ⇨ 段.
嘆願　oratus, supplicium. ▶～者 supplex, orator (*m*), oratrix (*f*). ▶～する oro, supplico. ⇨ 懇願.
短気　iracundia, animus irritabilis. ▶～な iracundus, irritabilis.
探求　quaestio, inquisitio, indagatio, disquisitio. ▶～する quaero, inquiro, indago, disquiro, reperio. ▶～する人 inquisitor. ⇨ 研究.
タンク　(ガソリンの) (benzini) receptaculum.
探検　⇨ 探究.
断言　affirmatio, asseveratio. ▶～する affirmo, enuntio, autumo, confirmo, assevero, aio.
断固　▶～たる firmus. ⇨ 不動.
男根　penis, cauda.

探査 investigatio. ▶～する investigo. ▶～する人 investigator (*m*), investigatrix (*f*). ⇨ 調査, 探索.
断罪 ▶～する damno, condemno. ⇨ 判決, 有罪.
探索 exploratio. ▶～者 explorator. ▶～する exploro.
タンザニア Tanzania. ▶～(人)の Tanzaniensis. ▶～人 Tanzanienses (*pl*).
断食 inedia, abstinentia, jejunium, jejunitas. ▶～する (cibo) se abstinere, (cibo) abstineo, jejuno, jejunium servio. ⇨ 飢える.
胆汁 fel, bilis. ⇨ 憂鬱.
短縮 contractio. ▶～する contraho, ⟨alqd⟩ breviorem facio. ⇨ 省略.
単純 simplicitas. ▶～な simplex. ▶～(明快)に simpliciter.
短所 vitium. ⇨ 欠点.
誕生 natus, ortus. ▶～日 natalis (dies). ▶～する nascor (*dep*). ⇨ 生まれる.
たんす (＝洋服だんす) vestiarium, armarium.
ダンス saltatio, saltatus. ▶～する salto. ⇨ 踊る.
単数 singularis numerus. ▶～の singularis. ⇨ 複数.
男性 vir, mas. ▶～の virilis, mas, masculus, masculinus. ⇨ 男, 女, 女性.
炭素 carboneum.
団体 societas, collegium, coetus, globus. ⇨ 集団, 組合.
だんだん gradatim, gradibus, per gradus, paulatim. ⇨ 徐々に, 少し.
単調 ▶～な odiose aequabilis.
団長 ⇨ 指揮.
探偵 indagator, vestigator. ▶～小説 fabula criminalis. ⇨ 刑事.
断定 ⇨ 断言.
単刀直入 ▶～の directus. ▶～に directo.
単独 ▶～の singularis, solus. ▶～に singulariter.
単なる merus.
単に simpliciter, solum, modo.
断片 fragmentum.
担保 pignus, cautio. ▶～に入れる pignero. ⇨ 保証.
暖房 calefactio. ▶～装置 instrumentum calorificum [calefactorium], apparatus calorificus.
段落 caput.
暖炉 caminus, focus.

ち

血 (＝血液) sanguis; (殺傷において流される) cruor. ▶～の sanguineus.
治安 pax civilis. ⇨ 秩序, 警察.
地位 (社会的) locus, ordo, gradus.
地域 regio, terra, locus, orbis. ⇨ 土地, 地方, 領域, 区域, 圏.

小さい parvus, paucus, exiguus, minutus; (ごく) perparvus, parvulus, perexiguus. ⇨ 大きい.
チーズ caseus, caseum. ▶～屋 casearia taberna. ▶～の casearius.
チーム agmen, grex. ⇨ 団体.
知恵 sapientia, prudentia. ▶～者 sapiens. ▶(深い)～を持った sapiens. ▶～がある sapio. ⇨ 知識.
チェス latrunculi (*pl*). ▶～をして遊ぶ ludo latrunculis.
地下 (建物の) hypogeum. ▶～の subterraneus, hypogeus, inferus, infernus. ▶～に[で] sub terra.
誓い jus jurandum, sacramentum, juratio, adjuratio, juramentum.
近い propinquus, vicinus, prope ⟨+*acc*⟩ situs.
誓う juro, adjuro.
違う [形](＝違った) dissimilis, dispar, diversus, alius. —— [動](＝違っている) differo, disto, discrepo, dissideo, distat (*impers*). —— [副](＝いいえ, 真実と違う) non, minime vero. ▶違ったやり方で aliter. ▶違い differentia. ⇨ 異なる, 差異.
近く vicinitas, propinquitas, proximitas. ▶～に[で] in propinquo, (in) propinquis locis, in proximo, in vicino, circum haec loca, propter, prope. ▶～から ex propinquo. ▶～に[で] prope ⟨+*acc*⟩, propter ⟨+*acc*⟩, juxta ⟨+*acc*⟩, ad ⟨+*acc*⟩. ▷町のすぐ～で prope oppidum. ⇨ 近い, 側(ｶﾞﾜ).
知覚 sensus, intellectus, perceptio. ▶～されたもの percepta (*pl*). ▶～する sentio, intellego, percipio. ⇨ 感覚, 認識, 理解.
近づく appropinquo, propinquo, accedo, advento, adeo. ▶～こと appropinquatio. ▶～機会 [手段] aditus. ⇨ 接近.
地下鉄 (路線) ferrivia subterranea, subterranea ferrata via urbis; (列車) hamaxostichus subterraneus.
近寄る ⇨ 近づく.
力 vis, potentia. ▶～ずくで per vim. ▷知は～なり scientia est potentia. ⇨ 能力, 権力, 体力, 気力.
力強い fortis. ⇨ 強力.
地球 orbis (terrae [terrarum]), globus (terrae), terra.
ちぎる ⇨ 引き裂く.
地区 pars. ⇨ 地域, 区域.
地形 loci natura.
チケット ⇨ 切符.
遅刻 ▶～する non in tempore adsum; (…に) ⟨ad alqd⟩ serius venio. ▶～間に合う.
知事 (regionis) praefectus [gubernator].
知識 scientia, notitia, cognitio. ▶～人 doctus [intellegens] homo, intellegentes (*pl*), sapientes (*pl*). ⇨ 学識, 認識.
地上 ▶～の terrestris. ▶～に supra terram. ⇨ 天上.
知人 notus (*m*).
地図 charta geographica, regio in tabula depicta. ▶世界～ orbis terrarum descriptio.
知性 mens, intellectus.

乳　lac.　⇨ 乳房, 母乳, 牛乳.
父　pater.　▶~(方)の paternus.　⇨ 母, 両親.
縮める　contraho, corripio.　⇨ 短縮.
秩序　ordo.　⇨ 治安.
チップ　(=心付け, 祝儀, 茶代) corollarium (praemium), strena, merces.
知能　⇨ 知性.
乳房　mamma, uber.
地平線　horizon, finiens circulus [orbis, linea], finitor circulus.
地方　regio, terra, locus;（=属州）provincia.　▶~の regionalis;（=属州の）provincialis.
地方都市　municipium, oppidum.　▶~の municipalis, oppidanus.　▶~民 municipalis, oppidanus.　⇨ 首都.
地名　loci nomen, toponymum.
致命的　▶~な mortifer, capitalis, letalis, letifer.
茶　(飲料) theana potio.
着手　ingressio, ingressus.　▶~する incipio, ingredior (dep).
着陸　(飛行機の) aeroplanorum [aeronavium] appulsus, aeroplanorum descensus ad terram.
チャンス　⇨ 好機.
チャンピオン　certator princeps, certator omnium praeclarissimus.　▶世界~ princeps toto terrarum orbe victor.
注意　(=警告) monitio;（=意識の集中）(animi) attentio,（animi [mentis]) intentio, animadversio;（細心の）scrupulus.　▶~する (=警告する) moneo, admoneo;（=気をつける）animadverto, animum attendo [adverto];（=警戒する) custodio, caveo.　▶~深い diligens, attentus, curiosus.　▶~深く diligenter, attente, curiose.　▷細心の~を払う magna cura utor (dep).　▷犬にご~ cave canem.　⇨ 警告, 入念, 警戒.
中央　medium, medietas, centrum, medius locus, media pars.　▶~の medius, centralis.　⇨ 中心.
仲介　intercessio, intercessus, conciliatio.　▶~者 intercessor, interpres, conciliator, sequester.　▶~する se interponere (← interpono), intervenio, intercedo, concilio.　▷~の労をとる interpretor (dep).　⇨ 斡旋, 介入, 仲裁.
中間　medium spatium [tempus], interstitium.
中古　▶~の redivivus.
忠告　monitio, monitus, admonitio, consilium.　▶~する moneo, consilior (dep).　▶(…に) ~を与える ⟨alci⟩ consilium do.　▶~者 consiliator, consiliarius, monitor.　▷きみの~どおりに私はしよう faciam ut mones.
中国　Sinae (pl), Sina, Cina, China.　▶~で in Sinis.　▶~(人の) Sinensis.　▶~人 Sinenses (pl).
仲裁　arbitrium, intercessio, disceptatio.　▶~する discepto, intercedo.　▶~者 arbiter, disceptator, sequester.　⇨ 仲介.
中止　intermissio.　▶~する interrumpo, intermitto.
忠実　fidelitas.　▶~な fidelis, fidus.　▶~に fideliter.　cf. 不忠 infidelitas.　不忠な infidelis, infidus.　不忠にも infideliter.
注射　(in venas) infusio [injectio].
駐車　▶~する autocinetum statuo, vehiculum in statione sisto.　▶~場 area stativa, autocinetorum [vehiculorum, autovehiculorum] statio, temporaneum vehiculorum receptaculum.　⇨ 車庫.
注釈　commentarius, commentarium, annotatio.　▶~する commentor (dep), annoto.　▶~者 commentator.　⇨ 解説.
中傷　maledictio, falsum [commenticium] crimen,（falsa) criminatio.　▶~的 maledicus.　▶~する maledico, criminor (dep).　⇨ ざん訴.
昼食　prandium, cibus meridianus.　▷~を取る prandeo.　⇨ 食事.
中心　media pars, medius locus, centrum, medietas.　▶~の medius, centralis.
中世　media aetas.
中絶　abortio.　⇨ 流産.
抽選　sortitio.　⇨ くじ.
中断　intermissio.　▶~する interrumpo, intermitto.
中毒　(corporis) venenosa condicio.　▶麻薬~ toxicomania.
注目　oculus.　⇨ 注意.
注文　locatio, mandatum.　▶(人に物を) ~する ⟨alci alqd⟩ mando.　▷(人に) ベッドを~する ⟨alci⟩ lectulos faciendos do.　▷影像を~する statuam faciendam loco.
中立　(政治的) quies.　▷~を保つ quiesco.
柱廊　porticus.
チュニジア　Tunesia.　▶~(人の) Tunesiensis.　▶~人 Tunesienses.
腸　intestinum.　⇨ ソーセージ.
超過　id quod excedit.　▶~する excedo.　⇨ 過剰.
兆候　signum, augurium;（良い) auspicium bonum, omen faustum;（悪い, 不吉な) omen malum [infaustum, triste].　⇨ 前兆.
彫刻　(芸術) sculptura, statuaria ars;（作品) res sculpta.　▶~する sculpo.　▶~家 sculptor.　⇨ 彫る, 影像.
調査　inquisitio, requisitio, examinatio.　▶~する inquiro, examino.　▶~する人 examinator.　⇨ 探求, 人口調査, 調べる.
調子　▷~はいかがですか quid agis?　▷~は良いですか valesne?
長寿　longaevitas.
長所　virtus.
頂上　fastigium;（山の) summus mons, montis summum jugum.　⇨ 最高峰, 頂, 頂点.
朝食　jentaculum.　▷~を取る jento.　⇨ 昼食, 食事.
挑戦　provocatio.　▶~者 provocator.　▶~する provoco (in pugnam).
彫像　statua.
調達　comparatio.　▶~する comparo, paro.
調停　intercessio, reconciliatio.　▶~者 conciliator, reconciliator, intercessor.　▶~する interce-

ちょうてん — つぎつぎ

do. ⇨ 仲裁, 和解.
頂点 ▷天の〜 caeli [mundi] fastigium. ⇨ 頂.
徴兵 delectus. ▶〜する delectum habeo, deligo.
帳簿 codex, tabula. ▷〜をつける tabulas conficio.
調味料 condimentum.
跳躍 saltus. ▶〜する salio.
調和 concentus, harmonia, concordia. ▶〜する concino, concordo. ▶〜した concors. ▶〜して concorditer. ▶〜 協調.
貯金 nummi repositi (pl.) ▶〜箱 theca nummaria. ⇨ 預金, 銀行.
直接 ▶〜の directus. ▶〜(に) directo.
直線 linea recta. ▶〜の rectus.
著作権 jus proprietatis librariae.
貯水池 aquae receptaculum.
貯蔵 ▶〜する condo. ▶〜庫 horreum, receptaculum. ⇨ 保存, 保つ.
直感 percipiendi celeritas, celeris perceptio, sagacitas.
ちり pulvis.
地理 ▶〜(学) geographia, regionum terrestrium aut maritimarum scientia. ▶〜(学)の geographicus. ⇨ 地図.
治療 sanatio, curatio, medicamen, medicamentum, medicatio. ▶〜術 medicina. ▶〜できる, 〜の見込みのある sanabilis. ▶〜する sano, curo, medicor (dep), ⟨+dat⟩ medeor (dep). ▷病人に〜を施す aegro medicinam adhibeo.
散る dissipor (pass).
賃金 ⇨ 給料.
陳腐 ▶〜な pervagatus, vulgaris, pervulgatus, trivialis, contritus.
沈没 submersio. ▶〜する submergor (pass).
沈黙 silentium, taciturnitas. ▶〜する silentium facio, sileo, conticesco, taceo.
陳列 dispositio. ▶〜する propono; (売るために) (venditioni) expono. ▶〜された商品 merces venditioni expositae.

つ

つい ⇨ うっかり, 思わず.
追加 (=追加部分) additamentum, supplementum. ▶〜する addo, suppleo.
追求 insectatio, persecutio, prosecutio. ▶〜する consector (dep), sequor (dep), sector (dep), affecto, insto.
追跡 insectatio, prosecutio. ▶〜する persequor (dep), insequor (dep), sequor (dep), prosequor (dep), consector (dep), consequor (dep), exagito, insto.
ついたち (月の) kalendae (pl).
ついて (…に) de ⟨+abl⟩, super ⟨+abl⟩. ▷老年に〜 de senectute.
次いで (…に) secundum ⟨+acc⟩. ▷神々に〜 secundum deos.
ついでに obiter.
ついに tandem, demum, extremo, extremum.
追放 exactio, ejectio, expulsio, exsulatio. ▶〜する exigo, eicio, expello, pello, depello, exsulo. ▶〜された人 exsul. ⇨ 亡命.
通貨 nummus, pecunia. ▶共通〜 chartae nummariae monetaeque communes. ▶〜切上げ revaloratio. ▶国際〜基金 (IMF) Fundus Monetarius Internationalis. ⇨ 金(㊣), コイン, 貨幣, 紙幣.
通過 transitus. ▶〜する transvado, transeo, pervado, praetereo, perago. ▶〜させる transmitto, transveho; (法案を) (rogationem) perfero. ▷法案が〜する lex perfertur.
通行止め ▷道路が〜になっている via est praeclusa.
通じて (…を) per ⟨+acc⟩. ▷2 日間を〜 per biduum. ▷困難に〜天(栄光)へ per aspera ad astra.
通じている 形 peritus.
通常 ▶〜(は) fere, plerumque. ▶〜の ordinarius. ⇨ 普通, 一般, たいてい.
通じる ⇨ 理解, 分かる.
通信 (手紙による) epistulae (pl). ▶〜員 epistularius socius. ⇨ 知らせる.
通俗 ▶〜の vulgaris, vulgatus.
通知 denuntiatio, renuntiatio. ▶〜する denuntio, renuntio.
通訳 interpretatio. ▶〜する interpretor (dep). ▶〜者 interpres.
杖 baculum, baculus, bacillum, fustis. ⇨ 棒.
使う ▶〜する ⟨+abl⟩ utor (dep), ⟨+acc⟩ in usu habeo, adhibeo, usurpo. ⇨ 利用, 使用.
つかまえる capio, comprehendo, deprehendo, prehendo, arripio.
つかむ apprehendo, comprehendo, sumo, capio, prehendo. ▷チャンスを〜 occasionem capto [arripio, sumo].
疲れる se defatigare (← defatigo), fatigor (pass), fatiscor (dep), defatigor (dep), defetiscor (dep). ▶(…で) 疲れた ⟨re⟩ fessus, defessus, fatigatus, defatigatus, lassus. ▶疲れさせる lasso, fatigo, defatigo, delasso. ▶疲れ lassitudo, fatigatio, defatigatio.
月 (暦の) mensis; (天体の) luna. ▶〜の lunaris. ▷〜のない夜 nox illunis. cf. 満月 plena [tota] luna. 半月 luna dimidiata [dimidia]. 新月 luna nova. 三日月 luna crescens; (非常に細い) luna cava [bicornis, in cornua carvata]. ⇨ 付録 I §3.
次 ▶〜の proximus, posterior, posterus, sequens. ▶〜に deinde, deinceps. ▶〜にくる 動 insequor (dep). ▷その〜の日[夜]に die [nocte] insequenti. ▷〜の機会に proxime. ⇨ 明日, 翌日.
つきあう (人と) (親しく) utor (familiariter) ⟨alqo⟩. ▶つきあい convictus. ⇨ 交際.
付き添う (…に) ⟨alqm⟩ comitor (dep), prosequor (dep), ⟨+dat⟩ se comitem adjungere (← adjungo). ⇨ 同行.
次々 ▶〜と (=順番に) deinceps. ▷疲れた兵士たちに〜と元気のよい兵士たちが交代する defatigatis in vicem integri succedunt.

| 突き通す | confodio, configo, transfodio, transfigo, trajicio, percutio.
| 尽きる | exaresco, aresco.
| 着く | pervenio, pervehor (*pass*). ⇨ 到着.
| 付く | (＝くっつく) adhaereo, se adjungere (← adjungo).
| 継ぐ | ⇨ 継承, 後継, 跡継ぎ.
| 机 | (書くための) mensa (scriptoria). ⇨ 台.
| 尽くす | servio. ▷あらゆる手段を～ omnes vias persequor (*dep*)/ ▷全力を～ summa ope nitor (*dep*)/ omni ope atque opera enitor (*dep*) ⇨ 奉仕, 努力, 捧げる.
| 償う | expio, sano. ▶償い expiatio. ⇨ 賠償, 弁償, 罪滅ぼし.
| 作る・造る・創る | facio, efficio, fabrico, fabricor (*dep*); (建物や船を) aedifico. ▶作られる fio. ▷神が世界を創った Deus mundum creavit. ⇨ 建てる, 創造.
| 繕う | sarcio. ⇨ 修繕, 修理.
| 付ける・着ける | (＝付け加える) addo, adicio, adjungo; (＝取り付ける, 貼り付ける) figo; (色を) coloro, pingo; (身に) sumo. ⇨ 名づける, 着く.
| 都合 | commodum. ▷私の～で meo commodo. ▷あなたの～がよければ cum erit tuum commodum. ▷好都合, 好ましい.
| 伝え聞く | ▷～ところでは ut fama traditum est.
| 伝える | trado, perfero, transfero. ▷それらのことが噂と伝令によってたちまちウェルキンゲトリクスに伝えられる celeriter haec famā ac nuntiis ad Vercingetorigem perferuntur. ⇨ 伝統, 知らせる.
| 土 | terra. ⇨ 地面, 大地.
| 続き | sequentia (*pl*), id quod sequitur, ea quae sequuntur (*pl*). ⇨ 連続.
| 続く | (後に) sequor (*dep*), consequor (*dep*), subsequor (*dep*); (時間的・空間的に) continuor (*pass*); (空間的に) protendor (*pass*); (時間的に) teneo, maneo.
| 続ける | (...を) ⟨alqd⟩ continuo; (＝あくまでも...し続ける) ⟨+*inf*⟩ pergo, persevero.
| 慎む | supersedeo.
| 務め | officium, munus. ⇨ 任務, 職務.
| 努める | ⇨ 努力.
| 綱 | funis, restis; (細い) funiculus, resticula; (＝引き綱) remulcum.
| つなぐ | jungo, conjungo, ligo, deligo, annecto, conecto. ⇨ 縛る, 結ぶ.
| 常に | semper.
| 角 | cornu; (小さな) corniculum.
| 唾 | saliva.
| 翼 | ala. ⇨ 羽根.
| 燕 | hirundo.
| 粒 | granum, manna. ▶一～ずつ granatim. ▷塩の～ salis granum [ramentum].
| つぶす | (＝押しつぶす) obtero, tero, contero, opprimo, contundo; (たたいて) tundo, contundo; (＝すりつぶす) pinso. ▷蛙を足で踏み～ ranas pede obtero. ⇨ 挽く, 粉砕, 滅ぼす.
| つぶやく | murmuro, muttio, musso. ▶つぶやき murmur.
| つぶれる | ruo, corruo, corrumpor (*pass*). ⇨ つぶす, 倒壊, 破産.
| 壺 | vas, olla, cadus.
| 妻 | uxor, conjunx (*f*), marita. ▶～の uxorius. ⇨ 夫.
| つまずく | (pede) labor (*dep*).
| 詰まった | (いっぱいに, ぎっしり) refertus, plenus, cumulatus, frequens.
| つまみ | ▷ひと～のサフラン (tantum) croci quantum tribus digitis comprehendi potest.
| つまむ | (指で) (digitis) comprehendo. ⇨ つかむ.
| つまらない | frivolus, levis.
| つまり | videlicet, scilicet. ⇨ すなわち, 要するに.
| 罪 | noxa, noxia, peccatum. ▶～のある, ～を犯した noxius, nocens, facinorosus. ⇨ 過失, 犯罪, 過ち.
| 積み重ねる | acervo, onero, aggero, agglomero. ▶積み重なって acervatim. ▶積み重ね acervus. ⇨ 堆積.
| 積荷 | onus. ⇨ 荷, 重荷.
| 罪滅ぼし | piamen, piamentum, piaculum. ▷～の儀式を行なう pio.
| 積む | (荷を) onero; (＝積み上げる) congero, coacervo. ⇨ 堆積, 積み重ねる.
| 爪 | unguis; (小さな) unguiculus.
| 詰め込む | farcio.
| 冷たい | [形] frigidus, gelidus. —— [動] frigeo. ▶冷たさ frigus.
| 詰める | (いっぱいに) farcio; (＝切り詰める) abrumpo. ⇨ ふさぐ.
| つもり | (...する) in animo habeo ⟨+*inf*⟩. ⇨ 意図, 覚悟.
| 積もる | accumulor (*pass*); (雪が) (nix) jacet (← jaceo).
| つや | nitor. ▶つやつやした nitidus. ▶つやつやしている [動] niteo.
| 強い | fortis, firmus, validus, valens, robustus, potens.
| つらい | durus, gravis, molestus, acerbus, asper, operosus. ⇨ 面倒.
| 貫く | pertundo.
| 釣り | piscatus, piscatio. ▶～竿 harundo. ▶～針 hamus. ⇨ 釣る.
| 鶴 | grus.
| 釣る | piscor (*dep*). ▷魚を釣り針で～ pisces hamo capio. ⇨ 釣り.
| 吊るす | suspendo.
| 連れ | comes; (旅の) convector. ⇨ 相手.
| 連れる | ▶連れて行く duco, adduco. ▶連れ出す educo, deduco. ▶連れ去る abduco. ⇨ 付き添う.

て

| 手 | manus. ▶右～ (manus) dextra. ▶左～ (manus) sinistra. ▶両～ ambae manus.
| 出会う | (...に) ⟨alci⟩ occurro, incido, ⟨alqm⟩ offendo. ▶出会い occursus. ▷彼らは父親に出会った patrem obvium habuerunt.

手当て　cura.　⇨ 治療.
提案　propositum, mentio.　▶~者 auctor, lator. ▶~する fero, propono.
庭園　hortus; (小さな) hortulus.　▶~の hortensis, hortensius.
定期　▶~的な status, certo tempore recurrens.
定義　definitio.　▶~する definio.　▶(はっきりと)~された definitus.
提供　▶~する do, fero, offero, suffero.
抵抗　obstantia, renisus, renitentia.　▶~する resisto, sisto, obsisto, repugno, obsto, renitor (dep).
偵察　exploratio.　▶~者 explorator.　▶~する exploro.
停止　▶~する sto.　⇨ 止まる, やむ.
提示　propositio.　▶~する propono.　⇨ 掲示, 示す.
提出　▶~する do, ostendo.　▷彼は人質 600 人の~を命じる sescentos obsides dari jubet.　⇨ 与える, 提供.
訂正　correctio, emendatio.　▶~する corrigo, emendo, sano.
程度　gradus.　▶同~ aequalitas.　▶同じ~に aequabiliter.
丁寧　⇨ 礼儀.
堤防　agger, moles.
手入れ　cura.
テープ　taenia.　▶接着~ taeniola glutinativa. ▶(録音用) 磁気~ taeniola magnetophonica [sonos exprimens].　⇨ カセット, ビデオ.
テーブル　tabula; (食事用の) escaria mensa.
出かける　exeo, egredior (dep).　⇨ 外出, 立ち去る, 出発.
でかした　[間] optime factum!
手紙　epistula, litterae (pl).
敵　inimicus (m), hostis, adversarius.　▶~の inimicus, hostilis, adversarius.　▶~のように hostiliter, inimice.　⇨ 敵意, 敵対.
敵意　inimicitiae (pl).
適応　accommodatio.　▶~する accommodor (pass), aptor (pass).　▶~させる accommodo, apto.
的確　▶~な acutus.
適合　▶~(性) accommodatio.　▶~した accommodatus.
できごと　eventus, eventum, res; (不意の) casus.
適した　idoneus.
適切　▶~な appositus, aptus, idoneus, conveniens, idoneus.　▶~に apte.　⇨ 適当, ふさわしい.
敵対　inimicitiae (pl).　▶~する [形] adversus.　▶~して hostiliter, inimice.　⇨ 敵.
できている　(=成り立つ)(...で)〈ex+abl〉consto, factus sum.　▷われわれは精神と肉体から~ ex animo constamus et corpore.
適度　moderatio, temperatura.　▶~な temperatus, temperans.　▶~に temperate.
適当　▶~な aptus, congruens, conveniens, opportunus.　⇨ 適切.
できる　(...することが) possum 〈+inf〉, valeo 〈+inf〉, queo 〈+inf〉.　▶できない non possum 〈+inf〉,

nequeo [non queo] 〈+inf〉.　▷~だけ多くの騎兵を率いて行く quam plurimos potest equites educit.
出口　exitus.　⇨ 入口.
手首　prima palmae pars, carpus.
てこ　vectis.
手ごろ　▶~な habilis.
デザート　mensa secunda, bellaria (pl).
デザイン　descriptio.
弟子　discipulus.
手品　praestigiae (pl).　▶~師 praestigiator (m).
テスト　cognitio, probatio.
てすり　cancelli (pl).
でたらめ　mendacium, fabula commenticia.
手帳　liber commentarius, memorialis libellus; (=アジェンダ) commentarium; (=日記帳) adversaria (pl); (=片手で持てる書板) pugillares (pl). ⇨ 日記.
鉄　ferrum.　▶~(製)の ferreus.　▶~でおおわれた ferratus.
撤回　receptus.　▶~する revoco.
哲学　philosophia.　▶~者 philosophus.　▶~する philosophor (dep).
デッサン　descriptio, adumbratio, deformatio. ▶~する describo, adumbro, deformo.
手伝う　(...を)〈ad alqd faciendam〉adjuvo, sublevo.　⇨ 助ける.
手続き　(正式な) ritus; (法的な) formula.　▶(正式な)~を踏んで rite.
徹底的　▶~に funditus, penitus, radicitus, stirpitus.　⇨ 根本, 完全.
鉄道　ferrivia, via ferrata.　cf. 鉄道の駅 statio ferriviae [ferratae viae].　鉄道の路線 viae ferratae linea.
徹頭徹尾　[副] a terra ad caelum.
撤廃　⇨ 廃止.
徹夜　vigilia, vigilantia.　▶~の vigilax, vigil.　▶~する vigilo.
テニス　manubriati reticuli ludus.
デパート　emporium.
手袋　manuum tegumenta (pl), (tegumenta) digitalia (pl).
手本　exemplum, exemplar.
デマ　auditiones fictae [falsae] (pl), falsi rumores (pl).
手前　⇨ こちら.
出迎える　eo obviam.
デモ行進　reclamatio ambulatoria, refragatoria pompa, intercessorum agmen, ambulatoria dissensionis patefactio.　▷大勢の市民たちが (...に反対する)~を行なった magnae civium multitudines 〈contra alqd〉 agmine facto incesserunt.
テラス　solarium.　⇨ バルコニー.
照らす　illumino, illustro, collustro.
デラックス　▶~な sumptuosus.　⇨ 豪華, ぜいたく.
デリケート　▶~な (問題や状況の) difficilis, lubricus; (文体が) subtilis, elegans; (感覚や身体が) mollis, tenuis.　⇨ 繊細.
照る　(太陽や月が) luceo.　⇨ 輝く.

出る （外へ）exeo, prodeo; (=出発する) egredior (dep), decedo; (=出席する) adsum; (=出版される) divulgor (pass). ⇨ 出発, 現われる, 出版.
テレビ （=テレビジョン）telehorasis, televisio; (受像機) instrumentum [scrinium] televisificum. ▷~ドラマ commenticia fabula televisifica.
テロリスト tromocrates, terrorista. ▶テロリズム tromocratia.
天 caelum, aether. ▶~の(=天上の) caelestis, aetherius. ▷私は~にも昇る気持だ in caelo sum.
点 （幾何学図形上の）punctum. ▷あらゆる~で ex [ab] omnibus partibus [omni parte]. cf. 地点 locus. その地点 id loci.
田園 ⇨ 田舎.
展開 explicatio. ▶~する se explicare (← explico).
天気 caeli status, caelum, tempestas; (良い)(=晴天) bona tempestas, (caeli) serenitas, sudum, serenum. ▶~予報 nuntius meteorologicus. ⇨ 曇る.
伝記 vita, vitae memoria.
電気 electris; (=電力) electrica vis. ▶~の electricus.
典型 exemplar, exemplum, specimen.
点検 recognitio. ▶~する recognosco, inspicio.
天国 paradisus.
伝言 nuntius.
天才 ingenium.
天災 ⇨ 災難.
天使 angelus.
展示 propositio. ▶~する (in oculis; ante oculos) expono, propono. ▷絵画や彫刻の~ tabulae et signa propalam collocata.
電子 electro. ▶~の electronicus.
電子メール ⇨ E メール.
天井 tectum; (アーチ形の) camera.
天上 ▶~の caelestis.
伝承 traditio, memoria.
伝説 fabula. ⇨ 神話.
伝染 （=感染）contagiosus, contactus, contagium. ▶~する 形 contagiosus, contactu vulgor (pass) [procedo], ⟨ab aliis ad alios⟩ mano. ▶~病 pestilentia, pestis. ▷~病にかかった pestilens.
電線 （=送電線）funis electricus, electroductus; (=電気コード) linea electrica.
電卓 machinula calculatoria.
電池 pila electrica; (=蓄電池) instrumentum electridi cumulandae.
テント tabernaculum, tentorium.
伝統 traditio, mos (majorum). ▶~の ab majoribus traditus, translaticius, patrius. ⇨ 伝承.
電燈 lanterna (electrica).
天然 ▶~の naturalis, nativus.
天皇 imperator.
電波 unda electromagnetica [radiophonica, Hertziana].
澱粉 amylum.
展望 prospectus.
電報 telegramma.

デンマーク Dania. ▶~(人)の Danicus. ▶~人 Dani (pl).
天文学 astrologia, astronomia. ▶~の astronomicus.
電流 ⇨ 電気.
電力 electrica vis.
電話 telephonium, telephonum. ▶~で per telephonum. ▶~する telephonice [per telephonium] colloquor (dep). ▶~機 apparatus telephonicus. ▶~番号 numerus telephonicus.

と

戸 （=戸口）porta, janua, ostium, foris; (=開き戸) fores (pl), valvae (pl). ⇨ 門, 敷居, 入口, 出口.
と 接 …と… et, -que; (…する)と cum. ▷それがなされると quo facto. ▷講和条約が成立すると pace facta. ▷…するとすぐに cum primum…. ─ 前 (=…と一緒に) cum ⟨+abl⟩.
度 ▶1~(だけ) semel (tantum); 2~ bis; 3~ ter; 4~ quater. ⇨ 回, 程度.
ドア ⇨ 戸.
問い合わせる exquiro. ⇨ 尋ねる.
ドイツ Germania. ▶~(人)の Germanicus. ▶~人 Germani (pl).
トイレ ⇨ 便所.
党 pars, factio. ⇨ 党派, 団体.
塔 turris.
問う rogo, interrogo. ▶問い interrogatio. ⇨ 尋ねる.
胴 truncus.
銅 aes. ▶~の aereus. cf. 銅貨 (nummi) aerei (pl). 銅器 aeramentum. ⇨ 青銅.
どう ▷調子は~ですか quid agis? ▷~かね(=元気かね) ut valeas? ▷~したのですか quid rei est? ⇨ どのように.
同意 consensus, consensio. ▶~する consentio, concordo. ▶~した consentiens, concors. ⇨ 承認, 賛成.
どういたしまして non est quod gratias agas.
統一 unitas. ▶(…と…を)~する ⟨alqd et alqd⟩ unum facio. ⇨ 統合, 首尾一貫.
銅貨 aes (signatum), aereus (nummus). ⇨ 貨幣.
陶器 figulina opera, figulina (pl). cf. 陶工 figulus.
討議 disceptatio, disputatio, deliberatio. ▶~する agito, ago, consilior (dep). ⇨ 討論, 審議, 協議.
動機 incitamentum, ratio, causa.
闘牛 tauromachia. ▶~士 (マタドール) mactator.
同級生 condiscipulus (m).
統御 gubernatio. ▶~する guberno.
同居 contubernium. ▶~する convivo. ▶~している 形 contubernalis.
道具 organum, instrumentum; (鉄製の) ferramentum. ⇨ 装置.

洞窟 spelunca, specus, spelaeum, caverna, antrum.
統計 ▶~(学) rationarium, rationalis doctrina. ▶~(学)の rationalis, ad rationarium pertinens.
統合 unio. ▶~する unio.
同行 ▶~する(=同伴する) deduco, comitor (*dep*), prosequor (*dep*), ▶~者 comes. ▷私の旅に～した彼 ille meum comitatus iter.
動作 actus, actio. ⇨ 動かす, 動く.
倒産 decoctio. ▶~する decoquo, conturbo. ⇨ 破産.
投資 pecuniae collocatio [occupatio]. ▶~する pecuniam colloco [occupo], pecuniam ⟨in alqd⟩; alci rei⟩ destino, pecuniae vim ⟨in alqd⟩ erogo.
動詞 verbum.
同時 ▶(…と)～に cum ⟨+*abl*⟩. ▶~に simul, uno tempore, eodem temporis momento, uno et eodem temporis puncto. ▷キケロは雄弁であると～に教養がある Cicero disertus est idemque doctus.
どうして cur, quare, quamobrem, quid. ▷～…でないか quin. ▷～(…)ことになるのか qui fit ut (…)?
同情 misericordia, commiseratio. ▶~する misereor (*dep*), commiseror (*dep*); (=…が私に同情の念を起こさせる) me miseret ⟨+*gen*⟩.
どうせ ⇨ いずれ, ともかく.
統制 regimen. ▶~する rego. ▶経済～ oeconomicum regimen. ⇨ 統治, 統御.
同性愛 homosexualitas. ▶~の homosexualis.
当選 ▶~する(=選挙で選ばれる) suffragio legi (*pass*).
当然 副 juste, suo jure. ▶~の justus. ▷~(…)すべきである ⟨+*inf*⟩ oportet (*impers*). ⇨ もちろん.
闘争 luctatio. ▶~する 格闘, 争う, 戦闘.
灯台 pharus, pharos.
統治 dominatio, dominium, imperium, gubernatio. ▶~する dominor (*dep*), impero.
到着 adventus. ▶~する advenio, venio, tango.
堂々 ▶~とした magnificus, magnus.
道徳 moralia (*pl*) ▶~的な moralis. ▶~的に moraliter. ⇨ 倫理, 習慣.
盗難 ▶ 盗む.
とうに ⇨ ずっと.
どうにかして aliqua.
導入 inductio, introductio. ▶~する induco, introduco.
糖尿病 diabetes.
党派 factio, secta.
投票 suffragium, sententia, suffragii latio. ▶~権 suffragium. ▶~場 ovile. ▶(人に)～する ⟨alci⟩ suffragor (*dep*), suffragium fero [ineo]. ▷～で選出する suffragio lego [creo], ～に行くない ad urnas accedo. ▷大統領選挙の～が行なわれた suffragium praesidenti creando habitum est. ⇨ 選挙.
動物 (人間を含む) animal, animans; (人間を含まない) bestia; (野生の) fera; (=昆虫・小動物) bestiola. ▶~家畜, 獣.
逃亡 fuga, effugium, transfugium. ▶~する fugio, effugio, profugio. ▶~している profugus. ▶

～した fugitivus. ▶~奴隷 fugitivus (servus). ⇨ 脱走.
動脈 arteria. ⇨ 静脈, 血管.
冬眠 sopor hibernus.
透明 perluciditas, perspicuitas. ▶~な perspicuus, perlucidus, perlucidulus, translucidus. ▶~である perluceo, transluceo.
同盟 foedus, confoederatio, societas, consociatio, amicitia. ▶~者 socius. ▶~国 foederati (*pl*). ▶~の socius, foederatus. ▶~させる socio, confoedero. ▶(人と)～を結ぶ coeo societatem ⟨cum alqo⟩.
どうも ▷～ありがとうございます gratias ago quam maximas. ▷～彼は幸福ではないように私には見える nescio an non beatus sit.
獰猛 feritas, ferocitas, saevitia, truculentia, immanitas. ▶~な ferus, saevus, truculentus, immanis. ▶~に ferociter. ▶~にふるまう saevio. ⇨ 野蛮, 残忍.
東洋 Oriens, orientis solis partes (*pl*). ⇨ 西洋.
動揺 perturbatio, turbatio, commotio, motus, fluctuatio, confusio. ▶(心を)～させる perturbo, conturbo, commoveo, sollicito. ▶~する fluctuo. ▶~した commotus, sollicitus, sollicitatus, perturbatus.
同様 ▶~に item, similiter, itidem, pariter, perinde. ▷人の体と～に, 帝国においても, 頭から広がる病が最も危険である ut in corporibus sic in imperio gravissimus est morbus, qui a capite diffunditur.
動乱 motus (civilis), (civitatis) perturbatio, (rei publicae) turbatio, turbae (*pl*), tumultus. ▶~の turbidus, tumultuosus. ⇨ 騒動, 混乱, 暴動.
道理 ratio. ▶~をわきまえた sanus. ▶~を欠いた (=不条理な) insanus, rationis expers. ⇨ 分別, 理性.
同僚 collega, socius. ⇨ 仲間.
道路 via, iter.
登録 perscriptio, inscriptio. ▶~する perscribo, inscribo.
討論 disceptatio, disputatio, sermo, dialogus. ▶~する discepto, disputo. ⇨ 論争.
当惑 confusio. ▶~した confusus. ⇨ 狼狽, ためらう.
遠い 形 (=遠く離れた) remotus, semotus, longus, longinquus. — 動 (=遠く離れている) (…から) ⟨a re⟩ longe absum, procul sum. ▷祖国から遠く離れて patriā procul.
遠ざける amoveo, removeo, semoveo, alieno, abdo. ▶ 防ぐ.
通す (=通過させる) transmitto, traduco. ▷ざっと目を～ percurro.
トースター panis tostarium, instrumentum pani torredo.
通って (…を) per ⟨+*acc*⟩. ▷属州を～ per provinciam.
遠出 excursio. ▶~する excurro. ⇨ 遠征.
遠回し circuitio, circuitus. ▶~の (=婉曲の) obliquus. ▶~に oblique.
遠回り ⇨ 回り道.

とおり　▷きみの言う~ (=きみが正しい) est ut dicis. ▷(私たちが)上に述べた~ ita ut supra demonstravimus. ▷私は感じた~を言った non dixi aliter ac sentiebam.
通り　via, vicus; (=大通り) platea; (=裏通り) angiportum.
通り過ぎる　praetereo, transgredior (*dep*), praetergredior (*dep*), praetervehor (*dep*). ▶(…を)通り過ぎて praeter ⟨+*acc*⟩. ▷陣営のそばを通り過ぎて praeter castra.
通る　(…を) eo ⟨+*abl*⟩, incedo ⟨per+*acc*⟩, transeo ⟨+*acc*⟩.
都会　urbs. ▶~らしさ, ~風 urbanitas. ▶~(人)の, ~風の urbanus.
溶かす　fundo, liquo, liquefacio. ⇨ 溶ける, 液体.
とがめる　culpo, animadverto. ▶とがめ reprehensio, animadversio. ⇨ 非難, 罰.
時　tempus, temporis spatium; (=瞬間) temporis punctum [momentum]. ▶今こそ(…すべき)~だ nunc est tempus ⟨+*inf*⟩. ▶その~ tum, illo [eo] tempore, id temporis. ▶~には interdum. ▶(…する) ~(に) cum ⟨+*ind*; +*subj*⟩, quando ⟨+*ind*⟩. ▷(絶対的奪格の構文で) タルクイニウスが支配している~ Tarquinio regnante. ▷キケロが執政官の~(=年) に Cicerone consule.
説き明かす　explico. ▷カト―自身のことばが老年についての私の考えをすべて説き明かしてくれるでしょう ipsius Catonis sermo explicabit nostram omnem de senectute sententiam.
時々　nonnumquam, interdum, aliquando, per intervallum, ex intervallo.
度胸　⇨ 勇気.
得　lucrum. ⇨ 利益, もうける.
徳　(=美徳) virtus.
解く　(問題を) solvo, expedio; (より, もつれを) explico. ⇨ ほどく, 解放.
説く　doceo. ⇨ 説明.
研ぐ　exacuo, acuo. ⇨ 磨く.
毒　venenum. ▶~の veneficus. *cf.* 有毒な nocens, venenatus, venenifer. ⇨ 毒殺, 有害, 消毒, 中毒, 盛る.
得意　▶~だ (=熟達している) peritus, sciens, sollers. ⇨ 苦手.
独裁　dictatura. ▶~者 dictator. ▶~(者)の dictatorius.
毒殺　veneficium. ▶~する veneno, veneno tollo [occido, neco]. ⇨ 毒.
独自　▶~の proprius. ⇨ 固有.
読者　lector, legens, ei qui legunt (*pl*).
特殊　specialitas. ▶~な specialis.
読書　lectio.
独身　(状態) caelibatus. ▶~生活 caelebs vita. ▶~者 caelebs. ▶~の caelebs.
独占　monopolium. ▶~する monopolium habeo. ▶~する人 monopola.
特徴　proprietas, proprium; (顔の) lineamentum. ▶~の peculiaris, singularis. ⇨ 独自.
特に　praesertim, maxime, in primo, unice, utique, in primis.
特別　▶~な, ~の definitus, extraordinarius, praecipuus. ▶~に definite, praecipue, singulariter.
匿名　voluntas nominis reticendi, propositum nomen non profitendi. ▶~の anonymus. ▷~の手紙 litterae sine nomine scriptae.
独立　libertas. ▶~した liber.
独力　▶~で per se, nullo adjuvante.
とぐろ　spira.
とげ　spina, aculeus. ▶~のある spinosus, (spinis) hirsutus. ⇨ いばら.
時計　horologium. ▶日~ solarium. ▶水~ clepsydra. ▶懐中~ horologium portabile. ⇨ 腕時計.
溶ける　liquesco, tabeo, fundor (*pass*), liquor (*dep*). ▶溶けている liqueo. ⇨ 溶かす, 液体.
床　solum. ▷婚礼の~ lectus genialis. ⇨ 寝床.
どこ　▶~に, ~で ubi, ubinam. ▶~に, ~へ quo, quonam. ▶~まで quo, quoad, quatenus. ▶~から (来たのですか) unde (venis). ▶~でも ubique, ubicumque.
どこか　▶~に, ~で alicubi. ▶~に, ~へ aliquo.
どこにも　▶~…ない nusquam, (否定辞を伴って) usquam, in nullo loco.
床屋　(=理髪師) tonsor. ▶~の tonsorius.
ところ　(=場所) locus. ▶(…の) ~へ ad ⟨+*acc*⟩. ▷今 7 時を過ぎた~です modo praeterit septima.
屠殺　trucidatio. ▶~する trucido.
登山　montium lustratio [ascensus, escensus]. ▶~家 oribates (montium lustrator).
都市　civitas, urbs, oppidum; (国家としての) civitas. ▶~の (=都会の) urbanus. ⇨ 町.
年　annus. ▶每~の, ~の (=翌年) insequens annus. ▶次の~に postero anno, anno post. *cf.* 今年 hic annus. 今年の hornus, hornotinus. ⇨ …歳.
年上　▶ (natu) major. ▶最も~の natu maximus. ▷私たちより二つ~ major quam nos biennio.
閉じ込める　concludo, includo, praecludo. ▶~こと inclusio. ▷牢獄に~ includo in carcere.
年ごろ　(=一人前の年齢) pubertas. ▶~の pubes. ⇨ 年齢.
年下　▶~の natu minor, junior. ▶最も~の natu minimus.
として(は)　ut (…). ▷その当時の状態としては ut tum res erant.
としても　▶(…)だ~ licet ut ⟨+*subj*⟩, quamvis. ▶(…)でない~ ne ⟨+*subj*⟩. ⇨ どんなに, たとえ.
図書　▶~館 bibliotheca. ▶~館司書, ~館員 bibliothecarius. ⇨ 本.
閉じる　claudo, occludo. ▶~こと clausula, occulsio.
塗装　coloris inductio. ▶~する colorem induco.
土台　fundamen, fundus, fundamentum, substructio, crepido. ▶~から funditus. ▶~を据える substruo, fundo.
戸棚　⇨ 棚.

土地 terra, locus, terrenum, ager. ▶〜の terrestris. ⇨ 地面.
途中 ▶〜で in via, in itinere, inter viam [vias].
どちら (二つの中から) uter; (二つ以上の中から) quis, qui.
特許 diploma inventi [inventorum], inventoris privilegium, inventionis documentum [publicum diploma].
とっく ▶〜の昔に jam pridem.
特権 jus praecipium, privilegium.
突進 ▶〜する ruo, irruo, praecipito.
突然 ▶〜の subitus, repens, inopinatus. ▶〜のできごと subitum. ▶〜(に) repente, subito, (ex) inopinato, inopinate, inopinanter.
取っておく sepono, reservo, servo.
とても valde.
届く attineo, pertingo, attingo, pertineo, pervenio.
整える ordino, compono, dispono. ▶〜こと compositio.
留まる maneo, commoror (*dep*); (=後に残る) remaneo.
隣 ▶〜の (=近隣の) proximus, vicinus, accola, propinquus, finitimus, continens. ⇨ 近い, 隣人.
隣りあう contingo. ▶隣りあった conterminus.
どの ⇨ どちら, どれ.
どのように ▶〜(して) quomodo, qui, quem ad modum. ⇨ いかに.
飛ばす (投げて) jacio, jaculor (*dep*), jacto. ▶〜こと jactatio, jactus.
飛び越える transilio.
飛び込む (…に) ⟨in+*acc*⟩ se abicere (← abicio), se conjicere (← conjicio); (まっさかさまに) praecipito.
飛び回る 動 volito. ── 形 volaticus, volatilis. ▶〜こと volatus.
跳ぶ salio. ▶跳びはねること saltus.
飛ぶ volo.
徒歩 ▶〜で pedibus. ▶〜の pedester.
乏しい inops, pauper, tenuis. ⇨ 欠乏, 貧しい.
富ます (=豊かにする) (…を…で) ⟨alqm re⟩ locupleto.
とまどう ⇨ 当惑.
止まる ▶(私の時計は) 止まっている (meum horologium) substitit (*pf*).
泊まる (宿に) (in taberna [cauponem]) deversor (*dep*) [deverto]; (…宅に) ⟨apud alqm⟩ devertor (*pass*).
ドミニカ(共和国) Res publica Dominicana. ▶〜(人)の Dominicianus. ▶〜人 Dominiciani (*pl*).
ともかく utcumque, utique, quomodolibet.
友達 amicus (*m*), familiaris, necessarius (*m*).
伴う (=随伴する) ⟨alqm⟩ comitor, ⟨cum alqo⟩ venio [eo].
共に (=一緒に) (…と) cum ⟨+*abl*⟩. ▷友人と〜 cum amico.
ドライバー autovehiculum gubernans, autovehiculi gubernator.
とらえる prehendo, deprehendo, capio, excipio, comprehendo.
トラック autocinetum onerarium, autocurrus, automatarius currus, plaustrum automatarium. ▶〜の運転手 autocineti onerarii ductor.
トラブル incommodum, malum, molestia. ⇨ 問題.
トラベラーズチェック (=旅行者用小切手) mandatum nummarium periegeticum.
トランク capsa, vidulus, arca viatoria; (車の) receptaculum sarcinarium.
トランプ charta lusoria, lusoriae chartulae (*pl*). ▶〜で遊ぶ chartis ludo.
鳥 avis, volucris. ▶小〜 passer, avicula.
取り上げる (=手に取る) sumo, tollo; (=奪い取る) tollo, aufero.
取り扱う tracto, adhibeo. ▶取り扱い tractatio, tractatus.
取り柄 virtus. ⇨ 長所.
取り返す ⇨ 取り戻す.
取り替える muto, commuto, permuto.
取り組む (=着手する) ineo, adeo, ingredior (*dep*).
取り消す (=無効にする) tollo, deleo, infirmo, rumpo, revoco. ⇨ 廃止.
虜 ▶(比喩的に) 〜の obnoxius, captivus.
取り締まる custodio. ▶取り締まり custodia.
取り出す extraho, eximo.
トリック (=ごまかし) dolus, fallacia, fraus, praestigiae (*pl*).
取り付ける apto, adjungo.
取りなす ⇨ 仲裁.
取り逃がす desidero.
取り除く removeo, demo, detraho, eximo, tollo, recido.
取引 (=商取引) commercium, mercatura, mercatus, mercantia, negotium, negotiatio. ▶〜する negotior (*dep*), mercor (*dep*). ⇨ つきあう.
取り巻く circumsisto, circumsto, circumdo, circumeo, circumvenio, cingo.
取り戻す recipio, recupero, resumo. ▶〜こと receptus, recuperatio, resumptio.
塗料 color, pigmentum.
努力 conatus, nisus, contentio, labor, opera, sudor. ▶〜する conor (*dep*), nitor (*dep*), enitor (*dep*), conitor (*dep*), contendo, laboro, elaboro, operam do, sudo.
取る (手に) (=つかむ) sumo, praehendo, apprehendo, comprehendo; (=取り去る, 取り除く) tollo, removeo, demo; (=盗む) furor (*dep*), subripio.
ドル dollarium, nummus Americanus.
トルコ Turcia. ▶〜(人)の Turcicus. ▶〜人 Turcae (*pl*).
取るに足らない parvus, parvulus, exiguus, minutus, futilis.
どれ (二以上の中から) quis, qui ⟨ex+*abl*; +*gen*⟩; (二つの中から) uter ⟨+*gen*⟩. ⇨ どちら.

トレーナー　exercitator, exercitor.
トレーニング　exercitatio, exercitium. ▶~する exercito, exerceo. ⇨ 訓練.
ドレス　stola.
どれだけ　(=どれほど) quantum, quam. ▶~の間 (=どれくらい長い間) quamdiu. ▶~の量 quantum. ▶~の量の, ~たくさんの quantus, quot, quam multi. ▷~の武器をどの部族がどの時点までに調達すべきかを決めた armorum quantum quaeque civitas quodque ante tempus efficiat constituit.
泥　lutum, limus. ▶~沼 caenum. ▶~の luteus. ▶~だらけの, ~でいっぱいの lutosus, lutulentus, luteus, caenosus.
泥棒　fur. ⇨ 盗む.
トンガ　Tonga. ▶~(人)の Tonganus. ▶~人 Tongani (*pl*).
どんな　(=どのような) qualis, qui, quinam.
どんなに　(=どれだけ) quanto, quam. ▶~…であろうとも quamquam, quamvis. ▷私が~苦しんでいるかあなたは知らない nescis quam doleam. ▷彼らが~喜んでいるか私は言い表わせない dici non potest quantopere gaudeant. ⇨ どれだけ, たとえ.
トンネル　cuniculus.
貪欲　▶~な avidus, avarus. ▷権力に~な avidus potentiae. ▷~な者は常に困窮する semper avarus eget.

な

名　nomen. ⇨ 名前, 氏名.
な　(禁止)(…する)~ ne <+*impr*; +*subj*>, noli <+*inf*>.
ない　(否定)(…で) non. ▶(肯定を期待する疑問で)~か nonne. ▶…で~と言う nego. ▶私は(…)でき~ non possum <+*inf*>. ▶(…する)人は一人も~ nemo est qui <+*subj*>. ▷私は全く信じ~ haud credo. ▷彼(女)は何も言わ~ nihil dicit.
内閣　administrorum [ministrorum] consilium, summum rerum administrandarum concilium.
ナイジェリア　Nigeria. ▶~(人)の Nigerianus. ▶~人 Nigeriani (*pl*).
内緒　▶~の secretus, occultus. ⇨ 秘密.
内戦　bellum civile [intestinum].
内臓　exta (*pl*), intestina (*pl*). *cf*. 心臓 cor. 肺 pulmo. 肝臓 jecur. 腎臓 renes (*pl*). 腸 intestinum, intestina (*pl*). 十二指腸 duodenum. 盲腸 caecum (intestinum).
ナイトクラブ　taberna nocturna.
ナイフ　culter. ▶狩猟用~ culter venatorius. ▶小さな~ cultellus. ⇨ 包丁.
内部　interior pars, pars quae intra est.
内容　quod <re> continetur. ▷書物の~ ea quae libris continentur (*pl*). ▷この書物の~ res quas hic liber continet (*pl*).
内乱　(=内戦) bellum civile [domesticum], arma civilia (*pl*). ⇨ 不和, 紛争.
治す・直す　(=治療する) sano, reficio, ad salutem reduco, <alci> medeor (*dep*), medico, medicor (*dep*); (=正す) corrigo, emendo. ⇨ 治療, 癒す.
治る　(=回復する, 治癒する) sanor (*pass*), sanesco, consanesco, convalesco.
中　(=内部) interior pars; (=中間, 中心) medium. ▶~へ intro, intus. ▶~で intus, intra. ▶(…の)~へ[に] in <+*acc*>. ▶(…の)~に[で] in <+*abl*>. ▶(=交友関係) assuetudo ▷~関係.
長い　longus, longinquus. ▶非常に~ perlongus. ▶~間 diu, longinquo tempore. ▶長く longe, diu. ▶~さ longitudo, longinquitas, proceritas. ▶時間の~こと diuturnitas. ⇨ 短い.
流す　emitto, mano. ⇨ 流れる.
仲直り　reconciliatio (gratiae). ▶(…と)~する <cum alqo> in gratiam redeo [reverto]. ▶~させる recompono. ⇨ 和解.
半ば　semi-. ▶~ギリシア(人)の semigraecus. ▶~野蛮(人)の semibarbarus. ⇨ 半.
長引く　perducor (*pass*), extendor (*pass*), trahor (*pass*). ▷さまざまな話で夜会は長引き, 最も長い一日もすぐに過ぎてしまう variis sermonibus vespera extenditur, et quamquam longissimus dies bene conditur.
仲間　amicus, convictus; (仕事や運命を共にする) socius, consors, particeps; (遊びや同好の) sodalis; (同年代・同時代の) aequalis; (=連れ) comes. ⇨ 相手, 連れ, 同僚, 友達.
眺める　prospicio, prospecto. ▶眺め (=眺望) prospectus. ⇨ 見晴らし.
長持ち　▶~する (=永続的な) mansurus, permansurus, stabilis, diuturnus.
中指　medius digitus. ⇨ 指.
流れる　fluo, fluito, mano, liquor (*dep*). ▶流れ flumen.
なかんずく　⇨ 特に.
泣き声　(=悲鳴) ejulatio, ploratus; (特に女性の) ululatus. ⇨ うめく.
鳴き声　(動物の) vox, clamor; (象の) stridor, barritus; (山羊の) vagitus; (鶯鳥や鷲の) clangor; (鶏の) cantus; (鳩・孔雀・蛙の) querela. ⇨ 叫ぶ, ほえる.
泣く　(人間が) lacrimo, lacrimor (*dep*), fleo; (=泣き叫ぶ) ploro; (=号泣する) ejulo. ⇨ 叫ぶ, 涙.
鳴く　(動物が) vocem edo, clamo; (蛙が) coaxo; (鳥が) croccio; (鴨が) tetrinnio; (雄鶏が) canto. ⇨ ほえる.
慰め　consolatio, solacium, levatio. ▷これは私にとって大きな~だ hoc mihi magno consolatio est.
慰める　consolor (*dep*), solor (*dep*), mulceo, mitigo.
なくす　(=失う) perdo, amitto. ▷本をなくしました (=どこに置いたか忘れた) nescio ubi librum meum posuerim.
亡くなる　▷彼女は101歳で亡くなった de vita decessit centum et unum annos nata. ⇨ 死ぬ.
殴る　ferio, icio; (拳で) (pugnis) caedo. ⇨ たたく, 打つ.
嘆く　(=悲嘆する) gemo, lugeo, deploro, ploro, defleo, lamentor (*dep*), lacrimo, lacrimor (*dep*), queror (*dep*). ▶嘆き (=悲嘆) gemitus, lamenta

なげる *(pl)*, lamentatio, ploratus. ⇨ 悲しい.
投げる jacio, mitto; (幾度も) jacto; (外へ) eicio, emitto. ▶投げ込む inicio. ▶投げ捨てる abicio. ▶投げ落とす deicio. ▶投げつける obicio.
なければ (…で)～ nisi.
なければならない (…し)～ ⟨+inf⟩ debeo, opus est, oportet (*impers*), necesse est (*impers*), necessarium est. ▷われわれは祖国のために戦わ～ pugnandum nobis est pro patria ⇨ 必要.
情け (＝同情) misericordia; (＝容赦, お情け) venia; (＝慈愛) caritas; (＝慈悲) benignitas. ⇨ 感情, 同情.
情けない miser, misellus. ⇨ みじめ.
情け深い (＝慈悲深い) benevolens, benignus. ▶情け深さ benevolentia, benignitas.
梨 (実) pirum; (木) pirus.
なじむ (＝慣れる) assuesco; (＝親しくなる) familiaris fio.
ナショナリズム nimium suae gentis studium.
なぜ (＝どうして) quare, quamobrem, quid, cur. ▷～彼らは読むのか quid causae est cur legant?
なぜなら ▶～(…)だから quod ⟨+ind⟩, quia ⟨+ind⟩, ob eam causam quod, ob eam rem quod, propter hanc causam quod, propterea quod, (pro) eo quod, ea re quod. ⇨ なので.
謎 aenigma, griphus.
なだめる placo, mitigo, lenio, mulceo, permulceo, remulceo; (神意・死霊を) expio.
雪崩 labina, nivis labes, nivium moles decidens, nives (de monte) devolutae *(pl)*, nivalis ruina, praeceps nivium lapsus.
夏 aestas, aestus; (夏至) solstitium. ▶～の aestivus; (＝真夏の, 夏至の) solstitialis. ▶～に aestate. ⇨ 季節.
懐かしむ desidero.
名づける nomino, appello, voco. ⇨ 名前.
納得 ▶～させる persuadeo. ▶(人が) ～する ⟨alci⟩ persuadetur (*pass*; *impers*). ⇨ 説得.
夏休み feriae aestivae *(pl)*.
なでる mulceo, permulceo, palpo. ⇨ 触れる.
斜め ▶～の obliquus. ▶～に oblique. ▶～の方向に in obliquum. ▶～(であること) obliquitas. ▶～にする obliquo.
何 quis？ ▷それは～ですか quid est？ ▷(私は)～をしようか？ quid agam？ ▷知恵とは～であるか読書によって学べ quae sit sapientia disce legendo. ▷きみには～の神殿が見えるか quod templum vides？
何か (＝あるもの) aliqua res, aliquid. ▶～ある(＝分からない)もの nescio quid. ▷～新しいこと aliquid novi. ▷ 或る.
何も ▶～…ない nihil, nulla res. ▶～言わない nihil dico.
なので quoniam ⟨+ind⟩, quando ⟨+ind⟩, cum ⟨+subj⟩, ut ⟨+ind⟩. ▶そういうわけ～ quae cum ita sint. ▷彼は武器では太刀打ちできないので, 策略で戦うべきだった dolo erat pugnandum, cum par non esset armis. ▷(絶対的奪格の構文で) 敵が近づいて来たので hostibus appropinquantibus.
ナプキン mappa, mantele. ⇨ タオル, ハンカチ.

鍋 sartago, caccabus. ⇨ やかん.
生 ▶～の crudus. ▶半～の semicrudus. ▶～卵 crudum ovum.
名前 nomen; (＝氏名) nomen (gentilicium) atque praenomen. ▷(…という)～の女 mulier ⟨+nom⟩ nomine. ▷あなたの～は何ですか—私は(…という)～です quo nomine es？ — nomen ⟨+dat⟩ est mihi. ▷アレトゥーサという～の泉 fons cui nomen Arethusa est.
怠ける cesso. ▶怠け者 cessator. ⇨ 怠惰, 無精.
波 (海の) unda, fluctus. ▶～打つ, ～立つ fluctuo. ⇨ 音波, 電波.
涙 lacrima, fletus. ▶～を流す ⇨ 泣く.
なめらか ▶～な levis, mollis, enodis; (磨かれて) teres. ▶～さ levitas. (磨いて)～にする tero. ⇨ すべすべ.
なめる lingo, ligurio, lambo.
悩む doleo, laboro. ▶悩み dolor, molestia. ⇨ 心配.
習う disco.
並べる ordino, lineo, (in ordines) dirigo. ▶並ぶ (＝整列する) ordinatus consisto, se dirigere (←dirigo).
鳴り響く 形 sonorus. ⇨ 音.
成り行き (事の) cursus (rerum).
なる fio; (＝成り立つ)(…から) ⟨ex+abl⟩ compositus est. ▷未来が過去に～ futurum in praeterita transit. ▷(…の) 餌食に～ in praedam ⟨alcis⟩ cedo.
鳴る sono, tinnio. ⇨ 音.
なるべく quam potest.
慣れる assuesco. ▶慣らす assuefacio. ▶慣れ assuetudo. ▶慣れた assuetus.
馴れる (動物が) mansuesco, mansuefio, mitesco, mitigor (*pass*), ad homines assuesco. ▶馴らす mansuefacio. ▶馴れていること mansuetudo. ▶馴れている mansuetus, mansues.
縄 funis, restis; (細い) funiculus, resticula, taenia. ⇨ 綱.
難儀 aerumna, labor. ▶～の多い aerumnosus. ▶～する laboro.
南極 polus australis, vertex austrinus, meridianus axis. ▶～圏 circulus antarcticus. ▶～(大陸) antarctica terra. ⇨ 極, 北極.
何でも quidlibet. ⇨ 誰.
何と ▷お前は～大胆なやつなんだ quam es audax！ ▷あなたは～粋な人だろう ut elegans es！
何度も saepe. ▶繰り返して～ iterum atque iterum.
難民 fugitivus, profugus, exsul hospitio receptus, advena asylo donatus. ▶～収容所 campus receptorius profugorum [profugis recipiendis].

に

荷 onus, sarcina. ▶～を積んだ onustus.
に (空間的) (＝…へ) in ⟨+acc⟩, ad ⟨+acc⟩; (＝…で) in ⟨+abl⟩; (時間的) in ⟨+abl⟩, ad ⟨+acc⟩. ▷町の

方~ ad oppidum. ▷町の中~ in oppidum. ▷(所格で)ローマ~住んでいる Romae habito. ▷家~留まっている domi maneo. ▷夕方~ ad vesperam.
似合う 動 (人に) (=ふさわしい)〈alci〉convenio, 〈alqm〉decet. —— 形 conveniens. ⇒ふさわしい.
匂い odor. ▶~のある odoratus, odorus. ▶~をかぐ odoror〈dep〉. ▶~をかぐこと odoratus. ▶良い~がする bene oleo.
苦い amarus, acer. ▶少し~ subamarus. ▶苦くなる inamaresco. ▶~味 amaror, amarities, amaritudo.
苦手 (…が) ~な〈in re〉rudis, non peritus. ⇒ 得意.
にぎやか celebritas, frequentia. ▶~な(場所や時間が) frequens, celeber, celebratus; (性格が) (=陽気な) hilarus, hilaris.
握る comprehendo, prehendo.
肉 caro. ▶牛~ (caro) bubula. ▶子牛~ vitulina. ▶羊~ agnina. ▶豚~ suilla.
憎い invisus, invidiosus.
肉体 corpus. ▶~の corporeus.
憎む (…を) 〈+acc〉odi, odio habeo. ▶(…に) 憎まれている in odio sum〈+dat〉. ▶~べき detestabilis, odiosus, exsecrandus, invisus.
肉屋 (人) lanius; (店) laniena, carnaria taberna.
逃げる fugio, effugio, dilabor 〈dep〉. ⇒ 逃亡.
西 occidens. ▶~の occidentalis. ⇒ 東.
虹 arcus (caelestis).
ニジェール (共和国) Niger. ▶~の Nigritanus. ▶~人 Nigritani (pl).
二重 ▶~の duplex. ▶~に dupliciter. ▶~にする duplico.
偽 ▶~の falsus, fictus, adulter, adulterinus.
日 ▶一~ dies. ▶一~に三度 ter in die. cf. 2日(間) biduum. (彼は) 3日(間)で到着した tribus diebus pervenit. ⇒ 日(°).
日常 ▶~の cottidianus, vulgaris. ▶~会話 sermo cottidianus [vulgaris]. ▶~的に cottidie.
日記 ephemeris, commentarius diurnus. ▶~帳 adversaria (pl), diurnum.
ニックネーム ⇒ あだ名.
日光 lux (solis).
日食 solis defectus [defectio, eclipsis]. ⇒ 月食.
二度 bis. ⇒ 度.
二の足 cunctatio. ▶~を踏む cunctor 〈dep〉. ▶~を踏んで cunctanter.
鈍い (物や心の動きが) tardus, segnis, lentus, hebes, surdus, fuscus, obtusus.
日本 Japonia. ▶~(人)の Japonis. ▶~人 Japones (pl).
荷物 sarcinae (pl), impedimenta (pl).
ニュアンス tenue discrimen.
ニュージーランド Nova Zelandia. ▶~(人)の Novozelandiensis. ▶~人 Novozelandienses (pl).
入場 aditus, introitus.
ニュース nova res, nuntius. ▷あなたに書いて知らせるべき~がなかった nihil erat novi quod ad te scriberem. ⇒ 噂.
入念 diligentia, accuratio, cura. ▶~な diligens, accuratus. ▶~に accurate, diligenter. ⇒ 注意.
尿 urina, lotium. ▶~をする mejo, mingo, urinam [lotium] facio. ⇒ 排泄物.
煮る coquo. ▶よく~ concoquo; (=煮つめる) decoquo. ▶~こと coctio, coctura.
庭 hortus. (=庭園) viridarium. ▶小さな~ hortulus. ▷~いじり horti cultura [cultus]. cf. 菜園 holitorius hortus. 果樹園 pomarium.
鶏 (雌の) gallina. (雄の) gallus (gallinaceus), mas gallinaceus; (若い) pullus (gallinaceus), gallinula. ▶~小屋 gallinarium. ▶~の gallinaceus. ▷~の卵 ovum gallinaceum.
認可 permissio, permissus. ▶~する permitto, concedo.
人気 populi [plebis, vulgi] favor. ▶~ある popularis.
人形 pupa, pupula. ▶蠟~ planguncula.
人間 homo, mortalis. (=人類) hominum [humanum] genus. ▶~の humanus, mortalis. ▶~らしく humane, humaniter. ⇒ 神, 動物.
認識 cognitio, notio, perspicientia, perceptio; (正しい) sapientia. ▶~する cognosco, nosco, perspicio. ⇒ 知識, 意識, 知覚, 感覚.
妊娠 praegnatio, gravedo. ▶~している praegnans, gravidus, gravis, fetus. ▶~させる gravido.
人相 vultūs habitus, oris [vultūs] lineamenta (pl), faciei dispositio. ▶~学 physiognomica, vultuum intellegentia. ⇒ 顔.
忍耐 patientia, tolerantia. ▶~強い patiens, tolerans, pertinax.
任務 negotium, mandatum, officium.
任命 nominatio, designatio. ▶~する nomino, designo.

ぬ

縫う suo. ▶縫い合わせる consuo. ▶縫いもの sutura.
ヌード (=裸体像) nuda effigies; (=裸であること) nuditas. ▶~の nudus. ⇒ 裸.
ぬかるみ (=泥沼) lustrum.
抜く (毛を) (capillos) vello, evello; (歯を) (dentes) eximo, extraho, eruo; (剣を鞘から) (gladium e vagina) educo, destringo.
脱ぐ (服を) (vestem) pono; (帽子を) caput aperio. (人の服を) 脱がす〈alqm veste〉exuo, 〈alci vestimenta〉extraho. ⇒ かぶる, 着る.
盗む furor 〈dep〉, subripio. ⇒ 奪う, 強奪.
布 (=織物, 布地) vestis, textum, tela, textile.
沼 palus; (=湖沼) stagnum, lacus. ▶~(地)の paluster, palustris. ▶~地 ager paluster [palustris].
ぬらす madefacio, umecto.
塗る induco, lino, linio, illino, oblino; (色を) coloro; (油を) ungo.

ぬれる　se madefacere (← madefacio), madeo, madesco. ▶ぬれた madidus, umidus. ⇨ ぬらす.

ね

根　radix, stirps.　cf. 根元から radicitus.
値　⇨ 値段.
値打ち　pretium, aestimatio.　⇨ 価値.
願い　optatum, votum.
願う　(＝望む) opto, exopto, voveo; (＝懇願する) oro; (＝切望する) cupio (＝依頼する) rogo. ▶(どうか) お願いです quaeso.
寝かす　(＝眠らせる) sopio, consopio, soporo.
値切る　de pretio ⟨alcis rei⟩ contendo.
ネクタイ　focale (Croatum).
猫　feles. ▶～の felinus.　cf. ヤマネコ lynx.
寝ころぶ　recumbo.
ねじ　helicoidalis sulculus, sulculus flexuosus. ▶～回し capulum cochleis (con)torquendis.
ネズミ　mus. ▶小さい～ musculus. ▶～の murinus.
妬む　動(…を)⟨+dat⟩ invideo, aemulor (dep).
── 形 invidus, invidiosus. ▶妬ましい invidendus. ▶妬まれる invidiam habeo, in invidia sum. ⇨ 嫉妬.
値段　pretium. ▶高い～で magno. ▶非常に高い～で plurimo. ▶安い～で parvo.
熱　calor, aestus; (病時の) febris, aestus. ⇨ 熱い.
熱意　studium, ardor, cupiditas, impetus. ⇨ 情熱, 熱望.
熱狂　insania, furor, ardor. ▶～的な ardens. ▶～的に ardenter. ▶～する insano, furo.
ネックレス　monile, torquis, torques.
熱心　studium. ▶～な enixus, studiosus. ▶～に enixe, studiose. ▶～に求める ardeo, studeo. ⇨ 熱意.
熱する　calefacio, calefacto; (沸騰するまで) fervefacio. ▶(激しく) 熱している ferveo.
熱帯　～(地方)の tropicus.
熱中　studium. ▶(…に) ～する ⟨in alqd⟩ exardesco. ▶～している 形 cupidus, studiosus.
ネット　⇨ 網.
熱望　cupiditas, ardor, aviditas. ▶～する cupio, ardeo, desidero.
熱烈　▶～な ardens. ▶～に ardenter.
寝床　(＝寝台) lectus, lectulus.
ネパール　Nepalia. ▶～(人)の Nepalianus. ▶～人 Nepaliani (pl).
ねばならない　⇨ なければならない.
粘り　(＝粘性) lentitia, lentor, lenta natura. ▶粘る (＝粘着する, ねばねばする) 形 glutinosus, lentus, viscosus, tenax.
粘り強い　perseverans. ▶粘り強さ perseverantia.　⇨ 根気, 我慢, 忍耐.
値引き　deminutio. ▶～する (＝値下げする) pretium imminuo, pretia submitto, pretium levo. ⇨ 割引.

寝巻き　cubitoria [cubicularia] vestis.
眠い　somni indigeo; (＝眠気を催す) dormito. ▶眠そうな somniculosus. ▶眠そうに somniculose.
眠気　somni cupido, somnus. ▶～に耐える somnum teneo.
眠る　(＝睡眠を取る) dormio, somnum capio; (＝熟睡する) condormio. ▶眠り somnus, sopor. ⇨ 寝かす.
狙う　destino, peto.
寝る　(＝臥す) recumbo, decumbo, cubo; (＝眠る) dormio, dormito, 寝かす.
年　annus. ▶1〜間 annuum spatium. ▶2〜間 biennium. ▶3〜間 triennium. ▶来～ 名 insequens annus. 副 anno sequente [postero]. ▶昨～ superiore anno. ▶毎～ quotannis, singulis annis. ▷8〜間(に) per octo annos. ▷西暦 1973〜 に anno post Christum natum milesimo nongentesimo tertio et septuagesimo. ⇨ 年(とし), 新年.
念入り　▶～に diligenter, accurate.
年金　tributa beneficia, pensio, beneficium annuum. ▶～生活者 beneficiis tributis fruens.
年代記　annales (pl), narratio secundum temporum ordines.
燃料　ignis alimentum.
年齢　aetas. ▶(人と) 同～の ⟨alcis⟩ aequalis. ▶同～であること aequalitas.

の

ノイローゼ　neurosis, nervorum angor, morbus psychicus varia corporis membra afficiens et perturbans.
脳　cerebrum, cerebellum.
農業　(＝耕作, 農耕) agricultura, cultura (agri), agrorum cultus.
濃縮　▶～する denso, denseo, condenso. ▶～された condensus, densus.
農夫　agricola, agricultor, agrestis.
能力　facultas, potestas, ingenium. ▶～がある valeo.　⇨ 才能, できる, 有能.
ノート　junctae chartae (pl).　⇨ 覚書.
ノーベル賞　▶ノーベル(平和)賞 (pacis) praemium Nobelianum. ⇨ 賞.
のこぎり　serra. ▶小さな～ serrula.
残す　(後に) linquo, relinquo, derelinquo.
残っている　supersum, resto.
残り　reliquia, reliquum, residuum. ▶～の (＝残った) reliquus, residuus.
残る　(＝留まる, 居残る, 居続ける) maneo, remaneo, se retinere (← retineo), se continere (← contineo), resideo.
載せる　(＝上に置く) impono.
除く　⇨ 取り除く, 除外, 例外.
望み　spes.
望む　opto, spero; (＝欲する) volo. ▶望まない (＝欲しない) nolo. ⇨ 希望.
後　▶～に post, postea. ⇨ 後(のち).
ノック　pulsatio. ▶(戸を) ～する (fores) percutio,

pulso.
ので ⇨ なので.
のど (＝咽喉) guttur, gula, fauces (*pl*), jugulum.
のに ▶(…である)〜 quamquam.
ののしる [動] (＝悪口を言う) convicior (*dep*), maledico, ⟨in alqm⟩ maledicta facio [confero].
—— [形] maledicus. ▶〜人 conviciator. ▶ののしり convicium. ⇨ 誹謗, 悪口.
延ばす (＝長くする) (alqd) longiorem facio, extento, extendo, porrigo, produco. ▶延ばした extentus, porrectus, productus.
野原 campus, ager, apertum, campania (*pl*). ⇨ 牧草地.
延びる・伸びる (＝長くなる) longior fio, in longitudinem cresco, extendor (*pass*), porrigor (*pass*); (音節が) producor (*pass*). ▷(カタツムリの)角が〜 cornua praetenduntur (*pass*).
述べる dico, enuntio, exprimo, promo, expromo, commemoro, expono.
上る scando, ascendo, escendo, inscendo, conscendo. ▶〜こと ascensus.
のみ (＝…だけ) solum. ▷獣は自分たちのために〜生まれてきている bestiae sibi solum natae sunt. ▷(…)〜ならずまた(…) non solum (…) sed verum (etiam) (…).
飲み込む sorbeo, absorbeo, devoro, haurio, glutio.
飲み干す exhaurio, haurio.
飲み物 potio, potus, potulentum, sorbitio.
飲む bibo, poto; (薬を) (＝服用する) sumo. ▶〜こと potio, potus. ▷仲間と一緒に〜 combibo.
糊 gluten, glutinum. ▶〜でくっつける glutino.
乗物 vehiculum.
乗る (馬に, 船に) (in equo; in nave) vehor (*pass*).
ノルウェー Norvegia. ▶〜(人)の Norvegiensis. ▶〜人 Norvegienses (*pl*).
ノルマ pensum.
のろい iners, segnis, ignavus, lentus, piger. ▶〜こと lentitudo. ▶のろく tarde, lente, pigre.
のんき ▶〜な indiligens. ▶〜に indiligenter. ⇨ 怠惰, 忘れる, 無頓着.

は

歯 dens. ▶〜の dentarius. ▶〜を抜く edento. ▶〜の生えた dentatus. ▶〜のない edentulus. *cf*. 乳歯 dentes priores (*pl*).
刃 mucro. ▶鎌の〜 falcis apex.
葉 folium, frons. ▶〜の(茂った) frondeus, frondosus. ▶〜をつけている [動] frondeo. ▶〜をつける frondesco.
場 locus.
場合 casus. ▶(…の)〜(は) si.
バーゲン (＝安売り) vilitas in vendendo, vilis venditio.
パーセント centesima (pars). ▷開票の結果, 現職大統領の得票率はおよそ 20〜であることが明らかに

なった sententiis computatis apparuit praesidentem hodiernum earum viginti fere centesimis potitum esse.
パーティー sodalicium; (＝社交のための会合, 宴会) convivium.
ハードウェア armatura electronica.
ハードディスク discus durus [rigidus].
パートナー socius, collega. ⇨ 相手.
バーベキュー (＝焼肉) assatura.
ハーレム harlemum.
はい (＝そのとおり, もちろん, 確かに) ita, sic, admodum, vero, sane, certe, etiam, maxime. ▷彼は元気ですか?——元気です valetne?—valet. ⇨ いいえ.
灰 cinis; (まだ熱い) favilla. ▶〜の cinerarius. ▶〜になる cineresco.
肺 pulmo. ▶〜の pulmoneus, pulmonalis. ▶〜炎 pulmonia.
倍 (＝2 倍の量) duplum. ▶〜の duplus, duplex. ▶3〜の triplex. ▶4〜の quadruplex. ▶〜にする duplico. ▶3〜にする triplico.
灰色 color cinereus [cineraceus]. ▶〜の cinereus, cineraceus.
廃棄 abolitio, dissolutio. ⇨ 廃止, 捨てる.
売却 venditio, venditum. ▶〜する vendo.
配給 distributio. ▶〜する distribuo. ⇨ 分配, 供給.
廃墟 ruinae (*pl*).
ハイキング excursio. ⇨ 遠足.
背景 (＝絵画で) 黒色の〜 niger color substratus. ▶舞台の〜 (＝書割) scaenae tabula.
背後 tergum. ▶〜に post tergum. ▶〜から a tergo.
廃止 abolitio, dissolutio, desuetudo. ▶〜する aboleo, tollo, dissolvo.
買収 (＝購入) emptio, comparatio; (＝賄賂で人の心を買うこと) corruptio. ▶〜する (＝購入する) mercor (*dep*), emo, comparo; (賄賂で) (pretio) corrumpo, pecuniā tempto. ▶〜された corruptus. ▶〜者 corruptor.
輩出 ▷今年は多くの詩人が〜した magnum proventum poetarum annus hic attulit.
売春 meretricius quaestus, meretricia vita, meretricium. ▶〜婦 meretrix, scortum, lupa. ▶〜宿 lustra (*pl*), lupanar, ganea, fornix, stabulum.
賠償 (＝償い) restitutio, compensatio, pensatio. ▶(損害を)〜する compenso, penso, (damnum) dissolvo [resarcio], (jacturam) restituo.
排斥 exclusio, anathema. ▶〜する excludo, anathematizo. ⇨ 破門, 追放.
排泄物 fimus, fimum, stercus, retrimentum, merda. ⇨ 尿, 糞.
配達 traditio. ▶〜する trado. ▶(手紙の)〜人 tabellarius.
排他的 ▶〜な exclusus, exclusivus.
配置 dispositio. ▶〜する dispono, como.
配当 lucri portio.
梅毒 syphilis, lues.
パイプ (喫煙用の) infundibulum nicotianum,

fumisugium; (=管) fistula, tubus, canalis.
パイプオルガン organum.
敗北 clades, detrimentum, incommodum. ▶~する devincor (*pass*), incommodum [cladem] accipio.
俳優 actor, scaenicus, histrio.
バイリンガル ▶~の par in utriusque orationis facultate.
入る intro, introeo, ineo, ingredior (*dep*), penetro.
パイロット aeronauta, viator [nauta] aerius, aeronavis gubernator [rector], pilota.
這う repo, serpo.
生える (植物等が) nascor (*dep*), enascor (*dep*), cresco, prodeo.
墓 sepulcrum. ▶~石 sepulcri lapis. ▶~穴 scrobis. ⇨ 墓地, 墓標, 墓碑.
馬鹿 (=愚かな人) stultus (*m*), stupidus (*m*), fatuus (*m*). ▶~である desipio.
破壊 eversio, destructio, demolitio. ▶~する everto, destruo, demolior (*dep*), vasto, diruo, rumpo. ⇨ 破滅.
葉書 ▶(郵便)~ chartula cursoria [cursualis]. ▶絵~ chartula variata.
ばかげた (=理性に反した, 意味のない) absurdus, ineptus, stultus, insulsus.
博士 doctor (renuntiatus), doctoris gradu ornatus. ▶~号を授ける doctorem facio [renuntio], doctoris gradu 〈alci〉 tribuo, doctoris dignitatem 〈alci〉 defero, doctoris titulo honoro.
はかどる procedo, progredior (*dep*).
秤 (=天秤) libra, trutina, statera. ▶~にかける examino.
ばかり (たった今…した) modo; (=…だけ) solum.
計る metior (*dep*), dimetior (*dep*), libro.
パキスタン Pakistania. ▶~(人)の Pakistanianus. ▶~人 Pakistaniani (*pl*).
履物 calceamentum. ⇨ 靴, サンダル.
掃く verro.
吐く vomo, evomo; (唾を) spuo, exspuo; (息を) aspiro.
履く (靴を) (calceamenta) induo; (サンダルを) pedes (soleis) induo. ▶靴を履かせる calceo.
迫害 vexatio, insectatio, persecutio. ▶~する vexo, insector (*dep*), persequor (*dep*). ▶キリスト教徒に対する~ populi Christiani [Christianorum] vexatio. ▷キリスト教徒を~する in Christianos saevio, Christianos persequor.
歯茎 gingiva.
爆撃 crebri tormentorum bellicorum ictus (*pl*), pyrobolorum conjectio [jactatio, jactus, dejectio]. ▶~する pyrobolis quatio [everto, verbero].
拍手 (=拍手喝采) plausus, sophos. ▶~する plaudo. ▶~する人 plausor.
白状 confessio. ▶~する confiteor (*dep*), fateor (*dep*). ⇨ 告白.
白人 (=金髪の男, 金髪の女) vir flavus (*m*), mulier flava (*f*). ▶~の (=金髪の) flavus.
漠然 ▶~とした vagus. ▶~と (=ぼんやりと) obscure. ⇨ あいまい.
莫大 immensitas, immensum. ▶~な immensus. ⇨ 無限.
爆弾 pyrobolus, pyrobolum, missile ignivomum. ⇨ 原子.
バクテリア bacterium, microbacterium. ⇨ 細菌.
爆発 eruptio. ▶~する erumpo, displodo, displodor (*pass*). ▶~性の dirumpendi vim habens, displosivus, explosivus. ▶~物 (=爆薬) materia displosiva [explosiva].
博物館 museum.
暴露 patefactio, revelatio. ▶~する (=漏らす) patefacio, palam facio, revelo; (=漏れる) propalam fio.
はげ (=はげ頭) calvitium. ▶~の calvus, capillo nudus. ▶はげている calveo. ▶はげる calvesco.
激しい vehemens, violens, violentus, acer, concitatus, fervidus. ▶激しさ vehementia, violentia. ▶激しく vehementer, violenter, acriter, acerbe.
バケツ situla.
励ます hortor (*dep*), adhortor (*dep*), cohortor (*dep*), adjuvo, refoveo. ⇨ 激励.
励む contendo, enitor (*dep*), operor (*dep*), laboro, studeo. ▶~こと contentio. ⇨ 努力.
派遣 missio, missus. ▶~する mitto, dimitto, missito.
箱 capsa, arca. ▶小さな~ capsella, capsula, arcula.
運ぶ fero, porto, gero; (担いで) bajulo; (ある場所から別の場所へ) transporto, transfero, transmoveo. ▶運んでくる apporto, aggero. ▶運び出す effero, egero.
はさみ forfex, forficula.
はさむ vellico.
破産 decoctio, eversio [ruinae] rei familiaris, naufragium fortunarum. ▶~する decoquo, conturbo. ▶~した solvendo non sum.
箸 bacilla [virgulae] edendi (*pl*).
橋 pons. ▶小さな~ ponticulus. ▷(川に)~をかける facio pontem (in flumine). *cf.* つり橋 pons pensilis.
端 extrema pars, extremum, extremitas. ▶~の extremus, ultimus.
恥 (=恥辱, 不名誉) dedecus, flagitium, probrum, labes, macula, ignominia, infamia; (=廉恥心, 羞恥心) pudor, verecundia. ▶~を知る (=慎み深い) pudicus. ⇨ 不名誉.
梯子 scalae (*pl*).
恥知らず ▶~な impudens. ▶~である non erubesco. ⇨ 厚かましい.
始まり ⇨ 始め.
始まる incipio, orior (*dep*), initium capio.
始め (=始まり) initium, principium, exordium, origo, inceptum.
始める coepi (*pf*), committo, incipio, occipio, ordior (*dep*), ingredior (*dep*), incoho; (…から) initium capio 〈a [ex] re〉.
場所 locus.

柱　pila. cf. 円柱 columna.
走る　curro. ▶~人 cursor. ▶~こと cursus. ▶あちこち走り回る cursito, curso. ▶走って cursim.
恥じる　pudeo; (…することを) erubesco ⟨+inf⟩; (…が)(…を)⟨alqm alcis rei⟩ pudet (impers). ▷彼らは自分たちの不名誉を恥じていない eos infamiae suae non pudet.
バス　(autocinetum) laophorum.
恥ずかしい　[形] (=恥ずべき) turpis, deformis, pudendus, erubescendus. ── [動] (人にとってある物事が)⟨alqm alcis rei; +inf⟩ pudet (impers). ▷言うのも~こと quod pudet dicere. ⇨ 恥じる.
恥ずかしがり　▶~の pudibundus.
はずす　(=取り除く) subtraho, demo, tollo, aufero; (=解く) solvo, dissolvo, resolvo; (=離す, 分ける) disjungo, sejungo, separo, amoveo, abduco.
パスタ　pasta, farina ex aqua subacta. ⇨ スパゲッティー.
パスポート　diploma, syngraphus.
パソコン　personale instrumentum computatorium.
旗　mappa, signum; (=軍旗) vexillum, signum.
肌　(=皮膚) cutis.
バター　butyrum.
裸　▶~の nudus, nudatus, denudatus. ▶~にする nudo, denudo. ▶~である nullas vestes habeo. cf. 半裸の seminudus.
畑　(=耕地) ager, seges, arvum. ▶~の agrestis.
裸足　▶~で nudis pedibus, nudo pede.
果たす　praesto, perago, fungor (dep), perficio. ⇨ 義務.
働き　(=労働) labor; (=運動, 活動) actio, motus, opus.
働く　laboro, opus suum facere (← facio).
蜂　▶蜜~ apis. ▶雀~ vespa.
蜂蜜　mel, mella. ▶~色 melleus color. ▶~の melleus. ▶~のように甘い mellitus.
爬虫類　▶~(の動物) (animal) reptile.
罰　poena, supplicium, animadversio. ⇨ 罰する.
発育　auctus, incrementum. ▶~する cresco, adolesco. ▷身体の~ corporis auctus. ⇨ 成長.
発音　pronuntiatio, appellatio, sonus.
はっきり　clare, distincte, expresse.
バック　(=逆行, 後退) retrogressus, retrocessus. ▶~する retrogradior (dep), retrocedo.
バッグ　saccus. ⇨ 鞄.
発掘　fossio, fossura, suffossio. ▶~する fodio, rimor (dep), suffodio. ▶~された fossilis.
発見　inventio, inventus, inventum. ▶~者 inventor (m), inventrix (f). ▶~する invenio, reperio.
発言　ditio, dictum, sermo. ▶~する dico.
発行　editio. ▶~する edo; (=刊行する) publico.
発酵　fervor. ▶~させる fermento. ▶~する ferveo, effervesco, fermentesco. ⇨ 酵母.
伐採　lignatio, ligni [silvae] caesura. ▶(樹木を)~する (silvas) caedo. ▶~する人 lignator. ⇨ きこり.

発射　missus, jactus. ▶~する mitto, jacio, eicio. ▶~される [形] missilis.
発車　(=列車や車の出発) abitus, profectio.
抜粋　excerptio, excerptum, exscripta (pl). ▶~する excerpo.
罰する　punio, punior (dep), mulco, castigo, animadverto. ⇨ 罰.
発生　▶~する fio, evenio, exsisto. ⇨ できごと.
発送　missio, missus. ▶~する mitto.
発達　(=増大, 成長) auctus, incrementum, progressus. ▶~させる augeo. ▶~する incresco, progredior (dep).
発展　expansio, progressio, progressus. ▶~させる expando. ▶~する progredior (dep). ⇨ 発達.
発電所　ergasterium, electrificina.
発表　denuntiatio, nuntiatio, divulgatio. ▶~する denuntio, nuntio, divulgo. ⇨ 布告.
発明　excogitatio, inventio, commentum, repertum, inventum. ▶~する excogito, invenio, reperio. ▶~者 inventor (m), inventrix (f).
発話　vox. ▶~する vocem mitto.
派手　▶~な conspicuus. ▶~な色 color conspicuus [floridus]. ⇨ 目立つ.
鳩　columba; (雄の) columbus (m).
罵倒　maledictum, convicium, verborum contumelia, probrum. ▶~する maledico.
花　flos. ▶小さい~ flosculus. ▶~の floreus. ▶~の咲いている, ~盛りの florens, floridus. ▶~が咲く, ~盛りである floreo.
鼻　nasus. ▶~の穴 naris. ▶~をかむ se emungere (← emungo).
話　sermo, fabula. ⇨ 会話, 話す, 物語.
話し合う　(=会話する, 論議する) colloquor (dep). ▶話し合い (=会話) colloquium, collocutio, sermo. ⇨ 会話, 議論.
話しかける　appello, alloquor (dep), affor (dep).
放す　(手から物を) (alqd manibus) emitto; (=解放する) remitto.
離す　separo, sejungo, discludo, disjungo, semoveo.
話す　loquor (dep), narro. ▶~こと narratio. ▷ラテン語を~ Latine loquor.
鼻血　profluvium e naribus.
花火　spectaculum pyrotechnicum.
パナマ　Panama. ▶~(人)の Panamensis. ▶~人 Panamenses (pl).
華やか　(=華美) magnificentia. ▶~な splendidus, magnificus. ▶~に splendide, magnifice.
花嫁　nova nupta.
離れている　disto, absum. ▷(それは)ローマから30キロ~ a Roma triginta chiliometra distat.
離れる　relinquo, discedo, recedo, abeo. ▷公職から~する a negotiis publicis removere (← removeo). ⇨ 離す.
パニック　pavor lymphaticus, terror repentinus [vanus]. ⇨ 恐怖.
羽根　penna; (=羽毛) pluma. ▶~でおおわれた plumeus. ⇨ 翼.
ばね　laminarum milium fluctuatio.

はねる　salio. ▶～こと saltus, saltatio.
母　mater, genetrix. ▶～(方)の maternus.　cf. 乳母 nutrix. 継母 noverca. ⇨ 父, 両親.
幅　latitudo. ▶～のある (=広い) latus. ⇨ 長い.
バハマ　Insulae Bahamenses. ▶～(人)の Bahamensis. ▶～人 Bahamenses (pl).
パプアニューギニア　Papua Nova Guinea. ▶～(人)の Papuanus Novoguineanus. ▶～人 Papuani Novoguineani (pl).
バブル　bulla, bululla. ⇨ 泡.
破片　fragmentum; (木や石の) assula, caementum.
はまる　(ぴったり) convenio; (泥沼に) (in caenum) demergor (pass), (in luto) haereo.
ハム　perna.
破滅　ruina, pernicies, interitus. ▶～させる perdo. ▶～する (=滅びる) ruo, se ipsum perdere (←perdo), in perniciem incurro, intereo. ▶～した ruinosus, perditus. ▶～的な perniciosus. ▶～的に perniciose.
場面　actus.
破門　excommunicatio, anathema. ▶～する excommunico, anathematizo. ⇨ 排斥.
早い　(時期が) maturus. ▶早く mature, celeriter; (…より) maturius quam …, prius quam …. ▶思ったより早く spe celerius. ▶できるだけ早く quam primum fieri potest, primo quoque tempore.
速い　(速度が) (=急速な, 急いでいる) celer, rapidus, citatus, velox, concitatus. ▶速さ, ～こと celeritas, rapiditas, velocitas, pernicitas. ▶速く (=急いで) rapide, velociter, celeriter, raptim, cito, concitate.
早起き　▶～の matutinus. ▶～する mane [cum ipso die] surgo.
林　silva, nemus. ▶～におおわれた silvestris. ⇨ 森.
流行る　(衣装や思想が) in morem venio. ▶流行っている vigeo. ⇨ 流行.
腹　venter. ▶～を立てる irascor (dep). ▶～を立てた iratus, iracundus. cf. 下腹 alvus, abdomen.
バラ　rosa. ▶～の roseus.
払う　(=支払う) solvo, dissolvo. ▷(…に) 努力を～ ⟨in alqd⟩ operam impendo.
パラグアイ　Paraguaia. ▶～(人)の Paraguaianus. ▶～人 Paraguaiani (pl).
パラシュート　umbella descensoria.
バランス　⇨ 均衡.
針　acus; (時計の) index; (日時計の) gnomon; (秤の) examen.
バリケード　saepimentum tumultuarium [subitarium], intersaeptum, obex subitarius.
春　ver. ▶～の(ような) vernus. ▶～に vere. ⇨ 季節.
張る　tendo, intendo, expando. ▶(ぴんと) 張った intentus.
貼る　glutino. ▶貼り付ける agglutino. ▶貼り合わせる conglutino.
はるか　▶～に multo, multum.
バルコニー　maeniana (pl), pergula.

晴れ　(=晴天) bona tempestas, (caeli) serenitas, sudum, tempestas secunda [serena]. ⇨ 曇る, 雨, 天気.
バレエ　saltatoria fabula.
パレード　▶(軍事)～ decursus, decursio.
バレーボール　ludus pilae volaticae.
ばれる　nudor (pass), proferor (pass), patefio. ⇨ 暴露.
バレンタインデー　dies sancti Valentini.
判　(=印判) nota, signum. ▶(…に) ～を捺す ⟨alci rei⟩ signum imprimo.
半　dimidium, dimidia pars. ▶2 時～ secunda hora et dimidia. ⇨ 半分.
晩　vesper, vespera. ▶昨日の～に heri vesperi. ▶～の vespertinus. ⇨ 夕方.
番　(=順番) locus, ordo; (=見張り) custodia. ▶～をする (=見張る) custodio, advigilo. ▶1～ (=第 1 位) primus locus. ▶何々目の quotus. ▷(順番を待っている人に向かって) あなたの～ですよ ordo te vocat. ▷今度はきみが話す～だ nunc tibi loquendum est.
パン　panis. ▶～の皮 panis crusta.
範囲　spatium. ▶広～ laxitas. ▶広～の spatiosus.
繁栄　prosperitas, prospera fortuna. ▶～する prosperor (dep), floreo, fortunam florentem habeo.
版画　▶銅～ chalcographica imago, imago chalcographice depicta. ▶石～ lithographia, imago lithographica.
ハンガー　fulcimen vestiarium.
ハンカチ　sudarium, sudariolum. ⇨ タオル, ナプキン.
ハンガリー　Hungaria. ▶～(人)の Hungaricus. ▶～人 Hungari (pl).
反感　odium, aversatio, fastidium, repugnantia; (=不和) discordia. ▶～を示す aversor (dep). ▶～を覚える fastidio. ▶～を抱いて repugnanter. ⇨ 嫌悪, 嫌う.
反逆　seditio. ▶～的な seditiosus. ⇨ 反抗.
反響　resonantia, resonatio. ▶～する 動 resono. 形 resonabilis, resonus. ⇨ こだま.
番組　▶テレビ～ spectaculum televisificum. ▶テレビ～一覧 spectaculorum televisificorum index.
バングラデシュ　Bangladesa. ▶～(人)の Bangladesanus. ▶～人 Bangladesani (pl).
反撃　▶～する in vicem oppugno [aggredior (dep)].
判決　judicium, judicatum, judicatio, arbitrium, sententia. ▶～を下す judico. ▶有罪の～を下す condemno, damno. ▷死刑～を下される damnor (pass) capitis [capite].
犯行　scelus, facinus. ▶～の動機 causa facinoris. ⇨ 犯罪.
反抗　seditio, defectio, repugnantia. ▶～する deficio, repugno, resisto, rebello. ▶～して adversus. ⇨ 抵抗, 反乱.
番号　numerus.
犯罪　scelus, facinus. ▶～を犯した sceleratus,

ばんざい — ひく

facinorosus. ⇨ 罪.
万歳 ▷女王様～ vivat regina!
晩餐 cena. ▶～をする ceno.
判事 judex.
反射 repercussus, repercussio, reflexio. ▶～する repercutio, reflecto, replico.
繁盛 prosperitas. ⇨ 繁栄.
反する adversus, contrarius. ▶反して adversus, contra. ▶(…に)反して praeter ⟨+acc⟩, contra ⟨+acc⟩. ▷自然に反して contra naturam. ⇨ 反対, 違反.
反省 (=省察, 熟考) meditatio, cogitatio, cogitatum, contemplatio; (=後悔) paenitentia. ▶～する (=省察・熟考する) meditor (dep), cogito, contemplor (dep); (=後悔する) paenitet (impers).
反則 (=違反) violatio; (=不正) pravitas. ▶～を犯す violo. ⇨ 違反, 不正.
反対 contrarium, adversum; (=異議を唱えること) recusatio. ▶～の contrarius, adversus, deversus. ▶～する adversor (dep), resisto, repugno, recuso, dissuadeo. ▶～に contrarie, contra. ▶～して repugnanter. ▷彼はおまえが判決を下すのに～しない non recusat quin judices. ⇨ 反論.
飯台 escaria mensa.
判断 judicium, existimatio. ▶～する judico, dijudico, existimo, existimo, aestimo, sententio, arbitror (dep). ⇨ 決める.
パンツ subligar.
パンティー parvum subligaculum.
バンド¹ (=楽隊) parvus symphoniacorum grex, symphoniacum agmen, symphoniaci (pl). ▶ブラス～ aeneatores (pl).
バンド² (=帯, ベルト) cinctus, cinctura, zona, cingulum. ▶ヘア～ (=はち巻) taenia, taeniola, vitta.
半島 paeninsula.
半年 annus dimidiatus; (=6 か月間) semestre (spatium). ▶～の semiannus, semestris.
ハンドバッグ mantica.
ハンドル axis moderaminis, gubernaculum.
犯人 (homo) sceleratus [nefarius, scelestus]. cf. 殺人犯 homicida. ⇨ 犯罪.
反応 vis contraria; (=応答, 返事) responsio, responsum.
販売 venditum, venditio. ▶～する vendo, vendito. ▶～者 venditor.
パンフレット parvum praeconium, libellus, schedula.
半分 dimidia pars, dimidium. ▶～の dimidiatus. ▷月は地球の～より大きい luna est major quam dimidia pars terrae. cf. 半年 dimidius annus. 半月 mensis dimidiatus, semestrium. 半日 semidies. 半時間 semihora. 半時間で horae dimidio.
反面 (=それに対して, 他方では) autem, contra, rursus.
反乱 rebellio, rebellium, seditio. ▶～の rebellis. ▶～を起こす rebello, seditionem [tumultum] moveo. ▶～を起こさせる ad seditionem incito.

氾濫 abundatio, inundatio, diluvies, diluvium. ▶～する abundo, inundo.
反論 (=反駁) refutatio, contradictio. ▶～する (=反駁する) refello, refuto, redarguo; (人に) contra alqm dico. ▶～できる refutabilis.

ひ

火 ignis. ▶～の igneus. ▶～がつく (=火事になる) ignem capio. ▶(…に) ～をつける ⟨+dat⟩ ignem infero, accendo. ⇨ 炎.
日 (=24時間, 一日) dies; (=日付) dies; (=太陽) sol; (=日光) lux. ▶～の出 solis ortus, oriens sol. ▶～の出(=夜明け)に prima luce. ▶～の出とともに orto sole. ▶～の入り solis occasus, occidens sol. ▶～に～に in dies singlos, in dies privos. ⇨ 日(ぴ).
美 pulchritudo, venustas; (=容姿の美しさ) forma, species. ⇨ 美しい.
ビール cervesia, cerevisia, zythum.
火打石 silex.
冷える refrigeror (pass), refrigesco, frigesco, deferveo. ⇨ 冷やす.
控えめ (=節度) modestia, temperantia, verecundia. ▶～な (=節度ある, 慎みある) modestus, moderatus, temperatus, pudens, verecundus, modicus, tenuis. ▶～に modeste, modice, temperate, verecunde, pudenter.
比較 comparatio, contentio, collatio, compositio. ▶～する comparo, contendo, confero, compono, aequo, adaequo. ▶～的(に), ～によって comparate, per comparationem, ex comparatione.
東 oriens, solis ortus. ▶～の orientalis. ⇨ 西.
光 lux, lumen. ⇨ 輝き, 光線, 明かり.
光る luceo, fulgeo, splendeo. ▶光り始める lucesco, illucesco.
悲観 ▶(すべてを)～する (omnia) in pejorem partem capio.
率いる (=引率する) duco, deduco. ⇨ 指揮.
引き受ける suscipio, recipio, sumo, assumo, subeo, conscisco.
ひき起こす facio, efficio, conficio, affero, evoco, excito, concito, moveo.
引き返す (=後戻りする) iter retro verto, recedo, regredior (dep). ⇨ 退却.
引き裂く lanio, discindo, dilanio, dilacero. ▶～こと laceratio, laniatus.
引きずる traho. ▶引きずり回す tracto. ▶～こと tractus.
引きつける induco, traho.
引き抜く vello, convello, subtraho. ⇨ 抜く.
引き伸ばす extendo, produco, profero. ⇨ 拡大.
引き離す subtraho. ⇨ 離す.
卑怯 ignavia. ▶～な, ～にも ignave, illucesco.
引き渡す trado, profero, dedo. ▶～こと traditio, deditio.
引く traho; (注意や関心を) converto; (=引き算す

弾く (楽器を)<+abl> cano; (曲を)<+acc> cano.
挽く molo.
低い humilis, parvus, demissus, depressus; (=下の) inferus. ▶より～ inferior. ▶最も～ infimus. ▶～こと humilitas. ▷～声で話す demissa voce loquor.
ピクニック cena subdivalis.
日暮れ (=たそがれ時) crepusculum.
髭 (あごと頬の) barba; (唇の上の) barba [capilli] labri superioris. ▶～は哲学者をつくらない barba non facit philosophum.
悲劇 tragoedia. ▶～作家, ～詩人 tragicus. ▶～俳優 tragoedus. ▶～の tragicus.
比肩 ▶～する 動 aequo. 形 aequabilis.
飛行 volatus, volatio. ▶～する volo, volatum facio. ⇨ 飛ぶ.
飛行機 aeronavis, aerovehiculum, aeroplanum. *cf.* 戦闘機 aeroplanum militarium. 輸送機 aeroplanum onerarium.
飛行場 statio aeronautica, aeroportus.
被告 (人) reus (*m*), rea (*f*). ⇨ 告発.
ひざ genu.
ピザ scriblita, placenta compressa.
久しぶり ▶～に tanto intervallo.
悲惨 miseria. ▶～な miser, miserabilis.
肘 cubitum, cubitus.
ビジネス negotium, quaestus.
美術 ⇨ 芸術.
秘書 scriba, librarius, scriptor.
微笑 ▶～する subrideo. ⇨ ほほえむ.
非常口 exitus saluti prospiciendae.
非常に multum, maxime, valde, longe, perquam, admodum, magnopere (一般に形容詞と副詞の最上級を用いる).
美食 gula. ▶～家 homo palati peritissimus, subtilis gula, palatum doctum et eruditum. ▷ 私は～家だ ingenua est mihi gula.
美人 (未婚の) virgo formosa; (既婚の) mulier pulchritudine eximia. ▷～コンテスト certamen pulchritudinis.
ビスケット panis dulcis, libum, crustum.
ヒステリー hysterismus. ▶～の hystericus.
ピストル manuballista (ignivoma), manuballistula, pistolium.
微生物 microbium. ▶～学 microbiologia, de microbiis donctrina, de microbiorum vita scientia. ▶～学の microbiologicus, ad microbiologiam attinens.
密かに occulte, arcano. ⇨ こっそり.
ひだ ruga. ▶～のある rugosus.
額 frons.
浸す demergo, mergo, tingo, intingo.
ビタミン vitaminum. ▷～不足 vitaminis penuria.
左 sinistra pars, sinistrum latus. ▶～手 sinistra [laeva] manus. ▶～の sinister, laevus. ▶～に (a) laeva, ad sinistram, (a) sinistra.
引っ掻く rado, scalpo, scabo. ▷爪で～ unguibus scalpo. ⇨ 掻く.
ひつぎ capulus, arca; (=石棺) sarcophagus.
びっくり ▶～する stupeo, stupesco, obstupesco, obstupefio. ▶～させる stupefacio, obstupefacio. ⇨ 驚く.
ひっくり返す inverto, everto, converto, perverto. ▶逆さま, 逆.
日付 dies. ▷手紙の～ dies ascripta litteris. ▷手紙に～を付ける ascribo diem in epistula.
引っ越し emigratio. ▶引っ越す (ex) domo emigro, ex domo in domum migro.
引っ込める retracto, retraho, reduco.
羊 (雌の) ovis; (雄の) aries; (虚勢した) vervex; (=小羊) agnus (*m*), agna (*f*).
羊飼い pastor, upilio, opilio. ▶～の pastoralis.
必修 ▶～の requisitus.
必然 ▶～(性) necessitas. ▶～の necessarius. ▶～的である necesse est. ▶～的に necessarie, necessario.
ヒッチハイカー autocineti transeuntis retentor (*m*).
匹敵 ▶～する 動 aequo, adaequo, respondeo, assequor (*dep*). 形 aequabilis.
ヒット ictus, plaga.
引っ張る traho, duco. ▶～こと tractus.
必要 necessitas, necessitudo, usus. ▶(…が)～だ necesse [necessarium] est, opus est <+*gen*; +*abl*; +*acc c. inf*>. ▶～な necessarius. ▶～とする egeo. ▷もし～が生じたならば si usus veniat. ▷どれだけ～ですか quanto egeo? ▷(…には) 時間が～だ temporis opus est <ad+*acc*>.
否定 negatio, infitiatio. ▶～の (=否定的な) negativus, infitialis. ▶～する nego, infitior (*dep*), infitias eo, abnuo. ▶(断固) negito.
ビデオ ▶～デッキ instrumentum telehoramatis exceptorium, televisificum exceptaculum. ▶～カメラ instrumentum magnetoscopium. ▶～テープ taenia visifica.
人 (=人間) homo; (=男性の) vir; (=女性の) femina, mulier. ⇨ 人間.
ひどい (=恐ろしい, 耐え難い) acerbus, atrox, durus, immanis, gravis, intolerandus, intolerabilis. ▶ひどく atrociter, acriter, dure. ⇨ 残酷, 大変, もの凄い.
美徳 virtus. ⇨ 悪徳.
一口 (食物の) buccea, buccella. ▷～のパン panis bucca.
一言 ▶～で uno verbo.
人込み celebritas, turba, frequencia, multitudo.
人さし指 index (digitus). ⇨ 指.
等しい aequus, aequalis, aequabilis, par. ▶等しく aeque, aequaliter, pariter. ▶等しさ aequitas, aequalitas. ▶等しくする aequo.
人質 obses. ▶～であること obsidium. ▷(何百人もの観客を)～に取る (multa centena spectatorum) obsides capio.
一つ ▶～の unus. ▶～であること (=単一性) unitas.

人手　manus, opus, opera.
ヒトデ　stella.
瞳　pupula, pupilla, acies.
一人・独り　▶～の solus. ▶～息子 filius unicus. ▶～ずつ singulis capitibus. ▷～で散歩する solus ambulo.
避難　refugium. ▶～する confugio, perfugio, refugio, suffugio. ▶～所 perfugium, confugium, refugium, suffugium, tectum, asylum. ⇨ 避ける.
非難　objectio, objectatio, exprobratio, reprehensio, culpatio, vituperatio, accusatio. ▶～する obicio, objecto, exprobro, reprehendo, culpo, vitupero, accuso.
ビニール　⇨ プラスチック.
皮肉　sal; (辛辣な) acerba cavillatio, acrimonia; (ソクラテス的な) ironia, dissimulantia.
避妊　conceptus impeditio. ▶～法 methodi contra conceptionem (pl), atocia. ▶～薬 atocium.
火花　scintilla. ▶～を散らす scintillo.
響く　[動] resono. ――[形] resonans. ▶響き resonantia.
批評　critica, criticismus. ▶～家 criticus.
皮膚　cutis.
誹謗　convicium. ▶～者 conviciator. ▶～する conviciror (dep). ⇨ ののしる, ざん訴.
暇　otium. ▶～な otiosus, vacuus. ▶～がある vaco. ▷手紙を書く～ otium ad scribendum.
ひ孫　(=曾孫) pronepos (m), proneptis (f).
肥満　▶～した pinguis. ▷ 太る.
秘密　secretum, arcanum, occultum, occultatio. ▶～の secretus, arcanus, abditus, tectus, occultus. ▶～にする abdo, occulo, occulto. ▶～に secreto, occulte, arcano. ⇨ 隠す.
微妙　subtilitas. ▶～な subtilis. ▶～に subtiliter.
ひも　funiculus, resticula, taenia.　cf. 革ひも lorum.
飛躍　saltus. ▶～する salio.
百　centum.
媚薬　amatorium (medicamentum), philtrum.
冷やす　refrigero. ▶～こと refrigeratio.
百科学　encyclios (doctrinarum omnium) disciplina, universae doctrinae orbis, disciplinarum omnium summa [complexio, descriptio].
百科事典　encyclopaedia, omnium doctrinarum thesaurus.
百貨店　⇨ デパート, マーケット.
比喩　translatio. ▶～的な translativus. ▶～的に translative. ▶～的な表現 verba quae transferuntur.
費用　impensa, sumptus, impendium, dispendium. ▶～のかかる sumptuosus, impendiosus. ⇨ 高価.
票　⇨ 投票.
表　album, tabula, index.
美容　(=化粧) faciei medicamen, vultum fucandi ars. ▶～の (=化粧の) cosmeticus, ad artem vultus fucandi pertinens. ⇨ 化粧.

秒　(temporis) punctum. ▷12 時まであと何分ですか？――あと 30～です quot minutis nunc abest horā duodecimā? ― triginta punctis.
病院　valetudinarium, nosocomium.
評価　aestimatio, taxatio, taxa. ▶～の taxatorius. ▶～する人 taxator. ▶～する aestimo, taxo, metior (dep); (高く) diligo.
氷河　glaciata moles.
病気　morbus, aegritudo; (=不健康) valetudo. ▶～の aeger, aegrotus. ▶～になる aegresco, morbo afficior (pass). ▶～である aegroto.
表現　expressio, repraesentatio. ▶～する exprimo, repraesento.
氷山　natans mons glacialis [glaciata].
拍子　modus, modulus, modulatio, numerus. ▶～に合わせる modulor (dep). ▶～に合わせて modulate. ▶～を取って numerose.
美容師　mundi muliebris perita (f), cosmetes. ⇨ 美容, 化粧.
標識　indicium, signum. ▶交通～ indicia [signa] viaria (pl).
描写　descriptio. ▶～する describo, exprimo, deformo.
標準　norma, regula.
標準時　hora legitima [lege statuta] (⇔地方時 hora loci propria).
表情　vultus, os, frons, vultūs [oris] species, vultūs habitus.
平等　aequalitas. ▶～な aequalis, aequus.
病人　aeger (m), aegrotus (m).
評判　fama, rumor.
表面　superficies.
肥沃　(=豊饒) fertilitas, fecunditas, ubertas. ▶～な fertilis, fecundus, ferax, uber.
ひ弱　infirmitas, imbecillitas. ▶～な infirmus, imbecillus, invalidus.
開く　(花が) (flos) se aperit (← aperio), (flos) dehiscit (← dehisco); (閉じていたものを) aperio; (口を) hio; (会議を) (conventum) celebro.
平手　palma. ▷(人の) 顔を～で打つ 〈alcis〉 os palmā pulso.
ピラミッド　pyramis. ▶～状の pyramidalis.
ひらめく　(=きらめく) fulgeo, fulguro. ▶ひらめき fulgor, fulgur. ⇨ 稲妻, またたく.
ビリヤード　eburnearum pilarum ludus.
肥料　laetamen.　cf. 肥料によって肥やす laetifico.
昼　(=正午) meridies; (=日の出から日没まで) dies. ▶～の (=昼間の, 日中の) diurnus. ▶～に (=昼間に, 日中に) diu. ▶～も夜も die noctemque, dies noctesque, nocte et die.　cf. 真昼間に multo die. ⇨ 正午, 午後, 午前, 夜.
ビルマ　⇨ ミャンマー.
比例　proportio, proportionalitas. ▶～した proportionalis, proportinatus. ▶～して proportionaliter.
ひれ伏す　(足下に) (ad pedes) procumbo.
広い　(幅が) latus; (=広大な) amplus, spatiosus, magnus, laxus. ▶広さ latitudo; (=広大さ) magnitudo, amplitudo, laxitas. ▶広く late, laxe, spa-

ひろう ― ふきん　　　　　　　　　　　　　　　　　　　　　　　　　　　　860

tiose, vulgo.
拾う　(＝拾い上げる) tollo, sublego;(＝拾い集める) colligo.
広がる　se extendere (← extendo), se pandere (← pando), extendor (*pass*), pandor (*pass*), mano. ▷ティベリス川とローマの城壁の間に~平野 campus interjacens Tiberi ac moenibus Romanis.
広げる　extendo, pando, dilato, explico, laxo, amplifico.
広場　campus, forum.
広まる　fundor (*pass*), disseminor (*pass*), dissipor (*pass*), increbresco, diffundor (*pass*)
卑猥　⇨ 猥褻.
品　(＝品位, 品格) dignitas.
瓶　lagena, ampulla. ▶小さな~ laguncula, ampullula.
便　(飛行機の) volatus. ▷ローマ・モスクワ~ volatus inter Romam et Moscuam intercedens (*pl*).
敏感　subtilitas. ▶~な subtilis. *cf.* 過敏な irritabilis.
貧血　anhaemia, sanguinis debilitas [defectio, infirmitas]. ▶~の anhaemiā [sanguinis debilitate] laborans, sanguine debilis.
貧困　paupertas, pauperies. ▶~な (＝貧しい) pauper.
品詞　orationis pars. *cf.* 名詞 nomen. 代名詞 pronomen. 形容詞 adjectivum (nomen), appositum. 動詞 verbum. 間投詞 interjectio. 副詞 adverbium. 前置詞 praepositio. 接続詞 conjunctio.
貧弱　tenuitas, exiguitas, paupertas, infirmitas. ▶~な tenuis, exiguus, pauper, infirmus. ▶~に exigue.
ピンセット　forceps, volsella.
便せん　charta epistularis.
びんた　⇨ 平手.
ヒント　⇨ 暗示.
頻繁　crebritas, frequentia. ▶~な creber. ▶~に crebro, saepe, frequenter. ▶非常に~に persaepe. ▶~になる crebresco. ⇨ しばしば, たびたび.
貧乏　▶~な pauper. ⇨ 貧しい.

ふ

部　(＝一部, 部分) pars;(＝体の部位) regio;(＝区分) sectio, divisio.
ファスナー　rapida verticularum occlusio.
ファックス　(装置) telecopiatrum. ▶~番号 numerus telecopialis.
ファッション　habitus novus, mos recentissimus, novus vestium mos. ▶~ショー habitu novo indutorum ostentatio.
不安　sollicitudo, perturbatio, sollicitatio, anxietas. ▶~な sollicitus, anxius, suspensus. ▶~にする sollicito, perturbo. ▶~の種 cura, scrupulus. ▶~な気持で suspenso animo.
ファン　fervidus adorator (*m*), admirator studiosissimus (*m*).

不安定　instabilitas. ▶~な instabilis, suspensus.
不意　▶~の improvisus, inopinans, inopinus, inopinatus. ▶~に (ex [de]) improviso, inopinanter, inopinate, inopinato. ⇨ 突然.
フィリピン　Philippinae (*pl*). ▶~(人)の Philippinus. ▶~人 Philippini (*pl*), Philippinenses (*pl*).
フィルター　liquatorium.
フィルム　(映画の) taeniola [pellicula] (cinematographica);(＝被膜) membranula, membranulum.
フィンランド　Finnia, Finnonia, Finlandia. ▶~(人)の Fennicus. ▶~人 Fenni (*pl*).
風　(＝風習, やり方) mos, modus, ritus.
風景　regionis forma. ▶美しい~ locorum amoenitas. ▶~画 topia (*pl*). ⇨ 景色.
封鎖　obstructio, obsidio, obsessio, obsidium. ▶~する obstruo, obsideo. ⇨ 閉鎖.
風俗　(＝風習, 習慣) mos, cultus, consuetudo.
ブータン　Butania. ▶~(人)の Butensis. ▶~人 Butaniani (*pl*).
風土　caelum.
夫婦　mariti (*pl*);(関係) conjugium.
ブーム　(＝にわか景気) improvisus flos oeconomicus, eruptio fortunarum, oeconomicarum rerum subita progressio, improvisa prosperitas.
プール　natatoria. ⇨ 池.
不運　fortuna mala [adversa]. ⇨ 不幸.
笛　tibia. ▶~吹き (人) tibicen (*m*), tibicina (*f*). ▶~を吹く tibiā cano, tibiam inflo.
増える　(数が) (numero) cresco, multiplicor (*pass*), augeo.
フォーク　fuscinula.
孵化　▶~する excludo, edo. ⇨ 孵る.
部下　subjectus (*m*). ▷~の者に対して非常に乱暴な独裁者 tyrannus violentissimus in suos.
不快　molestia, tristia. ▶~な ingratus, injucundus, insuavis, tristis, molestus. ▶~に思う piget (*impers*). ▶~にさせる displiceo. ⇨ 嫌(꒰).
深い　profundus, altus. ▶深さ altitudo. ▶深く alte, penitus. ▶~所, 深み profundum, altum.
不可解　▶~な qui intellegi non potest.
不可能　impossibilitas. ▶~な qui fieri non potest, qui effici non potest, impossibilis.
不完全　▶~な imperfectus, defectivus;(＝欠陥のある) vitiosus, mancus. ▶~に imperfecte.
不寛容　intolerantia. ▶~な intolerans.
武器　arma (*pl*), telum. ▶~を持った (＝武装した) armatus. ▶~をとる arma capio.
不機嫌　stomachus, bilis, dolor. ▶~な stomachosus, tristis.
不規則　inaequalitas. ▶~な enormis, inaequalis. ▶~に inaequaliter.
不吉　▶~な dirus, sinister.
普及　▶~する increbresco. ⇨ 広まる.
不器用　inscitia. ▶~な inscitus, insciens, incallidus. ▶~に incallide. ⇨ 器用.
付近　adjacentia loca (*pl*), vicinitas, vicinia, vi-

ふく ― ぶっか

服 cinum. ▶～の vicinus, qui circa est.
服 (＝衣服) vestis, vestimentum, vestitus. ▶～を着せる vestio. ⇨ 着る.
拭く (＝拭き取る) tergeo, extergeo, detergeo, absterge.
吹く flo, sufflo, spiro; (口笛を) sibilo. ▶吹きつける aspiro. ▷彼は合図のラッパを～よう命ずる signa canere jubet. ⇨ 笛.
複雑 ▶～な multiplex.
複写 (＝写し) descriptio, exemplum. ▶～する describo, exscribo.
復讐 (＝報復) ultio, vindicatio. ▶～する ulciscor, vindico. ▶～者 ultor, vindex.
服従 oboedientia, obtemperatio, obsequium. ▶～する oboedio, pareo, obtempero. ⇨ 従順.
複数 pluralis numerus, pluralitas, multitudo. ▶～の pluralis, multus. ⇨ 単数.
複製 imago imitativa, imago imaginem imitans. ⇨ コピー, 複写.
服装 habitus, cultus. ⇨ 服.
含む contineo, comprehendo, concludo, complector (dep), habeo, cohibeo, capio. ▶含みうる capax.
ふくらはぎ sura.
膨らむ tumesco, intumesco, turgesco. ▶膨らんでいる tumeo. ▶膨らませる tumefacio. ▶膨らんだもの tumor. ⇨ 膨張.
袋 saccus. ▶小さな～ sacculus.
不潔 immundia, immundies, squalor. ▶～な immundus, sordidus, squalidus, illotus. ▶～なもの sordes. ▶～である sordeo.
耽る (＝没頭する, 溺れる) (…に) ⟨in alqd⟩ se mergere (← mergo). ▷快楽に～ (＝溺れる) se totum voluptatibus tradere (← trado) / in voluptates procumbo. ▷学問に～ (＝没頭する) se studiis immergere (← immergo).
老ける senesco, inveterasco, senex fio.
不幸 infelicitas, miseria, malum, adversum, fortuna (mala [adversa]). ▶～なできごと (＝災禍) malum, calamitas, clades, incommodum, casus. ▶～な infelix, parum felix, miser, adversus, calamitosus, incommodus. ▶～にして infeliciter.
不公平 iniquitas, inaequalitas, incommoditas. ▶～な iniquus, inaequalis. ▶～に inique, inaequaliter. ⇨ 公平.
布告 edictum, pronuntiatio. ▶～する edico, pronuntio.
負債 (＝借金, 債務) creditum, aes alienum, debita pecunia, debitum. ▶(…に) ～がある ⟨alci⟩ pecuniam debeo.
不在 absentia. ▶～の absens. ▶～である absum.
ふさぐ obturo.
ふざける jocor (dep), ludo. ▶～のが好きな jocosus.
ふさわしい [形] dignus, decens. — [動] decet (impers). ▶ふさわしくない indignus.
節 (植物の) nodus.
不治 ▶～の (＝治療できない) insanabilis.
不思議 ▶～(なこと) miraculum. ▶～な mirabilis, mirus, mirandus. ▶(どうして…なのかと) ～に思う miror ⟨cur＋subj⟩. ▶～だ mirum est. ▶～に思われる mirum videtur. ⇨ 驚く.
不自由 (身体が) ～な debilis, infirmus, invalidus. ⇨ 自由.
部署 statio, locus. ▶～につかせる statuo, pono.
負傷 vulnus. ▶～する se vulnerare (← vulnero), vulneror (pass), saucior (pass). ▶～させる vulnero. ▶～させること vulneratio. ▶～した vulneratus, saucius.
無精 ▶非常に筆～な ad scribendas litteras pigerrimus. ⇨ 怠惰.
不承不承 pigre.
侮辱 contumelia, insultatio, offensa, opprobrium, probrum. ▶～する insulto, dehonesto, contumeliā afficio. ▶～を受ける contumeliam accipio. ▶～的な contumeliosus, probrosus. ▶～的に contumeliose.
夫人 uxor, conjux.
不正 injuria, falsum, pravitas, iniquitas. ▶～な injustus, injurius, injuriosus, iniquus, falsus. ▶～に injuste, injuriose, injuriā, falso, inique, per injuriam, contra jus, false, prave.
不正確 ▶～な non verus, mendosus, parum accuratus.
不誠実 perfidia, infidelitas. ▶～な perfidus, perfidiosus, infidus, infidelis. ▶～に infideliter, perfidiose.
防ぐ arceo, defendo. ▷寒さを～ために frigoris depellendi causā. ⇨ 防衛, 防御.
武装 armatus, armatura. ▶～した armatus, armifer, armiger. ▶～させる armo. ⇨ 武器.
不足 inopia, penuria, defectus, exiguitas, paucitas. ▶～した inops. ▶～する desum, deficio.
付属 ▶～の accessorius. ▶～物 appendix, accessio.
蓋 operculum, operimentum.
札 (＝小さな木片[紙片]) chartula, tabella, tessera.
豚 sus, porcus. ▶雌～ porca. ▶子～ porculus, porcellus. ▶～の suillus. ▶～の肉 suilla, laridum.
舞台 scaena, proscaenia (pl) ▶～の scaenicus.
双子 gemini (m pl), gemelli (m pl). ▶～の geminus, gemellus. ▷～の兄弟 fratres gemini.
不確か ▶～な dubius, incertus, anceps, caecus.
再び rursus, rursum, denuo, iterum.
負担 onus. ▶～の重い, ～になる onerosus. ▶～を負わせる onero.
普段 ▶～の solitus, cottidianus, consuetus. ▶～は plerumque.
縁 ora, margo. ▶縁どる circumcludo, margino.
付着 adhaesio. ▶～する adhaereo, inhaereo.
不注意 indiligentia, neglegentia. ▶～な indiligens, neglegens, incuriosus, incautus. ▶～に indiligenter, neglegenter, incuriose, incaute.
普通 ▶～の (＝通常の) usitatus, usualis, ordinarius, solitus, pervulgatus, consuetus, assuetus; (＝並の) mediocris. ⇨ 通常.
物価 pretium. ▶～の上昇 pretii auctus, victua-

復活 resurrectio. ▶~する resurgo.
ぶつかる (…に)⟨+acc⟩ offendo, impello, ferio, ⟨+dat⟩ incutior (pass), ⟨in+acc⟩ allidor (pass).
仏教 Buddhismus, Buddhae religio [doctrina]. ▶~徒 Buddhista, Buddhae assecula [sectator]. ▶~の Buddhisticus. ⇨ 仏.
ぶつける impingo, illido, allido, offendo.
不都合 incommodum, incommoditas. ▶~な incommodus. ▶~にも incommode. ⇨ 好都合, 都合.
物質 materia, materies. ▶~の materialis.
物体 corpus.
沸騰 fervor. ▶~する effervesco. ▶~している ferveo. ▶~させる fervefacio.
物理学 physice, physica (ratio), physica [naturalis] disciplina, physica (pl). ▶~者 physicus.
ブティック taberna.
太い crassus; (=太った) corpulentus, plenus, pinguis. ▶太さ crassitudo. ▶太く crasse. ⇨ 太る, 大きい.
不当 ▶~に inique. ⇨ 不正.
不動 constantia. ▶~の constans, immobilis. ▶~の信念 firmitas. ▶~の信念の firmus. ▶~の信念をもって constanter, firme.
不動産 res immobilis, res soli, res quae solo continentur (pl). ▶~の immobilis, qui moveri loco non potest.
不透明 ▶~な non translucidus, caecus.
太る crassesco, pinguesco. ▶太った crassus, pinguis. ⇨ 太い.
船乗り nauta. ▶~の nauticus.
無難 ▶~な moderatus, mediocris, modicus.
不妊 sterilitas. ▶~の sterilis.
船 navis; (小さな) navicula, linter, lembus, scapha. ⇨ 軍艦, 船長, いかだ.
腐敗 tabes, putor, corruptio, caries. ▶~した puter, putris, putridus, putidus, corruptus, cariosus. ▶~する putresco, putesco, corrumpor (pass).
部品 membrum, pars.
吹雪 nivis tempestas, procella turboque nivis.
部分 pars, portio; (小さな) particulum, portiuncula (pl). ▶~的に partim, in [ex] parte. ▶~に分ける partior (dep). ▷ガリア全体は三つの~に分かれている Gallia est omnis divisa in partes tres.
不平 querimonia, querela. ▶~を言う queror (dep).
不変 constantia. ▶~の constans, immobilis.
不便 incommodum. ▶~な inhabilis, incommodus. ▶~である incommodo.
不満 querimonia, querela. ▶~な non contentus.
踏む calco.
不明 (=不明瞭) obscuritas. ▶~な obscurus, caecus, ambiguus, perplexus, ignobilis.
不名誉 infamia, dedecus, macula, ignominia, turpitudo, deformitas. ▶~な infamis, inhonestus, inhonorus, pudendus, probrosus, ignominiosus, turpis, deformis.
不滅 (=不死) immortalitas, aeternitas. ▶~の immortalis, aeternus.
不毛 sterilitas. ▶~な sterilis, exilis.
増やす augeo, amplifico, multiplico. ⇨ 増える, 増加.
冬 hiems; (=冬至) bruma. ▶~の hibernus, brumalis. ▶~に hieme. ▶真~に hieme summa. ⇨ 季節.
不愉快 ▶~な odiosus, molestus, insuavis. ▶~に odiose.
不要 ▶~な non necessarius, supervacaneus, supervacuus.
舞踊 saltatio, saltatus. ⇨ ダンス.
フライ (=揚げ物) fricta (pl). ▷魚の~ pisciculi fricti (pl).
プライド ⇨ 自尊心, 誇り.
プライバシー vita privata.
フライパン fretale, sartago.
ぶら下がる ▶ぶら下がっている 動 dependeo, pendeo. 形 suspensus. ▶ぶら下げる suspendo.
ブラシ peniculus, penicillus. ▶歯~ peniculus dentarius [detergendis dentibus].
ブラジル Brasilia. ▶~(人)の Brasiliensis. ▶~人 Brasilienses (pl).
プラスチック plastica (materia).
ふらつく (=ふらふらする) vacillo, labo, labor (dep), titubo.
フランス Gallia, Francogallia, Francia. ▶~(人)の Gallicus, Francogallicus, Francus. ▶~人 Galli (pl), Francogalli (pl), Franci (pl).
ブランド (=商標) nota.
不利 incommoditas, incommodum, detrimentum, iniquitas. ▶~な incommodus, detrimentosus, iniquus. ▷~な状況で戦う pugno in iniquo loco.
振替 ▶~口座 pecuniae depositae circumlatio.
振り返る (=後ろを見る) respicio.
ブリキ lamina [bractea] ferrea.
振り込む (金を)(=支払う) (pecuniam) solvo [numero].
不良 ▶~の(物が) vitiosus, mendosus; (人が) malus, pravus, improbus, illiberalis, inhonestus.
不良債権 defectum creditum.
降る (雨が) pluit (impers); (雪が) ningit (impers), nives cadunt; (良くないことが人に)(=降りかかる)⟨ad alqm⟩ recido. ⇨ 起こる.
振る quatio, quasso, moveo, agito. ▶首を~ (=拒む) renuo. ⇨ 揺する.
古い vetus, vetustus, antiquus, priscus. ▶~こと vetustas, antiquitas. ▶古くから antiquitus.
震える tremo, tremisco, se tremefacere (← tremefacio); (激しく) contremo.
ブルガリア Bulgaria. ▶~(人)の Bulgaricus. ▶~人 Bulgari (pl).
ふるまう se gerere (← gero). ▶ふるまい gestus.
無礼 contumelia. ▶~な contumeliosus. ⇨ 侮辱.

ブレーキ （自動車の）(autocineti) alligabulum, frenum, habenae (pl), sufflamina (pl).
プレゼント donum, munus. ▶小さな～ munusculum.
触れる tango, attingo, contingo, attrecto, tracto, palpo, palpor (dep). ⇨ なでる.
風呂 （=浴槽）solium, alveus; （=浴室）balneum; （=浴場, 温泉）balneae (pl), thermae (pl). ▶サウナ～ sudatorium, laconicum.
ブローチ fibula.
プログラム （見世物や催しの）libellus (spectaculi [ludorum]); （=ソフトウェア）programma.
フロッピーディスク disculus.
プロテスタント （=新教徒）protestans; （=新教）protestantismus. ▶～の protestanticus.
プロペラ automataria helica.
プロレタリア proletarii (pl), proletaria plebs, egentes (pl), pauperes (pl).
不和 discordia, dissensio, dissensus, discidium. ▶～の discors. ⇨ 内乱, 紛争.
糞 stercus, merda. cf. 排便する caco. ⇨ 排泄物.
分 horae sexagesima pars, punctum temporis, (temporis) minutum.
文 sensus, sententia. ▷～の始めと終わり sententiarum initia et clausurae (pl). ⇨ 文体.
雰囲気 （=気分）animi affectus [habitus], ambitūs condicio; （=空気）aer. ⇨ 大気.
噴火 eruptio. ▷エトナ火山の火口が～する ignes ex Aetnae vertice erumpunt.
文化 cultus, cultura. ⇨ 文明.
憤慨 indignatio. ▶～する indignor (dep).
分解 solutio, resolutio, dissolutio. ▶～する solvo, resolvo, dissolvo.
文学 litterae (pl). ▶～研究 litterarum [humanitatis] studia (pl), cultus litterarum.
分割 divisio. ▶～する divido.
分割払い ⇨ 月賦.
奮起 ▶～する expergiscor (dep). ▶～させる expergefacio.
紛糾 implicatio. ▶～させる implico.
文献学 philologia, disciplina philologa. ▶～者 philologus (m). ▶～の philologus.
文語 sermo litteratus.
粉砕 ▶～する elido. ⇨ 砕く.
紛失 amissio. ⇨ なくす.
文書 scriptum, scriptura, scriptio, tabula, tabella, litterae (pl), liber. ▶公～ tabulae publicae.
文章 oratio, sermo. ⇨ 文.
分数 numerus fractus. cf. 2 分の 1 dimidia pars. 3分の1 tertia pars. 5分の2 duae (partes) quintae. 8 分の 6 sex octavae.
分析 analysis, divisio. ▶～的な analyticus. ▶～する divido. ⇨ 分解.
紛争 conflictio, conflictus, controversia. ⇨ 不和.
文体 stilus, (scribendi [dicendi, orationis, sermonis] genus. ▶優雅な～で書く eleganter scri-

bo.
分担 ▷彼らは仕事を～する onus inter se partiuntur.
文通 epistularum consuetudo [commercium]. ▶頻繁な～ epistularum frequentia, epistulae crebrae (pl).
分配 partitio, largitio, distributio, dispensatio, divisio. ▶～する partior (dep), distribuo, divido, dispertio, diribeo, dispenso. ▶～する人 divisor.
分布 distributio.
分別 prudentia, sapientia. ▶～のある prudens, sapiens, sanus. cf. 無分別 insipientia, imprudentia.
文法 ▶～(学)(ars) grammatica. ▶～家 grammaticus (m). ▶～教師 grammaticus professor. ▶～(学)の, ～的な grammaticus.
文房具 supellex scriptoria. ▶～屋 chartopola.
文明 (vitae) cultus, humanus cultus, vita humanitate perpolita, cultior vitae usus.
分野 (学問の)(disciplinae) fines (pl) [pars]. ▶専門～ regio.
分離 separatio, secretio, sejunctio, distractio. ▶～させる（=離す）separo, secerno, sejungo, distraho.
分量 quantitas, numerus.
分類 descriptio, distributio, partitio. ▶～する (in classes) divido [distribuo], (in genera) digero, partior (dep).
分裂 distractio, disjunctio, discidium, discessus. ▶教会の～ schisma. ⇨ 分離.

へ

へ in ⟨+acc⟩, ad ⟨+acc⟩. ▷イタリア～ in Italiam versus. ▷ローマ～ Romam versus. ▷町の中～ in oppidum. ▷町の方～ ad oppidum.
兵 ⇨ 兵隊.
塀 maceria, maceries, paries, murus. ⇨ 壁, 城壁.
兵役 militia. cf. 兵士として勤務する milito. ⇨ 兵隊.
平穏 tranquillitas, tranquillum, quies. ▶～な tranquillus, quietus, placidus. ⇨ 平和, 安心, 静寂.
弊害 vitium, malum. ⇨ 害, 損害.
兵器 telum, arma (pl). ⇨ 核兵器, 武器.
平均 mediocritas. ▶～的な mediocris.
平行 aequilatatio. ▶～な parallelus. ▶～して paribus inter se intervallis. ▷～線を引く lineam parallelam signo.
閉鎖 clausula, obturatio. ▶～する claudo, obturo.
平常 ▶～の cottidianus, solitus, consuetus, assuetus, usitatus. ⇨ 普通, 日常, 通常.
平静 (心の) tranquillitas, constantia, aequitas, quies. ▶～な tranquillus, constans, aequus, quietus. ▶～に aequo animo. ⇨ 静か.
兵隊 miles. cf. 新兵 (miles) tiro. 老兵 (miles)

へいち ― べんり　864

veteranus. ⇨ 歩兵, 兵役.
平地　(=広場) campus, campester locus, aequor, aequum. ▶~な campester. ⇨ 平野.
閉店　tabernae clausula.
平凡　▶~な vulgaris, pervulgatus, pervagatus. ⇨ 陳腐.
平面　planities, planitia, aequum. ▶~の planus.
平野　(=平地) planities, planitia, campus, campestris, campester locus, aequor, aequum.
平和　pax, quies. ▶~な (=平時の) pacatus. *cf.* 平時に in pace. ⇨ 平静.
ベーコン　lardi frustulum. ⇨ 豚.
ページ　pagina, pagella. ▶小さな~ paginula.
ベール　velum, velamen, velamentum.
べき　▶(…する) ~だ〈+*inf*〉oportet (*impers*.). ▶(…する) ~時に tempus est〈+*inf*〉. ▷男はそのように老いる~だ ita senescere oportet virum. ▷読む~である legendum est. ▷武器を取る~正当な理由 causa justa arma capiendi. ▷(私は) おまえも同じことを~だと思う idem tibi censeo faciendum. ⇨ なければならない, 必要.
へこむ　(膨らんだものが) detumesco. ▶(空気が抜けて) へこんだ aere vacuus. ⇨ 膨む.
ペスト　(=疫病) pestis, pestilentia.
へそ　umbilicus.
下手　▶~な inscitus. ⇨ 不器用.
隔たる　▶隔たっている disto. ▶隔たった distans. ▶隔たり distantia, intervallum, spatium interjectum.
別　▶~の (=もう一つの) alius; (=別個の) separatus. ⇨ 異なる.
別荘　villa.
ベッド　(=寝台, 寝床) lectus, cubile.
ヘッドホン　radiophonium excipulum.
別々　▶~な singularis, singuli (*pl*). ▶~に separatim, separate, singulariter, seorsum. ⇨ 分ける.
へつらう　blandior (*dep*), assentor (*dep*). ▶~人 assentator. ▶へつらい assentatio. ⇨ 媚びる.
ベテラン　▶~の usu peritus [doctus]. ⇨ 巧み.
ベトナム　Vietnamia. ▶~(人)の Vietnamiensis. ▶~人 Vietnamienses (*pl*).
ペニス　penis, cauda.
ベネズエラ　Venetiola. ▶~(人)の Venetiolanus. ▶~人 Venetiolani (*pl*).
蛇　serpens, anguis. *cf.* ボア boa. ニシキヘビ python. マムシ, 毒蛇 vipera.
ベビーシッター　infantaria (*f*), infantarius (*m*), puerorum custos (*f/m*); nutricia (*f*), nutrix (*f*).
へま　⇨ 失敗.
部屋　membrum. ⇨ 寝室, 居間, 応接間.
減らす　deminuo, minuo. ⇨ 減少.
ヘ理屈　詭弁.
ヘリコプター　helicopterum. ▷~のパイロット helicopteri gubernator [rector, moderator] (*m*).
減る　minuor (*pass*), deminuor (*pass*), decresco. ⇨ 減少.
ベル　tintinnabulum. ▶~を鳴らす tinnio, tintinnabulum moveo. ⇨ 鐘.

ペルー　Peruvia. ▶~(人)の Peruvianus. ▶~人 Peruviani (*pl*).
ベルギー　Belgium. ▶~(人)の Belgicus. ▶~人 Belgae (*pl*).
ベルト　zona, zonula, cinctus, cingulum, balteus. ⇨ 帯, ひも.
ヘルメット　galea, cassis. ⇨ 兜.
ペン　penna, calamus. ⇨ ボールペン, 万年筆.
変化　mutatio, commutatio, immutatio, motus, conversio. ▶~しないこと (=一様であること) constantia. ▶~する (=変わる) mutor (*pass*), commutor (*pass*); (=不定である) vario. ⇨ 変える, 不変.
弁解　excusatio, purgatio. ▶~する se excusare (~ excuso), purgo. ⇨ 弁明, 謝罪.
便宜　commoditas, commodum. ▶(…の)~のために pro〈+*abl*〉, propter〈+*acc*〉, secundum〈+*acc*〉.
勉強　(=勉学) studium, cura. ▶~する studeo, laboro. ▶~家の studiosus. ⇨ 努力.
偏見　praejudicata opinio, praejudicatum.
弁護　defensio, patrocinium. ▶~する defendo, patrocinor (*dep*).
変更　mutatio. ▶~する muto, novo. ⇨ 変える, 変化.
弁護士　advocatus, patronus; (しばしば軽蔑的に) causidicus.
返済　solutio, pensio. ▶~する solvo, pendo. ⇨ 支払い.
返事　(手紙による) responsum. ▶(人に) ~を書く〈ad alqm; alci〉rescribo; (手紙に対して)〈litteris; ad litteras〉rescribo, respondeo. ⇨ 返答.
編集　collectio. ▶~者 (=編纂者) qui librum (ex alienis libris) componit; (=発行者) scriptis vulgandis praepositus, scriptis praelo edendis procurator. ▶~する colligo, congero. ▶本を(他の本から)~する librum (ex alienis libris) compono. ⇨ 執筆.
便所　latrina. ▶公衆~ forica.
弁償　(=賠償) pensatio, compensatio. ▶(人の)損害を~する (=賠償する)〈alcis〉damnum dissolvo, noxiam sarcio [resarcio], jacturam restituo. ⇨ あがなう, 償う.
変装　permutatus habitus, habitus occultus. ▶~して in dissimulationem sui veste compositus. ▶~した personatus. ▶~する habitum permuto, vestem muto. ▶~させる cultu [habitu, veste] dissimulo.
返送　remissio. ▶~する remitto.
返答　(質問に対する) responsio, responsum. ▶~する respondeo. ⇨ 返事.
変動　mutatio, fluctuatio. ▶~する mutor (*pass*), fluctuor (*pass*). ▷気候~のために propter mutationes climaticas (*pl*). ⇨ 変化.
変な　(=異常な, 普通でない) insolitus, inusitatus, novus, mirus. ⇨ 奇妙.
便秘　obstructio, constipatio.
弁明　(=弁護) defensio, purgatio, apologia, causae dictio. ▶~する defendo, purgo. ⇨ 弁解, 言い訳.
便利　commoditas. ▶~な utilis, commodus.

弁論　oratio. ▶〜家 orator. ▶〜術 rhetorice, (ars) rhetorica [oratoria]. ▶〜術教師 rhetor. ▶〜の rhetoricus. cf. 弁論の導入部, 序文 exordium. 陳述部 narratio. 論証 confirmatio, probatio. 反証 refutatio. 結論, 結びの文句 peroratio.

ほ

帆　velum, carbasus, linteum.
ボイコット　Boycotiana renitendi ratio, interceptio commercii [operis, muneris]. ▶〜する Boycotiana ratione renitor (*dep*), commercium interdico, operam interdudo. ⇨ 排斥.
方　▶(…の)〜へ(向かって) ad ⟨+*acc*⟩, in ⟨+*acc*⟩, versus ⟨+*acc*⟩, ad ⟨+*acc*⟩ versus, in ⟨+*acc*⟩ versus. ▷ 町の〜へ ad oppidum.
法　(＝法律) lex; (総体的に) jus. ▶〜学 juris prudentia. ▶〜学者 juris consultus (*m*), jurisperitus, juris legumque peritus (*m*). ▶成文〜 lex scripta. ▶自然〜 lex naturalis. ▶刑〜 jus criminale. ▶民〜 jus civile. ▶商〜 jus commercii. ▶国際〜 jus gentium. ⇨ 法律.
棒　baculum, fustis, pertica. ▶小さな〜 bacillum. ⇨ 杖.
法案　(＝法案提議) rogatio. ▷民衆に〜を可決するよう勧める populum ad rogationem accipiendam cohortor. ▷〜の推進者 legis suasor. ▷〜を提出する rogationem fero. ▷〜を通過させる rogationem [legem] perfero. ▷〜を承認する legem probo. ▷〜を却下[否決]する rogationem antiquo / legem repudio. ⇨ 法律.
包囲　obsidium, circumsessio. ▶〜する circumdo, circumvenio, circumeo, circumsisto, circumsido, circumcludo, obsideo.
防衛　defensio, munimentum. ▶〜する defendo, munio. ▷沼地と森によって〜された場所 locus paludibus silvisque munitus.
貿易　(＝交易, 商業) permutatio, negotiatio, commercium, mercatura; (＝国際取引) gentium inter se commercium, commercium internationale. ▶自由〜 librum permutatio [commercium], mercatura vectigalibus immunis.
望遠鏡　telescopium.
崩壊　ruina, labes. ▶〜する ruo, corruo, concido, collabor (*dep*), occurro.
法外　▶〜な (＝限度を超えた) immoderatus, nimius, immodicus, intemperatus.
妨害　obstantia, obstaculum, impedimentum, impeditio, prohibitio. ▶〜する obsto, obsisto, prohibeo, impedimentum infero, impedio, officio, moror (*dep*).
方角　pars, regio. ⇨ 東, 西, 南, 北.
ほうき　scopae (*pl*).
放棄　relictio, derelictio, desertio. ▶〜する relinquo, depono, desero.
防御　defensio. ▶〜する defendo, tueor (*dep*). ⇨ 守る.
方言　dialectos, dialectus, lingua.

冒険　(＝勇敢な企て) facinus memorabile [audax]; (＝危険な企て) periculosum inceptum, audax temptamen, alea, dubium, periculum, discrimen. ▶〜する (＝危険を冒す) aleam adeo [subeo], in aleam se dare (← do); (＝運を試す) fortunam tempto. ⇨ 危険.
宝庫　thesaurus, gaza. ⇨ 金庫.
方向　pars. ▷反対の〜に行く in contrariam partem eo. ▷シチリア島は全〜海に囲まれている Sicilia ab omnibus partibus mari cingitur. ▷彼らは恐れおののいてそれぞれ別々の〜に散っていった alii aliam in partem perterriti ferebantur. ⇨ 方角.
暴行　injuria, vis, manus. ▶(…に)〜を働く (＝暴力を振るう) ⟨alci⟩ vim facio [infero, adhibeo], violo. ⇨ 暴力.
報告　relatio, narratio, renuntiatio. ▶〜する refero, narro, renuntio. ⇨ 知らせる, 告知.
奉仕　(＝召使いとして…に)〜する (＝仕える) ministro, ministeria facio; (…に) (＝献身的に尽くす) ⟨alci⟩ inservio, deservio, operam praebeo, ⟨alqm⟩ ministro.
帽子　petasus, pileus, pileum. ▶小さな〜 pileolus, pileolum. ▶〜をかぶった petasatus.
防止　▶〜する (＝防ぐ) praepedio, impedio, prohibeo, praevenio.
放射　(光の) radiatio. ▶〜線 radiatio, radiorum emissio et propagatio, radiationis quantitas. ▶〜状の radiatus. ▶(光が)〜する 動 radio. 形 radians.
放射能　irradians vis, vis radiis agens. ▶〜の radiante vi agens [praeditus]. cf. 放射性元素 elementa radioactiva (*pl*)
報酬　remuneratio, praemium, manupretium, merces. ▶(…に)〜を与える ⟨alqm⟩ remuneror (*dep*), ⟨alqm⟩ praemio dono.
方針　secta.
防水　▶〜する (＝加工) immeabile reddens intinctio, illitio immeabilitatem gignens. ▶(…に) 〜(加工)する ⟨alqd⟩ immeabilem reddo [efficio].
宝石　gemma.
放送　(番組) emissio. ▶テレビ[ラジオ]〜 televisifica [radiophonica] divulgatio. ▶テレビ[ラジオ]〜局 statio televisifica [radiophonica] emissoria. ▶〜する divulgo.
法則　lex.
包帯　fascia, taenia.
包丁　(料理用) culter coquinarius; (肉屋の) machaera lanionia. ⇨ ナイフ.
膨張　inflatio, expansio. ▶〜させる inflo, expando.
法廷　(＝裁判所) tribunal, judicium. ▶〜の (＝裁判の) tribunalis, judicialis, judiciarius, forensis. ▶〜に召喚する in judicium voco.
方程式　aequatio.
報道　nuntiatio, nuntius.
暴動　concitatio, seditio, turba, tumultus. ▶〜を起こす tumultuor (*dep*).
豊富　copia, abundantia, plenitas, plenitudo, largitas. ▶〜な copiosus, abundans, plenus, lar-

ぼうふうう ― ぼっしゅう

暴風雨 tempestas, procella.
報復 (=復讐) ultio, vindicatio, vindicta. ▶～する ulciscor (*dep*), vindico.
方法 ratio, via, via ratioque, ratio et via, methodus. ▶あらゆる～で omni ratione [modo], omnibus modis. ▶多くの～で multis modis.
亡命 exsilium. ▶～者 exsul. ▶～する exsilior (*dep*), in exsilium proficiscor (*dep*). ▶(追放されて)～している exsulo. ⇨ 追放
放免 absolutio. ▶～する absolvo.
訪問 salutatio, adventus. ▶～客 salutator (*m*), hospes (*m*), hospita (*f*). ▶～する (=訪れる) saluto, inviso, viso, obeo, convenio, adeo.
法律 lex. ▷ ～を起草する legem scribo.
暴力 vis, violentia. ▶～的な violentus, violens. ▶～的に per vim, violenter. ▶～をふるう vim affero. ⇨ 暴行
放浪 (生活) vagatio, vagandi mos. ▶～者 vagus (*m*). ▶～する vagor (*dep*), peragro.
ほえる (犬が) latro, gannio. ▶～こと latratus, gannitus. ⇨ 鳴く, うなる.
頬 gena.
ボーイ (=給仕) puer.
ボート (=小舟) navigium, navicula, scapha, cymba. ▶モーター～ automataria scapha.
ホームページ pagina domestica.
ポーランド Polonia. ▶～(人)の Polonicus. ▶～人 Poloni (*pl*).
ホール atrium, exedra.
ボール (遊技用の) pila (lusoria).
ボールペン graphium sphaerale [Giroanum], sphaerigraphum.
他 ▶～の ceterus, alius. ▶～の所で[に] alibi, alio loco. ▶～の所へ alio. ▶～の時に alias.
保管 conservatio. ▶～する conservo, asservo. ⇨ 保存
補強 firmamentum. ▶(壁を)～する (parietis) soliditatem confirmo. ▶～になる firmamento esse (← sum).
ボクサー pugil, pugilator.
墨汁 atramentum.
ボクシング (=拳闘) pugilatio, pugilatus, pugilum certamen; (技) pugilandi ars. ▶～の pugilatorius. ▶～のリング pugilatorium suggestum.
牧草地 pascuum, pastio, pratum. ⇨ 草原.
牧畜 pastio. ▶～の pascuus. ▶～する pasco, pascor (*dep*).
ほくろ naevus. ▶小さな～ naevulus.
捕鯨 balaenarum venatio. ▶～船 balaenarum venatrix (navis).
ポケット sinus. ⇨ 財布.
ぼける stultus fio.
保険 periculorum cautio. ▶～会社 oeconomicae cautiones (*pl*), societas [sodalicium] sarciendis damnis, societas cautionibus praebendis. ▶健康～ morbis curandis arca. ▶失業～ auxilium opificum opere carentium. ▶社会～ sociales civium cautiones (*pl*), securitatis socialis rationes (*pl*).
保護 custodia, conservatio, tegimen, tegimentum, fides. ▶～する custodio, conservo, servo, tego, tutor (*dep*). ▶(…の)～下にある in ⟨alcis⟩ fide est. ▶(…の)～下に入る in ⟨alcis⟩ fidem venio.
誇り (=自尊心) superbia; (=名誉) honor. ▶誇る superbio. ▶～傲慢, 自慢, 名誉
ほこり pulvis. ▶～の, ～っぽい pulvereus. ▶～におおわれた pulvereus, pulverulentus.
星 stella, astrum, aster, sidus. *cf.* 惑星 stella errans. 土星 Saturnia stella. ⇨ 星座, 惑星, 彗星.
保持 ▶～する conservo. ⇨ 保つ.
欲しい (=欲する, 望む) cupio, appeto, volo, studeo. ▶むしろ…が～ malo. ▶欲しくない nolo. ⇨ 望む, 熱望.
星占い (=占星術) astrologia divinans, chaldaicum praedicendi genus, siderum scientia, astrorum cognitio, sideralis scientia, mathematica, horoscopia. ▶～の mathematicus, horoscopius. ⇨ 占星術.
星印 asteriscus.
保守 ▶(政治において) ～の rei publicae conservandae studiosus. ▶～的な conservans. ▶～的な考え方 conservandarum rerum studium, priscorum morum favor atque defensio.
補充 supplementum, suppletio. ▶～の suppletorius. ▶～する suppleo.
募集 conquisitio, dilectus, delectus, auctoramentum, auctoratio. ▶～する conquiro, conduco, deposco.
補助 (=援助, 補助手段) auxilium, adjumentum, subsidium, praesidium.
保証 sponsio, sponsus, cautio, pignus, confirmatio. ▶～人 sponsor. ▶～する spondeo, confirmo. ▷(商品の)品質を～する integritatem (mercis) testor (*dep*) / bonitatem (mercis) testificor (*dep*). ⇨ 担保.
干す sicco. ⇨ 乾く.
ポスター nuntius muralis, tabula picta. ⇨ 宣伝.
ポスト (=郵便箱, 郵便受) arca [cista] cursualis. ⇨ 郵便.
ボスニア Bosnia. ▶～(人)の Bosniensis. ▶～人 Bosnienses (*pl*).
母性 (=母であること) maternitas.
細い tenuis, gracilis. ⇨ 繊細, 細かい.
保存 conservatio. ▶～する servo, conservo, tueor (*dep*).
ボタン globulus, orbiculus, malleolus.
墓地 coemeterium. ⇨ 墓.
北極 arctos, vertex (terrae) septentrionalis. ▶～圏 circulus arcticus. ▶～海 oceanus arcticus [septentrionalis]. ⇨ 極, 南極.
ホッケー pilamalleus, pilae malleique ludus. ▶アイス～ pilamalleus super glaciem.
発作 (病気や怒りの) impetus, accessio, impulsus.
没収 publicatio, confiscatio. ▶～する publico,

in publicum addico [redigo], confisco.
没頭 ▶⟨...に⟩〜する⟨alci rei⟩ se dare (← do) [dedere (← dedo)], se ⟨re⟩ collocare (← colloco). ▷ きみはますます閑暇に〜する te magis ac magis otio involvis.
ホテル (=宿泊所) taberna deversoria, deversorium, deverticulum, hospitium.
ほど (=程度, 段階) gradus. ▶それ〜(大きな) tantus. ▶それ〜(たくさん) tot. ▶どれ〜の quantus. ▶これ〜(に), それ〜(に) tam, tantum, tanto, ita, sic. ▶どれ〜(に) quantum, quanto. ▷彼女はきみが女神と思う〜に美しい ita pulchra est ut deam putes. ▷私の別荘は町から 10 マイル〜離れている villa mea decem milia passuum ab urbe abest. ⇨ 程度.
歩道 crepido viae [semitae], viae margo, via peditibus destinata.
ほどく (結びを) solvo, resolvo.
仏 (=仏陀) Buddha. ⇨ 仏教.
ほとんど paene, prope, fere. ▶〜...ない vix. ▶〜誰も...ない nemo (nullus) fere. ▶〜しそうである non multum abest quin ⟨...⟩. ▷ガリアの〜全土で最も美しい町 pulcherrima prope Galliae totius urbs. ⇨ 大半, たいてい.
母乳 lac muliebre.
ほ乳類 belua mammans. ▶〜の mammis praeditus [instructus].
骨 os.
炎 flamma. ⇨ 火.
ほのめかす subicio.
墓碑 (華麗な) mausoleum. ▶〜銘 elogium. ⇨ 墓.
墓標 sepulcri monumentum. ⇨ 墓.
歩兵 pedes. ▶〜隊 peditatus, pedites (*pl*).
ほほえむ subrideo, (leniter) arrideo. ▶ほほえみ risus (lenis). ▶ほほえみかける rideo, arrideo.
ほめる (=表彰する) laudo, honoro; ⟨人を⟩ ⟨alci⟩ bene dico. ▶⟨...は⟩ほめられたことではない non est honestum ⟨...⟩. ▶〜こと laudatio, laus. ▶〜べき (=表彰すべき) laudandus, laudabilis, honoratus, honestus. ⇨ 賞賛.
ぼやく queror (*dep*). ⇨ 不平.
洞穴 ⇨ 洞窟.
ボランティア ▶〜の voluntarius.
ボリビア Bolivia. ▶〜(人)の Bolivianus. ▶〜人 Boliviani (*pl*).
保留 sepositio. ▶〜する sepono. ⇨ 留保.
捕虜 captivus (*m*), captiva (*f*). ▶〜の captivus.
掘る fodio. ⇨ くりぬく.
彫る sculpo, exsculpo.
ポルトガル Lusitania. ▶〜(人)の Lusitanus. ▶〜人 Lusitani (*pl*).
ポルノ (=ポルノグラフィー) obscenitas, pornographia, obscena (*pl*). ▶〜の obscenus, pornographicus, ad libidinem instigatorius. ▶〜映画 pellicula cinematographica obscena.
惚れ薬 amatorium (medicamentum), philtrum.
ぼろ (=ぼろぎれ) pannus, panniculus, pannulus.
滅びる pereo, intereo, depereo, exstinguor (*pass*). ⇨ 死ぬ, 滅亡.

滅ぼす deleo, perdo, destruo, everto, exstinguo, aboleo, fundo, rumpo, corrumpo.
本 liber. *cf.* 巻本 (=巻物) volumen. 綴本 codex. 絵本 liber imaginibus ornatus. ⇨ 本屋, 作品.
本気 ⇨ 真剣.
本質 essentia. ▶〜自由であること, それが国家の〜である id est proprium civitatis ut sit libera. ⇨ 本性.
本社 primaria sedes.
本性 natura. ▶〜上 naturaliter.
本棚 foruli (*pl*), bibliotheca, armarium.
本当 ▶〜の verus. ▶〜に vere, reipsa, revera. ⇨ 真理.
本能 ingenium, motus naturalis. ▶〜的な naturalis, ingenitus, insitus, innatus, naturae consentaneus, incognitus.
ポンプ (空気の) antlia (pneumatica).
本物 ▶〜の (=真正の) verus, merus.
本屋 (=書店) taberna libraria; (=書籍商) bibliopola, librarius.
翻訳 (行為) versio, conversio, translatio; (本) liber translatus. ▶〜する verto, converto, transfero, reddo. ▷ある言語から別の言語に〜する ex alia lingua in aliam transfero. ▷ラテン語に〜する in Latinum (con)verto / Latine reddo. *cf.* 直訳 translatio ad verbum expressa. 直訳する verbum verbo reddo. ラテン語への逐語訳 conversatio in Latinum ad verbum. ⇨ 通訳.
ぼんやり confuse, dubie. ⇨ あいまい.

ま

間 ⇨ 間隔, 時間, 空間.
マーケッティング ratio negotiatoria, proscientia mercatoria, mercis vendendae promotio.
マーケット rerum venalium domus. ▶スーパー〜 ampla sedes rerum venalium, pantopolium, praegrande emporium. ⇨ 市場(いち), 市, デパート.
マイク microphonium.
迷子 ▷人込みの中で〜になった子供 puer inter homines a patre deerrans [aberrans]. ⇨ 迷う.
埋葬 humatio, sepultura. ▶〜する humo, sepelio, operio.
毎月 副 singulis mensibus.
毎日 名 omnis dies. —— 副 cottidie, in dies, singulis diebus. ▶〜の cottidianus.
毎年 副 quotannis. ▶〜の annuus.
前 ▶(空間的) ⟨...の⟩〜に[で] pro ⟨+*abl*⟩, ob ⟨+*acc*⟩, ante ⟨+*acc*⟩, prae ⟨+*abl*⟩; (=...の前面で) coram ⟨+*abl*⟩. ▶(時間的) ⟨...の⟩〜に (=...以前に) ante ⟨+*acc*⟩. ▶(空間的) 〜に[で] (=前方に[で]) ante. (時間的) ⟨...より⟩〜に (=以前に) ante, antea, prius (quam ...). ▶〜の (=以前の) pristinus. ▷目の〜に ante oculos / ob oculos. ▷戦争〜に ante bellum. ▷今から 20 年〜 abhinc viginti annos. ▷少し〜(に) paulo ante. ▷かなり〜(に) multo ante. ▷1 年〜に ante annum. ▷数年

まえばらい ― マッサージ

~に aliquot ante annos. ▷ほんの数日~(に) perpaucis ante diebus. ▷千年~に millesimo ante anno. ⇨以前.
前払い ▶(人に…を)―する ⟨alqd alci⟩ in antecessum do [repono], pecuniam nondum debitam solvo, pensionem praerogo.
前もって ante, in antecessum. ▶―取る antecapio. ▶―熟慮する praemeditor (*dep*).
任せる (人に…を) (=委託する) credo ⟨alci alqd⟩, concredo, mando, commendo, demando, committo, depono, delego.
曲がった curvus, sinuosus.
曲がりくねった sinuosus, flexus, tortuosus, flexuosus.
曲がる flector (*pass*). ⇨曲げる.
薪 (arida) ligna (*pl*). ▶小さな~ cremia (*pl*).
幕 velum, plagula, siparium, velamentum; (劇場の) aulaeum. ▶冬季オリンピックが~を閉じた Ludi Olympici hiberni peracti sunt.
まく (種を) (semina) spargo, dissero; (穀物の種を) (frumenta) sero. ▶まき散らす dispergo.
巻く (糸を) (filum) volvo; (…に…を) ⟨alqd re⟩ cingo. ▶身体に(…を)~ involvo ⟨alqd⟩ corpori. ▷とぐろを巻いた蛇 serpentes sibi ipsae circumvolutae (*pl*). ▶取り巻く, 包囲, 帯.
枕 pulvinus, pulvillus, cervical; (羽毛の) pluma.
マケドニア Macedonia. ▶~(人)の Macedonicus, Macedoniensis, Macedonius. ▶~人 Macedones (*pl*).
負ける (=負かされる) vincor (*pass*); (=値引きする) pretia submitto. ⇨勝つ.
曲げる (=たわませる) curvo, flecto, sinuo. ⇨曲がる.
孫 nepos (*m*), neptis (*f*). ⇨ひ孫.
摩擦 frictio, fricatio. ▶~する frico.
まさに (=まさしく) vere, maxime, revera. ⇨本当.
まさる 形(=まさっている) superior. ― 動 supero. ⇨勝つ, 劣る.
まじめ frugalitas; (=誠実, 正直) honestas, sinceritas; (=厳格, 謹厳) serium, severitas. ▶~な frugalis; (=誠実な) honestus, sincerus; (=厳格な) serius, severus. ▶~に (=厳格に, 厳責に) serio, extra jocum, remoto joco; (=正直に, 誠実に) sincere, severe. ▶~に(=正直に)言っているのです (ex) bona fide loquor. ⇨厳格.
魔女 (=女妖術師, 女魔術師) venefica, cantatrix, praecantrix, maga. ⇨魔法.
混じる misceor (*pass*), confundor (*pass*), se immiscere (← immisceo). ⇨混ざる.
交わる (人と) (=交際する) utor ⟨alqo⟩. ⇨交差.
まず (=第一に) primum. ▶何よりも~ (=最初に) (in) principio, ante omnia. ⇨最初.
麻酔 anaesthesia, doloris amotio [privatio], sentiendi facultatis privatio. ▶~薬 anaesthetica (*pl*). ▶~をかける doloris sensum medicamentis obtundo, facultatem sentiendi doloris aufero.
まずい (料理が) (=味がしない) 形 fatuus, gustu hebes, insulsus, iners. ― 動 nihil sapio, nul-

lius saporis esse (← sum). ▶~こと (=無味) sapor nullus, insulsitas, sapor obtusus. ⇨おいしい.
マスク (=仮面, 覆面) persona, integumentum, larva. ▶(人の頭に)~を付ける ⟨capiti alcis⟩ personam adicio. ▶~で顔を隠した vultum personā celatus. ⇨仮面, 隠し.
マスコミ communicatio socialis, res editoria; (=マスメディア) instrumenta communicationis socialis (*pl*).
貧しい 形(=貧乏な, 乏しい) pauper, pauperculus, egens, inops, exilis; (非常に) perpauper. ― 動 (=足りない, 事欠く) egeo. ⇨金持ち, 乞食.
ますます magis et magis, magis magisque, magis ac magis, etiam et etiam ⟨+*comp*⟩.
混ぜる misceo, commisceo, immisceo, admisceo, confundo. ▶程よく混ぜ合わせる tempero.
また (=再び) iterum, denuo; (=2度目に) secundo; (その上, さらに) praeterea; (=別の時に) alias, alio tempore. ▶~も~ (=…も同様) (…) quoque, etiam. ⇨再び.
まだ (=今まだ) adhuc, etiam nunc; (=その時まだ) etiam tunc. ▶~ない nondum, non adhuc. ▶(そして) ~…ない nequedum (necdum). ▶何も~ない nihildum. ▶~…しなければならない restat, reliquum est.
またたく (星が) scintillo, (=瞬きをする) nicto, nictor (*dep*), coniveo. ▶(星の) またたき scintillatio. ⇨ひらめく, 瞬き.
町・街 oppidum, urbs; (小さな) oppidulum; (=都市の一部) regio. ⇨都市.
待合室 (駅などの) oecus profectionem praestolantium, oecus exspectantium [proficiscentium].
待合わせ (=約束) constitutum. ▶~場所 locus ad conveniendum edictus. ▷彼は~の日にやって来 quo die ad conveniendum edixerat venit. ▷~の時間と場所を決める tempus locumque coeundi condico. ▷(人と) ~がある ⟨cum alqo⟩ constitutum habeo. ▷~に遅れてやって来る sero ad constitutum venio.
間違い error, erratum, falsum. ▶書き~ mendum. ▶~の falsus.
間違える (=間違っている) erro, fallor (*pass*). ▶間違って falso, per errorem, errore. ▷誰にでも~ことはある cujusvis hominis est errare. ▷私が間違っていないならば nisi fallor/ nisi me forte fallo/ nisi me fallit animus. ▷私が間違っています erratum est meum.
待伏せ insidiae (*pl*). ▶~する者 (=伏兵) insidiator. ▶~の insidiosus. ▶~する, ~している in insidiis consisto [lateo], insidior (*dep*).
待つ (…を) ⟨+*acc*⟩ opperior (*dep*), exspecto, ⟨+*dat*⟩ praestolor (*dep*). ▷しばらく待って下さい paulisper mane. ▷それはいつまで待っても無駄です ad Kalendas Graecas id fiet. ▷私は待ちくたびれた lassus sum durando.
マッサージ fricatio, frictio, perfricatio, malaxatio. ▶~治療 per frictionem et unctionemque curatio, maxotherapia. ▶(関節を) ~する (articulos) malaxo, tracto, frico.

まっすぐ ►~に rectā (viā), recta regione, (e) regione, directe, (in) directo, per directum.
全く omnino, plane, plene, prorsus, admodum. ►~ない haud, omnino non. ⇨ 完全.
マッチ ramentum sulphuratum, flammifera assula, ligneolum flammiferum, ignitabulum.
マットレス culcita.
松葉杖 baculum orthopaedicum, subalare baculum.
祭り (=祭典, 祭礼) solemne, solemnia (pl); (=祝祭日) dies festus [feriatus], feriae (pl). ►~を行なう celebro. cf. バッコスの祭 Liberalia (pl). 慰霊祭 parentalia (pl). 死者の慰霊祭を行なう mortuis parento.
まで ad ⟨+acc⟩, usque ad ⟨+acc⟩, usque in ⟨+acc⟩, usque ⟨+acc⟩, (abl に後置されて) tenus, quoad, dum, donec; (=…さえ, …すら) ipse, vel. ►これ, ~ (ここ~ hactenus, huc, huc usque. ►いつ~ quo usque. ▷美徳~が軽蔑される virtus ipsa contemnitur. ▷音楽家たちの耳が最も小さいもの~も聞き取る musicorum aures vel minima sentiunt.
的 (=目的) scopus, finis.
窓 fenestra, specularia (pl), lumen; (小さな) fenestella. ▷~を開ける fenestras aperio.
まとまる (=一塊になる) congregor (pass), se congregare (← congrego); (人々の間で物事が) (=同意される) convenio.
まとめる ▷700 年の歴史を 1 巻の書物に~ annorum septingentorum memoriam uno libro colligo.
まとも ►(人・判断・行為が) ~な (=正常な, 適正な) sanus, justus, rectus. ►~に (=正面から) contra, adversum. ►~太陽を~に見つめる(=直視する)ことはできない intueri solem adversum nequeo.
惑わす in errorem induco, fascino, effascino, perturbo.
学ぶ disco; (さらに) (=学び加える) addisco; (徹底的に) perdisco; (あらかじめ) praedisco. ⇨ 研究, 勉強.
マニア (…の) ⟨alcis rei⟩ peramans, perstudiosus (m), ⟨alqd⟩ insane amans. ⇨ ファン.
間に合う (時間に) in tempore venio, ad tempus [horam] venio; (=十分にある) sufficio, suppedito, satis est. ►(定刻に) 間に合って ad tempus. ⇨ 遅刻, 足りる.
免れる ►免れた immunis, liberatus, solutus. ⇨ 免除.
真似 imitatio. ►(…の) ~をして (=倣って) ⟨+gen⟩ exemplo, ad exemplar. ►~する imitor (dep).
招く (=招待する) invito, accerso, voco, devoco, rogo. ▷昼食に~ ad prandium invito.
瞬き nictatio, nictus. ►~をする nicto, nictor (dep).
麻痺 torpor, stupor, nervorum resolutio, paralysis, membrorum debilitas. ►感覚の~ sensūs stupor. ►~させる resolvo, debilito. ►~する torpeo. ►~している torpeo. ►~した resolutus, debilis, torpens, torpidus, obtusus.
まぶしい aciem oculorum praestringens, splendissimus.
マフラー focale.
魔法 magice, magia, magicae artes (pl). ►~使い maga (f), magus (f). ►~の magicus, magus. ►(呪文によって) ~をかける incanto.
幻 (=幻影) umbra, (falsa) imago, simulacrum.
継母のような novercalis. ►~のようにふるまう novercor (dep).
豆 faba. ►小さな~ fabella. ►~の fabaceus, fabalis.
まもなく brevi (tempore), mox, jam, propediem. ►その後~ brevi [non multo] postea.
守る defendo, tueor (dep), tego, tutor (dep); (=遵守する) observo.
麻薬 medicamentum stupefactivum. ►~中毒 toxicomania, medicamentis stupefactivis obnoxietas. ►~中毒にかかっている medicamentis stupefactivis assuetus.
繭 tunica.
眉 supercilium. ►~をしかめる (=額にしわを寄せる) supercilia [frontem] contraho.
迷う (判断に) (=躊躇する) dubito, haesito; (道に) aberro, erro, deerro.
マラソン cursus Marathonius.
マリ (共和国) Malia, Res publica Maliana. ►~ (人) の Malianus. ►~人 Maliani (pl).
マリファナ marihuana.
丸 (=円) orbis, circulus. ►小さな~ orbiculus.
丸い (=球形の) rotundus, globosus; (=円形の) orbiculatus, circularis.
まるで ►~…のように quasi, velut si, tamquam si, non secus ac si.
まれ ►~な rarus, inusitatus, rarissimus, perrarus, rarissimus. ►~に raro, rare, non saepe. ►非常に~に perraro, rarissime, minime saepe.
マレーシア Malaesia. ►~ (人) の Malaesianus. ►~人 Malaesiani (pl).
回す verto, circumverto, volvo, circumvolvo, verso, roto, circumago.
周り (=周囲の土地) loca quae circumjacent; (=近隣) vicinia, vicinitas. ►~の circumjectus. (…の) ~に circum ⟨+acc⟩. ▷広場の~に circum forum.
回り道 circumitus, circuitus, deverticulum, flexus. ►~をする circumeo, deverto, iter flecto. ►~をして longiore itinere, flexu, (longo) circuitu.
回る circumeo, circumferor (pass), circumvector (dep), circumvertor (pass). ►(周囲を) ~こと circuitus, circumitus. ▷月が地球の周りを~ terram lunae cursus ambit. ⇨ 回転, 回す.
万 ►~ (の) decem milia.
漫画 imaguncula, lepidus imago, libellus pictographicus [scaenographicus].
慢性 ►~の chronius, chronicus, vetus. ►~の病気 morbus diutinus [vetus]. ►~化する inveterasco.
満足 expletio, satisfactio. ►~した contentus. ►~させる expleo, satisfacio. ►~している satis habeo. ⇨ 喜ぶ.

満潮　aestus accessus, aestus (maritimus) accedens. ⇨ 潮.
真ん中　▶～の (=中心の) medius, centralis.
万年筆　stilographum, graphium atramento instructum.

み

身　(=肉) caro; (=身体) corpus.
実　(=果実) fructus. ▶～をならせる fructuarius.
ミイラ　cadaver medicatum, mortui corporis medicatum.
見える　[動] videor (pass), conspicior (pass), appareo. ― [形] aspectabilis. ⇨ 明白.
見送る　deduco. ▶見送り deductio.
見落とす　praetermitto, praetereo, omitto. ▶見落とし praetermissio. ⇨ 不注意, 無視.
未開　▶～の incultus, silvestris, silvester. ▶～人 homines silvestres (pl). ⇨ 野蛮.
磨く　polio, expolio. ▶磨いて仕上げること expolitio.
見かけ　(=外見, 外観) species, facies, aspectus, frons. ▶～は (=外見上は) specie, in speciem, fronte. ▷～は自由だが本当は(…) liber specie sed re (…).
見かける　video.
味方　(=同盟者) socius (m), foederatus (m); (=友) amicus (m). ▶～に付ける ⟨alqm⟩ sibi adjungere (← adjungo), socium sibi asciscere (← ascisco). ▷ローマの～であった人々 qui in amicitia Romanorum fuerant. ▷カエサルは全騎兵を援軍として～に送った Caesar omnem equitatum suis auxilio misit.
身軽　▶～な expeditus, levis. ▶～に expedite. ⇨ すばやい, 軽快.
幹　truncus, stipes, stirps, scapus.
右　(=右側) dextra pars. ▶～(側)にある a dextra (parte) sum. ▶～(側)に行く eo ad dextram. ▶～(側)から a dextra. ▶～(側)の dexter. ▶～側へ dextrorsus, dextrorsum. ⇨ 左.
右手　dextra (manus).
見切り　▶～をつける (=あきらめる, 放棄する) relinquo, depono, dimitto.
みごと　▶～な (=驚嘆に値する) admirabilis, mirandus, mirus, mirificus; (=すばらしい, 卓越した) eximius, egregius, excelsus, splendidus; (=完璧な, 最高の) perfectissimus, omni ex parte perfectus, summus. ⇨ 傑作, すばらしい, りっぱ.
見込み　exspectatio. ⇨ 期待.
未婚　▶～の (=独身の) caelebs; (男性が) qui nondum uxorem habet; (女性が) non nupta, quae nondum maritum habet. ⇨ 独身.
ミサイル　missile.
岬　promontorium, promunturium.
短い　brevis. ▶短く breviter. ▶短さ brevitas. ▷短縮によってより短く, あるいは延長によってより長く aut contractione brevius aut productione longius. ⇨ 長い.

みじめ　▶～な (=悲惨な, あわれな, 不幸な) miser, miserabilis, infelix, aerumnosus, infortunatus, calamitosus. ⇨ 悲惨, 不幸, あわれ.
未熟　▶～な crudus, immaturus, immitis, rudis, acerbus.
ミス　error. ⇨ 間違い.
水　aqua. ▶～の (=水の, 水のような) aqua, aqualis. cf. 真水 aqua dulcis. 海水 aqua marina. 雨水 aqua pluvia [pluvialis]. 川の水 aqua fluvialis [ex flumine]. 井戸水 aqua ex puteo.
湖　lacus. ▶小さな～ lacusculus.
水着　vesticula balnearis. cf. 水泳パンツ subligaculum balneare. ビキニ vesticula balnearis Bikiniana.
水たまり　lacuna. ⇨ ぬかるみ.
見捨てる　desero, relinquo, destituo, derelinquo. ⇨ 捨てる.
みすぼらしい　turpis. ▷～衣服 turpis vestitus.
店　taberna. ▶小さな～ tabernula.
見しめ　documentum.
見世物　spectaculum. ⇨ 見物(½).
見せる　(=示す, 提示する) ⟨alci alqd⟩ ostendo, exhibeo, expono, ostento, monstro, indico, ⟨alqd⟩ in conspectum propono.
溝　fossa, sulcus; (水が流れる) incile, incilis fossa, sulcus aquarius. ▶小さな～ fossula. ▷～を掘る fossam fodio [sulco]. ⇨ 穴.
見損なう　(=見逃す) omitto. ⇨ 見落とす.
満たす　(…を…で) ⟨alqd re⟩; alqd alcis rei⟩ impleo, compleo, ⟨alqd re⟩ repleo, expleo; (欲望や期待を) (=満足させる) expleo, satisfacio. ⇨ 満足.
乱す　(=混乱させる) turbo, conturbo, perturbo. ⇨ 混乱, 不安.
道　iter, via; (小道) semita, trames. ▶～案内(人) itineris ductor.
未知　▶～の (adhuc) ignotus, incognitus, ignarus, inexploratus.
道連れ　comes, convector. ▷死の～ comes mortis.
導く　(=先導する) duco; (=指揮する, 操る) rego, moderor (dep). ⇨ 指揮.
密　▶～な densus, condensus. ▶～にする (=濃縮する, 圧縮する) denso, denseo, condenso.
蜜　(=蜂蜜) mel. ▶～酒 hydromellum. ▶～の入った (=甘い) mulsus, mulseus, mellitus. ⇨ 蜂蜜.
見つける　invenio, reperio, nanciscor (dep), deprehendo, conspicio, conspicor (dep), provideo. ⇨ 会う.
密告　delatio, indicium. ▶～者 delator, index. ▶～する defero, indico.
密接　▶～な artus, conjunctus; (=親密な) intimus, familiaris. ▶(お互いに) ～している inter se juncti (pl). ⇨ 親密.
密度　densitas.
みっともない　(=見苦しい) turpis, indecorus, indecoris. ▶～こと (=見苦しいこと) turpitudo.
密売　(=闇取引) mercatura clandestina [furtiva,

見つめる　▶じっと~ tueor (*dep*), intueor (*dep*), obtueor (*dep*), inspicio.　▶じっと~こと obtutus.

見通し　(=予知, 予見, 推測, 見込み, 期待) providentia, provisio, opinio, conjectura, exspectatio, spes.　▶~を与える prospicio.

認める　(=承認・容認・認知する) agnosco, probo, concedo, fateor (*dep*), conspicor (*dep*); (=気づく) conspicio, video, percipio, animadverto.　▶認めない (=否認する) improbo, abdico.　⇨ 気づく.

緑　viriditas, viride.　▶~の viridis, virens, viridans, prasinus; (=草色の) herbeus, herbaceus.　▶~色をしている vireo, viriditatem habeo.　▶~色にする virido.　▶~になる viridor (*pass*), viridesco.

見直す　corrigo, emendo.　▶見直し correctio, emendatio.

身投げ　▶~する (=投身自殺する) se praecipitare (← praecipito) ⟨ex re; in alqd⟩.

みなす　(=考える, 判断する, 解釈する) (...を...と) ⟨alqd pro re; alqd in numero alcis rei⟩ duco, habeo, ⟨+2 個の *acc*⟩ numero, ⟨alqd ad alqd⟩ accipio.

港　portus.　▶~の多い portuosus.　▶~に入る[到着する] in portum pervenio [venio, inveho (*pass*)] / portum capio.

南　meridies, auster, meridiana caeli pars.　▶~の meridianus, meridialis, australis, austrinus.　▶~を向いている ad meridiem specto.　⇨ 北.

身なり　vestitus, ornatus, cultus.

醜い　turpis, deformis, foedus, taeter.　▶醜さ turpitudo, deformitas, foeditas.

見抜く　perspicio, acutissime video, divino.

ミネラルウォーター　aqua medicata.　⇨ 水.

見逃す　omitto.　⇨ 見落とす.

見放す　⇨ 見捨てる.

見晴らし　▶~の良い late prospectans.　▶見晴らす possideo.　▷洋々たる海原, 長大な海岸線, この上なく美しい別荘地を見晴らす食堂 cenatio quae latissimum mare longissimum litus villas amoenissimas possidet.　⇨ 眺める.

見張る　custodio, speculor (*dep*).　▶見張り custodia, speculatio; (人) custos.　⇨ 監視.

身振り　gestus, gesticulatio, motus, corporis jactatio.

身分　(=階級, 地位) ordo, locus, genus, condicio.

未亡人　viro privata (*f*), vidua (*f*); (状態) viduitas.

見本　exemplum.

見舞う　(病人を) (ad aegros) viso.　▷災難に見舞われる cladem accipio.

見回す　circumspicio.

耳　auris.　▷~を貸す aures do.

ミミズ　lumbricus, terrenus (vermis).

脈　(=血管) vena; (=脈拍) pulsus arteriarum [venarum].　*cf.* 静脈 vena.　動脈 arteria.

土産　xenium.

ミャンマー　(ビルマ) Birmania.　▶~(人)の Birmanianus.　▶~人 Birmani (*pl*).

未来　(=将来) futura, futurum.　▶~の (=将来の) futurus.

魅力　(=優美) lepor, lepos, suavitas, jucunditas, venustas, dulcedo.　▶~的な (=優美な) lepidus, suavis, jucundus, venustus, dulcis.　⇨ 美しい.

見る　video, specto, conspicio, aspicio, tueor (*dep*), intueor (*dep*), contueor (*dep*).　⇨ 見つける, 見分ける, 観察.

ミルク　lac.　▶~の lacteus.

見分ける　(=識別する, 違いが分かる) cerno, discerno, dignosco, internosco, dispicio.　▷真実と虚偽を~ vera et falsa [vera a falsis] dijudico.　⇨ 区別.

民間　▶~の (=民営の, 公的機関に属さない) privatus; (=通俗の, 人々の間に広まった) popularis, vulgaris.

民衆　populus, plebs.　▶~の, ~派の popularis.　▷~の声は神の声 (=天声人語) vox populi vox dei.　⇨ 大衆.

民主主義　▶~(政治) democratia.　▶~(政治)の democraticus.　▶民主化する democratiam induco, democraticis rationibus instituo, rem publicam populari rationi constituo, ad popularis civitatis formam adduco.

民族　gens, genus, natio.　▶~の gentilicus.

む

無　nihil, nihilum.　▷~からは何も生じない ex nihilo nihil fit.　▷~に帰す ad nihilum venio.

無意識　(心理学的な) subliminium, quod infra conscientiae limen fit, interior animus, recondita animi pars, animi profundum, irrationales animi motus.

ムード　(=気分) animi habitus, animi [mentis] affectio, animus.

無益　(=役に立たないこと) inutilitas, inanitas, vanitas.　▶~な (=役に立たない, 空しい) inutilis, inanis, vanus.　▶~に (=無駄に, 空しく) inutiliter, inaniter, vane, frustra, nequiquam.

無縁　▶~な alienus.　▷私は人間だ. 人間に関することは一切私と~とは考えない homo sum, humani nihil a me alienum puto.

向かい　▶~の (=正面の, 反対の) adversus, objacens.　(...の)(側)の ⟨+*dat*⟩ objectus, ⟨+*dat*⟩ oppositus, adversus [exadversus, contra] ⟨+*acc*⟩ positus.　⇨ 正面.

無害　innocentia.　▶~の innocens, innoxius.

向かい合って　(...に) contra ⟨+*acc*⟩, adversus ⟨+*acc*⟩, exadversus ⟨+*acc*⟩.　▶向かい合った objectus.

向かう　(=...を目指して進む, 赴く)(...に) ⟨alqd; in [ad] alqd⟩ eo, tendo, contendo, se conferre (← confero), iter habeo [facio, intendo], pervehor (*pass*), ⟨+*acc*⟩ peto, pergo; (=向く) (...の方向に) ⟨alqd; ad [in] alqd⟩ vertor (*pass*), se vertere (← verto), advertor (*pass*).　⇨ 向かう.

迎える　(=受け入れる, 招待する) excipio, accipio; (人を家に) (alqm tecto; alqm domum) recipio.

昔　[名] (=過去, 前の時代) (tempus) praeteritum,

tempus pristinum, aetas praeterita, ea quae fuerunt (pl). ── 副 (＝かつて, 以前に) olim, quondam, prius, antea. ▶～から antiquitus.
昔話 fabula.
向かって (…に) adversus 〈+acc〉.
無関心 (＝無頓着) neglectio, neglegentia, incuria. ▶～な (＝無頓着な) neglegens, incuriosus.
麦 (＝小麦) triticum. ▶～粒 granum tritici. ～畑 frumentarius ager. ▶～わら triticea pallea. cf. 小麦粉 farina. 大麦 hordeum. 大麦パン hordeaceus panis.
無気力 veternus. ▶～な veternosus. ⇨ 気力, 怠惰.
向く (＝傾く) (…の方へ) 〈in [ad] alqd〉 verto, se vertere (← verto), declino, se converterre (← converto). ▶(…に) 向いている (＝適性がある) aptus 〈alci rei; ad alqd〉.
報いる (人に報償で) (＝人に報酬を与える) (alqm praemio) remuneror (dep), dono, (alci praemium) do, tribuo, defero.
無口 taciturnitas, silentium. ▶～な taciturnus, silens. ▶～静か.
向ける (…に) 〈in [ad] alqd〉 verto, adverto, declino, inclino, dirigo. ▷(…に) 注意を～ 〈in [ad] alqd〉 animum intendo [verto].
無限 infinitum, immensum. ▶～性 infinitas, immensitas. ▶～分割 sectio in infinitum. ▶～な infinitus, immensus. ▶～に infinite. ⇨ 無数.
向こう ▶～に (＝向こう側に) ultra. ▶(…の) ～に (＝向こう側に) ultra 〈+acc〉, trans 〈+acc〉, praeter 〈+acc〉, super 〈+acc〉. ▷ポー川のこちら側とあちら側に cis Padum ultraque.
無効 ▶～の nullus, irritus. ▶～である nihil valeo. ▶～になる evanesco. ▶～とみなす pro irrito [infecto] habeo.
無言 silentium. ▶～の silens, silentiosus, taciturnus. ▶～で silentio, silentiose. ⇨ 黙る.
無罪 innocentia. ▶～の innocens, insons, innoxius, non culpabilis. ▶～である in culpa non sum, a culpa absum. ▶～放免 absolutio, liberatio. ▶～放免にする absolvo, libero.
無差別 ▶～の neglegens. ▶～に promiscue, sine discrimine, sine ullo delectu, omni discrimine remoto, delectu omni remoto.
虫 bestiola, insectum.
無視 praetermissio, omissio. ▶～する praetermitto, neglego.
無実 innocentia. ▶～の insons, innocens, culpae expers. ⇨ 無罪.
蒸し風呂 sudatorium.
無邪気 ▶～な puerilis, innocens, simplex.
矛盾 repugnantia, discrepantia, dissensio, contradictio. ▶～な repugnans, discrepo, dissentio.
むしろ (…ではなく) immo; (…よりも) potius (quam…). ▶～を好む malo, praefero. ▷ローマよりウティカにあることを好む (＝望む) Uticae potius quam Romae esse malo.
蒸す (＝蒸気で調理する) coquo (in [ex, cum]) vapore aquae calidae.

無数 innumerabilitas. ▶～の innumerus, innumerabilis. ▶～に innumerabiliter. ⇨ 無限.
難しい (＝困難な) difficilis, haud facilis; (…する ことは) difficile est 〈+inf〉.
息子 filius. ▷それは私の～ではない, 兄弟の～だ ex me hic natus est sed ex fratre.
結ぶ ligo, necto; (＝一緒にする) jungo, conjungo. ▶結びつける annecto. ⇨ 縛る.
娘 (⇔息子) filia; (＝未婚の女) puella. ⇨ 少女, 処女.
無責任 nulla responsabilitas, responsabilitas defecta, sui muneris officiique neglectio. ⇨ 責任.
無線 (＝無線放送, 無線通信) nuntium radiophonice missum, aerium nuntium, nuntium per aetheris undas missum, radiotelegraphia, transmissio radiotelegraphica. ▶(通信) の radiotelegraphicus. ▶～局 (＝無線放送局) radiophonica statio. ▶～電話 radiotelephonium, radiotelephonum.
無線技術 radiotechnice. ▶～の radiotechnicus. cf. 無線技士 radiotechnices peritus.
夢想 (＝起きたまま見る夢) alicujus vigilantis somnia (pl); (＝夢, 空想) somnium. ⇨ 空想, 妄想.
無駄 ▶～な vanus, inanis, inutilis, incassus, supervacaneus, supervacuus. ▶～に inaniter, frustra, nequiquam, inutiliter, incassum. ▶～にする (＝だいなしにする) perdo, disperdo, corrumpo, consumo. ▶～になる pereo. ▷～に骨を折る operam perdo. ▷一日を～にする diem perdo. ▷時間を～にする tempus perdo [tero].
無断 ▶～で (＝承諾なく) sine permisso [permissione].
鞭 flagellum, flagrum, verber, lorum, virga. ▶～で打つ verbero, verberibus [flagellis, loris] caedo, flagello.
無知 (＝知らないこと) ignoratio, ignorantia, inscientia, inscitia, imprudentia; (＝無学) imperitia, inscitia. ▶～な (＝知らない) ignarus, inscius, inscitus, insciens, imprudens; (＝無学な, 未熟な) imperitus, rudis, indoctus. ⇨ 素人.
無茶 (＝無鉄砲) audacia. ▶～な (＝無鉄砲な) audax; (＝道理に適わない, 不条理な) insanus, rationis expers, male sanus, a ratione aversus, absurdus. ▶～だ nulla ratione est (← sum), minime rationis est.
夢中 (＝無我夢中, 我を忘れた状態, 狂気) furor, insania; (＝過度な愛好) nimius amor. ▶(…)～ だ 〈in+abl〉 totus sum, 〈+dat〉 in insaniam faveo. ▶(…)～の nimio amore 〈+gen〉 correptus. ▶～ に (なって) in insaniam. ⇨ 狂気, 熱狂.
無頓着 incultus, neglegentia, languor, indiligentia, segnitia. ▶～な neglegens, languidus.
空しい (＝空(から)の) vacuus; (＝内容のない, 無意味な) vanus; (＝無益な, 無駄な) inanis, irritus, inutilis. ▶空しく (＝無駄に, 無益に, 徒に) frustra, nequiquam, inaniter, inutiliter, incassum.
胸 pectus; (＝胸部) thorax; ⇨ 乳房, 肺.
無能 ▶(…することに) ～な (＝能力がない) inhabilis

⟨alci rei; alci rei faciendae; ad alqd⟩, invalidus. ▶~な (=知識がなくて無能な) inscitus, imperitus, ignarus; (=愚かな) hebes. ▶~である (=能力がない) non valeo. ⇨ 無知.

無名 ignobilitas, obscuritas. ▶~の ignobilis, obscurus. ⇨ 有名.

無用 ▶~な (=役に立たない) inutilis; (=必要ない) non necessarius; (=余分な) supervacaneus, supervacuus. ▶(…は) ~です (=…は重要でない, …する必要がない) nihil attinet ⟨+inf⟩, supervacaneum est ⟨+inf⟩, nihil necesse est ⟨+inf⟩, nihil opus est ⟨+inf⟩.

村 pagus, vicus. ▶小さな~ viculus. ▶~人 rusticus (m), vicanus (m), paganus (m). ⇨ 田舎.

紫 (色) viola. ▶~(色)の violaceus, ianthinus.

無理 ▶~な (=実現不可能な, 行ないえない) qui fieri non potest, qui effici non potest.

無理やり per vim.

無料 ▶~の gratuitus. ▶~で gratuito, gratiis.

無力 impotentia, infirmitas, imbecillitas. ▶~な invalidus, impotens, infirmus, imbecillus.

群 grex; (家畜の) pecuaria; (牛や馬などの) armentum, armentorum grex; (小さな家畜の) pecus, pecorum grex; (人の) (=群衆) turba. ⇨ 群衆.

め

芽 gemma, oculus. ▶(草木が) ~を出す gemmo, gemmasco, gemmas moveo.

目 oculus; (両方の) ambo oculi (pl). ▶~玉 oculi globus. ▶~が良い claris oculis video. ▶~が悪い male oculatus. ▶~をつぶす oculum eruo.

姪 neptis; (=兄弟の娘) fratris filia; (=姉妹の娘) sororis filia.

明快 ▶~な (=明瞭な, 明晰な) dilucidus, lucidus, illustris, perspicuus, apertus. ▶単純な~ subtilis. ⇨ 明瞭, 明白.

明確 ▶~な certus, exploratus, definitus. ⇨ 確か.

明言 declaratio. ▶~する declaro, profiteor (dep). ⇨ 断言.

名産 (地方の) (regionis) praeclarus fructus.

名刺 tessera salutatrix.

迷信 superstitio. ▶~的な superstitiosus.

名声 (=良い評判) fama, gloria, nomen, existimatio. ▶~のある (=名誉ある) famosus, gloriosus. ⇨ 賞賛.

瞑想 meditatio, cogitatio. ⇨ 熟慮.

命題 propositum, propositio.

明白 ▶~(さ) evidentia, perspicuitas, claritas. ▶~な manifestus, evidens, dilucidus, lucidus, definitus, expressus, perspicuus, clarus, apertus, planus. ▶~である apparet (impers), propalam esse (← sum). ▶~に perspicue, manifesto, manifeste, clare, lucide, aperte, plane, evidenter, expresse, dilucide. ⇨ 明らか, 明瞭.

名簿 album, tabula.

名誉 (=名声, 栄誉) honor, honos, gloria, fama.

▶~回復 infamiae detractio. ⇨ 賞賛, 名声.

明瞭 ▶~な clarus, explicatus, expressus, explanatus. ⇨ 明白, 明快.

命令 imperium, imperatum, jussum, dictum, mandatum. ▶~する jubeo, impero, edico, mando, dicto.

迷惑 (=厄介) molestia. ▶~な molestus. ▶~でなければ nisi molestum est, si tibi grave non est. ▶(…に) ~をかける ⟨alci⟩ molestiam affero, ⟨alqm⟩ molestia afficio.

目上 ▶~の superior. ⇨ 目下.

メーカー (=製造者) opifex; (=製造所, 製造会社) officina, societas fabricatoria. ⇨ ブランド.

メートル metrum. ▶~キロ~ chiliometrum. ▶その町まで4キロ~です quattuor chiliometra sunt usque ad hoc oppidum. ⇨ センチ.

メキシコ Mexicalia. ▶~(人)の Mexicaliensis. ▶~人 Mexicalienses (pl).

めくばせ ▶~する oculos distorqueo. ⇨ 瞬き.

恵み (=施し, あわれみ) eleemosyna; (=恩恵) beneficium, gratia; (=祝福) benedictio. ⇨ 恩寵, 祝福.

目指す (=目標とする) destino; (=得ようと求める) peto, contendo.

目覚める (e somno) expergiscor (dep), e somno suscitor (pass), somno solvor (pass), evigilo.

目下 ▶~の inferior. ⇨ 目上.

召使 servus (m), famulus (m).

目印 signum, nota.

雌 femina. cf. 雌蛇 serpens femina. 雌鴨 anas femina. ⇨ 雄.

珍しい (=まれな) rarus, infrequens; (=奇異な, 特異な) insolitus, inusitatus, singularis.

目立つ (=際立つ, 突出する) emineo, exsto.

メダル numisma, nomisma.

目つき (=まなざし) oculi (pl), vultus, oculorum obtutus.

滅亡 perditio. ⇨ 滅びる, 滅ぼす.

メニュー (=献立表) escarum descriptio [index, ordo].

目まい vertigo.

メモ (=メモ帳) libellus [liber] memorialis, (codicilli) pugillares (pl). ▶~する (=書き留める) noto, annoto.

メロディー melos, modus, melodia.

綿 (=綿布) xylinum. ⇨ 綿(た).

面 (=マスク) persona, larva. cf. 顔面 facies. 表面 superficies. 水面 aquae superficies, summa aqua. 地面 summum solum, summa humus. 側面 latus. 前面 frons.

免疫 ▶~(性) immunitas. ▶~学 immunologia. ▶~学者 immunologus, morborum immunitatis doctor. ▶~(性)の, ~学(上)の immunologicus. ▶~をつける immunem reddo.

面会 (=会見, 会談) congressus, colloquium; (=訪問) salutatio.

免許 diploma. ▶自動車運転~ diploma vehiculo automatario ducendo [regendo].

面して (…に) adversus ⟨+acc⟩.

免除　vacatio, remissio, absolutio, immunitas. ▶～された immunis, liberatus, expers, vacuus. ▶～する libero, solvo, absolvo.
面する　▷通りに～窓 fenestrae in viam versae (pl). ▷寝室が山に面している cubiculum montes intuetur.
免税　immunitas. ▶～の (vectigalibus) immunis.
面積　superficies.
面倒　(＝煩わしさ) molestia, difficultas; (＝世話) cura. ▶～な (＝煩わしい) molestus, gravis, difficilis.
メンバー　sodalis, particeps. ⇨ 仲間.
面目　honestas, existimatio, fama. ▶不～ infamia. ▶不～な inhonestus, turpis. ⇨ 名誉, 名声.
綿密　diligentia, scrupulositas, subtilitas. ▶～な diligens, scrupulosus, subtilis, accuratus. ⇨ 正確, 精巧.

も

も　et. ▷A も B も et A et B. ▷A も(また) et A / A quoque. ▷ブルートゥスよお前もか et tu Brute?
もう　jam. ▷～明るい jam lucet.
もうける　demereo, demereor (dep), lucror (dep), quaestus sibi constituere (← constituo). ▶もうけ (＝利益) lucrum, quaestus, fructus. ▷事業で大もうけする magna lucra ex re facio. ⇨ 稼ぐ.
申し込み　inscriptio.
申し出る　se offerre (← offero), profiteor (dep).
もうすぐ　mox, jam. ▷～6 時です haud longe sextā (horā) abest.
妄想　error, vana opinio [imago], falsae rerum imagines (pl). ⇨ 空想, 錯覚.
毛布　lodix, lodex. ▶小さな～ lodicula. ⇨ 布.
盲目　caecitas. ▶～の caecus. ▶～にする caeco. ▶～である caligo.
猛烈　▶～な concitatus, vehemens, violens, violentus. ▶～に ferociter, concitate, vehementer, violenter. ⇨ 激しい.
燃える　(＝燃焼する) flagro, conflagro, uror (pass); (炎や灯火が) ardeo, aestuo.
モーター　▶～ボート automataria scapha, navicula automataria, navigium automatarium. ⇨ エンジン.
黙劇　(＝無言劇) mimus. ▶～役者 mimus. ▶～の mimicus. ⇨ 演劇.
目撃　▶～者 testis (ocularis), arbiter (m). ▶～する arbitror (dep), video, specto, cerno; (＝...に居合わせる) (...を) intersum ⟨alci rei⟩.
木炭　carbo. ⇨ 石炭.
目的　finis, propositum, consilium, institutum, sententia, mens, studium, voluntas, destinatum, destinatio.
目的論　▶目的(原因)論 finalismus, teleologia.
潜る　urinor (dep), inurino. ▶～人 urinator. ▷水の中に～ se in aquam immergere (← immergo).
模型　(＝雛形) praestituta forma, specimen praestitutum.
モザイク　musivum (opus).
モザンビーク　Mozambicum. ▶～(人)の Mozambicanus. ▶～人 Mozambicani (pl).
もし　▶～...ならば si .... ▶～(で)ないならば nisi ....
文字　littera, litterarum formae [notae] (pl). ▶～どおりに ad verbum. ⇨ アルファベット.
モスク　(＝イスラム寺院) meschita.
もたらす　(＝持ってくる) affero, adveho. ⇨ ひき起こす.
もたれる　(＝よりかかる) (...に) ⟨ad alqd⟩ annitor, se applicare (← applico). ▶(...に) もたれた ⟨+dat⟩ acclinis.
持ち上げる　sublevo.
持ち歩く　mecum porto.
持ち込む　importo.
持ち出す　effero, egero.
持ち主　(＝所有者) possessor (m), possestrix (f), dominus (m), domina (f).
持ち物　(＝所有物, 財産) res (propria), proprium, bona (pl); (＝荷物, 携行物) sarcinae (pl), impedimenta (pl).
もちろん　scilicet, videlicet. ⇨ 明らか.
持つ　habeo. ⇨ 所有.
もったいない　惜しむ, 節約.
持ってくる　affero, adveho.
もっと　magis.
モットー　sententia.
最も　maxime.
もっとも　ceterum; (＝そうはいうものの) tamen.
もつれる　intricor (pass).
もてなす　(人を)(客として) ⟨alqm⟩ (hospitio) accipio. ▶(人に) もてなされる ⟨ab alqo⟩ hospitio accipior (pass). ▶もてなし hospitium.
もと(許)　▶(...の)～で apud ⟨+acc⟩. ▷主人の～で apud dominum.
戻す　repono, restituo. ▷旧状に～ in antiquum statum restituo.
基づく　fundor (pass), nitor (dep).
元どおり　▶～にする (＝復元する) restituo.
求める　(＝要求する, 願い求める) peto, appeto, posco, exigo, rogo, postulo, quaeso, cupio; (...を)(熱心に) studeo ⟨alci rei⟩; (＝探し求める, 得ようとする) affecto. ▷あなたは私がご兄弟の娘さんに夫を探すことを求めている petis ut fratris tui filiae prospiciam maritum.
戻る　(...に) ⟨ad+acc⟩ redeo; (...から...へ) se ⟨ex in alqd⟩ recipere (← recipio).
モナコ　Monoecus (m). ▶～(人)の Monoecensis. ▶～人 Monoecenses (pl).
物　res; (＝物体) corpus; (＝物質) materies, materia.
物音　sonus, sonitus, crepitus, fremitus.
物語　fabula, narratio, historia. ▶物語る narro.
ものすごい　immanis, atrox.
もはや　jam.
模範　exemplum, exemplar, exempla ad imitandum. ▶～的な imitatione dignus.

模倣 ▶(手本を)〜する (exemplum) imitor (dep), assimulo.
もみ消す (事件や噂を) opprimo, oblittero.
もめごと (＝不和) dissensio, animorum disjunctio, controversia. ⇨ 口論, 訴訟.
もめる (＝不和になる) disjungor (dep), dissocior (dep); (＝口論をして争う) inter se altercari (← altercor), inter se litigare (← litigo). ⇨ 口論.
腿 femur.
桃 malum persicum.
燃やす (＝燃焼させる, 焼く) uro; (＝火をつける, 焚き付ける) incendo, succendo. ▶燃やし尽くす (＝焼き尽くす) exuro, peruro.
模様 ▶(花)〜 signa (florum) (pl), (florum) lineamenta (pl), picta (florum) species.
催す (祭典や競技を) (＝挙行する, 開催する) (sacra [ludos]) celebro, ago, do, facio, habeo.
もらう (人から物を)〈alqd ab alqo〉accipio, capio; (…をプレゼントに)〈alqd dono〉accipio.
漏らす (秘密を) patefacio. ⇨ 暴露.
森 silva, nemus. ▶〜の silvestris. ▶〜の多い silvestris, silvosus.
盛る (＝積み上げる) coacervo, congero. ▶毒を〜(物に)〈alqd veneno inficio; (人に)〈alci〉venenum praebeo [do]. ⇨ 毒.
漏れる (液体が) (＝漏る, こぼれる) fluo, defluo, perfluo, mano, emano.
もろい fragilis. ▶もろさ fragilitas.
モロッコ(王国) Marocanum regnum. 〜(人)の Marocanus. ▶〜人 Marocani (pl).
門 porta, janua.
文句 (＝語句) dictum. ▶決まり〜 loci communes (pl), formulae (pl). ⇨ 苦情.
問題 quaestio, problema. ▶〜の problematicus. ▷〜を解決する problema solvo.

や

矢 sagitta. ▶小さな〜 sagittula. ▶〜を射る sagitto, sagittam conjicio [emitto].
野外 ▶〜で sub divo, in propatulo, in aere.
やがて (＝まもなく, 近々, そのうちに) mox, brevi tempore, propediem, postmodum, postmodo.
やかましい strepens, clamosus.
やかん cacabulus. ⇨ 鍋.
役 (芝居の) pars, persona. ⇨ 演じる.
訳 (＝翻訳) translatio, conversio. ⇨ 翻訳.
焼く uro, aduro, torreo, coquo.
約… circiter, prope, fere. ⇨ およそ.
役者 actor, scaenicus, histrio.
役所 publica sedes, publica statio.
約束 (行為) promissio, pollicitatio; (内容, ことば) promissum, fides. ▶〜する polliceor (dep), promitto, fidem do. ▷〜を破る fidem fallo. ▷〜を守る fidem praesto.
役立つ 動 (＝有益である) (…に)〈alci〉prosum, 〈alci; ad alqd〉usui sum, 〈ad alqd〉usum affero, utilitatem habeo, proficio. — 形 utilis. ▶〜こ

と utilitas. ▷何の役にも立たない男 homo ad nullam rem utilis.
薬品 medicamentum. ⇨ 薬.
役割 pars, persona.
火傷 (行為) adustio, ambustio; (症状) adusta (pl), inusta (pl).
妬ける ⇨ 妬む.
野菜 holus, olus. ▶〜栽培家, 〜売り holitor. ▶〜園 hortus holitorius. ▶〜の holitorius.
やさしい(易しい) (＝容易な) facilis. ▶非常に〜 perfacilis.
やさしい(優しい) (＝柔和な, もの柔らかな) placidus, mitis, mollis, lenis, clemens, facilis. ▶やさしく molliter, placide. ⇨ 愛想.
やじ conclamatio, convicium, acclamatio. ▶(人に)〜を飛ばす〈alci〉acclamo. ⇨ ののしる.
養う (＝扶養する) alo. ⇨ 飼育, 教育.
野獣 fera. ▶〜の ferinus. ⇨ 野生.
野心 ambitio (gloriae), ambitus, honorum cupiditas, laudis studium; (権力や支配への) (dominandi [imperandi, regni]) cupiditas. ▶〜家の ambitiosus, gloriae cupidus [appetens], honoris avidus.
安い (＝安価な) vilis. ▶〜値段で pretio parvo [exiguo]. ▶できるだけ〜値段で quam minimo pretio. ▶安く買う bene [parvo] emo. ⇨ 高い.
休む (＝休息する) quiesco; (休日で) ferias ago, ferior (dep). ▶(休日で) 休みの feriatus. ▶休み (＝休息, 休憩) quies; (＝休暇) vacatio. ▷休み(＝休暇)を与える vacationem do. ⇨ 休日.
安物 merx vilis.
野生 ▶〜の (＝馴らされていない) ferus, agrestis, silvestris. ▶〜動物 bestia fera. ⇨ 野獣.
やせる macresco, emacresco, macesco.
家賃 merces (habitationis), habitatio. ▷〜を払う refero mercedem.
厄介 molestia, incommodum. ▶〜な molestus, incommodus, operosus, impeditus.
薬局 pharmacopolium, pharmaceutica taberna, taberna [officina] medicamentaria. ⇨ 薬.
やっつける profligo, vinco.
やっと (＝ようやく, ついに) tandem, demum, denique; (＝やっとのことで) vix, aegre. ⇨ かろうじて.
野党 adversa factio. ⇨ 与党.
雇う adhibeo, utor (dep), in usu habeo, auctoro.
家主 habitationis possessor [dominus].
屋根 tectum.
やはり ▶それでも〜 nihilominus, nilominus, tamen, verumtamen.
野蛮 inhumanitas, immanitas, barbaria, feritas. ▶〜な inhumanus, immanis, barbarus, trux, ferus, silvestris.
やぶ dumus, dumetum, frutex, fruticetum. ▶〜におおわれた dumosus, fruticosus. ⇨ 茂み.
破る (紙や布を) (＝裂く) rumpo, lanio, lacero, scindo; (戦いで敵を) (＝負かす) vinco, supero. ▷約束を〜 promissum fallo / fidem frango. ▷誓約を〜 jusjurandum violo / foedus frango.
山 mons. ▶〜の montanus. ▶〜の多い montuo-

闇　tenebrae (*pl*), caligo, nox. ⇨ 暗い.
やむ　(=止まる) consisto. ▷風が~ ventus remittit. ▷雨がやんだ imber remisit.
やむをえず　necessario. ▶やむをえぬ necessarius. ⇨ 必然.
やめる　desino, desisto, cesso, absisto. ▷書くのを~ scribendi finem facio. ▷逃げるのを~ consisto a fuga / desisto fugā.
辞める　(…を)⟨+*abl*⟩ abeo, se abdicare (← abdico), ⟨+*acc*⟩ depono, abdico. ▷官職を辞める magistratu abeo.
やや　(=少し, いくらか, 多少) paulum, aliquantum, plusculum.
ややこしい　implicatus, involutus, tortuosus.
槍　lancea. ▶小さな~ lanceola. ▶投げ~ jaculum. ▶~を投げる人 jaculator (*m*), jaculatrix (*f*). ▶~を投げる jaculor (*dep*).
やりくり　(家計の) rerum domesticarum cura; (=倹約) parsimonia.
やり通す　(最後まで) perago; (=やり遂げる) perficio.
やり直す　reficio.
やる　⇨ 行なう, する, 与える, 試す.
やる気　voluntas.
柔らかい　tener, mollis. ▶柔らかさ teneritas, mollitia, mollities.
和らげる　mitigo, tempero, mollio, sano.

ゆ

湯　(温かい)(aqua) calida; (沸騰した) fervens aqua.
唯一　▶~の unus, solus, unicus. ⇨ 一人.
遺言　▶~(状) testamentum. ▶~に関する testamentarius. ▶~(状)をこしらえる testamentum facio ⟨conscribo⟩, testor (*dep*). ▶~をせずに死ぬ intestato morior (*dep*).
憂鬱　tristitia, maestitia, atra bilis, bilis nigra. ▶~な tristis, maestus, melancholicus. ⇨ 悲しい.
有益　utilitas, commodum. ▶~な (=有用な, 役に立つ) utilis, salutaris, fructuosus. ▶(人にとって)~である ⟨alci⟩ prosum, utilitati sum.
優越　praestantia. ⇨ すぐれた.
遊園地　horti publici oblectatorii (*pl*).
優雅　(=優美) elegantia, venustas, decus. ▶~な (=優美な) elegans, venustus, decorus. ⇨ 美しい.
誘拐　plagium, raptio, raptus. ▶~者 (=人さらい) plagiarius (*m*), plagiaria (*f*). ▶~する rapio, subripio. ⇨ 略奪.
有害　▶~な noxius, nocens, damnosus, perniciosus. ⇨ 害, 毒.
夕方　(=晩, 日没から就寝まで) vesper, vespera. ▶~の (=晩の) vespertinus. ▷(夕) vesperi, ad vesperam. ▶~の始めに primo vespere, prīmā vesperā. ▶~になる vesperascit (*impers*), advesperascit (*impers*). ⇨ 晩, 夕暮れ.

勇敢　audacia, fortitudo. ▶~な fidens, fortis, audax. ▶~に audacter, fortiter. ⇨ 勇気, 大胆, 自信.
勇気　virtus, fortitudo, audacia. ▶~ある virilis, animosus. ⇨ 大胆, 勇敢.
夕暮れ　crepusculum. ▶~時に primo crepusculo, primis tenebris. ⇨ 夕方.
友好　(=友好的関係, 親交) amicitia, familiaritas, (benevolentiae) conjunctio, sodalitas. ▶~的な (=好意的な) amicus, benignus, benevolus. ⇨ 親しい.
有効　efficacitas, validitas. ▶~な efficax, validus. ▶~である valeo.
融合　confusio. ▶~させる confundo.
ユーゴスラビア　Jugoslavia. ▶~(人)の Jugoslavicus. ▶~人 Jugoslavi (*pl*).
有罪　peccatum, culpa, noxia. ▶~の (=罪のある) noxius, nocens, obnoxius. ▶~である in noxia [culpa] sum. ▶~とする (=有罪判決を下す) condemno, damno. ⇨ 無罪.
融資　pecuniae suppeditatio [commodatio]. ▶~する pecuniam suppedito [commodo].
優秀　praestantia, excellentia, eximietas. ▶~な praestans, excellens, eximius.
優勝　palma, victoria. ▶~する palmam [victoriam] fero.
友情　amicitia, necessitas, necessitudo, familiaritas. ⇨ 愛.
夕食　cena, cibus vespertinus. ▶~を取る ceno. ⇨ 食事.
友人　amicus (*m*), amica (*f*), familiaris (*m*, *f*), necessarius (*m*), necessaria (*f*).
融通　(=心や行動の柔軟性) flexibilitas, facilitas. ▶~が利く (=柔軟な) flexibilis, mollis. ▶(金を)~する (=貸す) (pecuniam) credo. ⇨ 貸す.
優先　▶~する praeverto, antepono. ▷(…を)すべてに~させる ⟨+*acc*⟩ primum omnium pono.
郵送　missio per cursum publicum. ▶~する mitto per cursum publicum. ⇨ 郵便.
雄大　▶~(さ) granditas, majestas, amplitudo. ▶~な grandis, amplus, magnus.
誘導　▶~する moderor (*dep*), dirigo, rego, duco.
有毒　▶~な venenifer, venenatus, toxicus, noxius. ⇨ 毒.
有能　▶~な validus, peritus, satis doctus, idoneus, sollers. ⇨ 能力.
郵便　publicus cursus. ▶~局 aedes cursuales (*pl*). ▶~局員 rei cursuali praepositus [addictus] (*m*). ▶~葉書 chartula cursoria [cursualis]. ▶配達人 tabellarius. ▶~番号 codex cursualis. ▶~の cursualis. ⇨ ポスト, 切手, 葉書, 為替.
裕福　(=富裕) divitiae (*pl*), opulentia, fortunae (*pl*). ▶~な (=富裕な, 金持ちの) copiosus, locuples, fortunatus, dives, opulentus, opulens.
雄弁　eloquentia, facundia, dicendi [in dicendo] facultas, eloquendi vis. ▶~な eloquens, facundus. ▶~に facunde, eloquenter, diserte.
有名　celebritas, nobilitas, claritas. ▶~な (=著名な, 高名な) praeclarus, nobilis, illustris, clarus,

celeber, luculentus. ▷同じ行為でも，する人が～か無名かによって，非常に高く持ち上げられたり非常に低くおとしめられたりする eadem facta claritate uel obscuritate facientium aut tolluntur altissime aut humillime deprimuntur. ⇨ 無名.

ユーモア facetiae (*pl*).

猶予 dilatio, prolatio, procrastinatio. ▶～する differo, prolato. ⇨ 延期.

有利 （＝利益があること）⇨ 利益；（＝好都合）opportunitas. ▶～である（＝利益がある）in lucro esse (← sum). ▶～な（＝利益を生む）quaestuosus, fructuosus, lucrosus, lucrificabilis;（＝好都合な）opportunus, commodus, aequus. ▶～に utiliter, quaestuose, fructuose. ⇨ 役立つ, 有益.

有力 ▶～な（＝影響力のある, 勢力のある）potens, valens, validus, auctoritate gravis. ▶～者 homo maga auctoritate. ▶～である (auctoritae) valeo.

幽霊 （＝死者の魂, 亡霊）phantasma, simulacrum, larva, umbra, manes (*pl*), lemures (*pl*).

誘惑 tentatio, tentamen, corruptela, sollicitatio, illecebra. ▶～する tempto, corrumpo, sollicito, illicio, illecebro.

床 （梁に板を敷いた）contabulatio.

愉快 ▶～な（＝楽しい, 陽気な）laetus, hilarus, hilaris, festivus.

雪 nix. ▶～が降る ningit (*impers*), nives cadunt (← cado). ▷非常に深い～ altissima nix.

湯気 vapor (aquae calidae).

輸血 transfusio sanguinis.

輸出 exportatio. ▶～者 exportator. ▶～する exporto.

揺する （＝揺り動かす, 振動させる）quatio, quasso, concutio, conquasso.

譲る cedo, concedo, defero. ⇨ 与える.

輸送 portatio, vectio, vectura, subvectio, convectio. ▶～する fero, transporto, transfero, veho, vecto, supporto. ⇨ 運ぶ.

豊かな （＝裕福な, 金持ちの）locuples, dives, opulentus, opulens, fortunatus, abundans, copiosus, pecuniosus;（実りの）（＝豊饒な）fertilis, uber, fecundus. ⇨ 富ます.

委ねる （権限などを）offero, do. ▷ローマ国民はクラッススに戦争の遂行を～ populus Romanus Crasso bellum gerendum dat.

油断 ▶～する non caveo. ▶～している incautus. ▶～して incaute.

ゆっくり lente, tractim, tarde, segniter.

ゆとり spatium, discrimen;（生活の）（＝余裕）facilitas. ⇨ 暇.

輸入 invectio, importatio. ▶～品 merx importaticia. ▶～者 importator (*m*). ▶～する importo, inveho, accesso.

指 digitus. ▶～で数える computo digitis, computo per digitos. ▶親～ (digitus) pollex. ▶人さし～ index (digitus). ▶中～ medius digitus. ▶薬～ anularius digitus. ▶小～ auricularis digitus.

指さす demonstro digito. ⇨ 示す.

指輪 anulus. ▶結婚～ anulus nuptialis. ▶～をはめる anulum induo [digito apto].

弓 arcus. ▶～の弦 nervus. ▶～を引き絞る arcum intendo [adduco]. ▶～で矢を射る sagittam arcu emitto. ▷ 矢.

夢 somnium. ▶(…を)～に見る somnio ⟨+*acc*; + *acc c. inf*⟩, video somno, per somnum cerno. ▷～の中で in somniis. ▷私は～を見た mihi somnium evenit. ▷不思議な～を見る mirum somnium somnio. ▷とても良い～をみる jucundissimis somniis utor (*dep*).

ゆるい（＝ゆるんだ）laxus, fluxus, solutus. ▶ゆるく laxe. ⇨ ゆるめる.

許す・赦す （罪や過失を）（＝容赦する）ignosco, veniam do;（＝許可する, 放置する, 承認する）permitto, patior (*dep*), sino, concedo. ▷許されている licet (*impers*). ▷あなたにこんなに長い手紙を書くことを許して下さい velim mihi ignoscas quod ad te scribo tam multa.

ゆるめる laxo, solvo, remitto, retendo.

ゆるんだ laxus.

揺れる （＝振動する, 震える）tremo, contremo;（＝ぐらぐらする）se jactare (← jacto), jactor (*pass*), vacillo, nuto.

よ

世 （＝治世）regnum, imperium;（＝時代）aetas, saeculum;（＝人生）vita, aetas;（＝世間, 世の中）homines (*pl*), hominum commercium. ▷～の事象 res humanae (*pl*). ▷この～にある in vita maneo / (his) in terris maneo. ▷この～にあることをやめる inter homines esse desino. ▷あの～ vita futura.

宵 ⇨ 晩, 夕方.

よい （＝善良な, 良質な）bonus, probus, bellus. ▶より～（＝まさっている）melior, potior. ▶最も～ optimus. ▶(…する)方が～ ⟨+*inf*⟩ praestat.

酔う ▶酒に～ vino inebrior (*pass*);（＝泥酔する）se vino obruere (← obruo). ▶酔わす ebrium [temulentum] facio. ▶酔った ebrius, temulentus, violentus, vinosus. ▶酔った状態 ebrietas, temulentia, violentia.

容易 ▶～な facilis, proclivis, expeditus. ▶非常に～な perfacilis. ▶～に facile, sine (ullo) labore.

用意 praeparatio, comparatio. ▶～する praeparo, paro, comparo. ▶(…のために)～ができている praeparatus, paratus ⟨ad alqd⟩.

養育 nutricatio, nutricatus, cultus. ▶～者 nutritor, nutricius;（＝乳母）nutrix, nutricia. ▶～する nutrio, nutrico, nutricor (*dep*). ⇨ 教育.

容器 excipulum, excipula.

陽気 hilaritas, festivitas. ▶～な hilaris, hilarus, festivus, jocosus. ▶～に hilare, hilariter, laete.

容疑 suspicio. ▶～者 suspectus scelere [sceleris] (*m*), reus sceleris. ⇨ 疑う, 被告.

要求 （行為）expostulatio, postulatio;（物）postulatum, requisitum. ▶～する exigo, expostulo, posco, requiro, peto. ⇨ 求める, 請求, 頼む.

用件　res, negotium.
要件　▶(…の) あらゆる~を備えている ⟨alcis rei⟩ onmnes numeros habeo.
用語　(=ある分野に特有の語, 術語) propria verba ⟨alcis rei⟩ (*pl*), propria vocabula ⟨alcis rei⟩ (*pl*). ⇨ 術語.
要塞　castrum.
容姿　(=顔立ちと体つき) figura, forma, species, effigies; (=顔立ち) facies, vultus.
幼児　infans (*m, f*), infantulus (*m*), infantula (*f*), parvus puer (*m*), parvulus (*m*).
用事　res, negotium, occupatio.
容赦　(=免罪) venia. ▶~する veniam do, ignosco. ⇨ 許す.
用心　cautio, provisio. ▶~する caveo, provideo. ⇨ 警戒, 注意.
様子　(=外見, 見かけ) aspectus, species, facies; (=情勢, 状態) status, habitus, condicio.
要するに　(=一言で言えば) uno verbo, ne multa (dicam); (=結局, 結論を言えば) ad summam, in summa, denique, postremo; (=もうこれ以上話さないために) ut plura non dicam, ut non dicam, ut nihil aliud dicam.
要請　(行為) postulatio, petitio; (物) postulatum. ▶~する postulo, peto. ⇨ 要求.
養成　▶~する (=教育や訓練で形成する) informo, formo, instituo, exerceo.
容積　mensura, dimensio, capacitas.
要素　elementum.
幼稚　▶~(さ) puerilitas. ▶~な puerilis.
要点　caput, (res) summa, cardo, id quod caput est. ⇨ 重要, 主要.
用途　(=使いみち) usus, utilitas. ⇨ 使用, 利用.
幼年　▶~(期) infantia, prima aetas, aetas tenera. ▶~期から ab infante, a tenero, a primo tempore aetatis. ⇨ 少年.
曜日　▶日~ dies Solis [Dominicus]; 月~ dies Lunae; 火~ dies Martis; 水~ dies Mercurii; 木~ dies Jovis; 金~ dies Veneris; 土~ dies Saturni. ▶日~に die Solis (*etc*). ⇨ 週.
容貌　(=顔つき) vultus, vultūs habitus, frons, os, facies.
ようやく　demum, denique.
要約　summarium, epitome, epitoma. ▶~する breviter complector (*dep*), breviter contraho. ⇨ 要点.
ヨーグルト　lac coagulatum Turcium.
ヨーロッパ　Europa. ▶~(人)の Europaeus. ▶~人 Europaei (*pl*). ⇨ 欧州.
余暇　otium. ▶~の[に]ある otiosus.
予感　praesensio, praesagitio. ▶~する praesentio, praesagio.
予期　▶~する exspecto, spero. ▶~しない (=思いがけない, 予期に反した) 形 improvisus, inopinatus, necopinatus, inopinus, necopinans. ▶~しない(=突然の)できごと casus repentinus. ⇨ 期待.
余興　ludus, oblectamentum, delectamentum.
預金　▶~する (pecuniam) depono, (pecuniam) in tutum pono, (pecuniam) custodiae trado. ▶(銀行の) ~口座 pecuniae cumulatae depositio. ▶~通帳 libellus pecuniae.
欲　(=食欲) aviditas, fames; (=欲望) cupiditas, cupido, libido. ▶食~ cupiditas edendi. ▶金~ pecuniae cupiditas. ▶復讐~ libido ulciscendi. ▶知識~ cupiditas cognitionis. ▶淫~ concupiscentia.
よく　(=りっぱに) bene; (=しばしば, 頻繁に) saepe, saepenumero, crebro, frequenter. ▶~…する (=…する傾向がある, しばしば…しがちである) soleo.
抑圧　oppressio, oppressus. ▶~する opprimo.
浴室　balneum, balnearia (*pl*).
翌日　名 posterus dies. — 副 postridie. ▶~の朝に postero die mane, mane postridie. ▷~に延期する in posterum (diem) differo.
抑制　coercitio, modus, moderatio. ▶~する coerceo, freno, moderor (*dep*). ⇨ 控えめ.
欲望　cupiditas, cupido, libido, desiderium.
余計　▶~な supervacaneus, supervacuus. ▶~(なもの) id quod supervacaneum est. ⇨ あり余る.
予見　▶~する praevideo. ⇨ 予想.
予言　praedictio, divinatio; (=神託) vaticinatio. ▶~者 prophetes (*m*), propheta (*m*), prophetis (*f*), prophetissa (*f*), vates (*m, f*). ▶~の propheticus. ▶~する (futura) praedico, vaticinor (*dep*), portendo, divino, ominor (*dep*), praemoneo, praenuntio. ⇨ 神託, 占い.
横　(=幅) latitudo; (=側面) latus. ▶~に広い (=幅広い) latus. ▶(…の) ~に (=…の側に) ad ⟨+*acc*⟩, propter ⟨+*acc*⟩, apud ⟨+*acc*⟩, ad latus ⟨+*gen*⟩. ⇨ 幅, 側(ら).
横切る　(=通り過ぎる, 渡る, 越える) transeo, transgredior (*dep*), transmeo, transcurro, trajicio, transmitto, transcendo. ⇨ 越える, 渡る.
予告　▶~する praemitto, moneo, praemoneo, praenuntio, praedico, portendo.
よごす　inquino, polluo. ⇨ 汚染.
横たわる　jaceo, cubo.
横になる　(寝床などに) incumbo, recumbo, decumbo.
よごれた　inquinatus. ▶よごれ illuvies, sordes. ⇨ きたない.
予算　▶~(案) ratio pecuniae accipiendae dandaeque, futurorum sumptuum [redituum] existimatio.
予習　praeparatio. ▶~する praeparo.
予選　(スポーツ大会の) certamen electivum, contentio electiva.
よそ　▶~で alibi, alio loco. ▶~へ alio. ▶~から aliunde. ▶~を通って aliā (viā).
予想　(=予測) opinio, spes, conjectura rerum futurarum. ▶~より早く opinione celerius. ▶~外の cogitatus. ▶~する (=予測する) opinor (*dep*), opinione auguror (*dep*), conjicio de futuris, praevideo, praesentio, prospicio, provideo. ▷~どおりの結果だった (=私の予想に反することは何も起きなかった) mihi nihil evenit improviso. ▷未来を~する (=何が起こるか予測する) provideo quid futurum sit. ▷天気を~する conjicio quae tempestas im-

pendeat. ⇨ 推測, 予見, 予感.
よだれ saliva. ▶～を流す 形 salivosus. ▶～を流させる salivo.
予知 ▶～する praedisco, praenosco, provideo.
欲求 cupiditas, desiderium. ▷飲食の～ cibi potionisque desiderium. ⇨ 欲望, 欲.
よって (動作主(人)を表わす) a/ ab ⟨+abl⟩; (原因・動作主(物)を表わす) (…に) per ⟨+acc⟩. ▷すべては神に～なされた omnia a Deo facta sunt. ▷(彼は) ハンニバルに～殺された ab Hannibale periit. ▷これらはすべて自然に～支配されている haec omnia reguntur naturā. ▷法律に～許されていること id quod per leges licet.
ヨット lusorius lembus.
酔っ払い ebriosus (m). ⇨ 酔う.
予定 (=計画) consilium, propositum; (=スケジュール) ordo rerum agendarum. ▶～表 commentarium. ▶～する (=つもりである)⟨+inf⟩ cogito, in animo habeo, spero.
与党 factio administratrix, partes politicae potestatem tenentes (pl). ⇨ 野党.
夜中 (=真夜中) media nox; (=夜更け) multa nox. ▶～に noctu; (=真夜中に) media nocte; (=夜も更けて) multa nocte.
予備 subsidium. ▶～の subsidiarius. ▶～軍 subsidiarii (pl). ▶～に取っておく sepono, reservo.
呼ぶ (名前で) (nomine) appello, dico, voco, nomino; (来るように) voco, advoco. ▶(挨拶で「…さん」と)呼びかける ⟨alqm⟩ saluto. ▷(人を)手紙で～ ⟨alqm⟩ evoco litteris. ▷医者を～ medicum arcesso. ▷その病気は「貪欲」と呼ばれる ei morbo nomen est avaritia.
余分 (なもの) id quod supervacaneum est. ▶～の supervacaneus, supervacuus, residuus.
予報 nuntius. ▶天気～ nuntius meteorologicus. ⇨ 予告.
予防 ▶～(策) praecautio, cautio. ▶～する praecaveo.
よみがえる (=生き返る, 復活する) resurgo, revivisco. ▶～こと (=蘇生, 復活) resurrectio.
読む lego; (声に出して) (=朗読する) recito. ⇨ 読書.
嫁 (=息子の配偶者) nurus; (=妻) uxor, conjunx. ▶花～ nova nupta. ▷彼はその男に自分の娘を～にやる ei filiam suam in matrimoniam dat.
予約 (=商品を取っておくこと) exceptio, praesignatio. ▶～購読 subnotatio. ▶～する (=自分に取っておく) sibi excipere (← excipio). ▷(飛行機の)席を～する locum (in aeronavi) (in) antecessum constituo. ▷雑誌を～購読する commentarios periodicos subnoto.
余裕 spatium, id quod superest.
より (比較対象を表わす) quam. ▷ある人～学識がある doctior aliquo [quam aliquis].
寄り道 ▶～をする devertor (pass).
夜 nox, nocturnum tempus, tenebrae (pl). ▶～の nocturnus. ▶～に noctu. ▶～になる前に ante noctem. ▶ある～ una nocte. ▶その(～に) ea nocte. ▷～だった nox erat. ▷きみは何でこんな～

にやって来るのか quid hoc noctis venis?
寄る (=近寄る) appropinquo. ⇨ 近づく, 忍び寄, 訪れる.
ヨルダン Jordania. ▶～(人)の Jordanus. ▶～人 Jordani (pl).
喜ばしい (=うれしい) 動 juvat (impers). ── 形 jucundus, laetus.
喜ぶ laetor (dep), gaudeo, exsulto, delector (pass). ▶喜ばす laetifico, delecto, juvo. ▶喜び gaudium, laetitia. ▷～に耐えません magnam cepi voluptatem.
喜んで libenter, gratanter. ▷人々は自分たちが信じたいことを～信じるものだ libenter homines id quod volunt credunt.
世論 fama, populi sententia.
弱い (=無力な, 衰弱した) infirmus, imbecillus, invalidus, debilis. ▶～こと infirmitas, imbecillitas, languor.
弱み (=弱点) vitium.
弱る (=弱くなる, 衰弱する) languesco, debilitor (pass), extenuor (pass). ⇨ 衰える.

ら

ライオン leo; (雌の) lea, leaena.
ライター (煙草用の) incendibulum [ignitabulum] nicotianum.
来年 annus sequens [insequens, posterus]. ⇨ 年(次).
ライバル (=競争者) rivalis (m), competitor (m), adversarius (m), aemulus (m).
ラオス Laosium. ▶～(人)の Laosianus. ▶～人 Laosiani (pl).
楽園 paradisus. ▶～の paradisiacus.
落書き tabula inficetissime picta. ▶～する inficetissime pingo.
落選 repulsa.
落第 exitus contrarius, repulsa.
楽な (=易しい) facilis. ▶楽に (=苦労なしに) facile, sine (ullo) labore.
ラグビー ludus follis ovati. ▶～選手 follis ovati lusor.
ラジオ (受信機) radioapparatus. ⇨ 放送.
螺旋 helice, spira. ▶～状の helicae similis, ad helicam pertinens, in spirae modum convolutus.
落下 casus, lapsus. ▶～する cado, decido, labor (dep), delabor (dep).
楽観 bona spes. ▶～主義 optimismus. ▶～主義者 optimismi fautor (m), melioris partis conspector (m), in meliorem partem acceptor (m). ▶(何事につけ) ～する (omnia) in optimam partem accipio.
ラテン語 Latina lingua.
ラトビア Lettonia. ▶～(人)の Lettonicus. ▶～人 Lettones (pl).
ラベル (=レッテル) pittacium, nota.
欄 locus; (=新聞や写本などの縦欄) columna. ▶～外 margo.

乱雑 ▶～な (=混乱した, 無秩序な) promiscuus, inordinatus, incompositus, inconditus, confusus. ⇨ 混乱.

乱暴 violentia. ▶～な violentus, violens. ▶～に violenter. ▶～する violo. ⇨ 暴力, 暴行.

乱用 abusus. ▶(…を)～する ⟨+abl⟩ abutor (dep).

り

リーダー dux, ductor (m).

利益 lucrum, quaestus, fructus. ▶小さな～ lucellum, quaesticulus. ▶～を上げる lucror (dep), fruor (dep), lucrifacio. ▶～になる lucrifio. ▶～をもたらす 形 lucrosus. ▶～を追求する (=営利目的の) quaestiosus. ⇨ もうける, 稼ぐ.

離縁 ▶(夫が妻を)～する repudio. ⇨ 離婚.

理解 intellectus. ▶～力 intellegentia. ▶～力のある intellegens. ▶～する intellego, (animo) percipio, teneo, capio, (animo) assequor (dep), mente complector (dep) [comprehendo].

陸 ▶～(地) terra. ▶～の terrestris, terrenus. ⇨ 大陸.

陸上競技 athletica (pl). ▶～選手 athleta. ▶～の athleticus.

理屈 (=道理, 理論, 論証) ratio, ratiocinatio, argumentatio. ⇨ 詭弁, 理論.

利己 ▶～的な sui diligens, ad proprium commodum pertinens. ▶～主義 caecus [nimius] amor sui, immoderatum sui commodi studium. ▶～主義者 (=エゴイスト) homo se ipse amans, sui commodi studiosus.

利口 ▶～な callidus, prudens, sapiens. ⇨ 賢い.

離婚 divortium, discidium. ▶(相手と)～する ⟨cum alqo⟩ divortium facio, diverto; (夫から) (a marito) digredior (dep). ▶(妻に)～を通告する (uxori) nuntium remitto. ⇨ 離縁.

利子 (=利息) faenus, usura. ▶(人に)～を付けて金を貸す ⟨alci⟩ do pecuniam faenori [in faenus], faeneror (dep). ▷～を払う usuras solvo. ▷無～で金を借りる gratuitam pecuniae usum accipio.

リス sciurus.

リズム numerus, modus.

理性 ratio. ▶～的な rationalis. ▶～を備えた ratione praeditus, rationis particeps. ▶～を持たない rationis expers. ▷人間には～が備わっているので物事の理由が分かる homo, quod rationis est particeps, causas rerum videt. ⇨ 道理.

理想 (=考えうる限り最高の形) species eximia quaedam, imago perfectissima, perfecta et optima species. ▶～的な (=最高の, 完全な) optimus, summus, perfectissimus; (=事実ではなく想像や考えに基づく) animo comprehensus, in animo informatus. ⇨ 空想.

利息 usura. ⇨ 利子.

率 (=割合) ratio.

立候補 petitio. ▶～者 candidatus, petitor, qui petunt (pl). ▶～する ostendere (← ostendo) se candidatum, profiteri (← profiteor) se petere.

立身出世 ▶～の道 pronum ad honores iter.

リットル litra, litrum.

りっぱ ▶～な (=みごとな) admirabilis, mirabilis. ▷できるだけ～な神殿 aedes quam pulcherrima.

立腹 ira, iracundia. ▶～する irascor (dep). ▶～した iratus.

立方体 cubus, quadrantal. ▶～の cubicus.

リトアニア Lituania. ▶～(人)の Lituanus. ▶～人 Lituani (pl).

理髪 tonsus. ▶～業 tonstrinum. ▶～師 tonsor (m), tonstrix (f). ▶～店 tonstrina. ▶～師を tonsorius.

リハビリテーション ad integrum restituo, redintegratio membrorum.

リビア Libya. ▶～(人)の Libycus. ▶～人 Libyes (pl).

リボン redimiculum, vitta, taenia.

リモコン (=遠隔操作) ex longinquo directio. ▶～で操作する ex longinquo dirigo.

略奪 direptio, rapina, spoliatio, vastatio, populatio. ▶～物 praeda, spolia (pl). ▶～する diripio, expilo, spolio, exspolio, devasto, populo. ⇨ 誘拐.

理由 causa. ▷あなたには私に対して怒る～は何もない nullam habes causam irascendi mihi.

流行 (=モード, ファッション) habitus novus, mos recentissimus, novus vestium mos. ▶～する (=人気がある) plurimum valeo apud omnes, jactationem habeo in populo, floreo; (病気が) evagor (dep). ⇨ 伝染.

流産 abortus, abortio. ▶～の abortivus. ▶～する aborior (dep), abortum patior (dep) [facio].

流暢 facundia, verborum copia, profluentia. ▶～な disertus, profluens. ▶～に diserte, profluenter.

流通 (貨幣などの) usus. ▶～している in usu esse (← sum). ▶～する in usum venire (← venio).

留保 retentio.

利用 usus, usura, usurpatio. ▶(…を)～する ⟨+abl⟩ utor (dep), ⟨+acc⟩ usurpo, adhibeo, in usu habeo.

漁 piscatus; (=漁労) piscatorium artificium. ▶～師 piscator (m), piscarius (m), piscatrix (f).

猟 (=狩猟) venatio, venatus. ▶～師 venator (m), venatrix (f). ▶～の venatorius. ▶～をする, ～に行く venor (dep).

量 quantitas, mensura. ⇨ どれだけ.

領域 regio. ▷多くの～で in pluribus rebus. ⇨ 領地, 領土.

両替 ▶～所 publica pecuniae permutatio. ▶～商 nummularius.

料金 pretium (impositum). ▶～表 pretiorum index. ▶～(=通行税) portorium, vectigal transitioni impositum. ▶賃貸～ (=レンタル料) locationis pretium; (=家賃) merces [pecunia] habitationis, conductionis pretium, tributum inquilini. ▶(タクシーの)～メーター mercedis vectationis index. ▷～(=授業料)を取って教える mercede doceo.

良識 prudentia, mens sana, animi sanitas, sapientia, ratio. ▶〜の欠如 insipientia. ▶〜ある prudens, sapiens. ▶〜のない insipiens, fatuus, stultus. ⇨ 常識.

領収 acceptio. ▶〜書 apocha (solutae pecuniae). ▶(金銭を)〜する (pecuniam) accipio. ▷(…について)〜書を書く ⟨in alqd⟩ pecuniam acceptam refero.

両親 (＝父母) parentes (*pl*), pater et mater.

良心 (bona) conscientia.

両生類 amphibiae bestiae (*pl*), amphibia (*pl*). ▶〜の amphibius.

領地 fundus, praedium.

領土 fines (*pl*), ager, solum, terra.

両方 ▶〜の (＝両者の) uterque, ambo.

料理 (技術) ars coquinaria, coquina; (＝食事, 食物) culina, cena, victus. ▶〜人 coquus (*m*), coqua (*f*). ▶〜の coquinarius. ▶〜する coquo, coquino. ⇨ 台所.

旅行 periegesis. ▶〜者 periegetes, peregrinator [peregrinus] voluptarius. ▶〜する peregrinor (*dep*). ▷〜中である peregre sum. ▷スイスを〜する Helveticam lustro. ⇨ 旅, 観光.

離陸 (飛行機の) avolatio. ▶〜する avolo, evolo, (ad caelum) extollor (*pass*), a terra se removere (← removeo).

履歴 ▶〜(書) curriculum vitae.

理論 ratio, ars, doctrina, theoria. ▶〜的な rationalis, doctrinalis, theoreticus. ▷〜と実践 ratio atque usus.

輪郭 circumscriptio, lineamenta (*pl*), lineae extremae (*pl*).

臨時 ▶〜の (＝一時的な) temporarius, temporalis. ▶〜に (＝一時的に) ad tempus, interim.

隣人 proximus (*m*), vicinus (*m*), accola.

隣接 confinium. ▶〜する, 〜した confinis, continens, contiguus.

倫理 moralia (*pl*). ▶〜学 ethice, philosophiae pars moralis. ▶〜的な moralis.

る

類 genus. ⇨ 種(しゅ).

類似 similitudo, vicinitas. ▶〜の similis, vicinus.

類推 analogia, comparatio, proportio. ▶〜によって per analogiam.

ルーマニア Dacoromania. ▶〜(人)の Dacoromanus. ▶〜人 Dacoromani (*pl*).

ルール (＝規定, 規則) norma, lex.

ルクセンブルグ Luxemburgum. ▶〜(人)の Luxemburgensis. ▶〜人 Luxemburgenses (*pl*).

留守 absentia. ▶〜の absens. ▶〜にする absum.

ルワンダ Ruanda. ▶〜(人)の Ruandensis. ▶〜人 Ruandenses (*pl*).

れ

例 (＝実例) exemplum, exemplar, documentum. ⇨ たとえば.

礼 (人に)〜を言う(＝感謝する) ⟨alci⟩ gratias ago. ⇨ 礼儀.

霊 (＝霊魂, 魂) animus, anima, spiritus. ⇨ 精神, 幽霊.

例外 exceptio. ▶〜的な (＝特別な, 異常な) extraordinarius, eximius, praecipuus. ▶〜的に extra ordinem. ▶(…を)〜として (＝除いて) 前 praeter ⟨+acc⟩, extra ⟨+acc⟩. 接 nisi quod …, praeterquam quod …. ▶〜とする excipio. ⇨ 除外.

礼儀 (＝礼儀作法) humanitas, elegantia. ▶〜正しい humanus, elegans. ▶〜正しく urbane, eleganter. ⇨ 洗練.

冷却 refrigeratio. ▶(…を)〜する refrigero. ▶〜する(＝冷える) refrigesco.

冷静 (animi) tranquillitas, quies. ▶〜な tranquillus, quietus, placatus.

冷蔵庫 frigidarium.

冷淡 ▶〜な frigidus.

冷凍 congelatio, conglaciatio. ▶〜庫 capsa [capsula] frigorifica, frigorifera capsella. ▶〜する congelo, conglacio.

礼拝 cultus, adoratio, officium. ▶〜堂 aedicula, sacrarium, sacellum.

レーザー instrumentum lasericum. ▶〜光線 radius lasericus.

レース (＝競走) cursus, curriculum.

レーダー radioelectricum instrumentum detectorium.

レール binae orbitae (viae ferratae).

歴史 (学問としての) historia; (できごととしての) res gestae (*pl*). ▶〜家 rerum scriptor [auctor], historicus, historiae auctor, historiarum scriptor, ei qui res gestas scripserunt. ▷〜(書)を書く historiam scribo.

レクリエーション animi relaxatio [remissio]. ⇨ 娯楽.

レコード orbis phonographicus, discus sonans, orbis sonorus.

レジ instrumentum in acceptum referens.

レジャー otium.

レストラン popina. ▶〜の popinalis.

列 ordo. *cf*. 隊列 agmen. 戦列 acies. (祝祭や葬礼の)行列 pompa. ⇨ 系列.

レッカー車 currus instrumentarius, currus instrumentis mechanicis ad reparanda autocineta praeditus.

列挙 enumeratio. ▶〜する enumero.

列車 hamaxostichus, curruum agmen ferriviarium. ▶(特別)急行〜 hamaxostichus rapidus (extraordinarius), hamaxostichus expeditissimus.

レッスン (＝習うべきこと) quae ediscenda sunt. ⇨ 授業, 練習.

レッテル	pittacium.
列島	(＝諸島, 群島) insularum globus [celebritas, ordo], archipelagus, mare insulis refertum.
劣等	▶～の inferior, deterior.
レベル	(＝水準, 同等) aequalitas. ▶同～の (＝同等の) aequus, par.
レポート	(＝報告) renuntiatio. ▶～する renuntio. ⇨ 報告.
恋愛	amor. ▶～関係 necessitudo amatoria.
煉瓦	later. ▶小さな～ laterculus. ▶～でつくられた latericius.
連合	conjunctio, societas, consociatio, unio.
連鎖	continuatio, catena. ⇨ 連続.
レンジ	▶ガス～ foculus gasio altus.
練習	exercitatio, exercitio, commentatio, meditatio. ▶～する se exercere (← exerceo), exercito, commentor (dep), meditor (dep). ⇨ 訓練, 鍛える, 習慣.
レンズ	lens; (カメラの) lenticulare vitrum, lens photographica. ▶コンタクト～ lens inserticia. ▶望遠～ telelenticula.
連続	continuatio, successio, series, tenor. ▶～的な continuus, continens, perpetuus.
連帯	societas. ▶～の socius.
レンタカー	vehiculi autocineti locatio.
レントゲン	▶～線 エックス線.
連邦	foederatae civitates.
連盟	societas. ⇨ 同盟.
連絡	(＝知らせ) nuntii (pl); (手紙による) litterae (pl). ▷私たちに～して下さい fac nos certiores quid agas. ▷あなたからの～を待っています exspecto tuas litteras.

ろ

牢	carcer. ▶～に入れる in vincula conjicio. ⇨ 閉じ込める.
蠟	cera. ▶～の, ～でできた cereus. ▶～を塗られた ceratus. ▶～を塗る cero.
老化	senectus. ▶～する senesco, aetate procedo.
老人	senex. ▶～の senex, senilis.
ろうそく	cereus.
労働	labor, opera. ▶肉体～ labor corporis. ▶～者 operarius, opifex. ▶～党 factio operariorum. ▶～問題 quaestio de opificum condicione. ▶～契約 pacto operarum. ▶～組合 opificum collegia [consociationes] (pl).
朗読	▶～する recito. ▶～者 recitator.
老年	senectus. ▶～の senex, senilis. ⇨ 老人.
狼狽	confusio, conturbatio. ▶～させる confundo, conturbo.
浪費	prodigentia, sumptus, dissipatio. ▶～家 dissipator. ▶～的な sumptuosus. ▶～する 動 dissipo, prodigo. 形 prodigus.
牢屋	⇨ 牢.
ロープ	rudens, funis.
ローン	⇨ 借金.
濾過	percolatio. ⇨ 濾す.
録音	(磁気テープによる) magnetophonica incisio. ▶～する in magnetophonio incido.
ロケット	missile.
ロシア	Russia. ▶～(人)の Russicus. ▶～人 Russi (pl).
ロッカー	loculamentum, vestiarium.
ロビー	vestibulum.
ロボット	robotum.
論証	argumentum, argumentatio. ▶～する argumentor (dep).
論じる	(…について) ⟨de re⟩ dissero, disputo.
論説	(新聞の) prima diarii commentatio.
論争	disputatio, concertatio, contentio, lis, dialogus. ▶～する disputo, concerto, contendo. ⇨ 口論, 討論, 議論.
論文	dissertatio, commentatio, disputatio.
論理	▶～学 logica (pl), logica (f sg), logice, rationalis philosophiae pars. ▶～的な logicus.

わ

輪	circulus, orbis, gyrus.
和	(＝親和, 調和, 平和) concordia, harmonia, pax.
猥褻	obscenitas. ▶～な obscenus.
賄賂	pretium. ▷(人を)～で買収する ⟨alqm⟩ pretio corrumpo.
ワイン	vinum.
和解	compositio, reconciliatio (gratiae [concordiae]). ▶～させる compono, reconcilio. ▷敵との～ reditus in gratiam cum inimicis. ⇨ 仲直り.
若い	adulescens, juvenis.
若返る	reviresco.
わがまま	⇨ 利己.
若者	juvenis, adulescens. ▶～の juvenis, juvenilis.
分かる	(＝理解する) intellego, comprehendo. ▶分からない (＝不確実な) anceps, dubius, incertus.
分かれる	(＝分岐する, 分割される) dividor (pass), diducor (pass). ▷(川が) 多くの支流に～ in plures partes diffluit.
別れる	digredior (dep), discedo, se separare (← separo), se disjungere (← disjungo).
脇	(＝わきのした) axilla, ala; (＝側面) latus.
枠	margo; (木製の) (lignea) forma.
沸く	(＝沸騰する) bullio, ferveo.
湧く	(泉や温泉が) (＝あふれ出る) scateo, emico, erumpo, exsilio; (虫などが) (＝発生する) nascor (dep).
惑星	stella errans [errantica], astrum errans. cf. 月 luna. 火星 Martis stella. 水星 Mercurii stella. 木星 Juppiter. 金星 Veneris stella, Hesperus, vesperugo, vesper. 土星 Saturnia stella. ⇨ 星.
ワクチン	vaccinum serum. ▶～治療 curatio ope vaccini suppeditationis, curatio vaccinatione peracta, curationes ope vaccinationis (pl).
分け前	portio, pars, partitio.

分ける (部分に)(=分割する) divido; (=分配する) distribuo; (…から)(=分離する) separo.
技 ars. ▶~に関する ad artem pertinens.
わざと (=故意に) consulto, consilio, de industria, sponte.
ワサビ sinapi viride.
災い malum, clades, calamitas, plaga, exitium, casus.
わざわざ de industria, data opera.
わずか ▶~の perexiguus. ▶~(に)(=ただ…だけ) tantum, tantummodo. ▶~に(=かろうじて) vix.
煩わしい molestus. ▶煩わしさ molestia.
忘れる (…を)⟨+acc; +gen⟩ obliviscor (dep), ⟨+acc⟩ ex memoria depono, ⟨+gen⟩ memoriam depono, ⟨+acc⟩ non recordor (dep). ▷私はそのことを忘れた haec res mea de memoria excidit / haec res meam memoriam fugit.
綿 (=綿毛) lanugo. ▶~の木 gossypinus, gossypion, gossypinum. ⇨ 綿(%).
話題 (=主題, 題材) materies, materia, res, argumentum, propositum. ▶~が(…に)及ぶ incidit sermo ⟨de+abl⟩. ⇨ 主題.
私 ego. ▶~たち nos. ▶~の meus. ▶~たちの noster.
渡す (=渡らせる) traduco, trajicio; (=与える) do, reddo.
渡る transeo, transmitto, transmittor (pass), trajicio. ▶(…に)渡る in ⟨+acc⟩. ▷川を~ flumen transgredior (dep) [transeo]. ▷空を飛んで大海を~ transvolo pontum. ▷多年に渡って in multos annos.
ワックス cera.
わな laqueus, plaga, pedica, tendicula; (比喩的に)(=奸計, 陰謀) insidiae (pl). ▷~を張る insidias comparo [colloco, tendo, adhibeo] / plagam tendo [pono]. ▷~にかかる in plagam incido. ▷~にかける irretio.
ワニ crocodilus.
わびる (=許しを求める)(…に)⟨ab alqo⟩ veniam peto. ⇨ 謝罪.
わら palea, stramentum, stipula.
笑う rideo. ▶笑い risus. ▷きみはなぜ~のか quid rides? ⇨ ほほえむ.
割合 (=比, 比率) proportio, portio, ratio. ▶~に(=比較して言えば) comparate. ▷1 と 10 の~は 10 と 100 の~に等しい ut unum ad decem sic decem ad centum (est).
割引 (=値引き) imminutum pretium, deminutio. ▶~する(=値引きする) pretium imminuo [minuo]. ⇨ 値引き, バーゲン.
割る (=壊す) frango. ▶粉々に~ confringo; (算術で) divido; (酒を水で) tempero (vinum aquā).
悪い (=卑劣な, 劣悪な) malus, improbus, pravus. ⇨ 悪.
悪口 (=誹謗) maledictum, maledictio, convicium, contumelia. ▶(人の)~を言う(=誹謗する) ⟨alci⟩ male dico, convicior (dep), ⟨in alqm⟩ maledicta facio [confero], contumeliam jacio.
われ (=私) ego. ▶われわれ (=私たち) nos. ▷~思う, ゆえに~あり cogito, ergo sum. ⇨ 私.
割れ目 (=裂け目) rima, fissura, fissum.
割れる (=壊れる) frangor (pass); (=裂ける) findor (pass), fatisco, fatiscor (dep), dehisco. ⇨ 割る, 壊す, 裂く.
湾 sinus.

1 ITALIA

CALEDONIA
HIBERNIA
Eboracum
(York)
BRITANNIA
Londinium
(London)
G E R M
Mare Atlanticum
(Atlantic Ocean)
GERMANIA
Rhenus
(Rhein)
BELGICA
(Paris) Lutetia
Sequana
(Seine)
Liger
(Loire)
LUGDUNENSIS
RAETIA
NORICUM
GALLIA
Lugdunum (Lyon)
Alpes Montes
Mediolanum (Milano)
AQUITANIA
NARBONENSIS
Padus
Mare Hadriaticum
Narbo
TARRACONENSIS
Hiberus
Massilia
(Marseilles)
LUSITANIA
ITALIA
CORSICA
Tarraco
(Tarragona)
Roma
HISPANIA
Saguntum
Corduba
Neapolis
(Napoli)
BAETICA
SARDINIA
Gades
(Cadiz)
Mare
Mare
Tyrrhenum
SICILIA
Hippo Regius
Carthago
Syracusae
MAURITANIA
NUMIDIA
Zama
AFRICA
LIBYA
0 100 200 300 400 500km

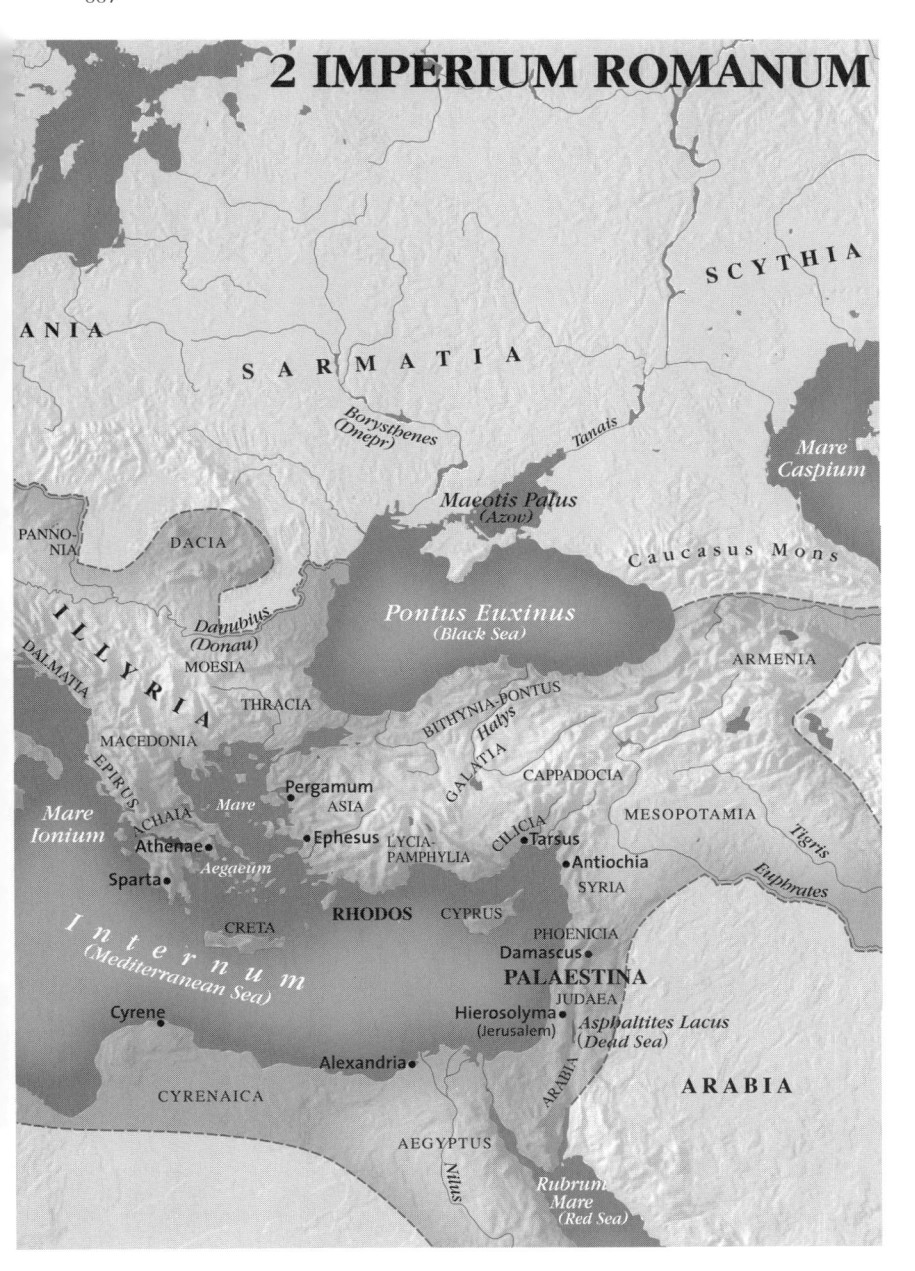

2 IMPERIUM ROMANUM

3 GRAECIA

4 ASIA MINOR

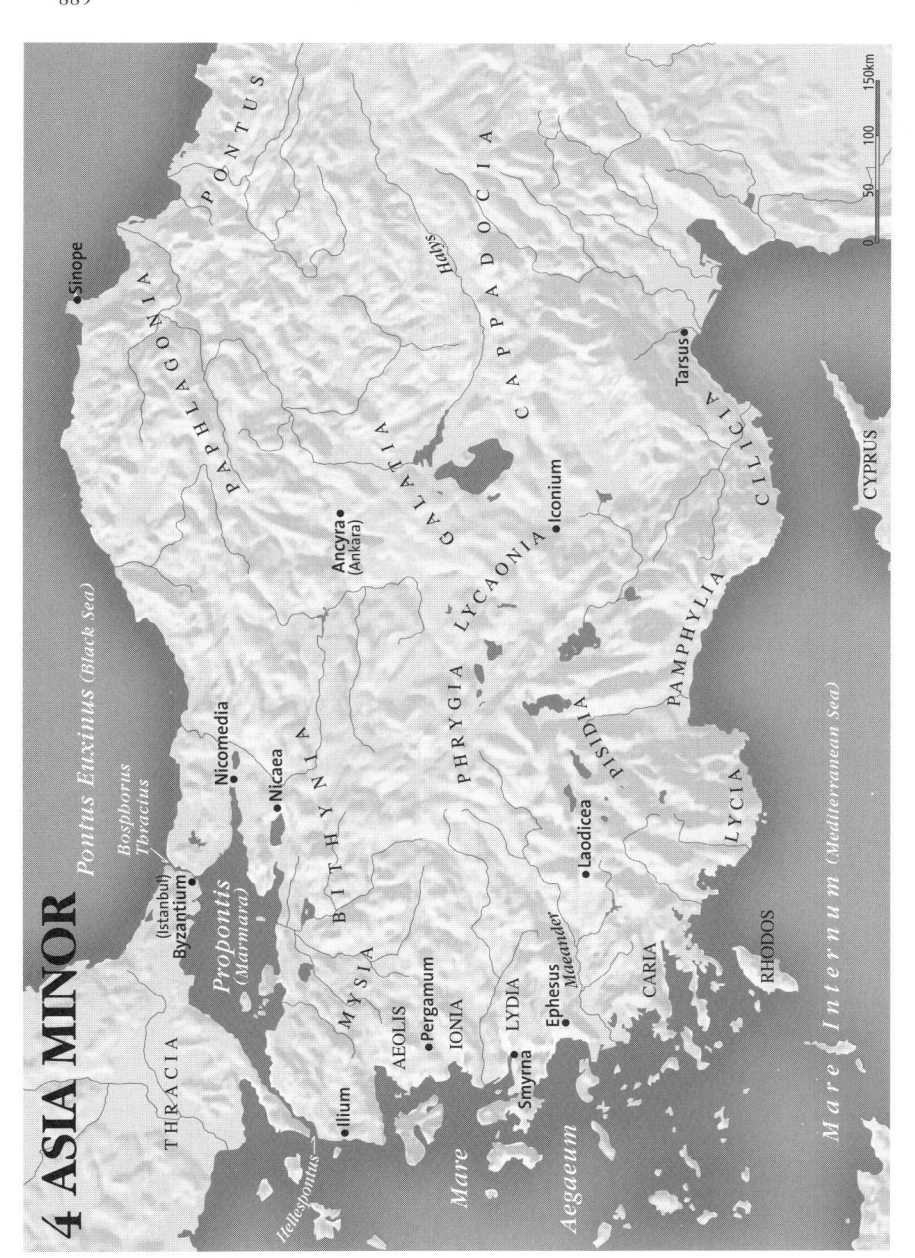

編集協力	野津　寛　森岡紀子　山田哲子
社内編集	中川京子　根本保行　加瀬しのぶ　菅田晶子
	千葉由美　岡田穣介
校　　正	今玉利登喜子　川崎美佐子　西谷裕子　牧野浩子
	望月羔子
製　　版	橋本一郎　宮原直也　濱田眞男　加藤　博
製　　作	加藤益己　鈴木隆志
地図製作	ジェイ・マップ

LEXICON LATINO-JAPONICUM
Editio Emendata　羅和辞典〈改訂版〉

```
初　　版　1952 年 9 月
増訂新版　1966 年 10 月
改 訂 版　第 14 刷　2024 年 6 月
```

水谷智洋（みずたに ともひろ）
1940 年岐阜県生まれ．東京大学名誉教授．西洋古典学．単著として『古典ギリシア語初歩』（岩波書店）がある．

編　者	水谷智洋
発行者	吉田尚志
発行所	株式会社　研究社
	〒102-8152　東京都千代田区富士見 2-11-3
	電話　編集 03(3288)7711
	営業 03(3288)7777
	振替　00150-9-26710
	https://www.kenkyusha.co.jp/
印刷所	三省堂印刷株式会社

ISBN978-4-7674-9025-0　C3587　Printed in Japan
装丁　株式会社フロッグカンパニー